DICTIONNAIRE

GENEALOGIQUE

DES

FAMILLES CANADIENNES

ROBERTS REINHOLD & Cie.

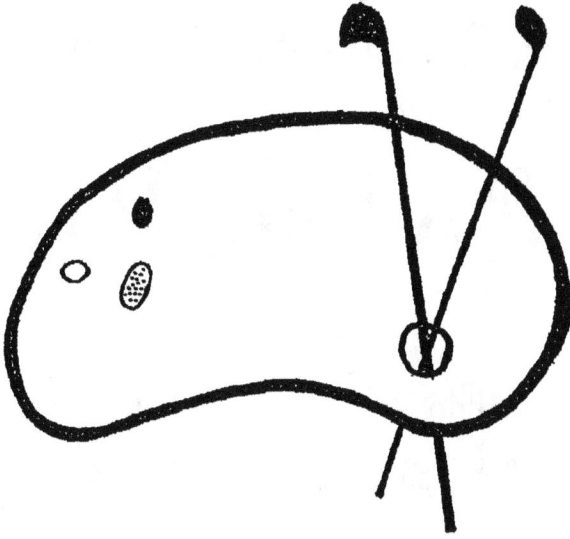

ORIGINAL EN COULEUR
NF Z 43-120-8

DICTIONNAIRE

GENEALOGIQUE

DES

FAMILLES CANADIENNES

DEPUIS LA FONDATION DE LA COLONIE
JUSQU'A NOS JOURS

PAR

L'ABBÉ CYPRIEN TANGUAY

PREMIER VOLUME

Depuis 1608 jusqu'à 1700.

NON UT VIDEAR.

PROVINCE DE QUEBEC
EUSÈBE SENÉCAL, IMPRIMEUR-ÉDITEUR
MDCCCLXXI

A

L'EGLISE ET A MON PAYS

A L'EGLISE

qui nous a tous régénérés dans les eaux saintes du BAPTEME,
qui a béni les UNIONS de nos ancêtres,
qui a prié sur leurs TOMBEAUX ;

A L'EGLISE

gardienne toujours fidèle et souverainement prévoyante
du berceau et de la tombe de chacun de ses enfants,
qui en a conservé l'histoire et le souvenir,
par des ACTES authentiques ;

A MON PAYS

dont nos ayeux ont fait leur Patrie adoptive ;

A MON PAYS

arrosé des sueurs de nos pères,
du sang de nos missionnaires et de nos soldats ;
Je DEDIE ce livre, résultat de travaux longs et opiniâtres,
mais chers à mon cœur.

CYP. TANGUAY, Ptre

Canada, Province de Québec

INTRODUCTION

—◦◦◦—

L'idée de publier un *Dictionnaire Généalogique* de toutes les familles canadiennes, a pu sembler au premier abord un peu étrange. Quels motifs me pous-
saient à entreprendre un travail si considérable et hérissé de tant de difficultés ?
Ce travail serait-il utile ? Et les difficultés, pouvais-je les prévoir, et calculer
les embarras qui viendraient m'arrêter à chaque instant ? Plusieurs de mes
amis m'ont posé ces questions. Avant eux, et bien des fois, je me les étais faites
à moi-même. Le volume que je mets aujourd'hui entre les mains du lecteur, est
sans doute une excellente réponse. Il suffira de le lire, je crois, pour se convaincre
que mon but était éminemment national ; que ce livre sera utile et que j'ai pu
surmonter les plus grandes difficultés.

Cependant, je dois entrer dans plus de détails, pour justifier la confiance
qu'on a bien voulu me témoigner.

I

Depuis quelques années le goût littéraire se développe, les recherches historiques se multiplient. Les créations de l'intelligence, la vie nouvelle donnée par le
récit à ce qui n'est plus ; l'histoire, l'éloquence, la poésie ont des charmes auxquels
personne n'échappe, l'auteur moins que les autres, peut-être. Aussi un grand
nombre s'efforcent ils de développer chez eux le feu sacré. Cependant il y a des
études qui, pour être moins attrayantes, n'en sont pas moins utiles ; mais nous
paraissons les négliger : c'est notre côté faible. Pour moi, j'ai puisé depuis longtemps dans mes lectures, le goût des dates, des statistiques, des noms, des généalogies. On ne saurait nier que tout cela ne forme les éléments de l'histoire. Ce sont,
si l'on veut, les ossements arides qui se rapprocheront à la voix du *Prophète*,
pour recevoir l'âme et la vie.

Chargé comme curé, de faire observer les lois de l'Eglise qui concernent les
alliances entre parents, j'avais souvent remarqué comme ceux-ci oublient avec
facilité les liens qui les unissent. Mais j'avais surtout été frappé des embarras de
tout genre qu'on éprouve quand il faut déterminer, quelquefois au moment même
du mariage, quels degrés de parenté existent entre les futurs époux. Mes vénérables confrères le savent mieux que moi. Les recherches auxquelles je dus me
livrer dans ces circonstances, tout en augmentant mon goût et en me donnant

plus de facilité pour ce genre d'études, me firent comprendre l'utilité, la nécessité même, d'un pareil dictionnaire : dès lors, je me décidai à l'entreprendre.

Tout le monde sait que l'Eglise prohibe les alliances à certains degrés de consanguinité et de parenté. Quoique contractées de bonne foi, elles n'en sont pas moins nulles. De là l'obligation stricte, autrefois sous peine d'excommunication, de faire connaître la parenté. De là, nécessité pour les curés de recevoir une seconde fois le consentement des parties, quand il est constaté qu'un premier mariage a été nul. Il est facile de prévoir quelles difficultés peuvent surgir de la part des parties, ou après leur mort, de la part des héritiers, puisque notre législation du mariage est en grande partie fondée sur les lois de l'Eglise. Il me souvient avoir constaté un empêchement dirimant de parenté, dans un cas, qui remonte à près d'un siècle. Les parties avaient, il est vrai, obtenu dispense du quatrième au quatrième degré. Mais, soit qu'elles n'eussent pas fait toutes les recherches nécessaires, soit qu'elles eussent confondu quelques ascendants l'un avec l'autre, elles s'étaient trompées. La parenté était du troisième au quatrième degré. La dispense ne paraît pas avoir été renouvelée postérieurement.

Le *Dictionnaire*, lorsqu'il sera complet, permettra à messieurs les curés, de dresser facilement l'arbre généalogique des futurs époux. Ils ne seront nullement exposés à être trompés par une similitude de noms. A cause d'une semblable erreur, j'ai vu un mariage annulé, qui n'aurait pas dû l'être. Les parties convolèrent à d'autres noces, et l'une d'elle ayant perdu sa nouvelle épouse, voulut contracter un troisième mariage. Mais elle fut bien surprise d'apprendre et de constater que le premier seul était valide, parce qu'il n'y avait pas eu de parenté prohibée. On comprend dans quels graves embarras se trouvent plongées un grand nombre de personnes, par de semblables erreurs qui ne proviennent que du défaut de renseignements suffisants.

Mais l'utilité de mon ouvrage ne s'arrêtera pas là, je crois pouvoir l'affirmer.

Nos registres ont une valeur légale. Sans cesse on les interroge. Devant les tribunaux civils, il faut constater la naissance d'une personne, sa mort, ou son mariage. De la production de ces actes, dépend le succès d'un procès, une question d'héritage. Mais où prendre ces documents ? Dans quelles archives sont-ils ? Quelle année faudra-t-il parcourir ? Une foule de difficultés que je vais bientôt expliquer, augmentent les chances d'erreur. Il faudra renoncer à ses prétentions, ou faire, pour chaque cas, une grande partie du travail que le dictionnaire entier m'a coûté. Presqu'au moment où j'écris ces lignes, pour un procès d'une certaine importance pendant à la cour de Québec, j'ai été obligé de constater la lignée et de relever tous les actes d'une famille qui remonte au temps de Champlain, c'est-à-dire en 1634. Les parties, après de laborieuses recherches, se trouvaient arrêtées par l'absence de quelques actes qu'il leur était impossible de retrouver. La ligne était brisée : mon dictionnaire a pu aider à la reconstruire.

Dans une sphère plus élevée que les questions d'intérêt, il sera encore utile.

J'ai dit plus haut que les dates, les noms, les généalogies sont des éléments de l'Histoire. L'historien ne peut rien supposer ; il doit partir du fait. On a dit : Rien n'est si entêté qu'un fait. On aurait pu ajouter : Rien n'est aussi redoutable u'un fait ignoré. Faites de la littérature, tout obéit à votre imagination : vous êtes le maître, le créateur. Entreprenez de raconter l'Histoire : après des années de recherchès, vous croyez avoir mis chaque chose à sa place, tiré les conséquences les plus naturelles, les plus légitimes des connaissances acquises par vos études. Mais vous ne pourrez être en sûreté, tant que vous n'aurez pas sondé pouce par pouce le terrain sur lequel vous marchez. Autrement, une mine éclatera au moment où vous y pensez le moins, détruisant l'édifice élevé à grands frais. Le personnage que vous faisiez agir à telle époque, n'était pas encore né, ou se trouvait mort depuis longtemps. Celui que vous faites mourir se trouve encore témoin à une foule d'actes. Vous rapportez à une seule administration ce qui a eu lieu sous deux administrations différentes. Quel est l'historien qui peut dire au frontispice de son œuvre : JE SUIS SUR DE NE M'ÊTRE PAS TROMPÉ ?

Parmi les renseignements dont l'absence peut causer un grand nombre d'erreurs, les plus utiles sans contredit sont ceux qui constatent l'existence, l'âge, la demeure des personnes qui figurent dans un récit. Nos écrivains salueront avec bonheur, je l'espère, un ouvrage qui abrégeant considérablement leurs recherches, fera en quelque sorte disparaître les distances et décuplera le temps, si précieux pour leurs travaux. Mais ce qui leur sera peut-être le plus agréable, c'est que par là, ils verront tomber cette barrière de l'inconnu, jusqu'à présent trop souvent impénétrable.

L'historien de la Colonie Française en Canada, le regretté M. Faillon, n'avait pu découvrir l'acte de mariage de la mère de Mme. d'Youville avec M. O'Sullivan. On sait cependant, avec quel soin attentif, il avait étudié nos archives. Écrivant la vie de la sainte fondatrice des Sœurs Grises, il tenait naturellement à donner sur sa famille, tous les détails d'une certaine valeur. Il avait bien constaté le fait du mariage ; mais il en ignorait l'époque et le lieu. Il faut avouer que le hasard seul l'aurait mis sur la voie. C'est à la Pointe-aux-Trembles près de Québec, que M. O'Sullivan avait épousé Mme. veuve Dufros de la Gemmerais, née Gauthier de Varennes. On ne comprend pas pourquoi, habitant tous deux le Gouvernement de Montréal, ils étaient allés s'unir dans un endroit si éloigné. Dans tous les cas, l'historien de nos jours se trouve aussi déçu que le furent probablement alors les contemporains de ces deux vénérables personnes.

Je pourrais multiplier les exemples de ce genre. Qu'il me suffise de rappeler deux noms chers à l'Histoire du Canada, ceux de Sir Hippolyte LaFontaine et du Commandeur Viger.

On sait que le premier, aussi distingué comme homme d'Etat que comme juriste, s'occupait de recherches généalogiques, au milieu des travaux qu'il avait entrepris pour l'histoire du Droit en Canada. C'était pour lui, une véritable jouissance, comme il le disait à ses amis. Mais en même temps, il se plaignait d'être souvent arrêté, et de ne savoir où aller chercher l'acte qui lui manquait pour unir les deux anneaux d'une chaîne généalogique. Quant à M. Viger, c'est à lui que revient l'honneur d'avoir entrepris, un des premiers, la tâche laborieuse de contrôler le récit de nos historiens et annalystes. L'histoire des familles, leurs lignées, leurs alliances a nécessairement attiré son attention. Tout le monde sait que, pour ce genre de recherches, il ne reculait pas devant les sacrifices. Il y a peu de registres dans l'Ile de Montréal, dans la ville et les environs de Québec qu'il n'ait examinés. Voulant un jour s'assurer de l'âge de Mlle. de Verchères, il lui fallut parcourir successivement les registres de Verchères, de Contrecœur, de Sorel et de St. Ours : il lui fallut perdre huit jours, subir deux ou trois orages et payer une somme assez ronde. Mais il avait enfin trouvé l'acte de baptême et il était en mesure de rétablir une date faussée par l'ambition.

Que de fois cependant il a dû être désappointé par l'absence de documents. La guerre, mais surtout les incendies, le manque de soins en ont détruit un grand nombre. De tous ceux dont nous devons regretter la perte, il n'y en a peut être pas de plus importants que les registres du Sault St. Louis : ils périrent dans l'incendie de l'église de St. Régis, où ils avaient été transportés. On sait que les premiers de tous, ceux de la paroisse de Québec, depuis les premiers actes jusqu'en 1640, ont aussi été brûlés. Les missionnaires essayèrent de les rétablir de mémoire, parce qu'il y avait encore des témoins ; mais il ne pouvait en être ainsi pour les registres de Lotbinière, de Ste. Anne de la Pocatière, de St. François du Lac, de Bécancour et de plusieurs autres encore. Quelquefois, sans doute, j'ai été assez heureux pour trouver ailleurs des renseignements que je croyais à jamais perdus. Mais il n'en est pas moins vrai que le feu pourrait encore, au moment où l'on y pense le moins, consumer un grand nombre d'archives. Très peu sont déposées dans des lieux absolument sûrs, et le malheur serait d'autant plus désastreux, que beaucoup de registres n'ont pas été tenus en *double*.

La vétusté est une cause de destruction que la main de l'homme ne peut guère arrêter. L'humidité, agissant à la fois sur le papier et sur l'encre, quand ils étaient de qualité inférieure, a causé autrefois beaucoup de ravages : aujourd'hui on met sans doute généralement beaucoup plus d'importance à la tenue et à la conservation des registres. Mais le mal est irréparable dans un grand nombre de cas. J'ai vu des feuilles de cahier tomber en poudre, au moment où je voulais y toucher. Tels actes que j'ai pu lire, ou plutôt déchiffrer, à l'aide de deux ou trois mots encore visibles, n'existent plus aujourd'hui, parce que ces mots ont disparu comme les autres.

Je puis croire que sous ce rapport, mon dictionnaire rendra un grand service, puisqu'il empêchera désormais la destruction des renseignements que l'Eglise et l'Etat ont voulu assurer par la tenue des registres.

Donc sous ce rapport, c'est encore une œuvre nationale.

Il y a vingt ans, un de nos historiens, M l'abbé Ferland, ne songeant pas même qu'une pareille entreprise fût possible, exprimait le désir qu'on cherchât à conserver nos manuscrits historiques, soit par de nombreuses copies, soit par le moyen de la presse périodique. Il entreprenait lui-même un travail très remarqué sur les Registres de Notre-Dame de Québec. Quelque temps avant sa mort il eut connaissance de mon projet et il voulut bien m'encourager de ses conseils.

Mgr. Langevin, étant curé de Beauport, a publié aussi des notes intéressantes sur les Archives de Beauport. La voie était ouverte : chaque curé aurait pu, et pourrait encore aujourd'hui, en faire autant pour sa paroisse. Nous aurions alors une masse de renseignements utiles, mais qui ne pourraient tenir lieu d'un dictionnaire comme celui que je publie. Il en sera toujours comme le lien nécessaire. J'ose même espérer qu'il donnera lieu à plus d'une étude intéressante sur une foule de questions, telles que celles du progrès, de l'émigration, de l'accroissement de la population, de la vitalité et de la moralité publique.

II

Chaque pays a sa noblesse. Nous avons eu celle du sang. Elle nous est venue en grande partie de la France. Plusieurs noms figurent dans notre histoire, qui brillaient au temps des Croisades : c'est la noblesse de vieille roche, sinon la plus riche. Elle a été plus largement représentée sur nos rives, que dans aucune autre colonie. Le Dictionnaire permettra de constater que le témoignage de Charlevoix est resté au dessous de la vérité, bien loin de l'exagérer.

Il n'est pas nécessaire ici de citer les noms, ils sont assez connus : ils appartiennent presque tous à l'histoire.

Je dois toutefois rappeler que nous commençons à les voir figurer dans nos archives presque aussitôt après 1632. Chaque année en fournit de nouveaux jusqu'en 1665. Mais alors le régiment de Carignan, qui fut bientôt presque tout licencié ici, jeta sur nos rives une nombreuse population, appartenante à la meilleure aristocratie. Les officiers supérieurs, les simples cadets, un grand nombre de soldats, nous apportaient, outre leur gloire personnelle, celle de leurs ancêtres. Quelques recherches, que le dictionnaire rendra possibles, permettront d'établir avec assez d'exactitude si le chef d'une famille a servi dans le régiment de Carignan : le lieu où il s'est fixé, et l'époque du mariage seront les données principales de cette recherche. On sait que presque tous les soldats d'une compagnie s'établirent dans la seigneurie qui avait été concédée à leur capitaine.

A côté de la noblesse de l'épée, venait celle de la robe, et même celle de la science. Comme l'autre, elles avaient leurs degrés, mais elles n'en étaient pas moins réelles.

Ainsi le médecin Robert Giffard est qualifié de *noble homme*. Il était en France *Conseiller du Roy, Médecin ordinaire de Sa Majesté*. Les familles d'Ailleboust, Chartier de Lotbinière comptent parmi leurs ancêtres des Médecins du Roi. Sarrazin, qui s'est fait un nom par ses découvertes scientifiques, était d'une très bonne famille de Nuyts près de Dijon. Cet avantage, joint à son mérite personnel, lui permit de s'allier avec les Hazeur, les Gauthier de Varennes. Thaumur de la Source, Tailhandier étaient dans le même cas. Ce dernier avait reçu une instruction assez étendue pour avoir été, à la fois, ou successivement, soldat, aide-chirurgien, notaire-royal et juge.

Presque toutes les charges qui tenaient à l'administration de la justice, telle qu'elle était organisée, se donnaient à des personnes de naissance, comme on disait alors. Jean de St. Père, plus tard Danré de Blanzy, notaires-royaux, M. de Sailly, juge à Montréal, se rattachaient à des familles dont les armes ont été admises dans l'Armorial de France. Celles de St. Père étaient *d'azur à trois fusées d'or, posées en fasce, l'une sur l'autre.* Les Danré portaient *d'argent au chevron de gueules, accompagné en pointe, d'un arbre de sinople, et en chef, de deux têtes de serpent d'azur, arrachées de gueules.*

Le Procureur fiscal, les simples greffiers des justices, les greffiers et les huissiers du Conseil Supérieur ont toujours été choisis parmi ceux qui se recommandaient par leur naissance et leur instruction, à raison de l'importance de ces fonctions. M. Migeon de Bransac était avocat au Parlement de Paris. Les ancêtres de M. René Hubert, huissier du Conseil supérieur, plus tard greffier en chef de la Prévôté de Québec, et en dernier lieu, greffier du Conseil Supérieur, avaient occupé quelques-uns des premiers rangs dans la magistrature. (1)

Nous avons en outre une noblesse à nous, noblesse qui s'est acquise dans des luttes terribles, au commencement de la colonie. Elle est moins ancienne que l'autre, mais elle est plus nationale, plus complètement canadienne. Un sentiment bien digne de respect porte chacun à savoir jusqu'à quel point il s'y rattache. Si les liens, plus ou moins étroits, que l'on peut avoir avec ceux qui, jadis, ont sacrifié pour la patrie leurs richesses, leurs sueurs ou leur sang, si ces liens ne peuvent absolument tenir lieu de tout mérite personnel, ils n'en constituent pas moins un véritable patrimoine que personne n'a le droit de contester aux autres. Le dévouement, dans ses différents degrés, a une illustration que la récompense

---

(1) Qu'on nous permette de citer ici deux des différentes commissions données à M. Hubert. Elles sont la meilleure preuve de l'importance que l'on attachait à ces sortes de charges.

JAQUES DUCHESNEAU, Chevalier, Conseiller du Roy en ses Conseils, Intendant de la Justice, Police et Finances en Canada et pais de la France Septentrionale.

A tous ceux qui ces présentes lettres verront,

Salut.

Scavoir faisons que Sa Majesté, par ses Lettres données à Fontainebleau, le 29e May, de l'année 1680, nous ayant donné pouvoir de commettre aux charges d'huissiers au Conseil Souverain, et à celle de greffier de la Mareschaussée de ce pais, et étant bien informés de la suffisance et capacité au fait de la pratique, de René Hubert, praticien, exerçant la charge d'huissier au dit Conseil, Nous, en vertu du pouvoir à nous donné par Sa Majesté, avons commis et commettons le dit Hubert, pour exercer la dite charge d'huissier au dit Conseil, et en jour aux honneurs, autoritez, prérogatives, prééminences, droits, fruicts, profits, revenus et esmolumens y appartenans, tant qu'il plaira à Sa Majesté, avec pouvoir d'exploiter et mettre à exécution par tout le dit pais de Canada, tous contrats, obligations, Lettres patentes, arrêts, sentences, ordonnances, jugemens et autres actes émanez du dit Conseil et Juges royaux du dit pais.

Requérant, le dit Conseil Souverain qu'après qu'il lui sera apparu des bonne vye, mœurs, âge requis par les Ordonnances, conversation et religion catholique, apostolique et romaine du dit Hubert, il le reçoive et institue en l'exercice et fonction de la dite charge d'huissier, et afin que foy soit adjoustée à ces présentes, nous les avons signées, à icelles fait apposer le sceau de nos armes et contresigner par nostre Secrétaire.

Fait a Quebec, le dix-huitième jour de May 1681.

Signé : DUCHESNEAU.

Et plus bas par Monseigneur, Chevalier, et scellé.
Registrée suivant l'arrest de ce jour,
A Quebec, 26e Octobre 1720.

" Peuvret."

LOUIS, par la grace de Dieu, Roy de France et de Navarre

A TOUS CEUX qui ces présentes Lettres verront,

Salut.

Estant nécessaire de pourvoir une personne capable pour exercer l'office de Greffier de da Mareschaussée de Québec dans la Nouvelle-France, et sur le bon et louable raport qui nous a esté fait de

reconnaît, mais qu'elle ne saurait donner. Pierre Boucher, Charles LeMoyne, François Hertel, et quelques autres qu'il serait très facile de compter, ont été anoblis. Deux ou trois à peine ont reçu un titre. Ils l'avaient bien mérité du reste. Jolliet, moins heureux que La Salle, n'a jamais obtenu de lettres de noblesse. Cependant, il n'y a personne qui ne tiendrait à honneur de faire remonter sa famille jusqu'à lui, plutôt qu'à son heureux concurrent, Cavelier de la Salle, lequel fut anobli en 1675. Les compagnons de Dollard, Brassier, Hébert, Boisseau, Desjardins, Desforges, Lecomte, étaient des enfants du peuple, de simples ouvriers ; mais ils ont illustré leurs noms.

III

La Religion, plus riche que l'Etat, récompense tous ceux qui se sacrifient pour elle. A ceux-ci, elle décerne la couronne des martyrs ; à leurs enfants, aux autres parents, elle laisse une gloire qui brille encore après plusieurs siècles. Les noms de Couture, de Goupil, de Brigeart, de Laliberté, et de cent autres, rappelleront toujours le courage de ceux qui combattaient pour la vérité aux premiers siècles de l'Eglise.

Comment ne pas aimer ces noms ? ne les pas reclamer comme le plus bel apanage de famille ? Ecoutons le récit d'un de ces martyrs, le jeune Hertel, le *pauvre Fanchon* des Relations, et que l'on dise si cette lettre ne vaut pas, et pour celui qui l'a écrite, et pour ceux qui y sont nommés, les parchemins les plus authentiques.

" Je n'ai plus presque de doigts, ainsi ne vous estonnez pas si j'écris mal. J'ay bien souffert depuis ma prise ; mais j'ay bien prié Dieu aussi. Nous sommes trois François icy, qui avons resté tourmentez ensemble, et nous nous estions accordez, que pendant que l'on tourmenteroit l'un des trois, les deux autres priéroient Dieu pour luy, ce que nous faisions tousiours : et nous nous estions accordez aussi, que

---

notre cher et bien amé le Sieur René Hubert, et de ses sens, suffisance, capacité, prud'homie et expérience au fait de la pratique, A CES CAUSES ET autres à ce nous mouvans, Nous, luy avons donné et octroyé, donnons et octroyons par ces presentes signées de nostre main le d. office de greffier de la Mareschaussée de nostre ditte ville de Québec dans la Nouvelle-France, pour le dit office, avoir, tenir et exercer, en jouir et user aux honneurs, authoritez, prérogatives, droits, proffits, revenus et esmolumens au dit office appartenans et ce tant qu'il nous plaira. Si DONNONS en mandement à Nos amez et feaux les officiers de nostre Conseil Souverain establi en la dite ville de Québec, qu'après leur estre apparu des bonnes vye et mœurs, âge competant, religion catholique, apostolique et romaine du d. Sieur Hubert, et de luy pris et receu le serment en tel cas requis et accoutumé, ils le mettent et instituent, ou fassent mettre ou instituer de par Nous en possession du dit office et le fassent obéir et entendre de tous ceux et ainsy qu'il appartiendra ez choses concernant le d office, CAR TEL EST NOSTRE PLAISIR.

En Tesmoin de quoy nous avons fait mettre nostre Sceel à ces d. présentes.

Donné à Versailles, le vingtième jour du mois d'Avril, l an de grâce, mil sept cent et de nostre Règne, le cinquante septième, signees LOUIS, et plus bas, par le Roy PHELIPPEAUX et scellees du grand Sceau en cire jaune.

Registrées suivant l'arrêt du conseil de ce jourd'huy, par moy greffier en chef en iceluy soussigné,

A Québec, ce 15e Novembre mil sept cent.

" Peuvret."

pendant que les deux prieroient Dieu, celuy qui seroit tourmenté, chanteroit les Litanies de la Sainte Vierge, ou bien, *l'Ave Maris Stella*, ou bien, *Pange lingua*, ce qui se faisoit. Il est vray que nos Iroquois s'en moquoient, et faisoient de grandes huées, quand ils nous entendoient ainsi chanter ; mais cela ne nous empêchoit pas de le faire.

" Ils nous faisoient danser autour d'un grand feu, pour nous faire tomber dedans ; ils estoient tout autour du feu plus de quarante, et nous jettaient à grands coups de pieds, les uns vers les autres, comme une balle dans un jeu de paume, et après qu'ils nous avoient bien bruslez, ils nous mettoient dehors, à la pluye et au froid. Je n'ay jamais ressenty si grande douleur, et néantmoins ils n'en faisoient que rire. Nous prions Dieu de bon courage, et si vous me demandez si je n'avois point d'impatience, et si je ne voulois point de mal aux Iroquois, qui nous faisoient tant de mal, je vous diray que non, et qu'au contraire, je priais Dieu pour eux.

" Il faut que je vous dise des nouvelles de Pierre Rencontre, que vous connoissez bien : il est mort en Saint. Je l'ay veu pendant qu'on le tourmentoit, jamais il ne dit autre chose que ces mots : Mon Dieu, ayez pitié de moy, qu'il répéta tousiours jusqu'au dernier soupir.

" Connoissez-vous Louys Guimont, prit cet esté ? Il a été assommé de coups de bastons et de verges de fer : on luy en a tant et tant donné, qu'il est mort sous les coups ; mais cependant, il ne faisoit que prier Dieu, tellement que les Iroquois, enragez de le voir tousiours remuer les léures pour prier, luy coupèrent toutes les léures, hautes et basses. Que cela est horrible à voir ! et néantmoins, il ne laissoit pas encore de prier ; ce qui dépita tellement les Iroquois, qu'ils luy arrachèrent le cœur de la poitrine, encore tout vivant et le lui jetterent au visage.

" Pour Monsieur Hébert, qui estoit blessé d'un coup de fusil, à l'épaule et au bras, il a esté donné aux Iroquois d'Onneiout, là où il a esté poignardé à coups de cousteaux, par les yurognes du païs. Pour le petit Antoine de la Meslée, ce pauvre petit enfant m'a bien fait compassion, car il estoit devenu le valet de ces barbares, et puis, ils l'ont tué à la chasse, à coups de cousteaux aussi.

" Il y a bien d'autres François encore captifs ; je ne vous en écry rien, car ce ne seroit jamais fait. Il en vient icy quasi tous les jours, et puis mes doigts me font grand mal. C'est grande pitié de nous voir, nous autres qui avons la vie, car ils font plus d'estat de leurs chiens que de nous, et nous sommes bien aises quelquesfois de manger le reste des chiens. En venant icy, quoy que nous eussions tous les pieds écorchez, ils nous faisoient pourtant marcher nuds pieds, et nous chargeoient de tous leurs pacquets, et nous hastoient d'aller à coups de bastons, comme on feroit à un cheval. Quand ils rencontroient quelques-uns de leurs gens, ils nous arrachoient des ongles devant eux, pour les bienveigner ; mais nous prions tousiours Dieu, et ces barbares s'en mocquoient tousiours. Priez bien Dieu pour moy, car j'en ay bon besoin."

Après cela, pourrais-je dire qu'il y a encore un autre genre de noblesse ? Quelques-uns peut-être la repousseront avec mépris. Mais après les témoignages d'estime donnés au chef Huron, M. Vincent, après la satisfaction générale avec laquelle on a vu l'élévation au sacerdoce de M. l'abbé Vincent, plusieurs, je crois, appprendront avec plaisir qu'il y a dans leurs veines du sang aborigène. Les Hurons surtout, les fidèles Hurons, si pleins d'intelligence, les Iroquois avec leur audace ne le cèdent guère à ces tribus de l'Amérique Centrale et Meridionale, auxquelles les fiers Espagnols n'ont pas dédaigné de s'allier. Je me figure combien M. le Commandeur Viger aurait été heureux de savoir qu'un de ses ancêtres était le brave Arontio, *Bel-Arbre*, un des premiers néophytes de la bourgade de *l'Immaculée-Conception*, disciple du Père de Brebeuf et martyr de la foi.

Mais en voilà assez sur le but et les avantages du livre. Qu'on me permette de dire un mot des difficultés que j'ai eues à surmonter. Je n'en parle pas sous l'impulsion d'un mouvement d'amour propre, lequel d'ailleurs me semblerait assez légitime. Je veux faire voir que, si je n'ai pu absolument éviter toute erreur, c'est qu'il était impossible de le faire, et que je mérite quelque indulgence après toutes les peines que j'ai prises.

IV

Il y avait ce que je puis appeler les difficultés matérielles et les difficultés intrinsèques. Dans les premières, il faut placer d'abord l'absence de registres : registres détruits, perdus ou transportés ailleurs. Quand la destruction était constatée, j'avais recours aux greffes des notaires, c'est-à-dire que j'étais obligé de tripler l'ouvrage. Pour les secondes, il fallait attendre si je ne les découvrirais pas un jour. Ainsi, étant à dépouiller les actes de l'Islet, et des paroisses voisines, de ce qu'on appelait la Côte du Sud, je constatai plusieurs lacunes importantes. Il était évident qu'il n'y avait pas eu destruction, les vides n'étaient pas assez grands pour le laisser croire, mais ils existaient. Ce n'est que plus tard que j'ai trouvé à la Pointe-aux-Trembles, près de Québec, les actes qui manquaient à l'Islet. A une certaine époque, chaque missionnaire avait un registre qu'il portait avec lui. Souvent deux ou trois missionnaires évangélisaient la même côte dans une année, et ils déposaient leur cahier là où ils finissaient par s'arrêter. C'est ici le cas.

La partie supérieure de l'Ile de Montréal a été desservie par plusieurs membres zélés du Séminaire de Montréal. Les plus anciens actes contiennent l'origine des paroisses de Lachine, de la Pointe-Claire et de Ste. Anne. Le registre, celui de l'abbé d'Urfé manquait : on ignorait ce qu'il était devenu. J'ai été assez heureux pour le découvrir un jour, perdu parmi d'autres cahiers, reliés en un seul volume et d'une date bien plus récente. Grâce à cette heureuse rencontre nous avons pu identifier des restes humains trouvés dans la Baie d'Urfé, et leur donner un dernier asile bénit par la Religion.

Quelquefois les actes étaient en partie déchirés : il ne restait plus que quelques mots tels que ceux ci : " *Le 24 octobre mil sept cent vingt-huit a été inhumée Louise, âgée de quinze..lerier sa femme.*"

La date du décès, l'âge approximatif de l'enfant et les deux dernières syllabes du nom de la mère ont suffi pour rétablir l'acte dans son intégrité. En effet, en référant au Dictionnaire, on trouve dans une seule famille pendant l'espace de dix ans, le nom d'une femme se terminant par *lerier* : c'est celui d'Angéliqu Cuillerier, femme de Claude Porlier. Mais le travail rendu si facile par l Dictionnaire m'a coûté beaucoup de temps et de recherches.

Un autre jour, je tombai sur une page de cahier littéralement blanche. Ceu qui la virent crurent qu'on avait laissé l'espace pour y insérer plus tard des actes oubliés. Cependant en plaçant le papier sous différents angles avec la lumière il fut facile de voir qu'il avait autrefois reçu des écritures, l'encre ayant fini pa disparaître complètement. La suite non interrompue des lignes me fit conclur que l'acte avait une certaine longueur, que c'était très probablement un acte d mariage. Trois noms étaient plus visibles que le reste, dans une certaine position c'était ceux de l'époux, de son père et de la mère de l'épouse. Poursuivant me recherches je trouvai le baptême d'un enfant dont le père portait le même nom, e la marraine, grand'mère de l'enfant, avait aussi celui qui m'apparaissait comm nom de la mère de la mariée. Référant au Greffe, je trouvai un contrat de mariag qui complétait la preuve.

Les difficultés intrinsèques ont été plus nombreuses et ont naturellemen demandé plus de travail.

A l'époque qui nous occupe dans ce premier volume le nom féodal ou terri torial était considéré comme un signe de noblesse. Aussi tous ceux qui possé daient un fief s'empressaient-ils d'en prendre le nom, faisant ainsi disparaître celu de leur famille. La particule *de* indiquait l'ellipse de la seigneurie de l terre ou fief possédée, sinon la noblesse. *Charles de Longueuil, Claude de la Gess* signifient, CHARLES LE MOYNE, SEIGNEUR DE LONGUEUIL, CLAUDE DE RAMEZAY, SIEU DE LA GESSE. Une terre noble peut être possédée successivement par des famille étrangères les unes aux autres : des seigneuries de même nom peuvent appar tenir en même temps à différentes personnes. De là, des erreurs contre lesquelle je crois utile de mettre en garde ceux qui font des recherches historiques.

Par exemple, j'ai trouvé le baptême de *Charles-Louis Couillard*, mais je n rencontre rien autre chose sur le compte de cet enfant. En grandissant, il étai devenu propriétaire de fief et en avait pris le nom. Je trouve son mariage sous l nom de *Louis Désilets*, qu'on aurait dû écrire *Des Ilets*.

Il règne en général dans les registres une grande confusion entre les nom patronymiques et les noms territoriaux. Il faut y apporter d'autant plus de soi que souvent deux personnes ont porté le même nom. *Robert Cavelier de la Salle* n'es souvent indiqué que par les mots *Robert Cavelier* qui désignent aussi un des pre miers habitants de St. Laurent de Montréal : tous deux étaient contemporains.

Mais il y a encore d'autres appellations, véritables sobriquets d'abord, qu finissent par être des noms propres. Par exemple, on trouve le mariage d'*Antoin Palin* et de *Barbe Gesseron*, et au baptême des enfants, il n'est plus question qu d'*Antoine d'Abonville* et de *Barbe Brulot*.

Voici un cas assez singulier : *Jacques Marquet* épouse en 1699 *Louise Guérin*, e ses enfants sont baptisés sous le nom de *Clocher*, de *Cliche*, de *Clocher dit St. Pierre* Le nom de Marquet ne reparaît plus.

Un sieur *Dugrousse* fit baptiser son fils Jean. Des recherches sur le nor patronymique constatent que Jean était l'enfant de *Hugues Rousse*. Comme je le dis ailleurs, l'oreille était trompée. L'étranger comprenait " enfant Dugrousse. "

L'étude et l'ensemble des registres établit d'une manière certaine la preuve que plusieurs mariages, supposés contractés, vu l'existence des contrats de mariage qui se trouvent dans les études de notaires, n'ont réellement pas été célébrés.

En voici un exemple :

Au greffe de Gilles Rageot, (28 déc. 1689), on trouve le contrat de mariage de Louis Motard et de Madeleine Faucher. Par les registres il est constaté que cette même Madeleine Faucher épouse en 1692, Guillaume Pinel. Etait-elle alors veuve de Louis Motard ? L'acte n'en dit rien ; mais d'autres registres constatent que le même Louis Motard qui avait arrêté les conditions de mariage devant le notaire en 1689, avec la dite Madeleine Faucher, épousait en 1694, Elizabeth Langlois. Donc Louis Motard et Madeleine Faucher n'avaient point contracté mariage, bien qu'il existe au greffe un contrat de mariage qui semble prouver le contraire.

Dans une même famille, plusieurs enfants vivants portent le même nom de baptême ; c'est une cause de fréquentes méprises que le dictionnaire peut rectifier.

Ainsi les registres de Montréal nous donnent en 1674, les actes de mariage de Jean Quenneville, chantre, et, en 1686, celui de Jean-Baptiste Quenneville, chantre. Ce dernier mariage laisserait à croire que c'est *Jean* qui se marie en secondes noces ; mais par les baptêmes qui ont eu lieu dans ces deux familles et dans la même année, il est évident que ce sont les deux frères dont l'un s'appelle *Jean* et l'autre *Jean-Baptiste* qui font baptiser.

Les entrées imparfaites m'ont aussi causé un certain trouble. Que le lecteur en juge. Une sépulture est ainsi indiquée : " Vingt-quatre novembre (1694) nous " avons enterré la veuve Sédilot, âgée de soixante ans." Quelle est cette personne ? Il peut y avoir eu plusieurs veuves Sédilot. Il faudra recourir à tous les mariages des Sédilot, et ensuite aux baptêmes des épouses pour arriver à l'âge indiqué.

Ce n'est pas à titre de singularité que je citerai l'exemple suivant: " Aujour- " d'hui a été inhumé un petit nourrisson de la ville, en présence des petits enfants " témoins qui n'ont su signer. "

Cette sépulture enregistrée si lestement sera peut-être la cause de graves erreurs. On confondra *Marie-Charles*, mort tout jeune, avec *Charles-Joseph*, son neveu, qui aura joué un certain rôle.

Enfin l'orthographe des noms a subi tant de variations, qu'à chaque instant, pour ainsi dire, on est arrêté. Et sous ce rapport, je crois que j'aurai été utile en rétablissant la véritable orthographe des noms de famille.

On écrit aujourd'hui : Bayard, Laigu, Trépanier, etc. ; mais en référant aux actes antérieurs, on découvre que ces noms ont passé par un grand nombre de transformations · ainsi Bayard était Banlia, Bainlast, Baillac, Bayac, Baillard et enfin Bayard. Laigu était Leillu, Lehiu, Leyieu. Trépanier était de Trépagny, etc., Bourhis, s'est écrit Le Bourhis, Bory, Borice et Bourtier.

J'ai relaté avec une scrupuleuse exactitude tous ces changements, et j'en suis arrivé à établir d'une manière irréfutable la filiation de toutes les familles.

Les actes de baptême, mis en regard des actes de mariage ou de décès, devaient naturellement jeter une certaine lumière soit sur les erreurs ou transformations de *noms*, soit sur les lieux où s'effectuèrent les principaux actes d'une famille.

Cependant je n'ai pas la prétention d'affirmer que mon ouvrage soit sans faute. Je puis dire que j'ai fait tout ce qui est en moi, pour le rendre exact d'abord, et complet ensuite.

C'est dans cette vue que j'ai ajouté à la fin les nombreuses'listes qu'on aimera à consulter.

La première carte de la Nouvelle-France dessinée par un des premiers colons sera à la fois une curiosité et un document digne d'attention.

Je terminerai cette partie de l'Introduction, déjà trop longue, par l'appréciation qu'une plume amie a bien voulu faire de mon ouvrage. Ces paroles bienveillantes remontent à ceux qui ont bien voulu m'encourager.

" L'ouvrage entrepris par M. l'Abbé Tanguay est vraiment colossal et unique en son genre. Il donnera la généalogie de toutes les familles canadiennes, depuis l'établissement de la colonie jusqu'à nos jours : ce sera notre *Livre d'Or*, avec cette différence qu'à Vénise, on ne tenait compte que des familles nobles ; mais dans ce *Dictionnaire*, la famille la plus humble figurera comme les plus illustres. Leur commune gloire sera d'être venues sur cette terre lointaine, apporter la civilisation et implanter une race vertueuse et énergique.

" L'exécution d'un pareil ouvrage offrait sans doute certaines facilités relatives. Nous sommes assez près des origines puisqu'aucune de nos familles ne remonte au-delà de 1608. Plus tard, nous aurions été dans les conditions des autres peuples où les origines se perdent après quatre-vingts ou cent ans.

" Chez les anciens, les Juifs avaient des tablettes généalogiques très exactes. Ils les conservaient avec un soin jaloux. Dans les guerres, les persécutions, la captivité, ils cachaient ces tablettes avec le même empressement qu'ils mettaient à soustraire les vases sacrés à la profanation des payens. Malheureusement elles n'ont pu échapper aux usurpateurs qui avaient intérêt à les détruire. Les Juifs n'ont guères, aujourd'hui, de généalogies certaines, que celles qui se trouvent dans l'Ecriture Sainte.

" Dans les temps modernes, l'Islande, cachée dans les brumes du nord, peut se vanter de posséder seule, croyons nous, les généalogies de ses principales familles ; mais non de toutes. L'origine sans doute, en remonte assez haut. Il y a un orgueil bien légitime à établir authentiquement sa généalogie à travers dix siècles, et plus, comme Torswalden, une des gloires de la statuaire, lequel prétendait descendre des premiers découvreurs de l'Amérique. Mais les Islandais, emprisonnés dans leur île, naissants et mourants dans le même lieu, le plus souvent sous la même hutte, peuvent assez facilement recueillir les traditions de la famille et conserver les noms de ceux qui l'ont composée.

" En Canada, principalement aux origines de la colonie, que de vicissitudes et de migrations dans la vie d'un homme ! Né à l'extrémité orientale du Cap Breton, il se mariait en passant à Québec, et s'en allait mourir au Détroit ou à la

Nouvelle-Orléans. M. Tanguay a voulu suivre autant que possible, chaque individu à travers ces périgrinations, et a indiqué le théâtre où s'est accompli chacun des actes solonnels qui marquent l'existence de tout homme. Mais cela ne suffit pas.

" Une personne peut avoir joué un rôle assez important dans le pays, pendant un séjour de quelques années. Elle ne s'est pas mariée au Canada et n'a pas formé ige parmi nos familles, comme MM. d'Avaugour, de Tracy, etc., mais son nom est inséparable de notre histoire : il est d'ailleurs consigné aux régistres. M. Tanguay devait nécessairement le faire entrer dans le Dictionnaire. Le personnage est obscur ; aucun souvenir brillant ne le tirera de l'oubli ; n'importe. Il a été parrain, témoin à une sépulture. Sa présence sera constatée. Un jour, quelque membre de sa famille, un historien peut-être, seront très-heureux de découvrir, sans trop de recherches, des traces de son existence.

" Pour rendre son travail aussi complet que possible, M. Tanguay a étudié d'abord les registres de toutes les paroisses de la province de Québec. Après Québec, il a interrogé le Nouveau-Brunswick, la Nouvelle-Ecosse, les îles du golfe, Ontario, le Détroit, et si je ne me trompe, les établissements canadiens échelonnés sur le Mississipi. Il a donc fallu lire et analyser des milliers et des milliers d'actes.

" Les divers recensements, souvent très détaillés, faits par ordre du gouvernement français, ont aussi fourni des renseignements précieux. Souvent ils ont fait connaître des personnes qui ne figuraient point ailleurs. D'autres fois, ils ont permis d'identifier des individus qui paraissaient sous un nom nouveau. Les greffes des notaires ont rendu plus d'un service, quand les deux premières sources faisaient défaut. Viennent ensuite les *Archives du dépôt de la Marine*, à Paris, que M. Tanguay est allé consulter en 1867 ; les ouvrages sur le Canada tels que Champlain, édition de Laverdière, Charlevoix, Ferland, Faillon, etc., etc.

" On le voit, aucune source n'a été oubliée, et nous avions bien raison de dire plus haut que cet ouvrage est colossal, et unique en son genre.

" Cependant qu'on ne s'y trompe pas. Ce n'est pas une production littéraire, destinée à charmer l'imagination, tout le monde le comprend. Mais quelques-uns pourraient croire qu'il renfermera des détails biographiques, anecdotiques, etc., qu'ils n'auront qu'à ouvrir le livre, pour y trouver la vie de leurs ancêtres. Ce serait une grande erreur. Le Dictionnaire est *généalogique* et non *biographique*. Il donne la lignée de chaque famille ; il renferme, si l'on veut, l'histoire de chaque famille ; la date et le lieu du mariage du père et de la mère ; la date et le lieu de la naissance de chaque enfant, leurs noms ; la date et le lieu de leur mariage ; la date et le lieu de leur sépulture. Voilà les éléments de l'histoire de la famille : il n'y a plus maintenant qu'à les compléter par les recherches ou par les traditions.

APERÇU
ETYMOLOGIQUE ET HISTORIQUE SUR LES NOMS.

Notre nom propre, a dit M. Salverte, (1) est nous-mêmes' dans notre pensée, dans la pensée de ceux qui nous connaissent, rien ne peut le séparer notre idée ; on le prononce et soudain blâme ou éloge, menace ou prière, haine ou affection, c'est nous qu'atteignent les idées et les sentiments que l'on y attache. Quelques syllabes signifiantes, ou dont le sens ne s'applique, dans aucun rapport, à l'homme qu'elles désignent, suffisent néanmoins pour réveiller inévitablement le souvenir de cet homme, celui de son aspect physique, de son caractère moral, des actions et des événements les plus remarquables de sa vie , quelques syllabes suffisent pour rouvrir la source des larmes d'une mère, distraite un moment de sa perte par le temps, ou la consolation ; elles rallument dans les yeux d'un ennemi le feu de la colère, pour l'ami, absent de son ami, elles renouvellent la fois, et le regret et l'espérance.

De toutes les manières de distinguer un individu, la plus naturelle, celle qui se lie le mieux à l'identité du nom et de la personne, est, ce semble, de lui donner un nom qui rappelle ses qualités les plus apparentes.

Les noms ont dû avoir pour origine ces qualités : Le Grand, Le Petit, Le Blond, Le Brun.

La société devenant plus nombreuse, l'indication de ces qualités devint insuffisante. Alors les actions marquantes, les travaux, les goûts, les habitudes, les vertus, les défauts moraux ou physiques fournirent des noms que bientôt on se trouva contraint de reconnaître et d'adopter.

D'autres noms ont pour origine la place que l'on occupe dans la famille ou dans la société, le lieu de l'habitation, ou le voisinage qui le rend remarquable.

On a souvent appelé une simple propriété, du nom de son possesseur, et plus tard, de cette désignation locale, est né un surnom individuel, ainsi : Guillot de la Guilletière ; Gauchet de la Gauchetière , Boucher, de Boucherville ; Lemoyne, de Châteauguay ; Fleury, D'eschambault ; Pecody de Contrecœur.

Le hazard à qui, de tant de manières, les hommes aiment à se confier, a souvent déterminé l'imposition des noms, de sorte que si l'on voulait seulement considérer le son des mots et les rattacher, sans réflexion, aux mots français ou latins qui nous sont familiers, ce serait s'exposer des méprises ridicules, et faire preuve de légèreté ou d'ignorance ; comme il arriva à un prétendu antiquaire qui dans le nom *Marigny*, n'y voyait que du feu...... *ignis.*

(1) Essai historique et philosophique sur les noms d'hommes. – Nous avons suivi et analysé pour ce premier chapitre, excellent travail de M. Salverte.

I
1° SYSTÈME DES NOMS INDVIDUELS ET SIGNIFICATIFS.

Les noms furent d'abord *individuels*. Chez les Hébreux, chaque individu avait son nom, ainsi : Adam, Moïse, Abraham, Isaac, Jacob, Joseph, etc.

Ces noms avaient chacun leur signification : ainsi Adam signifie *terre rouge*, Moïse signifie *sauvé de l'eau*, etc. Les quatre lettre A. D. A. M. sont les initiales des noms que portent en grec, les quatre points cardinaux (*Anatolè, Dysis, Arctos, Mesembria*) cela voudrait-il prouver que Dieu forma Adam d'une terre ramassée au levant, au couchant, au nord et au midi ? (cette opinion a été émise par un théologien que cite *Labrunie*. (1)

Les indigènes de l'Amérique n'ont encore que cette manière de se nommer.

Chez les Hébreux et les Grecs tous les noms sont significatifs, tous émanent d'une cause particulière, la piété, le souvenir d'un grand événement, l'aspect frappant d'une qualité personnelle, un heureux présage, le hazard, l'amitié, enfin et la reconnaissance.

Tel est le besoin de lier une idée au nom que l'on prononce, que les indigènes de l'Amérique Septentrionale donnent un nom tiré de leur propre langue à l'étranger digne de leur attention : le nom qu'il porte dans son pays ne le désigne pas assez pour eux, parce qu'il ne leur rappelle aucune idée qu'ils puissent associer à sa personne.

Dans les *Relation des Jésuites*, nous trouvons plusieurs exemples de ces noms.

Le Sultan de Mascate prenant pour médecin un italien, lui demande comment il s'appelle " Vincenzo" "Je ne te comprends pas, dis-moi la signification de ce mot en arabe. L'italien le traduit par *Mansour*, victorieux ; et le prince charmé de l'heureux présage attaché à cette dénomination, n'appelle plus son médecin que CHÉIK MANSOUR. (2)

Ce système s'est conservé pendant bien des siècles et aujourd'hui on le trouve encore chez plusieurs nations.

Les peuples du nord surtout le suivaient dans leurs appellations individuelles. Il serait facile d'en donner une foule d'exemples ; mais il vaut peut-être mieux donner les racines des noms les plus usités chez les saxons et les scandinaves. La liste qui suit pourra permettre au lecteur de faire plusieurs rapprochements très-intéressants soit dans les noms individuels soit dans les noms de

(1) Entretiens historiques et critiques Ire. partie, page 34.
(2) Nouvelles annales des voyages, (t. 8 p. 6,) Paris, 1819.

famille qui seront donnés plus loin : cette etude lui fournira l'etymologie d'un grand nombre de nos noms canadiens.

QUELQUES RACINES DES NOMS SAXONS ET SCANDINAVES, ETC.

Aba, *homme.*
Ald, *vieux,* (*anglais,* old.)
All, tout, *marque du superlatif.*
Arn, aigle.
Adel, (ethel), *noble.*
Aud. *riche, puissant,*
Ans, *héros, demi-dieu,* (*diminutif,* ansel, anso, anslin.)
Amala, *a formé,* Amélie.
Bert, (*anglais,* bright,) *éclatant, illustre.*
Bald, (*anglais,* bold,) *hardi.*
Ber, bern, *ours.*
Bill, *hache de bataille.*
Brand, *épée.*
Brau, 1° *couleur brune,* 2° *impétueux.*
Bur, (1) (*latin,* telum, sagitta,) lance, flêche.
Bour, (*teuton,* filet,) instrument de pêche
Bryan ou Breyen, (2) *bas-breton,* chef ou roy.
Cuth, connu, (*anglais,* famous.)
Dagg, (*anglais,* day,) jour.
Ed, Ead, *prospérité.*
Ermen, irmin, *Dieu de la guerre.*
Ebr, evr, ovr, *sanglier.*
Frid, fred, frith, frey, *paix.*
Fulk, *abondance.*
Full, fil, phil, *plein,* (*marque de superlatif*).
Gab, Geb, Gib, *donneur,* (*du verbe* Geban, donner, (*anglais,* to give).
Galt, *sanglier.*
Ger, gar, geir, *lance.*
Gesil, *compagnon.*
Gum, gom, *homme.*
Gunt, gud, gun, *bataille.*
Grim, *farouche.*
Gild, doré, *précieux.*
God, got, *Dieu.*
Hild, *child, guerre,* (Brun-hild, *Brunehaut*).
Hyge, *pensée, réflexion,* — hugo, *réfléchi, pensif.*
Had, *guerre, bataille.*
Ham, *maison,* (*anglais,* home,) *diminutif,* Hamel, Hameau.
Helm, *casque,* (*contracté* en héaume, hyaume).
Here, heri, hor, *armée,* (*contracté souvent à la fin des mots en* HIEN (exemple Berthier Bert-here.)
Hart, hardt, *dur, fort,* (*anglais* hard)
Hum, *géant.*
Hall, *héros.*
Ing, inger, *descendant, postérité.*
Karl, *homme.*
Ker, *en bas breton, signifie ville* ; Ker-Martin, Ker-Ganivet, Ker-Gariou, Ker-Oach, Ker-Iolet.
Land, *terre.*
Liub, Leob, *amour.*
Lied, hlad, leod, luid, 1° *peuple,* 2° *prince.*
Leof, *ami.*

Mark, *limites, frontières.* (quelquefois de Marcus, vieux latin.)
Mund, *protection.*
Mar, mer, more, *illustre, renommé.*
Nant, *audacieux,* (nant-hild).
Old, *souvent contracté de* Wald.
Os, *même signification que* Ans, demi-dieu.
Oger, Ogier, (Otger) *Auger, Augé, Augereau.*
Odo, Odon.
Olaf, *doux, paisible.*
Pip, prompt, *impétueux.*
Rad, Rath, Ratt, quelquefois Red, *conseil.*
Ram, ou hram, *fort.*
Ragn, Regin, Regn, *Dieux scandinaves*
Red, même signification que 1° Rad, 2° Rud.
Ric, Rih, Rich, *qui a l'autorité ou la richesse*
Rud, reod, *rouge.*
Ruom, Hruom, *gloire.*
Sib, sir, *amitié.*
Sige, *victoire.*
Tanc, thanc, *réflexion.*
Theut, Theod ; *peuple, nation.*
Ulf, Olf, Wolf, Welf, Guelp, *loup.*
Win, 1° *combat,* 2° *cheri, bien-aimé,* (*il n'est pas toujours facile de distinguer ces deux sens*) ainsi God-win, cheri de Dieu, Bald-win, hardi dans le combat.
Wald, (*par abréviation,* old) *puissance.*
Ward, 1° *gardien,* 2° *digne* (*anglais* Worth).
Worren, *dispute.*
Wala, *étranger.*
Wit, wiht, (*latin* Vir) homme par excellence.
Wigh, *guerre.*
Will, *volonté, impétuosité,* (*diminutif,* Willet)
Wi, *sainteté.*

Le nom hereditaire étant commun à tous les membres d'une famille, il faut que chacun d'eux y joigne un signe qui le distingue. Le besoin de ce signe ne peut point exister dans le système des noms *individuels.*

Chez les Romains, le nom héréditaire et propre à tous les membres de la famille, (*nomen*) était constamment precédé d'un prénom, (*prænomen*) qui distinguait chaque individu. Les prénoms ne suffisant pas pour marquer cette distinction, le nom fut suivi d'un surnom, (*cognomen*), ou de plusieurs, et quelquefois de l'*agnomen,* genre de surnom particulier.

Leurs noms et surnoms ressemblaient beaucoup aux nôtres quand à la signification, et à la manière dont ils se formaient. — *Feller,* tome 1er Quelques échantillons pris au hasard dans la liste des Consuls Romains se trouvent à la page XXI.

L'adoption qui faisait passer un citoyen d'une famille dans un autre, lui conferait en même temps le prénom, le nom et le surnom de son père adoptif ; mais pour conserver la trace de son origine, il y ajoutait un genre particulier de surnom (*agnomen*), regulièrement derivé du nom patronimique auquel il renonçait. Ainsi, OCTAVE, adopte par CÉSAR, s'appelait Caius Julius Cesar OCTAVIANUS.

Le nom de la mère devenait aussi l'origine d'un *agnomen* ou d'un surnom et d'autant plus fréquemment que c'était le seul moyen d'en conserver le souvenir.

Le système de noms chez les chrétiens semble

---

(1) Bur est radical de plusieurs termes français : Burin—Bourreau—Bourreler.

(2) Une des familles les plus anciennes de l'Irlande est celle des O'Bryen, (littéralement *fils de Roy*).

succéder immédiatement au système Romain. Le nom de baptême remplaçant le *prénom*, est suivi du *nom*, celui de la famille, auquel se joint souvent un *surnom*, qui d'ins l'origine, a dû rappeler le lieu de la naissance ou du séjour habituel, le nom d'un domaine, d'une seigneurie réelle, ou imaginaire.

Les peuples, qui sur les débris de l'empire romain, fondèrent tant de royaumes, quelques-uns doués par le sort d'une heureuse stabilité, d'autres destinés à se dissoudre et à s'écrouler successivement, les Francs dans les Gaules, les Saxons en Angleterre, et, dans l'Espagne et l'Italie, les Goths, les Suèves et les Lombards, tous en un mot, n'apportèrent au sein de leurs conquêtes, que des noms *individuels*.

Le christianisme né dans un coin de l'Asie, couchée alors sous le joug des Romains, avait subjugué Rome, devenu la religion de l'empire, les barbares qui conquéraient l'empire furent à leur tour sa conquête, et barbares et romains, tous durent désormais recevoir leurs noms du christianisme.

Mais l'habitude, fille du temps, ne résigne guère qu'au temps le pouvoir qu'elle a reçu de lui, et jamais ce pouvoir n'agit avec plus de constance, que sur le choix des noms propres qui s'identifient à notre personne et à notre vie entière.

L'Église chrétienne avait de bonne heure témoigné le désir que les noms des enfants qu'elle adoptait fussent puisés dans ses fastes, et consacrés par elle, les Hébreux, les Grecs, les Romains au milieu desquels avaient vécu les premiers hommes dont la sainteté l'édifia, et qui dès lors pouvaient plus facilement se ployer à sa volonté, furent longtemps néanmoins avant d'y obéir avec une docilité parfaite.

St. Jérôme au IVme. siècle se plaignait éloquemment de cette résistance au vœu de la piété

St Grégoire-le-Grand, à la fin du VIme. siècle, voulut y mettre un terme, en transformant en précepte, ce qui n'avait été jusques-là qu'un conseil et une recommandation. Ce précepte, inséré dans son *Sacramentaire*, n'entraîna pas d'abord une obéissance générale.

La persévérance des chefs du culte devait cependant finir par triompher.

Le sacrement qui rouvre à l'homme l'entrée du ciel n'avait point été, dans l'origine, accompagné de la cérémonie d'imposer un nom au néophyte que régénérait l'ablution salutaire Longtemps on tendit les approches de la mort et la certitude d'échapper, en cessant de vivre, au risque de contracter de nouvelles souillures, pour revêtir la robe blanche et solliciter le baptême Longtemps l'Église condamna en vain le calcul de ces hommes qui ne voulaient renoncer au vice qu'en renonçant à la vie. Lorsque la crainte d'être surpris par la mort, avant d'avoir reçu le sacrement régénérateur eut enfin assuré la victoire, la crainte pieuse que les parents éprouvaient pour eux-mêmes, pouvaient-ils ne point ressentir pour leurs enfants?

Que de larmes coulaient sur ceux qui, ravis prématurément au jour, se trouvaient en même temps exclus du royaume des cieux ! L'Église permit de conférer le baptême aux enfants ; mais le sacrement n'était administré que deux fois l'année, aux fêtes de Pâques et de la Pentecôte, tandis que l'imposition du nom avait lieu, comme par le passé, le huitième ou le neuvième jour après sa naissance La coutume aurait donc été bien rarement modifiée par l'innovation religieuse, si, avec celle-ci, elle n'eût conservé un usage, né aux premiers jours du christianisme, et auquel diverses circonstances avaient donné une grande extension

Présentés par les zélateurs de l'ancienne religion, les chrétiens, avant d'accueillir un prosélyte, qui pouvait n'être qu'un traître et un délateur, voulaient qu'un chrétien répondît de la pureté de sa croyance et de ses intentions , le répondant était un parrain ou une marraine, suivant le sexe du néophyte

La persécution cessa : la formalité dont elle avait faite un besoin subsista , et elle dut paraître aussi nécessaire que jamais, dès qu'on admit les enfants au baptême, longtemps avant qu'ils pussent connaître ce qu'ils devraient croire un jour. Le parrain, la marraine se rendirent cautions devant l'Église et devant Dieu, de l'instruction future de l'enfant et de sa foi soumise, ils devinrent en quelque sorte ses père et mère aux yeux de la religion. Cette *adoption*, spirituelle, assez puissante pour entraîner un empêchement au mariage, imposant encore le devoir de protéger et d'aimer le filleul comme un fils ; on la célébrait en lui faisant, dans la personne de ses parents, des dons proportionnés à la différence des fortunes.

Sous plus d'un rapport cette adoption se rapprochait de celle qui avait existé chez les romains. Il sembla donc naturel, que le parrain, s'associant aux droits ainsi qu'aux devoirs du père, transmît son nom au filleul, en déterminant celui qu'il devait recevoir, c'est ce qu'il ne pouvait faire que sous les auspices de la religion : la religion dès lors influa souvent sur le choix. Les papes et les évêques s'honoraient d'être les parrains des princes et des grands seigneurs , les religieuses se firent longtemps un devoir de rendre le même office aux enfants exposés par leurs parents, les uns et les autres laissaient sans doute, le moins possible, échapper ces occasions d'étendre un usage que l'Église voulait rendre universel. Enfin, quand le baptême fut administré, sans distinction de jour ni d'heure, quand la piété rendit responsables du salut de leurs enfants les parents qui différaient cette importante cérémonie, l'imposition du nom en devint une partie essentielle, le nom dût être béni par l'Église, et choisi dans le nombre de ceux que consacrait sa vénération, afin qu'en plaçant l'enfant sous la protection d'un patron céleste, il attestât toute sa vie, cette auguste clientèle.

Si la coutume d'adopter des noms de saints a prévalu, ce n'est pas que longtemps on n'y ait dérogé Les rois, les princes, quelle que fut leur dévotion, tenait aux noms nationaux que le peuple était habitué à révérer. Averti d'ailleurs par le secret qui identifie le nom à la personne, comment l'homme puissant n'eut-il pas répugne à se confondre avec le vulgaire sous un rapport si essentiel ? Et quand on croit, sur la terre, former une espèce à part, ne doit-on pas s'attribuer une classe spéciale de patrons.

Le christianisme qui apprend aux hommes à se croire tous égaux devant Dieu, les rendait ainsi égaux sur la terre, autant du moins que le com-

2*

porte l'identité du nom et de la personne. La ressemblance de noms rapprocha ceux que, dans la société séparait un intervalle immense. Le baron le plus puissant, le serf le plus abject, deux ennemis irréconciliables, répondaient à la même désignation, et près du même Dieu, invoquaient le même intercesseur. Plus d'une fois, peut-être, cette communauté de nom, cette sorte de fraternité toucha ces âmes altières et haineuses ; plus d'une fois elle diminua les distances créés par le ressentiment ou l'orgueil entre des hommes que la mort devait si tôt réunir dans une paix et une égalité éternelles. Si telle fut son influence, la piété avait atteint son but : elle tendit à édifier les hommes, à les sanctifier, et ne s'inquiétait pas si, dans la vie sociale, les nouveaux noms remplissaient bien ou mal les fonctions de signes distinctifs.

Dans la multitude infinie des noms de saints, il n'y en a qu'un nombre assez borné dont on fasse un usage assez habituel. Leur continuelle répétition exposa de bonne heure à confondre les individus dans une même classe comme dans les classes les plus éloignées Jugeons de l'excès où pouvait arriver la confusion par ce qui se passa en Lithuanie en 1387 Ladislas Jagellon, duc de Lithuanie, devenu chrétien et roi de Pologne, persuada à ses anciens sujets d'abjurer, à son exemple, leur croyance nationale. Les grands, les guerriers furent baptisés séparément ; mais on divisa en plusieurs troupes la multitude. Les prêtres baptisaient à la fois une troupe entière, et conféraient le même nom à tous les individus qu'elle renfermait, dans la première, tous les hommes furent appelés *Pierre*, et toutes les femmes *Catherine*, dans la seconde, *Paul* et *Marguerite*, etc Il était difficile que chacun de ces nouveaux chrétiens n'ajoutât pas quelque désignation particulière au nom qu'on venait de lui donner, et cette nouvelle dénomination forma le nom de famille

La pluralité des noms de baptêmes est née, sans doute, de l'espoir de multiplier ses intercesseurs auprès du Tout-Puissant, espoir encouragé par l'Église, qui approuve l'usage d'ajouter aux noms de baptêmes de nouveaux noms, lorsqu'on reçoit le sacrement de Confirmation. Cependant, bien que dans l'acte religieux du baptême on laisse à la dévotion toute la latitude qu'elle réclame, que l'on ne diminue rien à la condescendance due aux désirs d'un père, d'une mère, d'un parrain, d'une marraine, d'un ami ou d'un protecteur, il serait à souhaiter que, dans l'acte qui, aux yeux de la société, constate la naissance et devient la base de l'État civil, on n'insera qu'un seul nom, tellement choisi qu'il ne fût celui d'aucune autre personne de la famille (1) Alors le *prénom*, rendu à sa destination véritable, distinguerait d'abord ceux que réunit la communauté du nom de familles. C'est peu que l'usage contraire surcharge la langue essentiellement concise de noms propres, ces combinaisons variées que l'on considérait d'abord comme un moyen distinctif, portent les ténèbres où elles devraient

(1) L'on a en Canada de fréquents exemples de famille, où tous les enfants portent le même nom de baptême. Ainsi, dans une famille composée de seize enfants, tous, filles et garçons, portent le nom de Louis ou Louise, et le seizième est plus souvent désigné par le nom de Louis XVI que par son nom de famille.

répandre la clarté, par la facilité avec laquelle elles admettent, je dirai presque, elles provoquent les erreurs. On ne s'est pas ce qu'on prépare de soucis à son enfant, en multipliant ses prénoms. Qu'il en omette un, ou qu'il intervertisse leur ordre dans l'acte le plus simple (et combien de fois cela est-il arrivé par l'inadvertance d'un copiste !) que de nullités s'ensuivront jusqu'à ce qu'on ait reconnu l'erreur, et alors que de formalités pour la réparer ! Des discussions pénibles, des retards interminables, dans toutes les transactions de la vie civile, et même des procès graves. des pertes considérables de fortunes, n'ont souvent pas eu d'autre origine.

II.

SYSTÈME DES NOMS DE FAMILLE.

Les noms de familles ou les noms PROPRES n'ont pas eu leur existence avec les premières races.

Suivant une hypothèse assez commune l'origine de la plupart des noms de famille en France ne daterait que du XIIème siècle.

Mais quelque variées que semblent les circonstances qui déterminèrent l'invention des noms, leurs résultats cependant furent bornés, eu égard au nombre des personnes que l'on avait besoin de désigner.

Que faire pour distinguer deux personnes qui portent le même nom ?

C'est de donner un *surnom*. Voilà le moyen de distinction cherché. Et quoi que l'invention de l'un, découlant des mêmes sources que celle de l'autre, soit également bornée et qu'un surnom puisse appartenir à plus d'une personne, telle est toutefois la multiplication des combinaisons binaires, que le même nom devra s'unir bien rarement au même surnom pour deux personnes différentes.

Le surnom le plus simple le plus naturel, celui qu'on retrouve chez presque tous les peuples se forme en joignant, au nom du fils, celui du père.

Ainsi chez les Hébreux disait-on *Isaac fils d'Abraham, Joseph fils de Jacob*, etc.

Les langues d'origine teutonne ajoutent le mot *son* (fils) après le nom du père. Delà tant de noms de famille Suédois, Danois, Allemands Anglais, qui affectent cette terminaison, tels que, Fergusson, Owenson, Paterson.

En Angleterre l'addition d'un s final au nom paternel suffit pour transformer en surnoms, puis en noms propres ou de famille des prénoms chrétiens : *Peter's, Williams, Richards*, littéralement, fils de Pierre, de Guillaume, etc.

En Espagne, c'est la syllabe *Ez* qui fait cette transformation : *Henriquez, Lopez, Fernandez*, fils d'Henri, de Loup, de Fernand.

C'est très probablement de la même manière, c'est-à-dire, en mettant le nom paternel au génitif que d'André, De Pierre, De Jean, sont devenus en France, des noms de famille.

Dans le pays de Galles, le signe de la filiation a formé les surnoms qui, plus tard, sont devenus héréditaires.

Place entre deux noms le mot *ap* (de) exprime la descendance *Rhys ap Evan*. Rhys (fils) de Evan. L'usage a fait disparaître la voyelle ; on a dit *Rhys-Bevan* et l'on a formé, suivant la même ègle les noms patronymiques de Bowen (ap Owen) rice (ap Rhys).

Les noms de la mère ou d'un parent plus illustre que le père, ont aussi produit des *surnoms.*

Les propriétaires ont toujours aimé à donner leurs noms à leurs terres , c'est un usage dont il est fait mention dans les psaumes :

" *Vocaverunt nomina sua, in terris suis.*"

Cette imposition de noms se fait de diverses manières : prenons pour exemple le nom de *Martin* , nous aurons :

1° *Martigny, Martignac, (gny, igny,* au nord de la France, *gnac,* au midi , terminaison celtique, qui signifie *habitation.)*

2° *Martinville, (villa, ferme)*

4° Martinval ou Valmartin.

5° Martinvast, (voir Vast et Gast)

6° Mesnil-Martin

7° Dammartin, (*Domus*).

8° Laroche-Martin.

9° Château-Martin.

10° Ker-Martin, (*en bas Breton, Ker signifie villa, ville*).

11. La Martinière, (ière ou *re, désinence celtique, signifiant demeure*).

La seigneurie qui a tiré son nom du propriétaire devient souvent un titre de noblesse que celui-ci, ou du moins son successeur, ajoute à son nom : Comme M. de la Martinière.

Toutefois les noms de villages et de terres sont une preuve assez équivoque de noblesse ; ce n'était parfois que des surnoms indiquant l'origine ou l'habitation.

Les actions les aventures et les qualités personnelles ont aussi enfanté un grand nombre de noms.

Tous les sentiments qui naissent des rapports des hommes entre eux ont participé à l'invention des surnoms : l'amitié, la familiarité en ont introduit un grand nombre dans la vie intérieure.

Quelquefois le diminutif a été donné comme nom propre à l'enfant dès son berceau, et pour toute sa vie *Tertullianus, Domitilla.*

D'autrefois la tendresse des parents ou la petitesse de la taille faisait dégénérer le nom baptismal en diminutif qui restait attaché toute la vie et passait parfois même à la posterité : par exemple *Jeannot, Pierrin, Martineau.*

Nous croyons devoir donner ici la liste complète des différentes sources des noms de nos familles canadiennes, ces sources peuvent se diviser en treize categories principales.

1° Des métiers et professions industrielles.

2° Des titres honorifiques, fonctions publiques, féodales ou domestiques, (les titres les plus honorables paraissent prodigués, c'est qu'en effet, chaque association avait son roi, etc , et souvent celui qui avait joué un rôle dans une representation, on conservait le titre, comme L'*Evêque*)

3° De l'agriculture, ou des endroits où l'on avait sa demeure ou sa propriété.

4° Des qualités personnelles, physiques, intellectuelles ou morales, vêtements, habitudes, relations de famille, etc.

5° De quelqu'aventure ou de quelqu'accident.

6° Du pays dont on était natif ou dans lequel on avait demeuré, ou dont on connaissait la langue

(St. François d'Assise fut appelé ainsi, parcequ'il savait bien la langue *françoise* ou *française*).

7° et 8° Des noms personnels qui ont été transmis aux enfans. Ces noms se tirent. 1° du latin, du grec et de l'hebreu : 2° des langues septentrionales, c'est-à-dire du saxon, du celtique, et des dialectes scandinaves. (1)

9° Des oiseaux ou autres animaux.

10° Des noms de terres auxquelles les propriétaires avaient déjà donné leurs noms.

11° Des sobriquets que les marins et les soldats se prodiguaient entre eux, et dont le Canada peut fournir une liste curieuse.

12° Des noms français traduits en anglais.

13° Des noms étrangers.

I° — MÉTIERS ET PROFESSIONS INDUSTRIELLES.

Barbier.
Berger, *diminutif* Bergeret, Bergeron.
Boucher.
Boulanger.
Bouvier.
Braconnier.
Brossier.
Cantour, (le), *Chantre*.
Carpentier, *Charpentier.*
Carrier, *qui tire la pierre d'une carrière.*
Cacheux, Chasseur, cacheur.
Charbonnier.
Chapuis, *Charpentier.*
Carron, *Charron.*
Chartier, Cartier, Charton, Carton, Charlier, Carlier, *charretier.*
Chasseloup, Chasselièvre, Cachelièvre.
Chaunier, *qui vend ou fait de la chaux.*
Cirier.
Cloutier.
Coquillier.
Cordier.
Cuillerier, *qui fait des cuillers.*
Febvre, (*Faber, qui travaille les métaux*) par exemple ori-faber Gold-Smith or-febvre ; Fabre, Favre, Favreau, Feveret, Fevreau, Faveron, Faure, Faivre, Lefebvre, (en *anglais*, Smith, et en *allemand* Schmidt).
Ferron.
Foulon.
Fournier, *qui a le four banal* , (Fournel, *Fourneau*).
Gastelier, *qui fait des gâteaux.*
Jardinier.
L'arpenty, *l'opprenty.*
Leverrier.
L'huilier, *qui fait ou vend de l'huile.*
Magnan, Magnin, *chaudronnier.*
Marchand.
Mercier, Mercerot, Mercereau.
Messier, *qui a une garde des moissons.*
Metayer, *métairie.*
Metivier, *qui moissonne.*
Meneur, (Le).
Meunier, Mousnier, Minier, Mounier, (Migneron, *diminutif de* Migner), Moulnier, Molinier, Magnier.

(1) Nous en faisons deux articles, VII et VIII.

Pailleur (Le).
Paremenlier, *tailleur, qui fait des paremenls.*
Pastourel, *diminutif de Pastor.*
Pelissier, *qui fait des pelisses, ou habits, ornés de peaux ou de fourrures.*
Pelletier, *(Pellis) qui travaille ou vend des peaux.*
Pilleur, (Le).
Porcher.
Potier.
Queux, (Le), (en latin *Cocus*,) Lecoq, (en italien *Cuoccho*,) (en anglais *Cook*,) *cuisinier.*
Roulier, *espèce de charretier.*
Saucier.
Saulnier, *qui fait ou vend du sel.*
Scieur, (Le).
Sueur, (Le), (latin *Sutor.*) *cordonnier.*
Taillandier, *qui vend des outils taillants ou tranchants.*
Tascher, *qui travaille à la tâche, (dimin. Tascheron, Taschereau).*
Tavernier.
Tellier, *faiseur de toile.*
Tixier, Tissier, Tessier, Tessereau, *Tisserand.*
Tuilier, (anglais Tyler,) Thullier, *qui fait ou vend des tuiles.*
Vannier.
Veneur, (*Venator*), *chasseur.*

II° — TITRES HONORIFIQUES, FONCTIONS PUBLIQUES, FÉODALES OU DOMESTIQUES.

Abbe, (L').
Archevêque, (L').
Asnier, (L').
Bailly, Baillif, Baile, Baylon, Bailleul, *procureur dans une maison, ou administrateur de la justice au nom du prince.*
Bourgeois.
Boursier.
Bouteiller.
Capelain, *chapelain.*
Chamberlan, Chambrelan.
Cellerier, Seleurier, *qui a le soin de cellier*
Clerc, (Le).
Comte, (Le).
Censier, *censilaire.*
Chevalier, Cavelier.
Clavier, *garde-clefs.*
Dacier, *receveur d'un certain impôt*
Doyen.
Duc (Le).
Ecuyer, (L'), Lescuyer.
Evêque, (L').
Forestier, Fortier.
Huissier, (L') (*qui ouvre l'huis, c'est-à-dire la porte*), Lussier, etc.
Maitre, (Le).
Marechal, *certain intendant dans la maison d'un noble.*
Marquis.
Mesurier, Masurier, *cultivateur soumis au droit annuel de masurage.*
Mire, (Le), *médecin.*
Moine, (Le), Moigne, *dimin.* Monge, Mognet, Monet.
Page, (Le), Pageot.
Pinard, *receveur des impôts.*

Prevost, Provost, *præpositus*
Prieur, (Le).
Prince, Princeau.
Prud'homme.
Richehomme, Richomme, Richaume
Roturier, *qui tient une terre en roture.*
Roy.
Seneschal, *sorte d'officier dans le palais d'un noble.*
Sergeant, *homme d'armes, habillé de serge.*
Sieur, (Le), *le Seigneur, peut-être aussi le Sieur.*
Sire, Siret.
Terrien, *qui a le soin d'une terre ou de recevoir les revenus sur les terres.*
Vacher, Vacherot.
Vavasseur, Vasseur, *qui possède un fief en dépendance d'un seigneur.*
Verdier, *garde des forêts.*
Vicomte, (Le), (*anglais* Viscount)
Viger, *lieutenant d'un prévôt ou d'un bailli.*

III° NOMS TIRÉS DE L'ENDROIT OU L'ON AVAIT SA DEMEURE OU SA PROPRIÉTÉ, ETC., DE L'AGRICULTURE, ETC.

Aulne, (*arbre*), l'Aulnay, Launay, Launoy, Dessaulniers.
Avoine, Avenne, Avenel, Davenne.
Barte, *bocage, ballier, broussailles.*
Beaulieu.
Blache, *terrain planté de jeunes chênes et de châtaigniers assez espacés pour qu'on puisse la bourer.*
Bois, Bosc, Bosquet, Bousquet, du Bosc, Dubaut, Boissy, la Boissière, Bois-vert, Bois-Monu Dur-Bois, Bois-briant, Bois-Berthelot.
Boulay, la Boulaye, (*lieu planté de bouleaux*)
Bourg, (*dimin.* Bourgeau, Bourget,) du Bourg, Bourgneuf, Borneuf.
Breuil, (*parc ou verger entouré de murailles*) Breul, Brule, Du Brule, Breuilly, Brenillet, Brouillet, (*italien*, Broglio De Broglie.)
Bruyere, Brière.
Buis, (*arbuste*) Bussière.
Buisson, Bisson.
Carrière.
Case, *casa*, maison, (Case-neuve,) de Caze, *dim.*
Cascau, *une ferme, hameau.*
Champ, *dim.* 1° Champeau, Campeau ; 2° composés Beauchamp, Longchamp, Champ-Flour Changarnier, Chandonne, Champlain.
Charme, (*arbre*,) Ducharme, Ducharmoy.
Chêne, Duchene, Duquesne, (*dim* Chesneau Chesnel, Quesnel,) Quesnoy, Quesnay, LaChenaye, Chesnay, *lieu planté de chênes,* (*composé* Chêne-vert, Quesno-ville, Chenneville.)
Combe, *vallée,* (*dimin.* combelle.)
Cormier, (*arbre*) Des Cormeaux, Des Cormiers
Cotin, *chaumière,* (*collage.*)
Coudre, du Coudray, Coudrette.
Couture, Coutil, (*cultura*), *champ cultivé ou jardin.*
De l'Isle, des Islets.
Des Pâtis, (*pâturages*).
Desrosiers, Rose, Larose.
Epine, l'Epinay, l'Espinay, l'Epinette.

Essart, *terrain défriché pour être mis en culture*, Lessart, Des Essarts.

Frêne, Fresne, Fresnay, la Frenière, la Frenaye.

Fontaine, *(dans le midi de la France)*, Fond, Lafond, Fontenay, Fontenoy, Fontenelle, Bonne-Fond, Font-blanche, Font-brune, Font-ville.

Fougère, Fougeray.

Frichet, *lieu défriché.*

Gault, *(forêt).*

Hallier.

Hamel, hameau, *dimin.* de HAM, HOU, maison, *groupe de maisons où il n'y a point d'église et qui dépend d'un village.*

Hêtre, (latin *Fagus*,) Fay, Fage, De la Fage, Faoucq, Dufocq, *(dimin.* Fayet,) De la Faye, Dufaut.

Heurtebise, Heurtevent, *(exposé à la bise, ou vent).*

La Brousse, la Brosse, *broussailles.*

La Châtaigneraye.

La Garenne.

La Rue, La Voye, Du Chemin, Beauchemin.

Laforêt, Da Silva, La Ramée, Labranche.

Lalande.

Laurier, Des Lauriers.

Latour, Tourelle, Tour-blanche.

L'oignon.

La Tulipe, L'œillet.

Laviolette, Lafleur.

Laframboise,

Prunier, *(prunier.)*

Raisin, Lagiroflée.

Plante, Laplante.

Poireau, L'abeille.

Lapervenche, (Pervencher, Provencher.)

Cerisier, Pommier, Jasmin.

Chardon, L'ortie, L'oranger.

Mourier, *(murier.)*

Sureau, Dessureaux.

Laverdure, Saulge.

Maison-neuve.

Marais, Marets, Marois.

Mas, *(héritage divisé en plusieurs locations).*

Maupas, *mauvais passage.*

Meslier, *(arbre)* Nelier, Desmeilliers

Mesnil, *(en latin, manere, mansile,) petite ferme avec une maison.*

Métairie, *(en latin, metere, moissonner), propriété rurale.*

Mézière, *arbre,* Mézeray.

Mont, Mont-rouge, Rouge-mont, Mont-plaisir.

Motte, *monceau, tertre, maison bâtie sur une éminence.*

Moulin, Molin.

Moustier, *(monasterium, église,)* Moutier, Dumontier.

Noüe, *(Nova, Novale,) terre nouvellement défrichée,* la Nouette, Lanoe, Lanaux.

Olivier, *(nom personnel).*

Osier, Ossaye, Lauzier.

Orme, de l'Orme, des Ormeaux.

Pertuis, *ouverture, trou,* Mau-pertuis.

Perrière, *(carrière de pierres),* Perron, Perras, Peyret

Pin, Du Pin.

Plessis, *parc, maison de plaisance.*

Pont, du Pont, (du Ponchet, *petit pont).*

Poirier, Périer.

Pré, la Prairie, Prey, Dupré, Duprat, *pratum,* Préau, Pré-jean, Préfontaine, Pré-nouveau, Pruneveau, Premont, Despreaux, Rondpre, Grandpre, et Longpre.

Puy, Puis, Puech, Puch, Pech, *(dans le midi de la France) Podium,* colline, éminence, (le Puy-de-lôme); n'a rien de commun avec *Puteus,* puis.

Roche, Rocher, Roque, Larocque, Rochereau, Rocheron, Rochelle, Roquette, Roque-brune, le Roquet.

Rivière, Riverin, Larivière, Durivage.

Ronce, Laronche, Ronceray.

Rouvre, *(espèce de chêne) Robur,* Rouvray.

Sable, Des Sablons.

Saule, Du Saulx.

Jonc, Jonquet.

Tremble, Tremblay.

Vallée, Laval, Duval, des Vaux, Levallon, Longue-val, Bonneval, Courval

Vast, Gast, *(lieu inculte)* Gatine, Gatineau, *terre inculte).*

Verger.

Vergne ou Vernhe *(nom de l'Aulne dans le midi de la France),* Lavergne, Vernière, Vernay, Duvernay, Duvernois.

Vigne, Vigneau, Desvignots.

IV° — QUALITÉS PERSONNELLES, PHYSIQUES, INTELLECTUELLES OU MORALES ; VÊTEMENTS, HABITUDES, ETC., RELATIONS DE FAMILLE.

Agile.

Baron, *signifie* 1° titre de seigneurie, 2° quelquefois, mari, époux.

Beau, Lebel, Bellot, Belleau, Bellet.

Besson, *(jumeau)* Bisson, Bissonet.

Blanc, Blanchet, Blanchard.

Blond, Blondin, Blondeau, Blondel.

Bon enfant.

Bonvoisin.

Bossu, Bossuet.

Brun, Brunet, Brunel, Bruneau.

Canu, Chenu, (latin *Canus,) qui a des cheveux blancs.*

Chapedelaine.

Chauve, Chauvin, Chauveau, Chauvillon, Cauvin, Calvin, Chauvet.

Chaussegros.

Clair, *Illustre.*

Compain, Compan, *Compagnon.*

Court, *dim* Courteau, Courtel.

Courtemanche.

Cousin, dim. Cousineau.

Courtois.

Doucet.

Doucin, Doucinet.

Desnoyers.

Droit.

Fauvel, *Fulvus,* Fauveau.

Filâtre, *correlatif à marâtre, fils d'un premier mariage (diminutif* Filiatreau) *composé,* malfilatre.

Filleul.

Frère, Frèret, Frérot.

Garceau, *diminutif* de gars, *(jeune homme, garçon).*

Généreux.

Gentil.
Gendre, Gendros, Gendron, LeGendre.
Grand, Grandet, Grandin.
Gros, Gras, Fluet, (en latin, *crassus, macer, macrinus*)
Grossejambe.
Hautdecœur.
Hardy.
Joli, Joliette,
L'Amoureux.
Lamy.
Lafrisade.
Leborgne
Lebon.
Legay.
Legris, Grisdelin, Grisart.
Laisne.
LeBas, Basset.
Lecamus.
Ledret
Ledoux.
Lefranc.
Lefort.
Lefinet.
Ledepensier.
Leménager.
Lemeilleur.
Lesage.
Letendre.
Léveillc.
Lejeune, Levieux, Vieillard, Villard.
Lemarie.
Lemieux.
Lepire.
Lesourd.
Lesot.
Le Vigoureux.
Legris.
Levert.
Lepeley.
Leroide.
Lebon.
Mal enfant.
Maudint, *Ma'e.luctus.*
Maufait, *Male factus.*
Maufils.
Mauvoisin.
Moreau, Morel, Maurel, Morin, *qui tire sur le noir*, Maure, (*dimin.* Morellet).
Neveu, Nepveu, *Nepos*, Niepce,
Noir.
Petit, Petiot.
Rouge, Rouget.
Roux, Rousseau, Roussel, Rousson, Rousselet, Rousselot.
Sageot.
Sauvage, *dim.* Sauvageau, Sauvaget.
Tardif.
Testu, Testard.

Vᵒ — NOMS TIRÉS DE QUELQUE AVENTURE, OU DE QUELQUE ACCIDENT.

Casse-grain.
Gâte-ble.
Gâte-bois.
Labière.
Labouteille.

Latonne.
Mau-grain.
Paulmier, *pèlerin revenu a cc une palme.*
Pellerin.
Pot-de-Vin.
Tailleler.

VIᵒ NOMS DE PAYS, DE PROVINCES, VILLES, VILLAGES, ETC.

La France, Lefrançois.
L'Allemand.
L'Angevin.
L'Anglais, Langlois.
L'Angoumois.
Auvergne, l'Auvergnat.
Barrois, *de Bar-le-duc.*
Basque.
Beauceron, *de la Beauce,*
Beaugis, Bougy.
Beauvais
Blois.
Bordeaux.
Boulogne.
Bourbon.
Bourbonnais, (province).
Bourdelais, (de Bordeaux).
Bourgjoli.
Bourguignon, Bourgoing.
Barbanchon, natif de Brabant.
Brabaçon.
Breton, Bretonneau, Berton, Bretonnet.
Cambray.
Carpentras.
Catalogne, Catalan.
Cauchois, (de Caux).
Chatellerault.
Chalux.
Châlons.
Clermont.
Cognac.
Comtois, *natif de* Franche-Comté.
Coutances.
D'Aragon.
D'Arras.
Dauphiné.
D'Avignon.
DeNevers.
De Niort.
De Noyon.
De Poitiers.
De Rennes.
De Saintes, Xaintes.
De St. Lo,
De Troyes.
L'Espagnol.
Gallois, Gaulois ou du pays de Galles.
Gascon.
Languedoc, Languedot.
Lefrançois, Lefrançais.
Limoges, Limousin.
Livernois (?) Nivernois (?) l'Hibernois (?)
Lointier, *qui vient de loin.*
Lorrain, Lorin, Larin.
Lyonnais, de Lyon.
Malouin, de St. Malo.
Manceau, Manseau, du Mans.
Montargis, ville.

Montereau, ville
Montpellier, ville
Normand, *dimin* Normandin, Normandeau
Parthenay
Périgord, Périgueux
Picard
Poitevin, Potvin.
Provençal, de Provence
Saintonge ou Xaintonge (C'est un abus d'en faire un St. Onge, que l'église catholique n'a jamais connu).
Talbot, *paroisse près de Rouen*
Tourangeau, *de la Touraine*
Versailles.

VII° Noms personnels tirés du Latin, du Grec ou de l'Hébreu

Il est bon d'observer que certains noms peuvent venir de deux langues différentes, *de la langue latine*, et *des langues du nord*, comme *Germain*, les *Germains*, ou de deux racines qui n'ont rien de commun quant au sens *Win...*
Alonze, Alonzo, Alphonse, *espagnol*.
Amadur, Amadour, *Amator*.
André, Andrieux.
Aubin, *Albinus*.
Autin, Aoutin, Augustin.
Bastien, *abreviation de Sebastien*.
Bazire, Basile.
Bernard, Besuard, Bénard.
Bon, *Bonitus*, Bonnet, Bonnin, Bonneau, Bonnel, Bonniol.
Brice, Bricet, Briçon, Brisset, Brissonnet.
Constant, Coustant, Contant.
Cecue, Cesire.
David, Davy.
Georges, Georget, Georgeau.
Gervais, en anglais *Jarvis*.
Gatien, *nom de saint*.
Isabel, *nom de femme*.
Jacques, *dimin* Jacquot, Jacquelin, Jacquet, Jacquereau, etc.
Jean, *dim.* Jehan, Jahan, Johan, Jouan, Johannot, Jouanneaux, Jeannot, Janot, Joinault, Juneau, (Jeanne, Jouanne)
Julien, Julienot, Juilienau.
Laurent, Laurence, Laurencel, Lauronceau, Laurendeau.
Lupien, *nom d'homme*
Madelaine, *nom de femme*
Marc, *dimin* Marcel, Marceau, Marcellet, (Marsollet) Marsault.
Maheu, (de Mathieu,) comme Mahaut de Mathilde.
Maurice, Morice, Morisseau, Moricet.
Martin, Martineau.
Michel, *dimin.* Michaud, Michelot, Miquelot, Miquel. Michelet, Michon, Miquelon.
Marie, (*dimin.* Marion, Mariette.)
Nicolas, *dimin* Nicolet, Colet, Colin.
Pallade, *dim* Palladeau (?) Paladeau, Péladeau
Prime, *dimin.* Primot, Primeau
Patrice, Patry, Patrix.
Pierre, *dimin.* Pierrin, Perrin, Perret, Perrinot, Perrinau, (*féminin*, Petronille, Perrine, Pernelle, Perrinette, Pernette).
Philippe, *dimin.* Philippin, Philpin, Philpot.

Quentin, Cintin
Sébille, (Sybille)..
Simon, *dimin.* Simoneau, Simonet.
Silvestre, *dimin.* Sevestre, Sauvestre.
Thomas, *dim* Thomassin, Tomelin, Tournelet.
Aquila (aigle) Aquilinus.
Ahenobarbus, Barbe-Rousse.
Albus. Blanc, Albinus.
Balbus, Le Bègue, Balbinus
Cœcus, l'Aveugle (Cœcilius, Cœcilia).
Cursor, le Coureur.
Calvus, Chauve, Calvinus.
Corvus, le Corbeau, Corvinus.
Cincinnatus, (frisé).
Crassus, (gros, gras).
Claudus, (boiteux) Claudianus,
Catulus, le petit chien ou le petit chat.
Domus
Falco, (faucon)
Fulvus Fauve, Fulvius, Fauvel.
Felix, Felicianus.
Faustus, Faustinus.
Fortunatus.
Flavus, (*qui a des cheveux tirant sur le jaune ou la couleur dorée*) ; Flavianus.
Furnius, Fourneau, Fournel.
Geminus (besson, jumeau.)
Lepidus, joyeux, La joie.
Longus, le Grand, le Long, Longinus.
Maximus. très-grand !
Macer (maigre) Macrinus.
Nasica, *qui a le nez mince et pointu*
Octavus, Octavillus, Octavianus.
Prosper.
Primus
Paulus (petit) Paulinus, Paulianus
Piso, le pois, Fabius, la fève ; Cicero, le pois chiche.
Pertinax (têtu).
Pulcher, Le Beau, Pulcherie.
Quartus
Quintus, Quintûs, Quinctius, Quintilus, Quintilianus.
Rufus (Roux) Rufinus.
Salinator, le Salines.
Septimus, Septimius.
Sextus, Sixtus.
Secundus, Secundillus.
Severus, Sévère, Severinus.
Tertius, Tertullus, Tertullianus.

VIII°—Noms Saxons, Celtes, Scandinaves, etc. (1)

Ablin, *diminutif* d'Aba
Alémar, *racine*, Had-mar
Alain, (*anglais* Alleyn).
Alary, Alaric, *racine*, All-Ric.
Albert, *racine*, All-Bert.
Alfred, All-Fred
Alix, Aly, Alice, El, Ael. *feu.*
Amaury, *racine*, Amala-Ric.
Amel, Hamel, *diminutifs* Amelin, Amelot et Hamelin.

(1) Les racines des noms suivans se trouvent avec eur signification à la page XX.

Amond, Hamond, Aymon, Hemond, *racine*, Had-Mund ou Ham-Mund

Ans, demi-dieu, *dim.* Ance, Anceau, Ancel, Ancelin, Asselin

Anselme, *racine*, Ans-Helm

Antian, *racine*, Ant-Ram

Anthiaume, *racine*, Ant-Helm.

Archambault, *racine*, Archan-Bold.

Arel, Harel, *dim.* de Har-Here.

Arnauld, *racine*, Arn Wald.

Arnou, *racine*, Arn-Olf

Artus, Arthur

Auvray, (Overett, *diminutif de* Ebr.)

Aubert, *racine*, Aud-Bert, Audi-Bert, *dim.* Aubertin.

Aubry, Alberic

Audet *diminutif* de Odo.

Audouin, *racine*, Aud-Win

Aufrey, *racine*, Aud-Fred ou Hun Fred

Auge, voy Oger.

Ausou, *racine*, Os-Olf

Adelard, *racine*, Adel Hard.

Adilbaud, *racine*, Adel Bold.

Alderic, *racine*, Ald-Ric.

Baudry, Bald-Ric, *dim* Baudriot, Boudreau, Baudouin, *racine*, Bald-Win.

Baude, Biaudin, *racine*, Bald

Bazin, (roi en Germanie, au sixième siècle), *diminutif* Bazinet

Bernier, *racine*, Bern-Here, Besnier.

Beranger, *racine*, Ber-Inger, Belanger?

Bertaud, *racine*, Bert-Old, ou Bert-Wald, Brotaut.

Beraut, Brault, *racine*, Ber-Old.

Berouard, *racine*, Ber-Ward

Berthaume, *racine* Bert-Helm

Bertin, Bertet, Bertet, *diminutif* de Bert.

Bertrand, *racine*, Bert-Ram, ou Hram.

Bilaud, *racine*, Bill-Ald, *diminutif* Bilau Jean, Bilaudel.

Bourguignon, *racine*, Bur-Gund, lance de la guerre, peuple de guerriers.

Cuth-Bert.

Baumier, *racine*, Bold-Mer.

Bouchard, *racine*, Bur-Hard.

Bruno, brun, ou impétueux

Cahonet (*bas breton, Caillouel*)

Dagobert, Dag Bert

Dagoury, *racine*, Dag-Rick.

Drogo, Drogon, Dieux, Drouet, Dionot, Drouin, Derouin, Druon.

Durand, Duranceau.

Emery, *racine*, Em Rick, *diminutif* Emeriot

Emard, *racine*, Em-Hard.

Eudes, voy. Odo

Evremont, *racine*, Ebr-Mund.

Evroul, *racine*, Ebr-Ulph.

Evrard, *racine*, Ebr-Hard.

Edmond, *racine*, Ed-Mund.

Foucher, *racine*, Fulk-Here, *diminutif* Fouquereau.

Foulques, *racine* Fulk, *diminutifs* Fouquet, Foucaut.

Foubert, *racine*, Ful-Bert

Gaboury, *racine*, Gab-Rick, *diminutif* Gaboriot

Garnier, Gasnier, Gagnie, Varnier, Vernier, Guernier, Guesnier, Grenier, Warner, Werner, Wern-Here, (*diminutif* Garneau, et Gasnault)

Garnon, Guernon, Guesnon, Gasnion, Gagnon, Grenon, Vernon, Werno

Galibert, Gualbert, *racines*, Wala-Bert, ou Wald Bert

Garin, Varin, Warren, Guerin, *diminutifs* Garinet, Guerinet

Gauthier, *racine*, Gall-Here, (*anglais*, Walter) Vaultier, Vautier, Gautelet, Gautreau, Gauteron.

Gauldry, Vaudry, *racine*, Wald Ric.

Gedouin, Jodoin, *racine*, Gud-Win, Godwin.

Geoffroy, Geoffrey, Jeoffroin, le même que Godfroy.

Gerbert, *racine*, Ger-Bert

Gerard, *racine*, Ger-Hard, Gerrard, Greard, *diminutif* Guardin.

Gerold, *racine*, Ger-Old, Geroult, Girould, Gueroult, Giron

Gervaud *racine*, Ger War l, Grouard, Grouard, Godfrey (Go frid).

Guerdon, Verdon, Guesdon, *racine*, Ward.

Guibert, Wilbert, Vibert, *racine*, Wi-bert, Wibert

Guibaud, Guibord, *racine*, Geb-Hard.

Guilbert, Gilbert, *racine*, Willi-bert, ou Gesil-Bert.

Guilbaud, *racine*, Willi Bold

Guy, Wiht, Guido, Viton, Guitte-mer, Wiht-Mar, Guittaue, Wiht-Here, *diminutifs* Guyot, Guyon, Guyet, Guyonnet.

Godegisile, *racine*, God-Gesil.

Guillot, Willet.

Gonthier, *racine*, Gunt-Her.

Guimaut, *racine*, Grim-Wald

Gerle, Guerlon, Greslon, Geslon, Gerlot, *racine*, Ger

Gontran, *racine*, Gunt-hram.

Godbout, *racine*, Gud Bo d.

Guimond, *racine*, Wiht-Mund, Vimond.

Germain, 1o latin *Germanus*, frère. 2o Nom de pays 3o Lancier, *racine*, Ger-Man.

Guenard, *racine*, Win-Hard.

Hebert, Hibbert, *racine*, Hyge-Bert.

Huault, Hewald, *racine*, Hugh-Wald.

Hedouin, *racine*, Edwin.

Hardouin *racine*, Hard-Win.

Homier, Omier, Omer.

Hunold, Hunon, *racine*, Hun-Old, (Henauld)?

Herou, Harold, *diminutif* Harouel.

Hallouin, *racine*, Hallwin.

Halley, Hall

Herman, *racine*, Her-Man; homme de guerre.

Hisour, Isoard, *racine*, Ward.

Hodiot, Odiot, *diminutif* de Odv

Herve, Hervieu, *racine*, Here-Wigh

Houellet, Hoellet, *diminutifs* de Hoel, Ouelle, Howel, *bas breton*.

Houde, Houdin, Houdet, Oudin, Odet, Odon, Odo.

Hugues, Hugo, Huguet, Hué, Huet, Huot, Huguenin, Hugolin, Heny, *racine*, Hyge.

Hubert, *racine*, Hugh-Bert, *dim* Huberdeau.

Hubald, *racine*, Hugh-Bold.

Hlod-Wight, Clovis, Louis, Ludovicus, Louis, Lewis, Aloys

Hlod-Hild, Clotilde,

Hlod-her, Clotaire, Lothaire, Luther.

Hlod-Wald, Clodoald, St. Cloud.

Hlod-Mir, Clodomir,

Hildebryand, *racine*, Hild-Brand.

Hildric, Childeric.

Houard, Ward.

Huneric, *racine*, Hun-Ric.

Josse. (*nom d'un saint Breton*) Judoc, Jousse, Josset, Jousset, Jousselot, Jocelyn.

Leufroy, *racine*, Liud-fred.

Ludivine, *racine*, Lud-Win.

Lambert, *racine*, Land-Bert.

Landry, *racine*, Land-Rick, *diminutif* Landriot, Leger, *nom de saint*, *racine*, Leod-ger, Leodegasus.

Lennard, Leonard, Liénard

Mabile, Mabire *nom de femme au moyen âge*

Malo, Maclou, Mac-Laud, *nom originaire de la Grande-Bretagne*.

Marcou, *racine*, Mark Olf, Marcouf

Mauger, *racine*, Mald-Ger, Maldegarius

Menard, Meinhard, Maynard.

Mederic, *racine*, Med-Ric, Merik, (St Merry Paris), *diminutifs* Merriot, Meriault.

Merlin, *nom d'homme*, Meslin.

Omier, Homier, Omer.

Ouen, (*latin* Audœnus,) Aud-Win.

Ouvrard, *racine*, Ebr-Hard.

Omer, *racine*, Aud-Mar.

Philbert, Fulbert, Foubert, *racine*, Ful-Bert

Pepin, Papin, Papineau, *racine*, Pip.

Raimbault, *racine*, Ram-Bold.

Robert, *dimin.* Robin, Robinet, Robichon, Robereau.

Robine, *nom de femme*.

Rodrigue, *racine*, Rud-Rick, (Rodriguez, fils de Roderic)

Riel, Réel, Rée, (nom scandinave) Rielsson.

Roberge, *nom féminin*.

Renaud, Regnauld, Regnaud, Raynald, Ramel, Renaudot, Renaudet, *racine*, Regn-Old, (latin Renaldus)

Reinhard, Regnard, Renard, *racine*, Regn-Hard.

Renouard, Regnoir, *racine*, Regn-Ward.

Richard, *racine*, Ric-Hard.

Richaud, Richaudeau, *racines*, Rich-Old, Rich-Wald.

Rigaud, *racine*, Ric-Old.

Richer, Riquier, Ritier, Riché, Riquier, *racine*, Ric-Here.

Rathier, *racine*, Rad-Her.

Rainfrey, *racine*, Regn-Fred ou Hram-Fred.

Roger, Rodger, Rudiger, *racine*, Rud-Ger.

Roland, Rolandeau.

Reignier, Regnier, Reyner, *racine*, Regin-Here.

Rod-Ulf, Rodolphe, Rodulphe, Raoult, Raux, Ralph.

Raymond, *racine*, Red-Mund.

Renouf, *racine*, Regn-Olf.

Renobert, *racine*, Regn-Ber.

Rigobert, *racine*, Ric Bert.

Romuald, *racine*, Ruom-Wald.

Seguin, nom personnel, *diminutif*, Seguenot.

Sivard, *racine*, Sige-Ward.

Siffroy, *racine*, Sige-Fred.

Tanguay, Tanneguy, *racine*, Tanc-Wiht.

Thibaut, *racine*, Theut-Bold, Theobald, Theobald, d'un Thibodeau.

Théberge, Thiberge, Thivierge, Theut-Berge, *nom féminin*.

Tifroy, *racine*, Theut-Fred.

Thierry, *racine*, Theut-Ric, Theodoric.

Tancrede, *racine*, Tanc-Red

Theodulphe, *racine*, Theut-Ulf, Thiou.

Trudo. (*nom d'un saint de Belgique*), Trudeau, Trudel, Ger-trude

Tugal, *bas-breton*, Tugdual, Dugal, *en écossais*, Dougal.

Vaubert, *racine*, Wald-Bert.

Viber, *racine*, Wi-Ber.

Werner, *racine*, Werren, *dispute et Here*, armée. signifie, 1° gardien, 2° digne.

IX° — NOMS D'OISEAUX, ET AUTRES ANIMAUX.

Bacon, *lard*, *porc*.

Becasseau, Becachel.

Chabot, *espèce de poisson*.

Chamois.

Chant-d'oiseau.

Cheval.

Colombe, Coulomb

Faucon, Fauconnet.

Goujon.

Goupil, *vulpes*, renard.

Heron.

Lacaille.

L'alouette.

Lanon

Loriot, *oiseau*, Lauryot.

Lebœuf, Bouvet.

Lecoq, Cochet.

Legeay.

Leloup, Louvel, Louveteau.

Le Merle, Le Mesle, Merlet, Marlôt.

Lerat.

Lerenard.

Lescarbeau.

Létourneau.

Lièvre, Lévreau.

Loiseau, Loisel,

Loyson.

Moineau.

Papillon.

Pigeon.

Pinson, Pinsonneau.

Pivert.

Poisson.

Poulet.

Poulin.

Rossignol.

X° NOMS DE TERRES, TIRÉS DE NOMS D'HOMMES.

De l'Angloiserie.

De l'Erpinière.

De la Bissonnière.

De la Bouchardière.

De la Bourbonnière.

De la Bourgonnière.

De la Bouteillerie.

De la Bretonnière.

De la Miltiere, (Millet).

De la Martellière.

De la Canterie, (le Canteur).

De la Naudière, (Naud).

De la Durantaye.

De la Ferrandière.

De la Gauchetière.
De la Malotière.
De la Martinière.
De la Minodière.
De la Morandière.
De la Perrottière.
De la Pipardière.
De la Poterie.
De la Ragotterie.
De la Renaudière.
De la Richardière.
De la Tesserie.
De la Tremblaye.
De la Valtrie.
De la Verandrye.

XI° — SOBRIQUETS.

Les marins et les soldats se prodiguaient entre eux des surnoms ou sobriquets, ainsi :

Lefibre, Lamusique, Larose, Latulippe, Lafleur, Belhumeur Brin d'amour, Carabi, Frappe-d'abord, Jolicœur, Lajeunesse, Lalime, Lafranchise, Lalancette, Laderoute, Leveille, Lajoie, Lidebauche, Lavaleur, Laframboise, Prêt-à-boire, Sanschagrin, Tranchemontagne, Va-de-bon-cœur, Cœur-de-Roy, Lachapelle, Laramee, Lapalme, Laflamme.

XII°. DES NOMS FRANÇAIS TRADUITS EN ANGLAIS.

Beaucoup de noms français ont été traduits en anglais, surtout parmi les Canadiens passés aux Etats-Unis :

Deschamps.	Fields.
Loiseau.	Bird.
Boutoiller.	Botler.
Charbonneau.	Coleman.
Laframboise.	Berry.
Gobeil.	Gubby.
De Quindre.	DeCant.
Belanger.	Baker.
Roy.	King.
Dumoulin.	Miller.
Benoit.	Bennet.
Brodeur.	Brothers.
Bienvenu.	Wellcome.
Côté.	Side.
Dupuis.	Wells.
Dubois.	Wood.
Dufresne.	Ash.
D'Aragon.	Dragroon.
Gagne.	Gains, Gagner.
Giard.	Guard.
LaMagdeleine.	McDonald.
Lavigne.	Graps.
Lapierre.	Stone.
LeBlanc.	White.
Lafrance.	Lewis.
Lebrun.	Brown.
Lenoir.	Black.
Potvin.	Patman.
"	Wine.
Rocheleau.	Rushlow.
Roussel.	Russell.
Rousseau.	Brook.
Tousignan.	Signet.
Meunier	Miller.
Loup.	Wolf.

Et même il est arrivé plus d'une fois que le lecteur des journaux d'une autre langue, aura été dépaysé en lisant le compte-rendu de quelques faits, où entraient des noms canadiens.

Le *Leader* de Toronto dans son numéro du 24 janvier 1865, rapportant la division des voix sur l'adresse en réponse au discours du trône, donne un très bel echantillon de l'orthographe des noms Canadiens-Français, le voici textuellement :

" Liste des Députés qui ont voté dans la négative :

MM. Bourasco,	pour	Bourassa.
" Capron,	"	Caron.
" Coopall,	"	Coupal
" Duckept,	"	Duckett.
" Fortice,	"	Fortier.
" Graffirion,	"	Geoffrion.
" Halachbe Viger,	"	Labrèche Viger.
" Laframbouse,	"	Laframboise.
" Lagire,	"	Lajoie.
" Louliot,	"	Pouhot.
" Thibadeau,	"	Thibodeau."

Quelques noms anglais ont été traduits en français : ainsi :

Donaldson.	D'Alençon.
Davis.	D'Hevé.
Wellis.	Houlet, Ouellet.
William.	Oullem.

Maintenant il n'est peut-être pas inutile d'ajouter que l'orthographe des noms propres ne doit point subir des modifications qui s'introduisent dans l'orthographe des noms communs, comme *Roy*, *Lefebvre* qui ne doivent pas s'écrire *Roi*, *Lefecre*.

Il est désirable que l'on conserve autant que possible les lettres quiescentes qui indiquent la racine et l'étymologie du nom, comme dans *Gaultier*, *Archambault*, du moins doit-on éviter d'ajouter des lettres étrangères comme *ll* dans la plupart des noms terminés *eau*; Moreau, Boudreau.

Il arrive quelquefois que ces lettres sont complètement opposées à l'étymologie, ainsi les noms *Marcou*, *Renou*, ne devraient pas s'écrire avec *x* parce que le nom primitif est *Marcoulf*, *Marcalf*, *Renouf*. De même dans *Girou*, *Hérou*.

XIII. — DES NOMS ÉTRANGERS.

Crisafi (Chrysaphius) nom grec d'origine avec une forme italienne.
Chouinard (Schwinhardt) *allemand*.
Dasilva (de la forêt) *Portugais*.
Domingo (Dominique) *Espagnol*.
Fernando, Falardeau, Fallardeau, *Espagnol*.
Fernandez, fils de Ferdinand.
Hangrave *allemand*.
Lopez, fils de Lope ou Lupus, Loup, *Espagnol*.
Lothman, *allemand*.
Molleur, Muller, *allemand*.
Schink, Chinque, *allemand*.
Spenard (Spennert) *allemand*.

III

ALTÉRATION DES NOMS

La nature, la complication et la variation des transactions sociales donnent à la stabilité des noms une haute importance : s'il fallait rechercher de combien de procès leur altération a été l'origine, on risquerait d'arriver à une liste qui comprendrait la moitié des victimes des tribunaux.

L'altération des noms a souvent pour cause une prononciation ou une orthographe vicieuse.

Comme toutes les langues admettent ou repoussent exclusivement certaines modifications de la voix articulée, il s'en suit qu'un nom écrit ou prononcé dans une langue doit subir lorsqu'il passe dans une autre langue des altérations qui le rendent quelquefois méconnaissable.

La langue française ne connaît et ne saurait traduire dans son idiome le *ch* allemand, ni le *jota* espagnol. Le *Th* anglais, le *Z* espagnol le *Thêta* grec manquent également au français.

Le son des deux *ll* mouillées de la langue française ne peut être exprimé en allemand..., et l'anglais est impuissant à rendre notre syllabe *gne*, et la lettre *U* se prononce toujours *au* dans cette langue.

De là, il faut conclure que jamais ou presque jamais un nom n'est prononcé par des étrangers, comme il l'est par des nationaux.

Ou ils traduisent, ou ils introduisent les consonnes de leur langue qui répondent à celles des autres langues, leur manquant.

Les voyelles et les diphtongues changent aussi de valeur dans les différentes langues, comme les consonnes, et (dans la même langue) elles répondent quelquefois à des sons différents. L'étude de l'anglais comparée au français nous en fournit de nombreux exemples. Que d'inexactitudes et d'erreurs résultent dans la prononciation des noms étrangers !

Des altérations moins involontaires en apparence, tiennent à l'habitude, au besoin de rechercher dans un nom, nouveau pour nous, des formes ou des sons qui nous soient familiers. Telle est l'altération journalière apportée par la prononciation vulgaire des noms qu'on peut également s'en autoriser pour justifier toutes les étymologies, ou pour les proscrire toutes, non qu'on doive blâmer l'usage d'avoir peu à peu adouci la rudesse de certains noms, ainsi *Tugal, Chortin*, sont aujourd'hui prononcés et écrits Dugal, Guertin.

Les Basques dont la langue admet les consonnes *T* et *R* prononcent cependant *Gakialin*, pour *Catherine*, et les Italiens de Venise écrivent, *San-Stai*, et *San Stino*, pour *St. Eustache, St. Etienne*.

Un phénomène qui a pu frapper plusieurs personnes, c'est que souvent les transformations de noms sont amenées par un besoin euphonique de l'oreille ; par exemple le r est souvent transposé *Garnier, Gremier, Guernon*, Grenon, Chambrelan, Chamberlan, Arnaux, Renaux.

L's avant les lettres *d l r* devient parfois quiescent, et la syllabe devient longue, *Besnard, Bénard, Besnier, Benier, Gasnier, Gagné, Greslon, Grelon, Meslin, Melin*.

La consonne finale devient souvent quiescente, *Alix, Mesnil, Coutil, Artus, Landry.*

Beaucoup de noms ont été formés par des diminutifs. Quelquefois en ajoutant *il, el, eau, et ot lin, id, on, in, etc*, mais jamais *ault, eault*, qui supposent la racine *ald, old, ouall*. Parfois la première syllabe du mot se retranche : *Nicolet, Colet*.

Assez souvent du prénom et du nom propre s'est formé un second nom propre, ainsi, Jaurel, Dugrousse, Gastonguay, Jobidon, Paulus, Tecaulhry, Montpleant, toutes formes de Jean Harel, Hugues Rousse, Gaston Guay, Job Bidon, Paul Hus, Tec Aubry, Hamond Plehan.

L'orthographe d'un grand nombre de noms a subi de telles variations qu'il est naturellement difficile d'en reconnaître l'identité.

Beaucoup de *noms* de familles canadiennes ont conservé leur orthographe primitive ; d'autres, au contraire, ont subi de telles variations qu'il est naturellement difficile d'en reconnaître l'identité ; ainsi " Belhoste, Belotte, Blo, Blau, Belleau. "

" Fribaut, Flibot, Philibot "

Du Semmetienne *devient* DuCimetière.

Banlia,—Bainlast,—Baillac,—Bayac,—Bayard, —Baillard.

Buisson,—Bisson.

Chambrelan,—Chamberland.

Arnaud,—Renaud.

Garnier,—Grenier,—Périllard,—Perigard.

De Phogas,—Phocas et Phocasse.

Donaldson,—D'alençon.

Davis,—D'hévé,—Dové.

Willis,—Houlet,—Ouellet.

Vauxelle,—Vocelle,—Boheur,—Boil.

Lanouille,—Enouille.

Bereau,—Brault,—Bro, etc.

Pasquier,—Pasquet, Pacquet,—Pâquet.

Guyon,—Guillon,—Yon,—Dion.

Guignère,—Dier,—Guillonnet,—Dionet.

Gunière,—Guillommière,—Dunière.

Brechevin,—Brugevin,—Bergevin.

Beaujoux,—Bugeault.

Quesnel,—Tiennel.

Quenet,—Guenet.

Dans un grand nombre de noms les mots Le ou De sont tantôt ajoutés et tantôt retranchés, et l'on a écrit également :

Le Tardif,—Tardif,—Le Mercier,—Mercier.

Le Roy,—Roy,—Le Normand,—Normand.

Arrive,—Larrivé,—Avisse,—Lavisse.

Cotty,—Le Couty,—Pomier,—Le Paulmier.

Créquy,—Aide-Crequy.

Marets,—Des Marets.

Hicher,—Éricher.

Lognon,—Aloignon.

De Behik,—Beique,—Le Bègue,—et Lafleur.

Un ancien usage dans les familles canadiennes désigne les enfants par le nom de baptême du père, et ce nom finit par se confondre avec le nom propre de la famille ; ainsi les enfants de Tugal Cottin., seront appelés les petits *Tugal*, puis Dugal, plus tard Cottin-dit-Dugal, et les descendants ne seront plus désignés que sous le nom de *Dugal*. Sylvain Vox, est l'ancêtre des familles Sylvain. Les enfants de Vivier, Madeleine dit Ladouceur, ne seront plus désignés que sous les noms de *Vivier* et *Ladouceur*.

Les enfants de Raymond De Fogas, deviendront Phocasse-dit-Raymond et Raymond.

Arnoul Lavergne ne pourrait reconnaître ses descendants que sous les noms de Lavergne-dit-Renaud, puis Renaud.

Tècle Cornelius Aubrenan, trouverait dans ses descendants, *des Tecaubry*, des Cornelius, des Tècle et enfin des Aubry.

Les diminutifs dont se servent les Anglais sont quelquefois aussi étranges, et tels que l'habitude seule peut faire découvrir *Maria* dans *Molly*, *Marguerita* dans *Peggy*, et *Isaac* dans *Ny Kin*.

L'altération qui modifie le nom selon le sexe de la personne nommée tient à la nature des noms significatifs; mais la nécessité s'étend plus loin : lorsque dans la cérémonie du baptême une femme avait reçu le nom d'un saint : l'usage s'établit d'altérer ce nom par une terminaison féminine : Louis, Louise, Henri, Henriette, Antoine, Antoinette, etc.

Dans plusieurs parties de la France l'altération du nom patronymique varie assez pour caractériser chaque membre de la famille. Ainsi au Poitou, tel homme s'appelant Roulant, sa femme s'appelle Roulante, son fils Roulu, sa fille Rouluche, et son plus jeune fils Rouluchet. (1)

Mais ces formes villageoises trop simples pour n'être pas entachées de quelque ridicule, ne sont admises que dans les habitudes intérieures et ne passent point dans les actes publics.

(1) Mémoire de la société des Antiquaires de France. *Tome I, page 225.*

CLEF

DU DICTIONNAIRE GÉNÉALOGIQUE.

Le chiffre romain en tête du nom désigne :
1° Le nombre de tiges du même nom.
2° Le degré dans l'echelle de la filiation, ainsi :
Le nom du chef de la famille est en grandes capitales, celui de la mère et des etrangers introduits dans la famille par une alliance, en semi-capitales.—Le nom de tous les enfants se trouve reproduit en caractères italiques.

L'exposant ou chiffre supérieur qui accompagne un nom de lieu, (Québec [1]), et que l'on rencontre ensuite après les lettres *b, m, s*, représente le nom de la localité où les actes de baptêmes, mariages et sépultures ont eté enregistres, et on évite ainsi la frequente répétition de ces mêmes noms Ces exposants peuvent encore servir à faire connaitre les migrations des familles, en montrant le lieu de leur résidence au moment où l'acte est enregistré. Ainsi lorsque plusieurs enfants d'une famille sont baptisés à Montreal, tandis que les autres le sont aux Trois-Rivières où à Québec, on peut facilement présumer que la famille habitait alors ces differentes localites.

La date du mariage se trouve toujours portée en tête de chaque famille, et le millésime est en chiffres gras, **(1680)**. Cependant s'il y a un second ou un troisième mariage, le millésime alors est indiqué en chiffres ordinaires, afin de ne pas déranger l'ordre chronologique, tracé par les chiffres gras pour les familles du nom.

En voici un exemple :

1680, (23 octobre) Québec. [5]

III. — COUILLARD, Louis,   [Louis II.]
s 15 mai 1728, à St. Pierre du Sud.

1° VAUDRY, Marie,   [CHARLES I.
Louis, b 6 mars 1686, au Cap St. Ignace [0]; s [0] 13 avril 1686.—*Marie-Anne*, b 1681; s [5] 2 mai 1689.

1688, (4 mai) Québec. [5]

2° FORTIN, Marie,   [FRANÇOIS I.

Geneviève, b [5] 18 juillet 1689.—*Elizabeth*, b 17 avril 1691, à St. Thomas. [8]—*Louise*, b [1] 16 nov. 1692, s [8] 22 nov. 1693.—*Louis*, b [8] 6 fev. 1694, m [8] 17 nov. 1721, à Marthe COTÉ.—*Claire-Françoise*, b [8] 7 déc. 1695, hospitalière dite St. Louis; s [5] 8 mars 1721.—*Marie-Simone*, b [8] 28 mai 1697.—*François*, b [8] 24 nov. 1699, m 22 nov. 1728, à Madeleine BERNIER, au Cap St. Ignace.—*Joseph*, b [8] 18 sept. 1701.—*Jean-Baptiste-Charles*, b [8] 14 juillet 1703; m [8] 19 juin 1729, à Geneviève

LANGLOIS. — *Catherine*, b [8] 5 avril 1705; s 7 mai 1706. — *Paul*, b [8] 8 sept. 1707; m 10 nov. 1732, à Marie-Joseph COUTURE, à St. Etienne de Beaumont.

1712, (7 novembre) Ilet.

3° BÉLANGER, Marguerite,   [Louis II.
1719, (31 janvier) St. Thomas. [8]

4° NOLIN, Louise,   [JACQUES I.
veuve de Joseph Langlois.
Marie-Anne, b...; m [8] 22 juin 1739, à Louis MARGANNE DE LA VALTRIE.

Dans l'article ci-dessus on trouve toutes les informations suivantes :
1° La date et le mariage de Louis Couillard.

1680, (23 octobre) Québec.

2° Le degré de filiation de Louis Couillard.
(III). troisième, ou petit-fils du colon.
3° Le nom de son père.
Louis Couillard, (second) ou fils du colon.
4° La date et le lieu de sa sepulture.
s 15 mai 1728, à St. Pierre du Sud.
5° Le nom de sa première femme.
Marie Vaudry.
6° Le nom et le degré de filiation du père de cette femme.
Charles Vaudry, (premier du nom).
Ce même signe (Charles I) indique encore la référence à la famille de *Charles Vaudry*, où se trouve toutes les informations qui ont rapport à sa fille.
7° Le nom de ses enfants, la date de leurs baptêmes, celle de leurs décès, et les noms de la paroisse où les actes ont ete enregistrés.
Louis, baptisé le 6 mars 1686, au Cap St. Ignace ; inhume au même lieu le 13 avril 1686.—*Marie-Anne*, baptisee en 1681, inhumée à Quebec le 2 mai 1689, etc.
8° La date de son second mariage.

1688, (4 mai) Québec.

9° Les noms de la seconde femme et de son père.
Marie Fortin, fille de François, (premier du nom.)
10° Les noms des onze enfants du second mariage, avec dates de baptêmes, de mariages et de décès, indiquant toujours le nom des paroisses où les actes ont eté enregistrés. Cette indication est faite par les petits chiffres [3], [5], [8], qui representent Quebec, Cap St. Ignace, St. Thomas.
11° La date du 3° mariage.

1712, (7 novembre) l'Islet.

12° Les noms de la femme et de son père.

Belanger Marguerite, fille de Louis, (second).

13° La date du 4° mariage.

1719, (31 janvier) St. Thomas.

14° Le nom de la femme, celui de son père, et aussi le nom de son précedent mari.

Nolin Louise, veuve de Joseph Langlois, et fille de Jacques Nolin, (premier du nom).

15° Le mariage à St Thomas, (8) le 22 juin 1739, de sa fille Marianne, dont l'acte de baptême n'est pas trouvé (b...) avec Louis Marganne de la Valtrie.

Lorsque les actes ont été enregistrés sous le nom propre et sous les surnoms, le dictionnaire renvoie généralement à la lettre du nom propre.

Dans un acte de mariage, Jacob *Wolfe*, polonais de nation, marie sa fille Marie-Louise, et dans les actes de baptême des enfants de celle-ci, on trouve qu'elle est nommée Marie-Louise *Loupe*, Marie-Louise *Polonaise*. Au Dictionnaire les noms *Loupe* et *Polonaise* renvoient alors au nom *Wolf*.

Il arrive quelquefois aussi que l'acte du baptême d'un enfant est enregistré sous le nom de baptême de son père : comme *Louis*, fils de *Jean Raymond*, (c'est-à-dire Jean Raymond DE FOGAS) alors ce nom *Raymond*, renvoie à celui DE FOGAS.

Souvent le nom d'un enfant est enregistré à son baptême, sous le nom propre de son père (Hubou) et ce même enfant se marie sous le surnom de son père (Deslongchamps), alors l'acte de mariage est enregistré *Deslonchamps*, mais il faut nécessairement référer au nom de *Hubou*, pour les autres actes de sa famille.

Quelquefois les enfants sont baptisés plusieurs mois après leur naissance. La raison de ces retards était l'absence prolongée des missionnaires qui ne visitaient qu'à des époques assez reculées les differents centres de populations : et les familles attendaient la présence du missionnaire pour faire administrer le baptême à leurs enfants. Il ne faut donc pas être surpris si l'on rencontre des baptêmes dans une même famille, à quelques mois seulement d'interval les uns des autres, rencontre qui aurait semblé indiquer une erreur du dictionnaire.

Quelques noms propres renvoient à des surnoms, qui ne se trouveront qu'au second volume du dictionnaire. Nous en avons agi ainsi, pour faire connaître immédiatement dans ce premier volume les variations d'un nom, déjà connu dans la colonie avant l'année 1700.

A

MONSIEUR JOSEPH-CHARLES TACHÉ

I.

Dans mon rude travail, semblable au voyageur
Qui perce des forêts l'immense profondeur,
De tous côtés je vois des tiges vigoureuses,
De leurs nombreux rameaux justement orgueilleuses.
Mais, parmi ces enfants, issus d'un même sol,
Est un arbre géant, à la forte ramure ;
Sous son feuillage épais, le vent souffle et murmure,
Et dans son sein l'oiseau vient reposer son vol.

Sous son ombrage je m'arrête,
C'est un repos délicieux ;
Et je vois en levant la tête,
Sa cime se perdre en les cieux.
Faisons quelque peu son histoire,
Et traçons, d'un crayon joyeux,
La douce ébauche de sa gloire !

II

HÉBERT, toi le *premier*, du sol canadien,
Tu tiras ton bonheur, ta gloire et tout ton bien !
A tes côtes, COUILLARD, noble et digne recrue,
Comme toi s'enrichit, en suivant sa charrue !
Honneur, cent fois honneur à ces PREMIERS COLONS !
JOLIETTE, tu pars ; et tu savante course
Va, du *Mississipi*, nous révéler la source ! ! !
DE LA VÉRANDERIE, escalade les Monts ! ! ! !

DUFROST, illustre militaire,
Fais croître dans la piété
L'Enfant, qui sera sur la terre,
Notre ange de la charité !
Toi, compagne de la Peltrie,
DE THAUVENET, par ta bonté,
Sois la mère de la Patrie !

III

Dans cette vaste plaine, où de fiers bataillons,
Ont detruit, sous leurs pieds, de fertiles sillons,
Apparaît à mes yeux une ombre magnanime :
Contemplons un instant cet homme au front sublime !
Il quitta son pays, compagnon de CHAMPLAIN ;
Aux plaines de Quebec, il vint planter sa tente,
Sa main dure au travail, pour Dieu son âme ardente
En ont fait un heros !... C'est ABRAHAM MARTIN !

De son sang, il donna à l Eglise,
Le second prêtre canadien,
Charles-Amador, dont la devise
Fut : *Aimer Dieu, faire le bien !*
Et, depuis, sa noble lignée
Est du pays le cher soutien......
Dieu benisse sa destinée !

IV

Paraissez maintenant illustres Magistrats,
Intègres Gouverneurs de nos naissants Etats !
Ta justice, BOUCHER, te vaudra dans l'histoire,
Avec ta piete, la couronne de gloire.
TAILHANDIER, viens t'asseoir au pied du Mont-Royal
La balance en tes mains gardera la justice !
GAUTHIER, LENEUF, GODFROY, faites trembler le vice ;
Chacun de vous sera Lieutenant-General !

Et toi, notre chère enlevée,
Reviens de ces sauvages lieux ;
HATE, de ta gloire elevée
Nous ne serons pas oublieux.
Le fils de ta petite fille
Porte au front l'eclat radieux
Qui vient illustrer ta famille !

V

A tant de gloire encore ajoutons un rayon,
Encore un nouveau trait à ce riche blazon.
HERTEL, prends dans tes mains ton invincible épée ;
Des guerriers de ton sang commence la lignee :
Fais passer ta valeur au cœur de tes enfants :
Tous, volez au combat, affrontez la mitiaille,
Revenez, en vainqueurs, du sein de la bataille,
Leguez au Canada vos lauriers triomphants !

Enfin, je te vois apparaître ;
Noble Sir ETIENNE TACHÉ,
Cher au pays qui te vit naître,
Toujours à sa gloire attache !
Par la plus legère souillure,
Ton mérite n'est point taché ;
Ta vertu resta toujours pure.

VI

Et j'atteins le sommet de mon *arbre géant !*
Dans les derniers rameaux quel reflet éclatant !
Nos hommages à toi, voyageur pacifique,
Noble Evêque, en tes mains l'*Olivier Symbolique*
Resplendit à nos yeux comme ton bâton d'or !
Gloire à toi, le héros des prêtres de ta race !!!
Et Toi, comment oser s'élancer sur ta trace,
Toi, dont le cœur ami vaut bien mieux qu'un trésor.

Je vois briller sur ta poitrine
La noble etoile de l honneur ,
A ton front la splendeur divine
Du savant, du littérateur !!...
Tes talents, tes vertus, ton zèle
Ont fait seuls toute ta grandeur !
Honneur au citoyen modèle !!!

ENVOI.

Permets qu'en tes mains je dépose
Cet humble fruit de mon labeur,
Ce travail est bien peu de chose
Mais je l'ai fait de si bon cœur !!
Cet arbre ne peut te déplaire ,
Ses feuilles, ses fruits sont si beaux !
Puisse longtemps *notre terre*
Se reposer sous ses rameaux !

ARBRE GENEALOGIQUE DE LA FAMILLE TACHÉ.

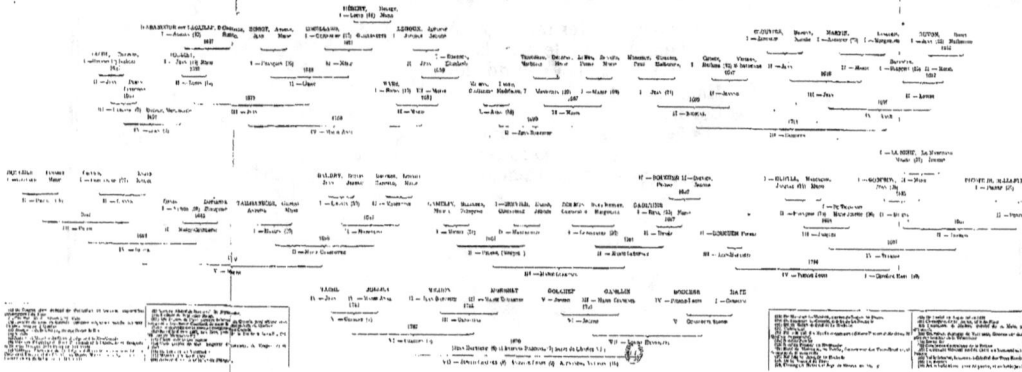

ARBRE GENEALOGIQUE DE LA FAMILLE TACHÉ.

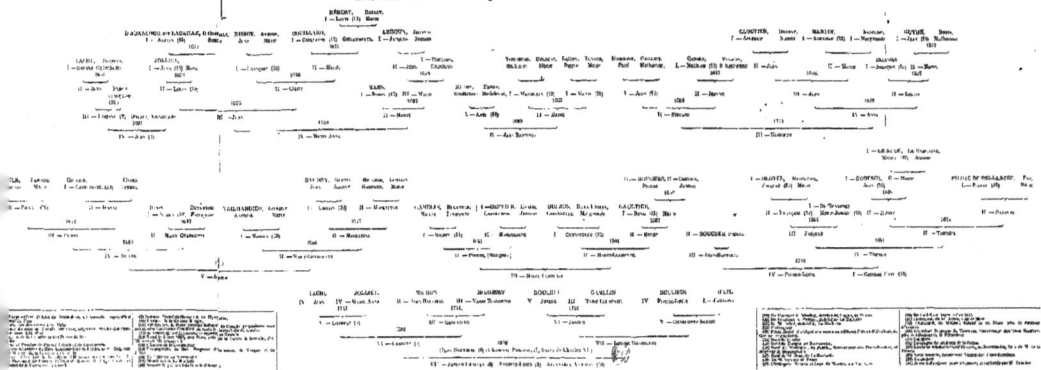

COMMENT ON PEUT TRACER UN ARBRE

A L'AIDE DU DICTIONNAIRE GENEALOGIQUE

Tracer un arbre généalogique, c'est établir tous les liens de parenté qui peuvent exister entre différentes personnes

Les rapports de parenté sont en relation directe ascendante ou descendante, et en relation collatérale, aussi ascendante ou descendante.

Nous en donnons plusieurs exemples.

Rien de plus curieux que le tracé d'un arbre généalogique. C'est absolument le plaisir qu'éprouve le touriste ou le pionnier qui remonte un grand fleuve et qui à chaque instant découvre les tributaires de ce grand fleuve, puis les nombreuses sources, qui lui ont donné l'existence. Il va sans cesse de surprise en surprise.

Le généalogiste qui veut remonter toutes les sources tributaires d'une seule personne en ligne directe, rencontrera, au 2me degré, deux branches, le père et la mère, au 3me degré quatre branches, au 4me degré huit, au 5me seize, au 8me, 9me et 10me, 128, 256 et 512 sources ou noms dont elle descend.

S'il veut ensuite connaître les parents en ligne collatérale, il lui faudra d'abord parcourir les branches de l'arbre en remontant jusqu'à *l'origine commune* aux familles, puis descendre les branches respectives de ces familles cherchées.

Il faut distinguer dans la parenté :

1° La tige ou souche.

2° Le degré.

3° La lignée.

La souche est la personne dont on descend l'origine.

Le degré est l'éloignement ou la proximité qui se trouve entre les parents et la souche commune.

La lignée est la série des personnes qui descendent de la souche à différents degrés.

1° La lignée, est *directe ascendante* ou *directe descendante*, suivant que la série de personnes descend l'une de l'autre, ou remonte l'une à l'autre, le père, le grand-père, l'aïeul, etc., le petit-fils, l'arrière petit-fils, etc.

2° La lignée *collatérale*, est la série de personnes dont une ne descend pas de l'autre ; mais descend d'une même souche ; frère, sœur, cousin. Elle est dite *égale*, si les personnes sont à égale distance de la souche commune, et *inégale* si l'une est plus éloignée que l'autre de cette même souche.

Nous donnons ici un modèle d'arbre qui établit parfaitement tous ces degrés.

Dans l'arbre Figure I (N), est la personne dont on trace la lignée. Le chiffre IV en tête de (N), est la souche commune des ses frères, oncles, cousins, etc. ; les chiffres ³, ², ¹, marquent ses pères, etc. ; au-dessous de (N), sont ses fils, petits-fils, etc. ; à ses côtés, ses frères, sœurs avec leurs descendants.

Le degré de parenté ne se compte pas à la souche commune, mais à ses enfants ; ainsi les frères sont au 1er degré, etc

La lignée en collatérale se trace à l'aide du même modèle où les chiffres indiquent le degré de parenté.

La Figure II représente un arbre en ligne directe ascendante.

Nous avons donné, comme exemple d'arbre généalogique en ligne directe ascendante, l'arbre de la famille Taché, dont les branches remontent au premier habitant du Canada, Louis Hebert. A ces mêmes branches se rattachent un grand nombre de nos familles canadiennes.

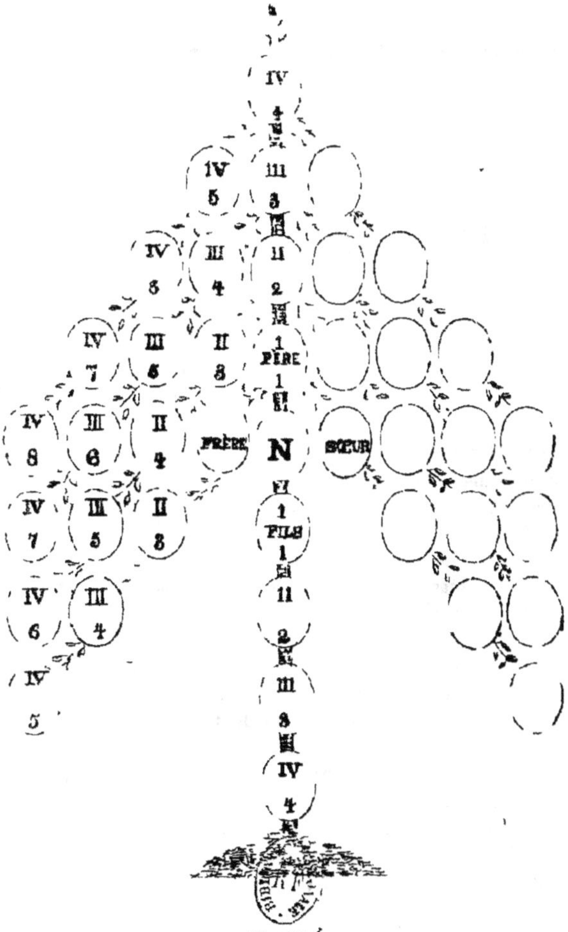

Figure I.

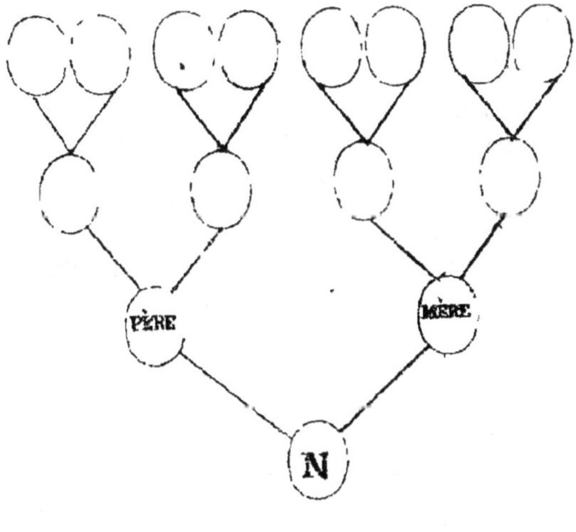

Figure II

Ligne descendante en directe

TABLE DES MATIÈRES.

—◆◇◆—

DICTIONNAIRE

GENEALOGIQUE

DES

FAMILLES CANADIENNES.

DICTIONNAIRE
GÉNÉALOGIQUE

DES

FAMILLES CANADIENNES.

——o◦◦◦◦o——

A

ABEL.—Voy. CAPEL.

I.—ABEL, OLIVIER, capitaine de navire, né en
France en 1683 ; s 31 mai 1768, à Québec.[2]
GUILLOT, Marie-Madeleine,
    b [2] 1677 ; s [2] 31 mai 1768.

1690. (30 juillet) Ste. Anne.[3]

I.—ABELIN (1) JACQUES, fils de Jean Abelin et de
Marie Baudet, de N.-D. du bourg de Massat,
évêché de Xaintes ; s [3] 5 mars 1704.
GASNIER, Marie.   [Louis II.
veuve d'André BERTHELOT ; s [3] 19 novembre
1717.

ABERONS. — Voy. ABIRON.

1675. (29 avril) Repentigny.

I.— ABIRON, PIERRE, b. 1633, fils de Jean Abiron
et d'Anne Rigaud, de St. Amand, évêché de
Castres ; s 21 nov. 1687, à Boucherville.[4]
DESPERNAY, dit Charpentier, (2) Marie-Anne, b
1659, fille de Laurent Despernay et de Jeanne
Cambron, de Soissons, en Picardie ; s...
Jean-Baptiste, b [4] 1 août 1667. — *Marie-Made-*
leine, b [4] 18 janvier 1680 ; m 1 déc. 1703, à Réné
DAUDELIN, à Varennes [5] ; s... — *Marguerite-Agathe,*
b [4] 18 février 1683 ; s [4] 4 decembre 1687. — *Angé-*
lique, b [4] 16 avril 1686 ; m [5] 19 juin 1708, à Pierre
DANSEREAU ; s...

I.—ABRAHAM, BENOIT. Ce nom se trouve sur les
registres des Trois-Rivières, à l'année 1643.

I.—ABRAHAM, RENÉ,
    b. 1645.
BLONDEAU, Jeanne,
    b 1646 ; s 2 nov. 1680, à Sorel.[2]

(1) Hablain.

(2) Elle épouse le 23 août 1688, Denis Charpentier, à Boucherville.

Arnoult, b 31 janvier 1673, aux Trois-Rivières ;
s... — *René,* b [2] 22 décembre 1678 ; s...

1659, (27 novembre) Québec.

I.—ACHAPT, CHARLES,
LE BOEME, Jeanne.
Jeanne, b 19 août 1661, à Québec.

1667, (24 octobre) Trois-Rivières.

I.—ACHIN, ANDRÉ, (1) sergent,
    b. 1646.
PIETOU, Françoise,
    b. 1651 ; s 19 sept 1700, à Montréal.[3]
Un enfant, b et s [3] 24 septembre 1680. — *Jean,*
b [3] 25 septembre 1681 ; s [3] 13 octobre 1687. —
Françoise, b...1670, 1° m [3] 1 décembre 1687, à
Pierre GIRARDEAU ; 2° m [3] 5 septembre 1700, à
Pierre BAROLET.—*Marie,* b...1669 ; m [3] 15 novembre 1683 à Pierre FOURRIER. — *François,* b [3] 1er
juin 1684. — *Catherine,* b [3] 30 mars 1687 ; m [3] 2
avril 1704, à Mathieu LARCHE. — *Barbe,* b...1676 ;
m [3] 3 octobre 1698, à Guillaume TARTRE. — *Pierre,*
b...1672 ; s [3] 4 fév. 1693, [écrase par la chûte
d'un arbre]. — *André,* b... — *Marie-Jeanne,* b... ;
1o m...; 2o m 27 septembre 1688, à Champlain,
à Jacques DUMOULIN. — *Etienne,* b...1677 ; m [3] 1
juin 1700 à Marie MARSILLE.

I.—ACHON, JACQUES.
BONNEFOY, Marguerite (2) ; de St. Denis, évêché
    de Rouen.
Louise, b 13 avril 1670, à Québec [4] ; m [4] 7 août
1690, à Joseph MAILLOU, ; s [4] 12 janvier 1721. —
Anne, b... 1669 ; s 14 février 1688, à la Pointe-
aux-Trembles de Québec.

I.—ADAM, Jean, notaire royal, établi à la côte de
Lauzon ; b 1636 ; s 3 septembre 1711, à St.
Etienne de Beaumont.[5]

(1) Achin dit André.—Voy. HACHIN.

(2) Elle épouse, le 24 août 1671, Claude Carpentier, à Québec.

Mezeray, Marie, [René I.
b 1654 ; s ⁵ 22 novembre 1714.
René, b 10 février 1674, à Sillery ⁴ ; m ⁵ 1er mai 1696, à Anne Maillou ; s ⁵ 27 septembre 1717.—
Joseph, b ⁵ 18 octobre 1699 ; s... — *Angélique,* b... 1695 ; s ⁵ 28 juin 1710.—*Jean-Baptiste,* b 11 déc. 1678, à Québec ⁶ ; m 16 avril 1708, à Catherine Guillet, à Batiscan ⁷ ; s ⁷ 8 septembre 1730.—*Louise,* b 29 août 1681, à l'Ilet, m ⁸ 30 mai 1712, à François Loquel ; s ⁶ 2 novembre 1740. — *Ignace,* b⁴ 6 juin 1676.—*Michel,* b 3 juin 1692, à Levi ⁸ ; s ⁸ 10 avril 1695. — *Etienne,* b ⁸ 26 avril 1696.

1696, (1er mai) Beaumont. ²

II. — ADAM, René. [Jean I.
s ² 27 septembre 1717.
Maillou, Anne (1) [Michel I.
veuve de Nicolas Coulombe.
Ignace, b ² 25 juillet 1697 ; 1º m ² 19 novembre 1720, à Casse (la) ; 2º m 4 novembre 1754, à Ursule Lefebvre, à St. Michel. — *René,* b ² 16 février, 1711 ; m ² 8 nov. 1734, à Marie Maupas.

ADAM dit Laramée, Guillaume, caporal de M. de Longueuil en 1701 à Montréal.

1667, (10 octobre) Québec.

I—ADHEMAR, (Sieur de St. Martin), Antoine, notaire royal ; b 1640, fils de Michel Adhémar et de Cécile Gache, de St. Salvy, évêché d'Alby, Haut Languedoc ; s...
1º Sageot, Geneviève, b 1650, fille d'Antoine Sageot et de Marguerite Ruffel, de St. André des Arts, archevêché de Paris ; s 30 août, 1683 à Champlain. ³
Jeanne, b... 1674 ; m 18 avril 1690, à Joseph Deniau, à Montréal. ⁴—*Antoine,* b⁴...1677.—*Marie,* b ³ 29 octobre 1699 ; m ⁴ 10 mai 1699, à Jacques Tessier.—*Marie-Geneviève,* b et s ⁸ 16 mars 1682. — *Cécile,* b ⁴ 1683, m ⁴ 13 nov. 1702 à André Archambault.

1687, (20 janvier) Cap de la Madeleine.

2º Cusson Michelle, [Jean I.
Jean-Baptiste, b ⁴ 16 mars 1689.

1685, (25 avril) Boucherville. ⁵

I—ADVERSY, Maurice, b 1637, fils de Léger et de Mathurine Morel, de St. Thomas, ville de La Flèche, évêché d'Angély ; s...
Charles, Marie, [Jean I.
s ⁵ 3 juin 1688.
Marie-Anne, b ⁵ 16 avril 1686.—*Marie Renée,* b ⁵ 11 septembre 1687.

AGILLE, Jean, b 1611, s'établit à Beauport.

AGUENEAU, Nicolas.—Voy. Hagueneau.

AGUENIER et AGNIER.—Voy. Haguenier.

1689, (3 novembre) Ptᵉ-aux-Trembles, Q. ²

I—AIDE–CRÉQUY, Jean, b 1661, fils de Jean et de Jacquette Vaine, de St. Sorler, évêché de La Rochelle, s ² 12 déc. 1726.
Delisle, Catherine. [Louis I.
Jean Baptiste, b ² 12 février 1693 ; 1º m à Marie Dubocq ; 2º m ² 13 fév. 1719 à Louise Mezeray — *Jean François,* b ² 24 décembre 1697. — *Louis-Joseph,* b ² 5 août 1695 ; m 10 sept. 1729, à Hélène Lefebvre, à Québec ² ; s ² 28 fév. 1755. — *Ignace,* b ² 21 juin 1700 ; m ² 17 janvier 1724, à Madeleine Pinel.—*Marie-Catherine,* b ² 12 janv. 1703 ; 1º m ² avril 1723, à Pierre Jourdain ; 2º m à Louis Joseph Moreau ; s ² 7 nov. 1757. — *Marie-Thérèse,* b 13 oct. 1705 ; m 6 nov. 1726, à Jos. Prou. — *Marie-Françoise,* b ² 14 janv. 1708 ; m ² 26 mai 1729, à Joseph Bossu ; s ² 5 mars 1744.—*Antoine,* b ² 18 juin 1716 ; m ² 18 octobre 1745, à Catherine Carpentier. — *Benoit,* b 17 nov. 1710. — *Marie-Angélique,* b ² 20 avril 1713 ; m ² 18 janv. 1734 à Joseph Dubuc.

1663, (18 janvier) Québec. ³

I.—AIGRON dit Lamothe, Pierre, fils de Pierre et de Marie Daguine, de St. Etienne d'Estree, évêché de La Rochelle ; s...
Doucet, Marie Magdeleine, fille de Daniel et de Louise Melon, de St. Sauveur, de La Rochelle.
Nicolas, b ³ 27 mai 1665.—*Marie Magdeleine* b ³ 21 février 1670.— *Gabriel,* b ³ 1er décembre 1672.— *Charles,* b ³ 19 octobre 1677.

AINCERI, Gaspard, chirurgien de Québec.
Coeffard, Marie Thérèse. (1)

AINSE.— Voy. Bernard dit Anse. Ce nom s'est écrit Hanse—Hains—Hens—Ance—Anse.

AIOT, Adrien. — Voy. Hayot.

AIX, Pierre. — Voy Hay.

1670, (15 avril) Québec.

I.—ALAIN, Simon, b 1646, fils d'André et de Catherine Marc, de St. Sauveur, évêché de Rouen. s...
Maufait, Jeanne. [Pierre I.
Pierre, b 26 décembre 1674, à Sillery ; m 22 fév. 1713, à Anne Racine, à Ste. Anne de Beaupré. — *Noël Simon,* b ⁵ 23 fév. 1678 ; m 19 janvier 1706, à Marie Hamel, Lorette. ⁵ — *Nicolas,* b ⁵ 4 déc. 1682. — *Catherine,* b... m ⁵ 19 oct. 1705, à Joseph Poitras.— *Jeanne,* b 1679.

1678, (7 janvier) L'Ange-Gardien. ⁴

I—ALAIN, Charles Louis, b 1641 ; s ³ 16 avril 1699.
Gargotine, Louise, veuve de Daniel Lesuire, b 1641.
Marie, b ³ 30 novembre 1680.

ALAIRE.— *Variations :* Alère—Allaire—Hilaire. —D'Alère — Dallaire.

1662, (12 décembre) Québec.[5]

I.—ALAIRE, JEAN, b 1634, fils de Sébastien et de Périnne Fleurissone, de St. Philibert, evê- ché de Luçon, s... 3 avril 1673 à Ste. Famille, Ile d'Orléans.[6]
TÉRIEN, Perinne, b 1643, fille d'André et de Marguerite Le Roussy, de La Rochelle, s...
François, b [6] 23 juin 1667, m [5] 26 nov. 1693, à Marguerite DU CARREAU ; s [6] 7 janv. 1703 — Jean, b 26 mai 1664. au Château-Richer. — Pierre, b [6] 6 oct. 1669, s [6] 20 déc. 1671.

1663, (10 novembre) Québec.

I.—ALAIRE, CHARLES, b... 1635, frère du pré- cedent.
FIÈVRE, Catherine, b... 1646, fille de Fiacre et de Jacquette de Sol, de St. Andre, ville de Niart., s...
Marie, b 26 nov. 1664, au Château-Richer [6] ; m 21 nov. 1684, à Pierre DUBAU, St. Frs. I. O.[7].—Marie- Magdeleine, b 26 juin 1667, à la Ste. Famille.[8]—Charles, b [6] 26 mars 1666. — Charles, b [8] 15 sept. 1669 ; m 19 nov. 1691, à Marie BIDET, à St. Jean, Ile Orleans.[4]—Jean, b [8] 5 juin 1622. — Jean-François, b [8] 23 août 1674 ; m [7] 3 nov. 1694, à Anne Labbé ; s 19 juillet 1721, à Beaumont. — Joseph, b [8] 21 mars 1676 ; m [4] 10 iev. 1706, à Magdeleine BIDET. Catherine, b [8] 23 nov. 1677 ; m [7] 3 nov. 1694, à Gabriel Chambrelan. — Louis, b [8] 8 sept. 1679 ; m... à Anne Asselin.

1691, (19 nov.) St. Jean, I. O.[8]

II.—ALAIRE, CHARLES.　　　　　　　　[CHS. I.
　　　　s.
BIDET, Marie.　　　　　　　　　　　　[JACQUES I.
　　　　s.
Charles, b 23 nov. et s 5 déc. 1692, à St. Frs. I.O.[7] —Marie-Anne, b [8] 31 janv. 1694. — Charles, b [8] 9 avril 1696 ; m [7] 16 nov. 1722 à Marie Asselin.— Catherine, b [8] 16 fev. 1698 ; 1o m [7] 25 nov. 1726 à Jos. Lavoye ; 2o m [7] 16 octobre 1727 à Jos. Savard. —Antoine, b [8] 16 fév. 1698.—Jacques. b [8] 18 janv. 1700.—Magdeleine b [8] 17 déc. 1701.—Dorothée, b [8] 11 fev. 1704.—Marie-Hélène b [8] 2 sep. 1706.— Joseph, b [8] 3 sept. 1707.—Etienne, b [8] 7 mars 1712. —Marie-Thérèse, b [8] 22 mai 1713.

1693, (26 novembre) Québec.[5]

II.—ALAIRE, FRANÇOIS,　　　　　　　[JEAN I.
s [6] 7 janvier 1703.
DEROME, Marguerite Elizabeth,　　[FRANÇOIS II.
s [5] 24 janvier 1703.
Nicolas, b [5] 16 juin 1700 ; m 2 août 1723, à Gene- viève MOLLEUR, à Beaumont [6] ; s [5] 20 dec. 1743. — François, b [5] 3 juin 1698 ; m [6] 12 mai 1738, à Marie Joséphine MOLLEUR. — Marguerite Eliza, b [5] 4 novembre 1703 ; m [5] 17 août 1711 à Simon Jollain. — Jean-Baptiste, b [5] 15 janvier et s [5] 1 fev. 1703.

1694, (3 nov.) St. Frs. I. O.[7]

II.—ALAIRE, François,　　　　　　　[CHARLES I.
s 19 juillet 1721, à Beaumont.[4]
LABBÉ, Anne,　　　　　　　　　　　[PIERRE I.
s 20 août 1758, à Québec.[5]

Ursule, b... 1706 s [4] 18 janvier 1715. — Joseph, b [4] 28 février 1709. — Eliza, b [4] 18 février 1711. m [4] 24 nov. 1727, à Pierre ALBERT. — Louis, 1o b [4] 4 novembre 1713, m [5] 12 janvier 1738, à Mar- guerite PROVOST ; 2o m [5] 25 octobre 1745, à Marie CHAMARD. — Marie-Anne, b... m [4] 25 juin 1714, à Michel GAUTRON ; s [4] 2 septembre 1715. — Marie- Joséphine, b [4] 6 août 1716 ; m [4] 15 novembre 1734, à Jean Baptiste (LA) CASSE. — Angélique, b... m [4] 7 janvier 1723, à Louis PORTELANCE — Marie- Charlotte, b... m [4] 29 octobre 1725, à Charles PAQUET. — Marguerite, b [7] 23 mars 1700 ; m [5] 23 novembre 1723, à Jean TURGEON ; s [4] 11 juin 1736.—Marie-Françoise, b [5] 15 avril 1719.

ALARD (1), JACQUES, arrivé à Québec en 1621, à Tadoussac en 1624.

1671, (1er novembre) Quebec.[5]

I.—ALARD, FRANÇOIS, b 1637, fils de Jacques et de Jacqueline Frérot.—
ANGUILLE, Jeanne, b 1647, fille de Michel et d'Etiennette Toucheraine, d'Artaine, ville de Tours ; s 12 mars 1711, à Charlesbourg.[4]—
André, b [5] 12 septembre 1672 ; m [4] 22 nov. 1695, à Anne Lemarche.—Jean-François, b [5] 1 août 1674 ; 1o m [5] nov. 1698, à Ursule TARDIF, à Beau- port [3] ; 2o m [3] 3 août 1711, à Geneviève DAUPHIN. — Jean, b [5] 22 février 1676 ; m [4] 23 février 1705, à Anne Eliza PAGEOT. — Marie, b [5] 11 janvier 1678 ; m [4] 7 mai 1703, à Charles VILLENEUVE.— Georges, b [5] 10 février, 1680 ; 1o m [4] 7 janvier 1710, à Marie PAGEOT ; 2o m [4] 30 janvier 1713, à Catherine BÉDARD.—Marie-Renée, b [4] 18 mai 1683 ; s [4] 9 octobre 1684.—Thomas, b [4] 19 mars 1687 ; m [4] 11 juin 1714, à Marie-Charlotte BÉDARD. — Anne, b... ; 1o m [4] 23 juillet 1714, à Pierre Bou- TEILLER, 2o m [4] ... 1720, à Jean RENAUD.

I.—ALARD, JULIEN, établi au Château-Richer.[6] b 1631 ; s [6] 25 janvier 1706.
DELIGNY, Marie,
b 1636 ; s [6] 24 décembre 1696.
Louis, b 1662.—Anne, b 1669. — Marie, b 1673. — Catherine, b 1676,

II.— ALARD (1), JULIEN,
b 1645.
MERCIER, Marie.　　　　　　　　　[JULIEN I.
b 1654.
Jeanne, b 4 juillet 1676, à Sorel.[2] — Marguerite, b [2] 10 septembre 1678.—Jean, b [2] 6 février 1681.— Marie-Anne, b [2] 26 mai 1683.—Gabriel, b [2] 26 déc. 1685.—Marie-Thérèse, b 20 août 1695, à Boucher- ville [3] ; s [3] 11 avril 1697.

1683, (22 novembre) Ste. Anne.[4]

I.—ALARD, PIERRE, b 1653, fils de Pierre et de Mathurine Verdon, de Ste. Hermine, évêché de Luçon ; s [4] 19 septembre 1703.
1o DE LA VOYE, Anne.　　　　　　　[RENÉ I.
s [4] 3 août 1686,
Pierre, b [4] 20 juillet 1686. — Marie, b 31 août 1684, au Château-Richer [3] ; m [3] 12 janvier 1710 à Jos. BRODIÈRE ; s...

(1) Halard et Allard dit Labarre.

1690, (9 novembre) [4]

2° De Lugré, Marthe. [Jacques I.
Michel b [4] 12 et s 29 novembre 1691.—*Jean-Baptiste*, b [4] 31 décembre 1692. — *Joseph*, b [4] 28 novembre 1694.

1700, (29 août) Ste. Anne. [4]

3° Pinel, Marie Magdeleine, veuve [Gilles II.
de François Vandaille.
s 5 mai 1715, P[te] aux Trembles, Q.
Anony., b et s à Québec, [5] 21 juin 1703. — *Marie-Magdeleine*, b [5] 21 juin 1703. — *Geneviève*, b [4] 25 septembre 1701; m [5] 15 septembre 1721, à Jacques Beausang.

1695, (22 novembre), Charlesbourg. [2]

II.—ALARD André, [François I.
Le Marché, Anne. [Jean I.
Geneviève, b [2] 31 octobre 1698; m [2] 7 novembre 1718, à Pierre Chalifour.— *Catherine*, b [4] 13 novembre 1696; m [2] 1719, à Nicolas Jacques.— *Jacques* b [2] 13 decembre 1700, m [2] 1723, à Marguerite Brosseau.— *Pierre André*, b [2] 21 décembre 1702. — *Thomas*, b [2] 20 juillet 1705.— *Jean Charles*, b [2] 6 février 1708; m 12 novembre 1731, à Magdeleine Danest, à N.-D de Foye.— *Jean-Baptiste*, b [2] 28 mai 1710.— *Marie-Joséphine*, b [2] 22 juin 1712.

1698, (5 novembre) Beauport. [3]

II.—ALARD, Jean François. [François L.
1° Tardif, Marie Ursule. [Jacques I.
s [3] 23 avril 1711.
Jean-Baptiste, b [3] 14 et s 15 mars 1700. — *Jean-Baptiste*, b [3] et s 26 juillet 1701. — *Jean-Baptiste*, b [3] 20 septembre 1702. — *Marie-Charles*, b [3] 6 decembre 1704. — *Jacques*, b [3] 17 octobre 1706.—*Noel*, b [3] 14 octobre 1708; m 30 juillet 1736, à Quebec, à Catherine Meunier.— *Marie-Ursule*, b [3] 19 novembre; s [3] 9 decembre 1710.

1711, (3 août) Beauport [5]

2° Dauphin, Geneviève, [René II.
Geneviève, b [3] 25 novembre 1712. — *Gabriel*, b [3] 3 août 1714.— *André*, b [3] 22 mars 1716. — *René*, b [3] 2 février 1718.

I. — ALARY, Jean, établi à St. Ours.
b 1640.
Rivière, Anne, b 1652.

1681, (14 avril) P[te]-aux-Trembles, Q. [4]

L —ALARY, René, Charpentier,
b 1639, fils de Lothaire et de Marie Dubois, de St. Hilaire, ville de Poitiers.
Royer, Marie. [Jean I.
Marie-Françoise, b [4] 5 décembre 1683. — *Geneviève*, b [4] 19 novembre; s 7 décembre 1685.— *Jean*, b [4] 24 février 1687. — *Vincent*, b 26 janvier 1689, à Montréal. [2]—*Joseph*, b [2] 19 avril 1691; s [2] 8 juin 1698.— *Etienne*, b [2] 27 janvier 1693.— *Marguerite*, b [2] 11 février 1695; s [2] 30 avril 1701.— *Jean-François*, b [2] 10 decembre 1696; s [2] 11 octobre 1697.— *Anne*, b [2] 27 juillet 1698.— *Geneviève*, b [2] 20 août 1700, s [2] 7 mars 1703.— *Magdeleine*, b [2] 22 mai 1702.—*Jean-Baptiste*, b [2] 1er février 1704.

1681, (17 fév.) P[te]-aux-Trembles, Q. [4]

I. — ALARY (1), René, b 1648, fils d'Antoine et Anne Chebor, de N. D. de Neuville, évêché de Poitiers, s [4] 16 décembre 1700.
Tibaut, Louise, b 1665. [Michel I.
Jean-Baptiste, b [4] 12 et s 15 août 1683. — *Pierre, Michel*, b [4] 16 janvier 1685, m à Marie Lemay.— *Louise*, b [4] 18 novembre 1686; m 21 novembre 1712, à Québec, [5] à Jacques Joignier; s [5] 18 juillet 1754. — *Jean-Baptiste*, b [4] 12 juillet 1691, m... à Louise Lemay.— *Joseph*, b [4] 10 août 1693, m [5] 22 octobre 1724, à Geneviève Descagnés. — *René*, b [4] 27 août 1695, 1° m 1719, à Marguerite Bedard, à Charlesbourg; 2° [4] m 20 août 1742, à Marguerite Letartre. — *Marie-Anne*, b [4] 4 août 1697; m [5] 25 novembre 1717, à François Beauchamp.— *Jeanne*, b 6 mai 1699, à St. Augustin; 1° m [5] 1er octobre 1730, à Jacques Gruyau; 2° m [5] 20 février 1748, à Toussaint Baudry.—*Marie-Ursule*, b [4] 6 février 1701, m [5] 19 août 1721, à Jean-Baptiste Journeau.

I — ALBERT, Martin.
Bigot, Jeanne [Jean I.
Joseph, b 20 mars 1658, à Québec.

I. — ALBERT, François, } Venus de St. Pierre
Gabarette, Thomasse. } d'Oleron, évêché de
} Xaintes.
Marie, b... m 29 octobre 1663, à Jean Chauveau, à Quebec. [5]— *Guillaume*, b 1644, m [5] 25 août 1664, à Elizabeth Halay; s 15 décembre 1708, à Lévi.—*André*, b 1633, m [5] 21 octobre 1669, à Anne Goisset; s [5] 30 septembre 1684.

1664, (25 août) Québec. [5]

II. — ALBERT (2) Guillaume. [François I.
s 15 décembre 1708, à Lévi. [6]
Halay, Elizabeth, [Jean-Baptiste I.
s [5] 9 août 1726.
Jean, b [5] 12 juillet 1665.— *Jeanne*, b [5] 6 fév. 1667; s [5] 21 juillet 1669.— *Barbe Charlotte*, b [5] 8 octobre 1668, m...à André Jorian; s [5] 12 décembre 1708.— *Louise-Charlotte*, b [5] 20 juin 1671; m [6] 1er novembre 1695 à Pierre Plassant.— *Charles*, b [5] novembre 1673.— *Elizabeth* b [5] 11 février 1676; m [6] 23 novembre 1694, à Michel Guay; s [6] 20 février 1736.— *Louis Auguste*, b [5] 9 avril 1678. — *Guillaume*, b 12 septembre 1681, à l'Ilet.— *Jeanne*, b [5] 20 mai 1684; 1° m [5] 23 oct. 1708, à Laurent Lagère; 2° m [5] 3 février 1714, à Gabriel Greysac. — *François*, b [6] 22 mai 1690; m... à Marguerite Levitre.

1669, (21 octobre) Québec. [5]

II. — ALBERT, André. [François I.
s [5] 30 septembre 1684.
Goiset, Anne, b 1634, veuve, fille de Michel de la Place, de St. Laurent, ville de Paris; s...

I.—ALBRIN, Flamant de nation.
Leber, Anne.

---

(1) Surnommé Grand-Alary.
(2) Albert dit Lafontaine

Pierre, (1) b 26 juillet 1699, à Laprairie.[5]—*François,* b[5] 26 juillet 1699, ne aux Flamans.—*Antoine,*
b[5] 26 juillet 1699, ne en 1683 aux Flamans.

1685, (13 novembre) Québec. [5]

I.—ALLEMAND, Pierre, b…, fils de Claude et
    Marie Maudet, de St. Sauveur, évêché de la
    Rochelle, s 27 mai 1691 (église de Québec.)
Douaire, de Bondy, (2) Louise.   [Thomas I.
    Louise, b[5] 5 octobre 1686 ; 1o m[5] 8 septembre
1705 à Jean Brousse ; 2o m[5] 28 janvier 1714 à
Jean-Baptiste Charets ; s[5] 23 janvier 1722.—
Pierre Alexis, b[5] 20 janvier et s[5] 24 mars 1689.—
Marie-Thérèse, b[5] 25 juillet 1690 ; s 11 novembre
1722, (église de Québec) ; *Pierre,* (posthume) b[5]
8 septembre 1691.

1652, (8 octobre) Québec. [5]

I.—ALOIGNON, Pierre Denis.
    b 1621.
    s[5] 18 décembre 1690.
Roussin, Françoise,   [Jean I.
    s[5] 4 décembre 1691.
    Sébastienne, b[5] 27 août 1653.—*Nicolas Joseph,*
b[5] 23 janvier 1655 ; s[5] 9 septembre 1661.—*Pierre,*
b[5] 25 avril 1657. — *Marie,* b[5] 25 mai 1659 ; m[5]
6 novembre 1674, à Nicolas Drouin.— *Jean Baptiste,* b et s 3 mars 1661 au Château-Richer.[6]—*Marie
Anne,* b[6] 1er mai 1663.—*Françoise,* b[6] 1er avril
1665.—*Marie,* b[5] 1667 ; s[5] 28 mai 1668.—*Jeanne,*
b 1670 ; m[5] 28 octobre 1686, à Jean Gagnon.

1689, (7 mars) Lachine. [6]

I.—ALONZE, Augustin (3) fils d'Augustin et de
    Marie Tétro, de St. Jacques en Galice.
Renusson, Catherine, veuve de Vincent Cha-
    maillard. (4)

I.—ALTON, Etiennette, fille de François et
    Antoinette Barillay, de la Flèche, évêché
    d'Angers, b 1641 ; 1o m 7 janv. 1660, à Mont-
réal[6] à Martin Heurtebise ; 2o m[5] 13 juin
1672, à Barthélemy Vinet ; 3o m 18 oct. 1689,
à Lachine, à Claude Garigue dit Laguedoc.

1677, (4 octobre) Montréal. [2]

I.—ALY dit LAROSÉE (5), Vincent, b 1649, fils
    de Méry et de Louise-Bouton de Champagne-
    Mouton (Angoulême) ; s 5 août 1689.
Perrin, Marie,   [Henri I.
    b 1664 ; s 5 août 1689.
Note.—On lit au registre de Lachine :
    " A l'égard des corps de Vincent Alix dit Laro-
sée, de Marie Perrin sa femme et d'une partie de
leurs enfants, que les Iroquois brûlèrent dans leur
maison, le 5 août 1689, on n'y a rien trouvé, le
feu ayant consumé les chairs et les os."

---

(1) Né en décembre 1698 dans le pays des Flamans.

(2) Elle épouse à Québec le 12 janvier 1693, Nicolas Pineau.

(3) Espagnol de nation. Soldat de Dumesny.

(4) Elle venait de la Basse Normandie.

(5) Alix, au recensement de 1681.

Marie, b 11 septembre 1679, à Lachine[3] ; m[2] 30
avril 1696, à Simon Guillory.—*Anne,* b[2] 1678.
— *Catherine,* b[2] 21 décembre 1680. — *Gabriel,*
b[3] 13 février 1683. — *Jeanne,* b[3] 1er juillet 1685 ;
s[3] 25 octobre 1686.— *Suzanne,* b[3] 20 avril 1687.
—*Jean Marie,* b[3] 14 juin 1689.

AMADOR,
    b 1640 s 23 février 1690, à Québec.

AMAND.—Voy. Hust.

1698, (11 novembre), Montréal. [2]

I.—AMAND, (1) Pierre, fils d'Adrien et de Jeanne
    Dehors, de St. Surin, Bordeaux.
Grenier Catherine,   [Jean I.
    Moïse Pierre, b[2] 18 août 1699 ; s 17 juin 1700,
à Repentigny.[3]—*Louis,* b[2] 16 février 1701.—*Marie
Catherine,* b 9 août 1702, à St. François, Ile Jesus.[4]
—*Michel,* b[4] 24 septembre 1703.—*Pierre,* b[4] 17
avril 1705. — *Joseph,* b[4] 13 janvier 1707. — *Jacques,* b[4] 22 juin 1708.— 1 fille b[4] 1709 ; s[4] 27
août 1714.—*Agathe* b[4] 12 novembre 1712.—*Toussaint,* b[4] 30 octobre 1714.

I.—AMARITON, François, capitaine des troupes.
    Françoise, b… 1698 ; m 15 novembre 1717, à
François Mauri, à Québec[2] ; s[2] 6 juin 1733.

1676.

I.—AMAURY, Jean, établi à St. François, I. O.[2]
    b 1646.
Vigny, Marie.
    b 1655.
    Marie, b 24 septembre 1677, à Ste. Famille.[4]
— *Michel,* b[2] 23 décembre 1684 ; m 28 août
1713, à Anne Cécile Guimont, Ste. Anne[2], s[2] 14
mai 1715. — *Etienne,* [4]b 21 décembre 1679 ; s[2] 11
janvier 1688.— *Jean-Baptiste,* b 24 et s[2] 29 mai
—*Anonyme,* b et s[2] 21 déc. 1683. — *Ursule,* b[2] 3
avril 1690 ; s[2] 16 nov. 1705.— *Françoise,* b[2] 1er
juin 1692.—*Angélique,* b[3] 1696 ; s[3] 8 fév. 1703.—
Marguerite, b en déc. 1697 ; s[2] 12 janv. 1698. —
Marguerite, b… ; m[2] 30 août 1711 à J. Bte. Leblond.—*Geneviève,* b[2] 19 fév. et s[3] 8 mars 1699.

1662, (7 février) Trois-Rivières. [3]

I.—AMEAU, Séverin, N P. Greffier, b 1619, fils
    de Jean et de Françoise Remogis, de St. Sau-
    veur (Paris), s[3] 9 mai 1715.
Baudoin, Magdeleine, b 1642, fille de Jacques
    et de Magdeleine Pichon, de Courcival (pays du
    Maine) ; s[3] 13 novembre 1706.
    Louis, b[3] 9 novembre 1662. — *Charles,* b[3] 17
décembre 1665. — *Marguerite,* b[3] 22 août 1669 ;
m, 1693, à René Godfroy de Tonnancourt.

AMELIN. Voy. Hamelin.

AMELIN dit St. Jean, Jean-Baptiste.
    soldat de M. leVerrier à Montréal en 1705.

1640.

I.—AMELINE dit Rouget, Jean, de Rouen,
    noyé le 1er mai 1640, dans la petite rivière

---

(1) Amand dit Jolicœur, soldat de M. Des Meloises.

St. Charles, avec Pierre Vachon, et inhumé à Notre-Dame des Anges de Québec, le 3 juin 1640.

1693.

I. — AMELOT dit Sans-peur, Jacques, sergent b 1669 ; s 8 septembre 1729, à Quebec [3]
1° Théodore, Jeanne.
François, b 17 novembre 1694, à la Pointe-aux-Trembles de Montréal.
          1695.
2° Godin, Angélique.   [Charles I.
  b 1679 ; s [3] 14 février 1718.
Marie Catherine b [3] 22 mars 1704 ; m [3] 27 janvier 1733, à Michel Réaume. — *Marie Marthe* b [3] 16 janvier 1706 ; m [3] 7 janvier 1727, à François Blais ; s [3] 2 mai 1760. — *Marie Madeleine*, b [3] 25 octobre 1707, filleule de Vaudreuil. — *Marie Magdeleine*, b [3] 27 octobre 1708 ; m 3 fev. 1728, à l'Ange Gardien, [4] à Charles Laberge. — *Marie*, b [3] 28 mai 1710 ; s [3] 16 decembre 1710. — *Marie-Anne* b [3] 31 janvier 1712 ; m [4] 4 novembre 1727, à Timothée Laberge. — *Jacques*, b [3] 15 mars 1714 ; m [3] 5 novembre 1736, à Louise Felicite Nicolas ; s [3] 29 mai 1750. — *Francois*, b [3] 18 novembre 1716 ; s [3] 20 février 1717. — *Clotilde*, b 1695 ; m [3] 8 mai 1719 à Guillaume Cote ; s [3] 14 mars 1744. — *Marie-Angélique*, b [4] 13 juillet 1701 ; m [3] 3 février 1721 à André Marcoux.

    1719, (27 novembre) Québec.
3° Marié, Elizabeth,   [Jacques I.
  veuve de Denis Brière. (1)

1698, (13 octobre) Montréal. [4]

I. — AMYAULT, Raymond, b 1673, fils de Barthélemi (juge perpétuel du Conseil de Seize de l'Hôtel de ville de Toulouse, Seigneur d'Auteville et Ramonville), et de Jeanne Berard.
St. George (De), Marie Magdeleine, fille d'Adrien (garde du corps du Roy), et de Jeanne de Gainon, de l'Evêché de Coutances.
Anonyme, b et s [4] 24 juin 1699. — *Alexandre*, b [4] 31 mai 1700 ; s [4] 17 decembre 1702. — *Françoise-Magdeleine*, b [4] 10 mai 1701 ; s [4] 20 mars 1703. — *Jean-Baptiste Raymond*, b [4] 4 mai 1702.

AMYOT — *Surnoms :* Villeneuve, — Vincelot, — Neuville, — L'Erpinière, — Lincour.

1627.

I. — AMYOT, Philippe, natif de Chartres, marié en France ; s
  Convent, Anne, (2) née en 1601, à Estrée (France) fille de Guillaume et d'Antoinette de Longval, de l'Evêché de Soissons.
Mathieu, b 1628, à Chartres ; m 22 novembre 1650, à Marie Miville, Quebec [5] ; s [5] 19 décembre 1688. — *Charles*, b [5] 26 août 1636 ; m [5] 2 mai 1660, à Geneviève De Chavigny ; s [5] 10 decembre 1669. — *Jean-Gencien*, b 1635, à Chartres ; m 7 août 1673, à Marguerite Poulin, Ste. Anne, [6] ; s [5] 16 avril 1708.

1650, (22 novembre) Quebec. [5]

II. — AMYOT, Mathieu (1).   [Philippe I.
  s [5] 19 décembre 1688.
  Miville, Marie,   [Pierre I.
  s.——
Charles, b [5] 20 octobre 1651, m [5] 22 novembre 1677, à Rosalie Duquet, s [5] 24 octobre 1711. — *Pierre*, b [5] 27 janvier 1653 ; 1° m 1680, à Jeanne Renard ; 2° m 1686, à Louise Dodier ; s.... — *Anne-Marie*, b [5] 22 mars 1654, m [5] 30 avril 1670, à Jean Huard., s.... *Marguerite*, b [5] 24 janvier 1656, m [5] 19 juin 1670 à Jean Joly, s [5] 26 février 1724. — *Jean-Baptiste*, b [5] 25 juin 1658, m [5] 20 juillet 1682, à Geneviève Guyon, s [5] 19 septembre 1685. — *Françoise*, b [5] 14 juillet 1660 ; m [5] 5 novembre 1675, à Charles Gingras, s... — *Jean*, b [5] 11 mai 1662, s... — *Catherine-Ursule*, b [5] 22 avril 1664, m 11 novembre 1683, à Jean Duquet, à la Pointe-aux-Trembles, [6] s... — *Daniel-Joseph*, b [5] 5 octobre 1665. — *Mathieu*, b [5] 25 août 1667, s [5] 2 décembre 1684. — *Philippe*, b [6] 10 avril 1669, m [6] 25 octobre 1694, à Marie Harnois, s 13 mars 1722, à St. Augustin, [7]. — *Jeanne*, b [5] 24 novembre 1670, m [6] 26 février 1691, à Paul Bessier. — *Etienne*, b [5] 16 novembre 1672 ; m [5] 15 octobre 1708, à Jeanne Campagna ; s... — *Marie-Françoise*, b [5] 15 juin 1676 ; m [7] 24 novembre 1699, à Jean-Baptiste Tibaut. — *Geneviève*, b [5] 9 et s [5] 14 novembre 1678.

1660, (2 mai), Québec. [6]

II. — AMYOT (2) Charles, marchand, [Philippe I.
  s [6] 10 decembre 1669.
  De Chavigny, Geneviève (3),   François I.
  Pierre, b [6] 2 décembre 1661 ; s [6] 5 février 1662. — *Marie Magdeleine*, b [6] 1er janvier 1663, Ursuline, dite Mère de la Conception ; s [6] 13 octobre 1747. — *Charles Joseph*, b [6] 23 mars 1665 ; m 19 février 1691, à Marie Eliza Du Hautmesny, à Montréal ; s [6] 9 mai 1735.

1673, (7 août) Ste. Anne. [7]

II. — AMYOT (4) Jean, serrurier,   [Philippe I.
  s 16 avril 1708, Quebec. [3]
  Poulain, Marguerite,   [Claude I.
  s [3] 20 mai 1722.
Marguerite, b [3] 16 janvier 1675, Sœur la Présentation (Congrégation Notre-Dame) ; s 1er août 1747, à Montréal. — *Marie-Madeleine*, b [3] 10 mai 1677 ; 1° m [3] 7 novembre 1696, à Guillaume Masse ; 2° m [3] 22 octobre 1719, à Jacques Barbel ; s [3] 11 octobre 1757. — *Jean*, b [3] 5 septembre 1679 ; 1° m [3] 3 fevrier 1707, à Marthe Sovet ; 2° 19 janv. 1722, à Catherine Delisle ; s [3] 22 avril 1727. — *Pierre*, b [3] 11 et s [3] 19 octobre 1682. — *Pierre*, b [3] 7 novembre 1683 ; m [3] 28 mai 1714, à Marie Anne Caddé ; s [3] 4 septembre 1746. — *Marie Thérèse*, b [3] 3 juillet 1686. — *Geneviève*, b [3] 26 janvier 1689 ; s [3] 11 decembre 1689. — *Marie-Louise*, b [3]

---

(1) Amyot dit Villeneuve. — Obtint un fief voisin de Sainte-Croix.

(2) Reçoit le fief Vincelette près le Cap St. Ignace.

(3) Elle épouse à Québec 23 octobre 1680, Jean-Baptiste Couillard.

(4) Gencien, Jean.

---

(1) Elle épouse le 29 janvier 1733 Guillaume Favreau, à Québec.

(2) Elle épouse à Québec le 26 septembre 1639, Jacques Maheu.

16 novembro 1690, Hospitalière St. Alexis, à Québec ; s³ 5 janvier 1752.—*Anne Thérèse*, b³ 10 février 1693, Sœur St Augustin, Cong. N.-D. ; s³ 22 janvier 1759.—*Marie Françoise*, b³ 2 octobre 1695 ; s⁴ 17 avril 1699. — *Marie Catherine*, b³ 30 avril et s³ 28 juillet 1697.

1677, (22 novembre) Québec. ³

III.—AMYOT-VILLENEUVE, Chs. [Mathieu II.
s³ 24 octobre 1711.
DUQUET, Rosalie, [Denis I.
s³ 10 mai 1715.
Marie Catherine, b³ 8 janvier 1679 ; m³ 31 octobre 1720, à Jean Maillou.—*Etienne*, b³ 6 février 1681 ; 1° m³ 11 février 1706, à Jeanne Derome ; 2° m à Marie-Angelique Hallé.—*Thérèse*, b³ 5 octobre 1683 ; m³ 8 août 1716, à Bernard De la Forcade.—*Catherine Rosalie*, b³ 5 mars 1685 ; s³ 24 août 1687.—*Gabriel*, b³ 16 août 1690.—*Mathieu*, b³ 1er mai 1692.—*Jean Baptiste*, b³ 12 juillet 1694.—*Charles*, b³ 1er juin 1697 ; m³ 18 février 1719, à Angelique Métivier.

1680.

III.—AMYOT-VILLENEUVE, Pierre. [Math. II.
1° Renard, Jeanne, [Claude I.
Pierre, b... ; m 12 février 1714, à Marie-Thérèse Gilbert, à St. Augustin. ⁴—*Marguerite*, b... ; m⁴ 12 juin 1708, à Jean Tinon. — *Françoise*, b... ; m... à Charles Gingras.

1686.

2° Dodier, Louise, [Jacques I.
Marguerite, b 1er sept. 1687, à Québec. ⁵—*Pierre* b⁵ 2 septembre 1689 ; s...—*Jean-Baptiste*, b 28 décembre 1691, à la Pointe-aux-Trembles ; s... — *Jean-Baptiste*, b⁴ 25 décembre 1693.—*Pierre*, b⁴ 27 février 1696.

1682, (20 juillet), Québec. ³

III. — AMYOT-NEUVILLE, J.-B. [Mathieu II.
s³ 19 septembre 1685.
Guyon du Rouvray, Geneviève, [Michel II.
Geneviève, b 11 juillet 1683, Pointe-aux-Trembles (Q) ; m 19 avril 1700, à Michel Boucher, à St. Augustin. — *Marie-Anne*, (posthume) b³ 29 septembre 1685 ; m 6 fev. 1709, à François-Michel Messier, à Varennes.

1691, (19 février) Montréal.

III.—AMYOT-VINCELOT, (1) Chs. Jos. [Chs. II.
s 9 mai 1735, à Québec. ³
Du Hautmeny Marie-Gabrielle, [Jean I.
Joseph, b 5 mars 1692, à St. Thomas ; s³ 28 mars 1692. — *Marie-Geneviève*, b³ 28 septembre 1693 ; m³ 28 décembre 1718, à Jean-Jacques Richard ; s³ 4 avril 1735.—*Joseph-Jean-Baptiste*, (2) b⁵ 10 mai 1697 ; m... 1719, à Françoise Sauvage.—*Ignace-François*, b⁵ 9 juin 1698. — *François-Charles*, b³ 31 août 1699. — *Louise*, b³ 15 sept. et s³ 4 octobre 1700. — *Louis*, b³ 27 mai 1702. — *Anonyme*, b et s 7 avril 1704, au Cap St. Ignace. ⁵—*Charles*, b 9 avril 1705, l'Islet. ⁶ — *Pierre*, b³ 10

(1) Seigneur du Cap St. Ignace.
(2) Etabli à Michillimakina.

septembre 1706. — *Gabriel-Jean*, b³ 30 septembre 1707 ; m³ 7 novembre 1741, à Marie-Anne La Coudray. — *Jean-Baptiste*, b 19 septembre et s⁵ 4 octobre 1710.— *Jean-Baptiste*, b⁵ 8 décembre 1714 ; m⁶ 26 mars 1738, à Marie-Charles Rousseau.

1694, (25 octobre) Pte-aux-Trembles, Q. ²

III.—AMYOT-L'ERPINIÈRE, Philippe. [Mat. II.
s 13 Mars 1722, à St. Augustin. ⁴
Harnois Marie, [Isaac I.
s⁴ 27 mars 1721.
Marie-Françoise, b² 8 août 1695 ; s⁴ 29 mars 1716.— *Geneviève* b⁴ 10 février 1697 ; m⁴ 12 oct. 1722 à Jean-Baptiste Corbin ; s...— *Laurent*, b⁴ 31 août 1698 ; m⁴ 17 novembre 1722 à Marie-Joséphine Caillet.— Un enfant, b 1702 ; s² 7 mars 1703.— *Mathieu*, b⁴ 20 juin 1700. — *Marie-Louise*, b⁴ 21 décembre 1703 ; s⁴ 7 juin 1715.

1686, (25 février) Trois-Rivières. ³

I—AMONT, Jean, né en 1656, fils de Nicolas A. et d'Anne Seigneuret, de Livano , s³ 28 déc. 1724.
1° Gastineau-Duplessis, Marg. [Nicolas I.
s³ 9 mars 1703.
René, b³ 13 octobre 1688 ; s³ 14 avril 1715.— *Marguerite*, b³ 22 mai 1692.—*Marie-Jeanne* b³ 5 octobre 1693. — *Jean*, b³ 13 novembre 1695. — *Louise-Catherine*, b³ 8 novembre 1697 ; m³ 24 novembre 1738, à Jean Leclerc ; s³ 10 juillet 1745.—*Marie Joséphine*, b³ 23 novembre 1699.— *Marie-Magdeleine*, b³ 14 novembre 1701.

1705 (23 février) Batiscan.

2° Trotain, dite St. Surin, Jeanne, [Frs. I.
s³ 9 décembre 1705.
Anonyme, b et s³ 7 décembre 1705.

1708 (23 juillet) Trois-Rivières.

3° Gauthier, Jeanne, veuve de Pierre Aubert, de St. Pierre de Bonne, évêché d'Autun, en Bourgogne.

AMPLADE, Laurent.—Voy. Le Sept.

AMROI.—Voy. Amyot, Jean, serrurier.

AMORY. — Voy. Amaury.

ANAIS.—Voy. Anès.

ANCE, Michel, b 1694 ; étudiant en théologie et organiste de la cathédrale de Sibour ; s 18 octobre 1715, à Québec.

1659, (25 mai). Trois-Rivières. ³

I. — ANCEAU, Benjamin, fils de Jean A. et de Marie Moquet, de la Rochelle.
Poisson, Louise [Jean I.
Marie-Anne, b³...1661, Ursuline, dite Ste. Thérèse ; s 28 octobre 1739, à Québec.—*François*, b... 1660.

1663.

I. — ANCELIN, Réné,
b 1600 ; s 21 nov. 1695, à la Rivière-Ouelle. ²
Juin, Marie,

Madeleine, b 28 nov. 1665, au Château-Richer[3]; s... —*Charles*, b [3] 3 déc. 1666; s 14 nov. 1688, à St. Jean, I. O.[4] — *Marie*, b [3] 18 mars 1669; m [4] 5 sept. 1683, à Pierre RONDEAU. — *Philippe*, b 4 sept. 1676, à Ste. Famille[5]; m [2] 7 juin 1701, à Madeleine ST. PIERRE. —*Catherine*, b [5] 25 octobre 1672; s [5] 22 mars 1674.

ANDEGRAVE.— Voy. Andegrave dit Champagne—Hengrave—Antgrave.

ANDIAU DIT LAFOSSE, SÉBASTIEN.—Voy. Hodiau.

I.—ANDIRAN, PIERRE, médecin, établi à Québec.
MARIGNY, Louise-Catherine.
Jean, b 2 octobre 1715, à Québec.

1659, (10 février) Québec.

I. — ANDRÉ, RENAUD, b... fils de Nicolas André et de Thomase Giraudeau, de Quindèle, Angoulême.
MARANDA, Madeleine, veuve de Nicolas Pinel, arrivée au Canada avant 1650.

1663, (8 juin) Montréal.[2]

I.— ANDRE dit de St. Michel, MICHEL, b 1639, fils de Richard et de Jeanne Poirier, de la Combe, Ev. de Bayeux.
NADREAU (1) Françoise, b 1645, veuve de Michel Louvrard, de Bayeux, en Normandie; s...
Marie-Gertrude, b [2] 2 avril 1664; s [2] (noyée) 20 septembre 1665. — *Gertrude*, b [5] avril 1666, m 16 janv. 1686, à François PHILIPPON, à Lachine.[3]— *Catherine*, b [2] 20 février 1668; s [2] 20 juillet 1673.— *Jeanne* b [2] 21 février 1670; m [3] 11 février 1687 à Jean MICHEL; s [3] 4 sept. 1687. — *Philippe*, b [2] 6 juillet 1672. — *Pétronille*, b [2] 2 juillet 1674; m [3] 1 août 1689, à Charles BELONGLE.— *Marguerite*, b 1676; m [3] 25 juin 1704, à Jean-Baptiste DUBOIS.— *Marie*, b [3] 11 juillet 1678.—*Marie-Angélique*, b [3] 15 déc. 1680; m [2] 1 mars 1701, à François VINET. — *Louise-Madeleine*, b 16 et s [3] 23 juillet 1684.

1690.

I. — ANDRE, Sièur de Leigne, (2) PIERRE, né en 1663.
s 7 mars 1748, dans l'église des Trois-Rivières.
FREDIN, Claudine.
s 20 juin 1727, dans l'église de Québec.[2]
Jeanne-Catherine, b 1690, m [2] 4 janvier 1721, à Nicholas DE LANOUILLER, s [2] 12 mars 1722.— *Françoise*, b 1720; m [2] 14 février 1757, à Pierre CARIO; s [2] 8 février 1760.— *Louise-Catherine*, b 1712; m [2] 12 octobre 1741, à René Ovide HERTEL; s— *Jean*, b [2] 28 juillet 1698.— *Marie Magdeleine*, b [2] 24 avril 1699.—*François*, b [2] 30 octobre 1700.— *Louis-Charles*, b [2] 5 décembre 1701.

1668, (11 janvier) Québec.[2]

I. — ANDRIEU, (3) ANTOINE, fils de Guillaume et Claire du Manoir.

CARCIREUX, Sylvine, fille de François et de Marie Texier, de St. Ursin, évêché de Bourges.
Anonyme, b et s décembre 1668, au Château-Richer.—*Antoine*, b [2] 1er janvier 1670, a l'Ange-Gardien.

I. —ANEST, ROBERT. (1)
    b 1616.
LERAT, Elizabeth.
    b 1604; s 2 Juin 1668, au Château-Richer.
Jacques, b 1646; m...à Marie Anne DALONNE.— *Marie*, b 1650.

II. — ANEST, JACQUES,   [ROBERT I.
DALONNE, Marie Anne, (2)

1685, (30 avril) P^{te}-aux-Trembles.[2]

I. —ANGE, PIERRE, b 1660, fils de Louis et de Suzanne Nicolet, d'Elzé, évêché de Poitiers.
MEUNIER, Périnne.   [RENÉ I.
Marguerite, b [2] 16 février 1691. — *Louis-Joseph*, b [2] 19 novembre 1694. — *Louis*, b [3] 4 décembre 1696. — *Marie-Anne*, b [2] 18 janvier 1699.

ANGERS.—Voy. LEFEBVRE Sieur Angers.

Anglais. (3)

ADAMS, CHARLES.
SMITH, Rebecca.
Ursule, née le 13 mars 1674 à Hamshire (Oyster River), prise le 19 juillet 1694; b 6 avril 1697.

I. —ADAMS, JAMES, de Wells, pris le 22 août 1703, avec sa femme, et au service de M. Pierre Le Gardeur.
FORD, Catherine, de la Nouvelle-Angleterre.
Clément, b 9 et s 11 nov. 1704, Montréal.

BARUC, JEAN-BAPTISTE, né le 6 mai 1673, à Corlar; b 8 sept. 1693, à Montréal. Pris en fév. 1690, par les Français et les sauvages, avec son frère, et au service de D^{lle} Marie-Anne Migeon.

BATSON, JOHN.
ODIHORN, Anna, prise avec ses enfants le 21 août 1703. Au service de M. Pacaud.
Marie-Marguerite, née à la "Piscadoué," Nouvelle-Angleterre, le 5 fév. 1697; b 24 juin 1704 à Montréal.

BRAQUIL, GABRIELLE LOUISE, âgée de 16 ans, b 17 déc. 1698, dans l'église des Ursulines de Québec.

COLE, JOSEPH, de Beverly, Nouvelle-Angleterre.
RANDAL, Sara, prise à Jackson, N.-Angleterre, avec ses enfants.
Marie-Thérèse, nee le 9 mai 1701; b 8 déc. 1703 à Montreal.

---

(1) Nadreau et Naderot.

(2) Secrétaire de l'Intendant Bochart, Lieut. général civil et criminel de Québec.

(3) Etabli à l'Ange Gardien.

(1) Etabli au Château-Richer.

(2) Elle épouse à St. Michel, 19 avril 1694, Pierre Hublé.

(3) Sous ce nom "Anglais" on trouve la liste des personnes prises pendant les guerres du 17e siècle, entre la Nouvelle-France et la Nouvelle-Angleterre.

GRANT, Christopher, s avant 1696.
  Mills, Martha,   [Thomas.
    marraine en 1696, de Samuel Sentar, à Montréal.

HARD, Benjamin, de Chitto, Angleterre.
  Roberts, Elizabeth.
    Anne, née en 1681 à Chitto, près Douvres ; b 10 avril 1694, à Montréal, prise par les sauvages *Loups*, le 25 janvier 1692, demeurant chez M. Pierre Prudhomme.

HASTING, Joseph, né en Angleterre, fils de Benjamin et d'Isabelle Graves, b 18 avril 1706, à 21 ans, au Cap St. Ignace.

HURTADO, Antoine, de Fayol, en Portugal.
  Hyrt, Marie, de York.
    Louise, née avant 1683 à Pescatoué, Nouvelle-Angleterre ; prise le 18 mars 1690 par M. Hertel, et demeurant à la Providence, b 24 mai 1692, à Montréal.

KERKLASS, Girard, de Dunkerque, Flandre.
  Wldretz, Adrienne.
    Pierre, né en avril 1677, à Corlar, Nouvelle-Angleterre ; pris par les sauvages de la Montagne le 15 avril 1694 ; b 21 sept. 1694, à Montréal, filleul de Monsieur De Frontenac et au service de Madame De la Naudière.

LAHÉ, (Lahey) Thomas, d'Irlande.
  Williams, Catherine.
    Jean, né en 1670 à Sollo, Irlande ; pris sur les Flamans de Corlar ; b 19 mars 1696, à Montréal et au service de M. Le Ber.

LONGLY, William, de Grotten, près Boston.
  Crisp, Délivrance.
    Lydia Madeleine, née le 12 avril 1674 à Gootten, prise en juillet 1694 par les Abénaquis ; b 24 avril 1696 à Montréal, elle réside à la Cong. N.-Dame.

I.—MILLS, Thomas, d'Exeter, Angleterre.
  Wadel, Marie.
    Marthe, née le 18 janvier 1653 à Bristol ; 1° m... à Jacques Smith ; 2° m... à Christophe Grant ; prise le 18 nov. 1690 par Hertel, elle demeure chez M. Crevier de St. François, et baptisée le 29 juin 1693, à Montréal.

MOIRE, Tome, (Thomas), anglais, b 29 mai 1694, à Batiscan.

OICBAC, J.-Bte., enlevé par le parti de guerre des Trois-Rivières, commandé par M. Hertel ; b 8 sept. 1690, à 4 ans et demi, aux Trois-Rivières.

OUABARD, Joseph-Philippe, b 12 décembre 1706, à 17 ans, au Cap St. Ignace.

PARSON, John, b 20 avril 1693, à 16 ans, à Quebec.

PITTMAN, Guillaume.
  —— Barbe.

Marie-Louise, née le 15 novembre 1657, à Piscatoué ; prise par les sauvages en octobre 1689, m... à Marie Willis ; b 8 déc. 1693 à Montréal ; Filleule de De Callières, gouverneur, chez qui elle demeure.

PRICE, Robert, de Northampton.
  Webb, Sara.
    Elizabeth, native de Northampton, Nouvelle-Angleterre ; b en 1684 ; 1° m... à André Stevens ; 2° m 3 février 1706 à Jean Fourneau, à Montréal.

I.—RISHWOTH, Edouard, de Lincoln, Angleterre.
  Wilbright, Suzanne.
    Marie, née le 8 janvier 1660 à York ; 1° m... à Guillaume Sayer ; 2° m... à Jacques Pleisted ; prise par les sauvages de l'Acadie, le 25 janvier 1692, avec ses deux enfants, Geneviève et Marie-Joseph Sayer ; b 8 decembre 1693 à Montréal. (Voir Sayer).

SAYER, Guillaume.
  Rishworth, Marie,   [Edouard I.
    Marie-Geneviève, née 4 avril 1681, dite Sœur des Anges, Cong. Notre-Dame ; prise en guerre avec sa mère et sa sœur ; s 28 mars 1717, à Montréal. — *Marie-Joseph*, née 9 mars 1685.

SENTAR, William.
  —— Marie.
    Samuel, né en 1679, dans une île nommée *Shols*, près Pescatoué, fut pris par les Abénaquis en 1694. Au service de Le Neuf de Beaubassin. — *J.-Bapt. Alexandre*, b 21 avril 1696, à Montréal.

SMITH, Jacques, de Barwick, Nouvelle-Angleterre.
  Mills, Marthe. (1)   [Thomas I.
    Jean-Baptiste, né le 26 juillet 1685 ; pris en guerre le 18 mars 1690 ; b 3 mai 1693, à Montréal, au service de M. d'Argenteuil.

THIMONY, Marie-Madeleine, b 8 avril 1662, à Québec, l'Intendant Bochard fut son parrain.

TRAFTON, Thomas, de York, près Boston.
  Moore, Elizabeth.
    Charles-Louis-Marie, né en mars 1681, York ; pris en mai 1693, par les Abénaquis, b 12 sept. 1694, à Montréal, et au service de M. de Frontenac, son parrain.

VAN EBS, Jean, Lieutenant de la Justice de Corlar, Nouvelle-Hollande.
  —— Elizabeth.
    Evrard, né 15 octobre 1676 à Corlar ; pris le 27 août 1695 par les sauvages du Sault et de la Montagne ; b 26 juillet 1696 à Montréal. Au service de M. Bochart, chevalier de Champigny.

WARREN, Jacques, de Berwick, en Ecosse.
  Irlandaise, Marguerite.
    Marie-Madeleine, née le 6 mars 1662 à la Nouvelle-Angleterre ; prise en guerre le 18 juin 1689 ;

(1) Voy. Mills.

2

b 9 mai 1693 ; 1° m... à Richard Theys; 2° m 15 octobre 1693, à Philippe Robitaille, à Montréal ; au service de M. De Maricour.

WILLIS, Etienne, de la Nouvelle-Angleterre.
Picman, Gabrielle.
Marie-Madeleine, née le 16 juin 1676 à la Nouvelle-Angleterre ; b 23 juin 1692, à Montreal, tourière des Hospitalières de St. Joseph à Montréal, et filleule de Frontenac.

WINTWOTH, Guillaume, *ancien* en la religion anglo-calviniste.
Kenny, Elizabeth.
Elizabeth, nee en 1653 à Piscatoué ; 1° m... à James Sharp, de Kent ; 2° m... à Richard Toxer ; prise à la guerre le 18 mars 1690 par Hertel, filleule de Claude Ramezay, gouverneur des Trois-Rivières, et au service de M. Pierre Boucher, seigneur de Boucherville.

WROMAN, Adam, de Leyden, Hollande.
Haristain, Angelique, de New-York.

Baruc, Jean-Baptiste, né le 6 mai 1673, Corlar ; pris en fevrier 1690 par les Français et les Sauvages ; b 8 sept. 1693, à Montréal.
André, né le 10 août 1676, Corlar ; pris avec son frère Baruc ; b 10 avril 1694, à Montréal, et demeure chez M. Robutel.

Louise, petite anglaise, amenée captive par les sauvages, et rachetee d'entre leurs mains ; baptisee aux Trois-Rivières le 10 sept. 1690, et nommée par Messire Louis Dehennot Sieur de la Croix.
Jean-François, captif anglais, b 30 mai 1711, à 13 ans, aux Trois-Rivieres.
Marie, jeune captive de 12 ans, prise pendant la guerre, et decedee le jour même de son baptême, le 22 dec. 1690, à Québec.
André, anglais, b 3 mars 1691, à 25 ans, à Quebec.
Jean, anglais, dont les parents avaient été tués à la guerre, b 3 décembre 1691, à 13 ans, au Château-Richer.
Denis, Marie-Anne, captive de 12 ans, b 23 mars 1692, à Quebec.
Marie-Joseph, b 22 mars 1693, à 10 ans, à Quebec.
Madeleine-Catherine, b 22 mars 1693 à 10 ans, à Quebec.
Marie-Françoise, b 25 mars 1693 à 12 ans, à Quebec.
Marie-Elizabeth, b 6 avril 1694, à 7 ans, à Quebec.
Marie-Madeleine, b 23 octobre 1695 à 12 ans.
François-Philippe, pris par les sauvages, racheté par M. Pachot, et b 30 avril 1696, à Québec.
Marie, jeune anglaise, rachetée par M. Fleury de la Gorgendière, b en 1697 ; s 12 janvier 1717, à Québec.
Marie-Anne, âgée de 11 ans, b 18 juillet 1699, Québec.
Etienne, âgé de 13 ans, b 15 août 1703, Québec, Jersey.

Jean-Baptiste, né en 1683, près Boston ; b 10 avril 1700, Samedi saint, Ste. Anne Il avait été fait prisonnier de guerre par les sauvages de l'Acadie et achete en 1697 par Jean Barrette.
André, âgé de 15 ans ; pris par les Sauvages, et baptisé dans la chapelle de l'Ile aux Grues le 12 janvier 1699.
Louis, né en 1685, près Boston, pris par les sauvages, vendu, en 1693, à Etienne Veau dit Sylvain et b 10 avril 1700, à Ste. Anne.
Guillaume, anglais, b 22 avril 1708, à 15 ans, Batiscan.
Marie-Anne-Eustache, petite anglaise de 6 ans, élevée chez M. Audet de Pierre-Cot. Sieur de Bailleul, b 20 septembre 1704, à St. François, Ile Jésus [2] ; m [2] 24 février 1716, à Gabriel Hénaut, s [2] 26 janvier 1717.

1690.

ANGO dit Laramée, Pierre.
Enard, Marie. (1)   [Simon I.
Pierre, b 14 mai 1691, Batiscan ; m 4 août 1715, à Madeleine Couteret, aux Trois-Rivières.

ANSELME, Hubert, commandant un vaisseau de la Compagnie des cent associés (1631) en destination de Tadoussac,relâche à Miscou.(2)

ANTAYAT.—Voy. Pelletier.

ANTGRAVE. — Voy. Handgrave, 1675.

I. — ANTHIAUME, Marguerite, b 1659, en France ; 1° m 12 janvier 1676, à André Jarret, à Montréal ; 2° m m à Pierre Fontaine ; s 4 oct. 1699, à Varennes.

1663, (20 octobre) Québec.

I. — ANTHOINE, Marc, fils de Pierre et Madeleine Lebel, de Savigny, évéché de Beauvais.
De Bois-André, Catherine, fille de Jacques et de Marie de Vieuville de St. Jean de Caen, évéché de Bayeux.

1668, (16 août) Québec. [2]

I. — ANTRADE, Jacques, fils de Louis et de Louise Mettayer, de St. André, évéché de Poitiers.
Bouard, Marie, fille de François et de Jacquette Bilaude, de Baignou, Poitiers.
Marie-Anne, b [2] 30 août 1669, m 3 février 1688, à Pierre Gipoulon, à Batiscan.

I. — ARABY, Mathieu. — Voy. Baby.

I. — ARAMY, Jean, Bourgeois de Québec, b 1634 ; s 9 février 1687, à Québec.
Roy, Madeleine.   [Mathurin I.
Pierre, b...

ARBOUR, Michel. — Voy. Harbour.

(1) Elle épouse en 1695, André Robert.
(2) Voyages de Champlain, 1632.

1687, (10 février) Batiscan. [2]

I. — ARCAN, Simon, fils d'Antoine et de Jeanne Poulet, de Ste. Croix (Bordeaux).
Isnard, Marie Anne.   [Paul I.
Pierre, b [2] 10 août 1689, 1º m... à Marguerite Naud; 2º m 26 février 1715, à Véronique Cochon, au Cap Santé. — *Joseph*, b 30 novembre 1694, aux Grondines [3]; m 3 nov. 1718, à Québec, [4] à Marie-Louise Chartier. — *Simon*, b [3] 25 mars 1699; m 3 fév. 1722 à Pointe-aux-Trembles de Quebec, à Marie Martineau. — *Marie-Anne*, b en 1700, m [4] 25 novembre 1724, à Michel Voyer; s [4] 15 juin 1761. — *François*, b... m [4] 22 nov. 1725, à Françoise Dubreuil.

I. — ARCHAMBAULT, Denis. (1)

1620.

I. — ARCHAMBAULT, Jacques. (2)
b 1604; s 15 février 1688, Montréal [2]
Toureau, Françoise, b 1600; s [2] 9 dec. 1663.
Anne, b 1621; m [2] 3 février 1654, à Jean Gervaise; s [2] 30 juillet 1699. — *Marie*, b 1636; m 28 sept. 1648, à Urbain Tessier, Québec. — *Laurent*, b 1642; m [2] 7 janv. 1660, à Catherine Marchand. — *Marie*, b 1644; m [2] 27 nov. 1656, à Gilles Lauzon.

1660, (7 janvier) Montréal. [2]

II. — ARCHAMBAULT, Laurent,   [Jacques I.
b 1642.
Marchand, Catherine, b 1634, fille de Pierre et Geneviève Lespine.
Laurent, b [2] 20 janvier 1662. — *Catherine*, b [2] 25 fevrier 1664. — *Marie-Geneviève*, b [2] 9 avril 1666. — *Laurent*, b [2] 27 juin 1668, m 21 octobre 1686, Pointe-aux-Trembles, [3] à Anne Courtemanche. — *Jacques*, b [2] 27 mars 1671, m [2] 15 fév. 1694, à Françoise Aubuchon. — *Anne*, b [2] 7 mars 1674, m [3] 21 avril 1687, à Nicolas Déroche; s [3] 10 janv. 1688. — *André*, b 27 septembre 1676, Repentigny, m [2] 13 nov. 1702, à Cécile Adhémar. — *Pierre*, b [3] 24 mars 1679; m à Marie Lacombe. — *Françoise*, b [3] 29 août 1681; m [3] 20 nov. 1697, à Toussaint Baudry. — *Jean*, b [3] 6 octobre 1683; m à Cecile Lefebvre. — *Marie-Madeleine*, b [3] 2 sept. 1685. — *Marie*, b [3] 11 déc. 1688.

1686, (21 octobre) Pte-aux-Trembles, M. [3]

III. — ARCHAMBAULT, Laurent,   [Laurent II.
Courtemanche, Anne,"   [Antoine I.
Jeanne, b [3] 9 août 1687. — *Marie-Madeleine*, b 17 août 1689, Montréal, [4] sœur dite de l'Enfant Jésus, Cong. N.-D.; s [4] 9 juillet 1714. — *Elizabeth*, b [5] 17 oct. 1691. — *Marie-Anne*, b [4] 4 mars 1694. — *Françoise*, b [3] 11 juin et s [5] 15 octobre 1696. — *Laurent*, b [3] 17 février 1698.

1694, (15 février) Montréal.

III. — ARCHAMBAULT, Jacques, [Laurent II.
Aubuchon, Françoise,   [Jean I.
Jacques, b 28 juillet 1699, Pointe-aux-Trembles.

1671, (16 novembre) Trois-Rivières. [3]

I. — ARCOUET, dit Lajeunesse, Jean, fils de Pierre et d'Elizabeth Martin, de St. Pierre, Marenne.
1º Pepin, Elizabeth.   [Guillaume I.
s 31 décembre 1697, Champlain.
Madeleine, b 1676; m [4] 6 janvier 1696, à Léonard Gastinon. — *Elizabeth*, b 1679; m 4 août 1704, Lachine, à Jacques Foubert. — *Jean-Baptiste*, b [4] 13 avril et s [4] 24 novembre 1702. — *Pierre*, b [4] 6 et s [4] 10 mai 1686. — *Joseph*, b [4] 24 février et s [4] 4 mars 1687. — *Louis*, b [4] 19 et s 21 février 1688. — *François*, b [4] 27 janvier 1689; s [4] 14 novembre 1708. — *Pierre*, b [4] 10 juillet 1692. — *Louis*, b [4] 21 septembre 1694. — *Louis*, b [4] 31 décembre 1697.

ARDOUIN. — Voy. Arguin et Hardouin.

ARDOUIN, Anne, femme de Jacques Badeau; s 11 oct. 1670, à Québec.

AREL.— Voy. Harel et Javrel. (1)

ARENAINE, Jacques, natif de Tours; noyé le 6 novembre 1646. (2)

ARGENTCOURT. — Voy. Drouillard, Simon,
       "   Haguenot, Guillaume,
       "   Boyer, Jean,
       "   Coutance.

ARGOS, transformation de nom: Voy. Regault.

I. — ARGUIN, Olive-Pélagie, b 1678, en France; 1º m... à Ambroise Renoyer; 2º m 14 février 1722, à François Lemaitre, à Québec [2]; s [2] 4 septembre 1748.
Françoise-Rose, b 1697; m... ; s [2] 25 avril 1739.

1663, (26 octobre) Québec. [3]

I. — ARMAND, Laurent, fils de Jean et de Marie Morié, de St. Eloi (Rouen).
Agathe, Marie-Anne, fille de Sébastien et de Catherine Lacarrière, de St. Germain-en-Laye, (Chartres); s 28 décembre 1700, St. Augustin.

ARNANDEL, Jean, capitaine de vaisseau, natif de St. Jean-de-Luz, était à Miscou en 1631 pour la pêche.

---

(1) Dans le Journal inédit des Jésuites, à la date du 25 août 1651, nous trouvons la note suivante sur la mort de Denis Archambault : " Nous recevons lettres de Montréal par lesquelles nous apprenons que Denis Archambault avait été tué raide mort sur la place, d'un canon qui se crevait lorsqu'on le tirait, pour le troisième coup, contre soixante Iroquois."

(2) Venu de France avec sa famille.

(1) Le nom de Janrel est composé des noms Jean Harel.

(2) Une barque, montant aux Trois-Rivières, fait naufrage vers le Cap l'Arbre, et neuf hommes furent noyés : Jean Fleury, Jean Basque, charpentier; Jacques Figeux, Jean Fougereau, Jean Méchin, Jacques Arenaine, de Tours; Guillaume Lasne, de Tours; Jacques Clèque Lafontaine, de Tours; Gaspard Goouult, apothicaire.—Registres de Québec et Journal des Jésuites.

1636.

I. — ARNAULT, Antoine, menuisier.
——— Madeleine.
Antoine, b 14 juin 1637, Québec.

1668, (13 février) Québec. [2]

I.—ARNAULT, René, charpentier, fils de Julien
et de Françoise Fonteneau, de St. Pierre
Cujan, évéché de Nantes.
Vignier, Marie,   [Samuel I.
Marie-Charlotte, b [2] 8 août 1672; m [2] 5 avril
1690, à André Spinard. — *Charles*, b [2] 7 août
1675; m [3] 27 octobre 1702, à Marie Vuillis; s...
— *Joseph Samuel*, b [2] 16 et s [2] 17 mars 1678.—
Jean-Baptiste-René, b [3] 7 février 1679. — *Joseph-
Lucien*, b [3] 17 janvier 1681. — *Marie-Angélique*,
b [2] 17 janvier 1683; 1° m [3] 21 juin 1703, à Jean
Simon; 2° m [2] 16 mai 1726 à André Suire. — *Fran-
çois*, b [2] 10 août 1684. — *Marie-Ursule*, b [2] 14 et
s [2] 21 septembre 1687.— *François*, b [2] 31 décembre
1688; s [2] 12 janvier 1689. — *Charles*, b [2] 11 janv.
et s [2] 11 juin 1690 — *André*, b [2] 27 mai 1691. —
Hilaire, b [2] 28 avril 1693.—*Henri*, b [2] 12 juin 1695.

1679, (2 décembre) Québec. [2]

I.—ARNAUD, Mathurin, b 1647, fils de Pierre
et de Marie Fulneau, de St. Saturnin (Luçon) ;
s 6 décembre 1708, à Lévi. [3]
Renaud, Barbe,   [Vincent I.
veuve de Nicolas Cochard.
Barbe, b... 1680; m [3] 21 septembre 1700, à
Denis Courtois; s [3] 15 juillet 1757. — *Laurent*,
b [3] 20 octobre 1683. — *Françoise-Geneviève*, b [2]
24 juillet 1687; m [3] 20 février 1708, à René
Albert; s [3] 9 juillet 1745.—*Louis*, b... ; m à Catherine Savari.

ARNAULT dit Desmarches, François. (1)

ARNAULT, Sieur de la Chapelle, François. (2)

1685, (26 novembre) Québec. [3]

I.—ARNAULT, Bertrand, marchand, b... fils de
Bertrand (Procureur au Parlement de Bordeaux), et de Marguerite Du Munsay, de St.
Michel, ville de Bordeaux
1° Pellerin, Jeanne,   [Pierre I.
s [3] 9 octobre 1687.
Antoine, b 28 juillet 1686, Montréal [4]; s 1er août
1686, Lachine [5]. — *Marie-Anne*, b [4] 1er août et s [5]
12 déc. 1687.
1688, (12 janvier) Québec. [3]
2° De Xaintes Louise,   [Claude I.
François Bertrand, b [3] 2 avril, et s [3] 27 juillet
1689. — *Louise*, b [4] 15 mars 1690, m [3] 23 août
1712, à Alexandre Rivet; s [3] 18 juin 1717.—
Louise-Catherine, b [4] 1er avril 1694; m [3] 5 août
1715, à Jean François Pelletier. — *François*, b [4]
1er février et s [4] 11 mai 1693. — *Marguerite*, b [4]
24 février 1696; m [3] 6 septembre 1715, à Gabriel
Lambert.—*François Bertrand*, b [4] 27 déc. 1697.—
Nicolas, b [4] 6 et s [4] 7 juin 1699. — *Augustin-Joseph*,
b [4] 28 mars 1700.

1690. (27 novembre) Montréal. [4]

I. — ARNAUD, Jean, frère du précédent.
Trutaut, Marie.   [Etienne I.
Jean, b [4] 4 mai 1692.—*François Bertrand*, b [4] 3
octobre 1693. — *Joseph*, b [4] 2 février 1695 ; s [4] 13
juillet 1700. — *Marie-Charlotte*, b [4] 16 fev. 1696.
— *Marie-Marguerite-Daniel*, b [4] 15 janvier 1699 ;
s [4] 15 juin 1701. — *Louise*, b [4] 16 octobre 1700.—
Agathe, b...; s [4] 24 nov. 1694.

ARNOIS.—Voy. Harnois.

1654, (26 août) Québec. [2]

I.—ARRIVÉ, Maurice, (1) b 1601, fils de Lucas
et de Marguerite Marsaut, de Savigny, Poitou ; s 27 août 1687, St. François, I. O. [3]
1° Touraude, Jacquette, b 1611, fille de François et de Marthe Noël, d'Angoumois ; s 21
avril 1670, à Ste. Famille.
    1670 (2 juin) Ste. Famille. [4]
2° Pedenelle, Françoise, b 1647, fille de Pierre
et de Marie Boeste, de Loüac, évéché de la
Rochelle ; s [3] 8 juillet 1706.
Maurice, b [4] 14 mars 1671 ; m 1709, à Anne
Laisné ; s... — *Simon*, b [4] 3 février 1673 ; m [5] 29
juillet 1709, à Catherine Garant ; s [3] 20 juin 1715.
— *François*, b [4] 29 déc. 1674 ; m [3] 29 déc. 1703,
à Marie Laisné. — *Marguerite*, b [4] 4 juin 1677 ;
m...à Pierre Larchevêque ; s [3] 16 juin 1715. —
Joseph, b [4] 11 juin 1679. — *Antoine*, b... 1682 ;
s [3] 15 mars 1694.

1664.

I. — ARRIVÉ, dit De L'Isle, Sieur Descormiers,
Jacques, b 1640.
Desportes, Renée (2)
b 1642, venue de St. Etienne d'Ars, Ile de
Ré, évéché de la Rochelle.
Claude-Louise, b 7 août 1665, à Québec, [2]; m
23 nov. 1682, à Montréal, à Jacques Cardinal.—
Jeanne, b [2] 3 avril 1667; m 21 février 1689, à la
Pointe-aux-Trembles, Q. [3] à Jean Chesnier.—
Marie-Madeleine, b [2] 20 janv. 1669 ; m [5] 15 janv.
1688, à Jean Dionet. — *Jacques*, b [2] 7 mars 1671 ;
1° m 31 déc. 1696, à Lachine, à Barbe Perrin ;
2° m..., à Marguerite Maurice.

1666.

I. — ARRIVÉ, Jean.
Barberet, Jeanne.
Jean-Baptiste, b 12 août 1667, à Ste. Famille, [2].
—*Jeanne*, b [2] 19 mars 1669 ; m [2] 2 mai 1696, à
Jean Demers. — *Pierre*, b [2] 1er août 1671. — *Louis*,
b [2] 9 mars 1674. — *Paul*, b [2] 24 avril 1676. —
Joseph, b [2] 2 août 1678.

1696, (31 décembre) Lachine. [3]

II.—ARRIVÉ dit De L'Isle, Jacques, [Jacques I.
1° Perrin, Barbe, veuve de René Huguet.
      [Henry I.
Louis, b [3] 23 février 1698. — *Marie-Joseph*, b [3]
25 mars 1700. — *Philippe*, b [3] 6 juin 1702.

---

(1) Voir registres des Trois-Rivières, 1688.
(2) Voir registres du Cap de la Madeleine, 1697.

(1) Ce nom est devenu Larrivée.
(2) Elle épouse à Québec, 29 janvier 1674, Michel Berthelot.

1707.

2° MAURICE, Michelle-Marguerite.
Madeleine, b 1708 : m 12 août 1732, à Québec, [4] à Pierre LAFOND ; s [4] 14 décembre 1735.

ARRIVÉ, PIERRE.—Voy. LARRIVÉ.

1670.

I.—ARTAUT, Sieur de la Tour, (1), PIERRE.
b 1630.
SAUVAGESSE, Louise,
b 1621.
Marie, b 1667 ; m... 1680, à Michel DES ROSIERS.
—*Jean*, b 1676.

ARTAUT DIT ST. PIERRE, JACQUES, soldat de Mr. de Longueuil.

I.—ARTUS, Sr. de Sailly, LOUIS, Juge Royal.
b 1626, s 9 avril 1668, à Montréal. [3]
BOURDEZEAU, Anne Françoise, b 1638.
Angélique-Anne, b [3] 29 sept. 1660. — *Suzanne*, b [3] 4 mars 1663.—*Marie-Charlotte*, b [3] 15 mai 1665.

1658.

I.—ASSELIN DAVID.
b 1625 ; s 5 décembre 1687, à Ste. Famille. [3]
BAUDARD, Catherine.
Pierre, b 1659 ; m [3] 20 novembre 1679 à Louise BAUCHÉ ; s [3] 24 mars 1694. ... *Antoine*, b [3] 25 décembre 1671 ; s [3] 1er janvier 1672.

1662, (29 juillet) Château-Richer. [3]

I.—ASSELINE, JACQUES.
b 1629, de Baragmond, évêché de Rouen, s 27 janvier 1713, à Québec.
ROUSSIN, Louise, de Tourouvre.
s 14 décembre 1700, Ste. Famille. [3]
Jacques, b [2] 21 juin 1663, 1° m [3] 10 novembre 1687, à Marie MAURICET ; 2° m 20 août 1710, à Barbe TRUDEL, à l'Ange-Gardien. — *Nicolas*, b [3] 28 avril 1665, 1° m [3] 16 nov. 1694, à Marguerite GAGNON, 2° m [3] 27 août 1703, à Renée TURGOT.—*Marie-Madeleine*, b [3] 10 avril 1667 ; m [3] 23 novembre 1694 à Guillaume BAUCHÉ. — *Pierre*, b [3] 4 mars 1669, m [3] 8 février 1695, à Eliza JAHAN.—*Thomas*, b 6 juillet 1671 Québec ; m 14 février 1694, St. François (I. O.) [4] à Geneviève LECLERC ; s [4] 7 février 1718. — *Marie Madeleine*, b [3] 30 juin 1673 St. Ignace (Cong. N.-D.) ; s 7 déc. 1749, Montréal. — *Louise*, b [3] 7 août 1675, m [3] 30 avril 1696, à Jacques PEGIN. (2)—*Michel* b [3] 29 septendre 1677 ; m [2] 11 novembre 1700, à Anne GAGNON. — *Marie*, b [3] 25 août 1679.— *Françoise*, b [3] 25 janvier 1682.—*Anne*, b [3] 6 et s [3] 11 mars 1684. — *Jean*, b [3] 12 et s [3] 15 janvier 1686.

1679, (20 novembre) Ste. Famille. [4]

II.—ASSELIN, PIERRE. DAVID I.
s [4] 24 mars 1694,
BAUCHÉ, Louise, (3)
[GUILLAUME I.

(1) Juge de la Prévosté de Champlain. Voir Greffe de J. Babie, 1670.
(2) Corruption du nom Pichet.
(3) Elle épouse à Ste. Famille, 27 janvier 1696, Nicolas Le Blond.

Pierre, b [4] 31 août 1681 ; s [4] 12 janvier 1684. — *Marie*, b [4] 31 décembre 1683 ; s [4] 4 décembre 1684. — *Charles*, b [4] 15 août 1685.— *Anne*, b [4] 29 octobre 1688 ; m à Louis ALAIRE.— *Louise*, b [4] 24 avril 1690 ; m à Nicolas RIOUX.— *François*, b [4] 12 septembre 1691. — *Marguerite*, b [4] 13 sept. 1692.

1687, (10 novembre) Ste. Famille.

II.—ASSELIN, JACQUES. [JACQUES. I.
1° MAURICET, Marie. [JEAN I.
b... 1672 ; s 21 novembre 1709, à St. François, I. O. [4]
Jean-Baptiste, b [4] 16 décembre 1689 ; s [4] 17 février 1690. — *Geneviève*, b [4] 4 février 1691 ; m [4] 4 novembre 1715, à Joseph GENDRON ; s [4] 20 octobre 1729. — *Françoise*, b [4] 20 octobre et s [4] 22 décembre 1692. — *Jacques*, b [4] 27 déc. 1693 ; m 9 nov. 1716, à Anne TRUDEL, à l'Ange-Gardien. —*Angélique*, b [4] 3 février 1698 ; s [4] 21 janvier 1703. — *Pierre*, b ... 1699 ; s [4] 12 octobre 1714. — *Marie-Madeleine*, b [4] 15 janvier 1702 ; m [4] 16 août 1718 à Pierre MERCIER. — *Françoise*, b [4] 22 décembre 1703 ; m [4] 17 février 1727, à François EMOND. — *Joseph*, b [4] 2 mai 1706. — *Anonyme*, b et s [4] 25 avril 1708. — *Marie*, b [4] 31 octobre et s [4] 12 novembre 1709.

1710, (20 août) à l'Ange Gardien.

2° TRUDEL, Barbe. [PIERRE II.

1694, (14 février) St. François, I. O. [5]

II. — ASSELIN, THOMAS. [JACQUES I.
s [5] 7 février, 1718.
LECLERC, Geneviève. [JEAN I.
Thomas, b 1695 ; s [5] 14 septembre 1698. — *Thomas*, b [5] 15 février et s [5] 14 août, 1699.— *Geneviève*, b [5] 29 juin 1700 ; m [5] 4 novembre 1715, à Jean MERCIER.— *Marie*, b [5] 8 mars 1702 ; s [5] 25 janvier 1703.— *Marie*, b [5] 27 janvier 1704 ; 1° m [5] 16 nov. 1722 à Charles DALÈRE ; 2° m [5] 29 oct. 1727 à Jean BOULET.—*Pierre*, b [5] 12 mai 1706.— *Louis*, b [5] 2 août 1708 ; m [5] 9 février 1728 à Marthe MARCEAU. — *Michel*, b [5] 29 juin 1711.— *Marie-Angélique*, b [5] 30 mai 1714.—*Jean*, b... ; m 6 avril 1723, au Château-Richer, à Cécile TREPAGNY.

1694, (16 novembre) Château-Richer.

II. — ASSELIN, NICOLAS, [JACQUES I.
1° GAGNON, Marguerite, [JEAN II.
s 16 janvier, 1703, à la Ste. Famille. [6]
Jacques, b [6] 29 septembre 1695.— *Jean*, b [6] 2 juin 1697.—*Marguerite*, b [6] 14 mai 1699.—*Nicolas*, b [6] 8 avril 1701.

1703, (27 août). [6]

2° TURGOT, Renée, [ALBERT I.
François, b [6] 18 mai 1704.

1695, (8 février) Ste. Famille. [6]

II. — ASSELIN, PIERRE, [JACQUES I.
JAHAN, Elizabeth, [JACQUES I.
Elizabeth, b [6] 14 novembre et s [6] 2 décembre 1695. — *Pierre*, b [6] 11 août 1697 ; s [6] 1er octobre

1698. — *Pierre*, b 11 juillet 1701, à St. Jean, I. O. [7]; s [7] 5 mars 1703.—*Jacques*, b [6] 23 février et s [7] 21 mars 1703.

ATONTINON, Barbe, Iroquoise, née en 1656, fille de la Congrégation N. D. ; s 29 novembre 1691, à Montreal.

AUBAIN.—Voy. Aubin.

AUBÉ.—Voy. Aubert.

1620, en France.

I.—AUBER, François,
Fauconnier, Anne.
s 30 novembre 1676, église de L'Ange Gardien.
Marguerite, b... 1o m 20 novembre 1635, Québec [4] à Martin Grovel ; 2o m [4] 26 septembre 1661, à Michel Filion. — *Jeanne*, b 1642 ; m 1681, à Jacques Dubois ; s 8 dec. 1687, à Batiscan. [5]

1640.

I.— AUBERT (1), Claude, Notaire Royal.
b 1614 ; s 20 mars 1694 Quebec. [4]
Lucas, Jacqueline, b 1612, en France ; s 24 août 1680 dans l'Eglise de Quebec.
Félix, b 1642 ; m 15 avril 1670, Château-Richer, [5] à Claire-Françoise Thibaut, s [5] 20 fev. 1690. —*Marie*, b [4] 9 juin 1649 ; m [5] 2 déc. 1663, à Jean Prémont ; s [4] 28 juillet 1715. — *Geneviève*, b [4] 12 nov. 1651 ; m à Denis Roberge, s [4] 29 janv. 1732. — *Elizabeth*, b [4] 22 fev. 1654 ; 1o m [5] 4 fev. 1671, à Bertrand Chesné ; 2o m [4] 4 fev. 1683, à Jean-Baptiste Franquelin.— *Anne*, b [4] 15 fev. 1656, m [4] 6 nov. 1683, à Gervais Baudouin ; s [4] 20 juin 1728.

1664, (6 février) Quebec. [4]

I. —AUBERT, Sr de la Chenaye, Charles, commis général de MM. de la Compagnie des Indes Occidentales ; né en 1630, fils de Jacques et de Marie Goupy, de St. Michel, ville d'Amiens, (Picardie) ; s [4] 20 sept 1702.
1o Couillard, Catherine Gertrude. Guill. I.
s [4] 18 nov. 1664.
Charles, b [4] 17 nov. 1664.

1668, (10 janvier) Quebec. [4]

2o Juchereau, Marie-Louise. [Jean I.
François, (1) b [4] 9 janvier 1669 ; 1o m [4] 12 avril 1695, à Ursule Denis ; 2o m 12 oct. 1711, à Thérèse Gayon de la Lande, à Beauport, [6].—*Jacques*, b [4] 26 août 1670 ; s [4] 25 dec. 1670. — *Ignace*, b 1673 ; s [4] 8 novembre 1687. — *Marie Charlotte*, b 1675 ; hospitalière, dite Sœur St. Michel ; s [4] 18 décembre 1721.—*Pierre*, b 1676 ; 1o m [4] 19 déc. 1699, à Catherine Juchereau , 2o m [6] 12 oct. 1711, à Angélique Le Gardeur ; s 22 mars 1731, à St. Antoine de Tilly. — *Louis*, b... ; m [4] 8 nov. 1702, à Barbe Le Neuf ; s [4] 21 oct. 1745. (3)

---

(1) Auber.
(2) Filleul du Grand-Vicaire Charles de Lauzon.
(3) Registre de l'Hotel-Dieu, de Québec.

1680, (11 août) Québec. [4]

3o Denys, Marie-Angélique. Pierre II.
s [4] 9 novembre 1713.
Marie Catherine, b [4] 29 nov. 1681 ; m [4] 14 janv. 1697, à François De Galifet., *Marguerite Angélique*, b [4] 16 juin 1683 ; hospitalière dite Ste. Therèse ; s [4] 31 juillet 1743. — *Antoine*, b [4] 16 juin 1683 ; cérémonies supplées le 9 sept. 1683. — *Joseph*, b [4] 14 dec. 1685 ; s [4] 8 janvier 1686. — *Joseph*, b [4] 29 mars 1687. — *Gabrielle-Françoise*, b [4] 29 mars 1687 ; 1o m [4] 3 fev. 1704 à Paul Le Moyne ; 2o m [4] 13 nov. 1713 à Josué Dubois-Berthelot.—*Jacques*, b [4] 12 et s [4] 16 janvier.—*Louis* (1) b [4] 9 juillet 1690. — *Charles*, b [4] 1er avril 1693. — *Françoise-Charlotte*, b [4] 17 août 1697. — *Marie-Angélique*, b [4] 12 août 1699.

I. — AUBERT, Jacques, (2)
b 1639.
Meunier, Antoinette, née en France en 1636.
Antoinette, b...m 1679 à Louis Hamelin.—*Marie*, b... m 1685 à François Hamelin. — *Marie*, b... m 1689, à Roch Tripaut.

1670, (15 avril) Château-Richer. [5]

II—AUBERT, Félix. [Claude I.
s [5] 20 février 1690.
Tibaut, Claire-Françoise, (3) Guill. I.
François, b [5] 13 août 1678 ; m [5] 27 août 1699, à Angélique Testu —*Catherine*, b [5] 23 janvier 1681 ; m [5] 9 nov. 1699, à François Marette.—*Marie*, b [5] 31 janvier 1683 ; m [7] nov. 1701, Rivière-Ouelle, [6] à François Lévêque.—*Charles*, b [5] 30 mai 1685 ; m [5] 4 fev. 1710, à Marie-Anne Gariepy.—*Anne*, b [5] 26 juillet 1688 ; s [5] 18 mai 1689. — *Félix*, (posthume) b [5] 10 juin 1690 ; m [6] 25 novembre 1709, à Madeleine Mignier.

1695, (12 avril) Québec. [4]

II.—AUBERT de la Chenaye, François, [Chs. I.
Sieur de Mille Vache, conseiller.
1o Denis, Anne Ursule. [Pierre II.
s [4] 30 janvier 1709
Charlotte-Catherine, b [4] 11 janvier 1696 ; s [4] 11 juin 1707.— *François*, b [4] 30 mars 1698. — *Ignace-François-Gabriel*, b [4] 15 juillet 1699 ; m [4] 27 nov. 1730 à Anne De L'Estrigant.—*Marie-Ursule*, b [4] 1 sept. 1700 ; m 18 mai 1732, Trois-Rivières, à Charles De Lignery.—*Pierre*, b [4] 21 sept. 1704. — *Louise Barbe*, b [4] 19 sept. et s [4] 13 oct. 1708.

1711, (12 octobre) Beauport. [6]

2o De la Lande Gayon, Marie-Thérèse. [Pierre I
s 2 mai 1738, Quebec. [4]
Ignace Ange, b [4] 4 janvier 1713 ; s [4] 14 septembre 1714.— *Marie Louise*, b [4] 9 février et s [6] 15 avril 1714.—*Pierre-François*, b [4] 9 juillet 1715 ; s [4] 19 mars 1749.—*Thérèse-Barbe*, b [4] 5 avril 1720. — *Marie-Thérèse*, b [4] 1er sept. et s [4] 17 novembre 1716. — *Joseph*, b [4] 8 novembre et s [4] 13 déc. 1717.

---

(1) Filleul de Frontenac.
(2) Edits et Ordonnance, t. III, p. 121.
(3) Elle épouse le 4 sept. 1691, Jean Rivière, Château-Richer.

— *Madeleine-Louise*, b⁴ 10 nov. 1721 ; m⁴ 13 janv.
1749, à Amable Joseph CAME DE ST. AIGNE. —
Claire-Agathe, née le 29 juillet 1723 dans le trajet
de l'Ile St. Jean à Québec ; b⁴ 15 juillet 1724

1699, (14 janvier) Montréal. ⁵

I.—AUBERT DIT LATOUCHE, JULIEN, soldat de De
Merville, né en 1669, fils de Jean et de Gilette
Robiau, de Tintenia, eveche de St. Malo.
MILOT, Jeanne.   [JACQUES I.
Marguerite, b⁵ 7 et s⁵ 14 janvier 1700. — *Gene-*
viève, b⁵ 10 mars 1701. — *Jeanne*, b⁵ 15 et s⁵ 26
avril 1703.

1699, (27 août) Château-Richer. ⁶

III —AUBERT FRANÇOIS,   [FÉLIX II.
cultivateur à la Rivière-Ouelle.
TESTU, Angelique.   [PIERRE I.
veuve de Pierre Guyon.
Marie, b 1 juillet 1700, Château-Richer⁶ ; m⁶
27 juillet 1719, à Joseph DROUIN. — *François*, b⁶
17 août 1704, m 11 fev. 1732, St. Frs. Ile Jesus,
à Marie-Josette LABRÈCHE. — *Marie-Catherine*, b
21 nov. 1701, Rivière-Ouelle⁷ ; m 23 juin 1719,
Québec, à Jean François DESJARLES. — *Jean-Fran-*
çois, b⁷ 1 mai 1703.

1699, (19 decembre) Québec. ⁴

II —AUBERT DE GASPÉ, PIERRE.   [CHARLES I.
1° JUCHEREAU DE ST. DENIS.   [NICOLAS II.
s 3 juin 1703, Hôtel-Dieu de Québec.
    1711, (12 octobre) Beauport.
2° LE GARDEUR, Mad-Angel. [PIERRE NOËL III.
s 17 juin 1753, église de Québec.
Marie-Anne-Angélique, b en 1713, hospitalière ;
s⁴ 22 nov. 1793. — *Marie-Françoise-Charlotte*, b⁴
6 juillet 1715. — *Pierre Joseph*, b en 1717.—*Barbe*,
b en 1719 ; s⁴ 1 oct. 1736.— *Charlotte Joséphine*,
b en 1721.— *Jean-Baptiste*, b en 1725.—*Ignace*, (1)
b... ; m⁴ 30 juin 1745, à Anne COULON-DE-VILLIERS ;
s 28 janvier 1787, à St. Jean Port Joly.

AUBERVILLE (d') —Voy. SENECHAL.

1670, (11 juin) Ste. Famille. ⁸

I —AUBIN, MICHEL, de Tourouvre.
PROVOST, Marie, veuve de—   [MARTIN I.
Pierre, b⁸ 20 nov. 1670 ; m... à Marie PARADIS.
— *Mathieu*, b⁸ 25 déc. 1676 ; s⁸ 1 janvier 1677.

I —AUBIN DIT LAFRANCE, RENÉ, né en 1657,
soldat de M. Duplessis ; s 23 août 1700,
Montreal.

1698, (27 novembre) Montréal. ³

I.—AUBIN DIT ST. ONGE, LOUIS, soldat de M.
de la Valtrie, fils de Thomas et de Jeanne Be-
nureau, de Mathan, évêché de Xaintes.
LAVERGNE, Madeleine,   [LAURENT I.
Marie, b 9 nov. 1699, ³ ; s³ 28 octobre 1703. —
Pierre, b³ 4 juin 1702.

II.—AUBIN, PIERRE.   [MICHEL I.
PARADIS, Marie.   [JACQUES II.
Jean, b 10 janvier 1699, St. Laurent, I. O.

AUBOIS. —Voy. HAUTBOIS.

1670, (10 septembre) Québec.

I. — AUBRENAN, (1) TEC CORNELIUS, né en 1632,
fils de Connor O'Brenan et d'Honora Jeanne-
hour, de St. Patrice (Diasonÿden, Irlande) ;
s 24 nov. 1687, Pointe-aux-Trembles de Montréal. ⁹ (2)
CHARTIER, Jeanne, fille de Pierre et de Marie
Gaudon, de St. Honoré, évêche de Paris ; s⁵
30 oct. 1695.
Catherine, b 20 août 1673 à Montréal. ⁵ — *Jean*
Cornelius, b⁹ 23 janvier 1675. — *Jean-Baptiste*,
b⁹ 25 mai 1676.— *François*, b⁹ 31 oct. 1677 ; m⁵
23 sept. 1708, à Jeanne BOUTEILLER. — *Geneviève*,
b⁹ 22 oct. et s⁹ 5 nov. 1679. — *Etienne*, b 9 et s 28
fév. 1681, Repentigny. — *Madeleine-Thérèse*, b⁵
1671, ; 1° m 14 nov. 1696, à Varennes, à Jean
CAFET ; 2° m⁵ 24 nov. 1700, à Olivier LAISNÉ.

1694, (16 septembre) Laprairie. ²

I.—AUBRI (3) DIT LA RAMÉE, LOUIS BERTRAND, fils
de Jean, maître serrurier, et de Françoise
Coeffard, de St. Pierre, ev. de Bordeaux.
DUMAS, Anne. (4)   [RENÉ I.
Anonyme, b et s² 1er fév. 1696.— *Marie*, b...;
s² 14 fév. 1698. — *Marie-Anne*, b² 15 nov. 1699 ;
m² 28 nov. 1718 à Pierre BAUDIN. — *Marie-Fran-*
çoise, b... ; 1° m² 15 avril 1720 à André FOUCREAU ;
2° m² 16 nov. 1722 à Julien PIÉDALU.

1647, (8 octobre) Québec.

I.— AUBUCHON, (5) JACQUES, né en 1623, fils de
Jean et de Catherine Marchand, de St. Rémy,
de Dieppe (Normandie).

---

(1) Aubry—Aupri—Obry et Tecaubry. Ancêtre des MM.
Aubry et Tassé, prêtres.

(2) Le 16 février 1870, deux de ses descendants, MM. Clément et Joseph Aubry, célébraient, à Ste. Thérèse, leur
jubilé sacerdotal. L'auteur du *Dictionnaire Généalogique*,
ancien élève de M. Joseph Aubry, profita de la circonstance
pour offrir à son vénéré directeur les prémices de ses travaux
généalogiques. Il lui présenta l'arbre généalogique de toute
sa famille, depuis 1632 jusqu'à nos jours, qu'il accompagna
des vers suivants :

L'*Arbre* qu'à vos regards je viens faire paraître,
Je ne l'ai pas planté, je ne l'ai pas vu naître ;
Mais j'ai pu, questionnant chacun de ses rameaux,
Entendre raconter ses destins les plus beaux.
Tous ses détails sont là... jusqu'à son origine....
Mais je n'en dirai rien... je creuse à sa racine....
Si cet arbre à nos yeux porte de si beaux fruits,
Ecoutez le secret de ses nobles produits.
Par deux suçoirs puissants, il prend pour nourriture,
De deux sols vigoureux, la sève la plus pure.
Si l'*aïeule* fournit le noble sang français,
L'aïeul, lui, verse à flots la Foi de l'*Irlandais !*
Enrichi de tels sucs, il peut, sur notre terre,
Etendre ses rameaux, votre *arbre séculaire* '
Dieu daigne lui garder deux fruits de cinquante ans ;
Un de quarante, enfin trois autres plus récents !
Que sa fécondité croisse avec les années !
Qu'il porte jusqu'au ciel ses branches fortunées !

(3) Et Aupri.

(4) Elle épouse, 28 juin 1699, François Dumont, Montréal.

(5) Le loyal.—Desalliers.

---

(1) Grand'père de M. Joseph Philippe De Gaspé, auteur
des "Anciens Canadiens."

1ᵉ Poisson, Mathurine, fille de Jean et de Barbe Broûe, de St. Jean de Mortagne, (Perche); s 1681.

Jean, b ³ 25 mars 1649, s sept. 1655, Trois-Rivières. ³ — *René*, b en 1652. — *Anne*, b en 1650, m ³ 27 novembre 1663, à François Chorel ; s 15 janvier 1708, Champlain. ⁴—*Jacques*, b ³ 4 mai 1655 ; m ⁴ 28 janvier 1681, à Catherine Jérémie. — *Ignace*, b ³ 5 octobre 1657. — *Joseph*, b ³ 13 février 1659 ; m ⁴ 26 avril 1688, à Louise Dandonneau. — *François*, b en 1664 ; m ⁴ 30 juillet 1691, a Anne Celeste Dizy. — *Nicolas*, b en 1665. *Jeanne*, b en 1668 ; m ³ 27 nov. 1685 à Florent Leclerc ; s ³ 29 mai 1748.

1670.

2° Itasse, Marguerite.
b en 1649 ; s ³ 28 oct. 1689.
Marguerite, b 1671 ; m ⁴ 27 avril 1693, à Pierre Des Rosiers.

1655, (12 avril) Montréal. ⁵

I. —AUBUCHON (1) dit l'Espérance, Jean, marchand, b... ; fils de Jean de Jeanne Gille, de St. Jacques, évéché de Dieppe ; trouvé assassiné dans son lit ; s ⁵ 3 déc. 1685.
Sédilot, Marguerite (2) [Louis I.
Médéric, b ⁵ 7 août 1660. — *Jean*, b 28 septembre 1661, Trois-Rivières ³ ; s ⁵ 18 septembre 1687. — *Joseph*, b ⁵ 19 mars 1664, m ⁵ 20 mars 1688, à Elizabeth Cusson. — *Jacques*, b ⁵ 18 juin 1666 ; m ⁵ 11 novembre 1687, à Marie Philippe. — *Gabriel*, b ⁵ 31 janvier 1669 ; s ⁵ 23 déc. 1670. — *Marie*, b ⁵ 18 janvier 1671. — *Marguerite*, b ⁵ 25 mars 1673 ; m ⁵ 22 sept. 1689, à Jean Cusson. — *Anonyme*, b et s ⁵ 5 mars 1675. — *Marie-Madeleine*, b ⁵ 24 mars 1677 ; m ⁵ 15 fév 1694, à Jacques Archambault. — *Eliza*, b ⁵ 30 nov. 1678 ; s ⁵ 31 déc. 1678. — *Gabriel*, b ⁵ 25 déc. 1679. — *Angélique*, b ⁵ 21 sept. 1681. — *Marie-Madeleine*, b ⁵ 13 fév. 1684. — *Anonyme*, b et s ⁵ 1 oct. 1687.

1662, (28 novembre) Québec.

I.—AUBUCHON, (3) Pierre, né en 1617 ; fils de François et de Louise Belin, de Chaudousson, évéché de Xaintes ; s 2 oct. 1699, Ste. Foye.
Grignault dit Ledoux, Marie, née en 1636 ; fille de Jean et de Marie Dousset, de Nantes, en Bretagne.
Pierre, b 11 fév. 1664, Sillery ⁷ ; m 7 janv. 1687, à Jeanne Loriot, Pte.-aux-Trembles de Quebec ⁴ ; s ⁴ 12 oct. 1723. — *Françoise*, b ⁷ 16 juillet 1666. — *Catherine*, b ⁷ 26 fév. 1668 ; m à François Savary. — *Joseph*, b ⁷ 18 janvier, 1671 — *Marguerite*, b ⁷ 21 déc. 1672. — *Jeanne*, b ⁷ 19 janv. 1674 ; m à Florent De la Citière. — *Marguerite*, b 15 nov. 1676, Québec.

1681, (28 janvier) Champlain.

II —AUBUCHON, Jacques. [Jacques I.
Jérémie, Catherine. (1) [Noel I.
Françoise, b 5 déc. 1681, à Champlain.

1687, (7 janvier) Ptˢ aux Trembles, Q. ⁹

II. —AUBUCHON, (2) Pierre. [Pierre I.
s ⁹ 12 oct. 1723.
Loriot, Jeanne. [Jean I.
Marie-Louise, b ⁹ 26 janvier 1694 ; m ⁹ 6 fév. 1720, à Etienne Doré, s ⁹ 14 juin 1720. — *Joseph*, b ⁹ 13 sept. 1697 ; m ⁹ 21 fev. 1729, à Marie-Thérèse Larue.

1687, (18 mars) Cap de la Madeleine.

II. —AUBUCHON, Jean. [Jean I.
Cusson, Marguerite. (3) [Jean I.

1687, (11 novembre) Trois-Rivières. ³

II.—AUBUCHON dit l'Espérance, Jacq. [Jean I.
b en 1665 ; s ³ 7 dec. 1701.
Etienne, (4) Marie. [Philippe I.
Marie-Marguerite, b 21 déc. 1688, Montréal. ⁵—*Madeleine Angélique*, b 20 avril 1690, Pte.-aux-Trembles. ⁹ — *Marie-Charlotte*, b ⁵ 13 oct. 1692. *Jacques*, b ⁹ 24 février et s ⁹ 20 juin 1694. — *Marie-Madeleine*, b ⁹ 12 janvier, 1697. — *Jacques-Marie*, b ⁹ 2 août 1698. — *Pierre*, b ⁵ 3 juillet 1700.

1688, (20 mars) Montréal. ⁵

II. —AUBUCHON, Joseph. [Jean I.
Cusson, Elizabeth. [Jean I.
Joseph, b ⁵ 24 déc. 1688. — *Marie-Jeanne*, b ⁵ 29 juin 1690. — *Marie-Anne*, b ⁵ 14 oct. 1692. — *Pierre*, b ⁵ 26 juin 1694. — *Isabelle*, b ⁵ 27 mai 1696. — *Jean-Baptiste*, b ⁵ 9 sept. 1698. — *Marie-Joseph*, b ⁵ 13 août 1700 ; s ⁵ 31 mai 1703. — *Elizabeth*, b ⁵ 23 déc. 1701 ; s ⁵ 23 mai 1703. — *Antoine*, b ⁵ 20 sept. 1703.

1688, (26 avril) Champlain. ⁸

II. —AUBUCHON dit Dezalliers, Jos. [Jacq. I.
Dandonneau, Louise. [Pierre I.
Marie-Mathurine, b ⁸ 11 fév. 1690. — *François*, b ⁸ 8 oct. 1691. — *Marguerite*, b ⁸ 14 déc. 1692 ; s ⁸ 15 mai 1694. — *Joseph*, b ⁸ 3 avril 1694. — *Jean-Baptiste*, b ⁸ 6 sept. 1697. — *Geneviève*, b 1ᵉʳ janvier 1706, à l'Ile Dupas. ⁹ — *Louis*, b ⁹ 14 sept. et s ⁹ 12 déc. 1704.

1691, (30 juillet) Champlain. ⁸

II. —AUBUCHON, François. [Jacques I.
Dizy de Montplaisir, Anne Céleste (5) [Pierre I.
François, b ⁸ 2 juin 1692 ; s 1ᵉʳ nov. 1693, à Montréal.

---

(1) Jean Aubuchon avait contracté mariage avec Marguerite Sédilot le 19 sept.1654, aux Trois-Rivières, mais l'épouse n'avait pas encore douze ans. Le mariage fut réhabilité le 12 avril 1655.

(2) Elle épouse, 10 février 1657, Pierre Lusseau. Montréal.

(3) Le nom patronymique est Pluchon, qui s'est changé en Aubuchon, et Obuchon.

(1) Elle épouse, le 3 novembre 1688, Michel Le Pailleur de Batiscan.

(2) Voy. Pluchon.

(3) Elle épouse en 1688, Charles Barbier.

(4) Etienne ou Philippe, le nom de baptême est devenu nom propre.

(5) Elle épouse, le 2 avril 1705, Michel Billy, à Champlain.

1679, (6 février) Québec.

I — AUCLAIR, René, veuf d'Anne Rivet, de Ste Anne de la Grande-Ance.
Mignot, Thérèse,   [Jean I.
   veuve de Nicolas Le Bel.

1679.

I. — AUCLER, (1) Pierre, fils de Jean et de Suzanne Aubineau, de St. Vien, évêché de la Rochelle.
Sedilot, Marie-Madeleine.   [Etienne II.
Marie-Madeleine, b 11 oct, 1680, Québec 4 ; m 12 nov. 1696, Charlesbourg,5 à François Bédard ; s 6 9 juin 1711. — *Etienne,* b 4 1 mars 1682 ; prêtre le 8 oct. 1713 ; s 4 3 nov. 1748. — *Pierre,* b 5 25 fev. 1684 ; prêtre le 8 oct. 1713 ; s 6 fev. 1748, St. Augustin. — *Françoise,* b 5 30 déc. 1685 ; hospitalière, dite St. Bernard ; s 4 30 juillet 1725. — *Marie-Anne,* b 5 1 fév. 1688. — *Paul,* b en 1689 ; s 4 16 juillet 1715. — *Charles,* b 5 31 mars 1690 ; m 5 4 juillet 1712, à Madeleine Dery. — *Marie-Thérèse,* b 5 5 août 1692 ; hospitalière, dite Ste. Madeleine ; s 4 28 sept. 1740. — *Marie-Marguerite,* b 5 10 oct. 1695. — *Marie-Louise,* b 5 14 oct. 1697 ; s 5 20 mars 1703. — *Jean-Baptiste,* b 5 27 oct. 1699 ; s 5 15 mars 1703. — *Catherine,* b 5 19 avril 1701 ; m 1724, à Jacques Paquet. — *Joseph,* b 5 30 janvier et s 5 5 février 1703. — *Jeanne-Marguerite,* b 5 30 juillet 1704. — *Marguerite,* b 5 4 sept. et s 5 28 oct. 1706. — *Jean-Baptiste,* b 5 10 déc. 1707 ; m en 1733, à Charlotte Roy-Audy. — *Joseph,* b 5 1 fév. 1710 ; s 5 14 oct. 1714. — *Suzanne,* b 21 février 1711 ; m 1729, à Pierre Paquet.

1681, (17 février) Québec. 4

I. — AUCLER, André, frère du précédent, né en 1663 ; fils de Pierre et de Suzanne Aubineau, de St. Vien, de la Rochelle ; s 14 mai 1699, Charlesbourg. 5
Bédard, Marie,   [Isaac I.
   veuve de Nicolas Huppé ; s 5 17 janvier 1703.
Etienne, (1) b 5 18 janvier 1683. — *Paul,* b 5 21 juin 1685. — *André,* b 5 1 août 1687 ; s 4 10 novembre 1705. — *François,* b 4 5 mai 1689 ; m 5 10 fév. 1716, à Marie-Charlotte Martin. — *Marie,* b 5 16 mai 1691. — *Pierre,* b 5 9 fév. 1693 ; m 5 9 nov. 1716, à Marie-Joséphine Fafard. — *Louis,* b 5 11 août 1695 ; m 5 1723, à Thérèse Roy. — *Marie-Catherine,* b 5 6 avril 1698 ; m 5 1719, à Gabriel Boutin.

AUDET — *Surnoms et variations :* Simon — Lapointe — Odet — Hodé.

I. — AUDET, Jacquette,
  b... ; m 7 nov. 1684, Québec,4 à Jacques Moran ; s 4 28 juillet 1717.

---

(1) Appelé Leclerc en 169?. Ancêtre de M. le Curé de Québec (1870).

(1) Baptisé sous le nom de Leclerc.

(1) Odet (1671) et Hodé (1672).

1670, (15 septembre) Ste. Famille. 8

I. — AUDET dit Lapointe, Nicolas, fils d'Innocent et de Vincente Reine, de St. Pierre de Moli, év de Poitiers ; s 10 déc. 1700, à St. Jean (I. O.) 9
Després, Madeleine, fille de François et de Madeleine Le Grand, de St. Sauveur, évêché de Paris ; s 9 19 déc. 1712.
Nicolas, b 8 21 septembre 1671. — *Nicolas,* b 8 21 septembre 1672. — *Pierre,* b 8 22 juin 1674 ; m 9 3 fév. 1698, à Marie Dumas. — *Jean-Baptiste,* b 8 1 déc. 1675. — *Madeleine,* b 8 29 sept 1677. — 1 *enfant,* b 9 27 oct. 1680. — *Marie,* b 9 4 sept. 1682 ; m 9 6 fév. 1792, à Maurice Crépeau. — *François,* b 9 12 avril 1684. — *Marguerite,* b 9 11 déc. 1686. — *Innocent,* b 9 16 avril 1689 ; m...à Geneviève Lemelin.

1698, (3 février) St. Jean (I. O.) 8

II. — AUDET, Pierre.   [Nicolas I.
  Dumas, Marie.   [François I.
Pierre, b 8 12 oct. 1698. — *Louise,* b 8 16 nov. 1700. — *Marie-Madeleine,* b 8 13 mars 1702. — *Pierre,* b 8 20 fév. 1704. — *Guillaume,* b 8 24 oct. 1710. — *Louis,* b 8 27 août 1712. — *Marie-Madeleine,* b 8 8 et s 8 19 sept. 1714.

1702 (19 juin) Contrecœur. 2

I. — AUDET de Pierre-Cot, Louis, Sieur de Bailleul, lieutenant d'une compagnie de la marine, fils de Pierre et de Marie-Anne Came, de Bourbaudoin, évêché de Rouen.
1° Chrétien, Madeleine.   [Toussaint I.
  s 2 25 février 1709.

   1712, (14 février) St. Frs. Ile Jésus. 9
2° Trotier, Marie-Anne,   [Antoine II.
  veuve de Raymond Martel.
Marie-Anne, b 9 30 nov. 1712. — *Louis-Joseph,* b 9 6 janvier, 1715. — *Pierre,* b... ; m 17 janvier 1757, Quebec, 4 à Charlotte Denis-Laronde. — *François,* b...—*Marguerite,* b... ; m...à François Lajus. — *Louise*...—*Marie-Madeleine,* b... ; m...a Alexis Trotier.

1699, (19 août) Ste. Famille.

I. — AUDIBERT dit Lajeunesse, Etienne, né en 1675 ; fils de Jean et de Jeanne Berceaux, de St. Jean, évêché de Limoges.
Rocheron, Catherine.   [Gervais I.
Etienne, b 15 fev, 1702, St. Jean, (I. O.) 8 ; s 8 15 oct. 1703. — *Dorothée,* b 8 16 mai 1704. — *Marie-Madeleine,* b 8 5 avril 1712. — *Marie-Joséphine,* b 8 25 juillet 1713. — *Catherine,* b 1706 ; s 8 23 oct. 1714.

AUDIO.—Voy. Hodiau.

I. — AUDOIN dit Sans-Soucy, Pierre, de la ville de Cadillac, évêché de Bordeaux ; s 26 avril 1673, aux Trois-Rivières.

1687 (10 février) Contrecœur.

I.—AUDOIN (1) dit Laverdure, François, maitre-

---

(2) Et Audoy.

tailleur, natif de Limoges ; b 1645 ; s 7 janv.
1760, à Terrebonne, à 115 ans !
1º GIBAUT dit Poitevin, Suzanne.　　[GABRIEL I.
2º RENAUD, Marie-Anne.

AUDY.—Voy. LE ROY dit Audy, Siméon.

AUFFRAY —Voy JOFFRET.

1664, (25 août) Quebec.

I. — AUFROY, PIERRE, fils de Pierre et d'Hilaire
Milsandre, de N. D d'Olonne, ev. de Luçon ;
s 18 nov. 1700, St. François, (I O.)
VEILLON, Bastienne, veuve de Mathieu Choret ;
s 21 dec. 1698, Beauport.

AUGÉ—*Variations et surnoms :* Augier—Ogé—
Oger—Le Maître—Le Baron.

I. — AUGÉ, CHRISTOPHE, compagnon d'armes du
Sieur Dollard des Ormeaux , il perit avec
tous ses compagnons, en mai 1660, au Long-
Sault, dans une attaque contre les Iroquois.

I. — AUGER DIT LE BARON, JEAN.
b en 1623 , s 17 nov. 1697, Montreal. [7]
GRISARD, Louise, venue de France.
b en 1634 ; s [7] 6 nov. 1698, noyée.
Louis, b en 1651 ; m 1691, à Antoinette BARADÉ
— *Philippe,* b [7] janvier 1662. — *Jean,* b [7] 13 avril
1664 , m à Marie-Charlotte GLORY. — *Marie,* b [7] 5
dec. 1666. — *Louis,* b [7] 22 et s [7] 30 mars 1669. —
Jean, b [7] 19 fev. 1670 ; m [7] 4 juin 1696, à Marie-
Françoise LE BON , s [7] 15 janv. 1703.

1685, (20 avril) Pᵗᵉ-aux-Trembles, Q. [4]

I. — AUGÉ, PIERRE.
MEUSNIER, Peronelle.　　[RENÉ I.
René, b en 1688 ; m [4] 1 sept. 1710, à Elizabeth
COUTANCINEAU — *Joseph,* b en 1694 ; m [4] 10 nov
1716, à Marie-Geneviève GAUDIN. — *Louis,* b... ;
m [4] 25 janvier 1723 à Marie-Anne COUTANCINEAU.
— *Marie-Anne,* b... ; m [4] 17 nov. 1721 à J.-Baptiste
LAROCHE. — *Marie-Charlotte,* b [4] 13 mars 1702.

1691.

II. — AUGÉ, LOUIS.　　[JEAN I.
BARABÉ, Antoinette　　[NICOLAS I.
Louis, b 20 nov. 1692, Cap Santé.

II. — AUGE, JEAN.　　[JEAN I.
GLORY dit Labrière, Marie-Chs (1)　[LAURENT I.
Françoise, b 26 oct. 1694, Montreal [5] — *Geneviève,* b [5] 23 janvier 1699. — *Marie-Charlotte,* b [5]
17 fev. 1697. — *Marie-Barbe,* b [5] 16 oct. 1701.

1695, (7 juin) Ste Famille. [7]

I. — AUGER DIT ST. JULIEN, JEAN, huissier, né en
1671, fils de Pierre et de Peronelle Olivier, de
St. Thurian, ville de Quentin, évéché de Bricu.
GAUTIER, Marie-Anne, (2)　　[ÉLIE I.

(1) Elle épouse, le 5 mars 1704, Jean Prieur, Québec.
(2) Elle épouse, le 7 août 1713, Jacques Le Sourd, Québec.

Marie-Anne, b [7] 11 novembre 1696. — *Marie-
Louise,* b 2 novembre 1698, à St. Michel. [8] — *Jean-
Baptiste,* b [8] 4 et [8] 13 août 1700. — *Angélique,* b 7
sept. 1701, Québec[4] ; m [4] 8 nov. 1728, à François
BODIN. — *Marie-Jeanne,* b [4] 11 janvier 1706. —
Marie-Catherine, b [4] 25 fev. 1708. — *Marie-Louise,*
b [4] 1 mars 1710. — *Anonyme,* b et s [4] 12 dec. 1711.

1696, (4 juin) Montréal. [5]

II. — AUGER DIT LE BARON, J.-BAPTE.　[JEAN I.
BON DIT LACOMBE, Marie-Françoise. (1) [PIERRE I
Joseph, b [5] 11 juin, et s [5] 1ᵉʳ juillet 1697. — *Mar-
guerite,* b [5] 25 juillet 1698 ; m à Pierre Mon-
CIAU. — *Marie-Madeleine,* b [5] 3, s [5] 6 nov. 1700. —
Marie-Madeleine. b [5] 8 fevrier 1702. — *Marie-
Françoise,* b [5] 12 fevrier 1704 ; 1º m à Toussaint
HUNAULT , 2º m 19 avril 1751 à Jacques CHAPERON,
Sault au Recollet. [6] — *Geneviève,* b.... ; 1º m [6] 8 mai
1739, à François LABELLE ; 2º m [6] 23 sept. 1743, à
Jean-François PROUX.

1698, (15 novembre) Repentigny.

I. — AUGE DIT LAFLEUR, fils de Jean et de Marie
Giran, de Libourne, eveché de Bordeaux
(Gironde).
DAGENAIS, Elizabeth.　　[PIERRE I.
Elizabeth, b 25, s 29 août 1699, Montreal. —
Joseph, b 20 mars 1701, Lachine. [4] — *Anonyme,*
b et s [4] 27 mai 1703. — *Marie-Josette,* b [4] 26 août
1704. — *Angélique,* b [5] 21 fev. 1707.

I. — AUGE DIT BASQUE, JEAN.
b 1682 ; s 13 janvier 1712, à Rimouski.

I. — AUGER, POLYCARPE.
LARCHEVÊQUE, Marguerite.　　[JEAN II.
Marie-Joséphine, b 10 mars 1703, St. Augustin. [4]
— *Charles,* b 1709 , s [4] 27 nov. 1715.

1672, (11 janvier) Québec.

AUGERON, ANTOINE, meunier de Mr. de la Poterie, veuf de Marguerite Augereau, habitant
de la rivière des Roches, en 1672 ; s 1) nov.
1672, Trois-Rivières.
HALAY, Marie, veuve de Pierre Petit, de St.
Sulpice, évéché de Paris.

1673, (19 septembre) Québec. [3]

I. — AUGRAN DIT LAPIERRE, PIERRE, b 1639, fils
de Jean et d'Audine Robisca, de Larocque,
eveche de Conion (Gascogne) ; s 23 mai 1713.
ANDRIEU, Marguerite, fille de Guillaume et d'Anne Couillard, du Bourg de Dactère, évéché de
Rouen.
Jeanne, b 14 août 1674, à Sorel. [4] — *Pierre,* b [4]
17 mars 1676 ; s [3] 31 juillet 1696. — *Anne-Elizabeth,* b [4] 28 novembre 1677. — *Louise,* b [4] 8 juillet 1679 ; m [3] 9 janvier 1696, à François GAUTIER ;
s [3] 24 fevrier 1715. — *Marie-Anne,* b 1681 ; s [3] 25
déc. 1702. — *Marie-Marguerite,* b [3] 7 janvier 1682 ;
s [3] 2 janvier 1703.

AUMIER. — *Variations :* Homier dit le Poitier.

(1) Elle épouse Nicolas Bourdet.

1680, (19 fevrier) Charlesbourg. [1]

I. — AUMIER dit le Poitier, Jean, né en 1650, fils de Jean et de Madeleine Lemoyne, du Bourg de Cojeux, évêché de Xaintes.
Guerin, Anne, (1) [Clément I.
Anne, b [1] 21 janvier 1683 ; m [1] 12 janvier 1699, à Philippe Bodin. — *Marie-Madeleine,* b [1] 23 avril et s [1] 4 mai 1685. — *Jean-Baptiste,* b [1] 17 novembre 1686. — *Pierre,* b [1] 25 mars 1689 ; m 2 novembre 1716, à Marguerite Boucher, à Québec. [2] — *Marie,* b et s [1] 8 déc. 1691. — *Anonyme,* b et s [1] 9 déc. 1691. — *Philippe,* b [1] 13 mars 1693. — *Marie-Madeleine,* b [1] 1 avril 1695 ; m [1] 25 juin 1715, à Jean Girard ; s [2] 22 oct. 1755. — *Marie-Anne,* b [1] 21 sept. 1697 ; m [1] 20 juillet 1716, à Jean-Baptiste Bertrand. — *Michel,* b [1] 1701. — *Françoise,* b 18 et s [1] 20 nov. 1699

AUPIN, François, fils de Pierre et de Madeleine Hermigny, de Noyon, etait à Boucherville en 1673.

1673, (21 septembre) Québec. [1]

I. — AURIO, Louis, fils de Charles et de Marie Bordier, de St. André, evêché de Poitiers.
Selle, Marie-Madeleine, (2) fille de Michel et de Jeanne Castin, de St. Nicolas. ev. de Paris.
Pierre. — *Marie,* b [1] 25 fevrier 1675 ; m [1] 6 août 1702, à Jean Duprat ; s [1] 13 janvier 1703. — *Etienne,* b [1] 11 mai 1676. — *Jean,* b [1] 2 mai 1678.

1687, (7 janvier) Québec,

I. — AURIOT, Vital, ne en 1650, fils de Vital et de Marguerite Caron, de St. Victor, évêché Du Puy, Auvergne ; s en 1687.
Le Picard, Anne (3) [Jean I.
Vital, (posthume), b 24 oct. 1687, à Québec.

1671, (26 octobre) Québec [1]

I. — AUTEBOUT, (4) Michel, habitant de St. Michel, b...fils de Michel et de Marie Bidaud, de St. Omer, évêché du Mans.
Cartois, Henriette (5), fille de Lambert et de Marie Lambert, de St. Barthélemi, évêché de Paris.
Jeanne, b [1] 11 oct. 1672 ; m [1] 27 juillet 1692, à Jean-Baptiste Boutin. — *Geneviève,* b [1] 30 avr. 1675 ; m 12 avril 1690, à Joseph Cognard, à Lévi.

1688, (21 juin) Rivière Ouelle. [1]

I. — AUTIN, François.
Boucher, Marie, veuve de Jacques Tiboutot.
Marie Françoise, b [1] 29 juin 1689, m [1] 25 nov. 1710 à Joachim Martin. — *Angélique,* b [1] 15 août 1691 ; m [1] 25 nov. 1710, à Pierre Le Roy. — *Jeanne,* b [1] 28 nov. 1693. — *Jean-François,* b [1] 1er déc, 1695 ; m à Françoise Levasseur. — *Anne,* b [1] 8 sept. 1697. — *Marie-Thérèse,* b [1] 8 sept. 1699. — *Joseph,* b [1] 7 août 1701 ; m 26 juillet 1725, à Félicité Miville, à Ste. Anne. — *Geneviève,* b [1] 28 nov. 1704.

(1) Elle épouse, 8 février 1716, Antoine Faugère, Québec.
(2) Elle épouse, le 24 avril 1881, Pierre Chaussé, Ilet.
(3) Elle épouse, le 19 avril 1689, Jean-Baptiste Dailllebout, Quebec.
(4) Et Haudebout.
(5) Elle épouse le 23 juillet 1675, André Patry, Québec.

I. — AUVERGNE, Jean, tué en 1690. (1)

1680.

I. — AUVRAY, Jacques.
b 1651 ; s 4 juin 1711, à Charlesbourg. [2]
Mezeray, Marie-Catherine, (2) [René I.
Marguerite, b 20 et s 23 déc. 1681, à Lorette. [1] — *Marie,* b [1] 8 décembre 1684 ; m [2] 30 juin 1699, à Noel Pire. — *Jacques,* b 2 juillet 1687, à Québec [3] ; m [3] 11 juillet 1735, à Marie-Anne Rondeau. — *Marie-Thérèse,* b [1] 11 mars 1690 . m [2] 1720, à François Darveau. — *Françoise,* b [2] 9 mai 1695 ; m [2] 1729, à Louis Michelin. — *Jacques,* b [2] 25 avril 1700. — *Marie-Madeleine,* b [2] 18 déc. 1702 ; s [2] 3 fevrier 1703. — *Marguerite,* b [2] 6 fevrier 1704 ; m [3] 30 mai 1729 à Rene Fourré ; s [3] 4 février 1748 — *Marie-Joséphine,* b [2] 26 fev. 1707 ; 1o m [3] 7 oct. 1728, à Joseph Coucy. 2o m [3] 20 mars 1735, à Louis Bellefeuille, s [3] 14 mai 1758. — *Catherine,* b... ; m [2] 14 oct. 1715, à Simon Barbot.

I. — AUZOU, Jean.
Martin, Isabelle.
Marie-Anne, b 24 déc. 1680, à Montréal. [1] — *Cécile,* b [1] 1er août 1682 ; m [1] 8 déc. 1704, à René Mignot. — *Marie-Jacqueline,* b [1] 12 sept. 1684. — *Michel,* b [1] 12 oct. 1686 ; s [1] 5 nov. 1687. — *Anne,* b [1] 13 et s [1] 21 fevrier 1689. — *Françoise,* b... ; m [1] 27 août 1695, à Pierre Le Bœuf. — *Marie-Madeleine,* b 1672 ; m [1] 16 juillet 1696, à Antoine Fournier, s [1] 19 janvier 1703.

1677, (25 octobre) Laprairie. [1]

I. — AVERTY, Julien, b 1632, fils de Julien, de Veron, evêché d'Angers, s [1] 1er oct. 1687.
Lecompte, Jeanne, fille de Nicolas et de Nicolasse de Jornet, de la Ferté-Soubs-Jouart, évêché du Mans ; s [1] 30 mai 1687 (mort subite).

I. — AVERTY, Jean-Maurice, cultivateur de Laprairie de la Madeleine.
Desmoulins, Marie.
Marie-Anne, b..., m 6 novembre 1702, à Pierre Verdon, à Lachine.

I. — AVISSE, (3) Denis, huissier royal. Perdu sur la glace en janvier, il fut retrouvé au rivage en juin 1629 et inhumé, sur la grève, vis-à-vis la terre de Jean Rabouin ; s 9 juin 1679, à Ste. Famille. [1]
Crevier, Jeanne, (4)
b 1639.
Marguerite-Madeleine, b 25 juillet 1669, à Québec [3] ; m 25 février 1686, à Jean Chevalier, à Beauport. [2] — *Jacques,* b [3] 21 juin 1671 ; m [2] 10 janvier 1695, à Geneviève Parent.

1695, (10 janvier) Beauport. [1]

II. — AVISSE, Jacques [Denis I.
Parant, Geneviève, [Pierre I.
veuve de Noël Langlois.

(1) Voy. la note au nom Bourbon.
(2) Elle épouse (7 novembre 1712) François Darveau, à Charlesbourg.
(3) Et Lavisse.
(4) Elle épouse (9 juin 1681) Vincent Brunet, à Beauport.

Thomas, b ¹ 21 déc 1695 ; s ¹ 8 mars 1715 —
Jacques, b ¹ 13 avril 1697. — *Charles*, b ¹ 29 juin
1698. — *Marie-Jeanne*, b ¹ 19 janvier 1700 ; 1° m ¹
28 janvier 1719, à François Trefflé ; 2° m 26 juin
1736, à Simon Soupiran, à Quebec ² , s ² 19 sept.
1750. — *Marie-Thérèse*, b ¹ 9 juin 1701. — *Jean-
Baptiste*, b 5 et s ¹ 7 février 1703. — *Françoise-
Louise*, b ¹ 3 juillet 1705. — *Louise-Angélique*, b ¹ 4
février 1707. — *Eustache*, b ¹ 23 mars 1709. —
Elizabeth, b ¹ 27 juin 1710.

AYET. — Voy. Hayet.

I. — **AYMARD**, Jean, de St. André de Niort.
   Bineau, (1) Marie.
   Barbe, b...; m 1648, à Olivier Le Tardif, à
Québec. ² — *Anne*, b...; m ² 16 nov. 1649, à Guil-
laume Couture. — *Madeleine*, b 1626 ; m...à Za-
charie Cloutier ; s 28 mai 1708, au Château-
Richer.

AYMARD, Pierre, médecin.
   Guillot, Louise, P. S. 1699.

AYMOND. — Voy. Émond et Haimond.

AYOT. — Voy. Hayot.

B

BABEL. — Voy. Bardel.

BLAISE, navigateur.
   Une fille, b 1727 ; s 25 février 1728, à Ste. Foy.

1689, (14 novembre) Laprairie. ²

I. — **BABEU**, (2) André, fils de Jean et de Marguerite Boulanger, de Chevre (Ile d'Oleron).
   Roy, Anne.   [Pierre I.
   Anonyme, b ² 4 fév. 1694. — *André*, b ² 4 juillet
1695 ; m ² 13 juillet 1722, à Madeleine Mesnil. —
Angélique, b ² 22 fév. 1697 ; m ² 14 juin 1717, à
Claude Primaut. — *Marie-Joséphine*, b ² 12 juillet
1698 ; m ² 10 mai 1723, à Jacques Caillé. — *Marie-
Anne*, b ² 12 oct. 1700 ; m ² 18 mai 1724, à François-Michel Cirgé. — *Catherine*, b...; m ² 23 oct.
1724, à Jean Mesnil.

1670, (2)

I. — **BABIE**, Jacques, (honorable) officier du Ré-
giment de Carignan compagnie de M. de St.
Ours ; né en 1633, fils de Jehan (honorable)
et d'Isabeau Robin, de Montéton, évêché
d'Agens ; s 28 juillet 1688, à Champlain. ¹
   Dandonneau, Jehanne.   [Pierre I.
   s 20 juillet 1703, à Québec.
   Marie-Jeanne, b 1671 ; 1° m ¹ 5 février 1689, à
Paul De Lusignan ; 2° m ¹ 13 fév. 1700, à Claude
Pauperet ; s 4 janvier 1703, église de Québec. —
Jacques, b 1673 ; m 4 février 1709, à Madeleine
Véron, aux Trois-Rivières ² ; s ² 10 juin 1724. —

(1 Ou "Bureau,")—Greffe d'Audouard, 1649.

(2) Et Babeuf.

(3) Voir Greffe de Guillaume Larue.

Louis, b 1674. — *Marie*, b 1675 — *Pierre*, b 1676.
— *Antoine*, b 1679, s ¹ 15 août 1683. — *Françoise*,
b ¹ 14 mars 1681 ; s ¹ 10 février 1684. — *Jean-
François*, b ¹ 22 novembre 1692. — *Marie-Made-
leine*, b ¹ 20 nov. 1683 ; m ¹ 30 avril 1708, à Jean-
Baptiste Crevier — *Marie-Anne*, b ¹ 9 juillet 1686.
— *François-Etienne*, b ¹ 5 août 1687. — *Raymond*,
b ¹ 16 déc. 1638.

1691, (21 août) Montréal.

I. — **BABIN** dit Lacroix, Pierre, cuisinier en
chef de M. de Frontenac, fils d'André et de
Geneviève Boudot, de St. Dizier, évêché de
Poitiers.
   Richaume, Madeleine.   [Pierre I.
   Louis, b 25 oct 1694, à Québec. ¹ — *Marie-Made-
leine*, b ¹ 6 sept. 1696. — *Etienne*, b ¹ 2 mars 1699.
— *Claude Charles*, b ¹ 2 mars 1699 ; s ¹ 5 mars
1701. — *Marie*, b ¹ 28 février 1701.

1692, (4 décembre) Boucherville. ¹

I. — **BACHAN** dit Vertefeuille, Nicolas, fils
de Nicolas et de Marie Pineau, de St. Cloud,
évêché de Paris.
   Lamoureux, Anne.   [Louis I.
   Nicolas, b ¹ 13 janvier 1694. — *Jean-Baptiste*, b ¹
16 octobre 1701.

1647, (2 mai) Québec. ¹

I. — **BACON**, Gilles, fils d'Etienne et de Made-
leine Feron, de St. Gilles, près de Caen, en
Normandie ; s ¹ 5 mars 1654.
   Tavernier, Marie, née en 1632, fille de Eloy Jean
et de Marguerite Gagnon, de Randonnay,
Perche.
   Eustache, b ¹ 12 sept. 1650 ; m à Louise Gui-
mond, s 4 avril 1716, Château-Richer. — *Marie-
Madeleine*, b ¹ 19 oct. 1653.

II. — **BACON**, Eustache. (1)   [Gilles I.
   s 4 avril 1716, au Château-Richer. ¹
   Guimont, Louise.   [Louis I.
   Gilles, b ¹ 3 nov. 1675. — *Marie-Angélique*, b ¹
30 mai 1679 : m ¹ 27 fév. 1696, à Nicolas Martin.
— *Louise*, b ¹ 30 janvier 1682 ; m ¹ 16 avril 1703,
à Denis Constantin. — *Jeanne*, b ¹ 15 nov. 1684 ;
m ¹ 23 mai 1708. — *Eustache*, b ¹ 11 déc. 1686. —
Louis, b ¹ 23 juin 1689 ; m ¹ 3 fév. 1711 à Madeleine Cloutier. — *Joseph*, b ¹ 11 janvier 1692 ;
m ¹ 3 fev. 1716, à Dorothee Cloutier. — *Noel*, b ¹
13 janvier 1694. — *Marie-Françoise*, b ¹ 7 sept.
1697 ; m ¹ 11 juillet 1718, à Guillaume Thibaut.

1671, (24 novembre) Québec. ¹

I. — **BACQUET** dit Lamontagne, François, fils
de Renaud et de Jeanne Monsus, de Montoye,
év. de Bordeaux ; s avant 1710.
   Philippe, Anne, fille de Jacques et d'Anne Au-
diger, de Nogent-sur-Seine, évêché de Troye
en Champagne.
   Marie-Anne, b ¹ 4 déc. 1678. — *François*, b 1680 ;
m 25 mai 1710, à Elizabeth Guenet, à St. Michel ² ;
s ² 18 oct. 1744. — *Joseph*, b 1696 ; s ² 7 nov. 1736.

---

(1) Oncle de Françoise Guimond, (1700), Ste. Anne-Nord.

1674.

I.—BADAILLAC, (1) Louis.
Delalore, Catherine.
Marie, b 28 juillet 1675, à Sorel.[1] — *Anne-Elizabeth*, b[1] 24 oct, 1677 ; s[1] 28 fév 1690. — *Thérèse*, b[1] 21 août 1685 ; 1o m 4 janvier 1705, à Pierre Guivard, à Repentigny ; 2o m 1711, à Pierre Belet. — *Catherine*, b[1] 4 juillet 1690.

1630.

I. — BADEAU. Jacques, établi à Beauport.
s 18 août 1658, à Québec.[1]
Ardouin, Anne.
s[1] 11 oct. 1670.
Jeanne, b en 1631 ; m[1] 9 fév. 1654, à Pierre Parant ; s 23 nov. 1706, à Beauport. — *Jean*, b 1636 ; m[1] 28 oct. 1665, à Marguerite Chalifour s[1] 27 août 1711. — *Suzanne*, b[1] 18 août 1651 ; m[1] 26 juillet 1665, à Jean de Rainville ; s 1669.

1665, (28 octobre) Québec.[1]

II.—BADEAU, Jean.   [Jacques I.
s[1] 27 août 1711.
Chalifour, Marguerite.   [Paul I.
s[1] 28 déc. 1705.
Jean, b 1666 ; 1o m 19 octobre 1693, à Françoise Le Roy, à Charlesbourg[2] : 2o m[1] 12 juillet 1700, à Catherine Larchevêque ; s[1] 16 fév. 1737 — *Fabien*, b[1] 16 avril 1671 ; m[1] 12 nov. 1698, à Marie-Anne Corbin ; s[1] 26 juin 1726. — *Marguerite*, b 22 mai 1673, à Ste. Famille[3], m[1] 7 février 1689, à Pierre Lereau ; s[2] 22 mai 1711. — *François*, b[3] 2 juin 1675 ; m[1] 6 juillet 1699, à Françoise Boutin. — *Anne*, b[3] 21 nov. 1677 ; 1o m... à Simon Barbeau ; 2o m.[2] 14 avril 1704, à Nicolas Thibaut. — *Joseph*, b 25 déc. 1679, à St. Pierre (I. O).[4] — *Jacques*, b[4] 12 juin 1681 ; s[1] 2 juillet 1683.— *Geneviève*, b 7 nov. 1683, à Beauport[5] ; m[1] 17 oct. 1704, à Paul Catti. — *Joseph*, b[5] 15 oct. 1685. — *Pierre-Michel*, b[1] 18 fév. 1689. — *Jean*, b... 1o m[2] 19 oct. 1693, à Françoise Roy, 2o m...

1693, (19 octobre) Charlesbourg.

III.—BADEAU, Jean,   [Jean II.
charpentier de navire ; s 16 février 1737, à Québec.[1]
I.—Le Roy, Françoise.   [Olivier I.
s[1] 20 août 1699.
Jacques, b[1] 28 avril 1695 ; m[1] 1 août 1725, à Marie-Angélique Corriveau. — *Marie-Anne-Françoise*, b[1] 3 oct. 1696 ; 1o m[1] 19 août 1715, à Michel Dupéré ; 2o m[1] 9 avril 1738, à Henry Arnaud ; s[1] 24 mars 1760. — *Jean*, b[1] 31 août 1698.

1700 (12 juillet) Québec.[1]

2o L'Archevêque, Catherine.   [Jean II.
s[1] 26 avril 1741.
Jean-Baptiste, b[1] 20 juin 1701 ; s[1] 25 janv. 1703. — *Noel*, b[1] 25 déc. 1702 ; s[1] 20 oct. 1704. — *Fabien-Louis*, b[1] 1 mai 1704. — *Louis*, b[1] 18 janv. 1706. — *Marie*, b[1] 17 fév. 1708. — *Elizabeth*, b[1] 9 oct. 1709. — *Jean-Charles*, b[1] 24 oct. et s[1] 10 nov. 1710. — *Joseph*, b[1] 26 nov. 1711. — *Charles*,

(1) Basaillac—Basaillon—Basaillac dit Laplante—Basaillac du Badailla.

b[1] 31 mai 1714 ; m[1] 7 janv. 1738, à Catherine Loisy ; s[1] 26 janv. 1756 — *Pierre*, b[1] 31 déc. 1716 ; m[1] 1er sept. 1749, à Angélique Lamotte.

1698, (12 novembre) Québec.[1]

III.—BADEAU, Fabien.   [Jean II.
s[1] 26 juin 1726.
Corbin, Marie-Anne.   [David I.
s[1] 28 août 1741.
Jean, b[1] 21 nov. 1699 ; s[1] 5 déc. 1699. — *Marie-Anne*, b[1] 14 juin 1701 ; m[1] 15 oct. 1724, à Pierre Charles Sauvage. — *Fabien*, b[1] 14 oct. 1702 ; s[1] 24 déc. 1702. — *Ursule-Joséphine*, b[1] 23 oct. 1703 ; m[1] 27 sept. 1734, à Jacques Bisson. — *Jacques-Fabien*, b[1] 12 juillet 1705 ; m[1] 4 nov. 1728, à Thérèse Lemarié. — *Joseph-François*, b[1] 11 janvier 1707 ; s[1] 8 déc. 1708. — *Louis-Gervais*, b[1] 12 nov. 1708. — *Simon*, b[1] 8 juillet, et s[1] 20 août 1711. — *Louis*, b[1] 12 août 1712. — *Jean-Fabien*, b[1] 26 août 1713. — *Louise-Geneviève*, b[1] 5 janvier 1718 ; s[1] 16 mars 1722.

1699, (6 juillet) Québec.[1]

III.—BADEAU, François.   [Jean II.
Boutin Françoise,   [[Antoine I.
veuve de Pierre Ferré ; s[1] 5 sept. 1745.
Marie-Elizabeth, b[1] 11 juillet 1700 ; m[1] 7 janv. 1721, à Jean Vernier ; s[1] 4 juin 1724. — *François-Pierre*, b[1] 27 juin 1702 ; s[1] 5 sept. 1703. — *Marie-Jeanne*, b 19 janvier 1704, à la Pointe-aux-Trembles de Québec ; m[1] 30 oct. 1724, à Augustin Paquet. — *Thérèse*, b[1] 16, et s 18 oct. 1706. — *François-Marie*, b[1] 28 juillet 1709 ; s[1] 9 fév. 1715. — *Marie-Charlotte*, b[1] 19 juin 1713 ; s[1] 5 fév. 1717.

1671, (26 octobre) Québec.[2]

I.—BADEL dit Lamarche, André, b... fils d'Etienne et de Perette Marmaut, de Genève, Suisse.
Duchesne, Barbe, fille de Claude Duchesne, de la ville de Genève.
Etiennette, b[2] 11 déc. 1672 ; m 23 sept. 1687, à Hugues Messagué, à Montréal[3] ; s 21 mars 1695, à Lachine.[4] — *Marie*, b... ; m[3] 28 nov. 1689, à Jacques Séquin ; s... — *Anne*, b... ; m[3] 10 sept. 1691, à Jean Dannay ; s... — *Jeanne*, b[3] 12 janv. 1680 ; m[3] 5 nov. 1693, à Jean Monet. — *Jean*, b[3] 27 janvier 1682. — *Marie-Charlotte*, b[3] 12 déc. 1684 ; m[4] 7 février 1701, à Claude Homay. — *Jacques*, b[3] 10 juillet 1687 ; s[3] 28 oct. 1688.— *Hugues*, b[5] 6 oct. et s[3] 9 déc. 1689.

1668, (24 avril) Québec.

I.—BADIÉ dit La Forest, Charles, fils de Pierre et de Jeanne La Loy, de St. Nicolas, évêché de Chartres.
Relot, Catherine, fille d'Olivier et de Jeanne Roussel, de St. Georges du Château, évêché de Caen.
Geneviève, b 13 avril 1670, à Québec.

BADSON, John.
Odiorne, Anne, de la Nouvelle-Angleterre, prise en guerre le 21 août 1703.
Clément, b 25 nov. 1703, à Montréal.

BAGUET, CHRISTOPHE,
b en 1650 ; s 16 fév. 1712, aux Trois-Rivières.

BAILLAC. — Voy. BAYARD et BAILLARD.

1650, (20 novembre) Québec. [2]

I. — BAILLARGEON, (1) JEAN, né en 1612, fils de Louis et de Marthe Fourier, de Loudigny, en Angoumois, s avant 1683.
  1º GUILLEBOURDAY, Marguerite, fille de Louis et de Marie Maguin, de Marçay, en Poitou ; s [2] 21 oct. 1662.
    Jean, b 1er sept. 1659 ; m 2 mars 1683, à Marie GODBOUT, à St. Laurent, (I. O.) *Jeanne,* (2) b [2] 7 mai 1651 ; 1º m 28 nov. 1664, à Jean LABRECQUE, au Château-Richer ; 2º m 1er nov. 1694, à Pierre BURLON, à Ste. Famille [1] ; 3º m [1] 5 fév. 1681, à Antoine MONDIN ; s 20 août 1729. — *Nicolas,* b [2] 22 février 1654 ; m 15 nov. 1683, à Anne CRÉPEAU, à St. Pierre (I. O.) — *Louis,* b 2 nov. 1656.

      1666 (8 mars) Québec.

  2º GAUDREAU, Esther,   [NICOLAS I.
veuve de Jean-Jacques De la Porte.

1650 (7 août). (3)

I. — BAILLARGEON, MATHURIN, né en 1626, fils de Thomas et de Marie Mignot, d'Auberry, en Angoumois.
  METAYER, Marie, née en 1636, fille d'Etienne et de Jeanne Robineau, de Longère, en Poitou.
    Anne, b 19 sept. 1651 aux Trois-Rivières [1] ; 1º m [1] à Jean POLTON ; 2º m [1] 29 avril 1709, à Jacques DUGUAY , s [1] 8 mars 1722 — *Catherine,* b 1653. — *Jeanne,* b [1] 5 nov. 1654. — *Pierre,* b [1] 14 janvier 1657. — *Antoine,* b [1] 11 nov. 1658. — *Jean* b 1659. — *Nicolas,* b 1662 ; m... 1696, à Thérèse HAREL. — *Marie,* b 1663. — *Ignace,* b 1664.

1683 (2 mars) St. Laurent (I. O.) [1]

II. — BAILLARGEON, JEAN.   [JEAN I.
  GODBOUT, Marie.   [NICOLAS I.
  Nicolas, b [1] 27 mai 1684. — *Jean,* b [1] 5 juin 1686. — *Marie,* b [1] 28 sept. 1688.

---

(1) Ancêtre de Mgr. l'Archevêque de Québec.

(2) Les Iroquois, poursuivant les Hurons jusqu'à l'Ile d'Orléans, avaient massacré plusieurs familles françaises, et fait plusieurs prisonniers. Ils enlevèrent entr'autres Jeanne Baillargeon, jeune fille d'environ neuf ans. "Elle fut emmenée dans leur pays, où elle demeura près de 9 ans ! Elle se plût tellement aux coutumes de ces sauvages, qu'elle était résolue de passer avec eux le reste de sa vie. M. de Tracy ayant obligé cette nation de rendre tous les Français qu'ils tenaient captifs, elle se retira dans les bois, de crainte de retourner en son pays. Lorsqu'elle se croyait en assurance, une religieuse lui apparut, et la menaça de la châtier si elle ne retournait pas avec les Français. La crainte la fit sortir du bois, et se joindre aux autres captifs que l'on mettait en liberté. A son retour, M. de Tracy lui donna cinquante écus pour se marier ; mais il voulut qu'elle fut premièrement mise aux Ursulines pour reprendre l'esprit du christianisme, qui s'était fort affaibli parmi les Iroquois. Quand elle vit le tableau de la mère Marie de St. Joseph, elle s'écria : Ah ! c'est celle-là qui m'a parlé, et elle avait le même habit."—*Lettres de la Mère Marie de l'Incarnation aux Ursulines de Tours.*

(3) Contrat de mariage.—Greffe d'Ameau, Trois-Rivières.

1683, (15 novembre) St. Pierre (I. O).

II. — BAILLARGEON, NICOLAS.   [JEAN I.
  CRÉPEAU, Anne.   ]MAURICE I.
  Marie-Angélique, b 26 mars 1685, à St Laurent (I. O.) [1] — *Pierre,* b [1] 7 et s [1] 18 dec. 1687. — *Gabriel,* b 1698 ; s 5 janvier 1768, à l'Hôpital Général, Montreal.

1696.

II. — BAILLARGEON, NICOLAS.   [MATHURIN I.
  HAREL, Marie-Thérèse.   [JEAN I.
  Marie-Joséphine, b 6 mars 1697, à Champlain. [1] — *Nicolas,* b [1] 4 mars 1699 ; m 12 juin 1730, à Marguerite Roy, à Ste. Anne de la Pérade. — *Marie,* b 18 juillet 1707, à Verchères. — *Marie-Elizabeth,* b 10 mars 1709, à l'Ile Dupas. [2] — *Jean-Baptiste,* b [2] 12 sept. 1711.

I. — BAILLES, PIERRE.
  SACYBOULE, Marie.
  Marie-Anne, b 1695 ; m 6 fév. 1714, à Claude RENAULT, au Chateau-Richer.

BAILLEUL. — Voy. AUDET de Pierre-Cot (Sieur de Bailleul).

I.—BAILLIF, CLAUDE, architecte, établi à Québec.
  SAINCTAR, Catherine. (1)

BAILLIF (LE), natif d'Amiens, aide de sous-commis à Tadoussac, (1622), se donna aux Anglais... mauvais sujet. (2)

BAILLY. — Voy. CARPENTIER.

BAILLY DIT MAL-AU-CAP, FRANÇOIS, établi a Beaumont ; b 1617 ; s 18 nov. 1697, à Québec.

I. — BAILLY DIT LAFLEUR, FRANÇOIS-JEAN.
  b 1627, s 25 juillet 1690, à Montreal. [1]
  FONTENEAU, Marie.
  b en 1636 ; s [1] 29 oct. 1692.
  Marie, b [1] 9 sept. 1661 ; m [1] 10 janvier 1678, à Jean PETIT. — *Louise-Jeanne,* b [1] 16 nov. 1663 ; m [1] 29 nov. 1676, à Pierre CHESNE. — *Louise-Françoise,* b en 1666 , m 1680, à Pierre JENNES. — *Zacharie,* b [1] 11 janvier 1667 ; s [1] 21 juin 1674, noyé.

BAILLON, JEAN. (3)

BAINLA—BAINLAST. — Voy. BAYARD.

1672, (9 juin) Québec. [1]

I. — BALAN DIT LA COMBE, PIERRE, fils de Pierre et de Perinne Gourier, de Catilan (Périgueux). s avant 1699.
  BIRETTE, Renée, (4) b en 1636 ; fille de Jean et de Simone Perinne, de la Rochelle.
  Marie, b [1] 8 février 1673 ; 1º m 1692, à Pierre-Louis BISSONNET, à St. Michel [3] ; 2º m [3] 7 février

---

(1) Voir registre de Beauport, 9 oct. 1688.

(2) Voy. Champlain relations 1632.

(3) Voir registre de Ste. Anne de Beaupré, 1618.

(4) Elle épouse Jean BRIAS.

1701, à Noel GROMELIN; s⁴ 11 déc. 1749. — *Jean-Baptiste*, b¹ 20 janvier 1675; 1° m 16 nov. 1699, à Jeanne MAILLOU, à St. Etienne de Beaumont; 2° m³ 17 fév. 1716, à Marie VANDET. — *Henriette*, b³ 4 avril 1677; 1° m³ 16 nov. 1693, à Charles DUSAUT; 2° m 1696 à Yves BECHET. — *Marguerite*, b¹ 22 fév. 1678; m¹ 17 août 1695, à Mathieu GUAY. — *Michel*, b 13 déc. 1679 à Lévi⁴; 1° m... à Madeleine TRUMEL; 2° m 1726, à Marie-Charlotte SAVARD, à Charlesbourg. — *René*, b 1er avril 1681 à l'Ilet. — *Pierre*, b⁴ 1er janv. 1683; 1° m 9 janv. 1708, à Elizabeth CHARTIER, à St. François, I. O.⁶; 2° m⁵ 4 nov. 1715, à Elizabeth PEPIN; s¹ 10 janv. 1749. — *Anne*, b...; m à Robert CHARTIER. — *Jeanne*, b...; m 27 avril 1706, à Jean COLOMBE, à St. Thomas. — *Etienne*, b...; m¹ 7 oct. 1710, à Madeleine BRASSARD.

1699, (16 nov.) St. Etienne de Beaumont. ²

II. — BALAN DIT LACOMBE, J.-BAP.   [PIERRE I.
1° MAILLOU, Jeanne.   [MICHEL.
s 14 juillet 1715, à St. Michel.¹
Jean-Baptiste, b¹ 5 nov. 1702. — *Joseph*, b² 28 sept. 1705. — *Louis-Charles*, b² 20 oct. 1708. — *Marie-Jeanne*, b² 1 mars 1712.

1716 (17 février) St. Michel.

2° VANDET, Marie,   [RENÉ I.
veuve de Jacques Bissonnet.
Madeleine, b en 1716, s² 28 oct. 1725. — *Charles*, b² 11 juin 1719. — *Joseph*, b² 12 mai 1722, m¹ 21 avril 1748, à Helène CHAMBERLAN. — *Marie-Anne*, b² 9 sept. 1725; m¹ 18 août 1749, à Joseph GOUPY. — *Gabriel*, b...; m¹ 16 août 1752, à Françoise GOUPY.

1676, (14 avril) Québec. ¹

I — BALARD DIT LATOUR, Louis, fils de Pierre et de Sebastienne PILIN, évêché d'Ausion; s 19 mars 1725, au Cap St. Ignace.³
MIGNERON, Marguerite,   [JEAN I.
veuve de François Musnier.
Marie, b¹ 23 fév. 1678; m 16 nov. 1700, à Germain GAUMON, à St. Thomas — *Marie-Simone*, b 14 oct 1679, à la Pte-aux-Trembles, m³ 22 nov. 1701 à Jean METIVIER. — *Louis*, b² 14 et s² 16 février 1681. — *Marguerite*, b² 7 et s² 9 février 1682. — *Marguerite*, b² 14 février 1683, s² 4 déc. 1687. — *Louis*, b² 16 sept. 1684. — *Jean-François*, b² 4 et s² 5 janvier 1687. — *Pierre*, b² 27 oct. et s² 27 nov. 1688. — *Augustin*, b⁵ 8 oct. 1691; s³ 30 avril 1724.

I — BALIER, JEAN, b 1642; engagé chez les religieuses Ursulines de Quebec et trouve mort dans son lit, s 12 fév. 1687, à Québec.

BALIER, CATHERINE, femme de Pierre Bouvier en 1667.

I — BALLON, LUCIEN
—— Elizabeth.
Lucien, b 24 août 1681, à la Pointe-aux-Trembles de Québec.

I. — BANCHAUD, — Voy. BEAUCHAMP. (1)

BANLIARD, BANLIA. — Voy. BAYARD.

I. — BANLIER, MATHURIN, habitant de St. Ours.
VERNON, Françoise.
Marie-Anne, b 16 nov. 1684, à Contrecœur²; m 16 janvier 1702, à Pierre BOUSQUET, à Varennes¹. — *Jean-Baptiste*, b² 30 mars 1682, m¹ 17 août 1710, à Marie LENEVEU.

1648 (24 septembre) Québec.

I. — BANSE, GUILLAUME, (1) fils de Pierre et de Jeanne ————, de Freneuse, près de la Roche-Guyon.
BIGOR, Marguerite, fille de Pierre et de Marie de Gouin, de Paris.

I. — BANSE, MARGUERITE, fille de Pierre et de Jeanne ————, de Freneuse, près de la Roche-Guyon, épouse le 22 juin 1642, Jean BROSSIER, à Quebec.

1668 (3 mai) Québec.

I. — BAPTISTE, JEAN, fils de Pierre et de Jeanne Pasqué, de N.-D. de Mantes, év. de Rouen.
HERMEL, Françoise, fille de Pierre et de Marie Coquemer, de N.-D. du Hâvre-de-Grâce, év. de Rouen.

I. — BARABÉ, NICOLAS.
OINVILLE, Michelle.
Jean, b 18 mai 1671 aux Trois-Rivières.¹ — *Marie-Jeanne*, b¹ 1 mars 1673. — *Marie-Antoinette*, b¹ 15 oct. 1674; m... 1691, à Louis AUGÉ. — *Madeleine*, b¹ 5 mai 1676. — *Noel*, b..., m à Michelle TOUSIGNAN.

II. — BARABÉ, NOËL.
TOUSIGNANT, Marie Michelle.   [PIERRE I.
Marie-Louise, b 25 juillet 1712, à Ste. Anne la Pérade. — *Noël*, b... m... à Marie-Michelle TOUSIGNANT.

I. — BARACQ, LOUIS,
b 1656; brûlé dans sa cabane; s 5 déc. 1696, à la Pointe-aux-Trembles de Quebec.

1696 (15 novembre) Batiscan. ¹

I. — BARADAT, JEAN, chirurgien de la compagnie de M. de Vaudreuil, fils de Jean et de Claire Lariau, d'Angois, évêché de Lescart, Béarn.
MOREAU, Marie-Anne.   [JEAN I.
Marguerite-Claire, b¹ 11 fév. 1698; s¹ 14 fév. 1698.

I. — BARAMBON, FRANÇOIS. — Voy. Registres de Beauport, 1717.

1668 (24 février) Montréal. ¹

I. — BARBARIN DIT GRAND'MAISON, PIERRE, soldat de M. de Contrecœur, fils de Pierre et de

---

(1) Le 10 juin 1646, on publie à la paroisse de Québec, que ceux qui voudraient aller aider à redresser la maison brûlée de Guillaume Banse, en avaient la permission, et qu'on les y exhortait. Il y alla 15 ouvriers. — *Journal des Jésuites.*

(1) Le nom de famille est perdu.

Marguerite Beloy, de Tuyers, évêché de Périgueux.
Le Brun, Marie, fille de Jacques et de Marie
Michel, de St. Jacques de Dieppe, Normandie.
Pierre, b ¹ 25 mai 1672. — *Marguerite*, b ¹ 11
avril 1675. — *Pierre*, b 25 avril 1677, à Lachine ² ;
m ¹ 18 octobre 1701, à Françoise Pare. — *Philippe*,
b ² 7 decembre 1679. — *Marie-Françoise*, b ² 17
mars 1682. — *Marie-Madeleine*, b... ; 1° m ² 17
janv. 1684, à Jean Tillard ; 2° m ² 21 juin 1688,
à André Danis ; 3° m ² 21 fév. 1689, à Pierre
Jamme. — *Anne*, b ² 20 août 1684 ; s ² 1er mai 1689,
brûlée. — *Jean*, b ² 12 nov. 1686 ; s ² 1er mai 1689,
brûlé. — *Marguerite*, b ² 31 mai 1689.

I. — BARBE, Silvain, huissier à cheval du châ-
telet de Paris, de St. Ours, év. de Tours.
Girardin, Jeanne.
Elizabeth, b... ; m 16 janvier 1696, à François
Hazeur, à Québec,

1698 (5 novembre) Beauport. ²

I. — BARBEL, Jacques, notaire royal, seigneur
d'Argentenay, secrétaire de Eégon, né en
1670, fils de Charles et de Catherine Provost,
du Hâvre-de-Grâce, évêché de Rouen ; s 30
juillet 1740, dans l'église des Récollets,
Québec.
1° Toupin, Louise Renée,   [Pierre I.
s 27 janvier 1703, à Québec. ¹
Jacques-Charles, b ¹ 8 oct. 1699. — *Jacques-
François*, b ² 28 déc. 1700. — *Pierre*, b ¹ 20 janvier
1703.

1703 (26 novembre) Québec. ¹

2° Le Picard, Marie-Anne,   [Jean II.
s 11 août 1717, église de Québec.
Marie-Anne, b ¹ 27 août 1704 ; m ¹ 31 déc. 1723,
à Louis Fornel. — *Pierre*, b ¹ 28 juin 1705. —
Jean-Baptiste, b ¹ 7 juillet 1706. — *Louise*, b ¹ 17
avril 1708. — *Jean-Joseph*, b ¹ 7 mai 1709. — *Louis*,
b ¹ 17 mai 1710 ; s ¹ 18 déc. 1716. — *Marguerite-
Agnès*, b ¹ 31 mai 1711 ; m ¹ 8 nov. 1733, à Jacques Gourdeau. — *Marie-Catherine*, b ¹ 7 et s
10 mai 1713, à Lorette. — *Charles Thomas*, b ¹ 24
avril et s ² 9 mai 1714. — *Marie-Thérèse*, b ¹ 7
juin 1715. — *Charles Thomas*, b ¹ 3 juillet 1716. —
Pierre Ignace, b ¹ 1er et s 3 août 1717, à St.
Augustin.

1719, (22 octobre) Québec.

3° Amiot, Marie-Madeleine.   [Jean II.
veuve de Guillaume Masse ; s ¹ 11 oct. 1757.

1666.

BARBERET, Jeanne, femme de Jean Arrivé.

I. — BARBIER, Jeanne, femme de Julien Plume-
heau en 1672, et de François Blain, en...

1650, (14 novembre) Montréal. ¹

I. — BARBIER dit Le Minime, Gilbert, maître-
charpentier, né en 1626, fils de Pierre et de
Claude Vison ; s 15 nov. 1693, à la Pointe-
aux-Trembles de Montréal. ¹
De la Vau, née en 1621, fille d'Alexandre et
de Louise.

Charlotte, b ² 7 août 1651 ; s ² 28 février 1657,
noyee. — *Adrienne*, b ² 20 août 1652 ; m ² 10
janvier 1667, à Etienne Truteau. — *Barbe*, b ²
15 janvier 1654 ; m ² 24 nov. 1670, à Toussaint
Baudry ; s ¹ 24 janvier 1694. — *Agathe*, b ² 2 et s
4 août 1655. — *Gabriel*, b ² 6 sept. 1656. — *Nicolas*, b ² 20 avril 1658 ; s ² 11 août 1691. (1)
Charles Henri, b ² 8 nov. 1660 ; 1° m ² 13 juin
1684, à Marie Pigeon ; 2° m à Marguerite Cusson ;
s ² 8 juin 1691. (2) — *Marie*, b ² 1 mai 1663 ; Sœur
dite de l'Assomption, Cong. N. D. ; s ² 19 mai
1739.

1684 (13 juin) Montréal. ²

II. — BARBIER, Charles.   [Gilbert I.
s ² 8 juin 1691.
1° Pigeon, Marie.   [Pierre I.
Anonyme, b et s ² 14 janv. 1687.

1688.

2° Cusson, Marguerite,   [Jean I.
Veuve de Jean Aubuchon, b 1669 ; s ² 15
août 1689.
Antoine, b ² 14 août 1689.

BARBOT —Barbaut—Barbault—Barbeau—*Surnoms :* Villeneuve —Lucault—Breban—Laforêt—Boisdoré—Poitevin.

I. — BARBEAU dit Villeneuve, Elie. (3)

I. — BARBOT, Jacques.
b 1623 ; s 19 nov. 1687, à l'Ange-Gardien.
Suzanne, b... ; s 15 nov. 1657, à Québec.

1669, (12 août) Québec. ²

I. — BARBAULT dit La Forest, (4) André, b
en 1641 ; fils de André et de Marie Clémence
Sagot (ou Sayot), de Fontenay-le-Compte,
évêché de la Rochelle ; s 29 sept. 1699, à
Charlesbourg. ¹
1° Jaudon, Marie, veuve de François Pavageau,
de St. Etienne Bourg d'Ars (Luçon).
Siméon, b ² 3 juillet 1670 ; m...à Anne Badeau ;
s ¹ 20 janvier 1703. — *Catherine-Gertrude*, b ² 12
janvier 1673. — *Marie-Madeleine*, b ² 28 fev. 1675.

1686 (15 juillet) Charlesbourg.

2° Gagnier Marie, veuve de Elie Jean, [Pierre I.

1671, (24 août) Québec. ¹

I. — BARBOT et Barbeau, Francois ; b en 1650 ;
fils de Jacques et de Jeanne Cornuel, de Ste.
Radegonde, évêché de Poitiers ; s 16 juin
1711, à Charlesbourg. ²
Hédouin, Marguerite ; b en 1658 ; fille de François et de Catherine Le Roy, de Soissons (Picardie).
Anne, b ¹ 8 et s ¹ 28 mars 1673. — *Marguerite*, b ¹ 4 septembre 1674. — *Simon*, b 15 avril
1692, à Lorette ² ; m ³ 14 octobre 1715, à Cathe-

---

(1) Tué par les Anglais au combat de Laprairie avec Pierre
Cabassier.

(2) Tué par les Iroquois avec Le Moyne de Bienville.

(3) Voir registres de Québec, 1650.

(4) Voy. Barbot.

rine AUVRAY. — *Claude*. b 1693 ; s ² 21 juillet 1695.
—*Jacques*, b ² 4 novembre 1676 ; m ³ 27 février 1702, à Marie-Anne BISSON. — *François*, b ² 16 mai 1684 ; 1° m ³ 10 nov. 1710, à Louise DUMONT ; 2° m ³ 22 octobre 1718, à Madeleine VANIER. — *Marie*, b... 1 m ³ 21 nov. 1712, à Jean BERNARD ; 2° m ³ en 1719, à Jacques LAVOYE. — *Pierre*, b... m ³ 29 avril 1715, à Marie-Anne LAUZÉ. — *Jean-François*, b ² 3 mars 1679 ; m ³ 16 nov. 1705, à Catherine VIVIER ; s 8 juillet 1711. — *Simon*, b ² 10 déc. 1681. — *Jean-Baptiste*, b en 1689 ; m à Françoise BOURBON ; s ¹ 4 avril 1724. — *Marie-Catherine*, b ² 11 sept. 1694 ; 1° m à LAFLOTTE ; 2° m 3 novembre 1751, à Louis ROSE, au Sault-au-Récollet.

1696.

II.—BARBEAU, SIMON.   [ANDRÉ I.
s 20 janvier 1703, à Charlesbourg.¹
  BADEAU, Anne, (1)   [JEAN II.
Marie-Joseph, b ¹ 19 août 1703 ; m ¹ en 1726, à Paul THOMAS. — *André*, b ¹ 15 juin 1696 ; s ¹ 17 janvier 1703. — *Anne*, b ¹ 17 août 1697 ; s ¹ 9 janvier 1703. — *Jean-Siméon*, b ¹ 22 oct. 1698 ; s ¹ 30 nov. 1698. — *Marguerite*, b ¹ 15 déc. 1701 ; s ¹ 4 fév. 1703.

1686, (18 novembre) Boucherville. ¹

I.—BARBOT DIT BOISDORÉ, JEAN, soldat de M. de St. Cirque, b 1666, fils de Pierre et de Madeleine Babin, de St. Vivien-du-Pont, évêché de Xaintes.
  DE NOYON, Marie.   JEAN I.
Geneviève, b ¹ 21 juillet 1689.—*Jean-Baptiste*, b ¹ 9 sept. 1691. — *Gabriel*, b ¹ 10 fév. 1694. — *Marie*, b ¹ 20 sept. 1695. — *Madeleine*, b ¹ 23 mai 1697. — *François*, b ¹ 4 nov. 1698 ; m 7 août 1728 à Thérèse RAVION, à Levi. — *Joseph*, b ¹ 20 mars 1700. — *J.-Baptiste*, b 26 mars et s ¹ 15 oct. 1701.

I.—BARBEAU DIT POITEVIN, JOSEPH
  CHARBONNEAU, Elizabeth,   [OLIVIER I.
    veuve d'André Sire, b 1663 ; s 18 fév. 1738, à St. François, Ile Jésus.¹
Marie-Madeleine, b 13 août 1698 à Repentigny² ; 1° m à Charles CHARTRAND ; 2° m ¹ 29 fév. 1740, à Ignace LEMAY. — *Marie-Thérèse*, b ² 14 mars 1701. — *Joseph*, b ¹ 27 avril et s ¹ 4 juin 1703. — *Marie-Elizabeth*, b 28 août et s ¹ 2 sept. 1705. — *Joseph*, b et s ¹ nov. 1707. — *Jean-Baptiste*, b ² 9 juin 1653 ; m ¹ 10 janv. 1717, à Marie HÉNAUT. — *Julienne*, b... ; s ¹ 20 fév. 1710.

BARCELOY.—Voy. BARSOLOU.

1699.

I.—BARDET DIT DUCHESNÉ, JEAN, sergent, b en 1659 ; s 1er fév. 1709, à Québec.¹
  DE ST. JUST, Marie-Marguerite.
Joseph, b ¹ 15 juin 1700.

BARDET. — *Surnom* : BAROLET.

(1) Elle épouse, le 14 avril 1704, Nicolas Thibaut, Charlesbourg.

I.—BARDIN, JACQUES.
  Anonyme, b et s 16 oct. 1706, aux Trois-Rivières.

BARDON DIT ST. YBAR, LÉONARD, soldat de M. De Louvigny. (1)

1654, (9 septembre) Québec.

I.—BAREAU, MARC, établi à Ste. Anne de Beaupré, b 1621, fils de Jacques ; s 22 déc. 1687, à Ste. Famille.
  1° BOISSEL ou BOESSY, Marie, veuve de Simon Giroux, b 1627 ; s 5 juin 1673, à Québec.

  1679, (30 janvier) Ste. Famille.

  2° LAUVERGNAT, Jacqueline, b 1638, veuve de Pierre Gaulin.

BAROLET. — Voy. BARDET.

I.—BAREAU, DANIEL, (2)
  b 1635.
  DE CHEURAINVILLE, CLAUDE,
  b 1646.
Jacques, b 1666. — *Georges*, b 1668. — *Anne*, b 1669. — *Etienne*, b 1670. — *Jean*, b 1673. — *Joseph*, b 1675. — *Marie*, b 1679. — *Louise*, b 1680.

1681.

I.—BAREAU, (3) JEAN, fils de François, de Lesselé, Evêché d'Auxerre ; b 1651.
  s 3 décembre 1690, à Laprairie.¹ Tué par les Iroquois.
  CUSSON, Jeanne (4),   [JEAN I.
Elizabeth, b ¹ 10 août 1682 ; m 30 juillet 1703, à Jean LEMIRE, à Montréal. — *Louise*, b ¹ 17 nov. 1684 ; m ¹ 25 mai 1706, à Adrien SENÉCAL. — *François*, b ¹ 23 juin 1687 ; m ¹ 18 mars 1720, à Marguerite SENÉCAL.

BAREAU, FRANÇOIS.
  JOLLET, Françoise.   [JEAN I.
Marie, b... m 27 avril 1718, à Jacques TERRIEN, à l'Ange Gardien.

I.—BAREL, CHARLES.
  s 14 déc. 1678, au Château-Richer.

1661, (24 novembre) Château-Richer. ²

I.—BARETTE, JEAN, établi au Petit Cap, côte de Beaupré, b 1636, fils de Guillaume et Titianne Carin, de Beuseville (Lizieux) ; s 22 déc. 1708, à Ste. Anne.¹
  BITOUSET, Jeanne, veuve de Louis Guimont ; b 1636 ; fille d'Antoine et de Nicole Lecoq, de St. Etienne-du-Mont, évêché de Paris ; s ¹ 11 fév. 1707.
Pierre, b ² 21 septembre 1662 ; 1° m ² 21 novembre 1689, à Madeleine BÉLANGER ; 2° m à

(1) Registres de Montréal, 1702.
(2) Les actes concernant cette famille sont perdus, mais le recensement de 1681 y supplée.
(3) Barros, Barault, Bareau, Breslau.
(4) Elle épouse, le 21 février 1692, Joachim Leber, Laprairie.

Dorothée Vandal; 3° m 21 fev. 1729, à Ursule Laisdon, à l'Ange Gardien.—*André*, b 1664.—*Jean*, b ² 23 sept. 1666, s ² 28 oct 1689. — *Jeanne*, b ² 18 sept. 1668; 1° m ¹ 21 janv. 1688, à Martin Poulin, 2° m ¹ 13 avril 1711, à Etienne Drouin.— *Anne*, b ¹ 20 oct. et s ¹ 8 nov. 1670 — *Marie*, b ¹ 18 avril 1672; m ¹ 24 juillet 1690, à Guillaume Morel. — *François*, b ¹ 20 avril 1676; m ² 15 nov. 1701, à Geneviève Cloutier; s ¹ 17 avril 1717.

1663, (19 novembre) Trois-Rivières. [1]

I. — BARRETTE, Guillaume, établi au Cap de la Madeleine; b 1631, fils de Guillaume et de Titianne Carin, de Beuseville (Lisieux).
Charier, Louise, b 1643, fille de François et de Catherine Jamode, de Poitiers.
Jeanne, b ¹ 7 oct. 1664. — *Sauveur*, b 1665 — *Guillaume*, b 1678, m 20 juin 1706, à Jeanne Gagné, à Laprairie.— *Adrien*, b 1675; m ¹ 7 avril 1703, a Marguerite Bigot, à Champlain; s ¹ 20 mai 1726. —*Jean*, b 1672; s 17 mars 1708, à Quebec.—*Joseph*, b 1683, s 29 janv. 1755, au Cap de la Madeleine.

1689, (21 novembre) Château-Richer.

II. — BARETTE, Pierre. [Jean I.
1° Belanger, Madeleine. [Jean-François II.
Jean, b 2 juillet 1691, à Ste. Anne. [1] — *François*, b ¹ 24 août 1692; m ¹ 20 juin 1724, à Dorothée Lessard. — *Pierre*, b ¹ 26 oct. 1694 — *Marie*, b... ; m ¹ 16 mai 1718, à Jean Mercier. — *Marguerite*, b ¹ 17 janvier 1701, m ¹ 7 janvier 1721, à Jean Lesage. — *Xainte*, b ¹ 3 fev. 1703. — *Pierre*, b ¹ 11 août 1704.

1706.

2° Vandal, Dorothée. François I.
Marie-Dorothée, b ¹ 11 janvier et s ¹ 1 fev. 1707. — *Jean-Baptiste*, b ¹ 16 oct. 1708. — *Angélique-Geneviève*, b ¹ 2 fev. 1711. — *Noel*, b ¹ 25 et s ¹ 29 dec. 1712. — *Claude*, b ¹ 14 juin et s ¹ 22 oct. 1714. — *Louis*, b ¹ 4 avril 1716. — *André*, b ¹ 27 nov. 1718. — *Prisque*, b ¹ 1 août 1723.

1729, (21 février) l'Ange-Gardien.

3° Laisdon, Ursule. [Jean I.

1669.

I. — BARIBAUT, François.
b 1624; s 22 oct. 1721, à Batiscan. [1] (1)
Moreau, Perinne.
b 1635. -
Jean, b 17 juillet 1670, à Québec [2]; m ¹ 19 fév. 1697, à Marguerite Cosset; s ¹ 2 avril 1725.— *Gabrielle*, b ² 5 fev. 1673; 1° m ¹ 24 dec 1687, à Guillaume Le Bellet, 2° m ¹ 3 juin 1697, à Paul Bertrand; s ¹ 2 mars 1725.— *Catherine*, b...; m ¹ 9 sept. 1698, à Jean Germain. — *François*, b 1678; m 26 fev. 1721, à Marie-Josephine Bertrand de St. Arnaud, à Ste. Anne la Perade; s ¹ 13 nov. 1724 — *Pierre*, b 1er juin 1681, à Champlain; m ¹ 4 août 1708. à Madeleine Dessureaux.—*Louis*, b... ; m ¹ 10 fev. 1687, à Madeleine Feuillon.

1687, (10 février) Batiscan. [1]

II.—BARIBAULT, Louis. [François I.
Feuillon, Marie-Madeleine [Michel I.
François, b ¹ 13 decembre 1688; s ¹ 10 janvier 1689.— *François*, b ¹ 3 decembre 1689. — *Marie-Jeanne*, b ¹ 28 septembre 1691; m 13 fev. 1714, à Jean-Baptiste Dessureaux, à Ste. Anne de la Perade ² — *Marie-Josephine*, b ¹ 23 juillet 1693. — *Louis*, b ¹ 12 juillet 1697; s ² 29 janvier 1709. — *Michel*, b ² 25 avril 1695.— *René*, b ² 13 janvier 1700.— *Pierre*, b ² 1er sept. 1702. — *Marie-Madeleine*, b ² 13 mars 1705 — *Jean-Baptiste*, b ² 8 juillet 1707. — *Louis*, b ² 26 dec. 1709.

1697, (29 fevrier) Batiscan. [1]

II.—BARIBAULT, Jean. [François I
s ¹ 2 avril 1725.
Cosset, Marguerite. [Jean I.
s avant 1731.
Marie-Catherine, b ¹ 17 fév. et s ¹ 4 avril 1698. — *Jean*, b ¹ 12 nov. 1699; m ¹ 11 fev. 1737, à Marie-Anne Adam.— *François-Xavier*, b ¹ 2 dec. 1701.— *Joseph*, b ¹ 20 dec. 1703; s ¹ 15 mars 1780.— *Marguerite*, b ¹ 12 juillet 1705; s ¹ 8 janvier 1707. *Marie-Marguerite*, b ¹ 4 avril 1707. — *Joseph*, b ¹ 18 fév. 1709. — *Marie-Anne*, b ¹ 7 juillet 1711; m ¹ 3 nov 1735, à Joseph Baril. — *François-Antoine*, b ¹ 14 juin 1715, m 27 avril 1739, a Catherine Tifaut, à Ste. Geneviève.—*Marie-Thérèse*, b ¹ 13 sept. 1717. — *Marie-Agnès*, b ¹ 10 sept. 1719. — *Marie-Madeleine*, b ¹ 12 et s 17 sept. 1721.— *Marie-Joseph*, b ¹ 4 avril 1731; m à Joseph Tibaut.

1679.

I. — BARIL, (1) Jean.
b en 1646; s 9 fév. 1724, à Batiscan. [1]
1° Guillet, Marie. [Pierre I.
s 20 oct. 1681, à Champlain. [3]
Marie-Catherine, b ...; m ¹ 2 juillet 1696, à Jacques Massicot, s ¹ 13 oct. 1752.— *Louis*, b...; m ¹ 4 fev. 1704, à Marie-Charlotte Trotier.— *Jean*, b ² 8 août 1680; m ¹ 4 fev. 1704, à Judith Blanchet.

1684 (25 mai) Ste. Famille, I. O.

2° Gagnon, Elizabeth, [Robert I.
veuve de Louis Moreau; b 1690; s ² 1er mars 1703.
Joseph, b ¹ 22 sept. 1685. — *Mathurin*, b ¹ 11 janvier 1688; m ¹ 14 avril 1711, à Madeleine Gailloux. — *François*, b ¹ 13 avril 1690; m ¹ 11 fev. 1716, à Charlotte Gailloux — *Marie-Anne*, b ¹ 15 mai 1693; m... à Gabriel Tellier; s ¹ 6 dec. 1708, mort subite. — *Jacques*, b ¹ 29 août 1695; m ¹ 19 août 1720, à Elizabeth Grenet. — *Pierre-Thomas*, b ¹ 23 dec. 1697; m 1733, à Marie-Anne Catherine Bourbeau. — *Jean*, b ¹ 21 fev. 1700.

1704, (22 avril) Batiscan.

3° Dessureaux, Catherine. [François I.
Ignace, b ¹ 14 fev. 1705; m 1730, à Marie-Anne Adam; s ¹ 15 sept. 1733. — *Anonyme*, b et s ¹ 10 janvier 1707. — *Joseph-Marie*, b ¹ 9 déc. 1700; m ¹ 3 nov. 1735, à Marie-Anne Baribaut. — *Alexis*,

---

(1) Après avoir vécu en véritable chrétien et donné des marques de sainteté.

(1) Voy. Barry.

b ¹ 18 oct. 1709 ; m¹ 26 nov. 1731, à Marie-Joséphine Adam. — *François-Ambroise*, b¹ 24 mars 1712 ; s ¹ 5 juillet 1735. — *Antoine*, b¹ 15 dec. 1713 ; s ¹ 25 déc. 1727. — *Gervais*, b¹ 27 juin 1716, m ¹ 14 avril 1738, à Catherine Adam.

I. — BARILLON dit Boisvert, Etienne.
Gély, Françoise,   [Jean I.
Jean-Etienne, b 26 avril 1695, à Lorette — *Antoine*, b 5 oct. 1696, à Québec. ¹ — *Anne-Cécile*, b¹ 4 sept. 1698 ; s ¹ 19 sept 1698. — *Pierre*, b ¹ 9 oct. 1699. — *Thérèse-Françoise*, b ¹ 24 août 1701.

I. — BARITAULT dit Lamarche, Louis, b 1647 ; établi à Chambly et refugié au Château-Richer pour la guerre.
Vara, Marie, b 1653.
Julien, b 24 mai 1672, à Sorel ¹, 1° m 13 mai 1699, à Marie Diel, à Laprairie ² ; 2° m ² 12 avril 1717, à Catherine Supernant. — *Jeanne*, b ¹ 8 mai 1678. — *Louis*, b 22 mars 1688, au Château-Richer. — *Marie*, b 21 avril 1681, à Contrecœur. ⁴ — *Nicolas*, b ⁴ 21 oct. 1682. — *René*, b ² 2 juin 1689 ; s ² 12 dec. 1690. — *Etienne*, b ² 22 juillet 1691 ; m ² 30 sept. 1720, à Marguerite Levreau. — *Jeanne*, b ⁴ 2 fevrier 1695. — *Marguerite*, b 1674.

1699, (13 mai) Laprairie. ¹

II — BARITAULT dit Lamarche, Julien, [Louis I.
1° Diel, Marie,   [Charles I.
Charles, b ¹ 4 mars 1701.
    1717, (12 avril) Laprairie.
2° Supernant, Catherine,   [Jacques I.
veuve de Jean Deniger.

BARON. — *Variations* : Lupien — Augé — Le Baron — Barron.

I. — BARON, Isaac.
Martineau, Jeanne.   [Jean I.
Jacques, b 1675 ; m 9 avril 1698, à Catherine Mesnil, à St. François, (I. O.)

I. — BARON, Philippe.
b 1664 ; s 20 oct. 1687, à Montréal.

1676, (16 novembre) Montréal. ¹

I. — BARRON dit Lupien, Nicolas, maître-boucher, etabli à la Pointe-aux-Trembles de Montréal ; b 1649, fils de Loupien et de Jeanne Tiersan, de Villenavar, évêché de Troyes, en Champagne ; s...
Chauvin, Marie-Marthe.   [Pierre I.
Nicolas, b ¹ 12 mars 1679. — *Pierre*, b ¹ 10 oct. 1683 ; m ¹ 18 nov. 1705, à Cybar Courreau — *Marie-Charles*, b 9 fév. 1686, à la Pte-aux-Trembles (M.) ² ; s ² 17 nov. 1687. — *Gabriel*, b ² 11 déc. 1688. — *Marie-Anne*, b ² 14 mars 1691. — *Jacques*, b ² 11 mai 1693 ; s 11 fév. 1715. (1) — *Jean-Baptiste*, b ² 6 mai 1695. — *Marie-Suzanne*, b 12 mai 1698, à Repentigny.

1679, (28 novembre) Boucherville. ²

I. — BARON, Léger, b 1642, fils de François et de

Suzanne Sureau, de Chatoman, évêché d'Angoulême.
Baudon, Marie-Anne,   [Jacques I.
s ² 4 juillet 1703.
Denis, b ² 24 oct. 1682. — *Louis*, b ² 7 sept. 1685. — *Pierre*, b ² 23 janvier 1688. — *Marie-Anne*, b ² 1er et s ² 14 nov. 1689. — *Jean-Baptiste*, b ² 10 fév. 1691. — *Marie*, b ² 1er fev. 1694. — *Joseph*, b ² 13 mars 1696. — *Léger*, b ² 18 août et s ² 25 sept. 1698. — *Madeleine*, b ² 16 oct. et s ² 25 nov. 1699. — *Pierre*, b ² 25 nov. 1700. — *François*, b et s ² 4 juillet 1703.

1698, (9 avril) St. François, I. O. ²

II. — BARRON, Jacques,   [Isaac I.
Mesnil, Catherine,   [Etienne I.
Jeanne, b 26 août 1699, à Ste. Famille. ¹ — *Jacques*, b ² 20 fevrier 1701 ; s ¹ 16 mars 1701. — *Jacques*, b ² 12 février 1702. — *Jean-Baptiste*, b ¹ 5 sept. 1704. — *Marie-Charlotte*, b 24 mai et s 8 juin 1711, à la Pointe-aux-Trembles de Québec.

I. — BARRÉ, Denis, serviteur de M. Daillebout en 1651 (Greffe d'Audouard).

1688, (25 octobre) Montréal. ¹

I. — BARRÉ, Jacques, soldat, menuisier, établi à Montréal.
Jetté, Marie-Elizabeth,   [Urbain I.
veuve de Michel Dumets.
Elizabeth, b 1er et s ¹ 3 janv. 1692. — *Elizabeth*, b ¹ 21 janv. 1693. — *Jacques*, b ¹ 26 oct 1694. — *Marie-Anne*, b ¹ 23 avril 1696. — *Paul*, b ¹ 4 avril 1698. — *Charles* et *Joseph*, jumeaux, b ¹ 4 janvier 1700. — *François*, b ¹ 2 sept. 1701 ; s ¹ 24 janvier 1703. — *Anne-Charlotte*, jumeaux, b ¹ 2 sept. 1701 ; s ¹ 18 avril 1703. — *Jeanne*, b ¹ 19 sept. et s ¹ 30 oct. 1702. — *Michel*, b ¹ 4 janv. 1704.

BARRY. — Voy. Baril.

BARRY, Jean, serviteur de M. Lambert ; s 6 oct. 1658, Québec, noyé au Cap Rouge, avec René Chemin.

1672, (12 janvier) Montréal. ¹

I. BARROIS, Antoine, (2) établi à Laprairie, fils de Jean, chirurgien, et de Marie Fournel, de St. Nicolas, Chantel-le-château, évêché de Bourge, en Berry.
Le Ber, Anne,   [François I.
de N.-D. de Pitié, év. de Rouen.
Marie-Anne, b 1er janvier 1680, à Laprairie ² ; m 17 oct. 1697, à François Hardouin. — *Philippe*, b ² 13 nov. 1672. — *François*, (2) b ² 9 mars 1676 ; m ¹ 31 mai 1717, à Marie-Anne Sauvage. — *Catherine*, b ² 26 mai 1674. — *Charles*, b ² 30 mai 1678. — *Antoine*, (3) b ² 16 janvier 1683.

BARSA. — *Variations* : Barza — Breza — Bergera.

(1) Appelé Jean-Baptiste en 1717, Montréal.

(2) Etabli au Détroit, et appelé Lothman dit Barrois.

(3) Voy. Albrin. Les cérémonies du baptême lui furent suppléés le 26 juillet 1699, à Laprairie.

(1) Ecolier en rhétorique ; inhumé dans l'église de Québec.

1669, (2 decembre) Montréal.[1]

I.—BARSA, André, fils d'Etienne et d'Eléonore Choseau, de Dauriat, Limousin, s avant 1698.
Pilois, Françoise, fille de Gervais et d'Helène Tellier, de St. Germain d'Auxerre, évêché de Paris.
André, b [1] 20 déc. 1670. — *Marie*, b 4 mai 1673, à Boucherville.[2] — *Marie-Madeleine*, b [1] 29 avril 1675 ; 1° m [2] 27 avril 1690, à Vincent Poupeau, 2° m [1] 27 juin 1696, à Jean Bizeux ; s [1] 19 juin 1703. — *Marguerite*, b [2] 21 juillet 1677. — *Ignace*, b 1er mai 1683, à Repentigny. — *Catherine*, b... ; m [1] 29 nov. 1698, à Geoffroy Vincelet.

I.—BARTHÉLEMY dit Lachapelle, Denis.
b en 1629 ; s 10 mars 1689, à Boucherville, trouvé mort dans son désert, sans cicatrice.

1690, (10 avril) Québec.[1]

I.—BARTHÉLEMY, Thomas, tailleur ; b en 1664, fils d'Antoine et d'Anne Demoulins, de St. Jean, évêché de Montauban ; s [1] 7 sept. 1722.
1° Philippeau, Anne. [Claude I.
s [1] 3 janvier 1703.
Joseph, b [1] 29 déc. 1690 ; s [1] 21 nov. 1691. — *Joseph*, b [1] 14 fév. 1693. — *François-Marie*, b [1] 3 déc. 1694. — *Jean-Claude*, b [1] 22 août 1696 ; s [1] 22 août 1700. — *Marie-Anne*, b [1] 14 sept. 1698 ; s [1] 16 sept. 1698. — *Thomas-Modeste*, b [1] 4 août 1700.

1703, (26 avril) Québec.[1]

2° Gariépy, Geneviève, [François I.
veuve d'Isaac Hervieux, b 1669 ; s [1] 3 juillet 1727.
Louise, b [1] 9 février et s [1] 10 mai 1704. — *François-Marie*, b [1] 24 mars 1705. — *Angélique*, b [1] 26 sept. 1706. — *Charles*, b [1] 13 mars 1709 ; s 1er juin 1709, Charlesbourg.[2] — *Elizabeth-Catherine*, b [1] 7 avril 1710 ; s [1] 25 avril 1710. — *Jean-Marie*, b [1] 4 oct. 1712, s [1] 19 juin 1714.

BARUÉ, Guillaume ; b en 1659, frère donné au Séminaire de Québec ; s 11 août 1724, à Québec. Inhumé dans la chapelle du seminaire

BARY,—Voy. Baril.

BARZA. — Voy. Barsa et Bergera.

I.—BASQUE, Jean, (1) Charpentier.
Noyé le 6 nov. 1646.

BASQUE, voy. Lavalet.

1688, (8 janvier) Québec.

I.—BASQUE, François, fils de Philippe et de Marie Dergeau, de Coignac, évêche de Xaintes.
Boutin, Angelique, [Jean I.
François, b en 1689 ; s 16 mai 1691, à Québec.

1691, (14 mai) Québec.[1]

I.—BASQUIN, Philippe, maitre-charpentier — chapelier ; b en 1662, fils de Philippe et de Marie Lefebvre, de St. Nicolas-des-Champs, évêché de Paris ; s [1] 1er nov. 1708.
Joly, Marie, (1) [Jean I.
Pierre, b [1] 9 mars 1692 ; m 17 nov. 1710, à Marie-Jeanne Coton, à Charlesbourg.[1] — *Marie*, b [1] 1er juin 1693 ; m [1] 17 fév. 1710, à Antoine Farly. — *Jeanne-Angélique*, b [1] 10 oct. 1694 ; m [1] 9 nov. 1712, à Pierre Leclerc. — *Elizabeth-Gabrielle*, b [1] 21 nov. 1695 ; m [1] 21 oct. 1715, à Louis Leclerc. — *Philippe*, b [1] 4 fév. 1697. — *Marie-Madeleine*, b [1] 12 avril 1698, s 18 déc. 1698 à Lorette.[8] — *Marie-Elizabeth*, b [1] 29 juillet et s 8 nov. 1699, à St. Augustin. — *Marie-Angélique*, b [1] 7 oct. 1700 ; s [1] 16 oct. 1706. — *Jacques*, b [1] 27 juin 1702. — *Pierre*, b [1] 5 déc. 1703 ; m [1] 23 oct. 1725, à Louise Bridaut. — *Etienne*, b [1] 28 mai 1706 ; s [3] 6 sept. 1707. — *Jean-Baptiste*, b [1] 13 déc. 1707.

I. — BASSET, Guillaume, de St. Ouen, Rouen.
Carié, Marguerite, b... ; de Rouen ; s...
Catherine, b 1641, Rouen ; m 17 oct. 1667, à Pierre Bourgouin, à Québec, s 16 nov. 1716, à Beauport.

1659, (24 novembre) Montréal.[1]

I.—BASSET, Benigne, Sr. des Lauriers, notaire public ; b en 1639, fils de Jean et de Catherine Coudreau, s [1] 5 août 1699.
Vauvilliers, Jeanne, née en 1637, fille de Jean et de Claude Charles ; s [1] 30 juillet 1699.
Jean, (2) b [1] 30 septembre 1660 ; s [1] 20 avril 1679. — *Benoit* b [1] 21 mars 1662. — *Charles*, b [1] 25 sept. 1664. — *Marie*, b [1] 8 sept. 1666. — *Jeanne*, b [1] 21 déc. 1667. — *Gabriel*, b [1] 7 avril 1670. — *Anne*, b [1] 22 oct. 1672 ; s [1] 19 fev. 1703. — *Madeleine*, b [1] 31 mars et s [1] 12 sept. 1676.

BASTIEN, Philippe. — Voy. Basquin.

I. — BATANCHON dit Lalande, Léon. — Voir Registre de Montréal, 1700.

I. — BATAILLE, Guillaume.
s 4 avril 1673, au Château-Richer.

BATAR, Yves, s 12 oct. 1654, à Montréal, tué par les Iroquois ;

I.—BATEREAU dit St. Amand, Jacques, cordonnier.
Voisin, Catherine Charlotte. (3) [Elie I.
Marie-Madeleine, b en 1687 ; s 14 août 1689, à Québec. — *Pierre*, b 20 fév. 1690, à Repentigny.

BATTANVILLE.—Voy. Lefebvre.

---

(1) " Une barque, montant aux Trois-Rivières, fit naufrage vers le *Cap à l'Arbre*, le 6 novembre 1646, et dix hommes furent noyés. Voici leurs noms : Jean Basque, Jean Fleury, Jean Fougercau, Jean Méchin, Jacques Arenaine de Tours, Guillaume La Sue, Jacques Cléque, Lafontaine, Gouslt, Gaspard, Apothicaire." (Journal des Jesuites.)

(1) Elle épouse, le 18 août 1710, David Pauperet, Québec.

(2) Commis de M. de la Salle, noyé avec Ptolomée. (Reg. de Montréal.)

(3) Elle épouse, le 10 novembre 1698, Pierre Villeday, Montréal).

BAU. — *Variations :* Bos.— Bois.— LeBau.— Le Beau —Lalouette.

I. —BAU dit Lalouette. Jean, (1) b 1654.
Loré, Etiennette, b 1649.
René, b 15 fév. 1673, à Boucherville [1] ; m [1] 11 fév. 1694, à Madeleine Guertin. — *Jean*, b [1] 12 février 1675 ; m 1er avril 1704, à Marguerite Giguère, à Ste. Anne de Beaupré — *Louis*, b... m 8 fév. 1705, à Geneviève Brunet, à Montréal. — *Mathurin*, b 2 juillet 1684, Contrecœur. — *Jeanne*, b [1] 2 déc. 1681. — *Thérèse*, b [1] 2 nov. 1689. — *Marie*, b [1] 11 juin 1692. — *Françoise*, b [1] 12 juin 1694. — *Jacques*, b [1] 10 janv. 1700.

1694, (11 février) Boucherville. [1]

II. —BAU, René. [Jean I.
Guertin, Marie-Madeleine. [Louis I.
veuve de George Laporte.
Jean-Baptiste, b [1] 29 août 1694. — *Marie-Joselle*, b [1] 6 mars 1696. — *Catherine*, b [1] 16 avril 1698.

BAUBRIAU, Pierre,
b 1620.
Venant, b 1643.

BAUCHÉ. (2)—*Variations et Surnoms :* Bauchet—Bosche—Boché—Boucher dit Montmorency —dit Morancy—Boucher dit SansSoucy.

1656, (16 octobre) Québec [1]

I. — BAUCHÉ, Guillaume, né en 1630, fils d'Antoine et de Marguerite Guillebert, de Montmorency ; s 26 oct. 1687, à Ste. Famille. [3]
PARADIS, Marie. [Pierre I.
Martin, b [1] 7 juillet 1658 ; m [3] 20 nov. 1686, à Thérèse Gaulin ; s 22 janvier 1703, à St. François, (I. O.) — *Marie*, b 1660 ; m [3] 29 oct. 1676, à François Racine ; s 24 août 1703, à Ste. Anne. — *Jacques*, b 4 mai 1662, au Chateau-Richer. [2] — *Louise*, b [2] 21 mars 1664 ; 1o m [3] 20 nov. 1679, à Pierre Asselin ; 2o m [3] 27 janvier 1696, à Nicolas Leblond. — *Guillaume*, b [3] 25 avril 1666, m [3] 23 nov. 1694, à Marie Asselin — *Claire*, b [3] 8 avril 1668 ; m [3] 30 oct. 1684, à Jean Choret. — *Anne*, b... ; s [3] 7 déc. 1670 —*Anne*, b [3] 7 août 1672 ; s [2] 1er janvier 1690. —*Charles*, (3) b [3] 17 juin 1674. — *Joseph*, b [3] 25 mars et s 5 avril 1676. — *Joseph*, b [3] 15 mars 1677 ; m 5 nov. 1698, à Marthe Lemieux, au Cap St. Ignace. — *Marguerite*, b [3] 31 août 1678 ; m [3] 5 mars 1696, à Charles Leclerc. — *Gervais*, b [3] 31 août 1681 ; s [3] 21 nov. 1699.

I. —BAUCHÉ dit Sans-Soucy, René. frère du précédent ; b 1648 ; s...
1o Grandjean, Adrienne.
b 1645 ; s...
Marie, b 1670 ; s 12 avril 1672, à Ste. Famille. [1] — *Anonyme*, b et s [1] 19 fév. 1672. — *Antoine*, b [1] 23 juillet 1673. — *Jacques*, b [1] 5 juillet 1676. — *Françoise*, b 18 oct. 1678, à Québec [2] ; s [1] 15 nov. 1678. — *Pierre*, b [1] 1 avril 1680.

1688, (23 février) Ste. Famille.

2o Charlan, Anne, [Claude I.
b [1] 23 fév. 1688 ; s [2] 1 fév. 1694.
Agnès, b [1] 28 nov. 1688.—s [1] 25 déc. 1688. — *Gabriel*, b [1] 24 nov. 1689 — *Reine*, b [1] 24 nov. 1689, jumeaux. — *Jeanne*, b [1] 3 juin 1691.—*Marie-Madeleine*, b [1] 3 déc. 1692 ; s [1] 8 avril 1693. — *Louise*, b [2] 28 janvier 1694.

- 1695

3o Trumelle, Marie Madeleine. (2)
Madeleine, b [1] 30 janvier 1696. — *Catherine*, b [1] 31 mai 1697. — *Angélique*, b [1] 13 avril 1699. — *Marie-Madeleine*, b 31 oct. 1700, à Charlesbourg. [3] — *Geneviève*, b [3] 17 déc. 1701.

1686, (20 novembre) Ste. Famille.

II. — BAUCHÉ, Martin. [Guillaume I.
s 22 janv. 1703, à St. François (I. O.)
Gaulin, Thérèse. (1) [François I.

1694, (23 novembre) Ste. Famille. [2]

II. — BAUCHÉ, Guillaume. [Guillaume I.
Asselin, Marie. [Jacques I.
Marie, b [2] 29 mars 1698. — *Guillaume*, b [1] 12 mars 1700 ; s [2] 11 janv. 1703. — *Basile*, b [3] 5 avril 1702. — *Guillaume*, b [3] 27 fév. 1704.

1698, (5 novembre) Cap St. Ignace.

II. — BAUCHÉ, Joseph. [Guillaume I.
Lemieux, Marthe. [Guillaume I.
Joseph, b 18 oct. et s 2 nov. 1699, à Ste. Famille. — *Joseph*, b [2] 13 oct. 1700 ; s [2] 5 sept. 1704.— *Marthe*, b [3] 30 avril 1702. — *Marie-Angélique*, b [3] 25 fev. 1704.

BAUBARD, Catherine, femme de David Asselin en 1658.

1670, (28 septembre) Québec.

I.—BAUDET, Jean, b 1650, fils de Sébastien et de Marie Baudonnier, de Blanzais, évêché de Poitiers.
Grandin, Marie, b 1651, fils de Michel et de Marie Lejeune, de St. Aubert, év. d'Orléans.
Marie-Louise, b 14 sept. 1671, à Sillery [3] ; m 1692 à Jacques Houde.—*Simone-Anne*, b [3] 27 déc. 1673 ; 1o m 4 juillet 1689, à Michel Pinot, au Cap Santé ; 2o m 1714, à François Roy.— *Jean-Charles*, b 14 août 1676, à Lorette.— *Louise*, b 1679 ; m 1699 à Jean-Baptiste Bisson.— *Jeanne-Françoise*, b 21 avril 1682, à la Pointe-aux-Trembles de Québec. — *Jean-Baptiste*, b 2 sept. 1683, à Lévi.

1684 (3)

I.—BAUDET, Laurent, établi au Cap de la Madeleine, fils de Pierre et de Marguerite Baudon, de St. Nicolas, évêché de la Rochelle.
Crevier, Marguerite. Nicolas II.
Marie, b... ; m 12 fev. 1703, à Jean Massé, à Laprairie. — *Marguerite*, (posthume), b 6 nov. 1687 au Cap de la Madeleine.

---

(1) Les descendants portent le nom de LeBeau.
(2) Le nom patronymique est Boucher, devenu Bauché avec variations et surnoms.
(3) Le recensement de 1681 l'appelle Charlotte.

(1) Le véritable nom est Turmel.
(2) Elle épouse, le 18 juin 1703, Nicolas Martin.—St. François (I. O.).
(3) Contrat de mariage le 6 mai 1684, par Ameau, N. P.

BAUDET, Pierre. — Voy. Boda.

BAUDIN. — Voy. Bodin.

1661, (27 décembre) Québec.

I. — BAUDON dit Lagrange, Jacques, (1) b 1636, fils de Julien et de Marie Joly, de N.-D. de Fontenay.
De Paris (ou Paré), Claire-Françoise, (1) b 1644, fille de François et de Marie Fortier, de St. Eustache, évêché de Paris ; s...
Jacques, b 5 déc. 1662, au Château-Richer. ¹ — *Pierre*, b 1664. — *Marie-Anne*, b ¹ 26 fév. 1665 ; m 28 nov. 1679, à Léger Le Baron, à Boucherville. — *Abraham*, b 23 janvier 1667, à Ste. Famille ² ; s ² 17 mars 1700. — *Marie-Andrée*, b ³ 21 oct. 1668.

I. — BAUDON, Jean, de la Tarrie, évêché de la Rochelle.
Jay, Jeanne.
Jacques, b 1662 ; m 23 fév. 1690, à Marguerite Vérieul, à Ste. Famille ; s 14 oct. 1712, à St. Frs. Ile d'Orléans.

1690, (23 février) Ste. Famille. ²

II. — BAUDON dit Larivière, Jacques, [Jean I. maçon, s 14 oct. 1712, à St. Frs. Ile d'Orléans.¹
Vérieul, Marguerite,   [Nicolas I.
Marie, b 1685 , m ¹ 20 février 1713, à Jacques Chrétien. — *Jacques*, b 1690 ; s ² 7 juillet 1694. — *Jacques*, b 7 nov. 1691, à Quebec ; m ¹ 10 juillet 1713, à Marie-Françoise Butaut , s ¹ 24 fev. 1725. — *Antoine*, b ¹ 12 avril 1694. — *Marie*, b ² 6 mai 1695. — *Jean*, b ¹ 20 nov. 1697. — *François*, b ² 26 fév. 1700. — *Marguerite*, b ¹ 21 janvier 1703. — *Marie*, b ¹ 21 nov. 1706 ; s ¹ 9 janvier 1707. — *Pierre*, b ¹ 25 juillet 1709.

1659, (12 août) Trois-Rivières. ³

I. — BAUDOUIN, Jean, fils de Jacques et de Madeleine Pichon, de Courcival, évêché du Mans.
Landéau, Nathalie, (2) (ou Landreau) fille de Jean et de Marie Aubert, de Tosse, évêché du Mans.
Louis, b ³ 8 avril 1661. — *Madeleine*, b ³ 22 avril 1662.

1663, (27 novembre).

I. — BAUDOUIN, Jean, né 1639, fils de Jean et de Jeanne Bretel.
Chauvin, Marie-Charlotte, b 1651, (fille adoptive de Jean Gervaise).
Jean-Baptiste, b 12 juin 1666, à Montréal⁴ ; m 9 janvier 1713, à Marie-Joseph Gloria, à Repentigny. ² — *Anne*, b ⁴ 3 juillet 1669 ; m 22 nov. 1683, à Jean Lescarbot, à la Pointe-aux-Trembles de Montréal. ³ — *Guillaume*, b ⁴ 7 et s 10 juin 1672 — *Guillaume*, b ⁴ 11 juin 1673 , m ⁴ 11 nov. 1697, à Anne Baudreau.— *Jacques*, b⁴ 28 oct. 1675 ; m ² 22 nov. 1700, à Marie Rivière ; s ² 30 juillet 1718.

---

(1) Elle épouse, le 30 novembre 1679, Jacques Bluteau, Ste. Famille.

2) Elle épouse, le 9 juin 1663, Louis Tétreau, T.-Rivières.

— *François*, b ³ 30 janvier 1678 ; m 12 juin 1702, à Anne Frenay, à St. François, Ile Jésus. — *Cécile*, b ⁴ 7 avril 1680. — *Jeanne*, b ¹ 8 août 1682 ; m ² 22 nov. 1700, à Jean-Baptiste Forget. — *Louis*, b ³ 22 août et s ² 3 sept. 1684. — *Marie*, b ¹ 21 sept. 1685 ; m 1706, à Germain Touin. — *Marie-Charlotte*, b ³ 9 mai 1688 ; m 1713, à Claude Brane ; s 28 oct. 1714. — *Jean-Baptiste*, b ³ 8 oct. 1691.

1673.

I. — BEAUDOIN, René.
b 1645.
1° Raclos, Marie.
b 1656.
Anne-Charlotte, b 13 nov. 1681, à Champlain. ¹ — *René*, b ¹ 7 août 1684 ; m ¹ 28 avril 1710, à Jacqueline Poisson. — *Marie-Renée*, b 1678 , m ¹ 16 avril 1703, à François Bigot. — *Jacques*, b ¹ 9 août 1687. — *Marie-Jeanne*, b 1674 ; m ¹ 6 fév. 1690, à Michel Ignace Dizy. — *Michel-Ignace*, b ¹ 17 sept. 1690 ; m ¹ 12 avril 1713, à Jeanne Poisson. — *Madeleine*, b 1675 ; 1° m ¹ 12 janv. 1695 à François Lucas ; 2° m ¹ 11 nov. 1700, à Pierre Dizy.

1697, (28 janvier) Champlain.

2° Begnier, Marie-Anne.   [Massé I. s ¹ 4 avril 1710.
Etienne-Joseph, b ¹ 23 juillet 1698. — *Joseph-Marie*, b ¹ 12 mars 1700. — *Pierre*, b ¹ 25 oct. 1701. — *Ignace*, b 13 et s ¹ 17 mars 1704. — *Marie-Catherine*, b ¹ 52 fév. 1705. — *Marie-Jeanne*, b ¹ 22 oct. 1706. — *Marie-Madeleine*, b ¹ 6 août 1708.

1710, (1er sept.) Champlain.

3° Chartier, Jeanne, veuve de Pierre Durand.

I. — BAUDOIN, Jacques.
b 1643 ; s 2 juin 1708, à St. François (I. O.)¹
Durand, Françoise.
b 1648 ; s ¹ 16 sept. 1718
Jacques, b ¹ 25 juillet 1672 ; m 10 juillet 1699 à Catherine Morin, à St. Thomas. — *Joseph*, b 4 avril 1674, à Ste. Famille. ² — *Françoise*, b ² 13 juin 1676. — *Louis*, b ² 27 dec. 1678 ; m 16 nov. 1705, à Angélique Le Roy, à St. Michel. — *Pierre*, b ¹ 29 fév. 1684. — *François*, b ¹ 31 mars 1686. — *Antoine*, b ¹ 12 mai 1688. — *Marie*, b ¹ 29 oct. 1690. — *Marc*, b... ; m ¹ 13 avril 1711, à Elizabeth Lepage.

1683, (6 novembre) Québec. ²

I. — BEAUDOIN, Gervais, médecin, fils de Gervais et Jeanne Desrûes, de St. Brice, évêché de Chartres ; s 5 déc. 1700, église de Québec.
Aubert, Anne,   Claude I. s 20 juin 1728, église de Québec.
Marie-Anne, b ² 8 juillet 1685 ; m ³ 6 fév. 1708, à Jean-Baptiste Hertel ; s 26 oct. 1745, à l'Hôtel-Dieu de Quebec. — *Gervais*, b ² 3 août 1686 ; m ² 5 septembre 1714, à Thérèse Guyon ; s ² 2 juillet 1752. — *Claire-Françoise*, b ² 3 août 1680, s ² 14 août 1688. — *Geneviève*, b ² 13 mars 1688 ; Ursuline dite St. Augustin, s ² 24 dec. 1739. — *Joseph*, b ² et s ² 1er dec. 1688. — *Marie*, b et s 1er déc. 1688. — *Marie-Marguerite*, b ² 11 janvier 1690. — *Michel*, b ³ 27 mars 1691. — *André*, b ² 10 juillet 1693 ; s 9 dec. 1708. — *Louis*, b ² 1er oct. 1694 ;

m ² 3 fév. 1722, à Marie-Anne Roussel ; s ² 23 juillet 1740 — *Elizabeth*, b ² 19 nov. 1696, Religieuse de Jésus, Ursulines ; s ² 2 fév. 1747.

I — BEAUDOIN, Antoine.
    Dagnia, Marie-Anne.
    Jean-François, b...m 27 nov. 1713, à Marguerite Josephine Richard, à Ste. Anne la Pérade.

1697, (11 novembre) Montréal.

II.—BAUDOUIN, Guillaume,   [Jean I.
    Baudreau, Marie-Anne.   [Urbain I.
    Anne-Françoise, b... ; m 1722, à François Peyet. — *Marie-Angélique*, b 9 août 1707, à Repentigny ² ; m ² 16 janvier 1730, à Gabriel Loyer. — *Marie-Marthe*, b ² 10 fév. 1713. — *Germain*, b ² 20 oct 1714 ; s ² 15 dec. 1715. — *Louis*, b ² 20 déc. 1715. — *Marguerite*, b..., m ² 24 avril 1724, à Nicolas Legaré. — *Guillaume*, b... : m ² 17 juin 1726, à Marie Jeannot. — *Joseph*, b... ; m 16 oct. 1730, à Angélique Masta, à St. François, Ile Jésus. ³ — *Catherine*, b..., m... à Pierre Touin. — *Claude*, b... ; m ² 30 avril 1736, à Françoise Masta.

1699, (10 juillet) St. Thomas. ⁴

II.—BAUDOIN, Jacques.   [Jacques I.
    Morin, Catherine.   [Alphonse II.
    Catherine, b 26 mai 1701, à St. Michel ³ ; s ³ 11 fév. 1703. — *Françoise*, b ⁴ 24 avril 1703. — *Jacques*, b ⁴ 21 sept. 1705.

1664, (20 octobre) Montréal. ⁴

I. —BAUDREAU dit Greveline, Urbain, procureur et syndic des habitants, b 1633, fils de Jean et de Marie Chauveau ; s ⁴ 28 janv. 1695.
    Juillet, Marguerite.   [Blaise I.
    b en 1649.
    Gabriel, (1) b ⁴ 24 juillet 1666 ; m ⁴ 15 août 1701, à Catherine Forestier — *Marie*, b ⁴ 8 dec. 1668, 1° m ⁴ 22 nov 1689, à Pierre Ducharme ; 2° m ⁴ 19 jan. 1693, à Jean-Baptiste Gadois. — *J.-Baptiste*, b ⁴ 18 mai 1671. — *Elizabeth*, b ⁴ 3 mai 1673 ; m ⁴ 3 sept. 1696, à Jacques Richard. — *Marie-Anne*, b ⁴ 29 août 1675 ; m ⁴ 11 nov. 1697, à Guillaume Baudouin. — *Paul*, b ⁴ 19 mai 1682. — *Marie-Madeleine*, b ⁴ 19 juin 1686. — *Jean*, b ⁴ 13 juin 1690.

BAUDRIAS. — Voy. Bourdria.

1647. (2)

I. —BAUDRY dit Lamarche, Urbain, bourgeois (taillandier) b 1621, fils de Jean et de Jeanne Bertin, de Luché, en Anjou ; etabli aux Trois-Rivières ; s 23 août 1682, dans l'eglise des Trois-Rivières. ¹
    Boucher, Madeleine,   [Gaspard I.
    b. 1634 ; s 4 sept. 1691, dans l'eglise des Trois-Rivières et enregistrée le 14 sept. 1691, à Montréal.
    Marie, b ¹ 2 déc. 1650 ; m ¹ 11 nov. 1670, à Jacques Lefèvre. — *Joseph*, b 13 nov. 1653, à

---

(1) Voyageur allant à Mobile. (Reg. de Montréal, 1708.)

(2) Contrat de mariage, le 18 nov. 1647.

Québec. ² — *Guillaume*, b ² 2 oct. 1656 ; m ² 13 juillet 1682, a Marie-Jeanne Soulard ; s ² 26 fev. 1732. — *Jeanne*, b ¹ 17 juillet 1659 ; m ¹ 21 nov. 1672, à Jacques Dugay ; s ¹ 22 nov. 1700. — *Madeleine*, b ¹ 19 nov. 1661; 1° m ¹ 25 nov. 1681, à Jean De Puibaro ; 2° m 8 janvier 1688, à Marien Tailhandier, à Boucherville ³ ; s ³ 20 nov. 1730. — *Marguerite*, b ¹ 22 mars 1665 ; m ¹ 11 nov. 1687, à François Poisson ; s ² 4 avril 1706, à Champlain. — *Françoise*, b ¹ 3 février 1668 ; m 6 nov. 1691, à Jacques Rondeau. — *Marie-Madeleine*, b ¹ 7 juillet 1671 ; m ³ 16 mars 1698, à Jacques Hubert ; s 26 mai 1699, à Montréal. — *Joseph*, b ¹ 19 oct. 1673 ; m ¹ 15 nov. 1706, à Françoise Leclerc. — *Jacques*, b ¹ 13 sept. 1676 ; m... à Angelique Archambault. — *Anne*, b ¹ 24 juin 1680.

1665, (24 novembre) Montréal. ¹

I. —BAUDRY dit l'Épinette, Antoine, b 1638, fils de Marin et de Joanne Paumier, de Torle, (le Maine) ; établi à la Rivière des Prairies.
    Guyard, Catherine, b 1639, fille de Louis et de Madeleine Vanc, de St. Laurent, evêche de Paris.
    Jean, b ¹ 24 déc. 1666 ; s 26 déc. 1708, à Québec. — *Catherine*, b ¹ 2 janv. 1669 ; m ¹ 24 nov. 1687, à Pierre Tibaud. — *Pierre*, b ¹ 6 et s ¹ 29 août 1671. — *Jeanne*, b ¹ 8 sept. 1674 ; m ¹ 23 juillet 1703, à Léonard Liberson. — *Jean*, b ¹ 6 avril 1678 ; s 8 sept 1689, tué par les Iroquois.

1670, (24 novembre) Montréal. ³

I. —BAUDRY, Toussaint, b 1641, fils de Louis et de Vincent Gode, de St. Jean de Veler, évêche de La Rochelle (Poitou.)
    Barbier, Barbe.   [Gilbert I.
    s 24 janv. 1694, à la Pointe-aux-Trembles de Montreal. ²
    Toussaint, b ³ 20 mars 1672 ; m ³ 20 nov. 1697 à Françoise Archambault — *Louis*, b ³ 8 mai 1674 ; m 12 janvier 1700, à François Langlois, à Varennes — *Barbe*, b ³ 2 mai 1676 ; m ³ 20 oct. 1692, à Guillaume Cavelier. — *Catherine*, b ³ 26 nov. 1678. — *Marie*, b ² 9 oct. 1680. — *Jeanne-Geneviève*, b ² 13 juin 1683. — *Jean-Baptiste*, b ² 21 mai 1686. — *Jean*, b ² 12 août 1688. — *Marguerite*, b ² 6 juillet 1691. — *Siméon*, b 24 janv. et s ² 19 sept. 1694.

1682, (13 juillet) Québec. ²

II.—BAUDRY dit des Buttes, Guill. [Urbain I armurier du roy et orfèvre ; s 26 fev. 1732, aux Trois-Rivieres. ³
    Soulard, Marie-Jeanne,   [Jean I.
    s ³ 12 mars 1742.
    Marie Jeanne, b ² 24 avril 1683. — *Jean*, b ³ 3 juillet 1684 ; m ³ 8 oct. 1721, à Louise Doyon.— *Jean-Baptiste*, b ³ 8 dec. 1685 ; s ³ 22 mars 1717. — *Claude-Charles*, b ³ 20 juin 1687, m... à Madeleine Baudoin — *Pierre*. b ³ 27 avril 1689 ; s ³ 10 nov. 1713. — *Marie-Françoise*, b ³ 27 janvier 1691 ; m ³ 25 août 1722, à François Picard. — *Jacques*, b ³ 6 oct. 1692 ; s ³ 11 avril 1715. — *Marie-Jeanne*, b ³ 8 avril 1696, m ² 17 oct. 1712, à Michel Perrot. — *Catherine*, b ³ 1ᵉʳ mai et s ³ 4 juillet 1697. — *Louise-Geneviève*, b ³ 23 mars 1699. — *Louise*, b ³

20 oct. 1700 ; m 4 fév. 1731, à Jean-Baptiste GA-
TIEN. — *Joseph*, b [3] 25 août 1702, s [3] 29 juillet
1725. — *Urbain*, b [3] 3 juin 1704, s [3] 12 déc. 1728
— *Marie-Joséphine*, b [3] 14 mai 1706 ; s [3] 10 février
1738. — *René*, b [3] 16 nov. 1707 ; m [3] 16 août 1734,
à Marie Charles LE PELLÉ ; s [3] 20 sept. 1745.

II. — BAUDRY, JACQUES.   [URBAIN I.
   ARCHAMBAULT, Angélique.   [LAURENT II.
   Marie-Joséphine, b... ; m 6 juin 1704, à Samuel
PAPINEAU, à la Rivières des Prairies.

1697, (20 novembre) Montréal.

II. — BAUDRY, TOUSSAINT.   [TOUSSAINT I.
   ARCHAMBAULT, Françoise.   [LAURENT II.
   Louis, b 14 sept. 1698, à la Pointe-aux-Trembles
de Montréal. [2] — *Toussaint*, b [2] 11 nov. 1699. —
Pierre, b... ; m 21 juillet 1727, à Agathe PAYET,
à Repentigny. [3] — *Antoine*, b... ; m [3] 9 janv. 1730.

1638.

I. — BAUGY, FRANÇOIS.
   b 1586, s...
   , MERCIER, Denyse. (1)
     b... s 4 sept. 1661, à Québec. [2]
   Michel, b 1639 ; m [2] 19 oct. 1661, à Madeleine
DUBOIS ; s 26 nov. 1717, à Beauport.

1661, (19 octobre) Québec. [2]

II. — BAUGY (2), MICHEL,   FRANÇOIS I.
   s 26 nov. 1717, à Beauport. [3]
   DuBois, Madeleine, b 1640 ; fille d'Isaac et
   d'Anne Richer, de St. Sauveur, évêché de la
   Rochelle.
   Marie-Madeleine, b 1656 ; m [3] 28 nov. 1680, à
Jacques MENARD. — *Jean*, b [2] 12 août 1663 ; m [3] 11
janv. 1689, à Thérèse PARANT. — *Marguerite*, b [2]
18 juillet 1666 ; m [3] 23 nov. 1683, à Pierre
PARANT — *Marie-Anne*, b [2] 2 fév. 1669 ; m [3] 21
janv 1686, à Pierre CHORET. — *Louise*, b [2] 27 nov.
1672 ; s [3] 8 déc. 1672 — *Michel*, b 1677, 1[o] m [3] 9
nov. 1699, à Angélique SENARD ; 2[o] m... à Marie
MIVILLE ; 3[o] m 2 déc. 1726, à Lachine, à Marguerite PÉRIER. — *Jeanne*, b 1675 ; m [3] 17 sept. 1696, à
François LANGLOIS.

1689, (11 janvier) Beauport. [3]

III. — BAUGIS, JEAN,   [MICHEL II.
   PARANT, Thérèse,   [PIERRE I.
   Jeanne-Thérèse, b [3] 21 janv. 1690 ; m [3] 4 août
1710, à Noël MARCOU. — *Marie-Angélique*, b [3] 27
mars 1691. — *Geneviève*, b [3] 30 nov. 1692 ; m [3] 3
fév. 1712, à Michel VALLÉE — *Marie-Anne*, b [3] 4
fev. 1695 ; s [3] 2 mars 1703. — *Jean*, b [3] 28 janv.
1696.— *Toussaint*, b [3] 1er nov. 1697 ; m 25 fév.
1726, à Lachine, à Elizabeth MESSAGUIER. — *Louis*,
b [3] 12 janv. 1699. — *Marie-Charlotte*, b [3] 18 déc.
1700 ; s [3] 24 fév. 1703. — *Pierre*, b [3] 12 sept. 1702 ;
s [3] 4 juin 1704. — *Noel*, b [3] 28 janv. 1705. — *Charles-Gabriel*, b [3] 22 oct. 1706. — *Paul*, b [3] 10 mai
1709. — *Marie*, b [3] 21 juillet 1711. — *Marie-Catherine*, b [3] 5 mars 1714. — *Bertrand*, b [3] 9 avril
1716.

1699, (9 novembre) Beauport. [3]
III. — BAUGIS, MICHEL.   [MICHEL II.
   1[o] SENARD, Angélique.   [RENÉ I.
     s [2] 3 mars 1703.
   Marie-Françoise, b [2] 19 août 1700. — *Michel-
François*, b [2] 22 déc. 1701. — *Marie-Madeleine*, b [2]
30 déc. 1702 ; s [2] 1er janvier 1703.
   2[o] MAINVILLE, Marie.   [JACQUES II.
     1726, (2 décembre, Lachine.
   3[o] PERIER, Marguerite,   [JEAN I.
     veuve de Jacques Thomelet.

BAUGRAN, MARGUERITE,
   b 1642 ; s 11 avril 1697, à Quebec.

BAUMIER. — Voy. BOESMÉ—BOHÉMIER

BAUSSY. — Voy. LAMBERT.

BAUTUREAU, NICOLE, 1[o] m 7 octobre 1670, à
   Etienne BENOIT, à Montréal ; 2[o] m 1698, à
   Pierre GOUR.

BAUVE, PIERRE, maître-charpentier, de St. Sulpice, évêché de Paris.
   Du BEREY, Marie-Marthe.
   Nicolas, b... , m 21 oct. 1708, à Marie GRENIER,
à Quebec. [3] — *Marie-Geneviève*, b [3] 14 juillet 1701.
— *Jean-Baptiste*, b [3] 18 juillet 1703. — *Thérèse*,
b [3] 3 mai 1705.

BAUVER, NICOLAS.
   CANTIN, Anne.
   Marguerite, b 22 juillet 1701, à Québec.

BAYA. — Voy. BAYARD.

BAYARD. — *Variations et surnoms :* Baillard—
   Banlia—Banliard — Bainlast — Bainla— Bayac—Baillac—Bayard dit Lamontagne.

1677.
I. — BAYARD (BANLIARD), (1) FRANÇOIS.
   1[o] DOYON, Marie Madeleine.   [JEAN I.
   François, b 21 août 1678, aux Trois-Rivières [2] ;
m [2] 12 janv. 1711, à Marie FAYAN.—*Jacques*, b ... ;
m 23 nov. 1694, à Charlebourg, à Marie VALADE.
     1680.
   2[o] PELLETIER, Marie-Angélique (2).   [FRS. II.
   Marguerite, b 17 avril 1681, à Sorel [3] ; m 10
nov. 1698, à François DUPUIS, à Champlain [4].—
Marie-Angélique, b [3] 28 fév. 1683.—*Marie-Geneviève*, b [3] 18 janv. 1685; m [2] 7 janv. 1709, à Mathieu MILET.—*Antoinette*, b ... ; s 28 nov. 1687.—
Marie-Jeanne, b [2] 10 juillet 1692 ; m [2] 2 juin 1711, à
Jean GOSSAIN.—*Marie-Angélique*, b [4] 15 nov. 1698.
—*Charles*, b [2] 9 déc. 1700. — *Agathe*, b [2] 3 mai
1705.

1694, (23 novembre) Charlesbourg. [4]
II. — BAYARD, JACQUES.   [FRANÇOIS I.
   soldat ; s avant 1747.

---

(1) Elle se noya le 3 septembre dans la rivière de Beauport.
(2) Voy. Baugis.

(1) Banlia—Bayard.
(2) Elle épouse, le 25 mai 1709, Antoine De Gerlais, Trois-
Rivières.

VALADE, Marie [GUILLAUME I.
b 1680 ; s 6 janvier 1747, au Sault-au-Recolet.
Marie-Françoise, b [4] 5 nov. 1699 — *2 anonymes*,
b et s [4] 4 juin 1701. — *Jacques-Alexandre*, b [4] 17
nov. 1702. — *Jean*, b [4] 20 mai 1704.

BAYEUL. — Voy. AUDET DE PIERRE-COT, Sieur
de Bayeul.

BAYONNET. — Voy. LUCAS.

BAZIN, ANDRÉ, engagé de M. Le Tardif, noyé,
s 30 juin 1654, à Québec.

1670, (19 juillet) Québec. [3]

I. — BAZIN, PIERRE, b 1644 ; fils d'Etienne et de
Marthe de Reinville, de St. Thomas de Tour,
évêché de Lisieux, fermier de M. de Berthier
en 1674 ; s 23 sept. 1744, à St. Michel. [4]
LE BLANC, Marguerite. [LÉONARD I.
Pierre, b [3] 21 sept. 1671. — *Marie*, b 16 avril
1673, à Beauport. — *Angélique*, b [3] 21 oct. 1674 ;
m à Guillaume LE ROY ; s 23 mars 1738, à Beaumont. — *François*, b [3] 18 juin 1677 ; m [4] 17 oct.
1701, à Françoise CADRIN. — *Louis*, b 1679. —
Marguerite, b 1680 ; m [4] 17 nov. 1698, à Jean-
Baptiste LE ROY, s [3] 5 oct. 1699. — *Pierre*, b 13
déc. 1681, à l'Ilet. — *Marie-Françoise*, b... ; m...
à Joseph CASSÉ.

1674, (6 août) Montréal. [2]

I. — BAZINET DIT TOURBLANCHE, ANTOINE, b 1644 ;
fils de Jean et de Marguerite Dusault, de St.
Antoine de Tourblanche, évêché de Périgueux.
JANOT Françoise. [MARIN I.
Marie, b [2] 20 mars 1676 ; s 4 août 1683, Pointe-
aux-Trembles de Montréal. [4] — *Pierre*, b [4] 28 août
1678 ; m [4] 24 nov. 1698, à Marie ROY ; s 2 sept.
1708, Trois-Rivières. — *Anne*, b [4] 24 juin 1682 ; m [4]
2 mars 1699, à Pierre BEAUCHAMP. — *Marie*, b [4]
6 mai 1684 ; m... à Jacques BEAUCHAMP. — *Marguerite*, b [4] 15 mars 1687 ; m à Joseph ROBILLARD.
— *Antoine*, b [4] 11 mars 1689. — *Marie*, b [4] 15 mars
1694. — *Joseph*, b [4] 22 juillet 1680. — *Françoise*,
b [4] 12 janvier 1692.

1698, (24 nov.), P[te]-aux-Trembles de M. [9]

II. — BAZINET, Pierre. [ANTOINE I.
s 2 sept. 1708, Trois-Rivières.
ROY Marie. [JEAN II.
s avant 1708.
Marie-Madeleine, b [9] 24 janv. 1700.

I. — BAZIRE, JEAN, de St. Vincent, évêché de
Rouen.
LE BORGNE, Jeanne
Charles, b 1624 ; m 11 janv. 1666, à Geneviève
MACARD, à Québec [2] ; s [2] 15 déc. 1677. — *Marie*, b
1626, m [2] 22 nov. 1672, à Philippe GAUTHIER ; s [2]
19 déc. 1687.

1666, (11 janvier) Québec.

II. — BAZIRE, CHARLES (1). [JEAN I.
b 1624 ; s 15 déc. 1677, à Québec.

MACART, Geneviève (1). [NICOLAS I.
Charles, b 21 sept. 1666, à Québec [2] ; s [2] 2 oct.
1666.

1699, (28 avril) P[te]-aux-Trembles, M.

I. — BEAR, ABEL JOSEPH, anglais, fils de Louis et
de Louise Murphy, de Londres, Angleterre.
DESJARDINS, Marguerite. [CLAUDE I.
Louis, b 15 février 1703, à Montréal.

1671, (16 novembre) Québec. [4]

I. — BEATRIX, JACQUES, établi à Gaudarville,
près Quebec : fils de Robert et de Marie Au-
mont, de St. Godard, ville de Rouen.
FOUCQUES, Marie, fille de François et de Françoise
Grisel, de St. Patrice, Rouen.
Romaine, b [4] 17 mai 1673.

I. — BEAUBATTU, DAVID, (2) b 1668, fils de Jean
et de Marie Champagne, de Lairac, evêché
d'Agen.

BEAUBIEN. — Voy. TROTIER.

BEAUCERON. — Voy. L'ESCARDOT 1683.

BEAUCHAINE. L'un des facteurs et commis de
la Compagnie des Marchands. — *Voir Relation
de Champlain*, 1619.

I. — BEAUCHAMP, JACQUES, établi à la Pointe-
aux-Trembles de Montréal [5], b... fils de Michel
et Marie Roulette, de N. D. de Cogne, La Rochelle ; s [5] 8 fév. 1693.
DARDEYNE, Marie, [PIERRE I.
s 7 août 1699, à Boucherville.
Denise, b 22 fév. 1661, à Montréal [6], m 25 mai
1673, à Pierre LARRIVÉ. — *Jeanne*, b [6] 30 juillet
1663 ; m [5] 19 juillet 1677, à Germain GAUTHIER. —
Catherine, b [6] 24 juillet 1666 ; m [5] 5 déc. 1686, à
Pierre HENAU. — *Françoise*, b... ; m [5] 25 juin 1685,
à Jean VAINE. — *Françoise*, b [6] 20 mars 1569 ; s [5]
16 fév. 1680. — *Marie*, b [6] 30 août 1672 ; m [5] 14
avril 1687, à Jean DÉROCHE. — *Pierre*, b [5] 5 janv.
1676, m [5] 2 mars 1699, à Anne BAZINET. — *Jacques*, b [5] 3 mai 1678 ; m à Catherine BAZINET.

1666, (23 novembre) Montréal. [3]

I. — BEAUCHAMP, JEAN, établi à la Pointe-aux-
Trembles de Montréal ; b 1638 ; fils de Michel
et de Marie Roulette, de N.-D. de Cogne,
évêché de la Rochelle.
LOISEL, Jeanne. [LOUIS I.
Anonyme, b et s [3] 16 août 1669. — *Marie-Françoise*, b [3] 11 sept. 1670 ; 1[o] m 14 avril 1687, à Louis
TRUCHON, à la Pointe-aux-Trembles de Montréal ; [4]
2[o] m 20 avril 1729, à Jacques ROBIN, à Lachine.
— *Marie-Françoise*, b [3] 3 nov. 1692 ; m [4] 11 nov.
1688, à Jean CHARBONNEAU. — *Jean*, b 22 nov. 1676,
à Repentigny [5] ; m [5] 19 avril 1701, à Jeanne MU-
LOIN. — *Pierre*, b [4] 29 juillet 1679 ; m [3] 29 juin
1699, à Angélique LECLERC. — *Barbe*, b [4] 10 juin
1683 ; 1[o] m [4] 24 nov. 1698, à Guillaume FROGET ;

(1) Elle épouse (1er août 1679) François Provost, Québec.
(2) Soldat de M. de Muy, abjure le calvinisme, le 6 janvier
1686, à la Pointe-aux-Trembles de Québec.

(1) Receveur des Droits et Domaines du Roy.

2° m ... à André Bouteillet. — *François*, b ⁴ 22 juin 1686. — *Marguerite*, b ⁴ 27 mars 1689, m 23 nov. 1705, à Jean-Baptiste Leclerc, à St. François, Ile Jésus.

1699, (2 mars) P¹ᵉ-aux-Trembles, M. ²

II. — BEAUCHAMP, Pierre. [Jacques I. Bazinet dit Tourblanche, Anne [Antoine I. *Jacques*, b ² 9 déc. 1699. — *Pierre*, b... ; m 2 février 1728, à Marie Contant, à Lachenaie. — *Marie*, b... ; m 18 oct. 1728, à Michel Charles, à St. François, Ile Jesus. ⁴ — *Madeleine*, b... ; m ⁴ 9 janvier 1730, à Germain Blondeau.

1699, (29 juin) Montréal.

II. — BEAUCHAMP, Pierre [Jean I. Leclerc, Angelique-Françoise. [Guillaume I. *Pierre*, b 10 nov. 1700, à Repentigny. — *Pierre*, b 27 mai 1704, à St. François, Ile Jesus. ³ — *Michel*, b ³ 7 mars 1706. — *Jean*, b ³ 27 mars 1712 ; m 13 août 1731, à Geneviève Seguin, à Lachenaie. ⁴ — *François*, b ³ 18 février 1714 ; m ⁴ 9 fev. 1739, à Marie-Joseph Vaillancour. — *Marie-Agathe*, b ³ 13 sept. 1716. — *Marie*, b 1723 ; s ⁴ 27 sept. 1727. — *Joseph*, b... ; m ⁴ 9 janvier 1730, à Marguerite Vaillancour.

II. — BEAUCHAMP, Jacques. [Jacques I. Bazinet, Catherine. [Antoine I. *François*, b... ; m 9 janvier 1736, à Marie Cotinaut, à Lachenaie. ⁴ — *Marie-Anne*, b... ; m 10 juin 1734, à Jean-Baptiste Robillard, à St. François, Ile Jésus. ⁵ — *Jacques*, b... ; m ⁵ 8 nov. 1734, à Marguerite Labelle. — *Marguerite*, b... , m ⁵ 16 janvier 1736, à Jean Rochon. — *Joseph*, b... ; m ⁵ 22 oct. 1736, à Louise Tallard. — *Pierre*, b... ; m ⁴ 29 oct. 1726, à Geneviève Rochon.

BEAUCHEMIN. — Voy. Petit.

I. — BEAUCHESNE, à Québec en 1617.

BEAUFORT. — Voy. Limousin et Brunel.

I. — BEAUHARNAIS, (de) François, seigneur de la Chaussay-Beaumont, conseiller du roy et intendant de justice, police et finances de la Nouvelle-France, en 1704, à Montréal.

BEAUJEAN. — *Variations :* Beaussant et Bojan.

1656.

I. — BEAUJEAN, Elie, établi à St. Martin de Montréal ; b 1626 ; s... Coignon, Suzanne, b 1627 ; s 3 fev. 1704, à Montréal. ² *Suzanne*, b 1657, m ² 29 fev. 1672, à Mathurin Moquin. — *Jacques*, b ² 26 oct. 1660, m 31 juillet 1719, à Repentigny, à Marguerite Martin. — *Marguerite*, b ² 20 août 1665 ; m ² 15 nov. 1677, à Jean Voyne. — *Mathurine*, b ² 25 avril 1666, m ² 29 oct. 1681, à Leonard Simon. — *Antoine*, b ² 16 avril 1668 ; s ² 23 mai 1693, tue par les Iroquois. — *René*, b ² 26 dec. 1671 ; m ² 24 nov. 1698, à Suzanne Thuillier.

1698, (24 novembre) Montréal. ²

II. — BEAUJEAN, René, [Élie I. Thuillier, Elizabeth, [Jacques I. *Antoine*, b ² 6 et s ² 10 sept. 1699. — *Joseph*, b ² 11 août 1700. — *René*, b ² 20 mai 1702. — *René-Pierre*, b ² 9 et s ² 14 avril 1704.

BEAUJOUR. — Voy. De l'Estre.

I. — BEAULIEU. — *Surnoms et variations :* Albert — Martin — Diers — Lebel — Philippe DeBeaulieu — Hudon.

I. — BEAULIEU, Guillaume, b 1664 ; soldat de M. St. Jean, passé par les armes ; s 12 juillet 1689, à Montréal.

I. — BEAULIEU, Antoine, marchand à Québec en 1688.

I. — BEAULIEU (1), Jean Jérome, marchand. *Jean-Jérôme*, b...

I. — BEAULIEU (2), Claude, Capitaine des gardes de la ferme d'occident.

BEAULIEU, Jean-Philippe. — Voy. Philippes.

I. — BEAUMARCHAIS. — Voy. Juchereau de.

BEAUMONT. — Voy. Couillard de.

1674, (13 nov.), Québec.

I. — BEAUMONT, Vincent, b 1640, fils de Vincent et de Jeanne Renon, du Bourg de Bray, evêché de Poitiers ; s 18 fev. 1709, à Charlesbourg. ²

1° Gongeauté, Marie, appelée Beaugendre, veuve de Jacques Le Chardon ; b 1641, à N.-D. du Mont, evêché de Luçon ; s ² 18 août 1692.

1692, (27 octobre), Charlesbourg.

2° Fasche, Marguerite. Nicolas I. s ² 4 fev. 1703. *Vincent-François*, b ² 3 oct. 1693. — *Marie-Marguerite*, b ² 7 mars 1695 ; s ² 18 sept. 1706. — *Jacques*, b ² 16 juin 1696 — *Elizabeth-Catherine*, b ² 12 mars 1698 ; m ² 21 juin 1717, à Pierre Lefebvre. — *Marie-Joseph*, b ² 5 mars 1700 ; s ² 21 fev. 1703. — *Pierre*, b ² 18 sept. 1701 ; m ² 1722, à Anne Jean. — *Anonyme*, b et s ² 30 janv. 1703.

1667, (22 août), Québec.

I. — BEAUNE dit Lafranchise, Jean, b 1633 ; fils de Gilbert et de Jeanne Duron, de St. Claude de Bellanaue, évêché de Bourges ; s 25 janvier 1637, à Lachine, ² mort subite. Bougery, Marie-Madeleine, (3) [J.-Baptiste I. *Clémence*, b 2 fev. 1671, à Montréal ³ ; m ² 12 avril 1688 à Léon Girard. — *Gabrielle*, b ³ 23 déc 1673. 1° m ² 9 avril 1687, à Vincent Jean ; 2° m ² 18 nov. 1698, à Leonard Lalande. — *Jean*, b ² 12 avril 1676 ; m ² 9 fev. 1705, à Louise Merlot. — *Marie-*

(1) Voir registre de Montréal 1700.

(2) Registre de Montréal 1699.

(3) Elle épouse, le 2 déc. 1669, Charles Jacques, Lachine.

Anne, b ² 27 nov. 1678, 1°m ² 4 nov. 1698, à François Lory ; 2° m 12 juin 1710, à Martin Cirier, au Detroit. — *Marie-Madeleine*, b ² 7 avril 1681 , s ² 17 oct. 1687. — *Albert*, b ² 19 sept. 1683. — *Marie-Louise*, b … ; 1° m ² 15 nov. 1683, à Pierre Maupetit , 2° m ² 11 juin 1698. à Louis Lory. — *Antoine-François*, b ² 5 mai 1686.

BEAUPRÉ —Voy. Bonhomme, Nicolas.

BEAUREGARD. — Voy. 1° Jarret de. — 2° Poignet. — 3° Dupuy.

BEAURENOM, Guillaume.
Le Poupet, Françoise.
Antoinette, b… ; m 22 octobre 1672, à Pierre Roberge, à Ste. Famille.

BEAUREPOS.—Voy. LeMercier de.

BEAUSÉJOUR.—Voy. Sancour.

BEAUSOLEIL.—Voy. 1° Jacotl.—2° Villat. — 3° De Bercy.—4° Bercier —5° Crépin.

I. — BEAUSOLEIL, Mathurin.
b 1634, s 21 mai 1684, à Montréal.

BEAUSSANT, Elie.—Voy. Beaujean.

I.—BEAUSSAULT, Julien. (1)

I.—BEAUSSE, Léonard, b 1654 ; s 20 juillet 1684, à Laprairie, noyé.

BEAUSSERON.—Voy. Escarbot.— L'Escarbot.

BEAUSSERON.
Lepage, Marie.
Marie-Thérèse (posthume), b 25 juillet 1709, au Detroit.

BEAUVAIS.— Voy. 1° Crenet.— 2° Grenet.— 3° Emery.

1654, (7 janvier) Montréal.-²

I.—BEAUVAIS dit St. Jève, Jacques, b 1624, cultivateur, fils de Gabriel et de Marie Crevier, de St Martin d'Igé ; s ² 20 mars 1691.
Soldé, Jeanne, b 1632, fille de Martin et de Julienne LePotier, de la Flèche, évêché d'Angers.
Raphael, b ² 15 oct. 1654 ; m ² 24 mai 1683, à Isabelle Turpin. — *Barbe*, b ² 29 août 1656 ; m ² 11 juillet 1672, à François Brunet.— *Marguerite*, b ² 30 août 1658 ; m ² 9 oct. 1675, à Jacques Tétu. *Jean*, b ² 26 sept. 1660 ; s avant 1662. — *Jean-Baptiste*, b ² 7 oct. 1662 ; m 12 nov. 1697, à Marie-Madeleine Lemoyne, à Batiscan.— *Jacques*, b ² 13 dec. 1664 ; s ² 14 août 1671. — *Charlotte*, b ² 26 juin 1667 ; m ² 30 oct. 1684, à Alexandre Turpin, s ² 25 déc. 1700.— *Etiennelle*, b ² 21 sept. 1669, m ² 14 juin 1688, à Jean-Baptiste Pottier.

—*Jeanne*, b ² 15 janvier 1673 ; m ² 19 déc. 1695, à Guillaume Boucher ; s ² 6 fev. 1703.

1683, (24 mai), Montréal. ³

II.— BEAUVAIS, Raphael.   [Jacques I
Turpin, Isabelle.   [Alexandre I.
Marie-Anne, b ³ 2 avril 1684, ; m ³ 19 mai 1704, à Antoine Tessereau.—*Elizabeth*, b ³ 14 août 1687, s ³ 2 janv. 1689. — *Jeanne*, b ³ 21 janv. 1691. — *Elizabeth*, b ³ 6 janv. 1693. — *Marie-Louise*, b ³ 3 sept. 1695.— *Jean-Baptiste*, b ³ 11 mai 1698.— *Charles*, b ³ 21 janv. 1700. — *Joseph*, b ³ 8 nov. 1703.

1697, (12 novembre), Batiscan.

II.—BEAUVAIS dit St. Jème, J.-Bte. [Jacques I.
Lemoyne, Marie-Madeleine.   [Jean II.
Jean-Baptiste, b 19 juin et s 17 juillet 1699, à Montreal. ⁴— *Anonyme*, b et s ⁴ 4 nov. 1700.— *Exupère*, b et s ⁴ 28 dec. 1701. — *Marie-Madeleine*, b 16 fev. et s ⁴ 11 mai 1703.

I. — BECASSEAU, Gabrielle, b… ; m à Jean Gobin, s 11 juillet 1703, à Quebec.

BÉCAULT. — Voy. 1° Bécot—2° Verreau.
1688

I.—BÉCAULT dit Verreau, François.
Poirier, Françoise.   [Jean I.
Anonyme, b et s 9 janv. 1689, au Château Richer. —*Jean*, b 27 dec. 1690, à Sᵗᵉ Anne.

BÉCHARD. — *Variations* : Béchet —Bechèque —Bériade. (1)

1691, (13 fevrier) Ste. Famille.

I.—BÉCHARD, (2) Louis-René, établi à St. Michel, b 1665 ; fils de Pierre et d'Anne Gallet, des Carmes, évêché de Limoges ; s 13 août 1715, à St. Michel. ³
Vaillancour, Marie-Anne.   [Robert I.
b 1662 . s ³ 14 juillet 1742.
Anne, b 21 janvier 1694, à St. Jean, Ile d'Orléans. ⁴— *Mathurin*, b ⁴ 28 mai et s ⁴ 15 juin 1696. — *Jacques*, b ⁴ 9 dec. 1699 ; m ³ 25 fév. 1743. à Madeleine Leroux.— *Anne*, b ³ 26 juillet 1704 ; m ³ 20 janvier 1737, à Jean-Baptiste Lepage.— *Thérèse*, b ³ 28 oct. 1707. — *Louis*, b… ; m 17 janv. 1718, à Marie-Thérèse Guenet, à St. Etienne de Beaumont. — *Marie*, b… ; s ³ 25 sept. 1745.

I. — BECHARD, Yves, frère du précédent.
Balan, Henriette.   [Pierre I.
venve de Charles Dusault.
Joachim, b 27 fev. 1697, à St. Etienne de Beaumont.— *Gabriel*, b 3 janvier 1698, à St. Michel.

1663, (3 décembre) Québec. ¹

I.— BECQUET, Francois, b 1625 ; fils de Jean et de Louise Bissot, de N. D. du Prou, evêche de Lizieux, s ¹ 15 déc. 1669

---

(1) Demeurait avec le missionnaire Germain Morin, à Ste. Anne, en 1690. Il avait une écriture des plus remarquables.

(1) Ce dernier est le nom patronymique.
(2) Marié sous le nom de Bériade.

Després, Marguerite, veuve de Benjamin Pichard, b 1626, à St. Eustache, évêché de Paris, s 1 14 mars 1670.

1666, (5 juin) Québec. 1

I.—BECQUET, Romain, notaire royal, b 1637, fils de Julien et d'Anne Vasse, de Le Becq, évêché de Rouen ; s 1 20 avril 1682
1° Boudet, Romaine, veuve de Jean Normand, b 1643. s 1 29 août 1673.
Jean-Baptiste, b 5 et s 1 7 oct. 1667.

1677, (2 mai) Québec. 1

2° Pélerin, Marie. [Pierre I.
b 1659 , s 1 13 oct. 1681.
Catherine-Angélique, b 1 20 avril 1680 ; m 1 30 juillet 1703, à Louis Levrard : s 1 11 avril 1717. — *Marie-Louise*, b 1 13 août 1678 ; m 7 août 1702, à Jean-Jacques Le Bé, à Montréal 2 ; s 2 21 mars 1703.

1645.

I.—BEDARD, Isaac, b 1616, de St Sulpice de Paris ; s 15 janv. 1689, à Charlesbourg. 2
Girard, Marie, b 1618 , s...
Jacques, b 1646 ; 1° m 4 oct. 1666, à Isabelle Doucinet, à Quebec 3 ; 2° m 2 27 nov. 1702, à Jeanne Renaud , s 11 juillet 1711. — *Louis*, b 1656 ; m 3 déc 1678, à Marie Madeleine Huppé. — *Marie*, b 1 18 mai 1664 ; 1° m 2 29 avril 1680, à Nicolas Huppé ; 2° m 3 17 fev. 1681, à André Auclerc ; s 1 17 janv. 1703.

1665 (29 novembre) Québec. (1) 2

I.—BEDARD, François, b 1640 ; fils de Nicolas (bourgeois) et de Gratienne Moret, de St. Sulpice, de Paris ; s...
Le Bon de Champfleury, Marie, b 1646 , fille de Guillaume et de Marie Goratin, de Mayenne, évêché du Mans, s...
Eustache, b 2 3 oct. 1666.

I.—BEDARD, François, natif de N.-D. de Cogne, évêché de la Rochelle ; s 2 sept 1670, à Quebec ; matelot, noyé à l'âge de 32 ans.

1666 (4 octobre) Québec. 2

II.—BEDARD, Jacques. [Isaac I.
s 11 juillet 1711, à Charlesbourg. 3
1° Doucinet, Isabelle, b 1647, fille de Pierre et de Fleurence Canton, de N. D. de Cogne, évêché de la Rochelle ; s 3 21 nov. 1710.
Marie, b 2 5 mai 1668. — *Etienne*, b 2 2 mars 1669 ; m 3 10 avril 1694, à Marie Villeneuve ; s 3 10 janv. 1703. — *Charles*, b 2 4 dec 1670 ; s 2 9 déc. 1670. — *François*, b 2 6 déc. 1671 ; 1° m 3 12 nov. 1696, à Marie Auclerc ; 2° m 3 5 avril 1712, à Marguerite Cœur — *Isabelle*, b 2 18 juin 1673 ; m 3 9 fev. 1699, à Julien Brosseau , s 3 6 avril 1715.— *Jacques*, b 2 12 fev. 1675 ; m 3 27 nov. 1702, à Jeanne Renaud — *Louis*, b 2 12 fev. 1675. — *Marie-Madeleine*, b 2 25 fev. 1677 ; m 3 22 nov. 1694, à Louis Renaud.— *Pierre*, b 2 1 sept. 1678 ; s 3 13 janv 1703. — *Catherine*, b 3 30 janv. 1680 ; m 3 30 janv. 1713, à Georges Alard — *Françoise*, b 3 22 nov. 1681 ; s 3 19 déc. 1681. — *Thomas-*

Charles, b 3 18 oct. 1682 ; m nov. 1707, à Jeanne Huppé, à Beauport. — *François*, b 3 26 janv. 1685. — *Marguerite*, b 3 27 janvier 1687 ; m 3 1719, à Rene Alaric. — *Marie-Anne*, b 3 31 août 1689 ; s 3 15 avril 1711. — *Jeanne*, b 3 11 juillet 1691 ; m 3 18 nov. 1715, à Joseph Renaud.— *Marie-Joseph*, b 3 18 janv. 1694 ; m 3 17 oct. 1712, à Nicolas Jacques — *Charles*, b ... ; m 4 14 nov. 1712, à Suzanne Huppé.

1702, (27 nov.) Charlesbourg. 5

2° Renaud, Jeanne, [Guillaume I.
s...
Marie-Charlotte, b 3 9 fev. 1704 , m 3 1726, à Joseph Martin. — *Jacques*, b 3 4 nov. 1705. — *Charles*, b 3 10 dec. 1707 , s 3 15 dec. 1707. — *Marie-Jeanne-Elizabeth*, b 3 30 déc. 1708. — *Marie-Anne*, b 3 10 juin 1711. — *Joseph*, b 3 28 mai 1713. — *Marie-Françoise*, b 3 21 nov. 1715. — *Marie-Charlotte*, b 3 23 mars 1718.

1678, (decembre)

II.—BEDARD, Louis, [Isaac I.
Huppé, Marie Madeleine (1) [Michel I.
Nicolas, b 19 et s 29 novembre 1679 à Charlesbourg. 6.— *Louis*, b 6 17 oct. 1680 , s 6 8 mai 1699. — *Catherine* b 6 27 oct. 1682 , m 6 29 oct. 1704, à Jacques Dubos — *Antoine*, b 6 12 dec. 1684.— *Marie Ursule*, b 6 30 janv. 1687. — *Bernard*, b 6 24 janv. 1689 , 1° m 6 14 nov. 1712, à Thérèse Roy-Audy , m 2 19 fév. 1719, à Beauport, à Marguerite Parant. — *Suzanne*, b 6 23 janv. 1691 ; m 6 20 janv. 1710, à Michel Proteau. — *Jacques*, b 6 12 mars 1693. — *Jean-Baptiste*, b 6 7 sept. 1695 ; m 6 24 oct. 1718, à Marie-Jeanne Paradis — *Marie-Madeleine*, b 6 11 juillet 1697. — *Louis-Jacques*, b 6 20 juin 1699. — *Jeanne*, b 6 14 août 1701.

1694 (19 avril) Charlesbourg. 2

III.—BEDARD, Etienne, [Jacques II.
s 2 10 janv. 1703.
Villeneuve, Marie (2). [Mathurin I.
s...
Marie-Charlotte, b 2 10 nov. 1696 ; m 2 11 juin 1714, à Thomas Alard. — *Catherine*, b 2 28 sept. 1698 ; m 2 29 août 1718, à François Gilbert.— *Marguerite*, b 2 nov. 1700 ; s 2 3 dec. 1700.— *Jacques*, b 2 14 juin 1702 ; s 2 27 janv. 1703.

1696 (12 novembre) Charlesbourg. 3

III. BEDARD, François, [Jacques II.
1° Aucler, Marie-Madeleine, [Pierre I.
s 2 9 juin 1711.
Jacques, b 2 6 août 1697 ; m 2 1722, à Thérèse Gervais.—*Marie-Madeleine*, b 2 14 janv. et s 8 avril 1699 ; *Marie-Josette*, b 2 23 mars 1700 ; s 2 6 mars 1703.— *Jeanne-Elizabeth*, b 2 30 déc. 1701 ; m 2 1723 à Jean-Baptiste Chrétien.— 2 *anonymes*, h et s 2 18 janv. 1703 — *Etienne*, b 2 11 mars 1704 ; m 2 1725, à Madeleine Garneau.— *Pierre*, b 2 27 sept. 1705.— *Marie-Thérèse*, b 2 12 juin 1707.—

(1) Elle épouse, en 1719, Jacques Parent, à Charlesbourg.
(2). Elle épouse (1er septembre 1704) Simon Courtois, Charlesbourg.

(1) Contrat de mariage, Greffe de Fillion, Notaire Royal. (26 nov. 1665).

Marie-Madeleine, b [2] 1ᵉʳ fév. 1709; s [2] 29 sept. 1714. — *Charles-François*, b [2] 19 nov. 1710.

1712, (5 avril) Charlesbourg. [2]

2° Cœur Marguerite, [Pierre I. veuve de Michel Chrétien. [5]
Marguerite-Elizabeth, b [2] 14 juin et s [5] 13 août 1713. — *François Michel*, b [2] 5 nov. 1714.

1698, (24 novembre) Pᵗᵉ-aux-Trembles, Q.

I. — BEDARD, Pierre, b 1672, fils de Jean et de Marie Rigot, de Sᵗ Vincent, évêché de Bayonne.
Belan, Jeanne. (1) [Jean I.

BEGARD.—Voy. Begal.

1695, (8 octobre) Québec.

I. — BEGARD dit Lafleur, Henry, b 1665, fils d'Adrien et de Madeleine Champion, de Sᵗ Jean, évêché d'Amiens.
Refort, Anne, veuve de François Cureille (2), de Notre-Dame d'Estampes, evêche de Sens.

I. — BÉGIN, Jacques, b 1635, s 21 oct. 1664, à Quebec, noyé devant la Basse-Ville.

1668, (15 octobre) Québec. [3]

I. — BÉGIN, Louis, b 1636, fils de Jacques et d'Anne Meloque, de Lienard, évêché de Lizieux; s 26 dec. 1708, à Lévis.
Durand, Jeanne, b 1654, fille de Martin et de Françoise Brunet, de Quimper-Corantin, évêché de Cornouailles, s [2] 28 juillet 1722.
Marie-Anne, b [3] 3 août 1669; m ... à Louis Guay; s avant 1691. — *Marie-Marguerite*, b [3] 23 juin 1672; m [2] 7 nov. 1695, à Eustache Couture. — *Marie-Thérèse*, b [3] 27 sept. 1674; s [3] 5 oct. 1674. — *Elizabeth*, b [3] 6 nov. 1675; m [2] 26 juillet 1693, à Etienne Rochon; s [2] 22 déc. 1695. — *Louis*, b [3] 14 oct. 1678. — *Jean-Baptiste*, b ...; m [2] 23 janv. 1714, à Louise Carie. — *Etienne*, b .. 1694, m [2] 27 mai 1722, à Geneviève Rochon; s [2] 16 déc. 1759. — *Jacques*, b [2] 29 mai 1696; m [2] 15 juin 1722, à Geneviève Rochon, s [2] 20 oct. 1756. — *Suzanne*, b ...; m [2] 2 mai 1709, à Laurent Poiré. — *Charles*, b...

BEGNIÉ.—*Variations*: Begnier—Besnier.

1666.

I. — BEGNIÉ, Massé, b 1623; s 27 juillet 1683, à Champlain. [4]
Chartier, Michelle (3); b 1644.
Marie-Jeanne, b ...; m [4] 9 fév. 1687, à Léon Degame. — *Marie-Anne*, b 1675; m [4] 28 janvier 1697, à René Beaudoin; s [4] 4 avril 1710. — *Louis*, b ...; m [4] 3 sept. 1698, à Jacqueline Charon. — *Angelique*, b ..., m [4] 22 oct. 1698, à Thomas Duhamel.

1698 (3 septembre) Champlain. [4]

II. — BEGNIER, Louis, [Massé I. s...
Charon, Jacqueline, [Jean I. veuve d'Antoine Plumeteau.
Geneviève-Scholastique, b [4] 26 mai 1699. — *François*, b [4] 19 janvier 1701. — *Pierre*, b 22 fév. 1710, à l'Ile Dupas.

I. — BÉGON, Claude-Michel, Intendant, Chevalier, enseigne de vaisseau et capitaine des troupes, seigneur de la Picardière.
De Beauharnois, Jeanne-Elizabeth. b...
Michel, b 10 mai 1713, Québec. [2]; s [2] 15 mars 1715. — *Anonyme*, b et s [2] 13 sept. 1714. — *Jeanne-Elizabeth* (1); nee le 27 août 1715, b [2] 14 mars 1717. [2] — *Michel*, (2) b [2] 28 fév. 1717. — *Marie-Madeleine*, b [2] 8 sept. 1718. — *Catherine*, b [2] 25 août 1719. — *François-Louis*, b [2] 23 fev. 1723; s 1ᵉʳ mai 1725, église de Québec. — *Anonyme*, b et s [2] 19 mars 1728.

I. — BÉHIK — Béique—Pays — Bey — Le Bègue dit Lafleur, natif de St. Martin, evêché d'Acqs, marié à Montréal, en 1702.

BELAIR.— Voy. Delpèche — Delperches — Emereau — Emerault — Chulle — Plessis.

I. — BELAIR, François, serviteur de MM. Dupuy et Granville; s 8 dec. 1670, à Ste. Famille.

I. — BELAIR, Jacques, menuisier, passé par les armes, pour avoir deserté aux Anglais; s 24 oct. 1691, à Montréal.
Jean-Baptiste, b 25 juillet 1677, aux Trois-Rivières; s 25 sept. 1697, à Laprairie, tué par les Iroquois.

I. — BÉLAN dit Larivière, Laurent. b 1628, s 9 déc. 1688, à Quebec.

1677.

I. — BESLAN, Jean.
Godin, Geneviève, [Barthelémi I. veuve d'Antoine Boutin; s 4 déc. 1726, à la Pointe-aux-Trembles de Québec. [4]
Mathurin, b 25 mars 1678, à Québec [5]; 1° m [4] 24 juillet 1702, à Anne Coutancineau; 2° m [5] 13 janvier 1716, à Marie-Jeanne Morel. — *Jeanne*, b [4] 1ᵉʳ sept. 1680; 1° m 24 nov. 1698, à Pierre Bedard; 2° m [4] 14 janvier 1709, à Louis Cotin. — *Marie-Angélique*, b [4] 21 mars 1683. — *Jean-Baptiste*, b [4] 30 sept. 1684; m 12 janvier 1710, à Marie Cotin, à St. Augustin. — *Anne*, b [4] 26 janvier 1687; m [4] 17 janvier 1707, à François Carpentier. — *Marie-Madeleine*, b [4] 18 et s [4] 22 oct. 1689.

---

(1) Baptisée dans la chapelle du Palais: parrain, messire François Bégon, chevalier, conseiller du roy, grand-maître des eaux et forêts de France, département de Blois et Berry, en vertu de sa procuration, passée à Sieur Jean Martel, marchand, seigneur de la Rivière St. Jean, en Acadie.

(2) Baptisé par Mgr. de St. Valier et filleul de Vaudreuil, gouverneur.

---

(1) Elle épouse, le 14 janvier 1709, Louis Cotin, à la Pointe-aux-Trembles de Québec.

(2) Elle épouse, le 6 novembre 1698, Augustin Brunette, Québec.

(3) Elle épouse, le 23 janv. 1684, Laurent Castel, Champlain.

1637 (12 juillet) Québec. [2]

I. — BELANGER, François, de la paroisse de Touque, en Normandie, b 1612
GUYON, Marie,　　　　　　[JEAN I
b 1618 ; s 1er sept. 1696, au Cap St. Ignace. [3]
Nicolas, b 1638. m [2] 11 janvier 1660, à Marie DE RAINVILLE ; s 20 oct. 1682, à Beauport. — *Charles*, b [2] 19 août 1640, m 21 nov. 1663, à Barbe CLOUTIER, au Château-Richer [4] ; s [4] 15 dec 1692. — *Marie-Madeleine*, b [2] 15 fev. 1643, m [2] 7 août 1656, à Bertrand CHESNÉ DIT LAGARENNE, Sieur de Lothainville. — *Marguerite*, b [2] 23 nov, 1645 ; 1º m [4] 19 nov. 1663, à Antoine BERTON dit Châtillon ; 2º m [4] 13 dec. 1666, à Louis LEVASSEUR, s [2] 22 janvier 1703. — *Jean-François*, b [2] 15 fev 1648 ; m [4] 17 nov. 1671, à Marie CLOUTIER ; s [3] 6 fevrier 1682. — *Françoise-Charlotte*, b [2] 30 juin 1650 ; 1º m [4] 19 oct 1665, à Jean LANGLOIS, 2º m 1691, à Thomas ROUSSEAU. — *Mathurine*, b [2] 11 juin 1652, 1º m [4] 18 septembre 1673, à Jean MAHEU ; 2º m [4] 2 octobre 1674, à Antoine DE SERRE ; 3º m 26 avril 1688, à François GRÉGOIRE, à la Pointe-aux-Trembles de Quebec. — *Louis*, b [2] 9 janvier 1655 ; m [4] 3 nov. 1682, à Marguerite LEFRANÇOIS. — *Louise*, b 1657 ; m [4] 14 nov. 1679, à Jean CLOUTIER. — *Geneviève*, b 1659 ; m [3] 23 nov. 1682, à Guillaume FERTÉ. — *Guillaume*, b [4] 4 avril 1661. — *Jacques*, b [4] 30 juillet 1662 ; m [8] 22 nov. 1691, à Elizabeth TIBAULT. — *Anne*, b [4] 27 juillet 1664 ; s [4] 24 août 1665.

1660, (11 janvier) Québec. [3]

II. — BELLANGER, Nicolas,　　[FRANÇOIS I.
s 20 oct. 1682, à Beauport. [4]
DERAINVILLE, Marie,　　　　[PAUL I.
s [4] 7 nov. 1711.
Jean, b [3] 1er janv. 1661 ; s [3] 22 janv. 1661. — *Marthe*, b [3] 27 nov. 1661 ; m [4] 7 avril 1682, à Etienne SOUHÉ. — *Bertrand*, b [3] 16 sept. 1663, 1º m [4] 23 fev. 1694, à Marie GIGNARD ; 2º m [4] 13 août 1703, à Marie CHEVAUDIER ; s [4] 19 avril 1736 — *Suzanne*, b [3] 1er mars 1665, m [4] 12 fev. 1686, à Jean GIROUX ; s [4] 28 fév. 1707. — *Martin*, b [3] 28 nov. 1666. — *Murie*, b [3] 21 oct. 1668 ; 1º m [4] 26 nov. 1685, à Ignace CHORET ; 2º m [4] 9 nov. 1705, à Jacques PARANT. — *Pierre*, b [3] 16 mars 1670, m [4] 8 fev. 1700, à Marguerite DELAUNAY ; s [4] 2 mars 1703. — *Nicolas*, b [3] 17 janv. 1672 ; m 2 nov 1699, à Charlesbourg, à Marie MIGNIER ou MAGNAN. — *Paul*, b [4] 25 mars 1674 ; m [4] 7 avril 1704, à Jeanne MAHEU ; s [4] 1er mai 1717. — *Marie*, b 1678 ; m [4] fev. 1696, à Joseph PARANT — *Marie-Françoise*, b [4] 13 oct. 1680 : m [4] fev. 1696, à Jean PARANT. — *Marie-Thérèse*, b... m [4] 28 juin 1709, à Jean PREMONT.

1663, (25 novembre) Château-Richer. [5]

II. — BELANGER, Charles,　　[FRANÇOIS I
s [5] 15 dec. 1692.
CLOUTIER, Barbe (1),　　　　[ZACHARIE II.
Charles, b [5] 4 juillet 1668, m 18 fev. 1692, à Geneviève GAGNON, à Ste. Anne. [6] — *Barbe*, b [5] 2 fev. 1673 ; 1º m... à Charles LEFRANÇOIS ; 2º m 1er mai 1696, à Denis CONSTANTIN, à l'Ange Gardien [7].

(1) Elle épouse, le 12 janvier 1705, Noël Gagnon, Château-Richer.

s [7] 12 janv. 1703. — *Marie*, b [5] 9 août 1670 ; 1º m [5] 18 avril 1689, à Joseph GRAVELLE ; 2º m [5] 19 avril 1700, à Etienne CONTANT ; s 2 oct. 1713, à Quebec. — *Madeleine*, b [5] 10 août 1675 ; m [5] 15 fév. 1694, à Claude BOULHARD — *Guillaume*, b [5] 24 avril 1678 ; s [5] 31 oct. 1688. — *Alexis*, b [5] 14 sept. 1680 ; 1º m [5] 27 nov. 1704, à Marie GAGNON ; 2º m [5] 15 fév. 1711, à Marie LESOT. — *Marguerite*, b [5] 5 juillet 1683 ; m [5] 25 janv. 1700, à François GAGNON. — *Anne*, b [5] 18 nov. 1686 ; m [5] 19 janv. 1706, à Charles GAGNON. — *François*, b... ; 1º m [5] 18 avril 1689, à Catherine VOYER ; 2º m [6] 14 nov. 1715, à Marguerite PARÉ.

1671 (17 novembre) Château-Richer. [6]

II. — BELANGER, JEAN FRANÇOIS (1) [FRANÇOIS I.
s 13 sept. 1699, à l'Ilet. [2]
CLOUTIER, Marie.　　　　　　[JEAN II.
Madeleine, b [6] 17 mars 1673, m [6] 21 nov. 1689, à Pierre BARETTE. — *Jean-François*, b 1675 ; 1º m 16 nov. 1699, au Cap St. Ignace [7], à Geneviève TIBAUT ; 2º m [7] 9 janv. 1736, à Marie-Louise CARON. — *Charles*, b 12 fev. 1678, à Québec ; m [7] 22 avril 1713, à Jeanne EDMOND. — *Ignace*, b [7] 10 mars 1680 ; m [7] 15 juin 1711, à Angelique VAILLANCOURT. — *Agathe*, b [7] 24 fev. 1682 ; m [6] 17 fév. 1700, à Joseph GAGNON. — *Geneviève*, b... ; m à Jean GODREAU. — *Pierre-Paul*, b... ; m [7] 28 oct. 1742, à Claire FOURNIER. — *Françoise*, b... — *Marguerite Ursule*, b... — *Marie*, b... ; m à Augustin FOURNIER.

1682 (3 novembre) Château-Richer. [6]

II. — BÉLANGER, Louis, (2)　　[FRANÇOIS I.
b 1652, s 1er oct. 1724, à l'Islet [7]
LE FRANÇOIS, Marguerite,　　[CHARLES I.
b 1663 ; s [7] 31 oct. 1735.
Anonyme, b et s 29 sept. 1685, au Cap St. Ignace. [8] — *François*, b [8] 12 oct. 1686 ; m [8] 16 nov. 1711, à Geneviève CLOUTIER ; s [7] 13 oct. 1727. — *Anonyme*, b et s [8] 15 mai 1689. — *Louis*, (3) b [8] 28 avril 1691 ; s [8] 29 mars 1721. — *Elizabeth*, b [7] 21 juin 1692 ; m [7] 18 oct. 1710, à Alexis LEMIEUX. — *Marie Madeleine*, b [8] 10 nov. 1694 ; m [7] 25 oct. 1723, à Guillaume LEMIEUX. — *Marguerite*, b [8] 25 dec. 1696 ; m [7] 7 nov. 1712, à Louis COUILLARD. — *Barbe*, b 14 et s [8] 23 fev. 1699. — *Pierre-Paul*, b [7] 3 juin 1700. — *Jean-Baptiste*, b [7] 29 mars 1702 ; s [7] 23 avril 1702. — *Françoise*, b [7] 27 avril 1704. — *Marie Marthe*, b [7] 19 juin 1706.

1689 (18 avril) Château Richer. [3]

III. — BÉLANGER, François.　　[Charles II.
s 23 janv. 1721 à l'Ange Gardien. [4]
1º VOYER, Catherine.　　　　　[PIERRE I.
François, b [3] 4 mai 1690 ; m 25 fev. 1734 à Catherine NADON, à St. François, Ile Jésus. — *Geneviève*, b [3] 1er et s 25 mars 1692. — *Charles*, b [4] 24 sept. 1693 ; m [3] 23 sept. 1715, à Marie-Madeleine JOBIDON. — *Louis*, b [4] 14 sept. 1698 ; m 6

(1) Seigneur de Bonsecours.

(2) Seigneur de l'Islet. — Propriétaire et bienfaiteur de l'Église.

(3) Il mourut faisant la chasse aux martres, à 25 lieues sur la rivière Noire. — Il était pieux, et disait tous les jours l'office de la Ste Vierge. — Registre de l'Islet 1721.

fév. 1720, à Marie Anne Paré, à St. Anne. — *Angélique*, b ⁴ 30 avril 1704. — *Basile*, b ⁴ 16 fév. 1700. — *Marie-Françoise* b ⁴ 8 janv. 1702. — *Prisque*, b ⁴ 11 mai 1708. — *François*, b ⁴ 1ᵉʳ oct. 1709. — *Marie*, b ⁴ 25 janv. 1711. — *Louise* b ⁴ 13 mars 1713. — *Catherine*, b... ; m ⁴ 23 oct 1713, à Nicolas Mathieu. — *Marie*, b ⁴ 18 mai 1714.

1715 (14 nov.) Ste. Anne de Beaupré.

2° Paré, Marguerite (1) [François II. *Jean-François*, b ⁴ 7 oct. 1716 — *Marguerite*, b ⁴ 21 mai 1718. — *Clotilde*, b ⁴ 13 fév. 1720.

1691 (22 novembre) Cap St. Ignace. ⁵

II. BÉLANGER, Jacques. [François I. s 17 août 1699, Islet. Tibault, Elizabeth (2). [François I. *François*, b ⁵ 17 nov. 1693, m 24 oct. 1716 à Geneviève Doyon, à l'Ange-Gardien ; s 27 avril 1733, à St. François, Ile Jesus. — *Pierre*, b ⁵ 13 et s 20 oct. 1695. — *Marie-Anne*, b ⁵ 12 oct. 1696. — *Jacques*, b ⁵ 8 avril 1699.

1692 (18 février) Ste. Anne.

III. BÉLANGER, Charles. [Charles II. Gagnon, Geneviève. [Pierre II. *Pierre*, b 10 nov. 1692, Château-Richer. ³ — *Paul*, b ³ 26 janv. 1694 ; s ³ 28 oct 1698. — *Geneviève*, b ³ 1ᵉʳ avril 1695 ; s ³ 7 mars 1703. — *Marie Françoise*, b ³ 9 janv. 1697 ; s ³ 5 août 1715. — *Charles*, b ³ 23 déc. 1698. — *Prisque*, b ³ 12 oct. 1700. — *Michel*, b ³ 29 sept. 1702. — *Véronique*, b ³ 30 août 1704. — *Augustin*, b ³ 21 avril 1706. — *André*, b ³ 19 déc. 1707. — *Geneviève*, b ³ 1ᵉʳ janv. 1710. — *Paul*, b ³ 5 nov. et s 11 déc. 1711. — *René*, b ³ 11 nov. 1712 ; s ³ 28 août 1715. — *Joseph*, b ³ 29 déc. 1714. — *Jean-François*, b ³ 21 juillet et s ³ 12 sept 1716.

1694, (23) février) Beauport. ²

III.—BÉLANGER, Pierre-Bertrand,[Nicolas II. s 19 avril 1736, à Quebec. ³ 1° Gignard, Marie, b 1673 ; s 12 mars 1703. *Pierre*, b ³ 25 avril 1697 ; s ³ 24 juillet 1697. — *Marie-Catherine*, b ³ 7 juin 1699 ; m ³ 17 janv. 1729, à Jean Touchet. — *Joseph-François*, b ³ 20 déc. 1701.

1703, (13 août) Quebec. ³

2° Chevaudière, Marie-Mad. [Jean-Frs. I. s ³ 5 déc. 1750. *Charles*, b ³ 13 oct. 1704 ; s... — *Marie-Joseph*, b ³ 4 avril 1706 ; m ³ 4 mars 1737, à André Huppé — *Marie-Hélène*, b ³ 30 oct. 1707 ; m ³ 17 janv. 1729, à Mathurin Chaillé. — *Marie-Madeleine*, b ³ 14 sept. 1709 ; s ² 13 nov. 1709. — *Michel*, b ³ 16 nov. 1710 ; s ² 18 juin 1711. — *Pierre*, b ³ 29 juin 1712 ; 1° m... à Marie Rodrigue ; 2° m ³ 5 nov. 1742, à Marie Jeannes. — *Charles*, b ³ 6 avril 1714 ; m ³ 28 janv. 1739, à Marie Cloutier, à l'Ilet. — *François*, b ³ 3 fév. 1718. — *Simon*, b ³ 6 déc. 1719. — *Françoise*, b ³ 17 mai 1722 ; m ³ 4 nov. 1749, à Jean-Baptiste Pacquet. — *Etienne*, b ³ 1ᵉʳ

nov. 1724. — *Louis*, b... ; m ³ 15 nov. 1735, à Élisabeth Pacquet. — *Jean-Baptiste*, b... ; m ³ 12 janvier 1750, à Marie-Louise Giroux.

1699, (2 novembre), Charlesbourg. ⁵

III.—BÉLANGER, Nicolas. [Nicolas II. Magnan, Marie, [Jacques 1. *Marie*, b 2 août 1700, à Beauport ⁴ ; m ⁵ 1722, à Jean Falardeau. — *Jean*, b ⁴ 16 fev. 1702. — *Nicolas*, b ⁵ 4 mai 1704. — *Anne*, b ⁵ 14 juin 1706 — *Louise-Ambroise*, b ⁵ 30 janvier 1708. — *Geneviève*, b ⁵ 16 mai 1709. — *Pierre*, b ⁵ 30 dec. 1710 ; s ⁵ 29 avril 1711. — *Hélène*, b ⁵ 28 avril 1712. — *Germain*, b ⁵ 13 mai 1714. — *Jean-Marie*, b ⁵ 7 déc. 1716.

1699, (16 novembre), Cap Sᵗ Ignace. ¹

III.—BÉLANGER, Jean-François. [François I. s 16 fev. 1728, à l'Islet. ² 1° Tibault, Geneviève, [François I. s ² 14 fév. 1726. *Louis*, b ² 25 août 1700 ; s ² 9 sept. 1700. — *Anonyme*, b et s ² 30 avril 1701. — *François*, b ² 24 mai 1702. — *Jean-Baptiste*, b ² 3 août 1704 ; s ² 2 juin 1731. — *Jean-François*, b ² 14 juillet 1706 ; m 30 sept. 1732, à Marie-Joseph Belleau, à Ste. Foye. — *Marie-Geneviève*, b ² 27 mai 1710 ; m ¹ 11 août 1734, à Pierre Gamache. — *Joseph*, b ² 6 mai 1712 ; m ² 18 juin 1737, à Marie Gamache. — *Augustin*, b ² 24 mai 1716 , m ² 22 janv. 1742, à Rosalie Cloutier. — *Marie*, b ² 4 juin 1718. — *Jacques*, b ² 25 juillet 1720. — *Louis*, b 1708 ; m ² 3 mai 1734, à Angelique Vaillancour. — *Ignace*, b 1714 ; m ² 11 mai 1738, à Marie-Anne Demolier.

1728 (3 fevrier) Islet.

2° Guillet, Marie-Madeleine. (1) [Mathieu I.

I.—BELENFANT dit L'Estang, Michel, soldat, b 1619 ; s 19 fév. 1664, aux Trois-Rivières.

BELHUMEUR. — Voy. Brunet—Charpentier — Jeannot—Janot.

BELLEAU. — *Variations et surnoms* : Besou — Belhoste — Blot — Blau — Belot — La Rose.

1673 (25 septembre) Québec. ⁶

I.—BELLEAU (2) dit LaRose, Blaise, b 1650, fils de François et de Marguerite Crevier, de Cachiot, évêché de Périgueux ; s... Cailly, Hélène, b 1656 ; fille de Pierre et de Marie Sosse, de St. Sulpice, évêché de Paris. *Anonyme*, b et s ⁶ 19 nov. 1674. — *Marie-Gabrielle*, b ⁶ 24 nov. 1675. — *Marie Madeleine*, b ⁶ 10 janv. 1677. — *Jean-Baptiste*, b ⁶ 29 janv. 1680 ; m 23 oct. 1702, à Ste. Famille, à Catherine Berthiaume ; s⁶ 15 juin 1754. — *Guillaume*, b ⁶ 27 mars 1682 ; m 19 nov. 1707, à Lorette, à Marie Robitaille ; s 22 août 1759, Ste. Foye. ⁷ — *Blaise*, b ⁶ 27 avril 1685. — *Pierre*, b... 1690 ; m ⁷ 7 janv. 1722, à Marie Anne Bonamie. — *Joseph*, b 2 et s⁷

---

(1) Elle épouse (24 nov. 1721) à l'Ange Gardien, Pierre Laberge.
(2) Elle épouse (3 mai 1700) Martin Rousseau, Islet.

(1) Elle épouse, le 9 septembre 1733, Athanase Cloutier, à l'Ilet.
(2) Marié sous le nom de Bezou.

25 sept. 1699. — *Angélique*, b [7] 10 mai 1702 ; m [1] 22 nov. 1718, à François CHATEL.

BELLEC, FRANÇOIS.—Voy. LEBELLEC.

BELLECOUR.—Voy. TROTIER.

BELLECOUR, JOSEPH, b 1675, de Limerick, Irlande ; soldat de M. de la Forest ; s 3 déc. 1701, à Montréal.

BELLEFLEUR.—Voy. ALLEGRAIN—LEFEBVRE.

BELLEFONT, FRANÇOIS. — Voy. GÉNAPLE-BELLE-FONT.

BELLEFONTAINE.—Voy. FORTIN DE

BELLEGARDE.—Voy. GERBAULT DE

BELISLE ET BELLE-ISLE. — Voy. Proux—Lefebvre— Chevrefls— Rotureau— Lamarre—Leborgne— Lamerise— Goguet.

BELLEMARE. Voy. GELINA.

1682.

I.—BELLEPERCHE, DENIS, b 1651 ; s 25 nov. 1710, à Quebec. [2]
GUYON DU BUISSON, Gertrude,   [JEAN II. s [2] 23 fevrier 1715.
Jean-Baptiste, b 7 juin 1683, au Château-Richer, — *Etienne*, b [2] 28 dec. 1687. — *Marie-Anne*, b [2] 18 mai 1690.— *Catherine*, b 25 mars 1694, à St. Etienne de Beaumont [4].— *Catherine-Gertrude*, b [2] 10 nov. 1696 ; s [2] 28 nov. 1696.— *Pierre*, b 15 sept. 1699 ; 1° m 1 mai 1727, à Angélique STÈBRE, au Détroit [5] ; 2° m [5] 20 mars 1734, à Marie-Anne CAMPEAU.— *Claude*, b [2] 24 nov. 1702 ; s [2] 17 sept. 1704.

BELLERIVE. —Voy. COUTURE—CREVIER.

BELLERIVE, MARIE, Sœur dite Ste. Hélène de la Congrégation N.-D. ; s 5 nov. 1711, à Montréal.

BELLEROSE. — Voy. JOURDAIN—MENARD.

BELLEROSE, soldat de Mr. de la Grois, noyé, s 23 mai 1696, à Montréal.

I.—BELLESOEUR, GERMAIN.
LUCAS, Barbe.
Anne, b... ; 1° m 12 oct. 1665, à Nicolas MASSARD, à Quebec [2] , 2° m ... à Jean LAMBERT ; 3° m [2] 14 juillet 1688, à Jean CHEVAUDIER.

BELLESTRE, JEAN.— Voy. BESSET

BELLESTRE (DE), FRANÇOIS. Enseigne, b 1674 ; s 9 oct. 1729, au Detroit.

1660 (Juin) Québec. (1)
I.—BELLET DIT LACHAUSSÉ, JEAN, b 1630, fils de Jean et d'Etiennette Reneau, de St Jean de Folleville, en Normandie ; s 3 oct. 1696, à Boucherville.
1° BEAUDOIN, Madeleine, b 1640, fille de Jacques et de Madeleine Richon, de Courcival, évêché du Mans ; s 1661.
    1663, (30 janvier) Trois-Rivières. [2]
2° BOYER, Marie, b 1645, fille de Pierre et de Catherine Vinet, de St. Nicolas, évêché de La Rochelle, s 12 janv. 1665, aux Trois-Rivières.

BELLEVAL (DE). — FOURNIER DE BELLEVAL.

BELLEVILLE. — Voy. MARTEL DE BELLEVILLE — GAUCHER — BARTHE.

BELLEVILLE, MARIE-LOUISE, b 1693 ; m à Jean-Baptiste DUGAS ; s 11 mai 1755, à Lévis.

1669 (4 octobre) Ste. Famille. [6]
I.—BELLIRE, ETIENNE (appelé BELLINIER), b 1646, fils de Pierre et de Catherine Nourisseur, de Poitiers , s...
LAMBERT, Jeanne, b 1650 ; fils de Jean et de Jeanne Bocher, de St. Séverin, évêché de Paris ; s...
Marguerite, b [6] 7 juin 1672.

1692 (22 mai) Québec. [5]
I.—BELON, JEAN JOSEPH, sergent, b 1662 ; fils de Jean et de Catherine Leguay, de St. Solenne, évêché de Chartres ; s...
VALLEE, Elizabeth,   [JEAN I.
Jean-François, b [5] 11 mars 1693.

1689 (1er août) Lachine.
I.— BELONCLE, dit FOUGÈRE, CHARLES, sergent de M. de la Chassaigne, b 1656 ; fils de Nicolas (marchand) et de Madeleine Favry, de Crainville, évêché de Rouen ; s...
ANDRÉ, Petronille.   [MICHEL I.

BELOTTE.—Voy. BELLEAU.

BELOY.—Voy. BLOYS.

I. —BELUCHE, BERTRAND, établi à Longueuil.
DELINE, Catherine.
Geneviève, b... ; m 7 janv. 1722, à Louis PALIN.

BELZILE.—Voy. GAGNON.

I. — BEN DIT LEMASSON, LOUIS FRANÇOIS. b... ; s 24 fev. 1714, à St. François, Ile Jésus.

I. — BÉNAC, PIERRE, contrôleur général, en 1690.
BISSOT, Charlotte.   [FRANÇOIS II.
Louise, b [6] fev., et s [6] 6 juillet 1739. à Levis.

BÉNARD.—Voy. BESNARD — BOURJOLY.

(1) Contrat de mariage, le 24 juin 1660. (Greffe d'Ameau.)

I.—BENASSIS, Guillaume, b... ; s...
  Sauvaget, Jeanne (1)   [Jean I.
Madeleine, b 1634 ; m à Etienne Seigneuret.

BÉNIER, Louis. — Voy Bégnier

I. —BENJAMIN, Jean.
  Alard, dit Labarre, Jeanne.   [Julien I.
Jean-Baptiste, b 28 fév. 1712, à Repentigny. 5 —
Marie-Marguerite, b 5 12 janvier 1715.

BENOIT. — *Surnoms :* 1° Livernois , 2° Lajeunesse; 3° Laforest.

I. —BENOIT, Laurent, blessé en guerre contre
  les Iroquois. Il demeura quinze mois chez
  les Hollandais (1667).

1658, (16 septembre) Montréal. 4
I —BENOIT dit Livernois, Paul, charpentier,
  b 1626, fils de François et de Marie Chatel-
  lain ; s 1er janvier 1686, à Boucherville. 5
  Gobinet, Isabelle-Elizabeth, b 1642, fille de
    Nicolas et de Marguerite Lorgeleux, de la
    ville de Gonest ; s...
Isabelle, b 4 13 juillet 1659 ; m 4 22 fév. 1672, à
François Blot ; s 4 5 nov. 1685. — *Laurent*, b 4 2
janvier 1661, m 5 12 nov. 1691, à Françoise Tétreau. — *Etienne*, b 4 25 dec. 1662 , m 4 3 fevrier
1699, à Jeanne Campeau. — *Barbe*, b 4 9 mai 1665;
1° m 5 7 fev. 1679, à Thomas Hébert; 2° m 4 7
mars 1699, à François Bory. — *Marie-Anne*, b 4 9
mai 1665 ; 1° m 5 27 fev. 1680, à Jean Bourbon ;
2° m 16 mai 1695, à Jean Besset, à Laprairie 2 ;
s 2 9 août 1697. — *Hélène*, b 4 17 sept. 1667 ; m 5 21
janvier 1686, à Guillaume Gouyou — *Marguerite*,
b 4 27 déc. 1669 ; m 5 21 janvier 1686, à Jean
Tournois. — *Geneviève*, b 4 26 mai 1672 ; m 5 21
fevrier 1689, à Pierre Hay ; s 5 9 dec. 1689. —
Jacques, b 4 juin 1674. — *François*, b 4 9 août
1676. — *Ives*, b 4 19 juillet 1679.

BENOIT, Julien. — Voy. Bloys.

1665, (9 novembre) Château-Richer. 2
I.—BENOIT ou BENOIST, Abel, b 1624, de
  Luçon ; s 4 déc. 1687, à Ste. Famille 3
  Pointel, Marthe, b 1641, de Tours ; s 3 10 sept.
    1674.
Joanne, b 2 23 oct. 1666. — *Jeanne*, b 3 15 juin
1670 ; s 3 25 juin 1670. — *Pierre*, b 3 20 juin 1671 ;
m 3 9 nov. 1694, à Marie Dionne. — *Marie*, b 3 24
sept. 1673. — *Noel*, b 3 11 sept. 1674 ; s 3 15 sept.
1674 — *Marie-Anne*, b... ; 1° m à Jean Sylvestre;
2° m 23 juillet 1736, à Nicolas Vallé, à Quebec.

1670, (7 octobre) Montréal. 2
I.—BENOIT dit Lajeunesse, Etienne, b 1635, fils
  de Pierre et de Jeanne Bouffard, de Fontaine
  Chalandray, évêché de Xaintes. (2)

---

(1) Elle épouse, le 13 novembre 1656, Elie Bourbaut, aux
Trois-Rivières.

(2) Il fut fait prisonnier par les Iroquois, qui le mirent à
mort, en 1690.

(3) Aussi appelée "Bauturau." Elle épouse, le 18 août
1691, Pierre Gour, de la Pointe-aux-Trembles de Montréal.

Chandoyseau, Nicole, (3) fille de Louis et de
  Marguerite Cartier, de St. Nicolas du Char-
  donneret, évêché de Paris, s...
Elizabeth, b 2 20 mars 1672 , s 3 15 sept. 1674,
brûlée accidentellement — *Marie*, b 2 9 fev. 1674 ;
s 2 15 sept. 1674, brûlée avec sa sœur — *Marie*,
b 23 août 1676, à Repentigny. — *Barbe*, b 6
et s 22 avril 1678, à la Pointe-aux-Trembles de
Montréal 3. — *François* b 3 2 mai 1679 ; s 3 24 nov.
1687. — *Geneviève*, b 3 14 janv. 1682. — *Anne-
Françoise*, b 3 3 juillet 1684. — *Nicolas*, b 3 21 juillet 1687. — *Pierre*, b 12 et s 22 3 oct. 1689. —
Joseph, b 3 29 nov. 1691 ; s 3 15 mai 1692.

1665.
I.—BENOIST dit Laforest, Gabriel, b 1636 ;
  s 27 oct. 1686, aux Trois-Rivières. 6
  Guédon, Anne-Marie.
    b 1641.
Marguerite, b 6 1666 , m 6 26 nov. 1685, à Jean-
Guy Vacher. — *Marie-Françoise*, b 6 17 mai 1682 ;
m 6 24 janv. 1701, à Pierre Hérou. — *Marie-Anne*,
b 1669 ; m 6 30 juin 1692, à Michel Parant. — *Ga-
briel*, b 1668 ; m 6 23 nov 1693, à Marie Roussel.
— *Pierre*, b 1670 ; m 5 20 août 1705, à Jeanne
Degerlais.

1686.
I. — BENOIT, Alexandre.
  Garnier, Catherine.
Alexandre, b 7 nov. 1689, à Batiscan. — *Jean-
Baptiste*, b 16 avril 1689, à Montréal 6. — *Charles*,
b 6 20 sept. 1690. — *Jacques*, b 6 7 juin 1692.

1691, (12 novembre) Boucherville. 9
II.—BENOIT (1), Laurent.   [Paul I.
  Tétreau, Marie-Françoise.   [Louis I.
Marie-Françoise, b 9 7 avril 1693. — *Laurent*, b 9
10 août 1697. — *François*, b... ; m 19 avril 1728, à
Marie-Anne Gaudry, à Repentigny. — *Joseph*, b...
— *Louis*, b... — *Toussaint*, b... — *Marguerite*, b
19 sept. 1694 ; m 2 août 1717, à Louis Gautier,
à Verchères.

1693, (23 novembre) Trois-Rivières. 5
II. — BENOIST, Gabriel.   [Gabriel I.
  établi à la baie du Febvre.
  Roussel, Marie.   [François I.
Marie-Madeleine, b 5 19 juin 1695; m 1715, à
Gabriel Robidas. — *Marie-Jeanne*, b 5 1er juillet
1698. — *Joseph*, b 5 14 mai 1701. — *Pierre*, b 5 18
fevrier 1703. — *Catherine*, b 5 15 déc. 1704. —
Marie-Françoise, b 5 2 mai 1706. — *Marguerite*,
b 5 1er avril 1710. — *Michel*, b 5 24 juin 1713. —
Gabriel, b 5 24 juin 1713, (jumeaux).

1694, (9 novembre) Ste. Famille. 6
II.—BENOIT, Pierre.   [Abel I.
  Dionne, Marie.   [Antoine I.
Marie-Anne, b 6 27 juillet 1695. — *Marie*, b 6 26
janvier 1697. — *Marguerite*, b 6 30 juillet 1699. —
Geneviève, b 6 30 juin 1701 ; s 9 fév. 1726, aux
Trois-Rivières. — *Angélique*, b 5 8 juin 1704. —
Marie-Joseph, b 10 avril 1707, au Cap Santé. 5 —

---

(1) Voy. Livernois.

4

Marie-Louise, b [6] 10 mars 1709, m 6 fev. 1730,[r]à Ignace COUTANCINEAU, à la Pointe-aux-Trembles de Quebec. — *Elizabeth-Ursule*, b [5] 25 janv. 1711.

1699, (3 fevrier) Montréal

II. — BENOIT, (1) ETIENNE. [PAUL I.
  CAMPEAU, Jeanne. [ETIENNE I.
Jean-Baptiste, b 2 mai 1700, à Boucherville.

1668, (22 octobre) Quebec. [3]

I. BEQUART ET BÉCART, PIERRE, Sr de Granville, capitaine de troupes, lieutenant d'une compagnie franche, en 1702, b 1639, fils de Denis et de Jeanne Milleron, de St. Eustache, evêche de Paris; s [8] 6 mai 1708.
  MACARD, Anne. [Nicolas I.
  s 11 déc. 1731, dans l'eglise de Quebec.
Daniel, (2) b [3] 9 sept 1669, s 6 juillet 1689, église de Quebec. [5] — *Jean-Baptiste*, (3) b [3] 25 sept. 1670, s. 23 avril 1699. — *Louis*, b 14 avril 1673, Ile-aux-Oies ; s [6] 29 juillet 1718 — *Charles*, b [3] 31 mai 1675 ; s [5] 2 janv. 1703. — *Marie-Anne*, b [3] 15 juillet 1677 ; m [3] 7 nov. 1702, à Pierre Jacques DE JOYBERT — *François*, b [3] 3 mai et s [3] 2 sept. 1679. — *Marie-Angélique*, b [3] 10 sept. 1680, s [3] 23 oct. 1687. — *Pierre*, b [3] 30 juin 1683 — *Ignace*, b [3] 4 et s [3] 28 juin 1684. — *Marguerite-Geneviève*, b [8] 21 janv. 1686; s [3] 15 août 1687 — *Geneviève*, b [3] 18 sept. 1691. — *Paul*, b [3] 18 janv. 1695 ; s [3] 20 mars 1754. — *Anonyme*, b [3] et s [2] juin 1696.

II. BECARD, CHARLES (4). [PIERRE I.
s 2 janv. 1703, dans l'eglise de Quebec.

1663, (8 octobre), Québec.

I. — BÉRANGER, ALEXIS, b 1616, fils de Vincent et de Marguerite Cochois, de St Jean d'Albœuf, évêche d'EVREUX ; s..
  FRIT, Marie, b 1621, veuve de Léger Haguenier.

I. — BÉRARD, (5) MARIE, b 1619; 1[o] m 21 sept. 1637, à Quebec [8], à Jacques SELLE dit de L'ESPINE ; 2[o] m à Pierre PIVAIN ; s [3] 5 nov 1719, à 100 ans.

BÉRARD, JEAN, pour BRAC.

BÉRARD, DIT LAROSE, PIERRE, soldat de M. de De Bouraillan, natif de Toulouse ; s 20 mai 1690, à Beauport.

I. — BÉRARD DIT LÉPINE, GABRIEL, etabli à la Pointe-aux-Trembles de Quebec. [2]
  HAVOT, Geneviève. (6) [JEAN II.
Louise, b 1674 ; m 26 oct 1694, à François PLANTE, au Château-Richer [3] ; s [3] 25 mai 1699. — *Marie-Elizabeth*, b 26 mai 1679, à Sorel. [4] — *Ga-*

briel, b [4] 16 sept. 1681 , m [2] 30 janv. 1713, à Marie-Angelique DESORCY. — *Geneviève*, b [4] 12 août 1683 ; m [2] 17 juin 1705, à Jean TAPIN. — *Pierre-Louis*, b [4] 6 août 1685 ; m 27 juillet 1717, à Charlesbourg, [5] à Jeanne DÉNY. — *Angélique*, b [4] 11 mai 1690. — *Pierre*, b [4] 3 mai 1693 — *Jean-François*, b [3] 9 août 1696 ; m [5] 1723, à Therèse RENAUD. — *François*, b [2] 19 juin 1702 (1) ; m [5] 1722, à Madeleine RENAUD.

BERBANT. — Voy. BREBANT.

BERCAS dit LATREILLE. (2)

I. — BERCHE, GEORGE, (3) b 1641.

I. — BERCIER, LOUIS.
  b... ; s 21 oct. 1697, à Batiscan. [8]
  CAUCHET, Anne.
Pierre, b 1679 ; m 2 mai 1708, à Ste. Anne de la Perade [9], à Marie-Madeleine ROY ; s [8] 20 mai 1729 — *Jacques*, b... ; m [9] 13 sept. 1718, à Marie-Louise LEROUX. — *François*, b... — *Louis*, b [8] 15 juin 1695.

I. — BEREAU. — *Variations et surnoms :* BRAULT — BRAUT — BRO — BROVE — BRAN — POMINVII LE

I. — BERET, MICHEL — Voy VERET.

I. — BERGER, JEAN.
  DAUDELIN, Marie, [NICOLAS I.
René, b 1689 ; s 23 déc. 1699, à Boucherville [6]. — *Françoise*, b [6] 5 oct. 1692. — *Jeanne*, b 1698 ; s [6] 25 nov 1699. — *Jean-Baptiste*, b [6] 14 dec. 1701.

BERGER.
Jean-Baptiste, (4) b... ; noyé et s [6] 10 août 1688.

BERGERAC — Voy. BARSA — ROUCHALLET.

1669, (10 novembre) Trois-Rivières. [3]

I. — BERGERON DIT JOBIEL, JACQUES, b 1642, fils d'Arnaud et d'Etiennette Lafargue, de Vieux-Bouchaut, évêché d'Aix.
  MORAL, Gertrude. [QUINTIN I.
Jacques, b [3] 19 juin 1678. — *Marie-Gertrude*, b [3] 19 mai 1681. — *Jean*, b [3] 22 sept. 1683.

1674.

I. — BERGERON, ANDRÉ, (5) b 1643.
  DUMAY, Marguerite. [JEAN I.
André, b 28 janvier 1675, à Québec [2] ; m 14 avril 1698, à Marie GUERNON, à la Pointe-aux-Trembles de Quebec. [3] — *Jean*, b [2] 29 déc. 1676 ; m [3] 9 nov. 1699, à Marguerite GUERNON. — *Pierre*, b [2] 15 mai 1678 ; s 18 déc. 1701, à St. Nicolas. [4] — *Jacques*, b 1681 ; m [3] 2 avril 1704, à Marie-Louise GRENON.

---

(1) Voy. LIVERNOIS.
(2) Filleul du Gouverneur DE COURCELLES.
(3) Filleul de Talon, Procureur du Roy.
(4) Sieur de Granville, Procureur du Roy, 1702.
(5) Le mariage de Marie Bérard avec Jacques Selle dit de L'Espine, a donné l'origine du nom Bérard-Lepine.
(6) Elle epouse, le 14 décembre 1712, Jean Turcot, à la Pointe-aux-Trembles de Québec.

(1) Premier baptême fait dans la *nouvelle église* de la Pointe-aux-Trembles de Québec.
(2) Registre de 1683.
(3) Voir recensement de 1681.
(4) Il était au service de M. Yves Chiquet.
(5) En 1696, le missionnaire de St. Nicolas baptisait dans sa maison, et y disait la messe.

Marie-Françoise, b ² 30 juin 1682. — *Eustache*, b ²
11 mai 1693. — *Geneviève*, b ² 1ᵉʳ juin 1695. —
Nicolas, b ⁴ 15 avril 1697. — *Joseph*, b ⁴ 28 juin
1699.

1667, (3 novembre) Trois-Rivières ⁶
I — BERGERON, François.
 LECLERC, Etiennette.
 François, b ⁶ 11 fév. 1682. — *Marie-Claire*, b 14
juin 1686, à Sorel; m⁶ 5 nov. 1709, à Jean-Charles
VACHER. — *Pierre*, b ⁶ 15 juillet 1691 — *Maurice*,
b ⁶ 10 mai 1694; s⁶ 5 mai 1728. — *Charlotte*, b ⁶
21 sept. 1696; m⁶11 oct. 1723, à Maurice GÉLI-
NAS. — *Marie-Françoise*, b ⁶ 17 août 1699. — *Mar-
guerite*, b...; m⁶ 6 fév. 1708, à Jean-Baptiste Fou-
CAULT. — *Jeanne*, b... m⁶ 11 janv. 1701. à Nicolas
VANASSE.

1698, (14 avril) Pᵗᵉ-aux-Trembles, Q.
II. — BERGERON, André.   [ANDRÉ I.
 GUERNON, Marie,   [PIERRE I.

1698, (19 novembre) Québec. ²
I — BERGERON, Dominique, b 1666, marchand,
 fils d'Arnaud et d'Etiennette Lafargue, de
 Vieux Bouchaut, évêché d'Aix; s ² 9 mai 1710.
1° MILLOT, Marie-Anne,   [JEAN I.
 veuve de François Poisset, s ² 24 déc. 1702
 Anne, b ² 4 avril 1700. — *Joseph-Dominique*, b ²
29 juillet 1701. — *Martin*, b ² 2 sept. 1702.

1704, (7 janvier) Québec. ²
2° DENIS, Louise Catherine (1)   [PAUL II.
 s...
 Paul-Charles, b ² 14 oct. 1705. — *Louise-Elizabeth*, b ² 1ᵉʳ déc. 1706; s ² 16 déc. 1708 — *Claude-
Catherine*, b ² 25 nov. 1707; s ² 10 sept. 1721. —
Théodore-Antoine-Dominique, b ² 17 juin 1709;
s ² 27 sept. 1715.

1699, (9 novembre) Pᵗᵉ-aux-Trembles de Q. ⁷
II. — BERGERON, Jean.   [ANDRÉ I.
 GUERNON, Marguerite.   [PIERRE I.
 Marie-Catherine, b 17 avril 1701, à St. Nicolas⁷;
s ⁷ 2 mai 1701. — *Jean-Baptiste*, b ⁷ 7 mai 1702. —
Nicolas, b...— *Joseph*, b...; 1° m à Madeleine
FRELAND; 2° m 18 mai 1719, à Lévis ⁸, à Madeleine
BOURASSA. — *Charles*, b ⁷ 24 sept. 1706; m⁸ 11
août 1733, Louise HUARD. — *Marie-Louise*, b ⁷ 12
avril 1704.

BERGEVIN. — *Variations et surnoms :* BRÈCHE-
 BRUGEVIN — LANGEVIN.

1668, (26 novembre) Québec. ³
I. — BERGEVIN, (2) JEAN, b 1636, établi à Bourg
 Royal, fils de Mathurin et de Marie Ténier,
 de St. Jacques, évêché d'Angers; s 3 fév.
 1703, à Beauport. ⁴

(1) Elle épouse, le 1er janvier 1719, Guillaume Gaillard.

(2) Marié sous le nom de Bréchevin; souche des familles
Bergevin dit Langevin; ancêtre de Mgr. Langevin, premier
évêque de Rimouski, et de l'Honorable Hector Louis Langevin, C.B., Commandeur de l'Ordre de St. Grégoire, et
Ministre des Travaux Publics.

PITON, Marie, b 1651, fille de Rémy et de Marie
 Poilen, de St. Paul, evêche de Paris, s...
 Jean, b 18, et s ³ 23 août 1669. — *Joseph*, b ³ 10
mars 1673. — *Jacques*, b ³ 28 juin 1675. — *Marie-
Ambroise*, b ³ 8 mai 1676, m⁴ 25 janv. 1694;
à Guillaume FALARDEAU. — *Louis*, b ⁴ 6 déc. 1681;
m ⁴ 13 janv. 1705, à Marguerite TEXIER. — *Marie-
Madeleine*, b ⁴ 18 mai 1684, s ⁴ 31 déc. 1684. —
Ignace, b ⁴ 23 oct. 1685; m ⁴ 19 nov. 1703, à Gene-
vieve TEXIER. — *Anonyme*, b et s 14 mars 1688 —
Jean, b ³ 5 avril 1690; m ⁴ 13 fév. 1713, à Marie-
Madeleine TEXIER — *Jean*, b...; 1° m ⁴ 23 fév.
1702, à Marguerite MEUNIER; 2° m 1703, à Rénee
BEZEAU, à Charlesbourg ⁵; 3° m ⁵ 1712, à Ursule
FORSAN. — *Marie*, b...; 1° m ⁴ 9 juillet 1703, à
Simon MORIN; 2° m ³ 9 janv. 1736, à Charles
CRESPON.

BÉRIADE — Voy. BÉCHARD, René.

1654, (17 août) Québec.
I. — BÉRIAU, Jean, b 1631, fils de Jean et de
 Jeanne Vincendeau, de Magny, evêché de
 Poitiers; s...
 PELLETIER, Françoise (1).   NICOLAS I.
 André, b 1657.

1677.
I. — BÉRIAU, François, sabotier, b 1641.
 PELLETIER, Marie, b 1656.   [JEAN II.
 François, b 1678. — *Marguerite*, b 1680. (2)

1681, (23 janvier) Québec. ³
I — BÉRIAU, Vincent, b 1653, menuisier, fils de
 Jean et de Marie Arnaud, de St. Jean-Evan-
 geliste, évêché de Luçon; s ³ 24 mars 1715.
1° CORDEAU, Marie.   JEAN I.
 s...
 Marie-Catherine, b ³ 18 août 1682; m ³ 5 juin
1702, à Michel FOURNIER. — *Claude*, b ³ 7 sept.
1684. — *Jean-Baptiste*, b ³ 1 fév. 1687. — *Maurice*,
b ³ 6 mars 1689, m ³ 28 avril 1711, à Catherine
MONET. — *Marie-Angélique*, b ³ 16 mai 1691; 1° m ³
9 nov. 1720, à Elie LAFARGE; 2° m ³ 23 fév. 1727,
à Thomas CASTILLON; s ³ 24 octobre 1731. — *Catherine*, b ³ 9 déc. 1693; m ³ 27 sept. 1717, à Jacques BERTIN; s...— *Marie-Madeleine*, b ³ 26 avril
1696; m ³ 13 juin 1712, à Jean-Baptiste CHAUSSÉ;
s...— *Joseph*, b ³ 29 mai 1698; m ³ 27 mai 1725,
Jeanne BERNIER.

1711, (19 août) Québec. ³
2° SELLE, Marie.   [GUILL. I.
 veuve de Jean Flibot.

1695.
I. — BERLOIN, (3) JEAN, établi à l'Ile Jésus, b
 1670, fils de Jacques et de Jeanne Charon, de
 St. Léger, évêché de Poitiers; s 5 nov. 1740,
 à St. François, Ile Jésus. ²
1° FORGET, Marguerite.   [NICOLAS I.
 veuve de Jean Muloin; s ² 26 juillet 1704.

(1) Elle épouse, le 11 octobre 1655, Sébastien Liénard, de
Québec.

(2) Recensement de 1681.

(3) Berloin dit Nantel. et, le Nantel, capitaine de milice.

Marguerite, b 1696, m² 11 nov 1715, à Pierre CHARBONNEAU, s .. — *Catherine*, b 23 janv. 1698, à Repentigny. ¹ — *Joseph*, b³ 2 juillet 1700 s⁴ 26 avril 1703 — *Jean-Baptiste*, b² 17 mai 1702 , m... à Elizabeth GOULLT. — *Pierre*, b² 26 juillet 1704 , s² 8 déc 1701.

———

1705, (11 sept.) St. François, Ile Jesus ²
2° DELPÊCHE, Marguerite,   [BERNARD I
Cécile, b² 17 juin 1706 — *Pierre*, b² 31 oct 1708 , m² 17 avril 1730, à Agnès BRUNET. — *Joseph*, b² 16 avril 1714. — *Joseph*, b² 12 sept. 1715. — *Jean*, b... m² 16 nov. 1733, à Françoise LABELLE

———

BERLOTON —Voy BOURLOTON.

———

1664, (7 juillet) Québec. ⁴

I. — BERMAN (DE), Sieur de la Martinière, Claude, Juge, Conseiller, Lieutenant-Général et Civil, b 1638, fils de Louis et de Françoise Juchereau, de St. Nicolas de la Ferté-Vidame, ° evêché de Chartres, s 19 avril 1719 dans l'eglise de Quebec
1° DISPRÉS, Anne   [NICOLAS I.
veuve de Jean de Lauzon.
2° CAILLETEAU, Marie-Anne.   [JACQUES I
s⁴ 30 nov. 1708.
Jeanne-Françoise, b⁴ 21 mai 1699 — *Claude-Antoine*, b⁴ 13 juillet 1700 , m à Catherine PENSONDE. s⁴ 25 déc. 1761 — *Jean-Baptiste*, b⁴ 28 déc 1701. — *Françoise-Charlotte*, b⁴ 17 sept. 1703 ; s⁴ 29 juin 1708 — *Ignace-Alexandre*, b⁴ 18 août 1707 , s⁴ 13 oct 1711.

1710, (4 août), Québec

3° MOLIN, Marie, fille d Antoine Molin, banquier, de Paris, et de Renée Berson, de St Mederic de Paris.

———

I. — BERMONDE (DE), JEAN (1)

———

BERNARD — *Variations et surnoms* · HANSE — ANSE — ANCE — HINS — HAINS — AINSE — LAVIGNE — DELARIVILRE.

———

I —BERNARD DIT ANSE, b 1638 , s 15 fév. 1698, (2) à Champlain.

———

I —BERNARD DIT LAVIGNE
b 1626 , s 29 mars 1715, à Batiscan.

———

I. —BERNARD, ESPRIT, b 1642.

———

I —BERNARD, NICOLAS, b 1664.

———

I. BERNARD, MATHURIN
FIART, Marguerite.
Jeanne, b 10 fev. 1673, à Boucherville.

———

1666, (27 décembre) Québec. ⁴

I — BERNARD DIT HANSE, JEAN, b 1638, fils de Jean et de Catherine Fauden, de Ste. Croix, de Thionville, Allemagne ; s ..
DEBURE, Marie, b 1617, veuve de Gilles Enart. *Marie-Madeleine*, b⁴ 3 oct 1667, s⁴ 10 oct. 1667. — *Louis*, b⁴ 11 oct. 1668. — *Nicolas*, b⁴ 8 juin 1670, m⁴ 22 nov. 1707, à Marie BRUNEAU. — *Angélique*, b⁴ 30 août 1672 , m 20 juin 1691, à Charlesbourg, ⁵ à Jacques BOUTIN. — *Charles*, b 14 déc 1674, à Sillery ; m 10 nov. 1697, à St. Augustin, à Geneviève MARTIN. — *Jean*, b⁴ 2 oct. 1677 , m⁵ 21 nov. 1712, à Marie BARBOT ; s⁴ 28 janv 1715. — *Madeleine*, b⁴ 21 déc. 1680 ; 1° m 13 nov. 1702, à St Jean, (I. O.) à François MILLET, 2° m 12 juin 1703, à Robert VERMET, à Ste. Famille. — *Marie-Anne*, b⁵ 28 fev. 1683 ; m 31 mars 1704, à Varennes, à Jacques BRUNEL. — *Jeanne*, b⁵ 19 avril 1685. — *Marie-Thérèse*, b 1686 ; m⁴ 7 janv. 1704, à Pierre BROSSEAU, s⁴ 4 août 1732.

———

1676, (26 novembre) Québec.

I — BERNARD, ANDRÉ, b 1649, fils d'André et de Marie Charé, de St. Barthélemy, évêché de la Rochelle, s...
GITTON, Marie, b 1649, veuve de Pierre Conil, de St Nicolas, évêché de la Rochelle s ..
Anne, b 23 juin et s 14 juillet 1678, Québec. — *André*, b 15 juillet 1680, à St. Laurent, Ile d'Orleans. ⁵ — *Marie-Anne*, b⁵ 28 sept. 1683.

———

1692.

I. — BERNARD, Sieur de la Rivière, HILAIRE, b 1639, Huissier du Conseil, Notaire, Arpenteur et Architecte ; s 1ᵉʳ déc. 1729, à Quebec.
1° GILLET, Marguerite.

1694 (3 novembre) Québec. ⁸

2° VOYER, Marie-Madeleine,   [PIERRE I.
s³ 2 oct. 1711.
Hilaire-Alexandre, b³ 26 oct. 1695. — *François*, b³ 20 juin et s³ 26 avril 1697. — *Marie-Anne*, b³ 12 juin 1699 ; m ³ 12 fév. 1714, à René LEILLU ; s³ 21 mai 1734. — *Louis-Augustin*, b³ 17 mai et s³ 10 août 1700. — *Pierre*, b..., s³ 23 janv. 1703. — *Marie-Madeleine*, b³ 26 avril 1703 ; m³ 24 avril 1730 à François TERRAIN. — *Jacques*, b³ 30 juillet 1704. — *Marie-Catherine*, b³ 28 déc. 1706 ; m ³ 24 avril 1729, à Jean ROUDIER. — *Marie-Françoise*, b³ 26 mars 1708 ; m³ 28 nov. 1724, à André BERNIER.

1712, (22 sept) Beauport.

3° DANNEVILLE, Gabrielle,   [BRICE I.
veuve de Mathieu Lagrange ; s³ 13 oct. 1728.

———

1697, (10 novembre) St. Augustin. ⁶

II —BERNARD DIT AINSE, CHARLES.   [JEAN I.
s 18 déc. 1711, à Ste. Foye. ⁷
MARTIN, Geneviève (1)   [PIERRE I.
Marie-Anne, b⁷ 15 août 1699 ; m⁷ 15 oct. 1726, à Louis GAUTIER. — *Charles*, b... ; m⁷ 3 avril 1736, à Charlotte CHEVIGNI. — *Charles*, b⁷ 13 nov.

———

(1) Chevalier, seigneur de St. Basile et de Brosmère, lieutenant de M. de Macari. — *Registre de la Pointe-aux-Trembles de Montreal*, 1686.

(2) Gelé sur le lac St. Pierre.

(1) Elle épouse, le 8 janv. 1716, Pierre Richard, à St. Augustin.

1702; s⁷ 28 mars 1703 — *Marie-Elizabeth*, b 23 mars 1704, à St Augustin. ⁶ — *Charles*, b ⁸ 6 et s 10 janv. 1707, à Lorette. — *Marie*, b ⁶ 26 déc 1707.

BERNIER— *Surnoms :* 1⁰ Jean de Paris , 2⁰ De la Marzelle.

1656, (23 juillet) Québec. ⁷

I —BERNIER dit Jean de Paris, Jacques, b 1633, fils d'Yves et de Michelle Treuillet, de St Germain, d'Auxerre ; s 21 juillet 1713, au Cap St. Ignace. ⁸
Grenier, Antoinette, b 1638, fille de Claude et de Catherine——, de St. Laurent, evêché de Paris , s ⁸ 18 fev. 1713.
Noelle, b ⁷ 4 sept. 1657 , s⁷ 28 avril 1666 — *Pierre*, b⁷ 26 janv 1659 ; m 21 fev. 1689, a François Boulé, à St. Thomas, s ⁸ 18 sept 1741 — *Marie-Michelle*, b⁷ 1ᵉʳ nov. 1660 , m⁷ 19 fev 1678, à Pierre Caron. — *Charles*, b 1662; m⁸ 25 oct. 1694, à Marie-Anne Lemieux ; s⁸ 28 mars 1731.— *Jacques*, b 13 nov 1664, au Château-Richer.— *Jean-Baptiste*, b 30 août 1666, à Ste. Famille , m⁹ 30 oct. 1694, à Ste. Anne, ⁶ à Geneviève Caron — *Geneviève*, b⁷ 28 sept. 1670 ; m⁸ 8 janv. 1691, à Louis Coté. — *Philippe*, b⁹ 15 janv. 1673 ; m⁸ 30 oct. 1701, à Ursule Caron. — *Ignace*, b⁷ 23 avril 1675 , s ⁷ 18 fev. 1678. — *Elizabeth*, b... ; m à Joseph Caron.

1670, (28 octobre) Montreal. ⁶

I.—BERNIER dit LaMarzelle, Mathurin, b 1645, fils de Mathurin, et de Renée Mercereau, de St. Jean de Bessay, evêché de Luçon, en -Poitou ; s⁶ 28 janv 1678.
Villain, Jeanne, (1) b 1655, fille de Jean et de Jeanne Barbe, de St. Jacques, evêché de Paris ; s...
Eliza, b⁵ 3 oct. 1671 ; 1⁰m 24 nov. 1687, à la Rivière des Prairies, à Jacques Biétry ; 2⁰ m⁶ 25 oct. 1705, à Jean Campeau — *Joseph*, b⁶ 26 fev 1673 ; s⁶ 13 mars 1673. — *François*, b⁶ 27 avril 1674 ; s 7 mars 1679, Pⁱᵉ-aux-Trembles de Montreal. — *Françoise*, b⁶ 14 juin 1676.

1685.

I —BERNIER, Louis.
Bonnier, Suzanne.
Urbain, b 20 fev. 1686, à Montréal.

1693, (11 août) Charlesbourg. ⁵

I.— BERNIER, André, b 1660 ; fils de Pierre et de Marguerite Barason, de Niort, evêché de Poitiers ; s...
Bouré, Jeanne. (2)   [Gilles I
André, b⁵ 4 avril 1695 ; m 28 nov. 1724, à Marie-Françoise Larivière, à Quebec. ⁶ — *Marie-Anne*, b⁵ 25 dec. 1697 ; m⁵ 1719, à Hilaire Martin. — *Marie-Charles*, b⁵ 3 juillet 1702 , m⁵ 1722, à Jean-Baptiste Boutin — *Marie-Charlotte*, b⁵ 20 juillet 1704 ; s⁵ 2 janv. 1709 —*Joseph*, b⁵ 16 janv. et s ⁵ 28 dec 1708. — *Barthelémi*, b⁵ 6 déc. 1710 , m⁶ 23 août 1734, à Jeanne Charest. — *Pierre*, b⁵

---

18 juillet 1712 , s⁵ 25 août 1714 — *Marie-Marguerite*, b⁵ 7 nov. 1714 — *Jean-François*, b⁵ 17 fev. 1717. — *Thomas*, b 1720 , s⁶ 24 oct. 1727.

BERNIER, Jean.
Constant, Françoise
Pierre, b... , m 17 nov. 1738, à Gertrude Migneron, à Ste. Foye — *Charles*, b...

1689, (21 fevrier) St. Thomas

II —BERNIER, Pierre   [Jacques I.
s 18 sept. 1741, au Cap St. Ignace. ⁶
Boulé, Françoise.   [Robert I.
Geneviève, b⁶ 21 sept 1690 , m⁶ 30 oct. 1710, à Jean Goldeau — *Marie-Madeleine*, b⁶ 6 dec. 1692 , m⁶ 27 fev. 1713, a Joseph Caron. — *Angelique*, b⁶ 11 mars 1695 , m⁶ 24 oct. 1713, à Jacques Monseau. — *Jacques*, b⁶ 26 fev. 1697 , m... à Elizabeth Guay — *Pierre*, b⁶ 8 juin 1699 , s⁶ 15 mai 1704. — *Charlotte-Françoise*, b⁶ 20 mai 1701 , m⁶ 11 janvier 1719, à François Richard. — *Joseph*, b⁶ 26 mars 1703 ; m 29 oct. 1738, à Marie-Madeleine Caron, à l'Islet ⁵ , s⁵ 28 sept. 1713. — *Pierre-Basile*, b⁶ 9 fev. 1705 , m⁶ 20 oct 1727, à Marie-Joseph Fortin — *Pierre*, b⁶ 1ᵉʳ sept. 1706 ; s 1ᵉʳ août 1711. — *Louis*, b⁶ 2 sept. 1708 , m⁶ 17 avril 1730, à Marguerite Lemieux. — *Jean-Baptiste*, b⁶ 28 oct. 1710 ; m⁶ 11 janvier 1734, à Claire Fortin — *Claire*, b⁶ 3 avril 1712.— *Marie-Claire*, b⁶ 4 juillet 1713.

1694, (25 octobre) Cap St. Ignace. ⁶

II.—BERNIER, Charles.   [Jacques I.
s 28 mars 1731, eglise du Cap St Ignace.
Lemieux, Marie-Anne.   [Guillaume I.
Joseph, b⁶ 18 avril 1696 — *Alexandre*, b⁶ 19 dec. 1697 , m⁶ 24 nov. 1723, à Marie-Louise Fortin. — *Félicité* b⁶ 1ᵉʳ nov 1701 ; m⁶ 30 juillet 1727, à Jean-Baptiste Belleau. — *Marthe*, b⁶ 16 avril 1703 ; m⁶ 20 août 1725, à Joseph Fortin. — *Elizabeth*, b⁶ 18 oct. 1704 , m⁶ 5 nov 1725, à Joseph Joncas. — *Joseph*, b⁶ 17 mars 1706. — *Marie-Madeleine*, b⁶ 9 nov. 1707 ; 1⁰ m⁶ 22 nov. 1728, à François Couillard ; 2⁰ m⁶ 23 nov 1734, à Jean Bossé , s⁶ 27 janvier 1739 — *Augustin*, b⁶ 9 juin 1709 , m... à Angelique Buteau. — *Jean*, b⁶ 2 fev. 1711 — *Charles*, b⁶ 10 dec. 1712 , m 2 mai 1740, à Geneviève Bélanger, à l'Islet. — *Pierre*, b⁶ 4 oct 1714 , m⁶ 17 janvier 1742, à Marie-Louise Guimont. — *Michel*, b⁶ 21 mai 1716. —*Isidore*, b... ; m⁶ 5 nov. 1726, à Ursule Belleau.

1694, (30 octobre) Ste. Anne.

II.— BERNIER, Jean, navigateur.   [Jacques I.
Caron, Geneviève. (1)   [Jean II.
Geneviève, b 24 mars 1697, au Cap St. Ignace ⁵ ; m⁵ 17 juillet 1720, à Jean-Baptiste Coté. — *Ursule*, b⁵ 13 mai 1699 , m⁵ 17 juillet 1720, à Prisque Coté — *Jean-Baptiste*, b⁵ 5 juin et s⁵ 27 sept. 1702. — *Elizabeth*, b⁵ 15 janv. 1704 ; m 7 oct. 1722, à Gabriel Coté, à Quebec ⁸ — *Agnès*, b⁵ 1 avril et s⁵ 25 juin 1707. — *Jean-Baptiste*, b⁵ 23 mars 1708 ; s⁵ 8 oct 1725 — *Anne*, b⁵ 23 mars 1708 ; m⁸ 23 oct. 1728, à Jacques Armand ; s⁸ 8

---

(1) Elle épouse, à la Pointe-aux-Trembles de Montréal, le 5 sept 1678, Jacques Chevalier.

(2) Elle épouse, 5 septembre 1735, Simon l'Ange, à Québec.

(1) Elle épouse Jacques Rodrigue.

mai 1749.— *François-Xavier*, b⁶ 3 avril 1710.—
Louise, b⁵ 3 juillet 1712, m⁵ 22 oct. 1732, à
Maurice-Louis LeBrice.— *Cécile*, b⁵ 26 mars
et s⁵ 23 sept. 1714.— *Madeleine*, b 1716; s 18
fév. 1717, à Charlesbourg.

1698, (7 janvier) Québec. ⁵

I. — BERNIER, Jacques, b 1667, fils de Jacques
et de——— de Fontaine-le-Conte, evêché de
Luçon; s⁵ 13 janvier 1718.
1º De Rome, Elizabeth.   [Denis I.
s⁵ 10 déc. 1708.
Geneviève-Françoise, b⁰ 30 avril 1699; s³ 4
juin 1703.— *Marie-Elizabeth*, b⁵ 10 mai 1700;
s⁵ 9 janvier 1715.— *Jean*, b⁵ 31 août 1702; s⁹
fév. 1703, à St. Michel.— *Jeanne*, b⁵ 12 janvier
1704, m⁵ 27 mai 1725, à Joseph Bériau.— *Angélique*, b⁵ 1ᵉʳ nov. 1705.

1711, (12 octobre) Quebec

2º Greslon, Angelique.   [Jacques I.
veuve d'Anet Boutin. (1)
Marie-Catherine-Joséphine, b⁵ 6 oct. 1712 —
Charles, b⁵ 28 nov. 1713.— *Pierre*, b 1ᵉʳ avril
1715.— *Marie-Madeleine*, b⁵ 7 mars 1716.—
Agnès, b⁵ 21 mars 1717; m⁵ 21 nov. 1735, à
François Delahaye.

BÉROUARD. — *Surnom*: Vigneau.

BERRIN, Marguerite, femme de Julien Boivin,
en 1675.

BERRY. — Voy. 1º Guérin—2º Chabénac

I. —BERRY.
Poisson, Louise.
Marie-Anne, b 5 sept 1660, aux Trois-Rivières.

1692, (4 décembre), Québec.

I. —BERRY, Paul, marchand, b 1662, fils de
Michel et de Jeanne Defitte, de St. Laurent,
ville de Florence.
Mars, Marie,   [Simon I.
veuve de François Rivière.

1663, (19 novembre), Château-Richer.

I. —BERSON dit Chatillon, Antoine, b 1636, à
St Jacques-la-Boucherie, à Paris; s..
Bélanger, Marguerite (2).   François I.
Marie Madeleine, b 2 sept. 1661, au Château-
Richer ²; m 17 janv. 1689, à Nicolas Dufresne, à
Quebec; s 18 fév. 1703, à Montréal.— *Antoinette*,
b ² 27 fév. et s ² 1ᵉʳ avril 1666.

1653, (27 juillet) (3).

I. —BERTAULT (4) Jacques, b 1626, fils de Thomas et de Catherine Coulonne, de la paroisse
des Essars, en Poitou

(1) Elle épouse, le 22 avril 1711, Julien Cadde, à Québec.
(2) Elle épouse, le 13 déc. 1666, Louis Levasseur, Château-
Richer.
(3) Date du contrat de mariage.
(4) Bertaut, Bretaut, au contrat de mariage.—Greffe d'A-
meau.

Bonne, Gillette, (ou Baune), b 1636, veuve de
Marin Chauvin.
Jacques, b 25 nov. 1651, aux Trois-Rivières. ⁴ —
Marguerite, b³ 21 déc. 1655, m 1673, à Denis
Véronneau, s 21 nov. 1687, à Boucherville. ⁴ —
Suzanne, b³ 18 déc. 1657; 1º m³ 24 sept. 1671,
à Jean Hiesse; 2º m⁴ 24 nov. 1677, à Jacques
Brunel.— *Elizabeth*, b³ 23 janv. 1659; 1º m³ 12
août 1671, à Julien De la Touche; 2º m ⁴ 6 nov.
1673, à Noël Lorance.— *Jeanne*, b³ 29 mars
1660, 1º m à Vincent Verdon; 2º m⁴ 5 déc. 1682,
à Mathurin Richard; 3º m⁴ 18 août 1698, à Nicolas Vinet; s⁴ 20 dec. 1698.— *Nicolas*, b³ 26
fév. 1662.

BERTE, Bernard, (1) de Lyon; s 9 juin, 1643, à
Montréal.

I. — BERTHELET, François (2) (d Eris), evêché
de Genève, en Suisse.

(1) Tué par les Iroquois avec Boissier et Laforest.

(2) Ancêtre d'Olivier Berthelet, écuier, Commandeur de
l'Ordre de Pie IX. L'Auteur du Dictionnaire Généalogique
a voulu rendre hommage à la charité du digne et vénéré
fondateur et bienfaiteur de plusieurs asiles de Montréal, Mr.
Olivier Berthelet. en lui présentant, le jour du 72me anni-
versaire de sa naissance, l'Arbre de toute sa famille, accompagné des vers suivants :—

On dit que sur les bords du Léman magnifique,
el arbre, tu naquis, tout brillant d'avenir;
t qu'un jour. tu nous vins, à travers l'Atlantique.
ejeton précieux, que Dieu devait bénir !
a tige, plusieurs fois, d'un sang pur arrosée,
eureux et noble engrais!! au Canada fleurit,
n ce sang des martyrs, tu trouvas ta rosée,
e suc vivifiant, qui toujours te nourrit !
t ton dernier (‡) rameau te fera dans l'histoire
out rayonnant de beaux fruits, (‖) tout rayonnant de gloire!

Couplets chantés par les orphelines de l'Asile St. Joseph de
Montréal :—

I

De la généalogie.
En consultant les secrets
Ou monte. l'âme ravie,
Aux sources de vos bienfaits !
Aux bords d'où vinrent vos pères,
François de Sales vécut...... (†)
Après cela, quels mystères,
Si la charité vous plût ! ! !

II

Puis on vit sur ce rivage,
Deux de vos nobles ayeux,
Rougir de leur sang la plage.
Et s'envoler vers les cieux. (§)
Ces deux victimes sacrées
Vous tracèrent le chemin,
Et leurs âmes empourprées,
Du Ciel, vous tendent la main !

(‡) Mr. Berthelet n'a point d'héritier de son nom.

(‖) Asiles St. Joseph, de la Maternité.—Hospices de St.
Vincent de Paul, de la Providence, du Bon Pasteur.—Collège
Ste. Marie.

(†) La famille Berthelet, originaire de la ville de Genève,
avait une grande vénération pour le St. Evêque François de
Sales. Le nom de François se rencontre plusieurs fois
parmi ses ancêtres.

(§) Eloi Jarry dit Lahaye, et René Chartier, deux des ancêtres de Mr. Berthelet. Le premier, ayant été fait prisonnier, fut tué par les Iroquois, en 1659. Le second, propriétaire,
près de la petite rivière de la Présentation, fut massacré, avec
deux de ses fils, le 5 août 1689, par les Iroquois. Quelques
ossements de feu René Chartier, trouvés dans son habitation,
furent déposés dans l'Eglise de Lachine, le 23 mai   70
(*Registre de Lachine.*)

Montréal 27 Mai 1870.

1662.

I —BERTHELOT dit Le Loutre, André.
b 1633 , s 3 nov. 1687, St. Anne. [4]
GASNIER, Marie (1) [Louis II
Marie-Madeleine, b 1663 , 1° m [4] 9 janv. 1685, à
Joseph Paré; 2° m [4] 5 nov. 1725, à Noel Lessard.—
Nicolas, b 1664 ; s [4] 11 dec. 1683. — *André*, b 1668;
m [4] 18 fev. 1692, à Madeleine Mercier —*Jean*,
b 1669 , s [4] 7 janvier 1670. — *Pierre*, b [4] 23 dec.
1670 , s [4] 20 dec. 1682. — *Anne*, b [4] 10 sept. 1673 ;
m [4] 8 nov 1691, à Charles Mercier.—*Joseph*, b [4]
19 mars 1676 ; 1° m [4] 17 oct 1703, à Marie Gagnon ;
2° m... [4] à Marie Cloutier.—*Jean*, b [4] 14 sept.
1678.— *Louis*, b [4] 10 fev. 1681 ; m 22 nov. 1707,
au Château-Richer, à Elizabeth Cloutier. —
François, b [4] 7 déc 1684 , s [4] 8 nov 1709.—
Etienne, b [4] 16 août, et s [4] 10 sept 1687.

1674, (29 janvier) Québec. [5]

I —BERTHELOT Du Veau, dit Des Cormiers,
Michel, b 1644 , fils de Jean et de Renee Cre-
pin, de St. Pierre de Saumur, evêche d'Angers ;
s 31 mai 1704, à Montreal [6]
De la Porte, Renée, veuve de Jacques Arrivé.
Marie-Romaine, b [5] 29 sept. 1678 , m [6] 20 sept.
1699, à Jacques Hubert ; s [6] 4 mai 1703.—*Jean-
Baptiste*, b et s 18 fev. 1680, à la Pointe-aux-
Trembles de Québec. [7]— *Michel*, b [7] 8 sept. 1691.—
Marie-Anne, b [7] 8 sept. 1681 ; s [6] 27 juin 1699 —
Jean-Baptiste, b [7] 24 sept. 1683 ; s [7] 28 janv. 1685

1696, (1 décembre) Québec. [4]

I —BERTHELOT, Jacques, b 1666, fils de Claude et de Jeanne d'Arcayne, de St. Nicolas,
evêche de Paris, s...
Parenteau, Marguerite Pierre I.
s [4] 25 mars 1732.
Marie-Marguerite, b [4] 24 août 1697 ; m [4] 31
janv. 1718, à Pierre Robert. — *Louis*, b [4] 27 juin
1700 , m [4] 7 oct. 1743, à Madeleine Montmeny ; s [4]
30 mars 1760. — *Marie-Geneviève*, b [4] 1 avril 1702,
s [4] 10 juillet 1702. — *Antoine*, b [4] 20 dec. 1703 ; s [4]
30 août 1704.— *Louise*, b [4] 26 août 1705.—
Gabrielle-Charlotte, b [4] 22 déc. 1706 ; m [4] 16 fev.
1733, à François Bernard ; s [4] 24 janv. 1748.—
Louise-Catherine, b [4] 9 oct. 1708 : 1° m [4] 15 juill.
1725, à Edme Rouelle ; 2° m [4] 14 avril 1760, à
Charles Laurent.—*Charles*, b [4] 6 mars 1710 ; s [4]
19 avril 1710. — *Marie-Joseph*, b [4] 7 mars 1711 ;
s [4] 26 sept. 1711.— *Jeanne*, b [4] 23 juin 1712 ; s [4]
23 juillet 1712 —*Joseph* b [4] 9 sept. 1713 ; s [4] 21
oct 1713.— *Marie-Françoise*, b [4] 16 janv. 1715;
m [4] 10 avril 1741, à Jean-Baptiste Pinault.—
Michel, b 12 et s [4] 25 août 1716.—*Marie-Cécile*, b [4]
21 janv. 1719 ; s [4] 10 juillet 1719.

III

Attendez, noble famille ;
Ne pressez pas son départ.
Sa couronne qui scintille
Sera plus belle, plus tard ! !
Seulement, à cette fête,
Souriez du haut des cieux,
Et répandez sur sa tête
Vos dons, au gré de nos vœux ! ! !

(1) Elle épouse le 30 juillet 1691, Jacques Abeln, de Ste.
Anne.

1692, (18 fevrier) Ste. Anne.

II —BERTHELOT, André. André I.
Mercier, Marie-Madeleine (1). [Julien I

1678.

I. — BERTET (2) Jacques, sergent.
b 1638 , s 10 janv. 1693, à Quebec.
———— Charlotte.
Jacques et Charles, jumeaux, b 30 juin 1679, à
L'Ange-Gardien.

1670.

I. — BERTHEOME, Jacques (3)
b 1632 ; s 9 juillet 1707, à Ste. Foye. [5]
Bonhomme, Catherine, [Nicolas I.
s...
Marie-Ignès, b 3 fév. 1671, à Sillery [4] ; 1° m [3] 18
avril 1712, à Rene Bertrand ; 2° m [3] 10 oct. 1721,
à Pierre Menanteau. — *Pierre*, b [4] 4 août 1673 ;
1° m 1697, à Marie Maugy, 2° m 10 nov. 1699,
à la Pointe-aux-Trembles de Quebec, à Catherine
Fauteux. — *Joseph*, b [4] 26 sept. 1675. — *Noel*, b [4]
31 dec. 1677, m 15 janv. 1704, à St. Augustin, à
Françoise Girard ; s [3] 27 janv. 1736 — *Catherine*,
b 1679 . m [3] 23 oct. 1702, à Jean-Baptiste Belleau.
— *Marie-Madeleine*, b 1686; 1° m [3] 24 nov 1711,
à Charles Danès ; 2° m [3] 27 nov. 1721, à Pierre
Robitaille ; s 27 déc 1755 —*Marie-Anne*, b 1696 ;
s [3] 29 janv. 1703.

1697.

II. — BERTHIAUME, Pierre. [Jacques I.
1° Maugy, Marie
Jean, b... m 1725, à Charlesbourg, à Marie-
Charlotte Bastille.

1699, (10 novembre) Pte-aux-Trembles, Q.

2° Fauteux, Catherine. [Pierre I.
Pierre, b 9 nov. 1700, à Ste. Foye. —*Noel*, b
26 fevrier 1702, à Lorette [6] — *André*, b [6] 17 janv.
1704.— *Joseph*, b [6] 3 avril 1705 ; m 21 nov. 1729,
à St. François, Ile Jesus, à Suzanne Chartran.—
Ignace-Amador b [6] 6 juillet 1706.— *Marie-Catherine*, b [6] 24 oct. 1707.— *Marie-Thérèse*, b [6] 7 avril
1709.— *Jacques*, b [6] 5 sept. 1710 ; s [6] 1er mai 1711.
— *Félicité*, b [6] 5 juin 1712.

1672, (11 octobre) Québec. [4]

I.—BERTHIER, Alexandre, b 1638, fils de Pierre
et de Marguerite Bariac, de St. Jacques de
Bergerac, evêche de Périgueux, s..
Le Gardeur, Marie. [Charles II.
Marie-Geneviève, b [4] 30 sept. 1673 ; s [4] 4 oct
1673.—*Charlotte-Catherine*, b 20 sept. 1674, à
Sorel [5] — *Alexandre*, b [5] 3 juillet 1676 ; m [4] 4 oct.
1702, à Françoise Pachot ; s [4] 11 janv. 1703.

1670, (23 septembre) Québec.

I.—BERTIN dit Languedoc, Bernard, fils de
Jean et de Marie Lariault, de St. Nicolas,
evêché de Toulouse, s...

(1) Elle épouse, le 10 juin 1701, Etienne Giguère, de Ste.
Anne.
(2) Voy. Berté, Jacques.
(3) Origine des familles Berthiaume.

TIRMONT, Noëlle, fille de Claude et de Barbe Trévant, de St. Denis, évêché de Paris.
Bernard, b 23 juin 1672, à Montréal.

I.—BERTONET DIT MONTARGIS, FRANÇOIS.
b... ; s...
EMOND, Reine, [RENÉ I.
s...
Marie, b 29 janv. 1707, à St. François, Ile d'Orléans.

1652.

I.—BERTRAND, JEAN, du bourg de Matha, évêché de Xaintes.
BOUCHEROT, Renée.
Jean, b 1658, France ; 1° m 10 sept. 1685, à Marguerite TESSIER, à Charlesbourg ⁴ . 2° m ⁴ 5 juillet 1696, à Jeanne VALLÉE.

1671, (12 octobre) Québec. ⁵

I.—BERTRAND, GUILLAUME, b 1641, fils de Pierre et de Jeanne Boutin, de Ste. Marie, évêché de la Rochelle ; s 23 oct. 1710, à la Pointe-aux-Trembles de Quebec.
FERRON, Marguerite, b 1641,fille de Jean et d'Antoinette Desvilliers, de St Vaast, évêché de Cambray ; s ⁶ 13 juin 1706.
Jean-François, b ⁵ 29 juin 1672 ; m ⁶ 5 mars 1696 à Anne RICHARD.—*Marie-Marguerite,* b 8 sept. 1676 ; m ⁶ 14 sept. 1700, à Nicolas PETIT. — *Marie-Madeleine,* b ⁵ 25 juillet 1674. — *Marie-Madeleine,* b ⁵ 8 sept. 1676. — *Marie-Angélique,* b ⁵ 20 déc. 1678 ; m ⁶ 30 janvier 1702, à François RICHARD.— *Marie,* b ⁶ 8 sept. 1681. — *Francois,* b ⁶ 7 juin 1684. — *Thérèse,* b ⁵ 3 nov. 1686 ; m... à Charles RAYMONEAU ; s ⁵ 16 mars 1717 — *Guillaume,* b ⁶ 1ᵉʳ mai 1689, m ⁶ 12 juin 1713, à Marie-Angelique DUBUC — *Marguerite,* b 1695 ; s 8 fev. 1756, à Ste. Foye.

I.—BERTRAND, GUILLAUME, capitaine de navire, b 1676 ; s 24 oct. 1716, à Quebec.

1685, (10 septembre) Charlesbourg. ⁵

II. — BERTRAND, JEAN. [JEAN I.
du bourg de Matha, évêche de Xaintes.
1° TESSIER, Marguerite. [MARC I.
Jean-Baptiste, b 13 et s ⁵ 17 août 1687 — *Francois,* b ⁵ 16 mars 1689.

1696 (5 juillet) Charlesbourg. ⁵

2° PAQUET-LaVallée Jeanne. [ISAAC I.
Félicité, b... , s 24 fév. 1697, à St. Augustin.

1690, (22 septembre) Montréal.

I. — BERTRAND, GABRIEL, fils de Simon et de Françoise Aymes, de Ste. Therèse, évêché de Poitiers.
PETIT dite GUILLOT, Marie-Anne. (1) [JEAN I.

1694, (1ᵉʳ juillet) L'Ange-Gardien. ⁵

I.—BERTRAND DIT LAFLEUR, RENÉ, fils de René et de Catherine Blotin, de l'evêche d'Angers.

GENDRON, Marie, [PIERRE I.
veuve d'André Cassan.
René, b ⁵ 28 janv. 1696. — *Barbe,* b ⁵ 24 juillet 1697.— *Marie,* b ⁵ 15 avril 1700. — *Claire,* b ⁵ 14 nov. 1701. — *Marie-Madeleine,* b ⁵ 13 août 1703.

1696, (5 mars) Pᵗᵉ-aux-Trembles, Q. ⁶

II.—BERTRAND, JEAN-FRS (1). [GUILLAUME I.
s...
RICHARD, Anne. [PIERRE I.
Marie-Anne, b ⁶ 15 janv. 1697 ; m ⁶ 6 fév. 1720, à Joseph-Louis MOTTARD.—*Jean-François,* b ⁶ 20 août 1698. — *Marie-Marguerite,* b ⁶ 14 octobre 1700. — *Angélique,* b ⁶ 15 août 1702. — *Louis-Joseph,* b ⁶ 5 fév. 1704. — *Jean-Baptiste,* b ⁶ 13 mars 1706. — *Marie-Thérèse,* b 11 juillet 1708, au Cap Santé ⁷ — *Marie-Joséphine,* b ⁷ 27 janv. 1710. — *Marie-Madeleine,* b ⁷ 5 sept. 1712.

1697, (23 septembre) Montréal. ⁵

I. — BERTRAND, JEAN, b 1667, fils de Simon et Françoise Aimee, de la Ferrière, en Poitou.
BRAC, Marie-Charlotte. [JEAN I.
Marie-Charlotte, b ⁵ 11 juillet 1698. — *Jacques,* b ⁵ 5 sept. 1699. — *Catherine,* b ⁵ 12 nov. 1701. — *Christine,* b ⁵ 13 avril 1704.

1697, (3 juin) Batiscan. ³

I.—BERTRAND (4) DIT ST. ARNOULD, PAUL, b 1667, fils de Jean et de Marie Nee, de la Madeleine, évêché d'Evreux ; s 27 juillet 1739, St. Geneviève. ⁴
BARIBAULT, Gabrielle, [FRANÇOIS I.
veuve de Guillaume Le Bellet ; s ³ 2 mars 1725.
Elizabeth, b ³ 15 mars 1698 ; m ³ 16 mai 1718, à François DESSUREAUX.— *Gabrielle,* b ³ 1ᵉʳ fev. 1700 ; s ³ 3 dec 1702.— *Marie-Paule,* b ³ 12 et s ³ 13 mars 1702.— *Paul,* b ³ 22 mars 1703 ; m ³ 17 sept. 1725, à Marie Joséphine JUINEAU.— *Jean-Baptiste,* b ³ 16 mai 1705 ; m ⁴ 8 nov. 1734, à Marie Joséphine DESSUREAUX.— *Marie-Jeanne,* b ³ 9 avril 1707, m ⁴ 6 fev. 1730, à Prime COSSET— *Marie Joséphine,* b ³ 6 oct. 1709 ; m ⁴ 13 janv. 1738, à Etienne LAFOND.— *Marie-Marguerite,* b ³ 14 fev. 1712.

1699, (10 fevrier) Laprairie. ⁵

I. — BERTRAND DIT TOULOUSE, JEAN, soldat de Noyan : 1664, fils de Raymond et de Jeanne Aubry ; s...
DROUSSON, Louise. [ROBERT I.
s...
Jean-Baptiste, b ⁵ 13 nov 1699.— *Joseph,* b ⁵ 31 dec. 1700.

I.—BERTRAND DIT ST. ARNAUD, MATHURIN.—
Voy. ROBERT.

1679, (22 août) Ilet. ⁴

I.—BÉRUBÉ, DAMIEN, b 1651, fils de Robert et de Catherine Pognot, de Rochefort, évêché de Rouen, s 7 mars 1688, à la Rivière-Ouelle. ⁵

---

(1) Elle épouse, 28 octobre 1721, Toussaint Savariaux, à Beauport.

(1) Appelé Jean.

Sauvenier, Jeanne, veuve de Jean Soucy dit Lavigne, (1) b 1647, fille de Jacques et d'Antoinette Babilotte, de Paris.
Marguerite, b [4] 15 déc 1680, m [5] 26 août 1697, à René Plourde ; s [5] 26 fév. 1709 — *Ignace*, b 1683 ; m [5] 16 août 1707, à Angélique Ouellet, s [5] 9 mars 1709. — *Pierre*, b 1682, m [5] 8 janv. 1706, à Geneviève Dancosse. — *Marie*, b 1683 ; s [5] 8 mars 1688. — *Marie-Joseph*, b [5] 6 janv. 1685. — *Thérèse*, b 1686 ; s [5] 8 mars 1688. — *Mathurin*, b [5] 21 nov. 1688 ; m [5] 6 avril 1712, à Angelique Miville.

BÉRY, sage-femme. (2)

BERZAT, André — Voy. Barsa.

BESNARD. — Voy. Bérard, Gabriel 1674.

BESNARD, Jacques.
— Catherine.
Marguerite, b 9 août 1658, aux Trois-Rivières.

1666, (2 fevrier) Trois-Rivières. [4]

I. — BESNARD dit Bourjoli, et Carignan, René (appelé Ménard,) b 1628, fils de Jean et de Madeleine Maillard, de Villiers, évêché d'Angers, s...
Sédilot, Marie,   [Louis I.
veuve de Bertrand Fafart, b 1629 ; s [4] 12 juin 1689.
Anne, b [4] 24 nov. 1661 ; m 1678, à Pierre Bourbeau. — *Joseph*, b [4] 29 dec. 1662 ; m 25 oct. 1689, à Marguerite Faie, à Laprairie. — *Marie-Jeanne*, b [4] 13 mai 1664. — *Maurice*, b [4] 31 mai 1666. — *Isabelle*, b [4] 9 mars 1668 ; m 18 sept. 1702, à Martin Noblesse, à Montréal. — *René*, b [4] 23 sept. 1670 ; m 8 janv. 1711, à Geneviève Trotier, à Batiscan.

1672, (11 octobre) Quebec.

I.—BESNARD dit Lajeunesse, Mathurin, b 1644, fils de Louis et de Mathurine Chevay, de Villié, Ville-de-Château, évêché d'Angers.
Viart (ou Viard) Marguerite, (3) b 1652, fille de Pierre et de Catherine Le Compte, de Brie-Comte-Robert, évêché de Paris.
Jeanne, b 1673 ; m 2 janvier 1690, à Jean Cousineau, à Montréal [6] ; s 9 mai 1749, au Sault-au-Récollet. — *Marie*, b 1679 ; 1[o] m [6] 21 nov. 1695, à François Gloria ; 2[o] m [6] 18 nov. 1698, à Noel Lego dit Deslauriers. — *Marguerite*, b 31 octobre 1682, à Contrecœur ; m [6] 23 mars 1699, à... — *René*, b... ; m 1717, à Anne Gibaut.

1689, (25 octobre) Laprairie. [5]

II. — BESNARD, (4) Joseph.   [René I.
Faie, Marguerite.   [Mathieu I.
Marguerite, b [5] 17 juin 1696. — *Joseph*, b 19

(1) Elle épouse (7 nov. 1641) François Miville, à la Rivière Ouelle.
(2) Delle Béry (sage-femme) envoyée dans ce pays par Sa Majesté. (Registre de Ste. Foye, 1730.)
(3) Elle épouse, le 1er novembre 1678, Jean Insard, à Contrecœur.
(4) Ou Bénard, Sieur de Lavignon.

nov. 1698, à Boucherville. [6] — *Jean-Baptiste*, b [6] 1er mars 1701.

BESNARD, Gabriel. — Voy. Bérard.

BESONVILLE. — Voy. De Coguenne

I. — BESSE, Léonard, b 1641.

1667.

I. — BESSET, (1) Jean.
Seigneur, Anne.   [Jean I.
Marie, b 1668 ; m à Laurent Périer. — *Jacqueline*, b 18 fevrier 1671, à Boucherville. [4] — *Jean*, b [4] 1er janvier 1673 ; 1[o] m 16 mai 1695, à Marie-Anne Benoit, à Laprairie ; 2[o] m 8 sept. 1700, à Madeleine Plamondon — *Anonyme*, b et s 1er janvier 1673, à Sorel. [5] — *Simon*, b 13 janv. 1676, à Montreal.[6] — *Marguerite*, b... ; m 1669, à Jacques Poissant. — *Pierre*, b [5] 17 nov. 1687. — *Therèse-Charlotte*, b [6] 1er février 1690 — *Pierre*, b 2 août 1682, à Contrecœur. [7] — *François*, b [7] 29 sept. 1685.

1695, (16 mai) Laprairie. [5]

II. — BESSET, Jean.   [Jean I.
1[o] Benoit, Marie-Anne,   [Paul I.
veuve de Jean Bourdon ; s [5] 9 août 1697, tuée par les Iroquois.
Marie-Jeanne, b [5] 9 février 1696 ; s [5] 28 mai 1697.

1700, (8 septembre) Laprairie.

2[o] Plamondon, Madeleine.   [Philippe I.

1666.

I — BESSIER, Pierre.
Varin, Catherine.   [Robert I.
Paul, b 1667 ; m 26 fév. 1691, à Jeanne Amyot à la Pointe-aux-Trembles de Québec.

1691, (26 fevrier) P[te]-aux-Trembles, Q.

II.—BESSIER, Paul.   [Pierre I.
Amyot, Jeanne.   [Mathieu II.

1685, (26 nov.) P[te]-aux-Trembles, Q. [4]

I. — BESSIÈRE, Antoine, b 1650, fils de Paul et d'Etiennette Girurgue,de Villefranche, évêché de Rodez.
Croteau, Jeanne.   [Vincent I.
Marie-Geneviève, b [4] 9 janv. 1687 ; s [4] 13 janv. 1687. — *Jeanne-Ursule*, b [4] 25 août 1688. — *Marie-Jeanne*, b [4] 10 fév. 1697. — *Marie-Geneviève*, b [4] 23 oct. 1701 ; m à Jean-Baptiste Vaudry.—*Louise*, b... ; m 31 déc. 1718, à Simon-François Cauvin, à Québec.

BITH, Georges, s 25 mars 1695, à Québec, jeune homme décédé à l'Hôtel-Dieu.

1668.

I. — BÉTOURNÉ (2), Adrien, b en 1643.

(1) Voy. Bessestre.
(2) Bétourné dit Laviolette.

DESHAIES, Marie, b 1655.
Pierre, b 1669 ; m 29 dec 1692, à Montreal [5], à Jeanne RONSERAY , s [5] 19 oct. 1702 — *Marie-Anne*, b 24 mai 1684, à Repentigny : m [5] 31 mai 1700, à Pierre CHICOINE. [5]

1692, (29 decembre) Montréal. [5]
II. — BÉTOURNÉ, PIERRE.　　　　[ADRIEN I
　s [5] 19 oct. 1702.
RONSERAY, Jeanne-Françoise.　　　[JEAN I.
Marie-Françoise, b [5] 30 mai 1694 — *Louise*, b [5] 6 janvier 1696. — *Angélique*, b 16 janv. 1700, à Laprairie. [6] — *Toussaint*, b [6] 2 nov. 1701 — *Marie*, b... ; m [6] 27 avril 1717, à Antoine CAILLE. — *Louis*, b.. ; m [6] 23 nov. 1722, à Marguerite DUPUY. — *Pierre*, b [6] 13 juin 1698 ; m [6] 8 nov. 1723, à Anne BOYER

1681, (19 août) Islet.
I. — BÉTUREAU, LOUIS, b 1651, à Angoulême ; s...
　CHALUT, Catherine　　　　[PIERRE I
　veuve, de Noel POURVEU-LAFORTUNE, b...
Angélique, b 21 nov 1683, à Levis.

BEVIN, THOMAS (1).
　b 1664, s 6 sept 1686, à Québec

1663.
I. — BEZEAU, PIERRE.
　MILLET, Renée.
Pierre, b... m 1693, à Marie-Charlotte ROUTIER. — *Renée*, b 1666 ; 1º m à Laurent DELAGE ; 2º m 1er dec. 1703, à Jean BERGEVIN DIT LANGEVIN, à Charlesbourg [2] ; s [2] 29 mars 1711.

II — BEZEAU, PIERRE.　　　　　[PIERRE I.
　ROUTIER, Marie-Charlotte.　　　　[JEAN I.
Marie-Louise, b 26 août 1694, à Lorette. [4] — *Marie-Charlotte*, b [4] 4 mars 1696 — *Marie-Charlotte*, b [4] 7 fev. 1700. — *Pierre*, b [4] 14 fev. 1702. — *Joselte-Marie*, b [4] 27 avril 1705. — *Thérèse*, b [4] 19 août 1707. — *Noel*, b [4] 22 nov. 1709. — *Marie-Agnès*, b [4] 17 juin 1711 ; s [4] 28 avril 1714.

BEZIER. — *Variations et surnoms :* BEZIS, — SAMSON.

1698, (8 mars), St Thomas. [5]
I. — BÉZIS (2), JEAN BAPTISTE, b 1668, fils de Jean-Baptiste et de Jeanne Foucaut, de Montmarcan, evêche d'Arles ; s..
　DAMIEN, Madeleine. (3)　　　　[JACQUES I.
Madeleine, b 1698 , s 31 janv. 1703, à la Pointe-aux-Trembles de Quebec. [2] — *Geneviève*, b [5] 11 janv. 1699 ; s [2] 21 fev. 1703. — *Jean-Baptiste*, b [5] 21 nov. 1701. — *Jeanne*, b [5] 27 dec 1703 ; m [4] 8 janv. 1720 à Daniel FONTEMONT — *Geneviève*, b 9 juillet 1707, à Quebec [4] ; s [4] 31 dec 1709. — *Marie-Joseph*, b 1698 ; m [2] 16 juin 1716, à Jean SIVADIER ; s [4] 30 sept. 1748.

(1) Natif de Londres. Angleterre, soldat de la compagnie de M. DesBergères, trouvé mort à la Canardière.
(2) Voy. Bézis dit Samson ; voy. Jean Samson.
(3) Elle épouse, le 21 janvier 1710, Louis Gautreau, à Québec.

BEZOU, BLAISE. — Voy. BELLEAU.

1671, (17 août), Québec.
I. — BIBAUT (1), FRANÇOIS, etabli à Batiscan, b 1642, fils de François et de Jeanne Louineau ou Savionault, de Notre-Dame de Cogne, ville de La Rochelle ; s ...
　1º CHALIFOUR, Jeanne, s ..　　　- PAUL I.
Marie, b 12 sept. 1674, aux Trois-Rivières [3] ; m [3] mai 1707, à Pierre MORNEAU.

　1682 (17 novembre), Trois-Rivières. [3]

　2º ESNARD, Louise, b 1667, fille de Simon et de Marie Loubie, de St Tauberot, evêche de La Rochelle ; s ...
Pierre, b 6 oct. 1685, à Sorel. — *Anonyme*, b et s [3] 3 août 1687 — *François*, b [37] 7 mars 1689. — *Nicolas*, b 17 mai 1691, à Batiscan [4] ; m 1er fev. 1717, à Marguerite PELLETIER, à l'Ile-Dupas. — *Jean-Baptiste*, b [4] 12 oct. 1693 ; m 17 juillet 1722, à Catherine PLANTE, à Laprairie. — *Simon*, b [4] 23 fev. 1696 — *Marie-Anne*, b [4] 24 fev. 1698.

BIBET, Louis, b 1631, charpentier sur l'Ile d'Orleans en 1681.

I — BIDELIN DIT LAMARCHE, JEAN, soldat de M. de la Chassaigne, b 1674, de N.-D. de Bayeux, s 23 fevrier 1700, à Montreal.

BIDET. — Voy. DES ROUSSELETS. — DES ROUXELLES.

1669, (18 octobre) Ste. Famille. [3]
I. — BIDET DIT DES ROUSSELETS, JACQUES, b 1646 fils de Pierre et de Marie Alaire, de Chenet, evêche de Xaintes ; s...
　DESFOSSÉS, Françoise, b 1649, fille de George et de Marie Ledoux, de St Jacques-du-Haut-Pas, evêche de Paris ; s 19 nov. 1711, à St. Jean, Ile d'Orleans. [4]
Françoise, b [3] 8 sept. 1670 ; m [4] 23 sept. 1692, à François HELIE — *Marie*, b [3] 25 mai 1673 ; m [4] 19 nov. 1691, à Charles DALÈRE — *Jeanne*, b [3] 24 janvier 1676 ; m [4] 24 oct. 1700, à Mathurin Dupas. — *Catherine*, b [3] 17 juillet 1678 ; m [4] 20 août 1700, à Louis TERRIEN. — *Jacques*, b 1681 ; m [4] 13 juin 1701. à Françoise DALERE. — *Madeleine*, b [4] 23 mai 1683 , m [4] 10 fev. 1706, à Joseph DALÈRE.

BIDET, Sébastien,
　s 14 janvier 1689, à Québec.

BIDON, Job, a formé le nom de JOBIDON.

1655, (3 novembre) Québec. [2]
I. — BIDON, (2) Louis, établi au Château-Richer, b 1625, fils de Jacques et de Michelle Vrament.
　DELIGNY, Marie b 1640 ; fille de Robert et de Marie du la Taché.
Marie, b [2] 18 mars 1657 ; 1º m 11 fév. 1672, à Pierre ROUILLARD, au Château-Richer [3] ; 2º m [3] 11 avril 1673, à Michel ISABEL ; 3º m [2] 1er fév. 1678,

(1) Bibault.
(2) Et Jobidon.

à Jacques Posé — *Jean,* b ² 10 nov. 1639 , s... —
Louis, b 1662 ; m 20 nov. 1690, à Anne Bouchard,
à l'Ange-Gardien. ⁴ — *François,* (tdiot) b ⁴ 15 janv.
1663 , s ³ 5 mai 1698.—*Marguerite,* b ⁴ 1661 , m ⁴
20 juillet 1676, à François Nallt , s 27 nov. 1687,
à la Pointe-aux-Trembles de Québec. — *Catherine,*
b ³ 8 fev , et s 12 mars 1665.—*Anne,* b 27 mars et
s ³ 28 juin 1666 — *Geneviève,* b ³ 27 fev. 1667.—
Anne, b ³ 12 mai 1669 ; 1⁰ m ⁴ 13 janvier 1688, à
Jean Boette, 2⁰ m ³ 11 avril 1695, à Samuel Lecompte , s ³ 19 fev. 1703. — *Anne,* b ³ 5 janv. 1674.
m ³ 19 nov 1691, à Barthelemi Voyer , s ³ 24 janv
1703. — *Catherine,* b ³ 8 sept 1676 , m ³ 20 fev.
1696, à Jean Charet.

1690, (20 novembre) L'Ange-Gardien

II — BIDON, Louis. [Louis I
s...
Bouchard, Marie-Anne. Claude I.
Marie-Anne, b 13, et s 22 dec. 1691, au Château-
Richer ⁵. — *Julien,* b ⁵ 10 janv. 1693 , m ⁵ 7 fev.
1718, à Anne Navers — *Louis,* b ⁵ 31 mars 1695 ,
s ⁵ 9 mai 1696 — *Louis,* b ⁵ 1 avril 1697 ; m ⁵ 25
oct 1717, à Anne Toupin.— *Marie-Madeleine,* b ⁵
21 avril 1699 ; m ⁵ 23 septembre 1715, à Charles
Belanger

1610.

BIENCOURT (De) Charles, Sieur De St. Just.
fils de Mr. de Poitrincourt. — Va trouver son
père à Port-Royal (Champlain 1610).

BIENVENU, *surnoms,*—Delisle—Fontaine.

I.—BIENVENU dit Delis e, François
1⁰ Laferriere, Geneviève. [Jean I.
Raphael, b 1703 ; s 24 avril 1706, au Detroit ⁴.
— *Joseph,* b ⁴ 5 mai 1704 ; s ⁶ 31 dec. 1711. —
Marie, b ⁴ 8 dec. 1705 ; m ⁴ 4 avril 1725, à Jacques
Roussel. — *Alexis,* b... . m ⁴ 17 janv 1740, à Eli-
zabeth Bouron. — *Marie-Anne,* b... , m ⁴ 11 janv.
1741, à Jean-Baptiste Mollet

1708

2⁰ Lemoyne, Marie.
Marie-Joselle, b ⁴ 26 août 1709. — *Louise,* b ⁴ 21
mai 1711. — *Etienne-François,* b ⁴ 6 dec 1712 ; s
⁴ 12 avril 1713. — *Louis,* b ⁴ 29 avril 1714. —
Marie-Charlotte, b ⁴ 27 mars 1716. — *Angélique,*
b ⁴ 16 fev. 1721 ; m ⁴ 15 août 1742, à Claude Esprit. — *Suzanne,* b ⁴ 10 nov. 1722. — *Charles,* b ⁴
9 dec. 1724.

BIERNAIS.—Voy. Laborde.

1687, (24 novembre) Rivière des Prairies.

I — BIÉTRY (1), Jacques, b 1657, fils de Gérard et
de Jeanne LeRoy, de St. Germain l'Auxerrois, Paris, s ..
Bernier, Elizabeth(2). [Mathurin I.
Jean-Paul, b 25 juin 1696. à Montréal. ⁶ — *Jacques,* b ⁶ 9 juillet 1698. — *Marie-Elizabeth,* b ⁶ 20
janv. 1701.

---

(1) Biétry dit LeChevalier et Billiestri.
(2) Elle épouse, le 25 octobre 1705, Jean Campeau, à Montréal.

BIGAOUETE. — Voy. Thomas.

1633.

I.—BIGOT, Jean, de Touronvre, au Perche.
Chastel, Thomine
Françoise, b 1633 ; 1⁰ m... à Charles Guillebout ,
2⁰ m 8 mai 1658, à Denis Brière, à Quebec. ³ —
Jean, b 1634 ; s ³ 24 sept. 1648 —*Jeanne,* b 1636 ;
m 1657, à Martin Albert.

1639, (3 septembre) Quebec.

I —BIGOT, Guillaume, (1) b 1614, fils de Louis
et de Bertranne Malescort, de Torcé, près
Rennes, en Bretagne.
Panis, Marie, fille de Jacques et de Marie Pou-
chet, de St. Maclou, evêche de Rouen.

1643.

I. —BIGOT dit Lamotte, François, - notaire
royal, etabli au Cap de la Madeleine, b 1621.
Drapeau, Marguerite.
b 1616
François, b 1644 , 1⁰ m à Catherine Casiaujeau ;
2⁰ m 24 oct 1672, à Marie Bouchard, au Château-
Richer ; s 28 oct. 1708, à Champlain.

1672, (24 octobre) Château-Richer

II — BIGOT, François, [François I.
veuf de Catherine Casiaujean ; s 28 oct. 1708,
à Champlain ⁶
2⁰ Bouchard Marie. (2) [Claude I.
Antoine, b ⁶ 3 avril 1681 ; s ⁶ 13 fev. 1684.—
Jean-Baptiste, b ⁶ 26 août 1682 , m ⁶ 24 nov. 1712,
à Celeste Turcot.— *Jacques,* b ⁶ 3 avril 1684.—
Joseph, b ⁶ 2 août 1686 , s 27 mai 1734, aux Trois-
Rivieres. — *Marie-Jeanne,* b ⁶ 26 oct. 1688 ; m ⁶
juillet 1710, à Alexis Lepelé.— *Antoine,* b ⁶ 17
dec. 1690 ; s ⁶ 26 nov. 1709. — *Marie-Joselle,* b ⁶
23 mai et s ⁶ 16 août 1695. — *Marie-Madeleine,* b ⁶
21 dec 1697 · s ⁶ 2 juillet 1713. — *François,* b...,
m ⁶ 16 avril 1703, à Renee Beaudoin — *Marguerite,* b...; m ⁶ 17 avril 1704, à Adrien Baret.—
Michel, b... ; 1⁰ m... à Marie-Anne Contant , 2⁰ m
29 oct. 1742, à Angelique Provencher, au Cap de
la Madeleine.

BIGOT dit La Giroflée, Jacques, soldat de M. de
la Grois.—*Registres de Montréal,* 1698.

1698, (31 août) Montréal. ⁴

I. — BIGRAS, François, b 1663, fils de Mathurin
et de Catherine Parenteau, de St. Nicolas,
évêché de la Rochelle.
Brunet, Marie. [Mathieu I.
Marie-Louise, b 29 oct. 1694, à Lachine ; m 16
oct. 1713, à André Laframboise, à la Pte.-Claire. ⁶
— *Jacques,* b ⁴ 14 sept. 1696. — *Françoise,* b ⁵ 4
mai 1698 — *François,* b ⁵ 31 fev. 1700. — *Marguerite,* b ⁵ 26 nov. 1701. — *Marie-Angélique,* b ⁵
20 août 1703. — *Alexis,* b ⁵ 28 juin 1705. — *Joseph,*
b ⁵ 28 mars 1707. — *Judith,* b ⁵ 26 fev. 1709. —
Geneviève, b ⁶ 1ᵉʳ mai 1714.

---

(1) Voir contrat de mariage, 19 déc. 1639. Greffe de Guitet.
(2) Elle se nommait Bouchard dite Dorval, et ses enfants
ont pris le nom de *Dorval.*

1661, (29 octobre) Champlain. [2]

I —BIGUET dit Nobert, Etienne ; b 1660 ; fils de Jean, et de Nicole Levier, de St Etienne de Pont, évêché d'Avranches : s 27 fev. 1715, à Ste. Anne de la Perade. [1]
Dubois, Dorothée, veuve de Jean Janvier ; b... ; s...
Etienne,, b [2] 29 sept. 1694 ; m 16 avril 1719, à Marie-Angélique Guillet, à Batiscan.. — *Pierre,* b [2] 4 oct. 1696 ; s [1] 6 janv. 1710. — *Marie-Dorothée,* b [1] 1er août 1698. — *Marguerite,* b [1] 4 mars 1700. — *Jean-Baptiste,* b [1] 28 janv. 1702.— *Marie-Madeleine,* b [1] 13 sept. 1704. — *Marie,* b [1] 26 janv. 1707. — *Claude,* b... , m [1] 7 janv. 1722, à Marie Vaillant. — *Louis,* b...

I.—BILAUDELLE.—pour Bilodeau.
Jeanne, b 1629 ; m 8 fev. 1666, aux Trois-Rivières, à Pierre Couillard ; s 26 août 1684, à Champlain.

1692.

I.—BILLERON dit Lafatigue, Pierre, b 1663, tailleur, soldat de Noyan, fils de Nicolas et de Françoise Huon, de St. Sabin, evêché de Nantes ; s...
1o Fortier, Marie.   [Etienne I.
s oct. 1702, à Montreal [1]
Pierre-Marie, b [1] 11 juillet 1693 — *Léonard,* b [1] 6 fev. 1695 — *Marie-Anne,* b [1] 27 juillet 1697. — *Etienne-Joseph,* b [1] 3 avril 1699. — *Ignace,* b [2] 19 déc. 1700. — *Marie-Louise,* b [1] 11 oct. 1702.

1703 (21 Mai.)

2o Delguel, Jeanne,   [Jean I.

BILLIESTRI.— Voy. Biétry.

1664, (4 fevrier) Quebec.

I.—BILODEAU, Jérome, b 1638, fils de Jerôme et de Marie Grandillard, de St. Sorlin, evêché de Poitiers, s...
Repoche, Jeanne, b 1646, fille de François et de Marie Bernard, de Ste. Marguerite, evêché de La Rochelle, s...
Barbe, b 1 janv. 1665, à Sillery, [2] s 1665.— *Marie,* b [2] 19 nov. 1665. — *François-Xavier,* b [1] 18 janv. 1668. — *Jeanne,* b [2] 21 mai 1670.

1654, (23 octobre) Québec.

I.—BILODEAU, Jacques, b 1636, fils de Pierre et de Jeanne Fleurie ; s 8 fev. 1712, à St. François (I. O.) [1]
Longchamp, Geneviève, b 1632, fille de Pierre et de Marie Desanter, s [1] 20 mars 1718.
Jean, b 1658 ; 1o m 26 oct. 1682, à Elizabeth Lehoux, à Ste. Famille [2] ; 2o m[2] 20 nov. 1684, à Marie Jehan, s [1] 3 sept. 1699. — *Antoine,* b 1660 ; m [2] 13 nov. 1685, à Geneviève Turcot. — *Simon,* b 5 mai 1662, au Château Richer ; m [2] 6 juin 1689, à Anne Turcot. — *Louise,* b 1664. — *Gabriel,* b 1665 , s [2] 6 janv. 1685.

1682, (26 octobre) Ste. Famille [1]

II.—BILODEAU, Jean,   [Jacques I.
s 3 sept. 1699, St. François (I. O.) [2]

1o Le Houx, Elizabeth, b 1669.   [Jean II.
s [1] 10 août 1683, [1]

1684, (20 novembre) Ste Famille.

2o Jahan, Marie, b 1669.   [Jacques I.
s [2] 26 sept. 1719.
Marie-Anne, b [1] 16 oct. 1685 ; m [2] 24 nov 1705, à Etienne Dalère.—*Rosalie,* b [2] 12 août 1687 ; s [2] 28 août 1686.—*Jean,* b [2] 13 nov. 1688 ; m 9 nov. 1716, à Marie Turgeon, à St Etienne de Beaumont. —*Gabriel,* b [2] 20 dec. 1690 — *Jacques,* b 24 mars 1693, St Jean (I. O.), s [2] 27 dec. 1693 — *Jacques* b [2] 5 dec. 1694. — *Marie,* b [2] 13 et s [2] 15 juin 1699 ; —*Elizabeth,* b... ; m [2] 14 oct. 1721, à Louis Morin.

1685, (13 novembre) Ste. Famille. [1]

II.—BILODEAU, Antoine,   [Jacques I,
Turcot, Geneviève,   [Abel I.
s 7 dec. 1724, St. François I. O [2]
Antoine, b [1] 17 nov. 1686 — *François,* b [1] 20 juillet 1688.—*Jacques,* b [2] 22 mai 1690 ; m 15 nov. 1721, à Beaumont, à Marie Paquet ; s... — *Marie,* b [1] 15 nov. 1692. — *Françoise,* b [2] 24 fev. 1702, m [2] 30 sept. 1726, à Joseph Daniel. —*Gabriel,* b [2] 2 janv. 1704.— *Dorothée,* b [2] 1er avril 1706. — *Geneviève,* b [3] 3 juin 1709. — *Elizabeth,* b... ; m [3] 13 nov. 1720, à Pierre Blais.

1689, (6 juin), Ste Famille.

II. —BILODEAU, Simon,   [Jacques I
Turcot, Anne.   [Abel I.
s 22 janv. 1716, à St François, (I.O) [2]
Geneviève, b [2] 15 déc. 1690, s [2] 25 août 1699. — *Simon,* b 1692 ; s [2] 24 fev. 1703. — *François,* b [2] 28 janv. 1694 ; s[2] 30 août 1715. — *Angélique,* b [2] 26 juin 1699 ; m[2] 11 oct. 1721, à François Langelier. —*Marie-Louise,* b [2] 25 mars 1702, m [2] 4 mars 1726, à François Gendron.— *Marie-Hélène,* b [2] 15 sept. 1705. — *Marie-Agnès,* b [2] 3 janv. 1708.— *Claire,* b [2] 31 mars 1710, s [2] 18 août 1727.

1674.

I.— BILLY (de), Jean-François ; b 1649 ; de Paris ; s...
De la Mare, Catherine-Marguerite, b 1652 ; s...
Marie-Anne, b 1675 ; m 30 juin 1688, à Antoine Jourdain, à Champlain [3], s [3] 15 janv. 1691.— *François,* b [3] 17 oct. 1679 ; s [3] 21 nov. 1695 — *Guillaume,* b [3] 24 mars 1687, m... à Madeleine Normandin ; s... — *Gaspard,* b [3] 11 fev. et s [3] 24 juillet 1692. — *Marie-Renée,* b [3] 11 fev. 1692 ; m [3] 11 janv. 1712, à Michel Raoult ; s... — *Thérèse,* b 1677 ; m [3] 27 fév. 1696, Jean Caron ; s... — *Jacqueline,* b [3] 21 oct. 1684 ; m [3] 27 avril 1705, à Jean Pepin ; s... — *Michel,* b 1672 ; 1o m [3] 27 avril 1705, à Anne-Celeste Disy ; 2o m. 14 juillet 1719, à Marguerite Brillac, à Ste. Anne de la Perade ; s... — *Jean,* b... ; m [3] 7 juin 1712, à Marguerite Vien ; s...

1670, (26 octobre) Château-Richer.

I.—BIN, René, b 1631, fils de Thomas et de Jacqueline Gosselin, de St. Remy (Bayeux) ; s...
Gobeil, Jeanne, veuve de David L'Estourneau.

1667, (19 octobre) Québec. [1]

I.—BINET, René, b 1637, fils de Mathurin et de Marie Prou, de St. Jean de Sanac, évêché de Poitiers ; s 15 mai 1699, à Beauport [2]
Bourgeois, Catherine, b [2] 1634, fille de Thomas et de Marie Petit, de St. Gervais, évêché de Rouen ; s [2] 21 sept. 1702.
Anne, b [1] 21 sept. 1668 ; 1° m [1] 25 juin 1685, à Pierre Dron; 2° m [2] 7 oct. 1686, à Jean Bouron.— *Louise,* b [1] 19 mars 1670, et s [1] avril 1670.— *Nicolas,* b [1] 11 fév. 1671 ; m [1] 12 nov. 1697, à Geneviève Brisson, à L'ange Gardien — *François,* b [2] 24 sept 1673 ; m [2] 4 fev. 1698, à Marie-Françoise Vachon ; s [2] 26 août 1703.— *René,* b [2] 11 janv 1680.

1670, (21 octobre) Boucherville. [4]

I.—BINET, Mathieu.
1° Leroy, Marie-Anne. [Étienne I.
Antoine, b [4] 9 fev. 1672. — *Jeanne,* b [4] 10 oct. 1674. — *Madeleine,* b [4] 12 août 1677.

1683.

2° Bardin, Anne.
Mathieu, b 24 fev. 1684, à Contrecœur. [1] — *Marie,* b [1] 5 mai 1686.

1697, (12 novembre) L'Ange-Gardien.

II.—BINET, Nicolas, [René I.
Brisson Geneviève, [René I.
Marguerite, b 3 sept. 1698, à Beauport [4]; m [4] 14 nov. 1718, à Jean Giroux ; s... — *Geneviève,* b [4] 10 mars 1700. — *Nicolas,* b [4] 18 avril 1702. — *Raphael,* b [4] 21 fév. 1704. — *Marie-Geneviève,* b [4] 20 dec. 1705; s [4] 26 janv. 1706.— *Marie-Geneviève,* b [4] 12 janv. 1707. — *Louis,* b [4] 23 août 1709. — *Ange,* b [4] 30 oct. 1711. — *Marie-Françoise,* b [4] 12 sept. 1714.

1698, (4 fevrier) Beauport. [2]

II.—BINET, Joseph-François, [René I.
s [2] 26 août 1703.
Vachon, Marie-Françoise. (1). [Paul I.
Catherine, b [2] 20 dec. 1698 ; *Marie-Françoise-Joseph,* b [2] 19 juin 1700 ; m [2] 4 juin 1721, à Augustin Normandeau, à Québec. [3] — *Michel,* b [2] 26 mars 1702. — *Marguerite,* b... ; m [2] 28 nov. 1719 à François Parant.— *Marie-Anne,* b [2] 7 fév. 1704, m [3] 5 août 1726, à Antoine His.

I.—BIRET, Renée, fille de Jean Biret et de Simone Perinne, de la Rochelle ; 1° m 9 juin 1672, à Pierre Balan, à Québec ; 2° m 1692, à Jean Brias ; 3° m 15 avril 1709, à François Lavergne, à St. Michel , s 14 mars 1715, à St. Ambroise.

1650.

I.—BIRON, Jean-François, b 1613, de Paille, evêché de Xaintes , s 28 fév. 1693 ; Pte-aux-Trembles de Quebec.
Rebotteau, Marie, b 1613 ; s 1 octobre 1703, à Montreal.

(1) Elle épouse, le 4 février 1709, Jean De l'Epinay, à Beauport.

Pierre, b 1665 à Xaintes ; m 11 fév. 1689, à Jeanne Dumouchel, aux Trois-Rivières.

1655, (12 janvier) Québec. [4]

I.—BIRON, Pierre, b 1627, huissier, fils de Jean et de Marie Rate ; s...
1° Martin, Barbe, [Abraham I.
s [4] 5 oct. 1660.
Anne, b [4] 25 août 1660.

1662, (19 décembre) Québec. [4]

2° Poireau, Jeanne, b 1644, fille de François et de Françoise Hucheloqué, de St. Nicolas d'Olonne, évêché de Luçon ; s avant 1691.
Pierre-Joseph, b [4] 1 avril 1664. — *François,* b [4] 24 déc. 1665 ; 1° m 20 oct. 1691, à la Pointe-aux-Trembles de Québec, [5] à Marguerite Davaux; 2° m [5] 5 juillet 1703, à Marie Fournel , 3° m 28 fév. 1718, au Cap Sante, à Anne Sylvestre. — *Alexandre,* b [4] 28 sept. 1671 ; m 16 août 1694, à Charlesbourg, à Jeanne Morin.

1689, (11 février) Trois-Rivières.

II.—BIRON, Pierre, [Jean I.
soldat ; s...
Dumouchel, Jeanne. [Bernard I.
Pierre, b 28 mai 1690, à Montréal [1].— *Marie,* b 12 avril et s [1] 25 sept. 1693.— *Jacques,* b [1] 9 août 1695.— *Marie-Joseph,* b [1] 26 déc. 1697.— *Paul-François,* b [1] 27 fév. 1700.— *Jean,* b [1] 23 mars 1702. — *Michel,* b [1] 14 fev. 1704.

1691, (20 octobre) Pte-aux-Trembles (Q). [1]

II.—BIRON, François, [Pierre I.
s 1720.
1° Davaux, Marguerite. [Charles I.
s 1702.
François, b... ; m 3 fev. 1728, à Jeanne Rognon, à Ste. Croix. [3]

1703, (5 juillet) Pte-aux-Trembles. [1]

2° Fournelle, Marie-Anne, [Jacques I.
s 9 fev. 1713, à Lotbinière [2].
Jacques, b... ; m [2] 3 fev 1730, à Marie-Louise Rognon ; s...— *Jean-François,* b [2] 9 fev. 1713.

1718 (28 fevrier) Cap Santé.

3° Sylvestre, Anne, [Nicolas I.
veuve de Pierre Piché.

1694, (16 août) Charlesbourg.

II. BIRON, Alexandre. [Pierre I.
Morin, Jeanne. [André I.
Alexandre, b 11 juillet 1695, Québec.—*Laurent,* b [5] 23 juillet 1697.—*Anne,* b [5] 2 mai 1700.

1685, (26 novembre) Laprairie. [6]

I.—BISAILLON, Etienne.
b... ; s [6] 25 sept. 1697, tué par les Iroquois.
Roanès, Jeanne. [François I.
s...
François-Xavier, b [6] 2 déc. 1686 ; m [6] 23 nov. 1711, à Anne Moquin. — *Marie-Catherine,* b [6] 28 janv. 1688 ; 1° m [6] 8 fév. 1706, à Pierre Moquin ; 2° m [6] 14 janv. 1725, à Pierre Pinsonnault ; s...— *Anne,* b [6] 6 oct. 1689. — *Etienne,* b [6] 6 mars 1691 ; m [6] 13 fév. 1719, à Françoise LeBer. — *Charles,*

b ⁴ 23 janv. 1693 , s ⁶ 16 juillet 1693. — *Claude,*
b ⁶ 18 fev. 1695; m ⁶ 22 nov. 1717, à Marguerite
STE. MARIE. — *Joseph-Ignace,* b ⁶ 17 mai 1698. s ⁶
1ᵉʳ fev. 1699.

1693, (30 septembre), Laprairie ²

I. — BISAILLON, BENOIT, b 1666; fils de Benoit
et de Louise Bledorme, deSt. Jean de Brigon,
évêche d'Auvergne; s 14 juin 1700, Varennes. Noye.

1º GAGNÉ, Catherine.   [PIERRE I.
s...
Catherine, b ² 11 août 1699 ; m ² 7 fev. 1718, à
Etienne DENEAU; s...

1699, (30) septembre), Montreal.

2º LE COURT, Marie. (1).   Michel I.

BISCORNET. VOY. CAILLÉ

BISÈTRE. VOY. GROSNIER.

I. — BISSETTE, JEANNE. b 1623, s 29 oct. 1698
à la Pointe-aux-Trembles de Montreal.

1697, (18 février) Montréal. ⁴

I. — BISSET, JACQUES, maitre taillandier, b 1669 ,
fils de Jacques et de Françoise Collier, de
Londres, Angleterre.

1º QUENNEVILLE,   [JEAN I.
s 28 janv. 1703, à Lachine. ⁵
Daniel, b ⁴ 25 oct 1697. — *François,* b 20 fev.
et s ⁴ 12 mars 1699. — *Jean,* b 26 janv. et s ⁵ ⁶
fev. 1703. — *Angélique,* b ⁴ 12 avril 1700 ; s ⁵ 28
janv. 1703.

1703, (26 novembre). ⁵

2º LEGROS, Catherine,   [ANTOINE I.
s ⁵ 29 nov. 1719.
Angélique, b ⁵ 28 sept. 1704; m ⁵ 13 avril 1722
à Michel DEBIEN ; s ⁵ 30 juillet 1722. — *Pierre,* b
et s ⁵ 18 juin 1706 — *Anonyme,* b et s ⁵ 15 juin
1707. — *Marie-Joseph,* b ⁵ 26 mars 1710 — *Jean,*
b ⁵ 27 juin 1717. — *Guillaume,* b 25 et s ⁵ 31 nov.
1719.

BISSON. — *Variations et surnoms :* BUISSON, —
ST. COME

1635.

I. — BISSON, (2) GERVAIS, b 1601 ; s 1ᵉʳ août
1674, Québec. ⁶
LEREAU, Marie, b 1623 ; s ⁶ 14 sept. 1687.
Mathurine, b 1636 ; 1º m à Nicolas DUPRÉ ; 2º
m 12 sept. 1663, à Simon ROCHERON, au Château-
Richer ; s ⁶ 29 sept. 1691. — *Gervais,* b 1637 ;
m ⁶ 25 sept. 1664, à Marie-Madeleine BOUTET ;
s ⁶ 7 mars 1707. — *Antoine,* b 1646; m 1671, à
Ursule TRUD, s... — *Simone,* b ⁶ 30 déc. 1654;
m ⁶ 30 juillet 1668, à Nicolas GAUVREAU; s ⁶ 13
mars 1722. — *Marie,* b ⁶ 25 oct. 1657; m à Marie
BONNET; s... — *Jean-François,* b ⁶ 26 nov. 1660,
ordonné prêtre ⁶ 30 nov. 1683 ; s ⁶ 15 mars 1712.

1640.

I. — BUISSON DE ST. COSME, FLEURANT, b... ; s...
YCON, Jeanne, b... ; s...
Michel, b 1641 ; m 8 nov. 1663, à Quebec, ¹ à
Suzanne DELICERACE; s 22 mars 1702, à St. Fran-
çois, Ile Jesus — *Louis,* b ¹ 21 juin 1654 : s ¹ 6 nov.
1656. — *Charles,* b 1655 ; s 10 janv. 1715, à Ste.
Foye. — *Vincent,* b ¹ 19 sept. 1656.

1671.

II — BISSON, ANTOINE   [GERVAIS I.
s...
TRUD, Ursule, s...   [MATHURIN I.
Joseph-André, b 10 mai 1672, à Sillery. ²—
Marie-Anne, b 25 mai 1673, à Québec. ⁴ — *Jean-
Baptiste,* b ² 8 juillet 1675 ; m 1699, à Marie BAU-
DET ; s... — *Jeanne,* b ⁴ 9 fev. 1677; s ⁴ 6 juillet
1693. (1) — *Marguerite,* b ⁴ 3 déc. 1678 ; m ⁴ 10
nov 1698, à Jean GINCHEREAU ; s... — *Anne-Ursule,*
b ⁴ 7 nov. 1681 ; s... — *Marie-Louise,* b ⁴ 12 nov.
1689. — *François-Joseph,* b ⁴ 3 août 1692 ; s... —
Marie-Jeanne, b... ; m⁴ 6 oct. 1716, à Julien BOIS-
SY ; s... — *Antoine,* b 24 mars 1696, à la Pointe-
aux-Trembles de Québec ⁵, s... — *Jeanne-Ursule,*
b ⁵ 4 mars 1697. — *Pierre-Noel,* b ⁵ 24 oct. 1700.

1663, (8 novembre) Québec. ¹

II. — BUISSON, DE ST COSME, MICHEL [FLEURANT I.
contremaitre de la ferme de l'Ile-Jésus; s 22
mars 1702, à St. François (Ile Jésus).
DELICERACE, Suzanne, b 1637, fille de Jean et
d'Elizabeth de La Placette, de St. Jean de
Caneja, évêché de Bordeaux ; s...
Jean-François, b ¹ 6 fev. 1667 ; ordonné prêtre, ¹
2 fev. 1690; s ¹ 15 mars 1712. — *Charles,* b ¹ 26
nov. 1669. — *Anonyme,* b ¹ 19 janv. 1671. — *Angé-
lique-Charlotte,* b 19 janv. et s ¹ 11 fev. 1671. —
Marie-Françoise, b ¹ 31 janv. 1672. — *Jeanne,* b ¹
22 mai 1678. — *Michel,* b 23 avril 1681, à Repentigny ; ordonné prêtre, ¹ 27 avril 1704 ; s ¹ 18 fév.
1712. — *Julienne,* b ¹ 1684 ; m ¹ 18 janv. 1701, à
Jean DEMOSNY , s ¹ 24 dec. 1702.

1664, (25 septembre) Québec ¹

II. — BISSON (2) RENÉ-GERVAIS.   [GERVAIS I,
s ¹ 7 mars 1707.
BOUTET, Marie-Madeleine ; b 1644, fille de Simon et d'Anne de Vilers, de St. Jacques-du-
haut-Pas, évêché de Paris ; s ¹ 17 janv. 1703.
Joseph, b 21 avril et s ¹ 2 déc. 1666. — *Joseph-
Martin,* b ¹ 17 mai 1667 ; 1º m à Madeleine MAU-
FAIT ; 2º 21 mai 1703, à Marie SEDILOT, à Ste.
Foye ² ; s ² 24 avril 1711. — *Marie-Catherine,* b ¹
16 sept. 1668 ; m... ; à Jacques BRIAU; s... —
Romaine-Simon, b ¹ 26 mars 1670. — *Anne-Marie,*
b 2 fev. 1672, à Sillery — *Jean-François,* b ¹ 6
juillet 1674. — *Antoine,* b 26 janv. 1676, à Lorette ⁵
m ; ² 24 janv. 1701, à Elizabeth LABADY ; s ² 22
avril 1745. — *Simon,* b ³ 2 sept. 1677; m 3 sept.
1708, à Françoise LABADY, à la Pointe-aux-Trembles de Québec. — *Romain,* b ³ 3 sept. 1679 —
Marie-Anne, b ³ 11 mars 1681. — *Marie-Geneviève,*

---

(1) Elle épouse. le 19 oct. 1700, Pierre Pinsonneau, Montréal.

(2) Voy. St. Côme.

(1) Noyée avec Catherine Dumets et Madeleine Moisan,
toutes jeunes filles de 16 ans.

(2) Bisson ou Buisson.

b...; m [2] 26 sept. 1702, à Joseph REPOCHE; s [2] 17 déc. 1702.

1670, (16 septembre) Québec. [4]

I — BISSON DIT L'EPINE, RENÉ, b [4] 1635, fils de Rene et de Roberte de Vredienne, de St Etienne de Mannier, evêché de Poitiers, s [4] 21 mars 1708.

1° VALET Louise, b [4] 1651, fille de Jean et de Marie Bachelier, de St. Paul, évêché de Paris; s [4] 9 nov. 1676.

Jeanne, b [4] 10 déc. 1671 — *Catherine*, b [4] 20 fév. et s [4] 6 mars 1673. — *Apolline*, b [4] 3 mai 1674, m [4] 16 fev. 1699, à Pierre LOUINEAU; s...

1685, (5 nov. Charlesbourg). [4]

2° LAISNE, Anne, veuve d'Etienne Contant (1). *Marie-Anne*, b...; m [5] 27 fev. 1702, à Jacques BARBRAU; s... — *Françoise*, b [5] 8 juillet 1690, Lorette; 1° m [5] 19 nov. 1708, à Jean FOURNIER, 2° m [5] 12 août 1715, à Louis THIBAUT, s...

1699.

III — BISSON, J.-B.   [ANTOINE II. s...

BAUDET, Marie, s...   [JEAN I. *Marie-Louise*, b 50 mai 1700, Pointe-aux-Trembles de Quebec.

1696.

III — BISSON, JOSEPH.   [GERVAIS II s 24 avril 1711, Ste. Foye. [4]

1° MAUFAIT, Marie-Madeleine,   [PIERRE I. s [4] 19 déc. 1702.

Marie-Anne, b [4] 3 juillet 1702, 1° m [4] 9 fév. 1722, à François PIN; 2° m [4] 3 sept. 1741, à LeCoq; s... — *Madeleine*, b...; m [4] 10 oct 1712, à Jean LANGLOIS; s... — *Geneviève*, b...; m 9 nov. 1718, à François BOUTIRON à Québec [1]; s... — *Marie-Angélique*, b [4] 9 août 1700; m [1] 28 déc. 1718, à Raoul DE-RETTE-FILIDORE; s... — *Joseph*, b..., m [1] 18 août 1719, à Marie-Anne SAVARI.

1703, (21 mai) St. Foye. [4]

2° SÉDILOT, Marie.   [JEAN II. s [4] 17 mai 1711.

Felicité, b [4] 12 fév. 1704 — *Elizabeth*, b [4] 11 déc. 1704. — *Marie-Anne*, b [4] 23 fév. 1706, s [4] 17 janv. 1707. — *Marie-Joseph*, b [4] 31 janv. 1707; s [4] 28 déc. 1708. — *Marie-Charlotte*, b [4] 28 sept. 1708. — *Marie-Joseph*, b [4] 22 nov. 1709. — *Marie-Thérèse*, (Posthume) b [4] 6 mai 1711.

BISSONNET. — Voy. — LA FAVRIE — LA FAU-RILLE. — LA FAURY.

II — BISSON, CHARLES,   [FLORENT I. s 10 janv. 1715, Ste. Foye.

1660, (3 mai)

I. — BISSONNET, (2) PIERRE, b 1626, menuisier,

---

fils de Jacques et de Guillaume De Bien, de St. Pierre-sur-la-Roche, evêché de Luçon.

DES BORDES, Mathurine, veuve de Pierre Guiberge, b..., s...

Jacques, b 28 août 1661, à Montréal; m. 22 janv. 1691, à Perinne LE PELLE de la Haye, aux Trois-Rivières; s [2] 20 avril 1743.

1668, (9 octobre) Québec. [3]

2° D'ALLON, Marie, fille de Michel et de Marguerite Veronne, de St. Pierre d'Oleron, evêché de Xaintes; s 7 juillet 1716, a St. Michel. [4]

Jean, b [3] 24 juillet 1669; m 1692, à Marie Charlotte DAVENNE, s... — *Marie-Madeleine*, b 7 août 1671, à Sillery. — *Pierre*, b 30 août 1674, à Ste. Famille [5], m 1692 à Marie BALAN. — *Marie*, b [5] 11 mars 1677; 1° m [4] 15 fev. 1696, à Joseph FORGUES; 2° m [4] 8 janv. 1705, à Jean OUINET; s [4] 6 avril 1754. — *Anne*, b [5] 13 juin 1679; 1° m [5] 5 mars 1696, à Joseph BONNEAU; 2° m 24 nov. 1704, St. Etienne-de-Beaumont, [7] à Martin LEBLOND; s...; — *André*, b [5] 13 juin 1681, à St. Laurent (I. O.) [6], m 20 fev. 1702, à St. Jean (I. O.) à Françoise GUILMET. — *Jacques*, b [6] 9 juin 1687; m [4] 15 avril 1709, à Marie VENDET; s [7] 9 avril 1715.

1670, (19 novembre) Boucherville. [1]

I. — BISSONNET, JACQUES, b 1645, fils de Jean et de Marie Goupillet, de la Chapelle de Peleau, evêché de Poitiers, s...

COLET, Marguerite, b 1653, fille d'Eustache et de Marie Fournier, de St. Benoit, evêché de Paris; s...

Pierre, b [1] 6 fev. 1672; s [1] 26 nov. 1687. — *Nicolas*, b [1] 26 fev. 1673, m 24 janv. 1705, à Varennes, [2] à Marie VILLEDIEU. — *Louise*, b [1] 29 juill. 1674; m [1] janv. 1691, à Paul PETIT; s... — *Jean*, b [1] 1er mars 1676; m [1] 16 mars 1700, à Catherine CHARLES; s [2] 19 fev. 1711. — *Jacques*, b [1] 13 mars 1678; s [1] 18 nov. 1684. — *Françoise*, b [1] 10 fev. 1680; m [2] 7 nov. 1701, à Andre LANGLOIS; s... — *Catherine*, b [1] 16 nov. 1681; m [2] 18 janv. 1706, à René MESSIER. — *Alexis*, b [1] 1er nov. 1683; m [2] 9 janv. 1713, à Geneviève SÉNÉCAL. — *Jacques*, b [1] 23 sept. 1685; s [1] 26 sept. 1687. — *Marie-Marguerite*, b [1] 11 sept. 1687; s [1] 14 sept. 1687. — *Michel*, b [1] 5 mars 1689; s [1] 1er oct. 1689. — *Paul*, b [1] 2 nov. 1690, m [2] 11 avril 1712, à Marie-Anne BRODEUR. — *Elizabeth*, b [1] 11 avril 1692; m [2] 23 nov. 1712, à Jacques MESSIER. — *Joseph*, b [2] 22 mars 1694. — *Jacques*, b [2] 25 janv. 1696; s [2] 18 mars 1698. — *René*, b [2] 16 août 1698.

1692.

II. — BISSONNET, JEAN,   [PIERRE I. s...

DAVENNE, Charlotte,   [CHARLES I. s avant 1714.

Marie-Charlotte, b 23 janv. 1693, à St. Michel [4]; m [4] 29 juillet 1708, à Charles FLIBOT. — *Jean*, b [4] 26 août 1698. — *François*, b [4] 5 fev. 1700; m 14 fev. 1722, à Marguerite GUAY, à Québec. — *Françoise-Hilaire*, b [4] 31 mai 1702. — *Charles-Alexandre*, b [4] 5 déc. 1703; m 29 oct. 1727, à Marie QUE-

---

(1) Elle épouse, le 5 novembre 1708, Marc Tessier, Charlesbourg.

(2) Ce mariage fut déclaré nul, par sentence de l'official de Mgr. de Pétrée, à cause que Bissonnet avait pour lors une femme, en France, du nom de Marie Allaire.

Il fut permis à la dite Des Bordes de se remarier. — Elle épousa, le 16 août 1663, Michel Bouvier.

(2) Le patronymique est Bessonnet.

MFNEUR, à St François (I.O.) ; s ... — *Louis*, b 4 3 juin 1706. — *Suzanne*, b... ; m 29 janv. 1714, à Gabriel BRIAS, à St. Etienne de Beaumont.

1691, (22 janvier) Trois-Rivières. 4
II.—BISSONNET DIT LAFAURY. JAS (1) [PIERRE I.
s 20 avril 1743.
LEPELÉ, Perrine, [PIERRE I.
s 4 15 août 1721.
Jacques, à Batiscan 3, s 3 16 mars 1693. — *René*, b 4 24 août 1694 — *Marie-Cécile*, b 4 8 juillet et s 4 22 déc. 1698.—*Marguerite*, b 4 17 déc. 1699, m 4 20 janv. 1729, à Jean LaGUERCE, s...—*Barbe* b 4 26 oct. 1701 ; m 4 21 août 1727, à GOUBAULT, s...—*Jeanne-Françoise*, b 4 29 mai 1704. — *Marie-Anne*, b 4 28 mars 1708.

1692.
II.— BISSONET, PIERRE LOUIS. [PIERRE I.
BALAN, Marie (2). [PIERRE I.
s...
Pierre, b 23 janv. 1693, à St. Michel 5 ; s 5 14 août 1699. — *Jean*, b 5 28 janv. 1695 ; m 11 nov. 1720, St. Etienne de Beaumont, à Geneviève CHAMBERLAN ; s 5 13 juillet 1751. — *Louis*, b 5 22 août 1698 ; s 6 21 mai 1700.

BISSONNIÈRE —Voy. 1o TROTTIER, de la Bissonnière, 2o BOURDEAU, Sieur de la Bissonnière

1648, (25 octobre) Québec. 1
I.— BISSOT (3) FRANÇOIS, bourgois, b 1613, fils de Jean et de Marie Assour, de N. D. des Près, évêché de Lisieux, en Normandie ; s 1 26 juillet 1678.
COUILLARD, Marie (4). GUILLAUME II.
s...
Jean-François, b 1 7 dec. 1649 ; s 1 26 nov. 1663. — *Louis*, b 1 25 sept. 1651 ; m 1 12 août 1668, à Séraphin DE LA VALTERIE ; s...— *Geneviève*, b 1 20 mai 1653, m 1 12 juin 1673, à Louis MAHEU.— *Catherine*, b 1 6 mars 1655 ; m 27 nov. 1670, à Etienne CHARETS ; s...— *Marie*, b 1 3 juillet 1657, 1o m 1 5 déc. 1682, à Claude PORLIER ; 2o m 1 26 fev. 1691, à Jacques GOURDEAU ; s 1 24 juillet 1719. — *Claire-Françoise*, b 1 13 avril 1656 ; m 1 7 oct. 1675, à Louis JOLIET ; s 1 2 mars 1710 — *Guillaume*, b 1 17 sept. 1661 ; s...— *Charles-François*, b 1 8 fev. 1664 ; m 28 fév. 1699, Montréal, 2 à Anne Françoise TROTTIER. b 1 6 juin 1666 ; s...— *Jeanne-Baptiste*, b 1 21 janv. 1668 ; m 2 19 sept. 1696, à Marguerite FORESTIER, s...— *Jeanne*, b 1 11 avril 1671 ; m 1 7 avril 1687, à Philippe DuVAULT ; s...— *François-Joseph*, b 1 21 mai 1673 ; m 1 4 fév. 1698, à Marie LAMBERT ; s 1 12 déc. 1737.

1696, (19 septembre) Montréal. 4
II.—BISSOT (5), JEAN-BAPTISTE, [FRANÇOIS I.
s...

FORESTIER, Marie-Marguerite, [ANTOINE I.
s...
Marie-Louise, b 20 juin 1697, à Montréal 5. — *Claire-Charlotte*, b 4 7 mai 1698. — *François-Marie*. b 5 17 juin 1700. — *Catherine*, b 5 11 sept. 1701. — *Marie-Catherine*, b 5 11 oct. 1704.

1698, (4 février), Québec. 4
II.—BISSOT, FRANÇOIS, [FRANÇOIS I.
s 12 déc. 1737, église de Québec.
LAMBERT—DUMONT, Marie, [EUSTACHE II.
s 4 mai 1745, église de Québec.
Louise-Claire, b 4 23 juin 1701 ; m 4 13 mai 1726, à Jean FOURNEL ; s... — *Charlotte*, b 4 30 avril 1704 ; m 4 24 oct. 1728, à Jacques DE LA-FONTAINE ; s 4 22 nov. 1749. — *François-Etienne*, b 4 26 mai 1708 ; s 4 8 fev. 1726. — *Jean*, b 30 nov. et s 4 1 dec. 1711. — *Joseph*, b 4 4 sept. et s 3 nov. 1713, à St. Augustin. — *Marie*, âgée de 7 mois, née à Mingan, b 4 12 juillet 1716 ; s 4 19 août 1720. — *Louise*, âgée de 13 mois, b 4 23 sept. 1719 ; s 4 9 nov. 1730. — *Angélique*, b 4 13 déc. 1719 ; m 4 3 oct. 1736, à Jean-Pierre-François VÉDERIC ; s... — *Marie-Charlotte*, b 4 7 sept. 1724 ; m à Pierre BENAC ; s... — *Marie-Angélique*, b... ; m 4 17 sept. 1737, à Jean-Baptiste POETTEVIN ; s...

1699, (28 février) Montréal. 4
II.—BISSOT, (1) CHARLES FRANÇOIS, [FRANÇOIS I.
FORESTIER, Anne Françoise, [ANTOINE I.
Marie-Madeleine, b 4 5 déc. 1699. — *Angélique*, b 1702 ; s 22 mars 1718, à Lachine.

I.— BITANT DIT ST. AMANT, LOUIS.
s 15 fev. 1658, à Montréal.

1670, (26 novembre) Québec. 2
I.—BIVILLE, DIT LE PICARD, FRANÇOIS, b 1640, menuisier, fils de François et de Jeanne Magnon ; s 2 10 juillet 1675.
PASQUÉ, Marguerite, (2), b 1646, fille de Méry et de Vincente Raté, de St. Paul, évêché de Poitiers ; s...
François-Joseph, b 2 10 mars 1672. — *Catherine*, b 2 15 mars 1674, m 2 11 juin 1689, à Jacques FORTIN ; s... — *Jean*, b 2 30 août 1675.

BIZAILLON, BENOIT. — Voy. BISAILLON.

1678, (16 août) Montréal. 3
I.— BIZARD, JACQUES (3), b 1642, fils de David et de Guillemette Robert, de Neufchâtel, en Suisse ; s 6 dec. 1692, dans l'église de Montréal.
CLOSSE, Jeanne-Cécile (4), [LAMBERT I.
Louise, (5) b 3 10 août 1679 ; m 29 oct. 1717, à Québec, 2 à Charles Du BUISSON, s... — *Marie-Madeleine*, b 4 23 janv. 1681 — *Jeanne-Hélène*, b 3 2 oct. 1682 ; s 3 10 oct. 1682.— *Jean-Louis*,

---

(1) Aussi LaFavrie, LaFauvrille.
(2) Elle épouse, le 7fév. 1701, à St. Michel, Noel GROMELIN.
(3) Sieur de la Rivière.
(4) Elle épouse, le sept 1675, Jacques De la Lande, Québec.
(5) Sieur de Vincennes, officier du détachement de la marine.

(1) Seigneur du Cap St. Claude et de Vincennes.
(2) Elle épouse, le 26 janvier 1676, Bernard Gontier, à Québec.
(3) Major de Montréal.
(4) Elle épouse, le 3 novembre 1694, Raymond Blaise. à Montréal.
(5) Filleule de M. de Frontenac.

b ³ 3 déc. 1683. — *Louis-Hector,* b ³ 3 déc. 1684 — *Jacques,* b ³ 20 sept. 1687, ordonne prêtre, le 8 oct. 1713, s ² 24 mars 1724.

BIZEAU, Jean. — Voyez Bizeux

BIZELON. — *Variations :* Besiai — Biselan — Baizela.

I — BIZELON, Françoise, b 1646, fille de Benjamin et de Claude Prou, de St Agricole, ville d'Avignon ; 1º m 16 août 1668, à Laurent Cambin dit Larivière, à Québec ², 2º m ² 22 sept 1670, à Pierre Mercan dit Lapierre ; 3º m 4 janvier 1693, à André Gourdeil dit Tranchemontagne, à la Pointe-aux-Trembles de Montréal ¹, s ¹ 30 mai 1694.

BIZET. — Voy. Bisset.

1696, (27 juin) Montréal. ¹

I. — BIZEUX dit Larose, Jean, b 1671, soldat, fils de Bertrand et de Jeanne Dubois, de St Etienne, évêché de Bordeaux ; s...
1º Bergerat (1) Marie-Madeleine,   [André I. veuve de Vincent Poupeau ; s ¹ 19 juin 1703. *Marguerite,* b ¹ 16 mai 1697. — *Jeanne,* b ¹ 17 déc. 1698 ; m 6 juin 1716, à Jean Leroy, à St. Etienne de Beaumont ³ ; s ³ 7 déc. 1723. — *Jean-Baptiste,* b ¹ 2 juillet 1701 ; s ¹ 13 juillet 1703. — *Marie-Joseph,* b ¹ 1 fév. 1703.

1703, (29 octobre). ¹

2º Fongues, Catherine-Gertrude,   [Pierre I. *Marie-Anne,* b 24 oct et s ¹ 7 dec 1704.

BLAU. — Voy. Blau — Bleau — Blot.

1678.
I. — BLOT, Jean, frère du suivant
Mousseaux, (1) Marie-Anne.   [Jacques I.

1672, (22 février) Montréal. ³
I. — BLOT (2), François, b 1641, boulanger, fils de François et d'Anne Sautin, de la Trinité à Falaise, évêché de Séez.
1º Benoit, Elizabeth,   [Paul I. s ³ 5 nov. 1685.
François, b ³ 16 mars 1677 ; m ³ 13 nov. 1703, à Marie-Catherine Juillet. — *Marie-Elizabeth,* b 14 août 1679, à Boucherville ⁴ ; m ³ 23 nov. 1699, à Etienne Truteau ; s... — *Jean,* b ⁴ 19 janvier 1682 ; s ⁴ 6 fev. 1682. — *Laurent,* b ⁴ 8 fév. 1683. — *Jean-Baptiste,* b ³ 3 nov. 1684 ; s ² 4 avril 1687

1685, (1er décembre) ³
2º Campeau, Catherine,   [Etienne I. *Anonyme,* b et s ³ 18 août 1686. — *Hélène,* b ³ 5 oct. 1687 ; s ³ 16 oct. 1687. — *Jacques,* b ³ 26 sept 1688 ; s ³ 10 oct. 1688. — *Louis,* b ³ 3 sept 1689. — *Jean-Baptiste,* b ³ 14 août 1701 ; m 3 fév. 1738, à Angélique Lachaise, à St. François, I.J. — *Marie-Jeanne,* b ³ 25 fév. 1692. — *Michel,* b ³ 27

janv. 1694. — *Jacques,* b ³ 6 avril 1696 — *Marie-Joseph,* b ⁴ 7 et s ⁵ 25 fév. 1698. — *Catherine,* b ³ 27 mars 1699 — *Etienne,* b ³ 12 mars 1704.

BLAIGNAC — Voy. Dupont de Blaignac

1696.
I. — BLAIN, Nicolas.
Lemaire, Geneviève, b 1668, s 15 sept. 1740, à Québec. ⁴
Pierre-Gratien, b ² 29 juillet 1688. — *Geneviève,* b ² 5 avril 1691 ; s ² 20 août 1691. — *Anne-Geneviève,* b ² 6 juin 1705, m ² 27 avril 1723, à Jean Baptiste-Benoit Larcher ; s ² 25 janv 1737.

1680.
I. — BLAIN, François, b 1628 ; s 24 oct. 1708, Lachine. ⁵
Barbier, Jeanne, veuve de Julien Plumereau.
Suzanne, b ⁵ 1683 ; 1º m 30 déc. 1702, à Montréal, ⁶ à Louis Limousin ; 2º m ⁵ 4 nov. 1705, à René Lescuyer — *Pierre,* b...

I. — BLAINVILLAIN, Anne, m 1677, à Louis St. Laurent.

BLAINVILLE, Voy. — Celoron de Blainville.

BLAIS. — Voy. Blay — Bled.

BLAIS, Zacharie, était à Boucherville en 1686.

1669, (12 octobre) Ste. Famille. ¹
I. — BLAIS, Pierre, b 1639, fils de Mathurin et de Françoise Penigaud, de Dam, évêché d'Angoulême ; s 18 fev. 1700, St. Jean Ile d'Orléans. ²
1º Perrot, Anne, b 1643, fille de Jean et de Jeanne Valta, de St. Sulpice de Paris ; s ² 30 juin 1688
Martin, b ¹ 28 août 1670. — *Pierre,* b ¹ 16 et s ¹ 17 mars 1672. — *Pierre,* b ¹ 18 fév. 1673 ; m 1695, à Françoise Baudoin ; — *Marie-Anne,* b ¹ 9 juin 1675. — *Antoine,* b ¹ 25 fév. 1677 ; m 9 nov. 1705, à Jeanne Lamy, à St. Michel. — *Jacques,* b ² 8 avril 1682, m 30 juin 1713, à Angélique-Louise Cartier, aux Trois-Rivières ⁸ ; s... — *Anonyme,* b ³ et s ¹ 26 mars 1684. — *Jean,* b ² 2 nov. 1685. — *Marguerite,* b ² 30 juin 1688.

1689, (5 juin) St. Jean, Ile d'Orléans. ²
2º Royer, Elizabeth (2).   [Jean I. *François,* b ² 27 mai 1691, m 7 janv. 1727, à Québec, ⁴ à Marie-Marthe Amelot ; s ⁴ 13 avril 1753. — *Alexis,* b ² 8 avril 1693. — *Charles,* b ² 6 mars 1697. — *Gabriel,* b ² 27 mars 1699.

1695.
II. — BLAY (ou Bled), Pierre,   [Pierre I. Baudoin, Françoise   [Jacques I. *Pierre,* b 25 sept. 1696, St. Michel. ³ — *Marie Françoise,* b ³ 16 déc. 1698 ; s ³ 11 fev. 1703. —

(1) Barsa au lieu de Bergerat.
(2) Voy. Bleau.

(1) Elle épouse, le 23 avril 1680, Pierre Rivière, à Repentigny.
(2) Elle épouse, le 16 novembre 1700, Robert Pepin, à St. Jean Ile d'Orléans.

Jean-Baptiste, b [3] 10 fév. 1701. — *Françoise,* b [3] 3 juin 1703. — *Louis,* b 29 sept 1705, à St. Etienne de Beaumont. — *Marie-Anne,* b [3] 12 mars 1708.

BLAIS. — Voy. Etienne, 1698.

BLAISE, Raymond. — Voy. Des Bergères de Rigauville.

BLANCHARD. — Voy. Regnaud — Raynaud.

1665, (27 juillet) Québec.

I. — BLANCHARD, Louis, b 1641, fils de Pierre et de Marie Bugeau, de Narsillac, evêche de Xaintes; s...
D'Anneville, Gabriel, (1)   [Brice I.
de St Eustache de Paris; s... ;
Jeanne, b... ; m à Etienne Massé

1665, (20 octobre) Québec.

I. — BLANCHARD, François, jardinier, b 1636, fils de Jean et Marguerite Couillard, de St. Servan, evêche de St. Malo ; s... ;
Boucher, Madeleine, b 1643, fille de Jacques et d'Anne Jacobin, de St. Roch de Paris ; s...

1670, (17 février) Québec. [3]

I. — BLANCHET, (2) Pierre, b 1646, fils de Noel et de Madeleine Valet, de St. Omer de Rosière, evêche d'Amiens, Picardie, s...
Fournier, Marie,   [Guillaume I.
Pierre-Alphonse, b [2] 7 juillet 1672 ; m 18 nov. 1699, Cap St. Ignace, [3] à Louise Gagné. — *Guillaume,* b [2] 18 juin 1674 ; m 9 nov. 1705, à St. Michel, a Marie-Anne Gagne. — *Marie-Madeleine,* b [2] 5 Juillet 1676 ; 1° m 27 juillet 1699, à St. Thomas, [4] à Vincent Chrétien ; 2° m [4] 27 mai 1709, à Charles Destroisvaisons. — *Jacques,* b [2] 17 sept. 1677 ; s 1er déc. 1681, à l'Ilet. [5] — *Angélique,* b [2] 3 mai 1679 ; s [5] 28 nov. 1681. — *Joseph,* b [4] 24 fév. 1681. — *Joseph,* b [4] 7 mars 1682. — *Jean,* b [4] 21 mars 1684. — *Jean,* b [3] 9 juin 1685 ; 1° m 7 avril 1712, à Marie-Geneviève Gagné. 2° m 1740 à Geneviève Rousseau. — *Joseph,* b [4] 5 mars 1690 ; s [4] 6 sept. 1693. — *Louis,* b 24 fév. 1692, à St. Jean [6] ; s [6] 23 août 1693. — *Françoise,* b [6] 26 avril 1694. — *Marie-Geneviève,* b [6] 16 janv. 1696. — *Louis,* b [4] 20 dec. 1698 ; s [4] 30 déc. 1698. — *Louis,* b [4] 10 avril 1701 , m [4] 12 juillet 1723, à Angelique Joly ; s...

1696, (4 juillet) Champlain. [7]

I — BLANCHET (3), Pierre, menuisier, b 1643, fils de René et de Marie-Jeanne Marié, du bourg d'Avanneau, évêché de La Rochelle ; s 3 déc. 1708, aux Trois-Rivières. [8]
Harel, Marie-Françoise, (4)   [Jean I.

(1) Elle épouse, le 12 juin 1684, Mathieu de la Grange, à Québec.

(2) Ancêtre des Archevêque et Evêque Blanchet, premiers missionnaires de l'Orégon.

(3) Blanchet dit Laforest.

(4) Elle épouse, le 7 janvier 1709, François Pelloquin, aux Trois-Rivières.

Marien, b 3 juin 1697, à Boucherville. — *Jacques,* b [7] 16 mars 1699 ; s [7] 27 mars 1699. — *Jean-Baptiste,* b 1701 ; s [8] 16 nov. 1716. — *Pierre,* b [8] 11 août 1704. — *Marie-Françoise,* b [8] 16 oct. 1706.

I. — BLANCHET, René, frère du précédent, b 1642, s avant 1704.
Sedilot, Marie,   [Louis I.
veuve de Julien Trotier.
Simone, b... ; m 10 janv. 1700, à Batiscan [1], à Julien Lesieur. — *Judith,* b... ; m [1] 4 fev. 1704, à Jean Baril ; s.... — *Louise,* b 1673 ; s 29 fev. 1688, à Montréal.

1699, (18 novembre) Cap St. Ignace.

II. — BLANCHET, Pierre,   [Pierre I.
Gagné, Louise,   [Louis II.
veuve de Christophe Lajoüe.
Pierre, b 5 sept. 1700, à St. Thomas; [3] m... ; s 15 mars 1756, à Levis. — *Marie-Reine,* b... ; m..., à Joseph Lessard. — *Joseph,* b [3] 7 juin 1702 ; s 5 dec. 1749, à St. Pierre du Sud. [1] — *Marie-Anne,* b [3] 10 mai 1704 ; m [1] 9 fev. 1728, à Laurent Michon ; s... — *Marie-Claire,* b [3] 4 août 1705. — *Noel,* b [3] 6 août 1707 ; m 19 nov. 1736, à Marie-Xainte Fortin, à Islet.

1666, (10 septembre) Québec. [6]

I. — BLANCHON dit LaRose, Etienne, tailleur, b [6] 1632, fils de Jean et d'Anne Rochon, de St. Amable, en Auvergne ; s 21 mai 1712, à St. Etienne de Beaumont. [7]
1° Convent, Anne, veuve de Jacques Maheu ; s [6] 25 déc. 1675.

1676, (30 juin) Québec.

2° Vuideau, Anne,   [Jacques I.
veuve de Jean Juineau.
Charles, b [6] 18 mars 1677. — *François,* b [6] 26 mars 1678 ; s [6] 7 oct. 1680. — *Elizabeth,* b [6] 18 juin 1679 ; m 7 déc. 1698, à Montréal, [2] à Augustin Juineau, s... — *Louise,* b [6] 10 déc. 1680. — *Marie-Anne,* b [6] 31 mars 1682, m 26 avril 1703, à Thomas Berey, s...

1691.

3° Cassé, Marie-Françoise,   [Antoine I.
Marie-Charlotte, b [6] 8 avril 1692 ; m [6] 25 nov. 1715, à Etienne Carpentier ; s [7] 27 sept. 1716. — *Catherine,* b [7] 1er mars 1694 ; m [6] 4 mai 1717, à Claude Rancour ; s [6] 11 juin 1720. — *Etienne,* b [7] 20 nov. 1695. — *Marie-Françoise,* b... ; m [7] 27 nov. 1708, à Jacques Fournier, s... — *Suzanne,* b [6] 29 sept. 1699 ; m [6] 27 nov. 1719, à Louis Parant, s...

1675.

I. — BLANEVER, Charles, b 1651, établi à Gaudarville.
Prou, Louise, (1).
b 1636.

I. — BLANAVER, Anne, b 1676, fille de Martial et d'Aimée Dodelot, de St. Nicolas-des-Champs de Paris ; m 22 sept. 1699, à Jean Noel, à Ste. Foye.

(1) Elle épouse, le 14 août 1700, Pierre Soulard, à Lorette.

1647,

I.—BLANOT dit Lafontaine, Michel.
Delugny, Elisabeth,
Medard, b 3 juillet 1648, à Québec° — *Anonyme*,
b et s⁵ 23 oct. 1649 — *François*, b⁵ 30 juin 1651.
— *Louis*, b⁵ 15 juillet 1653.

1663, (7 novembre) Quebec.

I.—BLANQUET, Adrien, b 1604, fils d'André et de
Perette Caperon, d'Auqueville, près de Dieppe.
Le Maitre, Anne, b 1617, veuve de Louis Le
Roy, de St. Remy de Dieppe.

BLAZON, De,—Voy Vauvril de Blazon—Grand-
Pré de Blazon

BLEAU — Voy. Bloi et Blau.

1698, (26 novembre) Montreal. °

I.—BLENIER dit Jary, Bernard, soldat de Le-
verrier, b 1679, fils de Jean et d'Antoinette
Charlot, de Naves, évêche de Limoges , s...
Cherlot, Jeanne,   [Jean I
Pierre, b⁵ 3 mars 1700 — *Bernard*, b⁵ 20 janv
1702 — *Paul*, b⁵ 8 nov, 1703.

I—BLERY, François, b 1636, etabli à St Jean,
Ile d'Orleans.
Dotuer, Anne, veuve, b 1625, s 16 dec 1703,
à St. Jean, I. O

BLET.—Voy. Gazaille.

BLONDEAU — *Surnoms:* Lajeunesse—Lafranchise.

1655, (8 fevrier) Québec. ⁵

I.—BLONDEAU, François, b 1632, fils de Daniel et de Françoise du Veau, de Nantelle,
évêche de Saumur , s 5 avril 1702, à Charlesbourg ⁸
Roland dite Gabrielle d'Assonville, Nicole, b
1634, fille de Pierre et de Françoise Dechos, de St.
Sulpice, évêche de Paris ; s⁸ 24 sept. 1694
Marguerite, b 9 et s⁵ 17 sept 1655. — *Mathurin*, b⁵ 27 juillet 1656. — *Barbe-Renée*, b 28 juillet
et s⁵ 30 nov. 1657 — *Joseph*, b⁵ 8 dec. 1658 ; 1°
m⁸ 18 nov 1686, à Marie Ursule Roy, 2° m 10
janv. 1689, à Marguerite Trudel, à L'Ange-Gardien , 3° m⁵ 10 oct. 1701, à Agnès Giguères;
s... —*Marie-Françoise*, b⁵ 4 avril 1661, s⁵ 16
avril 1662 — *Maurice*, b⁵ 31 oct. 1662, m 10 nov.
1696, à Suzanne Charbonnier, à Montreal ; s...
—*Catherine*, b 1663, 1° m⁸ 23 avril 1680, à Nicolas Sarazin , 2° m⁸ 24 nov. 1701, à Pierre Jean ;
s... —*Marie-Charlotte*, b⁵ 17 fev. 1667. — *Jean*,
b⁵ 8 oct. 1671, m⁸ 16 janv. 1696, à Marie Hot ;
s⁸ 27 janv 1703. — *Thomas*, b⁹ 19 oct. 1674, m
à Anne Gagnon ; s⁵ 23 dec 1714

1688, (18 novembre) Charlesbourg. ⁵

II—BLONDEAU (1), Joseph,   [François I.
1° Roy, Marie,   [Etienne II.
s⁵ 9 août 1688.
Anonyme, b et s⁵ 5 août 1688.

(1) Seigneur de la Rivière du Loup (en bas), en 1715.

1689, (10 janvier) L'Ange-Gardien

2° Trudel, Marguerite,   [Jean I.
s⁵ 6 mai 1701.
Anonyme, b et s⁵ 19 sept. 1689.
1701, (10 octobre) Quebec.
3° Giguères, Agnès,   [Robert I.
veuve de Charles LeMarquis
Pierre, b⁵ 2 juillet 1702. — *Maurice*, b⁵ 21 oct.
1704. — *Marie-Marguerite*, b⁵ 6 juillet 1707. —
Marie-Louise, b⁵ 21 fev. 1710 ; m 7 janv. 1728, à
Kamouraska à Joseph Parent. — *Louis-François*,
(1) b⁵ 14 nov. 1715 ; m 2 avril 1742, à Marie
Joseph Trotier, à Batiscan.

I.—BLONDEAU dit Lajeunesse, Pierre, soldat
de Dumesny ; s 27 juin 1691, à Lachine. Tué
par les Iroquois.

1698, (10 novembre) Montréal. ¹

II.—BLONDEAU, Maurice,   [François I.
s 27 janv. 1703, à Charlesbourg.
Charbonnier, Suzanne,   [Louis I.
Suzanne-Joselte, b¹ 2 avril 1703.—*Marie-Madeleine*, b¹ 18 sept. 1704.—*Suzanne*, b 28 janv. 1709,
à Lachine.

1696, (16 janvier) Charlesbourg. ⁷

II—BLONDEAU, Jean,   [François I.
s⁷ 27 janv. 1703.
Hot, Marie (2),   [Pierre I.
Marie-Marguerite, b⁷ 28 janv. 1697, m⁷ 13 janv.
1716, à Nicolas Giroux ; s...—*Joseph*, b¹ 1ᵉʳ mars
1698.—*Marie-Thérèse*, b⁷ 14 avril et s⁷ 16 mai
1699.—*Jean-Baptiste*, b⁷ 21 mars 1700.—*Thomas*, b⁷ 5 oct. 1701. —*Marie-Agnès*, (Posthume)
b⁷ 8 et s⁷ 25 fév. 1703.

II.—BLONDEAU, Thomas, (3)   [François I.
s avant 1730.
Gagnon, Anne, (4)   [Mathieu II.
François, b 25 mars 1705, à Charlesbourg, ³
m³ 1731, à Jeanne Veronique Roy ; s... — *Germain*, b⁵ 22 mai 1707; m 9 janv. 1730, à St.
François Ile-Jesus, à Madeleine Beauchamp, s...—
Thomas, b³ 1ᵉʳ avril 1709. —*Marie-Madeleine*,
b³ 26 dec. 1710; m³ 1728, à Jacques Jean Jobin;
s... — *Marie-Angélique*, b³ 4 avril 1713; s³ 28
avril 1713. — *Geneviève*, b³ 4 avril 1713; s³ 6
mai 1713.—*Angélique*, b³ 13 mai 1714; s³ 3
août 1714. — *Pierre*, b³ 23 juillet 1715.

I.—BLONDEL, Nicolas, de Dieppe. (5)

---

(1) Baptisé à la Rivière du Loup, par Auclair, curé.—Parrain, François Chibagouichedes, malécite, chef et capitaine,
pour la guerre, de tous les sauvages de la Rivière St. Jean
et de la Rivière des Trois-Pistoles, marraine, Marie-Louise,
femme de Louis Cluche, malécite.

(2) Elle épouse, le 18 août 1701, Jean-Baptiste Vanier, à
Charlesbourg.

(3) Dit Lafranchise.

(4) Elle épouse, 8 février 1716, Louis Dupéré, à Charlesbourg.

(5) Agé de 22 ans, pris par les Kert, à Québec, fait sa déposition devant le Juge Martin, etc. (19 nov. 1629), (*State
paper office, Vol V, art. 36.*)

1637.

I.—BLONDEL, Pierre, brasseur au fort des Trois-Rivières. [2]
Gourdin-Alyson, Marie.
Marie, b [2] 21 juillet 1638 ; s [2] 22 juillet 1638. — *Jean*, b [2] 18 juillet 1639 ; s [2] 10 août 1639.—*Pierre*, b...; m 1686, à Marie Mezerai.

1686.

II. — BLONDEL, Pierre,   [Pierre I.
Mezerai, Marie,   [René I
Liénard, b 29 juillet 1687, Québec [3] — *Pierre*, b 1697 ; s [3] 2 janv. 1703.

BLONDIN, voy. Clerc.

1671, (12 janvier) Ste. Famille. [4]

I.— BLOUARD, (1), Mathurin, b 1636, fils de David et de Jeanne Perot, de Roussenet, évêché d'Angers. s...;
Polet, Marie-Marguerite,   [Antoine I.
Pierre, b [4] 8 sept. 1676. — *Marie*, b [4] 25 mars 1678 ; s [4] 14 avril 1678. — *Marguerite*, b 6 déc. 1679, St. Pierre (I. O.) [5] — *Marie-Madeleine*, b [5] 7 mars 1682 ; m [4] 1697, à Jean-Baptiste Ratté. — *Mathieu*, b [5] 5 mars 1684 — *Anne*, b [5] 25 nov. 1685. — *Pierre*, b 22 mai 1689, au Château-Richer.

BLOUF.— *Variations* : Belouf—Plouf.

1669, (24 juin) Montréal. [5]

I.—BLOUF, Jean, b 1636, fils d'Antoine et de Geneviève de Metz, de St. Martin, évêché de Paris ; s [5] 15, avril 1700.
Guilleboeuf, Marie-Madeleine, b 1655, fille de Nicolas et de Madeleine Vavilin, de St. Etienne, évêché de Rouen, s...
François, b 9 fév. 1672, à Boucherville [5] ; m [5] 30 mai 1695, à Catherine Le Bon. — *Jean*, b [6] 24 janvier 1675 ; m 12 sept. 1707, à Marie Pacaud, à Varennes. — *Marie-Madeleine*, b 27 juillet 1683, à Contrecœur [7] ; m [7] 19 mars 1702, à Paul Guertin — *Joseph*, b 2 et s [7] 10 fév. 1687. — *Louis*, b [5] 12 juillet 1691 ; m à Marie Truchon. — *Paul*, b 20 et s [5] 26 août 1694. — *Marie-Geneviève*, b [6] 21 sept. 1677, m à René Foy dit Lacroix.

1695, (30 mai) Montréal. [5]

II.—BLOUF, François,   [Jean I.
Le Bon, Catherine,   [Pierre I.
s 3 août 1749, au Sault-au-Récollet.
Pierre, b [5] 23 mai 1698 ; m à Josette Richer.— *Marie*, b [5] 16 janv. 1701. — *Jeanne*, b [5] 25 mars 1704

BLOUIN,— *Variations et surnoms* : Besloin—Belloin—Blouin dit Laviolette—Bélouyn—Bloing. — Blouard.

1669, (30 novembre) Château-Richer.

I.—BLOUIN Méderic, (Mery) b 1641, de St. Pierre, évêché de Luçon ; s 14 juillet 1707, à St. Jean, I. O.

Carreau, Marie.   [Louis I.
b 1655 ; s...
Emery, b 1670 ; s 20 fév. 1700, Ste. Famille L.-O. [5] — *Marie-Françoise*, b [5] 8 janv. 1671 ; s... — *Jean*, b 20 juillet 1672, Québec [1] ; 1° m 10 nov. 1700, à Madoleine Langlois, à St. Thomas ; 2° m 22 juillet 1715, à Catherine Trudel, à L'Ange Gardien [2] ; 3° m [2] 21 mai 1721, à Marie-Louise Garnier ; s.... — *Marie-Madeleine*, b [1] 14 mai 1674 ; m 22 sept. 1692, à Charles Campagna, à St. Jean (I. O.) [3] — *Jacques*, b 8 avril 1676, à Ste Famille, [7] 1° m 5 nov. 1708, à Ste. Anne, à Geneviève Racine ; 2° m.... à Geneviève Plante. — *Anne* b [7] 7 avril 1678 ; m [8] 19 nov. 1696, à Louis Letourneau — *Catherine*, b [3] 27 oct 1680 ; m [8] 13 janv. 1700, à Claude Guyon. — *Anonyme*, b et s [3] 28 fév. 1683. — *Louise*, b [3] 30 janv. et s [3] 13 fév. 1684.— *Marguerite*, b [3] 12 août 1685. — *Françoise*, b [3] 30 mai 1688. — *Gabriel*, b [3] 16 mai 1691 ; m [3] 27 nov. 1713, à Catherine Jahan. — *Geneviève*, b [3] 4 déc. 1693 ; 1° m [3] 12 nov. 1714, à Jean Letartre ; 2° m [8] 16 nov. 1722, à Pierre Tardif. — *Marie-Madeleine*, b [8] 3 janv. 1696. — *Paul*, b [3] 28 août 1699.

1665, (26 novembre) Montréal. [3]

I.—BLOYS (1) Julien, b 1639, fils de Julien et de Radegonde Marchand, de Clermont, au Maine.
1° Leclerc, Marguerite, b 1639, fille de Pierre et de Nicole Petit, de St. Symphorien, évêché de Tours ; s [3] 31 mai 1704.
Jeanne-Marguerite, b [3] 14 janv. 1667 ; m [3] 19 fév. 1680 ; à Adrien St. Aubin, s... ; — *Julien*, b [3] 14 fev. 1670 ; s [3] 3 sept. 1687. — *Charlotte*, b [3] 15 avril 1672 ; m [3] 25 nov. 1686, à Vincent Lenoir ; s [3] 22 fév. ; 1703. — *Jean*, b [3] 24 nov. 1674 ; s [3] 28 sept. 1678.

1704 (11 août) [8]

2° Goupil, Françoise,   [Nicolas I.
veuve de Cybar Courault.

1679, (30 novembre) Ste. Famille. [3]

I.—BLUTEAU, Jacques, b 1641, fils de Clément et d'Anne Moquet, de Ste. Macrine du gué de Velire, s...
Paré, Claire, b 1641, veuve de Jacques Baudon.
Jean, b [3] 3 avril 1680. — *Louis*, b [3] 7 oct. 1682 ; m [3] 2 déc. 1702, à Geneviève Charlan, s... — *Jacques*, b [3] 5 oct. 1684 ; s [3] 26 oct 1684. — *Elienne*, b [3] fév. 1686 ; m...; à Marie De Blois, s... — *Jacques*, b [3] 8 mars 1690 ; s [3] 25 juin 1690.

BOARD. — Voy Bouart.

I.—BOCHART, Jean, Chevalier, Seigneur de Champigny, Norais, Verneuil, etc., Conseiller, Intendant de la Nouvelle-France.
Chaspoux, Marie-Madeleine.
Nicolas-Joseph, b.... — *Marie-Anne*, b 18 oct. 1686, à Québec ; [5] s [5] 17 oct. 1687. — *Jean-Paul*, b 29 sept. 1689, à Montréal.

II. — BOCHART (1), Nicolas-Joseph.   [Jean I.

BOCHÉ dit Sansoucy, René. — Voy. Bauché.

---

(1) Aussi Bluoir et Blouin.

(1) Sieur de Servigny.

1692, (25 novembre) Repentigny.

I — BODA dit la Seignurie, Pierre, b 1666, fils d'Adrien et de Marie Meriaud, d'Argenton, evêché de Paris; s 26 oct. 1708, à Varennes [4] Touin, Françoise, s.... [Roch I.
Michel, b [4] 4 janv. 1695 ; s [4] 20 janv. 1695.—
Marguerite, b [4] 25 mars 1698. — *Pierre,* b [4] 6 juillet 1700, s [4] 10 juillet 1700. — *Marie,* b 29 oct. 1702, à Repentigny. [1] — *Pierre,* b [4] 14 avril 1705; s [4] 12 fév. 1707.— *Marie-Madeleine,* b [1] 21 oct. 1707. — *Marie-Geneviève,* b....; m [1] 26 juin 1718, à Pierre Lafaye.

BODIN. — *Variations :* Baudon—Baudin.

I — BODIN, François, natif de Maran, évêché de La Rochelle ; s ..
Boussin, Marie, de Maran, évêché de La-Rochelle ; s....
Philippe, b 1666 ; m 12 janvier 1699, à Anne Aumier, à Charlesbourg ; s....

I, — BODIN, Jean, b 1635.
Etienne, b 1666. — *Angélique,* b 1671 — *Prisque,* b 1675.

1669, (3 septembre) Quebec. [5]

I.— BODIN, Pierre, b 1641, fils d'Aubin et de Nicole Buseau, de Ste. Radegonde la Vineuse, évêche de La Rochelle.
1° Desmarest, Etiennette, b 1646, fille d'Antoine et d'Isabelle L'Escope, de N.-D. de Quimper, évêché de Cornouailles ; s....
1688 (7 juin). [5]
2° Pinguet, Angélique, (1) Pierre II
Marie-Angélique, b [5] 20 juin 1689, m [5] 17 juin 1715, à Jacques Philippe Lebel ; s....— *Pierre,* b [5] 7 juillet 1690 ; s [5] 5 mai 1749.— *Pierre-Etienne,* b [5] 26 déc. 1691. — *Louis,* b [5] 18 déc. 1693.— *Marie-Angélique,* b [5] 24 janv. 1695 — *François,* b [5] 27 Mai 1697 — m [5] 8 nov. 1728, à Angélique Auger ; s....— *Marie-Madeleine,* b [5] 5 déc. 1699 ; s [5] 16 mars 1700.—*Marie-Joseph,* b 9 et s [5] 14 mars 1701.

1687, (10 fevrier) Québec. [6]

I. — BODIN, René, b 1660, fils de Charles et de Jeanne Mornet, N.-D. de Niort, au Poitou. Vallé (ou LaVallé), Suzanne. [Pierre I.
Philippe, b [6] 17 déc. 1687 ; m 7 Août 1720 Riv. Ouelle, à Rosalie Migneau. — *René,* b [6] 6 juillet 1689.—*Guillaume,* b 22 juillet 1691, à Beauport [7]; m 11 janv 1722, à Laprairie, [1] à Marie Dupuy ; s....—*Pierre,* b [7] 23 juillet 1693 ; m [1] 28 nov. 1718, à Jean Aupri ; s....—*Marie-Geneviève,* b [7] 14 août 1695 ; m 30 août 1717, à Joseph-Laurent Lefebvre, s...

1699, (12 janvier) Charlesbourg. [9]

II.—BODIN dit Desjardins, Philippe, [François I, soldat de Desmeloises ; s 20 mai 1742, à Québec. [4]
Aumier, Anne. [Jean I.
Jacques, b [3] 26 août, et s [3] 5 sept. 1700.—*Pierre,* b...; s [3] 6 oct. 1714. — *Marguerite,* b [4] 2 déc.

(1) Elle épouse, le 30 avril 1703, François LaRatté, à Québec.

1701. — *Anne,* b 15 mars 1704, à Beauport. [1]—
Jean, b [4] 20 juillet 1706; m [4] 28 août 1730, à Marie-Madeleine Chabot ; s.... — *Marie-Anne,* b [4] 8 oct. 1708, m [4] 24 nov. 1726, à Bertrand Andrillon.—
Marie-Madeleine, b [4] 3 novembre 1710 ; m [4] 6 juillet 1727, à François Greguin ; s [4] 27 nov. 1743.
— *Joseph,* b [4] 1er août 1713 — *Marie-Catherine,* b [4] 19 fév. 1716 ; s [3] 19 nov. 1716. — *Pierre-Marie,* b [4] 15 juillet 1718; s [4] 7 sept. 1722 — *Claude,* b [4] 30 avril, et s [4] 12 août 1712 — *Pierre-Joseph,* b [4] 9 fév. et s [4] 21 fév. 1724.— *Marie-Madeleine,* b 1731 ; s [4] 29 déc. 1732. — *Marie-Joseph,* b 1732 ; s [4] 1er mai 1733.

BODREAU.—Voy. Baudreau—Graveline.

BOEL.—Voy. Boschê.

I. — BOEME, Antoine. — Voy. Le Boême.

BOESMÉ. — *Variations :* Baumier — Bohemier.

1668, (7 janvier) Québec. [2]

I.— BOESME, Jean, b 1640, fils de Pierre et d'Audrée Bonhet, de St. Porclière, évêché de Poitiers ; s 13 juillet 1703, à Charlesbourg. [3]
Hué, Marie, b 1644, fille de Marc et de Marie Crespin, de St. Vivien, évêché de Rouen, s....
Elizabeth, b [2] 23 nov. 1668 ; m [3] 24 nov. 1689, à Claude Dubreuil ; s [3] 29 déc. 1702. — *Pierre,* b [2] 19 mars 1670 ; s [2] 18 avril 1674. — *Jean,* b [2] 3 janv. 1672; s [3] 29 nov. 1687. — *Charles,* b [2] 22 janv. 1674; m [3] 23 oct. 1696, à Anne Chamare.—
Marie-Madeleine, b [2] 2 mai 1676 ; m [3] 22 oct. 1696, à Pierre Joubert, s....— *Marguerite,* b [2] 26 fév. 1678 ; m [3] 26 août 1699, à Joseph Lauzet, s....—
Catherine-Angélique, b [3] 12 déc. 1679 ; 1° m [3] 14 avril, 1698, à Romain De Chambe ; 2° m [3] 1er déc. 1717, à Guillaume Courbier ; s.... — *Jean,* b [2] 16 oct. 1681 ; m [3] 28 juin 1706, à Madeleine Bon ; s [3] 16 janv. 1744, Sault-au-Récollet. — *Claude-Gabriel,* b [3] 11 et s [3] 15 avril 1684.

1696, (23 octobre) Charlesbourg.

II.—BOESMÉ (1) Charles, [Jean I.
Chamare, Anne, Pierre I.
Marie-Madeleine, b [5] 15 sept. 1697 ; m [5] 24 fév. 1716, à Joseph Pageot ; s.... — *Catherine,* b [5] 22 mars 1699 ; m [5] 1720, à Germain Chalifour; s....
— *Jean-Charles,* b [5] 2 mars, 1701, m [5] 1727, à Marie-Josette Jobin ; s....— *Marie-Josette,* b 17 et s [5] 31 déc 1702. — *Anne,* b [5] 16 août 1704 ; m [5] 1727, à Jean Chalifour ; s.... — *Agnès-Josette,* b [5] 19 mars et s [5] 25 nov. 1706. — *Adrienne,* b [5] 14 déc. 1707. — *Marie-Charlotte,* b [5] 6 oct. 1709 ; m 3 juillet, à Pierre Truchon, à Lachenaye [8] ; s .... — *Michel,* b [5] 17 avril 1711; m [5] 23 nov. 1733, à Françoise Vandry ; s....— *Pierre,* b [5] 22 nov. 1713 ; m [8] 2 juillet 1736, à Angélique Leclerc. — *Louis,* b [5] 9 août 1716 ; s....

I. — BOESTE, Guillaume,
s 10 nov. 1654, à Québec. Frappé de deux coups de fusil par les Iroquois, il eut le temps de se confesser.

(1) Et Baumier.

1696, (27 septembre) Québec. [5]

I.—BOET, Daniel, b 1666, fils de Martin et de Marie Durand, de St. Hilaire, évêché de Bordeaux ; s....
Ratel, Marie-Charlotte,   [Jean I.
Michel, b [5] 23 fév. 1700.

1688, (13 janvier) Château-Richer. [4]

I.— BOETTE, Jean, b 1658, fils de Jean et d'Anne Deraison, de l'evêché de Noyon ; s [4] 19 juillet 1693.
Bidon, Anne, (2)   [Louis I
Anne, b [4] 4 fév. 1689 ; s [4] 10 fév. 1689. — *Jean-Baptiste,* b 13 avril 1690, à Ste. Anne. [6] — *Marie-Madeleine,* b [6] 27 fév. 1692 ; s [6] 30 nov. 1692. — *Louis,* b [4] 8 déc. 1693 : s [4] 23 avril 1694

BOHEMIER, Jean. — Voy. Boismé

BOHEUR. — Voy. Bosché.

1680, (19 novembre) Québec. [1]

I. — BOILARD, Jean, b 1645, fils de Mathurin et de Marie Des-Anges, de Luçon ; s 24 avril 1737, à St. Etienne de Beaumont. [2]
. Marandeau, Jeanne,   [Jean I
veuve de Julien Brulé ; s [2] 3 juin 1734.
Jean-Baptiste, b 9 et s 16 nov. 1681, Ilet. — *Marie-Anne,* b 5 nov. 1682, Levis [3] ; m [1] 3 mai 1706, à André Seré. — *Jeanne,* b.... ; m [1] 15 mai 1706, à Pierre Léger ; s.... — *Jean-François,* b [3] 28 juillet 1693 ; m [1] 8 juin 1716, à Marguerite Palin. — *Joseph,* b [3] 28 janv. 1697 ; s [2] 23 janv. 1703 — *Claude,* b [3] 2 nov 1698 ; m [2] 30 sept 1738, à Marie-Anne Larrivé ; s... — *Marie Joselle* b [3] 2 et s [3] 6 mars 1701 — *Mathurin,* b [2] 26 oct 1702 ; m...., à Marie Audet , s...

I. —BOILEUX, Eloi. (2)

1670, (20 septembre) Château-Richer

I. — BOIN, Jacques, b 1640, fils de Gilles et de Marie Guibonne, de La Rochelle , s ...
Malo, Marie, b 1650, fils de Jacques et de Marie Cartier ; s....

1675, (2 juillet) Québec. [2]

I. — BOUIN, (3) Julien, b 1641, fils de Julien et de Mathurine Bossé, de St. Pierre d'Ansony, évêché de Nantes ; s...
1° Berrin, Marguerite, b 1655, fille de Pierre et de Louise Amblart, de St. Jean en Grève, evêché de Paris ; s 1680.
François, b [2] 13 mai 1676.

1684 (20 juillet) Québec.

2° Rivault, (4) Jeanne,   [Pierre I
veuve de Pierre Doré ; s...
Simon, b...; m 10 oct. 1712, à Louise Dubois, à Charlesbourg ; s.... — *Marie-Renée,* b 11 mars

---

1690, à Lorette. [2] — *Claude,* b [2] 14 janv. 1695 — *Claude,* b [2] 14 janv. 1696. — *Charles,* b..., m [2] 8 juillet, 1705, à Marie-Madeleine Galvin, s...

1692, (21 octobre) Lachine [5]

I —BOINNEAU dit Lachaume (1), Raymond, b 1661, fils de Julien et de Marie Charon, de Verneuil, evêché de Xaintes , s [5] 5 juin 1695.
Plumereau, (2) Louise,   [Julien I.
Marie-Louise, b [5] 28 dec. 1693 — *Angélique,* b [5] 24 mai 1695

1694.

I — BOIRY dit Lavergne, Jean, b 1653 ; s 6 août 1703, au Cap St. Ignace. [5]
Galdrun, Marie (3),   [Simon I.
Gertrude, b 8 et s 13 dec 1695, à la Rivière-Ouelle [8]. — *Marie-Françoise,* b [3] 15 août 1700 ; m 4 août 1733, à Servant Bernard, à l Islet [4] , s... — *Marie-Thérèse,* b [8] 4 avril 1697 ; m [4] 3 août 1719, à Joseph Cloutier ; s .. — *Marie-Hélène,* b [5] 4 mars 1703 ; m [5] 14 mai 1730, à Jean-Baptiste Ouabard ; s....

BOIS, Jean. — Voy Bau.

I. — BOIS, René.
Boyer, Reine.
Jacques, b 1677 ; m 24 nov. 1704, à Anne Souci, à la Rivière-Ouelle.

I. — BOISBERTHELOT de BEAUCOUR (4)

BOISBRIANT. — Voy. Du Gué.

BOISBUISSON. — Voy. Boucher.

BOISDORÉ. — Voy. Barbot.

BOISJOLI. — Voy Ravion—Primlau—Griveau —Reneau—Liénard.

BOISLEAU, Marguerite, femme de Jean Serreau dit St. Aubin, en 1644.

1689, (7 février) Batiscan. [4]

I —BOISMENÉ, Jean, b 1651, fils de François et de Jeanne Sauvestre, de la ville de Niort, evêché de Poitiers ; s....

---

(1) Boinneau, Raymond, trouvé le 27 mai 1695 dans le bois sur l'habitation de feu René Horieux dit Lafleur de Nantes, dans la profondeur du bois à 12 arpens de l'eau, avec son fusil déchargé, le chien abattu dans le bassinet, tout le fût, rompu et rongé par les bêtes sauvages, suivant toutes les apparences , la corne à poudre, son sac à plomb, son capot et habits, déchirés en cent pièces, sans avoir pu trouver aucun ossement ni morceau de chair, que le crâne, et des cheveux épars çà et là ; le défunt disparût le 8 décembre 1694, étant sorti le matin du fort Cuillerier, où il demeurait, pour aller en ville, sans qu'on ait pu savoir comment cette mort est arrivée, n'ayant aucun ennemi, ce qui fait croire qu'il a été tué et devoré par une bête sauvage, etc. (*Registres de Lachine,* 1695.)

(2) Elle épouse, le 17 novembre 1698. Antoine Dubois, à Lachine.

(3) Elle épouse, le 10 janvier 1705. Claude Saloué, au Cap St. Ignace.

(4) Chevalier, Gouverneur des Trois-Rivières en 1730.

---

(1) Elle épouse, le 11 avril 1695. Samuel Lecompte, au Château-Richer.

(2) Voir les registres des Trois-Rivières 1645.

(3) Bouin dit Dufresne.

(4) Rivault-Beaubri.

Bouart, Marie, veuve de François Dessureaux ; s [4] 1er sept. 1712.

I.— BOISMENU.—Voyez Moinet.

I.— BOISSARD, Alexandre, habitant de l'Isle d'Orleans (1).

1645.

I.— BOISSEAU, Jacques, agé de 15 ans, fils de Mathurin et d'Anne Bourdet, de la ville de Dieppe, noyé en tombant du navire qui le portait ; s 7 août 1645, à Quebec.

I.—BOISSEAU dit Cognac, Jacques, né en 1637, compagnon d'armes de Dollard des Ormeaux, et massacre, en mai 1660, au Long Sault, par les Iroquois. (Registre de Montréal, mai 1660).

1678.

I.— BOISSEAU, Josias, (2) b 1641.
Colombière, Catherine, b 1653.
Louis-Alexandre, filleul de Frontenac, b 14 août 1680, à Quebec. [3]—Anne-Catherine, b [3] 23 juin 1681.

1670, (20 octobre) Montréal. [4]

I.— BOISSEAU, Pierre, b 1646, fils de René et de Renee Martin, de Tret, évêché de Nantes, en Bretagne ; s 22 sept. 1699, à Varennes.
Foubert, Anne, b 1650, fille de Louis et de Marie Charpentier, de Chastre, archevêché de Paris ; s 5 avril 1729, à Verchères.
Jacques, b [4] 26 avril 1672. — Louis, b 20 juillet 1674, à Boucherville [6] ; s [4] 21 oct. 1687. — Marie-Madeleine, b [4] 4 mai 1678 ; s [4] 21 octobre 1687. — Pierre, b 16 fev. 1682, à Contrecœur. [6] — Jean-Baptiste, b [5] 30 déc. 1684. — René, b 3 avril et s [5] 9 dec. 1686. — Jean, b [5] 21 mai 1687. — Angélique, b [5] 19 sept. 1683 ; m 3 mai 1704, à l'Ile Dupas, à Guillaume La Serre ; s.... — Bernard, b [5] 7 août 1676. — Vincent, b [4] 9 oct. 1689, m [5] 28 août 1718, à Marguerite Volant. — Gilles, b 4 fev. et s [4] 24 avril 1691. — Marie-Anne, b 4 fev. et s [4] 1er avril 1691. — Marie, b 16 et s [4] 19 août 1692. — Marie, b [4] 16 sept. 1693. — Jean-Baptiste, b et s [4] 29 avril 1695. — Marie-Anne, b [4] 6 juillet 1696.

1639.

I.— BOISSEL, Jacques, boucher à Québec [1] ; b 1601, s...
Eripert, ou Héripel, Marie, b 1611 ; s 1er nov. 1697, à Québec. [1]
Jacques, b et s [1] 27 juin 1640. — Noël, b [1] 13 mai 1641 ; m [1] 23 juillet 1669, à Marie Morin ; s [1] 20 mai 1721. — Marguerite, b [1] 20 sept. 1643 ; 1o m [1] 6 oct 1657, à Etienne Bouchard ; 2o m [1] 7 janv. 1687, à Julien Jovan. — Jacques, b [1] 1646 ; s [1] 2 juin 1674. — Nicolas, b [1] 15 oct. 1648 ; s [1] 25 déc. 1660. — Guillaume, b [1] 29 nov. 1651 ; m 27 nov. 1686, à Montréal, [2] à Louise Le Blanc ; s [2] 16 août 1687. — Marie-Madeleine, b [1] 3 avril 1655 ; s [1]

(1) Recensement de 1681.
(2) Agent général de MM. les intéressés dans la ferme du Roy.

7 sept. 1674.—Gilles, b [1] 10 fév. 1658 ; m 1696, à Marguerite Salouer ; s 17 août 1715, à St. Michel. — Jeanne, b [1] 8 oct. 1662 ; m [1] 25 oct. 1683, à Jean Vergeat, s...

1669, (23 juillet) Québec. [3]

II.— BOISSEL, Noel,   [Jacques I.
s [3] 20 mai 1721.
Morin, Marie, b 1645, fille de Pierre et d'Isabelle Pellerin, de Charente, évêché de Luçon ; s [3] 26 oct. 1725.
Claude, b [3] 6 mai 1671 ; m 1693, à Marguerite Morin ; s [3] 15 déc. 1716. — Charles, b [3] 8 nov. 1672. — Louis, b [3] 25 nov. 1674 ; m 18 nov. 1709, à Geneviève Coté, à l'Ange-Gardien ; s [3] 11 avril 1719. — Marie, b [3] 7 sept. 1676 ; s [3] 13 sept. 1676. — Pierre-Noel, b [3] 26 avril 1678 ; m 8 oct. 1707, à Levis, à Louise Gesseron, s... — Joseph, b..., m [3] 7 janv. 1716, à Ursule Panneton, s.. — Françoise, b... ; m 15 sept. 1704, à St. Etienne de Beaumont, à Pierre Lefeuvre ; s [3] 24 juillet 1712.

1671, (26 octobre) Québec [3]

I.—BOISSEL dit LaGrillade, Julien, b 1651, fils de Jean et de Marie Gourmaux, de Ste. Croix, évêché de Luçon ; s [3] 10 sept. 1723.
Grossejambe, Françoise, b 1656, fille de Marin et de Jeanne Grandeham, de St. Germain-en-Laye, évêché de Paris ; s [3] 12 août 1720.
Antoinette, b [3] 11 nov. 1672. — René, b [3] 20 oct. 1673. — Jeanne, b [3] 8 fév. 1676. — Nicolas, b [3] 16 déc. 1677. — Jean-Baptiste, b [3] 11 nov. 1680. — Julien, b [3] 6 juin 1685 ; m [3] 6 oct. 1716, à Jeanne Bisson ; s [3] 12 janv. 1743. — Joseph, b [3] 24 août 1687 — Catherine, b 30 oct. 1689, à Montréal. — Sébastien-Louis, b [3] 23 janv. 1692 ; m [3] 3 juin 1715, à Madeleine Dumareuil ; s [3] 25 mai 1755.

1696.

II.—BOISSEL, Gilles.   [Jacques I.
s 17 août 1715, St. Michel. [5]
Salouer, Angélique-Marguerite. [Claude I.
Françoise, b 10 dec. 1697, Cap. St. Ignace. — Anne, b [5] 23 déc. 1703 ; s 20 janv. 1705, à St. Etienne de Beaumont [3] — Geneviève, b [5] 23 déc. 1703 ; s [3] 16 fev. 1705. — Charles, b [3] 7 mars 1706. — Marie-Joseph, b [3] 10 sept. 1708. — Louis, b [3] 8 mai 1711. — Elizabeth, b [3] 7 oct. 1713.

1686, (27 novembre) Montréal. [1]

II.—BOISSEL, Guillaume.   [Jacques I.
s [1] 16 août 1687.
Le Blanc, Louise,   [Léonard I.
veuve de Michel Le Court, (1)

1693.

III.— BOISSEL, Claude,   [Noël II.
s 15 dec. 1716, à Quebec. [1]
Morin, Marguerite,   [Charles I.
s [1] 26 janv. 1716.
Jean-Baptiste, b [1] 9 août 1694 ; m [1] 21 avril 1728, à Jeanne Lacoudray. — Marguerite, b 27

(1) Elle épouse, 28 nov. 1687, Paul Bouchard, Montréal.

déc. 1698, à St Thomas, m ¹ 8 août 1717, à Louis Bourreau; s ¹ 4 déc. 1730. — *Marthe*, b..., m ¹ 23 nov. 1721, à Jean-Baptiste Livière, s... — *Claude*, b ¹ 18 janv. 1704. — *Marie-Louise*, b ³ 11 mai 1706, m ¹ 23 janv. 1736, à Antoine Gautier — *Antoine-Marie*, né le 29 mai 1711, au Mont-Louis ³; b ¹ 28 août 1712; m ¹ 4 oct. 1734, à Madeleine Laroche; s... — *Michel*, né ⁶ 6 oct. 1708, b ¹ 29 août 1712. — *Charlotte*, b ¹ 28 janv. 1716.

I. —BOISSIER, (1) Guillaume, charpentier, natif de... s 9 juin 1643, à Montreal.

I. — BOISSIER, Pierre, b 1641, au service de M. le Gouverneur Boucher; s 27 mars 1683, à Boucherville.

I — BOISSON dit Saintongl, Jean
Le Gros, Marie.
Marie-Catherine b 3 et s 9 oct. 1701, à Lachine. ⁰ —*Marie*, b ⁶ 31 mai 1703. — *Angélique*, b ⁰ 12 oct 1704. — *Marie-Anne*, b ⁵ 9 mars 1706 — *Marie-Françoise*, b 21 et s ⁵ 25 mars 1708.

1669, (18 octobre) Ste Famille ¹

I. —BOISSONNEAU dit St. Onge, Nicolas, b 1637, fils de Jean et de Jeanne Cochin, de St. Surin de Mortagne, évêché de Seez, s...
Colin, Anne, b 1647, fille de Nicolas et d'Isabelle Calende, de Ste. Croix, évêché de Sens, s..
Elizabeth, b ¹ 19 juillet 1670; m 15 janv. 1694, à Rene Saureau, à St. Jean (I. O.) ⁷ —*Jeanne-Marie*, b ¹ 1er fev. 1672; m ⁷ 8 nov. 1700, à Jean Gelinas; s .. — *Philippe*, b 8 nov. 1673, Québec; s ¹ 3 août 1678, brûle. — *Anne*, b ¹ 12 mars 1676, s ¹ 3 août 1678, brûlee. — *René*, b ¹ 12 juin et s 3 août 1678, brûle. — *Jean*, b ¹ 24 juin 1679, m...., à Marguerite Choret; s....—*Louis*, b ⁷ 9 sept. 1683; s ⁷ 16 janv. 1685. —*Nicolas*, b ⁷ 2 nov. 1685; m..., à Jeanne Poisson, s ... —*Anonyme*, b et s ⁷ 16 août 1688. — *Jean-Pierre*, b ⁷ 24 oct. 1689 — *Vincent*, b ⁷ 14 avril 1692.

I. —BOISSONNIÈRE, Pierre.
Bouvet, Louise,   [Jean I
Pierre, b...., m 28 déc. 1715, à Repentigny, à Helène Loyer

BOISSY. — Voy Boissel.

BOISVERD.—Voy De Nevers— Jobin — Joubin

1643.
I. — BOISVERT (de), soldat à Québec

BOISVERD, Nicolas
Cantin, Anne, s 28 mai 1711, à la Pointe-aux-Trembles de Québec.

BOISVERDUN. — Voy. Gauthier —Langlois

I. —BOIVIN, François, oncle de Pierre I, b 1616, natif de St. Laurent, évêche de Rouen.

I —BOIVIN, Charles, maitre-charpentier était à Quebec en 1668.

I —BOIVIN, Françoise, m 1664, à Louis Lamoureux.

1664, (4 novembre) Trois-Rivières.
I —BOIVIN, Pierre, neveu de François, b 1646, fils de Pierre et d'Anne Lecoq, de St. Sauveur de Rouen; s 7 janv. 1709, à Ste. Anne. ¹
Fafart, Etiennette,   [Bertrand I.
     s ¹ 7 avril 1721.
François, b ¹ 11 fev. 1672, 1o m 12 oct. 1700, à Thérèse Guay, à Québec ²; 2o m ³ 19 avril 1706, à Angelique Jobin, s ² 30 nov. 1746. — *Guillaume*, b ¹ 22 fev. 1684; m 16 avril 1708, à Ste. Foye, à Geneviève Thod, s...— *Pierre*, b ¹ 16 janv. 1675; m ¹ 17 fev. 1710, à Marie-Anne Paré; s.... — *Charles*, b ¹ 30 mai 1678, m ¹ 13 nov. 1714, à Anne-Aymee Poulin. — *Angélique*, b ² 6 oct. 1680, s ¹ 24 juin 1700. — *Marie*, b ¹ 20 mai 1685; m ¹ 30 oct. 1702, à Joseph Simard; s.... —*Jean*, b ¹ 28 dec. 1686; m ¹ 14 juillet 1721, à Madeleine Simard; s ¹ 17 mars 1725. — *Etienne*, b ¹ 4 déc. 1688; s ⁷ 7 mai 1715. — *Augustin*, b ¹ 3 mai 1690; 1o m...., à Barbe Gasquier; 2o m ¹ 21 août 1725, à Reine Simard. — *Marie-Madeleine*, b ² 26 sept. 1692, s ¹ 27 avril 1693. — *Alexis*, b ² 29 dec. 1693.

1665, (17 novembre) Montréal. 4
I.— BOIVIN, Jacques,
   b 1626, fils de Jacques et de Jacquine Delaune, de Gersé, en Anjou; s ⁴ 24 juillet 1704.
Blois, Marguerite, fille de Jacques et de Françoise Masson, de St. Julien, à la Ferte-Bénard, s...
Michel, b ⁴ 11 dec. 1666; m ⁴ 7 oct. 1697, à Françoise Lorin; s ⁴ 16 juin 1703. — *Catherine-Madeleine*, b ⁴ 26 mars 1671; 1o m ⁴ 1er mars 1638, à Jean Laurin, 2o m ⁴ 3 fev. 1704, à Louis Leroux.

1673, (31 août) L'Ange-Gardien.
I. —BOIVIN, Pierre.
   b 1638, fils de Toussaint et d'Hélène Caumont, de St. Hiebleron, évêché de Rouen; s...
Guerin, Madeleine, b 1646, veuve de Jean Julien.

1697, (7 octobre) Montréal. ¹
II —BOIVIN, Michel,   [Jacques I.
   s ¹ 16 juin 1703.
Lorin, Françoise. (1)   [Pierre I.
Catherine-Jeanne, b ¹ 31 janv. 1699. — *Marguerite*, b ¹ 11 oct. 1700 s ¹ 3 juillet 1703. — *Marie-Charlotte*, b ¹ 26 nov. 1702.

1668, (20 août) Québec. ⁵
I. —BOLDUC, (2) Louis, Procureur du Roy, b 1648, fils de Pierre et de Gilette Pyart, de St. Benoit, évêché de Paris; s....
Hubert, Elizabeth, b 1651, fille de Claude et d'Isabelle Fontaine, de St. Gervais, évêché de Paris, s ..

---

(1) Tué par les Iroquois et inhumé par le P. Danost. Bernard Berte et Pierre Lafond furent tués avec lui. (*Registre de Montréal*.)

(1) Elle épouse, le 25 octobre 1705, Charles Desery, à Montréal.
(2) Il signait " Baulduc."

Louis, b ³ 14 juillet 1669 ; m 3 juin 1697, à Louise CARON, à Ste. Anne ⁵, s... — *Marie-Anne*, b ³ août 1670, 1º m ᵈ 28 mai 1690, à Jean MAR-SOLFT, 2º m ᵈ 19 fév. 1716, à Jean PRIMONT ; s.. — *Louis*, b ᵈ 17 oct. 1672 ; s avant 1681. — *Elizabeth*, b ³ 17 oct. 1672 ; s avant 1681. — *Jacques*, b 1671, m 7 nov. 1701, à Marie-Anne RACINE, à Ste. Anne. — *René*, b ᵈ 5 mars 1674 ; 1º m .. à Marie Anne GRAVEL, 2º m... à Louise SÉNART ; 3º m 21 janv. 1717, à Marguerite MALBEUF, au Château-Richer, s.... — *Marie-Ursule*, b ³ 6 juillet 1675, 1º m ᵈ 11 août 1692, à Henry BRAULT, 2º m 11 août 1700 à Jean-Baptiste DRAPEAU, à Levis ; s .. — *Louise*, b ³ 12 dec 1677, filleule de Frontenac.

1697, (3 juin) Ste. Anne.

II — BOLDUC, Louis,   [LOUIS I.
   CARON, Louise,   [JEAN II.

1671.

I — BOLPER, MARIE-LOUISE, b 1651, fille de Gilles et de Nicole Le Cerf, de Chartres ; 1º m 12 oct 1671, à François MARCEAU, à Ste. Famille, ᵈ 2º m 17 nov. 1687, à Gabriel ROGER, à St. François, I. O.⁴, 3º m ³ 3 fév. 1701, à Antoine-Olivier QUINIART ; s⁴ 18 nov. 1728.

1672.

I. — BON DIT LACOMBE, PIERRE, b 1645 ; s 5 avril 1715, à Charlesbourg. ¹
   DUVAL, Michelle, b 1651 ; s¹ 3 juin 1711.
Catherine, b 1673, m 30 mai 1695, à François BLOUF, à Montreal ; s 3 août 1749, au Sault-au-Recollet. — *Pierre*, b..., 1º m ¹ 5 octobre 1705, à Marie-Madeleine VERRET ; 2º m ¹ 21 novembre 1718, à Marie LEDOUX ; s.... — *Madeleine*, b 11 avril 1687, à Contrecœur ; ⁵ m ¹ 28 juin 1706, à Jean BOÈSME ; s.... — *Suzanne*, b.... ; m ¹ 5 nov. 1709, à Charles LEBLANC ; s.... — *Jacques*, b¹ 26 avril 1700. — *Marie-Françoise*, b 1679 ; 1º m ² 4 juin 1696, à Jean-Baptiste AUGIER, 2º m à Nicolas BOURDET ; s 6 mars 1749, au Sault-au-Recollet. — *Gertrude*, b⁶ 6 fév. 1681. — *Jean*, b ⁵ 20 janv. 1684.

I. — BONCHRÉTIEN, ANTOINE, b 1668, officier de la garnison du fort de Québec, s 19 janv. 1703, à Québec.

1687, (13 octobre) Québec.

I — BONDU, JEAN, b 1664, fils de Jean et de Marie Bricard, de N. D. de LaRochelle, s...
   GUILLON, Mathurine, b 1663, fille de Mathurin et de Marie Georgeon, de St. Pierre d'Oléron.

BONDY, Voy. DOUAIRE de BONDY.

1678.

I. — BONELISSE, MATHURIN, b 1641, habitant de St Ours.
   MERNIN, Françoise, b 1651.
Marie, b 1679

I — BONENFANT, MATHURIN.
   b 1623 , s 2 août 1648, à Montréal. (1)

(1) Tué par les Iroquois.

I. — BONERME, premier chirurgien venu en Canada. Il accompagnait Champlain à son voyage de 1608, et mourut à Québec, pendant l'hiver de 1608-1609.

BONET, JEAN, chirurgien. — Voy. BOUVET.

1671.

I. — BONET, MÉLAINE,
   b 1640 ; s 1ᵉʳ oct. 1703, à Charlesbourg. ¹
   BUISSON, Marie,   [GERVAIS I.
Nicolas, b 7 sept. 1672, à Québec ² ; s ² 6 janv. 1677. — *Joseph-Gervais*, b ² 9 dec 1674. — *Marie*, b ³ 8 sept. 1677 ; m¹ 2 mars 1699, à Antoine MARTIN, s.... — *Pierre*, b ¹ 30 avril 1680 ; s ² 25 déc. 1702 — *Guillaume*, b ¹ 19 mai 1683 ; s 14 janv. 1709, au Detroit. — *Jean-Baptiste*, b ¹ 20 dec. 1685. — *Marguerite*, b ¹ 21 dec. 1688 ; m 23 novembre 1705, à St. François, Ile-Jésus, à Jean GARIÉPY.

II. — BONNET (1¹, GUILLAUME, armurier [MÉLÈNE I.
   s 14 janv. 1709, au Detroit.

I. — BONNET, (2) ROLLAND.
   b 1637.

1694, (4 octobre) Montréal. ²

I. — BONNET, JEAN, b 1664, fils de Jean et de Marie Richer, de St. Paul, Languedoc ; s...
   BOYER, Marguerite,   [CHARLES I.
   veuve de Claude GUICHARD.
Jeanne-Françoise, b ² 2 dec. 1698. — *Jean-Baptiste*, b ² 18 fev. 1701 ; s ² 10 juin 1703.

I. — BONFRETILLE, GUILLAUME.
   b 1652 ; s. 18 déc. 1687, St. Laurent (I. O)

1640, (2 septembre) (3).

I. — BONHOMME DIT BEAUPRÉ, NICOLAS.
   b 1603, fils de Nicolas et de Marie Gayon, de Ste. Croix de Fécamps (pays de Caux) ; s 7 août 1683, à Québec. ¹
   GOUJET, Catherine, b 1616, fille de Léonard et de Catherine Dufrençoys, du Bourg de Thury, en Normandie ; s ¹ 9 avril 1679.
Marie-Madeleine, b ¹ 24 nov. 1641 ; s¹ 23 mars 1642 — *Guillaume*, b 1643 ; 1º m ¹ 30 oct. 1664, à Françoise HACHÉE ; 2º m 1704 à Marie-Thérèse PIRON ; s 14 mars 1710, à Ste Foye. ¹ — *Ignace*, b 1647 ; 1º m ¹ 12 janv. 1671, à Agnès MORIN ; 2º m 1690, à Anne POIRIER ; s ² 22 avril 1711. — *Marie*, b¹ 15 fév. 1648, m ¹ 21 juillet 1661, à Jean NAU ; s.... — *Pierre*, b ¹ 23 avril 1650 ; s ¹ 3 janv. 1670. — *Nicolas*, b ¹ 5 fev. 1653 ; m ¹ 14 janv. 1676, à Marie-Thérèse LEVASSEUR ; s... — *Catherine*, b¹ 21 sept. 1655 ; m... 1670, à Jacques BERTHÉAUME.

(1) dit Deliard.

(2) Ce nom se rencontre au registre de 1682 de Repentigny, et sur le recensement de 1681.

(3) Date du contrat de mariage passé par Piraube, notaire royal.

1664, (30 octobre) Québec. [5]

II. — BONHOMME, Guillaume. [Nicolas I
s 14 mars 1710, à Ste. Foye [4]
1° Haché Françoise, b 1644, fille de Jacques et
de Marie Danetz, de St. Eustache, évéché de
Paris ; s [4] 13 mai 1699.
Nicolas, b [5] 25 oct. 1665 ; m 26 janv. 1695, à
Louise Cloutier, au Château-Richer ; s [4] 17 janv.
1711. — *Guillaume,* b 13 déc. 1667, à Sillery [8].
Marie-Françoise, b [5] 16 janv. 1669. — *Anne,* b [5] 8
fév. 1670 ; 1° m à Jean Minet ; 2° m [5] 8 fév. 1706,
à Nicolas Bailly, s [5] 3 juin 1714 — *Joseph,* b [8]
6 avril 1672. — *Marguerite-Françoise,* b [8] 30 janv.
1674. — *Marie-Madeleine,* b [8] 24 juin 1675. —
François-Hubert, b [8] 4 déc. 1677, m 16 fév. 1722,
à Marie Larue, à la Pointe-aux-Trembles de Quebec. — *Catherine,* b [5] 14 mars 1679 ; s [4] 4 juillet
1711. — *Catherine-Josette,* b [5] 14 juillet 1680 ; m [4]
25 juin 1704, à Sebastien Liénard ; s.... — *Jean,*
b [5] 31 mars 1682. — *Agnès,* b. .. ; 1° m [4] 7 fév. 1708,
à Noel Roulois ; 2° m [4] 16 oct. 1713, à François
Liénard ; s....
1704.

2° Piron, Marie-Thérèse, veuve de Jean-Baptiste
Morin.

1671, (12 janvier) Québec. [1]

II. — BONHOMME, Ignace, [Nicolas I.
s 22 avril 1711, à Ste. Foye. [2]
1° Morin, Agnès, veuve de Nicolas [Noel I.
Gaudry ; s [1] 31 août 1687.
Marie-Catherine, b [1] 24 nov. 1671 ; m... à Louis
Moreau ; s [2] 15 juillet 1747. — *Anne-Félicite,* b [1] 8
oct. 1673, 1° m 1697, à Louis Lefebvre ; 2° m 20
janv 1702, à la Pointe-aux-Trembles de Quebec,
à Etienne Ayot. — *Anne-Agnès,* b [1] 21 juin 1675.
— *Marie-Catherine,* b [1] 13 juin 1677 ; m à Pierre
Fortier. — *Ignace,* b [1] 18 oct. 1678 ; m 9 nov.
1705, à Montreal, à Marie-Thérèse Goulet. —
Jean, b [1] 26 oct. 1680 ; s [2] 27 déc. 1702. — *Char-
les-Ignace,* b [1] 29 sept. 1682. — *Noel,* b [1] 13 nov.
1684 ; m 2 mai 1709, à Lorette, à Felicité Hamel ;
s.... — *Marie-Madeleine,* b [1] 29 oct. 1685 ; m [2] 10
nov. 1710, à Joseph Morache ; s....
1692.

2° Poirier, Anne. [Vincent I.
veuve de Jacques Gaudry ; s [2] 1er fév. 1704.
Geneviève-Anne, b [1] 14 mars 1693 ; s [2] 20 déc.
1702. — *Marie-Madeleine,* b [1] 8 fév. 1695. — *Charles,* b... ; m 10 juin 1724, au Détroit, à Thérèse
Aguenier ; s...

1676, (14 janvier) Québec. [5]

II. — BONHOMME, Nicolas. [Nicolas I.
s 17 mars 1711, Lorette. [7]
Lavasseur, Marie-Thérèse. [Jean I.
Marie, b [7] 31 oct. 1677. — *Ignace,* b [7] 25 août
1681, m 27 janv. 1713, à Madeleine Moreau, à
Ste. Foye. — *Jeanne-Catherine,* b [7] 16 fév. 1685 ;
m [7] 18 fév. 1705, à Mathurin Meunier ; s.... —
Charles-Joseph, b [7] 4 mars 1690. — *Félicité,* b [7] 15
nov. 1693 ; m [7] 6 août 1714, à Etienne Moisan ; s.
— *Michel,* b [5] 27 fév. 1696, m ..., à Marie-Louise
Routier ; s [5] 21 juin 1728. — *Marguerite,* b [7] 21

déc. 1697. — *Marie-Anne,* b [7] 16 mars 1700 ; s [7]
17 août 1703. — *Jeanne-Marguerite,* b [7] 9 juin 1702.
— *Nicolas,* b.... ; m [7] 11 août 1705, à Thérèse
Voyer ; s... — *Pierre,* b [7] 19 août 1705. — *Thérèse,*
b.... ; m [7] 18 nov. 1709, à Michel Moisan ; s....

1695, (26 janvier) Château-Richer. [4]

III. — BONHOMME dit Du Lac, Nicolas.
[Guillaume II.
s 17 janv. 1711, Ste. Foye. [5]
Cloutier, Louise, [Charles II.
Charles, b [4] 4 nov. 1695 — *Thérèse-Françoise,*
b [5] 1er mai 1700 ; m [5] 29 août 1724, à François
Lambert. — *Marie-Agnès,* b [5] 10 oct. 1701 ; s [4] 4
mars 1716. — *Nicolas,* b [5] 30 avril 1703. — *Joseph,*
b [5] 10 mai 1705. — *Louise-Charles,* b [5] 19 mai
1707. — *Marie-Joseph,* b [5] 5 janv. 1709. — *Guillaume,* b [5] 30 août 1710. — *Elizabeth,* b 1714 ; s [5]
6 avril 1744.

BONIAUT—Bonniot—Boniaut—St. Onge.

BONIAUT, Madeleine, b...; m 7 avril 1704, à
Pierre Verret, à Lorette.

I. — BONIN (de).
Nicole, b 1646 ; s 25 août 1711, à Batiscan.

I. — BONIN, Charles, b 1638.
Meunier, Marie ; b 1640.

I. — BONIN dit Lafleur, René, soldat de M. de
Maricour, b 1667, natif de Cormeniers, évé-
che de Xaintes ; s 6 déc 1699, à Montreal.

1685, (8 janvier) Contrecœur. [3]

I. — BONIN, Nicolas, (1) b 1655, fils de Louis et
Marie Josneau, de St. Martin, Ile de Rhé, évèche de La Rochelle.
Emery, Marthe, [Antoine I.
Marie-Madeleine, b [2] 21 juin 1687. — *Angélique,*
b 10 avril 1692, Boucherville [4] ; m 1713, à Jean
Coittou. — *Nicolas,* b [4] 23 mai 1694 ; m [2] 24 oct.
1718, à Catherine Girard. — *Antoine,* b [4] 9 nov.
1676. — *Joseph,* b [4] 12 janv. 1699. — *Pierre,* b [2]
23 avril 1705.

1687, (25 novembre) Rivière-Ouelle.

I. — BONIN, Sébastien ; b 1662.
Grondin, Marie, [Jean I.

1688, (10 novembre) Trois-Rivières.

I. — BONIN, André, b 1658, fils de Pierre et de
Françoise Veron, de l'Ile de Rhé, évéché de
La Rochelle.
Loubier, Marie, veuve de François Huquerre ;
b.... ; s....

BONNEAU. — *Surnoms :* Lafortune — Lajeunesse—La Bécasse.

I. — BONNEAU dit Lafortune, Jean, b...; s 31
août 1656, à Québec. [2]
Richer, Jeanne, b 1606. (2)

(1) Fermier de M. Boucher de la Broquerie.
(2) Elle épouse, 28 oct. 1668, Léonard Tresny, à Québec.

1681, (6 novembre) Lachine. [2]

I.—BONNEAU (2), Pierre, b 1650, fils d'Isaie (marchand drapier) et de Jeanne Simonen, de la ville de Tours, evêché de Poitiers ; s [2] 30 sept. 1687.

Gignard, Marie-Madeleine (2),   [Laurent I.
Pierre, b [2] 11 sept. 1683. — *Marie-Barbe*, b [2] 18 fev. 1686.

1670, (16 septembre) Ste. Famille. [2]

I.—BONNEAU dit la Bécasse, Joseph, b 1651, fils de Pierre et de Marie Lambert, de St. Joseph de Verneux, evêché de Poitiers ; s 30 nov. 1701, St. François I. O. [3]

1° Le Long, Marie-Anne, b 1652, fille de Jacques et de Marguerite Grosnier, de St. Pierre-aux-bœufs, evêché de Paris ; s [3] 14 fev. 1684
Pierre, b [2] 15 août 1671. — *Joseph*, b [2] 3 juillet 1673 ; m [2] 5 mars 1696, à Anne Bissonnet, s.. — *Anne*, b [2] 27 déc. 1678. — *Antoine*, b 1680 ; s 18 déc. 1702, à St. Michel. — *Anne*, b [3] 26 oct. 1682.

1684, (11 avril). [3]

2° Duchesne, Madeleine,   [Pierre I.
Jean, b [3] 7 oct. 1685 . m [3] 28 nov 1708, a Elizabeth Gagné ; s... — *Brigide*, b [3] 27 déc. 1687 ; s [3] 11 janv. 1688. — *Augustin*, b [3] 22 juin 1689 ; m 12 juin 1713, à Quebec, [4] à Geneviève Gagné ; s... — *Dominique*, b [3] 18 oct. 1691 ; m [4] 3 juillet 1716, à Françoise Ginghras ; s... — *Jacques*, b [3] 10 janv 1694. — *Basile*, b [3] 18 déc. 1699. — *Jérôme*, (posthume), b [3] 7 fev. 1702 ; s [3] 21 janv. 1703.

1696, (5 mars) Ste. Famille.

II.—BONNEAU, Joseph,   [Joseph I.
s 4 janv. 1703, à St. Michel [4].
Bissonnet, Anne-Françoise (3),   [Pierre I.
Joseph, b [4] 27 janv. 1699 ; s [4] 9 dec. 1703 — *Joseph-Augustin*, b [4] 27 janv 1702 ; s [4] 25 janv. 1703.

1671, (26 octobre) Québec. [8]

I.—BONNEDEAU dit Chatellereau, Louis ; b 1641, fils de René et de Catherine Arnault, de St. Jacques de Châtellereau, evêché de Poitiers ; s avant 1685.

De la Val (4) Claude, b 1651, fille de Claude et de Jeanne Blondeau, de St. Laurent, ville d'Amiens ; s....
Elizabeth, b [8] 29 juillet 1674 ; m [8] 14 fev. 1691, à Jean-Baptiste Mongeau ; s... — *Marie-Anne*, b [8] 27 avril 1677 ; m [8] 19 avril 1700, à Charles Tinon ;

---

(1) Bonneau dit Lajeunesse, caporal de milice, "tué par les Iroquois avec neuf autres français et inhumé dans la baie d'Urfé, proche du lieu destiné pour bâtir l'Eglise St. Louis du haut de l'île de Montréal." — *Registre de Lachine* 1687. Ces corps ayant été retrouvées en 1866, furent déposés dans l'église de Ste. Anne du Bout de l'île.

(2) Elle épouse à Lachine le 15 novembre 1687, Antoine Renault.

(3) Elle épouse, à St. Etienne de Beaumont, (24 nov. 1704) Martin Leblond.

(4) Marraine de Marie-Anne Busny de Denonville, fille du gouverneur Denonville.

---

s. .. — *Louis*, b 17 janv. 1680, à la Pointe-aux-Trembles de Quebec [5] ; m [8] 13 sept. 1712, à Anno Gagnon , s.... — *Marie-Agnès*, b [5] 28 sept. 1682 ; m [8] 16 avril 1703, à Nicolas Ledoux ; s 14 oct. 1714. — *Marie-Madeleine*, (posthume) b [8] 3 sept. 1685.

I.—BONNEFOND, Pierre, chirurgien. — Voy. Passerieux. (*Registres de Montréal*, 1663.)

I.—BONNEFOND dit Savoyard, André, soldat de M. de Cabanac ; b 7 juin 1701, aux Trois-Rivieres.

1688, (24 février) Québec. [8]

I.—BONNEFOY, (1) Gabriel, veuf de Jeanne Boissiere ; b 1656, du pays de Caux, evêché de Xaintes ; s...
Ratel, Marguerite.   [Jean I.
Marie-Anne, b [8] 12 mars 1690.

BONNET.—Voy. Bonet — Gaillard.

I.—BONNIER, Pierre.
Méliot, Catherine.
Antoine, b 13 avril 1681, à la Pointe-aux-Trembles de Quebec.

1686.

I.—BONIER dit Laplante, Jacques.
Migneron, Geneviève-Therèse.   [Jean I.
Joseph, b 11 juillet 1713, à Québec ; [5] s [5] 22 nov. 1714. — *Marie-Madeleine*, b... ; m [5] 28 juillet 1710, à Jean-Baptiste Boyer, s... — *Thérèse*, b 1689 , m [5] 27 nov. 1713, à Jacques Valeran ; s [5] 24 mai 1758. — *Jean*, b [5] 28 mai 1716. — *Marie Anne*, b... ; m [5] 17 janv. 1718, à Louis Charles. — *Françoise*, b...; m [5] 10 avril 1730, à Jean Thieulin, s... — *Joseph*, b... ; m 10 nov. 1738, à Jeanne Garand, à St. Etienne de Beaumont, s...

I.—BONSECOURS, François.
Cloutier, Geneviève.
Nicolas, b 7 nov. et s 1er déc. 1723, Ilet.

I.—BONVAL, Jean.
Buron, Catherine.
Jean-Baptiste, b 25 août 1692, Québec.

I.—BONVOULOIR.—Voy. Luton, 1690.

BONY, Catherine, née à Rouen en 1637, fille de la Congrégation de N.-D. ; s 21 avril 1712, à Montreal.

1689, (25 octobre) Laprairie. [7]

I.—BORDEAU, Pierre, b 1659, fils de Pierre et de Catherine Janier ; s....

1° Faié, Marie.   [Mathieu I.
s [7] 14 juin 1700.
Marguerite, b 1er et s [7] 8 nov. 1692 — *Pierre*, b [7] 11 juin 1794 : m [7] 24 avril 1719, à Anne Levitre ; s.... — *Dominique*, b [7] 3 août 1699 ; m [7] 6 nov. 1724, à Marie Péras s....

---

(1) Soldat de la compagnie de M. de Rompré. — Appelé Vilain dit Bonnefoy.

1700, (27 sept) Laprairie. [7]
, 2ᵉ Lefebvre, Marguerite. PIERRE I.
Ma ie-Marguerite-Françoise, b [7] 15 sept. 1701 —
Catherine, b ..; m [7] 29 janv. 1725, à Jean-Baptiste GUÉRIN ; s....

1669, (15 octobre) Quebec. [5]

I. — BORDELEAU, ANTOINE, b 1617, fils de
Jean et de Marie Villain, de Dompierre-sur-Boutonne, évêché de la Rochelle ; s 18 sept.
1717, à la Pointe-aux-Trembles de Quebec. [8]
HALLIER, Perette, b 1651, fille de Jean et de
Barbe Marignan, d'Esgly, évêché de Paris ;
s....
Antoine, b [8] 18 déc. 1673 ; m [8] 5 mars 1696, à
Catherine PICHÉ ; s.... — *Marie-Louise*, b [5] 15 août
1676, m [8] 22 nov. 1695, à Louis CROTEAU ; s...

1696, (5 mars) Pte-aux-Trembles (Q) [8].

II. — BORDELEAU, ANTOINE, [ANTOINE I.
PICHER, Catherine, [PIERRE I.
Antoine, b [8] 16 déc. 1696 ; s [8] 23 janv. 1697 —
Jean-Baptiste, b [8] 10 nov. 1697, m [8] 14 juillet
1721, à Marie Anne FAUTEUX. — *Marie-Catherine*,
b [8] 15 août 1699 ; m [8] 9 sept. 1737, à René Rousseau. — *Antoine*, b [8] 23 oct. 1701 : m [8] 4 nov. 1727,
à Marie-Madeleine SAVARY. — *Marie-Angélique*,
b [8] 15 avril 1704, m [8] 26 fev. 1732, à Pierre SYLVESTRE. — *Marie-Louise*, b [8] 11 août 1706 ; m [8] 1ᵉʳ
mars 1734, à Ignace GRÉGOIRE. — *François*, b [8]
18 août 1708 ; s [8] 1 nov. 1710. — *François de Sales*,
b [8] 10 août 1709. — *Louis-Joseph*, b [8] 7 janv. 1711 ;
m [8] 30 juin 1738, à Madeleine LABERGE. — *Marie-Claire*, b 18 fev. et s [8] 27 nov. 1712. — *Antoinette*,
b [8] 19 fev. 1713 ; s [8] 22 fev. 1715. — *Marie-Françoise*, b [8] 15 mars 1714. — *Michel*, b 2 juin et s [8]
30 août 1715.— *Louis*, b [8] 7 juin 1716 ; m [8] 19
août, 1743, à Geneviève DION. — *Elienne*, b [8] 6
nov. 1717, 1ᵒ m [3] 17 avril 1747, à Geneviève BÉLAND ; 2ᵒ m [8] 9 fev. 1750, à Louise AIDE-CRÉQUY.
— *Marie-Anne*, b [8] 25 juillet 1720 ; m [8] 1 août
1746, à Jean-François PINEL.

I.—BORDENAS, LÉON, commis de M. Gohn, à
Québec [5], b [5] 1678 ; s [5] 12 janv. 1703.

BORDEREAU DE LA BORDE, AURIEN. — Voy.
BOURDEZEAU.

BORDEREAU, URBAIN.—Voy. BAUDEREAU.

I. — BORDET, JEAN, (1)—Voy. BAUDEL.

I. — BORNEUF, PIERRE.
LE ROUX, Marie, b 1645 : s 5 avril 1717, Ile-du-Pas.

BORY, voy. BOURHIS —LE BOURHIS—GRANDMAISON—BORT⊾R—BOIRTIER

1672, (8 février) Montréal. [5]

I.—BORY, Sieur DE GRANDMAISON, LAURENT.
b 1640, fils de Jean et d'Anne Auger, de Toussaint, évêché d'Angers, s...

---

(1) Sergent de la compagnie Levasseur.

LE MERLE D'AUPRÉ, ou DE HAUTPRÉ, Marguerite.
b 1652 , fille de Laurent et de Gerarde Bésiote,
du St. Gervais, de Paris, s...
Madeleine, b [5] 24 nov 1672, s [5] 12 juillet 1674.
— *Laurent*, b [5] 2 oct. 1674 ; s 1ᵉʳ août 1677, à
Lachine. [6] — *François*, b [6] 22 nov. 1676, m [5] 7
mars 1699, à Barbe BENOIT, s...

1699, (7 mars) Montréal.

II. — BORY, FRANÇOIS. [LAURENT I.
BENOIT, Barbe, veuve de Thomas Hebert.
[PAUL I.
Angélique, b 14 dec. 1699, à Laprairie.— *Marie*,
b 13 juin 1706, à Lachine.

BOSCHÉ. — *Variations et surnoms* : BEAUHEUR—
BOHEUR — BOËL — BOISVERD — LARUINE.

1697, (11 février) L'Ange-Gardien.

I.— BOSCHÉ, NICOLAS, b 1667, fils de Jean et de
Bertrande Trempe, de Toussaint, évêché de
Rennes.
1ᵒ QUENTIN, Anne, [NICOLAS I.
veuve de Louis Ouvrard ; s 28 mai 1711, à
la Pointe-aux-Trembles de Québec.
Elizabeth, b 1ᵉʳ nov. 1697, à Quebec ; [2] m [2] 24
avril 1724, à Jean PANNETON. — *Anne*, b [2] 23 juillet
1699. — *Marguerite*, b [2] 22 juillet 1701. — *Louise*,
b 28 avril 1705, à Varennes.

1712, (30 mai) Charlesbourg. [3]

2ᵒ FLEURY, Marie, [FRANÇOIS I.
veuve de Jean Préau.
Henry, b [3] 11 fev. 1713. — *Simon*, b [3] 2 fèv. et
s 20 dec. 1715.

I. — BOSQUET, JEAN. — Voy. BOUSQUET.

BOSSARD, JEANNE, b 1695, vieille domestique de
M. Boisseau , s 25 nov. 1760, à Quebec.

1692, (14 février) Cap St. Ignace. [2]

I.—BOSSÉ, Louis, b 1650, fils de Jean et d'Anne
Guillon de St. Martin de Chabourné, évêché
de Poitiers ; s [2] 12 sept. 1736.
DOUCHARD, Angélique, [NICOLAS I.
s avant 1732.
Anne, b [2] 27 nov. 1693 ; m [2] 5 nov. 1714, à
Louis FORTIN ; s [2] 18 mars 1734. — *Joseph*, b [2] 12
avril 1695. — *Louis*, b [2] 6 mars 1699. — *Marie-Angélique*, b [2] 19 avril 1702 ; m [2] 16 nov. 1722, à
Louis FOURNIER ; s... — *Jean-Baptiste*, b [2] 9 janv.
1704 ; 1ᵒ m 18 nov. 1732, à l'Ilot, à Marie-Louise
CARON ; 2ᵒ m [2] 23 nov. 1734, à Madeleine BERNIER ; 3ᵒ m..., à Madeleine GASTONGUAY. — *Geneviève*, b [2] 7 nov. 1705: m [2] 14 janv. 1726, à François MORIN ; s... — *Marie-Anne*, b [2] 7 avril 1707.
— *Ignace*, b [2] 13 août 1708 ; m..., à Marguerite GAGNE ; s... — *Etienne*, b [2] 24 octobre 1710 ; m [2] 24
octobre 1734, à Geneviève GRAVELLE ; s [2] 7 fèv.
1739. — *Pierre*, b [3] 1ᵉʳ août 1712 ; m [2] 2 avril 1742,
à Charlotte RICHARD ; s...

1672, (18 janvier) Boucherville. [7]

I.—BOSSU DIT LE PRINCE, NICOLAS, b 1628,
fils d'Andre et de Nicole Bresme, de Bac-à-

Berri, évêché de Reims ; s 6 nov. 1688, aux Trois-Rivières.

André, Louise ; b 1627, fille d'Etienne et d'Adrienne Taillou, de St. Michel, ville de Poitiers ; s [7] 7 déc. 1687.

I.—BOTREL, François, était en Canada en 1650. — Voy. Boutrel.

BOTS. — *Variations* : Baux—Bau—Bos.

1667 (26 septembre) Montréal.

I —BOTS, (1) François, 1er marguillier de la paroisse de la Pointe-aux-Trembles de Montréal, fils d'Elie et de Madeleine Rousseau, de St. Pierre de Villefagnan ; s...
Bugon, Françoise, veuve de François Godé.

I —BOUART, Marie, b 1652 ; 1° m 1667, à François Dessureaux ; 2° m 7 fev. 1689, à Jean Boismené, à Batiscan [2], s [2] 1er sept. 1712.

I —BOUAT dit St. Charles, b 1683 ; s 3 avril 1703, à Montréal.

1670 (19 mars) Montréal. [5]

I.—BOUAT, Abraham, marchand. b 1644, fils de Charles et de Marie Mignonhaque, de St. Rome de Tarn, évêché de Fabre en Rouargue ; s ..
De Nevelet, Marguerite, b 1643, fille de Pierre et de Françoise de Brion, de Madeleine de Troye, en Champagne ; s...
Gabriel, b [5] 3 juin 1671. — Marie-Apolline, b [5] 20 juin 1673 ; s [5] 23 mai 1687 —Jeanne, b 21 mai, et s [5] 12 avril 1675.— François-Marie, b [5] 25 mars 1676 ; 1° m 1699, à Madeleine Lambert-Dumont ; 2° m à Marie-Jeanne Gauthier ; s....
Marguerite, b [5] 18 fev. 1678 ; m [5] 21 janv. 1697, à Antoine Pacaud ; s.... —Jeanne-Cécile, b [5] 10 nov. 1679.— Charles, b 2 nov. et s [5] 24 déc. 1681.— Charles-Paul, b [5] 13 mars 1683.

1699.

II.—BOUAT, Frs-Marie (2)   [Abraham I.
  1° Lambert-Dumont, Madeleine   [Lambert I.
Madeleine-Marguerite, b 18 mars 1701, à Montréal. [1] — Marie-Charlotte, b [1] 22 fév. 1703.— Louise-Jeanne, b [1] 3 juillet 1704.
  2° Gauthier, Marie-Jeanne.
Jean-Baptiste, b... ; m [1] 5 sept. 1774, à Marie-Céleste Foucher.

1651, (20 novembre) Québec. [1]

I.—BOUCHARD dit Dorval, Claude, chirurgien, b 1626, fils de Claude et de Marie Fremon, de Montigny, en Picardie.
Bénard, Marguerite, b 1631, fille de Denis et de Marie Michelet, de Chartre-sur-Montléry ; s 21 mai 1697, à Ste. Famille.
Jean, b 21 nov. 1652, à Sillery, [2], 1° m 24 nov. 1670, à Madeleine Cloutier, au Château-Richer ; [3]

---

(1) Le recensement de 1681 l'appelle " Bonnault."
(2) Voyageur au Mississipi, en 1703.

2° m 19 déc. 1695, à Montréal à Marie-Antoinette Chouart, s... — Marie, b [2] 9 déc. 1654 ; s...— Charles, b [1] 24 juin 1656. — Marie, b [1] 27 oct. 1659, m [3] 26 oct. 1672, à François Bigot, s...— Paul-Claude, b [3] 28 déc. 1662 ; m [3] 15 fev. 1694, à Madeleine Bélanger ; s 11 août 1724, à Ste. Anne — Marguerite-Ursule, b [3] 12 août 1665 ; m 4 sept. 1690, à Boucherville, à Pierre Girard, s...

1654, (25 mai) Québec.

I. — BOUCHARD, Claude, tailleur, b 1626, fils de Jacques et de Nicole Bouchard, de St. Cosme-le-Verd, au Perche.
Gasnier, Louise.   [Louis II.
  s...
Marie, b 1660. — Jacques, b 1662 ; s 14 déc. 1690, au Château-Richer [1], noyé. — Gilles, b 8 et s [1] 22 mars 1664. — Marguerite, b [1] 21 oct. 1665 ; m 4 nov. 1683, à Rene De la Voye, à Ste. Anne [2]. s.... — Anne, b [2] 20 fev. 1670 ; m 20 nov. 1690, à Louis Bidon, à L'Ange-Gardien, s... — Geneviève, b [2] 29 avril 1672 ; m 1693, à Michel Tremblay — François, b [2] 9 avril 1674, dans la chapelle du cap Tourmente. — Rosalie, b [2] 7 avril 1676 — Claude, b 14 et s [2] 30 oct. 1678. — Louis, b [2] 20 avril 1680 ; 1° m 25 fev. 1715, à Suzanne Lefebvre, à Laprairie [4] ; 2° m [4] 2 déc. 1724, à Françoise Daniau. — Antoine, b [2] 25 oct. 1682.

II — BOUCHARD, Jacques,   [Claude I.
  b 1662 ; s 14 déc. 1695, au Château-Richer, noyé.

1657, (6 octobre) Québec. [1]

I.— BOUCHARD, Etienne, chirurgien de Montréal, b 1622, fils de Pierre et de Nicole Charland ; s 20 juillet 1676, à Montréal [2].
Boissel, Marguerite (1),   [Jacques I.
Zacharie, b [2] 17 mars 1661. — Paul, b [2] 10 fév. 1663 ; m [2] 28 nov. 1687, à Louise Leblanc ; s... — Marie-Françoise, b... s [2] 27 janv. 1677. — Jean-Marie, b [1] 4 août 1667, s [2] mars 1724, à Ste. Anne. — Antoine, b [1] 4 déc. 1669. — Marie-Françoise, b [2] 9 avril 1665, "Sœur St. Paul, C. N.-D." s [2] 29 avril 1739. — Marie-Anne, b [1] 25 déc. 1673 ; m [2] 6 fev. 1690, à Jean Roy ; s... — Marie-Madeleine, b... ; m 31 janv. 1701, à Pierre Bourgoin, à Beauport ; s 11 déc. 1728, à Lachenaie.—Marie-Jeanne, b [1] 10 juillet 1675, m [2] 22 juin 1699, à François Pampalon ; s [1] 16 déc. 1737.

1662, (2 décembre) Château-Richer. [1]

I — BOUCHARD, Michel, b 1635, fils de Clément et de Clémence Bressard, d'Ardillé-le-Marois, évêché de La Rochelle, s...
  1° Trottine, Marie, b 1646, de LaRochelle ; s...
Etienne, b [1] 26 déc. 1663 ; m 20 oct. 1692, à Madeleine Meunier, à Québec [2], s... — Marie-Madeleine, b [1] 31 mai 1665 ; 1° m à Pierre Dancosse ; 2° m 29 mai 1702, à Jean Gauvin, à la Rivière-Ouelle [4]. — Charles, b [1] 14 fév. 1667 ; m [4] 5 avril 1690, à Madeleine Dubé ; s [4] 30 mai 1690. — François, b [1] 4 fev. 1670 ; m 12 oct. 1693, à Marie-Anne Valière, à la Pointe-aux-Trembles de

---

(1) Elle épouse, le 17 janv. 1687, Julien Joyan, Québec.

Québec ; s... —*Pierre*, b 11 fév. 1673, à Ste. Anne [5]. — *Marguerite*, b [5] 16 mars 1674 ; 1° m 29 juillet 1697, à François DUTERTRE, à Levi ; 2° m à Guillaume SOUCY ; — *Gabriel*, b [2] 22 janv. 1676 , m [4] 12 janv. 1701, à Marie-Françoise LISOT ; s... — *Pierre*, b [2] 19 juin 1678 ; m [2] 29 oct. 1699, à Marie-Anne BOURASSA ; s...

     1682, (27 octobre) Québec.

2° DE LA PORTE, Marie-Madeleine, veuve de Martin Fouquet.

1665, (20 juillet) Montréal. [1]

I. — BOUCHARD, GUILLAUME, b 1636, fils de Laurent et Nicole Bourguignon, de Neufchâtel, en Picardie ; s...
BESNARD, Françoise, veuve de Marin Janot, s...
Marie, b [1] 20 avril 1667, m 18 nov. 1686, à la Pointe-aux-Trembles de Montréal, à Jean GRIVEAU.

1670, (30 septembre) Ste. Anne. [1]

I.—BOUCHARD, NICOLAS, b 1637, fils de Clément et Louise Bressard, de Bernevert, évêché de LaRochelle ; s avant 1685
LE ROY, Anne, (1) b 1655, fille de Pierre et d'Anne Fleury, de St. Hilaire, évêché de Sens, en Bourgogne, s...
Angélique, b [1] 25 fev. 1673 ; m 14 fév. 1692, au Cap St. Ignace, [2] à Louis BOSSÉ — *Agnès*, b [1] 19 mars 1675. — *Elizabeth-Agnès*, b 10 nov. 1677, à Québec ; 1° m [1] 13 juillet 1699, à Charles FOURNIER ; 2° m [2] 17 nov. 1701, à Joseph MORIN ; s... —*Pierre*, b [2] 1 nov. 1679. — *Ignace*, b [2] 25 fev. 1682 ; m 24 oct. 1712, à St. Etienne de Beaumont, à Jeanne LE ROY. — *Nicolas*, b [2] 22 janv. 1684 ; m 1er juillet 1709, au Château-Richer, à Anne VEAU DIT SYLVAIN ; s...

1679, (24 novembre) Château-Richer.

II.—BOUCHARD, (2) JEAN,   [CLAUDE I.
    s avant 1704.
1° CLOUTIER, Madeleine,   [ZACHARIE I.
    veuve de Pierre Gravelle.
Jean, b 11 sept. 1680, à St. Pierre, Ile d'Orléans. [3] — *Pierre*, b [3] 8 avril 1685. — *Marie-Madeleine*, b [3] 29 juin 1687.

     1695, (19 décembre) Montréal. [2]

2° CHOUART, Marie-Antoinette,   [MÉDARD I.
Marie-Geneviève, b [2] 16 oct. 1696. — *Jean-Baptiste*, b [2] 18 janv. 1698. — *Antoine*, b 20 oct. 1699, à Lachine. [4] — *Joseph*, b [2] 17 sept. 1701. — *Hyacinthe*, b [4] 13 juin et s [4] 8 juillet 1703. — *Apolline*, b [4] 28 mars et s 29 juin 1705, à Ste. Anne de Montréal.

1687, (28 novembre) Montréal. [1]

II.—BOUCHARD, PAUL,   [ETIENNE I.
LE BLANC, Louise,   [LÉONARD I.
    veuve de Guillaume Boissel.
Jean, b [1] 26 juin 1690. — *Paul*, b [1] 15 juin 1693. — *Anonyme*, b et s [1] 18 juillet 1694. — *Louise*, b [1] 27 juillet 1695. — *Nicolas*, b [1] 18 juillet 1697.

II. — BOUCHARD (1), JEAN-BAPTISTE,[ETIENNE I.
    s 2 mars 1724, à Ste. Anne.

1690, (5 avril) Rivière Ouelle. [2]

II —BOUCHARD, CHARLES,   [MICHEL I.
    (noye), s [2] 30 mai 1690.
DUBÉ, Madeleine,   [MATHURIN I.

1692, (20 octobre) Québec.

II.—BOUCHARD, ETIENNE,   [MICHEL I.
MUSNIER, Marie-Madeleine,   [JULIEN I.
Marie-Madeleine, b 25 mai 1698, à la Rivière-Ouelle [1] ; m [1] 27 nov. 1713, à Nicolas HUDON.

1693, (12 octobre) Pte-aux-Trembles, Q.

II.— BOUCHARD, FRANÇOIS,   [MICHEL I.
VALIÈRE, Marie-Anne,   [PIERRE I.
Jean-François, b 27 août 1694, à la Rivière Ouelle [1] ; s [1] 2 sept. 1694. — *Marie-Anne*, b [1] 2 et s [1] 7 mai 1696 — *François*, b [1] 21 juin 1697. — *Marie-Anne*, b [1] 23 juin 1699 — *Marie-Madeleine*, b [1] 19 nov. 1702. — *Joseph*, b [1] 22 avril 1706 ; m.. , à Dorothée OUELLET.

1694, (15 février) Château-Richer.

II.—BOUCHARD (2), CLAUDE,   [CLAUDE I.
    s 11 août 1724, à Ste. Anne. [2]
BÉLANGER, Marie-Madeleine,   [CHARLES II.
Marie-Madeleine, b [2] 29 nov. 1694 ; s [2] 21 déc. 1694. — *Marie-Madeleine*, b [2] 1697 ; s [2] 2 mai 1703. — *Marie-Madeleine*, b 19 sept. 1704 ; m [2] 9 nov. 1722, à Jean RACINE. — *Jean-François*, b [2] 14 août 1707 ; s [2] 25 mars 1713.

1696, (14 novembre) Montréal. [3]

I. — BOUCHARD, RENÉ, maître-taillandier, b 1665, fils de Julien et d'Elizabeth Ménard, de Lavault, évêché de Nantes ; s....
SAUVAGEAU, Marie-Anne,   [RENÉ I.
Jean, b [3] 9 sept. 1697. — *Pierre*, b [3] 30 juin 1699. — *Marie-Clémence*, b [3] 3 avril 1701. — *Marie-Marguerite*, b [3] 20 mai et s [3] 8 juin 1703. — *Marie-Marguerite*, b [3] 16 avril 1704.

1699, (29 octobre) Québec.

II.— BOUCHARD (3), PIERRE,   [MICHEL I.
    s 11 avril 1717, à Ste. Anne de la Pocatière.
BOURASSA, Marie-Anne,   [JEAN I.
Michel, b 4 fev. 1701, à la Rivière-Ouelle [1]. — *Pierre*, b [1] 15 déc. 1702. — *Marie-Angélique*, b [1] 3 déc. 1706. — *Marie-Théodore*, b [1] 8 sept. 1708.— *Jean-François*, b [1] 11 janv. 1711. — *Marie-Françoise*, b [2] 13 nov. 1712. — *Marie-Anne*, b [1] 17 dec. 1713. — *Joseph*, b [1] 26 oct. 1715.

1701, (12 janvier) Rivière Ouelle. [1]

II.— BOUCHARD, GABRIEL,   [MICHEL I.
LIZOT, Marie-Françoise,   [GUILLAUME II.
Guillaume, b 21 et s [1] 27 nov. 1701. — *Joseph*, b [1] 19 oct. 1710 ; m 22 fév. 1734, à Madeleine Fon-

---

(1) Elle épouse, le 8 oct. 1685, Claude Guimont, à Québec.

(2) Bouchard-Dorval.

(1) Bouchard-Dorval de Montréal, frère de Bouchard de Ste. Anne.

(2) Bouchard dit Dorval.

(3) Eux... à la Rivière-Ouelle.

TIN, à l'Islet. — *Marie-Rosalie*, b [1] 27 mai 1708 ; m 8 juin 1722, à Charles SAUCIER, à Ste. Anne de la Pocatière [2]. — *Gabriel*, b [1] 19 mars 1713 ; s [2] 7 janv 1718.

BOUCHARDIÈRE, DE LA. — Voy. BOURDUCEAU.

1619.

I — BOUCHER (1), GASPARD, né à Langy, Mortagne, et frère de Marin, menuisier.
LEMAINE, NICOLE.
Madeleine, b 1621, m 1647, à Urbain BEAUDRY ; s 14 sept. 1691, à Montréal. — *Pierre*, b 1622 (gouverneur des Trois-Rivières) ; 1o m 1648, à Madeleine CHRÉTIENNE ; 2o m 9 juillet 1652, à Jeanne CREVIER, à Québec [1]. — *Nicolas*, b 1627 ; s 23 mars 1649, aux Trois-Rivières. — *Marie*, b 1630 ; m [1] 30 janv. 1645, à Etienne DE LAFOND ; s 30 nov. 1706, à Batiscan. — *Marguerite*, b 1634 ; m 1646, à Sieur Toussaint TOUPIN, Sieur DUSSAULT.

1625.

I. — BOUCHER, MARIN, b 1589, à Langy, évêché de Mortagne ; établi à la Rivière St. Charles, sur les ci-devant terres des Récollets, s 29 mars 1671, au Château-Richer.
1o BARRY, Julienne.
François, b 1626 ; m 3 sept. 1641, à Florence GAREMAN, à Québec.

1632.

2o MALET, Perinne, b 1606 ; s 25 août 1687, à Québec [1].
Jean-Galeran, b 1633 ; m à Marie LECLERC. — *Françoise*, b [1] 22 juin 1636 ; m [1] sept. 1650, à Jean PLANTE ; s... — *Pierre*, b [1] 13 fev. 1639 ; m 4 avril 1663, à Marie ST. DENIS, au Château-Richer [2] ; s... — *Madeleine*, b [1] 4 août 1641 ; m [2] 12 janv. 1655, à Louis HOUDE. — *Marie*, b [1] 15 avril 1644 ; m [1] 6 nov. 1656, à Charles GODIN. — *Guillaume*, b [1] 5 mai 1647 ; m [2] 21 nov. 1672, à Marguerite THIBAUT.

1641, (3 septembre) Québec. [1]

II. — BOUCHER, FRANÇOIS,   [MARIN I. b 1626.
GAREMAN, Florence, b 1629, fille de Pierre Gareman et de Madeleine Charlot, de Baigneux, près de Soissons ; s...
Jean, b [1] mai 1643. — *Elizabeth*, b 17 mars 1646, m [1] 21 oct. 1659, à Denis GUYON ; s [1] 24 sept. 1685. — *Pierre*, b 29 sept. 1648, à Sillery [2] ; m 1672 à Hélène GAUDRY. — *Marin*, b [1] 26 déc. 1650. — *Marie*, b [1] 30 oct. 1652. — *Florence*, b [1] 5 oct. 1654. — *Anonyme*, b et s [1] 9 oct. 1654. — *Charles*, b [1] 7 avril 1658 ; m 7 mai 1685, à Marguerite PELLETIER, à Sorel. — *Denis*, b [1] 11 avril 1660 ; m [1] 21 nov. 1689, à Jeanne MIVILLE. — *Michel*, b [2] 8 mai 1661 ; m [1] 26 nov. 1695, à Madeleine HUOT. — *Françoise*, b [1] 6 avril 1664 ; m 23 juillet 1686, à Nicolas THIBAUT, au Château-Richer. — *Michel*, b 1666 ; m 19 avril 1700, à Geneviève AMYOT, à St. Augustin.

1648.

II. — BOUCHER, PIERRE, (1)   [GASPARD I.
1o CHRÉTIENNE, Marie-Madeleine.
Jacques, b 11 déc. 1649, aux Trois-Rivières, s...

1652 (9 juillet) Québec. [1]

2o CREVIER, Jeanne.   [CHRISTOPHE I.
Pierre, b 1653 ; m [1] 25 oct. 1683, à Charlotte DENYS. — *Marie*, b 8 mars 1655, aux Trois-Rivières [2] ; m [2] 26 sept. 1667, à René GAULTIER. — *Lambert*, b [2] 12 août 1656 ; m [1] 13 août 1693, à Marguerite VAUVRIL, s [2] 3 avril 1699. — *Joachim*, b 1659 ; s 12 juillet 1692, tue par les Iroquois dans un combat. — *Ignace*, b [2] 18 janv. 1659 ; m 28 oct. 1694, à Montreal, à Marie Anne MARGANNE DE LA VALTRIE ; s 25 oct. 1699, à Boucherville [4]. — *Madeleine*, b 1661 , m [4] 24 nov. 1680, à Pierre LE GARDEUR. — *Marguerite*, b [2] 26 juillet 1663 ; m [4] 17 mai 1687, à Nicolas DANEAU-DUMUY ; s [4] 1698. — *Philippe*, b [2] 20 déc. 1665 ; ordonné prêtre 26 mars 1689, s 8 avril 1721, à Lévis. — *Jean*, b [1] 7 fev. 1667 ; 1o m 24 nov. 1692, à Françoise-Claire CHAREST, à Lévis ; 2o m [2] 10 nov. 1729, à Françoise GODFROY. — *René*, b 18 juin 1668, à Montréal [3] , m [3] 15 déc. 1705, à François MAILHIOT. — *Jeanne*, b [4] 5 déc. 1670 ; m [4] 16 nov. 1695, à Jacques-Charles SABREVOIS DE BLEURY ; s [4] juil. 1703. — *Louise*, b [4] 5 déc. 1670 ; s... — *Nicolas*, b [4] 15 nov. 1672 ; ordonné prêtre, 6 juin 1696 ; s [1] 30 juillet 1733. — *Jean-Baptiste*, b [4] 10 déc. 1673 ; m 1716, à Thérèse HERTEL. — *Jacques*, b [4] 10 déc. 1673 ; s [4] 10 sept 1688. — *Geneviève*, b [4] 30 août 1676 ; religieuse Ursuline dite St. Pierre ; s 30 mai 1766, aux Ursulines de Québec.

1661, (10 octobre) Château-Richer. [1]

II. — BOUCHER, JEAN-GALERAN, (2)   [MARIN I. maçon, b 1633 ; s 29 mars 1714, à la Rivière-Ouelle. [2]
LECLERC, Marie, b 1640, à St. Rémi de Dieppe.
Marie, b [1] 26 fév. 1663 ; 1o m 1678, à Jacques TIBOUTOT ; 2o m [2] 21 juin 1688, à François AUTIN. — *Pierre*, b [1] 9 nov. 1664 ; m [2] 19 juillet 1695, à Marie-Anne MICHAUD ; s 23 sept. 1737, à Kamouraska. — *Philippe*, b [1] 13 déc. 1666 ; m [1] 30 nov. 1693, à Marie-Anne MIGNIER. — *Marguerite*, b [1] 1er mai 1669 ; s [1] 16 juin 1669. — *Marie-Madeleine*, b 24 juin 1670, à l'Ange-Gardien ; m [2] 22 oct. 1688, à Jean DE LAVOYE. — *Catherine-Gertrude*, b 20 avril 1673, à Québec. [3] — *Marie-Anne*, b [3] 28 avril 1675 ; m [2] 21 janv. 1692, à François DUVAL. — *François-Galeran*, b [3] 28 avril 1677 ; m 16 nov. 1701, au Cap St. Ignace, à Jeanne GODREAU.

1663, (4 avril) Château-Richer. [1]

II. — BOUCHER, PIERRE,   [MARIN I.
s 3 mai 1707, à la Rivière-Ouelle. [2]
ST. DENIS, Marie,   [PIERRE I.
Barbe, b [1] 14 déc. 1663 ; 1o m [1] 16 nov. 1682, à René MAHEU ; 2o m [1] 22 avril 1686, à Georges CADORET ; 3o m 8 fév. 1712, à Louis JOURDAIN, à Lévi [3] ; s [3] 20 mars 1724. — *Pierre*, b [1] 1er janv.

---

(1) Gaspard Boucher compte parmi ses descendants, des Gouverneurs, des Evêques, des Juges, etc., et un grand nombre des plus remarquables familles du Canada.

(1) Sieur de Gros-Bois, Seigneur de Boucherville, gouverneur des Trois-Rivières.

(2) Etabli à la Rivière Ouelle.

1666. — *Jacques*, b 6 janv. 1667, à Ste. Famille⁴.
— *Marie*, b⁴ 12 août 1668; m¹ 7 nov. 1689, à Jean
MIGNOT.— *Jean*, b⁴ 18 janv. 1671; m³ 16 oct.
1696, à Angelique GUAY.— *Pierre*, b⁴ 10 mai
1673; m²4 fév. 1697, à Madeleine DANCOSSE.—
Angélique, b⁴ 28 oct. 1676; m² 28 janv. 1697, à
Louis DUBÉ, s² 2 mars 1717.— *Charles*, b¹ 7 sept.
1679, m² 18 nov. 1704, à Marie-Anne OUELLET;
s²5 mai 1709.— *Marie-Thérèse*, b¹ 10 janv. 1683,
m² 7 janv. 1704, à Pierre DUBÉ.— *Geneviève*, b¹
12 sept. 1685; m² 7 janv. 1706, à Laurent DUBÉ
— *Prisque*, b¹ 22 avril 1689; m² 6 avril 1712, à
Françoise MIVILLE.— *Marguerite*, b¹ 12 mai
1692.

1664, (21 avril) Québec.²

I.— BOUCHER (1), FRANÇOIS, b 1632, fils de Guil-
laume et d'Adriane LeMonier, de St. Maclou,
ville de Rouen; s...
LÉPINE, Anne, b 1637, fille de Jacques et de
Noemie Mourlon, de Petré, à Couraille, évêche de LaRochelle; s...
Guillaume, b² 19 janv. 1665; 1° m 19 déc.
1695, à Jeanne BEAUVAIS, à Montréal³; 2° m 16
août 1716, à Angelique DALONNÉ, au Détroit; s...
— *Jeanne*, b² 24 fév. 1667; m³ 12 janv. 1688, à
Mathurin PARANT.— *Jean*, b² 22 oct. 1668.—
Antoinette, b² 24 dec. 1670; m³ 20 nov. 1695, à
Etienne-Joseph MARTEL; s³ 25 mars 1703 —*Anne*,
b² 10 oct. 1673.— *Marie-Françoise*, b² 10 janv.
1677; m³ 26 avril 1702, à Léonard DESMONTS;
s³ 18 mars 1703.— *Louise*, b² 20 fév. 1681; m²
10 fev. 1711, à Jean CRÉTOT.

1672, (21 novembre) Château-Richer.¹

II.—BOUCHER, GUILLAUME,   [MARIN I.
THIBAUT, Marguerite-Jeanne,   [GUILLAUME I.
Marguerite, b¹ 27 oct. 1675; m¹ 14 avril 1692,
à François LABERGE; s¹ 26 fev. 1705.

1678, (12 novembre) Ste. Anne.¹

I.— BOUCHER, JEAN, b 1650, fils de Quatrin et de
Jeanne Denis, de St. Etienne-du-bourg-deché,
evêché de Maizeray; s...
PARÉ, Marie-Madeleine,   [ROBERT I.
Jean, b¹ 29 août 1679.— *Elizabeth*, b¹ 14 fév.
1682; 1° m... à Julien MAUFILS; 2° m¹ 8 juil. 1703
à Jean-Baptiste LAGARENNE.— *Noel*, b¹ 3 mars
1684,— *Pierre*, b¹ 27 oct. 1686,

1672.

II.—BOUCHER DIT DÉROCHE, PIERRE, [FRANÇOIS I.
GAUDRY, Helène,   [NICOLAS I.
s...
Ignace, b 26 mai 1673, à Québec¹.— *Jeanne-
Elizabeth*, b¹ 10 août 1675.— *Jeanne*, b 1676; s
20 janv. 1703, à St. Nicolas².— *Marie-Hélène*, b¹
11 août 1678.— *Agnès*, b 16 mars 1681, à la Pte.-
aux-Trembles de Québec⁴.— *François*, b⁴ 8 mars
1684.— *Marie-Madeleine*, b¹ 5 août 1692.— *Françoise-Thérèse*, b² 25 janv. 1698; s² 25 mars 1703.

1683, (25 octobre) Québec.¹

III.— BOUCHER (1), PIERRE,   [PIERRE II
s 17 août 1740, à Boucherville.
DENIS, Charlotte,   [SIMON I.
veuve de Sieur Pierre DeBrané, Sieur DUPAS
Antoinette, b 11 sept 1684, à Boucherville.²—
Pierre, b² 1685; s 31 juillet 1757, à l'Hôtel-Dieu
de Montréal.— *Marie-Jeanne*, b² 15 août 1691;
s² 29 dec. 1692.— *René*, b² 17 mai 1699, m...
nov. 1730, à Louise PÉCAUDY.— *Louise*, b² 16 nov.
1702, dite sœur Ste. Monique, C. N. D ; s 5 sept.
1788, à Montréal.³— *Madeleine-Charlotte*, b² 7
nov. 1686; religieuse hospitalière à Québec; s¹
28 avril 1730.— *Charles*, b² 20 avril 1704; m¹ 13
mai 1735,à Françoise BOURROTE.—*Claire-Françoise*,
b² 14 avril 1705; 1° m 1736, à Jean-Baptiste POM-
MEREAU; 2° m¹ 25 oct. 1745, à Joseph-Michel LE
GARDEUR.— *Pierre*, b² 11 juin 1689; m à Marguerite RAIMBAULT; s² sept. 1767.— *Joseph*, b...; 1°
m² 29 nov. 1730,à Charlotte TAILHANDIER; 2° m à
Marie CARDIN, s² 28 fév. 1762 — *Marie-Anne*, b²
24 fév. 1694; religieuse ursuline dite St. Ignace;
s¹ 22 août 1772.—*Marie-Angélique*,b² 25 juil. 1697,
dite Sœur Ste. Monique, C. N.-D.; s³ 12 fev. 1721.

I.— BOUCHER, BENOIT, b 1646, cultivateur à
Lotbinière, en 1681.

1684, (20 août) L'Ange-Gardien.

I.—BOUCHER (2), LOUIS
b 1636.
ROULOIS, Madeleine,   [MICHEL I.
veuve de Nicolas Quentin.

1685, (7 mai) Sorel.¹

II. — BOUCHER, CHARLES,   [FRANÇOIS I.
PELLETIER, Marguerite-Agnès,   [FRANÇOIS II.
Charles, b¹ 26 sept. 1685; s¹ 19 nov. 1685 —
Charles, b 5 déc. 1690, au Château-Richer.—
Marie, b 15 avril 1693, à Ste. Famille²; m 2 mai
1711, à l'Ile Dupas³, à Antoine PIETTE.— *Pierre*,
b² 16 mai 1695.— *Michel*, b² 13 mai 1697.—
Joseph, b² 15 mars 1699.— *Marie-Anne*, b³ 11
juillet 1704; m³ 5 août 1721, à Antoine JOLY.—
Alexis, b³ 31 mai 1706.— *Jean-Baptiste*, b³ 30
oct. 1708.

1689, (21 novembre) Québec.

II.—BOUCHER, DENIS,   [FRANÇOIS I.
MIVILLE, Jeanne,   [FRANÇOIS II.
Jean-François, b 13 sept. 1693, à la Pointe-aux-
Trembles de Québec — *André*, b 8 avril 1696, à
St. Nicolas.⁵— *Denis-Joseph*, b⁵ 1ᵉʳ mars 1699.—
Etienne, b...; m 13 août 1730, à Ste. Croix, à
Marie-Charles HOUDE.

1692, (24 novembre) Lévis.²

III.— BOUCHER (3), RENÉ-JEAN,   [PIERRE II.
s 20 oct. 1744, à Boucherville.¹
1° CHAREST, Françoise Claire,   [ETIENNE I.
s 19 dec. 1725, dans l'église de Boucherville.

(1) Seigneur de Boucherville.
(2) Bourgeois de Québec, 1684.
(3) Seigneur de Montbrun, enseigne dans un détachement
de la marine, commandant toute la milice de la côte du Sud,
en 1729.

(1) Voy. Boucher dit Vin d'Espagne.

Jeanne, b ² 10 sept. 1693 ; m ¹ 22 oct. 1725, à Augustin Roy-Desjardins. — *Catherine*, b ¹ 9 juin 1696, m ² 17 juillet 1735, à Joseph Damours. — *René*, b ¹ 10 janv. 1699 ; m 14 sept 1738 aux Trois-Rivières, à Madeleine Godfroy de St. Paul ; s ¹ 31 août 1773. — *Jean-Baptiste*, b ¹ 10 août 1700 — *Pierre-Joseph*, b ¹ 13 juillet 1702. — *François*, b ¹ 14 juillet 1704. — *Pierre*, b ¹ 2 juin 1706 ; s ¹ 31 août 1708 — *Marie-Anne*, b ¹ 2 juin 1708.— *Pierre*, b ¹ 2 fév. 1710. — *Marie-Angélique*, b ¹ 13 déc. 1111. — *Claude*, b ¹ 17 sept. 1713 ; s ¹ 19 sept. 1713 — *Etienne*, b ¹ 28 nov. 171½ ; m ¹ 17 nov. 1744. à Marie Racicot.

1729, (10 novembre) Trois-Rivières.

2° Godfroy Françoise.　　　　[Amador II.
s ² 6 fév. 1770.

1693, (13 août) Québec.

III. — BOUCHER (1), Lambert,　[Pierre II.
s 3 avril 1699, église des Trois-Rivières.³
Vauvril, Marguerite,　　　　[Pierre I.
s ³ 8 janv. 1730.
Louis, (2) b ³ 3 juillet 1695 — *Geneviève*, b ³ 10 juillet 1697 ; 1° m ³ 16 nov. 1729, à Charles Hertel : 2° m ³ 17 nov. 1738, à Jacques Simonet. — *Pierre-Louis*, b ³ 6 oct. et s ³ 18 nov. 1698.

1694, (28 octobre) Montréal.

III. — BOUCHER (3), Ignace,　　[Pierre II.
s 25 oct. 1699, à Boucherville.
Marganne de la Valtrie, Marie-Anne, [Seraphin I.
Ignace-Séraphin, b 12 nov. 1696, à Boucherville ; s ³ 3 fév. 1747. — *Charles-Séraphin*, b ³ 19 fév. 1698 ; m 30 sept. 1731, à Québec, à Marie-Anne Hertel. — *Nicolas*, b ³ 15 fév. 1699. — *Louise*, b... ; m ³ 27 nov. 1737, à Jean-Baptiste Forestier. — *Ignace*, b ³ 30 fév. 1700, (posthume).

1695, (10 novembre) Rivière-Ouelle ²

III. — BOUCHER, Philippe,　　[Galeran II.
Mignier, Marie-Anne,　　　　[André I.
Jean-Baptiste, b ² 10 juin 1696 ; m 1ᵉʳ août 1724, à Suzanne Cahouet, au Cap St. Ignace. — *Joseph*, b ² 18 mai et s ² 4 juillet 1698. — *Michel*, b... — *Marie-Madeleine*, b ² 12 avril 1699. — *Jean*, b ² 5 août 1700 ; m 24 nov. 1727, à Madeleine Leduc, à l'Islet ³. — *Marie-Anne*, b ² 26 juillet 1702 ; m ³ 25 juillet 1737, à Jean Martin. — *Philippe*, b ² 3 fév. 1704 ; m 4 juillet 1729, à Marie Dionne, à Ste. Anne de la Pocatière⁴. — *Dorothée*, b ² 1ᵉʳ mai 1707, m ⁴ 26 avril 1730, à Pierre Bourgela.— *Elizabeth*, b ² 14 avril et s ² 19 nov. 1709. — *Reine*, b ² 2 janv. 1711. — *Alexis*, b ³ 30 août et s ² 2 sept. 1712 — *Pierre*, b ² 8 oct. 1713 ; m ³ 10 nov. 1738, à Madeleine Canon. — *Angélique*, b ⁴ 8 août et s ⁴ 6 déc. 1715.

1695, (19 juillet) Rivière-Ouelle. ²

III. — BOUCHER, Pierre,　　[Galeran II.
s 23 sept. 1737, à Kamouraska.³
Michaud, Marie-Anne,　　　　[Pierre I.

Joseph, b ² 6 nov. 1697 ; m à Geneviève Hayot — *Marie-Anne*, b ² 5 août 1699 — *Marie-Claire*, b ² 15 fév. 1702 ; m ³ 3 fév. 1733, à Simon Guerez. — *Pierre*, b ² 16 sept. 1704 ; m à Marie-Catherine Guerez. — *Marie-Charlotte*, b ² 18 janv. 1707 ; m ³ 10 nov. 1740, à Jacques Deneau.— *Michel*, b... m ³ 14 nov. 1735, à Marguerite Choret.— *Guillaume*, b ² 8 avril 1709. — *Marie-Joseph*, b..., m ² 10 avril 1736, à François Albert. — *Marguerite*, b... ; m 4 nov. 1748, à Pierre Roy.

1695, (26 novembre) Québec. ¹

II. — BOUCHER, Michel,　　　[François I.
Huot, Marie-Madeleine,　　　[Nicolas I.
Françoise-Thérèse, b ² 31 août 1696 ; s ¹ 1ᵉʳ sept. 1696. — *Anonyme*, b ¹ et s ¹ 14 fév. 1698 — *Marie-Madeleine*, b 18 avril et s ² 21 avril 1699, à la Pointe-aux-Trembles de Québec.

1695, (19 décembre) Montréal ³

II. — BOUCHER, Guillaume,　　[François I.
1° Beauvais, Jeanne,　　　　[Jacques I.
s ³ 6 fév. 1703.
Raphael, b ³ 3 nov. 1697 ; s ³ 20 fév. 1698 — *Alexandre*, b ³ 10 août et s ² 26 sept. 1696.

1716, (16 août) Détroit.
2° Ptolomé, Angélique,　　　[Charles I.
veuve de Pierre Robert.

I. — BOUCHER dit BoisBuisson, Louis-Marin, b 1636, marchand, était à Longueuil en 1681.

1696, (13 février) Québec. ¹

I. — BOUCHER dit Belleville, Jean, b 1659, fils de Liénard et de Françoise Milot, de la Ste. Vierge, évêché de Poitiers ; s ¹ 24 avril 1745.
1° Racine, Marie,　　　　　[Pierre II.
Jean-Baptiste, b ¹ 15 oct. 1699 ; m ¹ 20 nov. 1719, à Louise Moreau.— *Philippe*, b ¹ 6 janv. 1702, s ¹ 6 mai 1720.

1706, (9 février) Québec. ¹
2° Loiseau, Anne,　　　　　[Pierre I.
veuve de François Constantin ; s ¹ 18 avril 1752.
Marie-Geneviève, b ¹ 7 mai 1714 ; s ¹ 14 juillet 1714.

1696, (16 octobre) Lévis. ¹

III. — BOUCHER, Jean,　　　　[Pierre II.
Le Guay, Angelique,　　　　[Jean I.
Marie-Ursule, b ¹ avril 1701 ; s ¹ 19 mai 1701. *Marie-Josette*, b ¹ 24 avril 1702, — *Angélique*, b 1697 ; m ¹ 19 nov. 1716, à Jacques Huard ; s ¹ 24 avril 1754.— *Jean-François*, b 4 janv. et s 1ᵉʳ mars 1698, à la Rivière-Ouelle ². — *Marie-Angélique*, b ² 26 mars 1699 ; s ² 2 fév. 1709.

1697, (4 février) Rivière-Ouelle. ¹

III. — BOUCHER, Pierre,　　　[Pierre II.
Dancosse (1), Marie-Madeleine,　[Pierre I.

---

(1) Sieur de Grand-Pré, major de la ville des Trois-Rivières.
(2) Filleul de Frontenac.
(3) Sieur de Grosbois.

(1) Elle épouse, le 21 mars 1716, à la Rivière Ouelle, Jean-Baptiste Maisonneuve.

6

Pierre, b ¹ 17 nov. 1697; m 17 août 1726, à Catherine LIZOT, à Ste. Anne de la Pocatière — *François*, b ¹ 25 août 1699, m 10 janvier 1727 à Marie-Anne MARTEL, à Charlesbourg. — *Marie-Anne*, b ¹ 2 juin 1701, m ¹ 3 fév. 1731, à Joseph PELLETIER — *Marie-Angélique*, b ¹ 7 fév. 1703 — *Jean*, b ¹ 5 août 1704, m 5 mai 1731, à Cecile MICHAUD, à Kamouraska ²; s ² 29 mars 1736. — *Marie-Madeleine*, b ¹ 25 oct. 1706. — *Joseph*, b ¹ 7 juillet 1708. — *Marie-Rosalie*, b ¹ 4 mars 1710. — *Marie-Angélique*, b ¹ 10 sept. 1711. — *Marie-Joseph*, b ¹ 21 avril 1713.

1648.

I. — BOUDART, JEAN,
s 6 mai 1651, à Montreal ¹; tué par les Hurons.
MERCIER, Catherine. (1)
Marie, b ¹ 23 août et s ¹ 1er sept. 1649.

1673, (12 septembre) Québec.

I. — BOUDEAU, JEAN, b 1643, fils de Martin et de
, Marie Foucault de St. Porchère, evêché de La Rochelle ; s....
VIVIEN, Marie-Rose, b 1652, fille do Jean et d'Antoine Dubois, de St. Jean, evêche de Châlons ; s..
Jean, b 1674 ; m 1689 à Elizabeth PIVAIN.

1689.

II. — BOUDEAU, JEAN,   [JEAN I.
PIVAIN, Elizabeth,   [PIERRE I.
s 4 avril 1711, à Charlesbourg ¹.
Jeanne, b ¹ 22 avril 1690, m 17 avril 1712, à Charles MAROIST, à L'Ange-Gardien — *Jean-François*, b ¹ 3 sept 1692. — *François*, b ¹ 20 avril 1695. — *Marie*, b 4 juillet 1697, à Quebec; m 1722, à Louis-Augustin GAGNE, s 7 fév. 1736, au Cap St Ignace. — *Elizabeth*, b ¹ 20 avril 1699. — *Marie-Anne*, b ¹ 18 nov. 1701. — *Marie-Charlotte*, b ¹ 30 juillet 1703. — *Jacques*, b ¹ 26 avril 1706. — *Nicolas*, b ¹ 10 janv. 1709.

1682, (9 février) Montréal. ¹

I. — BOUDIER, PHILIPPE, b 1642, fils de Mathieu et d'Anne Prieur ; s...
VALADE, Marie, veuve de Jean Cadieu.
Philippe, b ¹ 18 oct. 1682. — *François*, b ¹ 4 mai 1684. — *Marie-Françoise*, b ¹ 30 sept. 1686 ; m ¹ 31 janv. 1705, à François HÉRITIER.

1683, (28 mai) Quebec.

I. — BOUDOR, JEAN, marchand, b 1660, fils de Pierre et de Petronille Rohn, de St. Pierre, evêche de Limoges, s..
SEIGNEURET, Marguerite, (2)   [ETIENNE I.
veuve de Louis Godfroy ; s 5 mars 1732, aux Trois-Rivières.

BOUER, FRANÇOISE, b 1630; 1º m 1659, à Jean ROY; 2º m 1677, à Alexis BUET, à Lachine.

(1) Enlevée par les Iroquois en 1651. L'acte dit qu'elle et son mari étaient tous deux d'une vie édifiante.
(2) Elle épouse en 1685, Gilles Boyvinet.

I. — BOUET, DANIEL. — Voy. BOËT.

I. — BOUET, JEAN DANIEL.
RIVIÈRE, Marie.
Pierre-Daniel, b... ; m 3 avril 1704, à Catherine ROUSSEAU, à Quebec.

1680, (5 mars) Ste. Famille.

I. — BOUFFARD, JACQUES, b 1655, fils de Jean et de Marie Laferriere, de la ville de Rouen, Normandie.
LECLERC DIT LE BOUTTLEAU, Anne,   [JEAN I.
Jean, b 26 janv. 1681. — *Marie*, b 4 janv. 1682, à St. Laurent, (I. O.) ¹. — *Geneviève*, b ¹ 23 juillet 1684; s 15 juillet 1765, à Levis. — *Jacques*, b ¹ 17 mars 1686. — *Anne-Catherine*, b ¹ 9 mai 1688, à St. Pierre, (I. O.)

I. — BOUFFARD, MARTIN, b 1641, frère du précédent, fils de Jean et de Marguerite Laferrière, de la ville de Rouen.

1686, (24 septembre) Montréal.

I. — BOUGON, PIERRE, b 1661, fils de Pierre et de Marie Bougras, d'Aubigny, evêche de Luçon, Poitou : s...
DANNY, Catherine,   [HONORÉ I.

1668.

I. — BOUGRAND, (1) JEAN, b 1641.
SAMSON, Marguerite, b 1649.
s 24 juillet 1721, à l'Ile Dupas.
Charles, b 16 fev. 1673, à Sorel. ² — *Marie*, b ² 29 juillet 1675. — *Jean*, b... 1672, m 1697, à Françoise GUIGNARD.

1697.

II. — BOUGRAND DIT CHAMPAGNE, JEAN, [JEAN I.
GUIGNARD, Françoise.   [PIERRE I.
Marie-Anne, b 7 janv. 1698, à Sorel. — *Pierre*, b 7 août 1704, à l'Ile Dupas. ¹ — *Geneviève*, b ¹ 23 août 1711.

1673, (19 octobre) Trois-Rivières.

I. — BOUGRET DIT DUFORT, PRUDENT, b 1639, fils de Pierre et de Catherine Guérin, de N.-D. de Mante-sur-Seine ; s...
ETIENNE, Marie-Charlotte,   [PHILIPPE I.
Jean, b 3 oct. 1674, à Boucherville, ¹ m ¹ 25 juillet 1704, à Marie-Anne BAUDRY. — *Pierre*, b ¹ 17 août 1677. — *Marguerite*, b 10 oct. 1680 ; à la Pointe-aux-Trembles de Montréal, m ¹ 21 janvier 1699, à Leger BOURGERY. — *Jacques*, b ¹ 11 octobre 1682; s ¹ 25 oct. 1687. — *Prudent*, b ¹ 20 juin 1684. — *Marie-Charlotte*, b ¹ 6 juin 1686 — *François*, b ¹ 25 janvier 1688. — *Louis*, b ¹ 20 avril 1690. — *Jean-Louis*, b 8 mars 1692, à Montréal ; m 1728, à Marguerite CHICOINE — *Joseph*, b ¹ 18 mars 1694. — *Marie-Madeleine*, b¹ 25 nov. 1697. — *Marie*, b¹ 20 oct. 1699.

BOUGUERAN. — Voy. BOUGRAND.

(1) Aussi Bourguerais dit Champagne.

1696. (26 novembre) Beauport.

I. — BOUHOURS ou Bours (1), Antoine, b 1660, fils de Jean et de Catherine LaTour, de la Chapelle, evêché du Puy ; s...
Vandandaique, Marie-Anne, [Joseph I.
Jacques, b 18 sept. 1697, à Charlesbourg. [1] — *Marie-Anne,* b [1] 29 juin 1699 ; m 8 nov. 1717, à François Morel, à Montréal. — *Jean-Baptiste,* b [1] 29 juin 1701. — *Merie-Louise,* b [1] 6 janv. 1704. — *Marie-Angélique,* b [1] 9 sept. 1705.

1699. (28 octobre) Montréal. [2]

I. — BOUILLET (2), Jean, capitaine, b 1659, fils de Godfroy et d'Anne Bertaut, de Paray, province de Charollais ; s [2] 31 janv. 1733.
Lemoine, Marie-Anne, [Charles I.

BOUIN. — Voy. Boin.

I. — BOUJONNIN (3).

BOULANGER. — Voy. Lefebvre.

I. — BOULANGER, François.
b 1628 ; s 7 juillet 1698, à la Pointe-aux-Trembles de Montréal.

1677. (Québec).

I. — BOULANGER (Le), Pierre (4).
Godfroy, Marie-Reine, [Jean-Baptiste II.
s 1er mai 1736, aux Trois-Rivières. [3]
Jean-François, b 16 juin 1687, au Cap de la Madeleine [2] ; s [2] 11 nov. 1751. — *Marguerite,* b... — *Madeleine-Louise,* b... ; m... à Pierre Poulin. — *Joseph,* b... ; m [3] 7 janv. 1728, à Elizabeth Mouet. — *Marie-Charlotte,* b... ; m... à Jean-Baptiste Duplaissy.

II. — BOULANGER-Lefebvre, Jean, [Claude I.
Mesny, Reine, [Etienne I.
Elizabeth, b 14 mars 1708, à St. Thomas.

BOULANGER, âgé de 18 ans, noyé en allant à Beauport ; s 11 août 1698, à Quebec.

BOULAY. — *Variations* : Boulé — Boullé — Boulet.

BOULÉ, Eustache, b 1600, (5) frère de Madame Samuel de Champlain, arrive en 1618. Lieutenant de son beau-frère M. de Champlain. Après la reddition de Québec, en 1629, il passa en Italie, où il se fit religieux de l'ordre des Minimes Madame de Champlain qui l'aimait tendrement lui fournit 1000 francs (par an, pendant 10 ans.

(1) Bour et Boure dit Lachapelle.

(2) Sieur de la Chassaigne, gouverneur des Trois-Rivières et de Montréal, capitaine-commandant le fort de Lachine, 1702.

(3) Secrétaire du gouverneur, voy. Audouart 1650.

(4) Seigneur de St. Pierre, caporal de la garnison des Trois-Rivières.

(5) Le 19 nov. 1629, il était dans sa 29ème année. (*State paper office*), vol. V, art. 26.

1637.

I. — BOULÉ, François, établi à Sillery.
Marguerite, b 1638, s 31 janv. 1639, Trois-Rivières.

1657.

I. — BOULÉ (Boulay), Robert.
b 1630 ; s 24 mars 1707, à St. Thomas. [3]
Grenier, Françoise, b 1634 ; s [3] 29 janv. 1709.
Jacqueline, b 1658 ; m 8 juin 1672, à Ste. Famille [2], à Pierre Joncas. — *Jacques,* b 6 fev. 1664, au Château-Richer ; m [3] 21 avril 1686, à Françoise Fournier — *Jean-Baptiste,* b [2] 17 avril 1667 — *Pierre,* b [2] 20 fev. 1669 ; s [3] 18 janv. 1689. — *Marie,* b [2] 20 dec. 1670, s [3] 30 dec. 1670. — *Martin,* b [2] 27 mars 1672 ; m... à Françoise Nolin. — *Françoise,* b [2] 11 août 1674 ; m [3] 21 fév. 1689, à Pierre Bernier. — *Paul,* b 19 sept. 1677, à Quebec [1] ; m [1] 25 avril 1695, à Françoise Pasquier ; s 17 février 1736, à Levis.

II. — BOULET, Martin, [Robert I.
Nolin, Françoise, [Jacques I.
Angelique, b... ; m 6 juillet 1733, à Quebec, à Etienne Corbin. — *Geneviève,* b 11 fev. 1705, St. Jean. [1] — *Robert,* b [1] 2 oct. 1706 — *Jacques,* b 8 sept. 1708, à St. Thomas. — *Elizabeth,* b... ; m 12 janv. 1728, St. Pierre du Sud, à Joseph Denaut.

1686. (21 avril) St. Thomas. [1]

II. — BOULÉ, Jacques, [Robert I.
Fournier, Françoise, [Guillaume I.
Jacques, b [1] 7 mars 1689 — *Pierre,* b [1] 28 mars 1691. — *Marie-Madeleine,* b 7 avril 1693, à St. Jean [2]. — *Augustin,* b [2] 15 mars 1697. — *Jean-Baptiste,* b [1] 4 mai 1699 ; m 29 oct. 1727, à Marie Asselin, à St. François, (I. O.). — *Jacques,* b [1] 29 dec. 1700. — *Guillaume,* b [1] 17 sept. 1702 ; m 11 nov. 1727, à Madeleine Minville, à St. Pierre du Sud. — *Louis,* b [1] 30 sept 1704. — *Marie,* b... ; m [1] 10 janv. 1707, à Pierre Morin. — *François,* b [1] 23 mars 1707. — *Paul,* b [1] 2 dec. 1708. — *Martin,* b 1713 ; m 12 nov. 1736, à Louise Lemieux, au Cap St. Ignace. — *Joseph,* b... ; m 27 juillet 1723, à Monique Meusnier, à Ste. Anne.

1695. (25 avril) Québec. [1]

II. — BOULÉ, Paul, [Robert I.
s 17 fev, 1736, à Lévis [2].
Pasquier, Françoise, [Maurice II.
s [2] 24 mars 1765.
Marie-Françoise, b [1] 27 déc. 1696. — *Marie-Madeleine,* b 11 janv. 1699, à St. Thomas [3]. — *Angélique,* b [2] 24 août 1699. — *Louise-Françoise,* b 10 janv. 1701, à St. Jean [4] ; m à Antoine Coupy. — *Paul-Martin,* b [3] 21 avril 1701 ; s [3] 24 janv. 1703. — *Marie-Anne,* b [3] 25 fev. 1703. — *Geneviève,* b [4] 23 juin 1705. — *Paul,* b... ; m 6 nov. 1730, à Dorothee Bissonnet, à St. Michel. — *François,* b 26 juillet 1707, au Cap St. Ignace [5] ; m [2] 29 oct. 1732, à Marie-Anne Dubois. — *Pierre,* b [5] 2 juillet 1709 ; m [2] 29 oct. 1732, à Catherine Albert, veuve Branchaux. — *Augustin,* b... ; m à Charlotte Marois. — *Antoine,* b... — *Elizabeth,* b... ; 1° m [2] 7 janv. 1734, à Jean Courtois ; 2° m [2] 27 oct. 1755, à François Freland. — *Louis,* b... ; m [2] 11 mai 1739,

à Angélique SAMSON. — *Rose*, b... ; m ² 22 juin 1739, à Ignace SAMSON. — *Alexis*, b... ; 1° m ² 1745, à Geneviève SAMSON, 2° m ² 2 août 1756, à Françoise FRELAND.

1699, (19 mars) Montréal.

I. — BOULIER (1), PIERRE, b 1669, fils de Mathurin et de Michelle Joublan, de Bassamer, evêché de Nantes, s...
DROUÉT, Elizabeth, [MATHURIN I.

I. — BOULIER, DIT LASOLLE, NOEL.
COUJAN, Catherine (2).

I. — BOULLARD, MARTIN, b 1639, natif de St. Côme-le-Verd, évêché du Mans, au Perche ; s 29 sept. 1661, au Château-Richer, noye. Il demeurait chez M. Pinguet.

1675, (20 novembre) Montréal.[1]

I. — BOULLARD (3), FRANÇOIS, b 1650, fils de Claude et de Marguerite Hèque, de Cambrai, en Flandre ; s...
LAUZON, Françoise, [GILLES I.
Paul, b¹ 11 juillet 1677 ; m¹ 24 nov. 1704, à Marie HANDGRAVE. — *Anonyme*, b et s 25 juillet 1679, à la Pointe-aux-Trembles de Montréal. ² — *Anonyme*, b² et s² 26 juillet 1679. — *Anonyme*, b² et s¹ 17 avril 1680 — *Anonyme*, b² et s² 6 juin 1681. — *Marie*, b² 18 mai 1683. — *Louise*, b² 25 août 1685. — *François*, b² et s² 9 avril 1688. — *Marie-Madeleine*, b¹ 8 mai 1694. — *Jean-Baptiste*, b¹ 4 sept. 1695. — *Catherine*, b¹ 11 août 1697 ; s¹ 18 juin 1699. — *Louis-François*, b¹ 6 juillet 1699. — *Catherine*, b¹ 19 juin 1701. — *Marie-Charlotte*, b 1704 ; m..., à Pierre HANDGRAVE ; s 15 déc. 1742, au Sault-au-Recollet.

I. — BOULOGNE, sergent de M. DeMine, en 1692, à Montreal.

BOULOGNE. — Voy. DE BOULOGNE.

1688, (27 novembre) L'Ange-Gardien.

I — BOUNILOT, MICHEL, b 1658, fils de Denis et de Françoise Cadine, de Diteuse, évêché de Poitiers, s...
FISET, Marie-Madeleine, [ABRAHAM I.
veuve d'Etienne Boutin.

BOURASSA, originairement BOURASSEAU.

1665, (20 octobre) Québec.[1]

I. — BOURASSEAU, JEAN, b 1629, fils de Jacques et de Françoise Fauchard, de St. Fulgent, évêché de Luçon ; s 22 janv. 1718, à Lévis.[2]
1° VALLAY, Perette, b 1645, fille de Nicolas et de Madeleine Major, de St. Sulpice, evêché de Châlons, en Champagne ; s¹ 6 nov. 1676.
François, b¹ 21 août 1667 ; m..., 9... — *Pierre*, b¹ 20 fév. 1669 — *Jeanne*, b 1670 ; m¹ 5 oct. 1701 ;

à Louis MARCHAND. — *Jean*, b¹ 27 mai 1671 ; m¹ 10 nov. 1698, a Françoise METOT — *Marie-Madeleine*, b¹ 18 sept. 1673 ; 1° m² 8 janv. 1692, à Jean-François DUSSAULT ; 2° m¹ 18 mai 1719, à Jean BERGERON. — *Marie*, b 1672.

1676, (5 novembre) Québec.[1]

2° POITEVIN, Catherine, veuve d'Adrien Isabel. *Catherine*, b 1677. — *René*, b¹ 15 mai 1678, s¹ 1er oct. 1678. — *François*, b¹ 15 mai 1687 ; m... à Marguerite JOURDAIN. — *Marie-Anne*, b 1680 ; m¹ 29 oct. 1699, a Pierre BOUCHARD.

1684, (4 juillet) Contrecœur.[2]

I. — BOURASSA, FRANÇOIS, b 1659, fils de François et de Marguerite Dugas, de St. Hilaire de Loulay, évêché de Luçon.
LeBER, Marie (1). [FRANÇOIS I.
veuve de Charles Robert.
François, b² 30 sept. 1685. — *René*, b 21 déc. 1688, à Laprairie ; 1° m¹ 23 oct. 1710, à Agnès GAGNÉ ; 2° m¹ 28 sept. 1721, à Catherine LERIGER. — *Marie-Elizabeth*, b¹ 25 fev. 1695. — *François-Joachim*, b¹ 10 avril 1698 ; m¹ 10 fev. 1721, à Anne DENEAU. — *Marie*, b... ; m¹ 21 juillet 1712, à Jacques PINSONNAULT.

1698, (10 novembre) St. Nicolas.

II. — BOURASSA, JEAN, [JEAN I.
s...
METOT, Françoise, [ABRAHAM I.
s 25 nov. 1754, à Lévis.[2]
Jean, b² 16 mai 1700. — *Marie*, b² 2 avril 1702, m² 7 fev. 1729, à François JAHAN. — *Louis*, b² 24 fev. 1708. — *Elizabeth*, b² 14 fev. 1710, m² 5 oct. 1733. — *Charles*, b² 1er janv. 1712 ; m² 21 août 1742, à Louise-Geneviève HUART ; s² 4 déc 1759 — *Jacques*, b² 26 fev. 1714 ; s² 27 avril 1758. — *Catherine*, b... ; m² 28 nov. 1731, à Louis SAMSON. — *Pierre*, b... ; m² 26 janv. 1733, à Louise COUTURE. — *Marie-Françoise*, b 1713 ; m² 27 avril 1739, à Auguste COUTURE ; s² 8 mars 1768. — *Marie-Angélique*, b... ; m² 3 avril 1742, à Jean-Joseph GUAY.

1656, (13 novembre) Trois-Rivières.[3]

I. — BOURBAUT (2), ELIE, procureur du Roy, b 1621, fils d'Elie et de Marguerite Renaut, de la ville de LaRochelle ; s...
SAUVAGET, Jeanne, [JEAN I.
veuve de Guillaume Benassis ; s² 28 mars 1704.

1656.

I. — BOURBEAU, SIMON, charpentier. b 1626, s 12 mars 1692, à Charlesbourg.[1]
LETARTRE, Françoise. b 1637.
Pierre, b... ; m 1678, à Marie-Anne BESNARD — *Madeleine*, b 1662, Sœur de la Congregation N.-D. ; s 27 sept. 1688, à Montréal. — *Eustache*, b 15 sept

(1) Bouher dit Lamarche, soldat de M. Duplessis.

(2) Elle épouse, le 4 février 1709, Louis Guay, à Contrecœur.

(3) Boullard dit Cambray.

(1) Elle épouse, le 22 avril 1714, Pierre Hervé, à Laprairie.

(2) Sieur de la Bissonnière.

1668, à Québec², m 12 oct. 1689, à Marguerite BROUSSEAU, à Beauport — *Claudine*, b² 6 sept. 1671, m¹ 29 oct. 1687, à Etienne CHALIFOUR; s¹ 10 oct. 1688 — *Jean-Baptiste*, b² 21 janv. 1675, m¹ 18 juin 1697, à Marguerite VIVIEN — *Adrienne*, b² 4 nov 1677; m¹ 22 nov. 1694, à Jacques JOHN. — *Marie-Anne*, b¹ 27 juillet 1681; s¹ 12 nov. 1684.

1678.

II.—BOURBEAU, DIT LACOURSE, PIERRE, [SIMON I. BESNARD, Anne, [RENÉ I.
Jeanne, b 14 janv. 1679, aux Trois-Rivières¹ — *Madeleine*, b¹ 1686; s¹ 14 juillet 1722. — *Pierre*, b 30 mars 1691, à Champlain²; 1° m 4 janv. 1705, à Marie-Anne SAMSON, à Montréal; 2° m² 7 janv. 1713, à Thérèse CARPENTIER; 3° m 7 juin 1729, à Louise MASSICOT, à Batiscan. — *Louis*, b² 26 janv. 1693; 1° m 8 août 1717, à Marguerite BOISSEL, à Québec², 2° m² 11 mai 1732, à Marie-Anne GAGNON, 3° m³ 25 oct. 1745, à Marie-Charlotte DERAINVILLE; s³ 28 oct 1762. — *Joseph*, b...; m¹ 19 octobre 1727, à Madeleine LECLERC.

1689, (12 octobre) Beauport.

II. — BOURBEAU, EUSTACHE, [SIMON I. BROUSSEAU, Marguerite, [JULIEN I.
Marie-Anne b 14 sept. 1690, à Charlesbourg¹: m¹ 9 fev. 1711, à Pierre-Thomas VANIEN. — *Françoise*, b¹ 24 nov. 1692; s¹ 11 sept. 1694. — *Simon*, b¹ 8 juin 1699, m 17 nov. 1727, à Madeleine GALARNEAU, à Ste. Foye, s... — *Marguerite-Simone*, b¹ 8 juin 1699; s¹ 6 fév. 1703. — *Suzanne*, b 10 nov 1701, à Québec. — *Simone*, b¹ 1er fev. 1704. — *Pierre*, b¹ 27 mars 1706. — *Eustache*, b...; m 16 fev. 1722, à Madeleine RACKT, à St. Augustin.² — *Madeleine*, b...; m 7 août 1722, à Jean-Tugal COTIN.

1697, (18 juin) Charlesbourg.¹

II. — BOURBEAU, JEAN, [SIMON I. VIVIER, Marguerite, [PIERRE I.
Eustache, b¹ 5 avril 1698; m¹ 1729, à Marie-Joseph LEFEBVRE. — *Jean-Baptiste*, b¹ 7 juin 1700. — *Marie-Françoise*, b¹ 3 nov. 1702. — *Anne-Marguerite* b¹ 9 avril 1705. — *Jean-Baptiste*, b¹ 21 oct. 1707, s¹ 22 oct. 1707. — *Joseph*, b¹ 21 juillet et s¹ 11 août 1709. — *Jacques-Marie*, b¹ 2 déc. 1710.

1680, (27 février) Boucherville.

I.—BOURBON, JEAN, b 1653, fils de Jean et d'Antoinette Poivre, de St. Etienne, évêché de Clermont; s 5 déc. 1690, à Laprairie², tué par les Iroquois. (1)

(1) "Ce 3ème de décembre 1690, je, prêtre missionnaire soussigné, certifie avoir été chercher, dans le bois, le reste des ossements de feu Bourbon, habitant de cette paroisse, et d'un autre qu'on n'a pu savoir qui il était, tant il avait été défiguré par les Iroquois. On croit que c'est un soldat de Mr. le Chevalier Degrais nommé Lamotte, qui furent tués l'un et l'autre le 4 septembre de la susdite année, dans l'attaque que l'on donna à la fourche de la Prairie de la Magdeleine, avec Jean Duval, Jean Barault, habitants de cette paroisse, Lafeuille, Beaulieu, Larose, d'Auvergne, soldats de Mr. le Chevalier Degrais. Nous avons donné la sépulture aux susdits ossements de Bourbon et de Lamotte, ce 3ème, comme nous

BENOIT DIT LIVERNOIS, Marie-Anne (1). [PAUL I. *Marguerite*, b² 18 janv 1685. — *Marie-Anne*, b² 19 mars et s² 21 nov. 1687. — *Marie-Anne*, b² 6 janv. 1689; m à Pierre SARAULT. — *Barbe*, b... m² 9 juin 1698, à Pierre BROSSAU.

1690, (6 février) Charlesbourg.²

I. — BOURBON (1), JEAN, b 1669, fils de Louis et d'Isabelle Dubois, de St. Front, evêché de Périgord; s...
GUÉRIN. Claudine, [CLÉMENT I
Marie-Anne, b 1er déc. 1692; m 18 nov. 1715, à François DELAMOTTE; s... — *Françoise*, b² 29 mai 1695; 1° m² 1719, à Jean-Baptiste BARBOT; 2° m² 1727, à Jean MASSÉ; s... — *Marie-Thérèse*, b² 12 octobre 1697. — *Jean*, b et s² 27 mars 1700. — *Joseph*, b² 22 nov. 1700; s² 28 mars 1701. — *Henry*, b² 20 avril 1702. — *Jean-François*, b² 7 dec 1703; s² 14 mars 1705. — *Pierre*, b³ 9 oct. 1706; s² 6 mars 1707. — *Jean-Bernard*, b² 13 mai 1708. — *Pierre*, b² 15 février et s² 17 mai 1711. *Marie-Jeanne* b² 24 avril 1712. — *Jacques*, b² 29 mars 1715.

1689.

I.—BOURBON, MICHEL. [MARIN II. DUVAL, Marie.
Marie-Anne, b 16 juin 1690, à Montréal.

1697, (28 octobre) Montréal.²

I.—BOURBON, ETIENNE, b 1672, fils de Louis et d'Anne Amond, de St. Ysier de Sully-sur-Loire, evêché d'Orléans; s...
MANDIN, Madeleine, [ANTOINE I. s...
Jean-Baptiste, b² 7 juin et s² 6 oct. 1698.— *Madeleine*, b² 2 août 1700; m 1719 à François-Xavier THIBAUT, à Charlesbourg.³ —*Marie-Jeanne*, b² 17 dec. 1702; s² 2 mars 1703. — *Jeanne*, b 1704; m³ 1725, à Léonard HÉLIE.

BOURBONNAIS.—Voy. BRUNET LE BOURBONNAIS.

BOURBONNIÈRE.—Voy. GAUDRY.

BOURBOULON.—Voy. BOURBON.

BOURC.—Voy. BOUHOURS.

BOURCHEMIN.—Voy. CHEVALIER DE BOURCHEMIN.

BOURDELAIS.—Voy. BRANE.—TALON.

I.—BOURDELAIS D'ARPENTIGNY, ANDRÉ, sergent de M. de Sulercase.
HÉMÉRIO-BÉLAIR, Marie, [FRANÇOIS I. b 1671; s 4 août 1691, à Montréal.

avions fait aux corps de Barault, Jean Duval, le 4ème et 5ème septembre, dans le cimetière de la dite paroisse, les autres ayant été enterrés avant mon arrivée, le jour du combat.
En foy de quoy j'ai soussigné,
L. GEOFFROY."
(Registres de Laprairie.)

(1) Elle épouse, le 16 mai 1695, Jean Besset, à Laprairie.

(2) Bourbon-Mérieu.

BOURDELON.—Voy. Bourbon.

I. — BOURDET, Nicolas, b 1682, natif de Rouen, en Normandie, s 30 oct. 1749, au Sault au Récollet. [3]
Boy, Marie-Françoise,   [Pierre I.
veuve de J. Bte. Auger, s [3] 6 mars 1749.

I. — BOURDEZEAU, Anne-Françoise, b 1626, m 1659 à Louis Antus Sieur du Sailly, s 9 avr.l 1668, à Montréal.

I. — BOURDEZEAU (1), Adrien, bourgeois.
Lemaire, Marie-Michelle, née en France.
Jacques, b [4] 11 janv. 1093 — Marie-Angélique, b 11 juillet 1694, à Québec [4]; s [4] 22 juillet 1694.

1635, (9 septembre) Québec. [4]

I. — BOURDON (2), Jean, Procureur-général et Ingénieur-en-chef, s [4] 12 janv. 1668.
1° Potel, Jacqueline, s [4] 11 sept. 1654; morte à la suite d'une chûte
. Jacques, b [4] 26 mars 1637 — Geneviève, b [4] 24 novembre 1638, religieuse-ursuline, dite mère St. Joseph; s [4] 13 déc. 1700 — Marie, b [4] 19 oct. 1640, religieuse hospitalière dite Sœur Marie-Thérèse de Jésus; s 1660. — Marguerite, b [4] 12 oct. 1642, hospitalière et une des quatre fondatrices de l'Hôpital-Général de Québec, en 1693. — Anne, b [5] 29 août 1644, ursuline dite mère Ste. Agnès et 6ème supérieure; s [4] 4 nov. 1711. — Jean-François, b [4] 2 fév. 1647. — Henry, b [4] 28 nov. 1650; s [4] 27 oct. 1665. — Jacques, b [4] 30 sept. 1652.

1655, (21 août) Québec. [4]

2° Gasnier, Anne. b 1614, veuve de Jean Clement DuVault, seigneur de Monceaux, chevalier de St. Louis; s [4] 27 juin 1698.

I. — BOURDON, Marie, née en 1636, nièce du précédent, fille de Louis Bourdon et de Marguerite Prunier, de St. André-le-Verd, ville de Rouen; 1° m 9 janv. 1652, à Jean Gloria, à Québec [4], 2° m [4] 3 juin 1669, à Toussaint Toupin; 3° m 11 nov. 1680, à Château-Richer, à Jean Charet.

I. — BOURDON, Jacques.—Voy. Baudon de la Grange.

1672, (8 février) Bouchorville. [5]

I.—BOURDON, Jacques, b 1650, notaire royal, fils de Jean et de Magloire Legris, de St. Godard, de la ville de Rouen; s...
Ménard, Marie,   [Jacques I.

(1) De LaBorde.

(2) Sieur de St. François. Arrivé à Québec le 8 août 1634 avec M. LeSueur de St. Sauveur, prêtre, il obtint en 1637 et en 1639 les seigneuries de Dombourg, Neuville aujourd'hui Pointe-aux-Trembles de Québec.
Il traça en 1641, la première carte du Canada français, que nous avons reproduite dans ce dictionnaire.
Homme d'une haute réputation, probité et intelligence, il fut inhumé dans la chapelle du Scapulaire, en l'église de N.-D. de Québec.

Marie, b [5] 11 août 1675; m [5] 30 mai 1695, à Jean Cadieu; s... — Anne, b 19 mai 1678, à la Pointe-aux-Trembles de Montreal; m [5] 3 nov. 1701, à Jacques Gaudry. — Jacques, b [5] 18 fév. 1680.— Pierre, b [5] 9 avril 1682, m 15 janv. 1711, à Marie Gouyau, à Laprairie. — Jeanne, b [5] 14 mai 1684; s [5] 27 juin 1694. — Cesar-Marin, b [5] 13 mai 1686. — Ignace, b [5] 10 mai 1688; 1° m.., à Jeanne Lajeunesse; 2° m 31 janv. 1729, à Madeleine Quenneville, à Lachine. — Jean-Baptiste, b [5] 8 janv. 1691. — Angélique, b [5] 18 mars 1693. — Marguerite, b [5] 3 juin 1695. — Joseph-François, b [5] 29 janv. 1697.— Marie-Anne, b [5] 23 oct. 1698. — Louis, b [5] 23 oct. 1698; s [5] 27 oct. 1698. — Charlotte, b [5] 3 avril 1701.

1689, (2 juin) Laprairie.

I. — BOURDRIA (et Baudrias), Antoine, fils de Leonard et de Jeanne Aromour.
Plumereau, Jeanne,   [Julien I.
Jeanne-Marguerite, b 4 juin 1692, à Lachine. [3] — Jean-Baptiste, b [3] 23 déc. 1693. — François, b [3] 7 déc. 1695. — Joseph-Antoine, b [3] 18 avril 1698.— Marie-Anne, b [3] 13 fév. 1700. — Antoine, b [3] 26 mars 1702. — Claude, b [3] 11 avril 1704; s [3] 19 janv. 1705. — Marie-Jeanne, b [3] 2 juillet 1705. — Claude, b [3] 21 fév. 1707. — Capistran, b [3] 9 oct. 1708.

1657.

I. — BOURDUCEAU, Médéric (1).
Butin, Geneviève.
Barbe-Cécile, b 10 déc. 1658, à Québec [1].— Anne-Geneviève, b [1] 7 janv. 1660.

1673.

I. — BOURÉ dit L'Espine, Gilles, b 1642.
Bellehache, Marie.
b 1652; s 8 déc. 1718, à Charlesbourg. [2] Anne-Michelle, b 12 déc. 1674, à Québec [3], m [2] 18 mai 1692, à Ignace Leroux. — Jeanne, b [3] 9 mars 1678; 1° m [2] 11 août 1693, à Andre Bernier; 2° m [3] 5 sept. 1735, à Simon L'Ange — François, b [2] 11 juin 1683; 1° m [2] 26 oct. 1705, à Anne Paradis, 2° m [2] 11 fév. 1709, à Suzanne Proteau — Catherine, b [2] 31 mars 1686, m [2] 16 avril 1703, à Jean Girard. — Michel, b...; s [2] 17 juillet 1688. — Marie-Anne, b [2] 26 janv. 1689; m [2] 2 mai 1707, à Jean Proteau. — Anonyme, b [2] et s [2] 24 mai 1691. — Antoinette, b [2] 15 sept. 1692; 1° m [2] 9 fév. 1711, à Jean Baptiste Laurent; 2° m [3] 24 janv. 1734, à Joseph Gaudreau.

BOURGAINVILLE.—Voy. Hérou.

1698

I. — BOURGAUD, Gilles.
Gazaille, Marie-Marthe.   [Jean I.
Séraphin, b 1699. — Marie-Catherine, b 24 août 1703, à Contrecœur. [2] — Jean-François, b [2] 30 août 1703. — Marie-Anne, b [2] 2 fév. 1706.

(1) Sieur de la Bouchardière.

BOURGEOIS, Marguerite,(1) née le 17 avril 1620, à Troye, fille d'Abraham et de Guillemette Garnier ; s 12 janv. 1700, à Montréal. (2)

I.—BOURGEOIS, Thomas, de St. Gervais, de la ville de Rouen.
PETIT, Marie, de St. Gervais, de la ville de Rouen. [3]
Claude, b [3] 1631.— *Catherine,* b [3] 1634 ; m 19 oct. 1667, à René Binet, à Quebec ; s 21 sept. 1702, à Beauport.

I.—BOURGEOIS, Michel (3).
b 1664 ; s 12 oct. 1689, mort subite

1697.

I.—BOURGEOIS dit Laverdure, Antoine.
MARQUET, Catherine. [François I.
Antoine, b 25 mars 1698, à St. Michel. [3]— *Philippe-Olivier,* b [3] 16 nov. 1699, s [8] 17 fev. 1703.— *Joseph-François,* b [3] 1er janv. 1702.— *Martin,* b [3] 11 avril 1704.— *André,* b [2] 5 mars 1709.

I.—BOURGEOIS (4), Nicolas, b 1641 ; établi d'abord à la petite rivière St. Charles, puis à l'Ile-Jesus de Montréal.
CARPENTIER, Claire - Catherine, b 1643, en France.
Marguerite, b 1663, s 14 oct. 1670, à Quebec. [4] *Jacques,* b [4] 1669 ; s [4] 7 dec. 1674.— *Jean-Baptiste,* b [4] 9 sept. 1672 ; s [4] 6 mai 1674.— *Françoise,* b [4] 31 oct 1674 ; m 2 mars 1688, à Jean Perot, à Repentigny ; s .— *Marie-Madeleine,* b [4] 14 mars 1678, s 1679 — *Marie,* b 1675 ; m 15 oct 1692, à Jean Goguet, à la Pointe-aux-Trembles de Montréal.— *Nicolas,* b 1677.— *Pierre,* b 1679.

1643.

I.—BOURGERY, Jean-Baptiste.
s nov. 1657
GENDRE, Marie (5).
Pierre, b 1644 ; m 1670 à Marie Boullard ; s 16 juin 1703, à Boucherville. — *Marie-Madeleine,* b 22 juillet 1652, aux Trois-Rivières [5] ; m 22 août 1667, à Jean Beaune, à Québec. [4]— *Marie,* b [2] 10 avril 1654 ; m 1670 à Louis Robert. — *Jean,* b [5] 28 déc. 1655.

II. — BOURGERY (1), Pierre, [Jean-Baptiste I.
s 16 juin 1703, à Boucherville.
BOULLARD, Marie, b 1643.
Léger, b 8 mars 1671, à Boucherville [3] ; m [3] 21 janv. 1699, à Marguerite Pougret.— *Marie-Madeleine,* b [3] 2 oct. 1672 ; s [3] 2 nov. 1672.— *Claude,* b [1] 7 mai 1674 ; s [3] 21 nov. 1687.— *Ignace,* b [3] 6 oct. 1675 ; m 27 nov. 1702, à Marie Desmarès, à Varennes.— *Pierre,* b [1] 27 fev. 1677.— *Denis,* b [3] 29 mars 1679.— *Marguerite,* b [3] 8 fev. 1681.— *Jean-Louis,* b [3] 12 déc. 1685 ; m 6 août 1717, à Anne Alimacoua, au Détroit.

1699, (21 janvier) Boucherville.

III —BOURGERY, Léger, [Pierre II.
BOUGRET, Marguerite, [Prudent I.

1683, (28 juin) Québec. [4]

I.—BOURGET, Claude, bourgeois, b 1653, fils de Jean et de Marie Gobillon, de St. Sauveur, ville de Blois, évêché de Chartres ; s [4] 17 oct. 1720.
COUTURE, Marie, [Guill. I.
veuve de François Vézier.
Marie-Anne, b [4] 27 mai 1684 ; 1o m [4] 29 janv. 1709, à Jean Garigue ; 2o m [4] 19 janv. 1728, à Jean Poitevin.— *Marie-Madeleine,,* b [4] 30 sept 1685.— *Marguerite-Angélique,* b [4] 29 janv. et s [4] 4 oct. 1687.— *Hélène,* b [4] 23 oct. 1688 ; s [4] 6 janv. 1689.— *Marie-Anne,* b [4] 11 juin 1690.— *Catherine-Thérèse,* b [4] 24 août 1691 ; s [4] 16 mars 1759.— *Françoise,* b [4] 7 avril 1693. m [4] 10 avril 1714, à Jean Doucet ; s [4] 11 sept. 1726.— *Claude-Charles,* b [4] 19 nov. 1694 ; m [4] 28 nov. 1718, à Elizabeth Pinguet ; s [4] 8 oct. 1750.— *Marie-Anne,* b [4] 17 fev. 1696 ; m [4] 8 nov. 1723, à André L'Ange ; s [4] 22 nov. 1760.— *Louis,* b [4] 14 avril 1697 ; 1o m 1726, à Françoise Poitevin, à Charlesbourg [5] ; 2o m [4] 1er juillet 1741, à Charlotte Savard ; s [4] 28 sept. 1754. — *Pierre* (2), b [4] 31 déc. 1699 ; m 1722, à Françoise Guay ; s 26 sept. 1756, à Levis — *Charlotte-Françoise,* b [4] 22 fev. et s [4] 29 août 1701.— *Marie-Charlotte,* b 1702 ; s [5] 12 janv. 1703.

1691.

I.—BOURGET, Pierre, tonnelier, frère du précedent.
JEAN dit Denis, Marie (3), [Jean I.
Pierre, b 14 mars 1692, à Québec. [4]— *Elizabeth,* b 30 juin 1694, à St. Etienne de Beaumont [5] ; m [4] 13 juin 1712, à Charles Chandonné — *Marie-Madeleine,* b [4] 21 fev 1699 ; m [5] 4 juillet 1718, à Antoine Casse.— *Madeleine,* b... ; m [5] 12 juin 1728, à Jean LeRoy.

1688.

I. — BOURGINE, Hilaire, procureur fiscal.
GAZAILLE, Marie. [Jean I.
René-Hilaire, b 7 déc. 1689, à Montréal.

---

(1) Illustre fondatrice des Sœurs de la Congrégation de N.-D. à Montréal. Voir sa vie, publiée par M. l'abbé Faillon, prêtre de St. Sulpice.

(2) Le treizième jour de janvier 1700 a été inhumé dans l'Eglise de cette paroisse le corps de la vénérable Sœur Marguerite Bourgeois, institutrice, fondatrice et première supérieure de la congrégation des filles séculières de N. D. établie à Ville-Marie, pour l'instruction des personnes de leur sexe, tant dans les villes que dans la campagne, morte après avoir reçu les sacrements, agée de 70 ans, 9 mois, 24 jours. Témoins tout le clergé et un grand concours de peuple.
Barthelemy, Prêtre.
A. De Valens, Prêtre.
R. C. De Breslay, Prêtre faisant les fonctions curiales.
(Registre de Montréal, 1700.)

(3) Soldat de M. de Crusel.

(4) Bourgeois dit Le grand Picard.

(5) Elle épouse, le 14 février 1658, Florent Leclerc, aux Trois-Rivières.

(1) Et Bourgis.

(2) Acte qui termine le XVII siècle.

(3) Elle épouse, le 26 novembre 1704, Jacques Turgeon, à St. Etienne de Beaumont.

BOURGIS, Pierre. — Voy. Bourgery.

1696, (4 octobre) Québec. [4]

I.—BOURGONNIERE (1), Barthélemy-François. b 1666 ; fils de Yves, notaire Royal de Bayeux, et de Françoise Testu, s...
    Levrard, Marie-Anne,   [Jean I.
    s 2 janv. 1703, dans l'église de Québec.
    Marie-Catherine (2), b [4] 13 janv. 1697 ; s [4] 27 juillet 1699. — *François-Marie*, b [4] 9 nov. 1697. — *Marie-Louise*, b [4] 31 juillet 1698, s [4] 12 sept. 1700. — *Marie-Claire*, b [4] 14 juin 1701.— *Louis-Nicolas*, b [4] 7 déc. 1702 ; s 3 fév. 1703, à Charlesbourg. — *Hector*, b 28 et s 29 mai 1700, à Montreal.

1667, (17 octobre) Québec. [4]

I.—BOURGOIN (3) Pierre, b 1641, fils de François et d'Andrée Bastard, de Frontenay, évêché de LaRochelle ; s 13 sept. 1719, à Beauport. [3]
    Basset, Catherine, b 1641, fille de Guillaume et de Marguerite Carré, de St. Ouen d'Arnetal, de la ville de Rouen ; s [3] 16 nov. 1716
    , *Pierre*, b [4] 25 et s [4] 30 nov. 1668 — *Jacques*, b [4] 15 mai 1670 ; m 3 nov. 1695, à Jeanne Matte, à la Pointe-aux-Trembles de Québec. [5]— *Noel*, b [4] 15 janv. 1673. — *Marie-Catherine*, b [5] 11 mars 1674 ; m [5] à Pierre Retaille — *Claude*, b [4] 5 nov. 1676 ; m [4] 10 nov 1698, à Thérèse Magnan.— *Pierre*, b [5] 30 mars 1681 ; 1° m [5] 31 janv. 1700, à Madeleine Bouchard ; 2° m [4] 20 nov. 1730, à Madeleine Perrault, à Lachine ; s... — *Marie-Madeleine*, b [4] 1er nov. 1683 ; m [4] 21 fév. 1702, à François Bruneau. — *Anonyme*, b [4] et s [4] 25 oct. 1686.

1695, (3 novembre) P[te]-aux-Trembles, Q. [5]

II —BOURGOIN (3), Jacques,   [Pierre I.
    Matte, Jeanne,   Nicolas I.
    Marie-Thérèse, b [5] 27 août 1697 — *Laurent*, b [5] 7 mars 1701 : m..., à Marie-Madeleine Prou.— *Anonyme*, b et s 6 déc. 1706, à Beauport.

1698, (10 novembre) P[te]-aux-Trembles, Q. [3]

II.— BOURGOIN, Claude,   [Pierre I.
    Magnan, Thérèse,   [Etienne I.
    Marie-Catherine, b [5] 8 juillet 1700.

I.—BOURGUÉ (de), Sieur de St. Clérin, Gilles-Etienne, aide-major de ville, à Montréal en 1698.

BOURGUIGNON. — Voy. Milot — Desseureaux — Courier — Coleret — Couturier— Périllard — Bourgoin.

1636, (30 novembre) Québec. [4]

I.—BOURGUIGNON, Jamen.   s [4] 23 fev. 1660.
    Morin, Claire (4), de N.-D. de Mortagne, au Perche.

BOURHIS. — *Variations* : LeBourhis — Borice Bory et Bourtier.

1686, (22 octobre) Montréal. [3]

I.—BOURHIS, Jean, tourneur fils de Jean et d'Hélène Rousseau.
    Dumets, Marie,   [André I.
    Vincent, b [3] 23 janv. et s [3] 15 fév. 1688. — *Jean*, b [3] 10 sept. 1689. — *Marie-Anne*, b [3] 10 avril 1691 —*Jean-Baptiste*, b [3] 23 fév. 1697, à Boucherville. — *Yves*, b [3] 2 dec. 1693. — *Marie-Suzanne*, b 5 nov. 1704, à St. François, Ile Jesus. [5]— *Un fils*, b [3] 4 juillet 1707.

BOURJOLI. — Voy. Besnard.

1689, (10 janvier) Charlesbourg.

I. — BOURLOTON, Pierre, b 1665, fils de Pierre et de Jeanne Boullard, de St. Marcou, évêché de Poitiers.
    Remaut, Anne,   [Mathurin I.
    Charles-Joseph, b 16 mars 1714, à Québec [3] ; s [3] 10 août 1714. — *Pierre*, b [3] 16 mars 1714 ; s [3] 19 juillet 1714. — *Anonyme*, b et s [3] 16 mars 1714. — *Marie-Charlotte*, b [3] 20 juin 1716.

1677

I. — BOURO, Guillaume, b 1648.
    Pichina, Marie, b 1653.
    Marie, b 1678 (1).

1686, (7 octobre) Beauport. [3]

I.—BOURON, Jean, fils d'Hilaire et d'Hélène Souchet, de St. Hilaire-sur-Lotize, évêché de La Rochelle.
    1° Binet, Anne   [René I.
    veuve de Pierre Dron ; s 3 août 1698, à Charlesbourg [4]
    Michel, b [3] 23 dec. 1687 ; m [4] 5 nov. 1708, à Madeleine Vivier ; s [3] 21 fev. 1709.—*Catherine*, b [4] 16 nov. 1689 ; s [4] 24 nov. 1689. — *Marie-Madeleine*, b [4] 2 mars 1691 ; s [4] 6 sept. 1691. — *Pierre-Joseph*, b [4] 4 août 1693 ; s [4] 11 déc. 1693. — *Marie-Anne*, b [7] 23 nov. et s [4] 27 nov. 1694. — *Antoine-Joseph*, b [4] 19 mars 1696 ; m... à Marie-Josette Boyer.

1699, (3 août) Québec.

2° Chagnon (ou Chaquenaux), Marie-Françoise veuve de Jacques Georget, b 1640 ; s [4] 17 mai 1708.

1673, (9 avril) Montréal. [3]

I. — BOURSIER (2) Jean, b 1644, fils de Pierre et de Marie Mouchet, de St. Surin de Mortagne, évêché de Xaintes ; s...
    Thibodeau, Marie-Marthe,   [Mathurin I.
    s avant 1694.
    Alexandre, b [2] 29 juillet 1674 — *Marguerite*, b [2] 26 dec. 1675 — *Barbe*, b 27 déc 1677, à Lachine [3] ; m [3] 7 mai 1703, à Jean Poineau. — *Marie-Elizabeth*, b [3] 29 juin 1680. — *Anne*, b [3] 5 mai 1682 ; m [2]

---

23 fev. 1699, à Raphael Descent.—*Jeanne-Catherine*, b³ 19 mars 1684 · m² 15 fév 1703, à Etienne Madeleine.—*Jean*, b³ 12 janv. 1686 —*Marie Madeleine*, b³ 29 sept. 1688, noyée par les iroquois le 5 août 1689, s³ 31 oct. 1694.

I.—BOURSOT (1), Mathieu, de Saintonge; s. 10 juin 1699, aux Trois-Rivières.

I.—BOURTIER, Jean, tourneur.—Voyez Bourhis.

1672, (11 mai) Montréal. ⁵

I.—BOUSQUET, Jean, maître-armurier, b 1646, fils de Jean et d Isabelle Hilaret, de Tonnin, Agenois; s avant 1714.
Fourrier, Catherine, veuve de Mathurin Mercadier; b 1638, à Paris; s 22 octobre 1726, à Varennes. ⁴
Geneviève, b 9 déc. 1672, à Montréal.⁵—*Jean*, b⁵ 3 sept. 1674; m à Louise Lussier.—*Catherine*, b⁵ 13 fév. 1676; m⁴ 24 nov. 1698. à Jean Voyne.—*Daniel*, b⁵ 13 oct. 1677; s 5 juin 1684. à la Pⁿ aux Trembles do Montréal.⁶—*Pierre*, b⁵ 22 janv. 1679; m⁴ 16 janv. 1702, à Marie Banlier.—*Claude*, b⁶ 1ᵉʳ déc. 1680; s⁶ 8 nov. 1684.—*Marie*, b⁶ 27 sept. 1682; m⁴ 12 mai 1704 à Majôle Audin.—*Barbe*, b⁶ 7 fév. 1684.—*Jeanne*, b⁶ 17 oct. 1685.—*Toussaint*, b⁶ 15 juin 1687, s⁵ 8 août 1700.—*Françoise*, b⁶ 20 avril 1690; m 21 janvier 1715, à Joseph Cusson, à Repentigny.—*Anne-Catherine*, b⁴ 14 mai 1695, m⁴ 27 janv. 1716, à Nicolas Ledoux.

II.—BOUSQUET, Jean,   [Jean I.
Lussier, Louise,   [Jacques I.
Louise, b...; m 29 oct. 1721, à Pierre Escarbot, à Repentigny.¹—*Jean-Baptiste*, b¹ 28 fév. 1706 : s¹ 8 mars 1706.—*Marie-Madeleine*, b¹ 16 janv. 1707.—*Michel*, b¹ 4 août 1708; s¹ 24 mars 1729.—*Françoise*, b¹ 18 mai 1710, m¹ 13 fev. 1730, à Pierre Ratel.—*Jean-Baptiste*, b¹ 5 janv. et s¹ 13 janv. 1712.—*Marie-Catherine*, b¹ 25 janv. 1713.—*Marie-Pélagie*, b¹ 15 janv, 1715.—*Maurice*, b¹ 13 avril 1716.—*Louis*, b¹ 9 nov. 1717.—*Charles*, b¹ 25 avril 1719.—*Marguerite*, b¹ 19 fév. 1721.—*Jean*, b¹ 11 nov. 1723; s¹ 20 fév. 1726.—*Marie-Elizabeth*, b¹ 13 mai 1725—*Marie-Jeanne*, b¹ 19 fév. 1728; s¹ 19 juin. 1728.—*Louis-Amable*, b¹ 31 mars 1729. —*Ignace*, b¹ 20 oct. et s¹ 6 nov. 1730.

1686, (1ᵉʳ septembre) Boucherville. ⁴

I.—BOUTEILLER, André, meunier, b 1650, fils d'André et de Jeanne Choublet, de St. André de Trois-voix, ville de Nantes; s 16 mai 1699, à Montréal.⁵
Chapacou, Angélique.   [Jean I.
Marie-Angelique, b⁴ 24 nov. 1686.—*Andre*, b⁴ 22 sept 1688, m 7 fev 1714, à Barbe Beauchamp, à St. François, Ile-Jésus.—*Antoine*, b⁴ 29 sept. 1690.—*Jean-Baptiste*, b⁵ 17 mai 1693.—*Catherine*, b⁴ 18 mars 1695.—*Marie-Marthe*, b⁴ 13 nov. 1696.—*Jacques*, b⁵ 2 sept. 1696; s⁴ 27 sept. 1698.

1695, (23 juin) Montréal. ⁵

I.—BOUTEILLER dit Testu, Jean, b 1658, fils de Nicolas et de Françoise Garand, de l'Ile de Rhe, évêché de la Rochelle; s⁵ 14 oct. 1698.
Morin, Marie, (1)   [Jacques I.
Marie, b⁵ 29 mars 1696; m⁵ 23 sept. 1708, à François Aubry.—*Joseph*, b⁵ 13 juillet 1697; s⁵ 12 janvier 1698.—*Angélique*, b⁵ 29 avril 1699.

I.—BOUTELEN, Marie, b 1632; s 7 mars 1712, à St. François, Ile d'Orléans.

I.—BOUTEREAU, Vincent, b 1627, de la ville d'Olonne; s 28 mars 1661, à Montreal. Tue par les Iroquois avec Sebastien Dupuy et Olivier Martin.

I.—BOUTET (2), Martin, Professeur ès mathématiques.
Soulage, Catherine (3).
Catherine, b 1637, à Xaintes¹; 1° m 19 mai 1654, à Charles Philippau, à Québec²; 2° m² 8 mai 1666, à Jean Soulard; s² 1ᵉʳ juin 1692—*Marie*, b¹ 1644, religieuse-ursuline dite de St. Augustin; s² 8 janv. 1701.

1669, (20 octobre) Québec.

I.—BOUTET dit l'Espinasse, (4) Michel, b 1640, fils de Gilbert et de Marguerite Coulleau, de St. Andre, évêché de Limoges; s...
Deschamps, Anne, b 1641, fille de Charles et de Jeanne d'Archeville, de St. Jacques-du-Haut-Pas, évêché de Paris.

1687, (6 octobre) Québec. ¹

I.—BOUTET dit Lebeuf, Pierre-Jean, b 1660, fils de Guillanme et de Marie Beut, de Coulonge-les-Royaux, évêché de LaRochelle; s...
Guérin, Marie,   [Clément I.
Jean, b⁵ 25 janv. 1690; s² 14 fév. 1690—*Louis*, b² 5 déc. 1691.—*Pierre*, b² 30 avril 1694; m² 1719, à Geneviève Cloché.—*Etienne*, b² 2 nov. 1696.—*Louise*, b 1697; s² 31 mars 1703; *Julien*, b² 10 mai 1699.—*Simone*, b² 9 juillet 1702; m 1727, à Charles Duret.—*Jean-Baptiste*, b² 2 janv. 1704; m¹ 4 août 1732, à Ursule Duret.—*Marie-Jeanne*, b² 21 nov. 1706. —*René*, b² 31 déc. 1709.—*Anonyme*, b² et s² 14 janv. 1713.

1695.

I.—BOUTET, Jean.
Fontaine, Marie-Anne, veuve de Jean Brousseau.
Gabriel, b 19 fév. 1696, à Québec.

1691, (26 février) Québec. ¹

I.—BOUTET, René, fils de Nicolas et de Philippe Daniel, de St Flesme, évêché de Luçon, s¹ 14 mars 1692.

---

(1) Boursot dit St. Onge, soldat de Mr. Desjourdis.

(1) Elle épouse, le 1ᵉʳ janvier 1699, Thomas Le Tendre, à Montréal.

(2) Sieur de St. Martin.

(3) Elle est appelée Catherine Deschamps, (Ursulines).

(4) 1ᵉʳ marguiller en charge, à Charlesbourg.

Lucɪᴇ́ Madeleine, (1), fille d'Alexandre et de Madeleine Luçon, de St. Mary, evêche de Paris ; s...
René, b ¹ 16 mars 1692, (Posthume).

1667—(En France).

I.—BOUTEVILLE, Lucɪᴇɴ, marchand.
  b 1634 ; s 20 juin 1707.
CLᴇ́ʀᴀᴍʙᴀᴜʟᴛ, (2) Charlotte.
b 1637 ; s 27 fev. 1713, dans l'église de Québec. ¹
Marie, b 1ᵉʳ mai 1668, à Paris, religieuse ursuline dite de Ste. Claire , s ¹ 18 mai 1705. — *Geneviève*, b ¹ 3 janv. 1682 ; m ¹ 14 fev. 1696, à Alexandre Pᴇᴜᴠʀᴇᴛ ; s ¹ 30 sept. 1699

BOUTHIER.
  Anne, b 1677 ; s 19 mai 1701, à Québec.

1686, (29 juillet) Québec. ⁴

I.—BOUTHIER, Gᴜɪʟʟᴀᴜᴍᴇ, marchand, b 1656, fils de Mathieu, noble homme, receveur des domaine de la ville de Vernon, evêche d'Evreux, et de Marie Allain , s avant 1696.
Dᴇɴʏs, Françoise, (3)   [Pɪᴇʀʀᴇ II
Marie-Catherine, b ⁴ 12 mai 1687; s ⁴ 2 juin 1690 — *Anne-Françoise*, b ⁴ 27 juillet 1689 ; m... à François Pɪᴄᴏᴛᴇ́ ᴅᴇ Bᴇʟᴇsᴛʀᴇ ; s ⁴ 25 sept. 1710. — *Louise-Angélique*, b ⁴ 23 dec. 1690.

BOUTILLÉ.— Voyez Bᴏᴜᴛɪʟʟᴇᴛ—Bᴏᴜᴛᴇɪʟʟᴇʀ.

1699, (12 janvier) Château Richer. ⁵

I.—BOUTILLET, Jᴀᴄǫᴜᴇs, b 1671, fils de Jean et d'Anne Ficton, de St. Project, evêche de Bordeaux
Vᴇʀʀᴇᴀᴜ, Marguerite,   [Bᴀʀᴛʜᴇ́ʟᴇᴍɪ I.
Jacques, b 1ᵉʳ dec. 1699, au Château-Richer. ⁵ — *Marguerite*, b ⁵ 31 juillet 1702 ; m 12 février 1721, à Joseph Tᴜʀɢᴇᴏɴ, à L'Ange-Gardian ⁶.— *Agnès*, b ⁵ 14 janvier 1704; m ⁶ 6 nov. 1724, à Claude Gʀᴀᴠᴇʟʟᴇ. — *Jacques*, b ⁵ 11 mars 1705. — *Marie-Madeleine*, b ⁵ 24 juillet 1708 ; m ⁶ 17 avril 1739, à Jean Gᴀɢɴᴏɴ. — *Marie-Françoise*, b ⁵ 24 juillet 1708. — *Marie-Jeanne*, b ⁶ 20 juin 1709. — *Geneviève*, b ⁶ 19 juin 1710. — *Marie-Josette*, b ⁶ 17 janvier 1712. — *Thérèse*. b ⁶ 6 juin 1713. — *Marie-Louise*, b ⁶ 9 mai 1719.

1699, (5 octobre), Beauport.

I. — BOUTILLET, Pɪᴇʀʀᴇ, b. 1676, fils de Pierre et de Jeanne Lemoine, de St. Sauveur, evêché de Rouen ; s 16 juin 1715, à Charlesbourg.¹
1° Vᴀɴᴅᴀɴᴅᴀɪ̈ǫᴜᴇ, Jacqueline,   [Jᴏsᴇᴘʜ I.
Marie-Françoise, b ¹ 30 janv. 1701 · m... 1725, à Joseph Sɪʀᴇ , s 14 sept. 1738, à St. François, Ile Jésus ². — *Pierre*, b ¹ 15 janv. 1703 ; s ¹ 3 fev. 1703. — *Marie-Charlotte*, b ¹ 16 fév. 1704, m ¹ 1725, à Jean Bᴇʀᴛʜɪᴀᴜᴍᴇ. — *Marie-Geneviève*, b ¹ 10 juillet 1705. — *Pierre*, b ¹ 26 fev 1707 , s ² 25

(1) Elle épouse, 12 août 1692, Joseph Gallais, Québec.
(2) Clairambourg. (*Histoire des Ursulines.*)
(3) Filleule de Frontenac. Elle épouse, le 9 juin 1696, Nicolas Daillebout, à Québec.

nov. 1729. — *Jean-Baptiste*, b ¹ 23 mai 1709 ; s ¹ 1ᵉʳ mars 1710. — *Marguerite-Angélique*, b ¹ 16 fév. 1712. — *Louise-Françoise*, b ¹ 10 mai 1713.

1714, (23 juillet) ¹

2° Aʟʟᴀʀᴅ, Marie-Anne,   [Fʀᴀɴçᴏɪs I.
François, b ¹ 9 juin 1715.

1669.

I —BOUTIN, Pɪᴇʀʀᴇ, b 1640, de Port-Royal ; s 14 oct. 1675, à Québec ¹
Mᴀʀᴄʜᴇssᴇᴀᴜ, Marie (1), b 1629, de St. Jean de Magny, evêché de Luçon ; s...
Albert, b ¹ 7 sept 1670, tue par les Iroquois le 5 août 1689, s 28 oct. 1694, à Lachine.

1661, (22 Septembre) Chateau-Richer. ⁴

I.—BOUTIN ᴅɪᴛ Lᴀʀᴏsᴇ, Jᴇᴀɴ, b 1631, natif de St. Jacques de Brouage, evêché de LaRochelle, s...
Rᴏᴄʜᴇᴛᴇᴀᴜ, Suzanne, native de Ste. Marguerite, evêché de La Rochelle, s 3 oct. 1677, à St. Anne. ²
Jean, b ⁴ 14 oct. 1662 ; m 7 mai 1682, à Québec,⁵ à Marie-Anne Fᴏɴᴛᴀɪɴᴇ. — *Marguerite*, b ⁴ 6 août 1664, 1° m ⁵ 9 juin 1681, à Andre Cᴏᴜᴛʀᴏɴ; 2° m ⁵ 25 nov. 1704, à Jacques Gᴜᴇɴᴇᴛ ; s ⁵ 12 fév 1730.— *Etienne*, b ⁴ 18 sept. 1666, m 27 janv. 1687 à l'Ange-Gardien, à Marie-Madeleine Fɪsᴇᴛ.— *Jacques*, b ⁴ 10 juin 1669 ; m ⁴ 20 juin 1691, à Angelique Bᴇʀɴᴀʀᴅ. — *Angélique*, b ² 17 juillet 1672; m ⁵ 8 juin 1688, à François Bᴀsǫᴜᴇ.— *Augustin*, b ² 27 janv. et s ² 17 oct. 1675.

1665, (   ) Québec. ⁷

I. — BOUTIN, Aɴᴛᴏɪɴᴇ, b 1642, fils de Jean et de Georgette Raimbault, de Vernon, en Poitou.
Gᴀᴜᴅɪɴ, Geneviève, b 1646, fille de Barthelemy et de Marie Coignac ; s....
Jean-Baptiste, b 22 juillet 1666, à Sillery ; m ¹ 27 juillet 1692, à Jeanne Aᴜᴅᴇʙᴏᴜᴛ. — *Geneviève*, b 12 novembre 1668, à Charlesbourg⁸; m 22 decembre 1690, à Beauport,⁹ à Jean Mᴀʀᴏᴛ.— *Louis*, b 15 fevrier 1671 ; m ⁷ 25 novembre 1698, St. Jean, (I. O), à Madeleine Eʟɪᴇ. — *Marie-Françoise*, b ⁷ 21 mai 1673 ; 1° m 31 janvier 1695, à la Pointe-aux-Trembles de Quebec, à Pierre-Joseph Fᴇ́ʀᴇᴛ , 2° m ⁷ 6 Juillet 1699, à François Bᴜᴛᴇᴀᴜ ; s ⁷ 5 septembre 1745.— *Guillaume*, b ⁷ 23 juin 1675.

1671, (29 juin) Montréal.

I.—BOUTIN ᴅɪᴛ Lᴇᴠᴇɪʟʟᴇ́, Jᴇᴀɴ.
Dᴜᴠᴇʀɢᴇʀ, Françoise.   [Jᴇᴀɴ I.
  veuve de Simon Galbrun.

1682, (7 mai) Québec. ⁴

II — BOUTIN, Jᴇᴀɴ,   [Jᴇᴀɴ I.
Fᴏɴᴛᴀɪɴᴇ, Marie-Anne,   [Lᴏᴜɪs I.
  veuve de Jacques Fluet.
René, b 10 oct. 1683, à Lorette. ⁵ —*Jean-Etienne*, b ⁵ 22 juillet 1684 ; m 14 nov. 1712, à Beauport, à Louise Vᴀɴᴅᴀɴᴅᴀɪǫᴜᴇ. — *Anne-Elizabeth*, b ⁴ 14 dec 1692 ; m 17 nov. 1710, à Lorette, à Louis

(1) Elle épouse, 25 nov. 1670, Jean Michel, à Québec.

PEPIN. — *Pierre*, b⁵ 24 mai 1691 : m⁴ 16 oct 1713, à Jeanne LANGLOIS. — *François-Xavier*, b⁵ 7 juin 1694 ; s⁵ 14 janv. 1703. — *Marie-Louise*, b⁵ 2 juillet 1695 — *Marie-Thérèse*, b⁵ 5 oct. 1699. — *Catherine-Françoise*, b⁵ 6 oct. 1701. — *Marie-Renée*, D..., m⁵ 8 mai 1702, à René LACOMBE ; s⁵ 23 janv. 1703.

1687, (27 janvier) L'Ange-Gardien.

II. — BOUTIN, ETIENNE,   [JEAN I
FISET, Marie-Madeleine (1),   [ABRAHAM I

1691, (20 juin) Charlesbourg.

II. — BOUTIN, JACQUES,   [JEAN J.
BERNARD DIT HENSE, Angélique,   [JEAN I.
Angélique, b 4 janv. 1693, à Québec.

1692, (13 février) Québec. [1]

I — BOUTIN DIT DUBORD, ANET-RENÉ, maître tailleur, b 1662, fils de Jean et de Louise Boutin, de St. Pierre, évêché de Clermont, en Auvergne ; s...
GRESLON, Angélique (2),   [JACQUES I.
Charles, b¹ 17 nov. 1692 ; s 29 mars 1703, à Montréal². — *Françoise*, b² 19 juillet 1694 ; s² 13 avril 1703. — *Jean-Baptiste*, b² 30 sept. 1695. — *Etienne-Joseph*, b² 25 juillet 1697. — *Jacques*, b¹ᵉʳ mai 1699 ; s² 21 avril 1703. — *Marie-Angélique*, b² 18 avril 1701 ; s² 23 avril 1703. — *Valérien*, b² 2 mars et s² 13 avril 1703. — *Anne-Françoise*, b² 12 mars 1704.

1692, (27 juillet) Québec. [3]

II. — BOUTIN, JEAN-BAPTISTE,   [ANTOINE I.
AUTEBOUT, Jeanne.   [MICHEL I.
Jean, b 23 avril 1693, à St Michel³. — *Henriette*, b³ 7 fév. 1695. — *Geneviève*, b³ 8 déc. 1697. — *Françoise*, b³ 15 et s³ 17 nov. 1699. — *Marie-Madeleine*, b² 28 oct. 1700 — *Marie-Catherine*, b 19 nov. 1703, à la Pte aux-Trembles, ². — *Marie-Geneviève*, b² 24 oct. 1704. — *Louise*, b² 24 oct. et s 29 nov. 1704 — *Louis*, b² 21 déc. 1705 ; s 5 janv. 1749, à St Pierre du sud. — *Hélène*, b² 18, et s 22 juin 1708 — *Joseph*, b² 11 août 1709.

1698, (25 novembre) St Jean, I. O. [4].

II. — BOUTIN, Louis.   [ANTOINE I.
HÉLIE, Marie-Madeleine.   [JEAN I.
Marie-Madeleine, b⁴ 25 et s 29 sept. 1699.

1699.

I. — BOUTON, ANTOINE.
FRICHET, Marthe.   [PIERRE I.
Marie-Josette, b 11 août 1703, aux Trois-Rivières ; s⁵ 22 fév. 1707. — *Michelle*, b⁵ 6 juin 1705 ; m⁵ 3 fév. 1729, à Claude CLERC. — *Marguerite* et *Marie-Josette*, b⁵ 24 mai 1707. — *Marie-Antoinette*, b³ 7 fév. 1709 — *Louise*, b⁵ 1ᵉʳ mai 1712 , s⁵ 17 mars 1744. — *Marie-Claire*, b⁵ 25 fév. 1714 ; m⁵

---

(1) Elle épouse, le 27 nov. 1688, Michel Boumilot, à l'Ange-Gardien.

(2) Elle épouse, le 12 octobre 1711, Jacques Bernier, à Québec.

---

4 juillet 1735, à Jean-Baptiste DUPRAT. — *Marie-Charlotte*, b⁵ 13 oct. 1715 ; s⁵ 19 nov. 1722. — *Jean-Baptiste*, b⁵ 30 nov. 1717 ; s⁵ 18 août 1719. — *Marie*, b... ; m⁵ 7 janv 1745, à Jean-Baptiste HARNOIS.

I. — BOUTONNE DIT LAROCHE, DENIS, soldat de M. de St. Ours ; s 29 juillet 1687, à Contrecœur.

1688, (19 octobre) Québec. [2]

I. — BOUTREL, JACQUES, menuisier, b 1660, fils de Jean et de Catherine Aubelay, de St. Sulpice, évêché de Rouen ; s...
DAVID, Marie, (1)   [JACQUES I.
veuve de Noel Faveron.
Jean, b² 18 juin 1689, s² 25 janv. 1703. — *Louise*, b² 14 avril 1694. — *Anne*, b² 15 août 1695, 1° m² 24 fév. 1730, à Etienne MARCHAND , 2° m² 3 nov. 1739, à René CARTIER. — *Aimée-Geneviève*, b² 17 mars 1698 ; s² 27 janv. 1703. — *Jacques-Charles*, b² 25 sept. 1699 ; s² 25 janv. 1703. — *Cécile*, b² 7 avril 1701.

I. — BOUTRON, FRANÇOIS, b 1631, habitant de Sorel en 1681.

1673, (17 octobre) Québec. [3]

I. — BOUVET DIT LA CHAMBRE, JEAN, b 1641, médecin, fils de Jean et de Suzanne Bidquin, de Beaugay, évêché d'Angers ; s 26 déc. 1694, à Varennes.
DE BIDQUIN, Madeleine, b 1653, fille de Pierre et d'Annonclade Roux, de St. Gervais, évêché de Paris , s...
Louise, b 1674 ; m 1692, à Pierre BOISSONNIÈRE.

I. — BOUVIER, marchand en traite au Sault St. Louis, en 1611.

BOUVIER. — Voy. LAGARENNE.

1663, (26 août) Montréal. [4]

I. — BOUVIER, MICHEL, (2) maître-maçon, b 1636, fils de Louis et d'Anne Darondeau, de la Flèche ; s 5 août 1703, à Lachine.
DES BORDES, Mathurine, veuve de Pierre Guiberge ; b 1634 ; s⁴ 23 oct. 1698.
Suzanne, b⁴ 24 juin 1664 ; m⁴ 16 avril 1681, à Louis BRIEN. — *Urbain*, b⁴ 12 juillet 1666 ; 1° m⁴ 15 mai 1690, à Geneviève DE VANCHY ; 2° m⁴ 19 avril 1694, à Marguerite CHICOINE ; s⁴ 21 juin 1700. — *Jean*, b⁴ 3 fév. 1669 ; m⁴ 26 sept. 1696, à Marguerite CADIEU. — *Jean*, b⁴ 18 et s⁴ 25 juin 1671.

1667, (24 novembre) Québec. [5]

I. — BOUVIER, PIERRE, taillandier, b 1631, fils de Bastien et de Jeanne Leconflette, de St. André, évêché de Rouen.
1° BALLIÉ, Catherine, b 1642, fille de Guillaume et d'Adrienne CASSÉ, de St. Etienne de Fécamp, évêché de Rouen ; s⁵ 31 oct. 1677.

---

(1) Elle épouse, 12 août 1702, Joseph Brodière, à Québec.

(2) Tombé d'un échafaud de la maison en construction au haut de l'île de Montréal, appartenant à M. de Senneville.

Marie, b⁵ 21 sept 1668 ; m⁵ 3 oct 1689, à Jacques JUTREAU. — *Charles*, b⁵ 9 fév 1671 ; m⁵ 27 fév. 1696, à Marie-Catherine RENAULT. — *Jeanne-Thérèse*, b⁵ 30 juillet 1673. — *Catherine*, b 1674. — *Pierre*, b⁵ 14 oct. 1675 ; m 30 janvier 1702, à Marie MEUSNIER, à Ste. Anne ; s⁵ 17 mars 1715.

1678, (4 janvier) Québec. ⁵

2º MÉLIOT, Catherine,   [FRANÇOIS I. veuve de Jean Routier ; s 23 sept. 1699, à Ste. Foye.

Charles, b⁵ 21 avril et s⁵ 12 mai 1683. — *Jacques*, b⁵ 2 et s⁵ 3 dec. 1684.

1690, (15 mai) Montréal. ⁴

II. — BOUVIER, URBAIN,   [MICHEL I. s⁴ 21 juin 1700.

1º DE VANCHY, Geneviève,   [PIERRE I. s⁴ 8 juin 1691.

Madeleine, b⁴ 30 oct 1690.

1694, (19 avril) Montréal ⁴

2º CHICOINE, Marguerite,   [PIERRE I. *Michel*, b⁴ 27 aout 1694. — *Anonyme*, b et s⁴ 21 aout 1696 — *Pierre*, b⁴ 25 et s⁴ 29 nov. 1697. — *Marie-Catherine*, b⁴ 25 dec. 1698.

1696, (27 fevrier) Québec. ⁵

II. — BOUVIER, CHARLES,   [PIERRE I. RENAULT, Marie-Catherine (1)   [JACQUES II. *Pierre*, b⁵ 4 janvier 1697 ; s⁵ 4 fév. 1703 — *Marie-Jeanne*, b⁵ 28 déc. 1698 ; m⁵ 7 janv. 1719, à Guillaume GAUDAIS. — *Marie-Charlotte*, b⁵ 12 fev. 1701 ; m 1719, à Pierre SIMON à Charlesbourg. — *Françoise*, b⁵ 21 juin 1703 ; s⁵ 12 août 1703. — *Charles*, b⁵ 22 mai 1704, m⁵ 12 sept. 1731, à Anne GAUTRON. — *Catherine-Marguerite* b⁵ 10 mars 1707, s⁵ 18 avril 1707 — *Pierre*, b⁵ 27 janv. 1709. — *Jean-Baptiste*, b⁵ 16 avril 1711.

1696, (26 septembre) Montréal.

II. — BOUVIER, JEAN,   [MICHEL I. CADIEU, Marguerite,   [JEAN I.

1673.

I. — BOUY (2) ou BUY, LAURENT ANTHOINE, Denise.   [PIERRE I. *Marie-Madeleine*, b 2 août 1674, à Sorel.⁷ — *Fran-çois*, b⁷ 19 juin 1677. — *Jean*, b⁷ 18 mai 1678. — *Ursule*, b 17 oct. 1682, à Contrecœur. ²— *Louis*, b² 17 juin 1684. — *Marie-Elizabeth*, b² 18 juin 1686.

1676.

I. — BOYAU, FRANÇOIS. TIBAUT, Marie,   [GUILL. I. *Marie*, b 14 sept. 1677, à Lachine.

I. — BOYER, chirurgien de Rouen ?l soigna le blessure de Champlain, 1613.

I. BOYER, ANNE, b 1635 , m 1658 à Pierre PINOT ; s 9 déc 1704, à Ste. Anne de la Parade.

(1) Elle épouse, le 23 juin 1712, Romain Chappeau, à Québec.
(2) Bouy dit Lavergne.

I. — BOYER, PHILIPPE, b 1652, meunier, habitant de Montréal en 1681. DAUDÉ, Françoise, b 1650,

I. — BOYER, MATHURIN. LEFEVRE, Barbe. *Gabriel*, b 2 dec. 1669, à Montréal. ⁴ — *Catherine-Barbe*, b⁴ 21 février 1671. — *Thérèse*, b 1672 ; m 1689, à Jean François MINGOT.

1666, (23 novembre) Montréal. ⁴

I. — BOYER, CHARLES, b 1631, fils de Pierre et de Denise Refence ou Resonel, de Vance, Poitou.

1º TENARD, Marguerite, b 1633, fille de Barthelemy et de Jeanne Gaudis, de St. Pierre de Milly, en Gastinois ; s...

Marie, b⁴ 24 août 1667 ; m⁴ 30 déc. 1684, à Laprairie ⁵, à André FORAN — *Joseph*, b⁴ 8 janv. 1669. — *Antoine*, b⁵ 10 avril 1671 ; m⁵ 4 fév. 1690, à Marie PÉRAS. — *Jean-Baptiste*, b⁵ 18 aout 1673 ; m⁵ 10 fev. 1698, à Anne CAILLÉ. — *Marguerite*, b⁵ 6 juillet 1675, 1º m⁵ 7 nov. 1689, à Claude GUI-CHARD ; 2º m⁴ 4 oct 1694, à Jean BONNET. — *Louise*, b⁵ 16 fév. 1678.

1678 (29 oct.) Laprairie. ⁵

2º DUBREUIL, Louise, b 1631, fille de Jean et de Marie Leconte, de Gevial, évêché de Dol.

1667, (18 août) Montréal. ⁷

I. — BOYER, NICOLAS, b 1642, fils d'Etienne et de Perrine Peineau, de Notre-Dame de Cogne, evêché de La Rochelle.

MACLIN, Marguerite,   [JEAN I. veuve de Jean Cicot.

Marguerite, b⁷ 25 avril 1668 ; s⁷ 1er mai 1668. — *Jacques*, b⁷ 13 avril 1669, m 3 fevrier 1698, à Lachine, à Anne CECVRE — *Jean*, b⁷ 28 avril 1671, s⁷ 22 octobre 1687. — *Paul*, b⁷ 27 mai 1674. — *Marie*, b⁷ 16 fevrier 1677 ; m⁷ 29 octobre 1693, à Charles GERVAISE — *Nicolas-Antoine*, b⁷ 23 fevrier 1679. — *Marguerite-Jeanne*, b⁷ 1er avril 1682, m 12 nov. 1703, à Claude CAHON. — *Zacharie*, b⁷ 23 mai 1684. — *Anne-Françoise*, b⁷ 24 avril 1686, s⁷ 1er mai 1686. — *Marguerite*, b⁷ 15 avril 1688.

1680, (26 fév.) Pte-aux-Trembles, Q. ⁸

I. — BOYER DIT JOLICŒUR, ANICET, b 1649, fils de Guillaume et de Marguerite Baillot, de St. Honoré, evêché de Limoges ; s 25 avril 1724, à Québec

1º MARTIN, Françoise,   [PIERRE I. *Marie-Anne*, b 16 juin 1692.

1684 (27 novembre) Québec. ⁹

2º VARIN, Marie, veuve de Pierre Courois, b 1644 , s 27 janvier 1706.

Pierre, b⁹ 16 novembre 1687 ; s⁹ 26 décembre 1687.

1671, (26 octobre), Québec. ¹

I. — BOYER DIT LAFONTAINE ETIENNE, b 1641, fils de Claude et de Sebastienne Raveneau, Fontaine-Millon, évêché d'Angers ; s...

VIEL, Marie-Thérèse, b 1651, fille de Charles et
de Marguerite Lechevallier, de St. Candre-le-
Viel, évêché de Lizieux ; s...
René-Louis, b¹ 9 sept. 1672 ; s¹ 11 sept. 1672
— *Hugues*, b¹ 7 sept. 1673 — *Jean-Louis*, b¹ 31
déc. 1673 ; m 8 fév. 1699 à Charlesbourg, ⁴ à Renée
CHRÉTIEN. — *Jean-Etienne*, b 10 août 1680, à Lo-
rette.⁴ — *François*, b² 3 mars 1682 — *Jacques*, b²
18 avril 1683. — *Louis*, b² 7 juin 1684. — *Elizabeth*,
b¹ 10 juillet 1685. — *Pierre-Augustin*, b¹ 28 août
1686. — *Jean-François*, b¹ 12 juin 1690. — *Pierre*,
b² 24 mai 1691. — *Jean-Baptiste*, b... ; m¹ 28 juillet
1710, à Madeleine BONIER. — *Charles*, b..., 1675 ;
1° m⁴ 9 fév. 1699, à Marguerite VANIER ; 2° m⁴
19 août 1715, à Madeleine VIVIER. — *Jeanne*, b... ;
m...1697 à Benoit DUHAUT.

I —BOYER DIT ARGENTCOUR, JEAN b 1639, du
diocèse de Bordeaux ; s 2 déc. 1699, Montréal.

1690, (4 février) Laprairie. ³

II. — BOYER, ANTOINE,   [CHARLES I.
PÉRAS, Marie,   [PIERRE I.
Jeanne, b² 16 août 1694 , m³ 17 fév. 1716, à
Charles DIEL. — *Jeanne*, b³ 1er fév. 1696 ; m³ 3
nov. 1733, à Pierre BÉTOURNÉ. — *Jean*, b³ 11 juin
1697 ; m³ 14 juillet 1722, à Marguerite DUMAY. —
Marie-Joselle, b³ 7 oct. 1701 ; m³ 9 fév. 1722, à
Maurice DUMAY. — *Marie*, b 19 déc 1692, à Mont-
réal ; m³ 21 nov. 1712, à Jean PATENOTRE.

1698, (3 février) Lachine.

II — BOYER, JACQUES,   [NICOLAS I.
CECYRE, Anne,   [CLAUDE I.
Jacques, b 26 nov. 1698, à Montréal. ³— *Antoine*,
b³ 26 mars 1700 ; s⁴ 18 mai 1703. — *Marie-Anne*,
b³ 25 août 1701 ; s³ 19 mai 1703. — *Claude*, b³ 3
août, et s³ 11 déc 1701. — *Marguerite*, b³ 19 fév.
et s³ 16 avril 1703. — *Claude*, b³ 27 mars 1704.

1698, (10 février) Laprairie. ³

II. — BOYER, JEAN,   [CHARLES I.
CAILLÉ, Anne,   [ANTOINE I.
Jean, b³ 6 sept. 1701.

1699, (9 février) Charlesbourg. ⁴

II. — BOYER, CHARLES.   [ETIENNE I.
1° VANIER, Marguerite.   [GUILLAUME I.
s⁴ 18 avril 1715.
Marie-Françoise, b 17 nov. 1700, à Beauport⁵ ;
s⁵ 10 avril 1701. — *Marie-Joseph*, b⁴ 24 juin 1704.
— *Jean-Baptiste*, b ⁴ 15 nov. 1706. — *Pierre-
Etienne*, b⁴ 15 déc. 1708. — *Marie-Madeleine*, b⁴
3 déc. 1710. — *Anonyme*, b et s⁴ 13 déc. 1712. —
Charles-François, b⁴ 29 juin 1714.

1715 (19 août). ⁴

2° VIVIER, Madeleine,   [PIERRE I.
veuve de Michel Boutron.
Marguerite-Elizabeth, b⁴ 11 avril 1716 ; s⁴ 29
oct. 1716.

1699, (9 février) Charlesbourg.

II. — BOYER, LOUIS,   [ETIENNE I.
CHRÉTIEN, Renee,   [MICHEL I.

BOYRY.—Voy. BOIRY.

I. — BOYVINET. — Voyez BOIVINET.

BOZAMIN, JEAN, pour BENJAMIN.

BRABANT.—Voy BRÉBANT.

BRAC. — *Variations et Surnoms.* — BRAS — BÉ-
RARD — REVERDIA.

1669.

I. — BRAC DIT REVERDIA, JEAN.
COY ou COUET, Charlotte (1).
Christophe, b 1670 ; s 29 déc. 1682, à Sorel.¹ —
Marie-Charlotte, b¹ 20 juillet 1674 ; m 23 sept.
1697, à Jean BERTRAND, à Montréal. — *Jean-Bap-
tiste*, b¹ 17 mai et s¹ 31 mai 1677.

1673

I. — BRACONNIER, JEANNE, b 1653, fille de Nicolas et de Clauda Brunet, de Ste Marguerite
de Paris ; 1° m 18 sept. 1673, à Crespin
THUILLIER, à Québec ; 2° m 16 oct. 1675, à
Charles EDELINE, à Boucherville.

II. — BRACQUEMAN, FRANÇOIS (2).

BRAN, PIERRE.—Voy. BRAUT.

1699.

I. — BRAN, JACQUES,
CHAPPEAU-CHAPELEAU, Catherine,   [ROMAIN II.
Jean-François, b 19 mai 1702, à Québec.

BRANCHAUD. —*Variations.*— BRANCHO—BRAN-
CEREAU et BRANCHEREAU.

1694.

I. — BRANCHAUD, CHARLES, soldat de Noyau.
GARANT, Marthe, (3).   [PIERRE I.
Charles, b 2 et s 5 mars 1695, à Laprairie. ¹ —
Jacques, b¹ 2 mai 1696 ; s 3 avril 1715, à St
Etienne de Beaumont ; b 5 oct. 1701, à
Ste Famille ; s 27 nov. 1702, à St Thomas². — *Char-
les*, b ² 4 avril 1704. — *Michel*, b ² 25 sept. 1707.
— *Joseph*, b..., m 24 fév. 1731, à Catherine-Gene-
viève ALBERT, à Lévi³ ; noyé le 1er mai 1732 dans
la Rivière Etchemins, et retrouvé le 3 juin sui-
vant ; s ³ 3 juin 1732.

1665 (17 février), Québec. ⁴

I. — BRANCHE; RENÉ, b 1641, fils de Jean et de
Jeanne BARDON, de Notre-Dame de Fontenay,
évêché de Poitiers ; trouvé mort sous sa traine
chargée de bois, sur le chemin des Rochers ;
s ⁴ 8 janv. 1681.
1° LANGLOIS, Marguerite, veuve d'Abraham Martin, (4) ; s ⁴ 17 déc. 1665.

(1) Elle épouse, le 24 avril 1698, Pierre Brunion, à Sorel.

(2) Registres de 1688, Montréal.

(3) Elle épouse, le 18 juillet 1712, Charles Dumas, à St.
Etienne de Beaumont.

(4) Propriétaire des Hauteurs de Québec, dite les Plaines
d'Abraham.

1667.

2° Varin, Marie, (1), fille de Robert. et de Marie l'Apôtre, de St Pierre du Grand Cavilly, evêché de Rouen ; s...
Françoise, b⁴ 1668 ; m⁴ 25 nov. 1680, à Adrien Legris-Lepine ; s⁴ 24 sept. 1738.

I.—BRANCHE, Jean, (2).
s 18 nov. 1699, à Champlain.

BRANCHO, Charles. Voyez Branchaud.

1688, (1er mars), Repentigny [1].

I.—BRANE dit BOURDELAIS, Antoine, b 1663, fils de Jean et de Jeanne Chazeau, de la ville de Bordeaux , s...
Delpêche, Marie, [Bernard I.
Claude, b¹ 21 avril 1690; m 1713, à Marie-Charlotte Baudoin.

BRANSAC. Voyez Migeon de Bransac.

1692, (28 fevrier) Batiscan. [6]

I.—BRANSARD (2, Laurent, b 1647, fils de Laurent et de Louise Mingot, de St. Pierre, évêché d'Angers ; s 7 mai 1735, à Ste. Geneviève de Batiscan.
Cosset, Marie, [Jean I.
s 19 fevrier 1705.
Laurent, b⁵ 29 dec. 1692.— *Jean-Baptiste*, b⁵ 24 mars 1694 ; m⁵ 13 fev. 1725, à Madeleine Quatresous.— *Marguerite*, b 26 mars 1696 à Quebec.—*François-Xavier*, b⁵ 29 déc. 1698.—*Etienne* b⁵ 22 avril 1701 ; m à Marie Paplau.— *Marie-Josette*, b⁵ 16 avril 1703.— *Anonyme*, b et s⁵ 15 fev. 1705.

I.—BRANTIGNY, Etienne, Voy.[De Nevers (4].

1676.

I.—BRANTIGNY, Pierre. [Etienne I.
Godfroy de Linctot, Françoise. (5) [Michel II.
Marie-Anne, b 1627 ; s 11 janv. 1710, aux Trois-Rivières.

I.—BRAQUIL, Jean, (6) Anglais de la Nouvelle-Angleterre.
Mali, Marie-Anne, anglaise.
Gabrielle-Louise, agée de 16 ans, b 17 déc. 1698, dans l'eglise des Ursulines de Québec.— *Marie-Louise*, b 1689, m 1715, à Pierre Roy, à Québec⁴; s⁴ 3 déc. 1746.

(1) Elle épouse le 9 septembre 1681, Pierre Courois, Québec, et le 27 nov. 1681, Anicet Boyer, Québec.

(2) Soldat de Mr. De la Durantaye.

(3) Brassard dit Langevin.

(4) Registre de 1649 Québec. L'origine de ce nom est Tenevert. Il a formé De Nevers—Dannevers—Brantigny—Bretigny.

(5) Elle épouse, le 19 juin 1700, Augustin de Galimard, aux Trois-Rivières.

(6) Ses deux enfants, Gabrielle-Louise et Marie-Louise avaient été prises par les sauvages pendant la guerre.

I.—BRAS-DE-FER, Nicolas, b 1645, du bourg St. Valéry, en France, matelot au service de M. de la Chenaye ; s 12 octobre 1670, à Québec.

BROSSARD.— *Variations :* Brassard—Deschenaux.

1637, (14 janvier) Québec. ⁴

I.—BROSSARD, Antoine, (1) maçon, b 1609 ; s...
Méry, Françoise, b 1621 ; (2) s⁴ 11 juillet 1671 (mort subite).
Antoine, b 1639 ; s⁴ 12 avril 1642.— *Jeanne*, b 1641; m⁴ 7 fév. 1656, à Jacques Hédouin ; s⁴ 21 dec. 1709.— *Marie-Madeleine*, b⁴ 1er juin 1642; 1° m⁴ 29 oct. 1656, à Louis Fontaine, 2° m⁴ 2 mai 1703, à Jean LeNormand ; s⁴ 22 sept. 1712, dans l'eglise des Récollets.— *Alexandre*, b 1644; s 14 janvier 1688, à Ste. Famille.— *Marguerite*, b⁴ 23 janvier 1645; m⁴ 4 mars 1658, à Jean Lemelin.— *Guillaume*, b⁴ 15 dec. 1647 ; m⁴ 15 février 1672, à Catherine Louvet.— *Antoine*, b⁴ 14 oct. 1649.—*Jean-Baptiste*, b⁴ 28 sept. 1651 ; m⁴ 26 août 1672, à Jeanne Quelué ; s⁴ 22 février 1715, dans l'église.— *Louis*, b⁴ 3 août 1653 ; m 1683, à Simone Maufait.— *Dorothée*, b⁴ 30 juillet 1656 , m⁴ 5 oct. 1671, à Pierre Richer.

1672, (15 fevrier), Québec. ⁸

II.—BRASSARD, Guillaume, [Antoine I.
Louvet, Catherine, b 1650, fille d'Abraham et de Marie David, de St. Caude-le-Jeune, évêché de Rouen , s⁸ 1er juin 1715.
Marie-Madeleine, b⁸ 31 déc. 1672 ; s⁸ 22 déc. 1674.— *Marie-Anne*, b⁸ 31 août 1674; m⁸ 1693, à Jean Larue ; s 1er janv. 1694, Pointe-aux-Trembles de Quebec.— *Guillaume*, b⁸ 8 août 1676 ; m à Marie Naufait.— *Marie-Catherine*, b 13 déc. 1677 à Sillery [1].— *Guillaume*, b¹ 30 mai 1679 ; m à Marie Maufait.— *Jean-Baptiste*, b... ; m⁸ 20 juin 1707, à Marie-Geneviève Hubert.— *Charles*, b ... ; m⁸ 2 juin 1720, à Marie-Josette Hubert.— *Pierre* b ... ; m à Marie Delalande.

1672, (26 avril,) Québec. ⁸

II.—BRASSARD, Jean-Baptiste, [Antoine I.
s 22 fev. 1715, eglise de Québec.
Quelue, Jeanne, b 1653, fille de Jean et de Marie Camus, de St. Gilles, ville d'Evreux ; s⁸ 2 avril 1721.
Marie-Jeanne, b⁸ 2 août 1674 ; m⁸ 11 janv. 1694, à Pierre Pilote.— *Marie-Madeleine*, b⁸ 9 sept. 1676 ; m⁸ 4 mai 1711, à Paul Chalifour ; s⁸ 2 juin 1752.— *Françoise*, b⁸ 11 janv. 1679 ; 1° m⁸ 22 novembre 1700, à Pierre Corbin, 2° m⁸ 23 nov. 1712, à Jean-Baptiste Briere.— *Marie-Louise* b⁸ 19 mars 1681 ; s⁸ 21 mars 1681.— *Catherine* b⁸ 6 juin 1682 ; m⁸ 21 oct. 1710, à Jean Pilote.— *Marie-Anne*, b⁸ 18 janv. 1685.— *Anne-Jacques*, b⁸ 2 sept. 1687 ; s⁸ 4 sept. 1687.— *Jean-Baptiste*, b⁸ 9 mars 1689 , m 10 janv. 1718, à Fran-

(1) Ancêtre des familles Brassard et Deschenaux.

(2) Avant 1637, elle résidait dans sa maison de la " Grande Allée," à Québec, aujourd'hui, la rue St. Louis.

çoise HUPPÉ, Beauport; s 8 2 Octobre 1749.—
Anonyme, b et s 6 11 fév. 1691.—*Jean-Baptiste*,
b 8 12 janvier 1692, m 6 19 juillet 1723, à Marie-
Josette CHALIFOUR; s 8 20 sept. 1753.—*Joseph-
Jacques*, b 8 12 mars 1694; s 8 31 mars 1715.—
Jean-Marie, b 8 24 avril 1696.

1683.

II.—BRASSARD, Louis,   [ANTOINE I.
MAUFAIT, Simone,   [PIERRE I.
Louise-Simone, b 23 février 1694, à Lorette 8,
m 1er mars 1718, à Beauport 9, à André PARANT.
—*Simone-Barbe*, b 10 décembre 1696, à Québec 7;
m 9 9 janvier 1719, à Etienne PARANT—*Marie*, b 7
22 septembre 1701.—*Marie-Madeleine*, b...; m
7 octobre 1710, à Etienne LACOMBE.—*Geneviève-
Charles*, b 12 juin 1704, à Ste. Foye.

1696.

III.—BRASSARD, GUILLAUME,   [GUILLAUME II.
MAUFAIT, Marie-Catherine.   [PIERRE I.
Marie, b 1702, s 5 janvier 1703, à Québec. 2—
Françoise, b...; s 2 12 janvier 1703.—*Pierre*,
b..., s 2 14 février 1703.

I.—BRASSIER, JACQUES, b 1635; arrivé à Montréal en 1653, compagnon d'armes de Dollard, Sieur des Ormeaux, et massacré, avec
tous ses compagnons, au Long-Sault, dans
leur attaque contre les Iroquois, en mai 1660.

1665, (12 août) Québec. 8

I.—BRAULT (1) DIT POMINVILLE, HENRY, b 1640,
fils de Jean et de Suzanne Jonseaume, de
Balon, pays d'Annis; s...
1° DE CHEURENVILLE, Claude,   [JACQUES I.
Jacques, b 8 3 août 1666.—*George*, b 8 8 avril
1668, 1° m à Madeleine MARCHAND; 2° m 26 novembre 1696, à Lachine 9, à Barbe BRUNET.—
Anne, b 8 mai 1669.—*Etienne*, b 9 16 mai 1671, m8
8 juin 1716, à Louise PALIN.—*Jean-Baptiste*, b 8
24 juin 1673; m 9 26 novembre 1703, à Elizabeth
BRUNET.—*Joseph*, b 8 24 août 1675; m 9 10 avril
1703, Marie-Anne MARCHAND.—*Henry*, b 8 16 janvier 1678; s 8 27 février 1678.—*Marie-Agnès*, b 8
31 janvier 1679—*Louise*, b 19 mars 1681, à l'Ilet;
m 28 juillet 1704, à Alexis PICARD, à Montréal.—
Pierre, b 2 janvier 1685, à Levis. 4—*Geneviève*, b 8
12 août 1685.—*Charles*, b 8 14 février 1690; s 8 9
mai 1691.

1692 (11 août) Québec. 6

2° BOLDUC, Marie-Ursule, (2)   [LOUIS I.
Marie, b 8 18 juin 1693, 1° m à André RENAUD;
2° m 21 août 1737, à St. François (I. J.) à Michel
SYRE.—*Jean-François*, b 4 24 avril 1695, *Marguerite*, b 4 16 juillet 1697.

1693.

II.—BRAULT-POMINVILLE, GEO.   [HENRY I.
1° MARCHAND, Marie-Madeleine,   [FRANÇOIS II.
s avant 1696.
Geneviève, b 1694; m 23 Juillet 1715, à Hilaire
CHORET, à Québec.

(1) Le nom patronymique est Bereau.
(2) Elle épouse, le 11 août 1700, Jean-Baptiste Drapeau, à
Lévis.

1696, (26 novembre), Lachine. 1
2° BRUNET, Barbe (1)   [FRANÇOIS I.
Nicolas, b 1 6 sept 1697.—*Jean-Baptiste*, b 1 20
juillet 1699; m 1 14 déc. 1721, à Marie CARON.—
Marie-Josette, b 1 16 juin 1701; s 1 5 janv. 1703.—
Anonyme, b et s 1 18 déc. 1702.—*Marie-Josette*,
b 1 18 juin 1704.—*Françoise-Angélique*, b 1 13
juin 1706, m 1 31 janv. 1724, à Noel LEGAULT.—
George, b 1 29 sept. 1709.

1697, (18 novembre), Montréal. 2

I.—BRAULT DIT LAFLEUR, PIERRE, (2) b 1669,
fils de Mathurin et de Catherine Gibaut de
St. Vien, ville de Pont, évêché de Xaintes,
LE SIÈGE, Madeleine,   [PIERRE I.
Jean-Baptiste, b 2 22 août 1698.—*Marie-Made-
leine*, b 2 10 mai 1700.—*Marie*, b 1 mai 1712, à
Repentigny 5—*Antoine*, b 5 17 janv. 1710.

1662.

I.—BRAZEAU, NICOLAS, Maître-Charron.
BILLARD, Perette, b 1635; s 20 août 1705, Mont-
réal. 1
Charles, b...; m 1 5 oct. 1693, à Geneviève
QUENNEVILLE.—*Nicolas*, b 1670; m 1 11 octobre
1694, à Anne PINSONNEAU.—*Marie*, b...; 1° m...,
à Silvain GUERIN; 2° m 1 10 novembre 1698, à
Guillaume TOUGARD—*Marie*, b 16 mars 1683, à la
Pointe-aux-Trembles de Montreal.

1693, (5 octobre) Montréal. 2

II.—BRASEAU, CHARLES,   [NICOLAS I.
QUENNEVILLE, Geneviève,   [JEAN I.
Gabriel, b 2 8 sept. 1694.—*Marie-Catherine*, b 2
14 janv. 1695.—*Paul*, b 2 22 oct. 1697.—*Pierre*,
b 2 19 oct. 1699.

1694, (11 octobre) Montréal. 2

II.—BRASEAU, NICOLAS,   [NICOLAS I.
PINSONNEAU, Anne,   [FRANÇOIS I.
Marie-Anne, b 2 23 fév. 1696.—*Agnès*, b 2 19
déc. 1697.—*Jeanne-Daniel*, b 2 24 juin 1699.—
Marie, b 2 7 fév. 1701.—*Geneviève*, b et s 2 18
juillet 1703.—*Marie-Marguerite*, b 2 22 juin 1704.

I.—BREBANT DIT LAMOTHE, PIERRE, chirurgien,
établi à la Pointe aux-Trembles de Quebec;
b 1645; s 26 nov. 1677, à Quebec.
GOUPIL, Anne. (3)   [NICOLAS I.
Pierre, b 11 déc 1672; à Sillery. 3—*Marie*, b
9 juin 1675, au Château-Richer.—*Michel*, b 3 10
mars 1678.—*Marie-Anne*, b 1679; m 21 mai 1703
à Montréal, à Etienne MARTEL.

1696, (15 septembre) Montréal. 3

I.—BRÉBANT DIT LECOMPTE, PIERRE, (4) b 1668,
fils de Clement et de Françoise Riveral, de
N. D. de Cogne, évêché de La Rochelle, s...
LAPLACE, Marguerite, veuve de Pierre Le Siège,
b 1659, fille de Nicolas et Geneviève Trouve.

(1) Elle épouse, en 1720, Martial Moulineuf.
(2) Soldat de M. Dejordis.
(3) Elle épouse, en 1679, Aimé Lecompte.
(4) Soldat de M. Lamotte Cadillac.

Geneviève, b ³ 4 août 1697; m 5 fev. 1714, à Repentigny, à Jean Baptiste ROBERT.

I.—BREBEUF, DE, Lieutenant dans le détachement de la marine, était à Batiscan le 12 novembre 1697

I.—BRÉCHEVIN. — Voy. BERGEVIN—LANGEVIN.

1696, (28 avril) Montréal.
BREDET.—*Variations :* BORDET. — BREDEL.

1696, (28 avril) Montréal.
I.—BREDEL, JEAN, sergent de la Compagnie de M. Le Vasseur, b 1664 ; fils de Pierre et de Marie Chagrin, d'Ecrinville, évêché de Rouen.
1º ST. JEAN-LAVALLÉE, Madeleine, de la nation des Onontagues, veuve de François Francœur s 1702
Jean-Baptiste-Charles, b 21 août 1698, à Québec. 1703, Lorette.
2º MIGNERON, Marie-Anne, (1)   [JEAN I.

I.—BREDINET (2) DIT MIGNON, JEAN, b 1658 ; s 26 avril 1703, à Montréal.

BREDON, VINCENT.— Voy. VERDON.

BREILLARD. — *Surnoms et variations :* BREILLAC — BRILLAC — BRIAC — DIT LAROCHE.

1687, (3 février) Batiscan. ¹
I.—BREILLARD, AMABLE, b 1657, fils de Daniel et de Jeanne Courtin, de Chouré, evêche de Poitiers.
DE LAFOND, Marie,   [JEAN II.
Marie-Catherine, b¹ 8 sept. et s¹ 29 nov. 1688. — *Marie-Catherine*, b¹ 9 mars 1690 ; s¹ 21 dec. 1708. — *Claude*, b¹ 4 déc. 1692. — *Pierre*, b¹ 5 sept. 1695 ; m 2 nov. 1719, à Elizabeth PERROT, à Ste. Anne de la Pérade. ²— *Marguerite-Renée*, b¹ 19 sept. 1698; m² 14 juillet 1719, à Michel BILLY.— *Joseph*, b 17 mai 1701, à Quebec ³— *Geneviève*, b³ 17 avril 1703; m 5 oc¹. 1711, à Etienne DECELLES, à Varennes. — *Marie-Angélique*, b¹ 18 avril 1706. — *Mathurin*, b¹ 16 nov. 1708.

I.—BRENEZI, (3) FRANÇOIS, b 1670, soldat de M' Dulhud.
LAFLEUR, Marguerite.
Marguerite, b 1702; s 27 mars 1703, à Montréal.

BRENTIGNY. — Voyez DENEVERS.

BRESLAU, JEAN-BAPTISTE. —Voy. BARROS — BARAULT — BAREAU.

I.—BREST, JEAN, b 1645 ; s 27 mars 1700, à Ste. Famille, Ile d'Orléans.

(1) Elle épouse, 17 Janvier 1712, Simon Brière, à Québec.
(2) Donné chez les Sœurs C. N. D.
(3) Dit Lernière.

I.—BRETEL DIT LAMUSIQUE. — Voy. DUCHESNY.

BRETAUT.—Voy. BERTAUT.

I.—BRETEUIL, ETIENNE-GABRIEL, commis de M. Juchereau, juge. (1)
I.—BRETON, capitaine de navire. Ce bon marinier anglais, qui avait bien traité les Jésuites au retour du Canada, en 1629, fit encore un voyage à Québec, en 1630.

BRETON. — Voy. RONCEREL le BRETON. — RONCERAY.

1668, (6 novembre) Québec.
I.—BRETON, RENÉ, b 1641, fils de Mathieu et de Michelle Girard, d'Aulone, évêché de Luçon.
DE CHAVIGNY, Charlotte, (2)   [FRANÇOIS I.

1687, (9 janvier) Château-Richer. ⁸
I.—BRETON DIT LARDOISE, JEAN-BAPTISTE.
1º GANDRY, Elizabeth,   [THOMAS I.
s ⁸ 22 nov. 1699.
Marie-Ursule, b 1700 ; m 18 avril 1735, à Pierre DE BEAU, à Québec.

1702, (6 février) St. Michel.

2º VANDET, Marie (3),   [RENÉ I.
Marie, b¹ 22 mars 1704.

I.—BRETON (LE), FRANÇOIS (4), b 1636 ; s 9 déc. 1701, à Champlain.
DUMONT, Barbe (5), b 1646, native de Meaux, en Brie.

BRETONNIÈRE. — Voy. PASSART DE LA BRETONNIÈRE — PASSARD DE LA BRETONNIÈRE.

BREZA. — Voy. BARSA.

BRIAC. — Voy. BREILLAC.

1692.
I.—BRIAS DIT LATREILLE, JEAN.
BIRET, Renée, (6) veuve de Pierre Balan.
Gabriel, b 9 janvier 1693, à St. Michel ; m 29 janvier 1714, à Suzanne BISSONNET, à St. Etienne de Beaumont.

BRIANT. — Voyez GRONDINES—GEORGET.

(1) Registre de 1702. Montréal.
(2) Elle épouse, le 2 sept. 1709, Jean Girou, à Québec.
(3) Elle épouse, le 15 avril 1709, Jacques Bissonnet, à St. Michel.—Elle épouse, le 17 fév. 1710, Jean-Bte. Balan, à St. Michel.
(4) Exhumé pour être inhumé dans l'Eglise le 17 février 1702. Il avait testé en faveur de l'Eglise de Champlain.
(5) Elle épouse le 1er juin 1702, Raymond Courier, à Champlain.
(6) Elle épouse, le 15 avril 1709, François Lavergne, à Québec.

1686.

I. — BRIAULT, Jacques.
  Bisson, Catherine.   [Gervais II.
  Jacques, b 17 juillet 1687, à Québec —*Jean-Baptiste*, b 11 et s 12 mai 1699, à Ste. Foye.[6]—*Charles*, b[6] 19 juin 1701.

1674, (12 novembre) Montréal.

I —BRICAUT dit Lamarche, Jean. (1) b 1646.
  Chenier, Marie.   [Jean I
  Marie, b et s 2 fév. 1678, à la Pointe-aux-Trembles de Montréal.[5] — *Jean*, b[5] 2 juin 1679 ; s[5] 29 nov. 1688, — *François*, b[5] 25 avril 1682 ; s[5] 20 déc. 1688 — *Marie*, b[5] 23 juin 1684. — *Joseph*, b[5] 11 fév. 1686. — *Anne-Thérèse*, b[5] 18 oct. et s[5] 20 déc. 1688. — *Pierre*, b[5] 18 oct. 1688 ; s[5] 10 oct. 1689 —*Anne-Thérèse*, b[5] 9 nov. 1690.—*Elizabeth*, b[5] 24 mars et s[5] 12 sept. 1692.—*Jean-Baptiste*, b[5] 27 sept. 1693. — *Catherine*, b[5] 5 janv. 1696. — *François*, b 8 et s[5] 19 mai 1698 — *Marie-Louise*, b[5] 25 mai et s [5] 11 août 1699.

1687, (21 avril) Québec.[3]

I.—BRIDAULT, Jean, b 1657, fils de Jean et de Marthe Duclos, de Montmorency, évêché de Paris ; s...
  Crête, Marie,   [Jean I.
  veuve de Robert Pepin. (2)
  Marie-Anne, b[3] 26 juillet 1688 ; m[3] 4 nov. 1704, à Joseph Morin. — *Marie*, b[3] 25 mai 1691 ; m 5 nov 1708, à Beauport, à Claude Vandandaique. — *Hilaire*, b[3] 28 août 1692 ; m[3] 3 sept. 1716, à Marie-Joseph Paquet.—Jean-Baptiste b[3] 30 sept. 1694 ; s[3] 20 oct. 1694. — *Marie-Françoise-Jeanne*, b[3] 26 oct. 1695 ; m[3] 10 juin 1716, à Raymond Guay , s[3] 10 juin 1723. — *Louise-Catherine*, b[3] 28 janv. 1698 ; 1° m[3] 24 juillet 1717, à Charles Raymonneau ; 2° m[3] 23 oct. 1725, à Pierre Bastien ; s[3] 30 août 1744.

I.—BRIDET, Nicolas, fils de Jean et de Madeleine ———, de St. Nicolas-des-Champs, évêché de Paris, m 18 janv. 1710, à Françoise Martineau, à Charlesbourg ; s...

1681, (16 avril) Montréal.[4]

I. —BRIEN dit Dérocher, Louis, tailleur, b 1639, fils de Julien et de Jeanne Liou, s 12 juin 1708, à Varennes.[5]
  Bouvier, Suzanne.   [Michel I.
  Louis, b[4] 10 juillet 1682. — *Pierre*, b 30 mars 1684, à la Pointe-aux-Trembles de Montréal.[6]— *Isaac*, b[6] 15 janv. 1688 ; m[5] 12 mars 1713, à Marie Valiquet.— *François-Marie*, b[6] 18 janv. 1690 ; m[5] 22 nov. 1716, à Marguerite-Louise Lemire. — *Jean-Baptiste*, b[6] 14 fév. 1693. — *Marie-Madeleine*, b[4] 2 avril 1695 ; m[5] 22 janv. 1714, à Louis Ménard.— *Marguerite*, b 3 mars 1697. — *Agnès*, b[6] 27 août 1698. — *Julien*, b[4] 2 juillet 1700. — *Séraphin*, b[4] 5 mai 1702 ; m 25 fév. 1727, à Ursule Regas. — *Urbain*, b... ; m... —*Joseph-André*, b[6] 28 déc. 1703 ; s[5] 31 mai 1704.

1658, (8 mai) Québec.[5]

I. —BRIÈRE dit Labrière, Denis, b 1631, fils de Denis et de Jacquette Frérot, de Ste. Marguerite, évêché de Rouen ; s 24 avril 1711, à la Pointe-aux-Trembles de Québec.[3]
  Bigot, Françoise,   [Jean I.
  veuve de Charles Guillebout ; s 9 août 1706, à St Augustin.
  Denis, b 1659 ; m[2] 23 nov. 1688, à Elisabeth Lemarié ; s[5] 20 juin 1718. — *Françoise*, b 1662 ; m[2] 27 fév. 1680, à Michel Lemarié. — *Sébastien*, b et s 28 janv. 1664, à Sillery[8]. — *Charles* b[8] 2 avril 1667. — *Jean-Baptiste*, b[8] 21 mai 1668 ; m[5] 23 nov. 1712, à Françoise Brassard.— *Charles*, b[8] 28 avril 1671 ; s 20 fév. 1763, Ste. Foye. — *Joseph*, b[8] 18 mars 1674.

1671, (19 octobre) Québec.[5]

I. —BRIERE, Jean, b 1636, fils de Charles et de Marie Le Pec, de Clerbé, évêché de Lizieux ; s 3 déc. 1706, à la Pointe-aux-Trembles de Québec.[8]
  Grandin, Jeanne, b 1650, fille d'Antoine et de Jeanne Voinel, de St. Nicolas de Bois-jenny, évêché d'Orléans ; s...
  Jean, b 1672 ; m[8] 4 août 1698, à Françoise Fournel. — *Marie-Madeleine*, b 21 mars 1674, à L'Ange-Gardien[1]; m[8] 2 mai 1689, à Claude Chaillé.— *Charles*, b[1] 15 mars 1676 ; m[6] 20 janv. 1701, à Marie-Anne Pleau ; s... —*Anne*, b[1] 15 mars 1676 : m[8] 20 janv. 1698 à Jean Chaillé—*Louise*, b[1] 20 fév. 1681 ; s[8] 25 nov. 1687.— *Marguerite*, b[8] 22 et s[8] 27 mai 1683.— *Jacques*, b[8] 13 avril 1684.— *Antoine*, b[8] 3 janv. 1687 ; s[8] 26 déc. 1687. — *Pierre*, b..., adulte ; s[8] 11 déc 1686.

1688, (23 nov.) Pte-aux-Trembles de Québec.[9]

II. —BRIÈRE, Denis,   [Denis I.
  s 20 juin 1718 à Québec.[7]
  Lemarié, Elizabeth, b[9]   [Jacques I.
  Marie-Elizabeth, b[9] 26 oct. 1869 ; 1° m[7] 1er déc. 1708, à Jean-Baptiste Valet ; 2° m[7] 4 nov. 1710, à Charles-François Hubert ; s[7] 22 nov. 1753.

1698, (4 août) Pte.-aux-Trembles, Québec.[9]

II. —BRIERE, Jean,   [Jean I.
  Fournel, Françoise,   [Jacques I.
  Charles-François, b[9] 15 juillet 1699 ; s 11 août 1728, au Cap St. Ignace. (2) — *Reine*, b[9] 8 janv. 1701. — *Pierre*, b[9] 15 août 1702 ; *Jacques*, b[9] 10 janv. 1704.— *Jean-François*, b[9] 31 août 1705.— *Marie-Françoise*, b[9] 29 juin 1707, — *Marie-Catherine*, b[9] 5 janv. 1710.

BRIGNON, Pierre,—Voyez BRUNION.

BRILLEMONT,—Voyez BAUSAC de B...

BRINDAMOUR. — *Surnoms :* Duranseau — Girard-Foureau.

---

(1) Le recensement de 1681, l'appelle Brisseau.
(2) Elle épouse, le 9 janv. 1706, Pierre Jourdain, Québec.

(1) Elle épouse, le 27 novembre 1719, Jacques Amelot, à Québec.

Engagé de l'Hôpital-Général, noyé à l'Ile aux Oies.

BRINDAMOUR, b 1674. Soldat de M. de Muy, s 30 oct. 1704, à Montreal.

1654.

I —BRINGODIN, Pierre (1). b 1615 , s 1ᵉʳ août 1660, à Quebec. [7]
Maillet, Marguerite, s [7] 3 août 1660.
Marie, b 1655 ; s 25 sept. 1659.—*Judith*, b 1658 ; s [7] 3 août 1660

1695, (7 novembre) Laprairie. [4]

I. — BRION, Pierre, boulanger.
Dupuys, Marie-Anne, [François I.
Jean, b [4] 15 oct. et s [4] 28 nov. 1896. — *Jean-Baptiste*, b [4] 5 janv. 1698.— *Jean-Baptiste*, b [4] 5 janv. 1699. — *Marie-Françoise*, b [4] 14 oct. 1701 ; m [4] 9 fév, 1722, à Nicolas Gagné

BRISEBOIS. — Voyez Dubois.

I.— BRISEBOIS, Réné.
Dumont, Anne.
Charles, b... ; 1° m à Marie-Ursule Adams; 2° m 29 sept. 1732, à Marie-Anne Soucy, à St. François, Ile Jesus.

II —BRISEBOIS, Charles. [René I.
1° Adams, Marie-Ursule. (2)
1732, (29 septembre) St. François, I. J.
2° Soucy, Marie-Anne, [Jean I.
veuve de Robert Gaulin.

BRISEFER —Voyez Paschal.

I. —BRISSAC, Joseph, né en 1666, à Brissac, ville d'Allemagne, b 1ᵉʳ juin 1696, à Quebec.

BRISSAC, Marie, b... ; m en 1698 à Simon Piton.

1648.

I —BRISSET, Jacques, b 1626 ; s 1ᵉʳ décembre 1701, à Champlain [8]
Féteis, (Fetive ou Fortier) Jeanne, b 1626 , s [8] 30 novembre 1698.
Jacques, b 1648 ; m à Marguerite Dandonneau. — *Marie*, b 18 mars 1665, aux Trois-Rivières [9] ; s [9] 20 février 1868.

1693, (6 juillet) Batiscan. [8]

I.—BRISSET, Jean, b 1663, fils de Jean et de Marguerite Habory, de St. Laurent de la Salle, évêche de La Rochelle.
1° Trud, Geneviève, [Mathurin I.
veuve de Jean Moineau ; s 17 octobre 1705, à Ste. Anne de la Perade. [8]
Marie-Françoise, b 20 avril 1694, à Batiscan. [9] — *Alexis*, b [9] 15 et s [9] 20 octobre 1695. — *Jean*, b [8] 25 octobre 1696 — *Geneviève*, b [8] 30 decembre 1700. — *Joseph*, b [8] 4 octobre 1703.

1705 (24 février) Ste. Anne de la Pérade. [8]

2° Le Sieur, Catherine, [Jean I.
Marguerite, b [8] 3 juin 1706.—*Michel*, b [8] 29 septembre 1708.

1674.

II. — BRISSET (1), Jacques, [Jacques I.
Dandonneau, Marguerite. [Pierre I.
Jacques, b 1675 ; m [4] 3 mars 1710, à Jeanne Dutaut. — *Bernard*, b 1678 ; m [4] 1ᵉʳ fév. 1712, à Catherine Lepele.— *Marie-Jeanne*, b 19 juillet 1682, à Champlain. [4] — *Marguerite*, b [4] 4 août 1685, s [4] 28 août 1686. —*Jacques*, b [4] 22 sept. 1686 ; s [4] 28 août 1689. — *Joseph*, b [4] 23 juin 1688 ; s 22 oct. 1708, à l'Ile-Dupas. [5]— *Jean-François*, b [4] 6 fév. 1690 ; s [4] 26 août 1691.— *Charles*, (2) b [4] 12 août 1691.—*Melchior*, (3) b [4] 23 nov. 1682. — *Marguerite*, b [4] 3 oct. 1694. — *Marie-Madeleine*, b [4] 23 juin 1697. — *Geneviève*, b [4] 23 juin 1697 — *Marie-Charlotte*, b [4] 12 oct. 1698 ; m [5] 13 janv. 1722, à Alexis Dutaut. — *Marie-Anne*, b [4] 15 oct. 1700

1665.

I.—BRISSON, René ; b 1635.
Vesinat, Anne, [Jacques I.
s 31 déc, 1687, à L'Ange-Gardien. [5]
René, b .. 1665 ; m [5] 23 janv. 1696, à Geneviève Testu, s 26 déc. 1711, Rivière-Ouelle. [8] — *Marie*, b 22 déc 1666, au Château-Richer ; m à Jean Migneron. — *Charles* b [5] 28 mai 1670 , m [5] 25 nov. 1698, à Marie Latartre ; s [5] 12 juillet 1712.— *Anne* b [5] 8 oct. 1672 ; m 11 janv. 1604, à Quebec, [2] à Mathieu Guay. — *Marie*, b [5] 29 sept. 1675 ; 1° m [5] 14 fev. 1695, à Nicolas Julien ; 1° m [5] 1ᵉʳ fév. 1719, à Ange Provost. — *Geneviève*, b [2] 28 fev. 1678 , m [5] 12 nov. 1697, à Nicolas Binet. — *Catherine*, b [2] 31 juillet 1680 ; s 11 janv. 1763, à la Baie St. Paul. — *Catherine* b... 1682 ; s [5] 25 oct. 1793.—*Jean*, b [2] 22 juillet 1683 ; m [8] 20 juin 1707, à Catherine Dancosse — *François*, b [5] 14 avril 1686.

1696, (23 janvier), L'Ange-Gardien. [5]

Ii—BRISSON, René, [René I.
s 26 déc. 1711, Rivière-Ouelle. [8]
Testu, Geneviève (4) [Pierre I.
Renée, b [5] 26 août 1697 ; m 11 fév. 1719, Château-Richer, [1] à Marie-Anne Doyon.— *Pierre* b [5] 22 mars 1699 , m [8] 9 avril 1720 — *Michel*, b [5] 30 sept. 1700. — *Marie-Clotilde*, b [5] 5 avril 1702 , m 7 avril 1718, à Québec, [2] à Jacques Girard. — *Dorothée*, b [5] 5 dec. 1703 , m à Barthélemy-François Perrot. — *Brigitte*, b... ; m [2] 5 août 1724, à Alexandre Du Souchet. — *François-Joseph*, b [8] 1ᵉʳ août 1707 ; m 9 nov. 1722, Ste Anne de la Perade, à Marguerite Perrot. — *Geneviève*, b [8] 13 janv. 1709 ; 1° m [2] 5 oct. 1729, à Charles Trefflé. ; 2° m [2] 16 sept. 1732 à Jean Bruyère. — *Marie-Madeleine*, b [8] 14 avril 1711 ; s [5] 2 juin 1733.

---

(1) Bringodin fut massacré par les Iroquois. le 31 juillet 1660 , et sa femme, se rendant de Beauport à Québec, se noya avec sa petite fille Judith, le 2 août 1660.

(2) Jeune anglaise, née le 13 mars 1674 à Hampshire, Oyster River, Nouvelle-Angleterre, prise pendant la guerre de 1694.—Voyez Adams, page 8.

---

(1) Sieur Courchêne, Seigneur de l'Ile Dupas.
(2) Sieur Dupas.
(3) Sieur Beaupré.
(4) Elle épouse, le 21 nov. 1720, Louis Levrard.

1698, (25 novembre) L'Ange-Gardien. [8]

II. — BRISSON, CHARLES,   [RENÉ I.
s 12 juillet 1712, à la Rivière-Ouelle. [9]
LETARTRE, Marie, (1)   [CHARLES II.
François-Charles, b [8] 25 novembre 1700 , m [8] 31
juillet 1730, à Brigitte TREMBLAY. — *Ignace,* b [9] 9
décembre 1702 ; m 1er décembre 1731, à la Baie-
St. Paul, à Marguerite LAVOYE. — *Jean-Baptiste,*
b [9] 13 mars 1707. — *Marie-Madeleine,* b [9] 7 février
1709. — *Marie-Françoise,* b [9] 15 juillet 1710. —
Marie-Joseph, b [9] 26 mars 1712.

1669, (28 octobre) Ste. Famille. [8]

I. — BROCHU, JEAN, b 1641, fils de Louis et de
Renée Gaschet, de St Jean-Montaigu, evêche
de Luçon ; s 28 février 1705, à St. Jean,
(I. O.) [9]
SAULNIER, Nicole, b 1651, fille de Pierre et de
Jeanne Chevillard, de St. Christophe, evêche
de Paris , s [9] 3 novembre 1714.
Jean, b [8] 6 septembre 1672 ; m 29 octobre 1697,
à Quebec, à Marie DELAUNAY ; s... — *Marie,* b [8] 14
juillet 1675 ; m [9] 6 février 1692, à Jean TANGUE. —
Anne, b [8] 28 mars 1678 ; m [9] 4 février 1697, à Noel
LEBRUN. — *Mathurin,* b [9] 12 mai 1682.

1697, (29 octobre) Québec. [4]

II. — BROCHU, JEAN,   [JEAN I.
DELAUNAY, Marie, (2)   [HENRY II.
Marie, b 31 janv. 1699, à St. Michel. [5] — *Jean-
Baptiste,* b 2 sept. 1700, à St. Jean, Ile d'Orléans [6] ;
m [4] 25 fév. 1724, à Dorothée ALLAIRE. — *Mathurin,*
b [6] 12 sept. 1702. — *Geneviève,* b [5] 6 avril 2704. —
Marguerite, b [5] 21 déc. 1705. — *Elizabeth,* b [5] 2
oct. 1707, s [6] 3 août 1711.

I. — BROD, JEAN, b 1641 ; au service des filles de
de la Congregation de Notre-Dame, et noyé,
le 28 sept. 1681, à Montréal

1679, (31 janvier) Boucherville. [4]

I.—BRODEUR (Le) DIT DE LA VIGNE, JEAN, b 1653,
fils de Jean et de Françoise Frogent, de Niel,
evêché de Luçon ; s...
MESSIER, Marie-Anne, (3)   [MICHEL I,
Anonyme, b et s 22 sept. 1680, à la Pointe-aux-
Trembles de Montréal. — *Anonyme,* b et s [4] 9 juin
1683. — *Marie-Anne,* b [4] 23 mars 1685 ; s [4] 13 mai
1689. — *Marguerite,* b 30 sept 1687, à Montréal [6] ;
s [5] 29 oct. 1687. — *Jean-Baptiste,* b [5] 28 avril 1689 ;
m 14 juin 1712, à Marie HÉBERT, à Varennes. [6]—
Ignace, b [4] 27 dec 1690 ; m [6] 28 nov. 1713 à Marie-
Jeanne JOUET. — *Marie-Anne,* b 1692 ; m [6] 11
avril 1712, à Paul BISSONNET. — *Joseph,* b [6] 11 mai
1694 ; m [6] 20 juin 1718, à Marguerite ST. ONGE ;
2° m [6] 27 avril 1720, à Madeleine GAUTIER. —
Michel, b [6] 29 sept 1695 ; s 1er janv. 1696. — *Geneviève,* b [6] 13 juin 1697, s 16 août 1697, à Repentigny. — *Augustin,* b [6] 8 sept. 1698 ; m [6] 6 oct
1721, à Marie PETIT. — *Pierre,* b [6] 27 et s [6] 28
sept. 1699. — *Marie-Madeleine,* b [6] 22 et s [6] 25 mai

1701.— *Jean-Baptiste,* b [6] 14 fév. 1703 — *Marguerite,* b [6] 18 sept. 1704 ; m [6] 16 juillet 1727, à Jacques
VIGER. — *Christophe,* b [6] 7 nov. 1707, m..., à Angélique LUSSIER.

I. — BROISLE, (DE), Sieur de Loubia, capitaine au
regiment de Carignan, en 1667.

I. — BROS, PIERRE,
CHAUVIN, Marie, b 1630, fille de Gabriel et de
Marie Drouard, de Ste. Suzanne, évêche du
Maine.
Jacques, b 1651 ; m 1er mars 1688, à Marie-Char-
lotte DE COGUENNE, à Montréal [1] , s [1] 27 mai 1693,
tué par un arbre.

1688, (1er Mars) Montréal.

II. — BROS, JACQUES,   [PIERRE I.
s 27 mai 1693, à Montréal.
DE COGUENNE, Charlotte,   [ALOY I.
veuve de Jean Gateau.

BRONSARD, (1) voy. BRANSARD.

I.—BROSSARD, JEAN-BAPTISTE, b 1624 ; s 1er
juillet 1684, à Québec.

1660, (19 avril) Montréal. [8]

I. — BROSSARD, URBAIN, maçon, b 1634, fils de
Mathurin et de Michelle Bidaut ; s...
HODIAU, Urbaine,   [SÉBASTIEN I.
s [8] 15 juillet 1681.
Jeanne, b [8] 17 juin 1663 ; m [8] 20 novembre 1679,
à Henry CATIN. — *Jean,* b [8] 25 décembre 1665 ; s [8]
7 mai 1673. — *Catherine,* b [8] 9 juillet 1668 ; m [6] 26
avril 1689, à Jean SARROT. — *François,* b [8] 20 novembre 1670 ; m [8] 10 mai 1700, à Marie MARIE dite
STE. MARIE — *Marthe,* b [8] 12 mars 1673 ; m [8] 19
janvier 1699, à Jean POUGET. — *Madeleine,* b [8] 13
novembre 1675 ; m [8] 28 janvier 1699, à François
CAMPEAU. — *Louise,* b [8] 8 juin 1678 ; s [8] 10 déc.
1690 — *Claude,* b [8] 28 mai 1681.

BROSSEAU. — *Variations :* BRASSEAU—BRUSEAU
— BROUSSEAU —BROSSAULT.

1668, (29 octobre) Québec. [8]

I. — BROSSEAU, JULIEN, tailleur, b 1631, fils de
Damien et de Marguerite Omelet, de Ste.
Croix, ville de Nantes , s 13 janvier 1713, à
Charlesbourg. [9]
1° CHALIFOUR, Simone,   [PAUL I.
Pierre, b... ; m [8] 2 Janvier 1704, à Marie-Thérèse BERNARD. — *Joseph,* b 1670 ; m [9] 3 mai 1693,
à Marie-Anne GOTTREAU ; s [9] 23 août 1703. — *Marguerite,* b 1671 ; m 12 octobre 1689, à Beauport, [7] à
Eustache BOURBEAU. — *Jeanne,* b... ; m [9] 9 février
1699, à Philippe PAQUET. — *Simone,* b 2 avril 1684,
à Sorel. [3] — *Nicolas,* b 1676 ; m [7] 13 janvier 1698,
à Madeleine HUPPÉ. — *Julien,* b 1678. — *Charles,*
b [3] 12 juillet 1687.

1699, (9 février) Charlesbourg. [9]

2° BEDARD, Elizabeth,   [JACQUES II.
s [9] 6 avril 1715.

---

(1) Elle épouse, le 26 août 1716, Louis Tremblay, à l'Ange-
Gardien.
(2) Elle épouse, en 1715, Jacques Greffard.
(3) Elle épouse, 8 janvier 1721, Alexandre Petit, à Varennes.

Julien, b⁹ 15 novembre 1699 ; s⁹ 25 octobre 1702. — *Joseph*, b⁹ 14 août 1701, s⁹ février 1703. *Joseph-Ignace*, b⁹ 18 septembre 1706 ; s⁹ 22 février 1707.

————

BROSSEAU, Jean.—Voy. Bruseau.

————

I. — BROUSSEAU, Jean.
Fontaine, Anne. (1)
Michel, b 1690 ; m 8 janvier 1718, à Québec, ⁷ à Marie-Charlotte Duclas ; s⁷ 8 avril 1744.

1672.

I. — BROSSEAU, Denis, b 1644 ; s 27 octobre 1711, aux Trois-Rivieres. ⁷
Hébert, Marie-Madeleine-Louise, [Augustin I.
Marie-Gertrude, b⁷ 18 janvier 1671, s 11 juillet 1673, à Québec. ⁸ — *Pierre*, b 1673 ; m 9 juin 1698, à Laprairie, ⁹ à Barbe Bourbon.— *Marie-Renée*, b⁸ 30 decembre 1676. — *Marguerite*, b 1677 , m⁹ 11 avril 1695, à Michel Marie.—*Denis*, b 13 mars 1681, à la Pointe-aux-Trembles de Montreal , s 3 octobre 1687, à Montreal ³ — *Elizabeth*, b³ 28 aout 1682. — *Catherine*, b³ 27 decembre 1684 ; m⁹ 20 novembre 1711, à Pierre Arlen.— *Marie-Anne*, b³ 17 janvier 1687 ; m 1708 à Jean Trullier dit Lacomble. — *Denis*, b³ 7 novembre 1689. — *Marie-Louise*, b⁹ 24 janvier 1692 ; m⁹ 17 novembre 1711, à Pierre Lefebvre.

1698, (9 juin) Laprairie.

II. — BROSSEAU, Pierre.   [Denis I.
Bourbon, Barbe.   [Jean I.
Marie-Barbe, b 13 mai 1699, à Laprairie ; ⁴ m⁴ 30 janv. 1719, à Jacques Dumay. — *Pierre*, b⁴ 17 août 1700.

1694, (3 mai) Charlesbourg. ⁴

II — BROSSEAU, Joseph,   [Julien I
s⁴ 23 août 1703.
Gautreau, Marie-Anne, (2)   [Charles I.
Marie-Jaquette, b⁴ 31 avril 1695 ; m⁴ 29 oct 1715, à Pierre Hotte. — *Marguerite*, b⁴ 2 fev 1698 ; m⁴ 1723, à Jacques Alard. — *Catherine*, b⁴ 23 mars 1701.

1698, (13 janvier) Beauport. ³

II.— BROUSSEAU, Nicolas,   [Julien I.
Huppé, Madeleine,   [Antoine II.
Julien, b³ 6 fév. et s 8 mars 1699, à Charlesbourg. ⁴—*Marie-Madeleine*, b ³ 19 oct. 1700 ; m⁴ 1720, à Pierre Picot.— *Nicolas*, b⁸ 26 juin 1705 *Marie-Jeanne*, b³ 29 juin 1707. — *Marie-Angélique*, b⁴ 3 oct. 1709. — *Joseph*, b⁴ 21 juillet 1711.— *Marie-Ursule*, b⁴ 3 avril et s⁴ 17 août 1713.— *Marie-Josette*, b⁴ 14 mars 1715. — *Marie-Madeleine*, b⁴ 18 oct. 1716.— *Jacques*, b⁴ 24 août 1718.

————

I —BROSSIER, Jacques, (3) tapissier, b 1627, frère de Jean I.
Gossart, Noelle, b 1640.
Jean, b 1673.

————

(1) Elle épouse, en 1695, Jean Boutet.
(2) Elle épouse le 1er fév. 1706, Jean Valade, à Charlesbourg.
(3) Il demeurait à Québec en 1681.

1642, (22 juin Québec) ⁵
I.—BROSSIER, Jean. fils de Jean et de Julienne Duchesneau, du Maine.
Banse, Marguerite, fille de Guillaume et de Jeanne de Freneuse, près de la Roche-Guyon.
Charles, b⁵ 5 mai 1644. — *Marguerite*, b⁵ 4 nov. 1646 , s⁵ 18 nov. 1646. — *Anonyme*, b⁵ et s⁵ 9 oct. 1647. — *Antoine*, b⁵ 7 fev. 1649 ; s⁵ 26 fev. 1649.— *Gilles* b, ⁵ 15 mars 1650. — *Jacques* b⁵ 9 août 1654.— *Madeleine*, b⁵ 6 dec. 1656.

————

I. — BROUILLAN, Jacques (1) né en 1655, fils de Jacques et de Georgette Pouy, fut baptisé sous condition, le 27 dec. 1687 à Québec Mr. De Brisay, De Nonville, Gouverneur, lui servit de parrain, et madame l'intendante Bochard, de marraine.

————

1688, (18 mars) Montreal.
I. — BROUILLARD, Charles, b 1668, fils de Louis et de Marie Chaumier de Lisigny, évéché Poitiers. s...
Danny, Petronille (2).   Honoré I.

1676.

I. —BROUILLE dit Laviolette, Michel, b 1645.
Dubois, Marie.   [Pierre I.
Jeanne, b 28 janv. 1674, à Boucherville. ⁴— *Gilles*, b⁴ 6 fév. 1675.— *Pierre*, b 4 mars 1676, à Sorel. ⁵— *Jean* b 1672 ; m 7 nov. 1707, à St. François, Ile Jesus, à Françoise Leclerc.— *Marie*, b⁵ 24 oct. 1677 ; m 3 oct. 1693, à la Pointe-aux-Trembles de Montréal, ¹ à François Vaudry.— *Bernard*, b 1671 , m¹ 29 juin 1697, à Marie Chartier.— *Françoise*, b⁵ 20 fév. 1679 ; m à Pierre Masson.

————

1697, (29 juin) Pte-aux-Trembles de M. ⁶
II.— BROUILLET, Bernard.   [Michel I.
Chartier, Marie.   [Guillaume I.
Marie, b 4 et s ⁶ 25 nov. 1697.— *Gilles*, b⁶ 8 avril 1699 ; s⁶ 22 janvier 1700.

————

BROUSSON.—*Variations* : Brunsard—Bransard —Brosson.

————

1689, (18 janvier) Batiscan. ⁴
I. —BROUSSON, François, b 1666, fils de François et de Françoise Gribaut, de St. Louis, évéché de Beauvais.
Colet, Marie-Jeanne.   [Jean 1.
s 12 août 1713, à Ste Anne de la Pérade. ⁵
François, b⁴ 24 fév. et s⁴ 17 mars 1692. — *Jean-François*, b⁴ 8 juin 1694 — *Pierre*, b⁴ 27 août 1696 — *Joseph*, b... ; m 8 nov. 1734, à Jean Baptiste Bertrand, à Ste. Geneviève. — *Jean-Baptisle*, b... : m à Marie-Catherine Lajoue.—*Etienne*, b... ; m à Madeleine Périgny.— *Marie-Marguerite*, b⁴ 9 mars 1699 ; s⁵ 20 août 1713. — *Luc*, b⁵ 2 janvier 1701 ; 1⁰ m ⁵ 12 août 1726, à Madeleine Horson, 2⁰ m⁴ 5 sept. 1746, à Thérèse Brouillet.— *Marie-Anne*, b⁵ 28 avril 1705 — *Ambroise*, b⁵ 31 août 1707. — *Joseph*, b⁵ 24 avril 1713.

————

(1) Capitaine d'un détachement de la Marine.
(2) Elle épouse, le 8 octobre 1696, Bernardin Cantera.

I.—BROUTECHÈRE, ANDRÉ, b 1632, était à Québec en 1681.

1678.

I.—BROYEUX (DU), (1) JEAN, b 1649.
DIZY, Marguerite,   [PIERRE I.
François, b 1679.

BROVE, PIERRE. — Voyez BRAUT.

BRUCY.—Voyez DE LAFRAYNAYE DE B.—DE LA-FONTAINE DE B.

I.—BRULÉ, ETIENNE, de Champigny, truche-ment pour les Hurons, depuis 1611. En 1623, il était à Québec, avec Desmarais. Il se donna aux Anglais, et fut plus tard brûlé et mange par les Hurons—(*Sagard*, p. 467.)

BRULÉ. — Voyez FRANCŒUR.

I —BRULÉ, ANTOINE.
COTTENOIRE, Marie-Renée,   [ANTOINE I.
Alexis, b 7 avril 1708, à l'Ile Dupas.

BRULE-FER. — Voy. CAILLÉ.

BRULOT, LOUIS. — Voy. GESSERON.

1668, (17 septembre) Québec. [1]

I.—BRUNEAU DIT JOLICŒUR, RENÉ, b 1647, éta-bli à Charlesbourg, [2] fils de George et de Blaisette Martin, de St. Michel, de Poitiers, POITREAU, Anne, b 1637, fille de Pierre et de Jeanne Brelle, de N.-D. de Cogne, évêché de La Rochelle.
Robert, b [1] 7 oct. et s [1] 22 déc. 1669. — *Anne*, b [1] 15 déc. 1670, m [2] 17 sept. 1685, à Jean MINGEN.— *François*, b 1672 ; m à Marie PREVOST. — *Louis*, b [1] 27 déc. 1673 ; s [1] 14 fév. 1674. — *Nicolas*, b [1] 12 fév. et s [3] 13 mars 1675. — *Marie-Madeleine*, b [1] 31 oct. 1676 ; s [1] 26 août 1687. — *Jeanne*, b [1] 17 août 1679 ; 1° m [1] 21 oct, 1697, à François DUCLAS, 2° m [1] 23 mars 1713, à Alexandre DERNY. — *Mar-guerite*, b [1] 25 nov. 1681 ; 1° m [1] 23 fév. 1699, à Charles GIROUX, 2° m [1] 8 nov. 1714, à Hilaire MARTIN. — *Marie-Charlotte*, b [1] 19 déc. 1683 ; m 1699, à Simon PARISIEN. — *René*, b [2] 26 mars et s [2] 6 avril 1687. — *Nicolas*, b [2] 21 oct. 1689. — *René*, b 1679 ; 1° m à Madeleine LAFLEUR ; 2° m [2] 1721, à Anne LEROUX.

I.—BRUNEAU, VINCENT. (France).
Anne, b... ; m 24 mai 1701, à Louis NORMAND, à Québec. [3]—*Marie*, b... ; m [3] 17 nov. 1710, à Lucas RENNERO.

I.—BRUNEAU, FRANÇOIS.
PREVOST, Marie.
Marie, b 27 août 1671, à L'Ange-Gardien [3] ; m 22 nov. 1707, à Michel BERNARD, à Québec.— *François*, b [3] 22 juin 1675 ; m 21 fév. 1702, à Beauport, à Madeleine BOURGOGNE ou BOURGOUIN.

II.—BRUNEAU, RENÉ.
FORTIN, Catherine.
Marie-Charles, b 1678 ; m 29 nov. 1703, à Simon DIDIER, à Montréal.

II.—BRUNEAU, RENÉ,   [RENÉ I.
1° LAFLEUR, Madeleine.

     1721, Charlesbourg.

2° LEROUX, Anne,   [IGNACE II.

1677, (1er avril) Boucherville.

I.—BRUNEL DE LA SABLONNIÈRE, JEAN, b 1650 ; fils de Jean et de Jeanne Bousingot, St. Nico-las-des-Champs, de Paris, s....
RICHAUME, Marie-Madeleine,   [PIERRE I.
Madeleine, b 1678 ; s 24 janv. 1684, à Contre-cœur [2] — *Marie-Anne*, b [2] 25 mars 1683. — *Ma-rie-Madeleine*, b 30 mars 1685 ; m. 17 sept. 1703, à Montreal, [4] à Jean-François JANREL. — *Jean*, b 1681. — *Catherine*, b [2] 7 fév. 1687.—*Jacques*, b [4] 17 oct 1691 ; s [4] 31 août 1693. — *Marguerite*, b [4] 18 oct. 1694. — *Augustin*, b [4] 28 août 1696. — *Eliza-beth*, b [4] 20 avril 1698 —*Joseph*, b [4] 3 avril 1700. *Angélique*, b [2] 21 mai 1704.

BRUNEL.—*Surnom* : DE LA SABLONNIÈRE.

1677, (24 novembre) Boucherville. [4]

I.—BRUNEL, JACQUES, b 1645, fils de Jean et d'Anne Madry, St. Remy, évêché de Dieppe.
BRETAULT, Suzanne,   [JACQUES I.
Suzanne, b 4 et s [4] 20 sept. 1678. — *Jacques*, b [4] 14 nov. 1680 ; m 31 mars 1704, à Varennes, [5] à Marie ANSE. — *Suzanne*, b [4] 23 mai 1683. — *Angé-lique-Marie*, b [4] 18 mars, et s 7 mai 1686, à la Pointe-aux-Trembles de Montréal. — *Marie-Angé-lique*, b [4] 8 juin 1687 ; m [5] 23 juillet 1708, à Joseph DEMERS.—*Catherine*, b [4] 14 avril 1689 ; m [5] 5 août 1714, à Marc FILY. — *Marie-Geneviève*, b [4] 25 mars 1692 ; m [5] 19 oct. 1723, à Etienne GIRARD. — *Marguerite-Ursule*, b 1er et s [5] 10 janv. 1695 — *Marie-Joselle*, b 1er et s [5] 16 janv. 1695.— *Geneviève*, b [5] 24 mai 1696.

BRUNET —*Surnoms* : BELHUMEUR — LESTANG — BOURBONNAIS —DAUPHINÉ.

I.—BRUNET, GUILLAUME, fils de Pierre Brunet, était à Laprairie en 1675.

I.—BRUNET, ETIENNE, b 1618, établi à l'Ile d'Or-léans ; s 8 juin 1672, à Québec.
THÉRET, Marie, b 1621. (1)
Pierre, b... ; m..., à Marie DARVEAU.— *Charles*, b 1670.

1663, (28 novembre) Montréal. [3]

I.—BRUNET DIT BELHUMEUR, ANTOINE, b 1644, fils de Malhurin et de Marie Brunet, de St. Nicolas, évêché de la Rochelle, s...
MOISAN, Françoise, b 1645, fille d'Abel et de Marie Simotte, de La Rochelle.

François, b ³ 17 mars 1665 ; 1º m 15 nov. 1688, à Anne MÉNARD, à Boucherville ; 2º m 22 juillet 1715, à Marie RENAUD, à St. François, Ile Jésus — *Marie-Françoise*, b ³ 26 avril 1667. — *Catherine*, b ³ 25 août 1669 ; m ³ 25 nov. 1685, à Pierre PATENOTRE. — *Antoine*, b 6 et s ³ 10 juillet 1672. — *Elizabeth*, b ⁶ 13 juillet 1674 , m ³ 22 sept 1696, à Robert RÉAUME — *Geneviève*, b ³ 23 juillet 1674 ; 1º m ³ 4 juin 1695, à Louis TÉTRO ; 2º m ³ 8 fév. 1705, à Louis LeBEAU. — *Marguerite*, b ³ 16 avril 1679 ; m ³ 15 oct. 1698, à Jacques TÉTRO. — *Barbe-Angélique*, b ³ 19 juin 1682.

1666, (1er janvier) Québec. [7]

I. — BRUNET, PIERRE, b 1642, fils de Vincent et de Cecile Guedor, de Saint-Denis, évêché de Dieppe , s...
    COTTIN, Marie-Catherine, (1) b 1651, fille de François et de Jeanne Le Cain, de Ste Croix, ville d'Arras, en Flandre ; s...
Jeanne, b oct. 1666 ; m 30 juin 1683, aux Trois-Rivières, à Jacques GODFROY. — *Jacques*, b 1er oct. 1667, au Château-Richer [8] — *Louis*, b 9 avril 1670, à l'Ange-Gardien. — *Anonyme*, b et s³ 26 avril 1671. — *Marie-Catherine*, b⁷ 30 mai 1673 — *Jean*, b⁷ 3 nov. 1675. — *Thomas*, b⁷ 19 fév. 1678 , m 17 oct. 1701, à Lachine, à Catherine CECYRE. — *Charles*, b 27 avril 1680, à Charlesbourg [9] ; s⁹ 19 oct. 1694. — *Jean*, b⁷ 13 juillet 1682 ; m⁷ 2 sept. 1715, à Angélique HÉDOUIN ; s⁷ 1er dec. 1745.

1667, (10 novembre) Québec.

I. — BRUNET DIT LESTANG, MICHEL-MATHIEU, b 1646, fils de Jacques et de Jacqueline Racheine, de Tourouvre, évêché de Chartres, s...
    BLANCHARD, Marie, (2) b 1649, fille de Jean et de Martine Le Bas, de St. Nicaire, évêché de Rouen ; s 29 juillet 1722, à Lachine.
Jeanne, b 1670 , m 12 avril 1684, à Champlain,⁶ à François HUARD —*Jacques*, b⁸ 6 août 1680, m 14 nov. 1701, à Lachine,⁹ à Jeanne VERRET.— *Catherine*, b⁸ 7 nov. 1681. — *Marguerite*, b⁸ 21 août 1683 , s⁹ 4 août 1699. — *Mathieu*, b 17 sept. 1688, à Montréal.⁷ — *Marie-Anne*, b 1672 , m⁷ 20 janv. 1689, à Antoine PILON — *Michel*, b 1648 ; m⁷ 7 oct. 1692. à Marie MOISAN. — *Marie*, b 1677 ; m⁷ 31 août 1693, à François BIGRAS — *Jean*, b 1673 ; m⁹ 19 oct. 1694, à Marie PÉRIER. — *Catherine*, b 1678 ; m⁹ 15 nov. 1694, à Honoré DANY.

1672, (11 juillet) Montréal. [1]

I. — BRUNET DIT LE BOURBONNOIS, FRANÇOIS, b 1645, fils d'Antoine et de Philippe David, de Bartel, évêché de Bourges, s 24 juin 1702, à Lachine. [5]
    BEAUVAIS, Barbe.   [JACQUES I.
Jean, b¹ 6 avril 1673. — *Barbe*, 1er juillet 1675 1º m⁵ 26 nov. 1696, à George BRAULT , 2º m à Martial MOULINEUF — *Jeanne*, b¹ 5 sept 1677 ; m⁵ 29 oct. 1697, à Louis MALLET — *Catherine*, b⁵ 30

---

(1) Elle épouse, le 20 août 1685, Pierre Mandin, à Charlesbourg.

(2) Elle épouse, 1707, Ives Lucas.

---

avril 1680 ; m⁵ 16 avril 1703, à Pierre TABAULT ; s⁵ 10 avril 1718. — *Anne* b⁵ 30 avril 1680, m⁵ 9 fév. 1699, à Pierre COUILLARD — *François*, b⁵ 28 mai 1682 ; m 25 janv. 1706, à Champlain, à Françoise DAVID — *Elizabeth*, b⁵ 18 fév. 1685 ; m⁵ 26 nov. 1703, à Jean BRAULT.— *Marie*, b⁵ 5 juin 1687, m⁵ 7 fev. 1707, à Pierre CAILLET.— *Joseph*, b¹ 30 avril 1693 ; s¹ 31 août 1693 — *Joseph*, b⁵ 2 et s⁵ 6 fév 1695 — *Louis*, b⁵ 31 mai 1697 ; m⁵ 7 janv. 1721, à Marie-Madeleine GIRARD.— *Angélique*, b¹ 16 avril 1691 , m⁵ 17 fév. 1710, à Jean TABAUT.

1676.

II. — BRUNET, PIERRE,   [ETIENNE I.
    DARVEAU, Marie, native d'Angers.
Jean, b 1677 ; m 13 janv. 1716, à Angélique SEDILOT, à Ste Foye [2] ; s² 9 nov. 1747.

1681, (9 juin) Beauport. [3]

I. — BRUNET, VINCENT, b 1645, fils de Toussaint et de Marie Cailhaut, de N.-D. de Maillé, évêché de Poitiers ; s...
    1º CREVIER, Jeanne, veuve de Denis Avisse ; s³ 25 mai 1709.

1710 (22 juillet) Beauport.

    2º GRATON, Mathurine,   [PIERRE I.
    veuve de Pierre Toupin.

1688, (15 novembre) Boucherville. [7]

II. — BRUNET DIT BELHUMEUR, FRS. [ANTOINE I.
MÉNARD, Anne,   [JACQUES I.
    s 3 fev. 1710, à St. François, Ile Jesus. [8]
Joseph, b 16 oct. 1689, à Montreal [3] ; m⁸ 5 avril 1712, à Ursule ETHIER. — *Marie-Anne*, b³ 30 janv. 1692 ; s⁷ 13 fev. 1692. — *Marie-Thérèse*, b⁷ 3 fev. 1693 ; m⁸ 28 fev. 1713, à Joseph CHARBONNEAU.— *François*, b⁷ 2 janv. 1696. — *François-Marie*, b³ 3 août 1697. — *Anne*, b⁷ 1er avril 1700 ; m à François SIMON.— *Angelique*, b⁷ 14 mars 1702. — *Jean-François*, b⁶ 29 mars 1704 ; m 9 fev. 1728, à Anne THIBAULT, à Terrebonne. — *Marie-Agnès*, b⁸ 19 mai 1706 , m⁸ 17 avril 1730, à Pierre BERLOIN. — *Madeleine*, b⁸ 17 avril 1698 ; m⁸ 20 janv. 1716, à Joachim LABELLE; s⁸ 10 oct. 1734. — *Marie-Joseph*, b⁸ 29 janv. et s⁸ 4 fév. 1710. — *Madeleine*, b⁸ 16 mai 1708.

1715, (22 juillet) St. François, Ile Jésus.

    2º RENAUD DIT LOCAT, Marie, veuve de Jean Richard.

1690, (4 septembre) Québec. [3]

I. — BRUNET, PIERRE, b 1661, menuisier, fils de Jean et de Nicole Cardinault, de St. André-de-Niort, évêché de Poitiers ; s...
LEFEBVRE, Angelique,   [LOUIS I.
    veuve de Jean Gautier ; s³ 30 janv. 1712.
Nicolas, b³ 19 juin 1691, s³ 26 juillet 1692.— *Marie-Madeleine*, b 6 et s³ 19 dec 1693. — *Jean*, b³ 27 dec. 1694 ; m³ 23 sept. 1715, à Madeleine L'ARCHEVÊQUE. — *Pierre*, b³ 27 juin 1697 , s³ 13 fév. 1715. — *Louis*, b ³ 27 août 1703 ; s³ 6 déc. 1741.

1692, (7 octobre) Montréal. [1]

II. — BRUNET, MICHEL DIT LESTANG, [MATHIEU I.
MOISAN, Marie,   [NICOLAS I
Michel, b [1] 2 sept. 1694. — *Jean*, b 6 mars 1697,
à Lachine. [2] — *Joseph*, b [2] 20 dec 1699, s [2] 4 fev
1700. — *Marie*, b [2] 2 sept. 1701 , m [2] 8 nov. 1723, à
J. Bte. PARANT. — *Jean-Baptiste*, b [2] 13 fev. 1703
— *Françoise*, b [2] 4 janv. 1705. — *Joseph*, b [2] 16
mars 1706. — *Marie-Thérèse*, b [2] 17 nov. 1709.

1694, (19 octobre) Lachine. [3]

II — BRUNET, JEAN DIT LESTANG,   [MATHIEU I.
PÉRIER, Marie,   [JEAN I
   veuve de Guillaume Loret.
Michel, b [3] 29 sept. 1695. — *Jean-François*, b [3] 8
sept. 1697. — *Philippe*, b [3] 22 août 1702. — *Pierre*,
b 21 janv. 1705, à Ste. Anne du bout de l'île.

1695, (4 octobre) L'Ange-Gardien. [1]

I. — BRUNET, FRANÇOIS. b 1665, fils de Bernard
   et de Marie Barathe, de Fouquebrune, évêche
   d'Angoulesme.
LATARTRE, Marie-Louise.   [CHARLES I
Pierre, b [1] 16 nov. 1697.

1698, (6 novembre) Québec.

I — BRUNET, AUGUSTIN, b 1670, fils d'André et de
   Marie Raclet, de St. Barthélemi, évêché de La
   Rochelle ; s...
REFORT, Anne, veuve d'Henry Bégard dit
   Lafleur, b... ; s...

BRUNION. — *Variations et surnoms :* BRIGNON
   — LAPIERRE.

1678, (14 avril) Sorel. [4]

I — BRUNION DIT LAPIERRE, PIERRE, b 1642, s 6
   nov 1687, aux Trois-Rivières. [3]
COY, Charlotte, b 1649, veuve de Jean Bérard.
Jean, b [4] 2 nov. 1678 ; m.. à Anne Charlotte
PRÉVOST. — *Marie*, b [3] 3 avril 1680. — *Jacques*,
b [4] 13 mars 1686. — *Louis*, (posthume) b [3] 10 mai
1688.

II. — BRUNION DIT LAPIERRE.   [PIERRE I.
PRÉVOST, Anne Charlotte.
Marie-Elizabeth, b... ; m 2 nov. 1736, à Laurent DAGENAIS, au Sault-au-Récollet, [2]. — *Marie-
Josephte*, b... ; m [2] 30 juin 1739, à Pierre PAPINEAU.
— *Catherine*, b. 1712 ; m [2] 13 janv. 1721, à Antoine
PAYSANT. — *Marie-Charles*, b... ; m [2] 7 janv. 1744,
à Jean-Baptiste DESMARCHAIS. — *Jean-Baptiste*,
b... ; m [2] 13 avril 1711, à François TURCOT. —
Jacques, b 1730 ; m [2] 12 janv. 1721, à Marie-Françoise CHARTRAN. — *Léonard*, b... ; m... à Madeleine DANIEL. — *Joseph*, b 1731 ; m [2] 14 nov. 1755,
à Marie-Amable MARTINEAU.

BRUNO. — Voyez PETIT — BRUNEAU.

BRUNO, JEAN-RENÉ.
GIRARDEAU, Marie.
Marie-Charlotte, b... 1° m à LE PARISIEN ; 2° m
7 janv. 1712, à Marie-Charles LAPRON, aux Trois-
Rivières.

BRUNSARD. — Voy. BROUSSON. — DESSUREAUX.

1683, (6 septembre) Québec. [6]

I. — BRUSEAU (1) JEAN, meunier, b 1665, fils de
   Jean et de Marie Belion, de Laugon, evêché
   de LaRochelle, s 2 janv. 1699 à la Pointe-
   aux-Trembles de Québec. [7]
GRESLON, Anne, (2)   [JACQUES I.
Jeanne-Angélique, b [6] 14 juillet 1689. — *Jean-
Louis*, b [6] 18 juin 1691 : m [7] 10 fev. 1718, à Féli-
cité PROULX. — *Pierre-Michel*, b [6] 25 sept. 1694. —
Marie-Jeanne, b [3] 28 fev. 1696 — *Marie-Angélique*,
b [7] 3 janv. 1698 ; m 30 mai 1718, à Charles DEFOY.

1677, (3 août) Québec. [6]

I — BRUSLÉ, JULIEN, cordonnier, b 1647, fils de
   Jean et de Françoise Julien, de Piré, évêché
   de Rennes ; s [6] 16 août 1680.
MARANDA, Jeanne (3)   [JEAN I.
Anne, b [6] 14 et s [6] 28 avril 1678. — *Jacques*, b [6]
23 mars 1679. — *Louise*, b [6] 6 juin 1680 ; s 13 fev.
1699, à Lévis.

BRUSLON. — Voy. BURLON.

1678, (   ) Lachine. [9]

I. — BUET, ALEXIS.
BOUER, Françoise, veuve de Jean Roy.
Marie, b [9] 22 oct. 1678 ; m [9] 24 nov. 1700, à Jean
LEGROS. — *René*, b [9] 30 mars 1681.

I. — BUGON, FRANÇOISE, b 1626, à St. Pierre de
   Clermont, en Auvergne ; 1° m 11 jan. 1649,
   à François GODÉ, à Montréal [1] ; 2° m [1] 26 sept.
   1667, à François BOTS.

BUISSON DE ST CÔME. — Voy. BISSON — L'EPINE —
   DUBUISSON — SUBTIL.

I. — BUISSON, JACQUES, b 1621, était aux Grondines en 1681.

1669, (20 novembre (4)

I. — BUISSON, JEAN, maître-taillandier, b 1640,
   fils de Jean et de Catherine Lamarmotte, de
   St. Zéphirin, évêché de Carpentras ; s...
AUBERT, Jeanne, fille de Pierre et de Judith
   Aunion, de St. Etienne-du-Mont, de Paris.

1689, (28 avril) Montréal. [6]

I. — BUISSON, PIERRE, bourgeois, fils de Léo-
   nard et d'Elizabeth LaPlaine, de Donzay-
   Palluau, en Berry.
LEVASSEUR, Françoise.   [PIERRE I.
   veuve de Jean-Baptiste Gosset.
Jean-Baptiste, b [6] 15 fév. 1690. — *Jacques*, b [6]
24 nov. 1691. — *Suzanne*, b [6] 6 août 1694. —
Pierre, b [6] 19 juillet 1697.

---

(1) Voy. Brosseau-Brousseau.

(2) Elle epouse, le 14 mars 1699, Jean Masson, à la Pointe-
aux-Trembles de Québec.

(3) Elle épouse, le 19 nov. 1680, Jean Boilard.

(4) Date du contrat de mariage, au Greffe d'Ameau.

I. — BULTÉ, Pierre, b 1621, établi à Dombourg en 1681.
Charron, Jeanne, b 1631.
Elizabeth, b 1670, fille adoptée.

I. — BUQUET, Jean, b 1689, marin à Québec en 1681.

1685, (25 juillet) Québec. (1)

I. — BUREAU dit Sansoucy, Louis.
b 1630, fils de Mathurin et de Renée Fardi, de St. Sébastien, ville de Nantes, s 15 fev. 1711, à Lorette.
1° Gauvin, Marie-Anne, [Jean I.
Jean, b..., m 9 mai 1712, à Marie-Anne Lachesne, à Lorette[9]. — *Marie-Catherine*, b[9] 11 mai 1690; m[9] 30 janv. 1713, à Jean Rouillard.

1695 (12 septembre) Québec.

2° Coqueret, Marie, veuve de Pierre Dumetz.

1699, (4 mai), Québec. [5]

I. — BUREAU, Jean, b 1669, fils de Gabriel et de Marie Chesnu, de St Sauveur, évêché de Nevers; s...
Vermet, Marie-Madeleine, [Antoine II.
Jean-Baptiste, b[5] 26 fev. 1700. — *Joseph-Marie et Marie-Madeleine*, b[5] 11 mars 1701. — *Elizabeth*, b[5] 19 avril 1702; s[5] 9 mai 1702.

BUREL, Gilbert, frère jésuite. (*Champlain*, 1632),

1682, (10 nov.), Cap St Ignace. [4]

I. — BUREL, Etienne, b 1656, fils de Pierre et de Jeanne Vanier, de St Séverin, évêché de Paris, s...
Roussel, Marguerite, veuve de Mathurin Ducheron.
Jeanne, b[4] 5 oct. 1683. — *Geneviève*, b[4] 10 fév. 1686. — *Marguerite*, b[4] 16 juillet 1688. — *Louis*, b[4] 29 juillet 1690. — *Vital*, b 23 fév. 1693, à Québec.

1699, (4 février), Varennes. [8]

I. — BUREL, Pierre, b 1669, fils d'Etienne et de Marguerite Tellier, de St Séverin, évêché de Paris; s...
Jentès, Marie-Anne. [Etienne I.
Marie-Anne, b[3] 13 déc. 1699. — *Pierre*, b[3] 16 mars 1702; s[3] 16 decembre 1712. — *Michel*, b[3] 6 mars 1704. — *Marie-Josephte*, b[3] 23 mars 1706. — *Madeleine*, b[3] 23 nov 1708. — *Jean-Baptiste*, b[5] 19 avril 1711, — *Joseph*, b[3] 2 juin 1713.

1674, (1er novembre), Ste Famille. [7]

I. — BURLON, Pierre, veuf de Marie Gauthier, b 1645, à St Michel, évêché de Bordeaux; s[7] 8 janv. 1678.
Baillargeon, Jeanne, (2) [Jean I.
veuve de Jean Labrecque.

(1) Date du contrat de mariage.
(2) Elle épouse, le 5 février 1681, Antoine Mondin, à St. Laurent, I. O.

Antoine, b[7] 15 oct. 1675; s 7 juin 1697, à Quebec, noyé. — *Catherine*, (posthume, b[7] 15 juin 1678; m fev. 1699, à St Laurent, Ile d'Orleans, à François Noel.

I. — BURON, Catherine, femme de Jean Bonval, 1691.

1671, (16 octobre), Ste Famille. [8]

I. — BUSSIÈRE, Jacques, b 1619, fils de Jacques et de Jeanne Massonnier, de Salebert, évêché de Bordeaux; s 20 juin 1699, à St. Laurent, Ile d'Orleans.
Gossard, Noélle, b 1634, fille de François et de Sulpice Veillot, de St Eustache, de Paris; s 19 nov. 1684, à St Pierre, Ile d'Orleans.
Mathieu, b[8] 29 sept. 1672: s[9] 15 nov. 1672. — *Jean*, b[8] 7 janv. 1674; m 1698, à Ursule Rondeau. — *Anonyme*, b et s[8] 20 avril 1676.

1685.

I. — BUSSIÈRE, Antoine. (1)
Croteau, Jeanne, [Vincent I.
s 9 mai 1719, à Quebec.
Ursule, b 25 août 1688, à la Pointe-aux-Trembles de Quebec, s 2 fev. 1689, au Cap Santé.

1698.

II. — BUSSIÈRE, Jean-Antoine, [Jacques I.
Rondeau, Ursule, [Thomas I.
Guillaume, b 5 nov. 1699, à St Laurent, Ile d'Orléans. — *Augustin*, b...; m 21 janv. 1726, à Marie-Charlotte Lecompte, à St Etienne de Beaumont.

BUTEAU. — *Variations :* Butaud — Butault — Butos — Bouteau — Bluteau.

I. — BUTEAU, Nicolas.
Gichelin, Catherine.
Antoine, b 27 fév. 1673, à Québec; [5]m... à Anne Cloutier. — *Pierre*, b..., m[5] 31 juillet 1203, à Madeleine Chebaudier. — *Marie-Agathe*, b ..; m[5] 15 mai 1706, à François Judith. — *Isabelle-Ursule*, b 11 janv. 1671, à Sillery.

1671, (21 octobre) Ste Famille. [8]

I. — BUTAUD, Pierre, b 1635, fils de Mathurin et de Marie Rageot; s 22 nov. 1705, St François, Ile d'Orleans. [6]
Loryot, Perette, [Pierre I.
Pierre, b 25 fev. 1674, à Ste Anne: m[6] 2 août 1698, à Marie Carbonneau. — *Madeleine*, b[6] 24 mai 1677; 1° m[6] 22 nov, 1701, à Pierre Duchesne; 2° m 5 juillet 1706, à Dominique Gagné. — *Symphorien*, b[8] 5 nov. 1679. — *François*, b[6] 12 juillet 1682; m[6] 29 oct. 1715, à Marie Jinchereau. — *Claire*, b[6] 22 juin 1685; m[6] 5 juillet 1706, à Jean-Baptiste Gagné — *Joseph*, b[6] 1 août 1688, m[6] 30 juin 1710, à Marguerite————; s[6] 3 mai 1711, noyé. — *Marguerite*, b[6] 30 avril 1691. — *Françoise*, b[6] 25 mars 1694; 1° m[6] 10 juillet 1713, à Jacques Baudon; 2° m[6] 12 fev. 1726, à François Dupont.

(1) Voy. Bessière, p. 49.

II. — BUTEAU, Antoine,   [Nicolas II.
CLOUTIER, Anne,   [Jean II.
    veuve de Paschal Mercier.
Marie-Anne, b 1698, à St Joachim[6] ; Ursuline, dite mère St. Joachim, s[6] 29 sept. 1781, à Québec.

1698, (2 août) St. François (I. O.)

II — BUTEAU, Pierre,   [Pierre I.
CARDONNEAU, Marie,   [Esprit I.
    Pierre, b 5 octobre 1699, à St. Michel[4] ; m 10 fév. 1749, à Brigitte FOURNIER, à St. Pierre du Sud —*Paul-Michel*, b[4] 28 janvier 1702. — *Marie*, b[4] 23 mai 1704 ; s[4] 1er août 1706. — *Marie-Hélène*, b 24 juillet 1706, à Saint-Thomas[0]. — *Marie*, b[0] 7 oct. 1701. — *André*. — *Joseph*, b... ; 1° m à Marie-Madeleine BAUDOIN ; 2° m 3 avril 1742, à Ursule GUIMONT, au Cap St. Ignace.

I. — BUTIN, Geneviève, femme de Médéric BOUR-
    DUCEAU, (1657). .

C

1669, (23 juillet) Montréal.[3]

I. — CABASSIER, Pierre, sergent royal, et subs-
titut du Procureur du Roy, b 1641, fils de Pierre (notaire royal) et de Delphine Desbordes, evêché de Ladelbade, Toulouse ; s[3] 11 août 1691. (1)
GUIBERGE, Jeanne,   [Pierre I.
    Pierre, b[3] 15 sept. 1672. — *Marie-Madeleine*, b[3] 15 déc. 1674, fille dite de la Providence, Con-
grégation N.-D. ; s[3] 16 janv. 1693. — *Marie*, b[3] 1676 ; m[3] 21 janv. 1697, à Gilles CHAUVIN. — *Charles*, b[3] 21 oct. 1677 ; m[3] 3 août 1705 à Marguerite RENAULT. — *Michel*, b[3] 14 juillet 1680. — *Jeanne Suzanne*, b[3] 21 avril 1684 ; m[3] 11 mai 1705 à Charles RAINVILLE. — *Anne*, b[3] 2 nov. 1687.
— *Jeanne*, b[3] 4 fév. 1691.

1672, (12 Septembre) Québec.[7]

I. — CACHELIÈVRE, Jacques, bourgeois, (2) b 1634, fils de Jacques et de Barbe LeDoux, de St. Hilaire, evêché de Rouen.
PAPIN, Madeleine, b 1649, fille de Pierre et de Julienne Marguin, de St. Jean, évêché Nantes.
    Jacques, b[7] 6 avril 1674.—*Jean*, b[7] 2 oct. 1685. — *Jacques*, b[7] 16 déc. 1689. — *Marie-Anne*, b[7] 17 août 1692.—*Anonyme*, b et s[7] 23 mai 1697.

1688, (31 juillet) Montréal.

I. — CADAU (et CADOT), Mathurin, b 1649, fils de René et de Renée Rugande ; s 8 nov. 1729, à Batiscan.[5]
DURAND, Marie, s[8] août 1721.   [Jean I
    Marie-Louise, b[8] 26 déc. 1690 ; s[8] 11 nov. 1708.— *Jean*, b[8] 1693 ; 1° m[8] 20 nov. 1721, à Marie-Josette PROTEAU ; 2° m[8] 10 août 1734, à Marie RIVARD ; s[8] 6 nov. 1743. — *Mathurin*, b[8] 3 déc. 1701 ; 1° m[8] à Angélique GAUDRY ; 2° m 13

fév. 1741, à Félicité AYOT, à la Pointe-aux-Trem-
bles de Québec. — *Jeanne*, b... ; m[8] 4 fév. 1725, à Jacques TIFAUT. — *René*, b... ; m[8] 29 avril 1726, à Marie-Louise PROTEAU.—*Charles*, b...

1670, (11 juin) Québec.[9]

I. — CADDÉ, Antoine, b 1644, fils de Martin et de Marie Lefebvre, de St. Medard, de Mont-
didiers, evêché d'Amiens.
DE LA COMBE, Charlotte, (1) b 1640, fille de François et de Françoise Renard, du Bourg de Bassy, evêché de Genève.
    Marie-Louise, b[9] 25 août 1670. — *Marguerite*, b[9] 8 et s[9] 12 oct. 1671.

1694, (25 janvier) Québec[9]

I. — CADDÉ, Michel, b 1668, fils de Michel et d Elizabeth Lefebvre de N.-D de Niort, évêché de Poitiers ; s[9] 26 déc. 1708.
1° CONSTANTIN, Marie,   [GUILLAUME I.
    s[9] 9 janv. 1703.
    Marie-Gabrielle, b[9] 10 nov. 1694. — *Marie-Anne*, b[9] 27 avril 1696 ; m[9] 28 mai 1714, à Pierre AMIOT, s[9] 10 oct. 1756. — *François-Joseph*, b[9] 28 mai 1697 ; m[9] 7 fev. 1719, à Marie-Josette DAVEINE ; s[9] 11 déc. 1720 — *Anne-Thérèse*, b[9] 14 nov. 1698. — *Jean-Baptiste*, b[9] 21 fév. 1700 ; s[9] 26 juillet 1701. — *Michelle-Charlotte*, b[9] 31 oct. 1701 ; s[9] 31 août 1702.

1703, (7 mai) Québec[9]

2° GAULTIER, Geneviève. (2)   [Jean I.
    Michel-François, b[9] 26 nov. 1704 — *Marie-Louise*, b[9] 21 nov. 1705, s[9] 8 août 1707. — *Jean-Baptiste*, b[9] 20 janv. 1707 ; s[9] 25 oct. 1710. — *Augustin*, b[9] 13 janv. 1709 ; 1° m[9] 9 nov. 1733, à Elizabeth LAMBERT ; 2° m[9] 17 mai 1756, à Marie-Gabrielle AUBIN.

I. — CADELÉ, Isaac, b 1627 ; s 20 déc. 1687 aux Trois-Rivières. (3)

1654.

I. — CADIEU dit COURVILLE, Charles.
    b 1628 ; s 9 août 1715, à Beauport.[5]
MACARD, Michelle-Madeleine.
    b 1640, s[5] 14 avril 1703.
    Jean-Charles, b 24 oct. 1655, à Québec[1] ; m[1] 28 avril 1681, à Madeleine NEVEU· s[5] 26 mai 1709.— *Marie*, b 22 juillet 1657 ; s[1] 17 mars 1661. — *Marie-Madeleine*, b[1] 23 oct. 1659, m 1677, à Antoine FORTIER. — *Jeanne*, b 2 avril 1663 ; m[5] 11 janv. 1690, à Antoine MONTPELLIER. — *Agnès*, b[1] 16 et s 26 mai 1666 —*Louise*, b[1] 7 sept. 1667 ; m[5] 25 juin 1685, à Vincent VACHON ; s[5] 21 janv. 1703.—*Françoise*, b[1] 15 déc. 1669 ; m 4 mai 1690, à Jean PRÉVOST. — *François*, b[5] 3 déc. 1673 ; s[5] 13 janv. 1793.

---

(1) Tué par les Anglais au combat de Laprairie, dans le bat, où son corps est resté. Ont aussi été tués avec lui : Nicolas Barbier, Louis Ducharme, François Cibardin, Jean Leber, Pierre Pinguet.

(2) Retourne à St. Jean de LaRochelle, 1712.

(1) Elle épouse, le 11 oct. 1694, Claude Philippau, à Québec.

(2) Elle épouse, le 24 nov. 1711, François Rageot, à Québec.

(3) Il est demeuré neuf ans chez M. Poulain.

166?, (26 novembre) Montréal. [9]

I. — CADIEU, JEAN, b 1634, fils de Pierre et de
Renée Foureau ; s[9] 30 sept. 1681.
VALADE, Marie (1) b 1644, fille d'André et de
Sara Cousseau.
Marie-Jeanne, b[9] 15 oct. 1664 ; s[9] 26 juin 1680.
— *Pierre,* b[9] 7 avril 1666 ; m 11 février 1697, à
Marguerite MÉNARD, à Boucherville. [7] — *Madeleine,*
b[7] 27 oct. 1667. — *Marie-Geneviève,* b[9] 21 juillet
1669 ; m 27 juillet 1688, à André CANAPLE, à Lachine ; s 5 août 1689. (2)— *Jean,* b[9] 12 mars 1671 .
m[7] 30 mai 1695, Marie BOURDON. — *Marie,* b[9] 23
nov. 1672 ; m 5 nov. 1697, à Jean-Baptiste TOUIN,
à Repentigny. — *Marie-Nicolle,* b[9] 17 sept. 1674 ;
s[9] 23 déc. 1677. — *Marguerite,* b[9] 26 juillet 1676 ,
m[9] 26 sept. 1696, à Jean BOUVIER — *Jeanne,* b[9] 16
juillet 1678, m[7] 15 juin 1698, à Michel CHARLES.
— *Catherine,* b[9] 4 mars 1680 ; m[9] 1er déc. 1696,
à Robert FACHE.

1681, (28 avril) Québec. [5]

II. — CADIEU, JEAN-CHARLES,   [CHARLES I.
s 26 mai 1709, à Beauport. [6]
NEVEU, Marie-Madeleine,   [PHILIPPE I.
s[6] 28 oct. 1697.
Marie-Madeleine, b[6] 6 juin 1683 ; m[5] 20 oct.
1704, à Pierre MICHAUD. — *Geneviève,* b[6] 5 mai
1685 ; m[6] 22 juin 1711, à Noel GINOUX. — *Angélique,* b[6] 9 dec. 1686 — *Joseph,* b[6] 25 déc. 1688.
— *Marie-Cécile,* b[6] 23 nov. 1690. — *Ignace-Alexandre,* b[6] 20 sept. 1693. — *Jean-Baptiste-Charles,*
b[6] 27 juillet 1695, m[5] 5 janvier 1737, à Madeleine MONTMINY · s[6] 18 février 1731. — *Michel,* b[6]
30 sept. 1697.

1695, (30 mai) Boucherville [9]

II. — CADIEU, JEAN.   [JEAN I.
BOURDON, Marie.   [JACQUES I.
Jean-Baptiste, b[9] 13 juin 1697 ; m 3e fev. 1717,
à Marie GAUDRY, à Varennes. — *Marie-Joseph,* b[9]
7 janv 1701. — *Marguerite,* b...

1697, (11 février) Boucherville. [9]

II — CADIEU, PIERRE,   [JEAN I.
MÉNARD, Marguerite,   [JACQUES I.
veuve de François Lanctot ; s[9] 3 avril 1699.
Pierre, b[9] 6 décembre 1697.

1657, (13 septembre) Québec. [4]

I. — CADORET, GEORGE
b 1630 ; s 18 avril 1711, à Levis. [5]
1° JOPPY, Anne.
b 1619.
2° BOUCHER, BARBE,   [PIERRE II.
veuve de René Maheu. (3)
Jean-Baptiste, b 13 sept, 1687, à l'Ange-Gardien ;
m[5] 11 fev. 1709, à Geneviève MOREAU ; s 24 mai
1769. — *Anne,* b[5] 1er fevrier 1693, m[5] 24 nov.
1712, à Simon DROUILLARD. — *Madeleine,* b[5] 19

(1) Elle épouse, le 9 fév. 1682, Philippe Boudier, à Montréal.

(2) Tué par les Iroquois.

(3) Elle épouse, le 6 fév. 1711 Louis Jourdain, à Lévis.

---

mai 1695. — *François,* b 1697 ; m[4] 25 avril 1718,
à Françoise-Catherine LANCELEUR ; s[4] 27 juil. 1747.
— *Marie-Josette.* — b[5] 28 juillet 1699 ; m[5] 19 sept.
1718, à Etienne HUOT. — *Marie-Angélique,* b[5] 8
août 1701 ; m[5] 27 juillet 1723, à François DUBOIS.
— *Antoine,* b[4] 22 sept. 1704 ; m à Madeleine
LAMBERT. — *Pierre,* b[5] 27 août 1697 ; m à Charlotte
MARANDA.

CADOT. Voy. CADEAU.

1666, (23 août), Québec. [9]

I.— CADOU, JEAN, b 1641. fils d'André et de Marie
Barde, de l'Ile-Dieu, evêché de Poitiers ; s...
LE TRU, Suzanne, b 1646, fille de Michel et de
Marie Broduc, de la Rochelle.
Jean-Pierre, b[9] 12 août 1667 ; s[9] 13 août 1667.

CADRIN, NICOLAS.— *Origine :* CATRIN.

1679 (23 octobre) Ste. Famille. [6]

I. — CATRIN, chirurgien b 1654 ; fils de Thomas
et de Marguerite Corsonnière, de St Pierre
de Cordière, evêché de Beauvais ; s[6] 13 déc.
1700.
DE LAUNAY, Françoise,   [NICOLAS I.
Françoise, b[6] 2 sept. 1680 , m 17 oct. 1701, à
François BAZIN, à St. Michel [5]. — *Claire,* b[6] 12
juillet 1683 , m[5] 17 oct. 1701 à Jean-Baptiste
LE ROY.— *Marie,* b[6] 16 sept. 1685, m 7 janv. 1715
à Laurent TERREAU, à Québec — *Nicolas,* b[6] 26
mai 1688.— *Anne,* b[6] 17 oct. 1690 ; m 1711 à
Nicolas MORISSET ; s 18 sept 1712, St. Etienne
de Beaumont.— *Marie,* b[6] 6 juin 1693. — *Joseph,*
b[6] 2 sept. 1695,—'*Marguerite,* b[6] 30 juin, 1698.
— *Pierre,* b[6] fev. 1701 ; m à Marthe MARCEAU.

I. — CAFFIÉ dit LAPINTERRE, Denis, sergent de
M. de Ramezay, (*Registre de Montréal* 1704.)

1684, (9 octobre Laprairie.[3])

I. — CAHEL, FRANÇOIS, b 1642, fils de Jean Cahel,
de St. Jean, evêché du Mans ; s[3] 18 nov. 1687
LEMAISTRE, Denise, veuve de Pierre Péras ; s[3]
30 oct. 1691. (1)

1693, (27 juillet) Cap St. Ignace.[7]

I. — CAHOUET, PIERRE, b 1669, fils de Jean et
de Marie Vallée, de Lauderneau, evêché de
Tréguier ; s[7] 18 sept. 1735.
GODREAU, Marie-Anne,   [GILLES I.
Cécile, b[7] 3 juin 1694. — *Anonyme,* b et s[7] 3
juin 1694.— *Marie-Anne,* b[7] 23 mai 1695 ; s 16
nov. 1719. — *Thomas,* b[7] 11 août 1697 ; m... à
Marie RICHARD. — *François,* b[7] 17 juin 1699 ; s[7] 6
mars 1731.— *Claude,* b[7] 14 avril 1701 ; 1o m 25
août 1729 à Geneviève JEAN, à Quebec ; 2o m à
Marie Catherine GRONDIN.— *Suzanne,* b[7] 24 mars
1703 , m[7] 1er août 1724, à Jean-Baptiste BOU-
CHER —*Angélique* b[7] 27 avril 1704. — *Anonyme,*
b et s[7] 27 avril 1704. — *Gabriel-Ange,* b[7] 2 oct.
1705. — *Pierre-Ignace,* b[7] 16 fev. 1707 ; m 18
oct. 1734 à Marie-Anne GRONDIN. — *Joseph,* b...

(1) Tuée et massacrée par les Iroquois, à la Côte St. Laurent, le 29 oct. 1691.

— *Félicité*, b⁷ 24 mars 1709 ; m⁷ 16 août 1730 à Joseph Migne. — *Marie-Madeleine*, b⁷ 5 avril 1711. — *Renée* b⁷ 5 nov. 1712. — *Pierre-Alexis*, b⁷ 6 mars 1714.

I. — CAHOUET, Simon, b 1634 ; s 26 janv. 1701, à Boucherville.

I. — CAIGNAUX, Nicolas, b 1621, établi à St. François du Lac. (*Recensement de* 1681.

CAILLAS. — *Variations :* Cayla — Cailla — Cayac — Cailleau — Callot.

1690, (26 juin) Québec.

I. — CAILLAS (ou Cayla), Jacques, maître-tailleur, fils de Jacques et de Marie Ferier, de St. Pierre, évêché de Montpellier.
Vigoureux, Claude, veuve de Remy Gravereau.

1679, (5 février) Laprairie. 6

I. — CAILLAU DIT LeBaron Jean, b 1654, fils de François Caillau, de Limoges.
Touchard, Marie-Madeleine, b 1656, fille de Louis et de Marguerite Laurent, de St. Benoit, évêché d'Angers.
Jean, b⁶ 26 sept. 1679 ; s⁶ 19 déc. 1687. — *Marie-Madeleine*, b 18 sept. 1687, à Montréal. — *Marie-Gabrielle*, b⁶ 21 août 1689. — *Anonyme*, b et s² 12 déc. 1690. — *Jacques*, b⁶ 18 fév. 1693,

1664, (19 février) Trois-Rivières.

I. — CAILLEAU, (1) Pierre, b 1631, fils de Thomas et de Florence Gerné, du Poitou : s...
Landry, Olive, veuve Pierre Poupaut, b 1631, fille d'Antoine et d'André Comaillelle, de Dompierre, évêché de LaRochelle ; s 29 mai 1702, à Champlain.
Pierre, b 1664 ; m 31 janv. 1690, à Thérèse Houré, à Champlain. — *Marie*, b 1666 , m à Thomas Thomelet.

1690, (31 janvier) Champlain. 8

II. — CAILLIA, Pierre,   [Pierre I.
Houré, Thérèse,   [René.
Marie-Thérèse, b 20 fév. et s⁸ 9 août 1691. — *Pierre*, b⁸ 16 juin 1692. — *Joseph*, b⁸ 18 mars 1694. — *Marie-Anne*, b⁸ 20 oct. 1696. — *Marie-Thérèse*. b⁷ 5 janv. 1700 ; m à Antoine Rivard ; s 7 déc. 1762, à Batiscan⁹. — *Jean*, b⁸ 10 juin 1702 ; 1° m⁹ 8 janv. 1739, à Marguerite Marchand ; 2° m⁹ 27 juin 1745, à Françoise Trotier , s⁹ 30 avril 1792. — *Alexis*, b⁸ 3 mars 1704. — *Marie*, b⁶ 4 sept. 1706. — *Joseph*, b⁸ 20 sept. 1708. — *François*, b⁸ 4 nov. 1711. — *Marc-Antoine*, b⁸ 25 avril 1714.

CAILLÉ.
Marie, b 1648, s 24 sept. 1685, Ste. Famille.

I. — CAILLÉ, Jeanne.
b 1632; 1° m à Jean Minaud ; 2° m à Guillaume Dupas ; 3° m 23 nov. 1682, à Jacques Laraue à Québec ; s 16 janv. 1711, à St. Jean, Ile d'Orleans.

I. — CAILLÉ, Jeanne.
b 1639 ; m à Etienne Reignoir de St. Etienne ; s 13 déc. 1689, à Montreal.

I. — CAILLÉ DIT Bruleter, Antoine, b 1651, forgeron, natif de LaRochelle.
Aubry, Anne, b 1654, de Paris.
Anne, b 5 sept. 1675, à Laprairie⁷ ; m⁷ 10 fév. 1698, à Jean Boyer. — *Jean-Baptiste*, b⁷ 11 août 1677. — *Jacques*, b⁷ 30 avril 1679 ; m⁷ 10 mai 1723, à Marie-Joseph Babeu. — *Pierre*, b⁷ 22 déc. 1680. — *Antoine*, b⁷ 25 mars 1683 ; m⁷ 27 avril 1717, à Marie Bétourné — *Jeanne*, b⁷ 29 déc. 1690. — *Marguerite*, b⁷ 24 mai 1688 ; m⁷ 23 nov. 1715, à André Longuetain.

I. — CAILLET, Pierre, soldat, b 1660 ; s 17 oct. 1685, aux Trois-Rivières.

1684

I. — CAILLÉ DIT LePicard, Jean, charpentier.
Hamel, Marie-Anne,   [Jean I.
Marie-Anne, b 16 fév. 1685, à Québec⁶ ; 1° m à Pierre Vallière ; 2° m⁶ 11 mai 1713, à Jacques Chefdeville ; s⁶ 18 fév. 1751. — *Catherine*, b⁶ 21 déc. 1686, s⁶ 15 janv. 1687. — *Jean-Baptiste*, b⁶ 25 déc, 1688 ; s 19 janv. 1722, à St Augustin.⁷ — *Pierre*, b⁶ 14 janv. 1691. — *René*, b⁶ 22 sept. 1692. — *Louise-Marguerite*, b⁶ 12 mai 1694. — *Noel-Flavien*, b⁶ 17 août 1696. — *François*, b⁶ 4 avril et s⁶ 8 nov. 1698. — *Charles*, b⁶ 12 avril et s⁶ 27 mai 1700. — *François*, b⁷ 8 mai 1707 ; m 22 nov. 1728, à Céleste Jahan, à la Pointe-aux-Trembles de Québec⁶. — *Marie-Josette*, b...; m⁷ 17 nov. 1722, à Laurent Amyot. — *Marie-Angélique*, b⁸ 7 mars 1709.

1669

I. — CAILLER, (et Cahié) Jacques, maçon. b 1639.
1° Gervaise, Marie-Andrée, b 1639.
François, b 22 oct. 1670, à Québec. ⁶ — *Jeanne-Françoise*, b⁶ 3 juillet 1672 ; s⁶ 26 juin 1678. — *Jeanne*, b... ; s⁶ 18 janvier 1757. — *Jean*, b 1665 ; m 30 avril 1685, à Germaine Galerneau, à Charlesbourg. — *Jacques*, b 1677.

1685, (24 septembre) Charlesbourg.

2° Cartignier, Marie, (1) veuve de Germain Vannier.

1685, (30 avril) Charlesbourg. ⁷

II. — CAILLER, (ou Cayer) Jean,   [Jacques I.
Galerneau, Romaine,   [Jacques I.
b 1667 ; s 23 sept. 1707, à Québec.⁶
Jean, b⁷ nov. 1686. — *Nicolas*, b 3 et s 17 oct. 1688, à Beauport.⁹ — *Jacques*, b⁷ 9 déc. 1689. — *François*, b⁷ 3 mai 1693. — *Marie-Louise*, b 17 et s 18 août 1695, à Champlain. — *Jean*, b 25 janv. et s 3 fév. 1697, à Montréal. ⁸ — *Jean-Baptiste*, b⁶ 25 janv. 1697. — *Marie-Anne*, b⁶ 12 déc. 1609 ; s⁶ 2 janvier 1700. — *Charles*, b⁶ 2 sept. 1701. — *Augustin*, b⁶ 21 déc. 1703. — *Pierre*, b⁶ 13 juillet 1705. — *Simon*, b⁶ 28 oct. et s⁶ 26 déc. 1706.

---

(1) Ce nom s'est transformé en celui de Caillia.

(1) Elle épouse, le 3 sept. 1691, Marc Tessier, à Charlesbourg.

CAILLA.—Voy. CAILLEAU.

CAILLY— CAILLEY—CALAIS, Helène, femme de Blaise Belleau, en 1673.

1681, (29 octobre) Montréal.

I. — CAILLONNEAU, PIERRE, b 1651, fils de Pierre et Suzanne Bertelot, de la Rochelle.
GUERTIN, Catherine, (1) [LOUIS I.
Catherine, b 20 sept. 1682, à Contrecœur[5], m 17 janvier 1704, à Pierre MOUSSEAU, à Boucherville.— *Pierre,* b[5] 22 oct. et s[5] 5 déc. 1683.— *Louis,* b[5] 9 sept 1685; m 8 janv. 1714, à Madeleine URBAIN, à Repentigny.

I. — CAILLOUET, SIMON —Voy. CAHOUET.

I. — CAILTEAU, JACQUES, Sieur de Champfleury, bourgeois de la Rochelle, fils de Theodore et de Françoise Mignier, de N.-D. de Cogne, evêché de la Rochelle.
. 1° m...
Marie-Anne, b 1660; m[6] 9 avril 1697, à Claude DE BERMAN; s[6] 30 nov. 1708.

1664, (19 août) Québec. [6]

2° DENIS, Françoise. (2) [SIMON I.
Françoise, b[6] 25 juillet 1665; 1° m[6] 15 oct. 1689, à Richard DENIS; 2° m[6] 25 juillet 1694, à Pierre REY-GAILLARD; s[6] 12 mai 1720.

1699, (20 avril) Qbébec.[6] (3)

I. — CALET, CHARLES.
MASSARD, Françoise (4) [NICOLAS I
Marie Françoise, b[2] 2 et s 4 nov 1700.—*Pierre Louis,* b[6] 24 janvier 1702.

1698.

I. — CALOT, FRANÇOIS.
LE SUEUR, Louise, [THOMAS I.
Marie-Madeleine, b 4 août 1699, à Montreal.

1647, (14 octobre) Québec.

I. — CALTAUT, EMERY, b 1620, fils de Laurent et de Michelle Pilotte, de Ponts, près de Xaintes.
COUTEAU, Madeleine, b 1629, fille de Jean et de Jeanne Morand, de St. Jean d'Angely.

1668, (16 août) Québec.

I. — CAMBIN, DIT LARIVIÈRE, LAURENT, sergent de M Du Gue, b 1635, fils de Denis et de Perette Caillot, de St. Agricole, evêché d'Avignon; s 5 mai 1670, à Montreal. [4]
BIZELON, Françoise, b 1646 (1) fille de Benjamin et de Claude Prou, de St. Sauveur, evêché de Paris.

(1) Elle épouse, le 20 janv. 1689, David Véronneau, à la Pointe-aux-Trembles de Montréal.

(2) Elle épouse, en 1666, Michel LeNeuf.

(3) Mariage célèbre à l'Hôpital-Général de Québec.

(4) Elle épouse, le 30 avril 1703, Pierre Soucy, à Québec.

(5) Elle épouse, le 22 sept. 1670, Pierre Merçan, à Québec.

Marie-Françoise, b[4] 13 juin 1669; m 19 juillet 1688, à Antoine GALIPOT, à la Pointe-aux-Trembles de Montreal.

CAMBRAY, FRANÇOIS. — Voy. BOULARD.

1667.

I. — CAMPAGNA, MATHIAS.
b 1626; s 28 août 1714, St. François, I. O.[7]
AUBINOT, Suzanne.
b 1635, s[7] 25 mars 1694.
Charles, b 3 mars 1668, à Ste. Famille [6]; m 22 sept. 1692, à Marie BLOUIN, à St. Jean, I. O. — *Anne-Françoise,* b[6] 18 janv. 1671.— *Marie,* b[6] 20 mars 1672; s[7] 11 déc. 1689.— *Louise,* b[6] 6 mai 1674; s 2 sept. 1676, à Québec.

I.—CAMPAGNA, PIERRE, établi à l'Ile d'Orléans. s avant 1719.
MARTIN, Françoise-Anne, venue de France avec son mari, b 1649; s 26 déc. 1719 à St. Augustin.
Marie-Angélique, b 1669, s 28 oct 1735 à Québec.[4] —*Marie-Anne,* b 24 fev. 1671, à Sillery, m 28 fev. 1685 à Guillaume JEAN, à la Pointe-aux-Trembles[0].— *Louis,* b 30 mai 1676 à Sillery; m 1696 à Angélique RABOUIN. — *Marguerite,* b[4] 4 avril 1674; m[0] 13 nov. 1689 à Pierre GARZEAU.— *Louise,* b[4] 30 mai 1672. *Anne-Françoise,* b[4] 23 juillet 1677. — *Charles,* b..., m[4] 26 nov. 1692 à Madeleine RABOUIN, — *Jeanne,* b.. m[4] 15 octobre 1708, à Etienne AMIOT.— *Françoise-Paule,* b[0] 11 juillet 1683, m 23 sept. 1697 à Laurent DU BOCS, à St. Augustin[5]; s 10 déc. 1717.— *Marie-Madeleine,* b[0] 3 déc. 1684; m[5] 10 mai 1699 à Jean DELGUIEL; s[5] 26 mars 1714.— *Pierre,* b[4] 17 mars 1686.

1692, (22 septembre) St. Jean (J. O.)

II —CAMPAGNA, CHARLES, [MATHIAS I.
BLOUIN, Marie-Madeleine, [EMERY I.
Jean-Baptiste, b 14 fév. 1693, à St. François (J. O.[0]) — s[7] oct. 1710 — *Jacques,* b[0] 4 sept. 1698 — *Charles,* b[0] 2 janvier 1701 — *Geneviève,* b[0] 30 mars 1702, m[0] 9 août 1728 à Noel PAQUET.— *Simon,* b[0] 25 oct. 1704 — *Michel,* b[4] 16 janv. 1707.— *Joseph,* b[0] 25 janv. 1709. — *Marie-Françoise,* b[0] 8 juillet 1713; s[0] 9 août 1713.— *Anne-Elizabeth,* b[0] 26 juillet 1714.— *Marie,* b... m[0] 22 nov. 1707 à Louis GAULIN.— *Jean-Baptiste,* b 14 mars 1711.

1692, (26 novembre) Québec. [4]

II.—CAMPAGNA, CHARLES, [PIERRE I.
RABOUIN, Madeleine, [JEAN I.
François, b 12 juin 1693, à St. Jean (J. O.) — *Charles,* b... m 5 nov. 1733 à Marguerite LARAUE, à Québec.

II.—CAMPAGNA, LOUIS, [PIERRE I.
RABOUIN, Angélique, [JEAN I
François, b 1697; s 24 mars 1703, à Ste. Foy.[4] — *Marguerite-Agnès,* b[4] 7 déc. 1701; m 24 janv. 1724, à Pierre Charles VALLÉ, à Ste. Anne de la

Pérade.—*André*, b 13 janv. 1704, à St. Augustin⁵, m 27 juillet 1730, à Angélique De la Voye, à St. François, Ile Jésus. — *Pierre*, b⁵ 10 et s⁵ 11 janv. 1706. — *Joseph*, b⁵ 9 fév. 1707 , s⁵ 13 déc. 1717, (mort subite).—*Jean-Baptiste*, b⁵ 25 nov. 1703.— *Louis*, b 22 juin 1710, à Lorette. — *Marie-Anne*, b⁵ 4 janv. et s⁴ 8 oct. 1713. —*Marie-Charlotte*, b⁵ 23 sept. 1714 , m⁴ 14 janv. 1737, à Augustin Galarneau.— *Pierre*, b⁵ 11 et s⁵ 29 déc. 1716.

1663, (26 novembre) Montréal.⁵

I —CAMPEAU, Etienne, maçon, b 1638, fils de Léonard et de Françoise Mauge.
Paulo, Catherine, b 1646, fille de Pierre et de Rene Cordelette.
Etienne, b⁶ 2 septembre 1664 ; m 3 avril 1690 à Jeanne Fauché. — *Marie*, b⁵ 24 nov. 1665; 1o. m⁵ 2 dec. 1684, à Nicolas Le Pileur ; 2o. m⁵ 2 janv 1691, à Etienne De Bien.— *Michel*, b⁵ 14 juin 1667; m⁵ 7 janv. 1696 à Jeanne Mace.— *Jean*, b⁵ 30 déc. 1668 ; s⁵ 31 déc. 1668.— *Catherine*, b⁵ 27 nov. 1669 ; m⁵ 1er déc. 1685 à François Blot.— *François*, b⁵ 18 oct. 1671 , m⁵ 28 janv. 1698 à Madeleine Brossard—*Catherine*, b⁶ 14 janv. 1674 ; m⁵ 10 déc. 1696 à Pierre Hay.— *Louise*, b⁶ 6 oct. 1675; m⁵ 20 sept. 1689, à François Cou-turier.— *Jacques*, b⁵ 31 mai 1677 ; m⁵ 1er. déc. 1699 à Cécile Catin.— *Jeanne*, b⁵ 1er juin 1679 ; m⁵ 3 fév. 1699 à Etienne Benoit.—*Jean-Baptiste*, b⁵ 16 mars 1681 ; m⁵ 25 oct 1705 à Elizabeth Bernier.— *Marie-Elizabeth*, b⁵ 20 juin 1683 ; m⁵ 15 août 1701, à Pierre Valiquet.—*Agathe Barbe*, b⁵ 27 fev. 1685 : m⁵ 1 juin 1705 à Paul Chevalier.— *François* b⁵ 12 nov. 1686.— *Charles*, b⁵ 27 et s⁵ 30 déc. 1688.

1690, (3 avril,) Montréal.⁴

II —CAMPEAU, Etienne, taillandier, [Etienne I.
Fouché, Jeanne, [Louis I.
Marie, b⁴ 14 fevrier ; s⁴ 5 avril 1691. — *Mar-guerite*, b⁴ 4 mars 1692. — *Marguerite*, b⁴ 17 nov. 1693 ; s⁴ 18 déc. 1699.—*Etienne*, b⁴ 29 mai 1698 ; — *François*, b⁴ 14 juin 1699 — *Marie-Anne*, b⁴ 30 déc. 1700 ; s⁴ 26 mars 1703.— *Louis*, b⁴ 21 et s⁴ 28 fév. 1703.

1696, (7 janvier) Montréal⁴

II.—CAMPEAU, Michel, [Etienne I.
Massé, Jeanne, [Martin I.
Anonyme, b et s⁴ 20 Mars 1697.— *Jeanne*, b⁴ 6 fev. 1698. — *Michel*, b⁴ 25 et s⁴ 28 fev. 1700.— *Marie-Anne*, b... ; m 20 mars 1734, à Pierre Belle-perche au Detroit.³ — *Antoine*, b⁴ 1 janv. 1702 ; m³ 4 janv. 1736 à Marie-Anne Pelletier.— *Mar-guerite*, b 2 et s¹ 4 nov. 1703.— *Marie-Anne*, b 1 et s⁴ 3 nov 1704.— *Marguerite*, b³ 2 mars 1708.— *Paul-Alexandre*, b³ 14 sept. 1709 ; m³ 5 fev. 1742, à Marie Charlotte Pineau — *Michel*, b... ; m³ 7 fev. 1740 à Marie-Joseph Buteau.

1698, (28 janvier) Montréal.¹

II. — CAMPEAU, Frs., taillandier, [Etienne I.
Brossard, Madeleine, [Urbain I.
François, b¹ 30 mai 1699. — *Joseph*, b¹ 14 sept. 1703.—*Jean-Baptiste*, b 16 sept. 1701, à Boucherville. — *Claude*, b¹ 31 mars 1709.

1699, (1 décembre) Montréal. ²

II. — CAMPEAU, Jacques, taillandier, [Etienne I.
Catin, Cécile, [Henri I.
Jean-Louis, b² 26 août 1702. — *Henri*, b² 3 dec. 1704.

I. — CAMUS dit Lafeuillade (1), Pierre, b 1666, à Montesson, soldat de Mr de Cruzel ; s 10 sept 1687, à Lachine.

1688, (9 novembre), Ste Famille. ⁶

I. — CANAC, Marc-Antoine, b 1666, fils d'Alex-andre et d'Anne ———, de la ville de Cas-tres.
Nourice, Jeanne. [Marin I.
Thérèse, b⁶ 18 septembre 1689. — *Reine*, b⁶ 1er août 1691 ; m...., à Thomas Chrétien — *Cathe-rine*, b⁶ 5 dec. 1693. — *Marc*, b⁶ 3 mars 1696.— *Marie-Joseph*, b⁶ 21 fev. 1698. — *Pierre-Antoine*, b 14 mars 1700, à Quebec.—*Joseph*, b⁶ 25 fev. 1702 ; m..., Madeleine Drouin.— *Jean-Baptiste*, b⁶ 14 juin 1704.

CANADA. — Voyez Enau, Pierre.

1688, (27 juillet), Lachine. ⁵

I — CANAPLE dit Valtagagne, André, tonne-lier, b 1656, fils d'André, maltre-tonnelier, et de Marie Hédet, de Paris.
Cadieu, Marie (2), s⁵ 28 octobre 1694. [Jean I.
Marie, b⁵ 30 avril 1689.

I. — CANIARD, Joseph. — Voyez Cognart

1677, (19 octobre), Québec.

I. — CANNARD, et Canard, Pierre, b 1640, fils de Jacques et de Marie Levasseur, de N.-D. de Choisé, évêché de Tours ; s 21 mars 1700, à Charlesbourg.
Peltier, Marie, [François I.
veuve de Mathieu Renault, (3).
Marguerite, b 1678.

CANSEL, Pierre, b 1642, établi à Sorel en 1681.

1696, (8 octobre), Montréal. ⁴

I. — CANTERA dit Deslauriers, Bernardin, sol-dat de M. du Luth, b 1665, fils de Vite et de Marguerite Forpé, de Mazaré, évêche d'A-gen.
Danny, Petronille, [Honoré I.
veuve de Charles Brouillard.

---

(1) Tué par les Iroquois, avec neuf français, et inhumé dans la baie d'Urfé, proche le lieu destiné pour bâtir l'église St. Louis du haut de l'Ile de Montréal.—*Registre de Lachine.*
Les corps de ces dix infortunés ont été retrouvés, en 1867, et inhumés dans l'église de Ste. Anne du Bout de l'Ile. M. le curé Chèvrefils conserve un petit crucifix trouvé sur l'une des victimes.—*Note de l'Auteur.*

(2) Tuée par les Iroquois, le 5 août 1689.
" Sur l'habitation d'André Rapin, nous avons trouvé dans un creux, cinq têtes.... dont une, de Marie Cadieu, femme d'André Canaple dit Valtagagne, dont les os furent trouvés dans une fosse, au pied du grand bastion du fort Rolland."—*Registre de Lachine*, 28 oct. 1694.

(3) Elle épouse, le 24 sept. 1702, Jean Joubert, à Charles-bourg.

Louis-Bernard, b ⁴ 14 juillet 1697.— *Raymonde-Charlotte*, b ⁴ 25 novembre 1698. — *Joseph*, b ⁴ 9 juillet 1700. — *Jean-Baptiste*, b 1ᵉʳ mars 1703, à Sᵗ François, Ile-Jesus. ⁷ — *Angélique*, b ⁷ 13 fév. 1705. — *Catherine*, b ⁷ 17 mai 1707. — *Michel*, b ⁷ 21 avril 1709.

CANTIN. — Voyez QUENTIN.

I. — CAP-DE-VILLE — Voyez KADEVILLE.

I. — CAPELLE, FRANÇOISE, b 1626, en France, fille de Julien et de Laurence LeCompte.
1° m à Jean TURCOT; 2° m... 1654, à Jacques LUCAS; 3° m 1 fév. 1660, à Jacques LEMARCHAND, aux Trois-Rivières; s 20 avril 1699, à Champlain.

1696, (14 novembre) Varennes. ⁷

I. — CAPEL DIT DESJARDINS, JEAN, (1) soldat de Mʳ de Vaudreuil, fils de Nicolas et de Marie Bonhomme, de St. Aubin, évêché de Fécamp.
AUBRY (Tec), Madeleine, (2) [TÈCLES I.
Jean-François, b 23 août 1697 à Montreal.— *Marie-Geneviève*, b 18 mars 1699 à Ste. Foye.

I. — CAPONE, PIERRE —Voyez CHAMPOUT.

I. — CARABE, ANDRÉ.
b 1659; s 10 août 1689, à Montréal.

I. — CARABI. — Voyez DOMINGO.

CARBONNEAU. — Voyez CHARDONNEAU.

1672, (26 novembre) Ste. Famille. ⁷

I. — CARBONNEAU DIT PROVENÇAL, HESPERY (ou ESPRIT, HASPERI et PRIX) b 1643, fils d'Antoine et de Marguerite Petit, de D'hatte, en Provence; s 13 janv. 1715 à St. François, Ile d'Orleans. ⁸
LANDRY, Marguerite, [GUILLAUME I.
Jacques, b ⁷ 9 dec. 1674; m 1697, à Geneviève Martin, s 9 dec. 1708 à St. Michel. — *Pierre*, b ⁷ 1ᵉʳ nov. 1677, s ⁷ 22 nov. 1677.— *Marie*, b ⁷ 27 mars 1679; m ⁸ 2 août 1698, à Pierre BUTEAU. — *Thérèse*, b ⁸ 16 juin 1684; 1° m ⁸ 21 nov. 1701, à Pierre MENANTEAU; 2° m ⁸ à François QUENNEVILLE.— *Marguerite*, b ⁸ 30 avril 1688 — *Joseph*, b ⁶ 2 nov. 1691.— *Philippe*, b ⁶ 3 mai 1698.— *Jean*, b...; m ⁸ 21 oct. 1722, à Gertrude LEPAGE.

1697,

II. — CARBONNEAU, DIT PROVENÇAL, JACQUES, s 9 dec. 1708, à St. Michel. ³ [HESPERY I.
MARTIN, Geneviève, (3) [PIERRE I.
Jacques-Augustin, b...; s 14 sept. 1698, St. François, I. O. — *Angélique*, b³ 6 avril 1700.— *Jacques*, b ³ 27 janv. 1702; m 23 oct. 1725, à Ste. Anne, à Jeanne GUIMONT. — *Jean-Baptiste*, b³ 18 août 1704.— *Marie-Geneviève*, b 4 avril 1707, St. Thomas.

(1) En 1697, ce nom s'est écrit "Abel."
(2) Elle épouse, le 24 nov. 1700, Olivier LAISNÉ, à Montréal.
(3) Elle épouse, en secondes noces, Jean BLAIS.

I.—CARBONET DIT DESNOYERS, MARIE-MADELEINE, b 1639; m à Etienne Sédilot; s 17 mars 1711, à Charlesbourg.

I. — CARCIREUX, SYLVINE, femme d'Antoine Andrieu, en 1668.

1669,

I. — CARDIN, NOEL.
LÉONARD, Jeanne.
Maurice, b 9 oct. 1670, Trois-Rivières ⁹; m ⁹ 14 nov. 1695, à Madeleine DUGUAY.

I. — CARDIN, MATHURIN, b 1626, était à Beauport en 1681.

1695, (14 novembre) Trois-Rivières. ⁷

II. — CARDIN, MAURICE, [NOEL I.
DUGUAY, Marie-Madeleine, [JACQUES I.
Marie-Madeleine, b ⁷ 17 août 1696; s ⁷ 1ᵉʳ dec. 1703. — *Marie-Josette*, b ⁷ 18 mars 1698. — *Joseph*, b ⁷ 19 mai 1702; ordonné prêtre, 23 avril 1730; s 20 mai 1751. — *Marguerite*, b ⁷ 19 oct. 1708, m ⁷ 13 fév. 1729, à Jean-François CHASTELAIN. — *Marie-Jeanne*, b ⁷ 1ᵉʳ août 1710. — *Marie-Charlotte*, b ⁷ 10 et s 13 dec. 1716.

I. — CARDINAL, SIMON-JEAN.
b 1619; s 9 août 1679, à Lachine. ⁶
GARNIER, Michelle (1).
b 1638.
Jean, b 1654; m⁶ 10 nov. 1689, à Marguerite PLUMEREAU.— *Jacques*, b 1659; m 23 nov. 1682, à Louise ARRIVÉ, à Montréal⁷; s 18 mai 1724, au Detroit.— *Gabriel*, b ⁷ 12 fév. 1661; m⁷ 7 avril 1682, à Anne PHANSÈQUE.— *Etienne*, b⁷ 16 sept. 20 janv. 1701.— *Pierre*, b⁷ 31 mai 1665; m ⁷ 17 sept. 1685, à Marie MATOU.— *Simon*, b⁶ 11 sept. 1667. — *Cécile*, b⁷ 4 mai 1670; s⁷ 15 nov. 1671.

1682, (7 avril) Montréal. ⁹

II.—CARDINAL, GABRIEL, [SIMON I.
PHANSÈQUE, Anne, veuve d'Hubert LeRoux.
Jean-Baptiste, b ⁹ 24 juin 1683; m à Louise CHAUSSE.

1682, (23 novembre) Montréal. ⁸

II.—CARDINAL, JACQUES, [SIMON I.
s 18 mai 1724, au Détroit.
ARRIVÉ, Louise, [JACQUES I.
Jacques, b⁸ 23 juillet, 1685; m 1718, à Jeanne DUGUAY.— *Marie*, b ⁹ 25 oct. 1686 — *Cunégonde*, b⁸ 16 avril 1689 — *Bertrand*, b⁸ 4 mai 1691.— *Marie-Louise*, b ⁸ 21 sept. 1694.— *Barbe*, b⁸ 26 août 1606. — *Marie-Madeleine*, b⁸ 15 fév. 1699.— *Marie*, b 24 avril 1702, à Lachine⁹; s ⁹ 9 fév. 1703.

1685, (17 septembre) Montréal. ⁶

II.—CARDINAL, PIERRE, [SIMON I.
MATOU, Marie-Catherine, [PHILIPPE I.
Pierre, b 26 août 1687, à Lachine⁷; m⁶ 28 déc. 1712, à Madeleine CÉSAR. — *Marie*, b⁷ 20 avril

(1) Elle épouse, le 23 avril 1680, Jean Chevalier, à Lachine.

1689. — *Jean-Baptiste*, b⁷ 5 fév. 1691 , m⁷ 17 fev. 1727, à Louise MASSICOT. — *Daniel*, b⁷ 19 avril 1692, m 1716, à Marie-Madeleine GIBAUT. — *François*, b⁷ 29 avril 1693. — *Charles*, b⁷ 20 fev. 1695 ; s⁷ 8 avril 1710 — *Marie-Françoise*, b⁷ 31 juillet 1697, m⁷ 20 sept. 1721, à Pierre HUBERT. — *Marguerite*, b⁷ 3 juillet 1699, s⁷ 26 oct. 1721. — *Françoise*, b 5 et s⁷ 7 juin 1700. — *Marie-Anne*, b⁷ 27 sept. 1701. — *François*, b⁷ 30 sept. 1701, m⁷ 14 nov 1725, à Marie-Josette MELOCHE. — *Angélique*, b⁷ 24 janv. et s⁷ 16 avril 1703. — *Simon*, b⁷ 22 fev. 1704. — *Gabriel*, b⁷ 18 juillet 1705. — *Jacques*, b⁷ 23 juillet et s⁷ 17 août 1707. — *François*, b⁷ 23 août 1719.

1689, (10 novembre) Lachine.

II. — CARDINAL, JEAN,   [SIMON I.
PLUMEREAU, Marguerite,   [JULIEN I.

1698, (24 novembre) Montréal. ⁷

I. — CARDINAL, PIERRE, b 1668, fils de François et de Perinne Racaut, de Fontenay-le-Comte, évêché de Poitiers.
THUILLIER, Marie-Anne,   [JACQUES I.
Pierre, b 30 sept. 1699, à la Pointe-aux-Trembles de Montréal. — *François*, b⁷ 12 sept. 1701. — *Pierre*, b⁷ 23 déc. 1704 ; m 5 août 1720, à Geneviève FAUCHER, à Lachine.

I. — CARÉ, FRANÇOIS.
b 1653, s 19 fév. 1723, à l'Ile Dupas.

1687.

I — CARESTILLE, BERNARD, Espagnol.
GUITTE, Jeanne.
Jean, b 26 août 1688, à Montréal.

CARIGNAN. — Voy. DUCLOS.

I. — CARION, DE, PHILIPPE (1)
s avant 1684.
DES HEVRES, (2) Pétronille.
b 1632 ; s 3 août 1682, dans l'église de Montréal. ⁰
Jeanne, b⁰ 19 sept. 1672 ; 1⁰ m⁰ 7 fév. 1684, à Jacques LEMOYNE ; 2⁰ m 13 déc. 1691, à Joseph DEMONIC.

1637, (25 octobre), Québec. ⁵

I — CARON, ROBERT.
s⁵ 8 juillet 1656. (3)
CREVET, Marie, (4) ; b 1621.
Jean-Baptiste, b⁵ 10 juillet 1641 ; m 16 nov. 1661, au Château-Richer,⁶ à Marguerite GAGNON. — *Robert*, b⁵ 20 fev. 1647 ; m⁶ 14 nov. 1674, à Marguerite CLOUTIER ; s 30 avril 1714, à Ste Anne. — *Catherine*, b⁵ 24 nov. 1649, 1⁰ m⁴ 30 nov. 1662, à Jacques DODIER ; 2⁰ m 30 avril 1680, à Ste Anne, à Pierre DUPRÉ. — *Joseph*, b⁵ 29 mars 1652 ; m à Elizabeth BERNIER ; s 30 mai 1711, au Cap St Ignace.

(1) Sieur du Fresnoy, lieutenant de M. de la Motte.
(2) Elle signe " Maurel."
(3) " Décédé à l'hôpital après avoir reçu heureusement et saintement tous les sacrements."
(4) Elle épouse, le 27 juillet 1666, Noël Langlois.

— *Pierre*, b⁵ 12 juillet 1654 ; m⁵ 19 fev. 1678, à Marie BERNIER. — *Marie*, b..., m⁵ 28 juillet 1656, à Jean PICARD. — *Aymé*, b... 1655 ; m... à Noel LANGLOIS ; s 5 août 1685, à Beauport.

I. — CARON, MICHEL.
de Mederolles, evêché de Lyon.
ALARD, Jeanne.
Vital, b..., m 10 fév. 1686, au Château-Richer, à Marguerite GAGNON.

I. — CARON, JEAN, forgeron.
b 1651, de La Rochelle.
1⁰ RABOUIN, Elizabeth,
s 7 oct. 1691, à Champlain. ²
Anonyme, b et s 3 août 1686, à Sorel. ³ — *André*, b³ 1687 ; s³ 5 janv. 1688. — *Joseph*, b³ 9 janv. 1690 ; s 23 nov. 1695, à Batiscan. ⁴

1696, (27 fevrier), Champlain. ²
2⁰ BILLY, Therese,   [FRANÇOIS I.
Marie-Anne, b⁴ 6 janv. 1697. — *Joseph*, b² 30 mai 1698 — *Thérèse*, b² 7 avril 1700. — *Marie-Thérèse*, b² 21 avril 1702. — *Marie-Josephte*, b² 20 août 1705. — *Antoine*, b² 18 janv. 1709. — *Marie-Renée*, b... ; m... à François RIVARD.

1661, (16 novembre), Château-Richer. ³

II. — CARON, JEAN,   [ROBERT I.
s 29 dec. 1706, à Ste Anne. ⁴
GAGNON, Marguerite,   [JEAN I.
Pierre, b³ 10 fev. 1663 ; m 1689, à Geneviève MAHEU. — *Marguerite*, b³ 11 août 1664. — *Marie-Anne*, b³ 11 nov. 1665 ; m⁴ 10 avril 1684, à Charles LESSART. — *Marguerite*, b⁴ 15 juin 1668 ; m⁴ 12 nov. 1685, à Noël PARÉ. — *Jean*, b⁴ 19 mars 1672, 1⁰ m... à Rosalie SIMARD ; 2⁰ m⁴ 16 oct. 1714, à Agnès POULIN. — *Louise*, b⁴ 25 juillet 1674 ; m⁴ 3 juin 1697, à Louis BOLDUC. — *Geneviève*, b⁴ 11 mars 1677 ; 1⁰ m⁴ 30 oct. 1694, à Jean BERNIER, 2⁰ m 1717, à Jacques RODRIGUE. — *Gertrude*, b⁴ 1ᵉʳ s⁴ 9 oct. 1679. — *Gertrude*, b⁴ 15 fev. 1681 ; m⁴ 20 avril 1700, à Joseph SIMARD ; s⁴ 24 nov. 1701. — *Ursule*, b⁴ 18 juillet 1684 ; m⁴ 30 octobre 1701, à Philippe BERNIER.

1671,

I. — CARON, CLAUDE, b 1641, de St. Jean, evêché de Clermont.
VARENNE, Madeleine, b 1641, fille de Claude Varenne, de St. Jean, évêché de Clermont.
Claude, b 1ᵉʳ août 1672, à Laprairie⁶, 1⁰ m 20 juin 1695, à Elizabeth PERTHUIS, à Montreal⁷; 2⁰ m⁷ 12 nov. 1703, à Jeanne BOYER. — *Vital*, b⁶ 11 août 1673, m⁷ 24 janv. 1698, à Marie PERTHUIS. — *Madeleine*, b⁶ 20 et s⁶ 30 oct. 1674. — *Jean*, b⁶ 6 oct. 1675 ; s⁶ 12 déc. 1687. — *Jeanne*, b⁶ 30 nov. 1677 ; s⁶ 16 oct. 1687. — *Mathieu*, b⁶ 12 juillet 1679, s⁶ 18 mai 1684. — *Marie*, b⁶ 8 oct. 1680 ; m¹ 1ᵉʳ oct. 1696, à Urbain GERVAISE ; s⁷ 8 août 1699. — *Catherine*, b⁶ 2 juillet 1683 ; s⁶ 18 janv. 1684. — *Louise*, b... ; m⁶ 21 avril 1688, à Jean-Baptiste TESSIER.

1674, (14 novembre) Château-Richer.

II. — CARON, ROBERT,   [ROBERT I.
s 30 avril 1714, à Ste. Anne. ⁶

CLOUTIER, Marguerite, [JEAN II.
Ignace, b⁶ 12 déc. 1679 ; m à Marie GAULIN.—
François, b⁶ 24 sept 1675 ; m⁶ 31 janv. 1702, à
Françoise PARÉ. — *Anne-Cécile*, b⁶ 30 déc. 1677 ;
m⁶ 20 janv. 1698, à Joseph LEFRANÇOIS. — *Au-
guste*, b⁶ 13 mars 1682 ; m à Madeleine GAULIN.—
Claude, b⁶ 25 sept. 1684; 1° m à Marie-Marthe
GAULIN, 2° m⁶ 25 juin 1725, à Madeleine PEPIN —
Joseph, b⁶ 7 avril 1686, 1° m 29 sept. 1727, à Angé-
lique GUAY, à Levis, 2° m 31 mars 1728,à Madeleine
LEVASSEUR, à Québec. — *Marguerite*, b⁶ 9 juillet
1688; m⁶ 19 avril 1706, à Jean LETOURNEAU.—
Alexandre, b⁶ 29 oct. 1690 ; m⁶ 13 nov. 1719, à
Dorothee LESSARD. — *Angélique*, b⁶ 23 oct. 1692 ;
m⁶ 26 août 1711, à Alexandre GAGNON.— *Joseph*,
b...; 1° m 27 fev. 1713, à Marie-Madeleine BER-
NIER, au Cap St. Ignace ; 2° m... ; 3° m....—*Agnes*,
b⁶ 15 juin, 1702. — *Marie-Madeleine*, b... ; m⁶ 5
juin 1714, à Joseph JACOB.

1678, (19 février) Québec.

II. — CARON. PIERRE. [ROBERT I
'BERNIER, Marie. [JACQUES I.
Marie-Jeanne, b 9 déc. 1678; m 19 nov. 1696,
à Louis FOURNIER, au Cap St. Ignace. ⁷— *Geneviève*, b⁷ 9 avril 1680 (1); m⁷ 8 janv. 1695, à
Joseph MINVILLE.— *Elizabeth*, b⁷ 14 oct. 1682 ;
m⁷ 7 janv. 1702, à Augustin GRAVELLE.— *Joseph*,
b⁷ 19 mars 1685, s⁷ 14 déc. 1686.—*Joseph*, b⁷
1687; s⁷ 18 nov. 1688.— *François*, b⁷ 19 sept
1689 ; m⁷ 28 avril 1710, à Anne-Geneviève Do-
MINGO. — *Louise*, b⁷ 21 nov. 1692; 1° m⁷ 28 mai
1713, à Augustin GAMACHE, 2° m⁷ 11 janv. 1719,
à Pierre FORTIN.— *Joseph*, b⁷ 5 mai 1701 ; s⁷ 29
mars 1703.

1686, (10 février) Château-Richer.

II. — CARON, VITAL, bourgeois, [MICHEL I.
s 6 mars 1730, à Québec. ⁹
GAGNON, Marguerite, [MATHURIN I.
s ⁹ 17 avril 1742.
Marguerite, b ⁹ 26 déc. 1686 ; m ⁹ 2 juillet 1703,
à Jean MAILLOU ; s ⁹ 1ᵉʳ mai 1719. — *Marie-Anne*,
b ⁹ 15 mai 1689 ; m ⁹ 5 août 1715, à Jean RASSET ;
s ⁹ 26 mars 1755.— *Angélique*, b ⁹ 15 sept. 1690 ,
m ⁹ 24 janvier 1713, à Pierre PERTHUIS.— *Agnès*,
b ⁹ 16 août 1692, s ⁹ 20 juin 1755.— *Marie-Françoise*, b ⁹ 3 juin 1696 ; m ⁹ 17 janv. 1718, à Claude
CARPENTIER ; s ⁹ 11 juillet 1719.— *Marie-Joseph*,
b ⁹ 5 juillet 1698 ; m ⁹ 2 nov. 1727, à Noel DE
RAINVILLE ; s ⁹ 5 fév. 1748. — *Joseph-Vital*, b ⁹ 9
nov. 1699; 1° m à Marie-Angelique GUAY; 2° m ⁹
31 mars 1728, à Marie-Madeleine LEVASSEUR.—
Antoine, b ⁹ 16 juin 1702; s ⁹ 9 fév. 1703.—
Nicolas, b... ; m ⁹ 14 sept. 1729, à Marguerite DE
RAINVILLE.— *Joseph*, b...; 1° m ⁹ 9 fév. 1733, à
Catherine CLICHE; 2° m..., à Charlotte JOLLIET.

II. — CARON, JOSEPH, charpentier, [ROBERT I.
s 30 mai 1711, au Cap St. Ignace. ⁷
BERNIER, Elizabeth, [JACQUES I
s 5 avril 1744, à l'Ilet. ⁴

(1) Ce baptême a aussi été enregistré à l'Islet et à la
Pointe-aux-Trembles de Québec—Ces entrées doubles et
triples se rencontrent plusieurs fois à cette époque, c'est
pourquoi nous ne conservons que l'entrée des registres où
résident les familles.

Joseph, b ⁷ 19 nov. et s ⁷ 26 déc 1686. — *Joseph*,
b ⁷ 28 fév. 1689 ; m ⁵ 1ᵉʳ juin 1711, à Marie-Anne
FORTIN—*Jean-Baptiste*, b⁷ 6 et s⁷ 26 avril 1691.—
Jean-Baptiste, b⁷ 15 avril 1692, s⁴ 6 juin 1700. —
Marie-Catherine, b⁷ 26 mai 1695 — *Pierre*, b⁷ 18
oct. 1697; s⁴ 15 janv. 1711 — *Louis*, b⁴ 9 janv.
1700 ; m⁷ 17 fév. 1727, à Marie LEMIEUX—*Charles*,
b⁴ 11 nov. 1702; s⁴ 4 janv. 1705.— *Augustin*,
b⁴ 17 sept. 1704.— *Elizabeth*, b⁴ 13 juin 1706.—
Marie-Josette, b⁴ 6 avril 1708.— *Pierre*, b... ; s²
25 janv. 1712 — *Jean-Baptiste*, b⁴ 26 oct. 1715.—
Michel, b⁴ 26 oct. 1715.— *Marie-Madeleine*, b⁴
26 avril 1717.— *Charles*, b... ; m⁴ 4 juin 1731, à
Marie-Josette GAULIN.

1689.

III — CARON, PIERRE. [JEAN II.
MAHEU, Geneviève.
Isidore, b 20 nov. 1690, à Ste. Anne.

1695, (20 juin) Montréal. ⁹

II. — CARON, CLAUDE. [CLAUDE I.
1° PERTHUIS, Elizabeth, [PIERRE I.
s ⁰ 23 avril 1703.
Claude, b ⁰ 8 mai 1696. — *Vital*, b ⁰ 13 mai
1698. — *Jean-Baptiste*, b ⁰ 19 juillet et s ⁰ 1 août
1699.— *Vital*, b ⁰ 14 mai 1700. — *Elizabeth*, b ⁰
31 déc. 1700. — *Charles*, b et s⁰ 17 avril 1703.

1703, (12 novembre) Montréal.

2° BOYER, Jeanne, [NICOLAS I.
Nicolas, b ⁰ 18 sept. 1704.

1698, (24 janvier) Montréal. ⁹

II. — CARON, VITAL. [CLAUDE I.
PERTHUIS, Marie. [PIERRE I.
Anne, b ⁹ 17 déc. 1698.—*Marie*, b 21 avril 1702,
à Lachine⁴; m⁴ 14 déc. 1721, à Jean-Baptiste
BRAULT.— *Jean-Baptiste*, b ⁴ 27 avril 1704.—
Angélique, b⁴ 17 fév. 1706.— *Catherine*, b ⁴ 25
déc. 1707 — *Jeanne*, b⁴ 28 nov. 1709.—*Anonyme*,
b et s⁴ 14 août 1717.

I. —CARPENTIER, CLAIRE, femme de Nicolas
BOURGEOIS, en 1667.

1671, (24 août) Québec. ⁹

I. —CARPENTIER, CLAUDE, (1) b 1636, fils de
Florent et de Marie Gerlet, de Neuville, évêché
de Rouen : s 27 février 1709, à la Pointe-aux-
Trembles de Québec. ⁰
DE STE. FOY, Marguerite, b 1648, (2) veuve de
Jacques Achon ; s 14 nov. 1700.
Jean-Baptiste, b ⁹ 1er août 1672; m ⁰ 18 avril
1701, à Marie-Françoise GENTY.— *Elizabeth*, b ⁹
25 déc. 1673 ; m ⁰ 20 nov. 1696, à Jean-François
DUBUCQ.— *Alexis*, b ⁹ 6 déc. 1675; m ⁹ 26 avril
1701, Marie MARIEN.—*Benoit*, b ⁹ 2 fév. 1678 ; m ⁰
30 mai 1708, à Jacques DUBUCQ; s ⁰ 5 déc. 1729.
— *Antoine*, b ⁰ 17 mars 1680 ; 1° m ⁹ 21 nov. 1708,
à Thérèse MAILLOU ; 2° m ⁹ 12 oct. 1717, à Marguerite DE TRÉPAGNY ; s ⁹ 23 mars 1736.— *Fran-

(1) Charpentier, établi à la Pointe-aux-Trembles de
Québec.

(2) Elle est aussi appelée Bonnefoy.

cois, b º 3 nov. 1682 ; m º 17 janv. 1707, à Marie-Anne BÉLAND —*Claude*, bº 29 juillet 1684 ; 1º mº 17 janv. 1718, à Françoise CARON ; 2º mº 26 avril 1722, à Geneviève MARCHAND, s º 7 juillet 1728.— *Louis*, b º 21 juillet 1686 — *Etienne*. bº 4 mai 1688 ; mº 25 nov. 1715, à Marie-Charlotte BLAN-CHON ; sº 2 fév. 1724.— *Joseph*, bº 9 juillet 1690, 1º à Marie-Louise SÉVIGNY ; 2º m º 9 nov. 1729, à Marie-Anne BÉLAND.

CARPENTIER, MARIE-JOSEPH, b 1677, Sœur dite Ste. Geneviève, Congrégation Notre-Dame ; s 2 juin 1747, à Montreal.

1672.

I.—CARPENTIER, NOEL, b 1643.
Toussaint, Jeanne, b 1658 ; s 17 déc. 1708, à Champlain. [8]
Madeleine, b 1673 ; mª 21 janv. 1697, à Jean GUÉVREMONT ; sº 6 nov. 1703. — *Jeanne*, b 1676.— *Etienne*, b 1678 ; mª 10 janv. 1714, à Madeleine ROUILLARD. — *Médar*, bª 6 août 1681. — *Marie-Marguerite*, bª 4 mars 1684 ; mª 26 mai 1706, à Jacques VALOIS. — *Marie-Antoinette*, b ª 26 janv. 1687. — *Marie-Thérèse*, bª 3 juillet 1689 ; mª 7 janv. 1713, à Pierre BOURBEAU. — *Anne-Céleste*, bª 18 juin 1691.— *Jacques*, bª 14 avril 1694. — *Noel* bª 20 janv. 1697.

CARPENTRA. — Voy. L'AMOUR — PEIR.

1654, (30 avril) Québec. [9]

I. — CARREAU DIT LAFRAICHEUR, LOUIS, b 1621, fils d'Andre et de Jacquette Caussade de Bordeaux.
LEROUGE, DIT ST. DENIS, Jeanne, b 1625, fille de Pierre et de Marguerite Joly, de Ginville en Champagne ; sª mars 1696, à l'Ange-Gardien.[1]
Marie, bº 21 mars 1655 ; m 30 nov. 1669, à Médéric BLOUIN, au Château-Richer[2] — *Louis*, bº 7 dec. 1656 ; sº 11 janv. 1657.— *Jean*, bº 29 déc. 1657 ; sº 6 janv. 1658 — *Jeanne*, bº 26 janv. 1659.— *Marguerite*, bº 24 juin 1662 ; 1º mª 17 fév. 1681, à Louis PRÉVOST ; 2º m 25 nov. 1687, à Mathieu TEXIER, à Beauport. — *Louise*, bº 18 avril 1664 ; mª 7 fév. 1689, à François GARNAUD.— *Marie*, bª 3 et sª 15 fév. 1670. — *Marie*, bª 1ᵉʳ fév. 1671. — *Joseph*, b... ; mª 15 oct. 1696, à Barbe LETARTRE.

1696, (15 octobre) L'Ange-Gardien.[8]

II.—CARREAU, DIT LAFRAICHEUR, Jos. [LOUIS I.
LETARTRE, Barbe, [CHARLES II.
Louis, bª 10 oct. 1697 ; sª 7 août 1699. — *Pierre*, bª 1ᵉʳ fév. 1699. — *Geneviève*, bª 19 déc. 1700 ; m ª 16 oct. 1719, à Louis GIROUX. — *Catherine-Ursule*, bª 29 juin 1702. — *Joseph*, bª 5 fev. 1704. — *Augustin*, bª 9 mars 1705. — *Louis*, bª 7 avril 1709 — *Louis*, bª 18 sept. 1711. — *Louis*, bª 5 nov. 1713.

CARRIER. — Voy. JAMME, 1689.

1670, (14 novembre) Québec. [8]

I.—CARRIER, Jean, b 1640, fils de Jean et de Jeanne Dodier de St. Georges, évêché de Xaintes.

HALLAY, Barbe, [JEAN I.
s 18 juin 1696, à Lévis. [7]
Ignace-Philippe, bª 7 sept. 1671 ; 1º mª 16 juin 1693, à Périnne GARNET, 2º m ª 2 juin 1710, à Rosalie DUQUET, sª 23 août 1765.—*Marie-Anne*, bª 20 janv. 1674 ; mª 16 nov. 1695, à Pierre TURGEON. — *Charles*, bª 26 dec. 1678 ; mª 15 juin 1699, à Marie GESSERON ; sª 27 sept. 1740. — *Louise*, b... ; m... —*Jean*, bª 10 déc 1682, m..., à Jeanne SAMSON.

1670, (17 novembre) Montréal. [9]

I. — CARRIER, ANDRÉ, b 1640, fils de François et d'Elizabeth Malauzet, de Ste. Catherine de Villeneuve, evèché d'Agen.
JANOT, Cécile. [MARIN I.
Françoise, bº 8 fév. 1672 ; sº 21 janv. 1682.— *Marie*, b 24 oct. 1677, à la Pointe-aux-Trembles de Montréal[º] ; mº 4 mai 1699, à Philippe LE DUC. — *Cécile*, bº 15 oct. 1673 ; mº 10 nov. 1692, à Jacques CHAPERON. — *André*, bº 29 sept. 1675.— *François*, bº 10 mars 1680. — *Joseph*, bº 24 avril 1682.— *Antoine*, bº 6 nov. 1683 ; m 20 avril 1718, à Madeleine QUESNEL, à Lachine. — *Catherine*, bº 9 déc. 1685.— *Marie-Thérèse*, bº 15 juin 1692 ; sº 30 mai 1699. — *Jacques*, bº 2 février 1697.

1693, (16 juin), Lévis.[6]

II. — CARRIER, IGNACE, [JEAN I.
s 23 août 1765.
1o. GRENET, Perinne-Geneviève, [FRANÇOIS I.
Ignace, b 1694 ; mº 27 mai 1722, à Elizabeth ROCHON ; sº 4 mai 1765. — *Louise*, bº 24 oct. 1695 ; mº 23 janv 1714, à Jean-Baptiste BÉGIN, — *Joseph*, bº 9 oct. 1697 ; m 7 nov. 1727, à Louis GOSSELIN, à Québec ; sº 27 juillet 1765. — *Marie-Jeanne*, bº 9 nov. 1698 ; sº 9 mars 1703, à St. François, (I. O.)[2] — *Marie*, bº 17 sept. 1700 ; mº 6 nov. 1720, à Charles CHARTIER. — *Elizabeth*, bº 30 nov. 1702 ; mº 8 nov. 1728 à Augustin COUTURE ; sº 7 mars 1737 — *Catherine*, bº 30 nov. 1702 ; mº 9 juin 1732 à Augustin HALLÉ ; s... *Joseph*, bº 26 avril 1704.— *Augustin*, bº 30 janv. 1709 ; m 9 nov. 1739, à Geneviève BERNIER, au Cap St. Ignace ; sº 23 fev. 1757. — *Jean-Baptiste*, bº 30 janv. et sº 10 avril 1709. — *Françoise*, b... ; mº 27 oct. 1727, à François AUBERT. — *Louis*, b... — *Charles*, b...

1710, (2 juin) Lévis.[6]

2o. DUQUET, Rosalie, [JEAN I.
Jean-Baptiste, bº 21 avril 1711 ; mº 16 juin 1735 à Louise GUAY, — *Rose*, b... ; mº 9 fév. 1739, à Etienne LEMIEUX. — *Marie-Louise*, bº 20 mai 1718 ; mº 21 août 1742 à Jean-Baptiste HALLÉ — *Marie-Marguerite*, bº 22 mai et sº 1 juin 1723. — *Joseph*, bº 7 et sº 28 dec. 1725. —*Suzanne*, bº 27 janv. 1727 ; mº 21 août 1755, à Frédéric PAIN. — *Joseph-Marie*, bº 25 Mars 1732. — *Marie-Geneviève* bº 19 mai et sº 3 juin 1730.

1699, (15 juin) Lévis.[0]

II.—CARRIER, CHARLES, [JEAN I.
[LOUIS I.
GESSERON, Marie,
s º 20 mai 1756.

Marie-Anne, b º 9 mai 1700 ; m à Jean Guay.
— Charles, b º 2 nov. 1701 ; m º 17 nov. 1727, à
Véronique Guay ; s º 23 mars 1746. — Joseph, b º
1705 ; 1o. m º 5 nov. 1737 à Marie-Anne Guay ;
2o. m º à Françoise Lacombe , s º 27 juillet 1765.
— Barbe, b º 8 février 1708 ; m º 12 oct. 1729, à
Charles Guay ; s º 7 janv. 1762 — Marie-Angélique, b º 22 janv. 1710. — Jean b º 20 mai 1712 ;
m º 21 janv. 1743 à Geneviève Huard. — Marie-
Elizabeth, b º 15 août 1719, s º 24 août 1757. —
Marie-Louise, b º 1er sept 1722. — Marie-Geneviève, b º 5 janvier 1725, m à Ambroise Lecours ;
s º 29 mai 1757. — François, b...; m º 13 janvier
1733, à Marie-Anne Huard — André-Joseph, b...;
m º 23 oct. 1742, à Suzanne Poiré. — Louis, b...;
m 1744, à Marie-Anne Guay.

CARRIÈRE. — Voyez Lebrun, Noel.

CARTIER, François. — Voyez Duclas, 1697.

CARTIER, Hélène, b 1636, fille de Pierre et de
Marie Lefebvre, de La Rochelle; m 31 juillet
1657, à Pierre Paillereau, à Québec ; s 1666.

1673, (23 octobre), Québec. [8]

I. — CARTIER, Paul, meunier, b 1643, fils de
Pierre et de Marie Pasquière, du bourg de
Migné, évêché de Poitiers, s...
Boyer, Barbe (1), b 1647, fille de Thomas et de
Marie Froide, de St Maurice, près Mortagne,
évêche de Chartres, s...
Marie-Madeleine, b 8 13 août 1674. — Paul, b 8
28 mai 1675; s 8 30 mai 1675. — Barbe, b 8 28
avril 1676 ; m 27 avril 1699, à Marin Supernon, à
Montreal — Marie-Angélique, b 8 28 janvier 1678,
m 8 27 avril 1699, à Pierre Normandin ; s 8 19
mars 1719. — Paul, b 9 avril 1680, à la Pointe-
aux-Trembles de Quebec. [2] — Etienne, b 3 oct.
1681, s 8 5 sept. 1687. — Rene, b 8 20 oct. 1685,
1o m 8 8 18 fév. 1727, à Marguerite Constantin ; 3o m 8 3 nov. 1739, à
Marie Boutret ; s 8 3 oct. 1767. — Jeanne-Elizabeth,
b 8 26 août 1687 ; m 8 25 nov. 1722, a Charles
Larcheveque. — Pierre, b 8 15 mars 1689. — Elizabeth, b 8 1er fev. 1690 ; s 9 5 juillet 1711. — Marguerite, b 8 3 mars 1692, sœur dite St. Amable,
Congregation N.-D. ; s 16 mars 1749, à Champlain. — Marie-Charlotte, b 8 19 janv. 1695. —
Marie-Louise, b 8 25 sept. 1683 , m 8 4 mai 1738,
à Jean-Baptiste Maranda.

1674, (17 septembre), Montréal. [1]

I. — CARTIER (2), Joseph, b 1647, fils de Joseph
et d'Elizabeth Fromont, de St. Martial, d'Angoulesme, s...
Celles-Duclos, Marguerite, (3) [Gabriel I.
Catherine, b 1675; s 1 19 fev. 1690. — Barbe,
b 11 sept. 1678, à la Pte-aux-Trembles de Mont-

réal. [9] — Joseph, b º 2 fev. 1681. — Angélique, b º
17 août 1684, s º 30 sept. 1688. — Jean, b º 28
dec. 1686; s º 8 sept. 1688. — Jeanne, b º 3 nov.
1689.

1679.

I. — CARTIER, Pierre, b 1649 ; s 8 mars 1712,
dans l'église de la Pte-aux-Trembles de Que-
bec. [3]
Gautier, Catherine, (1) [Charles II.
s 9 avril 1712.
Pierre, b 14 oct. 1680, à Ste Anne de la Pérade.
— Thérèse, b 1683, m 3 26 nov. 1708, à Nicolas
Cocquin , s 3 7 sept. 1711.

1685 (18 janv.), Pte-aux-Trembles de Québec. [4]

I. — CARTIER, Guillaume, b 1653, fils de Julien
et de Françoise Bourdain, de Dron, evêche
de Nantes.
Garnier, Marie-Etiennette, [François I.
Nicolas, b 4 7 mars 1686. — Marie-Françoise, b 4
18 janv 1688. — Louise-Angélique, b 4 2 fev. 1690 ;
m 30 juin 1713, aux Trois-Rivières, à Jacques
Blais. — Marie-Joselte, b 1694 ; s 16 sept. 1708, à
l'Ile Dupas.

CARTIGNIER, Marie, b 1653, fille de Robert et
de Bonne Colombiers, de N.-D. de Bonne
Nouvelle de Paris; 1o m 30 sept. 1669, à Germain Vannier, à Quebec ; 2o m 24 sept. 1685,
à Charlesbourg, 7 à Jacques Cayer ; 3o m 7
3 sept. 1691, à Marc Tessier.

I. — CARTOIS, Henriette, femme de Michel Autebout, 1671.

I. — De CARUEL dit BELLEVILLE, Charles.
Dubuc, Marie.
Anne, b 13 mars et s 21 avril 1692, à Québec.

CARUFEL, de. — Voyez Sicard de C. 1699.

1689, (14 février) Champlain. [0]

I. — CASAUBON, Martin, sergent, b 1659, fils de
Jean et de Françoise Maisonneuve, de St.
Jean De Lude, evêché de Bayeux ; s...
Le Pellé, Françoise, [Jean. I.
Jean, b º 9 nov. 1689. — Jean-François, b º 7 mai
1692, m à Marguerite Brisset. — Marie-Antoi-
nette, b º 14 juin 1698 ; s º 5 dec. 1708. — Marie-
Françoise, b º 15 août 1700. — Marie-Geneviève,
mais 1705, à l'Ile-Dupas. — Alexis, b 13 nov. 1707,
à Verchères.

1681, (27 avril) Contrecœur.

I. — CASAVAN dit Ladébauche, Jean, b 1649,
fils de Jean et de Marie Giguère, de St. Pierre,
evêche d'Auch.
Charpentier, Jeanne, [Jean I.
Séraphin, b 7 juillet 1682, à Contrecœur. —
Marguerite, b 17 oct. 1694, à la Pointe-aux-Trembles de Montreal. — Jean-Baptiste, b 23 mars 1698,

(1) Elle épouse, le 29 octobre 1698, Nicolas Foulon, à Québec.

(2) Cartier dit Larose, appelé aussi François, 1678,

(3) Elle épouse, le 9 novembre 1692, Nicolas Perthuis, à la Pointe-aux-Trembles de Montréal.

(1) Elle épouse, en 1683, Jean Roy.

à Québec º.—*Jean-Baptiste*, b 20 fév. 1719, à Verchères.— *Pierre*, bº 30 juin 1701.— *Marie-Anne*, b 10 janv. 1712, à Repentigny , m à Joseph LAPORTE.

I —CASCARET, LAURENT
b 1654, s 20 mai 1684, à Montréal

1671, (23 novembre) Québec.

I.— CASELIER, FÉLIX, b 1644 ; fils de Félix et de Françoise————, de St. Giron, évêché de Cominge.
HÉBERT, Françoise, veuve de Jean-Baptiste St. Amour.

I.— CASSE, JACQUES, anglais de nation.
CATELIN, Elizabeth.
Elizabeth, b 1695, en Angleterre, m 6 nov. 1712, à Jean DUMONTET, à Laprairie.

CASSÉ.—*Variations :* LACASSE

1665, (14 octobre) Château-Richer 1

I —CASSÉ, ANTOINE, b 1639, fils de Noel et de Michelle DURAND, de St Pierre, évêché d'Angers, s 1er juin 1709, à St. Etienne de Beaumont.7
DePITIÉ, PILOY, PITRÉ (1), Françoise, b 1639, fille de François et de Claudine Poulet, de St Nicolas-des-Champs, de Paris, s 7 28 fev. 1713.
Marie, b1 22 nov. 1666, m 1690, à Antoine BLANCHON.—*Antoine*, b1 8 mai 1668.— *Charles*, b...; m 7 12 sept. 1703, à Françoise PASQUET.— *Marguerite*, b 1679 ; m à Pierre JEAN.— *Joseph*, b 12 sept. 1669, à Ste. Famille 9, m à Marie-Françoise BAZIN.— *Jeanne-Thérèse*, b 9 17 fév. 1673 ; m à Noël LEROY, s 25 août 1699, à St. Michel.— *Anne*, b 9 29 août 1674.— *Catherine*, b 9 25 mai 1676 ; m 7 18 janv. 1701, à Remi VALLIÈRE ; s 7 20 mars 1728.— *Charlotte*, b 1er juillet 1678, à Quebec ; m 7 9 nov. 1695, à Denis NADEAU ; s 7 6 mars 1722.

II.— CASSÉ ou LACASSE, JOSEPH.　　[ANTOINE I.
BAZIN, Marie-Françoise.　　[PIERRE I
Antoine, b 25 nov. 1693, à St. Etienne de Beaumont1; m1 4 juillet 1718, à Marie BOURGET.— *Françoise*, b1 24 fev. 1695; m1 1er juin 1722, à Louis LEROY.— *Louise*, b1 19 avril 1696; m1 3 sept. 1715, à Jacques HÉLY.— *Marie-Madeleine*, b1 15 août 1697; m1 17 nov. 1722, à Jean-Baptiste COUTURE.— *Suzanne*, b1 30 août 1699; m1 19 nov. 1720, à Ignace ADAM.— *Angélique*, b1 15 août 1701.—*Elizabeth*, b1 22 déc. 1703; m1 6 oct. 1732, à Pierre GOSSELIN.— *Marie-Anne*, b1 22 dec. 1703 ; m1 30 juin 1730, à Charles POIRIER.— *Geneviève*, b1 25 janv. 1706 ; m1 4 août 1735, à Jacques PAQUET.— *Joseph*, b1 14 avril 1708.— *Marie*, b...; m1 18 nov. 1709, à Etienne LeRoy.— *Charles*, b...; m1 11 mars 1710; s1 4 déc. 1730.— *Charles*, b...; m 1 9 fev. 1733, à Marie-Geneviève GONTIER.— *Marguerite*, b1 12 déc. 1711, m1 11 août 1734, à Pierre GONTIER.— *Jean-Baptiste*, b1

(1) Désignée sous ces trois noms dans les Registres.

1er mars 1714 ; m1 15 nov. 1734, à Marie ALLAIRE.—*Marie-Josette*, b1 30 mai 1716, m1 13 avril 1733, à Louis OUELLET, s 31 oct. 1747, à St Michel.

1682, (3 février) L'Ange-Gardien. 7

I —CASSAN, ANDRÉ, boulanger, b 1650, fils de Jean et de Guillemette————, de St. Amant, de Montauban, s...
GENDREAU, Marie (1).　　[PIERRE I.
Jeanne, b 7 janv. 1683, à Québec, 9 s7 26 janv. 1683.— *Guillaume*, b9 10 et s9 14 mai 1684.— *Jean-Baptiste*, b7 6 oct. 1688; s7 3 fev. 1689.— *Françoise*, b 7 10 mai 1691.

I.—CASSENAUVE, b 1644, était à Sorel en 1681.

1684, (23 janvier) Champlain.

I.— CASTEL, LAURENT, b 1650, fils d'Étienne et de Marie Boursaud, de Chartres ; s...
CHARTIER, Michelle (2), veuve de Masse Bégnier.

I.— CASTILLION, THOMAS, sergent de Lamothe-Cadillac, à Montréal, en 1699.

1671, (3 novembre) Québec.

I.— CASTINEAU, JEAN, b 1641, fils de Jean et de Marie ————, de l'evêche de Luçon.
DeGUESNEL, Anne-Marie, b 1652, fille de Charles et de Marguerite Houssaye, des Aurieux, evêché de Lizieux.

I.— CASTONGUAY, (3) JEAN-BAPTISTE, menuisier, etabli à la Côte St. Michel, vis-à-vis Champlain.
SIMON, Marie-Agnès.
Michel, b..., m 28 mai 1731, à Gabrielle CHAUVIN, à Lachenaye.

1690, (11 août) Montréal. º

I —CATALORGNE, GÉDÉON, lieutenant de M. de Subercas, b 1657; fils de Gedéon et de Marie du Cap-de-Molle.
LEMIRE, Marie-Anne.　　[JEAN I.
Jean-Philippe, bº 15 sept. 1691.— *Marie-Anne*, b 12 et s9 21 avril 1693. — *Madeleine*, b 12 et s9 15 avril 1693.— *Joseph*, bº5 mai 1694.—*Antoine*, bº 22 janv. 1696 ; s9 5 janv. 1697.—*Marie-Louise*, bº 14 fév. 1698.— *Marie-Geneviève*, bº 19 mars 1700.— *Daniel-Paschal-Gédéon*, bº 26 mars 1701.— *Jean-Gédéon*, bº 13 sept. 1702; s 19 nov. 1702, à Lachine.— *Louis*, bº 28 juin 1704.

1675.

I.— CATELAN, JEAN, second habitant du Cap Sante.
b 1643 ; s 16 nov. 1712, au Cap Santé. 9
CARREAU, Jeanne,　　[LOUIS I.

(1) Elle épouse, le 1er juillet 1694, René Bertrand, à L'Ange-Gardien.

(2) Elle épouse, le 19 mars 1710, Louis Petit, à Varennes.

(3) Nom formé par la fusion des noms de baptême, Gaston, et de famille, Guay.—Voy. Guay.

Marie, b 17 mai 1676, à Québec ; m⁹ 23 janv. 1697 à François Mercure · s 22 avril 1701, à la Pointe aux-Trembles de Quebec. — *Pierre,* b⁹ 24 et s⁹ 25 dec. 1679.

1679, (1er décembre) Québec. ⁹

I.—CATIGNAN, Charles, garde-magasin, b 1649, fils de Jean (chef d'office chez la reine Marie de Médicis) et de Marie Malnoult, de St. Nicolas, de Blois, évêché de Chartres , s...
DELESTRE, Jeanne. [Thilary I.
Charles, b 5 fev. 1680, à Quebec ⁹. — *Jean-Jacques,* b⁹ 30 mai 1681. — *François,* b⁹ 9 mai 1682. — *Marie-Anne,* b⁹ 6 avril 1683. — *Anonyme,* b et s⁹ 6 avril 1683. — *Anonyme,* b et s⁹ 11 fev. 1684. — *Antoine,* b⁹ 24 fev. 1685. — *Suzanne-Françoise,* b⁹ 26 fév 1686, s⁹ 20 janv 1687. — *George,* b⁹ 8 juillet 1687, s⁹ 11 fev. 1690. — *Jeanne-Gabrielle,* b⁹ 19 dec. 1688.

CATIGNAN DIT DUCHESNE,—Voy. GASTINON,

1679, (20 novembre) Montréal. ⁷

I.—CATIN, Henry, établi à l'Ile Ste. Thérèse, b 1653 , fils de François et de Marguerite Gilles, de Rousy, évêché de Reims, en Champagne.
BROSSART, Jeanne, [Urbain I
Anonyme, b et s 23 juillet 1680, à la Pointe-aux-Trembles. ⁰—*Jeanne-Cécile,* b⁷ 26 août 1681 : m⁷ 1er dec. 1699, à Jacques CAMPEAU. — *Marie,* b⁷ 8 juin 1684. — *Jeanne-Thérèse,* b ⁰ 15 oct. 1686 ; m à Simon RÉAUME — *Jean,* b⁷ 7 sept. 1689. — *Catherine — Agnès,* b⁷ 14 oct. 1691. — *Marie-Charlotte,* b⁷ 17 juin 1693 ; m à Jean-Baptiste VERGER, s 7 dec. 1736, au Detroit. — *Henri-Nicolas,* b⁷ 26 fév. 1697. — *Geneviève,* b⁷ 5 nov. 1698. *Henri,* b⁷ 16 oct. 1703.

CATRIN.—Voy. CADRIN.

CATTELLANE DE, JACQUES —Voy. VERGON.

CATY.—Voy. CATTI.

CAUCHET, ANNE, femme de Louis Bercier, 1679.

1683, (22 decembre) Montreal. ⁹

I. — CAUCHOIS, JACQUES, b 1652 ; fils de Pierre et de Marie Turelle, de St. André, évêché de Rouen.
PRUDHOMME, Elizabeth, [Louis I
Cecile-Elizabeth, b⁹ 6 oct. 1684 ; m 2 août 1712, à Etienne THIVIERGE, à Quebec⁰ ; s⁰ 18 juillet 1717. — *Marie-Madeleine,* b⁹ 13 sept. 1686. — *Louis-Jacques,* b⁹ 11 oct. 1688. — *Jean,* b⁹ 12 nov. 1689. — *Pierre,* b⁹ 29 fev. 1692 ; s⁹ 6 nov. 1694. — *Marie-Anne,* b⁹ 5 juin 1694 —*Joseph,* b⁹ 28 mai 1696 — *Marie-Anne,* b 18 et s⁹ 20 nov. 1698. *Jean -Baptiste,* b⁹ 1er fev. 1700, m⁰ 4 nov. 1725, à Marie GAGNON. — *Marie-Joseph,* b⁹ 12 mars 1702. — *Elizabeth,* b⁹ 1er nov. 1704.

I. — CAUMARTIN, Charles, sieur de l'Infelle, lieutenant d'un detachement de la marine, était à Lachine, en 1689.

I. — CAUMONT, (1) Robert, b 1641, établi à Bellechasse.
ROLIN, Louise.
b 1641.
Louise, b 1672. — *Germain,* b 1674.

1654, (19 novembre), Montréal. ⁷

I. — CAVELIER DIT DESLAURIERS, Robert, armurier, b 1626, fils de Ferdinand et de Catherine Filiastro, de Cherbourg, évêché de Coutance ; s 25 juillet 1699, dans l'eglise des Récollets de Montréal.
DUVIVIER, Adriane, veuve d'Augustin Hébert, fille d'Antoine et de Catherine Journé.
Anne, b⁷ 18 dec. 1655, ; s⁷ 28 déc. 1655 — *Marie Madeleine,* b⁷ 18 dec 1656: m⁷ 25 nov 1670, à Antoine FORESTIER. — *Jean-Baptiste,* b⁷ 3 juillet 1659, m⁷ 7 juillet 1704, à Jeanne THILLIER. — *Pierre,* b⁷ 7 janv. 1662 . s⁷ 29 juin 1671.— *Louis-Michel,* b⁷ 22 juin 1664. —*Jeanne,* b⁷ 19 fev 1667. — *Anne-Adrienne,* b 5 fev. 1671, à Boucherville ; s⁷ 28 mars 1703. — *Pierre,* b...; m... à Louise DUSOUCHET ; s 3 nov. 1725, dans l'eglise de Quebec.

1683.

II —CAVELIER, Pierre. [Robert I.
s 3 nov. 1725, à Quebec.
DU SOUCHET, Louise-Anne, b 1650.
Pierre, b 15 mars 1684, à Lachine ⁴ ; m 28 nov. 1708, à Madeleine RAGEOT, à Québec ⁵ ; s⁵ 9 fev. 1721. — *Alexandre,* b⁴ 22 mai 1685 ; m⁵ 23 août 1710, à Louise ARNAUD. — *Jean-Jérôme,* b 24 mai 1689, à Montréal.

1692, (20 octobre), Pte-aux-Trembles (M).

I.—CAVELIER, Guillaume, maître-armurier, b 1662, fils de Simon et de Marie Avoir, de Cherbourg, Coutance, Basse Normandie.
BAUDRY, Barbe, [Toussaint I.
Toussaint, b 6 sept. 1693, à Montréal. ⁵ —*Jean-Baptiste,* b⁵ 11 juillet 1695. — *Louis,* b⁵ 24 mai 1697. — *Siméon,* b⁵ 21 mars 1699. — *Robert,* b⁵ 29 janv. 1701 ; s⁵ 16 avril 1703. — *Pierre,* b et s⁵ 4 mars 1703.

1698, (15 décembre), Montréal. ⁶

I.—CAVELIER DIT BASQUE, JEAN-BAPTISTE, soldat de M. Dumenil, b 1676, fils d'Armand et de Marie Grecine, de Goutaigne, évêché de Pau.
GRENIER, Marie-Catherine. [Jacques I.
Marie-Blaise, b⁶ 3 mars et s⁶ 25 avril 1700. — *Marie-Catherine,* b⁶ 2 sept 1701.

I.—CECILE, ou CECYRE, JEAN, marchand, b 1640 ; s 12 mai 1715, à St Etienne de Beaumont.
HAZEUR, Marie-Anne, [François I.
s 4 janvier 1703, dans l'église de Quebec.

CECYRE, Claude — Voyez CESIRE.

(1) Recensement de 1681.

I. — CEDERET, Jeanne, b 1641 ; m 1664, à Pierre Picard ; s 5 juillet 1641, aux Trois-Rivières.

CELLES. — *Variations et surnoms :* Sel — De Celles — Duclos.

1652, (19 novembre), Montréal [9]
I. — CELLE dit Duclos, Gabriel, sieur du Sailly, Juge Civil et Criminel, b 1623, fils de Jean et de Colette Pagnot, de Noraic, s [d] 15 déc. 1671.
Poisson, barbe, veuve de Léonard Lucault, fille de Jean et de Barbe Provost, de St Jean, évêché de Mortagne.
Lambert, b [3] 24 déc. 1651, s [3] 14 juin 1659. — *Barbe,* b [3] 3 juillet 1657. — *Gabriel-Lambert,* b [3] 1er fev. 1660, m 26 août 1687, à Anne Messier, à Boucherville. — *Claude,* b et s [5] 6 avril 1665, et *Jeanne* et *Catherine,* b [3] 6 et s [3] 10 avril 1665. — *Catherine,* b [3] 2 mai 1666 ; m [3] 25 janv. 1683, à Louis Juillet. — *Marguerite,* b... ; 1° m [3] 17 sept 1674, à Joseph Cartier ; 2° m [3] 9 nov. 1692, à Nicolas Perthuis, à la Pte-aux-Trembles. — *Jeanne,* b [3] 11 mars 1669, m [3] 24 avril 1691, à Denis d'Estienne. — *Alexandre,* b [3] 7 oct. 1671. — *Barbe,* b [3] 21 sept. 1662. 1° m [3] 25 nov 1680, à Louis Charbonnier, 2° m [3] 2 oct. 1684, à Pierre Lamoureux

1687, (26 août) Boucherville. [7]
II. — CELLES-DUCLOS, Lambert, [:] [Gabriel I.
Messier, Anne,   [Michel I.
Anne, b 31 mai 1696, à Varennes. [4], 1° m [4] 25 oct. 1717, à Etienne Gautier ; 2° m 22 juillet 1728, à Pierre Lemaitre, aux Trois-Rivières. — *Etienne,* b [4] 8 mars 1698, m [4] 5 oct. 1721, à Geneviève Breillard — *Gabriel,* b [4] 30 juillet 1690, s [4] 13 oct. 1714. — *Jean-Baptiste,* b [4] 24 juin 1700. — *Pierre,* b [7] 1er avril 1693. — *Marie-Renée,* b [4] 10 avril 1702. — *Michel,* b [4] 23 déc. 1703 , m [4] 25 fev. 1726, à Suzanne Monjeau. — *Alexandre,* b [4] 19 déc. 1704 — *Joseph,* b 8 et s [4] 14 fev. 1707 — *Marie,* b [4] 8 avril 1708, m [4] 6 mai 1726, à Marc-Antoine Duval. — *Marguerite,* b [4] 4 mai 1709. — *Marie-Joseph,* b [4] 3 août 1712. — *Joseph,* b [4] 4 août 1714.

I — CELLOS, Louis, commissaire de la marine à Quebec, en 1697.

1686, (29 novembre) Lachine.
I. — CELORON, Sieur de Blainville, Jean-Baptiste, lieutenant d'un detachement de la marine ; b 1664, fils d'Antoine Celoron (conseiller du Roy) et de Marie Rémy de St. Sauveur de Paris.
1° Picoté, Hélène,   [Pierre I.
veuve d'Antoine de la Fresnaye ; s 23 nov. 1701, à Montréal. [9]
Hélène-Françoise, b [9] 20 août 1688. — *Marie-Catherine,* b 28 et s [9] 31 janv. 1690. — *Marie-Anne,* b [9] 11 juin 1691. — *Marie-Louise,* b [9] 5 août 1692. — *Pierre-Joseph,* b [9] 29 déc. 1693 ; m... à Catherine Eury de la Péronnelle. (1) — *Louis-*

(1) Cette dame, devenue veuve entra, en 1777, en religion chez les Sœurs Grises de Montréal sous le nom sœur Marie-Catherine Eurrie, et mourut le 4 nov. 1797 à l'âge de 74 ans.

Jean-Baptiste, b° 1er déc. 1696, m à Suzanne Piot de Langloiserie. — *Jean,* b° 10 janvier 1698.

1703, (14 janvier) Montreal.
2° Damours, Geneviève,   [Mathieu I.
s° 24 mars 1703.

1701, (25 septembre) Montreal.
3° Le Gardeur, Gertrude,   [Charles II.

I. — CÉRISIER, Jeanne, b 1641, femme de François Duclos ; s 12 sept 1709, à Batiscan.

1674.

I. — CÉSAR dit de la Gardelette, François, b 1652.
1° Delestre, Anne,   [Thierry I.
s 25 juin 1685, à Boucherville. [6]
Marie-Françoise, b 4 juin 1675, à Sorel. [7] — *Marie-Madeleine,* b [7] 24 fev. 1677. — *Marie-Anne,* b [7] 19 mai 1678 ; m [6] 10 nov. 1698, à Pierre Deniau. — *Marie-Barbe,* b 1679, m 1713, à Jacques Roy dit St. Amour. — *Marie-Marguerite,* b [6] 16 déc. 1681. — *Jean,* b [6] 14 juin 1683. — *Pierre,* b [6] 17 janvier 1685.

1686, (25 fevrier) Boucherville.
2° Attanville, Marie, veuve de Charles Martin.

CESAR, Louis.—Voy. Fleury de la Gardelette.

1675, (19 août) Montréal. [5]
I. — CESIRE, Claude, b 1646, fils d'Elie et de Roberte Lallemant, de St. Gratien, évêché de Lizieux, en Normandie.
Legier, Marie.   [Adrien I.
François, b 20 déc. 1676, à Lachine [9] ; m 1° août 1677. — *Marie,* b° 9 mars 1678 ; m° 28 déc. 1693, à François Roy. — *Catherine,* b° 13 déc. 1679, m° 17 oct 1701, à Thomas Brunet. — *Anne,* b 1680 , m° 3 fev 1698, à Jacques Boyer — *Claude,* b° 6 et s° 30 mars 1683. — *Angélique,* b° 29 juin 1684 ; m° 17 oct. 1701, à Claude Robillard ; s° 15 fev. 1720. — *Joseph,* b° 20 fev. 1686 ; m° 26 fév. 1718, à Marie-Anne Trottier. — *Jean,* b° 15 fev. et s° 4 avril 1688. — *Claude,* b° 31 juillet 1689. — *Françoise,* b° 31 janv. 1692 ; m° 28 avril 1709, à Nicolas Robillard. — *François,* b° 10 août 1694. — *Marguerite,* b° 2 sept. 1696. — *Jean,* b° 26 janvier 1698 , m° 8 oct. 1726, à Marie-Charlotte Girard.

1671, (19 octobre) Québec.
I. — CHABAUDIE dit Lespine, Jean, établi à Nicolet, sur la rivière Cresse, b 1641, fils de Jacques et de Catherine Barilot, de St. Juhen, évêché de Limoges.
Mercier, Marie, b 1651, fille de Nicolas et de Marie Bourot, de la Ferté-sous-Tenarre, évêché de Meaux.
Jeanne, b 10 nov. 1672, aux Trois-Rivières [5] ; m [5] 7 janvier 1687, Jean De Lasse. — *Jean,* b [5] 19 mai 1675 — *Marie-Madeleine,* b [5] 20 fev. 1680 ; s [5] 19 sept. 1727. — *Jacques,* b [5] 23 janv. 1682. — *Elizabeth,* b [5] 4 juin 1684. — *Marie-Jeanne,* b [5] 21 mars 1687.

1661, (17 novembre) Québec.

I. — CHABOT, Mathurin, b 1639, fils de Jean et de Jeanne Rode, de St. Hilaire, evêché de Poitiers.

Mésangé, (1) Marie, b 1645, fille de Robert et de Madeleine Lehoux, de Ventrouse

Michel, b 31 déc. 1662, au Château-Richer [7], 1° m 1686, à Thérèse Le Gardeur, 2° m [7] 23 janv. 1690, à Angélique Plante. — *Joseph,* b [7] 1er sept. 1664. — *Pierre,* b 1665. — *Jean,* b 7 nov. 1667, à Ste Famille. [0] — *Mathurin,* b [0] 15 mai 1669. — *Marie,* b [0] 9 sept. 1671. — *Françoise,* b 24 février 1674, à l'Ange-Gardien. — *Anne,* b [0] 19 avril et s [0] 14 mai 1676. — *Françoise,* b 16 et s [0] 28 mai 1677. — *Antoine,* b [0] 24 avril 1679 ; ordonné prêtre le 29 oct. 1702 ; s 17 février 1728, à Ste. Anne du Nord. — *Louise,* b 13 juillet 1681, à St. Laurent (1. O) [4] ; s [4] 10 mars 1687. — *Marguerite,* b [4] 28 sept. 1682. — *Françoise,* b [4] 31 juillet 1684. — *Louise,* b [4] 13 juillet 1685 ; s [4] 10 mars 1787.

1686.

II. — CHABOT, Michel, [Mathurin I.
1° Le Gardeur, Marie-Therese, [Michel I.
Marie-Thérèse, b..., m 19 janv. 1706, à François L'Archevêque. — *Michel,* b..., m à Madeleine Charon.

1690, (23 janvier) Château-Richer

2° Plante, Angélique. [Jean I.

1694, (10 août) Beauport. [0]

I. — CHAIGNON, Pierre, b 1638, fils de Michel et de Madeleine Boursier, de Poitiers ; s [0] 10 novembre 1708.

Morin, Marie, veuve d'Etienne Dauphin, b 1646, à St. Jean, en Grève.

I — CHAGNON, François, cardeur, etabli à Verchères, b 1645, s 1693.
Charon, Catherine (2) [Pierre I.
Catherine, b 29 sept. 1686, à Contrecœur. [4] — *François,* b [4] 15 nov. 1682. — *Angélique,* b... ; m 1710, à Benoit Livernois. — *Pierre,* b..., m [4] 5 nov. 1718, à Catherine Guertin. — *Raymond,* b 3 juin 1693, à Montréal, (posthume).

I. — CHAILLET, Elie, de Royan, evêché de Xaintes.
Morissonneau, Suzanne.
Henry, b... 1652, en France, m 5 nov. 1680, à Françoise Grimard, à Charlesbourg

1672, (3 octobre) Québec. [0]

I — CHAILLÉ, Guillaume, b 1641, fils d'Elie et de Suzanne Morissonneau, Royan, évêché de Xaintes ; s...
Theret, Marie, veuve d'Etienne Brunet, b 1623, de St Laurent, ville de Gien, evêche de Sens ; s [0] 11 fév. 1673.

(1) Ce nom s'est écrit Mésange—Mosange—Messayer

(2) Elle épouse, en 1694, Daniel Tetro.

1665, (11 janvier), Québec. [0]

I. — CHAILLE, Mathurin, b 1641, fils de Jean et de Jeanne Bouillant, de Ste. Radegonde la Vineuse, évêché de Maillezays, en Poitou.

Barré, Catherine, b 1644, fille de Jacques et de François Gauvritte, de St Martin, Ile de Ré, evêche de la Rochelle ; s [0] 17 juillet 1707.

Claude, b [0] 17 oct. 1665 ; m 2 mai 1689, à Marie-Anne Brière, à la Pte-aux-Trembles de Québec. [0] — *Marie-Thérèse,* b [0] 24 janv. 1667 ; m [9] 1er juillet 1688, à François Nau. — *Michel,* b [0] 5 mai 1671, s 1er juin 1711, au Cap Santé. [8] — *Jean,* b 16 janv. 1674, à Sillery, m [9] 20 janv. 1698, à Anne Brière ; s... — *Henry,* b [0] 10 mai 1676 ; m [9] 24 nov. 1700, à Marie-Renée Desry ; s [8] 1er juin 1711. — *François,* b 1678.

1680, (5 novembre) Charlesbourg. [8]

II — CHAILLET, Henry, [Elie I.
s..
Grimaud, Françoise, [Jacques I.
s [4] 26 mars 1711.

Marie-Marguerite, b [3] 26 et s [3] 29 sept. 1685. — *Marie-Françoise,* b [2] 25 août 1687, s [2] 13 nov. 1708 — *Barthélemi,* b [3] 17 avril 1690 ; m [3] 27 janv. 1716, à Louise Guérin. — *Marie-Anne,* b [3] 13 juin 1693 ; m [3] 1723, à Antoine Defoy. — *Philippe,* b [3] 14 juin 1696. — *Pierre-Joseph,* b [3] 27 nov 1699. — *Marie-Marguerite,* b [3] 8 juin 1704 ; m 25 août 1732, à François Vavasseur, à Québec.

1689, (2 mai), Pte-aux-Trembles de Québec. [4]

II. — CHAILLÉ, Claude. [Mathurin I.
Brière, Marie-Anne. [Jean I.
Louis, (1) b 28 juin 1692, au Cap Santé [5] ; m à Marguerite Benoit. — *Marie-Anne,* b [4] 30 déc. 1694. — *Geneviève,* b [4] 4 mars 1697 ; m [5] 12 avril 1717, à Jean-Baptiste Chastenaye. — *Marie-Françoise,* b [4] 1699, s [4] 16 fév. 1703 — *Etienne,* b [4] 9 juillet 1702. — *Pierre,* b [4] 3 déc. 1704 — *Jean-Baptiste,* b [4] 8 déc 1706. — *Anonyme,* b et s [5] 15 avril 1709. — *Marie-Josette,* b [5] 17 nov. 1710 ; s [5] 30 oct. 1714. — *Mathurin,* b [5] 16 nov. 1712 ; s [5] 18 nov. 1714.

1698, (20 janv.) Pte-aux-Trembles de Québec. [0]

II. — CHAILLÉ, Jean, [Mathurin I.
Brière, Anne, (2) [Jean I.
Marie-Madeleine, b [9] 1er nov. 1698 ; 1° m 13 fév. 1720, à Jean Beslon ; 2° m 18 avril 1730 à Jean-Baptiste Maillet ; 3° m 23 sept. 1737, à Louis Maranda. — *Mathurin,* b [9] 31 déc. 1699 ; m 17 janv. 1729, à Marie-Hélène Bélanger. — *Marie-Anne,* b [9] 24 sept. 1701. — *Marie-Françoise,* b [9] 29 janv. 1703. — *Jean-Baptiste,* b [9] 7 nov. 1705. — *François,* b 25 sept. 1707, au Cap Santé.

CHAILLY, (De) Gabriel. — Voy. De Berthe.

CHAINE, Raymond. — Voy. Chene.

(1) Filleul de Louis de Buade, comte de Frontenac, gouverneur.

(2) Elle épouse, le 30 juillet 1710, Ignace Jugnac, au Cap Santé.

1648, (28 septembre) Québec °

I. — CHALIFOU, Paul, établi à Charlesbourg, b 1618, fils de Paul et de Marie Gabouri, de Sparme, en Aunis. s..

ARCHAMBAULT, Jacquette, b 1632, fille de Jacques et de Françoise Chauveau, de Dompierre en Aunis, s ° 17 déc. 1700.

Marie, b ° 5 oct. 1649 ; m ° 5 nov. 1662, à Joachim MARTIN; s ° 12 oct. 1663 — *Marguerite,* b ° 23 avril 1652 , m ° 28 oct. 1665, à Jean BADEAU : s ° 28 déc. 1705. — *Jeanne,* b ° 22 fev. 1654 ; m ° 17 août 1671, à François BIDAUT. — *Simone,* b ° 18 oct. 1655 ; m ° 28 oct. 1668, à Julien BROUSSEAU. — *Françoise,* b ° 16 déc. 1657 : m ° 18 nov. 1671, à Jacques NOLIN. — *Jeanne,* b ° 28 sept. 1659 ; m ° 14 juillet 1675, à Germain LANGLOIS, s ° 18 janv. 1743. — *Louise,* b ° 3 sept. 1661 : m ° 18 avril 1678, à Joseph VENDENDAIQUE ; s ° 30 mai 1735.— *Paul-François,* b ° 13 mai 1663 ; 1° m 1684, à Catherine HUPPÉ ; 2° m ° 28 nov. 1686, à Jeanne PHILIPEAU ; s ° 29 mai 1718. — *Marie-Madeleine,* b ° 25 mars 1665 — *Elienne,* b ° 23 mars 1667, m 29 oct. 1687. à Claudine BOURBEAU, à Charlesbourg[7]; s ° 10 nov. 1687. — *Pierre,* b ° 18 déc. 1668 , m ° 17 oct. 1689, à Anne MIGNIER. — *Anne,* b ° 17 avril 1670; 1° m ° 6 juin 1686, à Jean NORMAND ; 2° m ° 7 fev. 1692, à Jean DELAGE, à Beauport. — *Jean-Baptiste,* b 10 et s ° 25 mai 1672. — *Claude,* b ° 31 janvier 1673, s ° 16 fev. 1731.

1684.

II. — CHALIFOUR, Paul-François,   [PAUL I. s 29 mai 1718, à Quebec.°

1° HUPPÉ dit LACROIX, Catherine,   [MICHEL I. s ° 30 sept. 1685. (1)

1686 (28 novembre) Quebec.

2° PHILIPPEAU, Jeanne,   [CLAUDE I. s 5 27 août 1788.

Anne, b 29 et s 30 août 1687, Charlesbourg.[7] — *Paul,* b 7 2 mars 1689; m 14 nov. 1712, à Marguerite PARANT, à Beauport[8]; s 7 26 mars 1715. — *Louise,* b 7 18 sept. 1691; m ° 30 sept. 1716, à Pierre PILOTTE — *Marie-Anne,* b 7 8 déc. 1693 ; m 8 16 nov. 1711, à Jacques PARANT — *Louis,* b 7 4 avril 1696, — *Joseph,* b ° 22 juin 1698. — *Jean-Baptiste,* b ° 1er juin 1700 ; m ° 2 janvier 1727, à Marie-Geneviève MARCHET ; s ° 7 juin 1759. — *Marie-Agnès,* b 2 mars et s ° 15 sept 1702 — *Marie-Joselle,* b ° 2 mars 1702 ; m ° 19 juillet 1723, à Jean-Baptiste BRASSARD ; s ° 10 janvier 1741. — *Jeanne,* b ° 18 mai et s ° 4 oct. 1706. — *Jean,* b ° 27 nov. 1707 ; s ° 4 nov. 1728.

1711, (4 mai) Québec. •

3° BRASSARD, Madeleine,   [JEAN-BAPTISTE II. s ° 2 juin 1752.

Pierre-Jean, b ° 26 mars et s ° 4 mai 1712. — *Pierre,* b ° 14 mai et s 8 1er sept. 1713 — *François,* b ° 21 juin et s 7 26 août 1714. — *Jean,* b ° 6 juin et s 7 20 juillet 1715.

1687, (29 octobre) Charlesbourg. ◦

II. — CHALIFOUR, Etienne,   [PAUL I. s 10 nov. 1687, à Quebec.

BOURBEAU, Claudine,   [SIMON I. s ° 10 oct. 1688.

1689, (17 octobre) Charlesbourg.◦

II. — CHALIFOUR, Pierre,   [PAUL I. MAGNAN, Anne,   [JACQUES I.

Anne, b 10 août 1690, à Québec°, m ° 20 nov. 1708, à Jacques VILLENEUVE. — *Pierre,* b ° 1er avril 1692, m ° 7 nov. 1718, à Geneviève ALARD. — *Hélène,* b ° 16 sept. 1693 ; m ° 1722, à Ignace LEROUX. — *Germain,* b ° 28 juin 1695 ; m 1720, à Catherine BOESME — *Marie,* b ° 19 avril 1697; m 1719 à Jean ROY-ODI — *Marie-Ambroise,* b ° 9 sept. 1699, m 1720, à Pierre JACQUES. — *Jacques,* b ° 15 mars 1701. — *Marie-Made euse,* b ° 3 et s ° 4 fevrier 1703. — *Jeanne-Claudine,* b ° 9 mars 1704 : m ° 1729, à Pierre-Joseph PARANT. — *Jean,* b ° 3 fev. 1706 , m ° 1727, à Anne BOESMÉ — *Charles,* b ° 29 juin 1708 — *Poul,* b ° 27 sept. 1710 — *François,* b ° 3 avril 1712 ; m ° 18 nov. 1737, à Elizabeth GAMACHE, à l'Ilet. — *Madeleine-Louise,* b ° 20 déc. 1714.

I. — CHALIFOUR, CHARLES-GABRIEL, né en 1636, à la Rochelle, après avoir passé quelques annees dans la Nouvelle-Angleterre, vint à Montréal, où il abjura le calvinisme et fut baptisé le 26 déc. 1699.

I. — CHALONS, JOACHIM, agent des Intéressés en la Société en commandite de ce pays.— (*Edils et Ordonnances,* t. II, p. 98.)

I. — CHALOU, MATHURIN, établi à la Canardière. BARRÉ, Catherine.

François, b 1er août 1678, à Québec.

I. — CHALUT, PIERRE, b 1630 ; s avant 1678. BONIN, Marie, (1) b 1638.

Jeanne, b 22 oct. 1657, à Québec; ° 1° m ° 1er août 1672, à Nicolas DEVE ; 2° m ° 1er juin 1676, à Joachim GIRARD ; 3 ° m ° 30 mai 1712, à Guillaume VALADE. , s ° 1er mai 1735. — *Catherine,* b ° 2 mars 1659, 1° m ° 27 nov. 1673, à Noel POURVÉU, 2° 19 août 1681, à Louis BETUREAU, à l'Ilet. — *Mathieu,* b ° 27 fév. 1661 ; s ° 27 avril 1661 — *Anne,* b ° 6 mars 1663. — *Maurice,* b 20 juin 1665, au Château Richer. — *Marie,* b ° 27 fév. 1667 ; m ° 11 oct. 1683, à Michel POMMIERS; s ° 14 sept 1685 — *Etienne,* b ° 15 mai 1670. — *Jean François,* b ° 12 et s ° 18 mars 1672 — *Hélène,* b ° 28 mai 1673 ; s ° 12 juin 1673. — *Jacques,* b ° 8 et s ° 26 mars 1676.

I. — CHALUT dit LAGRANGE, François, b 1651 ; s 15 juin 1731, à Quebec. *Charles,* b... ; m 1730, à Jeanne SIMONEAU.

1676, (23 septembre) Montréal. 5

I. — CHAMAILLARD, JEAN-VINCENT, b 1646, fils de Jean et de Françoise Renard, de Remeneuil, évêché de Poitiers ; s 15 nov. 1688, à Lachine. 6

---

(1) Noyée en passant sur la rivière St. Charles.

(1) Elle épouse, le 25 oct. 1677, Charles PALATIN, Québec.

Renusson, ou De Renusson, Catherine, (1) b 1654, fille de François (greffier) et de Catherine Lépine, de l'évêché du Maine, Basse Normandie

Marie-Catherine, b ⁵ 12 juillet 1677 ; m ⁸ 11 nov. 1697, à François Morin, à Sᵗ Thomas. — *Etienne*, b 30 sept 1678 ; s ⁶ 10 oct. 1687.— *Jean*, b ⁶ 15 mai 1680 ; m ⁶ 7 janv. 1704, à Marie Matour. — *Vincent*, b ⁶ 6 janv. 1682 ; s ⁶ 22 janv. 1703. — *Anonyme*, b ⁶ 3 déc. 1683 ; s... — *Jean-Baptiste*, b ⁶ 2 fév. 1685 ; s ⁶ 18 janv. 1688. — *François*, b ⁶ 28 juillet et s ⁶ 9 août 1687.

1665, (13 octobre), Québec. ⁹

I.— CHAMARE, Pierre, pâtissier, établi à Charlesbourg, ⁰ b 1639, fils de Jean et de Jeanne Pipette, de Sᵗ Hilaire, évêché de La Rochelle ; s...

1° Radleau, Florimonde, b 1644, fille de Mathurin et de Marie Du Bois, de Sᵗ Méry, évêche de Paris ; s ⁹ 13 août 1671.

Françoise, b ⁹ 3 et s ⁹ 20 août 1666. — *Nicolas*, b ⁹ 7 sept. 1667, m ⁰ 21 nov. 1689, à Jeanne Renaud. — *Pierre*, b ⁹ 30 sept. 1669 ; m ⁴ 12 août 1714, à Marguerite Lauzay. — *Guillaume*, b ⁹ 10 août et s ⁹ 18 sept. 1671.

1671, (19 octobre) Québec.

2° Drouet, Catherine, b 1631, veuve de René Millet, de Sᵗ Médard, évêché de Paris ; s...

Anne, b ⁹ 22 nov. 1672 ; m ⁰ 22 oct. 1696, à Charles Boésmé.— *Anonyme*, b ⁹ 3 et s ⁹ 4 août 1676.

1689, (21 novembre) Charlesbourg. ⁶

II — CHAMARD, Nicolas, [Pierre I.
Renaud, Jeanne, [Jacques II.
veuve de Claude Fournier.

Pierre, b ⁶ 3 juin 1690, m 18 juillet 1712, à Madeleine Cureux, à Québec ⁷— *Marie-Charlotte*, b ⁶ 7 sept. 1693 ; m ⁶ 13 juin 1712, à Jean-Baptiste Vanier. — *Geneviève*, b ⁶ 28 oct. 1695 , m ⁶ 5 nov. 1715, à Jean Gagnon.— *Marie-Josette*, b ⁶ 16 sept. 1698. — *Charles*, b ⁹ 16 janv. et s ⁶ 18 mais 1701. — *Jacques*, b ⁶ 20 juillet 1702 ; s ⁶ 7 janv 1703 — *Jean-Baptiste-Joseph*, b ⁹ 9 déc. 1703. — *Anne*, b ⁶ 19 mai 1706. — *Marie-Madeleine-Angélique*, b ⁶ 1ᵉʳ avril 1712.

1696, (12 juin) Québec. ¹

I —CHAMBALON, Louis, Notaire Royal, médecin, b 1663, fils de Louis et de Marie Prieur, de N.-D. de Mirebeau, évêché de Poitiers ; s 15 juin 1716, dans l'église de Québec.

1° Pinguet, Marie-Anne, [Noel II.
veuve de Leonard Hazeur , s ⁴ 15 avril 1694.
François, b ¹ 4 mars et s 3 avril 1692. — *Louis*, b ¹ 12 et s 26 mars 1693.

1694, (9 août) Québec.

2° Roussel, Geneviève, [Timothée I.
s ¹ 13 oct. 1713.

I.— CHAMBELLI, Pierre.— Voyez Clément.

CHAMBLY.— Voyez Présot.

I.— CHAMBLY (De), Philippe.
De Laune, Louise.
Jacques, b...; capitaine d'un détachement de la marine.

I.— CHAMBOY, Jacqueline, b 1628 : m..., à De la Prade, s 1ᵉʳ nov. 1694, à Québec.

1669, (28 novembre) SᵗᵉFamille. ²

I.— CHAMBRELAN, Simon, b 1636, fils de René et de Catherine David, de Chartonnais, evêché de Poitiers ; s en nov. 1688, à l'Hôpital de Québec.

Boisleau, Marie, b 1649, veuve de Pierre Chauvin (1).

Marthe, b ² 18 nov. et s 11 déc. 1670. — *Catherine*, b ² 8 nov. 1671 , m 11 juillet 1688, à Michel Chartier, à Sᵗ François, Ile d'Orléans , ³ s 11 fev. 1703, à Sᵗ Michel — *Siméon*, b ² 29 janv. 1674 ; 1° m ² 28 avril 1692, à Elizabeth Rondeau ; 2° m 30 nov. 1741, à Madeleine Blanchard, à Québec. — *Gabriel*, b ² 26 fév 1677 ; m ³ 3 nov. 1694, à Catherine Dalère.— *Louis*, b ³ 27 juillet 1679 , s ³ 13 nov. 1682.— *Ignace*, b 1680 ; m 2, mars 1699, à Marie Rondeau, à Sᵗ Jean, Ile d'Orleans. — *Marie-Madeleine*, b ³ 31 janv. 1685 ; m ³ 15 nov. 1700, à François Quemeneur.— *Jean*, (posthume), b ³ 22 mars 1689.

I.— CHAMBERLAN, Charles, b 1670 ; s 7 nov. 1745.

1692, (28 avril) Ste. Famille.

II.— CHAMBERLAN, Simon, [Simon I.
1° Rondeau, Elizabeth, [Pierre I.
s 20 mars 1741, à Québec. ⁷

Angélique, b 25 juin 1694, à St. Jean (I.O.); m ⁷ 11 mai 1716, à Aimé Lecompte.— *Simon*, b...; m 3 mai 1723, à Thérèse Ouimet, à Ste. Foye.— *Marie-Madeleine*, b 1702: s ⁷ 19 nov. 1708.—*Jean-Baptiste*, b ⁷ 18 juillet 1716.

1741, (30 novembre) Québec.

2° Blanchard, Madeleine, veuve de Michel Bernard.

1694, (3 novembre) St. François (I. O) ⁰

II.— CHAMBRELAN, Gabriel, [Simon I.
Alaire, Catherine, [Charles I.
s 20 nov. 1753, à Québec.

Marie-Catherine, b 26 mars 1699, à St. Michel. —*Jean-Baptiste*, b ⁰ 26 mars 1701. — *Gabriel*, b ⁰ 28 mai 1704 ; s 26 janvier 1756, à Québec.—*Marguerite*, b...; m 30 oct. 1732, à Guillaume Hameury, au Cap St. Ignace.— *Marie*, b...; m... à Pierre Mercier.

1699, (2 mars) St. Jean, Ile d'Orléans. ⁷

II.— CHAMBERLAN, Ignace, [Simon I.
s 26 nov. 1745, à St. Michel. ⁸
Rondeau, Marie, [Pierre I.
s ⁸ 2 avril 1746.

---

(1) Elle épouse, le 7 mars 1689, Auguste Alonze, Lachine.

(1) Elle épouse, le 4 avril 1690, Jean Jobin, St. François, I. O.

Marie-Madeleine, b [7] 6 sept. 1699 ; m [8] 15 avril 1736, à Jean-François LEMOYNE. — *Geneviève*, b [8] 15 mai 1701 ; m 11 nov. 1720, à Jean BISSONNET, à St. Etienne de Beaumont [9] — *Ignace*, b [8] 15 avril 1703. — *Pierre*, b [8] 12 avril 1705. — *Jean*, b... ; m... à Marguerite LEFEBVRE. — *Elizabeth*, b [7] 26 déc. 1708 , s [7] 1er fev. 1709. — *Nicolas*, b [9] 8 mai 1711. — *Marguerite*, b [9] 13 août 1713. — *Joseph*, b [9] 6 fev. 1715. — *Marie-Catherine*, b [9] 24 mai 1721, m [8] 20 janv. 1749, à Jean-Baptiste MONTMINY.

I —CHAMFLOUR, (DE) FRANÇOIS, commandant aux Trois-Rivières, en 1639.

I. —CHAMOIS, GUILLAUME, b 1643, était à Québec en 1681.

1646.

CHAMPAGNE,(1) NICOLAS.—Voy. MASCART DIT C.

CHAMPAGNE.—Voy. DUPRÉ—MOUFFLET—GOUIN —CHOQUET—SYLVESTRE—JALADON— LAURENT —TAREAU.

CHAMPIGNY. — Voyez DESLANDES.

I—CHAMPLAIN (DE) SAMUEL,(2) b 1567, fils d'Antoine (capitaine de vaisseau) et de Marguerite Le Roy, de Brouage, en Xaintonge ; s 25 dec. 1635, à Quebec.
BOULLÉ, Helène, Sœur dite St. Augustin, fonde les Ursulines de Meaux ; s 20 déc. 1654.

CHAMP-LAURIER.—Voy. COTINOT — COTINEAU —COTINEAU.

I. —CHAMPOUT, PIERRE, (3) fils d'Andre et de Marie Lavau, de St. Germain d'Hemet, en Perigord, evêché de Perigueux.
GUILLET, Geneviève, [PIERRE I.
Marie, b 1681. — *Anne*, b 28 juillet et s 2 août 1683, aux Trois-Rivières. — *Marie-Madeleine*, b 20 oct. 1690, à Champlain. —*Jean*, b 21 juin 1693, à Batiscan.

CHAMPRON, ADRIEN, b 1623, était à Beauport, en 1681.

1672, (9 septembre) Québec.

I.—CHANAS, (4) JEAN-PIERRE, fils de Pierre et de Judith Montas, de St. Bernard, evêché de Vienne, en Dauphiné.
QUENTIN, Jeanne, b 1653, fille de Jacques et d'Elizabeth Le Dieu, de St. Paul, evêché de Paris.
Pierre-Michel, b 20 déc. 1674, à Boucherville.

(1) Au Journal des Jésuites on lit la note suivante : " le 12 novembre 1646, mariage de Champagne et de Marguerite Nicolet, à 5 heures du matin. Le P. Vimont se délivre de l'importunité d'aler aux noces, etc."

(2) Voir son contrat de mariage.

(3) Fait abjuration le 16 août 1672, aux Trois-Rivières.

(4) Appelé Chagnos en 1674.

I. —CHANDONÉ, THOMAS.
—— Madeleine.
b 1668 , s 1er avril 1741.

I—CHANDOYSEAU DIT BAUTUREAU, NICOLE, femme, 1o d'Etienne Benoit, en 1670 ; 2o de Pierre Gour, en 1698.

I. — CHANJON, GUILLAUME, marchand à Québec.

1696.

I. — CHANLUC, FRANÇOIS.
MARY, Marie.
Marie-Madeleine, b 8 sept. 1697, à St. Thomas.[2] — *Marie-Geneviève*, b [2] 20 nov. 1699. — *Charles-François*, b [2] 3 mars 1702. — *Angelique*, b [2] 28 août 1704.

1670, (15 septembre) Quebec.

I. — CHANTELOU, FRANÇOIS, b 1640, fils d'Isaac et de Marie Guard, de St Pierre de Mele, évêché d'Angers.
LE COUTURIER, Isabelle, b 1650, fille de Jean et de Christine d'Aingle, de St Sulpice, de Paris.

I. — CHANTELOUP DIT CHASLUT, FRANÇOIS.
FORTIER ou FORESTIER, Marthe.
Pierre, b 3 mai 1709, au Détroit —*Barthélemi*, b... , m 26 nov. 1737, à Marie CHORET, Sault au Récollet.

1698.

I —CHANTAL, PIERRE, établi à la Rivière-Ouelle.
MARTIN, Marie-Angelique [JOACHIM I.
Pierre, b 1er sept. 1699, à l'Ange-Gardien.—
Madeleine, b... ; s 7 juin 1714, au Cap St Ignace.

1680, (18 novembre) Montréal. [9]

I — CHANTEREAU, PIERRE, bedeau de l'eglise, b 1650, s [9] 24 mars 1705.
CORDIER, Marie, b 1654, de Troyes, en Champagne; morte à la suite d'accident, s [9] 24 juin 1700.

I. — CHAPACOU, SIMON-JEAN, b 1626 ; s 3 juin 1690, dans l'eglise de Longueuil. (1)
PACAUD, Vincente, b 1624.
Louise, b 1654. — *Marie*, b 1658 ; m 1680, à René MAILHOT.— *Laurent*, b 9 et s 13 fév 1665, à Quebec [8]— *Marie-Agathe*, b [8] 8 fev. 1666. — *Angelique*, b [8] 24 mars 1668 ; m [9] 1er sept. 1686, à Andre BOUTEILLER. — *Louis-Joseph*, b...; m 20 avril 1688, à Marie POUTRÉ, à Sorel. —*Jean-Joseph*, b [8] 18 avril 1670.

1688, (20 avril) Sorel.

II. — CHAPACOU, LOUIS. [SIMON I.
POUTRÉ, Marie. [ANDRÉ I.
Marie, b 7 mai 1690, à Boucherville.

I. — CHAPDELAINE DIT LARIVIÈRE, ANDRÉ, s avant 1746.

(1) L'acte est au registre de Boucherville.

CHEVREFILS, Marie-Anne, b 1674, s 10 avril 1719, à Verchères [7]
François-Marie, b [7] 22 oct. 1702 ; s [7] 16 juillet 1704. — *André*, b... ; m 16 août 1746, à Marie-Agnès LAFOND, à Batiscan.

CHAPEAU. — Voyez CHAPPAU

I. — CHAPLAIN, LOUIS, maître-tourneur, b 1614, de St Didier, évêché de Poitiers
DE CHAUX, Françoise, b 1621.
Bernard, b... a N.-D. de Libersac-Limoges, m 9 nov. 1671, à Eleonore MOUILLARD, à Quebec. [0] —
Jacques, b... à St Didier, evêche de Poitiers ; m [0] 14 sept. 1666, à Louise CHESSON — *Françoise*, b 1646. m 6 juin 1664, à David LETOURNEAU, au Château-Richer. s [0] 13 mai 1729.

1666, (14 septembre) Québec

II. — CHAPELAIN, JACQUES, menuisier, [LOUIS I.
CHESSON, Louise, veuve de Simon Gendron, (1).
b..., de St Sauveur, évêche de La Rochelle.

1679, (9 novembre) Québec. [9]

II. — CHAPELAIN, BERNARD, [LOUIS I.
MOUILLARD, Eleonore, b 1656, fille d'Andre et de Marie Sebastien, de Paris.
Françoise, b 13 janv. 1673, à Ste Famille. [0] —
Joseph-Louis, b [0] 22 sept. 1674 ; m... 1690, à Anne PROU. — *Catherine*, b [0] 26 nov. 1676 — *Marc-Antoine*, b [0] 17 fev. 1679, m 20 avril 1705, à Geneviève HAMEL ; s [1] 19 avril 1706. —
Pierre, b 31 mai 1681, à St Laurent, Ile d'Orleans ; [2] m 10 juin 1704, à Marguerite DAVID, au Château Richer — *Joseph*, b [2] 4 fév. 1683 — *Marie-Anne*, b [2] 10 fév. 1685, s [2] 21 nov. 1687. —
Claude Marguerite, b [2] 9 mars 1687 ; m 1713, à Pierre PELLOT, s [9] 16 avril 1742 — *Paul-Etienne*, b 8 janv. 1696, Grondines ; s 27 janv. 1709, au Cap Santé.

1691.

III. — CHAPELAIN, LOUIS-JOSEPH [BERNARD II.
PROU, Anne.
Louis-Joseph, b 4 oct. 1700, aux Grondines.

1654, (26 avril) Québec [2]

I. — CHAPELEAU, JEAN, maître-maçon, établi à la Canardiere, b 1626, fils de Jean et de Françoise Brochard, de Brousy, (2) évêche de Poitou ; s...
GAGNON, Jeanne, [JEAN I.
s [2] 24 mai 1699
Catherine, b 3 oct. 1658, à Montreal, m [2] 15 nov. 1677, à Pierre MAUFAIT — *Noel*, b 5 juin 1667, au Château Richer, m 21 mai 1692, à Françoise LAMOUREUX, à Boucherville, [3] s [3] 29 dec. 1699 — *Françoise*, b [2] 3 déc. 1672 ; m [2] 1688, à Romain CHAPPAU, s [2] 26 oct. 1690. — *Marguerite*, b [2] 15 mars 1676, m [2] 17 nov. 1698, à Noel MARCOUX ; s 16 juillet 1699, à Beauport.

1692, (21 mai), Boucherville [9]
II — CHAPELEAU, NOEL, [JEAN I.
s [9] 29 déc. 1699.
LAMOUREUX, Françoise, (1) LOUIS I.
Marie-Madeleine, b [9] 24 fév. 1697. — *Joseph*, b [9] 20 oct. 1698. — *Noel*, b [9] 3 août 1700 ; m... à Marguerite GARIÉPY.

CHAPELIER. — Voyez CHAPELAIN.

1660, (6 mars) Montreal. [9]
I. — CHAPERON, JEAN, b 1636, etabli à la Pointe aux Trembles de Montreal, [0] fils de Jean et de Jeanne Loiseau.
CHAULET, Marie, b 1638, fille de Jean et de Catherine Heraut ; s [9] 13 janv. 1700.
Jacques, b 1660 ; m [9] 10 nov. 1692, à Cécile CARRIERE — *Pierre*, b [9] 1er nov. 1662. — *Marie*, b [9] 31 janv. 1664, m [9] 18 oct. 1677. à Pierre COGUET — *Catherine*, b [9] 26 avril 1666 ; m [0] 31 janv. 1684, à Nicolas MILLET, s [0] 9 janv. 1695. —
Jean, b [9] 15 fev. 1668 ; m [0] 16 fev. 1694, à Marie CHAUDILLON — *Gregoire*, b 11 et s [9] 28 oct. 1671. — *Simon*, b [9] 22 oct. 1672.

1670, (19 novembre) Boucherville. [4]
I. — CHAPERON, PIERRE, b 1645, fils de Louis et de Jeanne Thomas, de Grenville, évêché de Rouen, s...
1° BESCHE, Marie, b 1644, fille d'Emmanuel et de Marguerite Dutemple, de St. Jean, ville de Chaumont-en-Bresigné, évêché de Paris ; s [4] 1672.
Pierre, b [4] 1er mars et s [4] 1er juin 1672

1673, (19 avril) Boucherville. [4]

2° QUIRMOND, Noëlle, veuve, b 1640, fille de Claude et de Barbe Trouen, de St. Denis, evêché de Paris ; s [4] 1er oct. 1685.
Marie-Françoise, b [4] 27 fév. 1678 ; m [4] 25 oct. 1693, à Gilles PAPIN.

1692, (10 novembre) Montréal.
II. — CHAPERON, JACQUES, [JEAN I.
CARRIÈRE, Cécile, [ANDRÉ I.
Jacques, b 9 et s 10 juillet 1693, à la Pointe-aux-Trembles de Montréal [5]. — *Joseph*, b [5] 12 nov 1694. — *Marie-Cécile*, b [5] 29 dec. 1695. — *François*, b 11 et s [5] 20 dec. 1697. — *François*, b [5] 26 nov. et s [5] 24 dec. 1698. — *Anne*, b [5] 3 nov. 1699 ; s [5] 2 janv. 1700 — *Jacques*, b... : m 19 avril 1751, à Françoise ALGRN.

1694, (16 février) Pte-aux-Trembles (M)[6]
II. — CHAPERON, JEAN, [JEAN I.
CHAUDILLON, Marie, [ANTOINE I.
Marie-Thérèse, b [8] 1er janv. 1695. — *Suzanne*, b [8] 11 mars 1697. — *Pierre*, b [8] 2 janv. 1700.

I. — CHAPITEAU, PIERRE,
b 1605 ; s 27 avril 1655, aux Trois-Rivières, tue par les Iroquois.

---

(1) *Alias* Chiasson.
(2) *Les Brousles.*—Voir contrat de mariage du 15 janvier 1654, Greffe d'Aubert.

(1) Elle épouse, le 8 janvier 1702, François Viger, à Boucherville.

1657, (25 juin) Québec. [9]

I —CHAPPAU, PIERRE, b 1662, fils de René et de
  Catherine Peleau, d'Aunis ; s [9] 29 nov. 1686,
  DUVAL, Madeleine, veuve de Pierre Juncau, b
  1678, fille de Pierre et de Jeanne Labarbe ;
  s [9] 31 déc. 1713.
  Jeanne, b [9] 24 nov. 1657, m [9] 21 nov 1678, à
  Jean RASSET — *Madeleine*, b 11 nov. 1662, à Sillery ; [9] m [9] 28 nov. 1686, à Pierre LEVASSEUR, s [9]
  1er juin 1695. — *Jean*, b [9] 30 mars 1665 ; m à Madeleine GAUTIER. — *Romain*, b [9] 25 août 1667, 1[o]
  m 1688, à Françoise CHAPLEAU ; 2[o] m [9] 23 juin
  1712, à Catherine RENAULT ; s [9] 18 août 1712 —
  Pierre, b [9] 16 juin 1676.

1688.

II.— CHAPPAU, ROMAIN, [PIERRE I.
  s 18 août 1702, à Québec [6], noyé à l'Ile-aux-
  Oies.
  1[o] CHAPELEAU, Françoise, [JEAN I.
  s [9] 26 oct. 1690.
  Catherine, b... ; m 1701, à Jacques BRAN.

1712, (23 juin) Québec.

2[o] RENAULT, Catherine, (1) [JACQUES II.
  veuve de Charles Bouvier

II — CHAPPAU, JEAN, [PIERRE I.
  GAUTIER, Madeleine.
  Geneviève, b 1696 ; m 23 oct. 1713, à Pierre
  DORION, à Québec ; [9] s [9] 6 sept. 1747.[*] — *Jean*, b...
  — *Madeleine*, b... ; m [9] 30 sept. 1718, à Jean-
  Claude DORION — *Marguerite*, b 13 janv. 1704, à
  St Augustin , [8] m [9] 30 mars 1724, à Jean-Jérémie
  DEROY — *Louis*, b 20 mars 1700, à Ste Foye. —
  Augustin, b [8] 10 sept. 1702 ; s 5 fév. 1703, à la
  Pointe-aux-Trembles de Québec.

I.— CHAPUY, PHILIPPE.
  b 1633 ; s 7 août 1688, à Batiscan.

1689, (19 avril) Pointe-aux-Trembles (M) [9]

I.— CHAPU, NICOLAS, b 1659, fils d'Antoine et
  de Claude Rebor, de Noadan, évêché de
  Besançon ; s...
  GAUTIER, Angelique, (2) [MATHURIN I.
  Nicolas, b 4 et s [o] 10 janv. 1690. — *Nicolas*, b [9]
  29 dec. 1690. — *Mathurin*, b [o] 12 juin 1693. —
  Charles, b 15 mai 1695, à Varennes [8] ; m [8] 16 nov.
  1722, à Marie LEMAY. — *Louis*, b [o] 24 nov. 1697.
  — *Marie-Angélique*, b [8] 31 mai 1699 ; m [8] 18 janv.
  1719, à Adrien SENÉCAL. — *Jacques*, b [8] 18 avril
  1702 ; m [8] 20 nov. 1730, à Geneviève SENÉCAL. —
  Claude, b [8] 29 fév. 1704 ; s [8] 14 avril 1707 — *Jean-
  Baptiste*, b [8] 11 fév. 1706.

1654, (LaRochelle)

I —CHARBONNEAU, OLIVIER, b 1611, de Maran,
  évêché de La Rochelle ; s 21 nov. 1687, à la
  Pointe-aux-Trembles de Montreal. [5]
  GARNIER, Marie-Marguerite,
  b 1626.

---

(1) Elle épouse, le 2 oct. 1715, Guillaume Duboc, à Québec.
(2) Elle épouse, le 13 mai 1723, J.-Bte. Senécal, à Varennes.

Anne, b 1657, en France ; m 23 nov. 1671, à
Guillaume LABELL, à Montréal , [8] s 12 avril 1729,
à St. François, I. J. — *Jean*, b 1662 ; 1[o] m 15 juillet 1686, à Marie PICARD, à Boucherville [9] , 2[o] m [5]
11 nov. 1688, à Françoise BEAUHAMP — *Elizabeth*, b [8] 11 juillet 1664. 1[o] m à André SIRE ; 2[o] m
à Joseph BARBOT — *Michel*, b [8] 2 oct. 1666 ; m [9]
12 nov. 1692, à Marguerite DeNOYON. — *Joseph*,
b [8] 16 déc. 1660 ; m [9] 8 janv. 1688, à Anne PICARD.

1686. (15 juillet) Boucherville. [8]

II. — CHARBONNEAU, JEAN, [OLIVIER I.
  1[o] PICARD, Marie-Jeanne, [PIERRE I.
  s [8] 7 nov 1687.

1688, (11 novembre) Pte.-aux-Trembles de (M.) [9]

  2[o] BEAUCHAMP, Françoise, [JEAN I.
  Jean, b [9] 20 fev. 1693 ; m 28 nov. 1717, à Anne
  HÉBERT, à Varennes [9]. — *Marie-Madeleine*, b [9] 25
  fev. 1695 ; m [9] 14 nov. 1715, à André RENAULT.
  — *Pierre*, b [9] 1er janv. 1698 ; m [9] 1er juillet 1721,
  à Marguerite SENÉGAL

1688, (8 janvier) Boucherville. [3]

II —CHARBONNEAU, JOSEPH, [OLIVIER I.
  PICARD, Anne, [PIERRE I.
  veuve de Jean Desroches
  Joseph, b [8] 16 oct. 1689, m [4] 28 fév. 1713 à Marie
  BRUNET — *Michel*, b [3] 10 février 1662. — *Pierre*, b
  [3] 26 avril 1694 ; m 11 nov. 1715 à Marguerite
  BERLOIN, à St. François, Ile Jésus. — *Marie*
  b [3] 27 juin 1696. — *Francois*, b [3] 12 nov 1698.
  — *Marie-Rose*, b [3] 10 avril 1701 ; s [4] 29 avril
  1703. — *Marie-Rose*, b [4] 29 avril 1706. — *Philippe*, b [4] 27 nov. 1708 , m 14 juillet 1732, à
  Marie-Charlotte FORGET, à Lachenaye [5] — *Elizabeth*,
  b [4] 27 avril et s [4] 9 mai 1712. — *Catherine*, b [4] 27
  avril et s [4] 2 juillet 1712 — *Marie*, b... ; m [4] 17
  oct. 1712, à Jacques FORGET — *Michel*, b... ; m [4] 5
  nov. 1714, à Geneviève HUBOUT. — *Jean*, b... ; m [5]
  17 juin 1731, à Barbe SEGUIN.

1692, (12 novembre) Boucherville. [2]

II. — CHARBONNEAU, MICHEL. [OLIVIER I.
  DE NOYON, Marguerite. [JEAN I.
  Marie, b [2] 7 août 1693. — *Jacques*, b [2] 23 juillet
  1695. — *Jean*, b [2] 19 août 1697. — *Michel*, b [2] 22
  novembre 1699

1695.

I. — CHARBONNEAU, JEAN.
  ALLAIRE DITE TRINQUE, Isabelle.
  Françoise, b... ; m 3 mai 1717, à Jacques SUIER,
  à Quebec. — *Suzanne-Elizabeth*, b... ; 1[o] m 1er oct.
  1703, à Mathurin BOURBON, à Charlesbourg ; [o] 2[o]
  m [o] 4 fév. 1716, à Etienne DE LA PORTE — *Marguerite*, b... ; m [o] 10 fev. 1700, à Jean RENAUD. —
  Jean, b [o] 6 juillet 1695 ; m 16 fev. 1719, à Agathe
  CHAUSSÉ, à Lachine. — *Gilles*, b [o] 12 avril 1698 —
  Marie-Catherine, b [o] 15 août 1702. — *Marie-Geneviève*, b [o] 4 mai 1705. — *Marie*, b... ; m [o] 21 juillet
  1711, à Marcel GARIGOUR.

CHARBONNIER, CLAUDE — *Variations* : Desjardins—St. Laurent.

1676.

I. — CHARBONNIER, Louis, b 1650, fils de Jean (bourgeois de Coignac) et de Simone Bordine, de Coignac, Angoulême, s 13 juin 1682, à Montréal. [3]

1º BLAINVILLAIN, Anne
Pierre, b 19 oct. 1677, à Sorel.

1680, (25 novembre) Montréal.

2º CELLE-DUCLOS, Barbe, (1)   [GABRILL I.
Suzanne, b [3] 6 déc. 1681; m [3] 10 nov. 1696, à Maurice BLONDEAU.

1665, (27 juillet) Québec.

I. — CHARDONNEAU, Hilaire, b 1636, fils de Laurent et de Jeanne Pariotte, de Fontenay-le-Comte, évêché de Malzays.
LE ROY, Marguerite, veuve de Brice d'Anneville, de St. Eustache, de Paris.

1670, (27 novembre) Québec. [3]

I. — CHARETS, Etienne, tanneur, b 1631, fils de Pierre et de Renée Merle, de Ste Radegonde, évêché de Poitiers, s 6 mai 1699, à Levis [4]
BISSOT, Catherine,   [FRANÇOIS I
Marie-Charles, b [3] 2 janv. 1672 ; 1º m 1691 à Pierre MARTEL, 2º m [4] 20 juillet 1697, à Augustin LE GARDEUR. — *Marie-Ursule*, b [3] 28 et s [3] 30 janv. 1673. — *Françoise*, b [3] 11 mars 1674; m [4] 24 nov. 1692, à René-Jean BOUCHER ; s 19 déc. 1725, à Boucherville. — *Geneviève*, b [3] 28 mars 1676. — *Etienne*, (2) b [3] 25 avril 1678; m [3] 6 fev. 1713 ; à Thérèse DU ROY ; s [4] 13 mai 1734. — *Marie*, b 1680, s [4] 21 janvier 1690. — *Catherine*, b 6 avril 1681, à l Ilet, m [4] 12 oct. 1699, à Pierre THOTIER. — *Jean-Baptiste*, b [4] 4 avril 1683 , 1º m... à Marie-Jeanne CARIÉ, 2º m [4] 28 janvier 1714, à Louise ALLEMAND ; s [3] 9 mars 1715. — *Marie-Ursule*, b [4] 4 mai 1692.

1669, (3 février) Quebec.

I — CHARET, Jean, b 1636, fils de Jean et de Renée Merle, de Ste. Radegonde, evêche de Poitiers , s 3 avril 1706, au Château-Richer. [5]
1º GUILLOT, Elizabeth,   [GODEFROY I
Joseph, b 26 janv. 1672, à Ste. Famille. [6] — *Ursule*, b 1673. — *Jean*, b [6] 28 janv. 1674; m [5] 20 fev 1696, à Catherine JOBIDON. — *Pierre*, b [6] 1er déc. 1675 , s [6] 21 mars 1676.

1680, (11 novembre) Château-Richer.

2º BOURDON, Marie, veuve de Toussaint Toupin, s avant 1706.

1693, (15 septembre) Lévis [5]

I. — CHARET, Jacques, b 1665, fils de François et d'Anne Rideau, de Ste Radegonde, evêché de Poitiers, s 5 janv. 1725, à St. Etienne de Beaumont. [6]
DUBOIS, Jeanne,   [JACQUES I.
s [6] 26 dec. 1705.

(1) Elle épouse, le 2 octobre 1684, Pierre Lamoureux, à Montréal.

(2) Filleul de Louis Jolliet.

Joseph, b [5] 6 déc. 1696 , s [6] 25 avril 1727. — *Marie Radegonde*, b [6] 14 avril 1699 — *Marie-Joseph*, b [6] 15 mai 1701 ; m 4 juin 1727, à Louis ROY dit Sr LEVIS, à Boucherville. — *Marie-Jeanne*, b [6] 6 juillet 1703 , m 23 août 1734, à Barthelemy BERNIER, à Quebec.

1696, (20 fevrier) Château-Richer.

II — CHARET, Jean,   [JEAN I.
JOBIDON, Catherine,   [LOUIS I.
Joseph, b 20 sept. 1698, à Ste. Famille. [7] — *Catherine*, b [7] 3 déc 1700. — *J.-Baptiste*, b [7] 26 oct. 1702, s [7] 28 mars 1703 — *Marie-Madeleine*, b [7] 3 mars 1704 *Louis*, b 1er janv 1709 à Ste Anne de la Pérade; [8] m 14 avril 1738, à Marie-Josette GARIÉPY, à Lachenaie. — *Jean-Baptiste*, b [8] 13 mai 1713. — *Joachim*, b [8] 3 sept. 1718. — *Marie-Madeleine*, b... ; m [8] 25 mai 1723, à Joseph GUIBAUD. — *Joseph*, b... ; m [8] 10 avril 1725, à Madeleine CHAINE.

I. — CHARIER, Louise, b... ; m 1663, à Guillaume BARETTE.

1673.

I. — CHARIÉ DIT LAFONTAINE, Jacques, maçon.
MARTIN, Marie.   [ANTOINE I
Jacques, b [7] 27 sept. 1674, à Ste. Famille. — *Louise*, b 13 août 1676, à Québec ; [5] s [5] 31 oct. 1677.

1682, (29 octobre) Quebec. [9]

I. — CHARIER, Louis, b 1647, fils de François et de Jeanne Bourdet, de St Pierre Dardelays, évêche de Luçon, au Poitou, s 27 avril 1716, au Château-Richer.
GUÉRIN dite BRUNET, Marie Jeanne, veuve d'Antoine Dupré, b 1644; s [9] 4 dec. 1708.
Anne-Louise, b [9] 1er ,et s [9] 11 juillet 1683 — *Pierre*, b [9] 27 déc. 1684, s [9] 2 janv 1685. — *Marie*, b [9] 7 sept 1686, 1º m [9] 6 nov. 1709, à Joseph COCHON, 2º m [9] 21 avril 1721, à Pierre GAGNON.

1652, (8 janvier) Québec. [2]

I. — CHARLAND DIT FRANCŒUR, Claude, b 1626, fils de Jean et de Catherine Mabile, de St Christophe, evêché de Châteauroux, en Berry . s 22 janv. 1705, à Ste Famille. [3]
1º BORDE, ou DES BORDES, Jacqueline, b 1637, fille de Pierre et de Radegonde Valentin, de Paris ; s [2] 19 avril 1660
Joseph-Noel, b 27 nov. 1652, à Sillery ; [4] m [3] 29 oct 1682, à Marie TURCOT — *Denis-Hyacinthe*, b [4] 31 janv. 1656, 1º m [3] 17 nov. 1681, à Anne LESTOURNEAU; 2º m [4] 10 fév. 1688, à Marie GAUTHIER, 3º m [4] oct. 1706, à St Jean, Ile d'Orleans.

1661, (12 septembre) Québec. [2]

2º PELLETIER Jeanne, b 1639, fille de Simon et de Marie Larche, de Paris.
Jean, b 26 janv. 1663, au Château Richer ; [5] m [3] 30 oct. 1691, à Anne PARÉ. — *Anne*, b [5] 2 juin 1664; m [3] 23 fév. 1688, à René BAUCHÉ ; s [2] 1er fév. 1694. — *Marie*, b [3] 26 avril 1666 ; m [3] 28 nov. 1686, à Jacques GENDRON — *Michelle*, b [3] 29 juin 1667; m [3] 24 janv. 1691, à Pierre PARIS. — *Marie*,

b 3 30 mars 1669; 1° m 3 29 juillet 1694, à Pierre PAQUET, 2° m 2 31 août 1711, à Jean FILLIAU. — *Gabriel*, b 3 11 janv. 1671. — *Claude*, b 3 30 nov. 1672 — *Joseph*, b 3 12 mars 1675, m 2 20 octobre 1710, à Marie-Angélique ARBOUR. — *Louise*, (muette), b 3 29 oct. 1676 — *Geneviève*, b 3 11 mai 1679; m 3 2 dec. 1702, à Louis BLUTEAU.

1681, (17 novembre), Ste. Famille.

II — CHARLAND, DENIS,   [CLAUDE I.
  s 26 fev. 1703, à St Jean, Ile d'Orléans 6
1° LESFOURNEAU, Marie-Anne,   [DAVID I.
  s 6 mai 1687.

Françoise, b 9 sept. 1682, à St François Ile d'Or-leans 7; s 6 20 mars 1703. — *Alexis*, b 6 29 juin et s 6 6 août 1684. — *Pierre*, b 6 29 juin 1684, m... à Anne GUILMER. — *Marie*, b 6 28 janv. 1687; m... à André TÉRIEN. — *Elizabeth*, b...; m 21 nov 1707, à St Thomas, à Louis-Augustin GAGNÉ; s 16 sept. 1721, au Cap St. Ignace.

1688, (10 fevrier) Ste Famille.

2° GAUTHIER, Marie,   [ELIE I.
Alexis, b 6 21 avril 1691. — *Catherine*, b 6 9 mars 1693. — *Jean*, b 6 21 dec. 1694. — *Jacques*, b 6 1er mai 1696; m 1er sept. 1721, à Marie DE-NEAU, à Laprairie. — *Louis*, b 6 26 mars 1698. — *Denis*, b 6 26 janv. 1700; s 6 26 février 1703. — *Madeleine*, m 1 24 fév 1702, s 6 16 mars 1703.

1706, (octobre), 6

3° m...

1682, (29 octobre), Ste Famille 4

II — CHARLAN, NOEL,   [CLAUDE I.
TURGOT, Marie.   [ABEL I.
  s 16 avril 1701, à St Jean, Ile d'Orléans. 5

Joseph, b 4 6 janv. 1684 — *Marie*, b 5 3 sept. 1686, 1° m 5 20 fév. 1708, à Jean PAQUET; 2° m 1726, à Pierre MORISSET. — *Marie-Renee*, b..., m 28 août 1719, à Pierre ROUILLARD, à Quebec. — *Renée-Charlotte*, b 5 28 avril 1692. — 1 enfant, b 5 25 dec. 1694. — *François*, b 5 18 août 1699.

1696, (30 octobre) Ste Famille. 0

II — CHARLAN, JEAN.   [CLAUDE I.
PARÉ, ANNE, b 1671.   I.
Marie, b 0 27 dec. 1692; s 0 1er déc. 1693. — *Anonyme*, b et s 0 5 nov. 1693. — *Pierre*, b 0 29 sept. 1694. — *Marie-Anne*, b 0 10 fév. 1697. — *Claire*, b 0 15 et s 0 25 mars 1699. — *Geneviève*, b 0 16 et s 0 18 mai 1700.

1686, (25 novembre) Montréal. 2

I — CHARLEBOIS DIT JOLLY, JEAN, soldat de M. de Crisafy, b 1656, fils d'Antoine et de Marie Dosquet, de St André, ville de St. Macaire, évêché de Bazas; s...
PERRIER, Marthe,   [JEAN I
Jean, b 2 oct. 1687. — *Charles*, b 2 4 août 1689; s 9 juillet 1706, à Lachine. 3 — *Jean*, b 2 7 juin 1692; s 1er mars 1704, a Ste Anne. — *Charles*, b 2 28 juillet 1694. — *Joseph*, b 2 2 juin 1697. — *Pierre*, b 3 10 sept. 1699. — *Marie-Marthe*, b 3 11 août 1701. — *Antoine*, b 4 21 dec. 1703. — *Louise-Made-leine*, b 4 4 oct. 1705.

CHARLES. — *Variations et surnoms* : CHARLES-DIT-DUHAMEL — CHARLOT — CHURLOT-DIT-DES-MOULINS — LAJEUNESSE.

1667, (24 octobre) Trois-Rivières.

I. — CHARLES DIT LAJEUNESSE, ETIENNE, b 1649, s avant 1732.
NIEL, Madeleine, b 1652; s 16 août 1732, à St François, Ile Jesus.
Marie-Madeleine, b 17 nov. 1669, à Boucher-ville 2, m 2 7 janv. 1686, à Louis PETIT; s 5 fev. 1709, à Varennes. — *Clément*, b 2 29 oct. 1671, m... à Suzanne RICHARD. — *Catherine*, b 2 2 fév. 1674; m 2 16 mars 1700, à Jean BISSONNET; s 8 janv. 1704, à Montreal 3 — *Michel*, b 2 5 fev. 1676; m 2 16 juin 1698, à Jeanne CADIEUX. — *Hélène*, b 3 12 août 1678, m 2 28 oct. 1698, à Michel VIAU. — *Etienne*, b 2 4 déc 1680, m... à Marie-Josette ROBIN. — *Françoise*, b 2 20 et s 2 21 dec. 1682 — *Marguerite*, b 2 24 août 1684, m 2 18 janv. 1700, à François DUBOIS. — *Marie-Madeleine*, b 2 3 fev. 1687. — *Jean-Baptiste*, b 2 16 avril 1689, m.. à Marie-Anne BOUDON —*Anne*, b 2 21 janv. 1691. — *Jeanne*, b 2 5 avril 1693.

1698, (16 juin) Boucherville.

II. — CHARLES, MICHEL,   [ETIENNE I.
CADIEU, Jeanne, (1)   [JEAN.
Michel, b 11 fev. 1703, à St. François, Ile Jesus.

1654, (9 novembre) Montréal. 8

I. — CHARLY DIT ST. ANGE, ANDRÉ, b 1633, fils de Nicolas et de Marguerite Courtaut, de St. Gervais, de Paris; s 6 fév. 1688.
DUMESNIL OU DE MESNIL, Marie, b 1644, à Laflè-che, arrivée en 1654 avec M de Maisonneuve.
Elizabeth, b 8 3 juin 1659; m 8 18.oct. 1677, à Joseph DE MONTENON; Sœur dite Ste. Françoise, Congrégation de N. D., s 8 17 fév. 1713. — *Marie*, b 8 14 juillet 1662, sœur de la Congrégation de N. D.; s 8 5 avril 1683. — *Zacharie*, b 8 13 mai 1664; s 8 26 mai 1666. — *Catherine*, b 8 3 juin 1666, sœur dite St. Ange du St. Sacrement, Congrégation de N. D., s 8 27 janv. 1719. — *Jean-Baptiste*, b 8 17 août 1668; m 8 4 juillet 1701, à Marie-Charlotte LeCOMPTE-DUPRÉ. — *Pierre*, b 8 11 août 1672. — *Anne-Françoise*, b 8 2 déc, 1675, sœur dite de la Nativité, Congrégation de N. D.; s 8 4 sept. 1692.

1701, (4 juillet) Montréal. 4

II. — CHARLY, JEAN-BAPTISTE, colonel [ANDRÉ I.
  s avant 1732.
LeCOMPTE-DUPRÉ, Marie-Charlotte,   [LOUIS I.
  s 4 5 nov. 1705.
Jacques, b 4 26 avril 1702 — *Louis*, b 4 28 fév. 1703, m 22 janv. 1732, à Ursule GODEFROY DE TONNANCOUR, aux Trois Rivières. — *Marie Char-lotte*, b 4 9 août 1704.

CHARLU, FRANÇOIS. — Voy. CHANTELOUP.

(1) Elle épouse, le 14 mai 1704, André Colin, à St. François, I. J.

I.—CHARMOIS dit Duplessis, Noel, boucher (1). b 1625, s 28 oct. 1694, à Lachine.

1653.

I.—CHARRON (2), Claude, marchand, b 1621.
1° Camus, Claude, b 1623, s 12 avril 1684, à Québec. °

Jean-François, b ° 9 sept. 1654 — Charles, b ° 11 juillet 1657 — Catherine, b ° 19 janv. et s ° 28 fév. 1659. — Jacques, b ° 18 fév. 1660 ; s ° 3 oct. 1666. — Claude, b ° 7 août 1663.

1684, (21 août), Quebec. °

2° Damours, Elizabeth, [Mathieu I. Marie-Françoise, b ° 20 juin 1685 ; s ° 17 sept. 1687. — François, b ° 9 janv. 1687.

1665, (19 octobre) Montréal. ⁵

I —CHARRON, Pierre, b 1640, fils de Pierre et de Judith Martin, de St Martin, evêché de Meaux ; s ⁵ 26 dec 1700.
Pilliar, ou Pilet-Pillard, Catherine, b 1651, fille de Pierre et de Marguerite Moulinot, de N. D. de Cogne, evêche de La Rochelle, s...
Catherine, b ⁵ 23 sept. 1666, 1° m 1681, à François Chagnon ; 2° m 1694, à Daniel Tetro — Marie-Charlotte, b 1667 ; 1° m 30 nov. 1686, à Claude Louis Le Mer, à Boucherville ; ⁶ 2° m 1700, à Raymond Vegard. — Anne, b 1670, m ⁶ 18 avril 1686, à Pierre Goguet. — Pierre, b 1672, m ⁶ 4 nov. 1697, à Marie Robin. — Thérèse, b 26 fév. 1674, à Sorel ⁷ ; m ⁷ 30 janv. 1701, à Antoine Piette — Nicolas, b ⁶ 9 avril 1676. — François, b ⁷ 5 juin 1678, m ⁷ 30 janv 1701, à Marguerite Piette. — Hélène, b ⁶ 3 nov. 1682. — Jean, b ⁶ 18 oct. 1684. — Louise, b ⁶ 7 sept. 1686 — Marie-Jeanne, b ° 10 mai 1688 ; m... à François Bouteille — Marie-Thérèse, b..., m ⁶ 21 fév. 1689, à Jacques Hubert.

1669, (28 novembre) Québec. ⁹

I.—CHARON dit Laferriere, Jean-Baptiste, taillandier, b 1646, fils de Pierre et de Gabrielle Beaumont, de St Eutrope, évêché de Xaintes, s...
D'Anneville, Anne, [Brice I veuve d'Antoine Fillion
Louis, b ⁹ 6 janv 1671. — Jacqueline, b ° 24 janv. 1673 ; 1° m ⁹ 4 nov. 1687, à Antoine Plumetot ; 2° m 3 sept. 1698, à Louis Begnier, à Champlain. — Marie-Anne, b ⁹ 25 oct. 1674 ; 1° m ⁹ 21 nov 1689, à Joseph Charpentier ; 2° m ⁹ 7 juillet 1698, à Pierre Mignerov ; s ⁹ 9 août 1728. — Claude, b ⁹ 6 dec. 1676 ; s ⁹ 20 fév. 1677. — Etienne, b ⁹ 29 janv. 1678 — Geneviève, b ⁹ 8 déc. 1679 ; m 1703, à François Bienvenu dit Delisle. — Angélique, b ⁹ 7 janv. 1682 ; s ⁹ 26 oct. 1684.

(1) Tué par les Iroquois, le 5 août 1689.
"Sur l'habitation de feu Noel Charmois dit Duplessis, nous avons trouvé les os du dit Charmois, d'André Denis du Larpenty, tués et brûlés le 5 août 1689."—Registres de Lachine, 28 oct. 1694.

(2) Sieur de la Barre. Elu second échevin de Québec le 7 octobre 1663.
Le 29 mai 1653, il est blessé à la gorge, d'un coup de pistolet dans son habitation de l'Ile d'Orléans, par un assassinat de deux de ses serviteurs. (Journal des Jésuites.)

— Marie-Madeleine, b ⁹ 11 jan. 1684 ; 1° m 1703, à Michel Chabot, à Lorette ° ; 2° m ⁹ 15 oct. 1712, à Alexis Blo.— Jean-Baptiste, b ⁹ 27 fév. 1686, m 20 janv 1710, à Geneviève Dupille, à St Augustin.—François, b... ; s ⁹ 24 dec. 1702.

1697, (1 novembre), Boucherville. °

II. — CHARON, Pierre. [Pierre I. Robin, Noel, [Jean II. Pierre, b ⁵ 25 sept. 1698

I. — CHARPENTIER, Marie, b 1653 ; m... ; s 29 mai 1713, à Ste Anne de Pérade, (mort subite)

CHARPENTIER. — Surnoms : Sansfaçon — La Paille — Belhumeur.

I. — CHARPENTIER, Mathurin, s 18 mai 1689, aux Trois-Rivières ; noyé depuis trois mois, et inhumé au pied de la Croix qui est sur l'habitation de Philippe-Etienne, et ce à cause de l'infection qu'il rendait lorsqu'on l'a trouve. (Régistres des Trois-Rivières.)

1661, (10 janvier) Québec. ⁵

I. —CHARPENTIER, Jean, b 1631.
Renault, Barbe, (1) [Vincent I. Jeanne, b ⁵ 9 oct. 1661 ; m 27 avril 1681, à Jean Casavan, à Contrecœur. — Marie-Madeleine, b 8 nov. 1662, à Château-Richer ⁴ , s... — Jacques, b ⁴ 29 août 1664 ; m 6 juillet 1689, à Marguerite Martin, à Repentigny. — Marie, b ⁵ 14 nov. 1666 ; s ⁵ 10 fév. 1667. — Hélène, b ⁵ 2 et s 6 avril 1668. — Marie, b ⁵ 2 et s 6 avril 1668. — Marie-Louise, b ⁵ 30 dec. 1671 ; 1° m à François Pelisson ; 2° m 7 juin 1702, à Gilles Paris, à Levis, s ⁵ 27 oct 1739. — Sebastien, b ⁵ 28 janv. 1675. — Thérèse, b ⁵ 16 oct 1676 , s ⁵ 12 dec. 1745. — Françoise, b 9 avril 1673, à Sillery ; 1° m à Duprac ; 2° m ⁵ 12 avril 1706, à Claude Lemoine.

1688, (23 août) Boucherville. ⁸

I. — CHARPENTIER dit Sansfaçon Denis, sergent, b 1660, fils de François (maître drapier) et de Marie Métayer, de St. Denis, évêché de Meaux ; s 7 mars 1714, à Repentigny.
Despernay, Marie-Anne, veuve de Pierre Abiron, de Soissons, en Picardie.
Denis, b 21 mai 1689, à la Pointe aux Trembles, — Catherine, b ³ 24 fév. 1692. — Nicolas, b 6 et s 27 janv. 1695, à Varennes ⁴.— Jacques, b ⁴ 26 mars 1696 ; m ⁴ 8 nov 1723, à Elizabeth Monjeau. — Pétronille, b ⁴ 26 mars 1696, s ⁴ 7 avril 1696. — Joseph, b ⁴ 10 avril 1700.

1689, (6 juillet) Repentigny

II. — CHARPENTIER (2), Jacques, [Jean I. Martin Marguerite (3) [Pierre I. Marie-Jeanne, b ⁵ 8 sept. 1690 ; m ⁵ 18 janv. 1712, à François Ménard. — Jacques, b. 2 nov 1692, à Charlesbourg.

(1) Elle épouse, le 18 avril 1678, Nicolas Cochart.

(2) Charpentier dit Belhumeur, Jacques, soldat de Demuy

(3) Elle épouse, 16 août 1694, à Québec, Joseph Roy.

1689, (21 novembre) Québec. [4]

I — CHARPENTIER, Joseph, b 1659, fils de Gabriel et de Nicole Lucas, de St. Benoit, évêche de Paris ; s...
CHARON, Marie, (1) [JEAN I.
Marie-Anne, b [4] 28 avril et s 22 mai 1691.

I.—CHARPENTIER, Etienne, sergent de la compagnie de M. de St. Ours, b 1641, s 16 janv. 1706, à Montréal.
CHEVALIER, Marie Charlotte, b 1642, de Bonœil, evêché d'Angoulême, s 4 juillet 1687, aux Trois-Rivières.

I.— CHARPENTIER, Jean.
HUNAULT, Françoise, [TOUSSAINT I.
veuve de Nicolas Joly.
François, b 18 nov. 1694, à la Pointe aux Trembles de Montréal [2] — *Marie-Suzanne*, b [2] 25 mai et s 12 sept. 1698. — *Marie-Josette*, b [2] 25 mai 1698, m à Pierre TRUCHON, s 27 août 1729, à Lachenaye. [3] — *Jean*, b [3] 15 mai 1700, 1° m... à ——— ; 2° m... à Jeanne CADIEU, 3° m [3] 29 janv. 1732, à Françoise BOURGOUIN, 4° m [3] 2 nov. 1733, à Marie MENARD.— *Gabrielle*, b... ; m [3] 29 avril 1737, à Marie-Anne MONTEILLE — *Toussaint*, b 24 août 1707, à St. François, (I. J.)

1695, (27 juillet) Québec.

I —CHARPENTIER, Jean, b 1665, fils de Pierre et de Madeleine Boule, de St° Trinité, evêche de Poitiers.
1° TISSERAND, Madeleine, veuve de Pierre Parenteau

1706, (9 octobre) Varennes.

2° LAPORTE, Catherine, veuve de Jean Couillaut.

I.—CHARTIER, Jeanne, fille de Louis et de Mathurine Caron, de St. Jean de Nemours, evêche de Sens ; 1° m 3 nov. 1669, à Pierre ROUSSET, à St° Famille : 2° m à François LAVERGNE, s 31 dec. 1708, à St. Thomas.

I.— CHARTIER, Joseph. (2)
AMELOTTE, Marguerite.
Philippe, b 1345, à Dijon ; m 1374, à Anne DE MAYNARD, de Blois ; s...

1374.

II.— CHARTIER, Philippe, [JOSEPH I.
Receveur général des Comptes.
DE MAYNARD, Anne,
Jean, b..., abbe de St Germain ; s... — *Guillaume*, b..., chanoine, sous-doyen, puis evêque de Paris ; s... — *Clément*, b... ; s..., jeune. — *Alain*, b 1382 ; m 1404, à Françoise DE CHATEAU-RENAUD, s 1455, à Gliche, près de Paris.

(1) Elle épouse, 7 juillet 1698, Pierre Migneron, à Québec.
(2) Extrait des mémoires de Dom Alphonse Chartier, religieux Bernardin, près Villefranche, descendant d'Alain Chartier, Secrétaire d'État sous Charles VI et Charles VII.
L'Origine de la famille de Lotbinière, est la plus ancienne qu'il soit possible de retracer. Nous donnons ici le tableau que nous avons trouvé à Paris sur cette famille, qui compte encore plusieurs descendants, alliés aux principales familles du Canada.

1404.

III.— CHARTIER, Alain. [PHILIPPE II.
DE CHATEAU-RENAUD, Françoise.
Marie ? b... , s... — *Marie ?* b... ; s... — *Marie ?* b..., ursuline de Tours ; s... — *Urbain*, (1) b..., — *Alain*, (2) b..., famille dans la médiocrité. — *Cesar*, b..., m 1448, à Elizabeth LE PELLETIER.

1448.

IV.— CHARTIER, César. [ALAIN III.
LE PELLETIER, Elizabeth.
Marie, b... — *Clément*, b 1456 ; m 1480, Gilette DE CHATEMBOURG, d'une des premières maisons de Bretagne ; s 1560.

1480.

V — CHARTIER, Clément, s 1560. [César. IV.
DE CHATEMBOURG, Gilette.
Françoise, b..., m... a Joseph DE CHATEAU-BRILLANT.— *Marie ?* b... , s..., enfant. — *Marie ?* b... ; s..., enfant. — *Clément*, b... ; s..., enfant. — *Pierre*, b..., Conseiller au Parlement de Paris ; mort sans posterité. 1er qui porte le nom de Lorbinière. — *Alain*, b 1496, m 1525, à Madeleine DE CHATEAU-BRILLANT, sa cousine ; s 1536

1525.

VI.— CHARTIER, Alain, [CLÉMENT V. militaire et conseiller au Parlement de Rennes. s 1536
DE CHATEAU-BRILLANT, Madeleine.
Pierre, b 1527 ; m 1560, à Henriette DE POLIGNAC ; s 1582, à Rennes.— *Marie*, b... ; s... — *Marie*, b... ; s... — *Marie ?* b..., religieuse ; s...

1560.

VII.— CHARTIER, Pierre, [ALAIN VII. colonel en 1550 ; s 1582.
DE POLIGNAC, Henriette.
François, b... ; s... — *Alain*, b... 1564, à Rennes ; m 1589, à Victoire DE MONTFOND, à Paris.— *Pierre*, b..., curé de Lotbinière, assassiné par Joseph Richard, qui fut roue ; s... — *Françoise*, b... ; m 1578, à George DE LA ROCHEFOUCAULT (marquis de) ; elle eut en dot la terre de Lotbinière — *Marie*, b... ; religieuse bénédictine.

1589.— Paris.

VIII.— CHARTIER, Alain, [PIERRE VII. avocat, conseiller au Parlement de Paris.
DE MONTFOND, Victoire.
Alain, b... ; s..., jeune. — *Jean*, b..., fut conseiller au Parlement de Paris. — *René-Pierre*, b... 1° m... à Françoise BOURSIER ; 2° m... à Marie LENOIR

IX.— CHARTIER, René Pierre, [ALAIN VIII. conseiller au Parlement, médecin du Roi et professeur de son manège.
1° BOURSIER, Françoise.
Louis-Theandre, b 1612 ; m 16 août 1641, à Marie DAMOIS, a Paris, contrat registre au Châtelet.

(1) Souche des Chartier du Dijonnais.
(2) Souche des Chartier de Tours, de Blois et de Poitiers.

1641, (16 août) Paris.

I. — CHARTIER DE LOTBINIÈRE, Louis Thé-
ANDRE, (1) b 1612 ; s 11 sept. 1690, à Québec.[4]
D'AMOURS, Marie-Elizabeth,   [Louis IV.
Marie-Françoise, b 1617, m[4] 17 oct. 1672, à
Pierre JOYBERT. — *René-Louis,* b 1642 ; m[4] 24
janv. 1678, à Marie-Madeleine LAMBERT.

1678, (24 janvier) Québec. [0]

II. — CHARTIER, René-Louis,   [Louis I
Conseiller du Roy. Lieut.-Général Civil et C.
s[0] 4 juin 1709
1° LAMBERT, Marie-Madeleine,   [EUSTACHE I.
s[0] 15 nov. 1695
Marie-Madeleine, b[0] 15 mars 1680 ; s 18 nov
1704. — *René-Louis* b[0] 13 mai 1681. — *Louis-
Théandre,* b[0] 29 juillet et s 14 sept. 1682, à Beauport. — *Antoine,* b[0] 28 juin 1684. — *Pierre-Alain,*
b[0] 22 janv 1686 — *Anonyme,* b[0] 25 septembre
1687. — *Eustache,* b[0] 15 décembre 1688 , m[0] 14
avril 1711, à Françoise RENAUD ; ordonne prêtre
14 avril 1726 , s[0] 14 fév. 1749. — *Louise-Philippe,*
b[0] 9 fev. 1690, m[0] 7 janv 1708, à François
MARIAUCHAU. — *Louise,* b[0] 6 mai 1691 ; m à Denis
DE LA RONDE. — *Angélique,* b[0] 2 sept. 1693 ,
1° m[0] 3 nov. 1712, à Jean-François DELINO ,
2° m[0] 19 avril 1722, à Nicolas RENAUD-DAVESNE
s 14 déc. 1772, dans le chœur des Hospitalières
de Québec.

1701, (16 mai) Québec. [0]

2° ZACHÉ Françoise, veuve d'Antoine Gourdeau.
b 1669 ; s 24 oct. 1718, dans l'église de
Québec.

I. — CHARTIER, Louis, (2) chirurgien.
b 1633 , s 20 juillet 1660, à Montréal. Noyé
en se baignant, pas retrouve.

1665.

I. — CHARTIER, Michel, établi à St. François de
l'île Orleans ; b 1640.
MANIÉ et MIGNIER, MAGNIÉ, Marie, (3)
b 1650
Charles, b 8 juin 1666, à Ste Famille ;[8] m 11
août 1694, à Louise LEMAITRE, à Québec[3]. —
Michel, b[8] 23 oct 1667 ; 1° m 11 juillet 1688, à
Catherine CHAMBERLAN, à St. François, I. O.[7] ; 2°
m[7] 7 janv. 1704, à Anne DESTROISMAISONS, 3° m[3]
15 avril 1722, à Jeanne GRONDIN. — *Marie,* b[8] 11
sept. 1669. — *Anne,* b[0] 25 janv. 1671 ; s[7] 28 déc.
1683.

1663, (27 novembre) Montréal. [8]

I. — CHARTIER, Guillaume, tailleur, b 1635, fils
de Jacques et de Marguerite Loisel ; b...
FAUCON, Marie, b 1644, fille de Pierre et de
Marie Berger ; s...

(1) Le premier au Canada. Lieutenant-Général de la
Prévoté de Québec. Nous lui donnons le chiffre I, au Canada.
(2) En 1654, on trouve Louis Chartier, Sieur de la Broque-
terie, présent au mariage de Charles Philippeau. (*Greffe
d'Audouard*)
(3) Elle épouse, le 7 janv 1673, Louis Jinchereau, à Ste.
Famille.

Jacqueline, b[8] 24 nov. 1664 , m 26 nov. 1681, à
Jacques ST. AGNE, à la Pointe-aux-Trembles de
Montréal [7] — *Pierre,* b[8] 22 oct 1666. — *Madeleine,*
b[8] 21 janv. 1669, m[7] 15 nov 1688, a Pierre FAYE ;
s[7] 5 fev. 1696. — *Claude,* b[8] 17 nov. 1671. — *Laurent,* b[8] 17 juillet 1673 , s[8] 8 juin 1691, tue par
les Iroquois, avec LeMoine de Bienville. — *Marie,*
b[7] 23 fev. 1676 , m[7] 24 juin 1697, à Bernard
BROUILLET ; Sœur dite Ste. Marguerite, Congregation de N D. , s[8] 29 août 1729. — *Catherine,* b[7]
17 janv. 1678 ; m[7] 10 juin 1698, à Jean SABOURIN.
— *Robert,* b[7] 13 dec 1679. — *Isabelle,* b[7] 13 août
1683. — *Anne,* b[7] 1er janv. 1686. — *Etienne,* b[7] 3
juin 1688.

1669, (1er octobre) Québec. [7]

I. — CHARTIER, René, (1) b 1623, veuf de Madeleine Ranger, de St. Jean-de-Montierneuf,
evêché de Poitiers, s 23 mai 1701, à Lachine.
DE LORME, Marguerite, fille de Hughes et de
Marie Maupain, de St. Etienne, evêché d'Orleans.
Marie-Anne, b 28 avril 1671, à Sillery. — *François,* b[7] 6 août 1673 ; tue le 5 août 1689 — *1 fils,*
b... ; s 5 août 1689, tue. — *Jeanne,* b[7] 15 juillet
1675 ; m 26 août 1701, à Antoine BERTHELET.

1669, (21 octobre) Québec. [7]

I. — CHARTIER, Robert, b 1627, fils de Guil-
laume et de Marguerite Desportes, de St.
Laurent, evêché d'Evreux.
BERTAUT, Anne, b 1637, fille de Jean et de
Jeanne LAYNÉ, de St. Sulpice de Paris.
Gilles-Isaac, b[7] 28 juillet 1670. — *Jean-Fran-
çois,* b[7] 3 déc. 1671 ; s 20 oct. 1732, à Lévis. [6] —
Claire-Françoise, b[7] 21 janv. 1674 ; m[6] 9 nov.
1694, à Louis FAGOT ; s[6] 15 janvier 1724. — *Tho-
mas,* b[7] 27 déc. 1675. — *Nicolas,* b[7] 20 mars 1679.

1673, (15 décembre) Ste. Famille.

CHARTIER, Jacques, fils de Jean et d'Anne Aber.
MARTIN, dite Amelin, Marie,
veuve de Jean Vallé.

1678, (31 janvier) Ste. Famille.

I. — CHARTIER, Guillaume, b 1649, fils d'Olivier
et de Marie Cornet, de Ste. Marie de Lost,
evêché de Nantes.
ABRAHAM, Marguerite, veuve de Joseph Nadeau,

1688, (11 juillet) St. François (I. O.) [6]

II. — CHARTIER, Michel,   [MICHEL I.
1° CHAMBERLAN, Catherine,   [SIMON I.
s 11 février 1703, à St. Michel. [7]

(1) Nous avons envoyé six hommes par delà la petite
rivière de la Présentation, sur l'habitation de feu René Chartier, où lui et ses deux fils et un petit sauvage, leur esclave,
de la nation des Panis, avaient été tués par les Iroquois, le 5
août 1689, et où, plusieurs personnes nous ont depuis leur
mort, rapporté avoir vu, sur la terre, leurs têtes et leurs os :
mais les herbes ayant cru depuis ce temps, ils n'ont pu en
rien trouver,
Note de M. Rémy, curé de Lachine, au Registre de Lachine,
25 octobre 1694.
"Le 23 mai 1701, nous avons enterré, dans cette église,
une partie des os de feu René Char ier, que nous avions fait
lever sur son habitation."
Note du même, Registre de Lachine, 1701.

Elizabeth, b⁶ 17 fev. 1690 m⁶ 9 janv. 1708, à Pierre LACOMBE ; s⁶ 11 oct. 1714. — *Charles*, b 17 janvier 1692, à St. Jean (I. O), m 6 nov. 1723, à Marie CARIĆ, à Levis. — *Pierre*, b⁶ 29 nov. et s⁶ 29 dec. 1693 — *Michel*, b⁶ 9 nov 1694, s⁷ 18 fev. 1703. — *Gabriel*, b⁷ 24 fev. 1699 : m 25 janvier 1727, à Marie-Jeanne COSANCE, à Quebec⁹. s⁹ 15 oct. 1762. — *Jacques*, b⁷ 18 avril 1701.

1704, (7 janvier) St Thomas.⁸

2º DES TROIS-MAISONS, Anne,   [PHILIPPE I.
Marie-Anne, b⁸ 18 nov. 1704. — *Louis*, b⁶ 24 janvier 1707.

1722, (15 avril) Québec.

3º GRONDIN, Jeanne,   [JEAN I.
veuve de Jean Hayot.

1694, (11 août) Québec. ⁶

II.—CHARTIER, CHARLES, marchand. [MICHEL I. LE MAITRE, Louise, b 1669 ; veuve de Pierre Lelac ; s⁶ 1er dec 1704.
Charles-Claude, b⁶ 8 nov. 1696 ; m⁶ 28 dec. 1721, à Jeanne CHEVALIER. — *Jean*, b⁶ 31 janvier 1698, s⁶ 28 fév. 1703. — *Joseph-Louis*, b⁶ 16 janv. et s⁶ 14 fev. 1699. — *Auguste-Joseph*, b⁶ 7 oct. 1700. — *Geneviève*, b⁶ 31 janv. 1702. — *Pierre-Joseph*, b⁶ 30 nov. 1704.

1699, (23 mars) Montréal.

I. — CHARTIER DIT LAMARCRE, MATHURIN, soldat de Dumesny, b 1664, fils de Mathurin et de Marguerite Dutaut, de Benon, évêché de la Rochelle.
BENARD, Marguerite,   [MATHURIN-RENÉ I.

CHARTRAIN. — *Variations :* CHARTRÉ.

1692, (26 novembre) Charlesbourg. ⁹

I.—CHARTRAIN, FRANÇOIS, b 1662, fils de Pierre et de Michelle Deschamps, de St. Pierre-du-Chemin, évêché de Poitiers.
MORIN, Apolline.   [ANDRÉ I.
Marie, b⁹ 27 nov. 1694 ; m⁹ 29 avril 1715, à Pierre CROTEAU. — *André*, b⁹ 1er janv. 1697. — *Jeanne*, b⁹ 14 juillet 1699. — *Marie-Catherine*, b⁹ 2 oct. 1701. — *Pierre-François*, b⁹ 16 fév. 1704. — *Marie-Anne*, b⁹ 2 nov. 1705 ; s⁹ 3 août 1707. — *Marie-Louise*, b⁹ 7 avril 1708 ; s⁹ 21 mars 1715 — *Marie-Thérèse*, b⁹ 3 juillet 1710. — *Jacques-François*, b⁹ 9 fév. 1713. — *Marie-Madeleine*, b⁹ 21 juillet 1715.

1698, (17 juillet) Québec. ⁶

I —CHARTRAIN, NOEL, officier, b 1651, fils de Mathurin et de Françoise Davoine, de St. Pierre de Tours ; s⁶ 14 dec. 1738.
DENIS, Françoise,   [SIMON I.
veuve de Jean Outlan.
Joseph-Nicolas, b⁶ 11 avril 1699 — *Nicolas*, b 12 juillet 1700, à Ste. Anne la Perade⁷, s 2 janv. 1709, à Lorette.⁵ — *Pierre*, b⁷ 16 mars 1702. — *Noel-Claude*, b⁶ 21 juillet 1704 — *Noel-Bernard*, b⁵ 23 août 1705. — *Ignace*, b⁵ 30 juillet 1707.

I.— CHARTRAN, THOMAS. — Voyez CHERTEN. (1669).

CHERTEN.— *Variations:* CHARTRAN—CHARTRAIN.

1669, (29 janvier) Montréal. ⁵

I. — CHERTEN, THOMAS, fils de Louis et d'Hermine Queval, de Chertot-sur-les-Bans, évêché de Rouen.
1º HUNAULT, Thècle,   [TOUSSAINT I.
s⁵ 12 mars 1674.
Thomas, b⁵ 28 août 1670, m 22 nov. 1694, à Marguerite VOYNE, à Varennes. — *Toussaint*, b⁵ 29 avril et s⁵ 7 mai 1673.

1679, (17 avril) Montréal.

2º MATOU, Jeanne,   [PHILIPPE I.
Anne, b 1680. — *Marie-Suzanne*, b⁵ 26 juin 1681 , m 2 mars 1699, à Isaac CRISTIN, à Repentigny. — *Pierre*, b 27 avril 1684, à la Pointe-aux-Trembles de Montreal⁹ , m⁵ 15 mai 1702, à Joanne HOGUE. — *Jeanne*, b⁹ 12 mars 1686. — *Jacques*, b⁹ 28 oct. 1693, s⁵ 20 mars 1694. — *Jean-Paul*, b⁵ 10 mars 1698.

1694, (22 novembre) Varenne⁵.

II. — CHARTRAN, ou CHERTEN, THS , [THOMAS I. VOYNE Marguerite (1), [JACQUES I.
Marie, b 2 nov 1695, à la Pointe aux Trembles de Montréal⁹; m 20 nov. 1713, à Michel SYRE, à St François, (I. J.)⁷ ; s⁷ 3 déc. 1736. — *Charles*, b⁹ 16 avril 1698, m à Madeleine BARBEAU ; s⁷ 6 avril 1736. — *Marie-Madeleine*, b 22 mars 1700, à Repentigny⁸ ; m à Pierre VALIQUET. — *Marie-Suzanne*, b⁸ 27 nov. 1701 ; 1ºm à Michel BARBOT ; 2º m⁷ 21 nov. 1729, à Joseph BERTHIAUME ; s⁷ 28 mai 1739. — *Barbe*, b⁷ 16 mars 1704. — *Pierre*, b⁷ 16 déc. 1706 ; s⁵ 4 mai 1713. — *Marie-Madeleine*, b⁷ 13 juillet 1712 — *Françoise*, b⁷ 31 janv. 1717; m⁷ 9 fév. 1739, à Augustin VALIQUET. — *Marie-Josette*, b 1713 , m⁷ 16 fév. 1733, à Jacques LAUZON ; s 6 janv. 1737, à Québec.

1668, (19 novembre) Québec. ⁵

I. — CHASLE, CLAUDE, b 1648, fils de Charles et de Françoise Peignier, de Ste. Foy, évêché de Chartres ; s⁵ 9 août 1698.
1º L'EPINE, Andrée, b 1645 fille de Pierre et d'Andrée Griffon, de Perignier, évêché de La Rochelle ; s⁵ 22 déc. 1688.
Anne-Andrée, b⁵ 14 sep. 1669 ; m⁵ 9 fév. 1688, à Pierre PRUDHOMME — *Angélique*, b⁵ 13 fév. 1671. — *Jeanne*, b⁵ 13 mars 1672 ; m⁵ 18 oct. 1688, à Etienne THIVIERGE ; s⁵ 16 dec. 1702. — *Anne-Elizabeth*, b⁵ 18 janv. 1673 ; m⁵ 7 fév. 1689, à Nicolas PRÉ ; s⁵ 14 déc. 1702. — *Marie-Suzanne*, b⁵ 11 nov. 1675 m⁵ 21 janv. 1687, à Jean JUNC. — *Claude*, b⁵ 18 juillet 1679 , m⁵ 28 avril 1712, à Marie DU ROY ; s⁵ 3 nov. 1716. — *Marie-Ursule*, b⁵ 13 déc. 1681 ; s⁵ 13 sept. 1687. — *Charlotte-Angélique*, b⁵ 6 nov. 1685, s⁵ 14 dec. 1688.

1691 (15 janvier) Québec⁵.

2º FOI, Catherine, veuve de Jean DeMosny, b 1640 ; s⁵ 8 déc. 1700.

(1) Ou VAINE, VOINE, VEINE.

Etienne, b ᵇ 22 oct. 1691 ; s ⁵ 27 déc. 1693. — *Nicolas-Joseph*, b ᵇ 18 fev. 1694 ; ordonné prêtre, ⁵ 20 fév. 1717, s 23 mars 1754, à Beaumont.

1689, (2 décembre) Lachine. ⁵

I. — CHASLE dit Duhamel, Jacques, soldat de Cruzel, b 1658, fils d'Etienne et d'Esther Desmarais, de Quequenonville, evèché de Coutance.
Bourgery, Madeleine, veuve de Jean Beaune
Louise-Madeleine, b ᵇ 21 janv. 1691 — *Jacques*, b ᵇ 11 mai 1693, m ⁵ 28 fev. 1729, à Louise Quesnel. — *Jean*, b ᵇ 20 mai 1696 ; m ⁵ 7 janv. 1727, à Marie-Madeleine Quesnel.

CHASLU. — Voy. Chanteloup.

CHASPOUX, Marie-Madeleine, femme de Jean Bochart, Intendant.

CHASTEL, Thomine, femme de Jean Bigot, 1634.

1689, (30 mai) Batiscan.

I — CHASTENAY, ou Chastenet, Jean, b 1644, etabli à Lotbinière en 1680, fils de Jean et d'Antoine Chatenay, de St. Léger, evèche de Périgueux ; s avant 1722.
1° Fafard, Jeanne, [François I
2° Laverdure, Marie-Angélique ; s 1722.
Madeleine, b... ; m 26 janv. 1722, à Jean-Baptiste Lefebvre, à Batiscan. — *Jean-Baptiste*, b..., m 12 avril 1717, à Geneviève Chaillé, au Cap Santé.

I. — CHATEAUFORT, De, commandant aux Trois-Rivières, en 1637.

CHATEAUNEUF. — Voy. Lemenu.

1693, (13 juillet) Quebec ⁵.

I. — CHATEAUNEUF, Sieur de Montel, François, b 1660, fils de Pierre, et de Catherine de Rufin, de St. Mederic, de Paris.
LeMarquis, Madeleine, [Charles I.
Joseph, b ⁵ 11 et s 30 mai 1694.

I. — CHATEL, Henry.
Larue, Marie-Geneviève, [Jean I.
s 26 avril 1722, à Ste. Foye. ⁵
Pierre, b 25 fev. 1686, à la Pointe aux Trembles de Quebec ¹ ; m ⁵ 20 janv. 1721, à Gertrude Robin. — *Marie*, b ¹ 22 avril 1687, s ¹ 27 janv. 1688. — *François*, b ¹ 3 juillet 1689 ; m ⁵ 22 nov. 1718, à Angélique Belieau. — *Marie*, b ¹ 23 mai 1692. — *Catherine*, b ¹ 6 mars 1695.

1685, (23 octobre) Pte-aux-Trembles.

I. — CHATEL, Michel, b 1649, fils de Jean et de Julienne Moulin, de St Malo du Randonné, evèche de Chartres.
Lambert, Françoise-Marguerite. [Aubin I.
Jacques, b 11 janv. 1696, à St Nicolas. ⁹ — *Marie-Charlotte*, b ⁹ 18 mai 1698.

CHATELLEREAU. — Voyez Roy. — Bonnedeau.

CHATIGNY. — *Variations et Surnoms :* Chatin — Lépine.

I. — CHATIGNY, Vincent.
Auvray, Françoise.
Marie-Françoise, b 22 avril 1695, à Québec ⁰ ; m... à François Jahan-Laviolette. — *Marie-Catherine*, b... ; m ⁰ 29 oct. 1701, a Martial Gariou. — *Pierre*, b... ; m 1712, à Angelique Martin.

1699.

I. — CHATIGNY dit LÉPINE, Pierre.
Martin, Angélique.
Marie, b 1700, 1° m à François Luitre; 2° m 29 mai 1749, à Mathurin Bertrand, à Quebec ; ¹ s ¹ 11 déc. 1757. — *Françoise*, b 8 mai 1713, Cap St. Ignace. ³ — *Charles*, b ² 30 mai 1714.

CHATILLON. — Voyez Mignot, Berson, Hardy.

CHATOUTEAU. — *Variations :* Matias — René dit Matias.

1682, (13 juillet) Lachine. ⁹

I. — CHATOUTEAU dit Mathias, b 1652, fils de François et de Marguerite Maridade, de Montonneau, evèché d'Angoulesme.
Moufflet, Anne, (1) [Jean I.
Jean, b 20 oct. 1684, à Lachine. ⁹ — *Etienne*, b ⁹ 17 août 1687. — *Paul*, b 1697, m ⁹ 30 janv. 1725 à Angelique Hunault.

1670.

I. — CHAUDILLON, Antoine, b 1643, Chirurgien.
Boucher, Marie, [François I.
Catherine, b 1672 ; m 9 oct. 1688, à François LeNeveu, à la Pte-aux-Trembles. ³ — *Marie*, b 12 août 1674, à Sorel ⁴; m ³ 16 fév. 1694, à Jean Chaperon — *Marie-Charlotte*, b ⁴ 6 avril 1676 ; 1° m ³ 28 sept. 1693 à Joseph Desautels ; 2° m 8 juillet 1707, à Jean Barte, à Varennes. ⁵ — *Antoine*, b ⁴ 6 fev. 1678. — *Claude*, b ⁴ 16 nov. 1679 — *Françoise*, b ⁴ 11 janv. 1684, s ⁴ 11 sept. 1685. — *Pierre-Louis*, b ⁴ 2 janv. 1687. — *Marie-Anne*, b ⁵ 11 fev. 1691 ; m ⁴ 5 avril 1712, à Pierre Prevost. — *Louis*, b... ; m 22 juin 1701, à Jean Goriou, à Lachine.

I. — CHAUDRON, Michel, tailleur, b 1657, établi au Cap de la Madeleine.
Baillargeon, Marie, [Mathurin I.
Michel, b 1678. — *Marie*, b 1680.

1698, (24 novembre), Varennes. ⁰

I. — CHAULÉ, René, fils de Jean et de Catherine Lafault, de St Paul, evèche de Poitiers.
Marcardier, Geneviève, [Mathurin I.
s ⁰ 3 sept. 1699.

I — CHOLET, René, b 1668, fils de Sébastien et de Perinne Hilaire, d'Aubigny ; s 28 dec. 1708, à St. François, Ile Jésus. ¹
Gazaille, Jeanne. [Jean I.
René, b ¹ 13 oct. 1707.

(1) Elle épouse, le 25 août 1722, Jean-Baptiste Gourdon, à Lachine.

I. — CHAUMONT, Jean, b 1641, établi à Montréal en 1681.

I. — CHAUNIER, Louis.
Nafrechon, Catherine. (1) [Isaac I.

1664.

I. — CHAUSSE, François, chaudronnier, b 1630, établi à Ste. Anne de la Perade, en 1681.

CHAUSSET, Antoine, serviteur des PP. Jésuites. — *Registres de Chambly*, 1683.

1681, (24 août) Ilet.

I. — CHAUSSÉ dit Lemeine, Pierre, b 1651, fils de Jean et de Catherine Groleau, de Perigueux ; s...
Sel (ou Deselles), Marie-Madeleine, veuve de Louis Auriot, b 1652, fille de Michel et de Jeanne Castan, de Paris ; s 11 déc. 1700, à Lévis. [8]
Louise, b 1682 ; m 13 fév. 1702, à Jean-Baptiste Leroux, à Montréal. — *Jean-Baptiste*, b... ; m 13 juin 1712, à Angélique Bériau, à Quebec [9] ; s [9] 30 sept. 1737, noyee. — *Marie-Catherine*, b... ; m [9] 18 fév. 1715, à Joseph Desèvre. — *Agathe*, b 1695 ; m 14 fév. 1719, à Jean Charbonneau, à Lachine — *Geneviève*, b 11 et s 14 déc. 1700, à Lévis.

1663, (29 octobre) Québec. [7]

I. — CHAUVAUX dit Lafleur, Jean, b 1635, fils de Daniel et de Marie Caga, de St Pierre d'Oléron, en Xaintonge ; s...
Albert, Marie, b 1645, fille de François et de Thomasse Gabarette, de St Pierre d'Oléron, en Xaintonge.
Jean-Baptiste, b [7] 31 mai et s [7] 2 juin 1664. — *Marie*, b 17 juillet 1665 ; m 5 juillet 1679, à Jean Conde, à la Pte Lévis. [8] — *Anne-Louise*, b [7] 21 juin 1667. — *François*, b [7] 17 et s [7] 24 fév. 1671. — *Jacques*, b [7] 20 nov. 1668 ; s 27 juillet 1715, dans la chapelle du seminaire de Quebec. [9] — *Jean-Baptiste*, b [9] 4 mars 1672 ; s [9] 14 sept 1723. — *Marguerite*, b [7] 1er juillet 1674 ; m [8] 26 nov. 1693, à Jacques Guay. — *François*, b [7] 17 août 1676 ; m... ; s [7] 8 oct. 1699. — *Catherine-Françoise*, b [7] 20 et s [7] 24 nov. 1678. — *Jean-André*, b [8] 30 nov. et s [8] 3 déc. 1674. — *François*, b 15 janv. 1681, à l'Ilet.

I — CHAUVEAU, Jacques, b 1641, etait à Villemur, en 1681.

I. — CHAUVEAU, François, b 1647, établi à Berthier ; s 6 nov. 1677, à Québec.

CHAUVET. — *Variations et surnoms :* Chauvé — Lagerne — Camirand.

1681, (15 septembre) Québec. [0]

I — CHAUVET dit Lagerne, Jean, b 1652, fils de Vincent et de Thomasse Martin, de St Sauveur de La Rochelle.
Prevost, Marie, veuve de François Brunaud.

---

(1) Elle épouse, le 30 août 1691, François Foucault, de Montréal.

Anne, b 3 mars 1682, à Charlesbourg [5] ; s [5] 30 août 1687. — *Marie-Catherine*, b [5] 3 et s [5] 7 mars 1682. — *Jean-Baptiste*, b [5] 21 sept. 1683.— *Pierre*, b [5] 26 mai 1686 ; m [0] 15 avril 1709, à Marie-Madeleine Gaudin.

I. — CHAUVILLON, Marie Charlotte, femme de Jean Barthe dit Belleville.

1647, (27 juillet) Québec.

I. — CHAUVIN, Michel, b 1617, fils de Gabriel et de Marie Drouard, de Ste Suzanne, du Maine.
Archambault, Anne, fille de Jacques et de Françoise Tocos, de Dompierre, pays d'Aunis.
Paul, b 27 mars et s 1er avril 1650. — *Charlotte*, b 5 avril 1651, à Montréal, m 1663, à Jean Blaudoin. — *Jean*, b 1657 ; s 24 avril 1727, à Québec.

1649.

I. — CHAUVIN dit La Fortune, Marin, b 1619.
Ban, Gilette, (1), b 1629, fille de Marin Bonne et d'Isabelle Boire, de Normandie
Marie, b 8 sept. 1650, Trois-Rivières [5] ; 1o m [5] 25 nov. 1664, à Rolin Langlois ; 2o m [5] 20 juillet 1665, à Jean De Noyon.

1658, (16 septembre), Montréal. [3]

I.—CHAUVIN, Pierre, b 1631, fils de René et de Catherine Avard, de Solesme ; s [3] 4 août 1699.
Autreuil, Marthe, b 1636, fille de René et de Françoise Lachaunerhn ; s 25 fev. 1714, à St. François, Ile Jesus.
Marie-Marthe, b [3] 17 janv. 1662 ; m [3] 16 nov. 1676 à Nicolas Barron. — *Pierre*, b [3] 10 nov. 1663. — *Barbe-Thérèse*, b [3] 15 oct. 1665 ; m 20 mai 1687, à Ignace Hubert, à Boucherville. — *Gilles*, b [3] 3 juin 1668 ; 1o m [3] 21 janv. 1697, à Marie Cabassier ; 2o m [3] 24 nov. 1700, à Angelique Guyon. — *Michelle*, b [3] 21 mai 1670 ; m [3] 24 oct. 1695, à Jacques Nepveu. — *Jacques*, b [3] 17 mai 1672. — *Joseph*, b [3] 14 avril 1674. — *Nicolas*, b [3] 19 janv. 1676. — *Louis*, b [3] 17 fev. 1678. — *Paul*, b [3] 21 fév. 1680. — *Jean-Baptiste*, b [3] 13 juin 1684 ; s [3] 21 juin 1699.

I. — CHAUVIN, Gilles, b 1668 ; s 7 juin 1691, à Montréal ; tué par les Iroquois avec Lemoyne de Bienville.

1666, (25 octobre) Québec.

I.—CHAUVIN, Philibert, b 1636, fils de Sébastien et de Martine Giraud, de St. Touin-de-Marne, évêché de Poitiers ; s...
De la Haye, Jeanne, b 1646, fille de Simon et de Jeanne de Cointe, de St. Sulpice, de Paris ; s...

1668.

I. — CHAUVIN, Pierre.
Boisleau, Marie. (2)
Anne, b 6 fév. 1669, à Ste. Famille.

---

(1) Elle épouse, 1653, Jacques Bertaut.
(2) Elle épouse, le 21 novembre 1669, Simon Chambrelan Ste. Famille.

1699, (16 janvier) Quebec. [2]

I — CHAUVIN, Jacques, taillandier, b 1665, veuf de Jeanne Gignois, de Malville, évêché de Xaintes, s...
Cochon, Marie, veuve de Michel Olivier. [Jean II.
Louise, b [2] 7 nov. 1696, 1º m [2] 10 fév. 1725, à Julien Becquemont ; 2º m 27 dec. 1736, à Nicolas Lauzon, au Detroit. [5] — *Jacques*, b [2] 17 sept. 1698. — *Geneviève*, b [2] 29 dec. 1699, s [2] 29 mars 1700 — *Marie-Anne*, b [2] 30 déc 1700 s [2] 25 janv. 1703. — *Charles*, b [2] 4 nov. 1702, m [5] 27 oct. 1726, à Marie-Anne Casse. — *Jean-Milan*, b [2] 13 oct. 1704. — *Thomas*, b [2] 22 dec. 1706. — *Jean-Baptiste*, b [2] 26 juin 1712.

1696, (29 avril) Boucherville. [5]

I. — CHAUVIN, Jean, charpentier, b 1666, fils de François et de Marie Duval, de Pequin, évêché de Rouen ; s...
1º Fauconnet, Marie,　　　　[Jean I.
, s [5] 9 fév. 1697.
Marie-Angélique, b [5] 15 janv. 1697.

1702 (26 novembre) Boucherville.

2º Courtois, Marie-Madeleine,　　　[Jean I.

1697, (21 janvier) Montréal. [1]

II — CHAUVIN, Gilles,　　　　[Pierre I.
1º Cabassier, Marie,　　　　[Pierre I.
s [1] 9 août 1699.
Pierre, b [1] 5 janv. 1698. — *Louise-Daniel*, b [1] 13 avril 1699.

1700 (24 novembre) Montréal. [4]

2º Guyon, Angélique,　　　　[Michel II.
Louis-Marie, b [4] 14 janv. 1702. — *Catherine-Angélique*,, b [4] 16 avril 1703 ; m [4] 28 mai 1731, à Michel Castonguay.

I. — CHAVIGNY de la Chevrotière — Voy. De Chavigny.

I. — CHAVOYE dit Moinet, Jean,
b 1640 , s 3 dec. 1701, à Montréal.

I — CHEDEBAU, Pierre,
b 1645 ; s 29 mai 1705, à Montréal.

I. — CHEDEVERGNE, et Chef-de-Vergue dit Larose, Louis.
Dupont Marie.
Marie-Louise, b 21 déc. 1695, à Champlain. [0]
Marie-Jeanne, b [0] 15 janv. 1696. — *Marguerite*, b... m à François Gareau.

1676, (6 octobre) Québec [0]

I. — CHEF-DE-VILLE dit La Garenne, Maximi-lien, boulanger, b 1644 ; fils de Louis et d'Anne Nepveu, de St. Saturnin, évêché de Chartres.
LeVasseur, Marguerite,　　　[Pierre I.
Anne-Marguerite, b [0] 2 nov. 1677. — *Charles*, b 16 oct. 1680, à Montréal. [9] — *Jean*, b 17 mai et s [9] 27 juin 1683. — *Jacques*, b [9] 20 mai 1686 ; m [0] 11 mai 1713, à Marie-Anne Caillé ; s [0] 7 oct. 1754.

I. — CHENET dit Dubreuil, Pierre.
Boissel, Marguerite.
Marie-Madeleine, b 13 juillet 1682, à Québec.

CHESNAY. — *Variations et surnoms* : Chesne, —Lothainville — La Garenne — Le Jardin — Vandamois.

1656, (7 août) Quebec. [5]

I — CHESNAY dit LaGarenne, Sr. de Lothain-ville, Bertrand, b 1624, fils de Nicolas et de Catherine La Ringue de St Brieux, en Bre-tagne ; s [5] 16 janv. 1683
1º Belanger, Marie-Madeleine,　　[François I.
Marie, b [5] 22 sept. 1658 ; m [5] 16 sept. 1675 à Joseph Petit. — *Anne*, b 14 et s [5] 24 nov. 1660. *Jean*, b [5] 11 nov. 1661. — *Anne*, b [5] 12 oct. 1664 ; m 8 janv. 1681, à Pierre Lemaître, aux Trois-Rivières [6], s [6] 10 juillet 1733. — *Joseph*, b 20 avril 1667, au Château-Richer [7]. — *Marguerite*, b 19 janv. et s [7] 3 fév. 1669. — *Anonyme*, b 6 janv. 1670. à L'Ange-Gardien ; s [7] 9 janv. 1670.

1671 (4 février) Château-Richer. [8]

2º Aubert, Elizabeth. (1)　　　　[Claude I.
Elizabeth, b 2 janv. 1672, à Québec. [6] — *Charles-Bertrand*, b [6] 23 fév. 1673. — *Anne*, b [6] 22 juillet 1674. — *Françoise*, b [6] 20 sept. 1675. — *Marie-Angé-lique*, b [6] 20 avril 1677 ; s [6] 20 juin 1746. — *Louis*, b [6] 27 août 1678 — *Anne-Agnès*, b [6] 14 juin 1681. — *Jean-Baptiste*, b [8] 26 nov. 1682.

1689, (16 août) Boucherville. [4]

I — CHENAYE dit Vandamois, Charles, soldat de M. Daneau, b 1659, fils d'Antoine (notaire royal,) et d'Anne Hebert, de Ste. Marie-Ma-deleine de Vaudoline, évêché de Chartres.
Loisel, Françoise.　　　　[Louis I.
veuve de François Pilet ; s [4] 13 sept. 1690.
Marie-Françoise, b [4] 2 juin et s [4] 24 juillet 1690.

I — CHÊNE — *Variations et surnoms :* Chêne — Chaine — Lagrave.

1690.

I. — CHÊNE, Raymond.
Mailhot, Rose,　　　　[René I.
b... ; 1º m 1er avril 1717, à Fran-çois Rivard à Batiscan, [8] ; 2º m [8] 7 janv. 1732, à Guillaume Cornelier. — *Marguerite*, b... ; m [8] 4 mars 1737, à Martin Lefebvre. — *Madeleine*, b 20 août 1695, aux Grondines ; m 10 avril 1725, à Ste. Anne de la Pérade, à Joseph Charets.

I. — CHENEVERT, Moïse-Josué, forgeron. — Voy. Morin.

1651, (23 octobre) Québec. [2]

I. — CHENIER (ou Chesnier), Jean, maître-char-pentier, établi à la Pointe-aux-Trembles de Québec [6] ; b 1614, fils de Jean et de Marguerite Bérard, de Selle-en-Saintonge, s [2] 26 mai 1699,
1º Sédilot, Jacqueline,　　　　[Louis I.

(1) Elle épouse, le 4 février 1693, Jean-Baptiste-Louis Franquelin, à Québec.

François, b ² 10 oct. 1655.—*Adrien*, b ² 22 août et s ² 8 déc 1657.—*Jean*, b ² 17 nov. 1658, 1° m ² 8 fév. 1683, à Geneviève FERRET; 2° m ² 21 fév 1689, à Jeanne ARRIVÉ dit DELISLE—*Marie*, b ¹ 5 nov. 1660; m 12 nov. 1674, à Jean BRICAUT, à Montréal. — *Marguerite-Angélique*, b ² 27 août 1662.—*François-Joseph*, b ² 25 août 1664.—*Anne*, b ² 17 fév. 1666, m ⁶ 1er déc. 1688, à Jean TESSIER.

1675.

2° GRESLEAU, Marie, (1) b 1641.
Antoine, b 15 nov. 1676, à Québec; s 4 janv. 1688, à la Pointe-aux-Trembles de Québec.

1683, (8 février) Pointe-aux-Trembles, Q. ⁴

II.—CHENIER, JEAN,   [JEAN I.
1° FERRET, Marie-Geneviève,   [PIERRE I.
s 30 nov 1688, à Québec. ⁵
Jean-Baptiste, b ⁴ 17 août 1684; m 7 avril 1709, à Barbe RAPIN, à Lachine. — *Joseph*, b ⁴ 11 avril 1686; m ⁵ 18 sept. 1713, à Marie DUBOS

1689, (21 février) Pte-aux-Trembles, Q.

2° ARRIVÉ dit DELISLE, Marie-Jeanne,[JACQUES I.
Elizabeth, b 17 déc 1689, à Montréal⁵; m 13 juillet 1712, à Robert MOSION; s 22 avril 1742, à Québec.—*Jean*, b ⁵ 26 juin 1692.—*Louise*, b ⁵ 11 fév. 1695.

CHERLOT— *Variations*: CHARLO — CHURLOT— CHARLES—DESMOULINS.

1669, (9 octobre) Québec.

I —CHERLOT dit DESMOULINS, JEAN, b 1641, fils de François et de Catherine Peuron, de St. Bartholomi, évêché d'Angoulême, s...
MANSION ou MANSEAU-MANSIOT, Jeanne, b 1649, fille de Jacques et d'Anne de Guaincour, de St. Jacques, évêché de Metz.
Marie, b 10 avril 1671; m 25 avril 1685, à Maurice ADVERSY; s 3 juin 1688, à Boucherville ⁶—*Catherine*, b ⁶ 14 juin 1673; m 7 janv. 1688, à André VAUTOUR, à Montréal. ¹—*Marguerite*, b ⁶ 24 janv. 1675.—*Marie-Madeleine*, b ⁶ 13 fév 1676; m ¹ 10 nov. 1698, à Guillaume RAINBAULT; s ¹ 14 mars 1703.—*Thérèse*, b 3 fév. 1678, Sorel; m ¹ 10 janv. 1695, à Victor COUVRÉ.—*Jeanne*, b 20 oct. 1680; à la Pointe-aux-Trembles de Montréal; ³ m ¹ 26 nov 1698, à Bernard BLENIER.—*Marie-Marguerite*, b 28 mai 1682, Contrecœur—*Ignace*, b ⁵ 16 juillet 1684.—*Marie-Gabrielle*, b ⁶ 7 déc. 1686; m ¹ 5 fév. 1703, à Pierre GROU.—*Pierre*, b ¹ 23 nov. 1688.—*Claude*, b ¹ 23 janv. s ¹ 23 oct. 1691.—*Joachim*, b ¹ 19 avril 1693.

1690, (17 avril) Québec. ²

I.—CHERON, MARTIN, (2) marchand, b 1662, fils de Martin et de Marie Castillan de St. Martin de Blois, évêché de Chartres; s ² 27 avril 1717
1o. THIVIERGE, Marie-Anne,   [HIPPOLYTE I.
s ² 19 janvier 1705.

(1) Elle épouse, le 6 août 1700, Pierre Segnay, à Québec.
(2) Garde magasin du Roy, (1692), conseiller du Conseil Supérieur.

Charles, b ² 29 déc. 1690. — *Marie-Elizabeth*, b ² 22 fév. 1692, hospitalière dite de Ste. Anne; s ² 19 sept 1741. — *Angélique*, b ² 23 janv. 1693, hospitalière, dite St. Martin; s ² 14 mai 1711 — *Ursule*, b ² 15 juillet 1694 — *Joseph-Martin*, b ² 7 janv. 1696; s ² 20 mai 1715.—*Jean*, b ² 1 sept. 1697, s ² 12 mai 1711. — *Etienne*, b ² 21 fév. 1699.—*Martin*, b² 11 nov. 1700; s² 24 avril 1701.—*Martin*, b ² 22 fév.; s ² 15 mars 1702. — *Martin*, b² 10 mars et s ² 20 août 1703. — *Marguerite*,b ² 24 avril 1704; m ² 27 déc. 1723, à Pierre TROTIER. — *Léonard*, b ² 17 janv. 1705.

1706, 1er février Québec.

2o. LE BOULANGER, Marie-Josette,   [PIERRE I.
s ² 2 août 1733.
Marie-Josette. b ² 2 nov. 1706; m ².27 juin, à Pierre-André CARREROT.— *Martin*. b ² 23 mai 1708.— *Anne*, b ² 6 août 1710. — *Marie-Madeleine*, b ² 24 août 1712.— *Ignace-Michel*, b ² 28 sept. 1717.

1669.

CHERTEN —Voy. CHARTRAN —CHERTIN— GUERTIN.

1676, (29 novembre) Montréal. ⁸

I.— CHESNE, St. ONGE (dit CHESNE), PIERRE, tailleur, établi à Longueuil, b 1654, fils de Jean et d'Anne Claveleau, de Pignac, ville de Barbeyeux, évêché de Xaintes; s...
1o BAILLY, Louise-Jeanne,   FRANÇOIS I.
Pierre, b ² 10 avril 1679; s ² 7 fév. 1686, mort subite. — *Jean-Baptiste*, b ² 13 juin 1681.— *François*, b ² 12 déc. 1683. — *Michel*, b ² 15 avril 1686—*Marie*, b ² 20 sept. 1690. — *Charles*, b ¹ 11 mars 1694; m 18 janv. 1722, à Catherine Sauvage, au Detroit; s avant 1755.— *Pierre*, b ² 23 juillet 1698, 1° m 25 mai 1728, à Madeleine Roy, au Detroit, 2° m 2 janv. 1736 à Louise BARROIS; s 16 mai 1774.

1700, (9 octobre) Montréal ²

2o MOITIÉ, Marie, b 1662, fille de Charles et de Nicole Chaise, de St. Sulpice, Paris, et veuve de Jean Magnan.

CHEVALIER, Voy. BIETRY—L'ABBÉ—DUCHESNE.

I.— CHEVALIER, (le) CHARLES, chirurgien résidant aux TROIS-RIVIÈRES, en 1645.
Anne, b .., m 4 nov. 1659, à Pierre Pinguet, à Québec.

CHEVALIER, LOUIS, b 1624, à Caen, vint à Montréal en 1653.

I. — CHEVALIER, MARTIN,
b 1641; s 27 juillet 1681, à Champlain.

1643.

I.— CHEVALIER, JEAN,
b 1629; s 5 août 1699 à Laprairie.
LE NORMAND, Marguerite
Jeanne-Marguerite, b 1644, m 5 avril 1701, à Jean-Baptiste DESCHAMPS, à la Rivière-Ouelle ¹; s ¹ 25 nov. 1716.

I. — CHEVALIER, Rεné, maçon, b 1626, fils de Rene et de Marie Lucre, de Tause en Anjou ; s avant 1679.

LANGLOIS, Jeanne,   [NOEL I.

Louise, b 27 oct.1659, à Québec [2] : m... à Jacques PARENT ; s 29 sept. 1703, à Beauport [3]. — *François* b [2] août 1661 ; s [2] 19 déc. 1661. — *Jean*, b [2] 24 fev. 1663 , m [3] 25 fév. 1686, à Marie-Madeleine Avisse. — *Guillaume*, b [2] 10 mai 1665 ; m [3] 3 fev. 1689, à Jeanne GAUTIER. — *Michel*, b [2] 25 nov. 1670 ; m [3] 10 janv. 1695, à Charlotte PARANT. — *Jeanne*, b [8] 14 mai 1673 ; m [3] 24 nov. 1692, à Michel PARANT ; s [2] 4 avril 1746. — *Marie-Thérèse*, b 1674 , m [8] fev. 1696 à Etienne PARANT.

I — CHEVALIER, Jacques,
s 17 sept. 1687, Batiscan.

I. — CHEVALIER, (1) PIERRE,
—————, Geneviève,
, s 24 sept. 1688, à Quebec.

1670, (7 octobre) Montreal. [1]

I. — CHEVALIER, Joseph, b 1644, maître-menui-sier, fils de Jean et de Madelei ne L'heureux, de St. Jacques de Dieppe, en Normandie.

BARTON, Françoise Marthe, b 1653, fille de Jac-ques et de Renée Pitre, de St. Michel, évêché de Poitiers ; s [1] 13 août 1699.

Marie-Françoise, b [1] 13 juillet 1671 ; m [1] 17 nov. 1692, à Urbain JETTÉ. — *Pierre*, b [1] 3 janv. 1674. — *Jean*, b [1] 22 sept. 1675. — *Jean-Baptiste*, b [1] 6 août 1677. — *Elizabeth*, b [1] 29 oct. 1679 , m [1] 7 oct. 1697, à Séraphin LAUZON. — *Anne-Angé-lique*, b [1] 11 janv. 1682 ; m [1] 3 sept. 1703, à Charles LeDuc — *Geneviève*, b [1] 28 juillet 1683 , m 26 janv. 1701, à Jacques FOUCHER. — *Barbe*, b [1] 8 juillet 1685. — *Paul*, b 5 et s [1] 7 juin 1687. — *Marguerite*, b [1] 29 nov. 1688. — *Madeleine*, b [1] 7 oct. 1690. — *Joseph*, b 1695 et s [1] 1 janv. 1696. — *Thérèse*, b 10 mars 1692 ; m 9 janv 1724, à Pierre CREVIER, à la Pointe-aux-Trembles de Montreal.

1682.

I. — CHEVALIER (LE), ETIENNE, b 1647 ; s 19 mars 1697, à St. Augustin.

1° PROVOST, Marie-Anne-Claude.

Etienne, b 27 oct. 1683, à la Pointe-aux-Trem-bles de Québec [1] ; m 7 nov. 1707, à Marguerite LESSARD, à Québec [2] ; s [2] 19 sept. 1725. — *Marie-Anne*, b... ; m [2] 14 mai 1703 à Jean-Etienne DUBREUIL ; s [2] 5 avril 1711. — *Marthe-Agnès*, b... ; m [2] 14 nov 1707, à Louis FLUET. — *Geneviève*, b [1] 16 mars 1687. — *Françoise-Catherine*, b [1] 25 nov. 1689 ; 1° m 16 août 1708, à Denis MASSE, à Ste. Foye [5] ; 2° m [5] 11 août 1713, à André ROBITAILLE.

1696, (17 juin) Québec.

2° GAULTIER, Jeanne,   [MATHURIN I.

I. — CHEVALIER, CLAUDE, b 1663, Soldat et tambour de Mr. Degrès ; s 20 janv. 1688, aux Trois-Rivières.

1678, (5 sept.) P[ts]-aux-Trembles de Montréal [1]

I. — CHEVALIER, Jacques, b 1641, charpentier, fils de Guillaume et de Rohne Auber, de Hegre-monville, évêché de Roucn.

VILLAIN, Jeanne,   [JEAN I.
veuve de Mathurin Bernière.

Paul, b [1] 22 juin 1679, m 1 juin 1705, à Agathe CAMPEAU, à Montréal [2]. — *Jacques*, b [2] 15 juin 1681. — *Jean*, b [1] 2 avril 1684. — *Jacques*, b [1] 23 avril 1686. — *Pierre*, b... ; s [1] 9 sept. 1688. — *Elizabeth*, b [2] 14 mai 1696 ; s [2] 15 fev. 1697. — *Jacques*, b [2] 27 août 1697 ; s [2] 8 mai 1699. — *Jeanne*, b 4 nov. 1698 , s [2] 5 janv. 1699.

1680, (23 avril) Lachine. [5]

I. — CHEVALIER, JEAN, cordier, b 1627.
GARNIER, Michelle, b 1638, veuve de Simon Cardinal ; s [5] 23 mai 1720.

1686, (25 fevrier) Beauport [1]

II. — CHEVALIER, JEAN,   [RENÉ I.
AVISSE, Marguerite-Madeleine,   [DENIS I.
René, b [1] 13 juillet et s [1] 15 sept. 1687. — *Jean*, b [1] 27 nov. 1688 ; s [1] 18 janv. 1689. — *Jacques*, b [1] 28 dec. 1689. — *Marie-Catherine*, b [1] 13 avril 1692 , m [1] 3 oct. 1712, à Pierre LA TOUR. — *Jean*, b [1] 4 sept. 1694 ; m [1] 16 oct. 1719, à Marie CRÊTE. — *René-Lucien*, b [1] 9 mai 1697. — *Marguerite-Geneviève*, b [1] 16 nov. 1699. — *André*, b [1] 2 déc. 1702 ; s [1] 5 fév. 1703. — *Geneviève-Renée*, b [1] 22 mars 1704 ; s [1] 4 janv. 1709. — *Jeanne*, b [1] 29 sept. 1707.

1687, (13 novembre) Champlain. [2]

I. — CHEVALIER, Sieur de Bourchemin, JACQUES-FRANÇOIS, enseigne dans la compagnie de M. de St. Jean.

DIZY, Elizabeth, (1)   [PIERRE I.
Marie-Anne, b [2] 10 nov. 1689. — *François*, b [2] 27 oct. 1691 ; s 7 avril 1703, à Montréal.

1689, (3 février) Beauport [2]

II. — CHEVALIER, GUILLAUME   [RENÉ I.
GAUTIER, Jeanne,   [RENÉ I.
Jeanne, b [2] 13 nov. 1689. — *Jacques*, b [2] 28 nov. 1691. — *Guillaume*, b [2] 29 oct. 1693. — *René*, b [2] 9 mars 1696 ; s [2] 17 mars 1703. — *Louis*, b [2] 5 mars 1698. — *Marie-Anne*, b 1699 ; s [2] 27 février 1703. — *Marie-Angélique*, b 16 mai 1702, à la Ri-vière-Ouelle. — *Jean-Alexis*, b [2] 16 juillet 1702.— *Jacques-Augustin*, b [2] 4 fév. et s [2] 12 oct. 1704.— *Jean-Baptiste*, b [2] 16 sept. 1705 — *Marie-Louise*, b [2] 17 oct. et s [2] 5 nov. 1708. — *Marie-Louise*, b [2] 1er juin 1712.

1695, (10 janvier) Beauport [3]

II. — CHEVALIER, MICHEL,   [RENÉ I.
PARANT, Charlotte,   [RENÉ I.
Michel, b [3] 15 juin et s [3] 16 déc. 1695. — *Louis*, b [3] 17 oct. 1696 ; m [3] 24 juillet 1719, à Marie-Charles LEFEBVRE. — *Marie-Louise*, b [3] 27 juillet 1698 ; m [3] 3 fev. 1716, à Nicolas HUOT. — *Michel-*

---

(1) Controleur pour les Messieurs de la Compagnie.

---

(1) Elle épouse, le 26 janvier 1691, Alexis Guay, à Cham-plain.

Ignace, b ³ 14 juin 1700 ; s ³ 16 fév. 1703.
— *Marie-Benjamin*, b ³ 7 fév. 1702 — *Alexandre-Joseph*, b ³ 11 fev. 1704 ; s ³ 25 mai 1713. — *Charlotte*, b ³ 3 juin 1706 — *Michel*, b ³ 31 janv. 1708 , s ³ 9 nov. 1709. — *Jeanne*, b ³ 26 mars et s ³ 3 avril 1709. — *Louise*, b ³ 1ᵉʳ avril 1710. — *Marie-Josette*, b ³ 30 dec. 1711 ; s ³ 11 fév. 1712. — *Marie-Catherine*, b ³ 29 janv. 1713. — *André*, b ³ 15 avril et s ³ 29 sept. 1714 — *Marie-Angélique*, b ³ 19 mai 1716 ; s ³ 6 mai 1718. — *Michel*, b ³ 27 avril 1717. — *Jacques*, b ³ 2 nov. 1718.

1697, (10 octobre) Montréal. ¹

I— CHEVALIER ᴅɪᴛ Lᴀʙʙᴇ́, Pɪᴇʀʀᴇ, (1) soldat de Mr. Desjordy, b 1667, fils d'Etienne et de Suzanne Benoit, de Pont-l'Abbé, evêché de Xaintes. s 4 sept. 1710, à Repentigny. ²
Mᴇ́ɴᴀʀᴅ, Marie-Madeleine, (2)   [Pɪᴇʀʀᴇ I.
Jean-Jacques, b ¹ 2 déc. 1698. — *Pierre*, b ² 20 dec 1699 ; s¹ 22 fev. 1704. — *Guillaume*, b ² 29 janv. et s² 5 fev. 1702. — *Pierre*, b ² 11 mars 1706. — *Nicolas-François*, b ² 4 mars 1708 ; s² 17 fév. 1711. — *Jean-Baptiste*, b ² 13 janv. 1710

I.—CHEVALIER ᴅɪᴛ Lᴀғʟᴇ̀ᴄʜᴇ, Gᴜɪʟʟᴀᴜᴍᴇ, soldat de Louvigny, etait à Montréal en 1699.

I. — CHEVAUDIER, Jᴇᴀɴ.
1º Mᴇʀᴄɪᴇʀ, Marie, b 1650 ; s 6 déc. 1687, à Champlain.
Madeleine, b... ; m 31 juillet 1703, Québec,¹ à Pierre Bᴜᴛᴇᴀᴜ. — *Marie-Marguerite*, b 1680 ; m¹ 13 août 1703, à Bertrand Bᴇ́ʟᴀɴɢᴇʀ ; s¹ 5 déc. 1750.

1668, (14 juillet) Québec.

2º Bᴇʟʟᴇ Sœᴜʀ, Anne.   [Gᴇʀᴍᴀɪɴ I.
veuve de Jean Lambert.

I. — CHEVERT, Pɪᴇʀʀᴇ.
Pɪʟᴇᴛᴛᴇ, Catherine.
Antoine, b 18 oct. 1670, à Sorel.

1673.

I. — CHEVREFILS ᴅɪᴛ Lᴀʟɪᴍᴇ, Fʀᴀɴᴄ̧ᴏɪs, b 1643 ; s 18 mars 1678, à Sorel. ¹
Lᴀᴍʏ, Marie, b 1653. (3)
François, b 1679 ; s 20 avril 1686 à Contrecœur. — *Anne*, b 1672. — *Louis*, b 1674 ; m 6 juillet 1705, à Montréal, à Geneviève Pᴀɪʟʟᴀʀᴅ. — *Mathurin*, b ¹ 16 oct. 1676.

1667, (3 novembre) Québec. ³

I.—CHEVREUX, Sɪᴍᴏɴ, fils de Pierre et de Catherine Bonneau, de Louzat, evêche de Xaintes.
Bᴀʀᴏɴ, Barbe (4), b 1637, fille de Jacques et de Françoise Ruibel, de St. Vincent, evêché de Rouen.
Philippe, b ³ 2 janv. 1669. — *Jacques*, b ³ 2 et s ³ 17 nov. 1670. — *Marie-Madeleine*, (posthume) b ³ 14 juin 1672 ; s ³ 30 janv. 1674.

1683, (7 octobre) Québec.

I.— CHIASON, Gᴜʏᴏɴ (1) b 1641, établi à Beau-bassin, veuf de Jeanne Bᴇʀɴᴀʀᴅ.
2º Mᴀʀᴛɪɴ, Madeleine.   [Pɪᴇʀʀᴇ I.

CHICOUAGNE. — *Variations et surnoms :* Cʜɪᴄᴏɪɴᴇ — Cʜɪᴄᴏᴇsɴᴇ — Dᴀᴜᴢᴏɪs.

1670, (20 octobre) Montréal.

I. — CHICOINE, Pɪᴇʀʀᴇ, (2), b 1641, fils de Gilles et de Perrine Boisanbert, de Chaunay, évêché d'Angers en Anjou.
Cʜʀᴇ́ᴛɪᴇɴ, Madeleine (3)   [Tᴏᴜssᴀɪɴᴛ I.
Marie-Madeleine, b ⁸ 11 mars 1672 ; m 1690 à Louis Gᴜᴇʀᴛɪɴ. — *Marguerite*, b ⁸ 26 juillet 1674 ; m ³ 19 avril 1694, à Urbain Bᴏᴜᴠɪᴇʀ. — *Pierre*, b 13 déc. 1676, à Boucherville ; m ⁸ 31 mai 1700, à Marie-Anne Bᴇ́ᴛᴏᴜʀɴᴇ́. — *Agnès*, b 29 sept. 1681 ; m 2 déc. 1702, à Varennes, à Joachim Lᴏɪsᴇᴀᴜ. — *Marie-Madeleine*, b 26 mars 1684, à Contrecœur ⁷ ; s⁸ 18 nov. 1687. — *Angélique*, b ⁷ 6 mai 1686 ; s⁸ 7 dec. 1687. — *Marie-Thérèse*, b ⁸ 1ᵉʳ mai 1688 , m 24 avril 1729, à Verchères, à Paul Tᴇ́ᴛʀᴏ. — *François*, b... ; m⁸ 12 nov. 1704, à Jeanne Aᴍɪᴏᴛ. — *Paul*, b ⁸ 28 mars 1691. — *Marguerite-Renée*, b... ; m..., à René Mᴏɴᴛᴇɪʟ ; s 22 juin 1717, à Verchères.

CHINQUE. — Voy. Jᴏɪɴɢ.

1662, (23 octobre) Montréal. ⁵ (4)

I.— CHIQUOT — Cɪᴄᴏᴛ — Sɪɢᴏᴛᴛᴇ, Jᴇᴀɴ, b 1631, fils de Guillaume et de Jeanne Fafart, de Bolu, Ile d'Oléron, evêché de LaRochelle ; s ⁵ 8 juin 1667.
Mᴀᴄʟɪɴ, Marguerite (5) b 1648, fille de Nicolas et de Suzanne Larose, de Sezanne, en Brie.
Catherine, b ⁵ 24 oct. 1663 ; m ⁵ 27 nov. 1679, à Joseph Hᴜᴇᴛ ; s 31 mai 1703, à Boucherville ⁶ — *Jean*, b ⁵ 22 mars 1666 ; m ⁶ 20 mars 1697, à Madeleine Lᴀᴍᴏᴜʀᴇᴜx. — *Jacques*, b...

1697, (20 mars) Boucherville. ⁵

II. — CHIQUOT, Jᴇᴀɴ,   [Jᴇᴀɴ I.
Lᴀᴍᴏᴜʀᴇᴜx, Marie-Madeleine,   [Lᴏᴜɪs I.
Marie-Madeleine, b⁵ 25 mars 1698. — *Françoise*, b ⁵ 6 avril 1700. — *Zacharie*, b 1708 ; m 8 janv. 1736, au Détroit, ⁷ à Marie-Angélique Gᴏᴅғʀᴏʏ ; s⁷ 11 août 1775.

1669, (4 novembre) Québec. ⁵

I.—CHIRON, Lᴏᴜɪs, b 1647, établi à la Pointe-aux-Trembles de Québec, ⁶ fils de Pierre et de Marie Gorry, d'Angoulin, évêché de La Rochelle ; s⁶ 1ᵉʳ oct. 1715.
Rᴏɢᴜᴇ́, Marie, b 1647, fille de Paul et d'Augustin Floc, de Ste. Geneviève, evêché de Senlis ; s 26 avril 1712.

---

(1) Appelé aussi Duchesne.
(2) Elle épouse, le 7 juillet 1711, Jean-François Delpeche, à Repentigny.
(3) Elle épouse, en 1680, Jean Duval.
(4) Elle épouse, le 2 mai 1672, Jean Mérianne, à Québec.

(1) Beaufrère de Jacques Chapelain.
(2) Seigneur de Bellevue, au-dessous de Verchères, 1700.
(3) Elle épouse, le 19 juin 1702, Louis Audet-de-Pierre Cot, à Contrecœur.
(4) Mr. de Maisonneuve et la Sœur Bourgeois assistaient à son mariage.
(5) Elle épouse, le 18 août 1667, Nicolas Boyer, à Montréal.

René, b 6 27 sept. 1671. — *Marie*, b 8 16 mai 1674 ; m 8 16 fév. 1700, à Denis ROIGNON. — *Alexandre*, b 5 8 déc. 1676 ; s 6 14 fév. 1711.

1668, (12 novembre) Montréal 5

I. — CHOQUET dit CHAMPAGNE, NICOLAS, b 1643, fils de Nicolas et de Claudine Groet, d'Amiens en Picardie, s 6 mai 1707. à Varennes. 9
JULIEN, Anne, b 1651, fille de Pierre et de Marie De Pien, de St. Germain-d'Auxerre, évêché de Paris.
Jean, b 16 sept. 1669, à Québec. — *Pierre*, b 5 12 et s 5 23 nov. 1671. — *Catherine*, b 5 13 déc. 1672 ; s 30 oct. 1687, à la Pointe-aux-Trembles de Montréal. 7 — *Jeanne*, b 5 7 août 1675 ; m 3 2 sept 1698, à Ives-Pierre GODU ; s 3 27 mars 1706. — *Marie-Thérèse* , b 7 4 sept. 1678 , m 3 10 mai 1700, à Ignace HÉBERT. — *Nicolas*, b 7 13 nov. 1681 , m 3 23 nov. 1705, à Marguerite HÉBERT. — *Marguerite*, b 7 4 et s 7 9 fév. 1685. — *Marie-Madeleine*, b 7 22 juillet 1686. — *Pierre*, b 7 10 avril et s 7 1er oct. 1689. — *Catherine*, b 3 31 juillet 1694 ; m 3,5 août 1717, à Gabriel MONJEAU. — *Julien*, b... : 1o m 7 1er fév. 1694, à Madeleine LAUZON ; 2o m 23 juillet 1714, à François DAUDELIN.

1691, (29 janvier) Batiscan. 8

I. — CHOQUET, ANTOINE, b 1661, fils d'Antoine et de Claude Caille, de St. Eustache, de Paris.
TROTAIN, Anne, (1)   [FRANÇOIS I.
Joseph-Etienne, b 6 déc. 1691, à Québec 5 ; s 5 16 janv. 1692. — *Marie*, b 5 8 dec. 1692. — *Antoine*, b 8 14 et s 22 sept. 1694.

1694, (1er février) Pointe aux Trembles, M.

II. — CHOQUET, JULIEN,   [NICOLAS I.
1o LAUZON, Marie-Madeleine,   [GILLES I
Nicolas, b 20 et s 24 nov. 1694, à Varennes 2 — *Marie Anne*, b 2 28 dec. 1695 , s 2 26 juin 1705.— *Jean-Baptiste*, b 2 8 sept. 1697 : s 2 25 mai 1703. — *Jacques*, b 1er juillet 1699, à Boucherville ; m 2 25 fév. 1721, à Elizabeth PETIT. — *Marie-Catherine*, b 2 23 et s 25 mars 1701. — *Pierre*, b 2 16 mars 1702 , s 2 15 juin 1704, — *Christophe*, b 2 28 fév. et s 25 mai 1703.

1714, (23 juillet) Varennes.

2o DAUDELIN, Françoise,   [RENÉ II.

1663, (27 novembre) Trois-Rivières. 8

I. — CHOREL dit DORVILLIERS, Sieur de St. Romain, FRANÇOIS b 1639, fils de Mathieu et de Claude Guevallet, de St. Nise, evêché de Lyon ; s 6 janv. 1709, à Champlain 8
AUBUCHON, Marie-Anne,   [JACQUES I
s 8 15 janv. 1708.
Anne-Charlotte, b 6 15 déc 1664 , m 8 21 janv 1682, à Jean-Baptiste CREVIER ; s 21 nov. 1739, à Montréal 9. — *Marie Renée*, b 1672, , m 8 17 fév. 1672, à Jacques DeNORE, sieur DUMESNIL , s 3 mai 1717, à Québec. 4 — *Jeanne*, b 10 sept. 1674, religieuse dite St. Ursule, (Ursulines) ; s 4 10 oct,

1745. — *Françoise*, b 6 oct. 1676, religieuse dite S. Cœur, (Ursulines) ; s 20 déc. 1735. — *Jean-François*, b 3 24 août 1680 ; m 4 20 août 1711, à Marie COUILLARD. — *Marie-Josette*, b 8 30 sept. 1682 ; m 2 29 août 1705, à Etienne PEZARD. — *Jean-Baptiste*, b 8 7 juin et s 24 juillet 1684. — *René*, b 8 29 juin 1685. — *Louis-Charles*, b 8 27 oct. 1686. — *Marie-Jeanne*, b 8 29 sept. 1688. — *Marie-Louise*, b 8 15 nov. 1689, hospitalière dite des Seraphins ; s 4 11 fév. 1711. — *Elizabeth*, b 8 1er avril 1691 ; m 1717, à Jean MAILLOT. — *Marie-Anne*, b 8 23 et s 25 août 1692. — *Madeleine*, b... ; m 8 7 janv. 1689, à François LEFEBVRE-DUPLESSY. — *Jaqueline*, b... ; m 8 25 nov. 1694, à Joseph Antoine DEFRENEL. — *Marguerite*, b... ; m 8 27 janv. 1695, à Guillaume LORIMIER. — *Marie-Madeleine-Jacqueline*, b 4 8 oct. 1694.

1647.

I. — CHORET, MATHIEU, établi à Beauport ; s 28 mars 1664, à Quebec. 8
VEILLON, Sébastienne (1), b 1626.
Robert, b 8 7 juin 1648, 1o m..., à Marie PARADIS ; 2o m 7 fév. 1686, à Marguerite LeROUGE. — *Joseph*, b 8 8 sept. 1650, m 29 oct. 1676, à Anne LOIGNON, à Ste. Famille 4, s 8 28 oct. 1684. — *Jeanne*, b 8 11 déc. 1652, m 8 14 janv. 1669, à Jean MORISSET. — *Pierre*, b 8 17 janv. 1655 ; m 21 janv. 1686, à Marie Madeleine GIROUX, à Beauport. 7 — *Ignace*, b 8 17 janv. 1655 ; m 26 nov. 1685, à Marie BÉLANGER, — *Jean*, b 8 9 déc. 1657 ; m 4 30 oct. 1684, à Claire BAUCHÉ ; s 6 juin 1699, à St. Laurent, Ile d'Orléans. — *Pierre*, b 1667 ; m 7 21 janv. 1686, à Marie-Anne BAUGY.

1676, (29 octobre) Ste. Famille.

II — CHORET, JOSEPH,   [MATHIEU I.
s 28 oct. 1684, à Quebec.
LOIGNON, Anne, (2)   [PIERRE I.
Françoise, b 4 janv. 1680, à St. Pierre, (Ile d'Orléans 6 — *Jean*, b 6 30 nov. 1681 ; m 13 avril 1711, a Therèse TRUDEL, à l'Ange-Gardien. —*Marie*, b 6 26 avril 1684.

1674.

II. — CHORET, ROBERT,   [MATHIEU I.
seigneur de Bonsecours de Ste. Croix, charpentier
1o PARADIS, Marie-Madeleine,   [PIERRE I.
s 1684.
Marie, b 31 janv. 1675, à Ste. Famille 1 ; m 29 oct. 1693, à Joseph LeNORMAND, à Quebec 2 ; s.... — *Mathieu*, b 1 21 avril et s 18 oct. 1676. — *Robert*, b 1 3 oct. 1677 : m 1 13 oct. 1704, à Angélique DE RAINVILLE — *Ignace*, b 9 sept 1679, à St. Pierre, Ile d'Orléans. 3 — *Suzanne*, b 8 3 nov. 1681 ; m 2 3 août 1702, à Joseph DUQUET. — *Jean*, b 8 9 janv. 1684 ; m 2 3 mars 1710. à Jeanne LEMIRE.

1686, (7 février) Québec. 2

2o LeROUGE, Marguerite,   [JEAN 1.
Jean, b 2 3 juillet 1687 ; m 1er fév. 1712, à Jeanne MARTIN, à Charlesbourg 3. — *Marie-Jeanne*,

---

(1) Elle épouse, le 1 sept. 1704, Guillaume Dupont, à Batiscan.

(1) Elle épouse, le 25 août 1664, Pierre Aufroy, à Québec.
(2) Elle épouse, le 13 février 1685, Antoine Paulet, à St. Pierre, Ile d'Orléans.

b ² 8 déc. 1688 ; s ² 19 janv. 1689 — *Marie-Louise*, b ² 15 sept. 1690. s ² 20 nov 1691. — *Marie-Jeanne*, b ² 11 mars 1693, 1° m... à Jean Normand ; 2° m ³ 9 fév. 1722, à Antoine Masse ; s 21 déc. 1760. — *Pierre*, b ² 10 juin et s 9 juillet 1694. — *Marie-Geneviève*, b ² 25 déc. 1695 — *Joseph*, b ² 4 mars 1697. — *Gaspard*, b ² 25 oct. 1698 ; 1° m... à Angélique Lemay, 2° m à Marie-Marguerite Augé, s 29 mai 1733, à Ste. Croix.—*François-George*, b ² 30 janv. et s 4 juin 1700. — *Marie-Elizabeth*, b 1er juillet 1701. — *Jean-François*, b ² 23 nov. 1705.

1684, (30 octobre) Ste. Famille.

II.—CHORET, Jean,   [Mathieu I.
  s 6 juin 1699, à St. Laurent, I. O.
Bauché, Claire,   [Guillaume I.
Claire, b 17 fév. et s 7 mars 1686, à St Pierre, I. O. ¹ — *Jean-Baptiste*, b ¹ 10 juillet 1687 — *Pierre*, b... ; m 29 oct. 1721, à Marie-Geneviève Léonard, à la Pointe aux Trembles de Québec.

1685, (26 novembre) Beauport. ¹

II.—CHORET, Ignace,   Mathieu I.
  s 1704.
Bélanger, Marie, (1)   [Nicolas I.
Ignace, b ¹ 28 sept. 1686, m 7 mai 1724, à Marie-Madeleine Ferré, à Quebec ², s 30 mars 1731, au Cap St. Ignace. — *Marie*, b ¹ 14 août 1689, s ¹ 11 juin 1690. — *Marie Louise*, b ¹ 19 janv. 1692, m ² 14 janv. 1716, à Jean Laurent. — *Nicolas*, b ¹ 4 sept. 1693 ; s ² 28 nov. 1738. — *Jacques*, b ¹ 30 juillet 1696 — *Pierre*, b ¹ 11 fév. 1698. — *Marie-Josette*, b ¹ 23 avril et s 19 juin 1701.

1686, (21 janvier) Beauport. ¹

II —CHORET, Pierre, (l'aîné)   [Mathieu I
Giroux, Marie-Madeleine, (2)   [Toussaint I.
Marie-Madeleine, b ¹ 4 janv. et s 25 janv. 1687. — *Pierre*, b ¹ 25 juillet 1688, s 19 juin 1711, à Charlesbourg. ³ — *Marie-Anne*, b ¹ 1er nov. 1690, m ³ 9 sept 1711, à Vincent Cliche. — *Marie-Madeleine*, b ¹ 8 nov. 1692 — *Noel*, b ¹ 13 et s 28 déc. 1694. — *Marie-Marthe*, b ¹ 7 et s 9 mars 1696. — *Marie-Thérèse*, b ¹ 26 avril 1697 ; m ³ en 1720, à Michel Rotureau — *Marie-Agathe*, b ¹ 25 juin 1699 ; m ³ 20 avril 1716, à Thomas Sazarin — *Elizabeth*, b... ; m ³ 10 janv. 1718, à Jean John.

1686, (21 janvier) Beauport. ¹

II —CHORET, Pierre, Junior,   [Mathieu I.
Baugy, Marie-Anne,   [Michel II.
Marie-Anne, b ¹ 18 janv 1688 ; s ¹ 5 fév. 1689 — *Pierre*, b ¹ 24 fév. 1690, m 1er fév. 1712, à Angélique Turcot, à Charlesbourg. ² — *Jacques*, b ¹ 18 avril 1692 ; m ² 21 nov 1718, à Madeleine Chrétien. — *Hilaire*, b ³ 1695 ; m ³ 20 juillet 1715, à Geneviève Brault. — *Jean-Pierre*, b ¹ 26 sept. 1694, s ¹ 13 avril 1696. — *Charles*, b ¹ 19 juin 1697 ; m 20 sept. 1723, à Marie-Josette Roy, à Québec. ³ — *René*, b 14 oct. et s ¹ 23 déc. 1699 — *Ignace*, b ¹ 7 juillet 1701. — *Jeanne*, b ² 20 juin

1703. — *Jean-Baptiste*, b 7 et s ¹ 20 sept. 1705. — *François*, b ¹ 25 janv. 1708 ; s ¹ 12 sept. 1714. — *Jean-Baptiste*, b ¹ 24 oct. 1710. — *Louis*, b ¹ 1er avril 1713, 1° m à Geneviève Roy ; 2° m ³ 22 fév. 1745, à Marie-Josette Boutillet.

I.—CHOTARD dit Saint-Onge, Jean,
Fortin, Marie,   [François I.
  s 19 mai 1703, à Lachine. ⁴
Marie-Anne, b ⁴ 30 juin 1701. — *Anonyme*, b et s ¹ 19 mai 1703.

1647, (3 septembre) Québec.

I.—CHOUART, Médard (1), Sieur des Groseilliers, pilote, b 1621, fils de Médard et de Marie Poirier, de Charly, St. Cyr, s...
1° Martin, Hélène,   [Abraham I.
veuve de Claude Etienne ; s 1651.
Anonyme, b et s 2 fév. 1648, à Québec. — *Médard*, b 1651.

1653, (24 août) Québec.

2° Hayet-Radisson, Marguerite, veuve de Jean Veron-Grand-Ménil,   [Sébastien I.
Jean-Baptiste, b 25 juillet 1654, Trois-Rivières. ¹ — *Marie-Anne*, b 7 août 1657, s ¹ 31 nov. 1664.— *Marguerite*, b ¹ 15 avril 1659 ; s ¹ 22 juin 1712. — *Marie-Antoinette*, b ¹ 7 juin 1661 ; 1° m 1679, à Jean Jalot ; 2° m 19 déc. 1695, à J.-Bte. Bouchard, à Montréal. — *Marie-Jeanne*, b 1662.

CHOUINARD. — *Variations et surnoms* : Choanard,—La Giroflée.

1692, (2 juin) Québec. ²

I. — CHOUINARD, Jacques, b 1662, fils de Charles et d'Elizabeth Valin, de Beaumont-la-Route, evêché de Tours ; s...
Jean, Louise,   [Pierre I.
Pierre, b ² 20 avril 1695 ; m à Geneviève Lisot. — *Jacques*, b 9 août 1697, au Cap St. Ignace ³ ; s ³ 14 août 1697. — *Joseph*, b ³ 9 août 1698, s ³ 2 déc. 1699 — *Jacques-Eustache*, b ³ 20 sept. 1700 ; m à Marie-Madeleine Bérubé — *Pierre*, b 1er mars 1702 ; m à Ursule Marrin. — *Louise*, b 10 fév. 1704, à l'Ilet ⁴ —*Jean-Baptiste*, b ⁴ 17 mai 1705, s ⁴ 15 avril 1707. — *Marguerite*, b ⁴ 1er avril 1707 ; m ⁴ 19 novembre 1730, à Pierre Fortin. — *Marie-Ursule*, b ⁴ 14 août 1710, m ⁴ 15 mai 1729, à Henry Parant, s 26 mars 1735 — *François*, b ⁴ 20 fév.1712 ; m à Marguerite Hurette.—*Elizabeth*, b ⁴ 5 fév. 1714 : s ⁴ 6 août 1714.— *Jacques*, b 23 fév. 1715. — *Marie*, b .. m ⁴ 15 nov. 1728, à Alexandre Dessaint.—*Anonyme*, b et s ⁴ 18 déc 1718. — *Marie*, b... ; m à Charles Pelletier.— *Julien*, b ⁴ 21 nov 1716 ; m 16 janv. 1741, à Reine Fortin. — *Charles*, b ⁴ 12 août 1720.

1699, (22 avril) Montréal.

I.—CHOUANARD dit Lagiroflée, Pierre, soldat de M. Des Bergères, b 1667, fils de Nicolas et d'Anne Berruère, de Douai, evêché de Tours.

---

(1) Elle épouse, 9 nov. 1705, Jacques Parant, à Beauport.
(2) Elle épouse, en 1705, Maurice Réaume, à Charlesbourg.

(1) Chouard et Pierre-Esprit de Radisson, pour se venger de quelque mécontentement conduisent les anglais dans la rivière de Nemiscan, baie d'Hudson. (*Charlevoix*, T. I. p 479.

DAGENAIS, Françoise,   [PIERRE I.
veuve de Pierre Roy.
Pierre, 12 fev. 1701, à St. Etienne de Beaumont.
—*Ignace*, b 3 avril 1703, à Saint François, I. J.—
Gilbert, b 30 mai 1706, à Repentigny.

CHOVET DIT LAGERNE, JEAN.—Voy. CHAUVET.

1665, (13 octobre) Québec. [1]

I—CHRETIEN, MICHEL, b 1639, fils de Jacques
et de Catherine Niverd.
MEUNIER, Marie, b 1642, fille de Claude et de
Catherine Charpentier, de St. Antoine de
Compiègne, evêché de Soissons ; s 28 août
1698, à Charlesbourg. [2]
Marguerite, b [1] 28 nov 1666. — *Marie*, b [1] 22
mai 1668 ; m [1] 2 mai 1686, à Michel DUPÉRÉ , s [1]
1702. — *Michel*, b [1] 1er oct 1670 ; m [2] 12 juin
1692 à Marguerite Cœur, s [2] 25 mars 1711. —
Jean-Charles, b [2] 30 mai 1673 . m [2] 22 nov. 1694, à
Marguerite ROY. — *Claude-Philiberle*, b [1] 4 nov.
1675 , 1o m [2] 2 août 1694, à Robert SEGOUIN ; 2o
m [2] 16 juillet 1703, à Pierre JOUBERT ; s [2] 11 avril
1711. — *Jean-Baptiste*, b [1] 12 sept. 1678 ; m [2] 17
sept. 1703, à Catherine ROY — *Marie-Renée*, b [2] 31
déc. 1682 ; m 9 fev. 1699, à Louis BOYER.

1668.

I. — CHRETIEN, VINCENT, b 1643, frère du précédent.
LECLERC, Anne, b 1645 ; s 5 oct. 1716, à St.
François, I. O. [1]
Anne, b 30 mai 1669, à Ste Famille [2] ; m [2] 22
nov. 1687, à Nicolas GROIGNÉ. — *Vincent*, b [2] 9
fev. 1671 ; m 27 juillet 1699, à Madeleine BLAN-
CHET, à St. Thomas — *Catherine*, b [2] 15 fév. s [2] 1er
mars 1673.—*Jean*, b [2] 2 juin 1674 ; 1o m [2] 22 août
1701, à Madeleine LOUINEAU ; 2o m à Catherine
ROY. — *Madeleine*, b [2] avril 1676. — *Thomas*, b [2]
26 déc. 1679 ; m à Reine CANAC DIT LE MARQUIS. —
Marie, b... m [2] 4 fév 1697, à Charles GRAPT. —
François, b [1] 1er mars 1682 , m 1713, à Louise MI-
GNERON ; s 19 juin 1758, à Québec. — *Jacques*, b [2]
15 août 1685 ; 1o m [1] 20 fév. 1713, à Marie
BAUDON ; 2o m à Marguerite BANJAC.

I. — CHRETIEN, TOUSSAINT, de St. Eustache,
de Paris.
BERTAUT, Françoise.
Madeleine, b 1652, à Paris ; 1o m 20 oct 1670,
à Pierre CHICOUAGNE, 2o m 19 juin 1702, à Louis
AUDET-PIERRECOT, Sieur de Bailleul, à Contrecœur [6] ; s [6] 25 fev. 1709.

I.- CHRETIEN, JEAN, s avant 1700.
LE CHASSEUR, Genevieve.
Charlotle, b... ; m 18 mars 1700, à Lorette, à
Charles DENIS, SIEUR DE VITRÉ, conseiller.

1692, (12 juin) Charlesbourg. [3]

II. — CHRÉTIEN, MICHEL,   [MICHEL I.
s [3] 25 mars 1711.
CŒUR, Marguerite, (1)   [PIERRE I.

Marie-Cathrine, b [3] 11 déc. 1693 ; m [3] 25 nov.
1715, à Jacques LEPIRE. — *Marguerite*, b [3] 23 mai
1696 ; m [3] 20 avril 1716, à Mathurin GAGNON. —
Jean-Baptiste, b [3] 3 avril 1699 ; m [3] 1723, à
Jeanne-Elizabeth BEDARD, s 18 nov. 1736, à
Quebec. — *Anonyme*, b et s [3] 5 avril 1702. —
Marie-Thérèse, b [3] 31 mai et s [3] 14 dec. 1705. —
Marie-Charlotte, b [3] 5 nov. 1706 , s [3] 10 fev. 1709.
—*Marie-Thérèse*, b [3] 13 nov. 1709.

1694, (22 novembre) Charlesbourg. [5]

II. — CHRÉTIEN, JEAN,   [MICHEL I.
ROY, Marguerite,   [ETIENNE II
Etienne, b [5] 7 et s [5] 10 oct. 1695. — *Jean-Bap-
tiste*, b [5] 19 janv. 1697 — *Madeleine*, b [5] 25 janv.
1699 ; m [5] 21 nov. 1718, à Jacques CHONET. —
Marguerite, b [5] 14 nov. 1700 ; m [5] 1722, à Joseph
GRENIER. — *Marie-Josette*, b [5] 30 déc. 1700. —
Geneviève, b [5] 13 et s 17 nov. 1705. — *Geneviève*,
b [5] 19 janv. 1707 ; m [5] 1728, à Jean-Michel PA-
RANT. — *Agnès-Angélique*, b [5] 14 avril 1709 —
Jeanne, b [5] 22 mars 1713. — *Michel-Baptiste*, b [5]
13 juillet 1718.

1699, (27 juillet) St. Thomas. [4]

II — CHRETIEN, VINCENT,   [VINCENT I.
BLANCHET, Madeleine, (1)   [PIERRE I.
Vincent, b [4] 17 mars 1700 ; m 1727, à Marie LE-
FEBVRE.

1691, (9 juillet) Montréal. [5]

I. — CIBARDIN, FRANÇOIS, (2) b 1660, fils de
François et d'Antoinette Vergnaud, de Beau-
lieu, ville d'Angoulesme ; s [5] 11 août 1691
DEGUITRE, Louise, b 1670, fille de Louis et de Re-
nee de Seine, de St. Barthélemi, évêché de
LaRochelle.

CICOT. — Voy. CHIQUOT.

CIRE. — *Variations et surnoms* : CIRE — SIRE —
CYR.

CIRCÉ. — Voy. ST. MICHEL.

I. — CIRIER, NICOLAS, établi à St. Denis de
Chambly.
PREVOST, Catherine.
Martin, b... ; m 12 juin 1710, à Marie-Anne
BONE, au Detroit.

I.—CIVADIER.— Voy. SIVADIER.

CLAIRAMBAULT, DE.— Voy. D'AIGREMONT.

CLAIRIN, CLAUDE. — Voy. D'ESTIENNE DE BOUR-
GET.

CLAUTRAU, VINCENT. — Voy. CROTEAU.

---

(1) Elle épouse. le 27 mai 1709, Charles Des Trois-Maisons,
St. Thomas.

(2) Tué par les Anglais avec Cabassier, etc., au combat de
Laprairie.

---

(1) Elle épouse, le 5 avril 1712, François Bédard, à Charlesbourg.

1692, (3 novembre) Québec.

I —CLÉMENCEAU, Louis, b 1663, fils de Pierre et de Marie Richard, de St. Michel, evêché de Bordeaux ; s...
MARQUET, Françoise,   FRANÇOIS I

CLÉMENT, *surnoms* : LAPOINTE — COLOMBIER — LABONTÉ — LARIVIERE.

1659, (25 août) Québec.

I —CLÉMENT, PIERRE, établi à Beauport, b 1626, de St. Pierre, evêché de LaRochelle.
GÉLY, Louise, b 1616, de St. Nicolas, évêché de LaRochelle.

1659, (28 septembre) Quebec.

I — CLÉMENT DIT LAPOINTE, JEAN, b 1626, établi au Château-Richer. [2]
SURGET, Madeleine, (1) b 1638.
Jean, b... ; s 5 août 1680, à Laprairie. [3] — *Marc*, b 1661 , s [3] 4 avril 1687, noye. — *Marie*, b [2] 1er juin 1662. — *Jacquette*, b [2] 4 mars 1664. — *Antoine*, b [2] 29 déc. 1665. — *Marguerite*, b... ; m [3] 23 avril 1680, à Philippe PLAMONDON. — *Madeleine*, b [2] 30 dec 1668 ; 1o m [3] 23 avril 1685, à Charles DENEAU ; 2o m [3] 7 juin 1718, à Rene DUPUY.

I.— CLÉMENT DIT COLOMBIER, JACQUES, soldat de M. de St. Ours ; s 10 août 1687, à Contrecœur.

1699, (27 juillet) Ste. Famille. [2]

I — CLÉMENT DIT LABONTÉ, LÉONARD, b 1677, fils de François et Marie Agathe, de Clomessi, evêché de Richelieu ; s...
MAURICET, Marie Jeanne,   [JEAN I.
Jean-Baptiste, b 27 et s [2] 29 mai 1700 — *Agathe*, b [2] 29 dec. 1701 ; s [2] fev 1703, à St. Michel. [4] — *Marie*, b [4] 31 janv. 1704. — *Marie-Josette*, b [4] 6 avril 1705 ; m..., à Pierre GOSSELIN ; s avant 1732. — *Louis*, b 1706 ; m..., à Marie-Madeleine PLANTE ; s [4] 21 déc. 1750. — *Anne-Agathe*, b [4] 1er mai 1711 ; m [4] 20 janv. 1749, à Jean-Baptiste FORGUES. — *Ignace*, b [4] 13 août 1715 ; m [4] 17 fev. 1749, à Veronique FLEURET. — *Marie-Françoise*, b [4] 3 dec. 1716 ; s [4] 28 fev. 1738. — *Jeanne*, b... ; m [4] 26 août 1732, à Joseph PLANTE. — *André*, b..., m..., à Françoise DUBAULT.

CLÉMET, OLIVIER — Voy. GUILLEMOT.

CLÉRAMBAULT, CHARLOTTE, b 1637, à Paris ; [1] m [1] 1667, à Lucien BOUTEVILLE ; s 27 fev. 1713, dans l'eglise de Quebec.

CLERC — *Variations et surnoms* : LEDUC. — CAP BRETON. — LAFRENAYE.

CLERC.— Voy. LECLERC.

CLERMONT. — Voy. PONTUS.

1675, (13 octobre) Ste. Anne.

I.— CLICHE, NICOLAS, armurier, fils de Nicolas et de Catherine Poete, de St. Jean, évêche de Noyon , s 23 dec. 1687, à Quebec. [d]
PELLETIER, Marie-Madeleine, (1)   [GEORGES I.
Nicolas, b [3] 10 oct. 1676 ; s [3] 8 nov. 1686. — *Jean-François*, b [3] 1er juillet 1678 — *René*, b [3] 1er janv. 1680 — *Marie-Madeleine*, b [3] 30 juillet 1681 ; m [3] 7 janv. 1698, à Nicolas DENIS — *Claude*, b [3] 28 juillet 1683 , 1o m [3] 19 nov. 1709, à Catherine DUNKIN, 2o m [3] 3 janv. 1728, à Marie-Josette DUBOIS. — *Vincent*, b [3] 3 fev. 1684, m 9 sept. 1711, à Marie-Anne CHORET, à Charlesbourg. — *Nicolas-Lucien*, b [3] 12 et s [3] 29 juillet 1687.

DE CLIGNANCOUR. — Voy. DAMOURS.

CLOCHER. — Voy. MARQUET.

I. — CLOCHER DIT ST. PIERRE, JACQUES.
b 1769 ; s 30 juin 1715, à Charlesbourg. [4]
GUÉRIN, Louise. (2)
Marie-Catherine, b 7 juillet 1701, à Québec [5] ; m [4] 1720, à Jean-François GENDREAU. — *Marie-Louise*, b [4] 18 oct. 1705 ; m [5] 12 avril 1728, à Louis ROY. — *Louis*, b [4] 22 août 1707 ; s [4] 8 fev. 1709. — *Jean-François*, b [4] 7 oct. 1709. — *Anonyme*, b et s [4] 22 mars 1711. — *Marie-Marguerite*, b [4] 25 mai 1713. — *Marie-Josette*, b [4] 18 fev. 1715.

I. — CLOCHER DIT LAMOLLET, LOUIS.
TESSIER, Michelle.
Marguerite, b et s 17 oct. 1702, à Québec. — *Geneviève*, b... ; m 1719, à Pierre BOUTET DIT LEBOEUF, à Charlesbourg. [3] — *Cécile*, b... ; m [3] 1725, à Jean-Louis LENOIR. — *Marie-Michelle*, b [3] 22 et s [3] 25 oct. 1706. — *Anonyme*, b [3] et s [3] 21 juillet 1706. — *Anonyme*, b [3] et s [3] 3 avril 1707. — *Anonyme*, b [3] et s [3] 1er déc. 1707. — *Anonyme*, b [3] et s [3] 25 déc. 1709.

1657, (12 août) Montréal. [4]

I.— CLOSSE, LAMBERT, sergent-major, fils de Jean et de Cécile Delafosse, de St. Denis-de-Mogres, evêche de Tours ; s 6 fev. 1662. (3)
MOYEN, Elizabeth, b 1641, fille de Jean et d'Elizabeth Le Bré, de St. Nicolas-Des-Champs, de Paris.
Elizabeth, b [3] 3 et s [4] 4 oct. 1658. — *Jeanne-Cécile*, b [4] 22 juin 1660, 1o m [4] 16 août 1678, à Jacques BIZARD, 2o m [4] 8 nov 1694, à Raymond BLAISE, Sieur des Bergères de Riguuville ; s 9 fev. 1700 dans l'eglise de Montréal.

1682, (7 avril) Beauport.

I.— CLOUET, JEAN, fils de Marin et de Marie Landry, de St. Jean de Brussière, évêché de LaRochelle, en Poitou.
LEFEBVRE, Marie, b 1668 ; s 26 juillet 1738, à Québec. [1]

---

(1) Elle épouse, le 13 nov. 1690, Pierre Milher, Québec.

(2) Elle épouse, le 27 janv. 1716, Barthélemi Chaillé, à Charlesbourg.

(3) Tué, dans un combat contre les Iroquois, avec douze français.

(t) Elle épouse, le 22 sept. 1693, Jacques Marette, à l'Ange-Gardien.

Marie-Charlotte, b 1683; s[1] 12 déc. 1684. —
Marie-Anne, b[1] 28 juillet 1686. — *Marguerite*, b[1]
26 janv. 1689 : s[1] 1ᵉʳ déc. 1690. — *Marie*, b[1] 1699,
s[1] 16 déc. 1702. — *Ignace-Marie*, b[1] 6 avril 1704.

I. — CLOUTIER, Louis-Halart, s 5 mai 1653, à
Québec. Tombant du mal caduque, il se noya
dans une fosse pleine d'eau.

I. — CLOUTIER, Zacharie, b 1590, établi au
Château-Richer[1]; s[1] 17 sept. 1677.
Dupont, Xainte, b 1596; s[1] 14 juillet 1680.
Zacharie, b 1616; m à Madeleine Aymard, s[1] 3
fév. 1708. — *Jean*, b 1621 ; m 21 janv. 1648, à
Québec, [2] à Marie Martin ; s[1] 16 oct. 1690. —
Charles, b 1624, m [2] 20 avril 1659, à Louise
Morin, s[1] 5 juin 1709. — *Louise*, b 1631; 1º m[2]
26 oct. 1645, à François Marguerie; 2º m [2] 10
nov. 1648, à Jean Mignot, 3º m[1] 3 fév. 1684, à
Jean Maiaut; s[1] 22 juin 1699. — *Anne*, b... ; m[2]
12 juillet 1637, à Robert Drouin; s[2] 3 fév 1648.

1648, (21 janvier) Québec.[2]

II. — CLOUTIER, Jean, charpentier, [Zacharie I.
s[1]6 oct. 1690, au Château-Richer.[1]
Martin, Marie,   [Abraham I.
s[1] 25 avril 1699
Anonyme, b et s[2] 7 oct. 1650 — *Jean*, b[2] 20 fév.
1652, m[1] 14 nov. 1679, à Louise Bélanger; s[1] 4
dec. 1709. — *Marie*, b[1] 16 fev. 1655; m[1] 17 nov.
1671, à Jean François Bélanger. — *Marguerite*,
b[2] 15 fev. 1656; m[1] 14 nov. 1674, à Robert
Caron —*Louise*, b 1658 ; m[1] 24 oct. 1679, à
Antoine Toupin. — *Anne*, b[2] 29 juin 1659; 1º m[1]
11 nov. 1681, à Paschal Mercier; 2º m 1697,
à Antoine Buteau. — *Xainte*, b 1661, m[1] 11
nov. 1681, à Thomas Fortin. — *Joseph*, b[1] 15
août 1663; s[1] 7 avril 1671 — *Pierre-Paul*, b 19
et s[1] 25 sept. 1665. — *Pierre*, b[1] 16 avril 1667;
m[1] 27 fev 1696, à Jeanne Verreau. — *Françoise*,
b[1] 13 oct. 1669, 1º m[1] 11 nov. 1711, à Antoine
Doyon, 2º m[2] 16 nov. 1711, à Joseph Paquier —
Anaélique-Geneviève, b[1] 19 janv. 1672; s[1] 15 avril
1699 — *Agnès*, b[1] 18 nov. 1673; m[1] 25 oct. 1691,
à Joseph Fortin. — *Marie-Madeleine*, b[1] 7 mai
1676, m[1] 25 mai 1693, à Julien Maufils.

1640.

II. —CLOUTIER, Zacharie,   [Zacharie I.
s 3 fev 1708, au Château-Richer.[3]
Aymard, Madeleine-Barbe, b 1626. fille de Jean
et de Marie Bureau, de St. André, ville de
Niort; s[3] 28 mai 1708.
Barbe, b 1650, à Québec[2]; 1º m[3] 21 nov 1663,
à Charles Bélanger, 2º m [3] 12 janv. 1705, à Noel
Gagnon ; s [3] 24 avril 1711 — *René*, b [3] 29 fév.
1651 ; m.... à Marie Leblanc ; s avant 1713. —
Xainte, b [2] 20 janv 1653· 1º m [3] 24 nov. 1672, à
Nicolas Goulli, 2º m 1681, à Nicolas Thibaut.
— *Geneviève*, b [4] 22 janv 1655; m[1] 29 janv. 1674,
à Joseph Guyon. —*Madeleine*, b [2] 31 mai 1657;
1º m [3] 4 fev. 1676, à Pierre Gravelle; 2º m [3] 24
nov. 1679, à Jean Bouchard. — *Marie*, b 1659,
m [3] 26 avril 1684, à Jean Gravelle. — *Charles*,
b[3] 12 nov. 1662; m[3] 26 fév. 1685, a Anne Tibaut
— *Pierre*, b[3] 5 avril 1666; m[3] 25 nov. 1687, à
Charlotte Guyon.

1659, (20 avril) Québec. [2]

II. — CLOUTIER, Charles,   [Zacharie I.
charpentier; s 5 juin 1709, au Château-Richer. [3]
Morin, Louise, s [2] 28 avril 1713.   [Noel I.
Elizabeth-Ursule, b [2] 29 juillet 1660; m[3] 9 nov.
1676, à Nicolas Gamache. — *Marie-Madeleine*, b [3]
24 sept 1662; m 13 oct. 1681 à Paul Tessier. —
Marie-Anne, b [2] 26 fev. 1663; m [2] 7 fev. 1684, à Thomas Gariepy ; s [2] 19 nov. 1708.—*Jeanne*, b...,
m [2] 4 fev. 1687, à Claude Gravelle —*Hélène*, b
1676; m [2] 28 fév. 1696, à Pierre Gagnon. —*Charlotte*, b [2] 15 déc. 1670; s[3] 27 juin 1687. — *Louise*,
b [2] 13 fev. 1673 , m [2] 26 janv. 1695, à Nicolas
Bonhomme. — *Charles*, b[3] 15 mai 1674; s [2] 8 dec.
1692 —*Marie*, b[2] 13 mars 1679; m[1] 26 janv. 1699, à
Joseph Gagnon. —*Jean-Baptiste*, b[2] 16 mai 1681;
m 6 nov. 1702, à Anne Mauricet, à Ste. Famille.
—*Zacharie*, b [2] 3 août 1683; m [2] 23 mai 1708, à
Jeanne Bacon.—*Augustin*, b 14 janv. 1686.

III — CLOUTIER, René,   [Zacharie II.
s avant 1713.
LeBlanc, Marie, b 1655; s 15 fév 1727, à Ilet. [2]
Louise, b 18 août 1676, au Château-Richer ; [3]
m 25 mai 1693, à Eustache Fortin, au Cap St.
Ignace. [4] — *Madeleine* b... ; m..., à Joseph Gra-
ville. — *Louis*, b 9 sept. 1678, à Québec; m [4] 1ᵉʳ
déc 1703, à Anne Tibault; s [2] 10 mai 1733.—
Marie-Madeleine, b..., 1º m [3] 15 nov. 1694, à Richard
Marette; 2º m [3] 10 avril 1709, à Jean Fayen.—*Jean*,
b [4] 10 fév. 1681; m [4] 26 avril 1706, à Marie-Anne
Gerber. — *Guillaume*, b [4] 3 janv. 1683 ; m 6 nov.
1713, à Marie-Anne Pelletier, à la Rivière-Ouelle,
s [2] 25 mai 1731.— *Marie-Catherine*, b [4] 3 juin
1686. m [2] 24 avril 1702, à Alexis Gagné —
Joseph, b [4] 4 fév. 1689; m [2] 3 août 1719, à Thérèse
Boiry; s [2] 18 nov. 1737.— *Geneviève*, b [4] 4 fev.
1689; m [2] 16 nov. 1711, à François Bélanger.

1679, (14 novembre) Château-Richer. [0]

III. — CLOUTIER, Jean, ·   [Jean II.
s [0] 4 dec. 1709.
Bélanger, Louise,   [François I.
Martin, b [0] 31 août et s [0] 26 sept. 1680.—
Joseph, b [0] 1681; m [0] 11 nov. 1709, à Marguerite
Le Sot —*Geneviève*, b [0] 25 mai 1683; 1º m [0] 15
nov. 1701, à François Barette; 2º m 17 fév.
1720, à François Paré, à Sᵗᵉ Anne. —*Elizabeth*,
b [0] 20 fev. 1685; m [0] 22 nov. 1707, à Louis Ber
Thelot —*Marie-Louise*, b [0] 10 avril 1687, m [0] 27
mai 1709, à Raphael Gagnon. —*François*, b [0] 20
oct 1688; m [0] 9 oct. 1714, à Elizabeth Morisset.
— *Henry*, b [0] 9 sept 1690; s [0] 25 fev. 1715 —
Anne, b [0] 24 juillet 1692; m [0] 28 août 1714, à Nicolas Morinlt.—*Angélique*, b [0] 23 août 1694,
m [0] 4 nov. 1721, à Jean Légaré —*Jeanne*, b [0] 19
mars et s [0] 20 juin 1696. — *Agnès*, b [0] 31 mars
1698; m [0] 19 juillet 1716, à Gabriel Lacroix.—
Marguerite, b [0] 25 oct. 1700.

1685, (26 février) Château-Richer. [0]

III. —CLOUTIER dit Daumont,   [Zacharie II.
Charles.
Tibaut, Anne,   [Guillaume I.

François, b° 21 fev. 1687, m° 13 fev. 1719, à Marguerite DAVID —*Catherine,* b° 1er fev. et s° 23 mars 1689 — *Marie-Madeleine,* b° 1er fev. 1690; m° 3 fev. 1711, a Louis BACON. — *Angélique,* b° 24 juillet 1692; m° 3 fev. 1716, à Noel GAGNON. —*Dorothée,* b° 15 avril 1694, m° 3 février 1716, à Joseph BACON.—*Joseph,* b° 29 nov. 1695. — *Marguerite,* b° 30 nov 1697 — *Charles,* b° 1er nov. 1699; m° 24 juillet 1721, à Marguerite GRAVELLE — *Anne,* b° 21 fév. 1702. —*Basile,* b° 7 mars 1703. —*Zacharie,* b° 2 mars 1705.—*Marie,* b° 6 juin 1707. — *Geneviève,* b° 27 mars 1709, s° 28 oct. 1714.

1687, (25 novembre) Château-Richer.[6]

III. — CLOUTIER, PIERRE,   [ZACHARIE II.
GUYON, Charlotte, (1)   [SIMON II.
Alexandre, b° 3 nov. 1688; ordonné 8 oct. 1713, s 8 avril 1758, à-St. François, Ile d'Orleans. —*Charles,* b 21 nov. et s[6] 3 déc. 1690. — *Claude,* b et s[6] 4 mai 1693 — *Anonyme,* b et s[6] 22 mars 1694 — *Pierre,* b 3 et s[6] 18 juin 1695 — *Pierre,* b et s[6] 21 juin 1697. — *Marie,* b 29 et s[6] 30 sept. 1698 — *Marguerite,* b 15 oct. 1699, à L'Ange-Gardien, religieuse ursuline dite Ste. Monique; s 27 mai 1770, à Québec — *Angélique,* b 1702; s[6] 16 août 1703. —*Augustin,* b[6] 21 déc 1703. —*Marie-Charlotte,* b° 3 avril 1706; s[8] 8 sept. 1714. —*Louis,* b[6] 13 sept 1709. —*Agnès,* b[6] 28 avril 1712; s[6] 6 août 1715.

1696, (27 février) Château-Richer. [2]

III. — CLOUTIER, PIERRE,   [JEAN II.
VERREAU, Jeanne, (2)   [BARTHÉLEMI I
François, b 31 janv. et s[2] 1er fév. 1697. — *Pierre,* b[2] 4 juin 1698.

1694, (6 septembre) Québec

I.—CLUSEAU DIT LORANGE, JEAN, b 1666, fils de Guillaume et de Jeanne Moreau, de Nontron, évêché de Perigueux; s...
JAMIEN, Anne,   [JULIEN I.
s 31 oct. 1750, à Québec. [1]
Jean, b[1] 29 déc. 1694; m[1] 10 nov. 1720, à Catherine MAGNAN; s[1] 25 avril 1754.— *François,* b[1] 5 sept. 1696; m[1] 30 avril 1721, à Françoise BOISSEL.—*Marie-Anne,* b[1] 18 juillet 1698; m[1] 7 janv. 1730, à Jacques DANIAU —*Pierre,* b[1] 7 déc. 1698; 1° m[1] 25 fév. 1727, à Marie Josette BOISSEL; 2° m[1] 24 sept. 1731, à Marie PELLETIER.—*Marie-Anne,* b[1] 11 janv. et s[1] 22 juillet 1701.—*Simon,* b[1] 9 juin 1702; m[1] 27 fév. 1726, à Marie-Madeleine VERGEAT—*Jean-Etienne,* b[1] 2 sept. 1704. —*Louis,* b[1] 6 juin 1706, m[1] 6 fév. 1731, à Françoise BOURGOIN.—*Charles,* b[1] 14 sept. 1708; m[1] 17 nov. 1737, à Thérèse MAGNAN.—*Marie-Anne,* b[1] 3 août 1710. — *Guillaume,* b[1] 11 déc. 1711. — *Marie-Madeleine,* b[1] 9 oct. 1714; m[1] 24 nov. 1738 à Thierry LOUIS.—*Michel,* b[1] 9 fév. 1716.

(1) Elle épouse, le 21 novembre 1719, François Lezot, à Québec.

(2) Elle épouse, le 16 avril 1703, Jacques Cochon, au Château-Richer.

1678, (18 avril) Québec. [4]

I.—COCHART, NICOLAS, b 1649, fils d Etienne et de Perine Tavenant, de Bourg-de-la-Jonchère, evêché de Luçon; s...,
RENAULT, Barbe, (1)   [VINCENT I.
veuve de Jean Charpentier.
Marie-Anne, (posthume), b[4] 18 janv 1679, m[4] 7 déc. 1679, à Pierre COSANCE.

1665, (29 octobre) Québec.

I —COCHEREAU, PIERRE, b 1636, fils de Pierre et de Marie Gastineau, de St. Aubin de Tonrouvre
ROBLIN, Marie, b 1645, fille d'Alexandre et de Renée De la Roussillère, de St. Séverin, evêche de Paris.

I.—COCHIN DIT GUÉPIN, GUILLAUME, b 1664, à St. Paul, évêché d Orleans, soldat de M. De Lorimier; s 20 août 1699, à Montreal

1692.

I —COCHEU, JACQUES, Seigneur de la Grande Rivière; s...
MORIN, Marie, (2)
Marie-Madeleine, b 7 août 1693; m 17 sept. 1714, à Michel ROUSSEAU, à Québec. [5] — *Charles,* b[5] 4 dec 1694—*François-Marie,* b[5] 28 août 1696.—*Louis-François,* b[5] 5 fev. 1698 — *Pierre,* b[5] 27 juillet 1699; m[5] à Angélique CANTARA.— *Marie-Anne,* b[5] 17 janv. 1704; m[5] 12 oct. 1727, à André BOUCHAUT.

1619.

I.—COCHON, JEHAN, b 1591, de St. Martin de Dieppe, évêché de Roüen, en Normandie; s 11 juillet 1673, au Château-Richer. [4] (3)
1° COINTAL, Marguerite.
Marguerite, b 1620, à Dieppe[5]; m[5] 29 juillet 1640, à Jean GAGNON.

1622, Dieppe.

2° ABRAHAM, Jeanne, b 1603.
Jean, b... 1623; m 20 nov. 1652, à Madeleine MIVILLE, à Québec; s[4] 3 sept. 1693.—*Jacques,* b...; m[4] 23 nov. 1661, à Barbe-Delphine LE TARDIF; s[4] 4 janv. 1685.

1652, (20 novembre) Québec [8]

II.—COCHON, JEAN,   [JEHAN I.
b 1623, au Château-Richer[7]; s[1] 3 sept. 1693.
MIVILLE, Madeleine,   [PIERRE I.
Marie-Madeleine, b[3] 16 fév. 1655; 1° m[7] 24 nov. 1671, à Olivier MICHEL; 2° m[8] 16 janv. 1696, à Jacques CHAUVIN.— *Elizabeth,* b[3] 9 juin 1656. — *Jean,* b[3] 3 oct 1657; m[7] 6 avril 1690, à Ursule TOUPIN. — *François,* b[3] 26 mars 1659. —*Jeanne,* b..., 1660; m[7] 18 fév. 1680, à Olivier CLEMET;

(1) Elle épouse le 2 déc. 1679, Mathurin Arnaud, à Québec.

(2) Elle épouse, le 3 fév. 1710, Jean Pinet, Québec.

(3) Honorable homme, venu au Canada, avec sa seconde femme et ses enfans. Ancêtre de l'Honorable Joseph Cauchon, Président du Sénat de la Puissance du Canada.

s ³ 18 mai 1735. — *Charlotte*, b ⁷ 5 mars 1662; m ⁷ 28 oct. 1686, à Mathurin GAGNON. — *Louis*, b ⁷ 19 sept. 1663 ; s ³ 12 fév. 1688. — *Pierre*, b ⁷ 19 sept. 1665. — *Marie*, b ¹ 6 avril 1667 — *Gabriel*, b ⁷ 7 sept. 1668 ; s ⁷ 10 déc. 1692. — *Anne*, b ⁷ 30 déc. 1669 ; s ³ 15 déc 1740. — *Antoine*, b ⁷ 19 janv. 1672. — *Joseph*, b.... 1673 , m ⁷ 2 août 1701, à Marguerite TOUPIN. — *Catherine*, b ⁷ 28 janv. 1675. — *Guillaume*, b ⁷ 28 avril 1676 — *Louise*, b ⁷ 28 août 1678, m ³ 20 oct. 1698, à Charles FONTAINE ; s ⁷ 1er fev. 1699. — *Charles*, b ⁷ 27 fév. 1682. — *Andrée-Angélique*, b... ; m ³ 24 juillet 1690 à Gabriel GODIN.

1661, (23 novembre) Château-Richer. ¹

II. — COCHON, JACQUES, (1)   [JEHAN I
s ¹ 4 janv. 1685.
LE TARDIF, Barbe-Delphine,   [OLIVIER I.
s ¹ 7 février 1702, (mort subite.)
Jacques-Baptiste, b ¹ 4 mai 1663 ; 1º m ¹ 18 avril 1689, à Geneviève PLANTE ; 2º m ¹ 16 avril 1703, à Jeanne VERREAU , 3º m ¹ fév. 1712, à Madeleine GARANT ; 4º m 26 avril 1716, à Madeleine DESRIVIÈRES, à l'Ange-Gardien ; 5º m 19 avril 1723, à Louise PINGUET, à Quebec; s... *Madeleine*, b ¹ 3 déc. 1664 ; m ¹ 9 janv. 1690, à Louis MICHEL. — *Jeanne*, b ¹ 20 oct. 1667 ; m ¹ 11 juillet 1689, à Pierre GAUDIN. — *Anne*, b ¹ 8 avril ; s ² 13 mai 1671. — *Anne*, b ¹ 11 août 1671. — *Barbe*, b ¹ 20 nov. 1673 ; m ¹ 22 oct. 1709, à François MARCHAND. — *Antoine*, b ¹ 6 avril 1675 — *Joseph*, b ¹ 17 mai 1678 ; m ¹ 6 nov. 1709, à Marie CHARIÉ. — *Jean*, b ⁷ 22 juillet 1680. — *Geneviève*, b ¹ 17 août 1682 ; m ¹ 23 janv. 1708, à Joseph HUOT. — *Marie*, (postume) b ¹ 7 mars 1685.

1670, (10 novembre) Ste. Famille. ⁵

I. — COCHON (2) RENÉ, b 1643, fils de René et de Charlotte Ertolle, de Fleury, eyêché de Tours; s 14 déc. 1714, St Etienne-de-Beaumont.
LANGLOIS, Anne, b 1651, fille de Philippe et de Marie Binet, de St. Sulpice de Paris ; s...
Louis, b ⁵ 10 sept. 1671 , m 21 juillet 1698, à Catherine DUMAS, à St. Jean (J. O.) ¹ s ¹ 23 mars 1748. — *René*, b ⁵ 4 juillet 1673 ; m ¹ 25 nov. 1710, à Jeanne DUBOS. — *François*, 19 avril 1676, à Québec ; 1º m ¹ à Jeanne MARQUET, 2º m ¹ 11 nov. 1711, à Jeanne PLANTE — *Philippe*, b ¹ 28 fév. 1685 ; m 31 oct. 1716, à Marie-Anne DUPUIS aux Trois-Rivières ² ; s² 13 août 1720. — *Anne*, b ⁵ 3 sept. 1678 ; m ¹ 25 nov. 1706, à Ignace TERRIEN. — *Marie-Madeleine*, b ¹ 18 mars 1683. — *Marguerite-Angélique*, b ¹ 18 fév. 1687 , s ¹ 21 janv. 1704. — *Alexandre*, b ¹ 20 mai 1691. — *Rose*, b ¹ 4 mai 1693 — *George*, b ¹ 6 fév. 1696. — *Marie*, b... , s ¹ 26 déc. 1710. — *Véronique*, b... ; m 25 fév. 1715, à Pierre ARGAN, au Cap Santé.

1689, (18 avril) Château-Richer. ⁵

III. — COCHON, JACQUES-J.-BAPT.   [JACQUES II.
1º PLANTE, Geneviève,   [JEAN I.
s ⁵ 1er fev. 1703.

Charles, b ⁵ 5 avril 1690. — *Françoise*, b ⁵ 19 oct. 1693 ; s ⁵ 17 fev. 1703. — *Geneviève*, b ⁵ 30 avril 1696, m ⁵ 5 avril 1712, à Joseph PARADIS. — *Marguerite*, b ⁵ 23 juin 1699 ; s ⁵ 25 janv. 1717.

1703, (16 avril) Château-Richer. ⁵

2º VERREAU, Jeanne,   [BARTHÉLEMI I.
veuve de Pierre Cloutier.
Jean-Baptiste, b ⁵ 14 fév. 1704. — *Jacques*, b ⁵ 20 août 1705. — *Joseph*, b ⁵ 10 sept. 1707. — *Prisque*, b ⁵ 3 janv. 1710, s ⁵ 3 mars 1710. — *Marie*, b ⁵ 22 mai 1711.

1712, (9 février) Château-Richer. ⁵

3º GARANT, Madeleine,   [PIERRE I.
s ⁵ 13 nov. 1713.

1716, (24 avril) l'Ange-Gardien.

4º DESRIVIÈRES, Marie-Madeleine.

1723, (19 avril) Québec. (1)

5º PINGUET dit LAGLARDIÈRE, Louise, [PIERRE II.
veuve de Gaspard Petit.

1690, (6 avril) Château-Richer.

III.—COCHON, JEAN,   [JEAN II.
TOUPIN, Marie-Ursule,   [TOUSSAINT I.
Jean, b 1er et s 15 mars 1691, à Québec. ⁵ — *Jean-Baptiste*, b ⁵ 29 janv. et s ⁵ 19 fév. 1693.

1698, (21 juillet) St. Jean (J. O.) ²

II.—COCHON, LOUIS,   [RENÉ I.
DUMAS, Catherine,   [FRANÇOIS I.
Catherine, b ² 18 mai et s ² 1er juin 1699. — *Catherine*, b ² 13 juin et s ² 11 sept. 1700. — *Marie-Madeleine*, b ² 25 juin 1701 ; s ² 17 mars 1703. — *Marguerite*, b ² 19 nov. 1702. — *Marguerite-Angélique*, b ² 3 oct. 1704, à Ste. Famille — *Louis*, b ² 21 nov. 1705 ; s ² 31 janv. 1706. — *Catherine*, b..., 1709 ; s ² 15 fév. 1712, ébouillantée par accident. — *Véronique*, b ² 23 fév. 1711. — *Joseph-Marie*, b ² 24 nov. 1712 ; s ² 13 fév. 1713. — *Joseph-Marie*, b ² 21 fév. 1714.

1684, (26 novembre) Québec. ⁴

I. — COCHRAN, (2) HUGUES, marchand, b 1663, fils de Jacques et de Rachel Canady ; s ⁴ 20 déc. 1689.
PHILIPPEAU, Marie,   [CHARLES I.
s ⁴ 16 déc. 1723.
Jean, b ⁴ 23 oct. 1686.

I. — COCQUET, PIERRE. — Voyez COGUET.

1671, (12 octobre) Québec. ⁴

I. — COCQUIN DIT LATOURNELLE, PIERRE, b 1628, fils de René et d'Alice Fayel, de St. Maclou, de Rouen ; s 4 oct. 1703, à la Pointe-aux-Trembles de Quebec. ⁵

---

(1) Dès 1680, on écrivit " Cauchon."

(2) Laverdière, chirurgien, juge-bailli du comté de St. Laurent.

(1) C'est le seul exemple, dans ce siècle, d'un cinquième mariage.

(2) Sieur Floridore.

BAUDAIN *Catherine*, b 1652, fille de Sébastien et d'Hilaire Ledelic, de St. Severin de Paris , s [3] 9 août 1718.

Elizabeth, b [4] 29 avril 1674 ; m [5] 9 janv. 1690, à Mathurin MAURISSET.—*Nicolas*, b [4] 6 dec. 1675 ; 1° m [5] 26 nov. 1708, à Thérèse CARTIER ; 2° m 20 juillet 1720, à Marie-Anne PAGÉ, au Cap Santé — *Catherine*, b [4] 27 fév. 1678 ; m [5] 24 nov. 1699, à Louis DORÉ — *Marie-Angélique*, b [5] 7 nov. 1679 , m [5] 20 avril 1705, à Nicolas MATTE.— *Marie-Madeleine*, b [5] 10 sept. 1681 — *Michel*, b [5] 16 nov. et s [5] 19 nov. 1683.— *Marie-Françoise*, b [5] 9 juin 1685 ; s [4] 11 janv. 1687.— *Marie-Anne*, b [5] 13 dec. 1687 ; m... à Jean PAGÉ — *Charles*, b [5] 14 déc. 1690, s [5] 20 nov. 1692.— *Marie-Thérèse*, b [5] 24 mai 1693 ; m...

CODERRE.— *Variations et surnoms :* COUDER—EMERY — HEMERY DIT CODART.

1679.

I. — CODERRE DIT EMERY, Antoine.
DESVEAUX, Marie,
   b 1647 ; s 6 dec. 1687, à Repentigny. [8]
Marie, b 1670 ; m 8 janv. 1683, à Nicolas BONIN, a Contrecœur. [4]— *Pierre* b 4 fév. 1671, à Boucherville. [3]— *Jean-Baptiste*, b [3] 27 avril 1672.— *Louis*, b 4 mars 1674, à Sorel [2] ; m 2 mai 1697 à Marie Madeleine LECLERC, à la Pte.-aux-Trembles de Montréal ; s [4] 10 mai 1703 — *Marie*, b [3] 12 fev. 1676.— *Antoine*, b [2] 25 fév. 1677, s [2] 30 mars 1677.— *Marie-Madeleine*, b [2] 13 mars 1678 : m [3] 11 janv 1700, à Mathieu FAVERON.— *Françoise*, b [4] 16 oct 1682 ; m [3] 11 janv. 1700, à Jean-Baptiste LAPERCHE.— *Anne*, b [4] 30 dec. 1684 ; s [4] 4 janv. 1685.— *Marie*, b et s [5] 6 dec. 1687.— *Antoine*, b... ; m 1689, à Marie-Anne FAVEREAU. *Marguerite*, b 1679 ; m [4] 24 sept. 1708, à Nicolas JOUANE.

1689.

II — CODERRE (EMERY), ANTOINE,   [ANTOINE I.
FAVEREAU, Marie-Anne,   [PIERRE I.
Antoine, b 4 juin 1690, à Boucherville. [3]— *Marie-Anne*, b [3] 20 mars 1692.— *Louis*, b [3] 23 mai 1694, m 10 nov. 1719, à Elizabeth MESNARD, à Verchères. — *Joseph*, b [3] 24 fév. 1698.— *Catherine*, b 25 fév. 1696, à la Pointe-aux-Trembles de Montréal. — *Jean*, b 23 janv. 1703, à Contrecœur. [2] —*Jacques*, b [2] 2 août 1708.

CODERRE, ELIE, Jardinier des Hospitalières de Montreal, en 1703.

1697, (2 mai) Pointe-aux-Trembles (M.)

II — CODERRE, Louis,   [ANTOINE I.
   s 10 mai 1703, à Varennes,
LECLERC, Marie-Madeleine, (1)   [GUILLAUME I
Antoine, b 27 mai 1702, à Contrecœur ; m 11 août 1728, à Louise TRUCHON, à Lachenaye. — *Marie-Madeleine*, b 12 août 1698, à Boucherville [3] ; m [3] 4 déc. 1718, à Louis HAYET.— *Louis*, b [3] 25 fev. 1700 ; m à Marie-Anne COUVRET.

(1) Elle épouse le 16 fév, 1705, Jean Coiteux, à Contrecœur.

I. — COEFFARD, THÉRÈSE, femme de Gaspard Emery dit La Sonde, chirurgien. Elle épouse le 14 sept. 1718, Henri Coffinier, à Quebec.

1670, (6 octobre) Québec [4]

I. — COEUR DIT JOLICŒUR, PIERRE, serrurier, b 1643, fils de Jean et de Claude Tarré, de St. Mathieu, ville de Quimper-Corantin ; s...
MARCHAND, Elizabeth, b 1650, fille de Jacques et de Claude Biettry, de St. Paul, évêché de Paris.
Pierre, b [4] 2 dec. 1671 ; s [4] 20 fév. 1672.— *Marguerite*, b [4] 28 fév. 1673 ; 1° m 12 juin 1692, à Michel CHRÉTIEN, à Charlesbourg ; 2° m [3] 5 avril 1712, à François BÉDARD. — *Françoise*, b [4] 15 nov. 1675.

I. — COEURBALLE, JEAN, maître d'hotel de Mr. l'Intendant, 1699.

COGNARD.— *Variations :* CANIARD.

1690, (20 avril) Levis.

I. — COGNART, JOSEPH, b 1670, fils de Louis et de Jeanne Mars, de St. Eustache, de Paris ; s...
HAUT BOUT, Geneviève,   [MICHEL I.
Jeanne, b 2 juin 1693, à St. Michel. — *Marie-Geneviève*, b [2] 4 juin 1702.

1677, (18 octobre) Pte-aux-Trembles, (M.) [3].

I. — COGUET, PIERRE, bedeau de l'église de la Pointe-aux-Trembles, b 1652, fils de Pierre et de Marie Besnard, du Bourg-de-Vic-de-Fleurs, évêché de Rouen, s...
CHAPERON, Marie,   [JEAN I.
Pierre, b [3] 31 mars 1680 ; s [3] 26 avril 1689. — *Joseph*, b [3] 19 mars 1682 ; s [3] 18 mai 1683. — *Jacques*, b [3] 1er oct. 1684, s [3] 19 juin 1690.— *Jean-Baptiste*, b [3] 1er mars et s [3] 7 oct. 1687.— *Elizabeth*, b [3] 16 mai et s [3] 30 oct. 1689.

1672.

I. —COIGNAC DIT LAJEUNESSE, CLAUDE, s 1678.
SIMON Françoise, (1) b 1646.
Pierre, b 29 sept. 1675, à Sorel ; 1° m 6 juin 1702, a Louise PLANTE, au Château-Richer [4] ; 2° m 5 juin 1735, à Marie FONGUES, à Québec [2] ; s [4] janv. 1741 — *Marie*, b... ; m..., à Jean-Baptiste PAGESI. — *Marie-Anne*, (posthume), b 12 oct. 1778, à Boucherville, m [4] 25 oct. 1700, à François PLANTE.

1697, (30 septembre) Québec. [3]

I. — COIGNET, JEAN, huissier, b 1678, fils de Jean et de Catherine Gillon ; s [3] 1 juillet 1728.
DURAND, Marie,   [NICOLAS I.
   s [3] 12 sept. 1738.
Anonyme, b et s 25 nov. 1698, à Beauport.

I. — COIGNON, SUSANNE, b 1627 ; m 1656, à Elie BEAUSSANT.

I, —COIGNON, JACQUES, b 1644.

(1) Elle épouse, en 1679, Gilles Dufaut.

I. — COIGNON, Antoine, b 1641

1645.

I. — COIPEL, Jean
VALOIS, Denise.
Marie, b 1646 ; 1º m 21 oct, 1669, à Guillaume FAGOT, a Quebec [4], 2º m [4] 22 nov. 1677, à Claude RENARD ; s [4] 4 janv. 1681, (mort subite).

1664.

I. — COIRIER, Pierre, b 1643.
1º BRUNET, Anne, b 1646 ; s...

1673, (18 septembre) Quebec. [3]

2º PAHIN, Claude-Philiberte, b 1651,fille de François et de Benoite de Fourcheron, de St. Georges, evêche de Châlons.
Anne, b [3] 12 juin 1676. — *Antoine*, b [3] 25 oct. 1678.

COITEUX — *Variations et surnoms* . COITTOU. — ST. JEAN. — MATHIEU.

I. — COITEU DIT ST. JEAN, JEAN, taillandier ; b 1651.
PETIT, Marie-Thérèse, b 1652.
Marie, b 17 mars 1678, à Sorel. — *Mathieu*, b 17 juin 1681, à Contrecœur [5], 1º m [5] 16 fev. 1705, à Madeleine LECLERC , 2º m..., à Angélique BONIN — *François*, b [5] 16 mai 1683. — *Marie-Anne*, b [5] 18 fév. 1685 ; s [5] 19 avril 1686. — *Marie-Anne*, b [5] 14 fev. 1687. — *Charles-François*, b [5] 14 juillet 1687 — *Joseph*, b 3 et s 6 nov. 1688, à la Pointe-aux-Trembles de Montréal. [4] — *Jacques*, b [4] 11 juin 1690. — *Marie-Catherine*, b [4] 25 avril 1695. — *Hya-cinthe*, b [4] 27 janv. 1697. — *François*, b [4] 9 et s [4] 20 sept. 1699.

1680, (4 novembre) Montréal.

I — COITEUX, Jacques, b 1651, fils de François et d'Adriane Bault, de ville Fagnon, évêché de Poitiers (Augoumois)
DUMETS, Barbe,   [ANDRÉ I.
s 7 sept. 1699, Pointe-aux-Trembles de Mont-tréal. [1]
Jacques, b [1] 21 nov. 1683. — *Barbe*, b [1] 20 avril 1686. — *Jean-Baptiste*, b [1] 4 mars 1689 — *Marie-Ma-deleine*, b [1] 14 fév. 1692. — *François*, b [1] 11 mars 1695. — *Angélique*, b [1] 11 nov. 1697.

COJEAN — COGIAN — ST. BRIEUX.

1699, (7 septembre) St. Jean (I. O)

I. — COJEAN DIT ST BRIEUX (1) JEAN, b 1678, fils de René et de Jeanne Roduane, de St. Brieux ; s ..
MARCEAU, Suzanne,   [FRANÇOIS I.
s 9 mai 1700, St. François, I. O
Jean, b [2] 3 et s [2] 4 mai 1700.

I. — COLARDEAU, CLÉMENT, s 30 oct. 1672, à Boucherville. Noyé avec les femmes de Louis Denis et de Crispin Le Tuillier.

[— COLIN, MICHEL, s 24 mars 1616, à Québec. (1)

I. — COLIN, ANNE, femme de Vincent Boisson-neau, en 1669

I — COLIN DIT LALIBERTÉ, JEAN, b 1664, soldat de M. Daneau , s 27 dec. 1687, Boucherville.

1668.

I. — COLIN DIT LALIBERTÉ, MATHURIN, maçon. b 1643.
LABBÉ Jacqueline,
b 1651.
Marie, b 1670 ; m 7 janv 1688, à Boucherville,[1] à Yves LE ROY. — *André*, b 3 fev. 1675, Sorel; m 14 mai 1704, à St. François, I J., à Jeanne CADIEUX. — *Michel*, b[1] 24 août 1677. — *Marguerite*, b[1] 16 mars 1680. — *Madeleine*, b [1] 8 mai 1681. -- *Pierre*, b[1] 7 oct. 1682 — *Marie-Anne*, b[1] 19 mars 1684 ; s[1] 13 janv. 1688. — *Marie-Josette* b [1] 1er mai 1686. — *François*, b[1] 3 juillet et s[1] 28 nov. 1687. — *Marie*, b[1] 4 avril 1689 , s[1] 9 dec. 1691 — *Guil-laume*, b[1] 19 sept. et s [1] 6 nov. 1690. — *Marie-Thé-rèse*, b 21 fev. 1692, à Montreal.

I. — COLET, MARGUERITE, b 1653, femme de Jac-ques Bissonnet, en 1670.

1668, (16 fevrier) Montréal.

I. — COLLET, JEAN (2), b 1637, fils de Nicolas et de Marguerite Julien, du village d'Engien, près Gisors ; s 12 sept. 1699, à Batiscan. [2]
1º DEXHARD, ou Descharets, ou Richard, Jeanne, b 1646, fille de Claude et de Jeanne Billard, de Mezi évêche de Picardie ; s...
Marguerite, b 14 fév. 1669, à Sorel ; m [2] 7 janv. 1687, à Rene DAUDELIN ; s 8 avril 1703, à Varen-nes. — *Marie-Jeanne*, b 1er janv. 1673, à Boucher-ville , m [2] 18 janv. 1689, à François BROUSSON ; s 12 août 1713, à Ste. Anne de la Pérade. — *Pierre*, b 1676.

1687 (13 janvier) Batiscan. [2]

2º LEFEBVRE, Elizabeth,   [PIERRE I.
veuve de Félix Thunés ; s 1687.

1688 (19 octobre) Pte.-aux-Trembles, Québec. [3]

3º AUBÉ, *alias* LOUÉ, Marguerite, veuve de Jean Cosset.
Marie, b [2] 17 juillet 1689 ; s [3] 23 juin 1701. — *Isabelle*, b [2] 13 nov. et s [2] 2 déc. 1692. — *Marie-Catherine*, b [2] 2 oct. 1695.

COLET — COLLET — COLLÉ.

1686.

I. — COLET, JOSEPH-PIERRE.
COURTOIS, Marguerite,   [BERTRAND I.
Joseph, b 3 et s 8 janv. 1690, à Charlesbourg.[1] — *Paul*, b 8 août 1691, à Québec. [2] — *Marie*, b[1] 5 et s[1] 7 oct. 1692. — *Jean-Baptiste*, b[1] 2

(1) Inhumé par le père Dolbeau, "avec les cérémonies usitées en la Ste. Église romaine, il fut le premier qui reçut cette grâce là dans le pays." (Sagard, *Histoire du Canada*, page 31)

(2) Soldat de Mr. Petit, au Régiment de Carignan.

janv. et s¹ 23 fév. 1694. — *Jacques,* b¹ 1ᵉʳ mai 1695 — *Marie-Madeleine,* b¹ 20 mai 1697. — *Jean-Baptiste,* b¹ 10 juin 1700. — *Marie-Anne,* b¹ déc. 1701 . s¹ 14 janv. 1702. — *Jean,* b¹ 13 mai 1703. — *Marie-Marguerite,* b¹ 17 avril 1705. — *Joseph,* b¹ 10 sept. 1707. m¹ 1728, à Françoise ALLARD — *Noel-Jacques,* b¹ 25 déc. 1712, 1° m² 21 nov. 1735, à Marguerite DORION, 2° m² 26 janv. 1761, à Thérèse HUARD. — *Joseph-Barthélemi,* b¹ 4 janv. 1714.

1670, (30 septembre) Ste. Famille. ³

I.—COLOMBE, Louis, b 1641, établi à St Laurent, fils de Jacques et de Boemie Drieu, de Neufbourg, evêché d'Evreux ; s...

BOUCAULT, Jeanne-Marguerite, b 1661, fille de Nicolas et de Marguerite Tibaut, de St. Germain, de Paris ; s 25 janv. 1696, à Beauport, gelée sur le pont.

Nicolas, b³ 30 déc. 1671 ; m 1694, à Jeanne MAILLOUX ; s 1695, à Beaumont. — *Marie-Marthe,* b³ 27 juin 1673. — *Jean,* b³ 17 mars 1675 — *Jeanne,* b³ 19 avril 1677, m 1695, à Charles PAQUET. — *Louise,* b 4 août 1679, à St. Laurent, Ile d'Orléans. ² — *Marguerite,* b³ 2 nov. 1681 ; 1° m 7 nov. 1703, à François BOUDET, à Québec ² ; 2° m ² 1ᵉʳ janv. 1727, à Thomas FORU — *Louis,* b² 28 nov 1683. — *Charles,* b² 17 nov. et s² 29 déc. 1685. — *Louise,* b² 12 et s² 18 fév. 1687. — *Charles,* b² 5 mars 1688. — *Angélique,* b... ; m² 7 août 1713, à Claude BERNARD. — *Catherine,* b... ; m² 18 avril 1716, à Pierre PRUDHOMME. — *Charles,* b³ 5 mars 1688.

1694.

II. — COLOMBE, Nicolas, [Louis I. s 1695, à St. Etienne de Beaumont. MAILLOU, Jeanne, [Pierre I.

I — COLOMBIÈRE, Catherine, femme de Josias Boisseau, en 1679.

COLOMBIÈRE, Antoine.—Voyez Lacorne.

I. — COLON, Aufray.—Voyez Coulon.

I. — COLSON, Nicolas, b 1626, huissier du Conseil en 1649, à Québec ; établi à Varennes, en 1681.

I. — COMBELLE, Antoine. —Voyez DESJARDINS.

1680, (20 mai), Trois Rivières. ¹

I — COMPAIRON dit LAVERGNE, Jean, b 1656, fils de Jean et de Marie Lunaud, de Ste. Marguerite, évêché de LaRochelle ; s... GALBRUN, Marie, [Jacques I. *Marie,* b 8 fév. 1682, à Repentigny³ ; s³ 27 août 1684, noyé. — *Madeleine,* b³ 27 déc. 1683. — *Marie,* b¹ 30 mars 1692.

1667, (26 septembre) Québec.

I —COMPTANT, Pierre, b 1639, fils de Michel et de Jeanne Martinet, du Bourg dit Ste. Vierge, évêché de Poitiers ; s avant 1697.

LANDRY, Louise, b 1648, fille de Pierre et de Marguerite Gau lnière, de St. Jean d'Angely, evêche de Xaintes , s 28 déc. 1697, à Batiscan.

COMPTOIS, Jean-Baptiste —Voy. ROYER.

1679, (5 juillet) Lévis.

I. — CONDÉ, Jean, cordonnier, b 1650, fils d'Etienne et de Thomasse Anclin, de Fontenaye, evêché de LaRochelle ; s...

CHAUVEAU, Marie, [Jean I. *Marie-Françoise,* b 14 janv. 1682, au Château-Richer, s 27 août 1684, à Québec. ⁴ — *Jean-François,* b 1685 ; s⁴ 6 sept 1687. — *Jean,* b⁴ 6 juillet 1688. — *Marie-Jeanne,* b⁴ 22 avril 1690.

I —CONILLE, Pierre, de St. Nicolas de La Rochelle. 1° m... 2° GITTON, Marie, b 1649, (1). *Marie,* b 1665, à LaRochelle ; m 8 fév. 1683 à Etienne FONTAINE, à St. Laurent, I. O.

II. — CONILLE, Pierre, [Pierre I. établi à Charlesbourg. ALEXANDRE, Geneviève, b 1637. *Pierre,* b 1646, en France ; m à Geneviève ALEXANDRE.

CONSTANT, Pierre.—Voyez COMPTANT.

CONSTANTIN, Madeleine, b 1646, à Paris, sœur de la Congrégation de Notre-Dame ; s 5 sept. 1681, à Montréal.

1661, (26 mai) Québec. ⁴

I.— CONSTANTIN, Guillaume, b 1639, fils de Pierre et de Perette Chatillon, de Sesons, en Bretagne, s...

MASSE, Jeanne. [Pierre I. *Jeanne,* b⁴ 19 fév. 1664, m⁴ 18 avril 1678, à Guillaume JOURDAIN ; s... — *Pierre,* b 21 avril 1666, à Sillery³ ; m 6 nov. 1696, à Marguerite-Suzanne GUYON DU ROUVRAY. — *Marie,* b³ 10 mars 1668 ; m⁴ 25 janv. 1694, à Michel CADDÉ, s⁴ 9 janv. 1703. — *Denis,* b³ 22 sept. 1671, 1° m 1ᵉʳ mai 1696, à Barbe BÉLANGER, à L'Ange-Gardien ; 2° m 16 avril 1703, à Louise BACON, au Château-Richer ; s 16 déc. 1746, dans l'église de Ste. Foye. — *François,* b³ 1ᵉʳ mars 1673 ; m³ 25 janv. 1700, à Anne LOISEAU ; s...

1696, (1ᵉʳ mai) L'Ange-Gardien. ⁴

II. — CONSTANTIN, Denis, [Guillaume I. bourgeois ; s 16 déc. 1746, à Ste. Foye. 1° BÉLANGER, Barbe, [Charles II. veuve de Charles Lefrançois ; s³ 12 janv. 1703. *Joseph-Augustin,* b³ 15 fév. 1697. — *Marie-Gabrielle,* b ³ 22 mars 1699. — *Denis,* b ³ 8 avril 1700 ; m 21 oct. 1727, à Elizabeth HÉVÉ, à Québec. ⁷ — *Véronique-Michelle,* b ⁸ 24 avril 1702 ; m ⁷ 9 oct. 1727, à François PARADIS.

---

(1) Elle épouse, le 26 novembre 1676, André Bernard, à Québec.

10

1793, (16 avril) Château-Richer.

2º BACON, Louise,   [EUSTACHE II.
s 22 avril 1738, à Québec. [3]
Augustin, b [3] 2 fev. 1704, s [3] 7 juillet 1708. —
Marie-Catherine, b [3] 27 oct. 1706 — *Marie-Angéli-que*, b [3] 29 mai et s [3] 5 juillet 1708. — *Pierre-Au-gustin*, b [3] 22 mai 1709; s [3] 20 sept. 1711.—
Marguerite, b [3] 10 déc. 1710. — *Angélique-Agathe*, b [3] 29 mars 1712; s [3] 18 oct. 1714. — *Monique-Cé-cile*, b [3] 21 avril 1713, s [3] 2 juillet 1714.— *Marie-Geneviève*, b [3] 8 janv. 1715. — *Louis-Alexandre*, b [d] 13 mars 1716 — *Marie-Louise*, b [3] 18 sept 1718;
m [3] 7 avril 1739, à Louis-Simon FRÉCHET, s [3] 7
avril 1747. —*Charles-Louis*, b [3] 14 août 1720. —
Laurent, b [3] 29 janv. 1722. — *Louis-Augustin*, b [3] 22
mai 1723.

1696, (6 novembre) St. Augustin. [4]

II. — CONSTANTIN, PIERRE,   [GUILLAUME I.
major de milice.
. GUYON DU ROUVRAY, Marg.-Suzanne, [MICHEL II.
Louise-Ursule, b 19 août et s 8 sept. 1697, à
Québec. [7]— *Marguerite-Joséphine*, b [7] 21 dec. 1698;
m [7] 18 fev. 1727, à Rene CARTIER. — *Marie-Anne*,
b [7] 25 sept. 1700, m 26 avril 1718, à Pierre HAMEL,
à Ste. Foye. — *Joseph*, b [7] 11 sept. 1702; s [7] 25
juillet 1703. — *Marie-Madeleine*, b [7] 28 nov. 1703.
— *Pierre*, b [4] 12 mai 1706. — *Angélique*, b [4] 4 juin
1708; s 8 oct. 1713, à la Pointe-aux-Trembles de
Québec. [5]— *Geneviève-Agathe*, b [4] 28 mars et s [4] 12
mai 1710 — *Marie-Judith*, b [5] 31 mai 1711; s [5] 8
oct. 1713. — *François-Xavier*, b [4] 8 dec. 1712; s [7] 16
oct. 1713. — *Marie-Josette*, b [4] 2 sept. 1714. — *An-gélique*, b [4] 15 juin 1716. — *François-Augustin*, b [4]
7 nov. 1718 — *Marie-Thérèse*, b [4] 14 mai 1720. —
Geneviève-Agathe, b [4] 25 juillet 1722.

CONSTANTINEAU. — Voy. COUTANSINEAU.

1669, (14 octobre) Ste. Famille. [1]

I. — CONTENT, ETIENNE, b 1635, fils de Pierre et
de Marguerite Crosnier, de Berry, evêché de
Xaintes; s 18 juin 1685, à Charlesbourg, [4]
(mort subite).
LAISNÉ, Anne, (I) b 1653, fille d'Emmanuel,
de St. Lubin d'Olon, evêche de Chartres.
Jean, b [1] 16 avril 1671; s 19 sept. 1732, au
Detroit. — *Marie-Anne*, b [1] 9 avril 1673; m à
François DARVEAU; s 10 mars 1711, à Charlesbourg. — *Etienne*, b [1] 11 fév. 1676, m [4] 19 avril
1700, à Marie BÉLANGER. — *Marie-Angélique*, b
23 mars 1679, à Québec [5]; 1º m 5 juillet 1695,
à Mathieu MIREAU, à Lorette; 2º m 24 nov. 1721, à
Pierre DREUX, à Québec [6]; s [6] 26 sept 1731. —
Pierre, b [6] 26 avril 1682. — *André*, b [4] 9 déc.
1684, m 18 oct. 1712, à Marie-Anne SYLVESTRE, à
la Pointe-aux-Trembles de Quebec.

I. — CONVENT, ANNE, b 1601; 1º m à Philippe
AMIOT; 2º m 26 sept. 1639, à Jacques MAHEU,
à Quebec [1]; 3º m [1] 10 sept. 1666, à Etienne
BLANCHON; s [1] 25 dec. 1675.

I. — COOPER, PHILIPPE (anglais).
INGEL, Anne.
Marie-Françoise, b 25 mars 1693, à Québec,
âgée de 12 ans.

COPINEAU. — Voy. DE MAREUIL.

I. — COQUERET, MARIE, b 1662; 1º m 17 sept.
1685 à Pierre DUMAY, à Quebec [1]; 2º m [1] 12
sept. 1695, à Louis BUREAU.

COQUILLART (LE), PIERRE. — Voy. SÉRAT LE
COQUILLART.

I. — COQUILLIER, PIERRE, b 1627, bedeau de
l'eglise de Beauport [5]; s [5] 15 fev. 1689.
Pierre, b 1646, m à Claudine PAYEN.

II. — COQUILLIER, PIERRE, b 1646, [PIERRE I.
PAYEN, Claudine, b 1647.
Anne, b 1675. — *Pierre*, b 1677.

COQUIN, PIERRE. — Voy. COCQUIN DIT LA TOUR-
NELLE.

I. — COQUINEAU, JEAN, b 1643, habitant de la
seigneurie de Linctot, en 1681.
DE LA MOTTE, Jeanne, b 1644.

I. — COQUINCOURT, FRANÇOIS.
BELLANCOUR, Suzanne
Anne, b...; 1º m à Jacques DAMEN; 2º m 10
fev. 1687, à Maurice OLIVIER, à la Pointe-aux-
Trembles de Quebec.

CORBIÈRES (DES). — Voy. PETIOT, Sieur des C.

CORBIN. — *Variations :* COURBIN.

1670, (25 novembre) Québec. [1]

I. — COURBIN, DAVID, boucher, b 1641, fils de
Jean et d'Anne Carmel, de la ville de Cone,
évêche de Castres, en Languedoc; s [1] 19
août 1684.
PARANT, Marie, (1)   [PIERRE I.
David, b 1673; 1º m [1] 28 fev. 1707, à Marie FA-
VERON, 2º m [1] 12 fev. 1719, à Geneviève GARIFFY;
s [1] 2 oct. 1755. — *Marie-Anne*, b... ; m [1] 12 nov.
1698, à Fabien BADEAU, s [1] 28 août 1741.— *Pierre*,
b 20 août 1679, à Beauport [2], m [1] 22 nov. 1700, à
Françoise BRASSARD; s [2] 7 janv. 1703.— *André*,
b [2] 27 mai 1682, m [1] 26 janv. 1706, à Marie
Charlotte de RAINVILLE.— *Geneviève*, b [2] 3 nov.
1680.

I — CORDA, de Quebec.
1 *fils*, b 1702, s 5 fev. 1703, à la Pointe-aux-
Trembles de Québec.

1659, (17 novembre) Québec. [1]

I. — CORDEAU DIT DESLORIERS, JEAN,
b 1636.
LATOUR-DIT-SIMONET, Catherine,
b 1638; s 4 fev. 1678, à Ste. Famille. [2]

---

(1) Elle épouse, le 5 nov. 1685, René Bisson, à Charlesbourg.

(1) Elle épouse, le 5 février 1685, Joseph Rancour, à
Beauport.

Marie, b [1] 18 nov. 1660, m [1] 23 janv. 1681, à Jean BÉRIAU. — *Augustin*, b [1] 27 février 1662. — *Marie*, b 5 nov. 1664, au Château-Richer. [3] — *Pierre*, b [2] 7 août 1667. — *Jacques*, b [2] 14 sept. 1671 ; m [3] 22 août 1702, à Marguerite TOUPIN.

1689, (7 février) Québec.

I. — CORDIER, PIERRE, fils de Gilles et de Marie Peltier, des Trois-Monts, évêché de Bayeux.
DE LA HAYE, Catherine, veuve d'Etienne Rageot.

J — CORNEAU, MATHURIN. — Voyez CORNUO.

1695, (9 novembre) Château Richer.

I. — CORNEAU, JEAN, b 1668, fils de Mathurin et de Madeleine Poitevin, de Boesse, évêché de Luçon ; s 24 août 1730, à Québec. [1]
LEFEBVRE, Marie, [CLAUDE I. s [1] 12 oct. 1720.
François, b... ; 1° m 1728, à Angélique HALÉ ; 2° m 7 janv.1735, à Marie-Françoise BOUCHER, à Levis — *Anonyme*, b et s 16 janv 1699, au Cap St Ignace. — *Françoise*, b 30 mars 1700, à l'Ilet. [2] — *Geneviève*, b 26 et s [2] 27 sept. 1702. — *François*, b [2] 25 mars 1704. — *Marie-Agnès*, b 18 sept; 1706, à Lorette [3] ; 1° m [1] 23 nov. 1721, à Claude LEMERLE ; 2° m 5 fév. 1731, à François LIÉNARD. — *Madeleine*, b [2] 7 sept. et s [3] 10 oct. 1708. — *Etienne-Marie*, b [1] 5 oct. 1709. — *Thomas*, b [1] 6 oct. 1712 ; s [1] 18 fév. 1715. — *Louise-Angélique*, b 7 janv. et s [1] 12 fév. 1714. — *Jean-Baptiste*, b [1] 12 mars 1715. — *Marie-Françoise*, b... ; m [1] août 1716, à Jacques CORDIER.

I. — CORNELIER, (1) bedeau.

CORNELIUS, TÈCLE — Voy AUBRY 1670.

I — CORNILLIER ou CORNELIER DIT GRAND CHAMP, PIERRE ; s 31 déc. 1704, à St François, I. O. [5]
CERTAIN, Catherine, b 1663 ; s [5] 28 fév. 1730.
Cécile, b 3 déc. 1688, Montréal. — *Vincent*, b [5] 16 et s [5] 19 mai 1702.

1670, (6 octobre) Québec.

I. — CORNUO, MATHURIN, b 1646, établi à Dombourg, fils de François et de Perette Giraude de St. Marc, Fontenay, évêché de la Rochelle.
PAYEN, Marie-Marthe, b 1653, fille d Hilaire et de Marie Gosselin, de St. Benoit, évêché de Paris.
Jacques, b 1672. — *Marie-Jeanne*, b 8 janv. 1694, Pointe-aux-Trembles de Québec ; m 28 avril 1710, Cap Santé, à Rene CUILLERIER.

1670, (13 octobre) Montréal [5]

I — CORON, JEAN, soldat, maitre-tourneur, b 1644, fils de Nicolas et de Madeleine Mallet, de St. Martin de Mihy, évêché de Meaux ; s [5] 3 oct. 1687.
LAUZON, Anne-Michelle. [GILLES I. s 9 fév. 1683, à la Pointe-aux-Trembles de Montréal. [4]

Marie-Anne, b [4] 6 janv. 1674, sœur dite de la Victoire (C. N. D.) . s [5] 11 nov. 1732. — *Marie*, b [5] 14 mai 1676 ; m [5] 19 mars 1699, à Leonard LIBERÇON — *François*, b [4] 11 sept. 1678 , m 11 sept. 1702, à Marie SIRE, à St. François, Ile-Jésus [5], s [3] 14 janv. 1733. — *Agnès*, b [4] 23 fév. 1681 ; m [5] 7 janv. 1702, à Louis PIGEON.

CORRÉGE. — Voy. COURAGE DIT JOLICŒUR.

1664, (23 nov.) Québec. [1]

I. — CORRIER, PIERRE, b 1634, fils de Martin et de Jeanne Gerlingande, de St.Hilaire, evêche de La Rochelle ; s...
BRUNET, Anne, b 1643, fille de François et de Claudine Michaud, de St. Leu, evêche de Paris, s [1] 21 juin 1671.
Jeanne, b et s [1] 16 oct. 1666. — *Louise* b [1] 13 oct. 1667.

CORRIVEAUX, MARGUERITE, femme de René MAHEU.

1669, (28 octobre) Ste. Famille. [1]

I. — CORRIVEAU, ETIENNE, b 1643, fils de François et de Marguerite Besnard, de Fontereau, evêche d'Angoulême.
BUREAU, Catherine (1), b 1651, fille de Jacques et de Marguerite Verrier, de St. Jean, évêché de Paris
Jacques, b [1] 5 août 1671 ; 1° m 19 oct. 1693 à Françoise GABORY, à St. Michel [2] ; 2° m 8 juillet 1728, à Marie-Madeleine L'ARCHEVÊQUE, à Québec. — *Catherine*, b [1] 13 juin 1673. — *François*, b [1] 24 janv. 1675 ; s [1] 12 août 1676. — *Etienne*, b [1] 25 fév. 1676, 1° m [2] 26 août 1700, à Louise-Françoise GABORY, 2° m [1] 26 nov. 1703, à Jeanne RABOUIN. — *Jean-Baptiste*, b 5 sept 1683 à Lévis — *Guillaume*, b... ; m [2] 10 nov. 1709, à Marie REMILLARD. — *Julien*, b 3 oct. 1681, à l'Ilet. — *Pierre*, b [1] 20 mars 1678 ; m [2] 6 fév. 1702, à Anne GABOURY.

1693, (19 octobre) St. Michel. [6]

I. — CORRIVEAU, JACQUES, [ETIENNE I. capitaine de milice
1° GABORY, Françoise, [LOUIS I.
Marie-Anne, b [6] 8 août 1694 ; s [6] 29 avril 1703. — *Jacques*, b [6] 10 sept. 1699. — *Louise-Etiennette*, b [6] 23 oct. 1701, hospitalière dite des Seraphins ; s [6] 20 fév. 1751. — *Honoré*, b [9] 28 nov. 1703 ; s [6] 6 mars 1707 — *Marie-Angélique*, b... ; m [1er] août 1725, à Jacques BADEAU, à Québec. [1]

1728, (8 juillet) Québec. [1]

2° L'ARCHEVÊQUE, Marie-Madeleine, [JEAN II. veuve de Noël Rouillard ; s [1] 29 oct. 1749.

1673, (2 octobre) Québec.

I. — CORRUBLE, GUILLAUME, b 1641, fils de Gilles et de Marguerite Ardou, de St. Valery, évêché de Rouen ; s...

---

(1) Ce nom, que l'on rencontre au Registre de Repentigny en 1683, n'est autre que *Cornélius*—Aubrenan—Aubry.

(1) Elle épouse, le 15 janvier 1695, Simon Darme, à St. Michel.

BAUGE, Anne, b 1654, fille d'Etienne et de Madeleine Cholet, de St. Victor, évêche de Paris; s avant 1681.

I. — CORVAL, JACQUES.
HUNAULT, Jeanne, (1)   [TOUSSAINT I.
veuve d Adrien Quevillon
Louis-Augustin, b 4 juin 1698, à la Pointe-aux-Trembles de Montreal.

1699, (7 décembre) Quebec 6
I. — COSANCE (ou COUTANCE,) PIERRE, b 1668, fils de François et de Françoise Thomas, de Monthiers neuf, évêche de Poitiers; s...
COCHART, Jeanne,   [NICOLAS I.
Marie-Jeanne, b 6 18 sept. 1700; m 6 25 janv. 1727, à Gabriel CHARTIER. — *Louise-Catherine*, b 6 19 mai 1702; m 6 29 juin 1720, à Guillaume LEMELIN, s 6 14 oct. 1739. — *Marie-Thérèse*, b 6 23 oct. 1703. — *François*, b 6 30 dec. 1704. — *Pierre*, b 13 avril 1707; s... — *Pierre*, b 6 26 sept. 1711. *Jeanne*, b 6 30 juillet 1708. — *Jean*, b 6 14 et s 6 26 mars 1713. — *Guillaume*, b 6 4 et s 6 21 avril 1714

1667.
I — COSSET, JEAN, b 1645; s 13 nov. 1687, à la Pointe-aux-Trembles de Quebec. 5
AUBÉ, (2) Marguerite, b 1651.
Marguerite, b 5 5 fév. 1681; m 19 fév. 1697, à Jean BARIBAULT, à Batiscan, 4 s 5 25 mars 1727. — *Alexis*, b 5 7 avril 1683, s 5 10 oct. 1687. — *René*, s 17 oct. 1670, Château-Richer. 8 — *Marie*, b 1669; m 4 28 fév. 1692, à Laurent BRANSARD; s 4 19 fév. 1705. — *Jean*, b 3 9 fév. 1670; s 4 18 sept. 1687. — *Marie*, b 3 19 mars 1672. — *François*, b 12 août 1674, à l'Ange-Gardien; m 4 23 nov. 1694, à Catherine LAFOND. — *Pierre*, b 4 18 juillet 1678, à Québec.

1694, (23 novembre) Batiscan 5
II — COSSET, FRANÇOIS,   [JEAN I.
LAFOND, Catherine,   [JEAN II.
Marie-Marguerite, b 5 9 fév. 1696; s 5 22 fév. 1714. — *Marie-Catherine*, b 5 1er fév. 1699 — *François*, b 5 27 déc. 1701. — *Jean*, b 5 14 mars 1704; m 5 31 oct. 1734, à Marie-Josette BARIBAUT. — *Marie-Josette*, b 5 30 mars 1707; m..., à Charles TIFAUT. — *Pierre*, b 5 28 mars 1710. — *Marie-Renée*, b 5 25 avril 1713, s 5 22 juin 1714. — *Marie-Marguerite*, b 5 21 sept. 1715; m 5 18 sept. 1736, à Jean ELIE. — *Marie-Madeleine*, b 5 9 juillet 1718.

COSTEREST, RENÉ — Voy. COUTERET.

1635, (17 novembre) Québec. 2
I. — COTÉ, JEAN, s 28 mars 1661, dans l'église de Quebec.
MARTIN, Anne, s 1 4 déc. 1684.   [ABRAHAM I.
Louis, b 1 25 oct. 1635; m 1 6 nov. 1662, à Elizabeth LANGLOIS; s 1699. — *Simone*, b 1 9 dec. 1637; m 1 16 nov. 1649, à Pierre SOUMANDE. — *Martin*,

(1) Elle épouse, le 7 mai 1699, Pierre TAILLEFER, à Montréal.

(2) Loyé, Lorée, et Eslom. Elle épouse le 19 octobre 1688, Jean Colet, à la Pointe-aux-Trembles de Québec.

b 1 12 juillet 1639, m 25 juillet 1667, à Suzanne PAGE, au Château-Richer. — *Mathieu*, b 1 16 juillet 1642; m 1669, à Elizabeth GRAVELLE. — *Jean*, b 1 25 fév. 1644; 1° m 1 11 nov. 1669, à Anne COUTURE; 2° m 1 25 fev 1686, à Geneviève VERDON. — *Noel*, b 1 4 mai 1646, m à Helène GRATON — *Marie*, b 1 12 et s 1 25 janv. 1648 — *Louise*, b 1 18 avril 1650; m 1 4 déc 1663, à JEAN GRIGNON.

1662, (6 novembre) Québec. 3
II. — COTÉ, LOUIS,   [JEAN I.
s en 1669.
LANGLOIS, Elizabeth, (1)   [NOEL I.
Madeleine, b 19 sept. 1663, au Château-Richer; m 26 nov. 1682, à Louis LEMIEUX, au Cap St. Ignace 3; s 3 25 août 1689. — *Louis*, b 3 1er fevrier 1665; m 3 8 janv. 1691, à Geneviève BERNIER. — *Jean*, b 2 7 mars 1667; s 1 3 nov. 1687.

1667, (25 juillet) Château-Richer. 4
II. — COTÉ, MARTIN,   [JEAN I.
PAGÉ, Suzanne,   [RAYMOND I.
Jean, b 6 sept. et s 4 5 oct. 1668. — *Jean*, b 25 avril 1670, à Ste. Famille 3; m 8 fev. 1694, à Marie-Anne LANGLOIS, à Beauport 7; s 16 mars 1739, à Quebec — *Marguerite*, b 3 9 août 1672; 1° m à André PARENT; 2° m 7 2 fév. 1701, à Noel MARCOUX; s 7 3 mars 1709. — *Marie-Madeleine*, b 3 11 août 1675, hospitalière dite Ste. Gertrude; s 13 avril 1723, à Quebec. 6 — *Pierre*, b 4 et s 3 11 nov 1677. — *Anne*, b 3 2 avril 1679, hospitalière dite Ste. Geneviève; s 3 15 oct. 1754. — *Elizabeth*, b 3 nov. 1681, à St. Pierre, I. O. 9 — *Pierre-Martin*, b 9 8 mars 1684. — *Louis*, b 9 29 juin 1686.

1669, (   )
II. — COTÉ, MATHIEU,   [JEAN I.
GRAVELLE, Elizabeth,   [MASSÉ, I.
Marie-Charlotte, b 10 oct. 1670, à Ste. Famille 1. — *Martin*, b 1 28 janv. 1673; m à Marguerite FRELAN. — *Marie-Anne*, b 1 8 avril 1675; m à Louis PICHET. — *Marie*, b 24 oct. et s 1 25 nov. 1677... *Marie-Geneviève*, b 1 21 nov. 1678. — *Joseph*, b 28 oct. et s 3 nov. 1681, à St. Pierre, I. O. 2. — *Pierre*, b 2 9 fév. 1684. — *Mathieu*, b 2 7 mars 1686.

1669, (11 novembre) Québec. 7
II. — COTÉ, JEAN,   [JEAN I.
1° COUTURE, Anne,   [GUILLAUME I
s 7 26 nov. 1684.
Jean-Baptiste, b 7 31 août 1670; m à Françoise CHORET; s 26 mars 1736, à Rimouski. — *Noel*, b 7 11 déc. 1672, m 28 fév. 1696, à Madeleine DROUIN, à Ste. Famille. — *Marguerite*, b 1674, hospitalière dite St. Paul; s 17 dec. 1702 à Québec. — *Elizabeth*, b 1676; s 7 24 janv. 1744. — *Marie*, b 1676. — *Pierre*, b 23 nov. 1679, à St. Pierre, I. O. 4. — *Guillaume*, b 4 9 nov. 1681; m 7 8 mai 1719, à Clotilde AMELOT.

1686, (25 février) Québec. 7
2° VERDON, Geneviève,   [VINCENT I.
Marie-Charlotte, b 16 oct. 1686, à St. Pierre, I. O.; m 1700, à François TINON-DESROCHES; s 7 9

(1) Elle épouse, le 15 décembre 1669, Guillaume Lemieux, à Québec.

déc. 1755. — *Geneviève*, b... ; m 18 nov. 1709, à Louis Boissel, à l'Ange-Gardien [5] — *Joseph*, b... ; 1° m [5] 13 avril 1711, à Thérèse Huot ; 2° m [5] 23 janv. 1730, à Jeanne Roussin ; [s 5] 22 déc. 1760. — *Gabriel*, b 1701 ; m [7] 14 nov. 1739, à Cecile Gosselin ; s [7] 11 nov. 1742. — *Jean*, b... ; m [5] 4 fév. 1716, à Madeleine Huot. — *Marie*, b [5] 11 mars 1711 ; m [7] 14 juin 1733, à André Alliés. — *Ignace*, b... ; m [5] 5 oct. 1733, à Véronique Hébert.

1673.

II — COTÉ, Noel,   [Jean I.
    Graton, Helène,   [Claude I.
    Jean-Baptiste, b 23 nov. 1674, à Ste. Famille. [4] — *Louise*, b [4] 31 oct. 1676 — *Geneviève*, b [4] 18 juin 1679. — *Jean-Baptiste*, b 20 juillet 1682, à St. Pierre, Ile d'Orleans. [6] — *Pierre*, b [3] 10 et s [3] 18 nov. 1684. — *Jacques*, b [5] 16 avril 1686

1680, (14 octobre.) (1)

I. — COTÉ ou Botté, dit Sorak8a, Abraham, de Dieppe. (2)
    A8endea, Marie, (Onontaise).
    Jacques, (3) b 7 fév. 1685. — *Jeanne*, (4) b 10 février 1688. — *Jean-Baptiste*, b 26 nov. 1689. — *Simon*, b 5 janv. 1699.

1691, (8 janvier) Cap St. Ignace. [5]

III. — COTÉ, Louis,   [Louis II.
    capitaine de la Côte du Sud.
    Bernier, Geneviève,   [Jacques I.
    Louis, b [5] 20 déc. 1691 ; s [4] 4 fév. 1692. — *Louis*, b [5] 16 août 1693. — *Marthe*, b 19 nov. 1694, à St Thomas [1] ; m [1] 17 nov. 1721, à Louis Couillard. — *Joseph*, b [1] 27 avril 1701 ; s [1] 7 avril 1703. — *Joseph*, b [1] 24 avril 1704, m 7 nov. 1726, à Marguerite Couillard, à St. Etienne de Beaumont. — *Jean-Baptiste*, b [1] 17 sept. 1706 ; m [5] 17 juillet 1729, à Marthe Fortin. — *Paul*, b [1] 1er avril 1708.

1694, (8 février) Beauport. [1]

III. — COTÉ, Jean,   [Martin II.
    s [1] 16 mars 1739.
    Langlois-Traversy, Marie-Anne,   [Noel II.
    Jean, b 1699 ; m 20 oct. 1721, à Genovève Trepigny, au Château-Richer. — *Marie-Hélène*, b... m 3 fév. 1732, à François Leclerc, à Québec. [7] — *Marie-Louise*, b.... m [4] 4 juillet 1740, à Charles l'Héraux. — *Geneviève*, b 1704 ; 1° m [7] 2 sept 1743, à Gilles Gabriel ; 2° m [7] 26 août 1748, à Noël-François Levasseur ; s [7] 2 sept. 1751. — *Paul*, b... ; m 24 fév. 1733, à Madeleine Moreau, à Ste Foye — *Gabriel*, b 13 juillet 1719, à L'Ange-Gardien ; m 29 juillet 1743, à Cécile Lepage, à Rimouski.

III. — COTÉ, Jean-Baptiste, (5)   [Jean II.
    s 26 mars 1736, à Rimouski. [4]
    Choret, Françoise-Charlotte,   [Joseph II.
    s 14 sept. 1755, dans l'église de l'Ile-Verte.

(1) Registre de la mission des Sauvages de la montagne de Montréal.
(2) Les enfants baptisés " Botté " et Sorak8a.
(3) Filleul de Mr. Jacques Le Moyne, de Ste. Hélène.
(4) Filleule de Dlle. Jeanne Le Ber.
(5) Seigneur de l'Ile Verte.

Jean-Baptiste, b... ; m 17 juillet 1720, à Geneviève Bernier, au Cap St. Ignace [5]. — *Prisque*, b... ; m [3] 17 juillet 1720, à Ursule Bernier. — *Catherine*, b... , m [4] 20 août 1731, à Vincent Rioux. — *Marie*, b... ; m [4] 10 nov. 1733, à Joseph Levesque. — *Pierre*, b... ; m [4] 27 juin 1735, à Marie-Anne Lepage. — *Gabriel*, m... ; 1° m 7 oct. 1722, à Isabelle Bernier, à Québec ; 2° m 6 nov. 1740, à Madeleine Lebel, à Kamouraska. [5] — *Françoise*, b... ; m [4] 13 fév. 1736, à Ange Dion — *Geneviève*, b... , m [4] 13 fév. 1736, à Jean-Baptiste Levêque. — *Nicolas*, b... ; m [5] 10 avril 1741, à Marie Levasseur.

1696, (28 février) Ste. Famille.

III. — COTÉ, Noel,   [Jean II.
    s avant 1720.
    Drouin, Marie-Madeleine,   [Nicolas II.
    s avant 1720.
    Pierre, b... ; m 9 avril 1720, à Dorothée Marceau, à St. François, I. O.

1690.

III. — COTE, Martin,   [Mathieu II.
    Frelan, Marguerite,   [François I.
    Pierre, b 14 oct. et s 15 oct. 1699, à St. Laurent, I. O.

I. — COTIN, Marie-Catherine, 1° m 1666, à Pierre Brunet ; 2° m 1685, à Pierre Mandin.

COTIN. — *Variations et surnoms* : Cottin—Dugal —Chatillon.

1672, (10 janvier) Québec. [5]

I. — COTIN, Dugal, cordier, b 1641, fils de René et de Françoise Ménard, de la Trinité de Laval, diocèse d'Angers.
    Baudon, Etiennette, b 1653, fille d'Etienne et de Marguerite Guigné, de St. Médard, de Paris ; s 11 nov. 1699, à St. Augustin. [1]
    Jean-François, b [3] 15 avril 1674 ; s [3] 24 sept. 1688. — *Jean*, b [3] 26 juillet 1676. — *Louis*, b [3] 24 fév. 1679 ; m 14 janv. 1709, à Jeanne Belan, à la Pointe-aux-Trembles de Québec. [5] — *Joseph*, b [5] 10 mars 1681 , m [1] 18 août 1709, à Marie-Charlotte Gaboury. — *Mathieu*, b [5] 4 mai 1683 ; 1° m [1] 8 juillet 1709, à Charlotte Meunier ; 2° m [5] 29 mai 1749, à Marie Sevigny. — *Marie-Elizabeth*, b [5] 24 avril 1685 ; m [1] 4 juillet 1707, à Jean Penisson. — *Marie*, b [3] 28 sept 1687 ; m [1] 12 janv. 1710, à Jean Béland. — *Jean-Baptiste*, b [5] 15 déc. 1693 ; m [1] 7 août 1722, à Madeleine Bourbeau. — *Auguste-Tugal*, b [1] 21 sept. 1696 — *Françoise*, b... ; m [1] 22 nov. 1713, à Antoine Gaboury. — *Charles*, b... ; m [3] 16 avril 1720, à Thérèse Gaboury.

1666.

I. — COTTIN dit Chatillon, Pierre.
    Roussillier, Jeanne.
    Pierre, b 29 mars 1667, à Québec.

COTINEAU. — *Variations et surnoms* : Cotinot— Gotineau— Cottinault—Coutineau—Champ-Laurier—Laurier—Deslauriers—Coffineau.

1677, (7 janvier), Montréal. [1]

I. — COTINEAU-LAURIER, François-Jacques, b 1641, fils de Jean et de Françoise Dupuy, de St. Cloud, evêché d Angoulesme; s...
Milot, Madeleine.   [Jacques I.
Jean-Baptiste, b 9 juin 1678, à la Pointe-aux-Trembles de Montréal; m 19 janv. 1704, à St. François, Ile Jesus, [2] à Catherine Lamoureux. — *Joseph,* b 1er mai 1680, à Repentigny[3]; m [2] 22 août 1707, à Marguerite Lamoureux. — *Marie-Madeleine,* b [3] 22 août 1682. m 1711, à François Marcé. — *Marie-Catherine,* b [1] 13 déc. 1684, 1° m [2] 1er oct. 1708, à Charles Mathieu, 2° m 1729, à Jean-Baptiste Roy.

1699, (11 fevrier) Québec. [1]

I. — COTTON dit Fleur d'Epée, Jean, b 1669, fils de Jacques et d'Anne Cap, de Bouville, evêche de Bayoux; s...
Moisan, Charlotte,   [Pierre I.
Jeanne-Charlotte, b 12 nov. 1699, à Montréal. [2] — *Jean-Baptiste-Paschal,* b [3] avril 1702; s [1] 5 mars 1705. — *Omer,* b [2] 21 juin 1704 — *Anonyme,* b et s [3] 29 nov. 1704 — *Madeleine,* b...; 1° m...; 2° m 7 janv. 1716, à Michel Vandet, à St. Michel. [3] — *Jean-Baptiste,* b 1705, m [1] 9 nov. 1728, à Louise Gauthier, s [3] 14 dec. 1759. — *Louis-François,* b [1] 31 août 1716, m à Marie-Charlotte Joliette.

1691, (24 septembre) Québec. [1]

I. — COTTON, et Couton, Barthélemi, chapelier, b 1641, fils d'Antoine et de Françoise Turin, de Notre-Dame de Briançon, archevêché d Amxrun, en Dauphine; s [1] 27 fev. 1727.
Le Rouge Jeanne,   [Jean I.
veuve u Emmanuel Loppez; s [1] 19 fevrier 1735.
Barthélemi, b [1] 2 juillet 1692; m [1] 13 nov. 1741, à Madeleine Vuillis s [1] 27 mai 1780 — *Marie-Jeanne,* b [1] 2 sept 1694, m 17 nov 1710, à Pierre Bastien, a Charlesbourg [2]; s [1] 8 avril 1715 — *Marguerite,* b [1] 20 oct. 1696. — *Jean-François,* b [1] 5 fev 1699 — *Michel,* b [1] 2 juillet 1700, m 29 oct. 1726, à Françoise Gagnon, au Château-Richer. — *Anonyme,* b et s [3] 24 fev. 1703.

1690.

I. — COTTENOIRE, Antoine.
Provencher, Marguerite,   [Sébastien I
Marguerite, b 1694; s 14 janv. 1710, à l'Ile Dupas. — *Marie-Renée,* b...; m à Antoine Brulé — *Antoine,* b...; m à Marie-Josette Dutremble.

1682, (4 novembre) Québec.

I. — COTTU de la Valtrie, François, maître-bouchor, b 1651, fils d'Antoine et de Marguerite Patou, de St. Clou, evêché d'Amiens.
1° Verdon, Jeanne,   [Vincent I.
Louise, b 23 mai 1684, à Contrecœur [1], m 21 janvier 1704, à Jean-Baptiste Réel, à l Ile Dupas. [2]

1691.

2° Le Siège, Louise,   [Pierre I.
Geneviève, b 20 avril 1692, à Montréal. [5] — *Catherine,* b [5] 21 mars 1694. — *Daniel-Louis,* b [5] 21

janvier 1696. — *Marie-Joseph,* b 17 et s [5] 29 janv 1698. — *Ignace,* b [5] 6 avril 1699. — *Etienne,* b [5] 19 sept. et s [5] 14 déc. 1700 — *Jean-Baptiste* b [1] 5 mai 1702. — *François,* b [2] 15 fev. 1704. s [1] 10 août 1708. — *Françoise,* b 1er mai 1710, à Repentigny. [3] — *Etienne,* b [3] 6 janv. 1712. — *Marie-Thérèse,* b [3] 14 et s [3] 17 janvier 1714.

1657, (16 avril) Trois-Rivières [5]

I. — COUC dit Lafleur, soldat de M. de Froment, b 1624, fils de Nicolas et d Elizabeth Templair, de Cognac; s [5] 6 août 1665. (1)
Mite8ameg8k8e, Marie, b 1631, (algonquine). s [5] 8 janvier 1699.
Jeanne, b [5] 14 juillet 1657; s [5] 23 oct. 1679. — *Louis,* b [5] 27 nov. 1659; m 1683, à Marie Sauvagesse. — *Marie,* b 1663 — *Marguerite,* b [5] 1er juin 1664; m à Jean Fafart. — *Elizabeth,* b 1667. — *Madeleine,* b 1669. — *Jean,* b 1673. — *Angélique,* b 1661; m à François Sincerny.

II. — COUC, Louis. — Voy. Montour.

COUDER, Antoine. — Voy. Coderre—Emery.

1665, (25 octobre) Québec.

I. — COUDRET, André, b 1643, fils de Pierre et de Jeanne Mettais, de St. Fort de Cognac, en Xaintonge.
Bourgeois, Jeanne, (2) b 1644, fille de Pierre et de Pauline Leclerc, de St. Médard de Paris.

1680.

I. — COUERIER, Pierre.
Palin, Claude-Philiberte.
Pierre, b 24 fév. 1681, à Charlesbourg. [5] — *Marie,* b [5] 27 avril 1683.

COUILLARD. — *Surnoms :* De l'Espinay — Des Essais—De Beaumont—Desjrès—Dupuis—Des Islets—Lafontaine.

1621, (26 août) Québec. [1]

I. — COUILLARD, Guillaume, b...; s [1] 4 mars 1663, dans l'Eglise de l'Hôtel-Dieu.
Hébert, Guillemette,   [Louis I.
b 1608; s [1] 20 oct. 1684, dans l'eglise de l'Hôtel-Dieu.
Louise, b [1] 30 janv. 1625; m [1] 3 nov. 1637 à Olivier LeTardif, s [1] 23 nov. 1641. — *Marguerite,* b [1] 10 août 1626, 1° m [1] 7 oct.1637, à Jean Nicolet; 2° m [1] 12 nov. 1646 à Nicolas Macard, s [1] 20 avril 1705. — *Louis,* b [1] 18 mai 1629; m 29 avril 1653, à Geneviève Despris. — *Elizabeth* (3) b [1] 9 fev. 1631; m [1] 27 nov. 1645, à Jean Guyon; s 5 avril

<hr>

(1) " Occisus glande catapultæ fortuito à socio."—*Registres des Trois-Rivières.*

(2) Elle épouse, le 11 juin 1708, Pierre Lyaumont, à Québec.

(3) Elle fut baptisée, non par un prêtre français, mais par un Anglais, qui était probablement le ministre ; car. pendant que les Kertk demeurèrent les maîtres de Québec, il n'y eût point de prêtre à Québec, et lorsque le P. Lejeune dit la messe, en 1632, dans la maison de Guillaume Couillard, les Français ne l'avaient pas entendue depuis trois ans.—*Relation des Jésuites,* 1632.

1704, au Château-Richer —*Marie*, b¹ 28 fév. 1633, 1° m¹ 25 oct 1648, à François Bissot, 2° m 7 sept. 1675, à Jacques De Lalande. —*Guillaume*, b¹ 16 janv. 1635. —*Madeleine*, b¹ 9 août 1639 —*Nicolas*, (1) b¹ 6 avril 1641 ; s¹ 24 juin 1661. —*Charles*, (2) b¹ 10 mai 1647. 1° m¹ 10 janv. 1668, à Marie Pasquier ; 2° m à Louise Couture, s 8 mai 1715, à St. Etienne de Beaumont². — *Gertrude*, b² 21 sept. 1648 ; m² 6 fév. 1664, à Charles Aubert ; s² 18 nov. 1664.

1661.

II — COUILLARD (3) Guillaume, [Guillaume I.

1653, (29 avril) Québec. ¹

II —COUILLARD Sieur de L'Espinay, [Guill. I. Desprès, Geneviève, [Nicolas I.
s 11 mai 1706, dans l'église de Québec. ²
Jeanne, b¹ 9 juin 1654, à Paul Dupuis, s² 12 juillet 1702 —*Charles*, b² 6 dec. 1655, s² 17 juin 1656. — *Jean-Baptiste*, b² 2 mai 1657 ; m² 23 oct 1680, à Geneviève De Chavigny ; s² 8 mars 1735. —*Louis*, b¹ 29 nov. 1658 ; 1° m 1680, à Marie Vaudry ; 2° m¹ 4 mai 1688, à Marie Fortin, 3° m 7 nov. 1712 à Marguerite Belanger, à Pilet ; 4° m 31 janv. 1719, à Louise Nolin, à St Thomas ; s 15 mai 1728, à St. Pierre du Sud. — *Geneviève*, b¹ 24 oct. 1660. —*Jacques*, (4) b¹ 5 juin 1665, m 21 janv. 1691, à Elizabeth Lemieux, à St. Thomas.

1666, (8 février) Trois-Rivières.

I.—COUILLARD, Pierre, b 1639, fils Pierre et de Marguerite Durandel, de La Tarif, en Angoumois ; s...
Bilodeau, Jeanne, veuve de Jacques Baubiche, b 1629, fille de Jean et de François Poupard, s 26 août 1684, à Champlain. ³
René, b 19 fév. 1667, aux Trois-Rivières ; 1° m³ 31 janv. 1690, à Marie Denise Houré ; 2° m 6 nov. 1703, à Geneviève Signard. — *Marie*, b 1669. — *Pierre*, b 1672, m 9 fév. 1699, à Anne Brunet, à Lachine. —*Jeanne*, b 1679 ; 1° m³ 9 janv. 1684, à Claude David ; 2° m³ 22 fév. 1694, à Jacques Valois ; s³ 20 avril 1704.

1668, (10 janvier) Québec. ³

II. — COUILLARD, (5) Chs.-Thomas, [Guill I. s 8 mai 1715, à St. Etienne de Beaumont. ⁵
1° Pasquier de Franclieu, Marie, [Pierre I. s³ 26 juin 1685.
Marie-Guilmelle, b³ 2 et s³ 8 mars 1669. —*Anonyme*, b et s³ 24 janv. 1670. —*Charles*, b³ 24 fév. et s³ 23 mars 1671. —*Anonyme*, b et s³ 11 fév. 1672. — *Anonyme*, b et s³ 14 janv. 1673 —*Charles-Marie*, b³ 15 avril 1675 ; m³ 13 mai 1726, à Marie-Françoise Couture.

(1) Tué à l'Isle d'Orléans avec Mr. Jean de Lauzon. Il fut inhumé dans l'église de Québec.
(2) Souche des Couillard de Beaumont.
(3) Couillard dit Des Chesnes.
(4) Souche des Couillard des Prés.
(5) Souche des Couillard de Beaumont.—Seigneur des Islets—Seigneur de Beaumont.

1688

2° Couture, Louise, [Guillaume I.
Louise, b 1689. s 20 oct. 1692, à Lévis. ⁵ — *Philippe*, b 1691 ; s⁵ 30 juin 1698. —*Joseph*, b⁵ 31 mai 1693, m⁵ 8 août 1729, à Geneviève Turgeon. —*Charles*, b⁵ 24 août 1695, m... à Madeleine Desprès — *Marie*, b⁸ 23 nov. 1697, m⁸ 21 fév. 1724, à Alexandre Morel de la Durantaye. —*Marie-Louise*, b⁸ 10 avril 1700 ; s⁸ 9 avril 1725. —*Pierre*, b⁸ 1ᵉʳ et s⁸ 15 juin 1702. — *Marie-Anne*, b⁸ 17 mai 1703 ; m⁸ 14 mai 1727, à Jean-Baptiste Girard. — *Pierre*, b⁸ 17 mai 1703, m⁸ 22 juillet 1727, à Elizabeth Nadeau. — *Marguerite*, b⁸ 2 mars 1707 ; m⁸ 7 nov. 1726, à Joseph Coté.

1668, (17 octobre) Québec. ⁸

I. — COUILLARD dit Lafontaine, François, b 1640, fils de Michel et de Catherine Fleury, de Courson, évêché de La Rochelle ; s...
D'Annesé de Longchamp, Marie-Esther, (1) fille de Charles et d'Agnès Vivien, de St. Nicolas de Nancy, évêché de Toul ; s...
Marie-Renée, b⁸ 2 sept 1670 ; m..., à Jacques Messier ; s 16 juin 1695, à Boucherville. —*Renée-Marie*, b⁸ 18 mai 1677. — *Madeleine*, b 1677 ; m 22 juillet 1697, à Jacques Labue, à Ste. Anne de la Perade.

1680, (23 octobre) Québec. ⁵

III. — COUILLARD, (2) Louis, [Louis II. s 15 mai 1728, à St. Pierre du Sud.
1° Vaudry, Marie, [Charles I.
Louis, b 6 mars 1686, au Cap St. Ignace ⁵ ; s⁵ 13 avril 1686. —*Marie-Anne*, b 1681 ; s 2 mai 1689, à Québec.

1688, (4 mai) Québec.

2° Fortin, Marie, [François I.
Geneviève, b⁵ 18 juillet 1689. — *Elizabeth*, b 17 avril 1691, à St. Thomas. ⁸ — *Louise*, b⁸ 16 nov. 1692 ; s⁸ 22 nov. 1693. —*Louis*, b⁸ 6 fév. 1694 ; m⁸ 17 nov. 1721, à Marthe Coté. — *Claire-Françoise*, b⁸ 7 déc. 1695, hospitalière dite St. Louis, s⁵ 8 mars 1721. —*Marie-Simone*, b⁸ 28 mai 1697. —*François*, b⁸ 24 nov. 1699 ; m 22 nov. 1728, à Madeleine Bernier, au Cap St Ignace. —*Joseph*, b⁸ 18 sept. 1701. — *Jean-Baptiste-Charles*, b⁸ 14 juillet 1703 ; m⁵ 19 juin 1729, à Geneviève Langlois. —*Catherine*, b⁸ 5 avril 1705 ; s 7 mai 1706. —*Paul*, b⁸ 8 sept. 1707 ; m 10 nov. 1732, à Marie-Joseph Couture, à St. Etienne de Beaumont.

1712, (7 novembre) Ilet.

3° Bélanger, Marguerite, [Louis II.

1719, (31 janvier) St. Thomas. ⁸

4° Nolin, Louise, [Jacques I. veuve de Joseph Langlois.
Marie-Anne, b... ; m⁸ 22 juin 1739, à Louis Marganne de la Valtrie.

(1) Elle épouse, le 20 sept. 1686, Pierre Janson, à Québec.
(2) Couillard de l'Espinay, Seigneur de St. Thomas.

1688, (4 mai) Québec. [5]

III.— COUILLARD, (1) JEAN-BAPT.,   [LOUIS II.
  s [5] 8 mars 1735.
DE CHAVIGNY, Geneviève,   [FRANÇOIS I.
  veuve de Charles AMYOT; s [5] 21 avril 1724.

1690, (31 janvier) Champlain. [5]

II.— COUILLARD, RENÉ,   [PIERRE I.
1° HOURÉ, Marie-Denise,   [RENÉ I.
  s 21 avril 1699, à Batiscan. [8]
Pierre, b [8] 26 janv. 1691 , s [8] 21 nov. 1709. —
Simon, b 18 août 1693, à St. Jean, Ile d'Orléans,
m..., à Marie-Louise JENNE DIT ST. ONGE ; s
avant 1725.— *Pierre,* b 1694 ; m 19 avril 1716, à
Marie-Louise LAVIOLETTE, à Ste. Anne de la Pérade. — *Anonyme,* b et s [5] 20 avril 1699.

1708, (6 novembre) Lachine. [2]

2° GIGNARD, Geneviève,   [LAURENT I.
Marie-Angélique, b [8] 16 août 1709.

1691, (21 janvier) St. Thomas. [1]

III.— COUILLARD, (2) JACQUES,   [LOUIS II.
LEMIEUX, Elizabeth,   [GUILLAUME I.
Marie, b [1] 20 janv. 1692 ; m 20 août 1711, à
François CHORET, à Québec. [2]— *Elizabeth,* b [1] 2
avril 1694 ; m..., à Bernard DAMOURS. — *Jacques,*
b [1] 16 fev. 1696. — *Marthe,* b [1] 23 avril 1698. —
François, b [1] 1er jan. 1700.— *Joseph,* b [1] 13 nov.
1701 , m 20 juillet 1733, à Marie-Geneviève CARON,
à l'Ilet. [3] — *Louise-Angélique,* b [1] 21 mars 1704.
— *Jean-Baptiste,* b [1] 26 déc. 1705 ; m [9] 3 juillet
1731, à Reine CARON. — *Louis,* b [1] 1er sept. 1707.
— *Marie-Madeleine,* b...; m [1] 20 oct. 1728, à
Charles COUILLARD.

1699, (9 fevrier) Lachine. [5]

II.— COUILLARD, PIERRE,   PIERRE I.
  maître-menuisier, s...
BRUNET, Anne,   FRANÇOIS I.
Marie-Anne, b [5] 1er et s. 2 juillet 1700. — *Pierre,*
b [5] 12 sept 1701 ; s[5] 17 juin 1704. — *Jean-Baptiste,*
b [5] 25 avril et s [5] 18 juin 1704. — *Marie-Anne,* b[5]
18 sept 1705 ; m [5] 10 fev 1721, à Pierre PRIMOT.
—*Joseph,* b[5] 19 mars 1708. — *Pierre,* b [5] 27 mars
1717.

COUILLAUD, — *Variations et surnoms :* — COU-
  LEAU — GILBERT — ROQUEBRUNE·

1676.

I.— COUILLAUD DIT ROQUEBRUNE, PHILIBERT, b
  1641.
DE LAPORTE, Catherine, (3)   JACQUES I
Jean-Baptiste, b 20 oct. 1677, à Sorel, m 11
sept 1704, à Anne DESLAURIERS, à Varennes —
Marie-Anne, b 4 oct 1681, à Contrecœur [8]; 1° m
2 nov. 1723, à Julien GARDET à Québec [5], 2° m [5]
4 mai 1731, à Jean-Louis ROGER. — *Antoine,* b 7

nov. 1683, à Boucherville. — *Catherine,* b [8] 12
janv. 1685. — *François,* b [8] 6 déc. 1686.

I.— COULOMBE, Louis, b 1641. Etabli à l'Ile
  d'Orléans.
FOUCAULT, Jeanne, b 1651.
Nicolas, b 1671 ; m 8 nov. 1694, à Anne MAIL-
LOU, à Beaumont.— *Marie,* b 1673. — *Jean, b* 1675.
— *Jeanne,* b 1677.— *Louis,* b 1679 ; m..., à Hélène
POULET.

1694, (8 novembre) Beaumont.

II.— COULOMBE, NICOLAS,   [LOUIS I.
  MAILLOU, Anne, (1)   [MICHEL I.

I.— COULON, PIERRE — Voy. COURAULT.

1671, (13 octobre) Québec [7]

I.— COULON DIT MABRIAN, AUFRAY, b 1640, fils
  de Jean et de Marie Pibelin, de la Chapelle
  Basson, évêché de Xaintes, s 30 mars 1677,
  à Sorel. [8]
TIERCE ou TIERSE, Françoise (2) b 1656, fille de
  Guillaume et de Catherine Toué, de St Sulpice de Paris.
Marie-Jacqueline, b [7] 10 oct. 1673. — *René,* b [8]
26 mars 1676 ; m 7 déc. 1711, à Geneviève VANIER,
à Verchères.

I.— COULON, Sieur de Villiers, NICOLAS-ANTOI-
  NE, capitaine.
JARRET de VERCHÈRES, Angelique, [FRANÇOIS I.
Antoine, b 26 août 1708, à Contrecœur [5]; m 7
oct 1743, [8] à Marie-Anne TARIEU DE LA NAUDIÈRE,
à Québec ; s [8] 3 nov 1757.— *Louis,* b [5] 10 août
1710 ; m 29 déc. 1753, à Marie-Amable PRUDHOM-
ME, Montréal. — *Marie-Anne,* b...; m [8] 30 juin 1745,
à Ignace AUBERT DE GASPÉ. — *Angélique,* b...;
m. . à Thomas DE GANNES-FALAISE. — *Marie-Madeleine,* b...; 1° m à François FABER-DUPLESSIS ; 2°
m [8] 30 déc. 1737, à Claude MARIN DELAMARGUE ; 3°
m [8] 29 juillet 1754, à Joseph DAMOURS. — *Joseph,*
b [5] 8 sept. 1718. — *Pierre,* b [8] 4 mai 1720.

COUPY, ANTOINE.—Voy. GOUPY.—GOUPIL

COURAGE,— *Variations et surnoms :* CORRÉGE
  — JOLICOEUR.

1698, (27 novembre) Montréal.

I.— COURAGE DIT JOLICOEUR, (3) FRANÇOIS ; b
  1669, fils de Pierre et de Jeanne Cousset, de
  Marmande, évêché d'Agen.
Joubert, Madeleine,   [JACQUES I.

COURAULT,— *Variations et surnoms :* — COU-
  REAU — COURREAU — DE LA COSTE — CYBAR
  — CROC — COULLON.

---

(1) Couillard de l'Espinay, procureur du Roy, lieutenant
de l'Amirauté.

(2) Sieur Desprès, Seigneur de l'Ilet et de St. Jean Port-
joli.

(3) Elle épouse, le 9 oct. 1706, Jean Charpentier, à Varennes.

(1) Elle épouse, le 1er mai 1696, René Adam, à St. Etienne
de Beaumont.

(2) Elle épouse, le 2 mai 1677, Pierre Guignard, à Sorel

(3) Soldat de M. Dumesnil.

I. — COURAULT, (1) Cybar, b 1643, fils de Guil-
laume et de Guillemine Chambault, d'Angoulême.
GOUPIL, (2) Marie-Françoise, [Nicolas I.
Françoise, b 24 déc. 1672, Québec ; m 13 sept
1688, à Lachine, [1] à René-Antoine De La Faie. —
Susanne, b [2] 26 oct. 1677. — *Suzanne*, b 9 nov.
1678, à Montréal [2] ; (1) 1o m [1] 7 janv. 1697, à Jean
Gateau ; 2o m [2] 20 fév. 1704, à Julien St. Aubin.
— *Hélène*, b [1] 11 oct. 1680; m[1] 29 juin 1699, à
Jacques Goguet. — *Geneviève*, b 1682; 1o m [2] 7
janv. 1694, à Pierre Heurtebise; 2o m [2] 14 fév.
1716, à Nicolas Lecours; s [2] 30 mars 1730. —
Marie-Madeleine, (3) b [1] 5 juillet 1683 ; 1o m 16
nov. 1699, à Beauport [3], à René Parant ; 2o m [3]
21 juillet 1704, à Pierre La Vallé ; s 21 sept 1757,
à Québec. — *Angélique*, b[1] 5 août 1686 ; m [2] 18
nov. 1705, à Pierre Lupien ; s [4] 4 fév. 1752. —
Marie-Anne, b 1689.

1671, (16 novembre) Québec. [1]

I. — COURAULT, (4) Pierre, b 1630, fils de
Pierre et de Jeanne Papot, de St. Jacques,
ville de Poitiers, s 4 mai 1680 (5) à Beauport.
Duval, Françoise, (6) b 1647, fils de Jean et de
Jacques Dion, de St. Severin de Paris, s...
Marie-Françoise, b [1] 2 sept. 1672 ; m 21 juillet
1687, à Jacques Tabary. — *Louis*, b 25 déc 1673, à
Sillery ; m [1] 10 janv. 1695, à Marguerite Martel
— *René*, b [1] 29 mars 1676 ; s [1] 1er sept. 1679. —
Charlotte-Elizabeth, b [1] 20 mai 1678 ; s [1] 9 nov.
1679. — *Pierre*, b 1680. — *Marie*, (posthume) b[1]
16 fév. 1681 ; m 9 nov. 1699, à Jean Malhiot, à
Montréal.

1695, (10 janvier) Québec [2]

II. — COURAULT, (7) Louis, [Pierre Ier
Martel, Marguerite, (8) [Honoré Ier
Marie-Angélique, b [2] 29 oct. et s [2] 12 nov. 1695.
— *Louis-Antoine*, b [2] 14 déc 1696, m 19 mars
1719, à Geneviève Lalu, à Varennes. [8] — *Jean-
François*, b [2] 11 fév. 1699. — *Marie-Anne*, b [3] 3 déc.
1702.

I. — COUREAU dit Langevin, Etienne, taillandier, b 1643, s 29 janv. 1679, à Montréal.

COURBERON. — Voy. Damours, Louis-René.

1697, (14 octobre) Trois-Rivières. [1]

I. — COURIER dit Bourguignon, Mathieu, soldat
de Dumesny, b 1655, fils de Pierre et de
Perinne Caia, de Carantois, évêche de Dijon ;
s [1] 24 janv. 1705.

(1) Coureau, Sieur de la Côte.
(2) Elle épouse, le 11 août [1] 1704, Julien Bloys, à Montréal.
(3) Fille adoptive de Mathieu de La Grange et de Gabrielle
Danneville.
(4) Appelé Coulon à l'acte de sépulture.
(5) Mort subitement dans la maison des R. P. Jésuites, à
Beauport.
(6) Elle épouse, le 12 août 1681, Antoine Renaud, à Québec.
(7) Aussi Coulon.
(8) Elle épouse, le 28 janvier 1704, Jean François Doüault,
à Varennes.

Vanasse, Madeleine, veuve de René [François I.
DuRo.
Marie-Madeleine, b [1] 18 sept. 1698. — *Antoine*,
b [1] 8 nov. 1700. — *Marie-Anne*, b [1] 11 fév. 1703. —
Joseph, (posthume) b [1] 25 juin 1705, ordonné prêtre
le 30 avril 1730, à Québec ; s...

1681, (9 septembre) Québec.

I. — COUROIS dit Lacroix, Pierre, b 1641, fils
de Pierre et de Jeanne Quenal, de St. Vincent de Carville, évêché de Rouen ; s 12 nov.
1683, (mort subite).
Varin, Marie, veuve de René Branche. (1)

I. — COURSON, Nicolas, chirurgien, on trouve
son nom sur le registre de 1636, aux Trois-
Rivières.

COURTEAU. — *Variations :* Courteau — Cour-
tou.

1691, (25 juin) Ste. Famille. [2]

I. — COURTEAU, Pierre, b 1665, fils de Pierre
et de Marthe Marchand, de Pontaubert, près
Montbarson, en Bourgogne ; s avant 1720.
St. Denis, Marie-Madeleine, [Pierre II.
Marie, b [3] 12 nov. 1692, s [2] 22 juillet 1693. —
Marie, b [2] 1er juin 1696 ; s 27 fév. 1703, à St.
Etienne de Beaumont. [1] — *Joseph*, b [2] 7 janv.
1698, m..., à Felicité Robin. — *Catherine*, b [2] 28
fév. 1700 ; m 9 avril 1720, à Pierre Brisson, à la
Rivière-Ouelle — *Agnès*, b [2] 20 janv. 1702 ; s 24
fév. 1703, à St. Michel. [3] — *Jacques*, b [1] 20 nov.
1703. — *Marie*, b [3] 14 mars 1706 ; m à François
Robin, à St. Pierre du Sud. — *Geneviève*, b 3 fév.
1708, à St. Thomas.

COURTEMANCHE, Auguste. — Voy. LeGardeur.

1663, (26 avril) Montréal. [1]

I. — COURTEMANCHE dit Jolicœur, Antoine,
b 1642, fils de Pierre et de Marie Houde, de
Bannes, évêché du Mans ; s [1] 16 juin 1671.
Haguin, Elizabeth (2), b 1646, fille d'Abraham
et de Marie Decalogne, s...
Madeleine, b [1] 13 janv. 1664 ; m 15 juillet 1680,
à Jean Roy, à la Pointe-aux-Trembles, (M). [2] —
Anne, b [1] 9 mars 1666 ; m[2] 21 oct. 1686, à Laurent Archambault. — *Antoine*, b [1] 24 mai 1668 ;
m [1] 8 nov. 1688, à Marguerite Vandry — *Elizabeth*, b [1] 13 août 1670, Sœur dite Ste. Claire de la
Congregation N.-D. ; s [1] 8 sept. 1748.

1688, (8 novembre) Montréal.

II. — COURTEMANCHE, Antoine, [Antoine I.
Vandry, Marguerite, [Jacques I.
Jacques, b 12 déc. 1695, à la Pointe-aux-Trem-
bles, (M). [2] — *Antoine*, b [2] 24 et s [3] 26 août 1698.
— *Suzanne*, b [2] 17 et s [2] 23 janv. 1700.

I. — COURTET, Jean, b 1642 ; s 11 janv. 1717, à
Québec.

(1) Elle épouse, le 21 nov. 1684, Anicet Boyer, Québec.
(2) Elle épouse, le 11 août 1672, Paul Daveluy, Montréal.

I. — COURTIN, Claude, maître-armurier, à Québec en 1671

1670.

I. — COURTOIS, Jean, b 1642, de Beaucour, en Picardie.
Daniel Catherine, de Beaucour, en Picardie.
Marie-Madeleine, b 1676, m 26 nov. 1702, à Jean Chauvin, à Boucherville.

1670, (9 octobre) Québec. [3]

I. — COURTOIS, Charles, b 1647, fils d'Antoine et d'Esther Lebrun, de St Martin, évêché de Rouen ; s...
Berger, Marguerite. b 1653, fille de Jean et de Madeleine Jeanne, de St. Sauveur, évêché de Paris ; s 21 nov. 1728, à Lévis. [1]
Joseph, b [2] 2 et s [3] 6 nov. 1671. — *Gabriel*. b [3] 5 sept. 1672, ; m 5 avril 1701, à Elizabeth Moreau, à Batiscan. — *Denis*, b [3] 24 mars 1674 ; m [1] 21 sept. 1700, à Barbe Arnault — *Elizabeth*, b [3] 19 juillet 1676. — *Marguerite-Charlotte*, b [3] 28 oct. 1678 — *Louis*, b [3] 25 août 1681.

1671, (24 août) Québec [2]

I. — COURTOIS, Bertrand, b 1647, fils de Pierre et de Marguerite Hery, de Ploufragan, évêché de St. Brieux ; s avant 1700.
Hallay, Marie, b 1639, fille de Pierre et de Marie Villay, de Chartres, s 10 dec. 1700, à Charlesbourg [3]
Marie-Marguerite, b [2] 4 avril 1672, 1o m [3] 19 janvier 1688, à Adrien Rigau ; 2o m 1689, à Joseph Colet.. — *Jean-Baptiste*, b [2] 26 juin 1673 ; s [9] 17 janv 1703. — *Marie-Jeanne*, b [2] 17 janv. 1675, m [3] 21 mai 1694, à Pierre L'Heraux, s [2] 6 août 1748. — *Pierre*, b [2] 23 sept. 1677. — *Marin*, b [2] 12 janv. 1679. — *Simon*, b [2] 12 janv. 1679 ; m [3] 1er sept. 1704, à Marie Villeneuve, s 30 mai 1711.

COURVAL. — Voy. Poulin.

COURVILLE. — Voy. Piette — Cadieu.

COUSIN, dit St. Onge, Michel, soldat de M. De Beaucour, b 1678, de l evêche de Xaintes ; s 15 avril 1703, à Montreal, (mort subite).

1688, (15 mai) Repentigny. [1]

I. COUZIN, Jean, b 1663, fils d'Ambroise et de Jacqueline John, de Cognac, evêché de Xaintes ; s...
Perrot, Marie, [Paul I.
André, b [1] 24 janv. et s [1] 10 fév. 1689. — *Anne-Thérèse*, b [1] 8 janv. 1690. — *Anne*, b [1] 8 mai 1691.

1690, (2 janvier) Montréal. [1]

I — COUSINEAU, Jean-Baptiste, maçon, b 1662, fils de Guy et de Marie Pepuchon, du Grand de Milhac, évêché de Perigueux.
Besnard, Jeanne, [Mathurin I
s 9 mai 1749, au Sault-au-Récollet.
Marie-Jeanne, b [1] 2 oct. 1691, m [1] 15 juillet 1708, à Jean Grou. — *Jean-Baptiste*, b [1] 30 juin 1693 ; m [1] 16 mai 1718, à Catherine Hay. — *Jo-*
seph, b [1] 30 oct et s [1] 8 déc. 1695. — *Marie-Louise*, b [1] 26 avril 1697. — *Jean-Noel*, b [1] 17 fev. 1699 ; m [1] 24 sept 1720, à Louise Dionet. — *Louise-Angélique*, b [1] 24 août 1700. — *Marie-Renee*, b [1] 4 sept. 1702. — *Marguerite*, b [1] 20 juillet 1704. — *François*, b... (1)

1658, (28 novembre) Québec. [1]

I. — COUSSEAU dit Laviolette, Pierre, cordonnier, b 1627, fils de Pierre et d'Anne Bourradier, de St. Nicolas, evêche de La Rochelle, s...
Bissonnet, Marie, b 1639, fille de Jacques et de Marie Parochaux, de St. Gilles, en Poitou ; s...
Suzanne-Marie, b [1] 26 nov. 1660.

I. — COUSSIN dit Langoumois, François. — Voy. Cousson.

1671, (30 octobre) Québec. [1]

I — COUSSON, François, b 1641, fils de Jean et de Jeanne Paysot, de Verteuil, évêché d'Angoulême , s...
Poignet-Beauregard, Marguerite, b 1651, fille de Pierre et de Catherine Clément, d'Aix , s...
Marie-Anne, b 14 avril 1673, à Trois-Rivières ; m [1] 6 nov. 1698, a Denis Madrac ; s... — *Jean*, b [1] 11 mai 1692 — *François*, b [1] 11 mai 1692. — *Suzanne*, b 1676, 1o m [1] 6 mars 1698, à Etienne Poirier ; 2o m [1] 28 avril 1701, à Pierre Pinault ; 3o m [1] 15 sept. 1718, à Andre Baudron-Rozerot. *Michel*, b 1679. — *Marie-Anne*, b 6 mai 1681, à Champlain. [2] — *Jean-François*, b [2] 30 sept. 1683. — *Anne*, b [2] 27 juin 1686. — *Jean*, b [9] juin 1695. — *Jacques*, b [1] 9 juin 1695. — *Joseph*, b [1] 23 juin 1697 ; s [1] 23 oct. 1698.

COUSSY. — *Variations et surnoms :* Soucy — Lafleur.

1699, (3 mars) Montréal. [3]

I. — COUSSY (2) Pierre, b 1674, fils de Jean (maitre charpentier) et de Rousse, de St. Michel, évêché de Limoges ; s...
1o Ferré, Marie-Françoise, [Pierre I.
s 18 dec. 1702, à Québec.
Jean-Baptiste, b [3] 5 juin 1699. — *Pierre-Louis*, b 25 mars 1702, à Québec.

1703, (30 avril) Québec. [2]

2o Mansard, Marie-Françoise, (3) [Nicolas I.
veuve de Charles Calet.
Pierre, b [2] 28 avril 1704. — *Jean-Baptiste*, b [2] 10 juillet 1706. — *Joseph*, b [2] 8 juillet 1708 ; m [2] 7 oct. 1728, à Marie-Josette Auvray. — *Catherine*, b [2] 24 juin 1710, m [2] 3 fév. 1727, à Jean-Baptiste Réaume. — *François-Marie*, b [2] 14 avril et s [2] 23 août 1712. — *Martial*, b [2] 21 août 1713 ; s [2] 19 nov. 1714. — *Marie-Louise*, b [2] 31 oct. 1715.

---

(1) Tuteur de Pélagie Cousineau, fille de son frère Noël.

(2) Dit Lafleur, Soldat de M. Le Verrier.

(3) Elle épouse, le 26 décembre 1717, Pierre Barbereau, à Québec.

1697.

COUTANCE dit Argencour — Voyez Cosance.

I — COUTANCE, Pierre, b 1643, établi à Batiscan, en 1681.
LANDRY, Louise, b 1641.

1663.

I.—COUTANCINEAU, Julien.
LANGLOIS, Marie, (1) b 1639.
Pierre, b... 1664, m 9 janv. 1690, à Marie-Françoise LEFEBVRE, à la Pointe-aux-Trembles de Québec ; ³ —Jeanne, b 1665 ; m ³ 28 nov. 1680, à Simon PLEAU, s ³ 12 fev. 1707 — Michel, b... 1660 ; m ³ 24 fev. 1683, à Elizabeth-Ursule PINELLE ; s ³ 9 mars 1728 — Louise, b 15 juin 1670, à Québec ⁴. 1º m ³ 24 nov. 1687, à François PINELLE ; 2º m ³ 11 nov. 1713, à Roch RIPAU.— Anne, b ⁴ 25 juin 1673 ; 1º m ³ 31 mai 1695, à Nicolas PINEL ; 2º m ³ 24 juillet 1702, à Mathurin BÉLAND ; s ³ 11 nov 1713 — Romaine, b ⁴ 21 dec. 1675 ; 1º m ³ 8 janv. 1699, à Jean PINEL ; 2º m ³ 2 avril 1704, à Jacques DUSAULT.— Marie, b... ; m ⁴ 8 oct. 1671, à Michel HARBOUR.

I. — COUTANCINEAU, (2) Louis, b 1644.
HARBOUR, Marguerite, b 1659.
Louis, b 1674. — Marguerite, b 1676. — Jeanne, b 1677. — Jean, b 1679.

1683, (24 fevrier) Pte.-aux-Trembles, (Q) ³

II.—COUTANCINEAU, MICHEL,   [JULIEN I.
s ³ 9 mars 1728
PINELLE, Elizabeth-Ursule,   [GILLES II.
Anne, b ³ 17 et s ³ 19 fev. 1684.— Michel, b ³ 10 fév. 1685 ; s ³ 7 dec. 1702.— Elizabeth, b ³ 22 juin 1687 ; m ³ 1ᵉʳ sept. 1710 à René AUGÉ.— Pierre, b ³ 16 janv. 1690, s ³ 27 sept. 1692.— Jean-François, b ³ 23 mars 1692 ; m..., à Marie-Louise MATTE. — Marie-Anne, b ³ 15 juillet 1699 ; m ³ 25 janv. 1723, à Louis AUGÉ —Ignace-François, b ³ 17 janv. 1702 ; m ³ 6 fev. 1730, à Marie-Louise BENOIT.— Louis, b..., 1º m 5 fev. 1720, à Marie-Angélique PETIT, à St. Augustin ; 2º m ³ 17 sept. 1748, à Marie FOURNEL.— Michel, b ³ 3 août 1704; 1º m ³ 25 sept. 1730, à Madeleine JUNEAU ; 2o m ³ 8 fev. 1740, à Marie-Charlotte FOURNEL.—Marguerite, b ³ 20 juillet 1707.— Marie-Angélique, b ³ 19 et s ³ 24 août 1709.

1690, (9 janvier) Pte.-aux-Trembles, (Q.) ³

II.— COUTANCINEAU, PIERRE,   [JULIEN I.
LEFEBVRE, Marie-Françoise,   [SIMON I.
Marie-Hélène, b ³ 11 mars 1691 ; m à Mathieu GINGRAS.— Julien, b ³ 1ᵉʳ mars 1693.— Marie-Catherine, b ³ 15 août 1695 — Pierre, b ³ 30 sept. 1698 ; s ³ 8 janv. 1699 — Marie-Françoise, b ³ 29 dec. 1701 ; m ³ 20 sept 1728 à Joseph JACOB, à Québec.— Marie-Madeleine, b ³ 29 juin 1704 ; m ³ 22 janv. 1731, à Jean-François TOUPIN.

(1) Elle épouse, le 11 août 1678, Denis Gentil, à Québec.
(2) Aussi Constantineau, au recensement de 1681.

1671. (9 fevrier) Ste. Famille. ³

I.—COUTART, ROBERT, b 1611.
JANOTSSEI, Suzanne, b 1641, veuve de Simon Levreau.
Marie, b ³ 2 fev 1672 ; s ³ 3 avril 1673 — François, b ³ 10 juin 1675. — Marie, b ³ 15 juillet 1677 ; m à Bertrand LARD, s 30 mai 1717, à Québec.— Pierre, b ³ 24 nov. 1679.— Jacques, b 1687 ; s 9 sept. 1737, à Québec.

COUTEAU, DIT ST. AMAND, GABRIEL, soldat de M. de Cruzel, b 1663, natif de St. Jean d'Angély, s 13 nov 1687, à Lachine

I.—COUTERET, COSTERET, COLTERET, RENÉ, établi à Nicolet, s 6 mars 1699, aux Trois-Rivières ³
CLADU dite St. Amand, Marguerite.
René, b ³ 2 fev. 1695. — Marie-Madeleine, b... ; 1º m ³ 4 août 1715, à Pierre ANGO-DU-RIVAGE, 2º m 29 dec. 1721, à Jean-Baptiste DUFOURNEL, au Detroit.— Pierre, b... ; m ³ 11 oct. 1725, à Marie-Louise TERRIEN —Françoise, b... ; m à Claude ROBERT — Marie-Anne, b ³ 25 juillet 1699.

COUTON, BARTHÉLEMI. — Voyez COTON.

1681, (9 juin) Québec ³

I.— COUTRON, ANDRÉ, Maçon, b 1646, fils de Leonard et de Françoise Ducuba, de St. Bric, evêché de Limoges ; s.
BOUTIN, Marguerite. (1)   [JEAN I.
Marie-Madeleine, b ³ 11 avril 1683, m ³ 17 janv. 1701, à Thomas FERNÉ ; s ³ 11 oct. 1706.— Jean-Baptiste, b 30 juillet et s 23 nov. 1685.— Jacques, b 29 juin et s ³ 9 août 1687 — Marie-Louise, b ³ 30 mai 1689, m ³ 27 nov. 1719, à Jean GUYON, s ³ 5 mars 1744 — Charles, b 19 et s ³ 24 nov. 1691.— Pierre, b 20 et s ³ 21 sept 1692.— Angélique-Marguerite, b ³ 20 sept. 1692 ; s ³ 6 fev. 1693. — Louise-Elizabeth, b ³ 5 août 1695.— Gabriel-André, b ³ 22 oct. 1697.— Marguerite, b ³ 17 mars 1700.— Charles, b ³ 24 avril et s ³ 24 mai 1702.

1649, (16 novembre), Québec. ³ (2)

I.— COUTURE, GUILLAUME, b 1617, fils de Guillaume et de Madeleine Malet, de St. Godard, de Rouen ; s 1702.
AYMARD, Anne, b 1629, fille de Jean et de Marie Bureau, de St. Andre, ville de Niort, s 18 janv. 1700, à Levis ⁴
Marie, b ³ 23 juin 1658 ; 1º m ³ 12 sept. 1678, à François VEZIER, 2º m ³ 28 juin 1683, à Claude BOURGET.— Charles, b ³ 16 juin 1660 ; m ⁴ 9 janv. 1690, à Marie HUARD, s 9 sept. 1709, à St. Etienne de Beaumont.— Guillaume, b ³ 12 oct 1662 ; m..., à Marie-Madeleine COTÉ —Louise, b ³ 1ᵉʳ mai 1665, m 1688, à Charles-Thomas COUILLARD.— Jean-Baptiste, b ³ 14 nov. 1650 ; m 12 fev. 1686,

(1) Elle épouse. le 25 nov. 1704, Jacques Guenet, à Québec.
(2) Honnête homme, juge de la Côte Lauzon. Fidèle compagnon du P. Jogues.
" En 1646, aux Trois-Rivières, le P. Buteux fit un festin à Couture, et changea son nom sauvage JEANDICH qui sonne mal en Iroquois. On lui donna le nom de ACHIRRA, nom de feu Mr. Nicolet, avec la joie de tous les sauvages, Hurons, Algonquins et Anniéronons." (Journal des Jésuites.)

à Anne Marette, à l'Ange-Gardien. — *Anne*, b 4 22 janv. 1652; m 3 11 nov. 1669, à Jean Coté; s 3 26 nov. 1684. — *Louis*, b 3 29 août 1654. — *Marguerite*, b 3 7 mai 1656, m 1689, à Jean Marsolet, s 3 28 mars 1690. — *Eustache*, b 3 24 mars 1667: 1º m 4 7 nov. 1695, à Marguerite Begin; 2º m 4 16 avril 1701, à Françoise Huard; s 4 6 mai 1733. — *Joseph-Odger*, b 3 29 juillet 1670; m 4 13 juin 1695, à Jeanne Huard, s 4 6 mai 1733.

1686, (12 février) l'Ange-Gardien.
II. — COUTURE, Jean-Baptiste, [Guillaume I. Marette, Anne, [Jacques I.
Jean-Baptiste, b 9 mars et s 16 août 1687, à St. Pierre, Ile d'Orléans.

II. — COUTURE, Guillaume, [Guillaume I. Coté, Marie-Madeleine.
Guillaume, b... ; m 16 nov. 1722, à Charlotte Turgeon, à St. Etienne de Beaumont. 1 — *Jean-Baptiste*, b..., m 1 17 nov. 1722, à Madeleine Lacasse. — *Augustin*, b... ; m 1 12 janv. 1723, à Elizabeth Turgeon. — *Joseph*, b..., m 1 12 janv. 1732, à Suzanne Turgeon.

1690, (8 janvier) Lévis. 2
II. — COUTURE dit Lafresnaie, Chs [Guill. I s 9 sept. 1709, à St. Etienne de Beaumont. 1
Huard, Marie-Anne, [Jean I.
Geneviève, b 2 5 fév. 1693; m 1 23 nov 1712, à Guillaume Le Roy. — *Jeanne*, b 2 1er avril 1696; m 1 16 nov. 1716, à Joseph Le Roy. — *Marie-Louise*, b 1 20 août 1698, m 1 13 nov. 1724, à Ignace Labrecque. — *Charles*, b 1 5 juin 1701. — *Marie*, b...; m 1 11 nov. 1709, à Pierre Ruel. — *Marguerite*, b 2 27 sept. 1704, m 1 20 nov. 1730, à Pierre Roy. — *Joseph*, b 1 30 mars 1707; m 1 13 nov. 1731, à Angélique Roy.

1695, (13 juin) Lévis. 2
II. — COUTURE, (1) Joseph, [Guillaume I. Huard, Jeanne-Marie, [Jean I. s 2 6 sept. 1757.
Marie-Jeanne, b 2 10 avril 1696, m 2 28 avril 1721, à Simon Massy. — *Joseph*, b 3 1er nov. 1697. — *Jean-Baptiste*, b 2 1er avril 1700, m 19 nov. 1735, à Marguerite-Charlotte Sédilot, à Ste. Foye ; s 2 25 juillet 1755. — *Louis*, b 2 20 mars 1702. — *François-Xavier*, b 2 20 mai 1708 ; m 10 nov 1732, à Marie-Madeleine Dusault, à Québec. — *Véronique*, b 2 9 avril 1710 , m 2 24 nov. 1732, à Charles Levasseur. — *Marie-Jeanne*, b 2 19 avril 1712. — *Charles*, b..., m à Marie Poliquain. — *Marie-Geneviève*, b 2 18 mai 1719, m 3 11 nov 1737, à Ignace Lefebvre. — *Augustin*, b... ; 1º m 2 8 nov 1728, à Elizabeth Carié, 2º m 2 27 avril 1739, à Marie Bourassa ; s 1753. — *Louise*, b... ; m 2 26 janv. 1733, à Pierre Bourassa. — *Catherine*, b... ; m 2 1er août 1740, à François Bourassa.

1695. (7 novembre) Lévis. 2
II — COUTURE dit Bellérive, Eustache [Guil. I. 1º Bégin, Marguerite, [Louis I. s 16 déc. 1700, à Beaumont. 1

(1) De la Cressonnière, capitaine.

Marie, b 1 11 oct. 1696 , m 1 22 nov. 1723 à Jacques Guay — *Philippe-Olivier*, b 1 5 déc. 1698, 1º m 1 3 mai 1728, à Angélique Guay ; 2º m 2 5 oct. 1733, a Elizabeth Bourassa — *Marie-Charlotte*, b 1 24 oct 1700; m 1 3 juillet 1733, à François Suzor.

1701 (18 avril) Lévis.

2º Huard, Françoise, [Jean I
Jean-Baptiste, b 16 juin 1702, à Beaumont , 1 s 1 20 nov. 1729. — *Marie Angélique*, b 1 28 oct 1703 ; m 1 28 avril 1728, à Louis Turgeon. — *Charles*, b 1 10 mai 1705. — *Marie-Françoise*, b 1 19 sept. 1707; m 1 13 mai 1726, à Charles Couillard. — *Marie-Josette*, b 2 2 avril 1710 , m 1 10 nov. 1732, à Paul Couillard. — *Joseph*, b 1 2 mai 1712 ; m 1 22 janv. 1736, à Geneviève Fournier. — *Louis*, b 1 20 août 1714, m 1 29 oct. 1737, à Marie-Jeanne Vallière. — *Augustin*, b 1 8 mars 1717 ; s 1 7 mars 1723. — *Nicolas*, b 1 16 juillet 1719. — *Marie-Anne*, b 1 28 juin 1724, ; s 1 6 avril 1725. — *Marie-Louise*, b 1 6 avril 1727

1672.
I. — COUTURIER, Jacques, b 1646, établi au Carouge.
Annennontak, (1) Catherine, b 1649, veuve de Jean Durand.
Charles, b 1er mars 1673, à Québec 6 ; s 25 avril 1699, à Batiscan. 7 — *Jacques*, b 6 11 fév. 1675 — *Geneviève*, b 28 mars 1679, à Sillery ; m 6 31 oct 1701, à Jean Metivier; s 6 24 mars 1715 — *Denis-Joseph*, b 20 mars 1681, à Lorette ; 1º m 7 11 janv. 1712, à Catherine Proteau ; 2º m 21 fév. 1718, à Angélique Tellier, au Cap Santé. — *Catherine*, b 7 17 avril et s 7 25 mai 1687.

1674.
I. — COUTURIER, Gilles, cordonnier, b 1642.
Tarragon (De), Anne-Elizabeth, b 1651.
Pierre, b 28 oct. 1677, à Sorel 8 ; m..., à Marguerite Payet. — *Jean-Baptiste*, b 8 28 août 1679. — *Gilles*, b 8 17 juillet 1681.

1689, (20 septembre) Montréal. 5
I — COUTURIER, François, b 1660, fils de Jean et de Marie Gautreau , s 5 28 juillet 1705.
Campeau, Louise, [Etienne I.
Marie, b 5 2 et s 6 18 fév. 1692. — *Louise*, b 5 28 janv. 1693. — *Pierre*, b 5 2 juin 1695. — *Jean-Baptiste*, b 5 9 juin 1698. — *Marie-Madeleine*, b 5 14 janv. 1700. — *Marie-Josette*, b 1 17 mars 1702. — *Marguerite*, b 5 17 avril 1704.

1699.
II. — COUTURIER, Pierre, maçon, [Gilles I. Payet, Marguerite, [Pierre I.
Marguerite, b 3 oct. 1700, à Montréal. 7 — *Jeanne-Charlotte*, b 7 27 déc. 1701. — *Nicolas-Joseph*, b 7 17 mai 1703.

(1) Huronne—Anota—Annanoma—Ananontha.
(1) Elle épouse, le 28 août 1697, Jean Lafond, à Batiscan.

1695, (10 janvier) Montréal. [7]

I.—COUVRET, Victor, boulanger, b 1666, fils d'Etienne et d'Isabelle Veline, de St. Maclou, evêche d'Orleans ; s...
Cherlot, Thérèse, [Jean I.
Joseph, b [7] 8 janv. 1695. — *Louise,* b [7] 7 nov. 1697. — *Marie-Louise,* b [7] 9 fev. 1702. — *Marie-Anne,* b [7] 4 janv. 1704.

1689, (26 avril) Beauport.

I.—CRAPONE, Jean, b..., fils de Laurent et de Jeanne Bastide, de Lyon ; s...
. Toupin, Marie-Thérèse, [Pierre I.

CRÉDIT. — Voy. Pelloquin.

1665.

I.— CRÉPEAU, Maurice, b 1639.
Laverdure, Marguerite, b 1646.
Paul, b... ; m..., à Françoise Bourgeois. — *Anne,* b 16 janv. 1667, à Ste. Famille ; [7] m 15 nov. 1683, à Nicolas Baillargeon, à St. Pierre, (I. O.).[3] — *Marguerite,* b [7] 12 mars 1669 ; m [5] 5 nov. 1685, à Georges Plante. — *Joseph,* b [7] 13 mai 1671. — *Maurice,* b [7] 20 juillet 1673 ; m 6 fév. 1702, à Marie Audet, à St. Jean, (I. O.) — *Marie-Madeleine,* b [7] 8 dec. 1675. — *Pierre,* b [7] 10 avril 1678. — *Françoise,* b [3] 19 juin et s 9 déc. 1680. — *Robert,* b [3] 5 oct. 1681 ; m..., à Madeleine Lemelin. — *Geneviève,* b [3] 2 oct. 1684.

1686, ( )

II.—CRÉPEAU dit Laverdure, Paul, [Maurice I.
Bourgeois, Françoise.
Michel, b 16 déc. 1686, à St. Laurent, (I. O.)

1692, (16 novembre) Montréal. [7]

I.—CREPIN, Claude, b 1652, fils de Claude et de Jeanne Goupil, de Dompierre du Chenais, évêché d'Angers ; s [7] 20 mai 1702.
Vandry, Marie, [Jacques I.
Claude, b [7] 2 sept. 1693 — *Marie-Anne,* b 26 juillet 1695, à la Pointe-aux-Trembles, (M.) [3] — *Marie,* b [3] 29 oct. 1698. —*Geneviève,* b [7] 29 juillet 1701.

CRÉQUY. — Voy. Aide-Créquy.

1680, (22 mai) Québec. [5]

I —CRÉQUY, Léonard, menuisier, b 1653, fils de Girard et d'Hélène Ory, de St. Géreon, évêché de Cologne, Allemagne ; s [5] 9 mai 1711.
Trefflet, Catherine, (1) [François I.
Angélique-Catherine, b [5] 28 août 1681 ; m [5] 29 sept 1701, à Pierre Mauny. — *Pierre,* b [5] 14 juin 1683. —*Léonard,* b [5] 28 janv. 1686. — *André,* b [5] 18 août 1689. — *Jean,* b [5] 15 oct. 1692. — *Joseph,* b [5] 21 nov. 1694 , s [5] 20 nov. 1695.

1674, (18 juin) Québec. [6]

I.— CRESSE, (1) Michel, b 1641, fils de Pierre et d'Anne Cormy, de St. Medery de Paris.
Denis, Marguerite, [Simon I.
s 7 juin 1700, aux Trois-Rivières. [1]
Louise, b [6] 25 juin 1675; m [7] 7 janv. 1696, à Jean-Baptiste Poulain ; s [7] 23 mars 1706. — *Marguerite,* b [7] 11 juin 1678. — *Marie-Madeleine,* b [7] 26 oct. 1679. — *Charlotte,* b [7] 28 août 1680, Sœur dite Ste. Pélagie, C. N. D ; s 11 mars 1707, à Montréal.

1654, (13 septembre) Québec. [7]

I.— CRÊTE, Jean, charron, b 1626, fils d'Antoine et de Jeanne Le Grand, de Tourouvre ; s 5 mars 1717, à Beauport [3]
Gosselin, Marguerite, b 1628, fille de Vincent et de Marie Boudemer, de St. Martin, de Vieux-Belesme, au Perche ; s [3] 15 janv. 1703.
Louis, b [7] 20 mai 1656 ; s 25 août 1685, à St. Laurent, Ile d'Orléans (I. O.) — *Marie,* b [7] 10 oct. 1657 . 1° m [7] 4 nov. 1670, à Robert Pepin ; 2° m [7] 21 avril 1687, à Jean Bridault ; 3° m [7] 9 janv. 1706, à Pierre Jourdain , s 10 nov. 1722. — *Marguerite,* b [7] 20 avril 1659 ; s [7] 16 mai 1663. — *Françoise,* b [7] 1er août 1660 ; m [3] 6 nov. 1679, à Henry Delaunay. — *Marguerite,* b [7] 1er avril 1663 ; m..., à Pierre Gaillou , s 12 oct. 1734, à Batiscan. — *Jean,* b [7] 23 avril 1664 ; s [3] 5 nov. 1684. — *Joseph,* b [7] 2 mai 1666 ; s [3] 20 janv. 1689 — *Marie,* b [7] 18 fev. 1668 , m [3] 22 oct. 1685, à Jean Lefebvre. *Louise,* b [7] 10 août 1670 , s avant 1681. — *Pierre,* b [7] 21 août 1671 ; 1° m [3] 3 nov. 1693, à Marthe Marcoux ; 2° m 29 oct. 1709, à Marie Drouin, au Château-Richer ; s [3] 16 nov. 1719.

1693, (3 novembre) Beauport. [8]

II.— CRÊTE, Pierre, [Jean I.
s [3] 16 nov. 1719.
1° Marcoux, Marthe, [Pierre I.
s [3] 20 juin 1703.
Louise, b [3] 17 sept. 1694 ; s [3] 21 oct. 1694. — *Jean,* b [3] 8 sept. 1695. — *Marie-Marguerite,* b [3] 30 juillet 1697; m [3] 16 oct. 1719, à Jean Chevalier. — *Marie-Marthe,* b [3] 24 août 1699 , m..., à Charles Prieur ; s 15 janv. 1759, à Québec. [4] —*Henry,* b [3] 8 fev. 1701 ; m [2] 20 janv. 1732, à Elizabeth Leduc. — *Pierre,* b [3] 24 juin 1702 ; m..., à Angélique Rodrigue.

1709, (29 octobre) Château-Richer.

2° Drouin, Marie, [Etienne II.
Marie, b... ; 1° m..., à Laurent Laurence ; 2° m 11 nov. 1748, à Pierre Petit, à Quebec. — *Etienne,* b [3] 26 déc. 1710. — *Louis,* b [3] 1er déc. 1711. — *Marguerite,* b [3] 11 janv. 1713 ; s [3] 8 avril 1718. — *Geneviève,* b [3] 19 oct. 1714. — *Raphael,* b [3] 21 fév. 1716. — *Elizabeth,* b [3] 29 janv. 1718. — *Marie-Madeleine,* b [3] 13 oct. 1719.

I.— CRETEL, Pierre, b 1641, en Picardie ; s 23 déc. 1681, à l'Ilet.

---

(1) Elle épouse, le 30 octobre 1717. Nicolas Bailly, à Québec.

(1) Seigneur de la Rivière Nicolet.
(2) Décédé dans la barque du Sieur Niel, le jour même de son retour de France.

CREVIER. — *Variations et surnoms :* DE LA MESLÉ — DU VERNAY — BELLERIVE.

I. — CREVIER, ANDRÉ, médecin aux Trois-Rivières, en 1643.

I. — CREVIER, JEANNE, b 1639, 1° m..., à Denis AVISSE : 2° m 9 juin 1681, à Vincent BRUNET, à Beauport [1], s [1] 25 mai 1709.

I — CREVIER, CHRISTOPHE, (1), natif de St. Jean, évêche de La Rochelle, s...
ENARD, Jeanne, b 1619.
Marie, b 1650, m 1663, à Nicolas GATINEAU. — *Jeanne,* b 1636 ; m 9 juillet 1652, à Pierre BOUCHER, à Quebec — *François,* b 14 mai 1640, aux Trois-Rivieres [7] — *Nicolas,* b 1641, m..., à Louise LELOUTRE. — *Jean,* b [7] 3 avril 1642 ; m [7] 26 nov 1663, à Marguerite HERTEL — *Marguerite,* b 1645, 1° m [7] 14 mai 1657, à Jacques FOURNIER, 2° m 1663, à Michel GAMELIN, 3° m 21 août 1683, à François REVOU, à Boucherville. — *Jean-Baptiste,* b 1652 ; m 20 janv. 1682, à Anne CHOREL, à Champlain.

1663, (26 novembre) Trois-Rivières. [7]

II. — CREVIER, JEAN, (2)   [CHRISTOPHE I
HERTEL, Marguerite,   [JACQUES I.
Joseph, b .. 1667. — *Louis,* b... 1669. — *Jean-Baptiste-René,* b [7] 13 sept. 1679, m 30 avril 1708, à Madeleine BABIE, à Champlain. [2] — *Marguerite,* b 18 sept. 1683, à Sorel [6] — *Marie-Anne,* b [6] 25 juillet 1686.

II. — CREVIER, (3) NICOLAS,   [CHRISTOPHE I.
b 1641.
LE LOUTRE, Louise, b 1648.
Marie-Barbe, b 1665. — *Thomas,* b [7] 11 juin 1673. — *Michel,* b [2] 18 fev. 1680, m à Angelique MASSE, s 19 janv 1760, au Cap de la Madeleine. [6] — *Jean-Baptiste,* b [6] 4 juin 1687. — *Marie-Jeanne,* b [6] 1689, Sœur dite Ste. Hélène, (Congr N. D.), s 21 fev 1726, à Montréal.[8] — *Marguerite,* b..., m 1684, Laurent BAUDET — *Madeleine,* b... , m [8] 14 oct. 1689, à Charles LEMAITRE.

1682, (21 janvier) Champlain [6]

II. — CREVIER, JEAN-BAPT. (4) [CHRISTOPHE I.
marchand, b 1651 ; s 15 mars 1708, à Montréal [2]
CHOREL, Anne-Charlotte,   [FRANÇOIS I.
s [2] 21 nov. 1739
Marie-Anne, b [2] 16 nov. 1682. — *François,* b [7] avril 1690, à Batiscan — *Pierre,* b [2] 8 juin 1699 ; m 9 janv. 1724, à Thérèse CHEVALIER, à la Pointe-aux-Trembles de Montréal ; s 15 fev. 1754, à Verchères. — *Jean-Baptiste,* b [2] 18 janv. 1702 , s [2] 15 mars 1702. — *Anne-Françoise,* b [2] 10 juillet 1706 , 1° m [2] 12 mai 1731, à Charles LEDUC , 2° m [2] 24 nov. 1744, à Janvrin DUFRESNE.

I. — CRISAFY, DE, THOMAS, Chevalier de Malte ; s [2] 1er mars 1696. (1)

I — CRISAFY (DE), ANTOINE, Marquis, Lieutenant dans les troupes, frère du precedent.

1699, (2 mars) Repentigny.

I. — CRISTIN, ISAAC, b 1668, fils de Pierre et de Marie Thomasse, de la ville de Niort, évêché de Poitiers.
CHARTRAN, Suzanne,   [THOMAS I.
Jean-Baptiste, b... ; m... à Geneviève TÉROUX. — *Marie-Josette,* b 3 fev. 1702, à St. François, I. J. [1] — *Paul-Charles,* b [1] 22 avril 1704.

I. — CROC, PIERRE. — Voyez COURAULT.

I. — CROISET, MATHURIN, b 1615, établi à l'Ile d Orleans.
RIVIÈRE, Renée, b en 1632 , s 4 mai 1699, à St. Laurent, Ile d Orléans.

I. — CROLO, CATHERINE, b 1619, en Lorraine, Sœur dite St. Joseph, Congrég. N. D. ; s 28 fev. 1699, Montréal.

I. — CROQUELOIS DIT LAVIOLETTE, JACQUES, sergent de M. De Longueuil
DUMOUCHEL, Marie-Françoise,   [BERNARD I
Marie-Catherine, b 18 juin 1709, à l'Ile Dupas.

CROTEAU, BERNARD — Voy. GROTEAU.

I. — CROTEAU, PIERRE, (2) b en 1641, d'Amiens, en Picardie ; s 23 dec. 1681, au Cap St. Ignace.

1669.

I. — CROTEAU, VINCENT, cordonnier, b 1647.
GODEQUIN, Jeanne, b 1649.
Jeanne, b 3 juillet 1670, à Sillery ; [1] m 26 nov. 1685, à Antoine BESSIERE, à la Pointe-aux-Trembles ; [2] s 9 mai 1717, à Quebec [3] — *Louis,* b [3] 30 nov. 1672, m [2] 22 nov. 1695, à Marie-Louise BORDELEAU. — *Laurent,* b [3] 27 nov. 1674. — *Nicolas,* b [1] 1er fev 1677; m 11 nov. 1709, à Catherine MESNY, à Ste. Anne — *Jean,* b [1] 4 avril 1679 ; s [8] 26 déc 1684. — *Marie-Anne,* b [3] 27 mai 1685; s 11 janv. 1695, à St. Michel. — *Pierre,* b [2] 7 sept. 1687. — *Marie-Louise,* b [3] 6 nov. 1692. — *Vincent,* b...; m..., à François GAUTHIER.

1686.

II. — CROTEAU, VINCENT,   [VINCENT I.
GAUTIER, Françoise,   [MATHURIN I.
Pierre, b...; m 29 avril 1715, à Marie CHARTRÉ, à Charlesbourg. — *Marie-Anne,* b...; 1° ..., à Jean DAIGLE , 2° m 17 août 1716, à Nicolas CORNIÈRE, à Québec.

---

(1) Sieur de la Meslé

(2) Sieur Duvernet.—Duvernay.

(3) Sieur de Bellerive.

(4) Duverné —Duvernay.

(1) "Avons inhumé dans le chœur de l'église de cette paroisse, le corps de frère Thomas Crisafy, chevalier de Malte, capitaine d'une compagnie d'un détachement de marine, etc. En présence du Marquis de la Grois et de M. Tonty, capitaines."—*Registres de Montréal,* 1696.

(2) Demeurant chez M. de l'Espinay.

1687, (5 fevrier) Pointe-aux-Trembles.

I. — CROTEAU, Jacques, b 1663, fils de Louis et de Renée Velleto, de l'evêché de Tours , s...
Martin, Marie, [Pierre I

1693, (22 nov) Pie-aux-Trembles, (Q) [1]

II — CROTEAU, Louis, [Vincent I
Bordeleau, Marie-Louise, [Antoine I
Louis, b [1] 2 nov. 1696.— *Louise*, b [1] 16 mai 1700. — *Marie-Anne*, b...; m 25 avril 1739, à Jean-Marie Dasilva, à Québec.

CRUSSON dit Pilote, François, b 1634, arrive en 1653, a Montréal, un des compagnons de Dollard, qui furent massacrés au Long-Sault, le 21 mai 1660.

I. — CUÉ, Louis. — Voy Quay.

CUILLIER, Charlotte, femme de Valentin Soulard en 1670.

I — CUILLERIER dit Ripercour.

1665, (13 avril), Montréal. [2]

I — CUILLERIER, René, b 1640, fils de Julien et de Julienne Faifeu, de Clermont, près La Flèche; s...
Lucault, Marie. [Léonard I
Rene, b [2] 21 janv. 1668, noyé en revenant de France, s 2 dec 1689, à Lachine [3] — *Jean*, b [2] 2 nov. 1670, m 3 mai 1696, à Marie-Catherine Trotier, à Batiscan — *Catherine*, b [2] 13 nov 1672, m [3] 13 janv. 1687, à Joseph Leduc.— *Marie*, b [2] 27 déc. 1674; m [2] 30 août 1691, à Michel Discarry.— *Marguerite*, b [3] 31 dec. 1676: m [2] 5 mai 1693, à Louis Descarry.— *Joseph*, b [3] 27 nov. 1678, m 1707, à Louise Guillory — *Anne*, b [3] 13 nov. 1680. — *Lambert*, b [3] 13 fev. 1682, m 1707, a Marguerite Ménard — *Françoise*, b [3] 6 fev. 1684; m [2] 18 fev. 1700, à Joseph Trotier — *Joachim*, b [3] 29 mars et s [3] 3 avril 1685.— *Jean-Baptiste*, b [3] 18 mars 1686 — *Angélique*, b [3] 12 juillet et s [3] 17 oct. 1687. — *Angélique*, b 30 sept. et s [3] 18 oct. 1688.— *René-Hilaire*, b [2] 4 mai 1690, 1° m 28 avril 1710, à Jeanne Corneau, au Cap Sante; 2° m à Elizabeth Podoka.— *François-Xavier*, b [2] 29 mais 1692.— *Pierre*, b 13 et s [2] 14 fev. 1695.

1696, (3 mai) Batiscan.

II — CUILLERIER, Jean, marchand, [René I.
Trotier, Marie-Catherine, (1) [Antoine II
Antoine, b 22 mars 1697, à Montréal ; m 3 juin 1722, à Angélique Girard, Lachine. [2]— *Angélique*, b [2] 2 déc. 1698; m [2] 26 août 1719, à Claude-Cyprien Porlier.— *Anonyme*, b [2] et s [2] 23 mai 1701 — *Anonyme*. b [2] et s [2] 5 oct. 1702.— *Joseph-Joachim* b [2] 2 sept. 1704.— *Françoise-Marie-Anne*, b [2] 9 dec. 1706 — *Jean-Baptiste*, b [2] 6 janv 1709 ; m 26 janv. 1742, à Marie-Anne Barrois, au Detroit.

CURAUX.— Cureau — Curot.

1675.

I. — CURAUX, Etienne, taillandier.
Goyer (1) Françoise, [Elie I.
Jean, b 8 janv 1676, Montréal. [5] — *Catherine*, b [5] 19 mars 1677; m [5] 2 avril 1704, à Joseph Fleury; s [5] 26 dec. 1704.— *Martin*, b ° 27 mai 1679, m... à Louise Feron.

1693.

I.— CUREUX dit St. Germain, Michel, b 1664.
De Mer, Anne, b...; s 5 août 1711, Quebec. [2]
Marie-Anne, b [2] 15 déc. 1694, s [2] 12 mai 1699 — *Marie-Madeleine*, b [2] 24 juin 1696; m [2] 18 juillet 1712, à Pierre Chamard, s [2] 3 juin 1758 — *Michel Marie*, b [2] 13 fev. 1698, m [2] 28 juin 1725, à Marie Loup — *François*, b [2] 19 avril 1699.— *Jean*, b [2] 17 fev. 1701; s [2] 1er mars 1703 — *Louis-Antoine*, b [2] 8 août 1702, m [2] 7 janv. 1725, à Marie Laroche; s [2] 16 janv 1746

I. — CURTE, Pierre, habitant, voisin de François Guyon Desprès, 1706 —*Edits et Ord.*, t. III, p 126.

1656, (16 septembre) Trois-Rivières.

I. — CUSSON, Jean, b 1636, fils de Jean et de Jacqueline Pepin, de Clair evêché de Rouen; s...
Foubert, Marie, b 1641, fille de Philippe et de Jeffine Rivière, de Rouen; s..
Jean, b 1660, m 22 sept 1689, à Marguerite Aubuchon, à Montréal. [5]— *Madeleine*, b 1662; m... à Maurice Rivet — *Jeanne*, b 1663, 1° m à Jean Barreau; 2° m 28 janv. 1692, à Joachim Le Ber, à Laprairie ; 3° m [3] 19 nov 1696, à Claude Guérin.— *Marguerite*, b 1670 ; 1° m 18 mars 1687, à Jean Aubuchon; 2° m 1688, à Charles Barbier ; s° 15 août 1689. — *Elizabeth*, b 1667 , m [5] 20 mars 1688, a Joseph Aubuchon.— *Michelle*, b 1665; m 18 mars 1687, à Antoine Adhémar, au Cap de la Madeleine.— *Pierre*, b 1676 ; s [5] 31 janv. 1701.— *Catherine*, b 1683, m ° 15 fév. 1700, à Jacques Thivierge — *Madeleine*, b...; m 1702, à Ange Lefebvre.— *Joseph*, b...; m 21 janv. 1715, à Françoise Bousquet, à Repentigny.— *Nicolas*, b..., m 26 oct. 1709, à Françoise Gautier, à Varennes.

1689, (22 septembre) Montréal [8]

II — CUSSON, Jean, [Jean I.
Aubuchon, Marguerite, [Jean I.
Marguerite, b [8] 17 et s [8] 18 sept 1694 — *Jean*, b [8] 1 et s [8] 7 oct. 1696.— *Marie-Joselte*, b [8] 16 nov. 1697.— *Jacques*, b [8] 5 août 1700.— *Madeleine*, b [8] 19 et s [8] 21 mai 1702.— *Jean*, b [8] 25 avril 1703.— *Catherine*, b [8] 16 fev. 1709, sœur de la Charite, dite sœur Grise, s [8] 20 fev. 1741.

1687.

I.— CUSTELIUS, Jacques.
Martin, Marie.
Marie, b 29 juillet 1688, à Québec.

---

(1) Elle épouse, en 1712, François-Marie Picoté, Sieur de Belestre.

(1) Elle épousa, le 20 août 1679 Jacques Tessier, à Lachine.

1694.

I. — CUSTOS, Pierre-Jacques.
BONNIER, (1) Marie; s 29 avril 1711, à Ste.
Foye. [8]
Charles, b 1er janv. 1695, à Lorette; s [8] 16 déc.
1702 — *Marie-Agnès*, b [8] 3 fév 1702 — *Thérèse*,
b [8] 29 juin 1704 — *Angélique*, b [9] 13 mars 1707.
— *Marie-Louise*, b [8] 17 janv. 1709.

CYR. — Voy. SIRE.

D

I. — D'ABANCOUR DIT LACAILLE, ADRIEN, (2) ; s
26 mai 1641, à Québec [1]
D'ORGEVILLE, Simone, b 1589, s 14 janv. 1649.
Marie, b 1618; 1o m [1] 9 oct. 1639, à Jean Jo-
LIET; 2o m [1] 19 oct. 1651, à Godefroy GUILLOT; 3o
m [1] 8 nov. 1665, à Martin PRÉVOST.

DAGENAIS. — *Variations et surnoms* : DAGENAY
— DAGENEZ DIT LAJEUNESSE.

1665, (17 novembre) Montréal. [4]

I. — DAGENAIS, PIERRE, b 1631, fils d'Arnaud
et d'Andrée Poulet, de St. Laurent, evêché
de La Rochelle , s...
BRANDON, Anne, b 1641, fille de Daniel et de
Jeanne Prols, de St. Laurent, ville de Sédan.
Michel, b [8] 29 sept. 1666; s 17 oct. 1687, à la
Rivières des Prairies. — *Françoise*, b [4] 3 mars
1668; 1o m 1690, à Pierre ROY; 2o m [4] 22 avril
1699, à Pierre CHOUANARD. — *Cécile*, b [4] 12 avril
1670; m [4] 19 juin 1698, à Claude DUMETS. —
Pierre, b [4] 21 oct. 1672; m 30 avril 1695, à Marie
DROUET, à la Pointe-aux-Trembles de M. ; s [5] 19
déc. 1749, au Sault-au-Récollet. — *Marguerite*, b [4]
22 mars 1675. — *Elizabeth*, b [5] 26 mars 1676 ; m 15
nov. 1698, à Jean AUGÉ, à Repentigny. — *Cunégonde*, b [5] 24 août et s [5] 3 sept. 1679.

1695, (30 avril) Pointe-aux-Trembles, M. [3]

II. — D'AGENAY, PIERRE, [PIERRE I.
s 19 déc. 1749, au Sault-au-Récollet. [1]
DROUET, Marie, [MATHURIN I.
s [1] 29 janv. 1736.
Joseph-Michel, b [8] 1er juillet 1695 ; 1o m 1717, à
Anne LEMAY; 2o m [1] 12 sept. 1757, à Catherine
BRUNET. — *Marie-Madeleine*, b [8] 1er juin 1698. —
Louise, b 10 et s 24 août 1699, à Montréal. [7] —
Marie-Elizabeth, b [11] fév. et s [7] 15 nov. 1701. —
Pierre, b [7] 25 nov. 1702. — *Marie-Joselte*, b [7] 11
sept. 1704. — *Laurent*, b...; m [1] 5 nov. 1736, à
Elizabeth BRIGNON. — *François*, b...; m [1] 16 nov.
1739, à Marie-Charlotte VANIER. — *Jean-Baptiste*,
b...; m 1736, à Marie PROULX.

DAGNIA, MARIE-ANNE, femme d'Antoine Beaudoin.

I. — DAIGLE DIT L'ALLEMAND, JEAN, établi à
Charlesbourg.
CROTEAU, Marie-Anne, (1) [VINCENT II.
Andre, b 1689. m 9 nov 1711, à Thérèse PROULX,
à la Pointe-aux Trembles de Québec.

D'AIGREMONT. — Voy. CLAIRAMBAULT.

D'AILLEBOUT. — *Surnoms* : DE COULONGES —
DE LA MAGDELAINE — DES MUSSEAUX — D'AR-
GENTEUIL — DE MENTEHT — DE PÉRIGNY — DE
CUISY.

I — D'AILLEBOUT, NICOLAS, (2) écuier.
DE MENTETH, Marie.
Charles, b 1624, m 16 sept. 1652, à Catherine
LeGARDEUR, à Québec ; s 20 nov. 1700, à Montréal.

I. — D'AILLEBOUT, LOUIS, (3) IIIe gouverneur
du Canada ; s 1er juin 1660, à Montréal.
DE BOULOGNE, Barbe ; s 7 juin 1685, à Québec.
Barbe, b...; m..., à Jean DE LAUZON.

1652, (16 septembre) Québec. [1]

II.—D'AILLEBOUT, (4) CHS.-JOSEPH; [NICOLAS I.
Juge Civil et Criminel; s 20 nov. 1700, à
Montreal.
LE GARDEUR, Catherine, [PIERRE I.
Barbe, b [1] 11 déc. 1653. — *Anonyme*, b 7
juillet 1655. — *Louis*, b [1] 19 juillet 1656 ; m [1] 19
nov. 1690, à Felicité LE PICARD. — *Pierre*, b [1] 24
juin 1669 ; m [1] 4 nov. 1687, à Marie-Louise DENIS.
— *Paul*, b 31 mars 1661, à Montréal [2] ; m 11 déc.
1698, à Louise MARGANE DE LA VALTRIE. — *Nicolas*, b [2] 12 avril 1663, m [1] 9 juin 1696, à Françoise DENIS. — *Jean-Baptiste*, b [2] 27 mars 1666 ;
m [1] 19 avril 1689, à Anne LE PICARD. — *Anonyme*,
b et s [2] 16 mai 1668. — *Catherine*, b [2] 27 mai 1669 ;
m [2] 18 fév. 1702, à Nicolas DANEAU DE MUY. —
Elizabeth, b [2] 4 nov. 1670, Ursuline dite de Ste.
Croix, s [1] 4 septembre 1753. — *Madeleine*, b [2] 9
mars 1673, Sœur dite de l'Incarnation, C. N. D. ;
s [2] 13 nov. 1759. — *Marguerite*, b [2] 8 juin 1675.
— *Joseph-Charles*, b [2] 23 avril 1677 ; s [2] 18 oct.
1688. — *Louise-Angélique*, b [2] 25 sept. 1679, filleule de Frontenac.

1687, (14 novembre) Québec. [1]

III. — D'AILLEBOUT (5), PIERRE, [CHARLES II.
DENIS, Marie-Louise, [PIERRE II.
Charles-Joseph, b 5 déc. 1688, à Montréal. [2] —
Louis, b [2] 23 août 1690. — *Hector-Pierre*, b [2] 26
sept. 1691. — *Jean*, b [1] 9 mai 1694. — *Paul-Alexandre*, b [2] 28 nov. 1696; m à Thérèse DUVIVIER —
Louis, b et s [2] 30 juin 1700. — *Claude*, b [2] 18 sept.
1701. — *Philippe-Marie*, b [2] 21 oct. 1702. — *Françoise-Charlotte*, b [2] 29 déc. 1704. — *Marie-Anne*,
b et s 28 août 1706, à Varennes.

(1) Elle épouse, le 17 août 1716, Nicolas Cornière, à
Québec.

(2) Sr. de Coulonges-la-Madelaine.

(3) Arriva à Québec le 20 août 1643. Un des premiers seigneurs de l'Ile de Montréal. (*Journal des Jésuites*.)

(4) Sieur des Musseaux.

(5) Sieur d'Argenteuil.

---

(1) Voy. BOUVIER.

(2) Noyé avec Etienne Sevestre, le 2 mai 1640, dans les
Iles, où ils étaient allés chasser. Jean Joliet, trouva, le 20
mai 1641, les ossements de D'Abancour, son beau-père, les
apporta à Québec, et la sépulture en fut solennellement faite,
le 26 mai 1641, au cimetière de Québec.

1689, (19 avril) Québec. [1]

III.— D'AILLEBOUT, (1) J.-Bte.   [CHARLES II.
Le Picard, Anne, veuve de Vital Oriot [JEAN I.
Louis, b [1] 17 fév. et s [1] 20 mars 1690. — *Nicolas-Marie*, b [1] 3 avril 1691. — *Marie-Catherine*, b [1er] sept. 1692, à Montréal [2] — *Anne-Marguerite*, b [2] 11 sept. et s 9 déc. 1693, à Boucherville. — *Louise-Catherine*, b [2] 19 nov. 1694. — *Pierre-Joseph*, b [2] 27 avril 1696 ; m à Jeanne De Goutins. — *Anne-Paule*, b [2] 13 août 1697. — *Charlotte-Angélique*, b [2] 2 sept. 1698. — *Louise-Elizabeth*, b [2] 24 janvier et s 26 fév. 1700, à Boucherville. — *Thérèse-Josette*, b et s [2] 20 mars 1701. — *François-Jean-Daniel*, b [2] 8 oct. 1702. — *Jean-Baptiste-Alphonse*, b [2] 14 oct. 1703. — *Philippe*, b [2] 11 déc. 1704.

1690, (19 novembre) Québec. [1]

III.— D'AILLEBOUT (2), Louis.   [CHARLES II.
Le Picard. Félicité,   [JEAN I.
veuve de Noel Le Blanc.
Marie-Catherine, b 11 sept. 1691, à Montréal. [2] — *Louis-Hector*, b [2] 5 août 1693. — *Catherine-Félicité*, b [2] 15 janv. 1695 — *Paul-Joseph*, b [2] 10 nov. 1696. — *Antoine*, b [2] 23 fév. 1698. — *Louis*, b [2] 22 nov. 1699.

1696, (9 juin) Québec. [1]

III.— D'AILLEBOUT, (3) Nicolas, [CHARLES II.
capitaine dans les troupes.
Denis, Françoise,   [PIERRE II.
veuve de Guillaume Bouthier.
Louise-Catherine, b [1] 2 juillet 1697; m 17 nov. 1731, à Pierre Payen de Noyan. — *Marie*, b [1] 5 juillet 1698. — *Elizabeth-Thérèse*, b 6 déc. 1700, à Montréal [2]; s [2] 26 avril 1704. — *Marie-Josette*, b [2] 13 fév. 1702 ; ursuline dite mère St. Nicolas; s [1] 12 déc. 1749. — *Madeleine*, b [2] 20 avril 1703.

1698, (11 décembre) Montréal. [2]

III.— D'AILLEBOUT, (4) Paul,   [CHARLES II.
Margane de la Valtrie, Louise, [SÉRAPHIN I.
Hector-Louis, (5) b [2] 31 mars 1700 ; s 1er juillet 1723, aux Trois-Rivières. — *Louise-Catherine*, b [2] 22 janv. 1701. — *Thérèse-Judith*, b [2] 17 fév. 1702.

1683, (3 août) Batiscan. [3]

I —DALAUX, Michel, b 1650, fils de Michel Dalaux, de La Rochelle ; s [3] 2 nov. 1714, mort subite.
Jaquière, Louise, veuve de Jean Pousset ; s [3] 17 juillet 1711.

DALCE, Marie. — Voyez Daleret.

I —DALLERY, Marin. — Voyez D'Aleret.

---

(1) Sieur des Musseaux,

(2) Sieur de Coulonge.

(3) Sieur de Manteht.

(4) Sieur de Périgny, lieutenant.

(5) Cadet des troupes, noyé vers Montréal, et trouvé à la Pointe de Nicolet. Inhumé dans le cimetière de Nicolet. L'acte est aux Registres des Trois-Rivières.

1694, (3 novembre) St. François, I. O.

II.— DALLAIRE, François, (1)   [CHARLES I.
Labbé, Anne,   [PIERRE I.
Angélique, b 14 juin 1702, à St. Michel [3] ; m 7 janv. 1723, à Louis Roy-Portelance, à Beaumont. [4] — *Marie-Charles*, b [3] 7 sept. 1704 ; m [4] 29 oct. 1725, à Charles Paquet. — *Ursule*, b [3] 11 janv. 1707; s [4] 18 janv. 1715.

D'ALERET. — *Variations :* Dalleray — Dalray — Dallery.

1670, (28 août) Ste. Famille. [4]

I.— D'ALERET, Martin, b 1636, fils de Pierre et de Marie Detreillau, de St. Sauveur de Neuville, évêché de Beauvais; s...
Lafontaine, Marie-Anne, b 1641, fille de Nicolas et de Marguerite Ereau, de St. Sulpice de Paris ; s...
Marie-Anne, b [4] 9 mai 1671; m 9 avril 1687, à Jean Valeron, à St. Laurent, Ile d'Orléans. — *Nicolas*, b [4] 3 sept. 1672. — *Joseph*, b [4] 7 fév. 1675.

1699.

I.— D'ALOGNY, Charles-Henry, (2) marquis de la Grois, capitaine des troupes.— Voyez De la Grois.

I.— D'ALLON, Marie, b 1646, fille de Michel et de Marguerite Veronne, de St. Pierre d'Oléron, évêché de Xaintes ; m 9 oct. 1668, à Pierre Bissonnet, à Québec ; s 7 juillet 1716, à St. Michel.

D'ALONNE, Jacques. — Voyez De Roybon — Gignard — Guignard — Joyan.

I.— DALUSEAU, Jean, habitant de Montréal, en 1666. *Registres de Montréal, 1666.*

I.— DAMANÉ, Denise, b 1640, femme de René Houat ; s 22 sept. 1704, à Champlain.

I.— DAMAS, Jean. — Voy. Daniau.

1641, (6 octobre) Québec.

I.— DAMIEN, Antoine, b 1611, fils de Jean et de Jeanne Barret ; s...
Joly, Marie, b 1623, fille de Jean et de Simone Fouquet ; s...

I.—DAMIEN, Jean, b 1668, confiseur de M. le comte de Frontenac ; s 3 oct. 1698, à Québec.

1669, (21 octobre) Québec.

I.— DAMIEN, Jacques, b 1641, fils de Jean et de Jeanne Le Beau, Ste. Catherine de la Flotte, Ile de Rhé, évêché de la Rochelle ; s 18 fév. 1686, Pointe-aux-Trembles de Québec [2], tué par la chûte d'un arbre.
D'Ocquincourt, Anne, (3) b 1641, fille de François et de Suzanne de Bettencourt.

---

(1) Voyez François Alaire, page 3.

(2) Registres de Montréal, 1699.

(3) Elle épouse, le 16 fév. 1687, Maurice-Olivier, à la Pte.-aux-Trembles de Québec.

11

Catherine, b 1670 ; 1° m² 18 oct. 1685, à Guillaume Lefebvre, 2° m 26 fev. 1688, à Jacques Suire —*Jean*, b 1674. —*Louise*, b 1676. —*Madeleine*, b.. ; 1° m 8 mars 1698, à St. Thomas, à Jean-Baptiste Bezis-Samson ; 2° m³ 21 janv. 1710, a Louis Gautreau dit St. Louis ; s³ 31 janv. 1724. —*Marguerite*, b² 8 juillet 1681. — *Marie-Anne*, b ² 9 mars 1685, s² 5 oct. 1687.

I. — DAMISÉ, Marie Claude, b 1650, fille d'Etienne et de Genevieve Pioche, de St. Nicolas du Chardonnet, Paris, m 10 dec. 1668, à Pierre Perthuis, à Montreal ⁴ ; s⁴ 6 oct. 1705.

DAMIZÉ, Marie-Claude, femme de Jean Paradis, en 1675.

I —DAMOURS, Hélène, b... ; 1° m..., à Louis Fauché ; 2° m 5 juin 1686, à Isaac Lemire, à Batiscan.

I. —DAMOURS, Marguerite, b... , 1° m 1669, à Jean Tardé, 2° m 1675, à Nicolas Joffret.

1496, (10 août) Paris.

I —D'AMOURS, François, Seigneur du Serin, Maitre d'Hôtel de Sa Majeste Louis XII.
Hennequin, Gilette. (1)
Gabriel, b... , m..., 14 juin 1531, à Madeleine de Bideau. —*Anne*, b.,. ; m 13 mai 1553, à Jean DuViron, Chevalier, Seigneur de la Gastellemère.

1531, (14 juin) Paris.

II. —D'AMOURS, Gabriel, [François I. Seigneur du Serin.
De Bideau, Madeleine, fille de Charles, secrétaire de Sa Majeste, et de Damoiselle-Catherine ?
Pierre, b...; m 13 janv. 1661, à Jeanne Le Prevost, à Paris. —*François*, b..., Sieur De La Galaiziere.

1561, (31 janvier) Paris.

III. — D'AMOURS, (2) Pierre, [Gabriel II.
Le Prevost, Jeanne, fille de Jean, Conseiller du Roy, et d'Anne Leclerc.
Louis, b ..; 1° m 18 avril 1602, à Marie Regnault, à Paris , 2° m à Elizabeth Tessier.

1602, (18 avril) Paris. ²

IV. — DAMOURS, Louis, [Pierre III.
conseiller au Châtelet.
1° Regnault, Marie, fille de Robert, conseiller, et de Marguerite Bouchard.
2° Tessier, Elizabeth.
Renée, b..., m ² à Charles DuJour. —*Elizabeth*, b 1612, m à Louis Theandre Chartier de Lotbinière, s 11 sept. 1690, à Quebec. ³ —*Gabriel*, b..., aumonier de Sa Majeste, en 1664. —*Pierre*, b..., Chevalier, Marechal de France, en 1664. —*Mathieu*, b 1618; m³ 30 avril 1652, à Marie Marsolet ; s³ 9 oct. 1695.

(1) Elle épouse, en secondes noces, Arthur de Gédaine, Sieur du Portaucose.

(2) Chevalier, Sieur du Serin. Conseiller de Sa Majesté en tous ses Conseils d'Etat et prive, et Surintendant de la justice et police de Troyes, en 1594.

1652, (30 avril) Québec. ¹

I.—D'AMOURS, (1) Mathieu, b 1618, fils de Louis, conseiller du Roy, en son château de Paris, et d'Elizabeth Tessier de St. Paul, de Paris ; s ¹ 9 oct. 1695.
Marsolet, Marie, [Nicolas I.
Nicolas, b ¹ 17 et s ¹ 25 avril 1653, dans l'eglise de Québec. —*Louis*, b ¹ 16 mai 1655 ; m¹ 1er oct. 1686, à Marguerite Guyon. —*Mathieu*, b ¹ 14 mars 1657; m¹ 1er oct. 1686, à Louise Guyon. — *Elizabeth*, b ¹ 2 dec. 1658 , m¹ 21 août 1684, à Claude Charron. —*René*, b ¹ 9 août 1660 ; m¹ 13 oct 1684, à Françoise Legardeur. — *Charles*, b¹ 5 mars 1662 , 1° m ¹ 26 janv. 1688, à Anne Genaple ; 2° m à Marie Anne Thibaudeau. —*Joseph-Nicolas*, b ¹ 11 mai 1664 ; s¹ 17 nov 1690.—*Claude-Louis*, b¹ 19 janv. 1666. —*Daniel*, b ¹ 2 et s ¹ 21 dec. 1669. —*Bernard*, b ¹ 15 dec 1667 ; 1° m..., à Jeanne Le Borgne ; 2° m..., à Elizabeth Couillard. — *Madeleine*, b ¹ 12 sept. 1671.— *Geneviève*, b¹ 23 août 1673. —*Jacquette-Marie*, b ¹ 15 oct. 1675; m¹ 29 sept. 1697, à Etienne De Villedonné ; s 2 avril 1703, à Montréal.—*Marguerite*, b¹ 1er dec. 1677; m¹ 24 sept. 1698, à Jacques Testard-Montigny. —*Philippe*, b¹ 7 fev. 1680, m ¹ 12 fév. 1722, à Marie-Madeleine Mesnage.

1686, (1er octobre) Québec.

II. —DAMOURS, (2) Louis, [Mathieu I.
Guyon, Marguerite, [Simon II.
Marie-Josette, b 1694. —*Charlotte*, b 1696.—*Louis*, b 1698. (3)

1686, (1er octobre) Quebec. ¹

II.— DAMOURS, (4), Mathieu, [Mathieu II s avant 1696.
Guyon, Louise, (5) [Simon II.
b 1663, veuve de Charles Thibault.
Joseph, b 1687. —*Louis*, b 1689. —*Mathieu-Francois*, b ¹ 7 août 1692 ; m¹ 17 oct. 1726, à Angelique Coutard.—*Nicolas*, b 1695.—*Jean*, b 1696.

1689, (13 octobre) Quebec. ¹

II. — DAMOURS, (6) René, [Mathieu I.
établi au Port-Royal, Acadie.
Le Gardeur, Françoise-Charlotte, [Charles II. s 7 avril 1706, à St. François, Ile Jesus.
René, b 1691. —*Joseph*, b 1693. —*Marie-Judith*, b 1696, hospitalière dite Ste. Thècle ; s ¹ 27 dec. 1722.—*Marie-Angélique*, b 1697. —*Marie-Renée*, b² 25 avril 1705.—*Louis*, b 1699 ; m 20 mars 1730, à Madeleine Guyon, à Montréal.

(1) Seigneur des Chaufours.—De la Morandière.
Mathieu Damours était père de Madame Louis-Théandre Chartier de Lotbinière.—L'un de ses frères, Gabriel Damours, était, en 1664, aumônier de Sa Majesté.—L'autre, Pierre Damours, était Chevalier, Maréchal des camps et armées de Sa Majesté. Il a été possible à l'auteur du Dictionnaire Généalogique de retracer jusqu'en 1496, cette famille qui, aujourd'hui, a des branches très-nombreuses au Canada.

(2) Sieur des Chaufours, seigneur de Jemseg, en Acadie.

(3) Recensement de la Rivière St. Jean, pour l'année 1698, copié à Paris par l'auteur du Dictionnaire Généalogique.

(4) Sieur de Fresneuse.

(5) Elle résidait encore à la Rivière St. Jean, en 1698.— Recensement de 1698.

(6) Sieur de Clignancour.

1688, (26 janvier) Quebec. [2]

II.—DAMOURS, (1) Charles, [Mathieu I.
1º Genaple, Marie-Anne, [François I
Marie-Anne, b[2] 26 oct. et s[2] 4 nov. 1688.—
Françoise, b[2] 26 oct 1689; s[2] 4 mars 1697. —
Charles-Nicolas, b[2] 1er juillet 1692; m 20 mai
1717, à Hyacinthe Rouer de Villeray, à Ste.
Foye[3]; s[3] 19 avril 1728.— *Jean,* b[3] 29 oct. 1694,
1º m 2 mai 1719, à Marie-Anne Morel, à St.
Etienne de Beaumont, 2º m[2] 11 avril 1735, à
Jeanne Renoyer. — *Marie-Louise,* b[2] 20 sept.
1705 (2) — *Louis,* b..., s[3] 15 juillet 1743.

1698.

2º Thibodeau, Marie-Anne, b 1682, fille de
Pierre et de Jeanne Terio, de Port-Royal, en
Acadie.
Louis, b 1698; 1º m 2 déc 1730, à Geneviève
De Catalorgne, à Montreal[1], 2º m[1] 26 avril
1745, à Marie-Josette Tonty.— *René-Louis,* b[2] 19
sept. 1700; m 18 oct 1736, à Louise-Angélique
Couillard, à St. Thomas[4], s[2] 22 sept. 1759 —
Marie-Anne, b..., m[2] 16 oct. 1722, à Jean-Baptiste
Janvrin.— *Louis-Michel,* b[3] 16 juillet 1707 —
Marie-Marguerite, b[3] 27 fév. 1710 —*Pierre,* b[3]
2 mars 1712. — *Marie-Madeleine,* b[3] 30 dec. 1713
— *Louis.* (3) b[3] 20 juin 1716.

II.—DAMOURS, (4) Bernard, officier, [Mathieu J.
établi au Port-Royal, en Acadie.
1º Le Borgne, Marie-Jeanne, [Alexandre I.
b 1680; s 24 oct. 1711, à Québec.[2]
Jean, b[2] 20 mars 1706.— *Marie-Thérése,* b[2] 16
juin 1709; 1º m 14 nov. 1728, à Jacques Douaire,
à Ste. Foye, 2º m[2] 9 juillet 1736, à Yves Arguin;
s[2] 4 janv. 1745.— *François,* b[2] 11 août 1711, s 6
avril 1716, à Beauport.— *Joseph,* b ..; 1º m 27
juillet 1735, à Catherine Boucher, à Levis, 2º m[2]
29 juillet 1754, à Madeleine Coulon

2º Couillard, Elizabeth, [Jacques III.
Bernard-Régis, b 25 oct. 1727, à St. Pierre-du-
Sud.

DANAY. — Voyez Daunets.

1679.

I. — D'ANCOSSE ou Dangosse, Pierre, b 1641;
s 13 août 1697, à Québec.[2]
Bouchard, Marie-Madeleine, (5) [Michel I.
Marie-Madeleine, b[2] 30 juillet 1680; 1º m 4 fév.
1697, à Pierre Boucher, à la Rivière-Ouelle[3]; 2º
m[3] 21 mars 1716, à Jean-Baptiste Maisonneuve —
Anne, b 20 nov. 1681, à l'Ilet, m[2] 7 août 1703,
à Michel Duperré; s[2] 29 fév. 1712 — *Marie,* b
1682; m[3] 18 fév. 1697, à Jean Raby.— *Catherine,*
b 1684; m[3] 20 juin 1707, à Jean Brisson.—
Geneviève, b[3] 26 dec. 1687; m[3] 8 janv. 1706, à

Pierre Bérubé. — *Marie-Angélique,* b[3] 29 juin
1689.— *Marie-Françoise,* b[2] 10 juin 1691; m[3]
24 nov. 1710, à Joseph Lizot. — *Marie-Elizabeth,*
b[3] 30 mars 1693, s[3] 27 mars 1698.— *Pierre,*
b...; m[3] 10 juillet 1719, à Marie-Françoise
Duval.

1653, (16 janvier) Trois-Rivières. [2] (1)

I.—DANDONNEAU dit Lajeunesse, Sieur Du-
Sable, Pierre, (2) b 1626, fils de Jacques et
d'Isabelle Faube, du Bourg, évêche d'Au-
buis, s avant 1702.
Jobin, Françoise, b 1634, fille de Jacques et de
Marguerite Roy, d'Amfrose, sur les marches,
à trois lieues du pont de Sée, en Normandie;
s 6 juillet 1702, à Champlain. [3]
Louis, b 1654; m[3] 8 oct 1684, à Jeanne-Marguerite Lenoir. — *Jeanne,* b[2] 29 juillet 1655; m.
1670, à Jacques Babie; s 20 juillet 1703, à
Quebec. [7] — *Marguerite,* b[2] 11 janv. 1657.— *Elizabeth,* b[2] 12 avril 1658. — *Marguerite,* b[2] 20 juin
1659; m... à Jacques Brisset. — *Stéphanie,* b[2]
28 dec. 1662; m 1680, à Pierre Desmarets. —
Etienne, b 1663 — *Françoise-Pétronille,* b[2] 4 janv.
1665; 1º m[2] 20 janv. 1682, à Jean Desrosiers;
2º m[2] 26 nov. 1705, à Henry Bellisle.—*Françoise,*
b 1674, sœur Ste. Apolline, C. N D; s[7] 6 oct.
1709.— *Marguerite,* b[2] 29 sept. 1677. — *Louise,*
b...; m[3] 26 avril 1688, à Joseph Aubuchon. —
Jacques, b...; m[3] 11 janv. 1695, à Catherine
Dutaut.— *René,* b...; m[3] 26 avril 1700, à Pierre
Moulin.— *Henriette,* b 1660; m à Pierre Mercereau.— *Etienne,* b 1663.

1684, (8 octobre) Champlain. [3]

II. — DANDONNEAU, Louis, (3) [Perre I.
Lenoir, Jeanne-Marguerite, b 1660, fille de Jean
et de Jeanne Jacob, de St Medard, de Paris;
Marie-Jeanne, b[3] 2 sept. 1685.— *Angélique,*
b...; m 13 oct. 1704, à Charles Chaboillé, à
Montreal.— *Louise-Catherine,* b[3] 8 et s[3] 10 juin
1688.— *Pierre,* b[3] 20 sept. 1690. — *Louis-Adrien,*
b[3] 15 nov. 1691; m à Marie-Joseph Drouet —
Joseph, b 14 janv. 1694, à Batiscan; à Madeleine Loiseau.— *Marie-Anne,* b...; m 29 oct.
1712, à Pierre Gauthier, à Québec.

1695, (11 janvier) Champlain. [5]

II.—DANDONNEAU, Jacques, [Pierre I.
Dutaut, Catherine, [Charles. I.
Pierre, b[5] 7 nov. 1695.— *Marie-Catherine,* b[5]
24 oct. 1697. — *Marie-Jeanne,* b[5] 23 août 1699.—
Marie-Jeanne, b[5] 16 sept. 1700.— *Marie-Anne,*
b 3 fev. 1704, à l'Ile-Dupas. [5] — *Geneviève,* b[5]
26 fev 1706.— *Jacques,* b[5] 17 fév. 1708. — *Marie-
Joséphine,* b[5] 11 janv. 1710.

1696, (29 fevrier) Ste. Famille. [2]

I.—DANDURANT, Antoine, soldat de Monpou,
b 1663, fils de Jean et de Marguerite La-
beauce, évêche de Paris. s...
Verieul, Marie, [Nicolas I.

---

(1) Sieur de Louvières. Il était à la Rivière St. Jean, en
1698.—*Recensement de 1698.*

(2) Elle avait deux ans et demi.

(3) Sieur de Courberon.

(4) Sieur de Plaine, et Sieur de Freneuse.

(5) Elle épouse, 29 mai 1702. Jean Gauvin, Rivière-Ouelle.

(1) Date du contrat de mariage. (*Greffe d'Ameau.*

(2) Concédé 12 perches de terre dans le bourg des Trois-
Rivières.—*Greffe d'Ameau,* 12 avril 1652.

(3) Seigneur de l'Ile Dupas, avec Jacques Brisset.

Marie-Françoise, b ² 15 mai 1698; s 4 sept. 1698, à St. François, (I. O). —*Elizabeth,* b 21 sept 1699, à St. Thomas. ⁸ — *Marie-Louise,* b ⁶ 31 août 1702. —*Joseph-François,* b ⁶ 6 sept. 1705 —*Geneviève,* b ⁶ 5 nov. 1708.

1687, (17 mai) Boucherville ¹

I. —DANEAUX, (1) Nicolas, b 1651, fils de Jacques et de Catherine Driot, de St Martin, ville de Beauvais.
  1º Boucher, Marguerite,   [Pierre II.
  s ¹ 30 juin 1698.
Marguerite-Philippe, b ¹ 15 fév. 1688 ; m à René Rodineau de Becancour — *Angélique,* b ¹ 7 août 1689 ; s ¹ 23 juillet 1690. — *Marie-Josette,* b ¹ 13 août 1690. — *Marie-Madeleine,* b ¹ 19 déc 1691.— *Jaqueline-Angélique,* b 13 juin 1693, à Montréal, et s ¹ 29 déc. 1693.— *Marie-Charlotte,* b ¹ 23 nov 1694, ursuline, dite Ste Hélène ; s 14 sept 1759, à Québec.— *Jacques-Pierre,* b ¹ 7 oct. 1695.

1702, (18 février) Montréal ⁶

  2º Daillebout, Catherine,   [Charles II.
Anonyme, b et s ⁶ 21 janv. 1703. — *Jean-Baptiste,* b ⁶ 3 oct. 1704.

DANGEAC, sergent de M. de la Chassaigne, en 1692.—*Registres de St. Jean, Ile d'Orléans.*

I. — DANIAU, François, b 1641 ; s 25 nov. 1687, à St. François, (I. O.)

1669.

I. —DANIAU, Jean-Pierre, b 1651 ; s 12 nov. 1687, à Repentigny.
  Vaillant, Marguerite, b 1646.
Marie, b 1669.— *Madeleine,* b 1672.— *Jeanne,* b 1676. — *Françoise,* b 1678 ; 1º m 5 mai 1705, à Jacques Deneau, à Montreal , 2º m 2 déc 1724, à Louis Bouchard, à Laprairie. — *Marguerite* b 8 fév. 1681 aux Grondines.— *Marie-Madeleine,* b 6 nov 1682, à Lévis.

DANIAUX. — *Variations et surnoms :* Daneau— Deniau—Dagneau—Laprise

1670, (10 septembre) Québec. ²

I. — DANIAUX, Jean, b 1637, fils de Jean et de Renée Brunet, de St. André, ville de Niort, évêché de Poitiers , s 6 janv. 1709, à St. Michel.¹
  1º Michault, Marie-Louise, b 1647 ; fille de Brésil et de Marguerite Tessier, du Bourg-le-Vilay, évêché de Sens ; s...
Jacques, b ² 21 janv. 1672 ; m 31 août 1702, à Louise Destroismaisons, à St. Thomas.¹ — *Marguerite,* b ² 15 février 1674 ; m ¹ 25 nov. 1693, à Arnoux Lavergne, s ¹ 24 déc. 1708.—*Marie-Françoise,* b ² 31 juillet 1676 ; m ¹ 3 nov. 1700, à François Destroismaisons ; s... —*Joseph,* b ² 6 avril 1679.

. (1) Seigneur de Muy, capitaine d'une compagnie d'un détachement de marine et gouverneur de la Louisiane.

1686, (7 juin) St Jean (I. O)
  2º Rondeal, Françoise.   [Pierre I
Laurent, b ¹ 18 oct. 1694. — *Pierre,* b ¹ 8 nov. 1696. — *Françoise-Martine,* b ¹ 24 mars 1702.— *Augustin,* b 7 février 1705, à Beaumont —*Jean,* b ..; 1º m à Marthe Lamy ; 2º m ¹ 7 janvier 1716, à Françoise Guilllmet , 3º m ¹ 7 oct. 1748, à Madeleine Malboeuf , 4º m à Marguerite Guenet, s ¹ 20 juin 1759.

1683, (8 février) Trois-Rivières. ¹
I. — DANIAU, Jacques, b 1653, fils de François et de Marie Bertrand, de Jares, evêché de Luçon.
  Le Pelé, Marie,   [Pierre I.
Jacques, b ¹ 19 juin 1686. — *Marie-Catherine,* b ¹ 2 août 1688 ; s ¹ 29 mars 1717. — *Marie-Louise,* b ¹ 25 sept. 1691.

D'ANÈS. — *Variations :* Danay — Danais — Danais — Dannets.

I, — D'ANÈS, Jacques.
  Bourgouin, Marie, fille de François et d'Andrée Bastard, de Fontenay, évêché de LaRochelle
Charles, b 1er sept. et s 27 déc 1669, à Québec.

1671.
I. — DANNETS, Charles, b 1627.
  Des Hayes, Marie, b 1633 ; s 8 juin 1715, à Ste. Foye ⁸
Charles, b 15 mai 1673, à Québec, 1º m 1699, à Catherine Brassard , 2º m ⁸ 24 nov. 1711, à Madeleine Bertheaume, s 1700.

1699.
II. — DANNETS, Charles,   [Charles I.
  1º Brassard, Catherine,   [Guillaume II
  s 21 fév. 1703, à Ste. Foye. ¹
Charles, b ¹ 30 janv 1700. — *Pierre,* b ¹ 29 juin et s ² 28 juillet 1701. — *Pierre,* b ¹ 24 juillet 1702. —*Catherine,* b... ; m ¹ 7 janv. 1721, à Joseph Maufet ; s ¹ 4 nov. 1768.

1711, (24 novembre) Ste. Foye. ¹
  2º Bertheaume, Madeleine, (1)   [Jacques I.
Marie-Madeleine, b ¹ 2 oct 1712 ; m ¹ 12 nov. 1731, à Charles Allard —*Marie-Anne,* b ¹ 15 mars 1714 ; m ¹ 23 nov. 1739, à Joseph Belleau.—*Marie-Charlotte,* b ¹ 19 mars 1716, m ¹ 11 juillet 1740, à Jean Chaillé. — *Michel-Joseph,* b ¹ 27 oct. 1717, m ¹ 3 juillet 1753, à Françoise Chaillé, s ¹ 7 janv. 1772. —*Jean-Baptiste,* b ¹ 22 fév. 1719. — *Charles,* (posthume), b ¹ 6 janv. 1721.

I.— DANIET, Jean, b 1607, dans la paroisse des Essarts, évêché de Luçon, en Bas-Poitou ; s 20 avril 1677, à Québec.

I. — DANIEL, Julien. — Voy. Laniel.

1698.
I. —DANIEL, Thomas.
  Poisson, Barbe,   [Martin I.
  s 17 nov. 1705, à St. Jean, I. O. ⁴

(1) Elle épouse, le 27 nov. 1721, Pierre Robitaille, à Ste. Foye.

Charles, b 1700 ; s ⁴ 16 mars 1703.— *Michel*, b 29 sept. 1702, à Ste. Famille s ⁴ 5 mars 1703.— *Joseph*, b ⁴ 17 mars 1704 ; m 30 sept. 1726, à Françoise BILODEAU, à St. François, I. O.

I —DANIOU, GILLES, b 1631, résidait à Sorel, en 1681. — *Recensement de 1681*.

I. —DANNEAU, ANTOINE, b 1627, à la Rochelle, s 13 mars 1650, à Quebec.

I. —DANNEVILLE, BRICE.
LE ROY, Marguerite, (1)
Gabrielle, b... ; 1° m 27 juillet 1665, à Louis BLANCHARD, à Québec ² ; 2° m ² 12 juin 1684, à Mathurin DE LA GRANGE ; 3° m 22 sept. 1712, à Hilaire BERNARD DIT LARIVIÈRE, à Beauport , s ² 13 oct. 1728.— *Anne*, b... ; 1° m à Antoine FILLION ; 2° m ² 28 nov. 1669, à Jean CHARRON.

I. —DANNEVILLE DIT DES MOULINS, MICHEL, natif de Bourges, soldat de M. de St Ours , s 12 nov. 1702, à Verchères.

1688, (21 juin) Lachine. ⁷
I —DANIS DIT LARPENTY (2), ANDRÉ, b 1653, fils d'Elie, maitre tonnelier, et de Marguerite Bruau, de N. D. de Xaintes ; s ⁷ 28 oct. 1694.
BARBARY, Marie-Madeleine,   [PIERRE I.
veuve de Jean Tillard. (3)

1658, (23 septembre) Montréal.
I —DANNY DIT TOURANGEAU, HONORÉ, maître charpentier, b 1629, fils de Martin et d'Etiennette Badoville, de Moutoux, evêche de Tours.
1° BIDARD, Marie, b 1632, fille de Guillaume et Catherine Mochet, de St Pierre d'Alençon, évêche du Mans ; s ⁷ 17 juin 1664.
Jean, b ⁷ 20 juin 1660. — *Jacques*, b ⁷ 8 janv. 1662.

1636, (20 mars) Montréal. ²
2 ° DE LA PIERRE, Perrine, b 1646, fille de Pierre et de Claude Leclerc, de St. Léonard, à Corbay. près Paris. (4)
Charlotte, b ² 21 déc 1666 ; s ² 15 janv. 1607.— *Jean*, b ² 17 janv. 1668 ; m ² 10 sept 1691, à Anne BADEL — *Honoré*, b ² 30 oct. 1669 : m 15 nov. 1694, à Catherine BRUNET, Lachine ³ ; s³ 16 août 1722.—*Catherine*, b ² 30 oct. 1669 , m ² 24 sept. 1686, à Pierre BOUGON — *Pétronille*, b ² 25 nov. 1671 ; 1° m ² 18 mars 1688, à Charles BROILLARD ; 2° m ² 8 oct 1696, à Bernardin CANTERA — *Jeanne*, b ² 23 juin 1673 ; s ² 12 juillet 1689 (5). — *Paul*, b ³ 6 août 1675.— *Nicolas*, b ² 16 août 1677 , m ³ 3 fév. 1705, à Marie-Anne ¹FORTIER. — *René*, b ² 21 déc. 1679 ; m ² 28 janv. 1705, à Marguerite FORCIER.— *Jacques*, b ² 28 et s ² 30 janv. 1682. — *Charles*, b ² 20 fev. 1684.

(1) Elle épouse, le 27 juillet 1665, Hilaire Chardonneau, à Québec.
(2) Danis dit Larpenty, soldat de Mr. de Lorimier, tué le 5 août 1639, par les Iroquois.
(3) Elle épouse, le 21 février 1690, Pierre Jamme, à Lachine.
(4) Elle épouse, le 19 mars 1705, Yves Lucas, à Lachine.
(5) Tué par un sauvage.

1691, (10 septembre) Montréal. ⁴
II.—DANNY, JEAN,   [HONORÉ I.
BADEL, Anne,   [ANDRÉ I.
Jean-Baptiste, b ⁴ 12 fév. 1693 ; 1° m 7 janv. 1722, à Marguerite LECUYER, à Lachine ⁵ ; 2° m ⁵ 20 nov. 1725, à Elizabeth TROTIER. — *Marie-Françoise*, b ⁵ 29 sept. 1695 — *Honoré*, b ⁴ 12 oct. 1697 ; m ⁵ 7 janv. 1726, à Marie-Josette ROBILLARD. — *Antoine*, b ⁴ 1ᵉʳ fév. 1700. — *Agathe*, b ⁴ 8 mai 1702 ; s ⁴ 13 avril 1703.

1693, (15 novembre) Lachine. ⁴
II. —DANNY, HONORÉ,   [HONORÉ I.
s ⁴ 16 août 1722.
BRUNET, Catherine,   [MATHIEU I.
Marguerite, b ⁴ 25 janv. 1699 ; m ⁴ 24 nov. 1721, à Charles RAYMOND. — *Jean-Baptiste*, b 10 et s ⁴ 14 fev. 1701. — *Marie-Catherine*, b ⁴ 21 mai 1702. — *Jean-Baptiste*, b ⁴ 21 avril 1704. — *Marie-Anne*, b ⁴ 5 sept. 1706 — *Jean-François*, b ⁴ 10 juillet 1709 — *Réné*, b... ; m 28 janv. 1705, à Marguerite FORCIER, à Montréal. — *Nicolas*, b... ; m ⁴ 3 fév. 1705, à Marie-Anne FORTIER.

1688, (23 août) Montréal ⁵
I. —DANQUEL, JACQUES, b 1658, fils de Thomas et de Jeanne LeBlanc, de Cresac, évêché de Limoges , s...
GIARD, Elizabeth,   [NICOLAS I.
Jeanne-Elizabeth, b ⁵ 24 mai 1689.

1686, (18 février) Lachine. ⁵
I. —D'AOUST, GUILLAUME, b 1656, fils de Nicolas et de Jeanne Aubert, de Vissonne, évêché de Laon, en Picardie ; s...
DELALONDE, Marie-Madeleine,   JEAN I.
Marie, b 13 sept. 1691. à Montréal : s ⁵ 19 oct. 1699.— *Guillaume*, b ⁵ 30 oct. 1694 ; m 7 janv. 1715, à Elizabeth PILON, à la Pointe-Claire. ⁶— *Anne*, b 13 sept. 1699 ; m ⁶ 7 janv. 1715, à Pierre PILON.— *Augustin*, b 12 fev. 1697, à la Pointe-aux-Trembles de Montréal. — *Charles*, b ⁵ 16 août 1701.— *Marie-Madeleine*, b ⁵ 4 avril 1704.

1697.
I. —DARAGON DIT LAFRANCE, FRANÇOIS.
GUILLEMETTE, Marie,   [NICOLAS I.
Anne, b... ; m 2 sept. 1740, à Jean-Baptiste GOUYAU, au Detroit.— *Marie-Marthe*, b 16 déc. 1698, à St. Jean, Ile d'Orléans. — *Marguerite*, b 19 janv. 1702, à Montréal. ⁹— *Michel*, b ⁹ 11 mai 1704.

I. —DARDOIS, JEAN, b 1621, établi dans la côte de Beaupre. (*Recensement de 1681.*
HARBAUDE, Marie, b 1630.

I. —D'ARCOUR DIT DESVAROLLES, CHARLES, b 1637, à Paris ; s 25 nov. 1677.

1689, (19 avril) Château-Richer. ³
I. —D'ARDE, ANTOINE, b 1640, fils d'Antoine et d'Anne Germe, de N. D. de la Biche, evêche de Tours ; s..
DROUIN, Marguerite,   [ROBERT I.
veuve de Jean Gagnon ; s ⁵ 1ᵉʳ juin 1692.

Anne, b ³ 8 fév. 1690 ; m ³ 29 oct. 1709, à François GRONDIN. — *Thérèse*, b ³ 1ᵉʳ juin 1632 ; m ³ 29 août 1710. à JEAN, anglais.

1626.

I. — D'ARDEYNE, ou DARDENNE, PIERRE, b 1609.
CHAISON, Gilette, s avant 1666.
Marie, b 1627 ; m..., à Jacques BEAUCHAMP ; s 7 août 1699, à Boucherville. — *René*, b 1639 ; m 12 nov. 1668, à Françoise BARBERY, à Montréal. ⁴ — *Pierre*, b 1652 ; s ⁴ 30 avril 1671.

1668, (12 novembre) Montréal. ⁴

II. — DARDENNE, RENÉ,   [PIERRE I.
BARBERY, Françoise, b 1650, fille de Rollin et de Michelle Mingray, de St. Sulpice de Paris
Françoise, b ⁴ 26 août 1669 , s ⁴ 31 août 1671. — *Toussaint*, b ⁴ 23 janv. 1671. — *Pierre*, b ⁴ 12 mars 1673 ; s ⁴ 25 avril 1675 — *Gilbert*, b ⁴ 31 mars 1675.— *Françoise*, b 17 avril 1677, à la Pointe-aux-Trembles ⁶ ; m ⁶ 17 juin 1690, à Marc OLIVIER. — *Marie-Anne*, b 29 déc. 1679, à Repentigny. ⁶.— *Françoise*, b ⁶ 1680 ; s ⁶ 6 nov. 1687. — *Marie-Angélique*, b ⁶ 19 mai 1682, m ⁴ 3 nov 1705, à François BEAUME — *Marguerile*, b ⁶ 30 mars 1684 ; m ⁴ 15 déc. 1699, à Nicolas LE HOUS — *Jacques*, b ⁵ 4 mai 1687, s ⁶ 15 nov. 1687.— *Marie*, b ⁴ 29 déc. 1688.

I — DARGAN DIT LE BOHÊME, GASPARD, était à la Pointe-aux-Trembles de Montréal en 1678. (*Registres de la Pointe-aux-Trembles de Montréal*).

1695, (15 janvier) St. Michel. ⁸

I. — DARME, SIMON, b 1644 ; s...
BUREAU, Catherine, veuve d'Etienne Corriveau ; s ³ 2 août 1707.

1685.

I. — DARPENTIGNY, JEAN-BAPTISTE.
SAUVAGESSE, Madeleine-Therese.
Françoise, b 8 février 1686, à Montréal.

I. — DARRIS, JEAN, b 1638 ; s 1ᵉʳ fév. 1681, à Montreal.

1699.

I. — DARVEAU DIT LANGOUMAIS, FRANÇOIS
1ᵉ CONTENT, Marie,   [ETIENNE I.
s 10 mars 1711, à Charlesbourg. ⁶.
Marie, b... ; m 25 oct. 1717, à Jacques LEPAGE. à Québec. ⁷— *Louise*. b... ; m ⁶ 14 octobre 1715, à Charles VALIN. — *Charles-François*, b ⁶ 9 nov. 1704 ; m ⁶ 1720, à Thérèse AUVRAY. — *Jean-Baptiste*, b ⁶ 24 sept. 1702. — *Marie-Thérèse*, b ⁶ 11 déc. 1707

      1712, (7 novembre) Charlesbourg.

2ᵉ MEZERAY, Catherine,   [RENÉ I.
veuve de Jacques Auvray.

DARVILLE. — Voyez DE FAYE.

I. — DASILVA DIT LE PORTUGAIS, PIERRE, (1) bourgeois, b 1647 ; s 2 août 1717, à Québec.
GRESLON dite JOLICŒUR, Jeanne. (2) [JACQUES I.
Marie-Louise, b 20 janv. 1681, à Beauport ² , m ¹ 15 oct. 1696, à Jean GUILBAULT.— *Marie-Madeleine*, b ² 23 fév. 1682 ; m ¹ 15 nov. 1700, à Jacques GERVAIS — *Elizabeth*, b ¹ 30 janv. 1687 ; m ¹ 23 fev. 1705, à Jean MORAND ; s ¹ 20 avril 1760. — *Jeanne-Catherine*, b ¹ 13 déc. 1688 ; s ¹ 25 janv. 1689. — *Pierre*, b ¹ 9 avril 1690 ; m ¹ 2 mai 1713, à Marie MINGOT ; s ¹ 30 mai 1715.— *Jean*, b ¹ 23 oct. 1692 , m ¹ 23 nov. 1716, à Angelique MINGOT. — *Marie-Anne*, b ¹ 6 sept. 1694 ; s ¹ 26 déc. 1702. — *Marie-Anne*, b ¹ 1695 ; m ¹ 16 avril 1714. à Barthelemi ROZA : s ¹ 14 fév. 1732 — *François*, b ¹ 14 janv. 1697. — *Pierre*, b ¹ 12 juillet 1698 ; s ¹ 8 janv. 1703. — *Marie-Jeanne*, b ¹ 14 fév. 1700 ; s ¹ 17 janv. 1703. — *Dominique*, b ¹ 27 mars 1702 , 1ᵒ m ¹ 3 juin 1725, à Elizabeth-Geneviève MILLET ; 2ᵒ m..., à Marie-Suzanne CLICHE, 3ᵒ m..., à Elizabeth JAHAN. — *Jean-Marie*, b ¹ 11 sept. 1704 ; 1ᵒ m..., à Marguerite POULIN ; 2ᵒ m ¹ 25 avril 1739, à Marie-Anne CROTEAU. — *Jean-Marie*, b ¹ 30 mai 1706 , 1ᵒ m ¹ 26 oct. 1727, à Angèle-Rosalie AMIOT , 2ᵒ m..., à Angelique-Rosalie LINCOURT. — *Nicolas*, b.. ; 1ᵒ m ¹ 12 avril 1722, à Elizabeth LAISNÉ ; 2ᵒ m ¹ 8 janv. 1759, à Marie-Gabrielle LAROCHE ; s ¹ 4 mai 1761.

I. — D'AU, SIEUR DE JOLLIET, PIERRE, b 1666, chevalier, capitaine d'une compagnie d'un detachement de la marine ; s 10 avril 1694, dans l'eglise des Recollets, à Montréal.
LEMINE, Anne, veuve de Laurent Tessier.
Marie-Madeleine, b 15 déc. 1699, à Montréal.

1652.

I. — DAUBIGEON, JULIEN.
LE MEUNIER, Perrine, (3)
Catherine, b 25 nov. 1653, à Montréal. ³ — *Claire*, b ³ 24 fév. 1656.

DAUBRAY, NICOLAS, b 1645, résidant à Boucherville en 1681.

D'AUBUSSON, ANTOINE. — Voy. DUVERGER D'AUBUSSON.

DAUDELIN. — *Variation* : DODELIN.

1665, (22 octobre) Château-Richer. ²

I. — DAUDELIN, NICOLAS, (4) b 1636, de St. Paul, ville de Rouen ; s 25 août 1699, à Ste. Anne de la Pérade.
GIRARD, Anne, b 1636, de Vaudreuil, évêché de Rouen.
René, b ² 28 avril 1667 ; 1ᵒ m 7 janv. 1687, à Marguerite COLET, à Batiscan ; 2ᵒ m 1ᵉʳ déc. 1703, à Madeleine ABIRON, à Varennes. — *Anne*, b ² 28

---

(1) Il signe " Pedro Desilva."

(2) Elle épouse, le 23 janvier 1718, Jacques Morand, à Québec.

(3) Elle épouse, le 17 septembre 1658, François Royne, à Montréal.

(4) Fermier de Bertrand Chesnay.

avril 1667 ; m 1693, à René Provost — *Marie,* b[2] 11 mai 1669 ; m..., à Jean Berger — *Madeleine,* b[2] 11 mai 1669 ; m..., à Jean Rougeau.

1687, (7 janvier) Batiscan.

II. — DAUDELIN, René,   [Nicolas I
  1° Colet, Marguerite,   [Jean I.
  s 8 avril 1703, à Varennes. [2]
Michel, b 24 mai 1688 à Boucherville[6] ; s[6] 4 oct. 1688. — *Louise,* b[6] 12 fev. et s[6] 11 août 1690. — *Françoise,* b[6] 29 mai 1691, m[2] 23 juillet 1714. à Julien Choquet. — *Marie-Marguerite,* b[2] 10 juin 1694. — *Marie-Marguerite,* b[2] 13 sept. 1696 ; s[2] 18 avril 1703. — *Pierre-René,* b 12 fev. 1699, à Ste Anne de la Perade.[1] — *Marie-Thérèse,* b[1] 5 mars 1701.

    1703, (1er decembre) Varennes.[2]

  2° Adiron, Marie-Madeleine,   [Pierre I.
Jean-Baptiste, b[2] 10 janv. 1706. — *Marie-Renée,* b[2] 6 dec. 1707 — *Joseph,* b[2] 12 nov. 1709. — *Marie-Madeleine,* b[2] 3 avril 1712 ; 1° m à Jean-Baptiste Soucy , 2° m 16 avril 1736, à Joseph Raymond. — *Etienne,* b 10 et s[2] 20 janv. 1714.

I, — DAUDIN, Isaac, b 1611, de l'Ile de Ré, évêche de la Rochelle ; s 7 avril 1671, Montreal.[6]
  Jarnet, Anne,
    b... de l'Ile de Ré, évêché de la Rochelle. — *Hélène,* b... ; m 21 janv. 1664, à Jean Deniau, à Montreal.

I. — D'AUGER, Sieur de Subercasse, Daniel, major des troupes, etait à Boucherville, en 1698.

I. — DAUMONT (1) Simon.
  Bérin, Marguerite.
  Jean-Baptiste, b 24 juin 1673.

DONET, *Variations :* Donay — Daunez, Daunais, Donnat.

I. — DAUNET, Antoine,
  b 1641.
  Richard, Marie,
    b 1647.
Marie-Gertrude, b 20 mai 1670, à Boucherville[2] m[2] 10 mai 1689, à Nicolas Senet. — *Marie-Anne,* b[2] 23 janv. 1672, à Boucherville ; m[2] 25 janv. 1694, à Jacques Mousseau — *Denise,* b[2] 18 fev 1674 , m[2] 20 dec. 1701, à Pierre Meunier. — *Pierre,* b[2] 30 juin 1676 ; m[2] 6 nov. 1702, à Marguerite Robert. — *Antoine,* b[2] 14 déc. 1678 ; m[2] 6 nov. 1702, à Marie Robert. — *Jean,* b[2] 13 janv. 1682. — *Joseph,* b[2] 29 mars et s[2] 24 nov. 1687. — *Louis,* b[2] 5 janv. 1690 ; m 1727, à Charlotte Jeannot.

1665, (15 novembre) Québec[3]

I. — DAUPHIN, Etienne, b 1633, fils d'Etienne et de Julienne Richard, de Bonne, évêché de Poitiers.
  Morin, Marie, veuve de Paul Houdan, (2) b 1646, de St. Jean en Grève ; s...

René, b[2] 14 oct. 1666 ; m 22 avril 1686, à Beauport, à Suzanne Gignard. — *Marie,* b[2] 18 fev. 1668 ; m[3] 19 fev. 1685, à Jean Giroux ; s[3] 30 sept 1685. — *Etienne,* b[2] 12 janv. 1670. — *Michel,* b[2] 27 déc. 1671 ; s avant 1681. — *Marie-Thérèse,* b[3] 9 sept. 1674, m[3] 15 nov. 1690, à Toussaint Giroux — *Jean,* b 1677 ; m[2] 14 juillet 1701, à Jeanne Gély ; s[2] 25 nov. 1714. — *Marie-Catherine,* b[2] 10 et s[2] 26 déc 1682.

1686, (22 avril) Beauport.[4]

II. — DAUPHIN, René,   [Etienne I.
  Gignard, Suzanne,   [Laurent I.
Elizabeth, b[4] 19 janv. 1687, 1° m[4] 22 nov. 1703, à René Rodrigue ; 2° m[4] 11 nov. 1715, à Ignace De l'Epinay — *Anne-Marguerite,* b[4] 28 juillet 1689. — *Catherine-Geneviève,* b[4] 15 janv. 1692; m[4] 30 mai 1718, à Pierre Vivier. — *René,* b[4] 29 août 1694 ; m[4] 2 mai 1719, à Marie-Angélique Tessier, — *Pierre,* b[4] 7 avril 1697 ; s[4] 19 dec. 1716. — *Marie-Catherine,* b[4] 25 juin 1699. — *Marie-Anne-Joseph,* b[4] 31 dec 1703 , s[4] 7 nov. 1706. — *Jean-Baptiste,* b[4] 11 oct. 1705 — *Pierre-Alexandre,* b[4] 24 fev. 1708. — *Marie-Ursule,* b[4] 10 dec. 1710. — *Geneviève,* b... ; m 3 août 1711, à Jean Alard.

I. — DAUPHINÉ, Amédé, b 1648 : s 18 fev. 1678, à Montreal.

I. — D'AUTEUIL (1) Denis-Joseph, b 1617 ; s 27 nov. 1679, dans l'église de Québec.[1]
  Du Clément, Claire-Françoise,   [Jean I.
  Charlotte-Anne, b 6 juin 1652, Sillery.[9] — *Anonyme,* b[9] 6 juin 1652. — *Anonyme,* b[9] 13 sept. 1653. — *Jean-François,* b[1] et s[1] 20 sept. 1653. — *Jean-François,* b[1] 7 et s[1] 9 août 1656. — *François-Madeleine-Fortuné,* b 1658 ; m[1] 23 fév. 1683, à Marie Juchereau ; s[1] 11 juillet 1737.

1683, (23 février) Québec.[1]

II. — D'AUTEUIL, (2) Frs.Mad.-Fortuné, [Denis I.
  s 11 juillet 1737, dans l'église de Quebec[2]
  Juchereau, Marie-Anne,   [Nicolas II.
    veuve de François Pollet, Sieur de Lacombe.
Antoine-François, b[1] 4 déc. 1683. — *Claire-Marie,* b[1] 18 mars 1685 ; m[1] 17 fev 1700, à Antoine Dé Crisafy ; s[2] 9 oct. 1705. — *Philippe-Marie,* b[1] 7 mai 1686. — *Louis-Augustin,* b[1] 16 avril 1687. — *Ignace-Alexandre,* b[1] 9 juin 1688. — *Madeleine-Catherine,* b[1] 24 juin 1689 ; m[1] 12 déc. 1713, à François De Selle. — *Charles-François-Marie,* b[1] 9 sept. 1690. — *Louis-Joseph,* b[1] 18 mars, et s[1] 14 avril 1692. — *Pierre,* b[1] 5 nov. 1693 ; m..., à Marie Piot de Langloiserie. — *Charlotte-Jeanne,* b[1] 23 oct. 1694 ; s[1] 17 fev. 1695. — *Louise-Geneviève,* b[1] 5 août 1696.

1695, (26 septembre) Québec.[8]

I. — DAUTOUR, Nicolas, b 1636, fils de Pierre et de Marguerite Martin, de Champagnée, évêche de Luçon ; s...

---

(1) Appelé *François,* dans les *Edits et Ordon.* T. II, p. 46.
(2) Elle épouse, le 10 août 1694, Pierre Chaignon, à Beauport.

(1) Ruette, Sr. D'Auteuil, Procureur-Général, Conseiller et Maître d'Hôtel ordinaire du Roy.
(2) Chevalier. — Ruette, Seigr. d'Auteuil et de Monceaux, Conseiller et Procureur-Géuéral.

Le Marchet, Catherine, [Jean I.
Marie-Madeleine, b ³ 8 oct. 1696. — *Marie-Catherine*, b ³ 5 sept. 1698. — *Nicolas-Jean-Baptiste*, b ³ 18 et s ³ 20 août 1700. — *Pierre-Michel*, b ³ 14 nov. 1701.

DAUVIER. — Voyez DAVENNE.

I. — D'AUVINE, CHARLES.
MARCHAND, Marie.
Jacques-Charles, b 26 oct. 1695, à Québec.

1673, (19 septembre) Québec. ⁴

I. — DAVAUX dit LAPLANTE D'ORVEILLIERS, CHS.
b 1639, fils de Denis et de Renée Ardouin, de St. Pierre, ville d'Angers ; s...
D'AUBIGNY, ou DENAUX, Marguerite, b 1655, fille de François et d'Antoinette Lecoq, de St. Leu, de Paris ; s ⁴ 2 nov. 1705.
Marguerite, b ⁴ 2 mai 1675 ; m 20 oct. 1691, à François BINON, à la Pointe-aux-Trembles, ⁵ s 1702. — *Marie*, b ⁴ 6 juin 1677. — *François*, b ⁵ 13 juillet 1679 ; s ⁵ 4 janv. 1693. — *Françoise*, b ⁵ 15 sept. 1680 ; m 18 sept. 1702, à Joseph RANCOUR, au Château-Richer. — *Geneviève*, b ⁵ 20 fév. 1683 ; s ⁵ 24 fév. 1694. — *Marie-Madeleine*, b ⁵ 17 juin 1685 ; m ⁴ 3 juin 1751, à Mathurin HOTTE ; s ⁴ 25 avril 1751. — *Charles*, b ⁵ 31 sept. 1687. — *Anonyme*, b ⁵ et s ⁵ 25 fév. 1690. — *Henry*, b ⁵ 7 dec. 1691.

1677, (8 novembre) Lachine. ⁷

I. — DAVAUX, SIMON, b 1647.
FILASTREAU, Perinne, [RENÉ I, s ⁷ 28 oct. 1694, tuée, le 5 août 1689, par les Iroquois, à l'âge de 26 ans.
François, b ⁷ 13 fév. 1683 ; s ⁷ 5 janv. 1705. — *Jean-Baptiste*, b ⁷ 13 mai 1686. — *Jacques*, b ⁷ 18 oct. et s ⁷ 2 déc. 1688.

1672, (11 août) Montréal. ⁸

I. — DAVELUY dit LAROSE DE PICARDIE, PAUL, b 1642, fils de Samuel (maître brasseur) et d'Hélène Godfroy, de Reindeville, diocèse d'Amiens, en Picardie ; s 21 déc. 1687, à la Pointe-aux-Trembles de M. ⁹
HAGUIN, Elizabeth, veuve d'Antoine Courtemanche.
Jeanne, b ⁸ 14 janv. 1674 ; s 3 oct. 1687, à la Rivières des Prairies. ⁴ — *François*, b ⁸ 30 juin 1676 ; s ⁴ 9 nov. 1687. — *Marie-Madeleine*, b ⁹ 31 juillet 1678 ; s ⁴ 20 nov. 1687. — *Jean*, b ⁹ 15 sept. 1680. ; m 26 janv. 1712, à Marie-Françoise LESAGE, à Québec. — *Marguerite*, b ⁹ 19 janv. 1683 — *Suzanne*, b ⁹ 16 avril et s ⁹ 3 mai 1685. — *Jean-Paul*, b ⁹ 25 mars 1687 ; s ⁴ 20 dec. 1687.

DAVENNES. — *Variations :* DAVIER — DAVELNE — D'AVEINE.

1670, (8 septembre) Château Richer. ⁸

I. — DAVENNE, CHARLES, b 1637, veuf de Marguerite Margot, de Le Bellet, ville de Dieppe ; s 25 nov. 1708, à St. Thomas.

DENOYON, Marie, b 1643, fille d'Edouard et de Catherine Chevalier, s 21 juin 1709, à Québec. ⁴
Louis, b 1672 ; s 21 déc. 1675, à Ste. Famille. — *Gabriel*, b ³ 19 avril 1674 ; m 18 nov. 1697, à Marie-Thérèse LIS, à Lévis ; s ⁴ 23 juillet 1735. — *Marie Madeleine*, b ⁴ 21 mars 1678. — *Marie-Charlotte*, b 14 avril 1676, à Lorette ; m 1692, à Jean BISSONNET. — *Marie-Françoise*, b 1680 ; m..., à Michel QUERET.

1697, (18 novembre) Lévis.

II. — DAVESNE, GABRIEL, [CHARLES I.
s 23 juillet 1735, à Québec. ⁶
LIS, Marie-Thérèse, [ZACHARIE I.
s ⁶ 4 juillet 1743.
Gabriel, b ⁶ 23 août et s ⁶ 27 déc. 1698. — *Charles*, b ⁶ 23 août 1698. — *Marie-Josette*, b ⁶ 13 déc. 1699, 1° m ⁶ 7 fév. 1719, à Joseph CADDÉ ; 2° m ⁶ 29 nov. 1724, à Pierre-Josette BERNARD. — *Angélique*, b ⁶ 30 déc. 1701 ; s ⁶ 8 janv. 1703.

D'AVENNE, NICOLAS. — Voyez RENAUD-D'AVESNES — DES MÉLOISES.

1649.

I. — DAVID, CLAUDE, b 1621 ; s 2 déc. 1687, au Cap de la Madéleine.
DE NOYON, Suzanne, b 1633, fille d'Edouard et de Catherine Chevalier.
Michel, b 9 avril 1650, aux Trois-Rivières ³ ; m 1673, à Françoise RACLOS ; s 11 mars 1690, à Champlain. ⁴ — *Joseph*, b ³ 4 juin 1652 ; m à Marie MORNEAU. — *Etienne*, b ³ 21 juillet 1653. — *Claude*, b ³ 22 déc. 1656, m ⁴ 9 janv. 1684, à Jeanne COUILLARD. — *Barthélemy*, b ³ 10 sept 1659. — *Thérèse*, b 4 sept. 1664 ; m 1678, à Martin MASSÉ. — *René*, b ³ 24 avril 1676.

I. — DAVID, GUILLAUME.
ARMAND, Marie.
Jacques, b 23 oct. 1657, aux Trois-Rivières ; m 11 oct. 1690, à Catherine LUSSIER, à Boucherville. — *Anne*, b 30 nov. et s 21 déc. 1659, à Québec. ⁴ — *Marguerite*. b ⁴ 13 avril 1661, — *Marie-Anne*, b ⁴ 16 déc. 1663 — *Madeleine*, b ⁴ 15 février 1666. — *Marie-Angélique*, b 1er mai 1678, à Sorel.

1662, (29 août) Château-Richer. ³

I. — DAVID dit PONTIFE, b 1631, fils de Blaise et de Flavie Morel, do Baringmond, évêché de Rouen.
GRANDIN, ou GRANDRY, Marie, b 1646, fille de Claude et de Jeanne Tousain, de St. André de Paris.
Marie, b ³ 7 déc. 1663 ; 1° m ³ 10 fév. 1681, à Noël FAVERON ; 2° m 19 oct. 1688, à Jacques BOUTREL, à Québec ⁴ ; 3° m ⁴ 12 août 1702, à Joseph BRODIÈRE. — *Jean*, b ³ 12 oct. 1665 ; m ³ 4 nov. 1692, à Marie-Anne PRÉVOST ; s ³ 8 avril 1703. — *Marguerite*, b ³ 2 nov. 1667 ; 1° m ³ 21 nov. 1689, à Joseph LESOT ; 2° m ³ 10 juin 1704, à Pierre CHAPELAIN. — *Jeanne*, b ³ 10 nov. 1669 ; m ³ 27 juillet 1688, à Germain GAGNON ; s ³ 11 nov.

1698. — *Jacques*, b 22 déc. 1670. — *Anne*, b [3] 12 juin 1672 ; (1° m [3] 12 oct. 1694, à Vincent Gagnon , 2° m [3] 17 fév. 1710, à Noel Toupin ; s [3] 7 mai 1711.

I. — DAVID dit Laprairie, soldat de M. Degrès, b 1654, natif de Bordeaux ; s 21 avril 1689, aux Trois-Rivières.

1673.

II. — DAVID, Michel,   [Claude I. s 11 mars 1692, à Champlain.
Raclos, Françoise,
Madeleine, b 1674. — *René*, b 1676 ; m 24 janv. 1719, à Marie-Josette Guay. — *Jean*, b 1678. — *Clémence*, b 28 nov. 1687, au Cap de la Madeleine.

1684, (9 janvier) Champlain. [2]

II. — DAVID, Claude,   [Claude I. s avant 1706.
Couillard, Marie-Jeanne, (1)   [Pierre
Françoise, b... ; m [2] 25 janv. 1706, à François Brunet. — *René*, b...— *Jean*, b... — *Thérèse*, b... ; m 1706, à Jacob Marsac, s 24 sept. 1727, au Detroit.

1690, (11 octobre) Boucherville. [1]

II. — DAVID, Jacques,   [Guillaume I maître-taillandier.
Lussier, Catherine,   [Jacques
Catherine, b [1] 13 fév. 1692. — *Jacques*, b [1] 29 oct. 1693. — *Joseph*, b [1] 18 oct. 1695. — *Marie-Thérèse*, b [1] 2 mars 1698.—*Pierre*, b [1] 18 oct. 1699.

1692, (4 novembre) Château-Richer. [3]

II. — DAVID, Jean,   [Jacques I. s [3] 8 avril 1703.
Prevost, Marie-Anne (?)   [Louis I.
Jean-Baptiste, b [3] 22 oct. 1693. — *Marie*, b [3] 6 juin 1695 ; m [3] 12 nov. 1714, à Gervais Rocheron. — *Anne*, b [3] 4 mai 1697 ; s [3] 17 mai 1715. — *Thérèse*, b [3] 19 déc. 1698 — *Marguerite*, b [3] 13 avril 1700 ; m [3] 1er fév. 1719, à François Cloutier. — *Nicolas*, b [3] 25 janv. et s [3] 19 déc. 1702.

DAVIS, Marie-Anne, née à Salem, près de Boston, en 1681, captive anglaise, rachetée à Québec , religieuse ursuline dite St. Benoit ; s - 2 mars 1749.

DAVOUST, Jean, natif de Clermont, arrivée à Montreal en 1653 ; noyé le 28 août 1657, au Sault St. Louis, lorsqu'il revenait de conduire en canot le Père Du Perron, missionnaire.

DAZÉ. — Voy D'Hazé — Dauzet.

DE BATILLY. — Voy. Margane de la Valtrie, Sieur de Batilly.

DeBEAULIEU. — Voy. Gourdeau dit Beaulieu, Jacques.

DeBEAUNE, Joseph, habitant des Trois-Rivières en 1643.

DeBEAUHARNAIS, Jeanne-Elizabeth, femme de Michel Bégon, Sieur de la Picardière, Intendant de la Nouvelle-France.

DeBEAU-REPOS, Chevalier, présent au mariage de Joseph Perrot, en 1688, à Laprairie.

DE BÉCANCOUR. — Voy. Robineau, Pierre.

De BEDQUIN, Madeleine, femme de Jean Bouvet, en 1673.

De BERCHEREAU. — Voy De Chavigny.

De BERCOUR, signait un acte en 1652.

1694.

I — De BERCY, dit Beausoleil, Thomas. Grandmaison, Nicole.
Marie-Madeleine, b 4 mai 1695, à L'Ange-Gardien. [4]— *Barbe*, b [4] 4 mars 1698. — *Elizabeth*, b [4] 19 août 1700.

De BERCY, Sieur des Essars, François.—*Registres des Trois-Rivières*, 1703.

I. — De BERTHE, (1) Gabriel, Noble-homme ; b 1647, etabli à Montreal. — *Registres de Lachine*, 1683, *et Recensement de* 1681.

I. — De BETHUNE, Antoine, b 1639, s 26 avril 1681, à Sorel.

1691, (2 janvier) Montreal. [2]

I. — DEBIEN, Etienne, b 1661, fils de Denis et Suzanne.
Campeau, Marie,   [Etienne I veuve de Nicolas Le Pileur,
Etienne, b [2] 7 nov 1691 — *François*, b [2] 27 août 1693. — *Michel*, b [2] 24 août 1695, m 23 avril 1722 à Angélique Bizet, à Lachine. [3] — *Antoine*, b [3] 5 fév. 1697. — *Joseph*, b [2] 23 fév. 1699, s [3] 19 sept. 1722 —*Marie-Josette*, b [2] 28 mai 1700, s [2] 22 mars 1703. — *Marie-Anne*, b [2] 12 mars 1702 ; s [2] 31 mars 1703. — *Jean-Baptiste*, b 1704.

1662, (11 septembre) Château-Richer [1]

I. — DEBLOIS, Grégoire, b 1632, natif de Champagne-Montoy, évêché de Poitiers.
I. — Viger, Françoise, b 1646, d'Angers ; s 23 mars 1712, à St. François (I. O) [2]
Joseph, b [1] 6 fév. 1664 ; 1° m 26 fév. 1686, à Marguerite Rousseau, à Ste. Famille [6] ; 2° m [2] 10 janv. 1718, à Marie Lefort. — *Jean*, b [1] 17 déc. 1655 ; 1° m [6] 22 nov. 1688, à Françoise Rousseau ; 2° m 21 juin 1706, à Geneviève Lemaitre, à Québec. — 3o m [2] 12 juin 1710, à Marguerite Meunier — *Guillaume*, b [6] 21 mars 1668 ; s avril 1681. — *Charles-François*, b [6] 1er nov. 1670.—

---

(1) Elle épouse, le 22 février 1694, Jacques Valois, à Champlain.

(2) Elle épouse, le 25 juin 1704, Clément Langlois, au Château-Richer.

(1) Sr. de Chailly.

Germain, b [6] 18 déc. 1672 ; m [6] 20 fév. 1696, à Marie Dupont — *Reine,* b [6] 21 juillet 1675 : m [6] 15 fév. 1694, à Xiste Levreau. — *Marie,* b [6] 29 avril 1678 ; m [6] 9 juin 1695, à Jean-Baptiste Dupont ; s [6] 28 déc. 1703. — *Jean-Baptiste,* b [6] 12 déc. 1680 ; 1o m [6] 13 août 1703, à Louise Pelletier ; 2o m [2] 28 avril 1710, à Marie-Madeleine Labbé.

1686, (26 févr.er) Ste. Famille.[6]

II. — DEBLOIS, Joseph,   [Grégoire I.
   1o Rousseau, Marguerite,   [Symphorien I.
     s 11 sept 1717, à St. François, (I. O)[1]
Madeleine, b [6] 4 fev. 1687. — *Marguerite,* b [1] 5 oct. 1688 ; m à Jean Pasquet. — *Simon,* b [1] 17 nov. 1691 ; m [1] 24 fev 1716, à Marguerite Legrant. — *François,* b [1] 25 mars 1694 — *Joseph,* b [6] 14 juillet 1700, m [1] 13 nov. 1724, à Veronique Martineau : s [1] 3 janv. 1725. — *Gervais,* b [1] 14 juillet 1702 , s [1] 8 fev. 1703. — *Jean-Baptiste,* b [1] 26 oct. 1704 ; m 22 mai 1729, à Angelique Dumont, à Québec. — *Angelique,* b [1] 19 nov. et s [1] 20 nov 1703. — *Anne,* b... ; m [1] 20 juillet 1717, à Noel Boucher.

    1718, (10 janvier) St. François, I. O.

   2o Lefort, Marie,   [Antoine I.
    veuve d'Ignace Pepin.

1688, (22 novembre) Ste. Famille. [1]

II. — DeBLOIS, Jean,   [Grégoire I.
   1o Rousseau, Françoise   [Symphorien I.
    s [1] 1er mars 1703.
Françoise, b [1] 15 janv. et s [1] 12 nov 1690. — *Françoise,* b [1] 12 fév. 1691. — *Marie,* b [1] 24 oct. 1692. — *François,* b [1] 29 mai 1693. — *Jeanne,* b [1] 8 janv. 1696. — *Claire,* b [1] 5 mai 1697. — *Jean-Baptiste,* b [1] 17 août et s [1] 21 oct. 1700. — *Jacques,* b [1] 28 fév. et s [1] 1er mars 1703.

    1706, (21 juin) Quebec. [2]

   2o Lemaitre, Geneviève,   [Paschal I.
    veuve de Pierre Laizeau ; s...

    1710, (12 juin) St. François, I. O.

   3o Meunier, Marguerite,   [Mathurin I.
    veuve de Pierre Labbé.

1696, (20 fevrier) Ste. Famille [4]

II. — DEBLOIS, Germain,   [Grégoire I.
   Dupont, Marie,   [François I.
Marie-Madeleine, b [4] 1 et s [4] 3 déc. 1699 — *Marie-Marthe,* b [4] 9 nov. 1701; s [4] 18 fév. 1703. — *Joseph,* b [4] 1er juillet 1704. — *Marie-Marthe,* b [1er] fév. 1712, au Château-Richer.

1697, (27 juillet) Boucherville. [3]

I. — De BLUCHE dit La Serre, Bertrand, soldat, b 1675, fils de Jean et de Marguerite De Fitte, de Montaigue, evêché d'Aix , s...
   Edeline, Catherine,   [Charles I.
Catherine, b [3] 10 août 1698.

De BOCAGE. — Voy. De la Brosse, Sieur de Bocage.

De BOIS-ANDRÉ. Catherine, femme de Marc Anthoine, 1663.

De BOISCLAIR. — Voy. Lanouillier.

I. — DEBORD, Léonard — Voy. Dubord.

1685, (15 octobre) Québec.

I. — De BORDEAUX, Philippe, b 1661, fils de Gilles et de Geneviève Hève, de St. Côme, ville de Gisars, evêché de Rouen ; s...
   Laisné, Marie, b 1666, fille de Jean et de Marthe Loix, de St. Paul, evêché de Paris , s ..

I. — De BOULOGNE, Florentin, de St. Eustache, de Paris.
   Philippe, Gertrude, b 1603, née à Ravière, en Champagne, ursuline dite St. Dominique, le 2 dec. 1648 ; s 20 août 166 [7], à Quebec. [7]
   Barbe, b 1618 ; m..., à Louis D'Aillebout, 3me gouverneur de la colonie ; s [7] 7 juin 1685. Inhumee dans le chœur des Hospitalières de Quebec

De BOURGUET. — Voy. D'Estienne.

1669,

De BOUTEROUE, Claude, Intendant du Pays.

De BRAGELOGNE, enseigne de la compagnie de Sieur De la Durantaye. — *Registre de St. Jean, I. O.,* 1698.

De BRICOURT, Louis Herbin, messire, lieutenant, signe un acte à l'Ange-Gardien, en 1686.

I. — De BRISAY, Jacques-René (1), marquis de Courtin, Catherine.
   Marie-Anne, b 14 oct. 1685, à Québec. — *Benigne,* marraine de Marie-Anne Bochart, 1685, avec le marquis de Crisafy.

De BRUCY. — Voy. De la Frenaye, sieur De Brucy.

De BUADE. — Voy. Frontenac.

I. — De BURE, Suzanne, b 1636, fille de Vincent et de Suzanne Golin, de St. Sauveur de Rouen · m..., à Louis Lefebvre dit Battanville.
   Marie, sœur de la precedente, b 1647, 1o m 6 oct. 1665, à Gilles Enard, à Québec ; [3] 2o m [3] 27 dec. 1666, à Jean Bernard dit Hanse.

De CABANAC. — Voy. Desjordis, sieur De Cabanac.

1687, (14 octobre) Québec. [4]

De CADARAN, Louis, seigneur de Bonneville, b..., fils de François et d'Antoinette Bire, de Blin, évêche de Nantes ; s...
   Morel, Françoise,   [Olivier I.
Joseph, b [4] 20 janv. 1688.

---

(1) Arrivé en 1685, avec sa femme et une partie de sa famille. — *Lettre de Mgr. de St. Valier.*

De CAILLIÈRES, Louis-Hector, b 1639, chevalier de Caillières, gouverneur du Canada, s 28 mai 1703, dans l'eglise des Récollets, à Québec.

De CAMPE. — Voy. Relep, Jean-Baptiste.

De CANCHY, Louis, Sieur de Lerolle.

De CELLES. — Voy. Celles — Duclos.

1668, (21 octobre) Quebec. [1]

I. — DE CHAMBE, Jean, b 1640, fils d'Etienne et de Jacquette Augere de Voulême, evêché de Poitiers ; s avant 1705.
    Paul, Catherine, b 1638, fille de Pierre et de Jeanne Tarsillon, de St. Nicolas-des-Champs de Paris ; s 27 nov. 1705, à Charlesbourg. [2]
    Jean-Baptiste, b [1] 12 sept. 1669. — Catherine-Romaine, b [1] 8 juin 1671 ; m [2] 6 fev. 1690, à David Giraudeau. — Romain, b [1] 7 janv. 1673 ; m [2] 14 avril 1698, à Catherine Boesmé ; s [2] 9 avril 1711. — Etienne, b [1] 9 oct. 1674. — François, b [1] 4 dec. 1676 ; s [1] 3 août 1677 — Marie-Madeleine, b [1] 2 janv. 1678. — Pierre, b [1] 24 sept. 1679. — Marie-Françoise, b [1] 25 oct. 1682 ; s [2] 24 nov. 1687. — René, b [2] 9 sept. 1684.

1698, (14 avril) Charlesbourg. [1]

II. — De CHAMBE, Romain,   [Jean I. s [1] 9 avril 1711.
    Boesmé, Catherine-Angélique, (1)   [Jean I.
    Elizabeth, b 9 et s 10 oct. 1699, à Québec. [2] — Marie-Gertrude, b 24 et s [1] 26 sept. 1700. — François, b [1] 29 août 1702 ; m [2] 9 oct. 1724, à Marie Pruneau. — Marie-Thérèse, b [1] 6 janv. 1704. — Louis, b [1] 27 juillet 1705. — Charles, b [1] 5 nov. 1706. — Jean-Bernard, b [1] 3 fev. 1708. — Pierre, b [1] 15 sept. 1709.

I. — De CHAMBLY, Jacques, capitaine. — Voy. Chambly.

De CHAMPLAIN. — Voyez De Galimard, Sieur De Champlain.

I. — De CHANVERLANGE, Jeanne, b 1637, fille d'Antoine et de Marthe Guerin, de St. Rucin, evêché de Bourges: m 23 oct. 1655, à Pierre LeVasseur, à Quebec.

II. — De CHASTEILLÉ, Jacques. — Voyez Lemoine de Chateauguay.

1676, (16 novembre) Québec. [1]

I. — De CHAUME, André, b 1651, fils d'Antoine et de Simone Hénault, de St. Germain, d'Auxerre.
    Lemelin, Louise,   [Jean I.
    Marie-Anne, b 5 sept. 1698, à Montréal ; m [1] 2 août 1717, à Etienne Billy.

De CHAPT. — Voyez De La Corne.

(1) Elle épouse, le 1er décembre 1717, Guillaume Courbier, à Québec.

I. — De CHAVIGNY, Sieur De Berchereau, François, noble, de Creance en Champagne.
    De Grandmaison, Eleonore, veuve d'Antoine Boudier ; (1) b 1619.
    Marie-Madeleine, b 13 oct. 1641, à Québec ; [1] m [1] 24 juillet 1662, à Jean Lemoyne. — Marguerite, b [1] 30 mai 1643 ; 1o m [1] 26 juillet 1656, à Thomas Douaire-Bondy ; 2o m [1] 19 nov. 1671, à Jacques-Alexis De Fleury. — Geneviève, b [1] 28 janv. 1646, 1o m [1] 2 mai 1660, à Charles Amiot ; 2o m [1] 23 oct. 1680, à Jean-Baptiste Couillard ; s [1] 21 avril 1724 — Charlotte, b [1] 17 fev. 1647 ; 1o m [1] 6 nov. 1668, à Renee Breton ; 2o m [1] 2 sept. 1709, à Jean Girou. — François, b [1] m [1] 19 juin 1675, à Antoinette De l'Hopital, 2o m 20 avril 1699, à Beauport, à Geneviève Guyon. — Elizabeth, b [1] 31 janv. 1649 ; m [1] 10 oct. 1667, à Etienne Landron. — Françoise, b [1] 6 juillet 1650.

1675, (19 juin) Québec. [2]

II. — De CHAVIGNY, (2) François, [François I. 1o De l'Hopital, Antoinette-Charlotte, fille de François et de Louise Gervaise, de Montpellier.
    Louise, (3) b [2] 11 nov. 1675 ; m [2] 16 janv. 1696, à Pierre Dupont

1699, (20 avril) Beauport. [3]

2o Guyon, Geneviève,   [Françoise II.
    Elizabeth, b [3] 30 janv. 1700 ; m [3] 10 oct. 1718, à François Chevalier ; s 10 août 1731, à Québec. [4] — Marie-Jeanne, b [4] 1er et s [4] le 6 juillet 1702. — Augustin, b [4] 4 oct. 1711. — François, b… m 9 sept. 1731, à Marie-Françoise Trotier, à Batiscan. — Marguerite, b… m…, à Henry Arnaud.

1643.

I — De CHEURAINEVILLE, Jacques.
    Baudon, marguerite.
    Marie-Madeleine, b… ; m 22 oct. 1663, à Isaac Lamy, à Quebec. [1] — Claude, b… ; m [1] 12 août 1665, à Henry Bereau dit Pominville.

De CLERIN. — Voy. D'Estienne.

De CLERMONT, Alexandre-Samuel, Ecr., lieutenant ; s 23 oct. 1690, à Beauport. (4)

I. — De COGUENNE de Besonville, Charlotte, b 1636, fille d'Aloy et d'Honoré Quintal, de la Picardie ; 1o m 10 janv. 1667, à Jean Gateau, à Montréal [1] ; 2o m [1] 1er mars 1688, à Jacques Bros.

De COMPORTÉ — Voy. Galltier, Sieur de C.

(1) Elle épouse, le 13 août 1652, Jacques Gourdeau, à Québec ; et, le 15 oct. 1663, Jacques Descailhaut de la Tesserie, à Québec.

(2) Sieur de la Chevrotière.

(3) Filleule de Frontenac.

(4) " Ont été inhumés les Sieur de Clermont, lieutenant, Joseph de la Touche et…… tous trois ayant été tués dans le combat qui fut livré le 18 oct. 1690, par nos ennemis, les Anglais, où les susdits décédés donnerent leur vie pour soutenir leur religion et leur patrie. " — Registres de Beauport, 23 oct. 1690.

1667.

DE CONTRECOEUR, Antoine. — Voy PECODY, Sieur de Contrecoeur.

I. — De CORDÉ, Catherine, b... ; m..., à René Le Gardeur ; s 7 juillet 1657, à Quebec.

1680, (25 novembre) Québec.

I. — DE COUAGNE, Charles, marchand, b 1651, fils de Charles et de Renee Greffière, de Chon, évêche de Bourges ; s...

1° Mars, Anne,   [Simon I.
s 21 avril 1685, dans l'église de Montréal. 4
Jacques-Charles, b 4 10 nov. 1681.—*Marie-Anne,* b 4 5 sept. 1683.

1685, (30 juillet) Montréal. 4

2° Godé, Marie,   [Nicolas II.
Jean-Baptiste, b 4 9 mars 1687. — *Marie,* b 4 19 oct. 1688 — *René,* b 4 30 août 1690.— *Nicolas,* b 4 13 déc. 1691. — *Pierre,* b 4 9 janv. 1693. — *Joseph,* b 4 27 avril et s 4 3 oct. 1694. — *Marie-Josette,* b 4 3 août 1695. — *Thérèse,* b 4 19 janv. 1697. — *Suzanne,* b 4 21 janv. 1698. — *Marie,* b 4 3 et s 4 22 fév. 1699.

3° Hubert de la Croix, Marie-Anne, [René I.
s 8 août 1711, à Quebec 1
Charles, b 1708 ; s1 1er dec 1725. (1) — *Charles-René,* b... ; m1 5 oct. 1737, à Marie-Louise Cartier.

I. — De DHLAY, Jean, soldat de Mr. De Merville, en 1691.—*Registres de la Pte-aux-Trembles de Québec,* 1691.

I. — De DIEU, Jean, marchand, signe un acte au registre de Ste. Foye, le 12 juillet 1702.

I. — De DOMPIERRE, François,
De Montpensier, Marie.
Marguerite-Madeleine, b en 1689 à Québec.

1686, (4 nov) Contrecoeur.

I, — DE DOUHET, (2) Jean, de St. Michel, évêché de Limoges.
Jarret, Marie-Jeanne,   [François I.

I. — DÉE, Jeanne, b...; m... s 6 août 1686, à Batiscan.

I. — De FAYE, dit Chateauneuf Jean, marchand ; b 1660 ; s 19 août 1686, à Quebec. Noyé dans le fleuve St. Laurent.

1687.

I. — DE FAYE (dit Darville), Pierre.
Pinel, Marie-Françoise,   [Pierre II
Elizabeth, b... ; m 11 juin 1703, à Jacques Desmeillers.

(1) Elève du Séminaire de Québec.
(2) Sieur de Larivière dit de l'Estang.

1671, (19 novembre) Québec.

I.—De FLEURY, (1) Jacques-Alexis, b 1642, fils de Jacques et de Perinne Gabar, St. Jean de Montaigu, evêché de Luçon, au Poitou.
1° De Chavigny, Marguerite,   [François I.
veuve de Thomas Douaire de Bondy.
Jacques, b 1 15 août 1672, ordonné prêtre le 26 août 1694, en France — *Charles,* b 1 24 oct. 1674, (2) passe à l'evêché de la Rochelle et y demeure. — *Joseph* b 1 9 avril 1676 ; m1 11 mai 1702, à Claire Joliet ; s1 3 mai 1755.— *Louis,* b 1 1er juillet 1678 — *Pierre,* b 1680 , s1 11 mars 1701, dans la chapelle du seminaire — *Charlotte,* nee 10 janv. et b 2 20 avril 1683.— *Simon-Thomas,* (3) b....

1708, (9 juillet) Ste-Anne de la Pérade

2° Denis, Marguerite-Renée,   [Pierre II
veuve de Thomas De la Naudière. s 3 fev. 1722, dans l'église des Recollets à Quebec.

DE FOGAS.—*Variations et surnoms :*—Phocasse —Raymond

DE FOUCAULT.—Voy. La Tour.

1696.

I. — De FOY, Louis.
Hubert, Marie-Charlotte, b 1655 ; s 18 déc. 1715, à Quebec.
Charles, b 18 juin 1695, à Batiscan, m 30 mai 1718, à Marie Brousseau, à St. Augustin.

1694, (25 novembre) Champlain. 4

I. — DE FRENEL (1) Joseph-Antoine enseigne, b 1662, fils de Cesar et de Marie Safray, de Livrault, evêché de Lizieux.
Chorel, Jacqueline,   [François 1.
Marie-Elizabeth, b 4 21 fév. 1697.—*Antoine,* b 18 mai 1698, à Montréal 3 ; s 3 avril 1700, à Lachine 5 — *François,* b 5 7 déc. 1699 , s 5 3 fév. 1700. — *Françoise-Marie-Josette,* b 4 28 fev. 1701. — *Marie-Josette,* b 1 3 mai 1702. — *Anne-Charlotte,* b 3 25 nov. 1703. — *Catherine,* b 3 28 mars 1705.

1712, (21 fevrier) Laprairie.

2° De Lamarque, (Marie, (5)   [Jacques I.
veuve de Jean-Baptiste Nolan.

1646.

I. — De FRÉTAT, Amable. (6)

DE FRONTENAC, Louis de Buade, gouverneur ; s 1er decembre 1698, dans l'église des Pères Recollets, par Mgr. l'evêque de Québec. 4

(1) Deschambeault, Conseiller du Roy, lieut. au siége ordinaire de la justice royale de l'Ile de Montréal.
(2) Il signait : Charles Deschambeault Fleury.
(3) Sieur de la Jaunière, établi à la Martinique.
(4) Sieur de la Pipardière, Seig. de Viette. Lieut. Commandant le fort Rolland.
(5) Elle épouse, le 3 mai 1717, Alphonse De Tonty, à Montréal.
(6) Arrivé en septembre 1646.

1697, (14 janvier) Québec. [1]

I.—De GALIFET, François, (1) lieutenant du
Roy a Montréal, en 1700, b 1666, fils de Pierre
(Seigr. d'Homon) et de Marguerite DeBonfils,
de N.-D. de Grâce, évêché de Vaison ; s...
Aubert, Catherine, [Charles I.
Louise-Angélique, b [1] 3 et s 22 janv. 1698, à
Beauport. — *Charles-François,* b [1] 13 nov. 1698.
— *Marguerite,* b [4] 18 juin et s [4] 1er oct. 1700. —
Marie-Joselle, b [4] 25 avril 1702.

1687, (9 février) Champlain. [1]

I.—De GAME, Léon, b 1657, fils de Denis et de
Jeanne Do Guitre, de St. Soulle, évêche de
LaRochelle ; s...
Begnier, Marie-Jeanne, [Massé I.
Laurent, b [1] 2 nov. 1696 ; m 3 fév. 1721, à
Marie Lévêque, à Repentigny — *Marie-Madeleine,*
b... — *Marie-Antoinette,* b 13 juillet 1708, à Con-
treceur.

I —De GANNES, Louis, (2) b 1666, fils de Louis
et de Marie Françoise Le Bloy, de Buxeuil,
évêché de Poitiers ; s...
1o Denis, Barbe, [Simon I.
veuve d'Antoine Pecaudy.

1695, (12 juillet) Montréal.

2o Le Gardeur, Louise, [Charles II.

1688.

I.—DEGERLAIS (3) dit St. Amand, Jean.
Trudel, Jeanne, [Jean I.
Marie-Joselle, b 10 nov. et s 19 déc. 1689, aux
Trois-Rivières. [2] — *Jeanne,* b... ; m [2] 20 août 1705,
à Pierre Benoist.—*Antoine,* b... ; m [2] 25 mai 1709,
à Marie Pelletier. — *Marie-Joselle,* b... ; m [2] 25
mai 1709, à Jean Lesage — *Marie-Anne,* b 19
mars 1698, à Ste. Anne de la Pérade . m [2] 4 mars
1714, à Jean Brisar.—*Marguerite,* b... ; m
1704, à Pierre Du Lignon.—*Jean-François,* b... ;
m 23 juin 1719, à Marie-Catherine Aubert, à
Québec.

De GOULETREZ, sergent de M De Muy, tué par
les Iroquois, avec Lemoyne-de-Bienville ; s
7 juin 1691, à Montréal.

De GRAIS. — Voy. Le Goués, chevalier de
Grais.

I.—DeGRANDMAISON, Eleonore, b 1619 ; 1o
m à Antoine Boudier, Sieur de Beauregard ;
2o m à François DeChavigny ; 3o m 13 août
1652, à Jacques Gourdeau, à Québec [1] ; 4o
m [1] 15 août 1663, à Jacques Cailhaut De La
Tesserie ; s [1] 22 fév. 1692.

I.—De GROIZILLIERS, Voy. Chouard-Médard.

I.—De GUÉ, Alexis — Voy. Guay.

De GUIRE,— *Variations et surnoms :* De Kir,
De Keré — Larose

1669.

I —De GUIRE, François, tisserand, établi à St.
Ours, fermier de M. Boucher, b 1641 ; s 12
sept. 1699, à Montréal.
Colin, (1) Marie-Rose,
b 1641.
Lucas, b 1672 ; m 1698, à Marie Ménard ; s 5
avril 1700, à Repentigny.—*Jean-Baptiste,* b 1674,
m à Cunégonde Picard.—*Pierre,* b 1675 ; m à
Jeanne Belet.—*Marie-Madeleine,* b 1679 ; m
25 nov. 1700, à François Journet, à Montréal. [3]—
Thérèse, b 26 janv. 1681, à Contrecœur. o—*Jeanne,*
b [5] 1 janv 1683. — *François,* b [5] 28 nov. 1684 ; m
à Marguerite Veronneau. — *Jean-Baptiste,* b [5] 3
mai 1687 ; m à Madeleine-Catherine Ménard.—
Marie-Joselle, b 19 mars 1691, à Boucherville ; m [3]
8 janv. 1713, à Guillaume Valade, à Montréal.

II.—De GUIRE, Luc, [François I.
s 5 avril 1700, à Repentigny. [6]
Ménard, (2) Marie, [Pierre I.
veuve de François Gélinaud.
Guillaume, b [5] 17 mai 1699.

De GUISE,— Voy. De Joinçau

1691, (12 août,) Québec. [1] .

I.—De GUISE, Guillaume, b 1666, fils de
Jacques et de Marie Fovier, de St. Eloy, ville
de Dunkerque, en Flandre ; s [1] 18 fev. 1711.
Morin, Marie-Anne, [Pierre II.
s [1] 24 nov. 1743.
Marie-Périnne, b [1] 11 mai 1692 ; m [1] 27 juin
1712, à Jacques Véret. — *Girard-Guillaume,* b [1]
8 sept. 1694 ; m à Marie-Anne Rouillard ; s [1] 22
mars 1752.—*Jacques,* b [1] 6 mars 1697 ; 1o m [1] 10
sept. 1725, à Thérèse Rinfret ; 2o m à Marie
Laisné.—*François,* b [1] 11 mai 1699 ; m [1] 25 juin
1725, à Marie-Louise Legris, s [1] 12 mars 1763.—
Marie-Joselle, b [1] 12 fév. 1702 ; m [1] 21 avril 1721,
à Julien Hellot. — *Catherine-Antoinette,* b [1] 26
mai 1704 ; m [1] 19 mars 1727, à Charles Guilbaut ;
s [1] 11 nov. 1731.—*Pierre-Thomas,* b [1] 21 déc.
1706 ; m [1] 10 fév. 1738, à Marguerite Langlois.
— *Marie-Charlotte,* b [1] 7 nov. 1709 ; m [1] 31 oct.
1734, à Marie-Louise Fluet.

DEHAIS, Pierre. — Voyez Deshayes dit St. Cyr.

I.—De HORNAY dit La Neuville, Jacques,
notaire-royal, b 1664 ; s [5] 7 mars 1730.
Vallier, Marie.
Marie-Geneviève, b... ; m 24 août 1739, à
Silvain Chabenac, aux Trois-Rivières.

I.—DeJOINÇAU dit De Guise, Jean-Baptiste,
de St. Maurice, évêché de Sens ; s 12 fév.
1700, à Montréal.

---

(1) Seigneur de Cahn. — Major de Québec.

(2) Sieur de Falaise, lieutenant.

(3) Aussi Segelle.

(1) Appelée Dubuisson, au recensement de 1681.

(2) Elle épouse, le 25 janvier 1701, Louis Gauthier, à Montréal.

1672, (17 octobre) Québec. [6]

I. — De JOYBERT, (1) Pierre, b 1644, fils de Claude et de Claude Brissier de St. Hilaire de Soulanges, évêche de Châlons, en Champagne; s avant 1690.
Chartier, Marie-Françoise, [Louis-Théandre I.
Louise-Elizabeth, (2) b [6] 15 juin 1675. — Pierre-Jacques, (3) b [6] 8 juillet 1677; m 7 nov. 1702, à Marie-Anne Bécard, s [6] 16 janv. 1703.

1668, (20 novembre) Montréal.

I. — De KADEVILLE, Bernard, b 1668, soldat de M. De Lorimier, fils de Jean et de Jeanne Du Luc, de Morlanne, évêche de Pau.
De Vaachy, Marie-Madeleine,   [Pierre I.

I. — De la BARDELIÈRE, Guillaume.
Pournain, Marie (4)

De la BARRE, Jacques, b 1641, établi à la Rivière du Loup, en 1681.
Tavenelle, Jeanne, b 1650.
Catherine, b 1675.

1699, (3 février) Québec. [7]

I. — De la BARTIIE, Louis, b 1669, tapissier, fils d'Arnaud et d'Anne Dupoux, de St Jacques, évêche d'Auxerre.
Vernet, Marguerite,   [Antoine I.
Anne-Marie, b [7] 17 nov. et s [7] 16 déc. 1699. — Louis, b [7] 1er avril 1701; s [7] 15 janv. 1703. — Jean-Marie, b [7] 24 sept. 1702.

I. — De la BOURDET, Jean, maître d'hôtel de M. De Frontenac, s 12 janv. 1695, à Quebec.

I. — De la BOURLIÈRE-dit-La Plante, Jean-Baptiste, établi à Kamouraska. [9]
Martin, Catherine-Françoise,   [Joachim I.
Marie-Anne, b 22 août 1700, à la Rivière-Ouelle [8] — Angélique, b [3] 3 sept. 1702; m [9] 4 mars 1737, à Augustin Ouellet. — Thérèse, b [8] 14 sept. 1704; m [9] 16 janv. 1730, à André Morel. — Jean-Baptiste, b [8] 9 juin 1706; m [9] 27 nov. 1730, à Madeleine Michaud — Pierre, b [8] 28 nov. et s [3] 4 dec. 1707. — Marie-Madeleine, b [8] 1er sept 1709; m [9] 4 mai 1733, à Jean-Baptiste Guérez. — Augustin-Amador, b..., m [9] 20 nov. 1742, à Anne Michaud. — Jacques, b...; m [9] 20 avril 1740, à Marie-Josette Michaud. — Marie-Françoise, b 1719, m [9] 8 janv. 1742, à Jean-Bernard Hudon.

De la BRETONNIÈRE. — Voy Passard.

De la BROSSE, Denis. — Voy. Jourdain De la Brosse.

I. — De la BROSSE, Pierre, sieur de Boccage, lieutenant de la marine; s 22 juillet 1692, à Montréal, tué par les Iroquois.

De la BUSSIÈRE, sergent dans les troupes, tué par les Iroquois, au Long Sault, avec plusieurs soldats; s 17 juin 1692, à Montréal.

De la CANTERIE. — Voy. De Mongaron, sieur De la Canterie—Le Mondion.

1698, (8 août) Montréal.

I. — De LACELLE, Jacques, b 1670, fils de Gilles (marchand) et d'Anne Beauregard, de Savigny-sur-Oise, évêche de Paris.
Gibaut, Angélique,   [Gabriel I.

1667, (31 octobre) Québec.

I. — De la CHAISE, Louis, b 1636, fils de Louis et de Marie Georget, de St. Denis d'Amboise, évêche de Tours; s...
Boisandre, Jeanne-Claude, b 1644, fille de Jacques et de Marie Vierville, de St. Jean de Caen, évêché de Bayeux; s..

I. — De la CHASSAIGNE. — Voy. Bouillet, sieur de la Chassaigne.

I. — De la CHAUSSÉ, tué par les Iroquois; s 4 juillet 1648, aux Trois-Rivières.

I. — De la CHAUSSAY. — Voy. Beauharnais de la Chaussay-Beaumont.

I. — De la CHAUVIGNERIE, Louis. — Voyez Maray de la Chauvignerie.

De la CHENAYE, Pierre. — Voyez Aubert, sieur De la Chenaye—Duquet, sieur De la Chenaye —Frerot.

1698, (21 novembre) Québec. [5]

I. — De la CHENAYE, Prosper, chapelier, b 1669, fils de Pierre et de Marguerite Canterelle, de St. Ouin-du-Ponteau-de-Mer, évêche de Lizieux; s...
Joly, Marie-Madeleine,   [Jean I.
s [5] 9 mai 1699.
Philippe, b [5] mai 1699.

I. — De la CITIÈRE, Florent, Juge de Beauport, notaire-royal, b 1668; s 30 oct. 1728, à Quebec. [3]
Pluchon, Jeanne,   [Pierre I.
s [3] 12 mai 1729.
Marie-Madeleine, b [3] 17 déc. 1697; m [3] 18 mars 1715, à Pierre Desguerrois; s [3] 10 juin 1717.

Da la CODRÉS. — Voy. Dubouchet dit Déjadons, sieur De la Codrés.

I. — De la COMBLE, Jean.
Millet, Marie.
Jean, b 25 janv. 1683, à la Pointe-aux-Trembles de Montréal.

---

(1) Seigneur de Marçon et de Soulanges; commandant en Acadie.

(2) Elle était née, le 18 août 1673, en son habitation de la (Rivière St. Jean-Acadie), filleule de Frontenac.

(3) Chevalier-seigneur de Soulanges, enseigne de vaisseau et capitaine d'une compagnie franche de la marine.

(4) Elle épouse, (24 nov. 1659, à Montréal) Jacques Testard, Sieur de la Forest, chevalier et capitaine de la marine.

1695, (11 juin) Montréal [4]

I. — DE LACORNE, sieur de CHAPT, JEAN-LOUIS, chevalier, b 1666, major des Trois-Rivières, fils de Luc et d'Antoinette d'Allemagne, de Vandon, evêché de Clermont, en Auvergne.
1° PICAUDY DE CONTRECŒUR, Marie. [ANTOINE I
Louis, b [4] 24 juin 1696 ; m..., à Elizabeth DE RAMEZAY ; s 2 avril 1762, à Terrebonne. — *Louise-Ursule*, b [4] 9 oct. 1697. — *Louis-Luc*, b [4] 21 juin 1704 : il était né le 6 juin 1703, m [4] 10 déc. 1742, à Marie-Anno HERVIEUX. — *Antoine*, b 1er déc. 1708, à Contrecœur. — *Joseph-Marie*, b 2 nov. 1714, à Verchères. — *François-Josué*, b [4] 1710 ; m [4] 28 déc. 1745, à Michelle HERVIEUX.
2° GAUTHIER DE LA VÉRANDRY, Marie, [LOUIS II. *Marie-Madeleine*, b 1700, sœur dite du St. Sacrement, Congrégation N.-D. ; s 13 mars 1762.

DE LA CROIX. — Voy. DE LA GROIS

DE LA DURANTAYE. — Voy. MOREL, sieur DU HOUSSAY

DE LA FAYE-DIT-MOUTURE, PIERRE. — *Edits et Ordonnances*, t II, p. 53.

1688, (13 septembre) Lachine.]

I. — DE LA FAIE, RENÉ-ANTOINE, b 1654, fils de Jacques (lieutenant de Prévot de Poitiers) et de Marie-Judith de Guillon, de St. Didiers, evêché de Poitiers ; s...
COURREAU, Françoise, [CYBAR I.

1698, (22 juin) Montréal. [3]

I. — DE LA FAYE, PIERRE, b 1669, frère du précédent ; s...
MASSART, Marie, [NICOLAS I.
Marie-Anne, b [3] 1696.

DE LAFOND. — Voy. LAFOND.

DE LA FERRANDIÈRE, JOSEPH, au village St. Joseph de Charlesbourg. — *Recencement de* 1681.

DE LA FRESNAYE — Voy. DE LA FRAYNAYE, SIEUR DE BRUCY.

DELAGE. — *Surnoms :* LAVIGUEUR — LAFLEUR — LARIVIÈRE.

1669, (19 octobre) Ste. Famille.

I. — DE LAGE, NICOLAS, b 1637, fils de Jacques et de Marguerite, de St. Martin de Sigogne, evêché de Xaintes ; s...
PETIT, Marie (1) b 1643, fille d'Eustache et de Barbe COCHOIS, de St. Benoit de Paris ; s...
Charles, b 21 avril 1672, à St. François, I.O. ; m 22 nov. 1706, à Marguerite PLANTE, à St. Jean, I.O.

1683, (3 septembre) Québec.

I. — DE LAGE, JEAN, tailleur, b 1661, fils de Gilles et de Marie Martin, de St. Pierre de la Rochefoucault, evêché d'Angoulême, s...
ROGER, Marie-Anne, b 1670, fille de Jacques et de Madeleine LÉGARE, de St. Sulpice de Paris.

1692, (7 février), Beauport. [4]

I. — DELAGE, dit LAVIGUEUR, JEAN, b 1663, fils de Jean et de Michelle de la Mazerolle, d'Issi-dué, d'Angoulême ; s...
CHALIFOUR, Anne, [PAUL I.
veuve de Jean Le Normand.
Louise, b 1693 ; s [4] 13 fév. 1703. — *Jean-Fran-*çois, b [4] 27 janv. 1696 ; m [4] 23 oct. 1719, à Made-leine LOISEL. — *Marie*, b [4] 23 déc. et s [4] 26 déc. 1698. — *Paul*, b [4] 16 juillet 1700, s [4] 10 sept. 1700. — *Claude*, b [4] 23 sept. 1701 ; m en 1727, à Marie-Anne BLAGELONNE, à Charlesbourg. — *Louis-Claude*, b [4] 2 déc. 1703 — *Jean*, b [4] 18 fév. 1705. — *Marie-Anne*, b [4] 14 sept. et s [4] 30 oct. 1706. — *Marie-Anne*, b [4] 6 mars 1709. — *Geneviève*, b [4] 21 janv. 1711.

I. — DELAGE, dit LARIVIÈRE, LAURENT-JACQUES, b 1643 ; s 13 nov. 1703, à Charlesbourg. [4]
BEZEAU, Marie-Renée, (1) [PIERRE I.
Pierre, b 15 avril 1695, à Lorette. [2] *Jean*, b 15 avril 1695 — *Marie-Charlotte*, b [2] 20 avril 1696. — *Marie-Jeanne*, b [4] 8 mars 1699. — *Elizabeth*, b [4] 8 mai et s [4] 8 juin 1701. — *Jean-Baptiste*, b [4] 21 mai 1702.

DELAGE DIT LAFLEUR, JEAN.
CHEBAUDIER, Jeanne.
Marie-Madeleine, b 27 mai 1699, à St. Laurent, I. O.

1684, (12 juin) Québec.

I. — DE LA GRANGE, MATHIEU, (2) b 1659, fils de Jean et de Catherine Jouineau, de St. Antoine d'Oradoufairet, evêché de Limoges ; s 11 janv. 1707, à Beauport.
D'ANNEVILLE, Marie-Gabriel, [BRICE I.
veuve de Louis Blanchard. (3)

1691, (3 novembre) Québec [2]

I. — DE LA GRANGE, JEAN LÉGER, médecin, b 1632, fils d'Hely et de Jeanne de Phelis, de St. André, Bourg d'Abia, evêché de Limoges.
FAUVEL, LOUISE, [PIERRE I.
s [2] 13 déc. 1702, dans l'église de Québec.
Geneviève, b [2] 12 fév. 1694, religieuse ursuline, dite sœur St. Louis; s [2] 23 juillet 1776. — *Fran-*çoise, b [2] 2 mai 1695. — *Marie-Louise*, b [2] 2 juin 1697. — *Marie-Jeanne*, b [2] 29 juin 1700. — *Marie-Elizabeth*, b [2] avril 1702.

I. — DE LA GROIS, CHARLES-HENRY, marquis, Capitaine d'une compagnie franche, en 1695.

---

(1) Elle épouse, le 1er déc. 1703, Jean Langevin, à Charlesbourg.

(2) Adopte Madeleine Coureau, épouse de René Parent.

(3) Elle épouse, le 22 sept. 1712, Hilaire Bernard, à Beauport.

---

(1) Elle *épouse*, le 22 juillet 1686, Mathieu Thibodeau, à St. Laurent, (I. O.)

I. — De la HAYE, Pierre.
Poitevin, Catherine.
Catherine, b 1650, en France ; 1º m 18 nov. 1669, à Pierre Ginat, à Québec [5] , 2º m [5] 25 juin 1685, à Étienne Rageot, 3º m [5] 7 fév 1689, à Pierre Cordier.

1687, (29 octobre) Champlain. [4]

I. — De la HAYE, Jean-Baptiste, b 1646, de Dieppe, évêché de Rouen.
Limousin, Geneviève,   [Hilaire I.
Marie-Jeanne. b [4] 30 mars 1690 ; m [4] 1er juin 1711, à Jean-Baptiste Texier. — *Jean-Baptiste*, b [4] 24 juin 1692. — *Pierre*, h [4] 8 sept. 1694. — *Marie-Anne*, b [4] 21 juillet 1697.

I. — De la HAYE, Nicolas, (1) b 1640.

De LA JOUE. — Voy. Lajoie. — Gérin-Lajoie.

1689, (3 novembre) Quebec. [5]

I. — De la JOUE, François, maître tailleur de pierre, architecte et bourgeois, b 1656, fils de Jacques et de Madeleine Guérin, de Paris.
Mesnage, Marie-Anne,   [Pierre I.
s [5] 16 mars 1703.
Marie-Anne, b [5] 1er sept. 1690. — *Françoise*, b [5] 1er déc. 1692, hospitalière dite St. Thomas ; s [5] 21 juillet 1724. — *Marie-Josette*, b [5] 2 avril 1695. — *Marie-Thérèse*, b [5] 15 août 1696 ; m [5] 14 nov. 1717, à Claude Laguer-Morville ; s [5] 1er fév. 1758. — *Marie-Madeleine*, b [5] 16 août 1697 ; 1º m [5] 8 avril 1715, à Pierre Frontigny , 2º m à Gilbert Boucaut ; s [5] 28 déc. 1753. — *Marie-Catherine*, b [5] 24 avril 1699 ; m [5] 9 nov 1727, à Jean-Baptiste Brunsard — *Marie-Agnès*, b [5] 14 juin 1700 ; m [5] 7 janv. 1719, à Noel Levasseur.

1696, (4 juin) Québec. [5]

I. — De la JOUE, (2) Christophe, veuf de Louise De Vaux, b 1665, fils de Jacques et de Madeleine Guérin, de Paris ; s....
Gaignier, Louise,   [Louis III.

1675, (7 septembre) Québec. [5]

1. — De la LANDE, (3) Jacques, b 1648, fils de Pierre et de Marie d'Aressen, de Notre-Dame de Bayonne ; s...
Couillard, Marie,   [Guillaume I.
veuve de François Bissot.
Jacques-Marie, b [5] 26 juin 1677.

1684, (16 août) Beauport. [5]

I. — De la LANDE-GAYON, Pierre, marchand, b 1652, fils de Pierre et de Marie Daressen, de Notre-Dame de Bayonne ; s...
Juchereau, Thérèse,   [Nicolas II.

Pierre, b [5] 12 juillet 1685. — *Jacques-Joseph*, b 23 juillet 1687, à Quebec [2] ; s [5] 24 mars 1699 — *Pierre-François*, b [2] 6 mai 1689. — *François-Marie*, b [2] 10 sept. 1690 ; s [2] 8 janv. 1703. — *Marie-Thérèse*, b [2] 31 août 1691 ; m [5] 12 oct. 1711, à François Aubert , s [2] 2 mai 1738.

I. — De la LORE, Catherine, femme de Louis Badaillac.

I. — De la LOUISIÈRE, — Voyez Lou. Jorel.

De LA MARRE, Catherine, épouse de Jean-François Billy.

1659, (21 avril) Québec [3]

I. — De la MARE, Louis, b 1629, fils d'Adrien et de Marie Rebel, de Pitre, évêché de Rouen, en Normandie ; s avant 1686.
Grenier, (1) Jeanne, native de La Rochelle.
Pierre, b [5] 10 janv. 1660 ; m [5] 7 fev. 1684, à Marie Paulet, à St. Pierre, I. O. [4] ; s 16 août 1687, à la Pointe-aux-Trembles de Quebec. — *Louis*, b 1661 , m 14 janv. 1686, à Anne Quentin, à L'Ange-Gardien.

1686, (14 janvier) l'Ange-Gardien.

II. — De la MARE, Louis,   [Louis I.
s 16 août 1687, à la Pointe-aux-Trembles de Québec.
Quentin, (2) Anne,   [Nicolas I.
Marie-Thérèse, b 1686 ; s 21 nov. 1757, à Ste. Foye.

1684, (7 février) St. Pierre, I. O.

De LA MARRE, Pierre,   [Louis I.
Poulet, Marie-Louise,   [Antoine I
s 14 août 1733, à Québec.
Marie-Anne, b 6 sept. 1685, à L'Ange-Gardien , [8] m 24 nov. 1705, à Pierre Biort, à St. Thomas. — *Catherine*, b [5] 23 sept. 1688. — *Joseph*, b 14 oct. 1692, à Beauport.

I. — De la MÉTERIE, Jacques, était à Sillery, en 1662.

De la MARTINIÈRE. — Voy. Berman de la Martinière, Claude.

De la MINOTIÈRE, — Voy. De Niort.

De la MIRANTE. — Voy. Du Lignon, Sieur de la Mirante.

I. — De la MOLLERAIE.
Madeleine, b et s 30 sept. 1697, à la Pointe-aux-Trembles de Montréal.

De la MORANDIÈRE, Jacques-Urbain-Roch. — Voy. Damours.

---

(1) Volontaire, son nom est deux fois entré sur le recensement de 1681.

(2) Lieutenant de la compagnie de Conservation des Droits du Roy.

(3) Juge de la Côte de Lauzon.

(1) Elle épouse, le 24 janv. 1663, Pierre Gendros, au Château-Richer.

(2) Elle épouse, le 1er mars 1688, Louis Ouvrar dit Lapernère, au Château-Richer, et le 11 fév. 1697, Nicolas Bosché, à L'Ange-Gardien.

1680, (21 décembre) Montréal.[5]

I.— DE LAMOTTE (1), DOMINIQUE, b 1636, fils de Jean et de Clemence de Badon , s [5] 18 sept. 1700

De la FEUILLÉ [ ], Aline, veuve de Louis DesGranges, sieur de Maupre , b 1640 , s [5] 24 nov. 1700

I.— DE LA MOTTE, LOUIS — Voy. DE LARUE, chevalier de la Motte.

1685, (12 novembre) Lachine

I —DE LA MOTHE, (2) CLAUDE, b 1647, fils de Jacques et de Françoise de Bonneville, de St. Leu, proche la ville de Hedin, évêché d'Arras, en Picardie ; s 23 fév. 1687, à Lachine.

SABOURIN, (3) Françoise,   [JEAN I.

1687, (25 juin) Quebec. [5]

I —DE LAMOTHE-CADILLAC, (4) ANTOINE, b 1661, fils de Jean et de Jeanne de Malenfant, de Toulouse ; s...

GUYON, Marie-Therèse,   [DENIS II.

Antoine, b [5] 26 avril 1692.— Jacques, b [5] 16 mars 1695 — Pierre-Denis, b [5] 13 juin 1699, s [5] 4 juillet 1700. — Marie-Anne, b [5] 7 et s [5] 9 juin 1701.— Marie-Therèse, (5) b 2 février 1704, au Detroit. [2]— Marie-Madeleine, b... — Antoine, b [2] 19 janv. 1707 ; s [2] 9 avril 1709.— Marie-Agathe, b [2] 29 déc. 1707 — René-Louis, b [2] 18 mars 1710, s [5] 7 oct. 1714, dans l'église des Récollets.— François, b 28 mars 1709.

II — DE LAMOTHE, (6) ANTOINE,   [ANTOINE I

1697, (28 janvier) Charlesbourg. [1]

I.— DE LAMOTHE, FRANÇOIS, soldat.

1o LEROUX, Marie-Anne,   [FRANÇOIS I. s 17 avril 1715, à Beauport. [5]

Louis, b [5] 2 fev. 1699 — Ignace, b [1] 11 et s [1] 19 mars 1701 — Jacques, b [5] 1er juillet 1702, né le 5 nov. 1702, au Mont-Louis.— André, b [5] 4 et s [5] 20 mai 1706 — Geneviève, b [5] 13 août 1707 — Marie-Anne, b [5] 11 sept. 1704 ; m 27 fev. 1729, à Jean CHARLES, à St. François, Ile-Jésus.— Louise-Catherine, b [5] 21 oct. 1708 ; s [5] 20 avril 1715.— Noel, b [5] 23 et s [5] 26 mai 1710.— Marie-Marguerite, b [5] 18 et s 23 nov. 1711. — Pierre, b [5] 29 déc. 1712 ; s [5] 2 janv. 1713.— Jean, b [5] 9 janv 1714.— Marie-Françoise, b [5] 12 et s [5] 13 avril 1715.

1715, (18 novembre) Beauport. [5]

2o BOURBON, Marie-Anne,   [JEAN I. Noel, b [3] 23 sept. 1716.— Marie-Anne, b [5] 8 août 1718.

1698, (14 octobre) Québec. [1]

I.— DE LA MOTHE, JEAN, b 1664, fils de Mathieu et de Jeanne Roselle, de St. Michel, évêché de Bordeaux , s [1] 16 août 1724.

BRUNEAU, Anne, veuve de Jean Mingot.

Jacques-Marie, b [1] 4 mars 1699, m [1] 9 avril 1720, à Geneviève LAISNÉ. — François-Marie, b 1703, s [1] 15 sept. 1704. — Jean, b [1] 20 fev. 1701, m [1] 26 mai 1721, à Françoise GLINEL.— Marie-Angélique, b [1] 7 sept. 1705, m [1] 9 oct. 1724, à Jean-Baptiste DUBORD.— Jeanne, b.., m [1] 8 mai 1730, à Jean-Baptiste LESAGE.— Marguerite, b [1] 19 juin 1707. m [1] 6 avril 1733, à Joseph ROUSSEAU, s [1] 9 mars 1745.

I — DE LA NAUDIÈRE, THOMAS. (1) — Voy. DE LA NOUGUÈRE. — TARIEU, Sieur DE LA PÉRADE.

I.— DE LA NAUE, LOUIS, boulanger, b 1673 , s 5 janv. 1698, à Québec. [1]

MESNIER, Catherine (2) Pierre, b [1] 7 fev. 1697, s [1] 27 mai 1699.

I.— DELANÉ, GERMAIN, soldat de M. Levasseur, de la paroisse de Breaulé, évêché de Rouen, b 1639 ; s 19 oct. 1697, à Quebec.

I.— DE L'ANGLOISERIE, CHARLES-GASPARD. (3) (PIAT DE L'ANGLOISERIE,) b 1655, s 21 fev. 1715, dans l'église de Quebec.

DE LA NORAY, LOUIS. — Voy DENIORT.

DE LA NOUGUÈRE — Variations : TARIEU, Sieur de la Naudière.

1672, (16 octobre) Québec. [2]

I. — DE LA NOUGUÈRE, THOMAS, (1) b 1644, fils de Jean et de Jeanne De Samalins, de N.-D. de Mirande, évêché d'Auch.

DENIS, Marguerite, (5)   [PIERRE II. Louise-Rose, b 1675, à Montréal, ursuline, dite Ste Catherine , s [2] 5 oct. 1748 — Louis, b [2] 5 juin 1676.— Pierre-Thomas, b [2] 12 nov. 1677 ; m 1706, à Marie-Madeleine JARRET.

I.— DE LA PIPARDIÈRE, JOSEPH, enseigne.— Voy. DE FRENEL.

1675, (6 octobre) Trois-Rivières.

I.— DE LA PLANCHE, Jean. RIGAULT, Marie-Judith, veuve de Jean Terrien,

---

(1) Sieur de Lutter, de Lucières, de St. Paul.

(2) De la Mothe, dit le Marquis de Jourdis.

(3) Elle épouse, le 17 nov. 1687, Pierre Sérat, à Lachine.

(4) Seigneur de Cadillac, Launay et Montet, de Port-Royal, Acadie.—Capitaine des troupes, en 1699, commandant le fort Pontchartrin, en 1700, et Gouverneur du Mississipi, en 1714.

(5) Premier acte entré dans les Registres du Détroit, par le Père Constantin De Lhalle. L'enfant eut pour parrain, Bertrand Arnaud, marraine, Geneviève Le Tendre.

(6) Cadillac, enseigne.

(1) Seigneur de la Rivière Ste. Anne.

(2) Elle épouse, le 28 décembre 1698, Nicolas-François Hébecq, à Québec.

(3) Chevalier de l'Ordre de St. Louis, lieutenant du Roy. Tuteur des enfants de Monsieur Sidrac Dugué.

(4) Voy. De la Naudière.

(5) Elle est marraine avec M. Frontenac, d'une jeune captive Illinoise de 16 ans rachetée des Outaouais le 28 avril 1680.— Elle épouse, le 9 juillet 1708, Jacques-Alexis Fleury, à Ste. Anne de la Pérade.

1652.

I. — De la PORTE, Pierre, de Paris.
Voyer, Anne.
Marie-Anne, b 1653, à Paris; 1° m 12 oct. 1665, à François Génaple, à Québec; 2° m 2 22 nov 1711, à René Hubert; s 2 28 juin 1718.

1657, (3 septembre) Montreal. 1

I. — De la PORTE dit St. Georges, Jacques, b 1626, fils de Jacques et de Marie Hamelin.
Duchesne, Nicole, b 1636, fille de François et de Marie Nolet.
Paul, b 1 15 avril 1659; m 1 25 juillet 1695, à Marguerite Matou. — Antoine, b 1 13 nov. 1660. — George, b 1 23 avril 1662. — Catherine, b 1 12 oct. 1663, m 1676, à Philibert Coulleau — Jacques, b 1 26 oct. 1665; m 9 janv. 1687, à Madeleine Paviot, à Contrecœur. 2 — Angélique, b 1670; s 2 10 août 1684. — Suzanne, b 1 28 fev. 1676 — Jean, b 6 fev. 1674, à Sorel. 3 — Pierre, b 3 24 mai 1678.

De la PORTE, Robert, était à Québec, en 1670

1661.

I — De la PORTE, Jacques-Jean, de St. Etienne, Ile de Rhe.
Gaudreau, Esther, (1) [Nicolas I.
Marie, b 1662.

1684, (26 octobre) Québec. 3

I. — De la PORTE, Louis, (2) b 1652, fils de Jean et de Françoise de Faucrolle, de St. Eustache de Paris; s...
Nolan, Marie, [Pierre I.
s 3 12 juin 1730.
Louis, b 3 24 sept. 1684. — François, b 3 23 dec 1685 — Charlotte-Françoise, b 3 1er fev. 1688, s 3 29 janv. 1691. — Françoise, b 21 juillet 1689, à Montreal. 4 — Marie-Louise, b 4 12 juin 1695. — Marie-Anne, b 4 16 sept. 1696; m 3 28 fev. 1718, à Jacques Testard. — Louis, b 4 6 mai 1698. — Joseph, b 1698; s 3 16 janv. 1703. — Marie-Claire, b 3 16 juillet et s 3 1er août 1703. — Marie-Louise, b 3 19 nov. 1704; m 3 2 juin 1727, à Didace Moet de Moras. — Catherine, b 3 12 juin et s 22 juin 1708, à Charlesbourg.

1687, (9 janvier) Contrecœur 3

II — De la PORTE, Jacques, [Jacques I.
Paviot, Madeleine; [Jacques I.
Geneviève, b...; m 3 3 déc. 1709, à Nicolas Closse. — Pierre, b 3 6 avril 1703.

De la PORTE, Louis.
Maseau, Madeleine, [Jean I.
Marguerite, b 13 mai et s 18 juin 1702, à Contrecœur. 1 — Marie-Elizabeth, b 1 23 avril 1703 — Angélique, b 1er mars 1705

1695, (25 juillet) Montréal

II. — De la PORTE, Paul, [Jacques I
Matou, Marguerite, [Philippe I.

De la POTERIE. — Voy. LeNeuf.

De la POTERIE, officier, tué par les Iroquois; s 22 juillet 1692, à Montreal.

I. — De la POTHERIE, (1) Charles-Claude De St. Ours, Elizabeth, [Pierre I.
Louis, b 12 nov. 1700, à Québec. 2 — Charles, b 3 janv. 1702.

I. — De la PÉRADE, Pierre-Thomas — Voy. De la Nolguère.

I. — De la PRAIRIE, Nicolas, bourgeois de Québec, 3 b 1638; s 3 21 août 1708.

I. — De la RAGOTTERIE — Voy. Le Compte.

De la RAUX, François. — Voy. Larue.

I — De la RENAUDIÈRE — Voy Des Clochens, sieur de la Renaudière.

I — De L'ARGENTERIE. — Voy. De Miré, sieur de l'Argenterie.

De la RIVIÈRE, François. — Voy. Bissot, sieur de la Rivière.

1663, (20 novembre) Québec.

I. — De la RUE, Jean, b 1636, fils de Michel et de Madeleine Gillain, de Seez.
Pain, Jacqueline, b 1651, fille de Marin et d'Olive Morin, de Thury, évêché de Bayeux.
Jean-Baptiste, b 5 déc. 1664, à Québec; 4 1° m 1693, à Marie Brassard; 2° m 10 janv. 1695, à Catherine Garnier, à la Pointe-aux-Trembles de Quebec. — Marie-Geneviève, b 17 avril 1666, à Sillery 5; m..., à Henry Chatel; s 26 avril 1722, à Ste Foye. — Pierre, b 5 16 juillet 1667, s 5 23 déc. 1690. — François, b 5 15 avril 1669; m 4 fév. 1704, à Geneviève Normand; s 4 13 juin 1725. — Marie-Madeleine, b 5 10 fev. 1673; m 5 8 août 1712, à Michel Moreau.

De la RUE, (1) Louis.

1693.

II. — De la RUE, Jean, [Jean-Baptiste I.
1° Brassard, Marie, 1er janv. 1794, à la Pte.-aux-Trembles de Québec. 1
Marie-Jeanne, b 1 20 déc. 1693.
1695, (10 janvier) Pte-aux-Trembles, (Q) 1
2° Garnier, Catherine, [Jean I.
Jean-François, b 1 7 déc 1695, s 1 28 janvier 1696 — Anonyme, b et s 1 19 fev. 1697. — Marie-Françoise, b 1 29 janv. 1698; m 1 9 juillet 1725, à Pierre Pagé. — Marie-Catherine, b 1 3 juillet 1700. — Jean-Baptiste, b 1 25 juin 1702; s 1 22 janvier 1703. — Marie-Madeleine, b 1 13 déc. 1703, m 1 12 janv. 1722, à Etienne Papillon; s 1 1er juillet 1728. — Marie-Thérèse, b 1 26 fev. 1706, m 1 21

---

(1) Elle épouse, le 8 mars 1666, Jean Baillargeon, à Québec.
(2) Sieur de Louvigny, gouverneur des Trois-Rivières, aide-major des troupes du Roy, chevalier de St. Louis.

(1) Le Roy de la Potherie. — Chevalier, conseiller du Roy, contrôleur de la marine et des fortifications.
(2) Chevalier de la Motte, lieutenant des troupes.

fév. 1729, à Joseph Pluchon.— *Céleste*, b [1] 27
avril 1709 ; m [1] 3 fév. 1749, à Joseph Delisle. —
Augustin, b [1] 2 juin 1711 ; s [1] 3 sept. 1713 —
Jean-Baptiste, b [1] 19 avril 1713. — *Louis-Joseph*,
b [1] 6 juin 1715 ; m 14 fev 1746, à Marie-Louise
Robitaille. — *Marie-Charlotte*, b [1] 27 janv. 1717,
1° m [1] 20 nov. 1741, à Antoine Delisle ; 2° m [1] 30
janv. 1751, à Jacques Garneau. — *Augustin*, b [1]
24 nov. 1719 ; m [1] 17 fev 1749, à Thérèse Delisle.

I. — De la SABLONNIÈRE. — Voy. Brunel.

De la SAGUE.—Voy. De la Salle.

1698, (9 décembre) Montréal.

I. — De la SALLE dit Le Basque, (1) Jean, b...,
fils de Jean et de Marie Aristole, de Bresque,
ville de Bayonne.
Tousset, Louise,   [Mathurin I.

De la SALLE, Quentin, officier des troupes.

1687, (7 janvier) Trois-Rivières.

I. — De LASSE dit Lafleur, (2) Jean, b 1663,
fils de Pierre et de Françoise Claude, de
Langon de Basac.
Chabaudier, Jeanne,   Jean I.

1669, (15 octobre) Québec.

I. — De L'ASTRE, Jean, b 1627, fils de Laurent
et de Françoise Martin, de St. Nicolas de Calais, évêche de Boulogne.
Lefebvre, Marie, b 1641, fille de Jacques et de
Marguerite Canut, de St. Vivien de Rouen.

1663, Québec.

De la TESSERIE. — Voyez Descailhaut de la
Tesserie, Jacques.

1671, (12 août) Trois-Rivières.

I — De LA TOUCHE, Julien, Sieur de Champlain, de la Rochelle.
Bertault, Elizabeth-Thérèse,   [Jacques I.
Thérèse, b... ; s 22 août 1702, aux Trois-Rivières,
après plusieurs mois de maladie qui la reduisit
a une si extrême amentie, qu'elle se precipita
dans la rivière, sans aucune connaissance de ce
qu'elle faisait.

De la TOUCHE, Louis. — Voy. Tantouin.

I. — DE LA TOUR, Jacques — Voy. Loyer.

De la TREMBLERAYE.
Judith, b..., marraine, en 1674, aux Trois-Rivières.

I. — DELAUNAY, Louis, de Bordeaux. [3]
Crosulette, Marguerite.
Anne, b...; m 23 oct. 1661, à Pierre Mailloux, à
Québec [2] — *Jeanne*, b [3] 1641 ; m [2] 30 nov 1662, à
Jean Delespinasse.

I.— DELAUNAY, Jacques (1) b 1600 ; s 25 fev.
1670, à Ste. Famille.
Besnard, Catherine, (2) b 1630.
Jacques, b 8 nov. 1662, Château-Richer. [4] —
Catherine, b [4] 3 janv. 1665, m [4] 7 janv. 1683, à
Jean L'Archevêque ; s 29 sept. 1719, à Quebec.

1645, (7 novembre) Québec. [4]

I. — DELAUNAY, Pierre, commis, b 1616, fils de
Gilles et de Louise Dubois, de Fresnay-le-
Boesme, au Maine ; s..., tué le 28 nov. 1654,
par les Iroquois.
Pinguet, Françoise, (3)   [Louis I.
Charles, b [4] 30 mai 1648 ; m 12 déc 1695, à
Marie-Anne Legras. — *Louis*, b [4] 8 mai 1650. —
Henry, b 3 fev. 1653 ; m 6 nov. 1679, à Françoise
Crête, à Beauport ; s [4] 26 nov. 1715.

1661, (13 août) Québec. [8]

I. — DELAUNAY, Nicolas, b 1633, de Tourouvre ; s 7 mars 1703, à Ste. Famille. [4]
Durand, Anne-Antoinette,   [Guillaume I.
veuve de Marin Duval.
Jean-Baptiste, b 1660. — *Marie-Madeleine*, b
1662. — *Françoise*, b 14 août 1664, au Château-
Richer ; m [4] 23 oct. 1679, à Nicolas Catrin ; —
Nicolas, b [4] 9 janv. 1667 ; m [3] 29 août 1695, à Elizabeth de Rainville ; s [4] 21 fev. 1703. — *Pierre*,
b [4] 15 dec. 1668 ; s [4] 17 août 1699. — *Marie-Madeleine*, b [4] 6 juin 1671, m [4] 4 fev. 1694, à François
Morvent

1669, (30 septembre) Québec. [8]

I. — DELAUNAY, Jean, médecin, b 1637, fils de
Thomas et d'Antoine Gobin, de St. Michel-
du-Pont-l'Evêque, Rouen, s...
Fleureau, Marie, b 1652, fille de Nicolas et
de Sebastienne Beaujouan, de St. Germain
d'Auxerre.
Jean-Baptiste, b [4] 9 juillet 1670. — *Françoise*,
b [8] 26 et s [8] 28 oct. 1671.

1669, (3 octobre) Ste. Famille. [4]

I. — DELAUNAY, Claude, b 1631, fils de Simon
et de Jeanne Ceillier, de St. Jean d'Abbeville ; s...
Leclerc, Denyse, b 1654, fille de Jean et de
Jeanne Nigremond, s...
Jean, b [4] 23 sept. 1671 — *Bernard*, b [4] 3 sept.
1673. — *Marie-Anne*, b [4] 7 janv. 1676.

1679, (6 novembre) Beauport. [1]

II.— DELAUNAY, Henry,   [Pierre I.
s 26 nov. 1715.
Crête, Françoise,   [Jean I.
Marie-Françoise, b [1] 31 oct. 1680 ; 1° m 29 oct.
1697, à Jean Brochu, à Québec [2] ; 2° m..., à Jac-
ques Greffard. — *Philippe*, b [2] 10 avril 1682. —
Marguerite, b [2] 26 mars 1684 ; m [1] 8 fev. 1700, à
Pierre Bélanger ; s [1] 4 mars 1703. — *Catherine*,

---

(1) Soldat de Lorimier.
(2) Soldat Du Mesnil.

(1) Etabli à Ste. Famille, Ile d'Orléans.
(2) Elle épouse, le 31 juillet 1672, Pierre Labbé, à Ste Famille.
(3) Elle épouse, le 8 février 1655, Vincent Poirier.

b 2 17 janv. 1686 ; m 2 30 janv. 1704, à René Hu-
BERT — *Geneviève*, b 2 12 dec 1687, hospitalière
dite St. J -Baptiste ; s 2 14 nov. 1746 — *Joseph*, b 2
10 avril 1689. — *René*, b 2 16 fev 1691. — *Marie-
Barbe*, b 2 21 nov. 1692, m 2 19 sept. 1722, à
Jean-Baptiste MONMELLIAN, s 2 4 juin 1756. —
Marie-Madeleine, b 2 20 avril 1694, m 2 19 janv.
1712, à Louis DAUTREPE — *Marie-Angélique*, b 2
19 et s 2 21 oct 1695 — *Pierre*, b 2 21 dec. 1696 ;
s 2 25 avril 1703. — *Jean*, b 2 21 déc. 1696 , m 2
21 janv. 1732, à Angélique LENORMAND — *Marie-
Angélique*, b 2 10 aout 1698 — *Marie Anne*, b 2 26
sept. 1700. — *Geneviève*, b 2 17 nov 1702.

1695, (29 août) Quebec.

II — DELAUNAY, NICOLAS,   [NICOLAS I.
  s 21 fev. 1703, à Ste. Famille 5
DeRAINVILLE, Elizabeth,   [JEAN I.
  s 5 2 fev 1703.
  Pierre, b 10 juin 1696.—*Elizabeth*, b 5 8 juillet
1698 , s 22 sept. 1714, aux Trois-Rivières — *Nicolas*, b 26 aout 1700. — *Claude*, b 5 26 aout 1700
— *Marie-Josette*, b 5 19 mars et s 15 mai 1702

1695, (12 decembre) Montreal 6

II —DELAUNAY, CHARLES, marchand, [PIERRE I
  s avant 1742.
LeGRAS. Marie-Anne,   [JEAN I
  Joseph, b... ; m 1er oct. 1742, à Angélique DE
NIORT, au Recolet. — *Marie-Josette*, b 6 21 avril
1697, s 22 sept 1714, aux Trois-Rivières —*Marie-
Marguerite*, b 6 29 juin 1699 — *Anne-Louise*, b 6
26 juillet 1701.— *Geneviève-Marguerite*, b 6 7 avril
1703 —*Charles*, b 6 31 mai 1704 ; s 13 juin 1728,
au Detroit

I — DE LAUR, JEAN, Sieur de Balausin, officier,
  à Montréal, en 1699.

1670, (14 septembre) Quebec. 6

I — DE LAURICE, CHARLES, etabli à la Pointe-
  aux-Trembles de Quebec, b 1641, fils de Da-
  niel et de Geneviève Picard, de St. Mery de
  Paris.
PETIT, Louise, b 1650, fille de Pierre et Barbe
De la Cour, de St Médard, de Paris
  Marie, b 6 20 aout 1671 — *Catherine-Félicité*
b 6 27 aout 1673

I. — DE LAUZON, JEAN, (1) Messire, ancien Intendant de Vienne, en Dauphiné, b 1582, s
  16 fev. 1666, à Paris
  1o GAUDARD, Marie.
  Jean, (2) b... ; m 23 oct. 1651, à Anne DESPRÈS,
à Quebec. 6 s 6 24 juin 1661. — *Charles*, b... ; m 6
12 aout 1652, à Louise GIFFARD, ordonne prêtre,
en 1659.— *Louis*, b... ; m 5 oct 1655, à Catherine NAU.
  2o D AILLEBOUT, Barbe,   [LOUIS I.

(1) Gouverneur du pays, arrivé le 13 octobre 1651.—*Journal des Jésuites.*
(2) Le Grand Sénéchal.

1652, (12 août) Quebec. 6

II — DE LAUZON, (1) CHARLES,   [JEAN I
  GIFFARD, Louise,   [Robert I
  s 6 31 oct. 1656.
  Marie, b 6 16 oct 1656, (2) Hospitalière de La
Rochelle.

1651, (23 octobre) Quebec. 6

II. — DE LAUZON, Jean, Messire,   [JEAN I.
  s 6 24 juin 1661. (3)
DESPRES, Anne, (4)   [Nicolas I.
  Louis, b 6 31 aout et s 6 13 sept. 1652 —*Marie*,
b 8 juin 1654, ursuline dite St. Charles ; s 6 8
juin 1731 —*Jean*, b 6 6 dec. 1653. — *Charles*, b 6
3 aout 1657. — *Anne-Catherine*, b 6 22 avril 1659 ;
s 10 nov. 1672, au pensionnat des Ursulines.—
Angélique, b 6 23 janv. 1661, ursuline, dite du
St. Esprit , s 6 22 dec. 1732.

1655, (5 octobre) Quebec 6

II. — DE LAUZON DE LA CITIÈRE, Louis, [JEAN I
  NAU DE FOSSEMBAULT, Catherine (5), fille de
  Jacques et de Catherine Granger.
  Anonyme, b 6 et s 6 10 sept. 1656. — *Anonyme*,
b 6 et s 6 8 nov. 1658.

DE LAVAL, FRANÇOIS, premier evêque de la Nouvelle-France, decede le 6 et s 8 mai 1708 à
  Quebec, âge de 86 ans.

DE LA VALIÈRE, MICHEL.—Voy. LENEUF.

DE LA VALTRIE.—Voy. MARGANE

DE LA VAU, CATHERINE, femme de Gilbert Barbier.

DE LA VERANDRYE.—Voy. GAUTHIER DE VAR-
  RENNES — DE VARENNES DE LA VERANDRYE,
  gouverneur des Trois-Rivieres.
  Louis, b.

I — DE LA VERNETTE, ETIENNE, sous-lieute-
  nant de la compagnie de M. Desquerac , s 25
  mai 1691, à Quebec.

1656, (19 avril) Quebec.

I — DE LA VOYE, RENÉ, b 1683, fils de René et
  d'Isabeau Belanger, de St. Maclou de Rouen,
  s 11 mars 1696, à Château Richer. 8

(1) DeLauzon DeCharny, marié par le P. Jérôme Lallemant, en présence de M. DuPlessis, Gouverneur des Trois-
Rivières, et de M. De Hauteville, lieutenant-général de la
Sénéchaussée du pays.
Madame de Lauzon-Charny, décédée le 30 octobre 1656,
fut inhumée le lendemain dans le nouveau cimetière des
Mères Hospitalières qui n'était encore dans la clôture.
Cette faveur fut accordée à Madame de Charny, qui l'avait
fort souhaité et demandé M. de Lauzon passa en France, en
1657, pour y embrasser l'etat ecclésiastique, et, revint, en
1659 accompagnant M. DE LAVAL, 1er évêque du Canada.
(2) Elle est marraine, en 1668, de Catherine Juchereau
(3) Sénéchal de la Nouvelle-France, Lauzon, Nicolas
Couillard, fils de Guillaume et d'Ignace Sevestre, avaient été
tués le 22 juin 1661, par les Iroquois.
(4) Elle épouse, le 7 juillet 1664, Claude DeBermen, à
Québec.
(5) Elle épouse, le 10 juillet 1659, Jean-Baptiste Peuvret à
Québec.

Godin, Anne,
s 27 fév. 1678, à Ste. Anne. [Elie I] ⁵
René, b 1657 , m ⁹ 4 nov. 1683, à Marguerite
Bouchard. — *Jean*, b 1660 , m 22 oct. 1688, à
Madeleine Boucher, à la Rivière-Ouelle. — *Anne*,
b 1663 , m ⁵ 22 nov. 1683, à Pierre Allard , s ⁶
3 août 1686. — *Anne*, b ⁸ 19 fév 1664 ; s ⁶ 8 juillet
1670, brûlée. — *Pierre*, b ⁸ 17 août 1666. — *Jacques*, b ⁸ 30 sept. 1669 , 1° m à Angélique Caron,
2° m 1719, à Marie Barbot, à Charlesbourg —
Marie-Madeleine, b ⁵ 21 avril 1672 ; m ⁵ 6 oct.
1687, à Etienne Godart — *Brigitte*, b ⁵ 31 mars
1675 , m à Charles Routier — *Joseph*, b ⁵ 17 janv.
1678 , 1° m ⁵ 21 nov. 1701, à Marie-Françoise Guimont, 2° m 25 nov. 1726, à Catherine Dalaire.

1656.
I — De LA VOYE, Pierre, b 1631 , s 8 juillet
1708, à St Augustin.
1° Grinon, Jacquette,
Marie, b 1657 , m 6 fév. 1676, à Pierre Grenon, à
Quebec ; s 7 avril 1727, à la Pointe-aux-Trembles
de Québec.⁶ — *Olive*, b..., m ⁶ 26 juin 1684, à
Michel Fernet. — *Jean*, b...; m ⁵ 28 nov. 1690, à
Barbe Lhomme.
2° Aubert, Isabelle, s 24 juillet 1687, à Ste Anne.
Marie-Anne, b 21 janv. 1673, à Quebec ¹ , m ¹
26 avril 1695, à Jean Poitras — *Madeleine*, b ¹
12 juin 1674 — *Marie*, b ¹ 2 déc. 1675. — *Pierre*,
b ¹ 5 nov. 1676 , s 29 mai 1690, à la Pointe-aux-
Trembles de Québec.⁶ — *Vincent*, b ¹ 1er nov. 1678 ,
s ⁶ 12 déc. 1702. — *François*, b ⁶ 4 déc. 1680. —
Romain, b ⁶ 10 juin 1684 ; m ⁶ 13 nov. 1730, à
Thérèse Jahan. — *Elizabeth*, b ⁶ 13 avril 1686, s ⁶
11 mars 1688.

1683, (4 novembre) Ste. Anne. ¹
II — De LAVOYE, René, [René I.
Bouchard, Marguerite, [Claude
François-Xavier, b ¹ 18 oct. 1684 — *Claude*, b
19 fév. 1690, à la Baie St. Paul

1688, (22 octobre) Rivière-Ouelle ⁵
II — De LAVOYE, Jean, [René I
Boucher, Marie-Madeleine. [Galeran II
Antoine, b...; m 27 août 1713, à Françoise Pel-
letier. — *Pierre*, b ⁵ 17 mars 1690; s ⁵ 4 fév.
1712 — *Marie-Madeleine*, b ⁵ 18 déc. 1691 , m ⁵ 21
avril 1710, à Jean-François Pelletier ; s 23 nov.
1721, à Ste. Anne de la Pocatière. ⁶ — *Marguerite*,
b ⁵ 22 oct. 1693 ; m ⁵ 22 janv. 1718, à Louis-
Philippe Langlais. — *Alexis*, b ⁵ 18 déc. 1695 —
Marie-Anne, b ⁵ 18 et s ⁵ 27 déc. 1695. — *Marie-
Anne*, b ⁵ 18 et s ⁵ 29 août 1698. — *Jean-François*,
b ⁵ 6 sept. 1699. — *Joseph*, b ⁵ 2 fév. 1702 —
Charles, b ⁵ 17 fév 1704 ; s ⁵ 24 avril 1707. —
Augustin, b ⁵ 17 fév. 1704; m ⁵ 7 janv. 1728, à
Angélique Mignier. — *Claude*, b ⁵ 4 mars 1706.—
Antoine, b ⁵ 2 oct. 1708; m 27 août 1731, à Fran-
çoise Pelletier, à Kamouraska. — *Marie-Fran-
çoise*, b ⁵ 20 oct. 1710.

1690, (28 nov) Pte-aux-Trembles, Q. ⁶
De LAVOYE, Jean, [Pierre I.
L'homme, Barbe, [Michel I.
Marie-Joselte, b..., m 26 fév. 1724, à Jean
Monier, à Quebec. — *Marie-Louise*, b 1er mars
1696, à St. Nicolas , m 2 mai 1728 à Gabriel Ma-
randa. — *Marie-Madeleine*, b ⁶ 16 sept. 1691. —
Marie-Angélique, b ⁶ 19 oct. 1693.

De LAVOYE, Jean,
Fontaine, Geneviève.
Angélique, b..., m 27 juillet 1730, à St. Fran-
çois (I. J) à André Campagna

1673, (4 juillet) Québec. ²
I. — DELBEC dit Joly, Pierre, b 1651, fils d'Armand et de Jeanne Fezier, de la ville de
Bruges, en Flandre ; s...
Tessier, Geneviève, b 1653, fille de Nicolas et
de Barbe Gaure, de la ville de Troyes, en
Champagne ; s...
Anonyme, b ² et s ² 9 avril 1674 — *Marguerite*,
b 30 déc. 1676, à Sorel. ³ — *Pierre*, b ³ 11 mars
1678 — *Louis*, b ³ 1er juillet 1681. — *Jacques*, b ³
7 sept 1684. — *Marie*, b ³ 12 mars 1687. — *Geneviève*, b ³ 8 fév 1693.

1662, (30 novembre) Québec. ³
I — De LESPINACE, Jean, arquebusier, b 1631,
fils de Jean et de Martine Bault, de St.
Andre, évêché de Bordeaux ; s...
Delaunay, Jeanne, b 1641, fille de Louis et de
Marguerite Crosulette, de Ste. Marguerite,
evêché de LaRochelle.
Pierre-Anne, b ² 16 déc. 1663. — *François*, b ²
21 nov. 1664.

1673, (11 septembre) Québec.
I. — De L'ESPINAY ou L'Espinay, Jean, b 1642,
fils de Mathieu et de Françoise Pinçon, de la
ville de Nantes , s...
Granger, Catherine, b 1653, fille de Pierre et
de Marguerite François, de St. Médard, évêché de Meaux ; s...
Philippe, b 8 sept. 1674, à Beauport. ² — *Geneviève*, b ² 16 fév. 1681 ; m ² 26 nov. 1703, à Jacques Lepire ; s 9 avril 1715, à Charlesbourg. —
Marie-Catherine, b ² 4 juillet et s ² 1er août 1683.
— *Jean-Baptiste*, b ² 25 oct. 1684; m ² 4 fév. 1709,
à Marie-Françoise Vachon. — *Jacques*, b ² 19 mars
1687 — *Ignace*, b ² 20 janv. 1690 ; m ² 11 nov.
1715, à Elizabeth Dauphin ; s .. — *Louise-Agnès*,
b ² 2 et s ² 7 nov. 1692 — *Marie-Madeleine*,
b...; m ² 22 fév. 1698, à Pierre Morin. — *Marie-
Anne*, b ² 30 juin 1694. — *Catherine*, b..., m ² 27
fév 1696, à Michel Tardif. — *Marie-Joselle*, b ²
17 fév. 1697 ; m ² 19 août 1715, à Jean Verret.

1652, (8 avril) Québec. ⁶
I. De LESSART, Etienne, b 1623, fils de Jacques
et de Marie Chamboy, évêche de Sens ; s 21
avril 1703, dans l'Eglise Ste. Anne. ⁷
Sevestre, Marguerite, [Charles I.
s ⁷ 27 nov. 1720.
Etienne, b ⁶ 1er avril 1653 ; m ⁷ 17 avril 1679, à
Marie Poulain. — *Charles*, b ⁶ 5 juin 1656 ; m ⁷
10 avril 1684, à Marie-Anne Caron ; s ⁶ 27 nov.
1740. — *Pierre*, (1) b ⁶ 4 août 1658 , m ⁷ 16 avril
1690, à Barbe Fortin ; s 8 mai 1737, à l'Ilet.—

(1) Filleul de Pierre le Voyer, vicomte d'Argençon, gouverneur.

Marie-Thérèse, b 29 mars 1662, au Château-Richer.⁹ — *Marguerite*, b⁸ 4 sept. 1664 : s⁸ 7 déc. 1665 — *Anne*, b⁸ 27 sept. 1666, m⁷ 10 déc. 1693, à François LOQUEL, s 13 août 1710. — *Noel*, b⁸ 4 mars 1669, 1° m⁷ 9 fév. 1695, à Marie RACINE ; 2° m à Geneviève DUBOIS ; 3° m⁷ 5 nov. 1725, à Madeleine BERTHELOT — *Joseph*, b⁷ 28 fév. 1672 ; 1° m⁷ 15 fév. 1700, à Marguerite RACINE ; 2° m⁷ 21 janv. 1715. à Madeleine PAQUET. — *Thérèse*, b... ; m⁷ 8 nov. 1681. à Jacques LANGLOIS — *Prisque*, b⁷ 10 juin 1674 ; m 27 avril 1699, à L'Ange-Gardien, à Marie JACOB — *Dorothée*, b⁷ 21 fév. 1697. — *Jacques*, b⁷ 21 fév. 1677.

1679, (17 avril) Ste. Anne.⁹

II. — DE LESSART, ETIENNE, [ETIENNE I.
POULAIN, Marie, [CLAUDE I.
Jacques, b⁹ 15 mai 1681. — *Anne*, b⁹ 16 fév. 1685, m⁹ 8 nov. 1701, à Jean RACINE — *Marie-J.-Anne*, b⁹ 5 fév. 1687 ; m⁹ 23 nov. 1706, à Joseph RACINE — *Noel*, b⁹ 18 oct. 1689 ; s⁹ 22 mars 1694. — *Etienne*, b⁹ 19 fév. 1692 ; m⁹ 20 nov. 1713, à Therese RACINE. — *Thérèse*, b⁹ 30 oct. 1694 ; m⁹ 20 nov. 1713, à Etienne RACINE. — *Marguerite*, b⁹ 13 avril 1701 ; m⁹ 3 nov. 1723, à François GUYON — *Jean*, b⁹ 30 août 1704 — *Dorothée*, b... ; m⁹ 13 nov. 1719, à Alexandre CARON. — *Ursule*, b..., m⁹ 3 fév. 1723, à Joseph PARÉ.

1684, (10 avril) Ste Anne.⁴

II. — DE LESSART, CHARLES, [ETIENNE I.
s 27 nov. 1740, à Quebec¹.
CARON, Marie-Anne, Jean II.
b 1657 ; s¹ 11 oct. 1750.
Marie. b 1680, m¹ 27 mai 1704, à Pierre LEVASSEUR ; s¹ 15 avril 1760. — *Marguerite*, b¹ 1685, m¹ 7 nov 1707, à Etienne CHEVALIER ; s¹ 24 mars 1757. — *Marguerite*, b⁴ 24 juin 1689 — *Marie*, b 1690 ; s¹ 26 déc 1702 — *Dorothée*, b⁴ 20 août 1691. — *Ursule*, b⁴ 1ᵉʳ mai 1694. — *Marie-Angélique*, b¹ 11 et s¹ 13 mai 1697. — *Charles*, b¹ 4 mai 1698 ; m 1721, à Marie-Catherine PAQUET, à Charlesbourg. — *Jeanne*, b¹ 18 juin 1700. — *François*, b¹ 8 sept. 1702 ; m à Therese SASSEVILLE. — *Marie-Françoise*, b¹ 8 sept. 1704 ; m¹ 28 juillet 1727, à Ignace DION. — *Marie-Madeleine*, b¹ 14 déc. 1706 ; m¹ 17 avril 1730, à Joseph DION. — *Dorothée*, b... ; m¹ 30 mai 1718, à Joseph HENS. — *Ursule*, b... ; m¹ 21 nov. 1718, à Pierre DION. — *Louise*, b..., m¹ 21 avril 1721, à Jacques DION.

1690, (16 avril) Ste. Anne.⁵

II. — DE LESSART, PIERRE, [ETIENNE I.
s 8 mai 1737, à l Ilet.⁶
FORTIN, Barbe, [JULIEN I.
veuve de Pierre Gagnon ; s⁶ 27 août 1737.
Etienne, b⁵ 23 janv. 1691. — *Marie-Thérèse*, b⁵ 20 sept 1692, m⁶ 1ᵉʳ août 1714, à Louis GAGNÉ. — *Prisque*, b⁵ 10 fév. 1694. — *Geneviève*, b 18 fév. 1698, au Château-Richer.

1695, (9 fév.) Ste. Anne⁶

II DE LESSART, NOEL, [ETIENNE I.
1° RACINE, Marie, [FRANÇOIS II.
s 1ᵉʳ avril 1717, dans l'église de Ste. Anne.
2° DUBOIS, Geneviève, s⁶ 27 août 1724.

Noel, b⁵ 17 avril 1719 — *Marie-Anne*, b⁵ 17 avril 1719. — *Jean-Baptiste*, b⁵ 25 avril 1720 — *Geneviève*, b⁵ 28 juin 1721. — *Joseph-Marie*, b⁵ 3 oct. 1722. — *Louis*, b⁵ 24 août 1724.

1725, (5 nov.) Ste. Anne.

3° BERTHELOT, Marie-Madeleine, [ANDRÉ I.
veuve de Joseph Pare.

1699, (27 avril) L'Ange Gardien.

II. — DE LESSARD, PRISQUE, [ETIENNE I.
JACQUES, Marie, [ETIENNE I.
Dorothée, b 12 mai 1700, Ste. Anne, ⁵; m⁵ 20 juin 1724, à François BARETTE. — *François-Malo*, b⁵ 22 janv. 1704, m⁵ 28 nov. 1724, à Angélique RACINE — *Etienne*, b⁵ 23 avril 1706. — *Marie-Ursule*, b⁵ 10 et s⁵ 18 avril 1708. — *Jean-Baptiste*, b⁵ 3 et s⁵ 7 juin 1709 — *Marie-Edmee*, b⁵ 3 juin 1709. — *Marie-Madeleine*, b⁵ 16 juin 1714. — *Jean-Baptiste*, b⁵ 19 août 1716 ; m 5 fév. 1750, à Therese BRUNET, à Ste. Foye. — *Marie-Scholastique*, b⁵ 9 déc. 1718 ; s⁵ 31 janv. 1719. — *Prisque*, b 4 avril 1702, à Quebec.

1691, (21 août), Québec.⁶

I. — DE L'ESTAGE, JEAN, commis bourgeois, écrivain au Bureau de Quebec, b 1668, fils de Jean et de Saubade Noliboise, de Notre-Dame de Bayonne ; s 25 sept. 1728, dans l'église de Québec.
VERMET, Anne-Catherine, [ANTOINE I.
(appelée Laforme) ; s⁶ 6 mars 1732.
Jean, b⁶ 17 mars et s⁶ 1ᵉʳ déc. 1691. — *Jean-François*, b⁶ 30 juin 1692. — *Marie-Anne*, b⁶ 21 nov. 1693. — *Elizabeth*, b⁶ 3 avril 1695, s⁶ 6 sept. 1698 — *Alphonse*, b 20 avril 1697, à Montreal. — *Marie-Geneviève*, b⁶ 12 sept. et s⁶ 12 nov. 1698 — *Louise*, b⁶ 15 janv. et s⁶ 8 août 1700. — *Joseph-Marie*, b⁶ 5 avril 1701. — *Nicolas*, b⁶ 17 mars 1702 ; s⁶ 23 fév. 1704. — *Marie-Louise*, b⁶ 9 et s 13 mars 1703, à Beauport. — *Guillaume*, b⁸ 17 mai 1704. — *Claude*, b⁶ 1ᵉʳ mai 1705. — *Alexandre*, b⁶ 28 fév. et s 13 avril 1707, à Charlesbourg. — *François*, b⁶ 23 fév. 1709.

I. — DE L'ESTAIGE, SIEUR DESPEIROUX, PIERRE, marchand à Montreal, en 1699.

DE LESTRES, ALONIÉ, chaufournier, b 1621, un des compagnons de Dollard, massacre au Long-Sault, le 21 mai 1660.

1656, (9 novembre) Québec. ⁸

I. — DELESTRE, (1) THIERRY, bourgeois, b 1618, fils de Jacques et de Barbe Honois, du Haynault, s⁸ 2 juillet 1684.
DEPÉRÉ, Marie, b 1620, fille de Guillaume et de Marie Dartois, de la Gascogne ; s⁸ 27 juin 1684.
Marie, b⁸ 29 nov. 1656 ; m 1674, à François CESAR ; s 25 janvier 1685, à Boucherville. — *Jeanne*, b⁸ 28 déc. 1657 ; m 1ᵉʳ déc 1679, à Charles CATIGNAN. — *Louis*, b⁸ 6 et s 23 janv. 1659. — *Thierry*, b⁸ 27 mars 1660. — *Marguerite*, b⁸ 23 mars 1661, s 10 fév. 1683, (mort subite).

(1) Sieur de Vallon.

— *Louise*, b ⁸ 23 janv. 1663 ; 1° m ⁸ 31 août 1682, à Charles ROGER ; 2° m 1ᵉʳ fév 1689, à Arnaud DUMANCIN. — *Barbe*, b ⁸ 25 dec. 1663 ; m 19 août 1680, à Paul HAGUENIER, à Montréal.—*Joseph*, b ⁸ 17 fév. 1665 ; m ⁸ 30 avril 1697, à Marie-Anne JOURDAIN ; s 26 déc. 1738, à Levis.

1697, (30 avril) Québec. ¹

II. — DE L'ESTRE, (1) JOSEPH,   [THIERRY I
    s 26 déc. 1738, à Lévis. ¹
  JOURDAIN, Marie-Anne,   GUILLAUME I.
    s ¹ 21 nov. 1749.
  François-Marie, b ¹ 5 fév. 1698 ; s ¹ 8 fév. 1715. — *Pierre-Joseph*, b ¹ 1ᵉʳ sept 1699. — *Claude*, b ¹ 3 mai et s ¹ 2 juillet 1701. — *Marie-Elizabeth*, b ¹ 22 mai 1702 ; s ¹ 16 juillet 1704. — *Suzanne*, b ¹ 30 nov. 1703 ; s ² 16 sept. 1735, (mort subite).— *Marie-Françoise*, b ¹ 11 oct. 1705. — *Geneviève*, b ¹ 30 oct. 1706 ; s ¹ 25 sept. 1708. — *Marie-Anne*, b ² 28 juillet et s ² 8 août 1708. — *Pierre*, b ¹ 5 oct. 1709 ; m 2 sept. 1732, à Marie-Anne SYLVESTRE, à la Pointe-aux-Trembles de Québec. — *Etienne*, b ¹ 5 nov 1711. — *Pierre*, b ¹ 26 août 1713 , s ¹ 7 oct. 1719. — *Marie-Madeleine*, b ¹ 9 sept. 1715.

I — DE L'ESTRINGAN, (2) JOSEPH-ALEXANDRE.
  JUCHEREAU, Madeleine-Louise,   [NICOLAS II.
    s 2 juin 1721, à Québec. ⁸
  Marie-Anne Joselte, b ⁸ 15 juillet 1696 , 1° m 16 fév. 1711, à Louis DE MONTÉLÉON, à Beauport.⁶ ; 2° m ⁸ 27 nov. 1730, à Ignace AUBERT. — *Madeleine-Thérèse*, b ⁸ 26 sept. 1697. — *Joseph-François-Marie*, b ⁶ 27 nov. 1698 ; s ⁶ 16 fév. 1699. — *Anonyme*, b et s ⁶ 23 oct. 1699.

DE LEUGRÉ — *Variations* . DE LUGRÉ — LUGRÉ

1661, (13 octobre) Québec.

I.—DE LEUGRÉ, JACQUES, b 1632, fils de Nicolas et de Suzanne Le Mercier, de Ste. Marguerite de La Rochelle ; s 28 déc. 1687, à Ste. Famille. ¹
  TAUPIER, Marie, b 1637, fille de Joseph et de Jeanne Draprôn, du Poitou ; s ¹ 16 nov. 1700.
  Jacques, b 21 sept. 1662, au Château-Richer ² ; m ² 15 nov. 1688, à Catherine GENDRON. — *Pierre*, b 11 et s ² 31 mai 1664. — *Marie-Anne*, b ¹ 14 juin 1665. — *François*, b ² 1ᵉʳ janv. 1667 — *Marie-Marthe*, b ¹ 1 déc. 1667 ; m 9 nov. 1690, à Pierre ALLARD, à Ste. Anne.'— *Mathurine*, b ¹ 22 août 1670 ; m ¹ 14 avril 1687, à Jean PLANTE.— *Anonyme*, b et s ¹ 13 mai 1672. — *Angélique*, b ¹ 15 juillet 1673. — *Joseph*, b 1 et s ¹ 3 juillet 1676.

1688, (15 novembre) Château-Richer.

II. — DELEUGRÉ, JACQUES,   [JACQUES I.
  GENDREAU, Catherine,   [PIERRE I.
  Marie-Jeanne, b 31 août 1689, à L'Ange-Gardien. — *Marie-Anne*, b 27 juin 1691, à Ste. Famille ¹ ; s ¹ 19 nov. 1699. — *Geneviève*, b ¹ 31 août 1693 ; s ¹ 18 janv. 1704. — *Marie*, b ¹ 13 oct. 1695 ; m 30 oct. 1727, à Pierre ROY, à Repentigny. — *Dorothée*, b ¹ 12 juin 1697. — *Catherine*, b ¹ 26 oct. et

---

(1) De Beaujour.
(2) Sieur de St. Martin, capitaine des troupes du Canada.

---

s ¹ 2 nov. 1699. — *Jean-Baptiste*, b ¹ 1702 ; s ¹ 25 fév. 1703. — *Jacques*, b ¹ 26 mai 1703. — *Jean-Baptiste*, et *Charles*, b ¹ 16 fév. 1705.

DELGUEL. — *Variations et surnoms* · DELQUIEL — DELZIEL — DÉZIEL — LABRÈCHE. ·

1668, (28 novembre) Québec. ²

I. — DELGUEL DIT LABRÈCHE, JEAN, b 1641, établi à Charlesbourg ³, fils de Rémond et de Françoise Marty, de Daissat, évêche de Sarlat.
  VAUCHER, Louise, b 1651, fille de Jean et de Marie Blu, de Chalençon de Paris.
  Jean, b 2 et s ³ 19 déc. 1669. — *Isabelle*, b ³ 6 sept. 1671 ; m 22 fév. 1694, à Jean TRULLIER, à Montréal ⁴ — *Jean-Baptiste*, b ³ 25 déc. 1673 ; m 10 mai 1699, à Madeleine CAMPAGNA, à St. Augustin. — *Louis*, b ⁶ 6 oct. 1676. — *Jeanne-Charlotte*, b ³ 18 nov. 1678 ; s ² 19 janv. 1680. — *Jean-Baptiste*, b ² 14 avril 1681 , m à Charlotte GATEBOIS. — *Jeanne-Elizabeth*, b ² 11 juillet 1683 ; m ⁴ 21 mai 1703, à Pierre BILLERON. — *Jean*, b ² 27 fév. 1685. — *Pierre*, b ² 15 août 1687 ; m à Catherine PAYET. *Marie-Charlotte*, b ² 30 avril 1690 ; s ¹ 13 juillet 1691. — *Claude*, b ² 18 avril 1693. — *Charles*, b... ; m 17 juin 1715, à Anne JEANNOT, à Repentigny.

I. — DELGUEL, PIERRE, frère du précédent.
  DAMIEN, Jeanne.
  Pierre, b... ; m 5 fév. 1709, à Marie-Anne LUPIEN, aux Trois-Rivières.

1699, (10 mai) St. Augustin. ⁸

II. — DELGUIEL LABRÈCHE, J.-Baptiste, [JEAN I.
  CAMPAGNA, Marie-Madeleine,   [PIERRE I.
    s ³ 26 mars 1714
  Anonyme, b et s ³ 13 déc. 1699. — *Jean-Baptiste*, b 7 déc. 1702, à Québec ; s 9 mars 1703, à Ste. Foye. ⁴ — *Marie-Joselte*, b ⁸ 21 juillet 1706 ; m 11 fév. 1732, à François AUBÉ, à St. François, I J.⁶ — *Thérèse-Angélique*, b ⁸ 9 sept. 1708 ; m ⁸ 18 nov. 1728, à Jean DRAPEAU. — *Louise-Françoise*, b ⁸ 21 sept. 1710. — *Jean-Baptiste*, b ⁴ 17 juillet 1712. — 2 *Anonymes*, b et s ⁸ 23 mars 1714.

I. — DELICERASSE, SUZANNE, femme de Michel BISSON.

I. — DELIESSELINE, JEAN, sieur DE PUTOT, enseigne de M. de la Chassaigne et commandant le fort de Lachine, en 1689.

DE LIGERAS. — *Variations et surnoms* : DELUSERAT — DES MOULINS.

I. — DE LIGERAS, PIERRE, b 1610 ; s 20 avril 1684, à Montréal. ⁴
  CREPEAU, Jeanne, veuve de Regnault, b 1616 ; s ⁴ 19 janvier 1688.

I. — DELIGNY, MARIE, 1° m en 1655, à Louis BIDON ; 2° m à Julien ALARD.

1655.

I. — DELIGNERON, Jean.
Mounier, Perrine
Claire, posthume, b et s 13 mars 1656, à Montréal.

DELINE, Catherine, femme de Bertrand Beluche.

DELINET, Jacques — Voy. Glinel

DE LINO, Mathieu. — Voy. Martin de Lino, conseiller.

DELILLE. — Voy Bienvenu — Despéré.

1669, (15 octobre) Québec. [1]

I. — DE L'ISLE, Louis, b 1645, fils de Charles et de Marguerite Petit, de Dompierre, evêché de Rouen , s ..
Des Granges, Louise, b 1648, fille de Denis et de Marguerite Jouanne, de St. Brice de Paris , s 11 nov. 1721, à la Pointe-aux-Trembles de Quebec [4]
Antoine, b [1] 26 nov. 1670 ; m [4] 9 nov. 1694, à Catherine Faucher. — Geneviève, b [1] 24 avril 1672 — Catherine-Angélique, b [1] 11 juin 1674 , m [4] 3 nov. 1689, à Jean Aide — Jean-Baptiste, b [1] 20 juillet 1676 , 1º m [4] 4 mai 1699, à Scholastique Mizeray, 2º m [4] 26 janv. 1705, à Marie-Anne Faucher. — Geneviève, b [1] 16 oct 1678. — Louis, b [4] 6 sept. 1680 ; s [4] 29 sept 1682. — François, b [4] 31 mai 1682 , m [4] 5 nov 1708, à Thérèse Faucher. — Louis, b [4] 25 juillet 1684 ; s [4] 1er nov 1687 — Marie-Louise, b [4] 25 juillet 1684 , m [4] 26 oct. 1705, à Charles Robitaille. — Louis, b [4] 21 nov. 1686 , s [4] 5 nov. 1687.

I. — DE L'ISLE, Jean, b 1632, au service de Dolle de Sorel ; s 23 juin 1683, à Repentigny.
Lafleur, Marguerite.
Madeleine, b... ; 1º m..., à Pierre Lamarque ; 2º m 16 août 1718, à Dominique Destrée.

1694, (9 novembre) Pte.-aux-Trembles Q. [4]

II. — DE LISLE, Antoine, [Louis I.
Faucher, Marie-Catherine, [Léonard I.
Louis-Joseph, b [4] 5 sept 1695 ; m [4] 28 fév. 1724, à Madeleine Toupin. — Marie-Angélique, b [4] 16 déc. 1696. — Marie-Catherine, b [4] 17 déc. 1698 , 1º m [4] 19 janv. 1722, à Jean Amiot , 2º m [2] 21 juin 1734, à Jean Renaud. — Marie-Françoise, b [4] 11 avril 1701 — Jean-Baptiste et Claire, b [4] 27 jan. 1704. — Louise-Blanche, b [4] 14 juillet 1706 , 1º m [4] 7 janv. 1733, à Pierre-Charles Tegui , 2º m [4] 28 sept. 1744, à Joseph Angers — Marie-Thérèse, b [4] 30 oct. 1708 , m [4] 9 fév. 1739, à François Lefebvre. — François-Xavier, b [4] 6 et s [4] 30 déc 1710. — Antoine, b [4] 15 fév. 1713 , m [4] 20 nov. 1741, à Marie-Charlotte Larue. — Augustin, b [4] 1er juin 1715. — Jacques, b [4] 12 mars 1718.— Thierry-Jérôme, b [4] 10 nov. 1720.

1699, (4 mai) Pte-aux-Trembles (Q.) [1]

II — DELISLE, Jean-Baptiste, [Louis I
1º Mezeray, Scholastique, [Jean II
s[1] 18 fev 1703.
Jean-François, b [1] 12 fev. 1700. — Louis-Augustin, b [1] 14 fev. 1702.

1705, (26 janvier) Pte-aux-Trembles (Q.) [2]

2º Faucher, Marie-Anne, [Léonard I.
Charles, b [2] 7 dec 1705 et s [2] 6 janv. 1706 — Louis-Joseph, b [2] 23 nov. 1706 , 1º m..., à Marie-Anne Gignac , 2º m [2] 3 fev. 1749, à Céleste Larue. Alexis, b [2] 19 juillet 1709 , 1º m..., à Elizabeth Gignac ; 2º m [2] 7 avril 1750, à Thérèse Dubuc. — Marie-Catherine, b [2] 24 juin 1711 — François, b [2] 15 mai 1713. — Pierre, b [2] 21 oct 1715. — Marie-Josette, b 23 nov. 1717 ; m [2] 27 juillet 1738, à Jean-Baptiste Angers. — Marie-Anne, b..., m [2] 12 janv. 1733, à Jean-Baptiste Langlois. — François, b [2] 28 mars 1720 , s [2] 7 juin 1728. — Thierry-Régis, b [2] 26 nov. 1722 ; m [2] 10 fev. 1749, à Félicité Gauvin. — Thérèse, b [2] 20 avril 1725 ; m [2] 17 fev. 1749, à Augustin Larue — François-Xavier, b [2] 14 sept 1728.

I. — DE LISSY. — Voy. Dasilva.

DE LONGÉ. — Voy. LeMaitre

DE LONGUEUIL. — Voy. Lemoyne.

I — DE LOR, Catherine, b 1638 , m..., à Alexandre Turpin , s 9 mars 1683, dans l'église de Montreal.

1695, (27 janvier) Champlain.

I. — DE LORIMIER, Guillaume, (1) Ecr., Capitaine.
Chorel, Marguerite, [François I.
Guillaume-François-Antoine, b 16 mars 1697, à Montreal · s 1er avril 1703, à Lachine. [2] — Marie-Anne, b [2] 29 août et s [2] 23 sept. 1700. — Marie-Jeanne, b [2] 10 sept. 1702. — Claude-Nicolas-Guillaume, b [2] 22 mai 1705 ; m..., à Louise Lepailleur.

I. — DELORME dit Sans-Crainte, Pierre, soldat de M. De Merville, en 1699.

DE LOUVAIS, Jean.
1º Gueridon, Louise.
Jean, b 1672, m 4 juin 1703, à Geneviève Greslon, à Quebec, s [1] s [1] 12 déc. 1730.

1710, (1er septembre) Québec.

2º Pivain, Marie, veuve de Jacques Glinel.

DELPÉE. — Variations et surnoms : Sincerny — St. Cerné — Montour — Deipue — Dilpec.

DELPÉE, François, b 1640, s 15 dec. 1725, aux Trois-Rivières. [3]
Couc, Angelique, [Pierre I.
Marie-Jeanne, b 1682 , s [3] 10 janv. 1711. — Louis, b 21 sept. 1684, à Sorel. [4] — Madeleine, b [4]

---

(1) Sieur des Bardes. commandant le fort Rolland, en 1705.

25 juillet 1686, s³ 18 mai 1715.— *Jean-Baptiste*, b 1691, s³ 16 déc 1709.— *Pierre*, b³ 8 juillet 1695.— *François*, b³ 28 mars 1697 m³ 15 nov 1728, à Catherine Monisseau.— *Marie-Veronique*, b³ 1er janv. 1700 ; s³ 13 déc. 1718.— *Marie-Anne*, b... ; m³ 8 janv. 1709, à Joseph Petit, s³ 21 janv. 1710.— *Maurice*, b³ 19 juin 1703 m² 27 juillet 1729, à Thérèse Petit.

DELPESCHES — *Variations et surnoms* Delpèche — Delpet — Belair — Beller.

1667, (25 novembre) Montréal ²

I.—**DELPESCHES**, Bernard, b 1641, fils de Jean et de Jeanne Tesserand, de Tonnac, évêché de Rouargue , s 9 déc. 1687, à Repentigny. ⁵

Jourdain, Marguerite (1), b 1631, fille de Claude et de Marguerite De la Haye, de Bois-Robert, en Normandie.

Marie, b 1668; m³ 1er mars 1668, à Antoine Brane.— *Marie-Barbe*, b² 14 fev. et s³ 4 mars 1669.— *Marie*, b² 2 fev. 1670.— *Catherine*, b 19 avril 1672, à Boucherville ⁴, m..., à Abraham Migneron, s³ 6 oct. 1716.— *Denise*, b ¹ 17 nov 1673.— *Marie-Madeleine*, b³ 27 oct 1675 ; s³ 16 juin 1683.— *Anonyme*, b et s² 16 mars 1676 — *Marguerite-Françoise*, b 17 janv. 1678, à la Pte-aux-Trembles , m 14 sept. 1705, à Jean Berlon, St. François, Ile-Jésus —*Anonyme*, b et s³ 17 mai 1681 —*Jean-François*, b³ 2 août 1682 ; m³ 7 juillet 1711, à Madeleine Ménard.

1674, (19 novembre) Montréal.

I —DELPUÉ, Jean, b 1648, fils de Jean et de Marguerite Delnau, de Rodez.

Lorion, Renee, (2)   [Mathurin I
Jeanne, b 29 sept. 1675, à Repentigny , m 17 janv. 1695, à Jean Quintin, à Varennes. ⁹— *François*, b 8 fév. 1677, à la Pointe-aux-Trembles ; ¹ m ⁰ 20 août 1699, à Marie Havet — *Jean*, b ¹ 29 mars 1679 ; ² s ⁰ 13 mars 1701 — *Nicolas*, b ¹ 15 fév. 1681.— *Marie-Anne*, b ¹ 11 fév. 1683 ; s ¹ 26 sept. 1690.— *Marie*, b ¹ 19 nov 1684 — *Catherine*, b ¹ 3 nov. 1686 ; m ⁰ 19 janv. 1704, à Michel Le Gardeur.— *Pierre*, b ¹ 12 déc 1688. (3)

1699, (20 août) Varennes. ³

II —DELPUÉ, François,   Jean I.
Havet, Marie.   [Jean I
François, b³ 31 déc. 1701.— *Marie-Catherine*, b³ 22 déc. 1703 ; s³ 22 janv. 1704.— *Marie-Charlotte*, b 17 nov. 1705.— *Urbain*, b³ 15 janv 1708.— *Louis*, b³ 1er juin et s³ 9 sept 1710.— *Pierre*, b³ 6 et s³ 18 août 1714.

De LUCIÈRES.— Voy. De Lamothe.

De LUGERAT dit Nonpareil, noye, s 4 sept. 1649, à Montréal.

I.—De LUGNY, Elizabeth, b 1627 ; m en 1646, à Michel Blanot dit Lafontaine

De LUGRÉ — Voy. Lugre.

I —DELUSAS dit Laforest, Vincent, de la ville de Poitiers.
Gabriel, b 1660, soldat de M. De Muy , s 28 oct. 1685, Pte-aux-Trembles du Quebec.

1689, (5 février) Champlain. ⁴

I —De LUSIGNAN, Paul-Louis, b 1657, commandant un détachement de marine, fils de Pierre-Alexandre (Messire) et de Jeanne Tibaut, de St. Barthelemi de LaRochelle.
Babie, Jeanne, (1)   [Jacques I.
Paul-Louis, b ⁴ 19 nov. 1691

I.—De MAGNAC, Simon.— Voy. Simon.

I.—De MAISONNEUVE, Paul, noble de Chomedey, arrivé au Canada en 1641.— *Voir Histoire du Montréal.*

I.—De MAREUIL, (2) Jacques.

I.—De MAZÉ.— Peronne sieur de Mazé.

I.—De MEAUPEAU, (3) Guillaume-Emmanuel, parrain de Guillaume Denis, en 1693.

I.—DEMEROMMONT, Louis, sergent royal ; b 1653 , s 19 juillet 1689, à Champlain. Le recensement de 1681, le nomme " De Miraumont."

1691,

I —DEMER, aussi " Dumas," Pierre.
Pouillot, Jeanne,   [Charles I.
Marie-Françoise, (4) b 25 déc. 1692, à Quebec. —*Anonyme*, b et s 7 fév. 1702, à la Pointe-aux-Trembles de Quebec

DEMERS.— Voy. Dumay —Dumets—Dumais. (5)

I.—De MERVILLE.— Le Gouès.

I.—DEMEULES, François.
Tenue, Madeleine.
Joseph, b... ; m 20 nov 1707, à St Jean, (I. O.) à Marie Dubos.

1665.

I.—De MÉZY, (6) Messire Auguste de Saffray, chevalier, seigneur de Mézy, gouverneur de la Nouvelle-France de 1663 à 1665.

---

(1) Elle épouse, le 13 fév. 1760, Claude Pauperet, à Champlain.

(2) Théodore Cosineau de Mareuil, capitaine en France, était à Québec, en 1697.

(3) Comte de l'Estrange.

(4) Elle avait un an. Elle fut baptisée dans l'église St. François-de-Sales, au Sault de la Chaudière.

(5) Les actes ont été enregistrés avec toutes ces variations.

(6) Décède le 5 mai 1665, à Québec, après avoir reçu le St. Viatique et l'Extrême-Onction, et inhumé au cimetière des pauvres de l'Hôtel-Dieu, ainsi qu'il l'avait désiré, par son testament. Ses obsèques furent solennellement célébrées par Monseigneur l'Évêque de Pétrée.

---

(1) Elle épouse, le 8 janvier 1689, Louis Mailhot, à Repentigny.

(2) Elle épouse, le 9 juillet 1691, Jean Le Tellier, à la Pointe-aux-Trembles.

(3) Le 15 août 1691, se sont noyés les fils de Jean Delpué. (*Note du Registre*). Ces fils doivent être *Jean* et *Nicolas*.

1693, (9 septembre) Montréal.

I. — DEMINES, Jean, capitaine d'un détachement de la marine.
St. Ours (De), Marie-Anne,   [Pierre I.

1689.

I. — De MIRÉ, (1) Jean, ecr., b 1660, fils de Gabriel et d'Anne Janvier, de Chenery, évêche d'Orleans.
LeRoy, Catherine,   [Simon I.
veuve de Pierre Salvaye.
Thérèse, b 5 juin 1690, à Sorel.

1695, (22 décembre) Sorel. [6]

I. — De MIRAY, (2) Etienne, b 1663, frère du précedent.
Salvay, Louise-Charlotte,   [Pierre I.
s 27 nov. 1709, à l Ile Dupas [7]
Louise, b [6] 25 mars 1697. — *Louise,* b 20 juillet 1699, à Montreal — *Marie-Catherine,* b 1700 — *Marie-Geneviève,* b [7] 7 fév. 1706. — *Anonyme,* b [7] 1707 et s [7] 21 avril 1708. — *Elizabeth,* b [7] 18 juin 1709.

I. — DEMOLIERS, Jacques. — Voir Desmoliers
De ane, Elizabeth,   [Pierre I.
Louis-Jean Baptiste, b 18 oct. 1704, à l Ilet [6]; s [6] 26 fev. 1724. — *Elizabeth,* b [6] 27 déc. 1706. — *Anne,* b [6] 27 juillet 1708, m [6] 11 mai 1738, à Ignace Bélanger. — *Joachim,* b [6] 15 fev. 1710, m 16 fev. 1673, à la Pte-aux-Trembles (Q) à Marie-Josette Auger. — *Augustin,* b [6] 29 nov. 1711; m à Marie Bélanger. — *Jacques,* b..., m u Marguerite Quevillon.

DEMON, Pierre, pour Emond

De MONCEAUX —Voy. Du Clément, Jean.

I. — DE MONGARON, (3) Le Mondion François

1691, (13 decembre) Montréal. [4]

I. DEMONIC, Joseph (4) b 1660, fils de Jean et de Marguerite de Cornet, d Oleron en Bearn
De Carion, Jeanne,   [Philippe I.
veuve de Jacques Lemoyne.
Marie-Madeleine, b [3] 10 oct. 1692.

1693, (28 septembre) Quebec [4]

I. — DE MONSEIGNAT, Charles, (5) b 1661, fils d'Honorable Jean et d'Helene Perchot de Paris ; s 21 oct. 1718, dans l'eglise de Quebec.
1° De Xaintes. Claude,   [Claude I.
s 18 dec. 1702, dans l eglise de Quebec.
Louis, b [4] 3 oct. 1694. — *Jeanne-Françoise,* b [4] 10 sept 1695, s [4] 12 fev. 1703. — *Marguerite-Angelique,* b [4] 25 sept et s [4] 5 oct. 1696 — *Marie,* b [4] 11 avril 1698. — *Anne,* b [4] 11 et s [4] 18 avril

1698 — *Marie-Catherine,* b [4] 16 juin 1699 ; s [4] 30 janv. 1703. — *Charles-René,* b [4] 8 déc. 1701. (1)
1704, (23 février) Quebec.
2° Deli senerac, Marguerite, b 1684, fille de Jean-Baptiste Delesenerac de Meneville et de Marguerite Le Mantier, d'Arganchy, évêché de Bayeux.

De MORE.—Voy. Juchereau, Jean.

De MONTPELLIER. — Voy. Martin de Montpellier, Antoine.

I.—De MONTREUIL dit Francœur,(2) Léonard, b 1644, s 15 fev. 1699, Boucherville.

1673, (9 janvier) Québec. [5]

I. — De MOSNY, Jean, chirurgien, b 1643, fils de Paul et de Marie Filleul, de Grande, évêché de Lizieux ; s [5] 30 juillet 1687.
Fol, (2) Catherine, b 1650, fille de Claude et d Etienne Michel, de St. André, évêche de Chalons ; s...
Jean, b [5] 12 juin 1674 ; 1° m 18 janv. 1701, à Julienne Buisson ; 2° m [5] à Louise Albert ; s [5] 12 juin 1715. — *Catherine,* b [5] 7 oct. 1675 ; m [5] 26 juin 1690, à Henry Lamarre — *Charles,* b [5] 11 août 1677 — *Marie-Anne,* b [5] 15 avril 1679 ; m [5] 8 oct. 1698, à Pierre Gauvreau ; s 16 déc. 1702.— *Marie-Angelique,* b [5] 16 janv. 1682. — *Madeleine,* b [5] 22 fév. 1684 ; s [5] 13 oct. 1687. — *Jeanne-Thérèse,* b [5] 18 fev. 1687.

1668, (27 septembre) Champlain.

I.—DEMOULIN, Jacques, b 1662, fils de Hugues et de Philippe Hache de St. Maurice de l'Ile, diocèse de Tournay, en Flandre ; s...
Achin, Marie-Jeanne, veuve,   [André I.

De MUSSEAUX, — Voy. D'aillebout de Musseaux—Ruette de Musseaux.

De MUY. — Voy. D'Ameau, Sieur De Muy.

DENEAU. — Voy. Deniau.

De NEUVILLE, Nicolas, — Voy. Dupont, Sieur De Neuville.

De NEVERS, — *Variations et surnoms :* Tenevert — Dannevers — Brentigny.

1652, (28 octobre) Québec.

I.—De NEVERS dit Brentigny, Etienne, b 1622, fils d'Etienne et d'Agnès Luosbisec, de l'Espinay, en Champagne.
Hayot, Anne, (3)   [Thomas I.
Guillaume, b 25 août 1654, à Sillery [4]; m 1671, à Louise Vitard.— *Daniel,* b [4] 17 déc. 1656 ; m 19 nov. 1691, à Madeleine Girard, à la Pointeaux-Trembles. — *Simon-Jean,* b [4] 27 déc. 1667 — *Pierre,* b... ; m 1676, à Marie-Françoise Godfroy.

---

(1) Sieur de L'Argentière, officier.

(2) Sieur de L'Argentière, lieutenant d'un détachement de la Marine.

(3) Sieur de la Canterie, lieutenant d'un détachement de la Marine en 1699, à Montréal.

(4) Capitaine et major des troupes, en 1692, à Montréal.

(5) Secrétaire de Mr. de Frontenac. Conseiller et Contrôleur de la marine, en 1704.

---

(1) Signe " De Monsignat de Chambray.

(2) Elle épouse, le 15 janvier 1691, Claude Chasle, à Québec.

(3) Elle épouse, en 1667, Léonard Dubord.

I. — DE NEVERS, Jean,   [Etienne I.
  chirurgien de la compagnie de Mr. de Valrenne, etabli à Lotbinière.

II. — DE NEVERS,   Guillaume,
  etabli à Ste. Croix,   Etienne I.
  Vitard, Louise, b 1649.
  Anne-Catherine, b 25 nov. 1672, à Sillery ; m
24 nov. 1689, à Gervais Houde, au Cap-Santé. —
Louis, b 9 fév. 1677, à Quebec [9]—*François*, b 1674,
m 7 juillet 1698, à Marie Marcot, au Cap Santé.
Jacques-Alexandre, b 9 sept. 1679, à Québec. [7] —
Jean, b [7] 15 et s [7] 30 sept. 1681. — *Guillaume*, b
24 oct. 1682.

1676.

II. — DE NEVERS, Pierre,   [Etienne I.
  Godfroy de Linctot,   [Michel II.
  Marie-Françoise (1)
  Marie-Anne, b 1677 ; s 11 janv. 1710, aux Trois-
Rivières.

1691, (19 novembre) Pte-aux-Trembles (Q).

II — DE NEVERS, (2) Daniel-Jean,   [Etienne I.
  Girard, Marie-Madeleine,   [Pierre I.
  Marguerite, b... ; m 6 avril 1723, à Mathurin
Pinau, à Repentigny.

1698, (7 juillet) Cap Santé.

III. — DANEVERS, François,   [Guillaume II.
  Marcot, Marie,   [Jacques I.
  Marie-Anne, b... ; m 7 janv. 1728, à François
Rondeau, à Ste Croix. [5]—*Jacques*, b 1706 ; s [5] 30
juin 1729. — *Marie-Jeanne*, b... ; m [5] 30 nov. 1731,
à Michel Dennevers — *Marie-Josette*, b .. ; m [5] 7
janv. 1732, à Michel Rognon.

DENIAU. — *Variations et Surnoms :* Eneau—
  Sully — Denos — Du Tailly — Des Tallis.

I.—DENIAU, Adrien, b 1641, habitant Montréal,
  en 1681.

1659, (24 novembre) Montréal. [5]

I.—DENIAU dit Sully, Marin, veuf, de la paroisse de Luché, diocèse du Mans, b 1621,
  etabli à Laprairie.
  2° Le Breuil, Louise-Thérèse, b 1636, fille de
  Jean et de Marie Lecompte, de Bretagne.
  Jacques, b [5] 2 nov. 1660 ; 1° m [5] 18 avril 1690,
à Marie Rivet ; 2° m [5] 5 mai 1705, à Françoise
Daniau. — *Charles*, b [5] 3 juin 1663 — *Joseph*, b [5]
14 mars 1666 ; m [5] 18 avril 1690, à Jeanne Adhémar. — *Gabriel*, b [5] 19 et s [5] 22 mai 1669. — *Marie*,
b 10 et s 19-dec. 1670, à Laprairie. [6] — *Thérèse*,
b [6] 16 fév. 1674.

1664, (21 janvier) Montréal. [7]

I. — DENIAU, sieur de Long, Jean, b 1630, fils
  de Pierre et de Jeannette Gaudet, de Nantes,
  en Bretagne ; s 12 août 1695, à Boucherville, [6]
  tue par les Iroquois.

---

(1) Elle épouse, le 19 juin 1700, Augustin de Galimard, aux
Trois-Rivières.

(2) De Nevers dit Brantigny.

Daudin Hélène, b 1646, fille d'Isaac et d'Anne
  Jeannet, de l Ile de Rhé, evêché de La Rochelle ; s [5] 12 août 1695, tuee, avec son mari.
  René, b [7] 18 janv. 1665 . m [5] 29 oct. 1692, à
Madeleine Matou ; s 13 juillet 1730, au Detroit.
  — *Gilles*, b [7] 22 avril 1666. — *Thomas*, b [7] 21
janv. 1668. — *Pierre*, b [7] 6 fev. 1670, m [5] 10 nov.
1698, à Marie-Anne César. — *Marguerite*, b [7] 5
juillet 1671 ; m 29 oct. 1687, à François Primaut,
à Laprairie. — *Marie*, b 1672 ; m [5] 24 avril 1690,
à Alexandre Lacoste — *Jean-Baptiste*, b [7] 2 nov.
1673, m [5] 11 fev. 1697, à Therèse Menard.

1685, (23 avril) Laprairie. [4]

I. — DENEAU, Charles-Marin (1), etabli à Laprairie.
  Clément, Madeleine, (2)   [Jean.
  Joseph, b [4] 1er dec. 1686 — *Madeleine*, b [4] 6
mars 1689 . m [4] 2 mars 1710, à Rene Rivet. —
Claude, b [4] 17 juin 1691 ; m [4] 21 nov. 1717, à
Marie Poupart. — *Marie-Jeanne*, b [4] 9 nov. 1693,
m [4] 7 janv. 1721, à Andre Banlier — *Jacques*,
b [4] 19 oct 1695. — *Marie-Charlotte*, b [4] 14 juillet
1699 ; m [4] 1er sept. 1721, à Jacques Charlan —
Charles, b [4] 12 juin 1701. — *Marie-Josette*, b [4] 20
juin et s [4] 21 juillet 1696. — *Marie-Françoise*, b [4]
21 sept 1698, m [4] 15 sept. 1722, à Etienne Duquet. — *Joseph*, b [4] 10 oct. 1701 —*Marie-Joselte*,
b... ; m [4] 15 avril 1720, à Jean Dumay.

1690, (18 avril) Montréal.

II. — DENEAU Destaillis, Jacques,   [Marin I.
  1° Rivet, Marie,   Maurice II.
  Joachim, b... ; m 5 mai 1721, à Marie-Catherine
Levreau, à Laprairie. [2]— *Etienne*, b [2] 28 fev.
1691 ; m [2] 7 fev. 1718, à Catherine Bisaillon —
Jacques, b [2] 29 juillet 1693. — *Marie-Anne*, b... ;
m [2] 10 fev. 1721, à François Bourassa. — *Marie-
Josette*, b [2] 20 juin et s [2] 21 juillet 1696. — *Marie-
Françoise*, b [2] 21 sept 1698 ; m [2] 15 fev. 1722, à
Etienne Duquet. — *Joseph*, b [2] 16 oct. 1701. —
Marie-Josette, b... ; m [2] 15 avril 1720, à Jean
Dumay.

     1705, (5 mai) Montréal.
  2° Daniau, Françoise,   [Jean I.

1690, (18 avril) Montréal. [4]

II. — DENIAU, Destaillis, Joseph,   [Marin I.
  Adhémar, Jeanne,   [Antoine I.
  Jeanne, b 7 fev. 1691, à Laprairie. — *Michelle*,
b [4] 4 mai 1693 ; m 1722, à Jacques Peyet. —
Jean-Baptiste, b [4] 7 oct. 1696. — *Marie-Anne*, b [4]
1er juin 1698. — *Marie-Josette*, b [4] 28 juin 1699 —
Antoine, b [4] 24 fev. et s [4] 15 avril 1701. — *André*,
b [4] 8 sept. 1702. — *Marie-Angélique* et *Joseph*, b
2 sept. 1704.

1692, (29 octobre) Boucherville. [2]

II. — DENIAU, René,   [Jean I.
  s 13 juillet 1730, au Detroit.
  Matou, Marie-Madeleine,   [Philippe I.
  veuve de Jean Haudecœur, s 15 juillet 1699,
  à Lachine.

---

(1) "Charles-Morain Deneau." — Destailles.

(2) Elle épouse, le 7 juin 1718, René Dupuy, à Laprairie.

Nicolas, b ² 15 sept. 1693, s ² 23 mai 1694. — *Ursule,* b ² 25 déc 1694 — *Jean-Baptiste,* b 24 juin 1697, à Montreal. — *Anonyme,* b et s ³ 14 juillet 1699

1694.

DENEAU, RENÉ.
Morin, Anne. (1)
Françoise, b 12 oct 1695, à Quebec ² ; s ² 23 janv. 1717 — *Louise-Ursule,* b ² 28 janv. 1697 ; s ² 11 oct. 1717. — *Maru,* b ² 1701 , s ² 11 déc. 1708 — *Joseph,* b…. m 12 janv. 1728, à Elizabeth Boulet, à St. Pierre-du-Sud. — *Marie-Anne,* b ² 23 sept. 1708.

1697, (11 février) Boucherville ²

II — DENIAU, Jean, ...[Jean I.
Ménard, Therese, ...[Jacques I.
Jean-Baptiste, b ² 6 déc. 1697, s ² 3 fev 1698. — *Marie,* b ² 1er déc. 1698. — *Jean-Baptiste,* b ² 17 mars 1700. — *Pierre,* b ² 5 janv. 1702.

1698, (10 novembre) Boucherville.

II — DENIAU, Pierre, ...[Jean I.
César, Marie-Anne, ...[François I.
s avant 1750.
Pierre, b 1712 , 1º m 5 mars 1737. à Suzanne Vaillancourt, au Sault-au-Recollet ² ; 2º m ² 2 fév. 1750, à Marie-Josette Poudret. — *Jacques,* b…

1669.

I. — De NIGER dit Sansoucy, Bernard, b 1627
Raisin, Marguerite, b 1651 ; s 21 nov. 1700, à Laprairie ²
Jean, b 1670 , s 21 déc. 1687, à Sorel. — *Marie,* b 1675 ; 1º m ² 18 août 1694, à Claude Mesnil ; 2º m ² 7 mars 1717, à Jean Chossard. — *Jean,* b 1er janv. 1672, à Boucherville , m ⁴ 24 nov. 1705, à Catherine Suplenant — *Pierre,* b 20 janv 1678, à Sorel. — *Marguerite,* b 1677, Sœur dite Ste Marthe, Cong. N.-D. ; s 28 juin 1720, à Montréal — *Jeanne,* b 31 janv. 1681, à Contrecœur. ⁴ — *René,* b ⁵ 21 avril 1684.

1672, (22 février) Québec. ²

I — De NIORT, Louis, Sieur de la Norayc, b 1639, fils de Charles et de Marie Bauger, de St. Saturnin de Poitiers.
Silvestre, Marie, ...[Charles II.
veuve de Jacques Loyer ; s 7 nov. 1706, dans l'eglise de Quebec
Louis, b ² 22 juin 1673, m ² 9 août 1694, à Marie Vannk. — *Pierre,* b 1676. — *Jean,* b 1678. — *Angélique,* b 1680, s ² 3 sept. 1691.

1694, (9 août) Québec.

II. — De NIORT, (2) Louis, ...[Louis I.
Vannek, Marie, veuve de Lambert Dumont.

---

(1) Elle épouse. le 15 juillet 1707, Jean-Claude Louet, à Québec.
(2) Sieur de la Noraie.

DENIS — Voy. Jean dit Denis — Lapierre.

I. — DENIS, Laurent, b 1635, établi sur l'Ile d Orleans.
Angér, Elizabeth, b 1635.
Françoise, b 1657, m 1667, à Jean Piarar.

DENIS. — Voy. De la Trinité — De St. Simon — De la Ronde — De Fronsac — De Bonaventure — De Vitré.

I. — DENIS (1), Simon, b 1599, de St. Vincent de Tours
1º Dubreuil, Jeanne, aussi de St. Vincent de Tours.
Pierre, b 1630, en France , m 23 août 1655, à Catherine Leneuf, à Quebec⁶ ; s ⁶ 6 juin 1708, dans l'eglise des Recollets, Québec. — *Charles,* b… ; m ⁶ 18 oct. 1608, à Catherine Delostelneau ; s ⁶ 9 janv. 1703
2º Du Tartre, Françoise, veuve, b 1621 . s ⁶ 9 déc 1670
Françoise, b 1644 ; 1º m ⁶ 19 août 1664, à Jacques Caillpteau , 2º m 1666, à Michel Leneuf, s ⁶ 13 sept. 1721. — *Catherine,* b 1646. — *Paul,* b 1649 ; m ⁶ 18 janv. 1678, à Louise-Madeleine Depeiras, s ⁶ 15 oct. 1731 — *Marguerite,* b 1651 , m ⁶ 18 juin 1674, à Michel Cressé, s 7 juin 1700, aux Trois-Rivières — *Barbe,* (2) b ⁶ 14 juin 1652, m 17 sept. 1667, à Antoine Pécony-concorur. — *Simon Pierre,* b ⁶ 15 fév. 1654. — *Marie,* b ⁶ 27 janv. 1656 — *Claude,* b ⁶ 12 oct. 1657, Diacre , s ⁶ 27 janv. 1724. — *Gabrielle,* b ⁶ 19 août 1658 — *Pierre,* b ⁶ 4 avril 1660. — *Charlotte,* b ⁶ 30 août 1663 ; 1º m ⁶ 7 nov. 1677, à Pierre Dupas ; 2º m ⁶ 25 oct. 1683, à Pierre Bouchep — *Jacques,* b ⁶ 28 août 1664. — *Marie-Françoise,* b ⁶ 14 nov. 1666 ; 1º m ⁶ 10 oct. 1692, à John Outlan, 2º m ⁶ 17 juillet 1698, à Noel Chartrain. — *Jean-Baptiste,* b ⁶ 11 juillet 1669

I. — DENIS, Nicolas. (3)
De la Faye, Marguerite
Richard, b … m 15 oct 1689, à Françoise Cailleteat ; s (4).

1655, (23 août) Quebec ⁴

II. — DENYS, Pierre, (5) ....[Simon I
s 6 juin 1708, dans l'eglise des Recollets, Quebec
Le Neuf, Catherine, ...[Jacques I.
s ⁴ 25 oct 1697.
Marguerite-Renée, b 29 juin 1657, aux Trois-Rivières⁶ , 1º m ⁴ 16 oct. 1672, à Thomas de la Nouguère, 2º m à Jacques-Alexis De Fleury, s ⁴ 3 fev. 1722. — *Jacques,* b ⁶ 7 nov. 1657. — *Simon-Pierre,* b ⁶ 22 juin 1659 , 1º m 1686, à Geneviève Couillard ; 2º m 1688, à Jeanne Jannière — *Marie-Angélique,* b ⁶ 16 avril 1661 ; m ⁴ 11 aout 1680, à Charles Aubert ; s ⁴ 9 nov. 1713. — *Claude*

---

(1) Sieur de la Trinité, venu de St Vincent de Tours.
(2) Filleule de Lauzon, gouverneur.
(3) Propriétaire et gouverneur de l'Acadie.
(4) Il périt sur le vaisseau « le St. François-Xavier » avant 1694. — *Registre A, p. 562, Archevéché de Québec.*
(5) Sieur de la Ronde.

b 1636. — *Françoi-Jeanne*, b ⁴ 3 juillet 1664 ; 1º m ⁴ 29 juillet 1686, à Guillaume Bouthier, 2ºm 9 juin 1696, à Nicolas Daillebout. — *Catherine*, b ⁴ 17 août 1666, hospitalière, dite St. Charles, s 6 juin 1731, à Québec — *Marie-Charlotte*, b 9 mars 1668, m ⁴ 8 nov. 1690, à Claude De Ramsay — *Joseph*, b..., prêtre recollet ; s 27 juin 1742. — *Nicolas*, b ⁴ 3 et s ⁴ 30 nov. 1669. — *Pierre*, b ⁴ 27 janv et s ⁴ 10 fév. 1671. — *Marie-Louise*, b 27 janv. 1671, m ⁴ 4 nov. 1687, à Pierre Daillebout. — *Louis*, b ⁴ 4 août 1673, m ⁴ 20 juillet 1709, à Louise Chartier, s ⁴ 25 mars 1741. — *Anne-Ursule*, b ³ 20 oct. 1677, m ⁴ 12 avril 1695, à François Auberr ; s ⁴ 30 janv. 1709.

1684.

II. — DENIS, (1) Richard,   [Nicolas I.
1º Parabego, Anne
Marie-Anne, b..., m 16 oct 1709, a Jean Mercan, à Quebec.

1689, (15 octobre) Quebec ⁵

2º Cailteau, Françoise, (2)   Jacques I.
Louis, (3) né 31 oct. 1690 ; b ⁵ 29 oct. 1691,

1668, (18 octobre) Québec. ⁵

II. — DENYS, (4) Charles,   [Simon I.
s ⁵ 9 janv 1703.
De Lostelneau, Catherine, b 1648, fille de Charles et de Charlotte Brede-Flory, de St. Nicolas-des-Champs de Paris ; s ⁵ 13 oct. 1698.
Catherine-Philippe, b ⁵ 13 nov. 1672 , s ⁵ 25 déc. 1686. — *Marie-Gabrielle*, b... ; m ⁵ 27 nov 1687, à Pierre Descayrac — *Charles*, b... ; m 18 mars 1700, à Marie-Charlotte Chretien, à Lorette. — *Marie*, b 1672 ; s 7 oct. 1687, a Montreal.

DENIS dit LeVallon, Joseph, était à Montréal, en 1673. *Régistres de Montréal*.

1671, (12 octobre) Quebec. ⁶

I. — DENIS dit Lafontaine, Louis, habitant de Boucherville, ⁷ b 1649, fils de Pierre et d'Antoinette Rangère, de St. Georges de la Haie, évêché de Tours.
1º Sellerin, Marguerite, b 1653, fille de Jacques et de Marguerite Charpentier, de St. Sulpice de Paris, s ⁷ 30 oct. 1672, noyé. —

1673, (9 septembre) Québec.

2º Isambert, Catherine, b 1651, fille de François et d'Anne Dimanche, de St. Livier, ville de Metz.

1678, (18 janvier) Québec. ⁸

II. — DENIS, (1) Paul,   [Simon I
s ⁸ 15 oct. 1731.
Depeiras, Marie-Madeleine,   [Jean I.

Catherine-Louise, b ⁸ 12 nov. 1679 ; 1º m ⁸ 7 janv. 1704, à Dominique Bergeron ; 2º m ⁸ 1er janv. 1719, à Guillaume Gaillard ; s ⁸ 23 avril 1749 — *Louise-Madeleine*, b ⁸ 27 déc 1681. — *Marie-Angélique*, b ⁸ 27 janv. 1684 ; hospitalière dite St. Hyacinthe. s ⁸ 16 oct. 1750.—*Marie-Antoinette*, b ⁸ 17 fev 1686 , s ⁸ 13 janv. 1703. — *Charles*, b ⁸ 31 janv. 1688 ; m ⁸ 17 oct. 1713, à Marie-Josette Prat ; s ⁸ 8 sept. 1748.— *Elizabeth*, b ⁸ 18 juin 1690, m ⁸ 7 janv. 1713, à Mathurin Collet, s ⁸ 25 sept. 1714 — *Guillaume-Emmanuel-Théodore*, b ⁸ 6 janv. 1693 ; m ⁸ 22 sept 1722, à Marie-Joseph Desberglres — *Anonyme*, b ⁸ et s ⁸ 6 mai 1695.—*Alexandre*, b ⁸ 30 mai 1696, ordonné prêtre le 14 juillet 1720, s ⁸ 8 sept. 1721.—*Marie-Anne*, b ⁸ 27 août 1693 ; m ⁸ 17 sept. 1724, à Michel Berthier — *Jean*, b ⁸ 13 avril et s ⁸ 26 août 1701. — *Marie*, b ⁸ 19 et s ⁸ 22 juillet 1702. —*Charlotte-Françoise*, b ⁸ 27 juin et s 23 juillet 1704, à Charlesbourg

1686.

III. — DENYS, Simon-Pierre, (1)   [Pierre II.
1º Couillard, Geneviève,   [Louis II.
Charles, b 24 juillet et s 21 août 1687, à Quebec.

1688.

2º Janière, Jeanne, veuve de Hombourg.
Claude, b... ; m 25 nov. 1748, à Louise Denis.

DENIS, Marie-Anne, jeune anglaise de 15 ans ; b 23 mars 1692, à Quebec.

III — DENIS, Claude, (2)   [Pierre II.

DENIS, Antoine, habitant de Boucherville.
Richard, Marie
Geneviève, b 14 sept 1684, Pointe-aux-Trembles de Montréal.

1687, (8 octobre) L'Ange-Gardien. ⁶

I. — DENYS dit Lapierre, Pierre, b 1656, fils de Blaise et de Jeanne Laponche, de St. Martin, ville de Lerac, evêché de Condom.
Gaudin, Marie, veuve de Louis Goulet, [Chs. I.
Joseph, b... ; m 9 nov. 1722, à Marie Labonté, à Beaumont. — *Pierre*, b ⁶ 13 sept. 1688 ; m ⁶ 22 oct. 1725, à Veronique Mathieu.

1689, (22 fevrier) Lachine. ⁶

I. — DENIS, Jacques, soldat de M. de Cruzel, b 1657, fils de Michel et de Catherine Tellier, de St. Julien, ville de Caen, evêché de Bayeux.
Gaultier, Anne,   [Pierre I.
Jacques, b º 19 janv. et s ⁶ 1er mars 1692 — *Marie*, b ⁶ 14 janv. 1694 ; m 2 janv. 1715, à Guillaume Vinet, à la Pointe Claire ⁸ — *Anne Joseph*, b ⁶ 26 mai 1696. — *Barbe*, b ⁸ 8 juillet 1698 — *Joseph*, b ⁶ 7 juillet 1700 ; m ⁶ 15 janv. 1725, à Clémence Picard.— *Marie-Françoise*, b ⁶ 13 sept. 1702.— *Anne*, b 27 sept et s 1er oct 1701, à Ste. Anne du bout de l'Ile. ⁹ — *Anonyme*, b ⁹ et s ⁸ 14 nov. 1705.— *Charles*, b ⁹ 13 oct. 1709 — *Louis*, b ⁶ 30 juillet 1714.

---

(1) Sieur de Fronsac. Il périt sur le ⁶ St. François-Xavier.''
(2) Elle épouse, le 25 juillet 1694, Pierre Rey-Gaillard, à Québec.
(3) Filleul de Frontenac.
(4) Sieur Vitré, sieur de la Trinité, conseiller au Conseil Souverain.
(5) Sieur de St. Simon, grand Prévôt de la Maréchaussée.

(1) Chevalier, sieur de Bonaventure, capitaine de frégate et lieutenant du roi, en Acadie, en 1689.
(2) Sieur de Bonaventure, amiral.

DENIS, Jean.
Cousson, Marie-Madeleine.
Marie-Jeanne, b 3 dec. 1696, à Québec.

1698, (7 janvier) Québec.

II. — DENIS, Nicolas-Jean, [Jean 1.
Cliche, Marie-Madeleine.
Marie-Josette, b 5 août 1699, à Charlesbourg.

1700, (18 mars) Lorette.

II. — DENIS (1) Charles, [Charles II.
Chrétien, Charlotte, Jean I.
Charles-Ambroise, b 27 déc. 1700, Québec⁹, s⁹ 17 janv. 1701.— *Charles-Paul*, b⁹ 9 août 1702; s⁹ 21 fév 1703.

De NONVILLE, gouverneur, arrivée en 1685 avec sa femme et une partie de sa famille. — Voy. De Brisay, marquis, etc. (*Lettre de Mgr. de St. Vallier.*)

DENORAY. — *Variations et surnoms :* De Norrais—Dumesnil—Dumesny.

1692, (17 fevrier) Champlain.

I. — De NORAY, Jacques. (2)
Chorel, Marie-Renée, [François I.
s 3 mai 1717, dans l'église de Québec.
Louis, b 13 août 1695, à Montreal ²— *Louis-Hector*, b² 30 juillet 1697. — *Marie-Renée*, b² 11 nov. 1698. — *Philippe*, b² 4 juin 1701.

I. — DENOT de la Martinière, Marie, b 1606, fille d'Elie et de Marguerite Delafond, du bourg de Porcheresse d'Angoulesme, 1º m à Etienne Vienne, 2º m 26 janv. 1653, à Mathieu Labat, aux Trois-Rivières; ² 3º m² 26 janv. 1655, à Louis Ozanne.

I —DENOTE, Antoine, de St. Germain, de Paris.
Leduc, Catherine, de St. Germain, de Paris.
Jeanne, b à Paris, 1º m 7 juin 1667, à André Robidou, à Québec; 2º m 16 août 1678, à Jacques Supernant, à Laprairie.

DÉNOUE. — Voy. Desnoux—L'Éveillé.

1665, (20 juillet) Trois-Rivières.⁵

I.— De NOYON ou Desnoyers, Jean, maitre-taillandier, b 1642, fils de Jean et de Jeanne Franchard, de St. Pierre, évêche de Rouen; s 10 mars 1692, à Boucherville.⁴
Chauvin, marie, [Marin I.
veuve de Rolin Langlois.
Jacques, b³ 12 fév 1668 — *Guillaume*, b... ; m 22 mars 1689, à Jacqueline Aubry, à Lachine. — *Marie*, b⁴ 2 fev. 1671, m⁴ 18 nov. 1686, à à Jean Barbot. — *Marguerite*, b⁴ 20 août 1673; m⁴ 12 nov. 1692, à Michel Charbonneau — *Suzanne*, b⁴ 30 août 1676. — *François*, b⁴ 2 sept 1678. — *Ignace*, b⁴ 11 juin 1683 — *Jean-Baptiste*, b⁴ 11 mai 1686. — *Marie-Thérèse*, b⁴ 16 janv. 1689 — *Louise*, b⁴ 28 sept. 1690.

1689, (22 mars) Lachine.

II. — De NOYON, Guillaume, [Jean I.
s 10 juillet 1701, à Montréal. ⁷
Aubry, Jacqueline, b 1637, veuve d'Antoine LeGros; s² 23 janv. 1702.

I. — PARÉ, Claire-Françoise, 1º m 1661, à Jacques Baudon dit Lagrange; 2º m 1679, à Jacques Bluteau.

I. — DEPEIRAS, Jean, (1) de St. Eustache de Paris.
Marion, Denyse, b 1622; s 15 oct. 1677, à Québec. ²
Marie-Madeleine, b... ; m² 18 janv. 1678, à Paul Denis. — *Denise*, b 1651; m² 4 nov. 1700, à Joseph Giffard. — *Jean-Baptiste*, b 1656; m² 18 août 1671, à Anne Thiremont.

1671, (18 août) Québec. ²

II. — DEPEIRAS, Jean-Baptiste, [Jean I.
b 1641, conseiller du Roy; s² 6 sept. 1701.
Thiremont, Anne, b 1644, fille de Jacques et de Marie Hubert, de St Sulpice de Paris; s² 31 oct. 1679.
Elizabeth, b² 30 juillet 1672; m² 24 juin 1698, à Nicolas Pinguet; s² 30 oct. 1726. — *Louis*, (2) b² 27 dec. 1674. — *Jean-Jacques*, b² 7 juillet 1677

I — DEPERTEAU, Jean, b 1630, (3).

I. — De PLACE, Isaac, Chevalier, Lieutenant de M. Dugué, etait à la Pointe aux-Trembles de Montreal, en 1686.

I. — De POITIERS, Jean-Baptiste. — Voy. Poitier, Sieur Du Buisson.

De POITIERS, Marie-Charlotte, femme de Simon Angers, en 1680.

I. — DEPORTAUX, Henry, b 1622, enseigne de la compagnie de M. Degrès; s 26 août 1687, aux Trois-Rivières, mort d'un coup d'épée.

De PRÉCILLON, Bernard, officier, etait à Montreal, en 1699, et en 1701.

De PROUVILLE, Alexandre, Chevalier, Seigneur de Tracy, lieutenant general.

De PUYBARO. — Voy. Puybaro.

I. — De PUISEAUX, Pierre, Seigneur de Ste. Foye, proprietaire du fief St Michel, et mort en France, après 1647.

De PUTOT. — Voy. Deliesseline, sieur de Putot.

I. — De QUERA, Pierre.
Gallais, Jeanne.
Pierre, b 25 mai 1693, à Québec.

---

(1) Sieur de Vitré.
(2) Sieur du Mesny ou Dumesnil, major des troupes, lieutenant des vaisseaux du Roi.

(1) Conseiller du Roy et élu en l'élection de Paris.
(2) Filleul de Frontenac.
(3) Recensement de 1681.

I.—DE RAINVILLE, Paul, b 1619; s 12 déc. 1686, à Beauport. [2]
1° Poêze, Pauline; s 16 fev. 1666, à Québec [3]
Jean, b...; 1° m [3] 26 juillet 1665, à Suzanne Badeau; 2° m [3] 26 oct. 1671, à Elizabeth De la Guéripière.— Marie, b 1644, m [3] 11 janv. 1660, à Nicolas Bélanger; s [2] 7 nov. 1711, (mort subite). Marthe, b 1644; m [3] 8 janv. 1662, à Pierre Marcoux.— Charles, b 1655; m 1682, à Jeanne Masse; s [3] 10 mai 1699.

1669.

2° Michel, Marie, b 1620, veuve de Louis Gasnier; s 12 nov. 1687, à Ste. Anne de Beaupre.

1665, (26 juillet) Québec.

II —De RAINVILLE, Jean, [Paul, I.
1° Badeau, Suzanne, [Jacques I
s 1669.
Jean, b 24 août 1666, à Québec; [1] m 30 janv. 1690, à Marguerite Lavallée, à Beauport.— Charles, b [1] 21 oct. et s [1] 20 nov. 1668

1671, (20 oct.) Québec [3]

2° De la Guéripière, Elizabeth, b 1648, fille de Jean et de Gabrielle Boutellier, de St. Sulpice, de Paris; s...
Elizabeth, b [3] 3 nov. 1672; m [2] 29 août 1695, à Nicolas Delaunay. — Marie-Charlotte, b 2 mai 1680, à Beauport; [3] m [2] 26 janv. 1706, à André Corbin; s 17 fév. 1749.— Marie-Thérèse, b [3] 11 mars 1674; m [3] 5 fev. 1699, à Antoine Hisoir.— Charles, b [3] 10 avril 1678; m 11 mai 1705, à Jeanne Cabazier, à Montréal [4]— Paul, b [3] 10 avril 1678; 1° m 25 fev. 1710, a Marie-Anne Roberge, au Château-Richer; 2° m [3] 27 nov. 1715, à Marguerite Giroux.— Louise, b 1675, m [4] 1er dec. 1703, à Sébastien Gouin.— François, b [3] 8 nov. 1682; s [3] 8 déc. 1684.— René, b [3] 4 oct. 1684.— Noël, b [3] 24 janv. 1687; 1° m [2] 22 nov. 1712, à Catherine Maillou; 2° m [2] 2 nov. 1727, à Marie-Josette Caron; s [2] 21 juillet 1732.

1682.

II —De RAINVILLE, Charles, [Paul I.
s 10 mai 1699, à Quebec. [3]
Masse, Jeanne.
Augustin, b 20 fév. et s [2] 17 juillet 1683.— Marie-Angélique, b [2] 7 mars 1685; 1° m [2] 13 oct. 1704, à Robert Choret; 2° m [2] 4 fev. 1712, à Jean L'Archevêque; s [3] 8 fev. 1729.— Louis-Joseph, b [2] 6 juin et s 7 oct 1687, à Beauport.— Louis, b [2] 28 dec. 1688. — Pierre Charles, b [2] 31 oct. 1692.

1690, (30 janvier) Beauport. [2]

III.— De RAINVILLE, Jean, [Jean II.
La Vallée, Marguerite, [Pierre I.
Marie, b [2] 2 nov. 1690, 1° m [2] 21 oct. 1715, à Jacques Nolin; 2° m [2] 27 nov. 1736, à Joseph Filteau, à Quebec [3]; 3° m [3] 16 août 1746, à Adrien Leclerc.— Jean-Baptiste, b [2] 20 mai 1693.— Marie-Charlotte, b [2] 1er nov. 1695; 1° m [2] 9 fev. 1719, à Jean-Baptiste Lefebvre; 2° m [3] 25 oct.

1745, à Louis Bourbeau; s [3] 14 mars 1750. — Paul, b [2] 25 dec. 1697 —Joseph, b [2] 18 oct. 1701.— Marguerite, b [2] 25 mars 1703, m [3] 14 sept. 1729, à Nicolas Caron, s [3] 5 oct. 1757.

1690, (8 novembre) Québec. [2]

I — DE RAMESAY, Claude, (1) b 1657, fils de Timothee et de Catherine Gribouillard, de La Gaise, évêché de Langres; s 2 aout 1724, dans l'eglise de Québec.
Denys, Marie-Charlotte, [Pierre II.
Claude, b 20 oct 1691, aux Trois-Rivières. [3]— Catherine, b [3] 2 sept. 1692.— Anonyme, b et s 27 juillet 1693, à Batiscan.— Louis, b [3] 1er juillet 1694.— Charles-Hector, b [3] 18 mai 1696.— Marie-Catherine, b [3] 7 juillet 1696, Ursuline dite Ste. Radegonde; s [2] 18 mai 1725.— Marie-Charlotte, b [3] 31 juillet 1697.— Pierre-Timothée, b [3] 7 oct. 1698, s [2] 23 avril 1706.— Louise-Geneviève, b [3] 22 nov. 1699.— Jean-Baptiste-Nicolas-Roch, b..., m [3] 6 dec. 1728, à Louise Godfroy.— Françoise-Louise, b 8 juillet 1705, à Montréal.— Madeleine-Angélique, b [2] 21 janv. 1701.—François, b [2] 4 oct. et s 5 déc. 1702, à Beauport.— Françoise, b [2] 29 janv. et s 3 mars 1704, à Charlesbourg.

DE RÉ DE GAND, François, commissaire général au magasin de Québec. s 21 mai 1641, dans la chapelle de Mr. de Champlain.

DE REAU. — Voy. Descayrac de l'Autheur.

DE RÉMY, Daniel, Seigneur de Courcelles, gouverneur du Canada.

DE RENNES, Bertrand, b 1636, établi à Montreal. (Voir Recensement de 1681).

DE REPENTIGNY.— Voyez Le Gardeur.

DE RICHECOURT, Jeanne, b 1645; 1° m 4 nov. 1659, à Jean Foucher, à Quebec.— 2° m 16 août 1676, à Jean Roy, à Montréal.

1647, (3 septembre) Québec.

I.— DE REPENTIGNY, (2) Marin, b 1619, natif de Grandmesnil, en Normandie; s ..
Jallaut, Jeanne, b 1624, fille de Moyse et de Marie Lapointe, de Fontenay-le-Comte, au Poitou. (3)
Pierre, b 14 juillet 1649, aux Trois-Rivières [3], ordonne 19 sept. 1676; s 7 août 1713, à Montréal.— Jean-Baptiste, b [3] 8 oct 1650; s [3] 6 juillet 1654.— Jacques, b [3] 15 oct. 1652.

1690, (21 novembre) Québec. [0]

I.— DE RIGAULT, (4) Philippe, (XIVe Gouverneur), b 1643, fils de Jean-Louis et de Marie-

(1) Chevalier, Seigneur de la Gesse, Montigny et Bois Fleurant, Gouverneur des Trois-Rivières et de Montréal, colonel des troupes.
(2) Sieur de Francheville.
(3) Elle épouse, le 9 sept. 1654, Maurice Poulain, aux Trois-Rivières.
(4) Chevalier, Seigneur de Vaudreuil, commandant les troupes du Roy.—Gouverneur de toute la Nouvelle-France.

de Castel-Verdun, de Vaudreuil, évêché de St Papoul, s ° 13 oct. 1725, dans l'église des Recollets, à Quebec.

De JOYBERT, Louise-Elizabeth, [PIERRE I
Louis-Philippe, b ° 26 sept. 1691. — *Philippe-Antoine,* b ° 30 mars 1693. — *Jean,* b ° 24 janv. 1695. — *Pierre,* b ° 22 nov. 1698, m ° 2 mai 1733, à Louise-Fleury d Eschambault — *Hector,* b 13 dec. 1699, à Montreal⁵, s ° 2 mai 1708. — *Marie-Louise,* b ° 23 juin 1701. — *François,* b ° 4 octobre 1702. — *Philippe-Arnaud,* b ° 9 fev. 1705 m à Antoine Colombel. — *Joseph-Hyacinthe,* b ° 27 juin 1706. — *Louise-Elizabeth,* b ° 12 sept. 1709.

II — De RIGAUT, (1) Arnaud, [PHILIPPE I
Colombel, Antoinette.

II — De RIGAUT, (2) Louis-Philippe, [PHILIPPE I.

De RIGAUVILLE. — Voy. DesBergères.

DERINON, Pierre, écr, sieur de Budemon, lieutenant, en 1709

De ROBUTEL de La Noul — Voy. Robutel — St. André.

I. — DÉROCHE, Jean,
b 1614, s 23 août 1684, à la Pointe-aux-Trembles de Quebec.¹
Gode, Françoise
Jean, b 1650; m¹ 14 avril 1687, à Marie Beauchamp. — *Nicolas,* b...; 1° m¹ 21 avril 1687, a Anne Archambaut, 2° m¹ 22 nov 1688, à Jeanne Perthuis — *Jean,* b 1663; s¹ 23 août 1687. — *Jeanne,* b 1668, m¹ 27 nov. 1690, à Seraphin Lauzon. — *Agathe,* b... — *Jacques,* b...; s¹ 26 nov. 1680. — *Etienne,* b¹ 16 août 1678; s¹ 1er fév. 1688. — *Pierre,* b..., m¹ 24 nov. 1698, à Marie Baudry

1687, (21 avril) Pte aux-Trembles, M.³

II. — DÉROCHE, Nicolas, [JEAN I.
1° Archambaut, Anne, [LAURENT I.
s³ 15 janv. 1688.
Nicolas, b...; s³ 10 janv. 1688

1688, (22 novembre) Pte-aux-Trembles, Q.³

2° Perthuis, Jeanne, [PIERRE I.
Jeanne, b³ 29 dec. 1689. — *Isabelle,* b³ 6 août 1691. — *Marie-Anne,* b³ 7 mai 1693. — *Jean Baptiste,* b³ 28 fev. 1695, s³ 26 sept. 1696. — *Jean-Baptiste,* b³ 22 nov. 1699.

1687, (14 avril) Pte-aux-Trembles, Q.⁴

II. — DÉROCHE, Jean, [JEAN I.
Beauchamp, Marie, [JACQUES I.
Marguerite, b⁴ 28 sept 1692. *Isabelle,* b⁴ 9 nov. 1694. — *Catherine,* b⁴ 10 avril 1697.

---

(1) Chevalier, marquis de Vaudreuil.
(2) Chevalier, baron de Vaudreuil capitaine des gardes du Roy.

1698, (24 novembre) Pte-aux-Trembles.³
II. — DESROCHES, Pierre, [JEAN I
Beaudry, Marie.
Marie-Jeanne, b ° 12 nov. 1699.

De ROCHEMONT. — Voy. Deschevert.

1665, (12 octobre) Québec.
I — De BOISSY, Nicolas, confiseur, b 1640, fils de Jacques et de Marie Mazonet, de St. Gervais, évêché de Paris; s...
Desjardins, Françoise, b 1639, fille de François et de Martine Godfroy, de N.-D. de Vincennes, évêché de Paris, s...

1657, (17 avril) Québec.⁵
I. — DEROME dit Descarreaux, Denys, maître-tailleur, b 1624, fils de Jean et de Marie Goultier, évêché d'Auxerre; s...
Roullois, Jacqueline, b 1644, fille de Michel et de Jeanne Maher, de St. Côme, évêché du Mans, s⁵ 18 mai 1718.
Marie, b⁵ 10 nov. 1669, m 16 nov. 1694, à Jean Mondain — *Elizabeth,* b⁵ 23 sept. 1672; m⁵ 7 juin. 1698, à Jacques Bernier; s⁵ 10 déc. 1708 — *Denis-François,* b⁵ 2 mai 1675. — *Jean,* b⁵ 11 déc. 1678, m⁵ 1er fev. 1706, à Marie-Anne Ferret, s⁵ 16 juin 1711 — *Michel,* b⁵ 15 nov. 1680, 1° m 20 janv. 1705, à Madeleine Dusault, à la Pointe-aux-Trembles de Québec; 2° m⁵ 9 mai 1718, a Louise Métivier; s⁵ 14 mai 1743. — *Jeanne,* b⁵ 24 janv. 1683; m⁵ 11 fev. 1706, à Etienne Amiot, s⁵ 10 mars 1715. — *Angélique-Félicité,* b⁵ 2 sept. 1685; m⁵ 13 avril 1711, à Etienne Loisy, s⁵ 26 dec. 1759.

1678.
I — DEROME dit Descarreaux, François.
Blanchard, Gilette, b 1641
Marguerite, b 22 juillet 1679, à Ste. Famille; m 26 nov. 1693, à François Alaire, à Quebec; s² 24 janv. 1703

De ROMPREY. — Voy. Hutelot, Marquis de Romprey.

1699.
DEROSIER, cordonnier.
Fafart, Marie-Anne.
Marie-Charlotte, b 10 juillet 1701, à St. Nicolas.

De ROULLAND, Adriane, b...; m 22 sept. 1692, a Jean Soulard, à Québec¹; s¹ 18 nov. 1696

1690.
I. — DERTAIL, Pierre. — Voy. Retaille.
Bourgoin, Marie. [PIERRE I.
Pierre, b 7 fev. 1691, à Ste.-Famille. — *Marie* b 26 dec. 1700, à Boucherville.

De ROYBON, Jacques, Sieur d'Alonne
Madeleine, b..

DERY. — *Variations:* Derry — D'Héry — Desry dit Larose.

1669, (13 octobre) Québec. [7]

I.—DESRY dit Larose, Jacques, habitant de Dombourg, b 1646, fils de Jacques et de Jacqueline Borde, de Vièvre, évêché de Bourges ; s 19 fev. 1709, à la Pointe-aux-Trembles de Québec.[0]
Vitry, Marguerite, b 1648, fille de Samuel et de Marie de Liancourt, de St. Martin de la Garonne, évêché de Rouen, s...
Pierre, b [7] 14 août 1671.—*Joseph-Samuel*, b [7] 4 sept. 1672 ; m [9] 8 juin 1705, à Marie-Elizabeth Harbours ; s...—*Marie-Marguerite*, b [7] 12 sept. 1675 ; m [9] 31 janv. 1695, à Claude Jodoin — *Marie-Renée*, b [7] 27 juin 1678 ; 1[o] m [9] 24 nov. 1700, à Henry Chaillé ; 2[o] m à Thomas Pineau ; s 27 août 1748, aux Trois-Rivières. — *René*, b [9] 2 juin 1681.—*Pierre*, b [9] 7 mars 1684 ; s [9] 15 nov. 1696.

1679, (16 janvier) Québec. [0]

I.— D'HÉRY, Maurice, établi au Bourg Royal, b 1657, fils de Nicolas et d'Elizabeth Bertrand ; s...
Philippeau, Madeleine,   [Claude I.
Jeanne, b [9] 5 avril 1681 ; 1[o] m 20 janv. 1698, à Jean-Bernard Renaud, à Charlesbourg ; 2[o] m [7] 27 juillet 1717, à Pierre Bénard. — *Marie*, b [7] 25 août 1683 , m [7] 9 janv. 1702, à Germain Magnan. — *Anne*, b [7] 17 juin 1686 ; s [7] 25 oct. 1699. — *Jeanne-Thérèse*, b [7] 14 fév. 1689 ; m [7] 8 nov. 1706, à Pierre Renaud.—*Madeleine*, b [7] 8 avril 1691 ; m [7] 4 juillet 1712, à Charles Auclair.—*Jeanne-Elisabeth*, b [7] 16 août 1693 ; m [7] 11 avril 1712, à Jean-Baptiste Rochereau. — *Angélique*, b [7] 22 mars 1696 ; m [7] 17 fev. 1721, à Augustin Trépagny, au Château-Richer. — *Joseph*, b [7] 1er oct. 1698 ; m [8] 20 juin 1718, à Marie Voyer. — *Louis-Benjamin*, b [7] 24 juillet 1701. — *Marie-Suzanne*, b [7] 22 avril 1704. — *Maurice*, b [7] 27 juin 1707 ; 1[o] m à Thérèse Rochereau ; 2[o] m à Madeleine Morisseau.

1694, (9 novembre) Québec.

I.— De Rupalley, sieur Des Jardins, Antoine, enseigne d'un détachement de la marine, b..., fils de Jean-Baptiste (1er écuyer de la Fauconnerie du Roi) et d'Anne de Gonneville, de Madry, évêché de Bayeux ; s...
Le Mire, Anne,   [Jean I.
veuve de Laurent Tessier.
Louis, b 27 août 1695, à Montréal ; [4] s 9 fév. 1696, à Varennes.— *Paul*, b [4] 29 oct 1696. — *Henri-Charles*, b [4] 25 janv. 1698. — *Thérèse-Anne*, b [4] 24 et s [4] 27 janv. 1699. — *Louis-Antoine*, b [4] 17 mai 1700.

1695, (16 novembre) Boucherville. [6]

I.— De Sabrevois de Bleury, Jacques-Charles, (1) b 1667, fils d'Henry (seigneur de Sermonville) et de Gabrielle Martin, de Garancières, évêché de Chartres ; s [6] 19 janvier 1727.
Boucher, Jeanne, s [6] 8 juillet 1703, [Pierre II.

(1) Lieutenant de la compagnie de Mr. Daneau de May, et Chevalier de St. Louis.

Marie-Josette, b [6] 23 août 1696 ; s 12 janv. 1777, à Montréal. [7] — *Charles*, b [6] 1er et s [6] 16 déc. 1697. — *Charles*, b [6] 15 nov. 1699. — *Christophe*, b [6] 28 fev. 1701 ; m [7] 16 août 1731, à Agathe Hertel. — *Clément*, b [6] 16 juillet 1702 , m [7] 26 août 1728, à Marie-Charlotte Guichard ; s [7] 19 avril 1781.

De SAILLY.—Elu Juge-Royal pour Montréal, le 18 oc. 1663. — *Edits et Ordonnances*, I, p 12.

De SANTERRE, Jean.—Voy. Dufeyras, sieur de Santerre.

Des AULNIERS.— Voy. Trotier.

1668, (10 octobre) Québec.

I.— De Saurel, Pierre, seigneur de Sorel, officier, b 1628, fils de Mathieu et de Jeanne de Giraud, de N.-D. de Grenoble ; s 28 nov. 1682, à Montréal.
Le Gardeur, Catherine,   [Charles I.

1666, (11 janvier) Montréal. [5]

I.— Desautels dit Lapointe, Pierre, b 1631, fils de Thomas et de Marie Buisson, de Malicorne, évêché du Mans ; s...
1[o] Remy, Marie, b 1646, fille de Nicolas et de Marie Vinet ; s [5] 11 nov. 1676.
Joseph, b [5] 29 oct. 1666 ; s [5] 13 sept. 1667. — *Joseph*, b [5] 13 juin 1668 ; m 28 sept. 1693, à Marie-Charlotte Chaudillon, à la Pointe-aux-Trembles de Montréal. — *Gabriel*, b [5] 3 avril 1671 ; s [5] 23 mars 1687. — *Anonyme*, b [5] et s [5] 23 janv. 1674.

1676, (23 novembre) Montreal. [5]

2[o] Lorion, Catherine,   ]Mathurin I.
veuve de Nicolas Millet.
Pierre, b [5] 13 sept. 1677 ; m [3] 12 janv. 1699, à Angélique Thuillier. — *Gilbert*, b [5] 17 déc. 1679.

1693, (28 septembre) P[te]-aux-Trembles, M [1]

II.—DESAUTELS dit Lapointe, Joseph, [Pierre I.
Chaudillon, Marie-Charles, (1)   [Antoine I.
Marie-Catherine, b [1] 10 juillet 1694. — *Marie-Anne*, b 16 sept. 1698, à Québec. — *Marie-Marguerite*, b [1] 22 août 1699. — *Marie-Louise*, b 16 août 1704, à Montréal.

1699, (12 janvier) Montréal. [3]

II.— DESAUTELS, Pierre,   [Pierre I.
Thuillier, Angélique,   [Jacques I.
Angélique, b [3] 25 déc. 1699. — *Pierre*, b [3] 16 fév. 1701.— *Louis*, b [3] 3 août 1703.

Des BARDES — Voyez De Lorimier, sieur des Bardes

I.—DESBORDES, Mathurine, 1[o] m à Pierre Guiberge ; 2[o] m 1660, à Pierre Bessonet ; 3[o] m 1663, à Michel Bouvier.

(1) Elle épouse, le 8 juillet 1707, Jean Barte, à Varennes.

1694, (8 novembre) Montreal. [2]

I. — Des BERGERES, (1) RAYMOND-BLAISE.
CLOSSE, Jeanne-Cécile,   [LAMBERT I.
veuve de Jacques Bizard ; s 9 fév. 1700, dans
l'église de Montréal
Joseph, b [2] 11 déc. 1696 ; s [2] 8 janv. 1697. —
Marie, b [2] 3 mars 1698. — Jeanne, b 13 mai et
s [2] 6 oct. 1699. — Nicolas, b... ; m..., à Françoise
PACHOT.

DESBRIEUX, JEAN, b 1644 ; s 28 août 1699, à
Montreal.

I. — DESBROYEUX, FRANÇOIS, s avant 1707.
DISY, Marguerite,   [PIERRE I.
s 22 oct. 1730, à Batiscan. [2]
François, b 1678 ; m [2] 15 juin 1707, à Madeleine L ECUIER ; s [2] 2 mai 1750.

1663, (15 octobre) Québec. [3] •

I — DESCAILHAUT, JACQUES, (2) b 1629, fils de
Samuel et de Louise Le TEXIER, de St. Her-
belain, près Nantes ; s 17 juin 1673, dans
l'église de Québec.
DE GRANDMAISON, Eléonore, b 1619, veuve de
Jacques Gourdeau ; s [3] 22 fév. 1692.

DESCARIS. — Variations et surnoms : DESCARRY
— DESCARRIER — LE HOUX.

1654, (5 octobre) Quebec.

I. — DESCARIS DIT LE HOUX, JEAN, b 1621, fils
de Michel et de Claudine Desgardes ; s 10
janv. 1687, à Montreal [3]
ARTUS, Michelle, b 1629, fille de Louis et de
Renee Testart, s [3] 15 sept. 1698.
Paul, b [3] 7 août 1655 ; m 4 fev. 1686, à Marie
HEURTEBISE, à Lachine. — Charles, b [3] 15 sept.
1658, s [3] 6 avril 1671. — Jeanne, b [3] 10 mai 1665 ;
m [3] 4 janv. 1681, à Lambert LE DUC. — Michel,
b [3] 5 dec. 1656 ; m [3] 30 août 1691, à Marie CUIL-
LERIER. — Louis, b [3] 8 nov. 1660, m [3] 5 mai 1693,
à Marguerite CUILLERIER.

1686, (4 fevrier) Lachine.

II. — DESCARIS, PAUL,   [JEAN I.
HEURTEBISE, Marie,   [MARIN I.
s 17 fev. 1702, à Montreal. [3]
Louis, b [3] 26 déc. 1687 ; s [3] 2 janv. 1688. —
Pierre, b [3] 2 mars 1689 — Joseph, b [3] 6 août 1691.
— Paul, b [3] 27 sept. 1693. — Louis, b [3] 12 fév.
1696. — Jean-Baptiste, b [3] 10 août 1698. — Marie-
Josette, b [3] 14 mai 1700. — Cécile, b [3] 31 juillet
1702, s [3] 11 mai 1703.

1691, (30 août) Montréal. [3]

II. — DESCARY, MICHEL,   [JEAN I.
CUILLERIER, Marie,   [RENÉ I.
Marie-Barbe, b 27 juillet et s [3] 2 août 1692. —
François, b [3] 1er sept. 1693 — Pierre, b 23 et s [3]
25 oct 1694. — Pierre, b 15 et s [3] 18 nov. 1695.

Marie-Catherine, b [3] 7 déc. 1696. — Marie-Josette,
b [3] 16 août 1699. — Marguerite, b [3] 6 oct. 1701. —
Michel, b [3] 27 sept. 1703.

1693, (5 mai) Montréal. [6]

II. — DESCARY, LOUIS, marchand,   [JEAN I.
CUILLERIER, Marguerite,   [RENÉ I.
Louis, b [3] 1er avril 1694. — Anonyme, b et s [3] 4
fev. 1697. — René-Joachim, b [3] 3 sept. 1698. —
Joseph, b [3] 11 août 1700 ; s [3] 6 fév. 1701. — Joseph,
b [3] 10 dec. 1702. — Jean-Baptiste, b [3] 8 mars 1704.

1687, (27 novembre) Québec. [4]

I. — DESCAYRAC, PIERRE (1) b 1657, fils de
Pierre (Seigneur de Laval) et de Marie Des-
bordes, de St. Etienne, ville d'Agen ; s 1691.
DENIS, Marie-Gabrielle,   [CHARLES II.
Pierre, b [4] 5 sept. 1688 ; s [4] 15 janv. 1689. —
Louis-Pierre, b [4] 3 janv. 1692, filleul de Frontenac.

1699, (25 février) Montréal. [4]

I. — DESCENT DIT SANS-PITIÉ, RAPHAEL, (2) b
1674, fils de Dominique et de Louise David,
de Ste. Eulalie, evêché de Bordeaux.
BOURSIER, Anne,   [JEAN I.
Laur nt, b [4] 29 août et s [4] 17 sept. 1701 — Antoine, b [4] 13 juillet 1702 — Jeanne-Catherine, b [4]
5 août 1704, à Ste. Anne-du-bout-de-l'Ile. — Jean-
Baptiste, b 25 juillet 1707, à Lachine.

D'ESCHAILLONS, MARIE-ANGÉLIQUE, b... ; s 25
avril 1713, à Repentigny.

D'ESCHAMBAULT. — Voy. DE FLEURY.

I. — DESCHAMPS, PIERRE, laboureur, b 1615 ;
s 2 oct. 1695, à Batiscan. — Il etait arrive en
Canada, en septembre 1646, (Journal des Jesuites).

DESCHAMPS, (de BEAULIEU), JEAN, était à Quebec, en 1648.

I. — DESCHAMPS, Anne, femme de Michel Boutet dit Lepine, en 1664.

1672, (24 octobre) Québec. [4]

I. — DESCHAMPS, JEAN-BAPTISTE-FRANÇOIS, (3)
b 1646, fils de Jean (Seigneur des Sandes) et
de Elizabeth De Bin, de Clipponville, evêché
de Rouen ; s 16 dec. 1703, dans l'église de la
Rivière-Ouelle.
1° MACARD, Catherine-Gertrude,   [NICOLAS I.
s 21 nov 1681, à l'Ilet. [6]
Jean-Baptiste-François, b [4] 27 sept. 1673. —
Charles-Joseph, b [4] 18 août 1674, ordonne prêtre
le 15 avril 1702 ; s [4] 24 fev. 1726. — Jean, b [4] 12
août 1676. — Louis-Henri, b [4] 8 fev. 1679. — Jean-
François, b [4] 20 nov. 1681.

---

(1) Sieur de Rigauville.

(2) Sieur de la Tesserie, Conseiller au Conseil Souverain
de Québec.

(1) Descayrac de l'Autheur, Ecr., Sieur de Reau, capitaine
d'un détachement de marine.

(2) Soldat de M. De la Chassaigne, établi à Châteauguay

(3) Seigneur de la Bouteillerie, établi à la Rivière-Ouelle.

1701, (5 avril) Rivière-Ouelle. [4]
2° CHEVALIER, Jeanne-Marguerite,   [JEAN I.
s [4] 25 nov. 1716.

DESCHATELETS, (1) commis général, s 1648.

I. — DESCHALETS, FRANÇOIS,
de Notre-Dame de Fontenay.
CHEVALLEREAU, Jacqueline.
Elizabeth b...; m 26 nov. 1668, à François PARIS,
à Quebec [5]— *Claude*, b...; m [5] 3 sept. 1668, à Siméon LE ROY.— *Madeleine*, b...; m [5] sept. 1668, à
Jean GIROUX.

I.—DESCHEVERT, SIEUR DE ROCHEMONT, PIERRE-
BERNARD, officier, en 1698.

DES CHESNES, GUILLAUME. — Voy. COUILLARD DIT
DES CHESNES, en 1641.

DES CLOCHES, (2) PIERRE, b 1637 ; s 20 mars
1692, dans l'église de Montréal.

DES CLOCHERS, (3) LOUIS

DES COLOMBIERS, CHARLES,—Voy ROGER, Sieur
DES COLOMBIERS.

DES CORMIERS, — Voy. BERTHELOT — DUVEAU
— DES CORMIERS.

DES CORMIERS, RENÉE, b 1635 ; s 6 mai 1705, à
Montreal.

DES CORMO, CLAUDE, etait à Quebec en 1689.

DES COTEAUX, — Voy — LE FEBVRE, Sieur des
COTEAUX,— PICORON, Sieur des COTEAUX.

1691, (3 novembre) Trois-Rivières.
I. — DES COUDRAYS, RENÉ, b 1661, fils d'Olivier
et de Gilette Chartier, de St. Etienne de
Rennes, en Bretagne ; s...
LEDUC, Marguerite,   [JEAN I
Rene, b 14 août 1692, aux Trois-Rivieres [5]—
Marie-Madeleine, b [5] 26 juin 1697.

I. — DES COURBIÈRES, chirurgien à Sillery en
1662.

DES DAMES, THIERRY, parrain de Marguerite
Martin, fille d'Abraham, en 1624, à Quebec

DE SERRE DIT LAFONTAINE, JEAN, etait à Quebec,
en 1646.

1674, (2 octobre) Château-Richer.
I. — DESERRE, ANTOINE, etabli à Dombourg, b
1637 ; s 1er nov. 1637, à la Pointe-aux-
Trembles de Quebec. [5]

(1) Le 16 juillet 1649, trente Abenaquois apportent une
lettre de Madame de Repentigny, en date du 31 juillet 1648,
laquelle donne la nouvelle de la mort de M. Deschâtelets.—
Journal des Jésuites.
(2) Capitaine d'un détachement de marine.
(3) Sieur de la Renaudière, capitaine d'un détachement de
marine.

BÉLANGER, Mathurine, (1)   [FRANÇO.S I.
veuve de Jean Mathieu.
Michel, b 15 août 1675 , m 1705, à Marie-Cathe-
rine CREVIER-BELLERIVE ; s 9 sept. 1712, aux Trois-
Rivières.— *Antoine*, b 7 fév. 1677, à Quebec.—
François, b [9] 18 sept 1678.— *Madeleine*, b [5] 1er
oct. 1680. — *Marie-Angélique*, b [3] 2 avril 1683 —
Marie-Françoise, b [5] 28 sept. 1684 ; m à Julien
GREGOIRE. — *Jean-Baptiste*, b [5] 5 oct. 1686.

DE SÈVE, ANTOINE, b 1646, etabli à Lavaltrie.—
Recencement de 1681.

1692, (11 février) Québec. [8]
I. — DE SEVRE DIT POITEVIN, DENIS, cordonnier
b 1662, fils de Denis et de Marie Gerbière, de
N.-D. de Berture, évêché de LaRochelle.
1° VANNIER, Marie-Anne,   [GERMAIN I.
Joseph-Denis, b [3] 14 nov. 1692, m [3] 18 fév. 1715,
à Catherine CHAUSSÉE.— *Jean-Baptiste*, b [3] 13 mai
1695.— *Marie-Madeleine*, b [3] 7 janv. 1699.
1703, (20 août) Québec. [8]
2° PASQUIER, Angelique, (2)   [ISAAC I.
Charles, b [3] 18 sept. 1704 ; m 1726, à Françoise
SARAZIN, à Charlesbourg — *Louise-Marguerite*, b [3]
23 fév. et s [3] 9 avril 1708. — *Anne-Françoise*, b [3]
17 fev. 1709, 1° m [3] 8 janv. 1729, à François
VOCELLE ; 2° m [3] 7 fév. 1757, à François MORIS-
SEAU — *Marie-Catherine*, b [3] 10 nov. 1710 ; s [3] 31
janv. 1711.

DESFORGES,—*Surnoms :* ST. MAURICE—LAMON-
TAGNE.

1689, (14 février) Lachine.
I. — DESFORGES DIT ST MAURICE, (3) JEAN, éta-
bli à Lachine, b 1656, fils de Jean et d'Anne
Bernard, de St. George, évêché de Perigord.
VERDON, M me-Marguerite, '   [JEAN I.
Marie-Geneviève, b 9 nov. 1691, à Champlain ,
1° m 25 janv. 1728, à François PICARD, au Detroit ; [4]
2° m [4] 24 nov. 1729, à Pierre STEBRE — *Anne-
Celeste*, b 1er oct. 1694, à Montréal. [5]— *Jean-
Claude*, b [5] 6 oct. 1696.— *Marie-Françoise*, b [5] 20
juillet et s [5] 4 oct 1698 — *Pierre*, b [5] 31 juillet et
s [5] 14 août 1699.— *Jean-Baptiste*, b [5] 6 juillet
1700.— *Alexis*, b [5] 7 avril 1702.— *Paul*, b [5] 8
janv. 1704.

DESFORGES DIT LAMONTAGNE, JEAN.
PERROT, Marie. .
Anonyme, b et s 20 mai 1702, à Montréal.

I. — DESFOSSES, FRANÇOISE, femme de Jacques
BIDET dit DES ROUSSELETS, en 1669.

1690, (14 mai) Montréal. [2]
I. — DESGAGNÉS, JACQUES, sergent de Desme-
loises, b 1669, fils de Robert et de Marguerite
Voisin, d'Uve, évêché de Bayeux ; s 17 sept.
1714.
PELLETIER, Geneviève,   [FRANÇOIS II.

(1) Elle épouse, le 26 avril 1688, François Grégoire, à la
Pointe-aux-Trembles.
(2) Elle épouse, le 24 oct. 1713, Jean Chapeau, à Québec.
(3) Soldat de Lorimier.

Jacques, b 1ᵉʳ janv. 1691, à Sorel. — *Pierre-Joseph*, b 4 oct. 1696, à Lachine [3] ; m 18 oct. 1729, à Madeleine Hoyer, à Quebec. [4] — *Nicolas*, b [4] 23 oct. 1699. — *Marie-Louise*, b… ; 1° m [4] 29 avril 1715, à Eustache Gourdel ; 2° m [4] 27 juillet 1737, à Louis Allaire. — *Anne-Françoise*, b [2] 15 mars et s [2] 13 avril 1703. — *Geneviève*, b 7 mars 1704, à Ste. Anne du bout de l'Ile ; m [4] 22 oct. 1724, à Joseph Alary. — *Charles-François*, b [3] 17 oct. 1706. — *Benjamin*, b… ; m 5 mai 1743, à Claire Gagné, au Cap St. Ignace.

DESHAYES. — *Variations et surnoms :* Dehais — Deliais — St. Cyr.

I.— DESHAYES, Marguerite, b 1646, femme de Pierre Ménard.

I.—DEHAYES, Marie, femme d'Adrien Bétourné dit Laviolette.
Marie, b 1678. — *Madeleine*, b 1679.

1676.

I.—DESHAYES dit St. Cyr Pierre, Guillet, Marguerite, [Pierre I. b 1660.
Jean-Baptiste, b 28 nov. 1687, au Cap de la Madeleine. [2] — *Marie-Angélique*, b 2 oct. 1692, à Batiscan ; m à François Arceneau ; s [2] 21 oct 1754.

DÉSILETS. — Voy. Huard-Couillard.

1691.

De SIRCÉ dit St. Michel, François, chirurgien. Berthelot, Marie-Madeleine.
Louise, b 17 dec. 1692, à la Pointe-aux-Trembles de Québec [4] — *Elizabeth*, b [4] 15 juillet 1695. — *Jean-Baptiste*, b [4] 20 mars 1697.

DESJARDINS — *Surnoms :* Sieur De Rupally — Abel dit D. — Comète dit D. — Combelle dit D. — Roy dit D. — Desjardins dit Charbonnier — Desjardins, sieur de Gonneville — Capel dit D. — Laplante.

I.—DESJARDINS, Antoine, (1) b 1641, s 2 mars 1676, à Montréal. Trouvé mort sur la glace, rivière St. Pierre.

1666, (12 janvier) Québec.

I.— Des JARDINS dit Charbonnier, Claude, b 1649, fils de Marin et de Marguerite Gabrielle, de l'Isle, évêché de Seulis ; s…
Cardillon, Marguerite, b 1651, fille de Noel et Marie Dubois, de St. Gervais de Paris.
Zacharie, b 13 avril 1667, à Montréal. [7] — *Jean*, b [7] 16 déc. 1669. — *Marguerite*, b [7] 11 juin 1673 , m 28 avril 1699, à Abel-Joseph Béar, à la Pointe-aux-Trembles de Montréal [3] — *Roch*, b [3] 25 fev. 1676 ; m à Marie Boullard. — *Jean*, b 1678 ; s [3] 29 août 1681. — *Antoine*, b [7] 10 fév. 1683.

(1) Voy. Combette dit Desjardins— Comète dit Desjardins.

I.— DESJARDINS, Michel, écr , seigneur de Gonneville, etait aux Trois-Rivières, en 1687.

II.— DESJARDINS, Roch, [Claude I. Boullard, Marie, [François I.
Jean, b… ; m 7 fév. 1729, à Marie-Anne Labelle, à St. François, Ile Jésus. [6] — *Joseph*, b… ; m [6] 1ᵉʳ juillet 1737, à Marguerite Filiatreau.

I.— DESJARLIS, Jean. — Voyez Degerlais.

1691, (22 novembre) Champlain. [8]

I.— DESJORDY, (1) Joseph, capitaine, b 1661, fils de Melchior, écr., de la maison et écurie du Roy ; s [8] 26 avril 1713.
Pezard, Madeleine, [Etienne I.
Marie-Françoise, b [8] 24 sept. 1692 — *Thérèse*, b [8] 21 nov. 1693. — *Melchior*, b [8] 15 janv. 1695 — *Marie-Madeleine*, b [8] 20 nov. 1696. — *Louise-Marguerite*, b [8] 5 janv 1698 — *Louise*, b [8] 16 sept. 1699 ; m 7 fev. 1735, à Jean-Baptiste Gaillard, à Québec [4] ; s [4] 18 janv. 1743.—*Joseph*, b [8] 12 oct. 1700. — *François*, b [8] 11 fev. 1704. — *Marie*, b [8] 22 mars 1705 ; s [8] 30 nov. 1708. — *Geneviève*, b 13 avril 1702, aux Trois-Rivières ; m [4] 20 nov. 1730, à Charles Gaillard ; s [4] 20 fev. 1704. — *Agnès-Angélique*, b [8] 31 juillet 1707.

1696, (26 novembre) Montréal. [5]

I.—DESJORDY, (2) François, b 1666, fils de Pierre et d'Elizabeth de Pradines, de St. Vincent, de Carcassone : s 16 fév. 1726, dans l'église des Trois-Rivières.
1° Nolan, Marie-Anne, [Pierre I
 s 17 fev. 1703, à Québec. [6]
Anne, b [5] 25 sept. 1698. — *Catherine*, b [5] 3 déc. 1699 ; m 30 janv. 1726, à Michel Mouette, aux Trois-Rivières. [7] — *Charles-Michel-Roch*, b [6] 14 fév. et s [6] 2 mars 1703.
2° De Robineau, Louise-Catherine.
Pierre-François, b 30 sept. 1710, à Repentigny. [8] — *Marie-Louise*, b [8] 15 oct 1713. — *Antoine*, b 1719 ; s [7] 19 fév. 1726. — *Marie-Anne*, b 1721 ; s [7] 5 fév. 1726.

1688, (24 novembre) Boucherville. [3]

I.— Des LANDES dit Champigny, Jean, b 1663, fils de Philippe et d'Anne Delost, de Champigny, de Paris.
1° Roncelay, Isabelle, [Jean I
 s 12 mars 1700, à Montréal. [4]
Jean, b [3] 11 nov. 1689.—*Elizabeth*, b [4] 24 juillet 1692. — *Claude*, b [4] 10 avril 1695. — *Pierre*, b [4] 7 mars 1696.— *Gilbert*, b [4] 7 et s [4] 8 mars 1700.

1701, (24 octobre) Montréal.

2° Galarneau, Marie-Madeleine, [Jacques I. veuve de Josoph Langeron.

---

(1) Sieur de Cabanac, ancien garde-marine, seigneur de Tolomers et de Garine, major du gouvernement des Trois-Rivières, propriétaire, en partie, de la Seigneurie de Latouche-Champlain.

(2) De St. Georges, sieur de Cabanac.—Capitaine, chevalier, major et commandant des Trois-Rivières.—Seigneur des Iles Bouchard.—*Voyez Edits et Ordonnances*, T. *III*, p. 123.

Marie-Josué, b⁴ 1ᵉʳ déc. 1702 ; s⁴ 5 janv. 1703.
— *Suzanne*, b⁴ 29 déc. 1703. — *Gilbert*, b⁴ et s⁴ 21 janv. 1704.

DESLAURIERS.—*Variations et Surnoms :* DESLORIERS — PAPINEAU — CAVELIER — BASSET — TINON — RENARD — SOREAUX — DUCHERON — ESCHAPPE.

I. — DESLAURIERS, JEAN, b 1641.
BOURASSA, Marie.
Charles, b et s 1ᵉʳ août 1699, à Laprairie.

DESLAURIERS, PIERRE, b 1663, était à la Côte de Beaupre, en 1681.

DESLAURIERS, MICHEL.
ARTON, Marie.
Michel, b 20 sept. 1688, à Montréal.

DESLIETTE de TONTY, Baron DE PALUDY.—Voy. TONTY.

DESLONGSCHAMPS.—Voy. HUBOU.

DESMARRE, Catherine, femme de François Villeret ; b...

I — DESMARETS, JACQUES, de St. Sauveur de Paris ; s...
LAPORTE, Marie-Marthe.
Paul, b 1656, en France ; m 14 oct. 1681, à Marie TÉTRO, à Champlain.

I. — DESMARETS, dit LAMOTHE, JEAN-FRANÇOIS, établi au cap de la Madeleine, b 1626, fils de Robert et de Marie Bouet, de Brouville, évêché de Rouen ; s 21 déc. 1698, aux Trois-Rivières.
LE SONT, Anne, b 1619, veuve de Jean Lafortune, de St. Sébastien, en Lorraine.

DESMARETS.
BLONDEAU, Jeanne.
Jean-Baptiste, b 29 juin 1675, aux Trois-Rivières.

DESMAREST, ETIENNETTE, femme de Pierre BODIN, 1569.

1680, (26 février) Montréal. ⁵

I — DESMARES, CHARLES, b 1647, fils de Charles et de Marie Hachar, de Milamar, évêché de Rouen ; s...
LAUZON, Marie. [GILLES I.
s 2 mars 1695, à la Pointe-aux-Trembles (M).
Marie, b⁵ 10 fév. 1682 ; m 27 nov. 1702, à Ignace BOURGERY, à Varennes. — *Basile*, b 9 avril 1694, à la Pointe-aux-Trembles (M).

DESMARETS, PIERRE, établi à Champlain ; s 17 août 1700, à Champlain.
DANDONNEAU, Etiennette, [PIERRE I.
Pierre, b 5 fév. 1681, à Champlain.

DESMARETS, (TIFROY DES-MARETS,) JEAN, était à Repentigny, en 1708.

1681, (14 octobre) Champlain. ⁵

II. — DESMAREST, PAUL, [JACQUES I.
TÉTRO, Marie, [LOUIS I.
Marie-Jeanne, b⁵ 21 août 1682. — *Michel*, b⁵ 17 nov. 1684. — *Paul*, b 9 sept 1687, à Montréal.⁴ — *Michelle*, b⁴ 27 avril 1689 ; s⁴ 24 juillet 1699. — *Jacques*, b⁴ 22 avril 1691. — *Daniel*, b⁴ 21 sept. 1693, s⁴ 10 juillet 1698. — *Marie-Joseph*, b⁴ 6 juillet 1695. — *François*, b⁴ 27 mai 1698. — *Charles*, b⁴ 4 mars 1700. — *Antoine*, b⁴ 11 déc. 1701. — *Marie-Antoinette*, b 21 juin 1705, à Repentigny.

DES MAREST, soldat de Mr. de Varennes ; s 13 janv. 1692, à Champlain, (assassiné).

1682, (23 juillet) Repentigny. ⁸

I. — DESMARÉS, ROBERT, menuisier, b 1650, fils de Nicolas et de Marie Bocquet, de St. Etienne de Paris.
RICHAUME, Elizabeth, (1) [PIERRE I.
Marie-Marthe, b 2 mars et s⁸ 25 juin 1689. — *Marie-Madeleine*, b 17 janv. et s⁸ 12 mai 1691 — *Jeanne*, b 1683 ; 1º m 25 août 1701, à Jean-Baptiste LE RICHE, à Montréal ; 2º m³ 9 avril 1720, à Jean LAPORTE.

DESMARETS. — Voyez BINET.—PINET.

DESMARETS, RENÉ-ABRAHAM.
GIRARD, Marguerite,
veuve de Pierre Forcier.

I. — DESMARCHAIS, FRANÇOIS, b 1646, établi à Nicolet, s 3 fév. 1716, aux Trois-Rivières.

DESMAROLLES. — Voy. DARCOUR.

DES MAZÈS. — Voy. PÉRONNE DES MAZÈS.

DESMEILLERS, JACQUES. — Voyez DESMOULIERS — DES MOLIERS.

1671, (3 novembre) Québec.

I.— DESMEILLERS, MARTIN, b 1646, fils de Martin et de Madeleine LeCoq, de N. D. du Bourg d'Ault, évêché d'Amiens.
ROYER, Nicole, b 1653, fille de Claude et d'Aimé Gilbert, de St. Nicolas de Lompray, de Châlons.

I. — DESMELOISES, FRANÇOIS. — Voy. RENAUD — D'AVESNES — DESMELOISES, capitaine d'une compagnie en pied.

1697, (27 novembre) Beauport.

I. — DESMOULIERS, (2) JACQUES, b 1667, fils de Pierre et de Jeanne De Lavant, des Lauranties de l'Escat, Beart.
1º QUEVILLON, Marguerite, [ADRIEN I.
Jacques-Lucien, b 15 mars 1699, à Québec. ⁸ — *Marie-Madeleine*, b⁸ 5 juillet 1701.

(1) Elle épouse, le 16 août 1697, Pierre Moreau, à Québec.

(2) Il alla s'établir à N.-D. de Bonsecours, Ile St. Jean.

1703, (11 juin) Québec.

2º De Faye, Elizabeth,   [Pierre I.
Joachim, b... ; m 16 fév 1733, à Marie-Josette
Auger, à la Pointe-aux-Trembles de Québec.

I. — DESMONS, Jean, b 1660 ; s 1er mai 1690, à
Sorel.

DESMOULINS — Voyez Maillou — Charlot —
Churlot — Tiret — Philis — Mouchère —
Fonteneau dit Desmoulins.

I. — DESMOULINS, Louis, b 1629 ; s 10 juillet
1699, au Château-Richer.

1687, (18 juillet) Québec.

I. — DESMOULINS, Jacques, b 1621, fils de
Hugues et de Philippe Hache, de St. Barthelemi de Haut-Courdin à l'Isle, en Flandres,
évêché de Tournay, s...
Bonneau, Helene, b 1636, fille de Pierre et de
Marie Arnaud, de St. Martin des Noyers, eveche de Luçon , s...

DESMOULINS, Joseph. — Voy. Maillou, Sieur
Desmoulins.

DESMOULINS, Pierre. (1)
Gervais, Antoinette.
Pierre-Augustin, b 14 sept. 1708, à Québec.

DESMOULINS, Jean, (2) tanneur, b 1660 ; s 25
mars 1706, dans l'eglise de Québec.

DESMOULINS, (3) Jacques.
Savarias, Marie-Charlotte,   [Jacques I
s 5 mai 1744, au Detroit. 4
Jacques, b 4 30 mars 1708 ; s 4 24 avril 1728
— Marie-Charlotte, b 4 23 nov. 1709 ; s 4 8 janv
1710. — Charlotte, b 4 31 mars et s 4 20 avril
1711. — Marie-Anne, b et s 4 4 mars 1718 —
Charles, b 4 4 avril 1712 ; s 4 18 janv. 1733, picote,
— Joseph, b 4 23 juin 1715. — Thérèse, b 4 1716, s 4
1er fev. 1733, de la picote. — Jean-Baptiste, b 4 3
oct. 1720. — Louise-Catherine, b 4 11 mars 1723 ,
s 4 15 fev. 1733, picote.

DESMUSSEAUX. — Voy. D'Aillebout, Charles.

DESNOS. — Voy. Deniau.

1698, (10 novembre) L'Ange-Gardien. 4
I. — DESNOUX dit l'Eveillé, Jacques-René, b
1668, fils de Jacques et de Marie Prevost,
de Poitiers ; s...
Gaudin, Madeleine,   [Charles I.
Louise, b 4 b 15 sept. 1699 — Marie-Françoise,
b 4 27 dec. 1701. — Hélène, b... ; 1º m 22 août
1725, à Antoine Garnier, à Québec , 3 2º m 3 26
août 1732, à Servand Hairet.

(1) Tiret dit Dosmoulins.
(2) Mouchère dit Desmoulins.
(3) Philis.

DESNOYERS. — Voyez Auclair — Racine —
Royer — Marcheteau — Viel — Lamontagne
— Lacroix — Lajeunesse.

1640.
I — DESNOYERS, Noll, maître menuisier des
Ursulines, se noya le 1er juillet 1640 ; s 3
juillet 1640, à Québec.

I. — DESNOYERS, Robert, garde-magasin du
Roy.
Chapelle, Marie,
s 28 oct. 1710, à Québec

I — DESNOYERS dit Lajeunesse, Jacques.
Goguet, Marie.   [Pierre I.
Jacques, b 26 juillet 1694, à la Pte-aux-Trem-
bles de Montreal 3 — Joseph, b 4 mars 1696, à
Montreal 4 — François, b 3 6 sept. 1697. — Ma-
rie-Anne, b 25 sept. 1701, à Repentigny.

1696, (11 septembre) Montréal. 4
I. — DESNOYERS dit Lamontagne, François,
soldat de Maricour, b 1657, fils de François
et de Catherine Defayelle, de St. Pierre de
Lescar , s...
Perrot, Marie,   [Paul I.
veuve de François Beauregard ; s 4 24 avril
1703.
François, b 4 30 sept. 1694 — Marie-Thérèse, b 4
2 juin 1697. — Etienne, b 4 14 janv. 1700 ; s 4 1er
août 1703.

DESNOYERS dit Lacroix.
Etienne, b... , s 12 juin 1699, à la Pointe-aux-
Trembles de Québec.

DESNOYERS, Gabriel.
Gendron, Geneviève,
b 1674 ; s 15 août 1727, à Repentigny.
Geneviève, b... ; m..., à Jacques Gendron.

DESNOYERS, Pierre.
Juillet, Marie,   [Charles II.
Joseph, b... , m 1er fév. 1728, à Madeleine Ro-
bert.

1656, ·
I. — DESORCY, Michel, établi à Sillery, b 1625,
fils de François et de Marie Souvegnac, de
Seaux, évêché de Paris.
1º Barre ou De la Mare, Françoise.
Michel, b 1657 ; m 7 janv. 1687, à Françoise
Garnier, à la Pointe-aux-Trembles de Québec ; s
1723. — Charles, b 6 juin 1661, à Québec.
1662, (17 octobre) Québec.
2º Hubou, Françoise, b 1643, fille de Nicolas et
de Madeleine Moulin, du Bourg du Mesnil-
Durand, évêché de Lisieux ; s...
Marie-Madeleine, b 3 sept. 1663, à Québec.

1687, (7 janvier) Pte-aux-Trembles, Q.
II. — DESORY, Michel,   [Michel I.
s 1723 (1).

(1) Election de tutelle à ses enfants, 18 juillet 1723. — Edits
et Ordonnances, t. III, p. 202.

GARNIER, Françoise,   [FRANÇOIS I.
Françoise, b 14 nov. 1687, à la Pointe-aux-
Trembles (Q). [5] ; s [5] 4 fév. 1703. — Michel, b [5] 20
nov. 1689. — Marie-Angélique, b [5] 28 nov 1691 ;
m [5] 30 janv. 1713, à Gabriel BÉRARD. — Etienne,
b [5] 25 avril 1691 ; s [5] 8 fév. 1709. — Jean-Baptiste,
b [5] 24 juin 1696 — Joseph-Charles, b [5] 24 fév.
1699. — Marie-Thérèse, b [5] 11 avril 1701. — Françoise-Elizabeth, b [5] 2 avril 1705 — Gabriel, b [5] 6
sept. 1707. — Marie-Charlotte, b [5] 1 mai 1710 ; s [5]
6 janv. 1712.

DESORMAUX, — Voy. DOLLARD — MONCEAU.

I. — DÉSORMEAUX, FRANÇOIS, soldat de M. de
Rompré ; s 26 dec. 1687, à la Pointe-aux-
Trembles de Montréal.

DESPEIROUX, — Voy. DE L'ESTAGE.

DEPATI — Variations et surnoms : DESPATIS —
FROGET — FORGET.

I. — DEPATI, LOUIS.
ETHIER, Elizabeth.
Louis, b 1704 ; s 17 oct. 1730, à Lachenaye.

I. — DESPEIGNES, PIERRE, de N.-D. de Lusi-
gnan, en Poitou.
THIBAUT, Suzanne, de N.-D. de Lusignan, en
Poitou.
Gabriel, b... , soldat de Mr. Courtemanche , s
25 mai 1719, aux Trois-Rivières.

I. — DESPÉRÉ, SIEUR DE L'ISLE, (1) SÉBASTIEN.

DESPERNAY, MARIE-ANNE,
b... ; 1° m 1675, à Pierre ABIRON , 2° m 1688,
à Denis CHARPENTIER.

DESPINS, — Voy. LEMOINE, — LEFEBVRE.

DESPORTES, RENÉE, 1° m 1664, à Jacques AR-
RIVÉE ; 2° m 1674, à Michel BERTHELOT.

DESPRÉS, — Voy. GUYON — COUILLARD.

1625.

I. — DESPRÉS, NICOLAS, noble-homme.
LEBLANC, Madeleine.
Anne, b 1629 ; 1° m 23 oct. 1651, à Jean DE
LAUZON, à Québec [5] ; 2° m [5] 7 juillet 1684, à
Claude BERMENT-DE-LA-MARTINIÈRE ; s [4] 14 mars
1689.—Etiennette, b....; m à DU PLESSIS-GUILLEMOT.
— Geneviève, b 1639 ; m [5] 29 avril 1653, à Louis
COUILLARD ; s [5] 11 mai 1706.

I. — DESPRÈS, ANTOINE.
MONTRACHY, Marguerite.
Anne, b 27 janv. 1625.

I. — DESQUERAT, PIERRE, b 1651, capitaine,
s 11 août 1691, à Montreal.
VITRÉ (DE), Marie.
Marie-Catherine, b 30 oct. 1690, à Champlain

(1) Commandant le fort de Lachine, en 1688.

1698, (21 août) Batiscan. [8]

I. — DESRANLOT DIT CHATEAUNEUF, JEAN, b
1661, fils de Jacques et de Jeanne Durincot,
de Chaunet, évêché de Poitiers ; s [3] 1 fev. 1739.
TROTIER, Madeleine,   [JEAN II.
veuve de Pierre Viel ; s [3] 22 mai 1747.
Françoise, b et s [3] 30 juin 1699 —Augustin,
b [3] 2 oct. 1701. — Marie-Louise, b 28 oct. et s [3] 25
nov. 1703. — Jean-Baptiste, b [3] 16 juin 1705 ; m [3]
10 fév. 1727, à Madeleine RIVARD. — Marie-Josette,
b [3] 2 oct. 1707 ; m [3] 10 nov. 1726, à Joseph
RIVARD. — Joseph, b 21 et s [3] 23 janv. 1710. —
Louis-Joseph, b [3] 3 mars 1711.

I. — DESRIVIÈRES.
FONTAINE, Madeleine.
Madeleine, b...; m 24 avril 1716, à Jacques
COCHON, à L'Ange-Gardien.

DESROCHES. — Voy. PERROT — DÉROCHE

1647, (18 novembre) Montréal. [9]

I. — DESROCHES, JEAN, b 1621, fils de Jean
Desroches, de Ste. Luce ; s 23 août 1684, à la
Pointe-aux-Trembles. [4]
GODÉ, Françoise, b 1636, fille de Nicolas et de
Françoise Gadois, d'Igé.
Anonyme, b et s [3] 11 janv. 1649. — Jean, (I) b [3]
11 déc. 1649. — Nicolas, b [3] 7 oct. 1652. — Paul,
b [3] 1er janv. 1655 ; m [3] 22 nov. 1683, à Suzanne
LE DUC. — Françoise, b [3] 24 nov 1657 ; s [3] 10 nov.
1672. — Jacques, b [2] 31 mars 1660 — Suzanne,
b 5 et s [3] 6 oct. 1662 — Jean, b [3] 11 oct. 1663 ;
m 15 juillet 1786, à Anne PICARD, à Boucherville ;
s 1687. — Marguerite, b [3] 30 avril 1666 ; m [3] 22
nov. 1683, à Jean LE DUC. — Jeanne, b [3] 4 nov.
1668, m à Séraphin LAUZON, s [3] 3 nov. 1696 —
Agathe, b [3] 16 janv. 1671 ; m [3] 3 sept. 1691, à
Charles LE DUC. — Pierre, b [3] 15 mai 1673 ; m [4]
24 nov. 1698, à Marie BEAUDRY. — Etienne, b [4] 15
août 1678 ; s [4] 1er fev. 1688.

1683, (22 novembre) Montréal. [6]

II. — DESROCHES DIT PAINCOURT, PAUL, [JEAN I.
LEDUC, Suzanne,   [JEAN I.
Jean-Paul, b [6] 21 fév. 1685 — Charles, b [6] 29
sept. 1686. — Agathe, b [6] 13 oct. et s [6] 8 nov.
1688 —Paul, b [6] 25 août 1689. — Suzanne, b [6]
26 fév. 1692. — Marie-Anne, b [6] 26 juillet 1695. —
Pierre, b [6] 11 mars 1698. — Joseph, b [6] 11 mars
1701.

1686, (15 juillet) Boucherville.

II. — DESROCHES, JEAN,   [JEAN I.
s 1681.
PICARD, Anne, (2)   [PIERRE I.

I — DESROCHES, MARTIAL.
GUERGANIVET, Anne,   [JEAN I.
Marie-Geneviève, b 4 avril 1696, à Québec ; m
30 juillet 1710, à Pierre DROLET, à Lorette.

(1) Premier garçon français, baptisé à Montréal.

(2) Elle épouse, le 8 janv. 1653, Joseph Charbonneau, à
Boucherville.

II. — DESROCHES, Jean,   [Jean I.
Beauchamps, Marie,   [Jacques I.
Marie-Thérèse, b 14 avril 1702, St. François, I. J.

DESROCHERS. — Voy. 1° Sevestre — 2° Perrot — 3° Brien — 4° Marsac.

DESROCHERS. — Voy. Rocher.

I. — DESROSIERS. — Voy. Jutrat — Dutremble.

I. — DESROSIERS.
Anne, b 1621 ; s 16 oct. 1711, à Champlain.

I. — DESROSIERS, Antoine, juge, b 1619 ; s 9 août 1691, à Champlain. [4]
Du Hérisson, Anne, (1)   [Michel I.
b 1632.
    Marie, b 16 juin 1650, aux Trois-Rivières ; [5] m [5] 19 fév. 1664, à Alexandre Raoul. — *Michel*, b [5] 3 sept. 1652 ; m 1680, à Marie Artault. — *Joseph*, b [5] 29 juillet 1655 ; m à François Dubois. — *Jean*, b [5] 30 sept. 1657 ; m [4] 20 janv. 1682, à Marie-Françoise Dandonneau ; s [4] 23 fév. 1704. — *Marie-Jeanne*, b... ; m [4] 18 mars 1687, à Claude Drouet. — *Anne*, b [5] 12 nov. 1661 ; 1° m..., à Jacques Turcot ; 2° m [4] 24 avril 1702, à Jean Debidabé. — *Antoine*, b [5] 30 août 1664 ; m [4] 26 nov. 1696, à Marie-Renée Lepellé. — *Pierre*, b 1667 ; m [4] 24 avril 1702, à Marguerite Aubuchon.

1682, (20 janvier) Champlain. [4]

II. — DESROSIERS, Jean,   [Antoine I.
s [4] 23 février 1704.
Dandonneau, Françoise, (2)   [Pierre I.
    Jean-Baptiste, b [4] 25 oct. 1682. — *Michel*, b [4] 24 mars 1685 ; m 28 mai 1716, à Marie-Anne Moreau, à Rimouski. — *Joseph-Marie*, b [4] 12 mars 1687 ; m 20 janv. 1732, à Marguerite Durivage, au Detroit. — *Marie-Françoise*, b [4] 2 mai 1690, s [4] 11 oct. 1691. — *Jacques*, b [4] 23 janv. 1692. — *Louis*, b [4] 26 avril 1695. — *Marie-Madeleine*, b [4] 25 avril 1697. — *Catherine-Josette*, b [4] 1er sept. 1700. — *Antoine*, b [4] 12 mars 1702. — *Bonaventure*, b [4] 25 juin 1703.

1680.

II. — DESROSIERS, Michel,   [Antoine I.
Artaut, Marie-Jeanne,   [Pierre I.
    Marie-Jeanne, b 23 janv. 1683, à Champlain [5] — *Marie-Anne*, b [5] 4 juin 1685. — *Jean-Baptiste*, b 6 juillet 1690, à Montréal. — *Marie Josette*, b [5] 21 mars 1693 ; s [5] 29 fév. 1696. — *Joseph*, b [5] 5 juillet 1695. — *Michel-Pierre*, b [5] 6 juin 1697 ; s [5] 13 juillet 1713. — *Marie-Madeleine*, b [1] 9 déc. 1700. — *Geneviève*, b [5] 7 avril 1703.

1666.

II. — DESROSIERS, Joseph,   [Antoine I.
Dubois, Françoise,   [François I.
Marie-Josette, b 4 mars 1697, à Batiscan.

1693, (27 avril) Champlain. [1]

II. — DESROSIERS, Pierre,   ]Antoine I.
Aubuchon, Marguerite,   [Jacques I.
    François, b [5] 16 mars 1694. — *Marie-Anne*, b 25 sept. 1695, aux Trois-Rivières. [2] — *Pierre*, b [2] 28 mars 1698 ; m [2] 7 nov. 1728, à Thérèse Du Ruau. — *Louise-Marguerite*, b [2] 20 juillet 1700 ; m..., à Honoré Hosteau. — *Marie-Josette*, b [2] 3 sept. 1702, — *Marie-Françoise*, b [2] 15 déc. 1704 ; m [2] 16 fév. 1727, à Claude Hosteau ; s [2] 23 fév. 1731. — *Jean-Baptiste*, b [2] 12 août 1706. — *Marie-Anne*, b [2] 24 juin 1708. — *Marie-Jeanne*, b [2] 29 sept. 1710 ; m [2] 3 nov. 1743, à François Benoit. — *Marie Madeleine*, b... ; m [2] 18 nov. 1726, à Jean Lisieux.

1696, (26 novembre) Champlain. [1]

II. — DESROSIERS dit Lafrenière, Ant. [Ant. I.
Le Pelle, Marie-Renée,   [Jean I.
    Antoine, b [5] 21 mars 1698. — *Marie-Josette*, b [1] 31 janv 1700. — *Marie-Geneviève*, b [1] 20 mai 1702. — *Marie-Madeleine*, b [1] 27 mai 1704. — *Marie-Agnès*, b 22 sept 1706, à l'Ile Dupas. [4] — *Marie-Anne*, b [4] 3 nov. 1708. — *Hyacinthe*, b [4] 9 fév. 1711. — *Jean-Charles*, b [4] 26 déc. 1721.

I. — DESRUAUX, Pierre, de la compagnie de M. de Cloches ; s 17 avril 1689, à Montréal. Noyé.

Des RUISSEAUX. — Voy. Trotier — Desauniers — Lusseau.

1692.

I. — DESSAUX, Jacques.
L'Archevêque, Marie-Madeleine,   [Jacques II.
Marie-Madeleine, b 12 août 1693, à Québec ; [5] s [5] 12 juin 1694. — *Philippe*, b [5] 27 mars 1695. — *Marie-Geneviève*, b [5] 3 janv. et s [5] 22 sept. 1697.

DESSENS. — Voy. Descent.

1667.

I. — DESSUREAUX dit Le Bourguignon et Laplante, François, établi aux Trois-Rivières, b 1633 ; s 20 mars 1688, à Batiscan. [3]
Bouart, Marie, (1)
b 1641.
    Marie, b 1667 ; m à Louis Simon ; s 15 janv. 1733, à St. François, I. J. — *Marie*, b 1678 ; m 4 nov. 1692, à Jean Etienne, à Montréal. — *Madeleine*, b 21 sept. 1680, à Champlain ; [4] m [8] 4 août 1708, à Pierre Baribaut ; s [3] 1er mars 1748. — *François*, b [3] 6 juin 1683 ; m [3] 16 mai 1718, à Elizabeth Bertrand. — *Jean-Baptiste*, b [3] 23 avril 1685 ; m 13 fév. 1714, à Jeanne Baribeau, à Ste. Anne de la Pérade. — *Charles*, b [3] 11 juillet 1687 ; s [3] 18 sept. 1689 — *Catherine*, b... ; m [3] 22 avril 1704, à Jean Baril. — *Françoise*, b... ; m [4] 28 sept. 1699, à Pierre Généreux.

I. — DESTAILLIS. — Voy. Deneau — Desnos — Deniau.

---

(1) Le Neuf du Hérisson.
(2) Elle épouse, le 26 novembre 1705, Henry Bellisle, à Champlain.

(1) Elle épouse, le 7 fév. 1689, Jean Boismené, à Batiscan.

I.—De St. CASTIN, Anselme, enseigne des troupes.
Pierre-Jean, b 1690 ; s 17 dec. 1702, à Québec.

D'ESTIENNE — *Variations et surnoms :* Du-Bourguet — Du Bourget — De Clérin.

1691, (21 avril) Montréal. [1]

I. — D'ESTIENNE, Denis, heutenant d'un détachement de la marine, et aide-major de Montréal, b 1670, fils de Denis (conseiller du Roy au parlement de Provence) et de noble dame Françoise Desvoges de Clerin ; s 6 fév. 1730, aux Trois-Rivières.
   Celle-Duclos, Jeanne,   [Gabriel I.
Louise-Marguerite, b [1] 24 juillet 1691. — *Louise*, b [1] 19 août 1694 ; s [1] 14 fév. 1703. — *Etienne*, b [1] 23 et s [1] 27 mai 1697. — *Marie-Antoinette*, b [1] 26 mai et s [1] 25 sept. 1698. — *Suzanne*, b [1] 15 fev 1700. — *Etienne-Philippe*, b [1] 29 mars 1702 ; s [1] 28 mai 1703. — *Louise*, b [1] 17 janv. 1704. — *Claude*, b [1] 13 août 1705 ; s 9 dec. 1705, à Lachine.

I.—De St. Nicolas, soldat de M. de la Durantaye ; s 9 dec. 1698, à St. Jean, Ile d'Orleans

I.—Des TOUCHES. — Peronne, sieur Des Touches.

I. — De St. PAIR, Jeanne,
   m 1654, à Pierre Guillet.

I. — De St. PIERRE dit Dessaint, Pierre.
   Gilbert, Marie.
Marie-Anne, b 14 fév. 1670, à l'Ilet. [5] — *Marie-Madeleine*, b [5] 12 avril 1681 — *Pierre*, b... ; 1° m..., à Marie Gagnon, 2° m [5] 24 nov. 1727, à Marie-Hélène Leclerc — *Alexandre*, b... ; m [5] 15 nov. 1728, à Marie Chouinard. — *Charles*, b.. *Ignace*, b...

1669, (18 novembre) Château-Richer. [1]

I.—DESTROISMAISONS, Philippe, b 1637, de N.- D. de Montreuil, d'Amiens, s...
   Crosnier, Martine, b 1645, de Fontenay, de Rouen ; s...
Angélique, b [1] 26 oct. 1670 ; m 24 nov. 1692, à Alphonse Morin, au Cap St. Ignace. [3] — *Marie*, b [1] 2 juin 1672 ; m [3] 22 juin 1699, à Jean Rousseau. — *Françoise*, b [3] 2 janv. 1674 ; m [3] 2 juin 1692, à Charles Langelier. — *Marguerite*, b [1] 15 mai 1675 ; m [3] 18 fév. 1692, à Jean-Baptiste Malbœuf. — *Philippe*, b [3] 9 mai 1677 ; s [3] 6 janv. 1689.—*François*, b [6] 23 nov. 1678 ; m 3 nov. 1700, à Marie Daniau, à St. Thomas ; [4] s 30 mai 1749, à St. Pierre,-du-Sud.— *Louise*, b 19 avril 1680, à l'Ilet ; m [4] 31 août 1702, à Jacques Daniau.— *Geneviève*, b [3] 23 juin 1682. ; m [4] 28 sept. 1704, à Robert Vaillancourt — *Charles*, b [3] 13 juin 1684 ; m [4] 27 mai 1709, à Madeleine Blanchet. — *Anne*, b [3] 29 avril 1686, m [4] 7 janv. 1704, à Michel Chartier.— *Jacques*, b [3] 4 sept. 1688. — *Agathe*, b [3] 18 janv. 1691.

I. — De St. VINCENT, Pierre, baron de Marcy, en Champagne, 1er capitaine des troupes du pays, chevalier de St. Louis, b 1660 ; s 29 août 1743, à Québec. [5]

Dugard, Marie-Antoinette,
   b 1661, s [5] 24 fév. 1748.
   Henry-Albert, b... : m [5] 5 oct. 1719, à Marie-Madeleine-Louise Le Vasseur — *Marie-Antoinette*, b... — *Marie-Françoise*, b 1703 ; m [5] 12 août 1748, à Charles Dubeau , s [5] 31 janv. 1758 — *Elizabeth*, b 1708 , m [5] 30 mai 1728, à Jean-Baptiste Dupin de Belugard, s [5] 17 dec. 1729.

I. — De SUBERCAS, Daniel, messire, capitaine et major des troupes, en ce pays, en 1697.

I. — De SUÈVE, Edmond, b 1617, Seigneur, en partie, de la paroisse de St. Anne de la Perade [1] ; s [1] 1er mars 1707.

Di. TILLY. — Voyez Le Gardeur — Testu.

I. — De TRACOLLE, Blaise, médecin, s 30 oct. 1665, à Québec.

I. — De TREMAUDAN, Gilles, sieur du Moulin-Farufl, était à Ste. Famille, Ile d'Orléans, en 1685.

DE TRÉPAGNY. — *Variations :* Trepagny — Trépanier.

1656, (24 avril) Québec. [2]

I. — DE TRÉPAGNY, Romain, b 1627, fils de Charles et de Marie Maillet, de Muchedar, près Dieppe ; s 20 mars 1702, au Château-Richer. [3]
   Drouin, Geneviève,   [Robert I.
   s [3] 4 oct 1710.
Charles, b [2] 5 oct. 1659, m [2] 29 janv. 1686, à Marguerite Jacquereau , s [2] 24 dec. 1702. — *Geneviève*, b [2] 8 dec. 1660 ; 1° m [2] 22 nov. 1676, à Guillaume Guillot , 2° m [2] 3 nov. 1700, à Louis Bardet ; s [2] 11 janv. 1711. — *Marie*, b [2] 25 déc. 1661 ; 1° m [2] 8 fév. 1678, à Henry L'Archevêque ; 2° m [2] 26 avril 1688, à Robert Voyer — *François*, b [2] 7 avril 1664, m [3] 14 fév. 1689, à Anne Le François.— *Jacques*, b [3] 5 juillet 1665 ; m à Anne Raté ; s [2] 11 août 1706. — *Genevieve*, b [3] 10 déc. 1666 ; s [3] 28 sept. 1687. — *Geneviève*, b [3] 30 nov. et s [3] 5 déc. 1669. — *Anne*, b... ; m [3] 5 nov. 1686, à Jacques Jahan — *Barbe*, b..., m [3] 28 janv. 1692, à Thomas Doyon.— *Claude*, b [3] 13 avril 1671, à Ste Anne.[4]— *Barbe*, b [4] 23 déc. 1672.— *Jean*, b [2] 12 nov. 1674.— *Gabrielle*, b [2] 14 mars et s [2] 21 août 1676.

II. — DE TRÉPAGNY, Jacques,   [Romain I.
   s 11 août 1706, au Château-Richer.
   Raté, Anne, (1).   [Jacques I.

1686, (29 janvier) Québec. [2]

II — DE TRÉPAGNY, Charles,   [Romain I.
   s [2] 24 déc. 1702.
   Jacquereau, Marguerite,   [Jean I.
Anne, b [2] 20 déc. 1686 ; s [2] 16 nov. 1687.— *Pierre*, b [2] 21 oct. 1688. — *Marie-Madeleine*, b [2] 29 déc. 1689, s [2] 16 avril 1711. — *Charles*, b [2] 14 nov. 1690 ; s [2] 8 mai 1693. — *Louis*, b [2] 27 mai

(1) Elle épouse, le 8 mars 1707, Jean (anglais), au Château-Richer.

1692 ; s ² 24 déc. 1705 — *Catherine*, b 18 sept. et s ² 7 nov. 1693 — *Charles Joseph*. b ² 1er oct. 1694 ; s ² 4 janv. 1703 — *Marguerite*, b ² 25 oct. 1695 ; m ² 12 oct. 1717, à Antoine CARPENTIER ; s ² 1er mars 1729. — *Anne*, b ⁹ 26 oct. 1696 — *Angélique*, b ² 16 janv. 1698 . m ² 2 oct. 1717, à Pierre MAILLOU. — *Ursule*, b ² 5 mai 1699 ; s ² 17 nov. 1717, — *Etienne*, b ² 25 mai 1700. — *Charles*, b ² 24 sept. 1702.

DE TREPAGNY.
Louis, b 1691, écolier . s 6 août 1710, à Québec, noyé, en se baignant.

1689, Château-Richer. ³
II.—TREPAGNY, DE, François,   [ROMAIN I.
LEFRANÇOIS, Anne,   [CHARLES I.
François, b ³ 11 août 1692 ; m 6 fev. 1719, à Madeleine ANGERS, à la Pointe-aux-Trembles de Québec. — *Joseph*, b ³ 21 sept. et s ³ 3 oct. 1693. — *Auguste*, b ³ 27 août 1694 ; m ³ 17 fev. 1721, à Angélique DESRY. — *Marie-Anne*, b ³ 22 déc. 1695 , m ³ 13 juillet 1616, à Pierre LEPAGE. — *Prisque*, b ³ 21 nov. 1697, m 25 sept. 1724, à Marie TRUDEL, à L'Ange-Gardien. — *Geneviève*, b ³ 10 nov. 1699 , m ³ 29 oct. 1721, à Jean CORÉ — *Jean*, b ³ 26 janv. 1702. — *Cecile*, b ³ 22 oct. 1703 ; m ³ 6 avril 1723, à Jean ASSELIN. — *Gabriel*, b ³ 25 oct. 1705. — *Anne*, b ³ 25 oct. 1705 , s ³ 24 oct 1712 —*Etienne*, b ⁸ 5 août 1707. — *Claude*, b ³ 10 oct. 1709. — *Claire-Françoise*, b ³ 28 juillet 1712. — *Anne*, b ³ 23 nov. 1715.

I. — DE TROYES, PIERRE, Ecr, capitaine des troupes, entretenues par le Roy, en ce pays, était aux Trois-Rivières, en 1687.

I.—DE VALERENNE, PHILIPPE,—Voy. DUVAULT.

I. — DE VANCHY, PIERRE. — Voy. VANCHY.

DE VARENNES, — Voy. GAUTHIER, Sieur DE VARENNES.

I. — DE VAUX, ANTOINE, b 1642, établi à St. François du Lac.

1692, (1er août) Québec. ⁰
I.—DEVÉ, NICOLAS, b 1662, fils de Nicolas et d'Anne Leballeur, de St Valery, évêché de Rouen , s...
CHALUT, Jeanne,   [PIERRE I.
Pierre, b 20 août 1674, à Québec.

I.—DE VERGONS, officier, était à Québec, en 1689.

1692, (25 novembre) Québec.⁹
I. — DE VERNEUIL, (1) JACQUES, b 1644 ; s 29 juin 1699, dans l église de Québec.
NIEL, Marie, (2)   [PIERRE I.
veuve de Zacharie Joliet.
Jacques-Charles, b ⁰ 22 oct. 1695 ; s ⁰ 28 août 1699.

(1) Petit de Verneuil, Trésorier des troupes de la marine.
(2) Elle épouse, le 12 octobre 1700, Etienne Des Forges, à Québec.

DES VIGNETS, — Voy. TUILLIER.

DE VILLE, PIERRE,
s 8 juillet 1713, à Varennes.

DE VILLE DONNÉ, — *Variations* : DE VILDENAY.

1697, (29 septembre) Québec. ⁰
I. — DE VILLEDONNÉ, ETIENNE, lieutenant des troupes, aide-major de Québec, b 1663, fils d'Etienne et de Marie de Vesins, de St Landry, de Paris ; s ⁰ 12 mai 1726.
1⁰ DAMOURS, Marie,   [MATHIEU I.
s 2 avril 1703, à Montréal. ⁷
Marie-Louise, b ⁷ 29 juillet 1698. — *Elizabeth-Joselte*, b ⁷ 17 fev. 1701, (religieuse ursuline) ; s ⁰ 10 mars 1743 — *Louis-Etienne*, b ⁷ 16 mars 1702.

1715, (23 mai) Québec.
2⁰ ROUSSEL, Françoise,   [TIMOTHÉE I.
s 9 juin 1757, dans l'église de Québec.
Louise-Catherine, b ⁰ 26 juin 1715. — *Pierre-Etienne*, b ⁰ 24 juillet 1716. — *Jean-Marie*, b et s ⁰ 29 juin 1717 —*Louis*, b ⁰ 25 août ; s 18 sept. 1718, à Charlesbourg. — *René-Louis*, b ⁰ 17 oct. 1719 , s ⁰ 20 août 1740. — *François-Nicolas*, b ⁰ 12 mars 1721 ; s ⁰ 26 oct. 1726. — *Marie-Joselte*, b... ; m ⁰ 3 sept. 1742, à Jean-Baptiste DUMOND.

DE VILLENEUVE,—Voy. AMYOT DE VILLENEUVE

DE VILLENEUVE, ROBERT, ingénieur.

I. — DE VILLERAY. — Voy. ROUER DE VILLERAY.

I — DE VILLIERS —Voy. LE GARDEUR, Sieur DE VILLIERS.

I. — DE VILLIEUX, CLAUDE-SÉBASTIEN, (1) de N.-D. de Vieillevigne, évêché de Nantes.
LE BRETON, Jeanne.
Jeanne, b 1668 ; s 26 sept. 1671, à Québec. ¹ — *Sébastien*, b... ; m¹ 9 avril 1692, à Judith LE NEUF. *Françoise-Isabelle*, b ¹ 15 et s ¹ 26 fev. 1673.

1692, (9 avril) Québec. ¹
II. —DE VILLIEU, SÉBASTIEN, (2)   [CLAUDE I
LE NEUF, Judith,   [MICHEL I.
Charles-Claude, b ¹ 15 juin 1693.

1692, (18 octobre) Québec. ²
I. — DEVIN, JEAN, b 1655, fils de Louis et de Marie Girard, de St. Nicolas, évêché de Nantes ; s ² 14 avril 1725.
NEFVEU, Suzanne,   [JEAN I
veuve de Nicolas Pot ; s ³ 29 janv. 1727.
Marie-Gabrielle, b ² 23 mai 1693 ; 1⁰ m ² 9 janv. 1710, à Pierre MONDAIN ; 2⁰ m ² 13 oct. 1719, à Jacques PARENT ; s ² 8 juin 1755. — *Jean-François*, b ² 5 juillet 1696 ; s ² 20 oct. 1740, (insensé). — *Pierre*, b ² 12 mars 1699 ; s ² 26 mars 1700.

DE VITRÉ — Voy. DENYS, Sieur DE VITRÉ.

(1) Le Bassier de Villieux.
(2) Lieutenant d'un détachement de la marine.

I. —DE XAINTES, Etienne, b 1635, fils d'Etienne et de Madeleine Berquier, s 16 oct. 1638, a Quebec.

1671, (27 avril) Québec. ²

I. —DE XAINTES, Claude, coutelier, b 1645, fils d'Etienne et de Madeleine Berquier, de St. Sauveur de Blois, evêche de Chartres, s 1684.

Zachée, Françoise, (1) b 1655. fille de François et de Claude Millot, de St. Berthelemi, evôché de Paris.

Louise, b ² 26 fév. 1672 ; m ² 12 janv. 1688, à Bertran d Arnaud — *Claude*, b 1672, m ² 28 sept. 1693, à Charles De Monseignat ; s 18 déc. 1702, dans l'eglise de Québec.

I. —DEXTRA, Pierre, b 1641, (2) etabli à St. Ours.

Boucault, Jeanne, b 1653

Jean, b 1673. — *Anne*, b 1675. — *Jean*, b 1678. — *Mathurin*, b 1678. — *Barbe*, b 1680

1685, (5 novembre) Charlesbourg. ³

I. —D'EYME, Jean, (3) b 1651, fils de George et de Marie Chauvin, de Vienne, Basse-Allemagne ; s...

Protot, Anne, (4)   [Etienne I.

Jean, b ³ 17 et s ³ 24 nov. 1686. — *André*, b ³ 3 nov. 1688. — *Jacques*, b ³ 11 mars 1691 — *Etienne*, b ³ 8 fév. 1693. — *Jean*, b ³ 3 nov. 1694. — *Marie*, b ³ 5 juillet 1696. — *Jean-Baptiste*, b ³ 20 mai 1698.

DEZALLIERS. — Voy. Aubuchon.

D'HASÉ. — *Variations :* Dazé,

1671, (15 avril) Montréal. ³

I. —D'HASÉ, Paul, b 1640, fils de Paul et d'Anne Luniot, de Loudon, évêché de Poitiers.

Goubillor, Françoise, b 1640, veuve d'Augustin Maguet, de St. Amant-à-Charmont, de Bissigny.

Paul-Charles, b ³ 7 mai 1673 ; 1° m 19 nov. 1696, à Barbe Cartier, à la Pointe-aux-Trembles, M. ; 2° m à Jeanne Chartran.

1696, (19 novembre) Pte-aux-Trembles M. ³

II. —DAZÉ, Paul-Charles,   [Paul I

1° Cartier, Barbe, b 1680 ; s 30 juin 1705, à Montréal.

Paul, b ³ 30 août 1697. — *Marie-Madeleine*, b 25 juillet 1700, à Repentigny. ⁴ — *Marie-Suzanne*, b ⁴ 30 mars 1701 ; m 19 juin 1730, à Jacques Labelle, à St. François, Ile-Jesus. ⁵ — *Marie-Barbe*, b ⁵ 28 fév. 1703.

---

(1) Elle épouse, le 1er déc. 1685, Antoine Gourdeau, à Québec.

(2) Recensement de 1681.

(3) Lallemand dit d'Eyme.

(4) Elle épouse, le 16 juillet 1703, Pierre Bilde, à Charlesbourg.

1707.

2° Chartran, Jeanne,   [Thomas I.

Charles-François, b ⁵ 29 janv. 1708. — *Jean*, b ⁵ 14 mars 1709, m ⁶ 26 oct 1733, à Marie Quenneville — *Alexis*, b ⁵ 6 déc 1710 — *Marie-Thérèse*, b ⁵ 15 août 1712 ; m ⁵ 21 oct. 1731, à Gilles Lauzon, s ⁵ 9 juillet 1735. — *Pierre*, b et s ⁵ 17 juin 1714 — *Marie Françoise*, b ⁵ 23 août 1715 — *Marie Geneviève*, b ⁵ 25 fév. 1717; m ⁵ 14 fev. 1733, à Jean-Charles Aubé — *Augustin*, b ⁵ 25 fev. 1717 — *Paul*, b 1722; s ⁵ 14 déc 1729. — *Marie-Marguerite*, b ⁵ 11 oct. 1725. — *Charles*, b ⁵ 16 janv. 1729

1676, (31 août) Montréal. ³

I —DIEL dit Le Petit, Charles, b 1652, fils de Philippe et de Marie Anquetin, de St. Colomb, evêche de Rouen.

1° Picard, Anne,   [Hubert I.
s ⁴ 4 fev. 1697.

Marie-Marguerite, b ³ 18 avril 1678 — *Jacques*, b 2 mars 1683, à Laprairie ⁴ — *Marie-Anne*, b 8 mai et s ⁴ 9 dec. 1684. — *Charles*, b ⁴ 6 août 1688 ; m ⁴ 17 fev. 1716, à Anne Boyer — *Marguerite*, b ⁴ 14 juin 1691. — *Jacques*, b ⁴ 2 fev. 1693. — *Marguerite*, b...; m ⁴ 18 nov. 1696, à Pierre Peras. — *Marie*, b...; m ⁴ 13 mai 1699, à Julien Baritault. — *Catherine*, b et s ⁴ 10 août 1695.

1702, (8 mai) Montréal.

2° Simon, Marie-Françoise,   [Hubert I.
veuve d'Etienne Godean.

I. —DIGOU, Zacharie, b 1642, boulanger, établi à Sorel.

DION, Joseph. — Voy. Guyon.

1672, (26 avril) Québec.

I. —DION, Jacques, b 1641, fils de René et de Gabriel Roger, de Maran, évêché de LaRochelle.

Renard, Jeanne, b 1653, fille d'Etienne et de Marie Louvet, de St. Maclou de Rouen.

1684, (13 novembre) Québec. ⁵

I.—DION, Philippe, b 1638, fils de Philippe et de Françoise Bernard, de Courvray, évêché de Poitiers ; s...

Métayer, Suzanne, (1) b 1664, fille de François et de Françoise Charron, de St. Barthelemi, evêché de La Rochelle ; s...

Augustin, b ⁵ 5 juin 1686. — *Gabriel*, b ⁵ 4 juillet 1691.

I. — DION, Pierre.

Bonhomme, Agnes-Anne,
s 28 août 1703, à Lorette. ⁶

Jacques, b ⁵ 19 janv. 1698 ; m 21 avril 1721, à Louise Lessard, à Québec. ⁷ — *Pierre*, b ⁶ 31 janv. 1699 ; s ⁶ 2 juillet 1714, noyé. — *Louis*, b 10 nov. 1700, à Ste. Foye ; ⁸ m ⁷ 18 mai 1728, à Marie-

---

(1) Elle épouse, le 30 juin 1693, Guillaume Dupont, à Québec.

Madeleine NORMANDEAU, s 7 15 nov. 1749. —*Ignace*, b 8 18 janv. 1702; m 7 28 juillet 1727, à François, LESSARD. — *François*, b 6 28 août 1703. — *Pierre*, b..., 1° m..., à Geneviève FAUTEUX; 2° m 7 21 nov. 1718, à Ursule LESSARD

1688, (15 janvier) Pte-aux-Trembles, Q. 5

I —DIONET DIT LAFLEUR, JEAN, caporal de la compagnie de M de Desmeloises, b 1666, fils de Jean et de Jeanne Folebert, de St. Jean d'Angély, évêché de Xaintes, s...

ARRIVÉ, Marie-Madeleine, [JACQUES I.

Marie-Jeanne, b 5 27 oct 1688. — *Jean-François*, b 5 30 janv. et s 5 1er mars 1690. — *Jeanne-Madeleine*, b 5 30 avril 1691. — *Louise*, b 1698, m 24 sept 1720, à Jean-Noel COUSINEAU, à Montréal.

DIONNE. — *Variations*: DIAUME — GUYONNE

1660.

I. — DIONNE, ANTOINE. b 1641, établi à Ste. Famille de l'Ile.

YVORY, Catherine, b 1644.

André, b 1661; s 28 nov. 1664, au Château-Richer. 1 — *Anne*, b 3 août 1665, à Quebec; 3 m..., à Bernard LAISNÉ. — *Marie-Madeleine*, b 22 déc. 1667, à Ste. Famille; 4 m 3 20 nov. 1691, à Charles LENORMAND, s 3 10 déc. 1702. — *Antoine*, b 4 24 fev. 1669 — *Jean*, b 4 11 mars 1670; m 1 2 août 1694, à Marie MIGNOT. — *Marie*, b 4 7 mars 1672; m 4 9 nov. 1694, à Pierre BENOIT. — *Marie*, b 4 7 mai 1674. — *Anne*, b 4 27 sept. 1676; m 4 19 août 1697. à Barthélemi GOBEIL. — *Marouerite*, b 4 6 et s 4 18 sept. 1678. — *Catherine*, b 4 31 mars et s 4 15 avril 1680. — *Catherine*, b 4 24 avril 1681; s 4 7 fev. 1683. —*Catherine*, b 4 11 août 1683, m 4 30 mai 1702, à Joseph MICHAUD.

1694, (2 août) Château-Richer.

II. — DIONNE, JEAN, [ANTOINE I.

MIGNOT, Marie-Charlotte, [JEAN I.

Louis, b 15 et s 29 août 1695, à Ste. Famille. 0 — *Jean-Baptiste*, b 0 19 août et s 9 5 sept. 1696. — *Marie*, b 0 8 sept 1697. — *Jean*, b 0 5 mars 1700. — *Marie*, b...; 1° m à François MICHAUD; 2° m 4 juillet 1729, à Philippe BOUCHER, à Ste. Anne.6 — *Joseph*, b...; m 6 11 juillet 1729, à Madeleine CHATEAUNEUF. — *Augustin*, b 26 sept. 1702, à la Rivière-Ouelle. 5 — *Antoine*, b 5 16 janv. 1707. — *Anne*, b 5 21 juillet 1709.

1659, (13 juillet) Trois-Rivières. 4

I. —DIZY DIT MONTPLAISIR, PIERRE, b 1635, fils de Charles et de Marie De la Mothe, de St. Maclou de Rouen; s 13 juin 1698, à Champlain.5

DROUILLARD, Marie, b 1639, fille de Jacques et de Marie Planchar, de Ville-Marie, évêché de Xaintes; s...

Marie-Ignace, b 4 16 août 1661; m 5 6 fév. 1690, à Jeanne BEAUDOIN. — *Marguerite*, b 4 11 fév. 1663, m 1678, à Jean DeBROYEUX. —*Charles*, b 4 23 déc. 1664. — *Joseph*, b 4 1667. — *Anne-Céleste*, b 4 1669, 1° m 5 30 juillet 1691, à François

AUBUCHON; 2° m 5 27 avril 1705, à Michel BILLY. — *Elizabeth*, b 1672; 1° m 5 13 nov. 1687, à Jacques-François CHEVALIER; 2° m 5 26 janv. 1698, à Alexis GUAY; s 16 fev. 1703, à Montréal.—*Pierre*, b 5 1674; m 5 11 nov. 1700, à Madeleine BAUDOIN.

1690, (6 février) Champlain. 5

II. — DIZY, IGNACE-MICHEL, [PIERRE I.
Juge de Champlain.

BEAUDOIN, Marie-Jeanne, [RENÉ I.

Michel-Ignace, b 5 20 janv. et s 5 30 mai 1691.— *Ignace*, b 5 17 juin 1692. — *Pierre*, b 5 22 déc. 1693. — *Elizabeth*, b 5 14 nov. 1695. — *François*, b 5 9 sept. 1698. — *Michel*, b 5 6 janv. 1701. — *Geneviève*, b 5 31 janv. et s 5 12 fev. 1703. — *Charles*, b 5 23 avril 1705. — *Joseph*, b 5 17 sept. 1707. — *Marie-Josette*, b 5 3 et s 5 18 mars 1710 — *Jean-Baptiste*, b 5 18 avril 1711. — *Raymond*, b 5 21 dec. 1713.

I. — DO DIT SANS-SOUCY, ANTOINE; soldat de M. de Do la Grois, en 1698, à Montréal.

I. — D'O, JACQUES, b 1643, était à Montréal, en 1681.

I. — DODIER, MATHURIN, habitant de Montréal, b 1621.

LEFEBVRE, BARBE, b 1638.

Catherine, b 1671. — *Jacques*, b 1674.

I. —DODIER, SÉBASTIEN.

BONHOMME, Marie.

Michel, b 5 juin 1645, aux Trois-Rivières.0 — *Pierre*, b 0 4 dec. 1648. — *Sébastien*, b...

1662, (30 novembre) Château-Richer. 6

I. —DODIER, JACQUES, b 1638, à St Cham. évêché de Meaux; s 7 déc. 1677, dans l'église de Ste Anne.

CARON, (1) Catherine, [ROBERT I.

Barbe, b 1665, m 5 nov. 1680, à Ignace GASNIER, à Ste-Anne. 0 — *Louis*, b 6 2 et s 0 23 mars 1669. *Louise*, b...; m 1686, à Pierre AMIOT. — *Anne*, b 1er mars 1671; m..., à Noël SIMARD. — *Ange*, b 0 13 mars 1673; m 0 28 avril 1699, à Marguerite PARÉ. — *Claire*, b 0 1er sept. 1675; m 26 déc. 1690, à Pierre SIMARD, à la Baie St. Paul; s 0 5 avril 1721.

1699, (28 avril) Ste. Anne du Nord.

II. — DODIER, ANGE, [JACQUES I.
PARÉ, (2) Marguerite, [JEAN II.

DODIN. — Voy. DODELIN.

DOLBEC — DALBEC — DELBEC — DUFRESNE.

1675, (19 août) Québec. 1

I. — DOLBEC, FRANÇOIS, b 1648, fils de Jacques et de Colette Delande, de N.-D. d'Evrey, évêché de Bayeux.

MASSE, Anne, veuve de Jean Pain, [PIERRE I.

(1) Elle épouse, le 30 avril 1680, Pierre Dupré, à Ste-Anne du Nord.

(2) Elle épouse, en 1714, Jacques Périer.

Pierre, b 28 déc. 1676, à Sillery ; s 16 janv. 1688, à la Pte-aux-Trembles. [2] — *Marie-Anne,* b [1] 17 sept. 1678 — *François,* b [2] 11 avril 1680. — *Marie-Anne,* b [2] 18 oct. 1682 ; m 30 août 1700, à Jean-Baptiste Piché, à St. Augustin. [3] — *Romain,* b [2] 15 mars 1685 ; m [1] 8 fev. 1712, à Geneviève Guillot ; s [1] 27 fev. 1760. — *Antoine,* b [2] 3 et s [2] 6 avril 1687. — *Catherine,* b [2] 21 dec. 1688. — *Scholastique,* b [2] 2 et s [2] 16 fév. 1691. — *Jean-François,* b [2] 7 août 1692 ; m [3] 26 août 1719, à Marie-Jeanne Tapin. — *Louis-Augustin,* b [2] 15 juillet et s [2] 8 nov. 1694. — *Louis-Joseph,* b [2] 8 janv. 1696 ; 1o m à Marie-Josette Tibaut ; 2o m [2] 7 fev. 1735, à Monique Robitaille — *Marie-Angélique,* b [3] 2 avril 1697 ; m [3] 24 oct. 1717, à Pierre Girard — *Marie-Thérèse,* b [2] 12 juin 1699 ; m [3] 6 nov. 1719, à Etienne Huard ; s 20 janv. 1760, à Lévis.

DOLLARD Des Ormeaux, Adam, b 1635, commandant l'expédition du Long Sault, massacré, avec ses compagnons, le 21 mai 1660, à l'âge de 25 ans. (1)

I. — DOMBOURNAY, Joseph.
Messayer, Cunégonde.
Catherine-Joselle, b 15 mars 1697, à Montréal.

DOMERQUE, lieutenant reformé, tué le 11 août 1691, à Laprairie, avec les capitaines St. Cirq et Dosta, et douze autres. — *Voir Registres de Laprairie,* 1681.

1681, (26 août) Québec. [4]

I. — DOMINGO, Etienne, (2) marin, b 1631, fi's d'Etienne et de Catherine Madame, de Bayonne ; s [4] 28 déc. 1702
Charpentier, Marie-Reine,
veuve de Louis Prinseau.
Elizabeth, b [4] 16 juin 1682 ; 1o m [4] 18 oct. 1700, à Gilles Gaudreau, 2o m [4] 8 août 1720, à Pierre Leblanc. — *Louise-Angélique,* b [4] 16 août 1686 ; m [4] 24 nov. 1707, à Guillaume Chevreul.. — *Barbe-Charles,* b [4] 28 avril 1694 ; s [4] 16 juillet 1697 — *Marie-Geneviève,* b [4] 6 déc. 1691 ; m [4] 7 nov. 1707, à Antoine Sivadier. — *Anne-Geneviève,* b... ; m 28 avril 1710, à François Caron, au Cap St. Ignace.

DOMINIQUE. — Voy. Regault.

(1) Ses compagnons étaient :
Jacques Brassier, âgé de 25 ans.
Jean Tavernier dit La Hochetière, âgé de 28 ans.
Nicolas Tillemont, âgé de 25 ans.
Laurent Hébert dit Larivière, âgé de 27 ans.
Alonié De Lestres, âgé de 31 ans.
Nicolas Josselm, âgé de 25 ans.
Robert Jurée, âgé de 24 ans.
Jacques Boisseau dit Cognac, âgé de 23 ans.
Louis Martin, âgé de 21 ans.
Christophe Augier dit Desjardins, âgé de 26 ans.
Etienne Robin dit Desforges, âgé de 27 ans.
Jean Valets, âgé de 27 ans.
René Doussin, Sieur de Ste. Cécise, âgé de 30 ans.
Jean Lecomte, âgé de 26 ans.
Simon Grenet, âgé de 25 ans.
François Crusson dit Pilote, âgé de 24 ans.
Nicolas DuVal, Mathurin Soulard et Blaise Juillet, qui périrent au début de l'expédition, le 19 avril 1660.

(2) Carabi.

1669, (27 octobre) Ste. Famille. [3]

I. — DOMPIERRE dit St. Martin, Charles, b 1643, fils de Rémy et de Catherine Forget, de St. Martin Dolany, évêché de Rouen ; s [3] 5 août 1688.
Destouches, Marie-Agnès (1) b 1650, fille de Pierre et de Marie Gulet, de St. Marcel, évêché de Poitiers
Antoine, b [3] 15 août 1670. — *Catherine,* b [3] 23 avril 1673 ; m 22 fev. 1694, à Robert Emond, à St. François, I. O. [4] — *Germain,* b [3] 21 janv. 1676. — *Charles,* b 15 et s [3] 19 nov. 1678 — *René,* b [4] 11 dec. 1679 ; m [4] 17 fév. 1699 à Marie Duchesne. — *François,* b 25 et s [4] 28 juillet 1683. — *Anonyme,* b et s [4] 28 janv. 1685. — *Alexandre,* b 31 janv. et s [4] 6 juin 1687. — *Marguerite,* b [4] 31 janv. 1687.

1699, (17 février) St. François, I. O. [4]

II. — DOMPIERRE, René, [Charles I.
Duchesne, Marie-Anne, [Pierre I.
Marc-Antoine, b 23 fev. 1701, à Ste. Famille. m [4] 17 nov. 1727, à Marie-Charles Emond. — *François,* b [4] 16 mars 1703. — *Jean-Baptiste,* b [4] 23 juin 1705. — *Reine,* b [4] 11 mai 1709 ; s [4] 30 janv. 1723. — *Marguerite,* b [4] 2 juillet 1711. — *Joseph,* b [4] 1712 ; s [4] 14 nov. 1714. — *Joseph,* b [4] 5 avril 1715 — *Dominique,* b [4] 15 mars 1718. — *Alexis,* b [4] 27 avril 1724.

DONNET. — *Variations et surnoms :* Donay — Donai — Daunet — Lafleur.

I — DONNET dit Lafleur, Jean.
Royné, Marie-Madeleine, [François I.
Marie-Thérèse, b 19 août 1695, à Montréal.

DONTIGNY, François. — Voy. Lucas.

I. — D'ORANGE, Barbe, b 1647, fille de Pantaleon et de Jeanne Nepveu, de St. Saturnin, évêché de Chartres ; m 6 oct 1669, à Jacques Tardif, à Québec ; s 15 sept. 1717, à Beauport.

1670, (1er septembre) Québec. [5]

I. — DORÉ, Louis, b 1636, fils de Pierre et d'Hilaire Fergé, de Vivier, évêché d'Angoulesme ; s avant 1698.
Fossé, Jeanne, b 1638, fille de Vincent et de Noele Desnoyers, de St Léger, évêché d'Evreux ; s 7 nov. 1698, à la Pointe-aux-Trembles de Québec. [6]
Pierre-Louis, b [5] 5 sept. 1671 ; m [6] 24 nov. 1699, à Catherine Cocquin. — *Marie-Madeleine,* b [5] 26 sept. 1673 ; m [6] 21 fév. 1689, à Blaise Dumareuil ; s [5] 14 fév. 1694. — *Jeanne,* b [5] 10 janv. 1676 ; m 12 oct. 1699, à Antoine Marié, à St. Augustin ; s 3 août 1700. — *Françoise,* b [5] 7 avril 1678 ; m [5] 4 nov. 1718, à Jean Gagnon. — *Elienne,* b [6] 11 fev. 1680 : m [6] 6 fév. 1720, à Louise Pluchon. — *Michel,* b [6] 20 oct. 1682.

(1) Elle épouse, le 7 février 1690, François Guérnet, à St. François, Ile d'Orléans.

1681, (10 novembre) Québec.

I. — DORÉ, Pierre, b 1649, fils de Pierre et de Jeanne Janneton, de St. Nicolas, de La Rochelle ; s [1] 14 mai 1684.
RIVAULT, Jeanne,   [Pierre I.

1699, (24 novembre) Ptc-aux-Trembles, Q. [7]

II. — DORÉ, Louis,   [Louis I.
Cocquin, Catherine,   [Pierre I.
Louis, b [7] 2 fev. 1701 ; m [7] 9 janv. 1730, à Marie-Charlotte Gingras. — *Nicolas,* b [7] 9 oct. 1702 ; s [7] 11 fev. 1703. — *François,* b [7] 3 aout 1704. — *Marie-Anne,* b [7] 14 mai 1706. — *Jean-François,* b [7] 3 dec. 1707. — *Marie-Geneviève,* b [7] 2 dec. 1709. — *Pierre,* b [7] 29 mai 1711. — *Etienne,* b [7] 22 nov. 1712. — *Louis-Joseph,* b [7] 10 et s [7] 19 avril 1714. — *Marie-Louise,* b [7] 10 mai 1715. — *Joseph,* b [7] 5 dec. 1717. — *Marie-Catherine,* b [7] 6 avril et s [7] 1er juin 1719. — *Claire,* b [7] 6 avril et s [7] 1er juin 1719. — *Ignace,* b [7] 18 oct. 1721.

1670, (7 octobre) Québec.

I. — D'ORILLARD, Gui, établi à Berthier de Bellechasse, b 1640, fils de François et de Simone Cochois, de St. Germain de Beauvais , s...
Vauquet, Marie, b 1653, fille de François et de Marie Posonnier, de St. Martin, evêché de Meaux ; s...

1688, (18 janvier) Québec. [5]

I. — DORIONNE, Pierre, b 1664, fils de Jacques et de Jeanne Decopenne, de Senlis, en Bearn , s [5] 26 avril 1724.
HÉDOUIN, Jeanne,   [Jacques I.
s [5] 4 sept. 1747.
Jeanne, b [5] 11 avril 1689 ; m [5] 25 nov. 1705, à Jean Sédilot ; s 24 nov. 1749, à Ste. Foye. [6] — *Jacques,* b [5] 31 juillet 1691. — *Marie-Angelique,* b 1693 ; s [5] 15 juillet 1744 — *Pierre,* b [5] 5 et s [5] 30 juillet 1694. — *Pierre,* b [5] 18 août 1695 ; 1o m [5] 23 oct. 1713, à Geneviève Chappau , 2o m..., à Monique Dussault , 3o m [5] 13 janv. 1755, à Angélique Dubau, s [5] 4 mai 1766. — *Jean-Claude,* b [5] 14 mai 1698 , m [5] 30 sept. 1718, à Madeleine Chappau. — *Charles,* b [5] 5 nov. et s [5] 14 dec. 1700. — *Charles,* b [5] 17 dec. 1701. — *Jean-Marie,* b [5] 3 nov. 1704 , m [5] 19 fev. 1730, à Thérèse Le Normand ; s [5] 17 sept. 1761. — *Marie-Françoise,* b [5] 7 dec. 1706 , m à Jean Guillimin. — *Barbe,* b [5] 23 sept. 1708 , m [5] 31 août 1727, à Jean Normand. — *Marguerite,* b [5] 29 nov. 1710 ; m [5] 21 nov. 1735, à Noel Collet , s [5] 23 juillet 1759. — *Noel,* b [5] 25 dec. 1712.

1674, (1er décembre) Montréal.

I. — DORMET dit Lalande, Antoine François, tailleur, fils de David et de Marie Carton, d Etru, en Picardie ; s...
Théodore, Barbe,   [Michel I.

DORON. — Voy. Dumancin.

I. — DORVAL. — Voyez Bouchard — Claude — Bigot.

I. — DORVAL, (1) Claude, Chirurgien.
1o Hayot, Geneviève,   [Thomas I.
s 1er mars 1651, à Quebec.
1651, (20 novembre) Québec.
2o Bénard, Marguerite.
Anonyme, b 1er mars 1651, à Sillery.

II. — DORVAL, (2) Jean,   [Claude I.
Cloutier, Madeleine,   [Zacharie II.
veuve de Pierre Gravelle.
Claude, b 26 nov. et s 2 déc. 1699, à St. Laurent, (I O.)

DORVILLIERS. — Voy. Chorel.

DORVILLIERS, Claude, capitaine à Montréal, en 1689.

DOSTA, capitaine réforme, tué, le 11 août 1691, à Laprairie, avec quatorze autres combattants français.

1656, (26 juillet) Québec. [1]

I. — DOUAIRE de BONDY, Thomas, b 1636, fils de Thomas et de Barbe Regnier, de St. Germain, d'Auxerre ; s 1667. Noyé près de l'Isle d'Orleans.
De Chavigny, Marguerite, (3)   [François I.
Dorothée, b . ; m... (en France). — *Jacques,* b [1] 21 fev. 1660 ; m..., à Madeleine Gatineau, s 29 mars 1703, à Montreal. [2] — *Thomas,* b [1] 10 juin 1662 , s... — *Louise Marguerite,* b 6 mars 1664, au Château-Richer, [3] 1o m [1] 13 nov. 1685, à Pierre Allemand ; 2o m [1] 12 janv 1693, à Nicolas Pinau, s [1] 29 juillet 1746 — *Joseph,* b [3] 4 janv. 1666, né le 20 nov. 1665. — *Augustin,* b [1] 28 août 1667 , m [2] 1er janv. 1693, à Catherine Tétard ; s [2] 28 dec. 1702.

1693, (1er janvier) Montréal.

II. — DOUAIRE de Bondy, Augustin, [Thomas I.
s 28 dec. 1702, à Quebec. [2]
Tétard, Catherine,   [Charles I
veuve de Pierre Pinguet ; s [2] 25 janv. 1746.
Elizabeth, b [2] 4 oct 1693 , m [2] 23 fev. 1724 à Gilles Rageot. — *Jeanne,* b [2] 6 oct. 1695. — *Augustin,* b [2] 19 nov 1697. — *Joseph,* b [2] 5 fév. 1700, m [2] 11 oct. 1739, à Catherine Raimbault. — *Marie-Anne,* b [2] 15 fev. 1701 ; m [2] 19 nov. 1736, à Jacques Leclerc ; s [2] 8 fev. 1758. — *Charles-Dominique,* b [2] 13 fev. 1702 ; 1o m à Josette Giasson ; 2o m [2] 19 fev. 1746, à Cecile Gosselin.

1697.

II. — DOUAIRE de Bondy, Jacques, [Thomas I.
marchand, s 25 mars 1703, à Montreal.
Gatineau-Duplessis, Madeleine,   [Nicolas I.
Jacques, b 16 oct 1698, Montreal [1], m 14 nov. 1728, à Marie Danours, à Ste. Foye ; s 7 août 1732, à Quebec. — *Joseph,* b [1] 27 fev. 1700 ; m 28 juillet 1732, à Marie-Anne Campeau, au Detroit. — *Jean Baptiste,* b [1] 2 oct. 1701.

---

(1) Voy. Bouchard dit Dorval, page 69.
(2) Voy. Bouchard-Dorval, page 70.
(3) Elle épouse, le 19 novembre 1671, Jacques-Alexis De Fleury, à Québec.

1667, (22 janvier) Québec.

I. —DOUBLET, Jacques, b 1639, fils de Jean et de Marie Lesdoits, de Coignac, evêché de Xaintes.
BREMAILLE, Marie, veuve de Michel Langlois, de Faucarmour, évêché de Rouen.

DOUCET, Anne, femme de François Blery.

DOUCET, Madeleine, femme de Pierre d'Aigron-Lamothe, en 1663.

I. —DOUCIN, Michel, b 1643, meunier du cap de Varennes ; s 29 oct. 1701, à Montreal.

I. —DOUCET, Mathieu, b 1637, meunier de Mr. DuHérisson, venu de France en 1656. Fait abjuration de l'hérésie ; s 25 mars 1657, aux Trois-Rivières.

I. —DOUCINET, Pierre, de La Rochelle.
CANLAN, Florence,
Marguerite, b à La Rochelle ; m 22 déc. 1662, à Philippe MATOU, à Quebec. 6 — Isabelle, m 6 4 oct. 1666, à Jacques BÉDARD.

DOUSSIN, René, b 1630, un des dix-sept braves, tués au Long-Sault, le 21 mai 1660, avec Dollard Des Ormeaux.

DOUVILLE, Michel, — Voy. DANIAUX — JÉRÉMIE dit D'AUVILLE.

1687, (30 juin) Québec. 6

I. — DOYER, Simon, maçon, b 1658, fils d'Antoine et d'Elizabeth Bardy, de Mezières, évêché de Limoges ; s 6 28 dec. 1708.
1° MOREAU, Marie-Madeleine, [MARTIN I
Simon, b 6 14 sept. 1691.— Michel, b 1697 ; m 6 30 août 1722, à Geneviève FILLIAU ; s 6 13 déc. 1727.

1704, (26 août) Québec. 6

2° GATIEN, (1) Jeanne, [PIERRE I.
Marie-Jeanne, b 5 3 oct. 1706 ; s 6 22 sept. 1710.

1650, (19 novembre) Quebec. 6

I. — DOYON, Jean, b 1619, fils de Jacques et de Françoise Couturier, pays d'Aunis ; s 27 avril 1664, au Château-Richer, 5 (2).
GAGNON, (1) Marthe, [MATHURIN I.
Marie, b 6 25 mars 1652 ; m 5 9 fev. 1666, à Antoine LEFORT, s 1677.— Nicolas, b 6 18 mars 1654 ; m 8 janv. 1690, à Geneviève DION ; s 5 7 mars 1715.— Antoine, b 5 4 juillet 1656.— Madeleine, b 5 1659 ; m 1676, à François BAULIARD.— Antoine, b 5 20 fev. 1662 ; m 6 11 fev. 1686, à Françoise CLOUTIER ; s 5 9 dec. 1708.— Thomas, b 5 31 août 1664 ; m 5 28 janv. 1692, à Barbe TRE-PAGNY.

(1) Elle épouse, le 26 mai 1713, Henry Cain dit Lataille, à Quebec.

(2) Mort comme un saint.—Registre de Château-Richer.

(3) Elle épouse, le 21 avril 1665, Jacques-François Lesot, au Château-Richer.

1686, (11 février) Château-Richer. 4

II. — DOYEN, Antoine, [Jean I.
s 4 9 déc. 1708.
CLOUTIER, Françoise, (1) [Jean I.
Joseph, b 4 4 avril 1687 ; s 4 14 juillet 1699.— Joachim, b 7 août 1688 — Antoine, b 4 5 sept. 1690.— Anne, b 4 11 janv. 1693 ; s 4 28 juin 1708.— Jean-Baptiste, b 4 10 janv. 1695 ; m 4 17 fév. 1716, à François GAGNON.— Marie, b 4 15 juin 1697, m 4 15 nov. 1717, à Athanase GRAVELLE.— Marie, b 4 24 août 1699 ; m 4 fev. 1719, à Rene BRISSON.— Françoise, b 4 12 fév. 1702 ; s 4 31 mars 1703.— Prisque, b 4 17 dec. 1703.— Marguerite, b 4 29 mars 1706, m 4 8 mars 1723, à Charles MARETTE.— Françoise, b 4 8 nov. 1708 ; s 4 25 juin 1717.

1690, (8 janvier) Château-Richer.

II. — DOYON, Nicolas, arquebusier, [Jean I. s 7 mars 1715, à Québec.
GUYON, Geneviève ; s 4 3 mai 1734, [Jean II.
Jean, b 4 23 avril 1691.— Anonyme, b et s 4 3 mai 1692 —Nicolas, b 4 30 juin et s 4 12 sept. 1693.— Ignace-Prisque, b 30 juillet et s 4 30 août 1694.— Geneviève, b 4 6 sept. 1695 : 1° m 4 12 oct. 1716, à Charles HÉDOUIN, 2° m 4 19 janv. 1726, à François MOREAU ; s 4 20 oct. 1763.— Marie-Charlotte, b 4 1er sept. 1696 ; s 4 30 janv. 1700.— Marguerite, b 4 13 mars 1699 ; m 4 2 fev. 1732, à François CREVALIER.— Charles, b 4 et s 4 20 mars 1701.— Marie-Angélique, b 31 mars et s 4 10 avril 1702.— Louise, b 4 3 juin 1703 ; m 4 8 oct. 1721, à Jean BAUDRY.— Nicolas, b 4 14 mai 1705.— Louis, b 22 août et s 4 4 oct. 1707.— Marie-Charlotte, b 4 11 sept. 1708 ; s 4 14 janv. 1731.— Elizabeth, b 28 juillet et s 4 10 août 1712.

1692, (28 janvier) Château-Richer. 4

II. — DOYON, Thomas, [Jean I.
1° TREPAGNY, Barbe, [ROMAIN I.
s 21 fev. 1711, à Beauport. 5
Geneviève, b 4 4 fev. 1693, 1° m 24 oct. 1716, à François BÉLANGER, à L'Ange Gardien ; 2° m 11 janv. 1734, à Jean GRAVELLE, à St François, I. J.— Marie-Françoise, b 4 janv. 1695 ; s 5 12 déc. 1708.— Thomas, b 4 17 nov 1696 ; s 9 fev. 1703, à Quebec 6.—Nicolas, b 6 5 nov. 1698 ; m 6 30 janv. 1749, à Louise CORBIN ; s 6 19 mars 1760.— Marie-Anne, b 4 5 sept. 1700.— Catherine, b 6 17 oct. 1702, s 6 1er fév. 1703.— Geneviève, b 1702 ; s 6 30 juin 1705.— Jean-Baptiste, b 6 7 fev. 1706.— Claude, b 10 nov. et s 6 22 dec. 1708.— Marie-Thérèse, b 5 14 sept. 1710.

1714, (28 mai) Québec. 6

2° RENAUT, Angélique, (2) [JEAN I.
Marie-Louise, b 5 1er mai 1716 ; m 6 26 nov. 1736, à Jean CLAVEAU ; s 6 3 janv. 1748.— Antoine, b et s 6 25 août 1724.— Jacques, b 6 15 oct. 1725.— Charles-Toussaint, b 6 2 nov. 1727 ; s 2 janv. 1730, à la Pointe-aux-Trembles de Québec.—

(1) Elle épouse, le 16 novembre 1711, Joseph Paquier, au Château-Richer.

(2) Elle épouse, le 30 septembre 1743, Germain Viliars, à Quebec.

François-Gilles, b [6] 17 janv. 1729 ; s [6] 6 juin 1730.
— *Marie-Angélique,* b [6] 1er mai 1730 ; m [6] 20 oct.
1749, à Pierre LAMOTTE. — *Yves,* b [6] 20 juin 1731.
— *Marie-Anne,* b [6] 22 déc. 1732. — *Marie-Angélique,* b 10 et s [6] 21 sept. 1734. — *Marie-Françoise,*
b [6] 30 juin 1736. — *Jean-Baptiste,* b [6] 14 oct. 1737.
— *Thomas,* b [5] 26 mai 1717 ; 1o m [6] 7 janv. 1740,
à Marie-Anne LABADIE ; 2o m [6] 4 juin 1743, à
Marie-Louise VILLIARS. — *Pierre-Eustache,* b [5] 26
juillet 1719 ; m [6] 6 fév. 1743, à Elizabeth GUAY.

DOYSON. — *Variations et Surnoms :* DOISON —
DOISSON — DOZON DIT LACROIX.

1669, (2 novembre) Ste. Famille. [5]

I. — DOYSON, SÉBASTIEN, veuve de Catherine la
Porte, b 1621 , s [5] 2 janv. 1685
MARÉCHAL, Marguerite, b 1638, fille de Pierre
et de Jeanne Dubois de St. Pierre de Ton-
nant, évêché de Limoges, s 14 mars 1698,
à Québec.
Marguerite, b [5] 8 fév. 1671 ; m [5] 30 oct. 1687, à
Claude PANNETON. — *Catherine,* b [5] 15 mai 1672.

DRAGON, LOUIS. — QUAY.

DRAPEAU. — *Surnoms :* LAFARGE — LAFORGE.

I. — DRAPEAU, MARGUERITE, b 1616 , m 1643, à
François BIGOT DIT LAMOTTE.

1669, (20 août) Ste. Famille. [6]

I. — DRAPEAU, ANTOINE, b 1646, fils de Pierre
et de Marie Mergatone, de N.-D. de Fontenay,
évêché de LaRochelle ; s 23 août 1717, à St.
Etienne de Beaumont. [7]
JOLY, Marie-Charlotte, b 1648, fille de Pierre et
de Marie Milleraye, de St. Solaine de Blois,
évêché de Chartres ; s 2 déc 1718, à Québec. [8]
Louise, b [6] 23 avril 1671. — *Jean-Baptiste,* b [8] 9
juin 1672 ; 1o m 11 août 1700, à Ursule BOLDUC, à
Lévis [3] ; 2o m [7] 13 nov 1708, à Périne LACROIX , s [7]
5 avril 1721. — *Marie,* b [8] 18 mai 1674, m [3] 18
juillet 1695, à Jean HALAY ; s [8] 7 juillet 1754. —
Jean-Baptiste, b [8] 26 mars et s [8] 7 mai 1677 —
Zacharie, b [8] 19 sept. 1678. — *Jean-Baptiste,* b [3]
5 et s [3] 10 avril 1683. — *Marie-Charlotte,* b [8] 1er
mai 1687 ; m [8] 27 avril 1716, à Clément LE SIEUR ;
s [8] 3 juillet 1744. — *Pierre,* b 1688 : 1o m [7] 10 nov.
1710, à Anne LACROIX, 2o m [8] 16 oct. 1713, à
Marie LIS.

1689, (10 juillet) Boucherville.

I — DRAPEAU DIT LAFORGE, JEAN, maître-taillandier, b 1659, fils de Pierre et de Catherine
Rose, de Fonesé, évêché de LaRochelle ; s
avant 1734.
PILET, Madeleine,   [FRANÇOIS I.
s 21 fév. 1733, à St. François, Ile-Jesus. [9]
Marie-Madeleine, b 13 janv. 1693, à Montréal [9] ,
m à Jean-Baptiste MONET ; s [9] 5 oct. 1737. —
Jeanne, b [9] 25 nov. 1695. — *Marie,* b [9] 6 nov.
1697. — *Marguerite,* b [9] 22 fev. et s [9] 22 juillet
1700. — *Geneviève,* b [9] 25 sept. 1701. — *Catherine,*
b [9] 22 mars 1712 ; m [9] 2 mars 1734, à Marc

SÉMUR. — *Françoise,* b... ; m [9] 17 mai 1734, à
Louis POULIN. — *Charles,* b... ; m [9] 22 juin 1734,
à Agnès CORON.

DROIT. — Voy. DROUET.

1653.

I. — DROLET, CHRISTOPHE.
LE VASSEUR, Jeanne
Pierre, b 13 avril 1654, à Quebec ; m 1691, à
Catherine ROUTIER. — *Jacqueline,* b 1663 ; s [5] 7
déc 1669.

1691. *

II. — DROLET, PIERRE,   [CHRISTOPHE I.
ROUTIER, Catherine,   [JEAN I.
Pierre, b 15 avril 1692, à Lorette [5] ; 1o m [5] 30
juillet 1710, à Geneviève DESROCHERS ; 2o m 8
nov. 1717, à Catherine SAVARD. — *Charles,* b [6] 12
oct. 1693 , 1o m... ; 2o m 6 avril 1723, à Louise
LEMARIÉ, à Ste Foye. — *Jacques,* b [5] 26 juillet
1695. — *Jean-Baptiste,* b [5] 27 janv. 1697 ; m à
Marie-Josette VERRET. — *Valentin,* b [5] 16 janv.
1699 ; s [5] 17 mars 1703. — *Marie-Thérèse,* b 22
nov 1700, à Ste. Foye , s [5] 30 mars 1703. —
Noel, b [5] 8 juin et s [5] 29 juin 1702. — *Marie-
Catherine,* b [5] 20 avril 1704. — *Joseph-Marie,* b [6]
1er fév. 1706. — *Philippe,* b [5] 14 avril 1708. —
Marie-Charlotte, b [5] 9 fev. et s [5] 21 juin 1710. —
Thérèse, b [5] 12 juin 1711. — *Françoise,* b [5] 22 nov.
1712, et s [5] 11 déc. 1717. — *Marie-Louise,* b [5] 8
déc. 1713.

1685, (25 juin) Québec.

I. — DRON, PIERRE, couvreur en ardoise, b 1658 ;
fils de Laurent et de Catherine Erielle, de St
Caude, évêché de Larochelle ; s...
BINET, (1) Anne,   [RENÉ I.

1682,

I. — DROSSY, NICOLAS, habitant de Lauzon, en
1682
CHARDIN, Françoise.

1671, (20 janvier) Québec. [5]

I. — DROUART, JEAN, b 1638, fils d'Etienne et
de Jeanne Paille, de St George-du-Bois, évêché de La Rochelle ; s 7 avril 1716, dans la
chapelle du Séminaire.
PILOTE, Marguerite,   [LÉONARD I.
s [5] 23 nov. 1745.
Robert, b [5] 10 avril 1672 ; m [5] 9 mai 1707, à
Madeleine PAGÉ ; s [5] 26 fév. 1717. — *Marie-Madeleine,* b [5] 29 janv. 1675, ursuline dite St. Michel,
s [3] 13 août 1756.

DROUET. — *Variations et Surnoms.* DROIT —
DE RICHARDVILLE.

1628, (12 octobre) Québec [6]

I. — DROUET, (2) FRANÇOIS, b 1616, fils de Charles
et de Madeleine Delaunay, de St. Hilaire de
Mortagne, au Perche, s...

(1) Elle épouse, le 7 octobre 1686, Jean Bouron, à Québec.
(2) Greffe de Guitet.

GODIN, Perinne, b 1618, fille de Jean et de Guillaume Le Magnan, de St Thomas de la Flèche, en Anjou.
François, b⁶ 17 août 1638.

I. — DROUET, PIERRE, charpentier, de Samsansemare, evêche de Rouen, aux Trois-Rivières, en 1634, avec M LAVIOLETTE, pour y commencer l'etablissement ; s 6 mars 1635, aux Trois-Rivières.

1669, (30 septembre) Quebec. ⁵

I — DROUET DIT GRANDMAISON, MATHURIN, b 1638, fils de François et de Marie Harsepied, de Tusy, evêche d'Angoulêmes ; s...
BARDOU, Marie-Louise, b..., fils de Cesar et d'Elizabeth Leclerc, de St. Jacques de la Boucherie, évêche de Paris ; s 3 janv. 1688, à Sorel.⁶
Thérèse, b 3 juillet 1670, à Sorel ⁶ — *Pierre*, b⁵ 24 oct. 1672. — *Nicole*, b⁵ 24 mai 1676. — *Jeanne*, b⁶ 24 mai 1676. — *Madeleine*, b⁶ 8 mai 1678. — *Marie*, b 21 avril 1681, à Contrecœur, ⁷ m 5 juillet 1684, à Ronie HOMME, à Montréal. ⁸ — *Marie-Elizabeth*, b⁸ 8 avril 1683, m⁸ 19 mars 1699, à Pierre BOULIER — *François*, b⁷ 13 avril 1685. — *François*, b⁶ 1er janv. 1688 — *Anonyme*, b⁸ et s⁶ 1er janv. 1688.

1687, (18 mars) Champlain. ⁸

I. — DROUET, CLAUDE, Sieur de Richardville, officier, b 1657, fils de Claude (avocat) et d'Appolline Soisson, de Dourdan, ville de Chartres, s...
DESROSIERS, Marie-Jeanne, [ANTOINE I.
Marie-Joselle, b⁸ 23 janv. 1691 — *Denis-Didier*, b⁸ 10 mai 1693. — *Armand*, b⁸ 25 mars 1695. — *Michel-Ignace*, b⁸ 14 oct. 1696. — *Antoine*, b⁸ 6 avril 1699. — *Marie-Joselle*, b⁸ 25 juillet 1703. — *Jean-Baptiste*, b 4 juillet et s 18 sept. 1709, à l'Ile Dupas.⁹ — *Geneviève*, b⁹ 19 oct. 1710.

I. — DROUILLAR, CHARLES, cultivateur, arrivé en 1646. — *Journal des Jésuites*.

I. — DROUILLARD, PIERRE, b 1645, habitant de la Rivière du Loup, noyé à Quebec, s 3 nov. 1672, à Québec.

1694, (4 octobre) Montréal. ⁴

I. — DROUILLARD DIT LAPRISE, RENÉ, b 1661, fils de Jean et de Françoise Doublet, de St. Pierre, evêche de Xaintes ; s...
FORTIER, Louise, [ÉTIENNE I.
Marie-Catherine, b⁴ 9 déc. 1698.

DROUILLARD DIT LA GIROFLÉE, PIERRE, frère donne du Seminaire de Québec, et econome de la ferme de l'Ile-Jésus ; s 16 oct. 1713, dans l'eglise de St. François, Ile-Jésus.

DROUILLARD. — Voy DE ROUILLARD.

1698, (25 novembre) Québec. ⁴

I. — DROUILLARD DIT ARGENTCOUR, SIMON, b 1668, fils de Jean et de Jeanne Chevreau, de Marenne, évêché de Xaintes, s...

1° FERRET, Marguerite, PIERRE I.
s⁴ 12 sept. 1711.
Pierre, b 23 juillet 1701, à Repentigny. — *Marie-Suzanne*, b 17 et s 20 mai 1703, à St. François, (I J.) ⁵ — *Toussaint-Joseph*, b⁵ 17 mars 1705. — *Jean*, b⁵ 14 fév. 1707. — *Augustin*, b 31 mai et s 2 juin 1709, à Quebec. ⁴ — *Joseph*, b⁴ 2 fev. 1711.

1712, (24 novembre) Lévis.

2° CADORET, Anne, GEORGE I.
s 2 mars 1754, à Québec. ⁴
Marie-Thérèse, b⁴ 10 sept. 1714 ; s⁴ 10 nov. 1723. — *Marie-Anne*, b⁴ 2 juin 1716 ; s⁴ 14 janv. 1722. — *Simon-Louis*, b⁴ 16 nov. 1717 s⁴ 29 sept. 1718 — *Marie-Catherine*, b⁴ 7 juin 1719, s⁴ 29 nov. 1720. — *Marie-Catherine*, b⁴ 5 août 1721. — *Nicolas*, b⁴ 6 juin et s 24 juillet 1723, à Lévis. ⁶ — *Marie-Angélique*, b⁴ 13 juillet 1724, s⁹ 5 juillet 1726 — *Marie-Anne*, b⁴ 30 avril 1726. — *Joseph-Marie*, b⁴ 25 sept. 1727 ; s⁴ 18 déc. 1729. — *Marie-Louise*, b⁴ 25 nov. 1728 ; s⁴ 2 déc. 1729. — *Geneviève*, b⁴ 28 mai 1733, s⁶ 8 janv. 1736.

1637, (12 juillet) Québec. ⁸

I. — DROUIN, ROBERT, veuf d'Anne Cloutier, etabli au Château-Richer,⁶ b 1606, fils de Robert et de Marie Dubois, du Pin, au Perche, s⁶ 1er juin 1685.
1° CLOUTIER, Anne, [ZACHARIE I.
s⁵ 3 fev. 1648. (1)
Agnès, b⁵ 21 janv. et s⁵ 8 nov 1641. — *Geneviève*, b⁵ 19 oct. 1643 ; m⁵ 24 avril 1656, à Romain DE TRÉPAGNY ; s⁸ 4 oct. 1710. — *Jeanne*, b⁵ 5 fév 1647 ; m⁵ 10 nov. 1659, à Pierre MABEU.

1649, (29 novembre) Québec. ⁵ (2)

2° CHAPELIER, Marie, veuve de Pierre Petit, b 1621, fille de Jean et de Marguerite Dodier, de St. Etienne, Comte-Robert-en-Brie ; s...
Marie, b 18 sept. 1650, aux Trois-Rivières ; m⁵ 28 nov. 1662, à Nicolas LEBEL ; s⁶ 2 mai 1664. — *Nicolas*, b⁵ 7 janv. 1652 ; m⁶ 6 nov. 1674, à Marie LOGNON. — *Pierre*, b⁵ 1er nov. 1653. — *Marguerite*, b⁵ 23 déc. 1655 ; 1° m⁸ 26 oct. 1670, à Jean GAGNON ; 2° m⁶ 19 avril 1689, à Antoine D'ARDE ; s 1er juin 1692. — *Etienne*, b 1658 ; m 3 nov. 1682, à Catherine LOIGNON, à Ste. Famille. — *Catherine*, b⁵ 5 janv. 1660 ; 1° m⁶ 24 nov. 1676, à Michel ROULOIS ; 2° m⁶ 17 nov. 1688, à Guillaume SIMON. — *Jean-Baptiste*, b⁵ 14 fév. 1662. — *Marie-Madeleine*, b⁵ 27 nov. 1664 ; s⁴ 3 fev. 1665.

1674, (6 novembre) Québec.

II. — DROUIN, NICOLAS, [ROBERT I.
LOIGNON, Marie, [PIERRE I.
Pierre, b 11 avril 1677, au Château-Richer. m 7 avril 1704, à Louise L'ESTOURNEAU, à Ste Famille. ⁴ — *Etienne*, b 6 mars et s⁴ 10 avril 1679. — *Marie-Madeleine*, b⁴ 21 mai 1680, m⁴ 28 fév. 1696, à Noël COTÉ. — *Jeanne*, b⁴ 25 fév. 1682 ;

(1) Le *Journal des Jésuites* dit qu'elle mourut le 2 et fut inhumée le 4 fév. 1648.

(2) Greffe d'Audouard.

14

m ⁴ 1ᵉʳ juin 1699, à Hyppolite Le Houx. — *Catherine*, b 7 et s ⁴ 23 oct. 1683. — *Nicolas*, b 31 oct. et s ⁴ 29 déc.1684. — *Elizabeth*, b ⁴ 12 janv. 1686 ; m ⁴ 18 nov. 1704, à Guillaume Le Duc. — *Catherine*, b ⁴ 18 déc. 1687 ; s ⁴ 8 janv. 1688. — *Catherine*, b ⁴ 21 janv. 1689. — *Nicolas*, b ⁴ 30 oct. 1690. — *François*, b ⁴ 20 sept. 1692. — *Etienne*, b ⁴ 1ᵉʳ et s ⁴ 19 sept. 1694. — *Marguerite*, b ⁴ 29 août 1695. — *Jean*, b ⁴ 11 fév. 1697 ; s ⁴ 10 janv. 1703. — *Joseph*, b ⁴ 13 août 1699 ; m ³ 27 juillet 1719, à Marie-Charlotte Auber.

1682, (3 novembre) Ste. Famille.

II. — DROUIN, Etienne,   [Robert I.
1° Loignon, Catherine,   [Pierre I.
    s 13 mars 1703, au Château-Richer. ⁴
Marie, b ⁴ 13 juin 1684 ; m ⁴ 29 oct. 1709, à Pierre Crète. — *Etienne*, b ⁴ 13 sept. 1686 , m 24 nov. 1716, à Cecile Paré, à Ste. Anne. ⁵ — *Jean*, b ⁴ 9 juin 1689, m ⁴ 3 fév. 1723, à Françoise Poulin — *Agnès*, b 1691 ; m ⁴ 21 juillet 1711, à Jean Poulain. — *Joseph*, b 7 et s ⁴ 11 juillet 1693. — *Pierre*, b ⁴ 29 juin 1694. — *Catherine*, b ⁴ 29 août 1696 ; m ⁴ 18 oct 1718, à André Poulin ; s ⁵ 10 juin 1724. — *François*, b ⁴ 8 août 1698. — *Geneviève*, b ⁴ 27 nov. 1699. — *Joseph*, b ⁴ 31 déc. 1700. — *Marguerite*, b 30 avril et s 2 mai 1702.

1711, (13 avril) Ste. Anne-du-Nord.

2° Barette, Jeanne,   [Jean I.
    veuve de Martin Poulin.

DROUSSON, — *Variations :* Drosson — Druson — Doison.

1681, (25 août) Beauport.

I. — DROUSSON, Robert, b 1656, fils de Jean et de Mathive Heritière, de Bonneval, evêché de Clermont, en Auvergne ; s...
Tardé, Jeanne,   [Jean I.
Louise, b 18 mars 1683, à Beauport ; m 10 fév. 1699, à Jean Bertrand, à Laprairie. ⁹ — *François*, b...; m..., à Madeleine Charles. — *Etienne*, b et s ⁹ 12 oct. 1687. — *Madeleine*, b ⁹ 3 avril 1689. — *Marie-Jeanne*, b ⁹ 27 avril 1692. — *Françoise*, b ⁹ 7 nov. 1694, s ⁹ 10 avril 1695. — *Marie*, b ⁹ 13 avril 1700.

I. — DRUE, Thomas, anglais.
Banquart, Marie,
Marie-Anne, b...; m à Etienne Larond, à Batiscan.

1669, (9 octobre) Québec

I — DRUINEAU, François, b 1638, fils de Robert et de Françoise Charbonnier, de Renny, evêché de Xaintes ; s...
Prevost, Marie, b 1650, fille d'Antoine et de Marie Prévost de St Paul, evêché d'Orleans.
Mathurin, b 23 avril 1673, à l'Ange-Gardien.

DUBAU, — *Variations :* Dubocq — Du Bocs — Dubos — Dubeau.

I. — DUBAU, Toussaint, cordonnier, b 1641 ; s 8 août 1693, à Québec. ⁹
1° D'Amy, Marguerite, b 1630 ; s ⁹ 5 oct. 1677.
Pierre, b...; m 21 nov. 1684, à St François, Ile d'Orleans, à Marie Alaire. — *Barbe*, b 1666 ; m ⁹ 18 janv. 1688, à Louis Dupuis.

1678, (23 mai) Québec.

2° Jousselot, (1) Anne,   [Pierre I.
    veuve de Joseph Galois.
Julien, b ⁹ 28 janv. et s ⁹ 1ᵉʳ fevrier 1679. — *Michel*, b 8 ⁹ et s ⁹ 9 mars 1680. — *Jacques*, b ⁹ 1ᵉʳ avril 1681 ; m 29 oct. 1704, à Catherine Bédard, à Charlesbourg. ⁴ — *Anne-Louise*, b ⁹ 27 oct. 1682, m ⁴ 24 nov. 1704, à Jean Séguin. — *Geneviève*, b ⁹ 24 nov. 1683 ; s ⁹ 2 sept. 1688. — *Michel*, b ⁹ 29 sept. 1685 — *Marguerite*, b ⁹ 11 fév. 1687 , m ⁴ 27 juin 1712, à Jacques Séguin. — *Marie-Charlotte*, b ⁹ 17 août 1688 , m ⁴ 15 nov. 1706, à Joseph Guildaut. — *Louis*, b ⁹ 23 oct 1689. — *André*, b ⁹ 21 janv. 1692 ; s ⁹ 9 mai 1692. — *Guillaume*, b ⁹ mars 1693.

1662, (19 septembre) Québec. ⁶

I. — Du BOCQ, Laurent, b 1636, fils de Jacques et d'Elizabeth Pruneau, de St. Maclou, de Rouen.
Arontio, Marie-Felix, Huronne, fille de Joachim, de la Conception, pays des Hurons ; s 1ᵉʳ nov. 1689, à Montreal. ¹
Joseph, b ⁶ 24 juin 1666. — *Jean*, b ⁶ 10 juin 1669. — *Laurent*, b ⁶ 3 fev. 1672 ; 1° m 23 sept. 1697, à Françoise Campagna, à St. Augustin ⁵ ; 2° m ⁵ 10 sept. 1718, à Marie Sévigny. — *Jean*, b...; m ⁵ 22 nov. 1703, à Marguerite Harnois. — *Philippe*, b ⁶ 29 oct. 1675. — *Marie-Anne*, b 28 août 1678, à Sillery, ursuline dite Ste. Marie-Madeleine ; s ⁶ 20 août 1734. — *Louise-Catherine*, b ⁶ 22 juin 1681 ; m¹ 6 mai 1709, à Jean Ridé.

1670, (8 septembre) Québec. ¹

I. — Du BAU, Guillaume, fils de Pierre et de Marie Geronne, de St. Gervais, de Paris ; s 1671.
Le Coq, Jeanne, (2) fille de Jacques et de Jeanne Bodeleau, de St. Roch, de Paris.
Pierre, b ¹ 29 oct. et s ¹ 2 nov. 1671. — *Marie*, b ¹ 29 oct. et s ¹ 7 déc. 1671.

1684, (21 novembre) St. François, (I. O.) ³

II — DUBAU, Pierre,   [Toussaint I.
    s 8 fev. 1706, à St. Jean (I. O.) ⁴
Alaire, Marie-Marthe.   [Charles I.
Marguerite, b 18 août et s 6 sept 1685, à Ste. Famille. — *Catherine*, b ³ 3 janv. 1688. — *Angélique*, b...; m ³ 14 mai 1725, à Pierre Gagné. — *Jeanne*, b ⁴ 23 juin 1690 ; m ⁴ 25 nov. 1710, à René Cochon. — *Pierre*, b ⁴ 10 août 1692. — *Anne*, b ⁴ 25 sept. 1694. — *Charles*, b 1696 ; s ⁴ 3 janv. 1706. — *Jean*, b ⁴ 8 avril 1699. — *Louis-Augustin*, b ⁴ 21 nov. 1703. — *Marie*, b...; m ⁴ 20 nov. 1707, à Joseph Demeule.

(1) Elle épouse, le 21 juillet 1698, André Duval, à Charlesbourg.
(2) Elle épouse, le 18 janv. 1672, Martin Moreau, à Québec.

1686, (3 octobre) Québec. [8]

I.—DUBOCQ, RAYMOND, b 1655, fils de Pierre et de Marie Sargeat, de St. Pierre, ville de Bordeaux; s...

MARS, Michelle, (1) [SIMON I.

Joseph-Raymond, b [8] 10 juin 1689; s [5] 14 oct. 1698.—Marie-Anne, b [8] 25 fév. 1691; s [8] 2 juillet 1705, dans l'église.

1691, (23 avril) Québec. [7]

I.—DU BOC dit ST. GODARD, GUILLAUME, couvreur, b 1661, fils d'Alexandre et de Madeleine Cretel, de St. Godard, ville de Rouen; s...

1° LE BARON, Barbe, [JACQUES I.

veuve de Jean Merienne; s [7] 13 mars 1715.

Madeleine. b [7] 2 mars 1693; m [7] 18 sept. 1713, à Joseph CHENIER.—Alexandre, b [7] 19 sept. et s [7] 3 oct. 1696.

1715, (2 octobre) Québec. [7]

2° RENAULT, Marie-Catherine, [JACQUES II.

veuve de Romain Chappeau; s [7] 10 mai 1723.

1697, (23 septembre) St. Augustin. [7]

II.—DU BAU, LAURENT, [LAURENT I.

1° CAMPAGNA, Françoise-Anne, [PIERRE I.

s [7] 10 déc. 1717.

Marie-Thérèse, b [7] 26 fév. 1699.—Laurent, b [7] 22 août 1700.—Marie-Louise, b 26 juin 1702, à Québec; s [8] 17 juin 1718—Marie, b [7] 11 mai 1704.—Marie-Thérèse, b [7] 22 mai 1706.—Jacques, b [8] 13 fév. 1708.—Joseph-Marie, b 27 mars 1710, à Lorette. [9]—Marguerite-Agnès, b [9] 13 mai et s [9] 8 sept. 1712.—Philippe, b [8] 13 août 1715; m 10 avril 1741, à Thérèse GABOURY, à Ste. Foye; [0] s [0] 20 déc. 1759.

1718, (10 septembre) St. Augustin. [7]

2° SEVIGNY, Marie, [CHARLES I.

Mathieu, b [7] 17 avril et s [7] 6 mai 1719.—Charles-Laurent, b [7] 9 mai 1720.—Marie-Françoise, b [7] 12 oct. et s [7] 12 nov. 1721.—Laurent, b [7] 18 nov. 1722; s [7] 11 juin 1723.

1670, (3 septembre) Ste. Famille. [4]

I.—DUBÉ, MATHURIN, b 1631, fils de Jean et de Renée Suzanne, de la Chapelle Detrer, évêché de Luçon; s 30 déc. 1695, à la Rivière-Ouelle.

CAMPION, Marie, b 1654, fille de Pierre et de Marguerite Henaut, de St. Nicaise, de Rouen

Mathurin, b [4] 2 fév. 1672; m [5] 13 mai 1691, à Anne MIVILLE.—Marie-Madeleine, b [4] 22 sept 1673; 1° m [5] 5 avril 1690, à Charles BOUCHARD; 2° m [5] 13 mai 1691, à Jean MIVILLE—Louis, b [4] 28 mai 1676; 1° m [5] 28 janv. 1697, à Angélique BOUCHER; 2° 9 janv. 1719, à Marguerite LEBEL.—Pierre, b [4] 18 déc. 1678; m [5] 7 janv. 1704, à Thérèse BOUCHER.—Charles, b 27 oct. 1680, à St. Jean I. O. [6]—Laurent, b [5] 20 avril 1683; m [5] 7 janv. 1706, à Geneviève BOUCHER.—Augustin, b...; m 7 janv. 1721, Marie-Anne SOUCY, à Ste. Anne de la Pocatière.—Marie-Anne, b 23 oct. et s [5] 5 nov. 1691.—Jean-Bernard, b [5] 8 janv. 1694.

1691, (13 mai) Rivière-Ouelle. [6]

II.—DUBÉ, MATHURIN, [MATHURIN I.

MIVILLE, Anne, [FRANÇOIS II.

s 11 mars 1717, à Ste. Anne de la Pocatière. [5]

Augustin, b [4] 16 janv. 1695; m [5] 7 janv. 1721, à Marie-Anne SOUCY.—Marie-Gertrude, b [4] 9 déc. 1702; m [5] 7 janv. 1721, à François DUTARTRE.—Marie-Charlotte, b [4] 17 mai 1696; m [5] 7 janv. 1722, à Pierre MORIN.—Marie-Anne, b 20 et s [4] 28 fév. 1692.—Marie-Anne, b [4] 16 avril 1693; m [4] 8 fév. 1712, à Jean-Baptiste GRONDIN.—Joseph, b 8 et s [4] 19 fév. 1699.—Marie-Angélique, b [4] 10 janv. 1701.—Mathurin, b [4] 16 nov. 1704.—Jean-François, b [7] 7 janv. 1706.—Joseph, b [4] 26 déc. 1707.—Marie-Jeanne, b [4] 18 avril 1710.—Jean-Baptiste, b [4] 10 avril 1712.—Marie-Josette, b [4] 19 mars 1713; m [5] 5 oct. 1739, à Bernard MIGNIER.

1697, (28 janvier) Rivière-Ouelle. [5]

II.—DUBÉ, LOUIS, [MATHURIN I.

1° BOUCHER, Angélique, [PIERRE I.

s [5] 2 mars 1717.

Louis, b [5] 1er et s [5] 4 mars 1698.—Louis, b [5] 2 fév. 1699; m [5] 8 janv. 1721, à Cécile EMOND.—Simon, b [5] 6 déc. 1700.—Joseph, b [5] 20 déc. 1702.—Alexandre, b [5] 18 mai 1704.—Joseph, b [5] 30 avril 1706—Jean-Baptiste, b [5] 3 janv. 1708.—Rene, b [5] 5 janv. 1710—Pierre, b [4] 8 nov. 1711.—Jean-François, b [5] 8 nov. 1711.—Marie-Angélique, b [5] 17 janv. 1714.—Augustin, b [5] 24 mai 1716.

1719, (9 janvier) Rivière-Ouelle. [5]

2° LEBEL, Marguerite, [JEAN II.

Pierre, b [5] 23 janv. 1720.—Marie-Anne, b [5] 4 sept. 1721.

Du BEREY, MARIE-MARTHE, femme de Pierre BAUVE.

I.—Du BOCAGE, b 1659; s 15 oct. 1690, à Montréal.

DUBOET.—Voy. DUBAU—DUBOCQ—DUBEAU—DUBAUT—DUBOS.

DUBOIS—Variations et surnoms: BRISEBOIS—FILLIAU—MOREL—LAVIOLETTE.

I.—Du BOIS, Baron d'AVAUGOUR, (1) PIERRE.

I.—DUBOIS, PIERRE, soldat.

DUBOIS, Martin, s 25 fév. 1658, aux Trois-Rivières.

Jeanne-Jacqueline, b 1656; s 18 sept. 1711, aux Trois-Rivières.

1658, (30 septembre) Québec.

I.—Du BOIS-MOREL, PIERRE, établi à Neuville, b 1625, fils de Jean et d'Opportune Carie, de Sononesse, au Perche; s...

MEUNIER, Françoise, b 1636, fille de Jacques et de Françoise Sonière, de Chenière, évêché de Xaintos, s...

Louise, b 1659; m..., à Michel BROUILLÉ.

---

(1) Elle épouse, le 23 janv. 1697, Joseph Riverin, à Québec.

(1) VIème Gouverneur du Canada, de 1661 à 1663.

1665, (25 novembre) Québec. [5]

I. —Du BOIS, René, établi à la Canardière, b 1630, fils de Louis et de Jeanne Naudin, de Sisse, evêché de Poitiers : s [5] 25 janv. 1691
Dumont, Anne-Julienne, b 1646, fille de Samuel et de Marie Anne d'Anglure, de N.-D. de Metz, en Lorraine, s...
Dorothee, b [5] 15 nov. 1666 ; 1° m [5] 22 janv. 1680, à Jean Janvier, 2° m 29 oct. 1691, à Étienne Le-Biguet, à Champlain. [6] — *Jean-François,* b 27 juin 1668, au Château-Richer [7], m 31 août 1693, à Cunégonde Vinet, à Montreal [8]—*Marie-Madeleine,* b [7] 10 avril 1670. — *Marguerite,* b 20 janv. 1672, à Ste. Famille, [9] m [8] 21 oct 1705, à Michel Carlé. — *Françoise,* b [9] 3 mars 1674 ; m [6] 21 juin 1695, à Joseph Raoult. — *Jean,* b [5] 20 fev. 1676, s 20 mars 1699, à Batiscan [0]—*Louise,* b [5] 1er fév. 1678 ; m [0] 20 mai 1697, à Louis Philippeau. — *Charles,* b [5] 5 dec. 1680.

1667, (18 octobre) Québec. [1]

I. — Du BOIS, Jacques, établi à St. Paul, Ile d'Orleans, b 1640, fils de Jacques et de Jeanne ———, de St. Vivien, evêché d'Angoulême, s 17 mars 1675, à Ste. Famille. [3]
Vieillot, Catherine, (1) b 1647, fille de François, et de Catherine Blanc, de St. Vivien, ville de Rouen ; s...
François, b [3] 12 nov. 1668 ; m [1] 18 janv. 1695, à Marie Guay. — *Clément,* b [3] 2 sept. 1670 , s... — *Clément,* b [3] 25 nov. 1671.—*Jeanne,* b [3] 13 oct. 1673, m 15 sept. 1693, à Jacques Charets, à Levis — *Pierre,* b [3] 14 oct 1675 ; m 3 nov. 1699, à Marie-Anne Maillou, à St. Etienne de Beaumont.

1671, (19 octobre) Québec. [9]

I. — DUBOIS, François, établi à la Pointe-Boyer, b 1651, fils de François et de Claude Fayenne, de St. Potent, évêche de Brieux, s...
Guillaume, Anne, b 1652, fille de Michel et de Germaine Ermolin, de St. Germain de Paris.
Anne, b [9] 1er août 1673 ; m 1699, à Rene Dumay. — *Jean,* b 1674. — *Marie,* b [9] 8 avril 1676 ; m [9] 3 nov. 1694, à Eustache Dumet.— *Françoise,* b [9] 21 dec. 1678 ; m à Joseph Derosiers —*Jean-Baptiste,* b 10 janv. 1680, à Lévis.— *Jacques,* b..., 1° m à Therèse Migneron ; 2° m à Marie Ménard — *Louis,* b... — *Suzanne,* b [9] 20 mars 1693.

1675,

I. — DUBOIS, Jacques, chirurgien, b 1645.
Aubea, Jeanne, (2) [François I. b 1642.
Jacques, b 15 juin 1682, à Québec ; [9] s 7 oct. 1682, à Beauport. — *Jeanne,* b [9] 21 juin 1683 ; m 23 nov. 1698, à Jean-Baptiste Hertel, aux Trois-Rivières [7] ; s [7] 13 mai 1700. — *Jean,* b [9] 28 juillet 1684.

1682, (23 novembre) Trois-Rivières. [9]

I. — DUBOIS, Antoine, établi aux Trois-Rivières, fils de Pierre et de Philippe Guyonne, de Varèse, évêche de Xaintes , s...
Moral, Marie-Marthe, [Quantin I.
Antoine, b [9] 10 août 1683. — *Marguerite,* b [9] 12 mars 1685.—*Marie-Louise,* b 31 mai 1687, à Sorel.

1688, (16 août) Charlesbourg. [9]

I. — DUBOIS, François, maçon, fils de François et de Marguerite Triot, de Ste. Radégonde, evêché de Poitiers ; s...
Guilbaut, Marie, [Pierre I.
Pierre, b [9] 21 août 1689. — *Marguerite,* b [9] 14 oct. et s° 22 nov. 1692. — *Anonyme,* b et s [9] 24 mai 1694. — *Louise,* b [9] 7 nov. 1695 ; m [9] 10 oct. 1712, à Simon Boin —*Joseph,* b [9] 25 nov. 1699.—*Jean-François,* b 4 fév. 1704. — *Charles,* b [9] 1er fev. 1707.

1688, (7 septembre) Québec. [4]

I.—DUBOIS, Jean, b 1659, maçon, établi à Champlain, fils de Michel et de Marie Texier, de St Bonet, dans la Marche, évêché de Limoges.
1° Denis, Catherine. [Jean I.
Claude-Catherine, b 6 juillet et s [4] 25 sept. 1689.

1693, (23 novembre) Champlain. [5]

2° Raoult, Jeanne, [Alexandre I
s [5] 8 janv 1709.
Pierre, b 23 oct 1695, à Batiscan [6] ; 1° m [6] 24 mai 1736, à Marie-Thérèse Rivard ; 2° m [8] 31 jany. 1745, à Madeleine Rivard. — *Marie-Joselle,* b [6] 14 oct 1697. — *Marie-Jeanne,* b [5] 29 janv. 1700 ; m à Pierre Rivard ; s [6] 7 oct. 1751. — *Marie-Charles,* b [5] 10 mai 1702. — *Joseph-Marie,* b [5] 14 juin 1704. — *Marie-Anne,* b [5] 7 avril 1707.

1713, (17 janvier) Champlain. [5]

3° Limousin, Antoinette, [Hilaire I.
Geneviève, b [5] 26 janv. 1713. — *Jean-Baptiste,* b [5] 21 mai 1714.

1688, (28 novembre) Québec. [5]

I.—Du BOIS, Jean, b 1660, taillandier, fils de François et de Jeanne de Salignac, de St. Xiste de Turgon, évêché d'Angoulesme.
Mailloux, Anne, (1) [Pierre I.
Jean, b [5] 29 août 1689, s [5] 4 juin 1692. — *Nicolas,* b [5] 23 nov. 1690 ; s [5] 30 janv. 1693. — *Elizabeth,* b [5] 19 mai 1692 ; m [5] 7 nov. 1707, à Jean Morand —*Jean-Baptiste,* b [5] 19 août 1693. — *Marie-Madeleine,* b [5] 21 fév. 1695 ; s [5] 4 dec. 1698. — *Marie-Geneviève,* b [5] 16 août 1696. — *Catherine,* b [5] 22 fev. 1698. — *Antoine,* b... ; s [5] 10 juin 1699. — *Marie-Joselle,* b [5] 4 juillet 1699 ; 1° m [5] 3 janv. 1728, à Claude Cliche, 2° m [9] 9 janv. 1747, à Louis Louineau. — *Jean-Baptiste,* b [5] 10 nov. 1700.

I. — DUBOIS, Thomas.
LEVRARD, Marguerite.   [JEAN I.
Marguerite, b...; m 22 avril 1714, à Christophe
OVARD, à Ste. Foye.

I. — DUBOIS, de Périgord, soldat de M. Du
Plessis, s 19 déc. 1695, aux Trois-Rivières.

DUBOIS, JEAN.
BRISSON, Marie.
Jean, b 1686; s 20 août 1687, à Québec.

1693, (31 août) Montréal. [3]

II. — DUBOIS DIT BRISEBOIS, FRANÇOIS, [RENÉ I
de Champlain.
VINET, Cunégonde,   [BARTHÉLEMI I.
François, b [2] 10 oct 1694; s 25 nov. 1696, à
Lachine. [1] — *Louis*, b [1] 19 et s [1] 21 avril 1696.
— *François-Christophe*, b [1] 10 mars 1697. — *René*,
b [1] 9 nov. 1699. — *Jean-François*, b [1] 3 oct. 1701
— *Barthélemi*, b [1] 22 fév 1704. — *Anne-Cuné-
gonde*, b [1] 31 mai 1705. — *Geneviève*, b [1] 26 fév.
1707. — *Marie*, b [1] 3 sept. 1708.

1695, (18 janvier) Québec.

II. — DUBOIS, FRANÇOIS,   [JACQUES I
établi à Levis. [3]
LE GUAY, Marie,   [JEAN I.
Pierre, b 28 mai 1699, à St. Etienne de Beaumont; [3] s [3] 7 fév. 1703. — *Jean*, b [3] 25 juin 1701;
s [3] 20 fév. 1703. — *François*, b...; m [2] 27 juillet
1723, à Angélique CADORET. — *Marie-Anne*, b
1705; m [2] 29 oct. 1732, à François BOULÉ; s [2] 20
juillet 1733. — *Marie-Catherine*, b [2] 17 juin 1708.
— *Joseph*, b [2] 18 juin 1710; s [2] 14 août 1711. —
Louis, b [2] 27 avril 1712; m..., à Louise RACINE;
s [2] 2 juin 1732.

1698, (17 septembre) Lachine. [6]

I. — DUBOIS DIT LAVIOLETTE, ANTOINE, maçon,
b 1667, fils de François (maître-maçon) et de
Jeanne Maillou, de Tulle, s...
PLUMEREAU, Louise,   [JULIEN I.
Madeleine, b 20 fev. et s 9 avril 1703, à Montréal. [7] — *Marie-Anne*, b [7] 16 fév. 1701. — *Marguerite*, b [7] 3 nov. 1702. — *Marie-Suzanne*, b [7] 13
fev. 1704. — *Antoine-Joseph*, b [6] 23 avril 1705.
— *Marie-Louise*, b [6] 20 janv. 1710. — *Véronique*,
b [1er] fév. 1714, à la Pointe Claire. [8] — *Geneviève-
Brigitte*, b [8] 9 mai 1715.

1699, (3 novembre) Beaumont. [4]

II. — DUBOIS, PIERRE,   [JACQUES I.
MAILLOU, Marie-Anne,   [MICHEL I.
Pierre, b [4] 6 juin 1703; s [4] 15 avril 1704. —
Pierre, b [8] 30 juin 1705. — *Louise*, b [4] 27 juillet
1707. — *Jeanne*, b [4] 21 juillet 1709. — *Madeleine*,
b [4] 3 sept. 1711. — *Anonyme*, b [4] et s [4] 30 août
1714. — *Marie-Françoise*, b [4] 24 nov. 1715. —
Joseph, b [4] 18 mai 1718.

DUBORD. — *Variations et surnoms :* DEBOND —
LAFONTAINE — BOUTIN — LAVIOLETTE.

I. — DUBORD DIT LAJEUNESSE, LEONARD, b 1637,
établi à Lotbinière.
1° HAYOT, Anne,   [THOMAS I.
veuve d'Etienne Denevers.

1697, (30 septembre) Quebec.

2° MILLOT, Françoise, b 1645, veuve de René
Mezerai; s 5 avril 1703, à la Pointe-aux-
Trembles de Québec.

1670.

I. — DUBORD DIT LAFONTAINE, GUILLIEN, b 1625,
tailleur, s 2 avril 1705, à Champlain. [5]
GUÉRARD, Catherine, b 1642.
Pierre, b 1671; m [5] 9 janv. 1702, à Claire
RAOULT. — *Maximin*, b 1673; s [5] 18 juin 1683.
— *Etiennette*, b 1676; m [5] 3 nov. 1701, à Pierre
HOURÉ — *Dominique*, b 1679. — *Charles*, b [5] 16
août 1681 — *Jean-Baptiste*, b [5] 3 nov. 1683; m [5]
11 fév 1709, à Marie HOURÉ. — *Michel-Guillien*,
b [5] 14 juillet 1686; s [5] 15 déc. 1687. — *Daniel*,
b [5] 27 oct. 1688. — *Marie-Madeleine*, b [5] 23 mars
1692, m [5] 12 janv. 1709, à Alexis TURCOT. —
Balthazar, b [5] 18 déc. 1694.

Du BOURGET, Sieur de St. Clérin. — Voy. DE
BOURGUET

I. — DUBRAHÉ, Sieur DUPAS — Voy. DUPAS.

I. — DUBRAY DIT LAPLUME, NICOLAS, était à
Boucherville en 1694.

DUBREUIL, CHRISTOPHE, b 1696.

I. — DUBREUIL, LOUISE, femme de Charles
Boyer, en 1678.

1682, (28 septembre) Montréal.

I. — Du BREUIL, JEAN, b 1655, fils de Pierre et
de Catherine Gosselin.
1° MARTINEAU, Isabelle, b 1668, fille de Louis et
de Madeleine Manetot; s 22 déc. 1685, à Ste.
Famille. [5]
René, b 28 avril 1684, à St. François, I. O.; s [9]
28 mai 1684.

1686, (6 août) Ste. Famille. [9]

2° GAULTIER, Marguerite,   [ELIE I.
s 22 déc. 1702, à St. Jean, Ile d'Orléans. [7]
Pierre, b [9] 8 mai 1687. — *Marguerite*, b [7] 15
mai 1689. — *Angélique*, b [7] 8 avril 1692. — *Jean*,
b [7] 4 mars 1694 — *Anne*, b [7] 4 sept. 1696. — *Joseph*,
b [7] 24 mars 1699. — *Marie*, b [7] 5 avril et s [7] 16
juillet 1701.

1689, (24 novembre) Charlesbourg. [6]

I. — DUBREUIL, CLAUDE, b 1663, fils de Pierre
et de Renée Colinette, de Touches, évêché de
Xaintes, s...
BOESMÉ, Elizabeth,   [JEAN I.
s [6] 29 déc. 1702.
Marie-Anne-Joseph, b [6] 18 août et s [6] 2 sept.
1692. — *André*, b [6] 24 août 1695; m 8 nov. 1728,
à Agathe LABELLE, à St. François (I. J.) — *Pierre*,
b [6] 27 juillet 1699. — *Marie*, b [6] 31 déc. 1701.

1691, (26 novembre) Québec. [3]

I. — DUBREUIL, Jean-Etienne, notaire-royal, b 1664, fils de Jean et de Catherine Lemarinier, de St. Méderic de Paris ; s [3] 5 juin 1734.

1° Le Gardeur, Marguerite,   [Michel I. s [3] 29 déc. 1702.

Marguerite, b [3] 16 mars 1693 ; m 24 nov. 1711, à Jean Hamel, à Ste Foye. — *Marie-Ursule,* b [3] 20 fev. 1695 ; s [3] 3 sept. 1714. — *Louise-Gabrielle,* b [3] 10 fev. 1697 ; m [3] 31 mai 1717, à Michel Voyer ; s [3] 31 mai 1722. — *Marie-Anne,* b [3] 30 oct. 1688 ; m [3] 14 mai 1724, à Joseph Simon ; s [3] 29 juillet 1739. — *Jean-Etienne,* b [3] 30 dec. 1700 : 1° m 25 oct. 1726, à Charlotte Janis ; 2° m [3] 16 fév. 1735, à Charlotte Giroux ; s [3] 23 oct. 1742.

1703, (14 mai) Québec. [3]

2° Chevalier, Marie-Anne,   [Etienne I. s [3] 5 avril 1711.

Marie-Thérèse Catherine, b [3] 27 fev. 1704 : m [3] 18 nov. 1715, à Jean Valin. — *Marie-Françoise,* b [3] 19 fev. 1705 ; m [3] 22 nov. 1725, à François Arcand — *François-Marie,* b [3] 24 nov. 1706 — *Angelique-Barbe,* b [3] 6 août 1708 ; m [3] 26 nov. 1731, à Etienne Camane ; s [3] 20 juin 1740. — *Jean-Etienne,* b [3] 15 dec. 1710.

1713, (12 février) Lorette.

3° Routier, Marie-Jeanne,   [Jean I. veuve de Jacques Voyer , s [3] 14 mai 1737.

I. — DUBROC, François — Voy. Duterre.

1668, (14 janvier) Québec. [6]

I. — DUBUC, Jean, b 1641, fils de Pierre et de Marie Hotot, de la Trinité, evêché de Rouen , s 3 nov. 1688, à la Pointe-aux-Trembles de Québec. [7] (1)

L'Archevêque, Françoise, b 1641, fille d'Adrien et de Françoise Reins, de St. Martin, evêché de Rouen ; s [7] 4 juillet 1711.

Jean-François, b [6] 15 nov. 1668 ; m [7] 20 nov. 1696, à Elizabeth Carpentier. — *Marie-Françoise,* b [6] 24 dec. 1669 , s [6] 8 janv. 1670. — *Romain,* b [6] 25 mars 1671 ; 1° m [7] 15 juin 1693, à Anne Pinel ; 2° m [7] 7 oct. 1709, à Marie-Anne Matte ; s [7] 20 oct. 1711. — *Joseph,* b [6] 24 janv. 1674. — *Marie-Angélique,* b [6] 30 janv 1678 ; s [7] 7 août 1691.

1682.

I. — DUBUC, Michel, maçon, établi à Longueuil, b 1644.

Baudoin, Marie.

Michel, b 22 nov. 1683, à Boucherville.

1693, (15 juin) Pte-aux-Trembles, Q. [5]

II. — DUBUCQ, Romain,   [J.-Baptiste I. s [5] 20 oct. 1711.

1° Pinel, Anne,   [Gilles I. s [5] 23 août 1708,

Marie-Angélique, b [5] 8 juin 1694 ; m [5] 12 juin 1713, à Guillaume Bertrand. — *Romain,* b 4 août 1696. — *Jean-Baptiste,* b [5] 7 oct. 1698. — *Michel,* b [5] 13 août 1700. — *Joseph,* b [5] 4 juillet 1702 , m [5] 18 janv. 1734, à Angelique Aide-Crequy. — *Marie-Anne,* b [5] 1703 ; m [5] 9 janv. 1741, à Charles Normand. — *Marie-Catherine,* b [5] 5 sept. 1705. — *Noel-Augustin,* b [5] 24 mai 1707.

1709, (7 octobre) Pte-aux-Trembles, Q. [5]

2° Matte, Marie-Anne. (1)   [Nicolas I. *François de Sales,* b [5] 19 août 1710 ; s [5] 5 déc. 1714. — *André,* b [5] 30 nov. 1711.

1696, (20 novembre) Pte-aux-Trembles, Q. [4]

II. — DUBUCQ, Jean-François,   [Jean I. Carpentier, Elizabeth,   [Claude I.

Marguerite, b [4] 23 sept. 1697. — *Jean-Baptiste,* b [4] 3 mai 1699 , m [4] 25 juin 1736, à Marie-Françoise Delisle. — *Marie-Françoise,* b [4] 27 oct. 1701 ; m [4] 11 août 1739, à Jean-Baptiste Garnier. — *Marie-Angélique,* b [4] 10 déc. 1703 ; m [4] 12 août 1737, à Louis Pillard. — *Marie-Thérèse,* b [4] 8 fev. 1706 ; m [4] 7 avril 1750, à Alexis Delisie. — *Marie-Elizabeth,* b [4] 20 nov. 1708. — *Marie-Josette,* b [4] 23 fev. 1711 ; m [4] 12 nov. 1742, à Jean-Baptiste Faucher. — *Marie-Catherine,* b [4] 15 août 1713 ; m [4] 15 juin 1744, à Augustin Faucher. — *Louis-Joseph,* b [4] 19 oct. 1715.

Du BUISSON. — Voy. Guyon, Sieur Du Buisson.

I. — Du BUISSON dit Angers, Marie-Charlotte, b 1638 ; s 9 fev. 1718, à la Pointe-aux-Trembles de Québec.

Du BUISSON, Jacques. — Voy. Ralier, Jacques.

I. — Du BUISSON. — Voy. Poitier (Du), Sieur Du Buisson. Noble homme.

Du BUISSON, Charles, lieutenant d'infanterie. Voy. Renault.

I. — Du CARET, Charles.

Dubuc, Marie.

Marie-Louise, b 28 sept. 1694, à Québec.

1672.

I. — Du CARREAU, François, b 1627 ; s 9 janv. 1707, à Québec. [4]

1° Blanchard, Gilette, b 1632 ; s [4] 1er janv. 1702.

Marguerite, b 1675 ; m [4] 26 nov. 1693, à François Allaire ; s [4] 24 janv. 1703.

1702, (22 juillet) Québec.

2° Renouard, Marie, veuve de Nicolas Durand.

I. — DUCAS, Jean-Baptiste, (2) b 1668 ; s 20 avril 1768, à Lévis. [5]

Belleville dit De Carnelle, Marie-Louise.

---

(1) Naufragé à la Pointe-aux-Ecureuils avec Anne Coquincour, femme de Maurice-Olivier et Michel Toupin, âgé de 13 ans.

(1) Elle épouse, le 27 février 1713, Etienne Magnan, à la Pointe-aux-Trembles de Québec.

(2) Anglais de naissance, établi à Lévis, où il décède à l'âge de 100 ans !!!

Anonyme, b et s ⁵ 22 avril 1718. — *Marie-Louise*, b ⁵ 25 juin 1719 ; m ⁵ 26 août 1737, à Charles DUBOUCHET. — *Louis-Joseph*, b ⁵ 15 juin 1721. — *Pierre Michel*, b ⁵ 28 sept 1727, m ⁵ 29 oct. 1754, à Geneviève DUSSAULT, s ⁵ 4 nov. 1755. — *Anonyme*, b et s ⁵ 15 avril 1732. — *Anonyme*, b et s ⁵ 7 mars 1735. — *Jean-Baptiste*, b... ; m à Marie-Anne BOUCHER.

DUCASSE, PHILIPPE, était à L'Ange-Gardien en 1694.

DUCHARME. — *Variations et surnoms :* DUCHARME — REPOCHE — LAFONTAINE.

1659, (13 janvier) Montréal ⁴

I. — DUCHARME, FIACRE, menuisier, b 1628, fils de Toussaint et de Jacques De Roy, de Paris ; s ⁴ 17 mars 1677.
PACRAT, Marie, (1) b 1628, fille de Jacques et de Debora Bollet, du bourg de Critel, evêché de Xaintes ; s...
Louis, b ⁴ 23 août 1660 ; m ⁴ 27 nov. 1681, à Marie-Anne MAILLET, s ⁴ 11 août 1691. (2) — *Pierre*, b ⁴ 21 août 1662. — *Pierre*, b ⁴ 1er et s ⁴ 22 déc. 1663. — *Claude*, b ⁴ 4 mars 1666 ; s ⁴ 7 juin 1691.(3) — *Marie-Madeleine*, b ⁴ 22 nov. 1668 ; m..., à Jean LAGRANGE ; s ⁴ 2 janv. 1687. — *Pierre*, b ⁴ 3 janv. 1672 ; m ⁴ 22 nov. 1689, à Marie BORDEREAU. — *Marie-Angélique*, b ⁴ 17 fév. 1674 ; m ⁴ 22 nov. 1690, à Claude DUDEVOIR.

1681, (27 novembre) Montréal. ⁹

II. — DUCHARME, Louis, [FIACRE I.
s ⁹ 11 août 1691. (4)
MAILLET, Marie-Anne, (5) [PIERRE I.
Jean, b⁹ 20 août 1682 ; m 11 janv. 1723, à Marie-Anne TROTIER, à Lachine. ⁹ — *Louis*, b ⁹ 3 juillet 1684. — *Michel*, b ⁹ 29 sept. 1686. — *Joseph*, b ⁹ 19 janv. 1688 ; 1° m..., à Jeanne JARRET ; 2° m ⁹ 25 fev. 1721, à Thérèse TROTIER. — *Marie-Anne*, b ⁹ 24 avril 1690. — *Gabriel*, b ⁹ 3 fév. 1692.

DUCHARME, FRANÇOIS. — Voy. REPOCHE DIT DUCHARME.

1689, (22 novembre) Montréal. ¹

II. — DUCHARME, PIERRE, [FIACRE I.
BAUDEREAU, Marie, (6) [URBAIN I.
Pierre, b ¹ 26 sept. 1690.

I. — DUCHEMIN, MARIE-ANNE, b 1646, ; m..., à Pierre JULIEN , s 3 oct. 1679, à Québec.

DUCHERON. — *Variations et surnoms :* LUCHERON (7) — DESLAURIERS.

(1) Elle épouse, le 14fév. 1678, Antoine Pichou, à Montréal.

(2) Tué par les Anglais, avec Cabassier.

(3) Tué par les Iroquois, avec Lemoyne de Bienville.

(4) Tué par les Anglais, avec Cabassier.

(5) Elle épouse, en 1699, Louis Préjan, de Lachine.

(6) Elle épouse, le 19 janvier 1693, Jean-Baptiste Gadois, à Montréal.

(7) Le recensement de 1681 en a fait " Lucheron."

1673, (28 septembre) Quebec. ²

I. — DUCHERON DIT DES LAURIERS MATHURIN, b 1633, fils de Michel et de Jeanne Briand, de la ville de Bourges.
ROUSSEL, Marguerite, (1) b 1646, fille de Jean et de Louise Meni, de Rouen en Normandie.
Paul, b ² 20 août 1674. — *Jeanne*, b ² 12 nov. 1676. — *Pierre*, b ² 14 sept. 1678 ; s 30 nov. 1690, au Cap St. Ignace. — *Madeleine*, b... ; 1° m ² 7 janv. 1698, à Benoit FERRÉ ; 2° m ² 25 mars 1716, à Clement DU LA MORINET.

DUCHESNE — Voy. CHEVALIER — GATILLON — LAPIERRE.

I. — DUCHESNE, ADRIEN, chirurgien. (2)

DUCHESNE, BARBE, femme d'André BADEL, en 1671.

I — DUCHESNE DIT LAPIERRE, PIERRE, b 1621 ; s 4 mars 1697, à Ste. Famille. ³
RIVET, Catherine, b 1634.
Marie-Madeleine, b 1667 ; m 11 avril 1684, à Joseph BONNEAU, à St. François, (I. O). ⁴ — *Jacquelle*, b ³ 25 fev. 1668 ; s avant 1681. — *Catherine*, b ³ 23 fev. 1669 ; s avant 1681. — *Pierre*, b 1670 , m ⁴ 22 nov. 1701, à Madeleine BUTAUD ; s ⁴ 16 dec. 1702. — *Constance*, b ³ 27 fev. 1673. — *Geneviève*, b ³ 16 juillet 1675 ; m 6 fév. 1696, à Jacques PLANTE, au Château-Richer. — *Marie*, b ³ 12 avril 1677 ; m ⁴ 17 fév. 1699, à Pierre DOMPIERRE ; s 15 juillet 1757, à Québec. — *Marie-Anne*, b ⁸ 8 nov. 1679, m à Nicolas VÉRIEUL. — *Simon*, b 1681. — *Rose*, b ⁴ 30 oct. 1683. — *Elizabeth*, b ⁴ 28 oct. 1685 — *Jacques*, b ⁴ 8 sept. 1687 ; m à Angelique TREMBLAY.

1688, (3 mai) Québec. ¹

I. — DUCHESNE, GABRIEL, b 1658, fils de Julien et de Jeanne Mariot, de St. Nicolas, évêche de Nantes ; s ¹ 28 sept. 1691.
DUMETS, Anne, [JEAN I.
Angélique-Gabrielle, b ¹ 23 avril 1691 ; m ¹ 9 fév. 1717, à Jean MÉTIVIER ; s ¹ 10 août 1740.

DUCHENÉ. — Voy. BARDET.

I. — DUCHESNEAU, JACQUES. (3)

1695, (14 février) Charlesbourg. ¹

I. — DUCHESNEAU DIT SANS-REGRET, RENÉ, b 1665, soldat, fils de René et de Marie-Charlotte Roy, de St. Martin de Fleuray, évêché de Poitiers.

(1) Elle épouse, le 10 nov. 1692, Etienne Burel, au Cap St. Ignace.

(2) Oncle de Charles Lemoyne I. Il resta à Québec après le départ des Français, en 1629. Le 9 fév. 1631, il servait de parrain à Elizabeth Couillard, fille de Guillaume.

(3) Sieur de la Doussmière et d'Ambrault, Intendant, chevalier, conseiller du Roy, ci-devant Trésorier de France, au bureau des finances à Tours, (5 juin 1675) remplacé, en 1682, par M. de Courcelles.

GUÉRIN, Jeanne,   [CLÉMENT I.
René, b [1] 19 nov. 1695. — *Pierre,* b [1] 10 nov. 1697, m [1] 1726, à Catherine BARBOT. — *Jacques,* b [1] 25 oct. 1699; m 1729, à Françoise LAUZÉ — *Jeanne-Marie,* b 8 janv. et s [1] 11 avril 1702 — *Marie-Jeanne,* b 12 fév. et s [1] 11 mars 1703. — *Marie-Thérèse,* b [1] 21 avril 1704; m [1] 1728, à Jean MORAS. — *Anonyme,* b et s [1] 11 mai 1706 — *François,* b [1] 10 juin 1708 — *Marie-Angélique,* b [1] 19 août 1710 — *Marie-Jeanne,* b [1] 22 mai 1712. — *Marie-Charlotte,* b [1] 5 nov. 1714, s [1] 19 fév. 1717. — *Jean-Baptiste,* b [1] 24 mars 1717.

DUCHESNY, — *Surnoms.* BRETEL — LAMUSIQUE.

1686.

I. — DUCHESNY, FRANÇOIS, enseigne dans les troupes, natif de Paris; s 15 mars 1691, aux Trois-Rivières.
FRANCOUL, Marguerite.
Marguerite, b 1688, 1° m mai 1716, à Pierre DUMESNY, à Quebec [6]; 2° m [6] 24 avril 1730, à Charles PETITPAS; s [6] 29 mars 1758.

1697, (21 octobre) Québec. [2]

I. — DUCLAS DIT CARTIER, FRANÇOIS, b 1668, fils de François et de Marie Dubouret, de St Gervais, evêché de Bordeaux; s [2] 25 dec. 1708.
BRUNEAU, Jeanne, (1)   [JEAN-RENÉ I.
Marie-Charlotte, b [2] 19 oct. 1698, m [2] 8 janv. 1718, à Michel BROUSSEAU; s [2] 13 juillet 1733. — *Jean,* b 15 sept. et s [2] 11 oct. 1700. — *Marie-Catherine,* b [2] 27 avril 1705; 1° m [2] 27 avril 1722, a Ignace DUMÉNIL; 2° m [2] 5 nov. 1726, à Jean LOISEAU. — *Pierre,* b [2] 26 janv 1707. — *Catherine,* b [2] 1709; s [2] 29 avril 1733.

1653.

I. — DU CLÉMENT DU VAULT, JEAN. (2)
GASNIER, Anne, (3) b 1614
Claire-Françoise, b... ; m à Denis-Joseph D'AUTEUIL. — *Anne,* b...

DUCLOS. — Voy. CELLES — SEL — CARIGNAN — DE CELLES.

I. — DUCLOS, MARTIN, soldat, était à Quebec en 1644.

1671.

I. — DUCLOS, FRANÇOIS, b 1631, établi à Batiscan [1]; s [1] 4 déc. 1711.
CERISIER, Jeanne, b 1641, native de France; s [1] 17 sept. 1709.
Nicolas, b 1664; m [1] 11 fév. 1709, à Madeleine LAFOND; s [1] 21 nov. 1737. — *Anne,* b 1668; m 1688, à François JUGNAC; s 31 janv. 1709. — *Geneviève,* b 1670; m à Pierre PERROT. — *Marie-Louise,* b 1672; m [1] 17 janv. 1689, à Nicolas LEFEBVRE. — *François,* b 1674; m 4 fév. 1710, à Marie-Charlotte

---

DUTAUT, à Champlain [2]; s [1] 25 août 1747. — *Marie-Madeleine,* b 1676, m à Julien TROTIER; s [1] 28 août 1747. — *Marguerite,* b [2] 12 oct. 1679; m [1] 18 janv. 1707, à Jacques DUTAUT. — *Charles,* b [2] 10 mai 1682; s [1] 30 janv. 1703.

1693, (23 mars) Sorel.

I. — DUCLOS, Jean, b 1663, fils d'Arnould et d'Isabelle Joannes, de St. Jean, évêché de Montauban.
POUTRÉ, Marie,   [ANDRÉ I.
veuve de Joseph Pacaut.
Marie-Madeleine, b 17 déc. 1693, a la Pointe-aux-Trembles, M [1] — *Pierre,* b [1] 23 avril 1698. — *Joseph,* b 12 mars 1705, Ile Dupas.

I. — DU CLOS, LAMBERT. — Voy CELLES-DU CLOS.

I. — DUCOLOMBIER, Sieur. (1)

1692, (21 nov.) Pte-aux-Trembles, (M). [5]

DU CONGÉ DIT LAFORTUNE, CLAUDE, soldat de M. De Varennes.
TESSIER, Agnès, veuve de Guillaume Richard.
Marie-Barbe, b [5] 20 sept. 1693. — *Marguerite,* b [5] 26 juin 1696. — *Jean,* b [5] 8 sept. 1698.

1698, (28 août) Québec. [6]

I. — DU COUDRAY, LOUIS, b 1668, fils de Michel et de Marie Breton, de St. Honoré, ville de Blois
BOBUS, Marie-Anne, b 1677, fille de Michel et de Marie Baillif, de St. Gervais de Bonelle, évêché de Chartres
Marie-Charlotte, b [6] 13 sept. 1699.

1699, (23 février) St. François (I. O). [7]

I. — DUCURONT, PIERRE, b 1674, fils d'André et de Jeanne D'Arsigalogne, de St. Antoine-de-Castelno, evêché de Tarbes.
LABBÉ, Marie,   [PIERRE I.
Pierre, b [7] 20 mai 1700.

1690, (22 novembre) Montréal. [5]

I. — DUDEVOIR, CLAUDE, b 1660, fils de Jean et d'Agathe Galté.
DUCHARME, Angélique,   [FIACRE I.
Claude, b [8] 21 dec 1691; m 3 oct. 1711, à François HALLÉ, a Lévis. — *Louise,* b [8] 9 avril 1693. — *Antoine,* b [8] 15 déc 1694. — *Claude,* b [8] 15 déc. 1694. — *Marie,* b [8] 7 sept. et s [8] 3 nov. 1696. — *Agnès,* b [8] 21 janv. et s [8] 9 juillet 1698 — *Louise-Charlotte,* b [8] 20 juin et s [8] 23 sept. 1699 — *Philippe,* b [8] 14 avril 1701. — *Marie-Louise,* b [8] 12 juin 1704. — *Catherine,* b [8] 12 juin 1704.

DU FAUT. — *Variations et surnoms :* DUFAOUX — CHIASSON — DUFAYET.

---

(1) Elle épouse, le 25 mars 1713, Alexandre Derny, à Québec.

(2) Seigneur de Monceaux, chevalier de St. Louis.

(3) Elle épouse, le 21 août 1655, Jean Bourdon, à Québec.

I. — Du FAUT, Gilles, b 1645, charpentier ; s 4
mars 1706, à Champlain
Simon, Françoise, veuve de Claude Coignac, b
1646 ; s 15 mai 1699, à Quebec [9]
François, b 1er mai 1680, à Boucherville [9] ; m à
François Perrault, — *Gilles*, b [9] 5 nov. 1682 —
Jean-Joseph, b [9] 4 avril 1685 ; m 14 janv. 1710, à
Angelique Emond, à la Rivière-Ouelle. — *Louis*,
b [9] 1er juin 1687. — *Michel*, b [9] 11 juillet 1689 —
Marie-Françoise, b [9] 8 mars 1693.

I. — DUFOUR, Robert.
Migneron, Anne.
Angelique, b 23 mai 1695, au Château-Richer. [1]
— *Marie-Josette*, b [1] 19 sept. 1697.

DUFRESNE. — *Variations et surnoms* : Dufraisne—Bouin—Janvrin—Thunay—Vernas.

I. — DUFRESNE, Pierre, b 1627 ; s 1er déc.
1637 (mort subite), à St. Laurent, I. O. [1]
Palin, Anne, b 1634.
Anne-Françoise, b 1658 ; m 18 avril 1673, à
Jean Lestourneau, à Ste. Famille. [2] — *Jeanne*,
b [2] 24 nov 1666 ; 1o m [1] 27 oct. 1682, à René
Minos ; 2o m [1] 25 nov. 1687, à Gabriel Rouleau
Catherine, b [2] 9 fev. 1668 ; m [1] 3 fév. 1688, à
Guillaume Rouleau. — *Pierre*, b [2] 3 oct. 1669 —
Louise, b [2] 22 mai 1672, s [1] 12 fev. 1687 — *Marie*,
b [2] 13 oct. 1674, s [1] 3 août 1687. — *Guillaume*,
b [2] 17 oct. 1676.

1668, (4 décembre) Montréal. [1]
I. — DUFRESNE, Antoine, b 1636, fils de Nicolas
et de Catherine Domin, de St. Omer, en Artois.
Fauconnier, Jeanne, b 1651, fille d'Antoine et
de Jeanne Pivin, de la ville d'Orleans.
Anonyme, b et s [1] 4 sept 1669. — *Elizabeth*, b [1]
19 oct. 1670 ; s [1] 13 sept. 1687. — *Jean-Baptiste*,
b 1672 ; m 23 nov. 1693, à Marie-Renée Mersan,
à la Pointe-aux-Trembles, M. — *Gaspard*, b [1] 5
fev. 1673 ; s avant 1681.— *Antoine*, b [1] 21 août
1677.

I.—DUFRESNE, Pierre-Félix, chirurgien, établi
à Batiscan.
Lefebvre, Elizabeth.
Catherine, b... ; m 18 avril 1700, à Jacques
Filastreau, à Lachine. — *Madeleine*, b 1676, 1o
m à François Pelletier ; 2o m 9 janv. 1698, à
Pierre Maillet, à Montréal.

1693, (23 novembre) Pte-aux-Trembles, M. [1]
II. — DUFRESNE, Jean-Baptiste, [Antoine I.
Mersan, Marie-Renée, [Pierre I.
Elizabeth, b [1] 29 août 1694. — *Jean-Baptiste*,
b [1] 23 juillet 1696. — *Antoine*, b [1] 11 fev. 1698. —
Marie-Anne, b [1] janv. 1700.

1689, (17 janvier) Québec. [1]
I. — DUFRESNE, Nicolas, marchand, b 1659, fils
de Margrin Jauvrin de la Chenaie et d'Anne
Le Picard, de Chissy, en Basse-Normandie,
évêche de Bayeux.
Berson, Marie-Madeleine, [Antoine I.
Marie, b 1690 ; s [1] 14 mai 1706. — *Jean-Baptiste*,
b... ; 1o m [1] 16 oct 1722, à Marie-Anne Damours ;

2o m 24 nov. 1744, à Anne-Françoise Crevier, à
Montréal

1701, (18 janvier) Varennes. [1]
I. — DUFROS de la Jemerais, Christophe, b...,
fils de Christophe Dufros, sieur de la Jemerais
et de Marguerite De la Forest, de Madrac, de
St. Malo.
Gaultier, Marie-Renee, (1) [René I.
Marie-Marguerite, (2) b [1] 16 oct. 1701 ; m 12
août 1722, à François-Madeleine You, à Montréal
— *Charles*, b [1] 28 dec. 1702 ; ordonne le 14 avril
1726 ; s 10 mars 1750, à Verchères. — *Marie-Clémence*, b [1] 26 janv. 1704 ; m à Pierre Gamelin-Maugras.— *Louise*, b [1] 14 sept 1705 ; m à Ignace
Gamelin. — *Joseph*, b [1] 30 oct. 1706, ordonne le 21
oct. 1731 ; s 11 nov. 1756, à Ste. Famille. — *Christophe*, b [1] 7 dec. 1708.

DUGAL. — Voy. Cottin dit Dugal.

II. — DUGAL-Cottin, François, [Tugal I.
Boucher, Marie-Anne, [Jean II.
Marie-Françoise, b 7 nov. 1692, à Québec.

1683, (27 septembre) Lachine.
I.—DUGAST, Vincent, b 1653, marchand, fils
de Vincent (medecin) et de Périnne Babin, de
Chouppe, évêché de Poitiers ; s 25 dec. 1698,
à Montréal. [1]
1o Roy, Françoise, [Jean I.
s [1] 28 sept. 1686
Jean-Baptiste, b [1] 15 juillet 1684, ordonné le
22 avril 1714 ; s 9 mars 1763, à St. François du
Lac. — *Marie*, b [1] 25 mars et s [1] 17 avril 1686.

1686, (4 novembre) Montréal. [1]
2o Tessier, Catherine, (3) [Pierre I.
veuve de Pierre Martin.
Marie-Gabrielle, b [1] 25 sept. 1687 ; m [1] 24 nov.
1704, à Paul Dumouchel — *Joseph*, b [1] 5 fev.
1691. — *Charles*, b [1] 31 janv. et s [1] 15 fév. 1694.
— *Marie-Gabrielle*, b [1] 4 mars 1695.—*Marguerite*,
b [1] 6 juillet 1698.

I. — DUGRES, Jacques, établi à Lachevrotière.
Barbeau, Catherine.
Marie-Josette, b 1701 ; s 15 août 1749, à Batiscan. — *Charles*, b... ; m 21 août 1727, à Judith
Duret, à Québec.

1667, (7 novembre) Montréal. [2]
I. — DUGUE, (4) Sidrac, Messire, établi à Varennes, b 1638, fils de Pierre, (Sieur de la Boulardière) et de Périnne de Chambelle, de Persevil, évêché de Nantes ; s [2] 18 dec. 1688.
Moyen, Marie, b 1649, fille de Jean-Baptiste et
d'Elizabeth Le Bret, de St. Nicolas-des-Champs, évêche de Paris ; s 24 oct. 1687, dans
l'église de la Pointe-aux-Trembles, (M.) [3]

(1) Elle épouse, e 24 janv. 1720, Timothée Sullivan, (Sylvain) à la Pointe-aux-Trembles de Québec.
(2) Fondatrice des Sœurs Grises de Montréal. — Voyez
Vie de Madame d' Youville, par l'abbé Faillon.
(3) Elle épouse, le 7 sept. 1700, Pierre Laurent, à Montréal.
(4) Sieur de Bois Briant, capitaine du régiment de Chambelle, Seigneur de l'Ile Ste. Thérèse.

Jean-Sidrac, b [2] nov. 1670. — Marie-Thérèse, b [2]
6 janv. 1671. — Jacques, b [2] 17 janv. 1673, s 15
déc. 1702, à Quebec [4] — Pierre, b [2] 21 fev. 1675;
m 17 fev. 1694, à Angélique DE LUGRÉ, à L'Ange-
Gardien. — Jeanne, b [2] 14 janv. 1677. — Joseph-
François, b [3] 18 mars 1679; s [3] 10 fév. 1688. —
Elizabeth, b [3] 6 juin 1681. — Marie-Charlotte, b [3]
13 déc. 1683; m [4] 13 sept. 1706, à Jean PETIT. —
Jeanne-Cécile, b [3] 18 mars 1686; s [8] 15 mai 1687.

I. — DUGUÉ, sieur de FOUGÈRE, François, lieute-
nant-colonel du regiment de Conti, était à
la Pointe-aux-Trembles de Québec en 1679.

1672, (21 novembre) Trois-Rivières. [1]

I.—DUGUAY, JACQUES, b 1647, chirurgien, fils de
Michel et de Catherine de Lebret, de Semur
en Assoy, evêché d'Autun ; s [1] 13 mars 1727.
1º BAUDRY, Jeanne,   [URBAIN I.
  s [1] 22 nov. 1700.
Marie-Madeleine, b [1] 28 oct. 1675 ; m [1] 14 nov
1695, à Maurice CARDIN. — Catherine, b [1] 4 mars
1677 ; s [1] 22 déc. 1698. — Jacques, b [1] 14 mars
1679 ; m [1] 8 nov. 1722, à Louise LEMAITRE, s [1] 25
juillet 1736. — Marguerite, b [1] 13 sept. 1680 ; m [1]
4 nov. 1698, à Jacques GAUDÉ. — François, b [1] 10
janv. 1683 ; s [1] 29 nov. 1703. — Jean, b [1] 8 mars
1685. — Jacques, b [1] 3 mars 1687. — Marie, b [1] 21
juillet 1689 ; s [1] 18 oct. 1706. — Claire, b [1] 11
avril 1692 ; m [1] 7 janv. 1717, à Louis LEMAISTRE.
— Maurice, b [1] 2 juillet 1697 ; m [1] 5 janv. 1727, à
Madeleine LECLERC. — Claude, b [1] 24 nov. 1700.
    1709, (29 avril) Trois-Rivières. [1]
2º BAILLARGEON, Anne,   [MATHURIN I.
  s [1] 8 mars 1722.

II. — DUGUAY, JACQUES,   [SIDRAC I.
  officier ; s 15 déc. 1702, à Québec.

1694, (17 fevrier) L'Ange-Gardien.

II. — DUGUÉ, PIERRE,   [SIDRAC I.
  DE LUGRÉ, Angélique,   [JACQUES I.
Marie-Madeleine, b 29 et s 31 janv. 1695, à Ste.
Famille. [2] — Geneviève, b [2] 26 déc. 1695. — Jac-
ques, b [2] 3 mai 1698.

DUHAMEL. — Surnoms : SANSFAÇON — CHASLE.

I.—DUHAMEL, SIMON, bourgeois de Paris.
  GRANDIN, Marie. (1)
Clémence, b 1629, à Paris, 3ᵉ religieuse hospitalière, dite Marie-Clémence de l'Incarnation,
s 18 mars 1683, à Québec.

1698, (22 octobre) Champlain. [2]

I. — DUHAMEL DIT SANSFAÇON, THOMAS, b 1669,
fils de Jacques et d'Anne Tranchard, de
Boislebec, evêché de Rouen.
BEGNIER, Angelique,   [MASSÉ I.
Exupère, b [2] 17 août 1699 ; m 1726, à Catherine
BOUVIER. — Thomas, b 5 avril 1704, à l'Ile Du-
pas. [3] — Louis, b [3] 27 sept. 1706 ; m à Françoise
VOLANT, à Contrecœur. — Marie-Catherine, b [3] 8
nov. 1711.

(1) Elle est venue au Canada.

1665, (16 novembre) Québec. [5]

I —DUHAUT DIT PARIS, JACQUES, b 1635, fils de
Jean et de Geneviève Chantreau, de St. Mar-
tin, evêché de Chartres ; s 13 déc. 1700, à
Charlesbourg. [6]
LE MOYNE, Marie, b 1646 ; fille de Louis et
d'Antoinette Hebert, de Poissy, evêché de
Chartres.
Michel, b [5] 21 août 1667. — Marie-Anne, b [5] 9
janv. 1670 ; m [6] 5 mars 1685, à Leonard FRESNAY.
—Angélique, b [5] 1ᵉʳ août 1672 ; s [5] 4 août 1677. —
Benoit, b [5] 27 mars 1675 ; m à Jeanne LAFONTAINE.
— Elizabeth, b [5] 27 mars 1675.

II. — DUHAUT DIT PARIS, BENOIT,   [JACQUES I.
  BOYER-LAFONTAINE, Jeanne,   [ETIENNE I.
Charlotte, b 1698 ; s 16 janv 1703, à Lorette. [7]
— Jean, b [7] 12 déc. 1699 ; s [7] 20 janv. 1703. —
Marie-Thérèse, b [7] 27 avril 1702. — Sylvestre, b
13 janv. 1704. — Claude, b [7] 26 mai 1705.

I. — DUHEMME, JEAN.
  RIGAUT, Judith.
Louis-Michel, b 5 avril 1671, aux Trois-Rivières.

DU HOUSSAY. — Voy. MOREL DE LA DURANTAYE.

IV. — DU LAC, CHARLES, b 1695, fils de Nicolas
Bonhomme-Du-Lac et de Louise Cloutier ; s
12 janv. 1770, à Ste. Foye.—Voy. page 66.

1684, (9 octobre) Montréal. [2]

I. — DU LIGNON, JEAN, écuyer, sieur de la Mi-
rante, b 1656, fils d'Elie et de Marthe Paquet,
de La Roche-Fouquin.
TÉTARD, Marie,   [CHARLES I.
Jean, b [2] 14 juin 1686.—Pierre, b... ; m 1704, à
Marguerite DE GERLAIS.

1673, (11 septembre) Québec.

I.— DULIN, PHILIPPE, veuf de Leonarde LEPA-
GNEUX.
2º LE MER, Anne, b 1653, fille de Jean et de
Marguerite Cornut, de Pont sur Rhene, évêche de Nemours.

I. - DULHUD DE GREYZOLON, DANIEL, capitaine
réformé, était à Montréal en 1691.

I.—DULINOT, JEAN, b 1661, marchand à Québec, en 1681.

DULUDE. — Voy. HUOT.

I. — DUMAINE, JEAN.
  HUBOU, Barbe, s 31 oct. 1651, à Québec.

DUMAINE.—Voy. DUMESNIL DIT LAMUSIQUE.

1689, (1ᵉʳ février) Québec. [2]

I.—DUMANCIN, ARNAUD, b 1658, chirurgien,
fils d'Arnaud et de Catherine Duloin.
DELESTRE, Louise,   [THIERRY I.
  veuve de Charles Royer.
Marie-Joselle, b [2] 13 mars 1690.

I.—DUMANOY, Jean, (1) b 1616, établi à Villemur.
LARUE, Charlotte,   [JACQUES I.

1684, (9 janvier) Lachine. 1

I.—DUMANS, Jean, b 1647, fils de Raymond et de Marguerite Couder, de St. Marsal, évêché de Périgord.
MORIN, Agathe, (2)   [JACQUES I.
Jean, b 1 15 mai 1686 ; s 1 13 oct. 1687. — Jean, b 1 23 nov. 1687, s 1 16 sept. 1688. — Michel, b 1 7 fév. 1689.

1663.

I.—Du MARCHÉ, Jean.
HURAULT, Catherine.
Jean, b 29 nov. 1664, à Québec.

1689, (21 fóv.) Pte-aux-Trembles de Québec. 2

I.— Du MAREUIL dit Lafranchise, Blaise, b 1661, cordonnier, fils de Toussaint et de Catherine Chevreil, de Senelly.
1° DORÉ, Marie-Madeleine,   [Louis I.
s 14 fév. 1694, à Québec. 3
Marie-Madeleine, b 1 25 fév. 1690 ; m 3 juin 1715, à Louis BOISSY ; s 3 27 nov. 1743 —Florent, b 3 11 fév. 1692.

1694, (11 oct.) Château-Richer.

2° LE SOT, Marie-Anne, (3)   [JACQUES I.
François-Marie, b 3 21 mars 1696 —Joseph, b 3 1er sept. 1698. — Jean, b 3 24 fév. 1701, s 3 1er fev. 1703. — Jean-Baptiste, b 3 23 avril 1703 ; m 3 3 juillet 1741, à Marie-Josette BEZEAU ; s 3 31 oct. 1743 —Augustin, b 3 20 fév. 1705 — Toussaint, b 3 23 oct. 1706 ; m 3 11 sept. 1730, à Louise FERRÉ. — Louis, b 3 7 mai 1708. — Marie-Ursule, b 3 12 janv. 1710 ; 1° m 3 18 sept. 1730, à Elie REGNIER ; 2° m 3 13 avril 1738, à François DESROCHERS. — Jean-Marie, b 3 4 dec. 1711 , s 3 22 fev. 1717. — Blaise, b 3 3 sept. 1713 ; s 3 2 juillet 1714.

I.— DUMAS, Gabriel, b 1622, maçon à Québec.
Marthe, b 1669, s 7 juillet 1724, aux Trois-Rivières.

1668.

I.—DUMAS, François, b 1636, interprète des Iroquois, fils de Charles et d'Anne Lemaire, de St. Sauveur de Paris.
1° FOYE, Marguerite, b 1636, s...
François, b 15 juillet 1669, à Ste. Famille 2; m à Marie-Françoise GERVAIS. —Charles, b 2 9 mai 1671 ; 1° m à Françoise RONDEAU ; 2° m 21 août 1702, à Marie GUINARD, à St. Michel ; 3° m 18 juillet 1712, à Marthe GARANT, à St. Etienne de Beaumont. — Marc-Antoine, b 2 29 juillet 1672 ; s avant 1681. — Jeanne, b 2 3 sept 1673 ; m 1697, à Louis MARCEAU. — Gabriel, b 2 23 sept. 1674. — Catherine, b 2 28 mai 1677 ; m 21 juillet 1698, à Louis COCHON, à St. Jean, I. O. 3 — Marie, b 3 28 oct. 1680 ; m 3 fev. 1698, à Pierre AUDET.

(1) Recensement de 1681.
(2) Elle épouse, le 18 juin 1692, Pierre Hardouin, à Montréal.
(3) Elle épouse, en 1715, Julien Caddé, à Charlesbourg.

1687, (25 novembre) Québec. 4
2° DUMONTMESNY, Marie, veuve de Noël Rose.
Marguerite, b 4 20 juillet 1690.

1671, (12 octobre) Québec. 2

I.—DUMATS dit Rencontre, Rlné, b 1651, fils de Claude et de Françoise Leger, de Ste. Croix de Tours.
1° LE LONG, Marie, b 1646, fille de Mathurin et de Perinne Morel, de Toussaint, évêche de Rennes s 14 dec. 1687, à Laprairie. 3
Françoise, b 27 janv. 1673, à Sorel 4; s 5 fév. 1673, à Boucherville. 5 — Marie, b 5 8 fev. 1675 ; m à François MONET. — Marie-Anne, b 4 5 oct. 1676. —Jeanne, b 3 12 mars 1679 ; 1° m 3 16 sept. 1694, à Louis-Bertrand AUPRI ; 2° m 28 juin 1699, à François DUMONT, à Montréal ; 3° m 3 22 juillet 1714, à Laurent PÉRIER. — Louise, b 3 12 déc. 1630 ; m 3 24 nov. 1698, à Bernard RUTINAGE. — Marie-Anne, b 3 25 mars 1682. —Pierre, b 3 7 avril 1682 ; m 3 16 juin 1715, à Marie DUMAY. — Marie-Louise, b 3 2 sept. 1685 ; m 3 12 nov. 1704, à Jérôme Longuetain. — François, b 3 8 juillet 1687 ; s 3 17 fev. 1688.

1689, (1er juin) Montréal.

2° GILLES, Jeanne, (1) veuve de François Fleury.
Louis-Isaac, b 2 29 mai 1690.

1698, (3 novembre) Ste. Famille.

I.—DUMAS, Pierre, b 1669, fils d'Antoine et d'Anne Du Bournais, d'Agri, évêché d'Angoulême.
VAILLANCOUR, Louise,   [ROBERT I.

1699, (16 février) Château-Richer. 1

I.—DUMAS, Pierre, b 1669, fils de Pierre et d'Isabelle Augé, de St. Marché, d'Angoulème.
VERREAU, Marie,   [BARTHÉLEMI I.
s 1 25 fev. 1703.
Anonyme, b 1 et s 1 14 mai 1700. — Prisque, b 1 22 fev. et s 1 4 mars 1703. — Jean-Baptiste, b 1701 ; s 1 16 mars 1703.

1695.

II.—DUMAS, Charles,   [FRANÇOIS I.
1° RONDEAU, Françoise,   [THOMAS I.
s 13 oct. 1699, à St. Jean, (I. O). 2
Jean, b 31 mars 1698, à St. Michel. 3 —François, b 3 25 août et s 5 25 oct. 1699. — Marie-Françoise, b... ; m 23 nov. 1718, à Jean FOURNIER, au Cap St. Ignace. — Charles, b... , m 5 nov. 1725, à Marie CHAUVIN, aux Trois-Rivières. 4

1702, (21 août) St. Michel. 3

2° GUIGNARD, Marie,   [PIERRE I.
Joseph, b 20 juin 1706, à St. Etienne de Beaumont. 5 — Gabriel, b 5 17 mai 1708. — Marie, b 3 1er sept. 1709 ; s 4 27 août 1729.

1712, (18 juillet) St. Etienne de Beaumont. 5

3° GARANT, Marthe, veuve de Charles Branchaud.

(1) Elle épouse, le 1er septembre 1704, Pierre Galet, à Montréal.

Michel, b ⁵ 25 mai 1713. — *Marie-Marthe*, b ⁵ 21 juin 1714. — *François*, b ⁵ 18 déc 1715. — *Marie-Josette*, b ⁵ 24 oct. 1717.

1690.

II. — DUMAS, Fraⁿçois,   [François I.
Gervais, Marie-Françoise,   [Marin I.
François, b 1ᵉʳ dec 1690, à St. Jean, (I. O) ⁶ ; s ⁶ 11 janv. 1691. — *Marie-Medeleine*, b ⁶ 15 mars 1692, m à Guillaume Fortier. — *François*, b ⁶ 2 juillet 1694. — *Georges*, b ⁶ 4 août 1696. — *Antoine*, b ⁶ et s ⁶ 13 juin 1700.

DUMAY. — *Variations* : Dumetz — Dumets — Dumest — Dumais — Demer — Demers.

1648, (28 janvier) Québec. ¹

I. — DUMAY, Etienne, charpentier, b 1626, fils de Jean et de Miote Lacombe, de St. Jean, de Dieppe, évêche de Rouen : s...
Morin, Françoise, veuve d'Antoine Pelletier, b..., de LaRochelle ; s avant 1666.
Marie, b 31 mai 1649, à Montréal. — *Nicole*, b 18 nov. 1650, a Sillery. ² — *Etienne*, b ² 7 mars 1652. — *Anonyme*, b ² et s ² 31 janv. 1655. — *Jean*, b ¹ 29 août 1655 ; s... — *Elienne*, b ² 3 déc. 1656 ; m 25 nov. 1686, à Jeanne Menard, à Boucherville , s ³ 15 sept 1702. — *Joseph*, b 1658 ; 1° m 25 oct. 1683, à Marguerite Guitaut, à La prairie ⁴ ; 2° m ⁴ 20 sept. 1699, à Marguerite Péras ; 3° m 23 juillet 1708, à Angélique Brunel, à Varennes ⁵ ; 4° m ⁵ 24 nov. 1712, à Françoise Petit. — *Eustache*, b 1661, m ⁴ 21 avril 1688, à Catherine Péras — *François*, b ² 25 fév. 1663.

1654, (7 janvier) Montréal. ¹

I. — DUMETS, André, (ou Demers) cultivateur, b 1631, fils de Jean et de Barbe Maugis, de St. Jacques, de Dieppe, , s 23 nov. 1710, à la Pointe-aux-Trembles de Quebec.
Chedville, Marie, b 1636, fils de Jean et de Marguerite———?
Catherine, b ¹ 22 oct. et s ¹ 20 nov. 1654 — *Marie*, b ¹ 28 oct. 1655 ; 1° m à Nicolas Nevaux ; 2° m ¹ 26 janv. 1672, à Jean LeRoy ; s ¹ 24 avril 1687. — *Nicolas*, b ¹ 6 août 1657 ; m ¹ 23 oct 1679, à Barbe Jetté. — *André*, b ¹ 24 oct. 1659 — *Jean-Baptiste*, b ¹ 31 août 1661 ; m 25 fev. 1686, à Cunegoude Masta, à Pointe aux-Trembles, (M.) ² — *Michel*, b ¹ 3 oct 1663 ; m ¹ 25 nov. 1685, à Isabelle Jetté ; s ¹ 15 oct. 1687. — *Barbe*, b ¹ 8 août 1665 , m ¹ 4 nov 1680, à Jacques Corteux ; s ² 7 sept. 1699 — *Charles*, b ¹ 15 juin 1667 , m ² 17 fev 1738, à Elizabeth Papin. — *Marie*, b 1668 , m ¹ 22 oct. 1686, à Jean Bourius. — *Robert*, b 12 janv. 1671, à Boucherville ; m ¹ 26 avril 1694, à Madeleine Jetté. — *Paul*, b ¹ 25 janv. 1673 ; s ¹ 17 fev. 1696. — *Martine*, b ¹ 24 sept. 1695 ; m ¹ 16 sept. 1697, à Paul Jetté.

1654, (9 novembre) Montréal ³

I. — DUMETS, Jean, cultivateur, (1) b 1632, frère du precédent ; s 5 juillet 1708, à Québec. ¹

Redié, Jeanne, b 1673, fille de Michel et de Cathorine Dorbelle de Sᵗ Germain, évêché d'Angers : s ¹ 3 dec. 1708.
François, b ³ 16 fev. 1658 ; m à Jeanne Roanes, s ³ 4 nov. 1687 — *Marguerile*, b ⁵ 21 oct. 1659. — *Jean*, b ³ 6 juillet 1661 ; m 2 mai 1696, à Jeanne Larrivé, à Ste. Famille ⁵ ; s ¹ 11 juillet 1736. — *Pierre*, b 8 oct. 1663, à Sillery. ⁶ — *Eustache*, b ⁰ 13 août 1665 ; m ¹ 3 nov. 1694, à Marie Dubois — *René*, b ⁰ 14 août 1667, m à Anne Dubois. *Marie-Madeleine*, b ¹ 27 avril 1669. — *Jean*, b 1670, m ³ 2 mai 1696, à Jeanne Larrivé. — *Eustache*, b ¹ 7 mai 1673 — *Catherine*, b ¹ 10 avril 1675 ; s ¹ (noyee) 6 juillet 1693. — *Jean-Nicolas*, b ⁰ 13 juin 1677 : m ³ 3 mai 1700, à Anne Rochedon. *Michel*, b ¹ 26 nov. 1681 ; s 21 fév. 1701, à St. Nicolas. — *Anne*, b 1665 ; m ¹ 3 mai 1688, à Gabriel Duchesne. — *Jean*, b 1680.

1679, (23 octobre) Montreal. ³

II. — DUMETS–Demers, Nicolas, (1), [André I. Jette, Marie-Barthe,   [Urbain I.
Maximilien, ³ b 13 juillet 1681. — *Marie-Anne*, b ⁵ 22 août 1683 ; s ³ 9 juillet 1699. — *Anne*, b ³ 19 déc. 1685 — *Isabelle*, b ³ 24 mai 1690. — *Nicolas-Claude*, b ³ 27 nov. 1692. — *François*, b ³ 17 août 1694.

1683, (25 octobre) Laprairie. ¹

II. — DUMAY, Joseph,   [Etienne I.
1° Guitaut, Marguerite,   [Jacques I.
s ¹ 5 août 1699.
Pierre, b ¹ 8 déc. 1684. — *Joseph-Marie*, b 21 janv. 1687. — *Jacques*, b ¹ 9 juin 1689 ; m ¹ 30 30 janv 1719, à Marie Brosseau. — *Etienne*, b 18 nov. 1691. — *Marguerite*, b ¹ 7 mars 1694 ; m ¹ 14 juillet 1722, à Jean Boyer. — *Marie-Anne*, b ¹ 12 janv. 1697. — *Jeanne*, b ¹ 14 avril 1699.

1699, (20 septembre) Laprairie.
2° Péras, Marguerite,   [Pierre I.
veuve de Pierre Poupart , s...
Marie-Josette, b ¹ 29 sept. 1700.

1708, (23 juillet) Varennes
3° Brunel, Angelique,   [Jacques I.

1712, (24 novembre) Varennes.
4° Petit, Françoise,   [Nicolas I.
veuve de Leonard Lalue.

1685, (17 septembre) Québec.

I. — Du May, Maieul-Pierre, b 1655, fils de Pierre et de Jeanne Gonin, de Souvigny, évêche de Moulins ; s...
Coqueret, Marie, (2) b 1662, fille d'Antoine et de Jeanne Legras, de St Eustache, de Paris.

1685, (25 novembre) Montréal. ¹

II. — DUMETS–Demers, Michel, (3) [André I.
s ¹ 15 oct. 1687.
Jetté, Isabelle, (4)   [Urbain I.
Catherine, b ¹ 16 mai 1687 ; m 1709, à Pierre Peyet. — *Madeleine*, b ¹ 26 et s ¹ 28 fév. 1688.

---

(1) Marié Dumets, baptisé " Demers."
(2) Elle épouse, le 12 sept. 1695, Louis Bureau, à Québec.
(3) Baptisé " Dumets ," marié " Demers."
(4) Elle épouse, le 25 oct. 1688, Jacques Barré, à Montréal.

1686, (25 février) P^te-aux-Trembles, M.

II.— DEMERS, Jean-Baptiste, [André I.
Masta, Cunégonde, [Maihurin I.
Marguerite, b 11 janv. 1687, à Montréal. 2 —
Marie-Anne, b 2 8 avril 1689. — *Jean*, b 2 18 dec.
1690.

_____

1686, (2 septembre) Montréal. 3

II.— DUMETS, André, [André I.
Jetté, Anne, [Urbain I.
André, b 3 17 sept. 1688. — *Marie-Anne*, b 3 24
oct. 1689 — *Catherine*, b 3 10 janv. 1692 — *François*, b 3 25 sept. 1693. — *Joseph*, b 3 11 oct. 1695,
s 3 7 mai 1696. — *Pierre*, b 3 29 juin 1697. — *Paul*,
b 3 21 janv. et s 3 1er juillet 1699 — *Anne*, b 3 14
mars 1700. — *Michel*, b 3 15 mai 1702. — *Marie-
Madeleine*, b 3 25 mars 1704.

_____

1686, (25 novembre) Boucherville. 4

II.— DUMAIS, Etienne, [Etienne I.
s 4 15 sept. 1702.
Menard, Jeanne-Françoise, [Jacques I.
Marie-Angélique, b 18 janv. 1688, à Laprairie. 5
— *Marguerite*, b 4 28 sept. 1691. — *Etienne*, b 4 6
fév. 1694. — *Charlotte*, b 4 28 fev. 1696 : s 4 17 juin
1703. — *Jeanne*, b 4 9 déc 1698. — *Joseph*, b 4 19
juillet 1701. — *Maurice*, b 4 19 juillet 1701 ; m 5 9
fév. 1722, à Marie Boyer.

_____

1688, (21 avril) Laprairie. 7

II.— DUMAY, Eustache, [Etienne I.
Peras, Catherine, [Pierre I.
Marie, b 7 10 janv. 1690, m 7 16 juin 1715, à
Pierre Dumas — *Catherine*, b 7 24 juin 1693 ; m 7
28 mai 1714, à Jean Laroche.— *Marguerite*, b 7
17 sept. 1694 ; m 7 24 avril 1718, à Louis Roy. —
Marie-Anne, b 7 25 fév. et s 7 30 mai 1696. —
Marie-Anne, b 7 13 avril 1698. — *Eustache*, b 7 21
mars 1700. — *Marie-Madeleine*. b 7 27 nov 1701 ;
m 7 31 mars 1723, à Jacques Varin.

_____

1689, (17 fév.) P^te-aux-Trembles, (M.)

II.— DEMERS, (1) Charles, [André I.
Papin, Elizabeth, [Pierre I.
Marie-Ursule, b 12 janv 1691, à Montreal. 1 —
André-Charles, b 1 27 dec. 1692 ; s 1 26 oct. 1693.
— *Marie-Madeleine*, b 1 14 oct. 1694. — *Marie-
Elizabeth*, b 1 25 avril 1696 ; s 1 30 mars 1703. —
Catherine, b 1 10 avril 1698 —*Charles*, b 1 13 avril
1700.—*Joseph*, b 1 27 fev. 1702 . s 1 7 avril 1703.—
Marie-Elizabeth, b 1 3 avril 1704.

_____

1694, (26 avril) Montréal. 0

II.— DUMETS, Robert, [André I.
Jetté, Madeleine, [Urbain I.
Marie-Madeleine, b 0 5 fév. et s 0 4 avril 1696. —
Marie-Catherine, b 0 28 fev. 1697. — *Marie-Catherine*, b 0 2 août 1698, sœur de la charité ; s 0 20
août 1785. — *Paul*, b 0 25 janv. 1700. — *Michel*,
b 0 18 août 1702.—*Joseph*, b 0 29 juillet 1704.

1694, (3 novembre) Québec.

II.— DUMETS, Eustache, [Jean I.
Dubois, Marie-Françoise, [François I.
Nicolas, b 18 sept. 1696, à St Nicolas. 5.— *Jean-
Baptiste*, b 5 26 oct 1698 — *François-de-Sales*, b 5
13 avril 1701 — *Marie-Françoise*, b 5 13 avril
1701.

_____

1696, (2 mai) Ste. Famille.

II.— DEMERS (ou Dumets). Jean, [Jean I.
b 1661 ; s 11 juillet 1736, à Québec. 3
Larrivé, Jeanne, [Jean I.
Marie-Jeanne, b 3 2 et s 8 juin 1697, à Levis 4
—*Françoise*, b 3 18 mai 1698 , m 4 8 nov. 1729, à
Charles Tinon, s... — *Marie-Anne*, b... ; m 4 4
nov. à Jean Tinon; s... — *Marie-Angélique*, b 4 14
dec. 1701 ; m 3 5 sept. 1725, à Augustin Deslauriers.— *Louis*, b 3 15 nov. 1703 , m à Therèse
Gagnon — *Jean*, b 4 25 avril 1709 ; m 3 9 fev. 1739,
à Madeleine Dussault. — *René*, b... ; m 3 27
juillet 1745, à Marie-Louise David — *Louis-Joseph*,
b 4 7 mai 1711 ; m 3 15 fev. 1735, à Geneviève
Huard ; s avant 1750.

_____

1699.

II.— DUMAY, François, [Jean I.
s 4 nov. 1687, à Montreal.
Roanes, Jeanne, [François I.
veuve d'Etienne Bisaillon.
Jean-François, b 6 nov. 1700, à Laprairie 2 ;
m 2 15 avril 1720, à Marie-Joseph Deneau.

1698, (19 juin) Montréal. 2

I.— DUMETS dit Lafeuillade, Claude, b 1668,
fils de Jean et d'André Guionne, du Dufresné,
évêche de Chartres ; s...
Dagenais, Cécile, [Pierre I.
Marie-Charles, b 1697. — *Claude*, b 2 17 mars
1699. — *René*, b 5 mai 1701, à Repentigny ; s 24
avril 1703, à St François, (I. J.) 3 —*Joseph*, b 3 10
juin 1703.

_____

1699.

II.— DUMAY, René, [Jean I.
Dubois, Anne, [François I.
Pierre, b 29 mars 1701, à St. Nicolas 2 ; s 2 1er
mai 1703.— *Marie-Anne*, b 29 mai 1703, à Ste.
Foye.

_____

Du MENU. — Voy. Peuvret — Gaudarville,
Sieur Du Menu.

I.— DUMENY, Pierre, serviteur de M. Dubois ;
s 25 octobre 1692, aux Trois-Rivières.

I.— DUMESNIL, Richard, établi à Ste. Anne, b
1631 ; s 12 août 1679, au Château-Richer.
Hiardin, Marguerite, (1) b 1646, [Jean I.

1668, (17 septembre) Québec. 2

I.— Du MESNIL-HEURRY, Ecr., sieur de St.
Marc, Jacques, capitaine des troupes, b
1638, fils de Philippe et de Jeanne Hue, de
St. Loir, évêché de Coutance, en Normandie ;

_____

(1) Dit Dessermons.

(1) Elle épouse, Pierre Lancognet.

CHABERT DE LA CHARRIÈRE, Marguerite, b 1649, fille de Jean et d'Anne Le Roux, de Ste. Croix, de Rouen ; s...
Daniel, b ² 18 juillet 1670. Filleul du gouverneur De Courcelles.

1694, (22 février) L'Ange-Gardien.

I. — DUMESNIL DIT LA MUSIQUE, PIERRE, b 1670, de Bayeux ; s avant 1726.
GAUDIN, Catherine,   [CHARLES I.
b 1674 ; s 19 fev. 1724, à Québec. ²
Prisque, b 2 avril 1699, à St Laurent, I. O. — *Ignace*, b ² 13 mai 1701, m ² 27 avril 1722, à Marie DUCLAS —*Marie-Barbe*, b ² 3 nov. 1704 ; 1° m ² 23 nov 1724, à Rene LANCELEUR ; 2° m ² 9 juillet 1731, à Jean DESPAGNOL ; s ² 9 mars 1743 — *Paul*, b ² 1er avril 1706, m 22 oct. 1726, à Marie-Madeleine HALLÉ, à St. Etienne de Beaumont. — *Marie-Charlotte*, b ² 20 mars 1708. — *Nicolas*, b ² 15 nov. 1710 ; m à Marguerite LETARTRE ; s 8 juillet 1772, à Ste. Foye. — *Marie-Françoise*, b ² 17 avril 1713 ; m ² 5 sept. 1735, à Bertrand PITHOUAS. — *Pierre*, b... ; m ² 4 mai 1716, à Marguerite BRETEL.

DUMESNY, JACQUES. — Voy. DE NORAY, Sieur DUMESNY.

DUMONT. — Voy. GUERRÉ.

I. — DUMONT, GABRIEL, sieur DE BLAIGNAC, lieutenant de M. de la Chassaigne.

DUMONT, ANGÉLIQUE, femme de Jean Sirois-Duplessis.

DUMONT, BARBE, b..., 1° m à François BRETON ; 2° m à Raymond COURIER.

1667, (2 novembre) Québec.

I.—DUMONT DIT LAFLEUR, JULIEN, établi à Ste. Famille, b 1648, fils de Jacques et de Marie Maubert, de Bernière, proche la ville de Vire, évêché de Bayeux ; s...
TOPSAN, Catherine, b 1638, fille de Charles et de Marie Climace, de St. Jacques de Dieppe, évêché de Rouen, s 28 nov. 1693, à St. Jean, Ile d'Orléans. ⁷
Marie, b 26 nov. et s 14 déc. 1670, à Ste-Famille.¹ — *Anne-Marie*, b ¹ 19 et s ¹ 22 fev. 1672. — *Marie-Anne*, b ¹ 18 fev. 1673 ; m ⁷ 30 oct, 1696, à Jean NADEAU. — *Catherine*, b ¹ 24 janv. 1675 ; m à Jean ROYER.— *Charles-François*, b ¹ 4 janv. 1678. — *Jean*, b et s ⁷ mai 1680. — *Julien*, b ⁷ 15 janv. 1683 ; m ⁷ 21 nov. 1702, à Angelique TOURNEROCHE ; s 17 mai 1715, à St. Michel.

1689, (6 juin) Charlesbourg. ²

I. — DUMONT, JEAN, maçon, b 1662, fils de Jeanne et d'Anne Moneron de Coignac, évêché de Limoges ; s...
MORIN, MARGUERITE,   [ANDRÉ I.
s ² 6 avril 1715.
Louise, b 31 juillet 1690, à Québec ; m ² 10 nov. 1710, à François BARBOT. — *Marie*, b ² 14 fev. 1693 ; m ² 24 oct. 1712, à Pierre LEREAU.—*Louise-Marguerite*, b ² 24 avril 1696 ; m ² 29 oct. 1715, à

Pierre SAVARD. — *Jeanne*, b ² 23 juin 1700 ; m 1728, à Jacques GAGNON. —*Jean-Baptiste*, b ² 17 et s ² 26 fev. 1703 — *Marie-Josette*, b ² 4 mai et s ² 13 mai 1704. — *Antoine*, b ² 10 et s ² 20 oct. 1705. —*Jean-Baptiste*, b ² 10 et s ² 15 nov. 1705. — *Jacques-Marie*, b ² 14 et s ² 28 déc. 1706. — *Marie-Josette*, b ² 9 juin et s ² 8 juillet 1708. — *Jean-François*, b ² 27 sept. et s ² 3 oct. 1709. — *Joseph*, b ² 19 mars et s ² 30 mars 1711. — *Pierre*, b ² 10 fév. 1712.

I. — DUMONT, DIT CHAMPAGNE, ROCH, s 18 déc. 1691, à Montréal. Soldat de M. Crisafy qui fut passé par les armes.

I. — DUMONT, LAMBERT, marchand.
VANNECK, Marie, (1)
Françoise, b 1690 ; s 25 juillet 1691, à Charlesbourg. — *Madeleine*, b..., m à François-Marie BOUAT.

1699, (28 juin) Montréal. ³

I.—DUMONT DIT LAVIOLETTE, (1) FRANÇOIS, b 1679, fils de Martin et de Jeanne Rhedon de St. Etienne, de Limoges ; s...
DUMAS, Jeanne, (2)   [RENÉ I.
veuve de Louis Aupri.
Marie-Angélique, b 22 avril 1704, à Ste. Anne (M). ⁰ — m 7 juin 1724, à Charles CASAVAN, à Laprairie. — *Pierre*, b ⁰ 22 avril 1704. — *Louis*, b ³ 14 dec. 1702.

1697.

II. — DUMONT, JULIEN,   [JULIEN I
TOURNEROCHE, madeleine, (3)   [ROBERT I.
Marguerite, b 30 août 1698, à St. Jean, I. O. ² — *Julien*, b ² 9 dec. 1700. — *Marie-Anne*, b ² 20 nov. 1702. — *Jean*, b 25 mars 1705, à St. Michel. ³ — *Charles*, b ³ 2 avril 1709. — *Jean-Baptiste*, b ³ 5 juillet 1711. — *Madeleine*, b... ; m ³ 10 fev. 1716, à René PRUNEAU.

1696, (27 février) Batiscan. ²

I. — DUMONTIER, FRANÇOIS, sergent, (4) b 1666, fils de Michel et de Françoise Breval.
RIVARD, Marie-Madeleine,   [ROBERT II.
Marie-Françoise, b ³ 19 oct. 1688 ; m 3 nov. 1716, à Claude BAROLET, à Québec. ³ — *Marie-Madeleine*, b 30 août 1701, à Montréal ⁴ : m ³ 19 fév. 1721, à Jacques HAMELIN.— *Catherine*, b ⁴ 28 fév. et s ⁴ 4 mai 1703 — *Marie Louise*, b ³ 23 janv. 1705 ; m ³ 4 nov. 1730, à Rene HAMELIN. — *Marie-Anne*, b ³ 19 juillet 1706. — *Louis*, b 22 juin et s ³ 14 juillet 1707. — *Elizabeth-Françoise*, b ³ 4 nov. 1708 ; s ² 23 dec. 1712. — *Marie-Josette*, b 8 et s ³ 13 juin 1711. — *Marie-Charlotte*, b ³ 13 août 1712 ; s 24 août 1712, à Lorette.—*Marie-Angélique*, b ³ 9 et s ³ 14 sept. 1714.

(1) Elle épouse, le 9 août 1694, Louis Deniot. à Québec.

(2) Elle épouse, le 22 juillet 1714, Laurent Perié, à Laprairie.

(3) Elle épouse, le 10 février 1716, Pierre Lavoye, à St. Michel.

(4) Secrétaire de M. le gouverneur de Vaudreuil, en 1705.

I. — DUMOUCHEL DIT LAROCHE, BERNARD, b 1652, fermier de M. de Longueuil, fils de Pierre et de Marie Lebret, de St. Jean de Rouen.

1º JUIN, Jeanne, b 1655, [JEAN I.
Jeanne, b 1674 ; m 11 fév. 1686, à Pierre BIRON, aux Trois-Rivières.² — *Marie-Françoise*, b 22 janv. 1681, à Champlain : m à Jacques CROQUELOIS. — *Paul*, b² 30 mai 1684 ; m 24 nov. 1704, à Marie DUGAST, à Montréal.³ — *Bernard*, b³ 26 août 1687. — *Madeleine*, b... ; m³ 18 mai 1699, à Claude MAURICE. — *Jean*, b 30 mai 1689, à Boucherville.

1697, (22 octobre) Montréal.

2º SAULNIER, Françoise, [GILBERT I.
veuve de Thomas Morteseigne.

DUMOULIN FARUEL. — Voy. DE TREMAUDAN.

I. — DUNET, BENJAMIN, b 1648, s 31 janv. 1708, à St. Thomas.

I. — DUPARC DIT ST. LO, ROBERT, b 1667, de Coutances, soldat de M. Bourailans ; s 13 déc. 1687, à Beauport.

DUPAS, NICOLAS. — Voy. FRANGEY.

1674.

I. — DUPAS, GUILLAUME, b 1645, établi à St. Jean, Ile d'Orléans.

CAILLÉ, Jeanne, (1) b 1631, veuve de Jean Minaud, b 1632.
Mathurin, b 24 janv. 1675, à Ste. Famille ; m 20 oct. 1700, à Jeanne BIDET, à St. Jean (J. O.)

1677, (7 novembre) Québec.

I. — DUPAS, PIERRE, (2) b 1637, fils de Jean et de Jeanne Legendre, de Brache, évêché de Châlons, en Champagne ; s 20 déc. 1677, à Sorel.

DENIS, Charlotte, (3) [SIMON I.

I. — DUPEYRAS, JEAN, Sieur de SANTERRE. — *Régistres de Beauport*, 1702.

1686, (2 mai) Charlesbourg. ²

I. — DUPÉRÉ DIT LARIVIÈRE, MICHEL, soldat de la garnison de Québec, b 1653, fils de Jacques et de Renée Badeau, de St. Venant de Luyne, évêché de Tours ; s...

1º CHRÉTIEN, Marie, s 1702. [MICHEL I.
Michel, b 20 janv. 1688, à Québec³ ; m³ 19 août 1715, à Marie-Anne BADEAU ; s³ 11 avril 1726. — *Pierre*, b³ 24 avril 1689. — *Michel-André*, b³ 14 fév. 1692. — *Louis*, b³ 26 mars 1694 ; m² 8 fév. 1716, à Anne GAGNON. — *Joseph-François*, b³ 25 mai 1696. — *Charles*, b³ 7 août 1698 : m³ 29 déc. 1726, à Marie-Josette RIVIÈRE. — *Marie*, b³ 20 août 1700, 1º m³ 4 janv. 1728, à Louis COUTANCEAU ; 2º m³ 26 mai 1739, à François BEAUSANGE ; s³ 6 déc. 1749.

(1) Elle épouse, le 23 nov. 1652, Jacques De la Raue, à Québec.

(2) Dubraché, Sieur Dupas.

(3) Elle épouse, le 25 oct. 1683, Pierre Boucher de Boucherville, à Québec.

1703, (7 août) Québec. ³

2º DANCOSSE, Anne, [PIERRE I.
s³ 29 fév. 1712.
Jean-Baptiste, b³ 20 juin 1704 ; m³ 30 oct. 1736, à Marie-Anne DEMOSNY ; s³ 12 avril 1751. — *Marie-Jeanne*, b³ 26 fév. 1706. — *Marie-Anne*, b³ 27 mars et s 26 nov. 1708. — *Anne-Angélique*, b³ 25 fév. 1712.

1682, (8 janvier) Pte-aux-Trembles, Q. ⁵

I. — DUPILLE, RÉMI, b 1640, fils de Martin et de Françoise Lemercier, de Ponchon, évêché de Beauvais ; s 7 déc. 1700, à St. Augustin. ⁶

LAGOUE, Anne, veuve de Pierre Valière.
Renée, b... ; m⁵ 25 oct. 1706, à Jacques VERMET. — *Jeanne-Angélique*, b⁵ 1ᵉʳ déc. 1683. — *Geneviève*, b... ; m⁶ 20 janv. 1710, à Jean-Baptiste CHARON ; s 13 sept. 1752, à St. Michel. — *Marie-Françoise*, b⁵ 9 janv. 1686 ; m 28 fév. 1707, à Jean-Baptiste MICHAUD, à la Rivière-Ouelle. — *Françoise*, b⁵ 29 mai 1687. — *Marguerite*, b⁵ 19 mars 1689. — *Marie-Madeleine*, b⁵ 17 juillet 1691. — *Augustin*, b⁵ 30 mai 1695. — *Thérèse*, b⁶ 21 sept. 1699.

1653.

I. — DUPIN, LOUIS, établi sur l'Ile d'Orléans, b 1614 ; s 29 nov. 1669, à Ste. Famille.

GRENIER, Catherine, b 1631.
Antoine, b 1654.

I. — DUPLAIS, LOUIS, oncle du suivant.

1681, (1ᵉʳ juillet) Québec. ⁷

I. — DU PLAIS, SILVAIN, maçon, b 1658, fils de Jean et de Marie Lamoureux, de St. Julien de Fresseline, évêché de Bourges ; s⁷ 18 juin 1703.

1º MINET, Marie, [JEAN I.
Claude, b⁷ 26 déc. 1682. — *Louis*, b⁷ 28 nov. 1685 ; m⁷ 25 juin 1720, à Louise GAUTIER.

1694, (28 juin) Québec. ⁴

2º LE GUAY, Rosalie, (1) [JEAN I.
Hélène, b⁷ 11 avril 1695 ; s⁷ 2 sept. 1696. — *Marie-Josette*, b⁷ 14 juillet 1697. — *Alexis*, b⁷ 4 oct. 1699. — *Marie-Angélique*, b⁷ 28 oct. 1702 ; s⁷ 7 fév. 1703.

I. — DUPLANTY. — Voy. HERY, sieur DUPLANTY.

DUPLESSIS. — Voy. BOCHART-DUPLESSIS — GUILLEMOT D. — GATINEAU D. — FABER D. — LEFEBVRE D. — PERIN D. — NOBLET D. — QUINIART D. — SIROIS D.

I. — DU PLESSIS, (2) GUILLAUME, général des Trois-Rivières, 1636 ; s 11 nov. 1651. (3)

(1) Elle épouse, le 28 août 1703, Julien Laquel, à Québec.

(2) Gouverneur des Trois-Rivières — Guillemot Du Plessis et Bochart Du Plessis.

(3) Le 11 nov. 1651, arriva la nouvelle " de la Ste. Anne," qui avait touché sur les roches et avait coulé bas d'eau, une lieue en deça du Cap à l'Arbre. M. Du Plessis était dedans. — *Journal des Jésuites*.

Des Prés, Etiennette, [Nicolas I.
Anne, b 1650 ; m 17 sept. 1668, à Octave Zapa-glia. — François, b...

I. — DUPLESSIS-Gatineau, Nicolas, etabli au Cap de la Madeleine.
Crevier, Marie, [Christophe I.
Nicolas, b 20 juin 1664, aux Trois-Rivières.[1] m[1] à Jeanne Tétart ; s[1] 2 dec. 1700. — Margue-rite, b 1666 ; m[1] 25 fév. 1686, à Jean Amont, s[1] 9 mars 1703. — Jeanne-Renée, b[1] 1er oct. 1667. — Louis, b... ; m 22 janv 1710, Jeanne Lemoyne, à Batiscan. — Jean-Baptiste, b... ; m à Marie-Char-lotte Boulanger.

1699, (20 janvier) Trois-Rivières.[2]

II. — DUPLESSIS (1) Nicolas, [Nicolas I.
s[2] 2 dec. 1700.
Tétard, Jeanne, (2) [Charles I
René, b 1699, s[2] 28 dec. 1702.

I. — DUPONCHET, sieur de la Fontaine, Hubert, etait à Québec, en 1672.

I. — DUPONT, (3) Nicolas, b 1632, s 26 avril 1716, dans l'eglise de Quebec.[3]
Gaudais, Jeanne, b 1634 ; s[3] 16 sept. 1707.
Jean-Baptiste, b 19 dec. 1669, à Quebec[4], s[4] 28 janv. 1670. — Francoise-Thérèse, b[4] 11 dec. 1670 ; m[4] 13 mai 1687, à François-Marie Renaud-Desmeloises ; s[4] 13 dec. 1698. — Marie-Madeleine, b[4] 4 juin 1672 ; m[4] 29 oct. 1691, à Paul Lemoyne ; s 14 avril 1703, à Montréal — Marie-Catherine, b[4] 31 juillet 1673 ; s[4] 18 août 1674. — Jacques-Nico-las, b[4] 16 oct. 1675 ; s[4] 5 sept. 1686, noye, en se baignant.

DUPONT, Louis. — Voy. Gaudais, sieur Dupont.

Du PONT, Jacques.
Ideau, Marguerite.
Madeleine, b... ; 1o m 4 oct. 1684, à François Guilmot, à Québec[6], m[5] 25 sept. 1703, à Jac-ques Bigot.

1669.

I. — DUPONT, Gilles, b 1636, établi au Cap de la Madeleine ; s avant 1689.
Michelle, Françoise, b 1655.
Marie, b 1670. — Marie-Anne, b 1672 ; 1o m 20 avril 1689, à Denis Huet, à Batiscan ; 2o m 10 mai 1700, à Michel Masson, à St. Thomas. — Marie-Barbe, b... ; m 27 nov 1692, à Pierre Pinel, à Québec. — Joseph, b 1678. — Jeanne, b 1680.

1663, (7 juin) Château-Richer.[2]

I. — DUPONT, François, b 1631, charpentier, de St. Thomas à St. Quentin, evêche de Noyon, en Picardie ; s 9 sept. 1700, à Ste. Famille.[5]
Farou, (4) Suzanne, b 1639, de St. Martin, évé-ché de la Rochelle ; s[5] 15 déc. 1687.

François, b[2] 2 avril 1664 ; m[3] 21 juillet 1688, à Marguerite Rousseau ; s[3] 30 janv. 1703. — Jacquette, b[2] 11 sept. 1665. — Jean-Baptiste, b[3] 6 mai 1667, m[9] 9 juin 1695, à Marie De Blois. — Robert, b[3] 16 fév. 1669. — Jacques, b[3] 9 janv. 1670 — Catherine, b[3] 8 sept 1672 ; s[3] 22 nov. 1687 — Françoise, b[3] 26 août 1674 ; s[3] 22 oct. 1687 — Louis, b[3] 20 sept. 1676, m 1699, à Jeanne Paralis. — Marie-Madeleine, b[3] 14 avril 1679 ; m[3] 20 fév. 1696, à Germain De Blois.

1688, (21 juillet) Ste. Famille.[4]

II. — DUPONT, François, [François I.
s[4] 30 janv. 1703.
Rousseau, Marguerite, (1) [Symphorien I.
Jean-Baptiste b 14 et s[4] 22 nov. 1689. — Marie, b 18 janv et s[4] 1er avril 1691. — Marie, b 11 sept. 1693, à Ste. Anne, s[4] 7 oct 1693 — Marie-Made-leine, b[4] 6 mars 1695. — François, b[4] 4 et s 7 dec. 1697. — Marie-Anne, b 31 janv. et s[4] 27 fév. 1699. — Louis, b 13 et s[4] 19 oct. 1700.

1693, (12 janvier) Québec.[2]

I. — DUPONT dit Leblond, Guillaume, b 1670, tailleur, fils de Guillaume et d'Anne Julliot, de St Nicolas de Rouen ; s[2] 1er dec 1730.
1o Michel, Marie-Madeleine, s 1702, [Olivier II.
Guillaume, b[2] 25 oct. 1693 ; m... — François, b[2] 25 juillet 1695. — Claude, b[2] 22 fév. 1697. — Jean-Clément, b[2] 5 août 1700 ; m 14 août 1730, à Marie-Anne Baudoin, à Lachenaye. — Nicolas, b 23 janv. et s[2] 4 juin 1702.

1704, (8 septembre) Batiscan.

2o Trotain, Anne, [François I.
veuve d'Antoine Choquet ; s[2] 21 nov. 1739.
Marie-Anne, b[2] 23 août 1705 ; m[2] 3 mai 1732, à Louis Liard. — François, b[2] 18 août 1707. — Noel, b[2] 25 dec. 1710 ; m 6 fev. 1737, à Angélique Morneau, à l'Islet.

1693, (30 juin) Québec.[2]

I. — DUPONT, Guillaume, b 1663, fils de Guil-laume et de Marie Guilbaut, de St. Jean de Monts, évêche de Luçon, en Poitou ; s...
Métayer, Suzanne, [François I.
veuve de Philippe Dion.
Barthélemi, b[2] 20 janv. 1699 ; s[2] 25 juillet 1702. — Nicolas, b[2] 29 mai 1700.

1695, (9 juin) Ste. Famille.[3]

II. — DUPONT, Jean-Baptiste, [François I.
Deblois, Marie, [Grégoire I.
s[3] 28 dec 1703
François, b[3] 11 fev. 1698 ; m 12 fév. 1726, à Marie-Françoise Butaut, à St. François, Ile d'Or-léans. — Jean-Baptiste, b[3] 29 oct. 1701. — Jean-Baptiste, b[3] 24 et s[3] 28 dec. 1703.

I. — DUPONT, Pierre, marchand, b 1668, fils de Pierre et de Catherine Dubourdin, de Bayonne ; s 15 fev. 1731, dans l'église de Quebec.
De Chavigny, Louise, [François II.

---

(1) Dit Gatineau.

(2) Elle épouse, le 19 août 1703, Alexis Marchand, aux Trois-Rivières.

(3) Sieur de Neuville, conseiller au conseil de Québec.

(4) Ce nom s'est écrit Jarrel — Gazelle.

(1) Elle épouse, le 13 août 1703, Pierre Pelletier, à Ste. Famille.

Marie-Louise, b 12 avril 1697, à Québec. [2]— *Marie-Madeleine*, b [2] 8 juin 1698. — *Elizabeth*, b [2] 20 déc. 1699, s [2] 31 mars 1700 — *Pierre*, b [2] 22 janv. 1701. — *Catherine-Claire*, b [2] 15 avril et s [2] 16 déc. 1702.

1699.

II.—DUPONT, Louis,   [François I. s avant 1727. PARADIS, Jeanne,   [Jacques II. *Marie-Anne*, b... ; m 15 mars 1727, à Jean-Baptiste MARTINEAU. — *Jeanne*, b 29 oct. 1702, à Ste. Famille [7]; s [7] 7 janv. 1703. — *Marie-Anne*, b [7] 4 fév. 1704.

I.—DUPORTEAU, Julien, chirurgien de la compagnie de Dumesny, était à Champlain en 1694.

1678.

I. — DUPRAC, Jean-Robert, notaire royal ; b 1647. VACHON, Marguerite,   [Paul I. s 24 juin 1703, à Beauport. [3] *Marie-Anne*, b [3] 28 juillet 1679 ; m [3] 7 janv. 1699, à Charles PARANT. — *Noel*, b [3] 21 sept. 1681. 1° m 26 nov. 1708, à Louise PARADIS ; 2° m [3] 4 juin 1715, à Marie-Anne MÉNARD. — *Marguerite*, b [3] 12 oct. 1683 ; s [3] 5 janv. 1686. — *Raphael*, b [3] 17 fév. 1685 ; s [3] 14 mars 1686. — *René*, b [3] 16 juin 1687. — *Jean-Baptiste*, b [3] 9 mai 1689 ; m [3] 26 janv. 1712, à Marie-Thérèse GIROUX. — *Marie-Elizabeth*, b [3] 21 fév. 1691 ; m [3] 25 nov. 1709, à Ignace TOUPIN. — *Jacques*, b [3] 4 mai 1694 ; m 11 nov. 1715, à Catherine HUDOUT, à St. François, I. J. — *Marguerite-Madeleine*, b [3] 16 nov. 1696 ; m [3] 18 déc. 1717, à Jean-Baptiste Halay.

DUPRAT, marchand. CHARPENTIER, Françoise, (1)   [François I. *Charles*, b 1698 ; s 28 janv. 1710, à Lévis.

1686, (5 février) Québec. [5]

I.—DUPRAT, Gabriel, b 1657, fils de Gabriel et de Françoise Gauthier, de N. D. de Cogne, évêché de La Rochelle ; s... 1° DUQUET, Marie-Thérèse,   [Denis I. s [5] 11 juillet 1699. *François*, b [5] 18 déc. 1686 ; s [5] 5 fév. 1687. — *Gabriel*, b [5] 21 mai 1690.

1700, 10 (novembre) Québec. [5]

2° TREFFLÉ, Hélène,   [François I. veuve de Jean Madou. *Philippe*, b [5] 12 fév. 1702.

1658.

I.—DUPRÉ, Nicolas. BISSON, Mathurine, (2)   [Gervais I. *Nicolas*, b 1659, était à Montréal, en 1681.

---

(1) Elle épouse, le 12 avril 1706, Claude LeMoyne, à Québec.

(2) Elle épouse, le 12 septembre 1663, Simon Rocheron, au Château-Richer.

1667, (13 juillet) Québec. [7]

I. — Du PRE, Antoine, b 1638, fils de Claude et de Catherine Biard, de St. Leu, évêché de Paris ; s... GUÉRIN, Marie, (1) b 1644, fille de Barthélemi et de Charlotte Lerin, de St. Maurice d'Enaut, La Rochelle ; s... *Jean*, b [7] 20 fév. 1669 ; m [7] 23 nov 1700, à Françoise MARCHAND. — *Marie-Anne*, b [7] 4 avril 1671 ; m [7] 7 avril 1687, à François THIBAULT. — *Anne*, b [7] 23 juillet 1673 ; m [7] 10 janv. 1690, à Nicolas LEGARÉ. — *Antoine*, b [7] 15 fév. 1676.

1672, (25 juillet) Québec. [8]

I.—DUPRÉ dit CHAMPAGNE, Antoine, b 1643, fils de Mathieu et de Catherine Petit, de Montcassel, de St. Omer, en Flandre ; s 27 nov. 1686, au Château-Richer. MOUTARCHY, Marguerite, b 1652, fille de François et de Claude Breton, de St. Maurice, évêché de Noyon ; s... *Antoine*, b [8] 18 juin 1673. — *Etienne*, b [8] 1er et s [8] 30 déc. 1676. — *François*, b [8] 31 janv. 1679.

1680, (30 avril) Ste. Anne du Nord.

I. — DUPRÉ, Pierre, b 1646, fils de François et de Marie Morel, de la ville de Bordeaux ; s... CARON, Catherine,   [Robert I. veuve de Jacques Dodier.

1681, (28 avril) Boucherville. [8]

I.—DUPRÉ dit ROCHEFORT, Antoine, b [8] 1645, fils de Jean et de Claudine DeFoy, de St. Soflorin, évêché de Lyon ; s [8] 19 sept. 1689. VALIQUET, Elizabeth, (2)   [Jean I. *Marie-Madeleine*, b [8] 15 fév. 1682. — *François*, b [8] 9 oct. 1683 ; s [8] 20 juin 1684. — *Jean*, b [8] 1er mai 1685. — *Jacques*, b [8] 24 et s [8] 27 déc. 1687. — *Angélique*, b [8] 8 août 1689.

DUPUIS. — *Variations et surnoms :* DUPUY — MONTARVAN — LA GARENNE — BEAUREGARD — JOLICŒUR.

1668, (25 octobre) Québec.

I. — DUPUIS, Zacharie, veuf de Jeanne Fouvenel, aide-major, b 1608, de N.-D. Scaverdun en Foix, évêché de Rieux ; s 1er juillet 1676, à Montréal. GROISAT, Jeanne, b 1648, fille de François et de Périnne Milcendeau, de Châlons, évêché de Luçon ; s...

DUPUIS, Jean, b 1644, établi à Chambly, en 1681.

1668, (22 octobre) Québec. [2]

I.—DUPUIS, Paul, (3) fils de Simon et de Suzanne Brusquet, de N.-D. du Pommier, évêché d'Arles ; s 21 déc. 1713, dans l'église de Québec.

---

(1) Elle épouse, le 29 oct. 1682, Louis Charrier, à Québec.

(2) Elle épouse le 13 mars 1690, Jean-Baptiste Ménard, à Boucherville.

(3) Seigneur de l'Ile aux Oies, procureur du Roy, enseigne d'une compagnie, officier du régiment de Carignan. Il était à sa mort lieutenant-général de la Prévôté de Québec.

15

Gouillard, Jeanne,   [Louis II.
    s ² 12 juillet 1702.
Daniel, b ² 11 et s ² 27 déc. 1669. — *Anne*, b ² 4
juillet 1671 ; s ² 17 déc. 1687. — *Louis*, b ² 14 avril
1673 ; (1) s ² 6 fév. 1688. — *Geneviève*, b ² 9 août
1675. (1) — *Simon*, b ² 2 avril 1677. — *Marie*, b ²
26 fév. 1679, (1) religieuse ursuline dite de l'Enfant-Jésus ; s ² 24 fév. 1703. — *Jeanne*, b 29 avril
1681, au Cap St. Ignace ³, s ² 26 dec. 1702. —
Marguerite, b 8 et s 25 août 1683, à St. Thomas.
—*Suzanne*, b ³ 9 juin 1684 ; m ² 4 juillet 1701, à
Jean Petit ; s 12 fév. 1703, dans l'église de Québec. — *Françoise*, b ³ 5 sept. 1686 ; s ² 1ᵉʳ mai
1699. — *Jean-Paul*, b ² 29 janv. 1689. — *Marie-
Madeleine*, b ² 4 sept. 1690 ; s ² 25 janv. 1703. —
Louise-Madeleine, (2) b ² 14 mai 1693 ; s ² 26 janv.
1703.

1670, (6 octobre) Québec. ⁵

I. — DUPUIS, François, b 1634, fils de François
    et de Marguerite Reneau, de St. Laurent sur
    Horre, évêche de Limoges.
    Richer, Georgette, b 1647, fille de Jean et de
    Liénarde Bornay, de St. Ursin de Chailly,
    évêché d'Autun, en Bourgogne.
René, b ³ 26 juin 1671 ; 1° m 18 oct. 1694, à
Angelique Marié, à Montréal ; 2° m 7 juin 1718,
à Madeleine Clément, à Laprairie. ⁴ — *Moyse*, b ³
18 juillet 1673. — *Marie-Anne*, b ³ 28 août 1675.
— *Angélique*, b ³ 28 avril 1677 ; s ⁴ 30 oct. 1684.
— *Marie-Anne*, b ³ 27 juin 1679 ; m ⁴ 7 nov. 1695,
à Pierre Brion. — *Marguerite*, b ⁴ 4 fév. 1682, s ⁴
20 oct 1684. — *Claude*, b ⁴ 10 sept. 1684.

1678, (17 janvier) Montréal.

I. — DUPUIS, Jean, b 1641, marchand, fils de
    Paul et de Catherine Lafuiteau, de St. Michel
    de Bordeaux ; s 10 mai 1696, à la Pointe-
    aux-Trembles de Montreal.
    Gervaise, Jeanne,   [Jean I.

1691, (15 novembre) Québec. ³

I. — DUPUIS, dit Montarvan, Nicolas, b 1641,
    veuf d'Etiennette de Lion, etabli à Nicolet,
    de St. Martin de Montmorency, évêché de
    Paris.
    Emond, Marie-Madeleine,   [René I.
Nicolas, b 22 oct. 1684, à Lachine ⁴ ; s ⁴ 31 oct.
1687. — *Louise*, b... ; s ⁴ 9 nov. 1687. — *Louis*, b ⁴
29 juin 1686. — *Angélique*, b 18 nov. 1690, à
Montreal ⁵ ; m ³ 22 mars 1723, à Charles Fiset.
— *Marie-Charlotte*, b ⁵ 25 janv. 1693 ; m à René
Patry ; s 2 janv. 1750, à St. Michel.

1687, (4 février) Trois-Rivières. ³

I. — DUPUIS dit Lagarenne, Jacques, b 1657, fils
    de Bernard et de Marie Linsay, de Cologne,
    évêché d'Agen Genève ; s ³ 31 dec. 1708.
    Prévost, Madeleine, (3)   [Elie I.
François, b 13 dec. 1693, à Batiscan ⁴ ; s ⁴ 6
mars 1694. — *Jacques*, b ⁴ 9 mars 1695 ; s ³ 20

(1) Baptisé sur l'Ile aux Oies.
(2) Filleule de Frontenac.
(3) Elle épouse, le 23 mai 1710, Thomas Sulet, aux Trois-
Rivières.

déc. 1711. — *Marie-Anne*, b ⁴ 12 janv. 1697 ; m ³
31 oct. 1716, à Philippe Laverdière. — *Marie-Marguerite*, b ³ 20 juillet 1701 ; m ³ 27 juin 1722, à
Jean Vertefeuille. — *Marie-Marthe*, b ³ 2 oct.
1705 ; s ³ 22 oct. 1706.

1688, (18 janvier) Québec. ¹

I. — DUPUIS, Louis, b 1658, fils de Guillaume et
    de Marie Maudeme, de St. Sulpice, de Paris.
    Dubau, Barbe,   [Toussaint I.
Toussaint, b ¹ 1er et s ¹ 20 déc. 1688. — *Louis*,
b ¹ 15 août 1690 — *Angélique*, b ¹ 8 janv. 1692.
— *Jean*, b ¹ 30 sept. 1695. — *Louise-Marguerite*,
b 1er oct. 1700, à Laprairie. ² — *Marie*, b... ; m ²
14 janv. 1709, à François Gagné.

1694, (18 octobre) Montréal.

II. — DUPUIS, René, (ou Dupuy)   [François I.
    1° Marie, Angelique,   [Louis I.
François, b 21 sept. 1695, à Laprairie ⁵, m ³ 3
fév. 1722, à Jeanne Rougieu. — *Jean-Baptiste*, b ³
25 avril 1697. — *Dominique*, b ³ 18 dec. 1698. —
Marie-Angélique, b ³ 27 dec. 1699 ; s ³ 24 fev.
1700. — *Marguerite*, b... ; m ³ 23 nov. 1722, à
Louis Betourné.

1718, (7 juin) Laprairie. ³

2° Clément, Madeleine,   [Jean I.
    veuve de Charles Deneau.

II. — DUPUY, Moyse, (1)   [François I.
    Christiansen, Marie-Louise, née en 1675 à Cor-
    lar, b 12 juillet 1699, à Montréal.
Marie, b... ; m 11 janv. 1722, à Guillaume Baudin, à Laprairie.

1698, (10 novembre) Champlain. ³

I. — DUPUIS, dit Jolicœur, François, soldat,
    b 1669 ; évêché de Perigueux ; s...
    Baillac, Marguerite,   [François I.
    s...
Charles, b ³ 31 juillet 1688. — *Marguerite*, b 28
fév. 1701, aux Trois-Rivières. ⁷ — *Thérèse*, b ⁷ 5
mars 1705. — *Jean-François*, b ⁷ 9 mai 1707. —
Marie-Catherine, b ⁷ 28 dec. 1708 ; m ⁷ 13 mai
1732, à Guillaume Laserte ; s ⁷ 3 août 1741. —
Marie-Anne, b ⁷ 8 janv. 1711 ; m 1735, à Pierre
Marquet.—*Exupère*, b ⁷ 20 fév. 1713.— *Gertrude*,
b ⁷ 17 oct. 1714 ; m 1ᵉʳ juin 1733, à Pierre Blanchard.— *Ursule*. b... ; m ⁷ 12 janv. 1739, à Pierre
Da Sylva.—*Jean-Baptiste*, b... ; m ⁷ 25 oct. 1739,
à Catherine Coutansineau, · *Brigitte*, b... ; m ⁷
9 mai 1740, à Elie Manceau.— *Antoine*, b... ; m ⁷
10 sept. 1741, à Marie-Ursule Alary.

I. — DUQUERCY, Bernard.
    Gallais, Jeanne,
Henry, b 9 sept. 1690, à Montréal.

I. — DUQUESNE, Antoine, b 1648, était à Mont-
    real en 1681.

I. — DUQUET. — *Variations et surnoms* : Du-
    guay — De la Chenaye.

(1) Marié dans le pays des Flanons, établi à Laprairie.

1638, (13 mai) Québec. [9]

I. —DUQUET, Denis, b 1605, s [9] 26 nov. 1675·
Gautier, Catherine, b 1627.
Pierre, b [9] 14 janv. 1643 ; m [9] 25 août 1666, à
Anne Lamarre ; s [9] 13 oct. 1687. — *Françoise,* b [9]
7 nov. 1645, 1° m [9] 13 janv. 1660, à Jean Madry,
2° m [9] 14 sept. 1670, à Olivier Morel de la Durantaye ; s [9] 15 sept. 1719. — *Agnès,* b [9] 6 déc.
1648, ursuline dite sœur de la Nativite ; s [9] 4
avril 1702. — *Jean,* b [9] 15 déc. 1651 ; m 11 nov.
1683, à Catherine-Ursule Amyot, à la Pointe-aux-
Trembles de Québec.— *Rosalie,* b [9] 4 juillet 1654,
m [9] 22 nov. 1677, à Charles Amyot ; s [9] 10 mai
1715. — *Louis,* b [9] 20 fev. 1657. — *Philippe,* b [9] 27
fév. 1659 ; s 2 mars 1683, dans l'église de Lévis (1)
— *Antoine,* b [9] 18 nov. 1660, m 20 déc. 1694, à
Marie Tétard, à Montreal. — *Catherine,* b [9] 13
juin 1662. — *Joseph,* b [9] 12 août 1664 ; m [9] 3 août
1702, à Catherine Choret. — *Marie-Thérèse,* b [9] 24
fev. 1667 ; m [9] 5 fev. 1686, à Gabriel Duprat,
s [8] 11 juillet 1699.

1666, (25 août) Québec. [8]

II. —DUQUET, Pierre, (2)   [Denis I.
notaire royal ; s [8] 13 octobre 1687.
Lamarre, Anne, b 1649, fille d'Adrien et de
Marie Mercier, de St. Sulpice, de Paris ; s...
Denis, b [8] 7 et s [8] 16 avril 1667. — *Jean,* b [8]
s [8] 17 fév. 1668. — *Anne-Suzanne,* b [8] 17 mars et
s [8] 5 avril 1669. — *Anonyme,* b [8] et s [9] 8 fév. 1670.
— *Jean,* b [8] 5 juin 1671. — *Anne,* b [8] 5 avril 1674 ;
1° m [8] 24 oct. 1695, à Jean Thomas ; 2° m [8] 18
mars 1721, à Jean Parant ; 3° m [8] 21 oct. 1724, à
Louis Jourdain. — *Catherine-Angélique,* b [8] 11
fév. 1677 ; m [8] 2 nov. 1698, à Jean-Baptiste Maranda. — *Alexandre,* b [8] 30 août 1678 ; s [8] 12
août 1681. — *Pierre,* b [8] 11 avril et s [8] 22 juin 1680.
— *François-Pierre,* b [8] 29 juin et s [8] 4 juillet 1682.

1683, (11 novembre) P^{te}-aux-Trembles Q.

II. — DUQUET dit Desrochers, Jean, [Denys I.
Amyot, Catherine-Ursule,   [Mathurin II.
Jean-Baptiste, b 7 nov. 1685, à Québec [4] ; m 20
août 1710, à Geneviève Halé, à Lévis [5] ; s [5] 16 avril
1731. — *Gabriel,* b [4] 7 août 1687 ; m [5] 1er juin 1722,
à Marguerite Halé ; s [4] 12 oct. 1759. — *Catherine-
Rosalie,* b [4] 5 sept. 1688 ; m [5] 2 juin 1710, à Ignace
Carié ; s [4] 4 déc. 1753. — *Marie-Thérèse,* b [4] 19
avril 1690 ; 1° m [4] à Louis Guay ; 2° m [5] 1er fév.
1734, à Jean Hamelin. — *Charles,* b [5] 29 fév. 1692.
— *Catherine-Ursule,* b [5] 17 janv. 1694 ; m [5] 11 avril
1718, à Joseph Jourdain. — *Etienne,* b [5] 18 mars
1695 ; m 15 fev. 1722, à Marie-Françoise Deneau,
à Laprairie. — *Marie,* b [5] 31 mars 1697 ; 1° m [5] 23
mai 1718, à Louis Halé ; 2° m [5] 9 mai 1735, à
Focque. — *Marie-Françoise,* b [5] 20 mars 1699 ; m [4]
29 juillet 1726, à Charles-François Rancour ; s [4]
14 mars 1743. — *Louise,* b... ; m [5] 18 nov. 1733, à
Girard. — *Véronique,* b... ; m [5] 26 nov. 1736, à
Jean Gource. — *Marguerite,* b [5] 5 avril 1702 ; 1° m
à Jean-Baptiste Hale ; 2° m [5] 23 sept. 1737, à
Laurent Brillant.

(1) Première sépulture faite à Lévis.
(2) Sieur de la Chenaye.

1694, (20 décembre) Montréal. [8]

II. — DUQUET dit Madry, Antoine,   [Denis I.
s 20 mai 1733, à Lachenaye.[5]
Tetard, Marie, (1)   [Charles I.
Antoine, b [6] 25 sept. 1695 ; m 1730, à Marie-
Menard , s [6] 19 août 1732. — *Agnès,* b... ; m [5] 21
janv. 1737, à Antoine Forget.

DURANCEAU, Pierre. — Voy. Duranseau.

I. —DURAND, Antoinette, b 1636, fille de Guillaume et de Marguerite Le Tellier ; 1° m 18
sept. 1659, à Marin Duval, à Québec [6] ; 2°
m [6] 13 août 1661, à Nicolas Delaunay.

I. — DURAND, Françoise,
b 1648 ; m 1670, à Jacques Beaudoin.

I. — DURAND, (2) François.
b 1639, s 29 janv. 1689, à Québec.

1661, (12 septembre) Québec.

I. — DURAND, Nicolas, b 1637, fils de Pierre et
de Nicole Prevost, de Montreuil sous le bois
de Vincennes ; s 1er avril 1663, au Château-
Richer.[3]
Gausse, (3) Françoise, fille de Maurice et de Marguerite Blay, de St. Martin, évêché de Noyon,
en Normandie ; s 9 mars 1714, à Beauport.
Marie-Ursule, b [5] 6 juin 1662.

1662, (26 septembre) Québec. [9]

I. — DURAND, Jean, b 1640, fils de Louis et de
Madeleine Malvande, de Deuil, évêché de
Xaintes ; s 1671.
Annennontak, Catherine, (4) Huronne, b 1649.
Marie, b 21 avril 1666 ; m 31 juillet 1688, à Ma-
thurin Cadau. — *Ignace,* b 1669 ; m 24 fév. 1691,
à Catherine Miville ; s 30 nov. 1697, au Cap St.
Ignace. — *Louis,* b 14 nov. 1670, à Sillery ; m [9]
9 sept. 1698, à Elizabeth-Agnès Michel.

1665, (22 décembre) Québec. [1]

I. — DURAND, Nicolas, b 1635, fils d'Antoine et
d'Antoinette Paponnet, de Cheromment, évêché d'Angoulème.
Renouard, Marie, (5) b 1646, fille de Nicolas et
de Marie Venelle, de St. Nicolas-des-champs,
de Paris.
Nicolas, b [1] 26 sept. 1666 ; m 7 janv. 1685, à
Marguerite Huot, à la Rivière-Ouelle. — *Marie,*
b [1] 21 et s [1] 25 avril 1668. — *Marie,* b [1] 9 juin
1669 ; m [1] 30 sept. 1697, à Jean Coignet ; s [1] 12
sept. 1738. — *Anne,* b [1] 26 oct. et s [1] 4 nov. 1671.
Nicolas-Auger, b [1] 13 janv. 1676. — *Marie-Anne,* b
1678 ; m [1] 21 fév. 1707, à Etienne Marchand ; s [1]
18 mai 1716. — *Madeleine,* b 31 mai 1681, à Beau-

(1) Elle épouse, le 2 novembre 1733, Jean Charpentier, à
Lachenaie.
(2) S'est tué accidentellement dans son désert.
(3) Elle épouse, le 28 mai 1663, Robert Laberge, à Château-Richer.
(4) Elle épouse, en 1662, Jacques Couturier.
(5) Elle épouse, le 22 juillet 1702, François Du Carreau, à
Québec.

port², s² 11 mars 1682. — *Marguerite*, b² 9 mai 1683; 1° m à Bernard ROCHEREAU; 2° m¹ 1er oct. 1714, à Louis GUYÈRE; s¹ 2 sept. 1743. — *Vincent*, b² 1er juillet 1685, s¹ 15 janv. 1703. — *Jeanne*, b² 12 juin 1688; m¹ 26 fév 1718, à Jean-Joseph FERAY-DUBURON.

1669, (27 octobre) Québec ³

I. — DURAND, MICHEL, b 1636, fils de Michel et de Jeanne Chaviguy, de St. Pelerin, evêché de Chartres.
> VALET, Cécile, veuve d'Etienne d'Orange, b 1634, de St. Henri, de Rouen.
Charles, b³ 25 juillet 1670.

1673, (17 octobre) Québec.

I. — DURAND DIT DEMARCHETS, PIERRE, b 1646, fils de Pierre et de Marie Chartier, de Blois
> CHARTIER, Jeanne, (1)   [RENÉ I.
Pierre, b 1674; m 14 juillet 1704, à Marie-Thérèse MANDIN, à Montreal. — *Reine*, b 1676 — *Jeanne*, b 1678. — *Marie-Louise*, b 11 dec. 1680, à Champlain. ⁵ — *Jean-Baptiste*, b⁵ 2 août 1683. — *François*, b⁵ 13 avril 1686. — *Marie-Josette*, b⁵ 8 août 1688; s 25 nov. 1708, à Batiscan. — *Marie-Catherine*, b⁵ 15 sept 1692. — *Vivien*, b⁵ 26 janv. 1697.

1685, (7 janvier) Rivière-Ouelle. ³

II. — DURAND, NICOLAS,   [NICOLAS I.
s 28 sept. 1740, à l'Ilet. ⁴
> HUOT DITE ST. LAURENT, Marguerite, [NICOLAS I
s⁴ 2 janv. 1722.
Marie-Anne, b 26 mars 1686, au Cap St. Ignace⁵, m..., à Robert VAILLANCOUR, s⁴ 14 mai 1714 — *Noel*, b⁸ 17 mars 1689. — *Marie-Madeleine*, b⁵ 27 août 1691. — *Jean*, b⁵ 4 juillet 1694; 1° m⁵ 28 janv. 1726, à Marie-Anne FOURNIER; 2° m⁴ 12 nov. 1728, à Marguerite CLOUTIER. — *François*, b⁶ 11 mai 1697, m..., à Marie-Louise LANGELIER. — *Pierre*, b⁵ 19 juin 1699, s⁴ 12 oct. 1720. — *Françoise-Marguerite*, b⁴ 21 janv, 1702, m à Joseph LECLERC.

1691, (24 fevrier) Québec.

II. — DURANT, IGNACE,   [JEAN I.
s 30 nov. 1697, au Cap St. Ignace.
> MIVILLE, Marie-Catherine, (2)   [JACQUES I.
Anonyme, b et s 12 déc. 1691, à Montréal.

1693.

I. — DURAND, RENÉ.
> ESNARD, Marie,   [SIMON I.
André, b 12 septembre 1694, à Batiscan.

1698, (9 septembre) Québec. ⁴

II. — DURAND, LOUIS,   [JEAN I.
> MICHEL, Elizabeth-Agnès,   [OLIVIER I.
Louis, b⁴ 13 août 1700. — *Antoine*, b⁴ 28 oct. 1702.

---

(1) Elle épouse, le 1er sept. 1710, René Beaudoin, à Champlain.

(2) Elle épouse, le 16 sept. 1701, Jean Soulard, à Québec.

1698.

I — DURANSEAU DIT BRINDAMOUR, PIERRE, b..., de St André de Niort; s...
> FRAPIER, Marie-Jeanne,   [HILAIRE I.
Pierre, b 26 janv. 1699, à St. Jean, (I. O.) — *Jacques*, b 8 avril 1703, à St. Thomas. ⁴ — *Marie-Marthe*, b⁴ 26 juin 1705. — *Brigitte*, b⁴ 7 août 1707.

DURBOIS. — Voy LIÉNARD

1653.

I — Du REAU, AIMÉ, chirurgien. Présent au contrat de mariage de Pierre Dandonneau-Du Sablé. — *Greffe d'Ameau*, 1653.

I — Du REAU, MARIN, b 1651, etabli à Varennes, en 1681.

DURENOT DIT CHATEAUNLUF, JEAN. — Voy. DESRANLGT.

1687, (10 février) Québec. ⁵

I. — DURET, JACQUES, b 1658, fils d'Antoine et de Marguerite Renault, du Bourg de Fan, evêché de Luçon; s⁵ 29 août 1723.
> JAMEIN, Catherine,   [JULIEN I
Marie-Françoise, b⁵ 20 et s⁵ 24 janv. 1689. — *Claude*, b 12 et s⁵ 15 janv. 1691 — *Léonard*, b 17 et s⁵ 21 nov. 1692 — *Jacques-François*, b 20 janv. et s⁵ 1er fév 1694. — *Marie-Josette*, b⁵ 20 mars 1695; m⁵ 25 juin 1715, à Jean-Baptiste GADIOU. — *Jacques-Alexandre*, b 13 nov. et s⁵ 1er déc 1696. — *Judith*, b⁵ 4 avril 1698; 1° m⁵ 21 avril 1727, à Charles DUGRÉ; 2° m⁵ 12 fév. 1748, à Joseph DUGAL. — *Jean-Claude*, b 17 et s⁵ 29 sept. 1699 — *Charles*, b⁵ 23 janv. 1702; m 1727, à Simone BOUTET, à Charlesbourg. — *Marie-Charlotte*, b⁵ 28 fev. 1704; 1° m⁵ 28 mai 1725, à Jacques BERNARD; 2° m 26 avril 1733, à Pierre Le BLANC, au Cap St. Ignace. — *Catherine*, b⁵ 30 oct 1707, m⁵ 10 fev. 1727, à Thomas JOLIN. — *Jacques-Maurice*, b 23 juin et s⁵ 4 juillet 1710. — *Ursule*, b⁵ 4 juin 1712; et s⁵ 4 août 1732, à Jean-Baptiste BOUTET. — *Jean-Baptiste*, b⁵ 31 juillet 1715, m⁵ 4 mai 1750, à Françoise LEGRIS. — *Marie-Geneviève*, b⁵ 25 sept. 1718.

Du RIVAGE. — Voy. ETIENNE DIT DURIVAGE — ANGO — LARAMÉE.

DUROCHER, JEAN. — Voy. PRIMEAU.

I. — DUROQUET DIT MARÉCHAL, MATHURIN, b 1678, près d'Angers; s 8 juin 1748, au Sault-au-Recollet.

1689, (21 fevrier) Québec. ¹

I. — DUROY, PIERRE, b 1650, médecin, fils de François et de Barbe Pirou, de Rouinville, evêché de Lisieux; s 24 déc. 1723, dans l eglise de Québec. ²
> LE VASSEUR, Marguerite,   [LOUIS I.
s² 19 nov. 1739.
Marguerite, b¹ 28 oct. et s¹ 5 nov. 1689. — *Marie-Louise*, b¹ 3 et s¹ 4 déc. 1690. — *Jean*, b¹

3 nov. 1691. — *Jeanne-Marguerite*, b ¹ 4 dec. 1692; m ¹ 23 nov. 1711, à Louis Gosselin , s 25 juin 1727. (1) — *Marie-Marguerite*, b ¹ 12 dec. 1693, 1° m ¹ 28 avril 1712, à Claude Chasle; 2° m ¹ 21 déc 1719, à Jean De la Nouiller, sieur de Bois-clair; s ¹ 4 déc. 1750 — *Anne-Thérèse*. b ¹ 21 juillet 1695; m ¹ 6 fev. 1713, à Etienne Charest , s ¹ 13 avril 1719. — *Jean*, b ¹ 24 juillet et s ¹ 12 août 1697. — *Françoise-Charlotte*, b ¹ 10 oct. 1698; m ¹ 13 janv. 1721, Louis Bazil; s ¹ 29 sept. 1745. — *Geneviève*, b ¹ 10 avril 1700. — *Marie-Cathe-rine*, b ¹ 18 mars et s ¹ 3 mai 1701. — *Anonyme*, b ¹ et s ¹ 18 mars 1701. — *Barbe*, b ¹ 8 juillet 1702; m à Jean-Louis Volant. s ¹ 1er déc. 1731. — *Marie-Louise*, b ¹ 6 août 1704; m ¹ 15 mars 1730, à Paul-Antoine Lanouiller, sieur Des Granges; s ¹ 4 déc. 1750.— *Marie-Madeleine*, b ¹ 18 et 25 sept 1706, à St. Augustin. — *Pierre*, b ¹ 23 mai et s ¹ 11 juin 1708.

Du SABLÉ. — Voy. Dandonneau.

Du SABLON. — Voy. Liénard.

DUSAULT. — *Variations et surnoms :* Toupin, sieur Dusault — Dusceau — Dussault — Dusos — Lafleur dit D. — Leblanc dit D.

1663, (22 fevrier) Québec. ⁵

I. — DUSCEAU dit Lafleur, Elie, b 1636. fils de François et de Marie Delaunay, de N. D. de Cogne, évêché de LaRochelle.
Nicolet, Madeleine, b 1631, veuve de Jean Leblanc.
Louis, b ⁵ 25 août 1663. — *Pierre*, b 5 août 1665, au Château-Richer, m ⁵ 20 nov. 1687, à Marie Rouleau. — *Jean-François*, b ⁵ 6 janv. 1668, m 8 janv. 1692, à Madeleine Bourassa, à Lévis. — *Charles*, b ⁵ 22 mai 1673 , m 16 nov. 1693, à Henriette Balan, à St. Michel.

1675.

I. — DUSAULT, François, b 1647, etabli au Cap Rouge.
Mézéray, Geneviève, [René I.
veuve d'Etienne Letellier.
Geneviève, b 1676 ; m à Pierre Rinfret; s 6 avril 1727, à Québec. ⁵ — *Jacques*, b ⁵ 10 août 1677; m 2 avril 1704, à Romaine Coutancineau, à la Pointe-aux-Trembles de Quebec. ⁶ — *Made-leine*, b 1678 ; m ⁶ 20 janv. 1705, à Michel Derome. — *Gabriel*, b ⁵ 24 janv. 1687; m ⁵ 16 avril 1714, à Angelique Lavergne. — *François*, b... ; m ⁵ 8 nov. 1708, à Marie-Anne Paris.

1687, (20 novembre) Québec. ⁶

II. — DUSAULT dit Leblanc, Pierre, [Elie I.
Rouleau, Marie, [Gabriel I.
s 8 mars 1703, à St. Jean Ile d'Orleans ⁷
Marie, b 26 janv. et s 2 fev. 1688, à St. Laurent, I. O. — *Louis*, b ⁶ 27 janv. 1689; s ⁶ 13 juillet 1690. — *Marie-Madeleine*, b 6 sept. 1691, à Ste. Famille. — 2 *anonymes*, b et s ⁷ 4 juin 1698. — *Geneviève*, b ⁷ 1er sept. 1700. — *Marie-Anne*, b ⁷ 8 août 1701.

(1) L'acte de sépulture mentionne qu'elle était très-pieuse.

1692, (8 janvier) Lévis ³

II — DUSAULT dit Lafleur, Jean-Frs. [Elie I.
Bourassa, Marie-Madeleine, (1) [Jean I.
Anne, b ³ 6 janv. 1693 , m 11 oct 1717 à Pierre Thibouror — *Pierre*, b 15 oct. 1694, à Québec ². m à Geneviète Huard. — *Marie-Anne*, b ³ 2 sept. 1696. — *Marguerite*, b ³ 18 janv. 1699. — *Jean-Baptiste*, b ³ 7 nov. 1700; s ³ 20 nov. 1700. — *Madeleine*, b ³ 25 nov. 1701, m à François-Xavier Couture — *Jean*, b... ; m ³ 30 dec. 1728, à Angélique Huard , s ³ 14 oct. 1750. — *Ignace*, b ³ 14 avril 1709 , s ³ 29 août 1711. — *Jean-Baptiste*, b ² 28 oct. 1711. — *Marie-Josette*, b ³ et s ³ 22 oct. 1714. — *François*, b...

1693, (16 novembre) St. Michel.

II — DUSAULT, Charles, [Elie I.
Balan, (2) Henriette, [Pierre I.

I. — DUSAY, Paul, (3) maréchal, b 1646
Boubillau, Françoise,
b 1631
Pierre, b 1663. — *Charles*, b 1673.

Du SOUCHET, Marie-Louise, b 1650 ; m 1683, à Pierre Cavelier

Du SUREAU, — Voy. Dessureaux.

Du TAILLY. — Des Taillis—Deniau.

DUTARTE, — Voy. Du Tertre.

DUTAUT. — *variations :* Dutost — Duteau.

1672.

I. — DUTAUT, Charles, b 1642, fils de Pierre et de Jeanne Perrin, de Rouen; s 29 nov. 1716, aux Trois-Rivières.
Rivard, Jeanne, [Nicolas I.
s 25 nov. 1698, à Champlain. ³
Marie, b 1674. — *Catherine*, b 1676 , m ³ 11 janv. 1695, à Jacques Dandonneau. — *Marie-Charlotte*, b ³ 7 janv. 1680.— *Jacques*, b... ; m 18 janv. 1707, à Marguerite Duclos, à Batiscan. ⁶ — *Marie-Madeleine*, b ³ 30 août 1682; m ³ 27 fév. 1713, à Alexis Houré. — *Charles*, b ³ 5 janv 1685, m 20 janv. 1718, à Françoise Duval, à Contrecœur. — *Marie-Charlotte*, b ³ 3 fev. 1687; m ³ 4 fév 1710, à François Duclos, s ⁶ 1er juin 1775. — *Pierre*, b ³ 25 juillet 1688. — *Marie-Marguerite*, b ³ 13 janv. 1691, Sœur des Anges (Cong. N.-D.) s 16 août 1726, au Château-Richer. — *Marie-Françoise*, b ³ 4 janv. 1693. — *Marie-Josette*, b ³ 19 mars 1695. — *Anne*, b... ; m ³ 24 nov. 1705, à Jean Houré. — *Marie-Jeanne*, b..., m ³ 3 mars 1710, à Jacques Brissette. — *Alexis*, b... ; m 13 janv. 1722, à Marie-Charlotte Brisset, à l'Ile-Dupas.

DUTAUT, Marie, b 1640, sœur du précédent ; m 15 juin 1659, à Michel Lemay, aux Trois-Rivières.

(1) Elle épouse, le 18 mai 1719, Jean Bergeron, à Lévis.
(2) Elle épouse, en 1696. Ives Béchard.
(3) Cette famille ne se trouve qu'au recensement de 1681, à Montréal.

I.—DUTERTRE dit Lacasse, Gilles, arquebusier, à Québec, b 1637, natif de St. Sauveur,
ville de Bellesme, évêché de Seez; s 17 janv.
1682.

I.—DUTERTRE, François, b 1654; s 29 juillet
1687, à la Rivière-Ouelle.

1697, (29 juillet) Lévis.

I.—DUTERTRE, François, b 1667, fils de Claude
et de Marie Giroux, de St. Michel, évêché
d'Angers ; s 29 juillet 1687, à la Rivière-
Ouelle. 6
Bouchard, Marguerite, (1)   [Michel I.
François, b 6 15 mai 1698; m 7 janv. 1721, à
Gertrude Dubé, à Ste. Anne de la Pocatière. —
Marie-Françoise, b 6 25 janv. 1697.

Du TREMBLE. — Voy. Desrosiers.

I. — Du VAILLY. — Voy. Masse, sieur Du Vailly,
en 1667.

I.—DUVAL, Jean, artisan, arrive en 1608, cons-
pire contre la vie de M. de Champlain, et est
exécuté à Québec ; ses trois compagnons sont
renvoyes en France.

I.— DUVAL, Suzanne, b 1637, fille de Pierre et
d'Elizabeth Ravelle, de Soubise, évêché de
Xaintes ; 1o m 6 août 1657, à Elie Hanctin,
aux Trois-Rivières 6 ; 2o m 6 16 mai 1682, à
Mathurin Proutot.

I.— DUVAL, Françoise, b 1653, fille de Jean et
de Jacqueline Dion, de St. Severien de Paris;
1o m 16 nov. 1671, à Pierre Courault, à
Québec 6 ; 2o m 6 12 août 1681, à Antoine
Renaud ; 3o m 6 10 dec. 1695, à François
Renaud, s 6 27 oct. 1725.

DUVAL, Nicolas, de Forges, en Brie; compagnon de Dollard, tué le 19 avril 1660, dans
l'expédition du Long-Sault.

I.—DUVAL, Jean.
Lorhain, Jeanne.
Louise, b 1640 , 1o m 9 fév. 1660, à Pascal
Lemaistre, à Québec ; 2o m 17 fev. 1681, à Pierre
Juneau, à Montreal.

I. — DUVAL, Pierre, b 1604.
Labarbe, Jeanne, b 1605.
Pierre, b...; m 30 juillet 1656, à Marie Jamare,
à Québec 6 ; s 27 mai 1657, noye. — *Madeleine*,
b... , 1o m 6 30 août 1654, à Pierre Juneau ; 2o m 6
25 juin 1657, à Pierre Chappau. — *Romain*, b 1637,
m 6 12 sept. 1661, à Adrienne Leclerc ; s 6 7 mai
1682, noyé. — *Marin*, b...; m 6 18 sept. 1659, à
Antoinette Durand ; s 1661, tué par les Iroquois.
— *Nicolas*, b..., s 2 juin 1663. (2) — *Michelle*, b
1651 , m 1672, à Pierre Bon dit Lacombe , s 3
juin 1711, à Charlesbourg.

1656, (30 juillet) Québec. 1

II — DUVAL, Pierre, (1)   [Pierre I.
Jamare, Marie, b 1636, fille d'André et de Marie
Lambertin, de la ville de Liege.
François, b 1657; s 1 1er fev. 1697.

1659, (18 septembre) Québec. 1

II.—DUVAL, Marin,   [Pierre I.
tué par les Iroquois, en 1661.
Durand, Anne-Antoinette, (2)   [Guillaume I.
Jean-Baptiste, b 1 24 juin 1660 ; s 17 mars 1703,
au Château-Richer. 2 — *Marie-Madeleine*, (postume), b 2 31 janv. 1662 ; m à Michel Bourbon.

1661, (12 septembre) Québec. 3

II.—DUVAL, Romain,   [Pierre I.
s 3 7 mai 1682, noye dans la rivière St. Charles.
Leclerc, Adriane, (3) b 1650, fille de Louis et
de Perinne Coquillard, de St. Denis, en
Picardie.

III.—DUVAL, Jean-Baptiste,   [Marin II.
s 17 mars 1703, au Château-Richer.

1671,

I. — DUVAL, Jean, b 1641, habitant St. Ours.
Lamy, Marie, b 1653, veuve de François Che-
vreûils.
Anne, b 1672. — *Louis*, b 1674. — *Mathurin*, b
1676. — *François*, b 1680. — *Jean*, b 1680 ; s 23
nov. 1681, à Contrecœur. 7 — *Françoise*, b 7 8 nov.
1682 ; m 7 20 janv. 1718, à Charles Dutaut. —
Pierre, b 7 26 fev. 1685. — *Marie-Jeanne*, b... —
Marc-Antoine, b...; m 6 mai 1726, à Marie De
Celles, à Varennes.

1678, (24 octobre) Québec.

I.—DUVAL, Jean, b 1642, charpentier, fils de
Laurent et de Madeleine Goubert, de St. Jac-
ques-du-Mont, évêche de Rouen; s 3 déc.
1690, à Laprairie. 4 (4)
Le Maitre, Marie-Ursule, (5)   [Paschal I.
Jean, b 4 24 nov. 1680. — *Marie*, b 4 18 août
1682 ; m 3 fev. 1706, à Jacques Journeau, à Montréal. 5 — *Jeanne*, b 4 27 mai et s 4 1er juin 1684. —
Gabriel, b 4 14 oct. 1685 — *Louise*, b 4 24 mai
1687, 1o m à Pierre Rousseau ; 2o m 4 30 juin
1714, à Jean Lacetière. — *François-Xavier*, b 4
29 janv. 1690 ; s 5 20 juin 1699.

I.—DUVAL, Charlemagne, habitant de Sorel,
b 1663, de St. Pierre-le-froisé, ville de Nantes ;
s 26 mars 1689, à Québec.

---

(1) Noyé, le 27 mai 1657, à Québec, à 22 ans, avec Jacques
Monfort.

(2) Elle épouse, le 13 août 1661, Nicolas Delaunay, à Québec.

(3) Elle épouse, le 15 juin 1682, Nicolas Hamelin, à Québec.

(4) Tué par les Iroquois. Voyez la note de la page 77.

(5) Elle épouse, le 29 juin 1692, Toussaint Raymond, à
Laprairie.

(1) Elle épouse, en 1697, Guillaume Soucy.

(2) Engagé chez M. Gourdeau, et brûlé avec lui, dans sa
maison de l'île d'Orléans.

1692, (21 janvier) Rivière-Ouelle [5]

I. — DUVAL, François, b 1657, fils de Guillaume (Seigneur du Ponthaut) et de Marie Giguelle, de Ponsot, en Bretagne ; s 1er fév. 1697, à Québec. [6]

Boucher, Marie-Anne,   [Galeran II. *François*, b [6] 25 janv. 1695 : m 14 janv. 1732, à Elizabeth Coupy, à l'Ilet. [7] — *Augustin*, b [5] 26 nov. 1696 ; m [7] 7 janv. 1730, à Geneviève Leclerc. — *Jean*, b [5] 23 oct. 1698 ; 1o m [7] 21 nov. 1729, à Marie-Anne Fortin ; 2o m [7] 10 fév. 1733, à Françoise De la Durantaye. — *Jean-Baptiste*, b [5] 23 oct. 1648. — *Geneviève*, b... ; m [7] 26 oct. 1736, à Louis Vernas. — *Marie-Anne*, b [5] 17 oct. 1700. — *Marie-Françoise*, b... ; m [5] 10 juillet 1719, à Pierre Dancosse. — *Alexandre*, b [7] 11 fév. 1703. — *Joseph*, b [7] 27 dec 1704. — *Elizabeth*, b [7] 26 avril 1707. — *Louis*, b [7] 17 mars 1709. — *Marie-Hélène*, b [7] 5 mars 1713. — *Pierre*, b [7] 5 et s [7] 7 août 1714. — *Marie-Josette*, b [7] 27 oct. 1715.

1698, (21 juillet) Charlesbourg. [5]

I. — DUVAL, André, b 1667, fils d'Antoine et de Pantaléonne Servolet, de St Jean-Baptiste, archevêché de Tarentèse, en Savoie ; s 1699.

Jousselot, (1) Anne,   [Pierre I. veuve de Toussaint Dubau. *Jacques*, b [5] 12 janv. et s [5] 17 oct. 1699.

I. — DUVAL, Borromée.

Hayot, Madeleine,   [Adrien II. *Pierre*, b... ; m 22 juin 1716, à Marie-Anne Legris, à Québec.

1687, (7 avril) Québec. [7]

I. — DUVAULT, Philippe-Clément, Sieur de Vallerenne, capitaine d'infanterie, b 1655, fils d'Antoine et de Françoise de Cœur, de St. Germain, évéché de Beauvais ; s...

Bissot, Jeanne,   [François I. *François-Philippe*, b [7] 10 juin 1691. — *Jean*, b [7] 6 juin et s [7] 14 oct. 1694.

Du VEAU, Michel, — Voy. Berthelot Michel.

1689, (8 novembre) Québec.

I. — DUVAUX, Pierre, b 1660, fils de Michel et de Marguerite du Martel, de Vaux, évéché de Rouen ; s...

Merienne, Marie,   [Jean I. *Pierre*, b 4 et s 14 janv. 1691, à Ste. Anne du Nord,

Du VERGER. — Voy. Mezeray — La Planche.

I. — DUVERGER, Jean-Jacques, de Londres.

De la Val, Suzanne, de Londres. *Suzanne*, b... ; m 2 août 1660, à Antoine Galibert, à Montreal. [3] — *Françoise*, b 1636 ; 1o m [3] 18 nov. 1659, à Simon Galbrun ; 2o m [3] 29 juin 1671, à Jean Boutin.

(1) Elle épouse, le 13 juin 1712, Jean Maranda, à Charlesbourg.

I. — Du VERGER d'Aubusson, Antoine, Lieutenant.

Jaret de Verchères, Marie-Jeanne, (1) [Frs. I. *Catherine*, b 6 fev. 1690, à Ste. Famille ; m 8 janv. 1718, à Paul-François Raimbault, à Contrecœur.

Du VERNÉ. — *Variations et surnoms :* Crevier—Duvernay — Trotier — Pichou.

DUVIVIER. — Voy. Philippe, Sieur Duvivier — De la Fontaine — Le Fournier.

E

1675, (16 octobre) Boucherville. [8]

I. — EDELINE, Charles, b 1641, fils de David et de Noelle Lambert, de St. Jacques-la-Boucherie, à Paris.

Braconnier, Jeanne, b 1651, veuve de Crespin Juillier. *Catherine*, b [3] 16 fév. 1677 ; m [3] 27 juillet 1697, à Bertrand De Bluche. — *Charles*, b [3] 16 nov. 1678. — *François*, b [3] 4 août 1680. — *Pierre-Jean*, b 10 et s 16 déc. 1681, à Montréal. — *Pierre*, b [3] 1er juillet 1683. — *Marie-Anne*, b [3] 29 juillet 1685 ; m 16 oct. 1702, à Etienne Parseillé, à Laprairie. — *Angélique*, b [3] 20 avril et s [3] 8 juin 1687. — *Agathe*, b [3] 15 août 1688. — *Louis-Antoine*, b [3] 22 sept. 1690. — *Jean-Baptiste*, b [3] 4 janv. 1693 ; m à Marguerite Livernois. — *Marie*, b... ; m 20 nov. 1715, à Louis Douié, à Repentigny.

I. — EDMÉ, François, soldat de la Compagnie de M. De Noyan ; s 1693.

Parenteau, Marguerite, (2)   [Pierre I. *Jean*, b 10 déc. 1692, à Québec.

1692.

I. — EDMUND, Jean, b 1665, en Angleterre, s 29 fev. 1715, à Québec. [2]

Kelly, Marie, b 1671. *Marie-Marguerite*, née en juin 1694 ; b [2] 5 nov. 1695 ; m [2] 20 janv. 1716, à Jacques Cotard. — *Jean-Baptiste*, b [2] 18 et s [2] 28 nov. 1695. — *Marie-Claire*, b [2] 11 fév. 1697.

I. — EDMOND. — Voy. Emond.

ELIE. — Voy. Hélie-le-Breton.

I. — EMART, Pierre.

Bloys, Jeanne-Marguerite,   [Julien I. veuve d'Adrien St. Aubin. *Pierre*, b 1er nov. 1704, à Montréal.

EMEREAU. — Voy. Hemerio-dit-Belair.

EMERY. — *Variations et surnoms :* Méry — Coderre — Beauvais — Ainceri — Lasonde.

(1) Elle épouse, le 3 oct. 1698, Charles Gloria, à Québec.
(2) Elle épouse, le 1er déc. 1696, Jacques Berthelot, à Québec.

I. — EMERY, Françoise, b 1621 ; m 14 janv. 1637, à Antoine Brossard, à Québec ³, s ³ 11 juillet 1671.

I. — EMERY dit La Sonde, Gaspard, (1) médecin, b 1668 , s 5 fév. 1718, à Québec.
Coëffard, Marie-Thérèse. (2)

EMOND. — *Variations :* Raimond

1663, (22 octobre) Québec. ⁹

I. — EMOND, René, b 1636, établi à St. François, Ile d'Orleans, ¹ fils de Jean et de Jeanne Charié. de St Martin, Ile de Rhé
La Faye, Marie, b 1633, fille de Pierre et de Marguerite Constantin, de St Pierre, ville de Xaintes ; s ¹ 29 déc. 1708.
Marie-Madeleine, b 31 août 1664, au Château-Richer ², m ⁹ 15 nov 1681, à Nicolas Dupuis — *François,* b ² 30 janv 1666 — *Suzanne,* b 3 janv. 1668, à Ste. Famille ³ ; m ¹ 25 mai 1691, à Jean Pruneau — *Joseph,* b ³ 3 janv. et s ⁹ 6 juin 1670. — *Robert,* b ³ 22 août 1671 ; m ¹ 22 fév 1694, à Catherine Dompierre — *Anne,* b ³ 9 janv. 1674, s ⁴ 25 oct. 1677. — *René,* b ⁸ 3 mars 1677 ; m 1697, à Louise Senelle — *Anne,* b ¹ 28 juillet 1679 — *Reine,* b 1682 ; m à François Bertonet — *Jeanne,* b ¹ 30 avril 1684. — *Joseph,* b ¹ 31 mars 1686.

1690, (31 janvier) Rivière-Ouelle. ⁴

I. — EMOND, Pierre, b 1665, fils d'Isaac et de Marie Garineau, de St. Louis de Rochefort, évêche de Xaintes.
Grondin, Agnès,   [Jean I.
s 24 nov 1752, à Québec ⁵
Marie-Agnès, b ⁴ 15 fév. 1691 ; m ⁴ 4 mai 1711, à Pierre Defontrouver. — *Pierre,* b 1692 , m ⁴ 5 fév. 1714, à Madeleine Migneau. — *Marie-Angélique,* b ⁴ 20 sept 1695 ; 1° m ⁴ 14 janv. 1710, à Jean-Baptiste Dufos ; 2° m 5 fév. 1722, à François Hudon, à Ste. Anne. — *Joseph,* b ⁴ 14 mars 1698 ; m à Thérèse Migneau ; s ⁴ 22 mai 1721. — *Augustin,* b ⁴ 29 juin 1700 ; m ⁴ 7 août 1720, à Ursule Migneau. — *Marie-Angélique,* b ⁴ 12 nov. 1702 — *Marie-Anne,* b ⁴ 12 sept. 1706 — *Jean-Baptiste,* b ⁴ 11 fév. 1709 ; m ⁵ 1er août 1729, à Marie-Anne Nadeau — *Geneviève,* b ⁴ 27 nov. 1712 ; m 4 nov. 1736, à Michel Girard, aux Trois-Rivières. — *Cécile,* b... ; m ⁴ 8 janv. 1721, à Louis Dubé. — *Marguerite,* b... ; m ⁵ 4 mai 1733, à Michel Roy.

1694, (22 février) St. François, Ile-Orléans. ⁶

II. — EMOND, Robert,   [René I
Dompierre, Catherine,   [Charles I.
Joseph, b 14 oct 1698, à Ste. Famille ; s ⁶ 15 janv. 1718. — *Jean,* b... ; m ⁶ 25 oct 1717, à Anne Gagnon. — *Pierre,* b ⁶ 15 avril 1700 ; s ⁶ 17 déc. 1717 — *François,* b ⁶ 18 avril 1702 ; m ⁶ 17 fév. 1727, à Françoise Asselin. — *Reine,* b ⁶ 21 et s ⁶ 29 sept. 1704. — *Michel,* b ⁶ 8 mars 1708 ; m ⁶ 26

janv. 1728, à Agathe Jinchereau. — *Joseph,* b ⁶ 8 mars 1708 ; s ⁶ 27 nov. 1726. — *Marie,* b ⁶ et s ⁶ 30 juillet 1710. — *Marie-Catherine,* b ⁶ 11 et s ⁶ 26 juin 1711. — *Gervais,* b ⁶ 24 sept. 1713.

1696.

II. — EMOND, René,   [René I.
Senelle, Louise,   [Jean I.
s 25 janv. 1703, à St. François, Ile-Orléans. ⁸
Pierre, b ⁸ et s ⁸ 4 sept. 1698. — *Marie-Charlotte,* b 1699 ; m ⁸ 17 nov. 1727, à Marc Dompierre. — *Marie-Françoise,* b 24 août 1701, à Ste. Famille.

ENARD. — *Variations et surnoms ·* Esnard — Inard — Ynard — Provençal.

1665, (6 octobre) Québec. ⁶

I. — ENARD, Gilles, b 1636, fils de Pierre et d'Hilaire Guirout, de St. Lazare, bourg d'Andillier-le-Marest. évêché de La Rochelle ; s ⁶ 5 août 1666.
De Bure dit Battanville, Marie, (1) b 1647, fille de Vincent et de Suzanne Gohn, de St. Sauveur de Rouen, en Normandie.
Marie, b ⁶ 22 août 1666 ; s 1666.

1674.

I. — ENARD, Simon, b 1640, cordonnier, natif de St Tauberot, évêché de La Rochelle.
Laubier, Marie, (2) b 1644.
Marie, b 6 oct. 1675, à Québec ; 1° m 1690, à Pierre Ango ; 2° m 1695, à André Robert — *Louise,* b 1667 ; m 17 nov. 1682, à François Bidaut, aux Trois-Rivières. — *Marie,* b... ; m à Rene Durand.

I. — ENARD, François. (3)
Marguerite, b 10 déc. 1673, à L'Ange-Gardien.

1662, (8 août) Québec. ⁶

I. — ENAUD, Michel, b 1636, fils d'Yvon et de Jeanne Galiot, de la Ferrière, près Vanne ; s ⁶ 3 sept. 1701.
Magré, Geneviève, b 1636, fille de Jean et de Barbe Landry, de N. D. de Villaines, proche Bestoy.
Marie, b 4 fév. 1664, au Château-Richer. ⁷ — *Michel,* b ⁷ 22 nov. et s ⁷ 5 déc. 1665. — *Hélène,* b ⁷ 16 avril 1668 ; m 14 juin 1684, à Fabien Préjean, à St. Laurent, I. O. — *Geneviève,* b 17 et s ⁷ 25 nov. 1669. — *Nicolas,* b 19 déc. 1670, à L'ange Gardien ; s ⁷ 26 déc. 1670. — *Léonard,* b 24 mars 1673, à Ste. Famille.

1688, (4) (janvier) Sorel. ⁶

I. — ENAU dit Canada, Pierre, établi à Berthier, s 5 mai 1711, à l'Ile Dupas. ⁷
Ratel, Marie-Anne,   [Pierre I.

(1) Aux registres de Beauport, (1717) ce nom a été écrit " Ainceri. "

(2) Elle épouse, le 14 septembre 1718, Henry Coffinier, à Québec.

(1) Elle épouse, le 26 décembre 1666, Jean Bernard, à Québec.

(2) Elle épouse, le 3 octobre 1684, François Huquerre, à Québec.

(3) Le nom de sa femme est détruit sur le registre.

(4) Sans date, au Registre.

Pierre, b 11 sept. 1691, à Montréal. — *Pierre*, b [6] 27 janv. 1694 ; m 1720, a Marguerite PIETTE.— *Jeanne-Hilaire*, b [6] 9 mai 1698 —*Marie-Geneviève*, b [7] 27 mai 1709.

———

I. —ENAUX, FRANÇOIS. — Voy. NAULT.

ENCOUGUERCE. — *Variations* ENCOUGNIER— LANCOGNET.

1659, (23 mai) Trois-Rivières. [6]

I. —ENCEAU, BENJAMIN, sieur BERRY, b 1629, fils de Jean et de Marie Moquet, de La Rochelle. POISSON, Louise, [JEAN I. *Marie-Anne*, b [6] 5 sept. 1660, ursuline dite Ste. Thérèse ; s 28 oct. 1739, à Québec. — *François*, b 1662 ; s 27 mai 1681, à Champlain.

ENGUEHARD. — Voy. HENGARD.

I —ERIPERT, MARIE, b 1611, femme de Jacques BOISSEL ; s 1er nov. 1697, à Québec.

ERICHÉ, —*variations et surnoms* : RICHÉ — RI-CHER — LOUVETEAU.

1698, (7 avril) Montréal. [6]

I. —ERICHÉ DIT LOUVETEAU, JACQUES, b 1664, fils de Jacques et de Catherine Pin, de Louve-teau, évêché de Rouen. en Normandie. JOFFRION, Marie, [PIERRE I. veuve de Pierre La Varenne. *Anne*, b [6] 18 fév. 1699. — *Marie-Josette*, b 17 et s [6] 20 juin 1700. — *Jacques*, b [6] 22 mai 1701. — *François*, b [6] 22 oct. 1702. — *Marie-Cécile*, b [6] 22 fév. 1704.

ERIGOYEN, — Voy. DIRIGOYEN.

ESCARBOT. — Voy. L'ESCARBOT DIT BEAUSSERON.

I.—ESCHAPPE DIT DESLAURIERS, était à Québec, en 1651.

ESNARD. — Voy. ENARD.

ESPAGNET. — Voy. D'ESPAGNOL. — ESPAGNOL.

I.—ESPAGNOL, ANDRÉ, établi à Laprairie. b 1643 ; s 1er avril 1678, à Montréal.

ESTOURNEAU. —Voy. LETOURNEAU.

1670, (22 septembre) Montréal. [4]

I —ETHIER, LÉONARD, b 1641, fils d'Etienne et de Marguerite Sabelle, de St. Martial de Ma-not, évêché de Limoges. GODILLION, Elizabeth, b 1651, fille de Nicolas et de Marie Boulay, de N.-D. des Aides, de Blois, évêché de Chartres. *Jacques*, b [4] oct. 1671. — *Elizabeth*, b [5] 2 fév. 1673, m à LOUIS DESPATIS — *François*, b [4] 23 oct. 1674 ; m 23 nov. 1701, à Marguerite MILLAULT, à Varennes.—*Anne*, b 15 mars 1676, à Repentigny [5]; m [5] 17 avril 1697, à Bertrand LALONGE. — *André*, b 6 mars 1678, à la Pointe-aux-Trembles de Mont-

réal ; m 24 avril 1704, à Anne PERRON, à St. Fran-çois, I. J. [6] — *Marguerite*, b [5] 26 déc. 1679 ; m [6] 23. fév. 1705, à Charles LABELLE — *René*, L[5] 7 juillet 1682 , m [6] 3 mai 1706, à Madeleine REJAS DIT LA-PRADE. — *Madeleine*, b [5] 6 mars et s [5] 30 juillet 1684. — *Ursule*, b..., m [6] 5 avril 1712, à Joseph BRUNET. —*Joseph*. b... ; m [6] 28 nov. 1713, à Angé-lique LABELLE.

1686, (22 avril) Boucherville.

I. — ETHIER, FRANÇOIS, b 1653, fils d'Etienne et de Marguerite Isabelle, de Manot, évêché de Limoges. PILET, Jeanne-Thérèse, (1) [FRANÇOIS I.

1689, (9 février) Boucherville. [9]

I. — ETHIER DIT LAFLEUR, GEORGES, soldat de M Daneau, b 1669, fils do Jean (maître ton-nelier) et de Claire Cordier, de N.-D. de Grâ-ce, de Rouen, Normandie. LOISEAU, Marie, [LUCAS I. *Françoise*, b [9] 22 novembre 1699. — *Antoine*, b 5 janv. 1710, à Repentigny. [7]—*Pierre*, b [7] 6 sept. 1711.

ETIENNE, — *Variations et surnoms* : BLAIS — PONT — LAMONTAGNE — DURIVAGE.

1640, (22 octobre Québec.[2]

I. — ETIENNE, CLAUDE, b 1610, fils de Nicolas et d'Alix de Beaumont, de Gélicourt, en Lor-raine. MARTIN, (2) Helène, [ABRAHAM I. *Martin*, b [2] 30 juillet et s [2] 10 sept. 1644.

1655, (26 janvier) Trois-Rivières. [5]

I. — ETIENNE, PHILIPPE, maître-charpentier, b 1631, fils de Mathurin et de Louise Arsonnelle, de Deuil, évêché de Xaintes. 1° VIEN, Marie, [ETIENNE I veuve de Jean Lanqueteau. *Marie-Charlotte*, b [5] 2 fév. 1656 ; m [5] 19 oct. 1673, à Prudent BOUGRET. — *Jeanne*, b [5] 24 sept. 1657 ; m [5] 6 nov. 1672, à Jean VINET ; s 7 août 1747, à la Longue-Pointe. — *Judith*, b 1659 , s [5] 7 avril 1664. — *Louise-Marguerite*, b [5] 11 oct. 1661 ; m 14 oct. 1681, à Jean-Baptiste MÉNARD, à Bou-cherville. — *Pierre*, b et s [5] 15 août 1663. — *Charles*, b [5] 13 sept 1664. — *Marie-Ursule*, b [5] 9 avril 1666 ; m [5] 11 nov. 1687, à Jacques AUBU-CHON. —*Joseph*, b [5] 27 juillet 1667.

1666, (3 novembre) Trois-Rivières. [5]

2° GRAVOIS, Marie, *Michel*, b 1669. — *Dominique*, b [5] 12 nov. 1671. —*René*, b [5] 8 sept 1673 ; m 20 sept 1698, à Marie AUBUCHON, à la Pointe-aux-Trembles de Montréal. [2] —*Jacques*, b [5] 15 sept. 1675. — *Pierre*, b [5] 15 avril 1678 , s [5] 9 sept. 1693.—*Madeleine*, b [5] 16 juin 1680 ; m [2] 15 oct. 1697, à François PIGEON.—*Etienne*, b [5] 15 août 1682. — *François*, b [5] 25 avril 1685. — *Marie-Charlotte*, b [5] 17 mars 1690.

———

(1) Elle épouse, en 1693, Mathieu Perrin.

(2) Elle épouse, le 3 sept. 1647, Jean Chouard, à Québec.

1657, (17 juin) Québec.

I. — ETIENNE, GUILLAUME, b 1625, fils de Louis et de Jeanne Auzou, de Rouen.
ROZA, Marguerite, veuve de Pierre Gasnier, fille de Jean et de Catherine Barbier, de St Joseph, evêché du Mans.

1698, (20 sept.) Pte-aux-Trembles, (M). 8

II. — ETIENNE, DIT DURIVAGE, RENÉ, [PHILIPPE I. AUBUCHON, Marie.
Marie-Marguerite, b 2 11 août 1699. — René, b 12 juin 1702, a Montréal. 1 — Joseph, b 1 18 avril 1704.

1698, (4 novembre) Montréal. 5

I. — ETIENNE, DIT LAMONTAGNE, JEAN, soldat de M. Des Bergères, b 1668, fils de Jean et de Guillemette Pont, de St André, évêche d'Agen.
DU SUREAU, Marie, [FRANÇOIS I.
Jean-Raymond, b 5 20 sept. 1699 ; m 4 fév 1722, à Anne GAUDRY, à Varennes. — Catherine et François; jumeaux, b 5 23 et s 5 25 mars 1702. — Jean, b 26 avril 1703, à St François, Ile Jesus 2 — Marie-Marguerite, b 2 7 mars 1706. — Marguerite, b 2 22 avril 1708.

EUDES, Jacques, — Voy. HUDDES.

F

1686, (7 novembre) Québec. 3

I. — FABAS DIT ST. GERMAIN, GUILLAUME, soldat de la Compagnie de M. de Troye ; b 1661, fils de Jean et de Marie Dusault, de N.-D. de la Dorade, ville de Toulouse ; s 8 24 janv. 1743.
1o GERBERT, Marie-Madeleine, [MATHURIN I.
s 3 25 déc. 1702.
Marie-Charlotte, b 3 25 juin 1691 , m 3 23 août 1716, à Jean GALOCHEAU. — Louis, b 3 4 avril 1698 ; m 3 6 août 1724, à Marie IMBAUT. — Guillaume, b 3 31 janv. 1700.

1703, (11 juillet) Québec. 9

2o THIBAULT, Jeanne, [MICHEL I.
s 3 27 dec. 1744.

FABER. — Voy. LEFEBVRE.

FAFARD. — Surnoms : LAFRAMBOISE — LONGVAL
LAPAVANNE — DELORME.

I.— FAFARD DIT LAFRAMBOISE, BERTRAND, b 1620; s 3 nov. 1660, aux Trois-Rivieres. 3
SÉDILOT, Marie, (1) b 1627.
Joseph, b 8 9 août 1645. — Louis, b 9 14 nov. 1649 ; 1o m à Marie LUCAS ; 2o m 19 juillet 1703, à Françoise LAFOND, à Batiscan 5 ; s 5 4 fév. 1717. — Stéphanie, b 3 16 mai 1652 ; m 3 4 nov. 1664, à Pierre BOIVIN. — Jean, b 3 25 fev. 1656 ; m à François MARCHAND ; s 3 27 juillet 1714. — Marie-Jeanne, b 8 1er janv. 1659 , s 3 10 avril 1664.

1656, (5 novembre) Trois-Rivières. 8

I. — FAFARD, FRANÇOIS, b 1630, fils de Jean et d'Antoinette Leverdier, de la ville d'Hotot, evêche d'Evreux, Normandie ; s 26 dec. 1711, à Batiscan. 7
1o RICHARD, Marie, b 1636, fille de Siméon et de Catherine Constancineau ; s 7 30 mai 1696.
Jean, b 8 18 sept. 1657 ; m à Marguerite COUCK. — Joseph, b 1662 ; m 7 25 juillet 1703, à Marguerite LAFOND. — Louis, b... ; m 22 oct. 1696, à l'Ange-Gardien, à Ursule JACOB. — Marie-Anne, b... ; m 7 10 janv. 1689, à Julien LANIEL. — Jeanne, b 1664 : m 7 30 mai 1689, à Jean CHASTENAY — François, b 1660 ; 1o m 3 nov. 1683, à Madeleine JOBIN, à Champlain ; 2o m 30 oct. 1713, à Barbe LOISEL, au Détroit 3 , s 8 28 janv. 1734.

1696, (8 avril) Château-Richer.

2o LEFRANÇOIS, Madeleine, veuve de Guillaume Tibaut.

II.—FAFARD, DIT LONGVAL, LOUIS, [BERTRAND I.
1o LUCAS, Marie ; s 29 nov. 1700, aux Trois-Rivières 1
Joseph, b 1 27 mars 1673. — Louis, b 1 19 mai 1675 ; s 1 2 mars 1703. — Alexis, b 1 8 janv. 1678. — Jacques, b 1 6 nov. 1680. — Michel, b 1 9 avril 1683 ; m 1 18 mai 1717, à Marie-Charles GODFROY. — Marie-Thérèse, b 1 27 oct 1685. — Marguerite-Thérèse, b 1 2 août 1688 ; m 1 10 janv. 1702, à Noël TROTIER, s 14 sept. 1753, à Batiscan.— Alexis, b 1 31 janv. 1691 , m 29 oct. 1720, à Marie-Anne FOURNEL, à Quebec. — Joseph, b 1 10 nov. 1693. — François, b 1 2 mai 1696. — Marie-Exupère, b 1 13 janv. 1699.

1703, (19 juillet) Batiscan. 2

2o LAFOND Françoise, veuve de Charles LeSieur.
Marie, b 1693, m 19 janv. 1702, aux Trois-Rivieres, à Noel FORTIER ; s 2 14 sept. 1753.

1683, (3 novembre) Champlain. 6

II. — FAFARD DIT LAPAVANNE, FRS., [FRANÇOIS I.
s 8 janv. 1734, au Detroit. 6
1o JOBIN, Marie-Marguerite, [CHARLES I.
b 1666 ; s 5 29 janv. 1711.
Charles, b 11 juin 1687, à Batiscan ; 8 m 29 mars 1717, à Françoise LEMAISTRE, aux Trois-Rivières. 7 — Marie-Madeleine, b 8 29 sept. 1691 ; m 7 janv. 1711, à Prudent ROBERT, au Detroit.5 — Marie-Marguerite, b 8 22 juillet 1695 ; m 5 30 juin 1710, à Michel BISAILLON. — Marie-Josette, b 6 18 juillet 1698 ; 1o m 9 nov. 1716, à Pierre AUCLAIR, a Charlesbourg 9 , 2o m 9 1729, à Jacques COLOMBIER. — François, b 6 25 sept. 1684 ; m 7 9 janv. 1713, à Jeanne LEMAISTRE ; s 7 13 fév. 1745. — Alexis-Joseph, b 19 et s 20 mars 1706, à l'Ile Dupas. — Joseph, b 5 25 sept. 1708. — Etienne, b 5 25 sept. 1708.

1713, (30 octobre) Détroit.

2o LOISEL, Barbe, veuve de François Gautier.

II. — FAFART, JEAN-BAPTISTE, (1) [BERTRAND I.
s 27 juillet 1714, aux Trois-Rivières. 1
MARCHAND, Françoise.

---

(1) Elle épouse, le 16 février 1681, René Bernard, aux Trois-Rivières.

(1) Dit Laframboise, marchand-bourgeois.

Jean-Baptiste, b [1] 4 juillet 1685 ; s [1] 1er oct. 1686. — *Alexis*, b [1] 24 mars 1690, m... — *Marie-Françoise*, b [1] 7 fev. 1692 ; m [1] 5 oct. 1713, à François-Augustin JOANNES. — *Jean-Baptiste*, b [1] 5 mars 1694 ; m à Marie-Charlotte LE GARDEUR. — *Marie-Anne*, b [1] 7 juillet 1696. — *Madeleine*, b... ; m 1738, à Jacques FISET.

II. — FAFART, JEAN,   [FRANÇOIS I. COUCK, Marguerite,   [PIERRE I. *Marguerite*, b... ; m 5 mai 1710, à Jean-Baptiste TURPIN, au Detroit. [9] — *Jean-Baptiste*, b... ; m [9] 4 nov. 1715, à Marguerite JOSEPH (Huronne).

1696, (22 octobre) L'Ange-Gardien. [2]

II. — FAFARD, LOUIS,   [FRANÇOIS I. JACOB, Marie-Ursule,   [ÉTIENNE I. *Joseph-Noel*, b 6 nov. 1697, à Batiscan. [6] — *Louis-François*, b [6] 27 juillet 1699, 1o m [2] 8 fev. 1728, à Catherine GARIEPY ; 2o m [2] 18 juin 1731, à Marguerite TRUDEL.

FAGNAN. — Voyez FAYEN — FAYE — FAILLY — SANS-CARTIER.

1669, (21 octobre) Québec. [6]

I. — FAGOT, GUILLAUME, b 1638 ; fils d'Hilaire et de Marie Bailly, de St. Sauveur de Chasteignery, évèche de La Rochelle. COIPEL, Marie, (1) fille de Jean et de Denise Valois, do St. Jacques de la Boucherie, évèche de Paris. *Marie-Madeleine*, b [6] 12 oct. 1670 ; m 6 nov. 1696, à Denis JOURDAIN, à Montreal. — *Louis*, b [6] 21 sept. 1672 ; m 9 nov. 1694, à Claire-Françoise CHARTIER, à Lévis [1], s 19 fév. 1752. — *Marie*, b [6] 22 fev. 1675. — *Marie-Angélique*, b [6] 3 juillet 1677 ; s [6] 21 dec. 1679.

1694, (9 novembre) Lévis. [2]

II. — FAGOT, LOUIS,   [GUILLAUME I. s [2] 19 fev. 1752. CHARTIER, Claire-Françoise,   [ROBERT I. *Marie-Geneviève*, b [2] 4 oct. 1695 ; m [2] 1er sept. 1740, à Pierre GRONDIN. — *Elizabeth*, b [2] 4 août 1699. — *Louis*, b [2] 16 fev. 1702, m [2] 25 nov. 1732, à Marie-Josette GRONDIN. — *Pierre*, b [2] 27 fev. 1708 ; m à Marie ROBERT. — *Marguerite*, b [2] 4 fev. 1710 ; m [2] 27 avril 1739, à Charles MARANDA. — *Jean-Baptiste*, b 12 et s [2] 21 fev. 1712. — *Joseph*, b... ; m [2] 4 juillet 1740, à Marguerite CASSE. — *Michel*, b et s [2] 9 août 1718. — *Ignace*, b...

I. — FAGUERET DIT PETITBOIS, JEAN, tué par les Iroquois, le 5 août 1689 ; s 28 oct. 1694, à Lachine. (2)

FAILLY. — Voyez FAYEN.

1694, (25 janvier) Beauport. [3]

I. — FOLLARDEAU, GUILLAUME, b 1666, fils de Jean et de Jeanne Coutault, évèche de Xaintes. BERGEVIN, Ambroise,   [JEAN I.

(1) Elle épouse, le 22 nov. 1677, Claude Renaud, à Québec.
(2) Voy. la note de la page 120.

Jean, b [3] 7 nov. 1694 ; m 1722, à Marie BÉLANGER, à Charlesbourg. [4] — *Guillaume*, b [3] 9 juillet 1696 ; m [4] 28 fev. 1718, à Jeanne RENAUD — *René*, b [6] 14 nov 1698 ; m [4] 1727, à Marie-Charlotte RENAUD. — *Marguerite*, b... ; 1o m à Etienne BOIS ; 2o m 7 avril 1750, à Pierre LE SACQUE, à Quebec. — *Marie-Ambroise*, b [4] 9 mars 1707 ; m [4] 1724, à Jacques SAVARD. — *Louis-François*, b [4] 26 mars 1704 ; m [4] 1728, à Elizabeth GERVAIS. — *Charles*, b [4] 4 oct. 1709. — *Marguerite*, b [4] 3 oct. 1712. — *Marie-Louise*, b [4] 13 oct. 1715.

1697, (27 sept.) Charlesbourg.

I. — FALARDO, (1) JOSEPH. BAILLY, Madeleine, veuve de Guillaume Vannier.

FARGY. — Voy. GIFFARD Sieur de FARGY.

1669, (7 octobre) Quebec. [1]

I. — FASCHE, NICOLAS, b 1642, fils de Jean et de Marie Grandserre, de St. Eloy, évèché d'Amiens ; s 4 déc 1714, à Charlesbourg. [2] SURET, Catherine, fille de Jean et do Denise LeConfesseur, de St Sulpice, de Paris. *Robert*, b [1] 30 oct. 1670 ; m [1er] dec. 1696, à Catherine CADIEU, à Montréal. — *Marguerite*, b [1] 25 sept. 1672 ; m [2] 27 oct. 1692, à Vincent BEAUMONT, s [2] 4 fev. 1703. — *Catherine*, b [1] 27 sept. et s 18 nov. 1674. — *Marguerite-Angélique*, b [1] 28 oct. 1675 ; m [2] 24 janv. 1695, à Pierre RENAUD. — *Pierre*, b [1] 29 sept. 1678. — *Catherine*, b [1] 24 mai 1681 ; m [2] 15 nov. 1700, à Pierre BUISSON. — *Claudine*, b [2] 29 dec. 1685 ; m [2] 21 fev. 1707, à Pierre PIVAIN. — *Jean-Nicolas*, b [2] 20 fev. et s [2] 5 mars 1684. — *Guillaume*, b [2] 6 avril 1689. — *Anne*, b [2] 6 avril 1689.

1696, (1er décembre) Montréal.

II. — FACHE, ROBERT,   [NICOLAS 1. CADIEU, Catherine,   [JEAN I. *Marie-Catherine*, b 21 fèv. 1698, à Boucherville. — *Mathurin*, b 4 sept. 1699, à Charlesbourg.

1669, (15 octobre) Québec. [1]

I. — FAUCHER DIT ST. MAURICE, LÉONARD, habitant du Dombourg, b 1646, fils de Barthelemi et de Sybille Briant, de St. Maurice, évèche de Limoges, s 15 avril 1726, à la Pointe-aux-Trembles de Québec. [2] DAMOYS, Marie, b 1650, fils de Pierre et de Marie Lefebvre, de St. Jean d'Elbeuf, évèché de Rouen, s [2] 20 déc. 1708. *Nicolas*, b [1] 16 oct. 1670 ; m [2] 25 nov. 1698, à Madeleine LANGLOIS. — *Madeleine*, b [1] 31 août 1672 ; m [2] 8 janv. 1692, à Guillaume PINEL. — *Marie-Catherine*, b [1] 23 sept. 1674 ; m [2] 9 nov. 1694, à Antoine DELISLE. — *Elizabeth*, b [1] 15 nov. 1676 ; m [2] 10 fev. 1698, à Etienne LANGLOIS. — *Barbe*, b [2] 19 mai 1691 ; m [1] 1er sept. 1725, à Raymond GUAY ; s [2] 27 août 1760. — *Léonard*, b [2] 5 avril 1693. — *Marguerite*, b... ; m 1710, à Jac-

(1) Il signe "Joseph Fernando," soldat de M. Le Villiers.

ques Galarneau. — *Jean-Baptiste,* b [2] 21 juin 1682.
—*Geneviève-Thérèse,* b [2] 18 déc. 1679 ; m [2] 30 août 1700, à Jean-Baptiste Lefebvre. — *Jean-Baptiste.* b [2] 25 nov. 1684. — *Marie-Anne,* b [2] 5 oct. 1686, — *Marie-Thérèse,* b [2] 24 déc. 1688 ; 1° m [2] 5 nov. 1708, à François Delisle ; 2° m [2] 20 fév. 1713, à François Prou.

1698, (25 novembre) P[ie].-aux-Trembles, (Q.) [1]

II. — FAUCHER, Nicolas, (1)   [Léonard I.
Langlois, Madeleine,   [Nicolas I.
Nicolas, b [1] 8 sept. 1699 ; m [1] 27 janv. 1727, à Louise Vésinas. — *François,* b [1] 28 janv. 1701 ; m 25 avril 1736, à Marie-Charlotte Belleau, à Ste Foye. — *Marie-Angélique,* b [1] 30 janv. et s 14 mars 1703. — *Jean-Baptiste,* b [1] 26 janv. 1704. — *Marie-Angélique,* b [1] 24 janv 1706 ; m [1] 12 janv. 1722, à Jean Roberge — *Marie-Pélagie,* b [1] 16 juin 1708 ; s [1] 14 fev. 1710. — *Eustache,* b 20 juillet 1710, à Quebec ; s [1] 25 nov. 1729. — *Augustin,* b [1] 28 août 1712 ; 1° m [1] 21 nov. 1740, à Marie-Angélique Gaudin ; 2° m [1] 15 juin 1744, à Marie-Catherine Duduc. — *Louis-Joseph,* b [1] 22 août 1715. — *Marie-Anne,* b [1] 27 mars 1718 ; m [1] 18 janv. 1740, à Louis Vésina. — *Marie-Madeleine,* b [1] 5 mars 1721. — *Marie-Joseph,* b [1] 19 avril 1723.

1671, (20 janvier) Quebec. [1]

I. — FAUCONNET dit Lafleur, Jean, b 1636, fils de Jean et d'Anne Carré, de St. Paul, évêché d'Orléans ; s...
Attenville, Marie, b 1651, veuve de Robert Senat. (2)
Charles, b [1] 16 déc. 1671. — *Michel,* b [1] 27 mai 1673. — *Marie,* b [1] 3 fev. 1678. — *François,* b [1] 7 nov. 1681. — *Geneviève,* b 17 oct. 1675, à Sillery. — *Marie,* b 1678 ; m 29 avril 1696, à Jean Chauvin, à Boucherville [2] ; s [2] 9 fév. 1697. — *Jean,* b 20 mars 1680, à la Pointe-aux-Trembles de Québec.

I. — FAUDEUX, Pierre, b 1642, s 28 déc 1714, à la Pointe-aux-Trembles de Quebec [1]
Bulté, Péronne,   Pierre I.
b 1655 ; s [1] 1er oct. 1720.
Denis, b 1679. — *Catherine,* b [1] 3 mai 1681, m [1] 10 nov. 1699, à Pierre Berthiaume. — *Pierre-Joseph,* b [1] 30 janv ; s [1] 2 fev. 1680. — *Marie-Anne,* b [1] 7 août 1683. — *Geneviève,* b [1] 12 janv. 1686 ; m 11 août 1705, à Pierre Guyon, à Lorette. — *Antoine,* b [1] 20 et s [1] 22 août 1688. — *Jeanne,* b [1] 31 juillet et s [1] 4 août 1689. — *Pierre,* b [1] 4 sept. 1690 — *Alexis,* b [1] 28 déc. 1692 — *Suzanne,* b et s [1] 7 juillet 1695. — *Marie-Jeanne,* b [1] 19 et s [1] 24 avril 1697. — *Marie-Suzanne,* b [1] 14 août 1698 ; m [1] 6 avril 1728, à Jean-Baptiste Sylvain Fournier. — *Jean-François,* b [1] 8 et s [1] 10 août 1700. — *Charles,* b [1] 27 mars 1718.

I. — FAUPIÉ, Amador. (3)

I. — FAUQUES, Jacques, b 1631.
Bonne-Guerrière. Marie, b 1645.
Geneviève, b 2 oct. 1666, à Sillery [5] ; m 13 sept. 1683, à François Hubert, à la Pointe-aux-Trembles de Québec. — *François,* b [5] 21 sept. 1669. — *Madeleine,* b [5] 2 déc. 1673. — *Pierre,* b [5] 29 oct. 1671.

I — FAUQUEREAU, Urbain. — Voy. Fouquereau.

1665, (26 août) Québec.

I. — FAURE, Bernard, b 1637, fils de Pierre et d'Anne Degros, de St. Project, ville de Bordeaux ; s...
Brouillet-Dubreuil, Isabeau, fille de Pierre et de Prenello Masson, de Gouvrillette, sur Matha, évêché de Beauvais ; s...

I. — FAURE, Pierre, b 1649, habitant de St. François du Lac. — *Recensement de* 1681.

1677, (29 octobre) Québec. [1]

I. — FAURE, Moyse, (1) b 1629, fils de Jean et de Jeanne de la Porte ; de St. Vivien, évêché de Perigueux ; s...
Lespine, Marie, b 1649, fille de Pierre et d'Andree Griffon, de Périgny, évêché de La Rochelle ; s...
Jeanne, b 1688 ; s [1] 23 août 1692. — *Claude,* b 1678. — *Marie,* b 1681.

FAUTEUX, Pierre. — Voy. Faudeux — Gaudin.

1671, (6 octobre) Québec. [2]

I. — FAUVE, Pierre, b 1649, fils de Pierre et de Catherine Roussel, de Dieppe, s [2] 14 mai 1699.
Parenteau, Marie, b 1642, fille d'Antoine et d'Anne Brisson, de St. Nicolas, évêché de La Rochelle, s...
Louise, b [2] 21 mai 1672 ; m [2] 3 nov. 1691, à Jean De La Grange ; s [2] 13 déc. 1702, dans l'église. — *Geneviève,* b [2] 28 nov. et s [2] 7 déc. 1674. — *Charles-François,* b [2] 5 sept. 1685.

FAVEL. — *Surnoms* : Vaucher.

1681, (10 février) Château-Richer.

I. — FAVERON, Noël, menuisier, b 1655, fils de Nicolas et de Julienne Salrière, évêché de Dole : s 21 mars 1688, à Quebec. [2]
David, Marie, (2)   [Jacques I.
Marie-Françoise, b [2] 21 janvier 1682 ; m [2] 3 nov. 1699, à Laurent Huot. — *Marie-Angélique,* b [2] 1er août 1683 ; m [2] 1 sept. 1718, à René Hubert ; s [2] 7 fev. 1753. — *Vincent,* b [2] 6 sept. 1684 : s [2] 26 juin 1693, (noyé). — *Noël,* b [2] 13 avril 1686 ; s [2] 22 sept. 1687. — *Marie-Jeanne,* b [2] 31 juillet 1687 ; m [2] 28 fev. 1707, à David Corbin ; s [2] 9 mai 1717.

---

(1) Dit Châteauvert.

(2) Elle épouse le 6 oct. 1683, Charles Martin, à Boucherville.

(3) Habitant le fort St. Louis, était à Contrecœur, en 1682.

(1) Etabli à Ste. Anne de la Pérade.

(2) Elle épouse. en 1688, Jacques Boutrel, à Québec.

I.—FAVREAU, (1) Pierre,
    b 1618 ; s 26 mai 1708, à Contrecœur.[1]
Benoit, Marie,
    Nicolas, b 1668 ; 1° m 18 oct. 1694, à Catherine
Picard, à Boucherville.[6] — 2° m [5] 20 avril 1700, à
Marie Meunier. — *Marie*, b 1678 ; m [6] 18 oct.
1694, à François Picard. — *Mathurin*, b 28 mars
1677, à Sorel [5] , m [6] 11 janv. 1700, a Madeleine
Emery. —*Antoine*, b [5] 6 mai 1675 ; m [6] 11 janv.
1700, à Anne Meunier. —*Jean*, b 1681, m [6] 23
janv. 1702, à Jeanne Meunier. — *Joseph*, b [1] 28
mars 1683.— *Charles*, b [1] 18 fév. 1685. — *Geneviève*, b [1] 6 oct. 1686. — *Marie-Anne*, b... ; m à
Antoine Coderre.— *René*, b [6] 27 mai 1688 ; s [6]
13 avril 1689. — *Jacques*, b [6] 30 août et s [6]
25 sept. 1690. —*Pierre*, b [6] 25 mars 1693.

1694, (18 février) Boucherville. [7]

II.—FAVREAU, Nicolas,   [Pierre I.
    1° Picard, Catherine,   [Pierre I
    s [3] 6 août 1699.
    Nicolas, b [3] 20 déc. 1697.

1700, (20 avril) Boucherville. [8]

    2° Meunier, Marie,   Pierre I.
    Nicolas, b [3] 2 mars 1701.

1668, (16 août) Québec. [4]

I.— FAYE dit Vilfagnan, Pierre, b 1637, fils de
    Jacques et d'Isabelle Beguin, de Villefayon,
    évêché d'Angoulème.
Chauvet, Marie, b 1641, fille de Jacques et de
    Marie Michelet, de Ste. Marguerite, évêché
    de Xaintes
    Jean-Baptiste, b [4] 10 et s [4] 14 avril 1669. — *Ma-
rie-Madeleine*, b [4] 27 oct. 1676 ; 1° m à Pierre
Chouard ; 2° m [4] 13 janv. 1722, à Nicolas Duchesne. — *Marie-Anne*, b [4] 30 juin 1678 ; m à Charles
Bernier. — *Anne*, b [4] 22 mars 1671 ; s... —*Isabelle*, b [4] 1er avril 1673. — *Pierre*, b 1680,

FAYE. — *Variations :* Fagnan — Fayen.

FAYEN. — *Variations et surnoms :* Fagnan —
    Fayen — Faye — La Fayette — Failly —
    Fahy — Villefayen.

1670, (30 septembre) Montréal.

I.— FAYE, Mathieu, (2) b 1641, fils de Claude et
    de Marie Sullier, de St. Jean, évêché de Cler-
    mont, en Auvergne ; s 29 août 1695, à La-
    prairie. [4]
Maureau, Marguerite-Françoise, (3) b 1655, fille
    de François et de Françoise Gardien, de St.
    Sulpice, de Paris.
    Anne, b [4] 22 sept. 1672. — *Marguerite*, b [4] 21
mars 1674 ; m [4] 25 oct. 1689, à Joseph Besnard.
— *Marie*, b [4] 26 mars 1676 ; m [4] 25 oct. 1689, à
Pierre Bordeau ; s [4] 14 juin 1700. —*André*, b [4]
16 juillet 1678 ; s [4] 29 août 1695 , tué par les Iro-

quois. — *Jean*, b [4] 17 sept. 1680 ; s [4] 30 sept 1684.
— *Marie-Angélique*, b [4] 5 janv. 1683 ; m [4] 20 avril
1705, à Pierre Roy. — *Jeanne*, b [4] 22 août 1684 ;
m [4] 3 juillet 1702, à Antoine Rougier. — *Anne*, b [4]
12 sept. 1686 ; s [4] 5 sept. 1689. — *François*, b [4] 21
mars et s [4] 3 sept. 1689. — *Elizabeth*, b [4] 11 juillet
1695 , m [4] 22 nov. 1717, à Pierre Cosme.

1688, (25 octobre) Laprairie. [3]

I.— FAIE, Claude, neveu du précédent.
Peras, Jeanne, (1)   [Pierre I.
    Mathieu, b [3] 27 oct. 1694 ; s [3] 6 déc. 1697. —
Jeanne, b [3] 29 oct. 1697. — *Marie*, b [3] 15 déc. 1698.
— *Claude-Joseph*, b [3] 15 nov. 1700.

FAYEN. —*Variations :* Fahy — Faye — Fayeu.

I.— FAILLY, Pierre.
Quinquenelle, Marie.
    Agathe, b 4 fév. 1681, à Québec [4] , m [4] 25 fév.
1699, à Jacques Gautier. — *Jean-Baptiste*, b 25
nov. 1683, à Charlesbourg [5] ; m 10 avril 1709, à
Madeleine Cloutier, au Château-Richer. — *Marie-
Anne*, b 1684 ; m 2 nov. 1705, à Jean Roche, à
Montréal. — *Pierre*, b [5] 19 juin 1686. — *Thomas*,
b [5] 14 et s [5] 21 sept. 1688.

1688, (15 nov.) Pte-aux-Trembles, (Q.) [6]

I.— FAYE dit Sansquartier, Pierre, fils de Jean
    et d'Anne Paré, de St. Germain en Laye, évê-
    ché de Poitiers.
Chartier, Madeleine,   [Guillaume I.
    s [6] 5 fév. 1696.
    Catherine, b [6] 11 nov. et s [6] 1er déc. 1689. —
Marie, b [6] 19 avril 1691 ; m 12 janv. 1711, à François Bayac, aux Trois-Rivières. — *Madeleine*, b [6] 9
août 1693.

I.— FAYET, Denis, de St. Laurent de Paris.
Guilbert, Marie.
    Anne, b... ; m 8 sept. 1670, à René Siret, à
Québec.

1682, (13 août) Contrecœur. [1]

I.— FAYOLLE, Jean, b 1642, fils de Pierre et
    de Marguerite Tessier, de St. Martin de Ri-
    bera, évêché de Périgueux.
Paviot, Marie,   [Jacques I.
    Marie-Elisabeth, b [1] 4 fév. 1686 ; m à Mathurin
Grégoire.

1665, (26 novembre) Québec. [2]

I.— FENIOU, (2) Guillaume, b 1631, fils de Guil-
    laume et Françoise Gaigneur, de St. Sauveur,
    évêché de LaRochelle.
Gaultier, Marie-Anne, (3)   [Guillaume I.
    Françoise, b [2] 27 oct. et s [2] 20 nov. 1669.

FELIX, Marie-Arontio, huronne, b 1645 ; m 19
    sept. 1662, à Laurent Dubocq, à Québec ;
    s 1er nov. 1689, à Montréal.

---

(1) Favreau dit Deslauriers, ancien soldat de Carignan, fermier de M. Arnault, à Contrecœur.

(2) Dit la Fayette. Tué par les Iroquois.

(3) Elle épouse, le 21 novembre 1690, Jean Lesort, à Laprairie.

(1) Elle épouse, le 23 déc. 1709, Pierre Voisin, à Laprairie.

(2) Appelé Fricon, au Recensement de 1666.

(3) Elle épouse, le 25 oct. 1672, Jacques Ragueneau, à
Québec.

FELLAN. — *Variations:* FRELAN — FERLAN. — FERLAND.

1679, (11 juillet) Ste. Famille

I. — FELLAN, FRANÇOIS, b 1641, fille d'André et de Marguerite Bariteau, de St. Vincent, evêché de Malizer

MILOIS, Jeanne-Françoise,   [JEAN I.
     veuve de Jacques Paradis.
François, b 19 mai 1680, à St. Pierre, I. O. ⁴ — *Marguerite,* b ⁴ 24 août 1681 ; m 1698, à Martin COTÉ. — *Geneviève,* b ⁴ 20 mars 1683. — *Jean-Baptiste,* b ⁴ 2 fév. 1685 — *Madeleine,* b ⁴ 24 mars 1687 ; m à Joseph BERGERON.

I. — FERAUD, FRANÇOIS, aide major du régiment de Carignan, était à Montreal, en 1666.

1684, (26 juin) Ptᵉ-aux-trembles Q. ³

I. — FERNET, MICHEL, fils de Michel et de Christine Jumeau, de Ste. Marguerite-des-baux, évêché d'Evreux.

DELAVOYE, Olive,   [PIERRE I.
Michel, b ³ 26 oct. 1686 ; s ³ 8 avril 1688. — *Simon,* b ³ 29 avril 1689. — *Michel,* b ³ 23 avril 1692. — *Marie-Françoise,* b ³ 1ᵉʳ juillet 1696. — *Pierre,* b ³ 20 janv. 1700.

1692, (9 septembre) Montréal. ⁴

I. — FERON DIT SANS-TERRE, JEAN, caporal, b 1656' fils de Jacques et de Julienne Leger, du bourg Sancez, évêché de Poitiers, Poitou.

1° POUTRÉ, Marie,   [ANDRÉ I.
     veuve de Louis Pacaud.

      1696, (27 janvier) Montréal. ⁴

2° PATENOTRE, Elizabeth,   [NICOLAS I.
Charles-Henry, b ⁴ 5 nov. 1697. — *Marie-Anne,* b ⁴ 22 dec. 1698. — *Pierre-Antoine,* b 20 mai et s ⁴ 29 août 1701. — *Marie-Elizabeth,* b ⁴ 3 nov. 1703.

I. — FERRÉ, JEAN, noyé avec Jean Nicolet et Noel Girardeau ; s 29 oct. 1642, à Quebec.

I. — FERRÉ, PIERRE, sieur DE LESPINÉ, lieutenant d'une compagnie, en 1666, de St. Barban, évêché de Poitiers.

GODEAU, Marie, b 1642, native de La Rochelle ; s 21 avril 1662, au Château-Richer.

1667, (24 novembre) Québec. ⁶

I. — FERRÉ, PIERRE, b 1641, fils de Jean et de Marguerite Tanguet, de St. Pierre, évêché de Rouen ; s...

LASNON, Marie, (1) b 1649, fille de Gilles et de Colette Laisné, de Sᵗ Vivien, évêché de Rouen.
Jean-François, b ⁶ 17 sept. 1668. — *Pierre-Joseph,* b ⁶ 17 août 1670, m 31 janv. 1691, à Marie-Françoise BOUTIN, à la Pointe-aux-Trembles de Québec. ² — *Benoit,* b ⁶ 20 mars 1674 ; m ⁶ 7 janv. 1698, à Madeleine DUCHERON. — *Marie,* b ⁶ 20 nov. 1675 ; m ³ 8 fév. 1683, à Jean CHESNIER ; s ⁵ 30

nov. 1688. — *Marie-Françoise,* b ⁶ 10 mars 1679 ; m 3 mars 1699, à Pierre COUSSY, à Montréal ; s ⁶ 18 déc. 1702. — *Pierre,* b 1685 ; s ⁶ 1ᵉʳ dec. 1687. — *Marie-Angélique,* b ² 22 sept. 1683. — *Nicolas,* b ² 28 oct. 1685. — *Jean-François,* b ² 28 oct. 1685. — *Jean,* b ⁶ 25 avril et s ⁶ 1 sept. 1688. — *Marguerite,* b ² 7 mars 1681 ; m ⁶ 25 nov. 1698, à Simon DROUILLARD ; s ⁶ 12 sept. 1711. — *Marie-Anne,* b... ; 1° m² 11 fev. 1694 à René LANCELEUR : 2° m ⁶ 1ᵉʳ fév. 1706, à Jean DEROME ; s² 13 juin 1711. — *Marie-Angélique,* b... ; m ⁶ 24 juillet 1702, à Jean VERET.

1695, (31 janvier) Ptᵉ-aux-Trembles, (Q).

II. — FERET, PIERRE-JOSEPH,   ]PIERRE I.
     s avant 1696.
BOUTIN, Marie-Françoise, (1)   [ANTOINE I.
Marie-Louise, (posthume) b ² 15 fev. 1696 ; m ² 8 janv. 1720, à Sebastien GINGRAS ; 2° m ⁶ 11 sept. 1730, à Toussaint DUMAREUIL ; s ⁶ 20 mai 1744.

1697, (19 septembre) Montréal.

I. — FERRÉ DIT LACHAPELLE, JEAN, soldat de M. Levilliers, b 1674, fils de Jean et d'Anne Gelineau, de Lachapelle, évêché de Xaintes.

LERT, Catherine,   [ETIENNE I.
Alexis, b 22 fev. 1706, à Repentigny ; 1 s 1 25 nov. 1708.

1698, (7 janvier) Québec. ¹

II. — FERRÉ, BENOIT,   [PIERRE I.
DUCHERON, Madeleine, (2)   [MATHIEU I.
Marie-Anne, b ¹ 6 mars et s ¹ 17 mai 1799. — *Simon,* b ¹ 10 janv. 1701. — *Joseph,* b ¹ 25 janv. 1704. — *Madeleine,* b ¹ 30 mai 1706. — *Marie-Louise,* b ¹ 4 et s ¹ 7 juin 1713. — *Marie-Charlotte,* b ¹ 14 déc. 1714.

I. — FERRON, MARGUERITE, femme de Guillaume Bertrand, 1671.

1682, (23 novembre) Cap St. Ignace. ¹

I. — FERTÉ, GUILLAUME, b 1634, fils de Guillaume et de Catherine Freneau, de St. Barthélemi, évêché de Paris ; s 19 août 1699, à l'Ilet.

BÉLANGER, Geneviève,   [FRANÇOIS I.
François, b ¹ 21 nov. et s ¹ 15 déc. 1683. — *Guillaume,* b ¹ 26 sept. 1684. — *Marie-Catherine,* b ¹ 14 juillet 1686.

I. — FÉTIVE, JEANNE, (3) femme de Jacques Brisset, en 1648.

FEUILLETEAU. — Origine des FILTEAU — FECTEAU. — Voy. FILTEAU.

I. — FEUILLON, MICHEL, b 1639.
BERCIER, Louise, b 1649.

---

(1) Elle épouse, le 6 juillet 1699, François Badeau, à Québec.

(2) Elle épouse, le 25 mars 1716, Clément De la Morinet, à Québec.

(3) Fétis, Fertier, Forestier.

---

(1) Elle épouse, le 8 mai 1701, Pierre Ledoux, à Québec.

Marie-Madeleine, b 1669 ; m 10 fév. 1687, à Louis BARIBAULT, à Batiscan. — *Antoine*, b 1675 ; m 5 déc. 1701, à Marie LATOUCHE, à Boucherville. [1] — *Michel*, b 1671 , m 3 mars 1699, à Marguerite GOULET, à Repentigny. — *Marie-Louise*, b 1683 ; m [1] 22 fév 1702, à François SEGUIN. — *Barbe*, b 1680, 1° m 28 oct 1698, à Jean-Baptiste LEBEAU, à Ste. Anne de la Perade ; 2° m [1] 4 fev. 1704, à Pierre SÉGUIN. — *Geneviève*, b 1695 ; m à Michel CARBONNEAU ; s 15 mai 1733, à Lachenaye.

1699, (3 mars) Repentigny. [6]

II. — FEUILLON, MICHEL,   [MICHEL I. s 12 mars 1736, à Lachenaye. [7]
GOULET, Marguerite,   [RENÉ II.
  veuve de Jean-Baptiste Hubou.
Marguerite, b [6] 26 oct. 1699. — *Marie-Angélique*, b 12 fev. 1708, à St. François, I. J [8], m [7] 23 nov. 1733, à Pierre MATTE. — *Angélique*, b... ; m [7] 23 nov. 1733, à Antoine ANGERS — *Marie-Josette*, b [8] 26 mai 1702. — *Michel*, b [8] 3 sept. et s [8] 22 déc. 1704. — *Charles*, b [8] 19 mai 1706. — *Marie-Suzanne*, b [8] 10 juin 1710. — *Agnès*, b [8] 29 août 1712.

1671, (16 novembre) Montréal.

I. — FÉVRIER, DIT LACROIX, CHRISTOPHE, b 1618, fils d'Honorable Eustache et de Renée Le Grand, de St. Maclou de Monte, évêché de Chartres ; s 29 sept. 1695, à Boucherville ; [1] tué par les Iroquois.
1° MARTIN, Marie, b 1647, fille d'Honorable Abraham et de Suzanne Daillebout, de St. Pantaleon de Ravière, en Champagne ; s [1] 14 juillet 1680.
Prudent, b [1] 18 fév. et s [1] 18 août 1673. — *Anonyme*, b et s [1] 18 fev. 1673. — *Marie-Barbe*, b [1] 14 juin 1674 ; s [1] 17 janv. 1687. — *Marie-Anne*, b [1] 22 juin 1676 ; m [1] 12 déc. 1691, à Louis MÉNARD. — *Jeanne*, b [1] 22 et s [1] 26 juin 1676. — *Claude*, b [1] 15 sept. 1678 ; s [1] 4 janv. 1679. — *Françoise*, b [1] 23 et s [1] 27 janv. 1680.

    1680, (8 novembre) Boucherville. [1]

2° GAUTIER, Claire-Françoise, (1) [CHARLES II.
Marie-Françoise, b [1] 10 juin 1682 ; m [1] 16 janv. 1698, à Antoine MARTIN. — *Louis*, b [1] 26 sept. et s [1] 11 déc. 1683. — *Claire-Françoise*, b [1] 19 nov. 1684 ; s [1] 3 janv. 1687. — *Pierre*, b [1] 23 déc. 1686 ; s [1] 27 déc. 1687. — *Pierre*, b [1] 17 avril 1689. — *Christophe*, b [1] 24 mars 1693. — *Madeleine*, b [1] 1er sept. 1695.

I — FEVRIER, ANTOINE,
  établi à l'Ile d'Orleans.
CADIEU, Marguerite,
Marie, b 1678. — *Antoine*, b 1680. — *Jeanne*, b 1681.

I. — FEZERET, CLAUDE, maître serrurier ; s 24 août 1664, à Montréal. [6]
GUILBAUT, Suzanne,
  b 1609 ; s [6] 21 avril 1672.
René, b 1642 ; m [6] 11 nov. 1670, à Marie CARTIER. — *Jacques*, b 1643 ; s 14 déc.1647, à Québec (par accident).

---

(1) Elle épouse, le 19 mars 1698, Jean Hoberlin, à Boucherville.

1670, (11 novembre) Montréal. [2]

II. — FEZERAT, RENÉ, arquebusier, [CLAUDE I.
  CARTIER, Marie, b 1651, fille de George, maître menuisier, et de Françoise Fleury, de St. Sulpice de Paris.
Charles, b [2] 28 fév. 1672. — *Jean-Claude*, b [2] 26 déc. 1673. — *Jean-Jacques*, b [2] 29 mai 1676 ; s avant 1681. — *Anonyme*, b et s [2] 21 mai 1679. — *Marie-Josette*, b [2] 9 sept. 1681 ; s [2] 10 oct. 1686. — *Guillaume-Laurent*, b [2] 10 août 1683. — *Marie-*b [2] 23 et s 28 oct. 1687. — *Marie-Rose*, b [2] 17 fev. 1692.

I. — FIART, MARGUERITE, b 1675, femme de Mathurin Bernard.

I. — FICHET, FRANÇOIS, b 1656, charpentier de navire, habitant de l'île d'Orleans.
DURET, Anne,
  b 1664.

I. — FIÈVRE, CATHERINE, b..., femme de Charles Allaire, en 1663.

1658, (22 oct) Montréal. [1]

I. — FILASTREAU, RENÉ, b 1632, fils de Vincent et de Nicole Robinelle ; s [1] 27 juin 1678.
HERAULT, Jeanne, b 1631, fille de François et de Marie Jacqueline ; s [1] 9 janv. 1677.
Jean, b [1] 27 juin 1660. — *Nicole*, b [1] 30 avril 1662 ; 1° m [1] 24 nov. 1676, à Etienne LALANDE ; 2° m [1] 29 avril 1700, à Guillaume ROUSSEL. — *Perrine*, b [1] 19 oct. 1663 ; m [1] 25 nov. 1677, à Simon DAVAU, à Lachine [2] ; s [2] 28 oct. 1694 — *Jacques*, b [1] 13 fev. 1666 ; m [2] 18 avril 1700, à Catherine DUFRESNE — *Louis*, b... ; m 1699, à Madeleine LABELLE.

1699.

II. — FILASTREAU, LOUIS,   [RENÉ I.
LABELLE, Madeleine,   [GUILLAUME I.
Marie-Madeleine, b 30 nov. et s 15 déc. 1700, à Repentigny. — *Pierre*, b 17 août 1703, à St. François, Ile-Jesus [3] ; m [3] 11 juillet 1729, à Marie-Anne AUBÉ. — *Michel*, b [3] 14 fev. 1705. — *François*, b [3] 22 janv. 1707 ; m [3] 5 nov. 1731, à Thérèse GRAVELLE. — *Louis*, b [3] 8 déc. 1708. — *Louis*, b [3] 17 mai 1710. — *Jean*, b [3] 17 et s [3] 21 mai 1710. — *Madeleine*, b [3] 16 mai 1712 ; m [3] 10 nov. 1732, à Pierre PAYET. — *Jacques*, b [3] 15 avril 1714 ; m [3] 16 mai 1740, à Helène LAPORTE. — *Marguerite*, b [3] 8 fev. 1716 ; m [3] 1er juillet 1737, à Joseph DESJARDINS. — *Marie-Joseph*, b [3] 6 oct. 1717.

I. — FILLIAU, JEAN, b 1666, était à Beauport, en 1681.

FILLION. — Voy. FEUILLON.

I. — FILION, MARIE-JOSETTE, femme de Jean Beauchamp.

I. — FILION, MADELEINE, femme de Louis Baribeau, en 1694.

1661, (20 septembre) Québec. [4]

I.— FILION, Michel, notaire royal, b 1663, fils d'André et de Gabrielle Senler, de St. Germain l'Auxerrois ; s 7 juin 1689, à Batiscan.
1º Aubert, Marguerite,   [Claude I. veuve de Martin Gravel.
Jean-Baptiste, b 17 juillet et s [4] 16 oct. 1666.

1667.

2º D'Anneville, Anne.
Jean, b [4] 1er nov. 1667 ; m [4] 6 juin 1695, à Françoise Senat.

1695, (6 juin) Québec. [4]

II. — FILION, Jean,   [Michel I
Senat, Françoise,   [René I.
Marie-Françoise, b 17 sept. et s [4] 4 oct. 1696.
— *Françoise,* b 17 fév. 1726, à Ste. Croix — *Marie-Anne,* b... ; m à Jean Bolduc.

I.— FILLEAU, Louis, Sieur De La Bouchlterie, officier des troupes de la marine.

I.— FILLEUL, Pierre,
Garault, Claude.
Jacques, b 27 août 1705, à Québec. [2] — *Pierre,* b [2] 22 oct. 1706.

1698, (4 octobre) Québec. [1]

I.— FILLIAU dit Dubois, Jean, b 1670, fils de Jean et de Jeanne Minars, de St. Severin, évêché de Cahors , s [1] 22 fév. 1730.
1º Marandeau, Geneviève,   [Etienne I.
s [1] 15 mai 1711.
Jean-Baptiste, b [1] 3 avril 1699. — *François,* b [1] 8 avril 1700. — *Marie-Geneviève,* b [1] 10 mai 1702 ; 1º m [1] 30 août 1722, à Michel Doyer, 2º m [1] 8 sept. 1732, à Charles Janson. — *Claude,* b [1] 11 nov. 1703 ; s [1] 11 déc. 1730. — *Marie-Anne,* b [1] 22 mars 1705 ; m [1] 12 oct 1729, à François Terrière. — *Etienne,* b [1] 6 mars 1707 ; s [1] 6 mars 1708. — *Louise-Angélique,* b [1] 6 mars et s [1] 16 juillet 1707. — *Louise,* b [1] 2 déc. 1708 ; m [1] 10 avril 1736, à Louis Parmentier. — *Joseph,* b [1] 7 mai et s [1] 9 sept. 1711.

1711, (31 août) Québec.

2º Charland, Marie, veuve de Pierre Pasquier.

1713, (19 novembre) Québec. [1]

3º Plante, Marie,   [Claude II.
s [1] 2 oct. 1729.
Pierre, b [1] 11 oct. 1714 ; s [1] 9 juin 1724, noyé par accident. — *Marie-Angélique-Victoire,* b [1] 25 oct. 1716 ; m [1] 1er sept 1732, à Joseph Derome. — *Marie-Thérèse,* b [1] 23 sept. 1718 ; s [1] 14 août 1720. — *Philippe-René,* b [1] 9 sept. 1720. — *Claude-Charles,* b [1] 11 nov. 1722 ; s [1] 22 nov. 1723. — *Marie-Anne,* b [1] 20 avril 1725 ; s... — *Marie-Anne,* b [1] 23 août 1726 ; s [1] 8 janv. 1727. — *Marie-Louise,* b [1] 26 nov. 1728.

I.— FILTEAU, Françoise, b 1658 ; m à Jean-Baptiste Yvon dit Lafontaine, s 5 mars 1720, à Québec.

1666, (22 février) Québec. [2]

I.— FILTEAU (ou Philteau), Pierre, b 1641, fils de Robert et de Marguerite Brochet, de St. George de Montaigu, evêché de Luçon ; s 28 sept. 1699, à St. Jean (I. O.) [3]
Savare, Gilette, b 1648, fille de François et de Jeanne Moran, de St. Esper de Melun, evêché de Sens ; s [3] 17 avril 1703.
Marguerite, b... ; m [2] 20 fév. 1719, à Yves Durocher. — *Marie,* b 30 avril 1667, à Ste. Famille. [4] — *Marie,* b [4] 2 fév. 1668. — *Pierre,* b [4] 6 mars 1669. — *Pierre,* b [4] 20 janv. et s [4] 20 avril 1673. — *Nicolas,* b [4] 27 déc. 1673 ; 1º m [3] 27 avril 1699, à Suzanne Mourier ; 2º m 19 juillet 1700, à Françoise Maillou, à Beaumont. [5] — *Pierre,* b [4] 16 fév. 1675 ; s [3] 28 mai 1693 — *Suzanne,* b [4] 29 août 1677 ; m [3] 10 nov. 1698, à Jean Mimaux ; s 28 déc. 1708, à St. Michel. — *Gabriel,* b [4] 29 oct. 1678 ; m 23 nov. 1712, à Marguerite Le Roy. — *Elizabeth,* b [3] 28 fév. 1683. — *Pierre,* b [3] 28 fév. 1685 ; m..., à Marie Le Roy. — *Marguerite,* b [3] 23 mars 1687. — *Jean-Baptiste,* b [3] 10 avril 1689 ; m [5] 22 sept. 1721, à Marie-Françoise Le Roy ; s [5] 27 nov. 1734, noyé, tombant d'un bâtiment. — *Joseph,* b [3] 12 nov. 1692, m [2] 27 nov. 1736, à Marie De Rainville ; s [2] 4 janvier.

1699, (27 avril) St. Jean, (I. O.) [9]

II. — FILTEAU, Nicolas,   [Pierre I.
1º Mourier, Suzanne,   [Pierre I.
s [9] 26 sept. 1699.
1700, (19 juillet) St Etienne de B[t]. [6]
2º Maillou, Françoise,   [Michel I.
Michel, b [5] 6 mars 1707 ; s [5] 20 nov. 1714. — *Pierre,* b [5] 29 juin 1709, — *Nicolas,* b 31 déc. 1702, à St. Michel [2] ; s [2] 13 fév. 1703. — *Suzanne,* b [5] 7 juillet 1711 ; m 3 fév. 1739, à Julien Lavigne, à Québec [1] ; s [1] 30 juillet 1761. — *Marguerite,* b [5] 18 août 1714. — *Marie-Angélique,* b [5] 12 nov. 1719, m [2] 15 nov. 1745, à Jean Poliquin. — *Catherine,* b [5] 12 nov. 1719 ; m [1] 18 sept. 1747, à Claude Chauveau. — *Marie-Françoise,* b [5] 26 mai 1722, m [2] 5 fév 1742, à Louis Paquet ; s [2] 12 fev 1749. — *Marie-Charlotte,* b [2] 25 fév. 1704. — *Marie-Josette,* b [2] 11 mars 1705. — *Marie-Louise,* b [2] 22 nov. 1716 ; m [2] 15 sept. 1738, à Pierre Paquet — *Geneviève,* b... ; m [2] 23 nov. 1739, à Joseph Le Roy ; s [2] 27 fév. 1748.

1664, (5 février) Château-Richer. [9]

I. — FISET, François-Abraham, charpentier, b 1636, à St. Jacques, évêché de Dieppe ; s...
Savard, Denyse, b 1641, à Vincenne de Paris ;
Jean-Baptiste, b [9] 30 avril 1665 ; m à Marie-Renée Bezeau. — *Joseph,* b [9] 18 août 1669. — *Anne,* b 20 oct. 1671, à l'Ange-Gardien [5] ; m... à Aimé Jolivet. — *Denis,* b [5] 21 avril 1678. — *Geneviève,* b [5] 12 mai 1680. — *François,* b [5] 4 sept. 1682 ; m 25 janv. 1708, à Marie-Anne Pagé, à la Pointe-aux-Trembles de Québec. — *François,* b [5] 29 juillet 1685. — *Marie-Madeleine,* b 1667, 1º m [5] 27 janv. 1687, à Etienne Boutin ; 2º m [5] 27 nov. 1688, à Michel Bounilot ; 3º m 11 juin 1708, à Pierre Hélie, à Lorette [1] ; s [1] 13 août 1711. — *Marie,* b 29 juin 1673, à Québec [9] ; m [9] 31 juillet 1690, à Bernard Hubret. — *Margue-

rile, b [5] 14 et s [5] 19 juin 1687. — *Michel*, b [5] 2 août 1638. — *Denise*, b 1679 ; m [5] 24 nov. 1695, à Charles MARANDEAU. — *Charles*, b 1677 ; m [5] 30 oct. 1782, à Marie Françoise GARNIER. — *Louis*, b 1686 ; m 9 nov. 1711, à Marie-Anne VOYER, au Château-Richer.

II — FISET, JEAN,   [ABRAHAM I. BEZEAU, Marie-Renée, (1)   [PIERRE I. *Marie-Anne*, b... ; m 1er août 1707, à Pierre GAUVIN, à Lorette. — *Marie-Jeanne*, b... , m 9 avril 1709, à Etienne GAUVIN, à L'Ange Gardien.

I. — FISET, MICHEL, b 1645, établi à Batiscan [5] ; s [3] 19 juillet 1703.

I.—FLEURICOUR, Jean-Baptiste, notaire royal, b 1645.
SOMMILLARD, Louise,   [ORSON. veuve de François Fortin. *Marie-Anne*, b 28 août 1693, à Repentigny. — *Alexis*, b 13 fév 1695, à la Pointe-aux-Trembles. [3] — *Marguerite*, b [3] 15 mai 1697.

FLAVIÉ DIT BELHUMEUR, JEAN, b 1668, s 27 oct. 1723, à la Pointe-aux-Trembles, Q.

FLEUR D'ÉPÉE. — Voy. COTTON, Jean.

FLEURANT. — Voy. LECLERC.

FLEURIDOR. — Voy. MOREL.

FLEURIMONT. — Voy. NOYELLE DE FLEURIMONT.

I. — FLEURY, MARIE, 1o m à Jean PRÉAU ; 2o m 1712, à Nicolas BOHEUR.

FLEURY, JEAN, noyé le 6 novembre 1646.

1670.

I. — FLEURY, FRANÇOIS, b 1631.
GILLES, Jeanne, b 1644. (2)
Jeanne, b 12 oct. 1671, à Québec[1] ; 1o m 29 oct. 1689, à Jean JONCEAU, à Montréal[2] ; 2o m[2] 26 oct. 1705, à François DESCOLOMBIERS. — *François*, b [1] 4 nov. 1674. — *Françoise*, b[1] 6 oct. 1675 ; m[2] 2 janv. 1701, à Jean RAPIDIOU. — *René*, b[1] 6 et s[1] 13 janv. 1688. — *Marie*, b 20 mai 1673, à Sillery[3] ; 1o m[1] 2 mars 1699, à Jean PRÉAUX ; 2o m 30 mai 1712, à Nicolas BOSCHÉ, à Charlesbourg. — *Joseph*, b 1679 ; m[2] 2 avril 1704, à Catherine CUROT. — *Françoise*, b [3] 19 mai 1678. — *Jean*, b 3 déc. 1684, à la Pointe-aux-Trembles de Québec[4] ; m 29 avril 1706, à Marie CHAUVIN, aux Trois-Rivières. — *Félix-Angélique*, b[4] 21 janv. 1682.— *Anne*, b [4] 29 nov. 1683.

I. — FLEURY DE, (3) JACQUES-ALEXIS.
DE CHAVIGNY, Marguerite.   [FRANÇOIS I. s 13 nov. 1705, à Montréal. [2]
Pierre, b 2 janv. 1680, au Cap Santé. — *Jeanne-Charlotte*, b 20 avril 1683 à Québec ; m [2] 15 juin 1704, à François LEVERRIER.

---

1. — FLEUTELOT, FRANÇOIS-BERNARD-CLAUDE, Marquis de ROMPREY, signe aux Trois-Rivières, le 25 fév. 1686, au mariage de Jean Amiot.

I — FLICHE, JEAN.
b 1632 ; s 18 nov. 1708, à la Rivière Ouelle.

I. — FLIP, JEAN-VINCENT, établi à Montréal, b 1646.
LAMBERT, Marie.
b 1651.
Joséphine, b 1673. — *Marie*, b 1674. — *Chrétienne*, b 1671. — *Gabrielle*, b 1677. — *Catherine*, b 1681.

FLORIDORE.—Voy. COCHRAN.

FLOTART, chevalier de LESGURE, était à Montréal, en 1670.

1674, (20 août) Québec. [6]

I. — FLUET, JACQUES, b 1651, fils de Gabriel et d'Antoinette Danne, de St. Jacques de Bialancour, évêché de Boulogne ; s...
FONTAINE, Marie-Anne, (1)   [LOUIS I. *Angélique*, b [6] 13 et s [6] 15 fév. 1676. — *Jacques-Gabriel*, b 27 juillet, à Lorette,[7] et s [6] 3 oct. 1677.— *Jacques*, b [6] 10 sept. 1678. — *Marie-Madeleine*, b [6] 27 déc. 1680. — *Louis*, b [7] 23 janv. 1682 ; m [6] 14 nov. 1707, à Marguerite-Agnès CHEVALIER ; s [6] 6 juin 1748.

FOCQ. — Voy. FAULT.

I. — FOGUENET, GUILLAUME, b 1641, habitant de Kamouraska, en 1681.

I. — FOISY, MARTIN. (2)
1o BOUCHARD, Jeanne ; s 13 juin 1674, dans l'église de Ste. Anne de Montréal.
2o BAUDOIN, Madeleine,   [JEAN I. *Antoine*, b 15 juin 1681, à Champlain, m 23 oct. 1707, à Jeanne LUSSIER, à Repentigny. — *Louis*, b 1679 ; 1o m à Madeleine DALBEUF ; 2o m 9 août 1711, à Madeleine BLET, à Verchères. — *Claude*, b 13 août 1686, à Montréal. [2] — *Marie-Françoise*, b [2] 21 janvier 1688. — *Marie-Louise*, b [2] 29 janv. 1690 ; s 21 juillet 1691, à Boucherville. [4]— *Jacques*, b [4] 16 mai 1692 — *Marie-Madeleine*, b 29 mars 1694, à Varennes. [3] — *Catherine*, b [3] 24 avril 1696. — *Augustin*, b [3] 9 nov. 1698 ; s [3] 13 avril 1699. — *Catherine*, b [3] 14 mars 1700.

I. — FOI, SIEUR DES MAREST, CLAUDE.

FOLLARDEAU. (3) — Voy. FALARDEAU.

FOMBLANCHE.—Voy. MARTINET — QUESNEL.

FONDVILLE. — Voy. BEQUART—ROUILLARD.

---

(1) Elle épouse, Laurent Delage.
(3) Elle épouse, le 1er juin 1689, M. René Dumas.
(4) Voy. De Fleury, page 164.

(1) Elle épouse, le 7 mai 1682, Jean Boutin.
(2) Fermier de Mr. Messier.
(3) L'origine de ce nom est Fernando.

16

I.—FONTAINE, Marguerite, b 1644 ; 1° m à Jacques Girard ; 2° m 23 août 1684, à Pierre Ratel, à Repentigny ; 3° m 21 déc. 1691, à Maurice Olivier, à la Pointe-aux-Trembles, M.

FONTAINE, Marie-Anne, 1° m à Jean Brousseau, en 1689 , 2° m à Jean Bouter, en 1695

1656, (29 octobre) Québec. [6]

I.—FONTAINE, Louis pilote, b 1633, fils de Louis et de Marie Nion, de Dieppe ; s 20 fév. 1631.
BRASSARD, Marie-Madeleine, (1)   [Antoine I.
Marie-Anne, b [6] 19 août 1658 , 1° m [6] 20 août 1674, à Jacques Fluet ; 2° m [6] 7 mai 1682, à Jean Boutin.— *Louis,* b [6] 8 sept. 1660 ; s [6] 4 sept 1685. — *Jean,* b [6] 14 sept. 1661.— *Pierre,* b [6] 10 déc. 1662 ; 1° m à Marguerite Anthiaume ; 2° m 25 mai 1700, à Marguerite Jentès, à Varennes — *Jean-François,* b [6] 21 juin 1664. — *Simon,* b [6] 8 oct. 1665 ; s [6] 13 nov. 1687. — *Marie-Charlotte,* b [6] 22 sept. 1667 ; s [6] 20 août 1668 — *Charles,* b [6] 27 fév. 1669 ; m [6] 20 oct. 1698, à Louise Cochon ; s [6] 19 déc. 1702 — *Marie-Madeleine,* b [6] 8 fév. 1671 , m [6] 20 avril 1699, à Jérôme Rivière ; s [6] 21 déc. 1727. — *Françoise,* b [6] 6 mai 1672 ; m 23 nov. 1688, à Jean-Baptiste Renaud, à Charlesbourg — Trois *anonymes,* (2) b et s [6] 26 fév. 1673.—*Louis,* b [6] 4 et s [6] 6 fév. 1674. — *Anne,* b [6] 13 et s [6] 14 avril 1675 — *Anne,* b [6] 4 mai 1676 ; m [6] 24 avril 170?, à Thomas Jardin.— *Anonyme,* b et s [6] 18 juin 1677 — *François,* b [6] 20 nov. 1678. — *Anonyme,* b et s [6] 19 nov. 1679.— *Etienne,* b [6] 8 juin 1682 ; m à Madeleine Fournier : s 14 mai 1764, à Levis. — *Jacques,* b 1680 ; s [6] 5 mars 1701.

1683, (8 février) St. Laurent, I. O.

I.—FONTAINE, Etienne, b 1661, fils de Jacques et de Jeanne Colnut, de l'Ile-Dieu, évêché de Poulière ; s...
CONILLE, Marie, b 1665,   [Pierre I.
Marie, b 11 nov. 1683, à St. Jean, I. O. [3] ; m [3] 11 août 1700, à Philippe Pasquet.—*Jeanne,* b [3] 11 mars et s [3] 20 nov. 1685 — *Etienne,* b [7] 19 août 1686 : m 1706, à Anne Minaux. — *Madeleine,* b [3] 2 juin 1688 ; m [3] 30 oct. 1703, à Jean Pepin.— *Geneviève,* b [3] 1er août 1690 ; m [3] 24 nov. 1710, à Pierre Maureau.— *Angélique,* b [3] 4 mai 1696 ; m [3] 26 nov. 1714, à Jean-François Thibierge.— *Jeanne,* b [3] 13 déc 1700. — *Pierre,* b [7] 11 mars 1704. — *Hélène,* b [3] 27 mai 1706. — *Marguerite,* b [3] 28 fév. 1693 ; m à Joseph Pepin.

I.—FONTAINE, Jacques, b 1637, était à Charlesbourg, en 1681.

II.—FONTAINE, (3) Pierre,   [Louis I.
1° Antiaume, Marguerite, veuve d André Jarret, b 1659 , s 4 oct 1699, à Varennes. [7]
Gabriel, b...; m [7] 10 nov. 1721, à Marie-Anne Godu. — *Marie-Thérèse,* b 28 juin 1693, à Montreal ; 1° m 1721, à Guillaume Truchon ; 2° m 25 mars 1719, à René Montéil, à Verchères.— *Jacques,* b [7] 5 oct. 1699.

(1) Elle épouse, le 2 mai 1703, Jean LeNormand, à Québec.
(2) Première fois dans les registres de Québec.
(3) dit Bienvenu.

1700, (25 mai) Varennes. [7]

2° Jentès, Marguerite,   [Etienne I.
Anne-Marguerite, b [7] 20 fév. 1701. — *Pierre,* b [7] 11 fév. 1703. — *François,* b [7] 24 août 1704 : m à Angélique Dansereau ; s [8] 16 mars 1729.— *Pierre* b 7 juin 1708, à Contrecœur. — *Françoise,* b 1711 ; s [8] 22 avril 1729. — *Paul,* b [8] 14 juillet 1714.— *Joseph,* b [8] 14 juillet 1714.— *Louis,* b 1721 ; s [8] 4 juin 1729.

1699, (20 octobre) Québec. [9]

II.—FONTAINE, Charles,   [Louis I.
s [9] 19 déc. 1702.
1° Cochon, Louise,   [Jean I.
s 1er fév. 1699, au Château-Richer.

1701, (27 avril) Québec. [9]

2° Le Gardeur, Marguerite, (1)   [Michel I.
Jean-François, b [9] 31 janv. et s [9] 22 juin 1702.

FONTAINE, Joseph ; s 1er sept. 1713, à Ste. Foye, noyé.

I.—FONTENEAU, Marie, femme de François Bailly, en 1661.

1681, (1er février) Repentigny. [3]

I—FONTENEAU dit St. Jean, Jean-Baptiste, b 1650, fils de Jean et de Marguerite Joliibois, de St. Nicolas de St. Sauveur, évêché d'Angers.
MARTIN, Madeleine,   [Abraham I.
veuve de Nicolas Froget.
Madeleine, b [3] 16 fév. 1693.

1697, (18 février) Château-Richer. [4]

I—FONTENEAU dit Desmoulins, Pierre, soldat, fils de Jean et de Marie Richetaux, de Xaintes.
GERVAIS, Antoinette,   [René I.
Joseph, b 13 janv 1704, à Québec. [5]—*Marie-Jeanne,* b [4] 29 avril 1698. — *Marie-Anne,* b [4] 1er déc. 1699 , m 7 janv. 1721, à Joseph Robidou, à Laprairie.— *Jacques,* b [4] 20 nov. 1701. — *Pierre-Augustin,* b [5] 14 sept. 1708, s [4] 9 mars 1709.

I.—FONTENEL, Jean.
DELISLE, Marie-Madeleine.
Claude, b 7 déc. 1705, à Québec.

I—FONTIEUREUSE, Blaise, soldat.
DESMOULINS, Marie.
Marie, b 14 mai 1707, au Détroit.

1684, (30 décembre) Laprairie. [9]

I.—FORAN, André,
BOYER, Marie,   [Charles I.
Joachim, b [9] 15 avril 1685. — *François,* b [9] 10 mars 1686 ; s [9] 9 déc. 1687. — *Mathieu,* b [9] 2 et s [9] 11 oct. 1687.— *Marie,* b [9] 14 fev. 1692. — *Marie-Joselte,* b... ; m [9] 5 fév. 1725, à Joseph Lemieux.— *Marie,* b 5 sept. 1688, à Montreal. [2] —*André,* b [9]

(1) Elle épouse, le 79 oct. 1703, Jean-Baptiste Champagne, à Québec.

8 oct. 1689. — *Marie-Françoise*, b ² 15 avril 1694
— *Mathurin*, b ² 16 sept. 1696 ; s 3 avril 1698, à
la Pointe-aux-Trembles de Montréal. ⁶ — *Jeanne*,
b ⁶ 24 janv. 1699. — *André*, b 1701, m 8 janv.
1725, à Catherine HUNAULT, à Lachine.

FORÇAN, — Voy. FORSAN

I. — FORCIER, PIERRE.
     b 1648.
     GIRARD, Marguerite, (1)
     b 1643.
     Marie-Marthe, b 11 fév. 1675, à Sorel. ⁶ — *Jo-
seph*, b ⁶ 26 janv. 1677. — *Marguerite*, b ⁶ 6 avril
1684 ; m 28 janv. 1705, à René DANY, à Montréal.
— *Jean-Baptiste*, m ⁶ 14 fév. 1687.

I. — FORE, (2) DANIEL, fils d'Isaac et d'Anne
     Tibault, de St. Jean d'Angély, évêché de La
     Rochelle.

FORGET, — Voy. FROGET.

FORGET, MARGUERITE, femme de 1° Jean Muloin ;
     2° Jean Berloin dit Nantel, en 1695.

FORGET, MADELEINE, femme d'Eustache Alard.

FOREAU, ISAAC. — Voy. TAREAU DIT CHAMPAGNE,
     LAURENT—SAUREAU.

1674, (4 février) Québec. ¹

I. — FORGET, JACQUES, b 1644, fils de Mandé et
     de Jeanne Deseroy, de St. Michel, évêché de
     Poitiers.
     ROSSIGNOL, Jeanne, veuve de Charles Petit. (3)
     Jean, b ¹ 17 nov. 1675.

FORGET, JEAN, b 1639, était à Varennes en 1681.

1668, (16 octobre) Québec. ¹

I. — FORGUE DIT MONROUGEAU, JEAN-PIERRE, b
     1637, fils de Jacques et de Catherine Lamolle,
     de St. Jean, ville de Montréal-des-Rivières,
     diocèse de Cominges ; s 30 mai 1703, à St.
     Etienne de Beaumont ²
     ROBINEAU, Marie, veuve de Jean Robert, b 1647,
     de St Paul, de Paris ; s...
     Joseph, b ¹ 7 mars 1673, m 15 fév. 1696, à
Marie BISSONET, à St. Michel⁶ ; s³ 11 fév. 1703.—
Anne, b 1669 ; m 10 oct. 1683, à Jean ROY-PORTE-
LANCE, à Levis. ⁴ — *Charles*, b¹ 19 mai 1677. —
Catherine-Gertrude, b 1687 ; m 29 oct. 1703, à
Jean-Baptiste BIZEUX, à Montréal. — *Marie-Fran-
çoise*, b... ; m² 4 nov. 1698, à Bernard GONTIER.
—*Jacques*, b⁴ 14 fév.1683 ; m² 20 juillet 1705, à
Marie-Anne LEROY ; s² 22 sept. 1738.

1696, (15 février) St. Michel. ¹

II. — FORGUES, JOSEPH, (1)   [PIERRE-JEAN I.
     s ¹ 11 fév. 1703.
     BISSONNET, Marie, (2)   [PIERRE I.
     Marie-Angélique, b¹ 8 sept. 1699 ; m ¹ 12 nov.
1715, à Joseph MONTMINY ; s ¹ 26 déc. 1762. —
Alexis, b ¹ 25 mars 1702. — *Joseph*, b... ; m 20
nov. 1717, à Marguerite PAQUET, St. Etienne de
Beaumont ; 2° m ¹ 19 oct. 1744, à Catherine PRU-
NEAU , s ¹ 10 mars 1751.

I. — FORSAN, CLAUDE.
     HUDDES Suzanne, (3)   [JACQUES I.
     Marie, b 6 fév. 1692, à Beauport —*Ursule*, b...,
m 5 avril 1712, à JEAN BERGEVIN DIT LANGEVIN, à
Charlesbourg ². —*Jeanne*, b ² 27 avril 1699 ; m ²
1724, à Henry HILERET.— *André*, b² 9 mars 1695.

FORSAT, ANDRÉ. — Voy. FORAN.

I. — FORTAGE, FRANÇOIS, établi à Batiscan, ⁴
     b 1650 ; s ⁴ 3 janv. 1700.

I. — FORTIER, NOEL, b 1593, s 30 mars 1683, à
     St. Laurent, I. O.

1670, (25 novembre) Montréal. ⁷

I.—FORESTIER, Antoine, chirurgien, b 1646, fils
     de Jean et de Françoise Ricard, de Severac-
     Le-Chasteau, évêche de Rhodez, en Rouargue.
     CAVALIER (LE), Madeleine,   [ROBERT I.
     Paul, b ⁷ 26 déc. 1672 ; s ⁷ 2 fév. 1673. —
Antoine, b ⁷ 31 mars 1674. — *Marguerite*, b ⁷ 8
août 1675 ; m ⁷ 19 sept. 1696, à Jean-Baptiste
BISSOT. — *Jean-Baptiste*, b ⁷ 24 juin 1677, m 27
nov. 1737, à Louise BOUCHER, à Boucherville. —
Pierre, b 23 mai et s ⁷6 juin 1679. — *Marie-Madeleine*, b⁷ 11 juillet 1680 ; m 1708, à Jean-Baptiste
POULAIN — *Anne-Françoise*, b⁷ 17 avril 1682 ; m⁷
28 fév. 1699, à Charles BISSOT. — *Angélique*, b ⁷
18 août 1683. — *François-Joseph*, b ⁷ 28 déc. 1684 ;
s⁷ 25 sept. 1685. — *Marie-Catherine*, b ⁷ 31 mars
1686 ; m ⁷ 15 août 1701, à Gabriel BAUDREAU. —
Bertrand, b⁷ 30 août 1687. — *Jean-Baptiste*, b ⁷
16 nov. 1688. — *Louise*, b⁷ 6 mars 1690. — *Marie-
Catherine*, b ⁷ 6 mai 1692. — *Pierre*, b ⁷ 4 juillet
1693. — *Elizabeth*, b 1ᵉʳ et s ⁷ 7 fév. 1695. — *Marie-
Elizabeth*, b ⁷ 13 oct. 1696 — *Paul-Alexis*, b ⁷ 27
mars 1699 ; s ⁷ 13 sept. 1700.

1672, (23 novembre) Montréal. ⁴

I. — FORESTIER, ETIENNE, maître-boulanger,
     b 1649, fils d'Etienne et de Judith Fonton, de
     St. Jean d'Angély, évêché de Xaintes.
     1° LAUZON, Marguerite,   [GILLES I.
     s ⁴ 14 nov. 1699.
     Marie, b 1673 ; m à Pierre BILLERON ; s ⁴ oct.
1702. — *Françoise*, b ⁴ 20 avril 1675 ; s 20 dec.
1677, à la Pointe-aux-Trembles de Montréal. ⁵ —

---

(1) Elle épouse René-Abraham Desmarets.

(2) Fore dit Laprairie, soldat, a fait abjuration, en avril 1685,
le Dimanche des Rameaux.

(3) Elle épouse, le 28 déc. 1676, Urbain Fouquereau, à
Québec.

(1) dit Monrougeau.

(2) Elle épouse, le 8 janv. 1705, Jean Ouimet, à St. Etienne
de Beaumont.

(3) Elle épouse, le 21 nov. 1700, Raviot dit Boisjoli, à Trois-
Rivières.

Antoine, b ⁴ 26 sept. 1679 ; m ⁴ 15 août 1701, à Marie-Catherine JUILLET ; s ⁴ 21 janv. 1703.— *Catherine*, b ⁵ 13 mars 1681 ; m ⁴ 15 août 1701, à Gabriel BAUDREAU. — *Pierre*, b 1682 ; s ⁴ 25 juillet 1689 — *Marie-Madeleine*, b ⁴ 28 avril 1683 ; m ⁴ 18 juillet 1701, à Blaise JUILLET. — *Louise*, b ⁴ 12 oct. 1677 ; m ⁴ 4 oct. 1694, à René DROUILLARD. — *Marie-Madeleine*, b ⁵ 28 avril 1683.— *Françoise*, b ⁵ 13 fév. 1685.— *Jean*, b 1686 ; s ⁵ 16 nov. 1687.— *Etienne*, b ⁵ 18 sept 1687 ; s ⁵ 16 mars 1688.— *Marguerite*, b et s ⁵ 26 mars 1689.— *Charles*, b 22 et s ⁴ 27 nov. 1691.— *Anne-Marguerite*, b ⁴ 26 juillet 1693.— *Jacques*, b ⁴ 1ᵉʳ janv. 1695. — *Barbe*, b ⁴ 22 août 1696. — *Marie-Josette*, b 17 et s ⁴ 20 janv. 1699.

1701, (20 novembre) Varennes.

2° PROVOST, Marguerite, veuve de Jacques Voyne.

1679, (26 juin) Lachine. ¹

I. — FORTIER, Louis, b 1647.
Moyson, Madeleine, [NICOLAS I.
Jeanne, b ¹ 11 mars 1681 ; m ¹ 1ᵉʳ fev. 1700, à Joseph PILET ; s ¹ 2 nov. 1725.— *Louis*, b ¹ 22 janv. 1683 ; m à Marie-Charles MALLET.— *Marie-Anne*, b ¹ 11 juin 1685 ; m ¹ 3 fev. 1705, à Nicolas DANY.— *Françoise*, b ¹ 18 mai 1687 ; m ¹ 15 fev. 1706, à Alexis TABAUT ; s ¹ 23 fev. 1724.— *Marie-Madeleine*, b ¹ 13 juin 1689 ; s ¹ 23 janv. 1693.— *Marie*, b ¹ 5 août 1691 ; m ¹ 8 fév. 1718, à Joseph GAUTBIER. — *Marie*, b ¹ 11 et s ¹ 22 nov. 1693.— *Joseph*, b ¹ 14 mars 1695. — *Marguerite*, b ¹ 11 août 1697.— *Narcisse-Guillaume-François*, b ¹ 22 nov. 1699, m ¹ 27 janv. 1728, à Marie-Anne MILOT.— *Marie-Angélique*, b ¹ 18 juin 1702, m 17 juillet 1731, à Pierre RENAUD.

I. — FORTIER, ANTOINE, b 1646.
CADIEU, Marie-Madeleine, [CHARLES I.
Marie-Madeleine, b 11 nov. 1678, à Ste. Famille ; m à Gervais PEPIN.— *Charles*, b 9 mai 1683, à St. Jean, (I. O) ¹ — *Michel*, b ¹ 11 fev. 1685.— *Pierre-Noel*, b ¹ 27 nov. 1686.— *Antoine*, b ¹ 2 mars 1680 ; m 1707, à Madeleine NOEL.— *Jean-Baptiste*, b ¹ 15 sept. 1681 ; m 1710, à Madeleine RUELLE.

I. — FORTIER, NOEL
MIGNOT, Madeleine.
Charles, b 9 août 1679, à l'Ilet. ¹ — *Guillaume*, b ¹ 13 avril 1681 ; m à Madeleine DUMAS.

1652, (11 novembre) Québec. ⁴

I. —FORTIN DIT BELLEFONTAINE, JULIEN, b 1630, fils de Julien et Marie Lavie, de N.-D. Leverd, évêché du Mans.
GAMACHE dit LAMARRE, Geneviève, [NICOLAS I. b 1635 ; s 5 nov. 1709, à l'Ilet. ⁵
Barbe, b ⁴ 21 oct. 1654 ; 1° m 1669, à Pierre GAGNON, au Château-Richer ⁶ ; 2° m 16 avril 1690, à Pierre LESSARD, à Ste. Anne ⁷ ; s ⁵ 27 août 1737.— *Charles*, b 1656 ; m ⁵ 11 nov. 1681, à Xaintes CLOUTIER.— *Eustache*, b 1659 , m 25 mai 1693, à Louise CLOUTIER, au Cap St. Ignace ⁸ ; s ⁸ 23 janv. 1736.— *Jacques*, b ⁴ 15 janv. 1660 ;

m ⁴ 11 juin 1689. à Catherine BIVILLE ; s 28 fev. 1730, à la Baie St Paul. — *Geneviève*, b ⁶ 9 avril 1662 ; m ⁷ 8 juillet 1683, à Noël GAGNON : s ⁶ 21 mars 1703.— *Joseph*, b ⁶ 20 mai 1664, m ⁶ 25 oct. 1691, à Agnès CLOUTIER. — *Julien*, b ⁶ 22 avril 1667.— *Pierre*, b ⁶ 24 mai 1669 ; m 4 juillet 1697, à Gertrude HUDON, à la Rivière Ouelle. — *Louis*, b ⁷ 19 mars 1671. — *Jean*, b ⁷ 10 juin 1674.— *Marguerite*, b ⁷ 5 juin 1677 ; m ⁴ 23 nov. 1699, à Pierre-François FROMAGE ; s ⁴ 15 janv. 1703.

I. — FORTIN DIT MOMBRÉ, JEAN.
MIGNOT dit CHATILLON, Xaintes.
Madeleine, b 23 avril 1669, à Québec.

1660, (6 avril) Québec, Côte Beaupré.
I. — FORTIN, FRANÇOIS, (1) b 1639, médecin.
JOLLIET, Marie, [JEAN I.
Marie, b 1670 ; m 4 mai 1688, à Louis COUILLARD, à Québec.

1672, (21 novembre) Montréal. ¹
I. — FORTIN, LOUIS, b 1647, fils de Philippe (vigneron) et d'Agnès Londin, d'Incardeville, évêché d'Evreux ; s 6 oct 1687, à Lachine. ²
GODIN DIT LA GRANDEUR, Catherine, (2) [PIERRE I.
Marie-Madeleine, b ¹ 25 oct 1657. — *Michelle*, b ² 30 avril 1678. — *Catherine*, b ² et s ² 1er déc. 1679. — *René*, b ² 28 juin 1681 ; m 31 juin 1710, à Madeleine PERRIER, à Ste. Anne.— *Catherine*, b ² 16 avril 1684, m ² 28 juin 1700, à Pierre LEDUC.— *Marguerite*, b ² 17 nov. 1686 ; s ² 5 janv. 1688.— *Marie-Madeleine*, b... ; 1° m ² 17 oct. 1689, à Louis PICHART , 2° m ² 25 avril 1700, à Jean CHOTARD.

1674, (9 juillet) Montréal. ⁸
I.—FORTIN DIT HERMEL, FRANÇOIS, fils de Marc et de Françoise De Rues, de St. Hermel, évêche de St. Malo, en Bretagne ; s...
SOMMILLARD, Louise, (3) fille d'Orson (sergent royal) et de Marie Bourgeois, de St. Henry, évêche de Troye, en Champagne.
Marie-Catherine, b ⁸ 24 mars 1675 ; m à Jean CHOTARD ; s 19 mai 1703, à Lachine. — *Marguerite*, b ⁸ 13 mars 1677 ; m à Pierre RANGER DIT PAQUET, à la Pointe-aux-Trembles de Montréal. ⁴ — *Françoise*, b ⁴ 24 fév. 1679. — *Gilles*, b ⁴ 13 sept. 1681 ; s ⁸ 13 mai 1703.— *Michelle*, b ⁴ 18 oct. 1683 ; m à Antoine TÉRAULT.— *François*, b ⁴ 6 mars 1686.— *Joseph*, b 23 nov. 1687, à la Rivière-des-Prairies. — *Anonyme*, b... ; s ⁸ 25 juillet 1690.

1681, (11 nov.) Château-Richer.
II.— FORTIN, CHARLES, [JULIEN I s 23 juin 1735, à l'Ilet. ⁵
CLOUTIER, Xaintes, [JEAN II. s ⁵ 22 sept. 1725.
Jean-Baptiste, b 16 déc 1684, au Cap St. Ignace ⁶.— *Geneviève*, b ⁶ 19 nov. 1686 ; m ⁶ 11 fev. 1705, à Louis LEMIEUX.— *Marguerite*, b ⁴ 20 fév.

(1) Retourné, en 1688, à Francville, près de Dieppe.

(2) Elle épouse, le 16 fév. 1688, Jean Neveu, à Lachine.

(3) Nièce de la sœur Bourgeois, elle épouse Jean-Baptiste Fleuricour.

1693; s ⁶ 19 mai 1732 — *Elizabeth*, b ⁶ 8 avril 1695; m ⁵ 14 fév. 1714, à François GUIMONT. — *Julien*, b ⁶ 30 nov. 1697. — *Charles*, b... ; m ⁶ 5 nov. 1712, à Louise GUIMONT. — *Marie-Anne*, b 9 dec. 1688, à Ste. Anne ⁷; m ⁵ 1er juin 1711, à Joseph CARON. — *Louis*, b ⁷ 16 dec 1690 ; 1° m ⁶ 5 nov. 1714, à Anne BOSSÉ ; 2° m ⁶ 21 nov. 1735, à Madeleine LANGELIER — *Jean-Baptiste*, b ⁵ 28 sept. 1701. — *Joseph*, b ⁵ 25 août 1703 ; s ⁵ 30 juin 1733. — *Marie*, b ⁵ 12 et s ⁶ 19 sept. 1705.

1689, (11 juin) Québec.

II. — FORTIN, JACQUES,   [JULIEN I.
   s 28 fév. 1730, à la baie St Paul.
BIVILLE, Catherine,   [FRANÇOIS I.
Jacques, b... ; m 7 nov. 1721, à Geneviève LACROIX, à Ste. Anne. — *Hélène*, b...

1691, (25 octobre) Château-Richer.

II, — FORTIN, JOSEPH,   [JULIEN I.
CLOUTIER, Agnès,   [JEAN II.
Joseph-Marie, b... ; s 22 oct. 1703, à Ste. Anne. ¹
— *Louis*, b... ; m¹ 5 fév. 1725, à Dorothée GAULIN.

1693, (25 mai) Cap St. Ignace. ⁴

II. — FORTIN, EUSTACHE, (1)   [JULIEN I.
   major de milice; s ⁴ 23 janv. 1736.
CLOUTIER, Louise,   [RENÉ III.
Marguerite, b ⁴ 15 fév. 1694. — *François*, b ⁴ 3 nov. 1695 ; m à Madeleine RICHARD. — *Pierre*, b⁴ 29 juin 1697 ; m⁴ 11 janv. 1719, à Louise CARON. — *Marie-Louise*, b⁴ 27 mars 1699 ; m⁴ 24 nov. 1723, à Alexandre BERNIER. — *Joseph-Eustache*, b⁴ 15 nov. 1701 ; m⁴ 20 août 1725, à Marthe BERNIER. — *Geneviève*, b⁴ 16 mai 1704, m⁴ 14 juin 1723, à Joseph LEMIEUX. — *Philippe*, b⁴ 13 juin 1701. — *Jean-Baptiste*, b⁴ 10 août 1708; m⁴ 6 mai 1731, à Angelique RICHARD. — *Louis*, b⁴ 20 mai 1711 ; m⁴ 26 oct. 1730, à Marie BLANCHET. — *Madeleine-Marthe*, b⁴ 1er janv. 1714 ; m⁴ 17 juillet 1729, à Jean COTÉ. — *Claire*, b⁴ 1er mai 1716 ; m⁴ 11 janv. 1734, à Jean-Baptiste BERNIER.

1697, (4 juillet) Rivière-Ouelle.

II. — FORTIN, PIERRE,   [JULIEN I.
HUDON, Marie-Gertrude,   [PIERRE I.
Geneviève, b 10 août 1698, au Cap St. Ignace. ⁵ m à Louis LANGELIER. — *Marie-Anne*, b 4 fév. 1700, à l'Islet ⁶ ; m⁹ 21 nov. 1729, à Jean DUVAL ; s ⁹ 3 mars 1730. — *François*, b⁹ 28 oct. et s ⁹ 12 déc. 1701. — *Barbe*, b⁹ 21 nov. 1702. — *Pierre*, b⁹ 30 juin 1704 ; m⁹ 19 nov. 1730, à Marguerite CHOUINARD. — *Marie-Josette*, b⁹ 22 mars 1706 ; m⁹ 29 oct. 1727, à Basile BERNIER. — *Reine*, b⁹ 16 janv. 1708 ; m⁹ 16 janv. 1741, à Julien CHOUINARD. — *Marie-Madeleine*, b⁹ 14 août 1710 ; m⁹ 22 fév. 1734, à Joseph BOUCHARD. — *Jean-Baptiste*, b⁹ 9 août 1712 ; m⁵ 7 nov. 1740, à Marthe RICHARD. — *Marie*, b⁹ 13 fev. 1714. — *Joseph*, b⁹ 8 avril 1715 ; m 9 fév. 1749, à Marthe CARON. — *Julien*, b⁹ 17 janv. 1717. — *Louis*, b⁹ 3 juin 1720 ; m⁹ 10 avril 1742, à Marie PRÉJEAN. — *François-Xavier*, b⁹ 7 déc. 1721.

---

(1) Voir les registres de 1727, pour son baptême.

FORTIN, PIERRE. — Voy. PARIS. (1)

FOSSAMBAULT, (DE). — Voy. NAU, Sieur de FOSSANDAULT.

FOSSENEUVE, (DE). Voy. VOLANT.

I. — FOUBERT, PIERRE, (2)
   s 10 sept. 1686, à Montréal.

I. — FOUBERT, ROBERT, b 1596.
   1° POULAIN, Claude.
   2° RIVIÈRE, Marguerite, b 1608.
   Marie, b... ; m à Jean CUSSON.

      1670, (14 avril) Ste. Anne.

   3° CHEVALIER, Suzanne, (3) b 1643, fille de Didier et de Catherine Broussier, de St. André, Nangran.

FOUCAULT, JEAN-FRANÇOIS. — Voy. FRANÇOIS DIT FOUCAUT.

FOUCAUT.
   Elizabeth, b 1643, s 4 janv. 1722, aux Trois-Rivières. — *Jeanne*, b 1651, m 1670, à Louis COLOMBE.

1691, (30 août) Montréal.

I. — FOUCAULT, FRANÇOIS, (4) b 1661, fils de François et de Gabrielle Delaunay, de Verneuil, près de Loches, évêché de Tours, s 7 juin 1734, à Québec. ¹
NAFRECHON, Catherine,   [ISAAC I.
   veuve de Louis Chaunier ; s¹ 29 janv. 1735.
Jean-Baptiste, b¹ 23 fév. 1693. — *Catherine*, b¹ 2 mai 1696. — *Françoise-Gabrielle*, b ¹ 4 mars 1698; m¹ 18 déc. 1724, à Louis COURVAL, s ¹ 25 avril 1730. — *Pierre*, b¹ 3 mars 1699 — *François*, b ¹ 10 mars 1700, m ¹ 3 juin 1718, à Catherine CHAUNIER.

1697, (12 novembre) Trois-Rivières ¹

II. — FOUCAULT, DENIS,   [FRANÇOIS-JEAN I.
PELLETIER, Catherine,   [FRANÇOIS II.
Marguerite, b ¹ 8 nov. 1698. — *Félicite*, b ¹ 30 mai 1700 ; m ¹ 29 sept. 1714. — *Anonyme*, b ¹ et s ¹ 7 fév. 1702. — *Marie-Josette-Ursule*, b ¹ 30 nov. 1703 — *Marie-Catherine*, b ¹ 10 et s ¹ 24 août 1705. — *Marie-Catherine*, b ¹ 3 fév. 1707.

1659, (4 novembre) Québec. ⁴

I. — FOUCHER, JEAN, b 1626.
DE RICHECOURT, Jeanne, (5)
   b 1645.
Jean, b ⁴ 2 juin 1663 ; m à Marie-Anne LEMARCHAND. — *Gervais*, b 28 déc. 1665, au Château-Richer ; m 25 avril 1689, à Elizabeth GERBER, à Ste. Famille. ⁵ — *Joseph*, b ⁵ 11 déc. 1667.

---

(1) Marié, en 1714, sous le nom de Fortin.

(2) Il était à Laprairie, en 1681.

(3) Elle épouse, le 13 février 1684, Jean Marandeau, à Ste. Anne.

(4) Exempt de la Maréchaussée.

(5) Elle épouse, le 11 août 1676, Jean LeRoy, à Montréal.

1668, (6 août) Québec.

I. — FOUCHÉ, Louis, b 1637, fils de Jean et de Renée Humbert, de Ste. Radegonde, évêché de Poitiers; s 11 mai 1685, à Batiscan.
Damour, Hélène, (1) b 1649, fille de Nicolas et de Madeleine Saison, de St. Laurent, evêché de Paris.
Jeanne, b 1669, m 3 avril 1690, à Etienne Campeau, à Montreal. 6 — Louis, b 1671. — Marie-Anne, b 1673; m 6 24 nov. 1712, à Joseph Sénécal. — Thomas, b 21 juin et s 25 sept. 1680, à Ste. Anne. — Martin, b 1679; m 3 nov. 1705, à Marie-Madeleine Paré, à Lachine.

II — FOUCHER, Jean, [Jean I.
b 1665, s 2 mars 1703, à Lachine. 3
Marchand, (Le) Marie-Anne, (2) [François II
Marie-Renée, b 23 mai 1689, à Québec. 4 — Marguerite, b 25 déc. 1692, à Levis. — Jean-Gabriel, b 4 1er mai 1694. — Marie-Jeanne, b 3 8 fév. et s 3 2 mars 1703.—Marie-Françoise, b 1699; s 3 21 avril 1703.— Geneviève, b...; m 3 5 août 1720, à Pierre Cardinal.

1689, (25 avril) Ste. Famille. 5

II. — FOUCHER, Gervais, [Jean I.
Gerber, Elizabeth [Mathurin I.
Marie, b 5 5 mars 1690. — Ursule, b 25 et s 5 30 janv. 1692.—Jeanne, b 15 janv. et s 5 7 mars 1693. — Joseph, b 5 20 mars 1694. — Claude, b 8 et s 5 11 août 1695. — Bernard, b 24 et s 5 26 août 1696. — Elizabeth, b 5 15 sept. 1697.—Jean-Baptiste, b 5 13 oct. 1699. — Cécile, b 23 et s 5 26 fév. 1702. — Gervais, b et s 5 10 mars 1703. — Gervais, b 5 22 avril 1704.

I. — FOUCHET, Jacques.
Friard, Françoise.
Robert, b...; m 23 nov. 1705, à Hélène Lemieux, à Quebec 5; s 5 15 avril 1735.

FOUCQUES, Marie, femme de Jacques Béatrix, en 1671.

FOUGEREAU, Jean, noyé le 6 nov. 1646.—Voy. la note de la page 28.

I.—FOUIN, (1) Marguerite, b...; m 1670, à François Dumas.

II. —FOUIN dit Lacroix, René.
Blouf, Geneviève, [Jean I.
Louis, b 17 et s 25 nov. 1667, à Montréal. 6 — Marie-Jeanne, b 6 12 fév 1701; s 6 3 juillet 1703. — Jacques, b 6 5 avril 1703. — Marie-Anne, b.... m 1738, à Claude Martin.

1698, (29 octobre) Québec. 3

I.—FOULON dit Dumont, Nicolas, b 1669, fils de Jacques et de Marguerite LeRoy, de Bricour, évêché de Bayeux; s...
Boyer, Barbe, b 1650, veuve de Paul Cartier, s 2 10 déc. 1730.

(1) Elle épouse, le 5 juin 1686, Isaac Lemire, à Batiscan.
(2) Elle épouse, le 10 avril 1703, Joseph Brault, à Lachine.
(3) Foye dit Lacroix.

Marie-Madeleine, b 2 13 sept. 1699, m 2 14 juillet 1722, à Augustin Rouer; s 2 28 déc. 1767.— Françoise, b 1 19 nov. 1702

FOUQUEREAU. — Variations et surnoms :
Foucaut — Foucrau — Fougereau — Urbain.

1670, (28 decembre) Quebec. 2

I.—FOUQUEREAU, Urbain, b 1649, fils de Jean et de Renée Bataille, de Continuoir, évêché d'Angers, s 24 février 1700, à la Pointe-aux-Trembles de Quebec. 1
Rossignol, Jeanne, veuve de Jacques Forget.
Pierre, b 2 10 août 1677. — Elizabeth-Ursule, b 1 23 août 1679, m 13 janv. 1699, à Pierre Soucy, à la Riv.-Ouelle.—Michel, b 1 5 oct. 1681.—André, b 1 20 déc. 1683, m 15 avril 1720, à Marie-Françoise Aupri, à Laprairie; s 1721. — Madeleine, b 1 11 juillet 1686; 1o m 25 fév. 1710, à Jacques Richaume, à Repentigny 3; 2o m 8 janv. 1714, à Louis Caillonneau.—Guillaume, b 1 23 mars 1690, m 3 20 mars 1719, à Marie-Anne Rivière.—Marie-Anne, b 1 3 juillet 1693, m 3 24 nov. 1712, à Joseph Rivière. — Marie-Hélène, b 1 15 fév. 1696; m 3 18 janv. 1718, à Michel Rivet.

I. — FOUQUET, Martin, s 1681.
De la Porte, Marie-Madeleine, (1) b 1645.
Martin, b 27 avril 1679, à Québec.—Marie-Anne, b 14 fév. 1681, à l'Ilet.

1688, (19 janvier) Lachine.

I.—FOUREAU dit Brindamour, Michel, soldat de M. Du Plessis, b 1658, fils de Léonard (marchand) et de Jeanne Magister, du bourg d'Anzède, evêche de Limoges.
Morin, Catherine, [Jacques I.

I. — FOURGON, Jacques, soldat de M. Legardeur, b 1697, de la ville de Tours; s 15 avril 1719, aux Trois-Rivières.

I.—FOURIER, Catherine, b 1638, fille de Claude et de Marie Pennetier, de St. Sulpice, évêché de Paris.
1o m 14 oct. 1670, à Mathurin Mercadier, à Montreal 6; 2o m 6 11 mai 1672, à Jean Bousquet.

I.—FOURIER, Jeanne, b...; m 1686, à François-Noel Vanasse.

1671, (12 octobre) Québec. 6

I.—FOURNEL, Jacques, b 1645, fils de Nicolas et de Charlotte Prevost, de St. Sauveur, évêché de Rouen; s 22 juin 1707, à la Pointe-aux-Trembles de Quebec. 7
Hubinet, Louise, b 1651, fille de Jean et d'Aimée Roublot, de St. Christophe, évêché de Paris; s 7 18 déc. 1702.
Marguerite, b 6 1er nov. 1672. — Françoise, b 6 4 juillet 1674, m 7 4 août 1698, à Jean Brière.—

(1) Elle épouse, le 27 oct. 1682, Michel Bouchard, à Québec.

Pierre, b⁶ 14 mai 1676 ; s, avant 1681. —*Mathurin-Joseph*, b⁷ 7 juin 1677, s⁷ 6 août 1709. — *Marie-Anne*, b⁷ 26 oct. 1679 , m⁷ 5 juillet 1703, à François Biron; s 9 fév. 1713, à Lotbinière — *Jacques*, b⁷ 1er mai 1681 ; m⁷ 17 avril 1708, à Marie-Marguerite Richard. — *Perrine*, b⁷ 12 août 1683 , m⁷ 12 nov. 1708, à Louis Richard.—*Denis*, b⁷ 29 août 1685 ; s⁷ 28 nov. 1707. — *Louise*, b⁷ 19 mars 1687 ; s⁷ 25 déc. 1708. — *Nicolas*, b⁷ 14 mars 1689; s⁷ 8 mars 1700. — *Romaine*, b 26 et s 30 nov. 1690.

1696, (30 juin) Quebec. ³

I. — FOURNEL, Jean, b 1662, fils de Jacques et de Marguerite Baron, de d'Auche . s³ 13 sept. 1723.
Levasseur, Anne-Thérèse   Louis I.
s³ 3 janv. 1703.
Joachim, b³ 17 août 1697. — *Jean-Louis*, b³ 20 août 1698 ; m³ 31 dec. 1723, à Marie-Anne Barbel, s³ 31 mai 1745.— *Marie-Anne*, b³ 27 juillet 1699 , m³ 29 oct. 1720, à Alexis Fafard. — *Marie-Catherine*, b³ 8 mai 1701. — *Marguerite-Thérèse*, b³ 24 juin 1702.

I. — FOURNIER, Etienne, de St. Pierre de Roussilly, évêché d'Autun.
Gendray, Michelle.
Claude, b 1649 ; m 11 nov. 1681, à Jeanne Renault, au Château-Richer.

I — FOURNIER, Robert, b 1619, était à Montreal en 1681.

1651, (20 novembre) Québec. ³

I. — FOURNIER, Guillaume, (1) b 1619, fils de Gille et de Noelle Gagnon, de Coulme, en Normandie ; s 25 oct. 1699, dans l'église de St. Thomas.
Hébert, Françoise,   [Guillaume II.
Gilles, b³ 26 nov. et s³ 31 déc. 1653. — *Marie*, b³ 5 mai 1655; m³ 17 fév. 1670, à Pierre Blanchet. — *Agathe*, b³ 10 avril 1657 ; m³ 28 sept. 1671, à Louis Gesseron.— *Jacquette*, b³ 10 avril 1659 ; m³ 5 juin 1673, à Jean Prou. — *Joseph*, b³ 13 juillet 1661 ; m 1685, à Barbe Girard.— *Marie-Madeleine*, b³ 17 juillet 1663 ; s³ 8 oct. 1664.— *Jean*, b³ 19 mars 1665; m³ 1687, à Marie LeRoy. — *Simon*, b³ 28 avril 1667 ; m 1691, à Catherine Rousseau.— *Pierre*, b³ 24 avril 1669 ; m 24 nov. 1695, à Marie Isabelle, à St Thomas ⁴ —*Françoise*, b³ 2 mai 1671; m⁴ 21 avril 1686, à Jacques Boulé.— *Louis*, b³ 24 avril 1673 ; s³ 3 nov. 1674.— *Madeleine*, b³ 9 août 1675 ; m 2 mai 1707, à Pierre Laporte, à St. François, Ile-Jesus.—*Charles*, b³ 13 juillet 1677 ; m 13 juillet 1699, à Elizabeth Bouchard, au Cap St Ignace.—*Jacques*, b⁴ 24 août 1679.

1657, (14 mai) Trois-Rivières.

I. — FOURNIER, Jacques, fils de Michel et de Michelle Croier, de Paris.
Crevier, Marguerite, (2)   [Christophe I.

I. — FOURNIER, Jean,
b 1627.
Crespin, Marie, b 1639, était à Montréal, en 1681.

1663, (24 octobre) Quebec. ³

I. — FOURNIER, Jacques, b 1633, fils de Michel et de Michelle Croyer, de St. Germain d'Auxerre , s...
Du Figuier, Hélène, b 1644, fille de Bernard et de Suzanne Le Sillier, de St. Barthélemi, de Paris ; s...
Marie-Louise, b³ 23 juillet 1664. — *Claude*, b³ 5 janv. 1666. — *Catherine*, b³ 6 mars 1668 ; m³ 16 août 1688, à Timothee Roussel ; s³ 8 fév. 1752. — *Jean-Baptiste*, (1) b³ 7 sept. 1670. —*René-Louis*, b³ 14 mai 1673.

1670, (30 septembre) Québec. ³

I. — FOURNIER, Nicolas, b 1652, fils de Huges et de Jeanne Higuette, de St. Etienne de Maran, évêche de La Rochelle, s 1er nov. 1687, à Charlesbourg.
Hubert, Marie, (2) b 1655, fille de Pierre et de Bonne Brie, de St. Sulpice, de Paris ; s...
Germain, b² 30 janv. 1674. — *Nicolas*, b 1678 — *Jean*, b² 13 déc. 1680 ; m 23 nov. 1711, à Marie-Madeleine Fradet, à St. Etienne de Beaumont ⁴, s 18 sept. 1735, à St. Michel. — *Michel*, b... ; m² 5 juin 1702, à Marie Bériau.— *George*, b³ 25 mai 1684.— *Jeanne*, b³ 1er oct. 1687.—*Jacques*, b... ; m⁴ 27 nov. 1708, à Marie Blanchon.—*Françoise*, b 1677 ; m 7 nov. 1697, à Pierre Lefebvre, à Ste. Famille.

1681, (11 novembre) Château-Richer. ⁶

II. — FOURNIER, Claude, tonnelier, [Etienne I.
Renault, Jeanne, (3)   [Jacques II.
Jean-Baptiste, b⁶ 16 nov. 1685 ; m⁶ 19 nov. 1708, à Françoise Baisson.— *Elizabeth*, b⁶ 14 mai et s⁶ 12 juin 1684.

1685.

II. — FOURNIER, Joseph,   [Guillaume I.
Girard, Barbe.
Joseph, b... ; m⁹ 17 nov. 1710, à Elizabeth Gagné.— *François*, b⁹ 4 juillet 1685. — *Anonyme*, b et s⁹ 1er dec. 1686.—*Anonyme*, b et s⁹ 24 mai 1689.—*Anonyme*, b et s⁹ 25 avril 1690. — *Anonyme*, b et s⁹ 28 mars 1691. — *François*, b⁹ 24 fev. et s⁹ 7 mars 1692. — *Anonyme*, b et s⁹ 31 janv. 1693. — *Marie-Barbe*, b⁹ 26 avril 1694. — *Pierre*, b⁹ 3 et s⁹ 6 nov. 1690. — *André*, b⁹ 1 et s⁹ 4 déc. 1697. — *Dorothée*, b⁹ 2 dec. 1697. — *Anne*, b⁹ 2 mars 1700. — *Anonyme*, b et s 4 sept. 1702. — *François*, b 18 avril 1704. — *Françoise*, b⁹ 18 avril 1704 ; 1o m à Claude Guimont ; 2o m 11 nov. 1738, à Philippe-Ignace Gravel, au Cap St. Ignace. — *Auguste*, b 28 et s⁹ 31 janv. 1703.

---

(1) Co-Seigneur de la paroisse de St. Charles.

(2) Elle épouse, en 1663, Michel Gamelin.

(1) Filleul de Talon, Intendant.

(2) Elle épouse, 25 fév. 1691, Jean Gachet, à Charlesbourg.

(3) Elle épouse, le 21 novembre 1689, Nicolas Chamard, à Château-Richer.

1687,

II. — FOURNIER, Jean, [Guillaume I.
Le Roy, Marie, [Nicolas I.
Françoise, b 10 dec. 1688, au Cap St. Ignace[2];
s[2] 14 août 1692. — Nicolas, b[2] 19 juillet 1690;
m[2] 15 janv. 1714, à Barbe Tibault. — Jean, b[2]
17 juillet 1692; m 23 nov. 1718, à Marie-Françoise Dumas, s[2] 21 juin 1740 — Marie, b[2] 5
sept. 1694. — Ambroise, b[2] 4 août 1696 ' 1° m 17
août 1729, à Geneviève Guillet, à l'Ilet[6]; 2° m[2]
30 juin 1734, à Geneviève Gamache. — Cécile, b[2]
1er août 1698; m[2] 20 avril 1716, à Louis Tibault.
— Anne, b[2] 1er avril 1700; m[2] 28 janv. 1726, à
Jean-Baptiste Durand; s[2] 16 avril 1728. — Joseph, b[2] 20 mai 170?. — Augustin, b[2] 28 juin
1704; 1° m[2] 25 nov. 1727, à Elizabeth Gravel;
2° m[2] 21 mars 1735, à Marie-Françoise Belanger
— Charles, b[2] 15 oct. 1708; m[2] 29 janv. 1734, à
Louise Gravelle.

1688, (11 février) Boucherville.[1]

I. — FOURNIER dit Préfontaine, Antoine, b
1665, fils de Denis et de Catherine Desallières,
de Beaumont. évêché de Beauvais; s 9 juillet
1702, à Montreal.[2]
1° Roncelay, Marie. [Jean II.
Marie, b[1] 30 janv. 1689 — Jean-Baptiste, b[1] 29
mai 1691.— Adrien, b[2] 24 déc. 1693.

1696, (16 juillet) Montréal.[2]

2° Ozou, Marie-Madeleine, [Jean I.
s[2] 19 janv. 1703.
Marie-Madeleine, b[2] 14 et s[2] 22 mars 1697. —
Marie, b[2] 19 sept. 1698. — Urbain-Joseph, b[2] 19
mars 1700. — Antoine, (posthume) b[2] 28 oct.
1702; s[2] 1er mars 1703.

1691.

II. — FOURNIER, Simon, [Guillaume I.
Rousseau, Catherine, [Thomas I.
s 8 déc. 1749, à St. Pierre du Sud.
Catherine, b 9 août 1692, à St. Thomas.[3] —
Marie-Madeleine, b[3] 16 fév. 1694. — Jean, b[3] 22
janv. 1696. — Geneviève, b[3] 9 janv. 1698. —
Marie-Marthe, b[3] 20 dec. 1699. — Simon, b[3] 17
fev. 1702, m à Marthe Bouchard — Angelle, b[3]
25 mai 1704. — Marie-Anne, b[3] 30 mars 1707. —
Anonyme, b[3] et s[3] 5 mars 1709.

1693, (30 juillet) Québec.

I. — FOURNIER dit De Belleval, Pierre, fils
de Jacques et d'Ursule Gaucher, de St. Victor, évêche d'Orleans.
Ancelin, Marie, veuve de Pierre Rondeau.
Suzanne, b 21 fev. 1698, à St. Jean, I. O.[4];
s[4] 27 fev. 1703. — Marie-Renée, b[4] 2 juin 1694.—
Marie-Geneviève, b[4] 9 fev. 1696. — Ursule, b[4] 30
nov. 1703. — Dorothée, b[4] 21 nov. et s[4] 13 déc.
1705.—Pierre, b 8 janv. 1702, à la Rivière-Ouelle.

1695, (24 novembre) St. Thomas.[3]

II. — FOURNIER, Pierre, [Guillaume I.
Isabel, Marie. [Michel I.
Marie, b[2] 11 juin 1697. — Marie-Charles, b[2]
31 mai 1699. — Jeanne-Elizabeth, b[2] 24 juin 1701.

— Angélique, b[2] 8 avril et s[2] 3 juin 1703.—
Marie-Madeleine, b[2] 18 sept. 1704. — Angélique,
b[2] 27 août 1707.

1696, (19 novembre) Cap St. Ignace.[2]

II. — FOURNIER, Louis, [Guillaume I.
Caron, Marie, [Pierre II.
Marie-Aimée, b[2] 7 avril 1718; m 22 nov. 1740,
à Joseph Cloutier, à l'Ilet — Louis, b....; m[2] 16
nov. 1722, à Angelique Bossé. — Louis, b 31 mai
1698, à St. Thomas.[3] — Marie-Geneviève, b[3] 27
janv. 1700. — Marie-Marthe, b[3] 16 avril 1702. —
Louise, b[3] 15 fév. 1705. — Jean-Baptiste, b[3] 23
mai 1707; s[6] 18 janv. 1709.

1699, (13 juillet) Cap St. Ignace.

II. — FOURNIER, Charles, [Guillaume I.
Bouchard, Elizabeth, [Nicolas I.
Elizabeth, b 18 avril 1700, à St. Thomas. [2] —
Charles, b[2] 16 mai 1701. — Geneviève, b[3] 10 fev.
1703. — Philippe, b[2] 6 déc. 1704. — Joseph, b[2]
29 sept. 1706. — Pierre-Basile, b[2] 28 avril 1708.

1683, (15 novembre) Montréal.

I. — FOURNIER, Pierre, b 1647, fils d'Etienne
et de Nicole Bourget, de Bar-sur-Seine, évêché de Langres.
Achin, Marie, [André I.

FOY, René. — Voy. Forein — Lacroix.

1670, (   ) Québec.

FRADEL, Jean. (1)
Antoinette, b 1670.

1692, (12 février) St. Jean (I. O)[6]

I. —FRADET, Jean, fils de Thomas et d'Anne
Rousse, de Marsillac, évêché de Bordeaux,
en Guyenne.
1° Hély, Jeanne, [Jean I.
Jean, b[6] 5 août 1693. — Marie-Madeleine, b 29
mai 1695, à St. Michel[7]; m 22 nov. 1711, à Jean
Fournier, à St. Etienne de Beaumont. — Geneviève, b[7] 4 janv. 1698.— Jacques, b[7] 30 mai
1700. — Louis-Etienne, b[7] 30 oct. et s[7] 20 nov.
1701.— Augustin, b[7] janv. et s[7] 1er avril 1703.
— Agathe, b[7] 30 mars 1704. — Augustin, b[7] 31
janv. 1706; m à Geneviève Leclerc. — Jean-Baptiste, b[7] 4 juillet 1707.— Julienne, b[7] 15 déc.
1709; s[7] 6 janv. 1710.

1715, (24 août) Québec.

2° Gosselin, Marie-Madeleine, [Michel II
François, b...; m[7] 18 nov. 1754, à Marie Couture.

FRANC-DE-VILLE. — Voy. Fafart.

1653, Québec.

FRANCHETOT, Mathurin, fait prisonnier au Cap-
Rouge, avec le P. Poucet, le 20 août 1653, et
brûlé le 8 sept. suivant. (Relations de 1653-9).

FRANCHEVILLE (De), Marin. — Voy de Repentigny—Poulin.

(1) Le nom de sa femme est effacé au registre.

FRANCŒUR.—Voy. De Montreuil— De La>—Moreau—Charland—Brulé—Trunet—Frenet—Montreau—Belleau.

1689, (25 novembre) Montreal. [8]

I.—FRANCŒUR, François, (1) sergent, b 1660, fils de Guillaume et de Marguerite Hugot; s 16 sept. 1695.
St. Jean, Madeleine, (2) Onontagué.
Madeleine, b [8] 16 sept. et s [8] 30 oct 1690.

FRANÇOIS.—Voy. Lefrançois. Charles

FRANÇOIS, Marie, b 1627; s 24 mars 1707, à Batiscan.

I.—FRANÇOIS dit Laviolette, b 1639; s 30 mai 1714,à la Pointe-aux-Trembles de Québec.

FRANÇOIS dit Lafleur, b 1679, s 18 janv. 1737, à Québec.

1671, (14 novembre) Québec. [3]
I.—FRANÇOIS dit Foucaut, Jean, b 1641, fils de Pierre et de Péronne Borde, de St Michel, évêche de Périgueux; s 4 déc. 1700, aux Trois-Rivières [8]
Provost, Elizabeth, b 1646, fille d'Adrien et de Marie Le Blond, de St. Nicolas, ville de Rouen.
Denis, b [8] 12 oct. 1672, m [8] 12 nov. 1697, à Catherine Pelletier — *Elizabeth,* b [8] 23 mai 1674.—*Françoise,* b [8] 2 sept. 1679; m [8] 5 fev. 1701, à Jean-François Lemire.—*Jean-Baptiste,* b [8] 10 mai 1682, m [8] 6 fev. 1708, à Marguerite Bergeron.—*Gabrielle,* b 1677; m [6] 7 juillet 1700, à René Lefebvre.

FRANÇOIS dit Dubois.
Guilbaut, Marie, [Pierre I.
s 3 janv. 1747, à Québec. [2]
Thérèse, b [2] 10 fév. 1702.

FRANÇOIS, Pierre.
Tousignan, Marie-Madeleine, (3) [Pierre I.
Marie-Renée, b 28 mai et s 10 déc. 1707, à Varennes. [6]—*Marie-Madeleine,* b [6] 10 déc. 1712.—*Joseph,* b 15 oct. 1710, à Repentigny.

I.—FRANGEY dit Dupas, Nicolas.
Martin, Madeleine, [Pierre I.
Jean, b 11 avril 1671, à Sorel.

1683, (4 fevrier) Québec. [8]
I.—FRANQUELIN, J.-Bapt.-Louis, b 1653, fils de Guillaume et de Catherine Vitas, de St. Michel de Villebernin, archevêché de Bourges.
Aubert, Elizabeth, [Claude I.
veuve de Bertrand Chesné.
Marie-Jeanne, b [8] 18 fév. 1686. — *Geneviève-Marguerite,* b [8] 20 juillet 1688. — *Marie-Anne,* b [8] 11 sept. 1690; m [8] 13 oct 1730, à Jacques Quesnel. —*Elizabeth,* b [8] 23 août 1691; m [8] 24 oct. 1712, à Joseph Lemieux. — *Marie-Josette,* b [8] 7 avril 1693.

FRAPPED'ABORD. — *Variations;* Meunier — Martin — Quesdra — Quirdran.

I—FRAPPED'ABORD dit Quesdra, soldat de M. Dumesny; s 7 dec. 1690, aux Trois Rivières.

I. — FRAPIER, Valentin, sieur de Beauregard, lieutenant d'une compagnie, en 1670, à Québec.

1668.
I. — FRAPIERRE, Hilaire, b 1651, fils de Jacques et de Marie René, de St Barthelemy, evêché de La Rochelle.
Petit, Rose, (1) b 1646, fille de Jean et Jeanne Guerbour, de St. Germain l'Auxerrois; s 6 fév. 1719, à Québec. [4]
Marie-Jeanne, b [4] 29 sept. 1669; 1o m [4] 21 oct. 1696, à Pierre Duranseau; 2o m.[4] 29 sept. 1732, à Jean Parant; s [4] 10 dec. 1746. —*François,* b [4] 5 juillet 1671. — *Philippe,* b [4] 15 dec. 1694; s [4] 6 janv. 1695.— *Michel,* b...; m [4] 9 janv. 1696, à Marguerite Le Silge — *Madeleine,* b...; m [4] 12 avril 1706, à Pierre Estève. — *Anne,* b...; 1o m [4] 29 avril 1710, à Jacques Coquet; 2o m [4] 28 oct. 1725, à Joseph Clarton. — *Anne,* b 15 oct. 1689, à Batiscan. [5]— *Pierre,* b [5] 26 et s 27 nov. 1691.

1696, (9 janvier) Québec. [4]
II —FRAPIER, (2) Michel, [Hilaire I.
Le Siége, Marie-Marguerite, [Pierre I.
Michel-François, b 3 sept. 1699, à Montreal [5]—*Antoine,* b [5] 16 nov. 1701. — *Joseph,* b [5] 29 nov. 1702; s [5] 11 fév. 1703. — *Louise,* b [4] 4 oct. 1697; s [6] 6 avril 1703. — *Marie-Madeleine,* b 5 mars et s 2 juin 1713, à Repentigny. — *Michel,* b [5] 1er avril 1704.

I. — FRAY, Marie, b 1620; m à Alexis—s 12 mai 1684, à Montréal.

FREDIN, Claudine, femme d'André et de Pierre De Leigne, en 1697.

FREDIN, Gabriel, b 1673; s 11 août 1691, à Montréal.

1680, (28 janvier) Ste. Famille. [6]
I. — FRESCHET, François, b 1655, fils d'Etienne et de Marie Belin, de St. Martin, Ile de Rhe, évêché de La Rochelle.
Levreau, Anne, [Simon I.
François, b [6] 10 juin 1682; m à Marguerite Bergeron. — *Etienne,* b [6] 19 sept. 1684; m 23 juin 1710, Marie-Anne Lavergne, à Québec [7], s [7] 17 août 1749.— *Marie,* b [6] 5 sept. 1686; m 23 nov. 1703, à Simon Houde, à St. Nicolas.—*Pierre,* b [6] 25 dec. 1688.— *Simon,* b [7] 13 janv. 1691.— *Joseph,* b [7] 12 nov. 1693.— *Geneviève,* b [7] 29 juillet 1696. — *Elizabeth-Agnès,* b [7] 29 mai 1701. — *Marie-Ursule,* b [7] 25 mars 1703.

---

(1) Tué par les Iroquois.
(2) Elle épouse, le 28 avril 1696, Jean Bredel, à Montréal.
(3) Elle épouse, le 17 avril 1719, Ives-Pierre Godu, à Varennes.

(1) Elle épouse, le 10 avril 1714, François DeChambre, à Québec.
(2) Dit St. Hilaire.

1671, (9 novembre) Ste. Anne. [6]

I.—FRICHET, Pierre, fils de Jean et de Jacquette Goyon, de Mazère, évêché de Poitiers, s [6] 28 déc. 1677.

Godin, Charlotte, (1)   [Elie I.
Pierre, b [6] 26 sept. 1672. — *Marie-Anne,* b [6] 10 sept. 1674; m [6] 6 fév. 1691, à Pierre Tondreau; s 5 mai 1741, à l Ilet. — *Marthe,* b [6] 10 oct. 1676; m à Antoine Bouton. — *Angélique,* b [6] 30 sept. 1678, s [6] 4 nov. 1684.

I.—FRICHET, Jacques, soldat de Dumesny, de St. Hilaire, évêche de Luçon.

Gaye, Louise.
Jacques, b en France; m 11 janv. 1706, à Marie Sarazin, au Château-Richer.

1699, (11 mai) St. Thomas. [6]

I.—FREGEOT, Daniel, b 1676, fils de Daniel et de Marie Mergot, évêche de Poitiers.

Posé, Anne,   [Jacques I.
Marie-Anne, b [6] 27 avril 1700. — *Marie,* b [6] 17 fév. 1702. — *Marie-Marthe,* b [6] 27 janv. 1704 — *Geneviève,* b [6] 21 mars 1701. — *Jacques,* b [6] 31 janv. 1708

FRELAN. — Voy. Ferlan.

I.—FRESLON, Jacqueline, b 1634, en France; m à François Garnier; s 17 avril 1712, à la Pointe-aux-Trembles de Québec.

FREMISSOT.—Voy. Sémiot dit Lemerle, en 1687.

1684, (26 juin) Pte-aux-Trembles, Q.

I.—FRENET, (2) Michel.
1° De Lavoye, Olive,   [Pierre I.
Marie Françoise, b 1695; s 6 janv. 1709, au Cap Santé [7]. —*Simon* b... ; m [7] 6 nov. 1712, à Marie Richard —*Michel,* b... ; m 20 août 1714, à Marie-Josette Richer, à Ste. Anne de la Pérade.
2° Massard, Marguerite.
Marie-Anne, b 1699, s 2 nov. 1701, à Québec.

I.—FRÉROT, Pierre, b 1635, cordonnier, était à Linctôt en 1681.

1669.

I.—FRÉROT, Thomas, Sieur De la Chenaye, marchand, b 1640; s 14 mars 1706, à Québec. [8]

D'Ollery, Anne, b 1643; s [8] 10 déc. 1708.
Marie-Renée, b 8 avril 1671, à Boucherville [9]; s [6] 7 fév. 1703. — *René,* b [9] 18 juin 1672; m à Angélique St. Michel; s 5 fév. 1721, dans l'église de Québec. — *Charlotte,* b [9] 4 mars 1674; s [8] 21 fév. 1703. —*Charles,* b 1679; s [8] 9 mai 1699.

1699.

II.—FRÉROT, (1) René,   [Thomas I.
s 5 fév. 1721, dans l'église de Québec.
St. Michel, Angelique,   [François I·
Marie-Renée, b... ; m 30 août 1723.

I.—FRESEL, Elisabeth, b... ; m 1681, à François Moreau.

FRESNAY, Léonard — Voy. Tresny

I.—FRETÉ, (2) François, b 1668, de Lamotte St. Eloi, évêché de Poitiers.
Poitiers, (de) Marguerite,   [Jean-Baptiste I.
Marie-Catherine, b 26 avril 1699, à Montréal. [6] — *Louis-Jean-Baptiste,* (3) b [6] 22 nov. 1699. — *Charles-Auguste,* b... ; s [6] 7 sept. 1702. — *Marie-Elizabeth,* b [6] 28 fév. 1704.

FRIBAUT, — *Variations :* Flibot — Philibot.

1670, (1re septembre) Ste Eamille.

I.—FRIBAUT, Charles, b 1644, fils de Jacques et de Françoise Bandeau, de St. Lambert, évêché d'Angers.
1° Geoffroy, Anne, b 1649, fils de François et de Claude Mator de St. Jean, évêché de Besançon; s 1671.

1673, (22 septembre) Ste Famille. [2]

2° Rousselot, Marguerite, b 1654, fils de Jean et de Simone Denys, de Ste. Madeleine, évêché de Troye, en Champagne; s 20 déc. 1687, à St. Jean, Ile d'Orleans. [6]
Michel, b [2] 13 oct 1674. — *Marie,* b [2] 18 juillet 1677. — *Jean,* b 1679; m [6] 18 juillet 1701, à Marie Selle. — *Marguerite,* b 20 et s [6] 24 oct. 1682. — *Charles,* b [6] 23 avril 1684; m 29 juillet 1708, à Marie-Charlotte Bissonnet, à St. Michel. — *Julien,* b [6] 24 nov. 1686.

1688, (16 mai) St. Jean.

3° Leroy, Isabelle, veuve d'Antoine Leblanc.

FRICHET, Marthe, femme d'Antoine Bouton, en 1702.

I.—FRICHET, Pierre, b 1656, était à Beauport en 1681.

I.—FRIGON, François, b 1650, s 13 mai 1724, à Batiscan. [3]
Chambroy, Marie, b 1658.
Jean-François, b 1674; 1° m [1] 8 fev. 1700, à Madeleine Moreau; 2° m 4 juin 1714, à Marie-Anne Perrot, à Ste. Anne de la Perade — *Marie-Madeleine,* b 1676; m [1] 27 avril 1695, à Jean Prime. — *Marie,* b 1678. — *Françoise,* b... ; m [1] 8 fév. 1700, à Joseph Moreau. — *Françoise,* b 30 mars 1681, à Champlain; s [1] 7 déc. 1687. — *Jeanne,* b [1] 15 sept. 1683; m [1] 19 fév. 1710, à Mathurin Rivard. — *Antoine,* b [1] 28 juillet 1685; s [1] 29 juin 1712.

---

(1) Elle épouse, le 27 juillet 1679, Pierre Laforest, à Ste. Anne.

(2) Marié sous le nom de Fernet.

(1) Sieur De la Chenaye, lieutenant des troupes.

(2) Freté dit Lamothe, abjure le calvinisme, le 29 juin 1699, à Montréal.

(3) Il avait été ondoyé en 1696, à Hysope, Nouvelle-Angleterre, par Pierre Handspitre, ministre d'Orange.

1700, (8 févr:er) Batiscan. [2]

II. —FRIGON, François,   [François I.
1o Moreau, Marie-Madeleine,   [Jean I
s [1] 26 sept 1713, mort subite.
François, b [2] 25 nov. 1700. — *Claude*, b 20
juillet 1703. — *Marie-Josette*, b [2] 30 oct. 1705. —
Marie-Madeleine, b [2] 14 août 1711.

1714, (4 juin) Ste. Anne de la Pera le

2o Perrot, Marie-Anne-Gertrude,   [Pierre.
s [2] 13 fév. 1773.

Antoine-Pierre, b [2] 26 avril 1716 ; m [2] 26 fev.
1748, à Marie-Anne Trottier. — *Louis-Marie*, b [2]
11 sept. 1717. — *Marie-Françoise*, b [2] 4 fev. 1719,
m [2] 26 mai 1743, à Jean-Baptiste Lafond —
Pierre, b [2] 1er avril 1720 , m [2] 10 avril 1752, à
Marie-Charles Rivard. — *Marie Gertrude*, b [2] 22
fev. 1722 ; m [2] 8 mai 1750, à Pierre Marchand.
— *Marie-Thérèse*, b [2] 13 oct. 1723 — *Marie-Louise*,
b [2] 30 mars 1725; m [2] 19 avril 1751, à Jean-Baptiste Delorme. — *Marie-Geneviève*, b [2] 11 sept.
1726 ; m [2] 16 fév. 1756, à Simon Belisle. — *Josette-Marie*, b [2] 24 oct. 1729. — *Paul-Joseph*, b [2]
23 mars 1731.

FRISADE, (La). — Voy. Surat.

FRITTA, Marie, femme 1o d'Aguenier Légier,
en 1660 ; 2o d'Alexis Béranger, en 1663.

1653, (6 février) Québec.

I. —FROGET dit Despatis, Nicolas, b 1620, fils
de Paul et de Nicole Chevalier, de N.-D.
d'Alençon ; s 16 avril 1680, à Repentigny [4]
Martin, Madeleine, (1)   [Abraham I.
Marie-Françoise, b ... ; m 1668, à Maurice Pasquier. — *Michel*, b et s 18 juin 1656, à Montréal. [5]
— *Gabriel*, b [5] et s [5] 9 juin 1659 — *Jacques*, b [5] 29
juillet 1662. — *Marguerite*, b [5] 8 avril 1666 : 1o m [5]
1681, à Jean Mulory ; 2o m [5] à Jean Berloin, en
1695 ; s 26 juillet 1704, à St. François, Ile Jesus.
— *Louise*, b [5] 14 août 1668 ; m [5] 1691, à Elizabeth
Ethier. — *Guillaume*, b 8 août 1674, à Boucherville ; m 24 nov. 1698, à Barbe Beauchamp, à la
Pointe-aux-Trembles de Montréal. — *Jean-Baptiste*, b 1676 ; m [4] 22 nov. 1700, à Jeanne Beaudoin.

1691.

II. —FORGET, Louis,   [Nicolas I
Ethier, Elizabeth,   [Léonard I.
Charles, b 28 et s 29 mars 1698, à Repentigny. [4]
— *François*, b [4] 28 et s [4] 29 mars 1698. — *Barbe*,
b [4] 28 mai 1699. — *Geneviève*, b [4] 23 nov. 1701 ;
s 19 mars 1703, à St. François, Ile-Jésus. [5] —
Alexandre, b .. , s 20 juin 1692, à Montréal. —
Louis, b [5] 20 janv. 1704 , s 17 oct. 1730, à Lachenaie. [6] — *Jean-François*, b [5] 21 mars 1706 ; m [5] 3
mai 1734, à Louise Noel. — *Marie-Catherine*, b [5]
6 mai 1708. — *Agathe*, b [5] 21 sept. 1710 ; m [6] 25
oct 1733, à Pierre Archambault. — *Jacques*, b...;
m [5] 17 oct. 1712, à Marie Charbonneau. — *Elisa-*

beth, b... ; m [5] 12 oct. 1712, à Auguste Hubout.—
Geneviève, b [5] 12 nov. 1712 ; s [5] 30 mai 1714. —
Marie, b .. , m [5] 5 fev. 1714, à Jean Faillon.

1698, (24 novembre) Pte-aux-Trembles, Q.

II. — FORGET, Guillaume,   [Nicolas I.
Beauchamp, Barbe, (1)   [Jean I.
Barbe, b et s 24 mars 1700, à Repentigny. [3] —
Pierre, b [3] 14 août 1701. — *Marguerite*, b 2 avril
1704, à St. François, I. J. [4] — *Marie-Madeleine*, b [4]
7 mars 1706.

FROIDEMOUCHE, l'un des français envoyés de
la Malbaie à Québec (1629), par Emery de
Caen, et descendu dans la barque d'Eustache
Boulle

1699, (23 novembre) Quebec. [2]

I. — FROMAGE, Pierre-François, (2) b 1669, fils
de Laurent et de Benoite Deschazelles, de St.
Eustache, évêché de Lyon ; s...
Fortin, Marguerite,   [Julien I.
s [2] 15 janv. 1703
Jean-François, b [2] 4 déc. 1700 ; s 4 mars 1703,
au Château-Richer. — *Pierre-Simon*, b [2] 10 sept.
1704.

I. — FROMAGEAU, Henry, b 1660. de N.-D. de
Cogne, ville de La Rochelle ; s 30 sept. 1687,
à Lachine. (3)

I. — FRONTENAC, (de) Louis, (4)
décédé le 28 nov. 1698, à Québec [2] , s [2] 1er
dec. 1698, dans l'église des Récollets.

---

(1) Elle épouse. le 7 fév. 1714, André Boutillet, à St. François, I. J.

(2) Commis au Greffe de la Prevosté de Québec, (1702).

(3) Tué par les Iroquois avec neuf autres français, et inhumé dans la baie d'Urfé, proche le lieu destiné pour bâtir l'Eglise St. Louis du haut de l'Ile de Montréal.—*Registre de Lachine*, 1687.

Les corps de ces victimes, retrouvés en 1866 ont été solennellement enterrés dans l'église de Ste. Anne du Bout de l'Ile, par M. le curé Chevrefils.

(4) De Buade de Frontenac, chevalier, comte de Palluau, IXe Gouverneur du Canada, de 1672 à 1682, et XIIe de 1689 à 1698.

Sous la date du 11 septembre 1796, on lit dans le livre d'annonces de Mgr. Plessis, alors curé de Québec, ce qui suit :

" Dans la masure des RR. PP. Récollets, on a trouvé les ossements réunis d'un certain nombre d'anciens religieux, et même quelques cendres des anciens gouverneurs du pays, qui y avaient été enterrés. On a mis tous ces précieux restes dans un cercueil pour être transportés et inhumés dans la cathédrale. Cette translation se fera immédiatement après la grand'messe de ce jour et vous êtes priés d'y assister." — *Livre de Prônes*, 17e Dimanche après la Pentecôte, 1796.

Le monastère des Récollets avait été incendié le 6 septembre 1796, et, le 14, les religieux furent sécularisés. — *Registre E des Archives de l'Evêché de Québec.*

A ce sujet, la tradition rapportant, d'après le frère Louis, récollet, qu'à la mort de M. de Frontenac, son cœur, enfermé dans une boîte de plomb, fut envoyé à la comtesse sa femme, qui ne voulut point l'accepter. Elle le renvoya en Canada, en disant qu'elle ne voulait point d'un cœur mort, qui, de son vivant, ne lui avait point appartenu ! !

Il paraît, d'après M. le major Lafleur, et M. de Gaspé, lequel fut témoin oculaire de l'incendie de l'Eglise des Récollets, que les cercueils de plomb qui se trouvaient sous les voûtes

---

(1) Elle épouse, le 1er fév. 1681, Jean-Baptiste Fontenau, à Repentigny.

G

GABARETTE, Thomasse, femme de François Albert, en 1632.

I.—GABARET, Pierre.
Gareau, Claude.
Pierre, b 28 mai 1703, à Ste Foye

I.—GABOURY, Simon, cultivateur, arrive en 1646

I.—GABOURY, Jean.
Gargot, Marguerite, b 1657, s 5 mars 1699, à St. Augustin

1660.

I —GABORIE dit le Major, Louis, b 1639.
Soulard, Nicole, b 1642, s 25 mars 1707, à St. Michel. [1]
Louis, b 21 nov. 1666, à Ste. Famille· [2] —*Anne*, b [2] 27 juillet 1668 ; 1° m 7 mai 1681, à François Rémillard, à l'Ilet ; 2° m [1] 6 fev 1702, à Pierre Corriveau. —*Jeanne*, b 16 fév. 1672, à Québec, [3] m 20 janv. 1692, à Isaac-Laurent Sareau, à Lévis ; s 17 juillet 1712, à Beaumont. — *Henriette Françoise*, b [3] 20 janv. 1675, m [1] 19 oct 1693, à Jacques Corriveau. — *Joseph*, b [3] 26 sept. 1677 ; m 10 oct. 1707, à Suzanne Huppé, à Repentigny. — *Louise-Françoise*, b [3] 20 oct. 1678 ; m [1] 26 août 1700, à Etienne Corriveau ; s [1] 10 mars 1703. — *Marie-Jeanne*, b [3] 15 juillet 1682 ; 1° m [1] 3 nov. 1698, à Antoine Goupil ; 2° m [1] 20 avril 1716, à Pierre Nau-Labrie. —*Antoine*, b 9 mai 1688, à Sillery.

I —GABOURY, Antoine
Mignot, Jeanne,   [Jean I.
Marguerite, b 5 oct. 1680, à l'Ange-Gardien [7] ; m 4 nov. 1698, à Pierre Valière, à St. Augustin [8]. —*Jean-Baptiste*, b [7] 26 déc. 1683 ; m [8] 1er mai 1709, à Madeleine Racet. —*Marie*, b [7] 6 janv. 1686, 1° m [8] 25 janv. 1713, à Pierre Racet ; 2° m [8] 18 nov. 1720, à André Clément. —*Antoine*, b 1687, m [8] 22 nov. 1713, à Françoise Cotin. —*Marie-Charlotte*, b 24 août 1691, à Pte-aux-Trembles de Québec [9] ; m [8] 18 août 1709, à Joseph Cotin. — *Marie-Jeanne*, b [9] 5 oct. 1693 ; s [8] 12 oct. 1708. — *Thérèse-Angélique*, b [8] 25 mars 1695 ; m [8] 16 avril 1720, à Charles Cotin. —*Marie-Madeleine*, b 21 sept. 1697.

I.—GACHET, François, b 1642, soldat de M. de St. Ours, s 19 nov. 1698, à Montréal.

---

de l'église, placés sur des tablettes en fer, étaient en parties fondus. La petite boîte de plomb contenant le cœur de M. de Frontenac, se trouvait, dit-on, sur son cercueil.

M. Thompson, ami de M. de Gaspé, avait vu, paraît-il, inhumer les ossements des anciens gouverneurs dans la chapelle de Notre-Dame de Pitié, près la muraille, côté de l'Evangile. Du temps de Mgr. Signay, curé de Québec. Raphael Martin, bedeau de la Cathédrale, eut ordre de faire lever tous les ossements, qui se trouvaient dans cette chapelle ; ils furent placés dans une boîte, et transportés sous les voûtes de la chapelle Sainte Anne, côté de l'Evangile, près la muraille (dans le sanctuaire).

1691, (25 février) Charlesbourg.

I. — GACHET, Jean, soldat de M. St. Jean, fils de Jean et d'Esther Baureau, de Leaugeon, évêché de Xaintes.
Hubert, Marie, veuve de Nicolas Fournier.

I. — GADIOU, Gilles, b 1649 ; s 4 nov. 1699, à Ste. Famille. [6]
De Lugré, Marie-Anne,   [Jacques I.
s 3 juin 1704, à Montréal.
François, b [6] 12 avril 1689. — *Charles*, b [6] 20 sept. 1693 ; m 17 oct. 1729, à Angelique Baudoin, à Repentigny [5]. — *Marie-Madeleine*, b [6] 16 nov 1695 ; m [5] 6 oct. 1721, à François Phenis. — *Louise*, b [6] 11 fev. 1698. — *Jean-Baptiste*, b [5] 22 dec. 1690 ; m 25 juin 1715, à Marie-Josette Duret, à Québec. — *Geneviève*, b 12 janv. 1700, à l'Ange-Gardien ; s [5] 21 janv. 1701, à Ste. Famille.

I.—GADOISE, Louise, (1) b 1595 ; m à Pierre Gadois ; s 18 mars 1690, à Montréal.

I.—GADOIS, Pierre, de St. Martin d'Igé, évêché de Seez, au Perche.
b 1594 ; s 20 oct. 1667, à Montréal. [9]
Mauger, Louise, b 1598 ; s [9] 18 mars 1690.
Pierre, b… : 1° m [9] 12 août 1657, à Marie Pontenier ; 2° m [9] 20 avril 1665, à Jeanne Besnard — *Jean-Baptiste*, b [2] mars 1641, à Québec° ; 1° m [9] 19 fev. 1669, à Marguerite Gervaise ; 2° m [9] 19 janv. 1693, à Marie Baudereau. — *Roberte*, b 1626 ; 1° m [9] 30 nov. 1650, à Louis Prudhomme ; 2° m [9] 21 janv. 1673, à Pierre Verrier. — *François*, b [0] 2 déc. 1636. — *Jeanne*, b [0] 26 juin 1638. — *Joseph*, b [0] 28 sept. 1639.

1657, (12 août) Québec. (2)

II. — GADOIS, Pierre,   [Pierre I.
armurier, b 1632.
1° Pontenier, Marie, (3) b 1637, fille d'Urbain et de Félix Janin, de Lude, évêché d'Angers.
2° Besnard, Jeanne, b 1631, fille de Rolin et de Gabrielle Vitaille.
Jeanne-Françoise, b 7 mars 1666, à Montréal [2] ; m [2] 18 janv. 1683, à Antoine Hatanville ; s [2] juillet 1703. — *Louis*, b [2] 28 oct. 1667 ; s [2] 14 nov. 1670. —*Jean-Baptiste*, b [2] 26 juillet 1669. — *Louise*, b [2] 1er oct. 1671 ; s [2] 21 oct. 1687. — *Madeleine-Thérèse*, b [2] 3 nov. 1673 ; m [2] 16 août 1694, à Jules Le Fournier. —*Antoine*, b [2] 15 avril et s [2] 2 juin 1675. — *Pierre*, b [2] 31 oct. 1676 ; s [2] 4 juin 1686. — *Marguerite*, b [2] 1er juillet 1678. — *Marie-Madeleine*, b [2] 24 août et s [2] 9 nov. 1680. — *Marie-Catherine*, b [2] 10 et s [2] 13 nov. 1681. —*Antoine*, b [2] 6 juin 1683. — *Henry*, b [2] 3 fev. 1685 —*Pierre*, b [2] 22 et s [2] 25 août 1686. —*Jacques*, b [2] 22 août 1686.

1669, (19 février) Montréal. [8]

II. — GADOIS, Jean-Baptiste,   [Pierre I.
1° Gervaise, Marguerite,   [Jean I.
s [8] 18 janv. 1690.

---

(1) Son nom est Mauger, femme de Pierre Gadois.
(2) Ce mariage fut déclaré nul, par ordonnance de l'official de Mgr. de Pétrée, le 30 août 1660.
(3) Elle épouse, le 3 nov. 1660, Pierre Martin, à Montréal.

Jean-Baptiste, b [8] 26 oct. 1686 , s [8] 28 nov. 1687.
— *Jean-Baptiste*, b [8] 10 oct. et s [8] 3 dec. 1688.

1693, (19 janvier) Montréal. [3]

2° BAUDEREAU, Marie,   [URBAIN I.
veuve de Pierre Ducharme.
Jean-Baptiste, b [8] 27 nov. et s [8] 11 déc. 1693. —
Marie-Chrétienne, b [8] 17 août 1695. — *Jean-Bap-
tiste*, b [8] 22 déc. 1697. — *Louis*, b [8] 2 mai 1700. —
Marguerite, b [8] 28 janv. 1703.

I. — GAGNÉ, MARIE, b 1656, fille de Pierre et de
Madeleine Marchand, de St. Jean de Livrecez,
évêche de La Rochelle ; 1° m 20 janv. 1676,
à Elie JEAN, à Québec ; 2° m 15 juillet 1686,
à André BARBOT, à Charlesbourg.

I — GASNIER, ANNE, b 1614 ; 1° m à Jean-
Clement DuVAULT, 2° m 21 août 1655, à Jean
BOURDON, à Québec [5] ; s [5] 27 juin 1698.

I₂ — GASNIER, PIERRE, b ..., de Courcival, évêché du Mans ; s 1ᵉʳ mai 1656, à Québec [8] ;
mort des fièvres lentes.
ROSÉE, Marguerite,
b 1615.
Marguerite, b [3] 14 sept 1653 ; 1° m [3] 10 janv.
1667, à Martial SAUTON ; 2° m 4 sept. 1673, à Pierre
LEFEBVRE, à Laprairie. — *Louis*, b... ; m 4 oct
1673, à Louise PICARD, à Ste. Anne, s [3] 24 juin
1698. — *Pierre*, b 1646. — *Nicolas*, b 1652.

I. — GASNIER, LOUIS.
Louis, b... , m 1641, à Marie MICHEL ; s avant
1670.

1641.

II. — GASNIER, LOUIS,   [LOUIS I.
s 1670.
MICHEL, Marie, (1)
b 1620.
Louise, b 1642 ; m 25 mai 1654, à Claude Bou-
CHARD, à Québec [4]. — *Marie*, b [4] 20 sept. 1644 ;
1° m [4] 26 janv. 1659, à André LELOUTRE ; 2° m 30
juillet 1690, à Jacques ABELIN, à Ste. Anne [5] ; s [5]
19 nov. 1717. — *Pierre*, b [4] 27 mars 1647 ; m [4] à
Louise FAURE. — *Olivier*, b [4] 1 juin 1649 ; m 8
nov. 1679, à Isabelle PEPIN, à Ste. Famille. —
Anne, b [4] 27 oct. 1653 ; m [5] 11 sept. 1670, à François LACROIX. — *Ignace*, b [4] 12 mars 1656 ; 1° m [5]
5 nov. 1680, à Barbe DODIER ; 2° m 6 nov. 1689,
à Louise TREMBLAY, à L'Ange-Gardien. — *Joachim*,
b 1660 ; m 12 janv. 1682, à Louise MARCOUX, à
Repentigny [6] ; s [7] 7 fév. 1688. — *Louis*, b [4] 7 juillet
1651 ; m 0 fév. 1678, à Marie GAGNON, au Château-
Richer [7] ; s [7] 24 juin 1698.

III. — GASNIER, PIERRE,   [LOUIS II.
FAURE dit PLANCHET, Louise, b 1642 , s 25 mai
1714, au Cap St. Ignace. [4]
Pierre, b 8 nov. 1670, à Ste. Anne [5] , m 22 juin
1700, à Louise PROU, à St. Thomas. [6] — *Jean*, b [5] 17
juillet 1672 ; m 11 janv. 1699, à Madeleine LAN-
GLOIS. — *Joachim*, b 1673 ; s [4] 15 avril 1705. —
Marie-Anne, b [5] 17 fév. 1674 ; m [4] 17 nov. 1699, à

Denis PROU. — *François*, b 11 fév. 1678, à Québec [7] ;
m 7 janv. 1709, à Elizabeth LANGLOIS, à L'Ilet. —
Louis-Augustin, b 1ᵉʳ fev. 1680, à la Pointe-aux-
Trembles de Quebec ; 1° m [5] 21 nov. 1707, à Elizabeth CHARLAND ; 2° m [6] 1722, à Marie BOUDEAU.
— *Elizabeth*, b [4] 28 août 1682 ; m [4] 17 nov. 1710,
à Joseph FOURNIER.

I. — GAGNÉ, NICOLAS, b 1652, fils de François et
de ——, de Courcival, evêche du Mans ; s
8 sept. 1687, à Montreal.

1670, (19 novembre) Laprairie. [6]

I. — GAGNÉ, PIERRE, b 1645, frère du précédent·
DAUBIGEON, Catherine,   [JULIEN I.
Marie, b [6] 2 nov. 1671 ; m [6] 21 avril 1688, à
Joseph PERROT. — *Marguerite*, b [6] 9 mars et s [6] 4
avril 1673. — *Anne*, b [6] 8 juin 1675 ; m 11 oct.
1690, à Jacques PERROT, à Montréal. [7] — *Catherine*, b [6] 24 janv. 1677 , m [6] 30 sept. 1693, à Benoit
BISAILLON. — *Pierre*, b [6] 26 nov. 1678 ; m [6] à Marie
ROANÈS. — *François*, b [6] 5 mai 1680 , m [6] 14 janv.
1709, à Marie DUPUY. — *Marguerite-Angélique*, b [6]
20 mars et s [6] 17 avril 1682 — *Jeanne*, b [6] 27 juillet
1683 ; m [6] 20 juin 1706, à Guillaume BARETTE. —
Marie-Gabrielle, b [6] 18 fév. 1685. — *Louis-Elienne*,
b [6] 25 août 1686 ; m 27 mai 1715, à Anne TESSIER,
à la Pointe-Claire. — *Agnès*, b [6] 17 dec 1692 ; m [6]
23 oct. 1710, à René BOURASSA. — *Joseph*, b [6] 19
avril 1695 ; m [6] 2 oct. 1724, à Marie-Josette BAU-
DREAU. — *Nicolas*, b [7] 17 août 1689 ; m [6] 3 fev.
1722, à Françoise BRION.

1673, (4 octobre) Ste. Anne du nord.

II. — GAGNÉ, (1) LOUIS,   [PIERRE I.
s 24 juin 1698, à Québec. [7]
PICARD, Louise, (2)   [JEAN II.
Marie-Anne, b 1673 ; s 27 déc. 1685, à la Rivière-Ouelle. [8] — *Alexis*, b 1ᵉʳ dec. 1680, au Cap
St. Ignace [9] ; m 24 avril 1702, à Catherine CLOU-
TIER, à l'Ilet. [9] — *Dorothée*, b [9] 20 janv. 1682 ; s [9]
30 dec 1685. — *Louise*, b [9] 24 fév. 1684 ; s [9] 27
déc. 1685. — *Louis*, b [9] 26 mai 1686 ; m [9] 1ᵉʳ août
1714, à Marie-Thérèse LESSARD. — *Marie-Anne*, b [9]
4 juillet 1688 ; m 9 nov. 1705, à Guillaume BLAN-
CHET, à St. Michel. — *Geneviève*, b [9] 28 fév. 1691.
— *Pierre*, b [9] 6 oct. 1693. — *Anonyme*, b [9] et s [9] 10
juillet 1695. — *Jean-Eustache*, b 9 et s [9] 11 sept.
1696. — *Joseph*, b [9] 10 et s [9] 17 nov. 1697. — *Louise*,
b [7] 11 janv. 1677 ; 1° m [7] 4 juin 1696, à Christophe
DE LAJOUE, 2° m [9] 18 nov. 1699, à Pierre BLAN-
CHET.

1678, (9 février) Château-Richer.

III. — GASNIER, LOUIS,   [LOUIS II.
GAGNON, Marie,   [JEAN I.
Marie, b 23 nov. 1678, à Ste. Anne. [7] — *Pierre*,
b [7] 29 janv. 1680 ; m [7] à Marguerite POULIN. —
Denis, b [7] 8 mars 1682 ; m 11 nov. 1715, à Angé-
lique Guyon, à St. François, Ile d'Orleans [8] ; s [8]
20 juin 1728. — *François*, b [7] 16 janv. 1685. —
Louis, b....

(1) Dit Bellavance, sieur de la Frenais.

(2) Elle épouse, le 12 oct. 1699, Guillaume LEMIEUX, au
Cap St. Ignace.

(1) Elle épouse, en 1669, Paul De Rainville.

1679, (8 novembre) Ste. Famille. [7]

III. — GAGNÉ, Olivier,   [Louis II.
PEPIN, Isabelle,   [Antoine I.
Dominique, b 30 avril 1684, au Cap St Ignace [8];
m 5 juillet 1706, à Madeleine Butaud, à St. François, Ile d'Orleans. [9] — *Jean-Baptiste,* b [8] 10 oct.
1686 ; m [9] 5 juillet 1706, à Claire Butaud —
Elizabeth, b [8] 31 dec. 1689 ; m [9] 28 nov. 1708, à
Jean Bonneau ; s 24 janv. 1717, à Quebec. [0] —
Marie, b [7] 14 déc 1692 ; m à Paschal Poulin.—
Geneviève, b [8] 28 sept. 1695 ; m [0] 12 juin 1713, à
Augustin Bonneau. *Marie-Madeleine,* b 24 avril
1698, à St. Jean, Ile d'Orléans ; m 6 oct. 1721,
à Joseph Malbœuf, au Château-Richer. — *Jean,*
b [8] 26 fev. et s [8] 29 mars 1682. — *Alexandre,* b [8] 28
déc. 1688 ; s [8] 3 janv. 1689. — *Marie,* b [9] 15 avril
1700. — *Joseph,* b [7] 14 oct. 1701.

1680, (5 novembre) Ste. Anne. [7]

III. — GASNIER, Ignace,   [Louis II.
1° Dodier, Barbe,   [Jacques I.
Louise, b [7] 26 sept. 1683.

1689, (6 novembre) L'Ange-Gardien.

2° Tremblay, Louise,   [Pierre I.
Raphael, b... ; m 4 juillet 1729, à Marie
Joseph Dalère, à St. François, Ile d'Orléans. —
Ignace, b 27 oct. 1690, à la Baie St. Paul.

1682, (12 janvier) Beauport. [1]

III. — GAGNÉ, Joachim,   [Louis II.
s [1] 7 fev. 1688.
Marcoux, Louise, (1)   [Pierre I.
Jean-Baptiste, b [1] 27 oct. 1682 ; m 7 janv. 1708,
à Marie-Françoise Marchet, à Québec. — *Geneviève,* b [1] 16 mars 1684 ; m [1] 7 janv. 1711, à Thomas Touchet. — *Etienne,* b [1] 16 mars 1686 ; m 23
nov. 1711, à Angélique Gely, à Lorette.

1698.

II. — GAGNÉ, Pierre,   [Pierre I.
Roanès, Marie ;   [François I

1699, (11 janvier) Cap St. Ignace. [1]

III. — GAGNÉ, Jean,   [Pierre III.
Langlois, Marie-Madeleine,   [Jean II.
Alexandre, b [1] 20 sept. 1700. — *Alexandre,* b
1699 ; s 27 oct. 1702, à St. Thomas ; [2] noyé dans
la Rivière du Sud. — *Marie-Marthe,* b [2] 15 nov.
1702. — *Alexandre,* b [2] 15 fev. 1705. — *Jean-Baptiste,* b [2] 30 mai 1707.

GAGNON, Marguerite, 1° m à Antoine Bedard ;
2° m en 1626, à Eloi Tavernier

1640, (29 juillet) Québec. [5]

I. — GAGNON, Jean, b 1611, fils de Pierre et de
Renée Royer, de Tourouvre ; s 2 avril 1670,
dans l'eglise du Château-Richer. [9]

(1) Elle épouse, le 7 nov. 1690, Noël Maillou, à Beauport.

Cochon, Marguerite, b 1620, fille de Jean et de
Marguerite Cointal, de Dieppe ; s...
Jeanne, b [5] 15 août 1641 ; m [5] 26 avril 1654, à
Jean Chapeleau ; s [5] 24 mai 1699. — *Renée,* b [5] 8
avril 1643, m [5] à Jean Ouimet. — *Marguerite,* b [5]
12 fev 1645, m [9] 16 nov. 1661, à Jean Caron. —
Jean, b ° 5 fev. 1648 ; m [9] 26 oct. 1670, à Marguerite Drouin. — *Etienne,* b [5] 4 oct. 1650. — *Germain,* b [5] 1 sept. 1653 ; m [9] 27 juillet 1688, à
Jeanne David ; s [9] 23 nov. 1708. — *Raphael,* b [5]
18 juillet 1656 , s [9] 22 oct. 1687. — *Marie,* b [5] 8
sept. 1659 ; m [9] 9 fév. 1678, à Louis Gagné.

1642, (14 février) Québec. [5]

I — GAGNON, Pierre, b 1616, fils de Pierre et
de Renee Royer, s 17 avril 1699, au Château-Richer.
Desvarieux, Vincente, b 1624, fille de Jean et
de Marie Chevalier de St. Vincent, d'Aubermail, pays de Caux ; s [9] 2 janv. 1695.
Jean, b [5] 3 mai 1643 ; m [5] à Marguerite Racine ;
s [9] 27 oct. 1699. — *Anne,* b [5] 25 juin 1643 ; s...
—*Pierre,* b 1646 ; m [9] 1669, à Barbe Fortin ; s 10
août 1687, à Ste. Anne. [3] — *Jeanne,* b [5] 30 juillet
1648 ; s [5] 27 sept. 1648. — *Pierre-Paul,* b [5] 5
sept. 1649 ; ordonné [5] 21 dec. 1677 ; s... —
Joseph, b [5] 27 dec. 1651 ; s [9] 28 avril 1680. —
René, b [5] 18 sept. et s 7 oct. 1653 dans l'eglise
de Quebec. — *Marie-Madeleine,* b [5] 10 janv. 1655.
— *Raphael,* b [5] 22 juillet 1658. — *Noël,* b [5] 10
fev. 1660 ; 1° m [5] 8 juillet 1683, à Geneviève
Fortin ; 2° m [9] 12 janv. 1705, à Barbe Cloutier ;
s [9] 25 nov. 1708.

1647, (30 sept) Québec. [5]

I. — GAGNON, Mathurin, b 1606, fils de Pierre
et de Renée Royer, de Tourouvre ; s 22 avril
1690, au Château-Richer. [4]
Boudeau, Françoise, (appelée aussi Godeau), b
1634, fille de François et de Jeanne Jehanne,
de Guyon, en Normandie ; s [4] 14 sept. 1696.
Anonyme, b [5] et s [5] 18 août 1652 — *Mathurin,* b [5]
23 août 1653 ; m [4] 28 oct. 1686, à Charlotte Cochon.
— *Anonyme,* b [5] et s [5] 6 fev. 1649. — *Vincent,* b [5]
27 août 1658 ; m [4] 12 oct. 1694, à Anne David ; s [4]
26 nov. 1708. — *Marie-Madeleine,* b [5] 4 juillet
1650 ; m [4] 18 nov. 1663, à Jean Picard. — *Françoise,* b [5] 15 dec. 1655 ; m [4] 21 fev. 1672, à Louis
Prevost. — *Marthe,* b... ; 1° m [4] à Jean Doyon ; 2°
m [4] 21 avril 1665, à Jacques-François Lesot ; s [4]
21 nov. 1670. — *Marie,* b [4] 23 janv. et s [4] 10 fev.
1662 — *Marguerite,* b [4] 12 mai 1663 ; m [4] 10 fev.
1686, à Vital Caron. — *François,* b [4] 2 avril 1665
Flavien, b [4] 31 août 1666 ; s [4] 10 fév. 1679. —
Jean, b [4] 27 mars 1669 ; m [4] 1692, à Marguerite
Bochard. — *Pierre,* b [4] 3 sept. 1672 ; m [4] 28 fev.
1696, à Helène Cloutier. — *Joseph,* b [4] 24 mars
1674 ; s [4] 30 mai 1676. — *Joseph,* b 1677 ; m [4] 26
janv. 1699, à Marie Cloutier.

1657, (3 octobre) Québec. [1]

I. — GAGNON, Robert, b 1632, fils de Jean et de
Marie Gestray, de Ventrouse, au Perche ; s 2
sept. 1703, à Ste. Famille. [2]

PARENTEAU, Marie, b 1641, fille d'Antoine et d'Anne Poisson, de St. Nicolas, évêche de LaRochelle ; s...

Jean, b [1] 27 avril 1659 ; 1° m [1] 23 oct. 1686, à Jeanne LOIGNON ; 2° m [1] 4 nov. 1718, à Françoise DORE. — *Elizabeth*, b 10 oct 1661, au Château-Richer [3] ; 1° m [2] 21 fév. 1678, à Louis MOREAU ; 2° m [2] 25 mai 1684, à Jean BARIL — *Claude*, b [3] 7 avril 1664 ; s... — *Jacques*, b 1666 ; m [2] 24 janv. 1695, à Madeleine ROCHERON. — *Marie*, b [2] 8 juillet 1668. — *Jean-François*, b [2] 23 août 1670, s [2] 4 janv. 1688. — *Pierre*, b [2] 15 fév. 1673 ; m [2] 18 janv. 1700, à Louise LESTOURNEAU ; s [2] 9 fév. 1703. — *Anne*, b [2] 19 mai 1675 ; m [2] 17 janv. 1695, à Hypolite TIBIERGE. — *Renée*, b [2] 28 fév. 1678. — *Joseph*, b [2] 17 sept. 1680 ; m [1] 13 nov. 1710, à Anne LOUINEAU.

GAGNON, Louis, apprenti armurier, b 1662 ; s 6 sept. 1681, à Montreal, noyé.

II. — GAGNON, JEAN, [PIERRE I. s 27 octobre 1699, au Château-Richer. [1]
  RACINE, Marguerite, [ETIENNE I. s [1] 17 déc. 1695.

Pierre, b [1] 12 sept. 1668 — *Etienne*, b [1] et s [1] 21 nov. 1669. — *Joseph*, b [1] 20 juillet 1671. — *Marguerite*, b 17 déc. 1673, à Ste. Anne ; [2] m [1] 16 nov. 1694, à Nicolas ASSELIN. — *François*, b [2] 12 déc. 1675 (1) ; m [1] 25 janv. 1700, à Marguerite BÉLANGER. — *Noël*, b [1] 1er janv. 1678 ; s 12 avril 1700, à Québec. [3] — *Jean*, b [1] 16 mars 1680 ; m 3 juin 1704, à Thérèse ROCHERON, à Ste. Famille. — *Anne*, b [1] 16 juillet 1684 ; m [1] 11 nov. 1700, à Michel ASSELIN. — *Raphael*, b [1] 21 mai 1686 ; s [3] 16 sept. 1709. — *Pierre*, b [1] 4 oct. 1688 ; s [1] 8 janv. 1695. — *Anonyme*, b [1] et s [1] 19 juin 1692. — *Prisque*, b [1] 6 oct. 1693.

1669, (2) Château-Richer. [1]

II — GAGNON, PIERRE, [PIERRE I. s 10 août 1687, à Ste. Anne. [4]
  FORTIN, Barbe, (3) [JULIEN I.

Marie, b [1] 28 mars 1671 ; m [4] 10 juin 1686, à René LEPAGE. — *Joseph*, b [4] 11 janv. 1673 ; m [1] 17 fev. 1700, à Agathe BÉLANGER. — *Geneviève*, (4) b [4] 20 mars 1674 ; m [4] 18 fev. 1692, à Charles BÉLANGER. — *Augustin*, b [4] 18 oct. 1675. — *Pierre*, b [4] 20 janv. 1677 ; m [4] 14 nov. 1701, à Isabelle LACROIX. — *Charles*, b [4] 18 mai 1679 ; m [1] 19 janv. 1706, à Anne BÉLANGER ; s 17 fév. 1759, à St. Michel. — *Marguerite*, b [4] 10 fév. 1681 ; m [1] 24 nov. 1704, à Pierre LEFRANÇOIS. — *Marguerite*, b [4] 3 fév. 1682 ; s [4] 30 mai 1686. — *Alexandre*, b [4] 7 janv. 1684 ; m [4] 26 août 1711, à Angélique CARON. — *Marguerite*, b [4] 7 janv. 1687. — *Jean-Baptiste*, b [4] 26 janv 1688 ; m 15 janv. 1714, à Françoise OUELLET, à la Rivière-Ouelle.

1670, (26 octobre) Château-Richer. [7]

II — GAGNON, JEAN, [JEAN I. s [7] 7 déc. 1687.
  DROUIN, Marguerite, (1) [ROBERT I.

Jean, b [7] 2 juillet 1672 ; m 16 fev. 1690, à Anne MESNIL, à St. François, I J. — *Pierre*, b [7] 31 oct. 1676 ; m 21 janv. 1704, à Marie LACROIX, à Ste. Anne. [8] — *Marie*, b [7] 24 mars 1681 ; m [8] 17 oct. 1703, à Joseph BERTHELOT. — *Antoine*, b [7] 8 juillet 1683 ; s [7] 4 déc. 1708. — *Joseph*, b [7] 28 nov. 1685. — *Agnès*, (posthume) b [7] 18 janv. 1688 ; 1° m [7] 11 nov. 1709, à Jacques RÉAUME ; 2° m [7] 5 oct. 1712, à Jean ROY. — *Marguerite*, b... ; m [7] 23 nov. 1693, à Etienne VEAU ; s [8] 7 mai 1703.

1683, (8 juillet) Ste. Anne. [5]

II. — GAGNON, NOEL, capitaine, [PIERRE I. s 25 nov. 1708, au Château-Richer. [6]
  1° FORTIN, Geneviève, [JULIEN I. s [6] 21 mars 1703.

Joseph, b [6] 16 mai et s [6] 7 août 1684. — *Joseph*, b [6] 19 déc. 1685 ; s [6] 2 mars 1686. — *Marie*, b [6] 25 et s [6] 29 mars 1687. — *Marie*, b [6] 18 juin 1689 ; m [6] 27 nov. 1704, à Alexis BELANGER ; s [6] 30 nov. 1709. — *Angélique*, b [6] 20 janv. 1691. — *Geneviève*, b [6] 18 août 1692 ; m [6] 25 fév. 1710, à Claude RACINE. — *Anne*, b [6] 23 mai 1694 ; m [6] 11 nov. 1710, à Guillaume MICHEL. — *Noel*, b [6] 23 juillet 1696 ; m [6] 17 juillet 1714, à Marie-Françoise RACINE. — *Barbe*, b [6] 12 janv. 1700 ; m [6] 4 nov. 1715, à Joseph GRAVELLE — *Joseph*, b [6] 8 fev. 1702.

1705, (12 janvier) Château-Richer. [6]

  2° CLOUTIER, Barbe, [ZACHARIE II. veuve de Charles Bélanger ; s [6] 24 avril 1711.

1686, (28 octobre) Québec.

II. — GAGNON, JEAN, (2) [ROBERT I. s 27 août 1717, à la Rivière-Ouelle. [6]
  1° LOIGNON, Jeanne, [PIERRE I. s [6] 10 sept. 1717.

Jean, b 11 janv. 1688, à Ste. Famille [5] ; m 5 sept. 1713, à Geneviève GAMACHE, à l'Ilet. — *Marie*, b [5] 17 oct. 1690 ; m [6] 27 juillet 1712, à Pierre ST. PIERRE. — *Antoine*, b [6] 9 sept. 1703 ; m 24 nov. 1727, à Reine OUELLET, à Ste. Anne. — *Marie-Angélique*, b [6] 23 déc. 1692 ; m [6] 9 janv. 1713, à Jean-Baptiste HUDON. — *Marie-Charlotte*, b [6] 5 juin 1695 ; m [6] 13 juin 1718, à Jean-Bernard HUDON. — *Joseph*, b [6] 26 oct. 1697 ; m 24 nov. 1738, à Exupère TROTIER, à Batiscan — *Pierre*, b 1699 ; s [6] 29 juillet 1721. — *Marie-Françoise*, b [6] 5 déc. 1704. — *François*, b [6] 26 déc. 1707 ; m 10 janv. 1730, à Catherine MOREL, à Kamouraska. — *Jean-Baptiste*, b [6] 1er mars 1710. — *Charles*, b [6] 18 fév. et s [6] 5 mars 1712. — *Jean-Bernard*, b [6] 17 avril 1713 ; s [6] 13 janv. 1722.

1718, (4 novembre) Québec.

  2° DORÉ, Françoise, [LOUIS I.

---

(1) A la chapelle du Cap Tourmente.

(2) Sans date de mois.

(3) Elle épouse, le 16 avril 1690, Pierre De Lessart, à Ste. Anne.

(4) Baptisée dans la Chapelle du Cap Tourmente.

(1) Elle épouse, le 19 avril 1689, Antoine d'Arde, au Château-Richer.

(2) Commandant la côte du Sud.

1686, (28 oct.) Château-Richer.

II. — GAGNON, Mathurin,   [Mathurin I.
Cochon, Charlotte,   [Jean II.
Jean, b... ; m 5 nov. 1715, à Geneviève Cha-
nard, à Charlesbourg [9]. — Mathurin, b .. ; m [9] 20
avril 1716, à Marguerite Chretien. — Marie-Charlotte, b... , m à Charles Marette. — Anne, b... ; 1°
m 1704, à Thomas Blondeau ; 2° m [9] 5 fèv 1716,
à Louis Duperé.

1688, (27 juillet) Château-Richer. [1]

II. — GAGNON, Germain,   [Jean I.
s [1] 23 nov. 1708.
David, Jeanne,   [Jacques I.
s [1] 11 nov. 1698.
Raphael, b [1] 29 août 1689, m [1] 27 mai 1709, à
Marie-Louise Cloutier. — Geneviève, b [1] 25 juin
1693. — Marie-Françoise, b [1] 12 fév. 1695. — Jean,
b [1] 14 juin 1697. — Marguerite, m 25 juin
1720, à Jacques Laberge, à l'Ange-Gardien.

II. — GAGNON, Jean,   [Mathurin I.
Bochard, Marguerite.
Jean, b 17 sept 1693, à Lorette.

1694, (12 octobre) Château-Richer [3]

II. — GAGNON, Vincent,   [Mathurin I.
s [3] 26 nov. 1708.
David, Anne, (1)   [Jacques I.
Marie-Françoise, b [3] 15 nov. 1695 ; m [3] 17 fev.
1716, à Jean-Baptiste Doyon. — Anne, b [3] 20 juin
1697 ; 1° m 13 sept. 1712, à Louis Bonnedeau, à
Québec [4] ; 2° m [4] 11 mai 1732, à Louis Bourbeau.
— Jean-Baptiste, b [3] 13 oct. 1698. — Vincent, b [3]
28 nov. 1699 ; m [4] 28 avril 1732, à Marie-Louise
Cotty. — Marie, b [3] 25 mai 1701 ; m [4] 4 nov.
1725, à Jean-Baptiste Cauchois. — Dorothée, b [3]
12 oct. 1702. — Bonaventure, b [3] 8 juillet 1704. —
Véronique, b [3] 8 juillet et s [3] 15 sept. 1705. —
Louis, b [3] 27 nov. 1706. — Joseph, b [3] 29 janv.
1708 ; s [3] 31 mai 1715. — Pierre, (posthume) b [3]
23 mars 1709.

1695, (24 janvier) Ste. Famille. [4]

II. — GAGNON, Jacques,   [Robert I.
Rocheron, Madeleine,   [Gervais I.
Jacques, b [4] 23 dec. 1695 ; s [4] 5 fev. 1690. —
Catherine, b [4] 11 fév. 1697 ; m 21 nov. 1718, à
Joseph Gilbert, à la Rivière Ouelle. [6] — Claude,
b [4] 20 nov. 1698 ; s [4] 7 janv. 1699. — Marie-Madeleine, b [4] 8 et s [4] 12 dec. 1699. — Joseph, b [4] 6
janv. 1701. — Marie-Josette, b [4] 17 mars 1703. —
Jean-François, b [6] 16 fév. 1707. — Pierre, b [6] 3
sept. 1708. — Jacques, b [6] 5 juin 1710. — Guillaume, b [6] 7 janv. 1713 ; s [6] 10 août 1714. — Marie-
Madeleine, b [6] 7 janv. 1713. — Antoine, b [6] 4 oct.
1716.

1696, (28 février) Château-Richer. [3]

II. — GAGNON, Pierre,   [Mathurin I.
Cloutier, Hélène,   [Charles II.

(1) Elle épouse, le 17 fév. 1710, Noël Toupin, au Château-
Richer.

Pierre, b [3] 29 déc. 1696 ; m [3] 21 avril 1721, à
Marie Charié. — Augustin, b [3] 19 sept. 1698. —
Bonaventure, b [3] 26 nov. 1699 ; s [3] 25 fév. 1702.
— Cécile, b [3] 17 dec. 1701. — Marie-Anne, b [3] 18
juin 1704. — Hélène, b [3] 3 juillet 1706. — Françoise,
b [3] 30 août 1708 ; m [3] 29 oct. 1726, à Michel Coton. — Jean-Baptiste, b [3] 29 oct. 1710. — Véronique, b [3] 27 juillet 1712 , s [3] 1er nov 1714. — Elizabeth, b [3] 29 mars 1714. — Joseph, b [3] 26 avril 1716.

1699, (26 janvier) Château-Richer.

II. — GAGNON, Joseph,   [Mathurin I.
Cloutier, Marie,   [Charles II.
Joseph, b 1er nov. 1699, à Ste. Famille [1] ; s [1] 10
janv. 1700 — Jean-Baptiste, b [1] 18 et s [1] 20 janv.
1701. — Pierre, b [1] 3 nov. 1701. — Marie-Hélène,
b [1] 25 juin 1703. — Augustin, b [1] 9 fev. 1705.

1699, (16 février) St. François, (I. O.) [2]

III. — GAGNON, Jean,   [Jean II.
Mesny, Anne,   [Etienne I.
Marie, b 16 avril 1700, au Château-Richer ; [3]
m [2] 15 juillet 1723, à Jean Lepage. — Geneviève,
b [3] 27 fev. et s [3] 15 avril 1702. — Marguerite, b [3] 31
mars 1703. — Angélique, b [2] 2 mars 1705. — Jean,
b [3] 17 sept 1707. — François, b 29 janv. 1710, à
Ste. Anne du nord. — Anne-Cécile, b [2] 10 mai 1714.
— Marie-Thérèse, b [2] 12 sept. 1718. — Marie-Josette, b [2] 11 fév. 1721. — Marie-Geneviève, b [2] 26
sept. 1724. — Joseph, b... ; m 4 fév. 1743, à Marie-
Louise Picoron, à l'Ilet.

GAIGNARD. — Voy. Cognart.

1668, (5 juillet) Québec. [2]

I. — GAIGNEUX, Jean, (1) b 1638, fils de Pierre et
d'Anne De la Planche, de St. Pierre du
Boisle, ville de Tours ; s [2] 30 sept. 1670.
Le Quint, Elizabeth, (2) fille de Pierre et de
Catherine Boldieu, de St Germain d'Auxerre.
Elizabeth, b [2] 13 juillet 1669 ; s [2] 6 juillet 1670.
— Jean-Louis, b [2] 10 et s [2] 20 dec. 1670.

GAIGNEUX, Noel, b 1700 ; s 14 fév. 1741, aux
Trois-Rivières, gelé.

I. — GAILLARD, commissaire d'artillerie. — Voyez
Pierre Rey-Gaillard.

I. — GAILLARD, Jean, chirurgien, en 1663, à
Montreal.

I. — GAILLARD, Marie, b en France [1] ; 1° m [1]
à Jean Perrier ; 2° m 22 sept. 1682, à Jean
Sabourin, à Beauport.

I. — GAILLARD, Mathieu, subdélégué de l'In-
tendant.
Martin, Anne.
Marie, b... — Olive, b 14 mai 1687, à Montréal.

(1) Le Gagneur dit Laframboise.

(2) Elle épouse, le 8 fév. 1671, Etienne L'Eveillé, à Québec.

1690, (27 mai) Quebec. [9]

I.—GAILLARD, Guillaume, bourgeois, conseiller et seigneur de l'Ile et comte de St. Laurent, b 1669, fils d'Hilaire et de Catherine Leduc, de Villeneuve, evêché de Xaintes ; s 13 nov 1729, dans l'eglise de Quebec. [6]

1° Nepveu, Marie,   [Philippe I. s [9] 5 juillet 1715.

Charles-François, b [9] 17 août 1690 ; 1° m [9] à Marguerite Lemaître ; 2° m [9] 20 nov. 1730, à Geneviève Desjordis ; s [9] 2 mai 1736 — *Jacques*, b [9] 3 sept. et s [9] 23 oct. 1692. — *Marie-Louise*, b [9] 26 sept. 1693 ; s [9] 12 juillet 1695. — *Marie-Catherine*, b [9] 23 juin 1695. — *Marie-Louise*, b [9] 22 janv. 1697, religieuse ursuline, dite de la Ste. Vierge ; s [9] 13 nov. 1764. — *Guillaume*, b [9] 20 nov. 1698, s [9] 17 août 1724. — *Marie-Madeleine*, b [9] 8 nov. 1699. — *Joseph-Ambroise*, b [9] 20 mars 1701 , s [9] 12 oct. 1705. — *Louise-Claire*, b [9] 4 juillet 1702, religieuse ursuline, dite de St Thomas, s [9] 14 nov. 1773. — *Guillaume*, b [9] 19 juin 1704 ; s [9] 29 août 1705 — *Léonard-Alexandre*, b [9] 5 sept. 1705. — *Jean-Baptiste*, b [9] 31 août 1706 , m [9] 7 fev. 1735, à Louis Desjordis ; s [9] 9 fev. 1742. — *Ignace*, b [9] 29 nov. 1710 ; s 29 juillet 1711, à Repentigny.

1719, (1er janvier) Québec.

2° Denis, Louise-Catherine,   [Paul II. veuve de Dominique Bergeron ; s [6] 23 avril 1749.

1678.

I.—GAILLON, Pierre, de Xaintes, b 1644 ; s 5 nov. 1714, à Batiscan. [8]

Creste, Marguerite,   [Jean I. s [8] 12 oct. 1734.

Pierre, b 19 nov. 1679, à Champlain[1] ; m [8] 13 janv. 1705, à Catherine Rivard ; s [8] 9 dec. 1706. — *Marguerite*, b [1] 5 nov. 1681 ; m [8] 1er sept. 1711, à Pierre Lescuier. — *Nicolas*, b [8] 2 juin 1686 ; s [8] 12 mai 1704. — *Marie-Madeleine*, b [8] 16 août 1688 ; m [8] 14 avril 1711, à Mathurin Baril. — *Jean*, b [8] et s [8] 5 oct. 1690. — *Marguerite-Françoise*, b [8] 8 nov. 1691 ; m [8] 13 janv. 1716, à Antoine Tifaut. — *Antoinette-Charles*, b [8] 19 avril 1694. — *Marie-Charles*, b [8] 17 juin 1696 ; m [8] 11 fev. 1716, François Baril. — *Marie-Louise*, b [8] 2 et s [8] 19 sept. 1698. — *Marie*, b... ; m [8] 25 nov. 1698, à Antoine L'Ecuier. — *Louis-Joseph*, b [8] 1er et s [8] 10 dec. 1699 — *Joseph*, b [8] 29 dec. 1700 , m [8] 1728, à Marie-Josette Rivard. — *François*, b [8] et s [8] 5 avril 1702.

I.—GAILLON, Jean, de Blansac, évêché de Xaintes, b 1644.

Prunier, Marie, b 1641 ; s. 13 avril 1689, à Champlain. [4]

Madeleine, b... ; s [4] 13 nov. 1692.

1659, (18 novembre) Montréal. [9]

I.—GALBRUN, Simon, b 1635, fils de Philippe et de Jeanne Blanchet ; s [9] 20 mai 1669.

Duverger, Françoise, (1) b 1636, fille de Jean-Jacques et de Suzanne Duval, de Londres.

Jacques-Simon, b [9] 16 mai 1661. — *Marie*, b [9] 28 nov. 1663 ; m 20 mai 1680, à Jean Compairon, aux Trois-Rivières. — *Jean-Baptiste*, b [9] 24 fev. et s [9] 13 mars 1666 — *Catherine*, b [9] 10 oct. 1667. — *Marie*, b 1670 ; 1° m à Jean-Charles Boiry, 2° m 10 janv. 1705, à Claude Salois, à l'Ilet.

1665, (15 octobre) Québec. [2]

I.—GALARNEAU, Jacques, b 1642, fils de Pierre et d'Isabelle Goujat, de Notre-Dame de Cogne, évêché de LaRochelle ; s...

Héron, Jaqueline, b 1645, fille de Pierre et de Cecile Dupont, de St Nicolas-des-Champs, de Paris.

Charles, b [2] 27 mai 1668 , m [2] 13 janv. 1689 à Geneviève Greslon. — *Gabrielle*, b [2] 24 nov. 1670 — *François*, b [2] 13 janv. 1673. — *Pierre*, b [2] 1er janv. 1779. — *Jean*, b [2] 25 oct. 1682 ; s 28 oct. 1682, à Charlesbourg. [8] — *Jacques*, b [8] 23 janv. 1681 ; m [2] 18 nov. 1704, à Marguerite Panneton. *Marie-Madeleine*, b [2] 20 août 1676 ; 1° m [8] 8 août 1691, à Joseph Langeron ; 2° m 24 oct. 1701. à Jean Des Landes, à Montreal. — *Marie*, b [2] 24 sept. 1656 , m [8] 7 janv. 1683, à Michel Verret. — *Romaine*, b [2] 19 oct 1669 ; m [2] 30 avril 1685, à Jean Cayer ; s [2] 23 sept. 1707. — *Catherine*, b 1672 ; 1° m [8] 20 juillet 1685, à Jean Philippes ; 2° m [8] 16 avril 1703, à Jean Savard ; s 10 juillet 1741, à Lévis — *Madeleine*, b [2] 9 oct 1674 . m [8] 10 oct. 1689, à Charles Ledoux ; s [2] 22 fev. 1703. — *Joseph*, b [8] 9 et s [8] 24 nov. 1683. — *Suzanne*, b [8] 10 fev. 1686.

II.—GALARNAUD, Charles,   [Jacques I. Greslon, Geneviève, (1)   [Jacques I.

Marie-Louise, b 2 fev. 1680, à Québec[2] ; m [2] 26 avril 1706, à François Marquet. — *Philippe-Joseph*, b [2] 15 janv. 1693 ; m 5 fev. 1720, à Madeleine Pinel, à la Pointe-aux-Trembles de Quebec. — *Jeanne*, b [2] 7 sept. 1695. — *Charles*, b [2] 5 nov. 1697. — *Jeanne-Geneviève*, b [2] 30 janv. 1700.

I.—GALESSAQUAIN, Gabriel, (garçon) chirurgien ; s 25 juin 1670, au Château-Richer.

1660, (2 août) Montréal. [1]

I.—GALIBERT dit des Colombiers, Antoine, marchand, b 1636, fils de Pierre et de Françoise Faydit, de Fougardrolles Dazès, evêché d'Agon.

Duverger, Suzanne, fils de Jean-Jacques et de Suzanne Duval, de Londres, Angleterre.

François, b [1] 24 déc. 1661. — *Françoise*, b [1] 28 sept. 1664.

1678, (30 septembre) Montréal. [2]

I.—GALIPEAU, Gilles, fils d'Antoine et de Perrine Renaut, de Poitiers

Langlois, Jacqueline, b 1635, veuve de Jean Mée.

Antoine, b [2] 22 nov. 1680. — *Marie*, b [2] 21 août 1682 ; m [2] 26 nov. 1703, à Vincent Lenoir.

1692, (11 août) Québec. [2]

I. —GALLAIS, Joseph, menuisier, fils de Didace et de Catherine Derive, de la Trinite, évêché de Nantes, en Bretagne.

Lucié, Madeleine, veuve de René Boutet.

Marguerite, b [2] 2 sept. 1693. —*Joseph,* b [1] 17 déc. 1694; s [2] 8 janv. 1695. — *Marie-Joselte,* b [2] 30 janv. 1696.—*Jean-Joseph,* b [2] 12 sept. et s [2] 16 oct. 1697.— *Joseph,* b [2] 24 mars 1699. —*Jeanne,* b [2] 23 janv. 1701.— *Madeleine,* b [2] 13 sept. 1702. — *Henry,* b [2] 4 fev. 1704 —*Jean-Baptiste,* b [2] 14 mai et s [2] 2 juin 1705

1670, (8 septembre) Québec. [1]

I. —GALLIEN, Robert, b 1636, fils de Robert et de Charlotte Nommaire, de Valreuille, de Lizieux; s 29 sept. 1711, à Beauport. [2]

Masson, Anne, b 1637, fille de Nicolas et de Martine-Bertin Duval, des Moittiers d'Allongne, evêché de Coutance.

Marguerite, b [1] 29 juin 1671; m [2] 11 juillet 1689, à Nicolas Rotureau dit Bellisle, s [2] 25 janv. 1712—*Joseph,* b [1] 4 déc. 1672 —*Marie-Anne,* b...; m [1] 12 avril 1706, à Jérôme Marillac. — *Louise,* b...; m [2] 8 nov. 1709, à Guillaume Girot. — *Marie-Charlotte,* b [2] 24 mai 1681. — *Pierre,* b [2] 17 oct. 1683, m 20 juin 1704, à Marie Mourier, à St. Jean, Ile d'Orleans. — *Françoise,* b [2] 13 mars 1689; m [2] 22 nov. 1707, à Noël Giroux.

1697, (14 janvier) Québec. [1]

I. — GALLIFFET, (De) François, lieutenant du Gouverneur de Montréal, b 1666, fils de Pierre (Seigneur d'Homon) et de Marguerite De Bonfils, de N.-D. de Grâce, evêché de Vaison

Aubert, Marie, [CHARLES I. b 1683; s 2 avril 1703, à Montréal. [3]

Antoine-Philippe, b [3] 27 mars 1703. — *Louise-Angélique,* b [1] 1er et s 22 janv. 1698, à Beauport. —*Charles-François,* b [1] 13 nov. 1698. — *Marguerite,* b [1] 18 juin et s [1] 1er oct. 1700. — *Marie-Joselte,* b [1] 25 avril 1702. — *Antoine-Philippe,* b [3] 27 mars 1703

1677, (9 fevrier) Québec.

I. — GALOIS, Joseph, b 1647, fils de Pierre et de Renée Chevré, de St. Barthelemi, bourg de Certaine, évêché de Luçon, en Poitou; s...

Jousselot, Anne, (1) [PIERRE I.

I. —GALOP, Jacques, fugitif en la Nouvelle-Angleterre, en 1679, marié sous le nom de Vigor.

1676, (9 novembre) Château-Richer.

I. —GAMACHE, Nicolas, (2) seigneur de l'Ilet, fils de Nicolas et de Jaqueline Cadot, de St. Ilier, évêche de Chartres; s 30 oct. 1699, au Cap St. Ignace. [3]

Cloutier, Elizabeth-Ursule, [CHARLES II. s [3] 24 oct. 1699, (mort subite).

Jean-Baptiste, b [3] 24 juin 1682; m [3] 18 janv. 1712, à Agathe Richard. — *Ignace,* b [3] 20 août 1683. — *Augustin,* b [3] 31 janv. 1686; 1o m 23 nov. 1711, à Marguerite Guyon, à l'Ilet [4]; 2o m [3] 28 mai 1713, à Louise Caron. — *Anne,* b [3] 25 oct. 1690; m [3] 16 janv. 1713, à Jean Richard — *Geneviève,* b [3] 17 oct. 1692, 1o m [4] 28 juillet 1711, à Joseph Hudon; 2o m [4] 5 sept. 1713, à Jean Gagnon. — *Marie,* b [3] 28 oct. 1694; m [4] 3 fev. 1722, à Louis Dion. — *Pierre,* b [3] 14 janv. 1698; m [3] 11 août 1734, à Geneviève Bélanger. — *Louis,* b 17 avril 1678, à Quebec, m [3] 26 avril 1702, à Angélique Minville. — *Elizabeth,* b..., m [3] 7 janv. 1709, à Pierre Richard. — *Nicolas,* b 9 juin 1680, à la Pte-aux-Trembles de Quebec; m [4] 20 janv. 1705, à Marie Dion, s [4] 2 oct 1734.

GAMAGHE, Jacques, trère du précédent, b 1621, était dans la seigneurie de Beaupre, en 1681.

GAMACHE, Geneviève, sœur du précédent, b 1635; m 11 nov. 1652, à Julien Fortin, à Québec; s 5 nov. 1709, à l'Ilet.

1663.

I. —GAMELIN dit Lafontaine, Michel, maltre-chirurgien, (1) b 1633, fils de Michel et de Françoise Belanger, de St. Aubin, évêché de Blois.

Crevier, Marguerite, (2) [Christophe I. veuve de Jacques Fournier; s...

Ignace, b...; m 10 nov. 1693, à Marguerite Lemoyne. — *Marguerite,* b 1664; m 17 nov. 1681, à Leger Hébert, à Montréal.—*Jean,* b 1670.

1693, (10 novembre) Batiscan. [7]

II. — GAMELIN, Ignace, marchand, [Michel I. Lemoyne, Marguerite, [Jean II.

Jacques-Alexis, b [7] 14 juin 1697. — *Ignace,* b [7] 10 dec. 1698; m à Louise Dufros. (3) — *Marie-Madeleine,* b 28 nov. 1700, à Montréal. [8] — *Anne-Marguerite,* b [8] 7 nov. 1702; s [8] 17 sept. 1703. — *Louis,* b [8] 27 août 1704. — *Marie-Charlotte,* b [8] 5 janv. 1706.

I. — GAND, François. — Voy De Ré

1675, (19 mai) Ste Famille. [8]

I.—GANET, Pierre, b 1645, fils de Jacques et de Marie de St. Los, de St. Martin, évêché de Soissons; s...

Veuillot, Catherine, veuve de Jacques Dubois.

Jacques, b [8] 2 mai 1677. — *Thomas,* b [8] 24 mai 1679

1669, (27 octobre) Ste Famille. [8]

I. — GARANT, Pierre, b 1645, fils de Charles et d'Anne Maillet, de Ste. Croix-des-Peltiers, évêché de Rouen.

---

(1) Elle épouse, le 23 mai 1678, Toussaint Dubeau, à Québec.

(2) Le 29 octobre 1723, les corps de Nicolas Gamache et de Ursale Cloutier, son épouse, bienfaiteurs et propriétaires du terrain de l'église et presbytère du Cap St. Ignace, sont exhumés de l'ancienne église et déposés dans la nouvelle.

(1) Contrat 10 oct. 1661.—*Greffe d'Ameau.*

(2) Elle épouse, le 21 août 1683, François Renou, à Boucherville.

(3) Sœur de Madame d'Youville.

1º CHAMFRIN, Renée, b 1654, fille de Vincent et de Marguerite Le Breton, de St. Médard, de Paris ; s 7 mars 1684, à St. Jean, Ile d'Orléans. [4]
Marie-Thérèse, b [3] 29 juillet 1672 ; m à Pierre RENAUD ; s 13 mai 1715, à St. Michel. — *Joseph*, b [5] 30 nov. 1673. — *Marthe*, b [9] 18 sept. 1675 , 1º m à Charles BRANCHAUD ; 2º m 18 juillet 1712, à Charles DUMAS, à St. Etienne de Beaumont. [9] — *Renée*, b [4] 18 nov. 1677. — *Pierre*, b [4] 13 dec. 1679 ; m [9] 9 sept. 1709, à Jeanne MOLLEUR. — *Anonyme*, b [4] 13 juin 1681. — *Marie-Madeleine*, b [4] 8 mars 1684 ; m 9 fev. 1712, à Jacqueline COCHON, au Château-Richer [2] ; s [2] 13 nov 1713.— *Marie-Catherine*, b [4] 8 mars 1684 ; 1º m [2] 18 oct. 1706, à Jean MARTIN ; 2º m [4] 29 juillet 1709, à Simon ARRIVE.

1681, (21 novembre) St. Laurent, (I. O.) [2]

2º LABRECQUE, Catherine,   [PIERRE I.
Marguerite-Angélique, b [2] 30 mai 1686.—*Jeanne*, b [2] 9 août 1688 ; m 6 août 1708, à Nicolas MENANTEAU, à St. Thomas. — *Charles*, b 1698 ; s 10 mai 1703, à St. Etienne de Beaumont. — *Jean*, b... ; m 28 juin 1716, à Angélique TOURNEROCHE, à St. Michel.

I.—GARAND, JOSEPH, (sauvage).
————————, Anne.
Catherine, b 14 juin 1685, à Sorel.

1670, (2 novembre) Boucherville. [9]

I.—GAREAU, DIT ST. ONGE, JEAN, b 1643, fils de Dominique et de Marie Pinault.
    TAILBOT, Anne, b 1653, fille d'Eustache et de Marie DeLalande, de St. Maclou, évêché de Rouen.
Marie, b [9] 10 nov. 1671 ; m [2] 2 déc. 1690, à Jean-Baptiste LAMOUREUX.— *Pierre*, b [9] 1er mai 1673 ; m [2] 3 sept. 1696, à Marie GUERTIN, à Montréal. — *Anne*, b [9] 6 fev. 1675 ; s [9] 23 nov. 1687.— *Madeleine*, b [9] 15 mars 1677 ; m [9] 25 nov. 1697, à Jacques GARIÉPY ; s 12 août 1703, à St. François, Ile Jesus.— *Prudent*, b [9] 18 et s [9] 20 sept. 1678.— *Jean*, b [9] 3 nov. 1679.— *Jacques*, b [9] 26 fev. 1682. — *Dominique*, b [9] 30 janv. 1684 , m à Geneviève DONAY.— *François*, b [9] 14 fev. 1686 ; m à Marguerite LAROSE ; s 23 mai 1761, au Cap de la Madeleine.— *Claire-Françoise*, b [9] 4 mars 1688 ; s [9] 4 juillet 1703.— *Anne*, b [9] 25 mars 1689. — *Marguerite*, b [9] 18 avril 1692. — *Marie-Louise*, b [9] 27 avril 1693. — *Suzanne*, b [9] 8 mars 1695. — *Geneviève*, b [9] 16 mai 1698.

1684, (3 novembre) Boucherville. [2]

I.—GAREAU, PIERRE, b 1653, fils de Dominique et de Marie Pinard, de Ste. Marguerite de Cogne, évêché de LaRochelle.
    DE MONTREUIL, Barbe, b 1669, fille de Léonard et de Marguerite Vigueux, de Québec.
Marguerite, b [2] 27 dec. 1685 ; s [3] 3 nov. 1687. — *Marie-Louise*, b [2] 4 fév. 1688. — *Pierre*, b [2] 7 juillet 1690 ; m 7 janv. 1715, à Madeleine RENAUD, à St. François, I. J. [3] — *Jean-Baptiste*, b [2] 23 dec. 1692 ; s [2] 25 janv. 1693. — *Michel*, b [2] 29 sept. 1694 ; s [2] 2 juillet 1703. — *Thérèse*, b [2] 10 oct.

1696 ; m [3] 2 mai 1715, à François RENAUD.—*Marie*, b [2] 14 janv. 1699. — *Marie-Charlotte*, b [2] 4 mai 1701. — *Marguerite*, b [2] et s [2] 12 juillet 1703. — *Bernardin*, b [3] 10 sept. 1708.

1696, (23 septembre) Montréal. [2]

II.—GARREAU DIT ST. ONGE, PIERRE,   [JEAN I.
    GUERTIN, Marie,   [LOUIS I.
    veuve de Lavergne.
Marie-Madeleine, b [2] 11 juillet 1697. — *Jean-Baptiste*, b [2] 10 dec. 1698 ; m 1728, à Marie-Jeanne MIGNERON.—*Elizabeth*, b [2] 13 mai 1700 ; m [2] 18 nov. 1725, à Pierre-Theodore GUY ; s [2] 10 juin 1734. — *Charles*, b 6 juin 1701, à Repentigny ; s [3] 17 oct. 1701, à Boucherville. — *Marie-Marguerite*, b [2] 6 juin 1701. — *Agnès*, b [3] 3 sept. 1702. — *Marguerite-Ursule*, b [3] 5 avril et s [2] 1er août 1704.

GAREMAN, FLORENCE, femme de François-Boucher, en 1641.

I.—GAREMAN, PIERRE. (1)
    CHARLOT, Madeleine.
Marguerite, b 10 déc. 1639, à Québec [3] ; m [2] 29 janv. 1652, à Mathurin TRU.— *Nicole-Madeleine*, b 1631 ; m [2] 10 oct. 1645, à René MEZERAY.—*Charles*, b 27 mars 1643, aux Trois-Rivières ; m 1676, à Marie GONNENTENNE.

II.—GAREMAN, CHARLES,   [PIERRE I.
    GONNENTENNE, Marie.
Louise, (2) b 14 juin 1677, à Québec [2] ; s [2] 6 sept. 1683, au pensionnat des Ursulines.

I.—GARGOTTINE, MARIE-LOUISE, b... ; 1º m 26 fév. 1664, à Daniel PERRON-SUIRE ; 2º m 7 janv. 1678, à Charles ALAIN, à L'Ange Gardien.

GARIÉPUX, GENEVIÈVE, b... ; 1º m à Isaac HERVIEUX ; 2º m à Thomas BARTHÉLEMY.

GARIÉPY, MARIE-ANNE, femme de Charles AUBÉ.

1657, (13 août) Québec. [2]

I.—GARIÉPY, FRANÇOIS, b 1630, fils de Jean et de Jeanne d'Aragon, de la ville de Montfort, en Gascogne ; s 25 avril 1706, au Château-Richer. [3]
    ODIN, Jeanne, b 1643, fille d'Antoine et de Madeleine de la Russière, de St. Michel, de Paris.
Marie-Ursule, b [2] 9 juillet 1658. — *Marguerite*, b [2] 23 mars 1660.— *Charles*, b [3] 29 déc. 1661 ; 1º m [3] 7 fév. 1684, à Marie-Anne CLOUTIER ; 2º m 10 fév. 1710, à Anne MOREL, à Ste. Anne, s [3] 5 août 1737. — *Louise*, b [3] 14 mars et s [2] 2 avril 1664. — *François*, b [3] 11 mars 1665 ; m 17 oct. 1689, à Geneviève GAUDIN, à L'Ange-Gardien. — *Jacques*, b [2] 2 avril 1667 ; m 25 nov. 1697, à Madeleine GAREAU, à Boucherville. — *Marie-Geneviève*, b [3] 13 juillet 1669 ; 1º m [4] 24 nov. 1687, à Isaac HERVIEUX ; 2º m [3] 26 avril 1703, à Thomas BARTHÉLEMY ; s [3] 3 juillet 1727. — *Marie-Madeleine*, b 1672 ; m [4] 10 fév. 1691, à Antoine TRUDEL ; s 17 nov.

(1) Le Recensement de 1666, l'appelle Garnier.

(2) Filleule de Frontenac.

1695, à Montréal. — *Louis*, b ³ 19 nov. 1673 ; m ⁴ 31 janv. 1701, à Geneviève LETARTRE. — *Catherine*, b ³ 10 mai 1677 ; m ⁴ 28 janv. 1690, à Philippe TRUDEL.— *Jean*, b ³ 12 avril 1679 ; m 23 nov. 1705, à Marguerite BOLET, à St. François, Ile Jesus.— *Alexis*, b ³ 24 avril 1681 ; 1° m 1712, à Françoise RAYNAUD ; 2° m 1723, à Marie CHAPLAU.— *Pierre*, b ⁴ 14 nov. 1685, m 11 janv. 1712, à Marie HUBOUT dit TOURVILLE, à St. François, Ile-Jesus.

1684, (7 février) Château-Richer. ³

II. — GARIÉPY, CHARLES,   [FRANÇOIS I
capitaine de milice ; s ³ 5 août 1737.
1° CLOUTIER, Marie-Anne,   [CHARLES I,
s ³ 19 nov. 1708.
Marie-Anne, b ³ 27 déc. 1684, m ³ 4 fév. 1710, à Charles AUBER. — *Geneviève*, b ³ 13 juillet 1686 ; m 12 fév. 1719, à David CORBIN, à Québec ⁴, s ⁴ 11 mars 1763.— *François*, b 26 janv. 1688, à L'Ange-Gardien.— *Charles*, b ³ 4 avril 1690.— *Jean-Baptiste*, b ³ 27 déc. 1693.— *Marguerite*, b ³ 19 juin 1696 ; m ³ 21 fév. 1718, à Jean MOREL. — *Hélène*, b ³ 22 août 1698 m ³ 5 fév. 1722, à Antoine THIDAUT.— *Marie*, b ³ 22 mai 1700.— *Marie-Madeleine*, b ³ 1er juillet 1701 ; s ³ 12 janv. 1702 —*Marie-Madeleine*, b ³ 23 mars 1703.

1710, (10 février) Ste. Anne.

2° MOREL, Anne,   [GUILLAUME I.

1689, (17 octobre) L'Ange-Gardien. ¹

II — GARIÉPY, FRANÇOIS,   [FRANÇOIS I.
GAUDIN, Geneviève,   [CHARLES I.
François, b ¹ 1er juin 1690. — *Charles*, b ¹ 12 mai 1691.— *Louis*, b ¹ 14 fév. 1693. — *Marie*, b ¹ 4 déc. 1694. — *Geneviève*, b 2 mars 1695, à Ste Anne de la Perade ² ; m ² 25 juillet 1723, à Joseph CHARDONNEAU. — *Anne-Marguerite*, b ² 1er fév. 1697.— *Barbe*, b ² 9 oct. 1698. — *Marie-Anne*, b ² 31 août 1700, m ² 22 oct. 1725, à Jean-François HARDY. — *Marie-Catherine*, b ² 10 mai 1702 , s ² 27 janv. 1714. — *Marie-Madeleine*, b ² 7 sept. 1704 , m ² 3 fév. 1723, à Laurent HAMELIN.

1697, (25 novembre) Boucherville. ⁵

II.— GARIÉPY, JACQUES,   [FRANÇOIS I.
GARAUT, DIT ST ONGE, Madeleine,   [JEAN I
s 12 août 1703, à St. François, Ile Jésus.⁰
Marguerite, b ⁰ 25 mars 1703.— *Madeleine*, b 1er janv. 1701, à Montréal ; s ⁰ 12 avril 1703. — *Jean-Baptiste*, b ⁵ 27 août 1699.

1689, (18 octobre) Lachine.

I.— GARIGUE, CLAUDE, b 1643, fils de Claude et de Marguerite Garigue, de Cahors ; s 21 déc 1693, à Montréal.
ALION, Etiennette, veuve de Barthelemi Vinet.

1674, (5 février) Ste. Famille. ⁹

I —GARINET, FRANÇOIS, b 1635, fils de Pierre et de Marguerite Eme, de St. Vivien, évêché de Xaintes ;
1° LEPAGE, Constance, b 1648, fils d'Etienne et de Nicole Berthelot, de Notre-Dame d'Ouenne, évêché d'Auxerre ; s 18 août 1688, à St. François, Ile d'Orléans. ⁰

Marie-Madeleine, b ⁰ 21 déc. 1674 ; m 1er sept. 1701, à Pierre GOSSELIN, à Rimouski ⁵ ; s⁵ 10 juin 1733.— *Marguerite*, b ⁰ 23 et s ⁰ 28 avril 1680. — *Pierre*, b ⁰ 9 avril 1682 ; s ⁹ 4 janv. 1700. — *Geneviève*, b ⁰ 9 janv. 1685. — *Reine*, b ⁰ 19 mai 1687 ; m ⁰ 16 juin 1715, à Pierre LABBÉ. — *Constance*, b⁹ 7 sept. 1677, m ⁰ 17 janv. 1699, à Pierre LAURENT.

1690, (7 février) St François, (I. O.)

2° DESTOUCHES, Marie-Agnès, b 1648, veuve de Charles Dompierre ; s ⁰ 22 fev. 1728.

I. — GARITEAU, NICOLAS.
MAUVOISIN, Françoise, (1) b 1649.
Nicolas, b 23 juillet 1669, à Ste. Famille. — *Jeanne*, b 1671.

1663, (23 juillet) Quebec.

I.— GARNAUD, (2) LOUIS, b 1641, fils de Pierre et de Jeanne Barault, de la Grimaudière, évêché de Poitiers.
MAZOUÉ, Marie, b 1644, fille d'Etienne et de Marie Morand, de N.-D. de Cognes, évêché de LaRochelle.
François, b 28 sept 1665, au Château-Richer, ¹ m 7 fev. 1689, à Louise CARREAU, à L'Ange-Gardien. ² —*Anonyme*, b ¹ et s ¹ 29 janv. 1671. — *Louis*, b ¹ 2 avril 1670 ; 1° m ² 14 avril 1692, à Marie-Anne HUOT ; 2° m 25 juin 1705, à Catherine SOULARD, à Beauport. — *Charles*, b ² 9 août 1671. —*Anonyme*, b ² et s ² 7 oct. 1673. — *Jean*, b ² 9 oct. 1676 ; m ² 8 avril 1698, à Louise HUOT.— *Louis*, b ² 23 mars 1678.— *Jacques*, b ² 1er mai 1679 ; m ² 6 oct. 1701, à Augelique TRUDEL.

1689, (7 février) L'Ange-Gardien. ³

II. — GARNAUD, FRANÇOIS,   [LOUIS I.
CARREAU, Louise,   [LOUIS I.
Anne, b ³ 15 fév. 1691 ; m ³ 8 nov. 1706, à René LETARTRE ; s 13 mars 1720, à la Pointe-aux-Trembles de Québec.— *Marie*, b ³ 22 sept 1693 ; m ³ 1er fév. 1712, à Charles LETARTRE — *François*, b ³ 1er mai 1696 ; m ³ 7 nov. 1718, à Marie QUENTIN. — *Marie-Anne*, b ³ 22 nov. 1698 —*Angélique*, b ³ 11 oct. 1700 ; m ³ 19 mai 1744, à Charles LACASSE — *Claudine*, b ³ 20 mars 1704.— *Louise*, b..., m ³ 11 oct. 1728, à Nicolas HUOT.— *Clotilde*, b...; m ³ 2 août 1731, à Gabriel MAHEU.

1692, (14 avril) L'Ange-Gardien. ¹

I.— GARNAUT, LOUIS,   [LOUIS I.
1° HUOT, Marie-Anne,   [MATHIEU I
s ¹ 4 mars 1703.
Louis, b ¹ 16 janv. 1693 ; m ¹ 10 avril 1714, à Geneviève VESINAT.— *Marie-Anne*, b ¹ 27 fév. 1695 ; m ¹ 24 avril 1713, à Joseph VESINAT.— *Barbe*, b ¹ 29 mai 1698 ; 1° m ¹ 31 mars 1717, à. Jean-Baptiste SOULARD; 2° m ¹ 6 nov. 1724, à Jean VESINAT.— *Marie-Françoise*, b ¹ 23 mai 1700 ; m ¹ 9 janv. 1720, à Pierre MORIN.— *Marguerite*, b ¹ 25 juin 1701 ; m ¹ 12 mai 1721, à Nicolas RIOPEL.

(1) Elle épouse, le 16 oct. 1672, Marin Gervais, à Ste. Famille.
(2) Ancêtre de l'auteur de l'Histoire du Canada.

1705, (25 juin) Beauport.

2° Soulard, Catherine, [Jean II
veuve de Pierre Vachon.
Pierre, b 25 sept. 1706, à L'Ange-Gardien [1] ;
m [1] 24 oct. 1729, à Thérèse Huot. — *Angélique*,
b [1] 23 août 1708. — *Joseph*, b [1] 20 fév. 1710. —
Jacques, b [1] 11 avril 1712.

1698, (8 avril) L'Ange-Gardien. [2]

II. — GARNAUX, Jean, (1) [Louis I.
Huot, Louise, [Mathurin I.
Louise-Barbe, b 25 juillet et s 15 août 1699, à
Québec. — *Marguerite*, b [2] 6 nov. 1700 ; m 1727,
à Joseph Touchet, à Charlesbourg. [4] — *Jean*, b [2]
30 déc. 1701. — *Jean*, b [2] 30 mai 1703. — *Marie-
Madeleine*, b [4] 16 oct 1706 ; m [4] 1725, à Etienne
Bédard. — *Marie-Louise*, b [4] 12 sept. et s [4] 20 oct.
1705. — *Michel*, b [4] 19 nov et s [4] 1er déc. 1707. —
Joseph, b [4] 16 juin 1704. — *Elizabeth*, b [4] 16 juin
1709. — *Marie*, b [4] 29 mars 1711. — *Marie-Louise*,
b [4] 30 avril 1713. — *Jean-Baptiste*, b [4] 13 sept.
1715. — *Marie-Jeanne*, b [4] 29 mars 1717. — *Anonyme*, b [4] et s [4] 30 mars 1717.

GARNIER, Nicolas, (2) s 6 juin 1648, à Québec,
(noyé).

I. — GARNIER, Charles.
Labraye, Jeanne.
Louise, b... ; 1° m 16 sept. 1658, à Jean Pichard,
à Montréal [6] ; 2° m [6] 19 sept. 1661, à Jacques Morin. — *Marguerite*, b 1627 ; s 2 déc. 1701, à Lachine. [7] — *Louise*, b [7] 1631 ; m [7] 1659, à Pierre
Goguet. — *Michelle*, b 1638 ; 1° m 1653, à Simon
Cardinal ; 2° m [7] 23 avril 1680, à Jean Chevalier ;
s [7] 23 mai 1720.

I — GARNIER, Jeanne, b 1630, de St. Gemme,
en Normandie, s 11 sept. 1665, au Château-
Richer, dans l'endroit où doit se bâtir une
église, dans l'Ile d'Orléans. (3)

I. — GARNIER, Catherine, femme d'Alexandre
Benoit, en 1686.

1663, (9 janvier) Québec. [4]

I. — GARNIER dit Pellerin, François, b 1640,
fils de François et d'Antoinette Boulé, de St.
Cosme-le-Vert ; s 21 janv. 1717, à la Pointe-
aux-Trembles de Québec. [4]
Freslon, Jaqueline, b 1638, fille de René et de
Renée Armange, de la Trinité, ville d'Angers ; s [4] 17 avril 1712.
Isaac-Joseph, b 28 nov. 1663, à Sillery [5] ; m [4] 17
oct. 1685, à Marie Houde. — *Jeanne*, b [5] 22 mars
1665. — *Marie*, b [5] 14 avril 1666 ; m [4] 18 janv.
1685, à Guillaume Cartier. — *Françoise*, b [5] 18
oct. 1668 ; m [4] 7 janv. 1687, à Michel Desorcy. —
Geneviève-Jaqueline, b [5] 5 oct. 1670 ; m [4] 11 juin
1691, à Etienne Papillon. — *Elienne*, b [3] 29 oct.

---

(1) Michel Le Neuf de la Vallière, capitaine d'infanterie,
assiste au mariage de Jean Garnaux.
(2) Ce jeune homme, noyé aux Trois-Rivières pendant
l'hiver de 1647, fut retrouvé le 6 juin 1648, à la Pointe Lévis.
(3) Cet acte établit qu'à cette date, il n'y avait encore aucune église sur l'Ile d'Orléans.

1673 ; m 5 oct. 1700, à Marie-Françoise Bergeron,
à St Nicolas — *Louise-Angélique*, b [3] 27 oct. 1676 ;
m [4] 5 août 1697, à Joseph Houde. — *Marie-Angelique*, b [3] 11 juin 1679 ; m [4] 8 fév. 1700, à Noel
Pelletier ; s [4] 2 fév. 1703.

1668, (6 novembre) Québec. [3]

I. — GARNIER, Jean, b 1641, fils de Jean et de
Marie Cuillerier, de St. André, évêché de Char-
tres, s 16 juin 1713, à la Pointe-aux-Trem-
bles de Québec. [4]
Le Guay, Madeleine, b 1643, fille de Rolin et
de Anne Lamare, de St. Jean, évêché de
Rouen ; s [4] 21 déc. 1708.
Marie-Madeleine, b 14 janv 1670, à Sillery. —
Jean-François, b [3] 29 nov. 1670. — *Claude*, b [3] 14
fév. 1672 ; 1° m [4] 6 fév. 1702, à Marie-Françoise
Havot ; 2° m [4] 9 janv. 1708, à Madeleine Cocquin.
— *Jean*, b [3] 18 déc. 1673 ; m [4] 19 août 1704, à
Agnès Liénard. — *Catherine*, b [3] 29 janv. 1676 ;
m [4] 10 janv. 1695, à Jean Larue. — *Marie-Renée*,
b [3] 24 août 1678 ; m [4] 13 nov. 1696, à Joseph Jean.

I. — GARNIER, Charles, b 1636 ; s 6 fév. 1717,
à Beauport.
Vesinat, Louise, b 1642.
Marie-Charlotte, b 2 janv. 1667, au Château-
Richer [3] ; m 26 avril 1688, à Charles Maheu, à
l'Ange-Gardien. [3] — *Charles*, b [3] 9 oct. 1668 ; m [3]
15 janv. 1691, à Madeleine Maheu. — *Joseph*, b [3]
19 avril 1671 ; m [3] 21 nov. 1695, à Jeanne Maheu.
— *Louise*, b 1673 ; 1° m [3] 15 janv. 1691, à Pierre
Maheu ; 2° m [3] 25 nov. 1704, à Valentin Marchand ;
3° m [3] 21 mai 1721, à Jean Blouin. — *Louis*, b [3]
27 fév 1676 ; s [3] 17 juin 1689, idiot. — *Pierre*, b [3]
27 mars 1678. — *Pierre*, b [3] 30 sept. 1680 ; s [3] 3
juillet 1700, noyé. — *François*, b [3] 11 nov. 1683 ;
s [3] 13 juin 1700, noyé. — *Marie-Françoise*, b [3] 6
mars 1688 ; m [3] 30 oct. 1702, à Charles Fiset ; s
10 juin 1722, à Québec. — *Jean-Baptiste*, b [3] 20 et
s [3] 21 sept. 1689. — *Marie-Angélique*, b [3] 28 déc.
1690 ; m [3] 11 mai 1705, à Louis Giroux.

I. — GARNIER, Julien, b 1636.
Reproche, Marie, b 1637.
Etienne, b 1665.

1675, (29 octobre) Pte-aux-Trembles, (M) [2]

I. — GARNIER, Julien, fils de Michel et de
Julienne Voisin, de Rennes, en Bretagne.
Hubou, Geneviève, [Mathurin I.
Anonyme, b [2] et s [2] 6 janv. 1678. — *Geneviève*, b
29 déc. 1680, à Repentigny [3] ; s [3] 24 janv. 1681. —
Geneviève, b [3] 9 fév. 1682 ; m 12 juin 1702, à Jean
Rochon, à St. François, Ile-Jésus. — *Jeanne*, b [3] 6
mai 1683. — *Charles*, b [3] 19 mai 1684.

1680, (20 septembre) Champlain. [2]

I. — GARNIER, Michel, b 1651, fils de Mathurin
et de Sebast Gelée, du Gué de Lire, évêché
de Luçon.
Langlois, Marie, b 1640, fils de Mathias et de
Jeanne Thorel, de St. Hilaire, évêché de
Chartres ; s 16 nov. 1700, à Montréal. [3]
Marie-Catherine, b [2] 21 avril 1682 ; m [3] 15 déc.
1698, à Jean-Baptiste Cavelier.

1685, (17 octobre) Pte-aux-Trembles, (Q.) [1]

II.—GARNIER, Isaac-Joseph,   [François I.
Houde, Marie,   [Louis I.
François, b [3] 14 fév. 1687; m à Marie-Louise
Bisson.— *Gervais*, b [3] 29 juin 1689; m à Marie-
Anne Bourdeau.— *Louis*, b... ; m 23 nov. 1728,
à Marie-Madeleine Hamel, à Ste. Croix. [3] — *Gene-
viève*, b... ; m [3] 21 fév. 1729, à Jean-Baptiste
Hamel.— *Joseph*, b... ; m à Marie-Angelique
Hamel.— *Bonaventure*, b... ; m à Marguerite
Boisverd.— *Antoine*, b 1695; s 22 dec. 1708, à
Ste. Foye.

1691, (15 janvier) L'Ange-Gardien. [5]

II.—GARNIER, Charles,   [Charles I.
1º Maheu, Jeanne-Angelique.   [Pierre I.
s 1er mai 1717, à Beauport. [6]
Marie-Angélique, b [3] 16 août et s [3] 26 oct. 1694.
— *Charles*, b [3] 11 nov. 1695. — *Angélique-Jeanne*,
b [3] 20 dec. 1697; s [3] 13 fév. 1703. — *Marie-Agnès*,
b [3] 1er avril 1700 ; m [3] 28 fév. 1718, à Jean-Baptiste Giroux.— *Jean-Baptiste*, b [3] 22 dec. 1702 ;
s [3] 2 mars 1703. — *Marie-Angélique*, b [3] 6 août
1704.— *Marie-Geneviève*, b [3] 16 mars 1707 ; s [3]
26 déc. 1714. — *Marie-Louise*, b [3] 20 nov. 1710. —
Pierre, b [5] 29 mai 1692 ; m [5] 15 janv. 1714, à
Madeleine Tessier.— *Marie-Geneviève*, b [3] 9 déc.
1715 ; s [3] 6 mai 1716.

1717, (22 novembre) Beauport. [9]

2º Morel, Marie-Charlotte,   [Pierre I.
s [3] 19 août 1719.
Marie-Charlotte, b [3] 16 sept. 1718.
1721, (21 avril) L'Ange-Gardien.
3º Savard, Marie-Françoise,   Jean II.

1695, (3 novembre) Trois-Rivières. [0]

I.—GARNIER, (1) François, fils de Jean et
d'Andrée Roussel ; s...
Vanasse, Jeanne,   [François I.
Etienne-François, b 1696 ; s [0] 2 août 1697.—
René, b [0] 28 oct. 1698.

1695, (21 novembre) L'Ange Gardien. [3]

II.—GARNIER, Joseph,   [Charles I.
b 1671 ; s 25 janv. 1703, à Batiscan.
Maheu, Jeanne, (2)   [Pierre I.
Joseph, b [3] 12 août 1699; m 1722, à Marguerite
Chrétien, à Charlesbourg.— *François*, b [3] 25 oct.
1701 ; s [3] 20 fév. 1703. — *Joseph*, b [3] 7 mai 1697.
— *Charles*, b... ; m [3] 6 nov. 1719, à Marie-Anne
Vachon.

I.—GARRAULT, Jean, marchand, s 4 août 1687,
dans l'église de Quebec.

GARZEAUX.— *Variations et surnoms :* Goujo
— Gouyau — Garceau.

GARZEAU, Gabriel, b 1641, était à Boucherville,
en 1681. Dans le recensement de 1681, son
nom est écrit Guersaut.

1685, (17 octobre) Pte-aux-Trembles, (Q.) [1]

1689, (15 novembre) Pte-aux-Trembles, (Q.)

I.—GARZEAUX, Pierre, b 1661, fils de Pierre
et de Madeleine Fournier, de St. Pierre, évêché de Poitiers.
Campagna, Marguerite, (1)   [Pierre I.
Marie-Marguerite, b 21 oct. 1694, à St. Augustin.

1694, (22 août) Québec. [3]

I.—GASCHET, René, fils de Pierre et d'Hélène
Bourgina, de Notre-Dame de Poitiers.
Philippeaux, Françoise,   [Charles I.
veuve de René Senat.
Charles-François, b [3] 27 janv. 1696. — *Louis*,
b [3] et s [3] 14 déc. 1696. — *Marguerite*, b [3] et s [3] 14
déc. 1696.

I.—GASCOIN, pilote, arrivé à Québec, en 1624.

GASCON.— Voy. Lalonge — Lariou.

I.—GASPARD, b 1646, etait à Montréal en 1681.

I.—GASSE, Thomas, établi à Lévis, b 1647.
Sureau, Geneviève,   [Théodore I.
veuve de Martin Laflé. (2)
Thomas, b 23 août et s 3 sept. 1681, à l'Ilet. —
Pierre, b 8 nov. 1687. à Quebec [3] — *Joseph*, b
26 fev. 1692, à Lévis [9]; m 21 nov 1726, à Isabelle
Laurent, à Repentigny. [6] — *Charles*, b [3] 26 avril
1696.— *Louis*, b [9] 20 mai 1699.— *Marie-Charlotte*,
b [5] 4 fev. 1701. — *Marie-Josette*, b [5] 9 juin 1702 ;
m [6] 23 déc. 1720, à Jean Delasse.

GASTINON. — *Variations et surnoms :* Gatignon
— Gatillon — Duchesne.

1697, (6 janvier) Champlain. [6]

I.—GASTINON dit Duchesne, Léonard, b 1667,
fils de Louis et de Gilette Motée, de la Perche, évêché de Tours ; s...
Arcouet, Madeleine,   [Jean I.
Thérèse, b [6] 13 oct. 1697. — *Léonard*, b [7] 29 juin
1699, à Montreal [7]; s [7] 7 janv. 1700. — *François*,
b [7] 12 oct. 1700 ; m 29 janv. 1739, à Marie-Josette
David, au Detroit. — *Charlotte*, b [7] 10 fév. 1703.
— *Marie-Anne*, b [7] 24 fév. 1704.

1667, (10 janv.) Montréal. [1]

I.—GATEAU, Jean, b 1627, fils de Mathurin et
de Renee Lefebvre, de Clermont, du Maine ;
s [1] 5 fév. 1687.
De Coguenne, Charlotte, (3) b 1636, fille d'Aloy
de Coguenne, Sieur de Besonville et d'Hono-
rée Coîntel, de Seguier, en Picardie.
Jeanne, b [1] 15 juillet et s [1] 18 nov. 1672.—
Jeanne, b [1] 24 janv. 1674 ; 1º m [1] 3 mai 1688, à
Louis Heurtebise ; 2º m [1] 12 oct. 1703, à Louis
Langevin.— *Jean*, b [1] 3 sept. 1676 ; m [1] 7 janv.
1697, à Suzanne Courault ; s [1] 25 janv. 1703.—
Jeanne, b [1] 21 fév. 1681 ; s [1] 27 nov. 1687. —
Catherine, b... ; m à Jean Vivien..

(1) Elle épouse, le 9 avril 1720, Edmond Guilbaud, à
Batiscan.

(2) Elle épouse, en 1704, Jean Maranda.

(3) Elle épouse, le 1er mars 1668, Jacques Bros, à Montréal.

(1) Appelé " Gagné dit Poitevin," au baptême de ses enfants.

(2) Elle épouse, le 7 avril 1704, Paul Bellanger, à Batiscan.

1697, (7 janv.) Montréal. ³

II — GATEAU, Jean, [Jean I.
s ² 25 janv. 1703.
Courault, Suzanne, (1) Cybard I.
Marie-Geneviève, b ² 21 janv. 1698. — Louise,
b ² 9 mars 1700. — Jean, b ² 24 juillet 1702 ; s ²
9 fév. 1703.

1679.

I. — GATIEN dit Tourangeau, Pierre, couvreur
en ardoise, b 1659, à N.-D. de la Richeville,
de Tours.
1º Besnard, Marie-Jeanne, [René I.
s 4 juillet 1681, à 17 ans, à Québec. ⁴
Renée, b ⁴ 21 juin 1681. — Pierre, b 1679 : m
26 janv. 1705, à Marguerite Gautier, à Montréal.

1682, (19 janv) Québec. ⁴

2º Pinguet, Geneviève, [Pierre II.
s ⁴ 23 déc. 1702.
Geneviève, b ⁴ 26 déc. 1682 ; m ⁴ 23 avril 1703,
à Jean Michelon ; s ⁴ 3 juin 1711. — François-
Lucien, b ⁴ 26 sept. 1684. — Marie-Jeanne, b ⁴ 5
déc. 1686 ; 1º m ⁴ 26 août 1704, à Simon Doyer ;
2º m ⁴ 28 mai 1713, à Henry Caïn ; s ⁴ 15 juillet
1755. — Marie-Anne, b ⁴ 11 juillet 1688 ; s ⁴ 7
mars 1689. — Madeleine, b ⁴ 26 avril 1691 ; 1º m ⁴
10 nov. 1710, à Jean Marchesseau ; 2º m ⁴ 20
janv. 1737, à Christophe Dubois ; s ⁴ 11 déc. 1749.
Marie-Madeleine, b ⁴ 7 juillet 1693 ; s ⁴ 13 déc.
1694. — Henry, b ⁴ 13 nov. 1695 ; m ⁴ 21 nov.
1718, à Marguerite Lafranchise ; s ⁴ 25 janv 1762.
Jean-Baptiste, b ⁴ 25 avril 1698 ; 1º m ⁴ 27 juillet
1723, à Dorothée Jinchereau, à St. François (I. O.) ;
2º m ⁴ fév. 1731, à Louise Beaudry, aux Trois-
Rivières. — Louise-Françoise, b ⁴ 22 nov. 1701 ;
m ⁴ 18 janv. 1727, à Joseph Loubier.

1704, (28 janv.) Québec. ⁴

3º Gignard, Marie, [Laurent I.
veuve d'Antoine Renaut.
Marie-Anne, b ⁴ 22 sept. 1705. — Marie-Madeleine, b ⁴ 31 août 1707 ; m à Raymond Degré ; s ⁴
20 sept. 1751. — Marie-Jeanne, b ⁴ 30 mai 1709 ;
s ⁴ 28 janv. 1717. — Pierre-Noël, b ⁴ 24 juillet
1710. — Marie-Geneviève, b ⁴ 20 fév. 1711.

GATILLON. — Voy. Gastinon, en 1697.

1663.

I. — GATINEAU, Sieur du Plessis, Nicolas, (2)
b 1627.
Crevier, Marie, [Christophe I.
Nicolas, b 1664 — Marguerite, b 1666. — Jean,
b 1671. — Madeleine, b 1672 ; m 1697, à Jacques
Douaire de Bondy. — Louis, b 1674 : m 22 janv.
1710, à Jeanne Lemoine, à Batiscan.

I. — GAUCHET, Anne,
b 1635 ; s 10 déc. 1705, à Batiscan.

GAUCHETIÈRE, (De la) — Voy. Migeon

I. — GAUDAIS, (1) Louis,
Gauchet, Marie,
s 8 déc. 1665, à Québec
Louis, b 1647.

GAUDET, — Voy. Godé.

GAUDARVILLE, — Voy. Peuvret — Dumesnu.

GAUDIN, — Variations et surnoms : Gandin —
Godin — Chatillon.

I. — GAUDIN, Barthélemi, tonnelier, b 1608 ;
s 19 mars 1697, à la Pointe-aux-Trembles, Q. ⁶
Coignat, Marthe,
b 1606 ; s ⁶ 29 mai 1689.
Geneviève, b 30 janv. 1649, à Québec ⁷ ; 1º m ⁷
29 oct. 1665, à Antoine Boutin ; 2º m 1677, à
Jean Bélan ; s ⁶ 4 dec. 1726. — Jean, b 6 fev.
1650, à Sillery. ⁸ — Jeanne, b ⁸ 30 juillet 1651 ; s
avant 1666. — Marguerite, b 1657 ; m à Robert
Pagé ; s⁴⁵ 10 mars 1717.

I. — GAUDIN, Elie, b 1621 , s 5 janv. 1672
Ramage, Esther,
b 1624.
Anne, b 1648, à Québec. ⁵ — Charlotte, b ⁵ 24
août 1655 ; 1º m 9 nov. 1671, à Pierre Frichet, à
Ste. Anne ⁶ ; 2º m ⁶ 27 juillet 1679, à Pierre La-
forest. — Pierre, b ⁵ 1650 ; s ⁶ 22 janv. 1674 —
Jacques, b 1658.

1656, (6 novembre) Québec ³

I. — GAUDIN, Charles, b 1631, fils de Jacques et
de Marguerite Niard, de St. Laurent de
Beaumès.
Boucher, Marie, [Marin I.
François, b ³ 1659 , s 17 oct 1684, à L'Ange-
Gardien. ⁴ — Marie, b 29 avril 1662, au Château-
Richer ⁵ ; 1º m ⁴ 7 sept. 1682, à Louis Goulet ;
2º m ⁴ 8 oct 1687, à Pierre Denis. — Geneviève,
b ⁵ 11 oct. 1663 ; m ⁴ 17 oct. 1683, à François
Gariépy. — Marguerite, b ⁵ 9 mars 1665 ; m ⁴ 28
avril 1687, à Guillaume Tardif. — Ursule, b ⁵ 12
juin 1667 ; m ⁴ 24 janv. 1689, à Denis Quentin. —
Charles, b ⁵ 18 nov. 1668 ; m ⁴ 17 oct. 1689, à Marie-
Madeleine Perron. — François, b 1680 ; m ⁵ 8 juin
1705, à Geneviève Lefrançois. — Anne, b ⁴ 26 déc.
1670 ; m ⁴ 10 nov. 1698, à Jean Perron. — Catherine, b ⁴ 24 avril 1672 , m ⁴ 22 fev. 1694, à Pierre
Dumesnil. — Madeleine, b ⁴ 11 oct. 1673 ; m ⁴ 10
nov. 1698, à Jacques Desnoux. — Pierre, b ⁴ 9
juillet 1675 ; m ⁴ 21 avril 1704, à Anne Mathieu.
— Angélique, b ⁴ 24 juin 1677 ; m 1695, à Jacques
Amelot ; s ³ 14 fev. 1718. — Jean-François, b ⁴ 5
fév. 1679 ; s ⁴ 16²0 — Alexis, (2) b ⁴ 8 avril 1680 ;
m ⁴ 1er déc. 1706, à Madeleine Jacob. — Louise,
b ⁴ 3 fév. 1682 ; m ⁴ 27 juillet 1705, à Charles
Vesinat. — Charlotte, b ⁴ 20 sept. 1683 ; m ⁴ 3
nov. 1717, à Vincent Guillot. — Françoise, b ⁴ 11
avril 1685 ; m ⁴ 17 nov. 1704, à Martin Pagé. —
Antoine, b ⁴ 3 sept. 1688 ; m ⁴ 18 janv. 1712, à
Catherine Jacob.

---

(1) Elle épouse, le 20 fév. 1704, Julien St. Aubin, à Montréal.

(2) Soldat. — Greffe d'Audouard, 1650.

(1) Sieur Dupont, oncle de Thérèse Nau, femme de Joseph
Giffart.

(2) Ses enfants sont surnommés Jacquot, du nom de leur
mère Jacob.

1654, (13 octobre) Montréal. 4

I.—GAUDIN dit Chatillon, Pierre, charpentier, de la Rivière St. Jean, en Acadie, b 1632, fils de Claude et de Marie Bardin, de St. Vol, evêché de Langres; s 20 fév. 1700, à Quebec. 5
Rousselière, Jeanne, b 1636, fille de Louis et d'Isabelle Paris, de Xaintes. s...
Laurent, b 4 10 août 1655.— Marie, b 4 19 avril 1657, m 4 21 nov. 1672, à Madeleine Vivier; s 27 oct. 1687, à Lachine.6— Catherine, b 4 11 mai 1659; 1o m 4 21 nov. 1672, à Louis Fortin; 2o m 6 16 fev. 1688, à Jean Nepveu.— Gabriel, b 4 1er juillet 1661; m 5 24 juillet 1690, à Andree-Angélique Cochon.— Madeleine, b 4 18 janv. 1664.— Marie-Madeleine, b 5 5 fev. 1665.— Jean, b 4 18 oct. 1669.— Anne, b 4 10 janv. 1672 — Pierre, b...; m 11 juillet 1689, à Jeanne Cochon.

1689, (11 juillet) Château-Richer. 3

II.—GAUDIN, Pierre,   [Pierre I.
Cochon, Jeanne,   [Jacques II.
Jean-Baptiste, b 3 4 juillet 1705

1689, (17 octobre) L'Ange-Gardien. 9

II.—GAUDIN, Charles,   [Charles I.
Perron, Marie-Madeleine,   [François I.
Charles, b 9 4 juin 1690; m 21 fév. 1713, à Marie-Therèse Mezeray, à la Pointe-aux-Trembles de Quebec 5— Marie-Madeleine, b 9 24 mai 1693; m 5 4 fev. 1722, à Ignace Pleau.— Geneviève, b 9 22 oct. 1695; m 9 10 nov. 1716, à Joseph Auger.— Jacques, b 9 29 mars 1689; m 5 20 avril 1722, à Marie Charlotte Augé — Jean-François, b 9 27 août 1700, m 5 12 janv. 1722, à Catherine Larose.— Guillaume, b 5 14 mars 1703, m 5 14 nov 1734, à Marie-Marthe Gaudin — Marie-Catherine, b 5 24 mai 1706, m 5 3 fev 1738, à Jean Leveillé.— Jean-Baptiste, b 5 17 janv. 1710; m 5 3 fev. 1739, à Marie-Elizabeth Léveillé —Anonyme, b 5 et s 5 6 fev 1712.—Louis-Joseph, b 5 12 fev. 1713 — Marie-Angélique, b... ; m 5 21 juillet 1721, à Pierre Papillon.

1690, (24 juillet) Québec.

II.—GAUDIN, Gabriel,   [Pierre I.
Cochon, Andree-Angelique,   [Jean II.

GAUDREAU,— Variations et surnoms : Gotereau —Gottreau — Godereau.

I.—GAUTREAU, Nicolas, b 1622, de St Etienne, Ile de Rhe, evêché de LaRochelle, s 8 mai 1672, à Ste. Famille.
Esther, b...; 1o m à Jean-Jacques De la Porte; 2o m 8 mars 1666, à Jean Baillargeon, à Quebec.

1665, (13 octobre) Charlesbourg. 5

I.—GOTTREAU, Charles, b 1641, fils de François et de Marie———; s 3 17 dec 1714.
Cousin, Françoise, b 1640, fille de Martin et de Marie Hubert, de St. Nicolas-des-Champs, de Paris; s 5 20 dec. 1714.
Mathurin, b 5 avril 1669, à Québec 6, s 5 20 nov. 1689.— Charles, b 6 18 sept. 1671; s 5 14 nov. 1693. — Guillaume, b 6 13 fev. 1675.—Marie-

Anne, b 6 2 mai 1676; 1o m 5 3 mai 1694, à Joseph Brousseau; 2o m 5 1er fév. 1706, à Jean Valade.— Françoise, b 1678. — Anonyme, b et s 5 28 avril 1681.

1671, (15 octobre) Ste. Famille. 6

I.— GOTEREAU, Gilles, b 1642, fils de Jean et de Marie Rouher, de Ste. Catherine, de la Flote, évêché de la Rochelle; s 11 nov. 1726, au Cap St. Ignace. 8
1o Vieville, (De la) Anne, (1) de St. Eustache, de Paris.
Anne, b 6 20 déc. 1672; m 8 27 juillet 1693, à Pierre Cahouet — Gilles-Gabriel, b 6 3 juillet 1674; m 18 oct. 1700, à Elizabeth Domingo, à Québec 9; s 31 dec. 1719, à l'Ilet. — Marguerite, b 6 18 juin 1677; m 8 1er août 1699, à Jacques Marchand — Michel, b 9 12 fev. 1679, m 8 7 août 1699. — Jeanne, b 8 20 nov. 1681: m 8 14 nov. 1701, à François Boucher.— Jacques, b 8 26 janv. 1685. s 8 16 déc. 1699.
2o Renusson, Catherine, b 1649; s 8 22 nov. 1719.

1679, (31 juillet) Québec.

I.— GOTTREAU, Jean, (27 ans) b 1652, frère du précédent.
Le Roy, Marie,   [Nicolas I
Charles, b 3 fév. 1681. au Cap St. Ignace; 3 m 3 30 oct. 1710, à Madeleine Tibault.— Jean, b 3 14 oct. 1682; m 3 30 oct. 1710, à Geneviève Bernier. — Marie-Anne, b 8 8 août 1684.

I.— GAULDRY, Jean, soldat, était à Québec, en 1648.

GAUDRIA. — Voy. Varin.

GAUDRY.— Variations et surnoms : Bourbonnière.

1653, (17 novembre) Quebec. 9

I.— GAUDRY, dit la Bourbonnière, Nicolas, b 1621, fils de Jacques et de Charlotte Chevalier, de Seings, évêché de Seez, au Perche; s 9 22 juin 1669.
Morin, Agnès, (2)   [Noel I.
s 31 août 1687.
Hélène, b 9 5 mars 1656; m à Pierre Boucher; s....— Jacques, b 1659; m 3 nov. 1701, à Anne Bourdon, à Boucherville — Christine-Charlotte, b 9 16 juin 1660, m 1676, à Jean Hamel. — Marie-Françoise, b 9 28 août 1662; m 27 juin 1678, à Jean Pilote.— Nicolas, b 9 16 août 1664; m 7 janv. 1687, à Anne Pigeon, à Montreal.— Agnès-Marguerite, b 9 6 avril et s 9 30 mai 1666.— Agnès-Madeleine, b 9 20 nov. 1667. — Joseph-Alphonse, (posthume) b 9 15 fev. 1670.

1673, (6 fevrier) Québec. 3

I.— GAUDRY dit la Bourbonnière, Jacques, frère du précédent, s 3 30 mars 1691.
Poirier, Anne, (3)   [Vincent I.

(1) Appelée Pineau, en 1672.
(2) Elle épouse, le 12 janvier 1671, Ignace Bonhomme, à Québec.
(3) Elle épouse, en 1692, Ignace Bonhomme.

Jean, b ³ 7 août 1674 — *Marie-Charlotte,* b ³ 31 juillet 1676 ; s ³ 21 déc. 1689 — *Jacques,* b ³ 13 janv. 1679, m 2 juillet 1703, à Marie-Anne GAU-TIER, à Varennes. — *André,* b ³ 7 nov. 1681, m ³ 3 nov. 1711, à Marie-Anne PELTIER. — *Marie-Angélique,* b ³ 12 avril 1685, 1º m 9 nov. 1705, à Jean-Baptiste LEDUC, à Ste. Foye ; 2º m 12 août 1719, à Pierre TESSIER, à Ste. Anne de la Pérade, 3º m à Mathurin CADOT. — *Marie-Anne-Félicité,* b ³ 14 juin 1687 — *Jean,* b ³ 27 août 1688

1687, (7 janvier) Montréal. ²

II — GAUDRY, (1) NICOLAS, [NICOLAS I.
PIGEON, Anne, [PIERRE I
Barbe, b ² 1ᵉʳ et s ² 12 oct. 1692.—*Anonyme,* b ² et s ² 29 sept. 1690. — *Paul,* b ² 24 mars 1694 — *Françoise,* b ² 29 mars 1697.— *Nicolas,* b 30 mai et s ² 2 juin 1699.— *Joseph-Augustin,* b ² 26 août 1700.— *Marie-Agnès,* b ² 27 mai 1703.

1694, (1ᵉʳ février) Montréal. ³

II.— GAUDRY, (1) JACQUES, [NICOLAS I
GUILLORY, Jeanne, [SIMON I.
s 6 juin 1700, à Varennes. ⁴
Jacques, b ³ 23 nov. 1694. — *Marie-Jeanne,* b 17 fev. 1696, à la Pointe-aux-Trembles de Montréal, m ⁴ 3 fév. 1717, à Jean-Baptiste CADIEU.— *Jeanne,* b ⁴ 14 juin 1698 — *Angélique,* b ⁴ 30 mai et s ⁴ 28 juin 1700.

1657, (25 septembre) Québec. ³

I.— GAULIN, FRANÇOIS, b 1631, fils de Vincent et de Marie Bonnemer, de St. Martin du Viel, Bellefine, évêché de Séez, au Perche ; s 9 déc. 1675, à Ste Famille. ⁴
ROCHERON, Marie, b 1638, fille de Julien et de Martine Lemoine, de St. Côme-le-Vert, évêché du Mans ; s ⁴ 20 déc. 1687.
Louis, b ³ 30 juillet 1658 ; s ⁴ 12 oct. 1677 — *Marie-Cécile,* b ³ 25 juillet 1659 ; s 18 sept. 1662, au Château-Richer. ⁵— *Simon,* b ⁵ 3 déc. 1661 ; m ⁴ 12 juillet 1685, à Françoise LETOURNEAU.— *Pierre,* b ⁵ 23 avril 1663 ; s 19 nov. 1687, à Montréal. — *Marie-Madeleine,* b ⁵ 20 fev. 1665 ; m ⁴ 27 janv. 1687.— *François,* b ⁴ 5 mai 1666 ; s ⁴ 16 dec. 1687 — *Robert,* b ⁴ 27 sept. 1668 ; m ⁴ 5 juillet 1688, à Elizabeth LETOURNEAU. — *Marie-Thérèse,* b ⁴ 28 sept. 1670.— *Marie-Thérèse,* b ⁴ 26 mars 1672 ; 1º m ⁴ 20 nov. 1686 à Martin BAUCHÉ ; 2º m 18 juin 1703, à Nicolas MARTIN, à St. François, Ile d'Orleans.— *Antoine,* b ⁴ 17 avril 1674 ; ordonné, 21 déc. 1697, s ³ 6 mars 1740.—*Joseph,* (posthume), b ⁴ 5 juin 1676.

1664, (21 avril) Château-Richer.

I.— GAULIN, PIERRE.
b 1630 ; s 17 nov. 1677, à Ste. Famille. ⁵
LAUVERGNAT, Jacqueline, (2)
b 1637, de la ville d'Orléans : s...
Pierre, b ⁵ 19 et s ⁵ 26 mai 1675.

(1) Dit La Bourbonnière.
(2) Elle épouse, le 30 janvier 1679, Marc Bareau, à Ste. Famille.

1685, (12 juillet) Sᵗᵉ Famille.

II — GAULIN, SIMON, [FRANÇOIS I.
L'ESTOURNEAU, Françoise, [DAVID I.
Françoise, b 19 avril et s 1ᵉʳ mai 1686, à St. François, Ile d'Orleans. ⁹— *Simon,* b ⁹ 26 avril 1687.

1688, (5 juillet) Sᵗᵉ Famille. ⁰

II.— GAULIN, ROBERT, [FRANÇOIS I.
LETOURNEAU, Elizabeth, [DAVID I.
Louis, b... ; m 22 nov 1717, à Marie CAMPAGNA, à St François, Ile d'Orleans.— *Marie,* b ⁰ 29 avril 1689.— *Elizabeth,* b 28 nov. et s ⁰ 15 dec. 1690. — *François,* b ⁰ 20 juin 1692.— *Louis,* b ⁰ 17 mai 1694 — *Marie-Madeleine,* b ⁰ 12 mai 1696 ; m à Augustin CARON — *Jean-Baptiste,* b ⁰ 8 mai 1698.— *Marthe,* b ⁰ 6 mai 1700 ; m à Claude CARON ; s 13 sept 1719, à Ste. Anne du Nord.⁹— *Marie-Ursule,* b ⁰ 13 mai 1702.— *Marie-Dorothée,* b ⁰ 11 fev 1704 ; m ⁹ 5 fev. 1725, à Louis FORTIN. — *Marie Joselte,* b... ; m 4 juin 1731, à Charles CARON, à l'Ilet.

1671, (26 octobre) Québec.

I — GAUMONT, ROBERT, b 1635, fils de René et de Jeanne d'Alaine, de St. Pierre de Charençon, de Paris ; s 10 sept. 1703, à St. Thomas. ⁵
ROBIN, Louise, b 1637, fille d Etienne et d'Eleonore Maucais, de St. Sébastien, évêché de Coutance ; s ⁵ 16 nov. 1703.
Louise, b 11 janv. 1673, au Château-Richer ⁹ ; m ⁵ 2 oct 1690, à Dominique REGAULT. — *Germain,* b ⁹ 15 juillet 1674 ; m ⁵ 16 nov. 1700, à Marie BALART.

1668, (17 octobre) Québec. ²

I.— GORON. MICHEL, b 1636, fils de Pierre et de Louise Chapitrelle, de St. François-Pimoufrais, évêché de Luçon, s...
ROBINEAU, Marguerite, b 1641, fille de Guillaume et de Jeanne Lienard, de St. Sulpice, évêché de Paris ; s ..
Timothée, b ³ 24 sept. 1670 ; s 9 nov. 1687, à Batiscan. — *Gilles,* b 1673.— *Jean-Baptiste,* b 16 août 1680, aux Grondines. — *Marie-Marguerite,* b 10 mars 1683, à Lévis.— *Marie-Charles,* b 10 août 1689, au Cap Santé ; ³ m à François MAILLOT.— *Françoise-Anne,* b 1672 ; m ³ 18 avril 1689, à Robert HOUY.— *Marie-Françoise,* b... ; m 1702, à René MAILLOT.— *Michel,* b...

I.— GAUSSE DIT LE BORGNE, FRANÇOISE, b 1639, fille de Maurice et de Marguerite Blay, de St. Martin, évêché de Noyon, en Picardie ; 1º m 12 sept. 1661, à Nicolas DURAND, à Quebec ; 2º m 28 mai 1663, à Robert LABERGE, au Château-Richer ; s 8 mars 1714, à Beauport.

GAUTIER.—*Variations et Surnoms :* GAULTHIER — GAUTHIER — COQUET — DE COMPORTÉ — DE LA CHENAYE — BOISVERDUN — DE LA VERANDERIE — SAGUINGOIRA — LAROSE — LANDREVILLE — LAROUCHE.

1685, (15 octobre) Beauport.

I.—GAULTIER, Jean, fils d'Edmond et de Madeleine Jahan, de St. Eloi de Bordeaux ; s 3 sept. 1723, à Québec.
Guyon, Marie, [François II.

I.—GAUTIER, Philippe, Sieur de Comporté, de St. Etienne du Mont, de Paris.
Plichon, Marie. (1)
Catherine, b... ; m 13 mai 1638, à Denis Duquet, à Québec. ²— Guillaume, b... ; m ³ 19 oct. 1648, à Esther De Lambourg ; s ² 26 juillet 1657. — Charles, b 1622, m ² 2 août 1656, à Catherine Le Camus ; s 9 fév. 1703, à Ste. Foye.

1648, (19 octobre) Québec. ⁵ (2)

II.—GAUTIER de la Chenaye, Guill.,[Philippe I. s ⁵ 26 juillet 1657.
De Lambourg, Esther, b 1630, fille de Nicolas De Lambourg, sieur de la Feuillee, et de Madeleine De Guier, de La Feuillée, proche d'Espernon ; s...
Marie-Madeleine, b ⁵ 11 oct. 1649. — Charles, b ⁵ 23 oct. et s ⁵ 17 nov. 1650.—Anne, b ⁵ 19 janv. 1652 ; 1° m ⁵ 26 nov 1665, à Guillaume Feniou ; 2° m ⁵ 25 oct. 1672, à Jacques Ragueneau ; s ⁵ 30 janv 1706 — Guillaume, b ⁵ 17 juin 1653. — Ignace, b ⁵ 7 janv. 1655.

1656, (2 août) Quebec. ⁶

II.—GAUTIER dit Boisverdun, Chs., [Philippe I. s 9 fev. 1703, à Ste. Foye.
Le Camus, Catherine, b 1635, fille d'Hector et de Jacqueline Mondy, de Ste. Solinne ; s avant 1681.
Anne, b ⁶ 9 avril 1657 ; 1° m ⁶ 12 oct. 1673, à Jean Picard ; 2° m 25 fév. 1686, à Nicolas Samus, à Boucherville ⁷ ; s ⁷ 15 oct. 1687. — Catherine, b 1659 ; 1° m 1679, à Pierre Cartier ; 2° m 1683, à Jean Roy ; s 9 avril 1712, à la Pointe-aux-Trembles, Q. — Marie, b ⁶ 2 mai 1660 ; m ⁶ 17 oct. 1678, à François Quintal— Geneviève, b ⁶ 20 fév. 1662.— Claire, b 1ᵉʳ mai 1664, au Château-Richer ; 1° m ⁷ 8 nov. 1680, à Christophe Février, 2° m ⁷ 14 mars 1698, à Jean Hobertin. — Louise-Bernardine, b 20 août 1672, à Sillery. — Renée, b 5 sept. 1666, à Ste. Famille. ⁸ — Marie-Madeleine, b ⁸ 27 janv. 1669.

1663, (25 octobre) Château-Richer. ³

I.—GAUTIER, Joseph-Elie, b 1626, de N.-D. de Solle, évêché de Poitiers ; s 10 déc. 1700, à Ste. Famille. ⁵
Moitié, Marguerite, (3) b 1648, de La Rochelle ; s ⁵ 9 juin 1701.
Joseph, b ³ 29 nov. 1664, s ⁵ 27 sept. 1684. — Marguerite, b ⁵ 15 déc. 1666 ; m ⁵ 6 août 1686, à Jean Dubreuil ; s 22 déc. 1702, à St. Jean, I. O. — Louise, b ⁵ 21 déc 1668 ; 1° m ⁵ 10 avril 1684, à Louis Greffard, 2° m ⁵ 9 janv. 1690, à Pierre Havard. — Marie, b ⁵ 3 mars 1671 ; m ⁵ 10 fev. 1688, à Denis Charland. — Guillaume, b ⁵ 29 mai

---

1673 ; s ⁵ 10 nov. 1684. — Marie-Anne, b ⁵ 5 août 1675 ; 1° m ⁵ 7 juin 1695, à Jean Auger ; 2° m 7 août 1713, à Jacques Le Sourd, à Québec. — André, b ⁵ 28 avril 1678. — Jacques, b ⁵ 3 août 1680. — François, b ⁵ 23 oct. 1682. — Anne, b ⁵ 21 et s ⁵ 27 déc. 1684. — Elizabeth, b ⁵ 21 déc. 1684 ; s ⁵ 2 avril 1685. — Geneviève, b ⁵ 16 août 1681.

1667, (26 septembre) Trois-Rivières. ⁵

I. — GAULTIER, (1) René, b 1634 ; s ⁵ 4 juin 1689, (dans l'église).
Boucher, Marie, [Pierre II.
René, b 1669. — Jeanne, b 1671. — Louis, (2) b ⁵ 7 sept. 1673 ; m... — Madeleine, b ⁵ 8 oct. 1674 ; m 29 août 1694, à Charles Petit-le-Villier, à Montréal. ⁹ — Pierre, b ⁵ 1675. — Jacques-René, b ⁵ 28 oct. 1677 ; m ⁵ 7 août 1712, à Jeanne Lemoyne. — Jean-Baptiste, b ⁵ 30 nov. 1677 ; ordonné 3 déc. 1700, s 30 mars 1726, à Quebec. ¹ — Marie-Renée, b ⁵ 20 nov. 1682 ; 1° m 18 janv. 1701, à Christophe Dufros, à Varennes ⁹ ; 2° m 24 janv. 1720, à Timothée Sylvain, à la Pointe-aux-Trembles de Quebec.— Anne-Marguerite, b ⁵ 5 août 1684, religieuse ursuline, dite de la Présentation ; s ¹ 5 juillet 1726.— Pierre, b ⁵ 18 nov 1685 ; m ⁵ 29 oct. 1712, à Marie-Anne Dandonneau. — Philippe, b ⁵ 3 juin 1687 ; s ⁵ 13 janv. 1688. — Jean-Baptiste, b ⁵ 18 nov. 1688. — Marie-Marguerite, b 28 janv. 1680, à Boucherville ; m 22 sept. 1707, à Louis Hingue, à Varennes.

1668, (12 novembre) Montréal. ³

I. — GAUTIER dit Saguingoira, Pierre, b 1629, fils d'Ignace et de Marie Boucher, de Risilly, évêché de Xaintes ; s 6 déc. 1703, à Lachine ⁴
Roussel, Charlotte, b 1646, fille de Thomas et de Barbe Poisson, de La Ronde d'Evreux, en Normandie ; s avant 1699.
Jean, b ³ 28 sept. 1669. — Joseph, b ³ 20 mars 1672 1° m ³ 16 août 1699, à Clémence Jarry ; 2° m ⁴ 8 fév. 1718, à Marie Fortier. — Jean-Baptiste, b ³ 8 mai 1674. — Anne, b ⁴ 27 fév. 1676 ; m ⁴ 22 fév. 1689, à Jacques Denis. — Pierre, b ⁴ 25 mars 1679. — Claude, b ⁴ 15 août 1681. — Marie, b ⁴ 23 avril 1684 ; m ³ 25 fév. 1702, à Alexandre Turpin. — François, b ⁴ 26 nov. 1686.

1669, (11 avril) Ste. Famille. ³

I — GAULTIER dit Larose, René, b 1626, de la Bevière sus-dive, évêché de Poitiers ; s 30 déc 1687, à St. Jean, I. O. ³
LaBastille, Renee, b 1649, de St. Séverin, évêché de Paris ; s...
Jeanne, b ² 2 sept. 1670, m 3 fév. 1689, à Guillaume Chevalier, à Beauport. ⁴— Jean, b ² 10 janv. 1672.— Pierre, b ² 24 mai 1673.— Catherine-Agnès, b ² 26 déc. 1674 ; m 30 avril 1696, à Jean-Baptiste Lacoudray, à Québec ⁵ ; s ⁵ 23 fév. 1756. — Antoinette, b ² 23 fév. 1676. — Antoine, b ⁸ 16 août 1677. — Marguerite, b ² 5 mars 1679. — Guillaume, b ⁸ 21 sept. 1680. — Marie-Madeloine,

---

(1) Elle épouse, Charles Sylvestre.
(2) Contrat de mariage passé par De Berman
(3) Elle est appelée " Maugue "—Recencement de 1681.

(1) Chevalier, Seigneur de Varennes, du Tremblay et de plusieurs autres lieux, et gouverneur des Trois-Rivières, en 1669.

(2) De la Vérandrie, oncle de Madame d'Youville.

b⁸ 23 sept. 1684. — *Louise*, b ⁴ 25 août 1686. — *François*, (posthume) b ³ 23 janv. 1688. — *Guillaume*, b ³ 21 sept. 1680.

1669, (16 juillet) Québec.⁸

I. —GAULTIER, Mathurin, b 1633, fils de Jean et de Louise Barbotine, de Bourg-Neuf, évêché de LaRochelle ; s ³ 9 oct. 1711.
  Giraut, Anne, b 1643, fille d'Antoine et de Jeanne Girodelle, de St. Gilles de Surgère, évêché de LaRochelle ; s...
  Jeanne, b ³ 15 juin 1670, m ³ 17 juin 1696, à Etienne Chevalier. *Jean*, b ³ 15 nov. 1671. — *Anne*, b ³ 23 mars 1673 ; m ³ 11 août 1699, Jean, Loiseau. — *Marie-Louise*, b ³ 29 sept. 1678 ; m ³ 7 fév. 1707, à Jean Casse — *Jacques*, b ³ 24 et s ³ 25 janv. 1682. — *Charles*, b ³ 10 mai 1683. — *Françoise*, b... ; m 1696, à Vincent Croteau.

1671, (26 novembre) Trois-Rivières.³

I. — GAULTIER, Jean, b 1649, fils de Gabriel et de Jeanne Chardavouenne, de Xaintes.
  Petit, Jeanne,   [Nicolas I.
  Catherine, b ³ 6 nov. 1673 ; m 12 nov. 1696, à Christophe Lussier, à Varennes. ⁵ — *Jeanne*, b ³ 9 janv. 1676. — *Marguerite*, b ³ 29 sept. 1677 ; m 26 janv. 1706, à Pierre Gatien, à Montreal. — *Jean*, b ⁴ 4 avril 1680, à Boucherville ⁶ ; m ⁵ 15 mars 1704, à Angélique Jentès. — *Marie*, b ⁶ 27 mai 1682. — *Marie-Madeleine*, b ⁶ 9 août 1684 ; s ⁶ 24 janv. 1691. — *Nicolas*, b ⁶ 1ᵉʳ sept. 1686 ; s ⁶ 9 fév. 1691. — *Anne*, b ⁶ 2 mars 1689. — *Jacques*, b ⁶ 25 juillet 1691. — *Pierre*, b ⁵ 26 mai 1694. — *Marie-Madeleine*, b ⁵ 20 avril 1697 ; m ⁵ 27 avril 1720, à Joseph Brodeur. — *Marie-Renée*, b ⁵ 22 juillet 1699. — *Joseph*, b ⁵ 3 oct. 1701. — *Charlotte*, b ⁵ 8 mars 1704.

1671.

I. — GAUTIER dit Landreville, Mathurin, b 1643 ; s 8 sept. 1711, à Varennes. ⁹
  Philippeau, Nicole,   [Charles I.
  b 1655.
  Angélique, b 28 juin 1672, à Montréal ⁴ ; m 19 avril 1689, à Nicolas Chaput, à la Pointe-aux-Trembles de Montréal. ⁹ — *Anne*, b ⁴ 25 juillet et s ⁴ 26 nov. 1673. — *Catherine*, b ⁴ 25 juillet 1673 ; m ⁹ 2 mai 1695, à Nicolas Millet. — *Louis*, b ⁴ 3 fév. 1675 ; s ⁹ 17 juillet 1694. — *Louis*, b ⁴ 29 mars 1676 ; 1⁰ m ⁴ 25 janv. 1701, à Marguerite Ménard ; 2⁰ m 2 août 1717, à Marguerite Benoit, à Verchères. — *Charles*, b ⁹ 17 août 1677 ; m 12 dec. 1701, à Barbe Gournay, à Repentigny. — *Marie*, b ⁹ 31 mars 1679 ; 1⁰ m ⁹ 2 juillet 1703, à Jacques Gaudry ; 2⁰ m ⁹ 23 mai 1717, à Pierre Vaillant. — *Jeanne*, b ⁹ 14 oct. 1680 ; m ⁹ 4 nov. 1698, à Jean Langlois ; s ⁸ 8 mai 1703. — *Jean*, b ⁹ 6 avril 1682 ; m 2 nov. 1720, à Thérèse Moreau, à Québec. — *Marie-Anne*, b ⁹ 12 oct. 1684 ; m ⁹ 23 nov. 1699, à François Raineau. — *Marguerite*, b ⁹ 13 mai 1686 ; m ⁹ 23 janv. 1708, à Andre Langlois. — *Anonyme*, b et s ⁹ 27 oct. 1687. — *Françoise*, b ⁹ 5 avril 1689 ; m ⁹ 26 oct. 1709, à Nicolas Cusson. — *Lambert*, b ⁹ 10 janv. 1691 ; m ⁹ 25 nov. 1726, à Marie-Catherine Philippeau. — *Pierre*, b ⁹ 7 fév. 1693 ; m ¹ 23

nov. 1718, à Marie-Anne Prevost. — *Marie-Anne*, b ⁹ 23 janv. 1695. — *Marie-Madeleine*, b ⁹ 26 mars 1697 ; m ⁹ 29 janv. 1720, à Christophe Janson.

1672, (22 novembre) Québec ⁸

I. — GAULTIER, Philippe, (1) b 1641, fils de Philippe et de Gilette DeVernon, du bourg de Ste. Anne, évêché de Poitiers ; s ⁸ 22 nov. 1682.
  Bazyre, Marie, b 1644, fille de Jean et de Jeanne Le Borgne, de Rouen ; s ⁸ 19 dec. 1687.
  Charles-Philippe, b ⁸ 8 déc. 1673 ; s ⁸ 13 nov. 1680, dans l'église de Québec. — *Marie-Madeleine*, b ⁸ 11 dec. 1674 ; religieuse ursuline, dite Ste. Agathe ; s ⁸ 28 fév. 1703. — *Jacques-Philippe*, b ⁸ 16 nov. 1675 ; s ⁸ 9 sept. 1732 — *Marie-Anne-Charlotte*, b ⁸ 5 août 1677 ; s ⁸ 5 juillet 1678. — *Anne*, b ⁸ 7 juillet 1678 ; religieuse ursuline, dite St. Gabriel ; s ⁸ 7 août 1733. — *François*, b ⁸ 25 avril et s ⁸ 20 mai 1679. — *Angélique*, b ⁸ 2 avril 1680, m ⁸ 27 nov. 1696, à Denis Riverin. — *Marie-Anne*, b ⁸ 5 juin 1681 ; 1⁰ m ⁸ 12 janv. 1700, à Alexandre Peuvret ; 2⁰ m ⁸ 6 fév. 1708, à Claude Du Tisné ; s ⁸ 18 juin 1711. — *Charles-François*, b ⁸ 27 fév. 1683. — *Françoise-Charlotte*, b ⁸ 24 dec. 1684 ; s ⁸ 14 mai 1686. — *Louis*, b ⁸ 23 mai 1686.

I. — GAUTIER, Louis, b 1656, frère du précédent.

I. — GAUTIER, Jacques, charpentier, b 1647.
  De Nevers, Elizabeth-Ursule,   [Etienne I.
  b 1658.
  Marie-Anne, b 6 oct. 1674, à Québec ⁷ ; s... (2)
Joseph, b ⁷ 15 mars 1678 ; m à Marie-Catherine Hamel. — *Jacques*, b... ; m 28 juillet 1703, à Françoise Lambert, à St. Michel. — *François*, b 5 août 1675, à Sillery ; m à Elizabeth-Ursule Hamel. — *Marie-Angélique*, b 21 avril 1682, à la Pointe-aux-Trembles de Quebec. — *Augustin*, b..., m 28 nov. 1713, à Marie-Josette Jouet, à Varennes. ¹ — *Etienne*, b..., m ¹ 25 oct. 1717, à Anne De Celles.

1675, (21 janvier) Québec. ⁵

I. — GAUTIER dit Larouche, Jean, taillandier, b 1645, fils de Mathurin et de Catherine Loumeaux, d'Eschillais, de Xaintes ; s ³ 27 mai 1690.
  Lefebvre, Angelique, (3)   [Louis I.
  François, b ³ 12 oct. 1675 ; 1⁰ m ³ 9 janv. 1696, à Louise Augran ; 2⁰ m ³ 18 fév. 1716, à Marie Marchand ; s ³ 2 fév. 1747. — *Catherine-Angélique*, b ³ 25 avril 1677 ; 1⁰ m ³ 24 nov. 1695, à Pierre Samson ; 2⁰ m ³ 27 oct. 1710, à Edouard Clément. — *Jean-Baptiste-Antoine*, b ³ 18 juin 1679, s ³ 14 avril 1699. — *Geneviève*, b ³ 8 juin 1681 ; m ³ 7 mai 1703, à Michel Caddé ; m ³ 24 nov. 1711, à François Rageot ; s ³ 30 mars 1727. — *Claude*, b ³ 23 déc. 1684. — *Pierre*, b ³ 27 avril 1687. — *Hilaire*, b ³ 22 oct. 1689.

(1) Sieur de Comporté, conseiller du Roy et prevost des Maréchaux de France, en ce pays.

(2) Recensement de 1681.

(3) Elle épouse, le 4 septembre 1690, Pierre Brunet, à Québec.

1677, (19 juillet) Pᵗᵉ-aux-Trembles, (M.)

I.— GAUTIER ᴅɪᴛ Sᴛ. Gᴇʀᴍᴀɪɴ, Gᴇʀᴍᴀɪɴ, b 1647, fils de Germain et de Louise Viollard, de de Beaubec, évêche de Rouen.

Bᴇᴀᴜᴄʜᴀᴍᴘ, Jeanne,   [Jᴀᴄǫᴜᴇs I.
Denise, b 1679 ; m 8 nov. 1700, à Philippe Pᴀʏᴇᴛ, à Boucherville. ³ — *Anonyme,* b et s 4 mars 1681, à Repentigny. ⁵ — *Jean,* b ⁵ 10 janv. 1682 — *Pierre,* b ⁵ 10 nov. 1684 , s 17 janv. 1709, à St. François, Ile-Jésus. — *Françoise,* b ³ 13 juin 1687. — *François,* b ³ 14 mars 1691. — *Joseph,* b ³ 4 janv. 1694 , s ³ 1ᵉʳ juillet 1700. — *Jacques,* b ³ 5 déc. 1696. — *Michel,* b ³ 1ᵉʳ mars 1699. — *Agnès,* b ³ 4 nov. 1701.

1685, (15 octobre) Beauport. ¹

I.— GAULTIER, Jᴇᴀɴ, (1)   [Eᴅᴍᴏɴᴅ I.
s 3 sept. 1723, à Québec. ⁵

Gᴜʏᴏɴ, Marie,   [Fʀᴀɴçᴏɪs II.
s ⁵ 13 juin 1746

Marie, b ¹ 13 sept. 1686 , s ⁵ 20 janv. 1703 — *Marie-Charlotte,* b 16 juillet 1688, à Montréal: m ⁵ 7 juillet 1710, à Sebastien Cʜᴀɴᴄᴇʟɪᴇʀ. — *Eliza-beth,* b ⁵ 28 mai 1690 , s ⁵ 25 janv. 1703. — *Marie-Anne,* b⁵ 8 déc. 1691 ; s⁵ 24 janv. 1703. — *Louise-Geneviève,* b ¹ 7 mai 1694. — *Pierre,* b ⁵ 20 mai 1697. — *Jeanne,* b⁵ 25 avril 1699 ; s ⁵ 1ᵉʳ fev. 1703. — *Marie-Thérèse,* b ⁵ 29 mars 1701 ; s... — *Marie-Thérèse,* b ⁵ 19 juin 1703 ; m ⁵ 22 sept. 1723, à Philippe Cᴀʀʀᴇɴᴏᴛ. — *Marie-Anne,* b ⁵ 7 avril 1705 ; m⁵ 16 mai 1727, à Simon Sᴏᴜᴘɪʀᴀɴ ; s⁵ 8 oct. 1735. — *Marie-Elizabeth,* b⁵ 15 mars 1711 , m ⁵ 20 juillet 1729, à Pierre Tʀᴇꜰꜰʟé.

1696, (9 janvier) Québec. ⁵

II.— GAUTIER ᴅɪᴛ Lᴀʙᴏᴜᴄʜᴇ, Fʀᴀɴçᴏɪs, [Jᴇᴀɴ I
taillandier ; s ⁵ 2 fév. 1747.

1º Aᴜɢʀᴀɴ, Louise,   [Pɪᴇʀʀᴇ I.
s⁵ 24 fév. 1715.

Jean-François, b ⁵ 8 et s ⁵ 30 oct. 1696. — *Louise-Geneviève,* b ⁵ 12 janv. 1698 ; 1º m ⁵ 25 juin 1720, à Louis Dᴜᴘʟᴀɪs ; 2º m 9 nov. 1728, à Jean-Baptiste Cᴏᴛᴛᴏɴ , s ⁵ 3 déc. 1762. — *François,* b ⁵ 20 et s ⁵ 25 août 1700. — *Marie-Catherine,* b ⁵ 24 oct. 1701 ; m ⁵ 25 nov. 1720, à Henry Bᴇʟʟɪsʟᴇ ᴅɪᴛ Lᴀᴍᴀʀʀᴇ. — *Marguerite,* b ⁵ 8 janv. 1704 ; s ⁵ 15 juin 1705. — *Simon-François,* b ⁵ 5 mai 1706 ; s ⁵ 25 août 1714. — *Marguerite,* b ⁵ 28 oct. 1708 , m ⁵ 26 août 1743, à Joseph Dᴜꜰʀᴇsɴᴇ. — *Antoine,* b ⁵ 7 janv. 1711 ; m⁵ 23 janv. 1736, à Louise Bᴏɪssᴇʟ ; s⁵ 8 fev. 1756. — *Jean-Baptiste,* b ⁵ 9 sept. 1712 ; s⁵ 5 sept. 1714. — *Marie-Anne,* b ⁵ 10 juin et s 6 août 1714, à Charlesbourg.

1706, (18 fevrier) Québec. ⁵

2º Mᴀʀᴄʜᴀɴᴅ, Marie,   [Jᴇᴀɴ I.
Etienne, b ⁵ 17 et s ⁵ 18 fév. 1717. — *Marie-Geneviève,* b ⁵ 9 mai 1719 ; m ⁵ 11 mai 1738, à Jean Lᴇᴛᴏᴜʀɴᴇᴀᴜ. — *Louise-Elizabeth,* b ⁵ 8 janv. 1721.

1699, (25 février) Québec.

I.— GAUTIER, Jᴀᴄǫᴜᴇs, b 1669, fils de François et d'Andrée, de Ste. Radegonde, évêché de Poitiers ; s 12 août 1741, au Cap St. Ignace. ⁵

Fᴀʏᴇ, Agathe,   [Pɪᴇʀʀᴇ I.
Charles, b 20 nov. 1699, à l'Ange-Gardien. — *François-Marie,* b ⁵ 1ᵉʳ sept. 1702. — *Marie-Josette,* b ⁵ 17 oct. 1704 ; m ⁵ 28 avril 1727, à Jean-Bap-tiste Cʜᴀᴍʙᴇʀʟᴀɴ ; s⁵ 26 fév. 1740. — *Dorothée,* b ⁵ 27 fév. 1706. — *Marie-Madeleine,* b ⁵ 23 fév. 1708 ; m ⁵ 24 nov. 1732, à Louis Mᴀʀᴀɴᴅᴀ ; s ⁵ 11 nov. 1735. — *Ignace,* b ⁵ 6 fév. 1710 — *Jacques,* b ⁵ 14 avril 1714. — *Simon-Pierre,* b ⁵ 12 mai 1720. — *Angélique,* b... ; m ⁵ 26 nov. 1736, à Charles Mᴀʀᴏɪs.

1699, (16 août) Montréal.

II.— GAULTIER, Jᴏsᴇᴘʜ,   [Pɪᴇʀʀᴇ I.
1º Jᴀʀʀʏ, Clémence,   [Eʟᴏɪ I.
veuve d'André Rapin.
Joseph, b 7 juin 1700, à Lachine.
1718, (8 février) Lachine. ⁵

2º Fᴏʀᴛɪᴇʀ, Marie,   [Lᴏᴜɪs I.
Marie-Josette, b ⁵ 10 mars 1719.— *Angélique,* b ⁵ 12 août 1720.

I.— GAUTIER, (1) Lᴏᴜɪs, b 1670 ; s 17 avril 1757, à Ste. Foye.
1º Pʀᴇᴍᴏɴᴛ, Agnès.

1726, (15 octobre) Ste. Foye.

2º Bᴇʀɴᴀʀᴅ, Marie-Anne,   [Cʜᴀʀʟᴇs II.

1673, (18 septembre) Québec.

I.— GAUTRON ᴅɪᴛ Lᴀ Rᴏᴄʜᴇʟʟᴇ, Mɪᴄʜᴇʟ, b 1646, fils de Daniel et d'Antoinette Foubert, de Lᴀ Rᴏᴄʜᴇʟʟᴇ ; s 20 janv. 1719, à St. Etienne de Beaumont. ³

1º Pᴏɪssᴏɴ, Catherine, b 1654, fille de Jean et de Catherine Foulon, de St. Paul de Paris ; s avant 1681.

2º Bɪssᴏɴɴᴇᴛ, Madeleine,   [Pɪᴇʀʀᴇ I.
s 12 mai 1715, à St. Michel. ⁵

Jeanne, b... ; 1º m ⁵ 9 fév. 1711, à Arnoux Lᴀ-ᴠᴇʀɢɴᴇ ; 2º m ³ 29 janv. 1714, à Joseph Pᴏɴᴛᴇ-ʟᴀɴᴄᴇ. — *Michel,* b ⁵ 24 mars 1695 ; 1º m ³ 25 juin 1714, à Marie-Anne Aʟʟᴀɪʀᴇ ; 2º m à Marie-Anne Cᴀʀʀɪᴇʀ. — *Marie,* b... ; m ⁵ 8 fév. 1705, à Claude Lᴇꜰᴇᴅᴠʀᴇ. — *Pierre,* b ⁵ 18 avril 1700. — *Jacques-Honoré,* b ⁵ 22 janv. 1704. — *Dorothée,* b ⁵ 26 mars 1707. — *Angélique,* b ⁵ 28 déc. 1710 ; m ³ 18 nov. 1726, à Joseph Qᴜᴇʀᴇᴛ.

1665, (22 octobre) Québec. ³

I.— GAUVIN, Jᴇᴀɴ, b 1641, fils de Louis et d'Anne de L'Epine, de Croixchapeau, évêché de La Rochelle ; s 7 juin 1706, à Lorette. ⁵

Mᴀɢɴᴀɴ, Anne, b 1651, fille de Simon et d'Anne ———— de St. Germain d'Auxerre.
Jean-Nicolas, b ³ 24 janv. 1667. — *Marie-Anne,* b 5 mars 1671, à Sillery. ⁶ — *Jean-François,* b ⁶ 2 oct. 1673. — *Etienne,* b ⁵ jun 1676 ; 1º m ⁵ 11 mai 1700, à Anne Bᴜʟᴛᴇᴛ ; 2º m 9 avril 1709, à Jeanne Fɪsᴇᴛ, à l'Ange-Gardien. — *Jean,* b ⁵ 21 janv. 1680. — *Marie,* b ⁵ 23 août 1681 ; m ⁵ 8 juillet 1705, à Charles Bᴏᴜɪɴ. — *Pierre,* b ⁵ 17 juin 1684 ; m ⁵ 1ᵉʳ août 1707, à Marie-Anne Fɪsᴇᴛ. — *Jacques,* b ⁵ 16 mai 1690. — *Pierre-Joseph,* b ⁵ 2 janv. 1695.

---

(1) Sergent de la Compagnie de M. de Crisafy.

(1) Sieur de la Pigeonnière, 1er Capitaine du détachement de Ste. Foye, était à Ste. Foye, en 1700.

I.—GAUVIN, Jean.
1º BEDARD, Marie.
  Jean, b 1675 ; m 29 mai 1702, à Madeleine BOUCHARD, à la Rivière-Ouelle. ³
2º MAIZERAI, Olive,   [RENÉ I.
  Jean-Baptiste, b 28 fev. 1687, à Québec.
3º TROTIER, Marie-Madeleine.
  Jacques, b 1689 ; m ³ 14 nov. 1712, à Louise ST. PIERRE. — *François*, b...

1668, (30 juillet) Québec ⁶

I.—GAUVREAU, NICOLAS, armurier, b 1641, fils de Pierre et de Gabrielle Raimbaut, de Dompierre, évêché de Luçon ; s ⁶ 21 janv. 1713, à 72 ans.
  BISSON, Simone,   [GERVAIS I.
  s ⁶ 13 mars 1722, à 62 ans.
  Nicolas, b ⁶ 22 et s ⁶ 30 nov. 1669. — *Marie-Anne*, b ⁶ 6 nov. 1671. — *Pierre*, b ⁶ 7 avril 1674, 1º m ⁶ 8 oct. 1698, à Marie-Anne DEMOSNY ; 2º m ⁶ 23 nov. 1705, à Madeleine MESNAGE ; s ⁶ 5 fév. 1717. — *Catherine*, b ⁶ 25 sept. 1676, s ⁶ 25 juillet 1677. — *Marie-Geneviève*, b ⁶ 7 sept. 1678; m ⁵ 23 mai 1696, à Charles RAGEOT ; s ⁶ 26 déc. 1702. — *Marie-Madeleine-Angélique*, b ⁶ 8 sept. 1680 ; s ⁶ 20 nov. 1683. — *Marie-Ursule*, b et s ⁶ 9 juillet 1682. — *Marie-Catherine*, b ⁶ 29 août 1683. — *Louis*, b ⁶ 25 août 1685 ; s ⁶ 7 août 1687. — *François-Borgia*, b 1687 ; s ⁶ 29 mars 1706. — *François-Nicolas*, b ⁶ 10 oct. 1688. — *Marie-Anne*, b ⁶ 15 sept. 1690. — *Charles-Joseph*, b ⁶ 7 août et s ⁶ 9 déc. 1693.

1698, (8 octobre) Québec. ⁵

II.—GAUVREAU, PIERRE,   [NICOLAS I.
  maître armurier du roy, s ⁵ 5 fév 1717.
1º DEMOSNY, Marie-Anne,   [JEAN-BAPTISTE I.
  s ⁵ 16 déc. 1702.
  Marie-Catherine, b ⁵ 18 août 1699. — *Pierre*, b ⁵ 29 oct. 1701 ; s ⁵ 26 juillet 1703.

1705, (23 novembre) Québec. ⁵

2º MESNAGE, Madeleine, (1)   [PIERRE I.
  Pierre-Bonaventure, b ⁵ 14 juillet 1707 ; s ⁵ 13 oct. 1708. — *Marie-Anne-Françoise*, b ⁵ 3 fev. et s ⁵ 29 mars 1709. — *Pierre*, b ⁵ 31 janv. 1710 ; s ⁵ 3 oct. 1714. — *Marie-Madeleine*, b ⁵ 18 nov. 1711 ; m ⁵ 17 janv. 1730, à Joseph ROUSSEL, s ⁵ 6 mars 1758. — *Marie-Louise*, b ⁵ 13 mars 1713 ; s ⁵ 28 juillet 1714. — *Marie-Anne*, b ⁵ 11 juin 1714 ; m ⁵ 28 mars 1732, à Jean-Baptiste MARTEL. — *Pierre-Charles*, b ⁵ 25 sept. 1715. — *Marie-Thérèse-Catherine*, b ⁵ 26 janv. et s ⁵ 23 avril 1717.

GAVERAN, RÉMI, tailleur, b 1659 ; s 13 déc. 1689, à Québec.

GAYON. — Voy. DE LA LANDE.

GAZAILLE. — *Variations et surnoms :* GAZOIL— BLET — BELET — ST. GERMAIN.

1668, (8 octobre) Québec.

I.—GAZAILLE, JEAN, b 1643, fils de Jean et d'Aubine Regné, de Sazara, évêché de Périgueux.

Touzé, Jeanne, b 1644, fille de Jean et de Jeanne ————, de St. Pierre de Dreux, évêché de Chartres ; s...
  Marie, b... ; m 1688, à Hilaire BOURGINE.— *Barbe*, b 13 mars 1678, à Sorel. — *Marie-Marthe*, b 15 janv. 1676, à Boucherville ; m à Gilles BOURGAUD. —*Jean*, b 14 mars 1683, à Contrecœur.

I.—GAZAILLE, JEAN.
  BEAUVEAU, Jeanne.
  Jeanne, b 2 déc. 1676, à Sorel ; m à René CHOLET. — *Barbe*, b 3 mai 1681, à Contrecœur⁵ ; m à Pierre BENOIT. — *Pierre*, b ⁸ 7 juin 1686 ; m à Thérèse BADAILLA. — *Madeleine*, b... ; m 9 août 1711, à Louis FOISY, à Verchères. ⁹ — *Marie-Elizabeth*, b ⁵ 1ᵉʳ août 1683. — *Jean-Baptiste*, b ⁹ 10 août 1719.

II.—GAZAILLE DIT BLET, PIERRE,   [JEAN I.
  BADAILLA, Thérèse,   [LOUIS I.
  veuve de Pierre Guignard.
  Pierre, b 2 avril 1711, à Verchères.

I.—GAZELLE DIT FAROU, SUZANNE, m 7 juin 1663, à François DUPONT, au Château-Richer.

I.—GAZELIER, PHILIPPE,
  b 1640 ; s 4 janv. 1709, à Lorette.

1694, (10 novembre) Québec. ⁶

I.—GAZON DE LA CHATEIGNERAIE, CHS.-ETIENNE, b 1665, fils de Charles (conseiller du Roy) et de Marie Perron, de Paris.
  NORMAND, Marguerite,   [PIERRE I.
  Charles, b ⁵ 27 oct. 1695.

GÉLINEAU. — *Variation :* GÉLINAS.

I. — GÉLINEAU, ETIENNE, b 1624.
1º ROBERT, Huguette.
  Jean, b 1646 ; m 1670, à Françoise GERMAIN.
2º DE BEAUREGARD, Marie, veuve de Sébastien Langelier.
  Jean-Baptiste, b 24 juin 1684, à la Pointe-aux-Trembles, Q.¹ — *Louis*, b ¹ 12 mai 1687 ; s 2 mai 1689, à Québec.

1670.

II.—GÉLINAS, JEAN,   [ETIENNE I.
  DE CHARMENIL, Françoise, b 1652, fille de Julien et de Julienne Bercé, de St. Sauveur, évêché du Mans ; s...
  Jean-Baptiste, b 1671 ; m 8 nov. 1700, à Jeanne BOISSONNEAU, à St. Jean, I. O. — *Elienne*, b 1670; m 8 nov. 1701, à Marguerite BENOIT, aux Trois-Rivières⁵ ; s ⁵ 26 sept. 1720. — *Benjamin*, b 1672. — *Pierre*, b 1674 ; m à Madeleine BOURBEAU. — *Françoise*, b 1676. — *Marie-Anne*, b ⁵ 13 sept. 1678 ; m ⁵ 21 janv. 1702, à Pierre ROCHEREAU. — *Marguerite-Jeanne*, b ⁵ 20 juillet 1683; m ⁵ 1ᵉʳ sept. 1707, à Pierre DURVAU.

1687, (15 mai) Contrecœur.

I. — GELINAUD, FRANÇOIS, de St. Paul, évêché de Xaintes.
  MÉNARD, Marguerite, (1)   [PIERRE I.

___

(1) Elle épouse, le 12 fevrier 1722, Philippe Damours, à Québec.

(1) Elle épouse, en 1698, Luc Deguire.

Marie-Françoise, b... ; m 11 janv. 1712, à Louis PICHET, à Repentigny. — *Daniel-Marie*, b 5 oct. 1694, à Montreal.

1667, (9 octobre) Québec. [2]

I. — GELY DIT LAVERDURE, JEAN, b1639, fils de Jean et de Raymonde Robert, de N.-D. de Rabutin, évêché d'Alby.
TURBAL, Ursule, b 1647, fille de Jean et de Gabrielle Denis, de St. Severin de Paris.
François, b [2] fev 1670 ; m 3 juin 1697, à Marie Anne LANGELIER, au Cap St. Ignace. [3] — *Jeanne*, b [2] 4 avril 1672 ; 1° m [2] 14 juillet 1701, à Jean DAUPHIN, 2° m [2] 8 nov. 1719, à Louis JOLLET. — *Françoise*, b [2] 8 mai 1674 ; m 1694, à Etienne BARILLON. — *Pierre*, b 2 sept. 1678, à Lorette. [4] — *Jacques-Claude*, b [4] 22 sept. 1676 ; s [3] 27 oct. 1699. — *Jean*, b [4] 28 août 1680. — *Jean-André*, b [4] 22 nov. 1681. — *Jeanne-Ursule*, b [4] 17 avril 1683. — *Jean-Baptiste*, b [4] 11 oct. 1685. — *Marie-Angèle*, b [4] 20 janv. 1687 ; m [4] 23 nov. 1711, à Etienne GAGNÉ. — *Marie-Jeanne*, b... ; m 1689, à Jean MARCHET.

1697, (3 juin) Cap St. Ignace. [3]

II. — GELY, JEAN-FRANÇOIS, [JEAN I.
LANGELIER, Marie-Anne, [SÉBASTIEN I.
Gertrude, b [5] 29 sept. 1698. — *Marie-Jeanne*, b 28 déc. 1700, à Ste. Foy. — *Marie-Anne*, b et s 15 mai 1701, à Lorette. [5] — *François*, b [5] 8 oct. 1702. — *Noël*, b [5] 14 sept. 1704. — *Marie-Charlotte*, b [5] 25 avril 1707. — *Louis-Etienne*, b [5] 3 mars 1710 ; s [5] 11 fev. 1711. — *Jean-Baptiste*, b [5] 7 juillet 1712 ; s [5] 9 sept. 1714.

1703, (5 février) Montréal.

I. — GEMS, (1) GUILLAUME,
LIMOUSIN, Catherine, [HILAIRE I.

1665, (12 octobre) Québec. [5]

I. — GÉNAPLE DIT BELLEFOND, FRANÇOIS, menuisier, géolier, notaire, b 1644, fils de Claude et de Catherine Coursier, de St. Méry, de Paris ; s [5] 7 oct. 1709.
DE LA PORTE, Marie-Anne, (2) b 1646 ; fille de Pierre et d'Anne Voyer, de St. Sulpice de Paris ; s [5] 28 juin 1718.
Marie-Anne, b [5] 2 mars 1667 ; m [5] 26 janv. 1688, à Charles DAMOURS, b 31 mars 1669, à Sillery. [6] — *Mathias*, b [6] 23 fév. 1671. — *Charles-Michel*, b [5] 16 nov. 1672. — *Marie-Angélique*, b [5] 2 nov. 1673. — *Charles*, b [5] 4 mars 1675. — *Jacques-Marie*, b [5] 30 août 1676 ; m [5] 18 août 1699, à Marie TIBIERGE. — *Marie-Madeleine*, b [5] 11 oct. 1678 ; s [5] 15 janv. 1703. — *Jean-Baptiste-Joseph*, b [5] 6 août 1680 , m [5] 7 janv. 1710, à Elizabeth LE NORMAND.

1699, (18 août) Québec.

II. — GÉNAPLE, JACQUES-MARIE, [FRANÇOIS I.
THIBIERGE, Marie, (1) [GABRIEL II.
Jacques-Marie, b... ; s 14 nov. 1699, à St. Jean, Ile d'Orleans [8] — *Jacques*, b 6 et s [8] 11 août 1700.

GENDRAS. — Voy. GENDRON.

I. — GENDRE, (LE) JEANNE, b... ; m 1656, à Claude SAUVAGEOT.

I. — GENDRE, MARIE, b... ; 1° m à Jean-Baptiste BOURGERY, 2° m 1658, à Florent LECLERC.

GENDRON. — *Variations et surnoms :* GENDRAS — JANDRAS — GENDREAU — LAFONTAINE — LA POUSSIERE — LA ROLANDIÈRE.

1656, (19 février) Québec. [6]

I. — GENDRON DIT LAFONTAINE, NICOLAS, b 1634, fils de Pierre et de Marie Renaut, du château d'Oleron ; s 16 janv. 1671, à Ste. Famille. [7]
HUBERT, Marie-Marthe, (1) b 1642, fille de Toussaint et de Catherine Champagne, de St. Pierre, en Champagne.
Jean-François, b [6] 12 déc. 1657. — *Marie*, b 1658 ; s [6] 31 déc. 1721. — *Jean-Baptiste*, b [6] 21 et s [6] 25 nov. 1660. — *Jacques*, b 16 nov. 1662, au Château-Richer. [7] — *Nicolas*, b [7] 23 déc. 1664. — *Jean*, b 16 janv. 1667, à Ste. Famille. [8] — *Marie-Marthe*, b [8] 20 avril 1669, m [8] 18 oct. 1685, à Pierre SILVESTRE. — *Jacques*, b... ; m [8] 28 nov. 1686, à Anne CHARLAN. — *Pierre*, b 1670 ; m [8] 8 nov. 1694, à Marie TIBIERGE.

1663, (24 janvier) Château-Richer. [7]

I. — GENDRON DIT LAPOUSSIÈRE, PIERRE, maçon, de St. David d'Alleron, evêché de Xaintes.
GARNIER, Jeanne, veuve de Louis De la Marre, de St. David, évêché de Xaintes.
Marie, b [7] 4 sept. 1663 ; 1° m 3 fév. 1682, à André CASSAN, à l'Ange-Gardien [8] ; 2° m [8] 1er juillet 1694, à René BERTRAND. — *Anne*, b [7] 20 avril 1665 ; 1° m [8] 20 août 1685, à Jean MERIQ ; 2° m [8] 12 oct. 1702, à Jean-Jacques AUTRAY. — *Jacques*, b [7] 8 fév. 1667. — *Pierre*, b [7] 14 mai 1669 ; m 1690, à Marguerite BARBOT. — *Catherine*, b [8] 15 fév. 1671 ; m [7] 15 nov. 1688, à Jacques DE LUGRÉ. — *Geneviève*, b 24 oct 1673, à Quebec.

1664, (21 juillet) Montréal. [9]

I. — GENDRON DIT LA ROLANDIÈRE, GUILLAUME, b 1630, fils de Julien et de Julienne Janigon, de Blay, évêché de Nantes ; s [8] 24 sept. 1687.
LOISEAU, Anne, b 1636, (3) fille de François et de Barbe Gaulin de St. Sulpice, faubourg St. Germain, de Paris.
Marie, b [8] 10 déc. 1666 ; m 6 avril 1679, à René POUPART, à Boucherville. [5] — *Catherine*, b [8] 11 nov. 1668 ; m [8] 19 août 1686, à Antoine POUDRET.

---

(1) William James, ou Guillaume de Gêne, jeune anglais, né près de Winbron, Dorchestershire, Angleterre, en novembre 1683, fils de Nicolas et de Christine North, venu en janvier 1696, à la Baie Verte, Terre-Neuve, où il fut pris, en janvier 1697, par Claude Robillard, fils d'un habitant de Montréal, dans une expédition de guerre, faite sous la conduite d'Iberville ; fut baptisé, à Montréal, le 6 janvier 1698. Il était alors pensionnaire de M. Léonard Chaigneau, prêtre, maître d'école de cette paroisse.

(2) Elle épouse, le 22 nov. 1711, René Hubert, à Québec.

(1) Elle épouse, le 27 juillet 1709, Pierre Tical, à Québec.

(2) Elle épouse, le 23 nov. 1671, Benoit Ponsard, à Ste. Famille.

(3) Elle épouse, le 2 août 1688, Charles Lemoine, à Montréal.

I. —GENDRON, Pierre-Jean, b 1643.
1° Charpentier, Marie, b 1655.
Antoine, b... : m 16 août 1707, à Marie-Charlotte Lariou, à Batiscan. ³ — René, b... ; m ³ 21 juillet 1710, à Marie Lariou. — Ursule, b... : m 3 fév. 1694, à Charles Vallé, à Ste. Anne de la Pérade. — Jean, b 1674 ; m 20 mars 1696, à Marie-Anne Prinseaux. — Marie, b 1679.

1715, (17 juillet) Ste. Anne de la Pérade.

2° Lefebvre, Marie, veuve de Louis Guilbaut

1686, (28 novembre) Ste. famille. ¹

II. —GENDRON, Jacques, [Nicolas I.
1° Charlan, Marie-Anne, [Claude I.
s avant 1726.
Joseph, b 19 mars 1689, à St. François, I. O. ² ; m ² 4 nov. 1715, à Geneviève Asselin. — François, b... ; m ² 4 mars 1726, à Marie Bilodeau. — Gabriel, b... ; m ² 26 avril 1728, à Elizabeth Bilodeau. — Jacques, b ¹ 9 oct. 1687 ; s ¹ 7 nov. 1688. — Gabriel, b 14 janv. 1699, à St. Jean, I. O ³ — Marie-Agnès, b ³ 27 janv. 1691. — Joseph, b ³ 22 avril 1692. — Anonyme, b ³ 1ᵉʳ nov. 1694. — Pierre, b ³ 3 mars 1701 ; s ³ 14 mars 1702. — Pierre, b ³ 27 janv. et s ³ 19 fev. 1703. — Augustin, b ³ 28 juin 1706. — Claude, b ³ 5 fev. 1693.

1712, (1ᵉʳ août) L'Ange-Gardien. ⁵

2° Trudel, Madeleine, [Nicolas II.
Marie-Madeleine, b... . m ⁵ 26 juillet 1733, à Charles Guestier.

II. —GENDRON, Pierre, [Pierre I.
s 27 mai 1695, à Lorette, ¹ (mort subite.)
Barbot, Marguerite, [François I.
François, b ¹ 1ᵉʳ déc. 1691, — Jean-François, b ¹ 17 juin 1694 ; m 1720, à Catherine-Angelique Cloché, à Charlesbourg.

1694, (8 novembre) Ste. Famille. ⁵

II.—GENDRON, Pierre, Nicolas I.
Tibierge, Marie, [Hypolite I.
Pierre, b ⁵ 18 août 1695 ; s ⁵ 12 sept. 1696. — Pierre, b ⁵ 24 avril 1697. — Joseph, b ⁵ 3 juillet 1699. — Nicolas, b ⁵ 8 juin 1701. — Marie, b ⁵ 15 déc. 1702.

1696, (20 mars) Québec ⁵

II. —GENDRON ou Jandras, Jean, [Jean I.
Prinseaux, Marie-Anne, [Louis I.
Marie-Anne, b ⁵ 5 oct. 1705. — François, b ⁵ 7 sept. 1697, à Ste. Anne de la Pérade ⁵ , s ⁵ 4 nov. 1697. — Jean-Baptiste, b ³ 7 nov. 1698 ; m 25 fév. 1727, à Angélique Letourneau, aux Trois-Rivières.⁴ — Michel, b ³ 23 janv 1700. — Marie-Jeanne, b ⁵ 17 sept. 1701 ; m ³ 5 fév. 1725, à Jean-Baptiste Gervais. — Louise-Angélique, b ³ 27 déc. 1703.— Pierre, b ³ 3 janv. 1708 ; m ⁴ 31 juillet 1731, à Louise Dragon. — Anonyme, b ³ 12 fév. 1710. — Jean-François, b ³ 17 sept. 1712 — Joseph, b ³ 12 mars 1715.

1699, (28 septembre) Champlain.

I.—GENEREUX, Pierre, soldat de Desgrais, de Limoges.
Dessureaux, Françoise, [François I.

Joseph, b 13 et s 22 déc. 1700, aux Trois-Rivières. —François-Ambroise, b 7 déc. 1705, à l'Ile du Pas.⁵ — Antoine, b ⁵ 15 avril 1708. — Marie-Françoise, b 25 et s ⁵ 29 juillet 1710. — Marie-Madeleine, b ⁵ 16 juillet 1711.

GENEST. — Variations et surnoms. Gené — Jenay — Labarre.

I. —GENEST dit Labarre, Jacques, taillandier, b 1636 ; s 9 déc. 1706, à St. Jean, Ile d'Orléans. ³
Doribeau, Catherine, b 1645.
Marie, b 3 nov. 1670, à Ste. Famille. ⁵ — Marie-Anne, b 3 et s ⁵ 20 nov. 1670. — Jacques, b ⁵ 28 janv. 1674 ; m à Françoise Huot. — Charles, b ⁵ 13 avril 1676 ; m ³ 25 nov. 1699, à Marie Mourier. — Marie-Anne, b ⁵ 20 nov. 1677 ; m ³ 3 fév. 1693, à Louis Oumet. — François, b ⁵ 29 déc. 1679. — Gentien, b ⁵ 28 juin 1683. — Anne, b ⁵ 21 avril 1685.

I. —GENÉ, François. (1)
Perrot, Marie.
François-Michel, b 1ᵉʳ sept. 1675, à la Pointe-aux-Trembles de Montréal.

1699, (25 novembre) St. Jean, I. O. ⁵

II. —GENEST dit Labarre, Charles, [Jacques I.
Mourier, Marie, [Pierre I.
Marie, b ⁵ 2 oct. 1700. — Charles, b ⁵ 10 mai 1702. — François, b ⁵ 29 et s ⁵ 30 avril 1704. — Pierre, b ⁵ 2 août 1705. — Marie-Anne, b ⁵ 14 sept. 1707. — Gencien, b ⁵ 23 fev. 1711. — Jacques, b ⁵ 15 avril 1713 ; s ⁵ 14 fév. 1715.

II. —GENEST dit Labarre, Jacques. [Jacques I.
Huot, Marie-Françoise.
Angélique, b 15 avril 1703, à la Rivière-Ouelle. — Denis, b 1703 ; s 11 août 1727, aux Trois-Rivières.

I. —GENOUZEAU, Michel, était à l'Ile d'Orléans, en 1684.

I. —GENSSE, Hilaire, soldat, s 28 janv. 1700, aux Trois-Rivières.

1678, (28 novembre) Montréal.

I. —GENTÈS, (2) Etienne, b 1651, fils de Pierre et de Nicole Misignan, de Rouen, en Normandie ; s...
Messier, Catherine, [Michel I.
Marie, b 1679.

1678, (11 août) Québec. ¹

I. —GENTIL, Denis, b 1641, veuf de Geneviève Bonnet ; s 19 mars 1701, à la Pointe-aux-Trembles de Québec. ⁹
Langlois, Marie, b 1639, veuve de Julien Coutansineau ; s ³ 7 juin 1698.
Marie-Françoise, b ¹ 27 mai 1679 ; m ³ 18 avril 1701, à Jean-Baptiste Carpentier.

(1) Enseigne de M. Contrecœur.
(2) Voy. Jentès.

I. — GENTIL, Antoine, b 1642.
BENARD, Marie, b 1650.

I. — GENTREAU, Daniel-Joseph, b 1588 ; s 30 mai 1668, au Château-Richer.

GEODOIN. — Voy. Jodoin.

GEOFFRION. — Voy. Joffrim.

GEOFFROY. — Jeffray.

I. — GEOFFROY, Nicolas.
PEPIN, Ursule,   [Guillaume I.
Marie-Madeleine, b 22 août 1679, aux Trois-Rivières [1] ; m [1] 4 nov. 1700, à Jean-Baptiste LAMPRON.

GEORGES, Sieur, marchand de LaRochelle, donne passage à Vignau, en 1613, pour Québec.

1691, (30 janvier) Québec

I. — GEORGET, Nicolas, fils de Pierre et de Jacquette Goleau, de Toussaint, évêché de de Renne , s...
GUENAULT, Françoise, (1) fille d'Antoine et de Françoise Pinardis, de St. Prisque, évêché de Tours.

1687, (14 juillet) Québec. [3]

I. — GEORGEOT, Jean, soldat de la compagnie de sieur Le Verrier, fils de Jacques et de Marie Jolly, de N.-D. de Cogne, évêche de LaRochelle.
SEMIOT DIT FREMISSOT, Jeanne, fille de René et de Jeanne Bazin, de N.-D. de Cogne.
Marie-Madeleine, b [3] 4 oct. et s 5 déc. 1688, à Beauport.

GEORGET DIT BRIANT, JEAN.
ARCOUET, Louise,   [Jean I.
François, b 11 sept. 1702, à Contrecœur [3]. — Marguerite, b [3] 21 mai 1704. — Marie-Anne, b [3] 16 sept. 1708.

I. — GERBAUT, Christophe, b 1643.
LEMAISTRE, Marguerite,   [François I.
François, b 11 août 1677, à Montréal [4] — Marguerite, b 1681 ; m [4] 23 nov. 1699, à Jean Guichard. — Marie-Marguerite, b 16 juillet 1681, aux Trois-Rivières [5]. — Marie-Jeanne, b [5] 17 oct. 1684, dite sœur St. Gabriel, de la Congrégation de N.-D. ; s [4] 31 mars 1734 — Claude, b [5] 4 et s [5] 28 août 1687. — Pierre, b [5] 29 août 1688. — Madeleine, b [5] 25 sept. 1690.

1659, (4 août) Québec. [3]

I. — GERBERT dit DE LA FONTAINE, Mathurin, de St. Pierre de Nantes ; b 1631 ; s 19 déc. 1687, à Ste. Famille. [5]
1° TARGÉ, Isabelle, b 1634, de St. Nicolas, de La Rochelle ; s...
Jacques, b 3 déc. 1661, au Château-Richer [6] ; s [6] 30 oct. 1664. — Marie-Madeleine, b [6] 23 fév.

(1) Elle épouse, le 3 août 1699, Jean Bouron, à Québec.

1663 ; m [3] 7 nov. 1686, à Guillaume FABAS ; s [3] 25 déc. 1702. — Jacques, b [6] 1er nov. 1665 ; m 5 mai 1686, à Marie PELLETIER, au Cap St. Ignace. — Jean, b [5] 8 avril 1667 ; s [5] 19 mai 1672. — Pierre, b [5] 20 janv. 1669 ; s [5] 19 fev. 1672. — Marie-Elizabeth, b [5] 13 avril 1670 ; m [5] 25 avril 1689, à Gervais FOUCHER. — Marie, b... ; m [5] 24 avril 1679.
2° LE TELLIER, Jeanne.
Marie, b [5] 19 mars 1672 ; m [5] 28 nov. 1703, à Jean PREMONT ; s [5] 13 déc. 1704. — Jeanne, b [5] 16 dec. 1635 ; m [5] 22 nov. 1701, à Jean LEHOUX.

1686, (5 mai) Cap St. Ignace. [3]

II. — GERBER, Jacques, (1)   [Mathurin I.
s 25 juillet 1699, à la Rivière-Ouelle. [5]
PELLETIER, Marie, (2)   [Jean II.
Marie-Madeleine, b 28 nov. et s [3] 10 déc. 1688. — Marie-Madeleine, b [3] 8 déc. 1689 ; s [3] 4 janv. 1690. — Laurent, b [3] 9 fev. 1691. — Dorothée, b [3] 12 janv. 1693, s [5] 31 juillet 1699. — Joseph, b [3] 1er fev. 1695 ; m à Marguerite BERTIN. — Jacques-Eustache b [3] 1er déc. 1696 ; m 6 nov. 1724, à Marthe JEANNOT, à Repentigny. — Joseph, b [3] 17 mai 1699, m [6] 20 nov. 1718, à Catherine GAGNON. Marie-Anne, b 1687, m [3] 26 avril 1706, à Jean-Baptiste CLOUTIER.

1669, (29 octobre) Québec. [5]

I. — GERMAIN, Robert, b 1639, fils de Julien et de Julienne Bevais, de St. Sauveur, du bourg de Lonlay Labbé, évêche du Mans ; s...
COIGNART, Marie, b 1643, fille de François et de Françoise Petit, de St Sauveur de Rouen ; s...
Marie-Madeleine, b [5] 24 nov. 1670 ; m 31 janv. 1690, à Luc PROFO, à la Pointe-aux-Trembles, Q. [5] s 15 sept. 1757, à Batiscan [9]. — Jean-Baptiste, b [5] 6 août 1673. — Henry, b [5] 1er mai 1675 ; m 26 août 1698, à Geneviève MARCOT, au Cap Santé. — Anne, b [5] 25 déc. 1676 ; m [6] 7 fev. 1695, à Pierre LEMAY. — Antoine, b [5] 27 déc. 1678 ; m [9] 11 fev. 1710, à Elizabeth TROTIER. — Robert, b [5] 8 sept. 1680 — Alexis, (3) b [5] 10 oct. 1682 ; s 20 mai 1712, au Détroit.

1698, (26 août) Cap Santé. [7]

II. — GERMAIN, Henry,   [Robert I.
MARCOT, Geneviève,   [Jacques I.
Antoine, b [7] 5 avril 1706. — Marie-Joselte, b [7] 5 fév. 1708.

1698, (9 septembre) Batiscan. [2]

I. — GERMAIN dit MAGNY, Jean, b 1664, fils de Jean et de Renee Charbonneau, de St André de Niort, au Poitou, s [2] 18 fév. 1724.
BARIBAULT, Catherine,   [François I.
Jean, b [2] 27 juillet 1699 ; m à Thérèse LAPERLE — Catherine, b [2] 20 avril 1702. — Marie-Joselte, b [2] 30 avril 1704 ; m 21 fév. 1735, à Louis HANRY, à Ste. Geneviève. [2] — Marie-Charlotte, b [2] 18 oct et

(1) Dit Gilbert.
(2) Elle épouse, le 26 novembre 1700, Mathieu Guillet, au Cap St. Ignace.
(3) Tué d'un coup de fusil par les Stagamis contre qui les nations du Sud se battaient, dans le fort Pontchartrain.

s ² 18 nov. 1706. — *Marie-Jeanne*, b ² 18 janv.
1711 ; m ³ 14 mai 1736, à Louis-Augustin CHAILLÉ.
— *Marie-Anne*, b ² 19 avril 1714. — *Marie-Thérèse*,
b ² 30 nov. 1716.

1684, (30 avril) Sorel.

I.— GERMANO, JOACHIM, b 1656, fils de Joachim
et de Marie Choufy, de St. Maxime, évêché
de Limoges.
Couc, Elizabeth, [PIERRE I.

I —GERNET, FRANÇOIS.
DUCOUDRAY. Marie
Jean, b 27 mai 1677, à Québec.

1668, (8 octobre) Québec. ¹

I.— GERNY, JACQUES, b 1639, fils de Michel et
d'Anne Bouillet, de St. Nicolas d'Aiguillon,
evêche de Luçon ; s ..
COMPAGNON, Antoinette, b 1647, fille de Léonard
et d'Antoinette Lavalière, de St. Pierre, Len-
chantel, évêche d Orleans.
Marie-Marguerite b ¹ 28 sept. 1672. — *Jacques*,
b ¹ et s ¹ 28 dec. 1674.

1665, (19 octobre) Québec. ⁵

I.— GERVAIS, PIERRE, b 1645, fils de Jean et de
Marie Orape, de St. Romain de Blaye, evêche
de Bordeaux ; s...
BLAIN, Marie-Anne, b 1645, fille d'Etienne et de
Labbe, de St. Germain d'Auxerre ; s...

1669, (10 novembre) Québec. ⁵

I.— GERVAIS, RENÉ, b 1650, fils de Martin et de
Perrette Aucillon, de St. Vincent, evêche de
La Rochelle ; s...
JOUSSELO I, Marie, b 1650, fille de Pierre et
d'Ozanne Drapeau, de St. Pierre, évêche de
La Rochelle ; s...
Marguerite, b ⁵ 3 juillet 1673. — *Etiennette*, b ⁵
25 nov. 1673. — *Jacques*, b 10 fev. 1677, à Lorette ⁴ ,
1º m ⁵ 15 nov. 1700, à Madeleine DASILVA ; 2º
m 17 nov. 1704, à Louise VANDANDAIQUE, à Beau-
port. — *Antoinette*, b ⁵ 25 nov. 1673 ; m 18 fév.
1697, à Pierre FONTENEAU, à Charlesbourg. ¹—
Jacques, b ⁴ 20 janv. 1676 — *Jean*, b ¹ 5 fev. 1683.
—*Pierre*, b 15 janv. 1696, à St. Jean, Ile d'Orleans.

1672, (16 octobre) Ste. Famille. ²

I.— GERVAIS, MARIN, b 1637, fils de Julien et de
Nicolasse Fauvré, de Chausseroye, évêché de
Séez, en Normandie ; s...
MAUVOISIN, Françoise, veuve de Nicolas Gari-
teau ; s...
Marie-Françoise, b ² 27 juin 1673 ; m 1690. à
François DUMAS. — *Catherine*, b ² 25 janv. 1675 ,
s 21 fév. 1683, à St. Jean, Ile-d'Orléans.

1676, (31 août) Montréal.

I.— GERVAIS DIT LE PARISIEN, MATHIEU, b 1646,
fils de Pierre et de Catherine Paillard, de St.
Maur-les-fosses, évêche de Paris.
PICARD, Michelle, [HUGUES I.
b 1661.

Jeanne, b 5 août 1679, à Laprairie ¹ ; m ¹ 24 oct.
1701, à Jean LALONDE. — *Romaine*, b ¹ 5 fév
1681 ; m ¹ 25 oct 1700, à Charles MARSILLE —
Jean-Mathieu, b ¹ 13 fév. 1683 ; m ¹ 30 oct. 1719,
à Marie-Josette ROBIDOU. — *Marguerite*, b ¹ 22
nov. 1684 — *Pierre*, b ¹ 16 dec. 1686 ; m ¹ 30 oct.
1719, à Catherine PLANTE. — *Anne*, b ¹ 21 juin
1692, m 18 nov. 1714, à Jean PILON, à Ste. Anne
de Montréal — *Mathieu* b ¹ 13 mai 1696 — *Marie-
Catherine*, b ¹ 8 mai 1689 : m ¹ 23 fév. 1716, à
Jean POUPART. — *Mathieu*, b ¹ 1er dec. 1699.

1654, (3 février) Montréal. ¹

I.— GERVAISE, (1) JEAN, procureur-fiscal, b 1621,
fils d Urbain et de Jeanne Pebise, de Ste.
Geneviève, évêché d'Angers ; s ¹ 12 mars 1690.
ARCHAMBAULT, Anne, [JACQUES I.
s ¹ 30 juillet 1699.
Marguerite, b ¹ 26 oct. 1654, m ¹ 19 fév. 1669,
à Jean-Baptiste GADOIS ; s ¹ 18 janv. 1690. —
Cunégonde, b ¹ 30 janv. 1657, m ¹ 14 janv.
1676, à Jean-Baptiste LEFEBVRE — *Jeanne*, b ¹ 5
mai 1659 ; m ¹ 17 janv. 1678, à Jean DUPUIS —
Jean, b ¹ 13 avril 1661 . s ¹ 18 dec. 1672. — *Louis*,
b ¹ 24 nov. 1663, m ¹ 25 nov. 1686, à Barbe PI-
GEON. — *Nicolas*, b ¹ 11 mai 1666 ; m 27 juillet
1693, à Madeleine PEYET, à la Pointe-aux-Trembles de Montreal. — *Charles*, b ¹ 18 nov. 1668 :
m ¹ 29 oct 1693, à Marie BOYER. — *Cécile*, b ¹ 17
sept. 1671 ; m ¹ 20 nov. 1684, à François Prud'-
homme — *Urbain*, b ¹ 8 dec. 1673, 1º m ¹ 1er oct.
1696, à Marie CARON ; 2º m ¹ 19 mars 1701, à
Geneviève PERTHUIS.

1686, (25 novembre) Montréal. ⁵

II. — GERVAISE, LOUIS, [JEAN I.
PIGEON, Barbe, [PIERRE I.
Jean, b ⁵ 13 juillet 1691. — *Joseph*, b et s ⁵ 18
oct. 1693. — *Anonyme*, b ⁵ 2 janv. 1695. — *Barbe*,
b ⁵ 3 fév. 1697. — *Jeanne*, b ⁵ 25 fév. 1699, Sœur St.
Exupère, C N. D. ; s ⁵ 23 mai 1764 — *Marie-Anne*,
b ⁵ 17 janv. 1701. — *Marie-Madeleine*, b 30 juillet
et s ⁵ 1er août 1703. — *Louis*, b ⁵ 4 sept. 1704.

1693, (27 juillet) Pte-aux-Trembles, (M.) ⁵

II. — GERVAISE, NICOLAS, [JEAN I.
PEYET, Madeleine, [PIERRE I.
Jean, b 26 mars et s ⁵ 10 avril 1694. — *Nicolas*,
b 26 mars et s ⁵ 10 avril 1694 — *Nicolas*, b 20 et
s ⁵ 22 avril 1695. — *Marie-Madeleine*, b ⁵ 17 août
1696. — *Urbain*, b ⁵ 5 janv. 1699. — *Anne-Charlotte*, b 28 avril 1711, à Varennes.

1693, (29 octobre) Montréal. ⁶

II. — GERVAISE, CHARLES, [JEAN I.
BOYER, Marie, [NICOLAS I.
Michel, b 1716 ; ordonné le 23 sept. 1741 ; s 5
mai 1787, à St. Antoine de Chambly. — *Charles*,
b ⁶ 11 fev. 1695. — *Marie-Anne*, b ⁶ 17 mars 1696.
— *Marguerite*, b ⁶ 25 janv. 1698. — *Nicolas*, b 26
mars 1699. — *Marie-Madeleine*, b ⁶ 3 sept. 1700.
— *Geneviève*, b ⁶ 24 fev. 1702. — *Jean*, b ⁶ 19 fev.
1703. — *Marie-Josette*, b ⁶ 13 sept. 1704. — *Cécile*,
b ⁶ 18 janv. 1706.

(1) Un des ancêtres de Mgr. Plessis et de Sir George-
Etienne Cartier.

18

1696, (1er octobre) Montréal. [6]

II — GERVAISE, Urbain, [JEAN I.
1° Caron, Marie, [CLAUDE I.
s [6] 8 août 1699.
Marie-Anne, b [6] 14 juillet 1697 — *Marie-Madeleine,* b 12 sept. 1698

1701, (19 mars) Montréal. [6]

2° Perthuis, Geneviève, [PIERRE I.
Geneviève, b [6] 30 déc. 1701 — *Angélique,* b [6] 19 avril 1704

1671, (28 sept.) Québec. [7]
I. — GESSERON dit Brulot, Louis, b 1639, fils de Louis et de Marie Guitard, de N.-D. de Cogne, de Larochelle.
Fournier, Agathe, [GUILLAUME I.
Jean-Baptiste, b [7] 7 mars 1674. — *François,* b [7] 5 oct. 1677. — *Joseph,* b... ; m [7] 28 avril 1718, à Marie-Anne Pelisson. — *Joseph,* b 17 avril et s 5 mai 1690, à Lévis [8]. — *Catherine,* b [8] 29 sept. et s [8] 12 oct. 1693. — *Ignace,* b [8] 11 avril 1695. — *Marie,* b [8] 1680 ; m [8] 15 juin 1699, à Charles Carier, s [8] 21 mai 1756 — *Jean-François,* b [8] 8 mars 1700. — *Louise,* b... , m [8] 8 oct. 1707, à Pierre Boissel — *Louis,* b.... — *Angélique,* b... — *Charles,* b [8] 21 janv. 1680. — *Charles,* b... ; m 26 janv. 1712, à Marguerite Nadeau, à St. Etienne de Beaumont.

De GEVRON. — Voy Portail

GIARD. — *Variation :* Guyard

1665, (17 novembre) Montréal. [9]
I — GIARD, Nicolas, b 1633, fils de Louis et de Michelle David, de Melançon, en Poitou.
Prat, Claude, b 1651, fille de Jean et d'Aymée Le Jeune, de St. Jacques, de Troye, en Champagne.
Antoine, b [9] 31 août 1661. — *Elizabeth,* b [9] 20 sept. 1667, m [9] 23 août 1688, à Jacques Danguel. — *Catherine,* b [9] 25 fev. 1670 ; m [9] 20 nov. 1690, à Nicolas Jetté. — *Marie-Anne,* b [9] 13 nov. 1672 ; m [9] 11 avril 1695, à Pierre Guertin — *Gabriel,* b [9] 15 avril 1675 , m [9] 12 janv. 1699, à Catherine Handgrave. — *Jean,* b [9] 26 et s [9] 30 juin 1677. — *Françoise,* b [9] 20 sept. 1678. — *Jeanne,* b [9] 22 janv. et s [9] 28 mai 1681. — *Antoine,* b [9] 28 mars 1682. — *Michelle,* b [9] 10 sept. 1684.

1699, (12 janvier) Montréal. [8]
II. — GIARD, Gabriel, [NICOLAS I.
Handgrave, Catherine, [PIERRE I.
Marie-Catherine, b [8] 14 janv. 1700, m 24 oct. 1718, à Nicolas Bonin, à Contrecœur. [9] — *Louis,* b [8] 28 oct. 1701. — *Angélique,* b [9] 20 et s [9] 22 juin 1703 — *Marie-Charlotte,* b [9] 5 nov. 1704.

1697, (12 novembre) Batiscan. [1]
I. — GIASSON, Jean, b 1668, fils de Denis et de Marie Belliveau, de N.-D de Port Royal.
Le Moyne, Marie-Anne, [JEAN I.
Jean-Baptiste, b [1] 23 août et s [1] 11 sept. 1698. — *Jeanne-Angélique,* b [1] 25 nov. 1699. — *Marie-Anne,* b [1] 9 janv. 1702. — *Anonyme,* b et s [1] 30 sept. 1703.

I — GIBAUT, François, ancien soldat de la garnison du fort de Québec, b 1639 ; s 10 avril 1715, à 76 ans, à Québec.

1662, (26 juillet) Québec. [1]
I — GIBAUD, Jean, drapier, b 1638, fils de Mathurin et de Jeanne L'Archetel, de St. Hilaire, au Poitou ; s...
Binet, Marie-Suzanne, b 1644, fille de Forbé et de Rose Delaunay, de Ste. Marguerite, de La Rochelle ; s [1] 6 juin 1699, dans l'église des Recollets

1667.
I. — GIBAUT dit Poitevin, Gabriel, b 1641, fils de Pierre et de Renée Lorlière, de Notre-Dame de Lusinan, évêché de Poitiers , s 14 oct. 1700, à Montréal. [5]
Durand, Suzanne, b 1653, fille d'Etienne et de Geneviève De la Mar, paroisse de St. Sauveur de Montivillier, évêche de Rouen ; s...
Jean, b 1668, à Sorel [4] : m à Anne Paviot. — *Madeleine,* b [4] 19 mai 1671. — *Suzanne,* b 1673 ; m 10 fev. 1687, à François Audoin, à Contrecœur. — *Jeanne,* b 1673. — *Séraphin,* b [4] 6 juin 1675. — *Angélique,* b 1677 , m [5] 8 août 1698, à Jacques De Lacelle. — *Pierre,* b 14 mai 1680, à Repentigny. [1] — *Gabriel,* b [1] 14 mai 1680 , m 22 juillet 1708, à Elizabeth Messaguier, à Lachine [2] , s [2] 5 mai 1720

II. — GIBAUT, Jean-Baptiste. [GABRIEL I.
Paviot, Anne. [JACQUES 1.
Marie-Anne, b 4 sept. 1693, à Boucherville. [4] m 5 janv. 1728, à François Chevrier, à Lachine. [5] *Gabriel,* b 18 oct. 1694, à Varennes , m [5] 3 mars 1722, à Marguerite Dumets. — *Marie-Madeleine,* b 8 sept. 1696, à Montréal. [2] — *Louise-Marguerite,* b [2] 11 juillet 1698. — *Jean-Baptiste,* b [4] 10 juillet 1700 ; s [4] 24 mai 1701. — *Philibert,* b 1703 , m [5] 23 nov. 1727, à Françoise Lescuyer — *Pierre,* b 27 sept. 1704

I. — GIBOIN, Pierre, était à Ste. Anne du Nord, en 1667

I. — GICHELIN, Catherine, m 1672, à Nicolas Buteau.

I. — GIDE, Jean, soldat de la Compagnie de Basserode, régiment du Languedoc.
Charlan, Archange.

I. — GIFFARD, (1) Robert, médecin, seigneur de Beauport, b 1587, arrivé le 4 juin 1634; s 14 avril 1668, à Québec. [2]
Renouard, Marie, b 1639.
Françoise, b [2] 12 juin 1634 ; m [2] 21 nov. 1645, à Jean Juchereau ; s [2] 11 août 1665. — *Louise,* b [2] 30 mars 1639, m [2] 12 août 1652, à Charles De Lauzon ; s [2] 31 oct. 1656. — *Marie,* b [2] 1er nov. 1639 ; m [2] 22 sept. 1649, à Nicolas Juchereau ; s 23 juin 1714, à Beauport. [3] — *Joseph,* b [2] 28 août

(1) Le 31 décembre 1705, son corps est transporté de l'Hôtel-Dieu à la Cathédrale pour libéra, puis à Beauport, où il est enterré. — *Registres de Québec.*

1645 ; m ² 22 oct. 1663, à Michelle-Thérèse Nau ;
s ³ 1ᵉʳ janv. 1706. — *Marie-Françoise*, (1) b ..,
hospitalière, dite Ste. Françoise-Marie de St.
Ignace, le 10 août 1650 ; s ² 15 mars 1657.

1663, (22 octobre) Québec.

II. — GIFFARD, Joseph, [Robert I.
   Sieur de Fargy, seigneur de Beauport ; s 1ᵉʳ
   janv. 1706, dans l'église de Beauport.
1º Nau, Michelle-Thérèse, [Jacques I.

1700, (4 novembre) Québec.

2º De Peiras, Denise, [Jean I.

I. — GIGNARD, Laurent, b 1636.
   Sorin, Elizabeth, b 1641.
   Marie-Madeleine, b 22 août 1662, au Château-
Richer ⁶ ; 1º m 6 nov. 1681, à Pierre Bonneau, à
Lachine ⁷ ; 2º m ⁷ 15 nov 1687, à Antoine Renault ;
3º m 28 janv. 1704, à Pierre Gatien, à Québec. ⁸
— *Anne*, b ⁶ 2 sept. 1664, m 7 nov. 1684, à François Pelletier, à l'Ange-Gardien. ⁹ — *Suzanne*,
b ¹ᵉʳ mars 1667 ; m 22 avril 1686, à René Dauphin, à Batiscan. — *Marie*, b ⁸ 30 nov. 1659 ; m à
Bertrand Bélanger ; s ⁸ 12 mars 1703. — *François*, b ⁹ 23 déc. 1669 ; m à Anne Duclos. —
Angélique, b ⁹ 23 mai 1675. — *Laurent*, b ⁹ 8 août
1677 ; s ⁸ 18 déc. 1702. — *Marie*, b ⁹ 6 fév. 1679.
1º m ⁹ 30 janv. 1679, à Simon Touchet ; 2º m ⁹ 24
nov. 1704, à Nicolas Rotureau — *Geneviève*, b ⁹
4 sept. 1681 ; m ⁷ 6 nov. 1708, à René Couillard.
Denis, b ⁷ 7 fév. 1683. — *Antoine*, b 25 et s ⁹ 26
juin 1684. — *Marguerite*, b ⁹ 1ᵉʳ mai 1686 ; m ⁷ 23
nov. 1705, à Pierre Ozanne.

II. — GIGNARD dit Gignac, Frs., [Laurent I.
   Duclos, Anne. [François I.
Jean-Baptiste, b 13 mars 1692, à la Pointe-aux-
Trembles de Québec. ⁸ ; s ⁸ 21 juin 1705.

1652, (2 juillet) Québec. ⁵

I — GIGUÈRE, Robert, b 1624, fils de Jean et de
   Michelle Jornel, de Tourouvre, au Perche.
Miville, Aymee, [Pierre I.
   s 10 déc. 1713, à Ste. Anne. ⁶
Charlotte, née ⁵ 23 oct. 1653 ; b ⁵ 5 avril 1654 ;
1º m ⁵ 11 oct. 1669, à Laurent Philippe, sieur La-
Fontaine ; 2º m ⁵ 25 oct. 1693, à Antoine Planiol ;
s ⁵ 5 août 1710. — *Martin*, b ⁵ 2 janv. 1655 ; m 1683,
à Marie-Françoise Pinard. — *Jeanne*, b ⁵ 22 juillet
1657 ; s ⁶ 28 mars 1673. — *Marie*, b ⁵ 12 avril
1659 ; m 10 janv. 1678, à Jean-Baptiste Patissier,
à Sorel. — *Jean* b 1660 ; m 22 janv. 1704, à Louise
Magnain, à Montreal. — *Robert*, b 28 janv. 1663,
au Château-Richer. ⁷ — *Pierre*, b ⁷ 10 août 1665.
— *Anne*, b ⁷ 18 sept. 1668 ; m ⁶ 13 nov. 1689, à
Pierre Poulain. — *Etienne*, b ⁶ 25 mai 1670. —
— *Angélique*, b ⁶ 3 janv. 1672. — *Joseph*, b ⁶ 20
août 1673 ; m ⁵ 11 nov. 1698, à Angelique Mercier. — *Agnès*, b ⁸ 19 mars 1675 ; 1º m ⁶ 7 janv.
1698, à Charles Le Marquis ; 2º m ⁵ 10 oct. 1701,
à Joseph Blondeau. — *Marguerite*, b ⁶ 5 juin
1678 ; m ⁶ 1ᵉʳ avril 1704, à Jean-Baptiste Le Beau.

1683.

II. — GIGUÈRE, (1) Martin, [Robert I.
   Pinard, Marie-Françoise, [Louis I.
Marie-Françoise, b 17 oct. 1684, à Sorel. ⁷ —
Marie-Madeleine, b ⁷ 1ᵉʳ avril 1696.

1698, (11 novembre) Ste. Anne. ⁹

II. — GIGUÈRE, Joseph, [Robert I.
   Mercier, Angélique, [Julien I.
Charles, b ⁹ 15 août 1701. — *Louis*, b ⁹ 16 fev et
s ⁹ 21 avril 1704. — *Angélique*, b ⁹ 2 avril 1705. —
Bon-Chrétien, b ⁹ 14 mars 1707. — *Jean-Baptiste*,
b ⁹ 25 mai et s ⁹ 3 juin 1709. — *Marie-Madeleine*,
b ⁹ 23 juillet 1710. — *Agnès*, b ⁹ 7 oct. 1712. —
Geneviève, b ⁹ 20 août 1715. — *Augustin*, b ⁹ 16
sept. 1718. — *Joseph*, b... ; m ⁹ 9 fév. 1722, à Marguerite Racine.

GILBERT. — Voy. Sanspeur — Lachasse — Guibert — Guillebert.

1683, (1er mars) Pte-aux-Trembles (Q.) ⁶

I. — GILBERT, Etienne, b 1654, fils d'Henry et
   de Renée Maye, d'Aunes, evêché de Poitiers ;
   s 8 oct. 1714, à St. Augustin. ⁷
Thibaut, Marguerite, [Michel I.
   s ⁶ 19 oct. 1702.
Michel, b ⁶ 16 sept. et s ⁶ 6 oct. 1685. — *Marie-
Anne*, b ⁶ 17 nov. 1686 ; m ⁷ 26 avril 1706, à Laurent Harnois. — *Etienne*, b ⁶ 26 déc. 1688. —
Marie-Anne, b ⁶ 26 déc 1688 ; s ⁶ 19 mars 1689.
— *Marie-Madeleine*, b ⁶ 9 mars 1690, s ⁶ 25 fév.
1703. — *Jean-François*, b ⁶ 2 mars 1692 ; m 29
août 1718, à Catherine Bedard, à Charlesbourg.
— *Marie-Thérèse*, b ⁶ 6 juillet 1693 ; m ⁷ 12 fév.
1714, à Pierre Amiot. — *Marie-Angélique*, b ⁶ 24
oct. 1694. — *Pierre-Augustin*, b ⁶ 13 fév. et s ⁶ 18
juin 1695. — *Augustin*, b ⁷ 18 mars 1697 ; m 6 fév.
1719, à Marie-Catherine Liberge, à Québec ⁶. —
Joseph, b ⁷ 18 mars 1697 ; s ⁶ 14 avril 1703. —
Louise, b ⁷ 24 janv. 1700 ; m ⁴ 19 oct. 1723, à
Barthelemi Juneau. — *Marie-Madeleine*, b... ; 1º
m ⁸ 30 mars 1723, à Nicolas Gaudin ; 2º m ⁸ 26 oct.
1750, à Mathurin Morier.

1685, (29 septembre) Trois-Rivières. ¹

I. — GILBERT dit Lachasse, Pierre, b 1652.
   Seguillet, Michelle, veuve de Nicolas Milliet.
Anonyme, b et s 14 fév. 1687, à Sorel. — *François*, b ¹ 11 fév. 1688. — *Marie-Françoise*, b ¹ 24
juillet 1689.

1687, (7 janvier) Champlain. ¹

I. — GILBERT, Louis, b 1653, fils de Vincent et
   de Vincente Delaunay, d'Auch, au Poitou.
Gallien, Marie Therese,
   veuve de Laurent Gouin ; s ² 19 juin 1699.

GILLES, Jeanne, b 1651 ; 1º m 1670, à François
   Fleury ; 2º m 1689, à René Dumas ; 3º m 1ᵉʳ
   sept. 1704, à Pierre Galet, à Montreal.

GILLES, Julien, b 1641 ; s 13 mai 1681, à Montréal.

I. — GILLET, Pierre, b 1656, était à Québec, en 1681.

GINARD. — Voy. Guinard.

1669, (18 novembre) Québec.

I. — GINAT, Pierre, b 1639, fils de Léonard et de Jeanne Leblanc, de St. Romain de la Roche-Beaucourt, évêché d'Angoulême ; s...
De la Haye, Catherine, (1) b 1650, fille de Pierre et de Catherine Poitevin, de St. Victor de Paris.
Pierre, b 9 mars 1673, à Ste. Famille.[1] — *Marie*, b[1] 14 oct. 1674.

GINCHEREAU. — Voy. Jinchereau, en 1673.

GINGRAS.—*Variations :* Gingreau—Gingros.

1675, (5 novembre) Québec.[1]

I. — GINGRAS, Charles, b 1641, fils d'Hylaire et de Françoise St. Lo, de St. Michel le clou, évêché de LaRochelle ; s 8 janv. 1710, à St. Augustin.
Amiot, Françoise,   [Mathieu II.
Mathieu, b[1] 8 nov. 1676 ; m 17 avril 1708, à Madeleine Coutancineau, à la Pointe-aux-Trembles de Québec.[2] — *Jean*, b[1] 26 janv. 1678 ; m[2] 17 fév. 1705, à Madeleine Lefebvre. — *Charles*, b[2] 10 fév. 1680. — *Pierre*, b[2] 15 juin 1682 ; m à Anne-Angélique Hamel. — *Françoise*, b[2] 3 juillet 1684 ; s[2] 30 janv. 1694. — *Joseph*, b[2] 4 juin 1686 ; m 14 nov. 1718, à Marie-Anne Tinon, à St. Augustin.[3] — *Marie-Madeleine*, b[2] 18 juin 1690. — *Michel*, b[2] 25 fév. 1693 ; m[3] 17 nov. 1721, à Marie-Françoise Juneau ; s[3] 14 mars 1722. — *Marie-Françoise*, b[3] 18 déc. 1696 ; m[3] 17 nov. 1721, à Jean-Baptiste Juneau —*Mathieu*, b[3] 21 sept. 1698.

1665, (17 novembre.) (2)

I. — GINGRAS, Sébastien, b 1637, frère du précédent ; s 1687. (3)
Guillebout, Marie,   [Charles I.
Marie-Thérèse, b 6 sept. 1673, à Sillery,[1] religieuse hospitalière dite Ste Félicité ; s 2 fév. 1734, à Québec. — *Joseph*, b[1] 14 mai 1676 ; m 20 fev. 1708, à Thérèse Masse — *Geneviève*, b... ; m[1] 5 nov. 1704, à Pierre Glinel, à Ste Foye.[2] —*Françoise-Agnès*, b[1] 5 déc. 1678 ; 1o m[2] 16 août 1706, à François Jérémie; 2o m[2] 23 juillet 1716, à Dominique Bonneau. — *Sébastien*, b 1679 ; m 8 janv. 1720, à Marie-Louise Ferret, à Québec[3], s[3] 2 mai 1722. — *Jeanne*, b 1680. — *Jacques*, b...; m à Françoise Harnois.

II — GINGRAS, Jacques,   [Sébastien I. s avant 1716.
Harnois, Françoise,   [Isaac I.
Pierre, b... ; m 13 nov. 1716, à Anne Hamel, à Ste. Foye. — *Joseph*, b...

GINIER, — Voy. Gignard, Laurent.

I. — GINON, François, b 1653.

(1) Elle épouse, le 25 juin 1685, Etienne Rageot, à Québec.
(2) Date du contrat de mariage.—*Greffe de Duquet.*
(3) Inventaire, le 27 oct. 1697.—*Greffe de Rageot.*

I.—GINON, Guillaume, b 1655, était à Bellechasse, en 1681.

1688, (3 février) Batiscan.[1]

I. — GIPOULON, Pierre, b 1659, fils de Jean et de Catherine Lantué, de Lorinque, evêché d'Agen ; s...
Antrade, Marie-Anne,   [Jacques I.
Marie-Marguerite, b[1] 12 fév. et s[1] 8 mars 1689. — *Marguerite-Josette*, b[1] 29 juillet 1690 — *Anonyme*, b et s[1] 4 déc. 1692 — *François*, b 28 fev. 1694, à Ste. Anne de la Pérade. — *Joseph*, b 22 mars 1699, aux Grondines.[3]—*Marie-Madeleine*, b[3] 4 oct. 1700.— *Alexis*, b... ; m 18 août 1721, à Catherine Lussier, à Varennes.

I. — GIRARD, Laurent, b 1627, s 28 fév. 1702, à la Pointe-aux-Trembles de Quebec.

I. — GIRARD, Marie, m en 1645, à Isaac Bédard.

I. — GIRARD, Anne, b 1635 ; s 22 août 1710, à Varennes.

GIRARD, Marguerite, b 1643 ; 1o m, à Pierre Forcier; 2o m à René-Abraham Desmarest.

1663, (5 novembre) Québec.

I.—GIRARD, Marc, b 1642, fils de Jean et d'Anne Tavernier, de St. Nicolas du Mans, évêché d'Orleans ; s...
Labbé, Anne, veuve de Guillaume Gilles, de St. Mié, Duiseau, près Blois, évêché de Chartres.
Anne, b et s 17 oct. 1665, au Château-Richer.

I. — GIRARD, Pierre, b 1645.
1o Lavoye, Suzanne, b 1651.
Jeanne, b 9 août 1671, à Québec[7] ; m[1] 9 avril 1700, à Pierre Léveillé, à St. Augustin.[5] — *François*, b[7] 12 avril 1673. — *Marie-Madeleine*, b[7] 6 déc. 1674 ; m 19 nov 1691, à la Pointe-aux-Trembles de Québec.[9] — *Pierre*, b[7] 13 janv. 1677 ; 1o m 4 oct. 1710, à Angélique Huard, à Lévis ; 2o m[5] 24 oct. 1717, à Marie-Angélique Dolbec.— *Jean*, b[7] 28 mars 1679 ; s[8] juillet 1691.— *Jeanne*, b[8] 8 juin 1681.—*Françoise*, b[9] 4 juillet 1683 ; m[5] 15 janv. 1704, à Noel Berthiaume. — *Pierre-Louis*, b[9] 11 juin 1686 ; 1o m à Rosalie Tremblay ; 2o m 10 avril 1714, à Marguerite Tardif, à l'Ange-Gardien.

1688, (26 avril) Pte.-aux-Trembles.[9]

2o Lequint, Isabelle, b 1652, veuve d'Etienne Léveillé ; s[9] 12 fév. 1700.

1660, (27 septembre) Québec.[7]

I. — GIRARD, Joachim, b 1642, fils de Michel et de Françoise Auceaume, d'Evreux ; s...
1o Halay, Marie,   [Jean-Baptiste I.
Marie, b[7] 26 août 1661 ; m[7] 20 avril 1676, à Pierre Hotte.—*Jacques*, b[7] 29 sept 1662 ; m 1692, à Mathurine Poiré —*Antoine*, b[7] 25 fev. 1664 ; m 24 nov. 1687, à Agnès Trotier, à Batiscan.—*Marie-Barbe*, b[7] janv. 1666 ; s[7] 4 nov. 1666.—*Barbe*, b 1667. — *Jacques*, b 8 et s[7] 12 déc. 1669. — *Anne*, b 1670 ; m 24 nov. 1687, à Ignace Lemée, à Charlesbourg.[4]

1676, (1er juin) Québec. [7]

2° CHALUT, Jeanne, (1)   [PIERRE I.
Joachim, b [7] 12 fev. 1678, 1° m [7] 6 fev. 1708, à Marie-Louise LEFEBVRE; 2° m [7] 3 août 1745, à Catherine GUAY; s [7] 19 fev 1759. — *Jeanne*, b [4] 19 dec. 1680, s [7] 23 dec. 1680. — *Joseph*, b [4] 13 dec. 1682; s [4] 24 fev 1687. — *Jacques-Philippe*, b 10 et s [4] 12 juillet 1685. — *Marie-Jeanne*, b [4] 18 nov. 1686; 1° m [7] 28 août 1724, à Pierre MIGENON; 2° m [7] 20 avril 1744, à Andre DESCHEVAUX. — *Jean-Baptiste*, b [4] 2 juillet 1690; m [7] 25 juin 1715, à Madeleine AUMIER. — *Marguerite*, b [4] 14 juillet 1694; 1° m [7] 7 mai 1718, à Thomas LEFEBVRE; 2° m [7] 30 déc. 1728, à François NÈCLE. — *Elizabeth*, b [7] 29 juin 1698. — *Marie-Catherine*, b 14 fev. 1704, à Montreal; m [7] 25 janv. 1727, à Michel LAPORTE; s [7] août 1747.

I. — GIRARD, PIERRE,
b 1635; s 26 juillet 1727, à Varennes. [3]
GRACIOT, Françoise.
b 1660, s 25 mars 1690, à Boucherville. [4]
Anonyme, b et s 6 mars 1682, à Boucherville. [3]
— *Jacques*, b 19 sept. 1683, à la Pointe-aux-Trembles de Montréal; m [3] 19 mars 1710, à Françoise PETIT. — *Marie-Madeleine*, b [1] 6 mars 1686; m [3] 27 nov. 1708, à Augustin HÉBERT. — *Anonyme*, b [1] et s [1] 30 nov. 1688. — *Anonyme*, b [1] et s [1] 25 mars 1690.

I. — GIRARD, JACQUES, marchand du bourg de Marenne, évêché de Xaintes, b 1627, s 26 juin 1677, à Quebec.

I. — GIRARD, JACQUES,
b 1645.
FONTAINE, Marguerite, (2) b 1644.

I. — GIRARD, URBAIN.
VOISIN, Marie.
Urbain, b 1685; s 7 nov. 1691, à Québec. — *Marie-Madeleine*, b 19 déc. 1688, à Repentigny [5], s [5] 5 janv. 1689.

1687, (24 novembre) à Batiscan.

II. — GIRARD, ANTOINE,   [JOACHIM I.
s 18 juillet 1741, à Québec. [3]
TROTIER, Agnès,   [PIERRE I.
s [3] 15 janv 1741.
Guillaume, b [3] 2 nov. 1692; s [3] 27 juillet 1694. — *Jacques*, b [3] 6 janv. 1698; m [3] 7 avril 1718, à Marie-Clotilde BRISSON. (3) — *Marie-Agnès*, b [3] 26 janv. 1706. — *Antoine*, b 16 oct. 1709, au Château-Richer.

1688, (12 avril) Lachine. [1]

I. — GIRARD, LÉON, fils de Jean et de Marie Martin, d'Augrat, évêché de Xaintes.
1° BEAUNE, Clemence,   [JEAN I.
s [1] 15 juillet 1704.

(1) Elle épouse, le 30 mai 1712, Guillaume Valade, à Québec.
(2) Elle épouse, le 22 août 1684, Pierre Ratel, à Repentigny.
(3) Un des ancêtres de l'Honorable Madame Joseph Masson, seigneuresse de Terrebonne, (voir 2 fév. 1767, à Montréal.)

Marie-Angélique, b [1] 25 juillet 1690, 1° m [1] 10 janv. 1717, à Pierre QUESNEL; 2° m [1] 3 juin 1722, à Antoine CUILLERIER. — *Marie-Anne*, b [1] 3 août 1692. — *Marie-Clémence*, b [1] 25 août 1694; m à Pierre VALOIS. — *Marie-Madeleine*, b [1] 6 janv. 1697; m [2] 7 janv. 1721, à Louis BRUNET. — *Jean-Baptiste*, b [1] 12 nov. 1698. — *Marie*, b [1] 28 et s [1] 29 sept. 1700. — *Jean-François*, b [1] 18 déc. 1701; s [1] 27 sept. 1717. — *Marie-Charlotte*, b [1] 12 dec. 1703; m [1] 8 oct. 1726, à Jean CESIRE.

1705, (31 janvier) Lachine.

2° LELAT, Marie,   [PIERRE I.
veuve de Jean Lecomte.

1690, (4 septembre) Boucherville. [2]

I. — GIRARD, PIERRE-JACQUES, b 1650, fils de Rene et de Marie Besnard, de Bure, évêché de Séez.
BOUCHARD-DORVAL, Marguerite,   [CLAUDE I.
Marie-Anne, b 4 et s 20 déc. 1698, à Varennes. [3]
— *Marie-Joselle*, b [2] 12 avril et [2] 1er mai 1692. — *Marguerite*, b [2] 20 mai 1693; m [3] 13 avril 1711, à Joseph HÉBERT. — *Pierre*, b [2] et [2] 23 sept. 1697. — *Pierre*, b [3] 8 juillet 1703. — *Jean-Baptiste*, b [3] 30 août 1704. — *Joseph*, b [3] 27 avril et s [3] 1er mai 1701.

GIRARD, FRANÇOIS.
MÉNARD, Marie,   [JACQUES I.
Marie-Thérèse, b 21 sept. 1692, à Montreal.

I. — GIRARD, JACQUES,   [JOACHIM II.
b 1658; s 30 août 1738, à Beaumont. [3]
POIRÉ, Mathurine,   [LAURENT I.
Charles-François, b 31 juillet 1699; m 18 nov. 1733, à Louise DUQUET, à Lévis. [4] — *Jacques*, b [4] 7 juin 1693; s [4] 28 oct. 1709. — *Jean-Baptiste*, b [4] 2 mai 1695. — *Joseph*, b...; m [4] 3 nov. 1729, à Madeleine MARCHAND — *Marie-Catherine*, b [4] 1er juin 1701; m [3] 26 nov. 1721, à René PATRY; s [4] 4 avril 1753. — *Claude*, b [3] 28 fev. 1704; m [4] 27 nov. 1736, à Suzanne GUAY. — *Louis*, b [3] 20 juillet 1709; m [4] 26 oct. 1750, à Marie-Charlotte JOURDAIN. — *Françoise*, b [3] 24 août 1711. — *Anonyme*, b et s [3] 20 avril 1713. — *Marie-Suzanne*, b [3] 28 nov. 1715; s [3] 11 nov. 1719. — *Michel*, b [3] 24 mars 1718; s [3] 18 déc. 1721. — *Jean-Baptiste*, b...; m [3] 14 mai 1726, à Marie-Anne COUILLARD.

I. — GIRARDEAU, NOEL, noyé avec Jean Nicolet et Jean Ferré, s 29 oct. 1642, à Québec.

I. — GIRARDEAU, PIERRE, soldat.
LOUDIÉ, Marie, (1) veuve de Simon Enard.
Marie-Françoise, b 27 mai et s 27 dec. 1679, à Quebec. — *Marie-Charlotte*, b...; 1° m 1699, à Le PARISIEN; 2° m 7 janv. 1712, à Claude LAPRON, aux Trois-Rivières.

1687, (1er décembre) Montréal.

I. — GIRARDEAU DIT CASAL, PIERRE, fils de Louis et de Suzanne BILLAUD.
ACHIN, Françoise, (2)   [ANDRÉ I.

I. — GIRARDEAU, Marie, m à Jean-René Bruno.

1690, (6 février) Charlesbourg. [1]

I. — GIRARDEAU, David, b 1662 ; fils de David et de Marie Louvionne, de St. Michel de Bordeaux.

Dechambe, Catherine-Romaine, [Jean I.
Romain, b [1] 5 mai 1691. — *Jean-Baptiste,* b 28 et s 29 avril 1693, à Quebec. [2] — *Anonyme,* b et s [2] 29 avril 1693. — *Pierre-Jean,* b [2] 31 juin 1694 ; m à Marie Cadieu. — *Marie-Catherine,* b [2] 7 juillet 1697.

I — GIRARDIN, Jean.

Plantome, Elizabeth.
Jean, b 1639 ; m 18 janv. 1694, à Dorothée Ransin, à Quebec [1] ; s [1] 16 avril 1754.

1671, (12 octobre) Quebec. [7]

I. — GIRARDIN, Léonard, b 1645, fils de Joseph et de Jeanne Boulanger, de St. Pierre, evêche de Poitiers ; s...

Joliver, Charlotte, (1) b 1648, fille de Louis et de Louise Bellemanière, d'Andreusil, de Rouen ; s...
Hilaire, b [7] 22 juillet 1675. — *Léonard,* b 9 mars 1678, à Lachine [9]. — *Catherine,* b [9] 18 fév. 1680 ; m [9] 15 nov. 1699, à Joseph Magdelaine. — *Joseph,* b [9] 1er fev. 1682. — *Michel,* b [9] 30 janv. 1684. — *Anne,* b 1673 ; m [9] 30 juillet 1686, à Robert Ranger. — *Louis,* b [9] 18 mai 1687.

1694, (18 janvier) Quebec. [8]

II. — GIRARDIN, (2) Jean, [Jean I.
s [8] 16 avril 1754.
Ransin, Dorothee, [Charles I.
s [8] 24 déc. 1702.
Marie-Jeanne, b [8] 23 oct. 1694 ; m [8] 21 nov. 1712, à Etienne Bilit. — *Dorothée,* b [8] 10 août 1696 ; 1º m [8] à Andre Moutret ; 2º m [8] 3 fev. 1722, à Claude Vivier ; 3º m [8] 2 fev. 1724, à Joseph Morin , 4º m [8] 30 oct 1741, à Charles-François Tribault ; s [8] 25 juillet 1747. — *Charles,* b [8] 14 et s [8] 19 sept. 1699 — *Louis,* b [8] 10 nov. 1700 , m [8] 11 fev 1727, à Catherine Rouillard — *Marie-Anne,* b [8] 11 août 1702

I. — GIROT, Mathieu, b 1656, était à Montréal, en 1681.

I. — GIRAULT, André, sergent de M Subercasse.

Laval, Marie.
Marie-Joseph, b 26 août 1697, à Montréal.

GIROFLÉE — Voy. Laginoflée—Chouinard.

1654, (29 septembre) Québec. [1]

I. — GIROUX, Toussaint, tisserand, b 1636 ; s 16 fev. 1717, à Beauport. [8]

1º Godard, Marie,
b 1641 ; s [8] 22 nov. 1684.
Charles, b et s [1] 30 avril 1655.— *Raphaël,* b [1] 21 juillet 1656 ; m [8] 26 nov. 1681, à Marie-Made-

leine Vachon ; s [8] 11 fév. 1715. — *Charles,* b [1] 1er sept. 1658 , s [8] 23 déc. 1708. — *Toussaint,* b [1] 2 mai et s [1] 7 juillet 1660. — *Michel,* b [1] 19 juin 1661 ; m [8] 18 août 1683, à Therese Provost ; s [8] 6 août 1715. — *Toussaint,* b [1] 21 oct. et s [1] 10 nov. 1663. — *Jean,* b [1] 26 oct. 1664 ; 1º m [8] 19 fev. 1685, à Marie Dauphin ; 2º m [8] 12 fév. 1686, à Suzanne Bélanger ; 3º m [8] 22 août 1707, à Marie-Charlotte Garnier. — *Marie-Anne,* b [1] 1er janv. 1667 ; m [8] 18 août 1683, à Jean-Baptiste Provost. — *Jean-Baptiste,* b [1] 16 dec. 1668. — *Madeleine,* b [1] 1er janv. 1670 , 1º m [8] 21 janv. 1686, à Pierre Choret , 2º m 1705, à Maurice Reaume, à Charlesbourg. — *Toussaint,* b [1] 2 mars 1672 ; m [8] 15 nov. 1690, à Thérèse Dauphin. — *Monique,* b 1679 ; m [7] 24 oct. 1695, à Noël Vachon.

1686, (29 octobre) Beauport. [8]

2º Leblanc, Therèse, [Léonard I.
veuve de Pierre Lavallée.
Marie-Angélique, b [8] 14 fev. 1688 ; m [8] 21 janv. 1707, à Vincent Rodrigue.

1668, (3 septembre) Québec. [4]

I. — GIROU, Jean, b 1641, fils de Jean et d'Anne Renaut, de St. Jean d'Angely, evêche de Xaintes ; s...

1º Des Chalets, Madeleine, b 1651, fille de François et de Jacques Chevallereau, de N.-D. de Fontenay, evêche de Maillais ; s [4] 16 nov. 1708, à 55 ans.

1709, (2 septembre) Québec.

2º De Chavigny, Charlotte, [François I.
veuve de Rene Breton.

1681, (21 novembre) Beauport. [4]

II. — GIROUX, Raphael, [Toussaint I.
s [4] 11 fev. 1715.
Vachon, Marie-Madeleine, [Paul I.
s [4] 26 sept. 1715.
Marie-Madeleine, b [4] 21 déc. 1682 ; s [4] 11 janv. 1703. — *Marguerite,* b [4] 20 dec. 1684 ; m [4] 27 nov. 1715, à Paul De Rainville. — *Raphael,* b [4] 26 oct. 1686 , m [4] 16 nov. 1716, à Marie Maillou. — *Noel,* b [4] 28 janv. 1689 ; m [4] 22 juin 1711, à Geneviève Cadiau. — *Jean-Baptiste,* b [4] 25 avril 1691 ; m [4] 28 fév. 1718, à Marie-Agnès Garnier. — *Pierre-François,* b [4] 18 mai 1693 ; m [4] fév. 1714, à Angelique Maheu. — *Pierre,* b [4] 14 janv. 1695 ; m 3 fév. 1728, à Marie Trudel, à l'Ange-Gardien. — *Marie-Anne,* b [4] 17 avril 1697 ; m 9 juillet 1731, à Louis Provost, à Quebec. — *Paul,* b [4] 15 oct. 1699.— *Alexis,* b [4] 17 août et s [4] 22 déc. 1702 — *Louis,* b [4] 17 août 1702 — *Marie-Madeleine,* b [4] 15 août 1705. — *Marie-Geneviève,* b [4] 15 sept. 1707.

1688, (18 août) Beauport. [1]

II. — GIROUX, Michel, [Toussaint I.
s [1] 6 août 1715.
Provost, Therèse, [Martin I.
Nicolas, b [1] 18 juillet 1688 ; m 13 janv. 1716, à Marguerite Blondeau, au Château-Richer. — *Thérèse,* b [1] 18 juillet 1688 ; s [1] 30 janv. 1689. — *Anne-Thérèse,* b [1] 30 nov. 1690 ; m [1] 26 janv. 1712, à Jean Duprac. — *Michel,* b [1] 7 fev. 1704 ; s [1] 3

---

(1) Elle épouse, le 18 oct. 1688, Simon Triault, à Lachine.

(2) Appelé Girard, au baptême de tous ses enfans.

janv. 1718. — *Marguerite*, b ¹ 29 janv. 1700 ; m ¹
14 nov. 1718, à François VACHON — *Jean-François*,
b ¹ 20 avril 1695, m ¹ 14 nov. 1718, à Marguerite
BINET. — *Louis*, b ¹ 2 sept. 1684 ; m 11 mai 1705,
à Angélique GARNIER, à L'Ange-Gardien — *Noël*,
b ¹ 23 janv. 1686 ; m ¹ 22 nov. 1707, à Françoise
GALLIEN. — *Marie-Geneviève*, b ¹ 22 janv. 1693 ;
m ¹ 22 nov. 1712, à François TARDIF. — *Pierre*,
b ¹ 2 août 1697. — *François*, b 17 et s ¹ 21 janv.
1702. — *Marie-Madeleine*, b 10 et s ¹ 13 fév. 1703.

1685, (19 février) Batiscan. ³

II. — GIROUX, JEAN, [TOUSSAINT I.
1° DAUPHIN, Marie, [ÉTIENNE I
noyée, s ³ 30 sept. 1685

1686, (12 février) Batiscan ³

2° BELANGER, Suzanne, [NICOLAS I
s ³ 28 fév. 1707.
Jean-Baptiste, b ³ 19 déc 1686 ; s ³ 19 avril
1688. — *Pierre*, b ³ 10 et s ³ 29 mars 1689. —
Marie-Thérèse, b ³ 30 juillet 1690, m ³ 21 oct.
1708, à Nicolas VÉSINAS — *Ursule*, b ³ 9 oct.
1692, m ³ 1ᵉʳ fév. 1712, à Noël MAHEU ; s ³ 1ᵉʳ avril
1717. — *Suzanne*, b ³ 9 oct 1694 ; m ³ 11 fév.
1715, à Pierre MAHEU. — *Marie-Louise*, b ³ 27
janv. 1697 ; m ³ 11 fév. 1715, à Pierre MAHEU. —
Marie-Catherine, b ³ 13 sept. 1698. — *Marie-Josette*,
b ³ 30 janv. 1700. — *Jean-Baptiste-Ange*, b ³ 20
nov. 1701. — *Denis-Joseph*, b 12 et s ³ 14 déc. 1703.
— *Joseph-Marie*, b 23 et s ³ 25 avril 1705. — *Madeleine*,
b ³ 3 juin 1706

1707, (22 août) Batiscan ³

3° GARNIER, Marie-Charlotte, [CHARLES I.
veuve de Charles Maheu.
Michel, b ³ 25 juillet 1708. — *Joseph*, b ³ 19
nov. 1710.

II. — GIROUX, CHARLES, [TOUSSAINT I.
b 1658 ; s 23 déc. 1708, à Batiscan.

1690, (15 novembre) Beauport. ⁴

II. — GIROUX, TOUSSAINT, [TOUSSAINT I'
DAUPHIN, Marie-Thérèse, [ÉTIENNE I'
Étienne, b ⁴ 15 fév. 1693 ; s ⁴ 8 déc. 1706. —
Marie-Thérèse, b ⁴ 27 nov. 1694 ; m ⁴ 8 nov. 1717,
à Pierre MAHEU. — *Marie-Ursule*, b ⁴ 2 mai et s ⁴
30 août 1696. — *Louis*, b ⁴ 14 sept. 1697 ; m 16
oct. 1719, à Geneviève CARREAU, à l'Ange-Gardien. — *Jean-Marie*, b ⁴ 22 oct. 1699. — *Toussaint*,
b ⁴ 23 sept. 1701. — *Monique-Ursule*, b ⁴ 12 mars
1704. — *Marie-Ange*, b ⁴ 11 janv. 1706. — *Noël-Étienne*,
b ⁴ 15 juin et s ⁴ 10 juillet 1707. — *Ignace*,
b ⁴ 22 juillet 1708 ; m 5 fév. 1731, à Marie-Thérèse
SAVARI, à la Pointe-aux-Trembles de Québec. —
Vincent, b ⁴ 27 sept. 1709. — *Geneviève*, b ⁴ 13
déc. 1710. — *Charlotte*, b ⁴ 27 nov. 1712. — *René*,
b ⁴ 11 mars et s ⁴ 18 juillet 1714 — *René*, b ⁴ 23
août et s ⁴ 3 sept. 1715.

1699, (23 février) Québec. ⁵

I. — GIROUX, CHARLES, b 1669, fils de Pierre et
de Marie-Anne Delaunay, de St. Jean, Mortagne,
évêché de Séez, en Normandie ; s ⁵ 21
mars 1714.

BRUNEAU, Marguerite, (1) [RENÉ I.
Marie-Madeleine, b ⁵ 1ᵉʳ sept. 1700 ; m ⁵ 27 juillet
1720, à Joseph QUIRION. — *Jacques*, b ⁵ 10 août
1702 ; s ⁵ 10 janv. 1703. — *Marie-Charlotte*, b ⁵ 25
fév. 1705, 1° m ⁵ 12 nov. 1722, à Jean-Baptiste
DESSALINES, 2° m ⁵ 16 fév 1735, à Jean Baptiste
DUBREUIL ; s ⁵ 21 mars 1737. — *Jean*, b ⁵ 9 déc.
1707. — *Françoise*, b ⁵ 13 déc. 1710 ; s ⁵ 5 oct.
1714 — *Marie-Thérèse*, b ⁵ 10 oct. 1714 ; s ⁵ 8 oct.
1715.

I. — GITTON, MARIE b 1649, 1° m à Pierre CONILLE ;
2° m 26 nov. 1676, à André BERNARD.

GLADUS — Voy. LEDOUX.

1665.

I. — GLADUS, JEAN,
b 1637.
ANGLAISE, Marie,
b 1636
Catherine, b 1666, m à Jean-Baptiste ST.
AMAND. — *Jeanne*, b 1671 ; s 11 janv. 1703, à
Montreal. ⁵ — *Marguerite*, b 1674 ; m 15 mai 1702,
à Jean POMPARDEAU, aux Trois-Rivières. ⁶ — *Marie*,
b 1675. — *Nicolas*, b 1676 ; 1° m ⁶ 5 avril 1701, à
Louise COCHENOUETTE ; 2° m à Marie LAPORTE. —
Laurent, b 1677, s 5 déc. 1680, à Champlain —
Jean, b 1678.

GLAUMONT, — *Variations et Surnoms* LYAUMONT — DE LÉAUMONT — BEAUREGARD.

1676, (26 novembre) Quebec. ⁷

I. — GLAUMONT ou LYAUMONT DIT BEAUREGARD,
PIERRE, b 1647, fils de Samuel et de Marie
Chenu, de St. Jean d'Angely, évêché de
Xaintes, s ⁷ 10 déc. 1713.
1° LEMIRE, Jeanne-Elizabeth, [JEAN I.

1708, (11 juin) Québec. ⁷

2° BOURGEOIS, Jeanne,
veuve d'André Coudret.

1676, (25 août) Québec. ⁷

I — GLINEL, JACQUES, passager de la Petite
Rivière St. Charles, b 1641, fils de Michel et
de Geneviève Dene, de St. Godard, évêché de
Rouen, s ⁷ 30 déc. 1703.
PIVAIN, Marie, (2) [PIERRE I.
Pierre, b ⁷ 18 nov. 1679, 1° m 5 nov. 1704, à
Geneviève GINGRAS, à Ste. Foye ; 2° m 1er sept.
1710, à Thérèse LEFEBVRE, à Charlesbourg. —
Jean-Baptiste, b 18 et s ⁷ 25 janv. 1681. —
Anonyme, b et s 22 fév. 1682, à Charlesbourg ⁹
— *Jacques*, b ⁷ 11 oct 1683, s ⁷ 24 juin 1686.
— *Marie-Anne*, b ⁷ 17 janv. 1687 ; m ⁷ 3 mai
1706, à Claude VIVIER ; s ⁷ 20 mai 1717. — *Jean*,
b ⁹ 28 mai 1689 ; m ⁹ 11 avril 1712, à Françoise
LEBLANC. — *Jean-Baptiste*, b ⁹ 10 avril 1691 ; m 17
fév. 1716 à Catherine OSSANT. — *Louise*, b ⁷ 10

(1) Elle épouse, le 8 nov. 1714, Hilaire Martin, à Québec.
(2) Elle épouse, le 1er septembre 1710, Jean de Louvais, à Québec.

avril 1691 ; 1° m [7] 3 mai 1717, à Michel LABORY ; 2° m [7] 13 avril 1722, à Barthelemi TINON. — *Pierre*, b [7] 28 fev. 1693.' — *Marguerite*, b [7] 20 juillet 1695 ; s [7] 11 avril 1703. — *Françoise*, b [7] 25 avril 1697 ; m [7] 26 mai 1721, à Jean LAMOTTE. — *Marie-Jeanne*, b [7] 7 avril 1699. — *Madeleine-Jeanne*, b [7] 19 juillet 1702 ; s [7] 22 sept. 1702. — *Jacques*, b [7] 9 janv. 1704 ; m [7] 1725, à Geneviève RODRIGUE.

1652, (9 janvier) Québec. [7]

I. — GLORIA, JEAN, b 1639, fils de Pierre et de Périnne Vauhier, de St. Rémi, evêché de Dieppe ; s [7] 15 oct 1665.
BOURDON, Marie, (1) b 1636 ; fille de Louis et de Marguerite Prunier, de St. Andre de Rouen. (2)
Anonyme, b et s [7] 3 janv. 1653. — *Marie*, b [7] 15 10 mars 1654 ; m [1] 3 juin 1669, à Jean TOUPIN — *Anne*, b [7] 17 oct 1655. — *Pierre*, b [7] 9 nov. 1657 — *Marguerite*, b [7] 9 oct. 1659 ; hospitalière, dite du Precieux Sang ; s [7] 7 avril 1697. — *Madeleine*, b [7] 7 juillet 1662, hospitalière dite de l'Assomption ; s [7] 26 juillet 1724.

1694, (19 septembre) Repentigny. [6].

I. — GLORIA DIT DESROCHERS, ANTOINE, b 1664, fils de Pierre et de Catherine Brunel, de Montigny, evêche d'Angoulème ; s [6] 23 oct. 1727
COLIN, Denise, veuve de Roch Touin.
Marie Josette, b [6] 23 avril 1695 ; m [6] 9 janv. 1713, à Jean BAUDOIN.

1695, (31 novembre) Montreal. [7]

I. — GLORIA, FRANÇOIS, b 1666, fils de Jean et d'Anne Bertrand, de Bouet, evêche de LaRochelle ; s...
BESNARD, Marie, (3) [MATHURIN I.
Jean-Baptiste, b [7] 26 fev. et s [7] 17 avril 1697. — *Pierre*, b [7] 13 fev. 1698.

1698, (3 octobre) Québec.

I. — GLORIA, CHARLES, b 1668, fils de Denis et de Marguerite Ausou, de St. Jacques, en Dieppe ; s...
JARET DE VERCHÈRES, Marie-Jeanne, [FRS. I veuve d'Antoine Du Verger d'Aubusson.

1664, (23 juillet) Montréal. [8]

I. — GLORY DIT LABRIÈRE, LAURENT, b 1638, fils de Pierre et de Louise Gautier, de Niort ; s [8] 25 mars 1681.
LA GRANGE, Jacqueline, b 1641 ; veuve de Michel Theodore, b 1640.
Thérèse, b [8] 17 sept. 1665 ; m à Jean MOYNET. — *Laurent*, b [8] 20 fev. 1668 ; m [8] 17 oct. 1689, à Françoise DE VANCHY. — *Marie-Charlotte*, b [8] 27 dec. 1670 ; 1° m 1690, à Jean AUGER, 2° m [8] 5 mars 1704, à Jean PRIEUR. — *Marguerite*, b [8] 29 dec 1673. — *Jacques*, b [8] 29 mai 1676. — *Françoise*, b

(1) Elle épouse, le 3 juin 1669, Toussaint Toupin.
(2) "St. Candre-le-Viel. — *Greffe d'Audouard*, 27 déc. 1651.
(3) Elle épouse, le 18 nov. 1698, Noel Le Go, à Montréal.

---

23 oct. 1678, à la Pointe-aux-Trembles de Montréal [3]. — *Marie-Catherine*, b [3] 26 mai et s [8] 6 juillet 1681. — *Marie-Barbe-Théodore*, b... ; m à François DERMET DIT LALANDE.

1689, (17 oct.) Montréal. [1]

II. — GLORY, LAURENT, [LAURENT I.
VANCHY, (DE) Françoise, [PIERRE I.
s [1] 7 mars 1703.
Françoise, b [1] 11 nov. 1690 ; s [1] 19 mai 1691.

GLOUMELON. — *Variations* : GOURMELON—GORMULON—GROMELIN—GROUMELON.

I. — GLOUMELON, TOUSSAINT, (1) b 1661, de Turon, en Bretagne ; s 16 août 1687, à la Pointe-aux-Trembles de Quebec.

I. — GOBEILLE, JEAN, b 1624, de St. Didier, evêché de Poitiers.
GUIET, Jeanne, b 1634.
Marie, b 1654, en France ; m 1668, à Robert VAILLANCOUR. — *Marie*, b 1655 ; m 1676, à Pierre HUDON. — *Françoise*, b 1656, m à Philippe PASQUIER. — *Jeanne*, b 1663 ; 1° m 1669, à Pierre PHILIPPE ; 2° m 30 juillet 1691, à Louis PRAT, à Quebec — *Catherine*, b 27 mars 1666, au Château-Richer. [4] — *Barthelemi*, b [4] 21 avril 1668 ; m 19 août 1697, à Anne DIONNE, à Ste Famille.[5] — *Marguerite*, b [4] 27 fév. 1670 ; m 25 fev. 1688, à Guillaume MONTMESNIL, à St. Jean, I. O., s 14 mars 1715, à St. Étienne de Beaumont. — *Laurent*, b [5] 5 nov. 1672.

1697, (19 août) Ste. Famille. [4]

II. — GOBEIL, BARTHÉLEMI, [JEAN I.
DIONNE, Anne, [ANTOINE I.
Marie-Catherine, b 29 mai 1698, à St Jean, I. O. [5] — *Geneviève*, b [5] 21 avril 1700, s [5] 31 juillet 1707. — *Marguerite*, b [4] 3 mai 1702. — *Jean-François*, b [5] 23 sept. 1707. — *Joseph-Laurent*, b [5] 5 fev. 1711. — *Pierre*, b [5] 14 oct. 1714. — *Antoine*, b [5] 14 oct. 1714.

1663, (20 octobre) Québec.

I. — GOBELIN, MARC-ANTOINE, (2) établi à l'Ile d'Orleans, b 1641.
DE BOISANDRÉ, Catherine, b 1640 ; s 15 fev. 1685, à St. Laurent, I. O.

I — GOBIN, JEAN, b 1646 ; s 11 juillet 1703, dans l'église de Québec.
BECASSEAU, Gabrielle, b 1649, s 11 juillet 1793, à Québec.

I. — GOBINET, ELIZABETH, m 1658, à Paul BENOIT—LIVERNOIS.

I. — GODAMBERT, PIERRE.
THOMAS, Anne.
Jeanne, b 18 juillet et s 25 août 1692, à Montréal.

(1) Soldat de M. Verrier.
(2) Marié sous le nom d'Anthoine.—Voy. ANTHOINE. p. 10.

I.—GODARD, Jeanne, b 1638, à Charly, en France, fille de Robert et d'Antoinette Grandpierre, de Charly, evêche de Soissons ; 1° m 23 sept. 1658, à Simon le Roy, à Montreal[5], 2° m [5] 20 nov. 1662, à Pierre Pigeon ; s...

1687, (6 octobre) Ste. Anne.

I.—GODARD, Etienne, b 1656, fils de François et de Louise Leluche, de N.-D. de Senlis, evêche de Senlis; s...
De la Voye, Marie-Madeleine,   [René I
François, b... ; m à Gabrielle Viard.— *Marie-Madeleine*, b 24 juillet 1690, au Château-Richer; [1] s [1] 18 janv. 1704.— *Etienne*, b [1] 30 sept. 1692; s[1] 10 juillet 1703, noye.— *Charlotte,* b [1] 4 mars 1695.— *Antoine*, b [1] 7 mars 1698, m [1] 26 oct. 1722, à Geneviève Maillot.— *Noel*, b [1] 22 août 1700. — *François*, b[1] 19 sept. et s [1] 17 dec. 1702 — *Pierre*, b [1] 19 sept. 1702.— *Marie-Anne*, b [1] 5 fev. 1705.— *Jean-Baptiste*, b...; m 1er fev. 1734, à Marguerite Renaud, à St. François, I. J.

1662, (9 janvier) Quebec. [1]

I.—GODBOUT, Nicolas, pilote, b 1634, fils de Michel et de Colette Caron, de Berneval-le-Grand, près de Dieppe ; s...
Bourgoin, Marie-Marthe, (1) b 1638, fille de Jean et de Marie Lefebvre (bourgeois) à l'Ile de N.-D. de St Louis, evêche de Paris; s... *Marie-Madeleine*, b [1] 9 juin 1663 ; s [1] 21 juin 1668. — *Marie-Jeanne*, b[1] 12 août 1665 ; m 2 mars 1683, à Jean Baillargeon, à St Laurent, I.O. [2]— *Nicolas*, b[1] 14 oct 1667 , m [1] 16 oct. 1685, à Marguerite Lemelin.— *Antoine*, b [1] 17 nov. 1669.— *Joseph*, b 13 juillet 1672, à Ste. Famille, I.O ; m à Marie-Madeleine Durval.

I.—GODBOUT, Gilles, frère du précédent.
Pinaud, Anne.
Jacques, b 26 janv. 1685, à la Rivière-Ouelle.

1685, (16 octobre) St. Laurent, (I O.) [3]

II.— GODBOUT, Nicolas,   [Nicolas I.
Lemelin, Marguerite-Angelique,   [Jean I.
Nicolas, b [3] 27 sept. 1688.— *Françoise*, b .. m 1710, à Joseph Gosselin.— *Marie-Madeleine*, b...; m 2 fev 1722, à Simon Turcot, à Quebec. [4] — *François*, b...; m[4] 4 nov. 1733, à Marie-Louise Joly.— *André*, b 1724, m [4] 22 sept. 1743, à Madeleine Choret, s [4] 8 sept. 1751.— *Louis*, b...; m[4] 11 fev. 1760, à Agathe Laisne.

I.—GODEAU, Etienne, fourreur.
Simon, Marie-Françoise, (2)   [Hubert I
Marie, b et s 12 oct 1695, à Québec [3]— *Marie,* b [3] 1er déc. 1697; m 18 dec. 1712, à Jean Valade, à Montréal.

I.—GODEMARD, (appelé Godemborg, au registre de Ste. Foye, 4 mars 1700).
Pierre, b 1697; s 17 sept. 1720, à Québec.

(1) Elle épouse, le 11 juillet 1675, Antoine Marcereau, à Ste. Famille.

(2) Elle épouse, le 8 mai 1702, Charles Diel, à Montréal.

I.—GODÉ, Nicolas, maître-menuisier, b 1583, de St Martin d'Ige, evêche de Séez, au Perche ; s 25 oct. 1657, à Montréal, [6] tué par les Iroquois.
Gadois, Françoise, (1) b 1586; s 24 dec. 1689, à la Pointe-aux-Trembles de Montréal.
Françoise, b 1635; m [6] 18 nov. 1647, à Jean Desroches.— *François*, b...; m [6] 11 janv. 1649, à Françoise Bugon.— *Nicolas*, b 1636; m [6] 12 nov. 1658, à Marguerite Picard ; s [6] 13 avril 1697. —*Mathurine*, b 1637; 1° m [6] 25 sept. 1651, à Jean Pair ; 2° m [6] 12 nov. 1658, à Jacques Lemoyne; s [6] 12 nov. 1672.

1649, (11 janvier) Montréal.

II.— GODÉ, François, menuisier,   [Nicolas I.
Bugon, Françoise, (2) b 1626, de St. Pierre, evêche de Clermont, en Auvergne.

1658, (12 novembre) Montréal. [6]

II.— GODÉ, Nicolas, maître-menuisier ; s [6] 13 avril 1697, (dans l'eglise).
Picard, Marguerite, (3) b 1646, fille de Jean (maître-peintre) et de Marie Helin, de Paris. *Nicolas*, b [6] 30 oct 1659.— *Marguerite*, b [6] 10 avril 1662; m [6] 24 nov. 1681, à Jacques Hubert ; s [6] 7 juillet 1697.— *Etienne*, b [6] 10 janv. 1665.— *Marie*, b [6] 1er juillet 1668 ; m [6] 30 juillet 1685, à Charles DeCouagne — *Françoise*, b [6] 16 avril 1671.— *Jacques*, b [6] 13 oct. 1673, m 4 nov. 1698, à Marguerite Du Guay, aux Trois-Rivières.— *Ignace*, b [6] 28 août 1681 ; s [6] 9 juin 1682.

1698, (4 nov.) Trois-Rivières.

III.—GAUDÉ, Jacques,   [Nicolas II.
Duguay, Marguerite,   [Jacques I.
Jacques, b 22 août 1699, à Montréal [6], m 15 août 1743, à Marie-Louise St Martin, au Détroit. — *Dominique*, b [5] 19 janv. 1701.— *Marie-Marguerite*, b [5] 25 nov. 1702.

GODFROY, — *Surnoms :* de Linctot — de Normanville — de Vieux-Pont — de Tonnerre — de Roquetaillade — de St Paul — de Tonnancour — de Maubœuf — de Labady.

1636, (15 décembre) Québec. [3] (4)

I.— GODFROY de Linctot, Jean-Baptiste, noble homme, b 1608, fils de Pierre et de Perette Cavelier, de Linctot, pays de Caux, en Normandie ; s avant 1681.
LeNeuf, Marie, b 1612, fille de Mathieu (sieur du Hérisson) et de Jeanne LeMarchand, de Caen, en Normandie ; s 27 oct. 1688, aux Trois-Rivières. [4]
Michel, b [4] 21 oct. 1637 ; m 2 sept. 1664, à Perinne Picoté, à Montréal ; s [4] 18 mai 1709. — *Louis*, b [4] 20 mars 1639 ; m mars 1663, à Marguerite Seigneuret.— *Jacques*, b [4] 6 mars 1641.

(1) Sœur de Pierre I.

(2) Elle épouse, le 26 sept. 1667, François Bois, à Montréal.

(3) Elle épouse, le 20 oct. 1681, Jean Paré, à Montréal.

(4) Date du contrat de mariage.

—Anonyme, b et s [4] 25 avril 1643. — *Jeanne,* b [4]
11 avril 1644 ; religieuse-ursuline, dite St F. X.,
1669 ; s [3] 28 juin 1713 — *Joseph,* b [4] 20 juillet
1645 ; m [4] 21 oct. 1675, à Catherine POULAIN.—
Amator, (1) b [4] 18 juillet 1649 ; 1° m [4] 12 nov.
1675, à Marguerite JUTRAT ; 2° m [4] 22 juillet
1682, à Françoise LePELÉ ; s [4] 10 sept. 1730.—
Pierre, b [4] 20 janv. 1651. — *Marie-Renée,* b [4] 19
oct. 1652 ; m [3] 16 mai 1677, à Pierre BOULANGER,
(LE) ; s [4] 1er mai 1736. — *Pierre,* b [4] 30 sept.
1655. — *Jean-Baptiste,* b [4] 1er avril 1658.

I. — GODFROY DE NORMANVILLE, THOMAS, frère
 du précédent ; s (2) 1652, tué par les Iroquois.

1646, (3 octobre) Québec. [3]

I. — GODFROY, JEAN-PAUL, messire, fils de Robert
 et de Marie Marteau, de St. Nicolas des
 Champs, de Paris.
 LE GARDEUR, Marie-Madeleine, [PIERRE I.
 Barbe, b [3] 4 sept. 1648. — *Charlotte,* b [3] 28 mai
1650 ; religieuse-ursuline, dite Charles Godfroy,
du St. Sacrement, s [3] 13 janv. 1720.

1663, (3) 2 mars.

II. — GODFROY, LOUIS, (4) [JEAN I.
 SEIGNEURET, Marguerite, (5) [ETIENNE I.
 b 1650
René, b 12 mai 1669, aux Trois-Rivières . m
1693, à Marguerite AMEAU.

1664, (2 septembre) Montréal

II. — GODFROY, (6) MICHEL, [JEAN I.
 capitaine réformé , s 18 mai 1709, aux Trois-
 Rivières. [6]
 PICOTÉ, Perinne, (7) [PIERRE-FRANÇOIS I.
 b 1643 ; s [6] 19 déc. 1723.
Marie-Françoise-Ursule, b [6] 29 déc. 1665 ; 1°
m à Pierre BRETIGNY ; 2° m [6] 19 juin 1700, à Augustin DE GALIMARD. — *Marguerite-Thérèse,* b [6]
29 sept. 1667 ; m [6] 26 nov. 1691, à Jacques HER-
TEL ; s [6] 22 juillet 1739. — *Jean-Paul,* b [6] 23 avril
1670 ; s [6] 27 mai 1673 ; noyé dans la rivière St.
Michel. — *Arnoult,* b [6] 29 nov. 1671, s [6] 26 déc.
1703. — *René,* b [6] 17 mai 1675 ; m à Madeleine
LEMOYNE. — *Charlotte,* b [6] 9 mars 1677 ; m [6] 17
janv. 1695, à Zacharie HERTEL — *Agnès,* b [6] 23
mai 1679 ; m [6] 3 mai 1700, à Michel FORTIER, b [6]
21 octobre 1714, dans l'église de la rivière du
Loup. — *Michelle,* b [6] 23 mai 1679 ; s [6] 12 avril
1710. — *Joseph,* b [6] 13 avril 1681 ; s [6] 29 sept.
1682 — *Marie-Josette,* b [6] 25 août 1682, m [6] 24
nov 1710 à Jean-Baptiste JUTRAS — *Claire,* b [6]
2 sept. 1683 ; m [6] 26 nov. 1706, à Benjamin DER-
VILLIERS. — *Jeanne,* b 17 juin 1687, au Cap de la
Madeleine, et s [6] 13 sept. 1687

---

(1) Filleul de Charles Amator de la Tour, de l'Acadie.
(2) Au greffe d'Ameau, notaire royal, on trouve l'inventaire
de ses biens, le 24 août 1652.
(3) Date du contrat de mariage, Greffe d'Ameau.
(4) Sieur de Normanville, Procureur du Roy.
(5) Elle épouse, le 28 mai 1693, Jean Boudor, à Québec.
Elle épouse Gilles Ste. Marguerite de Boyvinet.
(6) De Linetot, seigneur de Dutort.
(7) De Bellestre.

1675, (12 nov.) Trois-Rivières.

II. — GODFROY, (1) JEAN AMADOR, [JEAN I.
 s 10 sept. 1730, aux Trois-Rivières. [4]
 1° JUTRAT, Marguerite, [CLAUDE I.
Jean-Baptiste, b [4] 21 sept. 1676 ; m [4] 30 sept.
1726 à Madeleine LEMAITRE. — *Barbe,* b [4] 30 sept.
1677, m [4] 20 juin 1700, à Antoine LE PELÉ.

 1682, (22 juillet) Trois-Rivières.

 2° LE PELÉ, Françoise, [PIERRE I.
 veuve de Charles Vauvril ; s [4] 22 nov. 1727.
Françoise-Michelle, b [4] 26 août 1683 ; m [4] 10
nov. 1729, à Jean BOUCHER. — *Marie-Josette,* b [4]
16 mars 1686. — *Marie-Madeleine,* b [4] 9 août
1688. — *Jean-Paul,* b [4] 24 sept. 1691 ; s [4] 8 nov.
1710 — *Anonyme,* b [4] 22 janv. 1694. — *Jean-Baptiste,* b... : m [4] 30 sept. 1726, à Madeleine LEMAI-
TRE.

1675, (21 oct.) Trois-Rivières. [6]

II. — GODFROY, (2) JOSEPH, [JEAN I.
 s avant 1716.
 POULAIN, Catherine, [Maurice II.
Marguerite, b [6] 3 déc. 1676 ; m 6 juin 1701, à
Jean-François VOLANT, à Montréal [5] ; s [6] 12 juillet
1714. — *Louis,* b [6] 13 sept. 1678 , m [6] 18 nov. 1720,
à Marguerite LEMAITRE. — *Catherine-Michelle,* b [6]
24 nov. 1680 ; m [6] 22 nov. 1696, à Jean LEMAITRE.
— *Pierre,* b [6] 20 août 1683 ; m 5 août 1724, à
Catherine VIEN, au Détroit [9] ; s [9] 22 mai 1744. —
Jacques, b [6] 27 juin 1684 ; m [6] 6 janv. 1719, à
Louise-Françoise VERON ; s [6] 12 nov. 1724. —
Jean-Baptiste, b [6] 14 juillet 1686 ; s [6] 18 janv.
1688.—*Jean-Baptiste,* b [6] 1er fév. 1689 ; m [6] 3 nov.
1716, à Jeanne VERON. — *Charlotte,* b [6] 18 sept.
1691 ; m [6] 18 mai 1717, à Michel Fafard. — *Jeanne,*
b [6] 27 juin 1696 ; s [6] 17 août 1711.

1683, (30 juin) Trois-Rivières. [1]

I. — GODFROY, JACQUES, b 1653, fils de Jean et
 de Colette Danlerville, de St. Martin de Can-
 telan, évêché de Rouen.
 BRUNET, Jeanne, [PIERRE I.
Jacques, b [1] 17 juillet 1684 ; m 1716, à Marie-
Anne CHESNE ; s 20 nov. 1730, au Détroit. — *Gabriel,* b [1] 17 juin et s [1] 1er déc. 1688. — *Joseph,* b
28 juin 1686, à Sorel. — *Catherine,* b [1] 16 déc.
1689.— *Michel,* b [1] 3 juillet 1692. — *Marie-Catherine,* b [1] 15 oct. 1694.

1693.

III. — GODFROY, RENÉ, (3) [LOUIS II.
 Procureur du Roy , s 21 sept. 1738, aux
 Trois-Rivières. [3] (4)
 AMEAU, Marguerite, [SEVERIN I.
Marguerite-Renée, b [3] 31 mai 1694. — *Madeleine-
Suzanne,* b [3] 3 juin 1696. — *Antoine-Charles,* b [3]
13 mai 1698, ordonné le 18 déc. 1723 ; s 30
sept. 1757, à Québec. — *Marie-Geneviève,* b [3] 10

---

(1) De St. Paul, 1676.
(2) De Vieux-Pont—dit Ziseuse, Lieutenant.
(3) Sieur de Tonnancour, en 1691. Conseiller du Roy et
Lieutenant-Général, en 1717.
(4) Son acte mortuaire est très-édifiant.

oct. 1700 — *François*, b ³ 25 août 1702; s ³ 6 sept. 1703.— *François-Antoine*, b ³ 28 dec. 1704; s ³ 15 déc. 1708 — *Louise*, b ³ 8 mars 1706; m ³ 6 déc 1728, à Jean-Baptiste RAMEZAY (DE) — *Anne-Ursule*, b ³ 21 avril et s ³ 10 mai 1708.— *Louis-Joseph*, b ³ 27 mars 1712; 1º m ³ 11 fev. 1740, à Marie SEAMEN; 2º m à Marie DANDALOUSIE.— *Joachim-Jacques*, Sieur de Labache, b ³ 8 oct. 1714; s...— *Ursule*, b...; m ³ 22 janv. 1732, à Louis CHARLY.

GODIN. — Voy. GAUDIN.

GODON, ELIE. — Voy. JEAN dit GOLON

I.—GODEQUIN, JEANNE, b 1649, m en 1669, à Vincent CROTEAU.

1698, (2 septembre) Varennes. ⁹

I.— GODU, YVES-PIERRE, b 1667, fils de Pierre et de Jeanne Persy, de N.-D. La Grande, evêche de Poitiers.
1º CHOQUET, Jeanne, [NICOLAS I.
René, b ⁹ 15 sept. 1699. — *Marguerite*, b 10 et s ⁹ 15 janv. 1702.— *Marie-Anne*, b ⁹ 4 fev. 1704; m ⁹ 10 nov. 1721, à Gabriel FONTAINE.

1719, (17 avril) Varennes

2º TOUSIGNAN, Marie-Marguerite, veuve de Pierre François.

I.— GOESLARD, PIERRE, b 1641, était à Boucherville, en 1681.

GOGUET, — *Variations et surnoms*, GOYER — LAVIOLETTE — BELLISLE.

I.— GOGUET (et GOYER) dit LAVIOLETTE, MATHURIN, b 1612; s 10 fév. 1684, à Montréal ⁵
1º FOURNIER, Marguerite.

1669 (14 janvier) Montréal. ⁵

2º LEFEBVRE DE LA CROIX, Barbe, fille de Jacques et de Barbe Thieulin, de St. Vincent, evêche de Rouen.
Gabriel, b et s ⁵ 2 déc. 1669 — *Jacques*, b ⁵ 29 mars 1674; m ⁵ 29 juin 1699, à Hélene COURAULT. — *Catherine*, b...; m ⁵ 6 oct. 1685, à François MARTIN.

1659.

I.— GOGUET, PIERRE, b 1629; s 13 avril 1684, à Montréal. ¹
GARNIER, Louise, b 1631, [CHARLES I.
Marie-Anne, b...; 1º m ¹ 23 nov. 1671, à Jean GROVE; 2º m 26 oct. 1693, à Jean JOARY, à la Pᵗᵉ-aux-Trembles de Montréal. ⁴— *Jeanne*, b ¹ 28 nov. 1660; 1º m ¹ 15 oct. 1674, à Noël SOMMEREUX, 2º m ⁴ 22 nov. 1677, à Pierre JOUSSET.— *Pierre*, b ¹ 16 mai 1664; m 18 avril 1686, à Anne CHARRON, à Boucherville.— *Catherine*, b ¹ 1er avril 1666; m à Jacques DESNOYERS — *Suzanne*, b ¹ 20 et s ¹ 25 août 1667.— *Jean*, b ¹ 30 sept. 1668; m ⁴ 15 oct. 1692, à Marie BOURGEOIS.— *Jacques*, b ¹ 29 août 1672; m ¹ 18 nov. 1697, à Jeanne JOUSSET.

1686, (18 avril) Boucherville.

II. — GOGUET, PIERRE, [PIERRE I.
CHARRON, Anne, [PIERRE I
Jacques, b 22 janv. 1690, à Montréal. ⁶ — *Jean*, b ⁷ dec. 1691.— *Catherine*, b ⁶ 17 nov. 1693; s ⁶ 8 sept. 1694 — *Pierre*, b ⁶ 24 mars 1695.— *Marie-Françoise*, b ⁶ 6 fev. 1697.— *Marc-Antoine*, b ⁶ 12 dec. 1698.— *Anne-Antoinette*, b ⁶ 26 janv. 1701.— *Marie-Gabrielle*, b ⁶ 11 dec. 1702.

1692, (15 oct.) Pᵗᵉ-aux-Trembles, (M) ¹

II.— GOGUET, JEAN, [PIERRE I.
BOURGEOIS, Marie, [NICOLAS I.
Agnès, b ¹ 23 fev. 1695.— *Jean-Baptiste*, b 18 janv. 1697, à Montréal.— *Marie-Jeanne*, b ¹ 17 dec. 1698 — *Daniel-Joseph*, b 16 dec. 1700, à Repentigny.

1697, (18 novembre) Montréal.

II — GOGUET, JACQUES, [PIERRE I.
JOUSSET, Jeanne, [MATHIEU I.
Charles, b 11 sept. 1698, à la Pointe-aux-Trembles de Montréal.

1699, (29 juin) Montréal. ¹

II.— GOGUET, (1) JACQUES, [MATHURIN I.
COURAULT, Helene, [CYBAR I.
Elizabeth, b ¹ 6 sept 1700.— *Jacques*, b ¹ 6 fev. et s ¹ 19 mai 1703.— *Ignace*, b ¹ 2 nov. 1704.

I.— GOISET, ANNE, b 1634, fille de Michel et de————, de St. Laurent, de Paris; m 21 oct. 1669, à André ALBERT, à Quebec.

1664.

I.— GOMIN, ANET, chirurgien, s 11 fev. 1665, à Quebec. (2)

I.— GOMAIN, JEAN, b 1643.
MAQUIN, Anne, b 1649.

I.—GONGEAUTÉ, MARIE, b 1640; 1º m à Jacques LECHARDON; 2º m 1674, à Vincent BEAUMONT.

GONNEVILLE.—Voy. DESJARDINS.

1676, (26 janvier) Québec ⁷

I.— GONTIER, BERNARD, b 1643, fils de Jean et de Marie Lay, de St. Severin de Paris; s 13 janv. 1716, à St. Etienne de Beaumont. ⁹
PASQUIER, Marguerite, [MÉRY I.
veuve de François Biville dit le Picard, evêche de Poitiers.
Bernard, b..; m à Marie FORGUE; s...— *Louis*, b⁷ 27 fev. 1679.— *Marguerite*, b 1685; m ⁷ 2 mai

---

(1) Et Goyer dit Bellisle.

(2) Fort affectionné au service des pauvres, il désira être inhumé dans le cimetière des pauvres de l'Hôtel-Dieu de Québec, et fit un legs de 300 livres à l'Hôpital.— *Histoire de l'Hôtel-Dieu de Québec*, p 159.— Le 25 mars 1664, M. Gomin concéde de terre, sur la grande allée, route qui va de Québec au Cap-Rouge.—*Greffe de Gloria*.— Delà le nom *Bois de Gomin*, sur la route du Carouge, travesti en celui de *Bois de Gamins*.

1701, à Antoine Hébert ; s 26 fév. 1711, à Charlesbourg. — *Hélène,* b 1688 ; m [7] 7 mars 1707, à Thomas Lefebvre : s [7] 24 juillet 1717. — *Bernard,* b [7] 1er oct 1676 , s [7] 8 sept. 1678. — *Jean-Baptiste* b 26 déc. 1680, à l'Ilet , m [9] 18 juin 1708, à Geneviève Le Roy. — *Denis,* b 24 oct. 1682, à Levis ; m [9] 26 nov. 1714, à Angelique Nadeau.

1698, (4 novembre) St. Etienne de Beaumont. [9]

   2° Forgues, Marie-Françoise, [Pierre-Jean] *François-René,* b [9] 26 mars 1702. — *Bernard,* b [9] 3 nov. 1703.

GORMULON. — Voy. Grovelin.

GORON, — Voy. Gauron.

I. — GORRIBON, (De (1)

1639, (12 septembre) Québec (2)

I. — GORY, Jean, b 1611, fils d Hervé et de Cateline Bourgois, du Pont-Daird, en Basse-Bretagne , s...
Panie, Isabeau, fille de Jacques et de Marie Pousset, de St. Maclou, évêche de Rouen ; s...

I. — GOSSARD, Noelle,
m 1671, à Jacques Bussière.

I. — GOSSE, Nicolas,
b 1626, etait à Québec, en 1681
Nicolas, b 1660.

I. — GOSSELIN, Philippe,
s 31 janv. 1649, à Québec.
Després Vinclate.

I. — GOSSELIN, Marguerite, b 1628 ; fille de Vincent et de Marie Bondemer, de St. Martin, evêché de Vieux Bellesme, au Perche ; m 13 sept. 1654, à Jean Crête, à Québec ; s 15 janv. 1703, à Beauport.

1653, (18 août) Quebec. [7] (3)

I. — GOSSELIN, Gabriel, b 1621, fils de Nicolas et de Marguerite Dubriot, de Cambray, evêché de Seez, en Normandie ; s [7] 7 juillet 1697.
   1° Lelievre, Françoise, fille de Christophe et de Georgette Clement, de la ville de Nancy, en Lorraine.
Ignace, b 1654 ; m 23 nov. 1685, à Marie-Anne Ratté, à St. Pierre, I. O. — *Guillaume,* b [7] 7 oct 1657. — *Michel,* b [7] 17 juillet 1659 , m 12 nov. 1684, à Marie Minville. — *François,* b [7] 14 fev 1661 — *Gabriel,* b [7] 21 mai 1662 — *François,* b [7] 21 mai 1664 ; m 1698, à Marie-Charlotte Coté — *Geneviève,* b [7] 25 sept 1667 ; religieuse hospitaliere, dite Ste. Madeleine ; s [7] 7 janv. 1739. — *Françoise,* b [7] 13 août 1670 , s [7] 2 août 1674. — *Jean,* b [7] 7 fev. 1666, au Château-Richer ; 1° m à Jeanne Tardif ; 2° m [7] 19 juin 1674, à Marie Cadieu.

1677, (4 octobre) Ste. Famille. [4]

   2° Guillot, Louise, (1) b 1656, veuve de Mathurin Reneau
Pierre, b [4] 8 déc. 1678 ; m 1er sept. 1701, à Marie-Madeleine Garinet, à Rimouski. — *Louis,* b 8 sept 1680, à St Pierre, I. O. — *Joseph,* b... ; m 1711, à Françoise Godbout. — *Louis,* b 1680 : 1° m 23 nov. 1748, à Jeanne Dubois, à Québec [7] ; 2° m [7] 21 oct 1748, à Elizabeth Rasset ; s [7] 7 juin 1756.

1684, (12 novembre). (2)

II. — GOSSELIN, Michel, [Gabriel I.
Minville, Marie-Michelle, [François II.
Marie-Charlotte, b... ; m 8 fev. 1712, à Jean Dupuys, à Québec. — *Pierre,* b 20 mai 1699, à St. Laurent, I. O. — *Angélique,* b 25 nov. et s 10 dec 1685, à St. Pierre, I. O. [8] — *Marie-Anne,* b [8] 25 nov. et s [8] 10 dec. 1685. — *Louise,* b [8] 30 mars 1687.

II. — GOSLIN, Jean, [Gabriel I.
Tardif, Jeanne.
Marie-Jeanne, b... ; m 7 janv. 1713, à Pierre Mons, à Beauport.

1694, (19 juin) Québec.

II. — GOSSELIN, Jean, [Gabriel I.
Cadieu, Marie, veuve de Jean Langlois ; s 20 avril 1733, au Cap St. Ignace [8]
Jean-Baptiste, b [8] 5 avril 1695 , m [8] 7 juin 1723, à Marie Lemieux ; s [8] 13 mars 1733.

1683, (23 novembre) St. Laurent (I. O.) [4]

II. — GOSSELIN, Ignace, [Gabriel I.
Ratté, Marie-Anne, [Jacques I.
Joseph, b [4] 31 mars 1685. — *Michel,* b [4] 26 mars 1686. — *Ignace,* b [4] 10 juillet 1687 ; s [4] 10 mai 1688. — *François,* b [4] 10 août 1688. — *Guillaume,* b... ; m 21 avril 1718, à Geneviève Gravelle, à Quebec.

1698.

II. — GOSSELIN, François, [Gabriel I.
Coté, Marie-Charlotte. [Mathieu I.
Marie, b [4] 10 janv. 1699.

1677, (10 juin) Québec. [4]

I. — GOSSET dit Du Buisson, Jean-Baptiste, huissier, b 1648, fils de Guillaume et de Geneviève Drouet, de St. Ouen, de Ponteaudemer, évêché de Lizieux ; s 1681.
Levasseur, Françoise, (3) [Pierre I.
Jean-Baptiste, b [4] 8 oct. 1678. — *Geneviève,* b [4] 17 sept. 1680 ; s 15 août 1705, à Montréal.

I. — GOSSET, Jean,
Horné, Marguerite.
René, b 6 oct. 1686, à Québec.

GOTINEAU, François. — Voy. Cotineau.

---

(1) Il était conseiller du Roy, en 1663.

(2) Contrat de mariage, le 30 août 1639, à Québec. — *Etude de Peiraube.*

(3) 1653, juillet. — Contrat de mariage, par Rolland Godet

---

(1) Elle épouse, le 1er sept. 1698, Pierre Hurnand, à Québec.

(2) Greffe de Duquet.

(3) Elle épouse, le 28 avril 1689, Pierre Busson, à Montréal.

GOTEREAU. — Voy. Gaudreau — Godereau — Gottreau.

I — GOTTREAU, Louis, b 1636.
Landreau, Noelle, veuve de Jean Beaudoin, b 1636.
Marie, b 1664.

I.—GOUAULT,(1)François Gaspard, apothicaire, de Poitiers, arrive en sept. 1646, noye, le 6 nov 1646, vers le Cap à l'Arbre de Quebec aux Trois-Rivières.

1727, (21 août) Trois-Rivières. [7]

I. — GOUBAULT, Pierre, b 1674, fils de Jean et de Marie Jouat, de St. George de Virconne, évêché de Poitiers, en Poitou ; s [7] 8 mars 1737.
Bissonnet, Barbe,   [Jacques I.
Marie-Anne, b [7] 5 juillet 1728 ; m [7] 25 sept 1747, à Jean Proult. — *Joseph,* b [7] 28 avril 1730 — *Barbe,* b [7] 10 fev. 1732. — *Marie-Josette,* b [7] 22 août 1734.

I. — GOUAN, André, b 1640 ; s 14 janv. 1707, au Château-Richer.

I. — GOUIN dit Lachesné, Antoine, greffe d'Audouard, en 1650.

I. — GOUIN, Laurent, b 1641 ; s 14 nov. 1686, Gallien, Thérèse, (2) b 1642, fille de Jean et de Marguerite Dupont, de St. Cosme, evêche de Paris.

1663, (20 nov.) Trois-Rivières.

I. — GOUIN, Mathurin, b 1638, fils de Vincent et de Charlotte Gaultier, d'Angely, évêché de Poitiers.
Vien, Marie-Madeleine,   Etienne I.
b 1651
Thomas, b 1667. — *Pierre,* b 1679 ; m 5 fév. 1705, à Jeanne Quatresous, à Batiscan [7], s [7] 27 avril 1761. — *Louis,* b... ; m [7] 12 fev. 1720, à Jeanne Marchand — *Joseph,* b 1671, m 6 juillet 1701, à Marguerite Roy, à Ste. Anne la Pérade.[1] — *Marie-Anne,* b 1683 ; m [1] 6 fev. 1703, à François-Marie Trotier ; s [7] 24 juin 1713.

I. — GOUIN, Sauveur,
b 1640.
Paulinier, Thérèse,
b 1642.

I. — GOUJET, Catherine,
m 1640, à Nicolas Bonhomme.

---

(1) Le 21 nov. arrive la nouvelle du plus grand désastre qui fut encore arrivé en Canada, savoir la perte ou débris du Brigantin qui allait de Québec aux Trois-Rivières, dans lequel était la borne partie de ce qui était nécessaire pour le magazin et les habitans des Trois-Rivières. Nous y perdîmes beaucoup ; mais la principale perte fut de 9 hommes, dont l'un était à nous, nommé Gaspard Gouault, de Poitiers, apothicaire, venu pour les hurons, fort bon garçon. — *Journal des Jésuites.* Voyez à la note de la page 28, les noms des huit autres victimes.

(2) Elle épouse, le 7 janv. 1687, Louis Gilbert, à Champlain.

1686, (24 septembre) Montréal.

I. —GOUJON, (1) Pierre, maître-maçon, b 1661, fils de Pierre et de Marie Bougras, d'Aubigny, évêché de Luçon.
Danny, Marie,   [Honoré I.
Marie, b 15 mars 1699, à Lachine [1] ; m [1] 7 janv. 1723, à Louis Monet — *Jeanne,* b [1] 3 fev. 1702. — *Marie-Josette,* b [1] 18 mars 1704 — *Marguerite,* b [1] 18 dec. 1706 ; s [1] 16 janv. 1707. — *Pierre,* b [1] 10 avril 1708. — *Geneviève,* b 1697, m [1] er fév. 1718, à François Monet. — *Catherine-Angelique,* b 3 s 12 oct. 1687, à Montreal [2] — *Louise,* b [2] 1er et s [2] 27 oct 1688. — *Catherine,* b [2] 9 mai 1690. — *Jacques,* b [2] 16 juin 1692 ; s [2] 25 août 1693 — *Marie-Charlotte,* b [2] 10 juillet 1694 — *Jeanne-Geneviève,* b [2] 16 mars 1697.

I. — GOULET, Jacques, (2) b 1615 ; s 26 nov. 1688, à l'Ange-Gardien. [1]
Maillier, Marguerite, b 1631.
Geneviève, b 28 oct. et s 14 déc. 1646, à Québec. [2] — *Nicolas,* b [2] 15 déc. 1647 ; m 24 nov. 1672, à Xainte Cloutier, au Château-Richer. [3] — *Jacques,* b [2] 12 avril 1649 — *René,* b 27 oct. 1650, à Sillery [4] ; m [3] 29 oct 1670, à Catherine Leroux. — *Jacques,* b 1659. — *François,* b [3] 15 janv. 1664. — *Louis,* b [4] 28 août 1653 ; m [1] 7 sept. 1682, à Marie Gaudin. — *Thomas,* b [3] 2 avril 1661 ; m [1] 25 oct. 1683, à Marie Pancatelin. — *Charles,* b 1656 , m [1] 11 nov. 1686, à Marie-Anne Rancin. — *Antoine,* b [3] 20 août 1666 ; m [1] 19 fev 1692, à Madeleine Guyon. — *Joseph,* b [3] 30 mars 1669 ; m [1] 20 juillet 1692, à Anne Julien. — *Marguerite,* b [3] 29 juin 1675.

1670, (29 octobre) Château-Richer.

II. —GOULET, René,   [Jacques I.
fermier de M. Lachenaye.
Leroux, Catherine,   [Henry I.
Catherine, b 27 nov. 1677, à l'Ange-Gardien [1] ; m à Marcel Hubout. — *Marie,* b [1] 3 fev. 1687.— *Madeleine-Ursule,* b 23 juillet 1688, à Quebec.— *Marie-Thérèse,* b 1691 , m 7 nov. 1705, à Ignace Bonhomme, à Montréal. — *Marguerite,* b [1] 5 mars 1672 ; 1° m à Jean-Baptiste Hubou ; 2° m 3 mars 1699, à Michel Feuillon, à Repentigny.

GOULET, Pierre,
———, Marie.
Pierre, b 1685 , s 28 nov. 1687, à Québec.

1672, (24 nov.) Château-Richer. [2]

II. —GOULET, Nicolas,   [Jacques I.
Cloutier, Xainte,   [Zacharie II.
Nicolas, b [2] 2 mai 1680. — *Charles,* b [2] 19 juillet 1683. — *Geneviève,* b [2] 2 oct. 1688. — *Hilaire,* b 26 mai 1675, à L'Ange-Gardien. [7] — *Jean,* b 1677 ; m à Marguerite Blouard — *Louis,* b [2] 20 déc. 1685 ; m [7] 26 janv. 1712, à Marie-Anne Quentin.

---

(1) Marié sous le nom de Bougon.—Voyez la page 74.

(2) Demeurant au moulin de M. Deschatelets.

1682, (7 sept.) L'Ange-Gardien. [5]

II. — GOULET, Louis,   [JACQUES I.
s avant 1683.
GAUDIN, Marie. (1)   [CHARLES I.
Louis, (Posthume,) b [5] 27 août 1683 ; m [5] 21 nov. 1712, à Thérèse ROUSSIN.

1683, (25 octobre) L'Ange-Gardien. [7]

II. — GOULET, THOMAS,   [JACQUES I.
s 20 fev. 1729, à Repentigny. [2]
PANCATELIN, Marie, b 1663, fille de Marcel et de Marie Mercadet, de St. Sulpice de Paris.
Geneviève, b 19 juin et s [7] 20 juillet 1685. — *Marie-Madeleine,* b 25 nov. et s [7] 13 déc. 1686. — *Marie-Madeleine,* b [7] 7 nov. 1687 ; m 14 janv 1710, à Jacques MULOIS, à St. François, Ile-Jesus. [9] - *René,* b [7] 30 avril 1690 ; m [2] 28 fév 1718, à Catherine RIVIÈRE. — *Ignace,* b 14 fév. 1696, à Ste. Anne de la Perade. [5] — *Charles,* b [7] 23 nov, 1698. — *Marie-Josette,* (2) b [5] 16 avril 1693 ; m [2] 24 nov. 1712, à Jean-Baptiste RIVIERE. — *Marie-Angélique,* b [9] 10 juillet 1706 ; m 1er oct. 1731, à Louis GALARNEAU. — *Elizabeth,* b [9] 28 mars 1704.

1686, (11 novembre) L'Ange-Gardien. [3]

II — GOULET, CHARLES,   [JACQUES I.
s 10 nov. 1717, à Repentigny. [4]
RANCIN, Marie-Anne,   [CHARLES
Charles, b [3] 12 juillet et s [3] 4 août 1687 — *Jacques,* b [3] 6 oct. 1688 ; s [3] 8 mars 1689. — *Marie,* b [3] 2 fév. 1690. — *Joseph,* b [3] 2 fév. 1692. — *Joseph,* b 1692 ; s [3] 6 juillet 1694 — *Joseph,* b [3] 23 sept. 1694. — *Marguerite,* b [3] 28 déc. 1697. — *Jean,* b [3] 10 août 1699 ; s [3] 10 juillet 1700. — *Agathe,* b [3] 4 juin 1701. — *Thomas,* b [4] 8 sept. 1705 — *Joseph,* b [4] 14 mai 1708. — *Pierre,* b [4] 28 juin 1711. — *Marie,* b... ; m [4] 9 juillet 1714, à Claude PERROT. — *François,* b [4] 29 oct 1715. — *Agathe,* b... ; m [4] 25 fév. 1725, à Jean-Baptiste LAPERCHE. — *Louis,* b... ; m [4] 27 janv. 1728, à Françoise-Charlotte LANGLOIS. — *Charles,* b... ; m à Marie-Madeleine CHEVALIER.

1692, (19 février) L'Ange Gardien. [4]

II. — GOULET, ANTOINE,   [JACQUES I.
GUYON, Madeleine, (3)   JOSEPH I.
Marie-Madeleine, b [4] 6 nov. 1693 ; m [4] 2 mai 1713, à François Sarazin. — *Marguerite,* b [4] 9 fév. 1695. — *Joseph,* b [4] 13 mai 1608. — *Helène,* b [4] 10 mars 1700 ; m [4] 7 nov. 1719, à Louis QUENTIN. — *Geneviève,* b [4] 5 juillet 1701. — *Jacques,* b [4] 30 janv. 1706. — *Madeleine,* b [4] 19 déc 1702 ; m 27 juillet 1722, à Jean-Baptiste TETRO, à Varennes. — *Alexandre,* b [4] 19 avril 1704. — *Jacques,* b [4] 31 janv. 1706. — *Catherine,* b [4] 19 mai 1707. — *Thérèse,* b [4] 30 nov. 1708. — *Anne,* b 1696 ; s 31 juillet 1715, au Château-Richer. — *Jacques,* b... ; 1o m 21 nov. 1729, à Marie-Anne LETARTRE, à la Pointe-aux-Trembles de Quebec. [5] ; 2o m [5] 4 juillet 1735, à Marie-Josette NORMAND.

(1) Elle épouse, le 8 oct. 1697, Pierre Denys, à l'Ange-Gardien.
(2) Ce baptême est entré au registre du 14 fév. 1696.
(3) Elle épouse, le 12 avril 1712, Jacques Roussin, à L'Ange Gardien.

1692, (20 juillet) L'Ange-Gardien. [4]

II. — GOULET, JOSEPH,   [JACQUES I.
JULIEN, Anne,   [JEAN I.
François, b [4] 22 mai 1693. — *Bonaventure,* b [4] 17 fév 1700. — *Angélique,* b [4] 7 oct. 1702 ; m [4] 19 nov. 1719. à Pierre TRUDEL. — *Felicile,* b [4] 18 oct. 1705. — *Agnès,* b [4] 12 fév. 1707. — *Louis,* b [4] 9 déc. 1709 , m [4] 9 nov. 1733, à Marie-Josette HUOT. — *Antoine,* b [4] 30 août 1711 ; m [4] 9 nov. 1744, à Marie LABERGE. — *Jean,* b [4] 5 mars 1715.

III — GOULET, JEAN-BAPTISTE,   [NICOLAS II.
BLOUARD, Marguerite,   [MATHURIN I.
Jean-Baptiste, b... ; m 25 juin 1727, au Cap St. Ignace, à Marie-Anne LEMIEUX. — *Angélique,* b... ; m à François LEMIEUX. — *Louis,* b 5 fev. 1710, à l'Ange Gardien.

GOUPIL. — *Variations et surnoms :* COUPY —LA-VIOLETTE.

GOUPIL. RENÉ, jeune chirurgien, compagnon du P. Jogues, captif des Iroquois, le 2 août 1642, et massacré quelques jours après.

1650, (17 octobre) Québec.

I. — GOUPIL DIT LAVIOLETTE, NICOLAS, fils de Julien et de Perette Mehn, de Dumesnil-Durand, près la ville de Lizieux, en Normandie.
PELLETIER, Marie. (1)   [NICOLAS I.
Anne, b 8 mars 1653, à Sillery [9] ; 1o m à Pierre BREBANT-LAMOTTE, 2o m 1679, à Aimé LECOMPTE ; 3o m 6 fév. 1701, à Simon MONGENEAU, à Montréal. [7] — *Françoise,* b [9] 13 fév. 1655 ; 1o m 1671, à Cybar COURAULT ; 2o m [7] 11 août 1704, à Julien BLOYS. *Antoine,* b 1668 ; s 6 avril 1715, à Beaumont.

1698, (3 novembre) St. Michel. [8]

I, — GOUPY, ANTOINE, b 1673, fils de Jean et de Marie Chusson, de Courny, évêche de Limoges, au Limousin ; s...
GABORY. Marie, (2)   [LOUIS I.
Antoine, b 28 déc. 1699 ; m 1724, à Françoise BOULET. — *Marie,* b [5] 16 oct. 1701. — *Joseph,* b [5] 6 avril 1704 ; 1o m 1736, à Françoise BISSONNET ; 2o m [5] 18 août 1749, à Marie-Anne BALAN. — *Elizabeth,* b [5] 2 mai 1706 ; m 14 janv. 1732, à François DUVAL, à l'Ilet. — *Geneviève,* b [5] 14 oct. 1708. — *André,* b [5] 10 janv. 1711. — *Louis,* b... ; m 1737, à Elizabeth-Agnès THIBAUT.

I.—GOURD, NICOLAS, (3) établi aux Trois-Rivières, b 1610 ; s 3 déc. 1665, aux Trois-Rivières.

1698, (18 août,) Pte-aux-Trembles, (M.)

I — GOUR, PIERRE,
1o BAUTUREAU dit CHANTOISEAU, Nicole, veuve d Etienne Benoit, fille de Louis et de Marguerite Cartier, de St. Nicolas du Chardonnet de Paris.

(1) Elle épouse, le 30 août 1655, Jean Denis, à Québec.
(2) Elle épouse, 20 avril 1716, Pierre Nau-Labrie, à St.-Michel.
(3) Il teste, en faveur de Pierre Dandonneau, le 30 nov. 1665.

1713, (28 août) Repentigny. [5]

2° RICHAUME, Catherine,   [JACQUES II.
Marie-Jeanne, b [5] 20 oct. 1714

1693, (4 janv.) P^te-aux-Trembles, (M.) [4]

I. — GOURBEIL, dit TRANCHEMONTAGNE, ANDRÉ,
soldat de Crisafy, b 1664, fils de Jean-Marie
Bernard, de St. Percher, évêché de Xaintes
1° BIZELON, Françoise,
veuve, en troisièmes noces, de Pierre Merçan ;
s [4] 30 mai 1694.
François, b [4] 30 mai 1694.

1695, (14 fév.) P^te-aux-Trembles, (M.) [4]

2° POUDRÉ, Charlotte,   [ANDRÉ I.
André, b [4] 14 janv. 1696. — *Marguerite*, b [4] 20
oct. 1698.

1652, (13 août) Quebec. [8]

I. — GOURDEAU, JACQUES, (1) b 1624, fils de Nicolas (Procureur au siege Royal de Niort), en
Poitou ; s [8] 2 juin 1663.
DE GRANDMAISON, Eléonore, (2) veuve de François
De Chavigny.
Antoine, b 1655 ; m [8] 1er déc. 1685, à veuve
Françoise TACHÉ. — *Jeanne-Renée*, b [5] 24 juin
1658 ; m [8] 20 déc. 1686, à Charles MACARD ; s [8] 18
déc. 1717. — *Jacques*, b [8] 8 juillet 1660 ; m [8] 26
fév. 1691, à Marie BISSOT. — *Pierre*, b [8] 27 août
1662 ; s [8] 23 nov. 1670.

1685, (1er décembre) Québec.

II. — GOURDEAU, ANTOINE, (3)   [JACQUES I
s avant 1693.
ZACHÉE, Françoise, (4) veuve de Claude de
Xaintes.

1691, (26 février) Québec. [9]

II. — GOURDEAU, JACQUES, (5)   [JACQUES I.
BISSOT, Marie,   [FRANÇOIS I.
veuve de Claude Porlier ; s [9] 24 juillet 1719,
dans l'église.
Pierre-Jacques, b [9] 9 mai 1693 ; m [9] 23 nov.
1728, à Louis DEMOSNY. — *Marie-Geneviève*, b [9] 26
oct. 1694 ; s [9] 7 mars 1695. — *Marie-Anne*, b [9] 29
nov. 1696 ; m à Nicolas-François LANGLOIS. —
Nicolas, b [9] 5 et s 16 janv. 1698, à Beauport. —
Pierre, b [9] 22 mars 1699. — *Joseph*, b [9] 5 sept.
1700 ; s [9] 17 sept. 1702. — *Jacques*, b... ; m [9] 8
nov. 1733, à Marguerite BARBEL.

I. — GOURDIN-ALYSON, MARIE, b... ; m 1637, à
Pierre BLONDEL, brasseur du fort des Trois-
Rivières. — *Registres des Trois-Rivières*, 19
février 1657.

---

(1) Sieur de Beaulieu, brûlé dans sa maison, à l'Ile d'Orléans, le 29 mai 1663, avec Nicolas Duval, son engagé, et
inhumé le 2 juin 1663, à Québec.—Voy, page 222.

(2) Elle épouse, le 15 oct. 1663, Jacques Des Cailhaut de la
Tesserie, à Québec.

(3) De Beaulieu, contrôleur, à la réception des Castors
au bureau des fermes, de ce pays.

(4) Elle épouse, le 16 mai 1701, René-Louis Chartier, à
Québec.

(5) Seigneur de Beaulieu et de Lagrosardière.

1676, (24 novembre) Montréal. [4]

I. — GOURDON, dit LACHASSE, (1) b 1644, fils
d'Elie et de Jeanne Dumole, Montreau, évêché de Bordeaux, en Périgon ; s 27 juin 1691,
à Lachine. [5]
PERRIN, Michelle, (2)   [HENRY I.
Anne, b [5] 22 oct. 1678 ; 1° m [5] 19 avril 1694, à
Pierre LILLAT ; 2° m [5] 18 avril 1706, à André RAPIN.
— *Jeanne*, b [5] 8 mars 1680, sœur de la Résurrec-
tion, C. N.-D ; s [4] 22 juillet 1724. — *Jean-Baptiste*,
b [5] 17 mars 1682 ; m [5] 25 août 1722, à Anne
MOUFLET. — *Marie*, b [5] 17 mai 1684 ; m [5] 20 janv.
1705, à Jean-Baptiste QUESNEL ; s [5] 22 janv. 1709.
— *Michel*, b [5] 6 janv. 1687. — *Suzanne*, b [5] 23 fév.
1689. — *Louise-Madeleine*, b [5] 6 juillet 1691 ; s [5]
12 déc. 1694.

I. — GOURMELON, PIERRE, soldat de M. De la
Chassaigne, en 1697, à Quebec.

1674, (12 novembre) Montréal. [3]

I — GOURNAY dit LATOUR, GUILLAUME, tailleur,
b 1641, fils de Dolus, Ile d'Oleron, s [3] 1er
janv. 1700.
JETTÉ, Catherine,   [URBAIN I.
François, b [3] 8 fév. 1697. — *Pierre*, b [3] 1er juillet
1700. — *Catherine*, b 22 avril 1641, a Repentigny [4] ;
s [4] 6 mai 1683. — *Marie-Barbe*, b [4] 4 mai 1683 ;
m [4] 12 déc. 1701, à Charles GAUTIER. — *Elizabeth*,
b [4] 8 et s [4] 16 janv. 1684. — *Marie-Anne*, b [4] 7 et
s [4] 12 janv. 1687. — *Marguerite*, b [4] 11 et s [4] 12
déc. 1687. — *Marie-Anne*, b [4] 11 janv. 1689. —
Catherine, b [3] 5 janv. 1691. — *Anonyme*, b et s [3] 8
sept. 1694

1672, (11 août) Québec. [5]

I. — GOUROT dit LAGAILLARDISE, GUILLAUME, b
1644, fils de Sebastien et de Fiançoise,
de St Nicolas, évêché de Nantes ; s 25 oct.
1685, à Sorel.
PÉCHINA. Marie, (3) b 1646, fille de Mathieu et
d'Antoinette Gerois, de St. Gervais de Paris.
Antoine, b [5] 6 fév. 1675. — *Marie-Louise*, b [5] 19
avril 1679 ; m à Louis HAVOT.

GOURVILLE, — Voy. VERNIER.

GOUTAU, — Voy. TOUTAU.

GOURVILLE, — Voy. GARNIER — HÉRAULD.

1686, (21 janvier) Boucherville. [8]

I. — GOUYOU, GUILLAUME, soldat, b 1661, fils
d'Antoine et de Marguerite Mignot de St.
Surin, évêché de Bordeaux ; s...
1° BENOIT, Hélène,   [PAUL I.
Barbe, b 6 janv. 1687, à Montréal. [7] — *Jean-
Baptiste*, b [7] 13 oct. 1688 ; 1° m 29 janv. 1720, à
Marie LAROSE, au Detroit [5] ; 2° m [5] 2 sept. 1740, à
Marie DARAGON. — *Etienne*, b [7] 8 mai 1690. —
Marie-Anne, b [7] 19 juin 1691 ; m 15 janv. 1711, à
Pierre BOURDON, à Laprairie.

---

(1) Tué par les Iroquois.

(2) Elle épouse, le 16 avril 1705, Louis Denis, à Lachine.

(3) Elle épouse, le 18 fév. 1686, Adrien Hayot, à Québec.

1694, (26 janvier) Montréal. [7]

2° GAIGNER, Madeleine.
Marie-Madeleine, b [9] 21 déc. 1696. — *Marie-Louise*, b [7] 5 fev. 1695.

GOYER, — Voy- GOGUET.

I. — GOYER, ELIE.
VALOGNE, Michelle.
Françoise, b 1655; 1° m 1675, a Etienne CUREAU, 2° m 20 août 1679, à Jacques TESSIER, à Lachine.

GRANDBOIS. — Voy. GUILBAUT—GUIBAUD.

GRANDCHAMPS. — Voy. CORNELIER.

GRANDERY. — Voy. GRANARIE.

I. — GRANDIN, MARIE, (1) b 1603; 1° m à Michel MOREL; 2° m à Claude ROBILLARD.

GRANDIN, Jeanne, b 1650; m 19 oct. 1671, à Jean BRIÈRE, à Quebec; s 27 mars 1712, au Cap Santé.

I. — GRANDIN, MARIE, b 1651; m 28 sept. 1670, à Jean BAUDET, à Québec.

I. — GRANDIN, NICOLAS.
BILLOT, Louise-Lucrèce.
Louise, b 11 sept. et s 26 déc. 1668, à Québec.

I. — GRANDJEAN, ADRIENNE, b 1645, m 1669, à Rene BAUCHE.

GRANDMAISON.—*Variations et Surnoms :* GUY—TERRIOT—BARBARIN—LEBLANC—PORTNEUF—DROUET—GUILLOT—GRAMMAISON—BORY.

1668, (24 fevrier) Montréal. [1]

I. — GRANDMAISON, (2) PIERRE.
LEBRUN, Marie.
Marie-Madeleine, b [1] 1er sept. 1673; 1° m 17 janv. 1684, à Jean TILLARD, à Lachine [2]; 2° m [2] 21 juin 1688, à Andre DANIS; 3° m [2] 21 fév. 1689, à Pierre JAMME.

GRANDMAISON, tué, avec sa femme, par les Iroquois. — Voy. *Registres de St. Etienne de Beaumont.*
François, b... ; noyé, s 15 août 1704, à St. Etienne de Beaumont.

GRANDMENIL, (3) JEAN,

GRANDPRÉ. — Voy. BOUCHER DE GRAND PRÉ.

I. — GRANDERIE, MARIE, b 1638; s 29 juin 1728, au Château-Richer,

(1) Veuve, en 1681.

(2) Voy. Barbarin dit Grandmaison, page 23.

(3) Voy. Veron Sieur de Grandmenil.

1665, (16 novembre) Château-Richer. [1]
I. — GRANDRIE, THOMAS, b 1611, en Normandie; (mort subite), s [1] 3 janv. 1691.
CHERFAUX, Denise, b 1635, de St. Eustache de Paris; s [1] 2 mars 1711.
Flavien, b [1] 15 sept. 1666 — *Elizabeth*, b [1] 4 janv. 1670; m [1] 9 janv. 1687, à Jean LEBRETON; s [1] 22 nov. 1699.

GRAPT. — *Variations et surnoms :* LE GRAPT — GUÉRARD.

I. — GRATIOT, JACQUES (1) b 1627; s 17 déc. 1698, à Repentigny. [1]
MICHELANDE, Madeleine, b 1630; s [1] 31 janv 1695.
Jacques, b 25 avril 1662, aux Trois-Rivières. [2] — *Marie-Madeleine*, b [2] 14 juin 1662; m 28 avril 1677, à Jean Le TELLIER, à Boucherville; s [1] 1er nov. 1687. — *Françoise*, b [2] 30 avril 1664. — *Marguerite*, b 1666; m à Jacques RICHAUME.

1689, (2 mai) Quebec. [4]
I. — GRATIOT, PIERRE b 1664, fils de Léonard et de Laurence Bisson, de Cognac St. Paul, évèché de Limoges; s [4] 3 janv. 1744.
MICHELON, Marie,   [ADRIEN I.
s [4] 31 août 1743.

I. — GRATON, MATHURINE, b 1651, fille de Pierre et de Marie Boucher, d Aubigny, évêché de Luçon; 1° m 30 sept. 1670, à Pierre TOUPIN, à Quebec; s 22 juillet 1710, à Vincent BRUNET, à Beauport.

1665.
I. — GRATON, CLAUDE-JACQUES, de Luçon.
MONCION, Marguerite.
Renée, b 1666; m 30 août 1683, à Antoine PAULET, à St. Pierre, (I. O) [8], s [8] 27 nov. 1684. — *Hélène,*, b... ; m à Noël COTÉ. — *Joseph*, b 11 juillet 1672, à Quebec; m 4 oct. 1697, à Anne PERRON, à L'Ange-Gardien; s 4 avril 1703, à St. François, Ile-Jesus.

1697, (4 octobre) L'Ange-Gardien. [5]
II. — GRATON, JOSEPH.   [CLAUDE-JACQUES I.
s 4 avril 1703, à St. François, I. J. [6]
PERRON, Anne, (2)   [FRANÇOIS I.
Marie-Dorothée, b [5] 27 sept. 1700. — *Louis*, b [6] 7 mars 1703; m 1726, à Catherine ROCHON. — *Joseph*, b... ; m 1725, à Marguerite FILION.

GRAVE. — Voy. HANDGRAVE.

GRAVELINE. — Voy. BAUDREAU.

1635, (20 novembre) Québec.
I. — GROUVEL, MARTIN, (3)
AUBER, Marguerite, (4)   [CLAUDE I.

(1) Blessé par la chûte d'un arbre, il mourut le 16 déc. 1698.

(2) Elle épouse, le 24 avril 1704, André Ethier, à St. François, I. J.

(3) Il conduisait une barque. Plusieurs fois cité dans le *Journal des Jésuites.*

(4) Elle épouse, le 26 septembre 1661, Michel Filion, à Québec.

1644, (1er mai; Québec. [1]

I.—GRAVELLE, Massé-Joseph, b 1616 ; s 28
avril 1686, au Château-Richer. [2]
TAVERNIER, Marguerite b 1627, fille d'Eloi, de
N.-D-des-Anges s [2] 12 janv. 1697.
Pierre, b [1] 9 fév. 1647 , m [2] 4 fév. 1676, à Made-
leine CLOUTIER . s [2] 29 sept. 1677 —*Alexis*, b [1] 6 avril
1649 ; m à Marie LESOT : s [1] 18 mars 1715—
Marguerite, b [1] 29 avril 1651 ; m [2] 12 sept. 1667,
à Noel RACINE : s 11 déc. 1708, à Ste Anne.—
Elizabeth, b [1] 29 avril 1651 ; m 1669, à Mathieu
CÔTÉ—*Jean*, b [1] 13 fév. 1654, m [2] 26 avril 1684 à
Marie CLOUTIER : s [2] 21 août 1699.— *Marie-Madeleine*, b [1] 9 juin 1656 — *François*, b 1659.— *Marie-
Madeleine*, b [2] 20 fév. 1662 , m [2] 4 fév. 1687, à
Jeanne CLOUTIER — *Joseph*, b [2] 20 fév. 1662 ; m [2]
18 avril 1680, à Marie BÉLANGER, s [2] 12 août
1699.— *Charles*, b [2] 14 juin 1664, m 14 nov.
1689, à Françoise GUYON, à Ste. Anne du Nord ;
s [2] 13 mai 1714.— *Geneviève*, b 1667.

1676, (4 février) Château-Richer [1]

II.—GRAVELLE, PIERRE, [Massé I.
s [1] 29 sept. 1677.
CLOUTIER, Madeleine, (1) [ZACHARIE II.
Augustin, b [1] 12 juillet 1677: m 7 janv. 170[1], à
Elizabeth CARON, au Cap St. Ignace [2] ; s [2] 13 fév.
1736.

1684, (26 avril) Château-Richer. [1]

II.—GRAVELLE, JEAN, [Massé I
s [1] 21 août 1699.
CLOUTIER, Marie, [ZACHARIE II
Marie Anne. b [1] 18 mai 1685 ; m à René BOLDUC,
s...— *Marie-Madeleine*, b [1] 20 août 1686 — *Agnès*,
b 1690 ; m [1] 22 oct 1709, à Pierre THIB ULT.—
Marguerite, b 1688 , m [1] 13 avril 1711, à François
LABERGE.

1687, (4 février) Château-Richer. [1]

II.—GRAVELLE, CLAUDE, [Massé I.
CLOUTIER, Jeanne, [CHARLES II.
Marguerite, b [1] 9 fév. 1688 ; m [1] 24 juillet 1721,
à Charles CLOUTIER.— *Geneviève*, b [1] 3 déc. 1689.
— *Jean-Baptiste*, b [1] 11 déc. 1691 ; 1o m... ; 2o m
1727, à Marie ALLAIRE: 3o m 11 janv. 1734, à Geneviève DOYON, à St. François, Ile-Jesus —*Claude*,
b [1] 12 janv. 1694 , m 6 nov. 1724, à Agnès Bou-
TILLET, à l'Ange-Gardien.— *Pierre-Paul*, b [1] 21
déc. 1695 ; m [1] 18 janv. 1721, à Marguerite PRIEUR.
— *François*, b [1] 5 déc. 1697.— *Joseph*, b [1] 8 oct.
1699 ; s [1] 30 avril 1701.— *Charles*, b [1] 16 juillet
1701.— *Marie-Madeleine*, b [1] 11 fév. 1704 ; s [1] 12
juillet 1708.— *Louise*, b [1] 19 janv 1706.—*Ignace*,
b [1] 31 janv. 1708 ; m à Madeleine BRANCONNIER.—
Catherine, b [1] 18 nov. 1709.—*Alexis*, b [1] 5 oct. 1712.

1689, (18 avril) Château-Richer. [1]

II.—GRAVELLE, JOSEPH, [Massé I.
s [1] 12 août 1699.
BÉLANGER, Marie, (2) [CHARLES II.

---

(1) Elle épouse, le 24 novembre 1679, Jean Bouchard, au
Château-Richer.
(2) Elle épouse, le 19 avril 1700, Etienne Contant, au Château-Richer.

Marie-Madeleine, b [1] 26 janv. 1690. — *Marguerite*, b [1] 10 sept. 1691. — *Geneviève*, b [1] 5 déc.
1693 , s [1] 4 juillet 1699. — *Joseph*, b [1] 1er mars
1697; 1o m [1] 4 nov. 1715, à Barbe GAGNON ; 2o m [1]
13 avril 1722, à Geneviève LEFRANÇO s — *Geneviève*, b [1] 25 sept. 1699, m 21 avril 1718, à Guillaume GOSSELIN, à Québec.

1689, (14 nov.) Ste. Anne du Nord.

II.—GRAVELLE, CHARLES, [MASSÉ I.
s 13 mai 1714, au Château-Richer. [7]
GUYON, Françoise, [CLAUDE II.
Françoise, b [7] 19 et s [7] 28 sept. 1692 — *Archange*, b [7] 21 août 1693.— *Marie-Françoise*, b [7] 1er
et s [7] 5 juin 1695.— *Charles*, b [7] 30 juillet 1696.
— *Catherine*, b [7] 11 et s [7] 23 oct. 1697.— *Catherine*, b [7] 28 et s [7] 31 janv. 1699.— *Prisque*, b [7] 13
juillet 1701 — *Angélique*, b [7] 2 oct. 1702. — *Guillaume*, b [7] 7 mai 1704.— *Thérèse*, b [7] 6 oct..1705
m 5 nov. 1731, à François FILIATREAU, à St François, Ile-Jésus — *Anonyme*, b [7] 6 et s [7] 19 sept.
1707.— *Agnès*, b [7] 16 janv. 1709, s [7] 10 juin 1715.
— *Catherine*, b [7] 19 déc. 1710.— *Dorothée*, b [7] 14
mars et s [7] 6 mai 1714.— *Athanase*, b 1693; m [7]
15 nov. 1717, à Marie DOYON.

II.—GRAVELLE, ALEXIS, [MASSÉ I.
s 18 mars 1715, à Québec.
LESOT, Marie.
Anonyme, b et s 1er août 1715, au Château-
Richer.

I.—GRAVEREAU, RENÉ.
VIGOUREUX, Claude (1)

I.—GRAY, ANTOINE, (anglais) b 1675 , s 18 nov
1702, à Montreal.

GREC (LE), jeune homme à Québec, en 1628.

I.—GREENHILL, JOSEPH.
PAGÉ, Louise.
Pierre-Toussaint, b 2 nov. 1718, à Batiscan [4] ;
s [4] 5 août 1720.

1684, (10 avril) Ste. Famille. [5]

I.—GREFFARD, DIT LECOCQ, LOUIS, b 1651, fils
de Jean et de Louise Roy, de Chaillé sous les
Ormeaux, évêché de Luçon ; s 7 oct. 1688, à
St. Jean, (I. O.) [6]
GAULTIER, Louise, (2) [JOSEPH-ELIE I.
Jacques, b [5] 5 fév. 1687 ; 1o m [5] 10 oct. 1712, à
Jeanne TERRIEN ; 2o m à Marie DELAUNAY.—
Louis, b [5] 28 fév. 1685 ; m [5] 17 nov. 1710, à Fran-
çoise MOURIER.— *Marie*, b [5] 18 mai 1689.

I.—GRÉGOIRE, MATHURIN,
LOISEAU, Françoise. [LUCAS I.
Julien, b 25 août 1676, à Québec ; s m 1713, à
Françoise DESERRE.— *Jean*, b 10 août 1671, à
Sillery.— *Anonyme*, b... ; s [5] 21 oct. 1687.—
Joseph, b [5] 9 sept. 1673 ; m 18 fév. 1697, à Marie
MARCOT, à la P.-aux-Trembles, Q.— *Mathurin*,
b...; m 1718, à Elizabeth FAYOLLE.

---

(1) Elle épouse, 26 juin 1690, Jacques Caillas, à Québec.
(2) Elle épouse, le 9 janv. 1690, Pierre Havard, à St. Jean,
Ile d'Orléans.

19

1688, (26 avril) Pte-aux-Trembles, (Q) [5]

I. — GRÉGOIRE, François, (1) b 1665, fils de
Theophile et de Madeleine Clemence, de Ste.
Anne, evêche de Montpellier.

1° Bélanger, Mathurine,   [François I.
veuve d'Antoine Deserre; s [5] 18 janv. 1698.
Thérèse, b [5] 7 janv. 1691; m [5] 26 avril 1712, à
Charles Maufet; s 26 nov. 1749, à Ste. Foye.[6] —
Marie-Anne, b [5] 2 sept. 1695; m 4 juin 1725, à
Athanase Letartre, à L'Ange-Gardien. — *Jean-
François*, b... ; m [6] 12 nov. 1710, à Genevieve
Lienard.

1701, (30 octobre) Ste. Foye.

2° Lienard, Marie-Anne,   [Sébastien I.
Marie-Charles, b [5] 24 sept. 1702, m [5] 3 juillet
1726, à Noel Laroche. — *Louis-Joseph*, b [5] 13 nov.
1703. — *Toussaint*, b [5] 1er et s [5] 8 nov. 1704. —
Angélique, b [5] 24 sept. 1705; m [5] 9 oct. 1724, à
Gabriel Trudel. — *Basile*, b [5] 11 déc. 1707; m [5]
18 janv. 1734, à Marie-Clémence Prou. — *Ignace*,
b [5] 26 mai 1709; m [5] 1er mars 1734, à Marie-Louise Bordeleau. — *Marie-Madeleine*, b [5] 10 avril
1711; s [5] 13 août 1714 — *Marie-Josette*, b [5] 29
sept. 1712. — *Jean-Baptiste*, b [5] 6 janv. et s [5] 30
sept. 1714. — *Marie-Josette*, b [5] 24 avril 1715. —
Marie-Felicite, b [5] 9 juillet 1716; m [5] 20 mars
1735, à Joseph Trudel. — *Marie-Louise*, b [5] 29
août 1717; m [5] 8 juillet 1748, à François Prou. —
Jean, b [5] 22 sept. 1718; m [5] 18 janv. 1745, à Geneviève Prou. — *Marie-Françoise*, b [5] 24 janv. 1720.
— *François*, b [5] 23 juillet 1726; m [5] 19 dec. 1746,
à Marie-Madeleine Bordeleau.

1697, (18 fevrier) Pte-aux-Trembles, (Q) [5]

II. — GRÉGOIRE, Joseph,   [Mathurin I.
Marcot, Marie,   [Nicolas I.
Marguerite, b... ; m [5] 26 juin 1719, à Jacques
Lavallée.

GREMELON. — Voy. Gromelin.

I. — GRENARD, Nicolas, de St. Germain en
Laie, evêché de Paris.
Menard, Catherine.   [Pierre I.
Pierre, b... ; m 23 avril 1714, à Marguerite Le-
reau, à Charlesbourg.

1695, (19 septembre) Québec. [9]

I. — GRENAT ou Grenet, dit Lachapelle, Sébastien, b 1665, fils de Paul et de Marie Bouder,
de Niort, évêché de Poitiers.
Marien, Françoise, (2)   [Louis I.
Elisabeth-Françoise, b [9] 6 déc. 1696; m 19
août 1720, à Jacques Baril, à Batiscan. — *Catherine*, b [9] 1er janv. 1699; s [9] 27 oct. 1701.

I. — GRENET, Pierre. — Voy. Guenet

---

(1) Chirurgien de la Compagnie de Desmeloises.

(2) Elle épouse, le 27 juin 1709, Nicolas Rivard, à Québec.

I. — GRENET, Simon, b 1635, compagnon d'armes
de Dollard, et massacré au Long-Sault, par
les Iroquois, le 21 mai 1660.

1670, (15 septembre) Quebec. [7]

I. — GRENET, François, b 1643, fils de Jean et
de Jeanne De L'an, de St. Leufroy de Paris.
Du Coudray, Marie, b 1664, fille de Nicolas et
de Marie Larguée, de St. Sulpice de Paris.
Anonyme, b et s [7] 28 sept. 1671. — *Perinne*, b [7]
15 sept. 1672 ; m 16 juin 1693, à Ignace Carrier,
à Lévis [9] ; s [9] 17 sept. 1709. — *Jean-François*, b [7]
3 janv. 1675 ; m [9] 9 nov. 1699, à Jeanne Samson ;
s [9] 31 dec. 1717. — *André*, b [7] 23 mai 1679. —
Jean-Baptiste, b 1677 ; m 1708, à Marguerite
Huard ; s [7] 2 avril 1759. — *Charles*, b 1682 ; m [9]
9 sept. 1710, à Marie-Anne Guay ; s [9] 8 nov. 1750.
— *Anne-Andrée*, b [9] 1er août 1683, m 12 juin 1702,
à François Baudoin, à St. François, Ile-Jesus.

1698, (7 janvier) Rivière-Ouelle.

I. — GRENET, Jean, b 1668, fils de Jacques et
de Marie Jordin, de St. Remy de Dieppe,
évêche de Rouen ; s 20 nov. 1743, à Quebec.[7]
Lavergne, Marie-Hélène,   [François I.
Joseph, b 19 et s 24 août 1699, à l'Ilet. — *Jean*,
b 17 nov. et s [7] 9 déc 1700 — *Marie-Josette*, b [7] 5
fev. 1704 ; m [7] 22 nov. 1723, à Jean Bonnet. —
Marie-Thérèse, b [7] 1 juillet 1707 ; 1° m [7] 2 sept.
1724, à Marc Bouchet ; 2° m [7] 9 fev, 1739, à
François Rolet. — *Jean-Marie*, b [7] 15 oct. 1709 ;
m [7] 31 janv. 1735, à Brigitte Pinel. — *Marie-Anne*,
b [7] 21 sept. 1712 ; s [7] 8 mars 1715. — *Pierre*, b [7]
12 janv. 1715, m [7] 30 oct. 1741, à Marie-Louise
Pelletier ; s [7] 24 déc. 1758. — *François*, b [7] 29
janv. 1717 ; s [7] 27 mai 1723. — *Louis*, b [7] 30 juillet
1719. — *Joseph*, b [7] 2 oct. 1722. — *Hélène*, b [7] 21
avril 1725 ; s [7] 24 janv. 1726. — *Suzanne*, b [7] 9
avril 1727 ; m [7] 4 fév. 1743, à Pierre Maillou.

1699, (9 novembre) Lévis. [5]

II. — GRENET, François,   [François I.
s 1749.
Samson, Jeanne,   [Gabriel I.
Jean-François, b [5] 11 fév. 1701. — *Louis*, b [5] 4
avril 1708 ; s [5] 11 juin 1708. — *Marie-Jeanne*, b [5]
10 avril 1709. — *Joseph*, b [5] 25 sept. 1712. — *Anne*.
b [5] 1703 ; m [5] 27 avril 1722, à Michel Guay ; s [5] 27
juillet 1733. — *Marie-Angélique*, b [5] 1711 ; s [5] 30
juin 1733. — *Pierre*, b... ; m [5] 1736, à Marie-
Louise Guay. — *André*, b [5] 1714 ; s [5] 23 juillet
1733.

GRENIER. — *Variations*: Garnier — Nadeau.

I. — GRENIER, Nicolas-Pierre.
Vincent, Anne.
Marie-Anne, b 1690 ; 1° m 2 oct. 1719, à André
Duchene, à Quebec [7] ; 2° m [7] 9 nov. 1733, à Jean
Lefrand ; s [7] 9 mai 1760. — *Marie*, b 1703 ; m [7] 6
août 1727, à François Rolet ; s [7] 6 juin 1733.

I. — GRENIER dit Nadeau, Jean.
b 1632 ; s avant 1698, au Cap Santé.
Feuilleteau, Françoise, b 1656.

Catherine, b 1678; m 11 nov. 1693, à Pierre AMAND, à Montr al [8] — *Anne,* b 1671; m [8] 17 nov. 1698, à Pierre MAISONNLUVE. — *Anne-Elizabeth,* b 26 avril 1676 à Sorel. [9] — *Françoise-Catherine,* b [9] 9 mars 1678, m à Michel DESORCIS. — *Marie,* b 1680, s [9] 22 —— 1683. — *Marie-Angelique,* b [9] 27 d c 1684; s [9] 5 janv. 1685. — *Marie-Angélique,* b [9] 2 mai 1686, m [7] 21 oct. 1708, à Nicolas BAUVE, s [7] 31 janv. 1764. — *Marguerite,* b [9] 17 fev. et s [9] 6 mars 1691.

GRENON. — *Variation :* GUERNON.

1676, (6 février) Quebec. [7]

I. — GRENON, PIERRE, b 1646, fils de Pierre et de Marie Soseaux, de Marcée, evêché de La-Rochelle, s 10 avril 1712, à la Pointe-aux-Trembles de Quebec [6]

DE LA VOYE, Marie, [PIERRE I.
Fierre, b [7] 25 fev. 1677; m [6] 30 janv. 1713, à Genevieve LIÉNARD — *Anonyme,* b [7] et s [8] 20 avril 1678. — *Marie,* b [7] 25 mai 1679. — *Marguerite,* b 29 oct. 1681; m [6] 9 nov 1699, à Jean BERGERON. — *Marie-Agnès,* b [6] 21 janv. 1684. — *Anne,* b [6] 14 oct. 1686; m [6] 30 août 1707, à Louis ROIGNON — *Pierre,* b [6] 25 mars 1689. — *Jean-François,* b [6] 29 oct. 1691; s [6] 20 oct. 1711. — *François,* b [6] 28 mars 1694. — *Marie-Charlotte,* b [6] 28 mars 1694, m [7] 21 nov. 1708, à Jacques RICHARD — *Marie-Angelique,* b [6] 23 nov. 1696. — *Marie,* b 1678; m [6] 14 avril 1698, à André BERGERON.— *Joseph,* b [6] 19 mars 1699; m [7] 11 nov. 1721, à Françoise DES-ROCHES, à St. Augustin; 2e m [6] 17 sept. 1736, à Marie HÉBERT.

1657, (31 juillet) Québec. [5]

I. — GRESLON DIT LAVIOLETTE, JACQUES, tisserand, b 1626, fils de Jacques et de Catherine Fauvrau, de St. Severin, evêché de Poitiers; s avant 1679

VIGNAU, Jeanne, (1) b 1631, fille d'Abel et de Suzanne Bonneau, de Brieu, en Poitou; s.... *Pierre,* b [5] 27 oct. 1658; m [5] 28 oct. 1693, à Elizabeth MONSEAUX. — *Marie-Ursule,* b [5] 26 janv. 1660. — *Jeanne,* b 9 fev. 1663, au Château-Richer[6]; 1[o] m 1686, à Pierre DASILVA; 2[o] m [5] 23 janv. 1718, à Jacques MORAND; s [5] 8 juin 1731.— *François,* b [5] 6 sept. 1664. — *Anne,* b [6] 4 août 1666; 1[o] m [5] 6 sept. 1683, à Jean BRUSEAU; 2[o] m 14 mars 1699, à Jean MASSON, à la Pointe-aux-Trembles, Q. [7]— *Louis,* b [6] 8 fév. 1668; 1[o] m [5] 11 nov. 1692, à Marie PRINCEAUX; 2[o] m [7] 24 juillet 1702, à Angélique BÉLAN. — *Marguerite,* b [5] 2 et s [5] 23 avril 1669. — *Marie,* b 25 mars 1670, à L'Ange-Gardien [8]; m à Gilbert ROY. — *Geneviève,* b [8] 29 fev. 1672; 1[o] m [5] 13 janv. 1689, à Charles GALERNAUD; 2[o] m [5] 4 juin 1703, à Jean DE LOUVAIS. — *Angélique,* b [5] 31 mai 1676, 1[o] m [5] 18 fev. 1692, à Anet BOUTIN; 2[o] m [5] 12 oct. 1711, à Jacques BERNIER; 3[o] m [5] 22 avril 1718, à Julien CADDÉ. — *Pierre,* b [8] 15 juillet 1674.

1692, (11 novembre) Québec. [7]

II. — GRESLON, LOUIS, [JACQUES I.
1[o] PRINCEAUX, Marie-Jeanne, [LOUIS I.
veuve de Louis Poitevin; s [7] 27 nov. 1701.
Pierre, b [7] 14 août et s [7] 2 sept. 1693. — *Marthe,* b 21 oct. 1695, au Cap St. Ignace [8] — *Marie-Jeanne,* b [8] 9 août 1698. — *Jean-Baptiste,* b [7] 16 oct. 1700.

1702, 24 juillet) P[te]-aux-Trembles (Q.) [8]

2[o] BELAN, Angélique, [JEAN I.
Louis, b [8] 18 mai 1704. — *Charles,* b 23 dec. 1708. au Cap St. Ignace [9] (1) — *Louise,* b [9] 12 oct 1710 — *Joseph* b [9] 18 juillet 1712. — *Louis,* b 18 oct 1715, à Ste. Foye.

1693, (28 octobre) Québec. [1]

II. — GRESLON, PIERRE, [JACQUES I.
MONSEAU, Elizabeth [JACQUES I
Marie-Joselte. b 1697; s [1] 15 juin 1701. — *Prisque,* b 26 oct. 1699, à l'Ange-Gardien.

I. — GREYSOLON, (2) Sieur DU LUTH. — Voy. DULHUD.

GRIAU. — Voy. GRUYAU.

GRIFFON, Louis, b 1631, était à Québec, en 1681.

1663, (4 décembre) Quebec. [6]

I. — GRIGNON, JEAN, b 1636, fils d'Antoine et de Suzanne Huppe, de St. Jean du Perrot, evêché de LaRochelle.
COTÉ, Louise, [JEAN I.
Marie-Madeleine, b [6] 4 et s [6] 10 août 1665. — *Jean,* b... ; m [6] 30 avril 1696, à Marie JOLIET.

1692, (10 février) Batiscan.

I. — GRIGNON, JACQUES, b 1662, fils de Jacques et de Jeanne Tessier, de St. Philibert, evêché de Luçon; s...
RICHER, Marie-Thérèse, [PIERRE I.
Françoise, b 18 mai 1694, à Ste. Anne de la Perade. [1] — *Jacques,* b [1] 19 déc. 1697. — *Marie-Catherine,* b [1] 24 nov. 1698. — *Jean-Baptiste,* b 9 mai 1700, aux Grondines.[2] — *Marie-Jeanne,* b [3] 24 juin 1701.

I. — GRIGNON, ANGE, était à Québec, en 1670.

1696, (30 avril) Québec.

II. — GRIGNON, JEAN, marchand, [JEAN I.
JOLIET, Marie, [LOUIS II.

GRIMAN. — Voy. GRIVERAN.

GRIMARD. — Voy. MORAND.

(1) Cet acte, oublié en 1708, est entré au 17 avril 1709.

(2) Ce nom a été écrit "Groiselon," aux Trois-Rivières, en 1676, et " Grisolon," à Montréal, en 1678.

(1) Elle épouse, le 16 oct. 1679, Philippe Poitiers, à Québec.

I. — GRIMARD, Elie, b 1586.; s...
PERRIN, Anne, b 1619 , s 11 mars 1685, à Batiscan. [1]
Jean, b 22 juin 1648, aux Trois-Rivières [2], m 1662, à Christine REYNIER ; s [1] 22 mars 1700. — *Paul*, b 1651 — *Pierre*, b [2] 1er mai 1652 ; s [2] 25 juillet 1654.— *Elie*, (de la Taupinière) b [2] 20 juillet 1635.

1662.

II. — GRIMARD, Jean,   [ELIE I.
s 22 mars 1700, à Batiscan. [1]
REYNIER, Christine, b 1635.
Marie-Madeleine, b 1663 , m 1679, à Pierre MORAND ; s [1] 22 déc. 1725.

I. — GRIMAULT, René, b 1646, en Anjou , s 28 juin 1674, à Montréal.

1664, (10 novembre) Quebec. [1]

I. — GRIMOT, Jacques, b 1638, fils de Denis et de Renée Jart, de Champigny, évêché de , Poitiers.
LeDoux, Jacquette, (1) b 1640, fille de Jean et de Jeanne Hiout, d Esnande, evêche de LaRochelle.
Françoise, b [1] 24 août 1665; m 5 nov. 1680, à Henry CHAILLET, à Charlesbourg [2] ; s [2] 26 mars 1711.— *Etienne*, b 14 avril et s [1] 3 sept. 1667

GRIS, Pierre — Voy. LAFOREST

I. — GRISARD, Louise, b 1634, m 1648, à Jean AUGER-LEBARON , noyee, s 6 nov 1698, à Montréal

GRISDELIN. — Voy. POUGET

GRIVEAU, ce nom est devenu Primeau — Voy. PRIMEAU dit Boisjoly.

1648, (15 novembre) Québec [7]

I —GRIVERAN, Guillaume, b 1620, fils de Bertrand et de Charlotte Caumont, de Bousseville, pays de Caux ; s...
BUGEAUX, Suzanne, fille de Nicolas et d'Anne Gentilhomme, de Brouage, en Xaintonge.
Sébastien, b [1] 24 oct. 1649.

GROYNÉ, — Voy GROINIER.

GROINIER, — *Variations et Surnoms :* GROIGNÉ — GROISNIER — GRONIÈRE — GRUUNET— GROGNIER — BISÊTRE,

1676, (7 décembre) Québec

I. —GROINIER, Nicolas, b 1646, fils de Nicolas et de Marguerite Annery, de St. Nicolas de Roche-Guyon, évêché de Lizieux ; s 29 oct. 1721, à St. Etienne de Beaumont. [1]
1o BOETTE, Marie,   [CHARLES I.
b 1652, veuve de Martin Guerard , s 20 mars 1687, à Ste. Famille. [4]

(1) Elle épouse. le 26 novembre 1668, Marc Tessier, à Québec.

Marie-Madeleine, b... ; m 4 mai 1693, à Michel MASSON, à St. François, Ile d'Orléans. [9]— *Anne*, b 22 fev. et s 4 18 mars 1686. — *Marie*, b 4 24 oct: 1677. — *Marguerite*, b 4 12 mars 1680 ; m 4 8 janv. 1701, à Alphonse MARTEL. — *Jacques*, b 4 1er mai 1682 — *Elizabeth*, b 4 7 juin 1684 , s 4 5 déc. 1702. — *Louis*, b 4 20 mars 1687.

1687, (22 novembre) Ste. Famille. 4

2o CHRÉTIEN, Anne,   [VINCENT I.
Marie, b [2] 21 janv. 1691. — *Jean-Baptiste*, b 4 7 janv. 1695, m 9 12 juin 1719, à Geneviève PEPIN.— *Marie-Madeleine*, b 4 26 déc. 1692 — *Basile*, b 4 4 juin 1696. — *Marie*, b 4 10 avril 1698. — *Marthe*, b 4 6 mars 1700 ; s 4 21 déc. 1702. — *Barthélemi*, b 4 24 août 1701 — *Marie-Anne*, b...; m à André DUCHÈNE. — *Augustin*, b 30 janv 1704, à St Michel. [5] — *Louis*, b 4 17 mai 1705. — *Nicolas*, b 5 1er oct. 1707. — *Joseph*, b [1] 27 janv. 1709.— *Elizabeth*, b [1] 17 mai 1711, s [1] 6 oct. 1714 — *Michel*, b [1] 22 mai 1715.

I. — GROSLEAU, Marie, b 1637 , s 8 sept. 1712, à la Pte-aux-Trembles, Q.

1670, (8 septembre) Quebec.

I. — GROLEAU, Pierre, procureur des Hospitalières de Québec, b 1642, fils de Nicolas et d'Hilaire Joly, de St. Nicolas-de-Poire, de Velin, près Fontenay, évêché de LaRochelle.
1o GOBERT, Marie-Madeleine, b 1652, fille de Pierre et de Madeleine Turet, de St Nicolas des Champs, de Paris , s...

1679, (10 janvier) L'Ange-Gardien.

2o LABERGE, Geneviève,   [ROBERT I.
Geneviève, b 4 avril 1691, au Cap Santé.[9] — *Françoise*, b 6 et s 19 déc. 1683, à la Pte-aux-Trembles, Q [8] — *Jean-Baptiste*, b 8 9 juin 1686 ; m 9 17 mai 1709, à Ursule-Elizabeth HAMEL. — *Thérèse*, b 8 24 oct. 1688. — *Pierre*, b 8 3 juin 1692.

1669, (14 août) Québec.[8]

I. — GRONDIN, Jean, b 1630, fils de Pierre et de Marie Rigoulet, de Ste. Marie de Brouage, évêché de Xaintes ; s 1er oct. 1714, à la Rivière-Ouelle. [9]
MIGNOT, Xainte,   [JEAN I.
Marie, b 9 8 fév. 1671 , m 2 25 nov. 1687, à Sebastien BONIN. — *Marie-Agnès*, b 19 mars 1673, à Beauport , m 2 31 janv. 1690, à Pierre EMOND. — *Louise*, b 1676 ; m 2 13 fev. 1697, à Charles MIVILLE. — *Jeanne-Xainte*, b 1678 ; 1o m 2 7 fév 1695, à Jean HAYOT; 2o m 2 15 avril 1722, à Michel CHARTIER. — *François*, b 14 juin 1680, à la Pointe aux-Trembles ; m 29 oct. 1709, à Anne DARDE-BELAIR, au Château-Richer.— *Jean-Baptiste*, b... ; m 8 fév. 1712, à Marie-Anne DUBÉ.— *Théodose-Louise*, b [2] 3 janv. 1685 ; m 2 27 nov. 1702, à Pierre ALBERT. — *Sébastien*, b 2 17 oct. 1687 ; m 2 27 juillet 1712, à Marie-Anne PINEL.—*Jeanne-Marguerite*, b 2 31 janv. 1689 ; s 2 1er janv. 1706 —*Antoine*, b 2 12 mai 1692. — *Joseph*, b 2 19 mars 1696 ; s 6 fév 1716, à Ste. Anne.

1670, (9 septembre) Montréal. [9]

I.—GROS dit Laviolette, Antoine, b 1640, fils de Jean et de Marguerite Aupy, de St. François, ville de Bourbon-les-Bains, évêché de Bourges, s [9] 23 sept. 1687.
Aubry, Jacqueline, b 1648, fille de Marin et d'Anne Le Roux, de St. Pierre, evêché de Séez; s...
Marie-Thérèse, b [9] 3 sept. 1671.
Jean-Baptiste, b [9] 22 déc 1673 — *Simon,* b [9] 14 juillet 1676.— *Nicolas,* b [9] 23 nov 1678.

I.—GROS-JEAN, de Dieppe, truchement des Algonquins, qui se donne aux Anglais —(*Champlain.*)

I—GROSSE-JAMBE, Françoise, m 26 oct. 1671, à Julien Boissel, à Québec.

1693, (22 novembre) Pte-aux-Trembles (Q) [7]

II — GROTEAU, (1) Louis,   [Vincent I.
Bordeleau, Marie-Louise,   [Antoine I.
Bernard, b...; m 11 août 1728, à Catherine Truchon, à Lachenaye —*Louis,* b [7] 2 nov. 1696.—
Louise, b [7] 16 mai 1700.— *Marie-Anne,* b... . m [7] 25 avril 1739, à Jean-Marie Dasylva

I — GROSTON dit St. Ange, Robert, sergent de la compagnie de Noyan
Crevier, Marguerite,   [Christophe I.
veuve de François Renou
Pierre, b 17 nov. 1693, à Laprairie. [8]— *Joseph,* b [8] 31 oct. 1694.— *Jacques,* b [8] 16 dec. 1695 ; s [8] 9 fév. 1696.— *Louis,* b [8] 16 oct. 1698.— *Dominique,* b [8] 29 oct. 1699.— *Marie-Marguerite,* b [8] 29 janv. 1700.— *Marie-Madeleine,* b 24 janv. 1697, à Montréal

1660, (26 janvier) Québec. [6]

I.—GROUARD dit La Rose, Richard, fils de Thomas et de Françoise Renard, de Normandie.
Languille, Marie, (2) fille de Thomas et de Marguerite Benne, de Beauce.
François, b [6] 31 juillet 1662.— *Jacques,* b [6] 23 déc. 1663 ; m [6] 31 janv. 1689, à Marie Tétu.—
Jean-Baptiste, b [6] 8 avril 1665.— *Catherine-Gertrude,* b [6] 27 août 1667 . m [6] 27 janv. 1687, à Jean-Baptiste Viger

1689, (31 janv) Quebec. [7]

II —GROUARD, Jacques, serrurier, [Richard I.
Tétu, Marie,   [Pierre I
s [7] 28 dec. 1702.
Jacques, b [7] 3 sept. 1691. —*Jeanne-Marie,* b [7] 29 mai 1693 ; m [7] 29 août 1712, à Gabriel Lefebvre; s [7] 9 avril 1717.— *Joseph,* b [7] 16 mars 1695 — *Michelle-Françoise,* b [7] 13 déc. 1696.— *Pierre-Lucien,* b [7] 11 fév. 1699 , m [7] 29 août 1728, à Marie-Anne Tessier.— *Marie-Anne,* b [7] 9 sept. 1700 ; s [7] 26 juin 1701.— *Nicolas,* b [7] 28 août et s [7] 27 déc. 1702.— *Marie,* b 3 fév. 1690, à L'Ange-Gardien.

---

(1) Ce nom est une altération du nom de Croteau. Voy. Louis Croteau, page 151.

(2) Elle épouse, le 29 oct. 1687, François Hurault, à Québec.

1690, (3 avril) L'Ange Gardien.

II.— GROUARD, Jean-Baptiste.   [Richard I.
Testu, Marguerite,   [Pierre I.[s]
s 30 mai 1692, à Québec. [1]
Marguerite, b [2] mars 1691, s 9 janv. 1722, à la Rivière-Ouelle.— *Marie-Suzanne,* b [1] 18 avril 1692, m [1] 18 sept. 1726, à Joseph Lepellé de Voisy; s [1] 7 déc. 1749.

GROU.— *Variation :* Gueroui

1671, (23 novembre) Montreal [1]

I — GROU, Jean, (1) b 1649, fils d'Etienne et de Judith Lefer, de St. Maclou de Rouen
Goguet, Anne, (2)   [Pierre I.
Mathurin, b [1] 17 janv. 1674.— *Jean-Baptiste,* b [1] 1er mai 1676, s 23 janv. 1678, à la Pointe-aux-Trembles de Montréal. [2]— *Paul,* b [1] 11 avril 1678.
— *Pierre,* b [2] 16 mars 1681 ; m [1] 5 fév. 1703, à Marie-Gabrielle Chenlot.— *Marie,* b [2] 25 janv. 1683.— *Jean,* b [2] 30 mars 1685 ; m [1] 15 juillet 1708, à Jeanne Cousineau.— *Jeanne,* b [2] 22 avril 1687, s [1] 15 nov 1703.

I — GRUYAU, Jacques, b 1663, etait à St François du Lac, en 1681.

1652, (10 novembre) Quebec. [4]

I —GUAY, (Guiet) Jean, b 1626, fils de Jean et de Marie Dumont, de N.-D. de Mont Breneuil, en Saintonge
Mignon, Jeanne, b 1636, fille de François et de Marie Bélanger, de St. Sauveur de LaRochelle.
Jean, (3) b [4] 26 oct. et s [4] 30 nov. 1653.— *Jean,* b [4] 9 oct. 1654, m à Marie Brière.— *Guillaume,* b [4] 25 avril 1656 — *Ignace,* b 1658.— *Louis,* b [4] 9 mai 1660, 1° m à Marie-Anne Begin, 2° m 10 janv. 1692, à Suzanne Sameon.— *Jean,* b [4] 21 fev. 1663 ; m à Marie Hurault.— *Jacques,* b [4] 1er mai 1665; m 26 nov. 1693, à Marguerite Chauveau, à Levis. [5]— *Pierre,* b [4] 9 avril 1668.— *Françoise,* b [4] 19 fev. 1671, s [4] 14 juillet 1675.— *Charles,* b [4] 2 oct. 1672.— *Rosalie,* b [4] 4 avril 1673.— *Joseph,* b [4] 14 et s [4] 26 janv. 1675.— *Michel,* b [4] 13 avril 1677; m [5] 23 nov 1694, à Elizabeth Albert ; s [4] 10 déc. 1752.— *Ignace,* b 1658 ; 1° m à Marguerite Rocheron, 2° m à Périnne Samson, s [5] 8 fev. 1714

I. — GUAY, Gaston, (4) b 1630, s 6 janv. 1682, à Québec. [4]
Prevost, Jeanne, b 1631 , s [4] 26 avril 1699, à 70 ans.

---

(1) Le 2 juillet 1690, les Iroquois tuèrent près de la coulée de Jean Grou, au bout de l'île, le sieur Coulombe, lieutenant réformé, Jalot, chirurgien, Larose, Cartier, Jean Beaudoin, fils, Pierre Masta, fils, Isaac, soldat, de Montenon, sieur de Larue, Guillaume Richard dit Lefleur, et plusieurs autres au nombre desquels se trouvait le chirurgien de la paroisse. Antoine Chaudillon. Comme on craignait les Iroquois, on enterra, à la même heu, ces corps, et ce ne fut que le 2 novembre 1694, que les ossements furent transportés au cimetière.—*Registres de la Pointe-aux-Trembles de Montréal.*

(2) Elle épouse, le 26 octobre 1693, Jacques Joary, à la Pointe-aux-Trembles de Montréal.

(3) Filleul de M. de Lauzon, gouverneur.

(4) Seigneur de St. François.—Origine du nom Gastonguay— Castonguay.

Charles, b [4] 8 mars 1673.— *Marguerite*, b 1658 ; m [4] 30 oct. 1679, à Noël Levasseur ; s 21 avril 1702.— *Mathieu*, b 1650 ; 1º m [4] 21 janv. 1681, à Thérèse Poirier ; 2º m [4] 11 janv. 1674, à Anne Brisson ; 3º m [4] 17 août 1695, à Marguerite Balan ; s [4] 5 juillet 1719.— *François*, b 1665 ; m [4] 10 nov. 1687, à Anne-Marguerite L'Archevêque ; s 12 déc. 1687.— *Jean-Baptiste*, b 1668 ; m à Agnès Simon ; s [4] 4 avril 1739.

————

II.— GUAY, Jean, [Jean I.
Brière, Marie, (1) b 1651.
Alexis, b 1670 ; m 26 janv. 1698, à Elizabeth Dizy, à Champlain.— *Rosalie*, b 1672.— *Marie*, b 23 déc. 1674, à Québec. [1]— *Catherine*, b [1] 25 mai 1676.— *Jean*, b 1678 ; s 5 août 1705, à Montreal.— *Angélique*, b 1679.

————

GUAY, Marie-Anne, b 1690 ; s 26 août 1757, à Lévis.

1681, (21 janvier) Québec. [1]

II.— GUAY, Mathieu, [Gaston I.
s [1] 5 juillet 1719.
1º Poirier Therèse, [Vincent I.
s [1] 26 sept. 1693.
François, b [1] 3 nov 1681 ; s [1] 17 fév. 1682 — *Jean-François*, b [1] 28 janv. 1683 , s [1] 19 fév. 1684.— *Pierre*, b [1] 14 août 1686.— *Noel*, b [1] 10 juillet 1688.— *Raymond*, b [1] 25 avril 1690 ; 1º m [1] 10 juin 1716, à Françoise Bridaut : 2º m [1] 1ᵉʳ sept. 1725, à Barbe Faucher ; s [1] 7 juillet 1754.— *Charles*, b [1] 29 mars 1692 — *Anne-Felicite*, b [1] 14 sept. 1693 ; m 3 fév. 1711, à Barthelemi Tinon.— *Thérèse*, b... ; m [1] 12 oct. 1700, à François Boivin.

1694, (11 janvier) Quebec. [1]

2º Brisson, Anne, [René I.
Rene, b [1] 5 et s [1] 21 nov. 1694.

1695, (17 août, Quebec [1]

3º Balan, Marguerite, (2) [Pierre I.
Marie-Charlotte, b [1] 12 oct. 1696 , m [1] 17 fév. 1716, à Nicolas Roussel — *Geneviève*, b [1] 1 nov. et s [1] 14 déc 1697.— *Claude-Catherine*, b [1] 24 oct. 1699 , m [1] 29 nov 1726, à Eugene De Villy.— *Vincent Mathieu* b [1] 22 août 1700.— *Marguerite*, b [1] 13 déc. 1701, m [1] 14 fév. 1722, à François Bissonnet.— *Edouard* b [1] 19 fév 1703.— *Marie-Therese* b [1] 4 mai 1705.— *François Marthe*, b [1] 3 déc. 1706, m [1] 1ᵉʳ déc. 1742, à Marie-Charlotte Parent, s [1] 8 juillet 1757 — *Pierre* b [1] 3 avril 1709, m 1729, à Angelique Morin, à Charlesbourg.— *Marie-Geneviève* b [1] 21 nov. 1710, m [1] 29 juillet 1743, à Henry Dubours.— *Marie-Jeanne*, b [1] 29 nov. 1717 ; m [1] 7 juillet 1749, à Pierre Rocer.

————

1687, (10 novembre) Québec.

II.— GUAY, François, [Gaston I.
s 12 déc. 1687, à Québec.
L'Archevêque, Anne-Madeleine, (3) [Jean II.

————

(1) Elle épouse, le 20 novembre 1679, Martin Guedon, à Québec.
(2) Elle épouse, le 30 décembre 1722, René Duchesneau, à Québec.
(3) Elle épouse, le 23 nov. 1688, Noël Rouillard, à Québec.

II.— GUAY, Jean, [Jean I.
Hurault, Marie, [François I.
Pierre-Michel, b 29 sept. 1690, à Quebec.

————

II.— GUAY, Jean-Bte , menuisier, [Gaston I.
s 4 avril 1739, à Quebec.[5]
Simon, dit Lapointe, Marie-Agnès, [Hubert I.
s [5] 1ᵉʳ sept. 1752.
Marie-Jeanne, b [5] 1ᵉʳ juin 1692 ; m [5] 27 nov. 1713, à Jean-Baptiste Parent.— *Marie-Louise*, b [5] 22 déc. 1693 ; m [5] 3 mai 1722, à Antoine Lépine ; s [5] 13 janv. 1723.— *Marie-Geneviève*, b [5] 5 sept. 1696. — *Marie-Thérèse*, b [5] 5 sept. 1696 ; m [5] 11 sept. 1719, à Nicolas Hubert ; s [5] 6 janv. 1733.— *Jean-Baptiste*, b [5] 21 juillet 1698 ; m [5] 11 sept. 1724, à Angelique Normand ; s [5] 3 juin 1758.— *Marie-Angelique*, b [5] 23 août 1700 ; m [5] 24 nov. 1718, à Antoine Vaillant ; s [5] 7 août 1729.— *Jean-François*, b [5] 12 nov. 1702 ; m [5] 28 oct. 1739, à Geneviève Le Cocq.— *Michel*, b [5] 6 déc. 1704 — *Louis*, b [5] 12 oct. 1707.— *Marie-Madeleine*, b [5] 22 août 1711 ; m [5] 13 nov. 1740, à Jean Beaucé.— *Marguerite*, b [5] 3 mars 1716, s [5] 1ᵉʳ oct. 1729.

1698, (26 janvier) Champlain.

III.— GUAY, Alexis, (1) [Jean II.
Dizy, Elizabeth, [Pierre I.
veuve de Jacques Chevalier ; s 16 fév. 1703, à Montreal.[6]
Rene, b [6] 15 nov. 1698.— *Elizabeth*, b [6] 4 nov. 1700.— *Alexis*, b [6] 27 juin 1702, s [6] 2 mai 1703.

————

II.— GUAY, Ignace, [Jean I.
1º Rocheron, Marguerite, [Simon I.
Jeanne, b... ; m 1ᵉʳ août 1712, à Pierre Leroux-Duplessis, à Lachine.
1692.
2º Samson, Perrine, [René I.
b 1673 ; s 10 déc. 1729, à Lévis. [9]
Marie-Françoise, b [9] 4 mai 1692 ; m [9] à Pierre Bourget, s [9] 26 sept. 1736.— *Elizabeth*, b [9] 17 août 1693 ; s [9] 9 nov. 1740 — *Ignace*, b [9] s [9] 26 déc. 1695.— *Marie-Angelique*, b [9] 20 fév. 1697, m [9] 9 juin 1718, à Etienne Samson.— *Marie-Suzanne*, b [9] 26 juin 1698 —*Catherine*, b [9] 25 avril 1700, m [9] 12 oct. 1722, à Joseph Samson ; s [9] 14 sept 1741.— *Marie-Anne*, b [9] juin 1702, s [9] 31 déc. 1708 — *Ignace* b... , m [9] 21 fév. 1730, à Josette Courtois, s [9] 24 nov. 1751, noy.— *Geneviève*, b [9] 26 mars 1707 ; m [9] 13 avril 1733, à Jacques Paquet.— *Charles*, b [9] 8 sept 1708 ; m à s...— *Marie-Anne*, b [9] 9 et s [9] 21 juin 1711.— *Jean-François*, b [9] 21 août 1712 ; m [9] 3 avril 1742, à Angelique Bourassa.

————

II.— GUAY, Louis, [Jean I.
1º Bégin, Marie-Anne, [Louis I.
Marie-Anne, b... ; m 9 sept, 1710, à Charles Grenet, à Lévis.
1692, (10 janvier) Lévis. [9]
2º Samson, Suzanne, [Jacques I.
Louis, b [9] 11 fév 1693 ; m à Thérèse Duquet.— *Marguerite*, b [9] 26 janv 1697.— *Michel*, b [9] 17 sept. 1699 ; 1º m [9] 27 avril 1722, à Anne Grenet. 2º m [9] à Catherine Samson.— *Jean*, b 1696 , m à

————

(1) Il signe Le Gay.

Marie-Anne CARIÉ ; s [9] 6 sept. 1756.— *Marie-Véro-nique*, b [9] 29 mars 1709 ; m [9] 17 nov. 1727, à Charles CARIÉ. — *Marie-Louise*, b [9] 14 janv. 1712 ; m [9] 6 juin 1735, à Jean-Baptiste CARIÉ ; s...— *Suzanne*, b 1713 ; m [9] 27 nov. 1736, à Claude GI-RARD ; s [9] 17 déc. 1759.—*Charles-Joseph*, b 1707 ; m [9] 12 oct. 1729, à Barbe CARIÉ. — *Charles-Jo-seph*, b 7 août 1706, à Québec [6] ; s [9] 26 nov. 1735. — *Charles*, b...— *Charles*, b [9] 7 oct. 1701 ; m 16 nov. 1733, à Madeleine LABRECQUE, à St. Etienne de Beaumont, s [9] 15 oct. 1759. — *Marie-Anne*, b...; m [9] 5 nov. 1737, à Joseph CARIÉ.

1693, (26 novembre) Lévis. [5]

II. — GUAY, JACQUES,   [JEAN I.
  CHAUVEAU, Marguerite,   [JEAN I.
Jacques, b [5] 7 oct. 1694 ; m 22 nov. 1723, à Ma-rie COUTURE, à St. Etienne de Beaumont. [4]— *Jean*, b [5] 21 mars 1696 ; m [4] 6 fév. 1730, à Angélique PLASSANT.— *Joseph*, b [5] avril et s [5] 18 déc. 1698. — *Marie-Josette*, b [5] 6 déc 1699 ; m [4] 18 juillet 1719, à Louis PARÉ.— *Angélique-Elizabeth*, b [4] 1er avril 1704 ; m [4] 3 mai 1728, à Philippe-Olivier COUTURE ; s [4] 14 avril 1729.— *Joseph*, b [4] 17 mars 1706 ; s [4] 19 avril 1723 — 2 *Anonymes*, b et s [4] 27 nov. 1707. — *Suzanne*, b [4] 17 déc. 1708 , m [4] 11 juin 1736, à Joseph MIVILLE.— *Charles*, b [4] 11 déc. 1710 ; s [4] 17 oct. 1714. — *Louis*, b [4] 30 mars 1713 ; s [4] 16 oct. 1714.—*Etienne*, b [4] 9 mars 1715. — *Marguerite*, b [4] 8 avril 1717.

1694, (23 novembre) Lévis. [4]

II. — GUAY, MICHEL,   [JEAN I.
  s 10 déc. 1752, à Québec. [5]
  ALBERT, Elizabeth, s...   [GUILLAUME I.
Michel, b [4] 18 oct. 1695, s [4] 2 mai 1721.— *Marie-Josette*, b [4] 12 oct. 1698 ; s [4] 5 nov. 1698.— *Marie-Angélique*, b [4] 24 janv. 1700 ; m 29 sept. 1727, à Joseph CARON.— *Marie-Catherine*, b [4] 19 déc. 1701.— *Laurent*, b [4] 30 sept. 1709 ; s [4] 16 fév. 1710.— *Laurent*, b [4] 14 juillet 1711 ; s [4] 6 sept. 1711.— *Elizabeth*, b [5] 18 fév. 1697 ; m à Jacques BERNIER.— *Marie-Françoise*, b [5] 20 mars 1713 ; m à Joseph-Marie LEMIEUX, s [4] 2 avril 1763.— *Marie-Louise*, b...; m à Pierre GRENET.

GUDEPART,— Voy. DIEU-DE-PART.

I. — GUEDON, ANNE, b 1641 ; m 1665, à Gabriel BENOIT.

1679, (20 novembre) Québec.

I. — GUEDON, MARTIN, b 1645, fils de Jean et de Marie Capon, de St. Maurice, evêché de Rouen ; s...
  BRIÈRE, Marie, veuve de Jean Guay.

I. — GUENAULT, FRANÇOISE, fille d'Antoine et de Françoise Pinardis, de St. Prisque, evêché de Tours ; 1° m 30 janv. 1691, à Nicolas GEORGET, à Québec. [1]— 2° m [1] 3 août 1699, à Jean BOURON.

I. — GUENET, PIERRE, b 1649.
  VEUILLOT DIT MARANDA, Catherine, b 1649.
Jeanne, b 1672.— *Pierre*, b 1675 ; m 1693, à

Elizabeth PASQUET.— *Thomas*, b 1677 ; m 10 fév. 1705, à Marie-Anne PAUL, à St Etienne de Beaumont.— *Jacques*, b 1678 ; m 25 nov. 1704, à Marguerite BOUTIN, à Québec.— *Marie*, b 1er mai 1681, à St. Laurent, Ile d'Orléans ; s [9] 26 nov. 1687.— *Michel*, b [9] 21 sept. 1683 ; s [9] 3 sept. 1686.

1675, (9 décembre) Montréal. [7]

I. — GUENET, (1) JEAN, marchand-chapelier, b 1646, fils de Jean et de Marthe Varin, de St. Godard, de Rouen.
  HEURTEBISE, Etiennette,   [MARIN I.
Pierre, b [7] 26 fev. 1677.— *Hélène*, b [7] 7 août 1679 ; m [7] 9 juillet 1700, à Jacques MILOT.—*Marie-Clémence*, b [4] nov. 1681, à Lachine. [8]— *Jean*, b [8] 5 mars 1682.— *Thomas*, b [8] 19 sept. 1685.—*Jean*, b [7] 16 fév. 1689 ; m 18 oct. 1717, à Marie-Made-leine LANDRON, à Québec.— *Elizabeth*, b [7] 13 juin 1691.— *Jeanne*, b [7] 19 janv. 1694.— *Marie-Anne*, b [7] 14 mars 1696, sœur dite Ste. Agnès, C. N.-D. s [7] 15 déc. 1749.— *Jean-François*, b [7] 5 mai 1698.— *Anonyme*, b [7] et s [7] 12 mai 1700.—*Marie-Char-lotte*, b [7] 10 oct. 1701.

1693.

II. — GUENET, PIERRE,   [PIERRE I.
  PASQUET, Elizabeth.   [ISAAC I.
Elizabeth, b 20 janvier 1692, à Lévis.—*Charles*, b 7 avril 1694, à St. Etienne de Beaumont ; m [9] 4 nov. 1721, à Geneviève LAROSE.— *Pierre*, b [9] 19 février 1696 ; m [9] 25 nov. 1723, à Marie LEROY.— *Marie-Françoise*, b [9] 2 fév. 1698 ; m [9] 17 janv. 1718, à Louis BÉCHARD.— *Marie-Char-lotte*, b [9] 22 oct. 1709 ; m [9] 8 nov. 1728, à Joseph JOLIVET — *Louise*, b [9] 29 juin et s [9] 11 juillet 1714.— *Jacques*, b...; m [9] 8 avril 1723, à Louise GRO-melin.— *Anne*, b...; m [9] 29 janv. 1725, à Jean LEROY.— *Elizabeth*, b...; m 25 mai 1710, à Fran-çois BAQUET, à St Michel.

I. — GUENICHON, JEAN-BAPTISTE, seigneur de Beusseville, était à Québec, en 1690.

GUÉRARD. — *Variations et Surnoms :* GUER-RARD — GUERRAT — GRAPT — LE GRAPT.

1667, (24 octobre) Québec.

I. — GUÉRAND, MARTIN, b 1638, fils de Guillau-me et de Rachel Breman, de St. Léonard de Honfleur, evêché de Rouen ; s 19 avril 1676, à Ste. Famille, [2] noyé.
  BOÊTE, Marie, (2) b 1652, fille de Charles et d'Anne Levreux, de St. Vivien, de Rouen.
Charles, b 1670 ; m [2] 4 fév. 1697, à Madeleine CHRÉTIEN ; s 8 mai 1743, à Ste. Foye.

1697, (4 février) Ste. Famille. [3]

II. — GUÉRARD, (3) CHARLES,   [MARTIN I.
  b 1670 ; s 8 mai 1743, à Ste. Foye. [4]
  CHRÉTIEN, Marie-Madeleine,   [VINCENT I.
Thérèse, b [3] déc. 1697, religieuse-hospitalière, dite Ste. Ursule ; s 13 oct. 1727, à Québec.— *Mar-*

---

(1) Signe Quenet, contrôleur des fermes du Roy, et rece-veur des droits des Seigneurs de Montréal.

(2) Elle épouse, le 7 déc. 1676, Nicolas Groinier, à Québec.

(3) Dit Le Grapt.

guerite, b⁵ 12 oct. 1699 ; m 24 fév. 1716, à St. François, Ile d'Orléans⁶. — Marie-Madeleine, b... ; m⁶ 25 nov. 1715, à Charles LANDRY. — Charles, b⁶ 19 janv. 1702 ; m⁶ 13 avril 1722, à Madeleine LEPAGE — Alexis, b³ 25 fév. 1704 ; m⁶ 2 sept. 1726, à Véronique MARTINEAU. — François, b⁶ 20 fév. 1708 ; m⁶ 11 août 1727, à Marie-Josette LEPAGE — Joseph, b⁶ et s⁶ 14 fév 1713. — Joseph, b⁶ 16 mars 1714 ; m⁴ 10 nov. 1738, à Geneviève LANGLOIS ; s⁴ 22 déc. 1773 — Claude, b⁶ 20 mai 1716 ; s⁶ 28 avril 1718. — Marc, b⁶ 2 sept 1719.

1674.

I. — GUERGANIVET et KERCANIFET, DIT LESPÉRANCE, JEAN, b 1622 ; s 15 août 1699, à Lorette ⁸
BULTET, Marie-Anne, (1) b 1659, fille de Pierre et de Jeanne Charron.
Jean, b⁸ 5 janv. 1676. — Jeanne, b⁸ 21 oct. 1679. — Anne, b 1675 ; m à Martial DESROCHES

GUERET. (2) — Variations et surnoms : GUERRE — GUEREZ — DUMONT.

1694, (19 avril) Beauport.¹

I. — GUÉRET JACQUES (3) b 1606, fils de René et de Madeleine Vigoureux, évèche de Bayeux, Normandie.
TARDIF, Anne, [JACQUES I
Jean, b⁸ 7 fév. 1695 ; m à Marie-Anne LAPLANTE. — Jacques, b³ 4 mars 1697, m 16 avril 1733, à Geneviève LEVASSEUR, à Kamouraska². s² 1ᵉʳ juillet 1736 noyé. — Alexandre, b³ 26 avril 1699 — Marie-Catherine, b⁸ 6 oct. 1708. — Michel b³ 6 oct. 1708 m² 7 nov. 1735, à Rose LEVASSEUR — Joseph-Simon, b⁸ 6 oct. 1708 m² 3 fév. 1733, à Marie-Claire BOUCHER. — Charles, b³ 29 déc. 1709 s⁸ 18 janv. 1710. — Jean-Baptiste, n° 19 mai 1711 au Mont-Louis ; b³ 24 juin 1713, m² 4 mai 1733, à Madeleine DE LA BOURLIÈRE. — Marguerite, b³ 20 juillet 1713 ; m 13 fév. 1736, à François LEVÊQUE, à Rimouski. — Pierre, b... ; m à Marie-Josette AUBÉ.

GUÉRIN, JEAN, fidèle compagnon du Père Menard pendant plus de 20 ans, mort, en 1662, au milieu des forêts. — (Voir sa biographie, Relation des Jésuites, 1663, p. 23.)

1659.

I. — GUÉRIN, CLÉMENT,
b 1647 ; s 8 juin 1711, à Charlesbourg.³
COIRIER, Périnne,
b 1634 ; s³ 19 déc. 1714.
Jean, b 1660. — Anne, b 1667 ; 1° m³ 19 fév. 1680, à Jean AUMIER ; 2° m 8 fév. 1716, à Antoine FAUGÈRE, à Québec.¹ — Anonyme, b et s¹ 18 juin 1670. — Marguerite, b¹ 25 juin 1671. — Marie, b¹ 3 mai 1673 ; m¹ 6 oct. 1687, à Jean BOUTET. — Claudine-Philiberte, b¹ 18 nov. 1674 ; m³ 6 fév. 1690, à Jean BOURBON. — Jeanne, b¹ 29 nov. 1676 ; m² 10 fév. 1695, à René DUCHESNEAU. —

Jeanne-Marguerite, b¹ 18 oct. et s¹ 10 déc. 1678. — Henry, b⁸ 8 oct. 1679 ; m 1700, à Gertrude BON. — Cécile, b⁸ 4 mars 1682 ; s³ 12 juillet 1683. — Louise, b³ 24 janv. 1684, m³ 3 fév. 1699, à Jacques MARQUET.

I. — GUÉRIN, SYLVAIN, cordonnier, d'Amboise.
BRASEAU, Marie, (!) [NICOLAS I.
Raphael, b 19 oct. 1686, à Montréal.¹ — Antoine, b¹ 5 août 1688. — Marie, b... ; m¹ 11 juin 1697, à Guillaume ROBIDAUT. — Françoise, b... ; 1° m à Joseph ROBIDOU, 2° m 1732, à François POTVIN ; s 13 mars 1745, au Sault-au-Récollet.

1696, (19 novembre) Montréal.

I. — GUERIN DIT LAFONTAINE, CLAUDE, soldat de M Noyan, b 1668, fils de Michel et de Jeanne Veron, de Lusignan, évèche de Poitiers.
CUSSON, Jeanne, [JEAN I. veuve de Joachim LEBER.
Jacques, b 10 août 1697, à Laprairie¹ ; m¹ 29 janv. 1725, à Anne SENECAL. — Jean-Baptiste, b¹ 16 oct 1699 ; m¹ 29 janv. 1725, à Catherine BORDEAU. — Angélique, b¹ 30 juillet 1701.

GUERINET — Voy. GARINET.

GUERNAUX. — Voy. GARNAULT.

GUEROUT, JEAN. — Voy. GROU.

GUERHARD. — Voy. GUÉRARD — LE GRAPT.

GUERRAT. — Voy. LE GRAPT.

GUERS, commissionnaire du Duc de Montmorency, à Québec, en 1620. — Champlain.

GUERSAUT, GABRIEL. — Voy. GARZEAU.

GUERTIN. — Variations et surnoms : CHERTIN — DIERTIN — LESABOTIER.

1659, (26 janvier) Montréal. ⁸

I. — GUERTIN DIT LE SABOTIER, LOUIS, b 1635, fils de Louis et de Georgette Le Duc, de Daumeray, près d'Angers.
LE CAMUS, Elizabeth, b 1645, fille de Pierre (médecin) et de Jeanne Charles, de Paris ; s⁸ 20 juill t ¹680
Marie-Elizabeth b⁸ 6 fév. 1661 ; m⁸ 13 nov. 1673, à Eustache PREVOST. — Marie, b⁸ 29 mars 1662 ; m⁸ 26 nov. 1675, à Pierre HANDGRAVE — Catherine, b⁸ 26 mai 1664, 1° m⁸ 29 oct. 1681, à Pierre CAILLONNEAU, 2° m⁸ 20 janv 1689, à Denis VERONNEAU. — Marie, b⁶ 20 juillet 1666, m⁸ 6 nov. 1679, à Jean SAUVIOT. — Louis, b⁸ 3 janv. 1668, m à Madeleine CHICOINE. — Madeleine, b⁸ 18 oct. 1669 ; 1° m à George LAPORTE ; 2° m 11 fév. 1694, à René BAU, à Boucherville. — Pierre, b⁸ 11 juin 1671 ; m⁸ 11 avril 1695, à Marie-Anne GIARD. — Eustache, b⁸ 28 août 1673. — Angélique, b⁸ 11 nov. 1675. — Françoise, b⁸ 12 déc. 1677 ; m⁸ 29 juin 1694, à Charles VIGER — Paul, b⁸ 2

---

(1) Elle épouse, le 11 mai 1700, Etienne GAUVIN, à Lorette.
(2) Il ne faut pas confondre le nom Gueret avec celui de Quedret.
(3) Guéret, demeurait au Mont-Louis.

(1) Elle épouse, le 10 novembre 1698, Guillaume Tougard, à Montréal.

mai 1680 ; m 19 mars 1702, à Madeleine Plouf, à Contrecœur — *Marie*, b 1679 ; 1° m à Lavergne ; 2° m³ 23 sept. 1696, à Pierre Garreau

II. — GUERTIN, Louis,   [Louis I. Chicoine, Madeleine,   [Pierre I.
Marie-Madeleine, b 1er déc. 1690, à Montréal.³ — *Marguerite*, b⁸ 15 sept. 1692 , m 23 avril 1714 à Michel Langevin, à Verchères. ⁰ — *Marie*, b³ 25 janv. 1694 ; s⁸ 9 janv. 1695. — *Marie*, b⁸ 18 juillet 1696. — *Louis*, b³ 25 mars 1698 ; s 13 juillet 1701, à Contrecœur,⁵ tué par un cheval — *Louis*, b⁵ 26 août 1705. — *Marie*, b⁵ 15 sept. 1701. — *Marie-Madeleine*, b⁰ 11 mars 1709.

1695, (11 avril) Montréal ⁴

II. — GUERTIN, Pierre, b 1671,   [Louis I
Gard, Marie-Anne,   [Nicolas I.
Joseph, b⁴ 28 fev. 1696. — *Gabriel*, b⁴ 31 mars 1698. — *Marie-Catherine*, b 6 juin 1702, à Contrecœur² ; m² 5 nov. 1718, à Pierre Chagnon. — *François-Nicolas*, b ² 3 dec. 1703 , s ²1er mars 1705. — *Marie-Françoise*, b² 2 août 1705. — *Marie-Charlotte*, b 1er et s 9 mai 1711, à Repentigny.⁹ — *Marie-Charlotte*, b⁹ 28 août 1712

1697, (21 janvier) Champlain. ⁷

I. — GUEVREMONT, Jean, fils de Jean et de Madeleine Langlois, de St. Remi, evêché de Dieppe.
1° Carpentier, Madeleine,   [Noel I.
s⁷ 6 nov. 1703.
Jean-Baptiste, b⁷ 13 oct. 1697 — *Etienne*, b⁷ 13 mars. 1699 — *Marie-Madeleine*, b⁷ 25 oct. 1700. — *Joseph*, b⁷ 5 oct. 1702, s⁷ 15 juillet 1703 — *Marie-Geneviève*, b⁷ 2 oct. et s⁷ 11 nov. 1705.
1705, (7 janvier Pte-aux-Trembles, (Q)
2° Delisle, Geneviève,   [Louis I.
Marie-Françoise, b⁷ 15 juin 1707. — *Marie-Antoinette*, b⁷ 9 dec. 1709.

GUIBAUT. — Voy. Guilbaut.

I. — GUIBERGE, Pierre.
Des Bordes, Mathurine (1)
Jeanne, b... ; m 23 juillet 1669, à Pierre Cabassier.

GUIBERT, Michel, neveu de Jean Chicot ; b 1648 ; s 29 mars 1666, brûle au village des Onoi8tsonnans.

I. — GUIBEBT, Louis, cloutier, b 1648, était à Quebec, en 1681.

I. — GUIBERT dit Jasmin, Jean, soldat de M. Tonty, b 1675. à Valence, evêché d'Agen ; s 31 août 1703, à Montréal.

1684, (27 avril) Champlain.⁷

I. — GUIBORD, Antoine, b 1656, fils d'Henry et de Madeleine Remply, de St. Pierre, évêché de Clermont.

De la Rue, Jeanne, (1)   [Guillaume I.
Marie, b⁷ 26 mai 1686, m 4 juin 1708, à Joseph Rochelot, à Ste. Anne de la Perade⁸. — *Jacques*, b⁷ 31 mars et s⁷ 4 avril 1689. — *Marie-Anne*, b⁷ 15 avril 1690 ; m⁸ 8 janv. 1720, à Charles La Grave. — *Joseph*, b⁸ 22 sept. 1695 , m à Marguerite Brien. — *Louis*, b⁸ 25 août 1698

1689, (7 novembre) Laprairie.

I, — GUICHARD, Claude, b 1656, fils de Jean et de Laurence Gagné, de Bour.
Boyer, Marguerite, (2)   [Charles I.

1699, (23 novembre) Montréal.¹

I. — GUICHARD dit La Sonde, Jean, chirurgien et soldat de Louvigny, fils de Jean et de Madeleine Coutday, de N. D de Vitry-le-François, evêché de Chartres, en Champagne, s... \
Gerbfau, Marguerite,   [Christophe I.
Jean, b 12 janv. et s¹ 27 fev. 1701. — *Françoise*, b ¹ 2 janv. 1702. — *Jean-Jacques*, b ¹ 14 janv. 1704.

I — GUICHELIN, Catherine, b 1657 ; m 1678, à François Turbot.

GUIETIER. — *Variations et surnoms :* Dietier — L'Eveillé.

1698, (10 fevrier) Lorette ¹

I. — GUIETIER, (Le) Laurent, soldat de Desmeloises.
Julin. Marie-Anne, veuve de Pierre Lachesne
Jean-Laurent, b¹ 12 janv. 1699. — *Louis*, b¹ 28 avril 1700. — *Marie-Catherine*, b ¹ 11 juin 1702 — *Pierre-Joseph*, b¹ 13 mai 1706 , s¹ 31 mars 1707. — *Joseph*, b¹ 5 mai 1708 ; s¹ 3 sept. 1714. — *Jean-Charles*, b¹ 5 nov. 1709 ; m 26 juillet 1733, à Marie-Madeleine Gendron, à l'Ange-Gardien. — *Charlotte*, b¹ 22 mai 1712 ; s¹ 13 sept. 1714. — *Jean-Philippe*, b¹ 14 nov. 1713, s¹ 21 sept. 1714.

GUIGNARD. — *Variations et surnoms :* Guinard — Ginard — L'Espérance.

1677, (2 mai) Sorel. ⁸

I. — GUIGNARD dit d'Olonne, Pierre, b 1653.
Tierce, Françoise, veuve d'Aufray Coulon.
Pierre, b³ 13 mars 1678 ; m 4 janv. 1705, à Therèse Badaillac, à Repentigny. ⁴ — *Françoise*, b⁴ 14 mai 1680 ; m 1697, à Jean Bougrand. — *Jean-Baptiste*, b 6 août 1682, à Contrecœur. ⁵ ; m à Catherine Guyon. — *Louise*, b⁵ 27 août 1684 ; m 15 avril 1706, à Jean-Baptiste Piette, à l'île Dupas — *Anne*, b⁵ 18 janv. 1687. — *Madeleine*, b... ; m 24 janv. 1718, à Jean Rondeau.

1683, (28 février) St. Jean, I. O.⁴

I. — GUIGNARD, Pierre, b 1648, fils de Nicolas et d'Isabelle Laisné, de St Pierre de Chavagne, evêché de Luçon ; s 28 oct. 1699, à St. Michel.⁵

---

(1) Elle épouse, le 16 août 1663, Michel Bouvier, à Montréal.

(1) Elle épouse, le 9 janv. 1702, Simon-Rector Horson, à Ste. Anne de la Perade.

(2) Elle épouse, le 4 oct. 1694, Jean Bonnet, à Montréal.

GUILMET, Jeanne, (1)   [NICOLAS I.
Noel, b⁴ 24 août 1689 : 1º m 9 janv. 1719, à
Marie-Anne MERCIER, à Ste. Anne⁶ ; 2º m⁶ 18 fév.
1726, à Marguerite GUIMONT. — *Pierre,* b... ; m⁶
17 oct. 1722, à Marie-Josette PARÉ. — *Marguerite,*
b⁵ 10 août 1694. — *Augustin,* b⁵ 12 oct. 1698. —
Marie, b... , m⁵ 21 août 1702, à Charles DUMAS

I. — GUINARD DIT L'ESPÉRANCE, JEAN,
    tué par les Iroquois ; s 27 juin 1691, à Lachine.

GUILBAUT. — *Variations et Surnoms :* GUIBAUT
— GUILBOS — GRANDBOIS — DUPLARIAL

1667, (6 octobre) Québec. ³

I. — GUILBAUT, PIERRE, b 1644, fils de Fran-
    çois et de Marie Pignon, de St. Barthélemy,
    de LaRochelle.
    1º SENÉCAL, LOUISE, (2) b 1641, fille de Pierre et
    de Françoise Campion, de St. Eloi, évêché de
    Rouen.
    Marie, b⁸ 13 sept. 1668 ; m 16 août 1688, à
François DUBOIS, à Charlesbourg⁴ ; s³ 3 janv.
1747. — *Joseph-Olivier,* b⁸ 18 mars 1672 ; 1º m⁴
3 mai 1694, à Anne PAGEOT ; 2º m⁴ 15 nov. 1706,
à Marie-Charlotte DUBAU — *Etienne,* b³ 15 fév.
1675 ; m⁴ 2 mars 1699, à Françoise ROY. — *Elizabeth,* b⁸ 17 dec. 1679.
    1697, (7 janvier) Charlesbourg.
    2º LEBLANC, Françoise, (3)   [JACQUES I.

1670, (13 octobre) Québec. ³

I. — GUILBAUT, LOUIS, b 1636, fils d'Antoine et
    de Marie Morel, du Bourg-de-Denant, proche
    de Fontenoy, évêché de LaRochelle ; s...
    LEFEBVRE, Marie, b⁸ 1645, fille de Pierre et de
    Michelle Jouet, de St. Martin, évêché de
    Soissons.
    Jean, b³ 17 sept. 1671 ; 1º m³ 15 oct. 1696, à
Marie DASILVA ; 2º m 30 nov. 1709, à Marie Ro-
CHELOT, à Ste Anne de la Pérade. ² — *Edmond,*
b³ 7 oct. 1672 ; m 9 avril 1720, à Marguerite
CAMPAGNARD, à Batiscan.⁵ — *Louis,* b 1678 ; s 1ᵉʳ
mai 1703, à Montréal. — *Marie-Anne,* b... ; m
1696, à Mathieu SIONEAU. — *Antoine,* b 24 mars
1682, à Champlain. ¹ — *Catherine,* b¹ 18 oct. et
s⁵ 7 nov. 1682. — *Joseph,* b... ; m² 25 mai 1723,
à Marie-Madeleine CHAREST.

1694, (3 mai) Charlesbourg. ⁷

II. — GUILBAUT, JOSEPH,   [PIERRE I.
    1º PAJOT, Marie-Anne,   [THOMAS I.
    Marguerite, b⁷ 18 déc. 1695 ; m⁷ 8 nov. 1717,
à Jean MARANDA. — *Marie-Charlotte,* b⁷ 17 et s⁷
19 oct. 1698. — *Anne-Elizabeth,* b⁷ 30 dec. 1699 ;
s⁷ 20 janv. 1703. — *Charles-François,* b⁷ 30 oct.
1702. — *Joseph,* b⁷ 3 avril 1705.
    1706, (15 novembre) Charlesbourg.
    2º DUBAU, Charlotte,   [TOUSSAINT I.

(1) Elle épouse, le 26 juin 1702, Raymond Dalmas, à St.
Michel.
(2) Séparée de son mari, en 1679.
(3) Elle épouse, le 9 fév. 1712, Pierre Joubert, à Charlesbourg.

Jean-Baptiste, b⁷ 23 juillet 1708. — *Pierre,* b⁷
30 mars 1710. — *Charles-Martin,* b⁷ 13 juin et s⁷
29 sept. 1712. — *Marie-Josette,* b⁷ 18 mars 1714 ;
s⁷ 20 avril 1715. — *Marie-Josette,* b⁷ 14 fév. 1716.
— *Louis,* b⁷ 1ᵉʳ janv. 1718.

1696, (15 octobre) Québec.

II. — GUILBAUT, JEAN,   [LOUIS I.
    1º DASILVA, Marie-Louise,   [PIERRE I.
    Elizabeth, b 27 mars 1698, à Ste. Anne de la
Pérade⁸. — *Louis,* b⁸ 12 fév. 1699. — *Pierre,* b
1700 ; s 3 sept. 1755, à Batiscan. — *Marie-Anne,*
b⁸ 20 janv. 1703.
    1709, (30 novembre) Ste. Anne de la Pérade.
    2º ROCHELOT, Marie,   [VIEN I.
       s⁸ 9 nov. 1715.
    Laurent, b⁸ 1ᵉʳ mars 1710. — *Joseph,* b⁸ 8 juil-
let 1712.

1699, (2 mars) Charlesbourg. ⁴

II. — GUILBAUT, ETIENNE,   [PIERRE I.
    Roy, Françoise,   [ETIENNE II.
    Marie-Madeleine, b⁴ 22 déc. 1699. — *Marie-Mar-
guerite,* b⁴ 15 dec. 1700 ; s⁴ 13 avril 1701. —
Marie-Madeleine, b⁴ 7 mai 1702 ; s⁴ 24 janv.
1703. — *Pierre,* b⁴ 20 janv. 1704. — *Jean-Charles,*
b⁴ 25 nov. 1706. — *Etienne,* b⁴ 3 oct. 1709 ; m 7
oct. 1736, à Angélique SEDILOT, à Ste. Foye. —
Joseph, b⁴ 2 avril 1712. — *Marie-Josette,* b⁴ 16
avril 1716.

I. — GUILLANTENA (DE) DIT LE BASQUE, JACQUES,
    soldat de Mr. Duplessis, était à Montréal, en
    1705.

I — GUILLAUME, b 1641, était à Montréal, en
    1681.

GUILLAUDET, — Voy. GIRAUDÉ.

1688, (8 novembre) Pte-aux-Trembles, M.⁸

I. — GUILBERT DIT LAFRAMBOISE, JEAN, b 1651,
    fils d'Antoine et de Jeanne Crevier, de Bo-
    gaune, évêché d'Amiens, en Picardie ; s...
    LANCELEUR, Elizabeth, b 1668, fille de René et
    d Isabelle Langevin, de La Rochelle.
    Elizabeth, b⁸ 13 janv. 1690. — *Jean,* b⁸ 19 oct.
1691 ; s⁸ 20 janv. 1692. — *Angélique,* b⁸ 20 nov.
et s⁸ 7 dec. 1692. — *Jean,* b⁸ 13 dec. 1693. —
Toussaint, b⁸ 3 janv. 1696. — *Pierre,* b⁸ 6 fév.
1698. — *Madeleine,* b... ; m 9 nov. 1717, à Jean-
Baptiste QUENEVILLE, à Montréal.

I. — GUILLEBERT, LOUIS.
    LAGOUT, Marie.
    Louis, b... ; m 1722, à Anne JACQUES, à Char-
lesbourg.

GUILLEBOEUF, MADELEINE, femme de Jean
    BLOUF, en 1669.

GUILLEBOURDAY, MARGUERITE, femme de Jean
    BAILLARGEON, en 1650.

1647, (19 septembre) Québec.[1]

I.—GUILLEBOUT, Charles, b 1617, fils de Charles et de Jeanne ———, de Tourouvre, au Perche ; s[1] 12 fev. 1658.
Bigot, Françoise, (1) b 1632, fille de Jean et de Thomine Charlot, de Tourouvre, au Perche.
Marie-Geneviève, b 4 mars 1651, à Sillery : [4] 1º m 17 nov. 1665, à Sebastien Gingras ; 2º m à Pierre Robin ; s 21 janv. 1709, à Ste. Foye.—Charles, b[4] 9 mars 1654 ; s[1] 11 août 1690.—Marguerite, b[4] 11 juin 1656 ; 1º m à Antoine Pouillot ; 2º m à Jacques Rousseau.

1667, (17 octobre) Québec.

I.—GUILMET, Nicolas, b 1641, fils de Nicolas et de Jeanne Sauté, de St. Antoine de Nesle, évêché de Soissons ; s 16 dec. 1700, à St. Jean, Ile d'Orleans[3] ; s...
Selle, Marie, (1) b 1647, fille de Guillaume et de Marguerite d'Ormesnil, du-Bois-Guillaume, évêché de Rouen ; s...
Barbe, b 14 sept. 1668, au Château-Richer[4] ; m[3] 3 fév. 1693, à François Lemoine.—Jeanne, b[4] 21 avril 1670 ; 1º m[3] 28 fév 1683, à Pierre Guignard ; 2º m 26 juin 1702, à Raymond Dalmas, à St. Michel.[5]—Prisque, b[4] 10 avril 1672.—Jean, b 24 fév. 1674, à Ste. Famille[6], m 1696, à Marie-Anne Blaye—Nicolas, b[6] 25 fev. 1676.—Marie, b[6] 1er juin 1678, a François Daragon.—Agnès, b 1680 , m[3] 29 oct. 1698, à Nicolas Maupas—Catherine, b[3] 27 mars 1683 ; s[3] 8 nov. 1699.—Anne, b... ; m à Pierre Charlan.—Françoise, b[3] 24 fev. 1685 ; 1º m[3] 20 fev. 1702, à André Bissonnat ; 2º m[5] 7 janv. 1716, à Jean Daniau ; s[5] 5 fev. 1748.—Jeanne, b[3] 15 mai 1691.

1696.

II.—GUILLEMET, Jean, [Nicolas I.
Blaye, Marie-Anne, [Pierre I.
Antoine, b 15 janv. 1697, à St Etienne de Beaumont.[1]—Jean-Baptiste, b 29 avril 1699, à St. Michel[2] ; s[2] 15 fev. 1703.—Nicolas, b[2] 20 mars 1701.—Pierre, b[2] 10 avril 1703—Jean, b[1] 9 août 1705—Louis, b[2] 4 juillet 1707, s 14 juillet 1707, à St. Thomas.—Joseph, b[2] 15 juillet 1708 ; noyé, s 23 juillet 1731, à Levis.

GUILLEMOT. — Variations et surnoms : Duplessis — Clemet — Lalande — Guilmot — Guilmaut.

1680, (18 novembre) Château-Richer.[7]

I.—GUILLEMOT, Olivier, (3) b 1650, fils de Jean et de Marie Meran, évêché d'Enguien ; s 29 août 1701, à Québec.[2]
Cochon, Jeanne, [Jean II.
s[2] 18 mai 1735.
Anonyme, b et s[2] 31 déc. 1681.—Marguerite, b[2] 21 déc. 1684, s[2] 29 août 1687—Jean-Baptiste, b[2] 10 juillet 1686—Anonyme, b et s[2] 3 août 1687.—Mathurin, b[2] 26 fev. 1690 ; 1º m[7] 9

(1) Elle épouse. le 8 mai 1658, Denis Brière, à Québec.
(2) Elle épouse, le 18 juillet 1701, Jean Fribaut, à St. Jean, Ile d'Orléans.
(3) Marié sous le nom de Clémet.

---

avril 1709, à Marguerite Marette ; 2º m 9 fév. 1725, à Agnès Guimond, à Ste. Anne. —Jeanne-Catherine, b et s[2] 1er dec. 1691.—Madeleine, b[2] 30 juin 1693 ; s[2] 5 juillet 1694.—Marie-Thérèse, b[2] 4 sept. 1694 ; s[2] 31 août 1698.—Joseph, b[2] 1er fév. et s[2] 7 mars 1699.—Jean-Baptiste, b[2] 22 mai et s[2] 10 juin 1701.

1684, (4 octobre) Québec.

I.—GUILMOT dit Lalande, François, b 1652, fils de François et de Perinne Menard, de St. Martin, ville de Menne, évêché du Mans ; s 30 nov. 1700, à Montréal.[3]
Dupont, Madeleine, (1) [Jacques I.
Jacques, b 13 et s 25 janv. 1686, à Lachine.[4]—Françoise-Madeleine, b[4] 6 déc. 1686 ; s[4] 28 oct. 1687.—Philippe, b[4] 31 janv. 1688.—Jacques, b[3] 20 juillet 1690.—Madeleine-Louise, b[3] 11 juin 1692.—Jean, b[3] 18 juillet 1694.—Marie-Chrétienne, b[3] 29 sept. 1695.—Marie-Catherine, b[3] 9 sept. 1696.—Joseph, b[3] 2 oct. 1697.—Geneviève, b[3] 13 fév. 1700.

GUILLET,— Variations et Surnoms : Lajeunesse—St. Marc—St. Mars—Tourangeau.

I.— GUILLET Mathurin, était aux Trois-Rivières, en 1649.

I.— GUILLET dit Lajeunesse, Pierre, charpentier, b 1616.
De Launay de St. Per, Jeanne, b 1629.
Mathurin, b 7 nov. 1648, aux Trois-Rivières[7] ; m à Marie-Charlotte Lemoyne.—Madeleine, b[7] 9 oct. 1650 ; m à Robert Rivard ; s 27 avril 1736, à Batiscan.[9]—Jeanne, b[7] 17 nov. 1652 , m à Mathurin Rouillard ; s[9] 18 nov 1723.—Anne, b 24 sept. 1654 , m 1671, à Jean Moreau, à Quebec.[4]—Marie-Catherine, b[4] 8 fev. 1656 ; m à Jacques Macé.—Louis, b[7] 4 juin 1657 ; m à Marie Trotier ; s[9] 6 mars 1730.—Marie, b[7] 27 oct. 1658 ; m à Jean Baril ; s 20 oct. 1631, à Champlain.—Marguerite, b[7] 22 août 1660 , m 1676, à Pierre Deshayes—Pierre, b 1663.—Joseph, b 1664.—Geneviève, b 1665 ; m à Pierre Champout.

1687.

II.—GUILLET, Mathurin, marchand, [Pierre I.
Lemoine, Marie-Charlotte, [Jean I.
Marie Elizabeth, b 1684, à Verchères , sœur Ste. Barbe, de la Congregation N.-D. ; s 23 oct. 1739, à Montreal.[6]—Marguerite, b[6] 22 oct. et s[6] 4 dec. 1688.—Paul, b[6] 28 janv. 1690 ; m 31 janv. 1717, à Catherine Pinguet, à Quebec.—René-Augustin, b[6] 11 dec. 1691.—Louise-Charlotte, b[6] 11 déc. 1691.—Marie-Angelique, b[6] 8 mars 1693 ; m 8 janv. 1716, à Jacques Lemoine, à Ste. Anne de Montréal.—Marie-Renée, b[6] 1er mars 1696.—Pierre-Joseph, b[6] 26 sept. 1700 ; s 16 avril 1774, à Ste. Foye.

II. — GUILLET, (2) Louis, [Pierre I.
s 6 mars 1730, à Batiscan.[6]
Trotier, Marie, [Jean II.
b 1667 ; s[8] 24 juin 1739.

(1) Elle épouse, le 25 sept. 1703, Jacques Bigot, à Québec.
(2) Dit St. Marc, en 1692, et St. Mars, en 1738.

Marie-Catherine, b ⁸ 26 juillet 1689 ; m ⁶ 16 avril 1708, à Jean-Baptiste ADAM ; s ⁶ 20 juin 1752 — *Marie-Jeanne,* b ⁸ 28 janv. 1691 ; m⁸ 25 août 1718, à Jean-Baptiste GUION. — *Marie-Madeleine,* b ⁸ 9 nov. 1692, m ⁸ 25 août 1718, à René MESSIER. — *Elizabeth,* b ⁸ 22 août 1694; m⁸ 3 mars 1710, à Joseph GUION. — *Louis,* b ⁸ 17 juin 1696 — *Jean-Baptiste.* b ⁸ 6 mai 1698 , s ⁸ 18 nov 1700. — *Joseph,* b ⁸ 18 avril 1700 ; m⁸ 21 sept. 1726, à Marie-Angélique LEPELE — *Marie-Angélique,* b ⁸ 4 août 1702 ; m ⁸ 16 avril 1719, à Etienne BIGUÉ. — *Marie-Louise,* b... ; m ⁸ 12 janv. 1705, à Ignace GUION. — *Jean-Baptiste.* b ⁸ 25 janv. 1705 ; m 9 fév. 1728, à Marguerite ROY, à Ste. Anne de la Pérade , s ⁸ 22 juillet 1786. — *Marie-Joselle,* b 1708 , s⁸ 1er sept. 1712 — *Marie Anne,* b ⁸ 9 déc. 1711 , s ⁸ 22 juin 1714

1667, (6 novembre) Montreal ¹

I. — GUILLORY, SIMON, armurier, b 1646, fils de François et d'Anne Gaion, de Chastrou, evêché de Blois ; s ¹ 6 déc. 1696, noye au Sault St. Louis.

ᵛ BOUCHARD, Louise, b 1647, fille de Laurent et de Nicole Bugon, de Neufchatel, en Picardie ; s¹ 1er sept. 1703, dans l'eglise des Récollets. *Guillaume,* b¹ 14 avril 1670. — *Marie,* b ¹ 27 janv. et s ¹ 20 fev 1673 — *Jeanne-Françoise,* b ¹ 12 avril 1674, m ¹ 1er fév. 1694, à Jacques GAUDRY; s 6 juin 1700, à Varennes. — *François,* b ¹ 18 mars 1676. — *Simon,* b ¹ 12 sept. 1678, m ¹ 30 avril 1696, à Marie ALY ; s¹ 6 déc 1698. — *Marie-Anne,* b ¹ 20 juin 1680. — *Anne,* b ¹ 15 et s¹ 17 juin 1681 — *Marie-Madeleine,* b ¹ 15 juin 1681 , m ¹ 2 mars 1699, à Antoine TESSEROT , s 6 mars 1704, à Lachine — *Louise,* b ¹ 30 dec. 1682, m ¹ 14 août 1701, à Jean-Baptiste MASSIOT — *Marie-Françoise,* b..., sœur Ste. Suzanne, Cong. N.-D. , s ¹ 25 janv. 1727.

1696, (30 avril) Montreal ¹

II. — GUILLORY, SIMON, [SIMON I. ALY, Marie, [VINCENT I. *François,* b... ; ordonné 1738, s 17 avril 1758, à St. Jean, I. O. — *Antoine,* b ¹ 4 déc. 1704. — *Marie-Louise,* b 26 oct. 1700, à Lachine.

GUILLOT. — Voy. GUILLAUD — GUIOT — FAUGÈRE LE NÉGRIER — LE VALET — LA CHAUME.

I. — GUIOT LE NÉGRIER, JEAN, du bourg de Chambois, évêché de Seez, en Normandie, s 6 fev. 1635, aux Trois-Rivieres.

1651, (19 octobre) Québec. ⁴

I. — GUILLOT DIT LAVALET, GODFROY, fils de Jean et de Jeanne Coutin, de Ruffot, évêché de St. André, en Angoumais; s...

D'ADANCOUR, Marie, (1) [ADRIEN I. veuve de Jean Johet.

Jean, b ⁴ 26 nov. 1653. — *Elizabeth,* b ⁴ 5 juin 1656, m ⁴ 3 fev 1669, à Jean CHARET. — *Louise,* b ⁴ 11 août 1659; 1° m 7 nov. 1672, à Mathurin

RENAUD, au Château-Richer ; 2° m 4 oct. 1677, à Gabriel GOSSELIN, à Ste. Famille , 3° m ⁴ 1er sept. 1698, à Pierre HAINARD.

1668, (22 octobre) Québec ⁸

I — GUILLAUD DIT DE LA CHAUME, NICOLAS, b 1639 fils de Jacques et de Madeleine Giraud, de St. Pierre de Moulins, évêché d'Autun; s...

ROUTY, Marie-Madeleine, b 1647, fille de Claude et de Marie Chaludet, de St. Cyr, évêché de Bourges , s...

Charles, b ³ 3 sept. 1669.

GUILLOT, MADELEINE, b 1677, femme d'Olivier ABEL.

1676, (23 novembre) Québec. ⁷

I — GUILLOT DIT LAROSE, GUILLAUME, b 1643, fils d Abraham et de Jeanne Desorcis, d'Alleman, évêché d'Agen ; s ..

DE TRÉPAGNY, Geneviève, (1) [ROMAIN I. *Anonyme,* b et s ⁷ 16 oct. 1678. — *Marie-Anne,* b ⁷ 4 et s ⁷ 16 fév. 1680. — *Guillaume,* b ⁷ 28 août 1681 — *Charles,* b ⁷ 9 juin 1684; s ⁷ 25 fév 1760. — *Catherine-Geneviève,* b ⁷ 13 avril 1687 ; m ⁷ 8 fév. 1712, à Romain DOLBEC ; s ⁷ 3 nov. 1758. — *Geneviève,* b ⁷ 20 mai 1690. — *Joseph,* b ⁷ 4 sept. 1694. — *Henry,* b ⁷ 4 sept. 1694 ; s ⁷ 16 avril 1695 — *Pierre,* b 21 et s ⁷ 23 janv. 1697.

I. — GUILLOT, VINCENT, b 1648, fils de Nicolas et de Madeleine Doribelle

1° SICARD DIT DESCHAMPS, Jeanne *Vincent,* b 2 nov. 1670, à Quebec ⁷ , 1° m ⁷ 26 oct. 1699, à Suzanne RODRIGUE , 2° m ⁷ 25 nov. 1711, à Marie PROVOST ; 3° m 3 nov. 1717, à Marie-Charlotte GAUDIN, à l'Ange-Gardien. — *Marie-Anne,* b ⁷ 21 dec 1672 ; m à Guillaume GUÉRIN.

1677, (28 avril) Ste Famille. ¹

2° BLAY, Isabelle, [CLAUDE I. veuve de Pierre Roche *Barbe,* b ¹ 26 janv. et s 17 avril 1678. — *Jean,* b ¹ 15 avril 1679 ; s ¹ 6 mars 1680. — *Marie-Madeleine,* b ¹ 20 fév. 1681 ; m 1698, à Paul MARTEL. — *Anne,* b 19 juin 1682, à St. Pierre, I. O. ⁶ — *Marguerite,* b ⁶ 22 mars 1684. — *Geneviève,* b ⁶ 10 août 1685

1688, (3 février) Québec. ⁸

I. — GUILLOT, JEAN, Charpentier du Roy, b 1650, fils de François et de Jeanne Brou, de St. Jean de Lyon , s ⁸ 17 nov. 1745.

TRUD, Françoise, [MATHURIN I. veuve de Louis Lefebvre de Battanville; s⁸ 13 sept. 1744.

Marie-Angélique, b ⁸ 24 janv. 1689 ; m⁸ 21 nov. 1712, à Jean-Baptiste RACINE, s⁸ 10 mai 1763. — *Arnoul,* b ⁸ 7 juin 1690. — *Jean,* b ⁸ 20 sept. 1692; s⁸ 25 fév. 1703. — *Marie-Louise,* b⁸ 26 août 1693; m⁸ 10 fév. 1716, à Louis PASQUIER ; s⁸ 12 déc. 1749. — *Marie-Françoise,* b⁸ 26 août 1693 ; m⁸ 4 nov. 1721, à Germain VILLIARS; s⁸ 30 mai 1741.

(1) Elle épouse, le 6 nov. 1665, Martin Prevost, à Québec.

(1) Elle épouse, le 3 novembre 1700, Louis Bardet, à Québec.

—*Elizabeth*, b ³ 9 janv. 1695, s³ 19 août 1708. — *Paul*, b ³ 22 juin 1696; m ³ 1ᵉʳ janv. 1729, à Marthe LᴇNᴏʀᴍᴀɴᴅ. — *Jean*, b ³ 1ᵉʳ nov. 1697; m ³ 11 sept. 1719, à Marie-Anne Lᴇ Gʀɪs; s³ 23 mars 1756 — *Anne-Madeleine*, b ³ 17 avril 1699; m ³ 30 janv. 1724, à Pierre Rᴏʙɪɴ, s³ 27 juin 1758 — *Louis*, b ³ 19 sept. 1700; s³ 21 mai 1731. — *Pierre*, b ³ 23 avril et s ³ 21 nov 1702. — *Marie-Josephine*, b ³ 25 sept. 1703; m ³ 30 avril 1739, à Antoine Pᴀᴄǫᴜᴇᴛ. — *Angélique*, b ³ 21 oct. et s³ 2 nov. 1705. — *Louise-Paule*, b ³ 25 déc 1707; m ³ 20 fev. 1743, à Claude Lᴇ Gʀɪs, s ³ 27 sept. 1759. — *François*, b ³ 4 sept. 1709.

1699, (26 octobre) Québec

II.— GUILLOT, Vɪɴᴄᴇɴᴛ,   [Vɪɴᴄᴇɴᴛ I.
1° Rᴏᴅʀɪɢᴜᴇ, Suzanne,   [Jᴇᴀɴ I.
    s 11 juin 1711, à Beauport. ⁵
Jean-Baptiste, b⁵ 27 mars 1702. s⁵ 1ᵉʳ mars 1710. — *Augustin*, b⁵ 22 fev. 1704. — *Jacques-Philippe*, b⁵ 1ᵉʳ mai 1706. — *Renée-Marie*, b⁵ 4 janv. 1709.

1711, (25 novembre) Québec

2° Pʀᴏᴠᴏsᴛ, Marie,   Jᴇᴀɴ-Bᴀᴘᴛɪsᴛᴇ II.
    s 23 juillet 1717, à Beauport. ⁶
François-Vincent, b³ 10 juillet 1715; s³ 7 oct. 1717. — *Joseph-Philippe*, b³ 7 avril et s³ 1ᵉʳ mai 1717

1717, (3 novembre) L'Ange-Gardien.

3° Gᴀᴜᴅɪɴ, Marie-Charlotte,   [Cʜᴀʀʟᴇs I.
Charlotte, b 2 déc. 1718, à Beauport.

1689, (8 janvier) Boucherville

I —GUILLOU ᴅɪᴛ Lᴀᴍᴏᴜʀ, Jᴜʟɪᴇɴ, sergent de la compagnie de M. De Lᴏʀɪᴍɪᴇʀ, b 1638, fils de Julien et de Jacquette Guynouazelle, de Lou-vigny, evêché de Tours; s 7 fév. 1695, à Varennes. ⁹
Lᴇᴄᴏᴍᴘᴛᴇ, Jeanne,   [Jᴇᴀɴ I.
    veuve d'Adrien Senécal, s⁹ 10 fév. 1694.

1653, (11 février) Québec. ²

I.—GUIMONT, Lᴏᴜɪs, b 1625, fils de François et de Jeanne De Launay, de la paroisse Des-champs, au Perche; s...
Bɪᴛᴏᴜsᴇᴛ, Jeanne, (1) b 1636, fille d'Antoine et de Nicole Dupont, de St. Etienne du Mont de Paris.
Jacques, b ² 26 sept. et s² 2 oct. 1653. — *Joseph*, b ² 19 oct. 1654; m 17 avril 1684, à Anne Pᴀʀᴇ́, à Ste. Anne — *Louise*, b ² 26 août 1658; m 1674, à Eustache Bᴀɢᴏɴ. — *Claude*, b 1660; 1° m ² 8 oct. 1685, à Anne Lᴇ Rᴏʏ; 2° m à Dorothee Fᴏᴜʀɴɪᴇʀ; s 14 fév. 1738, au Cap St. Ignace.

1684, (17 avril) Ste. Anne. ¹

II.—GUIMONT, Jᴏsᴇᴘʜ,   [Lᴏᴜɪs I.
Pᴀʀᴇ́, Anne,   [Rᴏʙᴇʀᴛ I.
Marie-Françoise, b¹ 18 janv. 1685; 1° m ¹ 25 oct. 1700, à Noël Rᴀᴄɪɴᴇ; 2° m ¹ 21 nov. 1701, à Joseph Dᴇ ʟᴀ Vᴏʏᴇ. — *Geneviève*, b¹ 15 sept.

1686; m ¹ 5 oct. 1711, à Pierre Rᴀᴄɪɴᴇ — *Anne-Cécile*, b ¹ 23 oct. 1688; m ¹ 28 août 1713, à Michel Aᴍᴀᴜʀʏ. — *Joseph*, b ¹ 14 août 1690 — *Marguerite*, b ¹ 30 déc. 1692; m ¹ 18 fev. 1726, à Noel Gᴜɪɢɴᴀʀᴅ. — *Dorothée*, b ¹ 3 juin 1701.— *Ursule*, b ¹ 15 avril 1703. — *Louis*, b ¹ 9 mars 1705. — *Etienne-François*, b¹ 30 mars 1707. — *Agnès*, b... ; m ¹ 9 fev. 1725, à Mathurin Gᴜɪʟʟᴇᴍᴏᴛ. — *Jeanne*, b... ; m ¹ 23 oct. 1725, à Jacques Cᴀʀᴅᴏɴɴᴇᴀᴜ.

1685, (8 octobre) Québec

II. —GUIMONT, Cʟᴀᴜᴅᴇ, capitaine,   [Lᴏᴜɪs I.
    b 1660; s 14 fév. 1738, au Cap St. Ignace. ⁷
1° Lᴇ Rᴏʏ, Anne, veuve de Nicolas Bouchard, s⁷ 12 nov. 1719.
Marie-Anne, b ⁷ 9 juillet 1686; m ⁷ 28 juillet 1704, à Jean-François Tɪʙᴀᴜʟᴛ, s 7 janv. 1705, à l'Ilet ⁴. — *Louis*, b ⁷ 5 sept. 1688; m ⁷ 6 · nov. 1713, à Marie-Françoise Rɪᴄʜᴀʀᴅ. — *François*, b ⁷ 29 oct. 1690; 1° m ⁷ 14 fév. 1714, à Marie-Elizabeth Fᴏʀᴛɪɴ; 2° m ⁷ 24 nov. 1734, à Ursule Gᴀᴍᴀᴄʜᴇ; 3° m ⁴ 4 fév. 1743, à Angélique Pᴇʟʟᴇᴛɪᴇʀ. — *Louise*, b ⁷ 17 mai 1693; m ⁷ 5 nov. 1712, à Charles Fᴏʀᴛɪɴ — *Claude-Joseph*, b ⁷ 5 juin 1695; s ⁷ 13 juin 1712. — *Jean-Baptiste*, b ⁷ 26 et s ⁷ 27 oct. 1697.
2° Fᴏᴜʀɴɪᴇʀ, Dorothée, (1)   [Jᴏsᴇᴘʜ II
Joseph, b ⁷ 12 avril 1724. — *Marie-Barbe*, b ⁷ 28 avril 1727. — *Charlotte*, b ⁷ 22 juillet 1728. — *Claude-Raphael*, b ⁷ 18 avril et s ⁷ 27 juillet 1730. — *Alexandre*, b ⁷ 18 avril et s ⁷ 27 juillet 1730.

GUINARD. — Voy. Gᴜɪɢɴᴀʀᴅ.

I —GUINDON, Pɪᴇʀʀᴇ, b 1648, s 27 sept. 1733, à St. François, Ile-Jesus. ¹
Rᴏᴜᴄʜᴀʟʟᴇᴛ, Catherine,   [Pɪᴇʀʀᴇ I.
    s ¹ 22 août 1710
Jean, b ¹ 15 sept. 1707; m ¹ 14 fév. 1729, à Madeleine Lᴀʙᴇʟʟᴇ. — *Pierre*, b 1708; s ¹ 7 oct. 1709. — *Paul*, b ¹ 21 août 1710; m ¹ 16 nov. 1733, à Marie-Josette Aᴜʙᴇ́.

I. — GUINES, Mᴏᴅᴇsᴛᴇ, frère Récollet, était à Tadoussac, en 1618.

GUIRÉ ᴅɪᴛ Lᴀʀᴏsᴇ, Fʀᴀɴᴄ̧ᴏɪs. — Voy. DᴇGᴜɪʀᴇ, page 165

I. —GUITARD, Jean, b 1645; s 27 fév. 1690, à Ste. Famille.

1666, (14 juin) Montréal ¹

I.—GUITAUT ᴅɪᴛ Jᴏʟɪᴄᴏᴇᴜʀ, Jᴀᴄǫᴜᴇs, fils de Denis et de Jacqueline Ricouet, de St. Thomas, evêché d'Anjou.
Rᴇᴅᴏᴜʀs, Marguerite, veuve de Pierre Raguideau.
Marguerite, b ¹ 3 mars 1667; m 25 oct. 1683, à Joseph Dᴜᴍᴀʏ, à Laprairie ² ; s ² 5 août 1699.

GUNIÈRE. — Voy. Dᴜɴɪᴇ̀ʀᴇ.

---

(1) Elle épouse, le 24 nov. 1661, Jean Barette, au Château-Richer.

(1) Elle épouse, le 11 nov. 1738, Ignace-Philippe Gravelle, au Cap St. Ignace.

I. — GUSILIER, Caselier et Gazelier, Philippe, b 1647, s 4 janv. 1709, à Lorette.
1° Hubert, Françoise, b 1639, veuve de Jean-Baptiste St Amour.

1706, (3 mai) Québec.
2° Meunier, Marie, [Julien I.

GUY. — Voy. Terriot — Grandmaison.

I. — GUY dit Lacerte, Jean, b 1648, s 30 juin 1720, aux Trois-Rivières.

1671, (7 janvier) Ste. Famille.
I. — GUY, Jean, arquebusier, b 1641.
Levreau, Marie. [Simon I.
Jean-Baptiste, b 13 juin 1681, à Québec. — *Marguerite,* b 24 juillet 1683, à Montreal. 2 — *Madeleine,* b 2 7 nov. 1685. — *Maximilien,* b 2 18 sept. 1687 — *Etienne,* b...; s 2 4 juillet 1690. — *Jean-Baptiste,* b 1700; m 1725, à Marie Moreau, à Repentigny 1, s 1 18 juillet 1727.

I. — GUILLON, Mathurine, b 1663; m 13 oct. 1687, à Jean Bondu, à Québec.

GUYON. — *Variations et surnoms :* Dion — Guillon — Yon — Du Buisson — Des Prés — Du Rouvray — De Richemont — Dufresné.

1634.
I. — GUYON, (1) Jean, maçon, homme instruit, venu du Perche.
Boule, Madeleine.
Noel, b 27 août 1638, à Québec. 1 — *Françoise,* b 1 7 dec. 1639.

I. — GUYON, Jean, s 3 mai 1663, à Québec. 1
Robin, Mathurine, s 1 17 avril 1662.
Jean, b 1620, m 1 27 nov. 1645, à Elizabeth Couillard; s 14 janv. 1694, au Château-Richer. — *Simon,* b 1621; m 1 10 nov. 1653, à Louise Racine; s 1 8 fev. 1682. — *Marie,* b 1622; m 1 12 juillet 1637, à François Belanger. — *Claude,* b 1626; 1° m 1 7 fév. 1655, à Catherine Colin; 2° m 1er déc. 1688, à Marguerite Binaudière, à Ste. Famille; s 1 23 fév. 1694. — *Barbe,* b 1620; m à Pierre Paradis. — *Denys,* b 1632, m 1 21 oct. 1659, à Elizabeth Boucher; s 1 30 août 1685. *Michel,* b...; m 1 4 sept 1662, à Geneviève Marsolet. — *François,* b 1635; m 1662, à Madeleine Marsolet; s 6 mars 1718, à Beauport.

1645, (27 novembre) Québec. 2
II. — GUYON-DuBuisson, Jean, [Jean I.
s 14 janv. 1694, au Château-Richer. 3
Couillard, Elizabeth, [Guillaume I.
s 2 5 avril 1704.
Marie-Madeleine, b 2 23 août 1647; m 2 24 nov. 1661, à Adrien Hayot. — *Joseph,* b 2 11 sept. 1649; m 3 29 janv. 1674, à Geneviève Cloutier. — *François-Xavier,* b 2 25 oct. 1651; m 3 14 juillet 1683, à Marie Clestus. — *Guillaume,* b 2 17 nov. 1652, m 3 nov. 1688, à Jeanne Toupin; s 3 21 juin 1716. — *Nicolas,* b 2 13 fév. 1655; s 2 6 fév. 1685. — *Catherine-Gertrude,* b 2 11 août 1660

(1) Sieur du Buisson.

m 1682. à Denis Belleperche; s 2 23 fév. 1715. — *Marie,* b 2 4 sept. 1662; s 3 19 mars 1688. — *Geneviève,* b 3 30 mai 1665; m 3 8 janv. 1690. à Nicolas Doyon. — *Charles,* b 3 29 sept. 1667; s 3 10 mars 1676. — *Elizabeth,* b 3 29 sept 1667. — *Pierre,* b 3 19 juillet 1670, m 11 oct. 1694, à Angélique Tesiu, à L'Ange Gardien; s 3 2 oct. 1697. — *Anne,* b 3 15 mai 1674.

1653, (10 novembre) Québec. 9
II. — GUYON, Simon, s 9 8 fév. 1682. [Jean I.
Racine, Louise, [Etienne I.
s 5 janv. 1675, au Château-Richer. 7
Jean, b 9 5 oct. 16 9, ordonne 9 21 nov. 1683, s 10 janv. 1685, en Europe. — *Marie,* b 7 27 mars 1662, 1° m 7 10 nov. 1681, à Guillaume Tibaut; 2° m 7 22 nov. 1694, à Rene Reaume — *Marguerite,* b 7 12 sept. 1665; m 1er oct 1686, à Louis Damours. — *Louise,* b 7 1er mai 1668; 1° m 7 10 avril 1684, à Charles Tibaut; 2° m 9 1er oct 1686, à Mathieu Damours. — *Charlotte,* b 7 2 avril 1671, m 7 25 nov. 1687, à Pierre Cloutier. — *Marie-Angélique,* b 7 17 juillet 1673; m 7 14 janv. 1692, à Richard Marette; s 7 13 juillet 1694. — *Barbe,* b 1675.

1655, (7 février) Québec. 9
II. — GUYON, Claude, s 9 23 fév. 1694. [Jean I.
1° Colin, Catherine, b 1638, fille de Jacques et de Madeleine de Baubuse, de St. Germain d'Auxerre; s 12 janv. 1688, à Ste. Famille. 3
Jean, b 9 16 juillet 1656; m 3 25 oct. 1688, à Marie Pepin. — *Marie-Madeleine,* b 9 20 sept. 1657; m 3 26 oct. 1671, à Gervais Rocheron — *Louise,* b 9 2 fev. 1660; m 9 6 juillet 1682, à Pierre Racine, s 9 12 déc. 1727. — *Marguerite,* b 16 fev. 1662, au Château-Richer 4; s 4 14 juillet 1663, (noyée). — *Claude,* b 4 8 oct. 1663; 1° m 3 26 avril 1688, à Madeleine Lehoux; 2° m 13 janv. 1700, à Catherine Blouin, à St. Jean, Ile d'Orléans. — *Catherine,* b 4 13 déc. 1664; m 3 25 oct 1683, à Etienne Racine; s 8 août 1718, à Ste. Anne. — *Marie-Anne,* b 4 23 mai 1666, sœur, dite de la Passion, C. N. D.; s 12 déc. 1743, à Montréal. 5 — *Jacques,* b 9 7 sept. 1667. — *Elizabeth,* b 9 22 août 1669, sœur, dite St. Laurent, C. N. D.; s 5 14 sept. 1743.

1688, (1er décembre) Ste. Famille. 3
2° Binaudière, Marguerite, veuve de Symphorin Rousseau.
Renée, b 3 31 déc. 1670; m 8 25 oct. 1688, à Jean Pepin — *Françoise,* b 3 25 sept. 1672; m 14 nov. 1689, à Charles Gravelle, à Ste. Anne. — *Gervais,* b 9 19 mai 1676, m 9 18 avril 1695, à Catherine Lehoux.

1659, (21 octobre) Québec. 7
II. — GUYON, Denis, bourgeois, [Jean I.
s 7 30 août 1685.
Boucher, Elizabeth, [François II.
Bertrand, b 7 7 mai et s 7 31 oct. 1662. — *Jacques,* b 7 1er nov. 1663; m 7 22 nov. 1688, à Louise Niel; s 7 27 mars 1733. — *François,* b 7 3 mars 1666. — *Denis,* b 7 31 mai 1669. — *Marie-Thérèse,* b 7 9 avril 1671; m 7 25 juin 1687, à Antoine De La Mothe. — *Joseph,* b 7 16 janv. 1673. — *Catherine,* b 1678; s 7 8 mai 1681. — *Elizabeth,*

b 28 janv. 1679, à Sorel. — *Charles-Louis*, b[7] 19 nov. 1681 ; s[7] 16 oct. 1682. — *Jeanne-Catherine*, b[7] 28 juillet 1683 ; s[7] 18 août 1684.

1662, (4 septembre) Québec.[3]

II —GUYON-Du Rouvray, Michel,   [Jean I.
   charpentier de navires.
MARSOLET, Geneviève,   [Nicolas I.
   s 17 déc. 1702, à la Pointe-aux-Trembles, Q.
Joseph, b[3] 24 janv. 1664. — *Geneviève*, b[3] 17 janv. 1666. m[3] 20 juillet 1682, à Jean-Baptiste Amiot. — *Louis*, b 23 et s 27 nov. 1667, au Château-Richer.[4] — *Michel*, b[4] 4 mai 1669. — *Marie-Elizabeth*, b[8] 19 juillet 1671 ; m[3] 1er juillet 1691, à Jean-Baptiste Lemoyne. — *Jean-Baptiste*, b[3] 25 mai 1673. — *Anne*, b[3] 16 mai 1675 ; m 27 déc. 1695, à Laurent Renaud, à St. Augustin.[5] — *Charles*, b[3] 18 fév. 1677. — *Suzanne-Marguerite*, b[3] 21 fév. 1679; m[5] 6 nov. 1696, à Pierre Constantin. — *Louis*, b[3] 20 fév. 1681. — *Angélique*, b[3] 26 août 1683 ; m 24 nov. 1700, à Gilles Chauvin. — *Mathieu*, b[3] 24 nov. 1685, m 1723, à Elizabeth De Lavoye. — *Jean*, b[3] 24 nov. 1685 ; m[3] 27 nov. 1719, à Marie-Louise Coutron ; s[3] 24 mai 1758.

III.—GUYON-Richemont, Michel,   [Michel II.

1662. (1)

II.— GUYON-Des Prés, François,   [Jean I.
   s 6 mars 1718, à Beauport.[2]
MARSOLET, Marie-Marguerite,   [Nicolas I.
Marie, b 8 mai 1664, à Québec[3] ; m[2] 15 oct. 1685, à Jean Gaultier ; s[3] 13 juin 1746. — *Joseph*, b[3] 22 juillet 1666 ; m 7 sept. 1697, à Marie-Madeleine Petit, à Montreal. — *Anne*, b[3] 28 déc. 1667 ; 1° m[2] 12 avril 1690, à Antoine Legendre De Belair ; 2° m[2] 14 juillet 1710, à Jean Chevalier. — *Marie*, b 1669. — *François*, b[3] 6 fév. 1671. — *Madeleine*, b[2] 7 mai 1673. — *Nicolas*, b[3] 21 fév. 1675. — *Marie-Suzanne*, b[3] 29 fév. 1676 ; m à Olivier Morel Duhoussay ; s[3] 8 janv. 1703. — *Geneviève*, b[3] 28 mai 1679 ; m[2] 20 avril 1699, à François De Chavigny. — *Marguerite-Françoise*, b[2] 19 janv. 1681. — *Alexis-Jean*, b[2] 29 avril 1687. — *Angélique*, b[2] 17 oct. 1684 ; m[2] 9 mai 1712, à François Margane.

I.— GUYON, Jacques, b 1649.
RENARD, dit Lecomte, Jeanne, b 1647.
Pierre, b 27 mai 1674, à Québec ; m 11 août 1705, à Geneviève Gaudin, à Lorette.[9] — *Ursule-Madeleine*, b[9] 3 mars 1679. — *Joseph*, b[9] 10 mai 1680.

1674, (29 janvier) Château-Richer.[6]

III.— GUYON-Du Buisson, Joseph,   [Jean II.
CLOUTIER, Geneviève,   [Zacharie II.
Madeleine, b[4] 15 déc. 1674 ; 1° m 19 fév. 1692, à Antoine Goulet, à l'Ange-Gardien[7] ; 2° m[7] 12 avril 1712, à Jacques Roussin ; s[7] 12 mai 1758. — *Angélique*, b 1677 ; m 8 fév. 1694, à Jacques Lestourneau, à St. Anne de la Pérade.[8]—*Ignace*,

b[7] 14 fév. 1680 ; m 12 janv. 1705, à Louise Guillet, à Batiscan[9] —*Joseph*, b[7] 28 avril 1682 ; m[9] 3 mars 1710, à Elizabeth Guillet —*Jean-Baptiste*, b[7] 22 oct. 1684 ; m[9] 25 août 1718, à Marie-Jeanne Guillet. — *Charles*, b[7] 18 mars 1686. — *Noel*, b[7] 6 sept. 1688 ; s[7] 5 fév. 1692. — *Ambroise*, b[7] 6 janv. 1690 ; s[7] 5 fév. 1692 — *Marie-Madeleine*, b[9] 11 fév. 1693. — *Geneviève*, b[8] 24 mai 1696.

1683, (14 juillet) Château-Richer.

III.— GUYON, François-Xavier,   [Jean II.
CLESTUS, (1) Marie, b 1661, fille d'Abraham et de Marie Dumont, de Ste. Croix, evêché de Paris ; s 20 sept. 1698, au Cap St. Ignace.[2]
François, b[2] 14 et s[2] 30 avril 1684.—*Jean-François*, b[2] 6 mars 1685. — *Marie*, b 1687 ; m 20 janv. 1705, à Nicolas Gamache, à l'Ilet[3] —*Joachim*, b[2] 12 fév 1689 ; s[3] 18 déc. 1710. — *Marguerite*, b[2] 24 nov. 1690 ; m[2] 23 nov. 1711, à Augustin Gamache ; s[2] 15 sept. 1712. — *Joseph*, b[2] 19 et s[2] 29 janv. 1693 — *Jean*, b[2] 2 et s[2] 7 mars 1694. — *François*, b[2] 4 et s[2] 15 mars 1695. — *Noel*, b[3] 21 et s[2] 23 août 1698.

1688, (26 avril) Ste. Famille.[7]

III.— GUYON, Claude,   [Claude II.
1°Leroux, Madeleine,   [Jean I.
   s[7] 20 août 1699.
Claude, b[7] 29 mai 1689. — *Jean*, b[7] 6 oct. 1691. — *François*, b[7] 9 juillet 1693 ; m 3 nov. 1723, à Marguerite Lessard, à Ste. Anne.[5] — *Marie-Madeleine*, b[7] 5 oct 1695. — *Joseph*, b[7] 27 mai 1697 ; s[7] 19 fév. 1703. — *Nicolas*, b[7] 18 fév. 1669 ; s[7] 18 janv. 1703.

   1700, (13 janvier) St. Jean, I. O.

2° Blouin, Catherine,   [Médéric I.
Catherine, b[7] 7 nov. 1700 ; s[7] 4 fév. 1703. — *Marie*, b[7] 3 juillet 1702. — *Marie-Marguerite*, b[7] 6 avril 1704. — *Joseph*, b[5] 1er mai 1706.

1688, (25 octobre) Ste. Famille.[6]

III.— GUYON, Jean,   [Claude II.
PEPIN, Marie,   [Antoine I.
Marie-Madeleine, b[6] 15 oct. 1689, m 5 nov. 1708, à Louis St. Jean, à St. François, I. O.[2] — *Jean*, b[6] 2 nov. 1691 : s[2] 1er août 1709. — *Claude*, b[6] 19 fév. 1693 ; m à Françoise Gagnon. — *Angélique*, b...; 1° m[2] 11 nov. 1715, à Denis Gagné ; 2° m[2] 25 nov. 1729, à Augustin Landry. — *Marie-Anne*, b...; m[2] 13 juin 1718, à François Manceau. — *François*, b[2] 8 déc. 1698 ; s[2] 23 août 1724. — *Hélène*, b[2] 22 et s[2] 27 avril 1701. — *Marie-Hélène*, b[2] 4 juin 1702. — *Joseph*, b[2] 8 oct. 1704. — *Marie-Joselte*, b[2] 20 juillet 1707 ; m[2] 5 juillet 1728, à Joseph Mallet. — *Marie-Madeleine*, b[2] 19 mai 1710.

1688, (3 novembre) Château-Richer.[1]

III.— GUYON, Guillaume,   [Jean II.
   s[2] 21 juin 1716.
TOUPIN Jeanne,   [Toussaint I.
   s avant 1716.

---

(1) Voir contrat de mariage, le 20 août 1662. —*Greffe d'Audouard.*

(1) Appelée Cloutier, au baptême de son enfant Jean-François, enregistré à la Rivière Ouelle et au Cap St. Ignace.

Jean-Baptiste, b [1] 6 août 1690 ; m 11 août 1711, à Marie TRUDEL, à l'Ange-Gardien.— *Elizabeth-Ursule*, b [1] 28 nov. 1691 , s [1] 12 mars 1692. — *Paul*, b [1] 3 mai 1793. — *Guillaume*, b [1] 11 sept. 1695. — *Marguerite*, b [1] 11 et s [1] 19 août 1697.— *Joachim*, b [1] 23 oct 1698 ; m 13 oct 1727, à Elizabeth-Agnès MORIN, à St. Pierre du Sud. — *Marie-Françoise*, b [1] 27 mars 1700 ; s [1] 23 mars 1702. —*Pierre*, b [1] 15 mars 1702.—*Augustin*, b [1] 16 janv. 1704. — *Nicolas*, b [1] 28 juin 1707 ; s [1] 1er janv. 1709 —*Ange*, b...; m 13 fév 1736, à Françoise COTÉ, à Rimousky.

1688, (22 novembre) Québec. [1]

III.—GUYON-DUFRESNÉ, JACQUES,   [DENIS II.
s [1] 27 mars 1733.
   NIEL, Louise,   [PIERRE I.
Jacques, b [1] 18 nov. 1689 ; s [1] 21 déc 1702 — *Louise*, b [1] 6 mai 1691 ; m [1] 17 janv. 1713, à Jean CRESPIN ; s [1] 4 juin 1716. — *Etienne-Marie*, b [1] 10 nov. 1692. — *Marie-Thérèse*, b [1] 7 fev. 1694 ; m [1] 5 sept. 1714, à Gervais BEAUDOIN , s [1] 4 janv. 1736. — *Jacques*, b [1] 27 juin 1695 ; s [1] 8 janv. 1703. — *Françoise*, b [1] 21 juillet 1696 ; s [1] 12 mai 1697. — *Marie-Françoise*, b [1] 19 août 1697 ; s 2 fev. 1698, à Beauport. — *Jean-Baptiste*, b [1] 30 oct 1702 ; s [1] 2 fev 1703 — *Madeleine*, b [1] 4 juin 1705 ; s [1] 21 mai 1706. — *Louis-Jacques*, b [1] 13 nov. 1706 ; ordonné, 21 oct. 1731.— *Charles*, b [1] 8 dec. 1708.

1689, (27 janvier) Québec. [1]

III. — GUYON, FRANÇOIS,   [DENIS II.
s avant 1703.
   ROBERGE, Marie-Anne,   ]DENIS I.
s 3 mars 1703, à Montréal. [2]
François, b [1] 13 janv 1690 ; s [1] 16 janv. 1691. — *François-Marie*, b [1] 4 juillet et s [1] 1er sept 1692. — *Marie-Andrée*, b [1] 25 oct. 1693 ; s [2] 6 fev. 1703. — *François-Marie*, b [1] 26 mai et s [1] 3 sept. 1698. — *Marie-Geneviève*, (posthume) b [1] 12 juillet 1701 ; s 30 janv. 1703, à Charlesbourg.

1694, (11 octobre) L'Ange-Gardien.

III. —GUYON, PIERRE-PAUL,   [JEAN II.
s 2 oct. 1697, au Château-Richer. [3]
   TESTU, Angélique, (1)   [PIERRE I.
Jean-Baptiste, b [3] 23 juin 1696. — *Louis*, b [3] 16 sept. 1697 ; m 3 fév. 1722, à Marie GAMACHE, à l'Ilet.

1695, (18 avril) Ste. Famille. [4]

III. — GUYON, GERVAIS,   [CLAUDE II.
   LE HOUX, Catherine,   [JEAN I.
Marie, b [4] 21 fév. et s [4] 14 mars 1696.— *Catherine*, b [4] 30 janv. et s [4] 16 mars 1697. — *Marie-Madeleine*, b [4] 22 fev. 1698. — *Gervais*, b [4] 4 et s [4] 9 fev 1700 — *Catherine*, b [4] 21 fév. 1701. — *Joseph*, b [4] 3 et s [4] 14 fév. 1703.— *Agathe*, b [4] 11 fév. 1704.

1697, (7 septembre) Montréal. [8]

III. —GUYON-DES-PRÈS, JOSEPH.   FRANÇOIS II
   PETIT BOISMOREL, Marie-Madeleine,   [JEAN I.
Marie-Josette, b [8] 10 mars 1701 ; m [8] 21 mars 1718, à Paul MARIN. — *Marie-Jeanne*, b [8] 19 juillet 1702 ; s [8] 22 fév. 1703. — *Marie-Anne*, b [8] 20 avril 1704.

1688, (15 janv.) Ptᵉ-aux-Trembles (Q.) [1]

I. — GUIONET, (1) JEAN, caporal.
   ARRIVÉE. Marie-Madeleine,   [JACQUES I.
Marie-Jeanne, b [1] 27 oct. 1688 — *Jean François*, b [1] 30 janv. et s [1] 1er mars 1690. — *Jeanne-Madeleine*, b [1] 30 avril 1691. — *Marie Charlotte*, b 16 juin 1693, à Montréal [4]. — *Marie-Thérèse*, b [1] 1695 ; s [4] 9 janv. 1697 — *Francois*, b [4] 28 juin 1697. — *Marie-Louise*, b 2 fev. 1699, à Varennes ; m 24 sept. 1720, à Jean Noël COUSINEAU, à Montréal.

GUYPAR, JEAN. tessier, b 1641, était à Lachenaye, en 1681.

H

1668, (19 avril) Québec.

I. — HABERT, JACQUES, b 1634, fils de Jacques et de Marie Jutteau, de Bolesme, évêché de Tours ; s ..
   CHEVALIER, Françoise, b 1641, fille de Pierre et de Jacqueline Possard, de Ste. Croix d'Elbœuf, évêché de Rouen ; s...

1681, (7 janvier) Contrecœur. [1]

I. — HABLIN, FRANÇOIS, laboureur et habitant le Fort St. Louis. b 1645, fils de Mathurin et de Suzanne Crolot, de Bignay, évêché de Xaintes.
   BARBIER, Jeanne,
   b 1649, veuve de Julien Plumereau.
Suzanne, b [1] 2 août 1682 ; *Alexandre*, b [1] 16 janv. 1684.—*Louis*, b [1] 29 sept. 1685.

HACHIM, — Voy. ACHIN, ANDRÉ.

1658, (7 octobre) Montréal. [6]

I. — HAGUENIER, LEGIER, b 1624, fils de François et de Jacqueline Lefebvre ; s [6] 12 juin 1663, tué.
   FRIT, Marie, (2) b 1631, fille de Gaspard et de Françoise Viel.
Paul, b [6] 24 sept. 1661 ; m [6] 19 août 1680, à Barbe DE L'ESTRE.

1680, (19 août) Montréal. [4]

II. — HAGUENIER, PAUL,   [LEGIER I.
   DE L'ESTRE, Barbe,   [THIERRY I.
Paul, b [4] 7 août 1681. — *Jean-Dominique*, b 25 juillet et s [4] 23 août 1682. — *Louis*, b [4] 17 juillet 1683 ; m [4] 17 fev. 1705, à Marie-Thérèse MARTIN. — *Joseph*, b 7 et s [4] 15 juin 1685. — *Pierre*, b [4] 25 juillet 1686. — *Jacques*, b [4] 29 janv. 1682 ; s 14 mars 1688, à Lachine. — *Anne*, b [4] 7 août 1689. —

---

(1) Elle épouse, le 27 août 1699, François Auber, au Château-Richer.

(1) Voyez DIONET, page 196.
(2) Elle épouse, le 8 oct. 1663, Alexis Béranger, à Montréal.

Marie-Thérèse, b⁴ 5 mars 1691 — *Marie-Suzanne*, b⁴ 20 avril 1692. — *Marie-Madeleine*, b 2 et s⁴ 22 janv. 1694. — *Catherine-Madeleine*, b⁴ 12 mars 1695; s 17 juillet 1701, à Repentigny — *Anonyme*, b et s⁴ 29 mars 1696. — *Marie Angélique*, b⁴ 18 fév. 1697. — *Louis-Paul*, b⁴ 30 juin 1698, s⁴ 19 avril 1703. — *Charles*, b⁴ 1er déc. 1699. — *Anne*, b⁴ 10 fév. 1701. — *Nicolas*, b⁴ 15 fév. 1702. — *Marie-Josette*, b 31 mars et s⁴ 12 avril 1703. — *Elizabeth*, b⁴ 30 mai 1704.

I. — HAGUENOT, GUILLAUME. — Voy. ARGENT-COURT.

D'HAIDIN, FRANÇOIS, s 15 janv. 1654, à Montreal.

HAIMARD.—*Variation :* AYMARD.

I.—HAIMARD, ETIENNE, do du Mesny, évêché de Reims.
HURAULT, Martine.
Pierre, b 1674; m 1er sept. 1698, à Louise GUILLOT, à Quebec¹; s¹ 12 sept. 1724.

1698, (1er septembre) Québec.

II. — HAIMARD. PIERRE, marchand, [ETIENNE I. s 12 sept. 1724, dans l'église de Quebec.
GUILLOT, Louise, [GODFROY I.
veuve de Gabriel Gosselin.

1706, (12 juin) Lachine.

I. — HAIMART, PIERRE, soldat de M' de Lorimier.
LALANDE, Marie, [ETIENNE I.
François, b 21 oct. 1707, au Détroit.¹ — *Marie-Louise*, b¹ 1er déc. 1709.

I. — HAIMOND, JEAN.
KELLY, Marie, irlandaise.
b 1661; s 27 juin 1741, à Québec⁶
Marguerite, b... ; 1° m⁶ 30 juin 1712, à Joachim' MABEC, 2° m⁶ 7 janv. 1721, à Pierre DEPOIX ; s⁶ 17 août 1741.

I. — HALARD, JACQUES, arrivé à Québec en 1621, était à Tadoussac en 1624.—(*Champlain.*)

I —HALAY, BARBE, b..., de La Coudray, en Beauce; 1° m à Pierre PETIT; 2° m 11 janv. 1672, à Antoine AUGERON, à Quebec.

I.—HALAY, JEAN-BAPTISTE, (1) de La Coudray, en Beauce ; s 19 mars 1672, à Québec.⁸
VALLET, Mathurin, b 1607.
Jean, b⁸ 10 sept. 1659 ; 1° m⁸ 16 nov. 1682, à Maue MARANDA, à St. Pierre, I. O.; 2° m 18 juillet 1695; à Marie DRAPEAU, à Levis⁹; s⁸ 28 fév. 1726. — *Marie*, b 1643, m⁸ 27 sept 1660, à Joachim GIRARD. — *Elizabeth*, b 1649, m⁸ 25 août 1664, à Guillaume ALBERT; s⁸ 9 août 1726. — *Barbe*, b 1645, en France; m⁸ 14 nov. 1670, à Jean CARRIER, s⁹ 18 juin 1696.

1682, (16 novembre) St. Pierre, I. O.

II —HALLE, JEAN-BAPTISTE, [JEAN-BAPTISTE I. s 28 fév. 1726, dans l'église de Lévis.²

1° MARANDA, Marie, [JEAN I.
Françoise, b..., m² 3 oct. 1711, à Claude DU-DEVOIR.—*Jean*, b² 20 nov. 1683; m à Marguerite DUQUET.—*Louis*, b² 11 fév. 1693 ; m² 23 mai 1718, à Marie DUQUET; s² 10 octobre 1731. — *Geneviève*, b 1682, 1° m à Jean MAHEU, 2° m² 20 août 1710, à Jean DUQUET; s² 22 août 1758.

1695, (18 juillet) Levis.⁶

2° DRAPEAU, Marie, [ANTOINE I
Marie-Jeanne, b⁶ 16 avril 1696; m à Jean-Baptiste RANCIN — *André-Joseph*, b⁶ 9 juin 1698; s⁶ 16 oct. 1707. — *Marguerite*, b⁶ 27 janv. 1700 ; m⁶ 1er juin 1722, à Gabriel DUQUET; s 16 juin 1731, à Québec. — *Marie-Madeleine*, b⁶ 6 fév. 1702, m 22 oct. 1726, à Paul DUMESNIL, à St. Etienne de Beaumont. — *Jean-Baptiste*, b..., m⁶ 21 août 1742, à Louise CARIÉ. — *Augustin*, b... ; m⁶ 9 juin 1732, à Catherine CARIC. — *Jean-Baptiste*, b⁶ 26 avril 1707; s⁶ 1er juillet 1707. — *Marie-Angélique*, b⁶ 26 juin 1708; m⁶ à François CORNEAUX ; s⁸ 13 oct. 1733.

I. — HALLIER, PERETTE, b 1651; m 15 oct. 1669, à Antoine BORDELEAU, à Québec.

I.—HALLOUIN, Sieur DE LA PERROTIÈRE, PIERRE-FRANÇOIS, officier de la compagnie de M. de Vaudreuil, était à Champlain, en 1690.

I. — HAMEL, CHARLES, b 1624.
LEMAITRE, Catherine, b 1623.
Jean, b 1652 ; m à Christine-Charlotte GAUDRY. — *Charles*, b 1659.

I. — HAMEL, JEAN, b 1636 ; s 13 oct. 1674, à Québec.⁷
AUVRAY, Marie, b 1638.
Jean-François, b⁷ 24 juillet 1661. — *Pierre*, b⁷ 14 mars 1664 ; s⁷ 26 nov. 1722. — *Marie-Anne*, b 1er juillet 1666 ; m à Jean CAILLÉ. — *Charlotte*, b⁷ 6 janv. 1669. — *Ignace-Germain*, b⁷ 21 juillet 1672 ; ordonné 6 juin 1696 ; s⁷ 5 sept. 1732. — *François*, b⁷ 17 oct. 1674.

1677.

II. — HAMEL, JEAN, (1) [CHARLES I.
b 1650.
GAUDRY, Christine-Charlotte, [NICOLAS I.
b 1660
Marie-Catherine, b 15 juillet 1687, à Sillery⁶; m 1709, à Joseph GAUTIER. — *Charles*, b⁸ 18 juin 1678. — *Alexis*, b 21 avril 1682, à la Pointe-aux-Trembles de Quebec. — *Ursule-Elizabeth*, b .. ; 1° m 1705, à François GAUTIER; 2° m 17 mai 1709, à Jean-Baptiste GROLLEAU, au Cap Sante.⁵ — *Louis*, b⁵ 12 oct. 1692. — *Joseph*, b 1694 ; s 23 janv. 1711, à Quebec, élève du Séminaire.

II. — HAMEL, JEAN-FRANÇOIS, (2) [JEAN I.
LEVASSEUR, Anne-Félicite. [PIERRE I.
Marie-Charlotte, b 24 mai 1691, à Lorette⁹; m⁹ 2 mai 1709, à Pierre PLAMONDON. — *Jean-François*, b 12 janv. 1693 ; s 8 janv. 1701, à Ste. Foye. — *Pierre*, b⁹ 16 nov. 1694 ; m⁴ 26 avril 1718, à

(1) Trouvé mort dans le bois.

(1) Etabli à Lotbinière.
(2) Appelé Pierre, le 13 fév. 1699 à Ste. Foye.

20

Marie-Anne Constantin. — *Jeanne-Marguerite*, b [9] 21 juillet 1696. — *Marie-Catherine*, b [9] 12 avril 1699. — *Ignace*, b...; s [4] 8 janv. 1701. — *Pierre*, b...; s [4] 8 janv. 1701. — *Catherine*, b...; s [4] 8 janv. 1701. — *Félicite*, (1) b... ; s [4] 8 janv. 1701 — *Jean*, b [4] 11 sept. 1702 ; 1° m à Louise Fiset, 2° m 26 juin 1758, à Marie-Josette Marchet — *Noel*, b [9] 11 dec. 1704. — *Marguerite*, b..., m [9] 19 janv. 1706, à Andre Robitaille — *Marie*, b..., m [9] 19 janv. 1706, à Noel Alain. — *Marie-Thérèse*, b [9] 10 fev. 1707. — *Félicite*, b... . m [9] 2 mai 1709, à Noel Bonhomme

II — HAMEL, Charles, [Charles I chantre, b 1658, s 25 juillet 1728, à Ste Foye. [5]
LeVasseur, Angélique, [Pierre I b 1665; s [5] 14 mai 1740
André, b 1679; m [5] 20 avril 1717, à Felicite Moreau; s [5] 10 dec. 1749. — *Michel*, b... — *Thérèse*, b...; m [5] 20 avril 1717, à Joseph Masse. — *Ursule*, b 1683 , m [5] 24 nov. 1711, à Pierre-Lucien Simon, s [5] 2 juin 1764 — *Jean*, b...; m [5] 24 nov. 1711, à Marguerite Dubreuil. — *Madeleine*, b [5] 19 juin. 1688. — *Jacques*, b 1689, s [5] 21 avril 1711. — *Louis*, b [5] 5 juillet 1699; s [5] 4 mars 1700. — *François*, b 1693, s [5] 8 mai 1675 — *Ignace*, b [5] 22 nov 1700; s [5] 6 juin 1701. — *Philippe*, b [5] 13 avril 1702, m [5] 10 mai 1733, Marie-Anne Levasseur, s [5] 10 fev. 1750 — *Angélique*, b [5] 5 août 1703 ; m [5] 10 janv. 1726, à Michel Moreau — *Marguerite*, b..., m [5] 1er oct. 1709, à André Jorian. — *Anne*, b..., m [5] 13 nov. 1716, à Jacques Gingras.

1698, (3 septembre) Champlain
HAMEL, (2) Thomas-Exupère.
Brunié, Angélique, [Masse I.
Pierre, b 29 sept. 1709, à l'Ile Dupas.

HAMELIN — *Variation.* Amelin.

I. — HAMELIN, Louis, seigneur des Grondines, [5] b 1650.
Aubert, Antoinette, [Jacques I. b 1665.
François, b... ; m 1683, à Marie-Madeleine Aubert. — *Jacques*, b [5] 22 août 1680. — *Marie-Madeleine*, b [5] 13 mars 1695. — *Joseph-Marie*, b [5] 1er juin 1700. — *René*, b [5] 17 fev. 1702 — *Jeanne-Angelique*, b 8 nov 1707, à Quebec ; m 1728, à Arnoul Pollet. — *Charles-Joseph*, b 11 avril 1693, au Cap Sante. — *Louis*, b..., m 24 fev. 1718, à Catherine Nepveu, au Detroit.

1682, (15 juin) Quebec.
I. — HAMELIN, Nicolas, b 1644, fils de Nicolas et de Jeanne Morin, de St. Mathurin de la Dagnière, evêché d'Angers, s...
Leclerc, Marie-Madeleine, veuve de Romain Duval.
Angélique, b 1683 ; m 1707, à Antoine Jacques Francœur.

---

(1) Ces cinq enfants, tous au-dessous de neuf ans, périrent par les flammes, dans l'incendie de leur maison, qui eut lieu le 5 janvier 1701. (*Registres de Ste. Foye.*)

(2) Hamel pour DuHamel. — Voy. Duhamel, page 240.

1685.
II. — HAMELIN, François, [Louis I.
Aubert, Marie-Madeleine, [Jacques I.
François, b 1er janv. 1690, au Cap Santé ; m 19 fév. 1721, à Marie-Madeleine Dumontier, à Quebec. [3] — *René*, b...; m [2] 4 nov. 1730, à Marie-Louise Dumontier. — *Joseph*, b 1707 ; s [2] 10 mai 1733. — *Madeleine*, b 30 nov. 1694, aux Grondines. [4] — *Marie-Madeleine*, b [4] 6 mai 1703. — *Jacques*, b 1686; s 15 dec. 1686, aux Trois-Rivières. [5] — *René*, b [5] 20 janv. 1688. — *Laurent*, b...; m 3 fev. 1723, à Marie-Madeleine Gariepy, à Ste. Anne de la Perade

HAMOND. — Voy. Amont

I — HAN, Jean-François.
Preunier, Marie-Madeleine, [Nicolas I.
Nicolas, b 10 mai 1689, à la Pointe-aux-Trembles de Montréal.

1657, (6 août) Trois-Rivières. [2]
I. — HANCTIN dit Lanqueleur, Elie, b 1631, fils de Robert et de Marguerite Anqueton, de Honfleur, s [2] 24 août 1661, tue par les Iroquois.
Duval, Suzanne, (1) fille de Pierre et d'Elizabeth Ravelle, de Soubise, evêche de Xaintes.
Ignace, b [2] 9 fev. 1659. — *Jérôme*, b [2] 8 mars 1660 — *Dorothée*, b [2] 17 et s [2] 21 fev 1662.

HANDGRAVE. — *Variations et surnoms :* Hengrave — Antgrave — Grave — La Grave — Champagne — Langrave.

1675, (26 novembre) Montréal. [2]
I — HANDGRAVE dit Champagne, Pierre, b 1652, fils de Jean et de Louise Loriau, de Puy, evêche de Rheims ; s [2] 6 oct. 1703.
Guertin, Marie, [Louis I.
Elizabeth, b 1680 ; m [2] 10 fev. 1698, à Louis-Charles Jetté. — *Marie-Anne*, b [2] 15 août et s [2] 2 sept. 1690 — *Françoise*, b [2] 24 août et s [2] 8 sept 1692. — *Françoise*, b [2] 28 juin et s [2] 25 sept. 1694. — *Angélique*, b 1er nov. 1695. — *Marie-Anne*, b [2] 13 et s [2] 21 nov. 1697. — *Marie-Charlotte*, b [2] 13 et s [2] 21 nov. 1697. — *Marie-Louise*, b [2] 10 oct. 1702 — *Geneviève*, b..., m [2] 27 nov. 1712 à Louis Ménard — *Catherine*, b 27 janv. 1681, à Contrecœur [3], m [2] 12 janv. 1699, à Gabriel Giard. — *Marie*, b [3] 19 sept. 1683 ; m [2] 24 nov. 1704, à Paul Boullard. — *Pierre*, b [3] 9 sept. 1685 ; s [3] 27 nov. 1687. — *Pierre*, b...; m à Marie-Charlotte Boullard. — *Marie-Madeleine*, b... ; s 8 déc. 1687, à Repentigny.

HANDSPITRE, Pierre, (2) ministre d Orange, en la Nouvelle-Angleterre, en 1696.

HANIEL. — Voy. Laniel dit Desrosiers.

HARBOUR. — *Variations :* Arbour — Arrebour.

---

(1) Elle épouse, le 16 mai 1662, Mathurin Proutot, aux Trois-Rivières. Inventaire 11 nov. 1661. — *Greffe d'Ameau.*

(2) Il baptisa quelques enfants du Canada, entre autres ceux de Jean-Baptiste Pottier, sieur Dubuisson, et de François Frété dit Lamothe. Voy. ces noms.

1671, (8 octobre) Quebec. [6]

I. — HARBOUR, Michel, b 1647, fils de Pierre et de Jeanne Predan, de St Romain, évêché de Rouen ; s 30 août 1699, à la Pte.-aux-Trembles de Quebec [4]

COUTANSINEAU, Marie, [JULIEN I.

Marie, b [6] 15 juillet 1672 ; 1º m 20 oct. 1710, à Joseph CHARLAND ; 2º m [6] 2 avril 1731, à Jean-Pierre JARLAND — *Michel,* b [6] 25 oct 1674 ; m 1703, à Marie MORIN. — *Marie-Madeleine-Ursule,* b 10 fev. 1677, à Lorette , m [4] 20 nov. 1696, à Pierre PELTIER. — *Jean-Baptiste,* b [4] 8 oct. 1679 ; m [4] 19 avril 1700, à Marie-Catherine PROU. — *François,* b [4] 22 mars 1682 ; s [4] 22 juillet 1686. — *Marie-Elizabeth,* b [4] 22 sept. 1684 , 1º m [4] 8 juin 1705, à Joseph DERY ; 2º m [6] 12 sept. 1718, à Louis BUTEAU. — *François-Augustin,* b [6] 10 sept. 1687 ; m [4] 4 mai 1711, à Madeleine PROULX. — *Marie-Angélique,* b [4] 6 août 1690. — *Marie-Geneviève,* b [4] 25 août 1692 ; m à Jean PROU.

1692, (18 janvier) Montréal. [1]

I. — HARDOUIN, Pierre, b 1662, fils d'Elizée et d'Huguette Sorgnette, Des Marets, évêché de Xaintes ; s...

MORIN, Agathe, [JACQUES I.
veuve de Jean Dumants.

Joseph, b [1] 13 mars 1693. — *Pierre,* b [1] 25 sept. 1695 ; s [1] 15 fev. 1697. — *Mathurin-Benoît,* b [1] 5 et s [1] 9 fev. 1698. — *Angelique,* b [1] 7 mai 1699. — *Marguerite,* b [1] 15 et s [1] 19 mars 1701. — *Pierre-Charles,* b [1] 15 août 1702. — *Marie-Marguerite,* b [1] 28 nov. 1704.

1697, (17 octobre) Montréal. [1]

I. — HARDOUIN, François, (1) marchand, b 1674, fils de Pierre et de Jeanne Roy, de St. Jean de Coutras, evêché de Bordeaux.

BARROIS, Marie-Anne, [Antoine I
Jacques, b [1] 15 janv. 1699 — *Marie-Marguerite,* b [1] 5 oct 1701 ; s [1] 25 mai 1702. — *François,* b [1] 28 avril 1703.

I. — HARDY, Pierre, b 1597 ; s 19 mai 1681, à Montreal.

1669, (21 octobre) Pte.-aux-Trembles, Q. [6]

I. — HARDY, Jean, b 1642, fils de Pierre et d'Isabelle Mehoux, de St. François, Hâvre de Grâce, évêché de Rouen ; s [6] 28 juin 1715.

POIRÉ, Marie, b 1641, fille de Toussaint et de Catherine Chatou, de St. Laurent, de Paris ; s [6] 6 janv. 1715.

Anne-Jeanne, b 2 sept. 1670, à Québec [8] , m [8] 3 fev. 1687, à Pierre SIMON ; s 30 déc. 1702, à Ste. Foye. — *Pierre,* b [5] 10 janv. 1672 ; m [6] 26 janv. 1699, à Marie-Charlotte LEFEBVRE-ANGERS. — *Jean-Baptiste,* b [8] 27 mai 1673 , m 16 nov. 1700, à Marguerite VOYR, au Château-Richer. — *Angélique,* b [8] 6 mars 1675. — *Catherine,* b [8] 1er oct 1676 ; m à Jean LAFONTAINE . s [6] 9 avril 1709. — *Jean-François,* b [8] 27 déc. 1678.

1670, (1er septembre) Ste. Famille.

I. — HARDY, Jacques, b 1636. fils de Nicolas et de Catherine Rageot, de St. Godard, evêché de Rouen

HUVELOT, Catherine, b 1646, fils de Paulin et de Jeanne Lefebvre, de St. Pierre de Rouen.

1699, (26 janvier) Pte-aux-Trembles, (Q.) [5]

II. — HARDY dit Chatillon, Pierre, [Jean I.
LEFEBVRE. Marie-Charlotte, [S M N I
Jean-François, b [5] 14 nov. 1699 ; m 22 oct 1725, à Marie-Anne GARIÉPY, à Ste. Anne de la Perade — *Marie-Marguerite,* b [5] 19 juin 1701. — *Marie-Charlotte,* b [5] 19 fev. 1703 ; s [5] 11 janv. 1707. — *Marie-Angélique,* b [5] 4 mars 170 ,. — *Joseph,* b [5] et s [5] 16 janv. 1707. — *Philippe,* b 15 fev. 1708, au Cap Santé [6] — *Joseph-Marie,* b [6] 2 janv. 1710. — *Marie-Joselte,* b [6] 9 août 1711. — *Jean-Baptiste-Louis,* b [6] 24 juin 1713.

I. — HARDY, Louis.
BERTIN, Françoise.
Michel, b... ; m 27 juillet 1722, à Marie MONET, à Laprairie.

I. — HAREL, (1) Jean, s avant 1703.
1º BILODEAU, Marie,
Jean-François, b 1675 , m 17 sept. 1703, à Marie-Madeleine BRUNET, à Montréal.
2º PESCHER, Marie.
Françoise, b 22 avril 1678, aux Trois-Rivières [4] ; 1º m 4 juillet 1696, à Pierre BLANCHET, à Champlain [1] ; 2º m [4] 7 janv. 1709, à François PELLOQUIN. — *Marie,* b... ; m 22 nov. 1700, à Pierre PIETTE, à Sorel. — *Marie-Thérèse,* b... ; m 1696, à Nicolas BAILLARGEON. — *François,* b [1] 30 mai 1681. — *Jean,* b [1] 23 janv. 1683. — *Jacqueline,* b [1] 9 juin 1684. — *Jeanne,* b [1] 14 mars 1687.

I. — HARLAY, Charles.
COUSSON, Marie.
Charlotte, b... ; m 23 fev. 1716, à Claude DUVAL, à Quebec.

I. — HARNOIS, Isaac, b 1641 ; s 23 mars 1703, à Ste. Foye.
BLAISE, Marguerite, b 1651.
Joseph, b 2 fev. 1671, à Quebec [2] ; m [2] 31 janv. 1707, à Angélique PETIT ; s [2] 29 sept. 1750. — *André,* b [2] 18 avril 1673. — *Marie-Madeleine,* b [2] 30 dec. 1674 ; m 25 oct. 1694, à Philippe AMIOT, à la Pointe-aux-Trembles de Quebec [4] ; s 27 mars 1721, à St. Augustin. [5] — *Marguerite,* b [2] 1677, m [5] 22 nov. 1703, à Jean DUBOET. — *Laurent,* b [2] 29 oct 1678 ; m [5] 26 avril 1706, à Marie-Anne GILBERT. — *Charles,* b [5] 16 sept. 1680. — *Eustache,* b [4] 5 oct. 1680 ; 1º m [2] 23 nov. 1711, à Thérèse CHABOT ; 2º m à Marguerite-Therèse LAMARRE.

I. — HARON, Pierre, soldat de Crisafy, b 1649 ; s 29 avril 1694, à Montréal, noye.

---

(1) Marié Ardoun,

(1) Ce nom a formé Janrel. A la marge du registre de son second mariage, on lit Hertel.

1683, (18 janvier) Montréal. [2]

I. — HATANVILLE, Antoine, huissier du Roy, bourgeois, b 1657, fils de Nicolas et de Marie Le Duc, de St. Jacques de la Boucherie, evêché de Paris.
Gadois, Jeanne,   [Pierre II.
  s [2] 18 juillet 1703.
Jean-François, b [2] 13 sept. 1697.

HAUCRON, Pierre. — Voy. Abiron.

1682, (5 octobre) Montréal.

I. — HAUDECŒUR, Jean, b 1655, fils de Jean et de Marie Boursier.
Matou, Marie-Madeleine, (1)   [Philippe I.
Marie, b 3 juillet 1685, à Boucherville [4], m 5 juillet 1704, à Jean Quenneville, à Lachine. — *Pierre Louis,* b [4] 16 sept. 1686 — *Noel,* b [4] 27 mai 1688. — *Marie-Jeanne,* b [4] 25 août 1689.

I. — HAUTBOIS dit St Julien, Julien.
Mey, Jeanne, (2)
Michel, b..., m [2] mai 1725, à Françoise Marchand, à Quebec. [9] — *Charles,* L... m [9] 15 nov. 1728, à Marie-Anne Morin.

HAUTDEBOUT — Voy. Autebout

HAUTEVILLE (D'). — Voy. Bourgonnière.

I. — HAUTMESNY, (Philippes de) Jean-Vincent.
Lambert de Baussy, Marie-Catherine.
Marie-Gabrielle, b 19 fév. 1672, à Montréal [5], s [5] 6 déc. 1673 — *Joseph-Louis,* b [5] 4 avril 1673. — *Marie-Gabrielle,* b [5] 14 mai 1674 ; m [5] 19 fév. 1691, à Joseph Amiot. — *Catherine-Chrétienne,* b [5] 20 nov. 1675. — *Gabriel,* b [5] 5 sept. 1677. — *Catherine,* b [5] 4 août 1681 ; s [5] 31 janv. 1682. — *François-Philippe,* b [5] 10 oct. 1682. — *Charles-Jacques,* b [5] 4 nov. 1683, s [5] 8 mai 1684. — *Jean-François,* b [5] 21 juin 1685. — *Anne-Angélique,* b 30 janv. et s [5] 23 mai 1687. — *Hélène,* b [5] 20 mai 1688. — *Louis-Alexandre,* b [5] 3 sept. 1690. — *Louise,* b [5] 10 août 1692.

1690, (9 janvier) St. Jean, I. O. [2]

I. — HAVARD, Pierre, fils de Gabriel et de Françoise de Girard, de Beaugeois, en Anjou.
Gautier, Louise,   [Joseph I.
  veuve de Louis Greffard.
Pierre, b [2] 21 juillet 1698. — *François,* b [2] 13 fév. 1691. — *Jean,* b [2] 8 et s [2] 15 janv. 1696. — *Ignace,* b [2] 4 fév 1701 — *Marie-Madeleine,* b [2] 24 juin 1704. — *Marie-Madeleine,* b [2] 20 juin 1693. —

1689, (21 février) Boucherville. [5]

I. — HAY. Pierre, maître sculpteur, b 1661, fils de Gabriel et de Catherine Baudouin, évêché d'Auxerres.
1° Benoit, Geneviève,   [Paul I.
  s [5] 9 déc. 1689.

    1696, (10 décembre) Montréal. [6]
2° Campeau, Catherine,   [Etienne I.

Marie-Catherine, b [6] 28 sept. 1697 ; m [6] 16 mai 1718, à Jean Baptiste Cousineau. — *Marie-Elizabeth,* b [6] 5 mai 1699. — *Marie-Jeanne,* b [6] 30 mars 1701. — *Agathe,* b [6] 6 oct. 1702. — *Pierre,* b [6] 21 mars 1704

I. — HAYET-RADISSON, Sébastien, de St. Malo.
Héraut, Madeleine.
Françoise, b... — *Marguerite,* b 1632 ; 1° m à Jean Véron-Grandmenil ; 2° m 24 août 1653, à Médard Chouard, à Québec.

1680, (30 déc.) Pte-aux-Trembles (M.) [2]

I. — HAYET dit St. Malo, Jean, b 1639, fils de Gilles et de Jeanne Herau, de St. Malo.
Galbrun, Catherine, b 1666, fille de Simon et de Françoise Desverges
Marie-Catherine, b [2] 30 janv. 1684 ; m 20 août 1699, à François Delpué, à Varennes. [3] — *Geneviève,* b [2] 20 mai 1686 ; 1° m [3] 20 avril 1705, à Marc-Antoine Chapelain, 2° m [3] 19 mai 1711, à Antoine Troy. — *Jean-Baptiste,* b [2] 17 fev. 1690 ; m [3] 23 nov. 1723, à Marie-Madeleine Petit. — *Louis,* b [2] 20 déc. 1691; m [3] 4 déc 1718, à Marie Emery. — *Jeanne,* b [3] 18 dec. 1693 ; m [3] 27 nov. 1713, à Claude Martin. — *Joseph,* b [5] 26 mars 1696 ; s [2] 28 mars 1696.

HAYOT — *Variation :* Ayot.

1637.

I. — HAYOT, Thomas, (1).
Boucher, Jeanne.
Geneviève, b 1637 ; m 1650, à Claude Dorval, s 1er mars 1651, à Quebec. [5] — *Adrien,* b 5 30 oct. 1638 ; 1° m [5] 24 nov. 1661, à Marie Guyon, 2° m [5] 18 fév. 1686, à Marie Pechine. — *Anne,* b [5] 26 juillet 1640, 1° m [5] 28 oct 1652, à Etienne Tenevert, 2° m à Léonard Dubord. — *Jean,* b... ; m [5] 17 nov. 1653, à Louise Pelletier.

1653, (17 novembre) Québec. [5]

II. — HAYOT, Jean,   [Thomas I.
Pelletier, Louise,   [Nicolas I.
  s [5] 9 nov. 1713, à 72 ans
Jeanne, b 3 sept. 1662, à Sillery. [6] — *Louise,* b [6] 1er mai 1664 ; m en janv. 1687, à Daniel Normandin, à Sorel. [7] — *Marie-Madeleine,* b [6] 14 fev. 1666 ; 1° m [7] 17 juillet 1681, à Michel Robert ; 2° m à Jacques L'Archevêque. — *Angélique,* b [6] 10 juin 1668. — *Marie-Thérèse,* b [5] 15 fev. 1671, m [5] 13 janv. 1705, à Jean-Baptiste L'Archeveque ; s [5] 24 sept. 1732. — *Geneviève,* b... ; 1° m à Gabriel Bérard ; 2° m 14 dec. 1712, à Jean Turcot, à la Pointe-aux-Trembles de Quebec. [8] — *Etienne,* b [5] 27 fév. 1673 ; m [8] 20 janv. 1702, à Anne-Felicite Bonhomme. — *Françoise,* b [5] 26 dec. 1674; m [8] 6 fev 1702, à Claude Garnier ; s [8] 18 mars 1703. — *Jean-Baptiste,* b [5] 11 janv. 1677 ; 1° m 7 fev. 1695, à Anne-Xainte Grondin, à la Rivière-Ouelle, 2° m à Marie-Charlotte Lamarche ; 3° m 16 oct. 1711, à Catherine-Antoinette St. Amant, au Château-Richer. — *Louis-Joseph,* b [8] 13 déc. 1679 ; s [8] 17 janv. 1703.

---

(1) Elle épouse, le 29 oct. 1692, René Deniau, à Boucherville.
(2) Elle épouse, le 9 oct. 1719, Julien Guyon, à Québec.

(1) Le 11 juin 1646, se fit la séparation de nos fermiers de Beauport ; Boucher s'en alla, et Thomas Hayot demeura chargé de tout, ce fut par un accord entre eux.—(J. des Jés.)

1661, (24 novembre) Québec [5]

II. — HAYOT, Adrien, [Thomas I
1° Guyon, Marie-Madeleine, [Jean I
s avant 1681.
Marie-Anne, b 7 mars 1663, au Château-Richer[2], m [5] 14 avril 1681, à Jean Marchand —*Anne-Charlotte,* b 1667 ; s 2 oct. 1690. à la Pointe-aux-Trembles de Québec. — *Louis,* b 28 avril 1671, à l'Ange-Gardien ; m 1696, à Marie-Louise Gourot. *Adrien,* b [2] 3 avril 1669. — *Joseph,* b [2] 19 mars et s [2] 27 avril 1673. — *François,* b [2] 9 juin 1674. — *Madeleine,* b...; m à Borromee Duval.

1686, (18 février) Québec..

2° Péchina, Marie, veuve de Guillaume Gourot.

1695, (7 février) Rivière-Ouelle. [6]

III. — HAYOT, Jean, [Jean II.
s [6] 22 oct. 1714.
1° Grondin, Anne-Xainte, [Jean I.
Zacharie, b...; m 17 nov. 1727, à Marie Josette Levasseur, à Kamouraska.[7]—*François,* b [6] 8 mai 1696. — *Guillaume,* b [6] 13 avril 1698 ; m à Marie-Anne Levasseur.—*Pierre,* b...; 1° m [7] 25 fév. 1734, à Marie Hudon, 2° m [7] 25 avril 1740, à Marthe Normandin. — *Alexis,* b [5] 31 mars 1700 — *Geneviève,* b [6] 3 avril 1707. — *Joseph,* b [6] 7 avril 1709.
2° Lamarche, Marie-Charlotte.

1711, (11 octobre) Champlain. [8]

3° St. Amant, Catherine-Antoinette, [Jean I.
Joseph, b [8] 13 août 1712.

1696.

III — HAYOT, Louis, [Adrien II.
Gourot, Marie-Louise. [Guillaume I.
Marie-Louise, b 25 fév. 1697, à la Pointe-aux-Trembles, Q. [9] — *Marie-Angélique,* b [9] 20 fév. 1701. — *Jean-Baptiste,* b 8 déc. 1698, à St Nicolas.

I — HAZEUR, François, marchand s 2 nov. 1685, à Montréal.
Provost, Marie, b 1621 ; s 24 nov. 1699, à Québec. [1]
Madeleine, b 1662, hospitalière, dite Ste Françoise, s [1] 24 oct 1735.—*Jeanne-Louise,* b 1668, hospitalière, dite Ste Anne ; s [1] 25 déc. 1706.— *François,* b...; 1° m [1] 21 nov. 1672, à Anne Soumande : 2° m [1] 16 janv. 1696, à Elizabeth Barbe ; s [1] 30 juin 1708. — *Léonard,* b...— *Marie-Anne,* b 1663 ; m à Jean Cecile ; s [1] 4 janv. 1703.

1672, (21 novembre) Québec. [3]

II. — HAZEUR, François, marchand, b 1638, fils de François et Marie Proust, de Tours ; s 30 juin 1708, dans l'église de Québec.
1° Soumande, Antoinette, [Pierre I.
s [2] 6 mars 1692.
François, b [3] 17 nov. 1673 ; s [9] 1er nov. 1707.— *Pierre,* b...,ordonné 21 juillet 1700 ; s [3] 21 déc 1725. — *Pierre,* b [3] 29 nov. 1675 ; s [3] 9 fév. 1676. — *Marie-Anne,* b [3] 14 juillet 1677, s [3] 4 août 1680.— *Jean-François,* b [3] 16 juillet 1678 ; m [3] 20 mars 1708, à Catherine Martin ; s [3] 14 mai 1733.—

Thierry, b [3] 25 juin 1680, ordonné, 1706 · s [3] 3 avril 1757. —*Joseph,* b [3] 5 et s [3] 13 nov. 1681. — *Pierre,* b [3] 22 déc. 1682. — *Louis-Auger,* b [3] 28 et et s [3] 13 mars 1685 — *Louis,* b [3] 10 oct. 1686, s [3] 27 déc. 1702. — *Marie-Anne,* b [3] 4 août 1689 ; s [3] 1er août 1691. — *Elizabeth,* b [3] 17 nov. 1690 ; s [3] 2 janv. 1691. — *Louise,* b [3] 17 et s [3] 28 nov. 1690. — *Marie-Anne-Ursule,* b [3] 28 fév. 1692 ; m à Michel Sarrazin ; s [3] 4 avril 1743.

1696, (16 janvier) Québec.

2° Barde, Elizabeth, [Silvain I.

1681, (6 octobre) Québec. [1]

II. — HAZEUR-DESONNEAUX, Léonard, b 1654, fils de François et de Marie Proust, de Brouage, evêché de Xaintes.; s [1], 25 oct. 1687.
Pinguet, Marie-Anne, (1) [Noel II.
s 8 déc. 1690.
Jeanne, b 11 juin 1684, à Montréal [2] ; s [1] 24 août 1687 — *Charles,* b [2] 17 avril 1683, ordonné 1706, s 6 juin 1715, à St. Thomas.

HÉBECQ,—Voy. Herbecq

I. — HÉBERT, Louis, (2) apothicaire.
s 25 janv. 1627, à Québec, mort à la suite d'une chûte.
Rollet, Marie, (3) s 27 mai 1649, à Québec. [2]
Guillaume, b...; m [2] 1er oct. 1634, à Hélène Desportes ; s 1639. — *Guillemette,* b 1606 : m [2] 26 août 1621, à Guillaume Couillard ; s [1] 20 oct. 1684, dans l'église de l'Hôtel-Dieu. — *Anne,* b..., m au commencement de 1618, à Etienne Jonquest. (4)— Sagard, *Histoire du Canada,* p. 41.

---

(1) Elle épouse, le 12 juin 169 , Louis Chambalon, à Québec.

(2) Première famille, établie à Québec, en 1617.—Hébert reçut, en 1626, la confirmation d'un octroi de terre à lui fait, en 1623. Dans sa demande, en 1628, au Duc de Ventadour, il dit que pour l'avancement du pays, il avait vendu tous ses biens à Paris, ayant quitté ses parents et amis pour donner le commencement à une colonie et peupler de chrétiens.
La colonie éprouva une perte réelle, par la mort de Louis Hébert, qui, après Champlain, avait pris la plus grande part à l'établissement de Québec, et à l'avancement de la Nouvelle-France. " Ça été, dit Champlain, le premier chef de famille résidant au pays qui vivait de ce qu'il cultivait."—Ferland, p 220.
On enterra solennellement le corps de Louis Hébert dans le cimetière des Récollets, au Couvent de St. Charles. Le terrain ayant été bouleversé, plus tard, on trouva ses ossements, renfermés dans un cercueil de cèdres. En 1678, le Père Valentin LeRoux, Supérieur des Récollets, les fit transporter dans la cave de l'église de ces Religieux, à la Haute Ville de Québec.—Leclercq, t. II, p. 128.
Le terrain des Récollets de la Haute-Ville n'avait été donné que le 28 mai 1631, et la chapelle ne fut bâtie qu'en 1682.
D'après M. Laverdière, la maison d'Hébert était dans le jardin du Séminaire de Québec. On a trouvé, en 1866, le solage de cette maison, près de la porte du jardin, dans la grande allée.
La maison d'Hébert fut le premier bâtiment élevée à la Haute-Ville. Elle devait être entre la rue Ste. Famille et la rue Couillard.—Ferland, t. I, p. 190.
Hébert compte, parmi ses nombreux descendants, quelques unes des plus illustres familles du Canada : Joliet, DeLery, DeRamesay, D'Eschambault, Fournier, Mgr. Taschereau, archevêque de Québec, les archevêque et archevêque Blanchet, de l'Orégon, et Mgr. Taché, évêque de la Rivière-Rouge.

(3) Elle épouse, le 16 mai 1629, Guillaume Hubou.

(4) Premier mariage fait en Canada.—Ferland, t. I, p. 182.

1634, (1er octobre) Quebec. [1]
II. — HÉBERT, GUILLAUME, [LOUIS I.
s 1639.
DESPORTES, Hélène, (1)
b 1620
Joseph, b [1] 3 nov. 1636, m [1] 12 oct. 1660, à DE-POITIERS. — Françoise, b [1] 27 janv. 1638; m [1] 20 nov. 1651, à Guillaume FOURNIER. — Angelique, b [1] 2 août 1639.

I. — HÉBERT, AUGUSTIN.
DU VIVIER, Adriane, (2) b 1626.
Jeanne, b 1647; m 7 mars 1660, à Jacques MILOT, à Montreal[1]; s[1] 25 mars 1687. — Paule, b 15 et s[1] 28 janv. 1649. — Leger, b[1] 20 avril 1650; m[1] 17 nov. 1681, à Marguerite GAMELIN. — Ignace, b[1] 28 oct. 1652; 1° m 31 janv 1679, à Jeanne MESSIER, à Boucherville; 2° m 10 mai 1700, à Thérèse CHOQUET, à Varennes. — Madeleine-Louise, b 1653, m à Denis BROSSEAU.

I. — HÉBERT, JEAN,
s 13 août 1651, à Montréal, tué par les Iroquois.

I. — HÉBERT DIT LARIVIÈRE, b 1633, compagnon d'armes de Dollard et massacré au Long-Sault, par les Iroquois, s mai 1660.

I. — HÉBERT, FRANÇOIS,
FAULCONIER, Anne.
Guillaume, b 4 fév. 1655, à Québec [6]; m 29 oct. 1691, à Anne ROUSSIN, à L'Ange-Gardien.[9] — Nicolas, b 1648; s[6] 14 mai 1657, (empoisonné pour avoir mangé d'une herbe venéneuse). — Jeanne, b... , m[9] 28 avril 1671, à François LABADIE — Jacques, b 9 juin 1664, au Château-Richer.

I. — HÉBERT, FRANÇOISE, b... ; 1° m à Jean-Baptiste ST. AMOUR; 2° m 23 nov. 1671, à Felix CASELIER, à Quebec.

1660, (12 octobre) Québec. [2]
III. — HÉBERT, JOSEPH, [GUILLAUME II.
DE POITIERS, Marie-Charlotte, (3) b 1641, fille de M. Pierre de Poitiers, sieur du Buisson, capitaine d'infanterie, et d'Hélène de Belleau, de Sevestre, d'Amiens, en Picardie.
Joseph, b[2] 16 oct. 1661.

1670, (1er septembre) Québec. [2]
I. — HÉBERT DIT LAVERDURE, MICHEL, (4) b 1643, fils d'Antoine et de Joanne LeRoy, de St Mederic de Paris.
GALAIS, Anne, b 1646, fille de Pierre et de Marguerite La Serre, de St. Pierre du Bourg Gonesse, de Paris.
Marie-Anne, b[2] 28 juin 1671. — Pierre, b[2] 7 mars 1675; s avant 1681. — Jeanne, b 1er nov.

(1) Elle épouse, le 9 janvier 1640, Noël Monn, à Québec.
(2) Elle épouse Robert Cavelier.
(3) Elle épouse, le 11 janvier 1667, Simon Lefebvre, à Québec.
(4) M. De Lotbinière lui concède une terre, le 13 novembre 1686. — Greffé de Rageot.

1676, à Lorette; m[2] 20 fév 1700, à Pierre PINAULT. — Michel, b 1er sept 1672, à Sillery. — Marguerite, b 1676.

I. — HÉBERT, JEAN, b 1631.
DORIANT, Simone, b 1630, était aux Grondines, en 1680.

I. — HÉBERT, ETIENNE, b 1634, habitait Longueuil, en 1681.

1679, (31 janvier) Boucherville. [5]
II. — HÉBERT, IGNACE, [AUGUSTIN I.
1° MESSIER, Jeanne, [MICHEL I.
s 6 août 1699, à Varennes. [6]
Robert, b 31 déc. 1679, à Montreal[4], s[4] 4 janv. 1680. — Ignace, b[3] 19 mars 1682; s[4] 10 déc. 1689. — François-Augustin, b[4] 11 sept. 1684. — Augustin, b[3] 6 fév. 1686, m[6] 27 nov. 1708, à Marie-Madeleine GIRARD. — Joseph, b[3] 21 avril 1687; m[6] 13 avril 1711, à Marguerite GIRARD. — François, b[3] 18 avril 1689. — Marguerite, b[4] 5 juillet 1690, m[6] 23 nov. 1705, à Nicolas CHOQUET. — Anonyme, b et s[3] 2 fév. 1692. — Ignace, b[6] 8 juin 1694. — Marie-Anne, b[6] 9 août 1697.

1700, (10 mai) Varennes. [6]
2° CHOQUET, Thérèse, [NICOLAS I.
Anne, b[6] 12 juin 1701; m[6] 28 nov. 1717, à Jean CHARBONNEAU. — Nicolas, b[6] 24 déc. 1702; s[6] 15 janv. 1703. — Augustin, b[6] 13 janv. 1704, m[6] 11 janv. 1723, à Marie MONJEAU. — André, b[6] 21 nov. 1706 — Isabelle, b[6] 15 janv. et s[6] 10 fév. 1708. — Jean-Baptiste, b[6] 22 mai 1709 — Gabriel, b[6] 15 nov. 1710.

1679, (7 février) Boucherville.
I. — HÉBERT DIT LAROSE, THOMAS, fils de Thomas et d'Elizabeth L'Homme, de St. Omer, évêché de Bayeux.
BENOIT, Barbe, (1) [PAUL I.
Barbe, b 2 août 1685, à Laprairie.[2] — Thomas, b 25 juillet et s[2] 16 oct. 1687 — Jeanne, b[2] 2 fév. 1689. — Marie, b[2] 4 mars 1691. — Geneviève, b[2] 28 fév. 1694. — Marguerite, b[2] 20 août 1695 — Jean-Baptiste, b[2] 21 oct. 1697. — Pierre, b et s[2] 26 déc. 1697.

1681, (17 novembre) Montréal. [1]
II. — HÉBERT, LEGER, [AUGUSTIN I.
GAMELIN, Marguerite, (2) [MICHEL I.
Robert, b[1] 5 et s[1] 25 janv. 1683. — Marguerite, b[1] 5 oct. 1685. — Pierre-Louis, b[1] 28 fév. et s[1] 9 mars 1689. — Marie, b 27 janv. 1692, à Boucherville[2], m 14 juin 1712, à Jean-Baptiste BRODEUR, à Varennes.[3] — Augustin, b[2] 15 fév. et s[2] 4 mars 1694. — Marie-Anne, b[2] 25 mai 1695. — Leger, b[2] 11 juin 1698. — Nicolas, b[2] 26 mars et s[2] 12 avril 1700. — Marie-Charlotte, b[8] 18 juin 1702. — Pierre, b 22 juin 1704, a l'Ile Dupas. — Louis-Michel, b 2 sept. 1705, à Repentigny.

(1) Elle épouse, le 7 mars 1699, François Bory, à Montréal.
(2) Elle épouse, le 12 fév. 1725, Paul Petit, à Varennes.

1691, (29 octobre) L'Ange-Gardien. [2]

II —HÉBERT dit Le Compte, Guillaume, [Frs I.
Roussin, Anne, [Nicolas I
Anonyme, b et s [2] 11 août 1692. — *Guillaume,*
b [2] 24 sept. 1693. m [2] 30 sept. 1715, à Madeleine
Labarge — *Marie-Anne,* b [2] 22 fev. 1697, m [2] 27
janv. 1716, à François Maroist.— *Anne,* b [2] 11
avril 1695 — *François.* b [2] 31 août 1700, s [2] 21
janv. 1703.— *Marie,* b [2] 4 sept 1702, m [2] 16 oct.
1730, à Jean Mathieu.— *François,* b [2] 28 janv.
1704, m [2] 20 oct. 1727, à Scholastique Trudel.—
Rose, b [2] 19 janv. 1707. m [2] 22 sept. 1727, à Joseph Trudel.— *Louis,* b [2] 7 sept 1708, m [2] 11
fev. 1732, à Catherine Quentin.— *Marie,* b [2] 17
mars 1712.— *Véronique,* b [2] 9 août 1713, m [2] 5
oct. 1733, à Ignace Cote.— *Nicolas,* b [2] 18 avril
1715.

I —HÉBERT dit La Trimouille, Joseph, caporal de M. Dumesny.

I[?] — HEDOUIN, Marguerite, femme de François
Barbot, en 1671.

1656, (7 fevrier) Quebec. [3]

I —HÉDOUIN, dit Laforge, Jacques, tailleur,
b 1628, fils de Romain et de Marguerite Ro-
chelin, de Rouen ; s [3] 23 août 1705, à 80 ans.
Brassard, Jeanne, [Antoine I.
s [3] 21 dec. 1709.
Pierre, b [3] 29 nov. 1659 ; m [3] 8 janv. 1684, à
Ursule Rancin — *Marie-Madeleine,* b [3] 12 juillet
1662, 1° m [3] 8 janv. 1684, à Jean Sabatier ; 2°
m [3] 2 mai 1689, à Jacques Massy ; s [3] 24 août
1739.— *Jean-Baptiste,* b 1665, s [3] 20 janv. 1738.
— *Anne,* b [2] 13 fev. 1667 ; s [3] 29 août 1687. —
Guillaume, b [3] 28 avril 1669.— *Jeanne-Andrée,* b [3]
6 oct 1670 ; m [3] 18 janv. 1688, à Pierre Dorionne,
s [3] 21 sept. 1747.— *Simon-François,* b [3] 24 fev.
1673. — *Jacques-Charles,* b [3] 24 janv. 1676. —
Pierre, b et s [3] 24 janv. 1676. — *Pierre,* b [3] 20
fev. 1678, m [3] 8 avril 1698, à Marie-Agnès Pilote ;
s [3] 14 dec. 1708.— *Angélique-Elizabeth,* b [3] 17
fev 1680 ; 1° m [3] 11 oct 1700, à Charles Rancin ;
2° m [3] 2 sept. 1715, à Jean Brunet ; s [3] 20 déc.
1749.— *Charles,* b 21 oct. 1681 ; 1° m [3] 24 nov.
1704, à Catherine L'Archevêque ; s [3] 12 oct.
1716, à Genevieve Doyon — *Marguerite,* b [3] 23
fev. 1684, m [3] 1er mai 1703, à Jean Lecompte ; s [3] 27
nov. 1753.— *Gabriel,* b [3] 4 nov. 1685.

1684, (8 janvier) Quebec. [4]

II.—HÉDOUIN, Pierre, [Jacques I.
Rancin, Ursule, (1) [Charles I.
Pierre, b [4] 8 oct. 1684, s [4] 25 oct. 1688.

1698, (8 avril) Québec. [4]

II.—HÉDOUIN, Pierre, [Jacques I.
s [4] 14 dec. 1708.
Pilote, Marie-Agnès, (2) [Pierre-Jean II.

(1) Elle épouse, le 29 oct. 1689, Pierre Janson, à Québec.
(2) Elle épouse, le 1er fév. 1712, Noël Laraue, à Québec.

Pierre, b [6] 19 avril 1699 — *Marie-Geneviève,* b [6]
22 avril 1701 ; m [6] 7 mars 1720, à Charles Métot.
— *Charles,* b [6] 11 mai 1702 — *Jacques,* b [6] 7 avril
1704.— *Jean-Baptiste,* b [6] 17 juillet 1706 , m [6] 16
août 1735, à Marie Josette Ferret.— *François-
Marie,* b [6] 11 juin 1708 ; m [6] 24 juillet 1735, à
Anne Ferret ; s [6] 27 mars 1736.

I. — HEGEMAN, Denis, anglais.
Dalain (Dolan) Grace, anglaise.
Joseph, b 5 mars 1693, à Quebec.

HÉLIOT, Pierre, b 1687 ; s 16 juin 1709, à Québec, noye.

I — HÉLIE, Jean, b 1621 ; s 17 dec. 1699, à St.
Jean, Ile d'Orleans. [2]
1° Choret, Jaquette.
Marie Charlotte, b... ; m à Jacques St. Amand ;
s 14 janv. 1703, à Quebec [3]

1669, (28 novembre) Ste. Famille. [4]

2° Labbé, Jeanne, b 1641, fille de Charles et de
Marie Françoise, de St. Gilles de Paris
François, b [4] 22 mai 1672, m [2] 23 sept. 1692, à
Françoise Bidet.— *Jeanne,* b [4] 12 mars 1674, m [4]
12 fev. 1692, à Jean Fradet.— *Pierre,* b [4] 25 fev.
1676, m [4] 5 juillet 1700, à Marie-Rosalie Pepin.
— *Marie-Madeleine,* b [4] 3 août 1678, m [2] 25 nov.
1698, à Louis Boutin — *Jacques,* b 1680 ; m 3
sept. 1715, à Louise Cassé, à Beaumont.

1688, (11 fevrier) Quebec.

I.— HÉLIE, Pierre, soldat, b 1668, fils de Jean
et de Marie Poche de Lonzat, évêché de
Xaintes ; s...
1° Jean, Marie-Madeleine, [Elie I.
s 8 fév 1703, à Charlesbourg, [6]
Léonard, b [6] 2 fev. 1698 ; m [6] 1725, à Jeanne
Bourbon.— *Charles,* b [6] 25 mai 1694. — *Pierre-
Jean,* b [6] 14 fév. 1697.— *Marie-Anne,* b [7] 5 fev.
1701.— *Joseph,* b 8 et s [6] 15 fev. 1703.— *Marguerite-Charlotte,* b [6] 30 déc. 1699, s [6] 24 fev 1700.—
Marie-Madeleine, b [6] 1er nov. 1692.

1704, (4 fevrier) Charlesbourg. [6]

2° Philippe, Anne, [Jean II.
Pierre, b [6] 30 nov. 1704 ; s [6] 10 déc. 1704

1708, (11 août) Lorette. •

3° Fiset, Marie-Madeleine, [Frs-Abraham I.

1714, (12 fevrier) Ste. Foye.

4° Paris, Françoise, veuve de Pierre Petitclerc.

1692, (23 septembre) St. Jean (I. O.)

II. — HÉLIE, François, [Jean I.
Bidet, Françoise, [Jacques I.
Françoise, b 29 mars 1693, à St. Michel. [2]—
François, b [2] 5 avril 1696.— *Marie-Thérèse,* b [2]
1er juin 1698.— *Angélique,* b [2] 28 nov. 1700. —
Joseph-Augustin, b [2] 20 avril 1702.— *Jacques,* b [2]
23 août 1711.

HELSOUS, (D') JEAN, serviteur de M. Bissot, s 21 avril 1657, à Québec.

HÉMERIO. — *Variations et surnoms* : EMEREAU — BELAIR.

1671, (30 octobre) Québec.

I. — HÉMERIO DIT BELAIR, FRANÇOIS, b 1644, fils de Jacques et de Françoise Babin, de Vivonne, évêché de Poitiers ; s ...

FRESSEL, Isabelle, b..., fille de Jacques et d'Isabeau, DES LANDES, de Nonancourt, évêché d'Evreux.

Marie-Madeleine, b 30 mars 1673, aux Trois-Rivières. m a André BOURDELAIS. — *Anne-Elizabeth,* b 27 fev. 1686, à Laprairie.

I. — HÉMIS, NICOLAS, b 1690 ; s 23 juillet 1742, aux Trois-Rivières.

HÉNARD. — Voy. INARD.

HÉNAU. — Voy HUNAUT, en 1691 — ENAUD, MICHEL, en 1662.

HENGRAVE. — Voy. HANDGRAVE.

HÉNOU, CHARLES, étoit à l'Ile d'Orléans, en 1681.

1674, (15 octobre) Québec [3]

I. — HENNE DIT LE PORTUGAIS, (1) MARTIN, b 1647, fils de Sebastien et d'Anne Consalve, de St. Martin de Brague, en Portugal ; s 9 dec 1711, à Charlesbourg [4]

DU FAYE, Françoise, b fille de Jean et de Marguerite Noury, de St. Hilaire, évêché de Reims. s [4] 17 dec. 1705.

Claude-Philiberte, b [3] 12 mai et s [3] 14 sept. 1675. — *Emmanuel,* b [3] 25 juin 1676. — *Noel,* b 1677, m [4] 30 juin 1700, à Marie AUVRAY ; s [4] 19 janv. 1703. — *Martin,* b 1678. — *Françoise,* b 1679. — *Claire-Morthe,* b [3] 1er fév. 1679 — *Jacques,* b 14 juillet 1680, 1e m 26 mai 1703, à Geneviève DE L'ESPINAY, à Beauport, 2o m [4] 1715, à Catherine CHRETIEN.

I. — HENNE DIT LEPIRE, JEAN. MILOIS, Françoise, (2)

HENRY, JEAN-BAPTISTE, maître d'hôtel de l'intendant Raudot, b 1673, s 16 janv. 1709, à 36 ans.

I — HERBEC, PIERRE. TERILLON, Geneviève. *Bernard,* b 26 sept, 1689, à Montréal.

1698, (28 décembre) Quebec.

I. — HERBECQ NICOLAS-FRANÇOIS, b 1670, fils de François et d'Anne Puissance, de St. Nicolas, évêché de Cambray, en Flandre ; s ..

1o MESNIER, Catherine, b 1663, veuve de Louis De La Naue ; s 9 dec. 1708, à Batiscan. [4]

François, b [4] 27 août 1701 ; s [4] 21 juillet 1709, idiot. — *Marie-Josette Catherine,* b [4] 2 avril 1704 ; m [4] 21 fev. 1735, à Pierre Lafond. — *Jean-Baptiste,* b 28 avril 1706 ; m à Marguerite LECUIER.

1709, (9 avril) Batiscan. [1]

2o LESCUIER, Marie-Charlotte, [ANTOINE I. s [1] 11 juillet 1722.

François-Nicolas, b [1] 15 janv. 1710 ; m [1] 10 nov. 1738, à Marie Catherine RIVARD. — *Marie-Charlotte,* b [1] 3 oct. 1711 ; s [1] 3 juin 1729. — *Anne-Geneviève,* b [1] 10 août 1713. — *Catherine-Françoise,* b [1] 14 nov. 1714 ; m [1] 28 oct. 1737, à Joseph ROCHEREAU. — *Thérèse-Elizabeth,* b [1] 21 sept. 1716 ; m [1] 10 nov. 1738, à Antoine TROTIER. — *Pierre-Joachim,* b [1] 1er déc. 1719 ; s [1] 18 oct. 1741.

I. — HERBIN, CLAUDE, (1) b 1626, fils de Guillin (Bourgeois) et d'Anne Guarin, de St. Anne, de St. Quentin, en Picardie.

HEUDES, Marie, b 1627, veuve de Jean Houdan, fille de Jacques et de Marguerite De la Mare, de St. Etienne, de Rouen.

Anne, b 19 mars 1654, aux Trois-Rivières [5] ; s [5] 20 janv. 1661.

I. — HERBIN, LOUIS, — Voy DE BRICOUR.

1663, (7 octobre). (2)

I. — HERMAN, LAURENT, b 1643, fils de Jean et de Marie MORIÉ, de Rouen.

AGATHE, Marie-Anne, b 1636, fille de Sebastien et de Catherine Carrier, de St. Germain, en Laie.

HERMEL. — Voy. FORTIN D HERMEL, neveu par alliance, de la sœur Marguerite Bourgeois.

HERMEL, Françoise, femme de Baptiste JEAN, en 1668.

I. — HERMITE, (DE L') JACQUES, Lieutenant du Roy, aux Trois-Rivières, en 1719.

I. — HERODO, PIERRE, 1o MINAU, Marie. 1712, (7 janvier) Charlesbourg. 2o PHILIPPE, Jeanne, [JEAN II.

HÉRON, SIMÉON, serviteur des Pères Jésuites, en 1643.

I. — HÉROU, THOMAS, soldat, était à Laprairie, en 1687.

1674, (6 février) Trois-Rivières. [8]

I. — HÉROU DIT BOURGAINVILLE, en 1673, et BOURQUINVILLE, en 1675, b 1651, fils de Jean et de Marie Royer, de Blonville, en Normandie ; s [8] 30 nov. 1687.

PEPIN, Jeanne, (3) [GUILLAUME I.

---

(1) Les descendants s'appellent " Lepire."

(2) Fille épouse, le 26 mai 1688, René Mezères, à la Pointe-aux-Trembles de Québec.

(1) Contrat du 9 janvier 1653. — *Greffe d'Ameau.*

(2) Date du contrat de mariage, étude de Duquet.

(3) Elle épouse, le 13 août 1690, Mathurin Murais, aux Trois-Rivières.

Pierre, b [8] 4 fév. 1675, m [8] 24 janv. 1701, à Françoise BENOIST. — *Marie-Marthe*, b [8] 26 déc. 1678, m 9 fév. 1699, à François LETARD, à Boucherville. — *Marie-Jeanne*, b [8] 26 mai 1681 — *François*, b [8] 30 août 1683. — *Elizabeth*, b [8] 3 sept. 1685. — *Jean*, (posthume) b [8] 16 avril 1688.

I. — HÉROU, PIERRE, soldat de M de St Jean, b 1664 ; s 12 juillet 1689, à Montreal, tué.

1669, (3 octobre) Quebec.

I. — HERPIN DIT TOURANGEAU, JEAN, fils de Pierre et de Marie Mireau, de St Espin, évêché de Tours, s...

VALLEE, Madeleine, fille de Thomas et de Renée Vallée, de St. Thomas de St. Lo, evêché de Coutances ; s...

François, b 11 avril 1674, à Sorel. [9] — *Elizabeth*, b [9] 7 mai 1675. — *Henry*, b..., m à Marie COULON. — *Françoise*, b 1679 ; s 9 dec 1681, à Contrecœur. [7] — *Antoine*, b [7] 26 juillet 1681. — *Marguerite*, b 29 avril 1684, à Repentigny [6], s [6] 8 nov. 1687.

II. — HERPIN, HENRY,   [FRANÇOIS I. COULON DIT MABRIAN, Marie,   [AUFRAY. *Jean-Baptiste*, b... ; m 14 août 1730, à Marie-Anne VAUDRY, à Lachenaye. — *Marie-Angélique*, b 12 mars 1703, à Varennes.

I. — HARTEL, JACQUES, s 24 sept. 1658, à Québec.

HERTEL — *Surnoms* : DE ROUVILLE — DE MONCOUR — DE BEAULAC — DE CHAMELY — DE LAFRAINIÈRE — DE ST. LOUIS — DE COURNOYER — DE ST. FRANÇOIS — DE BEAUBASSIN.

1641, (23 août) (1)

I. — HERTEL, JACQUES, (2) b 1630, fils de Nicolas et de Jehanne Nirrio, Bourg de Fecamp, pays de Caux ; s 10 août 1651. (3)

MARGUERIE, (4) Marie, fille de François et de Marthe Romain, de St Vincent de Rouen ; s 26 nov. 1700, aux Trois-Rivières. [1]

François, b [1] 3 juillet 1642 ; m 2 sept. 1664, à Marguerite DE THAUVENET, à Montréal ; b [1] 2 sept 1722, à Boucherville — *Marie-Madeleine*, b [1] 2 sept 1645, m [1] 29 oct. 1658, à Louis PINAR. — *Marguerite*, b [1] 26 août 1649, m [1] 26 nov. 1663, à Jean CREVIER. (5)

1664, (2 septembre) Montréal.

II. — HERTEL, FRANÇOIS, (6)   [JACQUES I. s 31 mai 1722, à Boucherville.

---

(1) Date du contrat de mariage.—*Greffe de Piraube.*

(2) Captif des Iroquois.—*Charlevoix.*

(3) Inventaire. — *Greffe d'Ameau.*

(4) Elle épouse, Moral de St. Quentin.

(5) Il n'avait que ces trois enfants, d'après l'inventaire du 21 août 1651—*Greffe d'Ameau.*

(6) Captif chez les Iroquois.—*Charlevoix.* Un des ancêtres de feu Sir Etienne Taché.

DE THAUVENET, Marguerite, (1) b 1646, fille de Raymond (capitaine du regiment de Brimon) et d'Elizabeth de Mancelui.

Madeleine, b..., m 1694, à Etienne VERON. — *Jacques*, b 19 mars 1667, aux Trois-Rivières [2]; m [2] 26 nov. 1691, à Marguerite-Therèse GODFROY, s [2] 4 sept. 1748 — *Jean-Baptiste*, b [2] 26 oct. 1668, 1° m [2] 23 nov. 1698, à Jeanne DUBOIS, 2° m 6 fév. 1708, à Marie-Anne BAUDOUIN, à Québec. — *Louis*, b [2] 14 mai 1673 — *René*, b [2] 26 mars 1675 — *Lambert*, (2) b [2] 17 oct. 1677 — *Marie-Françoise*, b [2] 4 nov. 1679, ursuline dite St. Exupère, s 5 mars 1770 — *Claude*, b [2] 2 janv. 1682. — *Michel*, b [2] 11 oct. 1685. — *Pierre*, b [2] 19 mars 1687 — *Marguerite-Thérèse*, b [2] 23 oct. 1690. — *Zacharie-François*, b 1665, m [2] 17 janv. 1695, Marie-Charlotte GODFROY — *Joseph* b..., m [2] 4 juillet 1698, à Catherine PHILIPPE, s [2] 9 août 1723, dans l'église des Recollets.

1691, (26 novembre) Trois-Rivières. [3]

III. — HERTEL, JACQUES, officier, (3) [FRANÇOIS II. s [3] 4 sept. 1748.

GODFROY, Marguerite-Thérèse, (4)   [MICHEL II. s [3] 22 juillet 1730.

Michel, b [3] 22 sept. 1692. — *Jean-Baptiste*, b [3] 24 mai 1694. — *Marguerite-Thérèse*, b [3] 6 mars 1695, m 1716, à Jean-Baptiste BOUCHER ; s [3] 7 avril 1722. — *Agnès*, b [3] 20 fév. 1698. — *Charlotte-Exupère*, b [3] 4 oct. 1699. — *Marie-Anne*, b [3] 11 déc. 1700. — *Joseph*, b [3] 2 fév. 1702. — *Jacques-Laurent*, b [3] 15 mars 1703. — *Anne-Antoinette*, (5) b [3] 5 juillet 1705, s 27 déc. 1739. — *Anonyme*, b et s [3] 12 nov. 1706. — *Claire-Hyacinthe*, b [3] 30 août 1708, s [3] 24 sept. 1736. — *Anonyme*, b et s [3] 23 juillet 1710. — *Charles*, b..., m [3] 16 nov. 1729, à Geneviève BOUCHER ; s [3] (6) 15 janv. 1736.

1695, (17 janvier) Trois-Rivières.

III. — HERTEL, ZACHARIE-FRANÇOIS, (7) [FRS II. capitaine. Il avait le genou casse, d'un coup de fusil, à la prise de Sementile.

GODFROY, Marie-Charlotte,   [MICHEL II.

1698, (4 juillet) Trois-Rivières. [4]

III. — HERTEL, JOSEPH, (8)   [FRANÇOIS II. s [4] 9 août 1723, dans l'église des Récollets.

PHILIPPE DE STE THÉRÈSE, Catherine, [LAURENT I. *Joseph*, b... ; m à Suzanne BLONDEAU ; s... — *Françoise*, b 1700 ; s 17 mars 1769, à l'hôpital

---

(1) Elle était venue avec madame De la Peltrie, pour se consacrer à l'éducation des jeunes sauvagesses, mais l'impossibilité de former un établissement engagea Mlle. Thauvenet à prêter l'oreille aux sentiments que M. Hertel avait pour elle. M. De Chambly, tué dans une campagne d'Italie, l'avait instituée son héritière.

(2) Sieur de Cournoyer, officier.

(3) Sieur de Cournoyer, capitaine dans le détachement de la marine.

(4) Morte après une vie exemplaire et vraiment chrétienne.

(5) Filleule du marquis de Crisafy.

(6) (Gladio percussus est), ayant reçu les sacrements avec de bonnes dispositions.

(7) Sieur La Fremère, lieutenant réformé.

(8) Marié à St. François, dans la chapelle du Fort de M. Pagnolle, parce qu'il n'y avait point d'église paroissiale.

general de Montreal.—*Pierre*, b... : m à Catherine
Jaret de Verchères, s 1780.—*Marie*, b... ; m à
Sermonville.— *Marie*, b... ; m à Gamelin-Cha-
teauvieux— *Françoise-Elizabeth-Agathe*, b... ; m
à Paul Neveu-Sévestre.

1698, (23 novembre) Trois Rivières. [2]

III. — HERTEL, (1) J.-Baptiste,   [François II
1° Dubois, Jeanne,   [Jacques I.
s [2] 13 mai 1700.

1708, (6 fevrier) Quebec. [3]

2° Baudouin, Marie-Anne,   [Gervais I.
s 26 oct. 1745, à l Hôtel-Dieu de Quebec.
Marie-Anne-Madeleine, b [3] 17 juil'et 1713.—
Anne-Françoise, b 1716; s [3] 9 sept. 1726 — *Marie-
Thérèse*, b... , m [3] 30 sept 1726, à Charles Boucher.— *Louis*, b... — *Rene-Ovide*, b 19 sept 1720,
au Port de Toulouse, Ile-Royale, 1° m [3] 12 oct.
1741, à Louise-Catherine André-Deleigne ; 2° m 5
fev. 1767, à Marie-Charlotte Jaret, à Montreal [4]—
Jacques-Michel, b 1719, m [4] 1er avril 1750, à Marie-Josette Soumande.

1691, (9 septembre). (2)

I.— HERVAUX dit l'Angoumois, (3) François,
fils de Jean et de Simone Labory.
Constant, Marie,   [Etienne I.
Louise, b 28 nov. 1693, à Lorette [5] , m 14 oct.
1715, à Charles Valin, à Charlesbourg.— *Marie*,
b [5] 16 sept 1696 , m 25 oct 1717, à Jacques Lepage, à Quebec — *Jean-Baptiste*, b [6] 24 sept. 1702
— *Charles-François*, b [6] 9 nov. 1704 ; m 1720, à
Thérèse Auvray.— *Marie-Thérèse*, b [6] 11 dec.
1707.

I —HERVÉ, Gabriel, b 1636, ville de Blois, evèché de Chartres , s 29 déc. 1675, à Ste. Famille.

I. — HERVÉ dit Laliberté, Jean-Baptiste, b
1681; s 30 août 1741, au Sault-au-Recollet. [4]
Benoit, Marie,
Louis-François, b 1713 ; m [4] 10 oct. 1740, à
Marie Tibaut.— *Françoise*, b... ; s [4] 8 juin 1745,
noyee à la Rivière des Prairies.

1689, (10 janvier) Quebec [5]

I. — HERVÉ, Sébastien, b 1648, fils de Gabriel
et de Marguerite Lorillio, de St. Martin de
Blois, evêché de Chartres ; s [5] 16 avril 1714,
à 75 ans.
Philippeau, Françoise,   [Claude I.
veuve de Louis Marien

(1) Hertel de Rouville, chevalier de St. Louis, lieutenant
d'un détachement de la marine. capitaine et commandant au
Port de Toulouse. Ile-Royale, (aujourd'hui Cap Breton)en 1720,
fait baptiser René-Ovide, par le P. Récollet Justinien Durand,
missionnaire. Parrain Jacques de Peussein, chevalier de St.
Louis, capitaine d'une compagnie à l'Ile-Royale, marraine,
Renée Bertrand. épouse de Lavallière, lieutenant d'une compagnie.—Aux régistres de l'Hôpital Général de Montréal, de
1759, on trouve l'extrait authentique de ce baptême, daté du
21 mai 1789, et signé par Athanase Guézot, supérieur, curé de
la paroisse de N. D. des Anges de Louisbourg.

(2) Date du contrat de mariage.—*Greffe de Rageot*.

(3) Origine des familles Darveau, page 158.

Marie-Renée, b [5] 13 oct. 1689 ; m [5] 16 avril
1709, à Daniel Pepie-Lafleur ; s [5] 4 avril 1764.—
François, b [5] 21 mars 1692 ; s [5] 16 janv. 1694 —
Sébastien, b [5] 20 janv. 1695.— *Marie-Charlotte*,
b [5] 29 janv. 1698.— *Jean-Baptiste*, b [5] 25 sept
1700.

1698, (22 nov.) Montréal. [6]

I. — HERVÉ dit Le-Petit-Pacaud, Pierre, b
1673, fils de Pierre et de Jeanne Reaux, de la
Prale, evêché d'Angoulême.
1° Patissier, Catherine,   [Jean I.
Philippe, b [6] 29 avril 1700.— *Louis*, b... , m 6
nov 1724, à Marie-Anne Peras, à Laprairie.

1714, (22 avril) Laprairie.

2° Le Ber, Marie,   [François I.
veuve de François Bourassa.

1676, (24 novembre) Quebec. [4]

I. — HERVIEUX, Isaac, (cloutier) b 1651, fils
d'Isaac et de Jeanne Moussart, de St. Sauveur de Lonlay-l'Abbaye, évêche du Mans ; s [4]
6 mai 1700.
1° Pinguet, Marie-Anne,   [Pierre II.
s [4] 12 août 1687.
Léonard, b [4] 6 oct. 1678 ; m 3 fev. 1705, à Catherine Magnan, à la Pointe-aux-Trembles de
Montréal; s 29 mai 1747, à Montréal [5].— *Marie-
Anne*, b [4] 15 août 1681 ; m [4] 28 sept. 1699, à Jean
Molay.— *Ursule*, b [4] 23 oct 1683, s [4] 29 août
1692.— *Jacques*, b... ; m à Marie Tullia. — *Marie-Geneviève*, b [4] 15 fév. 1686, religieuse, dite Ste.
Gertrude; s [5] 2 dec. 1753.

1687, (24 novembre) l'Ange-Gardien

2° Gauvépy, Geneviève, (1)   [François I.
Anonyme, b... ; s [4] 2 juillet 1688 — *Angélique*,
b [4] 30 janv. et s [4] 18 fev 1690.— *Marie-Geneviève*,
b [4] 18 avril 1691 ; 1° m [4] 9 janv. 1717, à Sauveur
Leclerc ; 2° m [5] 1er fev. 1734, à Guillaume Séguin.— *Denis*, b [4] 17 janv. 1693 ; s [4] 15 janv.
1703.— *Barthélemi*, b [4] 30 oct. 1694.— *Jean-
Baptiste*, b [4] 24 juin 1696 — *Louis-Isaac*, b [4] 15
août 1698; s [4] 1er janv. 1701.— *Etienne*, (posthume,) b [4] 6 août 1700; s [4] 27 dec. 1702.

1693, (22 septembre) Montréal. [7]

I.—HÉRY, Duplanty, Jacques, marchand, fils
de Pierre et de Marthe Chaviot, de St. Jean
d'Angély.
Lamoureux, Renée,   [Pierre I.
Pierre, b [7] 15 juillet 1694.— *Jacques*, b [7] 23
fev. 1697.— *Marte-Suzanne*, b [7] 12 mars 1698.—
Jean-Baptiste, b 9 nov. 1704, à Lachine.—*Marie-
Josette*, b [7] 31 mars 1701.— *Louis*, b 1706; s 16
avril 1709, noye à Ste. Anne-du-bout de-l'Ile.

HESTEL, — Voy. Estène, — Stèbre.

HEUDE, François, matelot, noyé au Cap Diamant, avec Jean Pelcau ; s 11 mai 1659, à
Quebec.

(1) Elle épouse, le 26 avril 1703, Thomas Barthélemy, à
Quebec.

I. — HEURTEBISE, André, (1)
s 2 déc. 1659, à Montréal.

—

1660, (7 janvier) Montreal. 6

I. — HEURTEBISE, Marin, b 1633, fils d'André
et de Renée Hermange ; s 6 12 mai 1672.
Alton, Etiennette (2) b 1641, fille de François
et d Antoinette Barillay, de LaFlèche, evêche
d'Angers
Pierre, b 6 7 nov. 1660, m 6 7 janv. 1694, à
Geneviève Courault , s 6 19 mai 1705.—*Etiennette,*
b 6 2 mars 1662, m 6 9 dec. 1675, à Jean Guenet.
— *Jean,* b 6 4 juin 1665 — *Louis,* b 6 25 août
1667 ; m 6 3 mai 1688, à Jeanne Gatiau , s 6 24
janv 1703. — *Marie,* b 6 24 fev. 1670 , m 4 fev.
1686, à Paul Descary ; s 6 17 fev. 1703 — *Mai in,*
b 6 14 fév. 1672.

—

1688, (3 mai) Montreal 6

II. — HEURTEBISE, Louis,   [Marin I
s 6 24 janv. 1703.
Gateau, Jeanne,   [Jean I
Louis, b 6 24 juillet 1690. — *Pierre,* b 6 3 janv.
1693. — *Jean* b 6 3 nov, 1695. — *Marie,* b 6 11 fev.
1698. — *Cécile-Elizabeth,* b 6 15 mars 1700. —
Marguerite, b 6 23 sept. et s 6 5 oct. 1702.

—

1694, (7 janvier) Montreal. 6

II. — HEURTEBISE, Pierre,   [Marin I.
s 6 19 mai 1705.
Courault, Geneviève.   Cybar I.
Marie-André, b 6 23 janv. 1700. — *Marguerite,*
b 6 9 janv. 1695, s 6 11 mai 1703 — *Mai in,* b 6 25
juillet 1697. — *Marie-Andrée,* b 6 23 janv. 1700 —
Catherine, b 6 10 juin 1702. — *Marie-Anne,* b 6 19
nov. 1704.

—

HEURTEBISE, Martin, soldat de M. de Vau
drouil, b..., évêche de St. Jean de Luz, Basses-
Pyrénées ; s 29 juillet 1699, à Montréal.

—

I — HEVÉ, Nicolas,
Chasle, Jeanne.
Pierre, b..., m 5 mars 1696, à Marie Marchand,
à Quebec.

—

1696, (5 mars) Quebec. 3

II. — HEVÉ, Pierre,   [Nicolas I.
Marchand, Marie, (3)   [Charles II.
Pierre, b 3 16 et s 3 26 mars 1697. — *Pierre-
Louis,* b 3 20 nov. 1700 — *Louis,* b 3 1er août 1702 ;
m 3 nov. 1723, à Charlotte Vergeat , s 3 12
juillet 1739 — *Francois-Marie,* b 3 21 dec 1703 —
Marie-Madeleine, b 3 22 nov. 1705 m 3 18 sept.
1724, à François Berlinguet , s 3 30 mars 1738.
— *Catherine-Elizabeth,* b 3 26 oct. 1707, m 3 21
oct 1727, à Denis Constantin. — *Marguerite-
Charlotte,* b 3 20 juin 1709, s 3 27 fev. 1725 —
Joseph, b 3 9 oct 1710.

I. — HIARDIN, Jean.
Chesnay, Marguerite, de St. Germain d'Auverre.
Marguerite, b 1630 ; m à Nicolas Verieul ; s
30 mai 1720, à. St. François, I. O. — *Marguerite,*
b 1646 ; m à Richard Dumesnil — *Marie,* b 1647 ;
m 9 oct. 1668, à Pierre Encouguerce dit Lancognet.

—

1671, (24 septembre) Trois-Rivières.

I. — HIESSE, Jean, b 1646, du grand Baussenard
de Rouen.
Bertault, Suzanne,   [Jacques I.

—

I. — HILERET, (1) François, de Notre Dame de
Fontenay, evêche de La Rochelle
1o Desmarest, Catherine, de St. Nicolas des
Champs de Paris ; s 22 fev. 1695, à Charlesbourg.

1695, (25 avril) Charlesbourg. 6

2o Tessier, Marie, (2)   [Marc I.
Henry, b 6 22 juin 1698 , 1o m 6 1719, à Elizabeth
Vivier , 2o m 6 1724, à Jeanne Forçan — *Augus-
tin,* b 6 31 août 1700 ; m 6 1725, à Madeleine —
— *François,* b 6 23 mars 1696 ; s 6 3 nov. 1703.

—

1667, (28 septembre) Quebec. 9

I. — HILAREST. Moise, maître charpentier du
Roy, fils d'Helie et de Marie de Cores, de
St. Etienne d'Ahiert, évêche de Xaintes ; s...
1o Laurent, Catherine, veuve de Louis Richard,
de St. Etienne de Charente, evêche de
Xaintes
Jeanne, b 9 27 fev. 1669. — *Jean-Baptiste,* b 9 11
juillet 1670.

1691, (30 juillet) Montréal.

2o Hubou, Anne,   [Mathieu I.
veuve de René Sauvageot.

—

HIOUX, Anne, b 1638, sœur Ste. Claire, Congrégation de Notre-Dame , s 19 mai 1693, à
Montréal.

—

I. — HIROUIN, (Kirwin) Marie, fille d'un noble
Ecossais, refugie en France, avec sa famille,
pour conserver sa religion ; hospitalière dite
Marie de la Conception (3) ; s 14 oct. 1687, à
Quebec.

—

I. — HIRE, Zacharie, b 1650, etait à Varennes,
en 1681

—

I. — HIS, Louis-Paul
Niquet, Marie-Angelique,   [René I.
Antoine-Paul, b... ; m 5 août 1726, à Marie
Binet, à Quebec.

—

I. — HIVIN, Mathurin.
Labbe, Jacquette.
Marie, b 11 oct. 1670, à Sorel.

---

(1) Nom d'une place près Valenciennes.

(2) Elle épouse, le 13 juin 1672. Barthélemi Vinet, à Mont-
réil.

(3) Elle épouse, le 23 oct. 1713 Juste Crenet, à Québec.

(1) Voyez Lairet.

(2) Elle épouse, en 1710, François Rivaut, à Charlesbourg.

(3) Elle vint au Canada, en 1648, retourna à Dieppe, pour
sa profession, puis revint à Québec, en 1657.

1699, (3 février) Beauport. [3]

I.— HIZOIR dit Provençal, Antoine, b 1669, fils de Blaise et de Françoise Sarbacan, de la ville d'Aix, en Provence.
De Rainville, Marie-Thérèse, [Jean II.
Marie-Louise, b [3] 19 nov. 1699 ; s [3] 3 janv. 1700 — *Joseph,* b [3] 2 sept 1701. — *Charles,* b 1703 ; s [3] 11 déc. 1705.— *Pierre,* b [3] 12 oct. 1705. — *Jean-Baptiste,* b [3] 3 août 1707. — *Marie-Josette,* b [3] 16 janv. 1710. — *Antoine,* b [3] 4 janv. 1712.

1698, (19 mars) Bourcherville. [1]

I.— HOBERTIN, Jean, sergent de M. Deneau, b 1664.
Gautier, Claire-Françoise, [Charles II.
veuve de Christophe Février.
Marie, b 21 et s [1] 27 déc. 1698 — *Pierre,* b [1] 27 avril 1700.

I.— HODIAU dit Lafosse, Sébastien, b 1616 , s 21 oct. 1671, à Montréal. [9]
Levonier, Marie-Urbaine, b 1615 ; s [9] 29 sept. 1695.
Urbaine, b 1645 ; m [9] 19 avril 1660, à Urbain Brossard ; s [9] 15 juillet 1681.

1666.

I.— HOELET, (Ouellet) René, b 1635, de St. Jacques du Hautpas, de Paris.
Rivet, Anne, b 1642, de Séez.

1672, (27 novembre) Montréal. [4]

I.— HOGUE, Pierre, b 1648, fils de Jean et de Nicole Dubus, de N.-D. de Bellefontaine, évêché d'Amiens ; s...
1° Nachita, Catherine, de la nation Puteotamite. b 1654 ; s [4] 28 sept. 1676.
Claude, b [4] 24 oct. 1673. — *Pierre,* b [4] 9 juillet 1675 ; s 23 avril 1697, noyé, à la Pointe-aux-Trembles de Montréal.

1676, (10 novembre) Montréal. [4]

2° Théodore, Jeanne, [Michel I.
b 1663.
Jean-Baptiste, b [4] 21 fév. 1680.— *Geneviève,* b [4] 15 oct. 1689.— *François,* b 23 déc. 1687, à la Rivière des Prairies, m à Angélique Coiteux. — *Marguerite,* b [4] 9 déc. 1691. — *Marie-Thérèse,* b 23 déc. 1682, à la Pointe-aux-Trembles de Montréal [5], s [5] 4 août 1699.— *Jeanne,* b 16 mars 1684, à Repentigny ; m [4] 15 mai 1702, à Pierre Chartran.

I.— HOGUE, Jacques — Voy. St. Agne.

I.— HOINIER, Louis, b 1646, était à Boucherville, en 1681.

I.— HOMME, Michel.
Valade, Marie-Barbe, fille d'André et de Sara Cousseau.
Michel, b juillet 1661, au Château-Richer [6] ; m 5 juillet 1684, à Marie Drouet, à Montréal — *Marie,* b [6] 11 nov. 1663 ; m 7 août 1679, à Pierre Lemay, à Montréal. [5] — *Romain,* b [6] 13 juin 1666.
— *Adrien,* b [6] 19 janv. 1669.

1684, (5 juillet) Montréal.

II.— HOMME, (L') Ronie (Romain), [Michel I.
Drouet, Marie, [Mathurin I.

HORIEUX dit Lafleur, René, de Nantes ; s 30 mars 1693, à Lachine, noyé.

1672, (19 janvier) Montréal.

I.— HORNE, Louis, fils de Pierre et de Françoise Boutrole, de St. Quentin de Lompan, evêche de Rouen.
Linière, Marie, fille de Marode et de Michelle Tetu, de St. Julien, evêche d'Angers.

HOSTAIN. — *Variations et surnoms :* Hostin — Austin — Ostain — Ostan — Marineau — Marinot.

1691, (10 janvier) Beauport. [6]

I.— HOSTAIN dit Marinot, Jean, b 1664, fils de Pierre et de Catherine Jusmet, de St. Pierre de Marenne, en Saintonge.
Tardif, Jeanne, [Jacques I.
Jean, b [6] 23 nov. 1697 ; s 17 fév. 1717, à Québec. — *Catherine-Jacquette,* b [6] 17 janv. 1696 , s [6] 4 mars 1717 — *Marie-Jeanne,* b [6] 29 juillet 1694. — *Marie-Madeleine,* nce le 4 sept. 1704, au Mont-Louis , b [6] 8 sept. 1705. — *Pierre,* b [6] 4 fev. 1707 ; m à Marie-Catherine Lecompte. — *Louis,* b [6] 28 oct. 1708 ; m à Geneviève Martin-Ladouceur. — *Marie-Geneviève,* b [6] 7 déc. 1711 ; s [6] 18 août 1714 — *Jacques,* b [6] 5 janv. 1714. — *François,* b [6] 27 nov. 1716 ; s [6] 11 avril 1717.

1676, (20 avril) Québec. [6]

I.— HOTTE, Pierre, fils de Pierre et de Collette Leclerc, d'Angerville, évêche de Rouen.
Girard, Marie, [Joachim I.
b 1661 ; s 23 janv. 1696, à Charlesbourg. [7]
Louis, b [6] 24 déc. 1676.— *Pierre,* b 28 nov. et s [6] 26 déc. 1677. — *Marie,* b [6] 15 avril 1679 ; 1° m [7] 16 janv. 1696, à Jean Blondeau; 2° m [7] 18 août 1704, à Jean Vanier ; s [7] 15 avril 1711. — *Anne,* b [6] 9 mars 1681 ; m [7] 22 oct. 1696, à Jean Roy, s [7] 7 mai 1711. — *Pierre,* b [6] 7 août 1690 ; m [7] 29 oct. 1715, à Jacqueline Brousseau. — *Mathurin,* b [7] 13 déc. 1684 ; m [6] 3 juin 1715, à Madeleine Davau, s [6] 4 août 1749. — *Marguerite,* b [7] 14 fév. 1693 , m [7] 12 fév. 1711, à Pierre Martineau.— *Françoise,* b [7] 1er fev. 1683 ; s [7] 22 juin 1684. — *Marie-Anne,* b [7] 6 fév. 1686 ; m 5 et s [7] 8 juin 1689.

I.— HOUDAN, Paul.
Morin, Marie, (1) de St. Jean-en-Grève.

I.— HOUDAN dit Gaillardbois, Jean.
Heudes, Marie, (2) b 1627, fille de Jacques et de Marguerite De la Mare, de Ste. Etienne de Rouen.

HOUDE, Angélique, 1° m à Alexis Beaudoin ; 2° m à François Silvestre, en 1733.

* (1) Elle épouse, le 15 nov. 1665, Etienne Dauphin, à Québec.

(2) Elle épouse, Claude Herbin.

1655, (12 janvier) Québec.

I. — HOUDE, Louis, b 1617, fils de Noël et d'Anne LeFebvre, de Manou, au Perche ; s...
Boucher, Madeleine, [Marin I.
Jean, b 1659 ; m 23 août 1678, à Anne Rouleau, à Ste. Famille [9]. — *Françoise,* b 1660 ; s 26 avril 1665, au Château-Richer [8]. — *Louis,* b [8] 30 sept. 1662. — *Gervais,* b [8] 23 déc. 1664 ; m 24 nov. 1689, à Catherine Denevers, au Cap Santé. — *Jacques,* b [9] 25 mars 1667, m 1692, à Louise Baudet. — *Marie,* b [9] 10 août 1669 ; m 17 oct. 1685, à Isaac-Joseph Garnier, à la Pointe-aux-Trembles de Quebec [7]. — *Claude,* b [9] 20 juillet 1671 ; m à Marie-Madeleine Lemay. — *Louise,* b 1673 ; m [7] 26 mai 1691, à Charles Lemay. — *Marie-Anne,* b [9] 25 déc. 1674 ; s [9] 5 janv. 1675. — *Louis,* b [9] 23 déc 1675 ; m à Anne Buisson. — *Joseph,* b [9] 25 juin 1678, m [7] 5 août 1697, à Louise-Angélique Garnier. — *Simon,* b [9] 31 mai 1680, m 23 nov. 1703, à Marie Frichet, à St. Nicolas. — *Etienne,* b [9] 5 avril 1682.

1678, (23 août) Ste. Famille. [4]

II. — HOUDE, Jean, [Louis I.
s 30 mars 1701, à St. Nicolas.
Rouleau, Anne, [Gabriel I.
Jean, b [4] 14 mars 1682. — *Marie,* b 2 et s [4] 17 fév. 1684. — *Marie,* b 5 fev. 1680, à St. Pierre, Ile d'Orleans. — *Jeanne,* b [4] 24 août 1685. — *Marie,* b 29 août et s [4] 29 sept. 1687. — *Jacques,* b 3 et s [4] 12 nov. 1688 — *Marie-Anne,* b [4] 3 fev 1690. — *Gabriel,* b [4] 14 mars 1692 ; m 21 nov 1713, à Claire-Jeanne Pelet, à Ste. Foye. — *Marguerite,* b [9] 9 avril 1694. — *Pierre,* b 20 mars 1696, à Québec. [6] — *Antoine,* b [6] 11 mai 1698.

1689, (24 novembre) Cap Santé.[4]

II. — HOUDE, Gervais, [Louis I.
Denevers, Catherine, [Guillaume.
Marie-Anne, b [4] 26 janv. 1693.

II. — HOUDE, Jacques, [Louis I.
Baudet, Louise, [Jean I.
Marie-Anne, b 29 juin 1693, à la Pointe-aux-Trembles de Québec.

II. — HOUDE, Claude, [Louis I.
LeMay, Marie-Madeleine. [Michel I.
Claude, b 31 mars 1696, à la Pointe-aux-Trembles de Québec. [2] — *Jean-Baptiste,* b... ; m [2] 3 fev. 1739, à Marie-Carlotte Roignon.

1697, (5 août) Pte-aux-Trembles (Q) [1]

II. — HOUDE, Joseph, [Louis I.
Garnier, Louise-Angélique, [François I.
Marie-Françoise, b [1] 2 oct. 1700.

II. — HOUDE, Louis, [Louis I.
Buisson, Anne.
Joseph, b 29 juillet 1700.

II. — HOUDE, Louis, [Louis I.
LeMay, Marie. [Michel I.
Jean-Baptiste, b... ; m 7 janv. 1722, à Marie-Thérèse Richer, à Ste. Anne de la Pérade.

HOUFFLARD, Pierre, chirurgien, est parrain en 1714, à l'Ange-Gardien.

HOULET. — Voy. Willis.

I. — HOULET, Jean, cordonnier.
1° L'Arche, Louise-Catherine.
Elizabeth, b... ; m 28 sept. 1733, à Etienne Papillon, à la Pointe-aux-Trembles de Québec.
1733, (13 mai) Pte-aux-Trembles (Q.)
2° Papillon, Marie-Geneviève, [Etienne.

HOURÉ. — *Variations :* Auré — Laferière

I. — HOURÉ et Auré, René, b 1630 ; s 12 juin 1706, à Champlain.[4]
Damané, Denise, b 1641 ; s [4] 22 sept. 1704.
Joseph, b [4] 24 oct. 1680. — *Marie-Jeanne,* b [4] 24 fév. 1683 ; m [4] 28 avril 1710, à Dominique Dubord ; s [4] 21 mars 1712. — *Alexis,* b [4] 25 mars 1685 ; m [4] 27 fev. 1713, à Madeleine Dutaut. — *Marie,* b [4] 13 sept. 1688, m [4] 11 fév. 1709, à Jean-Baptiste Dubord. — *Thérèse,* b... ; m [4] 31 janv. 1690, à Pierre Caillia. — *Marie,* b... ; m [4] 31 janv. 1690, à René Couillard ; s 21 avril 1699, à Batiscan. — *Pierre,* b..., m [4] 3 nov. 1701, à Etiennette Dubord. — *Jean,* b... ; m [5] 24 nov. 1705, à Anne Dutaut — *René,* b 1667, s 23 mai 1685, à Montreal.

I. — HOUSSARD, Claude, (1) b 1610, fils de Claude et de Jeanne Lambert, du Plessier, en Anjou ; s 4 août 1689, à Batiscan [5]
Couteau, Madeleine, veuve d'Emery Cailleteau, b 1606, fille de Jean et de Jeanne Moran, de St. Jean d'Angely ; s [5] 10 sept. 1691.

1671, (11 octobre) Québec.

I. — HOUSSYE dit Bellerose, Jean, b 1641, fils de Mathieu et d'Elizabeth Ougan, de St. Laurent, ville de Dublin, en Irlande ; s...
De Provinlieu, Marguerite, b 1651, fille de Louis et de Madeleine de Trota, bourg St. Maurice, évêché de Sens ; s...
Pierre, b 1668. — *Madeleine,* b 1672. — *Jean,* b 1674. — *Françoise,* b 1677. — *Marie-Anne,* b 1680.

1689, (18 avril) Cap Sante.

I. — HOUY, Robert, b..., fils de Jacques et de Jeanne de Cause, évêché d'Orleans , s...
Goron, Anne-Françoise, [Michel I.
Madeleine, b... ; m 1717, à Louis Maillot.

HOUYMET. — Voy. Ouimet.

1690, (30 avril) Québec. [5]

I. — HUARD, Jean, b 1641, fils de Marin et de Julienne Bouillet, de Courson, évêché de Chartres ; s 5 dec. 1708, à Lévis. [6]
Amiot, Anne-Marie, [Mathurin II.
Marie, b [5] 30 sept. 1671 ; m [9] janv. 1690, à Charles Couture ; s... — *Jean,* b... ; m à Angelique Jourdain ; s [4] 4 nov. 1751. — *Marie-Jeanne,* b [5] 6 août 1674 ; m [4] 13 juin 1695, à Joseph Couture ; s [6] 6 sept. 1757. — *Louise,* b [5] 4 oct. 1676. — *Mathieu,* b [5] 31 janv. 1679. — *Françoise,* b... ;

(1) Contrat de mariage, 2 nov. 1653.—*Greffe d'Ameau.*

m ⁶ 18 avril 1701, à Eustache Couture ; s... —
Etienne, b ⁵ 10 mars 1686 ; m 6 nov. 1719, à
Marie-Thérèse Dolbec, à St. Augustin — *Marie-
Anne*, b... , m ⁶ 1ᵉʳ nov. 1707, à Noel Ignace, s...
— *Angélique*, b... , m ⁶ 4 août 1710, à Pierre Girard , s... — *Mathieu*, b... , m à Jeanne Jourdain ; s ⁶ 28 août 1760. — *Etienne*, b... ; m à
Marie-Anne Dolbec ; s... — *Jacques*, b ⁵ 5 juin
1690 ; m ⁰ 19 nov. 1716, à Angélique Boucher ,
s ⁶ 8 août 1757. — *Geneviève*, b ⁶ 21 avril 1692 ;
1⁰ m ⁶ 19 novembre 1716, à Louis Levasseur , 2⁰
m à Pierre Dussault ; s... — *Marguerite*, b 1694 ,
1⁰ m à Jean-Baptiste Grenet ; 2⁰ m ⁶ 23 nov. 1716,
à Nau-Labri ; s ⁶ 9 juillet 1734.

1684, (12 avril) Champlain.

I. — HUARD, François, b 1654, fils de Jérôme et
de Anne Dubois, de St. Denis d'Amboise,
evêché de Tours.
Brunet, Jeanne,   [Mathieu I.

HUAULT, Charles, Chevalier de Montmagny,
second gouverneur du Canada, de 1636 à
1648

HUBERT, — *Variations et surnoms :* St. Hubert
— Hébert — Lacroix — Le Grand Lacroix.

I. — HUBERT, François-Jacques, b 1610 ; s 2
fév. 1688, à la Pointe-aux-Trembles, Q.
Lecompte, Marie, b 1630 ; s 21 nov. 1700, à
Montréal.
François, b... , m 1691, à Ursule Turbard —
Renée, b 1651, 1⁰ m 1676, à François Repoche ,
2⁰ m à Julien Saugeon ; s 29 dec. 1729, à Quebec.
— *Françoise*, b 1639 ; 1⁰ m à J.-Bte. St. Amour ,
2⁰ m à Philippe Gusillier.

1691.

II. — HUBERT, François,   [François I.
Turbard, Ursule, veuve de Jean Gély.
Madeleine, b... ; m 26 janv 1711, à Ignace
Samson, à Quebec. ⁴ — *Marie-Anne*, b 1692 ; m ⁴
26 janv. 1711, à Ignace Lecourt ; s⁴ 12 oct. 1757.

I. — HUBERT dit Lacroix, Nicolas, tailleur, b
1611 , s 30 oct. 1687, à Montréal. —
Landreau, Marguerite, b 1626 , s ⁴ 30 oct. 1680.
Jacques, b 1654 ; 1⁰ m ⁴ 24 nov. 1681, à Marguerite Godé ; 2⁰ m 16 mars 1698, à Madeleine
Baudry, à Boucherville ⁵, 3⁰ m ⁴ 20 sept. 1699, à
Marie Du Veau-Berthelot. — *Ignace*, b ⁴ 14 août
1656 , m ⁵ 20 mai 1687, à Barbe Chauvin. —
Elizabeth, b ⁴ 12 nov 1658 . 1⁰ m ⁴ 20 dec. 1674,
à Antoine Regnaut 2⁰ m ⁴ 23 fév. 1688, à Jacques
Millet. — *Nicolas* b ⁴ 5 fév 1661 ; s ⁴ 3 juillet
1662 — *Louis* b ⁴ 12 mai 1663 ; m ⁴ 10 juin 1696,
à Madeleine Trotier — *Jean-Baptiste*, b ⁴ 14
juillet 1665 , s ⁴ 9 janv. 1688..

I. — HUBERT, Elizabeth, b 1651, fille de Claude
et d Isab lle Fontaine, de St. Gervais de
Paris ; m 20 août 1668, à Louis Boldoc, à
Québec.

1669, (4 novembre) Québec. ¹

I. — HUBERT, René, huissier, (1) b 1648, fils de
René et d'Anne Horry, de Ste Geneviève
des Ardens, Paris ; s ¹ 1ᵉʳ sept 1725.
De La Croix, Françoise, b 1640, fille d'Antoine
et de Barbe Cassin, de St. Maclou de Conflans, Paris ; s ¹ 13 oct. 1711.
Jean-Baptiste-Renée, b ¹ 1ᵉʳ mars 1670 ; m ¹ 30
janv. 1704, à Catherine Delaunay. — *Simon*, b¹
29 oct. 1671 ; m ² janv. 1699, à Marie-Anne Sarault, à Lorette. — *Louis-René*, b ¹ 25 nov. 1673 ;
m ¹ 23 fév. 1705, à Angélique Lavergne ; s 1706.
— *Françoise-Marie*, b ¹ 19 janv. 1676 ; s ¹ 19 août
1679. — *Marie-Anne*, b ¹ 6 déc. 1677 ; m à Charles
De Couagne ; s ¹ 8 août 1711. — *Charles-François*,
b ¹ 21 juin 1680 ; m ¹ 4 nov. 1710, à Elizabeth
Brière ; s ¹ 6 sept. 1754. — *Marie-Charlotte*, b ¹ 6
oct. 1683 ; m ¹ 10 fév. 1705, à Jacques Pinguet ;
s 26 avril 1760, à Ste. Foye. — *Pierre*, b 1684 , s ¹
26 dec. 1702.

1711, (22 novembre) Québec. ²

2⁰ De la Porte, Marie-Anne, veuve de François
Genaple de Bellefond ; s ¹ 28 juin 1718.

1718, (1ᵉʳ septembre) Québec. ³

3⁰ Faveron, Angélique,   [Noel I.
s ³ 7 fév. 1753.
Pierre, b ³ 7 juin 1719 , 1⁰ m à Marie-Charlotte
Lamoureux ; 2⁰ m ³ 29 mai 1747, à Marie-Josette
Chartier ; s 29 nov. 1704, à Montréal. — *Charles-
Régis*, b ³ 21 juillet 1721 , m ³ 31 mai 1745, à
Marie-Charlotte Thidault, s³ 25 mai 1770. —
Angélique-Louise, b ³ 11 juillet 1723.

1681, (24 novembre) Montréal. ³

II. — HUBERT dit Lacroix, Jacques, [Nicolas I.
b 1650.
1⁰ Godet, Marguerite,   [Nicolas II.
s ² 7 juillet 1697.
Jacques, b 17 déc. 1682, à Boucherville.¹ —
Jacques, b ¹ 12 mai 1684 — *Marie*, b ² 30 août
1687 — *Joseph*, b ² 17 et s ² 23 mars 1689. — *Jeanne*,
b ² 5 mars 1690 ; s ² 18 avril 1703 — *Pierre*, b ² 22
mars 1692 , m 20 sept. 1721, à Françoise Cardinal,
à Lachine — *Marguerite*, b ² 25 juin 1694. — *Jean-
Baptiste*, b ² 15 juin 1696. — *Marguerite*, b ² 7 juillet
et s ² 4 déc. 1697.

1698, (16 mars) Boucherville.

2⁰ Baudry, Madeleine,   [Ubbain I.
s 26 mai 1699, à Montréal. ²
Anonyme, b ² et s ² 20 mai 1699.

1699, (20 septembre) Montréal. ²

3⁰ Du Veau-Berthelot, Marie,   [Michel I
s ² 4 mai 1703.
Charles b ² 21 juin 1700. — *Marie-Louise*, b ²
2 janv. 1702.

---

(1) Greffier en chef de la Prévosté de Québec (1712), ancêtre
de Monseigneur Hubert, évêque de Québec, de l'ancien curé
de Québec David-Augustin Hubert, de René-Arthur-Richard
Hubert, Protonotaire à Montréal, et de la famille de l'Honorable John Neilson de Québec. La famille Hubert occupait,
en France, un des premiers rangs dans la magistrature.

1683, (13 septembre) Pte-aux-Trembles, Q [4]

I.— HUBERT, (1) François, b 1656, fils de Nicolas et de Jeanne Tyran, de N.-D. du Hâvre de Grâce, ville de Rouen.
FAUQUE, Geneviève, (2)   [JACQUES I
François, b [4] 13 fév. 1684. — *Nicolas,* b [4] 5 avril 1685, m 11 sept. 1719, à Thérèse GUAY, à Québec [5] — *François,* b [4] 3 avril et s [4] 7 juin 1687. — *Marie-Geneviève,* b [4] 28 mai 1688, m [5] 20 juin 1707, à Jean-Baptiste BRASSARD — *Marie-Anne,* b [4] 3 mai 1690. — *Marguerite,* b [4] 12 août 1692, m [5] 12 oct 1716, à Pierre RICHER, s 1727. — *Marie-Françoise,* b [4] 6 mars 1695 — *Joseph,* b [5] 14 sept. 1700. — *Elizabeth,* b [5] 21 janv. et s [5] 11 fev. 1703. — *Marie Elizabeth,* b 6 oct. 1697, à St. Augustin, m [5] 18 nov. 1715, à Jean MORIN ; s [5] 28 juillet 1717. — *Marie-Josette,* b... ; m [5] 2 juin 1702, à Charles BRASSARD.

1685, (8 fevrier) Quebec.

I.— HUBERT, PAUL, b 1647, fils de Nicolas et de Catherine Puiant, de St. Paul, de Paris.
MICHEL, Françoise, b 1655, veuve de Gilles Dupont.

1687, (20 mai) Boucherville. [4]

II.— HUBERT DIT LACROIX, IGNACE, [NICOLAS I.
CHAUVIN, Barbe,   [PIERRE I.
Pierre, b [4] 3 août 1691. — *Ignace,* b 8 avril 1688, à Montréal [5] ; s [5] 22 avril 1703. — *Anonyme,* b [5] et s [5] 23 fév. 1693. — *Marie-Angélique,* b [5] 29 mars 1694. — *Jacques,* b [5] 16 nov. 1696. — *Louis,* b [5] 6 juillet 1698 ; s [5] 5 mai 1704 — *Jean-Louis,* b [5] 18 mars 1700.

1689, (21 février) Boucherville.

I.— HUBERT, JACQUES, soldat, fils de Maugrin et de Jacquette Hevier, de St. Barthélemi, évêche de Paris.
CHARON, Marie-Thérèse, (3)   [PIERRE I.
Marie-Angélique, b 11 août 1698, à Champlain.

1689, (2 janvier) Lorette.

II.— HUBERT, SIMON,   [RENÉ I.
LABUE, Marie-Anne,   [FRANÇOIS.
Marie-Renée, b 19 janv. 1700, à Québec. [6] — *Marie-Madeleine,* b [6] 28 janv. 1701 ; m [6] 14 janv. 1721, à André CHARTIER. — *Marie-Charlotte,* b [6] 2 juillet 1702. — *Marie-Adrienne,* b [6] 4 janv. 1704 — *Marie-Angélique,* b [6] 19 mars 1705 — *Pierre-Guillaume,* b [6] 12 juin 1706 ; s [6] 23 août 1707. — *Anne-Françoise,* b [6] 9 oct. 1707. — *Jean,* b [6] 29 janv 1709. — *André,* b [6] 19 mars 1711.

1699, (10 juin) Montréal.

II.— HUBERT DIT LACROIX, LOUIS, [NICOLAS I.
TROTIER, Madeleine,   [PIERRE II
Suzanne, b... ; m 20 janv. 1738, à Pierre REAUME, au Détroit. — *Marie-Marguerite,* b 28 fev.

1700, à Batiscan [5] ; m 4 oct. 1718, à Louis MOREL, à Laprairie. — *Louis-Joseph,* b [5] 28 déc. 1701. — *Marie-Veronique,* b [5] 2 mai 1704.

1694, (19 avril) St. Michel.

I.— HUBLÉE, PIERRE
DALONNE, Marie-Anne, veuve de Jacques Anès.

HUBOU.— *Variations et surnoms :* DESLONGS-CHAMPS. — TOURVILLE

1629, (16 mai) Québec. [6]

I. — HUBOU, GUILLAUME, (honorable homme), demeurant à la Côte Ste. Geneviève, s [6] 13 mai 1653.
ROLLET, Marie, veuve de Louis Hebert, s [6] 27 mai 1649.

I — HUBOU, BARBE, s 31 oct. 1651, femme de Jean DUMAINE

1649, (28 septembre) Québec [6]

I — HUBOU DIT DES LONGSCHAMPS, MATHIEU, b 1628, fils de Nicolas et de Madeleine Poulin, de Menildurand, en Normandie ; s 2 nov. 1678, à la Pointe-aux-Trembles de Montréal. [9]
BOTTAIRE, (BOTTFAIR) Suzanne, b 1634, fille de Gilbert et d'Anne Bonne, de la ville de Gloucester, en Angleterre
Athanase, b [8] 20 nov. 1650. — *Mathurin,* b [8] 11 août 1652 ; m à Catherine GOULET. — *Jean,* b [8] 9 août 1654, m à Marguerite GOULET. — *Geneviève,* b [8] 18 avril 1656 ; m [9] 29 oct. 1675, à Julien GARNIER. — *Anne,* b [8] 8 août 1658, 1° m à René SAUVAGEAU ; 2° m 30 juillet 1691, à Moïse HILAREST, à Montréal. — *Jacques,* b [8] 2 mai 1660 — *Nicolas,* b [8] 22 juillet 1662. — *Charles,* b [9] 9 sept. 1664. — *Madeleine,* b [9] 16 janv. 1678.

II.— HUBOUT DIT DES LONGSCHAMPS, [MATHIEU I.
MATHIEU.
GOULET, Catherine,   [RENÉ II.
Catherine b 1696 ; m [3] 11 nov. 1715, à Jacques DUPRAT. — *Michel,* b 14 mars 1701, à Repentigny — *Agathe,* b 25 déc. 1706, à St. François, Ile-Jésus [3] ; m 18 janvier 1731, à Jacques VAUDRY, à Lachenaye. — *Marie Madeleine,* b 18 mars et s [3] 21 juin 1703. — *Joseph,* b [3] 26 avril 1704.

II.— HUBOUT, (1) JEAN-BAPTISTE. [MATHURIN I.
GOULET, Marguerite, (2)   [RENÉ II.
Marie, b 1692 ; m 11 janv. 1712, à Pierre GARIÉPY, à St François, I. J. [2] ; s 20 déc. 1729, à Lachenaye. — *Augustin,* b... ; m [2] 12 oct. 1712, à Elizabeth FORGET — *Geneviève,* b 1696 ; m [2] 5 nov. 1714, à Michel CHARBONNEAU ; s [2] 15 mai 1733.

I.— HUDDE, JACQUES, b 1641.
MEUNIER, Marie, b 1644.
Marie, b 18 août 1667. — *Renée,* b 23 fev. et s 3 mars 1670, à Quebec. [2] — *Suzanne,* b [2], 8 sept.

---

(1) Et très souvent "Hébert."

(2) Elle épouse, le 8 juin 1711, Louis ROUSSEAU, à Québec.

(3) Elle épouse, le 30 janv. 1701, Antoine PIETTE, à Sorel.

(1) Dit Tourville.

(2) Elle épouse, le 3 mars 1699, Michel FEUILLON, à Repentigny.

1671 : 1° m 1691, à Claude FORSAN ; 2° m 21 nov. 1700, à Jacques RAVIOT, aux Trois-Rivières ; s² 27 juillet 1711. — *Jacques*, b 10 juin 1674, à Beauport. — *Jacques*, b² 9 juin 1676.

1676, (13 juillet) Québec. 6

I. — HUDON DIT BEAULIEU, PIERRE, b 1649, fils de Jean et de Françoise Durand, de Notre-Dame de Chemillé, evêché d'Angers ; s 25 avril 1710, à la Rivière-Ouelle. 5
GOBEIL, Marie,   [JEAN I.
Marie-Gertrude, b 6 8 juillet ; m 5 4 juillet 1697, à Julien FORTIN. — *Pierre*, b 6 16 mai 1679 ; m à Marie-Claire PARADIS. — *Catherine-Marguerite*, b 2 juillet 1681, à l'Ilet 8 ; m 5 6 juin 1701, à Guillaume PARADIS. — *Joseph*, b 6 1er juin 1685 ; m 9 28 juillet 1711, à Geneviève GAMACHE ; s 5 12 déc. 1711. — *Jean-Baptiste*, b 5 26 avril 1687 ; m 5 9 janv. 1713, à Angélique GAGNON. — *François*, b 5 8 avril 1689 ; 1° m à Geneviève PARADIS ; 2° m 5 fev. 1722, à Marie-Angélique EMOND, à Ste. Anne. — *Nicolas*, b 5 3 juin 1691 ; m 5 27 nov. 1713, à Madeleine BOUCHARD. — *Jean-Bernard*, b 5 2 fev. 1694 ; m 5 13 juin 1718, à Marie-Charlotte GAGNON. — *Marie-Françoise*, b 6 27 mars 1696, m 5 25 avril 1718, à Jean PARADIS. — *Louis-Charles*, b 5 15 déc. 1697 ; m à Angélique LEVÊQUE. — *Alexis*, b 5 3 août 1700 ; s 5 1er avril 1720.

I. — HUÉ, JEAN, de Petit-Couronne, evêché de Rouen.
VERGER, Marie, d'Angers.

I. — HUE, MARIE, m 7 janv. 1668, à Jean BOESMÉ, à Quebec.

I. — HUET, (1) AMATEUR, était à Québec, en 1685.

I. — HUET DIT LAGARDE, TOUSSAINT. — Voy. LA GARDE.

1679, (27 novembre) Montréal. 4

I. — HUET, (2) JOSEPH, b 1650, fils de Michel et de Jeanne Jacquelin, de la ville Dulude, evêche d'Angers.
CHIQUOT, Catherine,   [JEAN I.
b 1681, s 31 mai 1703, à Boucherville 5.
Jean-Joseph, b 4 3 janv. 1681. — *Pierre*, b 5 12 nov. 1682. — *Jean*, b 5 11 janv. et s 5 22 fev. 1685. — *Jean*, b 5 19 mai 1688. — *Jacques*, b 5 27 juillet 1690. — *Marin*, b 4 22 sept. 1692. — *Michel*, b 5 29 sept 1694. — *Charles*, b 5 2 nov. 1696. — *Marie*, b 5 19 nov. 1698. — *Nicolas*, b 5 15 avril 1701.

1689, (20 avril) Batiscan.

I. — HUET DIT LAVIOLETTE, DENIS, b 1668, fils de Maurice et de Louise Richer, de St. Denis, evêche de Chartres ; s 17 mars 1700, à St. Thomas 6
DUPONT, Marie-Anne, (3)   [GILLES I.

(1) Chevalier, seigneur Durivault, Capitaine de vaisseau du Roy, et commandant les troupes de la marine.

(2) Duluth—Dulude.

(3) Elle épouse, mai 1700, Michel Masson, à St. Thomas.

Marguerite, b 6 10 août 1692. — *Jean*, b 6 27 juillet 1694. — *François*, b 6 1er nov. 1696 ; s 6 7 fev. 1700. — *Marie-Madeleine*, b 6 20 mai 1698. — *Marie-Geneviève*, (posthume) b 6 5 sept. 1700 ; s 6 4 juillet 1701.

1680, (16 octobre) Lachine. 7

I. — HUGUET, RENÉ, b 1651 ; s 7 27 juin 1691, tué par les Iroquois.
PERRIN, Barbe, (1)   [HENRY I.
André, b 7 13 oct. 1683. — *Anne-Françoise*, b 7 12 janv. 1686. — *René*, b 7 20 sept. 1688 ; s 7 16 janv. 1689.

I. — HULIN, PHILIPPE, b 1617.
LEMAIRE, Anne, b 1637.
Marie-Anne, b 16 mars 1677, à Lorette.

I. — HUNAUT, JACQUES, b 1645 ; s 2 déc. 1690, à Sorel.

1654, (23 novembre) Montréal. 2

I. — HUNAULT DIT DESCHAMPS, TOUSSAINT, b 1628, fils de Nicolas et de Marie Benoit, de St. Pierre, evêche de Bellovacenas.
LORGUEIL, Marie, b 1638, fille de Pierre et de Marie Bruyère, de St. Vivien, de Rouen.
Thècle, b 2 23 sept. 1655 ; m 2 29 janv. 1669, à Thomas CHERTEN ; s 2 12 mars 1674. — *André*, b 2 3 août 1657 ; m à Marie LACHAPELLE. — *Jeanne*, b 2 2 nov. 1658 ; 1° m 2 2 fév. 1672, à Adrien QUEVILLON ; 2° m 1697, à Jacques CORVAL ; 3° m 2 7 mai 1699, à Pierre TAILLEFER. — *Pierre*, b 2 22 nov. 1660. — *Marie-Thérèse*, b 2 12 fev. 1663 ; m 2 24 nov. 1676, à Guillaume LECLERC. — *Mathurin*, b 2 27 dec. 1664 ; s 2 25 juin 1671. — *Françoise*, b 2 5 déc. 1667 ; 1° m 2 9 déc 1681, à Nicolas JOLLY ; 2° m 1693, à Jean CHARPENTIER. — *Toussaint*, b 2 1er mai 1671 ; s 2 7 mai 1673. — *Toussaint*, b 2 25 août 1673, 1° m 2 juillet 1691, à Marie-Antoinette PAQUET, 2° m à Françoise AUGER ; s 22 oct. 1748, au Sault-au-Récollet. — *Charles*, b 2 25 juillet 1676.

I. — HUNAUT, TOUSSAINT.
ARCOUET, Marie.
André, b 1665 ; m 11 nov. 1686, à Marguerite LANGLOIS, à la Pointe-aux-Trembles de Montréal 3, s 6 juillet 1707, à Varennes. — *Pierre*, b 1663 ; m 3 5 déc. 1686, à Catherine BEAUCHAMP.

1691, (2 juillet) Québec.

II. — HUNAULT, TOUSSAINT,   [TOUSSAINT I.
s 22 oct. 1748, au Sault-au-Récollet.
1° PAQUET, Marie-Etiennette,   [ETIENNE I.
Gabriel, b 26 nov. 1692, à Montreal 6 ; s 7 août 1694. — *Gabriel*, b 6 30 mai 1695. — *Marie-Madeleine*, b 6 23 sept. 1697 — *Marguerite*, b 6 22 août 1699 ; m 1724, à Jean MIGNERON. — *Angelique*, b 1706 ; m 30 janv. 1725, à Paul MATIAS, à Lachine. 8 — *Catherine*, b 1704, m 8 janv. 1725, à André FORAN. — *Louis*, b 30 avril 1713, à St François, I. J. 7 — *Gabriel*, b... ; m 7 24 fev. 1716,

(1) Elle épouse, le 31 déc. 1696, Jacques Arrivé, à Lachine.

à Marie-Anne EUSTACHE — *Marie*, b... ; mᵛ 10
janv. 1717, à Jean-Baptiste POITEVIN — *Toussaint*,
b 23 mars 1702, à Repentigny.
2° AIGER, Françoise (1)   [JEAN-BAPTISTE II
Françoise b... ; m 27 juillet 1750, à Pierre
PAQUET, au Sault-au-Recollet³ — *Jean Baptiste*,
b... — *Marie Charlotte*, b 1730, m³ 27 sept. 1751,
à André CASAL.

1686, (11 novembre) Pᵗᵉ aux-Trembles, M.³

II. — HÉNAU, ANDRÉ,   [TOUSSAINT I.
   s 6 juillet 1707, à Varennes.
LANGLOIS Marguerite,   [HONORÉ I.
André-Joseph, b³ 24 janv. 1694, m 22 nov.
1718, à Marie-Anne TETRO, à Contrecœur.

1686, (5 décembre) Pᵗᵉ-aux-Trembles, M²

II.— HÉNAU. PIERRE, (2)   [TOUSSAINT I
BEAUCHAMP, Catherine,   [JACQUES I.
Jacques, b² 10 mai et s 23 sept. 1694. — *Claude*,
b² 17 juillet 1696.— *Marie-Anne*, b 23 mars 1690 ;
s² 13 oct. 1693. — *Jean-Baptiste*, b¹⁶ fev. 1699.
— *André*, b... ; s 30 nov. 1700, à Boucherville.³
— *François*, b 1700 ; s³ 19 déc 1702. — *Marie-
Jeanne*, b... ; m 3 fev. 1728, à Etienne MARION, à
Repentigny ⁴ — *Pierre*, b... — *Antoine*, b 8 mars
1692, à Montréal ; m à Catherine LEFEBVRE. —
Marguerite, b... ; 1° m à Jacques MORISSEAU ; 2°
m² 21 janv. 1730, à Pierre QUINTIN.

II — HUNAULT, ANDRÉ,   [TOUSSAINT I.
LACHAPELLE, Marie.
Charles, b 17 mai 1689, à Montréal.

HUOT, — *Variations :* HUAUX — HUAUT.

1662, (24 juillet) Québec.⁵

I. — HUOT, DIT SAINT-LAURENT, NICOLAS, b 1629,
   fils de Laurent et d'Aymée Beauvillain, de
   St. Germain d'Auxerre, de Paris , s...
FAYETTE, Marie, b 1641, fille d'Etienne et d'Anne
Lecoche, de Paris ; s ..
Jeanne, b⁶ 27 nov. 1662 ; s⁶ 14 janv. 1663 —
Marguerite, b¹⁸ fev. 1664 ; m 7 janv. 1685, à
Nicolas DURAND, à la Rivière-Ouelle.⁸ — *Marie-
Anne*, b⁸ 9 janv 1666 ; 1° m à Louis GARNAUT,
2° m⁸ 8 janv. 1680, à Jean PELLETIER.— *Geneviève*,
b⁶ 7 fev 1668 , m 23 juillet 1699, à Pierre ME-
RIAULT, à Montréal.— *Madeleine*, b 17 fev. 1670, au
Château-Richer⁶ , m⁵ 26 nov. 1695, à Michel BOU-
CHER — *Charlotte*, b⁶ 11 mars 1672 ; m 1703, à
Charles ROBINON.— *Laurent-Etienne*, b⁶ 30 janv.
1673, 1° m⁵ 3 nov. 1699, à Françoise FAVERON ;
2° m 19 sept. 1718, à Marie-Josette CADORET, à
Levis.— *Joseph*, b⁵ 13 oct. 1675 , m⁶ 23 janv.
1708 à Geneviève COCHON — *Nicolas*, b⁶ 8 juillet
1678 ; m à Louise AYOT.— *Françoise*, b⁶ 2 mai
1680 ; m⁵ 9 nov. 1700, à Jacques JANET.— *Ignace-
François*, b⁵ 11 oct. 1682.

---

(1) Elle épouse. le 19 avril 1751, Jacques Chaperon, au
Sault-au-Récollet.

(2) Fermier de M. Daneau.

1671, (25 novembre) L'Ange Gardien.⁴

I. — HUOT, MATHURIN, b 1646, evêché d'Angers ;
   s avant 1712.
LETARERE, Marie,   [RENÉ I.
Marie-Anne, b⁴ 14 mai 1674 ; m⁴ 14 avril 1692,
à Louis GARNAUT, s⁴ 4 mars 1703. — *Jean*, b⁴
11 juillet 1677 , m⁴ 17 janv. 1701, à Madeleine
ROUSSIN. — *Louise*, b⁴ 20 déc. 1679 , m⁴ 8 avril
1698, à Jean GARNAUD.— *René*, b⁴ 1ᵉʳ sept 1682,
m 6 oct. 1704, à Louise PARANT, à Bauport⁵ —
Pierre, b⁴ 4 janv 1685 ; m⁵ 26 fev 1710 à Marie-
Anne PARANT — *Jacques*, b⁴ 6 avril 1687 m⁴ 23
nov. 1711, à Angelique TRUDEL. — *Marguerite* b⁴
12 fev 1689 s⁴ 12 juin 1699. — *Nicolas*, b⁴ 1ᵉʳ
nov. 1691 , m⁵ 3 fev. 1713, à Marie-Louise NICO-
LAS. — *Thérèse*, b⁴ 12 déc 1693 , m⁴ 13 avril
1711, à Joseph CORÉ — *Marie-Madeleine*, b⁴ 20.
déc. 1695 , m⁴ 4 fev. 1716, à Jean COTÉ.

1699, (3 novembre) Québec

II. — HUOT, LAURENT-ÉTIENNE,   [NICOLAS I.
   1° FAVERON, Françoise,   [NOEL I
Joseph, b 19 déc. 1700, à St. Nicolas.⁴ — *Nicolas*,
b⁴ 18 déc. 1701 ; s⁴ 2 mars 1702 — *Marie-Françoise*, b⁴ 7 juin 1703.

1718, (19 septembre) Lévis.²

2° CADORET, Marie-Josette,   [GEORGE I.
Ignace, b... ; m à Geneviève BOUCHER — *Marie-
Anne*, b² 9 mai 1731 , m² 18 janv. 1751, à
Joseph BÉGIN. — *Marie-Marguerite*, b² 9 mars
1731, m² 19 avril 1751, à Prisque BOUCHER.

1651, (27 novembre) Quebec.⁸

I. — HUPÉ DIT LACROIX, MICHEL, chapelier, b
   1616, fils de Paul et de Marie Vavasseur,
   d'Alençon ; s 3 mars 1691, à Beauport.
ROUSSIN, Madeleine, b 1626, fille de Jean et de
Madeleine Gigueres, de Tourouvre, au Perche.
Mathieu, b⁸ 11 fev. 1653. — *Antoine*, b⁸ 29
sept. 1654, m à Ursule DURAND. — *Nicolas*, b⁸
29 oct. 1656, m 29 avril 1680, à Marie BÉDARD,
à Charlesbourg⁷ · s... — *Jacques*, b⁸ 8 mai
1661, m⁸ 5 fev 1686, à Suzanne NORMAND ; s⁸ 3
juin 1731. — *Marie-Madeleine*, b⁸ 15 janv. 1665,
1° m déc. 1678, à Louis BÉDARD. 2° m⁷ 1719,
à Jacques PARANT. — *Catherine*, b⁸ 15 oct. 1668 ;
m 1684, à Paul CHALIFOUR, s⁸ 30 sept. 1685,
noyée.

1680, (29 avril) Charlesbourg.

II — HUPÉ NICOLAS,   [MICHEL I.
BÉDARD, Marie, (1)   [ISAAC I.
Charles, b 2 fev. 1681, à Québec ; m 15 nov.
1701, à Therese RIPOCHE à l'Ange-Gardien.

1686, (5 février) Québec.⁸

II.— HUPPÉ, JACQUES,   [MICHEL I.
   s⁸ 3 juin 1731.
LE NORMAND, Marie-Suzanne,   [JEAN I.
Helene-Felicite, b⁸ 10 janv. 1703. — *Jeanne-
Françoise*, b 23 nov. 1688, à Beauport⁹ ; m⁹ 10
nov. 1707, à Thomas BEDARD. — *Marie-Suzanne*,

---

(1) Elle épouse, le 17 février 1681, André Aucler, à Québec.

21

b ⁹ 17 juin 1690 —*Jean*, b ⁸ 3 fev. 1692 ; m ⁹ 26 nov. 1714, à Catherine-Louise LANGLOIS. — *Marie-Françoise*, b ⁹ 23 dec. 1693 ; m ⁹ 10 janv. 1717, à Jean-Baptiste BRASSARD. — *Elizabeth*, b ⁹ 25 mai 1695 ; m ⁹ 14 nov 1712, à Charles BEDARD. — *Joseph*, b ⁹ 6 nov. 1696 , m ⁷ 27 nov 1728, à Charlotte JEREMIE. — *Marguerite-Marie-Charlotte*, b ⁹ 21 juillet 1698. — *Jacques-François*, b et s ⁹ 2 nov. 1700. — *Louis-François*, b ⁹ 20 oct. 1704. —*Jean-Baptiste*, b ⁹ mars 1706 ; m ⁸ 17 janv. 1735, à Marie-Elizabeth DE BLÉ ; s ⁸ 16 sept. 1747. — *Geneviève*, b ⁹ 7 fev 1708 — *Marie-Jeanne*, b... ; m nov. 1707, à Charles-Thomas BEDARD. — *Pierre*, b ⁹ 28 juillet 1712.

II. — HUPPÉ, ANTOINE,   [MICHEL I.
DURAND, Marie-Ursule   [NICOLAS I.
Madeleine, b 10 avril 1679, à L'Ange-Gardien ; m ⁴ 13 janv. 1698, à Nicolas BROUSSEAU. — *Jacques*, b ⁴ 7 juillet 1681. — *Marie-Suzanne*, b ⁴ 17 mars 1686 , m ⁴ 10 oct. 1707, à Joseph GADOURY. — *Marie-Françoise*, b 8 mars 1696, à Beauport ⁴ ; m 22 fev. 1724, à Pierre PAYMENT, à Québec ⁴ — *André*, b ⁴ m u 1689 , m ⁵ 4 mars 1737, à Marie-Josette BELANGER , s ⁵ 11 nov. 1758 — *Catherine*, b ⁴ 16 nov. 1683. — *Antoine*, b ⁴ 17 dec. 1704, 1° à Marguerite POULIOT , 2° m ⁵ 19 janv. 1756, à Marie-Louise TRUCHON — *Thomas*, b ⁴ 30 mai 1701 ; m ⁵ 7 nov. 1717, à Jeanne SPENNARD. — *Michel*, b ⁴ 5 juin 1691. — *Angélique*, b ⁴ 22 janv. 1694 , m ⁴ 7 nov. 1712, à Jean PRESSEAU. — *Marie-Ursule*, b ⁴ 11 oct. 1657, s ⁴ 16 janv. 1698. — *Marie-Ursule*, b ⁴ 12 mars 1699.

1679, (27 novembre) Trois-Rivières ⁵

I. — HUQUERRE, FRANÇOIS, b 1649, fils de Jean et de Marie ROUX, de St. Sulpice, évêché d'Orleans.

1° KOESKI, Marie-Madeleine, b 26 nov. 1679, à 35 ans, fille de Koeski et d'Arabouska, sauvages infidèles, sokokouis, s ⁵ 26 nov. 1680.

1684, (19 octobre) Quebec.

2° LOUDIÉ, Marie, (1) b 1644, veuve de Simon Esnard.
Anonyme, b et s ⁵ 16 juillet 1682. — *Jean-François*, b ⁵ 5 juillet 1683 , s ⁵ 14 dec. 1687. — *Marguerite*, b et s ⁵ 22 juillet 1683 — *Pierre*, b 28 avril et s ⁵ 2 mai 1687.

I. — HURAULT, CATHERINE, b... ; m 1663, à Jean DU MARCHE.

1667, (29 octobre) Quebec. ²

I. — HURAULT, FRANÇOIS, b 1641, fils de Pierre et de Marie Godefroy, de Ste. Catherine, evêché d'Orleans.
LANGUILLE, Marguerite, b 1636, veuve de Richard Grouard.
Anonyme, b ² et s ² 13 août 1670. — *Marie*, b ² 3 mai 1669, 1° m ² 14 janv 1686, a Nicolas ROUSSELOT ; 2° m ² 22 juillet 1709, à Richard TESTU. — *Elizabeth*, b ² 8 janv. 1673 —*Marie-Madeleine*, b ² 22 nov 1674, m 1689, à Jean GUAY. —*Anonyme*, b ² et s ² 11 avril 1680.

HURET, CLAUDE, tanneur, b 1652 ; s 6 sept. 1732, à Quebec.

HURETTE, DENIS. — Voy. HUET.

1690, (31 juillet) Québec

I. — HURET DIT ROCHEFORT, BERNARD, fils de Jean et de Madeleine Judic, de St. Jean, Port-Royal ; s...
FISET, Marie,   [ABRAHAM I
Marie-Madeleine, b 1694 , s 18 janv. 1703, à St Thomas ² — *Marie*, b 1692 ; s ² 19 janv. 1703. — *Elizabeth*, b ² 11 fev. 1697 ; s 19 dec. 1716, au Château-Richer — *Jean-Baptiste*, b ² 11 mai 1699. — *Marie-Anne*, b ² 28 mai 1702. — *Pierre*, b ² 1er juillet 1704 — *Anonyme*, b ² et s ² 22 août 1706 — *Geneviève*, b ² 10 sept. 1707.

I. — HURON DIT BOURGAINVILLE, (1) JEAN, b 1651, fils de Jean de Marie Royer, de Blonville, en Normandie, s 30 nov. 1687, aux Trois-Rivières
PEPIN, Jeanne,   [GUILLAUME I.

HUS. — *Variations et surnoms :* PAUL —PAULUS MILILR — CORPORAL — LE HUS.

1670, (15 septembre) Québec. ⁸

I. — HUS, JEAN, b 1644, fils de Noël et de Marie Honfrey, de Petit-Couronne, evêché de Rouen , s ⁸ 29 nov. 1694
VERGER, Marie, fille de François et de Michelle Curel, de Trinité, evêché d'Angers.
Jean, b ⁸ 19 août 1671 m ⁸ 26 nov. 1700, à Marie-Anne MALFAIT. — *Marie-Marguerite*, b ⁸ 17 mars 1673. — *Jean-François*, b ⁸ 28 fev. et s ⁸ 7 mai 1674 — *Henriette*, b ⁸ 2 sept. 1675. — *Marie-Anne*, b 1690 ; s ⁸ 14 avril 1702.

I. — HUS, PAUL, b 1643
BAILLARGEON, Jeanne,   [MATHURIN I.
b 1855.
Louis, b 1670 ; m 1699, à Louise-Angélique NIQUET. — *Jean-Baptiste-Antoine*, b 18 mars 1672, à Sorel ⁹, m à Therese NIQUET — *Marc-Antoine*, b ⁹ 11 oct. 1673, m à Françoise LAVALLÉE. — *Jean-Baptiste*, b ⁹ 25 mars 1675 — *Pierre-Jean*, b ⁹ 22 janv. 1677 ; m à Jeanne VANER — *Catherine*, b ⁹ 6 mai 1680. — *Paul*, b 1682 ; s ⁹ 8 juin 1690, assassiné par les Iroquois. — *Marie*, b ⁹ 31 août 1684 , m 11 juin 1711, à Pierre LUISEAU à l Ile Dupas ⁸ — *Jean*, b 8 mai et s ⁹ 28 nov. 1657. — *Leonard*, b ⁹ 13 avril 1685 , s ⁹ 28 nov. 1687. — *Joseph*, b 1690 ; s ⁸ 19 fev. 1723. — *Geneviève*, b ⁹ 18 mai 1691 , m à Pierre SALVAYE — *Etienne*, b ⁹ 29 juin 1694 ; m 1722, à Marie-Ursule FAFART. —*Catherine*, b ⁹ 23 nov. 1696.

1699.

II. — HUS, (2) MILLIER DIT PAUL, LOUIS, [PAUL I.
NIQUET, Louise-Angelique.   [RENÉ I.
Marc-Antoine, b 1er janv. 1701, à Sorel , 1° m...; 2° m 6 juillet 1744, à Marie DUBEAU, aux Trois-Rivieres — *Thérèse*, b 17 mars 1709, à l'Ile Dupas ⁸—*Marie-Anne*, b ⁸ 17 mai 1711.

---

(1) Elle épouse, le 10 novembre 1688, André Bonin, aux Trois-Rivières

(1) Voy. Hérou, à la page 301.
(2) Et Hus.

I.—HUST, JEAN, b 1641, etait à la Rivière-du-Loup, en 1631.

I.—HUTELOT, (1) FRANÇOIS

I

IGEON, VIVIEN.— Voy. JEAN — VIVIEN.

IMBAULT.— Voy. RAIMBAULT.

I —IMBAULT, JACQUES, de St. Jacques, évêché de Troyes, en Champagne.
PAGÉ, Perette.
Marie, b...; m 5 août 1724, à Louis FABAS, à Québec.

INARD, JEAN, soldat, b 1633, s 3 oct 1696, à Québec; (mort subite).

1669, (27 octobre) Ste. Famille. [4]

I.—INARD DIT PROVENÇAL, PAUL, b 1647, fils de Barthélemy et de Françoise Primeau, de St. Remi, évêche d Arles , s ..
BONVILLE, Marie, b 1651, fille de Toussaint et de Louise Debelheur, de Briechasteau, évêche de Paris , s...
Marie-Madeleine, b [4] 4 août et s [4] 26 oct. 1670 — *Catherine*, b [4] 9 et s [4] 20 mai 1672.— *Anonyme*, b [4] et s [4] 25 oct. 1676.— *Marie-Anne*, b...; m 10 fev 1687, à Simon ARCAN, à Batiscan — *Jean-Robert*, b 5 mai 1680, à Beauport. [5] — *Noel*, b [5] 17 janv. 1682.

1682, (1er novembre) Contrecœur.

I.—INARD DIT PROVENÇAL, JEAN, b 1642, fils de Jean et de Catherine Rosiere, de St. Jean, évêché d'Aix, en Provence, s 1683.
VIARD, Marguerite, (2) veuve de Mathurin Besnard.

1648.

I.—ISABEL, GUILLAUME. (3) s 1652.
DODIER, Catherine, (4) b 1628.
Pierre, b 11 et s 22 sept. 1649, aux Trois-Rivieres [9].— *Jeanne*, b [9] 2 oct. 1650; m 1667, à Jean LE PELÉ.— *Françoise*, b..., m 1690, à Pierre RENAULT.

1669, (10 octobre) Ste. Famille. [8]

I.—ISABEL, ADRIEN, b 1631, fils de Jean et de Marie Adan, de Rous, évêché de Lizieux; s [8] 7 avv 1656.
POITEVIN, Catherine, (5) b 1641, fille de Guillaume et de Françoise Macré, de St. Nicolas Les Champs, évêche de Paris; s...

Adrien, b [8] 28 et s [8] 31 août 1670 — *Jean-Pierre* b [8] 13 mars 1672.— *Marie*, b [8] 9 mars 1674 ; m 3) sept. 1698, à Marguerite LEMELIN.— *Catherine*, b [8] 30 mars 1676.

1673, (11 avril) Château-Richer.

I.—ISABEL, MICHEL, b 1635, frère du précédent. [LOUIS I.
BIDON, Marie, (1) veuve de Pierre Rouillard , s...
Marie, b 1674 ; m 24 nov. 1695 à Pierre FOURNIER, à St Thomas. [4] — *Louis*, né 26 nov. 1677, à Quebec [5], b [5] 9 fev. 1678, m [4] 11 août 1704, à Marie-Barbe PROU.

1698, (30 septembre) Québec. (2)

II.—ISABEL, MARC,   [ADRIEN I.
LEMELIN, Marguerite,   [JEAN I.

I.—ISAMBERT, JEAN, b 1650, fils de François et d'Anne Dimanche, de St Livier, évêche de Metz ; s 20 fev. 1685, à Contrecœur.

I.—ISAMBERT, CATHERINE, b 1651, sœur du précédent ; m 9 sept. 1673, à Louis DENIS-LAFONTAINE, à Quebec.

ITASSE, MARGUERITE, fille de Jacques Aubuchon.

J

1670, (14 octobre) Québec.

I.—JACOB, ETIENNE, notaire royal, Juge de la Côte de Beaupie, b 1649, fils d Eias et de Jeanne Baillejambe, de St Germain , s...
FRESSET, Jeanne, b 1651, fille d'Andre et de Marie Avisse, de St Nicolas des Champs , s...
Angelique b 22 nov. 1671, à l'Ange Gardien [2] , m [2] 18 avril 1692, à François MEUSNIER — *Ursule*, b [2] 12 mars 1674 . m [2] 22 oct. 1696, à François FAFARD — *Marguerite*, b [2] 27 nov. 1677 ; m [2] 30 avril 1702, à François TRUDEL. — *Marie*, b [2] 3 sept. 1679 , m [2] 27 avril 1699, à Prisque LESSARD.— *Anne* b [2] 25 mai 1682 , m [2] 24 nov. 1704. a Joseph ROUSSIN.— *Madeleine*, b [2] 27 avril 1685 ; m [2] 1er dec. 1706, à Alexis GAUDIN — *Catherine*, b [2] 21 avril 1688 , m [2] 18 janv. 1712, à Antoine GAUDIN. — *Joseph*, b [2] 31 janv. 1691, m 5 juin 1711, à Madeleine CARON, à Ste. Anne.— *Etienne*, b [2] 12 janv. 1698.

1692, (18 février) Québec. [4]

I.—JACOTI DIT BEAUSOLEIL, JEAN, fils de Pierre et de Marie Bonnevico, de St. Martial, évêche de Perigueux.
MASSARD, Marie,   [NICOLAS I.
s 16 de ; 1702.
Marie, b [4] 6 sept. 1693 ; s [4] 17 dec. 1702. — *Anne*, b [4] 29 mars 1695 , m [4] 8 janv. 1714, à Jean BARODY.— *Marie-Anne*, b [4] 25 oct. 1697 ; s [4] 19

sept. 1703 — *Michelle,* b [4] 13 nov 1699 , m [4] 17 avril 1714, à Nicolas BOURDET. — *Louise,* b [4] 26 janv. 1703.

1663, (25 octobre) Château-Richer. [1]

I.—JACQUEREAU, JEAN, b 1628, de la Rochelle
GUIOR, Catherine, b 1646, de La Rochelle.
Jeanne, b [1] 13 oct. 1664. — *Marguerite,* b [1] 4 janv. 1666 ; 1° m 29 janv. 1686, à Charles de TRÉPAGNY, à Québec [3] ; 2° m [3] 21 avril 1704, à René BOUCHAUT . s [3] 17 mai 1731. — *Anne,* b [1] 19 sept. 1667 ; m [3] 6 juin 1689, à Louis MERCIER ; s [3] 4 fév. 1703 — *Jean,* b [1] 30 mars 1669. — *François,* b 24 fév. 1671, a l Ange Gardien. [5] — *François,* b [5] 5 dec 1672. — *Jean,* b [5] 30 nov. 1674 — *Louis,* b [1] 18 fév. 1676. —*Alexis,* b [5] 15 juillet 1679 — *Nicolas,* b [5] 12 janv. 1681. — *Madeleine,* b [5] 24 mai 1683.

I.—JACQUES, engagé de M. Jacques Maheu , s 15 juillet 1656, à Québec, noye.

I.—JACQUES, engage des Ursulines , s 17 fév. 1656, à Quebec, mort d'apoplexie.

I —.JACQUES, b 1654, natif de Xaintes ; s 24 août 1699.

1688, (17 mai) Québec

I.—JACQUES, LOUIS, b 1662, fils de Nicolas et de Marie Foyer, d'Amiens, en Picardie.
LEROUX, Antoinette,   [FRANÇOIS I.
Geneviève, b 12 et s 18 avril 1689, à Charlesbourg. [5] — *Nicolas,* b [5] 28 sept. 1691, 1° m [5] 17 oct. 1712, à Marie Josette BEDARD , 2° m [5] 1719, à Catherine ALARD.— *Louis,* b [5] 8 fév. 1694, m [5] 1719, à Marguerite SÉGUIN. — *Pierre,* b [5] 11 mars 1697 , m [5] 1720, à Marie-Ambroise CHALIFOUR. — *Charles,* b [5] 15 avril 1700, s [5] 18 janv. 1703 — *Catherine,* b° 1er mai 1703, m [5] 1722, à Martin LEFEVRE. — *Anne,* b [5] 25 avril 1706 , m [5] 1722, à Louis GUILLEBER T. — *Marie-Madeleine,* b [5] 10 nov. 1708 — *Thomas,* b [5] 30 juin 1711 ; s [5] 15 sept. 1714 — *Therese,* b 4 mars et s [5] 12 sept 1714.

JACQUES, PHILIPPE — Voy. PASQUET.

I — JACQUET DIT CHAMPAGNE, ELIE, (1) s 24 juin 1661.

I.— JACQUET, FRANÇOIS, couvreur en ardoise, s 26 sept 1677, à Québec [3]
VENOT, Catherine, b 1648 ; s [3] 24 janv. 1720, à 72 ans

I.— JACQUET, ISAAC.
MOLNIER, Elizabth.
Elizabeth, b 20 mai 1671, à Ste. Famille.

I.— JACQUET, PIERRE.
CAILLOT, Marie
Pierre, b 18 fev 1670, à Ste. Famille, [3] — *Pierre,* b [3] 26 avril 1671,

(1) Serviteur de mademoiselle de Repentigny, massacré par les Iroquois, sur l'Ile d'Orléans, avec M. le grand Senechal de Lauzon, Jacques Perroche et Toussaint.

I —JACQUET, DIT ST. AMAND, JEAN, b 1643.
TRUDEL, Jeanne. (1)   [JEAN I.
Pierre, b 26 sept. 1677, à Sorel [5] ; s [6] 14 janv. 1678 — *Marie-Madeleine,* b [5] 1er janv. 1679. — *Catherine,* b 1664, s [5] 28 mai 1683.

I. —JACQUIÈRE, LOUISE, b 1651 ; 1° m à Jean POUSSET , 2° m 3 août 1683, à Michel DELAUX, à Batiscan [3] ; s [3] 17 juillet 1711.

JACQUOT, — Voy. GAUDIN.

1670, (1er septembre) Québec.

I. —JAGOT, URBAIN, fils d'Urbain et de Catherine Lehèvre, de St. Louis, evêche d'Angers , s...
BILLOT, Catherine, fille de Pierre et d'Anne Rose, de S.. Jacques du Hautpas, de Paris,

1658, (24 septembre) Québec. [7]

I. —.JAHAN DIT LAVIOLETTE, JACQUES, maître-tanneur, b 1631, fils de Sebastien et de Jeanne Oudinot, ville de Blois, de Ste. Soulenne, evêche de Chartres ; s [7] 4 avril 1699, à 72 ans.
FERRA, Marie, b 1638, fils de Jean et de Joinette Hubert, de Creveaux, en Picardie ; s 17 fev. 1713, à St. Jean, Ile-d'Orleans.
Louise, b 4 et s 14 oct 1661, au Château-Richer. [8] — *Jacques,* b [8] 28 nov. 1663 ; m [8] 5 nov. 1686, à Anne DE TREPAGNY, s [7] 17 avril 1711. — *Jean,* b [8] 24 mai 1665 ; s [8] 19 mars 1666. — *Jacques,* b [7] 29 oct. 1668 — *Marie,* b 9 fev. 1667, à Ste. Famille [9], m [9] 20 nov. 1684, à Jean BILODEAU, s 26 sept 1719, à St François, Ile-Orleans. — *Elizabeth,* b [9] 20 janv. 1669, s [9] 21 avril 1670. — *Hypolite,* b [9] 16 mars 1671 ; s [9] 13 nov. 1689 — *Jeanne,* b [9] 8 oct. 1673 ; s [7] 23 août 1689. — *Catherine,* b [9] 31 janv. 1676. — *Elizabeth,* b [9] 3 dec 1678 ; m [9] 8 fev. 1695 à Pierre ASSELIN.— *François,* b [9] 15 juin 1682 ; s [9] 5 mai 1699.— *Geneviève,* b [9] 31 mai 1684 , s [9] 27 sept. 1687.

1686, (5 novembre) Château-Richer. [2]

II.—JAHAN DIT LAVIOLETTE, JACQUES, [JACQUES I. s 17 avril 1711, à Quebec. [4]
DE TRÉPAGNY, Anne,   [ROMAIN I. s [4] 6 janv. 1711.
Jacques, b [2] 20 et s [2] 28 août 1687. — *Marie-Anne,* b 25 nov. et s 3 dec. 1688, à Ste. Famille. [5] — *Jacques,* b [5] 19 dec. 1689 ; m à Anne SOREAUX. — *Elizabeth,* b [5] 23 janv. 1692. s [5] 27 fév 1705. — *Marie-Anne,* b [5] 15 mars 1693 — *Catherine,* b [5] 30 mai 1694 ; m 27 nov 1713, à Gabriel BLOUIN, à St. Jean, I. O. — *Thérèse,* b [5] 10 sept. 1695. — *Ursule,* b [5] 4 avril 1697. — *Joseph,* b [5] 29 juin 1698. — *François,* b [5] 5 sept. et s 25 nov 1699. — *Augustin,* b [5] 24 oct. 1700, m [9] 9 janv. 1730, à Louise MARTIN. — *François,* b [5] 13 janv. 1702 ; 1° m 7 fev 1729, à Marie bourassa, à Levis ; 2° m à Françoise CHATIGNY — *Marie-Josette,* b [5] 1er avril 1704 ; s [4] 4 avril 1708. — *Jean,* b [4] 4 dec. 1706 , s [4] 11 fev. 1713. — *Marie Charlotte,* b [4] 10 août 1709.

(1) Elle épouse, en 1688, Jean De Gerlais dit St. Amand.

I.—JALADAN dit Champagne, Jean-Baptiste.
Côte, L mise [Noel II.
Marie, b 7 sept. 1699, à Lorette — *Ursule* b⁶
3 avril 1701. — *Jean-Athanase*, b 12 juillet 1702, à
Ste. Foye. — *François*, b⁶ 12 mai 1704.

I.—JALLAUT, Jeanne, fille de Moyse et de Re-
née Le Pointe de Fontenay-le-C mte en
Poitou, 1º m 3 sept 647, à Marin DE RE-
PENTIGNY, à Québec; 2º m 9 sept 1654, à
Maurice POULAIN, aux Trois-R.vieres⁴. s⁴ 27
mai 1708.

JALLEREAU, — Voy. PAILLEREAU, 1657

I.—JALLET, Pierre, b 1636, etait à la Pointe-
aux-Trembles de Quebec, en 1631

1661.

I.—JALOT dit Des Groseilliers, Jean, chirurgien, b 1648; s 2 juillet 1690, tué par les
Iroquois (1)
CHOUARD, Marie-Antoinette, [Médard I
Jean-Baptiste, b 1678. — *Marie*, b 1679. — *Marguerite*, b 23 fev. 1681, à Champlain; sœur dite
St Ambroise, C. N. D.; s 17 janv 1735, à Montréal³ — *Françoise-Angélique*, b 15 mars 1682, à
Repentigny.⁶ — *Marguerite*, b⁶ 19 mars 1683; s⁶
15 sept 1684. — *Médard*, b⁶ 21 janv 1684 — *Nicolas*, b⁶ 21 janv. 1684. s³ 10 mars 1695. — *Angélique*, b⁶ 22 fev. 1687. — *Jacques*, b⁶ 13 fev.
1689, s 18 mai 1703, à Lachine.

1664, (11 septembre) Québec. ²

I.—JAMEIN, Julien, b 1634, fils de Jean et
de Françoise Levêque, de St. Julien de Cour-
celle, évêché de Nantes; s² 3 mars 1704.
REPOCHE, Marie, b 1636, fille de François et de
Marie Bernard, et.veuve de Jacques Soulet,
de Ste. Marguerite, evêché de LaRochelle.
Etienne, b² 25 avril 1665, s² 15 juillet 1669.
— *Jean*, b² 9 déc. 1666; s 19 sept. 1726.—
François, b³ 22 et s² 27 fev. 1671. — *Marie*, b²
18 nov. 1668; m 25 nov. 1683, à Jean RIGEALLE
(RIGAS) dit LA PRADE. — *Catherine*, b² 21 août
1672; m² 10 fev. 1687, a Jacques DURET. — *Anne*,
b² 19 mai 1675, m² 6 sept. 1694, à Jean CLU-
SEAU, s² 31 oct 1750.

I.—JAMES, Abel, b 1636, matelot anglais, à
Quebec, en 1681.

1690, (21 fevrier) Lachine. ⁴

I.—JAMME dit Carrière, Pierre, fils de Jean
et de Mire-Charlotte Russe, de L'Anteille,
evêche de Bayeux.
BARBARY, Marie-Madeleine, [Pierre I.
veuve d'André Danis.
Marie-Louise, b⁴ 29 sept. 1701. — *Marie-Anne*,
b⁴ 20 juin 1707. — *Pierre*, b 8 dec. 1703, a Ste.
Anne de Montreal.

(1)Tué le 2 juillet 1690, par les Iroquois, près de la coulée de Jean
Gron avec neuf autres, qui tous furent enterrés à la hâte sur
le lieu meme puis transportes dans le cimetière le 2 nov.
1691.—*Registres de la Pointe-aux-Trembles de Montréal.*—
Voy. à la note de la page 235, les noms des neuf autres.

JANDRAS.—*Variations*: Gendras — Gendron.

1694, (16 août) Ste. Famille.

I.—JANEAU, Etienne, notaire royal, b 1668,
fils d'Etienne (marchand) et de Jacquette Vincent, de la Tardière, en Poitou.
PERROT, Catherine, [Jacques I
Marie-Anne, b 22 juillet 1696, à Quebec. — *Catherine*, b 7 mai 1702, à la Rivière-Ouelle⁵; m 20
juillet 1725, à Maurice BLONDEAU, à Ste. Anne.—
Pierre, b⁵ 25 juillet 1698 — *Etienne*, b⁵ 25 juillet
1698. — *Marie-Cécile*, b⁵ 27 juillet et s⁵ 28 août
1704.

1655, (30 août) Montréal. ⁸

I.—JANOT dit Lachapelle, Marin, charpentier,
b 1627, fils de Robert et de Jeanne de Pienne,
de Lachapelle sous Monthauson, proche du
Château-Thierry; s² 24 juillet 1664, noyé.
BESNARD, Françoise, (1) fille de Pierre et de
Catherine Riverin, de Pourray, evêché du
Mans.
Cécile, b⁸ 11 juin 1656; m⁸ 17 nov. 1670, à
André CARRIER. — *Françoise*, b⁸ 21 janv. 1658;
m⁸ 6 août 1674, à Antoine BAZINET. — *Pierre*, b⁸
27 mars 1660; m³ 31 janv. 1684, à Petronille
TESSIER. — *Robert*, b⁸ 29 mai 1662; m 6 janv.
1693, à Anne LANGLOIS, à la Pointe aux-Trembles
de Montréal. — *Jean*, (posthume) b⁸ 18 août et s⁸
2 sept. 1664.

1684, (31 janvier) Montréal. ⁸

II.—JANOT, Pierre, [Maurice I.
TESSIER, Petronille, [Urbain I.
Pierre, b⁵ 17 fev. 1685. — *Nicolas*, b 26 fev.
1690, à la Pointe-aux-Trembles de Montréal.⁶—
Jacques, b⁵ 15 juin 1694. — *Antoine*, b⁵ 7 janv.
1688. — *Jean*, b⁶ 18 mars 1692. — *Marie*, b⁶ 20
avril 1696. — *Catherine*, b⁶ 15 mars 1698. —
Joseph, b⁶ 22 janv. 1700.

I.—JEANNOT dit Belhumeur, Pierre.
RICHAUME, Jeanne, b 1670; s 7 dec. 1701, à
Montreal.
Marie-Madeleine, b 19 et s 29 nov. 1688, à
Repentigny.⁵ — *Marie-Marthe*, b⁵ 15 janv. 1690;
m⁵ 6 nov 1724, à Jacques GILBERT — *Marie-
Anne*, b⁵ 9 mars 1695; m⁵ 17 juin 1715, à Char-
les DELGUEL — *Pierre*, b⁵ 18 oct 1697. — *Marie*,
b...; m⁵ 17 juin 1726, à Guillaume BEAUDOIN.—
Léonard, b 30 juillet 1692, à la Pointe-aux-Trem-
bles de Montreal; m 1718, à Marie ALARY.

1693, (6 janvier) Pte-aux-Trembles, M. ⁸

II.—JANOT, dit Lachapelle, Robert, [Marin I.
LANGLOIS, Anne, [Honoré I.
Pierre, b⁸ 25 dec. 1693; s³ 3 janv 1694 —
Marie-Françoise, b⁸ 15 juillet 1695. — *Jean-Bap-
tiste*, b⁸ 23 oct. 1697. — *Marie-Charlotte*, b 28 mai
1700, à Repentigny.

(1) Elle épouse, le 20 juillet 1665, Guillaume Bouchard, à
Montreal.

JANREL.— Voy. HAREL, JEAN.

1688, (20 septembre) Québec. [5]

I. —JANSON, DIT LA PALME, PIERRE, tailleur, fils de Barthelemi et de Jeanne Duvoisin, de St. Sulpice de Paris ; s...
1° D'AVAESÉ, Marie-Anne-Esther, veuve de François Couillard, s 1689.
Catherine, b [5] 29 avril 1689, m à Jean-Baptiste RAPIN.

1689, (29 octobre) Québec. [1]

2° RANCIN, Madeleine Ursule,   [CHARLES I.
veuve de Pierre Hedouin, s [1] 15 dec. 1702.
Pierre, b [1] 31 août 1690. — *Marie-Françoise*, b [1] 28 sept. 1692 — *Christophe*, b [1] 19 juillet 1694, m 29 janv 1720, à Marie-Madeleine GALTIER, à Varennes.— *Louis-Charles*, b [1] 27 août 1696 — *Ursule-Madeleine*, b [1] 29 juin 1698, s [1] 8 mars 1700 — *Martin*, b [1] 11 fév. et s [1] 17 mai 1700 — *Dominique*, b [1] 2 avril 1701, 1° m à Marie Josette COULTHIER, 2° m [1] 15 avril 1761, à Madeleine TREFFLE ; s [1] 29 mai 1762. — *Charles*, b [1] 15 dec. 1702, m [1] 8 sept 1732, à Geneviève FILLIAU.

1704, (26 janvier) Ste. Foye.

3° PELLETIER, Marie-Geneviève,   [NICOLAS II
b 1683 , s 21 juin 1763, à Québec [5]
Louise Angélique, b [5] 24 oct. 1704 , m [5] 26 juin 1741, à François DUVERGUL. — *Claude*, b [5] 4 août 1706 ; s [5] 21 janv. 1708 — *Marie-Geneviève*, b [5] 17 sept. 1708.— *Marie Joselte*, b..., m [5] 17 nov. 1739, à François RAGEOT, s [5] 29 août 1744. — *Philippe*, b 1717, 1° m à Marie-Anne JOURDAIN ; 2° m [5] 28 nov. 1752, à Thérèse BARDEAU ; s [5] 21 mai 1762. — *Vincent*, b... ; m [5] 22 nov. 1756, à Marie-Anne ROUSSEAU.— *Pierre*, b 1727, s [5] 16 oct 1757.— *Nicolas*, b... ; m à Angélique LAFONTAINE.

1680, (22 janvier) Québec. [4]

I. —JANVIER, JEAN, menuisier, au moulin de M. Talon, b 1650, fils de Jean et de Renée Dupere, de St. Pierre, evêche de Poitiers ; s...
DUBOIS, Dorothée, (1)   [RENÉ I.
Marie, b [4] 12 et s [4] 23 mai 1681. — *Marie-Anne*. b... ; m 7 fev. 1701, à Edmond ROY, à Ste. Anne de la Perade. [5] —*Catherine*, b... ; m [5] 28 fev. 1705, à René PINOT — *Jean*, b...

I. —JARNY.— Voy GERNY.

I. —JARNY, PHILIPPE, b 1646, etait à Montréal, en 1681.

1674, (19 juin) Québec. [4]

I. —JAROSON, MATHIEU, b 1645, fils de Jean et de Jeanne Fournier, de Ste. Etienne, Ile de Re.
BÉRAUD, Anne, b 1656, fille de Claude et de Catherine DeMarie, de N.-D. de Presse, en Brie, evêche de Paris, s...
Charles, b [4] 30 mars 1675, s [4] 11 juin 1676 — *Jean*, b [4] 17 oct. 1676, s [4] 4 nov. 1677.— *Catherine*, b [4] 15 janv. 1678.

(1) Elle épouse, le 29 oct. 1691, Etienne Biguet, à Champlain.

1669, (17 septembre) Ste. Famille.

I. —JARRET (DE) VERCHÈRES, FRANÇOIS, b 1641, fils de Jean et de Claudine de Picou, de Chef, archeveche de Visme, en Dauphiné.
PERROT, Marie,   [JACQUES I.
Antoine, b 1670 ; s 17 juillet 1686, à Contrecœur. [5] — *François*, b 15 janv. 1671, à Boucherville. [9] — *Marie Jeanne*, b [9] 6 avril 1674 , m à Antoine DUVERGER D'AUBUSSON. — *Antoine*, b [9] 8 nov. 1674 — *François-Michel*, b 1er sept. 1675, à Montréal. [4] — *Louis*, ne en 1680, b [4] 13 sept. 1693 — *Alexandre*, b [4] 4 avril 1682 — *Angélique*, b [5] 8 mai 1684 ; m à Nicolas Antoine COULON DE VILLIERS.— *Catherine-Gabriel e*, b [5] 27 nov. 1685 — *Marie Jeanne*, b... ; m [4] 4 nov. 1686, à Jean DE DOUBET.— *Jean*, b [5] 1er juin 1687, m à Madeleine DAILLEBOUR. — *Marguerite-Gabrielle*, b... ; m 23 fev. 1718, à Léon DE LANGY. — *François*, b [4] 30 mai 1693. — *Louise*, b [4] 13 sept. 1693 — *Marie-Madeleine*, b 17 avril 1678, à Sorel, m 1706, à Pierre-Thomas TARIEU DE LA NAUDIÈRE. .

1676, (12 janvier) Montréal. [4]

I. —JARRET, sieur DE BEAUREGARD, ANDRÉ, b 1644, fils de Jean et de Perette SERMETTE, de Roye, evêché de Vienne, en Dauphiné ; s...
ANTHIAUME, Marguerite, (1) b 1653, fille de Michel (Exempt du Grand Prevost de l'Hôtel de Paris) et de Marie Dubois, de St. Nicolas des Champs de Paris.
Marguerite, b 26 oct. 1677, à Boucherville. — *Anne*, b 29 sept. 1681, à Contrecœur [8] ; m [4] 12 juin 1700, à Joseph TEIRO, — *Marie*, b [8] 20 avril 1683. —*Alexandre*, b [8] 17 fev. 1686.

JARY. — Voy. BLENIER, en 1698.

1654, (9 novembre) Montreal. [4]

I. —JARRY DIT LA HAIE, ELOI, (2) maître-charron, b 1630, fils d'Eloi et de Françoise Chevalier, de St. Martin d'Igé.
MERRIN, (3) Jeanne, b 1636, fille de Michel et de Catherine Archambault, de St. Michel, évêche de Poitiers.
Jean-Baptiste, b [4] 13 août 1655. — *Clémence*, b [4] 5 fev. 1657, 1° m [4] 25 nov. 1669, à André BAPIN ; 2° m [4] 16 août 1699, à Joseph GAUTIER. — *Marguerite*, (4) b [4] 30 août 1658. — *Henry*, b [4] 1er nov. 1658, m [4] 25 nov. 1693, à Agathe LESCUYER.

1693, (25 novembre) Montréal. [5]

II. —JARRY, HENRY,   [ELOI I.
LESCUYER, Agathe,   [PIERRE I.
Marguerite, b [5] 28 nov. 1696. — *Jean-Baptiste*, b [5] 1er nov. 1698. — *Jean-Jerôme*, b [5] 23 fev. 1700. — *Marie-Geneviève*, b [5] 6 sept. 1701 ; m [5] 11 août

(1) Elle épouse, en 1690, Pierre Fontaine.

(2) Pris et tué par les Iroquois, en 1655.

(3) Le contrat de mariage du 30 oct. 1654 (Greffe de Basset) l'appelle MACE —Elle épouse, le 18 juillet 1661, Henry Ferrin. à Montréal.

(4) Filleule de Marguerite Bourgeois, maîtresse d'Ecole.

1723, à Jean-Joseph Barsolou. — *Marie*, b⁵ 23 déc.
1702 ; s⁵ 28 fév. 1703. — *Agathe*, b⁶ 21 mai 1704.

JASMIN. — Voy. Guidert — Caillet — Lemoine

JASMIN, Marie, b... ; s 8 oct. 1707, à St. Jean,
Ile d'Orléans.

I. — JASSELIN, Jean, maître-maçon, de Paris,
s avant 1684.
 Dieu, Catherine.
 Marguerite, b à Paris ; 1° m 31 oct. 1676, à
Mathurin Lelièvre, à Lachine. ⁶ ; 2° m ⁵ 8 janv.
1684, à Nicolas Lemoyne.

I — JAUDON, Marie, 1° m à François Pavageau,
 2° m 12 août 1689, à André Barbault, à
 Québec.

I. — JAVILLON dit Lafeuillade, Louis, soldat
Fafart, Marie.
 Marie, b 15 août 1717, à Lachine.

JEAN de Paris. — Voy. Bernier

1655, (30 août) Québec. ³

I. — JEAN dit St. Onge, Denis, fils d Elie et
 d Elizabeth Lambade, de Taillebout , s...
 Peltier, Marie, (1)   [Nicolas I.
  veuve de Nicolas Goupil.
 Ignace, b 28 oct. 1656, à Sillery. ⁴ — *Jean*, b... ;
m 1671, à Geneviève Billot. — *Joseph*, b 1659 ;
m 13 nov. 1696, à Marie Garnier, à la Pointe-aux-
Trembles de Québec ⁵ ; s ⁵ 9 déc. 1714 — *Marie*,
b 1661, sœur de la Cong. N.-D. ; s 27 sept. 1687,
à Montréal — *Françoise*, b ⁴ 3 sept. 1664, hospitalière, dite Sœur des Anges ; s ³ 20 déc. 1708. —
Nicolas, b ⁴ 17 août 1667 ; m ³ 7 janv. 1698, à
Marie-Madeleine Cliche. — *Etienne*, b ⁴ 28 oct.
1669. — *Catherine*, b ⁴ 20 oct. 1670 ; m ³ 7 sept
1688, à Jean Dubois. — *Anonyme*, b ³ et s ³ 21
sept 1674. — *Louis*, b ³ 21 nov. 1675 ; m 16 avril
1705, à Michelle Perrin, à Lachine. — *Françoise-
Monique*, b... ; m ³ 13 mars 1703, à Charles Lenormand.

JEAN dit Laviolette — JEAN dit Lagirofflée,
 Joseph, soldats de Dumesny, tués par les
 Iroquois, s 27 juin 1691, à Lachine.

1671,

II. — JEAN dit Denis, Jean,   [Denis I
 Billot, Geneviève.
 Anne, b 24 avril 1672, à Québec. ⁹ — *Jean*, b ⁹ 4
fév. 1674. — *Marie*, b ⁹ 4 juin 1676 ; 1° m 1691, à
Pierre Bourgut ; 2° m 26 nov. 1704, à Jacques
Turgeon, à St. Etienne de Beaumont.

1687, (9 avril) Lachine. ⁹

I. — JEAN. Vincent, fils de Vincent (marchand)
 et de Jeanne Gaudin, de Dauger, évêché de
 Xaintes.
 Beaune, Gabrielle, (2)   [Jean I.

Deux Anonymes, b et s ⁹ 23 juillet 1698. — *Jean-
Baptiste*, b ⁹ 2 janv. 1691.

1696, (13 nov.) Pte-aux-Trembles, Q. ⁵

II. — JEAN, Joseph,   [Denis I.
 s ⁵ 9 déc. 1714.
 Garnier, Marie,   [Jean I.
 Joseph Marie, b ⁵ 30 oct. 1697. — *Jean-François*,
b ⁵ 30 janv. 1700. — *Marie*, b... ; m ⁵ 17 janv. 1735,
à Pierre Loriot — *Marie-Françoise*, b ⁵ 10 janv.
et s ⁵ 2 mars 1703. — *Marie-Gabrielle*, b ⁵ 15 sept.
1706 — *Michel-Ange*, b ⁵ 25 mars 1709 — *Etienne*,
b ⁵ 18 janv. 1712. — *Ignace*, b ⁵ 10 déc. 1713 —
Jean-Baptiste, b ⁵ 22 juillet 1715. — *Jean-François*,
b... ; m à Felicité Gauvin ; s...

1698, (7 janvier) Québec.

II. — JEAN, Nicolas,   [Denis I.
 Cliche, Madeleine,   [Nicolas I.
 Marie Joselle, b 5 août 1699, à Charlesbourg ;
m 18 juillet 1729, à François Juneau, à la Pointe-
aux-Trembles de Québec ⁹ — *Marie-Thérèse*, b ⁹ 7
nov. 1701 . m ⁹ 13 nov. 1730, à Romain Lavoie. —
Marie-Agnès, b ⁹ 8 nov. 1703 — *Marie-Celeste*, b ⁹
9 avril 1706 ; m ⁹ 22 nov. 1728, à François Caillet. — *Nicolas*, b ⁹ 9 fév. 1708. — *Francois*, b ⁹ 18
mai 1710. — *Marie Anne*, b ⁹ 21 déc. 1711. — *Marie-Antoinette*, b ⁹ 20 nov. 1713 — *Jean François*,
b ⁹ 12 juin 1715. — *Marie-Catherine*, b ⁹ 21 mars
1717 ; m ⁹ 25 janv. 1740, à François Amiot. —
Anonyme, b ⁹ 19 oct. 1721. — *Guillaume*, b ⁹ 25
juin 1723.

I. — JEAN dit La Tour, Jean, (1) sculpteur, b
 1632, de Lagny, évêché de Paris ; s 25 juin
 1677, à Québec.

I. — JEAN, Pierre, b 1643.
 Favereau. Françoise, b 1644.
 Vivien, b 13 déc. 1672, à Québec ⁷. — *Pierre*,
b ⁷ 12 mars 1676 ; m ⁷ 1er juin 1700, à Marie-
Madeleine, Prinseau. — *Louise*, b ⁷ 19 mai 1678 ;
m ⁷ 2 juin 1692, à Jacques Chouinard. — *Pierre*,
b ⁷ 8 juin 1681 , m 1699, à Elizabeth Faye. —
Antoine, b 1680 ; s 9 déc. 1705, au Cap St. Ignace.

I. — JEAN, Vivien, (2) b 1618, fils de Vivien et de
 Suzanne Herault, de St. Nicolas, évêché de
 LaRochelle, s 9 juin 1708, à Beaumont. ⁵
 Drouet, Isabelle.
 Jean, b 1651, m 29 nov. 1671, à Catherine
Gateau, à Québec. ⁶ — *Mathieu-Pierre*, b ⁶ 25 sept.
1672 ; m ⁶ 1697, à Marguerite Cassé ; s ⁵ 1er nov.
1737. — *Marie*, b ⁶ 20 oct. 1669.

1671, (29 novembre) Québec. ⁶

II. — JEAN, Jean,   [Jean I.
 b 1651.
 Gateau, Catherine, b 1651, fille d'Odart et de
 Geneviève Drouet, de St. Michel, de Paris.
 Noel, b ⁵ 20 août 1672. — *Ignace*, b 6 août 1673,
à Beauport. — *Marie-Catherine*, b ⁵ 1er sept. 1676.
— *Joseph*, b 1679.

I.—JEAN, Louis, tailleur, b 1643, était à Repentigny, en 1681.

JEAN dit Labrie, s 18 juillet 1663, à Québec.

1676, (20 janvier) Québec. [4]

I.—JEAN, Elie, fils de Vivien et de Suzanne Hérault, de St. Nicolas, évêché de LaRochelle.
Gagnesse, Marie, (1) b 1646, fille de Pierre et de Madeleine Marchand, de St. Jean Livrecez. evêché de LaRochelle.
Jean, b [4] 7 déc 1671 — *Madeleine,* b [4] 4 sept. 1674, m [4] 11 fév. 1688, à Pierre Elie. — *Pierre,* b [4] 29 oct. 1676, m 24 nov. 1701, à Catherine Blondeau, à Charlesbourg. — *Jean Jacques,* b 1677; s 14 janv. 1703, à Beauport

JEAN dit Godon, Elie.

I.—JEAN, dit Laforest, Gilles,
Masse, Jeanne,   [Pierre I.
veuve de Guillaume Constantin.
Anne, b 19 juin 1675, à Québec. [2] — *Gilles,* b [2] 29 janv 1677. — *Françoise,* b [2] 24 avril 1678.

1685, (28 février) Pte-aux-Trembles, Q.

I.—JEAN, Guillaume, fils de Jean et de Suzanne Etode, de Notre Dame de Cogne, évêché de La Rochelle.
Campagna, Marie-Anne,   [Pierre I
Marie Marguerite, b 22 janv. 1693, à Montreal — *Jacques,* b 2 mai et s 2 août 1700, à St. Augustin.

1687.

I.—JEAN, (Han) François, fermier de M Bouat, au bas de l'Ile de Montreal.
Premier, Marguerite,   [Nicolas I.
Marie-Anne, b 8 janv. 1688, à la Pointe-aux-Trembles de Montreal, m 27 juillet 1703, à Pierre Laporte, à Montreal — *Nicolas,* b [2] 10 mai 1689.

1697.

II.—JEAN dit Vien, Pierre.   [Vivien I.
b 1670; s 1er nov. 1737, à St. Etienne de Beaumont. [6]
Cassé, Marguerite,   [Antoine I.
Charles, b [6] 18 déc. 1698, s [6] 29 oct. 1699 — *Pierre-Noel,* b [6] 9 mai 1700 — *Marie,* b [6] 24 sept. 1702. — *Marie-Angelique,* b [6] 8 sept 1704 s [6] 23 avril 1723 — *Joseph* b [6] 6 sept 1706 — *Charles* b [6] 23 nov. 1708, s [6] 8 mars 1732. — *Marguerite,* b [6] 1er avril 1701. — *Jean Baptiste* b [6] 19 oct. 1713. — *Louis,* b [6] 22 août 1716 — *Marie-Marthe,* b [6] 20 mars 1723 m 27 avril 1740, à Jean-Baptiste Gelnet, à Levis [8] — *François,* b....; m [8] 5 oct. 1744, à Louise Grenel. — *Marie-Françoise,* b..., m [8] 24 juin 1754, à Etienne Raymond.

1697.

II.—JEAN (Girardin) Jerome,   [Jean I.
Rancin, Dorothée,   [Charles I.
Françoise, b 15 août 1698 à Québec.

(1) Elle épouse, le 15 juillet 1686, André Barbot, à Charlesbourg.

II.—JEAN, Pierre,   [Pierre I.
Faye, Marie-Isabelle,   [Pierre I.
Jeanne, b 1er avril 1700, au Cap St. Ignace.

1688, (1er septembre) Boucherville. [7]

I—JEANMONEAU, Michel, soldat, b 1659, fils de Louis et de Marthe Gautier, d'Angers, évêché de Poitiers, s...
Jodolin, Marie,   [Claude I.
Marie-Anne, b [7] 3 déc. 1689; m à Joseph Savarias s 1717. — *Joseph,* b 26 avril 1702, à Varennes. [8] — *Jacques,* b [8] 1er fev. 1704 — *Marie,* b 18 sept. 1692, à la Pointe-aux-Trembles de Montreal.

1665, (21 janvier) Québec. [9]

I.—JEANNES, Robert, b 1639, fils d'Yves et de Marie Duchesne, de St. Sevès, faubourg de Rouen; s...
Savard, Françoise,   [Simon I.
Marie, b 28 juin 1668, au Château-Richer, m [9] 27 fev. 1685, à Michel Maranda. — *André,* b 1671. — *Martin,* b 1673; m [9] 17 janv. 1707, à Marie Pot, s [9] 9 mai 1738. — *Jean,* b 1676. — *Marie-Charlotte,* b [9] 15 août 1679; s [9] 15 nov. 1734. — *Geneviève,* b [9] 15 janv. 1682; 1o m [9] 10 janv. 1707, à Charles Marchand; 2o m [9] 24 fev. 1721, à Etienne Du Riveau; s [9] 20 nov. 1749.

JEANNE. — Voy. Joanne.

I.—JEANNE, b 1637; s 15 oct. 1692, à Montréal.

I. — JENNE dit St. Onge, Pierre.
Bailly, Louise,   [Jean I.
s 29 juin 1699, à Montréal. [9]
Jean-Baptiste, b 1681; s [9] 29 juin 1699. — *Marie-Louise,* b 1690, 1o m à Simon Couillard; 2o m 29 janv. 1725, à Pierre Prieur, à Lachine.

I — JENOZEAU, Michel, b 1637; s 27 juillet 1707, à St. Thomas.

1678, (28 novembre) Montréal.

I.—JENTÈS, Etienne, b 1651, fils de Pierre et de Nicole Misignan, de Rouen, en Normandie; s...
Messier, Catherine,   [Michel I
Marie Anne, b 1679; m 4 fev. 1699, à Pierre Burel, à Varennes [1]. — *Marguerite,* b 9 fev 1682, à Boucherville [1], m [1] 25 mai 1700 à Pierre Fontaine — *Angelique,* b [2] 4 avril 1684; m [1] 15 mais 1704, à Jean Gautier

1689, (17 janvier) Québec.

I — JENVRIN DUFRESNE, Nicolas, marchand.
Berson, Madeleine,   [Antoine I.
s 18 fev. 1703 à Montreal. [8]
Louise-Madeleine, b [8] 19 juin 1692 · s [8] 22 août 1693. — *Jean-Baptiste,* (1) b [8] 2 août 1695.

JÉRÉMIE. — *Variations et surnoms :* De la Montagne — Douville — Dauville.

(1) Filleul de Madame de Lamothe-Cadillac.

1659, (29 janvier) Quebec. [8]

I —JÉRÉMIE DE LA MONTAGNE, NOEL, b 1629,
fils de Claude et d'Hélène Macarï, de Marcuil-
sur-Oge, en Champagne ; s...
PELTIER, Jeanne   [NICOLAS I.
  Ignace, b 11 mars 1660, à Sillery [9], s avant
1666 — *Catherine-Gertrude*, b [8] 22 sept. 1664, 1°
m 28 janv. 1681, à Jacques AUBUCHON, à Cham-
p'ain [7], 2° m 3 nov. 1688, a Michel LE PAILLEUR,
a Batiscan [6] — *Marie-Charlotte*, b [6] 26 avril 1667,
m [6] 25 nov. 1682, à Claude LE PELÉ ; s [6] 1er fev.
1712 — *Nicolas*, b [9] 16 fev. 1669, s [8] 19 oct. 1732.
— *François*, b 1671, m 16 août 1706, à Françoise-
Agnès GINGRAS, à Ste. Foye. — *Marie-Madeleine*,
b 1674 ; m à Denis MALLET. s [8] 18 sept. 1699 —
Louis, b 1676 — *Noel* b 1678. — *Pierre*, b [7] 6
janv. et s [7] 29 juillet 1681 — *Ignace*, b... s [6] 29
oct 1684. — *Joseph*, b [6] août 1687, m à Anne
ROUSSEAU.

1699, (20 avril) Quebec.

I. — JÉROME, (1) FRANÇOIS.
FONTAINE, Marie-Madeleine   [LOUIS I.

I. — JERNI, (2) JACQUES.
COMPAGNON, Antoinette.
  André, b 9 mars 1670, à Quebec

I. — JETS, Louis, (3) meunier, b 1663, de Courson,
pays d'Aunis, s 17 nov. 1687, à Lachine.

1659, (26 janvier) Montréal. [5]

I. — JETTÉ, URBAIN, b 1627, fils de Mathurin et
de Barbe Huhn, de St. Pierre de Verrin,
proche la Fleche. s [5] 13 mai 1684.
CHARLES, Catherine, b 1638, fille de Samuel et de
  Françoise Cochel, de Charenton, de St. Maurice.
  Catherine, b [5] 10 mars 1661, m [5] 12 nov. 1674,
à Guillaume GOURNAY. — *Marie-Barbe*, b [5] 10 mai
1662 m [5] 23 oct. 1679, à Nicolas DUMETS.—
Nicolas, b [5] 12 oct. 1663 ; m [5] 20 nov. 1690, à
Catherine GIARD. — *Jean*, b [5] 28 janv. 1665. —
Urbain, b [5] 11 avril 1666. m [5] 17 nov. 1692. à
Marie CHEVALIER. — *Elizabeth*, b [5] 20 sept. 1667
1° m [5] 23 nov. 1685, à Michel DEMERS, 2° m [5] 25
oct. 1688, à Jacques BARRÉ — *Pierre*, b [5] 14 janv.
1669. — *Nicolas*, b... ; tué par les Iroquois, s [5] 24
juillet 1692. — *Anne*, b [5] 25 fev. 1670, m [5] 2 sept
1686 à André DEMERS. — *Paul*, b [5] 10 juin 1672 ;
m [5] 16 sept 1697, à Martine DUMATS — *Madeleine*,
b [5] 10 dec. 1673, m [5] 26 avril 1694, à Robert DUMETS.
— *Louis-Charles*, b [5] 13 avril 1675, m [5] 10 fev.
1698, à Elizabeth HANDGRAVE. — *Pierre*, b [5] 25
sept. 1677. — *Françoise*, b [5] 28 mars 1680.

II. — JETTÉ, PIERRE-NICOLAS,   [URBAIN I.
b 1673, s 24 juillet 1692, à Montréal, tue par
les Iroquois.

(1) Voyez Rivière, Jérôme-François.
(2) Voy. Gem; page 265.
(3) Tué par les Iroquois, avec neuf autres français, et inhumé dans la baie d'Urfé, proche le lieu destiné pour bâtir
l'égise St. Louis du haut de l'île de Montréal — *Registre de
Lachine*, 1687. —Relevé en 1666, voir la note à la page 67.

1690, (20 novembre) Montréal. [1]

II —JETTE, NICOLAS,   [URBAIN I.
GIARD, Catherine,   [NICOLAS I.
  Etienne, b [1] 10 juillet 1692. — *Na e 4 ne*, b [1]
8 août 1694. — *Françoise* b [1] 1er sept. 1696 s [1]
15 mai 1699. — *Marie-Barbe*, b [1] 2 nov. 1698. —
Nicolas b [1] 9 août 1700. — *André*, b [1] 28 août
1702, s [1] 6 avril 1703. — *Anonyme*, b [1] et s [1] 24
janv. 1704.

1692, (17 novembre) Montreal. [2]

II —JETTÉ DIT DURIVAGE, URBAIN,   [URBAIN I.
CHEVALIER, Marie,   [JOSEPH I.
  Marie, b [2] 29 dec. 1693. — *Joseph*, b [2] 15 juin
1695. — *Elizabeth*, b [2] 23 oct. 1697. — *Urbain*, b [2]
24 oct. 1698, m 21 nov. 1729, à Marie-Therèse
RICHAUME — *Geneviève*, b [1] 6 mai 1700. — *Marguerite-Angelique* b [2] 20 nov. 1701. — *Pierre*, b [2]
6 juin 1703.

1697, (16 septembre) Montreal. [2]

II. — JETTÉ, PAUL,   [URBAIN I.
DUMETS, Martine,   [ANDRE I.
  Marie-Catherine, b [2] 2 juillet 1698. — *Paul*, b [2]
7 mai 1700 ; m à Marguerite ST. MARTIN — *Marie*,
b...; m 12 mai 1721, à Pierre MORISSEAU, à Repentigny. [3] — *Geneviève*, b [3] 17 fev. 1707. —
Pierre, b [3] 25 mai 1711. — *Joseph*, b [3] 21 mars
1713 ; s [3] 18 nov. 1717. — *Jean-Baptiste*, b [3] 28
mars 1715 — *Louis*, b [3] 18 janv. 1717 ; s [3] 19
mars 1719. — *Louis*, b [3] 10 avril 1719. — *Marie-
Marguerite*, b [3] 27 juin 1725. — *Marie-Madeleine*,
b [3] 29 janv. 1702 ; m [3] 17 janv. 1729, à Michel
PETIT.

1698, (10 fevrier) Montréal. [2]

II. — JETTÉ, Louis,   [URBAIN I.
HANDGRAVE, Elizabeth,   [PIERRE I.
  Marie-Louise, b [2] 11 et s 14 août 1699. — *Marie-
Madeline*, b 27 janv. et s 2 mars 1703, à Contre-
cœur [9] — *Marie-Louise*, b [9] 10 juillet 1704. —
Michel, b 19 août 1715, à Verchères.

I. — JEUDI, NICOLAS, b 1622 ; s 27 déc. 1682, à
Quebec. établi dans la Seigneurie de Maure,
près de Quebec.

JINCHEREAU, — *Variation* : GINCHEREAU.

1673, (7 janvier) Ste. Famille [5]

I — JINCHEREAU, Louis, fils de Pierre et de
Perrine Bonin, de St. Mathurin, evêché de
Luc m: s 14 dec 1708, à St. François, I. O. [2]
MAGNIE, Marie, veuve de Michel Chartier, s [2] 6
d c 1723.
  Pie re, b [5] 7 oct. 1675, m 5 août 1698, à Helène
PASQUET, à Quebec [1] — *Guillaume*, b [5] 21 oct.
1678. — *Jean*, b [1] 22 mai 1674, m [1] 10 nov. 1698,
à Marguerite BISSON ; m 1703, à Anne SIVADIER.
— *Marie*, b [2] 28 avril 1680, 1° m [1] 5 août 1678, à
Vital JOLY ; 2° m [2] 29 oct. 1715, à François BUTEAU.
— *Louis*, b [2] 24 sept. 1682 ; s [2] 10 juillet 1697, noyé.
— *François*, b [2] 10 mars 1684 ; s [2] 10 janv. 1703.
— *Isabelle*, b [5] 24 mars 1677 ; m [2] 19 nov. 1694, à
Jacques MARCEAU.

1698, (5 août) Québec. [5]

II.—JINCHEREAU. Pierre, [Louis I
Pasquet, H[...]e[...], (1) René II
Pierre, b [5] 22 août et s [5] 7 sept. 1699. — Pierre,
b 11 juin 1701, à St. François, I. O.

1698, (10 novembre) Québec.

II.—JINCHEREAU, Jean-Baptiste, [Louis I
1° Bisson, Marguerite, [Antoine II
s 16 déc. 1702, à St. François, I. O. [8]
Dorothée, b [8] 6 sept. 16[9]9, m [8] 27 juillet 1723
à Jean-Baptiste Gatien — Agathe, b [8] 5 juillet
1701, m [8] 26 janv. 1728, à Michel Émond
2° Sivadier, Ann[e], [Louis I
Marguerite, b 29 oct. et s 19 nov. 1704, à St
François, I. O.

1679, (14 novembre) Trois-Rivières

I. — JOACHIM dit Laveudure, Bernard, b 1619,
fils de Durand et de Jeanne Dupuis, de Milia,
evêché de Périgueux.
Pepin, Marguerite, [Guillaume I
Pierre, b 1676, s 29 avril 1703, à Montréal —
Bernard, b 14 nov. 1680, à Boucherville[?]; s [9] 5
août 1699. — Lucas, b [9] 31 oct. 1683, m 28 sept.
1705, à Marie-Anne Rougeau, à Varennes. —Jean,
b [9] 25 avril et s [9] 18 juillet 1685. — Pierre, b [9] 3
et s [9] 8 juillet 1686 —Jean-Baptiste, b [9] 31 août
1687; s [9] 20 janv 1638 —Marie-Madeleine, b [9]
31 août et s [9] 7 sept. 1687. — Marguerite, b [9] 1er
avril 1689. — Marie-Jeanne, b [9] 12 sept 1691. —
Geneviève, b [9] 14 mars 1694. — Marie-Joselte, b [9]
18 mars 1696 — Angélique, b [9] 30 mars 1698, s [9]
2 sept 1699. — François, b [9] 23 juillet 1700

JOANNE. — Variations: Jouan — Jouin.

I —JOANNE, (Jouin) Jean, b 1617; s 27 juillet
1684, (mort subite) à Charlesbourg.

1670, (17 septembre) Ste. Famille. [6]

I.—JOANNE, (Jouan) Jean, b 1647, fils de Jean
et de Jeanne LeCourtois, de St. Germain de
Criou, evêché de Bayeux.
Grimbaut, Anne, b 1645, fille de Martin et de
Jeanne Jardeau, de St. Paul de Paris
Jean, b [6] 6 juin 1673; s 20 sept. 1747, au Sault-
au-Recollet.—Martin, b [6] 16 oct. 1675.—Marc, b [6]
20 mars 1678; m 31 janv. 1699, à Therese Poisson,
à St. Jean, Ile d Orléans. — Charles, b 20 juillet
1680, à St. Laurent, Ile d Orleans.[7]—Pierre, b 16
et s [7] 20 mars 1084. — Marie-Anne, b [7] 6 janv. 1686.

I.—JOANNE, Louis, couvreur, b 1643, était à
Repentigny, en 1681; s 5 août 1704, à Montréal.

1665, (26 janvier) Québec. [1]

I.—JOANNE, Robert.
Savard, Françoise, [Simon I.
s [1] 29 oct. 1704.

André, b 31 mars 1671, à Ste. Famille. [6]
Martin, b [6] 7 juillet 1673. — Jean. b [6] 1er mars
1676. — Marie-Louise, b...; m 1707, à Antoine
Samson; s 22 avril 1775, à Ste. Foye. — Marie-
Geneviève-Charlotte, b 1680; 1° m à Etienne
Richon; 2° m à Jacques Morin; s 18 août 1744,
à Levis.

I —JOANNE, Charles.
Lacoste, Catherine.
Nicolas, b...; m 24 sept. 1708, à Marguerite
Codrare, à Contrecœur.

1699, (31 janvier) St. Jean, I. O. [4]

II.— JOUANNE, Marc, [Jean I.
Poisson, Therese, [Martin I.
Marc, b [4] 20 oct. 1700.

I.—JOANNES, (de) François-Augustin, (1) fils
de Balthazar, (lieutenant colonel du regiment
de la Ferté) et de Catherine Mortier, de St.
Roch de Paris.

1692, (26 octobre) Pte-aux-Trembles, M. [2]

I.—JOARY, (le) Jacques, soldat de M. Marin.
Goguet, Marie, [Pierre I.
veuve de Jean Grou.

JOBIN. — Variations: Joubin — Jolin.

1658.

I.—JOUBIN, Pierre, de St. Benoit, evêché de
Labor.
Renos, Jeanne.
Jean, b 1661; m 2 mai 1694, à Françoise Ar-
naul, aux Grondines.

1694, (2 mai) Grondines. [8]

II —JOUBIN dit Boisverd, Jean, [Pierre I.
Renaut, Françoise, [Pierre I.
Françoise, b [8] 7 juin 1694 —Jean-Baptiste, b [8]
20 janv. 1696 —François, b [8] 10 mars 1698. —
Charles, b 7 juin 1716, à St. Anne de la Perade.

I.—JOBIN, Jean, maitre-tailleur, b 1618, de St.
Germain d'Auxerre, Paris.
1° Girard, Marie, b 1619, fille de Michel et de
Françoise Auceaume, d'Evreux; s 24 mars
1675, à Québec.
Marguerite, b...; m à Pierre Pivain.
2° Simon, Angélique, (2) [Hubert I.
Jeanne-Angélique, b 6 août 1687, à Québec [9];
m [9] 19 avril 1706, à François Boivin; s [9] 23 janv.
1748.

I.—JOBIN, Charles, neveu du précédent, b 1620,
de St. Germain d'Auxerre, evêché de Paris;
s 26 nov. 1705, à Charlesbourg. [6]
1° Girard, Madeleine, b 1640; s 11 avril 1675,
à Québec. [9]

---

(1) Elle epouse, le 31 juillet 1703, Bernard Lestourneau, à
St. François, I. O.

(1) Chevalier, Baron de Joannes, lieutenant d'une compagnie, m 5 oct. 1713, à Françoise Fafart, aux Trois-Rivières.
(2) Elle épouse, le 13 janv. 1691, Jacques Laberge, à Québec.

Jean, b 1658; s ⁷ 26 sept. 1677. — *Charles*, b 1661. — *Marie Madeleine*, , b 1664, en France ; m 3 nov 1683, à Fran ois Lafard, à Champlain ⁸ — *Catherine*, b 1666 . m ⁸ 24 avril 1686, à Michel Levay — *Jacques* b ⁷ 8 dec. 1669 , m ⁶ 23 nov. 1694, à Adriane Bour eau — *Marie-Thérèse*, b ⁷ 7 m ii 1672 , m ⁸ 3 fev 1691, à Jean Roy-Audy — *Anne*, b 1676.

1677, (16 fevrier) Québec. ⁷

2° Rousseau, Marie, fille de François et de Catherine Ecollière, de N.-D. de Fontenay, évêche de La Rochelle

Toussaint-Charles, b ⁷ 17 dec. 1677, s ⁷ 15 mars 1678 — *Rene-Louis*, b ⁷ 11 janv 1679 . m 24 juillet 1702, à Jeanne Rose, à Charlesbourg. — *Anne*, b ⁷ 1er nov. et s ⁷ 15 dec 1680 — *Catherine*, b ⁷ 25 et s ⁷ 31 mars 1682 — *Françoise Madeleine*, b ⁷ 19 mars 1683, m ⁸ 29 oct 1703, à Pierre Sasseville — *Henry*, b ⁷ 2 juillet 1686, s ⁸ 18 nov. 1688. — *Marie-Madeeine*, b ⁸ 8 mars 1689. — *Marguerite* b ⁸ 13 et s 15 juillet 1691. — *Jean-Charles*, b ⁸ 1er et s ⁸ 7fev. 1694. — *Jean-Charles*, b ⁸ 18 juillet 1695 m ⁸ 10 janv. 1718, à Elizabeth Choret — *Adrienne*, b ⁸ 4 avril 1699, m ⁸ 1721, à Etienne Thibaut.

1660, (4 avril) St. François, I. O. ³

I. — JOBIN ou JOLIN, Jean, b 1645 ; s ³ 25 dec. 1724.

Boisleau, Marie, b 1615, veuve de Simon Chambrelan ; s ⁸ 24 juillet 1721.

Simon, b 1er mai 1691 — *Simon*, b... , m ³ 17 août 1711, à Elizabeth Dalère.

1694, (23 novembre) Charlesbourg. ⁸

II. — JOBIN, Jacques,   [Charles I.
Bourpeau, Adrienne,   [Simon I.
Marguerite, b ³ 30 mai 1698 ; m ³ 1725, a François Ragot. — *Marie-Josette*, b ³ 19 mars 1706, m ³ 1727, à Charles Boesmé. — *Jacques-Jean*, b..., m ³ 1728, à Madeleine Blondeau — *Jacques-Charles*, b ³ 11 dec. 1695 . m ³ 13 avril 1722, à Madeleine Lefrançois. — *Marie-Thérèse*, b ³ 30 sept. 1702, s ³ 19 janv. 1703. — *Marguerite* b 1700 ; s ³ 21 janv. 1703 — *Marie-Marguerite*, b ³ 25 mai 1704. — *Jean-Charles*, b ³ 10 sept. 1708. — *Thérèse*, b ³ 11 juin 1710 — *Pierre*, b ³ 18 fev. et s ³ 30 mars 1712. — *Pierre*, b ³ 30 août 1713 , s ³ 5 janv. 1715. — *Pierre*, b ³ 26 oct. 1715 — *Joseph*, b 13 janv. 1718.

JODOUIN. — *Variations :* Jaudouin — Jodoin — Geodoin.

1666, (22 mars) Montréal. ⁸

I — JODOUIN, Claude, charpentier, b 1636, fils de Barnabe et de Michelle Duplez, de Poitiers . s avant 1687.

Thomas, Anne, b 1646, fille de Jean et de Madeleine Platon, du Châte u de Vincennes.

Claude, b ³ 31 janv. 1667 ; 1° m 31 janv. 1695, à Marguerite Desry, à la Pointe-aux-Trembles de Quebec. 2° m a Marie Madeleine Vaucin ; 3° m 18 oct 1706, à Louise Locat, au Château-Richer. — *Jacques*, b 1669 ; s 5 janv. 1682. — *Marie-*

Rose, b 6 janv 1671, à Sorel ⁹ ; m 1er sept 1688, à Michel Jeanmoneau. à Boucherville ⁸. — *Thomas*, b ⁸ 24 mars 1673. — *Antoine*, b ⁹ 6 mai 167 ; s 29 mars 1681, à Contrecœur. — *Barbe*, b ⁸ 17 fev. 1677 — *Madelet e*, b ⁸ 24 sept. 1678 , s ⁸ 21 nov 1683 — *Jacques*, b ⁸ 8 mai 1682, m 4 nov. 1709, à Marie Reglindeau, à Varennes. — *André*, b ⁸ 17 juillet 1684, m 11 oct 1712, à Louise Sédilot, à Ste. Foye. — *Louise*, b ³ 4 juin 1687; m 30 juin 1705, à Gabriel Testaud, à St. François, Ile-Jesus.

1695, (31 janvier) Pte-aux-Trembles, Q.

II. — JODOIN, Claude,   [Claude I.
1° Desry, Marguerite,   [Jacques I.
Charles, b 23 mars 1696, aux Grondines.
2° Vauclin, Marie-Madeleine.

1706, (18 octobre) Château-Richer.

3° Locat, Louise,   [Pierre I.

JOFFRET. — *Variations :* Auffray — Jauffray.

1672, (20 juin) Québec.

I. — JOFFRET, Nicolas, fils de Gilles et de Marguerite Lecurades, de N.-D. de Guingan, évêche de Treguier, en Bretagne ; s...

D'Amours, Marguerite, veuve de Jean Tardé.

Nicolas, b 29 oct. 1673, à Batiscan. — *Jean*, b 25 mars 1675, à Sillery.

JOFFRIM. — Voy. Joffrion — Geoffrion.

I. — JOFFRION, Pierre, b 1644 ; s 18 oct. 1704, (mort subite) à Montréal ⁶

Briau, Marie, b 1649, s ⁶ 25 fev. 1699.

Andre, b 1670. — *Jean*, b 1671 ; 1° m 17 avril 1698, à Catherine Millault, à Varennes. ⁷; 2° m ⁷ 19 mars 1709, à Marie François. — *Marie*, b 27 avril 1672, à Boucherville ⁸; 1° m à Pierre Lavarraine; 2° m ⁶ 7 avril 1698, à Jacques Ériche. — *Toussaint*, b ⁸ 14 janv. 1676 — *Michel*, b ⁸ 26 oct. 1677. — *Françoise*, b 1678; m ⁶ 5 mars 1696, à Louis Rouleal. — *Anne*, b 9 mars 1681, à Contrecœur. ⁹ — *Pierre*, b ⁹ 20 avril 1683; s ⁹ 3 dec. 1686 — *Hélène*, b ⁹ 28 mars 1685.

1698, (17 avril) Varennes ⁴

II — JOFFRION, Jean,   [Pierre I.
b 1670.
1° Milot, Catherine,   [Jacques I.
veuve de Jacques Monjeau ; s ⁴ 10 oct. 1708.
Catherine, b ⁴ 16 nov. 1698. — *Marie-Marguerite*, b ⁴ 25 sept. 1701 ; m ⁴ 22 sept. 1721, à Pierre Masson. — *Jean-Baptiste*, b ⁴ 26 sept. 1703. — *Claude*, b ⁴ 13 sept. et s ⁴ 12 oct. 1706. — *Joseph*, b ⁴ 18 mars 1708.

1709, (19 mars) Varennes. ⁷

2° Le François, Marie,   [Pierre I.
Marie-Charlotte, b ⁷ 13 août 1709 ; s ⁷ 13 oct. 1712. — *Claude*, b 20 et s ⁷ 24 avril 1711. — *Anonyme*, b et s ⁷ 9 nov 1713.

JOHIEL, — Voy. Bergeron, Jacques.

JOINAULT, — Voy. Juneau — Jouineau.

JOING, — Voy. JUIN.

JOLICOEUR, — Voy. AMAND — BOYER — BRUNEAU — CŒUR — CONTREMINE — CORRÈGE — COURAGE — DUREAU — DUBOIS — DUPLIS — GRESLON — GUITAUT — HOG — HOSTEAU — JOLY — LEBLANC — LIMOGES — MARTIN — MORIAU.

1639, (9 octobre) Québec. 8

I. — JOLLIET, JEAN, b 1574, charron de la compagnie ; s 8 24 avril 1651.
D'ABANCOUR dite LA CAILLE, (1) Marie fille d'Adrien et de Simone d'Orgeville, de St. Vaux, evêche de Soissons.
Anonyme, b et s 8 4 juin 1644. — Louis, b 8 21 sept. 1645, m 8 7 oct. 1675, à Claire-Françoise BISSOT. — Marie, b 8 6 avril 1648 ; m 8 6 avril 1660, à François FORTIN. — Zacharie, b 8 23 dec 1650 ; m 8 24 nov. 1678, à Marie NIEL. — Adrien, b... ; m 22 janv. 1644, à Jeanne DODIER.

I. — JOLLIET, JEAN, b 1654 ; s 10 août 1676, à Montreal

1664, (22 janvier) Trois-Rivières.

II — JOLLIET, ADRIEN, [JEAN I.
DODIER, Jeanne, fille de Jean et de Françoise Lemaire, de Mesnier.
Jean-Baptiste, b 1667 ; s 12 nov. 1741, au Cap de la Madeleine.

1675, (7 octobre) Québec. 9

II. — JOLLIET, LOUIS, (2) [JEAN I.
s vers 1701
BISSOT, Claire Françoise, [FRANÇOIS I.
s 9 2 mars 1710, dans l'église.
Louis, b 9 13 août 1676 — Marie-Charlotte, b 9 12 juin 1678, m 1700, à Jeanne LEMELIN ; s 24 oct. 1746, à l'hôtel-dieu de Québec. — François, b 9 2 oct. 1679. — Anne, b 1682 — Jean-Baptiste, b 9 11 mai 1683 m 9 11 sept. 1708, à Marie MARS. — Marie-Geneviève, b 17 janv 1681, à Iiet; m 9 30 avril 1696, à Jean GRIGNON. — Claire, b 9 7 mars 1685, m 9 11 mai 1702, à Joseph FLEURY DE D'ESCHAMBAULT ; s 1706.

(1) Elle épouse, le 19 oct. 1651, Godfroy Guillot, à Québec.

(2) Hydrographe du Roy, chargé en 1672 par le Comte de Frontenac, d'aller à la découverte de la grande Rivière que l'on prétendait se décharger dans le golfe de la Californie. il s'y rendit avec le Père Marquette, son compagnon.
En récompense de cette découverte et des autres services qu'il rendit, il reçut la Seigneurie de l'Ile d'Anticosti, puis celle de Joliet. Le titre de concession porte ces termes:
" En considération de la découverte que le dit Sieur Joliet a faite du pays des Illinois dont il a envoyé la carte, depuis transmise à Mgr. Colbert ainsi que d'un voyage qu'il vient de faire à la baie d'Hudson dans l'intérêt et l'avantage de la ferme du Roy."
Il mourut en 1700, entre mai et octobre, probablement sur l'Ile d'Anticosti où il se rendait chaque année pour la traite des pelleteries.
Parmi ses descendants, à la cinquième génération, l'on trouve l'Honorab'e Barthélemy Joliet, fondateur de la ville de Joliette, où il est décédé en juin 1850.
Les familles Taché, Taschereau, D'Eschambault et Rigaud de Vaudreuil, le comptent pour un de leurs ancêtres.

1678, (24 novembre) Québec. 8

II. — JOLLIET, ZACHARIE, [JEAN I.
NIEL, Marie, (1) [PIERRE I.
Louis, b 3 22 juillet 1679. — Nicolas, b 3 4 mai 1682. — François, b 3 21 oct. 1690.

III. — JOLLIET, JEAN BAPTISTE, [ADRIEN II.
lieutenant de milice, s 12 nov. 1741, au Cap de la Madeleine.

I. — JOLLIET, JEAN-BAPTISTE, fils de la veuve Beausoleil, était au Cap de la Madeleine, en 1687.

I. — JOLLIET, JEAN, b 1678, des environs de Bordeaux, s 25 sept. 1706, à Champlain.

I. — JOLLIET. (le chevalier D'AU) PIERRE.
LEMIRE, Anne, veuve de Laurent Tessier
Marie-Madeleine, b 15 dec. 1690, à Montréal, s 28 janv. 1691, à la Pointe-aux-Trembles de Montreal

1708, (11 septembre) Québec. 6

III. — JOLLIET DE MINGAN, JEAN, [LOUIS II.
MARS, Marie, (2) [SIMON I.
Anne, b... ; m 8 27 août 1742, à Jean TACHE. — Claire, née le 13 nov. 1709, à Mingan, b 6 27 août 1710. m 6 10 juin 1749, à François VOLANT. — Jean-Joseph, b 6 22 dec. 1710 — Marie-Louise, b 6 21 mai 1712. — Marie-Claire, née en juin 1719, b 6 15 sept. 1720 ; s 6 20 janv. 1721. — Claire Michelle, b 6 17 fév. 1721 — Marie-Anne, b...; m 6 26 mai 1732, à Louis-Alexandre L'ARCHEVÊQUE.

JOLIVET. — Variations et surnoms : JOLIVE — JOLY — LESPINE — MITRON.

1693, (18 septembre) Mission de M 6

JOLIVET DIT LESPINE, NICOLAS, de St. Mogen, en Bretagne.
MORIN, Catherine, [JACQUES I.
veuve de Michel Foureau.
Louis, b 6 9 juin 1694, s 10 oct. 1695, à Montréal. 7 — Marie-Catherine, b 7 25 sept. 1697. — Jeanne, b 7 28 fév. 1699 — Marie-Joselle, b 21 et s 7 28 juillet 1703. — Marie-Madeleine, b 6 oct. 1701, à Lachine.

I. — JOLIVET DIT MITRON, AIMÉ.
FISET, Anne, [FRANÇOIS I.
s 7 mai 1711, à Lorette. 9
Marguerite, b 5 avril 1691, à Ste. Anne ; m 29 juil et 1715, à Nicolas VESINAT, à l'Ange-Gardien. 7 — Joachim, b 7 16 mars 1693 — Françoise, b 9 9 janv. 1695 — Marie-Joselle, b 9 11 fév. 1696 — Marie, b 7 et s 9 14 juin 1698. — Marie, b 9 4 oct. 1699 — Charles-François, b 9 2 oct. 1701. — Marie-Anne, b 9 1er juillet 1703 — Joseph, b 9 25 mai 1705, m 8 nov. 1728, à Marie-Charles GUENET, à St. Etienne de Beaumont. — Barbe, b 25 à

(1) Elle épouse, le 25 novembre 1692, Jacques Petit de Verneuil, à Québec.

(2) Elle épouse, le 18 avril 1735, Jean-Louis Volant d'Hautebourg.

St. Augustin et s [9] 28 fév 1707. — *Barbe*, b [9] 29 juin 1708 , 1° m [7] 25 fév. 1727, à Athanase LETAR-TRE, 2° m [7] 4 nov 1732, à Pierre DUBOS. — *Mathieu*, b [9] 11 janv. 1710.

I. — JOLLY, JEAN.
DUQUINE, Marguerite.
Nicolas, b 1652, m 9 dec 1681, à Françoise HU-NAULT, à Montréal.

JOLY. — *Variations :* GÉLY — JOLIVET — SANS-CHAGRIN — DELBEC — JOLICOEUR — CHARLEBOIS

I. — JOLY, CHARLOTTE, b 1646. fille de Pierre et de Marie Milleraye, de St. Solaine, de Blois; m 20 août 1669, à Antoine DRAPEAU, à Ste. Famille , s 2 déc. 1718, à Québec.

1670, (10 juin) Québec. [2]

I — JOLY, JEAN, boulanger, b 1643, fils de René et de Mathurine Dupas, de St. Denis, évêche de Nantes; s [2] 5 oct. 1691, à 45 ans.
AMIOT. Marguerite,   [MATHURIN II.
s [2] 26 fev. 1724.
Marie-Anne, b [2] 21 août 1671 ; m [2] 18 oct. 1688, à Jacques THIBIERGE — *Marie*, b [2] 31 janv. 1673 , 1° m [2] 14 mai 1691, à Philippe BASQUIN ; 2° m [2] 18 août 1710, à David PAUPERET. — *Charles*, b 18 et s [2] 21 nov. 1674. — *Jean-Baptiste*, b [2] 8 dec 1675; s [2] 5 juin 1698. — *Catherine*, b [2] 4 oct. 1677 ; m 24 janv. 1701, à Louis MARAY, à Montréal — *Geneviève*, b [2] 17 avril 1679. — *Marie-Madeleine*, b [2] 31 dec 1680 , m [2] 21 nov. 1698, à Prosper DE LA CHESNAYE , s [2] 9 mai 1699. — *Pierre*, b [2] 20 mai 1682; m 30 août 1710, à Marie-Anne LECOMPTE, à Levis. [1] — *Marguerite*, b [2] 17 mai 1684, m [2] 31 juillet 1713, à Jean DE RENOU; s [2] 28 dec. 1739. — *Jeanne-Elizabeth*, b [2] 8 janv. 1686 ; m [2] 23 nov. 1711, à Jean CHANDELIER. — *Jean*, b... ; m [1] 27 juin 1707.

1673, (4 juillet) Québec. [1]

I. — JOLY, PIERRE, (1) b 1651, fils d'Armand et de Jeanne Fezier, de Bruges, en Flandre, s 12 nov. 1721, à l'Ile Dupas. [6]
TESSIER, Geneviève, b 1653, fille de Nicolas et de Barbe Gauvie, de Troye, en Champagne
Antoine, b... ; m [6] 5 août 1721, à Marie-Anne BOISCHER — *Anonyme*, b [1] et s [1] 9 avril 1674. — *Marguerite*, b 30 déc. 1676, à Sorel. [2] — *Pierre*, b [2] 11 mars 1678 , m [6] 23 fev 1711, à Marie Mathurine AUBICHON, m [2] 1er juillet 1681 — *Jacques*, b [2] 7 sept. 1684. — *Marie*, b [2] 12 mars 1687. — *Geneviève*, b [2] 8 fev 1693.

1681, (9 decembre) Montréal.

II. — JOLLY, NICOLAS,   [JEAN I.
HUNAULT Françoise, (2)   [TOUSSAINT I.
Marie-Françoise. b 16 mars 1683 à la Pointe-aux-Trembles de Montréal [3], m [3] 13 janv. 1699, à Jacques VAUDRY. — *Jacques*, b [3] 5 oct. 1684. — *Nicolas*, b [3] 14 janv. 1686 — *Pierre*, b 7 oct. 1687, à la Rivière des Prairies.

(1) Voir Delbec, 173.
(2) Elle épouse, Jean Charpentier, en 1691.

1668, (5 août) Québec. [3]

I. — JOLY, VITAL, maitre-tailleur, fils de Pierre et de Marie Andrée, de St. Germain d'Auxerre; s [3] 23 déc 1711.
JINCHEREAU, Marie, (1)   [LOUIS I.
Charles-François, b [3] 8 mai et s [3] 4 juin 1701. — *Angelique*, b [3] 3 août 1702 . m 12 juillet 1723, (2) à Louis BLANCHET — *Joseph*, b 1700 ; s [3] 29 janv. 1703. — *Marie-Louise*, b [3] 6 nov. 1703 ; m [3] 4 nov. 1733, à François GODBOUT. — *Claire-Fran-çoise*, b [3] 16 mars 1705. — *Marie-Josithe*, b [3] 26 mai 1706 — *Jean-Dominique*, b [3] 16 déc. 1707 ; s [3] 9 fev. 1708 — *Etienne*, b [3] 30 sept. et s [3] 8 oct. 1708 — *Marie-Anne*, b [3] 13 oct. 1709 m [3] 11 avril 1717, à Augustin MERCIER. — *Marie-Jeanne*, b [3] 11 et s [3] 13 oct. 1711.

JOLY, JEAN, soldat, b 1673 ; s 8 oct. 1698, à Québec, (mort subite.)

I. — JOLY DIT JOLICOEUR JEAN, sergent, natif de Bury, évêché de Xaintes , s 21 mars 1707, au Detroit

JOLIN. — *Variations* . JOLLAIN — JOBIN.

I. — JOLLET, JEAN, etabli à l'Ile d'Orléans ; s avant 1699.
MARTIN, Marguerite, (3)   [JOACHIM I.
Françoise, b .. : m 1690, à François BAREAU. — *Louis*, b... ; m 8 nov. 1719, à Marie-Jeanne GELY. — *François*, b... , m 1715, à Ursule GELY.

I. — JONCAIRE, (DE) THOMAS, interprète du Roy.
LE GUAY, Madeleine,   [JEAN-JÉRÔME I.
Daniel-Marie, b 6 janv. 1714, à Repentigny.

1672, (8 juin) Ste. Famille.

I. — JONCAS, DIT LAPIERRE, PIERRE, b 1648, fils d'Antoine et d'Arnaud Galline, de Morin, evê-che de Lombès, en Gascogne
BOULÉ, Jacqueline,   [ROBERT I.
Pierre, b 14 oct. 1673, à Québec , m à Louise NOLIN s 22 août 1704, à St. Thomas (4) — *Jac-queline*, b 1677. — *Jean*, b 1679.

JONCEAU. — *Variations :* CHUGON — JUGON — LE GASCON.

1687, (29 octobre) Montréal.

I. — JONCEAU, JEAN, b 1659, fils de Claude et de Marie Bruceau, de St. Herard, evêche d'Agen.
FLEURY, Jeanne, (5)   [FRANÇOIS I.

I. — JONES. JEAN-BAPTISTE, Anglais, né en 1671, b 7 avril 1708, à Lévis

(1) L'ile épouse, le 29 oct. 1715, François Butant, à St. François, I O.
(2) Date du contrat de mariage.
(3) Elle épouse Henry Picoron.
(4) Pris dans une trappe à ours.
(5) Elle épouse, le 26 oct. 1705, François Des Colombiers, à Montréal.

1618.

I. — JONQUET, (1) JOSEPH-MARIE-ETIENNE, de Normandie.
HEBERT, Anne, (2)   [LOUIS I.

JOREL DE LA LOUISIÈRE, LOUIS, b 1698, s⁵ 24 fév. 1728, à Québec.

I. — JORIAN, ANDRÉ, tonnelier, b 1658, s 1er janv. 1718.
1° ALBERT, Barbe,   [GUILLAUME II.
s 12 dec 1708, à Québec. ⁵
Louise, b⁵ 29 sept. 1688; s⁵ 12 janv 1689. — Françoise-Barbe, b⁵ 18 dec. 1689, hospitaliere dite St. André. — André, b⁵ 19 mars 1691, ordoune⁵ 6 avril 1715, s⁵ 24 dec. 1748. — Marie-Catherine, b⁵ 9 déc. 1692; 1° m⁵ 19 sept. 1712, à Nicolas DE BLÉ. — Pierre, b⁵ 26 sept. 1694, s⁵ 8 janv 1703. — Marie-Geneviève, b⁵ 12 mars 1696. — Antoine, b⁵ 8 août 1697; s⁵ 23 janv. 1715. — Augustin, b⁵ 25 juillet 1700. — Marie, b⁵ 3 juin 1702, m⁵ 1er août 1725, à Charles LE NORMAND — Angélique, b⁵ 12 mai 1704, m⁵ 25 sept 1727, à François ROUSSELOT; s⁵ 6 juin 1752. — Catherine Françoise, b⁵ 24 sept. 1706.

1709, (1er octobre) Ste Foye. ⁹
2° HAMEL, Marguerite,   [CHARLES II.
Ignace-André, b⁵ 31 août 1710, s⁵ 22 mai 1711. — Pierre, b⁵ 8 nov. 1711. — Marguerite-Joseph b⁵ 22 avril 1713; — Pierre, b⁵ 27 juillet et s⁵ 7 août 1714 — Barbe-Catherine, b⁵ 3 oct. et s⁵ 21 nov. 1715. — André-François, b⁵ 30 oct. 1716. — André, b⁵ 31 mars 1718.

I. — JOSSELIN, NICOLAS, b 1635, de Solesmes. Compagnon d'armes de Dollard; massacre le 21 mai 1660, au Long-Sault.

I. — JOSSON, TIMOTHÉE, b 1633, s 6 mai 1699, à Batiscan.

JOUAN, LOUIS. — Voy JOANNE.

I. — JOUBERT DIT DESFONTAINES, JEAN, charpentier, b 1638; s 4 avril 1685, aux Trois-Rivières. (Son testament, 20 mars 1684. — Greffe d'Ameau.)

1669, (4 novembre) Québec. ³

I. — JOUBERT, JEAN, b 1641, fils de François et de Jeanne Maillet, de St. Aubin, évêché de Luçon, s...
1° TESTU, Madeleine, b 1641, fille d'Edme et d'Elizabeth De la Cour, de St. Sauveur, evéche de Rouen, s 27 mars 1703, à Beauport.
Pierre, b 8 oct. 1670, à Québec, 1° m 22 oct. 1696, à Madeleine BOESME, à Charlesbourg⁴, 2° m⁴ 16 juillet 1703, à Claudine CHRÉTIEN; 3° m⁴ 9 fev 1712, à Françoise LEBLANC — Marie, b 1696; s⁴ 4 fev. 1703.

---

(1) Premier mariage célébré en Canada, par le P. Jos. Le Carron. — Sagard, p 41.
(2) Morte en travail d'enfant, en 1619. Son mari mourut peu de temps après elle. — Champlain, Part. II, p. 3, Edition de 1632.

1703, (24 septembre) Charlesbourg.
2° PELLETIER, Marie,   [FRANÇOIS I.
veuve de Pierre Cannard.

I. — JOUBERT, JACQUES, b 1643.
DUVAL, Madeleine, b 1643.
Marie-Anne, b 1679; s 2 fev. 1681, à Repentigny.⁵ — Jean-Baptiste, b⁵ 26 mai 1681. — Adrien, b⁵ 13 mars 1683. — Pierre, b 12 mai 1686, à Lachine³, s⁴ 4 sept. 1687. — Madeleine, b 26 juillet 1673, à Sorel, 1° m³ 30 mai 1688, à Joseph JOURDAIN; 2° m 27 nov. 1698, à François COURAGE, à Montreal. ⁶ — Marie-Anne, b⁶ 31 mai 1690. — Charles, b⁶ 31 mai 1690; s⁶ 27 mai 1695. — Jean-Baptiste, b..., m 28 dec, 1709, à Marie PEPIN, aux Trois-Rivières. — Marie-Louise, b 22 mai et s⁶ 28 dec. 1696. — Adrien, b 1683; s⁶ 21 avril 1703.

1696, (22 octobre) Charlesbourg. ³

II — JOUBERT, PIERRE,   [JEAN I.
1° BOESMÉ, Madeleine,   [JEAN I.
Marguerite-Josette, b³ 21 juillet 1699; 1° m 27 oct. 1721, à François GILBERT, à Québec⁴; 2° m⁴ 7 fev. 1729, à Antoine VARAMBOUVILLE; s⁴ 19 oct. 1740. — Marie-Madelein, b³ 6 août 1697. — Pierre, b³ 15 juillet 1701.

1703, (16 juillet) Charlesbourg. ³
2° CHRÉTIEN, Claudine,   [MICHEL I.
veuve de Robert Segouin; s³ 11 avril 1711.
Michel, b³ 24 avril 1704. — Marie-Geneviève, b³ 28 fev. 1706 — Marie-Jeanne, b⁴ 31 mars 1708. — Jean-Baptiste, b³ 28 fev. et s³ 15 avril 1710. — Jean-Baptiste, b³ 13 fev. et s³ 2 avril 1711.

1712, (9 fevrier) Charlesbourg ³
3° LEBLANC, Françoise,   [JACQUES I.
veuve de Pierre Guilbaut.
Jean-Charles, b³ 28 juin 1713; s³ 12 oct. 1714. — Marie-Suzanne, b³ 2 et s³ 3 sept. 1714.

JOUBIN. — Voy. JOLIN.

1694, (22 novembre) Varennes. ³

I. — JOUET JOSEPH, b 1655, fils de Michel et de Louise Fouault, de N.-D de Coye, évêché de Luçon; s³ 7 juin 1713.
VOYNE, Marie,   [JACQUES.
Marie-Joselle, b³ 29 sept. 1695; m⁵ 28 nov. 1713, à Augustin GAUTIER — Marie-Anne, b³ 30 oct. 1697; m³ 28 nov. 1713, à Ignace BRODEUR.

JOURDAIN. — Variations et surnoms : LA FRISADE — LA BROSSE.

I. — JOURDAIN MARGUERITE, b 1651, fille de Claude et de Marguerite de la Haye, de Bois-Robert, en Normandie; 1° m 25 nov. 1667, à Bernard DELPÊCHE, à Montreal; 2° m 8 janv. 1689, à Louis MAILHOT, à Repentigny.

1678, (18 avril) Québec. ³

I. — JOURDAIN, GUILLAUME, maçon, b 1653, fils d'Henri et d'Anne Betrun, de Day, évêché de Xaintes; s 21 fev. 1724, dans l'église de Louis ³
CONSTANTIN, Jeanne,   [GUILLAUME I.

Marie-Anne, b ² 7 fev. 1679 ; m ² 30 avril 1697, à Joseph DELESTRE ; s ² 21 nov. 1740. — *Anne-Jeanne*, b ² 13 mai 1681 ; m ² 23 nov. 1699, à Pierre PERROT, s ² 25 dec. 1702. — *Marie-Angelique*, b ² 7 nov. 1682, m 1704, à Jean HUARD, s ³ 10 mars 1751 — *Jeanne*, b ² 31 mai 1684 ; m à Mathieu HUARD ; s ³ 14 août 1757 — *Guillaume-Alexandre*, b ² 25 juillet 1686. — *Hélène*, b ² 10 fev. 1689. — *Marguerite*, b ² 30 janv. 1691, m à François BOURASSA. — *Hilaire*, b ² 9 sept. 1693, s ² 21 nov. 1694. — *Michel*, b ² 26 mai 1695 ; 1º m à Claire DELISLE ; 2º m ² 14 sept. 1751, à Geneviève DUPUIS ; s 7 nov. 1752. — *Joseph*, b ² 23 avril 1697, 1º m 11 avril 1718, à Catherine DUQUET ; 2º m ² 14 mars 1739, à Marie-Therèse BOUCLER, s ³ 29 sept. 1756. — *Marie-Madeleine-Charlotte*, b ² 22 juillet 1698 ; m ² 20 oct. 1722, à Jean LEVASSEUR, s ² 2 janv. 1743.

I —JOURDAIN, FRANÇOIS.
HISOIR, Marguerite.
Rosalie, b... ; m 3 oct. 1718, à Joseph SAVARIAS, à Varennes.

1688, (30 mai) Lachine.
I —JOURDAIN DIT LAFRISADE, JOSEPH, soldat de M. Delorimier, fils de Claude et de Marie Duchesne, de St. Sauveur, evêché d'Annecy, en Savoie, s avant 1694.
JOUBERT, Madeleine, (1)   [JACQUES I.
Marguerite, b... : m à Louis MAILLOU.

1688, (30 juin) Champlain. ⁶
I.—JOURDAIN, ANTOINE, fils de Pierre et d'Antoinette Beaubois, de St. Sauveur, evêche d'Arles.
BILLY (DE) Marie-Anne,   [JEAN-FRANÇOIS I.
s ² 15 janv. 1691.
Joseph, b... ; s 29 août 1691, à Batiscan.

1696, (6 novembre) Montréal. ⁷
I.—JOURDAIN DIT LABROSSE, DENIS, soldat de M. d'Alogny De la Grois ; b 1671, fils de Paul et de Marie Leblanc, de St Nicolas, evêche de LaRochelle.
FAGOT, Marie Madeleine,   [GUILLAUME I.
Paul-Raymond, b ⁷ 20 sept. 1697 — *Jean*, b ⁷ 13 oct. 1699 — *Louis*, b ... — *Marie-Anne*, b... — *Marie-Madeleine*, b ⁷ 7 mars 1702.

I.—JOURDAIN, PIERRE, soldat de M. Dumesny, en 1701, à Montréal, b 1639.

1681, (9 septembre) Québec ⁸.
I.—JOURNET, JEAN, b 1646, fils de Jacques et d'Etiennette Norry, de St. Maclou, evêche d'Orleans ; s...
LAURENCI, Geneviève, b 1641, veuve d'Adrien Michelon ; s ⁸ 9 juin 1707.

I.—JOUSSELOT, PIERRE, de St. Pierre, evêché de La Rochelle.
DRAPEAU, Ozanne.

(1) Elle épouse, le 27 nov. 1698, François Courage, à Montréal.

Jeanne, b... ; 1º m 25 nov. 1670, à Jacques MASSON, à Quebec ⁵ ; 2º m ³ 9 fev. 1677, à Nicolas MENANTEAU. — *Marie*, b... ; m ³ 10 nov 1669, à Rene GERVAIS. — *Renee*, b..., m ³ 29 janv. 1674, à Jean SENELÉ — *Anne*, b... ; 1º m ³ 9 fev. 1677, à Joseph GALOIS ; 2º m ³ 23 mai 1678, à Toussaint DUDAU, 3º m 21 juillet 1698, à Andre DUVAL, à Charlesbourg ⁴, 1º m ⁴ 13 juin 1712, à Jean MARANDA

1661, (8 août) Montréal. ⁵
I.— JOUSSET DIT LA LOIRE, MATHURIN, b 1626, fils de Mathurin et d'Antoinette Payer, de St. Germain d'Arcey, en Anjou ; s ⁵ 30 juin 1705.
LOTHIER, Catherine, b 1641, veuve d'Adrien Legier ; s ⁵ 3 sept. 1705.
Louise, b ⁵ 17 août 1662 ; 1º m ⁵ 24 oct. 1679, à Claude MAUGLE, 2º m ⁵ 9 déc. 1698, à Jean DE LA SALLE. — *Catherine*, b ⁵ 5 juillet et s ⁵ 13 août 1664. — *Catherine*, b ⁵ 31 août 1665, sœur de la Congregation de N.-D. ; s 20 fev. 1690, à l'Hôtel-Dieu de Quebec — *André*, b ⁵ 10 sept. et s ⁵ 17 oct. 1667. — *Jean*, b ⁵ 13 nov. 1668 ; s ⁵ 24 janv. 1673. — *Julien*, b ⁷ 7 mars 1672 — *Jeanne*, b ⁵ 30 mars 1674 , m ⁵ 18 nov. 1697, à Jacques GOGUET. — *Jean-Baptiste*, b ⁵ 7 juin 1676. — *Charles*, b ⁵ 13 et s ⁵ 27 nov. 1678. — *Anne*, b ⁵ 6 avril 1680 ; s ⁵ 4 fev. 1691 — *Agathe*, b ⁵ 27 sept. 1682 ; sœur dite St. Gabriel, C. N.-D., s ⁵ 21 dec. 1702 —*Elizabeth*, b ⁵ 8 et s ⁵ 14 mai 1684.

1677, (22 novembre) P.-aux-Trembles. ⁸
I.— JOUSSET, PIERRE, b 1649, fils de Jean et de Marie Deniel, du bourg d'Alençon, evêché de La Rochelle.
GOGUET, Jeanne,   [PIERRE I.
veuve de Noel Sommereux
Charlotte, b 1678. — *Jean*, b 1679. — *Pierre*, b ³ 15 janv. 1680. — *Marie*, b ³ 31 janv. 1682, s ² oct. 1683, noye. — *Jean*, b ³ 28 mai 1683. — *Marie*, b ³ 9 dec. 1684 — *Jean*, b ³ 16 f v 1687, s ³ 3 janv. 1689 — *Françoise*, b 2 fev. 1695, à Montreal. ⁴ — *Catherine*, b ⁴ 23 juin 1696. — *Suzanne*, b... ; m 1713, à François JOBIN.

JOUVENT, — Voy. MONMAIGNIER (DE).

1696, (13 novembre) Sorel.
I.— JOVON, JEAN-BAPTISTE, sergent, de St. Sulpice, de Paris.
FEUILLETON, Françoise, bourg de Conty, evêché d'Amiens.

1687, (7 janvier) Québec.
I.— JOYAN DIT D OLONNE JULIEN, soldat, b 1661, fils de François et de Catherine Dumay, d'Olonne, evêche de Luçon, en Poitou ; s...
BOISSEL, Marie,   [JACQUES I.
veuve d'Etienne Bouchard.

I.— JOYELLE, (1) JACQUES, armurier, b 1642.
MORAL, Gertrude,   [QUENTIN I.
Joseph, b 10 janv. 1694, à Sorel. ⁸ — *Antoine*, b ³ 4 avril 1696.

(1) Voy. Bergeron dit Johiel, p. 42.

JUCHEREAU.—*Variations :* DE MORE —DE MAURE —DES CHASTELETS— DE LA FERTE— DE ST. DENIS — DU CHESNAY —DE BEAUMARCHAIS— DE FARGY.

I.—JUCHEREAU, NOEL, (1) SIEUR DES CHASTELETS.

I.—JUCHEREAU, JEAN, seigneur de Maure, fière du precedent, conseiller, b 1592, s 7 fev 1672.

LANGLOIS, Marie, s 15 janv 1661, à Québec. [9]
Jean, b 1623 : m [9] 21 nov 1645, à Marie-Françoise GIFFARD ; s [9] 16 nov 1685. — *Nicolas*, b... : m [9] 22 sept. 1649, à Marie-Thérèse GIFFARD , s [5] oct. 1692, à Beauport.— *Noel*, noye, en 1619, dans un voyage en France — *Geneviève* b 1633 , m [9] 1er oct. 1648, à Charles LE GARDEUR ; s 5 nov. 1687, à l'Hôtel-Dieu de Quebec.

1645, (21 novembre) Québec. [5]

II. — JUCHEREAU DE LA FERTÉ, JEAN, [JEAN I. s [5] 16 nov. 1685.
GIFFARD, Marie-Françoise, [ROBERT I. s [5] 11 août 1665.
Noel, b [5] 3 juillet 1647. — *Jeanne-Françoise*, b [5] 7 juillet 1650 ; hospitalière dite St Ignace ; s [5] 14 janv. 1723. — *Marie-Louise*, b [5] 9 sept. 1652 ; m [5] 10 janv. 1668, à Charles AUBERT. — *Charlotte*, b [5] 22 août 1655.— *Paul-Augustin*, b [5] 8 juillet 1658.— *Marie*, b [5] 27 avril 1660 , hospitalière dite Marie de Ste Therèse ; s [5] 25 mars 1697.—*Denis-Joseph*, b [5] 20 juin 1661 ; s [5] 9 août 1709.

1649, (22 septembre) Québec. [5]

II. —JUCHEREAU, NICOLAS, (2) [JEAN I. s [5] 5 oct 1692 (3)
GIFFARD, Marie-Therèse, [ROBERT I. s 23 juin 1714, à Beauport. [8]
Marie, b [5] 16 août 1653 ; 1o m [5] 29 nov 1669, à François POLLET , 2o m [5] 23 fev. 1683, à François d'AUTEUIL — *Charles*, b [5] 25 dec 1655: m 21 avril 1692, à Denise-Thérèse MIGEON, à Montréal. [2]— *Ignace*, b [5] 11 août 1658 , m [5] 24 fev. 1683, à Marie-Catherine PEUVRET ; s [8] 8 avril 1715 — *Charlotte-Françoise*, b [5] 4 f v. 1660; 1o m [5] 17 dec 1680, à François PACHOT ; 2o m [5] 11 nov. 1702 à François DE LA FOREST ; s [5] 30 déc. 1732 — *Madeline-Louise*, b [5] 12 juillet 1662 , m [5] 1er sept. 1694, à Joseph-Alexandre DE L'ESTRINGAN; s [5] 2 juin 1721.— *Thérèse*, b [5] 9 nov. 1664 ; m [8] 16 août 1684, à Pierre DE LA LANDE — *Nicolas*, b [5] 31 août 16 6 — *Catherine*, b [5] 21 oct. 1668 , m [5] 19 dec 1699 à Pierre AUBERT; s [5] 3 juin 1703 — *Franco s*, b [5] 21 sept 1670 — *Joseph*, b [5] 16 janv 1673, s [5] 11 nov. 1694. — *Louis*, b [5] 18 sept. 1676. — *Jacquelin-Catherine*, ursuline, dite des Seraphins, b [5] 7 sept. 1679 ; s [5] 21 avril 1722.

---

(1) Licencié en lois, Membre du Conseil et commis-général pour la compagnie, decédé dans un voyage en France, en 1649, sans laisser de postérité.

(2) Sieur de St. Denis, seigneur de Beauport.

(3) Inhumé dans l'église de Beauport. L'acte de sépulture se trouve aussi au registre de Québec.

1683, (24 fevrier) Beauport. [5]

III —JUCHEREAU, IGNACE, (1) NICOLAS II. s [5] 8 avril 1715.
PEUVRET, Marie-Catherine, [JEAN-BAPTISTE I. s [5] 17 mars 1739.
—*Geneviève*, b 30 nov. 1683, à Quebec. [3]—*Joseph*, b [5] 31 mars 1685; s [3] 1er avril 1720. — *Nicolas*, b 1er mai et s [5] 20 août 1687 — *Ignace-François*, b 3 sept et s [5] 3 nov 1688. — *Marie Louise*. b [5] 15 oct. 1689.— *Ignace-Augustin*, b [5] 7 fev. 1692. — *Ignace-Alexandre-Thérèse*, b [5] 7 juin 1694 — *Claude-Alexandre*, b [5] 21 août 1696 ; s [5] 25 août 1699. — *Marie Josette*, b [5] 22 fev. 1699. — *Jeanne-Catherine*, b [5] 15 avril 1702, s [5] 12 janv. 1709 — *Antoine*, b [5] 21 avril 1704, m [5] 13 mai 1737, à Marie-Françoise CHARTIER — *Louise-Françoise*, b 10 janv. et s [5] 30 mars 1705. — *Ursule-Louise*, b 3 avril et s [5] 23 mai 1706.—*Marie-Madeleine*, b [5] 12 avril 1707; m [5] 4 sept. 1729, à Jean CRISTOFLE. — *Marie-Thérèse*, b [5] 10 dec. 1708. — *Madeleine-Louise*, b [5] 29 mai 1711. — *Anne*, b [5] 26 dec. 1712.

1691, (5 août) (2)

I.—JUCHEREAU, ANTOINE, fils de Pierre et de Jeanne Jossait.
PETIT, Charlotte, veuve de Joachim Martin.

1692, (21 avril) Montreal. [9]

III.—JUCHEREAU, (3) CHARLES, [NICOLAS I.
MIGEON, Denise-Therese, [JEAN-BAPTISTE I.
Marie-Catherine, b [9] 23 sept 1693.—*Daniel*, b [9] 24 oct et s [9] 9 dec. 1694. — *Joseph-Charles*, b [9] 9 août 1696. — *Louise-Anne-Thérèse*, b [9] 21 oct 1699, religieuse ursuline, dite St. Antoine, s 7 oct. 1732, à Quebec — *Philippe*, b [9] 11 août 1702; s 19 mai 1703, à Varennes.

JUGNAC. — *Variations :* JUNIAC — GIGNAC.

I.—JUGNAC, FRANÇOIS. [FRANÇOIS I.
1o DUCLOS, Anne, s 31 janv. 1709, au Cap-Santé.
Jacques, b [8] mai 1689 , m [8] 7 nov. 1713, à Marie-Anne RICHARD. — *François*, b [8] 8 sept. 1690 — *Pierre*, b [8] 23 sept. 1693 ; m [8] 24 janv. 1718, à Brigitte PETIT — *Louis*, b [8] 27 mai 1695.— *Marie-Françoise*, b 6 janv. 1697, à Batiscan.— *Marguerite-Louise*, b [8] 29 mais 1700. — *François*, b [8] 29 mai 1703. — *Marie-Catherine*, b [8] 25 sept 1707.

1710, (30 juillet) Cap Santé. [8]

2o BRIERE, Anne, [JEAN I. veuve de Jean Chaillé.
Antoine b [8] 16 avril 1711. — *Isabelle*, b [8] 3 janv. 1713. s [8] 5 sept 1714. — *Marie-Josette*, b [8] 21 nov 1714. — *Guillaume*, b..., m à Elizabeth RICHARD.

I.—JUILIENEAU, PIERRE, matelot du navire *Le Succès*, b 1654, du bourg Pernie Pederiz, évêché de Nantes , s 24 août 1676, à Quebec, [4] noye.
DUCHESNIN, Marie-Anne, b 1646 ; s [4] 3 oct. 1679

---

(1) Du Chesnay, seigneur de Beauport.

(2) Date du contrat de mariage. — *Greffe de Rageot.*

(3) De Beaumarchais, "St. Denis", conseiller du Roy, lieutenant-général de l'Ile de Montreal.

1651, (10 février) (1)

I —JUILLET dit Avignon, Blaise, (2) fils de Jean
et de Gabrielle Barbarini, de St Agricole,
evêché d'Avignon ; s 19 avril 1660
Liercour, Marie-Antoinette, (3) b 1634, fille de
Philippe et de Jeanne Palin, de Ste. Marguerite de Beauvais.
Mathurine, b 31 dec. 1651, à Montréal⁴, m⁴ 20
oct. 1664, à Urbain Baudereau. — *Marie,* b⁴ 25
nov. 1653, m⁴ 23 juillet 1670, à Pierre L'Escuyer.
— *Charles,* b⁴ 18 mai 1656; m⁴ 4 dec 1679, à
Catherine Sainctar, s⁴ 5 juillet 1690. — *Louis,*
b⁴ 11 oct. 1658; m⁴ 25 janv. 1683, à Catherine
Celles-Duclos.

1679, (4 décembre) Montréal. 9

II.—JUILLET, Charles, [Blaise I.
s⁹ 5 juillet 1690.
Sainctar, Catherine, (4) b 1653, fille de Nicolas
et d'Anne Boucher, evêché de Vernon, en Normandie.
Blaise, b⁹ 20 nov. 1680; m⁹ 18 juillet 1701, à
Marie-Madeleine Fortier. — *Charles,* b⁹ 20 fev.
1682 — *Marie,* b⁹ 1ᵉʳ avril 1683 ; 1ᵒ m⁹ 15 août
1701, à Antoine Fortier ; 2ᵒ m⁹ 13 nov 1703, à
François Blau — *Julien,* b⁹ 31 mai 1684. s 15
juillet 1703, à Lachine. (5) — *Paul,* b⁹ 30 déc.
1685, s⁹ 7 janv. 1686. — *Marie,* b...; m à Pierre
Desnoyers. — *Marie-Isabelle,* b 2 fev. 1689, à la
Pointe-aux-Trembles de Montréal ; m⁹ 5 déc. 1694.

1683, (25 janvier) Montréal. 0

II.—JUILLET, Louis, [Blaise I.
Celles-Duclos, Catherine, [Gabriel I.
Catherine, b⁰ 30 juillet 1686 ; m⁰ 19 juin 1702,
à Jacques Hussey. — *Pierre,* b⁰ 8 août 1690. —
Louis, b 16 et⁰ 19 fev. 1694. — *Suzanne,* b⁰ 15
août 1696 ; s 1ᵉʳ sept. 1699. — *Marie-Louise,* b⁰ 3
avril 1699

JUIN. — *Variations :* Jouin — Joing — Chinque—
Shinck — Gingue.

I.—JUIN, Pierre, meunier, à Champlain, b 1634 ;
s 23 dec 1683, à St. Jean, Ile d'Orleans. 0
Beaujean, Marie-Jeanne, b 1642.
Jeanne, b 1655 : m 1673, à Romain Dumouchel.
— *Madeleine,* b 1670 ; m 4 fév. 1697, à Etienne
Larue, à Batiscan. — *Pierre,* b 1672 ; m 14 avril
1698, à Marguerite Lefebvre, à St. François, Ile
d'Orleans. ² — *Marie-Josette,* b 1676, m² 22 nov.
1702, à Jean Ouimet ; s 30 sept. 1704, à St. Michel.
— *Marie-Anne,* b 1679 ; m⁰ 8 nov. 1700, à Pierre
Rondeau.

1698, (14 avril) St. François, I. O.

II.— JUIN, Pierre, [Pierre I.
s 17 janvier 1746, à St. Michel. ⁴
Lefebvre, Marguerite, [Claude I.
s⁴ 4 janv. 1751.
Augustin, b 12 mai 1707, à Batiscan. — *Pierre,*
b 28 oct. 1704, à St. Etienne de Beaumont⁶; 1ᵒ
m'25 avril 1746, à Marie Molleur, à Lévis . 2ᵒ m
à Thérèse Gagnon. — *Joseph,* b⁶ 24 janv. 1706
— *Suzanne,* b 30 sept. 1710, à St Jean, I. O ⁷—
Elizabeth, b⁷ 28 fév. 1714; m⁴ 20 juin 1737, à
Jean-Baptiste Ledoux.

I. — JULIEN dit Vantabon, André, (1) b 1625 ;
s 10 avril 1654, à Quebec.

1665, (10 novembre) Québec.

I.—JULIEN, Jean, b 1639, fils de Michel et de
Perinne Contant, de Ste. Vierge de Poitiers.
Guérin, Madeleine, (2) fille de Simon et de Nicole Leduc, de Roussallion, en Picardie.
Marie-Madeleine, b..., m à Pierre Riopel.—
Anne, b 26 oct. 1672, à l'Ange-Gardien ¹; m¹ 20
juillet 1692, à Joseph Goulet. — *Marie,* b 1667 ;
m¹ 4 nov. 1687, à Pierre Riopel. — *Nicolas,* b 7
nov. 1669, au Château-Richer, m¹ 14 fev. 1695,
à Marie Brisson.

I. — JULIEN, Jacques, b 1644.
Labrecque, Anne, [Pierre I.
Françoise, b 12 juillet 1687, à Sorel.

1695, (14 février) L'Ange-Gardien. ²

II. — JULIEN, Nicolas, [Jean I.
Brisson, Marie, (3) [René I.
Jean, b² 14 sept. 1698 ; m² 8 fév. 1717, à Louise
Trudel. — *Marie-Madeleine,* b² 17 nov. 1707 ;
m 1724, à Simon Réaume, à Charlesbourg.—*Nico-
las,* b² 23 sept. 1713.

JUNEAU, — *Variation :* Jouineau, — *Surnom :*
Latulippe.

1654, (30 août) Québec. ³

I. — JOUINEAU, Pierre, fils de Jean et de Marie
Billard, de Coigne, s⁵ 30 mars 1655, tué par
les Iroquois.
Duval, Madeleine, (4) b 1636, fille de Pierre et
de Jeanne de la Barbe.
Jean-Pierre., b⁵ 21 sept 1655 ; m 6 fév. 1690,
à Geneviève Tinon, à la Pointe-aux-Trembles de
Quebec.

I.—JOUINEAU, Pierre,
Rousseau, Suzanne,
Augustin, b 1672 ; m 7 déc. 1698, à Elizabeth
Blancron, à Montréal. — *Marie-Anne,* b 1671 ; m
11 fév. 1686, à René Salé, aux Trois-Rivières.

---

(1) Date du contrat de Mariage. — *Greffe d'Ameau.*

(2) Compagnon de Dollard, noyé avec Mathurin Soulard, en
voulant se sauver des Iroquois, près de l'Ile St. Paul de Montréal. le 19 avril 1660.

(3) Elle épouse, le 30 janvier 1661, Hugues Picard, à Montréal.

(4) Elle épouse Claude Bailluf.

(5) Première sépulture dans la grande église de Lachine. —
Registre de Lachine, 1703.

(1) Engagé de Louis Gagner, il fut écrasé par la chûte
d'un arbre.

(2) Elle épouse, le 31 août 1673, Pierre Boivin, à L'Ange-
Gardien.

(3) Elle épouse, le 1er février 1719, Ange Provost, à l'Ange-
Gardien.

(4) Elle épouse, le 25 juin 1657, Pierre Chappan, à Québec.

22

1663, (26 février) Québec. [9]

I. — JOUINEAU, Jean, fils de Clément et de Catherine Vergneau, de Coigne-hors-les-murs de la Rochelle ; s [9] 24 juin 1672.
Vuideau, Anne, (1) b 1641, fille de Jacques et de Marie Chauvelette, de St. Corlin de Marenne, évêché de Xaintes.
Hélène, b [9] 25 déc. 1665 ; m [9] 30 janv. 1690, à Jean Monmelian , s [9] 5 avril 1723.— *Anne,* b [9] 13 janv. 1668.— *Marie-Suzanne,* b [9] 7 fév. 1671 m [9] 16 sept. 1711, à Toussaint Delay

1681, (17 février) Montréal

I — JUNEAU, Pierre, taillandier b 1651, fils de Claude et de Marie Moreau.
Duval, Louise, [Jean I
veuve de Paschal Lemaistre

1690, (6 février) Pte-aux-Trembles, (Q.) [1]

II. — JUNEAU, Jean, [Pierre I.
s 28 mars 1719, à St. Augustin. [2]
Tixon, Geneviève, [Émard I
s [2] 22 janv. 1715.
Geneviève, b [1] 13 juin 1691. — *Jean-Baptiste,* b 11 oct. et s [2] 2 nov. 1692. — *Jean-Baptiste,* b [1] 11 déc 1693, m [2] 17 nov. 1721, à Marie-Françoise Gingras.— *Marie-Madeleine,* b [1] 1er juin 1695.— *Pierre,* b [2] 18 nov. 1696. — *Barthélemi,* b [2] 25 juillet 1698 , m 19 oct. 1723, à Marie-Louise Gilbert, à Québec.— *Charles,* b [2] 9 juillet 1700. — *Marie-Françoise,* b 1702; m [2] 17 nov. 1721, à Michel Gingras.— *François,* b [2] 17 janv. 1704, m [1] 18 juillet 1729, à Marie-Josette Jahan.— *Madeleine,* b [1] 6 mars 1705, m [1] 25 sept. 1730, à Michel Coutancineau — *Marie-Louise,* b [2] 17 avril 1707; s [2] 23 mars 1708.— *Jean-Baptiste,* b [2] 21 déc. 1708.— *Joseph,* b 19 et s [2] 29 mars 1710.— *Joseph,* b 17 mars et s [1] 13 sept. 1711.— *Joseph,* b [1] 9 juin 1712.— *Augustin,* b 16 sept. et s [2] 21 nov. 1714.

1698, (7 décembre) Montréal.

II. — JOUINEAU dit Latulippe, [Pierre I.
Augustin, soldat de M. Demuy.
Blanchon, Elizabeth. [Etienne I.
Marie-Josette, b..., m 17 sept. 1725, à Paul Bertrand, à Batiscan [1]; s [1] 4 avril 1764.

JUNIAC — Voy. Jugnac.

1697, (21 janvier) Québec. [4]

I —JUNG, Jean, médecin, b 1670, fils de Guillaume et de Jeanne Dubocq, de l' évêché de Bordeaux.
Chasle, Marie, [Claude I.
Jean, b [4] 21 avril 1698; s [4] 26 déc 1702. — *Guillaume,* b [4] 28 fév. 1699.

JURÉ, Robert, (2) b 1636.

(1) Elle épouse, le 30 juin 1678, Etienne Blanchon, à Québec.
(2) Compagnon d'Armes de Dollard, et massacré par les Iroquois, avec tous ses compagnons au Long-Sault, le 21 mai 1660.—Voyez la note de la page 197.

I — JUST, Madeleine, fille d'Hubert et de Madeleine Daumont, Bourg Du Breves, en Bourgogne ; 1o m à Jérôme LeGuay ; 2o m 19 avril 1697, à Pierre You, à Montréal.

JUTRAS. — *Variations et surnoms :* Jouтras — La Valiée — Desrosiers — La Perroiière.

1657, (5 novembre) Trois-Rivières. [7]

I — JUTRAT dit Lavallée, Claude, b 1630, bourgeois, fils de Pierre et de Claude Boucher, de St. Séverin de Paris.
Radisson, Elizabeth, b 1638, fille de Pierre Esprit et de Madeleine Hainault, de St. Nicolas de Chardonay, de Paris.
Madeleine, b [7] 9 août 1658 ; m [7] 12 nov. 1675, à Amador Godfroy. — *Marie,* b [7] 8 déc. 1660 ; m [7] 2 juin 1683, à Michel Poulain ; s 17 janv. 1736, dans l'église des Trois-Rivières — *Claude,* b [7] 25 sept. 1664. — *Pierre,* b [7] 10 avril 1667. — *Elizabeth,* b [7] 28 août 1669, m [7] 18 avril 1694, à Pierre Molet, s [7] 11 mai 1705 — *Catherine,* b [7] 24 sept. 1671, m [7] 26 nov. 1711, à Claude Crevier. — *Marie-Josette,* b [7] 24 juillet 1673. — *Françoise,* b [7] 15 janv. 1677; m [7] 27 nov. 1699, à Claude Tourillon — *Jean-Baptiste,* b [7] 28 oct 1678, m [7] 24 nov. 1710, à Marie-Josette Godfroy.

1684, (9 janvier) Sorel.

I — JUTRAT dit Desrosiers, Dominique, b 1643, fils de Pierre et de Claude Boucher, de St. Séverin, évêché de Paris, s 26 mars 1699, aux Trois-Rivières. [1]
Niquet, Marie, (1) [Pierre I.
Marie, b [1] 17 fév. 1686 ; m à Antoine Pinard.— *Michel,* b [1] 11 juillet 1688 ; m [1] 14 juin 1714, à Ursule Pinard. — *Dominique,* b [1] 3 mars 1690.— *Catherine,* b [1] 10 fév. 1694; s [1] 27 sept. 1698. — *Madeleine,* b [1] 5 déc. 1695. — *Françoise,* b [1] 7 mars 1698.

II. — JUTRAS, (2) Pierre, [Claude I.

I. — JUTREAU, Louis, b 1633, établi à Champlain.
Villeray, Marie-Noëlle, b 1632.
Marie, b 1663. — *Claude,* b 1665. — *Louis,* b 1668. — *Jacques,* b 1670 ; m 3 oct. 1689, à Marie Bouvier, à Québec. — *Daniel,* b 1672. — *Marie,* b 1676. — *Joseph,* b 1678. — *Michel,* b 1681.

1689, (3 octobre) Québec.

II. — JUTREAU, Jacques, [Louis I.
Bouvier, Marie, [Pierre I.

K

1698, (20 novembre) Montréal.

I. — KADEVILLE, (De) Bernard, soldat de M. Delorimier, b 1676, fils de Jean et de Jeanne DuLuc, de Morlaune, évêché de Pau.
De Vanchy, Marie-Madeleine, [Pierre I.

(1) Elle épouse, le 20 juillet 1689, François Pelloquin, aux Trois-Rivières.
(2) Dit Laperottière, en 1697, aux Trois-Rivières.

1687, (29 octobre) Lachine.

I.— KARESQUIL, Bernard, (1)
 Quitel, Jeanne.   [Jean I.
 Jean, b 26 août 1688, à Montréal.

I — KERBODOT Du Plessis, Guillaume, gouverneur des Trois-Rivières, tué par les Iroquois, en octobre 1653. Voyez page 215.

KERÉ. (De) — Voy. De Guire dit Larose —
 Guiré.

KERRIGOU (De). — Voy. Fily de Kerrigou.

KEROACK (De). — Voy. Le Brice — Maurice.

KIRCAN, (2) — Voy. Guerganivet.

L

1671, (28 avril) L'Ange-Gardien. 6

I —LABADIE, François, b 1644, fils de François et de Marie Renoult, de St. Léger, évê-
 ché de Xaintes ; s 24 nov. 1720, à Québec. 9
 Hébert, Jeanne,   [François I.
 b 1653 , s 12 fév. 1727, à la Pointe-aux-
 Trembles de Quebec 5
 Jeanne, b 6 12 mars 1674 ; 1o m 23 nov. 1694, à
 Nicolas Sylvestre ; 2o m à Thomas Lemarié.—
 Elizabeth, b 9 17 déc. 1678 ; m 5 24 nov. 1698, à
 Louis Sylvestre. — *Françoise,* b 5 30 déc. 1680 ;
 s 12 janv. 1681. — *Anne,* b 5 25 janv. 1682 ; m 5 8
 nov. 1700, à Pierre Sylvestre. — *Marie-Gene-*
 viève, b 5 31 août 1684 ; s 5 28 juillet 1688.—
 Marie-Françoise, b 5 16 nov. 1687. — *Marie-Char-*
 lotte, b 5 13 déc. 1690 ; m 9 23 mai 1717, à Jean
 Bonneau ; s 9 25 juillet 1733. — *François,* b 5 6
 avril 1693 ; m 9 21 nov. 1723, à Marguerite Cotty.
 — *Scholastique,* b 5 8 juin 1695 ; s 5 7 fév. 1703.—
 Louis-Joseph, b 5 7 nov. 1697 ; 1o m 9 27 nov.
 1719, à Marie-Anne Martin ; 2o m 9 30 sept. 1763,
 à Marie-Gabrielle Laroche.—*Pierre,* b 5 25 fév.
 1701 , m 1725, à Louise Gervais, à Charlesbourg ;
 s 9 24 sept. 1753.

LABADY, Jacques, major, s 4 fév. 1707, aux
 Trois-Rivières.

LABARRE. — Voy. Janet — Alard.

I.— LABARRE, Marguerite, domestique de Jean
 Lorion, b 1679 ; s 24 juillet 1695, à la Pte-
 aux-Trembles de Montréal.

I.— LABARRE, Gabriel, b 1690 ; s 18 janvier
 1710, à Repentigny.

LABARRE, Julien, b... ; s 22 mars 1704, à l'Ile-
 Dupas.

(1) Voyez Carestille, espagnol, caporal de M. de Cruzel,
page 103.

(2) Premier nom enregistré à Lorette, en janvier 1678.

LABASSÉ, Jacques.
 Buteau, Marie.
 Marie-Geneviève, b 15 avril 1714, à Repentigny.

LA BASTILLE. — Voy. Bastille.

1653, (26 janvier) (1)

I.— LABAT, Mathieu, b 1604, fils de Jacques et
 de Marie Fortin, de St. Gilles, en Gascogne ;
 s 9 déc. 1654, aux Trois-Rivières, tué par les
 Iroquois.
 Denot, Marie, fille d'Elie et de Marguerite De
 Lafond, du bourg de Porcheresse, évêché
 d'Angoulême, veuve d'Etienne Vienne. (2)

LABATTERIE.— Voy. Paillart, en 1686.

I.—LABBATU, (3) Jean ; s 15 fév. 1712, au
 Détroit.

LABBÉ. — Voy Chevalier Pierre.

1672, (31 juillet) Ste. Famille. 1

I.— LABBÉ, Pierre, b 1645, fils de François et
 de Marie Forest, de N.-D. des Marets, ville de
 la Ferté-Bernard, évêché du Mans ; s 4 janv.
 1709, à St. François, I. O. 9
 1o Besnard, Catherine, veuve de Jacques Delaunay ; s 1 24 oct. 1672.
 Pierre, b 1673 ; m 2 16 juin 1715, à Reine Guerinet. — *Marguerite,* b 1 4 avril 1675 ; s 2 30 mai
 1691. — *Jacques,* b 1 9 oct. et s 1 8 nov. 1676. —
 Marie, b 1 15 et s 1 20 déc. 1677.

 1674, (10 avril) Ste. Anne.
 2o Meusnier, Marguerite, (4) [Mathurin I.
 Marguerite, b 1675. — *Anne,* b 17 juillet 1679,
 à St. François, I. O. 2 ; m 2 3 nov. 1694, à François Dalère ; s 20 août 1758, à Québec. — *Fran-*
 çois, b 10 sept. 1681 ; s 1 14 août 1688.—*Anonyme,*
 b et s 2 22 oct. 1683. — *Marie,* b 2 17 mars 1685 ;
 m 2 23 fév. 1699, à Pierre Ducuaront ; s 31 mars
 1758, à Lévis. — *Jacques,* b 2 12 mai 1687 ; m à
 Françoise De Blois. — *Pierre,* b 2 28 mars et s 2
 7 avril 1689. — *Madeleine,* b 2 28 déc. 1690 ; m 2
 28 avril 1710, à Jean-Baptiste De Blois ; s 2 23
 fév. 1728. — *Jean,* b 2 20 avril 1699 ; m 2 10 janv.
 1724, à Marie Lepage.— *Geneviève,* b 2 18 fév.
 1701 ; m 2 26 avril 1718, à Pierre Martineau.

I.— LABBÉ, Jean.
 Failly, Marie-Anne.
 Marie-Jeanne, b 14 juillet 1694, à Charlesbourg ,
 m 6 mai 1715, à Jacques Racicot.

LABEAUME. — Voy. Tailhandier.

1671, (23 novembre) Montréal. 2

I.—LABELLE, Guillaume, fermier de l'Ile-Jésus,
 fils de Jean et de Marie Loue, de St. Eloi,
 évêché de Lisieux.

(1) Contrat de mariage.—*Greffe d'Ameau.*

(2) Elle épouse, le 26 janvier 1655, Louis Ozanne, aux
Trois-Rivières.

(3) Cochant dit Champagne, soldat de Dumesny.

(4) Elle épouse, le 12 juin 1710, Jean Deblois, à St. François,
Ile d'Orléans.

CHARBONNEAU, Anne,   [OLIVIER I.
b 1654 ; s 12 avril 1729, à St. François, l. J.[1]
Antoine, b [2] 20 nov. 1674. — *Françoise*, b 19
avril 1676. à la Pointe-aux-Trembles de Montréal[3] ;
s [2] 20 juillet 1678. — *Marie*, b [3] 2 fév. 1678 ; m
1699, à Louis FILASTREAU. — *Charles*, b 24 dec.
1679, à Repentigny[4], m [1] 23 fév. 1705, à Marguerite ETHIER. — *Marie*, b [4] 15 déc. 1681 ; s [1] 19
juin 1702. — *Pierre*, b... ; m à Jeanne BOULLARD.
— *Catherine*, b... ; m [1] 1er déc. 1708, à Jean
SIMON. — *Joseph*, b... ; m [1] 25 nov. 1709, à Marguerite LAMOUREUX. — *Jacques*, b... ; 1o m [1] 21
nov. 1712, à Marie-Anne LECLERC ; 2o m [1] 19 juin
1730, à Suzanne DARÉ. — *Angélique*, b... ; m [1] 28
nov. 1713, à Joseph ETHIER. — *Joachim*, b... ; m [1]
20 janv. 1716, à Madeleine BRUNET.

1663, (28 mai) Château-Richer. [1]

I. — LABERGE, ROBERT, b 1638, de Coulombière,
évêché de Bayonne, en Normandie ; s [1] 2
avril 1712.
> GAUSSE dite LE BORGNE, Françoise, b 1634,
> veuve de Nicolas DURAND ; s 9 mars 1714, à
> Beauport.

Geneviève, b [1] 23 avril 1664 ; m 10 janv. 1679,
à Pierre GROLLEAU, à l'Ange-Gardien.[2] — *Françoise*, b [1] 28 janv. et s [1] 6 fév. 1666. — *Catherine*,
b [1] 15 sept. 1667 ; 1o m [2] 14 avril 1687, à Guillaume MAROIST ; 2o m [2] 24 oct. 1712, à René Pou-
PART. — *François*, b [1] 12 juin 1669 ; 1o m [1] 14 avril
1692, à Marguerite BOUCHER ; 2o m [1] 13 avril 1711,
à Marguerite GRAVELLE. — *Nicolas*, b [2] 29 fév.
1672 ; m [2] 29 janv. 1692. à Madeleine QUENTIN
— *Guillaume*, b [2] 3 mai 1674 ; m [2] 14 fév. 1695, à
Marie QUENTIN.

1692, (29 janvier) L'Ange-Gardien. [7]

II. — LABERGE, NICOLAS,   [ROBERT I.
QUENTIN, Madeleine.   [NICOLAS I.
Nicolas, b 5 déc 1692, au Château-Richer[3] ; m [7]
22 nov. 1717, à Angélique TRUDEL. — *Marie-Madeleine*, b [8] 21 mars 1695 ; m [7] 30 sept. 1715, à
Guillaume HÉBERT. — *Pierre*, b [7] 19 sept. 1698 ;
m [7] 24 nov. 1721, à Marguerite PARÉ.

1692, (14 avril) Château-Richer. [2]

II — LABERGE, FRANÇOIS,   [ROBERT I.
1o BOUCHER, Marguerite,   [GUILLAUME II.
s [2] 26 fev. 1705.
Marie-Madeleine, b 1er fév. et s [2] 15 mars 1693.
— *Guillaume* b [2] 19 fev. 1694. — *Marie-Françoise*,
b [2] 3 fev. 1696. — *François*, b [2] 27 oct. 1697. —
Joseph, b [2] 30 août 1699, s [2] 19 janv. 1700. —
Marguerite, b [2] 26 oct. 1701. — *Anonyme*, b et s [2]
22 fév. 1705.

     1711, (13 avril) Château-Richer. [3]

2o GRAVELLE, Marguerite,   [JEAN II.
Marie-Angélique, b [3] 10 nov. 1712. — *Marie-
Louise*, b 25 juin et s [3] 4 oct 1714. — *Joseph*, b
15 et s [3] 17 mars 1716. — *Pierre*, b 15 et s [3] 17
mars 1716 — *Jean*, b [3] 16 juillet 1717.

1695, (14 fevrier) L'Ange-Gardien. [4]

II — LABERGE, GUILLAUME,   [ROBERT I.
QUENTIN, Marie,   [NICOLAS I.
Guillaume, b... ; m 10 juillet 1720, à Françoise

LARUE, à Contrecœur.—*Jacques*, b [4] 31 août 1697,
m [4] 25 juin 1720, à Marguerite GAGNON ; s [4] 20 déc.
1759.—*Charles*, b [4] 12 août 1699 ; m [4] 3 fév. 1728, à
Madeleine AMELOT. — *Claude*, b [4] 4 juin 1701. —
Marie, b [4] 2 mars 1703. — *Timothé*, b [4] 24 juillet
1704 ; m [4] 4 nov. 1722, à Marie-Anne AMELOT. —
Louis, b 18 sept. 1706, au Château-Richer[3] ; 1o m [4]
11 avril 1731, à Véronique TARDIF ; 2o m [4] 18 nov.
1737, à Marie-Françoise GARIÉPY, à St. François,
Ile-Jésus. — *Jean*, b [4] 2 juillet 1708. — *François*,
b [4] 12 nov. 1710, 1o m à Marguerite GRAVELLE ;
2o m à Marie-Anne CHARLES. — *Nicolas*, b [4] 12
mars 1713. — *Gabriel*, b [4] 1er juillet 1715. —
Pierre, b [4] 16 mai 1717.—*Jean-Baptiste*, b [4] 25
mars 1720.

L'ABERGEMONT, (DE)—Voy. SIMONET, seigneur
DE L'ABERGEMONT.

LABERNADE, FRANÇOIS.

LABIÈRE, — Voy. GLORY — LABRIÈRE.

LA BISSONNIÈRE, — Voy. TROTIER.

LABOESSIÈRE, GEOFFROY, — Voy. VINCELET DE
LA BOESSIÈRE.

LABOISE, — Voy. POUPART.

LABONTÉ, — Voy. NOEL — CLÉMENT.

LABONTÉ, JEAN-BAPTISTE, b 1663 ; s 23 déc.
1723, à la Pointe-aux-Trembles de Québec.

LABONTÉ,
SACBOULE, Marie-Anne, b 1675 ; s 17 janv. 1736,
à Québec.

LABONTÉ, tailleur.
PINGUET, Marie.
Marie-Angélique, b 28 nov. 1702, à Québec.

1699, (27 juillet) Ste. Famille.

I. — LABONTÉ, (CLÉMENT) LÉONARD.
MORISSET, Jeanne,   [JEAN I.
Louis, b 31 juillet 1707, à Beaumont.[1] — *Jeanne*,
b [1] 20 mars 1709 ; m 26 août 1732, à Joseph
PLANTE, à St. Michel. [2] — *André*, b [1] 14 fév. 1713 ;
m à Françoise DUBAULT. — *Anonyme*, b et s [1] 18
nov. 1714.—*Ignace*, b [1] 29 janv. 1719.—*Joseph*, b [1]
19 mai 1721, s [1] 3 mars 1726. — *Marie*, b [1] 31
janv. 1704, m [1] 9 nov. 1722, à Joseph DENIS —
Jean-Baptiste, b [1] 13 juin 1723.—*Anne*, b [1] 14
avril 1726.

LA BORBONIÈRE. — Voy GODRIC — GAUDRY.

LABORDE, DENIS. — Voy. BRIÈRE.

I. — LABORDE, (DE) JEAN, sergent de M. de la
Grois ; s 26 mars 1692, aux Trois-Rivières.

1696, (12 novembre) Quebec. [1]

I. — LABORDE DIT BIERNAIS, JACQUES, fils de
Bertrand et de Jeanne Villeneuve, de Naim,
évêché de Lesca ; s...

LEMOINE, Marie, [PIERRE II.
veuve de Sebastien Marignier (1)
Marie-Louise. b ¹ 8 sept. 1697, m ¹ 11 nov.
1721, à Pierre LEVITRE. — *Pierre-Marie,* b ¹ 17
nov. 1699 ; m ¹ 4 janv. 1727, à Marie-Madeleine
LEVITRE. — *Marie-Renée,* b ¹ 23 juin 1702 ; 1° m à
Hypolite TIVIERGE ; 2° m ¹ 21 mai 1742, à Jean
HÉBERT.

LABORDE, (2) JULIEN HAYMARD, marchand
LAMBERT, Geneviève.
Julien, b... ; s 10 oct. 1721, à Lévis.

LABORDELIÈRE. — Voy. DE LA BOURLIÈRE,
JEAN-BAPTISTE.

I. — LABOURSE ou LABORTE, JEAN.
BRISSON, Marie.
Jean, b 12 nov. 1686, à Québec.

LABOUTEILLE, — Voy. MIREAU.

LABRANCHE. — Voy. LAFOREST — PAMPALON

LA BRANCHE, FRANÇOIS.
GODIN, Anne.
François, b 1682 ; s 29 sept. 1704, à St. Thomas,
noyé, dans la rivière du Sud.

LABRÈCHE. — Voy. DELGUEL — DEZIEL.

I. — LABRECQUE, PIERRE, b 1626, fils de Jacques
et de Jeanne Baron, de Dieppe.
1° BARÉ, Gabrielle, fille de Jacques et de Marie
DUSAUT, de LaRochelle.

  1663, (2 janvier) Château-Richer. ⁹

2° TOTAR, Jeanne, b 1636, de St. Pierre, évêché
de LaRochelle.
Anne, b 1665. — *Mathurin,* b ⁹ 7 fév. 1664 ; m 5
nov. 1693, à Marthe LEMIEUX, à Lévis. — *Anne,* b ⁹
9 janv. 1665 ; m 1686, à Jacques JULIEN.—*Pierre,*
b 15 août 1668, à Ste. Famille. — *Catherine,* b
1669 ; m 21 nov. 1684, à Pierre GARAND, à St.
Laurent, Ile d'Orléans.

  1664, (28 novembre) Château-Richer.

I, — LABRECQUE, JEAN, b 1638, frère du précédent, de Dieppe.
BAILLARGEON, Jeanne, (3) [JEAN I.
b 1651.
Jean, b 21 août 1667, à Québec. ⁵ — *Jacques,* b... ;
m ⁵ 15 nov. 1693, à Marguerite PASQUET. — *François,* b 14 juin 1673.

  1693, (5 novembre) Lévis. ⁵

II. — LABRECQUE, MATHURIN, [PIERRE I.
s 10 fev. 1736, à St. Etienne de Beaumont. ⁹
LEMIEUX, Marthe.
Ignace, b ⁵ 26 sept. 1696. — *Suzanne,* b ⁹ 15 sept.
1694 ; 1° m ⁹ 14 janv. 1714, à Louis LACROIX ; 2°

m à Noël GROMELIN. — *Jean-Baptiste,* b ⁹ 14 sept.
1698 ; m ⁹ 5 août 1727, à L uise BOISSEL. — *Joseph,* b ⁹ 9 déc. 1700 , m ⁹ 17 juin 1734, à M rie
LEROY. — *Marie,* b ⁹ 7 mars et s ⁹ 13 août 1703 —
Charles, b ⁹ 3 juillet 1704 ; s ⁹ 30 avril 1709. —
Pierre, b ⁹ 8 sept. 1706, m ⁹ 21 juin 1734, à Marie
PAQUET — *Louis,* b ⁹ 10 janv. 1709 — *Marie-Madeleine,* b ⁹ 16 fév. 1711 ; m ⁹ 16 nov. 1732, à
Charles GUAY : s ⁵ 29 oct. 1759. — *Louise,* b ⁹ 8
août 1713.— *Charles,* b ⁹ 14 sept. 1716 — *François,*
b ⁹ 18 déc 1718. — *Etienne,* b ⁹ 31 août et s 13
sept. 1722. — *Ignace,* b... , m ⁹ 13 nov. 1724, à
Marie-Louise COUTURE

  1693, (15 novembre).

II — LABRECQUE, JACQUES, [JEAN I.
PASQUET Marguerite, [ISAAC I.
Marguerite, b 1701 , m 1ᵉʳ août 1726, à Joseph
CHALIFOUR, à Québec ⁴ ; s ⁴ 25 avril 1756. —
Joseph, b...; m ⁴ 14 oct. 1743, à Marguerite
DUMAS.

LABRIE. — *Variations et Surnoms :* LAGRILLADE
— MATOUR — MANTOU— MATOU—NAU-LABRY.

I. — LABRIE, JACQUES, b 1628, s 21 janv. 1688,
à Montréal.

I. — LABRIE DIT LA GRILLADE, GABRIEL, b 1635 ;
s 20 sept. 1707, à Lévis.

LABRIL, NICOLAS, b 1696 ; s 18 janv. 1756, au
Cap de la Madeleine.

LABRIÈRE. — Voy. GLORY — NORMAND.

LABROSSE. — *Surnoms :* JOURDAIN—LATULIPPE.

I. — LABROSSE DIT LATULIPPE, JEAN, soldat de
Dumesny, en 1698, à Montréal, b 1659, de
Montron, évêché de Limoges ; s 27 mai 1699,
à Montreal.

I. — LAC, tué le 6 juin 1693, à Onontagué, par les
Iroquois, avec M Margane de la Valtrie.

LAC. — Voy. LELAT.

LACAILLE. — Voy. D'ABANCOUR, ADRIEN. (1)

I. — LACAILLE, soldat de Cabanac, b 1633 ; s
21 déc. 1708, à Champlain.

LACASSE. — Voy. CASSE — DU TERTRE.

I. — LACAUDE, PIERRE, b 1637, était à Charlesbourg, en 1681.

  1698, (8 août) Montréal. ⁸

I. — LACELLE, (DE) JACQUES, b 1670, fils de
Gilles (marchand) et d'Anne Beauregard, de
Savigny-sur-Orge, évêché de Paris,
GIBAULT, Angélique, [GABRIEL I.

---

(1) Elle épouse, le 20 novembre 1712, Pierre Bourgoum, à
Québec.

(2) Hamard de la Borde, procureur du Roy, à Québec.

(3) Elle épouse, le 1er nov. 1674, Pierre Burlon, à Ste.
Famille.

(1) Le nom de la Pointe à la Caille, à St. Thomas, tire son
origine de ce Colon, qui se noya dans les îles, vis-à-vis St.
Thomas, avec Etienne Sevestre, en 1640.

Anne-Louise, b ³ 25 juin 1699. — *Jacques*, b 5 juin 1701, à Boucherville. — *Marie-Madeleine*, b 4 mai 1704, à l'Ile Dupas. — *Agathe*, b... ; m à Hyacinthe RÉAUME. — *René*, b... ; m 25 janv. 1740, à Louise-Jeanne LANGLOIS, au Sault-au-Récollet.

———

LACERTE, MARGUERITE, b 1665 ; s 11 sept. 1728, aux Trois-Rivières.

———

I. — LACHAINE, PIERRE
  AIAIN, Marie-Anne, (1)   [CHARLES I.
Marie-Anne, b... ; m 1712, à Jean BUREAU.

1667, (30 octobre).

LACHAISE, LOUIS, fils de Louis et de Marie Georget, de l'evêché d'Amboise.
  DUBOISANDRÉ, Jeanne-Claude, veuve de Pierre Rencourt.

———

LACHAISE DIT LAVIGNE, JEAN-BAPTISTE, s avant 1738.
  MENARD, Jeanne.
  Angélique, b... ; 1° m à Jean LAMOUREUX ; 2° m 3 fev. 1738, à Jean-Baptiste BLEAU.

———

LACHANCE. — *Surnom :* PEPIN.

———

II. — LACHANCE, ANTOINE,   [ANTOINE I.
  NESLE, Marie
  Joseph, b 8 août 1679, à l'Ilet. ³ — *Paul*, b ³ 8 août 1679.

1687, (27 janvier) Ste. Famille.

II. — LACHANCE, IGNACE, (2)   [ANTOINE I.
  GAULIN, Madeleine,   [FRANÇOIS I.
  Ignace, b 1689, s 13 mars 1703, au Château-Richer.

———

LACHAPELLE. — Voy. LAURENT — FERRÉ — L'ESGUILLON — GRENAT — RENOU — BOUR — JANOT — LANGLOIS — BARTHÉLEMY — LORIN — PARSEILLÉ.

———

LA CHARITÉ — Voy. LASPRON — LAPRON — LAMPRON DIT DESFOSSÉS.

———

LA CHARITÉ, s 14 mars 1739, aux Trois-Rivières, écrasé sous une voûte de mines, aux forges St. Maurice.

———

LACHASSAIGNE. — Voy. BOUILLET (DE)

———

LACHASSE. — Voy. JOURDON — GILBERT.

———

LA CHATEIGNERAIE. — Voy. GAZON.

———

LACHAUME. — Voy. BOINNEAU — GUILLOT — GUILLAUD.

———

LACHAUSSÉE. — Voy. BELLET — LE ROUX DIT LACHAUSSÉE.

———

LACHENAYE. — Voy. GAUTIER.

———

I. — LACHESNE, DIT JOLICŒUR, PIERRE.
  HULIN, Marie-Anne, (1)
  Anonyme, b 1er déc. 1691, à Lorette. ⁴ — *Marie-Anne*, b... ; m⁴ 9 mai 1712, à Jean BUREAU. — *Marie Etiennette*, b⁴ 21 août 1694. — *Jean-Baptiste*, b⁴ 14 nov. 1695. — *Marie-Renée*, b⁴ 18 juillet 1697.

———

LACISERÉE, — Voy. LEFEBVRE — LASSISSEBAYE

———

LACOMBE, — *Variations :* BALAN — BON — TRULLIER.

1678, (20 juin) Montréal.

I — LACOMBE, JEAN, b 1648, fils d'Étienne et de Marguerite Le Roux, de St. Sincteau, evêché de Tarlat.
  MILLET, Marie-Charles,   [NICOLAS I.
  Marie, b 10 janv. 1681, à la Pte-aux-Trembles de Montréal. ⁵ — *Marie*, b⁵ 1er août 1685. — *François*, b⁵ 11 janv. 1690 ; s⁵ 14 août 1690. — *Françoise*, b⁵ 14 sept. 1692. — *Jean-Baptiste*, b⁵ 28 juin 1691. — *Geneviève-Anne*, b⁵ 18 janv. 1700.

1672, (9 juin) Québec.

I. — LACOMBE, DIT BALAN, PIERRE,
  BIRET, Marie-Renée, (2) D 1636, fille de Jean et de Simonne Périnne, de La Rochelle.
  René, b... ; m 8 mai 1702, à Marie-Anne BOUTIN, à Lorette.

———

I. — LACOMBE, PIERRE, soldat de M. de Longueuil ; s 25 mai 1697, à Boucherville, noyé.

———

LACOSTE, — Voy. COURAULT — LANGUEDOC.

1688, (7 janvier) Boucherville. ⁵

I. — LACOSTE DIT LANGUEDOC, ALEXANDRE, soldat, fermier de M. Le Gardeur, b 1665, fils d'Olivier et de Jeanne Bastier, de St. Julien, evêché de Nisme.
  1° ROBIN, Jeanne,   [JEAN. I.
  s⁵ 10 mars 1690.
  Marie-Thérèse, b⁵ 12 fev. 1690, s⁵ 30 juin 1690. — *François*, b⁵ 19 avril 1691.
  1690, (24 avril) Boucherville. ⁵
  2° DENIAU, Marguerite,   [JEAN I.
  Hélène, b⁵ 2 juillet 1692. — *Jean-Baptiste*, b⁵ 22 juin 1694. — *Marguerite*, b⁵ 23 avril et s⁵ 21 août 1696. — *Marie-Angélique*, b⁵ 3 juillet 1697.

1696, (30 avril) Québec. ⁵

I. — LA COUDRAY DIT TOURANGEAU, JEAN-BAPTISTE, b 1671, fils de Jacques et de Marguerite Nion, de St. Saturnin, evêché de Tours ; s 9 juillet 1731, à Québec.
  GAUTIER, Catherine,   [RENÉ I
  s⁵ 23 avril 1756.
  Thomas, b⁵ 22 mars 1697. — *Jean-Baptiste*, b⁵ 30 avril 1699, ordonné⁵ 19 juin 1721 ; s⁵ 5 mai

———

1760. — *Marie-Catherine*, b ⁵ 11 oct. 1699 ; s ⁵ 10 janv. 1703. — *François-Xavier*, b ⁵ 16 janv. 1701 ; s ⁵ 13 janv. 1703. — *Marie-Louise*, b ⁵ 12 fev. et s ⁵ 2 mai 1702. — *Jeanne*, b ⁵ 19 fev. 1704 ; m ⁵ 21 avril 1728, à Jean-Baptiste BOISSEL ; s ⁵ 27 fev. 1763. — *Marie-Anne*, b ⁵ 27 janv. 1706 ; m ⁵ 24 mai 1747, à Claude LOUET. — *Madeleine-Agnès*, b ⁵ 24 juin 1707, s ⁵ 23 juin 1709. — *Jean-Michel*, b ⁵ 29 sept. 1708. — *Marie-Anne*, b ⁵ 25 oct. 1709 ; m ⁵ 7 nov. 1741, à Jean-Gabriel AMIOT. — *Pierre*, b ⁵ 24 avril 1711 ; s ⁵ 12 mai 1712. — *Anne-Catherine*, b ⁵ 1er mai 1712. — *Louis-Jacques*, b ⁵ 23 fev. 1719 ; s ⁵ 10 juillet 1719.

LA COUDRAY, (nom d'une paroisse, en Beauce).

LACOUR, chirurgien, etait à Sorel, en 1685

LACOURSE. — Voy. GÉLINA.

LACOURSIÈRE. — Voy. RIVARD.

LACOUTURE, — Voy. CAUCHY

LACROIX. — Voy. HUBERT — LEFEBVRE — LAINÉ — DESNOYERS — DOISSON — FÉVRIER — RO-BERGE — LANGEVIN — FOUIN — FOY.

LACROIX, CHRYSTOPHE, s 12 juillet 1656, tué par un sauvage huron, aux Trois-Rivières.

LACROIX, chirurgien, etait à Montréal, en 1648

I. — LACROIX, SUZANNE, b 1653, m 17 oct 1672, à Jacques SAVARIAUX, à Québec ⁵ s ⁵ 14 dec 1718

I. — LACROIX, PIERRE, b 1646, etabli à Charlesbourg.
VARIN, Marie, b 1648.
Françoise, b 1668

1670, (11 septembre) Ste. Anne. ¹

I — LACROIX, FRANÇOIS, b 1642, fils de François et de Jeanne Huot, d'Etouteville, évêché de Rouen ; s ¹ 28 août 1710
GASNIER, Anne, [LOUIS II.
Louis, b ¹ 30 nov. 1672. — *Agathe*, b ¹ 16 janv. 1675 ; m ¹ 5 nov. 1696, à Jacques TREMBLAY. — *François*, b ¹ 28 oct. 1677. — *Augustin*, b ¹ 21 janv. 1680 ; m ¹ 30 janv. 1708, à Jeanne PARÉ. — *Isabelle*, b ¹ 8 juillet 1683 ; m ¹ 14 nov. 1701, à Pierre GAGNON. — *Marie*, b ¹ 29 sept. 1685 ; m ¹ 21 janv. 1704, à Pierre GAGNON. — *Claire*, b ¹ 31 janv. 1688 ; m ¹ 26 août 1704, à François PARÉ. — *Anne*, b ¹ 20 juin 1690 ; m ¹ 18 fév. 1716, à Etienne PARÉ. — *Pierre*, b ¹ 26 janv. 1693 ; m ¹ 25 janv. 1723, à Jeanne BARETTE. — *Geneviève*, b... ; m ¹ 7 nov. 1721, à Jacques FORTIN.

1671, (19 octobre) Québec. ¹

I — LACROIX, (DE) DAVID, (1) b 1644, fils de Jacques et d'Antoinette Chambon, de Confollant, évêché de Poitiers.

1º BLUTEAU, (BUTEAU) Antoinette, fille de Louis et d'Antoinette Le Grand, de Condé, évêché de Soissons ; s...

1681, (20 janvier) Ilet

2º MAILLOU, Barthélemie, [MICHEL I.
Périnne, b... ; 1º m 13 nov. 1708, à Jean-Baptiste DRAPEAU, à St. Etienne de Beaumont ² ; 2º m ³ 2 mai 1721, à François DUMONT. — *Anne*, b... ; m ³ 10 nov. 1710, à Pierre DRAPEAU. — *André*, b 21 mars 1683, à Lévis ; m ³ 5 mai 1706, à Madeleine MARCHAND. — *Louis*, b 1691 ; m ³ 14 janv. 1714, à Suzanne LABRECQUE ; s ³ 17 fév. 1726. — *Michel*, b ³ 7 oct. 1692 — *Gabriel*, b 19 oct. 1694, à St. Michel : m 19 juillet 1716, à Agnès CLOUTIER, au Château-Richer.

I. — LACROIX, JACQUES.
NIGOUETTE, Marguerite.
Jacques, b... ; s 14 mai 1683, à Lachine.

LADÉROUTE — Voy. SEGUIN DIT LADÉROUTE.

LADOUCEUR. — Voy. MARTIN—MAGDELAINE—DES COLOMBIERS — VIVIER.

LADOUCEUR, NICOLAS.
LALANDE, Marie-Marguerite.
Marie-Thérèse, b 8 juin 1724, au Detroit.

LAFANTAISIE — Voy. MAURICE

LAFARGE, JEAN, — Voy. DRAPEAU

LAFARGUE DIT LARIVIÈRE, JEAN-BAPTISTE, s 7 déc. 1687, au Cap de la Madeleine

LAFATIGUE, PIERRE. — Voy. BILLERON

LAFAVRIE, JACQUES. — Voy. BISSONNET, JACQUES.

LAFAURIL DIT BISSONNET-PÉRINNE, (1) b 1669, s 15 août 1721, aux Trois-Rivières

II —LAFAYE, PIERRE, [PIERRE I b 1625.
BERTONET-MONTARGIS, Madeleine
Pierre, b..., m 26 juin 1718, à Geneviève BODA, à Repentigny.

1688, (13 septembre) Lachine.

I. — LAFAYE (DE) RENÉ-ANTOINE. (2)
COUREAU, Françoise, [GYBAR I.
René-Antoine, b 14 sept. 1689, à Montréal ³ ; s ³ 4 sept 1690. — *Marie-Elizabeth*, b ³ 26 avril 1691

1698, (22 juin) Montréal.

I. — LAFAYE (DE) PIERRE, b 1672, fils de Jacques (de Poitiers) de St. Didier, et de Judith Guillon, de St. Germain.
MASSART, Marie, [NICOLAS I.
Marie-Anne, b 1696.

---

(1) Appelé Joseph, à son second mariage.

(1) C'est l'épouse de Jacques Bissonnet.
(2) Voyez De la Faye. page 167.

LAFERRIERE, Jean. — Voy. Charon dit Laferrière.

LAFERTÉ. — Voy. Terou — Terreau — Tereau.

LAFEUILLADE. — Voy. Dumets dit Lafeuillade, en 1698.

1678, (26 novembre) Québec.

I.—LAFILÉ, Martin, b 1652, fils de Jacques et de Marie Coyart, de Sarneville, evêche de Rouen.
Sureau, Geneviève, (1)   [Théodore I.

LAFLAMME. — Voy. Quemeneur — Kemleur — Lallemand.

LAFLÈCHE. —Voy. Chevalier dit Laflèche — Richer

LAFLEUR — Voy. Behik et Béïque — Brau — Couc — Delasse — Drousson — Dussault — Morin — Perier — Pléau — Prieur — Poupart — Sévigny — Sincerny.

LAFLEUR, Daniel, b 1662 ; s 21 juin 1738, à Québec.

1681, (25 août) Batiscan.

I.—LAFLEUR, (2) Robert.
Tardé, Jeanne,   [Jean I.
Marguerite, b 13 nov. 1699, à Laprairie.

1687, (7 janvier) Trois-Rivières.

I.—LAFLEUR, (3) Jean, b 1663, fils de Pierre et de Françoise Claude, de Langon de Basac
Chebaudier, Jeanne,   [Jean I.
Marie-Anne, b 9 mars 1691, à Québec[3] ; m à Robert Pepin — Pierre, b[3] 27 fev. 1693.

LAFLEUR, (Levasseur) Laurent.
Marchand, Marie,   [Louis I.
Jean-Baptiste, b 12 mai 1695, à Québec.

1645, (30 janvier) Québec.

I.—LAFOND, (de) Etienne, b 1615, fils de Pierre et de François Prieur, de St. Laurent de la Barrière, St. Onge ; s 15 sept. 1665, à Batiscan[3]
Boucher, Marie,   [Gaspard I.
s[3] 30 nov. 1706.
Jean, b 21 mai 1646, aux Trois-Rivières[4] ; 1o m à Catherine Sénécal ; 2o m[3] 28 août 1697, à Catherine Ananontha , s[3] 10 mai 1716 — Marie, b[4] 25 oct. 1648 — Geneviève, b 1652 ; m 1666, à Jean Trotier. — Pierre, b[4] 24 avril 1655 — Françoise, b[4] mai 1658. — Etienne, b[4] 4 oct. 1661 ; s 9 sept. 1689, à Montreal. — Jeanne, b 1662. — Augustin, b[4] 16 mai 1664.

I.—LAFOND, Jean, etabli à Boucherville, b 1633.
Bovant, Marie.
Jean, b 6 mai 1671, à Sorel.

(1) Elle épouse, en 1680, Thomas Gasse.
(2) Voy. Drousson, page 202.
(3) Voy. Delasse, page 171.

LAFOND, Maurice, b 1659, était à la côte de de Beaupre, en 1681.

II. — LAFOND, Pierre, (1)   [Etienne I.
s 7 janv 1721, à Batiscan.[8]
Rivard, Madeleine,   [Nicolas I.
s[9] 11 mars 1737.
Marie-Madeleine, b[9] 7 déc. 1682 ; s[8] 19 oct. 1683. — Pierre, b 26 avril 1682, à Champlain[2] ; s[9] 6 sept. 1683. — Marie-Catherine, b 12 janv. et s[9] 6 fev. 1686. — François, b[9] 17 janv. 1688. — Marie-Catherine, b[9] 28 oct. 1691. — Marie-Anne, b[9] 9 nov. 1693 ; m[9] 8 nov. 1722, à Claude Le Pelé. — Marie-Agnès, b[9] 14 mars 1696 , m[9] 19 sept. 1723, à Jean-Baptiste Lefebvre. — Marie-Jeanne, b[9] 11 dec. 1697 ; m[9] 22 nov. 1724, à Joseph Lefebvre — Marie-Charlotte, b[9] 25 oct. 1701 ; m[9] 16 nov. 1727. à Rene Rivard ; s[9] 29 août 1749. — Pierre, b[9] 12 sept. 1704 , m[9] 6 août 1736, à Catherine Trotier. — Jean, b[2] 13 oct. 1681 ; m[9] 16 nov. 1716, à Françoise Rivard ; s[9] 19 août 1744. — Madeleine, b 1683 ; m[9] 11 fev. 1709, à Nicolas Duclos ; s[9] 7 juillet 1761.

II. — LAFOND, (de) Jean, (2)   [Etienne I.
s 10 mai 1716, à Batiscan.[5]
1o Sénécal, Catherine,   [Adrien I.
Marie, b 1671 ; m[8] 3 fév. 1687, à Amable Breillard — Jean, b 1675 ; m à Marie Richaume — Catherine, b 1677 , m[5] 23 nov. 1694, à François Cosset. — Etienne, b 1679 ; m 3 fev. 1707, à Jeanne Louineau, à Québec. — Marguerite, b[5] 8 nov. 1682 ; s[5] 23 mai 1685. — Marguerite, b[5] 26 juillet 1685 ; 1o m[5] 25 juillet 1703, à Joseph Fafard ; 2o m[5] 13 janv. 1710, à Jean-Baptiste Courchène. — Pierre, b[5] 28 avril 1688 ; m[5] 13 août 1715, à Jeanne Lefebvre. — Marie-Renée, b[5] 11 mars 1692 , m[5] 17 fev. 1716, à Damien Tifaut.

1697, (28 août) Batiscan.

2o Ananontha, Catherine, veuve de Jacques Couturier.

II. — LAFOND, Jean,   [Jean I.
Richaume, Marie,   [Pierre I.
Pierre, b 14 fev. 1693, à Montréal.

III. — LAFOND, Étienne,   [Jean II.
1o Luneau, Marie-Jeanne, b 1685 ; s[8] 20 dec. 1730, à Batiscan.[8]
Pierre, b[8] 23 juin 1709 ; m[8] 21 fév. 1735, à Marie-Josette Herbeco. — Jean-Baptiste, b 9 mai et s[8] 24 nov. 1711. — Jean-Baptiste, b 19 et s[8] 29 nov. 1712 — Etienne, b[8] 1er fév 1714. — François-Xavier, b[8] 15 mai 1716. — Marie-Jeanne, b[8] et s[8] 20 juin 1718 — Jean-Baptiste, b[8] 31 mai 1719 ; m[8] 26 mai 1743, à Françoise Frigon. — Marie-Louise, b[8] 24 dec. 1721 ; s[8] 1er janv. 1722. — Marie-Jeanne, b[8] 2 juillet 1723. — Joseph, b et s[8] 25 oct. 1724. — Marie-Josette, b[8] 6 juin 1726 ; s[8] 15 juin 1788. — Marie-Madeleine, b 12 et s[8] 16 mai 1730.

1732, (26 fevrier) Batiscan.[3]

2o Daue, Marie Anne,   [Thomas I.
Antoine, b[2] 28 mai 1733.

(1) Maugrin, De la Fond, il signe Mongrain.
(2) Dit Mongrin.

LAFONTAINE. — Voy. Blanot — Charier — Couillard — De Belcour — Gamelin — Lariou — Penis — Peras — Philippe — Pion — Poitiers — Supernon — Yvon.

LAFONTAINE, noye 6 nov 1646.—*Voy. page 28.*

I —LAFONTAINE, Pierre-Jacques. (1)
————, Catherine.
Marie, b 8 sept 1659, aux Trois-Rivières. — *Pierre*, b 1657 ; s 23 août 1687, à Montréal.

LAFONTAINE, Claude.
Faye, Jeanne.
Jeanne, b 1695 ; s 24 oct. 1699, à Montréal.

I —LAFONTAINE.
Hubert, Marthe. (2)

LAFONTAINE, Jacques, b 1639, établi à La Valtrie, sergent de M. De Blainville.
Lafleur, Marguerite, b 1651.
Marguerite, b 1672. — *Marie*, b 1673. — *Pierre*, b 1678.

LAFOREST (De) Jacques. — Voy. Tetard, Sieur De la Forest — de Montigny — Peymart — Benoist — Labranche.

LAFOREST, Pierre ; s 9 juin 1643, à Montréal, tué par les Iroquois, avec Berte, Bernard, et Guillaume Boissier.

I.—LAFOREST, Urbain, b 1640 ; s 5 fév. 1712, à Champlain.

I.—LAFOREST, Pierre, établi dans la côte de Beaupré, b 1646.
Gaudry, Anne, b 1650.
Louis, b 1668.— *Etienne*, b 1673.— *Barbe*, b 1676. — *Marguerite*, b 1678.— *Pierre*, b... ; m 27 juillet 1679, à Charlotte Godin, à Ste. Anne.

LAFOREST, Gilles-Jean.
Masse, Jeanne.
Anne, b 1677 ; m 18 janv. 1701, à Nicolas Martin, à Quebec[3] ; s[3] 5 fév. 1703.

1670, (27 juillet) Ste. Anne. [4]

II.—LAFOREST, Pierre, [Pierre I.
Gaudin, Charlotte, [Elie I.
veuve de Pierre Fréchet.
François, b[4] 26 juillet 1680. — *Jean*, b[4] 23 oct. 1682 ; m 22 oct. 1709, à Marie Rancour, à Quebec. *Thomas*, b[4] 16 janv. 1685. — *Catherine*, b 27 fév. 1690, au Cap St Ignace[5] ; m à Guillaume Lepriae. — *Pierre*, b[5] 12 et s[5] 21 janv. 1698.

LAFOREST, François.
Laurent, Jeanne.
Pierre, b 1687 ; m 7 avril 1720, à Marie-Françoise Davaut, à Quebec[6] ; s[4] 17 oct. 1752.

(1) Le nom de la femme est perdu au registre.

(2) Cette personne avait été violée par un sauvage (Robert Huche.)—Voyez *Edits et ordonnances*, t. II, page 16, ou se trouvent les noms des chefs sauvages, assemblés pour délibérer sur ce crime.

LAFOREST, Jean, soldat invalide, b 1669, s 11 juin 1740, à Ste. Foye.

LAFORGE. — Voy. Lavot — Pradet.

I.— LAFORGE, Maximin, ancien domestique des sieurs Babie, b 1634 ; s 18 mars 1704, à Champlain.

LAFORIÈRE, capitaine, venu en 1617.

LAFORME. — Voy. Bissonnet — Gromelin — Vermet.

LAFORTUNE—Voy. Pourveu—Pilon—Fortier.

LAFOSSE. — Voy. Hodiau.

LAFOUGÈRE. — Voy. Nolin.

LAFRAICHEUR — Voy. Carreau, Louis.

LAFRAMBOISE — Voy. Gaigneux, Jean — Le Meunier — Guilbert — Fafard.

I —LAFRAMBOISE, Pierre, b 1693, s 11 avril 1695, à Lorette.

LAFRANCE.— Voy. Pinel — Darragon — Aubin — Dubois — Joignier — Rougieu.

LAFRANCE, Jacques, s 30 nov. 1696, à 35 ans, à Quebec.

LAFRANCHISE.—Voy. Pastouret—Dumareuil.

LAFRANCHISE, soldat.
Rigaud, Jeanne.
Marie-Jacques, b 20 fev. 1690, à Champlain.

I. — LAFRANCHISE, Claude,
Desilets, Marguerite.
Marguerite, b... ; m 21 nov. 1718, à Henry Gatien, à Québec.

LAFRAYNAYE. — Voy. Mignot — Clerc dit — De Brucy.

1676, (23 août) Montréal. [0]

I — LAFRAYNAYE, (1) Antoine, b 1651, fils de Martin et de Geneviève Lepage, de Cariepon, evêché de Noyon.
Picoté, Helène, (2) [Pierre II.
Pierre-Antoine, b[0] 8 oct 1677. — *Louis*, b[0] 19 mars 1679. — *Louise*, b[0] 5 nov. 1680. — *Gabriel*, b 11 et s[0] 30 août 1682. — *Antoinette*, b[0] 5 août 1683.

LAGAILLARDISE. — Voy. Gourot.

LAGARDE. — Voy. Lucas—Gouyau.

(1) Sieur de Brucy, lieutenant au régiment d'Auvergne.

(2) Elle épouse, le 29 nov. 1686, Jean-Baptiste Celoron, à Lachine.

I.—LAGARDE, (DE) PIERRE, établi à Batiscan, b 1636.
CHATOU, Marie, b 1638.

LA GARENNE. — *Variations et surnoms :* CHES-NÉ — CHEF-DE-VILLE — BOUVIER — DUPUIS.

I.—LAGARENNE, (1) MAURICE, b 1662 ; s 30 août 1722, à Québec.

1670, (6 octobre) Québec. [1]
I.—LAGARENNE, (2) MAXIMILIEN, maître-bou-langer.
LEVASSEUR, Marguerite,   [PIERRE I.
Anne, b [1] 2 nov. 1677; s 10 mai 1689, à Mont-réal. [2] — *Anonyme,* b et s [2] 27 dec. 1691.

LA GARENNE, François, soldat de Desbergères, noyé dans la petite rivière de Champlain ; s 1er avril 1689, à Champlain.

1671, (4 février) Château-Richer. [6]
LA GARENNE, (3) BERTRAND.
2° AUBERT, Madeleine-Elizabeth, (4) [CLAUDE I.
Jean-Baptiste, b [8] 26 nov. 1682; m 8 juillet 1703, à Elizabeth BOUCHER, à Ste. Anne.

LA GAUCHETIÈRE (DE) DANIEL, officier — Voy. MIGEON, DE LA GAUCHETIÈRE.

I.—LAGERNE, MARIE, b 1651, s 20 fev 1711, à Québec.

LAGIROFLÉE. — Voy. BIGOT — CHOUINARD — RENAUD — TOURNEUR — DROUILLARD.

LA GLARDIÈRE — Voy. PINGUET

LAGORCE — Voy PERROT DIT LAGORCE.

LAGRANDEUR
Michelle, b et s 9 avril 1703, à Montréal.

LAGRANGE. — Voy CHALUT — BAUDON

I.—LAGRANGE, JACQUELINE, fille de Jean et de Marguerite Bouré, b 1640, 1° m 16 sept. 1658, à Michel THÉODORE, à Montréal [7] ; 2° m [7] 23 juillet 1664, à Laurent GLORY ; 3° m 27 nov. 1681, à Nicolas RAGUENEAU, à la Pointe-aux-Trembles de Montréal ; s...

I.—LAGRANGE, JEAN, sergent de M. de St. Cyr, b 1662 ; s 23 mars 1689, à Montréal.
DUCHARME, Madeleine,   [FIACRE I
s 2 janv. 1687, à Montréal.

LAGRANGE,
MAURÉ, Marie, s 21 dec. 1705, à St. François, I. O.

(1) Bouvier dit Lagarenne, soldat de la Compagnie de Blainville.

(2) Voyez Chef-de-Ville dit Lagarenne, page 124.

(3) Voyez Chesnay, page 125.

(4) Elle épouse, le 4 fév. 1683, Jean-Baptiste Franquelin, à Québec.

1673.
I. — LA GRAVE, PIERRE,
OUABANOIS, Françoise.
Pierre, b 1674 ; s 11 juillet 1703, à Montréal.—
Charles, b... ; m 8 janv. 1720, à Marie-Anne
GUIBORD, à St. Anne de la Pérade.

I.—LAGROIX, JEAN, b 1689 ; s 3 avril 1775, à Ste. Foye.

LAGU, MICHEL.
LECLERC, Cathérine.
Michel-Guillaume, b 21 fev. 1712, à Repentigny.

LA GUIDE, MADELEINE, femme de François Perrot, Gouverneur de Montréal, 1670.

LA GUILLOIZERIE DE RANÉ, FRANÇOIS, lieute-nant reformé de la Compagnie de Degrès, était aux Trois-Rivières, le 26 août 1687.

LAHAIE, PIERRE — Voy. LE PELÉ.

I. — LAHAYE, (DE) JEAN.
SOUARD, Marie-Madeleine.
Madeleine, b 7 janvier 1701, à Montreal.

LAHONTON, (DE) DELORONDARGE, (DE) ARMAND-LOUIS. (1)

LAIGU. — Voy. LEILLU.

LAIR, ETIENNE, — Voy. LERF.

1669, (20 octobre) Québec.
I — LAIRET, FRANÇOIS, fils de Jean et de Jac-quette Bourdelle, de N. D. de Fontenay de LaRochelle.
DESMARETS, Catherine, fille de Mathieu et de Marguerite Florimonne, de St. Nicolas des Champs de Paris.

I — LAISDON (2) DIT CHAMPAGNE, JEAN,
COTE, Louise,   [NOEL II.
Ursule, b 3 avril 1701, à Lorette, m 21 fév. 1729, à Pierre BARETTE, à l'Ange-Gardien,

LAIZEAU — Voy LOISEAU.

LAISNÉ — *Variations et surnoms :* LESNÉ — LAJEUNESSE — LALIBERTÉ — DE LA CROIX.

I — LAISNÉ, ANNE, b 1655; 1° m à Etienne CON-TANT; 2° m 5 nov. 1685, à René BISSON, à Charlesbourg [8], 3° m [8] 5 nov. 1708, à Marc TESSIER

I — LAISNÉ, GENEVIÈVE, b 1651, m 21 nov. 1667; à Pierre VANCHY, (DE) à Montréal [8]; s [8] 7 avril 1689.

I — LAISNÉ, MARIE, b... ; m à Antoine MONDAIN.

(1) Baron de la Honton et Herlèche, chevalier de l'ordre de Notre-Dame de Montcernel, capitaine d'un détachement de la marine. (*Registre de Québec*, 16 oct. 1691.)

(2) Pour Jaladan, voy. page 317.

1680.

I. — LAISNÉ, Bernard, b 1656
Dionne, Anne,   [Antoine I.
b 1645.
Anonyme, b et s 11 avril 1681, à Ste. Famille.[1]
— *Jacques*, b ¹ 28 mai 1682. — *Marie-Madeleine*,
b ¹ 18 août 1694; m 29 déc. 1703, à François
Arrivé, à St. François, I. O. ² — *Simon*, b 19
avril 1687, à St. Jean, I. O. ³ — *Pierre*, b ² 17 et
s ² 30 août 1689. — *Jean*, b ³ 3 oct. 1691. —
Anne, b ² 16 fév. 1694. — *Charles*, b ³ 2 juin 1696.
— *Geneviève*, b ³ 8 juin 1698. — *Marie-Isabelle*,
b ³ 4 fév 1701. — *Jacques*, b..., s ² 30 nov. 1702.
— *Marie-Ursule*, b ³ 14 mars 1704 — *Marie*, b ³ 27
janv. 1706. — *François*, b ³ 6 oct. et s ³ 7 déc.
1707. — *Anne*, b ³ 5 juillet 1711

I. — LAISNÉ dit De la Croix, Robert, sergent.
Lemaistre, Marguerite.   [François I
Michel, b 3 juillet 1695, aux Trois-Rivières.

1678, (24 octobre) Québec.[4]

I. — LAIZEAU, Pierre, fils de Pierre et de Jeanne
Rivaland, de Grezat, evêché de Xaintes ; s...
Le Maitre, Geneviève (1)   [Paschal I.
Anne, b ⁴ 14 oct 1679, 1° m 25 janv. 1700, à
François Constantin ; 2° m ⁴ 9 fév. 1706, à Jean
Boucher ; s 18 avril 1752. — *Pierre*, b ⁴ 15 avril
1683 ; s ⁴ 20 mai 1699. — *François-Philippe*, b ⁴
9 mai 1686. — *Marie-Madeleine*, b ⁴ 4 nov. 1687 ;
m ⁴ 25 fév. 1707, à Jean-Baptiste Deroigny ; s ⁴
14 fev. 1749 — *René*, b ⁴ 10 mars 1690, m ⁴ 23
juillet 1719, à Marie-Josette Lemoine. — *Geneviève*, b ⁴ 24 sept. 1692 ; s ⁴ 20 mai 1694. — *Charles*, b ⁴ 13 déc. 1694 — *Jean-Marie*, b ⁴ 12 nov. 1701.

LAJEUNESSE — Voy. Benoit — Charles — Dubord — Estèbe — Guillet — Hébert — Poirier — Renard — Stèbre.

I. — LAJEUNESSE.
Jobin, Françoise.
Louis, b 9 avril 1654, aux Trois-Rivières.

LAJEUNESSE, Jean, domestique de M. De Longueuil, s 25 mai 1697, à Boucherville, noyé.

I. — LAJEUNESSE.
Pepin, Madeleine.   [Guillaume I.
Madeleine, b 21 déc. 1675, aux Trois-Rivières.

LAJEUNESSE, Michel, b 1680 ; s 13 juillet 1703,
à Montréal.

LAJOUE, (De) Marguerite. b 1687, s 10 juin
1705, à Québec, noyée

1696, (4 juin) Québec.

I — LAJOUE, (2) Chistophe
Gagné, Louise (3)   [Louis III.

(1) Elle épouse, le 21 juin 1706, Jean De Blois, à Québec.

(2) Voy. Delajoue. page 168.

(3) Elle épouse, le 18 novembre 1699, Pierre Blanchet, au
Cap St. Ignace.

1697, (21 novembre) Québec. [3]

I — LAJUS, Jourdain, major des médecins,
b 1672, fils de Jean et d'Anne Vigneau, de
St. Vincent, évêché de Lesca, ville de Nay,
en Béarn : s ³ 12 mars 1742, (dans l'église).
1° Roger, Marie-Louise,   [Guillaume I.
    s ³ 11 janv. 1716.
Jean-François, b ³ 8 août 1698. — *Marie-Anne*-
b ³ 23 oct 1699 ; s ³ 2 juin 1716. — *Louise-Geneviève*, b 9 et s ³ 12 mars 1701. — *Joseph-Marie*,
b ³ 20 mars 1702, s ³ 26 mai 1716. — *Louis*, b et
s ³ 7 mai 1704. — *Anonyme*, b et s ³ 11 juin 1705.
— *Louis*, b ³ 13 juin 1706. — *Angélique-Louise*,
b ³ 17 oct. 1707; s ³ 24 avril 1716. — *Pierre*, b ³
28 oct. 1708 , s 16 nov. 1709. — *Marguerite-
Ursule*, b ³ 28 avril 1710 : 1° m ³ 10 mars 1732, à
Antoine Vaillant. 2° m ³ 9 mai 1740, à Noël
Noël ; s ³ 31 déc. 1758. — *Pierre*, b 24 fev. et s ³
5 mars 1712. — *Marie-Louise*, b ³ 17 mars 1713 ;
s ³ 13 août 1714. — *Marie-Madeleine-Ursule*, b ³ 13
nov. 1714. — *Anonyme*, b et s ³ 14 nov. 1714.

1717, (8 septembre) Québec. [8]

2° Moreau, Louise-Elizabeth,   [Pierre I.
Louis-Pierre, b ³ 17 mai 1718. — *Elizabeth-
Simone*, b ³ 22 avril 1719 ; 1° m ³ 16 oct. 1750, à
Victor Almain, 2° m 26 oct. 1769, à Louis Couil-
lard, à Levis. — *François-Michel*, b ³ 20 juillet
1720 ; m ³ 7 janv. 1758, à Louise Poulin. — *Louis-
François*, b ³ 28 août 1721, m ³ 14 nov. 1747, à
Marguerite Bailleul-Audet. — *Ignace-François*,
b ³ 8 août 1724. — *Jean*, b ³ 3 mai 1726 ; s ³ 6 fev.
1727 — *Pierre*, b 6 et s ³ 25 janv. 1728. — *Claude-
Louis*, b ³ 30 juin 1729, s ³ 3 juin 1730. — *Michel-
Antoine*, b ³ 13 avril 1731. — *Louis*, b ³ 20 nov.
1734

LALANDE — Voy. Dormet — Guillemot.

I. — LALANDE, Jean, de Dieppe, compagnon du
P. Jogues, tué le 19 octobre 1646 par les Iroquois. — *Relations des Jésuites de 1647-3.*

1676, (24 novembre) Montréal.

I — LALANDE dit Langliche, Etienne, b 1641,
fils de Pierre et de Renée Hodin, de Vernier,
évêché du Mans.
Filastreau, Nicole, (1)   [Bené I.
Marie-Anne, b 21 déc. 1680, à Lachine ; s ⁴ 1ᵉʳ
fev 1681. — *Marie*, b ⁴ 18 fév. 1685 ; m ⁴ 12 juin
1706, à Pierre Haymard. — *Marie-Anne*, b ⁴ 11 juin
1687. — *Françoise*, b 17 fév. et s ⁴ 21 nov. 1689. —
Marie-Anne, b ⁴ 24 oct. 1690. — *Marie-Louise*, b ⁴
14 août 1693. — *Barbe*, b ⁴ 8 mai 1696 ; s ⁴ 2
mars 1703.

I. — LALANDE. Jean,
Perrin, Elizabeth, b 1683, à la Menade (2)

1698, (18 novembre) Lachine. [2]

I. — LALANDE dit Latreille, Léonard, b 1672,
fils de Jean et de Marie Larivière, de Magnan,
évêché de Limoges.

(1) Elle épouse, le 29 avril 1700, Guillaume Roussel, à
Montréal

(2) Baptisée, à 17 ans, à la Menade, Nouvelle Angleterre. —
Voir la note de Jean-Baptiste Poitiers-Du Buisson.

BEAUNE, Gabrielle,   [JEAN I.
veuve de Jean Vincent.
Marguerite, b ³ 23 sept. 1699. — *Marie-Anne*, b ⁸
18 déc. 1701 — *Jacques*, b 1703 ; m ³ 17 fév.
1726, à Judith RÉAUME. — *Pierre*, b 19 fév. 1704,
à Ste. Anne de Montréal. ⁸ — *Marie-Marguerite*, b ⁸
13 déc. 1705. — *Marie-Joselte*, b 22 janv. 1715, à la
Pointe-Claire.

I. — LALANNE, LOUIS, b 1641, était au Cap de
la Madeleine, en 1681.

LALIBERTÉ — Voy. HERVÉ — GALET — SENET
VERGEUS — VEGEARS — VINET — LEHOUX.

LALIBERTÉ, JACQUES, b 1676 ; s 5 fév. 1683, à
Montréal.

LALLEMAND.— Voy. MOISEUR — QUEMMELEUR —
KEMLEUR — DAIGLE.

I. — LALLEMANT, ISAAC, s 30 août 1658, à l'hôpital de Quebec

I. — LALLEMAND (1) JEAN.
CROTEAU, Marie-Anne,   [VINCENT II.
Marie, b... ; m 13 juillet 1716, a Louis RICHARD,
à Quebec.

LALOIRE. — Voy. JOUSSET.

I. — LALONDE (DE) DIT LESPÉRANCE, JEAN, (2) b
1640, du Hâvre de Grâce, evêché de Rouen ;
s 30 sept. 1687.
BARBARY, Marie, (3) b 1639.
Marie-Madeleine, b 1672 ; m 18 fév. 1686, à Guillaume d AOUST, à Lachine. ³—*Jean-Baptiste*, b 10
oct 1675, à Montreal ; 1º m 3 fev. 1698, à Marguerite
MASTA, à la Pointe-aux-Trembles de Montreal ; 2º
m 24 oct. 1701, à Jeanne GERVAIS, à Laprairie. —
Jean, b ³ 12 fev. 1679 ; s ³ 3 fev. 1682. —*Guillaume*,
b ³ 21 août 1684.

1698, (3 février) Pᵗᵉ aux-Trembles, M. ²
II. — LALONDE, JEAN-BAPTISTE,   [JEAN I
b 1676.
1º MASTA, Marguerite,   [MATHURIN I.
b 1680 ; s ² 22 sept. 1699.
François, b ² 4 sept. 1699 ; m 5 mars 1726, à
Marie-Joselte TROTIER, à Lachine.

1701, (24 octobre) Laprairie.

2º GERVAIS, Jeanne,   [MATHIEU I.
Jean-Baptiste, b 1ᵉʳ mai 1703, à Montreal. —
Guillaume, b 26 fev. 1705, à Ste. Anne de Montréal.²
— *Thomas*, b et s² 6 août 1709. — *Antoine*, b 26
oct. 1713, à la Pointe-Claire.

1697, (17 avril) Repentigny. ²
I. — LALONGÉ, DIT LE GASCON, BERTRAND,
PIERRE, b 1656, fils de Bertrand et de Marguerite Hervé, de Ligen, evêché de Bordeaux ;
s 9 oct 1736, à St. François, Ile-Jesus. ⁸

ÉTHIER, Anne,   [LÉONARD I.
s ³ 13 juin 1713.
Pierre, b ² 3 fev. 1698 ; m à Jeanne DRAPEAU.
— *Marguerite*, b ² 2 juillet 1700 ; m ² 5 fév. 1719, à
Jacques ROY. — *Jeanne*, b ³ 18 fév. 1705. — *Joseph*,
b ³ 26 mai 1707. — *Joseph*, b ³ 10 août 1708. —
Augustin, b ³ 11 avril 1713 ; m 20 août 1742, à
Marie-Josette COLERET, au Sault-au-Récollet. —
Jean-Baptiste, b ³ 21 août 1729 ; s ⁴ 21 avril 1730.

LALOUETTE, — Voy. BAU — BOS — BOIS.

LALEU, — *Variations et surnoms :* LALUDE —
DE LA LUE — LAMONTAGNE.

1689, (10 janvier) Boucherville.
I. — LALEU DIT LAMONTAGNE, LÉONARD, tonnelier, de Bernonville, évêché de Gueret.
PETIT, Marie-Françoise, (1)   [NICOLAS I.
Nicolas, b 14 oct. 1689, à Montréal ¹ , s ¹ 27
janv. 1690. — *Geneviève*, b ¹ 23 nov. 1691 ; m 19
mars 1719, à Louis COULON, à Varennes. ⁸ — *Marie Josette*, b ³ 5 mai 1694. — *Pierre*, b ³ 5 sept.
1696. — *Jean-Baptiste*, b ⁸ 24 déc. 1698. — *Marguerite*, b ³ 22 avril 1701 ; m ³ 25 fev. 1721, à
André SÉNÉCAL. — *Marie-Françoise*, b 26 juin
1703, à Lachine ⁴ ; s ³ 16 mai 1709. — *Marie-
Madeleine*, b ⁴ 5 oct. 1705. — *Marie-Catherine*, b ³
10 mai 1708.

LAMAIRE. — Voy. RAPIDIOU.

LAMETICQUE, JEAN, serviteur de M. De Berthe ;
s 10 juillet 1683, à Lachine.

LAMALOTIÈRE, (DE) — Voy. DAUTEUIL, PIERRE.

LAMARCHE. — Voy. BAUDRY — CHARTIER —
L'ANGUILLE — PERRINOT — PERINAULT.

I.—LAMARCHE, JEAN, établi aux Trois-Rivières,⁴
b 1608 , s 19 août 1691, à Boucherville.
LETENDRE, Marie, b 1621 ; s ⁴ 2 janv. 1699. —
Florent, b 1659. — *Jean*, b 1661.

LAMARGUE. — Voy. MARIN DE LA MARGUE.

LA MARGUE, (DE) LOUIS, de St. Colombe, evêché
de Bordeaux.
PAPINEAU, Marie.
Jacques-Roch, b 1642, à Bordeaux ⁸ ; m 6 fév.
1668, à Marie POURNAIN, à Montréal ⁵ ; s ⁵ 2 oct.
1699.—*Anne*, b ³ 1649 ; m ⁵ 3 fev. 1666, à Charles
TÉTARD-FOLLEVILLE.

1668, (6 février) Montréal. ⁸
I. — LA MARQUE, JACQUES-ROCH, b 1642, fils de
Louis (bourgeois) et de Marie Papineau, de St.
Colombe, evêché de Bordeaux ; s ³ 12 août
1705.
POURNAIN, Marie, b 1621, vouve de Jacques
Tetard ; s ³ 2 oct. 1699.

Marie-Anne. b ³ 6 mai 1669 ; 1° m ³ 26 janv. 1688, à Jean-Baptiste NOLAN ; 2° m 21 fév. 1712, à Joseph-Antoine DE FRESNEL, à Laprairie ; 3° m ³ 3 mai 1717, à Alphonse DE TONTY.

LAMARRE. — Voy. BELLE-ISLE — DE LA MARE — GAMACHE — LAMARCHE.

1659.

I. — DE LAMARRE, LOUIS, de Pitre, évêché de Rouen.
GRENIER, Jeanne, évêché de La Rochelle.

I. — LAMARRE, JACQUES.
PINELLE, Marguerite.   [NICOLAS I.
Pierre, b 1670 ; s 30 mai 1690, à Québec.

1690, (26 juin) Québec. ⁴

I. — LAMARRE DIT BELLE ISLE, HENRY, médecin' fils d'Antoine et de Marguerite Levasseur, de St. Michel, évêché d'Angers ; s...
DE MOSNY, Catherine,   [JEAN I.
Marie-Catherine, b ⁴ 14 déc. 1691. — *Marie-Josette,* b ⁴ 10 nov. 1693. — *Geneviève,* b ⁴ 20 mars 1695. — *Henry,* b ⁴ 19 août 1696 ; m ⁴ 25 nov. 1720, à Catherine GAUTIER.

LA MARTINIÈRE (DE) PIERRE, b 1662, était à Montréal, en 1681.

I. — LAMARTRE, BERTRAND, b 1643, était à Longueuil, en 1681.

I. — LAMBERT, PIERRE, b 1638, s 30 oct. 1663, au Château-Richer, tué.

I. — LAMBERT, EUSTACHE, marchand-bourgeois, b 1618 ; s 6 juillet 1673, à Québec. ³
LAURENCE, Marie, b 1632 ; s 4 août 1686, dans l'église de Québec.
Gabriel, b ³ 5 déc. 1657 ; m ³ 18 juin 1686, à Françoi e-Renée ROUSSEL ; s 25 juillet 1719, à Lévis. — *Eustache,* b ³ 18 déc. 1658 ; m 31 janv. 1682, à Sophie VANNECK, à Contrecœur. — *Marie-Madeleine,* b ³ 11 mai 1662 ; m 24 janv. 1678, à Louis CHARTIER-DE-LOT ; s ³ 15 nov. 1695.

1670, (29 septembre) Québec. ⁷

I. — LAMBERT, AUBIN, b 1632, fils d'Audax et de Jacqueline Feuillart, de St. Aubin, en Touroure, évêché de Chartres ; s...
AUBERT, Elizabeth, b 1636, fille de Michel et de Jeanne Aubert, de St. Sulpice de Paris ; s...
Françoise, b 27 août 1671 ; m 23 oct. 1685, à Michel CHATEL, à la Pointe-aux-Trembles de Québec. ⁸ — *Catherine,* b ⁷ 12 avril 1673 ; m ⁷ 23 mai 1706, à Jean GATIN. — *Aubin,* b 1675. — *François,* b ⁷ 27 sept. 1676 ; 1° m 17 nov. 1699, à Marguerite PILOTTE, à St. Nicolas ; 2° m 29 août 1724, à François BONHOMME, à Ste. Foye. — *Marie-Florence,* b ⁷ 29 nov. 1678 ; m ⁷ 15 sept. 1711, à Pierre RENAULD. — *Marie-Louise,* b 1681 ; m ⁷ 12 fév 1714, à Henry LOUINEAU, s ⁷ 9 mai 1761. — *Catherine-Elizabeth,* b ⁶ 23 déc. 1682 — *Anne,* b ⁸ 28 mars 1685. — *Louis,* b ⁷ 24 oct. 1687. — *Pierre-François,* b ⁷ 16 oct 1689.

1680, (4 mars) Québec. ¹

I. — LAMBERT, PIERRE, b 1650, fils de Jacques et de Perette Bachelot, de St. Jean de Fourmetot, évêché de Rouen ; s...
LE NORMAND, Marie,   [JEAN I.
b 1662.
Pierre, b 1680. (1) — *Marie-Catherine,* b ¹ 24 et s ¹ 26 août 1682. — *Marie-Françoise,* b ¹ 1er nov. 1683 ; m 28 juillet 1703, à Jacques GAUTIER, à St. Nicolas. — *Pierre,* b 9 juin 1686, à la Pointe-aux-Trembles de Québec. ³ — *Jacques-Sébastien,* b ³ 31 oct. 1688 — *Jean-Baptiste,* b ³ 5 nov. 1695.

I. — LAMBERT, JEAN.
BELLESŒUR, Anne, (2)   [GERMAIN I.
veuve de Nicolas Massard.

1682, (31 janvier) Contrecœur. ¹

II. — LAMBERT, EUSTACHE, (3)   [EUSTACHE I.
b 1658.
VANNECK, Sophia, b 1653, veuve d'Edouard Scott. (4)
Marie, b ¹ 26 avril 1682 ; m 4 fév. 1698, à François BISSOT, à Québec ⁴, s ⁴ 4 mai 1745. — *Marie-Madeleine,* b... ; m ⁴ 7 juin 1700, à François BOUET. — *Louise-Françoise,* b ⁴ 9 sept. 1685, m ⁴ 4 fév. 1704, à Louis HERBIN. — *Eustache,* b⁴ 13 mai 1688 ; m⁴ 19 oct. 1733, à Charlotte PETIT. — *Françoise,* b ⁴ 3 janv. 1690.

1686, (18 juin) Québec. ⁵

II. — LAMBERT, GABRIEL,   [EUSTACHE I.
s 25 juillet 1719, à Lévis. ²
ROUSSEL, Renée-Françoise,   [TIMOTHÉE I.
s ⁵ 7 sept. 1748.
Gabriel, b ⁵ 11 oct. 1687 ; m ⁵ 6 sept. 1715, à Marguerite Armand. — *Eustache,* b ⁵ 7 sept. 1689. — *René-Louis,* b ⁵ 6 avril 1691 ; m ⁵ 7 juin 1723, à Elizabeth PINGUET ; s ⁵ 26 mai 1736 — *François,* b⁵ 14 juillet 1693 ; s ⁵ 17 janv. 1723. — *Louis-Joseph,* b ⁵ 16 juin 1695 ; m ⁵ 16 nov. 1722, à Geneviève ROUER ; s ² 21 janv. 1760. — *Marie-Anne,* b 11 avril et s² 6 mai 1697. — *Marie-Anne,* b² 24 août 1698 ; s⁵ 26 mai 1719. — *Geneviève,* b ⁵ 16 juin 1702 ; m ⁵ 19 nov. 1720, à Jean-Baptiste HAMARD. — *Louis-Philippe,* b ⁵ 31 août 1707. — *Louis-Charles,* b ⁵ 31 août 1707.

1699, (17 novembre) St. Nicolas.

II. — LAMBERT, FRANÇOIS,   [AUBIN I.
1° PILOTTE, Marguerite,   [JEAN I.
    1724, (29 août) Ste. Foye.
2° BONHOMME, Thérèse,   [NICOLAS III.

1688, (17 mai) Ple.-aux-Trembles (Q.)

I. — LAMBERTON, JEAN, soldat de De Valrenne, b 1660, fils de Pierre et de Madeleine Bouran, de N.-D. de Chatignon, évêché de Poitiers.

(1) Au recensement de 1681.
(2) Elle épouse, le 14 juillet 1688, Jean Chevaudier, à Québec.
(3) Dit Dumont.
(4) Marchand aux Iles de l'Amérique Méridionale.

1° MARTINEAU, Marie,   [JACQUES.
   1696, (4 juin) Québec
2° MERIENNE, Marie-Madeleine,   [JEAN I.

LAMESLÉE. — Voy. CREVIER, Sieur de la Meslée

LAMERIQUE, sergent de la Compagnie de la Chasseigne, en 1692, à St Jean, I O

LAMEUNIER. — Voy. BLUTO

LAMINÉE. — Voy. VACHON

LAMIRANDE — Voy. DU LIGNON, Sieur DE LAMIRANDE.

LAMONTAGNE. — Voy. BACQUET — DES FORGES — DESNOYERS — DESRIVES — ETIENNE — JÉRÉMIE — LA LEU — VOISIE.

LAMONTAGNE, PIERRE, soldat, s 26 déc 1697, à Laprairie

I. — LAMONTAGNE, FRANÇOIS, b 1636, s 10 avril 1701, à Québec.
   PHILIPPE, Anne. (1)

LAMONTAGNE, DIT VOISIE, FRANÇOIS-JÉRÉMIE, b 1674, s 1er déc. 1708, à Québec

LAMONTAGNE DES RIVES, LOUIS, était à Québec, en 1709.

LA MORANDIÈRE. (DE) — Voy. ROCBERT — DAMOURS.

I — LA MORANDIÈRE, (DE) DIT LE DÉPENSIER, NICOLAS, était à Québec, en 1648

LAMOTHE. — Voy FRETÉ — BREBANT — AIGRON — DE JOURDIS.

LA MOTHE, (DE), était à Québec, en 1618. — (Champlain).

LAMOTTE, s 3 déc. 1690, à Laprairie. (2)

LA MOTHE, (DE) CLAUDE, b 1647 ; s sept 1687, à Lachine. (3)

I. — LAMOTHE, (DE) JEAN, de St. Michel de Bordeaux.
   BRUNET, Anne.

LAMOTHE, ELIE,
   LEVERD, Geneviève.
   Marie, b... ; m 20 avril 1705, à Marin THIBI, à St. François, Ile Jésus. ⁴ — Marie, b... ; m ⁴ 2 août 1716, à Pierre MAISONNEUVE.

(1) Elle épouse, le 20 janv., 1709, François Marquet, à Québec.

(2) Tué le 4 septembre 1690, et inhumé le 3 déc. suivant, avec quelques autres. — Voy. la note de la page 77.

(3) Tué par les Iroquois, avec neuf autres français. et inhumé par l'abbé D'Urfé, dans la baie d'Urfé, proche le lieu destiné pour bâtir l'église St. Louis du haut de l'Ile de Montréal. — (Registres de Lachine de 1687.) — Relevé en 1866. — Voy. la note de la page 67.

L'AMOUR DIT CARPENTRA, JEAN, soldat de Maricourt, à Montréal, en 1698.

I. — LAMOUREUX, ANTOINETTE, b... ; m à NORRICE ; s 17 janv. 1706, à Québec.

I. — LAMOUREUX, JEAN,
   DE VIENNE, Marie-Madeleine.
   Pierre, b 1649 ; 1° m à Marguerite PIGAROUICHE, 2° m à Barbe CELLES-DUCLOS

1664.

I — LAMOUREUX, LOUIS, s 25 fév. 1715, à St François, Ile Jésus. ²
   BOIVIN, Françoise,
   Jean-Baptiste, b 14 sept. 1669, à Montréal⁴ ; m 2 déc. 1690, à Marie GAREAU, à Boucherville. ⁵ — Adrien, b⁵ 7 mai 1671 ; m⁵ 6 avril 1693, à Denise VÉRONNEAU. — Louis, b ⁴ 21 fév. 1673 ; s ⁵ 30 nov. 1694. — Jacques, b 1674, s ⁴ 18 oct. 1687. — Françoise, b⁵ 16 juillet 1676 ; 1° m⁵ 21 mai 1692, à Noël CHAPELEAU ; 2° m⁵ 8 janv. 1702, à François VIGER. — Anne, b⁵ 4 sept. 1678, m⁵ 4 déc. 1692, à Nicolas BACHAN. — Marie-Madeleine, b⁴ 10 oct. 1680 ; m⁵ 20 mars 1697, à Jean CHIQUOT. — François, b 29 sept. 1683, à Contrecœur⁶ ; s⁵ 27 nov. 1692. — Marie, b⁶ 29 sept. 1685. — Catherine, b⁵ 5 avril 1688, m² 19 janv 1704, à Jean GOTINEAU. — Marguerite, b⁵ 19 janv. 1690 ; 1° m² 22 août 1707, à Joseph GOTINEAU ; 2° m² 25 nov. 1709, à Joseph LABELLE.

1693, (6 avril) Boucherville. ⁷

II. — LAMOUREUX, ADRIEN,   [LOUIS I.
   VÉRONNEAU, Denise,   [DENIS.
   Louis, b⁷ 30 avril 1694 ; s⁷ 10 oct. 1696. — Françoise, b⁷ 10 nov. 1695 ; s⁷ 2 fév. 1696. — Marie-Madeleine, b ⁷ 4 mai et s⁷ 22 août 1698. — Jean-Baptiste, b⁷ 9 juin 1699 ; m à Angélique LAVIGNE ; s 26 nov. 1736, à St. François, Ile Jesus. ² — François, b⁷ 1er août 1700 ; m à Marguerite MÉNARD. — Catherine, b⁷ 19 déc. 1701 ; 1° m à Jean COUTANSINEAU ; 2° m² 26 août 1738, à Michel CHABOT.

II. — LAMOUREUX, PIERRE,   [JEAN I.
   1° PIGAROUICHE, Marguerite, sauvagesse, b 1647.
   Marie-Renée, b 1672 ; m 22 sept. 1693, à Jacques HERY, à Montréal. — Jacques, b 1673.

1684, (2 octobre) Montréal. ⁸

   2° CELLES, Barbe,   [GABRIEL I.
   veuve de Louis Charbonnier.
   Barbe, b ³ 25 juillet 1685.

1690, (2 décembre) Boucherville. ¹

II. — LAMOUREUX, JEAN-BAPTISTE,   [LOUIS I.
   GAREAU, Marie,   [JEAN I.
   Louis, b ¹ 31 janv. 1692. — Françoise, b ¹ 20 oct. 1693. — Jean-Baptiste, b ¹ 23 déc. 1695. — Marguerite, b ¹ 3 avril 1698. — Catherine, b ¹ 6 fev. 1701.

I. — LAMPERIER, PIERRE, domestique de la Congrégation Notre-Dame, b 1650 ; s 10 janv. 1680, à Montreal.

LAMUSIQUE, François.— Voy. Duchesny.

I —LAMY, Marie, b 1053 ; 1° m 1673, à François Chevrefils ; 2° m 1680, à Jean Duval

1663, (22 octobre) Québec. [1]

I —LAMY, Isaac, tanneur, b 1640, fils de Jacques et de Barbe Le Chevalier, de St. Martin, évêché de Rouen.
De Cheuraineville, Marie-Madeleine, b 1650, fille de Jacques et de Marguerite Baudon, de St. Nicolas-des-Champs, évêché de Paris.
Marie, b [1] 24 août 1670. — *Pierre*, né le 13 oct. 1667, b 6 mai 1668, au Château-Richer. 1° m à Catherine Badaillac ; 2° m 30 nov. 1697, à Catherine Salvay, à Sorel. [2]— *Jeanne*, b [2] 1er janv. 1678. — *Marie-Catherine*, b [2] 17 oct. 1679. — *Louise*, b 1682 ; 1° m [2] 6 juillet 1703, à Charles Marin ; 2° m 23 déc. 1725, à René Le Gardeur. —*Claude*, b [2] 11 fév. 1681. —*Joseph*, b [2] 21 août 1685 —*Michel*, b... ; m 9 fev. 1723, à Marie-Madeleine Dutremble, à l'Ile-Dupas.

1680, (15 avril) Cap St. Ignace [1]

I. —LAMY, Pierre, établi à l'Ile-aux-Oies, b 1646, fils de Clément et d'Anne Tillant, de Dourville, évêché de Rouen , s 25 avril 1726, à l'Ilet. [2]
Picard, (1) Renée, b 1658, fille de René et de Jeanne Delavoye, ville de LaRochelle, s [2] 25 fev. 1726.
Thomas, b [1] 1er avril 1681. —*Jeanne*, b [1] 6 fév. 1683 ; m 9 nov 1705, à Antoine Blaye, à St. Michel. — *Anne*, b [1] 26 fév. 1685. — *Etienne*, b [1]2 juillet 1689. — *Marie-Marthe*, b [1] 16 mars 1692. — *Marie-Simone*, b [1] 27 janv. 1697. — *Anne*, b [1] 1er avril 1700. — *Geneviève*, b [1] 10 mai 1705.

1689.

II. —LAMY, Pierre,   [Isaac I.
1° Badaillac, Catherine.
Louis, b 29 août 1690, à Sorel. [3] — *Pierre*, b [3] 7 déc. 1692.

1697, (30 novembre) Sorel.

2° Salvay, Catherine,   [Pierre I.

I. —LANCELEUR, René, maître-mégisseur, s avant 1694.
Languille, Elizabeth.
René, b 7 fév. 1670, à Montréal ; m 11 fév. 1694, à Marie-Anne Ferret, à la Pointe-aux-Trembles de Québec.—*Jean*, b 1671 ; s 26 déc. 1702, à Québec.—*Elizabeth*, b 29 oct. 1672, à Montréal.

1694, (11 février) Pte-aux-Trembles, Q.

II. —LANCELEUR, René-Jean-Bte.   [René I.
Feret, Marie-Anne,   [Pierre I.
Jean-Baptiste, b 6 fév. 1696, à Québec [3] ; m [3] 15 mai 1728, à Catherine Marigny. — *Jean-René*, b [3] 12 oct. 1697 ; m [3] 23 nov. 1721, à Barbe Dumesnil ; s [3] 14 déc. 1730. — *Françoise-Catherine*, b [3] 17 nov. 1699 ; m [3] 25 avril 1718, à François Cadoret.— *Jean*, b [3] 30 sept. 1701. — *Alexandre*, b 1712 ; s [3] 11 nov. 1725.

(1) Appelée Montmeny, en 1705.

L'ANCOUGNIER. — *Variations et surnoms :*
Lancognet — Lancounier.

1668, (9 octobre) Québec.

L'ANCOUGNIER, Pierre, fils d'Antoine et de Marguerite Paré, de Cambe, évêché d'Agen.
Hiardin, Marie, (1) fille de Jean et de Marguerite Chesnay, de St. Germain d'Auxerre, s...

I —LANCTOT ou Lanqueteau, Jean, b 1620, tué par les Iroquois : s 23 nov. 1634, aux Trois-Rivières.
Vien, Marie, (2)   [Etienne I.
François, b 1667 ; m 14 oct. 1681, à Marguerite Menard, à Boucherville [4] ; s [4] 4 déc. 1694

1681, (14 octobre) Boucherville. [5]

II. —LANCTOT, François,   [Jean I.
s [4] 4 dec. 1694.
Menard, Marguerite, (3)   [Jacques I.
Jean, b [5] 31 mars et s [5] 5 avril 1685. —*François*, b [5] 22 avril 1686. — *Marguerite*, b 26 sept. 1688 ; s 13 mai 1699, à Montréal. — *Marie-Charlotte*, b [5] 29 déc. 1690. — *Catherine*, b [5] 24 sept. et s [5] 12 déc. 1692 — *Anonyme*, b et s [5] 6 sept. 1693. — *Marie*, b [5] 10 juillet 1694.

1667, (10 octobre) Québec. [9]

I —LANDRON, Etienne, b 1656, bourgeois, fils d'Etienne et de Marie Gaillardin, de Coignan, évêché de Bazas ; s [9] 9 nov. 1702.
De Chavigny, Elizabeth,   [François I.
Philippe-Louis, b [9] 8 juillet et s [9] 21 nov. 1669. — *Etienne*, b [9] 11 déc. 1670 ; s [9] 14 mars 1671. — *Charles*, b [9] 15 fév. 1672. — *Jeanne*, b [9] 6 juillet 1674 ; s [9] 7 mai 1690. — *Etienne*, b [9] 2 nov. 1676 ; s [9] 10 janv. 1703. — *Louis*, b [9] 24 juin 1678. — *Jean-Baptiste*, b [9] 11 juin 1680. — *Antoine*, b [9] 7 juillet 1682. — *Joseph*, b [9] 20 juillet 1684 ; s [9] 21 déc. 1702. — *Jean-François*, b [9] 29 déc. 1686. — *Elizabeth-Angélique*, b [9] 16 fév. 1688, s [9] 21 avril 1707. — *Marie-Madeleine*, b 11 et s [9] 26 avril 1689. — *Jacques*, b [9] 8 sept. et s [9] 4 déc. 1690.— *Marie-Louise*, b [9] 12 déc. 1691 ; s [9] 10 janv. 1703. — *Madeleine*, b 22 et s [9] 23 mai 1693. — *Marie-Madeleine*, b [9] 30 août 1696 ; m [9] 18 oct. 1717, à Jean-Baptiste Guenet.

I.—LANDRY, Mathurin, était à Québec, en 1643.

1659, (14 octobre) Québec.

I. —LANDRY, Guillaume, b 1626 ; s 8 janv. 1689, à Ste. Famille. [7]
Barré, Gabrielle, b 1638 ; s [7] 4 juillet 1688.
Marguerite, b 1660 ; m [7] 26 nov. 1672, à Hespery Carbonneau. —*Claude*, b 20 juillet 1662, au Château-Richer ; m [7] 17 août 1688, à Angélique Verieul, b [7] 12 avril 1666 ; s [7] 13 oct. 1688. — *Barthélemy*, b [7] 12 avril 1666 ; s [7] 13 oct. 1688.

---

(1) Elle épouse, Richard Dumesnil.

(2) Elle épouse, le 26 janv. 1655, Philippe Etienne, aux Trois-Rivières.

(3) Elle épouse, le 11 fév. 1697, Pierre Cadieu, à Boucherville.

1688, (17 août) Ste. Famille. [1]

II. — LANDRY. Claude,   [Guillaume I.
Verieul, Angélique,   [Nicolas I.
Charles, b [1] 5 avril 1690 ; m 22 nov. 1715, à
Madeleine Le Grapt, à St. François, I. O.[3] ; s 26
janv. 1770, à Levis — *Marie*, b [3] 13 janv. 1692 —
Claude, b [3] 20 avril 1694 , m [3] 2 mai 1728, à Suzanne Tareau, — *Louis-Hyacinthe*, b [1] 21 mai
1696. — *Marie*, b [1] 7 mars 1699. — *Joseph*, b [3] 29
avril 1702. — *Geneviève*, b [3] 17 mai 1704. — *Augustin*, b... ; m [3] 25 nov. 1729, à Angelique
Guyon.

LA NEUVILLE. — Voy. Dehornay.

1686, (14 mai) Quebec. [4]

I. — LANGARD, Nicolas, soldat, b 1647, fils de
Paul et de Jeanne Boursault, du bourg de
Pere, evêché de Xaintes ; s...
Briau, Marie, veuve de Louis Cressé, b 1667.
Marie-Madeleine, b [4] 1er mai 1687.

L'ANGE, était à Québec, en 1613. — *Champlain*

I. — LANGEAC (De) Vincent, b 1637 ; s 18 nov.
1712, à Batiscan.

1665, (12 novembre) Quebec. [4]

I. — L'ANGELIER, Sébastien, fils de Michel et
de Catherine Bidaut, de St. Lubin de Fres-
quinne, évêché de Rouen.
De Beauregard, Marie, (1) b 1645, fille d'Olivier
et de Philippe Ardouin, de St. Germain d'Auxerre.
Charles, b [4] 13 oct. 1670; m 2 juin 1692, à
François Destroismaisons, au Château-Richer. —
Pierre, b 24 nov 1673, à Sillery. — *Marie*, b... ;
m à Vivien Rochelot. — *Marie-Anne*, b [4] 14 juin
1678, m 3 juin 1697, à Jean-François Gely.

1692, (2 juin) Château-Richer.

II. — LANGELIER, Charles,   [Sebastien I.
Desroismaisons, Françoise,   [Philippe I.
Charles, b 16 fev. 1693, au Cap St. Ignace. [4] —
François, b [4] 26 nov. 1694 ; m 11 oct. 1721, à
Angélique Bilodeau, à St. François, Ile d'Orleans.
— *Louis*, b [4] 25 nov 1696; m à Geneviève Fortin
— *Elizabeth-Gabrielle*, b [4] 15 fév. 1699 ; m 1722,
à Joseph Gendreau. — *Louise*, b [4] 20 fev. 1701. —
Marie-Françoise, b [4] 15 mai 1705; *Joseph*, b 3
mai 1703, à l'Ilet [5] ; s 3 juin 1729, à Québec —
Geneviève, b [4] 19 janv. 1707; m [5] 3 oct. 1746, à
François Miville. — *Marie-Madeleine*, b [4] 19 janv.
1707, m [4] 21 nov. 1735, à Louis Fortin. — *Mar-
the*, b [4] 31 oct. 1708 — *Marie-Angélique*, b [5] 7
nov. 1712 ; m [5] 27 janv. 1748, à Jean Boulé.

1691, (8 août) Quebec.

I. — LANGERON, Joseph.
Galarneau, Marie, (2)   [Jacques I.

(1) Elle épouse, le 12 octobre 1682, Etienne Gehneau, à
Québec.

(2) Fille épouse, le 24 octobre 1701, Jean DesLandes, à
Montréal.

LANGEVIN. — Voy. Poirier — Cartier — Bergevin — Lacroix.

1654, (5 octobre) Quebec.

I. — LANGEVIN dit Lacroix, Mathurin, syndic,
b 1636, fils de Mathurin et de Marguerite
Mahé, du Lude, ville d'Angers, en Anjou.
1º Renaut, Marie, b 1633, fille de Mathieu et de
Marie Courtois, de St. Paul, évêché d'Orléans;
s 27 oct. 1673, à Montréal. [8]
1674, (9 octobre) Québec.
2º Martin, Marie-Thérèse,   [Antoine I.
Louis, b [8] 16 janv. 1676 ; m [8] 12 oct. 1703, à
Jeanne Gateau. — *Marguerite*, b 27 sept. 1679, à
Ste. Anne de la Pérade [3] — *Madeleine*, b [8] 18 juin
1677 ; m [3] 18 juin 1697, à Edmond Tessier. —
Jean, b [8] 30 oct. et s [8] 19 nov. 1681. — *Antoine*, b[8]
16 fev. 1685. — *Charles*, b [8] 27 fev. 1688.

1668, (26 novembre) Québec.

I. — LANGEVIN, Jean. — Voy. Bergevin.
Piton, Marie.
Jean, b... ; m 1º m 23 fév. 1702, à Marguerite
Meunier, à Beauport ; 2º m 1er dec. 1703, à René
Bezeau, à Charlesbourg [4]; 3º m [4] 5 avril 1712, à
Marie-Ursule Forçan.

LANGEVIN.
Poignet, Suzanne.
Anonyme, b 1699 ; s 8 sept. 1702, à Québec.

LANGEVIN, Michel,
Hélie, Marie.
Michel, b... ; m 23 avril 1714, à Marguerite
Guertin, à Vercheres.

II. — LANGEVIN, Jean,   [Jean I.
1º Meunier, Marguerite, b 1680 ; s 23 déc. 1702,
à Charlesbourg. [8]
Marie-Marguerite, b [3] 20 déc. 1702.
1703, (1er decembre) Charlesbourg. [4]
2º Bezeau, Marie-Renée,   [Pierre I.
veuve de Laurent Delage, s [4] 29 mars 1711
Marie-Marguerite, b [4] 27 août 1704. — *Marie-
Renée*, b [4] 11 août 1707.
1712, (5 avril) Charlesbourg. [5]
3º Forsan, Marie-Ursule,   [Claude I.
Jean-Marie, b [5] 12 fev. 1713. — *Marie-Thérèse*,
b [5] 22 nov. 1715. — *Marie-Joseph*, b [5] 13 mars
1718.

LANGLICHE. — Voy. Lalande.

LANGLOIS. — *Variations :* Lachapelle — Boisverdun.

I. — LANGLOIS, Jérome, serrurier, b 1600 ; s 3
janv. 1684, à Champlain.

I. — LANGLOIS, Marie, b... ; m avant 1625, à
Jean Juchereau, s 15 janv. 1661, à Quebec.

I. — LANGLOIS, Marguerite, 1º m à Abraham
Martin ; 2º m 17 fév. 1665, à René Branche,
à Quebec.

1634, (25 juillet) Québec. [9]

I.—LANGLOIS, Noel, pilote, b 1606, s 15 juillet 1634, à Beauport. [4]

1° Grenier, (Garnier,) Françoise, s [6] 1er nov. 1665.

Robert, b [9] 18 juillet 1635; s [9] 19 juin 1654.—Marie, b [9] 19 août 1636, m [9] 10 août 1660, à François Miville, s [9] 15 août 1687.—Anne, b [9] 2 sept. 1637; m [9] 9 nov. 1649, à Jean Pelletier.—Marguerite, b [9] 3 sept. 1639; m [9] 22 oct. 1653, à Paul Vachon, s [4] 25 sept. 1697.—Jean, b [9] 24 fév. 1641; m 19 oct. 1665, à Françoise Bélanger, au Château-Richer; s [9] 26 août 1693.—Jeanne, b [9] 1er janv 1643; m [9] 9 janv. 1656, à Rene Chevalier.—Elizabeth, b [9] 7 mars 1645; 1° m [9] 6 nov. 1662, à Louis Coté; 2° m [9] 15 dec. 1669, à Guillaume Lemieux.—Marie, b [9] 18 oct. 1646.—Jean, b 20 dec. 1648: m [9] 5 dec. 1675, à Marie Cadieu, s...—Noel, b [9] 7 dec. 1651, 1° m [9] 1672, à Aymee Caron; 2° m [4] 2 déc. 1686, à Geneviève Parant; s [4] 9 oct. 1693.

1666, (27 juillet) Château-Richer

2° Crevet, Marie, veuve de Robert Caron.

Marie-Anne, b...; m 8 fev. 1694, à Jean Coté, à Beauport

I.—LANGLOIS, Thomas, b 1637; s 1er avril 1712, à la Rivière-Ouelle

1661, (5 decembre) Montreal. [8]

I.—LANGLOIS dit Lachapelle, Honoré, chapelier, b 1632, fils de Jean et de Jacquette Charpentier, de Paris.

Pontonnier, Marie, b 1646, veuve de Pierre Martin.

Jeanne, b [8] 16 janv. 1664; m 7 avril 1682, à Joseph Loisel, à la Pte-aux-Trembles de Montréal. [7]—Honoré, b [8] 30 déc 1665, s [8] 18 fev. 1666.—Marguerite, b [8] 25 fev. 1667; m [7] 11 nov. 1686, à André Henau.—Anne-Thérèse, b [8] 19 sept. 1669; m [7] 6 janv. 1693, à Robert Janot.—Jean, b [8] 26 juin 1672; m 4 nov. 1698, à Jeanne Gautier, à Varennes. [4]—André, b [8] 15 juillet 1673; 1° m [4] 7 nov 1701, à Françoise Bissonet; 2° m [4] 23 janv. 1708, à Marguerite Gautier.—Françoise, b [7] 27 nov. 1678, m [4] 12 janv. 1700, à Louis Baudry.—Antoine, b [7] 25 sept. 1681; s [7] 31 oct 1684.—Joseph, b 22 et s [7] 30 avril 1684.—Antoine, b [7] 13 juin 1685; s [7] 1er dec. 1688.

1664, (25 novembre) Trois-Rivières.

I—LANGLOIS, Rolin, b 1640, fils de Jérôme et de Marguerite Chamberlan, de N.-D. du Hâvre de Grâce; s 23 janv. 1665, aux Trois-Rivières.

Chauvin, Marie, (1)   [Marin I.

1665, (19 octobre) Château-Richer. [4]

II.—LANGLOIS dit Boisverdun, Jean, [Noel I. s 26 août 1687, à Québec. [6]

Bélanger, Françoise-Charlotte, (2) [François I.

(1) Elle épouse, le 20 juillet 1665, Jean De Noyon, aux Trois-Rivières.

(2) Elle épouse, en 1695, Thomas Rousseau.

Jean-François, b [4] 28 fev 1667, m 1692, à Geneviève Rousseau.—Charles, b 1er dec 1668, à Ste Famille. [7]—Marie, b [6] et s [6] 15 dec 1670.—Geneviève, b [6] 23 avril 1672.—Marie-Madeleine, b [7] 3 juin 1674.—Elizabeth, b [7] 30 nov et s [7] 13 dec 1676.—Pierre, b [7] 21 dec. 1677.—Joseph, b 19 mai 1680, a St Pierre, I. O [8], m 11 août 1705. à Louise Nolin, à St Thomas.—Paul, b 19 fev. 1683, au Cap St Ignace.—Clement, b [8] oct. 1682; m [4] 25 juin 1704, à Marie-Anne Prevost.—Elizabeth, b...; m 7 janv. 1709, à François Gagné à l Ilet

1668, (15 octobre) Québec. [1]

I.—LANGLOIS, Jean, fils d'Adrien et de Catherine Dumets, d'Ourville, près Dieppe.

Gomond, Madeleine, fille de Jean et d'Anne Rémonil, de St. Nicolas-des-Champs, Paris.

Jean, b [1] 10 août 1669.—Germain, b [1] 28 juillet 1670

1671, (26 octobre) Québec. [1]

I.—LANGLOIS, Nicolas, b 1640, fils de Charles et de Marie Cordier, de St. Pierre, eveché de Rouen, s 13 oct 1721, à la Pointe-aux-Trembles de Quebec. [3]

Cretel, Elizabeth, b 1649, fille de Guillaume et de Jeanne Godfroy, de St. Maclou, évèche de Rouen, s [3] 27 mai 1704.

Claudine, b [1] 26 dec 1672, m [3] 11 août 1692, à Alexis Richard.—Etienne, b [1] 17 dec 1673; m [3] 10 fevrier 1698, à Elizabeth Faucher.—Françoise, b [1] 6 mars 1675, s [3] 7 juillet 1691—Nicolas, b et s [1] 31 janv. 1676.—Isabelle, b [1] 27 mars 1677 m [3] 4 fev. 1694, à Louis Metard—Nicolas, b [1] 19 juin 1679; m [1] 20 oct. 1704, à Angelique Geserre, s [3] 18 fev. 1713.—Marie-Madeleine, b [3] 15 fev. 1681, m [3] 25 nov. 1698, à Nicolas Faucher.—Charles, b [3] 9 nov 1682; s [3] 10 nov. 1686.—Marie-Thérèse, b [3] 8 dec. 1685; s [3] 22 nov. 1686—Jean-Baptiste, b [3] 4 avril 1688; s 30 nov. 1692.

II.—LANGLOIS dit Traversy, Noel, [Noel I. s 9 oct. 1633, à Beauport [3]

1° Caron, Aymée,   [Robert I. s [3] 5 oct. 1685.

François, b [3] 28 oct. 1673; m [3] 17 sept. 1696, à Jeanne Baugis.—Madeleine-Louise, b [3] 21 avril 1680; s [3] 7 oct. 1682.—Agnès, b [3] 4 mars 1682; s [3] 1er août 1683.—Marie-Thérèse, b [3] 2 juin 1684.—Marie-Anne, b...; m [3] 8 fev. 1694, à Jean Coté.

1686, (2 décembre) Beauport. [3]

2° Parant, Geneviève,   [Pierre I.

Jean, b [3] 16 juillet 1688; m 10 oct. 1712, à Madeleine Bisson, à Ste. Foye—Geneviève, b [3] 31 juillet 1690; m [3] 14 fev. 1708, à Rene Toupin.—Louise-Catherine, b [3] 12 sept. 1693, m [3] 26 nov. 1714, à Jean Huppé.

1675, (14 juillet) Quebec. [3]

I.—LANGLOIS, Germain, b 1645, fils de Michel et de Catherine Leclerc, de St. Germain d'Auxerre; s [8] 17 fév. 1749.

Chalifour, Jeanne,   [Paul I. s [4] 18 janv. 1703.

23

Jacques, b 1676. — Jean, b 1677. — Germain, b 8 25 oct 1678 , m 13 août 1706, à Angélique PARANT, à Beauport 4 ; s 4 31 janv. 1717. — Jean. b 7 mai 1684, à Charlesbourg. 6 — Etienne, b 6 2 juin 1686 — Pierre, b 7 et s 6 11 avril 1688 — Martin, b 6 13 juin 1689 ; 1o m 8 9 nov. 1716, à Louise PASQUIER ; 2o m 8 30 oct. 1747, à Marie-Louise ALAIRE , s 8 5 déc. 1749. — Augustin, b 6 6 fév 1692 — Nicolas, b 6 15 fév. 1694 , s 8 15 déc. 1700. — Jeanne, b 8 19 juillet 1696 ; m 8 16 oct. 1713, à Pierre BOUTIN — Louis, b 8 28 août 1698. — Thomas, b 8 30 mars 1700 , s 8 6 mars 1704.

1675, (5 décembre) Québec 8 (1)

II. — LANGLOIS, JEAN, [NOEL I.
CADILU, Marie, (2) [CHARLES I.
Charles, b 1677 , s 29 nov. 1699, au Cap St-Ignace. 2 — Marie-Madeleine, b 21 nov. 1678, à Ste Famille, m 11 janv. 1699, à Jean GAGNÉ. — Jean, b 3 fév. et s 16 mars 1681, à St. Pierre, I O. — Madeleine, b 1er mars 1682, à Beauport 7 ; s 8 12 déc 1702 — Marguerite, b 1683 , m 10 nov. 1700 à Jean BLOUIN, à St. Thomas. — Louis, b 7 19 nov. 1684 , m à Madeleine GUYON. — François, b 2 30 mars 1690

1681, (8 novembre) Ste. Anne.

I — LANGLOIS, JACQUES, b 1648, fils de Jean et de Catherine Trimouille, de St. Martin de Colombel, evêché de Bayeux ; s 10 oct. 1702, à Québec. 1
DE LESSARD, Marie-Thérèse, [ETIENNE I.
s 1 4 juin 1749
Marie-Thérèse, b 1 25 janv. 1684. — Jacques, b 1 10 mars et s 1 19 avril 1685. — Michelle-Françoise, b 1 4 avril 1686 , m 1 7 janv. 1706, à Etienne GUICHON, — François, b 1 6 sept. 1687. — Marie-Anne, b 1 6 juillet 1689 , 1o m 1 2 déc. 1724, à Philippe PLIRÉ; 2o m 1 31 août 1735, à Louis FLEURY. — Jean, b 1 24 août 1690 ; s 1 7 oct. 1696 — Jean, b 1 17 sept. 1691. — Agnès, b 1 22 janv. 1693 , m 1 13 nov. 1731, à Alexandre CAVELIER-DUSOUCHET. — Pierre-Marie, b 1 21 mars 1696 ; m 1 27 juin 1729, à Catherine BOUCHER. — Angélique-Françoise, b 1 18 déc. 1698, religieuse-ursuline, dite Ste Elizabeth ; s 1 8 avril 1759.

III. — LANGLOIS, JEAN-FRANÇOIS, [JEAN II.
ROUSSEAU, Geneviève, [THOMAS I.
Louis, b 19 nov. 1693, à St. Thomas. 1 — Marie, b 1 13 oct. 1696. — Jean, b 1 et s 1 3 juin 1698. — Anonyme, b 1 et s 1 5 déc. 1699 — Geneviève, b 1 5 janv. 1701 — Charlotte, b 1 27 fév. et s 1 11 mai 1703 — Jean-Baptiste, b 1 25 et s 1 27 mars 1705.

1696, (17 septembre) Beauport. 2

III. — LANGLOIS, FRANÇOIS, [NOEL II.
BAUGIS, Jeanne, MICHEL II.
Geneviève, b 2 24 fév. 1697 ; s 2 5 fév. 1703. — Jean-François, b 2 6 nov. 1698 , s 2 15 janv 1703. — Louis-Benjamin, b 1 3 mars 1701 , m 24 sept. 1725, à Marie-Françoise TOMELET, à Lachine. —

(1) Date du contrat de mariage. — *Greffe de Duquet.*
(2) Elle épouse, le 19 juin 1694, Jean Gosselin, à Québec.

Geneviève, b 2 16 mars 1704. — Marie-Thérèse. b 2 23 avril 1706. — Jean-François. b 2 16 oct. 1708. — Noel. b 2 8 août 1711. — André, b 2 1er avril 1714. — Françoise, b 2 9 janv. 1717. — Louise-Jeanne, b 2 23 sept. 1719.

1698, (10 février) Pte.-aux-Trembles (Q.) 8

II — LANGLOIS, ETIENNE, [NICOLAS I.
FAUCHER, Elizabeth, [LÉONARD I.
Etienne, b 3 26 nov. 1699. — Elizabeth, b 3 28 mars 1702 ; s 3 8 fév. 1708. — Nicolas, b 3 25 juillet 1704. — François-de-Sales, b 3 25 mars 1706 — Ignace, b 21 avril 1708, au Cap Sante. 4 — Joseph Marie, b 4 7 avril 1710. — Jean-François, b 4 10 mai 1711. — Josph-Marie, b 4 26 mars 1713. — Jean-Baptiste, b... , m 3 13 août 1742, à Marie-Jeanne CUILLERIER.

1698, (4 novembre) Varennes. 4

II. — LANGLOIS, JEAN, [HONORÉ I.
GAULTIER, Jeanne, [MATHURIN I.
s 4 8 mai 1703.
Marie-Marguerite, b 4 5 oct. 1699

LANGLOISERIE. — Voy. PIOT.

LANGLUMÉ, NICOLAS. b 1650, de la ville d'Orleans ; s 24 dec. 1685, à Quebec.

L'ANGOUMOIS. — Voyez LIZIEUX — MARTIN — COUSSIN — DARVEAU — HERVAUX — HÉRO.

LANGUEDOC. — Voy. BERTIN — LARIGUE — LACOSTE — LANQUETEAU.

I. — LANGUEDOC DIT LANQUETEAU, JEAN, officier, b 1620 , s 23 nov. 1654, aux Trois-Rivières. (1)
VIEN, Marie, (2) [ETIENNE I.

L'ANGUILLE DIT LAMARCHE, JEANNE, b 1688 ; s 1er mars 1712, à la Pointe-aux-Trembles, Q

I. — LANGY, (DE) LÉON, lieutenant des troupes, fils de noble Pierre Levraux de Langy, sieur de Maisonneuve et d'Anne Aigron de Notray, evêche de Poitiers. (3)

LANIEL — *Variations et surnoms :* DANIEL — HANIEL — LAQUEL — DESROSIERS.

1689, (10 janvier) Batiscan. 3

I — LANIEL, JULIEN, b 1663, fils de Jean et de Judith Lesule, de St. Sulpice de Paris.
1o FAFARD, Marie-Anne, [FRANÇOIS I.
Marie-Madeleine, b 8 17 déc 1690 , m à Pierre RENARD. — Ignace, b 9 avril 1693, au Cap Sante. — Nicolas, b 15 mai 1695, à Quebec. — Marie-Louise, b 12 avril 1697, à la Pointe-aux-Trembles de Montreal 9, m 17 fév. 1721, à Pierre MANDEVILLE à l'Ile Dupas. — Jean-Baptiste, b 9 5 mars

(1) Tué par les Iroquois.
(2) Elle épouse, le 26 janvier 1655, Philippe Etienne, aux Trois-Rivières.
(3) Il épouse, le 25 novembre 1705, Marguerite Trotier, à Batiscan.

1699; m à Marie-Madeleine COUTURIER. — *Marie-Anne*, b 5 et s 20 déc. 1699, aux Trois-Rivièr s — *Marie-Charlotte*, b... ; m à Mathurin PILON — *Antoine*, b.. ; m 29 nov. 1719, à Marie-Anne URBAIN, à Repentigny.

1703, (28 août) Québec

2° GUAY, Rosalie, [JEAN I. veuve de Silvain Duplais.

LANOIX. — Voy. DAUTREPE—ENOUILLE

LANOUETTE. — Voy. RIVARD.

LANNOIS, FRANÇOIS, (1) b 1666, s 18 fév. 1706, à Lachine.

LANOUE, (DE) — Voy. ROBUTEL — LEILLU.

I. — LANOUGUÈRE, (DE) THOMAS, noble homme, commandant à Montréal (2)
DENIS, Marguerite-Renée. [PIERRE II.
Louise, b 8 juillet 1674, à Montréal, religieuse-ursuline, dite sœur Ste. Catherine, s 5 oct. 1748, à Montréal.

LANQUELEUR. — Voy. HANOTIN.

LANTEUR.
Nicolas, b 1672, s 2 nov. 1692, à la Rivière-Ouelle. ³ — *Nicolas*, b..., s³ 6 oct. 1699.

LANTIER, MATHURIN,
VERNIN, Françoise,
Anne, b... ; m 26 fév. 1709, à Jean MARTIN, à Contrecœur.

1694, (8 février) Montréal. ⁷

LANTIER, JACQUES.
MATOU, Catherine-Angélique, [PHILIPPE I.
Marie, b ⁷ 19 sept. 1694. — *Catherine*, b 23 déc. 1695, à Lachine ⁴ — *Marie*, b ⁴ 10 mai et s ⁴ 28 oct. 1697 — *Marie-Madeleine*, b ⁴ 6 avril et s ⁴ 21 sept. 1700. — *Anonyme*, b et s ⁴ 10 déc. 1701. — *Geneviève*, b ⁴ 10 et s ⁴ 16 fév. 1703. — *Angélique*, b ⁴ 29 juin 1704. — *Madeleine*, b ⁴ 31 janv. 1706. — *Anonyme*, b et s ⁴ 4 mars 1707. — *Jeanne*, b ⁴ 20 fév. 1708; m 7 fév. 1735, à François PITON, à Lachenaye.

LAPAILLE, JACQUES. — Voy. CHARPENTIER.

LAPALME. — Voy. JANSON.

LAPARRE. — Voy. LEVREAUX.

LA PENSÉE. — Voy ROY — BRON — PAVIOT.

I. — LA PENSÉE DIT BRON, JACQUES, b 1645 ; s 16 fév. 1720, à la Pointe-aux-Trembles de Québec. ⁶
MALO, Marie, b 1653 ; s ⁶ 24 août 1714.

LA PÉRADE. — Voy. PELLETIER—DE LA NAUDIÈRE.

LAPEROTIÈRE (DE) — Voy JUTRAS.

1688, (1er mais) Château-Richer.

I — LAPERRIÈRE, (OUVRARD) LOUIS
QUENTIN, Anne, (1) [NICOLAS I. veuve de Louis De la Mare.
Paule-Marguerite, (posthume) b 30 mai et s 8 août 1691, à Québec.

LAPERUANCHE. — Voy. MEZIÈRE.

LAPIERRE.—Voy. JONCAS—MERSAN—MARÇAN—DUCHESNE.

LAPIGEONNIÈRE, (DE) LOUIS. — Voy. GAUTIER, Sieur DE LA PIGEONNIÈRE.

LAPINTERRE — Voy. CAFFIÉ

LA PISTOLE.— Voy. VARIN.

LAPLACE, MARGUERITE, femme de Pierre Brébant dit Lecompte, en 1696.

LAPLAINE. — Voy. MESSAGUIER.

LA PLANCHE. — Voy. DUVERGER.

LAPLANTE.—Voy. MERCIER — DAVAUX — SAUVE — BONNIER — DE LA BOURLIÈRE — PANIER — DESSUREAUX — ROUX — LERIGE.

I. — LAPLANTE, soldat, sergent de M. Dugué, b 1637 ; s 31 déc. 1687, à la Pointe-aux-Trembles de Montréal.

LAPLUME. — Voy. LAISNÉ — DUBRAY.

LAPOINTE. — Voy. SIMON — GODARD—AUDET—ROBIN—DESAUTELS—TOUSIGNAN—CLÉMENT.

1693, (28 sept.) Pte-aux-Trembles, (M.)

II. — LAPOINTE, (2) JOSEPH, [PIERRE I.
CHAUDILLON, Marie-Charlotte, [ANTOINE I.
Marguerite, b ² 22 août 1699 ; s 6 juillet 1703, à Montréal.

LAPORTE. — Voy. DE LA PORTE.

1657, Montréal. ¹

I. — LAPORTE, (DE) DIT ST. GEORGES, JACQUES-GEORGE, b 1621.
DUCHESNE, Nicole, b 1641.
Paul, b ¹ 15 avril 1659 ; m 24 fév. 1688, à Marie LUSSIER, à Boucherville. ⁴ — *Antoine*, b 1661. — *George*, b ¹ 23 avril 1666, m à Madeleine GUERTIN ; s... —*Jacques*, b 1668. — *Louis*, b 1670. — *Angélique*, b 1671. — *Jean*, b 1673. — *Pierre*, b 1675 ; m ¹ 27 juillet 1703, à Marie JEHAN. — *Suzanne*, b 28 fév. 1676, à Repentigny ; m à Pierre MÉNARD. —*Jeanne*, b ⁴ 8 mai 1682, s ⁴ 28 nov. 1683.

---

(1) Soldat de M. de Maltes, commandant le fort Rolland. Egaré et mort dans la neige en revenant au fort.

(2) Voyez De la Nouguère, page 169.

---

(1) Elle épouse, le 11 février 1697, Nicolas Bosché, à L'Ange-Gardien.

(2) Voy. Desautels, page 185.

1688, (24 février) Boucherville. 4
II.- LAPORTE PAUL, [JACQUES I
LU-SIER, Marie, [JACQUES I
s 21 mai 1695.
Marie, b 4 25 janv. 1689. — Angélique, b 4 23
janv. 1691 — Anonyme, b et s 4 4 oct. 1693. —
Paul, b 4 2 avril 1695.
2° MATOU, Marguerite. [PHILIPPE I.
Joseph, b 4 27 fév. 1699 — Pierre, b 4 6 janv.
1701.

II —LAPORTE, George. [JACQUES I.
b 1662, s 20 août 1693, à Boucherville. 4
GELATIN, Madeleine, (1) [LOUIS I.
Joseph, b 4 14 sept. 1690, m 10 janv. 1712, à
Marie-Anne CASAVAN, à Repentigny. — Pierre, b 4
11 mars 1692.

LAPRADE.—Voy. PELLETIER—REJAS—BOUCHAL-
LLT.

LAPRAIRIE, Pierre. — Voy. MERIAULT --ROUS-
SELOT —BEAUCHAMP —DAVID —FORE.

LAPRÉE —Voy PETIT.

LAPRISE.— Voy. DROUILLARD —DAMIAUX.

LA PROMENADE — Voy. L'ARCHEVÊQUE

LAQUEL —Voy LANIEL.

LAQUERRE, JEAN.
CHOISETTE, Marie, b..., s 30 juin 1716, à Ste.
Anne de la Pérade. 5
Pierre, b ..; m 5 5 oct. 1700, à Marie-Anne
PICARD.

L'ARABEL. — Variations LAMEUNIER — BLUTO.

DE LA BALDE, capitaine.

LARAMÉE, Michel — Voy PORCHER — MEUNIER
— LARD — ANGO — MARCHESSEAU —AUPRY —
MARCHAND

LARAMÉE, soldat, s 11 mars 1698, trouvé mort
dans la neige, à Laprairie.

LA RAUE, (DE) JACQUES. — Voy LA RUE.

I — L'ARCHE, PHILIPPE, maître-maçon, b 1674,
s 21 nov. 1746, a Batiscan.

I.— L'ARCHE, JACQUES
Anonyme, b 18 fév. 1684, à Lorette.

L'ARCHER DIT CHAMPAGNE, Claude, serviteur de M.
DES COLOMBIERS s 19 juillet 1670, à Québec.

1645, (6 février) Québec 8
I.— L'ARCHEVÊQUE, CLAUDE, fils de Guillaume
et de Jeanne Alène, de Caux.
SIMON, Jean, fille de François et de Louise Lemoine du Muslon, en Poitou.

Jean, b 8 14 janv. 1646; m 8 7 sept. 1663, à
Marie-Anne POUSSIN : s 8 6 avril 1699. — Henry,
b 8 17 août 1670 m 8 8 fév 1678, à Marie DE TREPA-
GNY, s 8 19 sept. 1687 —Jacques, b 8 16 fév 1648
m 8 3 juin 1669, à Madeleine LE GUAY. —Anne-
Marie, b 4 fev. et s 8 1er mars 1651. — Jacqueline, b 22 nov. et s 8 10 déc 1654 — François,
b 8 25 fév. 1656 — Pierre, b 1er et s 8 13 nov 1657.
— Jean, (Posthume,) b 8 13 août 1659; m 8 7 janv
1683, à Catherine DELAUNAY; s 8 19 avril 1745.

1665, (7 septembre) Québec 6
II —L'ARCHEVÊQUE, JEAN, [CLAUDE I.
s 6 6 avril 1699.
POUSSIN, Marie-Anne, b 1642, fille de George et
de Garde Mirga, de St. Sulpice de Paris,
s 6 23 juin 1708.
Marie-Anne, b 6 28 juillet 1666 —Joseph-Simon,
b 6 14 août 1667.— Anne, b 6 6 janv. 1669, s 6 13
janv. 1670 —Anne-Marguerite. b 6 13 avril 1670.
1° m 6 10 nov 1687, à François GUAY; 2° m 6 23
nov. 1688, à Noel ROUILLARD, 3° m 6 8 juillet 1728,
à Jacques CORRIVEAU; s 6 29 oct. 1749. — Jean-
Baptiste, b 1er nov et s 6 11 déc. 1671 — Claude-
Henry, b 6 10 déc. 1672 — Catherine, b 6 12 sept
1674 m 6 12 juillet 1700, à Jean BADEAU, s 6 26
avril 1741. — Geneviève, b 6 26 janv. 1676: m à
Louis SAMSON; s 6 3 mars 1738 — Mathieu, b 6 29
juin 1677, m 2 avril 1704, à Catherine HACHIN, à
Montreal. — Marguerite, b 6 7 avril 1679; m 31
mai 1700, à Polycarpe AUGEART, à Ste. Foye —
Marie-Thérèse, b 6 7 août 1680.

1669, (3 juin) Québec 1
II — L'ARCHEVÊQUE, JACQUES, [CLAUDE I.
LE GUAY, Madeleine, b 1640, fille de Jean et de
Madeleine Le Guay, de St. Mery, de Paris.
Jean, b et s 1 23 janv. 1670 —Anonyme, b et s 1
25 janv. 1670 — Marie, b 1 25 mars 1671 : m 1692,
à Jacques DESSAUX. — Joseph-Nicolas, b 1 15 mai
1672. — Philippe, b 1 18 fév. 1674 — Jean-Baptiste, b et s 1 19 juin 1675. — François, b 1 8 mars
1677, m 1 19 janv. 1706, à Marie-Thérèse CHABOT;
s 16 janv. 1711, à Ste Foye —Jean-Baptiste, b 1
22 août 1678, m 1 13 janv. 1705, à Marie-Thérèse
HAYOT; s 1 1er oct. 1742. — Jacques, b 1679; s 1
18 mai 1688 — Claude-Ignace, b 1 18 avril 1681.—
Jacques, b... ; m à Marie-Madeleine HAYOT

1678, (8 février) Québec 6
II. — L'ARCHEVÊQUE, HENRY, [CLAUDE I.
s 6 19 sept. 1587.
DE TREPAGNY, Marie, (1) [ROMAIN I
Henry, b 6 7 déc 1678, s 6 14 fev. 1679 —
Geneviève, b 6 23 nov. et s 6 11 déc. 1679 —
Charles, b 6 19 janv et s 6 20 fev. 1681 — Marie
b 6 20 mai 1682, m 6 21 nov. 1697, à Jacques MI-
CHELON; s 6 4 janv. 1703. — Catherine b 6 5 fev.
1685; m 6 24 nov. 1704, à Charles HEDOUIN; s 6
22 fev. 1716.

---

(1) Elle épouse, le 11 fév. 1691, René Bau, à Boucherville.

(1) Elle épouse. le 26 avril 1683, Robert Voyer, à Québec.

1683, (7 janvier) Quebec. [4]

II — L'ARCHEVÊQUE, Jean,   [Claude I.
s [4] 19 avril 1745.
1o Delaunay, Catherine,   [Jacques I.
s [4] 29 sept 1715.
  Catherine, b [4] 5 nov 1683, s [4] 30 oct 1684. —
Louise-Catherine b [4] 23 avril 1686; m [4] 4 juillet
1710, à Jean Willis — *Jean*, b [4] 16 juillet 1688
m [4] 4 fév. 1712, à Angélique De Rainville, s [4] 12
oct 1750 — *Charles*, b [4] 16 juillet 1690, m [4] 25
nov. 1722, à Elizabeth Cartier : s [4] 1er nov.
1727 — *François*, b [4] 22 juillet 1692 — *Jacques*,
b [4] 4 mai 1694. — *Joseph*, b [4] 4 juillet 1696. —
Françoise-Catherine b [4] 18 juin 1698 — *Catherine*,
b [4] 30 déc. 1700 m [4] 2 juin 1722, à Henry
Arnald; s [4] 4 avril 1733. — *Augustin*, b [4] 18 mars
1702 — *Jacques*, b [4] 2 nov. 1703, s [4] 5 déc. 1708.
— *Louis-Alexandre*, b [4] 8 mai 1706; m [4] 26 mai
1732, à Marie-Anne Joliet, s [4] 19 mars 1733. —
Charles-Louis, b [4] 11 août 1708.

     1718, (24 avril) Quebec. [4]

2o Cartier, Marie,   [Paul I.
   veuve de Joseph Gauhn, s [4] 31 déc 1756.
  Ignace, b [4] 2 mars 1719. — *Marie*, b [4] 20 fev.
et s [4] 8 mars 1720 — *Marie-Louise*, b [4] 16 avril
1722

III — L'ARCHEVÊQUE (1) Jacques,   [Jacq. II
Havot, Marie Madeleine,   [Jean II.
   veuve de Michel Robert
  Marie-Madeleine-Agathe, b..., m 23 sept. 1715,
à Québec [1]. — *Marie-Thérèse*, b 23 mars 1699, à
Ste Foye [6], m [3] 3 juin 1721, à Jean Demoncher-
vaux. — *Geneviève*, b [6] 7 sept. 1701; s [6] 18 sept.
1702 — *Félicité*, b [6] 11 juillet 1703 — *Ursule-
Agathe*, b [4] 4 juillet 1705 — *Jean-Baptiste*, b [6] 27
fev. 1707. — *Jacques*, b [6] 31 mars 1710.

L'ARDOISE, Guillaume — Voy. Breton

LA RENTE. — Voy. Vinet.

     1699, (28 février) St Nicolas

I. — LARF dit Laramée, Bertrand, ancien soldat de M. de la Valière, s [4] 4 juin 1717, à Quebec [1]
Couiart, Marie, s [1] 30 mai 1717.   [Robert I
  Claude-Bertrand, b [1] 19 fev. 1700, s [1] 27 mai
1717 — *Marie-Thérèse*, b [1] 1er sept. 1702 — *Marie-
Charlotte*, b 13 fev. 1708, à Lorette — *Marie-Renee*
b 3 août 1710, au Cap Sante. — *Charlotte*, b [1] 22
déc. 1715.

LARGENTERIE. (De) — Voy. De Miray, sieur de
l'Argenterie.

LARIOU — *Variations et surnoms* : Larieu. —
Lapantaisie — Le Gascon — Lafontaine.

     1674, (16 avril) Québec.

I — LARIOU dit Lapantaisie, Jean, b 1630, fils
de Jean et de Jeanne Brusquet, de St. Pierre,
evêché de Condon, s 14 fev. 1715, à Batiscan. [3]

(1) Dit Lapromenade.

Mongrau, Catherine,   [Pierre I.
s [4] 22 mai 1719
  Anne, b 2 avril 1682, à Champlain; s [4] 4 juin
1696, noyée. — *Catherine*, b [4] 27 janv. 1683, m [3]
19 nov. 1698, à Jean Veillet — *Marie-Charlotte*,
b [3] 24 sept. 1687, m [3] 16 août 1707, à Antoine
Gendron — *Jean-François*, b [3] 14 déc 1690, m [3]
18 fev. 1716, à Catherine Viel s [3] 17 sept. 1730
— *Marie-Nicole*, b [3] 18 janv. 1694; m [3] 21 juillet
1710, à René Gendron. — *Jean* b [3] 22 avril 1697.
— *Pierre*, b [3] 8 fev. 1699; m [3] 24 nov. 1721, à
Elizabeth Tifaut, s [3] 3 oct 1729.

La REVERDRA — Voy. Brac — Bras — Berard.

LaRIVIÈRE. — Voy. Tartre — Têtu — Brenezi
   — Triolet — Clément — Martin — Duperré
   — Paiment — Rouillard — Delage.

LAROCHE. — Voy. Le Marché — Rognon — Dumouchel — Larose — Breillard — Brillac
   — Picard — Rognon — Dumouchel — Brisson — De la Roche.

I — LAROCHE dit Larose, Pierre, soldat de M
De St. Martin, de Monce, evêché de Limoges.
Donia, Jeanne
  Pierre, b.. ; m 1708, à Marguerite Valade, à
Charlesbourg.

I. — LAROCHE, François, soldat de M. Desmeloises, b 1649, s 28 sept 1699, à Montreal

I. — LAROCHE, Jean, soldat de Merville, b 1673,
de St. Porchero, evêche de Xaintes

I. — LAROCHE, Innocent, de la ville de Mont-
morency, evêché de Paris.
Quoy, Marguerite
  François, b 1669, en France ; m 14 fev 1695, à
Marie-Françoise Matte, à la Pointe aux-Trembles
de Québec. — *Innocent*, b..., m 1658, à Marie
Harbour.

LAROCHE, Marie, b 1678; s 5 sept. 1691, à
Montreal, tuée d'un coup de pistolet par un
soldat.

     1683, (19 juillet) Montreal. [4]

I. — LAROCHE, Jean, fils de Robert et de Jeanne
Smillou.
Leuriau (Leuriot), Madeleine,   [Simon I.
  Charles, b [4] 5 août 1689 — *Jean*, b [4] 19 oct.
1704. — *Marie-Marguerite*, b 6 juin et s 23 juillet
1686, à Laprairie. [9] — *Gabriel*, b [9] 18 d c. 1690.
— *Jean*, b [9] 11 nov. 1687, m [9] 28 mai 1714 à Catherine Dumay. — *Charles*, b [9] 10 oct 1689 —
Marie-Marguerite, b [9] 3 janv. 1693. — *Pierre*, b [9]
4 août 1695. — *Jean*, b [9] 4 sept 1696 — *Catherine*,
b [9] 30 mars 1698. — *Joselle*, b [9] 13 août 1700.

I. — LAROCHE dit Fontaine, Michel, boulanger,
b 1660; s 17 avril 1735, à Québec. [1]
Bisson, Marie-Anne,   [René-Gervais II.
s [1] 5 mars 1727.
  Michel, b [1] 14 août 1689; m [1] 2 déc. 1719 à
Marie Dorothée Paiment; s [1] 5 mars 1764.

Marie-Louise, b 1693 1º m... ; 2º m à François BUSSIÈRE s 11 juillet 1758.—*Marie-Anne*, b 1699 , m¹ 7 janv. 1725, à Louis CUREUX, s¹ 6 fév. 1758. — *Philippe*, b et s⁸ 30 déc. 1702. — *Augustin*, b 1703 , m¹ 9 avril 1724, à Marie-Louise CORBIN ; s¹ 10 sept. 1739 — *Marie-Josette*, b⁸ 26 fév. 1704 ; m² 26 oct 1727, à Joseph VERET ; s¹ 30 oct. 1733.— *Marie-Jeanne*, b⁸ 25 juin 1705 ; 1º m¹ 28 janv. 1737, à Pierre DENIS, 2º m¹ 25 nov. 1754. à Pierre DURAND ; s¹ 26 mars 1763 — *Anonyme*, b et s⁸ 9 mars 1707. — *Marie-Madeleine*, b⁸ 2 avril 1708 ; m¹ 4 oct. 1734, à Antoine BOISSEL. — *Gabrielle*, b¹ 22 août 1710, 1º m¹ 26 oct. 1734, à Antoine VICQUE ; 2º m¹ 8 janv. 1759, à Nicolas DASILVA , 3º m¹ 30 septembre 1763, à Louis LABADY. — *Angélique*, b 29 mai 1712, à Ste. Foye⁸ , s¹ 9 oct. 1718.

1688.

II. — LAROCHE, INNOCENT,   [INNOCENT I. HARBOUR, Marie,

Marie, b 30 oct 1689, à la Pointe-aux-Trembles de Québec ¹ — *Madeleine-Ursule*, b¹ 12 juin 1692. — *Jean-Baptiste*, b¹ 24 oct 1694, m¹ 17 nov. 1721, a Marie-Anne AUGE. — *Noel*, b¹ 17 janv. 1697. — *Jean-François*, b¹ 11 nov. 1699 ; m¹ 8 fév. 1725, à Marie PELLETIER —*Marie-Marguerite*, b¹ 3 avril 1703 , m¹ 11 fev 1732, à Jean-François LAFONTAINE.—*Marie-Charlotte*.b¹ 4 fev 1705 , m 10 mars 1725, à Charles COLET, à Québec² ; s² 8 nov. 1759.— *Pierre*, b¹ 14 juin 1707 ; s 14 déc 1711.— *Marie-Ursule*, b¹ 4 nov. et s¹ 7 oct. 1710. — *Innocent-Michel*, b¹ 19 sept. et s¹ 3 nov. 1711.— *Etienne*, b¹ 17 fev. 1713 ; s¹ 18 juillet 1714 —*Marie-Josette*, b... ; m 8 fev.1723, à Joseph PERRIN, à Repentigny.

1695, 14 fevrier) Pte.-aux-Trembles. (Q) ⁴

II. — LAROCHE, FRANÇOIS,   [INNOCENT I. MATTE, Marie-Françoise,   [NICOLAS I

Marie-Madeleine, b⁴ 13 janv. 1696 — *Marie-Françoise*, b⁴ 22 fev. 1700. — *Joseph*, b⁴ 1ᵉʳ juin 1702 m⁴ 31 janv. 1729, à Thérèse DUSSAULT. — *Jean-François*, b⁴ 28 fev. 1706. — *Marie-Louise*, b⁴ 29 sept 1707. — *Marie-Jeanne*, b 14 sept. 1709, au Cap Sante. ³ — *Isabelle*, b⁴ 20 juillet et s⁸ 20 août 1711.— *Marie-Josette*, b³ 14 juin 1712. — *Michel*, b⁴ 26 fev. 1714.

LAROCHELLE. — Voy. COUTELET — GAUTRON.

LA ROLANDIÈRE. — Voy GENDRON.

LAROSE. — Voy. GUIRÉ — DE GUIRE — KERÉ — BIZEUX — SAUVIN — CHAUVEAU — BELLEAU — ST. GERMAIN — CRESPIN — BLANCHON—GROUARD — HERNY — DAVELUY — RICHARD — CARTIER — GAULTIER — VIGEANT —HEBERT.

LAROSE, JACQUES. LAFLEUR, Marie,

Marie, b 1700 , m 29 janv. 1720, à Jean-Baptiste GOUYOU dit LAGARDE, au Detroit² ; s³ 1ᵉʳ mars 1733.

I. — LAROSE, JOSEPH, tailleur ; s 23 déc. 1690, à Boucherville.

I. — LAROSE DIT ST. GERMAIN.

Anne, b 1670 ; s 31 déc 1733, à Québec. ⁹ — *Jean*, b⁹ 1664 ; s⁹ 20 mai 1734.

I.— LAROSE, JEAN, b 1661, s 10 déc. 1711, à St Etienne de Beaumont² ; (mort subite.) FORGUES, Marguerite, b 1671 ; s² 19 nov. 1711. *Geneviève*, b... ; m² 4 nov 1721, à Charles GUENET.

LAROSE, tué en 1690. — Voy. la note de la page 77.

I. — LAROSE.

———, Marguerite, b 1648 ; s 15 fev 1724, à la Pointe-aux-Trembles de Quebec.

LAROSE, PIERRE, MINAUX, Marie, b 1655, s 20 mars 1711, à Québec.

LAROSE, NOEL, MONTMENIL, Marie.   [RENÉ I. *Charles*, b... ; m 29 juillet 1704, à Marie PATENOTRE, à Québec.

LARPENTY, — Voy. DANNY — DANIS.

LARRIVÉ, — *Variations et surnoms :* ARRIVÉ — DELISLE.

1673, (25 mai) Boucherville. ²

I. — LARRIVE, PIERRE, b 1643, fils de Jean et de Jeanne Charbonnier, de Tonnay, Charente, évêche de Xaintes. BEAUCHAMPS, Denise,   [JACQUES I. *Jean-Baptiste*, b² 26 fév. 1677. — *Marie-Françoise*, Sœur St. Alexis, C. N. D , b² 29 mars 1679 , s 3 janv. 1762, a Montreal. — *Marie-Josette*, b² 29 août 1682 , m⁴ 26 dec. 1701, à Joseph ROBERT — *Jean*, b² 15 juillet 1684. — *Catherine*, b² 28 août 1686. — *Pierre*, b² 18 mars 1689 — *François*, b² 15 août 1691. — *Anonyme*, b et s² 1ᵉʳ janv. 1694 —*Joseph*, b² 26 fév. 1695. — *Jacques*, b³ 29 dec 1697 , m² 7 janv. 1723, à Marie-Anne PEPIN *Marguerite*, b 2 sept. et s² 30 déc. 1700.

1666.

I. — LARRIVÉ, JEAN, établi à Ste. Famille. ⁸ BARBARET, Jeanne. *Jean-Baptiste*, b⁸ 12 août 1667 ; m 18 nov. 1700, à Catherine POIRÉ, à Levis¹ ; s 9 sept. 1720, à St Etienne de Beaumont. — *Jeanne*, b⁸ 19 mars 1669 ; m⁸ 2 mai 1696, à Jean DEMERS. — *Pierre*, b⁸ 1ᵉʳ août 1671. — *Louis*, b⁸ 9 mars 1674 — *Paul*, b⁸ 24 avril 1676 ; s¹ 26 janv. 1700. — *Joseph*, b⁸ 2 août 1678.

I. — LARTICLE, soldat de M. de Subercase et son jardinier. BENOIT, Geneviève.   [ETIENNE I. *Marie Marguerite*, b 13 juin 1702, à Montreal⁸ s⁸ 14 mai 1703.

LARUE, (DE) — Voy. MONTENON, (DE)

I — LA RUE, (De la Raue) Jacques, menuisier, b 1621, de St. Remi de Dieppe, evêche de Rouen.
1° Fossé, Anne, b 1621.
Charlotte, b 1641 ; m à Jean Dumanoy. — *François*, b 1646 ; m 28 oct. 1669, à Anne Dequain, à Québec [4], s [4] 30 juin 1726.

    1682, (23 novembre) Québec.

2° Caillé, Jeanne, b 1636, veuve de Guillaume Dupas ; s 16 janv 1711, à St. Jean, Ile d Orleans.

1661, (30 novembre) Trois Rivières.

I — LARUE, Pierre, fils de Robert et de Cécile Du Neveu, de Rebec, en Normandie.
Godin, Jeanne, fille de Laurent et de Marie Haude, d'Aulnay, en Normandie

1663, (3 octobre) Trois-Rivières.

I. — LARUE, (de) Guillaume, notaire royal et Juge, b 1636, fils de Guillaume et de Marie Pouhot, de St. Maclou ; s 9 janv. 1717, à Ste. Anne de la Perade. [3]
Pepin, Marie,   [Guillaume I.
Etienne, b..., m 4 fev. 1697, à Madeleine Juin, à Batiscan. — *Jeanne*, b... ; 1° m 27 avril 1684, à Antoine Guibord, à Champlain [4] ; 2° m [3] 9 janv 1702, à Simon-Hector Honson. — *Jacques*, b 1671 ; m [3] 22 juillet 1697, à Marguerite Couillard — *Joseph*, b... — *Jean-Baptiste*, b... ; m à Marie-Anne Moreau. — *Marie*, b [4] 23 janv. 1675, sœur, dite de l'Enfant Jesus, Congrégation N.-D. : s 22 juin 1706, à Québec. — *Marie-Anne*, b... ; m [3] 20 juillet 1716, à George Niof.

II. — LARUE, Jean,   [Guillaume I.
Moreau, Marie-Anne,
s 22 oct. 1699, à Batiscan [4]
Jean, b [4] 17 oct. et s [4] 4 dec. 1699.

1669, (28 octobre) Québec. [0]

II. — LARUE (La Raue), François, [Jacques I.
s 0 30 juin 1726.
DeQuain, Anne, b 1647, fille de Florimond et d'Henriette Fermilis, de Bourg-du-Sceau, evêche de Poitiers ; s 0 7 fév 1734.
Marie-Anne, b 0 11 avril 1674 ; m 2 janv. 1699, à Simon Hubert, à Lorette. — *François*, b 0 29 mars 1676 ; m 0 30 avril 1703, à Marie-Angelique Pingult. — *Jacques*, b 0 8 dec. 1677 ; m 0 21 nov. 1712, à Marie-Françoise Le Gris ; s 0 24 oct. 1715. — *Marie-Charlotte*, b 1679 ; 1° m à Jean-Baptiste Savanois, 2° m 26 nov. 1696, à Andre Morin, à Charlesbourg. — *Marie-Madeleine*, b 0 3 mar, 1680, m 0 14 mars 1703, à Nicolas Martin ; s 0 27 fev. 1733. — *Noel*, b 0 7 fév. 1682 ; m 0 1er fev. 1712, à Marie Pilotte. s 0 8 dec. 1718. — *Pierre*, b 0 7 nov 1683 ; m 14 fev. 1741, à Angelique Pin, a Ste. Foye.

1697, (4 fevrier) Batiscan.

II. — LARUE, Etienne,   [Guillaume I.
Juin. Madeleine.   [Pierre I.
Guillaume, b 17 déc. 1697, à Ste. Anne de la Perade. 0 — *Marie-Anne*, b 0 22 mars 1699. —

Marie-Madeleine, b 0 10 mai 1700. — *Etienne*, b 0 16 dec. 1702. — *Joseph*, b 0 18 fev. 1705. — *Joachim*, b 0 22 oct. 1709 — *Marie-Madeleine*, b 0 4 avril 1712 — *Antoine*, b 0 29 avril 1714. — *Antoine*, b 0 6 juillet 1716

1697, (22 juillet) Ste. Anne de la Perade.

II — LARUE, Jacques,   [Guillaume I.
Couillard, Madeleine,   [François I.
Marie-Françoise, b 26 avril 1699, à Batiscan ; m 10 juillet 1720, à Guillaume Laberge, à Contrecœur ; s...

LARUINE. — Voy. Bosché — Boheur — Bohel.

La SABLONNIÈRE, Jean. — Voy. Bruneт.

LASALLE (De), René. (1)

LASALLE (De), Simon, b 1641, était à Montreal, en 1681.

I. — LASALLE, Jean, soldat de Dulude, du Bourg de Peyrourade, en Bearne, s 25 fev. 1707, dans l'eglise du fort. C'est la 1ère sepulture aux registres

1698, (9 decembre) Montreal. [5]

I. — LASALLE (De) dit Le Basque, Jean, (2) b 1672, soldat de M. De Lorimier, fils de Jean et de Marie Aristoie, de Brisque, evêché de Bayonne.
Jousset, Louise,   [Mathurin I.
veuve de Claude Maugne.
Catherine. b [5] 23 avril 1702.

I. — LA SALLE (De), Quentin, officier des troupes, était à Beauport, en 1702.

La SAULAYE. — Voy. Verrier.

La SAVANNE. — Voy. Mercereau.

La SELLINE. — Voy. Poissant.

La SERRE. — Voy. De Bluche

I — LA SERRE, Claude, b 1651, tailleur, était à Québec, en 1681.

I — LA SERRÉ, Jean, b 1656, était à Montreal, en 1681.

La SERTE — Voy. Vacher.

La SISSERAYE. — Voy. Lacerisée — Lefebvre.

La SOLAYE. — Voy. Merienne.

La SONDE. — Voy. Guichard — Le Riche.

La SOUCHE. — Voy. Tondreau.

(1) Il signe, le 7 nov. 1667, au mariage de Sidrac Dugnay. C'est tout ce que l'on trouve, dans les registres, à son sujet.
(2) Aussi De la Sague.

LASPRON. — *Variations et surnoms :* LASDRON — LAPERON — LAMPRON — DESFOSSÉS — LACHARITÉ.

1669, (7 octobre) Quebec.

I. — LASPRON DIT LaCHARITÉ, JEAN, b 1645, fils de Jean et de Marguerite de Laby, de St. Jacques sur Loire, évêché d'Auxerre ; s... RENAULT, Anne, b 1651, fille de Jean et de Catherine de St. Amour, de St. Pierre de Saumur, évêché d'Angers, s 25 dec. 1714, aux Trois-Rivieres [3]

Marie-Anne, b 1670 ; s [3] 4 juin 1684 ; noyée. — *Jean-Baptiste,* b [7] 31 juillet 1673 ; m [3] 4 nov. 1700, à Madeleine GEOFFROY — *Marguerite,* b [3] 30 mai 1676 ; m [4] 9 nov. 1700, à Jean TERRIEN. — *Claude,* b [3] 21 juin 1679, m [4] 7 janv. 1712, à Marie-Charlotte BRUNO — *Marie-Madeleine,* b [d] 4 et s [3] 10 août 1683. — *Marie,* b [3] 4 août 1683. — *Maurice,* b [d] 2 sept. 1685.

I. — LASUE, GUILLAUME, noyé le 6 nov. 1646. — *Voy. la note de la page* 28.

LAT. — Voy. LE LAT.

LATAILLE. — Voy. CAIN.

LA TAUPINE. — Voy. MOREAU.

LA TONNE, LOUIS, b 1645, était à Varennes, en 1681.

LA TOUCHE. — Voy. AUBERT — PEZARD — TANTEVIN — TANTOUIN.

I — LA TOUCHE, JEAN, b 1658, s 23 déc. 1703, à Montreal, garçon.

LATOUCHE, JULIEN. BERTAULT, Isabelle, (1)   [JACQUES I

1680, (15 janvier) Boucherville. [0]

I. — LATOUCHE, ROGER, b 1648, fils de Jacques et de Martine Buret, de St. Valery, évêché de Rouen. GAIREAU, Marie, b 1659, fille de Dominique *Marie,* b [0] 4 dec. 1680 ; m [0] 5 dec. 1701, à Antoine FÉVILLON. — *Marie-Therèse,* b [0] 16 oct. 1682 ; m [0] 27 avril 1699, à Jean MIEL-LUSIGNAN. — *Lucas,* b [0] 16 avril 1714, m 16 avril 1714, à Therese LE TELLIER, à Varennes — *Pierre,* b 10 et s 12 dec. 1685. — *Pierre,* b [0] 11 mars 1687, s [0] 17 mars 1688 — *Jean-Baptiste,* b [0] 20 dec. 1688 ; s [0] 13 mars 1689. — *Marion,* b [0] 27 mars 1692 ; m 1726, à Marguerite DAUDELIN. — *Geneviève,* b [0] 10 août 1694. — *Jean-Baptiste,* b [0] 20 oct. 1695. — *Marie-Anne,* b [0] 5 fev. 1698.

LATOUR. — Voy. GOURNAY — BEAUME — LE CANTELIER — SIMONET — THUILLIER — HUGUET — LAFORGE — FOUCAULT — DUFOUR — BALARD — ARTAUT — LOYER — GOURNE.

I. — LATOUR DIT SIMONET, CATHERINE, b 1638 ; m 17 nov. 1659, à Jean CORDEAU, à Quebec ; s 4 fev. 1678, à Ste. Famille.

LATOUR DIT SIMONET, JEANNE, b... ; 1° m 1670, à Jean SOUCY ; 2° m à Damien BERUBÉ.

I. — LA TOUR, (DE) Juge de Champlain. [0] SAUVAGESSE, Louise, b 1624, s [0] 16 fev. 1704. [?]

LATOURELLE. — Voy. DUBORD.

I. — LA TOURMANTE, soldat de M. de Beaucour ; s 11 nov. 1702, à Montreal.

LA TOURNELLE. — Voy. COCQUIN

LA TREILLE. — Voy. PLUMEREAU — LEDOUX — LALANDE.

I. — LA TREILLE, tué le 4 sept. 1690, à Laprairie. — *Voy. la note de la page* 77.

I. — LA TREILLE, sergent de M. De Lorimier.

I. — LATREILLE, (*le vieux*) (1) s 30 nov. 1706, à St Michel. [0] *Alexandre,* b 1691 ; s [0] 24 nov. 1709.

LA TRIMOUILLE. — Voy. HEBERT.

LATULIPPE — Voy. LABROSSE — JOUINEAU, AUGUSTIN — SALTEUR — QUERET — FLAGEOLLE

LATULIPPE, MARGUERITE, b 1710, servante de M. Fafard , s 22 oct. 1725, aux Trois-Rivières

---

LAUDIÈRE, MARTIN. — Voy. ONDOYER, MARTIN.

LAURENCE. — *Variations :* LORANCE — LAURENT.

1667, (3 novembre) Trois-Rivières.

LAURENCE (ou LORANCE,) NOEL, b 1645, fils de Noel et de Marie Biat, Dupart, évêché de Rouen , s 4 nov. 1687, à Repentigny.
1° LIMOGES, Marie.

1673. (6 novembre) Boucherville.

2° BERTAULT, Isabelle,   [JACQUES I. veuve de Julien Latouche. (2) *Catherine,* b 3 nov. 1676, à Sorel [1] ; m 11 janv. 1705, à François VIGNAUX, à Repentigny. [2] — *Pierre,* b [1] 13 mars 1678. — *Jean,* b 1680. — *Nicolas,* b [2] 1er dec. 1682 ; m 1710, à Marie MIGNERON. — *Noel,* b [2] 5 avril 1684. — *Marie,* b [2] 22 mai 1687.

LAURENCEAU, LOUIS, b 1649 ; s 3 oct. 1682, à Montréal.

LAURENT. — *Variations et surnoms :* LAURENCE — ST. LAURENT — LEBEAUME — LORTY — L HORTY — LAVIOLETTE.

---

(1) Le nom de la femme est effacé aux registres.
(2) Elle épouse, le 1er mars 1688, Jean-Baptiste Pilon à Repentigny.

(1) Elle épouse, le 6 novembre 1673, Noël Lorance, à Boucherville.

LAURENT dit De Beaum, Perette Marie-Anne, b à Paris ; sœur de la Congregation N.-D., s 30 oct. 1698, à Montréal.

1669, (29 octobre) Quebec

I —LAURENT dit Champagne, Christophe, taillandier, fils de Michel et de Lupienne Lachaume, de St Gervais, evêché de Sens ; s...
Petit, Marie, fille de Pierre et de Marguerite Blondeau de St. Etienne-des-Grès, evêché de Paris ; s...
Jean, b 11 août 1672, à Sorel [4] — *Catherine,* b 9 avril 1676, à Boucherville , s [4] 2 nov 1677.

LAURENT dit Lachapelle, Nicolas, était à Laprairie, en 1682.

1680, (15 janvier) Québec. [4]

I —LAURENT, Jean, fermier d'Orsemville, b 1634, fils de Dominique et de Marie Bosne, d'Angles, evêche de Bayonne ; s 1er août 1711, à Charlesbourg. [3]
Le Chardon, Madeleine, [Jacques I. s [4] 16 déc. 1702.
Marie-Anne, b [4] 25 nov et s [4] 7 déc 1680. — *Pierre,* b [4] 26 oct. 1681. — *Jean-Baptiste,* b [4] 16 nov et s [4] 7 déc. 1683. — *Jean-Baptiste,* b [4] 15 fev. 1685 ; s [4] 27 mars 1688. — *Jacques,* b [4] 22 juillet 1687. — *Vincent,* b [4] 22 oct. 1689. — *Marie-Catherine,* b [4] 24 avril 1691 ; s [4] 10 mai 1701. — *Jean,* b [4] 11 fev. 1693 ; 1º m [4] 4 janv 1716, à Marie-Louise Choret : 2º m [8] 9 fev. 1711, à Antoinette Bouré , s... — *Marie-Josette,* b [4] 23 mars 1696 , s [4] 22 nov. 1700 — *Joseph-Alexis,* b [4] 17 juillet 1698.

I —LAURENT, François, b 1647, était à Longueuil, en 1681.

I —LAURENT, Gilles.
Labrecque, Anne.
Marguerite, b 10 janv. 1694, à Sorel

I. —LAURENT dit Lorty.
Joseph, b 1698 ; s 2 août 1710, à Charlesbourg

1699, (12 janvier) St. François, (I.-O.) [3]

I —LAURENT, (1) Pierre, b 1674, fils d'Etienne et de Marguerite Viger, de St. Laurent, evêche de Perigueux.
Garinet, Constance, [François I.
Pierre, b [3] 19 déc. 1699.

I. —LAURIER, (2) Jean.
Milot, Marguerite, [Jacques I.
Charles, b 1692 ; s 21 avril 1703, à St. François, Ile-Jesus.

I. —LAURIOT, François, b 1641, était à Montréal, en 1681.

(1) Origine des familles St. Laurent, de Rimouski.
(2) Voyez Cotineau-Laurier, page 142.

I. —LAUVERGNAT, Jacqueline, b 1637, à la ville d'Orléans, 1º m 21 avril 1664, à Pierre Gaulin, au Château-Richer, 2º m 30 janv. 1679, à Marc Bareau, à Ste. Famille.

LAUZET. — *Variations :* Lauzay — Lausé — Loset.

1669, (26 août) Ste. Famille [8]

I. —LAUZET, Jean, fils de Jean et de Marguerite Ober, de Bourlemont, evêché de Xaintes.
Jallais, Marie, (1) fille de Jean et de Barthélémie Bescendie, de St. Martin, Ile de Rhé, evêche de La Rochelle.
Paul, b [8] 13 oct. 1670, m 7 nov. 1695, à Catherine Ledoux, à Charlesbourg [1] ; s [1] 26 sept. 1714. — *Marguerite,* b [8] 3 fev. 1673 ; 1º m 26 dec. 1689, à Jean-François Lemelin, à Québec [9]; 2º m [9] 12 août 1714, à Pierre Chamard ; s [9] 8 mai 1738. — *Joseph,* b... ; m [1] 26 août 1699, à Marguerite Boesmé.

1695, (7 novembre) Charlesbourg. [2]

II. —LAUSET, Paul, [Jean I. s [2] 26 sept. 1714.
Ledoux, Catherine, (2) [Pierre I.
Pierre, b 7 et s [2] 9 sept. 1696. — *Marie-Anne,* b [2] 24 sept. 1697 ; m [2] 29 avril 1715, à Pierre Barbot. — *Paul,* b [2] 11 juillet 1699 , m [2] 1723, à Anne Renaud. — *Marie,* b 13 juillet 1701, à Québec ; s [2] 10 mars 1702. — *Jean-Baptiste,* b 9 et s [2] 30 janv. 1703. — *Jean-Baptiste,* b [2] 4 avril 1704; m [2] 1729, à Louise Renaud. — *Françoise,* b [2] 10 mai 1706 ; m [2] 1729, à Jacques Duchesnau. — *Jean-Bernard,* b [2] 4 juillet 1708. — *Jacques,* b [2] 9 juillet 1710 ; s [2] 9 oct. 1714 — *Marie-Josette,* b [2] 13 juillet 1712 ; s [2] 20 sept. 1714. — *Pierre,* b 17 mai et s [2] 31 août 1714.

1669, (26 août) Charlesbourg.

II. —LAUZET, Joseph, [Jean I.
Boesué, Marguerite, [Jean I.

I. —LAUZIER, (Lozier) Jacques, b 1633, était à Québec, en 1681

1656, (27 novembre) Montréal. [2]

I. —LAUZON, Gilles, maitre chaudronnier, b 1631, fils de Pierre et d'Anne Boivin, de St. Julien, evêché du Mans ; s [2] 21 sept. 1687.
Archambault, Marie, [Jacques I. s [2] 8 août 1685.
Michelle, b [2] 29 sept. 1657 ; m [2] 13 oct. 1670, à Jean Coron, s 9 fev. 1683, à la Pointe-aux-Trembles de Montréal. [3] — *Marguerite,* b [2] 24 mai 1659 ; m [2] 23 nov. 1672, à Etienne Forestier ; s [2] 14 nov. 1699. — *Françoise,* b [2] 22 avril 1662 ; m [2] 20 nov. 1675, à François Boulard. — *Marie,* b [2] 3 nov. 1663, m [2] 26 fév. 1680, à Charles Desmarès. — *Catherine,* b [2] 23 avril 1666 ; m [2] 10 fev. 1681, à Jean Sicard. — *Séraphin,* b [2] 9 dec. 1668 ; 1º m [2]

(1) Elle épouse, le 9 juillet 1680, Robert Leclere, à Québec.
(2) Elle épouse, le 21 nov. 1718, Pierre Bon, à Charlesbourg.

27 nov. 1690, à Jeanne Dérocue; 2° m ² 7 oct.
1697, à Elizabeth Chevalier — *Louise*, b ² 21 mars
1671 ; m ² 20 nov. 1686, à Jean-Baptiste Quenneville — *Michel*, b ² 19 fev. 1673. — *Paul*, b ² 23
oct 1675, m ² 4 nov 1697, à Marie-Anne Quenneville. — *Marie-Madeleine*, b ² 15 nov. 1677, m ᵈ
1ᵉʳ fav. 1694, à Julien Choquet. — *Anne*, b ² 18
dec. 1679. — *Jeanne*, b ² 31 oct. 1681 . s ³ 8 nov
1687. — *Gilles*, b ² 29 fev. 1684 ; m à Anne Grou.

1690, (27 novembre) Pⁱᵉ-aux-Trembles, M. ⁴

II. — LAUZON, Séraphin,   [Gilles I.
1° Deroche, Jeanne,   [Jean I
    s 3 nov. 1696, à Montréal. ⁵
Laurent, b ⁴ 14 sept. 1691. — *Nicolas*, b ⁵ 7 déc.
1693 , 1° m à Madeleine Moran dit Charpentier ,
2° m 27 dec 1736, à Louise Chauvin, au Détroit.
— *Marguerite*, b ⁵ 7 janv. et s ⁵ 7 dec. 1696.

    1697, (7 octobre) Montreal. ⁵

2° Chevalier, Elizabeth,   [Joseph I.
Marie-Elizabeth, b ⁵ 21 sept. 1698 ; s ⁵ 26 août
1699. — *Marie-Marguerite*, b ⁵ 18 et s ⁵ 21 avril
1700. — *Seraphin*, b ⁵ 22 dec. 1701.

1697, (4 novembre) Montréal ¹

II — LAUZON, Paul,   [Gilles I.
Quenneville, Marie-Anne,   [Jean I
Jean-Baptiste, b ¹ 27 oct. 1698. — *Pierre*, b 14
avril 1702, à St. François, Ile-Jesus ² — *Gilles*,
b... ; 1° m ² 21 oct 1731, à Therbse Dazé ; 2° m ²
10 avril 1736, à Marguerite Monet.

I. — LAVAL, Marie-Claude, femme de Louis
    Bonnedeau, en 1671.

I. — LAVAL, Girard, b 1625, marin, de l'équi-
    page du navire " *Dunia* , ' s 19 sept. 1650, à
    Quebec

I. — LAVAL dit Milot, Jean, b... ; commis de
    M. Paihot ; s 23 dec. 1687, à Québec.

La VALEUR. — Voy. Charlery.

I. — LAVALET, Godfroi. — Voy. Guillot.

Lᴬ VALLÉE.   *Variations et Surnoms :* Bou-
    chard — Ranger — Jutrat — Petit-Jean

La VALLÉE — Voy. Giguère—Jutras—Paquet.

I. — Lᴬ VALLÉE, Elizabeth, b 1636 ; s 11 mai
    1722, aux Trois-Rivières.

La VALLÉE dit Petit Jean, Jean, b 1652.
    Dusson, Marguerite, b 16.6.
Anne, b 1672 — *Jean*, b 14 fav. 1674, à Sorel. ⁹
— *Françoise* b ⁹ 29 dec. 1675. — *Noel*, b 1677. —
Catherine, b ⁹ 3 nov 1678. — *Jeanne*, b... ; m 5
juillet 1696, à Jean Bertrand, à Charlesbourg.

    1665, (12 janvier) Quebec. ³

I. — LAVALLÉE, Pierre, b 1645, fils de Pierre
    et de Madeleine Dumesnil, de St. Jean, évê-
    ché de Rouen.

Leblanc, Marie-Thérèse, (1)   [Léonard I.
Pierre, b 1665. — *Suzanne*, b ³ 16 mars 1670 ;
m 10 fev. 1687, à René Bodin, à Beauport. ⁴ —
Marguerite, b ³ 21 fev. 1672 ; m ⁴ 10 fév. 1687, à
Jean Parant. — *Marguerite*, b... ; m ⁴ 30 nov.
1690, à Jean De Rainville. — *Pierre-Vincent*, b ⁴
13 oct. 1674 ; 1° m ⁴ 23 nov. 1699, à Marie-Madeleine Vachon , 2° m ° 21 juillet 1704, à Madeleine
Coureau ; s ³ 11 nov. 1751. — *Michel*, b 1677 ; m ⁴
3 fev. 1712, à Geneviève Bougis. — *Charles*, b
1679 ; m ⁴ 12 sept. 1707, à Geneviève Marcou. —
Nicolas-Marie, b ⁴ 28 avril 1681 , 1° m ⁴ 22 nov
1712, à Marie-Louise Lefebvre ; 2° m ³ 23 juillet
1736, à Marie-Anne Benoit. — *Marthe*, b ⁴ 23
avril 1683 ; m 28 août 1702, à Charles Miville, à
la Rivière-Ouelle — *Charlotte*, b ⁴ 21 sept. 1685 ;
m ⁴ 22 août 1707, à Pierre Chauveau. (2)

    1673, (10 septembre) Québec.

I. — LAVALLÉE, Louis, fils de Laurent et de
    Marguerite Munier, de St. Pierre, évêché de
    Cambray ; s...
    Brioult, Madeleine, fille de Thomas et de Mar-
    guerite De la Fosse, de la Ronde, évêché
    d'Evreux ; s...

LAVALLÉE, Denis, b 1669, était à la côte de
    Beaupre, en 1681.

I. — LAVALLÉE, menuisier, soldat de M. St
    Ours, tue par les Iroquois ; s 24 juillet 1692,
    à Montreal.

LAVALLÉE, Richard.
    Granjon, Madeleine.
Jacques, b... ; m 26 juin 1719, à Marguerite
Grégoire, à Ste. Anne de la Perade

LAVALTRIE — Voy. Margaire.

    1673, (19 septembre) Québec.

I. — La VANOIS, Jean, b [1627, fils de Philippe
    et de Claude Beaujean, de Vecoursville, évê-
    ché de Romenay ; s...
    De la Rue, Charlotte, b 1636, fille de George et
    de Françoise Nicolardeau, de Berzée, évêché
    de Soissons, s ..

L'AVANT, (De) Isaac, (3) s 9 juin 1683, à Qué-
    bec.

La VARRENNE, Pierre.
    Joffrion, Marie, (4)   [Pierre I.
Pierre, b 16 sept. et s 11 oct. 1691, à Montreal.

Lᴬ VÉRANDRIE, (De). — Voy. Gautier.

(1) Elle épouse, le 29 oct. 1686, Toussaint Giroux, à Beauport.

(2) Ancêtre de l'Honorable Pierre Chauveau, Premier
du Gouvernement de la Province de Québec. ᵗ

(3) Agé de 44 ans, natif de St. Pierre-le-Pillier, ville de
Tours, noyé devant Québec.

(4) Elle épouse, le 7 avril 1698, Jacques Criché, à Montréal.

LAVERDURE — Voy. AUDOY—CRÉPEAU — GL-LY—HÉBERT—JOACHIM—POTHIER—RIQULR — RITIER—RIQULT—SAUGEON—THRENY—TALON—VALIQUET—VERRLT—VEZIER—VIGNAUX.—FRESNAY—MONEL.

1689, (27 juin) Québec [1]

I—LAVERDURE, JEAN-FORTUNAT, b 1667, fils d'André et de Marguerite Beaumont, du Pont-Lahaye évêché de Xaintes
Le Cocq, Jeanne, veuve de Martin Moreau, s [1] 12 déc. 1702
Pierre, b 1697, s [1] 31 déc. 1702.—Jean, b...

LAVERGNE —Voy. SAUVIOT—COMPAIRON—RENAUD — COMPERON — BOYOU — BOUIS

I.—LAVERGNE, JEAN, b 1653, s 16 août 1703, à l'Ilet.

I.—LAVERGNE, LAURENT.
ANTOINE, Denise.
François, b 1671; s 22 janv. 1751, au Sault-au-Récollet.—Madeleine, b 1673; m 27 nov. 1698, à Louis AUBIN, à Montréal. [1]—Marie-Anne, b 1689; s [1] 6 mai 1703.—Marguerite, b 1681; s [1] 18 juillet 1693, noyée.

1671, (19 octobre) Québec. [9]

I.—LAVERGNE, FRANÇOIS, b 1649, fils de François et de Guilmette Peronne, de St Michel, évêché de Limoge; s 27 juin 1714, à St. Etienne de Beaumont
1° LE FRANÇOIS, Françoise, b 1641, fille d'Antoine et de Pasquette Renard, d'Ouville, évêché de Lizieux: s [9] 10 juin 1699.
Marie-Anne, b [9] 19 nov. 1673.—François, b [9] 7 avril 1675, s 12 mars 1692 au Cap St Ignace.—Joseph, b 1677.—Jeanne, b [9] 22 oct. 1679, m 27 oct. 1698, à Etienne TALON, à la Rivière-Ouelle. [8]—Hélène, b [9] 3 sept. 1681, m [8] 7 janv. 1698, à Jean GRENET.—Arnoux, b 17 août 1672, aux Trois-Rivières; 1° m 25 nov. 1693, à Marguerite DANIAU, à St. Thomas; 2° m 9 fév. 1711, à Jeanne GAUTRON, à St Michel; s...

1702, (10 septembre) Québec.

2° CHARTIER, Jeanne, b 1648, veuve de Pierre Roussel; s 31 déc. 1708, à St. Thomas

1709, (15 avril) St. Michel.

3° BINET, Renée, b 1636, veuve de Jean BRIAS, s 14 mars 1715, à St. Etienne de Beaumont.

I —LAVERGNE, Louis, maçon, b 1647; s 16 oct 1687, a Québec [9]
SIMON, Marie-Anne, [HUBERT. I
s [9] 13 fev. 1743.
Marie-Anne, b [9] 17 août 1677, 1° m [9] 3 fév 1699, à Jacques MORIN; 2° m [9] 23 juin 1710, à Etienne FRÉCHLT: s [9] 9 mars 1734. —Pierre b [9] 10 oct. 1679, s 1680.—Louis, b [9] 16 sept. 1681.—Philippe, b [9] 18 juin 1683.—Marie-Angélique, b [9] 7 mars 1685; 1° m [9] 23 fév. 170?, à Louis René HUBERT; 2° m [9] 16 avril 1714, à Gabriel DUSAUT; s [9] 8 oct. 1746.—Marie Louise, b [9] 25 sept. 1686, s [9] 22 déc. 1702 —Guillaume, b [9] 16 juin 1688.

1693, (25 novembre) St. Thomas. [2]

II —LAVERGNE, ARNOUX, (1) [FRANÇOIS I.
b 1672
1° DANIAU DIT D'ANCOSSE, Marguerite, [JEAN I.
s [2] 24 déc. 1708.
Marguerite, b [2] 25 août 1694.—Joseph, b [2] 18 mars 1696.—Jean, b [2] 8 mars 1698, s [2] 18 fév. 1703.—Marie-Louise, b [2] 16 avril 1700; s [2] 16 déc. 1708.—Elizabeth, b [2] 2 avril 1702, s [2] 24 déc. 1708.—Pierre, b [2] 17 avril 1704.—Marthe-Angélique, b [2] 5 avril 1706 —Augustin, b [2] 20 mai 1708.

1711, (9 février) St. Michel.

2° GAUTRON, Jeanne, (2) [MICHEL I.

LAVERGNE, PIERRE; s 23 mai 1698, à Champlain, noyé.

1676, (16 nov.) Montréal.

II — LAVERGNE, JEAN, (3) [JEAN I.
GUERTIN, Marie, (4) [LOUIS I.
Marie-Marguerite, b 6 sept 1682, à Repentigny. [3]—Jean, b 2 juillet 1684.—Elizabeth, b 1686, s [3] 15 déc. 1687.

LAVERTY. — Voy. AVERTY.

LAVIGNE — Voy. TESSIER — POUTRÉ — LACHAISE — LEVASSEUR — NADEAU — SOUCY—BOURTIER — RIVARD — POUDRET — BERNARD — BRODEUR — TESSIER — SAVIOT.

L'AVIGNON. — Voy JUILLET DIT D'AVIGNON.

LAVIGNON. — Voy BENARD.

LAVIGUEUR. — Voy. BROUILLET—DELAGE.

LAVIOLETTE. — Voy. PREVOST — BLOUIN — BIZEAU — BETOURNÉ — MOUSSEAUX — RUFRANGE — LEGROS — GROS — RANGER — DUBOIS — CROQUELOIS — GOGUET — TOLGARD — DUMONT — JAHAN — BARODY — POITEVIN — CHOLET — DUBORD — FOUCHER — FRANÇOIS — GOUPIL — HUET — LAURENT — LIBERSON — SARROT — TOUGARD — VILLEDAY.

LAVIOLETTE, soldat, d'Angoulesme; s 10 sept. 1685, à Ste. Anne.

LAVIOLETTE, RENÉ.
CHAPEAU, Marie.
Geneviève, b 1er juillet 1692, à la Pointe-aux-Trembles de Québec.

LAVIOLETTE, PIERRE, maître-maçon.
LAILEUR, Marie-Louise.
Marie-Louise, b...; m 19 avril 1716, à Pierre COUILLARD, à Ste. Anne.

(1) Ce nom de baptême est l'origine du surnom Renaud, devenu plus tard nom propre.

(2) Elle épouse, le 29 janvier 1714, Joseph Portelance, à St Etienne de Beaumont.

(3) Voy. Sauviot.

(4) Elle épouse, le 26 sept.1696, Pierre Garreau, à Montréal.

LAVIOLETTE, Laurent, maître d'hôtel de l'Intendant
  Tessier, Catherine, veuve, b 1664 , s 26 juin 1709.
  Henry, b 1708 , s 8 fev. 1709, à Charlesbourg.

LAVISSE, Denis. — Voy Avisse

LAVISSE, Jean, b 1641, etait à Québec, en 1681.

I. — LAVOT dit Laforge, Abel, b 1639.
  Turgeon, Claire, b 1650.

I. — LAVOYE, Nicolas.
  Lelièvre, Jeanne.
  Jean, b 1669 , s 16 juillet 1670, brûlé, au Château-Richer.

LAVOYE (De) Pierre,
  1° Duchesne, Constance.   [Pierre I.
  Elizabeth, b 14 oct. 1698, à St. Michel. [1] —
  Jeanne, b [1] 4 fév. 1701
    1716, (10 fevrier) St. Michel.
  2° Tournfroche, Madeleine, veuve de Julien Dumont.

Le BARON. — *Variations et surnoms* Baron — Caillou.

Le BARON, Jacques, de St. Vincent, evêché de Rouen.
  Ruibel, Francoise.
  Barbe, b 1637, 1° m 3 nov. 1667, à Simon Chevreux, à Quebec [1]; 2° m [1] 2 mai 1672, à Jean Merienne ; 3° m [1] 23 avril 1691, à Guillaume Du Boc dit St Godard , s [1] 13 mars 1715

Le BASQUE. — Voy. Guillantena

I. — Le BASQUE, Pierre.
  Chardon, Marie
  Pierre, b 1681 ; s 18 juin 1695, (mort subite) à Quebec.

Le BASSIER. — Voy. Devillieux

LEBEAU. — *Variations et surnoms :* Bau — Bos Bois — L'Allouette

I. — LEBEAU, Guillaume ; (1) s 30 mars 1644, à Montréal

I. — Le BECHECQ, (Béchard) Yves.
  Balan, Henriette, veuve,   [Pierre I.
  Augustin, b 28 fév. 1700, à St. Thomas. [1] —
  Geneviere, b [1] 19 août 1702 — *Marie Marthe*, b [1] 21 avril 1705. — *Jean-Baptiste*, b [1] 30 dec. 1706.

I. — LEBÊCHEUR, Louis, b 1629 ; s 30 nov. 1654, tue par les Iroquois, aux Trois-Rivières.

LEBEL, (Philippe) Jean.
  Galerneau, Marie-Catherine,   [Jacques I.
  Jacques-Philippe, b... ; m 17 juin 1715, à Angelique Bodin, à Quebec.

1662, (28 novembre) Château-Richer [9]
I — LEBEL, Nicolas, fils de Clement et de Françoise Lagnel, de Dynille, évêché de Rouen.
  1° Drouin, Marie,   [Robert I.
  s [9] 2 mai 1664, noyée à la Rivière-aux-Chiens, allant à St. Anne, pour faire ses dévotions.
    1665, (2 avril) Château-Richer. [9].
  2° Mignot, Thérèse, (1)   [Jean I
  Jean, b [9] 23 janv. 1670 ; m 16 août 1689, à Anne Soucy, à la Rivière-Ouelle [8], s [8] 6 oct. 1699 — *Angélique*, b [9] 10 nov. 1672; m [8] 8 janv. 1691, à Rene Ouellet. — *Nicolas*, b [9] 12 mai 1675, m [8] 23 août 1707, à Madeleine Michaud. — *Joseph*, b 9 juillet 1677, à Québec ; m [8] 22 nov. 1701, à Catherine Boutin.

LEBEL, Guillaume. — Voy. Labelle.

1689, (16 août) Rivière-Ouelle. [5]
II. — LEBEL, Jean,   [Nicolas I.
  s [5] 6 oct. 1699
  Soucy, Anne, (2)   [Jean I.
  Marie-Anne, b [5] 30 oct. 1690, m [5] 26 nov. 1708, à Joseph Michel — *Jean-Baptiste*, b [5] 6 août 1692; s [5] 28 janv. 1716 — *Nicolas*, b [5] 1er nov. 1694, m [5] 7 janv. 1716, à Françoise Migneau. — *Marie-Françoise*, b [5] 7 janv. 1697; m [5] 3 juin 1720, à Charles Sauveur — *Marguerite*, b [5] 8 mars 1699, m [5] 9 janv. 1719, à Louis Dubé.

Le BELLET. — *Variations :* Le Bellec — Du Belley — Bellec.

1687, (24 decembre) Batiscan. [3]
I — Le BELLET, Guillaume, b 1663, fils de Jean et de Marie Coytival, de Plouyens, évêché de St. Paul, de Lyon, en Basse-Bretagne ; s [3] 27 janv. 1695.
  Baribaut, Gabrielle, (3)   [François I
  Jean, b [3] 16 sept. 1688 — *François*, b [3] 23 juillet 1690 — *François*, b [3] 16 sept. 1691 ; m 25 fév. 1721, à Marie Letellier, à Varennes. [4] — *Louis*, b [3] 7 fev. 1694 ; m à Madeleine Bourbonniere.

1658, (7 janvier) Montreal. [4]
I. — Le BER dit Larose, Jacques, marchand, b 1633, fils de Robert et de Colette Cavelier, de Pitre, evêché de Rouen, en Normandie
  Lemoyne, Jeanne, b 1636, fille de Pierre et de Judith Duchesne, de St. Jacques de Dieppe, evêche de Rouen ; s 8 nov. 1682.
  Louis, b [4] 24 oct. 1659. — *Jeanne*, b [4] 5 janv. 1662 , recluse, (4) Congregation N.-D. ; s [4] 3 oct. 1714. — *Jacques*, b [4] 26 août 1663 ; m à Marie-Louise Demaré — *Jean-Vincent*, b [4] 8 nov. 1666 — *Pierre*, b [4] 11 août 1699.

I. — Le BER, Marie, b 1643, sœur du précedent, religieuse-ursuline, dite de l'Annonciation , s 2 oct. 1714, à Quebec.

---

(1) Elle épouse, le 6 fév. 1679, René Auclair, à Québec.
(2) Elle épouse, le 24 nov. 1704, Jacques Bois, à la Rivière-Ouelle.
(3) Elle épouse, le 3 juin 1697, Paul Bertrand, à Québec.
(4) Voir sa vie, par l'abbé Faillon.

---

(1) Brûlé par les Iroquois avec Pierre Bigot et Jean Mattemasse.

I.—Le BER, François, b 1636, fils de Robert et de Colette Cavelier. de N.-D. de Pitre, evêché de Rouen, en Normandie ; s 20 mai 1694, à Lapairie [3]
1º Luseter, Marguerite.
Anne, b 1656 , m 12 janv. 1672, à Antoine Barrois, a Montreal [4]
    1662, (2 décembre) Montréal. [4]
2º Tetard, Jeanne, b 1642, fille de Jean et d'Anne Godfroy, de St. Vincent, évêché de Rouen.
Joachim-Jacques, b [4] 10 juin 1664 , m [2] 28 janv. 1692, à Jeanne Cusson —*Marie*, b [4] 6 déc. 1666 . 1º m 9 janv 1681, à Charles Robert, à Contrecœur [7], 2º m [4] 4 juillet 1684, à François Bourassa ; 3º m [2] 22 avril 1714, à Pierre Hervé —*Jacques*, b 20 et s [3] 21 juillet 1672. —*François*, b [3] 11 oct 1673 . m [4] 29 oct 1698, à Marie-Anne Magnan.— *Claude*, b 14 et s [3] 15 sept. 1674 —*Jeanne*, b 1671 , m [4] 21 nov. 1686, à Jean-Baptiste Tessier.

I.— Le BER, Thomas, b 1651
Benoist, Barbe, b 1665

II.— Le BER de St. Paul, Louis,   [Jacques I.

II.— Le BER du Chesne, Jean,   [Jacques I.
s 11 août 1691, à Montreal, tué, par les Anglais. au combat de Lapra rie

    1692, (28 janvier) Laprairie. [9]
II.— Le BER, Joachim,   [François I
Cisson, Jeanne, (1)   [Jean I
veuve de Jean Barceau.
Michelle, b... , m [3] 1er déc. 1714. à Pierre Pepin.

Le BER, Étienne.
Lorion, Marie.
Marie-Anne, b 10 janv. 1669, à Montréal.

Le BER, Marie, b... ; m 1710, à Pierre Tessier.

    1690, (4 septembre) Quebec. [9]
I — Le BER, Pierre-Yves, fils de Jean et de Marie Poliquin, de St. Thomas de Damdemau, evêché de Leon ; s...
Massard, Anne,   [Nicolas I.
Marie-Renée, b [9] 1er juin 1700.

    1698, (29 octobre) Montréal. [1]
II — Le BER, François,   [François I.
Magnan, Marie-Anne,   [Jean I.
Jacques, b [1] 11 août 1699.—*Anne-Françoise*, b 8 juillet 1701, à Laprairie [2], m [3] 13 fév. 1719, à Étienne Bisaillon.

    1698, (28 octobre) Ste. Anne de la Pérade. [2]
I — Lebert, Jean-Baptiste, b 1672, fils de Françoise et de Jean-Baptiste Gautier, de Xaintes, évêche de Frisay.
Fillion, Barbe,   [Michel I.
Marie-Jeanne, b [2] 9 août 1699. —*Maurice*, b 18 mars 1702, aux Trois-Rivières.

II. — LE BER, Jacques, (1) capitaine, [Jacques I.
De Miré de Largenterie, Louise,   [Étienne I.
Marie-Louise, b 24 sept. 1724, à Montreal, m [9] 11 nov. 1743, à Antoine-Gabriel-François Benoit.

LE BER (de) SENNEVILLE,
Soumande, Marguerite.   [Jean I.
Louise, b... ; s 28 mars 1724, à Lachine.

    1667, (24 janvier) Québec [8]
I. — LE BEUF, Jacques, b 1647, fils de Thomas et de Nicolle Gazelle, de Giray, evêché de La Rochelle ; s 28 nov 1696, à Batiscan.
1º Javelot, Anne, b 1651, fille d André et de Sephora Lesense, de St. Nicolas, evêché de La Rochelle ; s...
Jean, b [3] 14 oct. 1667. —*Philippe*, b [3] 11 mars 1669.

    1669, (29 octobre) Quebec. [2]
2º Lenoir, Antoinette, fille de Jean et d'Antoinette Sirois, de St. Eustache, de Paris.
Jean, b [2] 20 juillet 1674 , m 10 avril 1695, à Therese Limousin, à Batiscan. —*Marie-Félicité*, b 16 mai 1670, à Sillery. [9] —*Pierre*, b [9] 17 mai 1672, m 27 août 1695, à Françoise Auzon, à Montréal —*Jean-Baptiste*, b 1675

    1695, (28 août) Montréal [4]
I. — LE BOEUF, dit Boutet, Pierre, [Jacques I.
Auzon et Ozon, Françoise,   [Jean I.
Pierre, b [4] 27 sept. 1698 , m 16 nov. 1729, à Marie-Françoise Hens, à Québec. — *Geneviève*, b 27 fev. et s 3 avril 1703, à Champlain. —*Marie-Josette*, b [4] 20 juin 1704.

    1695, (10 avril) Batiscan. [5]
II. — LEBOEUF, Jean-Baptiste,   [Jacques I.
Limousin, Marie-Thérèse,   [Hilaire I.
Marie-Marguerite, b [5] 28 oct. 1696. —*Anne-Françoise*, b 8 mars 1703. à Ste. Anne de la Pérade. [7] —*Marie*, b [7] 3 juin 1705. —*Marie-Angélique*, b [5] 3 juin 1708 —*François*, b 14 juin 1712, à Champlain.

LE BIGUET. — Voy. Biguet.

LEBLANC — *Variations*. Beaume — Lamiche — Grandmaison.

    1643, (21 novembre) Québec. [7]
I — LEBLANC, Jean, b 1620, fils de Clément et d'Anne Fevre, de St. Lambert, évêché de Bayeux ; s...
Nicoley, Euphrasie-Madeleine, (2) b 1636.
Jacques, b [7] 13 juillet 1648 ; s [7] 29 nov. 1669. —*Madeleine* b [7] 3 août 1652, m 1667, à Jean Pichet. —*Anonyme*, b et s [7] 10 avril 1654. — *Marguerite*, b [7] 26 sept. 1655 , s [7] 2 nov. 1661. — *Noel*, b [7] 10 janv. et s [7] 5 avril 1660

---

(1) Elle épouse, le 19 novembre 1696, Claude Guerin, à Montréal.

(1) Le Ber de Senneville, était à Montréal, en 1682.

(2) Elle épouse, le 22 fév. 1663, Elie Dusceau, à Québec.

1650, (23 août) Québec. [8]

I. — LEBLANC, Léonard, b 1626, fils de Léonard
et de Jeanne Fayande, de Blouset, pays de
la Marche.
  Riton, Marie, b 1623, fille de Robert et de Marguerite Guyon, de Bons sur-la poitou, evêche
de Roche.
  Thérèse b [8] 3 mai 1651 ; 1° m [8] 12 janv. 1665,
à Pierre Lavallée, 2° m 29 oct. 1686, à Toussaint
Giroux à Batiscan. — *Noel*, b [8] 14 janv. 1653 ;
m [8] 14 janv. 1686, à Félicité LePicard — *Louise*,
b [8] 30 nov. 1654, 1° m [8] 13 fev. 1667, à Michel
Lecourt, 2° m 27 nov. 1686, à Guillaume Boissel,
à Montreal [9] ; s [9] 28 nov 1687, à Paul Bouchard.
— *Marguerite*, b [8] 17 sept. 1656, m [8] 19 juillet
1670, à Pierre Bazin — *Marie-Elizabeth*, b [8] 8
juillet 1658 ; m à René Cloutier. — *Jeanne*, b [8]
18 oct. 1659. — *Françoise*, b [8] 18 janv. 1662, m
1680, à Jean Provost.

1666, (6 juin) Montréal. [7]

I. — LeBLANC, Jacques, b 1636, fils d'Antoine et
de Marguerite Boucher, de St. Pierre du
Pont l Evêque ; s 15 avril 1710, à Charlesbourg. [8]
  Rousselin, Anne-Suzanne, b 1644, fille de Philibert et d'Helène Martin, de St. Jacques à
Mouate ; s [8] 19 avril 1710.
  Julien, b [7] 21 mars 1667, m [8] janv. 1690, à Anne
Vannier. — *Michel*, b 13 dec 1669, à Québec [9] —
Pierre, b [9] 11 nov. 1671 — *Françoise*, b [9] 23 oct.
1674, 1° m [8] 7 janv. 1697, à Pierre Guilbaut —
2° m [7] 9 fev. 1712, à Pierre Joubert. — *Jacques*, b [9]
13 sept. 1677, s 16 janv. 1703. — *Marie*, b [8] 20
avril 1680 ; m [8] 12 juillet 1706, à Jean Lemeilleur,
s [8] 10 mars 1711. — *Charles*, b [8] 24 avril 1688 ;
m [8] 5 nov. 1709, à Suzanne Bon — *Marie-Anne*,
b [8] 20 dec. 1684, m [8] 9 fev. 1712, à Jacques
Pivain — *Joseph*, b 18 et s [8] 27 oct. 1683.

I. — LEBLANC, Nicolas, établi au Cap de la
Madeleine, b 1637.
  Dutault, Madeleine, b 1651.
  Nicolas, b 1668 — *Jean*, b 1670 — *Madeleine*,
b 1672. — *René*, b 1675. — *Marie-Anne*, b 1675. —
Pierre, b 1677.

1670, (26 janvier) Ste Famille. [1]

I. — LEBLANC dit Jolicœur, Antoine, b 1649,
fils de Martin et de Marie Flaniau, de Noyon ;
s 20 déc. 1687, à St. Jean, I. O [2]
  Le Roy, Elizabeth, veuve de Pierre Paillereau,
b 1641, fille d'Antoine et de Simone Gaultier, de Senlis (1)
  Marie-Marguerite, b [1] 8 juillet 1671 ; m [2] 30
avril 1691, à Nicolas Sustier. — *Joseph*, b [1] 15
août 1673 ; m 1697, à Marie Fribaut. — *Pierre*,
b [1] 27 dec. 1675, s [2] 5 janv. 1682. — *Antoine*, b [1]
29 oct 1678, s [2] 5 janv. 1682 — *Marie*, b [2] 22
août 1683.

1686, (14 janvier) Québec. [1]

II. — LEBLANC, Noel,   [Léonard I.
charpentier de navires ; s...
  Picard, Fe icile, (1)   [Jean I.
  Félicité, (posthume) b [1] 22 oct 1686, s [1] 28
dec. 1687.

1690, (9 janvier) Charlesbourg [1]

II. — LEBLANC, Julien,   •   [Jacques I.
Vannier, Anne,   [Guillaume I.
  Françoise, b [1] 29 janv. 1692 ; m [1] 11 avril 1712,
à Jean Guinel — *Joseph*, b [1] 25 dec. 1693. —
Marie-Anne, b [1] 12 déc. 1695. — *Marie-Joselle*, b [1]
7 juin 1698. — *Jean-Baptiste*, b [1] 24 juin 1701, m
19 nov. 1742 à Françoise Rouleau, au Sault-au-
Recollet. — *Jacques*, b [1] 2 mars 1704 ; m à
Marie-Josette Rouleau. — *Pierre-Louis*, b [1] 2 mars
1707, m à Elizabeth Millleur — *Marie-Madeleine*, b [1] 13 janv. 1710. — *Anonyme*, b [1] et s [1] 4
juin 1711. — *Angélique*, b [1] 9 sept. 1712. — *Suzanne*, b [1] 23 nov. 1714 ; s [1] 30 mars 1715. —
Marie-Louise, b [1] 6 mai 1716.

1697.

II. — Le BLANC, Joseph,   [Antoine I.
Fribaut, Marie,   [Charles I.
  Marie, b 18 fév. 1698, à St François, Ile d'Or-
léans [4]. — *Marie-Madeleine*, b [4] 6 mars 1699 —
Catherine, b [4] 23 sept. 1701. — *Jean-Baptiste*, b [4]
4 août 1707. — *Marie-Joselle*, b [4] 25 avril 1712.

LEBLOND. — Voy. Dupont — Jaqueze.

1661, (13 octobre) Château-Richer. [6]

I. — LEBLOND, Nicolas, b 1637, de Conflans,
evêché de Rouen.
  Leclerc, Marguerite, (2) b 1642, de St. Rémi de
Rouen.
  Jean, b [6] 27 août et s [6] 17 sept 1662 — *Jacques*,
b [6] 16 sept. et s [6] 16 nov. 1663 — *Catherine*, b [6]
12 oct. 1664, m 10 janv. 1678, à Jean Riou, à Ste.
Famille [5]. — *Marie-Madeleine*, b [6] 19 dec. 1665,
m [5] 18 nov. 1686, à Nicolas Roy — *Nicolas*, b [5] 16
mars 1667, m [5] 27 janv. 1696, à Louise Bauche.
— *Jean-Baptiste*, b [5] 1er janv. 1669 ; m 1690, à
Elizabeth Vallée. — *Jean-Baptiste*, b [5] 3 dec.
1670, 1° m [5] 8 mai 1702, à Cecile Rocheron, 2°
m [5] 25 juin 1703, à Therèse Lestourneau, 3° m
30 août 1711, à Marguerite Mauri, à St François,
Ile-d'Orleans — *Joseph*, b [5] 29 oct. 1672. — *Marie*,
b [5] 3 mai 1674, m [5] 12 nov. 1691, à Pierre Martineau. — *Martin*, b [5] 30 nov 1676 ; m 24 nov
1704, à Anne-Françoise Bissonnet, à Beaumont.

I. — LEBLOND, François.
  Roland, Marie.
  Marie-Catherine, b 27 nov. 1664, au Château-
Richer.

I — LEBLOND, Guillaume.
  Michel, Marie, s 25 dec. 1702, à Québec. [7]
  François, b 1696, s [7] 18 fev. 1703.

---

(1) Elle épouse, le 16 mai 1683, Charles Thibaut, à St. Jean,
I. O.

(1) Elle épouse, le 19 nov. 1690, Louis D'Aillebout, à Québec.

(2) Elle épouse, le 8 sept. 1678, Jean Raboum, à Ste. Famille.

1690.

II. — LEBLOND, Jean,   [Nicolas I.
Vallée, Elizabeth.
Marie-Anne, b 24 déc. 1691, à Québec, s 19
nov. 1692, à la Pointe-aux-Trembles de Québec.

1687, (25 septembre) Montréal. [1]

I. — LEBLOND, Claude, maître-menuisier, fils de
Michel et de Marie Cagnard, de Noyon.
Leroux, Anne Charlotte,   [Hubert I.
Marie-Madeleine, b [1] 7 juin 1694. — *Jean-Bap-
tiste*, b [1] 16 mai 1696, s 20 déc. 1723, à l'Ile Dupas.

1696, (27 janvier) Ste Famille. [1]

II. — LEBLOND, Nicolas,   [Nicolas I.
Bauche, Louise,   [Guillaume I.
   veuve de Pierre Asselin.
Marie, b [1] 6 avril 1697. — *Marie-Madeleine*, b [1] 7
juillet 1699. — *Nicolas*, b [1] 1er août 1701 — *Geneviève*, b [1] 5 fév. 1704.

Le BLOUSART-Duplessis, François, noble breton, arrivé à Québec, le 15 août 1649 ; s 1er sept.
1649, à Québec, tué par un fusil, parti à son
repos.

LEBOESME. — Voy. Lesné.

1657, (27 août) Québec.

I. — Le BOESME, Antoine, veuf de Judith Blanchet, fils de Pierre et de Perinne Archambault, Bourg-Neuf, de l'Ile-de-Re ; s 23 avril
1666, à Québec.
2° Dugué, Jeanne, b 1616, fille de Jean et de
Françoise Bourgnie, de St. Michel de Gatinois.

Le BON. — Voy. Bon dit Lacombe.

I. — Le BON, Jean, b 1661, s 14 déc. 1741, à Ste.
Foye.

LEBORGNE. — *Surnoms* : Gausse — Belleisle.

I. — LEBORGNE dit Belleisle, Alexandre, s
avant 1698.
St. Etienne de la Tour, Marie.
Jeanne, b 1680 ; m 1698, à Bernard Damours ;
s 24 oct 1711, à Québec. [9] — *Marie-Françoise*,
hospitalière, dite Ste. Elizabeth, b 1688 ; s [9] 22
déc. 1716.

I. — LEBORGNE dit Belleisle, François, b
1659, s 11 avril 1757, à Québec.

I. — LEBOSQUE, b 1662, était à Québec, en
1681.

I. — Le BOSSU, Nicolas, b 1635, établi à Varennes
André, Louise, b 1629.

1677, (16 mai) Québec. [1]

I. — LE BOULANGER, Sieur de St. Pierre,
Pierre, b 1634, fils de Toussaint et de Marie
Avisse, de St. Martin, évêché de Rouen.
Godfroy, Marie-Renée,   [Jean-Baptiste II.

Pierre-René, b 1679 ; ordonne [1] 6 nov. 1701 ,
s 24 juin 1747, à Charlesbourg. — *Anne-Marguerite*, b... — *Marie-Josette*, b 1683 , m [1] 1er fév.
1706, a Martin Cheron, s [1] 2 août 1733.

I. — LE BOULANGER dit Lafortune, François,
b 1636.

LE BOUTELEAU, — Voy. Leclerc.

LE BRETON, — Voy. Girard — Lardoise.

I. — LE BRETON, Jeanne, b... , m 1667, à
Claude De Villieux.

1687, (9 janvier) Château-Richer. [3]

I. — LE BRETON, (1) Jean-Guillaume, b 1659, fils
de Jean et de Jeanne De la Haye, de Notre-
Dame de Bon Secours, évêché de Treguier,
en Bretagne ; s [3] 22 nov. 1693.
1° Grandrie, Elizabeth,   [Thomas I.
Guillaume, b [3] 15 août 1689. — *Marie-Françoise*,
b [3] 25 oct. 1693. — *Jean-Baptiste*, b [3] 20 avril 1696
— *Geneviève*, b [3] 6 sept 1697. — *Marie*, b [3] 3 avril
1699. — *Marie Ursule*, b... ; m 18 avril 1735, à
Pierre De Beau.

1702, (6 février) St. Michel. [4]

2° Vandet, Marie, (2)   [René I
Marie, b [4] 22 mars et s 29 avril 1704, à la Pointe-aux-Trembles de Québec.

LEBRUN. — Voy. Carrier.

I. — LEBRUN, Jacques, établi à Neuville, b 1645.
Malo, Marie, b 1641.

1697, (4 février) St. Jean, I. O.

I. — LEBRUN dit Carrière, Noel, b 1669, fils de
Jean et de Catherine Gautier, de Boulogne.
Brochu, Anne,   [Jean I.
Marie, b 13 déc. 1697, à St Michel. [4] — *Marguerite*, b [4] 20 fev. 1700. — *Angelique-Hélène*, b [4] 2
mai 1702. — *Noel*, b [4] 16 sept. 1704 — *Thérèse*, b [4]
16 sept. 1704. — *Louis*, b [4] 19 mai 1709.

I. — LEBRUN, Louis, b 1670 ; s 16 juin 1715, à
Québec.

LE CABELLEC, Gildas, était à Lachine en 1681.

1676.

I. — LE CACHEUX, Nicolas, établi au Cap de
la Madeleine, b 1648.
Vassal, Françoise, b 1648.
Nicolas, b 1677. — *Françoise*, b 1680.

I. — Le CHARDON, Jacques, de Beauvais-sur-
mer, évêché de Luçon. (3)
Gongeauté, Marie.
Marie-Madeleine, b 1662 ; m 15 janv. 1680, à
Jean Laurent, à Québec [9], s [9] 16 déc. 1702.

---

(1) Dit Lardoise, voy. page 88.
(2) Elle épouse, le 15 avril 1709, Jacques Bissonnet, à St.
Michel.
(3) Elle épouse, le 13 novembre 1674, Vincent Beaumont, à
Québec.

1671, (19 octobre) Québec.

I. — LECANTEUR dit Latour, Guillaume, b 1616 ; fils de Nicolas et de Jeanne Hamelot, de Beaumont Lizieux.
Chevalier, Jeanne. b 1652 ; fille de Jacques et de Marguerite Scerhan, de St. Jacques de Dieppe, évêché de Rouen.
Nicolas, b 8 sept. 1672, au Château-Richer. — *Charles,* b 21 dec 1675, à L'Ange-Gardien. [9] — *Guillaume,* b [9] 24 juillet 1678.

Le CHARLE, Pierre.
De la Place, Marguerite,
Marie-Madeleine, b 24 août 1677, à Sorel.

I. — Le CHASSEUR, Jean, conseiller du Roy, secrétaire de Frontenac, lieutenant-général des Trois-Rivières, [9] en 1687, b 1633 ; s [9] 2 sept. 1713, (dans l'église).

Le CHEVALIER. — Voy. Noland.

LECLERC. — *Variations et surnoms :* Le Boulleteau — Lescuier — Francœur — Cap-Breton Montfort — Blondin.

1657.

I. — LECLERC dit le Boutfleau, Jean, b 1639 ; s 13 avril 1708, à St Michel.
Blanquet, Marie, b 1630.
Pierre, b 1658. — *Marguerite,* b 21 fév. 1661, à Quebec [4] ; m 22 nov. 1677, à Clément Ruelle, à Ste Famille. [1] — *Jean,* b 18 mars 1663, au Château-Richer. [3] — *Jean-Charles,* b [3] 15 mai 1668 ; m [1] 5 mars 1696, à Marguerite Bauché — *Marie-Nicole,* b [1] 27 avril 1681 ; s [1] 18 mai 1668 — *Anne,* b [3] 17 sept. 1664 ; m 5 mars 1680, à Jacques Bouffard, à St. Pierre, Ile d'Orleans. — *Adrien,* b [1] 24 oct. 1670 ; m à Geneviève Paradis. — *Marie-Madeleine,* b [1] 14 juillet 1672. — *Martin,* b [1] 4 avril 1674.

1658, (4 fevrier) Trois-Rivières. [1]

I. — LECLERC, Florent, b 1619, fils de Jean et de Jeanne Luce, Le Bray, évêche d'Angers ; s [1] janv. 1664.
Gendre, Marie, (1) veuve de Jean Bourgery, fille de Moise et de Jeanne Grosse, de Suzère, evêché de Xaintes.
Florent, b [1] 16 fev. 1659 ; m [1] 27 nov. 1685, à Jeanne Aubuchon ; s [1] 24 mars 1704. — *Jean,* b [1] 19 dec. 1660 ; m [1] 24 nov. 1689, à Marie-Claire Loiseau, s [1] 5 déc. 1730 — *Stéphanie,* b [1] 24 mai 1663.

1667, (24 octobre) Quebec. [8]

I. — LECLERC dit l'Escuier, pâtissier, b 1631, fils de Claude et de Catherine Bernard, de St. Martin de Seinville, evêche de Rouen ; s...
De Bretigny, Marie, fille de Jean et d'Anne Deschamps, de St. Laurent, evêché de Rouen ; s avant 1681.
Jean-Baptiste, b [3] 23 août 1674.

(1) Elle épouse, le 21 fév. 1667, François Michelot. aux Trois-Rivières.

I. — LECLERC, Jean, b 1635 ; s 23 avril 1700, aux Trois-Rivières,

1669, (11 novembre) Ste. Famille. [8]

I. — LECLERC, Jean, b 1646. fils d'Antoine et de Michelle Rubel, de Notre-Dame de Temail, evêche de Poitiers.
Coult, Marie, b 1631, fille de Michel et de Marie Mauger, de St. Prix et de St. Ouen, évêché de Rouen.
Geneviève, b [3] 23 mars 1674 ; m 14 fév. 1694, à Thomas Asselin, à St. François, I. O. — *Jean,* b 30 avril et s [3] 8 mai 1672.

1676, (24 novembre) Montréal. [4]

I. — LECLERC, Guillaume, b 1645, fils d'Antoine et de Marie Ramboys, de St Jean, evêche de Rouen
Huinault, Marie-Thérèse,   [Toussaint I
Françoise, b 1678 ; s 2 mai 1703, à St François, Ile-Jesus [6] — *Marie-Madeleine* b 13 mai 1679, à la Pointe-aux-Trembles de Montréal [5] ; m 16 fev. 1715, à Jean Mathieu, à Contrecœur [7] ; s [7] 20 avril 1708. — *Jean-Baptiste,* b 28 mars 1681, à Repentigny [1] ; m [6] 23 nov. 1705, à Marguerite Beauchamps. — *Françoise-Angélique,* b [5] 11 oct. 1682 ; m [5] 29 juin 1699, a Pierre Beauchamps. — *Marie-Thérèse,* b [1] 11 mars 1684 ; m [6] 14 fev. 1702, à Mathurin Masta. — *Marie-Anne,* b 1685 ; m [6] 21 nov. 1712, à Jacques Labelle ; s [6] 26 mars 1730.

1680, (9 juillet) Québec. [8]

I. — LECLERC, Robert, bourgeois, b 1653, fils de Jacques et de Cecile Legrand, de St. Eloy, évêche de Rouen ; s 5 juillet 1731, aux Trois-Rivières. [4]
Jallais, Marie, veuve de Jean Lauzet, b 1653, de St. Martin, Ile-de-Rhe, évêché de La Rochelle.
Jean-Baptiste, b [3] 23 août 1681, m [4] 10 nov. 1704, à Marguerite Pépin ; s [4] 17 juin 1739 — *Marie-Anne,* b [3] 2 juin 1683, m 28 mai 1699, à Mathurin Roy, à Charlesbourg. — *Robert,* b [3] 27 août 1684. — *Pierre,* b [3] 3 mai 1686 ; m [3] 9 nov. 1712, à Jeanne Bastien. — *Jean,* b [3] 28 août 1687 ; s [3] 10 avril 1688. — *Marie-Françoise,* b [3] 15 avril 1689 ; m 29 nov 1707, à Jean Brouillet, à St. François, Ile-Jesus. — *Louis,* b [3] 25 juillet 1690 ; m [3] 21 oct. 1715, à Elizabeth Basquien. — *Marie-Marguerite,* b [3] 30 janv. 1692, m [3] 28 nov. 1713, à François Charlery ; s [3] 13 juin 1751. — *Florent,* b [3] 16 août 1693. — *Françoise Marie,* b 30 mai et s [3] 15 sept. 1696. — *Michel,* b [4] 18 août 1705.

1685, (27 novembre) Trois-Rivières. [1]

II. — LECLERC, Florent,   [Florent I.
s [1] 24 mars 1704.
Aubuchon, Jeanne,   [Jacques I.
s [1] 29 mai 1748.
Marie-Jeanna, b [1] 24 et s [1] 27 nov. 1686. — *Marie-Françoise,* b [1] 14 dec. 1688 ; m [1] 15 nov. 1706, à Joseph Baudry ; s [1] 2 dec. 1733 — *Anonyme,* b [1] et s [3] 9 juin 1690. — *Joseph,* b [1] 30 mars 1692. — *Maurice,* b [1] 2 mars 1694. — *Marie-Jeanne,* b [1] 20 août 1695 , m [1] 30 juin 1716, à Jean-Bap-

tiste Desrosiers ; s 15 juillet 1738. — *Jean-Baptiste*, b [1] 15 mai et s [1] 17 sept. 1698. — *Marie-Madeleine*, b [1] 21 nov. 1701 ; m [1] 19 oct. 1727, à Joseph Bourbeau. — *Marie-Anne*, b [1] 30 sept. 1703 ; m [1] 2 juillet 1725, à Louis Provancher

1689, (24 novembre) Trois-Rivières. [1]

II. LECLERC, Jean, (1) .   [Florent I.
   s [1] 5 dec. 1730.
Loiseau, Marie-Claire,   [Pierre I.
   s [1] 18 fév. 1747.
   Jeanne-Marguerite, b [1] 20 sept. 1690 ; m [1] 8 janv. 1720, à Guillaume Pinard. — *Catherine*, b [1] 23 nov. 1691 ; m [1] 9 nov. 1716, à Pierre Lefebvre. — *Jean*, b [1] 8 mars 1695 ; 1° m [1] 24 nov. 1738, à Louise-Catherine Amond , 2° m [1] 18 sept. 1747, à Catherine Croquelois. — *Marie-Madeleine*, b [1] 2 juillet 1697 ; m [1] 5 janv. 1727, à Maurice Duguay. — *Marie-Thérèse*, b [1] 7 juillet 1699 : m [1] 31 janv. 1742, à Pierre Massé. — *Pierre*, b [1] 17 janvier 1702 ; s [1] 3 juillet 1704 — *Claude*, b [1] 22 mars 1706 ; m [1] 3 fév. 1729, à Michelle Bouton. — *Marie-Josette*, b [1] 16 sept. 1707 ; s [1] 8 janv. 1708. — *Antoine*, b [1] 5 déc. 1708 ; m [1] 26 août 1744, à Madeleine Chauvet. — *Marie-Josette*, b [1] 19 mai 1710 ; m [1] 20 janv. 1743, à Jean-Baptiste Leclerc. — *Marie*, b [1] 1er juillet 1712. — *Louise*, b [1] 26 fév. 1716, s [1] 5 mars 1722 — *Joseph*, b 1718 ; s [1] 3 nov. 1728. — *Claire*, b... , m [1] 22 oct. 1742, à Michel Lepelé.

I. — LECLERC dit Franccœur, Jean ; s 11 janv. 1709, à l'Ilet. [4]

Langlois, Madeleine, s [4] 5 sept. 1741. [Jean II.
   Joseph, b 13 juillet 1693, au Cap St. Ignace. [5] — *Jean-Baptiste*, b [5] 19 avril 1695. — , *Marie-Madeleine*, b [5] 1er janv 1698 , m [4] 24 nov, 1727, à Jean Boucher. — *Geneviève*, b [4] 4 fév. 1700 ; m [4] 7 janv. 1730, à Augustin Duval — *Hélène*, b [4] 15 mars 1702 ; m [4] 24 nov. 1727, à Pierre Dessaint. — *Cécile*, b [4] 15 mars 1702 ; m [4] 24 nov. 1727, à Jean Jean. — *Etienne*, b [4] 17 août 1704. — *Louis*, (posthume) b [4] 7 juillet 1709 ; s [4] 24 nov. 1721.—

1696, (5 mars) Ste. Famille.

II. — LECLERC, Charles,   [Jean I.
Bauché, Marguerite,   [Guillaume I.
   Marie-Agathe, b 1698, à St. Pierre, I. O. ; religieuse-ur uline, dite Ste. Marguerite ; s 30 avril 1759. — *Marie*, b 1er fév. 1699, à St. Laurent, I.O.

I. — LECLERC dit Montfort, Nicolas, soldat de M. de Ramezay, en 1705, à Montréal.

II. — LECLERC, Adrien,   [Jean I.
Paradis, Geneviève.
   Adrien, b 15 mai 1699, à St. Laurent, I. O. — *Jean-Baptiste*, b... ; m 6 avril 1728, à Marie Jobidon, à l'Ange-Gardien.

.I. — LECOINTE, Marie-Anne, b 1611, à Rouen ; Hospitalière, dite St. Bernard, professe le 6 août 1628, à Dieppe ; arrivée en Canada, en 1639 ; s 5 août 1679, à l'Hôtel-Dieu de Québec.

I. — Le COMTE, Isaac, (1) tailleur d'habits, de Linctot, evêché de Rouen ; s 9 mars 1835, aux Trois-Rivières.

1668, (30 janvier) Québec. [9]

I. — Le COMTE, Jean, Notaire, fils de Jean et de Marie Perdoux, de Ste. Catherine, de la ville d'Orléans.
Portas, Marie-Angélique, fille de François et de Marthe de Chamois, de St. Nicolas-des-Champs, de Paris.
   Deux *anonymes*, b et s [9] 1er déc. 1668.

LECOMPTE. — Voy. Hébert — Dupré — De la Vimaudière — De la Ragotterie.

I. — LECOMPTE, Aimé, maître-tailleur, b 1644 ; s 4 juillet 1699, à Montréal. [7]
   1° Saunois, Thérèse.
   Marie-Thérèse, b 7 mai 1674, à Quebec. [8]
          1679.
   2° Goupil, Anne, (2)   [Nicolas I.
   veuve de Pierre Brebant.
   Agnès, b 24 mars 1680, à la Pointe-aux-Trembles de Québec ; m à Pierre Joly ; s [8] 6 mars 1717. — *Françoise*, b 19 juin 1683, à Lachine. [9] — *Jean-Baptiste*, b [9] 25 mars 1686 ; m [8] 11 mai 1716, à Angélique Chambreland ; s [8] 2 fév. 1732. — *Alphonse*, b [7] 11 mai 1688. — *Urbain*, b [7] 18 oct. 1692. — *Pierre*, b [7] 17 nov. 1695. — *Marguerite*, b [7] 22 sept 1697.

LECOMPTE, Jean, de Chamiré, venu au Canada, en 1653, compagnon d'armes de Dollard, et massacré, au Long-Sault, par les Iroquois, le 21 mai 1660.—*Voy. la note de la page 167.*

1681.

I. — LECOMTE. Jean, meunier, b 1643 ; s 5 janv. 1703, à Lachine. [1]
Lelat, Marie, (3)   [Pierre I.
   Françoise, b... ; 1° m [1] 13 oct. 1698, à Paul Lescuyer ; 2° m à François Gautier. — *Jeanne*, b... ; 1° m à Andrien Sénécal ; 2° m 8 janv. 1689, à Julien Guillou, à Boucherville ; s 10 fev. 1694, à Varennes.

I. — LECOMPTE, Nicolas, boucher, b 1632, était au Cap de la Madeleine, en 1681 ; s 18 fév. 1703, à Montréal.

1679, (23 novembre) Québec. [3]

I. — LECOMPTE, dit Cassin, Adrien, b 1649, fils d'Adrien et de Catherine Morisset, de Rilly, evêché de Tours ; s...
Moreau, Jacquette, b 1662, fille de Jean et de Jacquette Mousset, de St. André, evêché de Chartres ; s...
   Adrien, b [3] 20 déc. 1682. — *Anne*, b 1680 ; m 30 août 1710, à Pierre Joly, à Levis. — *Marguerite*, b [3] 5 juin et s [3] 25 nov. 1685.

---

(1) Calviniste converti en Canada.

(2) Elle épouse, le 6 février 1701, Simon Mongineau, à Montréal.

(3) Elle épouse, le 31 janv. 1705, Léon Girard, à Lachine.

---

(1) Dit Cap Breton, canonnier des Trois-Rivières, en 1628.

24

1683.

I. — LECOMPTE–DUPRÉ, Louis, marchand, b 1654, fils de Charles et d'Anne Defosse.
St. George (de), Marie-Catherine, fille d'Adrien et de Jeanne Guernon.
Marie Charlotte, b 4 sept. 1684, à Montréal [7]; m [7] 4 juillet 1701, à André Charly; s [7] 5 nov. 1705. — *Jean-Baptiste-Louis*, b [7] 1er juillet 1686.— *Pierre-Joseph*, b [7] 18 et s [7] 21 avril 1688. — *Jean*, b [7] 4 avril 1689; m [7] 20 janv. 1727, à Marie-Anne Hervieux — *Joseph*, b [7] 29 dec. 1690; s [7] 21 août 1698. — *Marie-Elizabeth*, b [7] 28 mars 1691. — *Catherine*, b [7] 5 août 1692. — *Marie-Anne*, b [7] 9 août 1693. — *George*, b [7] 10 mai 1695. — *Jacques*, b [7] 27 avril 1696. — *Marie-Louise*, b [7] 29 mai 1697 — *Joseph-René*, b [7] 10 et s 21 sept. 1698, à la Pointe-aux-Trembles de Montreal. — *Marie-Thérèse*, b [7] 15 oct. 1699. — *Marie-Charlotte*, b [7] 19 fev. 1701. — *Jean-Baptiste*, b [7] 3 avril 1702 — *Thérèse*, b et s [7] 11 mai 1703.

1695, (11 avril) Château-Richer. [4]

I.—LECOMTE, (1) Samuel, chirurgien, b 1667, fils de Noel et de Françoise Letellier, de St. George, ville de St. Lo, evêché de Coutance.
Jobidon, Anne, [Louis I.
s [4] 19 fev. 1703.
Pierre, b [4] 31 dec. 1699; s [4] 1er mai 1700. — *Anne*, b [4] 5 mars 1701. —*Joseph*, b [4] 21 mai 1707.

I. — LECOMPTE, De la Ragottirie, Nicolas, capitaine, etait à Québec, en 1695

1698, (2 septembre) Québec. [9]

I. — Le COMPTE, Antoine, aubergiste, fils de Gregoire et de Françoise Vassot, de St. Cyr, évêché de Meaux, s [9] 21 avril 1709.
1o Poiré, Marie, [Laurent I.
s [9] 25 déc. 1702.
Marie Modeleine, b [9] 30 août 1699. — *Hector*, b 1er et s [9] 3 oct. 1700. — *Marie-Charlotte*, b [9] 3 sept. 1701; m 21 janv. 1726, à Augustin Bussière, à Beaumont. — *Suzanne*, b [9] 6 oct. 1702; s 8 fev. 1703, à Charlesbourg.

1703, (20 mars) Québec. [9]

2o Lefebvre, Claire-Françoise, (1) [Thomas I.
Antoine, b [9] 22 mars 1704. — *Catherine*, b [9] 1er mai 1706, s [9] 22 fev. 1711.

1698, (29 septembre) Québec. [9]

I. — LECOMPTE, Jean, cocher de l'Intendant, b 1670, fils de Vincent et de Marie Gombeau, de Guigues, evêche de Sens, s [9] 29 nov. 1745.
1o Vuillis, Marie-Madeleine, fille d'Etienne et de Louise Pilman, de la Nouvelle-Angleterre, s [9] 1er fev. 1703.
Jeanne-Thérèse, b [9] 2 sept. 1699; m [9] 12 sept. 1724, à Joseph Rouillard. — *Etienne*, b [9] 23 nov. 1700; s [9] 22 sept. 1746. — *Louis*, b [9] 10 mai 1702; s [9] 28 août 1707.

(1) *Sieur De la Vimaudière.*

(2) Elle épouse, le 10 novembre 1710, Pierre Marchand, à Québec.

1703, (1er mai) Québec. [9]

2o Hédouin, Marguerite, [Jacques I.
s [9] 27 nov. 1753.
Madeleine, b [9] 23 juin 1704. — *Elizabeth*, b [9] 7 avril 1706; m [9] 28 sept. 1724, à François Racine. — *Jean*, b [9] 19 juin 1707. — *Jean-Michel*, b [9] 29 sept. 1708, s [9] 6 oct. 1714. — *Edmond-Joseph*, b [9] 13 oct. et s [9] 4 déc. 1709. — *Marie-Louise*, b [9] 12 nov. 1710; s [9] 30 sept. 1714. — *Jean-Marie*, b [9] 11 juillet 1712; s [9] 5 oct. 1714. — *Marie-Thérèse*, b [9] 29 nov. 1713; s [9] 22 sept. 1714 — *Marie-Angélique*, b [9] 27 fev. 1715. — *Urbain*, b [9] 4 nov. 1716. — *Jean-François*, b [9] 29 mars 1719; s [9] 29 janv. 1720. — *Michel-Louis*, b [9] 26 sept. et s [9] 1er oct. 1720. — *Jean-Baptiste*, b [9] 10 sept. 1722; s [9] 23 janv. 1723. — *Jean-Baptiste*, b 18 mars et s [9] 17 oct. 1726.

LE COCQ, — Voy. Greffard.

LE COCQ, Jean, écrasé, par un billot; s en 1623. à Québec.

1667, (13 fevrier) Québec. [3]

I. — LECOURT, Michel, b 1638, fils de Jean et de Jeanne Leval, de Livarreau, evêché de Lizieux; s 14 sept 1685, à Montréal. [4]
Leblanc, Louise, (1) [Léonard I.
Michel, b [3] 10 nov. 1669. — *Nicolas*, b [3] 2 fev. 1671. — *Raphaël*, b [3] 6 mai 1673. — *Nicolas-François*, b [3] 25 mars et s [3] 7 avril 1675 — *Marie-Thérèse*, b [3] 22 juin 1676, s [4] 22 avril 1682.— *Marie-Charlotte*, b [3] 13 juin 1678; 1o m [4] 30 sept. 1699, à Benoit Bizaillon; 2o m [4] 19 oct. 1700, à Pierre Pinsonneau. — *Marguerite*, b [4] 30 mai 1680; m [4] 19 dec. 1700, à André St. Laurent.— *Denis*, b [4] 18 avril 1682 — *Gilles*, b [4] 23 sept. 1684.— *Michel*, b [4] 2 mai 1686; s [4] 27 nov. 1687.

1683, (24 novembre) Lévis. [1]

I.—LECOURT, Michel, b 1644, fils de Julien et de Michelle De Benne, de St. Gemme, evêché du Mans.
Le Dran, Louise, [Toussaint I.
Michel, b...; m à Louise-Françoise Lemieux. — *Louise*, b...; m 31 août 1718, à Jean Poliçain, à Québec. [8] — *Charles*, b 1686; m 1 22 nov. 1708, à Marie-Anne Poliquin. — *Ignace*, b [8] 1690; m [8] 26 janv. 1711, à Marie-Anne Hubert; s [8] 9 déc. 1735. — *Marie-Charlotte-Elizabeth*, b [1] 30 sept. 1692; m à Jean Samson, s [1] 12 déc. 1726.— *Charles-François*, b [4] et s [1] 17 janv. 1696. — *Marie-Suzanne*, b [1] 17 janv. 1699; m[1] 3 mai 1719; à Joseph Filion — *Marie-Anne*, b[1] 11 mai 1700.— *Jeanne*, b [1] 11 mai 1700 : s [1] 29 mai 1719. — *Ursule-Jeanne*, b [8] 10 juillet 1702; 1o m [8] 21 avril 1727, à Dominique Pampalon; 2o m [8] 26 nov. 1740, à Louis-Joseph Enouille-Lanoix; s [8] 31 oct. 1757.— *Joseph*, b...; m 21 avril 1723, à Marie-Anne Morel.

LE COUTI. — *Variations et surnoms:* Cotty.— Ladouceur — Léveillé.

(1) Elle épouse, le 27 nov. 1686, Guillaume Boissel, à Montréal.

1695, (11 avril) Québec. [1]

I. — LE COUTI dit Ladouceur, Nicolas, maçon, fils de René et d'Eléonore Bonnet, de St. Pardon, évêché de Limoges ; s [1] 21 déc. 1708
ROUSSEL, Marie,   [Pierre I.
   s [1] 21 fév. 1756.
   Marie-Anne, b [1] 29 juillet ; s [1] 11 oct. 1696. — *Claude*, b [1] 23 déc. 1697 ; s [1] 25 août 1698. — *Jean*, b [1] 11 juillet 1700 ; m [1] 27 nov. 1727, à Marie-Charlotte RAYMONNEAU ; s [1] 25 avril 1762. — *Marie-Marguerite*, b [1] 2 juin 1702 ; m [1] 21 nov. 1723, à François LABADIE ; s [1] 5 avril 1729. — *Pierre*, b 2 et s [1] 26 fev. 1704. — *Geneviève*, b 5 et s [1] 14 oct. 1705. — *Marie-Madeleine*, b [1] 21 nov. 1707 ; s [1] 5 janv. 1708. — *Marie-Hélène*, b 21 et s [1] 30 nov. 1707. — *Louise*, b [1] 6 mars 1709 ; m [1] 28 avril 1732, à Vincent GAGNON.

I. — LECOUTI dit L'Eveillé, Laurent.
ALAIN, Marie-Anne,   [Charles I.
   veuve de Pierre Lachaine.

I. — LECOUTRE dit Lachaisnée, Claude, de Rouen, était à Québec, en 1646.

I. — LECOUTRE, Catherine, b..., hospitalière, dite sœur Marie, de Ste. Agnès, de Dieppe, arrivée à Québec, en 1657 ; s 6 nov. 1687, à l'Hôtel-Dieu.

LE DÉPENSIER. — Voy. LAMORANDIÈRE.

I. — LEDLE, Edmond, anglais ou allemand de nation.
COSSCOLD, Sara.
   Jean-Baptiste, né en juillet 1688, b 16 juillet 1690 ; s 21 sept. 1690, à Québec.

LEDOUX. — *Surnom :* LATREILLE.

I. — LEDOUX, Jean.
HIOUT, Jeanne, d'Esnande, évêché de LaRochelle.
   Jacquette, b... ; 1º m 10 nov. 1664, à Jacques GRIMOT, à Québec [1] ; 2º m [1] 26 nov. 1668, à Marc TESSIER.

1668, (9 octobre) Québec. [4]

I. — LEDOUX dit Latreille, Pierre, b 1648, fils de Jean et de Marie Houmergue, de St. Pierre d'Avignon.
   1º GUYET, Marie, b 1641, fille de Jean et de de Françoise Guillon, de St. Jean, évêché de La Rochelle ; s [4] 2 janv. 1701.
   Nicolas, b [4] 10 et s [4] 29 déc. 1669 — *Charles*, b [4] 15 fév. 1671 ; m 10 oct. 1689, à Madeleine GALERNEAU, à Charlesbourg [5] ; s.... — *Nicolas*, b [4] 7 janv. 1673 , m [5] 5 oct. 1693, à Marie-Anne RENAUT. — *Marie*, b [4] 28 août 1676 ; 1º m [5] 7 nov. 1695, à Paul LAUZET ; 2º m [5] 21 nov. 1718, à Pierre BON.

1701, (8 mai) Québec.
   2º LASNON, Marie, veuve de Pierre Ferré.

1679, (20 mars) Montréal.

I. — LEDOUX, Louis, b 1628, fils de Louis et de Marie Provost, de N.-D. de la Couture, évêché du Mans ; s 3 oct. 1708, à Varennes. [5]
VALIQUET, Marie, (1)   [Jean I.
   Mathurin, b 9 et s 15 avril 1680, à Boucherville. [6] — *Anonyme*, b et s [6] 19 janv. 1681. — *Jacques*, b [6] 25 juillet 1683 ; m [5] 8 janv. 1709, à Marie-Anne MONIN — *Nicolas*, b [6] 13 déc. 1684 ; m [6] 27 janv. 1716, à Anne BOUSQUET. — *Gabriel-Louis*, b [6] 4 déc. 1686 , m [5] 2 juillet 1708, à Marie-Marguerite MONIN. — *Marguerite*, b [6] 6 sept. 1688 ; m [5] 3 août 1711, à François MEUNIER. — *Jean-Baptiste*, b [6] 19 sept. 1690 ; m [5] 28 fév. 1729, à Thérèse HÉLIE. — *Julien*, b [6] 13 nov. 1692 , s [6] 13 oct. 1693. — *Pierre*, b [6] 4 mars 1695. — *Louis*, b [5] 24 mars 1698 , s [5] 21 juillet 1699. — *Jean-Baptiste*, b [5] 21 août 1700 , m 20 juin 1737, à Elizabeth JOUEN, à St. Michel — *Christophe*, b [5] 22 dec. 1701. — *Joseph*, b [5] 19 sept 1703 ; m [5] 28 janv. 1726, à Marie-Josette BOUSQUET. — *Marie-Anne*, b 1687, m [5] 8 janv. 1708, à Jacques LEDOUX.

1689, (10 octobre) Charlesbourg. [4]

II. — LEDOUX, Charles, (2)   [Pierre I.
   s avant 1703.
GALERNEAU, Madeleine,   [Jacques I.
   s 22 fev 1703, à Québec
   Marie-Madeleine, b [4] 20 juin 1693. — *Louise*, b [4] 25 juin 1695. — *Charles-Bernard*, b [4] 4 avril 1697. — *Marie-Anne*, b [4] 29 nov. 1698. — *Pierre*, b [4] 30 nov. 1699.

1693, (5 octobre) Charlesbourg. [5]

II. — LEDOUX, Nicolas, (2)   [Pierre I.
   1º RENAULT, Anne,   [Guillaume I.
   s [5] 19 janv. 1703.
   Marie-Thérèse, b [5] 12 juin 1694. — *Paul-Joseph*, b [5] 15 mars 1696. — *Marie-Anne*, b [5] 18 janv. 1698. — *Pierre*, b [5] 16 déc. 1699 ; s [5] 10 fev. 1703. — *Jacques*, b [5] 25 juillet 1702 ; s [5] 3 oct. 1703.

1703, (16 avril) Québec. [7]
   2º BONNEDEAU, Marie-Agnès,   [Louis I.
   s [7] 14 oct. 1714.
   Anonyme, b et s 13 janv. 1704, au Château-Richer. — *Agnès-Françoise*, b [7] 9 mars 1706. — *Anne*, b [7] 26 mai 1708 ; s [7] 1er sept. 1714. — *Louis*, b [7] 23 juillet 1710 ; s [7] 24 janv. 1712. — *Louise-Marie*, b [7] 4 août 1713 ; s [7] 3 oct. 1714.

1663, (11 novembre) Québec [1]

I. — LE DRAN, Toussaint, b 1638, fils de Louis et de Charlotte Convent, de St. Michel, du Bourg de Bersy, évêché de Soissons ; s 9 juillet 1711, à St. Etienne de Beaumont. [3]
MENACIER, Louise, b 1638, fille d'André et de Marie Picaut, de Ste. Colombe, évêché de Langres ; s...
   Louise, b [1] 24 août 1664 ; 1º m 24 nov. 1683, à Michel LECOURT, à Lévis [1] ; 2º m [7] 7 nov. 1713, à Jean POLIQUIN. — *Marie*, b [1] 27 janv. 1666 ; m

---

(1) Elle épouse, le 12 mars 1713, Isaac Brien, à Varennes.

(2) Dit La Treille.

1683, à Louis Roy; s³ 13 nov. 1713. — *George,* b¹ 17 juillet 1667 ; s² 24 avril 1690. — *Anonyme,* b¹ et s¹ 16 fév. 1669. — *Anonyme,* b¹ 15 janv et s¹ 2 mars 1670. — *Catherine,* b¹ 25 nov. 1670 ; s¹ 5 janv 1671. — *Toussaint,* b¹ 13 oct. 1671. — *Marie-Madeleine,* b¹ 7 mai 1673. — *Françoise,* b¹ 31 août 1675. — *Pierre.* b 1678.

I. — LEDUC, Simon, fourbisseur d'épées, b 1620. Lemoine, Madeleine, b 1628.

1652, (11 novembre) Montréal. [5]

I. — LE DUC, Jean, b 1624, fils de Jean et de Cécile Le Chaperon, de St. Martin, évêché d'Igé ; s⁵ 19 avril 1702.
  Soulinié, Marie, b 1631, veuve de ——— Lambert, fille d'Élie et de Marie Fouber ; s⁵ 3 sept. 1701.
    Jean, b⁵ 27 août 1653 ; m⁵ 22 nov. 1683, à Marguerite Desroches — *Lambert,* b⁵ 27 sept 1655 ; m⁵ 4 janv. 1681, à Jeanne Descaris. — *Marie,* b⁵ 24 nov. 1657. — *Joseph,* b⁵ 22 mai 1660 , m 13 janv. 1687, à Catherine Cuillerier, à Lachine — *Suzanne,* b⁵ 31 dec. 1662 , m⁵ 22 nov. 1683, à Paul Desroches. — *Anne-Françoise,* b⁵ 14 mars 1666 — *Charles,* b⁵ 6 avril 1669 ; 1° m⁵ 3 sept 1691, à Agathe Desroches, 2° m⁵ 3 sept 1703, à Angélique Chevalier — *Philippe,* b⁵ 4 oct 1671 , m⁵ 4 mai 1699, à Marie Carrière — *Jacques,* b⁵ 3 avril 1675 ; m⁵ 3 juillet 1701, à Marie-Madeleine Michaud ; s⁵ 23 mars 1703 — *Marguerite,* b... ; m 3 nov. 1691, à René Des Coudrays, aux Trois-Rivières.

1664, (28 octobre) Québec. [3]

I. — LE DUC, René, b 1639, fils de Vincent et d Urbaine Renoult, de Berès, évêché d'Angers Gentreau, Anne, b 1643, fille de Nicolas et de Catherine Buette, de St. Nicolas d'Olonne, évêché de Xaintes ; s...
  Marie, b³ 18 oct. 1665 ; hospitalière, dite Ste. Agathe ; s³ 2 avril 1731 — *Jean,* b³ 10 oct. 1667 — *Guillaume,* (1) b³ 19 fév. 1669 ; m 18 nov 1704, à Elizabeth Drouin, à Ste Famille ; s³ 3 dec. 1749. — *Marie-Anne,* b³ 20 avril 1671. — *Jacques,* b 1673. — *Geneviève,* (1) s³ 14 oct. 1674 ; 1° m à Pierre Métayer, 2° m³ 16 janv. 1716, à Joseph Roberge. — *René,* b³ 11 nov. 1676. — *Françoise,* b³ 10 fév. 1679 ; hospitalière, dite Ste. Barbe ; s³ 10 mai 1706. — *Louis,* b³ 9 nov. 1680.

I. — Le Duc, Antoine.
  Faucheux, Joanno, (2) b 1649.
    Jean-Baptiste, b... ; m 9 nov 1705, à Angélique Gaudry, à Ste. Foye. — *Pierre,* b 29 janv. 1680, à Ste. Anne de la Pérade ; m 22 juin 1710, à Madeleine Viel, à Batiscan.

I. — Le Duc, Jessé, b 1657, Procureur Général du Roy ; s 22 sept. 1710, dans l'église de Québec. Il était arrivé au Canada, le 7 sept. de la même année.

(1) Guillaume et Geneviève étaient, en 1701, parrain et marraine d'un jeune esclave de huit ans.

(2) Elle épouse, le 29 février, 1688, Pierre Vaillant, à Batiscan.

1681, (4 janvier) Montréal. [9]

II. — Le Duc, Lambert,   [Jean I.
  Descaris, Jeanne,   [Jean I
    Lambert, b⁹ 9 nov. 1682. — *Jeanne,* b⁹ 29 juillet 1684. — *Jean-Baptiste,* b⁹ 27 août 1686 . s⁹ 5 déc. 1700. — *Philippe,* b 11 sept. et s⁹ 17 déc. 1688. — *Marie,* b⁹ 22 sept 1689. — *Jacques,* b⁹ 23 fév. 1692. — *Joseph,* b⁹ 9 oct. 1693 — *Pierre,* b⁹ 14 août 1695. — *Jacques,* b⁹ 7 sept 1697 ; s⁹ 25 fev. 1698. — *Catherine,* b⁹ 29 mai 1699. — *Thierry,* b⁹ 17 juillet 1700. — *Gabriel,* b⁹ 6 mai 1702. — *Paul,* b 3 et s⁹ 21 janv. 1704.

1683, (22 novembre) Montréal. [1]

II. — Le DUC, Jean,   [Jean I.
  Desroches, Marguerite,   [Jean I.
    Jean, b¹ 12 dec. 1684. — *Marie,* b¹ 10 nov. 1686 — *Joseph,* b¹ 14 août 1692. — *Philippe,* b¹ 6 août 1694. — *Marguerite,* b 1688 ; m¹ 15 nov. 1717, à Pierre Sarazin — *Jacques,* b¹ 14 mars 1695. — *Marguerite,* b¹ 27 juin 1696 — *Anonyme,* b¹ et s¹ 13 avril 1698. — *Pierre,* b¹ 7 juin 1699. — *Françoise,* b¹ 28 août 1701. — *Marie-Madeleine,* b¹ 29 juin et s¹ 25 juillet 1704.

1687, (7 janvier) Boucherville. [2]

I. — LEDUC, Joseph, maître-maçon, b 1664, fils de Simon et de Marie Poulard, de St. Sauveur, évêché de Belo, province de la Marche.
  Viger, Noelle, (1)   [Désiré I.
    Joseph, b² 25 oct. et s² 2 nov. 1687.

1687, (13 janvier) Lachine.

II. — LEDUC, Joseph,   [Jean I.
  Cuillerier, Catherine,   [René I.
    Marie-Joseph, b 16 mai 1689, à Montréal. — *Joseph,* b² 13 déc. 1690. — *Michel,* b² 27 fev. et s² 9 mars 1692. — *Marie-Catherine,* b² 22 mars 1693. — *Jean,* b² 11 juin 1695. — *Philippe,* b² 10 nov. 1697. — *Suzanne,* b² 4 nov. 1699. — *Louis-Joseph,* b² 15 fév. 1702. — *Marie-Madeleine,* b² 19 et s² 20 nov. 1703. — *Michel,* b² 20 et s² 21 déc. 1704.

1691, (3 septembre) Montréal. [3]

II. — Le DUC, Charles,   [Jean I.
  1° Desroches, Agathe,   [Jean I.
  s³ 11 avril 1703,
    Lambert, b³ 6 mars 1692 ; s³ 10 déc. 1694. — *Agathe,* b³ 6 sept. 1693. — *Suzanne,* b³ 17 mars 1697, m 29 avril 1729, à Jean Proux, à Lachine. [1] — *Marie-Joselte,* b¹ 25 avril 1699 ; s³ 13 avril 1703. — *Charles,* b³ 12 juillet 1701.

    1703, (3 septembre) Montréal. [3]

  2° Chevalier, Angélique,   [Joseph I.
    Marie-Madeleine, b¹ 24 fev. 1710. — *Marie-Anne,* b¹ 21 avril 1719. — *Marie-Geneviève,* b³ 30 oct. 1704.

1699, (4 mai) Montréal. [1]

II. — Le DUC, Philippe,   [Jean I.
  Carrière. Marie,   [André I.

(1) Elle épouse, le 4 octobre 1688, Pierre Pirineau, à Boucherville.

Marie-Cécile, b 7 et s [1] 11 fév. 1700. — *Ignace*, b [1] 13 janv. 1701. — *Marie-Therèse*, b [1] 19 mai 1704.

LEFEBVRE. — Voy. Angers — Simon — Ladou-ceur — Battanville — Le Boulanger — St. Jean — Bellisle — Laciserée — Duplessis — Faber — Bellefleur — Duchoquet — Du-choquet — Bastien — Des Coteaux — Bel-cour — De Bellefeuille.

I. — LEFEBVRE De la Barre, Antoine, cheva-lier, 10me Gouverneur du Canada, de 1682 à 1685.

I. — LEFEBVRE, Pierre, b 1616.
Aunois, Jeanne, b 1621 ; s 11 fév. 1697, aux Trois-Rivières. [4]
Marie, b... ; m à Andre Martel.—*Jacques*, b [4], m [4] 11 nov. 1670, à Marie Baudry. — *Catherine*, b [4] 4 dec. 1648 ; m à Antoine Trotier ; s 30 nov. 1705, à Batiscan. [5]— *Elizabeth*, b [4] 15 mai 1651, 1° m à Félix Thunès; 2° m [5] 13 janv. 1687, à Jean Colet ; s [5] 10 sept. 1687. — *Ignace*, b [4] 3 avril 1656 ; m [6] 12 janv. 1682, à Marie Trotier.— *Michel*, b 1654 ; m 3 nov. 1683, à Catherine Tro-tier, à Champlain. [6]—*Angélique*, b [4] 19 sept 1658 ; m à Marie Cusson.— *Pierre*, b [4] 30 sept 1661 ; s [4] 3 oct. 1745.

I. — LEFEBVRE, Pierre, boulanger, b 1635 ; s 1er fév. 1659, à Montréal, laisse par testament ses biens à l'église.

1656, (17 août) Québec. [1]

I. — LEFEBVRE dit Ladouceur, Pierre, b 1627, fils de Nicolas et de Marie Vauverin, de Villairs, evêché de Lizieux ; s 25 oct. 1687, à Beauport. [2]
Chasteigny, Marie, b 1628, fille de Nicolas et de Catherine Lionelle, de Bournevaux, evê-ché de La Rochelle ; s [1] 21 fev. 1699.
Marie, b 20 et s [1] 22 juin 1657. —*Jean-Baptiste*, b [1] 24 juin 1658 ; m [2] 22 oct. 1685, à Marie Crû te.— *Marie*, b [1] 6 juillet 1664 ; m à Jean Clouet.— *Pierre*, b 1665 ; m à Marie-Françoise Boissel ; s [1] 23 avril 1749.

I. — LEFEBVRE. Pierre, (1) b 1638 ; s 21 oct. 1703, à la Pointe-aux-Trembles.

I. — LEFEBVRE, Louis, (2) brasseur, b 1642.
De Bure, Suzanne,   [Vincent I.
   b 1636.
Angélique, b 1661 ; 1° m 21 janv. 1675, à Jean Gautier, à Québec [2]; 2° m [2] 4 sept. 1690, à Pierre Brunet ; s [2] 30 janv. 1712. — *Louise*, b... ; m à François Trut.

I. — LEFEBVRE, Louis, b 1627, établi au Cap de la Madeleine.
Feret, Catherine, b 1629.
Jacques, b 1669.

1667, (11 janvier) Québec. [3]

I. — LEFEBVRE, Simon, b 1642, fils de Simon et de Marie Couturier, de St. Eloy de Tracy-le-bas, evêché de Noyon, en Picardie ; s 12 nov. 1722, à la Pointe-aux-Trembles de Québec. [4]
De Poitiers, Marie-Charlotte, b 1641, veuve de Joseph Hébert ; s 9 fev. 1717.
Louis, b [3] 19 oct. 1667 ; m à Anne Bonhomme ; s [3] 17 août 1699, à l'Hôtel-Dieu.— *Marie*, b [3] 7 oct. 1669 ; m [4] 9 janv. 1690, à Pierre Coutancineau. — *Jean-Baptiste*, b [3] 3 avril 1672 ; m [4] 30 août 1700, à Geneviève-Françoise Faucher. — *François*, b [3] 12 août 1674. — *Marie-Madeleine*, b [3] 4 oct. 1676 ; 1° m [4] 19 nov. 1697, à Pierre Voyer ; 2° m [4] 17 fév. 1705, à Jean Gingras — *Marie-Char-lotte*, b [3] 9 fév. 1679, m [4] 26 janv. 1699, à Pierre Hardy.— *Antoine*, b [4] 7 nov. 1681.— *Simon*, b [4] 22 août 1685.

1667, (7 février) Québec. [4]

I. — LEFEBVRE, Robert, b 1633, fils d'Olivier et de Michelle Renoust, de St. Nicolas de Caën, evêché de Bayeux ; s [4] 3 fev. 1703.
Gautier, Denise, veuve de Léonard Pilote, s [4] 7 fév. 1695.

1669, (28 octobre) Ste. Famille. [5]

I. — LEFEBVRE dit Boulanger, Claude, b 1648, fils de Louis et de Marie Verneuil, de Dovi-gny, près Pontoise, evêché de Rouen.
Arcular, Marie, (1) b 1651, fils de Jean et de Catherine Coin, de St. Nicolas-des-Champs, de Paris.
Jean, b [5] 12 déc. 1671 ; m à Pierre Mesny.— *Pierre*, b [5] 30 janv. 1674 ; m [5] 7 nov. 1697, à Fran-çoise Fournier.— *Jacques*, b [5] 20 et s [5] 21 juin 1676.— *Marie*, b [5] 20 juin 1676 ; m 9 nov. 1695, à Jean Corneau, au Château-Richer — *Marie-Ma-deleine*, b [5] 7 juillet 1678 ; s 24 nov. 1683, à St. François, I. O. [6]— *Suzanne*, b [6] 17 avril 1680 ; m 1699, à Jean Mante. —*Claude*, b [6] 12 mai 1682 ; m 8 fév. 1705, à Marie Gautron, à St. Michel. [7]— *Marguerite*, b [6] 28 fév. 1684 ; m [6] 14 avril 1698, à Pierre Juin ; s [7] 4 janv. 1751.— *Joseph*, b [6] 20 et s [6] 24 nov. 1686. — *Charles*, b [6] 6 fév. 1689 ; m 23 nov. 1711, à Marie Plante, à St. Jean, I. O.

1670, (11 novembre) Trois-Rivières. [4]

II. — LEFEBVRE, Jacques, (2)   [Pierre I.
Baudry, Marie,   [Urbain I.
Jeanne, b [4] 6 août 1671. — *Marie-Renée*, b [4] 13 nov. et s [4] 24 déc. 1672. — *René*, b [4] 3 oct. 1673 ; m [4] 7 juillet 1700, à Gabrielle Foucault. — *Marie*, b [4] 28 janv. 1676 ; m [4] 7 fév. 1701, à Pierre Ni-quet.— *Marie-Madeleine*, b [4] 13 juillet 1678 — *Jacques*, b [4] 14 janv. 1681.— *Pierre*, b [4] 17 juin 1683 —*Jean*, b [4] 18 janv. 1686.— *Louis*, b [4] 24 mars 1688.

1669.

I.—LEFEBVRE, Thomas, tonnelier, b 1647.
  Peltier, Geneviève,   [Nicolas I.
    veuve de Vincent Verdon ; s 17 déc. 1717, à
    Quebec. [1]
  Jean-François, b 27 août 1670, à Sillery. [4] —
Pierre, b [4] 17 mars 1672 ; 1o m [1] 30 juillet 1696,
à Marie Savard ; 2o m 15 sept. 1703, à Françoise
Boissel, à St. Etienne de Beaumont. — *Marie-Ma-*
deleine, b [1] 21 juin 1674 , m [1] 4 déc. 1700, à Joseph Leboux ; s [1] 10 janv. 1703. — *Thomas*, b [1]
12 mars 1676 ; 1o m [1] 7 mars 1707, à Helene Gontier , 2o m [1] 7 mai 1718, à Marguerite Girard ;
s [1] 9 mars 1722. — *Thérèse-Angélique*, b [1] 12 mars
1676 ; m [1] 29 sept. 1696, à Barthelemi Lepage. —
Anne, b [1] 10 mars 1678 , m [1] 9 juin 1701, à Pierre
Maillou ; s [1] 27 janv. 1703. — *Claire-Françoise*,
b [1] 26 oct. 1679 ; 1o m [1] 20 mars 1703, à Antoine
Lecompte ; 2o m [1] 10 nov. 1710, à Pierre Marchand;
s [1] 1er déc. 1743 — *Timothée*, b [1] 18 déc. 1680.
— *Marie-Thérèse*, b 27 et s [1] 30 sept. 1682. — *Ga-*
briel, b [1] 5 sept. 1683 ; m [1] 29 août 1712, à Marie Grouard. — *Sophie-Elizabeth*, b [1] 25 oct. 1686 ;
s [1] 14 fev. 1687. — *Louise-Catherine*, b [1] 27 nov
1687 m [1] 6 fev. 1708, à Joachim Girard ; s [1] 3
déc. 1743.

1673, (4 septembre) Laprairie [1]

I.—LEFEBVRE, Pierre, b 1652, fils de Robert,
  de Boy-Guillaume, évêché de Rouen ; s [1] 5
  avril 1694.
  Gagne, Marguerite,   [Pierre I.
    veuve de Martial Sauton.
  Joseph, b 1674 ; m [1] 12 fev. 1703, à Marie Testard. — *Marguerite*, b [1] 12 sept 1676 , m [1] 27
sept. 1700, à Pierre Bordeau. — *François*, b [1] 17
fev. 1679, 1o m [1] 13 nov. 1712, à Louise Supernant ,
2o m [1] 17 janv. 1718, à Louise Vandandaique
— *Marie*, b [1] 5 fev. 1681 , m 3 nov. 1693, à Joachim Reguindeau, à la Pointe-aux-Trembles de
Montreal. — *Anne*, b [1] 27 mai 1683. — *Laurent*,
b [1] 12 nov. 1684 ; s 7 juin 1696, à Batiscan. —
Pierre, b [1] 2 avril 1685 ; m [1] 17 nov. 1711, à
Louise Brossallt. — *Suzanne*, b [1] 20 oct. 1688 ;
m [1] 25 fev. 1715, à Louis Bouchard. — *Joseph-*
Laurent, b [1] 24 nov. 1690, m 30 août 1717, à Geneviève Baudin — *Gabriel*, b [1] 29 juin 1693.

1675, (23 avril) Québec. [9]

I.—LEFEBVRE, Jean, tonnelier, b 1650, fils de
  Rollin et de Marguerite Prevost, de St. Martin,
  évêché de Rouen.
  Savard, Marie, (1) b 1661, fille de Simon et de
    Marie Bourdoville, de St. Pierre de Montreuil-
    sur-Vincennes, évêché de Paris.
  Louise, b [9] 6 juillet 1676 ; m [9] 11 oct. 1719, à
Pierre Delouches. — *Pierre*, b [9] 22 mars 1690 ; s [9]
5 juin 1691. — *Michelle-Angélique*, b [9] 5 mai 1692 ;
Sœur du Sacré-Cœur C. N.-D. ; s 27 janv. 1742.
— *Charles*, b 3 oct. et s [9] 7 déc. 1694.

I.—LEFEBVRE, Laurent, b 1631, était à Batiscan, en 1681.

I.—LEFEBVRE, Louis, b 1636, était à Quebec,
  en 1681.

I.—LEFEBVRE, Pierre, b 1636, était à la Pointe-
  aux-Trembles de Quebec, en 1681.

I.—LEFEBVRE, Pierre, b 1642.
  Trudelle, Marie-Madeleine,   [Jean I.
  Marguerite, b 7 sept. 1677, à L'Ange-Gardien.
— *Pierre*, b 24 août 1679, à Charlesbourg. [9] —
Madeleine, b [9] 12 janv. 1682 ; m [9] 24 avril 1702, à
Nicolas Le François. — *Thérèse*, b [9] 6 janv. 1686 :
m [9] 1er sept. 1710, à Pierre Glinel. — *Françoise*,
b [9] 17 août 1688 ; m 3 nov. 1711, à Antoine Toupin,
au Château-Richer. — *Pierre*, b [9] 23 janv. 1691 ;
m [9] 21 juin 1717, à Elizabeth Beaumont. — *Joseph-*
Charles, b [9] 19 sept. 1693, m [9] 23 fev. 1730, à
Marguerite Bourbeau. — *Marie-Josette*, b [9] 8 juin
1696 ; m [9] 1729, à Eustache Bourbeau.

1676, (14 janvier) Montréal. [7]

I. — LEFEBVRE dit St. Jean, Jean-Baptiste, b
  1651, fils de Geofroy (marchand) et de Jeanne
  Milet, d'Amiens, en Picardie
  Gervaise, Cunégonde,   [Jean I.
  Jean-Baptiste, b [7] 26 oct. 1676 ; s [7] 18 juillet
1703. — *Geofroy*, b [7] 27 déc. 1677 ; m [7] 30 juin
1704, à Marie-Madeleine Michaud. — *Louis*, b [7] 26
fev. 1679 — *Nicolas*, b 1680. — *Marie-Anne*, b [7]
22 juillet 1681 ; 1o m [7] 28 oct. 1697, à Jacques
Picard; 2o sœur dite St. Michel, C. N. D.: s 10 mai
1717. — *Cecile-Cunégonde*, b [7] 31 déc. 1682 ; s [7]
21 oct. 1687. — *Gervais*, b [7] 19 mai 1685. —
Nicolas, b [7] 12 août 1686 — *Cécile*, b [7] 9 sept.
1688. — *François-Xavier*, b 1er et s [7] 16 janv.
1690. — *Nicolas*, b [7] 19 juillet 1691 ; m 17 mai
1716, à Louise-Catherine Rivard, s 9 mars 1729,
à Repentigny. — *Charles*, b [7] 20 août 1692. —
Cunégonde, b 5 et s [7] 23 nov. 1693. — *Cunégonde*,
b [7] 2 déc. 1694. — *Jean-Baptiste*, b [7] 2 fev. 1697;
m 19 sept. 1723, à Agnès Lafond. — *Jacques*, b [7]
6 fev. 1698. — *Jeanne*, b [7] 13 oct. 1700.

1682, (12 janvier) Champlain.

II.—LEFEBVRE. (1) Ignace,   [Pierre I.
  b 1656 ; s 27 mars 1740, aux Trois-Rivières. [8]
  Trotier, Marie,   [Pierre I.
    b 1676 ; s [8] 22 nov. 1740.
  Marie-Catherine, b [8] 12 déc. 1688. — *Marie*,
b [8] 21 déc. 1689. — *Jean-Baptiste*, b 16 juin et s [8]
2 août 1692. — *Louis*, b [8] 16 mai 1694 , m [8] 13
janv. 1733, à Marie-Anne Baby. — *Pierre-Fran-*
çois, b [8] 28 mars 1696 ; s [8] 31 oct. 1708. — *Su-*
zanne-Marguerite, b [8] 7 mai 1697 ; m [8] 8 nov.
1734, à René Messier. — *Jean-Baptiste*, b 20 mai
et s [8] 17 sept. 1698 — *Ignace*, b [8] 3 sept. 1699. —
Jean-Baptiste, b [8] 16 janv. 1701 , m [8] 9 nov. 1739,
à Marie-Anne Dumois. — *Agathe*, b [8] 27 mars
1702. — *Geneviève-Véronique*, b 15 et s [8] 17 juin
1703. — *Antoine-Joseph*, b [8] 28 déc. 1706 ; s [8] 11
sept. 1728. — *Marie-Anne*, b [8] 23 juin 1708. —
Marie-Anne, b [8] 27 janv. 1710.

---

(1) Elle épouse, le 30 juillet 1696, Pierre Lefebvre, à Québec.

(1) Sieur de Bellisle.

1683, (3 novembre) Champlain.

II. — LEFEBVRE (1) MICHEL, [PIERRE I. charpentier, b 1663, s 21 oct. 1708, aux Trois-Rivières [2]

TROTIER, Catherine, [PIERRE I. *Marie-Marguerite,* b [2] 26 sept. 1686, m [2] 29 mai 1713, à Jean-François LAGULRCE, s [2] 4 mai 1724. — *Marie-Catherine,* b [2] 9 et s [2] 11 janv. 1689. — *Pierre,* b [2] 28 déc. 1689 ; m [2] 9 nov. 1716, à Catherine LECLERC — *Marguerite-Suzanne,* b [2] 11 mars 1692. — *Joseph,* b [2] 28 fév. 1694. — *Marie-Catherine,* b [2] 20 mars 1696. — *Charles-Michel,* b [2] 5 juin 1698. — *Noel,* b [2] 4 juillet 1700. — *Marie-Louise,* b [2] 14 et s [2] 17 sept. 1702. — *Françoise-Véronique,* b [2] 1er sept. et s [2] 10 déc. 1703 — *Marie-Anne,* b [2] 25 juin 1705, à Charles ALAVOINE.

1683.

II. — LEFEBVRE (2) LOUIS, [LOUIS I. TRUT, Claire-Françoise, (3) [MATHURIN I. *Charlotte-Françoise,* b 5 mars 1684, à Québec [2]. s [2] 6 mai 1699. — *Denis-Jacques,* b [2] 17 fév. et s [2] 21 mars 1685. — *Marie-Madeleine,* b [2] 30 mars 1686 ; 1o m [2] 27 avril 1705, à Jean MINET ; 2o m [2] 5 fév. 1715, à Pierre-Alexandre SIMON, 3o m [2] 14 nov. 1718, à Abel OLIVIER. — *Marie,* b... ; m à Jean BERNARD.

1685, (18 octobre) Pte-aux-Trembles (Q) [2]

I. — LEFEBVRE, GUILLAUME, b 1657, fils de Jean et de Perinne Chevalier, de Dugres-en-Coire, évêché d'Angers ; s [2] 18 déc. 1687.

DAMIEN, Catherine, (4) [JACQUES I.

1685, (22 octobre) Beauport. [8]

II. — LEFEBVRE, JEAN, [PIERRE I. CRÊTE, Marie, [JEAN I. *Jean-Baptiste,* b [8] 11 août 1686 ; m [8] 9 fév. 1719, à Marie Charlotte DE RAINVILLE. — *Joseph,* b [8] 2 août 1688. — *Jacques,* b [8] 4 déc. 1689. — *Marie-Louise,* b [8] 23 mars 1691 ; m [8] 22 nov. 1712, à Nicolas VALLÉE. — *Claude,* b [8] 15 oct. 1692 ; s 28 mai 1725, à Beaumont. — *Alexandre,* b [8] 10 août 1694. — *Marie-Charlotte,* b [8] 21 avril 1696 ; m [8] 24 juillet 1719, à Louis CHEVALIER, s 30 avril 1744, à Québec. — *Noel,* b 26 nov. et s [8] 1er déc. 1697. — *Marguerite-Françoise,* b [8] 29 janv. 1699 ; s [8] 14 janv. 1709. — *Pierre,* b [8] 1er oct. 1700 ; s [8] 26 fév. 1701. — *Noel,* b [8] 20 déc. 1701 ; s [8] 6 fév. 1703. — *Marie-Geneviève,* b [8] 4 janv. 1704. — *Louis,* b [8] 18 août 1705. — *Marie-Elizabeth,* b [8] 5 sept. 1707. — *Ignace,* b [8] 19 oct. 1709 ; m 11 nov. 1737, à Geneviève COUTURE, à Lévis [9] ; s [9] 3 oct. 1757. — *François-Nicolas,* b 23 et s [8] 26 mai 1714.

1688, (27 avril) Pte-aux-Trembles, Q. [4]

I. — LEFEBVRE, PIERRE, b 1660, fils de Guillaume et de Marie Grandival, de Dugres-en-Coire, évêché d'Angers ; s [4] 17 fév. 1712.

(1) Dit Lacisérée, Lacerisaie et Lassisseraye.
(2) Dit Battanville.
(3) Elle épouse, le 3 février 1688, Jean Guillot, à Québec.
(4) Elle épouse, le 26 février 1688, Jacques Suire, à la Pointe-aux-Trembles de Québec.

MARCOT, Marie, [NICOLAS I. veuve de Michel L'Homme *Pierre,* b [4] 18 janv. 1691. — *Marie-Jeanne,* b [4] 29 juin 1693 ; m 8 janv. 1724, à Charles GUILBERT, à Québec [5], s [5] 10 oct. 1755. — *Marie-Madeleine,* b [4] 17 sept. 1695. — *Nicolas,* b [4] 18 fév. 1698. — *Guillaume,* b [4] 5 avril 1700, m [4] 22 nov. 1723, à Marie-Angèle RICHARD. — *Jean-Baptiste,* b [4] 30 mars 1702. — *Thérèse,* b [4] 5 fév. 1704, m [5] 21 oct. 1725, à Jacques HENAUT. — *Louis Joseph,* b [4] 12 déc. 1708 ; m [4] 24 janv. 1735, à Marie-Madeleine RICHARD

1689, (7 janvier) Champlain. [7]

I. — LEFEBVRE, FRANÇOIS, SIEUR DUPLESSIS-FABER, capitaine d'un détachement de marine, fils de Pierre (maitre-d'hôtel du Roi, et gentilhomme, servant de Sa Majesté,) et de Marguerite Rassade, de St. Jean en Grève, de Paris.

CHOREL, Marie-Madeleine, [FRANÇOIS I. *François,* b [7] 11 nov. 1689. — *Marie-Madeleine,* b 23 juillet 1691, à Montréal. [6] — *Louise-Madeleine,* (1) b 2 juin 1694, à Québec. — *Jacquette-Périnne,* b [7] 14 juillet 1695. — *Pierre,* b [7] 18 nov. 1696. — *Anne-Charlotte,* b et s [6] 18 mars 1699. — *François-Antoine,* b [6] 13 juin 1703.

1699, (17 janvier) Batiscan. [4]

I. — LEFEBVRE, NICOLAS, b 1665, fils de Nicolas et de Marie Josse, de St. Laurent, de Paris. DUCLOS, Marie-Louise, [FRANÇOIS I. *Nicolas,* b et s [4] 3 déc. 1689

Marie-Marguerite,, b 4 mars 1691, à Batiscan [7] ; s [7] 12 mai 1715. — *Jacques-François,* b [7] 24 janv. 1694 ; m à Marie Catherine LEMAITRE. — *Marie, Madeleine,* b [7] 20 sept. 1695 ; m à Jean Baptiste PAPLAU. — *Antoine,* b [7] 24 fév. 1697. — *Joseph,* b [7] 14 oct. 1698 ; m [7] 22 nov. 1724, à Marie-Jeanne LAFOND. — *Gabriel,* b [7] 16 juin 1700. — *Louis-Alexis,* b [7] 12 janv. 1703. — *Jean-Baptiste,* b [7] 28 avril 1704. — *Nicolas,* b [7] 26 mars 1706. — *Pierre,* b [7] 13 nov. 1701. — *Michel,* b [7] 14 déc. 1709. — *Julien,* b 24 juillet 1714, à Champlain.

1696, (30 juillet) Québec. [8]

II. — LEFEBVRE, PIERRE, [THOMAS I. 1o SAVARD, Marie, veuve de Jean Lefebvre ; s [8] 9 janv. 1703. *Aimée-Louise,* b [8] 10 nov. 1698. — *Geneviève,* b [8] 1er mars 1700 ; s [8] 5 fév. 1703. 1704, (15 sept.) St. Etienne de Beaumont. 2o BOISSEL, Françoise, [NOEL I.

I. — LEFEBVRE DIT BOULANGER, JEAN ; s 19 nov. 1747, à St. Michel. [8] MESNIL, Reine. [ETIENNE I. *Joseph,* b 15 sept. 1698, à Ste. Famille. — *Dorothée,* b 3 sept. 1700, à St. François, I. O. [7] ; s [7] 22 mars 1701. — *Claude,* b... ; m 14 mai 1736, à Suzanne BISSONNET, à St. Etienne de Beaumont. — *Dorothée,* b [5] 19 juin 1702. — *Marie-Charlotte,* b [5] 12 mai 1704.

(1) Filleule de Frontenac.

I. — LEFEBVRE DIT BELLEFLEUR, JACQUES, b 1663, de St. Jacques d'Iliers, évêché de Chartres ; s 19 juin 1699.

1697, (7 novembre) Ste. Famille.

II. — LEFEBVRE, PIERRE, [CLAUDE I.
FOURNIER, Françoise, (1) [NICOLAS I.
Pierre, b 1er et s 4 mars 1699, à St Michel.[3] — *Martin*, b [3] 22 mars 1700 ; m 1722, à Catherine JACQUES. — *Françoise-Hilaire*, b [3] 20 nov. et s [3] 8 déc. 1701. — *Marie-Madeleine*, b [3] 7 déc 1702 ; s [3] 11 fév. 1703. — *Geneviève*, b [3] 11 mai 1704. — *Louise*, b [3] 24 août 1706. — *Marie-Madeleine*, b [3] 12 juin 1708. — *Anne*, b [3] 18 oct. 1709.

1690.

II. — LEFEBVRE, LOUIS, [SIMON I.
s 17 août 1699, à l'Hôtel-Dieu de Québec.
BONHOMME, Anne-Felicite, (2) [IGNACE II.
Marie-Madeleine, b 1er juillet 1698, à la Pointe-aux-Trembles de Québec [3] ; m [8] 6 fév. 1719, à Charles DE TRÉPAGNY — *Louise-Catherine*, (posthume), b [5] 5 sept. 1699 ; m [3] 13 janv. 1721, à Charles GARIÉPY.

LEFEBVRE, CATHERINE, b 1700 ; m à Joseph RAU ; s 1er sept. 1736, au Cap de la Madeleine.

I. — LE FÉTÉ, JEAN.
RABOUIN, Suzanne.
Marie-Josette, b 7 avril 1690, à Sorel.

LE FIFRE. — Voy. PANNETON.

LE FILUART DE SOUGER, BALTHAZAR-LOUIS, Chevalier, lieutenant, était à Champlain, en 1691.

1666, (9 février) Château-Richer. [7]

I. — LE FORT, ANTOINE, b 1646, s 13 oct. 1699, à St. Laurent, Ile d'Orleans.
DOYON, Marie ; s 1677. [JEAN I.
Marie, b 5 nov. 1670, à Ste. Famille [8] ; [1]o m à Ignace PEPIN ; [2]o m 10 janv. 1718, à Joseph DE BLOIS, à St. François, Ile d'Orléans. — *Antoine*, b [7] 18 mars 1669 — *Madeleine*, b [7] 17 avril 1673. — *Angélique*, b [8] 27 sept. 1674 ; s 5 mars 1680, à St. Pierre, Ile d'Orleans. [9] — *Elizabeth*, b [8] 21 avril 1676 ; s [9] 5 mars 1680.

1678, (9 février) Ste. Famille.

[2]o ARINART, Anne, b 1615, veuve de Jean REAL ; s 15 août 1705.

1694, (16 août) Montréal. [9]

I. — LE FOURNIER, sieur DU VIVIER, JULES, lieutenant, b 1666 ; fils de Jacques (1er Exempt des gardes du prince de Conde) et de Marguerite de Carpentier.
GADOIS. Madeleine-Thérèse, [PIERRE II.
Louis-Hector, b [9] 11 mai 1695. — *Agathe*, b [9] 24 sept. 1698 ; s [9] 13 août 1699. — *Claire-Thérèse*, b [4]

24 sept. 1698 ; s [9] 16 août 1699. — *Henry-Jules*, b 13 fev. et s [9] 21 sept. 1700. — *Louis-Daniel*, b [9] 31 déc. 1700. — *Thérèse*, b [9] 28 déc. 1701. — *Marie-Madeleine*, b [9] 21 janv. 1703. — *Anne*, b 5 avril et s [9] 7 mai 1704.

I. — LEFRANC, TOUSSAINT, b 1651 ; s 29 août 1716, à Québec. Domestique donne au Seminaire de Quebec, inhumé dans la chapelle du Séminaire.

I. — LEFRANC, FRANÇOIS, b 1636, était dans la seigneurie de Beaupré, en 1681.

1658, (10 septembre) Québec. [5]

I. — LEFRANÇOIS, CHARLES, b 1626, fils de Charles et de Suzanne Montigny, de Mugedan, pays de Caux, évêché de Rouen ; s 13 juin 1700, au Château-Richer. [7]
TRIOT, Marie-Madeleine, b 1641, fille de Jacques et de Catherine Guichaut, de St. Nicolas-des-Champs de Paris ; s [7] 18 nov. 1701.
Marie, b [5] 4 août 1659 ; m [7] 10 avril 1684, à Pierre ROBERGE — *Catherine*, b [7] 4 avril 1661. — *Françoise*, b [7] 14 juin 1663 ; m [7] 26 fev. 1880, à Pierre TRUDEL. — *Marguerite*, b [7] 3 fev. 1665 ; m [7] 3 nov. 1682, à Louis BELANGER. — *Charles*, b [7] 27 fev. 1667 ; m 1692, à Barbe BELANGER ; s... — *Anne*, b [7] 5 fev. 1669 ; m [7] 14 fév. 1689, à François DE TRÉPAGNY. — *Louis*, b [7] 2 fév. 1671 ; s [7] 19 mars 1692. — *Barbe*, b [7] 6 avril 1673 ; m [7] 13 oct. 1698, à Julien LEONARD ; s [5] 1er août 1700. — *Joseph*, b [7] 18 mars 1674 ; m 20 janv. 1698, à Anne-Cecile CARON, à Ste. Anne. — *Alexis-Nicolas*, b [7] 13 oct. 1676 , m 24 avril 1702, à Madeleine LEFEBVRE, à Charlesbourg. [8] — *Pierre*, b [7] 7 dec. 1680 ; m [7] 24 nov. 1704, à Marguerite GAGNON. — *Geneviève*, b 25 juin 1684, à l'Ange-Gardien ; m [7] 8 juin 1705, à François GODIN.

1670, (16 août) Québec. [8]

I. — LEFRANÇOIS, PIERRE, b 1631, fils de Denis et de Jeanne Gendreau. de St. Laurens du pied-de-Loire, évêché de La Rochelle ; s...
GAUMONT, Madeleine, b 1646, veuve de Jean Langlois.
Pierre, b [8] 11 avril 1672. — *Anne-Michelle*, b [8] 6 avril 1673. — *Jeanne-Marie*, b [8] 31 mai 1674. — *Catherine*, b [8] 13 mars 1676 ; m 7 janv. 1698, à Pierre MALOY, à Ste. Anne de la Perade. — *Marie-Charlotte*, b [8] 2 juillet 1677 ; m 19 mars 1709, à Jean JOFFRION, à Varennes. — *Charles*, b 1679 ; m 22 juillet 1703, à Elizabeth VALIQUET, à Boucherville.

1692.

II. — LEFRANÇOIS, CHARLES, [CHARLES I.
s avant 1703.
BELANGER, Barbe (1) [CHARLES II.
Anne, b 1695 ; s 17 janv. 1703, au Château-Richer. — *Charles*, b 31 janv. et s 21 fev. 1693, à l'Ange-Gardien. [8] — *Anne*, b [8] 23 fév. 1694.

(1) Elle épouse, le 10 fév. 1716, Antoine Blaye, à St. Michel.

(2) Elle épouse, le 20 janv. 1702, Etienne Ayot, à la Pointe-aux-Trembles de Québec.

(1) Elle épouse, le 1er mai 1696, Denis Constantin, à l'Ange-Gardien.

1698, (20 janvier) Ste. Anne.

II. — LEFRANÇOIS, JOSEPH,   [CHARLES I.
CARON, Anne-Cécile,   [ROBERT II.
Charles, b 27 déc. 1698, à l'Ange-Gardien [7],
m [7] 11 janv. 1722, à Véronique QUENTIN

I — LE GAGNEUR, JEAN, — Voy. GAIGNEUX

I. — LE FRET, JEAN, s avant 1694.
——— MARGUERITE, b 1639 ; s 30 nov. 1694, à
Laprairie.

I. — LE FINET, ANTOINE, — Voy. BAZINET, — DIT —
TOURBLANCHE.

LEGAL. — Voy. PESCHER, Marie, femme de Jean
Harel.

LEGAL, NOEL, serviteur des PP. Jésuites, b 1640 ;
noyé ; s 15 mai 1660, à Montréal.

I. — LE GALL, RENÉ, soldat de Maricour, était à
Montréal, en 1694.

1689, (28 novembre) Montréal.

I. — LE GANTIER, (1) FRANÇOIS, sieur de la
Vallée-Ranee, fils de Louis et de Marguerite
De bon Gars, de la Baronie de Chartres,
évêché du Maine ; s 13 nov. 1710, au Detroit.
LOISEL, Marie, (2)   [LOUIS I.
veuve de Pierre Roussel.

LE GARDEUR. — *Surnoms :* DE TILLY — DE
REPENTIGNY — DE VILLIERS — DE ST. PIERRE.
— DE BEAUVAIS — DE COURCELLES — DE
L'ISLE — DE CAUMONT — DE COURTEMANCHE —
DE CROIZILLE — DE MONTESSON — D'ALON-
CEAU — DE MONCARVILLE.

I. — LE GARDEUR, RENÉ, sieur de Tilly, de
Thury, en Normandie.
DE CORDÉ, Catherine ; s 7 juillet 1657, à Québec. [2]
Pierre, b... ; m à Marie FAVERY. — *Charles,* b
1611 ; m [2] 1er oct. 1648, à Geneviève JUCHEREAU ;
s [2] 10 nov. 1695. — *Marguerite,* b 1608 , m à Jacques LENEUF DE LA POTERIE.

II. — LE GARDEUR, (3) PIERRE,   [RENÉ I
s avant 1675.
FAVERY, Marie ; s 29 sept. 1675, dans l'église de
Quebec. [2]
Marie-Madeleine, b... ; m [2] 3 oct. 1646, à Jean
Paul GODFROY. — *Catherine,* b... ; m [2] 16 sept
1652, à Charles DAILLEBOUT. — *Jean-Baptiste,* b
1632 ; m [2] 11 juillet 1656, à Marguerite NICOLET.
— *Charles,* b [2] 17 mars 1637 ; 1° m [2] 18 janv.
1663, à Marie MACARD ; 2° m 22 dec. 1669, à Jeanne
DEMATRAS ; s 23 sept. 1684, aux Trois-Rivières.
— *Ignace,* b [2] 29 janv. 1639 ; s [2] 5 juin 1644. —
Ignace, b 1648. — *Godfroy-Marie-Charles,* b 1652.

1648, (1er octobre) Québec. [4]

II — LE GARDEUR DE TILLY, Charles, [RENÉ I.
s [4] 10 nov. 1695.
JUCHEREAU, Geneviève,   [JEAN I.
s [4] 5 nov. 1687.
Catherine, b 9 août 1649, à Sillery [5], m [4] 10
oct. 1668, à Pierre DE SAUREL. — *Marie,* b [4] 10
fev. 1651 ; m [4] 11 oct. 1672, à Alexandre BER-
THIER. — *Pierre-Noel,* b [5] 24 dec. 1652 ; 1° m 1675,
à Marguerite VOLANT ; 2° m 24 nov. 1680, à Marie
Madeleine BOUCHER, à Boucherville. — *Jean-Baptiste,* b [4] 13 juin 1655. — *Marguerite,* b [4] 29 juillet
1657 ; 1° m [4] 29 janv. 1694, à Louis-Joseph LE
GOUES DE GRAY ; 2° m 29 juillet 1708, à Pierre DE
ST. OURS, à Batiscan ; 3° m 17 sept. 1727, à Charles
LE MOYNE, à Longueuil ; s 26 fev. 1742, à Montreal [5]. — *Charles,* b [4] 24 août 1659 ; m [6] 3 janv.
1696, à Geneviève MARGANE DE LA VALTRIE. —
René, b [4] 3 oct 1660 ; 1° m [6] 19 sept. 1694, à Barbe DE ST OURS ; 2° m à Madeleine MARCHAND ; 3°
m [6] 23 déc. 1725, à Louise LAMY ; s 26 dec. 1742.
— *Marie-Madeleine,* b [4] 20 juillet 1662, hospitalière dite Ste. Catherine ; s [4] 6 mai 1734. — *Augustin,* b [4] 15 oct. 1663 ; 1° m [4] 8 nov. 1688, à
Marguerite VAUDRY ; 2° m 20 juillet 1697, à Charlotte CHARETS, à Lévis. — *Geneviève-Gertrude,* b [4]
19 avril 1666 ; m [4] 25 sept. 1704, à Jean-Baptiste
CÉLORON. — *Louise,* b [4] 28 oct. 1667 ; m [4] 1er sept.
1689, à Augustin ROUER , s [4] 11 janv. 1698. —
Jean-Baptiste, b [4] 24 juin 1669. — *Charlotte-Françoise,* b [4] 9 oct. 1670 , m [4] 13 oct 1689, à Rene
DAMOURS ; s 7 avril 1701, à St. François, I. J. —
Daniel, b [4] 27 mars 1672. — *Louise,* b [4] 24 mars
1674 , m [6] 12 juillet 1695, à Louis DE GANNES.

1656, (11 juillet) Québec. [4]

III. — LE GARDEUR, JEAN-BTE., (1) [PIERRE II.
NICOLET, Marguerite,   [JEAN I.
Pierre, b [4] 10 mars 1657 ; m 26 nov. 1685, à
Agathe ST. PER, à Repentigny. [3] — *Guillaume,* b 3
et s [4] 4 juin 1658 — *Marie-Anne,* b 14 juin et s [3] 9
juillet 1659. — *Jean-Paul,* b [4] 4 oct. 1661 ; m [3] 15
sept. 1692, à Marie-Josette LENEUF. — *Augustin,*
b [4] 16 déc. 1663. — *Charles,* b 29 nov. et s [4] 17
dec. 1664. — *Alexandre,* b [4] 15 janv. 1666, s 22
juillet 1692, à Montréal. [5] — *Charles,* b 9 fév. et s [4]
10 mars 1667. — *Jean-Baptiste,* (2) b [4] 26 fev. 1668.
— *Michel,* b 11 août 1671, à Boucherville [6], m à
Marie GAILLARD ; s [5] 1er mai 1701. — *Charles-
Joseph,* b [6] 13 janv. 1673 ; m à Marie-Madeleine
BLONDEAU. — *Louis,* b [6] 17 nov. 1673 ; s [5] 17 avril
1676. — *François,* (3) b [3] 28 janv. 1675. — *Marie-
Marguerite,* b [3] 19 nov. 1675 ; s [5] 24 nov. 1676. —
Charles, b [5] 23 avril 1677 ; m à Marie-Anne ROBI-
NEAU. — *René,* b 1678 — *Joseph,* b [6] 5 nov. 1679.
— *Simon,* b [3] 17 nov. 1680 ; s [3] 25 janv. 1683. —
Noel, b [5] 11 fev. 1682. — *Marie-Anne,* b [3] 17 avril
1683 ; s [5] 5 juin 1684. — *Joseph-Narcisse,* b [3] 13
juin 1684.

---

(1) Officier, commandant le fort de Lachine. Il signait De
Rané.

(2) Elle épouse, le 30 oct. 1713, François Fafard, au Détroit.

(3) De Repentigny, lieut.-gouverneur.

(1) De Repentigny.

(2) Filleul de l'Intendant Talon.

(3) Le parrain a été son frère Pierre, et la marraine Marie
Mukata8ing8ots, algonquine. — *Registres de Boucherville.*

1663, (18 janvier) Québec. [9]

III —Le GARDEUR, Chs.-Pierre, (1) [Pierre II.
s 23 sept. 1684, aux Trois-Rivières.
1° Macart, Marie, [Nicolas I.
s [9] 14 fév. 1667.
Jeanne, b 1663. — *Marie-Charlotte,* b [9] 7 fév.
1667.
1669, (2 décembre) Québec.
2° De Matras, Jeanne-Judith, fille d'Isaac et de
Marie Boutet, de St. Bienheure, de Vendôme.

1664, (26 juillet) Québec. [1]

I. — Le GARDEUR dit Sansoucy, Michel-Nico-
las, b 1636, fils de Nicolas et d'Antoinette
Simoneau, du Bourg de Chanceau, évêché de
Langres, en Bourgogne : s...
Gambier, Marguerite, b 1641, fille d'Antoine et
de Françoise Bernard, de St. Sulpice de
Paris ; s...
Marie-Madeleine, b [1] 11 avril 1665 ; s 23 janv.
1703, à Lorette. — *Claude,* b 1668. — *Marguerite,*
b [1] 31 juillet 1669 ; m [1] 26 nov. 1691, à Jean-
Etienne Dubreuil , s [1] 29 déc. 1702. — *Michelle,*
b 1671 — *Charles,* b 1674. — *Marie-Thérèse,* b... ;
m à Michel Chabot. — *Jean,* b [1] 18 août 1678 ;
s [1] 4 mars 1700 — *Michel,* b [1] 11 janv. 1681. —
Marie-Marguerite, b [1] 19 juillet 1682 ; [1°] m [1] 27
avril 1701, à Charles Fontaine , 2° m [1] 29 oct.
1703, à Jean-Baptiste Champagne ; s [1] 22 mars
1715.

1675.

III. — Le GARDEUR, Pierre-Noel, (2) [Chs. II.
1° Volant, Marguerite. [Claude I.
Geneviève-Françoise, b 12 sept. 1677, aux Trois-
Rivières , s 25 juillet 1690, à Boucherville.
1680, (24 novembre) Boucherville. [2]
2° Boucher, Marie-Madeleine, [Pierre II.
Pierre, b [2] 20 août 1681. — *Jeanne,* b 16 avril
1683, à Repentigny ; s 19 mars 1691, à Quebec [3]
— *Madeleine-Angélique,* b [2] 29 juin 1684 ; m 11
oct. 1711, à Pierre Aubert, à Beauport. — *Marie-
Charlotte,* b [2] 25 août 1686. — *Nicolas,* b [2] 4 déc.
1688. — *Claude,* b [2] 19 avril 1691. — *Charles-
Augustin,* b [3] 16 mai 1692. — *Marie-Charlotte,* b [3]
9 juillet 1695. — *Catherine-Delphine,* b [3] 12 mars
1697 ; m [3] 29 oct. 1736, à Antoine Salvaille. —
Marie-Charlotte, b [3] 4 mai 1698. — *Marie-Anne,* b [3]
18 sept. et s 28 oct. 1699, à la Pointe-aux-Trembles de Montreal.

III. — Le GARDEUR, Jean-Bte. [Charles II.
sieur de Moncarville, officier, en 1688

1685, (26 novembre) Repentigny.

IV. — Le GARDEUR, (3) Pierre, [Jean-Bte. III.
Sr. Pen, Agathe, [Jean I.

Marguerite, b 27 août 1686, à Montréal [3] ; m [3]
25 nov. 1705, à Jean-Baptiste De St. Ours. —
Agathe, b [3] 12 sept. 1688. — *Marie-Josette,* b [3] 9
sept. 1693. — *Marie-Madeleine,* b [3] 1694, religieuse-ursuline dite Ste. Agathe ; s 25 fév.
1739, à Québec. — *Marie-Catherine,* b [3] 17 sept.
1690. — *Anne-Angélique,* b [3] 26 fév. et s [3] 10 déc.
1692. — *Jean-Baptiste-René,* b [3] 15 juin 1695. —
Jeanne-Madeleine, b [3] 31 janv. 1698.

IV.—Le GARDEUR, (1) Michel, [J.-Baptiste III.
s 1er mai 1701, à Montreal.
Gaillard, Marie, [Mathieu I.
Michel, b... ; m 19 janv. 1705, à Catherine Delpué, à Varennes.

IV — Le GARDEUR, (2) Alex., [J.-Baptiste III.
b 1666 ; s 22 juillet 1692, à Montréal, sur le
le lieu même du combat.

1692, (15 septembre) Repentigny. [4]

IV. — LEGARDEUR, (3) Paul, [J.-Baptiste III.
Le Neuf de la Vallière, Josette, [Michel II.
Jean-Baptiste, b [4] 12 août 1693 — *Marguerite,*
b... ; m 24 juillet 1713, à Henry Hiché, à Quebec. [5]
— *Antoinette-Gertrude,* b 29 oct. 1698, à Montréal.[3]
— *Marie-Anne,* b [4] 12 sept. 1699. — *Jacques,* b [5]
24 oct. 1701 : m [5] 27 oct. 1738, à Marie-Josette
Guillimin.

1694, (19 septembre) Montréal. [5]

II —Le GARDEUR, (4) René, [Charles II.
De St Ours, Marie-Barbe, [Pierre I.
s 10 août 1705, dans l'église de Montréal.
Louis-Hector, b 15 et s [5] 27 sept. 1696 — *Marie-
Renée,* b [5] 5 oct. 1697 ; m 13 oct. 1717, à Gaspard
Chaussegros de Léry, à Quebec ; s [5] 4 déc. 1743.—
Marie-Louise, b [5] 15 août 1695. — *Deux Anonymes,*
b et s [5] 18 août 1698.— *Pierre-René,* b [5] 22 oct. 1699.
— *René,* b [5] 31 déc. 1700. — *Marie-Elizabeth,* b [5] 29
janv. 1702, et s [5] 22 juin 1702, à Varennes.—*Barbe-
Thérèse,* b 2 et s [5] 5 fév. 1703. — *Marie-Louise,* b [5]
15 avril 1704. — *Claude-Laurent,* b 10 et s [5] 23
août 1705.

1696, (3 janvier) Montréal. [6]

III. — Le GARDEUR, (5) Charles, [Charles II.
Margane de la Valtrie, Geneviève, [Séraphin I.
s [6] 30 nov. 1702

1688, (8 novembre) Montréal. [3]

III. — Le GARDEUR, Augustin, (6) [Charles II.
1° Vaudry, Marguerite. [Jacques I.
Marie, b [3] 13 fév. 1691. — *Antoine-Nicolas,* b [3]
26 janv. et s [3] 17 mars 1693. — *Marguerite,* b [3] 16
juin et s [3] 24 nov. 1694.

---

(1) Sieur de Villiers. A son contrat de mariage, le 16 janvier
1662, à Québec, étaient présents : Dubois-Davaugour, gouverneur, Jérôme Lallemand, Jésuite, Madeleine Chavigny
de la Pelletrie, Le Chevalier Des Cartes, Pierre Chatelain, Le
Gardeur de Tilly, François Bissot de Vincennes et Claude
Bazire.—*Greffe d'Audouard.*
(2) Conseiller au Conseil Souverain et lieutenant des troupes
de la marine.
(3) De Repentigny, et d'Arpentigny, en 1693.

(1) Sieur d'Alonceau (d'Alençon).
(2) Sieur de Montesson, lieutenant, tué par les Iroquois.
(3) Sieur de St. Pierre.
(4) De Beauvais, lieutenant.
(5) Sieur Delisle, lieutenant.
(6) De Courtemanche, lieutenant de la marine.

1697, (20 juillet) Lévis. [8]

2° CHARETS, Charlotte,   [ETIENNE I.
    veuve de Pierre Martel.
Augustin, b 1er déc. 1698, à Québec [9]; s [9] 10 juin 1699. — *Marguerite,* b [9] 19 juillet 1700. — *Louise-Charlotte,* b [9] 4 mars 1703. — *Marie-Louise,* b [9] 19 déc. 1705. — *Marie-Catherine,* b [9] 25 fév. 1714; s 7 mars 1714, à Lorette. — *Marie-Josette,* b...; m [8] 2 oct. 1728, à François FOUCHER.

LE GARDEUR DE CAUMONT, JOSEPH-AUGUSTIN, officier, était à Lachine en 1694.

IV. — LE GARDEUR, CHARLES, [JEAN-BAPT. III. Sieur DE CROIZILLE, enseigne.
    ROBINEAU, Marie-Anne,   [JACQUES II.

I. — LÉGARÉ, GILLES.
    FONTAINE, Marguerite.
Nicolas, b 1655, m 10 janv. 1690, à Anne DUPRÉ, à Québec.

1690, (10 janvier) Québec.

II. — LÉGARÉ, NICOLAS, (1)   [GILLES I.
    DUPRÉ, Anne,   [ANTOINE I.
Rose, b [4] 8 avril 1707, au Château-Richer. [4] — *Marie,* b [4] 19 mars 1710, m à Raphael GAGNON. — *Jean,* b...; 1° m [4] 4 nov. 1721, à Angélique CLOUTIER; 2° m 18 août 1732, à Thérèse ROUSSIN, à l'Ange Gardien. — *Joseph,* b 7 mars 1697, à Lévis. [5] — *Nicolas,* b [5] 26 juin 1699; m 24 avril 1726, à Marguerite BEAUDOIN, à Repentigny. — *Anne,* b [5] 4 janv. 1702.

LE GASCON, — Voy. JONCEAU.

I. — LE GASCON, PIERRE, b 1643, s 11 déc. 1703, à Montréal.

LE GAUT, — *Variations et surnoms :* LE GO — LE GAULT — DES LAURIERS.

1698, (18 novembre) Montréal. [6]

I. — LE GAUT DIT DESLAURIERS, NOEL, b 1674, soldat de Le Verrier, fils de Roch et de Marie Galion, d'Ervillac, évêché de Cornouailles.
    BESNARD, Marie,   [MATHURIN I.
    veuve de François Gloria.
Pierre-Noel, b [8] 8 déc. 1699; m 31 janv. 1724, à Angélique BRAULT, à Lachine. [5] — *Jean,* b [6] 24 juillet 1701; m [5] 19 mai 1727, à Marguerite MILOT. — *Jean-Baptiste,* b [5] 13 sept. 1702. — *Marie,* b [5] 1er déc 1703; m à Marin THIBI — *René,* b [5] 22 août 1705. — *Joseph,* b [5] 15 sept. 1706. — *Charles,* b [5] 18 janv. 1708. — *Louis,* b [5] 21 août 1709. — *Marie-Rosalie,* b 23 mars et s [5] 24 juillet 1717. — *Marie-Anne,* b [5] 12 mai 1718.

LE GENDRE. — *Variations et surnoms :* GENDRE — BELAIR.

I — LE GENDRE, PIERRE, b 1635, établi à Lavaltrie.
    MORIN, Charlotte, b 1646.
Geneviève, b 1669. — *Pierre,* b 1671

(1) Il était à Sorel, en 1681.

1690, (2 avril) Beauport. [5]

I. — LEGENDRE, (1) ANTOINE, fils de Pierre et de Suzanne Graindorge, de La Rochelle.
    GUYON, Anne, (2)   [FRANÇOIS II.
Geneviève, b 4 janv. à Québec [6] et s [5] 26 janv. 1691. — *Antoine,* b [5] 20 nov. 1691. — *Pierre,* b [6] 4 sept. 1693 — *Marie Joselle,* b [6] 19 mai 1698.

I. — LEGERARD, PIERRE, b 1626, établi à Montréal.
    CRESPEAU, Jeanne, b 1628.

1644, (22 mai) Québec.

I. — LÉGER, CÉSAR, fils de Jean et de Marie Messinger, de Mornac, évêché de Xaintes ; s...
    1° GADOIS, Roberte, fille de Pierre et de Louise Moger, d'Epernay, au Perche ; s...

1647, (26 août) Québec.

    2° BÉRARD, Marguerite.

LEGER. — *Surnoms :* DE LA GRANGE — PARISIEN.

I. — LEGER DE LA GRANGE, JEAN, médecin, était à Champlain, en 1700.

LEGIER. — Voy. HAGUENIER.

1659, (25 novembre) Montréal. [9]

I. — LEGIER, ADRIEN, b 1631, fils de Louis et de Perette La Caille; s [9] 12 janv. 1661, tué à la Pointe Saint Charles.
    LOTHIER, Catherine, b 1641. (3)
Marie, b [9] 30 oct. 1660; m [9] 19 août 1674, à Claude CESIRE.

LE GO, (4) NOEL — Voy. LE GAUT.

I. — LE GOUES DE MERVILLE, CLAUDE-CHARLES, Chevalier, capitaine d'une compagnie de la marine, était aux Trois-Rivières, en 1687.

1694, (29 janvier) Québec.

I. — LE GOUES, LOUIS-JOSEPH, chevalier, seigneur de Goues, capitaine d'un détachement de troupes, b 1666, fils de Charles et de Catherine Bonne, de St. Gilles, évêché de Bayeux ; s 9 déc. 1700, dans l'église de Batiscan.
    LE GARDEUR, Marguerite, (5)   [CHARLES II.
Catherine-Charlotte, b 14 nov. 1697, à Champlain ; m 29 avril 1720, à Charles LE MOYNE, à St. Ours ; s 12 sept. 1745, à Montréal. [8] — *Hector-Charles-Marie,* b [8] 25 mars 1696. — *Claude-François-Joseph,* b [8] 25 mars 1696.

1669.

I. — LE GRAND, NICOLAS, de St. Sulpice de Paris.
    NOEL, Françoise, native de Poitiers.

(1) Appelé aussi Gendre, de Bélair, sergent de M. LeVerrier.
(2) Elle épouse, le 14 juillet 1710, Jean Chevalier, à Québec.
(3) Elle épouse, le 8 août 1661, Mathurin Jousset, à Montréal.
(4) Il s'est marié sous ce nom.
(5) Elle épouse, le 29 juillet 1708, Pierre De St. Ours, à Batiscan.

LE GRAND, Antoinette, b...; m 3 oct. 1689, à Nicolas Preunier.

———

LE GRAND, Pierre
Migneron, Marie.   [Jean I
Jean-François, b 21 janv. 1685, à la Pointe-aux-Trembles de Québec; s 3 mars 1703, à Montreal.

———

Le GRAPT. — Voy. Guerard.

———

1677, (8 novembre) Montréal. [1]
I. — Le GRAS, Jean, (1) marchand, b 1656, fils de George (maître-boulanger) et de Rachel Labbe, de Froiderve, ville de Caen.
Maillet, Marie-Geneviève,   [Pierre I.
s [1] 10 avril 1703.
Marie-Anne, b [1] 22 sept 1678; m [1] 12 déc. 1695, à Charles Delaunay. — Marie, b [1] 9 avril 1684; m [1] 6 mai 1700, à Girard Barsoloy. — Françoise, b [1] 19 avril 1687; m [1] 27 juillet 1704, à Jean-Baptiste Neveu. — Louis, b 17 et s [1] 22 juin 1690. — Marie-Thérèse, b [1] 13 août 1691. — Jeanne, b [1] 22 fev. 1694. — Marie-Anne, b [1] 11 janv. 1695. — Daniel, b [1] 16 fév. 1698 — Joseph, b [1] 10 déc. 1699; s [1] 12 janv. 1700. — Louise-Catherine, b [1] 1er déc. 1700. — Anonyme, b et s [1] 16 dec. 1752.

———

1686, (7 octobre) Québec.
I. — Le GRAVERANT, Rémi, tailleur, b 1656, fils de Nicolas et de Marie Buraut, de St. Jean, évêche de Paris; s...
Vigoureux, Claude, b 1664, fille de Louis et de Claude de Bray, de St. Innocent de Paris; s...

———

1686, (25 novembre) Quebec. [3]
I. — Le GRIS dit Lépine, Adrien, b 1660, fils de Guillaume et de Marie Leclerc, de St Nicolas du Chardonnet, évêche de Paris; s [3] 27 mars 1733.
Branche, Françoise,   [René I.
s [3] 24 sept 1738.
Marie-Françoise, b [3] 20 oct. et s [3] 29 nov. 1687. — Marie-Françoise, b [3] 2 janv. 1689; m [3] 21 nov. 1712, à Jacques Laraue; s [3] 25 oct. 1714. — Marguerite-Françoise, b [3] 21 mars 1691; m [3] 27 juin 1712, à Etienne Gauvreau, s [3] 14 janv. 1760. — Claude, b [3] 10 déc. 1693; m [3] 28 nov. 1717, à Marie-Josette Martin, s [3] 7 oct. 1740. — Jeanne, b [3] 9 juin 1696. m [3] 21 fev. 1718, à François Toupin. — Madeleine, b [3] 6 oct. 1699, m [3] 5 avril 1728, à François Levasseur; s [3] 17 dec. 1763. — Marie-Anne, b [3] 6 oct. 1699; m [3] 11 sept. 1719, à Jean Guillot. — Joseph, b [3] 20 mars 1703. — Louise-Catherine, b [3] 5 juillet 1705, m [3] 24 août 1733, à Michel Privé. — Marie-Angélique, b [3] 18 juin 1708; m [3] 10 janv. 1729, à Louis Vallière; s [3] 12 juillet 1764.

———

1692, (7 janvier) Québec. [9]
I. — Le GRIS, Jean, frère du precedent.
1° Sedilot, Geneviève,   [Jean II
Marie-Geneviève, b 9 et s [9] 11 janv. 1693. — Marie-Anne, b [9] 12 sept. 1694; m [9] 22 juin 1716, à Pierre

Duval, s [9] 29 juillet 1747. — Pierre, b [9] 20 nov. 1696. — Marie-Geneviève, b [9] 19 mars 1699; m [9] 2 nov. 1721, à Joseph Payan; s [9] 3 mars 1753. — Marie-Louise, b [9] 19 fev. 1701; m [9] 25 juin 1725, à François De Guise; s [9] 11 janv. 1752. — Jean. b [9] 27 août 1702, s [9] 18 nov. 1737. — Adrien, b [9] 18 nov. 1703; s [9] 17 oct 1711. — Marie-Geneviève, b [9] 2 fév. 1705, m [9] 10 nov. 1732, à Jacques Pampalon; s [9] 8 juillet 1752. — Marie-Françoise, b [9] 20 juin 1706; m [9] 5 nov. 1731, à Jean Marmet; s [9] 19 oct. 1751. — Marie-Angelique, b [9] 16 oct. 1707; m [9] 28 août 1729, à Moyse Morin. — Marguerite, b [9] 12 mai 1709; s [9] 27 oct. 1711. — Marie-Thérèse, b [9] 11 sept. 1710; m [9] 24 mai 1734, à François Vallière.

1711, (11 août) Quebec. [9]

2° Morin, Jeanne,   [Pierre II.
s [9] 26 nov. 1755.
Joseph, b 13 et s [9] 17 juillet 1712. — Marie-Jeanne, b [9] 5 août 1713; m [9] 20 mai 1754, à René Toupin. — Adrien, b [9] 16 oct. 1715; m [9] 14 oct. 1743, à Thérèse Chevalier. — Marie-Catherine, b [9] 11 mars 1718. — Marguerite, b [9] 11 mars et s [9] 18 juin 1718. — Michel, b [9] 22 juin 1719. — Marie-Madeleine, b [9] 21 janv. 1722; m [9] 2 oct. 1747, à Etienne Dufresne. — Marie-Michelle, b [9] 29 sept. 1723; s [9] 5 janv. 1724. — Louise, b [9] 24 déc. 1724. — Charles, b 1726; m [9] 22 avril 1748, à Angélique Chapeau. — Marie-Félicité, b [9] 17 fev. 1728; m [9] 13 avril 1750, à Vincent Vesina. — Marie-Françoise, b [9] 18 mai 1730; m [9] 4 mai 1750, à Jean-Baptiste Duret.

———

I. — Le GRIS dit Lépine, Claude, frère des précédents.

———

I. — LEGROS dit Laviolette, Antoine.
Aubery, Jacqueline, (1)
Nicolas, b 23 nov. 1678, à Lachine [7]; m à Marie-Charlotte Turpin; s [7] 26 déc. 1720. — Simon, b et s [7] 6 oct. 1677. — Marie-Anne, b [7] 23 juin 1681; m [7] 15 nov. 1700, à Jean Boisson. — Catherine, b [7] 18 nov. 1683, m [7] 26 nov. 1703, à Jean Biset. — Marie-Thérèse, b...; m [7] 29 janv. 1685, à François Lory. — Jean, b...; m [7] 24 nov. 1700, à Marie Buet.

———

LEGROUX, était à Québec, en 1621.

———

I. — LEGUAY, Liénarde; s 30 nov. 1652, à Québec.

———

1670, (16 octobre) Québec. [9]
I. — Le GUAY, Jean, (2) fils d'André et d'Anne Hue, de St. Gilles, de Caen, evêché de Bayeux.
Brière, Marie, (3) fille de François et de Louise Tranjan, de Ste. Melaine, de Pont-l'Evêque, évêché de Lizieux.
Alexis, b [9] 6 sept. 1671; m 26 janv. 1698, à Elizabeth Disy, à Champlain. — Rosalie, b [9] 4 avril

(1) Elle épouse, le 22 mars 1689, Guillaume De Noyon, à Lachine.
(2) La famille de Jean Guay et de Marie Brière, doit être retranchée de la page 286, et remplacée par celle-ci.
(3) Elle épouse, le 10 nov. 1679, Martin Guedon, à Québec.

1673 ; 1º m [9] 28 juin 1694, à Silvain DUPLAIS ; 2º m [9] 28 août 1703, à Julien LAQUEL. — *Marie*, b [9] 23 déc. 1674 ; m [9] 18 janv. 1695, à François DU-BOIS. — *Catherine* b [9] 25 mai 1676. — *Jean-Baptiste*, b 24 juin 1678 ; s 5 août 1705, à Montréal. — *Marie-Angélique*, b [9] 7 août 1679 , s [9] 18 août 1690, (idiote) — *Angélique*, b... ; m 16 oct. 1696, à Jean BOUCHER, à Levis.

1685, (17 décembre) Montréal. [8]

I. — LE GAY, JEAN-JEROME, fils de Pierre et de Paule Le Bret, de St. Prime-l'honoré, évêché de Rouen.
JUST, Madeleine, (1) b 1662, fille d'Hubert et de Madeleine Daumont, du Brèves, en Bourgogne.
Charles, b [8] 28 sept. 1686 ; s [8] 24 avril 1687 — *Marie-Madeleine*, b [8] 6 oct 1689 , m à Thomas JON-CAIRE. — *Jean-Jérôme*, b [8] 23 oct. 1690. — *Marie*, b [8] 1er juin 1692.

I. — LE GASILLIER, PHILIPPE, — Voy. GUSILIER

1697, (9 septembre) Québec.

I. — LEHAYS, JEAN, fils de Thomas et de Catherine Willow, d'Irlande.
SCHOUARDEN, (SWARTEN,) SOUARD, Marie-Madeleine, fille de Jean et d'Anne Ebal, de Salem, Nouvelle-Angleterre.
François, b 8 et s 12 juin 1698, à Montréal. [5] — *Madeleine*, b [5] 7 janv. 1701. — *Jeanne-Marguerite*, b [5] 5 sept. 1702.

LEHAIT, PIERRE, s 3 oct 1697, à Québec, homme de chambre de M. de Frontenac.

I. — LEHOLL, JACQUES, b 1632 , s 13 nov. 1704, à Charlesbourg

LE HOUX. — Voy. DESCARIS — L'ENSEIGNE.

I. — LE HOUX, JEAN-JACQUES, b 1573 ; s 16 fév. 1680, à Québec. [4]
JAHAN, Jeanne, b 1606 ; s [4] 11 déc. 1682.
Jean, b 1631 ; m [4] 7 oct. 1659, à Elizabeth DRU-GEON ; s 4 avril 1698, à Ste. Famille. — *Joseph*, b... ; m à Madeleine LEFEBVRE. — *Françoise*, b... ; m à Robert PARÉ ; s 9 avril 1685, à Ste. Anne.

1659, (7 octobre) Québec. [3]

II. — LE HOUX, JEAN,   [JACQUES I.
s 4 avril 1698, à Ste. Famille. [1]
DBUGEON, Elizabeth, b 1636.
Marie, b 16 juin 1662, au Château-Richer [4] ; m à Simon MARS ; s [8] 28 août 1705. — *Marie-Marguerite*, b [4] 30 oct. 1663 ; 1º m [1] 19 sept. 1680, à Joseph RENAUD ; 2º m [7] 7 janv. 1699, à Pierre SALIER. — *Elizabeth*, b [4] 12 oct. 1665 , m [1] 26 oct. 1682, à Jean BILODEAU ; s [1] 10 août 1683. — *Catherine*, b [1] 11 oct. 1667 ; m [1] 18 avril 1695, à Gervais GUYON. — *Marie-Madeleine*, b [1] 15 sept. 1669 ; m [1] 26 avril 1688, à Claude GUYON ; s [1] 20 août 1699. — *Jean*, b [1] 6 nov. 1671 ; m [1] 22 nov. 1701, à

Jeanne GERBER. — *Hypolyte*, b [1] 11 mars 1674 ; m [1] 1er juin 1699, à Jeanne DROUIN. — *Joseph*, b... : m 1702, à Madeleine LEFEBVRE.

1699, (1er juin) Ste. Famille. [2]

III — LE HOUX, HIPOLITE,   [JEAN II.
DROUIN, Jeanne.   [NICOLAS II.
Catherine, b [2] 16 et s [2] 25 juin 1700. — *Paul*, b [2] 23 et s [2] 24 mai 1701. — *Joseph*, b [2] 20 mai 1702. — *Marie-Anne*, b [2] 15 juillet 1704.

1699, (15 decembre) Montréal. [2]

I. — LE HOUX DIT LALIBERTÉ, NICOLAS, soldat de Louvigny, b 1674, fils de Jean et de Marie Bourdon, de Chersonville, évêché de Rouen.
DARDENNE, Marguerite,   [RENÉ II.
b 1683.
Marie-Anne, b [2] 25 mars et s [2] 16 mai 1703 — *Joseph*, b... ; m 13 mars 1740, à Agathe RICHARD, à St. François, Ile-Jésus.

1692, (7 juillet) St. François, I. O. [1]

I. — LE JAMBLE, PIERRE, fils de Jean et de Françoise Hebert, de N.-D. de Fredrai, évêché de Bayeux.
ARCULAR, Marie, veuve de Claude Lefebvre.
Jacques, b [1] 21 avril 1693.

I. — LE JANVRE, JEAN, b 1621, était à Bellechasse, en 1681.

LE JARDINIER. — Voy. VOYER.

1662, (20 décembre) Château-Richer. [7]

I. — LELAT, PIERRE, b 1636, de N.-D. de Cogne, évêché de Rouen ; s 24 avril 1705, à Lachine. [8]
CREPEL, Françoise, b 1645, de Ste. Marguerite, évêché de La Rochelle ; s [8] 13 janv. 1695.
Anne, b [7] 19 nov et s [7] 1er déc. 1663. — *Jean*, b [7] 15 mars 1665. — *Pierre*, b 4 sept. 1667, à Ste. Famille ; m 19 avril 1694, à Anne GOURDON ; s [8] 23 oct. 1704. — *Marie*, b [7] 3 juillet 1666 ; 1º m 1681, à Jean LE COMTE ; 2º m [8] 31 janv. 1705, à Léon GIRARD

1694, (19 avril) Lachine. [6]

II. — LELAT, PIERRE,   [PIERRE I.
s [6] 23 oct. 1704.
GOURDON, Anne,   [JEAN I.
Françoise, b 10 août 1696, à Montréal. — *Jean-Baptiste*, b [6] 11 janv. 1698. — *Joseph*, b [6] 28 fev. 1700. — *François*, b [6] 10 mars 1702.

1676, (31 octobre) Lachine.

I. — LELIÈVRE, MATHURIN, b 1646 ; s [3] 28 déc. 1683, hydropique.
JASSELIN, Marguerite, (1)   [JEAN I.
Marie, b 1677.

I. — LELIONNAIS, ETIENNE, b 1618 ; s 21 nov. 1688, à Québec ; noyé. — Voy. RAGEOT.

---

(1) Elle épouse, le 19 avril 1697, Pierre You, sieur de la Découverte, à Montréal.

(1) Elle épouse, le 8 janvier 1694, Nicolas Lemoyne, à Lachine.

I. — LE LOUP, Pierre, soldat de St. Ours, b 1660, d'Ursine, évêché de Paris; s 11 juillet 1687, aux Trois-Rivières.

LELOUTRE. — Voy. Berthelor.

1659, (26 janvier) Québec

I. — LE LOUTRE dit Berthelot André, b 1633, fils d'André et de Rachel Berthelot, de Hon- fleur, de Ste. Catherine, évêche de Lizieux, en Normandie, s 3 nov. 1687, à Ste. Anne [7] Gasnier, Marie, (1)   [Louis II. s[7] 19 nov. 1717.
Marie-Madeleine, b 24 mai 1662, au Château-Richer[6]; 1° m [7]9 janv. 1685, à Joseph Paré, 2° m [7] 5 nov. 1725, à Noel Lessard. — *Nicolas,* b[6] 15 sept. 1664; s[7] 11 déc. 1682 — *André,* b[6] 10 fev. 1667; m[7] 18 fev. 1692, à Madeleine Mercier. — *Jean,* b[6] 24 août 1669, s[7] 7 janv. 1670.

I. — LE MAGNAN, Jean, charpentier, b 1636; s 19 août 1691, tué par les Iroquois, à Sorel. [7] Bougon, Perette, b 1625
Catherine, b... ; m à Charles Vanet, s[7] 15 fév. 1694.

LEMAITRE, — *Variations et surnoms.* Lemaitre — Lamorille — Le Picard — De Longée — De Lothinville.

I. — LE MAISTRE, Denise, b 1636, à Paris, fille de Denis et de Catherine Dehorme; 1° m 26 janv. 1660, à Pierre Peras, à Montréal; 2° m 9 oct. 1684, à François Cahel; s 30 oct. 1691, tuée et massacree par les Iroquois, à la Côte St. Laurent, le 19 oct. 1691.

I. — LEMAITRE, Barthélemy, b 1636 . s 17 fév. 1681, noye, à Montreal.

1654, (6 mai) Trois-Rivières. [8]

I. — LEMAISTRE-Lamorille dit le Picard, François, b 1631, en Picardie ; s[6] 14 janv. 1666.
Rigaud, Judith, (1) fille d'Elie et de Marie —— de St. Jean d'Angely.
Pierre, b [8] 2 fev. 1655; m[8] 8 janv. 1682, à Marie-Anne Chenaye; s[8] 13 août 1711. — *Fran- çois,* b[8] 9 fev. 1656; m[8] 7 janv. 1683, à Marguer- rite Poulain ; s 14 mai 1703, à Montreal. [9]— *Marie-Louise,* b[8] 29 juillet 1657; m à Jacques Passard. — *Noel,* b[8] 24 dec. 1658. — *Marguerite,* b[8] 16 fev. 1660; m 1676, à Christophe Gerbaut — *Jean,* b[8] 24 oct. 1661, m [9] 22 nov. 1696, à Catherine Godfroy. — *Marguerite,* b[8] 23 janv. 1664, m 1694, à Robert Laisné. — *Charles,* b... ; m[9] 11 oct. 1689, à Madeleine Crevier.

I. — Le MAITRE, Lamorille, Antoine, frère du precedent.

(1) Elle épouse, le 30 juillet 1690, Jacques Abelin, à Ste. Anne.

(2) Elle épouse, le 26 janvier 1667, Jean Terrien, aux Trois-Rivières.

1660, (9 février) Québec. [9]

I. — LEMAITRE, Paschal, b 1621, fils de René et Pasquette Edet, du Maine.
Duval, Louise, (1)   [Jean I.
Geneviève, b[9] 23 fév. 1661; 1° m [9]24 oct. 1678, à Pierre Laizeau ; 2° m [9] 21 juin 1706, à Jean De Bois. — *Marie-Ursule,* b[9] 13 sept. 1672 ; 1° m [9] 24 oct. 1678, à Jean Duval; 2° m 29 juin 1692, à Toussaint Raymond, à Laprairie. — *Jean,* b[9] 18 mai 1624. — *Pierre,* b 30 mars et s [9] 4 sept. 1667. — *Louise,* b [9] 20 fev. 1669.

1681, (8 mai) Québec. [4]

I. — Le MAITRE, Denis, tailleur, b 1617, fils d'Anne Desjardins, de St. Eustache de Paris.
Le Barbier, Marie, b 1619, veuve de Nicolas Marsolet ; s [4] 21 fev. 1688.

1682, (8 janvier) Trois-Rivières. [1]

II. — Le MAISTRE, Lamorille, Pierre,   [Frs. I. s [1] 13 août 1711.
Chenaye, Marie-Anne,   [Bertrand I. s [1] 10 juillet 1733.
Marie-Anne, b [1] 13 déc. 1682 ; s[1] 4 déc. 1700, — *Pierre,* b [1] 17 oct. 1684 : m [1] 22 juillet 1728, à Marie-Anne Duclos. — *Marguerite,* b [1] 30 mai 1686 ; m [1] 18 nov. 1720, à Louis Godfroy. — *Louis,* b [1] 6 janv. 1689; m [1] 7 janv. 1717, à Claire Duguay. — *Marie-Madeleine,* b [1] 1er fév. 1691 , m [1] 30 sept. 1726, à Jean-Baptiste Godfroy; s[1] 26 mai 1731 — *Marie-Louise,* b [1] 19 août 1695 ; m [1] 8 nov 1722, à Jacques Duguay. — *Marie-Françoise,* b [1] 5 oct. 1697 ; m [1] 29 mars 1717, à Charles Fa- fard. — *Marie-Charlotte,* b [1] 3 fev. 1700 ; m [1] 30 juin 1724, à Joseph Crevier. — *Marie-Jeanne,* b... ; m [1] 9 janv. 1713, à François Fafard. — *Marie-Exu- père,* b [1] 7 mai 1702; sœur dite St. Felix, Congre- gation N.-D. ; s 17 mai 1731, à Montréal. — *Marie-Anne,* b [1] 17 avril 1708.

1683, (7 janvier) Trois-Rivières. [1]

II. — Le MAISTRE, (2) François,   [François I. s 14 mai 1703, à Montreal. [3]
Poulain, Marguerite,   [Maurice I. s 26 dec. 1730, à Quebec. [6]
Françoise-Périnne, b [1] 9 août 1684 ; s [1] 2 sept. 1686. — *François,* b 1685, m [6] 14 fév. 1722, à Olive-Pélagie Arguen. — *Louis,* [1] b 30 juillet et s[1] 16 sept. 1687. — *Françoise,* b [3] 26 août 1688 , m [3] 4 août 1704, à Jean-Jacques Le Bé. — *Marie,* b[3] 5 nov. 1689. — *Jean-François,* b 7 janv. et s [8] 5 juillet 1691 — *Marguerite-Charlotte,* b [3] 19 août 1692; m[6] 27 déc. 1743, à Nicolas Aubin-Delisle. — *Jeanne-Thérèse,* b 10 et s [3] 17 août 1693. — *Paul,* b [8] 1er oct 1694. — *Marie,* b [3] 2 nov. 1695; s[3] 11 mars 1703. — *Marie-Madeleine,* b [3] 12 dec. 1696; s[3] 10 avril 1703. — *Elienne,* b [3] 1er mai 1698 ; s[3] 16 avril 1703. — *Maurice,* b 2 et s [3] 31 oct. 1701. — *Antoine,* (posthume) b [3] 6 juin 1703 ; m [6] 2 mai 1724, à Marie-Françoise Lefebvre.

(1) Elle épouse, le 17 fév. 1681, Pierre Juneau, à Montréal.

(2) Lamorille.

1689, (11 octobre) Montréal. [2]

II. — LEMAITRE, CHARLES, [FRANÇOIS I.
CREVIER DE BELLERIVE, Madeleine, [NICOLAS II
Jacques, b [2] 19 oct. et s [2] 7 nov. 1690. — *Marie-Françoise*, b [2] 22 sept. 1691; m 9 fév. 1711, à Charles PAILLIER, aux Trois-Rivières. [4] — *Charles*, b [2] 8 juin 1694. — *Etienne-Charles*, b [2] 5 nov. 1695, — *Catherine*, b [2] 27 juillet 1697 ; m à François LEFEBVRE ; s 30 juin 1721, à Batiscan. — *Michel*, b [4] 2 juillet 1701. — *Jean-Baptiste*, b 25 mai 1704, à l'Ile Dupas. — *François*, b [4] 22 sept. 1705. — *Marie-Josette*, b [4] 13 janv. 1707 — *Marie-Anne-Alexis*, b [4] 27 juillet 1712.

1696, (22 novembre) Montréal. [1]

II. — LEMAISTRE DE LONGÉE, JEAN, [FRANÇOIS I.
s 14 avril 1710, aux Trois-Rivières. [2]
GODFROY, Catherine. [JOSEPH II.
Marie-Madeleine, b 29 déc. 1708, à l'Ile Dupas. — *Anonyme*, b [1] et s [1] 14 janv. 1698. — *Catherine* b [1] 27 mai et s [1] 9 juin 1699. — *Marguerite*, b [1] 7 mai 1700 ; m à Charles GAILLARD ; s 4 janv. 1722, à Québec. — *Maurice*, b [1] 2 mars 1702. — *Judith*, b [1] 23 juin 1703. — *Catherine*, b [1] 5 mars 1705. — *Marie-Josette*, b [2] 26 mai 1706. — *Catherine-Michelle*, b [2] 16 oct 1707, s [2] 30 mai 1715. — *Marie-Madeleine*, b [2] 28 déc. 1708. — *Jean*, b [2] 10 nov. 1710.

1691, (19 novembre) Montréal. [3]

I — LE MARCHAND DE LIGNERY, CONSTANT, lieutenant, fils de Joseph et de Marguerite Du-Sillar.
ROBUTEL, Anne, [CLAUDE I.
Joseph, b [3] 12 et s [3] 13 août 1693. — *Louis-Joseph*, b [3] 3 août 1695. — *Charles*, b [3] 7 janv 1696. — *Pierre*, b [3] 25 sept. 1698. — *Constant-Christophe*, b [3] 29 avril 1700. — *Jacques*, b [3] 30 déc. 1701. — *Marie-Françoise*, b [3] 27 août 1703.

1654, (13 octobre) Montréal. [1]

I. — LEMARCHE DIT LAROCHE, JEAN, menuisier, fils de Jean et de Marie Blondeau, de St Laurent, de Paris ; s...
HUREAU, (1) Catherine, b 1640, fille de Jean et de Guillaume La Roussière, de la Flèche ; s [1] 20 oct. 1680.
Marguerite, b [1] 14 oct. 1655 ; s [1] 2 sept. 1656. — *Marguerite*, b [1] 30 sept. 1657; m 26 nov. 1669, à Mathurin VILLENEUVE, à Québec ; s 9 avril 1711, à Charlesbourg. [9] — *Jean*, b [1] 17 sept. 1660; s [1] 25 mai 1663. — *Marie-Anne*, b [2] 24 oct. 1662; m [8] 22 nov. 1695, à André ALARD. — *Marie-Charlotte*, b [2] 4 nov. 1670; s [2] 17 fév. 1674. — *Jean-Baptiste*, b [2] 7 mai 1673. — *Catherine*, b [2] 2 mai 1675 : m [2] 26 sept. 1695, à Nicolas DAUTOUR. — *Marie-Madeleine*, b [2] 17 oct. 1677.

1644.

I. — LEMARIÉ, DENIS.
BIENVENU, Madeleine.
Jeanne, b 1645 ; m 29 oct. 1670, à François VOISINE, au Château-Richer ; s 28 avril 1684, à l'Ange-Gardien.

(1) Au contrat de mariage elle est appelée TRELLE. — *Greffe de Basset*, le 27 sept. 1654.

1653.

I. — LEMARIÉ, JACQUES, fermier de la redoute de M. De la Durantaye, b 1628 ; s 7 mai 1708, a St. Augustin. [5]
MORIN, Marie, b 1629 ; s 18 oct 1702, à Ste. Foye [6]
Michel, b 1654, m 27 fév. 1680, à Françoise BRIÈRE, à la Pointe-aux-Trembles de Québec. [7] — *Thomas*, b 3 mai 1661, à Québec [8] ; 1° m à Louise SÉDILOT ; 2° m [6] 6 juillet 1700, à Jeanne LABADIE. — *Charles*, b [8] 8 déc. 1662 ; m à Marie-Françoise SÉDILOT ; s [6] 3 juin 1711. — *Jacques*, b [8] 29 sept. 1664 ; s [7] 10 déc. 1687. — *Marie-Madeleine*, b [8] 4 sept. 1667 ; m [8] 12 fév. 1668. — *Jean*, b [8] 16 mars 1669 ; s [7] 18 nov. 1687 — *Elizabeth*, b [8] 31 mars 1671; 1° m [7] 23 nov. 1688, à Denis BRIÈRE ; 2° m à Jacques AMELOT ; 3° m [7] 19 janv. 1733, à Guillaume FAVREAU; s [8] 13 mars 1751. — *Antoine*, b... ; 1° m [5] 12 oct. 1699, à Jeanne DORÉ ; 2° m à Thérèse TINON.

1680, (27 février) Pte-aux-Trembles, Q. [6]

II. — LEMARIÉ, MICHEL, [JACQUES I.
BRIÈRE, Françoise, [DENIS I.
Michel, b [6] 13 sept. 1682, m 24 nov. 1715, à Madeleine PILOTE, à Ste. Foye. — *Jacques*, b [6] 8 nov. 1684. — *Marie-Elizabeth*, b [6] 3 nov. 1686. — *Anonyme*, b et s [6] 13 janv. 1692. — *Jean*, b 15 fév. 1695, à St Nicolas [4], m 13 sept. 1725, à Jeanne TAREAUX, à Québec. — *Marie-Charlotte*, b... ; m [5] 3 mai 1716, à Jean DESCHEVERY. — *Joseph*, b [4] 11 sept. 1697 ; m [5] 16 sept. 1729, à Agnès DUMETS. — *Marie-Françoise*, b [4] 17 nov. 1699 ; m [5] 11 mai 1727, à Denis GAGNON — *Marie-Marguerite*, b [4] 5 mars 1702 ; m [5] 6 juin 1728, à Antoine RÉMILLARD.

1685, (27 mars) (1)

II. — LEMARIÉ, THOMAS, [JACQUES I.
1° SÉDILOT, Louise, [ÉTIENNE II.
s 3 fév. 1700, à Ste. Foye. [7]
Marie-Madeleine, b... ; m 10 fév. 1722, à Germain PASQUET, à Québec. [6] — *Jacques*, b 26 juillet 1689, à la Pointe-aux-Trembles de Québec. — *Jean*, b et s [7] 14 janv. 1703 — *Joseph*, b 1694 ; s [7] 20 oct. 1714 — *Anne*, b 1696 ; s [7] 2 fév. 1703. — *François*, b 1697 ; s [7] 2 fév. 1703 — *Louis*, b août et s 7 oct. 1698, à Québec. [3] — *Marie-Louise*, b [7] 24 sept. 1699.

1700, (6 juillet) Ste. Foye. [5]

2° LABADIE, Jeanne, veuve de Nicolas Sylvestre.
Marie-Thérèse, b 2 déc. 1713, à Québec [7]; m 23 oct. 1730, à Pierre LAPOINTE, à Lachenaye. — *Pierre*, b [5] 29 juin 1701. — *Thomas*, b [5] 22 déc. 1702 ; s [5] 29 janv. 1703. — *Marie-Charlotte*, b [5] 19 avril 1704. — *Marie-Elizabeth*, b [5] 26 janv. 1706. — *Marie-Jeanne*, b [5] 21 janv. 1708 ; s [7] 3 nov. 1713. — *Joseph*, b [5] 8 oct. 1709. — *François*, b [5] 9 oct 1711 ; s [7] 16 oct. 1714. — *Flavien*, b [7] 7 sept. 1716.

1685, (27 mars) Québec.

II. — LEMARIÉ, CHARLES, [JACQUES I.
s 3 juin 1711, à Ste. Foye. [2]
SÉDILOT, Marie-Françoise, [ÉTIENNE II.
s 3 fév. 1743.

(1) Date du contrat. (*Greffe de Duquet*.)

Charles, b 29 déc. 1686. à la Pointe-aux-Trembles de Quebec⁴ ; s⁴ 30 juin 1688. — *Antoine*, b⁴ 16 sept. 1688 — *Marie-Françoise*, b⁴ 30 août 1691, m⁴ 10 oct. 1723, à Romain ROBITAILLE. — *Antoine*, b 1696 , m 20 oct. 1722, à Louise-Marguerite DUBOCQ, à St. Augustin ; s² 24 dec. 1771. — *Marie-Madeleine*, b... , m 16 nov. 1722, à André ARNOUL. — *Marie-Louise*, b² 14 oct. 1699; m² 16 avril 1723, à Charles DROLET. — *Charles-Amador*, b² 16 janv. 1702 ; m 27 juin 1726, à Madeleine BELLEAU, au Cap St. Ignace ; s² 15 juin 1767. — *Jean-Baptiste*, b² 4 mars 1704, s² 3 oct. 1714. — *Blaise*, b² 4 juin 1706 ; m² 10 fev. 1735, à Marie MAUFET. — *Marie-Marguerite*, b² 29 mai 1708 ; m 20 avril 1733, à Guillaume PROVOST.

1699, (12 octobre) St. Augustin. ²

II. — LE MARIÉ, ANTOINE, [JACQUES I.
1° DORE, Jeanne, [LOUIS I.
s² 3 août 1700.
Jeanne-Angélique, b² 2 août 1700.
2° TINON, Thérèse [EMARD I.
Pierre, b² 12 janv. 1704 — *Marguerite*, b² 15 avril 1705. — *Mari-Thérèse*, b² 25 dec. 1706. — *Madeleine*, b² 3 oct. 1708. — *Marie-Charlotte*, b² 17 juillet 1710.

LE MARQUIS. — Voy. DUPUYAU.

1673, (18 septembre) Québec. ²

I. — LE MARQUIS, CHARLES, bourgeois, b 1651, fils de Charles et de Jeanne Bignon, de Mortagne-Poitou, évèche de LaRochelle ; s² 22 dec. 1700.
1° BAUGRAN, Marguerite, veuve de Sebastien Cousin, de St. Gervais, de Paris.
Madeleine, b² 7 janv. 1675 ; m² 13 juillet 1693, à François CHATEAUNEUF. — *François*, b² 21 avril 1677. — *Charles-Michel*, b² 11 oct. 1678. — *Jean-François*, b² 27 et s² 30 juin 1680. — *Jean-Charles*, b² 16 et s² 28 juin 1699.

1698, (7 janvier) Ste. Anne.

2° GIGUÈRE, Agnès, (1) [ROBERT I.
François, b² 23 mai 1700 ; m à Marie-Anne BOUCHER

LEMAY. — *Variation* : LEMÉE.

1659, (15 juin) Trois-Rivières.

I. — LEMAY, MICHEL, b 1630, fils de François et de Marie Guschel, de Chesnehutte, évêche d'Angers.
DUTOST, (2) Marie-Michelle, b 1640, fille de Pierre et de Jeanne Perin, évêche de La Rochelle.
Michel, b 1660 ; m 22 avril 1686, à Catherine JOBIN, à Champlain. — *Joseph*, b 1663, m à Marie-Agnès GAUDRY. — *Marie*, b 1665. — *Ignace*, b 1667 ; m 24 nov. 1687, à Anne GERARD, à Charlesbourg. — *Noel*, b 1668. — *Charles*, b 1669 ,

m 26 mai 1691, à Louise HOUDE, à la Pointe-aux-Trembles de Quebec. — *Jean*, b 1670. — *Pierre*, b 1671 ; m 7 fev. 1695, à Anne GERMAINE, au Cap Santé. — *Marie*, b 1672. — *Jean*, b 1673. — *François-Xavier*, b 1674. — *Antoinette*, b 1675. — *Madeleine*, b 1677 ; m 1695, à Claude HOUDE. — *Antoinette*, (1) b 8 mars 1680, aux Grondines.

1679, (7 août) Montréal. ⁹

I. — LE MAY, PIERRE, soldat, fils de Léonard et de Marguerite Meny, de Salan, évêché de Limoges.
L'HOMME, Marie, (2) [MICHEL I.
François-Marie, b² 29 juillet 1680.

1686, (22 avril) Champlain.

II. — LEMAY, MICHEL, b 1660. [MICHEL I.
JOBIN, Catherine, [CHARLES I.
Jean-Baptiste, b.. ; m 26 nov. 1731, à Geneviève RIVARD, à Batiscan. ⁹ — *Michel*, b 21 nov. 1689, au Cap-Santé. — *Antoine*, b⁹ 19 janv. 1703.

1687, (24 novembre) Charlesbourg.

II. — LEMAY, IGNACE, [MICHEL I.
GIRARD, Anne, [JOACHIM I.
Ignace, b 21 nov. 1689, au Cap-Santé. — *Marie-Madeleine*, b 1er juillet 1692, à la Pointe-aux-Trembles de Quebec.

1691, (26 mai) Pte-aux-Trembles, (Q.) ⁹

II. — LEMAY, CHARLES, [MICHEL I.
HOUDE, Louise, [LOUIS I.
Charles, b⁹ 30 juin 1692. — *Simon*, b...; m 14 août 1719, à Marie-Anne RICHER, à Ste. Anne de la Pérade. — *Louis*, b...

1695, (7 février) Cap-Santé.

II. — LEMAY, PIERRE, [MICHEL I.
GERMAINE, Anne, [ROBERT I.

II. — LEMAY, JOSEPH, [MICHEL I.
fermier de la veuve Antoine Trudel, en 1703, à Montréal. ⁹
GAUDRY, Marie-Agnès-Madeleine, [NICOLAS I.
Jacques, b⁹ 4 juin 1702. — *Marie*, b...; m 16 nov. 1722, à Charles CHAPUT, à Varennes. — *Marie-Josette*, b⁹ 12 août 1703; m à Basile BÉLANGER — *Ignace*, b... ; 1° m à Anne LORRE; 2° m 29 fév. 1740, à Madeleine BARBEAU, à St. François, Ile-Jesus. — *Charles*, b 11 juillet 1692 à la Pointe-aux-Trembles de Québec. — *Marie-Jeanne*, b 18 nov. 1696, à St. Augustin.

1677, (28 janvier) Québec. ⁶

I. — LE MEILLEUR, JACQUES, b 1636, fils de Jacques et de Catherine Boulanger, de St. Gervais, évêché de Rouen ; s...
VALADE, Marie, b 1641, veuve de Michel L'Homme; s 5 mars 1724.
Marguerite, b et s⁶ 9 janv. 1678. — *Jean*, b⁶ 20 déc. 1678 ; 1° m 12 juillet 1706, à Marie LEBLANC, à Charlesbourg²; 2° m² à Elizabeth VERRET.

---

(1) Elle épouse, le 10 oct. 1701, Joseph Blondeau, à Québec.

(2) Ouenville et Ouimet. — Elle épouse, le 5 nov. 1685, Louis Montenu, à Lotbinière.

---

(1) Premier acte enregistré aux Grondines.

(2) Elle épouse, le 18 nov. 1680, Nicolas Ozan, à Lachine.

1658, (4 mars) Québec. [7]

I. — LEMELIN dit Tourangeau, Jean, menuisier, b 1632, fils de Noël et de Françoise Mélaine, de Chartres, en Beauce.

Brassard, Marguerite, [Antoine I.
Louise-Marie, b [7] 15 déc. 1661 ; m [7] 16 nov. 1676, à André De Chaume. — *Louis,* b [7] 22 mars 1664 ; m à Anne Delaunay. — *Jean-François,* b [7] 15 oct. 1665 , m [7] 26 déc. 1689, à Marguerite Lauzet. — *Anonyme,* b et s [7] 13 janv. 1670. — *Marie-Angélique,* b [7] 23 mai 1668 ; m 16 oct. 1685, à Nicolas Godbout, à St. Laurent, 1. O. [6] — *Jean,* b [7] 12 fév. 1671 ; s 6 nov. 1703, à la Rivière-Ouelle. — *Jeanne,* b [7] 24 déc. 1673 ; m [7] 6 avril 1690, à Thomas Moore. — *Pierre,* b [7] 18 janv. 1679. — *Marguerite,* b [6] 3 janv. 1681. — *Guillaume,* b [7] 16 oct. 1683 ; 1° m [7] 29 juillet 1715, à Geneviève Voyer ; 2° m [7] 29 juin 1720, à Louise-Catherine Cosance. — *Marie-Madeleine,* b [6] 26 juin 1686 ; m à Charles Joliet ; s 8 mai 1762, à St. François du Lac. — *Françoise,* b [6] 18 déc. 1688.

II. — LEMELIN, Louis. [Jean I.
Delaunay, Marie-Anne, [Claude I.
Laurent, b .. ; m 18 avril 1735, à Marie-Josette Doyon.

1689, (26 décembre) Québec. [2]

II. — LEMELIN, Jean-François, [Jean I.
Lauzet, Marguerite, (1) [Jean I.
Marguerite-Angélique, b [2] 27 déc. 1689. — *Jean,* b et s [2] 26 fév. 1691. — *Jean,* b [2] 28 mai 1693.

LEMENU. — Voy. Meneux.

1686, (30 novembre) Boucherville.

I. — LEMER, Claude-Louis, b 1658, fils de Louis et de Marguerite Bardela, d'Auxerre.
Charon, Marie-Charlotte, (2) [Pierre I.

I. — Le MERCIER, (Chevalier de Beaurepos) Olivier, lieutenant de la Chassaigne, était à Lachine, en 1689. Il signait " Le Chevalier de Beaurepos."

L'ÉMERISE. — Voy. Lefebvre.

I. — Le MERLE d'Aupré de Hautpré, Marguerite, fille de Laurent et de Gérarde Bésiote ; m 8 fév. 1672, à Laurent Bory, sieur de Grammaison, à Montréal.

1683, (2 juin) St. Laurent, I. O. [1]

I. — Le MERLE, René, b 1646, fils de Jacques et d'Antoinette Etienne, d'Edan, évêché d'Angoulesme ; s 19 nov. 1716, à Ste. Anne de la Pérade.
1° Abraham, Marguerite, b 1646.
Jean, b 1668 ; m à Marie Hudde. — *Denis,* b 1672. — *Catherine,* b 1675.

2° Salois, Anne-Antoinette, [Claude I.
Claude, b [1] 3 mars 1684 ; m à Agnès Corneau. — *Jean-Baptiste,* b [1] 8 août et s [1] 20 oct. 1685. — *Pierre,* b [1] 5 janv. et s [1] 12 fév. 1687. — *Mathurin,* b [1] 5 juin et s [1] 5 sept. 1688. — *Elizabeth,* b... ; m 7 août 1713, à Michel Lemire, à Lorette.

II. — Le MERLE, Jean, [René I.
Hudde, Marie, [Jacques I.
Pierre, b 13 fév. 1689, à Batiscan. [1] — *Charles,* b [1] 22 mai 1691 ; m à Marie-Anne Aurée ; s 4 avril 1750, au Cap de la Madeleine. — *Marie-Madeleine,* b [1] 12 oct. 1695. — *Marie-Madeleine,* b [1] 1er sept. 1697, à Ste. Anne de la Pérade. [2] — *Jean,* b [2] 14 mai 1699, 1° m à Marie Meunier ; 2° m 28 fév. 1713, à Angélique Limousin, à Champlain. — *Marie-Françoise,* b [2] 3 déc. 1702. — *Louis,* b [2] 29 nov. 1704 ; m à Marie-Anne Lagrave. — *Jean,* né 15 mai 1694, et b [2] 8 mars 1707.

III. — Le MERLE dit Semiot, Jean, [Jean II.
1° Meunier, Marie.
Marie-Josette, b 30 août 1708, à Ste. Anne de la Pérade. [2]

1713, (28 février) Champlain.

2° Limousin, Angélique, [Hilaire I.
Jean-Baptiste, b [2] 23 juillet 1715. — *Louis-Joseph,* b [2] 22 oct. 1717.

I. — Le METTEYER, (1) Jean ; s 10 sept. 1690, à Lachine.

1647, (20 septembre) Québec. [2]

I. — LEMIEUX, Pierre, b 1620, fils de Pierre et de Martine Evan, de St. Michel de Rouen.
Bérard, Marie-Marguerite, b 1627, fille de Denys et de Marie Michel, de Chartres.
Guillaume, b [2] 21 nov. 1648 ; m [2] 15 déc, 1669, à Isabelle Langlois. — *Pierre,* b [2] 24 avril 1650. — *Louis,* b [2] 6 fév. 1652. — *Marie,* b [2] 14 fév. 1654 ; s [2] 8 juin 1658, tué, d'un coup de fusil, par accident. — *Jeanne,* b [2] 20 mars 1656. — *Marie-Françoise,* b [2] 23 juin 1658. — *Thomas,* b [2] 30 août 1660.

1658, (3 septembre) Québec. [1]

I. — LEMIEUX, Gabriel, tonnelier, b 1626, fils de Louis et de Marie Lugan, de St. Michel, de Rouen.
1° Leboeuf, Marguerite, b 1640, fille de Guillaume et de Marguerite Milot, de Troye, en Champagne.
Nicolas, b [2] 20 août 1659 ; s avant 1666. — *Gabriel,* b [2] 5 sept. 1663 ; m 5 déc. 1690, à Jeanne Robidou, à Laprairie. — *Marguerite,* b [2] 21 janv. 1666 ; s [2] 8 janv. 1667. — *Hélène,* b 1661 ; 1° m [2] 16 oct. 1679, à René Pasquier ; 2° m [2] 23 nov. 1705, à Robert Fouchet ; s [2] 19 nov. 1746. — *Madeleine,* b 1664 ; m [2] 2 mars 1688, à Pierre Martin ; s [2] 4 sept. 1734.

---

(1) Elle épouse, le 12 août 1714, Pierre Chamard, à Québec.
(2) Elle épouse, en 1700, Raymond Vegard.

(1) Sieur Des Marets, capitaine réformé, commandant le fort de Châteauguay, tué le 9 sept. 1690, par les Iroquois, près le moulin de Châteauguay.

25

1671, (26 novembre) Québec [3]

2° BEAUREGARD, Marthe, b 1643, fille de Jean et de Marie ———, de St. Patrice, de Rouen ; s 22 oct. 1728, à Levis [2]

Louis, b [3] 1er sept. 1672 ; m [2] 4 mai 1700, à Marie CARIÉ—*Michel*, b [3] 31 oct. 1673 , m [3] 8 nov. 1700, à Marguerite SAMSON ; s [2] 17 avril 1750. — *Marie-Marthe*, b [3] 15 avril 1675 ; m [3] 5 nov. 1693, à Mathieu LABRECQUE. — *Marie-Charlotte*, b [3] 14 avril 1677, m [2] 5 juillet 1700, à Ignace SAMSON. — *Guillaume*, b [3] 13 avril 1679 ; s [2] 30 oct. 1701.

1669, (15 décembre) Québec. [4]

I. — LEMIEUX, GUILLAUME, b 1648, fils de Pierre et de Marie Bernard, de Beaufort, évêche de Paris.

1° LANGLOIS, Elizabeth,　　　　　　[NOEL I. veuve de Louis Côté ; s 19 nov. 1696, au Cap St Ignace. [3]

Guillaume, b 11 nov. 1670, à Ste. Famille. [2]— *Elizabeth*, b 14 fév. 1672, à l'Ange-Gardien ; m 21 janv. 1691, à Jacques COUILLARD, à St. Thomas. — *Pierre*, b [2] 4 juin 1673. — *Joseph*, b [4] 6 août 1675 ; m [4] 24 oct. 1712, à Elizabeth FRANQUELIN. — *François*, b [4] 12 nov. 1676 ; m à Marie PARADIS. — *Marthe*, b [4] 19 avril 1678 ; m [3] 5 nov. 1698, à Joseph BOUCHÉ. — *Anne*, b [4] 14 avril 1680 ; m [3] 25 oct. 1694, à Charles BERNIER. — *Guillaume-Augustin*, b [3] 30 mars 1682, s [3] 11 juin 1703. — *Geneviève*, b [3] 6 oct. 1683 ; m [3] 5 nov. 1698, à Gabriel PARADIS — *Joseph*, b [3] 8 sept. 1688.

1699, (12 octobre) Cap St. Ignace. [2]

2° PICARD, Louise,　　　　　　　[JEAN II. veuve de Louis Gagné.

Marthe, b [3] 20 sept. 1700 ; s 8 déc. 1704, à St. Thomas. — *Guillaume*, b [3] 1er juin 1702 ; m 25 oct 1723, à Madeleine BÉLANGER, à l'Ilet. — *Augustin*, b 7 juillet 1705, à St. Michel.

1682, (26 novembre) Cap St Ignace. [9]

I. — LEMIEUX, LOUIS, (1) b 1654, fils de Pierre et de Marie Bernard, de Beaufort, evêche de Paris ; s [9] 1er janv. 1694.

COTÉ, Madeleine,　　　　　　　[LOUIS II. s [9] 23 août 1689.

Louis, b [9] 6 oct. 1683 ; m 11 fév. 1705, à Geneviève FORTIN, à l'Ilet. [4]— *Alexis*, b [9] 11 nov. 1685 ; m [4] 18 oct. 1710, à Elizabeth BÉLANGER.

1690, (5 décembre) Laprairie. [4]

II. — LEMIEUX, GABRIEL,　　　[GABRIEL I. ROBIDOU, Jeanne,　　　　　　[ANDRÉ I. *Jean-Gabriel*, b [4] 13 janv. et s [4] 6 fév. 1692 — *Jeanne*, b [4] 3 août 1696 ; 1° m [4] 23 nov. 1716, à Antoine ROUSSEAU　2° m [4] 17 fév. 1723, à François LONGTAIN — *Joseph*, b [4] 27 déc. 1698 , m [4] 5 fév. 1725, à Marie-Josette FOUAN. — *Pierre-Gabriel*, b [4] 6 oct. 1700. — *Marie-Josette*, b [4] ; m [4] 23 nov. 1722, à Joseph ROUSSEAU — *Marie-Anne*, b [4] 6 nov. 1724, à Joseph POUPART.

II. — LEMIEUX, FRANÇOIS,　　　[GUILLAUME I. PARADIS, Marie,　　　　　　　　[GUILLAUME II. s 9 janv. 1738, au Cap St. Ignace. [4]

Marie, b [4] 8 sept. 1699. — *Joseph-Alexis*, b [4] 6 mars 1701 ; m [4] 14 juin 1723, à Geneviève FORTIN. — *Louise*, b [4] 1er juin 1702 ; s [4] 3 juillet 1703. *Charles-François*, b [4] 2 mars 1705 , m à Angéhique GOULET. — *Marie*, b [4] 24 fév. 1706 ; 1° m [4] 7 juin 1723, à Jean-Baptiste GOSSELIN ; 2° m [4] 9 août 1634, à François GAMACHE — *Pierre-Augustin*, b [4] 24 juin 1707 ; m [4] 5 juin 1730, à Marie-Geneviève CARON. — *Louis*, b [4] 1708 ; m [4] 18 juin 1736, à Marie-Louise FORTIN. — *Marie-Anne*, b... ; m [4] 25 juin 1727, à Jean-Baptiste GOULET.

LA MINIME. — Voy. BARBIER.

1653, (20 octobre) Québec. [3]

I. — LEMIRE, JEAN, (1) maître-charpentier, b 1626, fils de Mathurin et de Jeanne Bouvier, de St. Vivier, évêché de Rouen ; s [3] 5 oct. 1684.

MARSOLET, Louise,　　　　　　[NICOLAS I. s [3] 19 avril 1712.

Anonyme, b et s [3] 28 déc. 1655. — *Anonyme*, b et s [3] 26 janv. 1657. — *Jeanne Elizabeth*, b [3] 14 juin 1658 ; m [3] 26 nov. 1676, à Pierre GAUMONT, s... — *Marie*, b [3] 3 fév. 1660 ; m [3] 27 nov. 1677, à Pierre MOREAU, s [3] 13 mars 1736. — *Joseph*, b [3] 6 mars 1662 ; 1° m [3] 1er avril 1685, à Anne HÉDOUIN ; 2° m [3] 13 nov. 1690, à Jeanne LE NORMAND. — *Anne*, b [3] 16 mars 1664 ; 1° m [3] 20 oct. 1681, à Laurent TESSIER ; 2° m 1689, à Jean-Pierre D'AUJOLLIET, 3° m [3] 9 nov. 1694, à Antoine DE RUPAILAY — *Louise*, b [3] 10 mai 1666 ; m [3] 20 oct. 1681, à Pierre PEPIN. — *Catherine*, b [3] 21 mars 1668 ; m [3] 4 nov. 1686, à Jean RAYMOND. — *Marie-Anne*, b [3] 26 mai 1669 ; m 11 août 1690, à Gedeon DE CATALORGNE, à Montréal. [4] — *Jean*, b [3] 23 fév. 1671. — *Charles*, b [3] 24 mai et s [3] 23 juin 1673. — *Marie-Charlotte*, b [3] 7 avril 1674 ; s [3] 21 juillet 1677. — *Jean-François*, b [3] 2 juillet 1675 ; m 5 fév. 1701, à Françoise FOUCAUT, aux Trois-Rivières. — *Jean*, b [3] 6 sept. 1676 , m [4] 30 juillet 1703, à Elizabeth BAREAU. — *Hélène*, b [3] 29 août 1678 ; s [3] 20 mars 1681. — *Pierre*, b [3] 7 et s [3] 18 mai 1681.

1685, (1er avril). (2)

II. — LEMIRE, JOSEPH,　　　　　[JEAN I. 1° HEDOUIN, Anne,　　　　　　[JACQUES I. s 29 août 1682, à Québec.

1690, (13 novembre) Québec. [4]

2° LE NORMAND, Jeanne,　　　　[JEAN I. s 26 déc. 1702.

Jeanne-Louise, b [4] 16 oct. 1691 ; m [4] 3 mars 1710, à Jean CHORET. — *Anne Geneviève*, b [4] 7 août 1693 ; s [4] 20 sept. 1694. — *Charlotte-Marie*, b [4] 22 juillet 1695. — *Marguerite-Louise*, b [4] 16 juin 1697 ; m 22 nov. 1716, à Louis BRIEN, à Varennes. — *Gismond-Joseph*, b [4] 14 sept. 1698 ; m [4] 26 déc. 1726, à Marie PARANT. — *Catherine*, b [4] 17 juin

---

1700.—*Anne-Françoise*, b ⁴ 10 juillet 1701 ; m 1719, à François Paquet, à Charlesbourg. — *Marie-Josette*, b ⁴ 20 et s ⁴ 31 oct. 1702.

1686, (5 juin) Batiscan. ³

I. — LEMIRE, Isaac, b 1648, fils de Nicolas et de Jeanne Lecompte, de St. Maclou, évêché de Rouen.
Damours, Hélène,
  veuve de Louis Fauché.
Michel, b ³ 20 mars 1687 ; m 7 août 1713, à Elizabeth Lemerle, à Lorette. — *Marie-Josette*, b ⁸ 12 sept. et s ⁸ 19 déc. 1689. — *Hélène*, b ⁴ 17 nov. 1691.—*Marie-Anne*, b... ; 1° m 1713, à Jean Titas ; 2° m 9 déc. 1721, à Jacques Roseau, à l'Ile Dupas.

LEMOYNE. — *Surnoms :* De Longueuil — De Ste. Hélène — De Bienville — D'Iberville — De Maricour — De Chateauguay — De Sevigny — De Martigny — De Charleville — Des Pins — Jasmin.

I. — LEMOINE, (1) Barthélemi.

1654, (28 mai) Montréal. ⁴

I.—LEMOYNE de Longueuil et de Chateauguay, Charles, lieutenant-général, b 1624, fils de Pierre et de Judith Duchêne, de St Jacques, de Dieppe,
Primot, Catherine, (2) b 1641, fille d'Antoine et de Martine Messier, de Gonneville, de Rouen.
Charles, b ⁴ 10 déc. 1656, 1° m à Elizabeth Souart ; 2° m 17 sept. 1727, à Longueuil ; s ⁸ juin 1729. — *Jacques*, b ⁴ 16 avril 1659 ; m ⁴ 7 fév. 1684, à Jeanne Carion ; s 4 déc. 1690, à Québec ⁵. — *Pierre*, b ⁴ 20 juillet 1661 ; m ⁸ 8 oct. 1693, à Thérèse Pollet ; s 9 juillet 1706, à la Havane. — *Paul*, b ⁴ 15 déc. 1663 ; 1° m ⁵ 29 oct. 1691, à Madeleine Dupont ; 2° m ⁴ 3 fév. 1704, à Françoise Aubert ; s ⁴ 21 mars 1704. — *François*, b ⁴ 10 mars 1666 ; s ⁴ 7 juin 1691. — *Joseph*, (3) b ⁴ 22 juillet 1668 ; s ⁴ 21 sept. 1687. — *François-Marie*, b ⁴ 5 oct. 1670. — *Anonyme*, b et s ⁴ 2 oct. 1672. — *Catherine-Jeanne*, b ⁴ 15 nov. 1673 ; m ⁸ 8 déc. 1694, à Pierre Payan. — *Louis*, b ⁴ 4 janv. 1676 ; s 4 nov. 1694, tué au fort Nelson. — *Marie-Anne*, b ⁴ 16 août 1678 ; m ⁴ 28 oct. 1699, à Jean Bouillet. — *Jean-Baptiste*, b ⁴ 23

fév. 1680 ; s 7 mars 1767, à Paris. — *Gabriel*, b ⁴ 13 nov. 1681. (1) —*Antoine*, b ⁴ 7 juillet 1683, gouverneur de la Guienne.

I. — LEMOYNE, Jeanne, sœur du précédent, b 1636 ; m 7 janv. 1658, à Jacques LeBer, à Montréal ⁸ ; s ⁸ 8 nov. 1682, (dans l'église).

I. — LEMOYNE, Anne, sœur de la précédente, b 1644 ; m 25 fév. 1658, à Michel Messier, à Montréal.

1658, (12 novembre) Montréal. ⁵

I. — LEMOYNE de Ste. Hélène, Jacques, (2) marchand, b 1623, fils de Pierre et de Judith Duchesne, de St. Jacques de Dieppe ; s ⁴ déc. 1690, à Québec. ⁹
Godé, Mathurine,   [Nicolas I.
  veuve de Jean St. Per ; s ⁸ 12 nov. 1672.
Françoise, b ⁸ 29 sept. 1659 ; sœur de la Congrégation de Notre-Dame ; s ⁸ 25 sept. 1687. — *Jacques*, b ⁸ 29 nov. 1660. — *Jean-Baptiste*, b ⁸ 2 avril 1662 ; m ⁹ 1ᵉʳ juillet 1691, à Elizabeth Guyon.—*Marguerite*, b ⁸ 3 fév. 1664, sœur dite du St. Esprit, C. N.-D. ; s ⁸ 21 fév. 1746. — *Catherine*, b ⁸ 29 juin 1665. — *Nicolas*, b ⁸ 27 nov. 1666. — *Jeanne*, b ⁸ 30 avril 1668 ; sœur dite St. Charles, C. N. D. ; s ⁸ 28 mars 1703. — *Marie*, b ⁸ 28 oct. 1669 ; s ⁸ 14 janv. 1670. — *Charles*, b ⁸ 21 oct. 1670. — *Louis*, b ⁸ 11 nov. 1672.

I. — LEMOYNE, Jean, sergent, de la ville de Rouen ; s avant 1684, à Rouen.
Durosoirs, Jeanne, de Belleville, évêché de Rouen.
Nicolas, b... ; m 8 janv. 1684, à Marguerite Jasselin, à Lachine.

1662, (24 juillet) Québec. ¹

I. — LEMOYNE, Jean, b 1634, fils de Louis et de Jeanne Lambert, de St. Pitre, évêché de Rouen ; s 28 déc. 1706, à Batiscan. ²
De Chavigny, Madeleine,   [François I.
Jacques, b ¹ 8 juillet 1663. — *Marie-Charlotte*, b 1665 ; m 1687, à Mathurin Guillet.—*Alexandre*, b 1668. — *Louis*, b 1670 ; s ¹ 12 déc. 1693. — *Marguerite*, b 1672 ; m ² 10 nov. 1693, à Ignace Gamelin. — *Marie-Madeleine*, b 1674 ; m ² 12 nov. 1697, à Jean-Baptiste Beauvais.—*Jeanne*, b 1676 ; m ² 22 janv. 1710, à Louis Gatineau. — *Marie-Anne*, b 1678 ; m ² 12 nov. 1697, à Jean Giasson. —*Jean-Alexis*, b 14 avril 1680.

1673, (15 octobre) Québec. ⁵

I. — Le MOYNE, Pierre, b 1631, fils de Louis et de Jeanne Lambert, de N.-D. de Pitre, sur Andelle, évêché de Rouen.
Mignot, Catherine, b 1646, fille de Jacques et de Marie Paugouet de Tours ; s ⁸ 18 sept. 1726.

---

(1) Cousin de Robert Drouin, tous deux témoins dans l'accord de mariage de Robert Drouin et d'Anne Clontier, en 1637.—*Documents Faribault, Archives du Séminaire de Québec, No. 2.*

(2) Charles Lemoine, arrivé à Québec en 1641, était orphelin de père. Sa femme, Catherine Primot, avait été adoptée par Antoine Primot ; son véritable nom était Catherine Thierry.—*Greffe de Basset*, 20 mars 1665, Montréal. Elle était fille de Guillaume Thierry et d'Elizabeth Messier, de St. Denis le Petit Bourg, évêché de Rouen.
Dans les lettres de noblesse de Lemoyne, on lit les mots suivants :
" Considérant les grands services que le Sieur Lemoyne a rendus en cette colonie, qui ont obligé le Roi à les reconnaître en lui accordant, à tous ses descendants le titre de noble, dont il a plu à Sa Majesté de l'honorer et ne pouvant trop reconnaître ceux qu'il rend journellement, etc."—*Lettres patentes*, 10 juillet 1676, Montréal.

(3) Sieur de Sérigny, enseigne de vaisseau de Sa Majesté.

(1) Mort, Garde-Marine, sur le vaisseau *La Renommée*.
(2) Seigneur de la Trinité, de Varennes.

Marie, b 1675 ; 1º m ⁵ 30 mars 1693, à Sébastien MABIGNIER ; 2º m ⁵ 12 nov. 1696, à Jacques LABORDE ; 3º m ⁵ 20 nov. 1712, à Pierre BOURGOUIN. — *Pierre*, b 1676. — *François*, b 1677 ; s ⁵ 11 fév. 1703 — *Antoine*, b 3 fév 1680, à Champlain. ⁴ — *Catherine*, b ⁴ 31 juin 1682 ; 1º m ⁵ 7 nov. 1712, à Jean CAGBELIÈVRE ; 2º m ⁵ 23 nov. 1733, à Charles TURGEON ; s 22 août 1760. — *Michel*, b 15 fév 1689, à Batiscan.

1684, (8 janvier) Lachine. ⁶

II. — LEMOYNE, NICOLAS, [JEAN I.
JASSELIN, Marguerite, [JEAN I.
  veuve de Mathurin Lelièvre.
Marie-Anne, b ⁵ 5 avril 1685. — *Marguerite*, b ⁵ 23 avril 1687. — *Marie-Madeleine*, b... ; s ⁵ 19 déc. 1687. — *Jean*, b 5 et s ⁵ 22 oct. 1688. — *Augustin*, b 5 et s ⁵ 25 oct. 1688. — *Marie-Marguerite*, b 12 mars 1690, à Montréal. ⁴ — *Catherine*, b ⁴ 1ᵉʳ nov. 1692.

II. — LÉMOYNE, CHARLES, (1) [CHARLES I.
  s 8 juin 1729, à Montréal. ⁴
1º SOUART, Claude-Elizabeth, [ARMAND.
  femme de S. A. R Madame de France.
Marie-Elizabeth, b ⁴ 16 janv. 1684 ; hospitalière dite de l'Enfant-Jésus ; s 15 décembre 1711, à Québec. ⁹ — *Gabrielle-Charlotte*, b ⁴ 29 oct. 1685 — *Charles*, b ⁴ 10 août 1686 ; s 13 août 1686, à Boucherville. ⁸ — *Charles*, b ³ 20 oct. 1687 ; m 29 avril 1720, à Catherine LE GOUÈS DE GRAY. — *Gabriel-François*, b ⁴ 30 juillet 1688. — *Augustin*, b... — *Nicolas*, b... — *Étienne*, b... — *Paul-Joseph*, b 19 sept. 1701, à Longueuil, m ⁹ 19 oct. 1728, à Marie-Geneviève JOYBERT , s 12 mai 1778, à Tours.

1727, (17 septembre) Longueuil.

2º LE GARDEUR, Marguerite, [CHARLES II.
  veuve de Pierre de St. Ours.

II. — LEMOYNE, FRANÇOIS, (2) [CHARLES I.
  s 7 juin 1691, à Montréal. (3)

II. — LEMOYNE, (4) JEAN-BAPTISTE, [CHARLES I.
  s 7 mars 1767, à Paris, (sans postérité). Il est le fondateur de la Nouvelle-Orléans.

II. — LEMOYNE, (5) LOUIS, [CHARLES I.

II. — LEMOYNE, ANTOINE, (1) [CHARLES I.
  gouverneur de Cayenne, sieur de Château-guay.

1684, (7 février) Montréal. ¹

II. — LEMOYNE, (2) JACQUES, [CHARLES I.
  lieutenant.
  s 4 déc. 1690, à l'Hôtel-Dieu de Québec, ² CARION, (DE) Philippes-Jeanne, (3) [PHILIPPE I.
Marie-Jeanne, b ¹ 21 nov. 1688 ; m ¹ 7 août 1712, à Rene GAUTHIER ; s ¹ 1ᵉʳ août 1757. — *Jacques*, (4) b ¹ 26 janv. 1690 ; s ² 3 août 1705. — *Agathe-Françoise*, (posthume) b ¹ 28 mars 1691.

1691, (29 octobre) Québec.

II. — LEMOYNE, (5) PAUL, [CHARLES I.
  s 21 mars 1704, dans l'église de Montréal. ⁸
1º DUPONT, Marie-Madeleine, [NICOLAS I.
  s ⁸ 14 avril 1703.
Marie-Madeleine, b 1701 ; s 5 juin 1703, à Varennes.

1704, (3 février) Québec.

2º AUBERT, Françoise, (6) [CHARLES I.

1691, (1ᵉʳ juillet) Québec.

IV. — LEMOYNE, (7) J.-BAPTISTE, [JACQUES III.
GUYON, Elizabeth, [MICHEL II.
Jacques, b 20 mars 1692, à Montréal, m 8 janv. 1716, à Angelique GUILLET, à Ste. Anne du bout-de l'ile.

1693, (8 octobre) Québec. ⁸

II. — LEMOYNE, (8) PIERRE, [CHARLES I.
  s 9 juillet 1706, à la Havane.
POLLET, Marie-Therèse, (9) [FRANÇOIS.
Pierre-Louis-Joseph, né le 22 juin 1694, sur les bans de Terreneuve, et b 7 août 1694, à Québec.

1688, (2 août) Montréal. ⁸

I — LEMOINE DE CHARLEVILLE, CHARLES, b 1662, fils de Charles et de Barbe Lecours, de Clerbé, en Normandie ; s ⁸ 2 juillet 1695, tué par les Iroquois.
LOISEAU, Anne, veuve de Guillaume Gendron.

---

(1) Premier baron de Longueuil, Chevalier de St. Louis, Gouverneur de Montréal, administrateur de 1725 à 1726.

(2) De Bienville était à Montréal en 1687.

(3) Tué par les Iroquois, dans une rencontre, dans la côte de Repentigny, avec Claude Ducharme, Gilles Chauvin, un soldat de Crisafy, de Goulétréz, sergent de Mr. de Muy, Charles Barbier et Laurent Chartier.

(4) De Bienville, depuis la mort de son frère, François, tué en 1691.

(5) De Châteauguay, tué au Fort Nelson, dans la Baie d'Hudson, le 4 nov. 1694. Il fut le troisième de cette famille qui mourut en combattant pour son Prince. Les deux autres étaient de Ste. Hélène et de Bienville. Le nom de Châteauguay fut donné au plus jeune de leurs frères qui est aujourd'hui gouverneur de Cayenne. (*Charlevoix*, t. II, p. 148)

(1) Il eut deux autres fils au service de la marine, tous morts sans postérité. — *Documents De Beaujeu.*

(2) De St. Hélène. Ayant été blessé par les anglais, contre lesquels il allait en guerre, il mourut à Québec, et fut inhumé au cimetière de l'Hôtel-Dieu, après avoir été administré.—*Registres de Québec.*

(3) Elle épouse, le 13 déc. 1691, Joseph De Monic, à Montréal. — L'Évêque de Québec, le 21 janv. 1684, écrivit une très-belle lettre, à l'occasion du mariage de M. Lemoyne. —Sa jeune épouse n'ayant pas encore douze ans accomplis.

(4) Il est inhumé sous le nom de Jacques de Chatellé. (Châteauguay.)

(5) Sieur de Maricour, capitaine.

(6) Elle épouse, le 13 novembre 1710, Josué DuBois-Berthelot, à Québec.

(7) Sieur de Martigny.

(8) Sieur d'Iberville, capitaine de frégate du Roy.

(9) Passée en France après la mort de son mari, elle épousa le comte de Bethune, lieutenant général des armées du Roy. (*Jacques Viger*).

1693. (3 février) St. Jean, Ile d'Orléans. [8]

I.—LEMOINE DIT JASMIN, FRANÇOIS, fils de Claude et de Renée Lafarche, de St. Pierre en Chantelec, évêché d'Orleans.
1º GUILMETTE, Barbe,   [NICOLAS I.
Jean-François, b [3] 19 fév. 1694; 1º m 6 mai 1718, à Anne MAILLOU, à Beaumont; 2º m 15 avril 1736, à Madeleine CHAMBRELAN, à St. Michel. º— *Marie-Josette*, b... ; 1º m 20 janv. 1716, à Charles LE CHENU, à Québec [9], 2º m [9] 23 juillet 1719, à Rene LAIZEAU ; 3º m [9] 21 fév. 1735, à Pierre BOUCHARD.

        1697, (30 mai) Québec [9]
2º OLIVIER, Marie,   [JEAN I.
Joseph, b 1706; s [2] 24 déc. 1707. — *François*, b [8] 4 juin 1698; m [9] 8 mai 1730, à Geneviève BOUTILLET.— *Jean-Baptiste*, b 25 oct. et s [8] 12 nov. 1699.— *Pierre*, b [8] 30 sept. 1702.— *Noël*, b º 28 nov. 1700.— *Joseph*, b 1706; s [9] 26 dec. 1707.

II.—LEMOYNE, JACQUES, marchand, [JACQUES I. était au Détroit, en 1706.

I.—LEMONDION DE MONGARON, (1) Sieur DE LA CANTERIE, FRANÇOIS.

LEMOUSNIER.—Voy. MEUNIER — MUSNIER.

I.—LEMPLATRE, JEAN.
JÉTHO.
Jean-Louis, b 11 juin 1690, à l'âge de deux ans, à Québec.

LENCOGNET.—Voy. LANCOUGNIER.

LENEUF. (2)—*Surnoms :* DU HÉRISSON—DE LA POTHERIE—DE LA VALLIÈRE—DE BEAUBASSIN.

1636, (15 décembre) Québec. (3)
I.—LENEUF, (4) MATHIEU-MICHEL, lieutenant-général, b 1601 ; s avant 1642.
LE MARCHAND, Jeanne.
Marie, b....; m 15 déc. 1636, à Jean GODFROY, à Caen. — *Michel*, b... — *Jacques*, b... ; m à Marguerite DE REPENTIGNY. — *Anne*, b... ; m à Antoine DESROSIERS.

I.—LE NEUF DE LA POTERIE, JACQUES, b 1606, gouverneur en 1665, (5)
LE GARDEUR, Marguerite,   [RENÉ I. b 1608.
Catherine, b 1640 ; m 23 août 1655, à Pierre DENIS, à Québec [5] ; s [5] 25 oct. 1697, dans l'Église

des Récollets.— *Marie*, b 1632 ; m à Pierre ROBINEAU ; s [5] 5 dec. 1702, dans l'église des Récollets.— *Michel*, b 31 oct. 1640, aux TROIS-RIVIÈRES ; m à Marie-Françoise DENIS. — *Marie-Anne*, b... ; m à René ROBINEAU.

II.—LENEUF, MICHEL. (1)   [JACQUES I.
DENIS, Françoise,   [SIMON I. s 13 sept. 1721, à Québec. [4]
Alexandre, b 2 fév. 1667, aux Trois-Rivières. [5] — *Marie-Marguerite*, b 1er et s [5] 2 juillet 1668. — *Jacques*, b [5] 29 janv. 1670. — *Marie-Josette*, b [5] 19 avril 1671 ; m 15 sept. 1692, à Jean-Paul LE GARDEUR. — *Jean-Baptiste*, b [5] 17 nov. 1672. — *Michel*, b [5] 28 oct. 1677. — *Judith*, b [5] 17 déc. 1674 ; m [4] 9 avril 1692, à Sebastien DE VILLIEU.— *Barbe*, b... ; m [4] 8 nov. 1702, à Louis AUBERT.

III.—LE NEUF, (2) ALEXANDRE,   [MICHEL II

1688, (9 octobre) Pte-aux-Trembles, (M.)
I. — LE NEVEU-DE LÉMON, FRANÇOIS, soldat de Dumesnil, b 1666, fils de Daniel et d'Anne Sain, de N.-D. de St. Lo, évêché de Coutance.
CHAUDILLON, Catherine,   [ANTOINE I.
Marie, b... ; m 17 août 1710, à Jean-Baptiste BANLIER, à Varennes.

I. — LE NOIR, MARIE, b 1645 ; m à Nicolas DURAND ; s 13 janv. 1717, à Québec.

1673, (2 janvier) Montréal. [5]
I. — LE NOIR DIT ROLLAND, FRANÇOIS, marchand, fils de Rolland (bourgeois) et de Claudine, de Moras, évêché de Vienne, en Dauphiné.
CHARBONNIER, Madeleine, fille de Pierre et de Madeleine Boutaux, de Meudon, evêché de Paris.
Anne, b [5] 29 oct. 1673 ; m 9 déc. 1701, à Claude St. OLIVE, à Lachine [6] ; s 14 janv. 1703 — *Antoine-François*, b [5] 9 fév. 1675.— *Gabriel*, b [5] 30 déc. 1676 ; s [6] 8 sept. 1687. — *Louise-Madeleine*, b [6] 19 sept. 1682. — *François-Joseph*, b [6] 6 août 1683.— *Gabriel*, b [6] 20 juillet 1688 ; m à Marie DE LAUNAY.

1686, (25 novembre) Montréal. [5]
I. — LENOIR, VINCENT, menuisier, b 1661, fils de Bertrand et de Jeanne Taschereau.
1º BLOYS, Marie-Charlotte,   [JULIEN I. s [5] 22 fév. 1703.
François, b [5] 14 avril 1691 ; s [5] 10 déc. 1693. — *Vincent*, b [5] 16 avril 1693. — *Françoise*, b [5] 15 avril 1695 ; sœur dite Ste. Elizabeth, C. N.-D. ; s [5] 2 mai 1756.— *Joseph*, b [5] 16 mai 1698.— *Marie*, b º 11 avril 1700 ; s [5] 28 janv. 1703.— *Jeanne-Charlotte*, b [5] 18 août 1702 ; s [5] 13 juin 1703.

---

(1) Lieutenant en 1699, à Montréal.

(2) M. LeNeuf de la Poterie, premier seigneur de Portneuf, est la tige des LeNeuf de la Vallière et de Beaubassin, qui ont commandé dans l'Acadie.
Les familles Godfroy, Robineau de Bécancour, et Taché, le comptent aussi pour ancêtre.

(3) Date du Contrat de mariage.—*Documents Faribaut*, No. 3.

(4) Sieur du Hérisson, frère ainé de Jacques de la Poterie.

(5) Mr. de Mésy avait nommé le Sieur Leneuf, son lieutenant, au Conseil supérieur. Le Conseil refusa de lui reconnaître ce pouvoir, et ne lui reconnut que le pouvoir de lieutenant en ce qui regardait la milice, mais non la justice, police ni finance. — *Edits et Ordonnances*, vol. II, page 25.

(1) Sieur de la Vallière et de Beaubassin, était présent au mariage de Denis Richard, capitaine des gardes de Frontenac, en 1689.—Il était parrain de Michelle Pachot, le 23 nov. 1691.

(2) Sieur de Beaubassin, lieutenant d'un détachement de Marine.

1703, (26 novembre) Montréal. [2]

2° GALIPEAU, Marie, [GILLES I
Marie-Louise, b [2] 18 sept. 1706 ; sœur dite St.
Herman, C. N.-D. ; s [2] 29 juin 1726.

—

LENOIR, J.-BTE.
SACHÉ, Marguerite.
Jean-Louis, b..., m 1725, à Cécile CLOCHER, à
Charlesbourg.

—

LE NORMAND.
Anne, b 1630 ; s 11 dec. 1700, à Québec.

I. — LE NORMAND, GERVAIS
JOUINEAU, Edouarde.
Marie, b 24 et s 26 fév. 1650, à Quebec

1650, (11 septembre) (1)

1. — LE NORMAND, JEAN, charpentier, de Digé,
près Belesme, au Perche.
VIVIER, Jacquette, fille de Grégoire et de Clé-
menoe Ajonne, de Tiray.

1656, (18 juillet) Québec. [3]

I. — LE NORMAND, JEAN, neveu du précédent, b
1638, fils de Gervais et d'Eléonore Janet, de
Digé, près Belesme, au Perche ; s [3] 25 juillet
1706.
1° LE LADOUREUR, Anne, b 1630, fille de Thomas
et de Marguerite Bardin, de la ville de Caen,
en Normandie.
Marie, b [3] 2 et s [3] 7 juillet 1657. — *Marie*, b [3] 27
juillet 1658 ; m [3] 4 mars 1680, à Pierre LAMBERT.
— *Anne*, b [3] 26 janv. et s [3] 2 fev. 1660. — *Jean*, b [3]
23 janv. 1661 , m [3] 6 juin 1686, à Anne CHALI-
FOUR. — *Charles*, b [3] 2 nov. 1663 ; 1° m [3] 20 nov.
1691, à Marie DIONNE, 2° m [3] 13 mars 1703, à
Françoise DENIS ; s [3] 22 mars 1715. — *Jacques*, b [3]
26 fév. 1664 — *Jacques-François*, b [3] 2 juin 1665.
— *Susanne*, b [3] 19 dec. 1666 ; m [3] 5 fév. 1686, à
Jacques HUPPÉ. — *Joseph*, b [3] 18 janv. 1669 ; m [3]
5 fév. 1691, à Madeleine TREFFLÉ. — *Jeanne-Françoise*, b [3] 7 avril 1670 ; m [3] 13 nov. 1690, à Joseph
LEMIRE ; s [3] 26 déc. 1702. — *Geneviève*, b [3] 19 août
1672 ; 1° m [3] 5 fév. 1691, à François TREFFLÉ ; 2°
m [3] 4 fév. 1704, à François DE LA RUE ; s [3] 21 août
1741. — *Louis*, b [3] 18 sept. 1674.

1703, (2 mai) Québec. [3]

2° BRASSARD, Marie-Madeleine, [ANTOINE I.
veuve de Louis Fontaine ; s [3] 22 sept. 1712,
dans l'église des Récollets.

1686, (6 juin) Québec. [5]

II. — LE NORMAND, JEAN. [JEAN I.
CHALIFOUR, Anne, (2) [PAUL I.
Charles, b 19 août 1689, à Beauport [6] ; s [5] 25
juin 1702, nové. — *Anne*, b 1690 ; s [5] 19 août 1706.
— *Jean*, b [6] 19 fév. 1691. — *Marguerite*, b [6] 26 nov.
1690 ; s [6] 27 fév. 1703.

1691, (5 février) Québec. [8]

II. — LE NORMAND, JOSEPH, [JEAN I.
1° TREFFLÉ, Madeleine, [FRANÇOIS I.
Joseph, b [8] 13 fév. 1692 ; s [8] 19 mai 1693.

1693, (29 octobre) Québec.

2° CHORET, Marie, [ROBERT II.
s [3] 13 mai 1737.
Marie-Madeleine, b [3] 10 juillet 1695 ; m [3] 28
janv. 1715, à André MARCOUX ; s 3 fév. 1716, à
Beauport.—*Charles*, b [3] 10 mai 1697 ; m [3] 1er
août 1725, à Marie-Anne JORIAN. — *Angélique-
Catherine*, b [3] 15 mai 1699 ; m [3] 11 sept. 1724, à
Jean-Baptiste GUAY ; s [3] 25 déc. 1760.— *Joseph*,
b [8] 13 mai 1701. — *Hélène*, b [3] 19 avril 1703 ; m [3]
24 fév. 1721, à Joseph MÉTOT. — *Jean*, b [8] 28 mai
1705 ; s [3] 20 avril 1727. — *Jacques*, b [3] 25 sept.
1707. — *Jean-Baptiste*, b [3] 5 et s [3] 16 août 1709. —
Geneviève, b [3] 4 janv. 1710 ; m [3] 29 oct. 1735, à
Henry PARANT. — *Marie-Josette*, b [3] 8 août et s [3]
4 sept. 1710. — *Marie-Anne*, b [3] 16 déc. 1711 ; m [3]
3 nov. 1735, à Joseph LABAUX. — *Marie-Thérèse*,
b [3] 17 janv. 1712 ; m [3] 19 fév. 1730, à Jean DORION.
— *Marie-Madeleine*, b [3] 23 oct. 1713, s [3] 10 janv.
1714. — *François*, b [3] 6 avril 1714 ; m [3] 23 janv.
1736, à Thérèse PARANT. — *Marie-Marguerite*, b [3]
15 août 1715. — *Marie-Madeleine*, b [3] 28 fév. 1716 ;
s [3] 10 oct. 1730. — *Jean-Baptiste*, b [3] 30 août 1717.
— *Geneviève-Françoise*, b [3] 7 nov. 1719.

1691, (20 novembre) Québec. [3]

II. — LE NORMAND, CHARLES, [JEAN I.
s [3] 22 mars 1715.
1° DIONNE, Marie, [ANTOINE I.
s [3] 10 déc. 1702.
Marie-Elizabeth, b [3] 30 oct. 1692, 1° m [3] 7 janv.
1710, à Joseph GENAPLE, 2° m [3] 30 oct. 1730, à
Joseph TESSIER. — *Charles*, b [3] 26 sept. 1694. —
Antoine, b [3] 27 août 1696. — *Marie-Madeleine*, b [3]
2 fév. 1699, m [3] 21 oct. 1719, à Charles LEPAIL-
LEUR. — *Marie-Louise*, b [3] 10 sept. 1701.

1703, (13 mars) Québec. [3]

2° JEAN, Françoise-Monique, [DENIS I.
Ignace, b [3] 3 avril 1704. — *Jean-Baptiste*, b [3] 6
juillet 1705. — *Marie-Charlotte*, b [3] 17 sept. 1706 ;
m [3] 6 nov. 1724, à Jean-Baptiste GÉRARD.—*Marie-
Marthe*, b [3] 1er fév. 1708 , m [3] 1er janv. 1729, à
Paul GUILLOT. — *Claude-Jacques*, b [3] 15 mars et
s [3] 10 avril 1710. — *Jean-Gaspard*, b [3] 25 juin
1712. — *Catherine-Jeanne*, b [3] 20 mars 1714. —
Marie-Josette, b [3] 6 juillet 1715.

—

L'ENSEIGNE, — Voy. LE ROUX — ROUL — LE
HOUX.

—

LEONARD, — *Variations et surnoms :* LIÉNARD
DU SABLON.

—

1698, (13 octobre) Château-Richer.

1. — LEONARD DIT DU SABLON, JULIEN, chirurgien, b 1665, fils de Jacques et de Scholastique Gilles, de St. Benoit, évêché du Mans.
LEFRANÇOIS, Barbe, [CHARLES I.
s 1er août 1700, à Québec.
Dorothée, b 13 mai 1699, au Cap St. Ignace ;
m 8 fév. 1718, à Jean TRUDEL.

---

(1) Date du Contrat de mariage—(*Greffe d'Audouard*.)

(2) Elle épouse, le 7 fév. 1632, Jean Delâge, à Beauport.

LEPAGE, — *Variations et surnoms :* De St. Ger-
main — De St. Barnabé — De St. François
— De Ste. Claire — De La Molaie — De La
Fossés.

I. — LEPAGE, Germain, (1) b 1641, fils d'Étienne
et de Nicole Berthelot, de Notre Dame d'Ouenne, évêche d'Auxerre ; s 1723, à Rimouski.
Larry, Reine, b 1651.
René, b 1659 ; m 10 juin 1686, à Marie-Madeleine Gagnon, à Ste. Anne ; s 4 août 1718, à
Rimouski.

1667, (24 août). (2)
I. — LEPAGE, Louis, b 1636, frère du précédent ;
s 27 nov. 1710, à St. François, I. O.[5]
   Aloigny, Sébastienne,   [Pierre I.
   s[5] 3 dec. 1702
Etienne, b 9 avril 1669, à Ste. Famille.[6] — *Marie-
Madeleine*, b[6] 10 janv. 1671 ; m[5] 2 août 1688, à
Gabriel Tibierge. — *Renée*, b[6] 17 sept. et s[6] 7 oct.
1673. — *Jean-Baptiste*, b[6] 18 nov. 1674 ; m 20
janv. 1737, à Anne Béchard, à St. Michel. —
Joseph, b[6] 17 août 1677 ; m 21 fév. 1707, à Claire
Racine, à Ste. Anne. — *Pierre*, b[6] 1678 ; m[6] 3 mai
1700, à Madeleine Turcot. — *François*, b[5] 11 dec.
1679. — *Marguerite*, b[5] 12 mai 1682 ; m[5] 15 fév.
1706, à Louis Turcot. — *Elizabeth*, b[5] 26 fev.
1685 ; m[5] 13 avril 1711, à Marc Beaudoin. — *Rose*,
b[5] 8 avril 1687 ; m[5] 12 nov. 1709, à Antoine
Pepin. — *Jean*, b[5] 2 juin 1689 ; m[5] 15 juillet 1723,
à Marie Gagnon. — *Germain*, b[5] 9 et s[5] 16 dec.
1691. — *Angélique*, b[5] 28 janv. 1693. — *Marie-Madeleine*, b[5] 12 janv. 1699 ; m[5] 13 avril 1722, à Charles LeGrapt.

1686, (10 juin) Ste. Anne du nord.[6]
II. — LEPAGE, (3) René,   [Germain I.
   s 4 août 1718, dans l'église de Rimouski[5].
   Gagnon, Marie-Madeleine,   [Pierre II.
   s[5] 31 janv. 1744.
Pierre, b[6] 11 août 1687 ; m 13 juillet 1716, à
Marie DeTrépagny, au Château-Richer. — *Marie*, b
16 juillet 1689, à St. François, I. O.[4] — *Louis*, b[4] 25
août 1690, ordonné, 6 avril 1715 , s 1er déc. 1762,
à Terrebonne. — *Guillaume*, b 1691 ; s 18 déc.
1702, à Quebec[3]. — *Marie-Madeleine*, b[4] 29 déc.
1692, hospitalière ; s[3] 1762. — *Antoine*, né 13 juin
1699, b[5] 31 août 1701 ; s... — *Geneviève*, b[5] 31
août 1701. — *Reine*, b 19 août 1703, au Cap St.
Ignace ; religieuse ursuline, dite St.Stanislas ; s[3]
1732. — *Agathe-Dorothée*, née 1er mars 1705, b[5]
8 juillet 1706 — *Marie-Agnès*, née 15 mars 1706,
b[5] 8 juillet 1706, Sœur dite Ste. Barnabé, C.
N.-D. ; s 25 nov. 1762, à Montréal. — *Marie*

Angélique, b[5] 13 juillet 1708 ; s[5] 2 avril 1729. —
René-Florentin, b[5] 26 juillet 1709 — *Paul*, b[5] 2
juillet 1710. — *Joseph*, b[5] 10 fev. 1712 ; s[3] 6 mars
1726, élève du Seminaire — *Nicolas-Dominique*,
b[5] 14 fev. 1713. — *Marie-Anne*, b[5] 16 juillet 1714.

I. — LEPAGE, Marie-Rogère, (1) b... ; m à Roch
Thoery de L'Ormeau, lieutenant au regiment
de la Reine.

1694, (2 août) Québec.[6]
I. — LEPAGE, Jacques, b 1667, fils de Jacques
et de Marie-Louise Giffrard, de LaValette,
évêché d'Angoulême ; s 5 oct. 1712, à Charlesbourg. [9]
   Rose, Marie-Françoise,   [Noël I.
   s[9] 27 mars 1711.
Jacques, b[9] 5 mai 1696 ; m[8] 25 oct. 1717, à
Marie Darveau. — *Jean-Laurent*, b[9] 10 août
1698 ; s[9] 10 fév. 1703. — *Elie*, b[9] 24 sept. 1700.
— *René-Louis*, b[9] 21 fév. 1703 — *Marie-Françoise*,
b 8 et s[9] 10 mars 1705. — *Pierre*, b[9] 21
et s[9] 28 fev. 1706. — *Jean-François*, b[9] 26 juin
1707. — *Marie-Marguerite*, b[9] 10 janv. 1710.

1696, (29 septembre) Québec.[7]
I. — LEPAGE, Barthélemy, fils de Jean et de
Marie Dufour, de N.-D. d'Aunay, évêché de
Lizieux.
   Lefebvre, Thérèse-Angélique,   [Thomas I.
   Louise, (2) b[7] 28 juin 1697.

1688.
I — LEPAGE, Jacques.
   David, Madeleine,   [Guillaume I.
   Marie, b... ; m à Beauceron. — *Jacques*, né 2
avril 1690, à Manhanne[3] ; b 10 oct. 1700, à Montréal.[6] — *Jeanne-Marguerite*, nee en 1692, à la Nouve-
velle-Angleterre ; b[6] 24 août 1700 ; m à Gilbert
Sanspeur ; s 20 juillet 1730, au Détroit. — *Suzanne*,
née[3] en 1697 ; b[6] 25 août 1700. — *Pierre*, b[6] 21
mai 1700 ; s[6] 26 mai 1703. — *François*, b[6] 6
mai 1702 ; s[6] 23 mai 1703. — *Joseph*, b[6] 29 juin
1704.

1688, (3 novembre) Batiscan.
I. — LE PAILLEUR, Michel, notaire-royal, fils de
Jean et de Marie De la Motte, de St. Eusta-
che, de Paris.
   Jéremie, Catherine,   [Noël I.
   veuve de Jacques Aubuchon.
Catherine, b 13 août 1689, à Québec[9]. — *Jean-
François*, b[9] 3 dec. 1690. — *Charles-René*, b[9] 14
juillet 1692 ; m[9] 21 oct. 1719, à Marie-Madeleine
Le Normand. — *Jeanne-Catherine*, b[9] 23 août
1694 ; s[9] 23 fev. 1697. — *Marie-Charlotte*, b[9] 5
oct. 1696. — *Marie-Madeleine*, b[9] 5 oct. 1696. —
Marguerite, b[9] 17 mai 1698 ; s[9] 28 juin 1700 —
Marie-Anne, b[9] 7 nov. 1699. — *Jeanne*, b[9] 10 juin
1701. — *Marie-Françoise-Clément*, b[9] 10 juin
1701 ; s[9] 10 mai 1702. — *Michel*, b[9] 2 oct. 1702.
— *Louise*, b 12 avril 1705, à Montreal.

---

(1) Louis Lepage. Germain Lepage, et Constance Lepage,
femme de Garnet, vinrent ensemble au Canada, et se fixèrent
sur l'Ile d'Orléans, première terre de la paroisse St. François.
Germain, père de René, seigneur de Rimouski, mourut en
1723, à Rimouski, à l'âge de 101 ans. Sa posterité est très-
nombreuse à Rimouski, et dans la seigneurie de Terrebonne,
que son petit-fils le grand-vicaire Louis Lepage, de Ste.
Claire avait fondée et dont il était le premier seigneur. D'après
le recensement de 1681, Germain ne devait avoir que 82 ans
à sa mort.

(2) Date du Contrat—(*Greffe de Duquet*).

(3) Premier seigneur de Rimouski. Le lieutenant Joseph
DeCabanac était présent à ce mariage.

(1) Elle fait inventaire le 9 oct. 1631—(*Greffe de Duquet*).

(2) Baptisée à l'âge de cinq semaines. Ses parents reve-
naient de l'Acadie.

1669, (6 janvier) Québec. [5]

I. — LE PARC, Louis, fils de Jacques et d'Anne Massé, de N.-D. de Mansillé, évêché d'Angers.
FLAMAND, Nicole, fille de Nicolas et de Marie Roussel, de St. Nicolas de Chauny, évêché d'Amiens.
Louis, b [5] 13 oct. 1669. — *Marguerite*, b [5] 3 mai 1671. — *Etienne*, b [5] 2 janv. 1675 ; s [5] 22 mars 1677. — *Maximilien*, b [5] 10 nov. et s [5] 13 déc. 1676. — *Anne*, b [5] 1er janv. 1678. — *Jean*, b 25 mars 1613, à Beauport.

LE PARISIEN. — Voy. GERVAIS.

LE PELÉ. — *Variations et surnoms :* LE PELLÉ — DE LA HAYE — DÉRIVE — DESMAREST.

1651.

I. — LE PELÉ DIT LAHAIE, PIERRE, b 1628 , s 29 mai 1697, à Batiscan. [3]
DODIER, Catherine, b 1638, veuve de Guillaume Isabel ; s 16 avril 1673, aux Trois-Rivières.
François, b 1653. — *Françoise*, b [5] 26 fev. 1654 ; 1o m 1671, à Charles VAUVRIL ; 2o m [5] 22 juillet 1682, à Amador GODFROY ; s [5] 22 nov. 1727. — *Claude*, b [5] 2 juin 1656 ; m [3] 25 nov. 1682, à Marie-Charlotte, JÉRÉMIE. — *Joseph*, b [5] 10 avril 1659. — *Pierre*, b [5] 22 fev. 1662. — *Marie*, b [5] 3 nov. 1664 ; m [5] 8 fev. 1683, à Jacques DANIAU. — *Catherine*, b [5] 7 juin 1667. — *Périnne*, b [5] 2 fév. 1670 ; m [5] 22 janv. 1691, à Jacques BISSONNET ; s [5] 15 août 1721. — *Marie-Madeleine*, b [5] 5 juillet 1672 ; m [3] 18 fév. 1697, à François RIVARD , s [3] 9 avril 1713.

1667.

I. — LEPELLÉ, sieur DESMAREST, JEAN, b 1641 ; s 17 juin 1708, à Champlain. [5]
ISABEL, Jeanne, [GUILLAUME I.
Françoise, b 21 oct. 1667, aux Trois-Rivières [6] ; m [5] 14 fév. 1689, à Martin CASAUBON. — *Antoine*, b 1669 ; m [5] 20 juin 1700, à Barbe GODFROY ; s [6] 29 fév. 1734. — *Pierre*, b 1671. — *François*, b 1674. — *Marie-Renée*, b 1678 ; m [5] 26 nov. 1696, à Antoine DESROSIERS. — *Catherine*, b... ; m [5] 1er fev. 1712, à Bernard BRISSET. — *Catherine*, b [5] 27 janv. 1682 ; s 3 fév. 1710, à Batiscan. — *Alexis*, b [5] 26 déc. 1684 ; m [6] juillet 1710, à Jeanne BIGOT.

1682, (25 novembre) Batiscan. [5]

II. — LEPELLÉ DIT LAHAYE, CLAUDE, [CLAUDE I. capitaine de la côte ; s avant 1742.
JÉRÉMIE, Marie-Charlotte, [NOEL I.
s [5] 1er fév. 1742.
Claude, b 1684 ; m [5] 8 nov. 1722, à Marie-Anne LAFOND ; s [5] 12 mai 1754. — *Marie-Thérèse*, b [5] 27 juin 1686 ; s [5] 3 juin 1736. — *Marie-Charlotte*, b [5] 2 nov. 1688 ; m [5] 21 fév. 1718, à Jean MOREAU ; s [5] 22 mars 1764. — *Marie-Madeleine*, b [5] 23 juin 1691 ; s [5] 18 mars 1713. — *Nicolas*, b [5] 14 mai 1693 ; s [5] 26 mars 1713. — *Madeleine*, b [5] 5 août 1694. — *Joseph*, b [5] 8 juin 1698. — *Pierre*, b [5] 30 mai 1700. — *Marie-Angélique*, b [5] 30 déc. 1702 ; m [5] 21 sept. 1726, à Joseph GUILLET. — *Michel-Stanislas*, b [5] 22 mai 1705 ; 1o m [5] 16 avril 1735,

à Marguerite ROY ; 2o m 22 oct. 1742, à Marie-Claire LECLERC, aux Trois-Rivières. — *Alexis*, b [5] 3 oct. 1709.

I. — LE PETIT, PIERRE.
DESNOYERS, Catherine.
Joseph, b 13 juillet 1647, à Québec. [9] — *Marie*, b [9] 11 janv. 1650.

I. — LE PICARD, JEAN, (1) soldat, b 1635 ; s 27 juin 1675, aux Trois-Rivières.

1669, (15 octobre) Québec.

I. — LEPICQ, (2) JEAN, b 1631, fils de Jean et de Madeleine Mallet, de St. Pierre-de-beau-Montel, évêché d'Evreux.
MILLOT, Françoise, b 1647, fille de Martin et de Catherine Verdin, de N.-D. de Vannes-sur-Seine, évêché de Langres.

1684, (2 décembre) Montréal. [6]

I. — LE PILEUR, NICOLAS, b 1656, fils de Nicolas et de Guillemette Gouin, de St. Laurent de Paris.
CAMPEAU, Marie, (3) [ETIENNE I.
Jean, b [6] 5 janv. 1686. — *Etienne*, b [7] et s [6] 19 mars 1690.

LÉPINE. — Voy. JOLIVET — DARRAS — MARETTE — LAMUSIQUE — CHABAUDIER — BOURÉ — CHATIGNY — LEGRIS — BÉRARD.

I. — LÉPINE DIT DARRAS, CLAUDE, sergent de M. De Varennes ; s 4 mai 1690, à la Pointe-aux-Trembles de Montréal.

I. — L'ESPINE, PIERRE, de La Rochelle.
GRIFFON, Andrée, de La Rochelle.
Andrée, b 1640 ; m 19 nov. 1668, à Claude CHASLE, à Québec [7] ; s [7] 22 déc. 1688. — *Marie*, b... ; m [7] 19 oct. 1677, à Moïse FAURE.

I. — LESPINE, JEAN, de St. Didier, évêché de Lyon.
Pierre, b... — *Marie*, b 1685 ; s 15 juin 1697, à St. Augustin, noyée.

I. — LÉPINE, VINCENT.
AUBRY, Marie-Anne
Thérèse, b 6 et s 8 sept. 1693, à Québec.

LÉPINE.
Dorothée, b 1700 ; s 19 oct. 1721, à Batiscan.

L'EPINETTE. — Voy. BAUDRY.

I. — LEPIRE, MARTIN. — Voy. HENNE — MARTIN — PIRE — PORTUGAIS.

---

(1) Qui tormenti ritu subito perierat.

(2) Le recensement de 1681, lui donne le nom de LEPSIC.

(3) Elle épouse, le 2 janvier 1691, Etienne Debien, à Montréal.

I. — Le PLEIN, Joseph, (1) établi à Contrecœur, b 1647.
VALLÉE, Madeleine, b 1648.
Madeleine, b 1676. — *Françoise*, b 1679. — *Antoine*, b 1681.

1665, (13 février) Québec.

I. — Le PRESTRE, Mathurin, b 1646, fils de Mathurin et de Julienne Breton, de Bonnetable, au Maine, évêché de Mans.
Miloué, Jeanne, (2)   [Jean I.

1669, (25 novembre) Québec.

I. — LE PREVOST, Jacques, fils d'Henri et de Marguerite Veret, de St. Marcel de Paris.
FAUVAULT, Jeanne, fille de Pierre et de Jeanne Douillette, de Montiernu, de Poitiers.

I. — LE PREVOST de St. Jean, Gabriel, capitaine, était à Sorel, en 1692.

LE PRINCE. — Voy. Bossu.

I. — LE PRINCE, soldat de la garnison, s 5 fév. 1694, à Laprairie, trouvé gelé.

1667, (4 octobre) Québec. [1]

I. — LE PROU, Jacques, fils d'Etienne ; et de Marie Le Roux, de St. Maclou, de Rouen.
BANSE, Françoise, fille de Jacques et de Catherine Briart, de St. Sauveur, de Rouen.
Jacques, b 8 oct. 1669.

LEQUINT, — *Variations et surnoms :* Dequint — Lequain — Séguin.

I. — LEQUINT, Isabelle, b... ; 1° m à Etienne Leveillé ; 2° m 26 avril 1688, à Pierre Girard, à la Pointe-aux-Trembles de Québec [2] ; s [3] 12 fév. 1700.

I. — LEQUIEN, Louis,
JUDITH, Madeleine.
Marie, b 2 mai 1692, à Montréal.

I. — LE RAT, Jacques, menuisier, b 1631, était à Québec, en 1681.

I. — LERET, Guillaume, b 1649, était à Montréal, en 1681.

LEREAU, — *Variations et surnoms :* Levreau — L'Héraux — Leureau — L'Heureux.

1655, (27 novembre) Québec. [7]

I. — LEREAU, Simon, b 1626, fils de René et de Marguerite Guillin, St. Côme-le-Verd, évêché du Mans.
JAROUSSEL, Suzanne, (3) b 1641, fille de Pierre et de Jaquette Touraude, de Périgny, près de LaRochelle.

Marie, b 1658 ; m 7 janv. 1671, à Jean Guy, à Ste. Famille. [8] — *Pierre*, b 1661 ; m 7 fév. 1689, à Marguerite Badeau ; ecrase sous un voyage de bois, s 25 nov. 1711, à Charlesbourg. [9] — *Catherine*, b 20 mars et s 2 avril 1663, au Château-Richer [1]. — *Catherine*, b 4 et s [1] 11 mai 1664. — *Anne*, b [1] 7 juin 1665 ; m [8] 28 janv. 1680, à François Freschet. — *Sixte*, b [8] 10 oct. 1667, m [8] 15 fév. 1694, à Reine DeBlois. — *Marie-Madeleine*, b [8] 29 sept. 1669 ; 1° m 19 juillet 1683, à Jean LaRoche, à Montréal ; 2° m 3 juillet 1719, à Louis Leduc, à Laprairie.

1689, (7 février) Québec. [4]

II. — LEREAU, Pierre,   [Simon I.
   s 25 nov. 1711, à Charlesbourg. [5]
BADEAU, Marguerite,   [Jean II.
   s 22 mai 1711.
Pierre, b [4] 8 déc. 1689 ; m [5] 24 oct. 1712, à Marie Dumont. — *Marie-Angélique*, b [4] 29 nov. 1691 ; m [5] 24 oct. 1712, à Jean Morin. — *François*, b [4] 31 janv. et s [4] 23 mars 1697. — *Louise*, b [4] 31 janv. 1697. — *Marie-Marguerite*, b... , m [4] 20 mai 1726, à Etienne Lagneau. — *Marie-Madeleine*, b 6 juillet 1694, à Beauport — *Thérèse-Madeleine*, b [5] 18 mai 1699 ; m [4] 28 fév. 1718, à Basile Marois. — *Simon*, b 1702 ; s [5] 19 janv. 1703. — *Simon*, b [5] 10 nov. 1703. — *Marie-Catherine*, b [5] 24 avril 1706. — *Joseph-François*, b [5] 1er août 1708. — *Marie-Joselte*, b [5] 22 août 1710.

1694, (15 février) Ste. Famille. [6]

II. — LEREAU, Sixte,   [Simon I.
DeBlois, Reine,   [Grégoire I.
Marie, b [6] 8 nov. 1695. — *Simon*, b [6] 13 nov. 1697. — *Jean-Baptiste*, b [6] 1er janv. 1700. — *Marc-Antoine*, b [6] 3 mars 1702 ; s [6] 15 mars 1703. — *Pierre-Augustin*, b [6] 29 fév. 1704 ; s 2 mai 1708, à St. Jean, I. O. — *Joseph*, (1) b 1706 ; m 28 janv. 1732, à Catherine Viel, à Batiscan [7] ; s [7] 5 avril 1761.

1694, (21 mai) Charlesbourg. [4]

I. — LEREAU, Pierre, fils d'Hély et de Marie Josué, de Glinel, évêché de Xaintes.
COURTOIS, Marie,   [Bertrand I.
Marguerite, b [4] 14 fév. 1695 ; 1° m [4] 23 avril 1714, à Pierre Grenard ; 2° m 30 sept. 1720, à Etienne Baritaut, à Laprairie. [5] — *Marie-Martine*, b [4] 11 nov. 1696. — *Marie-Catherine*, b 1698 ; m [5] 5 mai 1721, à Joachim Deneau. — *Marie-Jeanne*, b [4] 22 sept. 1702. — *Charles-Marin*, b [4] 14 juin 1704 ; m [4] 16 mai 1707. — *Antoine*, b [4] 11 mars 1708. — *Charles-François*, b [4] 29 oct. 1709. — *Geneviève*, b [4] 13 avril 1711. — *Jeanne-Louise*, b [4] 16 mai 1713. — *René*, b [4] 21 mai et s [4] 4 juin 1715. — *André*, b [4] 21 mai et s [4] 7 juin 1715 — *Marguerite*, b [4] 21 mai et s [4] 22 mai 1715. — *Marie-Madeleine*, b 28 juillet 1716, à Batiscan.

LE ROIDE. — Voy. Duchêne.

LE ROMPRÉ. — Voy. Mandeville.

---

(1) Recensement de 1681.
(2) Elle épouse, le 28 oct. 1668, Jacques Paradis, à Québec.
(3) Elle épouse, le 9 février 1672, Robert Couard, à Ste. Famille.

(1) Marié sous le nom de L'Heureux.

I. — Le ROUGE, Jean, b 1639, marbrier et maltre-arpenteur ; s 30 sept. 1712, à Charlesbourg, (mort subite).

POITEVIN, (1) Jeanne, b 1640.

Marie, b 6 sept. 1669, à Québec [9] ; s [9] 17 sept. 1670. — *Marie-Madeleine,* b 23 juillet et s [9] 2 août 1671. — *Jeanne,* b... ; 1° m [9] 25 fév. 1675, à Emmanuel LOPPEZ ; 2° m [9] 24 sept 1691, à Barthélemi COUTON ; s [9] 19 fév. 1735. — *Marguerite,* b 1665 ; m [9] 7 fév. 1686, à Robert CHORET.

LEROUX. — Voy. LEHOUX.

I. — LEROUX, NICOLAS, b 1631 , s 7 janv. 1661, aux Trois-Rivières.

I. — LEROUX, HENRI, de St. Sulpice de Paris. CHARDON, Elizabeth, de St. Sulpice de Paris.

Catherine, b... ; m 29 oct. 1670, à René GOULET, au Château-Richer.

I. — LEROUX, PIERRE, b 1633, etait à Montréal, en 1671.

I. — LEROUX, ANDRÉ, b 1636, était à Beauport, en 1681.

I. — LEROUX, MARIE, b 1645 ; m à Pierre BOANEUT ; s 5 avril 1717, à l'Ile Dupas.

1668, (25 octobre) Québec. [3]

I. — LEROUX DIT CARDINAL, FRANÇOIS, b 1637, fils de Jean et de Jeanne Leblanc, de Sénillé, evêché de Poitiers.

RENAUD, Marie, b 1639, fille de Jean et de Catherine Gauthier, de St. Marceau, évêche d'Orléans ; s 1er mars 1709, à Charlesbourg. [7]

Antoinette, b [3] 28 juillet 1669 ; m [3] 17 mai 1688, à Louis JACQUES. — *Ignace,* b [3] 1er nov. 1671 ; m [7] 18 mai 1692, à Anne BOURÉ. — *Geneviève,* b [7] 29 déc. 1673 , m [7] 9 janv. 1690, à Louis PASQUIER ; s [7] 11 mai 1711. — *Marie-Anne,* b [3] 29 juillet 1678 ; m [7] 28 janv. 1697, à François DE LA MOTHE. — *Jeanne,* b [7] 3 oct. 1683 ; s [7] 28 nov. 1683.

1671, (26 octobre) Québec.

I. — LEROUX, ANDRÉ, veuf de Marie Desbiens, de St. Maclou, evêche de Rouen.

1° OLIVIER, (2) Jeanne, fille de Claude et de Catherine Marsolet, de St. Saturnin, evêche de Nantes ; s 5 mai 1692, à Beauport.

Marie Anne, b 2 sept. et s 6 dec. 1677.

1694, (15 novembre) Charlesbourg. [6]

2° SEGUIN, Marguerite, veuve d'Etienne Rotot ; s [6] 20 fév. 1702.

1673, (20 novembre) Montréal. [7]

I. — LEROUX, HUBERT, b 1646, fils d'Hubert (notaire-royal) et de Madeleine Vernier, de Vitry, evêche de Châlons, en Champagne , s [7] 12 oct. 1681.

---

(1) Le recensement de 1681, l'appelle POTAGNE.

(2) Appelée Triboulet, en 1692.

PHANSÈQUE, Marie-Anne, (1) b 1657, fille de Christian et de Catherine Phananque, d'Hambourg, en Allemagne.

Charlotte, b [7] 6 juillet 1675 ; m [7] 25 sept. 1687, à Claude LE BLOND. — *Jean,* b [7] 2 déc. 1678 ; m [7] 13 fév. 1702, à Louise CHAUSSÉ. — *Jeanne,* b [7] 8 juillet 1681,

---

I. — LEROUX, CHARLES, ecrivain du Roy ; s 2 sept. 1692, à Québec, noyé.

I. — LEROUX, GILBERT, b 1641.

GRESLON, Marie-Ursule,   [JACQUES I.

Marie-Anne, b 31 janv. 1680, à Ste. Anne de la Pérade [1] ; m 7 janv. 1700, à Pierre LE TELLIER, à Québec. — *Marie-Louise,* b 30 mai 1688, à Batiscan [2] , s [2] 4 nov. 1691. — *Marie-Louise,* b [1] 2 mars 1694 ; m [1] 13 sept, 1718, à Jacques BERCIER. — *Joseph,* b [1] 1er avril 1697.

1692, (18 mai) Charlesbourg. [1]

II — LEROUX, IGNACE,   [FRANÇOIS I
BOURÉ, Anne,   [GILLES I.

Anne, b [1] 22 nov. 1694 ; m [1] 1721, à Rene BRUNEAU. — *Ignace,* b [1] 12 mai 1697 ; m [1] 1722, à Hélène CHALIFOUR. — *Louis-Charles,* b [1] 6 mai 1706 ; m [1] 1728, à Anne FOURNIER. — *François,* b [1] 12 et s [1] 20 juillet 1700. — *Germain,* b [1] 16 fév. 1702. — *François,* b [1] 19 juillet 1704. — *René,* b [1] 19 sept. 1708. — *Jean-Baptiste,* b [1] 15 mars et s [1] 20 août 1711. — *Thomas,* b [1] 19 nov. 1712 ; s [1] 3 sept 1714. — *Pierre,* b [1] 6 oct. et s [1] 17 dec. 1714. — *Charles,* b [1] 8 mars 1716. — *Etienne,* b [1] 30 nov. 1717, m à Angélique PARANT.

LE ROY. — Voy. ROY — LERT.

LERT. — *Variations et Surnoms :* LAIRE — LE ROY — ROY.

1658, (9 décembre) Montréal. [7]

I. — LERT DIT LE ROY, ETIENNE, b 1621.

LORION, Marie,   [MATHURIN I.

s 10 nov. 1687, à la Pointe-aux-Trembles de Montréal. [8]

Nicolas, b [7] 3 avril 1660. — *Michel,* b [7] 8 mai 1662. — *Pierre-Isaac,* b [7] 30 août 1664. — *Pierre,* b [7] 22 juin 1667. — *Catherine,* b [7] 15 sept. 1672 ; m [7] 19 sept. 1697, à Jean FERRÉ. — *Jeanne,* b [7] 9 avril 1675 ; s [8] 18 mai 1678. — *Marguerite,* b [8] 13 fév. 1678 ; m [7] 4 dec. 1698, à Jacques LEVÊQUE. — *Barbe,* b [8] 4 juin 1682 ; s 30 mai 1706, à Repentigny. — *Claude,* b [8] 10 et s [8] 17 avril 1686. — *Marie,* b... ; m [8] 25 fév. 1686, à Jacques PÉRINAU ; s [8] 2 nov. 1687.

1690, (5 mai) Pte-aux-Trembles, M.

2° DE LA HAYE, Michelle, veuve d'Etienne Pothier.

I. — LESAGE, MARGUERITE, (2) femme de Nicolas PIVERT, s 20 nov. 1643, à Québec.

---

(1) Elle épouse, le 7 avril 1682, Gabriel Cardinal, à Montréal.

(2) Elle était, en 1624. marraine de Marguerite Martin, fille d'Abraham ; et, en 1633, marraine de Marie Couillard, fille de Guillaume.

I. — LESAGE, Jean.
Roussel, Marguerite.
Jean, b..., m 25 mai 1709, à Marie-Josette De-
Gerlais, aux Trois-Rivières.

1686, (9 janvier) Pte-aux-Trembles, Q. [4]
I. — LESAGE, Jean-Bernardin, b 1660, fils de
Jean Martin et de Catherine Bretel, de Ste.
Marie, de Racours de Turin, en Piémont.
Sylvestre, Barbe,   [Nicolas I.
Marie-Françoise, b[4] 30 janv. 1690; m 26 janv.
1712, à Jean-Paul Daveluy, à Quebec.[5] — *Nicolas*,
b[4] 16 mars 1692, m[5] 12 fév. 1714, à Françoise
Paris. — *Marie-Louise*, b[4] 2 janv. 1694; m[5] 14
sept. 1716, à Jean Suyère. — *Marie-Catherine*, b[4]
20 mai 1696. — *Jean-Baptiste*, b[4] 2 nov 1698;
m 7 janv. 1721, à Marguerite Barrette, à Ste.
Anne. — *Etienne*, b[5] 19 nov 1700, s[5] 14 mars
1703. — *Jean-Baptiste*, b[5] 26 fév. 1702. — *François*, b 1703; s[5] 20 juin 1705. — *Marie-Scholastique*, b[5] 15 juin 1706. — *Jean-Baptiste*, b[5] 18 juillet
1708. — *Marie-Catherine*, b 12 sept. et s[5] 14 oct.
1711. — *Charles Jean-Baptiste*, b[5] 11 juillet 1713,
s[5] 8 déc. 1714.

1683, (22 novembre) Pte-aux-Trembles. (M)[7]
I — LESCARBOT dit Beaugeron, Jean, charpentier, b 1653, fils de Jean et de Marie Pilluer-
dier, de Châteaudun, évêche de Chartres, en
Beauce.
Baudouin, Anne,   [Jean I.
Marie-Thérèse, b[7] 10 oct. 1685, s[7] 22 sept.
1687. — *Marie-Anne*, b 12 fév. et s[7] 17 oct. 1688
— *Elizabeth*, b[7] 19 oct. 1689. — *Jacques*, b[7] 15
août et s[7] 27 oct. 1691. — *Jean*, b 15 août et s[7] 15
oct. 1691. — *Guillaume*, b[7] 14 mars 1694. —
Pierre, b 26 avril 1697, à Repentigny[8]; m[8] 29
oct. 1721, à Louise Bousquet. — *Michel*, b 6 et
s[8] 10 janv. 1700. — *Marie-Anne*, b[8] 29 mai 1701.
— *Marie-Angélique*, b 11 juillet 1704, à l'Ile Dupas. — *Nicolas*, b 6 mars 1707, à Varennes. —
Marie-Geneviève, b[8] 20 fév. 1711 — *Marie-Louise*,
b[8] 25 oct. 1714.

LESCURE. — Voy. Flotart, chevalier de L

L'ECUYER. — *Variations et Surnoms :* Leclerc
— Lescuier — L'Equier — Lafierre — La
Neuville.

1670, (23 juillet) Montréal [2]
I. — L'ESCUYER, Pierre, b 1631, fils de René
et de Marguerite Reingeaud, de N.-D. de
Fontaine, en Poitou.
Juillet, Marie,   [Blaise I.
Marie, b[2] 20 août 1671, m[2] 17 oct. 1689, à
René Maillet. — *Catherine*, b[2] 27 fév. et s[2] 11
avril 1673. — *Pierre*, b[2] 9 fév. 1674. — *Paul*, b[2]
15 fév. 1676, m 13 oct. 1698, à Françoise Le-
Compte, à Lachine[6]. — *Agathe*, b[2] 6 juillet 1679;
m[2] 25 nov. 1693, à Henry Jarry. — *Jean-Baptiste*,
b[2] 16 juin 1681. — *Catherine*, b[2] 3 oct. 1683.
— *René*, b[2] 2 oct. 1685; m[6] 4 nov. 1705, à Su-
zanne Blain. — *Antoine*, b[2] 28 mai 1688. — *Joselle-
Marie*, b[2] 8 janv. 1692: m à Marie-Thérèse Leduc.
— *Joseph*, b[2] 23 mars 1693. — *Marie*, b[2] 13 mars
1691.

I. — LESCUIER, Antoine, b 1640; s 30 avril
1718, à Batiscan[3].
Rabady, Anne, b 1651: s[3] 4 sept. 1717.
Marie-Anne, b 1679; m[3] 18 janv. 1687, à Jacques
Tifault. — *Antoine*, b 1674; m[3] 25 nov. 1698, à
Marie Gaillou. — *Marie-Madeleine*, b 1676; m[3]
15 juin 1707, à François Desbroyeux; s[3] 9 août
1763. — *Marie-Charlotte*, b 1679; s[3] 4 juin 1683.
— *Pierre*, b 23 sept. 1681, à Champlain; m[3] 1er
sept. 1711, à Françoise Gaillon. — *Marie-Marguerite*, b[3] 29 août 1688. — *Nicolas*, b[3] 1er sept.
1690; m[3] 22 nov. 1728, à Marie-Catherine Moran.
— *Marie-Charlotte*, b 1678; m[3] 9 avril 1709, à
Nicolas Hubecq; s[3] 11 juillet 1722. — *Paul*, b[3] 9
mars 1696, s[3] 7 fév. 1761. — *Marie-Catherine*, b
9 mars 1696; m[3] 21 nov. 1728, à Joseph Rochereau — *Marie-Louise*, b[3] 1er déc. 1698; s[3] 24
juillet 1734

1698, (13 octobre) Lachine [8]
II — LECUYER dit Lapierre, Paul, [Pierre I.
Lecomte, Françoise,   [Jean I.
Pierre, b 12 et s 16 juin 1700, à Montréal[9] —
Marie, b[8] 31 mai 1704. — *Paul*, b[8] 2 oct. 1705.
— *Marie-Angélique*, b[8] 3 mai 1708. — *Françoise*,
b[8] 20 oct. 1709, m[8] 23 nov. 1727, à Philbert
Gibaut. — *Marguerite*, b[9] 6 juin 1701; m[8] 7 janv.
1722, à Jean-Baptiste Dany, s[8] 13 juin 1724.

1698, (25 novembre) Batiscan. [8]
II. — L'ECUIER, Antoine,   [Antoine I.
Gaillon, Marie,   [Pierre I.
Marguerite, b 1699; s[3] 21 sept. 1761. — *Marie-
Françoise*, b[8] 10 fév. 1703. — *Marie-Josette*, b[8] 18
mars 1705.

I. — LESEPT dit Amplade, Laurent, (1) s 10 mai
1696, à Lachine.

I. — L'ESGUILLON dit Lachapelle, François,
était à Sillery, en 1642.

I. — Le SIÉGE, Pierre, b 1636.
Laplace, Marguerite, (2) b 1659, fille de Nicolas
et de Geneviève Trouvé, de Paris.
Louise, b 1673; m 1691, à François Cottu. — *Madeleine*, b 1675; m 18 nov. 1697, à Pierre Braut,
à Montréal. — *Marguerite*, b 1677; m 9 janv. 1696,
à Michel Frapier, à Québec. [8]—*Antoinette*, b 15
mai et s 4 oct. 1681, à Contrecœur. [7]—*Jean-François*, b[7] 4 janv. 1683. — *François-Marie*, b[7] 21
janv. 1686. — *Joseph*, b[8] 31 juillet 1692.

Le SIEUR. — *Variations et surnoms :* Le Sieux
— Trotier — Desaulniers.

I. — Le SIEUR, Jean, b 1651, établi à Champlain.
Hubert, (3) Marie-Charlotte, b 1645.
Jean, b 1672. — *Marie*, b 1676. — *Louise*, b...;
m 5 nov. 1698, à François Quesdra, aux Trois-

---

(1) Soldat de M. Le Verrier. tué le 9 mai 1696, à la porte
ouvrante de Châteauguay, par les Iroquois, à une portée de
fusil.

(2) Elle épouse, le 15 sept. 1696, Pierre Barbaut, à Montréal.

(3) Au recensement de 1681, on lit " Cherebert. "

Rivières. — *Catherine*, b 7 et s 12 juin 1686, à Champlain. — *Simon*, b 1683 ; s 8 avril 1700, à Montréal. [8]— *Marie-Catherine*, b [8] 4 déc. 1684 ; m 24 fév. 1705, à Jean BRISSET, à Ste. Anne de la Pérade. [9]—*Madeleine*, b... ; m [9] 24 fev. 1705, à Antoine ROCHELOT.

1674.

I. — LE SIEUR, CHARLES, b 1647, notaire royal et procureur-fiscal ; s 15 janv. 1697, à Batiscan. [2]
LAFOND, Françoise, (1)   [ETIENNE I.
Charles, b 1674 ; m [2] 9 janv. 1700, à Marie-Charlotte RIVARD. — *Pierre*, b 1677. —*Julien*, b 1679 ; m [2] 10 janv. 1701, à Simone BLANCHET. — *Françoise*, b 1680. — *Jean-Baptiste*, b [2] 27 juillet 1686 ; m [2] 30 juillet 1707, à Elizabeth RIVARD. — *Joseph*, b [2] 19 sept. 1688. — *Marie-Catherine*, b [2] 30 mars 1691. — *Antoine*, b [2] 22 avril 1693 ; m [2] 16 avril 1719, à Marie-Anne RIVARD. — *Marie-Françoise*, b [2] 8 sept. 1695.

I. — LE SIEUR, ANTOINE, b 1665, était à Beauport, en 1681.

LESOUET, BARTHÉLEMY, (2) de Bonneville, évêché de Lizieux ; s 7 fev. 1699, à Montréal.

1672, (26 janvier) Québec. [6]

I. — LESNÉ, BENOIT, fils de Jacques et de Geneviève Jérémy, de St. Vincent, evêché de Lyon.
DE VALLOIS, Catherine, veuve d'Hubert Glas, de St. Sauveur, évêché de Rouen.
Anne-Romaine, b [6] 26 déc. 1672. — *Louis*, b [6] 31 janv. 1675 ; s [6] 23 nov. 1680.

1665, (21 avril) Château-Richer. [7]

I. — LE SOT, JACQUES-FRANÇOIS, b 1639 , s [7] 28 sept. 1702.
1° GAGNON, Marthe,   [MATHURIN I.
Joseph, b [7] 19 juin 1666 ; m [7] 21 nov. 1689, à Marguerite DAVID ; s [7] 12 déc. 1700. — *Jacques*, b [7] 8 sept. 1668.

1671, (28 octobre) Château-Richer. [7]

2° DAILLIER, Anne, b 1634, fille de Jacques et de Timothee Dupre, de N.-D. du Plessis, evêché de Noyon ; s [7] 19 janv. 1704.
Marie-Anne, b [7] 27 déc 1676 ; m [7] 11 oct. 1694, à Blaise DUMAREUIL ; 2° m 14 août 1715, à Julien CADDÉ, à Charlesbourg , s 22 nov. 1717, à Québec.

1689, (21 novembre) Château-Richer. [6]

II. — LESOT, JOSEPH,   [JACQUES I.
s [6] 12 déc. 1700.
DAVID, (3) Marguerite,   [JACQUES I.
Marguerite, b [6] 29 août 1690 ; m [6] 11 nov. 1709, à Joseph CLOUTIER.—*Marie*, b [6] 29 août 1690 ; m [6] 15 fév. 1711, à Alexis BÉLANGER. — *Joseph*, b [6] 11 juin 1692.— *Noël*, b [6] 9 nov. 1694. — *François*, b [6]

---

(1) Elle épouse, le 17 juillet 1703, Louis Fafard, à Batiscan.

(2) Soldat de M. de Louvigny, passé par les armes.

(3) Elle épouse, le 10 juin 1704 Pierre Chapelain, au Château-Richer.

7 mai 1696 ; m 21 sept. 1719, à Charlotte GUYON. à Québec.—*Jacques*, b [6] 18 juillet 1698 ; s [6] 12 avril 1702. — *Jean-Baptiste*, b [6] 24 janv. et s [6] 22 août 1700. — *Cécile*, b [6] 5 mars 1701 ; s [6] 19 mars 1703.

1696, (21 novembre) Laprairie. [3]

I. — LESORT, JEAN, fils d'Isaac et d'Anne Tibaud, de St. Jean d'Angély.
MOREAU, Françoise, veuve de Mathieu Faïe.
Jean, b [3] 20 juillet 1697. — *Pierre*, b [3] 10 juin 1699.

I. — LE SOURD, JACQUES, marchand, b 1641, était à Québec, en 1681.

L'ESPAGNOL. — Voy. VILDÉ — BILDÉ — MARSILLE — SÉRAN —SIBIRON.

L'ESPAGNOL.
LEFEBVRE, Marie.
Etienne, b 28 fev. 1676, aux Trois-Rivières.

I. — LESPARDIER DIT TRANCHEMONTAGNE, JEAN-PIERRE, soldat de M. Marin ; s 4 juin 1687, à Boucherville, tué d'un coup de fusil.

LESPÉRANCE. — Voy. DE LA BORDE — VIAU — AUBUCHON — COMPAIN — MAGNAN —HÉBERT — CRETOT — LEVASSEUR — VOYER — GUERGANIVET.

L'ESPERANCE, JEAN ; s 19 janv. 1693, à Montréal.

L'ESPINAY. — Voy. DE L'ESPINAY — COUILLARD.

LESSARD (DE).—Ce nom s'est écrit LESART. — Voy. DE LESSARD.

1666, (9 février) Château-Richer.

I. — LESART, ANTOINE, fils de Jean et de Julienne Gravelle, de Tourouvre.
DOYON, Marie,   [JEAN I.

I. — LESSARD DIT LA TOUPIE, NICOLAS, soldat, b 1662 ; s 8 juillet 1734, aux Trois-Rivières.

LESTANG. — Voy. BRUNET — BELENFANT.

L'ESTRANGE (DE). — Voy. MAUPOUX, comte de L'ESTRANGE

1694, (1er septembre) Montréal.

I.—L'ESTRINGAN, DE (1) ALEXANDRE-JOSEPH, b 1660, fils de Nicolas et d'Anne Jacquier, de St. Benoit-le-Fleury, sur Loire.
JUCHEREAU, Madeleine-Louise,   [NICOLAS II.

I. — LESUEUR, THOMAS, b 1641.
DE MANCHON, Claude, b 1644.
Louise, b... ; m 1698, à François CALLOT.

---

(1) De St. Martin, capitaine des troupes du Canada.—Voy. De L'Estringan, page 175.

I. — LESUEUR DIT LA HOGUE, soldat de M. Du Cruzel, b 1666, de Pont L'Evèque, évêché de Lizieux, en Normandie; s 18 oct. 1687, à Lachine. (1)

1690, (29 mars) Boucherville.

I. — LESUEUR, PIERRE, interprète, b 1657, fils de Victor et d'Anne Honneur, de N. D. de Heden, en Artois.
MESSIER, Marguerite,   [MICHEL I.
Marie-Anne, b 15 fév. 1693, à Montréal. [4] — *Louise-Marguerite,* b [4] 4 juin 1694. — *Marie,* b [4] 21 avril 1696. — *Jean-Paul,* b [4] 1er juin 1697. — *Marguerite,* b [4] 4 juillet 1699.

LESUIRE. — Voy. PERRON.

LESUYER. — Voy. SUSTIER.

I. — LETAR, ANDRÉ, bedeau de la paroisse de Montréal, b 1643 ; s 9 août 1678, à Montréal.

1699, (9 février) Boucherville. [1]

I. — LETARD, FRANÇOIS, sergent de M. Le Villiers, b 1671, fils de Jean (procureur) et de Catherine Couraud, de Nieul, évêché de Xaintes.
HÉROU, Marthe,   [JEAN I.
Marthe, b [1] 17 mars 1700.

I. — LE TARDIF, OLIVIER ancêtre des familles TARDIF. — Voy. TARDIF.

1652.

I. — LETARTRE, RENÉ, b 1627 ; s 2 sept. 1699, à l'Ange-Gardien. [1]
GOULET, Louise, b 1626.
Marie, b 1653 ; m [1] 25 nov. 1671, à Mathurin HUOT. — *Charles,* b 1657 ; m [1] 8 nov. 1678, à Marie MAHEU. — *Elizabeth,* b... ; m [1] 30 janv. 1679, à Guillaume PAGÉ. — *Barbe,* b 1665 ; m [1] 7 janv. 1684, à Nicolas TRUDEL.

1678, (8 novembre) L'Ange-Gardien. [1]

II. — LETARTRE, CHARLES,   [RENÉ I. sabottier.
MAHEU, Marie,   [PIERRE I.
Louise, b [1] 23 sept. 1679 ; m [1] 4 oct. 1695, à François BRUNET. — *Barbe,* b [1] 29 août 1680 ; m [1] 15 oct. 1696, à Joseph CARREAU. — *Marie,* b [1] 30 août 1681 ; 1° m [1] 25 nov. 1703, à Charles BRISSON ; 2° m [1] 26 août 1716, à Louis TREMBLAY. — *Jeanne,* b [1] 29 mai 1683 ; m [1] 31 janv. 1701, à Pierre VÉSINA. — *Geneviève,* b [1] 12 nov. 1684 ; m [1] 31 janv. 1701, à Louis GARIÉPY — *René,* b [1] 7 avril 1686 ; m [1] 8 nov. 1706, à Anne GARNAUD. — *Angélique,* b [1] 9 nov. 1687 ; m [1] 30 juin 1705, à Pierre-Joachim LEVÈQUE. — *Charles,* b [1] 6 et s [1] 27 janv. 1689. — *Charles,* b [1] 21 mai 1690 ; m [1] 1er fév. 1712, à Marie GARNAUD. — *Jean,* b [1] 24 janv. 1692 ; m 12 nov. 1714, à Geneviève BLOUIN, à St. Jean, I. O. — *Augustin,* b [1] 8 juillet 1693 ,

m [1] 14 juillet 1716, à Marie-Anne RIOPEL. — *Joseph,* b [1] 27 mars 1695. — *Joseph,* b [1] 27 sept. 1696 ; m [1] 9 mai 1718, à Catherine VACHON. — *Ursule,* b [1] 26 janv. 1698. — *Athanase,* b [1] 28 fév. 1701 ; 1° m [1] 4 juin 1725, à Marie-Anne GRÉGOIRE, 2° m [1] 25 fév. 1727, à Barbe JOLIVET. — *Marguerite,* b [1] 17 fév. 1702 ; m [1] 7 nov. 1718, à Joseph TARDIF ; s 23 mai 1769, à Ste. Foye. — *Geneviève,* b [1] 31 août 1707. — *Thérèse,* b... ; m [1] 26 août 1716, à Ange SYMAR.

I. — LE TELLIER, NICOLAS.
DELESPINE, Elizabeth.
Jean, b 1694 ; 1° m 28 avril 1677, à Marie GRATIOT, à Boucherville ; 2° m 9 juillet 1691, à Renée LORION, à la Pointe-aux-Trembles de Montreal ; s 9 nov. 1704, à Varennes.

1661, (24 janvier) Québec. [7]

I. — LE TELLIER, ETIENNE, b 1636.
MEZERAY, Geneviève, (1)   [RENÉ I.
Etienne, b 6 mai 1664, à Sillery. [6] — *François,* b 1666 ; m 19 nov. 1692, à Anne PAGÉ, à la Pointe-aux-Trembles de Québec. [8] — *Elizabeth,* b 1667 ; m [8] 19 nov. 1692, à Guillaume PAGÉ ; s 25 mai 1711, au Cap Santé. — *Françoise,* b [6] 27 fév. 1668 ; m à Simon SAVARD. — *Etienne,* b [6] 9 nov. 1670. — *Ursule,* b [6] 31 mars 1673. — *Jeanne,* b [7] 5 mai 1675.

1677, (28 avril) Boucherville. [9]

II. — LE TELLIER, JEAN,   [NICOLAS I. s 9 nov. 1704, à Varennes. [5]
1° GRATIOT, Marie,   [JACQUES I. s 1er nov. 1687, à Repentigny. [6]
Marie-Anne, b [9] 5 avril 1678 ; m [5] 26 janv 1697, à Jean LORION. — *Catherine,* b [6] 25 mars 1680 ; s [6] 30 oct. 1687. — *Marie-Madeleine,* b [6] 25 oct. 1682 ; s [6] 29 oct. 1687. — *Jean-Baptiste,* b 27 oct. et s [6] 24 dec. 1687.

1691, (9 juillet) Pte-aux-Trembles, M. [1]

2° LORION, Renée, (2)   [MATHURIN I. veuve de Jean Delpué.
Anonyme, b et s 15 fév. 1694, à Varennes. [2] — *Jean-Baptiste,* b [2] 26 sept. 1696. — *Joseph,* b [2] 2 sept. 1700. — *Marie-Thérèse,* b [2] 6 avril 1692 ; m [2] 16 avril 1714, à Luc LA TOUCHE — *Marie,* b... ; m [2] 25 fév. 1721, à François LE BELLET. — *Geneviève,* b 6 fév. 1694, à Repentigny.

1691, (19 nov.) Pte-aux-Trembles de Québec. [8]

II. — LE TELLIER, FRANÇOIS,   [ETIENNE I. PAGÉ, Anne,   [ROBERT I.
Marie-Madeleine, b [8] 2 déc. 1693. — *Marie-Anne,* b [8] 7 mai 1695 ; m 17 fév. 1716, à Mathurin MORISSET, au Cap Santé [9]. — *François,* b [8] 26 juin 1697. — *Marie-Angélique,* b [8] 7 avril 1699 ; m [8] 21 fév. 1718, à François COUTURIER. — *Denis,* b [8] 27 août 1700. — *Marie-Françoise,* b 1er oct. et s [8] 21 dec. 1702. — *Gabriel,* b [8] 30 avril 1706 ; m à Marie-Anne BARIL. — *Jean-Baptiste,* b [9] 23 sept. 1708. — *Antoine,* b [9] 20 oct. 1710. — *Marie-Josette,* b [9] 6 avril 1713.

---

(1) Tué par les Iroquois avec neuf français, et inhumé dans la lieu d'Urfé, proche le lieu destiné pour bâtir l'église St. Louis du haut de l'Ile de Montréal. — *Registres de Lachine.* 1687. — Relevé en 1666.

(1) Elle épouse, en 1675, François Dusault.
(2) Elle épouse, le 8 fév. 1706, Jean Tifroi, à Varennes.

1699, (1er janvier) Montréal. [2]

I. — LE TENDRE, (1) Thomas, b 1675, fils de Nicolas et de Madeleine Maurice, de Grimbouville, évêché de Rouen.

MORIN, Marie,   [Jacques I.
veuve de Jean Bouteiller.

Michel, b 16 et s [2] 19 fév. 1701. — *Thomas,* b [2] 27 mars 1702. — *Martin,* b 28 avril et s [2] 10 juillet 1704.

I. — LE TENDRE dit Laliberté, Pierre MAURICE, Charlotte.

Geneviève, b... ; 1º m 7 mai 1685, à François PELLETIER, à Sorel [2]; 2º m [2] 9 déc. 1693, à Etienne VOLANT.

LÉTOURNEAU. — *Variations et Surnoms* · Estourneau — Lestourneau — Nadeau.

1638.

I. — LÉTOURNEAU, David, meunier, b 1616, de Muron, évêché de Xaintes, s 16 mai 1670, au Château-Richer. [8]

1º GUÉRY, Sébastienne.

Jean, b 1642; m 18 avril 1673, à Anne-Françoise DUFRESNE, à Ste. Famille; s 23 avril 1722, à Québec. [9] — *David,* b 1639; m [8] 6 juin 1664, à Françoise CHAPELAIN, s [9] 23 fév. 1709.

2º GOBEIL, Jeanne, (2) b 1633, fille de François et de Catherine Ligneron, de St. Germain, évêche de LaRochelle.

Elizabeth, b 1654; m [8] 23 sept. 1670, à Mathurin TESSIER. — *Philippe,* b 1658; 1º m à Marie SIMON; 2 m [9] 12 fev. 1685, à Madeleine VALLÉE.— *Guillaume,* b 17 et s [8] 19 janv. 1670. — *Jacques,* b 1668; m 8 fév. 1694, à Angélique GUYOR, à Ste. Anne de la Pérade.

1664, (6 juin) Château-Richer. [5]

LÉTOURNEAU, David.   [David I.
b 1639; s 23 fév. 1709, à Québec. [2]

CHAPELAIN, Françoise,   [Louis I.
b 1646, s [2] 13 mai 1729.

(1) Dit St. Thomas, soldat de La Chassaigne. Aux registres de la paroisse de Montréal, on lit la singulière note suivante : Je François Dollier, Grand-Vicaire de l'Evêque, déclare que jeudy soir, le 1er janvier 1699, le nommé.——— *Le Tendre* dit St. Thomas, de la compagnie de M. La Chassaigne, et Marie Morin, veuve de feu Testu, (*Bouteiller dit Testu*), ne sont venus trouver dans ce séminaire accompagnés de Jacques Morin, père de la dite Marie et de Pierre Hardouin beaufrère de la dite Marie, le nommé. ——— dit Lamontagne, habitant de cette paroisse, et de ——— dit Lafleur, de la compagnie de la Chassaigne, et que, le sus nommé sieur Thomas m'a dit qu'il me déclarait, en présence des dits quatre témoins ci-dessus nommés, prendre, pour son épouse, Marie Morin présente, et Marie Morin a déclaré ensuite prendre, pour son époux, le dit St. Thomas, en présence des mêmes quatre témoins, nonobstant ce que je leur aurais pu dire en pouvoir arriver, le dit St. Thomas s'exposant à tous évènements, pourvu qu'ils se pussent marier, à quoi j'avais fait des difficultés, à cause de M. le Gouverneur et M. de la Chassaigne, qui auraient peine à consentir ; et toutes ces choses ainsi faites, omettant toutes les cérémonies non-nécessaires de l'église, par considération et ne prenant pas même le surplus, je me suis contenté de leur dire " *Ego conjungo vos*" leur faisant le signe de la croix ; ce que j'ai fait, etc.

Fait au Séminaire, ce 3 janvier 1699.

(2) Elle épouse, le 26 oct. 1670, René Bin, au Château-Richer.

Marie-Anne, b [5] 24 mai 1665; m 17 nov. 1681, à David CHARLAN, à Ste. Famille [8]. — *Françoise,* b [8] 17 avril 1667; m [8] 12 juillet 1685, à Simon GAULIN. — *Louis,* b [8] 1er fév. 1669, m 19 nov. 1696, à Anne BLOUIN, à St. Jean, I. O. [4]. — *Elisabeth,* b [8] 17 avril 1671; m [8] 5 juillet 1688, à Robert GAULIN. — *Bernard,* b [8] 8 sept. 1673; 1º m [8] 2 juin 1698, à Marie ROCHERON; 2º m 31 juillet 1703, à Hélène PAQUET, à St. François. — *Marguerite,* b 1675, sœur dite St. Pierre, C. N.-D.; s 3 oct. 1721, à Montréal. — *Madeleine,* b [8] 2 oct. 1677; s [8] 1er mai 1683. — *Françoise,* b 1678, sœur de la Cong. N.-D.; s [8] 1er fév. 1693. — *Catherine,* b [8] 14 nov. 1679; m [8] 24 nov. 1698, à Pierre MAURICET. — *Joachim,* b [4] 7 avril 1680. — *Louise,* b [8] 7 déc. 1681; 1º m [8] 18 janv. 1700, à Pierre GAGNON; 2º m [8] 7 avril 1704, à Pierre DROUIN. — *Jacques,* b [8] 6 nov. 1683; 1º m à Marguerite BLOUIN; 2º m [2] 26 nov. 1753, à Marie RATEAU. — *Thérèse,* b [8] 13 août 1685; m [8] 25 juin 1703, à Jean-Baptiste LE BLOND, s... — *Jean,* b [8] 28 juillet 1687; m 19 avril 1706, à Marguerite CARON, à Ste. Anne. — *Joseph,* b [8] 28 juillet et s [8] 1er oct. 1687.

1673, (18 avril) Ste. Famille. [8]

II. — L'ESTOURNEAU, Jean,   [David I.
s 23 avril 1722, à Québec.

DUFRESNE, Anne-Françoise,   [Pierre I.
Jeanne, b [8] 27 nov. 1674; s 29 nov. 1680, à St. Laurent, I. O [2]. — *Marguerite,* b [8] 18 sept. 1675. — *Françoise,* b [8] 7 mai 1676; s [2] 29 nov. 1680. — *Geneviève,* b [8] 20 mars 1678; s [2] 10 déc. 1680.— *Jean,* b 1679; s [2] 8 août 1688. — *Jean,* b [2] 22 oct. 1688.

II. — LÉTOURNEAU, Philippe,   [David I.
1º SIMON, Marie.

1685, (12 février) Québec. [8]

2º VALLÉE, Marie-Madeleine,   [Jean.
Philippe-Lucien, b [8] 7 sept. 1688; s [8] 23 janv. 1689. — *Marie-Josette,* b [8] 16 fév. 1695; s [8] 11 juin 1707.

1694, (8 février) Ste. Anne de la Pérade. [8]

II. — L'ESTOURNEAU, Jacques,   [David I.
GUYON, Angélique,   [Joseph III.
Marguerite, b [8] 21 oct. 1696. — *Marie-Angélique,* b [8] 12 mars 1698, m 25 fév. 1727, à Jean-Baptiste GENDRAS, aux Trois-Rivières. — *Louis,* b [8] 6 fév. 1701. — *Angélique,* b [8] 25 sept. 1705. — *Marie-Madeleine,* b [8] 26 fév. 1708. — *Alexis,* b [8] 11 déc. 1700. — *Dominique,* b [8] 17 déc. 1712; m 2 juin 1735, à Marie-Charlotte PINEAU, au Cap de la Madeleine. — *Marie-Madeleine,* b [8] 6 déc. 1714. — *Jean-Baptiste,* b 13 et s [8] 24 mars 1718.

1696, (19 novembre) St. Jean, I. O [8]

III. — LÉTOURNEAU, Louis,   [David II.
BLOUIN, Anne,   [Mery I.
Geneviève, b 1697; s [8] 5 avril 1703.

1698, (2 juin) Ste. Famille.

III. — LÉTOURNEAU, Bernard,   [David II.
1º ROCHERON, Marie,   [Gervais I.
s 22 janv. 1703, à St. Jean, Ile d'Orleans. [7]

Marie-Madeleine, b [7] 20 avril 1699 ; s [7] 13 nov. 1701. — *Jean-Baptiste*, b [7] 18 juin 1701. — *Joseph*, b [7] 18 août 1704. — *Marie-Helène*, b 29 août et s [7] 22 nov. 1706. — *Marie-Françoise*, b 1er janv. et s [7] 29 avril 1708.

     1703, (31 juillet) St. François, I. O.

PAQUET, Hélène,   [René II.
   veuve de Pierre Jinchereau.

Denis, b 18 et s [7] 21 mars 1712. — *Marie-Anne*, b [7] 2 mai 1713 ; s [7] 6 sept. 1714.

LE TUILLIER. — Voy. TUILLIER.

LEUREAU, PIERRE, de Xaintes, fait abjuration de son hérésie, le 15 juillet 1685.

LE VALLON. — Voy. DE L'ESTRE — DENIS.

1648.

I. — LEVASSEUR DIT LAVIGNE, JEAN, (1) huissier, b 1622, fils de Noel et de Geneviève Ganche, de Bois Guillaume, de Rouen, s 31 août 1686, à Quebec. [4]

RICHARD, Marguerite, b 1630 ; s 20 avril 1708, à Lorette.

Laurent, b... ; m [4] 30 avril 1670, à Marie MARCHAND — *Louis*, b 1650 ; s [4] 27 déc. 1726. — *Anne*, b [4] 22 juillet 1652. — *Noel*, b [4] 20 déc. 1654; m [4] 30 oct. 1679, à Marguerite GUAY ; s [4] 8 mars 1731. — *Jean-François*, b [4] 20 déc. 1654. — *Ursule*, b [4] 25 fév. 1657. — *Marie-Thérèse*, b 1659 ; m [4] 14 janv. 1676, à Nicolas BONHOMME. — *Angélique*, b [4] 9 juin 1661 — *Marie-Madeleine*, b 14 et s [4] 18 juin 1663. — *Charles*, b [4] 7 avril 1665. — *Anne-Félicite*, b [4] 23 avril 1667. — *Joseph*, b 21 et s [4] 23 fév. 1670.

1655, (23 octobre) Québec [9]

I. — LEVASSEUR DIT L'ESPÉRANCE, PIERRE, b 1629, menuisier, fils de Noel et de Geneviève Ganche, de St. Leu et St. Gilles, évêché de Paris.

DE CHANVERLANGE, Jeanne, fille d'Antoine et de Marthe Guerin, de St. Ursin, évêché de Bourges.

Madeleine-Françoise, b [9] 23 juillet 1656 ; 1o m [9] 10 juin 1677, à Jean-Baptiste GOSSET ; 2o m 28 avril 1689, à Pierre BUSSON, à Montreal. [8] — *Marguerite*, b [9] 22 déc. 1658 ; m [9] 6 oct. 1676, à Maximin CHEF-DE-VILLE ; s [8] 29 sept. 1694. — *Marie-Thérèse*, b 1660, m 1677, à Jean ROBITAILLE. — *Pierre*, b [9] 30 avril 1661, 1o m [9] 28 nov. 1686, à Madeleine CHAPPAU ; 2o m [9] 18 mars 1696, à Anne MESNAGE, s [9] 3 mars 1731. — *Jeanne*, b [9] 21 mars 1664 ; m à Jean ROUILLARD ; s [9] 18 juin 1711. — *Angélique*, b 1665 ; m 1678, à Charles HAMEL, s 14 mai 1740, à Ste. Foye. — *Félicite*, b [9] 21 mars 1667 ; m 1692, à Jean HAMEL. — *Antoine*, b [9] 4 sept. 1669. — *François*, b [9] 4 mai 1672.

1670, (30 avril) Québec. [2]

II — LEVASSEUR, LAURENT,   [JEAN I.
   MARCHAND, Marie,   [LOUIS I.

---

(1) Le 20 août 1686, Jean Levasseur vend à son fils Charles un emplacement de sept toises de front, à la haute ville de Québec. — (*Greffe de Duquet.*)

Marie-Françoise, b [2] 4 avril 1671 ; s 13 juin 1719, à Lévis. [3] — *Claude*, [2] b 20 mars 1672 — *Anonyme*, b [2] et s [2] 7 juin 1673. — *Laurent*, b [2] 30 mai et s [2] 3 juin 1674. — *Laurent*, b [2] 26 mai 1675. — *Geneviève*, b [2] 4 mars 1677 ; s [2] 30 nov. 1686. — *Pierre*, [2] b 8 janv. 1679 ; m 8 mai 1703, à Elizabeth MICHAUD ; s 27 oct. 1738, à Kamouraska. — *Angélique*, b 19 mars 1681, à l'Ilet. — *Louis*, b [2] 4 sept. 1687 ; m [3] 19 nov. 1716, à Geneviève HUARD, s [2] 18 août 1757 — *Claire-Françoise*, b 1691, m [3] 22 oct. 1708, à Louis MICHAUD. — *Marie-Renée*, b [3] 21 fév. 1694. — *Jean*, b... ; m [5] 20 oct 1722, à Charlotte JOURDAIN.

1666, (13 décembre) Château-Richer. [3]

I — LEVASSEUR, LOUIS, b 1628, fils d'André (avocat de Paris) et de Louise Defaie, de St. Jacques, Paris ; s 1er juillet 1690.

BÉLANGER, Marguerite,   [FRANÇOIS I.
   veuve d'Antoine Berson ; s 22 janv. 1703, à Québec. [4]

Marguerite, b [3] 24 sept. 1667 ; m [4] 21 fév. 1689, à Pierre DUROY ; s [4] 19 nov. 1739. — *François*, b 1er janv. 1670, à l'Ange-Gardien. [5] — *Louis*, b [5] 27 déc. 1671 ; m à Marthe FRESCHET, s 1698. — *Louise*, b [5] 1er avril 1674. — *Geneviève*, b [4] 17 oct. 1675. — *Anne-Thérèse*, b [4] 9 avril 1678 ; m [4] 30 juin 1696, à Jean FOURNEL; s [4] 3 janv. 1703. — *Charles*, b [4] 10 avril 1680 — *Marie-Catherine*, b [4] 2 avril 1682. — *Marie-Anne*, b 1683 et s [4] 16 déc. 1702. — *Anonyme*, b et s [4] 26 mai 1684. — *Françoise*, b [4] 24 sept. et s [4] 12 oct. 1685 — *Jacques*, b [4] 1er et s [4] 4 août 1687.

1679, (30 octobre) Québec. [5]

II. — LE VASSEUR, NOEL,   [JEAN I.
   s [5] 8 mars 1731.

1o GUAY, Marguerite,   [GASTON I.
   s [5] 21 avril 1702.

Noel, b 1680 ; m 3 avril 1701, à Marie-Madeleine TURPIN, à Montréal ; s [5] 13 déc. 1740. — *Jeanne*, b [5] 6 fev. 1682 ; m [5] 22 avril 1705, à Etienne MIRAMBEAU ; s [5] 23 déc. 1716. — *Pierre*, b [5] 15 janv. 1684 ; m [5] 27 mai 1704, à Marie LESSARD ; s [5] 14 nov. 1747. — *Ursule-Thérèse*, b [5] 16 mars 1686 ; s [5] 22 fev. 1703. — *Marie-Anne*, b [5] 4 et s [5] 14 août 1688. — *Charles-François*, b [5] 25 juillet et s [5] 9 août 1689. — *Louise*, b [5] 7 et s [5] 21 fev. 1691. — *Marie-Louise*, b [5] 3 avril 1692 ; m [5] 22 nov. 1712, à Pierre RACINE. — *Philippe*, b [5] 24 et s [5] 28 fev. 1694. — *Jean-François*, b [5] 30 avril et s [5] 10 mai 1695. — *Pierre-Marie*, b [5] 20 avril 1696. — *Jean-François*, b [5] 26 juillet 1698. — *Marie-Françoise*, b [5] 19 et s [5] 25 mai 1700. — *Charles-Thomas*, b [5] 6 nov. 1701.

     1711, (10 janvier) Québec.

2o MAILLOU, Marie-Anne,   [PIERRE I.
   veuve de Jean Dubois.

1686, (28 novembre) Québec. [8]

II. — LE VASSEUR, PIERRE,   [PIERRE I.
   menuisier, s [8] 3 mars 1731.

1o CHAPPAU, Madeleine,   [PIERRE I.
   s [8] 1er juin 1695.

Pierre, b[8] 22 août 1687; s[8] 7 janv. 1691. — *Marie-Madeleine,* b[8] 31 août 1689; s[8] 22 nov. 1711. — *Noel,* b[8] 28 nov. 1690; m[8] 7 janv. 1719, à Marie-Agnès DE LA JOUE.

1696, (18 mars) Québec. [8]

2° MESNAGE, Anne,   [PIERRE I.
s[8] 29 mars 1738.
Marie-Anne, b[8] 13 fév. 1697; s[8] 13 janv. 1703. — *Marie-Jeanne,* b[8] 30 oct. 1698. — *François,* b[8] 29 juillet 1700; m[8] 5 avril 1728, à Marie-Madeleine LE GRIS; s[8] 5 juillet 1747. — *Anne,* b[8] 5 mars 1702. — *Pierre,* b 1697; s[8] 4 janv. 1703. — *Pierre-Jacques,* b[8] 20 nov. 1703. — *Barthélemy,* b[8] 16 janv. 1705. — *Marie-Anne,* b 16 et s[8] 20 mars 1706. — *François-Louis,* b[8] 4 avril 1707 ; 1° m[8] 2 mai 1730, à Hélène MOREAU; 2° m[8] 27 août 1744, à Marie-Josette GATIEN. — *François-Ignace,* b[8] 4 sept. 1708; ordonné[8] 18 oct. 1734; s 20 juillet 1765. — *Augustin-Alexis,* b[8] 27 nov. 1709 ; s[8] 14 nov. 1720. — *Etienne,* b[8] 7 janv. 1711. — *Joseph,* b[8] 12 fév. 1712; m à Charlotte COUTURIER. — *Marie-Anne-Thérèse,* b[8] 27 fév. 1713 ; m 10 mai 1733, à Philippe HAMEL, à Ste. Foye[9] ; s[8] 8 nov. 1738 — *Marie-Madeleine,* b[8] 23 juillet 1714; s 4 août 1714, à Charlesbourg. — *Jean-Baptiste,* b[8] 20 sept. 1715. — *François-Didace,* b[8] 20 oct. 1717; s[8] 13 janv. 1744.

I. — LE VASSEUR-DE NERÉ, JACQUES, (1) chevalier de St. Louis, capitaine-enseigne de vaisseau.
CHAVENAULT, Marie-Françoise.
Marie-Madeleine-Louise, (2) b 23 oct. 1694, à Québec[6]; m[8] 5 oct. 1719, à Henry DE ST. VINCENT ; s[8] 22 juin 1742. — *Geneviève,* b[8] 31 déc. 1695. — *Françoise,* b[8] 4 fév. 1697. — *Achille-Thérèse,* b[8] 4 août 1701. — *Françoise-Louise,* b[8] 26 sept. 1703. — *Claude-Jacques,* b[8] 18 juillet 1704. — *Henry-Gabriel,* b 12 et s[8] 19 déc. 1705. — *Geneviève,* b[8] 8 mai 1707; s[8] 6 sept. 1709. — *Anne-Charlotte,* b 14 juillet et s[8] 9 août 1708. — *Josué-Marie,* b[8] 30 nov. 1709; s 5 juin 1710, à Charlesbourg.

II. — LEVASSEUR, LOUIS,   [LOUIS I.
s 1698.
FRESCHET, Marthe, (3)   [PIERRE I.
Joseph, b 13 fév. 1699, au Cap St. Ignace.

I. — LEVASSEUR, MICHEL, orfèvre.
VILERS, Madeleine.
Elizabeth, b 21 juin 1700, à Québec. [8] — *Jean,* b[8] 11 sept. 1702 — *Catherine,* b[8] 27 déc. 1704. — *Marie-Anne,* b[8] 25 avril 1706. — *Robert,* b[8] 7 nov. 1707; s 18 juin 1708, à Lorette. [9] — *Marguerite,* b[8] 24 avril 1709 ; s[8] 13 janv. 1711. — *Marie-Angélique,* b[8] 9 mai 1710 , s[8] 8 fév. 1712.

LÉVEILLÉ, — Voy. BOUTIN — DENEAU — TRUD — BILLY — TRUCHON — TIBAUT — MONTAMBAULT — GUIETIER — MORNET — TOUCHARD.

---

(1) Ingénieur-en-chef, qui dirigea les travaux des fortifications de la Nouvelle-France.

(2) Filleule de Frontenac.

(3) Elle épouse Antoine Bouton.

1671, (8 février) Québec. [4]

I. — L'ÉVEILLÉ, ETIENNE, b 1641, fils de François et d'Alisan Vivier, de St. Maclou, de Rouen ; s 6 déc. 1687, à la Pointe-aux-Trembles. [2]
LEQUINT, Isabelle, (1) veuve de Jean Gaigneux.
Etienne, b[4] 10 sept. 1672; s[4] 30 août 1677 — *Pierre,* b[4] 30 juillet 1674 ; m 19 avril 1700, à Jeanne GIRARD, à St. Augustin. — *Elizabeth,* b[4] 30 sept. 1676 ; m[2] 22 nov. 1694, à Adrien PICHER. — *Jean,* b[4] 8 oct. 1678 ; m[2] 26 nov. 1706, à Marguerite AUGÉ. — *Etienne,* b[2] 1er sept. 1680. — *Jean-Baptiste,* b[2] 10 juillet 1682 ; s[2] 1er oct. 1687.

I. — L'ÉVEILLÉ, BARNABÉ,
SAUVAGESSE, Marguerite.
Louis, b 1688 ; s 19 janv. 1689, au Cap Santé. [3] — *Claude,* b 1686 ; s[2] 25 mars 1689.

I. — LEVESQUE, LOUIS, maçon, b 1640.

I. — LÉVÊQUE, ROBERT, charpentier, b 1641, fils de Pierre et de Marie Caumont, de St. Sulpice, évêché de Rouen ; s 3 sept. 1699, à la Rivière-Ouelle. [3]
1° ———— (2)
Nicolas, b 1672. — *Charles,* b 1674.

1679, (22 avril) L'Ange-Gardien. [2]

2° CHEVALIER, (LE) Jeanne, b 1645, fille de Jean et de Marguerite Roman, de St. Nicolas, évêché de Coutances.
Pierre-Joachim, b 1682 ; m[2] 30 juin 1705, à Angélique LETARTRE. — *François-Robert,* b 14 fév. 1680, à l'Islet ; m[2] 7 nov. 1701, à Marie-Charlotte AUBER. — *Joseph,* b[3] 6 janv. 1685 ; m[3] 26 nov. 1704, à Angélique MENEUX. — *Jean-Baptiste,* b[3] 20 oct. 1686; s[3] 10 déc. 1687. — *Jean-Baptiste,* b[3] 3 fev. et s[8] 11 mars 1688. — *Marie-Anne,* b[3] 3 et s[3] 15 oct. 1690.

I. — LEVÊQUE, PIERRE, b 1641.
CROIZETTE, Marie, b 1651,   [MATHURIN I.
Jean, b 1672. — *Pierre,* b 1678 ; m 30 nov. 1726, à Marie-Jeanne TESSIER, à Ste. Anne de la Perade. — *Madeleine,* b 1681. — *Mathurin,* b 31 mai 1685, à Batiscan[8]; m[8] 14 nov. 1712, à Madeleine MORAN. — *Edouard,* b... ; m[8] 14 nov. 1712, à Marie-Anne MORAN.

1698, (4 décembre) Montréal.

I. — LEVÊQUE DIT SANSOUCY, JACQUES, soldat de la Chassaigne, b 1674, fils de Louis et d'Anne Gelinot, de St. Pierre, évêché de Xaintes.
LERT, Marguerite,   [ETIENNE I.
Louis, b 14 déc. 1699, à Repentigny[2] ; s[2] 6 déc, 1700. — *Marie Josette,* b[2] 18 avril 1701 ; m[2] 3 fév. 1721, à Laurent DEGANNE. — *Jacques,* b[2] 4 sept. 1702; s[2] 8 ,mars 1706. — *Jacques,* b 1700 ; s[2] 2 oct. 1727. — *Pierre,* b[2] 4 mai 1704. — *Marguerite,* b[2] 6 fev. 1706 ; 1° m[2] 12 nov. 1725, à

---

(1) Elle épouse, le 26 avril 1688, Pierre Girard, à la Pointe-aux-Trembles.

(2) Le recensement de 1681, laisse à supposer qu'il était marié en premières noces puisqu'il avait deux enfants, *Nicolas* et *Charles,* lorsqu'il épousa, en 1679, Jeanne Chevalier.

Charles Maheu ; 2° m ² 7 janv. 1730, à Joseph Migneron. — *Marie-Barbe*, b ² 18 mars 1708 ; m ² à Jean Maheu ; s ² 16 janv. 1729. — *Anne*, b ² 26 juillet 1711 ; s ² 9 janv. 1714. — *Charles*, b ² 20 fév. et s ² 1er juin 1713. — *Jean-Baptiste*, b ² 28 et s ² 29 mai 1715. — *Marie-Charlotte*, b ² 26 fév. 1717. — *Michel*, b ² 18 juin 1720. — *Marie-Louise*, b ² 15 juin 1723.

———

I. — LEVERT, Jean, b 1633.
De Lastre, Françoise, b 1653.
Geneviève, b 12 janv. 1671, à l'Ange-Gardien ; m à Elie Lamothe. — *Jean*, b 28 déc. 1674, à Repentigny. — *Jacques*, b 28 déc. 1675, à la Pointe-aux-Trembles de Montréal , 1° m à Charlotte Yvon ; 2° m à Marie Chevalier.

———

1654, (10 septembre) Québec. ⁵

I. — Le VIEUX de Hauteville, Nicolas, lieutenant-général de la Sénéchaussée, fils de Nicolas et de Marguerite Lyonne.
Renardin de la Blanchetière, Marie, fille de Vincent et de Françoise.
Marie-Paule, b ⁵ 8 sept. 1655. — *Elizabeth*, b... religieuse-hospitalière dite St. Joseph ; s ⁵ 31 août 1713.

———

Le VILLIERS (De) Charles. — Voy. Petit.

———

I. — Le VITRE, Guillaume.
Fleury, Jaqueline.
Guillaume, b... ; m 8 nov. 1690, à Geneviève Langlois.

———

1690, (8 novembre) (1).

II. — Le VITRE, Guillaume,   [Guillaume I.
Langlois, Geneviève,   [Jean II.
Marie-Anne, b 13 nov. 1699, à St. Laurent, Ile d'Orléans ; m 24 avril 1719, à Pierre Bordeau, à Laprairie. — *François*, b 2 fév. 1702, aux Trois-Rivières ; m à Elizabeth Mirambault.

———

I. — LEVRARD, Jean, maître-canonnier, b 1644 ; s 2 mars 1699, à Québec. ²
Manse, Louise, b 1649 ; s ² 27 sept. 1732.
Jean, b 1673. — *Louis*, (2) b ² 19 mars 1678 ; m 30 juillet 1703, à Catherine-Angélique Becquet, à Montréal. — *Marie-Anne*, b ² 19 fév. 1680 ; m ² 4 oct. 1696, à Barthélemi Bourgonnière ; s ² 2 janv. 1703. — *Catherine*, b 20 janv. 1683, à Lévis ; s ² 5 oct. 1684. — *Nicolas*, b ² 6 fév. 1685. — *Marguerite*, b... ; m à Thomas Dubois.

———

LEVRAUX. — Voy. Langy (De).

———

LEVREAU. — Voy. Lereau.

———

1668, (14 août) Montréal.

I. — LEVREAUX De La Parre, Nicolas, de Ruffaye, en Angoumois.
Demers, Marie.

———

(1) Date du contrat de mariage. — *Greffe de Rageot*.

(2) Seigneur de St. Pierre les Becquets.

———

LEYNARD, Pierre, matelot du vaisseau " La Reine des Anges," capitaine Nauleau, de St. Martin de Rhé ; s 17 août 1738, à Kamouraska.

———

I. — L'HERME dit Nogean, Pierre, était à l'Ile d'Orléans, en 1692.

———

L'HEUREUX. — Voy. Lereau — Levreau.

———

1658, (19 août) Québec. ⁶

I. — L'HOMME, Michel, (1) fils de Michel et de Marie Simon, de Bonnétable, évêché du Mans.
Valade, Marie-Barbe, (2) fille d'André et de Sara Cousseaux, de St. Nicolas de LaRochelle.
Michel, b 10 juillet 1661, au Château-Richer ⁶ ; 1° m 5 juillet 1684, à Marie Drouet, à Montréal ⁷ ; 2° m 21 avril 1687, à Marie Marcot, à la Pointe-aux-Trembles de Québec. ⁸ — *Marie*, b ⁶ 11 nov. 1663 ; 1° m ⁷ 7 août 1679, à Pierre Lemay ; 2° m 18 nov. 1680, à Nicolas Ozannes, à Lachine ; 3° m à Claude Sansort. — *Roman*, b ⁶ 13 juin 1666. — *Adrien*, b ⁶ 19 juin 1669. — *Marie-Barbe*, b 3 juillet 1670, à Sillery ⁹ ; m ⁸ 28 nov. 1690, à Jean Lavoye. — *Madeleine*, b ⁶ 18 oct. 1673 ; m 12 avril 1706, à François Poitevin, à Charlesbourg. — *François-Joseph*, b 23 fév. et s ⁵ 1er août 1676.

———

II. — L'HOMME, Michel,   [Michel I.
1° Drouet, Marie.   [Mathurin I.
  1687, (21 avril) Pte-aux-Trembles, Q.
2° Marcot, Marie, (3)   [Nicolas I.

———

I. — L'HUILLIER, Jacques, établi à Montréal, b 1642.
Bernard, Jeanne, b 1651.
Jean, b 1669 ; *Marie*, b 1673. — *Jeanne*, b 1675. — *Elizabeth*, b 1679.

———

LEZOT. — Voy. Le Sot — Lizot.

———

1691, (13 janvier) Québec. ²

I — LIBERGE, Jacques, coutelier, fils d'Antoine et de Marguerite Ledoux, de St. Médéric, évêché de Paris ; s...
Simon, Jeanne-Angélique, (4)   [Hubert I.
  veuve de Jean Jobin.
Anonyme, b ² et s ² 4 oct. 1691. — *Pierre*, b ² 15 mars 1693. — *Antoine*, b ² 25 oct. 1694. — *Louis*, b ² 7 sept. 1696. — *Marie-Catherine*, b ² 13 mars 1698. — *Marie-Geneviève*, b ² 21 mars 1699. — *Guillaume*, b ² 1er sept. 1700. — *Jean-Marie*, b ² 11 oct. 1701 ; m ² 23 nov. 1723, à Louise-Thérèse Boivin. — *Noël*, b ² 12 juillet 1705 ; s ² 8 oct. 1706.

———

1699, (19 mars) Montréal.

I. — LIBERSON dit Laviolette, Léonard, soldat de Duplessis, fils de Guillaume et de Marie-Madeleine——— de Raza, évêché de Périgord.

———

(1) Voy. Homme, page 369.

(2) Elle épouse, le 28 janv. 1677, Jacques LeMeilleur, à Québec.

(3) Elle épouse, le 27 avril 1688, Pierre Lefebvre, à la Pointe-aux-Trembles de Québec.

(4) Elle épouse, le 9 déc. 1703, Jean Véronneau, à Québec.

1° Coron, Anne, [Jean I.
1703, (23 juillet) Montréal. [1]

2° Baudry, Jeanne, [Antoine I
Antoine, b [1] 28 oct. 1704.

LIÉNARD. — Variations et surnoms : Léonard
— Durbois — Du Sablon — Boisjoly.

1655, (11 octobre) Québec. [8]

I. — LIÉNARD, (1) Sébastien, b 1628, fils de
Nicolas et de Jeanne de Voissy, de St. Die,
ville de St. Michel, en Lorraine ; s 8 nov.
1701, à Ste. Foye. [9]
Pelletier, Françoise, [Nicolas I.
veuve de Jean Bériau , s [9] 17 juillet 1707.
Jean-François, b [8] 29 août 1657 ; 1° m à Marie-
Madeleine Sauvagesse, 2° m à Agnès Robitaille ;
s 25 fév. 1724, à la Pointe-aux-Trembles de Quebec. [9] — Françoise, b [8] 24 mai 1660 ; s... —Jacques, b 21 mars 1663, à Sillery [1] ; s [9] 30 sept. 1685,
noye. — Ignace, b [1] 16 avril 1665 ; m 1691, à Marie-Anne Leduc. — Denis, b [1] 26 mars 1667. —
Sébastien, b [1] 25 mars 1669 , m [9] 25 juin 1704, à
Catherine Bonhomme, s... —Joachine-Françoise,
b [1] 20 mars 1671. — Geneviève, b [1] 14 oct. 1673.
— Jean-Baptiste, b 22 janv. 1676 ; s [9] 13 juillet
1707. — Louis, b [1] 21 fév. 1678, m [8] 13 avril 1711,
à Louise Racine. — François-Marie, b [8] 3 fév.
1680 — Geneviève, b... , 1° m [9] 10 nov. 1699, à
Denis Mallet ; 2° m [9] 12 nov. 1710, à Jean-François Grégoire — Marie-Anne, b... ; m [9] 30 oct.
1701. — Eustache, b... ; m [9] 27 nov. 1709, à Marie
Mauffay.

1691.

II — LIÉNARD, (2) Ignace, [Sébastien I.
Leduc, Marie-Anne.
Marie-Geneviève, b 14 sept. 1692, à la Pointe-
aux-Trembles de Quebec [4]; m [4] 30 janv. 1713, à
Pierre Grenon. — Ignace, b [4] 16 mars 1695. —
Nicolas, b [4] 11 janv. 1697, s [4] 11 fév. 1703. —
Marie-Anne, b [4] 2 août 1699. — Joseph, b [4] 20 mars
1701, s [4] 16 fév. 1703. — Marie-Charlotte, b [4] 16
sept. 1702 — Marie-Thérèse, b [4] 21 janv. 1706. —
Louis-Joseph, b [4] 17 janv. 1707, m [4] 9 juin 1732,
à Marie-Anne Sylvestre —Toussaint, b [4] 1er nov.
1708 ; m [4] 20 oct. 1749, à Marie-Angélique Auger.
— Thérèse, b [4] 18 fév. 1711 ; m [4] 26 juillet 1751, à
Michel Auger. — Pierre, b [4] 13 janv. 1713 ; s [4] 6
déc. 1714.

1690.

II.—LIÉNARD-Durbois, J.-Frs. [Sébastien I.
s 25 fév 1724, à la Pointe-aux-Trembles de
Quebec. [6]
1° Arpot, Wabanquiquois, Marie-Madeleine.
François, b... ; 1° m 16 oct 1713, à Agnès Bonhomme, à Ste. Foye [7]; 2° m 5 fév. 1731, à Marie-
Agnès Corneau. — Marie-Geneviève, b [6] 6 déc
1698. — Marie-Anne, b [6] 10 juillet 1700. — Marie-

Thérèse, b [6] 7 fév. et s [6] 1er avril 1702. —Anonyme,
b et s [6] 12 janv. 1703. — Marie-Angélique, b [6] 9
mai 1704, s [6] 13 nov. 1720.

1717.

2° Robitaille, Marie-Agnès
Jean-François, b [7] 16 avril 1718.

I. — LIÉNARD du Sablon.
Dorothée, b... ; m à Jean Trudel.

I. — LIEUMET, Noel.
Masson, Jeanne, [Gilles I.
Anonyme, b et s 25 juin 1687, à Québec. [6] —
Marie-Anne, b [6] 24 mai 1688 ; s [6] 29 janv. 1689.

LIÉVIN.—Voy. Fournier.

LIGNERON (Du) Julien, s 31 mai 1655, à Montréal, tué par les Iroquois.

LIGNERY (De). — Voy. LeMarchand.

I. — LIMOGES, François, b 1666, était à Montréal
en 1681.

LIMOUSIN.— Voy. La Betolle —Beaufort —
St. Louis.

1671, (9 novembre) Québec. [6]

I — LIMOUSIN, Hilaire, tailleur, b 1683, fils de
Pierre et d'Isabelle Fradin, de Ste. Rade-
gonde, évêché de Poitiers ; s 16 mai 1708, à
Champlain. [8]
Lefebvre, Antoinette, b 1653, fille de Charles et
de Louise Prud'homme, de Charny, évêché
d'Evreux.
Geneviève, b [6] 22 oct. 1672 ; s [6] 3 janv. 1673.
Geneviève, b [6] 11 oct. 1673 ; m [3] 29 oct. 1687, à
Jean-Baptiste De La Haye.— Marie-Anne, b 1675 ;
m 12 sept. 1696, à Pierre Martin, à Montréal. [7] —
Catherine, b 1678 ; m [7] 5 fév. 1703, à Guillaume
Gems.— Marie-Louise, b 1679 ; s [7] 19 fév. 1703.
— Marie-Thérèse, b [3] 4 avril 1681.— Angélique,
b [3] 16 oct. 1681 ; m [3] 28 fev. 1713, à Jean
Lemerle.— Renée-Françoise, b [3] 3 mars 1683 ; s [3]
11 sept. 1714.— François, b [3] 31 août 1684.—
Marie-Charlotte, b [3] 14 fev. 1687.— Etiennette, b [3]
4 avril 1689.— Joseph, b [3] 31 mars 1692.— Pierre,
b [8] 8 oct 1694.— Antoinette, b... ; m [3] 17 janv.
1713, à Jean Dubois.

I —LIMOUSIN, Jérome, b 1659 , était à l'Ile
Ste.-Thérèse, près de Boucherville, en 1681.

I. — LIMOUSIN, Louis, (1) b 1672, fils de Martin
et de Marie Renote, de Ste. Maure, évêché de
Tours ; s 27 nov. 1703, à Montréal.
1° Teganiha, Marie, Iroquoise.
1702, (30 décembre) Montréal. [2]
2° Blain, Suzanne, (2) [François I.
Louise, b [3] 17 avril 1704.

---

(1) Durbois, marié par le Père Jérôme Lallemant.

(2) Sieur Durbois dit Boisjoly.

(1) Dit St. Louis, soldat de Mr. de Varennes, pris par les
Iroquois.

(2) Elle épouse, le 4 nov. 1705, René Lescuier, à Lachine.

LINCOUR. — Voy. Amiot.

LINCTOT. — Voy. Godfroy.

I. — LINOT, Jacques, b 1616, était à Lachenaye, en 1681.

LIONNAIS. — Voy. Bossu.

LIS. — *Variations et surnoms :* Lisle — Delisle.

1673, (18 novembre) Québec. [6]

I — LIS, Zacharie, b 1647, fils de Barthélemi et de Marguerite Honoray, de St. Pierre de Caen, évêché de Bayeux ; s 27 sept. 1710, à St. Etienne de Beaumont. [7]

Marandeau, Elizabeth, (1)   [Jean I.

Anne, b [6] 14 et s [6] 21 nov. 1674. — *Marie-Thérèse,* b [6] 24 oct. 1675 ; m 18 nov. 1697, à Gabriel Davenne, à Lévis [8] ; s [6] 4 juillet 1748. — *Jeanne,* b [6] 9 août 1677 ; m [7] 23 juillet 1703, à Michel Molleur — *Louise,* b [6] 15 fév. 1679. — *Jean-Baptiste,* b [8] 20 fév. 1680 ; s [7] 31 janv. 1703 — *Zacharie,* b 28 oct. 1681, à l'Islet ; s [7] 11 juin 1735. — *Elie,* b [8] 2 et s [8] 21 mars 1690. — *Marguerite,* b [8] 15 juin 1693 ; m [7] 10 nov. 1710, à Louis Nolet ; s [8] 7 juillet 1725. — *Marie-Anne,* b [8] 8 mars 1695 ; m [7] 16 oct 1713, à Pierre Drapeau. — *Joseph,* b [8] 20 juillet et s [8] 26 sept. 1696. — *Jacques,* b... ; m à Françoise Choret.

I. — LITTLEFIELD, Moyse, anglais.

Lord, Marthe.

Pierre-Augustin, né le 10 oct. 1694, à Wells, Nouvelle-Angleterre, b 27 janv. 1704, à Boucherville.

1670, (19 janvier) Québec. [6]

I. — LIZOT, Guillaume, b 1645, fils de Robert et de Catherine Joanne, de St. Pierre-la-Gravelle, évêché de Lizieux.

1° Pelletier, Anne, b 1656,   [Jean I.

Françoise, b [6] 1er mai 1672 ; m 12 fev. 1691, à Joseph Ouellet, à la Rivière-Ouelle [7] ; s [7] 20 oct. 1699. — *Nicolas-Claude,* b 11 fév. 1674, à Beauport ; m [7] 18 janv. 1701, à Madeleine Mignier ; s [7] 28 oct. 1708. — *Anne,* b 1676. — *Noël,* b [6] 29 oct. 1677 ; m [7] 28 fév. 1702, à Catherine Meneux. — *Marie-Françoise,* b 24 juin 1681, à L'Islet ; m [7] 12 janv. 1701, à Gabriel Bouchard. — *Madeleine,* b 1683 ; m [7] 16 août 1707, à Sébastien Ouellet. — *Joseph,* b [7] 2 juin 1685 ; m [7] 24 nov. 1710, à Françoise Dancosse. — *Catherine,* b [7] 3 mai 1687.

1696, (10 octobre) Québec. [2]

2° Peuvrier, Marguerite, veuve de Jacques Meneux dit Châteauneuf, de Ste. Famille, s [2] 11 janv. 1709.

I. — LIZOT, Jean, s avant 1678.

Jallais, Marie.

Marie-Anne, b 8 mars 1675, à Ste. Famille.

LOBINOIS, (De) Jean, officier.

Benoit, Anne,

Jean-Louis, b... ; s 4 sept. 1724, à Lachine.

LOCAT. — Voy. Renaud.

LOCHET, François, s 11 déc. 1651, à Montreal. (1)

L'OEILLET, Louis. — Voy. Prigeat.

LOIGNEAU. — Voy. Louineaux, Pierre.

LOIGNON. — Voy. Aloignon.

1652, (8 octobre) Québec.

I. — LOIGNON, Pierre, b 1631.

Roussin, Françoise,   [Jean I. b 1631.

Marie, b 15 déc. 1666, à Ste. Famille. [2] — *Catherine,* b [2] 27 mars 1669 ; m [2] 3 nov. 1682, à Etienne Drouin ; s 13 mars 1703, au Château-Richer. [1] — *Jeanne,* b [2] 19 janv. 1611 — *Charles-Joseph,* b [2] 26 mars 1673 ; 1° m [2] 8 fev. 1695, à Madeleine Mauricet ; 2° m [7] 7 fév. 1701, à Marguerite Roulois. — *Anne,* b 1663 ; 1° m [2] 29 oct. 1676, à Joseph Choret ; 2° m 13 fév. 1685, à Antoine Paulet, à St. Pierre, I. O. — *Françoise,* b... ; m 3 juillet 1679, à Pierre Roberge. — *Marie-Françoise,* b [2] 25 sept. et s [2] 6 oct. 1676.

1695, (8 février) Ste. Famille. [8]

II. — LOIGNON, Charles,   [Pierre I.

1° Mauricet, Madeleine,   [Jean I s [8] 10 janv. 1701.

Pierre, b [8] 20 déc. 1695. — *Marie,* b [8] 21 nov. 1697. — *Françoise,* b [8] 14 nov. 1699 ; s [8] 3 fév. 1700. — Deux *Anonymes,* b et s [8] 24 août 1700.

1701, (7 février) Château-Richer.

2° Roulois, Marguerite,   [Michel II.

Marguerite, b [8] 28 déc. 1701. — *Catherine,* b [8] 15 fév. 1704.

I. — LOISEAU, Jacques, b 1625, était aux Trois-Rivières, en 1681.

I. — LOISEAU, André, b 1630 ; s 21 juillet 1655, aux Trois-Rivières. [8]

Loiseau, Catherine, b 1596 ; s [8] 28 janv. 1656.

I. — LOISEAU, Lucas, b 1640 ; s 14 mars 1704, à Boucherville. [8]

Curé, Françoise, b 1643.

Marie-Madeleine, b [8] 26 avril 1671 ; m [8] 23 nov. 1685, à Jean Pepin. — *Joachim,* b [8] 1er mars 1673 ; m 2 déc. 1702, à Agnès Chicouagne, à Varennes. — *Jeanne,* b [8] 31 janv. 1675 ; s [8] 5 nov. 1687. — *Roger,* b [8] 30 avril 1677, s [8] 4 janv. 1689. — *Marie,* b [8] 7 juin 1680 ; m [8] 9 fév. 1699, à George Ethier. — *Françoise,* b... ; m 1675, à Mathurin Grégoire. — *Jean,* b... ; m à Marguerite Forestier.

1671, (6 novembre) Trois-Rivières. [4]

I. — LOISEAU dit Francoeur, Pierre, b 1646, fils de François et de Françoise Leclerc, de St. Maurice, évêché d'Angers.

---

(1) Elle épouse, le 15 août 1718, Pierre Molleur, à St. Etienne de Beaumont.

(1) Inhumé dans le nouveau cimetière de l'Hôpital de Montréal.

GENET, Léonarde, veuve de Noël Cardin, fille de François et de Jeanne Camusel, de St. Seigneur, evêché d'Autun.
Marie-Claire, b ⁴ 28 janv. 1673 ; m ⁴ 24 nov 1689, à Jean LECLERC ; s ⁴ 5 dec. 1730. — *Pierre,* b ⁴ 31 août 1683.

1699, (11 août) Québec. ⁸

I — LOISEAU, JEAN, fils de Jean et de Marie Dubreuil, de Xaintes.
GAULTIER, Anne,   [MATHURIN I
Marie Marguerite, b ⁸ 15 mai 1700 . m ³ 16 mars 1721. à Simon POTERE. — *Jean*, b ³ 28 juin 1702 , s ⁸ 18 janv. 1703 — *Jean*, b ³ 5 mars 1704 ; m ³ 5 nov 1726, à Marie DUCLAS. — *Anne-Gen viève.* b ³ 28 janv. 1706 . m ⁸ 11 sept. 1728, à André-Guillaume DU TAUX. — *Noel-Etienne*, b ³ 26 dec. 1706. — *Jacques-Urbain*, b ³ 4 janv. 1708. — *Charles-Hyacinthe*, b ³ 27 fev. 1710.

1648, (13 janvier) Montréal. ⁹

I — LOISEL, LOUIS, serrurier, b 1617, fils de Louis et de Jeanne Lternier, de St. Germain, en Normandie ; s ⁹ 4 sept. 1691.
CHARLOI, Marguerite, b 1631, fille de François et de Barbe Girardeau, de St. Jean des Grès.
Jeanne, b ⁹ 21 juillet 1649, m ⁹ 23 nov. 1666, à Jean BEAUCHAMPS. — *Françoise*, b ⁹ 26 fev. 1652 , 1° m à François PILET ; 2° m 16 août 1689, a Charles CHESNAYE, à Boucherville. — *Joseph,* b ⁹ 25 nov. 1654, m 7 avril 1682, à Jeanne LANGLOIS, à la Pointe aux-Trembles de Montréal. — *Louis*, b ⁹ 2 t s ⁹ 28 juin 1658. — *Marie-Marthe*, b et s ⁹ 15 août 1659. — *Charles*, b ⁶ t s ⁹ 4 oct. 1661. — *Barbe*, b ⁹ 30 août 1663 ; 1° m ⁹ 26 oct 1676, à Pierre ROUVEL ; 2° m ⁹ 28 nov. 1689, à François LE GANTIER — *Louis,,* b ⁹ 14 août 1667.

1682, (7 avril) Pte-aux-Trembles, (M). ⁶

II. — LOISEL, JOSEPH,   [LOUIS I
LANGLOIS, Jeanne,   [HONORÉ I.
Marie-Madeleine, b ⁶ 20 juillet 1684 — *Joseph,* b ⁶ 7 août 1685. — *Jean-Baptiste*, b 30 juin et s ⁶ 14 oct. 1687. — *Marie-Anne*, b ⁶ 1ᵉʳ janv. et s ⁶ 1ᵉʳ mai 1689. — *Toussaint,* b ⁶ 17 mars 1690. — *Marie-Madeleine*, b ⁶ 22 mars 1694 — *Jean-Baptiste*, b ⁶ 20 juillet 1692 — *Angelique*, b ⁶ 26 juin 1696. — *Barbe*, b ⁶ 9 mai 1698. — *Louis*, b ⁶ 12 et s ⁶ 14 nov. 1699.

1696, (12 juin) Québec. ⁶

I. — LOISEL, LOUIS, soldat du fort, fils de Jacques et de Catherine Deloire, de Bonneville, evêche de Bayeux.
1° MARTEL, Marie-Madeleine,   [HONORÉ I. s ⁶ 2 janv. 1703.
Marie-Madeleine, b ⁶ 3 juin 1697 ; s ⁶ 11 fev. 1703. — *Marie-Madeleine*, b... ; m 23 oct. 1719, à Jean-François DELAGE. — *Marie-Charlotte*, b ⁶ 9 juillet, et s ⁹ 20 nov. 1699. — *Charles-Marie*, b ⁶ 14 mai 1701.

2° MICHEL, Anne,   [OLIVIER I.
1704, (17 septembre) Québec. ⁶
Jacques, b ⁹ 9 août 1705 ; m ⁶ 20 janv. 1727, à Anne PARADIS. — *François*, b 1704 ; s ⁶ 25 juillet

---

1715. — *Elizabeth-Françoise,* b ⁶ 10 juin 1717 ; s ⁶ 25 junv. 1724. — *Louis,* b ⁶ 13 janv. 1719 ; m ⁶ 2 fev. 1750, à Anne BROUX. — *Charles*, b ⁶ 4 sept. 1720 ; 1° m à Marie-Josette PEPIN ; 2° m ⁶ 16 août 1757, à Marguerite BOURÉ. — *Marie-Josette,* b ⁶ 22 dec. 1721. — *Michel*, b 6 juillet 1707, à Ste. Foye ⁷ — *Marie-Louise*, b ⁷ 19 juillet 1708. — *Louise*, b... ; m 1729, à Charles MARCHAND, à Charlesbourg. ⁵ — *Louis-Martin*, b ⁸ 20 oct. 1709. — *Marie-Josette*, b 3 et s ⁸ 20 oct. 1711. — *Marie-Madeleine*, b ⁸ 25 déc. 1712. — *François*, b ³ 22 août 1714.

I. — LOYSON, JEAN.
DUBOIS, Marguerite, b 1636.
Marguerite, b 1673.

LOMBRETTE. — Voy. SYMARD.

LONGCHAMPS. — Voy. DES LONGCHAMPS — GOURDEL — HUDOU — DE LA BOUTEILLERIE.

I. — LONGCHAMPS, (DES) MATH EU. (1)
BOTFAITE, Suzanne.
Jacques, b 2 mai 1660, à Quebec ; s 15 avril 1676, à Montréal ⁵ — *Madeleine*, b 16 janv. 1678, à la Pointe-aux-Trembles de Montréal, s ⁵ 8 fév. 1678.

1688.

II. — LONGCHAMPS (DES), JEAN-BTE. [MATHIEU.
GOULET, Marguerite.
Jean-Baptiste, b 4 oct. 1689, à Montreal.

LONGLEY, LYDIA, b 1674, en Angleterre, sœur dite Ste. Madeleine, C. N.-D. ; s 20 juillet 1758, à Montreal.

LONGUEUIL (DE). — Voy. LEMOYNE — D'ASSIGNY.

LONGUEUIL (DE), FRANÇOIS-NICOLAS, était à Québec, en 1652.

LONGVAL. — Voy. FAFARD.

1671, (19 octobre) Québec.

I. — LONLABARD, JEAN, fils de Jean et de Pérone Allengère, de St. Jean, évêché d'Agen.
BEUZELIN, Catherine, fille de Mathieu et de Claude Morel, de St. Gervais de Bayeux.

1678, (28 avril) Ste. Famille.

I. — LONNINEAU, PIERRE, veuve d'Anne Fléchet. — Voy. LOUINEAU.

LONQUETIN. — *Variations* : LONCTIN — LONTEIN — LONGUETIN.

---

(1) Voy. Hubou, page 311.

1684, (16 octobre) Montréal.[3]

I.— LONQUETIN, Jérôme, fils d'André et de Jeanne Bière.
Ste Marie, Catherine, [Louis I.
Jérôme, b 1695 ; m 12 nov. 1704, à Marie-Louise Dumas, à Laprairie[2]. — *Marie,* b[3] 5 mai 1686. — *Jeanne,* b 9 oct. et s[2] 28 nov. 1688. — *André,* b[2] 1er oct. 1689 ; m[2] 23 nov. 1715, à Marguerite Caillé. — *Michel,* b[2] 25 mai 1692. — *René,* b[2] 24 août 1694 ; m[2] 9 janv. 1718, à Marie Testu. — *Jérôme,* b 3 et s[2] 16 oct. 1696 — *François,* b[2] 7 dec. 1697, m[2] 17 fev. 1723, à Jeanne Lemieux. — *Dominique-Jérôme,* b[2] 30 oct. 1699. — *François-Xavier,* b[2] 2 janv. 1702.

LOPPEZ. — *Variations et surnoms:* Lops — Madère.

1667, (3 octobre) Québec.[5]

I.— LOPPEZ, Emmanuel, b 1637, fils de François et d'Antoinette de La Coste[5]
1o Renault, Marguerite, b 1660, fille de Claude et de Marguerite Pion, de Ligny-en-Barroy, en Lorraine.
Jean, b 1680.

1675, (25 février) Québec.[6]

2o Le Rouge, Jeanne, (1) [Jean I.
Marie-Jeanne, b 23 et s[6] 26 fév. 1678 — *Marguerite,* b[6] 20 juin 1679 ; s[6] 17 sept. 1697. — *Jean,* b[6] 30 nov. et s 24 déc. 1681, à Charlesbourg[6]. — *Marie-Madeleine,* b[8] 25 dec. 1682, s[8] 5 fév. 1683. — *Marie-Madeleine,* b 4 et s[6] 5 août 1684 — *Jean,* b[6] 19 oct. 1685, s[8] 6 janv. 1686. — *Marie-Charlotte,* (posthume) b[6] 18 dec. 1686, s[8] 27 oct. 1687.

1693, (10 décembre) Ste. Anne du nord.[8]

I.— LOQUET dit Dupont, François, fils de Robert et de Jeanne Pariset, de l'évêché de St. Malo.
De Lessart, Anne, [Etienne I.
s[8] 13 août 1710.

I.— LOQUIN, commis, à Québec, en 1618.

LOQUIN, Julien, matelot du navire " La Ste. Anne, " b 1702 ; s 12 oct. 1723, à Québec.

L'ORANGÉ. — Voy. Cluseau — Rivard.

I.— LORET, François, b 1634, du Tyrol ; s 28 fev. 1652, à Québec.

1683, (6 décembre) Lachine.[8]

I.— LORET, Guillaume, fils de Guillaume et d'Olive Le Beau, d'Aulet, évêché de Vannes.
Perier, Marie, (2) fille de Jean (maître-tisserand) et de Marie Gaillard, de Peaux, évêche de Bordeaux.
Marie-Marthe, b 26 oct. et s[6] 1er nov. 1686. — *Marie,* b[8] 3 mars 1688.

I.— LORGUEIL, Marie, b 1636, fille de Pierre et de Marie Bruyère, de St. Vivien de Rouen ; m 23 nov. 1654, à Toussaint Hunault dit Deschamps, à Montréal ; s 29 nov. 1700, à Varennes.

I.— LORMIER, Laurent, b 1644 ; noyé le 20 sept. et s 16 déc. 1642, à Lachine.

1693, (27 janvier) Champlain.

I.— LORIMIER, (de) Guillaume, (1) capitaine, seigneur des Bordes, en Gatinois, fils de Guillaume et de Jeanne Guilbaut, de St. Leu et St. Gilles, évêché de Paris.
Chorel, Marguerite, [François I.

I.— LORIN, Pierre, maître-charpentier, b 1629
1o Haulin, Françoise, s 22 nov. 1658, à Montréal.[2]
Pierre-Thierry, b 25 mai 1657, à Québec ; m[2] 29 juillet 1686, à Marie Matou.

1659, (20 octobre) Montréal.[2]

2o Du Verdier, ou Saunier, Françoise, b 1638 (2)
Pierre, b[4] et s[2] 19 oct. 1660, m à Barbe Jarry. — *Jacques,* b[2] 27 août 1662, s[2] 27 janv. 1681 — *Jean-Zacharie,* b[2] 22 jui 1665, m[4] 1er mars 1688, à Madeleine Boivin. — *Joseph,* b[2] 12 mai 1668 — *Elizabeth,* b[4] 24 fev. 1672, s[2] 4 nov. 1680. — *Jean,* b[2] 4 nov. 1674 ; s[2] 30 nov 1687. — *Joseph,* b[2] 7 juin 1677. — *Françoise,* b[2] 15 sept. 1680 ; 1o m[2] 7 oct 1697, à Michel Boivin 2o m[4] 25 oct. 1705, à Charles Desery — *François Louis,* b[2] 10 déc. 1682.

1688, (1er mars) Montréal.[2]

II.— LORIN, Jean-Zacharie, [Pierre I.
Boivin, Catherine-Madeleine, (3) [Jacques I.
Thomas, b[2] 7 mars 1690. — *Michel,* b[2] 7 mars 1690. — *Joseph,* b[2] 17 juillet 1691. — *Marie-Catherine,* b[2] 17 et s[2] 22 mars 1693. — *Marie-Catherine,* b[2] 8 fév. 1694 — *Elizabeth,* b[2] 11 janv 1695 ; s[2] 20 mars 1703 — *Jean-Baptiste,* b[2] 19 juillet 1697 ; s[2] 13 mars 1703.

1686, (24 juillet) Montréal.[1]

II.— LORIN, Thierry-Pierre, [Pierre I.
Matou, Marie, [Philippe I.
Marie-Catherine, b[1] 18 déc. 1690. — *Marie-Marguerite,* b[1] 20 mai 1695. — *Joseph,* b[1] 1er oct. 1696, m à Marie Ranger — *Marie-Suzanne,* b 1er mai 1699, à Repentigny.[2] — *Jean-François,* b[2] 10 juillet 1700 ; m à Marie-Anne Lauzon. — *Charles,* b 12 mars 1709, à St. François, I. J.

II.— LORIN, Pierre, [Pierre I.
Jarry, Barbe.
Jean, b 13 et s 14 déc. 1694, à Montréal.

---

(1) Voy. page 176.

(2) Elle épouse, le 7 octobre 1697, Jean Le Roy, à Montréal.

(3) Elle épouse, le 3 février 1701, Louis Leroux, à Montréal.

---

(1) Elle épouse, le 24 sept. 1691, Barthélemi Couton, à Québec.

(2) Elle épouse, le 19 octobre 1694, Jean Brunet, à Lachine.

I — LORION, Mathurin, b 1604 ; s 19 avril 1683, à la Pointe-aux-Trembles de Montréal [1]
1º Morin, Françoise.
Catherine, b 1636 ; 1º m à Pierre Villain , 2º m 21 juin 1654, à Jean Simon, à Montréal [6] ; 3º m [6] 9 avril 1657, à Nicolas Millet, 4º m [6] 23 nov. 1676, à Pierre Desautels , s...
2º Barbier, Marie.
Marie, b 1644 , m [6] 9 déc. 1658, à Etienne Lert , s [1] 10 nov. 1687
3º Bisette, Jeanne, b 1623 , s [1] 29 oct. 1698.
Jean, b [6] 25 janv. 1660 ; m 26 janv. 1697, à Marie-Anne Le Tellier, à Varennes [8]. — *Marie*, b [6] 25 août 1662. — *Jeanne*, b 1651 ; m [6] 25 août 1663, à Pierre Pinon ; s [6] 27 avril 1666. — *Renée*, b 1657 ; 1º m [b] 19 nov. 1674, à Jean Delpué ; 2º m [1] 9 juillet 1691, à Jean Le Tellier ; 3º m [8] 8 fév. 1706, à Jean Tirrol.

1697, (26 janvier) Varennes.

II. — LORION, Jean,   [Mathurin I.
Letellier, Marie-Anne,   [Jean II.
Marie-Françoise, b 8 déc. 1697, à la Pointe-aux-Trembles de Montréal.

I. — LORYOT, Pierre,
Bonnet, Jeanne,
Perette, b... ; m 21 oct. 1671, à Pierre Butaud, à Ste. Anne. — *Pierre*, b 1658.

I. — LORIOT, Jean, b 1638 ; s 11 juillet 1706, à la Pointe-aux-Trembles de Québec. [5]
Merlin, (1) Agathe, b 1643 , s [5] 4 déc. 1728.
Jeanne, b 16 nov 1671, à Québec [6] ; m [5] 7 janv. 1687, à Pierre Aubuchon. — *Marie-Louise*, b [5] 3 fev. 1683. — *Marie-Louise*, b 1678, m [5] 4 nov. 1698, à René Tapin — *Joseph*, b [6] 13 nov. 1675 ; 1º m [5] 3 sept. 1699, à Jeanne Roignon ; 2º m à Marie-Charlotte Delage. — *Pierre*, b [6] 31 janv. 1674.

1699, (3 septembre) Pte-aux-Trembles, Q. [5]

II. — LORIOT, Joseph,   [Jean I.
1º Roignon, Marie-Jeanne,   [Michel I.
s [5] 23 juillet 1713.
Marie-Marguerite, b [5] 20 août 1700 ; s [5] 28 avril 1710. — *Guillaume*, b 1702 ; s [5] 20 oct. 1720. — *Marie-Geneviève*, b [5] 29 mars 1702. — *Marie-Jeanne*, b [5] 10 fev. 1704. — *Pierre-Joseph*, b [5] 15 mars 1705. — *Michel*, b [5] 9 fév. 1708 ; s [4] 4 avril 1711. — *Marie-Françoise*, b [5] 12 fév. 1710 ; m [5] 30 janv. 1731, à Pierre Trudel. — *Marie-Jeanne*, b [5] 22 avril 1712 , s [5] 6 juin 1713. — *Pierre*, b... ; 1º m à Marie-Jeanne Delage ; 2º m [5] 17 janv. 1735, à Marie Denis.
2º Delage, Marie-Charlotte,
Jean-Baptiste, b 17 sept. 1719, à la Pointe-aux-Trembles de Québec [4] ; s [4] 30 mars 1720. — *Louis-Joseph*, b [4] 5 mars 1716. — *Michel*, b [4] 29 sept. 1729 ; m [4] 22 fev. 1751, à Marie-Anne Trudel. — *Marie-Charlotte*, b [4] 12 nov. 1717 , s [4] 3 mars 1718. — *Marie-Geneviève*, b [4] 5 mars 1721 ; m [4] 1er fev. 1745, à Thierry Fournel. — *Anonyme*, b et s [4] 12 nov. 1722. — *Charles-Marie*, b [4] 30 sept. 1723. — *Gabriel*, b 8 et s [4] 25 sept. 1725. — *Marie-*

Jeanne, b [4] 21 sept. 1726 , m [4] 22 janv. 1748, à Joseph Mathieu. — *Jean-Baptiste*, b 12 juillet et s [4] 3 oct. 1728.

LORTIE. — Voy. Laurent.

1670.

I. — LORY, François, b 1646, fils de César (peintre) et de Richarde Grainereau, de la Scelle, évêché de Poitiers ; s 6 janv. 1702, à Lachine. [6]
1º Parement, Perette, b 1646.
François, b 1671 ; m [5] 4 nov. 1698, à Marie-Anne Beaune ; s 2 fev. 1703, à Montréal. — *Louis*, b 1673 ; m [5] 16 juin 1698, à Marie-Louise Beaune. — *Martin*, b 1678. — *Marie-Antoinette*, b 28 juin 1681, à Repentigny.

1685, (29 janvier) Lachine. [4]

2º Le Gros, Marie-Thérèse,   [Antoine I.
Marie, b 3 et s 12 janv. 1688, à Montréal.

1698, (16 juin) Lachine.

II. — LORY, Louis,   [François I.
Beaune, Marie-Louise,   [Jean I.
veuve de Pierre Maupetit.

[**1698,** (4 novembre) Lachine. [9]

II. — LORY, François,   [François II.
s 2 fev. 1703, à Montréal.
Beaune, Marie-Anne,   [Jean I.
Marie-Madeleine, b [9] 9 août 1699. — *Suzanne*, b [9] 31 oct. 1701.

LOTTINVILLE et Lothainville. — Voy. Chenay dit La Garenne, sieur De Lothainville — Le Maitre.

I — LOTHMAN le Barrois. — Voy. Barrois, page 27.

LOTHMAN le Barrois, conseiller, secrétaire, et interprète, en langue portugaise, venu en Canada, comme agent général de la Compagnie des Indes, 1665. (*Edits et ordonnances, t. III., p. 38.*)

1694, (8 fevrier) Montréal.

I. — LOTIER, Jacques (1)
Matou, Angélique,   [Philippe I.
Anne, b 2 nov. 1709, à Ste. Anne de Montréal.

1669, (7 octobre) (2)

I. — LOUBAT, Jean, fils d'André et de Porette Cadde, de l'évêché de Xaintes.
Dupré, Françoise, fille de Jean et de Denise Pintier, de l'évêché du Mans.
Ignace, b 22 janv. 1668, à Sillory.

I. — LOUBIA De Broisle, Arnoul, seigneur de la rivière Nicolet et capitaine d'une compagnie du regiment de Carignan.

---

(1) Voy. Lantier, page 347.

(2) Date du contrat de mariage. — *Greffe de Duquet.*

I.—LOUBIER, Laudié, Marie, b 1644, de La Rochelle ; 1º m à Simon Esnard ; 2º m 1678, à Pierre Girardeau ; 3º m 9 oct. 1684, à François Huguenne, à Québec . 4º m 10 nov. 1688, à André Bonin, aux Trois-Rivières.

I.—LOUERIES, Julien, b 1641, établi à Montréal Angorse, Jeanne, b 1636.

1673, (2 octobre) Québec. [9]

I.—LOUINEAUX, Pierre, b 1645, fils de Nicolas et de Louise Borteguine, de St. Cyr, évêché de La Rochelle ; s [9] 22 mars 1711.
  1º Flechet, Anne, fille de Jean et d'Anne Pageot, de St. Sauveur, évêché de Langres.
  Marie, b 20 et s [9] 25 mai 1674. — *Louise*, b 21 et s [9] 23 janv. 1676. — *Pierre*, b et s [9] 9 fev. 1675.

    1678, (28 avril) Ste. Famille.

  2º Breval, Marie, b 1654, veuve de Charles Séguin ; s [9] 17 fév. 1716.
  Pierre, b 23 juillet 1679, à St. Laurent, Ile d'Orleans ; m [9] 16 fév. 1699, à Apolline Bisson ; s [9] 3 fev. 1718. — *André*, b [9] 1er juillet 1681 ; m [9] 24 avril 1713, à Suzanne Savaria. — *Jean-Francois*, b [9] 14 fev. 1683 ; s [9] 1er janv. 1684. — *Marie-Madeleine*, b [9] 4 sept. 1684 ; m [9] 22 août 1701, à Jean Chrétien. — *Jeanne-Marie*, b [9] 2 avril 1686 ; m [9] 3 fev. 1707, à Etienne Lafond, s 20 dec. 1730, à Batiscan. — *Anne*, b [9] 26 juillet 1688, m [9] 13 nov. 1710, à Joseph Gagnon. — *Henry*, b [9] 1er août 1690, m [9] 12 fev. 1714, à Marie-Louise Lambert ; s [9] 24 mars 1761. — *Angélique*, b [9] 7 juin 1692 ; m [9] 19 oct 1712, à Laurent Roy ; s [9] 18 nov. 1740. — *Michelle*, b 9 et s [9] 18 janv. 1694. — *Jean*, b [9] 11 août 1695.

1699, (16 fevrier) Québec. [9]

II.—LOUINEAU, Pierre,   [Pierre I. s [9] 3 fév. 1718.
  Bisson, Pauline,   [René I.
  Pierre-Dominique, b 25 juin et s [9] 8 juillet 1700. — *Marie-Anne*, b [9] 7 janv. 1702 , m [9] 8 fev. 1723, à Jean-Nicolas Patoile — *Jacques*, b [9] 4 oct. 1703 , s [9] 9 janv. 1715.— *Jean-Baptiste*, b [9] 12 déc. 1704 , m [9] 27 juillet 1727, à Marie-Louise Motiné — *Pierre*, b [9] 20 août 1707. — *Marie-Louise*, b [9] 15 nov. 1709 ; m [9] 18 nov. 1737, à Louis Laurent , s [9] 3 oct. 1743. — *Louis-Dominique*, b [9] 26 avril 1711 ; s [9] 5 oct. 1714. — *Jean-Louis*, b [9] 28 mai 1713. — *Louise-Apolline*, b [9] 8 oct. 1715.

1687, (25 novembre) Québec. [7]

I.—LOUP, André, (1) fils de Jean et d'Anne Visque, d'Annecy, en Allemagne ; s...
  Stains, Marie, (2)   [George I.
  Pierre-André, b [7] 4 et s [7] 18 janv. 1689 — *Marie*, b 1697 ; 1º m [7] 5 sept. 1718, à Blaise Lepage , 2º m [7] 28 janv. 1725, à Michel Cuneux ; s [7] 19 mai 1761.

1658, (23 septembre) Montréal.

I.—LOUVARD, Michel, meunier, fils d'Etienne et de Guillemine Faifeu.
  Nadereau, Françoise-Jacqueline, (1) fille de Jacques et de Marie Lebrun, de St. Thomas-de-La-Flèche, Ile d'Oleron, evêché de La-Rochelle.

LOUVETEAU, (2) Jacques.—Voy. Eriché dit Louveteau.

LOUVIÈRE (De).— Voy. Damours.

LOUVIGNY, (De) Louis.—Voy. De la Porte

1653, (22 octobre) Québec. [5]

I.—LOYER de la Tour, Jacques, sergent au fort de Québec, b 1626, fils de Noel et de Renée Peraud, de la Flèche, en Anjou, s [5] 3 juillet 1669.
  Sevestre, Marie-Madeleine, (3)   [Charles II.
  Charles, b [5] 9 juillet 1659. — *Jacques*, b [5] 12 janv. et s [5] 14 mars 1662 — *Anne-Françoise*, b [5] 27 nov. 1666.

1694, (22 février) L'Ange-Gardien. [6]

II.—LOYER dit Desnoyers, Gabriel.
  Gendron, Geneviève,   [Pierre I.
  Louis, b [6] 1er nov. 1694. — *Geneviève*, b [6] 29 nov. 1697. — *Catherine*, b [6] 13 août 1699. — *Jean-Baptiste*, b 6 fev. 1705, à Repentigny. [7] — *Gabriel*, b [7] 13 janv. 1707 ; 1º m 1727, à Marie Couvret ; 2º m [7] 16 janv. 1730, à Angélique Beaudoin. — *Marie-Catherine*, b [7] 5 déc. 1708, — *Rose*, b [7] 18 janv. 1711.— *Marie-Angélique*, b [7] 25 et s [7] 27 janv. 1713. — *Guillaume*, b [7] 15 juillet 1714 , s [7] 26 juin 1717. — *Hélène*, b [7] 28 dec. 1715,— *Marie-Louise*, b [7] 23 juillet 1716. — *Jean-Baptiste*, b [7] 19 juillet 1718 — *Marie-Anne*, b..., m [7] 3 oct. 1720, à Jean-Baptiste Maheu.

LUCAS. — *Surnoms* : Lespine— Lagarde — Bayonnet — Dontigny — Renand.

I.—LUCAS, Leonard ; s 1651, tué par les Iroquois.

1653, (9 novembre) (4)

I.—LUCAS dit Lespine, Jacques, fils de Martin et de René Houbert, du Port, en Normandie.
  Capel, Françoise, (5) veuve de Jean Turcot.
  Marie, b 22 janv. 1655, aux Trois-Rivières. [8] — *Alexandre*, b...; m à Marie-Geneviève Malet. — *Francois*, b [8] 14 mars 1658 ; m 12 janv. 1695, à Madeleine Beaudoin, à Champlain [8], s [9] 15 mars 1699.

---

(1) Il signe Wolf. Ce nom a subi de curieuses transformations. Aux actes de baptême, on trouve qu'une de ses filles est appelée Loupe, et aussi Polonaise.

(2) Elle épouse, le 27 oct. 1720, Joseph Caignard.

(1) Elle épouse, le 18 juin 1663, Michel André.

(2) Nom d'une paroisse de Rouen.

(3) Elle épouse, le 22 février 1672, Louis DeNiort, à Québec.

(4) Date du contrat de mariage.—*Greffe d'Ameau.*

(5) Elle épouse, le 1er fev. 1660, Jacques Marchand, aux Trois-Rivières.

1699, (11 juin) Montréal. [4]

I. — LUCAS dit Lagarde, Toussaint, b 1645, fils de Romain et de Perinne Cordier, de St. Jean Delbœuf, d'Evreux ; s avant 1694.
Charpentier, Marguerite, b 1611, fille de Claude et de Catherine Hery, de St. Etienne du Mont, de Paris ; s [4] 27 sept. 1694.

II. — LUCAS, Alexandre, (1)   [Jacques I.
Malet, Marie-Geneviève.
André, b 27 avril 1681, à la Pte-aux-Trembles de Montréal.

1695, (12 janvier) Champlain. [5]

II. — LUCAS, François, (2)   [Jacques I.
s [5] 15 mars 1699.
Beaudoin, Madeleine, (3)   [René I.
Françoise, b [5] 6 fév. 1696 — Alexis, b [5] 9 août 1697. — Michel, (posthume) b [5] 7 oct. 1699.

LUCAULT, — Variations et surnoms : Lukos — Barbot.

1648, (12 octobre) Montréal. [7]

I. — LUCAULT, (4) Léonard, b 1626, fils de François et de Madeleine Bagodon ; s [7] 18 juin 1651, tué par les Hurons.
Poisson, Barbe, (5) b 1634, fille de Jean et de Barbe Provost, de St. Jean. au Perche.
Marie, b [7] 1er juillet 1650 ; m [7] 13 avril 1665, à René Cuillerier. — Marguerite, b 1657.

I. — LUCIÉ, Madeleine, fille d'Alexandre et de Madeleine Luçon, de St. Mery, de Paris ; 1° m 26 fév. 1691, à René Boutet, à Québec [3] , 2e m [3] 11 août 1692, à Joseph Gallais.

LUGRÉ, — Voy. De Leugré.

LUINEAU, — Voy. Louineau.

1689, (16 mai) Montréal. [1]

I. — LUMINEAU, Jean, fils de Jean et de Michelle Cailler, de Fontenay-le-Comte, évêché de Poitiers.
Quevillon, Marie,   [Adrien I.
Madeleine, b [1] 1er nov. 1690 ; m 15 avril 1709, à Louis Blin, à la Rivière-Ouelle. — Marie, b... ; m 9 juin 1714, à Joseph Pelletier, à Québec.

LUNAU. — Voy. Parant.

1676, (16 novembre) Montréal.

I. — LUPIEN dit Baron, Nicolas, (6) s avant 1709.
Chauvin, Marie, (7)   [Pierre I.

(1) Dit Bayonnet.
(2) Dit Dontigny.
(3) Elle épouse, le 11 nov. 1700, Pierre Dizy, à Champlain.
(4) Lukos dit Barbot.
(5) Elle épouse, le 19 nov. 1651, Gabriel Celle-Duclos, à Montréal.
(6) Le nom de Lupien est le nom de baptême de son père, Loupien Barron, en France.—Voyez Barron, page 27.
(7) Elle épouse, le 29 avril 1706, Jean Fleury, aux Trois-Rivières.

Marie-Anne, b 14 mars 1691 ; m 5 fév. 1709, à Pierre Labreche, aux Trois-Rivières.

LUSIGNAN. — Voy Miel — Segelle.

LUSIGNAN, (Dasmard chevalier de) Paul-Louis.

1687, (10 février) Montréal. [2]

I. — LUSSEAU, Pierre, sergent, fils de Michel et de Renée Vrilleau, de St. François, ville de St. Jean d'Angély, évêché de Xaintes.
Sedilot, Marguerite,   [Louis I.
veuve de Jean Aubuchon.
Pierre, b [2] 19 août 1688.

LUSSYÉ. — Variations : Lucier — L'Huissier — Lussier.

1969, (30 septembre) Québec.

I — LUSSYÉ, Jacques, b 1646, fils de Jacques et de Marguerite Darmine, de St. Eustache de Paris.
1° De la Marche, Charlotte, fille de François et de Suzanne Bourgeois, de St. Jacques du Haut-pas, de Paris ; s 15 fév. 1671, dans la chapelle de Boucherville. [6]
Marie, b [5] 11 fév. 1671 ; m [8] 24 fév. 1688, à Paul Laporte ; s [8] 21 mai 1695.

1671, (12 octobre) Québec.

2° Clerice, Catherine, b 1653, fille de Pierre et de Marie Lefebvre, de St. Sulpice de Paris.
Anonyme, b et s 1672, à Boucherville. [3] —Christophe, b [8] 3 oct. 1673 ; m 12 nov. 1696, à Catherine Gaultier, à Varennes. — Marie-Madeleine, b 20 sept. 1681, à la Pointe-aux-Trembles de Montréal ; m [9] 4 fev. 1699, à Michel Petit. — Pierre, b [8] 23 mai 1675 ; m [9] 13 sept. 1699, à Marguerite Viau. — Catherine, b [8] 22 janv. 1677 ; m [9] 11 oct. 1690, à Jacques David. — Jacques, b [8] 18 sept. 1678 ; m [9] 10 juillet 1702, à Marie Sénécal. — François, b [9] 10 et s [8] 27 juillet 1680. — Marguerite, b [8] 5 sept. 1683 ; m à Ignace Tessier. — Isaac, b [8] 24 août 1685. — Jean, b [8] 2 mars et s [8] 10 déc. 1687. — Louise, b [8] 27 mars 1689 ; m 1704, à Jean Bousquet. — Marie-Jeanne, b [8] 23 fév. 1692 ; m 23 oct. 1707, à Antoine Foisy, à Repentigny. — Jean-Baptiste, b 1694 ; m à Marie-Françoise Foisy ; s [9] 2 nov. 1708.

1696, (12 novembre) Varennes. [9]

II. — LUSSIER, Christophe,   [Jacques I.
Gaultier, Catherine,   [Jean I.
Marguerite, b [9] 11 sept. 1699 ; m [9] 6 janv. 1718, à Jean Monjeau ; s [9] 17 sept. 1764. — Jacques, b 17 oct. 1697, à Boucherville. — Marie-Louise, b [9] 6 juin 1702. — Catherine, b [9] 20 avril 1704 ; m [9] 18 août 1721, à Alexis Gipoulon. — Christophe, b [9] 1er juillet 1708. — Paul, b [9] 3 janv. 1711 — Anonyme, b et s [9] 8 mai 1713. — Joseph, b [9] 22 août 1714.

1699, (13 septembre) Varennes. [9]

II. — LUSSIER, Pierre.   [Jacques I.
Viau, Marguerite,   [Jacques I.

Marie-Rose, b ⁹ 13 déc. 1700 — *Marie-Louise,* b ⁹ 13 dec. 1700 ; s ⁹ 22 fév. 1701. — *Marie-Jeanne,* b ⁹ 8 sept. 1702. — *Marguerite-Ursule,* b ⁹ 4 juillet 1704.

I. — LUTON DIT BONVOULOIR, GILLES, ancien soldat de Carignan, était à la Pointe-aux-Trembles de Montréal, en 1690.

LYAUMONT. — Voy. GLAUMONT.

LYONNAIS. — Voy. BARURENTIER.

M

I. — MABILLE, MICHELLE, b 1585 , s 21 janv. 1665, à Québec.

I. — MABILE, ANNE, b 1666 ; m à Claude SALOIS.

MABRIAN. — Voy. COULON.

I. — MACARDÉ, JACQUES, serviteur de Dlle. De Repentigny ; s 8 juillet 1655, à Québec.

I. — MACARD, MICHELLE-MADELEINE, b 1640 ; m 1654, à Charles CADIEU-COURVILLE ; s 14 avril 1700, à Beauport.

1646, (12 novembre) Québec. ⁶ (1)

I. — MACARD, DIT CHAMPAGNE, NICOLAS, fils de Thomas et de Marguerite Hardy, de Mareuil-sur-Dié ; s ⁶ 5 oct. 1659.
COUILLARD, Marguerite,   [GUILLAUME I.
    veuve de Jean Nicolet , s ⁶ 20 avril 1705.
Marie, b ⁶ 11 sept. 1647 ; m ⁶ 18 janv. 1663, à Charles LE GARDEUR ; s ⁶ 14 fev. 1667. — *Geneviève,* b ⁶ 5 oct. 1649 ; 1° m ⁶ 11 janv. 1666, à Charles BAZIRE ; 2° m ⁶ 1ᵉʳ août 1679, à François PROVOST ; 3° m ⁶ 5 nov. 1703, à Charles D'ALOGNY ; s ⁶ 23 fév. 1724. — *Anne,* b ⁶ 28 mars 1652 ; m ⁶ 22 oct. 1668, à Pierre BÉQUART ; s ⁶ 11 déc. 1731. — *Ignace,* b ⁶ 7 janv. 1654. — *Catherine-Gertrude,* b ⁶ 15 nov. 1655 ; m ⁶ 24 oct. 1672, à Jean-Baptiste DESCHAMPS ; s ⁶ 21 nov. 1681, à l'Islet. — *Charles,* b ⁶ 16 déc. 1656 ; m ⁶ 20 dec. 1686, à Renée-Jeanne GOURDEAU ; s ⁶ 10 dec. 1732.

1686, (20 décembre) Québec. ⁶

II. — MACART, CHARLES, conseiller, [NICOLAS I. s ⁶ 10 déc. 1732.
GOURDEAU, Renee-Jeanne,   [JACQUES I. s ⁶ 18 déc. 1717.
Charles-François, b ⁶ 28 sept. 1687 ; s ⁶ 3 nov. 1687. — *Jeanne,* b ⁶ 24 sept 1688 ; s 15 déc. 1688. — *Charles,* b ⁶ 28 fev. et s ⁶ 16 mars 1690, — *François,* b ⁶ 28 fév. et s ⁶ 16 mars 1690. — *Jeanne-Françoise,* b ⁶ 30 oct. 1691 ; s ⁶ 6 fev. 1703.

---

(1) Au contrat de mariage, passé le 12 oct. 1646, assistaient : Montmagny, gouverneur ; René et Louis Maheu, cousins de la future épouse ; Louis Couillard, frère, Marie Renouard, femme de Robert Giffard ; Pierre De Launay, commis, Jean Gagnon, prêtre ; Gilles Nicolet, prêtre ; René Robineau, Ecuyer ; Nicolas Fromage, sieur de Trois-Monts, et Jacques De La Ville.—*Greffe de Bancherons.*

MACÉ. — *Variations et surnoms :* MASSE — MASSÉ — MARTIN.

I. — MACÉ, JACQUES, b 1641, établi au Cap de la Madeleine.
GUILLET, Catherine,   [PIERRE I.
Simon, b 1670. — *Marie,* b 1673. — *Louis,* b 1676. — *Jacques,* b 1678.

I. — MACÉ, (MASSÉ) MARTIN, taillandier, b 1646, de Luçon.
DE CORS, (LEDUC) Jeanne, b 1649.
Michel, b 1671. — *André,* b 30 mai 1676, à Montréal ⁷ — *Jeanne,* b ⁷ 25 avril 1677 ; m ⁷ 7 janv. 1696, à Michel CAMPEAU. — *Martin,* b ⁷ 26 juin 1679 ; s ⁷ 7 oct. 1692. — *Marie-Françoise,* b 2 et s ⁷ 4 août 1682. — *Anne,* b ⁷ 7 déc. 1684 , m ⁷ 16 janv. 1704, à Guillaume MAILHOT. — *Catherine,* b ⁷ 16 déc. 1687 ; s ⁷ 12 juin 1699. — *Marie,* b 10 sept. 1673, à Sorel, m ⁷ 24 sept. 1696, à Jean POTHIER.

I. — MASSÉ, MARTIN, b 1648
DAVID, Thérèse,   [CLAUDE I.
Jean, b 24 mars et s 7 avril 1689, à Québec. — *Marguerite,* b 14 mai 1679, aux Trois-Rivières ³ ; m 19 avril 1694, à Alexis SAUVAGEOT, aux Grondines. — *Marie-Charlotte,* b ³ 28 et s ³ 30 janv. 1681. — *Marie-Thérèse,* b 1683 ; m 17 fev. 1705, à Louis HAGUENIER, à Montreal. — *Catherine,* b 3 juin 1692, à la Pointe-aux-Trembles de Quebec. — *Claude,* b... ; m 27 nov. 1713, à Jeanne HAYET, à Varennes.

I. — MACÉ, FRANÇOIS.
MASSON, Marie, b 1655 ; s 23 nov. 1705, à Montréal.

MACOUCE. — Voy. FAFARD. (du Détroit)

MADRY. — Voy. DUQUET.

MADOR. — Voy. MOREL.

I. — MADOR, JEAN, donné chez les Religieuses de l'Hôpital de Montréal, b 1645 ; s 24 nov. 1700, à Montréal.

1687, (4 novembre) Québec. ◡

I. — MADOU, JEAN-HENRY, (1) fils de Pierre-Henry et de Marguerite Dunocharque.
TREFFLÉ, Hélène, (2)   [FRANÇOIS I.
Joseph, b ⁸ 31 janv. 1691.

MAGDELAINE, JOSEPH. — *Variations et surnoms :* VIVIER — VIVIEN — LADOUCEUR.

1672, (21 novembre) Montréal. ⁶

I. — MAGDELAINE DIT LADOUCEUR, VIVIER, b 1641, fils de Jean et d'Elizabeth Parisis, de St. Hilaire, évêché de Xaintes ; s 16 oct. 1708, à Lachine. ⁷

---

(1) Pierre Lemoyne, sieur d'Iberville, était présent à ce mariage.

(2) Elle épouse, le 10 nov. 1700, Gabriel Duprat, à Québec.

GAUDIN, Marie, [PIERRE I.
s⁷ 27 oct. 1687.
Joseph, b⁶ 26 oct 1673, m⁷ 15 nov. 1699, à
Catherine GIRARDIN — *Mathurin,* b 8 mars et s⁶
20 mai 1676. — *Etienne,* b⁶ 21 avril 1677; m⁶ 15
janv. 1703, à Jeanne BOURSIER. — *Léonard,* b⁷ 29
fév 1680. — *Jean-Baptiste,* b⁷ 25 août 1681; m à
Elizabeth MILLET — *Marie,* b⁷ 15 dec. 1683. —
Nicolas, b⁷ 19 fev. 1686. — *Barbe,* b⁷ 22 oct.
1687.

1699, (15 novembre) Lachine, ⁴

II. — MAGDELAINE, (1) JOSEPH, [VIVIEN I.
GIRARDIN, Catherine, [LEONARD I.
Catherine, b 14 ct s⁴ 25 mars 1700. — *Cathe-
rine,* b 17 juillet 1701, à Montreal. ³ — *Angélique,*
b⁸ 10 janv 1703 — *Anne,* b 6 fev 1704, à St.
Anne du bout de l Ile. ¹ — *Joseph,* b¹ 16 nov. 1705.
— *Jean-Baptiste,* b¹ 29 dec. 1709 — *Pierre,* b 14
avril et s 15 mai 1714, à la Pointe-Claire.

1698, (6 novembre) Québec. ¹

1. — MADRAC, DENIS, fils d'André et de Catherine Cambertran, de Quinsac, evêché de Bordeaux.
COUSSON, Marie-Anne, [FRANÇOIS I.
Marie-Anne, b¹ 13 oct 1700, m¹ 18 nov. 1723,
à Jean RIBOULET, s¹ 26 juin 1729 — *Claire-
Françoise,* b¹ 16 nov. 1703 — *Laurent,* b 1er mai
et s¹ 19 oct 1706 — *Louise,* b¹ 18 août 1707; m¹
1er oct. 1724, à Guillaume COUVESSIER; s¹ 26
sept. 1725.

1660, (19 janvier) Québec ²

I — MADRY, JEAN, (2) s² 31 juillet 1669.
DUQUET, Françoise, (3) [DENIS I

1662, (19 mars) Montreal. ⁷

I. — MAGNAIN dit L'ESPÉRANCE, JEAN, tailleur,
b 1610, fils de Pierre et de Denise Amiot,
d'Hedin, evêché de Bourges et Berry.
MOITIE, Marie, (4) b 1643, fille de Charles et de
Nicole Adesse, de St. Sulpice de Paris
Marie-Madeleine, b⁷ 12 mai 1673, s⁷ 27 juin
1678 — *Louise,* b 8 oct 1675, à Laprairie⁸, m⁷
22 janv 1704, à Jean-Baptiste GIGUIER. — *Marie-
Anne,* b⁸ 7 dec. 1677; m⁷ 29 oct. 1698, à François LE BLR — *Joseph,* b³ 12 nov. 1679. — *Jean-
Antoine,* (5) b⁸ 24 sept. 1682. — *Catherine,* b⁸ 1er
oct 1684, m 3 fev 1705, à Jean-Baptiste HEUREUX,
à la Pointe-aux-Trembles de Montreal, s⁷ 3 nov.
1744. — *Marguerite,* b⁸ 28 avril 1696, s⁷ 31 juillet 1688. — *Pierre-Silvain,* b⁷ 29 juillet 1688

---

(1) Dit Ladouceur, en 1714.

(2) Il etait parti de Québec le 26 juillet 1669, avec un soldat du
fort nommé Louis Lamontagne, pour aller aux Trois-Rivières, et tous deux se noyèrent, le meme jour. Madry fut inhumé
au cimetière des pauvres de l'Hôtel-Dieu. — Il avait été élu
premier échevin de Québec, avec Claude Charron, le 7 oct.
1663. (*Edits et Ordonnances,* t. II, p. 10.)

(3) Elle épouse, le 14 sept. 1670, Olivier Morel de la Durantaye, à Québec.

(4) Elle épouse, le 9 octobre 1700, Pierre Chesne, à
Montreal.

(5) Etabli au Détroit.

I. — MAGNAN, PIERRE, b 1627, natif de Tougne,
près de Lizieux, en Normandie, venu en
Canada, en 1617. Il avait quitté la France,
après un assassinat, et, en 1627, il fut massacré et mangé par les Iroquois.

I. — MAGNAN, ETIENNE, b 1647, s 15 mars
1716, à la Pointe-aux-Trembles de Québec. ³
MIGNERON, Elizabeth, [JEAN I.
s³ 19 mars 1719.
Marie-Thérèse, b 29 sept 1676, à Quebec⁴; m⁴
10 nov. 1698, à Claude BOURGOIN. — *Jean-Baptiste,*
b⁴ 31 déc. 1678. — *Etienne,* b 3 ct s³ 27 juin 1681.
— *Alexis,* b⁴ 2 août 1682, s³ 17 fév. 1709. —
Michel, b³ 9 fév. 1685; s³ 26 avril 1713. — *Etienne,* b³ 26 avril 1687, 1° m⁸ 27 fév. 1713, à Marie-
Anne MAITE, 2° m³ 7 janvier 1732, à Marie-
Madeleine DÉRY. — *Catherine,* b 1688; m⁴ 10
nov. 1720, à Jean CLUSEAU; s⁴ 8 fév. 1758. —
François, b 28 janv. et s³ 2 fév. 1690. — *Pierre,*
b³ 28 dec. 1691.— *Jean,* b³ 24 fev. 1694 — *Marie-
Angélique,* b⁴ 16 août 1697. — *Marie-Catherine,*
b⁴ 27 oct. 1700; s³ 11 fév. 1703.

1669, (30 septembre) Ste Famille. (1)

I. — MAGNAN, (Le) FRANÇOIS, fils de Pierre et
de Jeanne Reneau, de St. Etienne de Romo-
rentin, evêché d'Orleans.
CROSNIER, Jeanne, fille de Guillaume et de
Jeanne Chante, de St. Paul de Paris.

I — MAGNAN dit CHAMPAGNE.
Charles, b 1696, s 7 avril 1703, à Lachine. ¹
— *Pierre,* b 1702; s¹ 11 avril 1703.

1699, (9 février) Laprairie. ²

I — MAGNAN, GASPARD, fils de George et de
Madeleine Lagarde.
MARSILLE, Madeleine, [ANDRÉ I.
Michel, b¹ 15 déc. 1699; s 30 mars 1703, à
Montreal. ¹ — *Pierre,* b¹ 27 sept. 1702.

MAGNAN. — Voy. MIGNIER. (2)

MAGNERON. — Voy. MIGNERON.

MAGNY. — Voy. GERMAIN.

1686, (7 janvier) Pte.-aux-Trembles (M.) ²

I. — MAGUET, PIERRE, b 1661, fils d'Augustin
(bourgeois) et de Françoise Goupil, de St.
Paul de Paris.
PERTHUIS, Catherine, [PIERRE I.
Pierre, b² 27 août ct s² 5 sept. 1687. — *Alexandre,* b² 29 août 1694, m 1728, à Marie-Josette
BEAUCHAMPS. — *Michel,* b² 7 sept. 1697, m 1732,
à Elizabeth COURTEMANCHE. — *Joseph,* b...; m
1734, à Marie-Josette DESJARDINS — *Jean,* b...; m
1737, à Jeanne ABEL. — *Pierre,* b 18 sept. 1707, à
St. François, I. J.

---

(1) Cet acte se trouve aussi aux registres de Québec.

(2) Le nom de Mignier dit Lagacé est devenu Magnan.

1639, (26 septembre) Québec. [2]

I.— MAHEU, Jacques, fils de Nicolas et de Louise Chichon, de Bubertz, au Perche , s [2] 22 juillet 1663.

Convent, Anne, (1) b 1601, veuve de Philippe Amiot

Marie-Madeleine, b [2] 28 sept. et s [2] 19 oct. 1641. *— Jean,* b [2] 31 mai 1643 , 1° m [2] 16 juillet 1663, à Marguerite Corriveau, 2° m 18 sept. 1673, à Mathurine Bélanger, au Château-Richer ; s 1674. *—Nicolas,* b... ; s 17 oct. 1673, au Château-Richer, tué par un arbre.

———

1650.

I — MAHEU, René, s 1er août 1661, à Québec. [2]

Corriveau, Marguerite, (2) s [2] 19 avril 1673

Louis, b 12 dec. 1650 ; m [2] 12 juin 1673, à Geneviève Bissot ; s [2] 24 nov. 1683 — *Jean-Paul,* b 1640 ; 1° m [2] 13 nov. 1669, à Marguerite Tesson ; 2° m 26 sept. 1700, (3) à Françoise Meunier

I.— MAHEU dit Point du Jour, Zacharie, b 1606, de Mortagne, au Perche.

Fouquet, Léonarde, de Mortagne, au Perche

René, b... , m 30 juillet 1657, à Jeanne Garnier.

1657, (30 juillet) Québec. [2]

II.— MAHEU, René, [Zacharie I.

Garnier, Jeanne, (4) fille de Sebastien et de Marie Roux, de St. Denis d'Oleron, évêché de La Rochelle.

René, b [2] 6 juin 1658 ; m 16 nov. 1682, à Barbe Boucher, au Château-Richer.

1659, (10 novembre) Québec.

I.— MAHEU, Pierre, b 1634 , s 13 mai 1717, à Beauport. [0]

Drouin, Jeanne, [Robert I
b 1647.

Marie, b 24 janv. 1663, au Château-Richer [0] , m 8 nov. 1678, à Charles Letartre, à l'Ange-Gardien. [1] — *Charles,* b 1666 , m [1] 26 avril 1688, à Marie-Charlotte Garnier. — *Pierre,* b [0] 3 mai 1669 ; m [1] 15 janv. 1691, à Louise Garnier, s [1] 9 janv. 1703. — *Jeanne-Angelique,* b [1] 7 juin 1671 ; m [1] 15 janv 1691, à Charles Garnier ; s [9] 1er mai 1717. — *Jeanne,* b [1] 11 mai 1681 ; 1° m [1] 21 nov. 1695, à Joseph Garnier, 2° m [9] 7 avril 1704, à Paul Bélanger.

1663, (16 juillet) Québec.

II — MAHEU, Jean, [Jacques I.

1° Corriveau, Marguerite, veuve de René Maheu.

1673, (18 septembre) Château-Richer.

2° Bélanger, Mathurine, (5) [François I.

———

1669, (13 novembre) Québec [2]

II — MAHEU, Jean-Paul, (1) [René I

s 25 dec. 1708, à St. François, I O.

1° Tesson, Marguerite, b 1651, fille de Noel et de Christine De Bers, de St. Paul, de Paris.

Jean, b [2] 14 sept. 1670. — *Angélique,* b [2] 14 août et s [2] 17 sept 1681. — *Pierre-Louis,* b [2] 14 avril 1684 — *Marie-Louise,* (2) b 23 juillet 1680, à Montreal [4] , s [4] 15 mars 1703.

1700, (26 septembre). (3)

2° Meunier, Françoise, [Mathilu I.
veuve de Charles Poulot

1671, (15 janvier) L'Ange-Gardien [7]

I — MAHEU, Nicolas, fils de Jean et de Martine Fontaine, de St. Martin, évêche de Meaux.

Guillaume, (Guillon) Marie, fille de Denis et d'Anne Caron, de St. Médard de Paris.

Geneviève, b [7] 22 nov. 1671. — *Jean,* b [7] 9 juillet 1673 ; s 5 avril 1677, à Ste. Anne.

II. — MAHEU, Nicolas, [Jacques I
s 17 oct. 1673, au Château-Richer, tué par un arbre.

1673, (12 juin) Québec. [7] (4)

I.— MAHEU, Louis, [René I.
chirurgien à Québec, s [7] 24 nov. 1683.

Bissot, Geneviève, [François I.

Louis-François, (posthume) b [7] 21 mars 1684 , s [7] 5 mars 1685.

1682, (12 novembre) Château-Richer. [7]

III — MAHEU, René, [René II.
Boucher, Barbe, [Pierre II.
René, (posthume) b [7] 1er juillet 1683.

1688, (26 avril) L'Ange-Gardien. [7]

II. — MAHEU, Charles, [Pierre I.
Garnier, Marie-Charlotte, (5) [Charles I.
Charles, b [7] 24 janv. 1689. s [7] 26 nov. 1691. — *Noel,* b [7] 28 déc. 1690 ; 1 m 1er fév. 1712, à Ursule Girou, à Batiscan [6] ; 2° m [9] 8 nov. 1717, à Marie-Madeleine Ménard — *Pierre,* b [7] 10 août 1693 ; m 11 fév. 1715, à Louise Girou, à Beauport. [0] — *Marie-Angélique,* b [7] 17 mars 1695 ; m [6] fév. 1714, à Pierre Girou. — *Charles,* b [7] 29 mars 1697 ; m 12 nov. 1725, à Marguerite Lévêque, à Repentigny [6] , s [9] 28 fev. 1729. — *Jean,* b [7] 25 sept. 1699 , 1° m à Marie-Barbe Lévêque ; 2° m [6] 3 oct. 1729, à Marie-Anne Loyer — *Alexis,* b [7] 26 avril 1702.

1691, (15 janvier) L'Ange-Gardien. [7]

II. — MAHEU, Pierre, [Pierre I.
Garnier, Louise, (6) [Charles.

———

(1) Elle épouse, le 10 sept 1666, Etienne Blanchon, à Québec.

(2) Elle épouse, le 16 juillet 1663, Jean Maheu, à Québec.

(3) Date du contrat de mariage.—*Greffe de Charles Rageot.*

(4) Elle épouse, le 21 avril 1659. Louis Delamarre, à Québec.

(5) Elle épouse, le 2 oct. 1674, Antoine Desèvre, au Château-Richer.

(1) Seigneur du fief de la Rivière-Maheu

(2) Filleule de Louis Jolliet.

(3) Date de contrat de mariage— *Greffe de Charles Rageot.*

(4) Contrat de mariage, le 9 mai 1673. — *Greffe de Duquet.*

(5) Elle épouse, le 22 août 1707, Jean Girou, à Batiscan.

(6) Elle épouse, le 25 novembre 1704, Valentin Marchand, à L'Ange-Gardien.

Marie, b 28 oct. et s [7] 8 nov. 1692 — *Marie-Thérèse*, b [7] 8 mai 1696, m 7 nov. 1712, à Louis PROVOST, à Beauport [6] — *Joseph*, b [7] 10 mars 1698. — *Marie-Anne*, b [7] 8 mars 1700 m [7] 21 fev 1718, à Pierre RIOPEL. — *Gabriel*, b [7] 28 déc. 1701. — *Pierre*, b..., m [6] 11 fév. 1715, à Suzanne GIROUX.

MAHEU, JEAN.
    HALLÉ, Geneviève, (1)   [JEAN II.
    s 22 août 1758, à Lévis.

I. — MEY, JEANNE, b... ; 1° m à Julien HAUTBOIS; 2° m 9 oct. 1719, à Julien GUYON.

I. — MAIANDY, JEAN, sergent de M. Subercase, en 1693.

I. — MAILLARD, LOUIS, serviteur de M. Macart, s 6 fév. 1657, a Quebec.

MAIHOT. — *Variations et surnoms :* MALHIOT — MALLIOT — MAYOT — MAIOT — LAROCHE.

I. — MAILHOT, RENÉ, b 1637.
    CHAPACOU. Marie,   [SIMON I.
René, b 1675 , m 1702, à Marie-Françoise GAURON. — *Marie*, b 1677 ; m 16 juillet 1708, à François GUIBAUT, à Ste. Anne de la Perade. — *Jean*, b 1679. — *Guillaume*, b 1er janv. 1681, aux Grondines [2], m 16 janv. 1704, à Marie-Anne MACE, à Montréal. — *Marie*, b 1682 ; s 24 déc. 1702, à Quebec. — *Marie-Louise*, b 1684 ; m 10 mai 1706, à Pierre MATAUT, au Château-Richer [1]; s [1] 19 fev. 1713. — *Louis*, b 18 janv. 1689 au Cap Sante. — *François*, b [2] 18 janv. 1695. — *Marie-Anne*, b [2] 18 janv. 1695. — *Geneviève*, b... , m [1] 26 oct. 1722, à Antoine GODARD — *Rose*, b... ; m à Raymond CHÊNE.

1683, (13 septembre) Montréal [4]

I. — MAILHOT, JEAN, marchand, b 1656, fils de Jean et de Marie Courbas, evêché de Limoges.
    1° MILOT, Jeanne,   [JEAN I.
    s [4] 6 oct. 1686.
Jean-Baptiste, b [4] 10 juillet 1684. — *Marie-Anne*, b [4] 29 janv. 1686.

    1688, (1er mars) Batiscan.

    2° MARCHAND, Madeleine,   [JACQUES I
Marie-Françoise, b 16 mars 1689, à Montréal [1]; m [1] 15 déc. 1705, à René BOUCHER. — *Jean-François*, b [1] 4 nov. 1692. — *Jean*, b [1] 20 mai 1694.

1689, (8 janvier) Repentigny.

I. — MALHIOT, LOUIS, (2) fils d'Abraham et de ————, de St. Martin de Sinmateau, evêche de Poitiers.
    JOURDAIN, Marguerite, veuve de Bernard Delpesches

(1) Elle épouse, le 20 août 1710, Jean Duquet, à Lévis.
(2) Marié sous le nom de Majot.

I. — MAILHOT, JEAN, (1) fils de Toussaint et de Claude Boucher, de St. Paul, évêché de Luçon.
    1° PALADEAU, Roberte,   [JEAN I.
    s 11 juillet 1699, à Montréal. [5]
André, b [5] 12 avril 1690. — *Jean*, b 30 oct. et s [5] 4 nov. 1692. — *Jean*, b [5] 5 mai 1694; m 1717, à Elizabeth CHOREL. — *Jean-Baptiste*, b [5] 14 août 1696 ; s [5] 7 août 1699. — *Marie*, b [5] 30 déc. 1697.
    1699, (9 novembre) Montréal.
    2° COURAULT, Marie,   [PIERRE I.

1662, (23 octobre) Montréal. [4]

I. — MAILLET, ou MALLET, PIERRE, b 1631, fils de Jean et de Guillaume Ruellan, de St. Coulon, évêché de Dol.
    HARDY, Marie-Anne, b 1634, fille de René (orfèvre) et de Renée Moget, de la Trinité, evêche d'Angers.
Marie Geneviève, b [4] 2 oct 1663 ; m [4] 8 nov. 1677, à Jean LE GRAS, s [4] 10 avril 1703. — *Anne*, b [4] 20 fev. 1666; 1° m [4] 27 nov. 1681, à Louis DUCHARME; 2° m [4] 18 janv. 1698, à Louis PRIGEAT. — *René*, b [4] 24 fev. 1668; m [4] 17 oct. 1689, à Marie LESCUYER — *Pierre*, (2) b [4] 17 avril 1670; m [4] 9 janv. 1698, à Madeleine DUFRESNE. — *Louis*, b [4] 8 fev. 1673; m 29 oct. 1697, à Jeanne BRUNET, à Lachine — *Pierre*, b [4] 16 fev. 1676.

1689, (17 octobre) Montréal. [9]

II — MAILLET, (MALET) RENÉ,   [PIERRE I.
    LESCUYER, Marie,   [PIERRE I.
Jacques, b [9] 7 oct 1692. — *Louis*, b [9] 22 déc. 1693. — *Marie-Charlotte*, b [9] 31 août 1695; m 1714, à Louis FORTIER. — *Marie Angélique*, b [9] 10 janv. 1696 — *Gabriel*, b [9] 14 sept. 1698; m 8 janv. 1725, à Catherine MILOT, à Lachine. — *Pierre-René*, b [9] 3 fev. 1700. — *Jean-François*, b [9] 19 juin 1701.

1697, (29 octobre) Lachine. [8]

II. — MAILLET, (MALLET) LOUIS,   [PIERRE I.
    s 18 juillet 1717, au Detroit.
    BRUNET, Jeanne,   [FRANÇOIS I.
Catherine, b [8] 2 avril 1700 ; m à Pierre PERTHUIS. — *Anonyme*, b et s [8] 25 avril 1703. — *Louis*, b [8] 24 juin 1705 — *Jean*, b [3] 31 mars 1703. — *François-Marie*, b 2 et s 15 sept. 1688, à Montreal.

1698, (9 janvier) Montréal. [4]

II. — MAILLET, (3) PIERRE,   [PIERRE I.
    DUFRESNE, Madeleine,   [FELIX I.
    veuve de François Pelletier.
Marie-Catherine, b [4] 27 oct. 1698. — *Antoine*, (4) b 16 août 1706, au Detroit [7]; m [7] à Thérèse MAILLOUX. — *François*, b [7] 29 juillet 1708. — *Paul*, b [7] 28 janv. 1711.

(1) Maillot dit Laroche.
(2) Appelé Jean au recensement de 1681.
(3) Marié sous le nom de Malet. Il signait Mallet.
(4) Filleul de François De la Forest, Ecr., capitaine d'une compagnie.

1699, (4 novembre) Québec. [3]

I. — MALLET. Denis, sculpteur, s 1er nov. 1704, à Montreal

1o Jérémie, Marie-Madeleine,   [Noel I.
s [3] 18 sept. 1699

Marie-Josette, b [3] et s [3] 29 sept. 1696 — *Louis,* b... juillet et s [3] 14 août 1698.— *Marie-Josette,* b [3] 15 août 1699, s [3] sept. 1700.

1699, (10 novembre) Ste. Foye. [4]

2o Liénard, Geneviève. (l)   [Sébastien I. *Marie-Jeanne,* b [3] 25 sept 1700 . m [4] 22 oct. 1725, à Etienne Noiseux . s [4] 10 juillet 1774 — *Louis-Denis,* b [4] 27 mai 1702 ; m 8 juillet 1728, à Marie-Josette Guyon, à St. François, I. O. — *Geneviève,* b [4] 21 juin 1703, m [4] 30 nov. 1726, à Jean-Pierre Leroy.

I — MALLET, Denis, fils de Louis et de Renée Padouillet, de N -D d'Alençon.

Maillochau, Jacques, s 21 août 1682, à Laprairie, se noya au Sault St. Louis.

1661, (23 octobre) Québec. [3]

I. — MAILLOU DesMoulins, Pierre, b 1631, fils de Jacques et de Claire Arnaud, de Bourg, en Brie ; s [3] 11 juin 1699.

Delaunay, Anne, b 1641, fils de Louis (médecin de LaRochelle) et de Marguerite Crosulette, de Ste. Marguerite, évêche de LaRochelle ; s [3] 12 déc. 1700.

Joseph, b [3] 25 avril 1663 ; 1o m [3] 10 sept 1685, à Suzanne Richard, 2o m [3] 7 août 1690, à Louise Achon. — *Noel,* b [3] 16 mai 1666. — *Jean-Baptiste,* b [3] 21 sept 1668 ; 1o m [3] 7 fév. 1695, à Louise Philippeau ; 2o m [3] 2 juillet 1703, à Marguerite Caron ; 3o m [3] 31 oct. 1720, à Marie-Catherine Amiot ; s [3] 18 sept. 1753 — *Anne,* b [3] 30 nov 1670 ; 1o m 22 nov. 1688, à Jean DuBois, 2o m [3] 10 janv. 1711, à Noel Levasseur. — *Marie,* b [3] 30 juillet et s [3] 1er août 1679.— *Pierre,* b 20 fev. 1670, à Ste. Famille ; 1o m [3] 9 juin 1701, à Anne Lefebvre , 2o m [3] 24 nov. 1704, à Charlotte Moreau, 3o m [3] 2 oct. 1717, à Angelique De Trépagny ; s [3] 30 mai 1750 — *Noel,* b [3] 16 mai 1666, m 7 nov. 1690, à Louise Marcou, à Beauport. — *Marie,* b [3] 8 juin 1673 ; s [3] 1er juin 1676. — *Jeanne,* b [3] 9 juillet 1674 ; m 1694, à Nicolas Colombe, à Beaumont.

1666.

I. — MAILLOU, Michel, b 1641, frere du précédent.

Mercier, Jeanne, b 1646.

Marie-Barthélemi, b 1667 ; m 20 janv. 1681, à David-Joseph De la Croix à Québec. [3] — *Anne,* b [3] 9 juillet 1674 ; 1o m 8 nov. 1694, à Nicolas Colombe, à St. Etienne de Beaumont [6], 2o m [6] 1er m 11 1696, à René Adam ; 3o m [6] 6 mai 1718, à Jean-François Lemoyne ; s [6] 2 mars 1736. — *Marie-Anne,* b [3] 16 déc. 1676 ; m [6] 3 nov. 1699, à Pierre Dubois — *Jeanne-Henriette,* b 1678 ; m [6] 16 nov. 1699, à Jean-Baptiste Balan ; s 14 juillet 1715, à St. Michel — *Françoise,* b 3 juillet 1679, à l'Islet ; m [6] 19 juillet 1700, à Nicolas Filteau.

(1) Elle épouse, le 12 nov. 1710, Jean-François Grégoire, à Ste. Foye.

1685, (10 septembre) Québec [9]

II. — MAILLOU-Des-Moulins, Joseph, [Pierre I. s [9] 26 déc. 1702.

1o Richard, Suzanne, b 1669, fille de Jacques et de Louise Desprès, de Corson, évêche de La Rochelle , s [9] 23 mars 1690

Catherine, b [9] 3 sept 1686 , 1o m [9] 18 nov. 1703, à Rene Pacquet . 2o m [9] 22 nov. 1712, à Noel De-Rainville . s [9] 29 déc. 1725 — *Marie-Thérèse* b [9] 11 juin 1689 ; m [9] 21 mai 1708, à Antoine Carpentier, s [9] 23 sept. 1716.

1690, (7 août) Québec. [9]

2o Achon, Louise,   [Jacques I. s [9] 12 janv. 1721.

Marie-Madeleine, b [9] 2 juillet 1691 , m [9] 2 fev. 1712, à Jean Michelon ; s [9] 5 fev. 1726. — *Louise,* b [9] 25 juin 1693. — *Anne,* b [9] 11 mai 1695 , m [9] 23 nov 1716 à Etienne Leblanc ; s [9] 18 mai 1723. — *Joseph,* b [9] 7 et s [9] 13 mars 1697 — *Geneviève,* b [9] 21 mai 1698. — *Marie-Josette,* b [9] 12 mars 1700 , 1o m [9] 3 nov. 1725, à Jean-Ponce Meric ; 2o m [9] 21 oct. 1728, à Pierre Desnoehes. — *Marie-Elizabeth,* b [9] 11 et s [9] 17 sept. 1702.

1690, (7 novembre) Beauport. [0]

II. — MAILLOU, Noel,   [Pierre I. procureur-fiscal.

Marcou, Louise,   [Pierre I. veuve de Joachim Gagné.

Marie, b [0] 9 sept. 1695 : m [0] 16 nov. 1716, à Raphael Giroux — *Marie,* b [0] 1er et s [0] 3 juin 1694. — *Marie-Louise,* b [0] 12 mai 1697 , m [0] 16 nov. 1716, à Louis Vachon. — *Pierre,* b [0] 27 janv. 1693 ; m [0] 5 fev. 1719, à Louise Vachon. — *Jean-Baptiste,* b [0] 25 oct. et s [0] 19 nov. 1691. — *Germain,* b [0] 11 mars 1699. — *Jean-Baptiste,* b [0] 23 juin 1701. — *Madeleine-Benjamin,* b [0] 9 mars 1703. — *Noel,* b [0] 15 août 1707

1695, (7 février) Québec. [3]

II. — MAILLOU, Jean,   [Pierre I. architecte du Roy ; s [3] 18 sept. 1753.

1o Philippeau, Louise,   [Claude I. s [3] 24 déc. 1702.

1703, (2 juillet) Québec. [3]

2o Caron, Marguerite,   [Vital II. s [3] 1er mai 1719.

Marguerite, b [3] 23 mai 1704 ; m [3] 25 nov. 1720, à Medard Chevigny. — *Jean-François,* b [3] 19 avril 1705 ; s [3] 12 nov. 1728. — *Marie-Louise,* b [3] 20 déc. 1706 , 1o m [3] 7 oct. 1726, à Pierre Petrimoulx ; 2o m [3] 10 janv. 1752, à Jean Javet ; s [3] 1er janv. 1758. — *Joseph,* b [3] 22 mars 1708 ; m 4 oct 1733, à Louise Lefebvre-Duchouquet, à Ste. Foye. — *Vital,* b [3] 12 août 1709. — *Louis-Marie,* b [3] 5 déc. 1710, m à Madeleine Gouiv. — *Paul,* b [3] 5 mars 1712 ; s 29 mars, à Beauport. — *Brun,* b [3] 11 mai 1713 ; s 13 juillet 1713, à Charlesbourg. [7] — *Catherine-Anne,* b [3] 26 juillet 1714 ; s [7] 13 août 1715. — *Pierre-Augustin,* b [3] 28 août 1715. — *Gaspard-Philippe,* b [3] 2 sept. 1716 ; s [3] 20 juin 1717. — *Marie-Angélique,* b [3] 12 mars et s [7] 29 nov. 1718. — *Marie-Josette,* b [3] 23 avril 1719.

1720 (31 octobre) Québec.

3o Amiot, Marie-Catherine.   [Charles III.

I. — MAILLOU, Louis.
JOURDAIN, Marguerite,   [JOSEPH I.
Pierre, b... , m 23 nov. 1717, à Jeanne PARÉ, à
Lachine.

MAINGUY DIT LACHAUSSÉE, JEAN, soldat de La-
motte-Cadillac, il était à Montréal, en 1704.

MAINVILLE, JEAN. — Voy. MANDEVILLE.

MAISONNEUVE, (DE) — Voy. SAUVAGEAU—RENÉ
— LANGY — PUYDARO.

1698, (17 novembre) Montréal. [2]

I. — MAISONNEUVE, PIERRE, soldat de M. Des-
Bergères, b 1667, fils de Jean et de Françoise
Marie, de N.-D. de Bonsecours, évêché
d'Agen.
1° GRENIER DIT NADEAU, Anne,   [JEAN I.
s 25 janv. 1716, à St. François, I. J. [1]
Jean-Baptiste, b [2] 9 sept. 1699 ; m 1727, à Marguerite CHARTIER. — *Jean-François*, b [2] 27 sept.
1700 , m 1732, à Marie TOURNOIS. — *Marie-Anne*,
b [2] 3 janv. 1702 — *Marguerite*, b [1] 26 mai 1703.
— *Marie-Catherine*, b [1] 4 et s [1] 8 sept. 1704. —
Charles, b [1] 4 oct. 1707. — *Prisque*, b [1] 10 août
1713 , m à Madeleine CHARLES. — *Anonyme*, b
1711 ; s [1] 4 nov. 1714.

1716, (2 août) St. François, I. J. [1]

2° LAMOTHE, Marie,   [ÉLIE I
Jacques, b [1] 27 mai 1717. — *Marie-Angélique*,
b 12 janv. 1728, à Terrebonne.

MAISONVILLE. — Voy. RIVARD.

MAIZERET. — Voy. MÉSERAY.

MAJOR (LE) — Voy. GABOURY — BOUTRON.

I. — MALAPERT (DE) ANDRÉ, était aux Trois-
Rivières, en 1635 ; et, en 1649, les régistres
le désignent comme "arcis moderator."

1692, (18 février) Cap St Ignace. [9]

I. — MALBOEUF, JEAN-BAPTISTE, b 1665, fils de
Pierre et de Marguerite Terrien, de St. Jac-
ques, évêché d'Angers.
1° DES-TROIS-MAISONS, Marguerite, [PHILIPPE I.
s 2 avril 1703, au Château-Richer.
Augustin, b [9] 20 nov. 1692. — *Joseph*, b [9] 24
déc. 1693 , m [8] 6 oct. 1721, à Madeleine GAGNÉ.—
Marguerite, b [9] 23 mai 1695 ; m [8] 21 janv. 1717,
à René BOLDUC — *Marie-Anne*, b 4 avril 1697, à
Québec. — *Marie-Madeleine*, b [8] 15 janv. 1699. —
Noel, b [8] 3 mars 1701 ; m à Marguerite QUESSY.
— *Dorothée*, b 27 mars et s [8] 12 avril 1703.

1703, (14 juin) Château-Richer. [8]

2° RENAUD-LOCAT, Marie,   [PIERRE I.
Jean-Baptiste, b [9] 3 août 1704.— *Marie*, b 28
nov et s [8] 14 déc. 1706. — *Marie-Angélique*, b [8]
1er oct. 1707. — *Jean-Baptiste*, b [8] 26 déc. 1709. —
Dorothée, b [8] 1er sept. 1711. — *Julien*, b [8] 21 avril
1714, m 7 avril 1739, à Angélique CHARLES, à
Terrebonne. — *Charles*, b [8] 20 fév. 1716.

1687, (7 janvier) Montréal. [3]

I. — MALERAY, (1) JACQUES, fils d'Isaac (seigneur
de la Perine) et de Marie Tessier, de St. Cibard,
évêché de Poitiers.
PICOTÉ, Françoise,   [PIERRE II.
Hélène, b 4 et s [8] 6 mai 1687.—*Jacques*, b [8] 6 fév.
1689. — *Françoise-Hélène*, b [4] 6 janv. 1690. —
Marie-Louise, b [8] 15 janv. 1691 ; s [8] 27 mars 1693.
— *Louis-Hector*, b [8] 3 juillet 1692. — *Marie*, b [8] 10
et s [8] 12 juillet 1693. — *Jean-Baptiste*, b [8] 19 juin
1695. — *Madeleine*, b [8] 22 juin 1697. — *Jeanne-Cécile*, b [8] 22 août 1698.

1673, (9 octobre) Québec.

I — MALERBAUT, JEAN, établi à Charlesbourg,
b 1646, fils de Jean et de Michelle Roussel,
de St. Pierre Livray, évêché de Poitiers.
RAVEAU, Barbe, b 1648, fille de Claude et de
Barbe Lonmogné, de St. Roch, de Paris.

MALO. — Voy. HAYET.

I — MALO, JACQUES.
CARTIER, Marie.
Marie, b 1690 ; m 20 sept. 1670, à Jacques
BOIN.

MALOY. — Voy. MASSON.

I.—MANCE, (2) JEANNE, née vers 1606, à Nogent-
le-Roi, évêché de Langres ; arrivée à Québec
le 8 août 1641 ; s 19 juin 1673, à Montréal, à
l'âge de 66 ans.

MANCEAU. — Voy. MANSEAU.

MANDEVILLE. — *Variations et surnoms :* MAN-
NEVILLE — LE ROMPRÉ.

I. — MANDEVILLE, JEAN, s 13 août 1704, à
l'Ile Dupas.[1] (3)
MOUSSEAUX, Françoise,   [JACQUES I.
Marie-Françoise, b 27 déc. 1682, à Champlain [2] ;
s [2] 8 juillet 1684. — *Marie-Françoise*, b 8 août
1690, à Repentigny. — *Pierre*, b 5 sept. 1692, à
Sorel [7] ; m [1] 17 fév. 1721, à Marie-Louise LANIEL.
— *Marie-Françoise*, b [7] 2 fév. 1701. — *Jean*, b... ;
m à Catherine LAPIERRE

MANDIN, — Voy. MONDIN.

I. — MANEAU, JACQUES,
SOREAU, Marguerite.
Jean, b 18 juillet 1671, à Boucherville.

MANET, JEAN, était, en 1617, truchement des
sauvages Skecaneronons.— *Sagard*, page 563.

(1) Sieur de la Molerie, lieutenant, commandant le fort de
Lachine. M. De Callière, gouverneur, assistait à son mariage.
(2) Administratrice de l'Hôpital de Montréal. Elle accompagna plusieurs convois de jeunes filles qui passèrent au
Canada, en 1666. "Son cœur a été mis en dépot sous la
lampe de la chapelle du dit hôpital, qui sert maintenant de
paroisse, jusqu'à ce que l'église recommencée, soit en état de
le recevoir, selon les volontés de la dite administratrice,
dont acte a été fait par devant Basset, notaire.—*Régistres
de Montréal.*
(3) Cet acte est répété aux régistres de Contrecœur.

MANIÉ, Louis, b 1660 ; s 29 juillet 1690, à Québec, noyé dans un puit, où il était tombé par accident.

MANSEAU, — *Variations et surnoms :* MANTEAU — MANCEAU — ROBIDAS — GARIGOUR.

1673, (21 septembre) Québec, 7

I. — MANSEAU, JACQUES, fils d'Etienne et de Marie Mctoyer, de Fontenay-le-comte, évêché de LaRochelle.

LA TOUCHE, Marguerite, fille de Jean et de Marie Tevellon, de Rennes, en Bretagne.

Nicolas, b 10 et s 7 13 oct. 1674. — *Marie-Anne,* b 7 26 oct. 1675, — *Marguerite,* b 7 26 oct. 1675 ; s 7 17 sept. 1677. — *François,* b 7 9 fév. 1678 , 1° m à Marguerite POULIOT , 2° m 13 juin 1718, à Marie-Anne GUYON, à St. François, Ile d'Orleans. — *Charles,* b 25 nov. 1680, à St. Laurent, Ile d'Orleans. 9 — *Marguerite,* b 9 6 fév. 1683. — *Angélique,* b 9 4 avril 1685 ; 1° m 1710, à Michel FORTIER , 2° m 7 1er août 1727, à François RAGEOT — *Françoise,* b 9 3 nov. 1687. — *Joseph,* b... , m 27 nov, 1713, à Marie OUIMET. — *Jacques,* b 1691 ; s 7 10 oct. 1723.

1690, (13 août) Trois-Rivières. 7

I. — MARAIS, MATHURIN, sergent de Merville, de Plérin, évêché de St. Brieu.

PEPIN, Jeanne,   [GUILLAUME I.
veuve de Jean Hérou.

Marie-Françoise, b 7 24 sept. 1690. — *Marguerite,* b 7 17 sept. 1695.

MARANDA. — *Variations et Surnoms :* MARANDEAU — VEUILLOT — LA TOURETTE.

1652.

I. — MARANDA, JEAN, b 1629, de la Flotte, évêché de La Rochelle.

1° COUSIN, Jeanne, b 1629.

Elizabeth, b 1653 ; 1° m 18 nov. 1673, à Zacharie LIS, à Québec 7 ; 2° m 15 août 1718, à Pierre MOLLEUR, à St. Etienne de Beaumont. 6 — *Jeanne,* b 1654 ; 1° m 7 3 août 1677, à Julien BRUSLÉ , 2° m 7 19 nov. 1680, à Jean BOILARD , s 6 3 juin 1734. — *Michel,* b 1660 ; m 7 27 fév. 1685, à Marie JEANNES. — *Jean-Baptiste,* b 1662 ; m 7 2 nov 1698, à Angélique DUQUET. — *Marie,* b 1664 ; m 16 nov. 1682, à Jean-Baptiste HALLÉ, à St. Pierre, I. O. — *Pierre,* b 7 11 nov. 1666 ; s 7 9 août 1667 — *Jean,* b 22 janv. 1669, à Ste Famille 9 ; 1° m 1696, à Marie PARADIS ; 2° m 1704, à Geneviève SUREAU ; 3° m 13 juin 1712, à Anne JOUSSELOT, à Charlesbourg — *Charles,* b 7 1er mai 1670, m 24 nov 1695, à Denise FISET, à l'Ange Gardien. — *Anonyme,* b et s 9 3 oct. 1672.

1684, (13 fevrier) Ste. Anne.

2° CHEVALIER, Suzanne, veuve de Robert Foubert

1671, (26 novembre) Québec. 1

I. — MARANDA, ETIENNE, huissier, b 1651, fils de Benoit et de Marie Foureau, de St. Pierre de Saumur, évêché d'Angers.

Le SAINT, Marie, b 1653, fils de Pierre et de Martine Bouleau, ville de Nantes, évêche de Rouen , s 1 17 sept. 1712.

Etienne, b 1 8 nov. 1672. — *Claude,* b 1 5 sept. 1674. — *Marie-Anne,* b 1 2 oct. 1675 ; m à Beauregard DUPUIS. — *Catherine,* b 1 24 fév 1677. — *Geneviève,* b 1 6 mai 1678 ; m 1 4 oct. 1698, à Jean FILLIAU ; s 1 15 mai 1711. — *Nicolas,* b 1 18 août 1679. — *Joseph,* b 1 14 nov. 1681 ; s 1 13 oct. 1687. — *Marie-Jacquette,* b 1 5 avril 1686 ; m 1 5 mai 1705, à Guillaume NICOLAS — *Marie-Thérèse,* b 1 23 nov. 1688 ; s 1 11 mars 1689. — *Marie-Hélène,* b 1 26 sept. 1690. — *Marie-Madeleine,* b 1 18 oct. 1694 ; m 1 4 janv. 1723, à Simon TOUCHET

1685, (27 fevrier) Québec.

II. — MARANDA, MICHEL,   [JEAN I.
JEANNES, Marie,   [ROBERT I

Suzanne, b 9 avril 1687, à St. Pierre, I. O — *Jean-Baptiste,* b 14 mars 1699, à St. Laurent, I O.

1695, (24 mars) L'Ange-Gardien.

II. — MARANDA, CHARLES,   [JEAN I
FISET, Denise,   [ABRAHAM I.

Charles, b... ; m 27 avril 1739, à Marguerite FAGOT, à Lévis. — *Pierre,* b...

1696.

II — MARANDA, JEAN,   [JEAN I
1° PARADIS, Marie,   [JACQUES II.

Gabriel, b 1697, m 2 mai 1728, à Marie-Louise DE LA VOYE, à Québec 6 , s 6 10 juin 1757. — *Marie-Louise,* b . , 1° m 6 27 juillet 1711, à François NOLET ; 2° m 9 avril 1739, à Pierre MONCIAU, au Sault-au-Recollet ; s .. — *Marie-Madeleine,* b... , m 1712, à Joachim VAUTOUR. — *Pierre,* b...; m 22 sept. 1717, à Françoise RAGEOT, à Charlesbourg. 7 — *Jean,* b... , m 7 8 nov. 1717, à Marguerite GUILBAUT.

1704.

2° SUREAU, Geneviève, (1)   [THÉODORE I.
veuve de Thomas Gosse.

Gabriel, b 2 fév. 1705, à Québec. 4 — *Marie-Charlotte,* b 4 2 fév. 1705 ; s 2 fév. 1706, à St. Jean, I O. — *Marie-Françoise,* b 19 mars et s 4 1er avril 1706 — *Hélène,* b 4 18 août 1707, m 4 3 fév. 1727, à Jacques BOUDON.

1712, (13 juin) Charlesbourg.

3° JOUSSELOT, Anne,   [PIERRE I.
veuve d'André Duval.

1698, (2 novembre) Québec. 3

II. — MARANDA, (2) JEAN-BAPTISTE.   [JEAN I.
DUQUET, Angelique,   [PIERRE II.

Madeleine, (adoptée) b 1711 ; m 3 22 oct. 1732, à Denis RADANIER ; s 3 5 mai 1733. — *Louis,* b...; m 24 nov. 1732, à Madeleine GAULTIER.

MARANDAIS. — Voy. MILLIET.

---

(1) Appelé Thibodeau.

(2) Dit La Tourette.

1701, (24 janvier) Montréal. [4]

I. — MARAY De la Chauvignerie, Louis, officier.
b 1671, fils de Jean (juge royal de Coyeu) et
de Jeanne Bruneau, de St. Eutrope, de
Xaintes.
Joly, Catherine,   [Jean I.
Etienne, b [4] 30 déc. 1702 ; s 7 mai 1703, à St.
François, Ile-Jesus. — *Michel,* b [4] 5 sept. 1704. —
Marie-Catherine, b [4] 29 oct. 1705.

I. — MARC, serviteur des Hospitalières de Québec ; s 9 juin 1655, à Quebec, noyé.

MARCAS. — Voy. Marsac (De).

1671, (12 octobre) Ste. Famille. [9]

I. — MARCEAU, François, b 1641, fils d'André
et de Marie Grand, de Pire, évêché de Luçon,
en Poitou.
Bolper, Marie-Louise, (1) b 1651, fille de Gilles
et de Nicole Lechef, du Pont-Tranchefetu,
évêché de Chartres.
Jacques, b [9] 13 août 1672 ; m 19 nov. 1694, à
Isabelle Jinchereau, à St. François, I. O. [9] —*François,* b [9] 29 janv. 1674. — *Reine,* b [9] 5 avril 1676.
— *Louis,* b [9] 26 avril 1678 ; m 1697, à Jeanne
Dumas. — *Suzanne,* b [9] 28 dec. 1680 ; m 7 sept.
1699, à Jean Cojean, à St. Jean, I. O. ; s [9] 9 mai
1700.

1694, (19 novembre) St. François, I. O.

II. — MARCEAU, Jacques,   [François I.
Juchereau, Isabelle,   [Louis I.
François, b 12 oct. 1698, à St. Michel.[5] — *Brigitte,* b [5] 11 sept. 1700 ; s [5] 17 mars 1709. — *Marie,*
b [5] 18 sept. 1702. — *Marie-Marthe,* b [5] 14 dec.
1704. — *Augustin,* b[5] 10 nov. 1709. — *Ursule,* b [5]
30 sept. 1711 ; s 24 nov. 1711, à St. Etienne de
Beaumont.

1697.

II. — MARCEAU, Louis, marchand, [François I.
Dumas, Jeanne,   [François I.
Joseph, b 30 juin 1698, à St. François, I. O. [6] ;
s [6] 17 fev. 1703. — *Louis,* b [6] 2 août 1699 ; s [6] 28
juillet 1708, (noyé). — *François,* b [6] 27 nov. 1700 ;
s [6] 10 mars 1701. — *Dorothee,* b [6] 11 sept. 1702 ;
m [6] 9 avril 1720, à Pierre Coté. — *Antoine,* b [6] 4
fev. 1705. — *Marie-Marthe,* b [5] 23 fev. 1706 ; m [6]
9 fev. 1728, à Louis Asselin. — *Marie-Joseph,* b [6]
27 mai 1707 ; m [6] 4 juillet 1729, à Louis Dalère.
— *Jean-Baptiste,* b [6] 4 nov. 1708. — *Augustin,* b [6]
5 avril 1710. — *Marie-Jeanne,* b [6] 14 avril 1712. —
Geneviève, b [6] 27 fev. et s [6] 15 oct. 1714.

MARCEL. — *Variations :* Marcé — Marset —
Marsais.

MARCEL, (1) François, cordier, b 1639.
Masseron, Marie, b 1648.
Marguerite, b 1er juin 1673, à Sorel [1] — *Marie-
Jeanne,* b [1] 4 avril 1675. — *Jean,* b [1] 22 janv. 1677.
— *Jean-Baptiste,* b [1] 7 mai 1679 ; s [1] 2 mai 1680.

Marie-Anne, b [1] 2 janv. 1681. — *Françoise,* b [1] 7
avril 1684 , 1o m 7 août 1703, à Jean Migneron,
à St. François I J. ; 2o m à Pierre Chouard. —
François, b [1] 8 fev. 1686 ; m 1711, à Madeleine
Cotineau.

1675, (11 juillet) Ste. Famille.

I. — MARCEREAU, Antoine, b 1647, fils de Jean
et de Marguerite Bonnemy, de St. Urse, évêche de Langres, en Monbart.
Bourgoin, Marthe, veuve de Nicolas Godebout,
s 19 dec. 1682, à St. Laurent, I. O.

MARCHAND. — *Variation :* Le Marchand.

1660, (1er février) Trois-Rivières. [7] (1)

I. — MARCHAND, (Le) Jacques, b 1636 ; s [7] 6
oct. 1695.
Capel, Françoise, b 1628, veuve de Jacques
Lucas ; s 20 avril 1699, à Champlain.
Marie-Madeleine, b [7] 12 dec. 1660 ; m 1er mars
1688, à Jean Mailhot, à Batiscan. [6] —*Françoise,*
b 1664, —*Alexis,*b 1666 ; 1o m [6] 18 fev. 1697, à
Catherine Rivard ; 2o m [7] 19 août 1703, à Jeanne
Tetard ; s [6] 31 mai 1738.

1640.

I. — MARCHAND, (2) Louis, établi à Lauzon, de
St. Martin de Rhé, evêché de LaRochelle.
Morineau, Françoise,
Madeleine, b 1666 ; s 11 août 1669, à Québec. [8]
—*François.* b 1645, à St. Martin de Rhé ; m [8] 30
sept. 1669, à Madeleine Groslot.—*Marie,* b...; m [8]
30 avril 1670, à Laurent Levasseur.—*Louis,* b...;
1o m 13 juin 1683, à Geneviève Rochon, à Lévis[7] ;
2o m [7] 5 oct. 1701, à Jeanne Bourassa.— *Charles,*
b 1644 ; m 1670, à Marie Bonne Guerrière ; s [8]
16 dec. 1708. — *Jacques,* b 1653 ; m 1er août 1699,
à Marguerite Godreau, au Cap St. Ignace ; s [7] 17
déc. 1708. — *Etienne,* b...

1669, (30 septembre) Québec. [8]

II. — MARCHAND, François,   [Louis I.
Groslot, Madeleine, b 1653, fille de Jean et de
Marie Gaultier, de St. Eloi, évêché de LaRochelle.
Anonyme, b et s [8] 19 juin 1670. — *Marie-Anne,*
b [3] 1er mai 1671 ; 1o m 1688, à Jean Foucher ; 2o
m 10 avril 1703, à Joseph Brault, à Lachine. —
George-Laurent, b [3] 1er mai 1673. — *Jacques,* b [8]
18 oct. 1675 ; s [3] 21 juin 1678. — *Louis,* b [3] 27 fev.
1678 ; m 5 oct. 1701, à Levis. — *Charles,* b [8] 23
avril 1680 ; s 28 nov. 1689, à la Pointe-aux-
Trembles de Quebec. — *Françoise,* b... ; m [8] 23
nov. 1700, à Jean Dupré. — *Marie-Madeleine,* b...;
m à George Brault ; s avant 1696 — *Madeleine,*
b 1686 ; m 5 mai 1706, à André Lacroix, à St.
Etienne de Beaumont ; s 5 avril 1762.

1670.

I. — MARCHAND, Charles,   [Louis I.
b 1644 ; s 16 dec. 1708, à Québec. [7]
Bonne-Guerrière, Marie, b 1647.

---

(1) Elle épouse, le 17 novembre 1657, Gabriel Roger, à St.
François, I. O.
(2) Aussi Marset et Marcé.

(1) Contrat de mariage, 1er fev. 1660. — *Greffe d'Ameau.*
(2) Donataire de Noel Perrault, le 16 juillet 1670. — *Greffe
de Duquet.*

Pierre, b 1671. — *Pierre*, b⁷ 5 juillet 1676; s 21 fév. 1703, au Château-Richer. — *Valentin*, b 14 mai 1678, à Sillery; m 25 nov. 1704, à Marie-Louise GARNIER, à l'Ange-Gardien. — *Charles*, b 1679; m⁷ 10 janv. à Geneviève JEANNES; s⁷ 21 fév. 1718. — *Marie-Catherine*, b 9 nov. 1683, à la Pointe-aux-Trembles de Québec⁹; 1° m⁷ 5 mars 1696, à Pierre HEVÉ; 2° m⁷ 23 oct. 1713, à Juste CRENET; s⁷ 27 avril 1753. — *Elizabeth*, b⁹ 2 mai 1685; 1° m⁷ 7 juillet 1704, à Jean DUPRAT; 2° m⁷ 17 sept 1719, à Nicolas AUBIN; s⁷ 7 mars 1726.

1681, (14 avril) Québec. ⁷

I. — MARCHAND, JEAN, charpentier, b 1646, fils de Jean et de Catherine Choret, de St. Sauveur, évêché de LaRochelle.

HAYOT, Marie, [ADRIEN II.
Jean-François, b⁷ 31 janv. 1682. — *Etienne*, b⁷ 6 juillet 1683, 1° m⁷ 21 fév. 1707, à Marie-Anne DURAND; 2° m⁷ 27 fév. 1718, à Jeanne ROUILLARD; 3° m⁷ 24 fév. 1730, à Anne BOUTRELLE, s⁷ 29 mars 1734. — *Catherine*, b 1684; s⁷ 30 déc. 1702. — *François*, b⁷ 18 juin 1685, m 22 oct. 1709, à Barbe COCHON, au Château-Richer. — *Pierre*, b⁷ 28 sept. 1686; m⁷ 10 nov. 1710, à Claire LEFEBVRE. — *Marie*, b⁷ 12 mai 1688; m⁷ 18 fév. 1716, à François GAUTIER. — *Alexandre*, b⁷ 19 janv. 1690. — *Honoré*, b⁷ 8 juin 1692, acolyte, s⁷ 22 juillet 1715, dans l'église. — *Catherine-Geneviève*, b 9 et s⁷ 29 sept. 1694. — *Marie-Angélique*, b⁷ 6 fév. 1696; s⁷ 4 janv. 1703. — *Geneviève-Michelle*, b⁷ 11 avril 1699; 1° m⁷ 26 avril 1722, à Claude CARPENTIER; 2° m⁷ 3 sept. 1730, à Germain MARCOUX; s⁷ 25 avril 1756.

1693, (16 juin) Lévis.

II. — MARCHAND, LOUIS, (1) [LOUIS I.
1° ROCHON, Geneviève, [SIMON I.
s 29 août 1693, à Québec.

1701, (5 octobre) Lévis. ⁷

2° BOURASSA, Jeanne, [JEAN I.
Etienne, b⁷ 9 fév. 1708. — *Marie-Angélique*, b⁷ 28 mars 1710; m⁷ 2 juillet 1731, à Jean BOIVIN. — *Marie-Geneviève*, b⁷ 30 oct. 1712; 1° m à Nicolas COMINÉ; 2° m à François CHAPET. — *Marie-Louise*, b...; m⁷ 18 juillet 1735, à Jean HUARD. — *Elizabeth*, b⁷ 19 juillet 1725; 1° m à Jean CADORET; 2° m⁷ 26 oct. 1761, à Pierre JOLY; 3° m⁷ 11 janv. 1768, à Joseph ROUSSEAU. — *Madeleine*, b...; 1° m⁷ 3 nov. 1729, à Joseph GIRARD; 2° m⁷ 6 août 1748, à Jean LEVASSEUR. — *Louis*, b...; s⁷ 5 août 1733. — *Marie-Josette*, b⁷ 7 oct. 1727; m à Gabriel DUQUET, s⁷ 5 avril 1767. — *Isabelle*, b... — *Marie-Thérèse*, b...; 1° m à Jacques POULIN; 2° m⁷ 31 mars 1761, à Antoine NADEAU.

1697, (18 février) Batiscan. ⁵

II. — MARCHAND, ALEXIS, [JACQUES I.
marchand, s⁵ 31 mai 1738.
1° RIVARD, Marie-Catherine, [NICOLAS I.
s⁵ 15 fév. 1703.

(1) C'est ce M. Marchand qui achète, en 1701, Guillaume, jeune esclave de la nation des Panis.

Marie-Jeanne, b 1ᵉʳ avril 1698; m⁵ 12 fév. 1720, à Louis GOUIN. — *Jean-Baptiste*, b⁵ 14 sept. 1699; m à Madeleine MERCEREAU. — *Alexis*, b⁵ 23 déc. 1701; s⁵ 7 avril 1702. — *Marie-Catherine*, b et s⁵ 15 fév. 1703.

1703, (19 août) Trois-Rivières.

2° TÉTARD, Jeanne, [CHARLES I.
veuve de Nicolas Gatineau-Duplessis.
Anonyme, b et s 3 mars 1704, à Batiscan.⁵ — *Alexis-Didace*, b⁵ 10 mai 1705; s⁵ 20 avril 1727. — *Marie-Madeleine*, b⁵ 8 déc. 1706; s⁵ 22 déc. 1708. — *Marguerite*, b⁵ 14 mars 1708; m⁵ 8 janv. 1739, à Jean CAILLIA; s⁵ 5 sept. 1743. — *Marie-Anne*, b⁵ 15 mars 1710; s⁵ 18 août 1746. — *Louis-Joseph*, b⁵ 9 déc. 1711; s⁵ 23 nov. 1714. — *Louis-Joachim*, b⁵ 18 avril 1717; 1° m à Marie-Josette MERCEREAU; 2° m à Marie-Josette MONTENDRE; 3° m⁵ 13 avril 1760, à Marie-Françoise ROY

1699, (1ᵉʳ août) Cap St. Ignace. ⁴

II. — MARCHAND, JACQUES, [LOUIS I.
b 1653; s 17 déc. 1708, à Lévis.³
GOTREAU, Marguerite, [GILLES I.
Claire, b 20 sept. et s⁴ 1ᵉʳ déc. 1700. — *Marguerite*, b 23 déc. 1701, à l'Ilet²; m 11 déc. 1726, à Jean LÉGER, à Québec.² — *Françoise*, b⁴ 25 janv. 1704; m² 2 mai 1725, à Michel HAUTBOIS. — *Elizabeth-Ursule*, b¹ 14 juin 1705; s³ 26 déc. 1708.

I. — MARCHET, JEAN, b 1662; s 23 déc. 1732, à Québec. ⁴
1° GELY, Marie-Jeanne, [JEAN I.
Marie-Françoise, b 15 oct. 1690, à Lorette⁶; m⁴ 7 janv. 1708, à Jean GAGNÉ. — *Jean-François*, b⁴ 1ᵉʳ mai 1693; s⁶ 22 mai 1698. — *Louise*, b 1695; s⁴ 11 fév. 1711. — *Geneviève*, b⁴ 23 oct. 1699; s⁴ 29 juin 1700. — *Marie-Jeanne-Geneviève*, b⁴ 5 mai 1701; m⁴ 2 janv. 1727, à Jean-Baptiste CHALIFOUR. — *Marie*, b 1696; s⁴ 4 fév. 1703. — *Anonyme*, b et s⁴ 12 mars 1703. — *Marie-Josette*, b⁴ 31 mars 1704. — *Françoise-Geneviève*, b⁴ 10 janv. 1706. — *Jean-Baptiste*, b⁴ 20 déc. 1709; s⁴ 17 oct. 1711.

1715, (26 août) Québec.

2° PLUCHON, Catherine, veuve de François Savary.

1699, (5 janvier) Montréal. ⁶

I. — MARCHETEAU DIT DESNOYERS, PIERRE, b 1678, fils de Jean et de Marie-Anne ▬, de Ste. Eulalie, évêché de Bordeaux.
PILET, Marie, [FRANÇOIS I.
Joseph, b⁶ 6 oct. 1699. — *Marie-Anne*, b⁶ 23 août 1701. — *Jeanne*, b⁶ 28 mars 1703. — *Laurent*, b⁶ 5 août 1704; m 8 oct. 1725, à Marie ROY, à Laprairie. — *Marie*, b 6 juillet 1706, à St. François, Ile-Jésus.

MARÇON. — Voy. DE JOYBERT.

MARCOTTE. — *Variation* : MARCUOTE.

27

1670, (14 septembre) Québec. [4]

I —MARCOTTE, Nicolas (I) b 1645, fils de Charles et de Jacqueline Bouchard, de St. Leger, ville de Fécamp, de évêché Rouen.
TAUREY, Martine, b 1646, fille de Nicolas et de Marie Margot, de N.-D. du Chemin, d'Orléans.
Marie, b [4] 19 juin 1671 ; 1º m 21 avril 1687, à Michel L'HOMME, à la Pointe-aux-Trembles de Québec [5] ; 2º m [5] 27 avril 1688, à Pierre LEFEBVRE. — *Elizabeth,* b [4] 26 fév. 1673 ; m [5] 30 juillet 1891, à Mathurin ROBERT. — *Marie,* b [4] 5 mars 1675 ; m [5] 18 fév 1697, à Joseph GRÉGOIRE. — *Jean-Baptiste,* b [4] 11 oct. 1677 ; s [5] 19 nov. 1687. — *Pierre,* b 1679. — *Bernard-Pierre,* b [5] 11 juin 1680. — *Marguerite,* b [5] 6 août 1683.

I. — MARCOT. Jacques, b 1648.
SAIE, Elizabeth, b 1651.
Denis, b 19 juin 1671, aux Trois-Rivières. [5] — *Jacques,* b [5] 28 janv. 1673 ; m 1698, à Louise BAUDET — *Louis,* b 27 déc 1674, à Québec. [6] — *Jean-Baptiste,* b 12 oct. 1676 ; m 6 avril 1717, à Marie-Anne MORISSET, au Cap Sante. [7] — *Geneviève-Elizabeth,* b [6] 27 juin 1678, m à Henry GERMAIN. — *Marie-Anne,* b 19 fév 1680, à la Pointe-aux-Trembles de Quebec [6] ; m [7] 7 juillet 1698, à François DANEVERS. — *Marguerite,* b [8] 4 mars 1683 ; m [7] 9 avril 1709, à Jacob MONTAMBAULT. — *Marie,* b [8] 7 déc. 1684. — *Marie-Madeleine,* b [8] 15 août 1686. — *Guillaume,* b [8] 19 dec. 1690, s [8] 7 janv. 1691. — *Jean-François,* b [8] 21 déc. 1691, m [7] 6 avril 1717, à Geneviève MORISSET.

1698.

IL — MARCOT, Jacques,   [JACQUES I
BAUDET, Louise,   [JEAN I.
Jacques, b 19 mars 1698, au Cap Santé. [8] — *Marie-Josette,* b [8] 1er mai 1707. — *Marie-Anne,* b [8] 1er avril 1709. — *Jean-François,* b [8] 2 dec. 1711 ; s [8] 18 juin 1714.

1662, (8 janvier) Québec. [9]

I. —MARCOUX, Pierre, b 1631, fils de Claude et de Marie Juneau, de St. Julien, de Tonnerre, en Champagne , s 12 juin 1699, à Beauport. [6]
DE RAINVILLE, Marthe.   [PAUL I.
Pierre, b [9] 3 fév. 1664. — *Thérèse,* b [9] 24 oct. 1665 — *Thérèse-Louise,* b [9] 23 janv. 1667 ; 1º m [6] 12 janvier 1682, à Joachim GAGNE ; 2º m [6] 7 nov. 1690, à Noel MAILLOU — *Jean-Baptiste,* b [9] 30 mai 1669 ; m 19 avril 1694, à Madeleine MAGNAN, à Charlesbourg. — *Marie,* b [9] 18 août 1671 ; m [6] 9 nov. 1693, à François PASQUET. — *Noel,* b 1674 ; 1º m [9] 17 nov. 1698, à Marguerite CHAPELEAU ; 2º m [6] 2 fév. 1701, à Marguerite COTÉ ; 3º m [6] 4 août 1710, à Jeanne BAUGIS — *Marthe,* b 1676 ; m [6] 3 nov. 1693, à Pierre CRÊTE, s [6] 20 janv. 1703. — *Marie-Madeleine,* b [6] 1er nov. 1679. — *Geneviève,* b [6] 6 janv. 1682 ; m [6] 12 sept. 1707, à Charles VALLÉE. — *Pierre,* b [6] 9 juin 1684. — *André,* b [6] 24 sept 1686 ; 1º m [6] 18 janv. 1712, à Marie PARANT ; 2º m [6] 28 janv. 1715, à Marie-Madeleine LENORMAND ; 3º m [4] 3 fév. 1721, à Marie-Madeleine AMELOT.

1694, (19 avril) Charlesbourg.

II — MARCOU, Jean,   [PIERRE I.
MIGNIER, Madeleine. (1)   [JACQUES I.
Noel, b 20 fév. 1695, à Beauport. [8] — *Jean-Baptiste,* b [8] 29 juillet 1697. — *Germain,* b [8] 18 août 1699 — *Pierre,* b [8] 2 juillet 1701. — *André,* b [8] 20 fev. et s [8] 30 mars 1703. — *Joseph,* b [8] 29 déc. 1703. — *Marie-Madeleine,* b [8] 21 mars 1706. — *Marie,* b [8] 9 juillet 1709. — *Antoine,* b [8] 6 sept. 1713. — *Louise,* b [8] 23 août 1715. — *Ignace,* b [8] 31 juillet 1719.

1698, (17 novembre) Québec.

II — MARCOUX, Noel,   [PIERRE I.
1º CHAPELEAU, Marguerite,   [JEAN I.
s 16 juillet 1699, à Beauport, noyée.

1701, (1er février) Beauport. [1]

2º COTÉ, Marguerite,   [MARTIN II.
veuve d'André Parant ; s [1] 3 mars 1709.
Marthe, b [1] 13 mars 1707 ; m 20 nov. 1738, à Gervais BEAUDOIN, à Québec. — *Monique,* b [1] 28 fév. et s [1] 3 mars 1709. — *Noel,* b [1] 17 janv. 1702 ; m ... — *Marie-Madeleine,* b [1] 17 janvier 1704. — *Marguerite,* b [1] 29 mai 1705.

1710, (4 août) Beauport. [1]

3º BAUGIS, Jeanne,   [JEAN III.
Marie-Geneviève, b [1] 9 juillet 1711 — *Jacques,* b [1] 23 mai 1713 ; s [1] 20 mars 1718. — *Jean-Baptiste,* b [1] 26 oct. 1715. — *Jeanne,* b [1] 6 mars 1718.

1672, (18 août) Montreal. [1]

I. — MARDOR, Jean, fils de Guillaume et de Marie Trevert, de St. George, évêché de Rouen.
PICHARD, Louise,   [JEAN I.
Jean, b [1] 26 déc. 1676 ; s [1] 18 sept. 1687.

MARÉCHAL — Voy. DUROQUET.

1672.

I. — MAREST, Marin, établi au Cap de la Madeleine, b 1641.
DESCHAMPS, Marie, b 1656.
Marie-Thérèse, b 1er août 1673, aux Trois-Rivières. — *Martin,* b 1678.

MARÉCHAL. — Voy. DUROQUET

MARETTE. — *Variations et surnoms.* MARET — LÉPINE.

1660, (12 octobre) Québec. [6]

I. — MARETTE DIT LÉPINE, Jacques, b 1631, fils de Richard et de Jeanne Cotti, de Flamont, évêché de Rouen, en Normandie.
1º PAGET, Marie,
Antoine, b ... ; s [6] 22 oct. 1665. — *Richard,* b 24 janv. 1663, au Château-Richer. [7] — 1º m [7] 14 janv. 1692, à Angelique GUYON ; 2º m [7] 15 nov. 1694, à Madeleine CLOUTIER ; s [7] 7 nov. 1708. — *Anne,* b [7] 23 juillet 1665, m 12 fév. 1686, à Jean-Baptiste

---

(1) Le mariage a eu lieu sous le nom de MARGVOTTE.   (1) Appelée Magnan, aux baptêmes de ses enfants.

COUTURE, à l'Ange-Gardien. [9] — *Etienne*, b [7] 27 déc 1667 ; s [9] 13 nov. 1684. — *Madeleine*, b 1670 ; m 31 janv. 1690, à Joseph PARANT. — *Jean*, b 1672 ; m 1702, à Barbe MASSAUT. — *Charles*, b [9] 31 mars 1675 ; m à Marie-Charlotte GAGNON.—*François*, b [9] 30 nov. 1677 ; m [7] 9 nov. 1699, à Catherine AUBERT. — *Marie-Thérèse*, b... ; m 1697, à Pierre PASSE-RIEUX. — *Jacques*, b [9] 25 oct. 1681. — *Joseph*, b [9] 21 janv. 1685; s [9] 16 déc. 1687. — *Anne*, b 11 août et s [9] 14 sept. 1687.

1693, (22 septembre) L'Ange-Gardien.

2° SURGET, Madeleine, veuve de Jean Clément.

I. —MARETTE, ANTOINE, frère du précédent.

1692, (14 janvier) Château-Richer. [6]

II.— MARETTE, RICHARD,   [JACQUES I. s [6] 7 nov. 1708.
1° GUYON, Angélique,   [SIMON II. s [6] 13 juillet 1694.
Marie-Angélique, b [6] 27 avril 1693. — *Charles*, b [6] 27 août 1698 ; m [8] 8 mars 1723, à Marguerite DOYON.— *Marguerite*, b 1694 ; m [6] 9 avril 1709, à Mathurin GUILMOT.

1694, (15 novembre) Château-Richer. [6]

2° CLOUTIER, (1) Marie-Madeleine,   [RENÉ III. *Jean-Baptiste*, b [7] 19 nov. 1696. — *Marguerite*, b [8] 3 juillet 1700 — *François*, b [6] 5 avril 1704. — *Richard*, b [6] 29 juillet 1706 ; s [6] 30 juillet 1707. — *Marie-Madeleine*, b [6] 31 oct. 1707.

1699, (9 novembre) Château-Richer.

II. —MARETTE, FRANÇOIS,   [JACQUES I. AUBER, Catherine, (2)   [FÉLIX II,

MARGANE. (3) — *Variations et surnoms* : DE LA VALTRIE — DES FORETS — DE BATISY.

1668, (12 août) Québec. [1]

I —MARGANE, sieur DE LA VALTRIE, SÉRAPHIN, b 1644, lieutenant d'une compagnie du régiment de Lignières, fils de Sébastien et de Denyse Tonnot, de St. Benoit, évêché de Paris ; s 17 mai 1699, à Montréal. [2]
BISSOT, Louise,   [FRANÇOIS I. *Marie-Anne*, (4) b [1] 20 juin 1668 ; m [2] 28 oct. 1694, à Ignace BOUCHER. — *Charles-Séraphin*, b [2] 5 août 1669. — *François-Marie*, b [2] 13 nov. 1672 ; m 9 mai 1712, à Angélique GUYON, à Beauport.— *Geneviève*, b [2] 12 juillet 1675 ; m [2] 3 janv, 1696, à Charles LEGARDEUR, s [2] 30 nov. 1702.— *Madeleine-Louise*, b 18 janv. 1677, à Sorel ; m [2] 11 déc. 1698, à Paul DAILLEBOUT. — *Pierre*, sieur DES FORÊTS, (5) b... — *Barbe*, b 7 fév. 1681, à Repentigny. — *Jean-Baptiste*, b 10 nov. 1683, à Contre-

cœur.— *Catherine-Alphonsine*, b [2] 11 mars 1690 ; s 17 août 1690, à la Pointe-aux-Trembles de Montréal. — *Louise-Marguerite*, b [2] 5 déc. 1691 ; m [1] 28 oct. 1713, à Claude-Charles DU TISNÉ.

MARGANE DE LA VALTRIE, s 6 juin 1693. (1)

MARGONTIER. — Voy. PEUVRET.

1645, (26 octobre) Québec.

I. — MARGUERIE, FRANÇOIS, (2) fils de François et de Marthe Romain, de St. Vincent de Rouen.
CLOUTIER, Louise, (3) fille de Zacharie et de Xainte Dupont, de Québec.

I. — MARGUERIE, MARIE, b 1626, sœur du précédent ; 1° m 23 août 1641, à Jacques HERTEL, 2° m 1652, à Quentin MORAL DE ST. QUENTIN ; s 26 nov. 1700, aux Trois-Rivières.

MARICOUR, (DE). — Voy. LEMOINE.

1667, (31 mai) Montréal. [7]

I —MARIE DIT STE MARIE, LOUIS, fils de Louis et de Marguerite Peigné, de St. Symphorien de Tours, s [7] 2 déc. 1702.
GOARD, (Gouard) Mathurine, fille de Gilles et de Catherine Léger, de St. Sulpice, faubourg St. Germain-des-Prez.
Michel-Sidrac, b [7] 12 avril 1668 ; m 11 avril 1695, à Marguerite BROSSAULT, à Laprairie. — *Marie-Catherine*, b [7] 5 fév. 1670 ; m [7] 16 oct. 1684, à Jérôme LONGUETIN. — *Antoine*, b [7] 25 janv. 1672. — *François*, b [7] 10 fév. 1674. — *Angélique-Marie*, b [7] 6 sept. 1676 , m [7] 18 oct. 1694, à René DUPUIS. — *Marie*, b [7] 7 oct. 1678 , m [7] 10 mai 1700, à François BROSSARD. — *François*, b 19 avril 1681, à la Pointe-aux-Trembles de Montréal. — *Antoinette*, b [7] 28 fév. 1683 — *Marie-Anne*, b 11 et s [7] 13 fév. 1685. — *Marguerite*, b [7] 27 mars 1686 : s [7] 18 mars 1703. — *Gabriel*, b [7] 2 juin 1688.

1695, (11 avril) Laprairie. [7]

II.— MARIE DIT STE MARIE, MICHEL,   [LOUIS I. BROSSAULT, Marguerite,   [DENIS I. *Marguerite*, b [7] 28 fév. 1697 , m [7] 22 nov. 1717, à Claude BISAILLON. — *Louis*, b [7] 6 avril 1699.— *Marie-Anne*, b [7] 20 mai 1701.

MARIÉ, JACQUES. — Voy. LE MARIÉ

MARIENNE, JEAN. — Voy. MERIENNE.

1676, (19 octobre) Québec. [7]

I. — MARIEN, LOUIS, fils de François et de Catherine Mallar, de Garde, évêché d'Angoulème.

---

(1) Elle épouse, le 10 avril 1709, Fagnan, au Château-Richer.

(2) Elle épouse, le 20 avril 1704, Louis Gariépy, à l'Ange-Gardien.

(3) Ce nom est souvent écrit Margal, sieur de la Valtrie.

(4) Filleule de M. De Courcelles, gouverneur.

(5) Enseigne dans les troupes, en 1699.

(1) Tué à Onontat par les Iroquois avec le nommé Lac.— *Registres de Montréal*, 6 juin 1693.

(2) Beau-frère de Jacques Hertel, et interprète aux Trois-Rivières. Il se noya le 23 mai 1648, près des Trois-Rivières, avec Jean Amiot, et son corps fut retrouvé vis-à-vis Québec, celui d'Amiot, vis-à-vis la Restitution de St. Joseph, à Sillery, et tous deux furent inhumés le 10 juin 1648, à Québec.

(3) Elle épouse, le 10 nov. 1648, Jean Mignot, à Québec.

PHILIPPEAUX, Françoise, (1)   [CLAUDE I.
Françoise, b [7] 8 oct. 1677 ; 1° m [7] 19 sept. 1695,
à Sébastien GRENAT ; 2° m [7] 27 juin 1709, à Nicolas
RIVARD. — *Louis*, b [7] 24 déc. 1684. — *Marie*, b
1678 , m [7] 26 avril 1701, à Alexis CARPENTIER ; s [7]
15 mars 1760.

I. — MARIETTE, PIERRE, soldat de M. DesBergères, b 1673 ; s 1er juillet 1703, à Montreal.

I. — MARIGNY DIT L'EVEILLÉ, ANDRÉ, b 1628 ;
s [7] 5 janv. 1703, dans l'eglise de Verchères.

1693, (30 mars) Québec. [7]

I. — MARIGNIER, SÉBASTIEN, fils de Nicolas et
d'Elizabeth Valet, de St. Sulpice de Paris.
LEMOINE, Marie, (2)   [PIERRE II.
Marie-Catherine, b [7] 16 janv. 1694 ; m [7] 1er juillet 1713, à Pierre BANDIRAN.

1685, (26 novembre) Pte-aux-Trembles, M.

I. — MARIN, GILLES, b 1650, fils d'Antoine et de
Françoise ———, de Sedirac, à Belle-Ile,
évêche de Vannes, en Bretagne.
MERSAN, Françoise,   [PIERRE I.

I. — MARIN DIT LA TREILLE, JEAN, soldat de Dumesny, tué par les Iroquois ; s 27 juin 1691,
à Lachine.

MARIN DIT LABONTÉ, FRANÇOIS. — Voy. MORVENT.

I. — MARIN, (3) CÉSAR, b 1633 ; s 14 avril 1713,
à Montreal. [4]
1° NIQUET, Madeleine,   [PIERRE I.
b 1667 ; s [4] 15 mars 1703.
Anonyme, b et s 1er oct. 1693, à Lachine. —
Catherine-Marguerite, b 17 janv. 1696, à Laprairie. — *Paul*, b 19 mars 1692 ; m [4] 21 mars 1718,
à Marie-Josette GUYON ; s 29 oct. 1753, au Fort
Duquesne. — *Louis-Hector*, (4) b [4] 4 sept. 1697. —
Marie-Gertrude, b [4] 8 janv. 1701. — *Nicolas-Joseph*, b [4] 4 et s [4] 20 juillet 1702.

1703, (6 juillet) Sorel.

2° LAMY, Louise, (5)   [ISAAC I.
Marie-Louise, b 19 août 1704, à Montréal [4] ; m [4]
19 nov 1728, à Louis PRUDHOMME. — *Claude*, b [4]
28 oct. 1705 ; m [4] 30 déc. 1737, à Marie-Madeleine
COULON. — *Charles*, b [4] 19 mai et s 27 déc. 1707, à
Lachine. [5] — *Jean*, b [4] 24 mai 1708 ; s [4] 27 fév.
1715. — *Marie-Françoise*, b [5] 27 fév. 1710 ; s [4] 17
sept 1725. — *Charlotte*, b 1713 ; m [4] 14 sept. 1739,
à Pierre-Jean-Baptiste HERVIEUX.

MARINO. — Voy. HOSTIN.

MARION. — *Variation* : LAFONTAINE.

1698.

I — MARION, GEORGE, s avant 1728.
DUMETS, Madeleine,   [JEAN I.
Anonyme, b et s 1er janv 1699, à St. Nicolas. [3]
— *Marie-Catherine*, b [3] 1er janv. 1699 ; m 22 août
1722, à Joseph LOMBARD, à Quebec. [7] — *Jeanne-
Françoise*, b [7] 13 juin 1701 , m à Claude HUNAULT.
— *Etienne*, b... ; m 3 fév. 1728, à Jeanne HUNAULT,
à Repentigny. — *Nicolas*, b... — *François*, b [3] 9
dec. 1696.

I. — MARITON, (DE) officier.

Françoise, b [7] 15 déc. 1699, à la Pointe-aux-
Trembles de Montréal.

1687, (14 avril) L'Ange-Gardien. [7]

I. — MAROIST, GUILLAUME, (1) b 1660, fils de Char-
les et de Catherine Livrade, de St. Paul de
Paris ; s 16 dec. 1708, au Château-Richer. [6]
LABERGE, Catherine, (2)   [ROBERT I.
Marguerite, b 1687 ; m [7] 12 fév. 1710, à Joseph
HEINS ; s 27 avril 1717, à Québec [8] — *Marie-Madeleine*, b [6] 19 nov. 1689 ; m [7] 19 nov. 1711, à
Jacques RIPOCHE — *Charles*, b [6] 31 mars 1692 ;
1° m [7] 17 avril 1712, à Jeanne BOUDEAU ; 2° m 26
nov. 1736. à Angelique GAULTIER, au Cap St,
Ignace. — *François*, b [6] 24 avril 1694 ; m [7] 27
janv. 1716, à Marie-Anne HEBERT. — *Louise-Catherine*, b [6] 24 juin et s [6] 22 sept. 1696. — *Basile*, b [6]
20 mai 1698 ; m [3] 28 fév. 1718, à Marie-Therèse
L'HEUREUX. — *Jean-Baptiste*, b [6] 3 mars 1700 ; m
à Catherine COTINAULT. — *Catherine*, b [6] 28 déc.
1702 ; s [6] 18 janv. 1703. — *Anne*, b 21 et s [6] 29
déc. 1703. — *Prisque*, b [6] 11 juillet 1705 ; m [7] 15
oct. 1725, à Angélique GARNAUD. — *Jean-Baptiste*,
b [7] 10 oct. 1707 ; m [3] 30 janv. 1730, à Marie-Angélique NAU.

I. — MAROT, capitaine de navire. (3)

1690, (22 décembre) Beauport. [8]

I — MAROT, JEAN, soldat de M. de Bouraillan,
fils de Jean et de Madeleine Travers, d'An-
gers, en Poitou.
BOUTIN, Geneviève,   [ANTOINE I.
Jean-Baptiste-Ange, b [8] 4 fév. 1691 ; m à Marie-
Anne LORANDEAU. — *Marie-Louise*, b [8] 2 sept. 1692 ;
s 20 janvier 1703, à la Pointe-aux-Trembles de
Québec. [9] — *Nicolas*, b [8] 27 sept. 1694. — *Jean-
François*, b [9] 20 déc. 1696. — *Joseph*, b [9] 11 mars
1699. — *Marie-Geneviève*, b [9] 24 sept. 1701.

MARQUET, — *Variations et surnoms* : MARQUETTE
— CLOCHER DIT ST. PIERRE — CLICHE — PERI-
GORD — LA MOLLET.

---

(1) Elle épouse, le 10 janvier 1689, Sébastien Hervé, à
Québec.
(2) Elle épouse, le 12 novembre 1696, Jacques Lahorde, à
Québec.
(3) Sieur de la Massière, capitaine, commandant le fort Rolland.
(4) Filleul de M. De Callières.
(5) Elle épouse, le 23 décembre 1725, René Le Gardeur, à
Montréal.

(1) Greffier de la Seigneurie de Beaupré. — *Registres de
l'Ange-Gardien.*
(2) Elle épouse, le 24 oct. 1712, [René Poupart, à l'Ange-
Gardien.
(3) Il était dans le port de Québec, le 27 mai 1657, lorsque
les nommés Pierre Duval et Jacques Montfort se noyèrent ce
même jour, en voulant prendre l'abord de son navire. — *Registres de Québec.*

I. — MARQUET, Fr\ncois, de Périgord, de Beaumont, b 1638, s 11 mars 1715.

1° Daine, Marie.

Jacques, b 1669 ; m 3 fév. 1699, à Louise Guérin, à Charlesbourg[9], s[9] 30 juin 1715. — *Françoise*, b 16 juin 1670, à Ste. Famille[8] ; m 3 nov. 1692, à Louis Clemenceau, à Québec.—*Catherine*, b[8] 11 juin 1671 ; m 1697, à Antoine Bourgeois. — *Marie*, b[8] 4 août 1673. — *François*, b... ; m à Louise Galarneau. — *Louis*, b..., m[9] 3 nov. 1698, à Michelle Tessier.

1709, (20 janvier) St. Michel.[5]

2° Philippe, Anne, veuve de François Lamontagne ; s[5] 1er mai 1715.

1698, (3 novembre) Charlesbourg.[8]

II. — MARQUET, Louis, (1)   [François I.
Tessier, Michelle,   [Marc I.
Geneviève, b[8] 26 nov. 1698, m[8] 1719, à Pierre Boutet. — *Marguerite*, b 2 et s 17 oct. 1702, à Québec. — *Cécile*, b... ; m[8] 1725, à Louis-Jean Lenoir. — *Marie-Michelle*, b 22 et s[8] 25 oct. 1705 — *Anonyme*, b et s[8] 21 juillet 1706.—*Anonyme*, b et s[8] 3 avril 1707. — *Anonyme*, b et s[8] 1er dec. 1707. — *Anonyme*, b et s[8] 24 dec. 1709.

1699, (3 février) Charlesbourg[6]

II. — MARQUET, (2) Jacques,   [François I.
s[6] 30 juin 1715.
Guérin, Louise, (3)   [Clément 1.
Augustin, b 1er et s[6] 25 fév. 1700. — *Pierre*, b[6] 2 sept. 1703. — *Marie-Catherine-Angélique*, b 7 juillet 1701, à Quebec[7] ; m[6] 1720, à Jean-François Gendreau. — *Marie-Louise*, b[6] 18 oct. 1705 ; m[7] 12 avril 1728, à Louis Roy. — *Louis*, b[6] 22 août 1707 ; s[6] 8 fév. 1709. — *Jean-François*, b[6] 7 oct. 1709. — *Anonyme*, b et s[6] 23 mars 1711. — *Marie-Marguerite*, b[6] 25 mai 1713. —*Marie-Josette*, b[6] 18 fev. 1715.

MARQUIS, — Voy. Le Marquis.

I. —MARS, Simon, (4) marchand, de La Rochelle.

1° De Faye, Anne, b 1640 ; s 4 fév. 1686, à Québec.[2]

Anne, b 1659 ; m[2] 25 nov. 1680, à Charles Decouagne ; s 21 avril 1685, à Montreal. — *Marie*, b 1661 ; 1° m[2] 6 juin 1686, à François Rivière ; 2° m[2] 4 déc. 1692, à Paul Berry. — *Pierre*, b... — *Joseph*, b... — *Michelle*, b 1665 ; 1° m[2] 3 oct. 1686, à Raymond Dubocq ; 2° m[2] 28 janv. 1697, à Joseph Riverin ; s[2] 13 déc. 1728.

1687.

2° Leroux, Marie,   [Jean I.
s[2] 28 août 1705.
Marie, b... . 1° m 11 sept. 1708, à Jean Jolliet, à Québec[2] ; 2° m[2] 18 avril 1735, à Jean-Louis Volant.

(1) Dit Lamollet, soldat de Vaudreuil.

(2) Clocher dit St. Pierre.

(3) Elle épouse, le 27 janv. 1716, Barthélemi Chaillé, à Charlesbourg.

(4) Un des ancêtres de Sir Etienne Taché.

MARSAC (De). —*Variations et surnoms :* Marcas de l'Obtrou—De Lommesprou—Desrochers.

I — MARSAC (De) Jacob.
David, Thérèse,   [Claude II.
s 24 sept. 1727, au Détroit.[4]
Jacques, b 27 nov. 1704, à Montréal. —*Jacques*, b[4] 7 nov. 1707. — *François*, b... ; m[4] 18 mai 1734, à Thérèse Campeau.

MARSAULT, François — Voy. Marceau.

1694, (14 novembre) Montréal.[8]

I. — MARZEAU, Jacques, b 1654, fils de Jacques et de Barthelemie Roux, de Berquelon, evêche de Xaintes ; s[3] 10 août 1699.
Bonnelier, Marie, veuve de Pierre Leroux, b 1650, fille de Jean et de Catherine Daigle, de St. Paul, évêché, de Paris.

MARSIL. — *Variations et surnoms :* Marsilly — L'Espagnol.

I. —MARSIL, André, charpentier, b 1642.
Lefebvre, Marie-Marguerite,   [Pierre I.
Madeleine, b 23 avril 1674, aux Trois-Rivières. m 9 fev. 1699, à Gaspard Magnan, à Laprairie[3]. *Charles*, b 15 mai 1678, à Montreal[5] ; m[3] 25 oct. 1700, à Romaine Gervais. — *Etienne*, b 1676 ; m[3] 12 fev. 1703, à Madeleine Maudoux ; s 3 déc. 1708, à l'Ile-Dupas. — *Marie*, b[3] 1er sept. 1680 : m[5] 1er juin 1700, à Etienne Achin. — *André*, b[3] 25 mars 1683. — *Catherine*, b[3] 17 mars 1686 ; s[3] 15 mars 1688.

MARSOLET. — *Variations et surnoms :* Marsolais — Bellechasse — Lemire.

I. — MARSOLET De St. Agnan, (1) Nicolas, honorable homme, b 1601, de Rouen ; s 15 mai 1677, à Quebec[3]
La Barbide, Marie, (2) b 1619.
Marie, b 1637 ; m[3] 30 avril 1652, à Mathieu D'Amours. — *Marie*, b[3] 22 fev. 1638. — *Louise*, b[3] 17 mai 1640, m[3] 20 oct. 1653, à Jean Lemire : s[3] 19 avril 1712. — *Joseph*, b[8] 31 mai 1642. — *Geneviève* b[3] 10 août 1644 ; m[3] 4 sept. 1662, à Michel Guyon. — *Madeleine*, b[3] 12 mai 1646 ; m à François Guyon. — *Louise*, b[3] 2 oct. 1648. — *Jean*, b[3] 20 avril 1651 ; 1° m 9 fev. 1680, à Marguerite Couture. (3) ; 2° m[3] 28 mai 1690, à Marie-Anne Bolduc ; s[3] 7 mars 1715. — *Anne*, b[3] 10 juin 1653. — *Elizabeth*, b[3] 29 sept. 1655. — *Marie*, b 1662 ; s[3] 27 fev. 1677.

(1) Marsolet vint à Québec avec Champlain, à son voyage de 1613. Il n'avait encore que douze ans, et se rendit bientôt familier avec les langues Montagnaise et Algonquine. Il fut longtemps l'interprète des Français. A la prise de Québec, en 1629, par Kerk, il s'était donné aux Anglais, Il déclara plus tard, qu'il avait été forcé par les Anglais de rester avec eux. Ayant obtenu plusieurs fiefs, sur l'un desquels il alla résider, (les Prairies Marsolet), il y éleva honnêtement sa nombreuse famille. Les familles Damours, Lemire, Guyon le comptent pour un de leurs ancêtres.

(2) Elle épouse, le 8 mai 1681, Denis Lemaître, à Québec.

(3) Date du contrat de son mariage.

1680, (9 février) (1)

II. — MARSOLET, (2) JEAN,   [NICOLAS I.
   tonnelier, s 7 mars 1713, à Québec. [7]
   1º COUTURE, Marguerite,   [GUILLAUME I.
     s [7] 28 mars 1690
   Anonyme, b et s [7] 27 mars 1690.

       1690, (28 mai) Québec.

   2º BOLDUC, Marie-Anne, (3)   [LOUIS I.

1665, (14 décembre) Montréal. [7]

I. — MARSTA, MATHURIN maçon, b 1644, fils de
   Jacques et de Marie Coutaud, de St. Denis de
   la Chevesth, en Poitou.
   ELOY, Antoinette, b 1644, fille de Jean et d'An-
   toinette Poité, de St. Etienne, en Brie.
   Marie-Cunégonde, b [7] 11 fév. 1667 , m à Jacques
DUMETS. — *Antoine*, b [7] 26 août 1669. — *Pierre*,
b [7] 18 juillet 1672. — *Toussaint*, b [7] 29 janv. 1675.

MARTEL. — *Variations et surnoms* . MARTELLE-
   DE BERHOUAGUE — DE BROUAGLE — DE LA
   CHENAYE.   .

1665, (16 novembre) Château-Richer.

I. — MARTELLE, PIERRE, de Rouen.
   DE L'ASTRE, Adriane, Delbeuf, évêché d'Amiens,
   en Picardie.

I. — MARTEL, JEAN, b 1649 s 8 nov. 1729, à
   Québec.

1668, (26 novembre) Québec. [3]

I. — MARTEL, HONORÉ, fils de Jean et de Marie
   Duchesne, de St. Eustache, de Paris.
   1º L'ADMIRAUT, Marguerite, fille de François et
   de Jeanne Clos, de St. Germain d'Auxerre.
   Charles, b 6 et s [3] 28 oct. 1669. — *Jean*, b [3] 4 janv.
1671 , m 1704, à Marie-Anne ROUVILLE — *Joseph-
Alphonse*, b [3] 14 mai 1672 , m 8 janv. 1701, à Marguerite GROINIER, à Ste. Famille. — *Marie-Madeleine*, b [4] 29 juillet 1674 ; m [3] 12 juin 1696, à Louis
LOISEL ; s [3] 2 janv. 1703. — *Marguerite*, b [3] 30
août 1676 , 1º m [3] 10 janv. 1695, à Louis COU-
RAULT ; 2º m 28 janv. 1704, à François DOUAULT,
à Varennes. — *Paul*, b [3] 28 mai 1678 , m 1698, à
Marie-Madeleine GUILLOT. — *Honoré*, b et s 18
fév. 1680, à la Pointe-aux-Trembles de Québec [5].
— *Antoine*, b [8] janv. 1681. — *Isabelle*, b 26 et s [5]
28 nov. 1682. — *Marie-Anne*, b [5] 11 nov. 1683 ;
m [3] 9 nov. 1699, à Charles ROGNON. — *Jean*, b [5] 15
nov. 1685 ; m 27 juin 1712, à Jeanne ROULOIS, au
Château-Richer. — *Louis*, b [5] 2 sept. 1687. —
Marie-Anne, b [3] 28 août 1689 , 1º m 29 août 1708,
à Thomas FERRET ; 2º m 1727, à François BOU-
CHER, à Charlesbourg — *Marie-Thérèse*, b [3] 4 sept.
1691 ; m [3] 3 sept. 1714, à Guillaume HAGUENOT.

      1707, (3 novembre) Québec.

   2º MARCHAND, Marie, veuve de Jean Labbé.

I. — MARTEL DE BERHOUAGLE, PIERRE-GRATIEN,
   marchand.
   CHARETS, Marie-Charlotte, (1)   [ETIENNE I
   François, b 30 avril 1692, à Québec [9]; 1º m à
Marie-Anne FAVERY , 2º m [9] 15 sept. 1732, à Loui-
se MARIAUCHAU D'ESGLIS.

1695, (14 février) Charlesbourg. [9]

II — MARTEL, JEAN,   [HONORÉ I
VANNIER, (LE) Madeleine, (2)   [GUILLAUME I.
   Charles, b [9] 7 mai 1696. — *Jean-François*, b 15
juin 1698, à la Pointe-aux-Trembles de Québec.
— *Pierre*, b [9] 16 janv. 1701 ; m [9] 1722, à Marguerite BERGEVIN. — *Joseph*, b [9] 12 mai 1706. — *Catherine*, b [9] 9 avril 1708. — *Jean-Baptiste*, b [9] 3 août
1710. — *Geneviève*, b [9] 24 avril 1712 , s [9] 12 oct
1714. — *Marie-Madeleine*, b [9] 17 juillet 1714.

1695, (20 novembre) Montréal. [7]

I — MARTEL, ETIENNE-JOSEPH, b 1667, fils de
   Nicolas et de Marguerite Maneville de Fran-
   ville, de Dieppe, evêché de Rouen
   1º BOUCHER, Antoinette,   [FRANÇOIS I.
     s [7] 25 mars 1703.
   Marie-Anne, b [7] 25 oct. 1696. — *Antoine*, b [7] 11
nov. 1697. — *Antoinette*, b 11 mai et s [7] 28 juin
1699. — *Marie-Madeleine*, b [7] 8 sept. 1700. — *Jacque-
line-Marguerite*, b [7] 8 fév. 1702 ; s [7] 14 avril 1703.
— *Marie-Joselle*, b [7] 29 janv. 1703.

     1703, (21 mai) Montréal. [7]

   2º BREBANT DIT LAMOTHE, Marie-Anne, [PIERRE I.
   Marie-Thérèse, b [7] 21 mars 1704.

1697, (8 juin) Batiscan

I. — MARTEL, RAYMOND, seigneur de LaChenaye,
   b 1663, fils de Pierre (marchand) et de Jeanne
   de la Hargue, de Clarence, évêché de Bayonne ; s 1er nov. 1708, à St. François, Ile-Jésus. [7]
   TROTIER, Marie-Anne, (3)   [ANTOINE II.
   Raymond, b 19 avril et s 6 juin 1703, à Lachine.
— *Nicolas*, b 23 mai 1702, à Québec. — *Marie-
Anne*, b 22 et s [9] 26 avril 1704. — *Louise-Catherine*,
b [7] 20 nov. 1705. — *Pierre*, b [7] 20 août 1707.

1698.

II. — MARTEL, PAUL,   [HONORÉ I.
GUILLOT, Madeleine,   [VINCENT I.
   Marie-Madeleine, b 10 nov. 1699, à St. Laurent,
Ile d'Orléans. — *Augustin*, b 28 août 1701, à St.
Nicolas. — *Paul*, b 23 oct. 1702, à la Pointe-aux-
Trembles de Québec.

MARTIN, — *Variations et surnoms* : L'ÉCOSSAIS
   — MACÉ — MASSÉ — HENNE — BEAULIEU —
   MONTPELLIER — PELLAND — LARIVIÈRE — LA-
   DOUCEUR — DE LINO — LACHAPELLE — LANGE-
   VIN — L'ANGOUMOIS — ST. ONGE

---

(1) Date du contrat de mariage. — *Greffe de Duquet*.

(2) Sieur de Bellechasse. Il a donné son nom à cette partie
de la côte sud du St. Laurent, (aujourd'hui Berthier de Bellechasse) nom que lui-même avait adopté.

(3) Elle épouse, le 19 février 1716, Jean Primont à Québec.

(1) Elle épouse, le 20 juillet 1697, Augustin Le Gardeur, à
Lévis.

(2) Elle épouse, le 22 octobre 1718, Jean-François Barbot,
à Charlesbourg.

(3) Elle épouse, le 14 février 1712, Louis Audet de Pierre-
Cot, sieur de Bailleul, à St. François, Ile-Jésus.

I.—MARTIN dit l'Ecossais, Abraham, (1) b 1589, s 8 sept. 1661, à Quebec. [9]
Langlois, Marguerite, (2)

Anne, b 1614; m [4] 17 nov. 1635, à Jean Côté, s [4] 4 dec 1683. — *Eustache,* b 24 oct. 1621, à Quebec [4], s...—*Marguerite,* b [4] 4 janv. 1624; m [4] 22 mai 1638, à Etienne Racine; s 25 nov. 1679, au Château-Richer. [5] — *Hélène,* b [4] 21 juin 1627; 1° m [4] 22 oct 1640, à Claude Etienne; 2° m [4] 3 sept. 1647, à Medard Chouart; s...— *Marie,* b [4] 10 avril 1635; m [4] 21 janv. 1648, à Jean Cloutier; s [5] 25 avril 1699.— *Adrien,* b [4] 22 nov. 1638; s...—*Madeleine,* b [4] 13 sept. 1640; 1° m [4] 6 fev. 1653, à Nicolas Froget; 2° m 1er fev. 1681, à Jean-Baptiste Fonteneau, à Repentigny.— *Barbe,* b [4] 4 janv. 1643; m [4] 12 janv. 1655, à Pierre Biron. s [4] 5 oct. 1660.— *Charles-Amador,* b [4] 7 mars 1648; second prêtre canadien; s [9] 19 juin 1711.—*Anne,* b [4] 23 mars 1645, m [4] 12 nov. 1658, à Jacques Raté

1642.

II —MARTIN, Pierre, de St. Pierre, Ile d'Oleron, évêche de La Rochelle.
Paris, Madeleine, de La Rochelle.

Charles, b 1648; 1° m à Catherine Dupuy; 2° m 6 oct 1683, à Marie Batanville, à Boucherville. — *Pierre,* b 1643; s 9 oct. 1713, à Ste. Foye. — *Madeleine,* b...; m à Nicolas Frangen.

1646, (18 juin) Quebec. [9]

I.—MARTIN dit Montpellier, Antoine, (3) fils de Jean et d'Isabelle Côte, de Xiste, de Montpellier; s 11 mai 1659
Silvestre, Denise,   [Charles I.

Charles, b [9] 7 oct. 1651.— *Antoine,* b [9] 6 sept. 1654, 1° m à Jeanne Cadieu; 2° m 1699, à Marie Bonet, à Charlesbourg [4]; s [4] 7 avril 1715.— *Isabelle,* b...; m 1670, à Pierre Ozannes. — *Marie-Thérèse,* b [9] 30 oct. 1656; m 9 oct 1674, à Mathieu Langevin.— *Jean-François,* b [9] 12 déc. 1658; s [9] 10 mai 1674.— *Marie,* b...; m 1673, à Jacques Charié dit Lafontaine.

I.—MARTIN, Galeran, b 1578, s 27 oct. 1662, à Quebec.

I.—MARTIN, Louis, b 1639, compagnon d'armes de Dollard, massacré le 21 mai 1660, au Long-sault, par les Iroquois.— *Voy. la note de la page 197.*

I.—MARTIN, Olivier, b 1634, de Dauré, en Bretagne, s 28 mars 1661, à Montreal, tué par les Iroquois, avec Vincent Boutereau et Sebastien Dupuy.

I.—MARTIN, Louis, serrurier, s 30 oct. 1683, à Quebec, âgé de 48 ans, natif de Ste. Radegonde, evêche de Poitiers, noye vis-à-vis le Cap Diamant, devant Quebec.

I.—MARTIN de Boiscorneau, Christophe, (1) commissaire des poudres et salpetrière de la Nouvelle France.

1660, (3 novembre) Montreal. [3]

I.—MARTIN dit Larivière, Pierre, fils de Jacques et de Simone Cloteau, s 1661
Pontenier, Marie, (2)

Marie, b [3] 9 nov. 1661, m 28 fev. 1685, à Antoine Villedieu, à la Pointe-aux-Trembles de Montreal [8]; s [8] 24 oct. 1687.

1662, (5 novembre) Quebec. [5]

I.—MARTIN, Joachim, b 1636, fils de Jacques et de Luce Chalut, d'Estree, evêché de La Rochelle. 1° Chalifour, Marie,   [Paul I.
s [5] 12 oct. 1663 (3)

1660, (16 juin) Quebec. [6]

2° Petit, Anne, (4) fille de Pierre et de Catherine Desnoyers, de St. Germain d'Auxerre de Paris
Louis, b 15 juin 1671, à Ste. Famille [5], m à Louise Raré — *Marie-Anne,* b [5] 14 avril 1673; m à Pierre Roy-Desjardins, s 8 fév. 1709, à la Rivière-Ouelle. [7] — *Marguerite,* b [5] 6 janv. 1675; 1° m à Jean Jollet; 2° m à Henry Piceron; s [8] 14 nov. 1751.— *Marie,* b [5] 6 mars 1678, m 1698, à Pierre Chantal — *Catherine-Françoise,* b [8] 19 mai 1680; m à Jean-Baptiste De La Bourlière.— *François-Lucien,* b [8] 23 juin 1683; m [7] 25 nov. 1710, à Françoise Autin.— *Jean-Baptiste,* b [5] déc. 1686, à St. Pierre, Ile d'Orléans.

1663, (28 novembre) Montreal. [5]

II.—MARTIN, Charles,   [Pierre I.
1° Dupuy, Catherine, b 1614, fille d'André et de Catherine Duval, de St. Germain d'Auxerre, s 20 déc. 1682, à Boucherville. [6]

Jean, b [5] 11 sept. 1664.— *Catherine,* b [5] 6 janv. 1666 — *Marie-Nicole,* b 16 août 1667, à Quebec.— *François,* (5) b 6 août 1670, à Sorel. [7] — *Antoine,* b [7] 4 fev. 1673, m [6] 16 janv. 1698, à Françoise

---

(1) Pilote royal en ce pays.—*Greffe de Le Coustre,* 27 déc. 1647.
Martin eût l'honneur de léguer son nom au champ de bataille où se rencontrèrent les armées de Wolfe et de Montcalm: *Les Plaines d'Abraham.*
Il est digne de remarque que Mgr. Taché Evêque de la Rivière Rouge, compte à la fois parmi ses ancêtres en ligne directe, les trois premiers propriétaires de Quebec, Louis Hebert, Guillaume Couillard et Abraham Martin.

(2) Elle épouse, le 17 fév. 1665, René Branche, à Quebec; s 17 déc. 1665, à Quebec.

(3) Soldat et cordonnier. "A ses noces on dansa une espèce de ballet, savoir cinq soldats."—*Journal des Jésuites.*

(1) Procureur de François Berthelot, secrétaire du Roy comte de Jouy et de l'Ile St. Laurent.—*Greffe de Duquet,* 23 oct. 1676
Le 11 avril 1679, il achète de René Cochon-Laverdière, chirurgien, une maison à Meudon, Rue de l'Orme.—*Greffe de Duquet.*

(2) D'abord mariée avec Pierre Gadois, mais son mariage avait été déclaré nul.— Elle épouse, le 5 déc. 1661, Honoré Langlois.

(3) Cette jeune femme n'avait que quatorze ans.

(4) Elle épouse, 16 août 1691, Antoine Juchereau.

(5) Premier acte de baptême aux registres de Sorel.

FÉVRIER. — *Joseph,* b [7] 1er janv. 1674 ; s [6] 28 juillet 1685. — *Marie-Anne,* b [7] 1er janv. 1674. — *Catherine,* b [6] 30 mars 1678. — *Marie-Anne,* b [6] 20 déc. 1682 ; m [6] 12 nov 1703, à Pierre VOISIN. — *Jean-Baptiste,* b [6] 25 juin 1680 ; s [6] 4 mai 1698.

1683, (6 octobre) Boucherville. [6]

2° ATTANVILLE, Marie, b 1645, veuve de Jean Fauconnier. (1)
Léger, b [6] 13 avril 1684.

1664, (11 février) Québec. [5]

I. — MARTIN, PIERRE, fils de Louis et de Bastienne Coutande, de Ste. Vierge, évêché de Poitiers ; s [5] 22 mai 1711.
LA FLEUR, Jacobine, fille de Charles et de Jeanne Gachet du bourg de la Chataigneraye, évêche de Poitiers.

Françoise-Marie, b 31 oct. 1664, à Sillery [6], m 26 fév. 1680, à Anicet BOYER, à la Pointe-aux-Trembles de Québec. [7] — *Madeleine,* b [6] 29 juin 1666 ; m [5] 7 oct. 1683, à Guyon CHIASON. — *Marie-Catherine;* b [6] 22 déc. 1668 ; m [5] 5 fév. 1687, à Jacques CROTEAU. — *Geneviève,* b [6] 27 mars 1671, 1° m 10 nov. 1697, à Charles BERNARD, à St. Augustin [9]; 2° m [9] 8 janv. 1716, à Pierre RICHARD. — *Pierre,* b [6] 24 sept. 1673. — *Anne-Gabrielle,* b [5] 10 fév. 1676 ; m [9] 10 fév. 1698, à Jean MORAND.

I. — MARTIN, FRANÇOIS, matelot portugais, b 1680 ; s 21 juillet 1710, à Québec.

1670, (6 octobre) Château-Richer. [7]

I. — MARTIN, PIERRE, b 1640, fils de Pierre et de Marie Martin, de Messe, évêche de Poitiers ; s 6 déc. 1702, à St. François, Ile d'Orléans. [9]
HUOT, Marie, fille de Nicolas et de Louise Bourbon, de St. Pierre, évêché de Chartres.

Geneviève, b 17 janv. 1672, à Ste. Famille. [8] — *Jean,* b [6] 20 fév. 1674 ; m [7] 18 oct. 1706, à Marie GARANT ; s [9] 30 janv. 1708. — *Pierre,* b [8] 25 mai 1676 ; s [8] 22 fév. 1694. — *Geneviève,* b [8] 21 déc. 1678 ; 1° m 1697, à Jacques CARBONNEAU ; 2° m à Jean BLAIS. — *Agnès,* b 1680 ; s [9] 18 mars 1694. — *Pierre,* b [9] 14 fév. 1684 ; s [9] 2 mars 1694. — *Ignace,* b [9] 10 déc 1686 — *Charles,* b [9] 11 juin 1689. — *Marie-Catherine,* b 16 et s [9] 20 nov. 1691. — *Catherine,* b [9] 11 mai 1693.

1670.

I. — MARTIN, PIERRE,
POITRON, Anne, (2)   [PIERRE I.
Marguerite, b 11 août 1671, à Boucherville [2]; 1° m 6 juillet 1689, à Jacques CHARPENTIER, à Repentigny [4]; 2° m 16 août 1694, à Joseph ROY, à Québec, 3° m [4] 31 juillet 1719, à Jacques BEAUJEAN ; s [4] 17 mars 1729. — *Marie,* b [2] 27 fév. 1673. — *Marie-Anne,* (3) b 4 mars 1675, à la Pointe-aux-Trembles de Montréal.

(1) Elle épouse, le 25 février 1686, François César, à Boucherville.

(2) Elle épouse, le 12 nov. 1674, Jean Verger dit Desjardins, à la Pointe-aux-Trembles de Montréal.

(3) Enfant posthume, née 4 mois après le second mariage de sa mère.

1685, (30 avril) Québec. [5]

I. — MARTIN, Sieur DE LINO, MATHURIN-FRANÇOIS, b 1657, fils de Claude et d'Antoinette Chalmette, de St. Nizier, évêché de Lyon ; s [5] 7 déc. 1731.
NOLAN, Catherine,   [PIERRE I.
s [5] 14 nov. 1746.
François, b [5] 13 avril 1686 ; m [5] 3 nov. 1712, à Angelique CHARTIER ; s [5] 5 janv. 1721. — *Louis,* b [5] 27 mai 1687 ; s [5] 21 août 1690. — *Catherine,* b [5] 15 juin 1688 , m [5] 20 mars 1708, à Jean-François HAZEUR. — *Guillaume,* b [5] 7 août 1690. — *Charles,* b [5] 31 juillet 1691. — *Jean-Marie,* b [5] 5 août 1692. — *Claude-Augustin,* b [5] 1er juin 1694 ; s 5 juin 1664, à Beauport. [1] — *Pierre,* b [5] 26 août 1695 ; s [5] 1er août 1698. — *Marie-Anne,* b 1er déc. 1696. — *Geneviève-Françoise,* b [5] 17 mai 1699 ; m [5] 7 mars 1720, à Gaspard ADHÉMAR. — *Jean-Baptiste,* b [5] 29 juin 1700 ; s [1] 17 sept. 1700. — *François,* b [6] 6 juillet 1703. — *Marie,* b [5] 22 mai 1705 ; s [5] 6 déc. 1708. — *Jacques-Philippe,* b [5] 23 juin 1706. — *Denis Joseph,* b [5] 5 avril 1709. — *Marie-Cécile,* b [5] 19 août 1710 , s 5 mars 1711, à Charlesbourg. [7] — *Jean-Baptiste-Claude,* b [5] 27 oct. 1712 ; s [7] 18 sept. 1714.

1685, (2 juillet) Montréal.

I. — MARTIN, PIERRE, fils de René et de Perinne Girodon, de St André de Baulne, évêché de Poitiers.
TESSIER, Catherine, (1)   ]PIERRE I.

1685, (6 octobre) Montréal. [5]

I. — MARTIN, FRANÇOIS, maître-maçon, fils de René et de Jeanne Baruel, de St. Thomas de la Flèche, en Anjou ; s 19 mars 1720, à Lachine. [8]
GOGUET, Catherine,   [MATHURIN I.
Jeanne, b [5] 11 déc. 1686. — *Louis,* b 8 et s [5] 25 janv. 1689. — *François,* b [5] 8 mars 1690. — *Catherine,* b [5] 25 nov. 1692. — *Madeleine,* b [8] 30 mars et s 1er avril 1695. — *Jacques,* b [8] 10 janv. 1698. — *Geneviève,* b [8] 4 oct. 1700. — *Marie-Thérèse,* b [8] 13 avril et s [8] 7 mai 1703. — *Anonyme,* b et s [8] 24 juin 1705. — *Marie-Françoise,* b [8] 25 mai 1718.

1688, (2 mars) Québec. [6]

I. — MARTIN dit LANGOUMOIS, PIERRE, maçon, b 1666, fils de Gabriel et de Jeanne Fleurant, de St. André, de Ruffex, évêché d'Angoulême ; s [6] 2 octobre 1728.
LEMIEUX, Marie-Madeleine,   [GABRIEL I.
s [6] 4 sept. 1734.
Marie-Hélène, b [6] 6 sept. 1689 ; m [6] 10 juin 1709, à Nicolas ROUSSEL ; s [6] 11 oct. 1714. — *Hilaire,* b [6] 15 janv. 1692 ; 1° m [6] 8 nov. 1714, à Marguerite BRUNEAU ; 2° m 1719, à Marie BERNIER, à Charlesbourg ; s [6] 28 juillet 1756. — *Joseph-Pierre,* b [6] 5 mars 1694 ; m à Marie AUGER. — *Marie-Anne,* b [6] 8 août 1696 ; m [6] 27 nov. 1719, à Louis-Joseph LABADY ; s [6] 19 août 1761. — *Pierre,* b [6] 14 oct. 1698 ; s [6] 25 déc. 1702. — *Marie-Louise,* b [6] 17 oct. 1700 ; m [6] 9 janv. 1730, à Augustin JAHAN. —

(1) Elle épouse, le 4 nov. 1686, Vincent Dugast, à Montréal.

Louise, b 21 et s⁶ 23 fév. 1703. — *Pierre*, b 2 et s⁶ 4 nov. 1704. — *Marie-Madeleine*, b⁶ 21 nov. 1710 ; m⁶ 14 nov. 1731, à François Silvestre.

I. — MARTIN, Jean.
Jean, b... ; m 26 fév. 1709, à Anne Lantier, à Contrecœur.

I. — MARTIN dit Lachapelle, Jean, soldat de Mr. de Vaudreuil, obtient congé à cause de maladie, et meurt sur une barque, dans les sentiments d'un vrai chrétien, s 29 sept. 1691, à Québec.

I. — MARTIN dit St. Onge, Jean, volontaire, engagé chez les PP. Récollets, b 1673, de St. Paleu, évêché de Xaintes ; s 18 juillet 1703, à Montréal.

1690, (11 janvier) Batiscan.

II. — MARTIN, (1) Antoine,   [Antoine I.
b 1650 ; s 7 avril 1715, à Charlesbourg. ⁷
1º Cadieu, Jeanne,   [Charles I.
Jeanne, b⁷ 5 avril 1691 ; m⁷ 1ᵉʳ fév. 1712, à Jean-Baptiste Choret. — *Marie-Anne*, b⁷ 1ᵉʳ janv. 1693 ; m⁷ 10 fév. 1716, à Jean Turcot. — *Marie-Charlotte*, b⁷ 23 déc. 1694 ; m⁷ 10 fév. 1716, à François Auclair.

1699, (2 mars) Charlesbourg. ⁷
2º Bonet, Marie,   [Melaine I.
Anonyme, b et s⁷ 25 oct 1699. — *Joseph*, b⁷ 4 sept. 1700 ; m⁷ 1726, à Marie-Charlotte Bedard. — *Jean-Antoine*, b⁷ 18 janv. 1702. — *Marie-Joselle*, b⁷ 28 fév. 1704 ; s⁷ 2 avril 1715. — *Jacques*, b⁷ 14 janv. 1706. — *Marie-Ursule*, b⁷ 27 août 1707. — *Anonyme*, b et s⁷ 6 janv. 1709. — *Jean-François*, b⁷ 20 déc. 1709. — *Marie-Angélique*, b⁷ 12 nov. 1712. — *Pierre*, b⁷ 21 mars 1715.

1696, (12 septembre) Montréal. ⁷

I. — MARTIN dit Ladouceur, Pierre, soldat de Dumesnil, b 1666, fils de Jean et d'Anne Desmoulins, de Bergerac, évêché de Périgueux,
Limousin, Marie-Anne,   [Hilaire I.
Jean-Baptiste, b... — *Pierre*, b⁷ 18 janv. 1697. — *Antoine-Joseph*, b 15 et s⁷ 19 mai 1698. — *Marie-Thérèse*, b⁷ 9 juillet 1699. — *Marie-Thérèse*, b 19 et s⁷ 21 déc. 1700. — *Marie-Anne*, b 3 et s⁷ 16 mars 1702. — *Françoise*, b⁷ 30 mai 1704.

1696, (27 février) Château-Richer.

I. — MARTIN, Nicolas, b 1669, fils de Jacques et de Marguerite Billau, de la ville de Xaintes.
Bacon, Angélique,   [Eustache I.
Marie-Madeleine, b... ; m 30 oct. 1724, à Louis Pepin, à Québec.

1698, (16 janvier) Boucherville. ⁶

III. — MARTIN, Antoine,   [Charles II.
Février, Marie-Françoise,   [Christophe I.
Marie, b⁶ 23 déc. 1698 ; s⁶ 13 janv. 1699. — *Catherine*, b⁶ 31 mai 1700. — *Pierre-Antoine*, b 1ᵉʳ

(1) Martin de Montpellier dit Beaulieu.

juin 1709, à Verchères. ⁷ — *Charlotte-Antoinette*, b⁶ 22 fév. 1711 ; s 20 déc. 1718, à Contrecœur. — *Marie-Suzanne*, b 14 et s⁷ 21 avril 1714. — *Jean-François*, b⁷ 13 avril 1719.

II. — MARTIN, Louis,   [Joachim I.
Raté, Louise,   [Jacques I.
Jean, b 1701 ; m 25 juillet 1737, à Marie-Anne Boucher, à l'Islet. ⁶ — *Ursule*, b 18 déc. 1704, à la Rivière-Ouelle ⁷, m 14 fév. 1724, à Pierre Chouinard, à Ste. Anne. — *Louis*, b 14 et s⁷ 17 nov. 1706. — *Louis-Joseph*, b⁷ 17 juin 1708. — *Thérèse*, b... m⁷ 7 janv. 1733, à Joseph Vaillancour. — *Marie-Charlotte*, b 1712. — *Pierre*, b... — *Louis-Philippe*, b 27 avril 1720, au Cap St. Ignace.

1684, (6 novembre) Boucherville. ⁷

I. — MARTINBAULT, Jacques, fermier de M. Boucher, b 1652, fils de Jacques et de Madeleine Guilmaut, du bourg de Bolbec, évêché de Rouen ; s⁷ 17 sept. 1700.
Valiquet, Hélène,   [Jean I.
François, b⁷ 25 oct. 1685. — *Jean-Martin*, b⁷ 11 nov. 1687. — *Catherine-Noelle*, b⁷ 25 déc. 1689. — *Marie-Marguerite*, b⁷ 3 fév. 1693. — *Joseph*, b⁷ 30 déc. 1695, s⁷ 11 janv. 1697. — *Angélique*, b⁷ 29 août 1698.

1662, (26 juillet) Québec. ⁷

I. — MARTINEAU dit Lapile, Jean, fils de Jean et de Colette Savare, de St Aubin de Corbillard, évêché de Xaintes ; s⁷ 21 sept. 1666.
Morin, Claire, veuve de Jamen Bourguignon, s⁷ 29 mars 1666.
Jeanne, b... ; m à Isaac Baron.

I. — MARTINEAU, Jean, s 21 nov. 1690, à St. Thomas, (mort de froid.)

1663, (9 avril) Château-Richer. ⁴

I. — MARTINEAU, Louis, b 1632, de St. Survignan, évêché de Xaintes ; s 28 mai 1709, à St. François, Ile d'Orleans.
Marcot, Madeleine, b 1634, de l'évêché de La-Rochelle.
Jean, b 25 juillet et s⁶ 12 août 1664. — *Elizabeth*, b 19 mars 1668, à Ste. Famille. ⁷ — *Pierre*, b⁷ 14 avril 1669 ; m⁷ 12 nov. 1691, à Marie LeBlond.

1669, (28 novembre) Québec. ⁵

I — MARTINEAU, Jacques, fils de Nicolas et de Jeanne Demaire, de Maille, évêché de Mailzais ; s avant 1705.
Dumoustiers, Antoinette, fille de Jean et de Guilmette Bido, de St. Paul de Paris ; s⁵ 24 avril 1705.
François, b⁵ 19 avril 1671. — *Marie-Anne*, b⁵ 27 juillet 1673 ; m 17 mai 1688, à Jean Lamberton, à la Pointe-aux-Trembles de Québec. — *Nicolas*, b⁵ 13 avril 1676. — *Françoise*, b⁵ 18 fév. 1678 ; m 18 janv. 1710, à Nicolas Bridet, à Charlesbourg. ⁷ — *Angélique*, b⁶ 23 sept. 1684 ; m⁵ 25

nov. 1725, à Philippe Guillet, s [5] 5 nov. 1759. — *Pierre*, b [6] 23 sept. 1682 ; m [7] 12 fév. 1711, à Marguerite Hot. — *Laurent*, b [6] 1er juin 1680

1691, (12 novembre) Ste. Famille. [6]

II. — MARTINEAU, Pierre,   [Louis I.
Ledlond, Marie,   [Nicolas I.
b 1674, s 26 sept. 1729, à St. François, Ile d'Orléans. [7]
Véronique, b [7] 2 sept. 1710 , 1o m [7] 13 nov. 1724, à Joseph Deblois, 2o m [7] 2 sept 1726, à Alexis Guevard. — *Joseph*, b 1706 ; s [7] 6 oct 1714. — *Claude*, b 1711 ; s [7] 6 oct. 1714. — *Marie-Joselte*, b [6] 25 mai 1702 ; s [7] 8 oct. 1714. — *Charles-François*, b [6] 18 sept. 1704 ; s [7] 13 juin 1721. — *Marie-Joselte*, b 28 avril et s [7] 23 août 1716. — *Pierre*, b... ; m [7] 26 avril 1718, à Geneviève Labbé — *Joseph*, b 2 et s [7] 15 déc. 1718. — *Jean-Baptiste*, b [6] 19 fév. 1699, m [7] 15 mars 1727, à Marie-Anne Dupont. — *Marguerite*, b [6] 2 mars 1693, s [6] 28 août 16'36. — *Germain*, b [6] 18 déc 1694. — *Augustin*, b [6] 1er oct. 1696. — *Marie-Madeleine* b [6] 22 juillet 1700, s [6] 20 juillet 1701.

I. — MARTINEAU, Mathurin, de St Fresne, évêché de Poitiers
1o Hébert, Anne.   [Michel I
1690, (16 juillet) Ste. Anne.
2o Fiset, Marie-Madeleine, (1)   [Abraham I.
veuve de Michel Bonnilot.
Mathurin, b 16 août 1693, à Québec. — *Françoise*, b 1695 ; s 15 janvier 1703, à Lorette. [9] — *Marie*, b... ; m 3 fév. 1722, à Simon Arcand, à la Pointe-aux-Trembles de Québec. — *Simon*, b [9] 5 janv. 1699. — *Marguerite*, b [9] 3 mars 1701. — *Jean-Philippe*, b [9] 2 oct. 1702. — *Joseph*, b [9] 18 déc. 1704.

1670, (14 juillet) Montréal [8]

I. — MARTINET dit Tourblanche, Jean, chirurgien, b 1645, fils de Paul et de Catherine Ducas, de St Paul du Moustier, évêche de Langres ; s [8] 8 nov. 1701.
Prudhomme, Marguerite, (2)   [Louis I.
Jean-Baptiste, b [8] 18 juillet 1678 , s [8] 3 sept. 1687. — *Jacques-François*, b [8] 9 mars 1681 ; s [8] 29 sept. 1687.

MARTINIÈRE, (de la) — Voy. Denot — Berman (de).

1665, (12 octobre) Quebec. [6]

I. — MASSARD, Nicolas, fils de Jean et de Marguerite Pimpante, de Grandhyver, Saxe, en Poitou.
Beilesœur, Anne, (3) b 1640, fille de Germain et de Barbe Lucas, de St. Paul de Paris ; s [6] 12 déc. 1710.
Marie-Anne, b [6] 26 fév. 1667 ; 1o m à Louis Meline ; 2o m [6] 28 juin 1688, à Martin Varin. — *Anne*, b 3 juin 1669, à Sillery [7] , m [6] 4 sept. 1690,

(1) Elle épouse, le 11 août 1708, Pierre Elie, à Lorette.
(2) Elle épouse, le 23 janv. 1703, Jean La Tour, à Montréal.
(3) Elle épouse Jean Lambert.

à Pierre-Yves Le Ber. — *Marie*, b [6] 10 août 1676 ; m [6] 18 fév. 1692, à Jean Jacoti ; s [6] 16 déc. 1702. — *Jeanne*, b [6] 18 août 1678 ; m à Pierre Pinault ; s avant 1700. — *Françoise*, b... ; 1o m [6] 20 avril 1699, à Charles Calet ; 2o m [6] 30 avril 1703, à Pierre Soucy ; 3o m [6] 26 déc. 1717, à Pierre Barbereau ; 4o m [6] 2 sept. 1748, à François Raymond ; s [6] 1er fév. 1752. — *Pierre*, b 1697 ; s [6] 9 déc. 1717. — *Marguerite*, b [7] 28 nov. 1671 ; m 28 nov. 1693, à Jean Rinfret, à Lévis ; s [6] 24 nov. 1702. — *René*, b [7] 2 mai 1674. — *Marie*, b..., m 22 juin 1698, à Pierre de la Faye, à Montréal.

MASSE, Martin, serrurier. oncle de Michel Perrin. — Voy. Macé.

1644, (15 mai) Québec. [4]

I. — MASSÉ, Pierre,
Pinel de la Chenaie, Marie,   [Nicolas I.
Denis, b 2 mai 1645, à Sillery ; m 1672, à Catherine Pinel, s... — *Pierre*, b [4] 22 août 1652 ; m 1676, à Catherine Pain ; s 6 déc. 1710, à Ste. Foye. — *Jeanne*, b [4] 25 avril 1649 ; 1o m [4] 26 mai 1661, à Guillaume Constantin ; 2o m à Gilles Jean dit Laforest. — *Marie-Madeleine*, b [4] 2 mars 1655 ; m à Jean Mezeray ; s 15 nov. 1709, à la Pointe-aux-Trembles de Quebec. — *Anne*, b [4] 10 janvier 1658 , 1o m à Jean Pain ; 2o m [4] 19 août 1675, à François Dolbec. — *Guillaume*, b [4] 20 sept. 1660 , m [4] 7 nov. 1696, à Madeleine Amiot.

1667.

I. — MASSE, Sieur du Vailly, François, était à Quebec, en 1667.

1672.

II. — MASSE, Denis,   [Pierre I.
Pinel, Catherine, (1)   [Gilles II.
Denis, b 28 mai 1673, à Québec.

1676.

II. — MASSÉ, Pierre,   [Pierre I.
s 6 déc. 1710, à Ste. Foye. [9]
Pain, Catherine-Jacqueline, veuve de Jean-Baptiste De La Rue.
Pierre, b 6 fev. 1677, à Sillery. [5] — *Denis*, b [5] 29 mars 1678 ; m [9] 16 août 1708, à Françoise Chevalier — *Joseph*, b 1680 ; m [9] 20 avril 1717, à Thérèse Hamel ; s [9] 3 mai 1748. — *Marie-Thérèse*, b..., 1o m [9] 20 fév. 1708, à Joseph Gingras ; 2o m [9] 24 avril 1713, à Abraham Metot. — *Antoine*, b 1691 ; m 9 fév. 1722, à Marie-Jeanne Choret ; s 21 juillet 1754 — *Etienne*, b... ; m à Françoise Blanchard.

I — MASSÉ dit Baumier, Jacques,
Guillet, Catherine.   [Pierre I,
Louis, b 25 mai 1676, aux Trois-Rivieres ; m à Catherine Provancher — *Jean-Baptiste*, b 1678 , m 1735, à Geneviève Leblanc ; s 17 avril 1754, au Cap de la Madeleine.

(1) Elle épouse, le 2 nov. 1676, Jean Prou, à Québec.

1696, (7 novembre) Québec. [5]

II. — MASSÉ, Guillaume,   [Pierre I
   Amiot, Madeleine, (1)   [Jean II.
   Anonyne, b et s [5] 24 déc. 1697. — *Marie-Madeleine*, b [5] 4 mai 1699. — *Jean-Baptiste*, b [5] 9 fév 1701 ; s [5] 1er sept. 1714. — *Marie-Anne*, b [5] 2 mai 1705 — *Pierre-Marie*, b [5] 2 oct. 1708 ; m [5] 9 janv. 1747, à Jeanne Pinguet. — *Marie-Françoise*, b [5] 18 et s [5] 28 déc. 1709

1676,

I. — MASSEAUT dit St. Martin, Jean, menuisier, b 1648.
   Michel, Anne, b 1648, veuve de Jacques Paviot.
   Marie-Madeleine, b 6 mai 1675, à Sorel [7] . m à Louis Laporte. — *Philibert*, b [7] 16 janv. 1677 — *Jean*, b [7] 24 mai 1678. — *Barbe*, b 1680. — *Eustache*, b 25 oct. 1681, à Contreœur. [5] — *Antoine*, b [5] 24 janv. 1686 , s [5] 4 août 1708.

1696, (2 juillet) Batiscan. [8]

I. — MASSICOT, Jacques, b 1658, fils de Jacques et de Jeanne Landry, de St. Pierre du Gist, évêché de Xaintes ; s [8] 3 juin 1738.
   Baril, Marie-Catherine,   [Jean I.
   s [8] 13 oct. 1752
   Marie-Louise, b [8] 17 juillet 1697 , m [5] 7 juin 1729, à Pierre Bourbeau. — *Catherine*, b [8] 26 déc. 1698 , m [8] 12 août 1715, à Antoine Trotier. — *Jean*, b [8] 6 janv. 1701 ; m [8] 26 avril 1725, à Louise Trotier. — *Marie-Anne-Josette*, b [8] 7 déc. 1702 ; m [8] 1er mai 1724, à Alexis Moran. — *Jacques*, b [8] 14 juillet 1704 ; m [8] 6 fév. 1729, à Josette Trotier — *Jeanne*, b [8] 26 mai 1706 ; m [8] 21 fév. 1735, à François Thomas ; s [8] 10 juin 1789. — *Marie-Angélique*, b [8] 28 avril 1708. — *Joseph*, b [8] 23 mars 1710. — *François*, b [8] 4 janvier 1713 ; 1o m 26 janv. 1739, à Angélique Béland, à Pointe-aux-Trembles de Québec ; 2o m [8] 15 mai 1752, à Marie-Josette Cotin ; s [8] 26 déc. 1755. — *Antoine-François-Xavier*, b [8] 12 fév. 1715. — *Marie-Angélique*, b.[8] 29 avril 1717 ; s [8] 28 sept. 1733. — *Marie-Anne*, b [8] 2 mai 1719 ; m [8] 22 fév. 1745, à Bonaventure Sauvageau.

I. — MASSIER dit St. Hilaire, Louis, de Dizy, évêché de Chartres.
   Laisné, Marie.
   Jacques, b 1697 ; m 5 oct. 1750, à Angelique Turcot, au Sault-au-Récollet.

MASSIÈRE, (De la) — Voy. Marin

MASSON, Michel-Théodore. — Voy. Théodore.

1668, (17 octobre) Québec. [5]

I. — MASSON, Gilles, 1630, fils de Pierre et de Françoise Gendreneau, de Notre-Dame de Longueville de Luçon ; s 27 mars 1715, à Ste. Anne de la Pérade. [6]
   Gautier, Jeanne-Marie, b 1640, fille d'Honoré et de Jacqueline Maville, de Rémy, évêché de Sens.

Jean-François, b [5] 16 janv. 1670. — *Gilles*, b 11 juillet 1672, au Château-Richer. — *Jeanne*, b... ; m 1686, à Noel Lieumet. — *Pierre*, b [5] 26 juillet 1703 , m [5] 7 janv. 1698, à Marie-Catherine Le François. — *Louis*, b 1675 ; m [6] 6 fév. 1703, à Catherine Richard.

1679, (25 novembre) Quebec. [5]

I. — MASSON, Jacques, fils de Louis et de Marie Pluchon, de St. Lézere, évêché de LaRochelle, s [5] 25 août 1676.
   Jousselot, Jeanne, (1)   [Pierre I.
   Michel, b [5] 22 août 1672, 1o m 4 mai 1693, à Madeleine Groigne, à St. François, I. O.; 2o m 10 mai 1700, à Marie Dupont, à St. Thomas. — *Barbe*, b [5] 15 et s [5] 30 mars 1675.

1693, (4 mai) St. François, I. O.

II — MASSON, Michel,   [Jacques I.
   1o Groigné, Marie-Madeleine,   [Nicolas I.
   s 14 janv. 1709, à St. Thomas. [2]
   Marie, b 20 août 1697, à St. Etienne de Beaumont. — *Geneviève*, b [2] déc. 1698 ; s [2] août 1700. — *Michel*, b [2] 14 janv. et s [2] 7 fev. 1700.

   1700, (10 mai) St. Thomas. [2]

   2o Dupont, Marie,   [Gilles I.
   veuve de Denis Huet.
   Michel, b 1702 ; s [2] 7 janv. 1703. — *Joseph*, b 29 déc. 1703, à St. François, I. O. [7]; s [4] 4 janv. 1704. — *Marguerite*, b [2] 19 fév. 1705. — *Marie-Geneviève*, b [2] 24 sept. 1707 ; s [2] 28 mai 1708. — *Marie-Louise*, b... ; 1o m 9 janv. 1730, à Pierre Rivard, à Batiscan [9], 2o m [9] 13 avril 1750, à Jean-Baptiste Massicot.

1698, (7 janvier) St. Anne de la Perade. [7]

II. — MASSON, (Maloy) Pierre,   [Gilles I.
   Le François, Marie-Catherine,   [Pierre I.
   Gilles, b [7] 16 fev. 1701. — *Marie-Catherine*, b [7] 20 oct. 1702. — *Marie-Madeleine*, b [7] 13 fév. 1704. — *Louis*, b [7] 18 mai 1708. — *Marie-Jeanne*, nee 7 déc. 1710, b 23avril 1711, à Batiscan ; m 5 juillet 1728, à Joseph Colin, à Terrebonne. — *Pierre*, b... ; m 22 sept. 1721, à Marguerite Joffrion.

1699, (14 mars) Pte-aux-Trembles (Q.) [1]

I. — MASSON, Jean, b 1673, fils de François et de Thérèse Hubert, de St. George, évêche de Luçon.
   Greslon, Anne,   [Jacques I.
   veuve de Jean Bruseau.
   Jean-François, b [1] 26 sept. 1701 ; m à Louise Paré. — *Marie-Anne*, b... ; s [1] 5 avril 1704. — *Barnabé*, b [1] 11 juin 1705. — *Louis-Joseph*, b [1] 25 janv. 1709. — *Marie-Thérèse*, b [1] 13 nov. 1711.

1689, (2 mai) Quebec [1]

I. — MASSY, Jacques, b 1664, maitre de barque, fils de Pierre et d'Anne Bergame, de St. Laurent de Tarbes ; s [1] 11 oct. 1747.
   Hédouin, Marie-Madeleine,   [Jacques I.
   veuve de Jean Sabattier ; s [1] 21 août 1739.

---

(1) Elle épouse, le 22 oct 1719, Jacques Barbel, à Quebec.

(1) Elle est appelée Rousselot à l'acte de baptême de 1675. Elle épouse, le 9 février 1671, Nicolas Menanteau, à Québec.

Marie-Françoise, b ¹ 13 mai 1690 ; s ¹ 15 juillet 1692. — *François*, b ¹ 14 oct. 1691. — *Marie*, b ¹ 15 janv. 1694 ; s ¹ 7 oct. 1721, noyée dans la Petite-Rivière. — *Simon-François*, b ¹ 23 avril 1696 ; m 28 avril 1721, à Marie Couture, à Levis. — *Catherine*, b ¹ 24 nov. 1697 ; m ¹ 5 mai 1720, à Jean Chappau. — *Jacques*, b ¹ 13 avril 1699 : m ¹ 14 fév. 1746, à Jeanne Halay. — *Joseph*, b ¹ 12 mai 1701. — *Joseph*, b 1ᵉʳ oct. 1702 ; m à Hélène Lapierre. — *Madeleine*, b ¹ 8 juin 1704 ; m ¹ 29 mai 1741, à Pierre Laborde. — *Pierre*, b ¹ 15 juillet et s 18 juillet 1707, à Lorette.

I. — MASTA. Mathurin, maître-maçon, b 1643 ; s 1ᵉʳ mai 1688, à la Pointe-aux-Trembles de Montréal ¹
Eloy, Catherine, b 1645 ; s 13 avril 1728, à St. François, I. J.²
Cunegonde, b 1666 ; m ¹ 25 fév. 1686, à Jean-Baptiste Demers. — *Antoine*, b 1669 ; s ¹ 24 juillet 1679, noyé. — *Pierre*, b 1670. — *Toussaint*, b 1674 ; m ¹ 14 fév. 1702, à Marie-Thérèse Leclerc. — *Jeanne,* b ¹ 29 nov. 1677 ; s ¹ 8 nov. 1687. — *Marguerite*, b ¹ 12 déc. 1680 ; m ¹ 3 fév. 1698, à Jean-Baptiste Lalonde ; s ¹ 22 sept. 1699. — *Barbe*, b ¹ 28 août 1683 ; s ¹ 8 nov. 1687.

MATAN. — Voy. Raimbault. — Matha.

I. — MATAUT, Jean, b 1628 ; s 10 fev. 1706, au Château-Richer. ⁵
1° Gagnon, Gabrielle,   [Pierre I.
Catherine, b 1668 , s 1ᵉʳ août 1669, à Québec. ⁶
— *Marie-Claude*, b ⁶ 21 août 1674. — *Pierre*, b ⁵ 11 avril 1677 ; 1° m ⁵ 10 mai 1706, à Marie-Louise Malhiot ; 2° m ⁵ 11 fév. 1715, à Scholastique Toupin.

1684, (3 fevrier) Château-Richer. ⁵

2° Cloutier, Louise,   [Zacharie I.
veuve de Jean Mignot ; s ⁵ 22 juin 1699.

MATHIEU.—Voy. Coiteu — Coittou — St. Jean.

I. — MATHIEU, arrivé à Québec, en 1617, hiverne chez les hurons avec les PP. Récollets.

1669, (3 novembre) Château-Richer. ⁴ (1)

I. — MATHIEU, Jean, boucher, b 1637, de Colange, évêché d'Angoulême ; s 1ᵉʳ mai 1699, à l'Ange-Gardien. ⁵
Du Tertre, Anne, b 1654, fille de Pierre et de Louise-Anne Goulet, de la Potois, évêché de Chartres ; s ⁵ 14 avril 1696.
Louise, b ⁵ 26 déc. 1670 ; m ⁵ 8 janv 1691, à Jean Trudel. — *Jeanne*, b ⁵ 6 mars 1673 ; s ⁴ 27 avril 1673. — *René*, b ⁵ 24 juin 1674 , m ⁵ 9 nov. 1699, à Geneviève Roussin. — *Jean*, b ⁵ 12 juillet 1676 ; m 16 fév. 1705, à Marie-Madeleine Leclerc, à Contrecœur. — *Charles*, b ⁵ 28 sept. 1678 ; m 1ᵉʳ oct. 1708, à Catherine Cotineau, à St. François, Ile-Jésus. — *Louis*, b ⁵ 21 oct. 1680. — *Marie*, b 28 déc. 1682, à Québec ⁶ ; m ⁵ 17 janv. 1701, à Louis Quentin. — *Anne*, b ⁵ 28 fév. 1687 ; m ⁵ 21 avril 1704, à Pierre Gaudin. — *Nicolas*, b ⁵ 3 fev. 1687 ;

m ⁵ 23 oct. 1713, à Catherine Belanger. — *Marguerite*, b ⁵ 3 fév. 1687 ; m ⁵ 12 nov. 1703, à François Vésina. — *Elizabeth*, b ⁵ 17 janv. 1689 ; m ⁵ 22 fév. 1710, à Pierre Vésina. — *Marie-Madeleine*, b ⁵ 22 oct. 1691.

1699, (9 novembre) L'Ange-Gardien. ⁶

II. — MATHIEU, René,   [Jean I.
Roussin, Geneviève,   [Nicolas II.
Jean, b ⁶ 28 sept. 1700 ; m à Anne De Trépagny. — *Scholastique*, b ⁶ 4 fév. 1703. — *Véronique*, b ⁶ 19 janv. 1704 ; m ⁶ 22 oct. 1725, à Jacques Denys. — *René*, b ⁶ 20 mai 1706. — *Charles*, b ⁶ 7 sept. 1708 ; m à Thérèse Dufresne. — *Geneviève*, b ⁶ 4 mars 1710 ; m ⁶ 16 oct. 1730, à Charles Trudel. — *Louis*, b ⁶ 9 sept. 1712. — *Pierre*, b ⁶ 28 nov. 1714 , m ⁶ 28 nov 1744, à Marguerite Jacob. — *Rose*, b ⁶ 20 déc. 1716. — *Nicolas*, b ⁶ 24 juin 1719. — *Marie*, b ⁶ 21 août 1722 ; m ⁶ 23 nov. 1744, à Joseph Jacob

MATIAS. — Voy. Chatouteau.

MATOU. — *Variations et Surnoms :* Mathou — Maton — Matour — Labrie.

1662, (28 décembre) Québec. ⁷

I. — MATOU dit Labrie, Philippe, b 1635, fils de Jacques et de Paquette Moutier, de Gristi, en Brie ; s 20 janv. 1688, à Montreal. ⁸
Doussinet, Marguerite, b 1643, fille de Pierre et de Florence Canteau, de St. Sauveur, évêché de La Rochelle.
Jeanne, b ⁷ 6 janv. 1664 ; m ⁸ 17 avril 1679, à Thomas Chartran. — *Marie-Madeleine*, b ⁷ 5 juillet 1665 ; 1° m ⁸ 5 oct. 1682, à Jean Haudecœur ; 2° m 29 oct. 1692, à René Déniau, à Boucherville ⁴ ; s 15 juillet 1699, à Lachine. ⁰ — *Marie*, b ⁷ 19 avril 1668 ; m ⁸ 17 sept. 1685, à Paul De la Porte. — *Marie*, b ⁷ 27 mai 1670 ; m ⁸ 29 juillet 1686, à Pierre Lorin. — *Françoise-Marguerite*, b ⁷ 27 nov. 1678 ; m ⁸ 25 juillet 1695, à Pierre Cardinal. — *Catherine-Angélique*, b ⁷ 15 mai 1672 ; m ⁸ 8 fev. 1694, à Jacques Lantier. — *Jacques-Philippe*, b ⁷ 4 mars 1674. — *Jean*, b ⁷ 23 janv. 1676 ; s ⁷ 17 mars 1678. — *Marie*, b ⁷ 12 août 1681 ; m ⁰ 7 janv. 1704, à Jean Chamaillard. — *Marie-Madeleine*, b 22 avril et s ⁴ 2 juin 1684.

1671, (12 octobre) Québec ⁸

I. — MATTE, Nicolas, b 1637, fils de Charles et de Barbe Horace, de St. Cyr, évêché de Rouen ; s 20 juillet 1704, à la Pointe-aux-Trembles de Quebec.
Auvray, Madeleine, b 1650, fille d'Antoine et de Marie ⸻, de St. Vivien, évêché de Rouen ; s ⁵ 7 mai 1734.
Léonard, b ⁸ 28 nov. 1672. — *Marie-Françoise*, b ⁸ 29 janv. 1675 ; m ⁵ 14 fév. 1695, à François Laroche. — *Laurent*, b ⁸ 29 juin 1677 ; m ⁵ 12 août 1702, à Françoise Sylvestre ; s 19 fév. 1712, au Cap Santé. — *Marie-Jeanne*, b ⁵ 20 déc. 1679 ; m ⁵ 3 nov. 1695, à Jacques Bourgoin. — *Nicolas*, b ⁵ 22 sept. 1682 ; m ⁵ 20 avril 1705, à Angélique Cocquin. — *Marie-Madeleine*, b ⁵ 11 fév. 1685 ; m ⁵ 13 août 1703, à Noel Pelletier. — *Marie-Anne*, b ⁵

---

(1) Date du contrat de mariage. — *Greffe d'Audouard.*

18 mai 1687 ; 1° m à Romain Dubuc ; 2° m [5] 27 fév. 1713, à Etienne Magnan. — *Madeleine*, b 3 et s [5] 10 nov. 1088. — *Alexis*, b [5] 14 fev. 1692. — *Marie-Louise*, b [5] 21 juillet 1694, — *Marie-Angélique*, b [5] 22 juin 1697.

MATTEMASSE, Jean, charpentier ; s 30 mars 1644, à Montréal. Tué par les Iroquois, avec Pierre Bigot et Guillaume Lebeau.

MAUBLANT, Jean-Joseph, chirurgien de la compagnie de Dumesny.

I. — MAUDOUX, Aubin.
Provencher, Madeleine.   [Sébastien I.
Louis, b 1695 ; s 5 juillet 1701, à Montréal. — *Madeleine*, b... ; m 12 fev. 1703, à Etienne Marsille. — *Catherine*, b 1702 ; m 13 mai 1734, à François Thomas, aux Trois-Rivières.

MAUFET. — *Variations* : Maufay — Maufait.

1654, (31 mai) Québec. [9]

I. — MAUFAY, Pierre, b 1632, fils de Toussaint et de Jacqueline Bérard, de St. Cosme-le-Verd, du Maine ; s [9] 11 oct. 1677.
Duval, Marie, b 1631, fille de Pierre et de Jeanne Labarbe ; s 22 mars 1704, à Lorette.
Pierre, b [9] 6 avril 1655 ; m [9] 15 nov. 1677, à Catherine Chapeleau ; s [9] 13 fév. 1715. — *Jeanne*, b [9] 24 juin 1656, 1° m [9] 15 avril 1670, à Simon Alain ; 2° m à Jean Poidras. — *André*, b [9] 24 mars 1658 ; m à Marie Des Orcys ; s 29 juin 1711, à Ste. Foye. [9] — *Marie*, b [9] 26 sept. 1660 ; m 1690, à Pierre Robitaille. — *Suzanne-Marie*, b [9] 14 oct. 1661 ; s... — *Simone*, b [9] 23 dec. 1663 ; m 1693, à Louis Brassard. — *Marie-Catherine*, b [9] 4 nov. 1666 ; s [9] 26 nov. 1690. — *Jacques*, b [9] 6 nov. 1668. — *Marie-Agnès*, b 24 mars 1674, à Sillery [7], m [9] 27 sept. 1700, à Edouard Lefebvre ; s [9] 9 août 1754. — *Joseph-Romain*, b [7] 9 juin 1670 ; m à Thérèse Gingras. — *Marie-Catherine*, b [7] 12 mars 1673, m 1696, à Guillaume Brassard. — *Marie-Madeleine*, b [7] 29 mai 1676 ; m 1696, à Joseph Bisson ; s [8] 19 dèc. 1702.

1677, (15 novembre) Quebec. [8]

II. — MAUFAIT, Pierre,   [Pierre I.
s [8] 13 fev. 1715.
Chapeleau, Catherine,   [Jean I.
Angélique-Geneviève, b [8] 8 août 1692 ; m [8] 29 janv. 1714, à Antoine Lépine ; s [8] 3 déc. 1721. — *Marie-Charlotte*, b [8] 3 nov. 1694. — *Marguerite-Ursule*, b [8] 5 juillet 1698 ; s [8] 4 août 1699. — *Marie-Anne*, b... ; m [8] 26 nov. 1700, à Jean Hust dit Amand. — *Jean-Baptiste*, b [8] 20 juillet 1705 ; s [8] 27 déc. 1716. — *Deux Anonymes*, b et s 22 juillet 1702, à Ste. Foye. — *Pierre*, b 1690 ; s [8] 31 août 1711, domestique des R.R. P.P Jésuites. — *Pierre*, b 6 avril 1679, à Sillery [7] ; s [8] 22 fev. 1715. — *Angélique*, b 1688 ; m [8] 27 sept. 1722, à Jean-Jérémie Defoy ; s [8] 17 sept. 1723. — *Marie-Catherine*, b [7] dec. 1687.

II. — MAUFAIT, André,   [Pierre I.
s 29 juin 1711, à Ste. Foye. [5]
Des Orcys, Marie-Madeleine,   [Michel I.
s 18 juillet 1711.
Marie-Madeleine, b 21 déc. 1687, à Sillery ; m [5] 27 nov. 1709, à Eustache Liénard. — *Alexandre*, b 14 mai 1691, à Quebec [6] ; s [5] 30 mai 1711. — *François-Lucien*, b [6] 7 nov. 1701. — *Marie-Thérèse*, b [5] 11 oct. 1699 ; s [5] 5 nov. 1703. — *Joseph*, b 1701 ; s [5] 28 fév. 1703. — *Joseph*, b 1695 ; m [5] 7 janv. 1721, à Marie-Catherine Danets ; s [5] 19 juillet 1771. — *Charles*, b 1683 ; m 26 avril 1712, à Thérèse Grégoire, à la Pointe aux-Trembles de Québec ; s [5] 26 juillet 1761.

1696.

II. — MAUFAY, Joseph,   [Pierre I.
s avant 1703.
Gingras, Thérèse,   [Charles I.
s 10 fév. 1703, à Ste. Foye. [1]
Charles-Amador, b [1] 17 juillet 1700 ; s [1] 29 janv. 1703. — *Marie-Agnès*, b 1696 ; s [1] 24 janv. 1703.

1659, (19 novembre) Québec. [1]

I. — MAUFILS, Pierre, b 1631.
Poulin, Madeleine,   [Claude I.
b 1646.
Pierre, b 1er juin 1667, au Château-Richer [2] ; s [1] 17 nov. 1690. — *Julien*, b [1] 7 avril 1669 ; 1° m [2] 25 mai 1693, à Madeleine Cloutier ; 2° m à Elizabeth Boucher ; s 1702. — *Marie-Madeleine*, b 21 déc. 1671, à Ste. Anne, religieuse-hospitalière dite St. Louis ; s [1] 5 déc. 1702.

1693, (25 mai) Château-Richer.

II. — MAUFILS, Julien,   [Pierre I.
1° Cloutier, Madeleine,   [Jean II.

1697.

2° Boucher, Elizabeth, (1)   [Jean I.

MAUGER. — Voy. Gadois.

MAUGÉ. — Voy. Lalande,

I. — MAUGÉ, Clément, (2) b 1644 ; s 13 mai 1694, à Québec, (mort subite.)

I. — MAUGRAIN le Picard, Claude, était à Québec, en 1667. (3)

I. — MAUGRAS, Jacques, b 1639.
Moral, Marie-Jeanne,   [Quentin I.
Marie-Françoise, b 3 et s 26 mai 1673, aux Trois-Rivières. [1] — *Marguerite*, b [1] 22 août 1674. — *Jacques*, b [1] 5 août et s [1] 6 oct. 1679. — *Marie-Joselle*, b 1682 ; s [1] 10 nov. 1684. — *Marie-Madeleine*, b 19 oct. 1685, à Sorel. [2] — *Marie*, b [2] 24 déc. 1686.

(1) Elle épouse, le 8 juillet 1703, Jean-Baptiste Lagarenne, à Ste. Anne.

(2) Domestique de Pierre Parant. Le Recensement de 1681 lui donne le nom de Mauge.

(3) Le 6 juin 1667, la femme de Jean Baillargeon, veuve de Jean-Jacques De la Porte, accuse devant les tribunaux Claude Maugrain. — *Voir Notes des Registres du Conseil.*

1679, (24 octobre) Montréal. [9]

I. — MAUGUE, CLAUDE, notaire-royal et greffier, b 1646, fils d'Antoine et de Françoise Rigaud, de St. Amant, évêché de Clermont, en Auvergne ; s [9] 9 nov. 1696
JOUSSET, Louise, (1)   [MATHURIN I.
Marie, b [9] 17 nov. 1680. — *Jacques.* b [9] 11 sept. 1682 ; s [9] 26 juin 1699. — *Marie-Anne*, b [9] 23 nov. 1687. — *Louis*, b [9] 25 nov. 1691.

MAUGY, MARIE, femme de Pierre BERTHIAUME.

1698, (29 octobre) St. Jean, I. O.

I. — MAUPAS, NICOLAS, b 1674, fils de Pierre et de Chardine Fez, de St. Martin de Vaudry, évêché de Bayeux.
GUILMET, Agnès,   [NICOLAS I.
Nicolas, b 17 nov. 1699, à St. Michel[2] ; m 5 sept. 1723, à Jeanne MONTMINY, à St. Etienne de Beaumont. [4] — *Pierre*, b [4] 29 juillet 1702, m 10 janv. 1729, à Marie TESSIER, à Repentigny. — *Marie*, b [2] 23 sept. 1704 ; m [4] 8 nov. 1734, à René ADAM. — *Jacques*, b [4] 28 août 1707 — *Joseph*, b [4] 1er mars 1710 ; m [2] 25 janv. 1740, à Marie-Josette FORGUES. — *Jean-Baptiste*, b [4] 14 fév. 1713 ; s [4] 17 oct. 1714. — *Jean*, b [4] 31 mars 1718. — *Jacques*, b [4] 15 fev. 1721 ; m 9 nov. 1750, à Marie-Thérèse GODBOUT, à Lévis. [6] — *Louis*, b [4] 25 août 1723 ; m [6] 21 juin 1751, à Marie-Josette JAHAN-LAVIOLETTE.

1683, (15 novembre) Lachine. [7]

I — MAUPETIT DIT LE POITEVIN, PIERRE, maître-serger, fils de François (maître-drapier) et de Marie Paschal, de N.-D. de Fontenay, au Poitou.
BEAUNE, Marie, (2)   [JEAN I.
Jean, b [7] 27 fév. 1685. — *Pierre*, b [7] 15 nov. 1686. — *Marie-Clémence*, b [7] 13 oct. 1688 ; m [7] 12 juin 1707, à Pierre POIRIER.

I. — MAUPOUX, (DE) CHARLES-GUILLAUME-EMMANUEL-THÉODOSE, chevalier, COMTE DE L'ESTRANGE, était aux Trois-Rivières, en 1692.

MAURAMPONT, (DE) — Voy. REGNARD-DUPLESSIS

MAURI, — Voy. AMAURY

MAURIAY, JEAN.
MINEAU, Marie.
Jean, b... ; m 17 fev. 1716, à Marthe POITEVIN.

MAURICE. — Voy. ARRIVÉ.

MAURICE, MICHELLE-MARGUERITE, b... ; m 1707, à Jacques ARRIVÉ.

1699, (18 mai) Montréal. [7]

I. — MAURICE DIT LA FANTAISIE, CLAUDE, soldat de De la Grois, b 1668, fils de Jean et d'Anne Dordelande, de Beteville, évêché de Rouen.
DUMOUCHEL, Madeleine,   [BERNARD I.

(1) Elle épouse, le 9 déc. 1698, Jean De la Salle, à Montréal.
(2) Elle épouse, le 16 juin 1698, Louis Lory, à Lachine.

Charles-Marie, b [7] 31 janv. 1700. — *Joseph*, b [7] 19 nov. 1701 ; s [7] 21 fev. 1703. — *Anonyme*, b et s [7] 8 mai 1703. — *Joseph*, b... ; 1o m à Angélique CHEVALIER ; 2o m à Marie DEVIN.

MAURISSET. — Voy. MORISSET.

MEAUREPAS. — Voy. MAUPAS DIT ST.-HILAIRE.

I. — MEÇAN, PIERRE.
ROTTEAU, Barbe, de St. Martin du Roule, Paris.
Marie-Madeleine, b 1er août et s 5 oct. 1674, à Québec.

I. — MÉCHIN, JEAN, noyé le 6 nov. 1646. (1)

I. — MÉCHIN, HÉLÈNE, b 1658, femme de Joseph Prieur ; s 17 juillet 1728, à Québec.

1668, (19 novembre) Montréal. [6]

I. — MÉE, JEAN, b 1623, fils de Pierre et de Françoise Merodean, du bourg St. Fort, de Xaintes; s [6] 17 mai 1678.
LANGLOIS, Jacqueline, (2) b 1635, fille de Claude et de Jacqueline Gautier, de Limay, à la Roche-Guyon.

MEILLEUR — Voy. LE MEILLEUR.

I. — MELAIN, LOUIS,
MAUSARD, Marie. (3)
Angélique, b... ; m 29 nov. 1705, à Pierre MOREAU.

MELIOT, CATHERINE, femme de Pierre BONNIER, en 1680.

I. — MELLON, matelot du navire le *Ste. Agnès*, noyé le 24 sept. 1684, à Québec, s 8 oct. 1684, à Beauport.

1700, (25 octobre) Montréal. [5]

I. — MELOCHE, FRANÇOIS, b 1674, fils de François et de Marie Bloquin, de N. D. de Cognes, évêché de LaRochelle.
MOUFLET DIT CHAMPAGNE, Marie,   [JEAN I.
Pierre, b [5] 1er sept. 1701 ; m à Jeanne CARON. — *Jean-Baptiste*, b 23 avril 1704, à Lachine. [6] — *François*, b [6] 2 avril 1717. — *Dominique*, b [5] 23 août 1719. — *Marie-Josette*, b 1706 ; m [6] 14 nov. 1725, à François CARDINAL

I. — MÉNAGE DIT LAFRANCE, FRANÇOIS, sergent de Subercasse, b 1636, de St. Sulpice de Paris.

1677, (9 fevrier) Québec.

I. — MENANTEAU, NICOLAS, b 1649, fils de Pierre et de Marie Lehèvre, de N. D. d'Olonne, évêché de Luçon.

(1) Voir la note, page 28.
(2) Elle épouse, le 30 septembre 1678, Gilles Galipeau, à Montréal.
(3) Elle épouse Marin Varin.

JOUSSELOT, Jeanne,　　　　　[PIERRE I.
b 1649, veuve de Jacques Masson.
Pierre, b 1678 ; m 1er nov 1701, à Thérèse
CARBONNEAU, a St. François, Ile d'Orléans⁶ ; s⁶
5 janv. 1703. — *Nicolas*, b⁶ 31 juillet 1682, m 6
août 1708, à Jeanne GARANT, à St. Thomas. —
Joseph, b⁶ 25 mars 1684 ; s⁶ 31 juillet 1703. —
Pierre, b 29 avril 1678, à Ste. Famille; m⁶ 21
nov. 1701, à Thérèse CARBONNEAU, s⁶ 5 janv. 1703.

MÉNARD. — *Variations et surnoms* · LAFONTAINE
— DESLAURIERS — BELLEROSE — ST. NICOLAS
— ST. ONGE — PARTHENAIS.

MÉNARD, CHARLES, b 1636, natif de St. Malo,
matelot de M. de Chambly, noyé devant la
basse ville de Québec⁶ , s⁶ 16 juillet 1671.

1657, (19 novembre) Trois-Rivières. ⁶

I. — MÉNARD DIT LAFONTAINE. (1) JACQUES, b
1629, fils de Jean et d Anne Savinelle, de
Mervan.
FONTIER, Catherine, b 1637, fille de Jean et de
Julienne Coëffes, de La Rochelle ; s 31 mars
1694, à Boucherville. ⁷
Marie, b 1658 ; m à Jacques BOURDON. — *Jean-
Baptiste*, b⁶ 27 nov. 1660, m⁷ 14 oct. 1681, à
Marguerite ETIENNE ; s 8 mai 1702, à Montréal.⁸
— *Louis*, b⁶ 28 juillet 1662 ; m⁷ 12 déc 1691, à
Marie FÉVRIER. — *Maurice*, b⁶ 7 juin 1664. —
Jean, b⁶ 16 mars 1666 ; m⁶ 13 mars 1690, à Eli-
zabeth VALIQUET. — *Marguerite*, b⁶ 22 janv. 1668 ;
1° m⁷ 14 oct. 1681, à François LANCTOT ; 2° m⁷
11 fev. 1697, à Pierre CADIEU, s⁷ 3 avril 1690.—
Jeanne-Françoise, b⁶ 24 mai 1669 ; m⁷ 25 nov
1686, à Etienne DUMAIS. — *Marie*, b... , m 1691, à
François GIRARD. — *Anne*, b⁷ 2 avril 1671 ; m⁷
15 nov. 1688, à François BRUNET. — *Catherine*, b⁷
29 sept. 1673 ; m⁷ 1er fev. 1699, à Jacques RIVIÈ-
RES. — *Marie-Madeleine*, b⁷ 19 et s⁷ 30 janv. 1675.
— *Thérèse*, b⁷ 4 oct. 1676; m⁷ 11 fev. 1697, à
Jean DENIAU. — *Jacques*, b⁸ 21 août 1678 . s⁷ 6
juillet 1685.

1680, (28 novembre) Beauport. ²

I —MÉNARD DIT DESLAURIERS, JACQUES, b 1638,
fils de Jean et de Marie-Louise ——————,
de St. Sabin, bourg des Marches, évêché de
Nantes ; s² 28 nov. 1716.
BAUGY, Marie-Madeleine,　　　　　[MICHEL II.
Marguerite, b² 9 nov. 1681 ; m⁷ 7 janv. 1697,
à Jean PARADIS. — *Jean*, b² 5 mars 1684 ; m² 11
janv. 1712, à Marie-Françoise VACHON.—*Jacques*,
b² 23 sept. 1688 ; m 13 fev. 1719, à Angélique
DELISLE, à la Pointe-aux-Trembles de Quebec.³
— *Marie-Madeleine*, b² 30 avril 1699 , m² 8 nov.
1717, à Noel MABEU. — *Pierre*, b² 22 dec. 1691 ;
m² 8 nov. 1717, à Thérèse GIROUX ; s 4 août 1766,
à Lévis. — *Marie-Anne*, b² 18 avril 1686 , m² 4
juin 1715, à Noël DUPRAC. — *Rene*, b² 17 nov.
1690. — *Michel*, b² 20 juin 1694, m³ 26 août
1723, à Marie-Madeleine PAPILLON. — *René*, b²
4 mars 1697 ; s² 27 janv. 1715. — *Charles*, b² 17
août 1702.

(1) Ancêtre de Sir Louis Hippolyte Lafontaine.

1670.

I. — MÉNARD, PIERRE, cordonnier, b 1636.
DESHAYES, Marguerite, b 1646.
Marguerite, b 1671 ; 1° m 15 mai 1687, à Fran-
çois GÉLINAUD, à Contrecœur⁹ , 2° m 1698, à Luc
DE GUIRE; 3° m 23 janv. 1701, à Louis GAUTIER,
à Montréal⁸ , s... — *Pierre*, b 1672; m à Suzanne
LAPORTE. — *Marie-Madeleine*, b 2 fév. 1675, à
Sorel ; 1° m⁸ 10 oct. 1697, à Pierre CHEVALIER ;
2° m 7 juillet 1711, à Jean-François DELPESCHES, à
Repentigny. ⁷ — *Geneviève*, b 23 juillet 1877, à
Boucherville ; m 11 janv. 1700, à Guillaume
PAYET, à la Pointe-aux-Trembles de Quebec. —
Catherine, b 1679 ; m à Nicolas GRENARD. —
François, b⁹ 19 dec 1685; m⁷ 18 janv. 1712, à
Marie CHARPENTIER. — *Adrien*, b⁹ 8 nov. 1682.

1681, (14 octobre) Boucherville. ⁶

II. — MÉNARD, JEAN-BAPTISTE, (1)　　[JACQUES I.
s 8 mai 1702, à Montréal. ²
ETIENNE, Marguerite,　　　　　[PHILIPPE I.
Marie-Charlotte, b⁶ 30 sept. 1682 ; m² 10 nov.
1698, à Pierre TRUDEAU. — *Geneviève*, b 1683; m
à Guillaume PAYET. — *Marguerite*, b⁶ 7 janv.
1689. — *Jean-Baptiste*, b⁶ 27 avril 1690. — *Marie-
Madeleine*, b⁶ 29 août 1692. — *Marie-Catherine*,
b⁶ 5 juillet 1694. —*Jacques-Marie*, b⁶ 10 mars
1697, s² 4 avril 1703. — *Marie-Joselte*, b² 7 mars
1699 , s² 9 juin 1700. — *Joseph*, b² 11 janv.
1701. — *Jeanne-Françoise*, b² 10 juin 1703.

1690, (13 mars) Boucherville. ¹

II. — MÉNARD (2) JEAN-BAPTISTE,　　[JACQUES I.
VALIQUET, Elizabeth,　　　　　[JEAN I.
veuve d'Antoine DUPRÉ. (3)
Louis, b 12 sept. 1691 ; m 22 janv. 1714, à
Marie BRIEN, à Varennes. ² —*Catherine*, b ¹ 14
fév. 1694 — *Charles*, b ¹ 14 juin 1696. —*Jean-
Baptiste*, b 14 juillet 1698, à Montréal. —*Marie-
Rose*, b ¹ 31 mars 1700.

1691, (12 décembre) Boucherville. ¹

II. — MÉNARD, (4) LOUIS,　　　　[JACQUES I.
charpentier.
FÉVRIER, Marie-Anne,　　　　　[CHRISTOPHE I.
Louis, b ¹ 24 sept. 1692. — *Marie-Anne*, b ¹ 29
déc. 1693. — *Geneviève*, b ¹ 15 janv. 1696. —
Marie-Rose, b ¹ 30 mai 1698. — *Jean-Baptiste*, b ¹
1er oct. 1699. — *Joseph*, b ¹ 20 nov. 1701.

MÉNARD DIT ST. NICOLAS, NICOLAS, soldat de
Louvigny, b 1671, de St. Nicolas, évêché de
Rouen ; s 1er sept. 1699, à Montréal.

II. — MÉNARD, PIERRE.　　　　[PIERRE I.
LAPORTE, Suzanne,　　　　　[JACQUES-GEORGE I.
Reine, b 9 dec. 1701, à Contrecœur. ¹ —*Pierre*,
b ¹ 10 août 1704. — *François*, b 1706 ; s ¹ 28 oct.

(1) Procureur des pauvres et contremaître des Hospitalières
de Montréal, en 1703.
(2) Appelé Bellerose, en 1698, à Montréal.
(3) Elle épouse, le 22 juillet 1703, Charles François, à Boucherville.
(4) Dit Lafontaine.

1708. — *Marie-Louise*, b ¹ 25 fév. 1709. — *Elizabeth*, b... : m 10 nov. 1719, à Louis CODERRE, à Verchères.

MENEUX. — *Variations et surnoms :* MANEUF — LE MENU — CHATEAUNEUF

1663, (23 octobre) Château-Richer. ⁸

I. — MENEUX DIT CHATEAUNEUF, JACQUES, b 1639, fils de Jean et de Jeanne Trochon, de Château-Giron, évêché de Rennes, en Bretagne.
LE PREUVIER, Marguerite, b 1638, fille de Nicolas (procureur au Parlement de Paris,) et de Marguerite Bourgeois, de St. Sèverin de Paris.
Anne, b 1ᵉʳ et s ⁸ 8 sept. 1664. — *Jacques*, b ⁸ 10 nov. 1665. — *François*, b 28 août 1667, à Ste. Famille. ¹ — *Marie-Madeleine*, b 1669 ; m ¹ 22 nov. 1684, à Mathurin MEUNIER ; s 26 mars 1703, à Lorette. — *Joseph*, b ¹ 25 juillet 1671 ; m à Marie-Anne LIZOT. — *René*, b ¹ 24 déc. 1673. — *Françoise*, b ¹ 21 avril 1676 ; m ¹ 9 juillet 1697, à Michel PELLETIER. — *Angélique*, b ¹ 20 mars 1678 ; m 26 nov. 1704, à Joseph LÉVÊQUE, à la Rivière-Ouelle. ⁵ — *Reine*, b ¹ 30 août 1680 ; m ¹ 25 oct. 1700, à Joseph OUELLET — *Catherine*, b ¹ 25 oct. 1682 ; m ⁵ 28 fév. 1702, à Noël LIZOT.

I. — MENQUEL, FRANÇOIS, chirurgien ordinaire du Roy, assistait au contrat de mariage de *Pierre Boucher*, passé le 5 juillet 1652, au fort St. Louis de Québec. — *Greffe d'Audouard.*

MÉRAND, ANNE, b 1659, à Besançon, sœur de la Congrégation Notre-Dame ; s 3 sept. 1691, à Montréal.

I. — MÉRAN, LOUIS.
SAUVAGEOT, Marie, [CLAUDE I.
Alexis, b 6 et s 23 fév. 1689, au Cap Santé. — *Marie-Anne*, b 20 mai 1693, aux Grondines. ¹ — *François*, b ¹ 24 mai 1695.

I. — MERBOEUF, VINCENT, b 1628 ; s 19 fév. 1683, à Champlain.

1670, (14 octobre) Montréal. ⁵

I. — MERCADIER, MATHURIN, fils de George et de Charlotte Maurier, de St. Rémi de Busseil, évêché de Poitiers.
FOURIER, Catherine, (1) b 1638, fille de Claude et de Marie Pennetier, de St. Sulpice de Paris.
Elizabeth, b 16 et s ⁵ 27 sept. 1671. — *Marie-Bertrand*, b... ; m à Joseph RATIEN. — *Geneviève*, b 1672 ; m 24 nov. 1698, à Rene CHAULÉ, à Varennes ⁶ ; s ⁶ 3 sept. 1699.

1670, (22 septembre) Québec.

I. — MERÇAN DIT LAPIERRE, PIERRE, sergent de l'infanterie, b 1626, fils de Jean et de Jacqueline de Vincent, de St. Nicolas de Rouen.
DIZELON, Françoise, b 1646, veuve de Laurent Cambin. (2)

Françoise, b 5 oct. 1671, à Montréal ⁸ ; m 26 nov. 1685, à Gilles MARIN, à la Pointe-aux-Trembles de Montréal. ⁶ — *Marie-Renée*, b ⁵ 14 mai 1674 ; m⁶ 23 nov. 1693, à Jean-Baptiste DUFRESNE. — *Antoinette*, b ⁶ 18 oct. 1676. — *Pierre*, b 27 et s ⁶ 30 nov. 1678. — *Jeanne*, b ⁶ 2 janv. 1680. — *François*, b ⁶ 15 mars 1683 ; m à Madeleine PINGUET. — *Jean*, b ⁶ 10 mars 1685. — *Marie-Catherine*, b 15 avril et s ⁶ 24 oct. 1687. — *Joseph*, b ⁶ 19 mars 1689 ; m à Marie FORAN. — *Catherine*, b 8 mai et s ⁶ 6 juin 1691.

II. — MERÇAN, FRANÇOIS, [PIERRE I.
PINGUET, Marie-Madeleine, [PIERRE II.
s 19 juin 1743, à Québec. ⁸
Jean, b... ; m ³ 16 oct. 1709, à Marie-Anne FRONSAC.

I. — MERCÉREOT, (1) PIERRE, charpentier, b 1650 ; s 2 mars 1714, à Champlain. ⁵
DANDONNEAU, Henriette, [PIERRE I.
b 1659.
Pierre, b 1679, — *Joseph-Louis*, b ⁵ 7 déc. 1681 ; s ⁴ nov. 1694. — *Jacques*, b ⁵ 9 nov. 1683. — *Marie-Charlotte*, b ⁵ 5 déc. 1685 ; m ⁵ 20 janv. 1708, à Antoine TROTIER. — *Louis-Joseph*, b ⁵ 24 juillet 1687. — *Marie-Jeanne*, b ⁵ 24 juin 1689 ; m ⁸ 7 janv. 1710, à Pierre TROTIER. — *Marie-Marguerite*, b ⁵ 4 avril 1691 ; sœur dite St. Hyacinthe, Congregation N.-D. ; s 9 fév. 1762, à Montréal. — *Alexis*, b ⁵ 25 fév. et s ⁵ 10 mars 1693. — *Françoise*, b ⁵ 21 fév. 1695 ; m ⁵ 12 avril 1714, à Françoise-Marie TROTIER ; s 4 avril 1760, à Batiscan. ⁷ — *Marie-Josette*, b ⁵ 14 janv. 1697 ; m ⁷ 5 juin 1724, à Pierre RIVARD. — *Alexis*, b ⁵ 3 et s ⁵ 13 janv. 1699. — *Marie-Anne*, b ⁵ 19 et s ⁵ 22 nov. 1699. — *Marie-Madeleine*, b ⁵ 17 oct. et s ⁵ 7 déc. 1700. — *Geneviève*, b ⁵ 5 oct. 1702 ; s ⁵ 7 avril 1707. — *Jean-Baptiste*, b ⁵ 3 fév. 1705 ; s ⁵ 13 juillet 1713. — *Madeleine*, b... ; m à Jean-Baptiste MARCHAND.

MERCÉ. — Voy. MARCEL. — MARSILLY.

I. — MERCHÈRE, JEAN, menuisier.
Jean, b 1673. — *Catherine*, b 1674. — *Madeleine*, b 1677.

1654, (18 janvier) Québec. ¹

II. — MERCIER, JULIEN, b 1626, fils de François et de Roberte Couvillau, de Tourouvre, au Perche ; s 19 oct. 1676, à Ste. Anne. ²
POULIN, Marie, (2) [CLAUDE I.
Marie, b 1654 ; m 1675, à Julien ALARD — *Paschal*, b ¹ 7 mars 1656 ; m 11 nov. 1681, à Anne CLOUTIER, au Château-Richer ⁸ ; s ¹ 29 oct. 1695. — *Charles*, b 1ᵉʳ sept. 1658 ; m ² 8 nov. 1691, à Anne BERTHELOT. — *Louis*, b ⁸ 1661 ; m ¹ 1ᵉʳ oct. 1685, à Marguerite RABOUIN ; s ¹ 21 fév. 1728, trouvé mort sur la grève. — *Julien*, b ³ 1ᵉʳ mars 1664 ; s ² 28 déc. 1684. — *Jeanne*, b ² déc. 1600. — *Jean*, b ⁸ nov. 1667 ; m ⁸ 25 fév. 1691, à Barbe MONMAIGNIER. — *Pierre*, b ² 11 janv. 1671.

---

(1) Elle épouse, le 11 mai 1672, Jean Bousquet, à Montréal.

(2) Elle épouse, le 4 janvier 1693, André Gourbel dit Tranchemontagne, à la Pointe-aux-Trembles de Montréal.

(1) Mercereau et Marcereau.

(2) Elle épouse, le 10 novembre 1682, Charles Monmaignier, à Ste. Anne.

—*Marie-Madeleine*, b ¹ 11 mars 1674 ; 1° m ² 18
fév. 1692, à André BERTHELOT ; 2° m ² 20 juin
1701, à Etienne GIGUÈRE. — *Marguerite*, b ² 7 fév.
1677 ; m ² 11 nov. 1698, à Michel PATENOTRE. —
Angélique, b ² 7 fév. 1677 ; m ² 11 nov. 1698, à
Joseph GIGUÈRE

1669, (22 octobre). (1)

I. — MERCIER, PIERRE, fermier de M. Després,
fils de Nicolas et de Jacques Tienneau, de
Rouen.
LABBÉ, Jeanne, fille de Charles et de Marie
Lefrançois, de Paris.

I. — MERCIER, PIERRE.
MARTIN, Andrée.
Madeleine, b... ; m 15 nov. 1706, à Nicolas
MONIN, à St. Thomas.

1673, (25 septembre) Québec. ¹

I. — MERCIER DIT L'ESPINE, ANTOINE, fils de Jean
et de Jeanne Carvais, de Pezenac, évêché de
Sarlac.
AUBRY, Françoise, fille de Louis et de Julienne
Juchel, de St. Roch de Paris.
Anonyme, b ¹ et s ¹ 11 juin 1674. — *Joseph*, b ¹
19 et s ¹ 21 mai 1675.

1674, (5 février) Ste. Famille. ¹

I. — MERCIER, MARTIN, b 1646, fils de Pierre et
de Mathurine Frogère, de St. Pierre d'Olonne,
évêché de Luçon.
ROUX, Mathurine, b 1636, veuve de Gabriel
Rouleau.
Louise, b ¹ 29 et s ¹ 31 déc. 1674. — *Martin*,
b ¹ 31 mars et s ¹ 1er avril 1676. — *Jeanne*, b ¹ 20
et s ¹ 21 déc. 1677. — *Marie*, b ¹ 20 et s ¹ 21 déc.
1677.

I. — MERCIER, BERNARD, b 1645, était à Lachenaye, en 1681.

1681, (11 novembre) Château-Richer.

II. — MERCIER, PASCHAL,　　　　[JULIEN I.
CLOUTIER, Anne, (2)　　　　[JEAN II.
Claude, b 1681 ; s 29 déc. 1684, à Ste. Anne. ⁹
— *Paschal*, b⁹ 27 nov. 1684. — *Pierre*, b... ; 1°
m à Madeleine GAGNÉ ; 2° m 16 août 1718, à Ma-
deleine ASSELIN, à St. François, I. O.— *Jean*, b...

1685, (8 janvier) Pte-aux-Trembles, Q. ⁶

I. — MERCIER, PIERRE, b 1653, fils de Gabriel
et de Perinne Coidrièlle, de St. Denis, évêché
de Luçon ; s⁶ 17 nov. 1712.
LAMAIN, Marguerite, b 1656, veuve de Michel
Roignon.
Guillaume, b⁶ 8 et s⁶ 21 août 1685. — *Honoré*,
b⁶ 8 et s⁶ 21 août 1685. — *Antoine*, b⁶ 12 août
1686, m⁶ 13 août 1709, à Angélique MILET. —
Marie-Françoise, b⁶ 11 et s⁶ 21 déc. 1688. —
Pierre, b⁶ 18 mai 1690 ; s⁶ 3 août 1692. — *Joseph*, b⁶ 7 et s⁶ 17 mars 1692. — *Pierre*, b⁶ 17
mars 1693. — *Thérèse*, b⁶ 7 et s⁶ 24 fév. 1697.

1685, (1er octobre) Québec. ⁷

II. — MERCIER, LOUIS, serrurier,　　　[JULIEN I.
s 21 fév. 1728.
1° RABOUIN, Marguerite,　　　　[JEAN I.
Louis, (1) b⁷ 1er sept. 1686, ordonné ⁷ 1er oct.
1713, s 7 mai 1715, à Beaumont.

1689, (6 juin) Québec. ⁹

2° JACQUEREAU, Anne,　　　　[JEAN I.
s⁹ 4 fév. 1703.
Louis, b 13 fév. et s⁹ 28 mars 1690. — *Marguerite*, b⁹ 14 mai 1692 ; m⁹ 28 nov. 1713, à Jean
LOISEAU ; s⁹ 9 avril 1729. — *Nicolas*, b 6 et s⁹ 7
août 1693. — *Jean*, b⁹ 1er août 1694. — *François*,
b 1er et s⁹ 20 juillet 1696. — *Marie-Anne*, b 25
juin et s⁹ 14 nov. 1697. — *Jean-François*, b⁹ 23
mars 1699.

1703, (30 avril) Ste. Foye.

3° SIMON, Louise,　　　　[HUBERT I.
Jean-Augustin, b 20 mars 1704, à Québec ⁵ ;
ordonné ⁸ 8 mai 1728 ; s⁸ 17 avril 1752. — *Joseph-
François*, b⁸ 13 mars 1706 ; m à Marie-Ursule
LAFONTAINE. — *Louis*, b⁸ 26 mai 1708. — *Marie-
Thérèse*, b⁸ 16 nov. 1710 ; 1° m⁸ 23 oct. 1725, à
François BEAUPRÉ ; 2° m⁸ 23 janv. 1741, à Marc
LELIÈVRE. — *Joseph-Marie*, b⁸ 10 oct. 1713 ; m⁸
1er oct. 1729, à Elizabeth DUPRAT. — *Pierre-
Simon*, b⁸ 5 juin 1720

1691, (25 février) Ste. Anne. ³

II. — MERCIER, JEAN,　　　　[JULIEN I.
s avant 1718.
MONMAGNIER, Barbe,　　　　[CHARLES I.
Jean, b... ; m³ 16 mai 1718, à Marie BARRETTE.
— *Julien*, b... ; m³ 30 mai 1718, à Agnès MEUNIER.

1691, (8 novembre) Ste. Anne. ⁴

II. — MERCIER, CHARLES,　　　　[JULIEN I.
BERTHELOT, Anne,　　　　[ANDRÉ I.
Marie-Anne, b 25 août et s⁴ 12 sept. 1692. —
Marguerite, b⁴ 13 mars 1644 ; s⁴ 24 juin 1703. —
Marie-Anne, b 1696 ; m⁴ 9 janv. 1719, à Noël
GUIGNARD ; s⁴ 29 août 1724. — *Madeleine*, b 1698 ;
s⁴ 12 juillet 1716. — *Marie-Reine*, b⁴ 27 août
1701 ; s⁴ 12 juillet 1703. — *Marguerite*, b⁴ 3 mai
1704. — *Elizabeth*, b⁴ 15 mars 1709. — *Reine*, b⁴
21 juin 1711. — *Angélique*, b⁴ 18 janv. 1714. —
Augustin, b⁴ 2 mai 1717.

I. — MERCIER DIT LAPLANTE, JACQUES.
MIGNERON, Geneviève, s 6 janv. 1725, à Québec. ⁸
Marie-Geneviève, b 27 mars 1697, à Beauport. ⁸
— *Marie-Anne*, b⁸ 2 nov. 1699.

1697, (23 janvier) Cap Santé. ⁶

I. — MERCURE, FRANÇOIS, soldat de M. de Vaudreuil.
1° CATELAN, Marie,　　　　[JEAN I.
s 22 avril 1701, à la Pointe-aux-Trembles de
Québec.
2° PERROT, Marie,　　　　[PIERRE I.
Jean-François, b⁶ 15 fév. 1708. — *Jacques*, b⁶
24 oct. 1709. — *Marie-Josette*, b⁶ 29 sept. 1711. —
Marie-Isabelle, b⁶ 26 mars 1713.

---

(1) Date du contrat de mariage.
(2) Elle épouse, en 1697, Antoine Buteau.

(1) Prêtre, curé de Beaumont. Exhumé et transporté dans
la nouvelle église de Beaumont, le 28 sept. 1733.

1699, (25 juillet) Montréal. [6]

I. — MÉRIAULT dit Laprairie, Pierre, sergent de M. de Maricour, b 1664, fils de Mathurin et de Philippe Beaubier, de St. André, évêché de Poitiers.
Huot, Geneviève, [Nicolas I.
Paul-Pierre, b [6] 28 déc. 1701. — Marie-Barbe, b [6] 21 mai 1703.

I. — MERIGAN, François, fils de Léonard, évêché de Bordeaux.

1685, (20 août) L'Ange-Gardien. [6]

I. — MERIQ, Jean, b 1663, fils de Jean et de Catherine Verdelin, de St. Etienne d'Agen.
Gendron, Anne, (1) [Pierre I.
Pierre-Gabriel, b 6 et s 15 juin 1686, à Québec. [7] — Jean-Baptiste, b 1er juin et s [7] 23 sept. 1687. — Jean-Hugues, b 30 août et s [7] 29 oct. 1688 — Catherine, b [6] 29 mars 1690.

1669, (23 septembre) (2)

I. — MERIENNE dit Lasolaye, Jean, (3) b 1641, fils de Jean et de Michelle Rouiller, de St. Pierre de Toiry, évêché d'Angers.
1° Renault, Anne, fille de Jean et de Catherine St. Amour, évêché d'Angers.
1672, (2 mai) Québec. [6]
2° LeBaron, Barbe, [Jacques I.
veuve de Simon Chevreux (4)
Jean-Moyse, b [6] 6 déc. 1675 ; s [6] 8 janv. 1676. — François, b [6] 22 avril 1677. — Anonyme, b et s [6] 14 janv. 1679. — Marie-Madeleine, b [6] 14 mai 1680 ; m [6] 4 juin 1696, à Jean Lambreton. — Jeanne-Angélique, b [5] 1er fév. 1683 ; m [6] 28 août 1703, à Jean Salois. — Jean, (idiot) b [6] 13 fév. 1685, s [6] 16 août 1693. — Marie, b [6] 2 nov. 1673 ; m [6] 8 nov. 1689, à Pierre Duvaux. — Louis-Joseph, b 20 et s [6] 28 mars 1687. — Marie-Thérèse, b [6] 10 déc. 1688 ; m [6] 10 fév. 1706, à Joseph Picquet.

I. — MERLIN, Noel, (5) b 1618 ; s 16 oct 1703, à Québec.
Pierre, b 1640 ; m... ; s 31 juin 1683, à Montréal.

II. — MERLIN, Pierre, (5) [Noel I.
b 1640 ; s 31 juin 1683, à Montréal.
Joseph, b 1658. — Laurent, b 1660.

1678, (21 novembre) Lachine. [1]

I. — MERLOT dit Le Petit Laramée, André, b 1645 ; s [1] 30 nov. 1700.
Roy, Marie, (6) [Jean I.

---

(1) Elle épouse, le 12 octobre 1702, Jean-Jacques Autray, à l'Ange-Gardien.
(2) Date du contrat de mariage. — Greffe de Duquet.
(3) Parrain de Marie-Anne, fille de M. Drucy, marquis De Denonville, gouverneur en 1685.
(4) Elle épouse, le 23 avril 1691, Guillaume DuBoc, à Québec.
(5) Le nom de la femme est effacé aux registres.
(6) Elle épouse, le 14 mars 1701, Jacques Triolet, à Lachine.

Françoise, b [1] 1er août 1680 ; s [1] 6 janv. 1681. — André, b [1] 9 oct. 1681 ; s [1] 21 janv. 1682. — Joachim, b [1] 3 janv. 1683 ; m 1706, à Jeanne Martin. — Marie, b [1] 13 juin 1684. — Louise-Madeleine, b [1] 3 oct. 1686 ; m [1] 9 fév. 1705, à Jean Beaune. — Anonyme, b [1] et s [1] 25 sept. 1688. — François, b [1] 22 fév. 1691 ; m 1716, à Marie Lac. — Pierre, b [1] 3 et s [1] 9 fév. 1699.

MERSAN. — Voy. Merçan.

MERVILLE. (De) — Voy. Le Goues — Degrès.

I. — MÉRY, Françoise, b 1621 ; m 14 janv. 1637, à Antoine Brassard, à Québec [1] ; s [1] 11 juillet 1671.

1673, (13 mars) Québec. [6]

I. — MESNAGE, Pierre, charpentier, b 1645, fils de François et de Françoise Lunette, de Poitiers ; s [5] 17 avril 1715.
Leblanc, Anne, b 1659, fille de Nicolas et d'Anne Gautier, de St. Martin, Ile de Rhé, évêché de LaRochelle ; s [5] 29 nov. 1734.
Marie-Anne, b [5] 23 fév. 1674 ; m [5] 3 nov. 1689, à François De la Joue ; s [5] 16 mars 1703. — Anne, b [5] 8 nov. 1676 ; m [5] 18 mars 1696, à Pierre Levasseur . s [5] 29 mars 1733. — François, b [5] 23 déc. 1678 ; s [5] 9 mai 1687. — Pierre, b 1680. — Marie-Madeleine, b [5] 27 avril et s [5] 21 juin 1681. — Marie-Madeleine, b [5] 5 oct. et s [5] 25 nov. 1682. — Jean, b [5] 4 fév. 1684 ; ordonné [5] en 1707, s 12 janv. 1773, à Deschambault. — Marie-Madeleine, b [5] 1er mai 1686 ; 1° m [5] 23 nov. 1705, à Pierre Gauvreau ; 2° m [5] 12 fév. 1722, à Philippe Damours. — François, b [5] 27 janv. 1688 ; s [5] 16 sept. 1690. — Thérèse, b [5] 23 avril 1690, religieuse-hospitalière, dite Ste. Marie ; s [5] 19 déc. 1736. — François, b [5] 21 sept. 1692.

1671, (23 novembre) Ste.-Famille. [9]

I. — MESNY, Etienne, b 1643, fils de Jean et de Marie Canel, de Marmire, évêché de Rouen.
Laisné, Catherine, (1) b 1657, fille de Jean et de Marie Renau, de Ste. Croix, évêché de Rouen.
Marie-Anne, b [9] 30 nov. 1672 ; m [9] 28 avril 1692, à Nicolas Verieul ; s [9] 5 janv. 1703. — Reine, b [9] 30 juin 1675 ; m 1697, à Jean Lefebvre-Boulanger. — Catherine, b [9] 27 sept. 1677 ; m 9 avril 1698, à Jacques Baron, à St. François, Ile d'Orléans. [1] — Anne, b [1] 13 nov. 1679 ; m [1] 16 fév. 1699, à Jean Gagnon. — Marguerite, b [1] 25 janv. 1682 ; s [1] 28 mars 1684. — Jeanne, b [1] 7 fév. 1684 — Suzanne, b [1] 10 mars 1686. — Etienne, b [1] 13 nov. 1688 ; s [1] 5 janv. 1689. — Anonyme, b et s [1] 17 fév. 1690. — Catherine, b [1] 1er mai 1691 ; m 11 nov. 1709, à Nicolas Croteau, à Ste. Anne. [1] — Marguerite, b [1] 12 juillet 1693 ; m [5] 9 janv. 1715, à Prisque Paré.

1694, (18 août) Laprairie. [9]

I. — MESNIL, Claude, fils d'André et d'Antoinette Valentin, de St. Jean Doubrigon, en Auvergne.

---

(1) Elle épouse Jean Paré.

DENIGER, Marie,   [BERNARD I.
Marie-Angélique, b ⁹ 10 juillet et s ⁹ 14 oct. 1695.
— *Jean*, b ⁹ 16 déc. 1696 ; m ⁹ 23 oct. 1724, à
Catherine BADEUF. — *Marie-Angélique*, b... ; s ⁹ 14
oct. 1698. — *Pierre*, b ⁹ 10 nov. 1698. — *Marie-*
Madeleine, b ⁹ 8 nov. 1700 ; m ⁹ 13 juillet 1722
à André BABEUF. — *Marguerite*, b... ; m ⁹ 19 nov.
1725, à François LAMARQUE. — *Antoine*, b... ; m 29
juillet 1742, à Jeanne SÉGUIN, au Détroit.

1687, (23 septembre) Montréal. ¹

I. — MESSAGUIER DIT LAPLAINE, HUGUES, soldat de la compagnie de M. Decloche, b 1664,
fils de Pierre et d'Elizabeth Hardouin, de
Tenat, évêché de Xaintes ; s 29 mai 1719, à
Lachine. ⁹
1° BADEL, Etiennette,   [ANDRÉ I.
s 31 mars 1695.
Elizabeth, b ¹ 19 mai 1690 ; 1° m ⁹ 22 juillet
1708, à Gabriel GIBAUT ; 2° m ⁹ 25 fév. 1726, à
Toussaint BAUGIS. — *Jeanne*, b ¹ 21 sept. 1692.

1695, (19 septembre) Montréal. ¹

2° REIGNOIR, Marie-Anne,   [ETIENNE I.
b 1676 ; s ⁹ 19 janv. 1719.
Marie, b ¹ 4 sept. 1696. — *Marie*, b 1697 ; m ⁹ 8
janv. 1721, à Clément BERNARD. — *Jacques*, b ⁹ 19
oct. 1698. — *Françoise*, b 1699 ; s ⁹ 15 déc 1701.
— *Jean-Baptiste*, b ⁹ 8 janv. et s ⁹ 3 juin 1703. —
Angélique, b ⁹ 12 juin 1704. — *Jean-Baptiste*, b ⁹ 3
oct. 1706. — *Marie-Jeanne*, b ⁹ 8 juillet 1709 ; m à
à Jean-Baptiste VINCENT.

I. — MESSIER, JACQUES, b 1600 ; s 22 mars 1697,
à Varennes
Martin, b 1649 ; s 25 juillet 1699, à la Pointe-
aux-Trembles de Montréal, noyé lorsqu'il remon-
tait en canot, de Québec. — *Jacques*, b 1651 ; m
à Marie-Renée COUILLARD.

1658, (25 février) Montréal. ¹

I. — MESSIER, MICHEL, (1) b 1640, fils de David
et de Marguerite Bar, de St. Denis-le-petit-
bourg, évêché de Rouen, en Normandie.
LEMOYNE, Anne, b 1644, fille de Pierre et de
Judith Duchêne, de St. Jacques de Dieppe.
Catherine, b ¹ 11 juillet 1659 ; m ¹ 28 nov. 1678,
à Etienne GENTÈS. — *Jeanne*, b ¹ 18 juin 1661 ; m
31 janv. 1679, à Ignace HÉBERT, à Boucherville ⁸ ;
s 6 août 1699, à Varennes. ⁸ — *Marie-Anne*, b ¹ 2
août 1665 ; 1° m ² 31 janv. 1679, à Jean BRODEUR,
(LE) ; 2° m ⁸ 8 janv. 1721, à Alexandre PETIT. —
Anne, b ¹ 12 nov. 1667 ; s ¹ 1ᵉʳ janv. 1668. — *Anne*,
b ¹ 21 déc. 1668 ; s ¹ 29 janv. 1669. — *Anne*, b ¹ 5
fév. 1670 ; m ² 26 août 1687, à Gabriel CELLES-
DUCLOS. — *Gabrielle*, b ¹ 2 mai 1672 ; s ² 5 juin
1682. — *Jean-Michel*, b ² 9 juillet 1674. — *Margue-*
rite, b ¹ 24 mai 1676 ; m ² 29 mars 1690, à Pierre
LE SUEUR. — *François-Michel*, b 1679 ; m ⁸ 6 fév.
1706, à Marie-Anne AMIOT. — *René*, b ² 21 avril
1681 ; 1° m ⁸ 18 janv. 1706, à Catherine BISSONNET ;
2° m 25 août 1718, à Marie-Madeleine GUILLET, à
Batiscan.

I. — MÉTAYER, ANDRÉ, était à Québec en 1681.

I. — MÉTAYER, SUZANNE, b 1666, fille de François et de Françoise Charon, de St. Barthélemi, évêché de La Rochelle ; 1° m 13 nov.
1684, à Philippe DION, à Québec ⁹ ; 2° m ⁹ 30
juin 1693, à Guillaume DUPONT.

I. — MESTIGER, ETIENNE, était à Contrecœur,
en 1681.

I. — MÉTIVIER, JACQUES, maçon, de La Rochelle ;
s 23 nov. 1659, à Montréal.

I. — MÉTIVIER, JACQUES, cloustier, de St. George du Mans.
BEAUSIER, Françoise, b 1634 ; s 30 juin 1684,
à Québec.
Mathurin, b... ; m 1678, à Louise BINET.

II. — MÉTIVIER, MATHURIN,   [JACQUES I
BINET, Louise, venue de Poitiers.
Jean, b 1679 ; 1° m 31 oct. 1701, à Geneviève
COUTURIER, à Québec ⁸ ; 2° m ⁸ 9 fév. 1717, à
Angélique-Gabrielle DUCHESNE ; s ⁸ 25 août 1747.

1698, (29 octobre) Beauport. ⁸

I. — MÉTIVIER, LOUIS, b 1670, fils de Louis et
de Louise Perrochon, d'Alez, évêché de
Poitou ; s ⁸ 10 janv. 1703.
SAVARIA, Louise, (1)   [JACQUES I.
Marie-Louise, b ⁸ 6 déc. 1698 ; m 9 mai 1718, à
Michel DEROME, à Québec ⁸ ; s ⁸ 31 avril 1744. —
Marie-Angélique, b... ; m ⁹ 18 fév. 1719, à Charles
AMIOT. — *Marie*, b ⁸ 3 sept. 1700. — *Marie-Angéli-*
que, b ⁸ sept. et s ⁸ 19 oct. 1700. — *Marie-Char-*
lotte, b ⁸ 30 nov. 1702 ; s ⁸ 6 fév. 1703.

1674.

I. — METOT, ABRAHAM, b 1644.
MEZERAY, Marie-Madeleine,   [RENÉ I.
s 25 juillet 1740, à Québec. ⁴
Marie-Françoise, b 3 fév. 1676, à Sillery : m 10
nov. 1698, à Jean BOURASSA, à St. Nicolas⁵ ; s 25
nov. 1754, à Lévis. — *Anne*, b ⁴ 14 mars 1678. —
Jacques, b 1680. — *Abraham*, b 1681 ; m 24 avril
1713, à Thérèse MASSÉ, à Ste. Foye ; s ⁴ 18 nov.
1749. — *René*, b... ; m à Marie LAMBERT. — *Agnès-*
Charlotte, b ⁵ 25 janv. 1695 ; m 30 oct. 1714, à
TOUSIGNAN, au Cap Santé. — *Joseph*, b⁵ 10 mai
1699 ; m ⁴ 24 fév. 1721, à Hélène LE NORMAND. —
Charles, b⁵ 10 mai 1699 ; m ⁴ 7 mars 1720, à
Marie-Geneviève HÉDOUIN.

I. — MÉTRU, NICOLAS, greffier, b 1643.

MEUNIER, — *Variations et surnoms :* MESNIER
— MEYNIER — MONIER — LE MONIER — LE
MOUNIER — LE MEUSNIER — LARAMÉE — LA-
FRAMBOISE — LAPIERRE — FRAPPE D'ABORD.
MOSNIER — MUSNIER.

MESNIER, CATHERINE, b 1663 ; 1° m à Louis DE
LA NOUE ; 2° m à Nicolas HERBECQ ; s 9 déc.
1708, à Batiscan, (mort subite.)

---

(1) Neveu du précédent. Au baptême de Jeanne, sa fille, le
18 juin 1661, on voit qu'il avait été pris par les Iroquois et que
l'on ignorait s'il était encore vivant.— *Registres de Montréal.*

(1) Elle épouse, le 17 août 1712, Joseph Fisque, à Beauport.

1647, (3 novembre) Montréal. [4]

I. — MEUNIER, (LE MOUNIER) MATHURIN, b 1619, fils de Rene et de Marie Leroux, de Clermont, évêché de la Flèche.
    FAFART, Françoise, b 1624, fille de Jean et d'Elizabeth Tibou, d'Argence, proche de la ville de Caen ; s 13 janv. 1702, à Ste. Anne. [5]
    Barbe, (1) b [4] 24 nov. et s [4] 3 déc. 1648. — *Mathurine,* b [4] 3 déc. 1649 ; s [4] 27 fév. 1650 — *Charles,* b [4] 3 et s [4] 27 déc. 1649. — *Jean,* b 8 janv. 1657, aux Trois-Rivières ; m [5] 5 oct. 1670, à Marguerite HOUSSEAU. — *Françoise,* b 13 sept. 1653, à Québec [3] : 1° m 1667, à Charles POULIOT ; 2° m 26 sept. 1700, à Jean-Paul MAHEU. — *Elizabeth,* b [3] 17 fev. 1656 ; m 30 juin 1670, à Isaac PASQUIER, au Château-Richer. [2] — *Marguerite,* b [4] 17 août 1659 ; 1° m [5] 10 avril 1674, à Pierre Labbé ; 2° m 12 juin 1710, à Jean-Grégoire DE BLOIS, à St. François, I. O. — *Mathurin,* b [2] 12 déc. 1662 , 1° m 22 nov. 1684, à Marie-Madeleine MENEUX, à Ste. Famille ; 2° m 18 fev. 1705, à Catherine BONHOMME, à Lorette. — *François,* b 1664 ; m 18 fev 1692, à Angelique JACOB, à l'Ange-Gardien.

1668, (16 octobre) Québec. [5]

I. — MEUSNIER, (LE) DIT LARAMÉE, RENÉ, b 1636, fils de Jean et de Périnne Lecaillerot, de St. Jean, évêché de Luçon ; s 22 sept. 1702, à la Pointe-aux-Trembles de Québec. [4]
    CHARPENTIER, Marguerite, b 1641, fille de Françoise Germain, de St. Nicolas, évêché de Meaux.
    Perette, b [5] 16 janv. 1670 ; m [4] 30 avril 1685, à Pierre AUGÉ. — *Philippe,* b [5] 14 avril 1671.

1670, (9 septembre) Québec. [4]

I. — MEUSNIER DIT LAFRAMBOISE, JULIEN, b 1647, fils de Jean et de Jacquette Gouron, de St. Denis de Cogne, évêché de LaRochelle ; s [4] 20 janv. 1731.
    FROST, Louise, b 1649, fille de Michel et de Barbe Bonneval, de St. Etienne des Grès, évêché de Paris.
    Marie-Madeleine, b 21 nov. 1671, à Sillery [5] ; m [4] 20 oct. 1692, à Etienne BOUCHARD. — *Pierre,* b [4] 3 sept. 1693. — *Françoise,* b [4] 19 mai 1676 ; m 31 oct. 1696, à Simon MORIN, à Lorette [8] ; s 21 janv. 1703, à Charlesbourg. — *Marie-Louise,* b [5] 2 sept. 1678 ; m 22 sept. 1704, à Michel PERRIN, à Montréal. — *Marguerite,* b [4] 3 mars 1681 ; m 23 fev. 1702, à Jean BRÉCHEVIN, à Beauport. — *Marie-Charlotte,* b [4] 13 janv. 1683 ; 1° m [4] 3 mai 1706, à Philippe GUSILLIER ; 2° m 8 juillet 1709, à Mathieu COTIN, à St. Augustin. — *Jacques,* b [3] 23 fev. 1685. — *Marie-Françoise,* b [4] 12 août 1691 ; m [4] 16 août 1712, à François TRAVERS. — *Marie-Anne,* b [4] 14 nov. 1697. — *Louis-Julien,* b [4] 3 juin 1700.

1670, (5 octobre) Ste. Anne.

II. — MEUNIER, JEAN,   [MATHURIN I.
    HOUSSEAU, Marguerite, fille de Nicolas et de Marguerite de Troye, de St. Jean, évêché de Troyes

Jean-Baptiste, b 15 mars 1672, à Ste. Famille. [8] — *Anne,* b [8] 30 août 1674. — *Paul,* b [8] 23 fév. 1676. — *Charles,* b [8] 24 fev. 1678.

I. — MEUNIER DIT LAPIERRE, PIERRE, fermier de M. Boucher, b 1643 ; s 4 janv. 1695, à Boucherville. [8]
    RICHAUME, Barbe, (1)   [PIERRE I.
    Pierre, b 3 janv. 1677, à Sorel ; m [8] 20 déc. 1701, à Denise DAUNAY. — *Anne,* b 1679 ; m [8] 11 janv. 1700, à Antoine FAVEREAU. — *Jacques,* b 1681. — *Marie-Barbe,* b 15 avril 1683, à Contre-cœur [9] ; m [8] 20 avril 1700, à Nicolas FAVEREAU. — *Jeanne,* b [9] 6 mars 1685 ; m [8] 23 janv. 1707, à Jean FAVEREAU. — *Jean-Baptiste,* b [9] 18 fév. 1687. — *François,* b... ; m 3 août 1711, à Marguerite LEDOUX. — *Madeleine,* b... ; m 1712, à Nicolas SÉNÉCAL.

1684, (22 novembre) Ste. Famille.

II. — MEUNIER, MATHURIN,   [MATHURIN I.
    1° MENEUX, Marie-Madeleine,   [JACQUES I.
    s 26 mars 1703, à Lorette. [1]
    Marie, b 18 déc. 1685, à Ste. Anne [8] , m [9] 30 janv. 1702, à Pierre BOUVIER. — *Catherine,* b [8] 18 nov. 1687 ; s [8] 26 avril 1689. — *Françoise,* b [5] oct. 1689. — *Jean,* b [8] 27 juillet 1691. — *Joseph,* b [8] 11 juillet 1693. — *Agathe,* b [8] 8 avril 1702.

1705, (18 février) Lorette. [1]

    2° BONHOMME, Catherine,   [NICOLAS II.
    Marie-Catherine, b 25 janv. 1706, à Ste. Foye ; s [1] 2 fev. 1706. — *Ignace,* b [1] 3 août 1702 ; s [1] 23 mai 1713. — *Marie-Catherine,* b [1] 20 août 1709.— *François,* b [1] 2 fev. 1712. — *Marie-Thérèse,* b [1] 2 avril et s [1] 13 mai 1714.

1692, (18 février) L'Ange-Gardien.

II. — MEUSNIER, FRANÇOIS,   [MATHIEU I.
    JACOB, Angélique,   [ETIENNE I.
    Marie-Ursule, b 15 avril 1693, à Ste. Anne. [9] — *Agnès,* b... ; m [9] 30 mai 1718, à Julien MERCIER. — *Marie-Marguerite,* b... : m [9] 1er juillet 1726, à Jacques TALBOT. — *Jeanne,* b [9] 19 août 1700. — *Angélique,* b [9] 9 juin 1702. — *Monique,* b [9] 13 juillet 1704 ; m [9] 27 juillet 1723, à Joseph BOULÉ. — *Marie-Angélique,* b [9] 11 mars 1706. — *Geneviève,* b [9] 5 janv. 1708 ; m [9] 1er juillet 1726, à Etienne SIMARD. — *Françoise,* b [9] 18 nov. 1709. — *Hélène,* b [9] 27 oct. 1711. — *Marie-Madeleine,* b [9] 27 janv. 1715.

I. — MEYER, NICOLAS, tonnelier, b 1646, était à St. François du Lac, en 1681.

MEZERAY. — *Variations et surnoms :* MAISERET — MEZIER — MESERÉ — LAPLANCHE — DUVERGER.

1641, (25 septembre) Québec. [6]

I. — MÉZERAY, RENÉ, (2) b 1611 ; s 16 mars 1695, à la Pointe-aux-Trembles de Québec. [7]
    1° CHASTEL, Hélène.

---

(1) Premier baptême de français enregistré à Montréal.

(1) Elle épouse, le 19 nov. 1703, François Garnier, à Boucherville.

(2) Le Recensement de 1666, l'appelle Mézier.

1645, (octobre) Québec. [6]

2° GAREMAN, Nicole.   [PIERRE I.
Geneviève, b 5 juillet 1648, à Sillery [8]; 1° m [6] 24 janv. 1661, à Étienne LETELLIER ; 2° m 1676, à François DUSAULT. — *Jean*, b [8] 17 août 1650 ; m 1673, à Madeleine MASSE ; s [7] 5 fév. 1703. — *Thomas*, b [6] 4 déc. 1652 ; m [7] 12 sept 1678, à Louise PARADIS. — *René*, b [6] 20 mars 1655 , m à Françoise MILOT. — *Anonyme*, b et s [8] 2 avril 1655. — *Marie*, b [6] 29 oct. 1657 ; m 1674, à Abraham METOT ; s [6] 25 juillet 1740. — *Pierre*, b 1651 ; m à Jeanne QUENNEVILLE — *Marie*, b ; m 1686, à Pierre BLONDIN. — *Marie-Louise*, b... ; m à Jean ADAM. — *Olive*, b... ; m 1687, à Jean GAUVIN. — *Marie-Catherine*, b [6] 1er mai 1664 ; 1° m à Jacques AUVRAY ; 2° m 7 nov. 1712, à François DARVEAU, à Charlesbourg. — *Médard*, b [8] 4 mars 1668. — *Charles*, b [6] 19 avril 1672.

II. — MESERAY, PIERRE,   [RENÉ I.
QUENNEVILLE, Jeanne, b 1641.
Joachim, b 1669. — *Michel*, b 1670

1678, (12 septembre) Québec. [6]

II. — MEZERAY, THOMAS,   [RENÉ I.
PARADIS, Louise,   [PIERRE I.
Marie-Catherine, b... ; m [8] 29 juillet 1697, à François PARIS. — *Jean-Baptiste*, b 24 fév. 1681, à la Pointe-aux-Trembles de Québec. — *Jacques*, b 23 avril 1683, à Lorette — *Jeanne*, b 18 déc. 1685, à Charlesbourg ; s 8 juillet 1691, à Ste. Famille.

1663.

II. — MEZERAY, JEAN,   [RENÉ I.
s 5 fév. 1703, à la Pointe-aux-Trembles de Québec. [8]
MASSE, Madeleine,   [PIERRE I.
s 15 nov. 1709.
Madeleine, b 30 juillet 1674, à Québec. [1] —*Scholastique*, b [1] 20 avril 1677 , m [4] 4 mai 1699, à Jean-Baptiste DELISLE ; s [8] 18 fév 1703. — *Marie-Angélique*, b [8] 12 mars 1679 ; s [1] 11 avril 1699. —*Jean-François*, b [6] 6 mars 1681. — *Marie-Françoise*, b [6] 23 mars 1683. — *Catherine*, b [8] 14 nov. 1684 ; m [1] 1er fév. 1710, à Jean-Baptiste FAUCHER ; s [8] 29 avril 1716. — *Joseph*, b [8] 18 mars 1686. — *Louis-Augustin*, b [8] 2 juillet 1687. — *Marie-Madeleine*, b ; 1° m [8] 21 juin 1688, à Jean TOUPIN ; 2° m [1] 27 août 1711, à Louis BARDET. — *Anne*, b [8] 12 et s [8] 21 nov. 1688. — *René*, b [8] 17 déc. 1689 ; m [8] 14 nov. 1719, à Geneviève PAPILLON ; s [8] 17 fév. 1726. — *Marie-Thérèse*, b [8] 27 juin 1691 ; m [8] 21 fév. 1713, à Charles GAUDIN. — *Marie-Jeanne*, b [8] 6 oct. 1693. — *Marie-Louise*, b [8] 19 mai 1695. — *Marie-Marguerite*, b [8] 6 mars 1697. — *Marie-Angélique*, b 10 et s [8] 21 mars 1701.

1688, (26 mai) Pte-aux-Trembles, (Q).

II. MÉZERAY, RENÉ,   [RENÉ I.
MILOIS, Françoise, (1) veuve de Jean Henne.

MEZIER. — Voy. MEZERAY.

MICHAU. — Voy. MICHEL.

1667.

I. — MICHAU, PIERRE, b 1637, de N. D. de Fontenay, en Poitou.
ANCELIN, Marie, b 1654, de Cogne, évêché de La Rochelle ; s 18 avril 1729, à Kamouraska. [6]
Pierre, b 8 mars 1672, à Québec [7] ; m [7] 5 fév. 1697, à Madeleine THIBODEAU. — *Jean-Baptiste*, b [8] 8 avril 1674 ; 1° m 1697, à Marie VAILLANCOUR, 2° m 28 fév. 1707, à Françoise DUPILLE, à la Rivière-Ouelle. [8] — *Marie-Anne*, b [7] 13 nov. 1676 ; m [8] 19 juillet 1695, à Pierre BOUCHER. — *Joseph*, b [7] 27 fév. 1679, m 30 mai 1702, à Catherine DIONNE, à Ste. Famille. — *Pierre*, 9 fév. 1681, à l'Ilet ; m [7] 20 oct. 1704, à Madeleine CADIEU. — *Louis*, b 1684 ; m 22 oct 1708, à Claire-Françoise LEVASSEUR, à Lévis. — *Elizabeth*, b 13 nov. 1685, au Cap St. Ignace ; m [8] 8 mai 1703, à Pierre LEVASSEUR. — *François*, b 1687 ; m à Marie DIONNE ; s [6] 7 sept. 1727 — *Geneviève*, b 25 nov. et s [9] 28 déc. 1690. — *Marie-Madeleine*, b [9] 14 fév. 1692 ; 1° m [8] 23 août 1707, à Nicolas LEBEL ; 2° m à Jean-Baptiste ROY-DESJARDINS.

1697, (5 février) Québec. [6]

II. — MICHAUD, PIERRE,   [PIERRE I.
THIBODEAU, Madeleine,   [MATHURIN I.
Angélique, b... ; m [6] 22 nov. 1734, à Gilles PARISET. — *Pierre*, b 7 et s 14 déc. 1697, à la Rivière-Ouelle. — *Marie-Anne*, b [7] 9 fév. 1699. — *Pierre-Ambroise*, b [7] 10 avril 1701. — *Marie-Madeleine*, b [7] 31 août 1703. — *Cécile*, b [7] 14 nov. 1706 ; 1° m 5 mai 1731, à Jean BOUCHER, à Kamouraska [8] ; 2° m [8] 21 juillet 1738, à Louis SAUCIER. — *Hélène*, b... ; m [8] 24 janv. 1735, à Guillaume MIGNEAU. — *Marie-Angélique*, b [7] 20 janv. 1709.

1697.

II. — MICHAUD, JEAN-BAPTISTE,   [PIERRE I.
1° VAILLANCOUR, Marie,   [ROBERT I.
Marie-Jeanne, b 12 avril 1698, à la Rivière-Ouelle [6] ; m à Pierre SOUCY. — *Hélène*, b 3 et s [6] 20 déc. 1699. — *Jean-Baptiste*, b [8] 3 juillet 1701 ; m 1728, à Cécile OUELLET. — *Joseph*, b... ; m [8] Marguerite OUELLET ; s 4 juillet 1735, à Kamouraska. [7]

1707, (28 février) Rivière-Ouelle. [6]

2° DUPILLE, Marie-Françoise, (1)   [RÉMI I.
Marie-Madeleine, b [6] 22 avril 1708 ; m [7] 27 nov. 1730, à Jean-Baptiste DE LA BOURLIÈRE. — *Marie-Anne*, b... ; m [7] 18 avril 1735, à Augustin OUELLET. —*Jacques*, b...; m [7] 25 juin 1738, à Josette OUELLET. — *Pierre*, b...; m [7] 11 janv. 1740, à Marie-Françoise SAUCIER. — *Jean*, b...

I. — MICHEL, PIERRE, donné au séminaire de Québec, b 1646 ; s 25 sept. 1728, à St. François, Ile Jésus.

MICHEL. — *Variations et surnoms* : MICHAU — St. MICHEL—TAILLON — OLIVIER — LE TARDIF — LE GASCON — BERTHELOT.

---

(1) Elle épouse, le 30 sept. 1697, Léonard Dubord, à Québec.   (1) Elle épouse Barthélemi Normandin.

I. — MICHEL, Gilles, (1)
MÉNARD, Barbe.
Olivier, b 1651 ; m 24 nov. 1671, à Madeleine COCHON, au Château-Richer.

1670, (25 novembre) Québec. [7]
I. — MICHEL, (2) JEAN, b 1640, veuf de Marie Richard, de Notre-Dame de Mallois, évêché de La Rochelle.
MARCHESSEAU, Marie, b 1639, veuve de Pierre Boutin.
Pierre, b [7] 24 sept. 1672 ; s (3) 28 oct. 1694, à Lachine. [8] — *François*, b [7] 21 fév. 1674 — *Guillaume*, b 30 mars et s [7] 2 août 1676. — *Marie-Renée*, b 18 juin 1677, à Montréal [9] ; m [8] 27 fév. 1696, à Pierre SAUVÉ. — *Marie-Madeleine*, b 1681 ; 1° m [9] 3 juillet 1701, à Jacques LE DUC ; 2° m [9] 30 juin 1704, à Geoffroy LEFEBVRE.

1671, (24 novembre) Château-Richer. [8]
II. — MICHEL DIT LE TARDIF, OLIVIER, [GILLES I.
COCHON, Madeleine, (4)   [JEAN II.
Marie-Madeleine, b [8] 26 juin 1674 ; m 12 janvier 1693, à Guillaume DUPONT, à Québec [9] ; s 1702. — *Jean*, b [8] 27 oct. 1675. — *Guillaume*, b [8] 29 déc. 1676 ; m [8] 11 nov. 1710, à Anne GAGNON. — *Joseph*, b [8] 16 janv. 1678 ; m 26 nov. 1708, à Marie-Anne LEBEL, à la Rivière-Ouelle. — *Charles*, b 1679. — *Louis*, b 2 mai 1681, au Cap St. Ignace. [8] — *Elizabeth-Agnès*, b [8] 23 juin 1682 ; m [9] 9 sept. 1698, à Louis DURAND. — *Françoise*, b [8] 15 mars 1684. — *Marie-Anne*, b [8] 16 juin 1685 ; m [8] 17 sept. 1704, à Louis LOISEL. — *Agnès*, b [8] 18 sept. 1688. — *Anonyme*, b et s [9] 20 mars 1690. — *François*, b [9] 11 déc. 1690. — *Jean-François*, b [9] 25 sept. 1692. — *Ignace*, b [9] 24 mai 1695. — *Marie-Josette*, b 20 mars et s [9] 18 juillet 1697. — *Thérèse-Dorothée*, b [9] 26 juillet 1698.

1687, (11 février) Lachine. [9]
I. — MICHEL, JEAN, chirurgien, fils de Claude et de Marie Lucos, de Duras, évêché d'Agen.
ANDRÉ, Jeanne,   [MICHEL I.
s [9] 4 sept. 1687.
Jean, b et s [9] 30 août 1687.

I. — MICHEL DIT LE GASCON, JEAN.
FLEURY, Catherine,   [FRANÇOIS I.
Marie, b 9 et s 14 fév. 1691, à Montréal. [3] —
Jean, b [3] 3 janv. 1692 ; s [3] 14 août 1693.

1690, (9 janvier) Château-Richer. [1]
I. — MICHEL, LOUIS, fils de Jean et de Simone Rocher, de St. Jean, évêché de La Rochelle.
COCHON, Marie-Madeleine,   [JACQUES II.
Marie-Catherine, b [1] 7 et s [1] 16 juillet 1693. —
Charles, b [1] 12 juin 1696. — *Charles*, b... ; m 22 janv. 1720, à Marie SIMART, à Ste. Anne.

(1) Origine des familles Taillon.
(2) Il est aussi appelé Michau. — Sur l'habitation de feu Jean Michau, nous avons trouvé les os du dit Jean Michau et de son fils Pierre, âgé de 15 ans, et d'Albert Boutin, de 18 ans, fils de sa femme. — *Note de M. Rémy, curé, 28 oct. 1694, à Lachine.*
(3) Tué par les Iroquois, le 5 août 1689.
(4) Elle épouse, le 16 janv. 1696, Jacques Chauvin, à Québec.

I. — MICHEL (ST.), FRANÇOIS, chirurgien.
AUBIN-BERTHELOT, Marie-Madeleine.
François, b 22 mars 1699, à Champlain. [2] —
Marie-Madeleine, b [2] 28 fév. 1701.

I. — MICHELANDE, MARIE-MADELEINE, b... ; m à Jacques GRATIOT ; s 31 janv. 1695, à Repentigny.

1649, (11 novembre) Québec.
I. — MICHELLET, PIERRE, fils de Pierre et de Marguerite Ruseau, de St. Fruidive, Saintonge.
BAUDRY, Périnne, fille de Pierre et de Simone Guillon, de Sauton, en Poitou.

I. — MICHELON, ADRIEN, cordonnier, b 1644 ; s avant 1681.
LAURENT, Geneviève, (1) b 1643.
Michel, b 1660 ; s 30 août 1732, à Québec. [5] — *Jeanne-Barbe*, b [5] 4 oct. 1665. — *Etienne*, b [5] 12 déc. 1666. — *Jean*, b [5] 3 juillet 1669 ; 1° m [5] 23 juillet 1703, à Geneviève GATIEN ; 2° m 2 fév. 1712, à Marie-Madeleine MAILLOUX ; s [5] 2 juin 1724. — *Marie-Françoise*, b [5] 6 mars 1672 ; m [5] 2 mai 1689, à Pierre GRATIS ; s [5] 31 août 1743. — *Louise*, b [5] 1er nov. 1674 ; s [5] 8 déc. 1677. — *Jacques-Antoine*, b [5] 8 juillet 1677 ; m [5] 21 nov. 1697, à Marie L'ARCHEVÊQUE ; s [5] 7 janv. 1703. — *Pierre-Adrien*, b [5] 26 sept. 1679.

1697, (21 novembre) Québec. [4]
II. — MICHELON, JACQUES,   [ADRIEN I.
s [4] 7 janv. 1703.
L'ARCHEVÊQUE, Marie.   [HENRY II.
s [4] 4 janv. 1703.
Pierre-Jacques, b [4] 11 déc. 1698 ; m [4] 8 mai 1729, à Angélique CHORET. — *Jean*, b [4] 21 oct. et s [4] 27 nov. 1700. — *Marie-Madeleine*, b [4] 14 avril 1702.

1667, (21 février) Trois-Rivières.
I. — MICHELOT, FRANÇOIS, veuf de Marguerite Berbion.
GENDRE, Marie, veuve de Florent Leclerc.

1699, (20 janvier) Québec.
I. — MICHON, ABEL, notaire-royal, fils de Guillaume et de Madeleine Fagot, évêché d'Angers.
THIBODEAU, Marie,   [MATHURIN I.
Laurent, b 1701 ; m 9 fév. 1728, à Anne BLANCHET, à St. Pierre du Sud. — *Marie-Barnabée*, b 21 mai 1704, à Contrecœur. [5] — *Marie-Madeleine*, b [5] 30 sept. 1705. — *Charles*, b 17 avril 1709, à Verchères. [4] — *Jean-Baptiste*, b [4] 9 avril 1707 ; 1° m à Marguerite LEMIEUX ; 2° m 26 janv. 1744, à Marie MORISSET, à St. Michel. — *Augustin*, b... ; m à Marthe BLANCHET.

MIEL. — *Variations et surnoms :* AMIEL — SEGELLE — LUSIGNAN.

1699, (27 avril) Boucherville.
I. — MIEL DE LUSIGNAN, JEAN, soldat de M. de la Valtrie, b 1671, fils de Jean et de Louise Émonet, de Pranzars, évêché de Poitiers.

(1) Elle épouse, le 9 sept. 1681, Jean Journet, à Québec.

LATOUCHE, Thérèse,   [ROGER I.
Marie-Marguerite, b 14 juillet 1792, à Contrecœur. [3]—*Jean-Baptiste*, b [3] 25 déc. 1704. — *Joseph*, b 4 juin 1719, à Verchères.

I. — MIGAUD, SUZANNE, b 1648 ; m 1664, à Pierre
TROTIER ; s...

1665, (26 novembre) Montréal. [0]

I. — MIGEON, (1) JEAN-BAPTISTE, procureur-fiscal, juge en 1681, b 1639, fils de Jean et de
Marguerite Des Bordes, de St. Pierre de Moulins, Bourbonnais ; s [0] 21 août 1693.
GAUCHET, (2) Catherine, b 1644, fille de Claude
et de Suzanne Dufeu, de St. Sulpice, de Paris.
Gabrielle-Jeanne, b [0] 29 janv. 1667. — *Louise-
Suzanne*, b [0] 29 mars 1669. s [0] 22 juillet 1687,
dans la chapelle de l'hôpital. — *Daniel*, (3) b [0] 6
août 1671. — *Marie-Catherine*, b [0] 16 déc. 1674 ;
s [0] 4 fév. 1689. — *Jean-Baptiste*, b [0] 23 déc. 1676 ;
s [0] 16 oct. 1677. — *Denise*, b [0] 5 fev. 1678 ; m [0] 21
avril 1692, à Charles JUCHEREAU. — *Madeleine-Éli-
zabeth*, b [0] 25 nov. 1679 ; s [0] 9 sept. 1680. — *Jean-
Dominique*, b [0] 12 juin 1681. — *Rémy-Gabriel*, b [0]
12 oct. 1683. — *Marie-Anne*, b [0] 27 janv. 1685;
religieuse-ursuline, dite de la Nativité ; s 31 août
1771, à Québec.

II. — MIGEON, (4) JOSEPH-DANIEL,   [JACQUES I.

MIGNARD. — Voy. CHARIER, sieur MIGNARD.

MIGNEAU. — Voy. MIGNOT.

MIGNERON. — *Variations et surnoms* : MAGNE-
RON — MAIGNERON — LAJEUNESSE — MILLERON.

1657, (19 août). (5)

I. — MIGNERON DIT LAJEUNESSE, JEAN, b 1636,
fils de Pierre et de Marie Guillemet, du Poitou ; s 17 déc. 1700, à Ste. Foye. [9]
PAVIE, Marie, b 1637, fille de Christophe et de
Madeleine Nadeau, de St. Pierre d'Oléron,
évêché de LaRochelle ; s [0] 15 mai 1713.
Marguerite, b 24 oct. 1658, à Québec [8] ; 1[0] m à
François MUSNIER ; 2[0] m [8] 14 avril 1676, à Louis
BALARD. — *Elizabeth*, b [8] 12 mai 1660 ; m 1676, à
Etienne MAGNAN ; s 19 mars 1719, à la Pointe-
aux-Trembles de Québec. — *Marie-Anne*, b 17
mars 1661 ; 1[0] m 1703, à Jean BREDEL ; 2[0] m [8] 5
janv. 1712, à Simon BRIÈRE ; 3[0] m [8] 29 nov. 1717,
à Jacques MOREL ; s [8] 17 mars 1725. — *Marie-
Angélique*, b 15 janv. 1664, à Sillery [3] ; m à Pierre
LEGRAND. — *Jean*, b 1666 ; m 1688, à Catherine
DELPESCHES. — *Sébastien*, b [1] 19 mai 1668 ; m à
Catherine TRUD ; s [9] 23 mai 1741. — *Geneviève*,
b [1] 26 juin 1670 ; m 1687, à Jacques BONNIER.

(1) De Bransac, Lieutenant-Général, à Montréal.
(2) De Belleville, cousine de M. Gabriel Souard, curé de
Montréal.
(3) Sieur de la Gauchetière.
(4) De la Gauchetière, officier, était à Montréal, en 1694.
Il a laissé son nom "Lagauchetière" à une des principales
rues de la ville de Montréal.
(5) Date du contrat de mariage.—*Greffe d'Audouard*.

1667.

I. — MIGNERON, LAURENT, b 1639, frère du précédent.
1[0] ST. DENIS, Anne,   [PIERRE I.
s 17 oct. 1674, à Ste. Anne. [1]
Anne, b 14 et s 17 juillet 1668, au Château-
Richer. [8] — *Jean*, b [8] 31 oct. 1669 ; m 1689, à
Marie-Geneviève BRISSON ; s 23 déc. 1708, à Ste.
Foye. — *Pierre*, b [1] 4 mars 1672 ; m 7 juillet 1698,
à Marie CHARON, à Québec. — *Anne*, b [1] 16 oct.
1674.
2[0] GUILLAUME, Marie, b 1652.
Jean, b [1] 15 avril 1676. — *Françoise*, b [1] 3 déc.
1677 ; m à François ROBIN. — *Marie-Anne*, b [1] 14
fév. 1680 ; 1[0] m [8] 17 janv. 1712, à Simon BRIÈRE ;
2[0] m [8] 29 nov. 1717, à Jacques MOREL ; s [8] 17
mars 1725. — *Ambroise*, b [1] 15 fév. 1682 ; m 8
août 1703, à Geneviève PEPIN. — *Agnès*, b [1] 31
mars 1684 ; m à Paul PEPIN.

1688.

II. — MIGNERON, ABRAHAM-JEAN,   [JEAN I.
DELPESCHES, Catherine,   [BERNARD I.
s 6 oct. 1716, à Repentigny. [6]
Louis, b 9 et s [6] 12 sept. 1689. — *Marie-Madeleine*, b [6] 6 fév. 1691. — *François-Joseph*, b 29
nov. et s [6] 8 déc. 1694. — *Jean-Baptiste*, b [6] 29
mars 1699. — *François*, b [6] 1er nov. 1701. — *Marie-
Louise*, b et s [6] 28 déc. 1706. — *Marie-Angélique*, b [6]
31 déc. 1707. — *Jean*, b [6] 8 mai 1711. — *Joseph*,
b [5] 6 nov. 1713 ; s [6] 7 oct. 1714. — *Anne*, b ... ;
m [6] 25 fév. 1721, à Alexis RIVET — *François*, b [6]
1er nov. 1701 ; m [5] 19 août 1726, à Catherine
CHAMPAGNE DIT ST. MARTIN.

1689.

II. — MIGNERON, JEAN,   [LAURENT I.
s 23 déc. 1708, à Ste. Foye. [7]
BRISSON, Marie-Geneviève,   [RENÉ I.
Marie-Louise, b 25 juin 1690, à Québec [8] : m
1713, à François CHRÉTIEN. — *Louise*, b 1691 ; s
27 juillet 1699, à la Pointe-aux-Trembles de Québec. [8] — *Marie-Françoise*, b [8] 7 août 1692 ; s [7] 1er
janv. 1708. — *Alexis*, b 25 et s [8] 27 fév. 1695. —
Jean-François, b [8] 27 avril 1696. — *Marie-Jeanne*,
b [8] 27 déc. 1698 ; s [3] 3 janv. 1699. — *François*,
b 4 mai et s [8] 19 juin 1700. — *Louis-Sébastien*,
b 15 août et s [7] 9 sept. 1701. — *Louise*, b [7] 15
août 1704 ; m [8] 22 oct. 1722, à Jean VEILLON.

1698, (7 juillet) Québec. [4]

II. — MIGNERON, PIERRE,   [LAURENT I.
CHARON DIT LAFERRIÈRE, Marie,   [JEAN I.
veuve de Joseph Charpentier, s [4] 9 août 1728.
Jacques-Charles, b [4] 1er oct. 1699 ; s 3 oct. 1714,
à Ste. Foye. [8] — *Noël*, b [5] 22 juillet 1705. — *Marie-
Jeanne*, b [5] 1er avril 1707 ; m 1729, à Jean-Baptiste
GARAULT. — *Marie-Madeleine*, b [5] 3 janv. 1711 ;
m 17 janv. 1735, à Michel FORGET, à Lachenaye.
— *Pierre*, b [5] 9 juin 1713. — *Jean*, b [5] 21 juin 1716.
— *Pierre-Ignace*, b [5] 8 août 1718.

II. — MIGNERON, SÉBASTIEN,   [JEAN I.
b 1671 ; s 23 mai 1741, à Ste. Foye. [8]
TRUD, Catherine.   [MATHIEU I.

Marie-Catherine, b 26 oct. 1692, à la Pointe-aux-Trembles de Québec. [7] — *Pierre-Augustin*, b [7] fév. 1695; m [6] 13 janv. 1727, à Angélique BISSON; s [6] 2 août 1744. — *Thérèse*, b [7] 1er janv. 1698, m [6] 11 nov. 1720, à Pierre DUBOIS; s 11 fév. 1742, à Lévis. — *Marie-Angélique*, b [7] 16 oct. 1700; s [7] 21 fev 1703. — *Marie*, b... ; s [7] 8 fév. 1703. — *Joseph*, b [7] 9 fév. 1704; 1o m [6] 19 janv. 1728, à Françoise SAMSON; 2o m [6] 24 nov. 1750, à Marie-Josette GIRARD. — *Catherine-Josette*, b [6] 26 avril 1706; m [6] 16 juin 1732, à Joseph AINSE. — *Félicite*, b [6] 21 fév. 1709; m 30 sept. 1743, à Jean SPENARD, à Québec. — *Anne-Angélique*, b [6] 13 déc. 1712; m [6] 6 juillet 1739, à Simon PARANT. — *Angélique*, b 10 oct. et s [6] 15 nov. 1714. — *Marie*, b [6] 11 mai 1716. — *Marie-Gertrude*, b... ; m [6] 17 nov. 1738, à Pierre BERNIER.

MIGNIER. — *Variations et surnoms :* MEUNIER — LAGACÉ — MAGNIEN — MAGNAN.

1668, (23 octobre) Québec. [5]

I. — MIGNIER DIT LAGACÉ, ANDRÉ, b 1640, fils de Michel et de Catherine Masson, de St. Martin de Rhé, évêché de La Rochelle ; s 21 nov. 1727, à Ste. Anne. [4]

MICHEL, Jacquette, b 1630, veuve de Jean Gardin, do Ste. Catherine, Ile de Rhé ; s 29 nov. 1710, à la Rivière-Ouelle. [5]

André, b [3] 6 oct. 1669 ; 1o m [5] 10 nov. 1693, à Marie-Charlotte PELLETIER; 2o m [5] 31 mai 1701, à Françoise OUELLET ; s [4] 4 fév. 1729. — *Marie*, b [3] 14 oct. 1671. — *Françoise*, b [3] 29 juin 1674 ; m à Robert MORIN. — *Marie-Anne*, b [3] 18 janv. 1677 ; m [5] 10 nov. 1693, à Philippe BOUCHER. — *Marie-Madeleine*, b 24 août 1679, à Charlesbourg [7], 1o m [5] 18 janv. 1701, à Claude-Nicolas LIZOT ; 2o m [5] 25 nov. 1709, à Felix AUDER. — *Michel*, b [7] 19 avril 1682 ; m 28 juillet 1705, à Angélique TIBAUT, au Cap St. Ignace. — *Joseph*, b... ; m à Marie-Madeleine LIZOT.

1669, (14 octobre) Quebec. [1] (1)

I. — MIGNIER, JACQUES, b 1635, fils de Gilles et de Jeanne Touchetelle, de St. Pierre de Coulonges des Royaux, évêché de Mailzais , s 21 déc. 1713, à Charlesbourg. [3]

DOIGT, (Douet) Ambroise, b 1644, fille de Nicolas et de Perinne Alain, de St. Sulpice de Paris , s [3] 20 fév. 1709

Marguerite, b [1] 22 et s [1] 31 juillet 1670. — *Jacques*, b [1] 2 mai 1671. — *Anne*, b [1] 17 mars 1672 ; m [3] 17 oct 1689, à Pierre CHALIFOUR. — *Germain*, b [1] 27 juin 1674 ; m [3] 9 janv. 1702, à Marie DÉRY. — *Marie-Madeleine*, b [1] 18 nov. 1676 ; m [3] 19 avril 1694, à Jean MARCOU — *Anne*, b [1] 26 mai 1679 ; s [3] 9 dec. 1687. — *Marie*, b [1] 4 mars 1681 ; m [3] 2 nov. 1699, à Nicolas BÉLANGER — *Jacques*, b [3] 5 janv. et s [3] 23 nov. 1684.

---

(1) Madame Barbe De Boulogne, veuve de Louis D'Aillebout, était présente au contrat de mariage, passé le 21 sept. 1669.—*Greffe de Duquet.*

1693, (10 novembre) Rivière-Ouelle. [6]

II. — MIGNIER DIT LAJOIE, ANDRÉ,   [ANDRÉ I. s 4 fév. 1729, à Ste. Anne de la Pocatière. [7]

1o PELLETIER, Marie-Charlotte,   [JEAN II. s [6] 3 sept. 1699.

1701, (31 mai) Rivière-Ouelle. [6]

2o OUELLET, Françoise,   [RENÉ I.

André, b [6] 4 mars 1702 ; m 19 janv. 1728, à Geneviève ROUSSEAU, à l'Ilet. — *Marie-Françoise*, b [6] 13 janv. 1704. — *Joseph*, b [6] 28 déc. 1706 ; m 16 août 1730, à Félicite CAHOUET, au Cap St. Ignace. — *Antoine*, b 29 et s [6] 31 mars 1709. — *Marie-Angélique*, b [6] 9 déc. 1710 ; m [7] 7 janv. 1728, à Augustin LAVOYE. — *Jean-Bernard*, b [6] 11 déc. 1712 ; s [6] 9 oct. 1714. — *Bernard*, b 1714 ; m [7] 5 oct. 1739, à Josette DUBÉ ; s [7] 24 mars 1764. — *Marie-Madeleine*, b [7] 16 juillet 1718 ; m [7] 17 avril 1736, à Louis-Ignace BOUCHER. — *Marie-Anne*, b [7] 1er nov. 1720. — *Marie-Catherine*, b [7] 24 nov. 1722. — *Charles*, b [7] 16 juin 1725.

I. — MIGNON DIT ST. GERMAIN, JACQUES, soldat de M. Payen de Noyan, b 1673, s 2 juillet 1699, à Montréal.

MIGNOT. — *Variations et surnoms .* MIGNAULT — MIGNEAU — DE CHASTILLON — DE LA GERBAUDIÈRE—DE LA FRAYNAYE—AUBIN—LABRIE.

1648, (10 novembre) Québec. [1]

I — MIGNOT DIT CHATILLON, (1) JEAN, b 1628, fils de Nicolas et de Madeleine De Brie, évêché de Bayeux.

CLOUTIER, Louise, (2)   [ZACHARIE I. veuve de François Marguerie.

Jean-Aubin, b [1] 18 avril 1650. — *Thérèse*, b [1] 9 sept. 1651 ; 1o m 2 avril 1665, à Nicolas LEBEL, au Château-Richer [2] ; 2o m [1] 6 fév. 1679, à René OUELLET. — *Sainte*, b [1] 6 janv. 1653 ; m [1] 14 août 1669, à Jean GRONDIN. — *Marie-Madeleine*, b [1] 22 juillet 1654. — *Françoise*, b [1] 8 oct. 1656 ; s... — *Jeanne*, b [1] 24 déc. 1658 ; m 1679, à Antoine GABOURY. — *Charles*, b [1] 19 sept. 1660. — *Louis*, b 1663. — *Nicolas*, b [1] 21 fév. et s [1] 13 mars 1666. — *Jean-Baptiste*, b [1] 1er sept. 1669. — *Marie*, b [1] 2 fév. 1671 ; m [2] 2 août 1694, à Jean DIONNE. — *Marie-Charlotte*, b [1] 19 mars 1672. — *Marie-Charlotte*, b 11 mars 1674, à Beauport.

1670, (28 octobre) Québec

I. — MIGNOT, DE LA GERBAUDIÈRE, JOSEPH, fils de Jacques et de Catherine Badeau, de Ste. Catherine, ville d'Orléans.

SOUMANDE, Marie,   [PIERRE I.

---

(1) En février 1647, Barbe, sauvagesse séminariste des Ursulines, après y avoir demeuré quatre ans, en étant sortie, fut recherchée fortement et puissamment par un français, nommé Chatillon, qui pria les mères de la vouloir retenir jusqu'aux vaisseaux. Il donna assurance de sa volonté, mettant entre les mains des mères une rescription de 300 livres, dont il consentit que 100 fussent appliquées au profit de la fille, en cas qu'il manquât de parole. Mais il se trouva que la fille n'en voulut pas, et aima mieux le sauvage, et suivre les volontés de ses parents.—*Journal des Jésuites.*

(2) Elle épouse, le 3 fév. 1684, Jean-Pierre Mataut, au Château-Richer.

I — **MIGNOT**, Pierre.
ANSLIN, Marie.
Elizabeth, b 13 nov. 1685, à la Rivière-Ouelle.

1689, (7 novembre) Château-Richer.

I — **MIGNOT**, Jean, fils de Louis et de Jeanne
Charon, de St. Germain de la Cime, en Brie,
évêché de Sens, en Bourgogne
1º BOUCHER, Marie-Xainte, [PIERRE II.
s 15 juillet 1717, à la Rivière-Ouelle. 5
Michel, b 5 2 mai 1697; m 26 oct. 1724, à Ursule
SOUCY, à Ste. Anne. 2 — *Charles*, b...; m 2 12
janv. 1728, à Madeleine AUBER. — *Marie-Madeleine*,
b 5 9 sept. 1690, m 5 5 fév. 1714, à Pierre EMOND.
— *Marie-Françoise*, b 5 12 mars 1692; m 5 7 janv.
1716, à Nicolas LEBEL. — *Marie-Thérèse*, b 5 11
nov. 1694. — *Jean*, b... — *Marie-Ursule*, b 5 27
sept. 1699; m 5 7 août 1720, à Augustin EMOND
— *Jean-Baptiste*, b 5 1er mai 1707. — *Cécile*, b 5 17
nov. 1709. — *Nicolas*, b 25 et s 6 28 janv. 1713. —
Marie-Rosalie, b...; m 5 7 août 1720, à Philippe
BEAUDIN.

1726, (4 mars) Ste. Anne de la Pocatière.

2º DUBÉ, Marie-Anne, [MATHURIN II.
veuve de Jean-Baptiste Grondin.

MILHOMME, — Voy. PETIT

I. — **MILLES** DE **BOISSELRAY**, Noel, contrôleur
de la marine, concède, le 3 avril 1698 à
Bertrand Lart. jardinier, un emplacement de
84 pieds sur 40, faisant face aux fortifications
de Québec, près la rue Montcalm. — *Greffe de
Charles Rageot.*

MILLET, Jean. — Voy. MINET.

I. — **MILLET**, Pierre, b 1611, s 1er fev. 1681, à
Champlain.

1657, (9 avril) Montréal. 2

I. — **MILLET** DIT **BEAUSSERON**, Nicolas, b 1632,
fils de Jacques et de Jeanne Vincent, évêché
d'Arles, s 2 9 mars 1674, brûlé accidentellement dans sa maison.
LORION, Catherine, (1) [MATHURIN I.
veuve de Jean Simon.
Catherine, b...; m 2 7 janv. 1621, à Jean RAY-
NAUD. — *Nicolas*, b 2 14 août 1660; 1º m 31 janv.
1684, à la Pointe-aux-Trembles de Montréal, à
Catherine CHAPERON; 2º m 2 mai 1695, à Cathe-
rine GAULTIER, à Varennes. — *Marie-Charlotte*, b 2
25 nov. 1662; m 2 20 juin 1678, à Jean LACOMBE.
— *Pierre*, b 1 12 janv. 1665; s 2 1er déc. 1666. —
Jacques, b 2 30 mars 1667, m 2 23 fév. 1688, à
Elizabeth HUBERT. — *François*, b 2 7 avril 1671.
— *Jean*, b 2 6 janv. 1674.

1684, (31 janvier) Pte-aux-Trembles, (M). 2

II. — **MILLET**, (2) Nicolas, [NICOLAS. 1.
1º CHAPERON, Catherine, [JEAN I.
s 2 9 janv. 1695, dans l'église.

2º GAUTIER, Catherine, [MATHURIN I.
Marie-Catherine, b 2 27 oct. 1696. — *Nicolas*, b 2
8 nov. 1698, s 4 11 août 1699.

1688, (23 février) Montréal. 3

II. — **MILLET**, Jacques, [NICOLAS I.
HUBERT, Elizabeth, [NICOLAS I.
veuve d'Antoine Regnaut.
Nicolas, b 3 26 mars 1689. — *Jacques*, b 3 30
janv. 1691, s 3 6 avril 1703. — *François*, b 3 13
oct. 1692. — *Marie-Catherine*, b 3 8 oct. 1694. —
Isabelle, b 3 22 sept. 1696. — *Jean-Baptiste*, b 3 26
juillet 1698. — *Marguerite*, b 20 et s 24 dec. 1700.

MILLEVACHE. — Voy. AUBERT, SIEUR DE.

MILLIER, Paul. — Voy. HUS — PAULUS

1690, (13 novembre) Québec. 4

I. — **MILLIER**, (1) Pierre, fils de Vincent et de
Claude Perinne, de Mirbaut.
PELLETIER, Marie-Madeleine, [GEORGE I.
veuve de Nicolas Cliche; s 4 4 déc. 1701.
Pierre, b 4 1er juillet 1691. — *Pierre*, b 1697;
s 4 23 oct. 1701. — *Claude*, b 4 8 août 1692. —
Elizabeth-Geneviève, b 4 4 fév. 1701; m 4 3 juin
1725, à Dominique DASILVA.

I. — **MILLIET** DIT **MARANDAIS**, Nicolas, b 1636.
SÉGUILLET, Michelle, (2) b 1645.
François, b 1676; m 13 nov. 1702, à Marie
BERNARD, à St. Jean, Ile d'Orléans; s 5 janv. 1703,
à St. François, Ile d'Orléans. — *Marie-Françoise*,
(posthume) b 13 et s 27 avril 1685, aux Trois-
Rivières.

MILLIET, Mathurin, soldat de M. Courtemanche,
b 1687; s 13 sept. 1717, aux Trois-Rivières,
(mort subite).

MILOT. — *Variations et surnoms :* LAVAL — MIL-
HEAU — BOURGUIGNON.

I. — **MILOT**, Françoise, 1º m 1645, à René MEZE-
RAY; 2º m 30 sept. 1697, à Léonard DUBORD
DIT LAJEUNESSE, à Québec; s 5 avril 1703, à
la Pointe-aux-Trembles de Québec.

I. — **MILOT**, Nicolas, s 21 juillet 1670, à Québec.

1654, (7 janvier) Montréal 5

I. — **MILOT**, Jean, maître-taillandier, b 1631, fils
de Philippe et de Christine ———— ; s 5 16
août 1699.
1º PINSON, Marie-Marthe, fille de Pierre et de
Marie Auber, de LaFlèche; s 6 23 janv. 1663.
Geneviève, b 1er mars et s 4 mai 1655. — *Catherine*, b 5 7 avril 1656. — *Marie*, b et s 5 30 sept.
1657. — *Claude-Philippe*, b 5 22 juillet 1660. —
Dominique, b et s 5 4 août 1661. — *Françoise*, b 22
et s 5 28 janv. 1663.

---

(1) Elle épouse, le 23 nov. 1676, Pierre Desautels, à Montréal.

(2) Dit Beausseron. Millet et sa femme furent captifs des
Iroquois, du lundi 27 août au lundi 4 sept. 1691.

(1) Appelé Millet, au baptême de son premier enfant.

(2) Elle épouse, le 29 sept. 1685, Pierre Gilbert, aux Trois-
Rivières.

1663, (26 novembre) Montréal. [5]

2° TIBAUT, Mathurine, b 1634, fille d'Etienne et de Jeanne de la Mothe.
Jeanne, b [5] 12 oct. 1664; m [5] 13 sept. 1683, à Jean Malhiot; s [5] 6 oct. 1686. — Françoise, b [5] 2 mai 1666; s 1er mars 1678, à Lachine. [8] — Charles, b [5] 21 oct. 1667; m [5] 12 mai 1689, à Marie POTHIER; s [5] 19 avril 1727. — Marie-Thérèse, b [5] 12 nov. 1669. — Jacques, b [5] 4 déc. 1672; m [5] 9 juillet 1700, à Helène GUENET. — Marie-Anne, b [5] 3 mai 1674; 1° m 8 janv. 1691, à François POISSET, à Québec [9]; 2° m [9] 19 nov. 1698, à Dominique BERGERON; s [5] 24 déc. 1702.

1660, (7 mars) Montréal. [1]

I. — MILOT DIT LAVAL, (ET MILHEAU,) JACQUES, b 1632, fils de Gabriel et de Julienne Phelippot; s [1] 4 nov. 1699.
HÉBERT, Jeanne, [AUGUSTIN I. b 1647; s [1] 25 mars 1687.
Madeleine, b [1] 23 juillet 1662; m [1] 7 janv. 1677, à François COTINEAU. — Catherine, b [1] 2 juin 1665; 1° m [1] 1er mars 1685, à Jacques MONGEAU; 2° m 17 avril 1698, à Jean JOFFRION, à Varennes [9]; s [1] 10 oct. 1708. — Jacques, b [1] 13 nov. 1668. — Jean-Baptiste, b [1] 22 déc. 1670, s [1] 23 janv. 1671. — Petronille, b [1] 24 déc. 1671; m [9] 22 avril 1694, à Etienne SENÉCAL; s [9] 5 nov. 1758. — Marie, b [1] 11 janv. 1674. — Jacques, b [1] 16 fév. 1676. — Elizabeth, b 19 août et s [1] 21 sept. 1678. — Jeanne, b [1] 22 oct. 1679; m [1] 14 janv. 1699, à Julien AUBERT. — Marguerite, b [1] 18 juillet 1682; m [9] 23 nov. 1701, à François ETHIER.

1689, (12 mai) Montréal. [4]

II. — MILOT, CHARLES, marchand, [JEAN I. s 19 avril 1727, à Lachine. [6]
POTHIER, Marie, [CLAUDE I.
Jean-Baptiste, b [4] 24 juin 1690; s [6] 8 juin 1727. — Claude-Charles, b [4] 28 nov 1692. — Jacques, b [4] 10 oct. 1694. — Marie-Louise, b [4] 19 août 1696; s [4] 27 juin 1697. — Joseph, b 15 et s [4] 17 mars 1698. — Marie-Barbe, b [4] 20 mars 1699. — Marie-Anne, b [4] 22 sept. 1700; m [6] 27 janv. 1728, à François FORTIER; s [6] 20 nov. 1728. — Marguerite, b [6] 28 avril 1702; m [6] 19 mai 1727, à Jean LE GAULT. — Marie-Catherine, b [6] 16 juin 1703; m [6] 8 janv. 1725, à Gabriel MALLET. — Joseph, b [4] et s [6] 15 juin 1705. — Marie-Josette, b [6] 13 mars 1707. — Marie-Louise, b [6] 3 mars 1717. — Guillaume, b 16 janv. et s [6] 9 juillet 1720.

1642, (19 novembre) Québec.

I. — MILLOUER DIT DU MAINE, JEAN, b 1616, fils de Pierre et de Françoise Naoulet, de St. Léger, en Charny, proche Laval.
1° HUBOU, Barbe, fille de Jean et de Jeanne Goupil, de Du-Mesnil-Durant.

1651, (28 novembre) Québec. [5]

2° LE ROY, Jeanne, b 1626, fille de Pierre et de Françoise Godfroy, de la ville d'Angers.
Jeanne-Françoise, b [5] 19 janv. 1653; 1° m [5] 13 fév. 1665, à Mathurin LE PRESTRE; 2° m [5] 28 oct. 1668, à Jacques PARADIS; 3° m 11 juillet 1679, à

François FELLAN, à Ste. Famille, Ile d'Orléans. — Geneviève, b [5] 6 avril 1654; m [5] 29 oct. 1670, à Guillaume PARADIS. — Jeanne, b [5] 15 juin 1656.

MILTIÈRE (DE LA), CHEVALIER. — Voy. DUBOIS, Gabriel.

1698, (10 novembre) St. Jean, I. O.

I. — MIMAUX, JEAN, b 1673, fils de Pierre et de Mathurine Renaut, de Ste. Croix, évêché de Poitiers; s 7 janv. 1743, à St. Michel. [8]
1° FEUILLETEAU, Suzanne, [PIERRE I. s [3] 28 déc. 1708.
Marie-Charlotte, b 4 août 1705, à St. Etienne de Beaumont. — Suzanne, b [3] 6 avril 1700; m 26 nov. 1725, à Jean TOUSSAINT, à Québec. — Marie-Joselle, b [3] 19 fev. 1702. — Marie-Angélique, b [3] 10 août 1703. — Geneviève, b [3] 17 avril 1707.
2° RONDEAU, Catherine, b 1686; s 2 déc. 1746, à St. Michel. [3]
Marie-Madeleine, b [3] 4 mai 1710; m [3] 5 fév. 1737, à Jean TURGEON. — Marguerite, b 9 janv. 1712, à St. Etienne de Beaumont. — Anonyme, b et s [4] 27 déc. 1713. — Jean-Baptiste, b [4] 5 déc. 1714. — Elizabeth, b [4] 21 déc. 1716. — Pierre, b [4] 7 juin 1719 — Joseph, b [4] 16 août 1721; m [3] 21 fév. 1746, à Cecile CHARON. — Charles, b [4] 21 nov. 1723. — Catherine, b [4] 24 août 1726; m [3] 14 fév. 1746, à Pierre GARANT.

1657.

I. — MINAUD, JEAN.
CAILLÉ, Jeanne. (1)
Marie, b..., m 29 oct. 1678, à Jean MORIER, à Ste. Famille. [1] — Gabrielle, b... ; m [1] 17 mai 1670, à Pierre TERRIEN. — Jean, b... ; m 1692, à Marie GUILLON. — René, b 1658; m 27 oct. 1682, à Jeanne DUFRESNE, à St. Laurent, Ile d'Orléans [9]; s [9] 19 janv. 1687.

1692,

II. — MINAUD, (LE) JEAN, meunier, [JEAN I. GUILLON, Marie.
Pierre, b 11 mars 1693, à Charlesbourg. — Marie-Madeleine, b 25 déc. 1695.

1682, (27 octobre) St. Laurent, I. O. [9]

II. — MINAUD, RENÉ, [JEAN I. s [9] 19 janv. 1687.
DUFRESNE, Jeanne, (2) [PIERRE I.
René, b [9] 11 oct. 1683; m à Marie-Anne MOREAU. — Anne-Françoise, b [9] 17 juillet 1685; m 1706, à Etienne FONTAINE.

I. — MINET, JACQUES, b 1636; s 9 juillet 1706, à Québec.

I. — MINET, JEAN, b 1637; s 20 janv. 1712, à Québec. [4]
PAGNOUX, Périnne, b 1640; s [4] 19 août 1720, (dans l'église).

(1) Elle épouse, en 1674, Guillaume Dupas.

(2) Elle épouse, le 25 nov. 1687, Gabriel Rouleau, à St. Laurent, Ile d'Orléans.

Marie, b... ; m [4] 1er juillet 1681, à Silvain Du-
PLAIS. — *Radegonde*, b .. ; s [4] 10 oct. 1670. —
Louise, b 1669 ; m [4] 8 nov. 1694, à Guy PILET —
Jean, b [4] 28 janv. 1672 ; m 1693, à Anne BON-
HOMME ; s [4] 11 déc. 1702. — *Joseph*, b [4] 26 sept.
1673. — *Philippe*, b [4] 8 juillet 1675. — *Jean-Bap-
tiste*, b [4] 25 mars 1677 ; m [4] 27 avril 1705, à
Madeleine LEFEBVRE. — *Marie-Madeleine*, b [4] 31
juillet 1678 ; m [4] 25 oct. 1700, à Thomas CASTIL-
LON ; s [4] 4 janv. 1709. — *Joseph-Alexandre*, b [4] 30
mars 1681. — *Catherine*, b 1681 — *Pierre*, b 1683 ;
s [4] 10 janv. 1703.

1693.

II. — MINET, JEAN,   [JEAN I.
   s 11 déc 1702, à Québec. [4]
BONHOMME, Anne, (1)   [GUILLAUME I
Joseph, b [4] 28 août et s [4] 10 nov. 1694. — *Marie-
Anne*, b [4] 29 sept. et s [4] 2 oct. 1695. — *Anne-Thérèse*, b [4] 23 janv. 1697 ; m [4] 23 mai 1719, à Charles
MORIN. — *Jean-Baptiste*, b [4] 4 janv. 1699. — *Louis*,
b [4] 6 janv. 1701. — *Roch*, (posthume) b [4] 11 avril
1704.

MINGOT. — Voy. MUSMAG.

I. — MINGOT, ETIENNE.
CHARPENTIER, Marie.
Marie, b 13 sept. 1689, à Québec.

I. — MINGOU, ANDRÉ, de Villeneuve-la-Comtosse,
évêché de Poitiers.
AUGÉ, Andrée.
Jean, b 1660 ; m 17 sept. 1685, à Anne BRU-
NEAU, à Charlesbourg ; s 1697.

1685, (17 sept.) Charlesbourg. [3]

II. — MINGOU, JEAN,   [ANDRÉ I.
BRUNEAU, Anne, (2)   [RENÉ I.
Clément, b [3] 29 avril et s [3] 1er mai 1687. — *Jean-
Baptiste*, b [3] 20 déc. 1689 ; s [3] 15 janv. 1690. —
Madeleine, b [3] 24 sept. 1691 ; m 2 mai 1707, à
Pierre SAVARI, à Québec. [4] — *Angélique*, b... ;
m [4] 23 nov. 1716, à Jean-Baptiste DASILVA. —
Marie-Jeanne, b [4] 14 nov. 1695 ; m [4] 2 mai 1713,
à Pierre DASILVA. — *Pierre*, (posthume) b[4] 29 janv.
et s [4] 4 fév. 1698.

MINI. — Voy. MESNIL.

1671, (19 octobre) Québec.

I. — MINSON, NICOLAS, fils de Simon et de Françoise Benoit, de St. Martin, évêché de Xaintes.
MIGNOLET, Gilette, fille de Guillaume et d'Anne
Le Houet, de N. D. de St. Malo.
Jean, b 31 oct. 1672, à Montréal. [5] — *Marguerite*, b [5] 12 juillet 1674. — *Jean-Baptiste*, b 31
janv. 1677, à la Pointe-aux-Trembles de Montréal. [5]
— *Anne*, b [5] 31 janv. 1677. — *Marie-Thérèse*, b 22
avril 1679, à Boucherville

MIRANTE. (DE LA). — Voy. DU LIGNON

(1) Elle épouse, le 3 fév. 1706, Nicolas Bailly, à Québec.

(2) Elle épouse, le 14 octobre 1698, Jean De la mothe, à
Québec.

MIREAU. — *Variations et surnoms :* MIRAULT —
LA BOUTEILLE.

1695, (5 juillet) Lorette.

I. — MIREAU DIT LA BOUTEILLE, MATHIEU.
CONTENT, Angélique, (1)   [ETIENNE I.
Marie-Jeanne, b 27 mai 1708, à Québec [5] ; m [5]
3 mai 1733, à Louis MALOUIN. — *Marie-Madeleine*,
b [5] 4 avril 1711 ; 1o m [5] 28 oct. 1728, à Pierre
CRIQUET ; 2o m [5] 22 juin 1730, à Claude CHARPEN-
TIER. — *Jean-Baptiste*, b [5] 6 avril 1714 ; s [5] 9 fév.
1717. — *Marie-Angélique*, b [5] 11 juillet 1717 ; s [5]
21 oct. 1720. — *René*, b 5 et s 6 déc. 1702, à Charlesbourg. [8] — *Françoise*, b [8] 18 nov. 1704 ; m [5] 28
oct. 1728, à Pierre ROUSSEL.

MITRON — Voy. JOLIVET.

I. — MIVILLE DIT LE SUISSE, PIERRE, (2) maître-
menuisier, capitaine de la côte Lauzon, de
La Rochelle ; s 15 oct. 1669, à Québec. [1]
MAUGIS, Charlotte, b 1581 ; s [1] 11 oct. 1676. (3)
Aymée, b... ; m [1] 2 juillet 1652, à Robert
GIGUIER. — *Suzanne*, b 1642 ; m [1] 12 avril 1655,
à Antoine POULET. — *François*, b 1630 ; 1o m [1] 10
août 1660, à Marie LANGLOIS ; 2o m 7 nov. 1692,
à Jeanne SAVONET, à la Rivière-Ouelle [2] ; s [2] 24
nov. 1711. — *Jacques*, b... ; m [1] 12 nov. 1669, à
Catherine BAILLON. — *Madeleine*, b 1640 ; m [1] 20
nov. 1652, à Jean COCHON. — *Marie*, b 1633 ; m [1]
22 nov. 1650, à Mathieu AMYOT.

1660, (10 août) Québec. [2]

II. — MIVILLE, FRANÇOIS, (4)   [PIERRE I.
1o LANGLOIS, Marie,   [NOEL I.
   s [2] 15 août 1687.
Françoise, b [2] 18 juin 1663, m 16 nov. 1680,
à Pierre RICHARD, au Cap St. Ignace [3], s [3] 6 déc.
1727. — *Marie*, b [2] 13 avril 1665 ; m 12 nov. 1684,
à Michel GOSSELIN. — *François*, b [2] 24 fév. 1667.
— *Joseph*, b [2] 8 juin 1669 ; m [3] 8 juin 1695,
à Geneviève CARON. — *Jeanne*, b [2] 21 avril 1671 ;
m [2] 21 nov. 1689, à Denis BOUCHER. — *Anne*, b [2] 4
avril 1673 ; m 13 mai 1691, à Mathurin DUBÉ, à
la Rivière-Ouelle ; s 11 mars 1717, à Ste. Anne.
— *Jacques*, b [2] 29 avril 1675. — *Jean-Baptiste*, b [2]
28 juin 1677. — *Charles*, b [2] 14 avril 1679 ; 1o m
16 avril 1703, à Marie SAVARIAS, à Beauport [4] ; 2o
m [4] 10 janv 1708, à Madeleine TARDIF. — *Jean-
François*, b [2] 17 août 1681, à l'Ilet ; s [4] 18 oct.
1703. — *Angélique*, b 20 juin 1683, à Lévis ; m [3]
26 avril 1702, à Louis GAMACHE. — *Pierre*, b 1686 ;
s [3] 30 mai 1688.

1692, (7 novembre) Rivière-Ouelle. [1]

2o SAVONET, Jeanne, veuve de Damien Bérubé ;
s [1] 12 mars 1721.
Marie-Françoise, b [1] 20 janv. 1694 ; m [1] 6 avril
1712, à Prisque BOUCHER.

(1) Elle épouse, le 24 nov. 1721, Pierre Dreux, à Québec.

(2) Un de ses descendants est mort à la Louisiane, en 1826,
à l'âge de 120 ans.

(3) Inhumée à Lévis, dans le cimetière de l'église qui se
fait en la côte Côte de Lauzon. — *Registres de Lévis.*

(4) Seigneur du lieu, appelé Bonne Rencontre, dans la Seigneurie du Sault de la Chaudière. — *Greffe de Duquet*, le 2
nov. 1683.

1669, (12 novembre) Québec.[5]

II. — **MIVILLE**, Jacques. (1) [Pierre I.
s 27 janv. 1688, à la Rivière-Ouelle.[6]
Baillon, Catherine, b 1645, fille d'Alphonse,
(Sieur de la Mascolterie,) et de Louise de
Marle, de Montfort-la-Morille, de Chartres.
Marie-Catherine, b[5] 3 sept. 1670 ; 1° m[5] 24 fév.
1691, à Ignace Durand ; 2° m[5] 16 sept. 1701, à
Jean Soulard ; 3° m[5] 6 fév. 1713, à Jean Feray-
Duburon, s[5] 13 juillet 1715. — *Charl s*, b[5] 8
sept. 1671 ; m[6] 13 fév. 1697, à Louise Grondin.
— *Jean*, b[5] 6 sept. 1672 ; m[6] 13 mai 1691, à
Madeleine Dubé, s[6] 31 déc 1711. — *Marie*, b[5] 23
juillet 1675 ; m à Michel Baugis ; s 1725. —
Charles, b[5] 1er sept. 1677, m[6] 28 août 1702, à
Marthe Vallée. — *Claude-Marie*, b 30 nov. 1681,
à l'Ilet.

1691, (13 mai) Rivière-Ouelle.[1]

III. —**MIVILLE**, Jean, [Jacques II.
s[1] 31 déc. 1711.
Dubé, Madeleine, [Mathurin I.
Marie-Madeleine, b[1] 16 août 1693 , m 3 mai
1724, à Nicolas Lizot, à Ste. Anne.[7] — *Guillaume*,
b[1] 18 mars 1704 ; m[7] 14 janv. 1726, à Marie-
Madeleine Soucy. — *Jean-Baptiste*, b[1] 21 fév.
1692 ; s[1] 10 fev. 1712 — *Joseph*, b[1] 17 avril 1695
—*Marie-Angélique*, b[1] 5 fév. 1697 ; m[1] 6 avril 1712,
à Mathurin Bérubé. — *Marie-Madeleine*, b[1] 24
fév. 1699. — *François*, b[1] 27 déc. 1700. — *Pierre-
François*, b[1] 2 fév. 1702. — *Marie-Madeleine*, b[1]
23 mai 1706. — *Geneviève*, b[1] 8 juillet 1708. —
Jean-Bernard, b[1] 20 fév. 1711.

1695, (8 janvier) Cap St. Ignace.[4]

III.—**MIVILLE**, Joseph, capitaine, [François II.
Caron, Geneviève, [Pierre II.
Geneviève, b 3 et s[4] 1er nov. 1696. — *Marie-
Madeleine*, b[4] 10 fév 1698 ; m 11 nov. 1727, à
Guillaume Boulet, à St. Pierre du Sud. — *Marthe*,
b[4] 7 sept. 1699. — *Véronique*, b[4] 27 mars 1701.
— *Joseph*, b[4] 18 juin 1703 , m 11 juin 1736, à
Suzanne Guay, à St. Etienne de Beaumont.—
François, b[4] 1er mars 1705. — *Pierre-Paul*, b[4] 12
fév. 1707. — *Geneviève*, b[4] 9 oct. 1708. — *Louis*,
b 1712 ; m[4] 23 août 1735, à Marthe Lemieux. —
Anonyme, b... ; m à Martin Boulé.

1697, (13 février) Rivière-Ouelle.[2]

III. — **MIVILLE**, Charles, [Jacques II.
Grondin, Louise-Catherine, [Jean I.
Marie-Josette, b 25 mars 1716, à Ste. Anne.[1]
—*Joseph*, b[1] 29 mars 1719. — *Jean*, b[2] 27 janv.
1698. — *Félicité*, b[2] 13 janv. 1707 ; m[1] 26 juillet
1725, à Joseph Austin. — *Robert*, b[2] 28 fév 1700.
— *Marie-Angélique*, b[2] 1er oct. 1702. — *Marie-
Thérèse*, b[2] 2 oct. 1703. — *Sébastien*, b 21 et s[2]
29 sept. 1709. — *Marie-Angélique*, b[2] 15 fév. 1711.
— *Charles*, b[2] 23 sept. 1713.

MODOU, Auberi. — Voy. Maudoux.

MOGEON. — Voy. Mongeon.

MONEAU. — *Variations :* Moineau — Jeanmon-
neau.

1688, (1er septembre) Boucherville.[6]

I. — **MONEAU**, Michel-Jean, soldat, b 1659, fils
de Louis et de Marthe Gautier, d'Angers,
évêché de Poitiers.
Jodouin, Marie, [Claude I.
Marie-Anne, b[4] 3 déc. 1689 , m à Joseph Savarias ; s 1717. — *Marie*, b 18 sept. 1692, à la
Pointe-aux-Trembles de Montréal.[5] —*Marie-Madeleine*, b[5] 26 mars 1695 ; m 27 mai 1715, à Québec.
— *Anne-Marguerite*, b[5] 20 juillet 1697.

1678, (31 octobre) Pte.-aux-Trembles, (M).[2]

I. — **MOINET**, Jean, fils de Michel et de Marie
Bretel, de Dompierre sur Boutonne, évêché
de Poitiers.
Glory, Thérèse, [Laurent I.
Nicolas, b[2] 4 mars 1683. — *Jean*, b[2] 24 mars
1685. — *Catherine*, b 11 oct. 1687, à la Rivière des
Prairies ; m 28 avril 1711, à Maurice Bériau, à
Québec.— *Anonyme*, b... ; s 25 juillet 1690, à
Montréal.

1684, (10 avril) Pte.-aux-Trembles, (M).[6]

I. — **MOINET**, Antoine, fils de Laurent et de
Louise Petit, évêché d'Angoulesme.
Hurtaut, Françoise, fille de Jean et de Fran-
çoise De la Haye, de St. Denis d'Amboise,
évêché de Tours.
Jean-Baptiste, b 29 sept. 1680 ; s[6] 10 oct. 1685.
— *Marie-Françoise*, b[6] 10 nov. 1687. — *Anne*, b[6]
12 avril 1691. — *Jean-Baptiste*, b[6] 18 mai 1695.

MOIRE, Jean, anglais de nation.
Jean-Baptiste, b 29 mai 1694, à 14 ans.

MOISAN, Françoise, femme d'Antoine Brunet
dit Belhumeur.

I. — **MOISAN**, Nicolas, cordonnier, b 1635.
Vallée, Jeanne, b 1641.
Nicolas, b 26 juin 1672, à Montréal.[5] — *Marie-
Madeleine*, b[5] 17 mars 1675 ; m[5] 7 oct. 1692, à
Michel Brunet. — *Jean-Baptiste*, b 17 janv. 1677,
à Lachine[6] ; m[5] 19 oct. 1701, à Thérèse Robil-
lard. — *Marie*, b[5] 3 mai 1679 ; m[5] 5 nov. 1696, à
François Morel. — *Madeleine*, b... ; m[5] 26 juin
1679, à Louis Forestier.

1673, (11 septembre) Québec.[5]

I. — **MOISAN**, Pierre, pilote, b 1648, fils de Jacques et de Françoise Fontaine, de St. Jacques
de Dieppe ; s[5] 7 déc. 1693.
Rotteau, Barbe, (1) b 1653, fille de Geoffroy et
de Catherine Carsillac, de St. Martin de
Paris.
Jean, b[5] 18 août 1675. — *Marie-Charlotte*, b[5]
20 oct. 1677 ; m[5] 11 fév. 1699, à Jean Cotton. —
Madeleine, b 9 sept. 1679, au Château-Richer[8] ; s[5]
6 juillet 1693. (2) — *Pierre*, b[8] 11 juillet 1682.—

----

(1) Elle épouse, le 24 oct. 1695, Jacques Renaut, à Québec.
(2) Noyée la veille, avec Catherine Dumets et Jeanne
Bisson, jeunes filles du même âge.

(1) Dit Deschênes.

François, b ⁵ 23 janv. 1685. — *Michel*, b ⁵ 4 oct. 1687 ; m 18 nov. 1709, à Thérèse BONHOMME, à Lorette. ⁹ — *Louise-Barbe*, b ⁵ 18 oct. 1689 ; m ⁵ 29 avril 1709, à Jean ROUTIER. — *Geneviève*, b ⁵ 11 déc. 1691 ; m ⁹ 24 nov. 1708, a Joseph-Lucien POITRAS. — *Etienne*, (posthume) b ⁵ 9 déc 1693 ; m ⁹ 6 août 1714, à Anne-Félicité BONHOMME.

MOISEUR. — Voy. MOLLEUR DIT L'ALLEMAND

MOISSET. — Voy. MOUTELLE.

I. — MOISSON, BARDE, b... ; m 8 nov. 1677, à Charles PTOLOMÉ, à Lachine.

I. — MOITIER, CHARLES, de St. Sulpice de Paris CHAISE, Nicole.
Marie, b 1662, à Paris ; 1° m à Jean MAGNAN ; 2° m 9 oct. 1700, à Pierre CHESNE, à Montréal

1699, (28 septembre) Québec. ⁷
I. — MOLAY, JEAN, tonnelier, b 1669, fils de Jean et de Marie Vignaux, de St. Jean du Perrot, évêché de La Rochelle.
HERVIEUX, Anne, [ISAAC I.
Jean-Gabriel, b ⁷ 17 janv. et s ⁷ 8 mars 1701. — *Marie-Anne*, b ⁷ 3 sept. 1702.

I — MOLET, (1) FLORENT, b 1646 ; s 23 janv. 1716, aux Trois-Rivières.

MOLERIE (DE LA). — Voy. MALERAY.

1695, (8 février) St. Etienne de Beaumont.
I. — MOLINET, FRANÇOIS.
LELIÈVRE, Jeanne, veuve de Nicolas Le Roy.

MOLLEUR. — *Variation et surnom :* L'ALLEMAND — MOLLE.

1671, (3 novembre) Québec. ⁴
I. — MOLLEUR DIT L'ALLEMAND, PIERRE, b 1631, fils de Joseph et de Catherine Joseph, d'Escalis, en Allemagne ; s 26 janv. 1729, à St. Etienne de Beaumont. ⁹
GUENEVILLE, (2) Jeanne, b 1647, fille de Mathurin et de Jeanne La Touche, de St. Cheron, évêché de Chartres ; s ⁹ 16 août 1717.
Joachim, b ⁴ 17 août 1672 ; m à Jeanne SIVADIER. — *Michel*, b ⁴ 23 août 1673 ; 1° m à Françoise SIVADIER ; 2° m ⁹ 23 juillet 1703, à Marie-Jeanne LIS ; s ⁴ 20 mai 1728. — *Pierre*, b ⁴ 8 juin 1675.— *Anne-Catherine*, b ⁴ 13 juin 1676. — *Marie*, b ⁴ 13 juin 1676.

1718, (15 août) Beaumont.
2° MARANDA, Elizabeth, [JEAN I.
veuve de Zacharie LIS.

II. — MOLLEUR, JOACHIM, bedeau, [PIERRE I
s 20 mai 1728, à Québec.
SIVADIER, Jeanne, [LOUIS I.
s 10 déc. 1702, à Beaumont. ⁹
Jeanne, b ⁹ 17 sept. 1694 ; s ⁹ 3 déc. 1719. —

(1) Au recensement de 1681, il est appelé Laurent Mole.
(2) Appelée aussi Queneville.

Geneviève, b ⁹ 14 janv. 1697 ; m ⁴ 2 août 1723, à Nicolas ALLAIRE. — *Marie*, b ⁹ 8 sept. 1699 ; m ⁹ 6 oct 1729, à JACQUES VIVIER. — *Pierre*, b ⁹ 7 mars 1701 ; s ⁹ 19 sept. 1719. — *Jean-Baptiste*, b ⁹ 27 fév. 1703 ; s ⁹ 1er nov. 1733. — *Pierre-Louis*, b ⁹ 27 avril 1705 ; m ⁹ 6 juin 1728, à Marie-Françoise LADADIE. — *Marie-Josette*, b ⁹ 19 mars 1707 ; m ⁹ 12 mai 1738, à François ALLAIRE. — *Marie-Suzanne*, b ⁹ 13 sept. 1709 ; s ⁹ 27 déc. 1710. — *Marguerite*, b ⁹ 11 mars 1712. — *Antoine*, b ⁹ 9 avril 1714. — *François*, b ⁹ 12 mars 1717 ; s ⁹ 19 oct. 1731.

II. — MOLLEUR, MICHEL, [PIERRE I.
SIVADIER, Marie-Françoise, [LOUIS I.
Marie-Louise, b 17 juillet 1695, à Beaumont⁹ ; m ⁹ 9 sept. 1709, à Pierre GARANT. — *Pierre*, b ⁹ 29 juillet 1696. — *Michel*, b ⁹ 4 juillet et s ⁹ 5 oct. 1698. — *Joachim*, b ⁹ 23 oct. et s 1er nov. 1699. — *Joseph*, b ⁹ 11 oct. 1700. — *Jean-Baptiste*, b ⁹ 11 oct. 1700 ; m ⁹ 9 juin 1721, à Marie-Françoise QUERET — *Louis*, b 1er et s ⁹ 13 déc. 1702.

1703, (23 juillet) Beaumont.
2° LIS, Marie-Jeanne, [ZACHARIE I.

I. — MOLLOYE, MARCEL, chirurgien, (1) était à Québec, en 1650.

I. — MONBOEUF GODFROY DE, JACQ. [JACQUES I.
CHESNE, Marie. [PIERRE I.

MONCEAU. — Voy. MOUSSEAU.

I. — MONCEAU, VINCENT.
BEAUMONT, Marie-Anne.
Pierre, b 22 avril 1677, à Boucherville.

I. — MONDIN, MATHURIN, de la Chaise, évêché de Luçon.
CHAYNET, Renée.
Pierre, b 1640 ; m 20 août 1685, à Catherine COTIN, à Charlesbourg ; s 7 avril 1706, à Champlain.

1685, (20 août) Charlesbourg. ²
II. — MONDIN, PIERRE, [MATHURIN I.
farinier de Québec ; s 7 avril 1706, à Champlain.
COTIN, Catherine, b 1645, veuve de Pierre Brunet ; s ² 30 mars 1690.
Mathurin, b ² 30 avril 1686. — *Jean*, b ² 26 août et s ² 10 sept. 1687. — *Pierre*, b ² 30 sept. 1688 ; s ² 19 oct. 1689. — *Michel*, b ² 30 sept. 1688.

1665.
I. — MONDAIN, ANTOINE, b 1648.
1° LAISNÉ, Marie.
Jean, b..., 1° m 16 nov. 1694, à Marie DENOME, à Québec⁶ ; 2° m ⁶ 1er fév. 1723, à Jeanne TELLIER ; s⁶ 5 fév. 1725.

1668.
2° POUILLOT, Marie, s...
Jean, b 1er mai 1669, à Ste. Famille. ⁶ — *Thomas*, b ⁶ 12 nov. 1670 ; s 18 nov. 1670, à Québec. —

(1) *Greffe d'Audouard*, 1650.

Catherine, b ⁶ 12 nov. 1670. — *Marie*, b ⁶ 17 déc. 1671. — *Marie-Madeleine*, b ⁶ 20 sept. 1673 ; m 28 oct. 1697, à Etienne BOURBON, à Montréal. ² — *Marie-Thérèse*, b ⁶ 22 fév. 1676 ; 1° m ² 30 janv. 1701, à Jean PALADEAU ; 2° m ² 14 juillet 1704, à Pierre DURAND. — *Pierre*, b ⁶ 14 avril 1678 , s 7 janv. 1684, à St. Laurent, I. O. ⁷

    1684, (5 février) Ste. Famille.

3° BAILLARGEON, Jeanne,   [JEAN I.
    b 1651, veuve de Pierre Burlon , s 20 août 1729, à Québec. ³
    Louise, b ⁷ 21 déc. 1681 ; s 29 août 1686, à St. Pierre, I. O. — *Geneviève*, b ⁷ 20 mars 1684 ; m ³ 5 avril 1709, à Pierre PAYMENT DIT LABIVIÈRE. — *Jean*, b... — *Pierre*, b ⁷ 25 avril 1686 ; m ³ 9 janv. 1710, à Marie DEVIN , s ³ 16 déc. 1717. — *Claude*, b 1688 ! s ³ 16 août 1704, noyé. — *Marie-Charlotte*, b 1689 ; m ³ 8 janv. 1714, à Pierre DIERS DIT BEAULIEU ; s ³ 17 dec. 1763. — *Michel*, b ⁷ 22 avril 1699

    1694, (16 novembre) Quebec. ⁵

II. — MONDAIN, JEAN,   [ANTOINE I.
    s ⁵ 5 fév. 1725.

1° DEROME, Marie,   [DENIS I.
    Jean-François, b 16 mai et s⁵ 13 juin 1696. — *Marie-Angélique*, b ⁵ 21 nov. 1698 ; s⁵ 12 déc. 1702. — *Charles-François*, b 6 mai et s⁵ 2 déc. 1700. — *Michel*, b 2 et s⁵ 14 juillet 1702. — *Jean*, b ⁵ 24 janv. 1704, s ⁵ 8 août 1707. — *Joseph-Marie*, b⁵ 18 déc. 1706. — *Marie-Madeleine*, b ⁵ 18 déc. 1706.

    1723, (1ᵉʳ fevrier) Québec.

2° TELLIER, Jeanne, veuve de Jean Rinfret.

I. — MONDION, (SIEUR DE) b 1664, enseigne de la compagnie de La Chassaigne, était à St. Jean, Ile d'Orléans, en 1692, s 28 nov. 1702, à Québec.

I. — MONDON DIT LAFLEUR, PHILIPPE. — Voy. PLAMONDON.

MONET. — *Variations et surnoms* : LAVERDURE— BOISMENU — MOINET — MOYNET.

I. — MONET, JEAN-PAUL, b 1646.
    BRUNEAU, Catherine, b 1655.
    Marie-Anne, b... ; m 10 fév. 1705, à Thomas GUÉNET, à St. Etienne de Beaumont.

    1693, (5 novembre) Montréal. ⁴

I. — MONET, JEAN.
    BADEL, Jeanne,   [ANDRÉ I.
    François, b⁴ 13 juin 1696. — *Jeanne*, b⁴ 22 août 1697. — *Louis*, b⁴ 4 fév. 1700. — *Jacques*, b⁴ 19 avril 1702. — *Jean*, b⁴ 19 avril 1702. — *François*, b 1696 ; m 1ᵉʳ fév. 1718, à Geneviève GOUJON, à Lachine. ⁸ — *Louis*, b 1700 ; m ⁸ 7 janv. 1723, à Marie GOUJON.

MONET DIT LAVERDURE, FRANÇOIS, soldat.
    DUMAS DIT LELONG, Marie,   [RENÉ I.
    Marie-Judith, b 15 sept. 1700, à Laprairie⁶ ; m ⁶ 27 juillet 1722, à Michel HARDY.

I. — MONGEAU, LOUIS, b 1645, était à Repentigny, en 1681.

I. — MONGEAU, PIERRE-JACQUES, de N.-D. de Cogne, évêché de La Rochelle ; s 18 juillet 1663, à Québec. ⁵
    DUBOIS, Louise, de N.-D. de Cogne.
    Catherine, b 1659 ; m ⁵ 16 avril 1674, à Jean LARIOU ; s 22 mai 1719, à Batiscan. — *Jacques*, b... ; m 1ᵉʳ mars 1685, à Catherine MILOT, à Montréal. — *Jean-Baptiste*, b... , m ⁵ 14 fév. 1691, à Elizabeth BONNEDEAU.

    1685, (1ᵉʳ mars) Montréal. ⁵

II. — MONGEAU, JACQUES,   [JACQUES Iʳ
MILOT, Catherine, (1)   [JACQUES I.
    Pierre, b⁵ 9 janv. 1686 ; m 24 nov. 1710, à Madeleine VERCER, à Repentigny. — *Jean-Baptiste*, b 8 mars 1688, à Boucherville ⁸ ; m 6 janv. 1718, à Marguerite LUSSIER, à Varennes ⁹ ; s ⁹ 7 sept. 1766. — *Gabriel*, b ⁸ fév. 1690 ; m ⁹ 5 août 1717, à Catherine CHOQUET ; s ⁹ 27 avril 1718. — *Jacques-Hilaire*, b ⁸ 20 fév. 1693 ; s ⁹ 1ᵉʳ nov. 1706.— *Jean-Pierre*, b ⁸ 20 fév. 1693. — *Christophe*, b ⁹ 2 janv. 1696 ; m ⁹ 21 avril 1721, à Marie-Charlotte PROVOST ; s ⁹ 31 août 1762.

    1691, (14 février) Québec.

II. — MONGEAU, JEAN-BAPTISTE,   [PIERRE I.
BONNEDEAU, Elizabeth,   [LOUIS I.
    Suzanne, b 1ᵉʳ juin 1697, à Varennes⁷ ; m ⁷ 21 oct. 1720, à Pierre VIEL. — *Jean-Baptiste*, b ⁷ 12 et s⁷ 13 déc. 1699. — *Marie-Anne*, b ⁷ 14 mai 1702 ; m ⁷ 11 janv. 1723, à Augustin HÉBERT. — *Elizabeth*, b ⁷ 18 mai 1704 ; m ⁷ 8 nov. 1723, à Jacques CHARPENTIER. — *Jean-Baptiste*, b ⁷ 10 janv. et s ⁷ 3 avril 1707.

MONGRAIN. — Voy. LAFOND.

MONIER. — Voy. MEUNIER.

I. — MONIER, GERVAIS, frère récollet, était à Québec, en 1626. — *Sagard, p.* 332.

I. — MONIER, THOMAS, b 1628 ; s 8 sept. 1708, à Lachine.

I. — MONIN, JEAN, b 1642 ; s 3 août 1712, à St. Etienne de Beaumont.

I. — MONIN DIT LAFLEUR, GILLES.
    RICHAUME, Marthe, (2)   [PIERRE I.
    Jean-Baptiste, b 25 fév. 1680, à Repentigny. ⁸ — *Marie-Anne*, b ⁸ 3 mai 1682 ; m 8 janv. 1709, à Jacques LEDOUX, à Varennes. ⁹ — *Marie-Marguerite*, b ⁸ 17 nov. 1683 ; m 2 juillet 1708, à Louis-Gabriel LEDOUX. — *Elizabeth*, b ⁸ 5 avril 1691. — *Suzanne*, b 14 sept. 1687, à Montréal ; m 1716, à Philippe GINGRAS.

---

(1) Elle épouse, le 17 avril 1698, Jean Joffrion, à Varennes.
(2) Elle épouse, Louis Guay.

1699, (4 janvier) Montréal. [3]

I. — MONJOLY dit Sansfaçon, Arnaud, soldat de Le Verrier, b 1671, fils de Mathurin et de Jeanne Grenier, de St. Coulong, evêche d'Agen.
Rabouin, Anne, [Jean I.
veuve de Nicolas Poirier; s [3] 17 mai 1699

1690, (30 janvier) Québec. [8]

I. — MONMELLIAN, Jean, b 1664, fils de Jacques et de Claudine Guillet, de St. Sulpice de Paris; s [3] 5 déc. 1720.
Juineau, Hélène, [Jean I.
s [3] 5 avril 1723.
Marie-Anne, b [3] 1er nov. 1690, m [3] 19 mars 1717, à François Chambellan. — *Geneviève*, b [3] 5 mai 1692; s [3] 22 nov. 1694. — *Angélique-Françoise*, b [3] 17 avril 1693. — *Jean-Baptiste*, b [3] 3 juillet 1695; m [3] 19 sept. 1722, à Marie-Barbe Delaunay; s [3] 30 juillet 1749. — *Edmond-Joseph*, b [3] 15 sept. 1696. — *Marie-Madeleine*, b [3] 4 avril 1698 — *Anonyme*, b [3] et s [3] 14 juin 1699. — *Jean-Claude*, b [3] 17 fev. 1701. —, *Marie-Geneviève*, b [3] 13 sept. 1703. — *Louis-Antoine*, b [3] 22 et s [3] 23 mars 1707. — *Robert*, b [3] 18 mai 1709.

MONPLAISIR. — Voy. Dizy.

MONROUGEAU. — Voy. Forgues.

MONSEAU. — Voy. Mousseaux.

1693, (28 septembre) Québec. [1]

I. — MONSEIGNAT (De) Charles, secrétaire de Frontenac, b 1651, à Paris. — Voy. De Monseignat, page 178.
De Xaintes, Claudine, [Claude I.
Marie, b [1] 11 avril et s 4 mai 1698, au Château-Richer.

I — MONTAGNE, Martin, maitre-charpentier, aux Trois-Rivières. — Voy. *Greffe d'Audouard*, le 21 sept. 1649.

MONTAIL, (De) sieur de Clerac, capitaine au régiment de Carignan, present au contrat de mariage d'Henry Brault-Pominville, en 1665.

I. — MONTAMBAULT dit l'Éveillé, Michel, b 1640.
Mesnié, Marie, b 1645.
Philippe, b 27 mars 1667, à Ste. Famille [1]; s [1] 19 août 1688. — *Michel*, b [1] 17 fev. 1669. — *Marie*, b 1670; m [1] 6 nov. 1702, à Paul Perrot. — *Elizabeth*, b 28 fev. et s [1] 29 oct. 1672. — *Jacques*, b [1] 9 oct 1673; m 9 avril 1709, à Marguerite Marcot, au Cap Santé. — *Thérèse*, b [1] 18 sept. 1675; m [1] 3 nov. 1700, à Elie Boucher. — *Marguerite*, b [1] 14 fév. 1678. — *Jeanne*, b [1] 13 avril 1680; s [1] 9 avril 1684. — *Simon*, b [1] 2 mai 1682. — *Charles*, b [1] 9 août 1685; s [1] 30 janv. 1695.

MONTARBAN, — Voy. Dupuis.

MONTARGIS, — Voy. Bertonnet — Bretonnet.

I. — MONTAUBAN, Jean-Baptiste, demeurant chez Madame De Lorimier, b 1649; s 26 juillet 1727, à Lachine.

I. — MONTAUSE, Claude, donne un emplacement à l'eglise de Beauport, en 1665.

I. — MONTBRUN, (1) Françoise, b 1701, fille de René-Jean et de Françoise-Claire Charest, sœur dite St. Placide, Congrégation N.-D.; s 17 sept 1745, en France.

MONTENDRE, — Voy. Rivard.

1677, (18 octobre) Montréal. [8]

I. — MONTENON, (De) Joseph, b 1641, fils d'André (receveur des droits pour le Roy en la ville de Quimpercorantin) et de Marguerite Capitaine, de St. Mathieu, evêche de Cornouaille; s 2 nov. 1694, à la Pointe-aux-Trembles de Montréal. [4] (2)
Charly, Elizabeth, (3) [André I.
Joseph-Philippe, b [3] 21 oct. et s [3] 15 nov 1678. — *Marguerite-Barbe*, b [4] 16 août 1682. — *André-Joseph*, b [4] 9 oct. 1685. — *Jean-Baptiste*, (posthume) b [4] 30 oct. 1690.

1685, (5 novembre) (4)

I. — MONTENU, Louis, b 1651, fils de Jacques et de Suzanne Arrière, de La Rochelle.
Ouinville, Michelle, veuve de Michel Lemay.

MONTFORT. — Voy. Leclerc.

I. — MONTFORT, Jacques, s 27 mai 1657, à Québec. (5)

MONTFORT, (6) s 21 déc. 1709, au Détroit.

MONTIGNY. — Voy. Minet — Pinguet — Papineau — Tétart — De Vaucour.

I. — MONMAIGNIER dit Jouvent, (7) Charles, s 4 juillet 1716, à Ste. Anne. [8]
Auollée, Marguerite.
Barbe, b 1673; m [8] 25 fév. 1691, à Jean Mercier.

1682, (10 novembre) Ste. Anne.

2e Poulain, Marie, [Claude I.
veuve de Julien Mercier, s [8] 17 juillet 1716.
Louis, b [8] 29 juillet 1685, s [8] 12 mars 1703.

(1) Voy. Boucher de Montbrun, page 72.
(2) Montenon de La Rue fut tué par les Iroquois, le 2 juillet 1690, près la coulée de Jean Grou, au bout de l'île de Montréal, et enterré à la hâte sur le lieu même, avec neuf autres. Son corps fut transporté dans le cimetière, le 2 nov. 1694. — Voy. la note de Jean Grou, à la page 285.
(3) Après la mort de son mari, elle entra à la Congrégation Notre-Dame, sous le nom de Ste. Françoise, et y mourut le 17 février 1713. Trois de ses sœurs appartenaient déjà à cette communauté.
(4) Date du contrat de mariage. — *Greffe de Duquet.*
(5) Il se noya avec Pierre Duval, lorsqu'il tentait de prendre l'abord du navire, commandé par le capitaine Marot.
(6) Soldat de M. Marauchau-D'Esgly, trouvé mort dans le bois.
7) Il signait De Monmainier.

MONTMESNIL. — *Variations et surnoms :* Mo-
NESNIL — OMINI — MONMAINIER.

I. — MONTMESNIL, RENÉ.
VIEDON, Catherine.
Guillaume, b 1662 ; m 25 fév. 1688, à Marguerite GOBEIL, à St. Jean, Ile d'Orléans. — *Marie,*
b... ; m à Noël LAROSE.

1688, (25 février) St. Jean, (I. O.) [5]

II. — MONTMESNIL, GUILLAUME, [RENÉ I.
s 21 nov. 1703, à St. Michel. [8]
GOBEIL, Marguerite, [JEAN I.
Guillaume, b 1689 ; s [5] 21 déc. 1693. — *Marie-*
Gabrielle, b [5] 8 mars 1692. — *François,* b [5] 25
août 1693. — *Joseph,* b 1693 ; m [8] 12 nov. 1715, à
Angélique FORGUES ; s [6] 18 fév. 1753. — *Jeanne,*
b [8] 28 janv. 1698 ; m 5 sept. 1723, à Nicolas MAU-
PAS, à Beaumont. [9] — *Jean-Baptiste,* b [8] 12 juin
1701 , m [9] 26 avril 1723, à Marie BISSONNET. —
Marie-Madeleine, b [8] 7 avril 1704.

MONTOUR. — *Surnoms :* DELPÉ — COUC.

1683.

II. — MONTOUR, (COUC) LOUIS, [PIERRE I.
SOCOKIE, (1) Madeleine.
Jacques, b 1er mai 1684, aux Trois-Rivières. [5]
— *Marie-Madeleine,* b 1687 ; s [5] 28 fév. 1697. —
François, b... ; s [5] 11 déc. 1700..

MONTPELLIER. — Voy. MARTIN.

MONTPLAISIR. — Voy. DISY.

1668, (1er mars) Montréal.

I. — MONTREAU DIT FRANCŒUR, (2) LÉONARD, b
1646, fils de Léonard et de Jeanne CANIN, de
Mailliac, évêché de Poitou.
LE VAIGNEUR, Marguerite, b 1651, fille de Jean
et de Perette CAILLELOT, évêché de Sens, en
Normandie.
Barbe, b 1669.

MONTRÉSEAU. — Voy. ROCHELEAU.

MONTREUIL. — Voy. SÉDILOT.

MONVOISIN, FRANÇOISE, 1º m 1668, à Nicolas
GARITEAU ; 2º m 16 oct. 1672, à Marin GER-
VAIS, à Ste. Famille.

I. — MOSNY, (DE) (3) JEAN, chirurgien.
FOL, Catherine.
Marie-Angélique, b 16 janv. 1682, à Québec [2] ;
hospitalière dite St. Agnès ; s [2] 16 déc. 1702. —
Jeanne-Thérèse, b [2] 18 fév. 1687 , hospitalière dite
St. Paul ; s [2] 6 sept. 1747.

(1) Femme qu'il a prise selon la coutume des Sauvages.
(2) Au recensement de 1681, il est appelé Montreuil.
(3) Voy. Demosny, page 178.

1690, (6 avril) Québec.

I. — MOORE, THOMAS, fils d'Edmond et de Cécile
Richard, de Ste. Marie, Douvres, Angleterre.
LEMELIN, Jeanne, [JEAN I.

MOQUIN. — *Variation :* MOCQUET.

1672, (29 février) Montréal. [7]

I. — MOQUIN, MATHURIN, b 1636, fils de Mathurin et d'Elizabeth Lefebvre, de St. Nicolas,
évêché d'Angers.
BEAUJEAN, Suzanne, [ELIE I.
Catherine, b 2 et s 3 mars 1673, à Laprairie. [8]
— *Jean,* b [8] 25 juillet 1674 ; s [7] 14 mars 1677. —
Mathurin, b [8] 6 janv. 1677. — *Pierre,* b [8] 17 mars
1679 ; m [8] 8 fév. 1706, à Marie BISAILLON. — *Jac-*
queline, b 1680 ; s [8] 29 août 1684. — *Louise,* b [8]
3 nov. 1683. — *Marie-Anne,* b [8] 1er oct. 1687 ; m [8]
23 nov. 1711, à François BISAILLON. — *Charles,*
b [8] 6 et s [8] 19 fév. 1690.

1674.

I. — MORACHE, (DE) JOSEPH, b 1654 , s 14 mars
1690, à Batiscan, brûlé dans sa maison.
AUBER, Anne, [FRANÇOIS I.
Pierre, b 1677 — *Joseph,* b... ; m 10 nov. 1710,
à Madeleine BONHOMME, à Ste. Foye.

1652.

I. — MORAL DE ST. QUENTIN, QUENTIN, lieutenant
du Roy, b 1622 ; s 9 mai 1686, aux Trois-
Rivières. [2]
MARGUERIE, Marie, b 1626, veuve de Jacques
Hertel ; s [2] 26 nov. 1700.
Marie, b [2] 31 oct. 1655 ; m [2] 30 mai 1677, à
Etienne VERON ; s 8 avril 1734. — *Gertrude,* b [2]
22 mars 1658 ; m [2] 10 nov. 1676, à Jacques BER-
GERON. — *Marthe,* b [2] 1er janv. 1661 , m [2] 23 nov.
1682, à Antoine DUBOIS. — *Marie-Jeanne,* b 1653 ;
m à Jacques MAUGRAS.

MORAND. — Voy. GRIMARD.

1679.

I. — MORAND, PIERRE, b 1651 ; s 11 juin 1729,
à Batiscan. [3]
GRIMARD, Marie-Madeleine, [JEAN II.
s [3] 22 déc. 1725.
Pierre, b [3] 2 fév. 1683. — *Jean-Baptiste,* b [3] 8
juin 1685 ; m 7 nov. 1707, à Elizabeth DUBOIS, à
Québec. — *Marie,* b 21 sept. 1680, à Champlain ;
m [3] 27 nov. 1696, à Jean-Baptiste PAPLAU. — *Ni-*
colas, b [3] 30 juin 1688. — *Marie-Madeleine,* b [3] 17
déc. 1690 ; m [3] 14 nov. 1712, à Mathurin LÉVÊ-
QUE. — *Augustin,* b [3] 19 janv. 1693. — *Marie-Anne,*
b [3] 22 mars 1695 ; m [3] 14 nov. 1712, à Edmond
LÉVÊQUE. — *François,* b [3] 15 juin 1697 ; s [3] 29 nov.
1716. — *Alexis,* b [3] 6 mai 1699 ; m [3] 1er mai 1724,
à Marie-Josette MASSICOT. — *Marie-Catherine,* b [3]
22 avril 1701 ; m [3] 22 nov. 1728, à Nicolas L'E-
CUIER ; s [3] 9 mai 1741. — *Joseph,* b [3] 2 avril 1703.

1684, (7 novembre) Québec. [9]

I. — MORAN, Jacques, b 1661, fils d'Antoine et de Marie Isabeau, de St. Martin, d'Angoulême.
1º Audet, Jacquette, veuve de François Nicolas, b 1658, de St. Christophe, évêché de Limoges ; s [9] 28 juillet 1717
Jacques, b [9] 16 sept. 1687, m 19 août 1709, à Louise Petitclerc, à Ste. Foye ; s [9] 8 janv. 1756. — *Anne,* b [9] 6 nov. 1691 — *Marie-Anne,* b [9] 15 août 1694, m [9] 28 avril 1710, à Bernard Gendron. — *Jean,* b 1685 ; m [9] 23 fév. 1705, à Marie-Elizabeth Dasilva ; s [9] 23 fév. 1754.
1718, (23 janvier) Québec. [5]
2º Greslon dit Laviolette, Jeanne, [Jacques I. veuve de Pierre Dasilva, s [5] 8 juin 1731.

1687, (28 mai) Sorel.

I. — MORAN dit La Grandeur, Antoine, cordonnier, soldat de M. de Rompré, b 1645, fils d'Antoine et d'Hélène Lacroix ; s 17 avril 1705, à Montréal. [5]
Poutré, Marie-Anne,   [André I
Louise, b 1688 ; s [5] 17 déc. 1705. — *Marie-Anne,* b 27 août 1692, à la Pointe-aux-Trembles de Montréal. [4] — *Jean-André,* b [4] 5 mai 1695. — *Jean-André,* b [4] 3 avril 1696. — *Laurent,* b [4] 6 juillet 1696. — *Nicolas,* b [4] 7 mai 1699. — *Vincent,* b [5] 16 janv. 1702. — *Marie-Madeleine,* b [5] 22 oct. 1704.

1693.

I. — MORAN, François,
Delaunay, Marie-Madeleine,   [Pierre I.
Jeanne-Charlotte, b 26 nov. 1694, à Québec [5] ; m [8] 7 janv. 1717, à Joseph De Nanthois. — *Jean,* b [8] 29 juillet 1697. — *François,* b [8] 23 oct. 1699.

1698, (10 février) St. Augustin. [3]

I. — MORAND, Jean, b 1663, fils de Simon et de Louise Gabory, de Bonpère, évêché de Luçon.
Martin, Anne,   [Pierre I.
Marie-Thérèse, b 11 et s [2] 16 nov. 1698. — *Jean-Baptiste,* b 27 et s [2] 30 mars 1706. — *Jean,* b [2] 16 avril 1707. — *Marie-Charlotte,* b 25 sept. 1710, à Lorette. [7] — *Etienne,* b [7] 16 mars 1713.

MORAS. — Voy. Mouet (de).

MORAS, André.
Richard, Marie.
Jean, b... ; m 1728, à Thérèse Duchesnau, à Charlesbourg.

I. — MOREAU, Pierre, b 1643, de LaRochelle ; s 21 janv. 1661, à Montréal.

I. — MOREAU, Michel, b 1630, sergent et notaire-royal ; s 5 janv. 1699, à Boucherville.
Perinne, b...

1665, (12 novembre) Château-Richer.

I. — MOREAU dit Lagrange, Jean, b 1635, de St. Elizabeth de Vinci, évêché de Nantes.
Couture, Anne, b 1641, de St. Hilaire, évêché de Chartres.

Etienne, b 20 oct. 1666, à Ste. Famille. [2] — *Jean,* b [2] 11 oct. 1668. — *Louis,* b [2] 24 déc. 1670. — *Charles,* b [2] 15 juillet 1673. — *Jeanne,* b [2] 29 janv. 1676 ; m à René Simoneau. — *Pierre,* b [2] 24 avril 1679. — *Marie-Anne,* b 10 mai 1682, à St. Laurent, I. O. [7] — *Nicolas,* b [7] 4 juin 1684.

I. — MOREAU, Jean, de St. Laurent de Partenay, évêché de Poitiers.
Leroux, Catherine.
Jean, b... ; m 18 fév. 1692, à Marie Rodrigue, à Québec.

I. — MOREAU dit Jolicœur, Jean, b 1642 ; s 30 sept. 1687, à Montréal. [3]
Vannesy, Anne, b 1655. (1)
Anne, b 1675. — *Jean,* b 1678. — *Jeanne,* b 1681.

I. — MOREAU, Mathurin, b 1644.
Girard, Marie, b 1633 ; s 9 déc. 1708, à Ste. Foye. [2]
Louis, b 9 mars 1668, à Québec [3] ; m 1692, à Catherine Bonhomme ; s [3] 26 oct. 1735. — *Valentin,* b [3] 2 août 1670. — *Jeanne-Thérèse,* b [3] 23 février et s [3] 1er mars 1675 — *Michel,* b 13 mai 1673, à Sillery ; 1º m à Madeleine Belleau ; 2º m [3] 8 août 1712, à Marie-Madeleine De La Rue. — *Marie,* b... ; m à Pierre Rouillard.

1671.

I. — MOREAU, Jean, b 1640 ; s 5 fév. 1711, à Batiscan. [5]
Guillet, Anne,   [Pierre I.
Joseph, b 1672 : m [5] 8 fév. 1700, à Françoise Frigon. — *Marie-Madeleine,* b 1673 ; m [5] 8 fév. 1700, à François Frigon ; s [5] 24 sept. 1713. — *Marie-Anne,* b 1677 ; m [5] 14 nov. 1696, à Jean Baradat. — *Marguerite,* b 3 fév. 1680, à Champlain ; m [5] 15 nov. 1701, à Jean-François Provencher. — *Jean,* b 1684 ; m [5] 21 fév. 1718, à Marie-Charlotte Lepelé ; s [5] 5 déc. 1757. — *Marie-Charlotte,* b [5] 6 juillet 1687 ; s [5] 30 août 1764. — *Marie-Catherine,* b [5] 23 juillet 1690 ; m [5] 16 nov. 1720, à François Rivard. — *François,* b [5] 3 déc. 1692. — *Augustin,* b 1694 ; s [5] 19 nov. 1726. — *Marie-Jeanne,* b [5] 24 mai 1697 ; s [5] 9 avril 1713.

1672, (18 janvier) Québec. [3]

I. — MOREAU, Martin, b 1644, fils de Gaspard et de Marie Gabar, de Vernon, archevêché de Tours.
Le Cocq, Jeanne, b 1646, veuve de Guillaume Dubocq, de Ste. Croix, de Paris.
Madeleine, b [3] 28 juillet 1673 ; m [3] 30 juin 1687, à Simon Doyer ; s avant 1704. — *Marguerite,* b [5] 4 nov. 1676 ; m [5] 10 oct. 1695, à Jean Pepin. — *Jean-Baptiste,* b [3] 24 oct. 1684 ; s [3] 21 janv. 1703.

1672, (20 juin) Montréal. [3]

I. — MOREAU du Portail dit Dubreuil, René, soldat de la compagnie de M. Perrot, fils de René (sieur du Portail) et de Barbe Villard, de St. Savin, évêché de Poitiers.

(1) Elle était veuve lorsqu'elle vint au Canada.

29

MERRIN, Jeanne, [MICHEL I.
veuve d'Henri Perrin.
Renée, b³ 21 fév. 1673. — *Jeanne*, b³ 30 sept.
1674

1673, (17 octobre) Québec.

I. — MOREAU, ETIENNE, fils de Pierre et de
Françoise Ménard, de Bourg de Javresac,
évêché de Xaintes.
LANGE, Françoise, fille de Jean et d'Antoinette
Dubois, de St. Jacques de Paris.

1677, (27 novembre) Québec. [6]

I — MOREAU, SIEUR DE LA TAGPINE, PIERRE, b
1639, fils d'Abraham et de Marguerite Nauret,
de St. Eric de Massa, de Xaintes; s⁶ 24 août
1727.
LEMIRE, Marie-Madeleine, [JEAN I.
s⁶ 13 mars 1736.
Pierre, (1) b 9 déc. 1678, s 21 fév. 1703, à
Montréal. — *Nicolas-Mathurin*, b⁶ 1ᵉʳ sept. 1680.
— *François*, b⁶ 4 déc. 1681. — *Marie-Madeleine*,
b⁶ 28 mai 1684; 1° m⁶ 12 avril 1706, à François
ROLAND. 2° m⁶ 5 avril 1712, à Jean BONNEAU. —
Marie-Charlotte, b⁶ 23 juillet 1687; m⁶ 24 nov.
1704, à Pierre MAILLOU; s⁶ 28 avril 1717. —
Marie-Angélique, b⁶ 7 nov. 1689, m⁶ 23 fev.
1734, à Jacques TESSIER; s⁶ 11 janv. 1756. —
Louise-Elizabeth, b⁶ 28 mai 1691; m⁶ 8 sept
1717, à Jourdain LAJUS. — *Thérèse*, b⁶ 6 avril
1693; m⁶ 2 nov. 1720, à Jean GAUTIER. — *Antoine-
Joseph*, b 17 janv. et s⁶ 14 déc. 1695. — *Catherine*,
b⁶ 8 oct. 1696 — *Geneviève*, b⁶ 2 nov. 1698; m⁶
20 oct 1725, à Noel VOYER, s⁶ 12 mars 1764. —
Marie-Josette, b 10 et s⁶ 13 oct 1700 — *Pierre*,
b 12 et s⁶ 19 août 1705.

1678, (21 février) Ste. Famille. [9]

I. — MOREAU, LOUIS, chirurgien, b 1649, fils de
François et de Françoise Dubout, de St.
George, évêché de La Rochelle; s 15 janv.
1683, à Québec.
GAGNON, Elizabeth, (2) [ROBERT I.
Elizabeth, b⁹ 2 oct. 1679, m 5 avril 1700, à
Gabriel COURTOIS, à Batiscan. — *Geneviève*, b 4
nov. 1681, au Château-Richer.

I. — MOREAU, FRANÇOIS,
FRESEL, Elizabeth.
Marie-Anne, b 1682; s 26 juin 1683, à Laprairie.

I — MOREAU, LOUISE, b 1690; m à Etienne RON-
DEAU; s 3 janv. 1750, à St. Michel.

1692, (18 février) Québec. [9]

II. — MOREAU, JEAN, (3) [JEAN I.
RODRIGUE, Marie, [JEAN I.
Nicolas, b 19 janv. et s⁹ 16 mars 1693. — *Gabrielle-Louise*, b⁹ 28 mai 1694. — *Jean-François*, b⁹
14 oct. 1696; m à Anne DIONNE. — *Louis*, né en
1706; b ² sept. 1707. — *Ignace-François*, b 5
déc. 1700, à Ste. Foye. — *Marie-Jeanne*, b 17 fév.

(1) Commis au magasin du Roi.
(2) Elle épouse, le 25 mai 1684, Jean Baril, à Ste. Famille.
(3) Il était au Mont-Louis, en 1700.

1699, à Beauport. — *Marie*, b...; 1° m 1725, à
Jean GUY, à Rimouski; 2° m 1ᵉʳ mars 1729, à
Augustin DIONNE, à Kamouraska. 4 — *Catherine*,
b...; m⁴ 5 juin 1732, à Alexis OUELLET. — *Pierre-
Joseph*, b...; m⁴ 24 mai 1734, à Dorothée MI-
CHAUD, s⁴ 1771. — *Pierre*, b.... m⁴ 7 janv. 1744,
à Marie-Josette MICHAUD.

1697, (16 août) Québec.

I. — MOREAU DIT FRANCOEUR, PIERRE, caporal de
M. de Maricour, b 1644, fils de Jean et de
Catherine Bouret, de St. Severin, évêché de
Bordeaux.
1° RICHAUME, Elizabeth, [PIERRE I.
veuve de Robert Desmarès; s 4 avril 1703,
à Montréal. ¹
Marie, b ¹ 14 fev. 1698 — *Marie-Jeanne*, b¹ 7
janv. 1701. — *Marie*, b¹ 29 janv. et s¹ 7 avril
1703.
1705, (29 novembre) Montréal.
2° MELAIN, Angélique, [LOUIS I.

1692.

II. — MOREAU, LOUIS, [MATHURIN I.
s 26 oct. 1735, à Québec ¹
BONHOMME, Catherine, [IGNACE II.
s¹ 15 juillet 1747.
Louis, b 2 déc 1693, à Lorette ², m 27 janv
1743, à Catherine TARDIF, à Ste. Foye. ³ — *Valentin*, b ² 27 juillet 1695; s ² 29 nov. 1697. — *Joseph-
Louis*, b ² 4 août 1698. — *Marie-Charlotte*, b ³ 29
avril 1700; m ¹ 20 nov. 1719, à François LALLE-
MAND. s ¹ 10 mai 1764. — *Louise-Françoise*, b ¹ 18
mars 1702; m ¹ 20 nov. 1719, à Jean-Baptiste
BOUCHER. — *Madeleine*, b ¹ 4 juin 1703; s ¹ 3 oct
1714. — *Louise-Marie*, b ¹ 29 nov. 1705. — *Louis-
Eustache*, b ¹ 30 déc 1707. — *Joseph-Valentin*, b ¹
2 juillet 1709. — *Marie-Hélène*, b ¹ 2 mars 1712,
m ¹ 2 mai 1730, à Louis-François LEVASSEUR; s ¹
16 mai 1744. — *Marie-Catherine*, b ¹ 6 déc. 1716,
s ¹ 6 janv. 1717.

MOREL. — *Surnoms* : PARISIEN — DE LA DURAN-
TAYE — DE LA CHAUSSÉE — LA PLUME — MADON
DE BOISBRILLANT — DU HOUSSAY.

MOREL, PERINNE, b 1634 · s 15 sept. 1709, à Batiscan.

I. — MOREL ou MAUREL, PAUL, b 1644, enseigne
de M. de l'Estrade, en 1672, s 6 fev. 1679, à
Montréal.

I. — MOREL DIT PARISIEN, MICHEL, cultivateur,
bedeau de Montréal, b 1644; s 19 sept. 1679.
GRANDIN, Marie. (1)
François, b 1671; m 5 nov. 1696, à Marie
MOISAN. — *Amator*, b 18 janv. 1671, aux Trois-
Rivières.

1673, (9 janvier) Québec.

I. — MOREL, ETIENNE, b 1632, fils de Vincent et
de Marguerite Drans, de Neuville, de Dieppe,
en Normandie.

(1) Elle épouse en 1678, Claude Robillard.

Patou, Catherine, b 1642, fille d'Abel et de Marie Fosset, de St. Germain de Compiègne, evêché de Beauvais
Etienne, b 15 nov. 1663, au Château-Richer.[5] — *Thomas*, b [5] 6 janv. 1666. — *Catherine*, b [5] 6 déc. 1668 — *Louise*, b... ; m 1682, à Guillaume Le Tardif

1670, (14 septembre) Québec. [1]

I — MOREL, de la Durantaye, Olivier, b 1641, fils de Thomas et d'Aliesse Du Houssay, de N.-D. du Gaure, évêché de Nantes.
Duquet, Françoise, [Denis I.
veuve de Jean Madry ; s [1] 15 sept. 1719.
Louis-Joseph, b [1] 16 août 1671 ; m 1697, à Elizabeth Rasné. — *Françoise-Geneviève*, b [1] 9 sept. 1672 ; m [1] 14 oct. 1687, à Louis DeCadaran. — *Philippe-Olivier*, b [1] 16 fév. 1675 ; m à Marie-Suzanne Guyon ; s [1] 17 janv. 1703, *Jacques-François*, b [1] 5 et s [1] 22 oct. 1676. — *Joseph*, b [1] 8 et s [1] 23 déc. 1677. — *Jacques*, b [1] 11 avril et s [1] 9 mai 1679. — *Charles*, b [1] 12 juin 1681. — *Françoise-Angélique*, b [1] 30 mai et s [1] 6 juin 1683 — *François*, b [1] 19 juin 1685. — *Anne*, b 1676 ; m à Pierre Petit, s 12 mai 1748, aux Trois-Rivières.

1676.

I. — MOREL, Pierre, b 1646 ; s 5 déc. 1699, à Beauport. [2]
Leblanc, Marie-Jeanne, [Léonard I.
Françoise, b 1677 ; m [2] 15 oct. 1692, à François Poitevin ; s [2] 27 janv. 1703. — *Vincent*, b [2] 30 août 1679. — *Louise*, b [2] 6 déc. 1683 ; 1° m 9 fév. 1705, à Charles Ducharme, à Québec [3] ; 2° m [2] 1er août 1712, à Raymond Poussard ; s 6 juin 1744. — *Marie*, b [2] 29 déc. 1685 ; s [2] 22 janv. 1695. — *Marie-Louise*, b [2] 1er et s [2] 5 janv. 1688. — *Marie-Félicité*, b [2] 13 avril 1689 ; s [2] 30 oct. 1690. — *Marie-Jeanne*, b [2] 27 avril 1691 ; m [3] 13 janv 1716, à Mathurin Belan. — *Joseph-François*, b [2] 22 oct. 1693 ; m 8 nov. 1717, à Marie-Anne Bourc, à Montréal. — *Marie-Charlotte*, b [2] 3 juin 1696 ; m [2] 22 nov. 1717, à Charles Garnier ; s [2] 19 août 1719. — *Marie-Gabrielle*, b [2] 26 déc. 1698 ; m [2] 21 juin 1718, à Jean Spénard ; s [2] 24 mai 1727.

1679, (30 octobre) Ste. Anne. [2]

I. — MOREL, Guillaume, procureur-fiscal ; b 1654, fils de Guillaume et de Jeanne Mathieu, de St. Laurent de Paris ; s [2] 20 janv. 1725.
1° Pelletier, Catherine, [George I.
Françoise, b [2] 18 oct. 1680 ; m [2] 19 juillet 1706, à Louis Tremblay. — *Marie-Anne*, b [2] 14 fév. 1682 ; m [2] 10 fév. 1710, à Charles Gariépy — *Noel*, b [2] 8 août 1684 ; s [2] 4 janv. 1709. — *Marie-Joselte*, b [2] 26 nov. 1686 ; m [2] 27 juillet 1711, à Joseph Savard. — *Jean*, b [2] 15 fév. et s 10 [2] mars 1689. — *Etienne*, b [2] 26 fév. et s [2] 15 mai 1640.

1690, (24 juillet) Ste. Anne. [2]

2° Barette, Marie, [Jean I.
Jean, b [2] 27 mars 1693 ; m 21 fév. 1718, à Marguerite Gariépy, au Château-Richer. — *Thérèse*, b [2] 6 juin 1701 ; s [2] 25 janv. 1725. — *Antoine*, b [2] 19 juillet 1703. — *Timothée*, b... ; s [2] 13 janv. 1725. — *Félicité*, b [2] 17 mars et s [2] 27 juin 1708.

— *Agnès*, b [2] 13 juin 1710. — *Marie-Angélique*, b 1696 ; s [2] 28 fév. 1712 — *Geneviève*, b [2] 5 janv. 1713 ; s [2] 14 sept. 1714. — *Guillaume*, b 1er oct. 1716. — *Anne-Marguerite*, b... ; s [2] 21 fév. 1725.

MOREL dit Laplume, Emmanuel, soldat de Dumesny, s 18 août 1690, à Lachine, tué par un Iroquois.

II. — MOREL, (1) Louis-Joseph, [Olivier I. Rasné, Elizabeth.
Marie, b 22 avril 1698, à St. Michel. [3] — *François-Marie*, b [9] 16 juin 1700 ; s [9] 16 sept. 1701. — *Marie-Anne*, b [9] 25 mai 1702 ; m 2 mai 1719, à Jean Damours, à Beaumont. [2] — *André*, b [9] 30 nov. 1704 ; m 16 janv. 1736, à Thérèse De la Bourlière, à Kamouraska. [4] — *Marie-Catherine*, b [9] 8 oct. 1707 ; m [4] 10 janv. 1730, à Joseph Gagnon. — *Louis*, b... ; m 4 oct. 1718, à Marguerite Hubert, à Laprairie. — *Charles-Alexandre*, b... , 1° m [2] 21 fév. 1724, à Marie Couillard ; 2° m [4] 26 avril 1746, à Marthe Normandin ; 3° m à Marie-Anne Ouimet ; s 31 mars 1774, à St. Thomas. — *Brigitte*, b... ; m [4] 4 fév. 1743, à Charles Berthody.

1696, (5 novembre) Montréal.

II. — MOREL dit Mador, François, [Michel I.
1° Moisan, Marie, [Nicolas I.
s 30 sept. 1708, à Lachine. [4]
Jeanne, b [4] 5 fév. 1608, m [4] 14 nov. 1718, à Jacques Seguin. — *Françoise*, b [4] 6 et s [4] 8 déc. 1699. — *Marie-Joselte*, b [4] 7 et s [4] 8 déc. 1700. — *Marie-Françoise*, b [4] 23 fév. 1702. — *Marie-Anne*, b [4] 10 sept. 1703, s [4] 15 janv. 1704. — *Joseph*, b [4] 4 fév. 1705 ; s [4] 9 août 1723. — *Jean-Baptiste*, b [4] 4 nov. et s [4] 5 déc. 1706. — *François*, b [4] 13 déc. 1707.
2° Roy, Marie,
Marie-Joselte, b [4] 11 oct. 1709. — *Paul*, b [4] 30 janv. 1717. — *Véronique*, b [4] et s [4] 17 mars 1718. — *Jean-Baptiste*, b [4] 25 avril 1719.

I. — MOREL, chevalier de la Chauslée.
Mossion, Charlotte. (2) [Robert I.
Françoise, b 11 sept. 1704, à Québec, m 10 fév. 1733, à Jean Duval, à l'Islet.

II. — MOREL du Houssay, Olivier, [Olivier I. lieutenant d'une compagnie ; s 17 janv. 1703, dans l'église de Québec.
Guyon, Marie-Suzanne, [François II.
s 8 janv. 1703, à Beauport [5]
Marie-Henriette, b 30 sept. 1701, à Québec [6] ; s 19 oct. 1701. — *Marie*, b 1699, s [6] 14 janv. 1703

I. — MOREL de Boisbrillant, Joseph.
Tiberge, Marie.
Marie-Anne, b... , m 21 avril 1723, à Joseph Lecours, à Beaumont.

MORENCY. — Voy. Bauchet ➔ Bosché.

(1) Sieur de La Durantaye.
(2) Elle épouse, le 8 sept. 1714, Simon Léonard, à Québec.

I. — MORET, Pierre, b 1613; s 19 avril 1693, à Québec, ancien serviteur des Ursulines, trouve mort dans les bois. Il était parfait chrétien. — *Registres de Québec.*

I —MORILLON, Jean.
———, Marie.
Marguerite, b 9 oct. 1687, à Québec.

MORIN. — *Variations et surnoms :* Morain — Manceau — Chenevert — Rochebelle — Valcour.

I. —MORIN, Claire, de N.-D. de Mortagne, au Perche; 1° m 30 nov. 1636, à Jamen Bourguignon, à Québec [1]; 2° m [1] 26 juillet 1662, à Jean Martineau.

I. —MORIN, Marie, de St. Jean-en-Grève, en France; 1° m à Paul Houdan; 2° m 15 nov. 1665, à Etienne Dauphin, à Québec; 3° m 10 août 1694, à Pierre Chaignon, à Batiscan.

I. —MORIN, Michel, s 26 nov. 1654, à Québec, blessé par les Iroquois de deux balles dans le cerveau, le 10 nov. 1654, et meurt le 26 du même mois.

1640, (9 janvier) Québec. [3]

I. — MORIN, Noel, charron, b 1616, fils de Claude et de Jeanne Moreau, de St. Etienne le Compte-Robert, en Brie; s 10 fév. 1680, à St. Thomas. (1)
Des Portes, Hélène, veuve de Guillaume Hébert, fille de Pierre et de Françoise Langlois, de Notre-Dame de Recouvrance, de Québec.
Agnès, b [3] 21 janv. 1641; 1° m [3] 17 nov. 1653, à Nicolas Gaudry; 2° m [3] 12 janv. 1671, à Ignace Bonhomme; s [3] 31 août 1687. — *Germain,* b [3] 15 janv. 1642, ordonne [3] 19 sept. 1665; s [3] 20 août 1702. — *Louise,* b [3] 27 avril 1643; m [3] 20 avril 1659, à Charles Cloutier; s 28 avril 1713. — *Nicolas,* b [3] 26 avril 1644. — *Jean,* b [3] 25 mai 1645; m [3] 22 nov. 1667, à Catherine De Belleau; s [3] 12 déc. 1694. — *Marguerite,* b 29 sept. et s [3] 17 oct. 1646. — *Hélène,* b [3] 30 sept. 1647; s [3] 20 mai 1661. — *Marie,* b [3] 19 mars 1649. — *Alphonse,* (2) b [3] 13 déc. 1650; 1° m 10 fév. 1670, à Marie-Madeleine Normand; 2° m à Angélique Destroismaisons. — *Noel,* b [3] 12 oct. 1652. — *Charles,* b [3] 30 août 1654; s [3] 4 oct. 1671. — *Marie-Madeleine,* b [3] 29 déc. 1656; m [3] 29 mai 1673, à Gilles Rageot; s [3] 22 juillet 1720.

1661, (19 septembre) Montréal. [4]

I. — MORIN, Jacques, b 1630, fils de Michel et de Renée Vardye, de St. Germain du Val, d'Angers.
Garnier, Louise,   [Charles I.
veuve de Jean Richard, ; s [4] 22 août 1698.

Louis, b 1662; m à Françoise Philippon. — *Jacques,* b [4] 19 juin 1663; s 1er août 1677, à Lachine. [5] — *Antoine,* b [4] 17 août 1665. — *Marie,* b [4] 25 avril 1667; 1° m [4] 16 août 1679, à Jacques Vigon; (1) 2° m [4] 23 juin 1695, à Jean Bouteiller; 3° m [4] 1er janv. 1699, à François Le Tendre. — *Agathe,* b [4] 5 fév. 1670; 1° m [5] 9 janv. 1684, à Jean Dumans; 2° m [5] 18 juin 1692, à Pierre Hardouin. — *Marie-Catherine,* b [4] 5 sept. 1671; 1° m [5] 19 janv. 1688, à Michel Foureau, 2° m [4] 8 sept. 1693, à Nicolas Jolivet.

I. —MORIN, Jacques, de St. Etienne de Briloy, évêché de Luçon.
Guéry, Hilaire.
Pierre, b... ; m 13 juin 1672, à Catherine Lamesle, à Québec.

I. — MORIN, Guillaume.
De Mont-Mesnil, Marie.
Julienne, b 19 déc. 1665, à Québec.

1667, (3 novembre) Québec. [2]

I. —MORIN, Charles, meunier, (2) b 1641, fils de Pierre et de Catherine Poinnelle, de St. Pierre, évêché de Poitiers.
Michel, Marie, fille de Pierre et de Catherine Dubocq, de St. Vivien, de Rouen, s [2] 17 sept. 1714.
Françoise, b 1669; 1° m 7 janv. 1686, à Jean Poreaux, à la Pointe-aux-Trembles de Québec [3]; 2° m 1700, à Mathieu Araby.— *Pierre,* b [2] 11 avril 1671. — *Anne,* b 23 fév. 1674; s [3] 10 nov. 1684.— *Marguerite,* b 1679; m 1693, à Claude Boissel, s [2] 26 janv. 1718.

1667, (22 novembre) Québec. [4]

II. — MORIN, (3) Jean-Baptiste,   [Noel I.
Conseiller au Conseil Supérieur de Québec, bourgeois; s [4] 12 déc. 1694.
De Belleau, Catherine, b 1639, fille de François (sieur de Cantigny) et d'Anne De Breda, de St. Aignan de Pommeroye, en Picardie.
Marie, b [4] 2 et s [4] 28 janv. 1672. — *Marie-Anne,* b [4] 31 juillet 1675; m [4] 8 janv. 1691, à Jacques Pinguet; s [4] 31 déc. 1702.

1670, (10 février) Québec.

II. — MORIN dit Valcour, Alphonse,   [Noel I.
1° Normand, Marie-Marguerite, b 1651, fille de Jean-Baptiste (bourgeois de Paris) et de Catherine Rageot, de St. Etienne, évêché de Sens; s 28 avril 1690, à St. Thomas. [5]
François-Alphonse, b [5] 3 déc. 1670; m [5] 11 nov. 1697, à Chatherine Chamaillart. — *Pierre-Noël,* b [5] 28 fév. 1672; m [5] 30 mai 1696, à Marguerite Rousseau. — *Germain,* b [5] 28 nov. 1673. — *Joseph,* b [5] 9 juin 1675; m 17 oct. 1701, à Agnès Bouchard, au Cap St. Ignace. [5]— *Cathorine,* b [5] 27 août 1677, m [6] 10 juillet 1699, à

---

(1) L'acte est aux registres de Québec. Le contrat de mariage fut passé le 27 déc. 1639, à Québec. *Etude de Praube.*
(2) Il s'établit à St. Thomas, et dont les descendants portent le nom de Morin-Valcourt.

---

(1) Ce mariage fut annulé le 15 juin 1695.
(2) Meunier de M. de la Ferté.—*Edits II, p. 62.*
(3) Dit Rochebelle. A son mariage étaient présents, D[e] Courcelles, Gouverneur, De Canchy, sieur De Lerolle.

Jacques BAUDOIN. — *Nicolas*, b ⁹ 25 mars 1679. — *Marie-Madeleine*, b ⁸ 7 mars 1682 ; s ⁴ 4 sept. 1690. — *Jean-Baptiste*, b 8 juin 1680, à la Pointe-aux-Trembles de Quebec. — *Louis*, b ⁸ 7 avril 1686 ; s ⁶ 30 juin 1690. — *Charles*, b ⁸ 28 avril et s ⁸ 11 mai 1690.

1692, (24 novembre) Cap St. Ignace. ⁰

2º DES TROIS MAISONS, Angélique, [PHILIPPE I. *Thomas*, b... ; s ⁸ 6 oct 1693. — *Louis*, b ⁸ 20 mai 1698, m 14 oct. 1721, à Elizabeth BILODEAU, à St. François, Ile d'Orléans. — *Marie*, b ⁸ 4 sept. 1702.

1670, (26 août) Québec. ⁷

I. — MORIN, ANDRÉ, b 1645, fils de Jacques et de Michelle Dion, de St. Jacques de Bas-Ange, évêche de Poitiers.

1º MOREAU, Marguerite, b 1650, fille de François et d'Anne Fiot, evêché d'Orleans.
Marguerite, b ⁷ 6 août 1671 ; m 6 juin 1689, à Jean DUMONT, à Charlesbourg ⁸ ; s ⁸ 6 avril 1715. — *Jeanne*, b ⁷ 2 mars 1673 ; m ⁸ 16 août 1694, à Alexandre BIRON. — *Siméon*, b ⁷ 10 mars 1675 ; 1º m à Françoise MEUNIER ; 2º m 9 juillet 1703, à Marie BERGEVIN, à Beauport. — *Apolline*, b ⁷ 13 avril 1677 ; m ⁸ 26 nov. 1692, à François CHARTRAN. — *Jean*, b ⁷ 21 fév. 1682 ; m ⁸ 24 oct 1712, à Angélique LEREAU. — *Marie-Catherine*, b ⁷ 22 fév. 1689 ; m ⁷ 28 mai 1709, à Michel VANDÉ. — *Thomas*, b ⁸ 6 août 1699. — *Marie-Anne*, b ⁸ 26 août 1685. — *Marguerite*, b ⁹ 9 nov. 1687; s ⁸ 4 mars 1688. — *Anonyme*, b ⁸ et s ⁸ 29 sept. 1690.

1696, (26 novembre) Charlesbourg.

2º LARUE, Charlotte, [FRANÇOIS II. veuve de Jean-Baptiste Savanois.

1672, (13 juin) Québec. ⁷

II. — MORIN, PIERRE, [JACQUES I. LE MESLE, Catherine, b 1646, fille de Jean et de Marguerite Renard, de St. Pierre du Châtel, évêché de Rouen.
Marie-Anne, b ⁷ 22 juillet 1673 ; m ⁷ 12 août 1691, à Guillaume DEGUISE ; s ⁷ 24 nov. 1743.— *Jean*, b ⁷ 30 janv. 1676 ; s ⁷ 6 août 1687. — *Louise*, b ⁷ 29 oct. 1678 ; m ⁷ 3 fév 1699, à Jacques PAYAN. — *Joseph*, b ⁷ 6 janv. 1682 ; 1º m ⁷ 4 nov. 1704, à Marie BRIDEAU ; 2º m ⁷ 2 fév. 1724, à Dorothée GIRARDIN. — *Jeanne*, b ⁷ 23 avril 1685 ; m ⁷ 11 août 1711, à Jean LE GRIS ; s ⁷ 26 nov. 1755. — *Marie-Madeleine*, b ⁷ 17 janv. 1687 ; s ⁷ 3 janv. 1689. — *Pierre-Jean*, b ⁷ 29 oct. 1690.

MORIN, JEAN, b 1664, boulanger ; s 26 oct. 1689, à Montréal.

1680.

II. — MORIN, LOUIS, [JACQUES I. PHILIPPON, Françoise, de Luçon.
Marie, b 28 fév. 1681, à l'Islet.

I. — MORIN, PIERRE, de St Jean Port Royal, en Acadie.
1º MARTIN, Marie.
Charles, b... ; m 23 mai 1719, à Thérèse MINET, à Quebec ⁷. — *Jean*, b 1681 ; m ⁷ 18 nov. 1715, à

Elizabeth HUBERT ; s ⁷ 30 janv. 1717 — *Jacques*, b... : m 3 fév. 1699, à Marie-Anne LAVERGNE, à Quebec.
2º CHIASSON, Françoise.
Denis, b 7 août 1694, à Québec. — *Pierre*, b... ; m 10 janv. 1707, à Marie BOULÉ, à St. Thomas ⁷.— *Agathe*, b ⁹ 31 mars 1697. — *Antoine*, b ⁹ 16 oct. 1704. — *Charles*, b ⁹ 16 janv. 1707.

1694, (22 février) Beauport. ³

I. — MORIN, PIERRE, b 1669, fils de Pierre et de Marguerite Laurent, évêché de St. Brieux.
L'ESPINAY, (DE) Marie-Madeleine, [JEAN I. *Pierre*, b 30 déc. 1694, à Beauport : m 9 janv. 1720, à Marie-Françoise GARNAUD, à l'Ange-Gardien. — *Mathieu*, b ² 7 fév. 1697 ; m ² 8 fév. 1717, à Madeleine PROVOST. — *Jean-Baptiste*, b ² 8 juillet 1699. — *Jean-Baptiste*, b 13 mai 1701, à Québec.— *Pierre*, b ² 5 mai 1703 — *Louis*, b ² 27 mai 1705.— *Marie-Jeanne*, b ² 23 déc. 1706.— *Noel*, b ² 8 avril 1708. — *Marguerite*, b ² 9 sept. et s ² 13 déc. 1710. — *Geneviève*, b 9 et s ² 14 sept. 1710.— *François*, b 20 et s ² 31 janv. 1712.— *Marie-Thérèse*, b ² 20 janv. 1712. — *Marie-Anne*, b ² 18 juin 1713 ; s ² 12 avril 1714. — *René*, b ² 18 mars 1715. — *Marie-Josette*, b 4 et s ² 16 oct. 1717. — *Louise-Françoise*, b 4 et s ² 16 oct. 1717.

1696, (30 mai) St. Thomas. ²

II. — MORIN, PIERRE-NOEL, [ALPHONSE II. ROUSSEAU, Marguerite, [THOMAS I. *Marguerite*, b ² 30 janv. et s ² 11 fév. 1697.— *Pierre-Noel*, b ² 26 janv. 1698. — *Geneviève*, b ² 20 déc. 1699 ; s ² 14 janv. 1700. — *Marie-Charlotte*, b ² 31 janv. 1701. — *Elizabeth*, b ² 7 mai 1703.— *Jean-François*, b ² 6 oct. 1705. — *Marie-Geneviève*, b ² 11 déc. 1707.

1696, (31 octobre) Lorette. ⁴

II. — MORIN, SIMON, [ANDRÉ I. 1º MUSNIER, Françoise, [JULIEN I. s 21 janv. 1703, à Charlesbourg. ⁵ *Marguerite*, b ⁵ 12 oct. 1691. — *Julien-Simon*, b ⁴ 6 fév. 1697 ; s ⁵ 17 janv. 1703. — *Marie-Josette*, b 1699 ; s ⁵ 10 janv. 1703. — *Jacques*, b 1702 ; s ⁵ 10 janv. 1703.

1703, (9 juillet) Batiscan.

2º BERGEVIN, Marie, (1) [JEAN I. *Catherine*, b... ; 1º m 25 janv. 1740, à Jacques ROUJAS, à Québec ⁶ ; 2º m ⁶ 6 sept. 1745, à Pierre CARDOS. — *Thomas*, b ⁵ 25 mai 1704 ; m ⁵ 1725, à Angélique GERVAIS. — *Louise*, b ⁵ 12 avril 1706 ; m ⁵ 1729, à Claude LACROIX. — *Marie-Angélique*, b ⁵ 25 août 1708 ; m ⁵ 1729, à Pierre GUAY. — *François-Marie*, b ⁵ 28 sept. 1710. — *Pierre*, b ⁵ 15 sept. 1712. — *Jean-Baptiste*, b ⁵ 2 mars 1715. — *Marie-Thérèse*, b 10 et s ⁵ 13 avril 1717.

1697, (11 novembre) St. Thomas. ⁵

III. — MORIN, FRANÇOIS, [ALPHONSE II. CHAMAILLART, Marie-Catherine, [VINCENT I. *Marie*, b ⁵ 16 juin 1698. — *Augustin*, b ⁵ 16 avril 1700. — *François*, b ⁵ 4 mars 1702 ; m 14 janv. 1726, à Geneviève Bossé, au Cap St. Ignace.

(1) Elle épouse, le 9 janv. 1736, Charles Crespon, à Québec.

1699, (3 février) Québec. [5]

I. — MORIN, Jacques, [Pierre I.
LAVERGNE, Marie-Anne, (1) [Louis I.
Marie-Anne, b [5] 19 août 1705, 1° m à Ambroise
SAMSON; 2° m [5] 12 sept. 1775. à Joseph TURGEON.
— *Jacques,* b... ; m [5] 15 sept. 1727, à Marie-Ursule
PANNETON.

I. — MORIN, ROBERT, bedeau de Ste. Anne. [4]
MIGNIER, Françoise, [ANDRÉ I.
Marguerite, b 1691 ; m 28 juillet 1710, à Mathurin MORILLON, à la Rivière-Ouelle. [5] — *Marie-Françoise,* b [5] 17 juillet 1695. — *Madeleine,* b [5] 28 oct.
1697, m [4] 18 fév. 1722, à Jean-François PELLE-
TIER. — *Pierre,* b [5] 27 nov. 1698 ; m [4] 7 janv.
1722, à Marie-Charlotte DUBÉ. — .*Augustin,* b [5] 5
juillet 1700 ; s [4] 8 nov. 1721. — *Michel,* b [5] 6 août
1702. — *Marie-Ursule,* b [5] 30 nov. 1703, m [4] 25
nov. 1720, à Jean-Baptiste OUELLET. — *André,* b [5]
25 déc. 1707. — *Jean,* b [5] 18 août 1709. — *Angé-
lique-Rosalie,* b [5] 10 déc. 1710. — *Marie-Anne,* b [5]
19 août 1713.

I. — MORINEAU et MORNEAU, JEAN, b 1649 ; s
28 avril 1671, à Montréal.

MORINVILLE. — Voy. RAUX.

MORISSEAU, — *Variations et surnoms.* MAURI-
CEAU — MORICEAU — ROCHEREAU.

I. — MORISSEAU, JULIEN de Villeroye, en Pi-
cardie.
BRELANCOUR, Anne, de St. Pierre, en Picardie.
Marguerite, b... , m 26 sept. 1661, à François
PELLETIER, à Québec.

I. — MORISSEAU, VINCENT, b 1647, s 12 mars
1713, à Repentigny. [7]
BEAUMONT, Marie-Anne, b 1655.
Jean, b 3 juillet 1675, à Sorel, m 19 juin 1698,
à Anne PASTOREL, à Boucherville.[9]— *Marie.* b
1679.— *Marie-Anne,* b [7] 24 juin 1680 ; s [7] 4 août
1683.— *Marie,* b [7] 22 fév. 1682 ; s [7] 6 août 1683.
— *Louis,* b [7] 23 déc. 1687. — *Antoine,* b [7] 25 mars
1690 ; s [7] 5 mars 1693. — *François,* b 1691 ; s 12
sept. 1699, à Montréal. [8] — *Vincent,* b [7] et s [7] 13
oct. 1694. — *Catherine,* b [8] 2 oct. 1696 ; m [7] 7 mai
1715, à Pierre RIVET. — *Pierre,* b 1678 ; 1° m [9] 17
janv. 1704, à Catherine CAILLONNEAU , 2° m [7] 12
mai 1721, à Marie JETTÉ.

1698, (19 juin) Boucherville.

II. — MORISSEAU, JEAN, [VINCENT I.
PASTOREL, Anne, (2) [CLAUDE I.
Vincent, b 5 avril 1699, à Repentigny [7] ; s [7] 27
sept. 1701. — *Jacques,* b [7] 20 fév. 1701 ; m à Marguerite HUNAUT ; s [7] 22 janv. 1729. — *Catherine,*
b...; m 15 nov. 1728, à François DELPÉE, aux Trois-
Rivières.

1669, (14 janvier) Québec.

I. — MORISSET, JEAN, b 1641, fils de Paul et de
Mathurine Guillois, de Surgères, évêché de
LaRochelle ; s 16 août 1699, à Ste. Famille. [7]
CHORET, Jeanne, [MATHIEU I.
Marie-Madeleine, b [7] 1er janv. 1670. — *Marie,*
b [7] 15 août 1671; m [7] 10 nov. 1687, à Jacques
ASSELIN ; s 21 nov. 1709, à St. François, Ile d'Orleans. — *Anne,* b [7] 12 et s [7] 22 nov. 1673. — *Mathieu,* b [7] 11 et s [7] 28 déc. 1674. — *Pierre,* b [7] 4
janv. 1676 ; m [7] 24 nov. 1698, à Catherine LES-
TOURNEAU. — *Marie-Madeleine,* b [7] 16 juillet 1679 ;
m [7] 8 fév. 1695, à Charles LOIGNON ; s [7] 10 janv.
1701. — *Jean,* b [7] 23 déc. 1681 ; s [7] 7 janv. 1682.—
Jeanne, b [7] 23 fév. 1683 ; m [7] 27 juillet 1699, à
Leonard CLÉMENT. — *Anne,* b [7] 17 oct. 1685 : m [7]
6 nov. 1702, à Jean CLOUTIER — *Gension,* b [7] 28
juillet 1687; m 29 oct. 1710, à Geneviève SIMON,
au Château-Richer. [8] — *Charles,* b [7] 14 août et s [7]
29 déc. 1689.— *Elizabeth,* b [7] 26 nov. 1690 ; s [7] 23
fév. 1691 — *Nicolas,* b [7] 24 fév. 1692 ; 1° m à Anne
CADRIN ; 2° m [8] 28 août 1714, à Anne CLOUTIER.—
Elizabeth, b [7] 19 sept. 1694 ; m [8] 9 oct. 1714, à
François CLOUTIER.

1690, (9 janvier) Pte-aux-Trembles (Q.) [8]

I. — MAURISSET, MATHURIN, b 1645, fils de
Nicolas et de Marie Thomas, de Tour, évêche de LaRochelle.
COQUIN DIT LATOURNELLE, Elizabeth, [PIERRE I.
s 18 avril 1714, au Cap Santé. [2]
Marie, b 1691 ; s [3] 4 mars 1703. — *Mathurin,*
m [2] 14 avril 1692 ; m [2] 17 fév. 1716, à Marie-Anne
TELLIER. — *Marie-Catherine,* (1) b [2] 6 fév. 1694 ;
m [2] 19 juin 1713, à Pierre PAGÉ. — *Elizabeth,* b [3]
29 déc. 1695. — *Geneviève,* b [3] 17 oct. 1697 , m [2] 6
avril 1717, à François MARCOT. — *Marie-Madeleine,* b [3] 22 nov. 1700. — *Marie-Anne,* b... ; m [2] 6
avril 1717, à Jean MARCOT — *Pierre,* b... ; m [3]
21 nov. 1729, à Geneviève GAUDIN. — *Jean-François,* b [2] 29 sept. 1709.

1698, (24 novembre) Ste. Famille.

II. — MAURICET, PIERRE, [JEAN I
LESTOURNEAU, Catherine, [DAVID I.
Marie-Catherine, b 2 oct. 1699, à la Pointe-aux-
Trembles de Quebec. [7] — *Simon,* b [1] 13 mars
1701.

I.— MORNEAUX, FRANÇOIS, arquebusier, b 1620,
s 17 mars 1688, à Batiscan.
MORNET, Marie.
Jean, b 1646 ; m 28 fév. 1675, à Geneviève
TRUD, au Cap de la Madeleine.

1675, (28 fevrier). (2)

II.—MORNEAU, JEAN, arquebusier, [FRANÇOIS I.
TRUD, Geneviève, (3) [MATHURIN I.
Jean-Baptiste, b 16 mars 1682, à Champlain. [4]
— *François,* b [4] 30 août 1682 ; m 24 oct. 1713, à

---

(1) Elle épouse, le 23 juin 1710, Etienne Fréchet, à Québec.

(2) Elle épouse, en 1709, André Chauvet.

(1) Baptisée par Mgr. St. Vallier.

(2) Date du contrat de mariage.—*Greffe de Duquet.*

(3) Elle épouse, le 6 juillet 1693, Jean Brisset, à Batiscan.

Angélique BERNIER, au Cap St. Ignace. — *Pierre*, b 28 août 1685, à Batiscan [5] ; m 3 mai 1707, à Marie BIDAUT, aux Trois-Rivières. — *Marie-Louise*, b [5] 25 août 1690 ; m 11 fév. 1708, à Jean RICHARD, à Ste. Anne de la Perade.

1690, (5 février) Montreal

I. — MORTESEIGNE DIT LABONTÉ, THOMAS, caporal de M. de Crusel, fils de Jean et de Françoise Deniset.
SAULNIER, Françoise, (1)   [GILBERT I.
  veuve de Jean Le Roy.

1694, (4 février) Ste Famille.

I. — MORVENT DIT LABONTÉ, FRANÇOIS, b 1671, fils de Jean et d'Anne Lecors, de Mesle, en Bretagne.
DELAUNAY, Madeleine,   [NICOLAS I.
Marie-Angélique, b 11 juillet 1701, à Quebec.

1673, (25 septembre) Québec.

I. — MORY, JEAN, fils de Pierre et de Suzanne Pressac, de St. Maclou, évêché de Poitiers.
DE VIGNY, Marie, fille de Louis et de Marie Germaine, de St. Nicolas de Paris

MOSNY. — Voy. DE MOSNY.

1666, (15 mai) Quebec. [?]

I — MOSION DIT LAMOUCHE, ROBERT, maître-tailleur, b 1643, fils de Florent et de Jeanne Charpennier, d'Ains, évêché de Poitiers ; s [2] 24 nov. 1718.
TAVERNIER, Anne, b [2] 1613, fille de Hugues et de Charlotte Bredy, de St Nicolas de la Ferté, évêché de Soissons.
Flavianne, (2) b [2] 29 juin 1667 , m [2] 21 nov. 1701, à Jacques BÉGAT ; s [2] 1er fév. 1752. — *Jean-Baptiste*, b [2] 11 déc. 1669, s [2] 28 fév. 1742. — *Charles-Robert*, b [2] 16 juillet 1672 ; s [2] 16 déc. 1708. — *Anne*, b [2] 15 juillet 1674 ; m [2] 4 mai 1718, à Paul FERRIÈRE ; s [2] 7 décembre 1741. — *Robert*, b [2] 17 déc. 1676 ; m [2] 13 juillet 1712, à Elizabeth CHENIER ; s [2] 22 avril 1742. — *Félicité*, b 1679. — *Charlotte*, b [2] 9 fév. 1681 , m [2] 8 sept. 1714, à Leonard SIMON ; s [2] 12 oct. 1751.

1683.

I. — MOSSART, NICOLAS.
LUCAS, Anne.
Françoise, b 3 sept. 1683, à Lévis. [9] — *Marguerite*, b...; m [9] 28 nov. 1693.

1694 (4 fév) Pte-aux-Trembles, (Q.) [3]

I. — MOTARD DIT LAMOTHE, LOUIS, b 1665, fils de Louis et de Marie Mont de St. Mathurin, évêche de Luçon.
LANGLOIS, Isabelle,   [NICOLAS I.
Louise-Renée, b 16 mai 1695, au Cap Santé [2] — *Louis-Joseph*, b [3] 22 janv. 1699 ; m [3] 6 fév. 1720,

à Marie-Anne BERTRAND. — *Marie-Madeleine*, b [3] 12 sept. 1700. — *Louise-Catherine*, b [3] 24 sept. 1702 — *Marie-Charlotte*, b 1704 ; s [2] 21 juillet 1710 — *Elizabeth*, b [3] 15 mai 1708. — *Marie-Josette*, b [2] 29 juillet 1710. — *Jean-Baptiste*, b [2] 8 janv. 1713.

MOUCHÈRE — Voy. DESMOULINS.

I. — MOUCHY, (DE) NICOLAS, conseiller, de la ville de Lyon.
PERRIN, Jacqueline, de la ville de Lyon.
Jeanne, b à Lyon ; m 19 déc. 1675, à François SABATIER, à Montréal.

MOUCHY, (DE) conseiller.

MOUET. — *Surnoms* : DE MORAS — DE LA BORDE — D'ENGLADE

1668, (8 avril) Trois-Rivières. [5]

I. — MOUET, PIERRE, (1) b 1639, fils de Bertrand et de Marthe de Thosin, de Castel-Sarrasin, en Basse Guyenne ; s [5] 24 nov. 1693. [4]
TOUPIN, Marie,   [TOUSSAINT I.
  s [5] 14 mars 1723
Pierre, b [5] 1er nov. 1669 , m [5] 18 avril 1694, à Elizabeth JUTRAS ; s [5] 31 oct. 1708. — *Jacques*, b [5] 26 janv. 1672. — *René*, b [5] 1er mars 1674. — *Louis*, (2) b [5] 9 oct. 1676 ; s [5] 27 mars 1699. — *Michel*, b [5] 20 janv. 1679 ; m [5] 30 janv. 1725, à Catherine DESJORDIS. — *Marie-Madeleine*, b [5] 2 juillet 1681, s [5] 8 déc. 1703. — *Joseph*, b [5] 21 juillet 1683. — *Thérèse*, b [5] 14 mars 1688, m [5] 27 oct. 1715, à Michel TROTIER.

1694, (18 avril) Trois-Rivières. [5]

II. — MOUET DE MORAS, PIERRE,   [PIERRE I.
  enseigne, s [5] 31 oct. 1708.
JUTRAS, Elizabeth,   [CLAUDE I.
  s [5] 11 mai 1705.
Marie-Françoise, b [5] 3 juillet 1695 ; m [5] 7 janv. 1716, à François SAUVAGE. — *Marie-Josette*, b [5] 13 fév. 1697 ; m [5] 21 janv. 1718, à Joseph POTIER — *Jean-Baptiste*, b [5] 2 nov. 1638 ; s [5] 24 mars 1723, cadet dans les troupes. — *Marie-Marguerite*, b [5] sept. et s [5] 18 nov. 1700 — *Didace*, b [5] 29 déc. 1701. — *Augustin*, (3) b [5] 16 sept. 1703. — *Isabelle*, b [5] 11 mai 1705 ; m [5] 7 janv. 1728, à Joseph BOULANGER.

II — MOUET DE LA BORDE, LOUIS,   [PIERRE I.
  s 27 mars 1699, aux Trois-Rivières.

1669, (19 août) Québec.

I. — MOUFLET DIT CHAMPAGNE, JEAN, b 1648, fils de Jean et de Sebastien Girard, de Ste. Catherine, évêché de Xaintes.
BODIN, Anne, b 1651, fille de Jean et de Marie Gauchère, de l'Ile de Rhé, évêché de LaRochelle.
Anne, b 1670 ; 1° m 13 juillet 1682, à Mathias CHATOUTEAU, à Lachine [5] ; 2° m à René TSIHENE ;

---

(1) Elle épouse, le 22 octobre 1697, Bernard Dumouchel, à Montréal,

(2) Filleule de Jacques De Chambly, capitaine au régiment de Carignan,

(1) Sieur de Moras, enseigne dans la compagnie de Loubias, régiment de Carignan.

(2) Sieur de la Borde.

(3) Sieur d'Englade.

3° m ⁵ 25 août 1722, à Jean-Baptiste GOURDON. — *Pierre*, b 1672. — *Jean-Baptiste*, b 1674 ; s ⁵ 14 oct. 1687. — *Marguerite*, b 1677. — *Louis*, b ⁵ 6 déc. 1680. — *Marie*, b ⁵ 3 mars 1683 ; m 25 oct. 1700, à François MELOCHE, à Montréal. — *Angélique-Gabrielle*, b ⁵ 19 août 1685. — *Marie-Suzanne*, b ⁵ 22 fév. 1688.

I. — MOULINEUX, GILLES, b 1641, était dans la seigneurie de Beaupré, en 1681.

MOULINIER, JACQUES, donné au séminaire de St. Sulpice, en 1703, à Montréal.

I. — MOULLARD, ELÉONORE, était à St. Jean, Ile d'Orléans, en 1691.

MOUNIER. — Voy. MEUNIER.

1677, (26 avril) Québec.

I. — MOURIER, PIERRE, fils de Jean et de Marie Chauveau, de St. Jean de Channemet, évêché d'Angoulême.
LE VALET, Suzanne, fille de Philippe et de Blanche Lecourt, de St. Jacques, du Livareau, évêché de Lizieux ; s 19 fév. 1715, à St. Jean, I. O. [1]
Jean, (1) b 28 août 1678, à Ste. Famille ; s¹ 3 janv. 1683. — *Suzanne*, b 1680 ; m ¹ 27 avril 1699, à Nicolas FILTEAU ; s¹ 25 sept. 1699. — *Marie*, b ¹ 27 oct. 1682 ; m¹ 25 nov. 1699, à Charles GENEST. — *Pierre*, b ¹ 10 mai 1685, s¹ 27 juillet 1698, noyé. — *Blanche*, b ¹ 4 mars 1689.

1678, (29 octobre) Ste. Famille.

I. — MOURIER DIT VERRON, JEAN, b 1630, fils de Jean et d'Anne Caron ; s 18 août 1705, à St. Jean, Ile d'Orléans. ⁸
MINAUD, Marie, (2) [JEAN I.
Marie, b 1678 ; s ⁸ 3 janv. 1683. (1) — *Marie-Madeleine*, (1) b ⁸ 10 mai 1682 ; s ⁸ 3 janv. 1683.— *Marie*, b ⁸ 10 juillet 1685, m ⁸ 25 juillet 1700, à Marc SEMEUR — *Jean-Baptiste*, b 5 août et s ⁸ 21 sept. 1687. — *Marguerite*, b ⁸ 5 août 1687 ; m ⁸ 30 juin 1706, à Michel CHIASSON. — *Marie-Jeanne*, b ⁸ 31 août 1688 ; m ⁸ 20 juin 1704, à Pierre GALLIEN. — *Claire-Françoise*, b ⁸ 19 oct. 1690 ; s ⁸ 14 avril 1691. — *Gabriel*, b ⁸ 6 sept 1696 ; s ⁸ 18 mai 1703. — *Françoise*, b... ; m ⁸ 17 nov. 1710, à Louis GREFFARD. — *Jean*, b ⁸ 12 nov. 1692.

MOUSSEAUX, — *Variations et surnoms :* MON-CEAU — LAVIOLETTE — DES ILETS.

1658, (16 septembre) Montréal. ⁶

I. — MOUSSEAUX DIT LAVIOLETTE, JACQUES, b 1631, fils de Nicolas et de Jacqueline Jannot, d'Azé-le-Rideau, évêché de Tours.
SAUVIOT, Marguerite, [JEAN I.
Françoise, b ⁶ 10 nov. 1659, m à Jean MANDE-VILLE. — *Perinne*, b ⁶ 25 oct. 1663, m 1703, à Jean-Baptiste ROCHE.— *Jacques*, b ⁶ 13 nov. 1665 ;

m 25 janv. 1694, à Marie-Anne DAUNAY,' à Boucherville. — *Elizabeth*, b ⁶ 29 sept. 1667, m 28 oct. 1693, à Pierre GRESLON, à Québec. — *Hélène*, b ⁶ 24 fév. et s ⁶ 21 août 1670. — *Marie-Anne*, b ⁶ 8 nov. 1661 ; 1° m à Jean BLOT ; 2° m 23 avril 1680, à Pierre RIVIÈRE, à Repentigny. ⁷— *Marguerite*, b... ; 1° m 1685, à Claude PASTOREL ; 2° m ⁷ 11 août 1706, à Pierre DOUCET.

1694, (25 janvier) Boucherville. ⁸

II — MOUSSEAU, (1) JACQUES, [JACQUES I. DAUNET, Marie-Anne, [ANTOINE I.
Jacques, b ⁸ 25 oct. 1694. — *Joseph*, b ⁸ 7 juin 1697. — *Marguerite*, b ⁸ 21 fév. 1700. — *Jean-Baptiste*, b 23 juin 1702, à Repentigny. ⁷ — *François*, b ⁷ 17 janv. 1710. — *Marie-Françoise*, b ⁷ 22 juillet 1714. — *Marie-Thérèse*, b 8 et s ⁷ 11 mars 1713.

MOUSSET. — Voy. MOISSET.

I. — MOYDRUX, RENÉ, serviteur des PP. Jésuites, mort accidentellement ; s 28 sept. 1659, à Québec.

I. — MOYEN, JEAN-BAPTISTE, de St.-Nicolas-des Champs de Paris.
LE BRET, Elizabeth, de St. Nicolas-des-Champs de Paris.
Elizabeth, b 1641 ; m 12 août 1657, à Lambert CLOSSE, à Montréal. ⁸ — *Marie*, b 1649 ; m ³ 7 nov. 1667, à Sidrac DUGUÉ ; s 24 oct. 1687, à la Pte.-aux-Trembles de Montréal.

I. — MOYNET, JEAN. — Voy. MOINET.

MULOIN. — *Variations :* MULOUIN — MULOIS.

I. — MULOIN, JEAN.
FROGET, Marguerite, (2) [NICOLAS I.
Jeanne, b 22 janv. 1682, à Repentigny ¹ ; m ¹ 19 avril 1701, à Jean BEAUCHAMP. — *Marie*, b... ; m 2 mai 1707, à Joseph VAILLANCOUR, à St. François, I. J. ² — *Jacques*, b... , m ³ 14 janv. 1710, à Madeleine GOULET. — *Marguerite*, b... ; m 1725, à Nicolas RÉAUME.

1686.

I — MUSMACH, (3) JEAN-FRANÇOIS, marchand. BOYER, Marie-Thérèse, [MATHURIN I.
Jean-François, b 20 fév. 1687, à Québec. ¹ — *François-Mathieu*, b ¹ 13 sept. 1689. — *Marie-Anne*, b 8 oct. 1690, à Montréal ³ ; s ³ 9 juillet 1691. — *Jeanne-Françoise*, b ² 5 nov. et s 5 déc. 1691, à Boucherville.

MUSNIER. — Voy. MEUNIER — LEMONIER.

I — MUSNIER, FRANÇOIS.
MIGNERON, Marguerite, (4) [JEAN I.

---

(1) Dit Des Ilets.

(2) Elle épouse. en 1695, Jean Berloin dit Nantel.

(3) Musmach, sieur de Mingot.

(4) Elle épouse, le 14 avril 1676, Louis Balard dit Latour, à Québec.

(1) Brûlés le 27 déc. 1682.

(2) Elle épouse, le 6 juillet 1706, Jean Rahoum, à St. Jean, Ile d'Orléans.

N

NADEAU. — Voy. Grenier — Lavigne.

I. — NADEAU, Jean ; s 13 janv. 1688, à Batiscan.

I. — NADEAU dit Lavigne, Joseph-Osanny, b 1637 ; s 12 fév. 1677, à Ste. Famille. [1]
Abraham, Marguerite, (1) b 1645.
Marie, b [1] 1er mai 1667. — Jean, b [1] 22 avril 1669 ; m à Anne Cassé. — Adrien, b [1] 13 et s [1] 15 mars 1672. — Denis, b 18 juin 1673, à Québec ; 1° m 9 nov. 1695, à St. Etienne de Beaumont ; 2° m [2] 22 mai 1724, à Elizabeth Le Roy ; s 4 mars 1759, à St. Michel. — Catherine, b [1] 14 juin 1676, m à Jean Roy.

II. — NADEAU, Jean,   [Joseph I.
s 1er mars 1735, à St. Etienne de Beaumont.[0]
Cassé, Anne,   [Antoine I.
Jean-Baptiste, b 1696, s [0] 14 janv. 1716. — Marguerite, b 20 fév. 1692, à Lévis [1] ; m [0] 26 janv. 1712, à Charles Gesseron. — Marie-Anne, b 1705, s [0] 23 oct. 1725. — Louis, b [0] 25 mars 1712 ; m [1] 8 nov. 1732, à Anne-Geneviève Duquet. — Joseph, b [0] 25 mars 1712 ; s [0] 27 sept. 1714. — Angélique, b... ; m [0] 26 nov. 1714, à Denis Gontier. — Marie-Madeleine, b [0] 8 août 1715 ; s [0] 15 oct. 1725. — Elizabeth, b... ; m [0] 22 juillet 1727, à Pierre Couillard. — François, b... ; m à Geneviève Martineau.

1695, (9 nov.) St. Etienne de Beaumont. [8]

II. — NADEAU, Denis,   [Joseph I.
s 4 mars 1759, à St. Michel. [7]
1° Cassé, Charlotte,   [Antoine I.
s [8] 6 mars 1722.
Jean-Baptiste, b [8] 4 sept. et s [8] 12 oct. 1696 — Joseph, b [8] 23 mars 1698 ; m [8] 12 janv. 1723, à Angelique Turgeon. — Denis, b [8] 29 et s [8] 30 sept 1700. — Jean, b... ; m [8] 13 janv. 1727, à Louise Turgeon. — Alexis, b [8] 26 fev. 1701, m 15 fév. 1729, à Marie-Claire Albert, à Kamouraska. — Anonyme, b [8] et s [8] 1er mars 1704. — Anonyme, b [8] et s [8] 26 déc. 1705. — Charles, b [8] 22 fev. 1707. — Guillaume, b [8] 3 déc. 1708 , m [8] 27 fév. 1737, à Thérèse Le Roy. — Marie-Charlotte, b [8] 2 mars 1710. — Marie-Suzanne, b [8] 18 mai 1712 ; s [8] 23 dec. 1733. — Louis, b [8] 1er et s [8] 5 avril 1715. — Marie-Madeleine, b [8] 17 oct. 1717. — Antoine, b... ; m [8] 6 mai 1726, à Marguerite Turgeon.

1724, (22 mai) St. Etienne de Beaumont. [8]

2° Le Roy, Elizabeth,   [Louis II.
Etienne, b [8] 18 mars 1725. — Geneviève, b [8] 4 août 1726 — Elizabeth, b [8] 1er fev. 1728. — Marthe, b [8] 28 oct. 1729. — Denis, b [8] 8 avril 1731 ; m 29 oct. 1753, à Elizabeth Gosselin, à St. Michel. [7] — Louise, b [8] 2 nov. 1732. — Joselte-Marie, b [8] 2 déc. 1734. — François, b [8] 21 mai 1736 ; m [7] 22 fév. 1762, à Marie-Louise Aubois. — Thérèse, b [8] 29 mars 1738.

1696, (30 oct.) St. Jean, Ile d'Orléans. [5]

II. — NADEAU, Jean,   [Joseph I.
Dumont, Marie-Anne,   [Julien I
Marie, b 27 janv. 1698, à St. Michel. [4] — Elisabeth, b [4] 7 avril 1699 ; s [4] 2 mars 1703. — Jean-Baptiste, b [4] 21 sept. 1700. — Michel, b [4] 19 nov. 1703. — Geneviève, b [4] 18 avril 1706. — Louise, b [4] 8 sept. 1708.

1667, (17 septembre) Québec. [2]

I. — NAFRECHON, Laurent, fils de Simon et de Louise Brissonnel, de Lorigny, évêché de Poitiers.
Marchand, Catherine, b 1645, fille de Pierre et d'Andrée Vivier, de St. Nicolas, évêché de La Rochelle ; s 15 nov 1734, aux Trois-Rivières.
Marie-Michelle, b [2] 7 déc. 1670 — Jeanne, b [2] 25 sept. 1672.

1668, (19 novembre) Montréal. [7]

I. — NAFRECHON, Isaac, meunier, fils de Jacques et de Louise Garnier, de Méry, en Poitou.
Le Loup, Catherine, fille de Nicolas et de Marguerite Sibaut, de St. Saturnin, évêché de Blois.
Catherine, b [7] 12 et s [7] 17 janv. 1670. — Catherine, b [7] 23 mars 1671 ; 1° m [7] 1er sept. 1687, à Denis Sabourin ; 2° m à Louis Chaunier ; 3° m [7] 30 août 1691, à François Foucault. — Françoise, b [7] 11 juin 1673, m [7] 25 juin 1701, à Jacques Paumereau. — Marie, b [7] 4 juin 1675 ; sœur dite St. Dominique, Congrégation N.-D. ; s [7] 25 mars 1755. — Louise, b [7] 22 nov. 1677. — Marguerite, b [7] 7 mars 1679. — Jean, b [7] 28 mars 1681. — Marie-Madeleine, b [7] 25 avril 1684 — Marie-Catherine, b [7] 8 dec. 1686. — Jeanne, b [7] 7 déc. 1689.

I. — NANATES, Jacques.
                                              , Louise.
Louis, b 28 avril 1672, à Sillery.

NANTEL. — Voy. Berloin dit le Nantel.

I. — NATEL, Antoine, serrurier, arrivé avec Champlain et decédé à Quebec, en 1608.

I. — NAU, De Fossambault, Jacques, (1) Conseiller du Roy, et Procureur-General des finances, en Berry.
Granger, Catherine.
Marie-Catherine, b 1634, 1° m 5 oct. 1655, à Louis De Lauzon, à Québec [8] ; 2° m à Jean-Baptiste Peuvret. — Michelle-Thérèse, m [8] 22 oct. 1663, à Joseph Giffard.

1661, (21 juillet) Quebec. [8]

I. — NAU dit St. Crespin, Jean, b 1642, fils de Jacques et de Perinne Clavier, de Trinite Mascou, en Bretagne ; s 2 mai 1699, à Ste. Foye.
Bonhomme, Marie,   [Nicolas I.

---

(1) Elle épouse, le 31 janvier 1673, Guillaume Chartier, à Ste. Famille.

(1) La Seigneurie de Fossambault tire son nom de cette famille.

1676, (20 juillet) l'Ange-Gardien. [9]

I. — NAULT, François, fils de Jean et de Jeanne Varlet, de St. Aubin de Fécamps, évêché d'Angers.

1° JOBIDON, Marguerite,   [Louis I.
s 27 nov. 1687, à la Pointe-aux-Trembles de Québec [0]

Jean, b [9] 26 sept. et s 28 nov. 1677, au Château-Richer. [8] — *François,* b [8] 30 mai 1679. — *Geneviève,* b [0] 18 mai 1682. — *Marguerite-Ursule,* b [0] 17 fév 1684, m à Pierre ARCAN — *Jean-François,* b [0] 4 fév. 1686 — *Michel,* b [0] 12 juillet et s [0] 31 août 1687.

1688 (1er juillet) à la P[te]-aux-Trembles, Q.

2° CHAILLÉ, Marie-Thérèse,   [MATHURIN I.
Marie-Thérèse, b 2 oct 1689, au Cap Sante. [7] — *Claude,* b 8 janv. 1696, aux Grondines — *Marie-Louise,* b [7] 30 mars 1698

1692, (26 juillet). (1)

I. — NAU dit LABRIE, PIERRE, soldat, fils de Jean (marchand) et de Marie Martin, de Xaintes.

1° GARAN, Marie-Thérèse,   [PIERRE I.
s 13 mai 1715, à St. Michel. [7]

Pierre, b 23 sept. 1693, St. Jean, I O., 1° m 23 nov. 1716, à Marguerite HUARD, veuve Jean-Baptiste GRENET, à Lévis [8], 2° m [8] 10 fev. 1735, à Catherine POLIQUAIN, s [8] 13 mars 1763. — *Jean,* b..., m 26 oct. 1723, à Madeleine DEMOLIER, à l'Islet [9] — *Marie-Louise,* b 5 fev. 1713, à Ste. Etienne de Beaumont. [0] — *Marie-Thérèse,* b [0] 5 juin 1714. — *Louis,* b [7] 29 dec. 1704 — *Joseph,* b [7] 28 mars 1706 — *Charles,* b [0] 15 oct. 1707 — *Jacques,* b [0] 2 mai 1709

1716, (20 avril), St. Michel.

2° GABOURY, Elizabeth,   [Louis I.
veuve d'Antoine Goupy.

Jean-Baptiste, b... ; m [9] 14 nov. 1741, à Geneviève GRAVELLE. — *Louis,* b [7] 29 dec. 1704 — *Joseph,* b [7] 28 mars 1706

1687, (13 mai) Quebec

I. — NAVERS, Jean, chirurgien des troupes, b 1684, fils de Dominique et de Catherine Mendose, de St. Roch de Parabelle, évêché de Tarbes, en Bigorre, Hautes-Pyrénées.
SAUVIN, Marie-Françoise,   [FRANÇOIS I.
b 1672 ; s 4 janv. 1752, au Château-Richer. [2]
Jean-François, b 3 et s [2] 5 dec. 1690. — *Marie-Françoise,* b [2] 24 août 1693 ; m [2] 12 avril 1712, à Noel TOUFIN. — *Marguerite,* b [2] 19 août 1695, m [2] 20 juin 1713, à Claude POULIN. — *François,* b [2] 11 oct. 1697 : s [2] 21 avril 1701. — *Anne,* b [2] 24 oct. 1699, m [2] 7 fev. 1718, à Julien JOBIDON. — *Jean-François,* b [2] 6 nov. 1701, s [2] 20 fev. 1702. — *Marie-Elizabeth,* b [2] 2 juillet 1704. — *Catherine,* b [2] 7 juin 1706. — *Jean-Baptiste,* b [2] 19 nov. 1709. m [2] 21 nov. 1735, à Cecile CHAPELAIN — *Marie,* b [2] 8 dec. 1712.

I — NÉE, GUILLAUME, de St. George, évêché de Rouen, s 23 mars 1635, aux Trois-Rivières.

I. — NÈGRE, PIERRE-CÉLESTIN, âgé de 24 ans, natif de l'Ile de Madagascar, demeurant chez M. Pierre LeBer, marchand, b 24 mai 1692, à Montréal.

I. — NÈGRE, LOUIS, âgé de 26 ans, natif de l'Ile de Madagascar, demeurant chez M. Dupre, marchand, b 24 mai 1692, à Montréal.

I. — NÈGRE, JACQUES, natif de la Guinée, âgé de 36 ans, demeurant chez M. Le Ber, b 10 avril 1694, à Montreal.

I. — NEPVEU, PIERRE, s 10 janv. 1654, à Montreal.

1653, (28 janvier) Québec. [5]

I. — NEPVEU, JEAN, (1) fils de Jacques et de Marie Michelle, de St. George, près de Montaigu, en Poitou.
LEDET, Anne, (2) b 1631, fille de Nicolas et d'Isabelle Pinau, d'Angoulan, évêché de LaRochelle.

Barbe, b [5] 3 déc. 1653 : m [5] 27 août 1667, à Nicolas SYLVESTRE ; s 18 avril 1729, à la Pointe-aux-Trembles de Québec. — *Suzanne,* b 11 oct. 1655, à Sillery ; 1° m 1673, à Nicolas POT ; 2° m [5] 18 oct. 1692, à Jean DEVIN, s [8] 29 janv. 1727. — *Adrien,* b 1656 ; m à Renée DANDONNEAU ; s 15 mars 1699, à Champlain.

1659, (4 août) Québec. [9]

I. — NEPVEU, PHILIPPE, b 1635, tailleur, de Chartres, s [9] 1er janv. 1721.
SYLVESTRE Denyse,   [CHARLES I
veuve d'Antoine Martin ; s [9] 14 dec. 1700.

Madeleine, b [9] 26 nov. 1660 ; m [9] 28 avril 1681, à Jean-Charles CADIEU ; s 28 oct. 1697, à Beauport. — *Louis,* b [9] 16 mars 1662. — *Jacques,* b [9] 10 mars 1663 ; m 24 oct. 1695, à Michelle CHAUVIN. — *Philippe,* b [9] 24 juin 1665 , s [9] 4 mars 1676. — *Marie-Anne Jeanne,* b 13 et s [9] 17 janv. 1667. — *Anne,* b [9] 28 janv. 1668 ; s [9] 1er déc. 1702. — *Marguerite,* b [9] 29 mai 1669 ; sœur dite Ste. Marguerite, C. N.-D. ; s [9] 18 juin 1734. — *Marie-Catherine,* b [9] 3 juillet 1670 ; m [9] 27 mai 1690, à Guillaume GAILLARD ; s [9] 5 juillet 1715. — *Charles,* b [9] 12 sept. 1671. — *Jean,* b [9] 31 août et s [9] 8 sept. 1673. — *Jean,* b [9] 20 déc. 1676 ; 1° m 24 janv. 1702, à Marie-Jeanne PASSARD, à Montréal [8] ; ; 2° m [8] 27 juillet 1704, à Françoise LE GRAS.

1669, (5 octobre). (3)

I. — NEVEU, PIERRE, fils de Pierre-Mathieu et de Marguerite Renaud, de St. Martin de Rhé, évêché de La Rochelle.
1° BOUCHER, Marie, fille de Toussaint et de Louise Belleheure, de Paris.

1670, (2 septembre) Ste. Famille.

2° LEVIEUX, Claire, fille de Pierre et de Jeanne Legrand, de St. Honoré de Paris.
Jacques, b 15 juillet 1671, à Québec.

(1) Propriétaire de cette partie des plaines d'Abraham dite Les Buttes à Nepveu.

(2) Elle épouse, le 2 sept. 1657, Gilles Pinel, à Québec.

(3) Date du contrat de mariage. — *Greffe de Duquet.*

II. — NEPVEU, Adrien, [Jean I
s 15 mars 1699, à Champlain [6]
Dandonneau, Renée, (1) [Pierre I.
Marie-Anne, b [6] 24 juin 168?. — *Marie-Renée,*
b [6] 12 janv. 1687. — *Charles-Adrien.* b [6] 11 janv.
1691 ; m 1722, à Marie-Josette Desrosiers — *Jean-*
François, b [6] 10 août 1692. — *Marie-Catherine,*
b [6] 18 mars 1697 — *Marie-Marguerite,* b [6] 30 juin
1698 ; s [6] 17 juillet 1711.

1688, (16 février) Lachine. [3]

I. — NEPVEU, Jean, bedeau, fils de Gilles et de
Claudine Gauton, de St. Germain, evêche de
Poitiers
Godin, Catherine, [Pierre I.
veuve de Louis Fortin.
Pierre, b [3] 16 janv. 1691 — *Louise,* b [3] 23 avril
1693 ; s [3] 6 janv, 1694. — *Louis,* b [3] 2 fev. 1695.—
Jean-Baptiste, b [3] 3 avril 1697.—*Joseph,* b [3] 18 avril
et s [3] 28 août 1699 —*Antoine,* b [3] 11 août 1700.—
Jacques, b 3 fev. 1704, à Ste. Anne du bout de l'île.

1671.

I — NEPVEU dit Lacroix, François.
1° Le Grand, Antoinette, b 1649, veuve de Nicolas Preunier, fille de Jean et de Nicole Pion,
de St. Jean d'Eu, evêché de Rouen ; s 21
nov. 1701, à Boucherville.
2° Touin, Jeanne, [Roch I.
Jean-Baptiste, b 30 avril 1704, à Repentigny.

1695, (24 octobre) Montréal. [1]

II — NEPVEU, Jacques, [Philippe I.
Chauvin, Michelle, [Pierre I.
Jacques, b [1] 29 oct. 1696 . s [1] 3 mai 1703. —
Catherine, b 2 janv. 1698, à Repentigny [2]; m 24
fev. 1718, à Louis Hamelin, au Detroit.— *Hélène,*
b [2] 30 mars et s [2] 6 avril 1699. — *Thérèse,* b [2] 9
avril 1700. — *Jean-Michel,* b [1] 19 janv. 1702. —
Suzanne, b 23 juin 1704, à St. François, I J. [3] —
Marie-Catherine, b [3] 22 juin 1706 — *Jean-Fran-*
çois, b [3] 17 nov. 1710 ; s [3] 21 fev. 1713. — *Agnès,*
b [3] 21 fev. et s [3] 1er mars 1713.

NÉRÉ. (De) — Voy. Levasseur, Jacques.

NESTYUS. — Voy. Stevens

NEUVILLE. (De la) —Voy. Dehornay, Jacques.

NEUVILLETTE. (De)—Voy. Robineau, Daniel

I — NEVAUX, Nicolas.
Dumets, Marie, (2) [André I

I,— NICOLAS, Greffier de Quebec, en 1621.

I.—NICOLAS, serviteur au séminaire de Quebec,
s 27 sept. 1697, (mort subite.) .

I —NICOLAS dit Lavallée, Pierre, soldat déserteur, s en juin 1667, à Quebec. (3)

(1) Elle épouse, le 26 avril 1700, Pierre Moulin, à Champlain.
(2) Elle épouse, le 26 janv. 1672, Jean Le Roy, à Montréal.
(3) Et René Jouchon, aussi soldat déserteur. — Voyez
Registres du Conseil, 2 juin 1667.

1637, (7 octobre) Québec. [2]

I. — NICOLET, (1) Jean, noble homme, commis
et interprète, fils de feu Thomas (messager
ordinaire de Cherbourg à Paris) et de Marguerite De la Mer, noyé le 29 oct. 1642, à
Sillery, avec Jean Ferré et Noel Girardeau.
Couillard, Marguerite, (2) [Guillaume I.
Ignace, b et s 4 dec. 1640, aux Trois-Rivières. [3]—
Marguerite, b [3] 1er avril 1642 ; m [2] 11 juillet 1656,
à Jean-Baptiste Le Gardeur.

I. — NICOLET, Gilles, prêtre, né à Cherbourg,
arrivé à Québec en 1635, un des premiers
prêtres séculiers dont le nom apparaît sur les
registres de Québec. Il retourna en France
en 1657.

I. — NICOLET, Pierre. (3)

I. — NICOLET, Euphrasie-Madeleine, b 1626,
originaire de Cherbourg , 1° m 21 nov. 1643,
à Jean Le Blanc, à Québec [2], 2° m [2] 22 fév.
1663, à Elie Dusceau.

I. — NIEL, François, [4] s 5 juillet 1671, au Château-
Richer, noye.

1658, (1er mai) Quebec [2]

I. — NIEL, Pierre, b 1640, fils de Jean et de Ma-
deleine Guérin, de la ville de St. Maximin, en
Provence ; s [2] 4 nov. 1700.
Lefranc, Jacquette, b 1645, fille de Jean et de
Marguerite Couvinault de la ville d'Angou-
lème , s [2] 2 nov. 1717.
Marie, b [2] 22 mars 1660, 1° m [2] 24 nov. 1678, à
Zacharie Joliet, 2° m [2] 25 nov. 1692, à Jacques
De Verneuil. — *Pierre,* b [2] 22 nov. 1662 ; m à
Marguerite Vanier. — *Jean,* b [2] 16 juin 1665. —
Charles, b [2] 6 aout 1667. — *Marie-Louise,* b [2] 13
mai 1670 ; m [2] 22 nov. 1688, à Jacques Guyon.
— *Jacques,* b [2] 1er avril 1673. — *Geneviève,* b [2] 29
mars 1676, m [2] 30 juillet 1696, à Nicolas Volant ;
s [2] 20 janv. 1703. — *Marguerite,* b [2] 1er août 1679 ;
m [2] 11 janv. 1706, à Jean Coutard ; s [2] 4 juin
1726. — *Angélique,* b [2] 9 mai 1682 . s [2] 4 janv.
1703. — *François,* b [2] 3 nov. 1684.

II. — NIEL, Pierre, [Pierre I.
Vanier, Marguerite. [Germain I.
Pierre, b 24 mars 1691, à Charlesbourg.

(1) Il était venu en Canada, en 1618. Homme d'un caractère heureux, d'une excellente mémoire, il donnait les plus
belles espérances. — *Rel. de* 1643. Au contrat de mariage
assistaient : François Derré de Gand, commissaire-général,
Olivier Le Tardif, Noel Juchereau, Pierre De la Porte, Guillaume Hubout, Guillaume Hébert, Marie Rolet, ayeule de la
future épouse, Claude Racine et Etienne Racine. — *Greffe de*
Guitet, 22 oct. 1637. Au contrat de mariage de Nicolas Bonhomme, il est appelé Jean Nicolet de Belleborne. — *Greffe de*
Duquet, 2 sept. 1640. Il a laissé son nom de *Belle-Borne* au
ruisseau, qui traversait sa terre, sur la route de Ste. Foye, où
se trouve aujourd'hui, le monument des braves de 1760.

(2) Elle épouse, le 12 nov. 1646, Nicolas Macard, à Québec.

(3) Il était présent au contrat de mariage de Nicolas Bonhomme, le 2 sept. 1637.

1672, (22 février) Québec.

I. — NIORT, (De) Louis, (1) évêché de Poitiers.
Sylvestre, Madeleine, [Charles II.
veuve de Jacques Loyer de La Tour.
Madeleine-Angélique, b 17 mars 1681, à Ste.
Famille.

———

I. — NIQUET, Pierre-René, b 1642.
Lemoine, Françoise, b 1644.
Pierre, b... ; m 7 fév. 1701, à Marie Lefebvre.
aux Trois-Rivières. — *Madeleine,* b 1667 , m à
César Marin ; s 15 mars 1703, à Montréal.—*Marie,*
b...: m 9 janv. 1681, à Dominique Jutras, à Sorel.[9]
— *Marie-Angélique,* b [9] 6 août 1683 ; m 1699, à
Louis Hus.

———

I. — NIQUETIER, Jean-Laurent ; b 1699 ; s 2
août 1701, à Lorette.

———

NIGER (De) dit Sanssoucy, (2) Bernard
Raisin, Marguerite.
Jean, b 24 mars 1673, à Sorel.

———

NOBERT. — Voy. Biguet.

———

I. — NODIN, Pierre, âgé de 22 ans, natif de St.
Pierre de Cissé, évêché de Poitiers, noyé à la
Basse-Ville de Quebec ; s 23 sept. 1679, à
Quebec

———

I. — NOEL, Michel, s 20 juillet 1653, à Montréal.

———

I. — NOEL, Jacques, b 1625, serviteur de Nicolas
Godé, et tué avec son maître, par les Iroquois : s 25 oct, 1657, à Montréal.

———

NOEL. — *Variation :* Nouet.

1649, (2 novembre) Québec [5]

I. — NOEL, Jean, fils de Jean et de Marie Bonin,
de Tonne-Boulonne, de Poitou.
1° Barbot, Suzanne, fille de Jean et d'Anne
Rabouin, de Manseau, au Poitou.
Jacques, b [5] 10 août 1650. — *Jean,* b [5] 3 juillet
1652 ; 1° m à Marie Celles ; 2° m à Madeleine
Dannets. — *Antoine,* b [5] 23 mai 1655.—*Pierre,* b [5]
24 juin 1657.

1658, (26 mai) Québec.

2° Guyon, Jeanne, veuve de Florent Bisson, fille
de Mathurin et de Julienne Beliefeuille, de
St. Côme du Maine.

1669, (22 octobre) Québec. [5]

I. — NOEL, François, fils de Pierre et d'Eliza-
beth Augustin, du bourg de Chiray, évêché
de Poitiers.
Le Grand, Nicole, fille de Nicolas et d'Anne
Duplessis, de St. Sulpice de Paris.
Philippe, b 28 dec. 1670, à Ste. Famille [6], m à
Madeleine Rondeau. — *Catherine,* b [5] 14 nov. 1672.
— *François,* b [6] 17 sept. 1675; m 15 fév. 1699, à
Catherine Burlon, à St. Laurent, Ile d'Orléans. [7]

———

(1) Sieur de La Nomye. — Voy. de Niort, page 180.

(2) Voy. De Niger, page 180.

— *Pierre,* b [5] 20 sept. 1677. — *Claire,* b 20 sept.
et s [6] 7 oct. 1677. — *Marguerite,* b [7] 23 nov. 1679 ;
m 1711, à Pierre Parant. — *Ignace,* b [7] 8 mai
1681 ; m 7 nov. 1707, à Marie-Anne Huard, à
Lévis. — *Michel,* b [7] 28 mars 1683. — *Jean-Baptiste,* b [7] 30 sept. 1685. — *Madeleine,* b [7] 12 mai
1687 ; m à Antoine Fortier.

———

I. — NOEL, Jean, b 1672, engagé de M. Changeon,
marchand ; s 19 sept. 1687, à Québec, noyé.

1674.

II. — NOEL, Jean, [Jean I.
Celles, Marie,
Marie-Madeleine, b 21 oct. 1675, à Sillery. [6] —
Jean, b [8] 5 déc. 1678.—*Jean,* b... ; m 22 sept.
1699, à Anne Blanvert, à Ste. Foye.
2° Dannets, Madeleine. [Charles I.
Marie-Anne, b... ; m 6 avril 1717. à François
Sylvestre.

———

II. — NOEL, Philippe, [François I.
Rondeau, Madeleine, [Thomas I.
Pierre, b 29 avril et s 1er juillet 1699, à St.
Laurent, Ile d'Orléans.— *Jean,* b..., 1° m à Renée
Ferland ; 2° m 22 juin 1756, à Geneviève Dus-
sault, à Lévis.

1699, (13 janvier) Pte-aux-Trembles, M.

I. — NOEL dit Labonté, Maurice, b 1671 ; s 17
nov. 1731, à St. François, Ile Jésus. [9]
Glory, Catherine, [Laurent I.
Nicolas, b [9] 6 nov. 1702; s [9] 2 février 1704.—
Pierre, b [9] 14 mars 1705. — *Marie-Anne,* b [9] 20
fév. 1710. — *Joseph,* b [9] 19 mars 1712. — *Marguerite-Louise,* b... ; m [9] 3 mai 1734, à Jean Forget.

1699, (février) St. Laurent, I. O.

II. — NOEL, François, [François I.
Burlon, Catherine, [Pierre I.
Catherine, b 1699 ; m 17 oct. 1728, à Nicolas
Diverny, à Québec [8]; s [6] 12 déc. 1754.

———

NOEL, Marie-Madeleine, b... ; s 26 déc. 1694, à
Montréal, (mort subite.)

1699, (22 septembre) Ste. Foye.

III. — NOEL, Jean, [Jean II.
Blanvert, Anne, fille de Martial et d'Aimée Do-
delet, de St. Nicolas-des-Champs, évêché de
Paris.
Marie-Suzanne, b 16 juillet 1700, à Québec.

1663, (29 janvier) Québec. [4]

I. — NOLAND, (1) Pierre, fils de Nicolas et de
Michelle Perier, de St. Germain, évêché de
Paris.
Houart, Catherine, veuve de Guillaume Le
Geay, fille de Thomas et de Nicole Gueron,
de St. Hubert, bourg de Torsy, évêché de
Caux ; s [4] 23 avril 1712.

———

(1) Dit Lechevalier.—A son contrat de mariage assistaient :
D'Avaugour, gouverneur, DesCartes, baron d'Eumenil, Jacques DesCailhaut, lieutenant du gouverneur, Madeleine De
Chavigny, veuve du Baron de la Pelleterie, et Etienne Renaud de la Touche.— *Greffe d'Audouard.*

Jean, b ⁴ 6 juillet 1667. — *Thierry,* b ⁴ 28 dec. 1671; s ⁴ 24 dec. 1702. — *Marie,* b 1664; m ⁴ 26 oct. 1684, à Louis De la Porte; s ⁴ 12 juin 1730. — *Catherine,* b 1668, m ⁴ 30 avril 1685, à François Martin-Delino; s ⁴ 14 nov. 1746. — *Anne,* b 14 juin 1674, à Montréal⁵; m ⁵ 26 nov. 1696, à François Desjordy. — *Jean-Baptiste,* b… ; m ⁵ 26 janv. 1688, à Marie-Anne Lamarque.

1688, (26 janvier) Montréal. ¹

II. — NOLAN, Jean-Baptiste,   [Pierre I.
Lamarque, Marie-Anne, (1)   [Jacques I.
Marie-Michelle, b 21 sept. 1688, à Québec²; s² 25 fev. 1689. — *Jean-Baptiste,* b¹ 27 mai 1689. — *Marie-Anne,* b² 5 oct. 1690. — *Jean,* b¹ 11 sept. 1691. — *Thierry,* b¹ 11 août 1692, s¹ 12 août 1694. — *Marie-Anne,* b¹ 23 nov. 1693. — *Charles,* b¹ 25 nov. 1694. — *Louis,* b¹ 9 déc. 1695. — *Marie-Anne,* b¹ 26 janv. 1697. — *Marie,* b 14 fev. et s¹ 5 juillet 1698. — *Marie Joselle,* b¹ 21 août 1699. — *Louise,* b¹ 8 sept. 1701. — *Louise,* b¹ 29 oct. 1702 ; m 17 déc. 1725, à François Mezière (de). — *Jean-Marie,* b¹ 9 août 1704.

1671, (26 octobre) Québec. ⁹

I. — NOLET, Sébastien, b 1628, fils de Vincent et de Jeanne Martel, du Bourg de Ste. Pessine, évêché de Luçon ; s 16 avril 1708, à St. Etienne de Beaumont. ⁸
Auger, Jeanne, b 1637, fille de Savignan et de Marie Ruelle, de St. Benoit, de Paris , s⁸ 18 oct. 1735.
François, b ⁹ 30 oct. 1672 ; m⁹ 27 juillet 1711, à Marie Maranda ; s 12 mars 1727, à Lévis. ⁷ — *Jean-François,* b⁹ 23 juillet 1674 ; m à Marie-Anne Thibaut. — *Marie-Anne,* b⁹ 20 juillet 1677. — *Constance,* b ⁹ 17 avril 1679. — *Louis,* b 20 sept. 1681, à l'Islet ; m⁸ 10 nov. 1710, à Marguerite Lis. — *Jacques,* b 1692 ; s⁸ 17 dec. 1710. — *Jacques,* b⁷ 27 janv. 1694 ; m⁸ 26 nov. 1727, à Marie Coulombe.

1653, (27 janvier) Québec. ⁵

I. — NOLIN dit Lafougère, Pierre, fils d'Antoine et de Marie Bonnet, de Longes, en Aunis ; s⁵ 17 avril 1659.
Gachet, Marie, fille de Louis et de Barbe Coulesyeux, de Creteuil, en Brie.

1663, (8 janvier) Château-Richer.

I. — NOLIN, Martin, de St. Jouan, évêché de Rouen.
Langlois, Antoinette, de St. Eustache de Paris.

1671, (18 novembre) Québec. ⁵

I. — NOLIN, Jacques, fils de Jacques et de Marguerite Gaillard, de St. Jean de Perot, évêché de LaRochelle.
Chalifour, Françoise,   [Paul I.
Claude, b⁵ 3 mars 1673 ; s 14 mars 1673, à Ste. Famille. ⁶ — *Jacques,* b⁶ 18 juin 1674 ; m 21 oct. 1715, à Marie DeRainville, à Beauport ; s⁶ 21 nov.

1735. — *Gabriel,* b ⁵ 28 juin 1676. — *Marie-Anne,* b 1677 ; m⁶ 13 nov. 1724, à Louis Judon, s⁵ 1ᵉʳ avril 1732. — *Louise,* b ⁶ 11 sept. 1678 ; 1º m à Pierre Joncas ; 2º m 11 août 1705, à Joseph Langlois, à St. Thomas ⁷ ; 3º m⁷ 31 janv. 1719, à Louis Couillard. — *Mathieu,* b 14 nov. 1683, à St. Pierre, Ile d'Orléans. ⁸ — *Jeanne,* b⁸ 15 mars 1685. — *Jean,* b 22 fev. et s ⁸ 9 mars 1687. — *Françoise,* b ⁸ 27 août 1680, m à Martin Boulet.

I. — NONVALE, s 18 nov. 1703, à la Rivière-Ouelle.

1692, (17 fevrier) Champlain. ⁵

I. — NORÉ (De) sieur d'Alencour Dumesny, Jacques, enseigne des vaisseaux du Roy, fils de Philippe et de Madeleine de Gédouin, de Noré, évêché de Bayeux.
Chorel, Marie-Renée,   [François I.
Philippe-Augustin, b ⁵ 14 déc. 1692. — *Marie-Renée,* b 9 et s ⁵ 10 juin 1694. — *Marie-Renée,* b 1699, à Montréal ; religieuse-ursuline dite Ste. Gertrude ; s 11 juin 1751, à Québec.

NOREST. (De la) — Voy. Niort, Louis.

1650, (12 septembre) Québec. ²

I. — NORMAND, Jean, fils de François et de Jeanne Boisselle, d'Igré ; s ² 23 avril 1666.
1º Riverin, Jacquette, fille de Grégoire et de Claudine ———, de True, en Poitou, s ³ 20 juillet 1661, foudroyée du tonnerre.

     1661, (19 septembre) Québec.

2º Boudet, Romaine, fille de Pierre et de Marguerite Liembre, du bourg d'Orgueil, proche de Rouen.

1665, (7 septembre) Québec. ⁶

I. — NORMAND dit La Brière, Pierre, taillandier, b 1638, fils de Pierre et de Marie Guilmain, de St. Martin, de Belesme, évêché de Chartres.
Normand, Catherine, b 1646, fille de Jean-Baptiste et de Catherine Pajot, de St. Hilaire, ville de Sens, en Bourgogne ; s⁶ 7 fév. 1703.
Pierre, b⁶ 28 mai 1666 ; s⁶ 18 août 1685. — *Charles,* b⁶ 13 sept. 1669. — *Marguerite,* b ⁶ 22 juin 1671 ; m⁶ 10 novembre 1694, à Charles-Etienne Gazon. — *Philippe,* b ⁶ 26 juillet 1673. — *Jean-Baptiste,* b ⁶ 14 août 1675. — *Anne,* b ⁶ 8 oct. 1677 ; m⁶ 4 mai 1700, à Jérôme Corda — *Jean,* b ⁶ 24 sept. et s ⁶ oct. 1679. — *Louis,* b ⁶ 13 oct. 1680 ; m 29 mai 1701, à Anne Bruneau ; s ⁶ 15 juillet 1729. — *François,* b ⁶ 22 fév. 1683, s ⁶ 6 mai 1699. — *Marie-Catherine,* b ⁶ 20 mars 1685.

II. — NORMAND, (Le) François. (1)   [Jean I.
Delaunay, Marie-Madeleine.   [Nicolas II.
François, b en oct. et s 19 nov. 1699, à Québec.

1694, (18 janvier) Charlesbourg. ¹

I. — NORMAMDEAU dit Deslauriers, Augustin, soldat de Desmeloise ; s…
Sasseville, Marie-Madeleine, (2)   [Pierre I.

Marie-Madeleine, b 25 mars 1709, à Québec ²;
m ² 18 mai 1728, à Louis Dion. — Pierre, b...,
m ² 14 août 1719, à Marguerite Rancour. — Augustin, b ¹ 14 oct. 1694 ; 1° m ² 4 juin 1721, à
Marie-Françoise Binet : 2° m à Angelique Dewirs ;
s ² 3 août 1743. — Pierre, b ¹ 22 juin 1697. —
François, b ¹ 3 dec. 1699 ; s ¹ 21 fév. 1703. —
Marie-Françoise, b ¹ 27 dec 1702 ; s ¹ 25 fev.
1703. — Marie-Madeleine, b ¹ 12 et s ¹ 25 avril
1704. — Charles, b ¹ 6 juin 1706.

NORMANDIN — Surnom : Sauvage.

1659, (1er mai). (1)

I. — NORMANDIN, Mathurin, fils de Jean et de
   Marie Desmaisons
   Badeau, Suzanne, (2)   [Jacques I.

I. — NORMANDIN, Jacob
   Briand, Marie.
   Daniel, b..., m 10 janv. 1687, à Louise Hayot.
   à Sorel ; s 18 sept. 1729, à Batiscan.

1687, (10 janvier) Sorel.

II. — NORMANDIN, Daniel,   [Jacob I.
   s 18 sept. 1729, à Batiscan ¹
   Hayot Louise,   [Jean II.
   Marie-Louise, b 3 et s 17 déc. 1687, à la Pte-
   aux-Trembles de Quebec. ² — Jean-François, b ²
   27 juin 1691. — Madeleine, b ² 14 juillet 1694. —
   Marie-Françoise, b ¹ 13 fév. 1699 — Marie-Josette,
   b 2 juin 1703, à Champlain.

1695, (18 juillet) Quebec. ²

I. — NORMANDIN, Laurent, fils de Laurent et
   de Jeanne Lesourd, de St. Saturnin, evêché
   de Tours.
   Renault, Marie-Anne,   [Jacques II.
   s ² 19 mai 1739.
   Marie-Louise, b ² 22 juillet 1696 , m ² 17 sept.
   1715, à Jacques David. — Etienne, b ² 1er juillet
   1700 ; s ² 24 déc. 1702. — Antoine, b ² 3 juillet
   1702.—François-Xavier, b ² 1er dec. 1703 —Madeleine, b ² 24 avril 1705. — Louise-Gabrielle, b ² 31
   août et s 3 déc. 1706, à Charlesbourg. ³ — Marie-
   Charlotte, b ² 27 janv. 1708. — Marguerite, b ² 9
   mars 1709. — Jean-Laurent, b ² 16 avril 1710 ; s ²
   7 août 1727. — Marie-Thérèse, b ² 7 janv. 1712 ;
   m ² 18 août 1732, à Louis-Pierre Duprat.—Marie-
   Théophile, b ² 27 janv. 1713 , s ³ 4 fév. 1713. —
   Angélique-Jeanne, b ² 27 dec. 1715 , s ³ 11 mars
   1716. — Anonyme, b et s ² 14 juin 1717,

1699, (27 avril) Québec. ²

I — NORMANDIN dit Sauvage, Pierre, marchand, b 1673, frère du précédent ; s ² 14
   avril 1733.
   Cartier, Marie-Angélique,   [Paul I.
   s ² 19 mars 1719, (dans l'église).
   Angélique, b ¹ 17 nov. 1699 ; religieuse-ursuline, dite St. Stanislas ; s ³ 3 oct. 1742.— Jeanne-

(1) Date du contrat de mariage,

(2) Elle épouse, le 26 juillet 1665, Jean De Rainville, à Québec.

Geneviève, b ² 2 avril et s ² 1er mai 1701.—
Pierre, b ² 14 juin 1702 ; s ² 8 oct. 1718. — Jean-
Louis, b ² 23 sept. 1703. — Françoise-Elizabeth,
b ² 22 janv. 1706.—Catherine, b ² 26 janv. et s 2
juin 1708, à Charlesbourg. — Laurent, b ² 21 fev.
1709. — Paul-Laurent. b ² 13 fév. 1710. — Marie-
Catherine, b ² 9 avril 1711. — Louis, b ² 29 avril
1712. — Etienne, b ² 10 juin 1713 ; s ² 21 avril
1719.— Anonyme, b et s ² 13 fév. 1714.— Charles,
b ² 8 fév. 1715 ; s ² 14 déc. +737. — Michel, b ² 27
avril 1716. — Anonyme, b et s ² 1er avril 1717. —
Thérèse-Elizabeth, b ² 14 mars 1719 ; s ² 21 juin
1733.

NOUET. — Voy. Noel.

I.—NORRICE, Marin, b 1630 ; s 16 déc. 1700, à
   Ste. Famille. ⁸
   Lamoureux, Antoinette, b 1648 ; s 17 janv.
   1706, à Québec.
   Jeanne, b 1668 ; m ³ 9 nov. 1688, à Marc-Antoine Canac.— Geneviève, b ³ 1er sept. 1677 ; s ³
   24 janv. 1678.— Joseph, b ³ 3 fév. 1680.

I.—NOUSCHAUX, Louis.
   Miscoue, Marie, sauvagesse.
   Jean-Baptiste, b 28 avril 1687, au Cap de la
   Madeleine.

NOUTUREAU — Voy Roturreau.

O

I.—ODON, Jean, fils de Jean, natif de Rouen, et
   demeurant chez M. Couillard, s 17 oct. 1649,
   à 18 ans à Quebec.

OGIER, Jean. — Voy. Auger.

OGUE. — Voy. Hogue.

OLIVIER. — Voy. Perié.

OLIVIER, interprète des Algonquins. — Sagard,
   p. 570.

OLIVIER, jeune engagé de M. Couillard, s 10
   mai 1654, à Quebec.

1673, (20 septembre) Sorel. ⁷

I. — OLIVIER, Jean, fils de Laurent et de Jeanne
   Mathurine, de Sallegrisson, évêché d'Entre-
   vaux.
   Renaut, Elizabeth, fille d'Antoine et d'Etiennette Cleignier, de St. Etienne, évêché de
   Langres.
   Marie-Thomasse, b ⁷ 23 juin 1674 ; 1° m 30 mai
   1697, à François Lemoine, à Quebec ⁸; 2° m ⁸ 17 fév.
   1721, à Jacques Jaquenot ; s⁸ 4 déc. 1734.— Geneviève, b ⁷ 24 nov. 1675. — Marie-Anne, b ⁷ 29 août
   1677; m à François Quaré.—Elizabeth, b⁷ 23 juillet
   1679 ; m 27 avril 1704, à Jean-Baptiste Hoc dit Jolicoeur, à Montréal.—Jean, b ⁷ 21 janv. 1681; s ⁷
   25 nov. 1687. — Nicolas, b 1682 ; s⁷ 11 fév. 1684.
   — Marie, b ⁷ 9 avril 1684. — Catherine, b ⁷ 2 dec.
   1685.

1687, (10 fev.) P^{te} aux-Trembles (Q.)⁶

I. — OLIVIER, Maurice, b 1641, fils de Jacques et de Marie Abiot, de Riou, evêche de Xaintes.
1º Coquincourt, Anne,   [François I. veuve de Jacques Damien : s ⁶ 3 nov 1688. noyée.

1691, (21 dec.) P^{te}-aux-Trembles.

2º Fontaine, Marguerite, b 1644.veuve de Pierre Ratel.

1690, (17 juin) P^{te}-aux-Trembles.

I — OLIVIER, (1) Marc, orfèvre, fils d Antoine et de Marguerite Savantin, de Beaurepoire, évêché de Beauvais.
Dardenne, Françoise,   [René II
Alexis, b 3 janv. 1695, à Montreal. ⁹ — *Simon,* b ⁸ 29 fev. 1696.

OLONNE. — Voy. Guignard d'Olonne

ONDAKION, Pierre, huron, du bourg de la Conception.
Asenraquehaon, Jeanne.
Geneviève-Agnès Skanndharon, (2) b 1638, hospitalière dite Geneviève-Agnès de tous les Saints ; s 3 nov. 1657, à Québec.

ONDOYER. — *Variations et surnoms .* Ondoïer — Ondayé — Laudière

I. — ONDOYER Martin, bedeau, b 1648 ; s 5 juin 1718, aux Trois-Rivières. ⁴
Esnard, Marie, (3)   [Simon I.
Jacques, b ⁴ 9 juillet 1695. — *Marie-Anne,* b ⁴ 13 fev. 1697 ; m 6 sept. 1717, à Jean-Baptiste St. Amant, à Quebec.—*Marie-Marguerite,* b ⁴ 1er mars 1699 ; m ⁴ 4 oct. 1722, à Raymond Ratier. — *Marie,* b ⁴ 24 avril 1701. — *Jean,* b ⁴ 21 nov. et s ⁴ 8 déc. 1703. — *Etienne,* b ⁴ 1er déc. 1704 — *Marie-Joselte,* b ⁴ 10 oct. 1706.—*Marie-Jeanne,* b ⁴ 3 sept. 1708. — *Charlotte,* b 16 sept. 1711.

I. — ORIAU, Pierre.
Sel, Marie.
Pierre, b 1682 ; s 7 déc. 1700, à Levis

I. — ORIOL, Vital, fils de Nicolas, de Ste. Victoire, evêche de Clermont, etait à Laprairie, en 1673.

I. — ORMEAUX dit Grisard, Nicolas, Sieur Des..., garde magasin, à Québec, en 1667. (4)

ORSAINVILLE, (D') Comte. — Voy. Talon.

---

(1) Dit Lepicard, soldat de Galifet.

(2) Ses parents furent la première famille des Hurons qui s'unirent par le sacrement de mariage. Mr. et Mad. Bodeau, bourgeois de Paris, ont promis payer pour sa dote 3000 livres, ayant adopté, par une charité vraiment chrétienne, la dite Geneviève-Agnès, pour fille, etc.—*Registres de l'Hôtel-Dieu de Québec.*

(3) Elle épouse, le 16 nov. 1721, François Futrier. àQuébec.

(4) Accuse un soldat de vol. Le dit soldat est condamné à être appliqué sur un cheval de bois, et y demeurer pendant le temps d'une heure, avec un poids de six livres attaché à chacun de ses pieds.—*Registres du Conseil.*

I. — ORSON dit Piscine, Simon-Hector s 21 fev. 1716, à Batiscan.

I. — OSSANT, Antoine, b 1615 , s 12 août 1685, à l Ange Gardien. ⁵
Visinat, Marie.
Marie, b ⁵ 31 mars 1675. — *Richard,* b ⁵ 19 oct. 1678 ; m⁵ 7 mai 1703, à Marie Touchet.—*Richard,* b ⁵ 9 sept. 1680. — *Catherine,* b 1675 ; 1º m ⁵ 23 nov. 1693, à Joseph Trudel ; 2º m ⁵ 17 fev 1716, à Jean-Baptiste Glinel.

OSOU.— Voy Ozanaes

I.— OUEL, Louis, s 23 mai 1651, à Quebec.

OUELLET. — *Variations et surnoms .* Auclair — Hoëlet —Oylet —Houallet.

1666, (8 mars) Quebec.

I. — OUELLET, (Hoëlet) René, b 1635, fils de François et d'Elizabeth Bare, de St. Jacques-du-Hautpas, de Paris, s 15 janv. 1722, à Ste. Anne de la Pocatiere.
1º Rivet, Anne, veuve de Grégoire Hisse, b 1642, de St. Gervais de Seez, s 7 avril 1675, au Château-Richer.
Abraham, b 18 avril 1667, à Ste. Famille. ⁷— *Mathurin,* b ⁷ 14 sept. 1669 ; m à Angélique Lebel. — *Grégoire,* b ⁷ 7 oct 1672 ; m à Anne Lisot. — *René,* b 1669 ; m 8 janv. 1691, à Angélique Lebel, à la Rivière Ouelle. ⁶— *Joseph,* b m ⁶ 12 fev. 1651, à Françoise Lizot , 2º m à Reine Le Menu. — *Grégoire,* b 1673 ; m ⁶ 5 mars 1696, à Marie-Anne Lizot.

1679, (6 février) Québec. (1)

2º Mignot, Thérèse,   [Jean I. veuve de Nicolas Lebel ; s 5 déc. 1728, à Kamouraska.
Sébastien, b 2 juin 1685, à la Rivière-Ouelle ⁹; m⁹ 16 août 1707, à Madeleine Lizot. — *Angelique-Marguerite,* b ⁹ 16 oct. 1690 ; 1º m ⁹ 16 août 1707, à Ignace Bérubé , 2º m ⁹ 16 avril 1714, à Jean-Baptiste Pelletier. — *Françoise,* b 1682 ; m ⁹ 31 mai 1701, à André Mignier. — *François,* b ⁹ 28 oct. 1693. — *Marie,* b ⁹ 1er nov. 1696. — *Marie-Thérèse,* b 1679 ; m ⁹ 7 janv. 1697, à Charles Pelletier, s ⁹ 26 juillet 1707. — *Marie-Anne,* b 1687 ; m ⁹ 18 nov. 1704, à Charles Boucher.

1691, (8 janvier) Rivière-Ouelle. ⁸

II. — OUELLET, Mathurin-René,   [René I.
Lebel, Angelique,   [Nicolas I.
Marie-Angelique, b ⁸ 5 nov. 1691 ; m⁸ 21 janv. 1709, à Romain Defogas. — *Augustin,* b... ; 1º m à Anne Autin ; 2º m à Catherine Soulard ; 3º m 18 avril 1735, à Marie-Anne Michaud, à Kamouraska ⁴, 4º m ⁴ 4 mars 1737, à Angelique De la Bourlière. — *Marguerite,* b ⁸ 13 janv. 1697. — *Mathurin,* b ⁸ 19 juillet 1699. — *Joseph,* b ⁸ 29 janv. 1702, m à Madeleine Michaud ; s ⁴ 12 fév. 1736. — *Jean-Baptiste,* b ⁸ 4 mars 1704. — *Cécile,*

---

(1) Au contrat de mariage, l'acte a été fait sous le nom d'Auclair, tandis qu'il devait être fait sous celui de Ouellet.

b² 13 juin 1706 ; m à Jean MICHAUD. — *François*, m 1727, à Marie-Anne BOUCHARD. — *Louis*, b...; 1° m 13 avril 1733, à Marie-Josette CASSE, (LA) à St. Etienne de Beaumont; 2° m à Marie-Anne QUEMLEUR. — *Alexis*, b² 10 mars 1708; m⁴ 5 juin 1732, à Catherine MOREAU. — *André*, b...; m⁴ 28 mai 1733, à Marguerite LEVASSEUR. — *Jean*, b...; m⁴ 10 janv. 1735, à Marie-Geneviève TARDIF. — *Hélène*, b...; m⁴ 18 fev. 1738, à Jean TARDIF.

1691, (12 février) Rivière-Ouelle. ²

II. — OUELLET, JOSEPH,   [RENÉ I.
  1° LIZOT, Françoise,   [GUILLAUME I.
  s² 20 oct. 1699.
Marie-Françoise, b² 11 oct. 1692; m² 15 janv. 1714, à Jean GAGNON. — *Marie-Anne*, b² 30 mai 1694, m 15 janv. 1720, à Charles-François PINEL, à Ste. Anne.⁴ — *Marie-Anne*, b² 2 et s² 26 mars 1695. — *Marie-Catherine*, b² 4 sept. 1696; m⁴ 10 nov. 1718, à Pierre MIGNEAU. — *Joseph*, b² 27 janv. 1697; m⁴ 24 nov. 1723, à Catherine MIVILLE. — *Nicolas*, b³ 11 et s² 31 oct. 1699.

1700, (25 octobre) Ste. Famille.

  2° MENEUX, Reine,   [JACQUES I.
Dorothée, b 1ᵉʳ nov. 1701, à la Rivière-Ouelle ²; m à Joseph BOUCHARD. — *Marie-Claire*, b² 23 avril 1703. — *Reine*, b² 8 déc. 1704 ; m 24 nov. 1727, à Antoine GAGNON, à Ste. Anne. ⁴ — *Sébastien*, b² 29 août 1706. — *Marie-Madeleine*, b² 4 juillet 1708 ; m⁴ 20 juillet 1727, à Charles MIVILLE. — *Jean-Bernard*, b² 24 et s⁴ 25 août 1710. — *Anonyme*, b et s² 26 déc. 1711. — *Marie-Madeleine*, b² 13 et s² 14 janv. 1713. — *Geneviève*, b² 17 juillet 1714. — *Joseph*, b⁴ 26 sept. 1716. — *Françoise*, b⁴ 21 août 1719. — *Jean-François*, b⁴ 8 mai 1723.

1696, (5 mars) Rivière-Ouelle. ⁴

II. — OUELLET, (OYLET) GRÉGOIRE,   [RENÉ I.
  s avant 1720.
  LIZOT, Anne,   [GUILLAUME I.
  s 8 fev. 1716, à Ste. Anne. ⁵
Joseph, b⁴ 28 janv. 1697. — *François*, b⁴ 13 avril 1698 ; m⁵ 11 nov. 1720, à Félicité PINEL. — *Jean-Baptiste*, b...; m⁵ 25 nov. 1720, à Marie MORIN. — *Marie-Cécile*, b⁴ 25 nov. 1700. — *Hélène*, b⁴ 12 mars 1702; s⁵ 4 fev. 1725. — *Sébastien*, b⁴ 23 sept 1703. — *Jeanne-Marguerite*, b⁴ 28 déc. 1704. — *Jean-Bernard*, b et s⁴ 14 mars 1706. — *Marie-Madeleine*, b⁴ 24 sept. 1707; s⁴ 5 janv. 1708. — *Jacques*, b⁴ 26 mai 1709. — *Marie-Angélique*, b⁴ 8 avril 1711. — *Marie-Josette*, b⁴ 17 avril 1712. — *Marie-Madeleine*, b⁴ 6 août 1714. — *Bernard*, b...; m 20 janv. 1730, à Marie JEAN, à l'Ilet.

1689, (18 avril) Cap Santé.

I. — OUY, (HOUY) ROBERT, fils de Jacques et de Jeanne De Cause, d'Orléans.
  GORON, Anne-Françoise,   [MICHEL I.
  Madeleine, b..; m à Louis MAILLOT.

OUIMET. — *Variations et surnoms*. HOUYMET — OUINVILLE — LEMAY.

I. — OUIMET, JEAN, (1) b 1634; s 19 nov. 1687, à Ste. Famille. ³
  GAGNON, Renée,   [JEAN I.
Jean, b 19 nov. 1661, au Château-Richer⁴; 1° m 22 nov. 1702, à Marie JUIN, à St. François, Ile-d'Orléans ; 2° m 8 janv. 1705, à Marie BISSONNET, à Beaumont; s 23 avril 1749, à St. Michel. — *Louis*, b⁴ 26 sept. 1663 ; m³ 3 fév. 1693, à Marie-Anne GENEST. — *Marguerite*, b³ 15 janv. 1667 ; m³ 16 nov. 1688, à François TURCAULT. — *Marie-Madeleine*, b³ 24 avril 1672. — *Gabriel*, b 18 et s³ 22 fév. 1675. — *Jacques*, b⁴ 30 août 1676. — *Jeanne*, b³ 15 juin 1679. — *Pierre*, b 4 et s³ 16 nov. 1681. — *Pierre*, b³ 18 juin 1683 ; m 1717, à Marguerite BRAULT-POMINVILLE. — *Marie*, b 1684; s⁴ déc. 1702, à Québec.

1693, (3 février) Ste. Famille. ⁶

II. — OUIMET, Louis,   [JEAN I.
  GENEST, Marie-Anne,   [JACQUES I.
Jacques, ⁶ b 18 janv. 1694. — *Marie*, b⁶ 9 sept. 1695 ; m 27 nov. 1713, à Joseph MANSEAU, à St. Jean, Ile-d'Orléans. ⁸ — *Albert*, b⁸ 31 janv. 1699 ; m 1726, à Elizabeth MARIÉ. — *Thérèse-Catherine*, b⁸ 19 nov. 1700; m 3 mai 1723, à Simon CHAMBERLAN, à Ste. Foye. — *Jean-Baptiste*, b 15 et s⁸ 24 mai 1703. — *Joseph*, b⁸ 30 avril 1704. — *George*, b 15 et s⁸ 17 juin 1706. — *François*, b 15 et s⁸ 25 juin 1706 — *Catherine*, b 15 et s⁸ 19 juin 1706.— *Clotilde*, b⁸ 5 août 1707. — *Marie-Josette*, b⁸ 2 mars 1712 ; m à Alexis FLEURY. — *Marie-Anne*, b⁸ 2 mars 1712. — *Marie-Monique*, b⁸ 1ᵉʳ juin 1714.

OUINVILLE. — *Variations et surnoms :* OINVILLE — OUENVILLE — DUTOST — OUIMET.

I. — OUINVILLE, (2) MARIE, b 1640, fille de Pierre et de Jeanne Perrin, de Rouen ; m 15 juin 1659, à Michel LEMAY, aux Trois-Rivières.

I. — OUINVILLE, MICHELLE, sœur de la précédente ; m en 1670, à Nicolas BARABÉ.

I. — OURDOUILLE, MARIE, b 1626 ; 1° m à Simon SAVARD; 2° m à Jean RÉAUME ; s 25 nov. 1703, à Charlesbourg.

1692, (10 octobre) Québec. ³

I. — OUTLAN, JEAN, capitaine de navire, veuf de Marie Saille, de Londres, en Angleterre.
  DENIS, Françoise, (3)   [SIMON I.
Jean, b³ 3 oct. 1694 ; s³ 28 janv. 1695. — *Jean-Philippe*, b³ 12 avril 1696. — *Joseph*, b³ 11 juillet 1697 ; 1° m à Anne BOUCHER ; 2° m³ 27 oct. 1744, à Catherine LE GARDEUR.

1688, (1ᵉʳ mars) Château-Richer.

I. — OUVRARD, LOUIS, fils de Marin et de Louise Rousse de Tenezé, évêché de Poitiers, s 30 déc. 1690, à la Pointe-aux-Trembles de Québec.

---

(1) Ancêtre de l'honorable Gédéon Ouimet, procureur-général de la Province de Québec.

(2) Le nom propre est Dutaut. — Voy. page 221.

(3) Elle épouse, le 17 juillet 1696, Noel Chartrain, à Québec.

QUENTIN, Anne, (1)   [NICOLAS I.
veuve de Louis De la Marre.
Antoine, b 1689 ; m 30 janv. 1713, à Angélique
VÉSINAT, à l'Ange-Gardien.

I.—OVARD, MARGUERITE, b... · m 1677, à Mathurin RENARD.

OZANNES. — *Variations et surnoms :* AUZANES
—OZAN—LAFRONDE—OZOU—AUZOU.

1655, (26 janvier) Trois-Rivières. ⁵

I.—OZANNES DIT LAFRONDE, LOUIS, b 1616, fils
de Louis et de Catherine Prevost, de St. Romain, en Normandie ; s ⁵ 21 déc. 1661.
DENOT DE LA MARTINIÈRE Marie, veuve de Mathieu Labat.
Anne, b 1656 ; s ⁵ 6 mars 1657. — *Jean*, b... ;
m 1670, à Elizabeth MARTIN. — *Nicolas*, b... ;
m 18 nov. 1680, à Marie L'HOMME, à Lachine.

1670.

II.—OZANNES, JEAN,   [LOUIS I.
MARTIN, ISABELLE,   [ANTOINE I.
Marie-Madeleine, b 19 nov. 1671, aux Trois-
Rivières ; m 16 juillet 1696, à Antoine FOURNIER,
à Montréal ⁵ , s ⁵ 19 janv. 1703. — *Françoise*, b...;
m ⁵ 27 août 1695, à Pierre LEBŒUF. — *Marie-Anne*,
b ⁵ 24 déc. 1680. — *Cécile*, b ⁵ 1ᵉʳ août 1682 ; m ⁵
8 déc. 1704, à René MIGNOT. — *Marie-Jacqueline*,
b ⁵ 12 sept. 1684. — *Michel*, b ⁵ 12 oct. 1686 ; s ⁵
5 nov. 1687. — *Anne*, b 13 et s ⁵ 21 fév. 1689.

1680, (18 novembre) Lachine. ⁵

II.—OZANNES, NICOLAS,   [LOUIS I.
L'HOMME, Marie,   [MICHEL I.
veuve de Pierre Lemay, (2)
Pierre, b ⁵ 29 mars 1682 ; m ⁵ 23·nov. 1705, à
Marguerite GIGNARD. — *Jean*, b ⁵ 5 mars 1684. —
Madeleine, b 26 avril et s ⁵ 1ᵉʳ mai 1686. — *Char-
les*, b ⁵ 19 mai 1689

P

PACAUD. — *Variation :* CHAPACOU.

I.—PACAUD,
Agathe, b 1665, sœur de la Congrégation N.-D. ;
s 27 sept. 1687, à Montréal.

1697, (21 janvier) Montréal. ¹

I.—PACAUD, ANTOINE, marchand, b 1665, fils
de Guillaume et de Catherine Bertaut, de la
Prade, évêché de Périgueux.
BOUAT, Marguerite,   [ABRAHAM I.
Antoine, b ¹ 3 août 1697. — *Marguerite-Louise*,
b ¹ 31 mai 1699 ; s ¹ 15 avril 1703. — *Jacques*, b ¹
18 oct. 1702 ; s ¹ 16 janv. 1703. — *Joseph-Marie*,
b ¹ 31 mars 1704. — *Louis*, b...

(1) Elle épouse le 11 fév. 1697, Nicolas Bosché, à l'Ange-
Gardien.

(2) Elle épouse Claude Samsort.

II. — PACAUD, (1) LOUIS JOSEPH, [SIMON-JEAN I.
POUTRÉ, Marie, (2)   [ANDRÉ I.

II. — PACAUD, (1) JEAN-JOSEPH,   [SIMON-JEAN I.
POUTRÉ, Marie, (3)   [ANDRÉ I.
Marie, b... , m 12 sept. 1707, à Jean BLOUF, à
Varennes.

1680, (17 decembre) Batiscan. ¹

I.—PACHOT, FRANÇOIS-VIENAY, marchand, b
1628 ; veuf de Jeanne Avamy, de St. Laurent, bourg d'Oysan, évêché de Grenoble ; s
2 sept. 1698, dans l'église de Québec.
JUCHEREAU, Charlotte-Françoise,(4) [NICOLAS II.
Jacques-François, b 10 déc. 1681, à Québec² .
s ² 25 oct. 1687. — *Nicolas*, b ² 24 déc. 1682. —
Joachim, b ² 28 avril 1684 ; s ² 11 oct. 1685. —
Suzanne-Jeanne, b ² 25 mai et s ² 12 juin 1685. —
Marie-Charlotte, b ² 25 et s ² 26 mai 1685. —
Marie-Françoise, b ² 10 juillet 1686 ; 1° m ² 4 oct.
1702, à Al⁰xandre BERTHIER ; 2° m ² 4 avril 1712,
à Nicolas DESBRYÈRES. — *Jacques-François*, b ² 9
nov. 1687 , s ² 21 déc. 1702. — *Ignace-Jean*, b ² 18
janv. et s ² 5 fév. 1689. — *Charles*, b ² 15 sept
1690 ; s ² 8 mai 1692. — *Louise-Madeleine*, b ² 15
sept. et s ² 18 déc. 1690. — *Michelle-Gabrielle*, b ²
23 nov. 1691 ; s ² 28 sept. 1694. — *Marie-Charlotte*,
b ² 6 mai 1693 ; s ² 3 juin 1711. — *Madeleine*, b ²
6 mai 1693 ; s ² 16 sept. 1714. — *Jean-Daniel-Marie*,
b ² 30 juillet 1694. (5) — *Marie-Josette*, b ² 25 déc.
1695, hospitalière dite des Seraphins ; s ² 1ᵉʳ mai
1715. — *Marie-Anne*, b ² 27 juillet 1698 ; hospitalière dite Ste. Nathalie ; s ² 24 juin 1730.

PAGÉ. — *Variations et surnoms :* PAGIS — DE
QUERCY — DE QUESSY — GUÉRIN.

I.—PAGÉ DE QUERCY, RAYMOND, b 1604 ; s 20
nov. 1683, à Québec. ⁵
BERGERONNE, Madeleine, b 1616 ; s ⁵ 23 mars
1687.
Robert, b 1643 ; m à Marguerite GAUDIN. —
Etienne, b 1646. — *Marie*, b ⁵ 14 oct. 1648 ; m ⁵
12 oct. 1660, à Jacques MARETTE. — *Anonyme*, b ⁵
et s ⁵ 29 oct. 1650. — *Suzanne*, b ⁵ 3 mai 1654 ;
m 27 juillet 1667, à Martin COTÉ, au Château-
Richer. — *Guillaume*, b ⁵ 22 juillet 1657 ; m 30
janv. 1679, à Elizabeth LE TARTRE, à l'Ange-Gardien ; s ⁵ 28 mars 1722.

I.—PAGÉ, b 1638 ; s 20 avril 1718, à la Pointe-
aux-Trembles de Québec.

PAGÉ, (PAGIS), JEAN, était à Lotbinière, en 1682.

II.—PAGÉ, ROBERT,   [RAYMOND I.
GAUDIN, Marguerite,   [BARTHÉLEMI I.
s 10 mars 1717, à la Pointe-aux-Trembles de
Québec. ⁵
Marguerite, b 7 et s 19 janv. 1669, au Châ-
teau-Richer. ⁴ — *Robert*, b⁴ et s ⁴ 29 janv. 1670. —

(1) Voy. Chapacou, page 113.
(2) Elle épouse, le 9 sept. 1692, Jean Feron, à Montréal.
(3) Elle épouse, le 23 mars 1693, Jean Duclos, à Sorel.
(4) Elle épouse, le 11 nov. 1702, François de la Forest.
(5) Jean-Marie Daniel était au Détroit, en 1707.

30

Guillaume, b 1er fév. 1671, à l'Ange-Gardien [5], m [8] 19 nov 1692, à Elizabeth TELLIER. — *Anne*, b [5] 19 mars 1673 ; m [5] 19 nov. 1692, à François TELLIER. — *Martin*, b [5] 29 sept. 1675 , m [5] 17 nov. 1704, à Françoise GAUDIN.—*Marguerite*, b [5] 17 nov. 1679 ; m [8] 16 nov. 1700, à Pierre RICHARD —*Jacques*, b [8] 24 et s [8] 30 mars 1663. — *Pierre*, b [8] 29 juin et s [8] 2 juillet 1684. — *Marie-Anne*, b [8] 16 juin 1685. — *Jean-François*, b [8] 15 fév. 1688, m 1714, à Marie-Anne COCQUIN, s [8] 23 mars 1724. — *Pierre*, b [8] 8 nov. 1690 ; 1o m 19 juin 1713, à Marie-Catherine MORISSET, au Cap Santé ; 2o m [8] 9 juillet 1725, à Françoise LARUE.

1679, (30 janvier) l'Ange-Gardien [5]

II. — PAGÉ, GUILLAUME, [RAYMOND I. s 28 mars 1722, dans l'église de Québec. [1]
LETARTRE, Elizabeth, [RENÉ I. s [1] 8 dec. 1720.
Barbe, b [5] 12 nov 1679 ; s 1er janv. 1703, à Québec. [1]—*Marie-Madeleine*, b [5] 10 mars 1681 , m [1] 9 mai 1707, à Robert DROUARD ; s [1] 20 fév. 1708.— *Jacques*, b [1] 11 déc. 1682 ; m [1] 9 sept. 1715, à Marie-Louise ROUSSEL ; s [1] 3 mai 1742.— *Jean-Baptiste*, b [1] 28 juin 1685 , s [1] 1er janv. 1703. *Marie-Anne*, b [1] 2 mars et s [1] 1er déc 1687. — *Jeanne-Suzanne*, b [1] 20 fév. 1690 , m 26 nov. 1715, à François PERRAULT ; s [1] 18 juin 1733. — *Guillaume*, b [1] 28 nov 1692 — *Angélique*, b [1] 23 nov. 1694 ; m [1] 5 oct. 1721, à François DAINE ; s [1] 15 août 1723. — *Marie-Elizabeth*, b [1] 24 oct. 1697 ; s [1] 18 mai 1699. — *Marie-Ursule*, b [1] 24 oct. 1697 ; s [1] 9 sept. 1698. — *Marie-Anne*, b [1] 24 oct. 1697 ; m [1] 9 sept. 1727, à Nicolas BOISSEAU, s 9 mai 1739. — *Joseph*, b [1] 26 mars 1701 ; m [1] 30 août 1723, à Marie FREROT DE LA CHENAYE.

1692, (19 novembre) Pte-aux-Trembles, Q. [4]

III. — PAGÉ, GUILLAUME, [ROBERT II. TELLIER, Elizabeth, [ETIENNE I. s 25 mai 1711, au Cap Santé. [5]
Louis-Guillaume, b [5] 18 sept. 1693 ; m [5] 20 janv. 1716, à Elizabeth PICHÉ. — *Marie-Anne*, b [4] 2 août 1695 ; 1o m [4] 20 juillet 1716, à Nicolas COCQUIN, 2o m [4] 26 août 1737, à François MORIN. — *Joseph*, b [4] 5 juin 1697 ; m à Marie MORISSET. — *Jean-François*, b [4] 27 déc. 1698 ; m [4] 13 août 1725, à Angélique MATTE. — *François*, b [4] 7 nov. 1700. — *Marguerite*, b 27 et s [4] 29 juin 1702. — *Etienne*, b [4] 1er janv 1704. — *Marie-Thérèse*, b [4] 16 mars 1706 ; s [5] 1er août 1711. — *Pierre*, b [5] 2 juillet 1708 ; s [5] 1er oct. 1711. — *Antoine*, b [5] 27 avril 1711.

1675, (13 novembre) Quebec. [4]

I. — PAGEOT, THOMAS, b 1640, fils de Thomas et de Catherine Rouaux, de St. Agnan, évêché du Mans ; s 14 mars 1706, à Charlesbourg. [5]
ROY, Catherine, [MATHURIN I.
Marie-Anne, b [4] 8 janv. 1678 , m [5] 3 mai 1694, à Joseph GUILBAUT. — *Jeanne*, b 2 et s [5] 13 avril 1680. — *Jean-Baptiste*, b [5] 3 mai 1682 , m [5] 26 nov 1703, à Marie PARADIS ; s [5] 5 fév. 1708 — *Thomas*, b 16 juillet et s [4] 9 dec. 1684.— *Anne-Elizabeth*, b [5] 16 janv 1686 ; m [5] 23 fév. 1705, à Jean ALARD

— *Thomas*, b [5] 21 juillet 1688 ; s [5] 13 fév. 1689. — *Marie*, b... ; m [5] 7 janv. 1710, à George ALARD. — *Paul*, b [5] 22 mars 1690 ; s [5] 12 avril 1711.— *Marguerite*, b [5] 11 janv. 1693.—*Joseph*, b [5] 29 oct. 1695 ; m [5] 24 fév. 1716, à Madeleine BOESMÉ. — *Marie-Françoise*, b [5] 10 sept. 1698 ; m [5] 22 sept. 1717, à Pierre MARANDA. — *Thomas*, b 9 et s [5] 11 mars 1703.

1684.

I — PAGESI DIT ST. AMANT, JEAN-BAPTISTE, b 1640 ; s 27 avril 1695, à Boucherville.
1o COIGNAC, Marie, [CLAUDE I.
Anonyme, b et s 14 fev. 1685, à Batiscan.

1686.

2o GLADUS, Catherine, [JEAN I.
Jeanne, b 6 oct. 1687, à Montréal. [9] —*Catherine-Antoinette*, b..., m 16 oct. 1711, à Jean-Baptiste HAYOT, à Champlain.—*Anne-César*, b 21 mars 1690, à Lachine [9] ; m [9] 11 déc. 1712, à Pierre ROY. — *Jean-Baptiste*, b [9] 26 oct. 1692 ; m 6 sept. 1717, à Marie-Anne ONDOYER, à Quebec.

PAILLART. — *Variations et surnoms :* PALLIÉ—PAILLÉ — PAILLET — LABATTERIE.

I. — PAILLART, (1) LÉONARD, charpentier.
VACHON, Louise, [PAUL I.
Marie-Madeleine, b 20 oct. 1681, à Batiscan, [1] sœur Ste-Gertrude, C. N. D. ; s 20 déc. 1702, à Québec. [2] — *Charles*, b [1] 20 sept. 1683 ; m 9 fév. 1711, à Françoise LEMAITRE, aux Trois-Rivières. — *Geneviève*, b [2] 10 déc. 1685 ; m 6 juillet 1705, à Louis CHEVREFILS, à Montréal. — *Claude*, b [3] 6 et s 23 nov. 1688.—*Marie-Louise*, b [3] 29 juin 1690.— *Gabriel*, b [3] 11 mars 1693.—*Elizabeth*, b [3] 28 août 1695.— *Marguerite*, b [3] 22 août 1697. —*Jean-Jacques*, b [3] 10 avril 1700 ; s [3] 9 avril 1703. —*Joseph*, b [3] 18 oct. 1702. — *Louis-Joseph*, b [5] 1er fév. 1704.

I. — PAILLART DIT LA BATTERIE, PIERRE.
SINGELIN, Marie,
Marie-Catherine, b 25 juin 1687, à Québec. [1] — *Pierre*, b [1] 28 sept. 1689.

1657, (31 juillet) Québec.

I.—PAILLEREAU, PIERRE, b 1626, fils de Pierre et de Françoise Micou, de Villedou, évêché de LaRochelle, en Aunis ; s 23 nov. 1669, à Ste. Famille. [1]
1o CARTIER, Hélène, b 1636, fille de Pierre et de Marie Lefebvre, de LaRochelle ; s 1666.
2o ROY, Elizabeth, b 1641, fille d'Antoine et de Simone Gaultier, de Senlis. (2)
Marie-Marthe, b [1] 14 oct. 1667 ; m 9 fév 1687, à Thomas PLANTE, à St. Jean, I. O. — *Anne*, b [1] 7 déc. 1669.

I. — PAILLERAULT, JACQUES.
MOREAU, Florentine.
Jean-François, b 1er et s 17 oct. 1681, à Montréal. [2] — *Jacques*, b [2] 14 fév. et s [2] 2 oct. 1683.

(1) Appele Pallé, (1681), Paillé et Paillet.

(2) Elle épouse, le 26 janv. 1670, Antoine Leblanc, à Ste. Famille. [1]

PAILLIER et Pallié — Voy. Paillart.

PAIN. — *Variation :* Pin.

I. — PAIN, Marin, b 1616, de Thury, évêché de
Bayeux, en Normandie.
Morin, Olive, b 1626.
Jean, b 1648, m à Anne Massé ; s... —*Jac-
queline,* b 1651 ; 1° m 20 nov. 1663, à Jean De la
Rue, à Québec [1] ; 2° m 1676, à Pierre Massé. —
François, b 1er sept. 1663, à Sillery. —*Jean-Bap-
tiste,* b 1662 ; m 1691, à Marie-Geneviève Trud ;
s [1] 22 janv. 1703. — *Marie-Geneviève,* b 1670 ; s
26 mars 1734, à Ste. Foye.

II — PAIN, Jean,   [Marin I.
Massé, Anne, (1)   [Pierre I.

II. — PAIN, Jean-Baptiste,   [Marin I.
s 22 janv. 1703, à Québec. [1]
Trud, Marie-Geneviève, (2) [Mathurin I.
Angélique, b [1] 6 juillet 1692 ; m 14 fev. 1741, à
Pierre Larau, à Ste. Foye. [2] — *Marie-Geneviève,*
b [1] 6 juillet 1692 ; m [2] 23 nov. 1739, à Dominique
Ausion ; s [1] 9 mai 1742. — *Joseph,* b [2] 6 janv.
1702 ; m [1] 11 oct. 1729, à Marguerite Drapeau.
Louis-Marie, b [2] 12 avril 1707 ; m [1] 21 nov. 1740,
à Marie-Louise Lemelin ; s [2] 23 mai 1751. —
Louise-Françoise, b [2] 1er fév. 1699 ; m [2] 27 juillet
1722, à Pierre Trud. — *Marie-Catherine,* b [2] 22 mars
1700. — *Anonyme,* b [2] et s [2] 24 janv. 1703. —
Ursule-Catherine, b [2] 30 avril 1704. — *Elizabeth,*
b [2] 23 août 1705. — *François,* b... ; m [2] 9 fev.
1722, à Marie-Anne Bisson.

PAINCOURT. — Voy. Desroches.

PALADEAU. — *Variations et surnoms :* Peladeau — Pladeau — St. Jean.

I. — PALADEAU dit St. Jean, Jean.
Le Roy, Jeanne.
Louise, b 21 déc. 1670, à Boucherville.—*Marie-
Anne,* b 7 avril 1672, à Sorel. [2] — *Roberte,* b [2] 10
août 1673 ; m à Jean Malhiot ; s 11 janv. 1699, à
Montréal. [9]— *Jean,* b 1680 : m [9] 30 janv. 1701, à
Thérèse Mandin ; s [9] 5 mars 1703. — *Marie,* b 2
déc. 1681, à Boucherville. — *Jeanne,* b 28 janv.
1685 ; m [9] 4 mai 1701, à André Roy.

1658, (14 octobre) Québec.

I. — PALATIN dit Lapointe, Charles, cordonnier, b 1631, fils de Jean-George et de Claude
Gaucher, de St. Martin de Paris ; s 11 fév.
1704, à Charlesbourg.
1° Beausier, Jeanne, b 1632, veuve de François
Boisseau, fille de Jean et de Périnne Robin,
de St. George-des-Rosiers, du Maine.

1677, (25 octobre) Québec.

2° Bonin, Marie, veuve de Pierre Chalut.

<hr>
(1) Elle épouse, le 19 août 1675, François Dolbec, à Québec.
(2) Elle épouse, le 16 avril 1708, Guillaume Boivin, à Ste.
Foye.

1691, (23 juillet) Québec. [4]

I. — PALIN dit d'Abonville, Mathurin, b 1649,
de Ste. Radegonde, evêché de Poitiers ; s [4]
26 janv. 1756. (1)
Renaud, Louise,   [Mathurin I.
s [4] 28 avril 1744.
Anonyme, b et s [4] 23 mars 1693. — *Marie-Charlotte,* b 9 nov. 1694, à Charlesbourg [3], 1° m [4] 12
juillet 1713, à Corneille Bean ; 2° m [4] 15 nov.
1734, à Balthazar André. — *Jean-Baptiste,* b [3] 21
janv. 1696. — *Marie-Louise,* b [3] 21 sept. 1697 ; m [4]
8 juin 1716, à Etienne Brault ; s [4] 27 mars 1717.
— *Marguerite,* b [3] 16 oct. 1698 ; m [4] 8 juin 1716, à
Jean Boilard ; s [4] 19 mars 1718. — *Louis,* b [3] 18
mars 1700. — *Marie-Thérèse,* b... ; s [3] 28 nov.
1701. — *Radegonde,* b [3] 11 déc. 1702 ; s [3] 5 janv.
1703. — *Marie-Angélique,* b [3] 7 nov. 1703 ; m [4] 4
mai 1727, à Jean-Robert De Mitre. — *Pierre,* b [3]
1er mai 1706. — *Josette-Madeleine,* b [3] 9 août 1707 ;
s [4] 3 fev. 1710. — *Louis-Charles,* b [4] 15 mars 1709 ;
m [4] 7 janv. 1727, à Geneviève Beluche. — *Louise,*
b [4] 27 oct. 1710 ; 1° m [4] 11 sept. 1730, à Julien
Bertelot ; 2° m [4] 15 sept. 1738, à Jean Laurent.
— *Madeleine,* b [4] 5 déc. 1712 ; 1° m [4] 28 juillet
1732, à Jean-Baptiste Rivet ; 2° m [4] 29 août 1735,
à Jean Tardif ; 3° m [4] 6 oct. 1746, à Sébastien
Nolet ; s [4] 14 avril 1746. — *Marie-Catherine,* b
11 sept. et s [4] 6 nov. 1714. — *Louis,* b [4] 13 nov.
1715 ; s [4] 17 sept. 1722, noyé. — *Antoine,* b [4] 3
nov. 1717 ; m [4] 26 août 1744, à Barbe Gesseron.
— *Jean-Marie,* b [4] 23 avril 1720 ; m [4] 14 sept.
1750, à Marguerite Chaussé.

PALIAN, — Voy. Payan.

PALLEREAU, Pierre,— Voy. Paillereau.

PALLUAU, (Comte De) — Voy. Frontenac.

PALUDY. — Voy. Tonty (Baron De).

PAMERLAUX, — Voy. Vachon — Pomerleau.

1699, (22 juin) Montréal.

I. — PAMPALON dit Labranche, François, sergent de Duplessis, b 1672, fils de Léonard
(bourgeois) et de Blanche Girardon, de St.
Rémi, ville de Bordeaux.
Bouchard, Marie-Anne,   [Etienne I.
s 16 déc. 1737, à Québec. [3]
Joseph-Marie, b [3] 25 oct. 1700. — *Marie-Catherine,* b 12 janv. 1702, à la Pointe-aux-Trembles.
— *Pierre,* b [3] 8 janv. 1704. —*Françoise-Angélique,*
b [3] 11 janv. 1705 ; m [3] 20 juillet 1724, à Claude
Côté ; s [3] 15 oct. 1727. — *Dominique,* b [3] 10 avril
1706 ; m [3] 21 avril 1727, à Ursule Lecours. —
Marie-Louise, b [3] 12 juin 1707. — *Jacques-Fran-
çois,* b [3] 10 oct. 1708 ; m [3] 10 nov. 1732, à Marie-
Geneviève Le Gris ; s [3] 24 mai 1752. — *Marie-
Jeanne,* b [3] 4 avril 1710 ; s [5] 2 sept. 1711. — *Michel,*
b [3] 27 nov. 1711 ; m [3] 3 mai 1732, à Madeleine
Roulois. — *Charles,* b [3] 20 nov. 1713 ; s [3] 21 nov.
1714. — *Jacques,* b [3] 17 juillet 1715 ; s [3] 22 fév.
1717. — *Geneviève-Blanche,* b [3] 14 juin 1717.

<hr>
(1) Sous la date du 14 sept. 1750, on trouve la signature de
Mathurin Palin, alors âgé de 101 ans !—*Registres de Québec.*

I. — PANIE, JACQUES, de St. Maclou de Rouen.
POUSSET, Marie, de Rouen.
  Isabeau, b à Rouen ; m 30 août 1639, à Jean
GORY, à Québec. [4] — *Marie*, b... ; m [4] 3 sept. 1639,
à Guillaume BIGOT.

1659, (25 novembre) Montréal. [3]

I. — PANIER DIT LAPLANTE, DANIEL, b 1634, fils
de Jean et de Perinne Rousseau.
POLO, Marie, b 1644, fille d'Etienne et de Marie
Nardine.
  Catherine, b [3] 8 janv. 1661. — *Jean*, b [2] 6 janv.
1663. — *Joseph-Joachim*, b [2] 20 mars et s [2] 28 juin
1665. — *Marguerite*, b [2] 18 sept. 1666.

1687, (30 octobre) Ste. Famille [9]

I. — PANNETON DIT LEFIFRE, CLAUDE, b 1664,
fils de Pierre et de Louise Joseph, du Bourg
de Remesson, évêché de Lyon.
DOYSON, Marguerite, [SÉBASTIEN I.
  Marguerite, b [9] 21 août 1688 ; m 18 nov. 1704,
à Jacques GALARNEAU, à Quebec. [4] — *Anonyme*, b
et s [9] 11 déc. 1689. — *Marie-Geneviève*, b [4] 29 avril
1695. — *Marie-Ursule*, b [4] 14 nov. 1696 ; 1° m [4] 7
janv. 1716, à Joseph BOISSEL ; 2° m [4] 15 sept.
1727, à Jacques MORIN, s [4] 3 nov. 1740. —
Claude, b [4] 18 sept. 1698 ; m 1er sept. 1727, à Petronille SENFCAL, à Varennes. — *Marie-Angélique*, b [4]
26 janv. 1701. — *Jean-Baptiste*, b [4] 21 avril 1703 ;
m [4] 24 avril 1722, à Elizabeth BOHEUR. — *Marie-
Louise*, b [4] 14 nov. 1706 ; s [4] 17 janv. 1717. —
Marie-Angélique, b [4] 2 août 1709 — *Théodose*, b [4]
18 juin 1711 ; m [4] 11 août 1733, à Marie-Louise
GOUIN

1691, (11 juin) P\te.-aux-Trembles, (Q). [4]

I. — PAPILLON, ETIENNE, b 1636, fils de François et de Michelle Fabre, de N.-D. de Cogne,
évêché de LaRochelle ; s [4] 7 mai 1710.
GARNIER, Geneviève, [FRANÇOIS I.
  Etienne, b [4] 10 fév. 1693 ; 1° m [4] 12 janv. 1722, à
Jean-Baptiste LARUE ; 2° m [4] 28 sept. 1733, à Eli-
zabeth WILLIS. — *Pierre*, b [4] 16 mars 1695 ; m [4]
21 juillet 1721, à Angelique GAUDIN. — *Geneviève*,
b [4] 14 juillet 1697, 1° m [4] 6 août 1727, à Edmé
BORNAIS ; 2° m [4] 13 mai 1733, à Jean HOULET. —
Jean-François, b [4] 6 juin 1700 ; s [4] 7 fev. 1703. —
Marie-Madeleine, b [4] 12 mars 1705.

1665, (14 décembre) Montréal. [1]

I. — PAPIN, PIERRE, b 1631, fils de François et
de Michelle Lagneau, du Sablé, au Maine.
PELLETIER, Anne, b 1646, fille de Mathurin
et de Catherine Lagneau, de St. Pierre de
Breux ; s 12 déc. 1686, à la Pointe-aux-Trembles de Montréal. [2]
  Pierre, b [1] 20 dec. 1666 ; s [2] oct. 1690, tué dans
un combat contre les anglais. — *Gilles*, b [1] 14
mars 1669 ; m 25 oct. 1693, à Marie-Françoise
CHAPERON, à Boucherville. — *Elizabeth*, b [1] 27
sept. 1671 ; m [2] 17 fév. 1689, à Charles DEMERS.
— *Marie-Anne*, b [1] 13 déc. 1673 ; s [2] 29 juin 1687,
noyée, en se baignant — *François*, b [1] 8 mars
1676. — *Catherine*, b [2] 13 août 1678 ; s [2] 27 oct.
1687. — *Jean*, b [2] 1er juin 1681 ; s [2] 26 août 1684.
— *Suzanne*, b [2] 20 mai 1684 ; s [1] 20 déc. 1693.

1693, (25 octobre) Boucherville. [4]

II. — PAPIN, GILLES, marchand, [PIERRE I.
CHAPERON, Marie-Françoise, [PIERRE I.
  François, b [4] 30 sept. et s [4] 9 oct. 1694 — *Paul-
François*, b 14 mars 1697, à Montreal, s [4] 24 avril
1697. — *Marie-Charlotte*, b 4 nov. 1701.

I. — PAPINEAU, (1) LOUIS, b 1675, de St. Fabien
de Niort ; s 18 juin 1699, à Montréal.

I. — PAPINEAU, SAMUEL, (2) b 1670, fils de Samuel
et de Marie Delair, de Montigny, au Poitou ;
m 6 juin 1704, à Catherine QUEVILLON, (3) à
la Rivière-des-Prairies ; s 23 avril 1737, au
Sault-au-Récollet.

I. — PAPINOCHOIS, PIERRE, b 1670 ; s 14 juin
1687, à Batiscan.

PAPLEAU. — Voy. PAPILLIOT — PAPILLO — PÉ-
RIGNY — PAPILLON.

1696, (27 novembre) Batiscan. [1]

I. — PAPLAU, JEAN-BAPTISTE, b 1665, fils de
Jacques et de Renee Michau, des Torches en
Périgny, évêché de Xaintes ; s [1] 29 janv.
1725.
MORAND, Marie, [PIERRE I.
  Jean, b [1] 6 mars 1698. — *Pierre*, b [1] 10 avril
1700 ; m [1] 22 nov. 1728, à Marguerite THOMAS. —
Marie-Madeleine, b [1] 16 août 1703. — *Marie-Joselle*,
b [1] 8 mars 1706. — *Joseph*, b [1] 25 dec. 1708. —
Marie-Catherine, b [1] 27 juin 1711. — *Françoise-
Marie*, b [1] 5 juin 1713. — *Marie-Anne*, b [1] 23 dec.
1715. — *Marie-Thérèse*, b [1] 18 mars 1718.— *Marie-
Louise*, b [1] 26 août 1720.

1676, (18 novembre) Château-Richer. [2]

I. — PAQUIN, NICOLAS, de la Potherie, évêché
de Rouen.
PLANTE, Marie, [JEAN I.
  Marie, b [3] 18 nov. 1680. — *Marie*, b 5 et s 10
déc. 1679, à Ste. Famille. [3] — *Gentien*, b [3] 26 avril
et s [3] 6 mai 1683. — *Antoine*, b [3] 19 avril 1684 ; s [3]
20 oct. 1704. — *Jean*, b [3] 23 août 1686 ; s [3] 15 nov.
1688. — *Geneviève*, b [3] 9 oct. 1688. — *Marie-Madeleine*, b [3] 13 déc. 1690. — *Louis*, b [3] 30 avril
1693 ; s [3] 19 avril 1703. — *Marie-Anne*, b [3] 14 sept.
1695. — *Marguerite*, b [3] 3 janv. 1698 ; s [3] 10 janv.
1699. — *Jean-Baptiste*, b [3] 15 mai 1701. — *Nicolas*,
b 1677 ; m 1707, à Marie-Anne PERROT. — *Geneviève*, b 1678.

PAQUET, PIERRE. — Voy. RANGER — PASQUIER.

(1) Dit Deslauriers, soldat de Mr. De Longueuil.

(2) Ancêtre de l'Honorable Louis-Joseph Papineau, seigneur de la Petite Nation, ancien orateur du Parlement Canadien.

(3) Elle avait été volée par les Iroquois, avec une jeune
sœur, âgée de sept ans, que ces barbares firent brûler sous ses
yeux. Rachetée, après plusieurs années de captivité passées
au milieu de cette tribu, elle épousa, 1° Guillaume Lacombe,
le 30 juillet 1703, 2° Samuel Papineau, le 6 juin 1704 ; 3° Jacques Daniel, le 3 avril 1742 ; 4° Jean-Baptiste De Verac, le 18
fév. 1754.

I.—PARADIS, Pierre, b 1605, s 29 janv. 1675, à Ste Famille.
Guyon Barbe,   [Jean I.
Marie, b 1642; m 16 oct. 1656, à Guillaume Bauché, à Québec.[5] — Marie-Anne, b... ; m à François Lemieux.—Jacques, b 1646; m [5] 28 oct. 1668, à Jeanne Milloy — Guillaume, b 1648; m [5] 29 oct. 1670, à Geneviève Milloy. — Pierre, b 1651; m à Jeanne LeRoy. — Madeleine, b [5] 3 juillet 1653.—Marie-Madeleine, b [5] 12 janv. 1655, m 1674, à Robert Choret; s 1684.—Jean, b [5] 22 juillet 1658; 1° m 1674, à Claude Damizé; 2° m [5] 5 fév. 1679, à Jeanne Pasqué; s 27 juillet 1697, à Charlesbourg.—Louise, b [5] 7 août 1661; 1° m [5] 12 sept. 1678; à Thomas Mézeray; 2° m [5] 18 juin 1691, à Hilaire Sureau.

II. — PARADIS, Pierre,   [Pierre I.
Le Roy, Jeanne-Françoise,   [Mathurin I.
Charles, b 25 oct. 1674, à Beauport; s 7 nov. 1687, à St. Pierre, I. O.

1668, (28 octobre) Québec. [1]

II.—PARADIS, Jacques,   [Pierre I.
Millouer (Milloy,) Jeanne, (1)   [Jean I.
veuve de Mathurin LePrestre.
Jacques, b 25 avril 1670, à Ste. Famille. [2] — Marie, b [1] 10 mai 1671; m 1698, à Pierre Aubin. — Pierre, b... — Guillaume, b... ; m 6 juin 1701, à Jeanne Hudon, à la Rivière-Ouelle. [4] — Barbe, b et s [2] 29 mars 1676 — Marie, b [2] 29 mars 1677; m 1696, à Jean Maranda.—Joseph, b 9 sept. 1679, à St. Pierre, I. O.[5]; m 5 avril 1712, à Geneviève Cochon, au Château-Richer. [6] —Jeanne, b [5] 22 fev. 1682; m 1699, à Louis Dupont.—Elizabeth, b [5] 26 avril 1684.—Claire, b [5] 21 août 1685. —Anne, b [5] 22 janv. 1687. —Jean, b... ; m [5] 25 avril 1718, à Marie-Françoise Hudon.—Madeleine, b 1696; m [6] 8 juin 1716, à Guillaume Quentin.— Gabriel, b... ; m à Marie Côté.

1670, (29 octobre) Québec.

II —PARADIS, Guillaume,   [Pierre I.
Millouer, Geneviève,   [Jean I.
Geneviève, b 15 juin 1671, à Ste. Famille[3]; m 1698, à Adrien Leclerc. — Robert, b [3] 11 janv. 1673. — Gabriel, b [3] 6 mars 1675; m 5 nov. 1698, à Geneviève Lemieux, au Cap St. Ignace. [4] — Barbe, b [3] 19 mars 1776. — Guillaume, b [3] 14 avril 1677; m 6 juin 1701, à Marguerite-Catherine Hudon, à la Rivière-Ouelle. [5] —Jean-Baptiste, b 9 avril 1684, à St. Pierre, I. O.[5]; s [5] 5 juillet 1703. — Geneviève, b 30 oct. 1699, à St. Laurent, I. O. — Elizabeth, b [5] 1er sept. 1686. — Geneviève, b [5] 21 août 1679. — Marie, b [5] 4 sept. 1681 ; m à François Lemieux; s [4] 9 janv. 1738.

II.—PARADIS, Jean,   [Pierre I.
s 27 juillet 1697, à Charlesbourg. [1]
1° Damizé, Claude.
André, b 3 mars 1676, à Repentigny.

1679, (5 février) Québec. [3]

2° Pasquier, Jeanne,   [Maurice II.
s [1] 15 mars 1711.

Jean, (1) b...; m 7 janv. 1697, à Marguerite Ménard, à Beauport. [4] — Jean, b en déc. 1682; s [1] 14 fév. 1683. — Marie, b [1] 4 fév. 1684; 1° m [1] 26 nov. 1703, à Jean Pageot; 2° m [1] 29 oct. 1709, à Louis Thibaut; s [1] 24 mars 1715. — Anne, b [1] 24 juin 1686, m [1] 26 oct. 1705, à François Bouré, s [1] 24 déc. 1707. — Marie-Louise, b [1] 9 juin 1689, m [1] 26 nov. 1708, à Noel Duprac. — Marie-Madeleine, b [1] 28 mars 1692. — Jeanne, b [1] 15 sept. 1694, m [1] 24 oct 1718, à Jean-Baptiste Bédard. — Jean, b [1] 15 fév. 1697, m [4] 21 nov. 1718, à Marie-Françoise Tessier; s ... — Marie-Jeanne, b [1] 3 sept. 1699. — Pierre, b [1] 25 fév. 1702. — Louis-Charles, b [1] 10 déc. 1703, s [1] 11 sept. 1708. — Anne, b[1] 11 mai 1706; m [3] 20 janv. 1727, à Jacques Loisel; s [1] 9 avril 1757.

1697, (7 janvier) Beauport. [4]

III — PARADIS, Jean,   [Jean II.
Ménard, Marguerite,   [Jacques I.
André, b [4] 17 août 1698. — Jacques, b [4] 1er mai 1701. — Marie-Marguerite, b [4] 27 janv. 1704; s [4] 25 janv. 1708. — Louise-Benjamin, b 28 nov. et s [4] 26 déc. 1705. — Marie-Anne-Geneviève, b [4] 24 fev. 1707. — Marie-Marguerite, b [4] 2 fév. 1709. — Jean-Baptiste, b [4] 24 fev. 1711; s [5] 14 sept. 1714. — Jeanne-Angélique, b [4] 27 déc 1712, s [4] 19 sept. 1714. — Jean-Baptiste, b 24 oct. et s [4] 5 nov. 1714. — François, b 24 oct. et s [4] 5 nov. 1714. — Florent, b [4] 26 janv. 1716. — Marie-Michelle, b 7 et s [4] 29 mai 1718. — Marie-Marguerite-Gertrude, b [4] 30 nov. 1719.

1698, (5 novembre) Cap St. Ignace.

III.—PARADIS, Gabriel,   [Guillaume II.
Lemieux, Geneviève,   [Guillaume I.
Marie, b 19 mars et s 2 avril 1702, à la Rivière-Ouelle.

I. — PARANT, François, engagé du séminaire de St Sulpice, b 1641 ; s 8 sept. 1691, à Montréal.

I. — PARANT, George, b 1671, s 27 fév. 1695, à Montréal.

1654, (9 février) Québec. [1]

I. — PARANT, (2) Pierre, b 1610, fils d'André et de Marie Coudray, de Mortagne, au Perche ; s 6 août 1698, à Beauport. [2]
Badeau, Jeanne,   [Jacques I.
s [2] 23 nov. 1706.
Marie, b [1] 25 nov. 1655 ; 1° m [1] 25 nov. 1670, à David Courbin ; 2° m [2] 5 fév. 1685, à Joseph Rancour ; s [1] 6 déc. 1700. — Jacques, b [1] 25 nov. 1657 ; 1° m à Geneviève-Louise Chevalier ; 2° m [2] 9 nov. 1705, à Marie Bélanger ; 3° m en 1719, à Madeleine Huppé, au Château-Richer. — Pierre, b [1] 17 oct. 1660 ; m [2] 22 nov. 1683, à Marguerite Baugis ; s [2] 29 juin 1715. — André, b [1] 8 déc. 1662 ; m à Marguerite Coté ; s [2] 17 juillet 1699. — Jean-François, b [1] 15 fév. 1665 ; 1° m [2] 10 fev.

---

(1) Elle épouse, le 11 juillet 1679, François Fellan, à Ste. Famille.

(1) Adopté par René Siret.
(2) Ancêtre d'Etienne Parant, Ecr., Député-Secrétaire-d'Etat.

1687, à Marie Lavallée ; 2° m ² 18 mars 1721, à Anne Duquet — *François*, b ¹ 3 avril 1667. — *Joseph*, b ¹ 27 janv. 1669 ; m ² 31 janv. 1690, à Madeleine Marette. — *Geneviève*, b ¹ 2 mars 1670 , 1° m ² 2 déc. 1686, à Noel Langlois ; 2° m ¹ 10 janv. 1695, à Jacques Avisse — *Michel*, b¹ 21 déc 1671 ; m ¹ 24 nov. 1692, à Jeanne Chevalier. — *Charles*, b ¹ 13 nov. 1676 ; m ² 7 janv. 1699, à Marie-Anne Duprat. — *Charlotte*, b... ; m ² 10 janv 1695, à Michel Chevalier. — *Jeanne-Thérèse*, b ² 29 oct. 1673 ; m ² 11 janv. 1689, à Jean Baugis. — *Charles*, b ² 20 fev. et s ² 1er mars 1681. — *Antoine*, b ² 3 sept. 1683 ; m ² 2 sept. 1720, à Marie-Charlotte Vachon. — *Etienne*, b... ; 1° m ² fév. 1696, à Thérèse Chevalier ; 2° m 28 avril 1727, à Geneviève Trudel, à l'Ange-Gardien. ³ — *Jean*, b... ; m ² en fév. 1696, à Françoise Bélanger. — *Joseph*, b... ; m ² en fév. 1696, à Marie Bélanger. — *Antoine*, b... : m ³ 16 avril 1708, à Barbe Trudel.

1677, (1er février). (1)

II. — PARANT, Jacques,   [Pierre I.
  1° Chevalier, Geneviève-Louise,   [René I.
   s 29 sept. 1703, à Beauport. ⁴
  Geneviève, b 1686 ; s ⁴ 28 sept. 1689. — *Louise*, b ⁴ 15 juin 1681 ; m ⁴ 6 oct. 1704, à René Huot. — *Charlotte*, b ⁴ 11 janv. 1683 ; m ⁴ 12 nov. 1704, à René Sasseville — *Marguerite*, b ⁴ 3 mai 1686. — *Angélique*, b ⁴ 12 fév. 1688 ; 1° m ⁴ 13 août 1706, à Germain Langlois ; 2° m à Nicolas Dupont. — *Jacques*, b ⁴ 25 juillet 1684 : m 12 juin 1718, à Madeleine Sasseville, à Québec. ⁹ — *Louis*, b ⁴ mars 1695 ; m ⁹ 21 nov. 1719, à Suzanne Blanchon — *Michel*, b ⁴ 22 fev. 1693 ; m ⁹ 9 sept. 1724, à Marguerite Blondeau. — *Jean*, b ⁴ 14 déc. 1689 ; s ⁴ 1er mai 1704. — *Marie-Anne*, b ⁴ 9 mai 1691 ; m ⁴ 26 fev. 1710, à Pierre Huot. — *François*, b ⁴ 22 janv. 1697 , m ⁴ 28 nov. 1719, à Marguerite Binet. — *Marie-Benjamin*, b ⁴ 18 avril et s ⁴ 20 juin 1702. — *René*, b 1673 ; m ⁴ 16 nov. 1699, à Marie-Madeleine Courault ; s ⁴ 26 août 1703, mort accidentellement. — *Henry*, b 1677 , s 1er janv. 1703.

1705, (9 novembre) Beauport. ⁴

  2° Bélanger, Marie,   [Nicolas I.
  veuve d'Ignace Choret ; s ⁴ 7 janv. 1719.
  Simon-Pierre, b ⁴ 24 oct. 1706.—*Jacques-Joseph*, b ⁴ 2 nov. 1707.— *Marie-Josette*, b ⁴ 23 nov. 1708. — *Anonyme*, b et s ⁴ 9 mars 1710. — *Geneviève*, b ⁴ 23 mai 1711.

1719, Charlesbourg.

  3° Huppé, Madeleine,   [Michel I.
  veuve de Louis Bédard.

1683, (23 novembre) Beauport. ⁸

II. — PARANT, Pierre,   [Pierre I.
  s ⁸ 29 juin 1715.
  Baugis, Marguerite,   [Michel II.
  Pierre, b ⁸ 29 juillet 1684. — *Jacques*, b ⁸ 2 fév. 1687 ; m ⁸ 16 nov. 1711, à Marie-Anne Chalifour. — *Michel*, b ⁸ et s ⁸ 18 janv. 1689. — *Marguerite*, b 10 et s ⁸ 20 mai 1690. — *Marguerite*, b ⁸ 18 avril

1692 ; m ⁸ 14 nov. 1712, à Paul Chalifour. — *Geneviève*, b ⁶ 12 nov. 1694 ; s ⁴ 27 janv. 1703. — *Marie-Anne*, b ⁶ 28 fév. 1697. — *André-Lucien*, b ⁸ 11 janv. 1700. — *Paul*, b 10 et s ⁸ 12 avril 1703. — *Michel-Jean*, b ⁸ 28 déc. 1701 ; m à Geneviève Chrétien, à Charlesbourg. ⁹ — *Pierre-François*, b ⁸ 22 juillet 1707, m 1729, à Marie-Claudine Chalifour, à Beauport.

1687, (10 février) Beauport. ⁶

II. — PARANT, Jean,   ]Pierre I.
  1° La Vallée, Marie,   [Pierre I.
  André, b ⁴ 30 nov. 1688 , m ⁶ 1er mars 1718, à Louise Brassard. — *Marie*, b ⁶ 6 août 1690 ; m 4 nov. 1718, à Jean-Pierre Dutour, à Québec. ⁷ — *Pierre*, b... — *Mathieu*, b ⁶ 23 janv. 1696. — *Jacques*, b ⁶ 6 juillet 1697, m ⁷ 13 oct. 1719, à Marie Devin ; s ⁷ 25 juin 1730. — *Noel*, b ⁶ 25 dec. 1698 ; s ⁶ 3 janv. 1700.— *Charles*, b ⁶ 4 avril 1700. — *François*, b ⁶ 16 oct. 1701 ; s ⁶ 29 juillet 1702 — *Antoine*, b ⁸ 23 août 1704. — *Marie-Louise*, b ⁶ 13 août 1706. — *Ignace*, b ⁶ 27 déc. 1707 ; s ⁶ 3 oct. 1708.

1721, (18 mars) Québec.

  2° Duquet, Anne, (1)   [Pierre II.
  veuve de Jean Thomas.

1688, (12 janvier) Montréal. ⁵

I. — PARANT, Mathurin, maître charpentier, fils de Thomas et de Marie Morné.
  Boucher, Jeanne,   [François I.
  Charles, b ⁵ 21 mai 1689. — *Marie-Jeanne*, b ⁵ 14 janv. 1691. — *Guillaume*, b ⁵ 31 août 1693 ; m 5 fév. 1720, à Françoise Roy, à Lachine. ⁷ — *Etienne-Joseph*, b ⁵ 2 fév. 1696. — *Jean-Baptiste*, b ⁵ 8 juin 1698 ; m ⁷ 8 nov. 1723, à Marie Brunet. — *Pierre*, b ⁵ 18 août 1700. — *Marie-Louise*, b ⁵ 20 fev. 1702 ; s ⁵ 26 mars 1703.

1690, (31 janvier) Beauport.

II. — PARANT, Joseph,   [Pierre I.
  Marette, Madeleine,   [Jacques I.
  Joseph, b 13 oct. 1690, à Québec. ⁵ — *Marie-Madeleine*, b ⁵ 15 déc. 1692. — *Marguerite*, b 7 juillet 1698, à Montréal. ² — *François*, b ⁵ 5 mars 1700. — *Marie-Anne*, b ² 22 mai 1702. — *Gilbert*, b ² 3 déc. 1703. — *Marie*, b 21 janv. 1709, au Detroit.

1692, (30 juin) Trois-Rivières.

I. — PARANT, Michel, fils d'Antoine et de Marguerite Lehongre, de St. Jacques de la Boucherie de Paris.
  Benoist, Marie-Anne,   [Gabriel I.
  Jean-Baptiste, b... ; m 27 nov. 1713, à Marie-Jeanne Guay, à Québec. — *Marie-Anne*, b 11 avril 1695, à Montréal ⁶ ; s⁶ 3 mai 1703. — *Joseph*, b⁶ 17 nov. 1697. — *Pierre*, b ⁶ 23 nov. 1700. — *Laurent*, b⁶ 28 fév. 1703 ; 1° m 24 mai 1731, à Marie-Josette Dauzet, au Détroit⁷ ; 2° m ⁷ 27 juillet 1734, à Jeanne Cardinal.

II. — PARANT, André, [Pierre I.
s 17 juillet 1699, à Beauport.⁸ (noyé.)
Coté, Marguerite, (1) [Martin II.
Marie-Madeleine, b⁵ 5 mars 1694, m⁶ 18 janv.
1712, à André Marcou ; s⁶ 22 déc. 1712. — *Marie-
Jeanne*, b⁸ 23 avril 1695. — *François*, b⁸ 21 nov.
1696 — *André*, b⁹ 2 déc. 1698 ; m 1720, à Marguerite Pepin, à Charlesbourg.

1692, (24 novembre) Beauport.⁹

II. — PARANT, Michel, [Pierre I.
capitaine de vaisseau.
Chevalier, Jeanne, [René I.
s 4 avril 1746, à Québec ⁷
Etienne, b⁹ 19 janv. 1695 ; m⁹ 9 janv. 1719, à
Simone Brassard ; s⁷ 22 juillet 1755. — *Michel*,
b⁹ 18 août 1693. — *Henri*, b⁹ 19 oct. 1696 ; m
15 mai 1729, à Ursule Chouinard, à l'Ilet. —
Marie-Jeanne, b⁹ 11 oct. 1698. — *Pierre*, b⁹ 29
juillet 1700 ; s⁹ 22 avril 1703. — *Marguerite-
Véronique*, b⁹ 24 sept. 1702 ; m à Joseph Chalifour — *Louise-Françoise*, b⁹ 8 juillet 1704 ; s⁹ 28
déc. 1706. — *Pierre*, b⁹ 14 juillet 1706 ; s⁹ 3 mai
1708. — *Joseph*, b⁹ 23 mai 1708 ; m⁷ 8 oct. 1731,
à Marie-Anne Bonedeau. — *Françoise-Marie*, b⁹
4 juin 1710 ; s⁹ 21 sept. 1714. — *Anonyme*, b et
s⁹ 14 avril 1712. — *Marie-Angélique-Joselte*, b 26
mars et s⁹ 25 sept. 1714. — *Marie-Thérèse*, b⁹ 22
nov. 1717 ; m¹ 23 janv. 1736, à François Lenormand

1696, (février) Beauport.⁴

II. — PARANT, Etienne, [Pierre I.
1° Chevalier, Marie-Thérèse, [René I.
Pierre, b... ; m 22 sept. 1738, à Marie-Louise
Gagnon, à Québec.⁶ — *Etienne*, b⁴ 16 déc. 1696 ;
s⁴ 20 fév. 1703. — *Joseph*, b⁴ 21 sept. 1698 ; s⁴
27 janv. 1700. — *Noel*, b⁴ 24 sept. et s⁴ 9 déc.
1700. — *Marie-Geneviève*, b⁴ 11 août 1702 — *Marie-
Joselte*, b⁴ 2 juin 1704 ; s⁴ 15 avril 1717. —
Jeanne-Cécile, b⁴ 24 mai 1706. — *Etienne*, b⁴ 12
mai 1708. — *Noel*, b⁴ 24 fév. 1710 ; s⁴ 11 oct.
1714. — *Thérèse-Angélique*, b⁴ 1ᵉʳ juin 1713 —
Michel, b ⁴29 mai et s⁴ 2 juillet 1717.

1727, (28 avril) l'Ange-Gardien.

2° Trudel, Geneviève, [Nicolas II.
Antoine, b... ; m⁵ 18 avril 1757, à Madeleine
Allée. — *Nicolas*, b... — *Pierre*, b... — *Eustache*,
b... — *Cécile*, b...

1696, (février) Beauport.⁴

II. — PARANT, Jean, [Pierre I.
Bélanger, Françoise, [Nicolas I.
Marie-Louise, b⁴ 22 mars 1708 ; m 23 oct. 1729,
à René Pacquet, à Québec. — *Jean*, b⁴ 9 déc.
1695 ; s⁴ 3 janv. 1697. — *Joseph*, b⁴ 2 fév. 1698,
s⁴ 14 déc. 1708. — *Marie-Thérèse*, b⁴ 26 sept.
1699. — *Simon*, b⁴ 18 déc. 1701 ; s⁴ 16 fév. 1703.
— *Marie-Madeleine*, b⁴ 16 juin 1704. — *Geneviève*,
b⁴ 19 nov. 1706. — *Marie-Joselte*, b⁴ 7 janv. 1710.
— *Marie-Catherine*, b⁴ 28 fév. 1712. — *Marie-
Françoise*, b⁴ 27 juin 1713 ; s⁴ 3 oct. 1714. —

Jean-François, b⁴ 21 oct. 1714, s⁴ 30 mars 1717.
— *Jacques*, b⁴ 18 oct. 1716. — *Claire-Félicité*, b⁴
29 août 1718.

1696, (février) Beauport ⁴

II. — PARANT, Joseph, [Pierre I.
Bélanger, Marie. [Nicolas I.
Marie-Thérèse, b⁴ 17 déc. 1696. — *Marie-Joselte*,
b⁴ 19 janv. 1699. — *Marie-Françoise*, b⁴ 3 déc.
1701. — *Joseph*, b⁴ 23 janv. 1704. — *Louise-Charlotte*, b⁴ 13 mars 1706. — *Jean-Baptiste*, b⁴ 24
mai 1709. — *Noel*, b⁴ 29 sept. 1712. — *Jacques*,
b⁴ 7 sept. 1714. — *Marie-Louise*, b⁴ 7 avril 1717.

1699, (7 janvier) Beauport.⁴

II. — PARANT, Charles, [Pierre I.
b 1677 ; s 16 juin 1747, à Québec ⁶ -
Duprac, Marie-Anne, [Robert I
b 1678, s 24 déc. 1744.
Jean-Marie, b⁴ 20 nov. 1699, s⁴ 15 nov. 1706
— *Antoine*, b⁴ 30 janv. 1701, m à Marie-Angélique Delaunay. — *Noel*, b⁴ 16 sept 1702. —
Charles, b⁴ 12 juin 1704 — *Pierre-Alexis*, b⁴ 31
déc. 1705. — *Marie-Jeanne*, b⁴ 13 mars 1707 ; s⁴
30 mars 1715. — *Marie-Joselte*, b⁴ 20 nov. 1709.
— *Marguerite-Geneviève*, b⁴ 25 mai 1711. — *Jacques*, b⁴ 1ᵉʳ mai 1713. — *Louis*, b⁴ 16 oct. 1714.
— *René-François*, b⁴ 5 janv. 1716. — *Geneviève*,
b⁴ 26 déc. 1719 ; m⁵ 9 juin 1738, à Charles Dubeau ; s⁴ 14 avril 1748.

1699, (16 novembre) Beauport ⁸

III. — PARANT, René, [Jacques II.
b 1678 ; s⁹ 26 août 1703.
Courault, Marie-Madeleine, (1) [Cybar I.
Joseph-Mathieu, b³ 20 sept. 1700, m 7 janv.
1728, à Louise Blondeau, à Kamouraska. — *Hen-
ri-Roch*, b³ 17 janv et s³ 22 fév. 1703. — *Marie-
Geneviève*, b³ 5 fév. 1704 ; 1° m 26 déc. 1726, à
Noel-Joseph Lemire, à Québec⁴, 2° m⁴ 9 oct.
1741, à Paschal Soulard.

1653, (20 octobre) Québec.⁷

I. — PARÉ, Robert, b 1626, fils de Mathieu et de
Marie Jouannet, de St Laurent, de Solesmes ;
s 17 nov. 1684, à Ste. Anne.⁸
Le Houx, Françoise, [Jacques I.
b 1626, fille de Jacques et de Marie Meilleur,
s⁸ 9 avril 1685.
Louise, b⁷ 19 août 1654 ; m³ 14 nov. 1667, à
Jean Poulain. — *Jean*, b⁷ 18 avril 1656 ; 1° m 3
nov. 1682, à Jeanne Racine, au Château-Richer ⁹,
2° m à Catherine Lainé. — *Joseph*, b⁷ 1ᵉʳ sept.
1658 ; m⁹ 9 janv 1685, à Madeleine Berthelot ;
s⁸ 30 nov. 1717 — *Noel*, b 1660 ; m⁸ 12 nov.
1685, à Marguerite Caron. — *Marie-Madeleine*, b⁹
17 juin 1662 ; m¹ 12 nov. 1678, à Jean Boucher.
— *Marguerite*, b⁹ 3 mars 1664 ; m¹ 23 août 1683,
à Ignace Poulain. — *Anne*, b⁹ 27 sept. 1665 ; m⁸
17 avril 1634, à Joseph Guimont. — *Pierre*, b⁹ 3
juin 1668. — *François*, b⁸ 8 janv. 1670 ; 1° m³ 18
avril 1690, à Marguerite Racine, 2° m⁸ 26 août
1704, à Claire Lacroix.

1681, (20 octobre) Montréal. [6]

I. — PARÉ, Jean, (1) b 1654.
PICARD, marguerite,　　　　[Hugues I.
s 18 janv. 1727, à Lachine. [9]
Françoise, b [6] 15 oct. 1682 ; m [9] 18 oct. 1701, à
Pierre Barbary. — *Madeleine,* b [6] 26 fév. 1684;
s [6] 20 oct. 1687.— *Jean-Hugues,* b [9] 28 avril 1686 ;
s [6] 26 août 1699. — *Jacques,* b [9] 15 mai 1688.—
Marie-Madeleine, b [9] 31 mai 1691 ; m [9] 3 nov. 1705,
à Martin Fauchet. — *Jacques,* b [9] 18 janv. 1695:
m [9] 16 nov. 1717, à Marie-Anne Caron ; s [9] 4 mai
1719.— *Jeanne,* b [9] 21 sept. 1096 ; m [9] 23 nov.
1717, à Pierre Maillou. — *Marie-Charlotte,* b [9] 24
août 1698. — *Jean,* b [9] 16 juillet 1700. — *Pierre,*
b [9] 10 mars 1702. — *Louise,* b [9] 30 oct. 1703 ; m[9]
1er dec. 1727, à Joseph Le Brault. — *Joseph,* b [9]
2 juillet 1705. — *Jean-Baptiste,* b [9] 2 fév. 1707.

1682, (3 novembre) Château-Richer.

II. — PARÉ, Jean,　　　　　[Robert I.
1° Racine, Jeanne,　　　　[Étienne I.
s avant 1708.
Marguerite, b 25 août 1683, à Ste. Anne [8] ; 1°
m [8] 28 avril 1699, à Ange Dodier ; 2° m à Jacques
Perier. — *Jeanne,* b [8] 19 mai 1685 ; m [8] 30 janv.
1708, à Augustin Lacroix.— *Jean,* b [8] 14 oct. 1688 ;
s [8] 20 dec. 1708. — *Etienne,* b [8] 5 mars 1691 ; m
18 fév. 1716, à Anne Lacroix. — *Prisque,* b [8] 20
mai 1693 ; m [8] 9 janv. 1715, à Marguerite Mesny.
— *Madeleine,* b 1695 ; s [8] 5 mai 1703.— *Timothée,*
b [8] 25 sept. 1700 ; m [8] 15 janv. 1725, à Geneviève
Barette. — *François,* b..., m [8] 17 fév. 1720, à
Geneviève Cloutier. — *Anonyme,* b et s 14 oct.
1699, à Quebec.
2° Lainé, Catherine, veuve d'Etienne Mesny.

1685, (9 janvier) Ste. Anne. [8]

II. — PARÉ, Joseph,　　　　　[Robert I.
s [8] 30 nov. 1717.
Berthelot, Marie-Madeleine,　　[André I
veuve de Pierre Prevost. (2)
Françoise, b [8] 29 nov. 1685 ; m [8] 31 janv. 1702,
à François Caron. — *Marie-Anne,* b [8] 6 janv.
1688 , m [8] 17 fév. 1710, à Pierre Boivin. — *Madeleine,* b [8] 14 avril 1691 ; m [8] 25 nov. 1710, à Joseph
Racine ; s [8] 30 mars 1720. — *Cécile,* b [8] 16 nov.
1693 . m [8] 24 nov. 1716, à Etienne Drouin.—
Dorothée, b [8] 16 nov. 1693 ; m [8] 20 fév. 1715, à
François Racine ; s [8] 9 dec. 1715.— *Marie,* b [8] 25
mai 1700. — *Ignace,* b [8] 8 juin 1704 ; m [8] 12 juin
1724, à Agnès Racine. — *Geneviève,* b [8] 22 août et
s [8] 28 nov. 1706.— *Louis,* b [8] 31 mai 1710. —
Marie-Josette, b... ; m [8] 17 oct. 1722, à Pierre
Guignard.— *Joseph,* b... ; m [8] 3 fév. 1723, à
Ursule Lessard.

1685, (12 novembre) Ste. Anne.

II. — PARÉ, Noel,　　　　　[Robert I.
Caron. Marguerite,　　　　[Jean II.
Louis, b... ; m 18 juillet 1719, à Marie-Josette
Guay, à St. Etienne de Beaumont.

(1) Sergent de la garnison, commandant les habitants du
fort de l'église.—*Registres de Lachine.*

(2) Elle épouse, le 5 nov. 1725, Noël Lessard, à Ste. Anne.

1690, (18 avril) Ste. Anne. [1]

II. — PARÉ, François,　　　　[Robert I.
1° Racine, Marguerite,　　　　[Noel I.
s [1] 18 mai 1703.
François, b [1] 27 nov. 1691 ; s [1] 1er fév. 1692.—
Marguerite, b 30 déc. 1692 ; 1° m [1] 14 nov. 1715,
à François Bélanger ; 2° m 24 nov. 1721, à Pierre
Laberge, à l'Ange-Gardien. — *Marie-Anne,* b... ;
m [1] 6 fév. 1720, à Louis Bélanger. — *Louis,* b [1]
29 oct. 1701. — *Noël,* b [1] et s [1] 18 mai 1703.

1704, (26 août) Ste. Anne. [1]

2° Lacroix, Claire,　　　　　[François I.
François, b [1] 8 nov. 1706 — *Claude,* b [1] 3 oct.
1708. — *Etienne,* b [1] 27 déc. 1710. — *Marie-Françoise,* b [1] 3 déc. 1712. — *Pierre,* b [1] 5 mars 1715.
— *Marguerite,* b [1] 30 oct. 1716 — *Jean,* b [1] 11
mars 1719. — *Marie-Joselle,* b [1] 15 août 1721.—
Ignace, b [1] 21 fév. 1724. — *Timothée,* b [1] 5 janv.
1727.

1673, (12 septembre) Québec. [5]

I. — PARENTEAU, Pierre, fils de Jean et de
Marguerite Sevestre, de Bas-ange, evêché de
Xaintes.
Tisseran, Madeleine, (1) fille de Louis et de
Louise d'Estrée, de St. Etienne de Liancourt,
evêché de Beauvais.
Marguerite, b 23 mai 1675, à Sorel [6] ; 1° m 1691,
à François Edmé; 2° m [5] 1er déc. 1696, à Jacques
Berthelot ; s [5] 25 mars 1732. — *Marie,* b [5] 22
juin 1674. — *Marie-Renée,* b [6] 29 avril 1677.—
Marguerite, b [6] 23 mai 1675. — *Jean-Baptiste,* b [6]
8 août 1679. — *Jeanne,* b [6] 6 mai 1684 ; m [5] 26 fév.
1708, à Guillaume Lavigne. — *Marie-Madeleine,*
b [6] 28 fév. 1686. — *Charles,* b [6] 12 juillet 1687.

PARIS. — Voy. Duhaut.

1668, (26 novembre) Québec. [5]

I. — PARIS, François, cordonnier, fils de Claude
et d'Elizabeth Lourdet, de St. Gervais de
Paris.
Deschalets, Elizabeth, fille de François et de
Jacques Chevallereau, de N.-D. de Maillezais.
Marie-Madeleine, b [5] 20 nov. 1669 ; s [5] 10 janv
1670.— *Marie-Madeleine,* b [5] 14 juin 1671.— *Pierre,*
b [5] 10 juillet 1672. — *Marie-Anne,* b [5] 8 oct. 167.
— *Elizabeth,* b [5] 21 dec. 1674. — *Jean,* b [5] 24 aoûl
1676.

1681, (13 octobre) Québec. [4]

I. — PARIS, François, cordonnier, b 1654, fil de
Pierre et de Catherine Roussel, de Cherborg,
evêché de Coutance.
Rabouin, Marie,　　　　　　[Jean I.
s [4] 26 mars 1731.
Jean-François, b [4] 14 oct. 1683. — *Joseph,* b [4]
déc. 1685; s [4] 3 nov. 1705. — *Marie-Anne,* b [4]
oct. 1687 ; m [4] 8 nov. 1708, à François Dusault
s [4] 9 nov. 1755.— *Marie-Françoise,* b... ; m [4]
fév. 1714, à Nicolas Lesage. — *Pierre,* b [4] 10 sep.

(1) Elle épouse, le 27 juillet 1695, Jean Charpentie à
Québec.

1691. — *Louis*, b⁴ 4 mars 1694. — *Charles-Michel*, b⁴ 29 juin 1696, s⁴ 2 oct. 1716. — *Marthe-Marguerite*, b⁴ 28 sept. 1698; m⁴ 13 juin 1718, à Jean Forton. — *Jeanne*, b⁴ 30 nov. 1700, s⁴ 20 janv. 1703. — *Louis*, b⁴ 4 mai 1703. — *Jeanne-Ursule*, b⁴ 26 mai 1705; m⁴ 2 juillet 1736, à Jean Friloux. — *Marie-Louise*, b⁴ 27 fév. 1707. — *Pierre-François*, b⁴ 2 mars 1708; m⁴ 25 janv. 1734, à Marie-Josette Boutillet; s⁴ 26 juillet 1744.

I. — PARIS de Rougemont, Nicolas, lieutenant de M. de Bouraillan.

1691, (24 janvier) Ste. Famille. ⁴

I. — PARIS, Pierre, b 1665, fils de Pierre et d'Anne Dumas, de St. Antoine, evêché d'Angoulesme.
Charlan, Michelle,   [Claude I.
Pierre, b⁴ 5 mars 1691, m 12 fév. 1714, à Catherine Bonhomme, à Ste. Foye. — *Nicolas*, b 13 mars et s⁴ 6 avril 1692. — *Marie-Charlotte*, b 13 avril 1693, à St. François, Ile d'Orleans, s 5 mai 1700, à Quebec. — *Gervais*, b 1695, s 16 mai 1713, à Ste. Anne. — *Flavie*, b⁴ 28 sept 1696.

1697, (29 juillet) Québec.

I. — PARIS, François-Gilles, fils de François et de Jeanne Bouchenil, de Cural, evêché de Xaintes
Mezeray, Marie,   [Thomas II.
Marie-Catherine, b 15 avril et s 19 juillet 1699, à Charlesbourg. ⁴ — *Jean-François*, b⁴ 12 nov. 1700. — *Jacques*, b 13 janv. et s⁴ 17 fév. 1703. — *Pierre*, b 1ᵉʳ nov. 1704, à St. François, Ile-Jesus.⁵ — *Joseph*, b⁵ 5 avril 1707; m⁵ 20 oct. 1738, à Marie-Marguerite Taillon — *Ambroise*, b⁵ 4 déc. 1712. — *Véronique*, b⁵ 21 avril 1715. — *Marie-Joselte*, b⁵ 30 mai 1717.

PARISEAU. — Voy. Delpué.

I. — PARISEAU, François, fils de François, m 24 nov. 1727, à Marie Charlotte Petit, à Varennes.

PARISIEN, — Voy. Leger — Morel.

PÂRISIEN, Jean.
Sauvagesse, Françoise.
Mathurin, né en 1641; b en 1644, aux Trois-Rivières.

I. — PARISIEN, b 1679; s 3 août 1704, à Contre-cœur, noye.

I. — PARISIEN, Simon, cordonnier, s 3 nov. 1710, aux Trois-Rivières. ³
Bruneau, Charlotte,   [René I.
Marie-Charlotte, b 1702; s⁵ 5 déc. 1708. — *Noel*, b³ 27 mai 1709. — *Marguerite*, (posthume) b 25 et s³ 28 fév. 1711.

I. — PARMENTIÉ, André,

PARTHENAY. — Voy. Menard.

I. — PARS, (1) Marie, b 1639, m à Pierre Picoté, Sieur De Bellestre.

I — PARSEILLÉ, Etienne, b 1678, fils de Denis, de Montobourlay, evêché de Périgueux, m 16 oct. 1702, à Marie Edeline, à Laprairie.

I — PASCHAL dit Brisefer, Martial, soldat de M Levasseur, b 1669, de Daniel, evêché de Limoges.

PASQUIER, — *Variations et surnoms :* Pasquet — Pacquet — Paquet — De Franclieu — La Vallée

PASQUIER, Paschal, (2) s 8 mai 1653, à Quebec.

I. — PASQUIER, Méry, de St. Paul de Vendeure, evêché de Poitiers
Beaumont, Vincente,
Marguerite, b... ; 1º m 26 nov. 1670, à François Biville, à Quebec⁸ ; 2º m⁸ 26 janv. 1676, à Bernard Gontier. — *Maurice*, b..., m 1668, à Françoise Forget — *René*, b 1644, à Poitiers ; m⁸ 16 oct. 1679, à Helène Lemieux ; s⁸ 9 mai 1699.

I. — PASQUIER de Franclieu, Pierre, de St. Etienne, de Brie-Comte-Robert, de Paris.
De Porta, Marie.
Marie, b 1640, à Quebec⁸ ; m 10 janv. 1668, à Charles Couillard ; s⁸ 26 juin 1685, dans l'église des Recollets.

1668.

II. — PASQUIER, Maurice,   [Méry I.
Forget, Françoise,   [Nicolas I.
Louis, b 14 janv. 1669, à Quebec⁹, m 9 janv. 1690, à Geneviève Lenoux, à Charlesbourg.⁸ — *Jeanne*, b 1666 : m⁸ 5 fév. 1679, à Jean Paradis, s⁸ 15 mars 1711. — *Jean-François*, b⁹ 26 mai 1671 ; m 9 nov. 1693, à Marie Mancou, à Beauport. — *René*, b⁹ 9 sept. 1673. — *Jacques*, b⁹ 14 sept. 1675 ; m⁹ 1ᵉʳ août 1697, à Françoise Stevens-Nistius; s⁹ 4 mars 1764. — *Françoise*, b⁹ 7 fév. 1678, m⁹ 25 avril 1695, à Paul Boulé.

1668, (6 novembre) Québec. ⁸

I. — PASQUIER, Etienne. fils d'Etienne et de Jean Poussard, du Bourg-Disset, evêché de Poitiers.
Rousseau, Henriette, fille de Jacques et de Jeanne Arnoult, de St. Nicolas de Paris.
Anne, b⁸ 19 fév. 1670. — *Etiennette*, b³ 26 nov. 1671 ; m⁸ 2 juillet 1691, à Toussaint Hunault. — *Philippe*, b⁸ 20 nov. 1673 : m 1699, à Jeanne Brosseau.

1670, (30 juin) Château-Richer. ⁸

I. — PASQUIER dit Lavallée, Isaac, fils de Mathurin et de Marie Fremillon, de St. Jean de Montaigu.
Meusnier, (Lemonier) Elizabeth,   [Mathurin I.

---

(1) Ancêtre de Monseigneur Taché.

(2) Ce Pasquier. homme de M. Charron, fut exécuté pour avoir blessé son maître à la gorge d'un coup de pistolet.

Joseph, b 1689 , m [8] 16 nov. 1711, à Françoise Clourier, s [8] 9 juillet 1715. — *Angélique*, b 1683 ; 1° m [8] 20 août 1703, à Denis Desèvre ; 2° m [8] 24 oct. 1713, à Jean Chapeau , s [8] 4 fev. 1753. — *Charles*, b 25 mars 1673, à Ste. Famille [9], m 1693, à Jeanne Colombe.—*Marguerite*, b [8] 4 juin 1675, m 15 nov. 1693, (1) à Jacques Labrèque.—*Jeanne*, b [8] 3 mars 1677 ; m 5 juillet 1696, à Jean Bertrand, à Charlesbourg. — *Antoine*, b [9] 20 mai 1678. — *Madeleine*, b... , m 21 janv. 1715, à Joseph Lessard, à Ste. Anne.— *Françoise*, b 29 nov. 1682, à St. Laurent, I. O. [5]; m 12 sept. 1703, à St. Etienne de Beaumont [7] ; s [7] 23 mai 1731 — *Marguerite-Angélique*, b [5] 16 juin 1686. — *Marie*, b 8 et s [5] 22 fev. 1688.—*François*, b [8] 27 avril 1680. — *Elizabeth*, b..., m 1692, à Pierre Guéret.

1671.

I. — PASQUIER, Philippe, maçon, b 1631.
   Gobeil, Françoise,   [Jean I.
   Françoise, b 24 mars 1672, à Ste. Famille. [3] — *Philippe*, b [3] 22 mai 1674 ; m 11 août 1700, à Marie Fontaine, à St. Jean, Ile d'Orléans. [7]— *Jeanne*, b [3] 7 nov. 1676. — *Jacques*, b [3] 1er mars 1679. — *Françoise*, b 1680. — *Jean*, b [7] 20 oct. 1682 ; m [7] 20 fev. 1708, à Marie Charland.— *François*, b [7] 12 août 1685. — *Joseph*, b [7] 23 juin 1688, s [7] 5 fev. 1689. — *Joseph-Laurent*, b [7] 2 fév. 1690. — *Pierre*, b [7] 31 oct. 1692. — *Augustin*, b [7] 16 mars 1696.

1672.

I. — PASQUET, Pierre,
   Caillet, Marie.
   Antoine, b 4 juin 1673, à Ste. Famille. [1] — *Jean*, b [1] 13 fev. 1675 ; s [1] 8 oct 1677. — *Pierre*, b 1670 ; m [1] 29 juillet 1694, à Marie Charlan. — *Marie*, b 17 janv. et s [1] 8 dec. 1677. — *Marie*, b [1] 26 oct. 1678 ; m 9 sept. 1700, à Robert Rivière, à St. Jean, Ile d'Orleans. [4]— *Hippolyte*, b 9 et s [1] 22 fev. 1680. — *Anne*, b [1] 1er sept. 1681 ; s [4] 10 nov. 1699, (mort subite) —*Marie-Madeleine*, b [1] 30 mars 1684 ; s [1] 24 juin 1699.

1679, (16 octobre) Québec. [7]

II. — PASQUIER, René, menuisier,   [Méry I.
   s [7] 9 mai 1699.
   Lemieux, Hélène, (2)   [Gabriel I
   René, b [7] 22 sept. 1680, m [7] 18 nov. 1703, à Catherine Maillou; s [7] 11 janv. 1710. — *Marie-Hélène*, b [7] 7 dec. 1682 ; 1° m [7] 5 août 1698, à Pierre Ginchereau ; 2° m 31 juillet 1703, à Bernard Letourneau, à St. François, I. O. — *Antoine*, b [7] 28 déc. 1684. — *Louis*, b [7] 4 janv. 1692 ; m [7] 10 fev. 1716, à Louise-Angélique Guillot. — *Anonyme*, b [7] et s [7] 19 nov. 1694 — *Marie-Anne*, b [7] 25 fév 1697 ; m [7] 1er août 1712, à Louis Guerin ; s [7] 1er juillet 1715.

1690, (9 janvier) Château-Richer. [8]

III. —PASQUIER, Louis,   [Maurice II.
   Leroux, Geneviève,   [François I.
   s [8] 11 mai 1711.

(1) Date du contrat de mariage.

(2) Elle épouse, le 23 nov. 1705, Robert Fouchet, à Québec.

Marie, b [8] 19 nov. 1693; m [8] 4 sept. 1712, à Nicolas Thibaut. — *Louis*, b [8] 6 mars 1692. — *Angélique*, b [8] et s [8] 4 mai 1695. — *François*, b [8] 20 sept. 1697. — *Anne*, b [8] 16 mars 1703 ; s [8] 3 oct. 1704. — *Elizabeth*, b 7 avril 1695. — *Marie-Madeleine*, b 28 oct 1700, à Quebec. [9]—*Geneviève*, b... ; m [9] 27 nov 1725, à Louis Pacquet.

1693, (9 novembre) Beauport.

III. — PASQUET, François,   [Maurice II.
   Marcou, Marie,   [Pierre I.
   François, b 29 août 1694, à Québec [7], m 1719, à Anne Lemyre, à Charlesbourg. [8] —*Jacques*, b [7] 2 déc. 1695 ; m [8] 1724, à Marie-Catherine Auclair ; s [7] 4 mars 1750. — *Noel*, b [8] 28 mai 1697; m 9 août 1728, à Geneviève Campagna, à St. François, I. O. — *Germain*, b [8] 27 nov. 1698; m [7] 10 fev. 1722, à Marie-Madeleine Lemarié. — *Pierre*, b [8] 4 août 1700 ; m [8] 1729, à Suzanne Auclair.— *Joseph*, b [8] 22 mars 1702. — *Marie-Geneviève*, b [8] 14 août 1704. — *Jean-Baptiste*, b [8] 4 avril 1706. — *Louise-Angélique*, b [8] 2 mai 1708. — *Louis*, b [8] 25 août 1709.— *Ignace*, b [8] 5 mai 1711.— *Marguerite-Louise*, b [8] 11 et s [8] 21 mars 1713.

1694, (29 juillet) Ste. Famille.

II — PASQUET, Pierre,   [Pierre I.
   s 25 janv. 1703, à Québec. [7]
   Charlan, Marie, (1)   [Claude I.
   Pierre, b [7] 15 juillet 1695 ; s [7] 13 août 1697. — *Marie-Joselte*, b [7] 10 mars 1697 ; m [7] 3 sept. 1716, à Hilaire Bridaut. — *Marie-Anne*, b [7] 7 dec. 1698 ; s [7] 24 mai 1700. — *Pierre*, b [7] 10 juillet 1700. — *Marie-Louise*, b [7] 23 janv. et s [7] 16 déc. 1702.

II.—PASQUET dit Lavallée, Charles, [Isaac I
   Colombe, Jeanne,   [Louis I.
   Marie-Françoise, b 1er oct. 1696, à St. Etienne de Beaumont [6], 1° m [6] 15 nov. 1721, à Jacques Bilodeau ; 2° m 22 fev. 1740, à Joseph Chrétien, à St. Michel. [7] — *Marie-Jeanne*, b [6] 30 oct. 1699.— *Anne-Catherine*, b [6] 11 janv. 1702; s [6] 5 mars 1703.—*Charles*, b [6] 21 fev. 1704; m [6] 29 oct. 1725, à Marie-Charlotte Allaire.—*Jacques*, b [6] 27 nov. 1706; m 13 juillet 1733, à Geneviève Guay, à Lévis.—*Joseph*, b [6] 6 mars 1709, m [6] 21 oct. 1731, à Marie Migneau.—*Jean-Baptiste*, b [6] 23 janv. 1711.—*Pierre*, b [6] 24 mars 1714; m [6] 15 sept. 1738, à Marie-Louise Filteau.—*Suzanne*, b mai et s [7] 19 juillet 1715.—*Louis*, b [6] 24 août 1716; m [7] 5 fev. 1742, à Françoise Filteau.— *Etienne*, b... ; m [6] 20 nov. 1717, à Marie-Anne Leroy.—*Marguerite*, b 1698 ; m [6] 20 nov. 1717 à Joseph Forgues; s [7] 10 mars 1744. — *Marie-Joselte* b [6] 5 juillet 1719.

1697, (1er août) Québec. [1]

III. — PASQUET, Jacques,   [Maurice I.
   s [1] 4 mars 1764.
   Stevens, (Nestyus) Marie-Françoise, anglaise, b 1681 ; s [1] 6 juin 1741.
   Pierre, b [1] 13 juin 1698. — *Maurice*, b [1] 16 sept. 1689.— *Marie-Louise*, b [1] 28 fev. 1701 ; s 3 mars 1703, à Charlesbourg. — *Marie-Louise*, b [1] 11 fev.

(1) Elle épouse, le 31 août 1711, Jean Filhau, à Québec.

1703 ; m ¹ 9 nov. 1716, à Martin LANGLOIS; s ¹ 26 juin 1746 — *Philippe*,b ¹ 14 fév 1705 ; s ¹ 20 avril 1731,(mort par accident).—*Jacques-Charles*, b ¹ 18 janv. 1707, m 4 nov.1732,à Marie-Anne TALIARD. à St. François, I J. — *Martin-François*, b ¹ 17 janv. 1709, m ¹ 6 nov. 1736, à Marie-Louise CHAPEAU. — *François*, b ¹ 4 avril 1710. — *Jean-Baptiste*, b ¹ 3 mars 1712; 1° m à Françoise-Agnès PENISSON ; 2° m ¹ 4 nov. 1749, à Marie-Françoise BÉLANGER. — *Elizabeth*, b ¹ 1er avril 1714 ; m ¹ 15 nov. 1735, à Louis BÉLANGER. — *Pierre*, b ¹ 8 juillet 1717 ; m ¹ 15 juillet 1748, à Marie-Anne CHALIFOUR. — *Louis*, b ¹ 1er juin 1722. — *Marie-Charlotte*, b ¹ 14 déc 1728. — *Marie-Louise*, b 20 août 1719. au Cap St. Ignace ; m ¹ 2 juin 1738, à Jean DEPOCA.

1699, (9 février) Charlesbourg. ⁹

II. —PASQUET, (1) PHILIPPE, [ETIENNE I.
BROSSEAU, Jeanne, [JULIEN I

Julien, b ⁹ 9 août 1700 ; s ⁹ 4 fev. 1700 — *Marie-Madeleine*, b ⁹ 10 mars 1702. — *Catherine*, b ⁹ 7 déc. 1703 ; m ⁹ 1721, à Charles LESSARD — *Marie-Jeanne*, b ⁹ 14 fev. 1706. — *Pierre*, b ⁹ 14 fév. 1706 , m ⁹ 1729, à Madeleine RENAUD. — *Marie-Agnès*, b ⁹ 20 fev. 1708. — *Jean-Baptiste*, b ⁹ 22 juin 1710. — *Marguerite*, b ⁹ 15 juin 1712 — *Philippe*, b 14 et s ⁹ 24 mars 1714. — *Jacques*, b ⁹ 8 fév. 1716. — *Marie-Louise*, b ⁹ 8 fév. 1716. — *Marie-Josette*, b ⁹ 13 juin 1717.

I.—PASSARD, sieur DE LA BRETONNIÈRE, JACQUES.
LEMAITRE, Marie, [FRANÇOIS I.

Marie-Anne, b 15 mai 1677, à Sorel ; m 15 sept. 1702, à Pierre DE ROCHEMONT, à Contrecœur ; s 14 avril 1703, à Montréal. 4 — *Marie-Jeanne*, b 15 juillet 1681, aux Trois-Rivières 5 ; m 4 24 janv. 1702, à Jean-Baptiste NEVEU ; s 4 4 fev. 1703. — *Françoise-Elizabeth*, b 5 12 mai 1687. — *Charles*, b 4 21 janv. 1690. — *Jacques*, b 4 11 fév. 1692. — *Jean-Baptiste*, b 4 19 avril 1694 — *Pierre*, b 4 5 mars 1696 ; s 4 20 janv. 1697. — *Louis*, b 4 6 avril 1699

PASSE-CAMPAGNE. — Voy. RAYMOND

I.— PASSERIEU DIT BONNEFOND, PIERRE, chirurgien.
MARETTE, Marie-Thérèse, [JACQUES I.

Pierre, b 11 mai 1697, au Château-Richer. — *Marie-Françoise*, b 10 janv. 1700, aux Trois-Rivières. 4 — *Catherine*, b 4 6 janv. 1706. — *Thomas*, b 4 7 juillet 1709. — *Marguerite*, b 1713 ; s 4 4 août 1714. — *Louis*, b 4 20 avril 1716. — *Geneviève*, b 4 15 janv. 1719.

PASTOREL, — *Variation* : PASTOUREL.

I.— PASTOUREL DIT LAFRANCHISE, CLAUDE, b 1639 ; s 21 juin 1699, à Montréal.
1° LECLERC, Marie, b 1643 , s 12 mai 1681, à Boucherville. ²

Anne, b ² 29 mars 1677 ; 1° m ² 19 juin 1698, à Jean MORICEAU ; 2° m 1709, à André CHAUVET ; s 23 avril 1746, aux Trois-Rivières.

2° MOUSSEAU, Marguerite, (1) [JACQUES I.

Marie, b ² 21 avril 1686. — *Marie-Marguerite*, b ² 19 avril et s ² 17 mai 1687. — *Claude*, b ² 12 janv. et s ² 25 mars 1689. — *Marguerite*, b ² 27 juin et s ² 6 juillet 1692. — *Marie-Thérèse*, b ² 24 sept. 1693. — *Hyacinthe*, b ² 16 et s ² 31 août 1695. — *Marguerite*, b ² 2 août 1697.

1651, (30 octobre) Québec. ¹

I — PATENOTRE, NICOLAS, b 1626, fils de Nicolas et d'Adriane St Simon, de Berville, évêché de Caux, en Normandie, s 15 fev. 1679, à Ste Famille, I O. ²
BRETON, Marguerite, b 1635, fils d'Antoine et de Jeanne Poulin, de St. Nicolas-des-Champs de Paris

Pierre, b ¹ 21 janv. 1653. — *Jean*, b 1655 , 1° m 25 oct. 1683, à Marie BRUNET, à Montréal ⁵, 2° m 10 dec. 1686, à Marie ROBIDOU, à Laprairie ; s ³ 25 juin 1699. — *Charles*, b ¹ 21 mai 1656 ; m ³ 8 fév. 1694, a Françoise SEGUIN. — *Pierre*, b ¹ 19 juillet 1658 ; m ³ 25 nov. 1685, à Catherine BRUNET. — *Marie*, b ¹ 17 mai 1660 , m ² 7 nov. 1678, à Claude PLANTE — *Louis*, b ¹ 15 oct. 1662 ; s ³ 19 déc. 1705. — *Gervais*, b ¹ 1664. — *Nicolas*, b ² 20 avril 1666. — *Marin*, b ² 25 fev. 1668 ; m 11 nov. 1698, à Marguerite MERCIER, à Ste. Anne. — *Marguerite*, b ² 27 nov. 1669 ; m ² 6 nov. 1691, à Pierre PLANTE ; s ² 14 juin 1699. — *Elizabeth*, b ² 18 sept. 1672 , m ³ 27 nov. 1696, à Jean FERON.

1683, (25 octobre) Montreal. ⁷

II. —PATENOTRE, JEAN, [NICOLAS I.
s ¹ 25 juin 1699.
1° BRUNET, Marie, [ANTOINE I.

Gabrielle, b 8 et s ⁷ 12 mars 1685. — *Marie*, b ⁷ 7 avril 1686, m 29 juillet 1704, à Charles LAROSE, à Québec, s 10 nov. 1737, au Sault-au-Récollet.

1686, (10 décembre) Laprairie. ⁸

2° ROUIDOU, Marie, [ANDRÉ I.
s ⁸ 1er sept. 1697, (mort subite).

Jean-François, b ⁸ 16 juin 1689 ; m ⁸ 21 nov. 1712, à Marie BOYER. — *Marguerite*, b ⁸ 21 juillet 1692, m ⁸ 8 oct. 1713, à Jean POUPART. — *Louise*, b ⁸ 19 nov. 1694 ; s ⁸ 14 sept. 1695. — *Jacques*, b ⁸ 2 janv. 1697.

I.—PATENOTRE, CATHERINE, b 1681, sœur dite Ste. Rose, C. N.-D. , s 7 avril 1703, à Montreal.

1685, (25 novembre) Montréal. 4

II. —PATENOTRE, PIERRE, [NICOLAS I.
BRUNET, Catherine, [ANTOINE I.

Pierre, b 4 17 fev. 1688. — *Marie-Catherine*, b 4 6 mars 1690. — *Jean-Baptiste*, b 4 26 déc. 1691. — *Louise*, b 4 7 fev. 1697.

1694, (8 février) Montréal.

II. —PATENOTRE, CHARLES, [NICOLAS I.
SEGUIN, Françoise, [FRANÇOIS I.

Charles, b 25 fev. 1696, à Boucherville.³ — *Etienne*, b ³ 10 oct. 1697.

---

(1) Appelé aussi PASQUIER.

(1) Elle épouse, le 11 août 1706, Pierre Doucet, à Repentigny.

1698, (11 novembre) Ste. Anne. [1]

II. — PATENOTRE, MICHEL-MARIN,   [NICOLAS I.
MERCIER, Marguerite,   [JULIEN II.
Marguerite, b 2 avril 1700, à Ste, Famille. —
Madeleine, b 1708 , s [1] 12 oct. 1714.

PATIS, (DES). — Voy. FROGET.

1678, (10 janvier) Sorel. [9]

I. — PATISSIER DIT ST. AMAND, JEAN-BAPTISTE.
GIGUÈRE, Marie,   [ROBERT I.
Catherine, b [9] 29 nov. 1678 ; m 22 nov. 1698, à
Pierre HERVÉ, à Montreal. — *Pierre-Jean-Baptiste,*
b [9] 5 mai 1680.

I. — PATOULLET, JEAN-BAPTISTE, secrétaire de
l'Intendant TALON.

I. — PATRON, JEAN-JACQUES, marchand, b 1633 : s
22 juin 1688, à Montreal.

I. — PATROS DIT ST. AMAND, JACQUES.
HÉLIE, Charlotte,   [JEAN I.
s 14 janv. 1703, à Québec. [8]
Pierre, b 20 juin 1693, à Charlesbourg. — *Elizabeth,* b [8] 7 mars 1695.

1675, (23 juillet) Québec. [8]

I. — PATRY, ANDRÉ, fils de Rene et de Renée
Cousinet, d'Ervault, evêché de La Rochelle ;
s 11 dec. 1697, à St. Michel. [7]
CARTOIS, Henriette, veuve de Michel Godbout.
Anne-Louise, b [8] 27 mai 1677. — *André,* b 1680 ;
m 1711, a Catherine PRUNEAU ; s [7] 30 mai 1741. —
René, b [8] 26 août 1684; m a Marie-Charlotte DUPUIS.
s [7] 2 janv. 1750. — *René,* b [8] 6 sept. 1689 ; m 26
nov. 1721, à Marie-Catherine GIRARD, à Beaumont.

1693, (21 septembre) Trois-Rivières. [8]

I. — PATRIS. JEAN, b... ; fils de Pierre et de Léonarde Ville-Longue, de Limoges.
VANASSE, Catherine,   [FRANÇOIS I.
Marie-Catherine, b [8] 8 sept. 1694. — *Anonyme,*
b et s [8] 24 dec. 1695. — *Marguerite,* b [8] 25 sept.
1697. — *Gabrielle,* b [8] 1er mai 1700 — *Marie-Catherine,* b [8] 27 dec. 1702. — *Marie-Marguerite,* b [8] 3
fev. 1707. — *Marie-Jérôme,* b [8] 30 sept. 1714.

1655, (12 avril) Québec. [7]

I. — PAULET, ANTOINE, b 1626, fils de Pierre et
de Marie Deshayes, de Dieppe.
MIVILLE, Suzanne,   [PIERRE I.
s 29 août 1675, à Ste. Famille. [8]
Antoine, b [8] 23 janv. 1656 ; m 30 août 1683, à
Renee GRATON. — *Anne,* b [7] 8 sept. 1657 ; s [8] 26
août 1670. — *Jacques,* b [7] 11 nov. 1658 ; s [7] 8
mars 1660. — *Marguerite,* b [7] 25 janv. 1660 ; m [8]
12 janv. 1672, à Mathurin BLOUARD. — *Marie,* b [7]
12 janv. 1662 ; m 7 fév. 1684, à Pierre DE LAMARRE, à St. Pierre, I. O. — *Madeleine,* b 1664 ; s 31
mars 1665, au Château-Richer. — *Laurent,* b 1665.

1683, (30 août) St. Pierre, I. O. [7]

II. — PAULET, ANTOINE,   [ANTOINE I.
1o GRATON, Renée, s [7] 27 nov. 1684, [CLAUDE I.
Ignace, b [7] 13 août 1684 ; s [7] 10 déc. 1685.

1685, (13 février) St. Pierre, I. O. [6]

2o LOIGNON, Anne,   [PIERRE I.
veuve de Joseph Choret.
Pierre, b [8] 16 oct. 1686.

I. — PAULIN, JEAN, b 1636.
BARDÉ, Anne, b 1644,
Anonyme, b et s 20 août 1666, à Quebec,

I. — PAULIN, MARIE, b 1636 ; s 23 déc. 1726, à
Repentigny.

I. — PAUPERET, CLAUDE, marchand, de St. Andre de Châteauroux, evêché de Bourges, en
Berry.
1o NOBLÉ, Marguerite.
David, b... ; m 18 août 1710, à Marie JOLY, à
Quebec.

1700, (13 février) Champlain.

2o BABIE, Jeanne,   [JACQUES I.
veuve de Paul de Lusignan ; s 4 janv. 1703,
à Québec. [4]
Marie-Madeleine, b.16 janv. et s [4] 22 mars 1701.
— *Louis-François,* b 13 janv. et s [4] 19 déc. 1702.
— *Marie-Geneviève,* b [4] 28 nov. 1702.

I. — PAVIOT, JACQUES,
MICHEL, Anne, (1) b 1648.
Marie, b 1668. — *Marie-Claude,* b 1669 ; m 13
août 1682, à Jean FAYOLLE, à Contrecœur. [9] —
Madeleine, b 1671; m [9] 9 janv. 1687, à Jacques
LAPORTE. — *Anne,* b 25 fev. 1674, à Sorel ; m 1692,
à Jean-Baptiste GIBAUT.

PAYEN. — *Variation:* PAYAN.

I. — PAYEN, CLAUDINE, b 1651, fille de François
et de Benoite de Fourcheron, de St. George,
evêché de Châlons ; m 18 sept. 1673, à Pierre
COIRIER DIT COQUILLIER, à Québec.

1664, (8 décembre) Québec.

I. — PAYEN, (2) PIERRE, fils de Pierre (Chevalier
seigneur de Chavois) et d'Hélène Vivien,
d'Avranches.
LEMOYNE, Catherine-Jeanne,   [CHARLES I.
Pierre-Jacques, b 3 nov. 1695, à Montréal.

1699, (3 février) Québec. [9]

I. — PAYEN DIT ST. ONGE, JACQUES, cordonnier,
fils de Jacques et de Madeleine Cantin, de
St. Colombe, evêché de Xaintes.
1o MORIN, Louise,   [PIERRE II.
Joseph-Jacques, b [9] 19 janv. 1700 ; m [9] 2 nov.
1721, à Marie-Jeanne LEGRIS ; s [9] 27 juin 1736.—
Pierre-Antoine, b [9] 11 avril 1707 ; m [9] 26 nov.
1736, à Marie-Louise SASSEVILLE. — *Marie-Marguerite,* b [3] 29 oct. 1709; s [9] 1er août 1711.

1710, (16 octobre) Ste. Foye.

2o SEDILOT, Marguerite,   [JEAN II.
Augustin, b [9] 3 juillet 1711 ; s 19 août 1711, à
Charlesbourg. — *Elizabeth,* b [9] 30 et s [9] 31 août

---

(1) Elle épouse Jean Masseau dit St. Martin, en 1674.

(2) Sieur De Noyan, capitaine d'une compagnie franche.

1712. — *Jean*, b ⁹ 27 juillet 1713. — *Charles*, b ⁹ 18 déc. 1714 ; m ⁹ 7 fev. 1735, à Marguerite LE-MARIÉ. — *Marie-Charlotte*, b ⁹ 26 avril 1716 , s ⁹ 6 janv. 1717. — *Marie-Marguerite*, b ⁹ 9 nov. 1717 ; m ⁹ 17 oct. 1735, à Claude-Louis MAINGUI.— *Marie-Geneviève*, b ⁹ 3 août 1719 ; m ⁹ 9 nov. 1740, à François BORVIN. — *Jacques-François*, b ⁹ 9 mars 1721 ; m 14 nov. 1747, à Françoise RIVARD — *Marie-Anne*, b ⁹ 13 sept. 1725 ; s ⁹ 30 mai 1757.

PAYET. — *Variations et Surnoms ·* PEYET — PE-GUET — ST. AMOUR.

1671, (23 novembre) Montréal. ⁴

I. — PAYET DIT ST. AMOUR, PIERRE, (1) fils de Pierre et de Marie Martin, de Florence, evêche de Bordeaux, Gascogne.
TESSIER, Louise,   [URBAIN I.
Philippe, b ⁴ 5 fev. 1673 ; m 8 nov. 1700, à Denise GAUTIER, à Boucherville. — *Guillaume*, b ⁴ 23 déc. 1674 ; m 11 janv. 1700, à Geneviève MENARD, à la Pointe-aux-Trembles de Montréal. ⁵ — *Marie-Madeleine*, b ⁵ 8 mars 1677 , m ⁵ 27 juillet 1693, à Nicolas GERVAISE. — *Geneviève*, b ⁵ 11 avril 1679 ; s ⁵ 10 avril 1688. — *Marguerite*, b ⁵ 21 avril 1681 ; m ⁵ 11 janv. 1700, à Pierre COUTURIER. — *Pierre*, b ⁵ 25 nov. 1683. — *Louise*, b ⁵ 5 mars 1686 , m à Antoine BOYER. — *Jean*, b ⁵ 11 août 1688. — *François*, b ⁵ 19 sept. 1696. — *Nicolas*, b ⁵ 6 janv. 1698. — *Claude*, b ⁵ 9 janv. 1691 ; m 8 oct. 1717, à Louise PEPIN, aux Trois-Rivières. — *Jacques*, b ⁵ 17 juin 1694.

I. — PEAN, JACQUES, soldat de M. de Ramezay, était à Montréal, en 1704.

I. — PEAN, IVES-JACQUES, chevalier, seigneur de Livaudière, major de Quebec et commandant le fort Pontchartrain.
PÉCODY-CONTRECŒUR, Françoise,   [ANTOINE II.

1667, (17 septembre, Québec. ³

I. — PÉCODY, sieur DE CONTRECŒUR, ANTOINE, capitaine du régiment de Carignan, veuf d'Anne Dubois, b 1596, de Vigneux, bourg de St. Chef, évêche de Vienne, en Dauphiné.
DENIS, Barbe, (2)   [SIMON I.
Louis, b 1668 ; s ³ 8 août 1687. — *Marie*, b 6 janv. 1677, à Sorel ; m 11 juin 1695, à Jean-Louis LACORNE, à Montréal. — *François-Antoine*, b 1680 , m 1701, à Jeanne ST. OURS.

PEDENELLE, FRANÇOISE, femme de Maurice ARRIVÉ, en 1670.

PEGUET. — Voy. PAYET.

PEGIN. — Voy. PICHET.

PEIR DIT CARPENTRAS, FRANÇOIS-JOSEPH, menuisier, était à Montreal, en 1705.

PELADEAU, JEAN. — Voy. PALADEAU.

I. — PELEAU, JEAN, boulanger ; s 11 mai 1659, à Quebec, noyé au Cap Diamant, avec Fran-çois Heude,

PELLANT. — Voy. MARTIN.

PELLERIN. — Voy. GARNIER, François.

1655, (6 avril) Trois-Rivières. ⁵

I. — PELLERIN DIT ST. AMAND, PIERRE, soldat dans la garnison des Trois-Rivières, b 1621, fils de David et de Jeanne Beher, de Bruges, en Saintonge.
MOUSSEAU, (DE) Louise, fille de Pierre et de Marie Huet, de St. Hilaire de Paris ; s 13 juillet 1707, à Québec ⁶
Pierre, b ⁵ 10 juillet 1656. — *Ignace*, b ⁵ 12 avril 1658. — *Marie-Jeanne*, b ⁵ 18 sept. 1660 ; m ⁶ 2 mai 1677, à Romain BECQUET ; s ⁶ 13 oct. 1681. — *Eléonore*, b ⁶ 25 déc. 1662 ; s ⁶ 27 janv. 1663. — *Charlotte-Louise*, b ⁶ 14 janv. 1664. — *Marguerite*, b ⁶ 8 nov. 1665, hospitalière dite de la Nativité ; s ⁶ 21 fev. 1711. — *Jeanne*, b ⁶ 17 fev. 1668 , m ⁶ 26 nov. 1685, à Bertrand ARNAULT ; s ⁶ 9 oct. 1687.

I. — PELISSON, FRANÇOIS, cordonnier, s 6 déc. 1700, à Québec. ⁷
CHARPENTIER, Marie,   [JEAN I.
Marguerite, b 18 et s ⁷ 20 avril 1693. — *Jean-François*, b ⁷ 10 déc. 1694 ; s ⁷ 5 janv. 1695. — *Paul*, b ⁷ 22 déc. 1695 ; s ⁷ 23 fev. 1696. — *Marie*, b ⁷ 21 juin 1698 ; m ⁷ 28 avril 1718, à Joseph GESSERON ; s ⁷ 22 nov. 1742. — *Marie-Jeanne*, b ⁷ 6 juillet 1700 ; s ⁷ 23 avril 1701.

PELLETIER, — *Variations et surnoms :* PELTIER — DE LA PRADE — ANTAYAT, (à cause de l'alliance avec une sauvagesse).

I. — PELLETIER, ANTOINE, s 3 oct. 1647, à Québec, noyé. Son canot chavira près de sa maison au Sault Montmorency, le 2 octobre 1647. Le Père Vincent l'enterra le jour suivant.

I. — PELLETIER, GUILLAUME, frère du précédent, s 28 nov. 1657, à Quebec. ⁶
MORILLE, Michelle.
Jean, b 1631 ; m ⁶ 9 nov. 1649, à Anne LAN-GLOIS ; s 25 fev. 1698, à la Rivière-Ouelle.—*Marie*, b... ; m 1647, à Julien PERRAULT.

I. — PELLETIER, GEORGE, b 1624.
VANNIER, Catherine, b 1624 ; s 18 mars 1684, à Ste. Anne. ⁷
Claude, b ⁷ 28 juin 1657. — *Marie-Madeleine*, b 18 oct. 1658, à Québec. ⁶, 1° m ⁷ 13 oct. 1675, à Nicolas CLICHE ; 2° m ⁶ 13 nov. 1690, à Pierre MILLIER ; s ⁶ 4 déc. 1701. —*Catherine*, b 24 fev. 1661, au Château-Richer, m ⁷ 30 oct. 1679, à Guillaume MOREL.

---

(1) Caporal de M. de la Mothe. Au baptême de *Claude*, le 9 janvier 1691, l'enfant est dit posthume, parce que l'on supposait le père massacré par les Oneyouths. Il avait été fait prisonnier et donné à cette nation, le 2 juillet 1690, dans l'attaque du fort de la Coulée, une lieue plus bas que l'église de la Pointe-aux-Trembles de Montréal. Ayant obtenu sa liberté, il revint à la Pointe-aux-Trembles de Montréal, dans le cours de l'année 1693.

(2) Elle épouse, Louis De Gannes.

I. — PELLETIER, Fraçois, de Ste. Madeleine de Montargis, évêché de Sens.
LACHALLE, Michelle.
Marie, b en France ; m 7 oct. 1669, à Mathurin RENAUT, à Québec [6] ; 2° m [6] 19 oct. 1677, à Pierre CANNARD ; 3° m 24 sept. 1703, à Jean JOLBERT, à Charlesbourg.

I. — PELTIER, NICOLAS, maître-charpentier, de St. Pierre de Galardon, en Beauce ; s avant 1675.
ROUSSY, Jeanne, b 1622, s 12 dec. 1689, à Sorel. [1]
Marie, b 5 avril 1637, à Québec [9] ; 1° m [9] 17 oct. 1650, à Nicolas GOUPIL ; 2° m [9] 30 août 1655, à Denis JEAN. — *Louise*, b [9] 10 mai 1640 ; m [9] 17 nov. 1653, à Jean HUOT, s [9] 9 nov. 1713. — *Françoise*, b [9] 13 avril 1642 ; 1° m [9] 17 août 1654, à Jean BERIAU ; 2° m [9] 11 oct. 1655, à Sebastien LIENARD ; s 17 juillet 1707, à Ste. Foye.—*Jeanne*, b [9] 19 mars 1644, m [9] 29 janv. 1659, à Noël JÉRÉMIE. — *Geneviève*, b [9] 6 avril 1646 ; 1° m [9] 5 nov. 1663, à Vincent VERDON ; 2° m à Thomas LEFEBVRE, s [9] 17 déc. 1717. — *François*, b... ; m à Dorothée LA SAUVAGESSE ; 2° m [9] 26 sept. 1661, à Marguerite MOUSSEAU.—*Jean*, b... ; m [9] 21 août 1662, à Marie MANEVELY ; s [1] 2 nov 1692.— *Nicolas*, b 2 mai 1649, à Sillery ; 1° m 22 juin 1673, (1) à Madeleine TEGOUSSI, 2° m à Françoise LAMY

1647, (17 août) Québec.

I. — PELLETIER, ANTOINE, fils d'Eloi et de Françoise Matte, de Brescle, au Perche.
MORIN, Françoise, (2) fille de Jean et de Joanne ————, de St. Jean de La Rochelle.

1649, (9 novembre) Québec. [3]

II. — PELLETIER, JEAN,   [GUILLAUME I.
s 25 fév. 1698, à la Rivière-Ouelle. [4]
LANGLOIS, Anne,   [NOEL I.
s [4] 17 mars 1704.
Noël, b [3] 3 mai 1654 , m 1676, à Madeleine MIGNAULT ; s [4] 1er sept. 1712.— *Anne*, b [3] 2 oct. 1656 ; m [3] 19 janv. 1670, à Guillaume LIZOT. — *René*, b [3] 2 mars 1659.— *Antoine*, b [3] 21 et s [3] 26 dec. 1661.— *Jean*, b [3] 22 avril 1663; m [4] 8 janv. 1689, à Marie-Anne ST. LAURENT.— *Marie-Delphine*, b [3] 7 et s [3] 27 fev. 1666.— *Marie*, b 5 mai 1667, à Ste. Famille; 1° m 5 mai 1686, à Jacques GERBER, au Cap St. Ignace [6], 2° m [6] 26 nov. 1700, à Mathieu GUILLET ; s [6] 6 nov. 1725. — *Charles*, b [9] 27 sept. 1671 ; 1° m [4] 7 janv. 1697, à Thérèse OUELLET , 2° m [4] 12 janv. 1711, à Barbe St. PIERRE, s [3] 8 oct. 1713.— *Marie-Charlotte*, b 7 oct. 1674, à Beauport, m [4] 10 nov. 1693, à André MIGNIER ; s [4] 3 sept. 1699.—*Marie*, b... ; m à François BERIAU.

I. — PELLETIER, (3) MICHEL, b 1631, s [4] mai 1707, à Champlain.
CHAMBOY, Jacqueline, veuve de Jean Poisson.

I. — PELTIER, PIERRE, b 1634 , s 31 déc. 1694, à la Pointe-aux-Trembles de Québec. [1]
RICHARD, Françoise, s [1] 15 mai 1706.
Pierre, b 1672 ; m [1] 20 nov. 1696, à Marie-Madeleine ARBOUR. — *Noel*, b 6 déc. 1675, à Québec ; 1° m [1] 8 fév. 1700, à Marie GARNIER ; 2° m [1] 13 août 1703, à Madeleine MATTE.

II. — PELLETIER, FRANÇOIS,   [NICOLAS I.
1° LA SAUVAGESSE, Dorothée ; s 13 avril 1661, à Quebec.

1661, (26 septembre) Québec.

2° MORISSEAU, Marguerite-Madeleine, [JULIEN I.
Marie-Angélique, (1) b 14 oct. 1662, à Sillery [1]; 1° m à François BAILLAC , 2° m 25 mai 1709, à Antoine DE GERLAIS, aux Trois-Rivières. [2] — *Françoise*, b [1] 2 déc. 1663 ; m 2 mai 1689, à Madeleine THUNÈS, à Champlain. — *Joseph*, b [1] 22 mars 1665. — *Marguerite*, b [1] 30 août 1666 ; m 7 mai 1685, à Charles BOUCHER, à Sorel [2] — *Geneviève*, b [1] 16 mars 1668 ; m 14 mai 1690, à Jacques DESGAGNÉS, à Montréal.— *Catherine*, b 1670 ; m [2] 12 nov. 1697, à Denis FOUCAULT.— *Michel*, b 1674; m 9 juillet 1697, à Françoise MENEUX, à Ste. Famille. [4]— *Pierre*, b 1676 ; m [4] 13 août 1703, à Marguerite ROUSSEAU.— *Elizabeth*, b [3] 18 sept. 1677.— *Louise*, b [3] 22 sept. 1678 ; m [4] 13 août 1703, à Jean-Baptiste DE BLOIS ; s [4] 26 nov. 1703

1662, (21 août) Québec.

II. — PELLETIER, JEAN,   [NICOLAS I.
MANEVELY DE RAINVILLE, Marie-Geneviève, fille de Charles et de Françoise de Blanet, de Mortagne, au Perche.
Jean-François-Xavier, b 31 juillet 1663, à Sillery ; m 7 mai 1685, à Geneviève LE TENDRE, à Sorel [1]; s [1] 2 nov. 1692, tué par les Iroquois.

1673, (22 juin) Québec. [9]

II. — PELLETIER, NICOLAS,   [NICOLAS I.
1° TEGOUSSI, Madeleine, (montagnaise) veuve d'Augustin Sauvage ; s [9] 13 avril 1661.
Marie-Jeanne, b 4 janv. 1676, à Sorel.
2° LAMY, Françoise,   [ISAAC I
Marie-Geneviève, b... ; m 26 janv. 1704, à Pierre JANSON, à Ste. Foye

1676.

III. — PELLETIER, NOEL,   [JEAN II.
s 1er sept. 1712, à la Rivière-Ouelle. [8]
MIGNOT, Madeleine.   [JEAN I.
Noel, b 14 janv. 1677, à Québec [7]; m [8] 9 janv. 1708, à Marie-Anne THIBOUTOT.— *Charles*, b 1679 ; m [8] 24 nov. 1701, à Marie-Anne SOUCY.— *Guillaume*, b 1681 ; m [8] 15 fev. 1706, à Louise PINEL.— *Jean-François*, b 1684 ; 1° m [8] 21 avril 1710, à Madeleine LAVOYE , 2° m 18 fev. 1722, à Madeleine MORIN, à Ste. Anne. [6] — *Joseph*, b... ; m [7] 9 juin 1714, à Marie LUMINA , s [6] 3 déc. 1721. — *Marie-Madeleine*, b 5 déc. 1688 ; s [8] 12 janv. 1689. — *Etienne*, b [8] 16 avril 1690 ; s [8] 9 nov. 1691. — *André*, b [8] 15 mars 1693 ; s 3 mars 1700.

---

(1) Permission accordée par l'Evêque DE LAVAL, le 22 juin 1673.—*Registre A, évêché de Québec.*

(2) Elle épouse, le 28 janvier 1648, Etienne DUMAY, à Québec.

(3) Sieur de la Prade, seigneur de Gentilly.

---

(1) filleule du Baron d'Avaugour. gouverneur.

1679, (11 décembre) (1)

I. — PELLETIER, René, charpentier, fils de René et de Marie Pellerin, de LaRochelle.
Auvray, Marie, b 1638, veuve de Jean Hamel.

1684, (7 février) l'Ange-Gardien. [7]

I.— PELLETIER, François, b 1658, fils de Pierre et de Louise Cardinaux, de Courson, évêche de La Rochelle ; s 15 juillet 1711, à Québec.[5]
1º Gignard, Anne,   [Lauren f I.
    s[5] 18 déc. 1702.
Anne-Françoise, b [5] 30 avril 1685 ; s [5] 8 sept. 1687. — Nicolas-François, b [5] 28 août 1687 ; s [7] 31 oct. 1688. — Charles, b [5] 31 août 1689 ; s [5] 20 avril 1699. — Marie-Madeleine, b [5] 7 oct. 1691 ; s [5] 2 janv. 1703 — Marie-Anne, b [5] 28 mars 1694, m [5] 3 nov. 1711, à André Gaudry — Agnès, b [5] 10 janv. 1697. — Marguerite, b [5] 12 mars 1699 ; s [5] 13 janv. 1703. — François, b [5] 7 juillet 1701.

1703, (30 avril) l'Ange-Gardien.

2º Tremblay, Dorothée,   [Pierre I.
Françoise-Dorothée, b [5] 18 mai 1704. — Charles-François, b [5] 8 avril 1706. — Marie-Suzanne, b [5] 7 oct. 1708 ; s [5] 4 déc. 1738.

1685, (7 mai) Sorel. [6]

III. — PELLETIER, François,   [Jean II.
s [6] 2 nov. 1692, tué par les Iroquois.
Le Tendre, Geneviève, (2)   [Pierre I.
Jean-François, b [6] 17 fév. 1691 ; m 5 août 1715, à Catherine Arnaud, à Quebec. — Joseph, b 1er et s [6] 6 déc. 1692.

1684, (8 janvier) Rivière-Ouelle. [5]

III. — PELLETIER, Jean,   [Jean II.
St. Laurent, (Huot) Marie-Anne,   [Nicolas I.
Jean-Baptiste, b [5] 3 déc. 1689 , m [5] 16 avril 1714, à Marguerite-Angélique Ouellet. — Marie-Anne, b [5] 11 oct. 1692 ; m [5] 6 nov. 1713, à Guillaume Cloutier. — Joseph, b [5] 14 sept. 1694 ; m [5] 3 fév. 1721, à Marie-Anne Boucher. — Marie-Madeleine, b [5] 26 fév. 1697. — Jean-François, b [5] 27 fév. 1697. — Charles, b [5] 12 avril 1699 , m 8 janv. 1726, à Marie-Anne Boucher, à St. Anne de la Pocatière. — François, b [5] 7 juillet 1701. — Marie-Angélique, b [5] 4 nov. 1703 ; m 4 fév 1743, à François Guimond.

1689, (2 mai) Champlain.

III. — PELLETIER, François, & [François II.
Thunès, Madeleine, (3)   [Félix I.
Jean-François, (4) b 15 août 1691, à Sorel ; m 25 mars 1718, à Marie Robert, au Detroit.

1696, (20 novembre) Pte-aux-Trembles, Q. [4]

II. — PELTIER, Pierre,   [Pierre I.
Arbour, Marie-Madeleine-Ursule,   [Michel I.

---

(1) Date du contrat de mariage. — Greffe de Duquet.
(2) Elle épouse, le 9 déc. 1693, Etienne Volant, à Sorel.
(3) Elle épouse, le 9 janvier 1698, Pierre Maillet, à Montréal.
(4) Ses descendants sont au Détroit et à Munro, sur le lac Erié.

Marie-Ursule, b [4] 20 nov. 1698. — Marie-Madeleine, b [4] 13 mai 1700. — Pierre, b 28 nov. et s [4] 1er déc. 1701. — Marie-Françoise, b [4] 17 avril 1703 ; m [4] 4 mai 1725, à Pierre Girard. — Pierre-Jean, b [4] 25 juillet 1705, m 16 juin 1738, à Madeleine Lecours, à Lachine. — Jean-Baptiste, b [4] 30 sept. 1707. — Etienne, b [4] 25 fév. 1709. — Augustin, b [4] 14 déc. 1710. — Marie-Catherine, b [4] 1er mars 1713 ; s [4] 17 janv. 1715. — Joseph, b [4] 11 mai 1715. — Marie, b [4] 17 oct. 1717. — Anonyme, b et s [4] 30 nov. 1718. — François, b [4] 24 oct. 1720. —

1697, (9 juillet) Ste. Famille. [3]

III. — PELLETIER, (1) Michel,   [François II.
Meneux, Françoise,   [Jacques I.
Marie, b [3] 2 avril 1698. — Marguerite, b [3] 28 mai 1699 ; m 1er fév. 1717, à Nicolas Bibaud, à l'Ile Dupas. [6] — Michel, b [3] 1er nov. 1700. — Charles-François, b [3] 2 sept. 1702. — Joseph, b [3] 1er janv. 1704. — Antoine, b [6] 7 fév. 1706 ; m à Marie Alconquine. — Geneviève, b [6] 1er oct. 1709.

1698, (7 janvier) Rivière-Ouelle. [4]

III. — PELLETIER, Charles,   [Jean II.
1º Ouellet, Marie-Thérèse,   [René I.
    s [4] 26 juillet 1707.
Jean-Baptiste, b [4] 16 nov. 1698 ; s 19 août 1719, à Ste. Anne. [5] — Charles, b [4] 9 janv. 1701. — Joseph, b [4] 23 nov. 1702 ; m [5] 20 nov. 1728, à Ursule St. Pierre. — Dorothée, b [4] 8 déc. 1704. — Marie-Thérèse, b [4] 5 déc. 1706.

1711, (12 janvier) Rivière-Ouelle. [4]

2º St. Pierre, Barbe,   [Pierre I.
Jean-Bernard, b [4] 10 janv. 1712. — François, b [4] 22 avril 1713 ; m 3 nov. 1741, à Geneviève Morneau, à l'Ilet. — Marie-Barbe, b 17 fév. 1715, à Ste Anne. [6] — Gabriel, b [6] 4 mars 1719. — Marie-Rosalie, b [6] 16 janv. 1722. — Marie-Françoise, b [3] 3 nov. 1723. — Marie-Anne, b [6] 27 janv 1725.

1699, (20 juillet) Trois-Rivières. [9]

I. — PELLOQUIN dit Crédit, François, soldat de St. Ours, de St. André de Niort, au Poitou.
1º Niquet, Marie,   [Pierre-René I.
    veuve de Dominique Jutras ; s [9] 29 nov. 1706.
Félix, b [9] 30 mai 1700 ; m à Marie Pelletier. — François, b [9] 30 mai 1702. — Marie-Thérèse, b [9] 25 juillet 1703. — Thérèse, b [9] 4 fév. 1706.

1709, (7 janvier) Trois-Rivières.

2º Harel, Françoise,   [Jean I.
veuve de Pierre Blanchet.

I. — PENARD, Pierre, (2) b 1650, Ile d'Oleron ; s 18 sept. 1675, à Québec, (noye).

PENIGOT dit St. Germain, Robert, soldat de M. Desbruyères, était à Montréal, le 22 avril 1699.

1699, (4 février) Montréal. [9]

I. — PÉNIN dit Lafontaine, Michel, soldat de M. Levillier, b 1668, fils de Charles et de Jeanne Massé, de Vouillay-le-marais, de Luçon.

---

(1) Dit Antayat.
(2) Demeurant au moulin de N.-D. des Anges, noyé dans la rivière St. Charles.

1° POTHIER, Marie,   [ETIENNE I.
s ⁹ 20 mars 1703.
Angélique, b ⁹ 31 oct. 1701 — *Louis-René,* b 27
nov. 1699, à Varennes.

———

1704, (22 septembre) Montréal.

2° MEUNIER, Marie,   [JULIEN I.
Joseph, b 9 nov. et s 17 déc. 1716, à St. Etienne
de Beaumont. ⁸ — *Marie-Louise,* b ⁸ 26 mai 1718.
— *Jean-Baptiste,* b... ; m ⁸ 27 juillet 1731, à Angélique GUENET.

———

I. — PÉPIE DIT LA FLEUR, DANIEL, (1) soldat de
M. Cahoúac, fils de Jacques (saucissier) et
d Isabelle Fore, de l'evêche de Xaintes.
HEAVÉ, Marie-Renée,   [SÉBASTIEN I.
s 4 avril 1764, à Québec.
Louis-Michel, b 27 fev. 1714, à St. Etienne de
Beaumont. ³ — *Charles,* b ⁸ 30 mars 1716

———

I — PEPIN DIT TRANCHEMONTAGNE, GUILLAUME, (2)
b 1607, de St. Laurent de la Bavière, evêche
de Xaintes: s 12 août 1697, aux Trois-Rivières. ²
MÉCHIN, Jeanne, b 1630.
Jacques, b ² 14 avril 1646 ; m ² 16 nov. 1671, à
Jeanne CAIET. — *Jean,* b ² en août 1647 ; m 23 nov.
1683, à Madeleine LOISEAU, à Boucherville. —
Marie, b ² 21 avril 1649, m ² 3 oct. 1663, à Gilles
LA RUE. — *Guillaume,* b ² 4 août 1651. — *Pierre,*
b ² 29 déc. 1652 ; m 20 oct. 1681, à Louise LE
MIRE, à Québec ; s ² 2 avril 1722. — *Etienne,*
b ² 14 avril 1654. — *Jeanne,* b ² 28 mars 1656, 1°
m ² 6 fev. 1674, à Jean HÉROU ; 2° m ² 13 août
1690, à Mathurin MARAIS. — *Madeleine,* b ² 19
nov. 1657; m ² 7 avril 1671, à François ROUSSEL ;
s ² 8 juillet 1722. — *Elizabeth,* b 1659 ; m ² 16 nov.
1671, à Jean ARCOUET DIT LAJEUNESSE, s 31 déc.
1697, à Champlain. ³ — *Louis,* b ² 21 nov. 1660. —
Joseph b ² 21 nov. 1660. — *Marguerite,* b ² 6 mai
1662; m ² 14 nov. 1679, à Bernard JOACHIM. —
Marie-Ursule, b ² 6 mai 1662 ; 1° m à Nicolas
GEOFFROY ; 2° m ³ 30 nov. 1680, à Louis PINARD.

1645, (30 janvier) Québec.

I. — PEPIN, Sieur DE LAFOND, (3) ETIENNE, frère
du précédent, b 1615 ; s 15 sept. 1665, aux
Trois-Rivières. ⁵
BOUCHER, Marie,   [GASPARD I.
b 1630 ; s 30 nov. 1706, à Batiscan.
Marie, b ⁵ 25 oct. 1646 ; m à Charles LESCIEUR-
DE LA PIERRE.

———

(1) Il abjure le calvinisme, le 4 mars 1685, entre les mains
de Mr. Seguenot, prêtre du Séminaire de St. Sulpice, à
Montréal.

(2) Syndic des Trois-Rivières, puis juge de la seigneurie
de Champlain. Il était déjà établi aux Trois-Rivières, en 1654,
à l'endroit où se trouve aujourd'hui la communauté des Dames
Ursulines. Il est un des ancêtres de l'Honorable Hector Langevin.

(3) M. Etienne Pepin obtint un fief d'une demie lieue, dont
une moitié au haut, et l'autre moitié au bas de la rivière de la
Madeleine. — *Registres des Insinuations,* page 119. — *Registre des Titres.*

1659, (11 novembre). (1)

I. — PÉPIN DIT LACHANCE, ANTOINE, b 1632, fils
d'André et de Jeanne De Bourville, de la
ville du Hâvre ; s 23 janv. 1703, à Ste.
Famille. ⁹
TESTU, Marie, b 1632, fille de Jean et de Louise
Talonneau, de La Rochelle ; s ⁶ 11 sept. 1701.
Ignace, b 16 sept. 1660, à Québec. ⁷ ; 1° m ⁹ 27
janv. 1687, à Madeleine GAULIN ; 2° m à Marie
LEFORT ; s 14 fev. 1716, à St. François. I. O. —
Isabelle, b 16 fev. 1662, au Château-Richer ³ ; m ⁹ 8
nov. 1679. à Olivier GAGNÉ. — *Jean,* b ⁸ 3 avril
1664 ; m ⁹ 25 oct 1688, à Renee GUYON. — *Antoine,* b ³ 12 fév. 1666. — *Jacques,* b ³ 4 sept. 1667.
— *Marie,* b ⁹ 26 mars 1670 ; m ⁹ 25 oct. 1688, à
Jean GUYON. — *Gabriel,* b ⁹ 19 mars 1672 —
Antoine-Charles, b ⁹ 8 nov. 1674. — *Gervais,* b ⁹
29 avril 1676 ; m à Madeleine FORTIER — *Joseph,*
b 8 août 1679, au Cap St. Ignace. ¹ — *Paul,* b ¹ 8
août 1679. — *Jean,* b .. ; m 30 oct. 1703, à Madeleine FONTAINE. — *Geneviève,* b ⁹ 11 sept. 1682 ;
m ⁹ 8 août 1703, à Ambroise MIGNERON.

1670, (4 novembre) Québec. ²

I. — PEPIN, ROBERT, fils de Jean et de Jeanne
Dumont, de Grisy, evêché de Séez ; s...
CRÈTE, Marie, (2)   [JEAN I.
Jacques, b 1674 , s ² 9 fev. 1691. — *Jean,* b ² 11
sept. 1675 ; m ² 10 oct. 1699, à Marguerite Mo-
REAU. — *Robert,* b 1677 ; m 16 nov. 1700, à Elizabeth BOYER, à St Jean, I. O. — *François,* b 25 fev.
et s 12 déc. 1680, à Beauport. — *François,* b ² 5 janv.
1682 ; s ² 3 nov. 1684. — *Marie-Rosalie,* b ² 3 juin
1664 ; m ² 5 juillet 1700, à Pierre ELIE. — *Louis,*
b ² 13 fév. 1686 ; m 17 nov. 1710, à Elizabeth
BOUTIN, à Lorette.

———

1671, (16 novembre) Trois-Rivières. ¹

II. — PEPIN, JACQUES,   [GUILLAUME I.
CAIET, Marie-Jeanne, fille de Claude et d'Anne
Vallée, de St Nicolas-des-Champs, evêché de
Paris.
Marie-Anne, b ¹ 11 août 1673. — *Jean,* b ¹ 25 oct.
1675 , m 27 avril 1705, à Jeanne BILLY, à Champlain. ² — *Marguerite,* b ¹ 6 fev. 1678 , m ¹ 10 nov.
1704, à Jean-Baptiste LECLERC. — *Pierre,* b ² 1ᵉʳ
sept. 1680 ; s ² 19 juillet 1684. — *Marie-Antoinette,*
b ² 9 mai 1683 ; m ¹ 28 déc. 1709, à Jean-Baptiste
JOUBERT. — *Jacques,* b ² 4 déc. 1685. — *Joseph,*
b ² 3 janv. 1689. — *Marie-Anne,* b ² 16 sept. 1691.
— *Marie-Jeanne,* b ² 3 juillet 1695.

1681, (20 octobre) Québec.

II. — PEPIN, PIERRE, (3)   [GUILLAUME I.
capitaine de milice, s 2 avril 1722, aux Trois-
Rivières. ⁵
LEMIRE, Louise,   [JEAN I.
s 22 juin 1727, à Montréal.

———

(1) Date du contrat de mariage. — *Greffe d'Auboand,*

(2) Elle épouse, le 21 avril 1687, Jean Bridault, à Québec.

(3) Dit Laforce. A son contrat de mariage assistaient,
Duchesneau, intendant, Jean Pepin du Cardonnet, frère de
Pierre, Joseph Lemire, Jeanne Elizabeth, femme de Pierre
Glaumont de Beauregard, Madeleine, femme de Pierre
Moreau.

Guillaume, b 14 et s⁵ 16 sept. 1682. — *Pierre*, b⁵ 6 nov. 1683 ; m 1ᵉʳ déc. 1714, à Michelle Le Ber, à Laprairie. ³ — *Jean-Baptiste*, b 19 et s⁵ 21 juin 1686. — *Louise*, b 11 sept et s⁵ 30 oct. 1687. — *Marie-Françoise*, b⁵ 28 déc. 1688; s⁵ 7 nov. 1712. — *Jacques*, b 9 et s⁵ 13 janv 1691. — *Anonyme*, b et s⁵ 24 janv. 1692. — *Marie-Louise*, b⁵ 14 août 1695 ; m⁵ 8 oct. 1719, à Claude Payet. — *Marie-Anne*, b⁵ 29 juillet 1697 ; m 7 janv. 1723, à Jacques Arrivé, à Boucherville. — *Marie-Josette*, b⁵ 16 mai 1700, m 1724, à Jean-Baptiste Robida. — *Marie-Renée*, b⁵ 21 mai 1702 ; s⁵ 30 dec. 1706. — *Jean-Baptiste*, b⁵ 27 juillet 1704. — *Joseph*, b⁵ 26 mai 1706.

1685, (23 novembre) Boucherville. ⁴
II. — PEPIN, Jean, (1)   [Guillaume I.
b 1648.
Loyseau, Madeleine,   [Lucas I.
Jean-Baptiste, b⁴ 28 août 1692. — *Joseph*, b⁴ 18 oct. 1694. — *Guillaume*, b 18 oct. 1687, aux Trois-Rivières ; s⁴ 14 oct. 1695. — *Louis*, b⁴ 22 juillet 1697. — *François*, b 19 et s⁴ 20 janv. 1700. — *Pierre*, b 19 et s⁴ 20 janv. 1700. — *Michel*, b⁴ 22 janv. 1701.

1687, (27 janvier) Ste. Famille.
II. — PEPIN, Ignace,   [Antoine I
s 14 fév. 1716, à St. François, I.O. ²
1° Gaulin, Madeleine,   [François I.
Ignace, b² 26 août 1688 ; s 13 mars 1703, au Château-Richer.

1689.
2° Lefort, Marie, (2)   [Antoine I.
Antoine, b⁸ 1ᵉʳ sept. 1690, à Ste. Famille ; m⁸ 12 nov. 1709, à Rose Lepage. — *Madeleine*, b 1691, s⁸ 10 fév. 1716. — *Geneviève*, b... ; m⁸ 12 juin 1719, à Jean-Baptiste Groigné. — *Monique*, b... ; m 1722, à Mathurin Gauthier, à Charlesbourg. — *Elizabeth*, b⁸ 21 juin 1698 ; m⁸ 4 nov. 1715, à Pierre Lacombe. — *Marguerite*, b⁸ 26 août 1700. — *Joseph*, b⁸ 4 avril 1702 ; s⁸ 30 avril 1715. — *Louis*, b⁸ 28 déc. 1703; m⁸ 28 fév. 1729, à Louise Lepage. — *Marie*, b⁸ 10 fév. 1707. — *Marie-Hélène*, b⁸ 6 fév. 1709 ; s⁸ 5 nov. 1714. — *Marc*, b 6 et s⁸ 19 mars 1711.

1688, (25 octobre) Ste. Famille. ¹
II. — PEPIN, Jean,   [Antoine I.
Guyon, Renée,   [Claude II.
s 15 janv. 1703, à St. Jean, I. O. ²
Jean, b¹ 21 sept. 1689 ; s² 22 janv. 1692. — *Marie-Madeleine*, b 28 déc. 1691, à St. François, I. O. ; m 25 juin 1725, à Claude Caron, à Ste. Anne. — *Gervais*, b² 16 mars 1696 ; s² 14 août 1713. — *Antoine*, b² 21 janv. 1694. — *Marie-Anne*, b² 13 juillet 1698. — *Elizabeth*, b² 3 août 1700. — *Marie-Catherine*, b² 27 juillet 1702. — *Paul*, b... — *Marie-Françoise*, b...

1695, (10 octobre) Québec. ¹
II. — PEPIN, Jean,   [Robert I.
Moreau, Marguerite,   [Martin I.

(1) Dit Des Cardonnets.
(2) Elle épouse, le 10 janv. 1718, Joseph Deblois, à St. François, Ile d'Orléans.

Marie-Jeanne, b¹ 25 janv. 1696 ; s 16 fév. 1703, à Charlesbourg. ² — *Marie-Marguerite*, b¹ 9 mai 1697 ; m² 1720, à André Parant. — *Jean-Hilaire*, b¹ 15 sept 1698 ; s² 31 janv. 1703. — *Charles*, b¹ 28 avril 1700 ; s² 26 janv. 1703. — *Louis*, b² 26 juillet 1702, m¹ 30 oct. 1724, à Marie-Madeleine Martin. — *Marie-Françoise*, b² 28 fév. 1712 ; 1° m à Augustin Grenier ; 2° m¹ 20 avril 1744, à Jacques Boetard. — *Marguerite*, b² 10 mars 1720 ; m en août 1752, à Mathieu Hianveu. — *Louis-Joseph*, b² 7 sept. 1710 ; m¹ 12 nov. 1736, à Marguerite Bergevin. — *Pierre*, b... ; m à Marie-Madeleine Bedard. — *Marie-Jeanne*, b² 16 juin 1707 ; m à Joseph Roy. — *Jean-Baptiste*, b² 26 mars 1704. — *Charles*, b² 18 sept. 1705. — *Marie-Thérèse*, b² 4 fév. 1709. — *Louis-Joseph*, b² 7 sept. 1710. — *Jean-Pierre*, b² 28 mai et s² 11 sept. 1714. — *Pierre*, b² 30 août 1715 — *Pierre-François*, b² 19 déc 1717.

II. — PEPIN, Gervais,   [Antoine I.
Fortier, Madeleine,   [Antoine I.
Gervais, b 23 oct. 1698, à St. Jean, I. O. ³ — *Antoine*, b³ 13 janv. et s³ 4 fév. 1701. — *Marie-Madeleine*, b³ 21 fév. 1703. — *Marie-Josette*, b³ 8 juillet 1707. — *Marie-Françoise*, b 1709 ; s³ 15 janv. 1711. — *Joseph-Marie*, b³ 12 janv. 1712. — *Marie-Anne*, b³ 30 mars 1714.

1660, (26 janvier) Montréal. ¹
I. — PERAS DIT LAFONTAINE, Pierre, tonnelier, b 1636, de St. Jean-du-Perrot, évêché de La Rochelle, s 30 avril 1684, à Laprairie. ²
Lemaistre, Denise, (1) b 1636, fille de Denis et de Catherine Deharme, de Paris.
Pierre, b¹ 31 oct. 1660. — *Jacques*, b¹ 24 avril 1663 ; s² 25 mars 1688. — *Marguerite*, b... ; 1° m² 11 août 1682, à Pierre Poupart ; 2° m² 20 sept. 1699, à Joseph Dumay. — *Marguerite*, b¹ 27 déc. 1665 ; s¹ 3 janv. 1666. — *Marie*, b¹ 27 déc. 1665. — *Catherine*, b¹ 24 fév. et s¹ 16 mars 1667. — *Jean*, b¹ 26 août 1668, 1° m² 7 juin 1698, à Marguerite Testu ; 2° m² 25 oct. 1701, à Madeleine Roy. — *Catherine*, b¹ 9 juin 1670 ; m² 21 avril 1688, à Eustache Dumay. — *Jeanne*, b¹ 10 juillet 1671, 1° m² 25 oct. 1688, à Claude Faie ; 2° m² 23 déc. 1709, à Pierre Voisin. — *Marie*, b² 2 fév. 1673 ; m⁴ 4 fév. 1690, à Antoine Boyer. — *Pierre*, b² 24 juin 1674 ; m² 18 nov. 1696, à Marguerite Diel ; s² 1ᵉʳ août 1699.

I. — PERAS DIT LAFONTAINE, Jean.
La Rivière, Marguerite, b 1679 ; s 7 juin 1699, à Montréal.

1696, (18 novembre) Laprairie. ²
II. — PÉRAS, Pierre,   [Pierre I.
s² 1ᵉʳ août 1699.
Diel, Marguerite,   [Charles I.
Pierre, b² 19 mars 1698.

1698, (7 juin) Laprairie. ²
II. — PERAS, Jean,   [Pierre I.
1° Testu, Marguerite,   [Jacques I.
Pierre, b² 10 mai 1699.

(1) Elle épouse, le 9 oct. 1684, François Cahel, à Laprairie.
31

1701, (25 octobre) Laprairie.

2º Roy, Madeleine,　　　　　　　[Pierre I.
Marie-Anne, b.... m ² 6 nov. 1724, à Louis
Hervé. — *Marie*, b..., m ² 6 nov. 1724, à Domi-
nique Bordeau.

I. — PERIER, Jean.
Gaillard, Marie. (1)
Marie, b 22 août 1670, à Québec ³, 1º m 6 déc
1683, à Guillaume Loret, à Lachine⁴; 2º m ⁴ 19
oct. 1691, à Jean Brunet. — *Marthe*, b ³ 22 août
1670; m 25 nov. 1686, à Jean Charlebois dit Jolly,
à Montréal.⁵—*Madeleine*, b... ; 1º m ⁵ 24 mai 1688,
à Pierre Sabourin, 2º m 31 janv. 1710, à René Fortin, à Ste. Anne de Montréal. — *Marguerite*, b... ;
1º m ⁵ 1ᵉʳ sept. 1692, à Jacques Tromblet; 2º m ⁴ 2
déc. 1726, à Michel Baugis.— *Jacques*, b ³ 10 déc.
1672 ; m à Marguerite Pabé. — *Jean*, b 25 fév.
1674, à Beauport ⁷—*Françoise-Madeleine*, b ⁷ 23
fev. 1680. — *Marie*, b... ; m à Joseph Poupart.

I.—PERIER dit Olivier, Laurent, fils d⊃ Laurent
et de Marie Guittard
1º Busset, Marie,　　　　　　[Jean I.
Jean, b 27 avril 1692, à Laprairie ³ — *Marie-
Anne*, b ³ 26 mars 1694; m ³ 7 janv. 1713, à Jean
Vigeant. — *Marie-Jeanne*, b ³ 10 avril 1696, m ³
4 déc 1721, à Jean Bouis.—*Angélique*, b ³ 24
mai 1698.

1714, (22 juillet) Laprairie. ⁸

2º Dumas, Jeanne,　　　　　　[René I.
veuve de François Dumont.
Marguerite, b... , s ³ 7 nov. 1725.

PÉRIGUEUX, Marguerite, b... ; m 1699, à Jean
Renaud.

PÉRIGORD. — Voy. Marquet — Périllard —
Des Marets. ?

PERIGNY. (De) — Voy. Daillebout.

1695, (10 janvier)
I.—PERILLARD, Nicolas, taillandier, d'Auxerre,
en Bourgogne.
Sabourin, Jeanne,　　　　　　[Jean I.
Marie-Madeleine, b 27 oct. 1695, à Montréal.—
Charles, b 19 août 1697, à Sorel. — *Nicolas*, b 25
mars 1706, à l'Ange-Gardien. — *Jeanne-Angélique*,
b 5 mars 1708, à Lorette. ³ — *Pierre*, b 20 et s ³
26 janv. 1710.— *Anne-Félicité*, b ³ 2 avril 1711.—
Michel, b 19 juillet et s ³ 18 sept. 1713.

PERINAU. — *Variations et surnoms :* Perinault
— Perrinot — Lamarche.

1686, (25 fevrier) Pⁱᵉ-aux-Trembles, M. ¹
I. — PERINAU dit Lamarche, Jacques, maître-
masson, b 1660, fils de Pierre et d'Elizabeth
Pallier, de St. Bonet, évêché de Limoges, pays
de la Marche.
1º Lert, Marie,　　　　　　[Etienne I.
s ¹ 2 nov. 1687.
Nicolas, b¹ 20 avril 1687.

1688, (4 octobre) Boucherville. ¹
2º Viger, Noëlle,　　　　　　[Desiré I.
veuve Joseph Leduc.
Toussaint, b¹ 4 nov. 1689.— *Jeanne*, b 13 et s
15 nov. 1691, à la Pointe-aux-Trembles de Montréal. — *Catherine*, b 7 janv. 1693, à Montréal. ²
— *Marie*, b ² 19 sept. 1694 ; m à Antoine Vermet ;
s... — *Jacques*, b ² 18 oct. 1696. — *Catherine-Angélique*, b ² 26 avril 1699.—*Jean-Baptiste*, b ² 15
juin 1701. — *Charles*, b ² 27 avril et s ² 2 mai 1704.

I. — PERNETTE, Pierre, b 1697 ; s 7 sept. 1757,
à Lévis.

PERRIER. — Voy. Perier.

1661, (18 juillet) Montréal. ⁴
I.— PERRIN, Henri, b 1623.
Merrin, Jeanne, (1) veuve d'Eloi Jarry.
Michelle, b ³ 24 août 1661 ; m ³ 24 nov. 1676, à
Jean Gourdon. — *Marie-Delphine*, b ³ 1ᵉʳ avril
1663, m ³ 4 oct. 1677, à Vincent Aly. — *Mathieu*,
b ³ 21 sept. 1664 ; m 5 sept. 1694, à Jeanne Pilet,
à Lachine. ⁴— *Barbe*, b ³ 4 janv. 1667 ; 1º m ⁴ 16
oct. 1680, à Rene Huguet ; 2º m ⁴ 31 déc. 1696, à
Jacques Arrivé. — *Gabriel*, b ³ 17 janv. 1669 ; m ⁵
12 fev. 1697, à Jeanne Vaudry ; s⁴ 24 août 1703.
— *René*, b... ; m à Marie-Jeanne Juin.

1694, (5 septembre) Lachine.
II. — PERRIN, (2) Mathieu,　　　[Henri I.
Pilet, Jeanne,　　　　　　[François I.
veuve de François Ethier.
Joseph, b 19 août 1694, à Montréal. ⁹— *Marie-
Anne*, b ⁹ 30 mai 1698. — *Jean-Baptiste*, b 7 et s ⁹
21 fév. 1700. — *Marie-Barbe*, b ⁹ 7 fév. 1700.—
Marie, b ⁹ 20 janv. 1702. — *Jeanne-Geneviève*, b ⁹
14 et s ⁹ 19 fév. 1704.

1697, (12 février) Montréal.
II. — PERRIN, Gabriel,　　　　[Honoré I.
s 24 août 1793, dans l'église de Lachine.
Vaudry, Marie-Jeanne,　　　　[Jacques I.

PERROBIN, Pierre, était à Repentigny, en 1683.

PERROCHE, Jacques, serviteur de M. Couillard,
tué par les Iroquois, en même temps que M.
De Lauzon, Grand-Sénéchal Jacquet et Toussaint.

PERRON. — *Surnoms :* Le Suire — Suiae.

1664, (26 février) Château-Richer. ⁶
I. — PERRON, (Suire) Daniel, fils de François et
de Marie ————, de La Rochelle.
Gargottine, Louise, (3) de La Rochelle.

(1) Elle épouse, le 22 sept. 1682, Jean Sabourin, à Beauport.

(1) Elle épouse, le 20 juin 1672, René Moreau, à Montréal.
(2) Perrin dit Garant, fut pris captif par les Iroquois, en montant des marchandises pour le Roy, au fort de Cataraquois, au
printemps de 1688 ; et Jeanne Pilet, aussi captive, l'année
suivante. S'étant tous deux trouvés aux Agnoyettes, ils con-
tractèrent mariage en présence du Père Millet, jésuite, captif
des Iroquois, auxquels ce Père donna la bénédiction nuptiale,
au village des Agnoyettes.
(3) Elle épouse, le 7 janv. 1678, Louis-Charles Alain, à
l'Ange-Gardien.

Antoine, b 2 déc. 1664, au Château-Richer[9] ; m 15 janv. 1691, à Jeanne TREMBLÉ, à l'Ange-Gardien.[5] — *François*, b [9] 22 fév. et s [9] 4 avril 1666. — *Marie*, b 1667 ; m [5] 27 nov. 1691, à Louis TREMBLÉ. — *Madeleine*, b [5] 7 avril 1670 ; m [5] 17 oct. 1689, à Charles GAUDIN. — *Jean*, b [5] 24 août 1672 ; m [5] 10 nov. 1698, à Anne GAUDIN. — *Anne*, b [5] 22 mars 1676 ; m [5] 4 oct. 1697, à Joseph GRATON.

1691, (15 janvier) l'Ange-Gardien.[1]

II. — PERRON, ANTOINE,   [FRANÇOIS I.
TREMBLÉ, Jeanne,   [PIERRE I.
     Françoise, b [1] 6 nov. 1691. — *Hélène*, b [1] 8 fev. 1694. — *Marie-Ursule*, b [1] 2 fév. 1696. — *Antoine*, b [1] 10 oct. 1700. — *Pierre*, b [1] 10 août 1706. — *François*, b [1] 1er sept. 1704.

1698, (10 novembre) l'Ange-Gardien.[1]

II. — PERRON DIT LESUIRE, JEAN,   [FRANÇOIS I.
1° GAUDIN, Anne,   [CHARLES I.
     s [1] 19 nov. 1705.
     Jean-Baptiste, b [1] 10 avril 1700. — *Paschal*, b [1] 15 avril 1702. — *Gaspard*, b [1] 28 fev. 1704. — *Cécile*, b [1] 17 mai 1705.

     1706, (25 janvier) l'Ange-Gardien.

     2° TOUCHET, Suzanne,   [SIMON II.
     François, b [1] 13 avril 1708. — *Nicolas*, b 1er juin 1709. — *Pierre*, b [1] 25 avril 1711 ; m 26 juillet 1739, à Marie-Françoise DUFOURNEL, au Détroit. — *François*, b [1] 16 juillet 1713. — *Louise*, b [1] 24 avril 1716. — *Louis*, b [1] 3 avril 1718.

I. — PERONNE, sieur DESTOUCHES, de Paris, enseigne de Champlain, était à Québec en 1617. — *Sagard*, p. 562.

I. — PERONNE sieur DE MAZÉ, (1) LOUIS, conseiller.

I. — PERONNE, MICHEL, b... ; s 30 août 1661, à Québec.

PERONNELLE, (DE LA) FRANÇOIS. — Voy. EURRY, au second volume.

I. — PERRAULT, JULIEN.
PELTIER, Marie,   [GUILLAUME I.
     Marguerite, b 23 sept. 1648, à Québec. — *Marie-Madeleine*, b 1650 ; s 8 juillet 1724, aux Trois-Rivières.

I. — PERREAU, GUILLAUME, marin, de La Rochelle.

PEROT, JEAN.
     s 24 juillet 1655, à Montréal.

PERROT, ANNE, femme de Pierre BLAIS, en 1669.

1654, (31 août) Québec.[3]

I. — PERROT DIT VILDAIGRE, JACQUES, b 1629, fils de Jean et de Mathurine Bigot ; s [9] 17 janv. 1703.

LE FLOT, Michelle, b 1642, fille d'Antoine et de Marguerite Lamère.
     Marie, b [3] 22 janv 1656 ; m 17 sept. 1669, à François DE JARRET, à Ste. Famille. [4] — *Anne*, b 1661 ; m [4] 23 nov. 1676, à Gabriel TIBIERGE. — *Joseph*, b 1663 ; m à Marie GAGNÉ. — *Catherine*, b 27 janv. 1666, au Château-Richer ; m [4] 16 août 1694, à Etienne JAREAU. — *Jacques*, b [4] 24 juin 1668 ; m 11 oct. 1690, à Anne GAGNÉ, à Montréal. — *Marie*, b 7 et s [4] 9 déc. 1670. — *Pierre*, b [4] 23 juin 1672 ; 1er m [3] 23 nov. 1699, à Anne JOURDAIN ; 2° m [3] 31 mai 1704, à Madeleine WILLIS ; s [3] 10 oct. 1740. — *Marie*, b [4] 28 sept. 1674. — *Marguerite*, b 6 et s [4] 11 août 1676. — *Marguerite*, b [4] 24 juin 1679.

1670, (4 novembre) Montréal. [9]

I. — PERROT DIT LAGORCE, PAUL, menuisier, b 1645, fils de Simon et de Marguerite Cerisier, de St. Surin de Mortagne, évêché de Xaintes.
CHRÉTIEN, Marie, b 1655, fille d'Anselme et d'Anne Bernard, de St. Sulpice de Paris.
     Marie, b... : m 15 mai 1688, à Jean COUZIN, à Repentigny. [4] — *Marie*, b 14 janv. 1673, à Boucherville[5] ; 1° m à François BEAUREGARD ; 2° m [3] 11 sept. 1696, à François DESNOYERS ; s [3] 24 avril 1703. — *Pierre-Paul*, b 30 oct. 1674, à la Pointe-aux-Trembles de Montréal[6] ; m 6 nov. 1702, à Marie MONTAMBAUT, à Ste. Famille. — *Paul*, b [4] 28 oct. 1676 ; m à Madeleine L'EVEILLÉ. — *François*, b [7] 7 fév. 1678. — *Anne*, b [4] 4 fev. 1680. — *Marie-Anne*, b [4] 8 juillet 1682. — *Irénée*, b [4] 17 mars 1684. — *Jean*, b 1687 ; s 21 janv. 1709, au Cap Santé. — *Louis*, b 18 et s [4] 24 janv. 1788. — *Jacques*, b [4] 20 mars 1690. — *Marie-Josette*, b [3] 11 avril 1695.

1670.

I. — PERROT, (1) FRANÇOIS-MARIE.
LA GUIDE, Madeleine.
     Marie-Madeleine, b 4 sept. 1672, à Québec. — *François-Marie*, b 29 mai 1674, à Montréal. — *Jacques-Henry*, b [9] 5 mars 1677. — *Madeleine-Angélique*, (2) b [9] 8 août 1679. — *Geneviève*, b [9] 1er sept. 1682. — *François*, b [9] 1er mai 1684.

I. — PERROT, NICOLAS, capitaine de la côte de Bécancour.
RAGLOT, Marie-Madeleine.
     François, b 1672 ; s 8 août 1745, aux Trois-Rivières. [9] — *Nicolas*, b 1674. — *Clémence*, b 1676. — *Michel*, b 1677 ; m [5] 17 oct. 1712, à Jeanne BAUDRY. — *Marie*, b 1679. — *Marie-Anne*, b [5] 25 juillet 1681. — *Claude*, b... ; m 9 juillet 1714, à Marie GOULET, à Repentigny. [9] — *Jean-Baptiste*, b 1688 ; s [5] 29 oct. 1705. — *Jean*, b 15 août 1690 ; m [9] 18 août 1714, à Marie QUINTIN.

---

(1) Capitaine de la garnison du fort de Québec et conseiller en 1664. — *Registres du Conseil.*

(1) Seigneur de Ste. Geneviève, Gouverneur de [Montréal. Il a donné son nom à l'Ile Perrot, près de Montréal.

(2) Filleule de De Frontenac.

1688, (2 mars) Repentigny.

I. — PEROT, (Perau) Jean, b 1662, fils de Mathurin et de Marie Robert, de la ville de Quentin, evêché de Cornouailles.
Bourgeois, Françoise, [Nicolas I.
veuve de Paul Crépeau.

I — PERROT, Pierre.
Duclos, Geneviève, [François I.
Marie-Gertrude, b 2 sept. 1688, à la Pointe-aux-Trembles de Québec [1]; m 4 janv. 1715, à François Frigon, à Ste. Anne de la Pérade [2]; s 15 fév. 1773, à Batiscan. [3] — *Louise,* b... ; m à François Lemay. — *Louis,* b 1692, m [3] 28 janv. 1715, à Madeleine Rivard, s [3] 21 mars 1718. — *Geneviève,* b 1er janv. 1693, au Cap Santé. [4] — *Elizabeth,* b [4] 26 sept. 1694; m [2] 2 nov. 1719. — *Pierre-François,* b [1] 25 avril 1696 ; m [8] 16 janv. 1729, à Marie-Anne Trotier. — *François,* b [1] 1er mai 1700. — *Marie-Madeleine,* b [8] 5 juin 1702. — *Marie-Josette,* b [4] 24 dec. 1703. — *Marie-Marguerite,* b [8] 14 mars 1704 , m [2] 9 nov. 1722, à François Brisson. — *Marie-Josette,* b [3] 13 mars 1706.—*Marie-Angélique,* b [3] 9 juin 1708. — *Marie-Françoise,* b [3] 3 dec. 1710 ; m à Pierre Proteau. — *Marie,* b... ; m à François Mercure — *Marie-Anne,* b... ; m à Nicolas Paquin.

1688, (21 avril) Laprairie

II. —PERROT, Joseph, (1) [Jacques I.
Gagné, Marie, [Pierre I.
Marie, b 30 juin 1690, à Montréal. [5] — *Bertrand,* b [5] 7 janv. 1692, 1o m à Madeleine Guyon ; 2o m 1er août 1717, à Angelique Simon, au Château-Richer. [5] — *Joseph,* b 3 juillet 1694, à Ste. Famille ; s 3 sept. 1708, à St. François, I. O. [5]—*Barthélemi-François,* b [7] 31 janv. 1696 ; m [5] 17 avril 1719, à Dorothée Brisson. — *Geneviève,* b [7] 1er fév. 1698. — *Louis,* b [7] 11 dec. 1699 ; m [5] 22 sept. 1723, à Françoise Lapointe. — *Jacques,* b [7] 19 mars 1702 — *Augustin,* b [7] 8 mars 1704. — *Pierre,* b [8] 5 janv. 1708 , s [8] 15 avril 1711.

1690, (11 octobre) Montréal. [7]

II — PERROT, Jacques, (2) [Jacques I·
s 18 juillet 1700, à Laprairie. [8]
Gagné, Anne, [Pierre I.
Marie-Anne, b [7] 14 janv. 1692. — *Françoise-Marie,* b... , s [7] 25 avril 1695. — *Jacques,* b [8] 15 déc 1697. — *Pierre-Marie,* b 15 août et s [8] 15 nov. 1699.

II. —PERRAULT, François, mar- [Nicolas I.
chand, s 8 août 1745, aux Trois-Rivières.

1699, (23 novembre) Québec. [1]

II — PERROT, Pierre, (3) [Jacques I.
s [1] 18 oct. 1740.
1o Jourdain, Anne, [Guillaume I.
s [1] 25 dec. 1702.
Pierre-Guillaume, b [1] 25 sept. 1700 ; s [1] 24 juin 1701. — *Pierre,* b [1] 24 déc. 1701 ; s [1] 11 fév. 1702.

---

(1) Seigneur de St. François d'Argentenay, Ile d'Orléans.
(2) Dit Desrochers.
(3) Sieur Deryzy, major de milice.

1704, (31 mai) Québec. [8]

2o Willis, Madeleine, anglaise, veuve de Charles Arnaut.
Martin, b 1712 : s [8] 28 oct. 1714.

PERROTIÈRE, (de la)—Voy. Hallouin de la Perrotière.

I. —PERROTIN, Pierre, b 1650, était à Lachenaye, en 1681.

I. —PERROY, Robert, b 1633, était à Montréal, en 1681.

I. —PESCHER–LEGAL, Marie, b 1649 ; m 1675, à Jean Harel.

PERTHUIS, — *Variations et surnoms :* Des Fourneaux — Lalime.

I. —PERTHUIS, François.
Belhumeur, Françoise, b 1643 ; s 2 nov. 1718, à Contrecœur.

I.—PERTHUIS, Sieur Des Fourneaux, Claude, b 1672 ; s 2 mars 1732, dans l'église de Québec.

1668, (10 décembre) Montréal. [6]

I. —PERTHUIS, Pierre, marchand, b 1644, fils de Silvain et de Mathurine Racicot, de St. Denis d'Amboise, évêché de Tours.
Damisé, Claude, b 1650, fille d'Etienne et de Geneviève Pioche, de St. Nicolas du Chardonet de Paris ; s 6 oct. 1705.
Catherine, b [6] 23 janv. 1670 ; m 7 janv. 1686, à Pierre Maguet, à la Pointe-aux-Trembles de Montréal. [7] — *Jean,* b [6] 7 fév. 1672. — *Jeanne,* b [6] 13 déc. 1673 ; m [7] 22 nov. 1688, à Nicolas Déroche. — *Elizabeth,* b 1675 ; m [6] 20 juin 1695, à Claude Caron ; s [6] 23 avril 1703. — *Marie,* b [8] sept. 1678 ; m [6] 24 janv. 1698, à Vital Caron. — *Geneviève,* b [7] 10 oct. 1680 ; 1o m [6] 19 mars 1701, à Urbain Gervaise ; 2o m 5 avril 1717, à Louis Renault, à Lachine. — *Marguerite-Françoise,* b [6] 24 juillet 1682 ; s [6] 12 mars 1703. — *Angélique,* b [7] 1er janv. 1684 , m [6] 28 sept. 1700, à Louis Lefebvre. — *Marie-Françoise,* b [7] 26 et s [7] 30 janv. 1685. — *Pierre,* (1) b [7] 16 avril 1686 ; m à Catherine Mallet.— *François,* b [7] 10 janv. 1688.— *Pierre,* b [6] 19 mai 1691 ; m 24 janv. 1713, à Angélique Canon, à Québec.

1692. (9 nov.) P^{te}-aux-Trembles, (M). [7]

I. — PERTHUIS, Nicolas, fils de Claude (maître armurier) et d'Anne Trenuo, de St Denis d'Amboise, évêché de Tours.
Celles-Duclos, Marguerite, [Gabriel I.
veuve de Joseph Cartier.
Nicolas, b [7] 30 mai 1693. — *Nicolas,* b [7] 1er et s [7] 29 janv. 1696.

---

(1) S'établit au Détroit.

1697, (8 juillet) Québec. [1]

I. — PERTHUIS, CHARLES, marchand, b 1664, fils de Charles et d'Anne Minet, de St. Saturnin de Tours; s 5 mars 1722, dans l'église de Québec. [2]
ROBERGE, Madeleine,⎤　　　　　　　[DENIS I.
s [2] 3 avril 1741.
　Charles-Denis, b [1] 5 août 1698; m [1] 19 déc. 1724, à Louise BROUSSE. — *Marie-Anne*, b [1] 25 juillet 1699. — *Angélique-Victoire*, b [1] 24 oct. 1700; ursuline dite Mère des Anges; s [1] 21 sept. 1746. — *Marie-Madeleine-Geneviève*, b [1] 7 oct. 1701; ursuline dite St. Charles; s [1] 31 oct. 1761. — *Marie-Josette*, b [1] 10 avril 1703; m [1] 20 juin 1724, à Joseph BIVERIN. — *Marie-Louise*, b [1] 17 juillet 1705; s [2] 24 juin 1725. — *Charlotte-Agathe*, b [1] 12 août 1706; s [1] 16 fév. 1724. — *Marie-Thérèse*, b [1] 30 sept. 1708; s 23 déc. 1708, à Charlesbourg. [3] — *Jean-Baptiste-Joseph*, b [1] 12 oct. 1710; s [3] 20 janv. 1712. — *Joseph*, b [1] 30 août 1714; m [1] 16 sept. 1745, à Josette PERTHUIS. — *Jean-Baptiste-Ignace*, b [1] 13 avril 1716; m [1] 17 sept. 1742, à Madeleine RICHÉ.

I. — PERTIER, PIERRE.
TROCHET, Françoise.
　Pierre, b 5 août 1673, à Quebec.

1666, (8 mars) Montréal. [1]

I. — PERUSSEAU, PIERRE, b 1634, fils de Thomas et de Denise Fourgeau, de Danières, proche de St. Jean d'Angély.
LE ROY, Marie, b 1639, fille de Guillaume et de Germaine Berger, de St. Etienne-du-Mont de Paris.
　Pierre, b [1] 24 mars 1667. — *Françoise-Thérèse*, b [1] 14 et s [1] 21 fev. 1670.

1647, (4 mars) Québec.

I. — PETAU, JULIEN, fils de François et de Périne Borc, des Tours de Belan, en Bretagne.
PELTIER, Marie, fille de Jean et de Marie Labre, (1) veuve de César Gouin, du Bourg de Marennes, en Saintonge.

I. — PETHUREAU, FRANÇOIS, précepteur des enfants de M. De Vaudreuil, gouverneur de Montréal.

(1) Il est à noter dans le susdit mariage que, lorsque l'on publia le premier ban, il courut un bruit que la Delle. Marie Pelletier était mariée en France et que son mari était encore vivant et demeurait à La Rochelle ou aux environs ; ce qui nous obligea d'en faire enquête et appeler ceux qui pouvaient connaître la dite Marie Pelletier, et le dit prétendu mariage fait en France. Il s'est trouvé, par la déposition des témoins, qu'en effet, après avoir été veuve d'un appelé César Gouin, elle fut recherchée par un certain cocher, à La Rochelle, et mariée avec lui ; mais que le dit cocher était actuellement marié à une autre femme, de laquelle il avait eu dix enfants, ce qu'ayant été connu de ladite Pelletier après son mariage, elle quitta le dit cocher, et tint le mariage pour nul, et pour cet effet se retira de ce pays. Il y a acte au Greffe de Québec de ce que dessus, en date du 18 fév. 1647, duquel moy, Barth. Vimont, ai retenu copie avant que marier la dite Peltier avec le dit Julien Petau, et ay serré la dite copie avec ces papiers.

B. VIMONT,
Registres de Québec.

I. — PETIOT, MATHURIN.
CHARON, Marie, b 1639; s 6 janv. 1699, à Charlesbourg.
　Barthélemi, b 1668, s 18 août 1639, à Québec. [6]
— *Jacques*, b [o] 29 sept. 1671.

I. — PETIOT DES CORBIÈRES, CLAUDE, chirurgien, était présent au contrat de mariage de François Fortin et de Marie Jolliet, le 8 janv. 1660.

PETIT. — Voy. DE VERNEUIL — DELBEC — LAPRÉE — GUILLOT. — BRUNEAU — BOIS-MOREL — LA LUMIÈRE — LE VILLIERS — MILHOMME — BEAUCHEMIN

I. — PETIT, JEAN, de St. Germain d'Auxerre.
GUERIBOUR, Jeanne, de St. Germain d'Auxerre.
　Rose, b... ; m 1668, à Hilaire FRAPIER ; 2° m 10 avril 1714, à François DE CHAMBRE, à Québec [9], s [9] 6 fev. 1719.

I. — PETIT, JACQUES, b 162[1], était à Charlesbourg, en 1681.

I. — PETIT, HENRY, b 1622, marchand, de St. Jacques de la Boucherie de Paris; s 20 nov. 1686, dans l'église de Québec.
FONTAINE, Elizabeth.

I. — PETIT, ALEXANDRE, (1) b 1621.
　Gédéon, b 1659. — *Alexandre*, b... , m 8 janv. 1721, à Marie-Anne MESSIER DE ST. MICHEL, à Varennes.

II. — PETIT, GÉDÉON,　　　　　[ALEXANDRE I.
marchand, demeurant dans le fort St. Louis, à Contrecœur, en 1681.

1656, (17 août) Trois-Rivières. [3]

I. — PETIT (LE) DIT LAPRÉE, NICOLAS, b 1631, fils de Nicolas et de Catherine Anceline, de Duguay Daleray, en Aulnis.
POMPONNELLE, Marie, b 1630, fille de Jean et de Michelle Boulet, de Longène d'Aulnis ; s 18 nov. 1700, à Varennes. [4]
　Jeanne, b [3] 29 mai 1657, m [3] 26 nov. 1671, à Jean GAULTIER. — *Louis*, b [3] 4 août 1658 ; 1° m 7 janv. 1686, à Marie CHARLES, à Boucherville [5] ; 2° m [4] 19 mars 1710, à Michelle CHARTIER. — *Pierre*, b [3] 8 mars 1660. — *Jacques*, b 10 nov. et s [3] 20 déc. 1661. — *Jeanne*, b 1661 ; m à Jean GAULTIER. — *Paul*, b [3] 1er nov. 1662 ; 1° m [5] 8 janv. 1691, à Louise BISSONNET ; 2° m [4] 12 fév. 1725, à Marguerite GAMELIN. — *Nicolas*, b [3] 23 oct. 1664 ; m [5] 18 oct. 1693, à Marie REGUINDEAU ; s [4] 17 fév. 1707. — *Marie-Renée*, b... ; m [4] 19 août 1714, à Joseph SIMON. — *Michel*, b 1667 ; m [4] 4 fév. 1699, à Madeleine LUSSIER. — *Marie-Gertrude*, b [3] 30 juin 1669 ; m [5] 8 nov. 1683, à Nicolas SÉNÉCAL. — *Marie-Françoise*, b [3] 28 juin 1671 ; m [5] 10 janv. 1689, à Léonard LALEU.

(1) Le nom de la femme est effacé aux registres.

I. — PETIT, Pierre.
DesNoyers, Catherine-Françoise.
René-Jacques, b 17 janv. 1657, à Quebec. [3] —
Louise, b [3] 7 avril 1660.

I. — PETIT dit Guillot, Jean, matelot.
Saloy, Marguerite.
Marie-Anne, b...; 1° m 22 sept. 1690, à Gabriel
Bertrand, à Montréal [4]; 2° m 28 oct. 1702, à
Toussaint Savariaux, à Beauport. — *Marguerite*,
b [4] 14 dec. 1702; s [4] 1er fev. 1703. — *Anonyme*, b
et s [4] 14 déc. 1702.

1658, (6 août) Québec.

I. — PETIT, Pierre, b 1633, fils de Pierre et
d'Antoinette Lafroye, d'Auneuil, évêché de
Beauvais; s 21 oct. 1676, à Ste. Anne.
1° Godeau, Marie, b 1633, fille de Paul et de
Jeanne Audouin-Soular, de St. Barthélemi,
évêché de LaRochelle.

1663, (6 juillet) Château-Richer. [6]

2° Morineau. Jeanne, b..., évêché de Luçon.
Robert, b 1664; m 20 juillet 1693, à Marie-
Madeleine Valière, à la Pointe-aux-Trembles de
Quebec. — *Pierre*, b [8] 9 sept. 1666. — *Geneviève*,
b 19 janv. 1669. — *Charles*, b 22 mai 1672, à
l'Ange-Gardien. [5] — *Jeanne*, b [5] 30 nov. 1674.

1670, (1er septembre) Québec. [5]

I. — PETIT, Charles, b 1645, fils de Jean et
d'Anne Mauger, de St. Pierre d'Anneville,
de Rouen.
Rossignol, Jeanne, (1) fille de Martin et de
Renee Desjardins, de St. Pierre de Montfort,
de Chartres.
Jacques, b [5] 1er nov. 1672. — *Nicolas*, (posthume) b [5] 4 janv. 1674; m 14 sept. 1700, à Marguerite Bertrand, à la Pointe-aux-Trembles de
Quebec.

1674,

I. — PETIT, Claude.
Godin, Jeanne. (2)

1675, (16 septembre) Québec.

II. — PETIT dit Bruneau, (3) Joseph, b 1645, fils
d'Henri et d'Elizabeth Fontaine, de St. Médard, de Paris.
Chesnay, Marie, [Bertrand I.
Joseph, b 22 août 1676, aux Trois-Rivières [5]; m
8 janv. 1709, à Marie-Anne Delpé. — *Marie-Madeleine*, b [5] 15 fév. 1678, ursuline, 23 juin 1703; s...
— *Marie-Jeanne*, b [5] 12 juillet 1680; m [5] 7 janv.
1706, à Claude Crevier; s [5] 14 mars 1710. — *Gertrude*, b [5] 13 sept. 1682. — *Pierre*, b [5] 20 fev. et s [5]
2 mai 1684. — *Marguerite*, b [5] 23 mars 1685; s [5]
25 juin 1689 — *Jean-Baptiste*, b [5] 19 nov. 1687;

---

(1) Elle épouse, le 4 fév. 1674, Jacques Forget, à Québec.

(2) Elle était marraine, en 1674.

(3) Le 4 octobre 1700, il échange avec M. Pierre-Noel Le
Gardeur, son emplacement au Cul-de-Sac, Basse-Ville de
Québec, contre une lieue et quart en superficie, à la Rivière
Maskinongé.— *Greffe de Charles Rageot.*

---

m [5] 28 juillet 1725, à Madeleine Peltier.—*Marie-
Josette*, b [5] 26 fév. 1689. — *Marie-Anne*, b [5] 26
juillet 1691. — *Geneviève*, b [5] 20 juin 1695

1678, (10 janvier) Montréal. [6]

I. — PETIT dit Boismorel, Jean, huissier-royal,
b 1648, fils de Christophe (marchand) et de
Madeleine Lefranc, de St. Léger, évêché
d'Arras.
Bailly, Marie, [François I.
Marie-Madeleine, b [6] 14 oct. 1678; m [6] 7 sept.
1697, à Joseph Guyon.—*Jeanne*, b [6] 12 sept. 1680;
s [6] 14 nov. 1682.— *Jean*, b [6] 27 juillet 1683.—
Jeanne-Françoise, b [6] 18 mars 1685. — *Marie-
Louise*, b [6] 30 déc. 1686. — *Louise-Thérèse*, b [6] 24
août 1688. — *Suzanne*, b [6] 1er mai 1690.— *Marie-
Anne*, b [6] 10 août 1694; m [6] 27 fev. 1713, à Jean-
Louis Plessis; s [6] 10 avril 1766. — *Etienne*, b [6]
7 sept. 1692. — *Marie-Josette*, b [6] 27 juin 1696. —
Marie-Anne, b [6] 11 avril 1698. — *Céleste-Alberte*,
b [6] 21 mars 1700.

1686, (7 janvier) Boucherville. [9]

II. — PETIT, Louis, [Nicolas I.
1° Charles, Marie-Madeleine, [Etienne I.
s 5 fev. 1709, à Varennes. [5]
Marie-Josette, b [5] 29 juin 1696; s [5] 24 juillet
1699. — *Marie-Catherine*, b [5] 29 avril 1698; m [5]
24 nov. 1726, à François Pariseau. — *Marie-Madeleine*, b [5] 21 mars 1700; m [5] 23 nov. 1723, à Jean-
Baptiste Havet. — *Marie-Françoise*, b [9] 1er fév.
1687; m [9] 19 mars 1710, à Jacques Girard. —
Louis, b [9] 22 mars 1689. — *Geneviève*, b [9] 16 fév.
1691. — *Nicolas*, b [9] 3 nov. 1693.

1710, (19 mars) Varennes.

2° Chartier, Michelle, veuve de Laurent Castel.

I. — PETIT, Gaspard.
Pinguet, Louise, (1) [Pierre II.
Angélique, b 1688; m 31 janv. 1707, à Québec, [5]
à Joseph Hannois; s [5] 21 sept. 1758 — *Barbe*,
b 24 fév. 1704, à Ste. Foy [9]; m [5] 7 janv. 1724, à
Claude Huguet; s [5] 15 mars 1758. — *Madeleine*,
b [9] 12 mai 1706; m [5] 15 avril 1725, à Mathurin
Gautier. — *Charlotte*, b [9] 7 sept. 1708; m [5] 18
oct. 1731, à Barthélemi Bernier. — *Geneviève*,
b 1700; m [5] 24 fév. 1727, à Pierre Petit; s [5] 1er
mars 1764. — *Geneviève-Dorothée*, b [9] 6 fév. 1702. — *Geneviève*, b 2 et s [9] 22 mars 1711. — *Marie-Agnès*, b [9]
22 mai 1712.

1691, (8 janvier) Boucherville. [7]

II. — PETIT dit Lalumière, Paul, [Nicolas I.
1° Bissonet, Louise, [Jacques I.
Michel, b 13 mars 1695, à Varennes [6]; m [6] 29
avril 1720, à Marie-Renée Sénécal. — *Jean-Baptiste*, b [6] 14 déc. 1696. — *Nicolas*, b 1693; s [6] 15
janv. 1697. — *Marie*, b 8 et s [6] 10 nov. 1698. —
Paul, b [6] 22 oct. 1699; m [6] 19 mars 1726, à Louise
Sénécal. — *Marie-Louise*, b [6] 27 sept. 1701; 1°
m [6] 6 oct. 1721, à Augustin Brodeur; 2° m [6] 25
août 1724, à Louis Sénécal. — *Jeanne*, b [8] 19 janv.

---

(1) Elle épouse, le 19 avril 1723, Jacques Cochon, à Québec.

1692 ; s⁵ 22 août 1708.— *Nicolas*, b ¹ 28 avril 1693. — *Anonyme*, b et s⁶ 23 mars 1703. — *Elizabeth*, b⁶ 14 mai 1704 ; m⁶ 25 fév. 1721, à Jacques Choquet — *Joseph*, b⁶ 28 juillet 1706. — *Alexis*, b 30 nov. et s⁶ 8 déc. 1708. — *Louis*, b⁶ 29 déc. 1709. — *Etienne*, b⁶ 19 août 1712. — *Jacques*, b⁶ 11 oct. 1713 ; s⁶ 27 janv. 1714.

1725, (12 février) Varennes.

2° Gamelin, Marguerite,   [Michel I.
veuve de Leger Hebert.

1692, (4 novembre) Trois-Rivières. ⁵

I.— PETIT, Pierre, marchand et notaire-royal, seigneur de la rivière d'Yamaska, fils de François, (marchand à Lyon) et de Jeanne Gobin ; s⁵ 24 avril 1737.
Verron, Marguerite,   [Etienne II.
Jean, b⁵ 10 janv. 1694. — *Gabriel*, b⁵ 14 fév. 1695 ; s⁵ 2 mars 1717. — *Marguerite*, b 1697 ; s⁵ 2 mai 1724. — *Anonyme*, b et s⁵ 2 juillet 1698.— *Pierre*, b⁵ 20 mars 1700. — *Agathe*, b⁵ 31 juillet 1704. — *Thérèse-Véronique*, b⁵ 19 juin 1710 ; m⁵ 27 juillet 1729, à Maurice Delpé. — *Louise*, b 1708 ; m⁵ 16 juillet 1731, à André Corbin; s⁵ 3 sept. 1746.— *Angélique*, b... ; m⁵ 29 janv. 1748, à Jean-Louis Allegrain — *Anonyme*, b et s⁵ 19 mars 1714.

1693, (20 juillet) Ptᵉ-aux-Tremble, (Q). ⁵

II.— PETIT dit Milhomme, Robert,   [Pierre I.
Valière, Marie-Madeleine,   [Pierre I.
Jean, b... ; m 4 janv. 1727, à Catherine Tapin, à Ste. Foye. — *Marie-Thérèse*, b 23 déc. 1695, à St. Augustin. ⁹ — *Marie-Angélique*, b ⁹ 9 avril 1698 ; m ⁹ 5 fév. 1720, à Louis Coutansineau.— *Philippe*, b ⁹ 26 fév. 1708. — *Marie-Anne*, b ⁵ 18 oct. 1700 ; m ⁹ 18 janv. 1723, à Charles PᵗcHAU — *Pierre*, b ⁵ 27 sept. 1705.

1693, (18 octobre) Boucherville.

II.— PETIT dit Beauchemin, Nicolas, [Nicolas I. s 26 juin 1697, à Varennes,⁹ (dans l'église).
Reguindeau, Marie, (1)   [Joachim I.
Paul, b ⁹ 26 août 1694 ; m ⁹ 6 déc. 1719, à Françoise Viau. — *Marie-Renée*, b ⁹ 2 avril 1696. — *Marguerite*, b ⁹ 29 mars 1698. — *Françoise*, b ⁹ 29 mars et s ⁹ 16 juin 1698. — *Anne*, b ⁹ 21 fév. 1700. — *Marie-Josette*, b ⁹ 12 mars 1702. — *Joseph*, b ⁹ 18 mars 1704. — *Louis*, b ⁹ 6 juin 1706.

1694, (29 août) Montréal.

I.— PETIT Le Villiers, Charles, capitaine d'un détachement de la marine, b 1660, fils de Robert et d'Elizabeth Berruyer, de Marigny, évêché de Soissons.
Gautier, Madeleine,   [René I.
Marie-Charlotte, b 18 sept. 1693, à Boucherville. ⁴ — *Anonyme*, b et s ⁴ 11 janv. 1697. — *Charles*, b ⁴ 19 juin 1698. — *Pierre-Louis*, b ⁴ 3 oct. 1699. — *Jean-Baptiste*, b ⁴ 28 nov. 1700. — *Marguerite*, b 1704 ; m 1ᵉʳ oct. 1731, à Louis-Joseph Rocbert, à Montréal.

(1) Elle épouse, le 4 nov. 1709, Jacques Jodouin, à Varennes.

1699, (4 février) Varennes. ¹

II.— PETIT, Michel,   [Nicolas I.
Lussier, Marie-Madeleine,   [Jacques I
Paul, b ¹ 11 janv. 1700. — *Marie-Josette*, b ¹ 22 sept. 1701 ; s ¹ 16 sept. 1708. — *Michel*, b ¹ 6 oct. 1704 — *Marie-Antoinette*, b ¹ 19 mars 1707. — *Christophe*, b ¹ 18 août 1709. — *François*, b ¹ 23 mai et s ¹ 27 juin 1711. — *Jean-Baptiste*, b ¹ 24 août 1712.— *Joseph*, b ¹ 4 août 1714. — *Michel*, b... ; m 17 janv. 1729, à Madeleine Jerté, à Repentigny.

I.— PETIT, Jean.
Suzo, Esther.
Charles, (1) né en 1698, b 12 sept. 1700, à Montreal.

I.— PETIT, Jean, (2) b 1663, fils de Jean et de Catherine Du Bellineau, de St. Jean de Paris ; 1° m 4 juillet 1701, à Suzanne Dupuy, à Québec ¹ ; 2° m 10 sept. 1706, à Charlotte Duguay ; s ¹ 25 fév. 1720, (dans l'église.)

I.— PETITBOIS, Jean — Voy. Fagueret dit Petitbois. (3)

I.— PETITBOIS, Jules-Timothée, b 1676 , s 7 oct. 1698, à Batiscan.

1673, (11 septembre) Québec. ⁶

I.— PETITCLERC, Pierre, fils de Jean et de Marie Pouize, de St. Severy de Poitiers ; s 1ᵉʳ juin 1711, à Ste. Foye. ⁷
Paris, Françoise, (4) fille de Pierre et de Lirette Charon, de St. Pierre, évêché de Sens.
Hilaire, b ⁶ 2 sept. 1674. — *Marie-Madeleine*, b 20 fév. 1676, à Sillery. ⁸ — *Jean*, b ⁸ 14 déc. 1677. —*Jean-Baptiste*, b ⁸ 16 avril 1684 ; m ⁶ 11 fév. 1709, à Marie-Françoise Provost; s ⁷ 16 fév. 1773. — *Louise*, b 1686 ; m ⁷ 19 août 1709, à Jacques Morand ; s ⁶ 6 mars 1752. — *François*, b ⁶ 24 août 1693. — *Marie-Catherine*, b 1697; s ⁷ 9 fév. 1703. — *Charles*, b... ; m ⁶ 18 fév. 1715, à Catherine Provost. — *Marie-Catherine*, b 1697; s ⁷ 9 fév. 1703. — *Jeanne*, b... ; m ⁷ 21 nov. 1713, à Gabriel Houl. — *Geneviève*, b... ; m ⁷ 30 août 1717.

I.— PETITEAU, Pierre, (5) b 1667, de St. Macaire, de Guienne ; s 30 sept. 1687, à Lachine.

I.— PETIT-GOBIN, Pierre.
Gabriel, b 1695 ; s 2 mars 1717, aux Trois-Rivières.

(1) Baptisé à Esope, Nouvelle-Angleterre, par un ministre français.

(2) Conseiller, trésorier de la marine, ancien contrôleur des rentes de l'Hôtel-de-Ville de Paris.

(3) Près la maison de Lalande était le corps de Jean Fagueret dit Petitbois, où ayant fait des fouilles, avec des pioches, proche une grosse roche, nous avons trouvé tous ses os, toutes les chairs étant consommées, lesquels nous avons fait lever de la terre etc. *Note de M. Rémy, le 28 oct. 1694, à Lachine.*

(4) Elle épouse, le 12 fév. 1714, Pierre Elie, à Ste. Foye.

(5) Tué par les Iroquois. Voy. la note p. 67.

I —PETRO, Etienne, chirurgien, était présent au contrat de mariage de Jean Le Normand le 8 juillet 1656 — *Greffe d'Audouard.*

PETRUS. — Voy. Richaume.

PETUREAU. — Voy. Betureau.

I. — PEUVRET, sieur de Margontier, fils de Jacques (conseiller du Roy, lieutenant criminel en l'élection du Perche) et de Marie de la Garonne; s 24 juin 1657, à Québec, noyé au Cap à l'Ange, en se baignant.

1659, (10 juillet) Quebec. [5]

I. — PEUVRET, sieur Du Menu, Jean-Baptiste, Greffier du Conseil Souverain, Seigneur de Gaudarville, b 1632; s [5] 23 mai 1697.
1° Nau, Marie-Catherine,   [Jacques I. veuve de Louis De Lauzon.
Denis, b [5] 8 oct 1661, s [5] avant 1666.—*Alexandre,* b [5] 6 oct. 1664; m [5] 14 fév. 1696, à Geneviève Bouteville; s [5] 30 déc. 1702—*Claude-Armand,* b [5] 6 oct. 1664; s 2 août 1686, à Beauport, [6] (noyé) — *Marie-Catherine,* (1) b [5] 2 mars 1667; m [6] 24 fév. 1683, à Ignace Juchereau; s [6] 17 fév. 1739. — *Jeanne,* b [5] 13 oct. 1669.

1681, (16 octobre) Québec
2° Lepage, Marie-Rogère, veuve en secondes noces, de Roch Thoery, de l'Ormeau.

1696, (14 février) Québec. [5]

II.—PEUVRET, (2) Alexandre, [Jean-Baptiste I. s [5] 30 dec. 1702.
1° Bouteville, Geneviève,   [Lucien I. s [5] 30 sept. 1699.

1700, (12 janvier) Quebec.
2° Gautier, Marie-Anne, (3)   [Philippe I. *Marie-Anne-Geneviève,* b [5] 2 déc 1700.—*Joseph-Alexandre,* b [5] 9 déc. 1701.

PEYET. — Voy. Payet.

1698, (10 février) l'Ange-Gardien. [3]

I. — PEYMART dit Laforest, Jean, soldat de M. Levasseur, fils de Pierre et d'Antoinette Leclerc, de Ste. Fortunée, évêché de Tulles. Tremblé, Marie-Anne,   [Pierre I. *Marie-Dorothée,* b [3] 24 déc. 1700.

PEZARD, de la Touche, Joseph, b... ; s 23 oct. 1690, à Beauport (4)

1664, (20 juin) Montréal. [7]

I.—PEZARD, de la Touche, Etienne, seigneur de Champlain, b 1624, fils de Claude et de Marie Masson, de St. Honoré de Blois.

---

(1) Filleule de M. de Courcelles, gouverneur. —Inhumée dans l'église, par Eustache Chartier, doyen du chapitre.

(2) Sieur de Gaudarville, conseiller, secrétaire du Roy, greffier-en-chef du Conseil Souverain.

(3) Elle épouse, le 6 fév. 1708, Claude-Charles Du Tisné, à Québec.

(4) Tué dans le combat qui fut livré le 18 octobre 1690, par les anglais.— *Registres de Beauport.* Voy. De Clermont.

Mulois, Madeleine, b 1636, fille de Thomas et de Sébastienne Hébert, de St. Honoré ; s 16 août 1704, à Champlain. [6]
Daniel, b 1665. — *Jacques,* b 1666. — *Madeleine,* b 1668 ; m [8] 22 nov 1691, à Joseph Desjordy. — *Marie,* b 1670. — *Thérèse,* b 1672. — *Etienne,* b 1673 ; m [7] 29 août 1705, à Marie-Josette Chorel.

PHILIBERT, — Voy. Divertissant.

1654, (19 mai) Québec. [3]

I.—PHILIPPAUX, (1) Charles, serrurier, fils de François et de Françoise Rutaut ; s [3] 23 déc. 1665.
Boutet, Catherine, (2) fille de Martin et de Catherine Soulage.
Françoise, b [3] 9 déc. 1663 ; 1° m [3] 9 janv. 1679, à René Senat ; 2° m [3] 22 août 1694, à René Gaschet — *Marie-Ursule,* b [3] 9 mars 1665 ; m 26 nov. 1685, à Hugues Cochran ; s [3] 16 déc. 1723. — *Nicole,* b 1655, m 1671, à Mathurin Gautier.

I. — PHILIPPAUX, Claude, b 1639 ; s 15 juillet 1713, à Québec. [3]
1° Enard, Jeanne, b 1639.
Françoise, b... ; 1° m [3] 19 oct. 1676, à Louis Marien , 2° m [3] 10 janv. 1689, à Sebastien Hervé. — *Madeleine,* b... ; m [3] 16 janv. 1679, à Maurice D'Hery. — *Jeanne,* b 1666 ; m [3] 28 nov 1686, à Paul-François Chalifour ; s [3] 27 août 1708. — *Louis,* b [3] 29 avril 1668 ; m 20 mai 1697, à Marie-Louise Dubois, à Batiscan.— *Anne,* b [3] 15 déc. 1669 ; m [3] 10 avril 1690, à Thomas Barthélemi ; s [3] 3 janv. 1703.— *Jacques,* b [3] 10 mai 1672.— *Louise,* b [3] 22 avril 1674 ; m [3] 7 fév. 1695, à Jean Maillou ; s [3] 24 déc. 1702.

1694, (11 octobre) Québec. [3]
2° De la Combe, Charlotte, b 1635, veuve d'Antoine Caddé , s [3] 27 fev. 1710.
1710, (24 novembre) Québec.
3° Metru, Marie-Anne, veuve de Jacques Samson.

1697, (20 mai) Batiscan. [3]

II. — PHILIPPAUX, Louis,   [Claude I. Dubois, Marie-Louise,   [René I. *Marie-Catherine,* b [3] 5 avril 1698 ; m 25 nov. 1726, à Lambert Gautier, à Varennes. — *Jean-Baptiste,* b 5 sept. et s 3 déc. 1700, à Montréal. [4] — *François,* b [4] 15 avril 1702 ; s [4] 5 mai 1703. — *Catherine,* b [4] 27 mars 1704.

PHILIPPE. — *Variations et surnoms :* Duvivier — St. Amant — Lafontaine — Hautmesny.

I. — PHILIPPE, Nicolas, de Bruchet, évêché de Rouen.
Lebel, Marie.
Jean, b 1651 en France; m 30 juillet 1685, à Catherine Galerneau, à Charlesbourg [3] ; s [3] 7 janv. 1703.

---

(1) Au contrat de mariage, passé le 18 mai 1654, (*Greffe d'Audouard*) était présent Louis Chartier, sieur de la Broquerie. C'est probablement le chirurgien qui se noya le 20 juillet 1660, à Montréal.

(2) Elle épouse, le 8 mars 1666, Jean Soulard, à Québec.

1679.
I. — PHILIPPE, Pierre, de l'évêché de Luçon. GOBEIL, Jeanne, (!) [JEAN I.

1669, (15 octobre).
I. — PHILIPPE, Laurent, (2) fils de Charles (notaire-royal) et de Marie Boulay, de St. George, ville de Blois, évêché de Chartres.
GIGUÈRE, Charlotte, (3) [ROBERT I.
s 5 août 1710, à Ste. Anne.
Marie, b 1er oct. 1673, aux Trois-Rivières.[1] — Joseph, b 26 janv. 1677, à Sorel.[2] — Jean-Baptiste, b [2] 25 fév. 1678. — Jean-Baptiste, b [1] 28 fev. et s [1] 3 mars 1679. — Catherine, b... ; m[1] 4 juillet 1698, à Joseph HERTEL

1685, (30 juillet) Charlesbourg.[6]
II. — PHILIPPE, Jean, (4) [NICOLAS I.
s [6] 7 janv. 1703.
GALERNEAU, Catherine, (5) [JACQUES I.
Marie-Anne, b [6] 21 août 1688, m [6] 4 fév. 1704, à Pierre ELIE. — Marie-Jeanne, b [6] 6 déc. 1696, m [6] 7 janv. 1712, à Pierre HÉRODO. — Jacques, b [6] 10 août 1692. — Marie-Françoise, b 16 mai 1694, à Lorette. — Marie-Louise, b [6] 11 nov. 1699 — Anonyme, b 1698; s [6] 15 nov. 1699. — Jean-Baptiste, b [6] 6 mars 1701. — Geneviève, b [6] 26 nov. et s [6] 1er déc. 1702.

1686, (16 janvier) Lachine.[1]
I. — PHILIPPON, François, caporal, fils de François (chirurgien) et de Françoise Graton, de la ville de Luçon.
ANDRÉ, Gertrude, [MICHEL I.
Louise-Madeleine, b [1] 24 août 1686. — Marie b 13 nov. 1687 à Montréal.

PHILIS — Voy. DESMOULINS DIT PHILIS.

I. — PHOCASSE, (6) Romain.
1° OUELLET, Angélique.
Geneviève, b... ; m 7 nov. 1735, à Pierre LEVASSEUR, à Kamouraska.[1]
2° ST. PIERRE, Thérèse.
Pierre, b [1] 8 sept. 1727. — Joseph-Marie, b [1] 15 mai 1729. — Jean, b... , m [1] 3 fev. 1739, à Geneviève HUDON. — Etienne, b [1] 13 fév. 1731. — Gabriel, b... — Geneviève, b... — Antoine, b [1] 18 janv. 1733 — Jean-Clement, b [1] 6 mars 1735 — François-Romain, b 1719 ; m [1] 6 nov. 1741, à Geneviève CONDEAU.

(1) Elle épouse, le 30 juillet 1691, Louis Prat, à Québec.

(2) Dit Lafontaine — Duvivier et aussi dit St. Amand.— Aux registres du Conseil, on trouve la note suivante : "Laurent Philippe dit Lafontaine, depuis quatre ans, fait quantité de voyages, hiver et été, pour les gouverneurs et officiers, et demande salaire."

(3) Elle épouse, le 25 oct. 1693, Antoine Plamol, à Québec.

(4) Dit Beaulieu.

(5) Elle épouse, le 16 avril 1703, Jean Savard, à Charlesbourg.

(6) Altération du nom DE FOCAS.

I. — PIARAR, Jean.
DENIS, Françoise, [LAURENT I.
Antoine, b 3 avril 1688, à Québec [1] — Marie-Anne, b [1] 9 juillet 1690.

PIAT DE L'ANGLOISERIE — Voy. PIOT DE L'ANGLOISERIE.

I. — PIBERT, Laurent, menuisier ; s 29 déc. 1687, (mort subite,) à Lachine.

PICARD — Voy. DESTROISMAISONS — LAROCHE — DEQUOY — OLIVIER — NOBLESSE.

I. — PICARD, Pierre, boulanger, b 1616 ; s 20 mai 1676, à Québec.
SURONNE, Renée, b 1616, s 7 déc. 1677, dans l'église, à Ste. Anne.[5]
Jean, b 1634 ; 1° m [4] 28 juillet 1656, à Marie CARON, 2° m 18 nov. 1663, à Marie-Madeleine GAGNON, au Château-Richer : 3° m [5] 1683, à Marie-Anne FORTIN ; s [4] 29 nov. 1700.

1656, (28 juillet) Quebec.[2]
II. — PICARD, Jean, [PIERRE I.
s [2] 29 nov. 1700.
1° CARON, Marie, [ROBERT I.
s [2] 10 juin 1660.
Louise, b [4] 29 sept. 1659 ; 1° m 4 oct. 1673, à Louis GAGNÉ, à Ste. Anne, 2° m 12 oct. 1699, à Guillaume LEMIEUX, au Cap St. Ignace.

1663, (18 novembre) Château-Richer.[5]
2° GAGNON, Marie-Madeleine, (1) [MATHURIN I.
s 12 sept. 1680, à Québec.[4]
Jean, b [5] 8 nov. 1665. — Félicité, b 1er nov. 1666, à Ste. Anne [2]. 1° m [4] 14 janv. 1686, à Noel LEBLANC ; 2° m [4] 19 nov. 1690, à Louis DAILLEBOUT. — Anne, b [5] 26 déc. 1669, 1° m [4] 7 janv. 1687, à Vital ORIOT ; 2° m [4] 19 avril 1689, à Jean-Baptiste DAILLEBOUT. — Madeleine, b [2] 12 juillet 1672 ; s [4] 10 nov. 1691. — Agnès, b [2] 10 oct. 1674. — Pierre, b [2] 23 oct. 1677, ordonné 29 oct. 1702 ; s 12 oct. 1725. — Marie-Anne, b [4] 14 sept. 1680, m [4] 26 nov. 1703, à Jacques BARBEL ; s [4] 11 août 1717.
3° FORTIN, Marie-Anne, (2) [JULIEN I.
Marie-Catherine, b 7 mai 1691, à Québec [6], m à Etienne GRANDMESNIL ; s [8] 9 fev. 1719. — Joseph-Jean, b [8] 20 sept 1695 ; m [8] 18 avril 1723, à Marie-Louise REICHE ; s [8] 28 juillet 1727.

PICARD, serviteur de M. Desroches, b 1645 ; s 26 oct. 1675, à Montréal.

1660, (30 juin) Montréal.[8]
I. — PICARD, Hugues, b 1618, fils de Gabriel et de Michelle Clairer.
LIERCOURT, (De) Antoinette, b 1633, veuve de Blaise Juillet.
Michelle, b [8] 6 juillet 1661 ; m [8] 31 août 1676, à Mathieu GERVAIS. — Marie-Anne, b [8] 3 nov. 1663,

(1) Inhumée dans la chapelle du Tiers-Ordre de St. François, joignant l'église des RR. PP. Récollets.

(2) Elle épouse, le 7 janv. 1702, Etienne Mirambault, à Québec.

m ⁸ 31 août 1676, à Charles Diel ; s ⁸ 4 fév. 1697.
— *Marguerite,* b ⁸ 16 fev. 1666 ; m ⁸ 20 oct. 1681,
à Jean Paré. — *Jean-Gabriel,* b ⁸ 17 juin 1669 ;
m 9 janv. 1696, à Marie-Madeleine Rapin, à Lachine.— *Jacques,* b ⁸ 27 fév. 1672 ; m ⁸ 28 oct.
1697, à Marie-Anne Lefebvre.

1664.

I. — PICARD, Pierre, b 1649, *de* St. Remi, éve-
  che de Rouen ; s 29 juin 1726, aux Trois-
  Rivières ¹
 Cloeret, Jeanne, b 1641 ; s ¹ 5 juillet 1741.
Marie-Jeanne, b 22 juillet 1670, à Boucherville² ;
m ² 15 juillet 1686, à Jean Charbonneau ; s ² 7
nov. 1687.— *Anne,* b ² 26 juillet 1671 ; 1° m ² 15
juillet 1686, à Jean Desroches ; 2° m ² 8 janv.
1688, à Joseph Charbonneau.— *François,* b ² 4
août 1673, 1° m ² 18 oct. 1694, à Marie Favereau ; 2° m 23 janv. 1728, à Marie Desforges, au
Detroit ³ , s ³ 7 oct 1728.— *Marguerite,* b 12 avril
1676, a Repentigny.— *Paul,* b ² 20 juillet 1677 ;
s ² 27 nov. 1687.— *Catherine,* b 1678 ; m ² 18
oct. 1694, à Nicolas Favereau. — *Alexis,* b ² 9
août 1681 , m 28 juillet 1704, à Louise Brault, à
Montréal. ⁴ — *Jeanne,* b ² 3 janv. 1684 ; s ⁴ 3 mai
1703.— *Geneviève,* b ² 9 mars 1686, m ⁴ 5 mai
1704, à François Picard.— *Marie-Anne,* b ² 31
dec 1688 ; s ² 18 juillet 1692.— *Marie,* b ² 24 juin
1694.— *Pierre,* b 14 sept. 1690, à la Pointe-aux-
Trembles, (M.) ; m à Madeleine Provencher

1673, (12 octobre) Quebec.

I. — PICART, Jean, b 1636, fils d'André et de
  Catherine Picquant, de St. Pierre, de Grenoble.
 Gaultier, Anne, (1)   [Charles II
Marie-Anne, b 1678, m 5 oct. 1700, à Pierre
Laguerre, à Ste. Anne de la Perade.

1688, (3 août) Montréal. ⁵

I. — PICARD, Jean, fils de Pierre et de Marie Gagnon, de Chatellereau.
 Sabourin, Marie,   [Jean I.
Antoine, b ⁵ 4 janv. 1693.— *Charles-François,*
b ⁵ 30 nov. 1695.— *Agathe,* b ⁵ 30 janv. 1698 ; s ⁵
6 juin 1699 — *Marie-Geneviève,* b ⁵ 4 janv. 1700 ;
s ⁵ 24 sept. 1701.— *Pierre,* b ⁵ 15 mai 1702 ; s ⁵
7 avril 1703. — *Nicolas,* b ⁵ 3 juin 1704.

1694, (18 octobre) Boucherville. ⁹

II. — PICARD, François,   [Pierre I.
  s 7 oct. 1728, au Detroit. ⁰
1° Favereau, Marie,   [Pierre I
  s 2 mai 1703, à Montréal.
François, b ⁹ 26 janv. 1696 ; s ⁹ 18 janv. 1697.
— *Anne,* b ⁹ 18 mars 1698.— *Agnès,* b ⁹ 3 juillet
1700.

1728, (25 janvier) Détroit. ⁰

2° Desforges, Marie, (2)   [Jean-Baptiste I.
Joseph, (posthume) b ⁰ 28 janv. 1729.

1696, (9 janvier) Lachine. ⁶

II — PICARD, Jean-Gabriel,   [Hugues I.
 Rapin, Marie-Madeleine,   [André I.
Marie-Madeleine, b 14 dec. 1696, à Montréal. ⁷—
Jean-Gabriel, b ⁷ 20 sept. 1698. — *Antoine,* b ⁶ 7
juillet 1700.— *Marie-Clémence,* b ⁶ 24 sept. 1702 ;
m ⁶ 15 janv. 1725, à Joseph Denis. — *Marie-Anne,*
b ⁶ 25 juillet 1704.— *Suzanne,* b ⁶ 15 avril 1706.
— *Elizabeth,* b ⁶ 27 mai 1718.

1697, (28 octobre) Montréal. ⁷

II. — PICARD, Jacques, (1)   [Hugues I.
 Lefebvre, Marie-Anne, (2) [Jean-Baptiste I.
  s ⁷ 10 mai 1717.
Jacques, b ⁷ 2 août 1698. — *Marie-Cunégonde,*
b ⁷ 2 août 1698.— *Catherine,* b ⁷ 25 nov. 1699.—
Cécile, b ⁷ 14 janv. 1701.— *François,* b ⁷ 4 déc.
1702. — *Marie-Madeleine,* b ⁷ 17 mai 1704.— *Jean-
Baptiste,* b... ; m 16 mai 1729, à Marie-Françoise
Pigeon, à St. François, Ile-Jesus — *Joseph-Marie,*
b... ; m 17 août 1750, à Angélique Rose, au Sault-
au-Recollet.

I. — PICAUD, Marguerite, (3) b... ; m à Lamontagne.

1658, (16 septembre) Montréal. ⁵

I. — PICHARD, Jean, fils de Jean et de Fran-
  çoise Nouet.
 Garnier, Louise, (4) fille de Charles et de
  Jeanne Labraye.
Joseph, b ⁵ 22 juin 1659. — *Louise,* b ⁵ 29 janv.
1661 ; m ⁵ 18 août 1672, à Jean Mardor. — *Louis,*
b 1659 ; m 17 oct. 1689, à Marie Fortin, à
Lachine⁹ ; s ⁰ 7 sept. 1699.

PICHET. — *Variations :* Picher—Peget—Pegin.

1689, (17 octobre) Lachine. ³

II. — PICHART, Louis,   [Jean I.
  s ³ 7 sept. 1699.
 Fortin, Marie, (5)   [Louis I.
Louis, b ³ 6 fév. 1692. — *Marie-Louise,* b ³ 16
mars 1695 ; m ³ 26 déc. 1713, à Jacques Goutaux.
— *Marie-Catherine,* b ³ 3 juin 1698.

1665, (25 novembre) Québec. ³

I. — PICHET, Pierre, b 1636, fils de Pierre et
  d'Anne Pinet, de St. George, évêché de Poitiers ; s 30 oct. 1713, à Repentigny ⁸
 Durand, Catherine, b 1639, fille de Pierre et de
  Jacquette Courtois, de St. Eustache de Paris.
Jean-Baptiste, b ³ 26 oct. 1666 ; m 30 août 1700,
à Marie Dolbec, à St. Augustin. — *Adrien,* b ³ 5
nov. 1668 ; m 22 nov. 1694, à Elizabeth Léveillé,

---

(1) Lorsqu'il revenait d'un voyage à Michillimakina, en
1697, il emmena avec lui un petit sauvage des Arkansas agé
de dix ans, et le fit baptiser le 17 mai 1698, à Montréal.

(2) Après le décès de son mari. elle entra à la Congrégation
de N.-D., et prit le nom de sœur St. Michel.

(3) Elle ouvrit l'Ecole à Montréal, le 25 nov. 1657, avec la
Sœur Bourgeois. — *Vie de la Sœur Bourgeois,* t. I, p. 93.

(4) Elle épouse, le 19 sept. 1661, Jacques Morin, à Montréal.

(5) Elle épouse, le 25 avril 1700, Jean Chotard, à Lachine.

à la Pointe-aux-Trembles de Québec. [4] — *Marie-Madeleine*, b [3] 26 nov. 1670. — *Pierre*, b [3] 19 juillet 1674 ; m [4] 4 nov. 1697, à Anne SYLVESTRE, s 12 août 1712, au Cap Santé. — *Catherine*, b [4] 21 déc. 1677 ; m [4] 5 mars 1696, à Antoine BORDELEAU. — *François*, b [4] 2 oct. 1681. — *Ignace-Joseph*, b [4] 19 oct. 1685. — *Louis*, b [4] 17 sept 1691 ; m [3] 11 janv. 1712, à Françoise GELINAUD.

1666.

I. — PICHET, JEAN, b 1636 ; s 19 juin 1699, à St. Louis.
LEBLANC, Marie-Madeleine, b 1652.   [JEAN I.
Jacques, b 20 mai 1668, à Québec ; m 30 avril 1696, à Louise ASSELIN, à Ste Famille. [7] — *Anonyme*, b et s [7] 10 avril 1672. — *Marie Madeleine*, b [7] 14 avril 1675. — *Jean*, b 20 juin 1680, à St. Pierre, Ile d'Orléans. [8] — *Pierre*, b [8] 13 juillet 1682. — *Louis*, b [8] 13 fév. 1685.

1694, (22 nov.) P[te]-aux-Trembles, (Q.) [9]

II. — PICHER, ADRIEN,   [PIERRE I.
LÉVEILLÉE, Elizabeth,   [ÉTIENNE I.
Elizabeth, b [9] 29 dec. 1695 , m 20 janv. 1716, à Louis PAGÉ, au Cap Sante. — *Pierre*, b [9] 12 dec. 1697. — *Marie-Madeleine*, b [9] 30 nov. 1699.]

1686, (30 avril) Ste. Famille.

II. — PICHET, (PEGIN) JACQUES,   [JEAN I.
ASSELIN, Louise,   [JACQUES I.
Louise, b 15 mars 1699, à St. Laurent, Ile d'Orléans.

1697, (4 novembre) P[te]-aux-Trembles, Q. [9]

II. — PICHÉ, PIERRE,   [PIERRE I.
s 12 août 1712, au Cap Santé. [3]
SYLVESTRE, Anne, (1)   [NICOLAS I.
Marie-Angélique, b [9] 30 août 1698. — *François-Robert*, b 28 mai 1700, à la Rivière-Ouelle — *Pierre*, b 1er fev. et s [9] 3 mars 1703. — *Marie-Anne*, b [9] 22 juillet 1704. — *Marie-Madeleine*, b [9] 4 nov. 1706. — *Marie-Thérèse*, b [9] 26 sept. 1708. — *Marie-Catherine*, b [3] 5 sept. 1710.

I. — PICHINA, PIERRE, b 1627, établi à Charlesbourg.
BÉRARD, Marie, b 1637.
Marie, b 1653 ; m à Guillaume BOURO. — *Elizabeth*, b 1667. — *Louis*, b 1672. — *Jacques*, b 1675

PICHON, MARIE, b en France [4] ; m [4] à Charles SEVESTRE ; s 4 mai 1661, à Québec.

I. — PICHON, LÉONARD, de Limoges, ayant laissé sa femme et ses enfants en la paroisse de Notre-Dame de Cosme, vint en ce pays, et décéda à l'hôpital ; s 18 déc 1647, à Québec.

1678, (14 février) Montréal. [2]

I. — PICHON DIT DU VERNAY, ANTOINE, charpentier, b 1645, fils de Christophe (marchand) et de Marie Mallard, de St. Laurent, évêché de Grenoble, en Dauphiné.

(1) Elle épouse, le 28 fév. 1718, François Biron, au Cap Santé.

PAGRAU, Marie, b 1629, veuve de Fiacre Ducharme ; s [2] 6 sept. 1699.

I — PICORIÉ, JEAN, commis de M. Harvé, b 1664 ; s 28 nov. 1689, à Québec.

I. — PICORON DIT DESCOTEAUX, HENRY.
MARTIN, Marguerite,   JOACHIM I.
veuve de Jean Jollet ; s 14 nov. 1751, à Québec. [1]
Jean-Marie, b [1] 27 sept. 1710 : s [1] 5 janv. 1712. — *Louise*, b [1] 13 mai 1712 , m 4 fév. 1742, à Joseph GAGNON, à l'Ilet. — *François-Xavier*, b [1] 26 mars et s [1] 10 sept. 1714. — *Marie-Josette*, b [1] 18 mars 1716 ; m [1] 7 janv. 1743, à Joseph METOT. *Marie-Jeanne-Thérèse*, b [1] 4 avril 1719. — *Marie-Catherine*, b [1] 30 mars 1721 ; m [1] 13 mai 1748, à Joseph BONNEAU. — *Marie-Angélique*, b... ; m [1] 4 août 1725, à Jean PREVOST. — *Barbe*, b... ; m [1] 28 juillet 1728, à Jérôme DUPUIS.

I. — PICOT DIT LABRIE, JACQUES, b 1623, de Villeraine, en Bric ; s 29 oct. 1675, à Montreal.
GRANDIN, Marie, b 1611, de Ste. Geneviève, evêché de Paris.

PICOT, PIERRE.
LEBLANC, Marie.
Pierre, b... ; m 1720, à Madeleine BROUSSEAU, à Charlesbourg.

I. — PICOTÉ DE BELESTRE, FRANÇOIS, marchand.
LAMBERT, Perinne.
Perinne, b 1645 . m 2 sept. 1664, à Michel GODFROY LINCTOT, à Montréal.

I. — PICOTÉ DE BELESTRE, PIERRE.
s 30 janv. 1679, à Montréal. [3]
PARS, MARIE, b 1638 ; s 3 nov. 1684.
Perinne, b 1643 ; m [3] 2 sept. 1664, à Michel GODFROY ; s 19 déc. 1723, aux Trois-Rivières. — *Hélène*, b 1656 ; 1° m [3] 23 août 1676, à Antoine DE LA FRAYNAYE ; 2° m à Jean-Baptiste CELERON ; s [3] 23 nov. 1701. — *Françoise*, b 1659 ; m [3] 7 janv. 1687, à Jacques MALERAY. — *Geneviève*, b [3] 3 janv. 1667. — *Gabriel*, b [3] 28 août 1670 ; s [3] 5 juillet 1674. — *Marie-Anne*, b [3] 9 fév. 1673 ; m [3] 17 fév. 1689, à Alphonse DE TONTY. — *François-Marie*, b [3] 5 fév. 1677 ; m à Marie-Anne BOUTHIER ; s 9 oct. 1729, au Détroit.

II. — PICOTÉ DE BELLESTRE, FRANÇOIS, [PIERRE I. enseigne, s 9 oct. 1729, au Detroit.
1° BOUTHIER, Marie-Anne,   [GUILLAUME I.
s 25 sept. 1710, à Quebec.
2° TROTIER, Marie-Catherine,   [ANTOINE II.
veuve de Jean CUILLERIER.

PIERRE, PIERRE, b 1669 ; s 30 sept. 1687, à Lachine, tué par les Iroquois, avec neuf autres français, et inhumé dans la baie d'Urfé, proche le lieu destiné pour bâtir l'église St. Louis, au haut de l'Ile de Montréal. — *Registres de Lachine*, 1687.

PIERRECOT, (De) Louis.—Voy. Audet de Pier-cot, sieur de Bayeul.

PIETTE. — *Variations et surnoms :* Pied — Trem-pe — Courville — Frenière.

I. — PIETTE dit Trempe, Jean, b 1641.
    Chemereau, Marguerite, b 1651.
Antoine, b 24 mars 1673, à Sorel[3] ; l° m [3] 30 janv. 1701, à Thérèse Charon ; 2° m 2 mai 1711, à Marie Boucher, à l'Ile Dupas. [4]—*Pierre,* b [3] 23 déc. 1670 ; m [3] 22 nov. 1700, à Marie Harel.— *Marie,* b [3] 23 juin 1675 ; m 1704, à Yves Martin dit Pellant. — *Jeanne,* b [3] 24 mai 1677. — *Mar-guerite,* b 1680 ; m [3] 30 janv. 1701, à François Charon. — *Jean-Baptiste,* b [3] 12 fév. 1683 ; m [4] 15 avril 1706, à Louise Guignard.

1662, (20 novembre) Montréal. [6]

I. — PIGEON, Pierre, b 1636, fils de Claude et de Françoise Philippe, de Ste. Geneviève, bourg-de-Vanure ; s [6] 25 juillet 1678.
    Godart, Jeanne, b 1638, veuve de Simon Le Roy, s avant 1687.
Marie, b [6] 23 nov 1663, m [6] 13 juin 1684, à Charles Barbier. — *Etienne,* b [6] 15 sept. 1665 ; s [6] 22 janv 1669. — *Barbe,* b [6] 18 oct. 1667 ; m [6] 25 nov. 1686, à Louis Gervaise — *François,* b [6] 20 sept. 1669 ; m 15 oct. 1697, à Madeleine Etienne, à la Pointe-aux-Trembles de Montréal. — *Anne,* b [6] 8 fév. 1672 ; m [6] 7 janv. 1687, à Nicolas Gau-dry. — *Louis,* b [6] 14 mai 1675 ; m [6] 7 janv. 1702, à Agnès Coron.

I. — PIGEON, Jacques, b 1641.
    Griaux, Jeanne, b 1651.
Denise, b 10 janv. 1676, à la Pointe-aux-Trem-bles de Montréal.—*Pierre,* b 1670.

1697, (15 octobre) P^te.-aux-Trembles, M. [8]

II.—PIGEON, François,   [Michel I.
    Etienne, Madeleine,   [Philippe I.
Marie-Modeleine, b [8] 2 et s [8] 13 déc. 1698.

PIGET. — Voy. Pichet.

I. — PILLERANT dit l'Ile-d'Or, Jacques, établi à Repentigny, et partant pour la France, donne ses biens à Pierre Richaume dit Petrus, de Montréal.—*Greffe de Duquet,* 19 oct. 1673.

I.—PILET, Nicolas. — Voy. Le Pileur, p. 384.
    Campeau, Marie.   [Etienne I.
Nicolas, b 30 janv. et s 10 fév. 1687, à Mont-réal. [6] — *Marie,* b [6] 30 janv. et s [6] 13 mars 1687.

I.—PILET, François, maître-charpentier, b 1630 ; s 8 sept. 1688, à Boucherville. [7]
    Loisel, Françoise, (1)   [Louis I.
François, b 1666.—*Madeleine-Françoise,* b 1669 ; m [7] 10 juillet 1689, à Jean Drapeau ; s 21 fév. 1733, à St. François, Ile-Jésus (mort subite). — *Jeanne-Thérèse,* b [7] 19 avril 1671 ; m [7] 22 avril

1686, à François Ethier. — *Marie,* b [7] 25 et s [7] 27 janv. 1673. — *Joseph,* b [7] 3 avril 1674 ; m 1er fév. 1700, à Jeanne Fortier, à Lachine. — *Barbe,* b [7] 18 janv. 1677 ; m 1er oct. 1696, à Toussaint Ray-mond, à Montréal. [8] — *Marie,* b 8 sept. 1679, à la Pointe-aux-Trembles de Montréal ; s [7] 29 nov. 1680.— *Marie-Marguerite,* b [7] 14 fév. 1683 ; m 5 janv. 1699, à Pierre Marcheteau, à Montréal.

I. — PILLET, Pierre, b 1654.

1694, (8 novembre) Québec. [1]

I.—PILET, Guy, fils de Jean (seigneur de la ville de Dijon) et de Claudine Delapierre, de N.-D. de Langres.
    Minet, Louise,   [Jean I.
Guy-Lucien, b [1] 15 août 1695.

1700, (1er février) Lachine. [3]

II. — PILET, Joseph,   [François I.
    maître-forgeron.
    Fortier, Jeanne,   [Louis I.
    s [3] 2 nov. 1725.
Gabrielle-Catherine, b [3] 10 déc. 1700 ; s [3] 13 oct. 1708.—*Jeanne,* b [3] 14 fév. 1703. — *Joseph,* b [3] 20 juillet 1706 ; s [3] 6 janv. 1707. — *Paschal-Jo-seph,* b [3] 8 avril 1708.— *Jacques,* b [3] 8 nov. 1719 ; s [3] 21 mars 1720. — *Françoise,* b 1702 ; m [3] 6 mai 1724, à Jean Tabaut.

1684, (6 novembre) Boucherville.

I. — PILLET, Jacques. — Voy. Martinbault, p. 417.
    Valiquet, Hélène,   [Jean I.
Jean-Baptiste, b... ; m 3 août 1738, à Marie-Anne Provost, au Détroit.

1688, (1er mars) Repentigny.

I. — PILON dit Lafortune, Jean-Baptiste, b 1653, fils de Jean-Baptiste et de Marie Rous-sel, de St. Eustache de Paris.
    Bertaut, Elizabeth, veuve de Noël Laurence.
Marie-Anne, b 22 et s 23 fév. 1699, à Varennes. [4] — *Pierre,* b 1695 ; s [4] 16 mai 1699. — *Marie-Gene-viève,* b [4] 7 et s [4] 11 nov. 1700. — *Ignace,* b 28 fév. 1693, à Boucherville.[5]— *Mathurin,* b [5] 19 janv. 1691 ; m à Marie-Charlotte Laniel. — *Pierre,* b [5] 10 avril 1695.

1689, (20 janvier) Montréal. [1]

I. — PILON, Antoine, fils de Thomas et de Ma-deleine Hugues ; s 25 fév. 1715, à la Pointe Claire. [2]
    Brunet, Marie-Anne,   [Mathieu I.
Jeanne, b [1] 9 déc. 1689 ; m 1er fév. 1706, à Jac-ques Prou, à Lachine. [3]—*Jean,* b 1691 ; m 18 nov. 1714, à Marie-Anne Gervais, à Ste. Anne. [4] — *Pierre,* b 2 mars 1693, à Laprairie[5] ; m [2] 7 janv. 1715, à Anne D'Aoust.— *Antoine,* b [5] 11 mars et s [5] 17 avril 1695. — *Elisabeth,* b [1] 29 avril 1696 ; m [2] 7 janv. 1715, à Guillaume D'Aoust.—*Antoine,* b [3] 3 oct. 1698 ; s [7] 7 mars 1699. — *Mathieu,* b [3] 5 avril 1700. — *Thomas,* b [3] 28 avril 1702.— *Jacques,* b [3] 29 fév. 1704 ; s [3] 11 mai 1705. —

(1) Elle épouse, le 16 août 1689, Charles Chenaye, à Bou-cherville.

Marie-Madeleine, b ³ 20 août 1705. — *Antoine*, b ³ 12 juin 1707. —*Marie-Anne-Antoinette*, b ⁴ 30 mars 1709.

I. — PILOTE, Léonard, (1) habitant de Beauport , s 3 déc. 1665, à Québec. ⁵
    Gauthier, Denise. (2)
    Pierre, b ⁵ 11 mars 1663 ; m ⁵ 11 janv. 1694, à Jeanne Brassard ; s ⁵ 12 oct. 1735. — *Marguerite*, b 1653 ; m ⁵ 20 janv. 1671, à Jean Drouart , s ⁵ 23 nov. 1745. — *Jean*, b... ; m ⁵ 27 juin 1678, à Marie-Françoise Gaudry ; s ⁵ 16 mai 1738.

1678, (27 juin) Québec. ⁵

II. — PILOTE, Jean,   [Léonard I.
    s ⁵ 16 mai 1738.
    Gaudry, (3) Marie-Françoise,   [Nicolas I.
    Marie-Agnès, b 14 janv. 1680, à Lorette ; 1° m ⁵ 8 avril 1698, à Pierre Hédouin ; 2° m ⁵ 1ᵉʳ fév. 1712, à Noël Laraue. — *Jean*, b 13 oct. 1681, à l'Islet ; m ⁵ 21 oct. 1710, à Catherine Brassard. — *Marguerite*, b 24 août 1683, à Lévis ; m ⁵ à Fran-
çois Champagne. — *Pierre*, b... ; m ⁵ 30 sept. 1716, à Louise Chalifour. — *André*, b 14 juillet 1687, à Sillery. — *Marie-Françoise*, b 9 juillet 1688, à la Pointe-aux-Trembles de Québec ; s 25 déc 1694, à St Nicolas. ⁶ — *Ignace*, b 1690 ; s ⁶ 15 fév. 1700. — *Madeleine*, b... ; m 24 nov. 1715, à Michel Lemarié, à Ste. Foye. — *Jeanne-Françoise*, b ⁶ 8 déc. 1696. — *Joseph*, b 3 mai 1699, à St. Augustin ; m ⁵ 27 juillet 1726, à Barbe Rancour — *Marie-Anne*, b ⁶ 3 avril 1701. — *Charles*, b ⁵ 4 juillet 1703 ; m ⁵ 22 oct. 1730, à Ursule Tremblay. — *Jacques*, b ⁶ 4 juillet 1703.

1694, (11 janvier) Québec. ⁵

II. — PILOTE, Pierre,   [Léonard I.
    s ⁵ 12 oct. 1735.
    Brassard, Jeanne,   [Jean-Baptiste II.
    Marguerite, b ⁵ 7 nov. 1694 ; m ⁵ 23 sept. 1715, à Joseph Racine ; s ⁵ 7 sept. 1728.

PIN. — Voy. Pain.

PINARD. — *Surnom* : Beauchemin.

1658, (29 octobre) Trois-Rivières. ⁷

I. — PINAR, Louis, chirurgien, b 1636, fils de Jean et de Marguerite Gaigneux, de Notre-
Dame de LaRochelle ; s 12 janv. 1695, à Ba-
tiscan.
    1° Hertel, Marie-Madeleine,   [Jacques I
    Marie-Françoise, b ⁷ 15 nov. 1664 ; m 1683, à Martin Giguère — *Claude*, b 1666. — *Louis*, b 1669. — *Marguerite*, b 1670 ; m 18 fév. 1692, à François Reiche, à Québec ⁶ ; s ⁶ 26 oct. 1742. — *Angélique*, b 1677. — *Madeleine*, b 1679.

    1680, (30 novembre) Champlain, ¹

    2° Pepin, Ursule,   [Guillaume I.
    veuve de Nicolas Geoffroy.

Antoine, b ¹ 10 mai 1683, m à Marie Jutras. — *Louis*, b ¹ 16 août 1686. — *Michel*, b 25 et s ¹ 27 oct. 1688. — *Guillaume*, b ¹ 24 nov. 1689 ; m 8 janv. 1720, à Marguerite Leclerc, aux Trois-
Rivières. ² — *Marie-Ursule*, b ¹ 29 mars 1692 ; m ² 14 janv. 1714, à Michel Jutras — *Jean-Baptiste*, b 20 oct. 1694, à Batiscan.

PINEAU, — *Variations et surnoms* : Bineau —
    Pinot — La Perle — Pinault — La Rigueur
    — La Rigeur — Deschesneaux.

1658, (14 mai). (1)

I. — PINEAU dit La Perle, Pierre, b 1631, fils de Paschal et de Jeanne Marteau, de St. Ouen, du Mans ; s 27 août 1708, à Ste. Anne de la Pérade. ⁴
    Boyer, Anne, b 1636, fille de Pierre et de Catherine Vinet, de St. Nicolas, évêché de LaRochelle ; s ⁴ 9 déc. 1704.
    Jeanne, b 11 avril 1659, aux Trois-Rivières. ⁵ — *Madeleine*, b ⁵ 25 avril 1660 ; m 1680, à Jean Richard. — *Michel*, b ⁵ 26 avril 1662 ; m 4 juillet 1682, à Simone Baudet, au Cap Santé ; s ⁴ 9 avril 1712. — *Pierre*, b ⁵ 20 nov. 1664 ; s ⁵ 14 déc. 1708. — *Louise*, b 1665 ; sœur St. Louis, Congré-
gation N.-D. ; s 8 déc. 1749, à Montréal. — *Joseph*, b ⁵ 9 mai 1667 ; m 12 oct. 1693, à Catherine Richer, à Batiscan. — *Marie*, b 1669. — *Thomas*, b 1671. — *René*, b ⁵ 11 août 1675 ; m ⁴ 28 fév. 1705, à Catherine Janvier. — *Mathurin*, b 1676 ; m 6 avril 1723, à Marguerite Demers, à Repentigny.

1689, (4 juillet) Cap Santé.

II. — PINAU, Michel,   [Pierre I.
    s 9 avril 1712, à Ste. Anne de la Pérade. ⁶
    Baudet, Simone, (2)   [Jean I.
    François, b ⁶ 5 janv. 1694. — *Marie-Madeleine*, b ⁶ 8 avril 1696. — *Marie-Renée*, b ⁶ 24 janv. 1700. — *Catherine*, b ⁶ 18 juin 1698. — *Pierre*, b ⁶ 30 janv. 1702. — *Marie-Charlotte*, b ⁶ 10 oct. 1703. — *Marie-Thérèse*, b ⁶ 19 juin 1710. — *Michel*, b... ; s 17 nov. 1691, à Batiscan. ³ — *Joseph*, b ³ 20 sept. 1692.

1693, (12 janvier) Québec. ⁶

I. — PINAU, Nicolas, marchand, fils de Jean et de Françoise Daret, de St. Michel de Carcassonne ; s ⁶ 19 août 1722.
    Douaire, Louise,   [Thomas I.
    veuve de Pierre Allemand ; s ⁶ 29 juillet 1746,

1693, (12 octobre) Batiscan. ¹

II. — PINAU, Joseph,   [Pierre I.
    Picher, Catherine,   [Pierre I.
    Pierre, b ¹ 3 oct. 1694 ; m 14 août 1718, à Con-
trecœur. — *Angélique*, b 22 avril 1696, à Ste. Anne de la Pérade. ⁶ — *Marie-Madeleine*, b ⁶ 27 mars 1698 ; m 10 sept. 1719, à Louis Vegard. — *Joseph*, b ⁶ 12 nov. 1700. — *Jean-Baptiste*, b ⁶ 3 juin 1703. — *Catherine*, b ⁶ 7 mai 1705. — *Marie-Charlotte*, b ⁶ 8 avril 1707. — *Louis*, b ⁶ 25 juillet 1709. — *Catherine-Geneviève*, b ⁶ 22 nov. 1710. — *Marie-Anne*, b ⁶ 20 janv. 1714.

---

(1) Il venait de St. Nicolas, évêché de La Rochelle.

(2) Elle épouse, le 7 fév. 1667, Robert Lefebvre, à Québec.

(3) De la Bourbonnière.

---

(1) Date du contrat de mariage.—*Greffe d'Ameau.*

(2) Elle épouse Joseph Roy, en 1714.

1698, (13 juillet) Lachine [3]

I. —PINEAU dit La Rigueur, Pierre, soldat.
  1° Mansard, Jeanne, b 1674 ; s 16 août 1699, à
    Quebec. [2]
  Jean-Baptiste, b [3] 1er mai ; 1699 s [2] 18 sept. 1655.
  2° Lavlrdure, Jeanne , s [2] 16 fev. 1701

I. —PINEL, Nicolas, de LaRochelle. (1)
  Maranda, Madeleine. (2)
  Pierre, b... ; 1° m 30 nov. 1662, à Charlotte
Fougerat, à Québec [3]; 2° m [3] 27 nov 1692, à
Barbe Dupont ; s 9 juillet 1707, à Ste. Foye. —
Gilles, b 1635 ; m [3] 2 sept. 1657, à Anne Léodet ;
s 15 janv. 1700, à la Pointe-aux-Trembles de
Quebec. — *Isaac*, b... — *Marin*, b... : m à Olive
     — *Marie*, b... ; m [3] 15 mai 1644, à Pierre
Masse. — *Marguerite*, b... ; m à Jacques Lamarre.

II. —PINEL, Marin,   [Nicolas I.
  ——, Olive.
  François, b sept. 1663, à Sillery.

, **1657,** (2 septembre) Québec. [3]

I. —PINEL, Gilles,   [Nicolas I.
  s 15 janv. 1700, à la Pointe-aux-Trembles de
    Quebec. [4]
  Léodet, Anne, b 1635, *veuve de Jean Nepveu* ;
    s [4] 14 dec. 1700.
  Catherine, b [4] 10 avril 1658 ; 1° m 1672, à Denis
Masse ; 2° m [3] 2 nov. 1676, à Jean Prou. — *Françoise*, (idiote) b 1660 ; s [4] 11 mars 1703. — *Madeleine*, b 1662, 1° m [4] 19 mars 1680, à François
Vandale , 2° m 29 août 1700, à Pierre Allard, à
Ste. Anne , s [4] 5 mai 1715. — *François-Xavier*,
b 15 janv. 1664, à Sillery [5]; m [4] 24 nov. 1687, à
Louise Coutancineau; s [4] 10 fév. 1702. — *Elizabeth-Ursule*, b [5] 29 juin 1666 ; m [4] 24 fév. 1683, à
Michel Coutancineau. — *Guillaume*, b [5] 16 janv.
1668 ; m [4] 8 janv. 1692, à Marie-Madeleine Faucher. — *Anne*, b [5] 27 juillet 1671, m [4] 15 juin
1693, à Romain Dubucq. — *Nicolas*, b [3] 30 nov.
1673 ; m [4] 31 mai 1695, à Anne Coutancineau ;
s [4] 20 juillet 1698, mort par accident. — *Jean*, b [3]
17 nov. 1675; m [4] 8 janv. 1699, à Romain Coutancineau ; s [4] 24 fév. 1703.

1662, (30 novembre) Québec. [3]

II. —PINEL, Pierre,   [Nicolas I.
  s 9 juillet 1707, à Ste. Foye. [4]
  1° Fougerat, Charlotte, fille de Mathurin et de
    Marie David, de N. D. de Cogne, évêché de
    LaRochelle.

Joseph, b [3] 1er avril 1665. — *Françoise*, b 5 déc.
1663, à Sillery [5]; m à Pierre DeFaye. — *Nicolas*,
b [5] 30 mars 1665. — *André*, b [5] 10 mai 1667. —
Nicolas, b [5] 29 août 1668. — *François*, b [3] 9 juillet 1671.

    1692, (27 novembre) Québec.

  2° Dupont, Marie-Barbe,   [Gilles .
  Marie-Joselle, b [4] 30 sept. 1701.

1687, (24 novembre) Pte-aux-Trembles, Q. [3]

III. —PINEL, François,   [Gilles II.
  s [3] 10 fév. 1709.
  Coutancineau, Louise, (1)   [Julien I.
  Marie-Louise, b 1689 ; 1° m 15 fév. 1706, à
Guillaume Pelletier, à la Rivière-Ouelle [4], 2° m
6 août 1736, à Michel Mignier. — *François-Xavier*,
b [3] 22 sept. 1690 ; m [3] 5 fév. 1720, à Marie-Anne
Voyer. — *Marie-Anne*, b [3] 14 fev. 1694 ; m [4] 27
juillet 1712, à Sebastien Grondin. — *Charles-François*, b [4] 10 nov. 1695 ; m 15 janv. 1720, à Marie-
Anne Ouellet, à Ste. Anne de la Pocatière. —
Marie Françoise, b [4] 9 mars 1698 ; m 1er juillet
1726, Joseph Hens, à Québec [6]; s [6] 26 fév. 1729.
— *Madeleine*, b [4] 31 janv. 1700 ; m [6] 17 janv. 1724,
— *Marie-Catherine-Angélique*, b [4] 7 fév. 1702 ; s [3]
19 mai 1706. — *Félicité*, b [4] 30 nov. 1703 ; m [5] 11
nov. 1720, à François Ouellet. — *Brigitte*, b [4] 25
janv. 1706; m [6] 31 janv. 1735, à Jean-Jacques
Frenet. — *Gilles*, b [3] 24 janv. 1708 ; s [3] 26 juin
1711.

1692, (8 janvier) Pte-aux-Trembles, Q.

III. —PINEL, Guillaume,   [Gilles II.
  Faucher. Marie-Madeleine,   [Léonard I.

1695, (31 mai) Pte-aux-Trembles, Q. [7]

III. —PINEL, Nicolas,   [Gilles II.
  s [7] 20 juillet 1698.
  Coutancineau, Anne, (2)   [Julien I.
  Marie-Anne, b [7] 17 et s [7] 30 juillet 1696. — *Nicolas*, b [7] 1er sept. 1697; m [7] 17 fév. 1727, à Madeleine Lefebvre.

1699, (8 janvier) Pte-aux-Trembles, Q. [7]

III. —PINEL, Jean,   [Gilles II.
  s [7] 24 fév. 1703.
  Coutancineau, Romaine,   [Julien I.
  Marie-Anne, b [7] 28 nov. 1699. — *Marie-Romaine*,
b [7] 27 août et s [7] 6 sept. 1701. — *Marie-Madeleine*,
b [7] 7 janv. 1703 ; m [7] 5 fév. 1720, à Joseph Galarneau.

PINET. — Voy. Desmarest — Binet.

I. —PINET-Desmarets dit Binet, Jean, b 1617,
    à Québec. [6]
  Lesong, Anne, b 1625.
  Gabrielle, b... ; m 1699, à Charles Du Buisson ;
s [6] 15 mars 1715.

I. — PINGUET, Louis-Henri, b 1588; s 1er janv. 1671, à Quebec. [6]

BOUCHÉ, Louise, s [6] 20 mai 1649.

Françoise, b...; 1º m [7] 7 nov. 1645, à Pierre DELAUNAY, 2º m [8] 8 fev. 1655, à Vincent POIRIER; s [8] 30 mai 1661. — *Noel*, b 1630, m [7] 15 oct. 1652, à Marie-Madeleine DUPONT, s [6] 11 juin 1685. — *Pierre*, b 1630; m [6] 4 nov. 1659, à Anne LECHEVALIER; s 22 juillet 1704, à Ste. Foye.

1652, (15 octobre) Québec [6]

II. — PINGUET, NOEL, [HENRY I. s [6] 11 juin 1685.

DU PONT, Marie-Madeleine, b 1636, fille de Jean (president au grenier à sel du Vervins, Picardie) et de Marie Gaucher; s [6] 29 sept. 1696.

Marie-Madeleine, b [6] 5 août 1653, ursuline dite de l'Assomption; s [6] 1er oct. 1721. — *Jean*, b [6] 8 déc. 1655, ordonné [6] 21 dec. 1680, s [6] 20 mars 1710. — *Pierre-Joseph*, b [6] 18 août 1658, m 19 oct. 1689, à Catherine TÉTARD, à Montreal[7]; s [7] 11 août 1691. — *Marie-Anne*, b [6] 19 dec. 1660; 1º m [6] 6 oct. 1681, à Léonard HAZEUR; 2º m [6] 12 juin 1691, à Louis CHAMBALON; s [6] 15 avril 1694. — *Catherine*, b [6] 11 oct. 1662; ursuline dite de l'Incarnation; s [6] 2 août 1739. — *Felix*, b 5 et s [6] 23 sept. 1665. — *Nicolas*, b [6] 27 nov. 1666, m [6] 24 juin 1698, à Elizabeth DEPEIRAS; s [6] 10 janv. 1723. — *Jacques*, b [6] 4 mars 1668, 1º m [6] 8 janv. 1691, à Anne MORIN; 2º m [6] 10 fév. 1705, à Charlotte HUBERT; s [6] 16 mai 1729. — *Marie-Thérèse*, b 14 et s [6] 29 sept. 1671. — *Charles*, b [6] 9 fev. 1673. — *Jean-Denis*, b [6] 24 janv. 1675. — *Jeanne-Geneviève*, b [6] 20 mai et s [6] 12 sept. 1676.

1659, (4 novembre) Québec. [7]

II. — PINGUET, PIERRE, (1) [HENRY I. s 22 avril 1704, à Ste. Foye.

LE CHEVALIER, Anne, [CHARLES II. *Marie-Anne*, b [7] 18 oct. 1661; m [7] 24 nov. 1676, à Isaac HERVIEUX; s [7] 12 juillet 1687. — *Geneviève*, b [7] 28 avril 1665; m [7] 19 janv. 1682, à Pierre GATIEN; s [7] 23 déc. 1702. — *Louise*, b [7] 28 fev. 1668; m à Gaspard PETIT. — *Daniel*, b [7] 17 nov. 1670. — *Angélique*, b 19 mars 1672, à Sillery; 1º m [7] 7 juin 1688, à Pierre BODIN; 2º m [7] 30 avril 1703, à François LA RAUE; s [7] 13 mai 1744. — *Marie-Madeleine*, b 1673; m à François MERÇAN; s [7] 19 juin 1743.

1689, (19 octobre) Montréal. [6]

III — PINGUET DE MONTIGNY, PIERRE, [NOEL II. tué par les Anglais, au combat de Laprairie, s [6] 11 août 1691.

TÉTARD, Catherine, (2) [CHARLES I. *Catherine*, b [6] 17 août 1690, m 31 janv. 1717, à Paul GUILLET, à Quebec. — *Pierre*, b 1691; s 31 juillet 1715, aux Trois-Rivières. — *Louise*, (posthume) b [6] 6 mars 1692.

1691, (8 janvier) Québec [6]

III. — PINGUET, (1) JACQUES, [NO L II. bourgeois; s [6] 16 mai 1729.

1º MORIN, Anne, [JEAN-BAPTISTE II. veuve de Gilles Rageot, s [6] 31 déc. 1702.

Jacques-Nicole, b [6] 10 août 1692, s [6] 7 avril 1749. — *Marie-Anne*, b [6] 6 dec 1693; s [6] 29 janv. 1703. — *Catherine-Louise*, b [6] 29 août 1695; ursuline dite St. François-Xavier; s [6] 4 dec. 1749. — *Simon*, b [6] 20 oct. et s [6] 16 nov. 1696. — *François-Madeleine*, b [6] 21 sept 1697; s [6] 30 oct 1698. — *Marie-Charlotte*, b [6] 21 sept. 1697; s [6] 31 dec. 1702. — *Thérèse*, b [6] 25 avril 1699 — *Charles-François*, b [6] 27 mars et s [6] 20 avril 1700. — *Noel-Lucien*, b [6] 25 avril 1701; s [6] 29 janv. 1703. — *Pierre-Thomas*, b [6] 1er mai 1702.

1705, (10 février) Québec. [6]

2º HUBERT, Marie-Charlotte, [RENÉ I. s 26 avril 1760, à Ste. Foye.

Jacques-René, b [6] 20 dec. 1705. — *Louis-Charles*, b [6] 24 juillet et s [6] 14 août 1707. — *Charles-François*, b [6] 4 avril 1709. — *Marie-Françoise*, b [6] 6 fev. 1711; s [6] 6 janv. 1714. — *Nicolas-Charles*, b [6] 10 avril 1713; m [7] 1 juin 1740, à Madeleine MARCOU; s [6] 16 mai 1751. — *Marie-Jeanne*, b [6] 4 juillet 1715, m [6] 9 janv. 1747, à Pierre MASSE; s [6] 8 fev. 1757. — *Louis*, b [6] 4 mars 1717. — *Paul-Madeleine*, b [6] 21 mai 1719; s [6] 2 mai 1733. — *Joseph-Regis*, b [6] 10 mai 1721. — *Denis*, b [6] 19 juillet 1723; s [6] 15 fev. 1724. — *Gaspard*, b [6] 1er avril 1725. — *Marie-Charlotte*, b [6] 7 mars et s [6] 20 juillet 1728.

1698, (24 juin) Québec. [7]

III. — PINGUET DE TARGIS, NICOLAS, [NOEL II. s [7] 10 janv. 1723.

DEPEIRAS, Elizabeth, [JEAN-BAPTISTE II. s [7] 3 oct. 1726.

Jeanne-Elizabeth, b [7] 12 mai 1699, m [7] 28 nov. 1718, à Claude BOURGET. — *Anonyme*, b et s [7] 23 fev. 1702. — *Anonyme*, b et s [7] 20 mars 1703. — *Elizabeth*, b...; m [7] 7 juin 1723, à Louis LAMBERT. — *Regis*, b 1725; s [7] 14 avril 1735.

I. — PINSART, JEAN, b 1621, était à Lorette, en 1681.

I. — PINSONNEAU, JEAN, b 1628, etait à Bécancour, en 1681.

I. — PINSONNEAU DIT LAFLEUR, FRANÇOIS, b 1646.

LE BER, Anne, b 1647. (2)

Pierre, b 3 avril 1674, à Sorel [9]; m 19 oct. 1700, à Marie Charlotte LECOURS, à Montréal. [7] — *Anne*, b [9] 2 nov. 1676; m [7] 11 oct. 1694, à Nicolas BRASEAU. — *Marguerite*, b 1679; m [7] 4 nov. 1698, à Pierre SENÉCAL. — *Jean*, b 19 mars 1682, à Contrecœur. [8] — *François*, b [8] 15 août 1684. — *Agnès*, b [6] 2 juillet 1687. — *Marie-Anne*, b 13 janv. et s [7] 22 oct. 1693. — *Jacques*, b...; s 21 juillet 1712, à Marie BOURASSA, à Laprairie.

---

(1) Dit La Glardière.

(2) Elle épouse, le 1er janv. 1693, Augustin Donaire, à Montréal.

---

(1) De Vaucour, Juge de N.-D. des Anges.—Seigneur du fief St. Luc, à St. Pierre, Rivière du Sud.—*Greffe de Charles Rageot*, 30 août 1701.

(2) Elle épouse, en 1698, Albim.

I. — PION dit Lafontaine, Pierre, s 3 mars 1703, à Québec.

1673, (19 septembre) Québec [6]

I. — PION dit Lafontaine, Nicolas, fils de Nicolas et de Catherine Bredon, de St. Pierre, évêché de Tours.
Amiot, Jeanne, (1) fille de Noel et d'Anne Vivienne, de St. Pierre, évêché de Langres.
Jean, b 17 août 1674, à Sorel. [7] — *Jeanne*, b [7] 29 sept. 1676, m 9 fév. 1694, à Jean Séré, à Montréal. [3] — *Pierre*, b 1678 ; s [3] 24 oct. 1687. — *Angélique*, b 1679 ; s [3] 12 oct. 1687. — *Nicolas*, b 22 fév. 1682, à Contrecœur. [5] — *Maurice*, b [5] 13 août 1684 ; m à Thérèse Chicoine. — *Anne*, b [5] 10 fév. 1687. — *Louise*, b 1689, s [3] 28 janv. 1690.

I. — PIOT, Henry, s 10 déc. 1671, à Québec, âgé de 18 ans, natif de Rouen, au service du gouverneur, se noye dans la fontaine de madame D'Aillebout, en puisant de l'eau.

1662.

I. — PIOT, Nicolas, de St. Germain, évêché d'Auxerre.
Taget, Marie, de St. Sauveur de Paris.

1691, (15 août) Sorel. [2]

I. — PIOT dit l'Angloiserie, Charles-Gaspard, capitaine, chevalier de St. Louis, b 1655, fils de Martin et d'Anne Petit, de Haniou, évêché de Chartres, s 21 fév. 1715, dans l'église, à Québec
Du Gué, Marie-Thérèse,   [Sidrac I.
Marie-Charlotte, b 11 mai 1691, à Montréal [4] ; m à Pierre d'Auteuil. — *Marie-Charlotte*, b [2] 30 août 1692, s [2] 8 fév. 1693. — *Marie-Thérèse*, b [4] 16 janv. 1694 ; s [4] 26 juin 1699. — *Louis-Hector*, b [4] 3 avril 1695. — *Charlotte-Angélique*, b [4] 2 août 1696 ; sœur Ste. Rosalie, Congrégation N.-D ; s 1er mars 1744. — *Louis*, b [4] 7 sept. 1697. — *Jacques*, b 20 déc. 1698, à Varennes. [5] — *Suzanne*, b [4] 21 juin 1700 — *Marie-Marguerite*, b [3] 11 fév 1702. — *Louis*, b 7 et s [3] 25 janv. 1705. — *Rosalie*, b [3] 28 oct. 1706 ; s [3] 30 janv. 1707.

PIPARD dit l'Angevin, René, soldat de M De la Croix, b 1670, s 30 juillet 1694, noyé, à Montréal.

I. — PIPARDEAU, Pierre.
Ducap, Madeleine.
Elizabeth, b... ; m 2 janv. 1704, à Pierre Dumas, au Cap Santé.

PIPARDIÈRE, (De la). — Voy. Frenel — De Frenel.

I. — PIRAUBE, Martial, (2) notaire-royal, de 1639 à 1643, à Québec.

PIRE — Voy. Henne.

1663, (25 août) Québec.

I. — PIRON, sieur du Long, Pierre, b 1636, fils de Thomas (chirurgien) et de Françoise Bajot, de Malicorne, évêché du Mans.
Lorion, Jeanne,   [Mathieu I.
s 27 avril 1666, à Montréal.
Marie-Thérèse, b... ; 1o m à Jean-Baptiste Morin ; 2o m à Guillaume Bonhomme. — *Pierre*, b... ; m à Marie De l'Estang.

II. — PIRON, Pierre,   [Pierre I.
De l'Estang, Marie.
Jean, b 18 sept. 1691, à Montréal.

PISCINE. — Voy. Orson.

1653, (29 février) Québec.

I. — PITAUT, Jacques, fils de Jacques et de Charlotte Legrand, de Villeraine, en Brie.
Grandin, Marie, fille de Jean et de Clémence Guigau, de Ste. Geneviève de Paris.

PITIÉ. — *Variations* : De Pitié — Pitré — Piloy — Pitoche.

PITIÉ, Françoise, b 1635 ; m 14 oct. 1665, à Antoine Cassé, au Château-Richer.

PITON, Marie, b 1651, fille de René et de Marie Poilon, de St. Paul de Paris, m 26 nov. 1668, à Jean Bergevin.

I. — PITON dit Toulouse, Simon-Dominique.
Bresac, Marie.
Marie-Madeleine, b 30 janv. 1695, à Montréal. [7] — *Marie-Thérèse*, b [7] 29 mars 1697. — *Marguerite*, b [7] 3 juin 1699. — *Pierre*, b [7] 21 mars 1702, s [7] 31 mai 1703. — *Cécile*, b [7] 17 avril 1704. — *François*, b... ; m 7 fév. 1735, à Jeanne Lantier.

I. — PIVAIN dit la Récompense, Pierre, de St Sauveur, de LaRochelle.
Bérard, Marie, (1) s 5 nov. 1719, à 100 ans, à Québec. [8]
Elizabeth, b [3] 18 janv. 1671, m [3] à Jean Boudeau ; s 4 avril 1711, à Charlesbourg. [2] — *Jacques*, b [3] 22 juillet 1675 ; m [2] 9 fév. 1712, à Marie-Anne Leblanc. — *Geneviève*, b [3] 5 fév. 1678 ; m [3] 30 janv. 1708, à Pierre Lecoq. — *Marie*, b [2] 12 sept. 1663, 1o m [3] 25 août 1676, à Jacques Glinll ; 2o m [1er] sept. 1710, à Jean De Loudais. — *Pierre*, b... ; m [2] 21 fév. 1707, à Claudine Fasche.

I. — PIVERT, Nicolas. (2)
Lesage, Marguerite, s 29 nov. 1643, à Québec.

---

(1) Elle épouse, le 12 novembre 1704, François Chicoine, à Contrecœur.

(2) Commis au Greffe et Tabellionage de Québec, passe un acte de vente, le 22 sept. 1643, par lequel Honorable Jehan Cochon et Jehanne Abraham sa femme, vendent à Jacques De Launay 5 arpents de front entre la rivière au Chien et le ruis-

---

seau qui est commun avec Robert Drouin, et 1 arpent au-delà de la rivière au Chien. Les dites terres acquises de Jacques Boissel, qui les avait concédées de Noël Juchereau, sieur Deschatelets, au nom de la Compagnie.

(1) La première de cet âge dans les Registres de Québec.

(2) Cette famille était restée à Québec après le départ de Champlain, en 1629. "Pivert, sa femme, une nièce et un jeune homme, résident au cap Tourmente en 1628." (*Champlain* II, p 154.)

I. — PIZACHON dit TRANCHEMONTAGNE, SICARD, soldat de Dumesny, en 1698, à Montréal.

PLADEAU. — Voy. PALADEAU.

PLANCHET. — Voy. FALRE, Louise, épouse de Louis Gasnier.

1680, (23 avril) Laprairie.⁸

I. — PLAMONDON, (MONDON) PHILIPPE, b 1641, de Pérousse, évêché de Clermont ; s 15 sept. 1691, à Montréal.
CLÉMENT, Marguerite,   [JEAN I.
Antoine, b⁸ 12 janv. 1681. — *Madeleine,* b⁸ 23 mars 1682 ; m⁸ 8 sept. 1700, à Jean BISSET. — *Pierre,* b⁸ 14 août 1683 ; m 2 mai 1709, à Marie-Charlotte HAMEL, à Lorette. — *Benoît,* b⁸ 24 dec. 1685 ; m⁸ 17 nov. 1710, à Angélique ROUSSEAU. — *Etienne,* b⁸ 28 déc. 1688.

PLANCHAR. — Voy. RAINEAU.

1693, (25 octobre) Québec.

I. — PLANIOL, ANTOINE, lieutenant, commandant la compagnie de M. de la Mollerie, fils de Barthelemi et de Marie Bisard, de Ste. Anne, evêché de Montpellier.
GIGUÈRE, Charlotte,   [ROBERT I.
veuve de Laurent Philippe, sieur Lafontaine.

1650, (1er septembre) Québec.²

I. — PLANTE, JEAN, b 1621, fils de Nicolas et d'Elizabeth Chauvin, de Lalleu, près de La Rochelle ; s 29 mars 1706, au Château-Richer.¹
BOUCHER, Françoise,   [MARIN I.
s¹ 18 avril 1711.
Claude, b² 26 janv. 1653 ; m 6 nov. 1691, à Marie PATENOTRE, à St. François, I. O.⁴ — *Marie-Françoise,* b² 27 janv. 1655 ; m¹ 18 nov. 1676, à Nicolas PAQUIN. — *Jacques,* b 1657 ; 1° m 13 nov. 1686, à Françoise TURCOT, à Ste. Famille⁵ ; 2° m¹ 6 fev. 1696, à Geneviève DUCHESNEAU. — *George,* b 1659 ; m⁴ 5 nov. 1685, à Marguerite CRÉPEAU. — *Jean,* b 1661 ; 1° m⁵ 14 avril 1687, à Mathurine LEUGRÉ ; 2° m 1699, à Suzanne LEFEBVRE ; s 6 mai 1711, à St. Jean, I. O.⁶ — *Thomas,* b³ 3 fév. 1664, m⁸ 9 fév. 1687, à Marthe PAILLEREAU. — *Pierre,* b¹ 7 avril 1666 ; m⁵ 6 nov. 1691, à Marguerite PATENOTRE. — *François,* b¹ 4 déc. 1668 ; 1° m¹ 26 oct. 1694, à Louise BÉRARD ; 2° m¹ 25 oct. 1700, à Marie-Anne COIGNAC. — *Geneviève,* b¹ 25 avril 1671 ; m¹ 18 avril 1689, à Jacques COCHON ; s¹ 1er fév. 1703. — *Angélique,* b¹ 10 janv. 1673 ; m¹ 23 janv. 1690, à Michel CHABOT. — *Joseph,* b¹ 15 déc. 1674. — *Anonyme,* b et s¹ 14 nov. 1676. — *Louise,* b¹ 7 fev. 1678 ; m¹ 6 juin 1702, à Pierre COIGNAC.

1678, (7 novembre) Ste. Famille.⁵

II — PLANTE, CLAUDE,   [JEAN I.
PATENOTRE, Marie,   [NICOLAS I.
s⁵ 14 juin 1699.

Jean, b 22 et s 29 août 1679, au Château-Richer. — *Charles,* b⁵ 18 déc. 1680 ; ordonné, le 22 déc. 1703, s⁵ 20 mars 1744, à Québec.⁷ — *Jacques,* b⁵ 10 fév. 1683. — *Marie,* b⁵ 2 fév. 1685 — *Louis,* b⁵ 24 juin 1687 ; s⁵ 11 fev. 1688. — *Marguerite,* b⁵ 27 mars 1689 ; m⁷ 19 nov. 1713, à Jean FILLIAU ; s⁷ 2 oct. 1729. — *Catherine,* b⁵ 14 fev. 1691 ; 1° m 30 oct. 1719, à Pierre GERVAIS, à Laprairie⁸ ; 2° m⁵ 17 juillet 1722, à Jean-Baptiste BIBAUT. — *Louis,* b⁵ 28 oct. 1692. — *Augustin,* b⁵ 16 déc. 1694. — *Thérèse,* b⁵ 10 oct. 1696. — *Angélique,* b⁵ 4 juillet 1698.

1686, (13 novembre) Ste. Famille.

II. — PLANTE, JACQUES,   [JEAN I.
1° TURCOT, Françoise,   [ABEL I.
s avant 1697.
Marie, b 17 nov. et s 3 déc. 1687, à St. François. I. O.⁴ — *Marie-Anne,* b⁴ 12 et s⁴ 15 déc. 1688. — *Jacques,* b⁴ 13 nov. 1689 ; s⁴ 13 sept. 1716. — *Simon,* b⁴ 15 nov. 1691. — *Marie,* b 1695 ; s⁴ 9 oct. 1714.

1696, (6 février) Château-Richer.

2° DUCHÊNE, Geneviève,   [PIERRE I.
Pierre, b 14 sept. 1698, à St. François, I. O.⁴ ; m à Marguerite LAVERDIÈRE. — *Geneviève,* b⁴ 26 nov. 1700. — *Anonyme,* b et s⁴ 23 janv. 1702. — *Anonyme,* b et s⁴ 21 nov. 1710. — *Anonyme,* b et s⁴ 7 déc. 1711. — *Marie-Agnès,* b 1706 ; s⁴ 13 août 1713. — *François,* b⁴ 28 mai 1715. — *Anonyme,* b et s⁴ 16 fev. 1717. — *Anonyme,* b et s⁴ 17 janv. 1719.

1685, (5 novembre) St. Pierre, I. O.

II. — PLANTE, GEORGE,   [JEAN I.
CRÉPEAU, Marguerite,   [MAURICE I.
Marguerite, b 1er janv. 1687, à St. Jean, I. O.⁷ ; m⁷ 22 nov. 1706, à Charles DELAGE. — *Nicolas,* b⁷ 26 mai 1699. — *Marie-Madeleine,* b⁷ 3 nov. 1690. — *Véronique.* b⁷ 21 avril 1706. — *Joseph-Marie,* b⁷ 13 sept. 1711. — *Geneviève,* b⁷ 21 janv. 1693. — *Marie,* b⁷ 13 août 1693.

1687, (9 février) St. Jean, I. O.⁷

II. — PLANTE, THOMAS,   [JEAN I.
PAILLEREAU, Marthe,   [PIERRE I.
Jacquette, b⁷ 29 janv. 1690. — *Jean-Baptiste,* b⁷ 4 juillet 1692. — *Simon,* b⁷ 14 juin 1694 ; m à Marie-Geneviève RONDEAU. — *Madeleine,* b⁷ 30 juin 1696. — *Anne,* b⁷ 27 juillet 1698. — *Marie,* b⁷ 6 août 1700. — *George,* b⁷ 4 août 1702 ; m 9 nov. 1734, à Madeleine MORISSET, à St. Michel⁸ ; s⁸ 16 mai 1751. — *Dorothée,* b⁷ 6 avril 1704. — *François,* b⁷ 4 oct. 1706. — *Marie-Marthe,* b⁷ 30 janv. 1711.

1687, (14 avril) Ste. Famille.

II. — PLANTE, JEAN,   [JEAN I.
s 6 mai 1711, à St. Jean, I. O.⁷
DELEUGRÉ, Mathurine,   [JACQUES I.
s⁷ 6 déc. 1698.
Jean, b⁷ 31 août et s⁷ 13 sept. 1688. — *Marie,* b⁷ 12 mars 1691 ; m⁷ 23 nov. 1711, à Charles

32

LEFEBVRE. — *Pierre*, b ⁷ 8 et s ⁷ 10 mars 1692. — *Jeanne*, b ⁷ 13 juillet 1693 ; m ⁷ 11 nov. 1711, à François COCHON. — *Jean-Baptiste*, b ⁷ 20 juillet 1698.

1699.

2° LEFEBVRE, Suzanne, [CLAUDE I. *Suzanne*, b ⁷ 23 fév. et s ⁷ 6 mars 1700. — *Augustin*, b ⁷ 18 et s ⁷ 19 mai 1701. — *Claude*, b ⁷ 29 mai et s ⁷ 17 juin 1702. — *Isabelle*, b ⁷ 29 mars 1704 — *Louis*, b ⁷ 5 avril 1705 ; m 26 nov. 1740, à Marie Josette BISSONNET, à St. Michel. ⁸ — *Suzanne*, b ⁷ 24 août 1707 ; m ⁸ 27 nov. 1730, à Charles QCÉRET, s ⁸ 10 nov. 1746.

1691, (6 novembre) Ste. Famille.

II — PLANTE, PIERRE, [JEAN I PATENOTRE, Marguerite, [NICOLAS I. *Pierre*, b 31 oct. 1692, à St. Jean. Ile d'Orléans. ³ — *Catherine*, b ⁸ 28 mars 1699. — *Charles*, b ⁸ 4 mai 1694. — *Jean*, b ⁸ 3 fév. 1696 — *Joseph*, b ⁸ 21 déc. 1700 , m 26 août 1732, à Jeanne CLÉMENT, à St. Michel. — *Marie-Madeleine*, b ⁸ 19 déc. 1707 — *Pierre*, b ᵛ 26 août 1710.

1694, (26 octobre) Château-Richer. ³

II. — PLANTE, FRANÇOIS, [JEAN I. 1° BÉRARD, Louise, [GABRIEL I. s ⁸ 25 mai 1699 *Jean*, b ⁸ 5 oct. 1695. — *Joseph*, b ⁸ 17 janv 1697. — *François*, b ⁸ 5 sept. 1698.

1700, (25 octobre) Château-Richer. ³

2° COIGNAC, Marie-Anne, [CLAUDE I. *Pierre*, b ⁸ 8 janv. 1702. — *Louis*, b ⁸ 14 oct 1703. — *Prisque*, b ⁸ 26 sept. 1705. — *Anonyme*, b ⁸ 13 avril 1707. — *Augustin*, b ⁸ 28 avril 1709 — *Marie-Anne*, b ⁸ 9 août 1711. — *Marie-Louise*, b ⁸ 26 janv. 1713, s ⁸ 15 sept. 1714. — *Marie*, b ⁸ 14 août 1715.

I. — PLANVOS, (LE) ANTOINE, lieutenant en pied d'une compagnie, était à Boucherville, en 1690.

1695, (1er novembre) Lévis.

I. — PLASSAN, (1) PIERRE, fils de Michel et de Perinne Tour, de St. Saturnin de Barache, évêché de Bordeaux. ALBERT, Louise, [GUILLAUME II. *Louise*, b 16 juin 1697, à Québec ⁸ ; m ⁸ 2 sept. 1713, à Charles GONTANT ; s ⁸ 12 fév. 1730. — *Marie-Catherine*, b ⁸ 24 nov. 1698 ; m ⁸ 22 sept. 1714, à Jean LIQUART ; s ⁸ 16 juillet 1720. — *Pierre*, b 20 août et s ⁸ 16 déc. 1700. — *Françoise*, b ⁸ 26 fév. 1702 ; m ⁸ 3 juillet 1720, à Nicolas MAYEU. — *Liénard*, b ⁸ 21 nov. 1703 ; s ⁸ 23 sept. 1715. — *Marie-Thérèse*, b 12 et s ⁸ 15 mars 1705. — *Pierre*, b ⁸ 22 juin 1706 ; s ⁸ 21 dec. 1708. — *Angélique*, b ⁸ 7 juin 1707 ; m 6 fév. 1730, à Jean GUAY, à Beaumont. — *Antoine*, b 1er et s ⁸ 4 août 1708. — *Marie-Charlotte*, b ⁸ 8 août 1714 ; s ⁴ 16 sept. 1715.

_____
(1) M. Plassant périt, en 1714, dans le naufrage du navire le St. Jérôme, et son service fut chanté le 26 octobre 1716, à Québec.

1671.

I. — PLATEAU, ANTOINE, de Condé, évêché de Soissons. DE LACROIX, David, évêché de Poitiers.

1680, (28 nov.) Ptᵉ-aux-Trembles, (Q). ⁷

I. — PLEAU (PELEAU) DIT LAFLEUR, SIMON, b 1641, fils d'Etienne et de Martine Audebert, de N.-D. de Chatillon, évêché de Bourges ; s ⁷ 1er oct. 1711 COUTANSINEAU, Jeanne. [JULIEN I s ⁷ 12 fév. 1707. *Simon-Denis*, b ⁷ 5 déc. 1682. — *Marie-Françoise*, b 20 et s ⁷ 26 oct. 1684. — *Marie-Anne*, b ⁷ 25 janv. 1686 ; m ⁷ 4 sept. 1701, à Charles BRIÈRE. — *Marie-Jeanne*, b ⁷ 27 juin 1688. — *Louis*, b ⁷ 30 oct. 1690. — *Thérèse*, b ⁷ 19 nov. 1692 ; m à Denis DUSAULT ; s ⁷ 30 oct. 1724. — *Marie-Suzanne*, b ⁷ 11 mars 1695. — *François-Ignace*, b ⁷ 16 janv 1697 ; m ⁷ 4 fév. 1722, à Marie-Madeleine GAUDIN. — *Geneviève*, b ⁷ 28 déc. 1699. — *Auxibi*, b ⁷ 2 juillet 1702. — *Marie-Anne*, b ⁷ 5 sept. 1704. — *Anonyme*, b et s ⁷ 12 fév. 1707.

I. — PLEISTID, ROGER, anglais de Barwick. COLEMAN, Olive, anglaise de Barwick. *Marie-Esther*, née 19 mai 1670 ; m à Thomas GOUDIN. Elle avait été prise en guerre le 18 mars 1690, et b 11 mai 1693, à Montréal

PLERMEL (HERMEL). — Voy. FORTIN DIT HERMEL, neveu de la sœur Marguerite Bourgeois.

PLESSIS. — Voy. BELAIR.

PLOUF, FRANÇOIS. — Voy. BLOUF.

1697, (26 août) Rivière-Ouelle. ⁴

I — PLOURDE, RENÉ, fils de François et de Jeanne Gremillion, de St. Pierre, évêché de Poitiers ; s avant 1709. BÉRUBÉ, Jeanne-Marguerite, [DAMIEN I. s ⁴ 26 fév. 1709. *René*, b ⁴ 28 août et s 3 sept. 1698. — *Joseph*, b ⁴ 25 août 1699. — *Pierre*, b ⁴ 21 août 1701. — *Jean-François*, b ⁴ 31 août 1703. — *Marie*, b ⁴ 8 mai 1707.

I. — PLUMEREAU DIT LATREILLE, JULIEN. BARBIER, Jeanne. (1) *Jeanne*, b... ; m 2 juin 1689, à Antoine BAUDRIAS, à Laprairie. — *Catherine*, b... ; m 17 juin 1698, à François ROY, à Lachine. ¹ — *Marguerite-Nicole*, b 3 avril 1673, à Sorel ² ; m ¹ 10 nov. 1689, à Jean CARDINAL. — *Marie-Madeleine*, b ⁸ 15 fév. 1677 ; m 29 déc. 1705, à Michel FILY, à Montréal. — *Louise*, b ⁸ 8 mai 1778 ; 1° m ¹ 21 oct. 1692, à Raymond BOINNEAU ; 2° m ¹ 17 nov. 1698, à Antoine DUBOIS.

1687, (4 novembre) Québec. ³

I. — PLUMETOT, ANTOINE, tourneur, fils d'Antoine et de Marie Troptard, de St. Maclou de Rouen.

_____
(1) Elle épouse, en 1680, François Blain.

CHARON, Jacqueline, (1)   [JEAN I.
Marie, b ³ 19 juillet et s ³ 14 sept. 1688. — *Geneviève*, b ⁸ et s ⁸ 25 juin 1689.

1649, (8 avril) Québec. ⁷

I — PLUSSON, PIERRE, fils de Jacques et de Marie Falardo, de Brouage.
REGNAULT, Marie, fille de Vincent et de Marie Charhn, de St. Nicolas de La Rochelle.
Jacques, b ⁷ 25 juillet 1650.

PLUTAUT. — Voy. PROUTOT — PROTEAU.

I. — POETE, PAULINE, m à Paul DE RAINVILLE ; s 16 fév. 1666, à Québec.

I. — POIGNET-BEAUREGARD, FRANÇOIS, b 1636. *Marguerite* b... ; m a François COUSSON.

I. — POIGNET, b 1645 ; s 26 janv. 1690, à Montréal, assassiné dans sa maison.

POINT-DU-JOUR. — Voy. MAHEU, Zacharie.

I.— POINTEL, MARTHE, femme d'Abel BENOIT, en 1665.

1671, (26 novembre) Québec. ¹

I. — POIRÉ, LAURENT, b 1630, fils de Jacques et de Barbe Guenet, de St. André d'Assoville, archevêché de Rouen.
LECLERC, Geneviève, b 1640, fille de Morin et de Geneviève Julien, de St. Jacques, évêché de Rouen ; s avant 1698.
Mathurine, b ¹ 20 déc. 1672 ; m à Jacques GIRARD. — *Marie*, b ¹ 10 oct. 1674 ; m¹ 2 sept. 1698, à Antoine LE COMPTE ; s¹ 25 déc. 1702. — *Catherine*, b ¹ 2 nov. 1676 ; m¹ 18 nov. 1700, à Jean LARIVÉ, à Lévis. ³ — *Laurent*, b 28 fév. 1681, à l'Ilet ; m ³ 2 mai 1709, à Suzanne BÉGIN ; s¹ 27 mai 1741.

1685, (16 octobre) Québec. ¹

I. — POIREAU, JEAN, b 1644, fils de Jean et de Jeanne Pajot, évêché de Luçon.
FLEURY, Jeanne,   [FRANÇOIS I.
Marguerite, b 1693 ; s¹ 4 nov. 1717.

1655, (8 février) Québec. ⁸

I. — POIRIER, VINCENT DIT BELLEPOIRE, b 1628, fils de François et de Michelle Bonar, de St. Nicolas-des-Champs, évêché de Paris ; s ³ 28 avril 1703.
1º PINGUET, Françoise,   [LOUIS-HENRI I.
veuve de Pierre Delaunay ; s ³ 30 mai 1661.
Anne, b ⁸.3 mars 1656 ; 1º m ³ 6 fév. 1673, à Jacques GAUDRY ; 2º m 1692, à Ignace BONHOMME ; s 1ᵉʳ fév. 1704, à Ste. Foye. — *Jean*, b ³ 20 sept. 1657 ; s ³ 17 avril 1666. — *Thérèse,* b ⁸ 5 oct. 1659 ; m ³ 21 janv. 1681, à Mathieu GUAY ; s ³ 26 sept. 1693.

1662, (6 décembre) Québec. ⁸

2º RENAUDEAU, Judith, b 1630, fille de Jean et de Nicole Bec, de Ste. Reine, en Bourgogne ; s ⁵ 5 oct. 1695.
Catherine, b ⁸ 15 et s ³ 23 fév. 1666. — *Jeanne*, b... ; m 1687, à Joseph TESSON.

1668, (18 mars) Montréal.

I. — POIRIER DIT LAJEUNESSE, JEAN, soldat de M. Chambly, b 1647, fille de Jean et de Jeanne————, de Molières, evêché de Gueray.
1º LANGLOIS, Marie, b 1647, fille de François et de Marie Neufville, de Dieppe.
Daniel, b 1668 ; m 11 janv. 1694, à Catherine VIGER, à Boucherville. ¹ — *Françoise*, b ¹ 7 mars 1672 ; m 1688, à François VERREAU, à Sorel. ² — *Guillaume*, b ¹ 23 janv. 1674. — *Jean*, b ² 4 oct. 1676. — *Marie*, b 1679. — *Marguerite*, b 10 juin 1681, à Coutrecœur. ³ — *Marie*, b ³ 10 juillet 1683.

1688, (22 novembre) Boucherville. ¹

2º MOITIÉ, Catherine, veuve de Désiré Viger.
Anonyme, b ¹ et s ¹ 30 août 1689.

1669, (6 octobre) Québec.

I — POIRIER, JEAN, fils de Jean et de Marie Dervié, de Pau, évêché de Bayonne.
DAIRE, Marie, fille de Pierre et de Marie Gaillaud, de Clermont, de Ste. Croix, evêché de Rouen.

I. — POIRIER DIT LANGEVIN, MICHEL, maître-armurier,
RIGAU, Jeanne.
Pierre, b 9 mars 1677, à Sorel. ⁵ — *Etienne*, b ⁵ 17 mars 1679 ; m 6 mars 1698, à Suzanne Cousson, à Québec ⁴ ; s 18 juin 1699, à St. Etienne de Beaumont. — *Paul*, b 8 mai 1681, à Montréal. ⁷ — *Jeanne-Angélique*, b ⁷ 27 juin 1683 ; m à René VANDET. — *Marie-Anne*, b 28 nov. 1682, à Champlain. ⁸ — *Nicolas*, b ⁸ 3 nov. 1687. — *Marie*, b 1691 ; 1º m¹ 12 avril 1706, à Jean BERTHODY ; 2º m à Pierre DUPUIS ; s ⁴ 1ᵉʳ juin 1751.

1689, (1ᵉʳ août) Montréal. ⁵

I. — POIRIER, NICOLAS, fils de Pierre et de Suzanne Fontenau, de Brousil, évêché de Luçon, en Poitou.
RABOUIN, Anne, (1)   [JEAN I.
Madeleine, b ⁸ 26 avril 1690. — *Françoise*, b ⁸ 8 avril 1689. — *Louise*, b 23 et s ³ 27 sept. 1692. — *Jean*, b ⁸ 15 août 1694. — *Nicolas*, b 24 juillet et s ⁸ 11 août 1696. — *Pierre*, b ⁸ 22 août 1697 ; s ⁸ 25 juillet 1700. — *Joseph*, b... ; m à Marie GAUTIER.

1694, (11 janvier) Boucherville. ⁷

II. — POIRIER, DANIEL,   [JEAN I.
VIGER, Catherine,   [DÉSIRÉ I.
Jean-Baptiste, b ⁷ 11 avril 1695. — *Marie-Catherine*, b ⁷ 9 mars 1697. — *François*, b ⁷ 15 avril 1699. — *Madeleine*, b ⁷ 25 janv. 1701

---

(1) Elle épouse, le 8 sept. 1698, Louis Begnier, à Champlain.

(1) Elle épouse, le 4 janv. 1699, Armand Monjoly, à Montréal.

1698, (6 mars) Québec. [9]

II. — POIRIER, Etienne, [Michel I.
s 18 juin 1699, à St. Etienne de Beaumont.
Cousson, Suzanne, (1) [François I.
Marie-Josette, b [9] 9 août 1699.

II. — POIRIER, Joseph, [Nicolas I.
Gautier, Marie.
Charles, b...; m 30 juin 1730, à Marie-Anne
La Casse, à St. Etienne de Beaumont [8], s [8] 13
nov. 1732, (noyé).

1699.

I. — POISSANT dit Laselline, (2) Jacques, soldat de M. DeNoyan, fils de Jacques et d Isabelle Magos, de Bourg-Marennes, évêché de Xaintes
Besset, Marguerite, [Jean I.

I. — POISSET de la Conche, François, marchand, b 1621 ; s 23 août 1691, à Québec. [3]
Guillet, Marie.
François, b 1664 ; m [3] 8 janv. 1691, à Anne
Millot, s [3] 30 juillet 1697.

1691, (8 janvier) Québec. [3]

II. — POISSET, (3) François, [François I
s [3] 30 juillet 1697.
Millot, Anne, (4) [Jean I.
Jacques-François, b [3] 11 fev. 1692. — *Marie-Catherine,* b 7 mars et s [3] 10 juillet 1694. — *Marie-Catherine,* b 13 et s 15 fev. 1695.

1644.

I — POISSON, Jean, arquebusier, seigneur de Gentilly, de St. Jean de Mortagne, au Perche.
Chamboy, Jacqueline, (5) b 1628.
Louise, b...; m 25 mai 1659, à Benjamin Anceau, sieur de Berry, aux Trois-Rivières. [8] —
Jeanne-Françoise, (6) b 1647 ; professe le 4 mai 1662, hospitalière dite Ste. Gertrude, de la Presentation de N. D.; s 10 juillet 1686. — *François,*
b 24 mai 1649, à Quebec [4]; m [3] 11 nov. 1687, à Marguerite Baudry, s 13 dec. 1608, à Champlain.
— *Angélique,* (7) nee [3] en janv. 1651, et b 18 oct. 1653, à Sillery ; ursuline dite St. Jean l'Evangéliste ; s [4] 17 avril 1732.

1671.

I. — POISSON, Martin, b 1641, fils de Laurent et d'Anne Picard, de Rouen ; s 6 mars 1700, à St. Jean, I. O. [1]

(1) Elle épouse, le 28 avril 1701, Pierre Pinault à Québec.

(2) l'ait abjuration en avril 1685, le dimanche des Rameaux, à la Pointe-aux-Trembles de Montréal.

(3) Poisset Dutreuil de la Conche, marchand.

(4) Elle épouse, le 19 novembre 1693, Dominique Bergeron, à Québec.

(5) Elle épouse Michel Pelletier de la Prade.

(6) Première profession religieuse faite par Mgr. de Petrée, au Canada.

(7) Elle a pour parrain, Pierre Boucher, gouverneur des Trois-Rivières, représenté par M. de Villeray, et marraine, madame Denis D'Auteuil.

Provost, Marguerite, (1) b 1646, fille d'Adrien et de Marguerite Leblond, de Rouen.
Anne, b 13 août 1672, à Ste Famille [2]; s [1] 28 juillet 1682. — *Marie-Marguerite,* b [2] 23 fév. 1674 ; s [1] 28 juillet 1682. — *Barbe,* b [2] 9 juillet 1676 ; m à Daniel Thomas ; s [1] 17 nov. 1703 — *Martin,* b [2] 9 et s [2] 21 sept. 1678. — *Thérèse,* b 1679 ; m [1] 31 janv. 1699, à Marc Jouin. — *Louise,* b [1] 15 juillet 1682 ; s [1] 11 déc. 1699. — *Martin,* b [1] 15 fev. 1686.
— *Jeanne,* b [1] 20 mars 1691.

1687, (11 novembre) Trois-Rivières. [3]

II. — POISSON, François, (2) [Jean I.
s 13 dec. 1708, à Champlain. [5]
Baudry dit Lamarche, Marguerite, [Urbain I.
s [5] 24 avril 1706.
Angélique-Michelle, b [2] 27 août 1688 — *Marie-Jacqueline,* b [3] 20 avril 1690 ; m [5] 28 avril 1710, à René Beaudoin. — *Jeanne,* b... ; m [5] 12 avril 1713, à Michel Beaudoin. — *Joseph,* b [5] 20 mars 1705 — *Joseph-François,* b [5] 6 juin 1706.

POITEVIN. — Voy. Barreau — De Serre —
Gibaut — Garnier — Du Reau — Maupetit
— Laviolette — Lafleur — Potvin.

I. — POITEVIN, Charles, b 1641, était à l'Ileaux-Oies, en 1681.

1669, (19 août) Québec. [4]

I — POITEVIN dit Laviolette, Jean, b 1651, fils de Laurent et de Marie Gibaut, de Dompierre, évêché de Xaintes.
Guillaudeau, Madeleine, b 1653, fille de Jean et de Madeleine Baudouin, de N. D. du Bourg-de-la-Flotte, évêché de La Rochelle.
François, b [4] 22 août 1670 ; 1° m 15 oct. 1692, à Françoise Morel, à Beauport [5]; 2° m 12 avril 1706, à Madeleine L'Homme, à Charlesbourg [6]; s [4] 29 oct. 1715 — *Jean,* b [4] 14 sept. 1672 ; 1° m [4] 29 oct. 1696, à Françoise Rozotty ; 2° m [4] 10 avril 1731, à Renée Rivière. — *Madeleine,* b 1677. — *Pierre,* b 1680. — *Michel,* b 1683 ; s [6] 16 mars 1689. —
Anonyme, b [6] et s [6] 18 mai 1685. — *Hugues,* b [6] 16 mars 1687 — *Louis,* b..., m 1689, à Jeanne Prinseau ; s 1691. — *Madeleine,* b [6] 20 fév. 1692.

1689.

II. — POITEVIN dit Laviolette, Louis, [Jean I.
s 1691.
Prinseau, Marie-Jeanne, (3) [Louis I.
François, b 1690 ; s 30 avril 1691, à Québec. [7] —
Marie-Marthe, b..., m [7] 17 fev. 1716, à Jean Maubiay.

1692, (15 octobre) Beauport. [6]

II. — POITEVIN, François, [Jean I.
cordonnier, s 12 nov. 1715, à Québec. [7]

(1) Intelligente et bien nistruite. — *Registres de St. Jean, I. O.,* 26 avril 1714.

(2) Seigneur de Gentilly.

(3) Elle épouse, le 11 novembre 1692, Louis Greslon, à Québec.

1º MOREL, Marie-Françoise,   [PIERRE I.
  s [7] 11 déc. 1702.
Marie-Madeleine, b [6] 28 sept. 1693 — *Marie-Françoise*, b [6] 12 déc. 1695; s [6] 27 janv. 1703.— *Louise*, b 8 oct. 1697, à Charlesbourg [5]; s [7] 10 fév. 1718.— *Françoise*, b [6] 23 sept. 1698; s [7] 18 sept. 1714 — *Marie-Louise*, b [6] 22 avril 1701. — *Jean-Baptiste*, b 18 et s [6] 27 janv. 1703.

    1706, (12 avril) Charlesbourg. [9]

2º L'HOMME, Madeleine, (1)   [MICHEL I.
Marie-Louise, b [9] 14 fév. 1707; s 17 janv. 1722, à Québec. [4]— *François*, b 21 janv. 1710, au Château-Richer. [2]— *Marie-Anne*, b [2] 24 déc 1711; m [4] 12 nov. 1731, à Joseph LEVITRE; s [4] 9 oct. 1738. — *Marie-Josette*, b [6] 25 mai 1714.

    1696, (29 octobre) Beauport [5]

II. — POITEVIN, JEAN,   [JEAN I.
1º ROZOTTY, Françoise, (2)
Marie-Madeleine, b 15 déc. 1697, à Charlesbourg. [6]— *Jean*, b [6] 8 juin 1699; m 19 janv. 1728, à Marie-Anne BOURGET, à Québec. [7]— *Françoise-Josette*, b [6] 4 fév. 1702; m [6] 1726, à Louis BOURGET. — *Anne*, b [6] 25 mai 1704; m [7] 5 sept. 1730, à François JOUET, s [7] 11 fév. 1737. — *Charles*, b [6] 10 novembre 1705. — *Madeleine*, b [6] 29 déc. 1708. — *Marie-Madeleine*, b [6] 21 nov. 1710. — *Michel*, b [6] 6 mai 1712. — *Marie-Thérèse*, b [6] 7 juin 1715; m [7] 10 avril 1736, Didier DEGRÉ. — *Pierre-François*, b [5] 9 mars 1717.

    1731, (10 avril) Québec [8]

2º DES RIVIÈRES, Renée,   [FRANÇOIS I.
  veuve de Nicolas LEROY.
Marie-Anne, b [8] 27 oct. 1732.

    1679, (16 octobre) Quebec.

I — POITIERS DIT LAFONTAINE, PHILIPPE, tailleur, b 1643, fils d'Ezéchiel et de Marie Fabois, de St. Surenne de Mortagne, évêché de Xaintes.
VIGNAUD, Joanne, veuve de Jacques Greslon.

    1672.

I — POITIERS, (DU) JEAN-BAPTISTE, (3) sieur DU BUISSON, fils de Pierre et d'Hélène de Belleau, de St. Martin d'Annecour, évêché d'Amiens.
JOSSARD, Elizabeth, fille de Gaspard et de Marie Deschamps, de Paris.
Marie-Marguerite, b 10 juin 1673, à Sorel; m 1693, à François FRETE. — *Marie-Catherine*, b

(1) Elle épouse, le 1er sept. 1716, Thomas Shouldiom, à Québec.

(2) Anglaise de Boston, enfant captive des sauvages et vendue au Canada. — *Registres de Beauport*.

(3) Le 20 août 1700, M. Dollier de Casson, qu'il avait fait baptiser plusieurs enfants, dans les pays hérétiques ès environs de la Menade, par des prêtres qui s'enfuirent à cause de la persécution, sans lui laisser aucun extrait de baptêmes de ses dits enfants. C'est pourquoi M. Dollier dressa un procès-verbal de l'âge et du baptême de ses dits enfants, en présence de Dame Elizabeth Jossard, mère, de Jacques Lepage et de Madeleine David son épouse, et d'Elizabeth Perrin, épouse de Jean Lalande, et des dits enfants, savoir *Robert, Marie-Madeleine, et Guillaume*; ont déclaré aussi qu'Elizabeth Perrin fut baptisée avec *Robert*, par le même prêtre; de quoi elle a une pleine connaissance d'autant qu'elle avait 17 à 18 ans. Fait au Séminaire de St. Sulpice, le 20 août 1700.

1671; m 27 août 1703, à Jean TESSIER, à Montreal. [1]— *Jeanne*, b 1675; m [1] 23 août 1700, à François BECQUET — *Marie-Angélique*, b..., née 28 janv. 1679. — *Robert*, (1) b en juin 1683, né 14 déc. 1682. — *Guillaume*, b..., né 25 janv. 1685. — *Louis*, (2) b [1] 15 nov. 1699.

POITRAS. — *Variation* : POITRAS

    1664, (27 août) Quebec. [1]

I. — POITRAS, JEAN, (3) menuisier, b 1639, fils de Laurent et de René Bertin, de Cugan, ville de Clisson, évêché de Nantes, en Bretagne.
1º VIVIEN, Marie-Xainte, b 1650, fille de Robert et de Xainte Poulin, de St. Nicolas des Champs, de Paris.
Charlotte-Françoise, b [7] 26 nov. 1665; m [7] 22 fév. 1689, à Jean SÉDILOT. — *René*, b [7] 4 déc. 1667. — *Louis*, b [7] 3 nov. 1667; s [7] 20 janv. 1670. — *Jean*, b [7] 30 mai 1671; m à Jeanne MAUFFET. — *Joseph*, b [7] 19 mars 1673, m 19 oct. 1705, à Catherine ALAIN, à Lorette. [8]— *Marie-Madeleine*, b [7] 26 sept. et s [7] 29 nov 1674. — *François*, b [7] 7 nov. 1675, m 17 nov. 1699, à Anne PETITCLAIR, à Ste. Foye. — *Pierre*, b [7] 28 juillet 1677. — *Louis*, b [7] 26 oct et s [7] 10 nov. 1678. — *Marie-Geneviève*, b [7] 13 nov. 1679; s [7] 29 août 1680 — *Denis*, b [7] 4 et s [7] 30 mai 1681. — *Jean-Louis*, b [7] 16 juin 1682; s [7] 23 janv. 1703. — *Joseph-Lucien*, b [7] 6 août 1684; m [7] 24 nov. 1708, à Geneviève MOISAN. — *Françoise*, b [7] 16 et s [7] 29 mai 1686. — *Marie-Josette*, b [7] 26 avril 1687; m [7] 29 janv. 1712, à René GIRARD, s [7] 29 mai 1703. — *Marie-Anne*, b [7] 26 juillet 1689; m [7] 25 nov. 1717, à Joseph CAPELIER. — *Pierre*, b [7] 7 avril et s [7] 30 juin 1691.

    1695, (26 avril) Québec. [7]

2º DE LA VOYE, Marie-Anne,   [PIERRE I.
  s 7 mai 1711, à Lorette. [8]
Charles, b [7] 26 fév. et s [7] 12 mars 1696. — *Marie-Madeleine*, b [8] 4 mai 1699; s [8] 28 mars 1703. — *Marie Jeanne*, b [7] 3 déc. 1700, m [7] 8 mai 1729, à Etienne RENVOIZÉ. — *Philippe*, b [8] 31 mai 1702; s [8] 17 déc. 1712. — *Jean*, b...; s [8] 23 janv. 1703. — *Jacques*, b [8] 10 avril 1704. — *Marie-Anne*, b [8] 24 juin 1706. — *Marie-Louise*, b [8] 8 fév. 1708. — *Marie-Anne*, b [8] 22 oct. 1709. — *Pierre-Ignace*, b [8] 5 fév. et s 19 juin 1711, à Ste. Foye.

    1691.

II. — POITRAS, JEAN,   [JEAN I.
  s avant 1713.
MAUFFAY, Jeanne,   [PIERRE I.
  veuve de Simon Alain.

(1) Robert, né à Staten-Island, Nouvelle-Angleterre, et baptisé à Hotbridge, à 3 lieues de la Menade, par un P. Jésuite, venu du Mary-Land et appelé maître JUILLET.
Marie-Angélique, née à Flessingue, à 5 lieues de la Menade. baptisée avec son frère Robert.
Guillaume, né à Staten Island, fut baptisé au même lieu par un P. Jésuite du nom de SMITH.

(2) Né le 7 déc. 1696, à Esope, Nouvelle-Angleterre, et ondoyé par un ministre d'Orange.

(3) C'est une des plus nombreuses familles renfermées dans ce Dictionnaire. (26 enfants)

1699, (17 novembre) Ste. Foye. [3]

II. — POITRAS, François, [Jean I.
PETITCLERC, Anne, [Pierre I.
s 29 nov. 1737, à Québec. [2]
Marie-Anne, b [2] 11 nov. 1700 ; m [2] 8 août 1729,
à Pierre GENETTE — *Louis*, b [2] 25 août 1718. —
Pierre, b [3] 15 juillet 1702 ; m [2] 16 nov. 1729, à
Marguerite HENS.

1670.

I. — POITRON, PIERRE, de St. Denis, Ile-de-
France, de Paris.
TIBERGE, Jeanne, de St. Denis, Ile-de-France,
de Paris.
Anne, b.. ; 1° m 1670, à Pierre MARTIN ; 2° m
12 nov. 1674, à Jean VERGER, à la Pointe-aux-
Trembles de Montréal.

1671, (7 novembre) Québec. [3]

I. — POLICAIN, JEAN, maçon, b 1641, fils de
Jean et de Catherine Crevain, de Loumaria,
de Quimper-Corentin, évêché de Cornouailles,
en Bretagne ; s 3 oct. 1721, à Lévis. [7]
1° ADAM, Anne, b 1652, fille de Corneille et de
Michelle De la Court, de St. Jacques de Compiègne, évêché de Soissons ; s [7] 18 mai 1709.
Jean, b... ; m [8] 31 août 1718, à Marie-Louise
LECOURS ; s 21 sept. 1751, à St. Michel. — *Claude*,
b [7] 30 sept 1683 ; m à Marie LABBÉ. — *Marie-
Anne*, b... ; m [7] 22 nov. 1708, à Charles LECOURS.
1713, (7 novembre) Lévis.
2° LEDRAN, Louise, [Toussaint I.
veuve de Michel Lecours.

POLIGNY (DE). — Voy. SABREI

POLET. — Voy. PAULET.

1669, (29 novembre) Québec. [2]

I — POLLET DE LA COMBE, FRANÇOIS, capitaine
dans le régiment de Carignan, fils de François (sieur de la Pocatière) et de Catherine de Chelieu, évêché de Grenoble.
JUCHEREAU, Marie-Anne, (1) [Nicolas II.
Marie-Thérèse, b [2] 27 mars 1672 — *Marie-Louise*,
b... ; m à Augustin ROUER DE LA CARDONNIÈRE.

I. — POLTON, (2) JEAN, b 1629.
BAILLARGEON, Anne, (3) [Mathurin I.

POMBERT. — Voy. TROTIER.

POMEREAU. — Voy. PAUMEREAU.

POMERLOT. — Voy. VACHON.

POMINVILLE. (4) HENRY. — Voy. BRAULT.

(1) Elle épouse, le 23 février 1688, François D'Auteuil, à
Québec.

(2) Au recensement de 1681, il est appelé BOTTON

(3) Elle épouse, le 29 avril 1709, Jacques Duguay, aux
Trois-Rivières.

(4) A son contrat de mariage, assistaient : Prouville de
Tracy, Lieutenant-Général des armées ; Alexandre De Chau-
mont, Chevalier Maréchal des camps et armées ; Claude Le-
Barrois, Isaac Berthier, capitaine d'infanterie au régiment de

---

1683, (11 octobre) Quebec. [2]

I. — POMMIERS, MICHEL, b 1656, fils de Pierre
et de Madeleine Provost, de St. Jacques de
Dieppe, Rouen.
CHALUT, Marie, [Pierre I.
s [2] 14 fév. 1685.

I. — POMPARDEAU, PIERRE.
MARISSAR, Madeleine.
Louis, b 25 août 1678, aux Trois-Rivières [2] ; s 6
janv. 1682, à Québec. — *Jean*, b... ; m [2] 15 mai
1702, à Marguerite GLADUS.

I. — PONCE, ADRIEN, tailleur, b 1638, était à
Verchères, en 1681.

I. — PONCET, GUILLAUME, b 1654, était à Beauport, en 1681.

I. — PONET (DE). VALÉRIEN, sergent de M. de St.
Ours, était à Montréal, en 1705.

1665, (8 novembre) Québec.

I. — PONSART, BENOIT, b 1621, fils de Nicolas
et de Marguerite Reniaux, de St. Jean de
Lyon.
1° LESPÉRANCE, b 1642, veuve de Jean Pome-
role, de St. Etienne du Mont de Paris.

1671, (23 novembre) Ste. Famille. [1]

2° HUBERT, Marie-Marthe, veuve de Nicolas
Gendron, fille de Toussaint et de Catherine
Champagne, de Chevilly, évêché de Rheims ;
s [1] 26 fév. 1688.
Louis, b [1] 17 déc. 1672 ; s [1] 22 déc. 1684.

PONT. — Voy ETIENNE.

PONTIFE. — Voy. DAVID.

I. — PORCHER DIT LARAMÉE, MICHEL, soldat de
Maricour, était à Montréal, en 1699.

I. — PORAULT, JEAN, b 1644, de l'évêché de Poitiers ; s 6 sept. 1699, à Montréal.

1686, (7 janvier) Pte-aux-Trembles, Q. [1]

I. — POREAUX, JEAN, b 1651, fils de Jean et de
Jeanne Pajot, de Cloiseau, évêché de Luçon ;
s 14 avril 1700, à St. Augustin. [3]
MORIN, Françoise, (1) [Charles I.
Anonyme, b et s [1] 6 oct. 1686. — *Jean*, b [1] 10
nov. 1687. — *Michel*, b [1] 12 août 1692 ; m [1] 4 juillet 1730, à Marie-Josette BÉLAND. — *Philippe*, b [1]
1er déc 1694 ; m à Marie GINGRAS. — *Simon*, b [3]
13 oct. 1697. — *Nicolas*, b... ; m [1] 4 juillet 1730, à
Marie-Josette BÉLAND ; s...

Sallier, servant près M. de Tracy ; François De Montal de
Clerac, capitaine ; Jean L'Aumonier de Traversy, enseigne
au régiment d'Orléans ; Prudence-Alexandre Taboureau de
Veronne, enseigne de M. de Berthier. — *Greffe de Duquet.*

(1) Elle épouse, en 1700, Mathieu Raby.

1682, (5 décembre) Québec. [5]

I. — PORLIER, CLAUDE, marchand, b 1652, fils de
de Claude et de Marie Filerin, de St. Severin,
de Paris ; s [5] 31 juillet 1689.
BISSOT, Marie, (1)   [FRANÇOIS I.
Claude-Cyprien, b [3] 7 oct. 1683 ; m 26 août
1719, à Angélique CUILLERIER, à Lachine. — *Jean-
Baptiste*, b [5] 23 oct. 1685. — *Henry-François*, b [5]
13 janv. 1687.

PORTAIL. — Voy. MOREAU.

PORTELANCE. — Voy. ROY.

PORTNEUF (Baron DE). — Voy. ROBINEAU.

PORTUGAIS. — Voy. DASYLVA DIT PORTUGAIS —
HENNE.

1678, (9 février) Quebec.

I. — POSÉ, JACQUES, b 1639, fils de Jean et d'Isabelle Hébert, de St. Sauveur, évêché de La
Rochelle ; s 3 janv 1709, à St. Thomas.[1]
JORIDON (BIDON),   [LOUIS I.
veuve d'Isabel Michel
Marie-Anne, b [1] 24 août 1679, m [1] 11 mai 1699,
à Daniel FREGEOT. — *Jean*, b 1680. — *Thomas*, b [1]
6 et s [1] 23 mai 1686. — *François*, b [1] 15 fév. 1689 ;
m à Marthe COTÉ. — *Anonyme*, b [1] et s [1] 18 nov.
1691. — *Jacques*, b [1] 6 avril 1693. — *Marie*, b [1] 4
nov. 1694. — *Geneviève*, b [1] 16 mars 1697 ; m 10
fév. 1716, à Jean ROUSSIN, au Château-Richer.

1673.

I. — POT, NICOLAS, b 1641, s [1er] juillet 1691, à
Québec.[2]
NEPVEU, (2) Suzanne,   [JEAN I.
Pierre, b 1674 — *Nicolas*, b 1678. — *Marie*, b
30 juillet 1681, à Champlain [4]. s 13 août 1683, à
Batiscan.[3] — *François*, b 1684, s [3] 8 sept. 1685.
— *Françoise*, b [3] 3 juin 1686. — *Marie*, b [3] 10
août 1688 ; m [2] 17 janv. 1707, à Martin JEANNES.
— *Jean*, b [4] 19 juin 1680. — *Jacques*, b [2], 7 mars
et s [2] 12 nov. 1691.

I. — POTEL, JACQUELINE, m 9 sept. 1635, à Jean
BOUADON, à Quebec [3], s [2] 11 sept. 1654.

I. — POTEREL, Guy. — Voy. POUTREL.

POTHERIE (DE LA). — Voy. LE NEUF.

POTHERIE, — Voy. DE LA POTHERIE.

POTICHON, Voy. POTTIER.

1670, (9 septembre) Quebec. [5]

I — POTIER DIT LAVERDURE, ETIENNE, b 1648,
fils de Pierre et de Marie d'Aubonet, de
Conflans, bourg de Charençon de Paris ; s 8
janv. 1688, à Montréal. [4]

DE LA HAYE, Michelle, (1) fille de François et de
Nicole L'Epron, de St. Etienne de Rouen.
Jean, b [5] 9 sept. 1671 ; m [4] 24 sept. 1696, à
Marie MACÉ, s [4] 21 mai 1732. — *Marie*, b [5] 1er nov.
1673 ; m [4] fév. 1699, à Michel PENIN-LAFONTAINE ;
s [4] 20 mars 1703. — *Toussaint*, b [4] 13 août 1675 ;
m [4] 1er dec. 1703, à Marguerite THUNAY-DUFRESNE.
— *Elie*, b... — *François*, b 14 août 1682, à
Lachine.

I. — POTTIER, MICHEL, b 1643, taillandier, établi
à Montréal.
RIGAULT, Jeanne, b 1656.
Pierre, b 1676. — *Etienne*, b 1678. — *Paul*, b 1681.

I. — POTHIER, CLAUDE, marchand, b 1644 ; s 12
août 1728, à Lachine. [6]
BOISDON, Louise, b 1650 ; s 11 juin 1702, à
Montréal. [9]
Marie, b 1678 , m [9] 12 mai 1689, à Charles
MILOT s [6] 16 mars 1734. — *Pierre*, b [9] 14 déc.
1690. — *Charles*, b [9] 15 sept. 1693 ; 1o m [9] 7 janv.
1716, à Marie-Angélique MALLET ; 2o m [9] 30
juillet 1731, à Marguerite ROY. — *Marie-Anne*, b [9]
20 juillet 1683 ; 1o m à Michel PRIANT ; 2o m [6] 5
déc. 1705, à Jean BINEAU.

1688, (14 juin) Montréal [6]

I. — POTTIER, JEAN-BAPTISTE, notaire-royal, gref-
fier aux Trois-Rivières, fils de Jean et de
Marguerite de Xalutes ; s 11 juillet 1711, aux
Trois-Rivières. [6]
BLAUVAIS, Marie-Etiennette   [JACQUES I.
Marie-Louise, b 17 avril 1689, à Lachine [9] —
Jean-Alexis, b 8 et s [9] 17 déc. 1690. — *Guillaume*,
b [9] 28 janv 1693 — *Marie-Barbe*, b [9] 19 nov.
1694 ; s [9] 2 janv. 1695. — *Joseph-Marie*, b [9] 29
fev. 1696 ; m [4] 21 janv. 1718, à Marie-Josette
NOUET ; s [4] 27 mai 1742 — *Marie-Catherine*, b [9]
28 fev. 1698 ; m [6] 28 fev. 1718, à Joseph PERRIN.
Jean-Baptiste, (2) b [9] 30 déc. 1699 , m [4] 12 avril
1728, à Marie-Anne CREVIER. — *Jeanne-Marguerite*,
b [4] 20 dec 1701 — *Marie-Louise*, b [4] 8 nov. 1703 ;
m [4] 23 nov. 1723, à Richard FRY. — *Anonyme*, b et
s [4] 8 janv. 1706. — *Marie-Madeleine*, b [4] 26 mars
1707 ; m [6] 28 juillet 1725, à Jean-Baptiste PETIT.
— *Michel*, b [4] 21 mars 1710 ; s [4] 30 juillet 1719.
— *Marie*, b [4] 21 mars 1710.

1696, (24 septembre) Montréal. [6]

II. — POTHIER DIT LAVERDURE, JEAN, [ETIENNE I.
maître-taillandier, s [6] 21 mai 1732.
MACÉ, Marie,   [MARTIN I.
Louise, b [6] 4 juillet 1697 ; m [6] 14 oct. 1716, à
René DECOUAGNE ; s [6] 4 avril 1745. — *Michelle*,
b [6] 29 sept. 1698 — *Marie-Anne*, b [6] 28 mars 1700.
— *Jeanne*, b [6] 19 oct. 1702 ; m [6] 7 janv. 1732, à
Nicolas VOLANT. — *Jean-Baptiste*, b [6] 27 fev. 1704 ;
s [6] 3 oct. 1706. — *Madeleine-Claude*, b 13 et s [6] 15
août 1706. — *Anne*, b 12 et s [6] 13 oct. 1707. —

---

(1) Elle épouse, le 26 fév. 1691, Jacques Gourdeau, à Québec.

(2) Elle épouse, le 18 oct. 1692, Jean Devin, à Québec.

(1) Elle épouse, le 5 mai 1690, Etienne Lair, à la Pointe-
aux-Trembles de Montréal.

(2) Sieur de St. Gemme.

Jean-Jacques, b ⁶ 13 déc. 1708 ; s ⁶ 5 mars 1712. — Jean-Baptiste, b ⁶ 16 sept. 1710 ; s ⁶ 23 oct. 1711. — Marie-Catherine, b ⁶ 5 juin 1712 ; m ⁶ 21 nov. 1735, à Pierre-Hubert LACROIX.

POTVIN. — Voy. POITEVIN.

POUDRET. — Voy. POUTRÉ.

1699, (19 janvier) Montréal. ¹

I. — POUGET DIT GRISDELIN, JEAN, soldat de M. Delagrois, b 1671, fils de Pierre et de Jeanne Roussel, de Villanblar, évêché de Périgueux. BROSSARD, Marthe, [URBAIN I. Jean-Baptiste, b ¹ 23 déc. 1699. — Marie-Josette, b ¹ 12 fév. et s ¹ 4 nov. 1701. — Elie, b ¹ 1ᵉʳ et s ¹ 4 avril 1704. — Angélique, b... ; s 29 août 1706, à Lachine.

I. — POUGNET, FRANÇOIS, b 1645 ; s 26 janv. 1690, dans l'église de Montréal, (assassiné dans sa maison.)

POUGRET. — Voy. BOUGRET.

POUILLOT. — Voy. POULIOT.

POULET. — Voy. PAULET.

POULAIN. — Variations et surnoms : POULIN — LAFONTAINE — COURVAL — DE FRANCHEVILLE.

I. — POULAIN DIT LAFONTAINE, PIERRE, procureur du Roy, de Vilbadoin, en Normandie. PLOUMELLE, Anne. Maurice, b 1620 ; m 9 sept. 1654, à Jeanne JALLOT, aux Trois-Rivières.

I. — POULAIN, JACQUES. VIOLETTE, Marie. Jean, b... ; m 14 nov. 1667, à Marie PARÉ, à Ste. Anne.

1639, (8 août) Québec. ⁴

I. — POULAIN, CLAUDE, b 1615 ; s 17 déc. 1687, dans l'église de Ste. Anne.⁶ MERCIER, Jeanne, b 1622 ; s ⁵ 14 déc. 1687. Madeleine, b 1646 ; m à Pierre MAUFFIS. — Martin, b ⁴ 17 oct. 1648 ; m ⁶ 21 janv. 1688, à Jeanne BARETTE ; s ⁶ 16 janvier 1710. — René, b ⁴ 27 janv. 1651. — Ignace, b ⁴ 2 fév. 1656 ; m ⁶ 23 août 1683, à Marguerite PARÉ. — Marguerite, b ⁴ 18 oct. 1658, m ⁶ 7 août 1673, à Jean AMYOT ; s ⁴ 20 mai 1722. — Marie, b ⁶ 25 mai 1661 ; m ⁶ 17 avril 1679, a Etienne LESSART. — Marie, b ... ; 1° m ⁴ 18 janv. 1654, à Julien MERCIER ; 2° m ⁶ 10 nov. 1682, à Charles MONMAIGNIER ; s ⁶ 17 juillet 1716. — Pierre, b ⁴ 8 août 1664 ; m ⁶ 13 nov. 1689, à Anne GIGUÈRE.

1654, (9 sept.) Trois-Rivières. ⁷

II. — POULAIN, MAURICE, (1) [PIERRE I. JALLAUT, Jeanne, b 1624, veuve de Marin Francheville ; s ⁷ 27 mai 1708.

(1) Sieur de la Fontaine, procureur-fiscal.

Michel, b ⁷ 4 mai 1655 ; m ⁷ 2 juin 1683, à Marie JUTRAS : s 2 fév 1694, à Québec. — Jean-Baptiste, b ⁷ 15 janv. 1657 ; 1° m ⁷ 7 janv. 1696, à Louise CRESSÉ ; 2° m à Marie-Madeleine FORESTIER ; s 16 fév. 1727, dans l'église des Trois-Rivières — Catherine, b ⁷ 9 août 1658 ; m ⁷ 21 oct. 1675, à Joseph GODFROY — Marguerite, b ⁷ 9 avril 1660 ; m ⁷ 7 janv. 1683, à François LEMAISTRE.

1667, (14 novembre) Ste. Anne du Nord. ¹

II. — POULIN, JEAN, [JACQUES I. PARÉ (PARAY), Louise, [ROBERT I. Cécile, b ¹ 20 janv. 1676. — Jean, b ¹ 30 août 1671. — Julien, b ¹ 15 juillet 1673 ; m ¹ 27 avril 1700, à Jeanne RACINE. — Paschal, b ¹ 30 août 1679 ; m 1709, à Marguerite GAGNÉ. — Louise, b ¹ 31 janv. 1681 , s ¹ 24 juin 1685. — Joseph, b ¹ 29 mars 1684. — Guillaume, b ¹ 16 mai 1686. — Marie-Madeleine, b ¹ 10 sept. 1688. — Ignace, b ¹ 4 déc. 1690.

1683, (2 juin) Trois-Rivières. ²

III. — POULAIN, MICHEL, [MAURICE II. s 2 fév. 1694, à Québec. ² JUTRAS, Marie, [CLAUDE I. s ² 17 janv. 1736. Pierre, b ² 10 mars 1684 ; m à Madeleine-Louise LE BOULANGER. — Marie-Anne, b ² 26 avril 1686. — Michel, b ² 12 fév. 1688 ; ordonne 8 oct. 1713 ; s ¹ 10 oct. 1760, à l'Hôtel-Dieu. — Jean-Baptiste, b ² 15 août 1690. — François, b ² 2 oct. 1692.

1683, (23 août) Ste Anne. ³

II. — POULAIN, IGNACE, [CLAUDE I. PARÉ, Marguerite, [ROBERT I. Claude, b 1686 ; m 20 juin 1713, à Marguerite NAVERS, au Château-Richer. — Ignace, b... ; m ³ 24 janv. 1724, à Marguerite CARON. — Louise, b... — Marguerite, b... ; m à Pierre GAGNIER.

1688, (21 janvier) Ste. Anne. ³

II. — POULAIN, MARTIN, [CLAUDE I. ⸱ s ³ 16 janv. 1710. BARETTE, Jeanne, (1) [JEAN I. Jean, b ³ 27 nov. 1688 ; m 21 juillet 1711, à Agnès DROUIN, au Château-Richer. ⁴ — André, b ³ 31 déc. 1690 ; 1° m ⁴ 18 oct. 1718, à Catherine DROUIN ; 2° m ³ 5 fév. 1725, à Marie-Thérèse CARON. — Marie-Anne, b ³ 14 fév. 1693 ; m à Guy TERRIOT. — Marguerite, b ³ 6 mai 1702. — Geneviève, b ³ 27 nov. 1703. — Françoise, b ³ 11 mai 1707 ; m ⁴ 3 fév. 1723, à Jean DROUIN. — Agnès, b... ; m ³ 16 oct. 1714, à Jean CARON. — Pierre, b... ; s ³ 1ᵉʳ mars 1725, (dans l'église).

1689, (13 novembre) Ste Anne. ³

II. — POULAIN, PIERRE, [CLAUDE I. GIGUÈRE, Anne, [ROBERT I. Joseph, (2) b ³ 19 juillet 1690. — Aymée, b ³ 2

(1) Elle épouse, le 13 avril 1711, Etienne Drouin, à Ste. Anne.

(2) Contre-maître à l'Ile-Jésus.

avril 1692 ; m ³ 13 nov. 1714, à Charles Boivin.
— *Félicite*, b ³ 17 déc. 1693, ursuline dite de
l'Assomption ; s 30 sept. 1754, au Château-Richer.
— *Geneviève*, b 1698 ; s ³ 6 août 1720. — *Pierre*,
b ³ 25 mai 1701. — *Louis*, b ³ 1ᵉʳ juillet 1703 ; m
17 mai 1734, à Françoise Drapeau, à St François,
I. J — *Marie-Madeleine*, b ³ 21 déc. 1706. — *Barthélemi*, b ³ 23 sept. 1708.

1696, (7 janvier) Trois-Rivières. ⁴

III. — POULAIN, (1) J.-Baptiste,   [Maurice II.
    s ⁴ 16 fév. 1727, (dans l'eglise).
    1º Cressé, Louise,   [Michel I.
        s ⁴ 23 mars 1706.
    Louis-Jean, b ⁴ 15 nov. 1696 ; 1º m 18 déc.
1724, à Françoise Foucault, à Québec⁵ ; 2º m ⁵
22 nov. 1733, à Thérèse Bouat. — *Charlotte-Mar-
guerite*, b ⁴ 15 juin 1698 ; s 23 déc 1698, à Champlain. — *Louise-Charlotte*, b ⁴ 3 juillet 1699. —
Claude, b ⁴ 21 août 1700. — *Jean-Joseph*, b ⁴ 9
juillet 1702.—*Geneviève*, b ⁴ 19 oct. 1703.—*Marie-
Renée*, b ⁴ 17 janv. et s ⁴ 8 fév. 1705.
    2º Forestier, Marie-Madeleine,   [Antoine I.
        s ⁵ 15 fév. 1763.
    Antoine, b ⁴ 27 avril et s⁴ 24 nov. 1709.—*Marie-
Madeleine*, b ⁴ 1ᵉʳ sept. et s ⁴ 1ᵉʳ déc. 1710.—*Jean-
Baptiste*, b ⁴ 11 fév, 1712. — *Louise-Joselle*, b ⁴ 13
fév. 1713 ; m ⁴ 5 juillet 1730, à Michel Riverin.—
Maurice, b ⁴ 18 janv. 1716. — *Anonyme*, b et s ⁴ 30
juin 1718.

POULIOT. — *Variations :* Pouillot — Poulliau.

1667.

I. — POULIOT, Charles, charpentier, b 1631, fils
    de Michel et de Jacquelne Laurens, de St.
    Pierre de Valence, évêché d'Angoulême.
    Meunier, Françoise, (2)   [Mathurin I.
    Charles, b 6 déc. 1668, au Château-Richer.—
Adrien, b 11 mars 1670, à Ste. Famille. ⁹ — *Marc-
Antoine*, b³ 30 déc. 1671. — *Antoine*, b ³ 13 déc.
1672.— *Jean*, b⁹ 26 déc. 1674. — *Françoise*, b⁹ 3
déc. 1676. — *Jeanne*, b⁹ 11 oct. 1678 ; m 1691, à
Pierre Demers.— *André*, b 25 janv. 1680, à St.
Laurent, I. O. ⁸ — *Marguerite*, b ⁸ 18 mai 1682.—
Anonyme, b et s ⁸ 29 oct. 1684. — *Pierre*, b 11 et
s⁸ 25 juin 1686.

1667, (12 octobre) Québec.

I.—POUILLOT, Pierre, fils de Michel et de
    Jacquette Laurens, de St. Pierre de Valence,
    évêché d'Angoulême.
    Deschamps, Marie, fille de Jean et de Madeleine
    Fontaine, de St. Martin, évêché de Rouen.

I —POUILLOT, Antoine, frère du précédent.
    Guilbout, (3) Marguerite,   [Charles I.
    Jeanne, b 3 nov. 1672, à Québec. ⁶ ; m à Joseph
Audet. — *Françoise*, b ⁶ 13 mars 1675.

1679, (6 avril) Boucherville.

I. — POUPART dit Lafleur, René, b 1650, fils
    de Pierre et de Marie Boule, du Plassé,
    évêché de Nantes.
    Gendron, Marie,   [Guillaume I.
    René, b 25 avril 1682, à Contrecœur⁷ ; m 24
oct 1712, à Catherine Laberge. à l'Ange-Gardien.
    — *Joseph*, b⁷ 2 nov. 1684 ; m à Marie Perier.

I.—POUPART, Lucas, b 1651.

1682, (11 août) Laprairie. ²

I. — POUPART, Pierre, b 1653, fils de Jean et
    de Marguerite Frichet, de St. Denis, évêché
    de Paris ; s 7 juin 1699, à Montréal. ³
    Perras, Marguerite, (1)   [Pierre I.
    Catherine, b ² 14 avril 1684. — *Marguerite*, b ²
20 oct. 1685. — *Pierre*, b ² 1ᵉʳ août 1687, s ³ 5
juin 1699. — *Jean-Baptiste*, b ² 23 sept. 1689;
1º m ² 8 oct. 1713, à Marguerite Patenotre ;
2º m ² 23 fév. 1716, à Marie Gervais. — *François*,
b ² 6 mai 1692. — *Marie*, b ² 15 janv. 1694 ; m ²
21 nov. 1717, à Claude Deneau. — *Joseph*, b ² 8
juin 1696 , m ² 6 nov. 1724, à Anne Lemieux —
Pierre, b... ; s ² 17 nov. 1694.

I.—POUPEAU, Jacques ; s 27 mai 1652, à
    Quebec, écrase par la chûte d'un arbre.

I.—POUPOT dit Lafortune, François.

1690, (27 avril) Boucherville.

I. — POUPEAU, Vincent, fils do François et de
    Jacquette Meneau, de St. Luree, au Poitou.
    Barsa, Madeleine, (2)   [Andre I.

I. — POURNAIN, Marie, b 1621, en France; 1º m
    à Guillaume De la Bardelière, 2º m 24 nov.
    1659, à Jacques Testard, à Montréal ² , 3º
    m ² 6 fév. 1668, à Jacques Lamarque, s ² 2
    oct. 1699.

1673, (27 novembre) Québec. ²

I.—POURVEU dit Lafortune, Noel, boulanger,
    fils de Noel et de Marie Jouanne, de Borou,
    évêché d'Evreux.
    Chalut, Catherine, (3)   [Pierre I.
    Elizabeth, b ² 23 oct. 1675. — *Charles-Joseph*,
b ² 31 mars 1678.

I. — POUSSET, Jean, b 1635.
    Jaquière, Louise, (4) b 1651.
    Louise, b 1667.

POUTRÉ. — *Variations et Surnoms :* Poudré —
    Poudret — Poutrey — Lavigne.

---

(1) De Courval, procureur du roy et seigneur de Nicolet.

(2) Elle épouse, le 26 sept. 1700, Jean-Paul Mahen. Voy.
contrat de mariage. — *Greffe de Charles Rageot.* — Le premier
mariage de français, célébré à Montréal, le 3 nov. 1647, fut
celui de son père, Mathurin Le Mounier, (Meunier) qui s'y
était établi avec Pierre Desroches.

(3) Elle épouse, en 1677, Jacques Rousseau.

(1) Elle épouse, le 20 septembre 1699, Joseph Dumay, à
Laprairie.

(2) Elle épouse, le 27 juin 1696, Jean Bizeux, à Montréal.

(3) Elle épouse, le 19 août 1681, Louis Beturean, à l'Islet.

(4) Elle épouse, le 3 août 1683, Michel Dalaux, à Batiscan.

1667, (3 novembre) Quebec.

I. — POUTRÉ dit Lavigne, André, b 1646, flis de Pierre et de Philippe Rocquet, de St. Géry, evêché de Valentienne.
Burel. Jeanne, b 1646, fille de Daniel et d'Anne Le Suisse, de St. Denis-du-Clair, évêche de Rouen.
Marie, b 1668 ; m à Claude Sancerre ; s 18 sept. 1696, à Montréal.[3] — *Antoine*, b 23 dec. 1670, à Sorel[2] — *Marie-Madeleine*, b[2] déc. 1670 ; m[2] 28 mai 1687, à Antoine Morand. — *Marie*, b 1672 ; 1º m[2] 20 avril 1688, à Louis Chapacou ; 2º m[1] 9 sept. 1692, à Jean Feron. — *Catherine*, b 1676 ; m 6 mai 1693, à Henry Senécal, à la Pointe-aux-Trembles de Montréal.[3] — *Charlotte*, b[2] 6 fev. 1678 ; m[3] 14 fev. 1695, à André Gourbeil. — *Marie*, b... : m[2] 23 mars 1693, à Jean Duclos. — *André*, b 1679 ; 1º m à Jeanne Desroches ; 2º m 3 mai 1729, à Marie Paquet, à Lachenaye. — *Jean*, b[1] 25 août 1682. — *Jeanne*, b[1] 14 déc. 1684. — *Pierre*, b[1] 1ᵉʳ août 1687. — *Jacques*, b[1] 30 sept. 1690 ; m à Madeleine Léonard — *Pierre*, b[3] 18 avril 1693 ; m à Madeleine Masson.

1686, (19 août) Boucherville.

I — POUDRET. Antoine, boulanger, b 1659, fils d'Antoine, de Ste Radegonde, evêché de Poitiers.
Gendron, Catherine,   [Guillaume I.
Maximilien, b 31 mars 1688, à Montreal.[2] — *Antoine*, b[2] 26 mars 1691. — *Marie-Catherine*, b[2] 15 mars et s[2] 28 août 1693. — *Vincent*, b[2] 11 oct. 1694. — *Marie-Marthe*, b[2] 29 juillet 1697 ; s[2] 2 nov 1698 — *Marguerite*, b[2] 26 dec. 1698.

I. — POUTREL Du Colombier, Jean, beau-frere de M. Du Hérisson, de Caen, en Normandie.
Leneuf Du Hérison, Madeleine, de Caen, en Normandie.
Guy, b 1630 , s 29 déc. 1655, aux Trois-Rivières.
— *Madeleine*, b 1644, hospitalière dite Marie-Madeleine-Augustine de St. Michel , s 6 janv 1689, à l'Hôtel-Dieu de Québec.

POUZET — Voy. Pousset

PRADE, (De la) — Voy. Pelletier

PRAIRIES, (Des) de St. Malo, jeune homme, plein de courage, qui va au secours de Champlain en 1610.

PRAT. — Voy. Duprat.

1691, (30 juillet) Québec.[2]

I. — PRAT, Louis, capitaine de Port, fils de Jean et d'Anne Thomas, de N.-D. de Rivière, du Languedoc
Gobeil, Jeanne-Angélique,   [Jean I.
veuve de Pierre Philippe.
Marie-Josette, b[2] 11 fev. 1696, s[2] 6 nov. 1702. — *Marie-Madeleine*, b[3] 12 nov. 1702 — *Marie-Josette*, b 1696 ; m[2] 17 oct. 1713, à Charles-Paul Denis ; s[2] 17 oct. 1756.

1656, (10 novembre) Québec.[5]

I. — PRAYÉ, (Pné, Dupré) Nicolas, fils de Romain et de Marie Ducreux, d'Abbeville sur Montfort, évêché de Rouen.
Buisson, Mathurine,   [Fleurent I.
Louis, b[5] 22 mai 1659. — *Nicolas*, b[5] 22 juillet 1661 ; m[5] 7 fev. 1689, à Elizabeth Chasle ; s[5] 27 déc. 1702.

1689, (7 février) Quebec.[7]

II. — PRAYÉ, (Pré) Nicolas,   [Nicolas I.
maître-arquebusier ; s[7] 27 déc. 1702.
Chasle, Elizabeth,   [Claude I.
s[7] 14 déc. 1702.

PREAU (De). — Voy. Le Goues de Preau, chevalier De Grès.

1699, (2 mars) Québec.

I. — PHÉAUX, (1) Jean, b 1651, fils de François et de Martine Fermière, de Pertus, évêché de Nantes ; s 22 mai 1711, à Charlesbourg.[8]
Fleury, Marie, (2)   [François I.
Jean, b 1700 ; m 29 avril 1729, à Suzanne Le-Duc, à Lachine. — *François*, b[8] 6 et s[8] 7 sept. 1702. — *Clément*, b[8] 8 déc. 1703. — *Marie-Catherine*, b[8] 9 fev. 1707. — *Jacques*, b[8] 16 fev. 1710.

PRÉCOUR. — Voy. Vanasse.

I. — PRÉCOURT. Gilles . s 29 sept. 1696, à Québec

PRÉFONTAINE, Antoine — Voy. Fournier dit Préfontaine.

I. — PRÉJEAN, Louis, b 1669 , s 26 juin 1727, à Lachine.[1]
Mallet, Anne,   [Pierre I.
veuve de Louis Ducharme
Jean-François, b[1] 25 juillet 1700. — *Joseph-Marie*, b[1] 19 nov. 1702 ; s[1] 8 mai 1703. — *Marie-Josette*, b[1] 10 juin 1705. — *Louis*, b[1] 15 août 1707. — *Suzanne*, b[1] 29 sept. 1709. — *François*, b[1] 16 mars 1704. — *Charles*, b...

1684, (14 juin) St. Laurent, I. O.

I. — PRÉJEAN, Fabien, b 1652, fils de Jacques et d'Anne Lemois, de St. Sauveur, de La Rochelle.
Enaud, Marie-Hélène,   [Michel I.
Michel, b 3 déc. 1685, à St. Pierre, I. O.[8] ; s[8] 10 mars 1686. — *Etienne*, b[8] 9 avril 1687. — *Jean*, b... ; m 7 nov. 1712, à Angélique Huppé, à Beauport.

1663, (2 décembre) Château-Richer.

I. — PREMONT, (3) Jean, b 1639, fils de Jean et dé Marie Le Tellier, de Lamberville, en Normandie ; s 4 déc. 1698, à Ste. Famille.[7]

---

(1) Devenu Prou.

(2) Elle épouse, le 30 mai 1712, Nicolas Boheur, à Charlesbourg.

(3) Il signait Primont.

AUBER, Marie,   [CLAUDE I.
 s 28 juillet 1715, à Quebec [6]
Jean, b [7] 26 sept. 1671, 1° m [7] 28 nov. 1703, à
Marie GERDÉ; 2° m 28 juin 1709, à Thérèse BE-
LANGER, à Beauport; 3° m [6] 19 fév. 1716, à Marie-
Anne BOLDUC. — *Jacques*, b [7] 8 juin 1674; s [7] 18
mars 1677. — *Marie*, b [7] 14 mars 1676 ; sœur dite
Saint Jean-Baptiste, Cong. N.-D.; s 17 fév. 1761,
à Montréal. — *Joseph*, b [7] 14 fév. 1678 ; s [7] 4 janv.
1703. — *Anne*, b [7] 10 nov. 1684 ; m [7] 15 nov. 1701,
à Nicolas TIBIERGE; s [7] 1er janv. 1703. — *Elizabeth*,
b [7] 26 janv. 1686. — *Catherine*, b 8 et s [7] 12 oct.
1692.

PRENOUVEAUX, — Voy. ROUILLARD.

PRENOUVEAU, JEAN, — Voy. VERGEAT

1653, (21 juillet) Québec.

I. — PREUIRAU, JACQUES, veuf de Françoise
 Jacquette, du Marquisat de Ruffl, de la Made-
 leine, d'Angoumais.
TOURAULT, Jacquette, veuve de Pierre Tarous-
 seau, de St. Armand près de Montigny, en
 Angoumais.

1669, (3 octobre) Québec.

I. — PREUNIER, NICOLAS, fils de Jean et
 d'Adrienne Denault, de St. Leu, évêché
 d'Amiens.
LE GRAND, (1) Antoinette, b 1649, fille de Jean et
 de Nicole Pion, de St. Jean d'Eu, évêché de
 Rouen.
Marie-Madeleine, b..., m 1687, à Jean-François
JEAN.

PROVENÇAL. — Voy. CARBONNEAU.

PREVILLE — Voy. RIVARD.

PREVOST. — *Variation et surnom :* PROVOST —
LAVIOLETTE.

I. — PREVOST, MARIE, b 1621, m à François
 HAZEUR ; s 24 nov. 1699, à Québec.

1644, (3 novembre) Québec. [8]

I. — PREVOST, MARTIN, (2) b 1611, fils de Pierre
 et de Charlotte Vien, de Montreuil, sur-le-
 Bois-de-Vincenne; s 26 janv. 1691, à Batis-
 can. [3]
 1° MANITOUABEWICH, Marie-Olivier-Silvestre, s [2]
 10 sept 1665.
Marie-Madeleine, b [2] 28 déc. 1647, 1° m...;
2° m 11 juin 1670, à Michel AUBIN, à Ste. Famille.
— *Ursule*, b [2] 14 déc. 1649; s 2 janv. 1661. —
Louis, b 1651 ; 1° m 21 fév. 1672, à Françoise
GAGNON, au Château-Richer [4]; 2° m [4] 17 fév. 1681, à
Marguerite CAREAU ; s 27 mai 1686, à Beauport. [3] —
Jean-Baptiste, b...; 1° m [3] 18 août 1683, à Marie
GIROU ; 2° m 3 fev. 1712, à Geneviève SEDILOT, à

Ste. Foye. — *Marie-Madeleine*, b [2] 13 janv. 1655 ;
s [2] 16 mars 1661. — *Antoine*, b [2] 23 oct. 1657; s [2]
16 mars 1661. — *Jean*, b [2] 14 fév. 1660; m 1680,
à Françoise LEBLANC. — *Jean-Baptiste*, b [2] 24 juin
1662 ; m [2] 4 mai 1690, à Françoise CADIEU. —
Thérèse, b [2] 3 juin 1665 ; m [3] 18 août 1683, à
Michel GIROUX.

 1665, (8 novembre) Québec.

2° D ABANCOUR, Marie,   [ADRIEN I.
 veuve de Godfroy Guillot

I. — PREVOST, ANTOINE.
 PREVOST, Marie.
Marie, b... ; m 9 oct. 1669, à François DRUINEAU,
 à Québec.

1664, (26 juillet) Québec. [3]

I. — PREVOST, FRANÇOIS, fils de Marin et de
 Catherine Corneille de St. Aubin, évêché de
 Chartres, au Perche; s [2] 6 avril 1670.
GAILLARD DIT DUPLESSIS, Marguerite, (1) veuve
 d'Hercule Duperon, fille de Jean-Baptiste et
 de Catherine De Lomelle, de N. D. de Calais,
 évêché de Boulogne.
Claude-Anne, b [2] 12 oct. 1665. — *François-
Michel*, b [2] 6 janv. 1669 ; m 1699, à Catherine
BONHOMME; s 5 juin 1711, à Ste. Foye.

1670, (24 novembre) Trois-Rivières. [7]

I. — PREVOST DIT LAVIOLETTE, ÉLIE, de Savi-
 gnas, en Duras.
POTTIER, Marie, d'Orléans.
Marie-Madeleine, b [7] 30 avril 1673, 1° m [7] 4 fév.
1687, à Jacques DUPUIS ; 2° m [7] 23 mai 1710, à
Thomas STILET. — *Bernard*, b [7] 26 nov. 1674 ; s [7]
12 mars 1675. — *Madeleine*, b [7] 5 juillet 1676 ; s [7]
27 juin 1680. — *Dominique*, b [7] 7 fev. 1678.

1672, (21 février) Château-Richer. [5]

II. — PREVOST, LOUIS,   [MARTIN I.
 s 27 mai 1686, noyé, à Beauport [2]
1° GAGNON, Françoise,   [MATHURIN I.
Marie-Anne, b .. ; 1° m [5] 4 nov. 1692, à Jean
DAVID; 2° m [5] 25 juin 1704, à Clément LANGLOIS.
— *Marguerite*, b 11 déc. 1672, à Québec [1]; s [2] 14
mai 1684. — *Louis*, b 1677; s [1] 23 fév. 1684. —
Jean-François, b [2] 29 avril 1674.

 1681, (17 février) Château-Richer.

2° CAREAU, Marguerite, (2)   [LOUIS I.
Vincent, b 7 mars 1682, à Beauport [8], m 7 nov.
1701, à Marie-Agnès VESINA, à l Ange-Gardien. [7]
— *Ange*, b [8] 19 sept. 1683; m [7] 1er fev. 1719, à
Marie BRISSON. — *Simon*, b 30 août et s [8] 1er sept.
1685. — *Louis*, (posthume) b [8] 13 oct. 1686; 1° m [8]
7 nov. 1712, à Marie-Thérèse MAHEU ; 2° m 9
juillet 1731, à Marie-Anne GIROUX, à Québec.

---

(1) Elle épouse, François Nepveu dit Lacroix.

(2) C'est le premier mariage d'un Français avec une femme
sauvage.

(1) Elle épouse, le 12 janvier 1671, Louis Saucier, à Québec.

(2) Elle épouse, le 25 nov. 1687, Mathieu Texier, à
Beauport.

1673, (13 novembre) Montréal. [6]

I. — PREVOST, Eustache, fils d'Isaac et de Jeanne Fautel, de la Bouille, évêche de Rouen, en Normandie.

GUERTIN, Elizabeth,   [Louis I.
Jean, b 27 dec. 1681, à Contrecœur. — Rosalie, b 22 avril 1688, à la Pointe-aux-Trembles de Montréal — Charlotte, b [6] 19 fév. 1690. — Eustache, b [6] 20 sept. 1692 — Marie-Louise, b [6] 28 déc. 1694. — Louis, b [6] 11 fev. 1697. — Anne, b 25 mars et s [6] 16 mai 1699. — Jean-Baptiste, b [6] 13 avril 1702; m à Marguerite Duvers; s...

1677,

I. — PREVOST, Pierre.
Bertheiot, Marie, (1)   [André I.
Pierre, b 12 avril 1678, à Québec.

1679, (1er août) Québec.

I. — PREVOST, François, major du Château St. Louis, gouverneur des Trois-Rivières, b 1638, fils de Charles et de Jeanne Du Gousset, de St. Eustache de Paris; s 5 juin 1702, dans l'eglise de Québec.
MACARD, Geneviève, (2)   [Nicolas I.

1680.

II. — PROVOST, Jean,   [Martin I.
LEBLANC, Françoise,   [Léonard I.
Pierre, b 27 nov. 1681, à Beauport. [4] — Thérèse-Françoise, b [4] 24 fév. 1684. — Pierre, b [4] 30 janv. et s [4] 18 fev. 1686. — Marie-Jeanne, b [4] 14 janv. 1687. — Françoise, b [4] 29 août 1689. — Jean, b [4] 10 sept. 1691. — Noel, b [4] 19 dec. 1693. — Charles, b [4] 18 mai et s [4] 23 août 1696.

1683, (18 août) Beauport. [6]

II. — PREVOST, Jean-Baptiste,   [Martin I.
seigneur de St. François.
1° Girou, Marie,   [Toussaint I.
Jean-Baptiste, b [6] 10 déc. 1684 ; s [7] 9 janv. 1703. — Marie, b [6] 12 juillet 1686 ; m [7] 25 nov. 1711, à Vincent Guillot ; s [6] 23 juillet 1717. — Monique, b [6] 28 sept. 1688 ; s [6] 13 mars 1689. — Marie-Françoise, b [6] 10 janv. 1690 ; m [7] 11 fév. 1709, à Jean-Baptiste Petitclerc. — Joseph-Charles, b [4] juin 1692, à Quebec [7]; s [7] 22 mai 1711. — Louis, b [7] 12 mai 1694. — Catherine-Jacqueline, b [7] 7 avril 1695; m [7] 18 fév. 1715, à Charles Petitclerc. — Marie-Joselle, b [7] 17 avril 1696 , s [7] 28 mai 1711. — Louis, b [7] 26 juillet 1698 ; m [7] 25 nov. 1715, à Ignace Salois. — Marie-Jeanne, b [7] 12 fev. et s [7] 12 dec. 1700. — Pierre, b [7] 9 oct. 1701. — Jeanne, b [7] 10 oct. 1703 ; 1° m 27 janv. 1724, à Antoine Billot, à Ste. Foye [8]; 2° m 1735, à Claude Croizitière ; s [8] 1er mai 1775. — Anne, b [7] 21 déc. 1705. — Guillaume, b [7] 20 oct. 1707 , m [7] 20 avril 1733, à Marguerite Le-Marié. — Pierre, b... ; m [8] 27 fév. 1724, à Marie Sédilot.

(1) Elle épouse, le 9 janv. 1685, Joseph Paré, à Ste. Anne.

(2) Elle épouse, le 5 novembre 1703, Charles d'Alogny, marquis de La Grois, à Québec.

1712, (3 février) Ste. Foye. [8]

2° Sédilot, Marie-Geneviève,   [Jean II.
s [8] 16 dec. 1749.
Geneviève-Catherine, b [8] 13 juin 1721. — Pierre, b [8] 10 avril 1723. — Marie-Anne, b... ; m 3 août 1738, à Jean-Baptiste Pilet, au Detroit.

1690, (4 mai) Québec.

II — PREVOST, Jean,   [Martin I.
Cadieu, Françoise,   [Charles I.
Marie-Madeleine, b 6 avril 1690, à Beauport [3]; m [7] 8 fév. 1787, à Mathieu Morin.

I. — PREVOST, René.
Daudelin, Anne,   [Nicolas I.
Pierre, b 7 sept. 1687, à Batiscan ; m 5 avril 1712, à Marie-Anne Chaudillon, à Varennes. [7] — Marie-Anne, b... ; m [7] 26 nov. 1705, à Jean-Baptiste Arnault — Michelle, b 1er mai 1690, à Boucherville, s [7] 30 juillet 1699. — Marie, b... ; m [7] 25 nov. 1715, à Louis Robert. — François, b [7] 30 sept. 1694. — Anne-Marguerite, b [7] 13 avril 1697 ; s [7] 30 avril 1703. — Marie-Charlotte, b [7] 3 sept. 1700, m [7] 21 avril 1721, à Christophe Monjeau. — Françoise, b [7] 8 déc. 1702 ; m à Jean Viau. — Rene, b [7] 27 avril et s [7] 19 déc. 1705. — René, b [7] 2 juillet 1706.

1699.

II. — PREVOST, François,   [François I.
s 5 juin 1711, à Ste. Foye. [5]
Bonhomme, Catherine (1)   [Ignace II.
Marie-Madeleine, b [5] 27 mars 1700 ; m 17 août 1730, à Jean-François L'Archevêque, à Repentigny. [6] — Jean-Baptiste, b [5] 8 mai 1701. — René, b [5] 23 déc. 1702 ; s [5] 28 fév. 1703. — Noel, b [5] 8 fév. 1704. — Charles, b [5] 5 avril 1705. — Marguerite, b [5] 8 juillet 1706 ; m [6] 29 oct. 1726, à Jean-Baptiste Bousquet. — Anonyme, b [5] et s [5] 27 mai 1707. — Jean-Baptiste, b [5] 22 mars 1708. — Pierre, b [5] 13 juillet 1709. — Joseph-Augustin, b [5] 13 sept. et s [5] 21 déc. 1710. — Marie-Anne, b... ; m [6] 23 nov. 1718, à Pierre Gautier.

1673, (2 octobre) Québec.

I. — PREZOT dit Chambly, Michel, b 1648, fils de Marin et de Marie Langlois, de St. Maclou, de Rouen.
Chausy, Marie, b 1657, fille de Gaspard et d'Etienne Frepé, de N.-D. de la Rose, evêche d'Auxerre.
Pierre, b 1er juillet 1676, à Lachine. [9] — Marie, b [9] 1er avril 1679 ; m 19 avril 1702, à Pierre Clément à Montréal. — Marguerite, b [9] 5 sept. 1681. — Marie-Madeleine, b [9] 27 et s [9] 28 déc. 1683. — Madeleine, b [9] 6 mars 1685. — Françoise, b [9] 28 janv. et s [9] 9 fév. 1688.

I. — PRIANT, Michel.
Pothier, Marie-Anne, (2)   [Claude I.
Pierre, b et s 21 nov. 1702, à Montréal.

(1) Elle épouse, le 12 fév. 1714, Pierre Fortier, à Ste. Foye.

(2) Elle épouse, le 5 déc. 1705, Jean Bineau, à Lachine.

I. — PRIEUR dit Lafleur, Jean, b 1664
   1º Fortier, Louise, s en août 1702, à Poitiers, en France.

       1704, (5 mars) Montréal.

   2º Glory, Marie-Charlotte,   [Laurent I.
      veuve de Jean Auger.

I. — PRIEUR, (Le) Joseph, s 14 août 1706, à Québec. [1]
   Méchin, Hélène, s [1] 17 juillet 1728.
     Anonyme, b [1] et s [1] 12 janv. 1688. — *Claude*, b 1684, s [1] 3 déc. 1688. — *Louis*, b [1] 11 déc. 1689 ; s [1] 24 janv. 1690. — *Marguerite*, b [1] 9 fév. 1691 ; 1º m [1] 13 fév. 1708, à Barthélemi Verreau, 2º m 18 janv. 1721, à Pierre Gravelle, au Château-Richer. — *Joseph*, b [1] 22 mars 1693 ; s [1] 29 déc. 1702. — *Charles-Louis*, b [1] 12 mars 1695 ; m à Marie-Marthe Crête. — *Philippe*, b [1] 31 mars 1696 ; s 28 janv. 1703 — *Catherine*, b [1] 28 janv. 1698 ; 1º m [1] 25 sept. 1719, à Jean Basque ; 2º m [1] 27 oct. 1726, à Jean Doucet ; s [1] 27 août 1741. — *Louis*, b [1] 13 mars 1699 ; s 29 juin 1699, à la Pointe-aux-Trembles de Québec.

      1698, (18 janvier) Montréal. [1]

I. — PRIGEAT dit l'OEillet, Louis, caporal, b 1671, fils de François et de Jeanne Kermenan, de Triou, evêché de Léon, Basse-Bretagne.
   Maillet, Anne,   [Pierre I
   Charles-Joseph, b [1] 19 déc. 1698.

      1695, (27 avril) Batiscan.

I. — PRIME dit l'Aventure, Jean, fils de Jean et de Jeanne Tule, de St. Quercq, du Languedoc.
   Frigon, Marie-Madeleine,   [François I.

I. — PRIMOT, Antoine, b 1590, oncle de Michel Messier ; s 17 janv. 1688, à Boucherville.
   Messier, Martine, b 1593.

      1686, (18 nov.) Pte-aux-Trembles, (M).

I. — PRIMEAU dit Bois-Joly, Jean, sergent de M. Macari, de La Rochelle.
   Bouchard, Marie,   [Guillaume I.
   Marie, b 31 août 1687, à Montréal [6] — *Anne*, b [6] 13 nov. 1688. — *Jean-Baptiste*, b [6] 6 déc. 1690. — *Marie*, b [6] 29 mars 1691.

      1687, (19 octobre) Laprairie. [9]

I. — PRIMAUT, François,
   Deneau, Marie-Madeleine,   [Jean I.
   Claude, b [9] 16 juillet 1690, m [9] 14 juin 1717, à Angélique Babeu. — *Pierre*, b 29 sept. 1694, à Montréal.[6] — *Pierre*, b [6] 8 sept. 1696 ; m 10 fév. 1721, à Marie-Anne Couillard, à Lachine. — *Catherine*, b [6] 30 nov. 1698 ; m [9] 11 fév. 1714, à Jean Ris. — *Marie*, b [9] 14 déc. 1702. — *Paul*, b 6 janv. 1705, à Ste. Anne de Montréal.

      1672, (28 juillet) Québec. [7]

I. — PRINSEAU, Louis, fils de Jean et de Marie Griffot, du bourg d'Estray, évêché de La Rochelle.

   Charpentier, Marie-Reine, (1) b 1659, fille de Bonaventure et d'Isabelle de Sens, de St. Sulpice de Paris.
     Marie-Jeanne, b [7] 24 oct. 1674 ; 1º m à Louis Poitevin, 2º m [7] 11 nov. 1692, à Louis Greslon ; s [7] 27 nov. 1701. — *Marie-Anne*, b [7] 6 déc. 1676, m [7] 20 mars 1696, à Jean Jandras. — *Marie-Madeleine*, b 24 janv. 1680, à la Pte-aux-Trembles de Québec ; m [7] 1er juin 1700, à Pierre Jean. — *René*, b.. ; m à Anne Leroux.

PROTEAU, — *Variations et surnoms* : Proutot — Pluteau — Rotot.

      1662, (16 mai) Trois-Rivières.

I. — PROUTOT, Mathieu, fils de Pierre et de Marguerite Prignolle, de St. Sauveur de La Rochelle.
   Duval, Suzanne, veuve d'Elie Hanctin.
   Jeanne, b 14 avril 1663, à Quebec.

I. — PROTEAU, (Rotot) Etienne
   Seguin, Marguerite, b 1630. (2)
     Anne, b 1666 ; 1º m 5 nov 1685, à Jean Deyme, à Charlesbourg [6] ; 2º m [6] 16 juillet 1703, à Pierre Bilde. — *Jean-Baptiste*, b 13 nov. 1677, à Québec [7] ; m [6] 2 mai 1707, à Marie-Anne Bouré. — *Michel*, b... ; m [6] 20 janv. 1710, à Suzanne Bedard. — *Etienne*, b 4 et s [6] 30 juin 1684. — *Marguerite*, b [6] 6 mai 1685, m 6 juin 1707, à Jacques Réaume, au Château-Richer. — *Marie-Suzanne*, b [6] 21 déc. 1686, m [6] 11 fév. 1709, à François Bouré. — *Angélique*, b 1688 ; 1º m [7] 3 mai 1706, à Etienne Boutron ; 2º m à Pierre Germain ; s [7] 14 juin 1754. — *Françoise*, b 24 mai et s [6] 24 juin 1691.

      1690, (31 janvier) Pte-aux-Trembles, Q.

I. — PROTO, Luc, b 1668, fils de Mathurin et de Guillemette Blés, de Nantes ; s 30 janv. 1752, à Batiscan. [2]
   Germain, Marie-Madeleine,   [Robert I.
   s [2] 15 sept. 1757.
     Marie-Catherine, b [2] 28 juin 1691 ; m [2] 11 janv. 1712, à Joseph Couturier. — *Marie-Louise*, b [2] 26 mai 1694 ; m [2] 29 avril 1726, à René Cadot. — *Pierre*, b 19 août et s [2] 25 déc. 1696. — *Marie-Madeleine*, b [2] 10 déc. 1697. — *Marie-Josette*, b 19 mars 1701, à Ste. Anne de la Perade [3] , m [2] 20 nov. 1721, à Jean Cadot, s [2] 16 déc. 1731. — *Luc*, b [3] 17 avril 1703 ; s [2] 12 nov. 1733. — *Pierre-George*, b [3] 16 mai 1707 ; m à Marie-Françoise Perrot. — *Marie-Madeleine*, b [3] 26 sept. 1709 ; s [2] 12 déc. 1709. — *Marie-Anne*, b [2] 13 fév. 1712 ; m [2] 2 avril 1731, à François Rouillard ; s [2] 7 déc. 1755.

PROU. — Voy. Le Prou.

PROU. — *Variations et surnoms* : Le Proulx — Preaux — Clément — Bellisle — Harnois.

---

(1) Elle épouse, le 26 août 1681, Etienne Domingo.

(2) Elle épouse, le 15 nov 1684, André Leroux, à Charlesbourg.

I. — PROULX, Catherine, b en France ; m à Blois, 18 janv. 1650, à Martin Sébille ; s 26 juin 1705, dans l'église de Québec.

I. — PROU, Pierre, b 1636,
Gautier, Marie, b 1610 ; s 6 nov. 1703, à Champlain [2]
Joseph, b 1672, m à Marie-Josette Dupont, s 24 nov. 1725, aux Trois-Rivières. — Jean-Baptiste, b 1678 ; s [2] 7 nov. 1708.

1673, (5 juin) Quebec. [6]

I. — PROU, Jean, b 1647, fils de Jean et de Louise Vallée, de Mantilly, évêché d'Angers ; s 1er mars 1703, à St Thomas. [8]
Fournier, Jacquette,   [Guillaume I.
Denis, b [6] 7 mai 1676, m 19 nov. 1699, à Anne Gagné, au Cap St. Ignace. [4] — Jean-Baptiste, b [4] 9 fév. 1678 ; m [8] 14 juin 1701, à Louise Rousseau. — Louise, b [8] 15 oct 1679 ; m [8] 22 juin 1700, à Pierre Gagné. — Pierre, b [8] 16 juin 1681 ; m à Agathe DesTroismaisons. — Marie-Anne, b [8] 1er sept. 1683 ; m [8] 10 juillet 1703, à Jacques Tibaut. — Marie-Barbe, b 26 mars 1685, à la Rivière-Ouelle ; m [8] 11 juin 1704, à Louis Isabel. — Thomas, b [8] 8 sept. 1686 — Angélique, b [8] 12 août 1688, m [8] 12 nov. 1705, à Jean-François Tibaut. — Joseph, b [8] 25 sept. 1690 ; s [8] 5 nov. 1693. — Catherine, b et s [8] 13 juillet 1692. — Anne, b [8] 20 sept. 1693. — Louis, b [8] 3 avril 1696. — Joseph, b [8] 28 avril 1698. — Françoise, b [6] 18 dec. 1701

1676, (2 novembre) Quebec. [4]

I. — PROU, Jean, b 1641, veuf de Jeanne Chabot, de St. Jean Moutierneuf, évêché de Poitiers , s 9 déc. 1703, à la Pointe-aux-Trembles de Québec. [8]
Pinel, Catherine,   [Gilles II.
veuve de Denis Massé ; s [8] 14 juin 1723.
René, b [4] 9 août 1677. — Marie-Catherine, b [4] 31 oct. 1678 ; m [8] 19 avril 1700, à Jean Arbour. — Jean-Baptiste, b [8] 24 dec. 1679 ; m à Marie-Geneviève Arbour. — Louise, b 16 et s [8] 19 mars 1681. — Elizabeth-Ursule, b [8] 29 avril 1682 ; m [4] 25 mai 1705, à Jean Bossu. — Anne, b [8] 3 sept. 1684. — François, b [8] 25 mars 1686 ; m [8] 20 fev. 1713, à Thérèse Faucher. — Madeleine, b [8] 23 août 1688 ; m [8] 4 mai 1711, à Augustin Harbour. — Marie-Thérèse, b [8] 17 août 1690 ; m [9] 9 nov. 1711, à André Daigle. — Claude, b [8] 17 sept. 1692 — Alexis, b [8] 28 oct. 1694 ; m à Jeanne Robitaille. — Joseph, b [8] 5 mars 1697 ; m [8] 6 nov. 1726, à Thérèse Aide-Créquy. — Marie-Félicite, b [8] 1er mars 1699.

I. — PROU dit Baguette, Jean, soldat de M. de L'Angloiserie , s 16 mai 1691, à Montréal.

I. — PROU, Mathurin, b 11 nov. 1694, à St. Jean, Ile d'Orléans.

1699, (17 novembre) Cap St. Ignace.

II. — PROU, Denis, (1)   [Jean I.

Gagné, Marie-Anne,   [Pierre I.
Jean-Hilaire, b 11 avril 1701, à St. Thomas. [9] — Marie-Madeleine, b [9] 27 déc. 1702 ; s [9] 8 janvier 1709. — Angélique, b [9] 11 déc. 1704. — Marie-Geneviève, b [9] 27 janv. 1707.

II. — PROU, Joseph,   [Pierre I.
Dupont, Marie-Josette.
Marie-Josette, b 2 avril 1704, à Charlesbourg. [4] — Marie-Madeleine, b [4] 26 janv. 1710. — Marie-Françoise, b [4] 9 oct. 1713 ; m 22 janv. 1738, à Gabriel Cadieu, à St. François, Ile d'Orléans. — Pierre, (1) b 1703 ; s 27 août 1728, aux Trois-Rivières. [6] — Louis, b [6] 25 janv. et s [6] 24 fév. 1709.

I. — PROUVILLE de Tracy, lieutenant-général des armees.

PROVENÇAL. — Voy. Inard — Enard.

1663.

I. — PROVENCHER, Sébastien, b 1628.
Manchon, Marguerite, b 1637.
Madeleine, b 1664 ; m 1686, à Aubin Maudoux. — Marguerite, b 1666 ; m 1690, à Antoine Cottenone. — Louis, b 1668, m à Simone Massé. — Sébastien, b 1670 ; m à Marie Massé. — Jean-François, b 1673 ; m 15 nov. 1701, à Marguerite Moreau. — Catherine, b... , m à Louis Massé.

1650, (30 novembre) Montréal. [9]

I. — PRUD'HOMME, Louis, (honorable) brasseur, premier capitaine de milice à Montréal, b 1608, fils de Claude et d'Isabelle Aliomet ; s [9] 2 juillet 1671.
Gadois, Roberte, (2) b 1626, fille de Pierre et de Louise Maufis.
François-Xavier, b [9] 2 déc. 1651 ; m [9] 20 nov. 1684, à Cecile Gervaise. — Paul, b [9] 28 fév. 1654. — Marguerite, b [9] 16 mars 1656 ; 1e m [9] 14 juillet 1670, à Jean Martinet ; 2e m 23 janv. 1703, à Jean Latour. — Pierre, b [9] 24 mars 1658 ; m 9 fév. 1688, à Anne Chasle, à Québec ; s [9] 29 mars 1703. — Catherine, b [9] 26 mars 1661 ; m [9] 15 janv. 1680, à Olivier Quesnel. — Elizabeth, b [9] 21 sept. 1663 ; m [9] 22 déc. 1683, à Jacques Cauchois. — Jeanne, b [9] 24 juin 1667 ; m [9] 25 août 1689, à Dominique Thaumur.

1684, (20 novembre) Montreal. [9]

II. — PRUD'HOMME, François,   [Louis I.
Gervaise, Cécile.   [Jean I.
François, b [9] 8 déc. 1685. — Jean-Baptiste, b [9] 14 fév. 1687 ; m à Marie-Anne Maurain. — Cécile, b [9] 25 fév. 1689. — Cunégonde, b [9] 26 déc. 1690. — Marguerite, b [9] 31 janv. 1693. — Marie, b [9] 31 janv. 1695. — Jeanne, b [9] 2 avril 1697. — Marie-Anne, b [9] 30 janv. et s [9] 3 fév. 1699. — Marie-Anne, b [9] 27 déc. 1699 — Elizabeth, b [9] 24 janv. 1704.

---

(1) Il achète, avec son frère Jean, la propriété de Jean Rolandeau, à la Rivière du Sud, Pointe à La Caille. — Etude de Charles Rageot, 30 juin 1696.

(1) Proux dit Bellisle.

(2) Elle épouse, le 21 janv. 1673, Pierre Verrier, à Montréal.

1688, (8 février) Québec. [9]

II —PRUD'HOMME, Pierre, serrurier, [Louis I.
  s [9] 29 mars 1703.
  Chasle, Anne-Andrée,   [Claude I.
  Marie-Anne, b [9] 26 fév. 1689. — *Elizabeth,* b [9]
10 nov. et s [9] 18 déc. 1690. — *Louis,* b 18 déc.
1692, à Montréal [9] ; ; m [0] 19 nov 1728, à Marie-
Louise Marin. — *Louis,* b [0] 1er nov. et s [0] 6 déc.
1691. — *Marie-Catherine,* b [0] 18 août 1694 ; m [9]
1er juillet 1715, à François Pinault. — *Marie-
Josette,* b [0] 19 juillet 1696. — *Louise,* b [0] 17 mai
1698, hospitalière dite St. Michel. s [9] 18 sept.
1740 — *Cecile,* b [0] 9 oct. 1699, sœur dite St
Pierre, C N.-D. : s [0] 17 oct. 1757

I. — PRUNEAU, George, huissier-royal, était à
  Montréal, le 26 avril 1699.

I. — PRUNEAU, Jean, sergent-royal, était à
  Montréal, en 1700.

1691, (25 mai) St. François, I O [5]

I. — PRUNEAU, Jean, fils de Pierre et de Marie
  Madeleine, de l'évêché de Limoges.
  Edmond, Suzanne,   [René I.
  René, b [5] 11 mai 1692 ; 1o m 10 fev. 1716, à
Madeleine Dumont, à St Michel [6] ; 2o à Anne Le-
Roux. — *Catherine,* b [5] 10 janv. 1694 ; m 1711,
à André Patry ; 2o m [6] 19 oct. 1744, à Joseph
Forgues. — *Madeleine,* b... , 1o m 31 juillet 1731,
à Jean-Baptiste Casse, au Détroit [7] ; 2o m [7] 20
juillet 1735, à Vital Caron. — *Elizabeth,* b [6] 24
fev. et s [6] 2 mars 1699. — *Pierre,* b [6] 9 août 1700.
— *Jean,* b [6] 10 sept. 1702 ; s [6] 10 mars 1703. —
Marie, b [6] 12 janv. 1704. — *Geneviève,* b 18 juillet
1706, à St Thomas [8] — *Marie-Hélène,* b [8] 22 juin
1708.

PRUSEAU. — Voy. Préjean.

PRUSEAU, Fabien. — Voy. Presseau.

1677, (8 novembre) Lachine. [7]

I. — PTOLOMÉ, Charles, b 1639 ; s [7] 30 avril
  1679, noyé au Sault St. Louis.
  Moisson, Barbe.
  Marie-Angélique, b [7] 18 sept. 1679 ; 1o m [7] 27
janv. 1708, à Pierre Robert ; 2o m 16 août 1716,
à Guillaume Boucher, au Détroit.

PUGIBEAUX. — Voy. Hingre.

PUGIBAULT, Louis. — Voy. Hingre.

PUMBER. — Voy. Trottier.

PUTOT (De) — Voy. Deliesslline.

1681, (25 novembre) Trois-Rivières. [2]

I. — PUYBARO de Maisonneuve, Jean, b 1651,
  fils de Jean et de Françoise Mener, de La-
  Voyon, évêché de Poitiers.
  Baudry, Madeleine, (1)   [Urbain I.

(1) Elle épouse, le 8 janv. 1688, Marien Tailhandier, à Boucherville.

Marie-Madeleine, b [2] 8 sept. 1682, sœur dite
Ste. Geneviève, C. N.-D. ; s 5 avril 1703, à Mont-
réal. — *Pierre,* b 9 août 1684, à Boucherville —
Antoine, b... ; m à Marie Martin-Pellant.

Q

I. — QUADRIN, Nicolas — Voy. Catrin, page 98.

I. — QUARÉ, François
  Olivier, Marie-Anne,   [Jean I.
  Marie-Catherine, b 1707, s 16 oct. 1708, à
Contrecœur.

I. — QUATREBARBE, François, b 1691, s 21
  sept. 1705, noyé, à Québec.

I. — QUATREBARBE, (de) Pierre, capitaine
  reformé dans les troupes, compagnie de M.
  De l'Angloiserie.
  Leroy, Marie, (dite la jeune chevalière de
  Chambly.)
  François, b 22 janv 1692, à la Pte-aux-Trembles
de Montréal.

1671, (19 octobre) Batiscan. [2]

I. — QUATRESOUS, Damien, b 1644, fils de Mathurin et de Jeanne Lessouchon, de St. Jean
  d'Aubrigon, évêché de Clermont ; s [2] 6 août
  1724.
  Bonin, Nicole, b 1645, fille d'Emery et de
  Catherine de Carmiquiel, de St. Denis, évêché
  de Meaux.
  François-Xavier, b 1672, *François,* b 1677 ;
s [2] 19 août 1703. — *Marie-Louise,* b 20 fév. 1680,
à Champlain. [2] — *Catherine,* b [2] 26 août 1681 ;
sœur dite Ste. Rose, C. N. D. ; s 7 avril 1703, à
Montréal. — *Marie-Jeanne,* b [2] 26 nov. 1684 ; m [2]
5 fev. 1705, à Pierre Gouin ; s [2] 22 mai 1739. —
Madeleine, b [2] 13 juin 1687, 1o m [2] 3 fév. 1712,
à Michel Roy ; 2o m [2] 13 fév. 1725, à Jean-Baptiste Bransard. — *Marie-Anne,* b 10 et s [2] 12
mai 1691.

I. — QUATREVILLE dit Larose, soldat de M.
  De la Grois.

QUAY. — *Variations et surnoms :* Quée — Cué
  — Guay — Dragon.

I. — QUAY dit Dragon, Louis,
  1o Lafontaine, Angélique.
  Louise, b 21 déc. 1698, à Varennes ; m 31 juillet
1731, à Pierre Gendras, aux Trois-Rivières.
  2o Richaume, Marthe,   [Pierre I.
  veuve de Gilles Monin ; s 28 juillet 1703, à
  Contrecœur. [2]
  Louis, b [2] 30 mars 1702. — *Marie-Josette,* b... ;
m 24 janv. 1719, à René David, à Verchères.

  1709, (4 février) Contrecœur.

  3o Coujan, Catherine, veuve de Noël Boulier.

1690, (26 juin) Québec. [2]

I —QUAYLA, (CAILLAS) JACQUES, maître-tailleur, b 1649, fils de Jacques et de Marie Ferier, de St. Pierre de Montpellier ; s [2] 14 oct. 1729.
VIGOURLUX, Claude,   [CLAUDE I.
   veuve de Remi Gravereau ; s [2] 12 mars 1729.

QUEDRA. — Voy. QUESDRA.

I. — QUÉE, MARGUERITE-RENÉE, née en 1674, fille de Jean et de Sara Gearchez, jeune anglaise convertie et baptisée le 25 août 1693, aux Trois-Rivières.

I. — QUELUÉ, JEANNE, b 1653, fille de Jean et de Marguerite Camus, de St. Gilles d'Evreux ; m 26 avril 1672, à Jean-Baptiste BRASSARD, à Quebec [2] ; s [2] 2 avril 1721.

QUENET. — Voy. GUENET.

1674, (12 février) Montreal. [9]

I.— QUENNEVILLE, JEAN, (1) b 1651, fils de Pierre (maître-tailleur) et de Jeanne Saye, de St. Nicolas, évêche de Rouen.
MARIE, Denise, (2) b 1654, fille de Pierre (maître d'armes) et de Jeanne Lord, de St. Sulpice de Paris.
   Jeanne, b [9] 8 janv. 1675 ; m [9] 13 fev. 1694, à Antoine VILLERAY. — *Geneviève*, b 8 juin 1676, à Lachine [6] ; m [9] 5 oct. 1693, à Charles BRASEAU. — *Catherine*, b [6] 7 mai 1678 ; m [9] 18 fév. 1697, à Jacques BIZET, s [6] 28 janv. 1703. — *Marie-Anne*, b [6] 15 mars 1680 ; m [9] 4 nov. 1697, à Paul LAUZON. — *Pierre*, b [6] 1er juin 1684. — *Antoine*, b [9] 19 mai 1686 , s [9] 20 oct. 1687. — *Jean*, b [9] 19 fév. 1688 ; m [6] 5 juillet 1704, à Marie DENIAU —*François*, b [9] 17 août 1689 ; m à Thérèse CARBONNEAU. — *Joseph*, b [9] 10 août 1692. — *Jean*, b [9] 13 janv. 1695 ; m [9] 9 nov. 1717, à Madeleine GUILBERT.

1686, (20 novembre) Montréal. [9]

I. — QUENNEVILLE, JEAN-BAPTISTE, (3) frère du précédent.
LAUZON, Louise,   [GILLES I.
   Catherine, b [9] 30 sept. 1689. — *Charles*, b [9] 2 mars 1692. — *Marie-Louise*, b [9] 4 avril 1694, sœur dite Ste. Brigitte, C. N.-D. ; s [9] 15 sept. 1721.

QUENTIN. (4)— *Variations et surnoms :* CANTIN — DE LA SALLES.

1660, (3 août) Québec. [4]

I. — QUENTIN, NICOLAS, b 1633 ; s 27 mai 1683, à l'Ange-Gardien. [7]
ROULOIS, Madeleine, (5)   [MICHEL I.
   Anne, b 22 oct. 1665, au Château-Richer [6], 1o m [7] 14 janv. 1686, à Louis DE LA MARRE ; 2o m [8]

(1) Maître-tailleur, huissier royal, chantre et bedeau.

(2) Elle épouse, le 15 mai 1704, Jean Gilbert, à Lachine.

(3) Bedeau de la paroisse de Montréal, en 1705.

(4) Il ne faut pas confondre ce nom avec celui de Quintin.

(5) Elle épouse, le 20 août 1684, Louis Boucher, à l'Ange-Gardien.

1er mars 1688, à Louis OUVRARD ; 3o m [7] 11 fév. 1697, à Nicolas BOSCHÉ ; s 28 mai 1711, à la Pte.-aux-Trembles de Québec. — *Denis*, b [7] 16 juillet 1668 ; m [7] 24 janv. 1689, à Ursule GAUDIN. — *Madeleine*, b [7] 29 juillet 1673 ; m [7] 29 janv. 1692, à Nicolas LABERGE. — *Louis*, b [7] 1er janv. 1676 ; m [7] 17 janv. 1701, à Marie MATHIEU. — *Marie-Jeanne*, b [4] 5 août 1678 ; m [7] 14 fév. 1695, à Guillaume LABERGE. — *Charles*, b [7] 26 mars 1681 ; m [7] 25 juin 1703, à Marie-Madeleine VÉSINA ; s [4] 12 août 1760.

I.—QUENTIN, PIERRE ; s 2 avril 1699, à Batiscan.

1689, (24 janvier) l'Ange-Gardien. [1]

II. — QUENTIN, DENYS,   [NICOLAS I.
GAUDIN, Ursule,   [CHARLES I.
   Marie-Anne, b 1690 ; m [1] 26 janv. 1712, à Louis GOULET. — *Guillaume*, b [1] 25 nov. 1691 ; m 8 juin 1716, à Madeleine PARADIS, au Château-Richer. — *Louis*, b [1] 20 janv. 1695 ; m [1] 6 nov. 1719, à Hélène GOULET. — *Marie-Ursule*, b [1] 5 déc. 1697 ; m [1] 25 août 1722, à Thomas TOUCHET. — *Marie-Jacqueline*, b [1] 6 fév. 1700. — *Nicolas*, b [1] 23 août 1708.

I. — QUERET, MICHEL, b 1668 ; s 29 nov. 1746, à St. Michel. [5]
DAVENNES, Françoise,   [CHARLES I.
   Michel, b [5] 2 juin 1693 ; m [5] 10 nov. 1745, à Marie-Josette MONMINY. — *Jean-Baptiste*, b [5] 17 août 1700. — *Pierre*, b [5] 3 janv. 1711 ; m [5] 13 août 1736, à Marie-Anne LEFEBVRE. — *Nicolas*, b [5] 19 et s [5] 23 sept. 1715. — *Charles*, b 25 nov. 1708, à St. Thomas [6] ; 1o m [5] 27 nov. 1730, à Suzanne PLANTE ; 2o m [5] 1er juin 1750, à Hélène BACQUET. —*Antoine*, b 2 déc. 1712, à St. Etienne de Beaumont [7] ; m [5] 17 avril 1742, à Geneviève PACQUET. — *Gabriel*, b [7] 3 août et s [7] 28 oct. 1714. — *Joseph*, b [5] 16 juillet 1719 ; m [5] 4 fev. 1754, à Marguerite BISSONNET ; s [5] 23 avril 1760. — *Marie-Françoise*, b 20 déc. 1702, à St. Thomas [6] ; m [7] 9 juin 1721, à Jean-Baptiste MOLLEUR ; s [7] 4 fév. 1726.—*Louis*, b [7] 27 et s [7] 30 juillet 1721. — *Michel*, b [7] 10 fév. 1723. — *Joseph*, b [6] 20 déc. 1704 ; m [7] 18 nov. 1726, à Angélique GAUTRON. — *Simon*, b [6] 19 oct. 1706 ; 1o m à Marie-Claire ROY ; 2o m [5] 7 avril 1750, à Marie BISSONNET.

I, — QUERET, PIERRE.
PAQUET, Isabelle,   [ISAAC I.
   Thomas, b 15 août 1704, à St. Michel [6] — *Anne-Dorothée*, b [8] 19 sept. 1706.

QUERGANIVET. (1) — Voy. GUERGANIVET.

1. — QUÉRIÉ, ANTOINE, matelot ; s 4 août 1716, noyé.

QUESDRA. — *Variations et surnoms :* QUEDRA— QUERDAIL — QUERDRAN —FRAPPE D'ABORD.

(1) Le 25 août 1674, il vend pour cinquante cinq livres, à Jean Juchereau de la Ferté, une habitation de neuf arpens sur quarante, sise à la Rivière-aux-Roches, seigneurie des SS. Anges.—*Greffe de Duquet.*

1698, (5 novembre) Trois-Rivières.

I. — QUESDRA dit Frapped'abord, François, de la compagnie de M. Dulhud, de Quesdron, évêché de Vanne.

Lesieur, Louise,   [Jean I.
Madeleine, b 9 déc. 1699, à Montréal. [5] — Marie-Madeleine, b [5] 23 nov. 1700. — Marie-Elizabeth, b [5] 1er août 1703.

QUESNEL. — Variations et surnoms : Quenel — Tiennel — Tourblanche.

1680, (15 janvier) Montréal. [7]

I. — QUESNEL dit Tourblanche, Olivier, maître-armurier, b 1654, fils de Pierre et de Marie Poulard, de St. Malo, de Bayeux ; s 15 mai 1719, à Lachine.[9]

Prudhomme, Catherine,   [Louis I.
Jean, b [7] 31 oct. 1681 ; m [6] 20 janv. 1704, à Marie Gourdon. — Jacques-François, b [6] 14 mai 1684 ; m [7] 23 nov. 1715, à Marie-Anne Trullier. — Jean-Pierre, b [6] 28 déc. 1686 ; m [6] 10 janv. 1717, à Marie Girard. — Charles, b [7] 17 mai 1689 ; s [6] 12 nov. 1708. — Marie-Elizabeth, b [7] 29 fev. 1692 — Marie-Catherine, b [7] 3 juillet 1693 ; s [7] 6 juin 1699. — Dominique, b [7] 18 juin 1695 — Raymond, b [7] 14 juillet 1697. — Joseph, b [7] 15 mai 1699 , s 4 dec. 1722, au Detroit. — Marie-Madeleine. b [6] 17 mai 1701, m [6] 20 avril 1718, à Antoine Carière — Joseph, b [6] 17 mars 1703 ; s [6] 9 fév. 1704. — Louise, b [6] 12 juillet 1705 ; m [6] 28 fev. 1729, à Jacques Chasle.

QUESNET. — Voy. Guenet.

QUESSY. — Variation et surnom : Kessy—Pagé.

QUEVILLON. — Voy. Quirion — Querignon.

1672, (2 fevrier) Montréal. [9]

I. — QUEVILLON, Adrien, b 1641, fils de Nicolas et de Marie Vauquelin, de St. Ouan-Maugo, evêché de Rouen.

Hunault, Jeanne, (1)   [Toussaint I.
Marie, b [9] 28 août 1673 ; m [9] 16 mai 1689, à Jean Lumineau. — Marguerite, b 14 mai 1676, à Repentigny, m 27 nov. 1697, à Jacques Desmoulins, à Beauport. — Pierre, b 13 nov. 1678, à la Pointe-aux-Trembles de Montréal. [9] — Françoise-Angélique, b [9] 13 mars 1681. — Jean-Baptiste, b [9] 25 juillet 1683 — Catherine, (2) b [9] 14 mars 1686 : 1o m [9] 30 juillet 1703, à Guillaume Lacombe-St. Amant ; 2o m 6 juin 1704, à Samuel Papineau, à la Rivière-des-Prairies ; 3o m 3 avril 1742, à Jacques Daniel, Sault-au-Recollet ; 4o m 18 fev. 1754, à Jean-Baptiste DeVerac.

---

(1) Elle épouse, en 1697, Jacques Corval.

(2) Cette enfant fut volée par les Iroquois, avec une de ses sœurs âgée de sept ans, que ces barbares firent brûler sous ses yeux. Après plusieurs années de captivité, elle fut rachetée, et remise à ses parents. Elle est une des ancêtres des familles Papineau et Truteau.

I. — QUEVILLON, (Quivion) Julien.

Lavergne, Françoise,   [François I.
s 18 mars 1702, à St. Thomas. [8]
Joseph, b 1692 ; m 27 juillet 1720, à Marguerite Giroux, à Québec[9]. s [9] 14 nov. 1750. — Marie-Marthe, b [8] 29 juin 1699 ; 1o m [9] 13 oct. 1721, à Pierre Flambard ; 2o m [9] 3 nov. 1731, à Pierre Gueric ; s [9] 5 mai 1748. — Joseph, né 14 mai 1695, à la Pointe-Verte, b 20 déc. 1695, au Cap St. Ignace.[9] — François, b [9] 10 avril 1697.

1678, (17 octobre) Québec.

I. — QUINTAL, François, b 1646, fils de Michel et de Marie Gonin, de St. Sauveur de La Rochelle.

Gautier, Marie,   [Charles II[?].
François, b 6 juin 1682, à Boucherville. [2] — Joseph, b [2] 18 dec. 1683 — Marie-Charlotte, b [2] 7 oct. 1686 ; s [2] 23 dec. 1687. — Marie-Catherine, b [2] 26 oct. 1688 , s [2] 3 janv. 1689. — Geneviève, b [2] 4 dec. 1689. — Marie, b [2] 25 oct. 1692. — Louis, b [2] 20 sept. 1695. — Jean-Baptiste, b [2] 27 mars 1698. — Michel, b 14 mars 1701.

1695, (17 janvier) Varennes. [1]

I. — QUINTIN, Jean, fils de Claude et de Claudine Lafalune, de St Aubin, evêché de Vannes, en Bretagne.

Delplé, Jeanne,   [Jean I.
Marie, b [1] 18 fév. 1695 ; m [2] 18 août 1714, à Jean Perrot. — Geneviève, b [1] 12 sept 1696 , s 9 mars 1723, à Repentigny. [2] — Jean-Baptiste, b [1] 23 avril 1698. — Catherine, b [2] 15 mars 1700 ; m [2] 7 janv. 1730, à Claude Denau. — Joseph, b... — Pierre, b [2] 10 janv. 1704, m [2] 24 janv. 1730, à Marguerite Hunaut. — Jean, b [2] 17 mars 1706. — Jean, b [2] 29 janv. 1708. — Françoise, b [2] 11 dec. 1710 — Charles, b [2] 2 août 1713. — Nicolas, b [2] 21 fev. 1715. — Jacques, b [2] 25 fev. 1717. — François, b [2] 12 oct. 1719.

R

1663, (28 octobre) Québec. [8]

I. — RABOUIN, Jean, b 1637, fils de François et de Marguerite Chassé, de St Nicolas, evêché de La Rochelle ; s 8 dec. 1707, à St. Jean, Ile d'Orleans [1]

1o Ardion, Marguerite, b 1643, fille de Pierre et de Suzanne Sonel, de la ville de La Rochelle.
Marie, b [8] 15 août 1664 ; m [8] 13 oct. 1681, à François Paris, s [8] 26 mars 1731 — Suzanne, b 4 dec. 1665, au Château-Richer ; 1o m à Jean Levitre dit Lamontagne, 2o m 1er mai 1696, à Pierre Rocher. — Marguerite, b [8] 4 sept 1667 : m [8] 1er oct. 1685, à Louis Mercier — Elizabeth, b 3 sept. 1669, à Ste. Famille. [6] — Anne, b [8] 25 mai 1671 ; 1o m 1er août 1689, à Nicolas Poirier, à Montréal [4]; 2o m [4] 4 janv. 1699, à Arnaud Monjoly ; s [4] 17 mai 1699. — Marie-Madeleine, b [6] 9 juillet 1673 ; m [8] 26 nov. 1692, à Jean Campagna. — Jacques, b [8] 7 oct. 1675 ; s [6] 24 sept. 1680. — Marie-Angelique, b [8] 28 sept. 1677 ; m 1696, à Louis Campagna.

33

1678, (8 septembre) Ste. Famille. [6]

2e LECLERC, Marguerite, veuve de Nicolas Le-BLOND ; s[6] 24 janv. 1705.

Marguerite, b[6] 20 nov. 1679 ; m[8] 27 avril 1700, à Noel LE ROY. — *Jean,* b 28 oct. 1681, à St Pierre, I. O.[9] ; s[6] 26 oct. 1698. — *Jeanne,* b[9] 9 janv. 1684 ; m[8] 26 nov. 1703, à Etienne CORRIVEAU.

1706, (6 juillet) St. Jean, I. O. [1]

3e MINOT, Marie,   [JEAN I. veuve de Jean Mourier.

Nicolas, b[8] 5 juin 1708 ; s[8] 6 sept. 1709.

I. — RABY, (1) MATHIEU. MORIN, Françoise,   [CHARLES I. veuve de Jean Poreaux.

1697, (13 février) Rivière-Ouelle.

I. — RABY, JEAN, b 1667, fils de Jean (Juge de Cravaut), et de Jeanne Cellier, de Cravaut, évêche de Xaintes, en Saintonge. DANCOSSE, Marie,   [PIERRE I.

RACINE, — *Surnom :* DESNOYERS.

1638, (22 mai) Québec. [5]

I. — RACINE ETIENNE, (2) b 1607, fils de René et de Marie Loysel, de Fumichon, en Normandie ; s 24 avril 1689, à Ste. Anne. [4] MARTIN, Marguerite,   [ABRAHAM I. s 25 nov. 1679, au Château-Richer. [2]

Anonyme, b et s[5] 30 sept. 1640. — *Louise,* b[5] 2 sept. 1641 ; m[5] 10 nov. 1653, à Simon GUYON ; s[2] 5 janv. 1675. — *Noel,* b[5] 26 déc. 1643 ; m[2] 12 sept. 1667, à Marguerite GRAVELLE — *Madeleine,* b[5] 25 juillet 1646 ; m[2] 22 nov. 1661, à Noel SYMAR. — *François,* b[5] 22 aout 1649, m 29 oct. 1676, à Marie BAUCHÉ, à Ste. Famille[3] ; s[4] 26 fev. 1714. — *Marguerite,* b[4] 8 mars 1652; m à Jean GAGNON ; s[2] 17 dec. 1695. — *Pierre,* b[2] 26 oct. 1654 ; m[3] 6 juillet 1682, à Louise GUYON; s[4] 14 mars 1729. — *Etienne,* b[2] 14 août 1662 ; m 25 oct. 1683, à Catherine GUYON, à St. François, I. O. ; s[4] 5 janv. 1722. — *Jeanne,* b 1660 ; m[2] 3 nov. 1682, à Jean PARÉ.

1667, (12 septembre) Château-Richer. [8]

II. — RACINE, NOEL,   [ETIENNE I. GRAVELLE, Marguerite,   [MASSÉ I. s 11 dec. 1708, à Ste. Anne. [7]

Etienne, b[8] 30 sept. 1668 ; s[7] 16 fév. 1688. — *Claude,* b 1669 ; s 4 oct. 1677, à Québec. — *Marguerite,* b[7] 27 fev. 1671 ; m[7] 18 avril 1690, à François PARÉ ; s[7] 18 mai 1703. — *Pierre,* b[8] 9 oct. 1672 ; 1ᵒ m à Catherine COCHON ; 2ᵒ m[7] 5 oct. 1711, à Geneviève GUIMONT. — *Noel,* b[7] 27 janv. 1675 ; m[7] 25 oct. 1700, à Françoise GUIMONT. — *Jeanne,* b[7] 24 mars 1677 ; m[7] 27 avril 1700, à Julien POULIN. — *Jean,* b[7] 9 avril 1679. — *Joseph,* b[7] 6 juillet 1681 ; m[7] 23 nov. 1706, à Marie-Jeanne LESSART ; s[7] 11 oct. 1717. — *Marie-Anne,* b[7] 30 mars 1684 ; m[7] 7 nov. 1701, à Jacques

---

(1) Marié sous le nom d'Araby.

(2) Le contrat de mariage passé le 16 nov. 1637. — *Greffe de Guitet.*

BOLDUC. — *Etienne,* b[7] 2 sept. 1689 ; m[7] 20 nov. 1713, à Thérèse LESSARD. — *Thérèse,* b[7] 28 fev. 1691 ; m[7] 20 nov. 1713, à Etienne LESSARD.

1676, (29 octobre) Ste. Famille.

II. — RACINE, FRANÇOIS,   [ETIENNE I. s 26 fév. 1714, à Ste. Anne. [9] BAUCHET, Marie,   [GUILLAUME I. s[9] 24 août 1703.

Marie, b[8] sept. 1677, au Château-Richer ; m[9] 9 fév. 1695, à Noël LESSARD ; s[9] 1ᵉʳ avril 1717. — *Marguerite,* b[8] 29 nov. 1679 ; m[9] 15 fév. 1700, à Joseph LESSARD ; s[9] 22 fév. 1714. — *Françoise,* b[9] 29 nov. 1679 ; s[9] 8 mars 1680. — *Louise,* b[9] 21 janv. et s[9] 22 fév. 1682. — *François,* b[9] 25 déc. 1685 ; 1ᵒ m[9] 20 fev. 1715, à Dorothée PARÉ ; 2ᵒ m[9] 18 avril 1717, à Geneviève SILVAIN. — *Joseph,* b[9] 3 juillet 1688 ; 1ᵒ m[9] 25 nov. 1710, à Madeleine PARÉ ; 2ᵒ m[9] 4 fév. 1721, à Marguerite VEAU. — *Ignace,* b[9] 12 août 1690 ; s[9] 5 août 1700. — *Anne,* b[9] 25 juin 1692 ; m[9] 22 fév. 1713, à Pierre ALAIN. — *Claire,* b... ; m[9] 21 fev. 1707, à Joseph LEPAGE. — *Catherine,* b[9] 22 juin 1700 ; m[9] 28 avril 1722, à Pierre VEAU.

1682, (6 juillet) Ste. Famille. [8]

II. — RACINE, PIERRE,   [ETIENNE I. s 14 mars 1729, à Québec. [7] GUYON, Louise,   [CLAUDE II. s[7] 12 dec. 1727.

Marie, b[8] 12 mai 1683 ; m[7] 13 fév. 1696, à Jean BOUCHER. — *Claude,* b 13 nov. 1684, à Ste. Anne[9] ; s[9] 18 déc. 1689. — *Jean-Baptiste,* b[9] 2 fev. 1687, m[7] 21 nov. 1712, à Marie GUILLOT ; s[7] 30 déc. 1757. — *Pierre,* b[7] 15 sept. 1689 ; m[7] 22 nov. 1712, à Louise LEVASSEUR. — *Joseph,* b[9] 27 nov. 1690 ; 1ᵒ m[7] 23 sept. 1715, à Marguerite PILOTTE ; 2ᵒ m à Louise GAGNÉ. — *Louis,* b[9] 28 nov. 1692; s[9] 18 avril 1693. — *Etienne,* b[1] 21 et s[7] 28 avril 1694. — *Louise,* b 1695 ; m[7] 13 avril 1711, à Louis LIENARD. — *François-Clément,* b[7] 3 déc. 1700 ; m[7] 28 sept. 1724, à Elizabeth LECOMTE.

1683, (25 octobre) Ste. Famille.

II. — RACINE, ETIENNE, (1)   [ETIENNE I. s 5 janv. 1722, à Ste. Anne? [1] GUYON, Catherine,   [CLAUDE II. s[8] 8 août 1718.

Claude, b 7 sept. 1684, au Château-Richer[2] ; m[8] 25 fev. 1710, à Geneviève GAGNON. — *Catherine,* b[8] 30 nov. 1685, sœur dite Ste. Agathe, C. N.-D. ; s 2 juin 1734, à Montréal. — *Marie-Geneviève,* b[1] 4 août 1688 ; m[1] 5 oct. 1708, à Jacques BLOUIN. — *Françoise,* b[1] 17 juin 1690 ; s[1] 30 sept. 1692. — *Dorothée,* b 1695 ; s[1] 5 nov. 1714. — *Etienne,* b[1] 24 mai 1692. — *Marie-Françoise,* b[1] 24 mars 1694 ; m[1] 17 juillet 1714, à Noël-Jean GAGNON. — *Agnès,* b[1] 8 août 1701 ; m[1] 12 juin 1724, à Ignace PARÉ. — *Etienne-Prisque,* b[1] 9 juin 1703 ; m 1724, à Marie-Anne GAGNON. — *Angélique,* b 12 mars 1705 ; m[1] 28 nov. 1724, à François-Malo LESSARD. — *Gabriel,* b[1] 15 mars 1710. — *Marguerite,* b 1706 ; m[1] 9 fév. 1722, à

---

(1) Son fils Claude est surnommé Desnoyers.

Joseph Giguère — *Jean*, b 1706; m¹ 9 nov. 1722, à Madeleine Bouchard.

RACLAU. — Voy. Dufaut.

1672, (16 février) Trois-Rivières. [3]

I. — RADIER dit Du Buisson, Jean, fils de Pierre et d'Ozanne Chassé, de Nigré, St. Jean d'Angély, en Saintonge.
Rivière, Marie, fille d'Abraham et de Judith Pelisson, du Bourg de Marenne.
Marie-Marguerite, b ³ 29 mai 1672. — *Jean-Baptiste*, b ³ 18 déc. 1673. — *Jean*, b ³ 18 et s ³ 20 oct 1675. — *Pierre-Jean*, b ³ 5 juillet 1680.

I. — RADISSON, (De) Pierre-Esprit, (1)
Kertk, ——, fille du chevalier Kertk.

I. — RAGAU, Simon.
Loreau, Françoise.
Marthe, b 1628, m 24 fév. 1664, à Louis Samson, à Québec ¹; s ¹ 22 mars 1693.

1673, (29 mai) Québec. ¹

I. — RAGEOT, (2) Gilles, greffier de la Prévosté, notaire-royal, b 1642, fils d'Isaac et de Louise Duret, de St. Jean de l'Aigle, évêché d'Evreux; s ¹ 3 janv. 1692.
Morin, Marie-Madeleine,   [Noel I.
s ¹ 22 juillet 1720.
Charles, b ¹ 12 août 1674; m ¹ 23 mai 1696, à Marie-Geneviève Gauvreau; s ¹ 18 déc. 1702. — *Nicolas*, (3) b ¹ 20 août 1676; s ¹ 31 mars 1703. — *Philippe*, b ¹ 11 juillet 1678, ordonné 24 juillet 1701; s 11 sept. 1711, à Kamouraska. — *Charles*, b ¹ 11 juin 1680; ordonné à Québec; s 26 fév. 1729, à Montréal. — *François*, b ¹ 3 mars 1682; 1° m ¹ 24 nov. 1711, à Geneviève Gautier; 2° m ¹ 1er août 1729, à Angélique Manseau; 3° m 16 oct. 1741, à Catherine Chevalier. — *Denis*, b ¹ 19 janv. 1684. — *Gilles*, b ¹ 15 mars 1686; s 8 oct. 1687. — *Gilles*, b ¹ 25 nov. 1689; m ¹ 23 fév. 1724, à Elizabeth Douaire; s ¹ 19 mai 1754. — *Marie-Madeleine*, (posthume) b ¹ 15 fév. 1692, m ¹ 28 nov. 1708, à Pierre Rivet.

1661, (15 septembre)

I. — RAGEOT dit Le Lionnais, Etienne, b 1625, fils d'Anne et de Claude Béline, de St. Cyr en Forais; s 21 nov. 1688, à Québec, (noyé).
1° Rouer, (4) Marie, veuve de Nicolas Dubois, b 1616, fille de Pierre et de Vincente Bastard, de la Chapelle Blanche, en Touraine.

---

(1) Radisson et Chouard, son beau-frère, pénètrent dans la Baie d'Hudson.—*Charlevoix*, t. I., p. 478.

(2) Gilles Rageot, nommé notaire, garde notes à Québec, le 17 mai 1675.—Edit, t. III., p. 89.— Seigneur de St. Luc, Rivière à LaCaille.

(3) Nicolas Rageot, de St. Luc, notaire-royal et greffier de la Prévosté.

(4) Elle vint au Canada avec son fils Urbain Dubois, dont le nom ne se trouve qu'au contrat de mariage de sa mère avec Etienne Rageot.— *Greffe d'Audouard*, 17 juillet 1661.
La propriété d'Etienne Rageot, était voisine de la terre de Pierre Denis de la Ronde que sa veuve, Catherine Leneuf, vendit, en 1690, à Maurice Pasquier. C'est aujourd'hui la propriété de Joseph DeBlois, Ecuier.

1685, (25 juin) Québec.

2° De la Haye, Catherine, (1)   [Pierre I.
veuve de Pierre Ginat.

1696, (23 mai) Québec

II — RAGEOT de St. Luc, Charles, [Gilles I.
greffier et notaire-royal, s ² 18 déc. 1702.
Gauvreau, Marie-Geneviève,   [Nicolas I.
s ² 26 déc. 1702.
Marie-Madeleine-Geneviève, b ² 12 juin 1697, hospitalière dite sœur St. Augustin; s ² 10 mai 1723. — *Marie-Catherine*, b ² 24 avril 1699; s ² 5 janv. 1703. — *Joseph-Augustin*, b ² 29 et s ² 30 nov. 1700. — *François-Joseph*, né le 16 nov. 1701. b ² 13 mars 1702, s ² 14 mars 1702.

RAGUENEAU, — *Variations et surnoms*. Agueneau — Hagueno? — Argentcourt.

1672, (25 octobre) Québec

I. — RAGUENEAU, Jacques, fils de Jacques et de Marie Thirement, de St. Louis, évêché de Paris.
Gaultier, Marie-Anne,   [Guillaume II.
veuve de Guillaume Féniou, s ³ 30 janv. 1706.

1681, (27 novembre) Pte-aux-Trembles, M. [9]

I — RAGUENEAU, Nicolas, b 1647, fils de François et de Jeanne Geoffray, de Poitiers; s ² 6 janv. 1688.
Lagrange, Jacqueline, veuve de Laurent Glory.

1659, (24 novembre) Montréal. [4]

I. — RAGUIDEAU dit, St Germain, Pierre, fils d'Etienne et de Renée Regnard; s ⁴ 28 août 1665, tué par les Iroquois.
Rebours, Marguerite, (2) b 1645, fille de Martin (maître-tonnelier) et de Suzanne Roussel.
Marie-Angélique, b ⁴ (3) 22 août 1660. — *Augustin*, b ⁴ 27 sept. 1662. — *Marguerite-Suzanne*, b ⁴ 1er janv. 1665.

1670, (15 décembre) Montréal. [5]

I. — RAIMBAUT, Claude, maître-menuisier, fils de Pierre et de Claude Marchand, de St. Jean de Chasayheury, évêché d'Angers.
Sallé, Madeleine-Thérèse, fille de Claude et de Madeleine Montallié, de St. Médard de, Paris.
Pierre, b ⁵ 11 oct. 1671; m à Jeanne Simbliv. — *Jean*, b ⁵ 23 mars 1673. — *Cunégonde*, b ⁵ 11 janv. 1675. — *Claude*, b ⁵ 21 dec. 1676. — *Marie-Geneviève*, b ⁵ 4 janv. 1680. — *Pierre*, b 1693; s ⁵ 3 juillet 1695.

---

(1) Elle épouse, le 7 fév. 1689, Pierre Cordier.

(2) Elle épouse, le 14 juin 1666, Jacques Guitaut, à Montréal.

(3) Baptisée par Monseigneur de Petrée, alors en visite à Montréal. Parrain, Lambert Closse, major de Montréal, marraine Jeanne Mance, administratrice de l'Hôpital.

I. — RAIMBAULT, Étienne.
Rambau, Jeanne.
Jeanne, b 31 juillet 1674, à Sorel ; m 1703, à Jean Viel.

II. — RAIMBAUT, Pierre, (1)   [Claude I.
notaire-royal, en 1699, à Montréal.
Simolin, J. B C.   [Paul I.
s 25 dec. 1705, à Montréal. [1]
Paul-François, b [1] 24 août 1696 : m 8 janv. 1718, à Marie-Catherine Duverger d'Aubusson. — *Louise-Catherine*, b [1] 12 janv. 1699 — *Anne-Madeleine*, b [1] 15 avril 1701. — *Marie-Geneviève*, b 12 mai 1703. — *Marie-Madeleine*, b... ; s 26 déc. 1713, à la Pointe-Claire.

RAIMBAULT. — *Variations et surnoms :* Imbaut —Matan— Matha.

1698, (10 novembre) Montréal. [1]

I. — RAIMBAULT (Imbaut dit Matan,) Guillaume, b 1669, fils de Pierre et de Marie Roté, ° de St. Trie, évêche de Xaintes.
1° Cherlot, Marie-Madeleine,   [Jean I.
s [1] 14 mars 1703.
Paul, b [1] 30 dec. 1699. — *Marie*, b [1] 26 oct. 1701.

1703, (6 mai) Montréal. [1]

2° Chorau, Louise-Marie, b 1681, fille de Charles et de Jacqueline Banine, de l'Ile-Dieu, évêche de Luçon.
Thérèse, b [1] 29 juin et s [1] 7 sept. 1704.

I. — RAIN, Jean-Baptiste, anglais, né dans la Grande-Ile, devant Piskatacoue, Nouvelle-Angleterre ; s 5 déc. 1699, à Montréal.

RAINVILLE. — Voy. De Rainville.

RAINEAU. — Voy. Raynaud.

I. — RAISIN, Marie, (2) b en 1641, à Troye, en Champagne, fille de la congregation de N. D. ; s 5 oct. 1691, à Montréal.

I. — RAISIN, Marguerite, b 1651, m 1669, à Bernard De Niger dit Saussoucy ; s 21 nov. 1700, à Laprairie.

I. — RAISON, François, ouvrier, de LaRochelle ; s 27 mai 1647, à Quebec, noyé dans la rivière St. Charles près de Notre-Dame des Anges.

RAMEZAY. — Voy. De Ramesay.

1667, (11 octobre) Québec. [1]

I. — RANCIN, Charles, b 1637, fils de Pierre et de Martine Chaignot, de Mauroy, évêche de LaRochelle.

Conflans, Françoise, b 1640, fille de Charles et de Marguerite Roissier, du bourg de Conflans près de Poissy, évêche de Rouen ; s [1] 29 fev. 1728.
Ursule, b [1] 16 sept. 1668 ; 1° m [1] 8 janv. 1684, à Pierre Hédouin ; 2° m [1] 29 oct. 1689, à Pierre Samson ; s [1] 15 déc. 1702. — *Marie*, b [1] 25 mai 1670 . m 11 nov. 1686, à Charles Goulet, à l'Ange-Gardien. — *Médard*, b 10 nov. 1671. — *Dorothée*, b [1] 4 avril 1673 ; m [1] 18 janv. 1694, à Jean Girardin ; s [1] 24 dec. 1702. — *Jeanne-Elizabeth*, b [1] 5 oct. 1674. — *Charles*, b [1] 13 avril 1676 ; m [1] 11 oct. 1700, à Angelique Hédocin. — *Augustin*, b [1] 15 mai 1678, s [1] 30 avril 1681. — *François-Joseph*, b [1] 11 avril 1680. — *Marie-Jeanne*, b [1] 26 sept. 1681 ; s [1] 4 janv. 1685. — *Barthélemi*, b [1] 17 dec. 1684. — *Marie-Anne*, b [1] 11 avril 1689 ; m [1] 26 nov. 1709, à Jean-Baptiste Halé ; s [1] 1er mai 1717. — *Françoise-Angélique*, b [1] 10 dec. 1690.

1685, (5 février) Beauport. [1]

I. — RANCOUR, Joseph, b 1655, fils de Pierre et de Jeanne Claude de Boisandré, de St. Jean de Lizieux ; s 21 mars 1719, à Québec. [2]
1° Parant, Marie,   [Pierre I.
veuve de David Corbin , s [2] 6 déc. 1700.
Jeanne, b [2] 20 sept. 1685. — *Angélique-Catherine*, b [2] 10 juin 1687. — *Joseph*, b [2] 9 oct. 1688. — *Marie-Angélique*, b [2] 26 fev. 1690 ; m [2] 17 janv. 1708, à Jean Monjaud — *Claude*, b [1] 2 oct. 1691 ; 1° m [2] 4 mai 1717, à Catherine Blanchon ; 2° m à Anne-Marguerite Turgeon ; s [2] 22 avril 1743. — *Françoise*, b [2] 14 sept. 1693 ; m [2] 22 oct. 1709, à Jean Laforest. — *François*, b [2] 4 oct. 1694. — *Marguerite*, b [1] 21 dec. 1696 ; m [2] 19 août 1719, à Pierre Normandeau ; s [2] 13 janv. 1756. — *Marie*, b 1698 ; s [2] 12 janv. 1703. — *Geneviève*, b [1] 28 fev. 1699.

1701, (18 septembre) Château-Richer.

2° Davaux, Marie-Françoise, (1)   [Charles I.
Charles-François, b [2] 5 mars 1703 , 1° m [2] 29 juillet 1726, à Marie-Françoise Duquet ; 2° m 9 août 1745, à Ursule Laisné. — *Jean-Baptiste*, b [2] 17 janv. 1705 ; m à Marie Aubert. — *Marie-Barbe*, b [2] 29 nov. 1706 ; 1° m [2] 27 juillet 1726, à Joseph Pilotte ; 2° m [2] 19 sept. 1757, à Blaise Borde. — *Marie-Françoise*, b [2] 24 oct. 1708 ; s [2] 19 mai 1709. — *Pierre*, b [2] 15 juin 1710 ; s [2] 1er juillet 1711. — *Joseph*, b [2] 20 juin 1712. — *Marie*, b [2] 2 oct. 1714 ; s [2] 23 juillet 1716. — *Claude*, b [2] 21 mai 1716, s [2] 29 dec. 1717.

RANÉ, (De) — Voy Le Guantier, François.

I. — RANGER dit Lavallée, Jean, soldat de Maricour, b 1659, de Porte-Neuve, évêche de LaRochelle ; s 1er août 1699, à Montréal.

1686, (30 juillet) Lachine. [3]

I. — RANGER dit Laviolette, Robert, fils de Pierre et de Jeanne Boutin, de la ville de La Rochelle.

---

(1) Marchand-ébéniste, conseiller du Roy, lieutenant-général civil et criminel, en 1734, à Montréal.

(2) Au recensement de 1666, elle est dite maîtresse d'école aux Trois-Rivières.

(1) Elle épouse, le 7 avril 1720, Pierre Laforest, à Québec.

GIRARDIN, Anne, [LÉONARD I.
Marie, b [8] 30 janv. et s [8] 6 fév. 1691. — *Hubert*,
b [6] 20 janv. 1694. — *Pierre*, b [8] 16 sept. 1696. —
Marie-Josette, b [8] 10 sept. 1698. — *Thomas*, b [8] 26
sept. 1700. — *Anne*, b 11 et s 17 mai 1703, à
Montréal. — *Joseph*, b 11 mai 1704, à Ste. Anne
de Montréal.

I. — RANGER DIT PAQUET, PIERRE.
FORTIN DIT PLERMEL, Marguerite, [FRANÇOIS I.
Mathurin, b 11 déc. 1693, à Montréal. [9] —
Pierre, b [9] 27 fév. 1696. — *Marguerite-Elizabeth*,
b [9] 31 janv. 1699. — *Marie-Josette*, b [9] 13 déc.
1701.

I. — RANNIER, MATHIEU, ecclésiastique du séminaire de Montréal, b 1634 , s 12 juillet 1690
à Montréal.

RAU, ANTOINE, s 26 mai 1652, à Montréal.

RAUX. — Voy. COURAULT.

RAOUL. — *Variations :* RAOULT—RAUX—RAULT
REAUX — RHÉAULT.

1664, (19 février) Trois-Rivières.

I. — RAOUL, ALEXANDRE, b 1636, fils de Louis et
de Jacqueline Robin, de Dey, en Aulnis; s 6
juillet 1692, à Champlain. [2]
DESROSIERS, Marie, b 1651, [ANTOINE I.
Joseph, b 1669; m [2] 21 juin 1695, à Françoise
DUBOIS. — *Marie-Anne*, b 1672; m [2] 18 août 1686,
à Nicolas TOUTANT. — *Jean*, b 1676. — *Jeanne*, b
1678 ; m [2] 23 nov. 1693, à Jean DUBOIS; s [2] 8 janv.
1709. — *Claire*, b 1679 ; m [2] 9 janv. 1702, à Pierre
DUBORD — *Marie-Madeleine*, b [2] 9 oct. 1682. —
Michel, b [2] 23 mai 1684; m [2] 11 janv. 1712, à
Renée BILLY. — *Madeleine*, b 25 et s [2] 27 fév. 1686.
— *Marie-Françoise*, b [2] 6 déc. 1687; s [2] 12 mars
1688. — *Alexis*, b [2] 18 fév. 1691.

1695, (21 juin) Champlain. [9]

II. — RAOULT, JOSEPH, [ALEXANDRE I.
DUBOIS, Françoise, [RENÉ I.
Marie-Catherine, b 9 mars 1696, à Batiscan ;
s [9] 27 mars 1696. — *Marie-Claire*, b [9] 16 mai 1698.
— *Marie-Anne*, b [9] 17 mars 1700. — *Thérèse*, b [9] 19
fév. 1702; 1° m à DISY ; 2° m à BLANCHARD, s [1er]
août 1741, aux Trois-Rivières. — *Marie-Geneviève*,
b 21 janv. et s [9] 11 juillet 1704. — *Joseph*, b [9] 25
juillet 1705. — *Marie-Françoise*, b [9] 29 mai 1707.
— *Elizabeth*, b [9] 28 avril 1709. — *Jean-Baptiste*,
b [9] 14 mai 1711.

1701, (2 janvier) Montréal. [8]

I — RAPIDIEU DIT LAMAIRE, JEAN, b 1672, fils
d'Antoine et de Laurence Cordeau, de Lesi-
gnat, évêche d'Angoulême.
FLEURY, Françoise, [FRANÇOIS I.
Jean-Marie, b 9 janv. et s [8] 7 juillet 1702. —
Charles, b [8] 30 mai 1703.

1669, (25 novembre) Montréal. [3]

I. — RAPIN, ANDRÉ, chirurgien, b 1640, fils de
Jean et de Marie Boufandreau, de St. Paul,
évêché de Luçon, au Poitou ; s 28 déc. 1694,
à Lachine. [3]
JARRY, Clémence, (1) [ELOY I.
Marie-Clémence, b [2] 3 oct. 1672 ; s [2] 29 nov.
1676. — *Anonyme*, b et s [2] 26 janv. 1675. — *Marie*,
b [9] 11 janv. 1676 ; s [3] 3 oct. 1683. — *Madeleine*, b [3]
10 avril 1678 ; m [3] 9 janv. 1696, à Jean Gabriel
PICARD. — *Marie-Anne*, b [3] 2 juin 1680 ; s [3] 5 août
1681. — *Marie-Anne*, b [3] 1er mai 1682. — *Marie-
Clémence*, b [3] 13 oct. 1684 ; m [3] 11 juillet 1707, à
Charles LEMAIRE — *Antoine-Jean*, b [3] 9 fév. 1687 ;
m [3] 31 janv. 1725, à Françoise ROY. — *Barbe*, b [3]
15 avril 1689 ; m [3] 7 avril 1709, à Jean-Baptiste
CHENIER. — *Jean-Baptiste*, b [8] 1er mars 1691 ; m à
Catherine JANSON. — *Marie-Barbe*, b [8] 8 déc. 1693.
— *André*, (adopté) b... ; m [3] 18 avril 1706, à Anne
GOURDON.

1678, (21 novembre) Québec. [4]

I. — RASSET, JEAN, b 1666, fils de Pierre et de
Jeanne Du Thy, de Ste. Geneviève en Brie,
archevêché de Rouen ; s 27 oct. 1711, à la
Pointe-aux-Trembles de Québec. [5]
CHAPPAU, Jeanne, [PIERRE I.
Jean, b [5] 8 sept. 1679. — *Pierre*, b [5] 15 janv.
1681 ; m 25 janv. 1713, à Marie GABOURY, à St.
Augustin [6]; s [6] 5 avril 1715. — *Romain*, b [5] 19
oct. 1682. — *Jean-Baptiste*, b [5] 20 sept. 1684 ; m [4]
5 avril 1715, à Marie-Anne CARON. — *Marie-Ma-
deleine*, b [5] 6 juin 1686 ; 1° m 1er mai 1709, à Jean-
GABOURY ; 2° m [6] 16 fév. 1722, à Eustache BOUR-
BEAU. — *Joseph*, b [5] 19 juillet 1688 — *François*, b [5]
5 janv. 1690 ; m 1725, à Marguerite JODIN, à Charlesbourg. — *Jean-Baptiste*, b [5] 27 mars 1691 —
Marie-Louise, b [5] 26 janv. 1693; 1° m [4] 9 sept.
1733, à Pierre DE LARME ; 2° m [4] 13 avril 1744, à
Jean BREUZARD. — *Antoine*, b [5] 1er août 1694. —
Marie-Elizabeth, b [5] 8 sept. 1695 ; m [4] 21 oct.
1748, à Louis GOSSELIN. — *Jeanne-Françoise*, b [4] 27
juillet 1697. — *Philippe*, b [6] 2 fév. 1699. — *Anne*,
b [4] 24 juillet 1700

1658, (12 novembre) Québec. [2]

I. — RATÉ, JACQUES, menuisier, b 1630, fils de
François et de Jacquette Huguet, de Laleu,
évêché de LaRochelle ; s 10 avril 1699, à St.
Laurent, I. O.
MARTIN, Anne, [ABRAHAM I.
Jacques, b [2] et s [2] 31 déc. 1659. — *Bertrand*, b [2]
10 et s [2] 25 déc. 1660 — *Michel*, b [2] 26 déc. 1662 ;
s avant 1666. — *Marie-Anne*, b [2] 16 fév. 1665 , m
23 nov. 1683, à Ignace GOSSELIN, à St. Pierre, I.
O. [4] — *Michelle*, b 1666. — *Jean-Baptiste*, b 7 déc.
1667, à Ste. Famille [8] , m 1697, à Madeleine BLOU-
ARD. — *Anne*, b [3] 19 oct. 1670, 1° m à Jacques DE
TREPAGNY ; 2° m 8 mars 1707, à Jean ANGLAIS, au
Château-Richer [1] ; s [1] 25 déc. 1709. — *Jacques*,
b [3] 29 juin 1673. — *Pierre*, b [3] 20 août 1675. —
Geneviève, b [3] 28 fév. 1678 ; m 1704, à Jean SICARD.
— *Louise*, b [4] 20 juin 1680 ; m à Louis MARTIN. —
Ignace, b [4] 29 août 1683. — *Guillaume*, b [4] 17 nov.
1686 ; m à Marie-Madeleine NOLIN.

---

(1) Elle épouse, le 16 août 1699, Joseph Gaultier, à Montréal.

II. — RATÉ. JEAN-BAPTISTE. [JACQUES I.
BLOUARD, Madeleine, [MATHURIN I.
Pierre, b 29 nov. 1699, à St. Laurent, I. O. —
Ignace, b...; m à Marguerite CHARLAND. — *Pierre,*
b... ; m 14 oct. 1725, à Marie-Charlotte MARTIN,
à Québec.

1669, (28 décembre) Montréal. [1]

I. — RATEL, PIERRE, b 1639, fils de Michel et de
Marguerite Gosset, de St. Herblanc, évêché
de Rouen.
1° LEMAIRE, Marie, fille de Joseph et d'Elizabeth
Dupré, de Romoratin, en Berry.
Marie-Anne, b [1] 12 nov. 1670 , m en janv. 1688,
à Pierre ENAU DIT CANADA, a Sorel. — *Gilbert,* b 9
janv. 1673, à Boucherville. [2] — *Pierre,* b [2] 30
juillet 1674 ; m 8 nov. 1698, à Marie-Antoinette
VIGER, à Repentigny.

1684, (22 août) Repentigny.

2° FONTAINE, Marguerite, veuve de Jacques
GIRARD. (1)

I. — RATEL DIT RATTIER, JEAN.
RIVIÈRE, Marie.
Marie-Charlotte, b 27 janv. 1677, à Sorel ; m 27
sept. 1696, à Daniel BOËT, à Québec.

1698, (8 novembre) Repentigny. [3]

II. — RATEL, PIERRE, [PIERRE I.
VERGER DESJARDINS, Antoinette, [ANTOINE I.
Geneviève, b 27 juin 1704, à l'Ile Dupas. [4] —
Pierre, b [4] 16 mars 1708; m [3] 13 fév. 1730, à
Françoise BOUSQUET —*Jean-Baptiste,* b [4] 20 juillet
1710. — *Charlotte.* b [4] 31 janv. 1723.

RATTIER, — Voy. RATEL.

I.—RAUDOT, JACQUES, et ANTOINE, son fils, Inten-
dants, de 1705 à 1712.

RAUX. — Voy. COURAULT — ROS — RAOUL

I. — RAUX, PIERRE, b 1665 ; s 21 nov. 1735, à
Quebec.

I —RAULT, (DU RO) PIERRE, de Saintes
VANASSE, Madeleine, (2) [FRANÇOIS I.
Pierre, b 27 avril 1692, aux Trois-Rivières [9] ; s [9]
31 mars 1699.

1686, (4 novembre) Québec.

I. — RAYMOND DIT BELLEGARDE, JEAN, soldat de
la compagnie de Dorvilliers, b 1661, fils de
François et de Marie Courgeau, marchand du
bourg des Coyeux, évêche de Xaintes.
LEMIRE, Catherine, [JEAN I.

1692, (29 juin) Laprairie. [1]

I — RAYMOND DIT PASSE-CAMPAIGNE, TOUSSAINT,
soldat de M. de Vaudreuil, b 1669, fils de
Barthélemi et de Marguerite Chaudié, de
Roullet, évêché d'Angoulesme.
1° LE MAISTRE, Marie, [PASCHAL I.
veuve de Jean Duval.
Marguerite, b 14 et s [8] 19 mars 1693. — *Pierre,*
b 9 avril et s [8] 20 sept. 1694.

1696, (1er octobre) Montréal. [3]

2° PILET DIT LOISELLE, Barbe, [FRANÇOIS I.
Charles-François, (1) b [8] 19 juillet 1697 ; m 24
nov. 1721, à Marguerite DANY, à Lachine. —
François, b [8] 8 déc. 1698 ; m [8] 6 avril 1723, à
Marie LONGTAIN. — *Deux Anonymes,* b et s [8] 22
déc. 1700. —*Marie,* b 22 dec. 1703, à Ste. Anne du
bout de l'Ile. [9] —*Marie-Josette,* b [9] 19 fev. 1705.—
Joseph, b 1709 . m [2] 16 avril 1736, à Marie-Madeleine DAUDELIN.

RAYNAUD, — *Variations et surnoms :* RAINEAU
— REGNAUD — PLANCHAR — BLANCHARD.

1671, (7 janvier) Montréal. [8]

I. — RAYNAUD DIT BLANCHARD, JEAN, fils d'An-
toine (praticien) et de Jacqueline Le Noble,
de St. François de Bussières, évêché de Li-
moges.
MILLET, Catherine, [NICOLAS I.
François, b [8] 15 sept. 1674 ; m 23 nov. 1699, à
Marie GAUTIER, à la Pointe-aux-Trembles de
Montréal. [8] — *Jean,* b [8] 24 janv. 1677. — *Pierre,*
b [8] 25 avril 1679. — *Jacques,* b 7 et s [8] 15 mai
1681. — *Pierre,* b [8] 18 juin 1682 ; s [8] 20 oct. 1684.
— *Françoise,* b [8] 8 avril 1685 ; m à Alexis GARIÉ-
PY ; s 15 déc. 1717, à St. François, Ile-Jésus. —
Joseph, b [8] 22 juin 1687. — *Jacques,* b [8] 11 juillet
1689 ; m à Madeleine SENET.

1699, (23 novembre) Pte-aux-Trembles, M.

II. — RAYNAUD, RAYNEAU, FRANÇOIS, [JEAN I.
GAUTIER, Marie, [MATHURIN I.

1671, (26 octobre) Québec.

I. — RÉAL, JEAN, b 1635, fils de Thomas et de
Marie Mondain, de Boulac, évêché d'Angou-
lême ; s 17 oct. 1677, à Ste. Famille.
ARINART, Anne, (2) fille de Geoffroy et de Marie
Bremont, de St. Gervais de Rouen.

RÉAME.—*Variations :* RÉAUME — RHÉAUME.

1665, (26 janvier) Québec.

I. — RHÉAUME, JEAN, b 1642, fils de Guillaume
et de Catherine LeMoyne, de St. Nicolas-des-
Champs, évêché de Paris.
HURDOUIL, Marie, veuve de Simon Savard ; s 25
nov. 1703, à Charlesbourg. [4]
Marie-Madeleine, b [4] 21 mai 1666.

---

(1) Elle épouse, le 21 déc. 1691, Maurice Olivier, à la
Pointe-aux-Trembles de Montréal.

(2) Elle épouse, le 14 oct. 1697, Mathieu Courier, aux
Trois-Rivières.

(1) Filleul de LeGouës de Merville.

(2) Elle épouse, le 9 février 1678, Antoine Lefort, à Ste.
Famille.

1665, (29 octobre) Québec. [5]

I. — RÉAME, René, b 1643, fils de Jean et de Marie Chevalier, de N.-D. de Cogne, évêché de La Rochelle ; s [2] 31 oct. 1722.

CHEVREAU, Marie, b 1652, fille de François et d'Antoinette Jalée, de St. Valérien, évêché de Chartres.

Maurice, b [2] 6 déc. 1666 ; 1° m 19 avril 1689, à Marie-Françoise VIVIEN, à Charlesbourg [4] ; 2° m [4] 10 janv. 1705, à Marie GIROUX ; s [4] 17 janv. 1709. — *Robert*, b [2] 26 janv. 1668 ; m 22 sept. 1696, à Elizabeth BRUNET, à Montréal. — *Simon*, b [3] 9 nov. 1669. — *Etiennette*, b [3] 3 janv. 1672 ; s [4] 12 sept. 1708 (mort subite). — *René*, b [4] 14 oct. 1673 ; m [4] 22 nov. 1694, à Marie GUYON. — *Jean-Baptiste*, b [3] 24 sept. 1675. — *Marie-Renée* b [3] 2 juillet 1677 ; m [4] 25 nov. 1698, à Michel RENAUD. — *Jacques*, b [3] 28 nov. et s [3] 1er déc. 1679. — *Michel*, b... ; m [3] 27 janv. 1733, à Catherine AMELOT. — *Pierre*, b [4] 9 fév. 1681 ; s [4] 20 déc. 1683. — *Jacques*, b [4] 25 avril 1683 ; 1° m 6 juin 1707, à Marguerite PROTEAU, à Champlain [5] ; 2° m [4] 11 nov. 1709, à Agnès GAGNON ; s [4] 22 mars 1711. — *Michel*, b [4] 22 déc. 1685. — *Charles*, b [4] 17 avril 1688. — *Pierre*, b [4] 28 juillet 1691.

1668.

I. — RÉAUME, RENÉ.
LA BASTILLE, Renée.
Jacques, b 26 juillet 1669, à Québec.

1689, (19 avril) Charlesbourg. [5]

II. — RÉAUME, MAURICE,   [RENÉ I.
s [5] 17 janv. 1709.
1° VIVIEN, Marie-Anne,   [PIERRE I.
s [5] 29 janv. 1703.
René, b [5] 15 janv. 1690 ; m 20 janv. 1724, à Marie-Catherine PEPIN, à Québec. [6] — *Marie-Anne*, b [4] 4 juillet 1692 ; s 2 avril 1703, à Beauport. — *Marie-Anne*, b [5] 20 et s [5] 22 janv. 1695. — *Joseph*, b [5] 14 fév. 1696. — *Maurice*, b [5] 11 nov. 1698 ; s [5] 23 avril 1715. — *Jean-Baptiste*, b [5] 4 juin 1701 ; m [6] 3 fév. 1727, à Marie-Catherine COUSSI.

1705, (10 janvier) Charlesbourg. [5]

2° GIROU, Marie,   [TOUSSAINT I.
veuve de Pierre Choret.
Alexandre, b [5] 16 déc. 1705. — *René-Louis*, b [5] 21 avril 1707. — *Pierre*, b [5] 6 juillet 1708 ; s [5] 3 mai 1715.

1694, (22 novembre) Château-Richer. [7]

II. — RÉAUME, RENÉ,   [RENÉ I.
GUYON, Marie,   [SIMON II.
veuve de Guillaume TIBAUT.
Marie, b [7] 16 sept. 1695, s [7] 28 fév. 1703. — *Simon*, b [7] 7 août 1697 ; m 1724, à Madeleine JULIEN, à Charlesbourg. — *Anonyme*, b et s [7] 30 avril 1699. — *Charlotte*, b [7] 18 avril 1700 ; s [7] 22 fév. 1703. — *Basile*, b [7] 6 juin 1702. — *Gabriel*, b [7] 27 janv. 1704.

1696, (22 septembre) Montréal. [3]

II. — RÉAUME, ROBERT, (1)   [RENÉ I.

BRUNET, Elizabeth,   [ANTOINE I.
Simon, b [3] 14 sept. 1697 ; m 10 sept. 1722, à Marie-Charlotte TURPIN, à Lachine [3] — *Nicolas*, b [2] 25 nov. 1699 ; 1° m à Marguerite MULOIN ; 2° m 7 juin 1734, à Catherine LABELLE, à St. François, I. J. — *Joseph-Marie*, b [3] 25 mars 1702. — *Hyacinthe*, b [3] 25 mars 1704 ; m 1733, à Agathe LACELLE. — *Jean-Baptiste*, b [3] 10 déc. 1705. — *Judith*, b [3] 6 nov. 1707 ; m [3] 17 fév. 1726, à Jacques LALANDE. — *Pierre*, b [3] 6 oct. 1709 ; 1° m à Marie STÈBRE ; 2° m 20 janv. 1738, à Suzanne HUBERT, au Detroit.

I. — RÉAUME, SIMON, marchand, s avant 1734
CATIN, Thérèse,   [HENRY I.
Charles-Augustin, b... ; m 17 mai 1734, à Marguerite LABELLE, à St. François, Ile-Jésus.

I. — REBOURS, PIERRE, b 1647 ; s 27 juillet 1677, à Montréal.

RÉCOMPENSE, (LA) — Voy. PIVAIN.

REL, JEAN, de Gentilly ; s 21 déc 1695, aux Trois-Rivières.

RÉEL. — *Variations et surnoms* : RIEL — REL — SANSOUCY.

1704, (21 janvier) Ile-Dupas.

I. — RÉEL, JEAN-BAPTISTE, fils de Jean-Baptiste, et de Louise Lafontaine, de St. Pierre de Limeric, en Irlande,   [FRANÇOIS I.
COTTU, Louise,
Jean-Baptiste, b [1] 12 juin 1705. — *Jean-Baptiste*, b 10 mars 1709, à Verchères. — *Maurice*, b 25 mai 1711, à Repentigny [2] — *Marie-Catherine*, b [2] 5 mars 1713.

I. — REFORT, ANNE, de N. D d'Estampes, évêché de Sens ; 1° m à François CUREILLE ; 2° m 8 oct. 1695, à Henry BEGARD, à Québec [1], 3° m [1] 6 nov. 1698, à Augustin BRUNET.

REGAS, (REJAS). — Voy. RIGEALLÉ dit LAPRADE.

1690, (2 octobre) St. Thomas. [3]

I. — REGAULT, (ROUAU) DOMINIQUE, b 1647, fils de Julien et de Geneviève Grimaux de St. Alban, évêché de St. Brieux.
GAUMON, Louise,   [ROBERT I.
Louise, (1) b [3] 27 déc. 1691 ; s [3] 28 mai 1692. — *Louise*, b 20 janv. 1696, à Québec. — *Geneviève*, b [3] 25 août 1699 ; s [3] 28 mai 1702. — *Pierre*, b [3] 17 déc. 1701 ; s [3] 26 déc. 1708. — *Jean-Dominique*, b [3] 26 août 1704 ; m [3] 9 avril 1731, à Angélique TRUDEL. — *Suzanne*, b [3] 15 sept. 1707.

I. — REGNARD-DUPLESSIS, GEORGE, seigneur de Morampont et de Lauzon, trésorier de la marine, dans toute la Nouvelle-France ; s 31 oct. 1714, à Québec [4] (dans l'eglise).
LE ROY, Marie.
Geneviève, b [4] 7 fév. 1692 ; hospitalière dite de

---

(1) Ses fils, Pierre et Hyacinthe, se sont établis au Détroit.

(1) Empoisonnée, ainsi que sa petite sœur Geneviève, par des racines qu'elles avaient mangées.

l Enfant-Jésus, à Quebec. — *Louis*, (1) b et s⁴ 29 jnv. 1693. — *François*, b⁴ 14 janv. 1694. — *Nicolas-Joseph*, b⁴ 18 mars et s⁴ 18 avril 1695.—*Joseph*, b⁴ 7 avril 1697. — *Antoine-Louis*, b⁴ 25 nov. 1699 ; s⁴ 16 mars 1700 — *Charles-Denis*, b⁴ 22 juin 1704 , m⁴ 29 mai 1742, à Elizabeth-Geneviève GUILLIMIN.

I. — REGRENY, MATHURIN, s 18 juillet 1661, à Quebec.

I. — REGUINDEAU, JOACHIM.
HANNEI.ON, Madeleine, b 1645 ; s 14 mars 1689, à Boucherville. 8
Jean-Baptiste, b ...— *Joachim*, b⁸ 19 avril 1671 ; m 3 nov. 1693, à Marie LEFEUVRE, à la Pointe-aux-Trembles de Montreal —*Jacques*, b⁸ 26 fév. 1673 ; m⁸ 29 oct. 1696, à Marguerite VERONNEAU.—*Marie-Jeanne*, b⁸ 3 avril 1675 ; 1° m⁶ 18 oct 1693, à Nicolas PETIT ; 2° m 4 nov. 1709, à Jacques JODOUIN. — *Pierre*, b⁸ 2 août 1677. — *François*, b 13 et s⁸ 16 juin 1680. — *Louis*, b⁸ 9 juin 1681. — *Marguerite-Josette*, b 10 et s⁸ 17 oct. 1682.

1693, (3 nov) Pᵗᵉ-aux-Trembles, (M).

II. — REGUINDEAU, JOACHIM,   [JOACHIM I.
LEFLEVRE, Marie,   [PIERRE I.

1696, (29 octobre) Boucherville. 9

II. — REGUINDEAU, JACQUES,   [JOACHIM I.
VERONNEAU, Marguerite,   [DENIS I.
Madeleine b⁹ 2 mai et s⁹ 8 juin 1698.— *Jean-Baptiste*, b⁹ 21 juin 1699. — *Louis*, b⁹ 19 déc. 1701.

1692, (18 février) Québec. 1

I. — REICHE, FRANÇOIS, b 1667, fils de Philippe et de Paule Rousse, de N.-D. de Carcassonne, au Languedoc ; s¹ 25 juin 1727.
PINARD, Marguerite,   [LOUIS I.
s¹ 26 oct 1742.
Françoise-Marguerite, b¹ 12 août 1693 ; m¹ 26 janv. 1717, à Jean LEDUC; s 11 août 1718.— *Pierre-Joseph*, b¹ 12 juin 1695. — *Marie-Louise*, b¹ 13 nov. 1696 ; m¹ 18 avril 1723, à Joseph LE PICARD, s¹ 28 fév. 1754. — *François-Louis*, b¹ 8 oct. 1698 , s¹ 7 juillet 1699. — *François*, b¹ 24 mars 1700 ; s¹ 29 dec. 1716. — *Marie-Jeanne* b¹ 12 fév. et s¹ 18 dec. 1702. — *Claude*, b¹ 23 oct. 1703. — *Jeanne*, b 21 juin 1706 ; m¹ 28 sept. 1728, à Simon CHANNAZORS; s¹ 12 oct. 1755. — *Jean-François*, b¹ 20 et s¹ 22 mai 1708.

I. — REIGNOIR DE ST. ETIENNE, ETIENNE.
CAILLÉ, Jeanne, b 1659 ; s 13 déc. 1689, à Montreal. 2
Etienne, b 26 fév. 1672, aux Trois-Rivières.— *Jeanne*, b 1675 ; m² 19 sept. 1695, à Hugues MESSAGUE.

RIGEALLE. — *Variations et surnoms :* REGAS — REJAS — LAPRADE.

1683, (25 novembre) Contrecœur. 1

I. — RIGEALLE, JEAN, b 1643, fils de Gilles et de Marguerite Blanchet, de Messonnay, évêché de Limoges, au Limousin.
JAMEIN, Madeleine,   [JULIEN I.
Marie, b¹ 5 mars 1685. — *Jean-Baptiste*, b 12 fev. 1690, à Quebec.— *Marie-Ursule*, b... ; m 25 fev. 1727, à Seraphin BRIEN, à Repentigny. — *Madeleine*, b... ; m 3 mai 1706, à René ETHIER, à St. François, Ile-Jésus.

I. — RELEP DIT DÉCAMPE, JEAN-BAPTISTE, soldat de M. de Vaudreuil, b 1677 ; s 27 juin 1699, à Montreal.

1681, (7 mai) Ilet.

I. — RÉMILLARD, FRANÇOIS, b 1645 ; s 4 avril 1700, à St. Michel 2
GABOURY, Anne. (1)   [LOUIS I.
François, b² 12 mai 1694; m 3 à Françoise HÉLIE. — *Etienne*, b² 5 avril 1700. — *Marie*, b... ; m² 10 nov. 1709, à Guillaume CORRIVEAU.

I. — RÉMY, THÉRÈSE, b 1661, en France, sœur dite de l'Annonciation, C. N.-D. ; s 1er sept. 1741, à Montreal.

1667, (24 janvier) Trois-Rivières.

I. — RÉMY, RENÉ, (2) fils d'Edmond et de Jacqueline Quentin, de Luitre, en Champagne.
LÉONARD, Marie, fille d'Etienne et de Madeleine Debois, de St. Sauveur, de LaRochelle ; s 2 juillet 1688, à Québec.

I. — RÉMY, JEAN, établi à Beauport, b 1641.
MAILLOU, Marie, b 1649

RENARD. — *Surnoms :* DESLAURIERS — LAJEUNESSE.

1677, (22 novembre) Québec. 2

I. — RENARD DIT DESLAURIERS, CLAUDE, fils de Nicolas et de Louise Thibaut, de St. Michel, évêché d'Angers.
COIPEL, Marie,   [JEAN I.
veuve de Guillaume Fagot ; s² 4 janv. 1681, (mort subite).
Claude, b² 10 juin 1679. — *Jeanne*, b... ; m à Pierre AMIOT.

RENAUT. — *Surnoms :* DESLAURIERS — LAJEUNESSE.

I. — RENARD DIT LAJEUNESSE, MATHURIN.
OVARDE, Marguerite.
Marie, b 10 mai 1678, à Sorel.

---

(1) Elle épouse, le 6 février 1702, Pierre Corriveau, à St. Michel.

(2) Procureur des Pères Jésuites, à Beauport.

---

(1) Filleul de Frontenac.

RENAUD. — *Variations et Surnoms :* Reno —
RENAULT — RENEAU — REGNAULT — RAYNAU
— ARNAULT — DESLAURIERS — DE COUAGNE —
LAVERGNE — DAVESNE — DESMELOISES — BLAN-
CHARD — LOCAT — LE TAMBOUR — CANNARD —
BOIS-JOLI — LA GIROFFLEE — DESMOULINS.

REGNAUD, JEAN. — Voy. RAYNAUD.

I. — RENAULT, MATHURIN, de St. Etienne d'Ars,
évêche de LaRochelle.
ROUSTY, (Roustier) Gabrielle, (1) b 1610.
Anne, b 1631 ; m 1655, à Samuel VIGNIER ; s 26
août 1710, à Québec ¹ — *Joseph,* b... — *Mathieu,*
b... ; m ¹ 7 oct. 1669, à Marie PELLETIER.

I. — REGNAUT, GUILLAUME.
CRÉPEAU, Jeanne. (2)
Antoine, b 1648, m 20 dec. 1674, à Elizabeth
HUBERT, à Montréal¹ ; s ¹ 8 oct. 1687. — *Jeanne,*
b... ; m à Jacques VAUDRY.

I. — RENAUD, VINCENT, cordonnier, b 1609.
MARTIN, Marie, b 1614,
Gabriel, b 13 sept. 1657, à Québec. ¹ — *Marie,*
b 19 janv. et s ¹ 4 fév. 1659. — *Jacques,* b 1635 ,
1° m ¹ 13 oct. 1665, à Marie CHARIÉ ; 2° m ¹ 24
oct. 1695, à Barbe ROTTEAU ; s ¹ 25 sept. 1711. —
Barbe, b 1649 ; 1° m ¹ 10 janv. 1661, à Jean CHAR-
PENTIER ; 2° m ¹ 18 avril 1678, à Nicolas COCHART ;
3° m ¹ 2 dec. 1679, à Mathurin ARMAND.

1665, (13 octobre) Québec. ¹

II. — RENAUD, JACQUES, [VINCENT I
s ¹ 25 sept. 1711.
1° CHARIÉ, Marie, b 1639, veuve d'André Dé-
post, de St. Jean de Gerbroy, évêché de
Beauvais, en Picardie.
Jeanne, b ¹ 29 août 1666, 1° m 11 nov. 1681, à
Claude FOURNIER, à Charlesbourg ² ; 2° m ² 21
nov. 1689, à Nicolas CHAMARD — *Jean-Baptiste,*
b ¹ 7 nov. 1668 : m ² 23 nov. 1688, à Françoise
FONTAINE. — *Catherine,* b ¹ 20 sept. 1671 ; 1° m ¹
27 fév. 1696, à Charles BOUVIER , 2° m ¹ 23 juin
1712, à Romain CHAPPAU ; 3° m ¹ 2 oct. 1715, à
Guillaume DUBOC , s ¹ 10 mai 1723 — *Marie-Anne,*
b ¹ 24 juin 1674 ; m ¹ 18 juillet 1695, à Laurent
NORMANDIN , s ¹ 19 mai 1738

1695, (24 octobre) Québec. ¹

2° ROTTEAU, Barbe, veuve de Pierre Moisan.
Marie-Angelique, b ¹ 4 fév. 1697 ; 1° m ¹ 28
mai 1714, à Thomas DOYON ; 2° m ¹ 30 sept. 1743,
à Germain VILLIARS ; s ¹ 12 sept. 1753.

1666, (11 janvier) Montréal. ¹

I. — REGNAULT DIT LE TAMBOUR, ANTOINE, maçon, fils de François et de Madeleine Josse
1° PLEMAREST, Geneviève, b 1645, fille de Pierre
et de Catherine Dermontre ; s ¹ 1er janv. 1679.
Marie-Geneviève, b ¹ 18 janv. 1668 — *Laurent,*
b 1669 ; m 27 dec. 1695, à Anne GUYON, à St.

(1) Elle épouse Pierre Sicateau.
(2) Elle épouse Pierre Deluserat.

Augustin. — *Anonyme,* b et s ¹ 15 janv. 1675 —
Agnès, b ¹ 25 fév. 1676 ; s ¹ 20 sept. 1677. —
Antoine, b ⁵ 29 avril 1678.

1681, (12 août) Québec. ²

2° DUVAL, Françoise, (1) veuve de Pierre
Courault.
Marguerite Angélique, b ² 12 juillet 1682, m 3
août 1705, à Charles CABASSIER, à Montreal. —
Louis, b ² 15 dec. 1683, m 5 avril 1717, à Geneviève PERTHUIS, à Lachine. — *Angelique,* b ² 18
sept et s ² 11 nov. 1685. — *Madeleine,* b ² 5 fév.
1687 ; m ² 24 nov. 1712, à Pierre DUPUIS ; s ² 17
avril 1746. — *Pierre,* b ² 17 dec 1688 ; s ² 28 oct.
1691. — *Marie-Agnès,* b ² 10 sept. 1690. — *Agathe,*
b ² 17 août 1692.

1667, (5 decembre). (2)

I. — RENAUD, RENÉ, fils de Julien et de Françoise Fonteneau, de Nantes, en Bretagne.
VIGNIER, Marie, [SAMUEL I.
s 24 nov. 1697, à Montréal.

1668, (27 novembre) Québec. ⁴

I. — REGNAULT, GUILLAUME, b 1644, fils de Guillaume et de Suzanne De la Haye, de St. Jovin,
de Rouen ; s 6 janv. 1709, à Charlesbourg. ⁵
DE LA MARE, Marie, b 1650, fille de David et
et d'Anne Busevestie, de St. Maclon, de
Rouen ; s 23 dec. 1708.
Louis, b ⁴ 28 août 1669 ; m ⁵ 22 nov. 1694, à
Madeleine BIDARD. — *Jean-Bernard,* b ⁴ 9 janv.
1671 ; m ⁵ 20 janv. 1698, à Jeanne DÉRY ; s ⁵ 5
dec. 1715. — *Marie-Anne,* b ⁴ 16 juin 1673, m ⁵ 5
oct. 1693, à Nicolas LEDOUX ; s ⁵ 19 janv. 1703 —
Louise, b ⁴ 13 dec. 1676 ; m ⁵ 25 nov. 1697, à
Joseph VERRET ; s ⁵ 16 dec. 1708. — *Pierre,* b ⁵ 2
oct 1679 ; m ⁵ 8 nov. 1706, à Thérèse DÉRY. —
Jeanne-Elizabeth, b ⁴ 7 sept. 1682 ; m ⁵ 27 nov.
1702, à Jacques BEDARD. — *Marie-Marguerite,* b ⁵
21 juin 1685 ; m ⁵ 7 nov. 1707, à Jean-François
SAVARD. — *Joseph,* b ⁵ 9 nov. 1687, s⁵ 4 juin 1689.
— *Marie-Thérèse,* b ⁵ 27 nov. 1689 ; m 11 janv.
1712, à Pierre VOYER, à Lorette. — *Joseph,* b ⁵ 1er
nov. 1692 ; m⁵ 18 nov. 1715, à Jeanne BEDARD.

1669, (7 octobre) Quebec. ²

I. — RENAUT, MATHURIN, fils de Mathurin et de
Gabrielle Rousty, de St. Etienne d'Ars, evêche de LaRochelle.
PELLETIER, Marie, (3) fille de François et de
Michelle Lachalle, de Madeleine de Montargis, archevêche de Sens.
Pierre, b ² 2 oct 1670 , m 24 janv. 1695, à Angélique FASCHE, à Charlesbourg ⁴ — *Michel,* b ² 17
janv. 1672 ; m ⁴ 25 nov. 1698, à Marie RÉAUME ;
s ² 29 juin 1743. — *Anne,* b ² 10 juin 1674, m⁴ 10
janv. 1689, à Pierre BOURLOTON. — *Louise,* b ² 11
mai 1677 ; m ² 23 juillet 1691, à Mathurin PALIN ;
s ² 28 avril 1744.

(1) Elle épouse, le 10 déc. 1685, François Renaud, à
Québec.
(2) Date du contrat de mariage. Ce mariage, célébré le 15
fév. 1668, est enregistré sous le nom d'Arnault — Voy. page 12.
(3) Elle épouse, le 19 oct. 1677, Pierre Cannard, à Québec.

1672, (7 novembre) Château-Richer.

I. — RENEAU dit Bóis-Joli, Mathurin, b 1647 ; s 27 déc. 1625, à Ste. Famille.
Guillot, Louise, (1) [Godfroy I.

1670.

I. — RENAULT-LOCAT, Pierre-André.
Desportes, Françoise.
Françoise-Elizabeth, b 17 janv. 1675, à Sillery⁹ ; m 2 mai 1694, à Jean Joubin, aux Grondines. ⁴— *Jean*, b 29 oct. 1671, à Québec.³ — *Pierre*, b ⁹ 16 déc. 1672 , m ⁸ 15 sept. 1711, à Marie Lambert. — *Pierre*, b ⁴ 20 déc. 1699.— *Marguerite*, b ⁹ 17 oct. 1676 ; m 14 juin 1703, à Jean-Baptiste Malbœuf, au Château-Richer.⁵—*François*, b 1673 ; m 2 mai 1715, à Thérèse Garant, à St. François, Ile-Jésus. ⁶ — *Antoinette*, b 1678.— *Marie*, b 1680 ; m 18 oct. 1700, à Jean Richard, à l'Ange-Gardien. — *Madeleine*, b ... ; m ⁶ 7 janv. 1715, à Pierre Gareau. — *Louise*, b 1686 ; m ⁵ 18 oct. 1706, à Claude Jodouin.— *Marie-Anne*, b ... ; m 8 sept. 1699, à Montréal.— *Jacques*, b 15 avril 1689, au Cap Sante.⁷— *François*, b ⁷ 17 janv 1693.

1674, (20 décembre) Montréal. ³

II. — RENAUT, (2) Antoine, [Guillaume I.
s ² 8 oct. 1687.
Hubert, Elizabeth, (3) [Nicolas I.
Pierre, b 5 et s ² 14 mars 1677.— *Pétronille*, b 15 et s ² 21 mars 1678.— *Marie*, b ² 23 juin 1679. *Elizabeth*, b ² 9 oct. 1681 ; m ² 4 nov. 1698, à Jean-Baptiste Tessier.— *Marguerite*, b ⁸ 8 juin 1684.— *Antoine*, (posthume), b 8 et s² 30 oct. 1687.

1680, (19 septembre) Ste. Famille. ⁹

I. — RENAUD, Joseph, b 1648, fils d'Etienne et de Marguerite ———, de N.-D. de Fontenay, évêché de Maillezais, au Poitou.
Lehoux, Marie, (4) [Jean I.
Joseph, b ⁹ 20 nov. et s ⁹ 5 déc. 1682.—*Joseph*, b ⁹ 16 juillet 1685. — *Claude*, b ⁹ 24 août 1693.— *Marie-Madeleine*, b 5 nov. 1686, à la Rivière-Ouelle. ⁰—*Joseph*, b 1688 ; s ⁹ 13 janv. 1689.

I. —RENAUD, Jean, ancien catholique de Londres, ainsi que sa femme.
Waters, (5) Suzanne.
Jean, b... ; m 10 fev. 1710, à Marguerite Charbonneau, à Charlesbourg.

1687, (13 mai) Québec. ²

I. — RENAUD-Davenne, (6) François-Marie, b 1657, fils d'Aimé et d'Adrienne de Monsolnin, de Lorme, évêché d'Autun, en Bourgogne ; s² 22 avril 1699.

(1) Elle épouse, le 4 oct. 1677, Gabriel Gosselin, à Québec.
(2) Dit Desmoulins.
(3) Elle épouse, le 23 fév. 1688, Jacques Millet, à Montréal.
(4) Elle épouse, le 7 janvier 1699, Pierre Saher, à Ste. Famille.
(5) Nom traduit par Quatre ou Ouate.
(6) Seigneur de Desmeloizes, capitaine d'une compagnie de la marine.

Dupont, Françoise-Thérèse, [Nicolas I.
s ² 13 déc. 1698.
François-Nicolas, b ² 13 août 1688 ; s 12 nov. 1688, à la Pointe-aux-Trembles de Québec.— *Louise-Thérèse*, (1) b ² 21 fév. 1690.— *Louis-Nicolas*, b ² 15 fév. 1691 ; s ² 1ᵉʳ juin 1692.— *Marie-Thérèse*, b ² 14 juin 1692, hospitalière dite St. Gabriel ; s ² 13 sept. 1711. — *Marie-Françoise* b ² 26 août 1693 ; m ² 14 avril 1711, à Eustache Chartier ; s ² 25 avril 1723. — *Jeanne*, b ² 6 déc. 1694. — *Nicolas-Marie*, b ² 23 janv. 1696 ; m ² 19 avril 1722, à Angélique Chartier ; s ² 5 juillet 1743. — *Catherine-Madeleine*, b ² 6 août 1697, ursuline dite St. François de Borgia ; s ² 8 fév. 1725.— *Anonyme*, b ² et s ² 5 déc. 1698.

1687, (15 novembre) Lachine. ⁸

I. — RENAULT, Antoine, caporal, fils de Pierre (marchand de blé) et de Madeleine Fleurant, de St. Jean d'Angély, en Saintonge.
Gignard, Marie-Madeleine, [Laurent I.
veuve de Pierre Bonneau.
Marie-Madeleine, b ⁶ 6 mars 1689.

1688, (23 novembre) Charlesbourg. ¹

III. — RENAUD, Jean-Baptiste, [Jacques II.
Fontaine, Françoise, (2) [Louis I.
Pierre, b ¹ 4 nov. 1689. — *Marie-Madeleine*, b ¹ 3 sept. 1691 ; m 7 mai 1731, à Michel Balé, à Québec. ² — *Marie-Elizabeth*, b 30 nov. et s¹ 30 déc. 1693. — *Charles*, b 11 janv. et s ² 25 avril 1695.— *Françoise-Charlotte*, b 7 et s ² 12 mars 1696.— *Marie-Catherine*, b 13 mars et s ² 17 mai 1697.— *Jean-Baptiste*, b 5 et s ² 17 août 1698.— *Marie-Françoise*, b ² 3 déc. 1699 ; s² 20 janv. 1700. — *Charles-François*, b 23 mars et s² 5 avril 1701.— *Charles*, b ² 22 juin 1702.

1690.

RENAULT, Pierre
Isabel, Françoise, [Guillaume I.
Marie-Isabelle, b 10 janv. 1691, à Batiscan.

1695, (10 décembre) Québec. ⁴

I. —RENAUD, François, fils de Jean et de Suzanne de Renel, de N.-D. de LaRochelle.
Duval, Françoise, veuve d'Antoine Renaud ; s 27 oct. 1725, à Québec.

1694, (22 novembre) Charlesbourg. ⁶

II. — RENAUD, (Regnaud,) Louis, [Guillaume I.
Bedard, Madeleine, [Jacques II.
Marie-Charlotte, b ⁶ 5 mai 1704 ; m⁶ en 1727, à René Falardeau. — *Pierre*, b ⁶ 6 mars 1701.— *Marie-Madeleine*, b ⁶ 19 nov. 1695. — *Charles-Jacques*, b 2 déc. 1696 ; s ⁶ 27 janv. 1697. — *Marie-Marguerite*, b⁶ 14 janv. 1698.— *Charles*, b⁶ 11 juin 1699 ; s⁶ 23 fév. 1703. — *François*, b⁶ 3 août 1702. — *Marie-Anne*, b⁶ 26 nov. 1705.— *Marie-Joselte*, b⁶ 28 fév. 1707. — *Charles*, b ⁶ 18 avril 1708.— *Jean-Charles*, b⁶ 16 mars 1710. — *Marie-Louise*, b ⁶ 13 sept. 1711. — *Louis*, b ⁶ 19 oct. 1712. — *Adrienne*, b ⁶ 7 fév. 1715. — *Elizabeth*, b⁶ 31 mars 1716.

(1) Filleule de Frontenac et de Charlotte Denis de la Ronde.
(2) Elle épouse, le 17 janv. 1713, Etienne Lainé, à Québec.

1695, (24 janvier) Charlesbourg [3]

II. — RENAUD, Pierre,   [Mathurin I.
Fasche, Angélique,   [Nicolas I.
Marguerite, b 29 nov. et s[2] 2 déc. 1695.—
Pierre, b[3] 22 juillet 1698 — *Joseph,* b 26 fév. et
s[3] 1er sept. 1702.

1695, (27 décembre) St. Augustin.

II. — RENAUD, Laurent,   [Antoine I.
Guyon, Anne,   [Michel II.
Marie-Anne, b 14 juillet 1698, à Montréal. [2] —
Laurent, b[2] 5 janv. 1700, s[2] 28 mars 1703.

1698, (20 janvier) Charlesbourg. [1]

II. —RENAUD, Jean-Bernard,   [Guillaume I.
s[1] 5 déc. 1715.
Déry, Jeanne, (1)   [Maurice I.
Jeanne, b... ; m [1] 28 fév. 1718, à Guillaume
Falardeau. — *Louis,* b[1] 11 déc. 1700; s[1] 25 fév.
1703. — *Marie-Marguerite,* b 15 et s[1] 26 nov.
1702. — *Madeleine,* b[1] 6 mars 1704 ; m[1] 1722, à
François Benard. — *Marie-Thérèse,* b[1] 25 oct.
1705; m[1] 1723, à Jean-François Benard. — *Jean-
Bernard,* b[1] 2 avril 1708 ; m[1] 1728, à Elizabeth
Verret.— *Marie-Josette,* b[1] 5 mars 1710.— *Pierre,*
b[1] 18 oct. 1711. — *Marie-Charlotte,* b[1] 29 déc.
1713.— *Marie-Louise,* (posthume) b[1] 23 janv. 1716.

1696.

II. — RENAUD, René,   [René I
Cherlot, Marie-Marguerite,   [Jean I.
André, b...; m 4 nov. 1715, à Marie Charbon-
neau, à Varennes. [1] — *Marie,* b 1698; s[1] 13 mai
1703.— *Anonyme,* b 1703 ; s 20 déc. 1729, aux
Trois-Rivières.

I. — RENAUD dit La Girofflée, Jacques, soldat
de M. de La Chassaigne, b 1677 ; s 20 juin
1699, à Montréal.

1698, (25 novembre) Charlesbourg. [1]

II. — RENAUD, (Cannard) Michel, [Mathurin I.
s 29 juin 1743, à Québec.
Réaume, Marie,   [René I.
Pierre, b[1] 3 oct. 1699 ; m 21 fév. 1729, à
Marie Gariépy, à l'Ange-Gardien. — *Anne,* b[1]
25 déc. 1700 ; m[1] 1723, à Paul Lauzé. —
Louise, b[1] 23 janv. 1702 ; s[1] 12 mars 1704.
— *Michel,* b[1] 25 avril 1703; m 10 juillet 1731,
à Elizabeth Rochon, à Lachenaye. [2] — *Joseph,*
b[1] 2 août 1704 ; s[1] 4 fév. 1706. — *Marie-
Louise,* b[1] 2 sept. 1705; m[1] 1729, à Jean-Baptiste Lauzé.— *Marie-Catherine,* b 28 juin et s[1] 6
juillet 1707. — *Charles-Alexandre,* b[1] 4 juillet
1708 ; s[1] 8 mai 1709. — *Charles,* b[1] 27 avril 1710.
— *Charlotte,* b[1] 31 oct. 1711. — *Jeanne,* b[1] 13
mars 1713. — *Joseph,* b[1] 26 nov. 1715, m[2] 2
avril 1738, à Catherine Beauchamps. — *Jean-Baptiste,* b[1] 16 janv. 1717. — *Anonyme,* b et s[1] 11
sept. 1718.

I. —RENAUT, Jean, b 1677 ; s 17 mai 1727, à
Québec, écrasé sous un voyage de pierres.

I. — RENAUDEAU, Judith, b 1625 ; m 6 déc.
1662, à Vincent Poirier, à Québec [1] ; s[1] 5
oct. 1695.

RENCONTRE.—Voy. Lemay—Dumas—Coutaut.

1670, (9 septembre) Québec.

I. — RENÉ, Jean, fils de Jean et de Jeanne Jacqueline, de St. Pierre de Couronne, ville et
évêché de Nismes, en Languedoc.
Gruau, Jeanne, fille de François et de Françoise de la Chaux, de St. George de Lyon.

I. — RENOM, Mathurin.
Guignard, Mathurine.
Mathurin, b... ; m 7 nov. 1672, à Louise Guil-
lot, au Château-Richer.

1672, (7 novembre) Château-Richer.

II. — RENOM, Mathurin,   [Mathurin I.
Guillot, Louise,   [Geoffroy I.

1683, (21 août) Boucherville.

I. — RENOU de la Chapelle, François, b 1644,
fils de Christophe et de Marie Serlé, de St.
Maurille, évêché d'Angers.
Crevier, Marguerite,   [Christophe I.
veuve de Michel Gamelin. (1)
Marie-Madeleine, b 23 juin 1684, aux Trois-
Rivières. — *Jeanne,* b[1] 10 déc. 1685. — *François-
Michel,* b[1] 20 déc. 1687.

RENOUER. — Voy. Reignoir de St. Etienne.

I. — RENUSSON, Catherine, b 1654, fille de
François et de Catherine Lepine, du Maine,
Basse Normandie ; 1o m 23 sept. 1676, à Jean-
François Chamaillard, à Montréal ; 2o m 7
mars 1689, à Augustin Alonze, à Lachine ;
3o m à Gilles Gaudreau ; s 22 nov. 1719, au
Cap St. Ignace.

REPENTIGNY (De). — Voy. Le Gardeur.

I. — REPOCHE, Jeanne, b 1646, fille de François
et de Marie Bernard, de La Rochelle ; m 4
fév. 1664, à Jerôme Bilodeau, à Québec.

I. — REPOCHE—Ducharme, François, b 1624, fils
de François et de Marie Bernard, de Ste.
Marguerite, ville de La Rochelle ; s 20 nov.
1701, à Montréal.
Hubert, Renée-Madeleine, (2)   [François I.
Marie-Thérèse, b... ; m 15 nov. 1706, à Charles
Huppé, à l'Ange-Gardien. [2] — *Charles,* b 2 mars
1684, à Sillery [8] ; m 9 fév. 1705, à Louise Morel,
à Québec. [4] — *Pierre-Jacques,* b[4] 26 mars 1691 ;
m[2] 19 janv. 1711, à Marie-Madeleine Maroist. —
Hélène, b[4] 1er avril 1696. — *Madeleine,* b 1694 ;
1o m[4] 29 janv. 1714, à Bernard Richard ; 2o m[4]
22 fév. 1724, à Pierre Bonneau ; s[4] 12 mars 1724.
— *François,* b 1687 ; s[4] 27 juin 1709, noyé en se
baignant. — *Françoise,* b[8] 1er mars 1679.

---

(1) Elle épouse, le 27 juillet 1717, Pierre Benard, à Charlesbourg.

(1) Elle épouse, en 1692, Robert Groston dit Saintonge.
(2) Elle épouse, en 1703, Julien Saugeon, à Lorette.

RETAILLE. — *Variation :* Dertail.

1690.

I. — RETAILLE, Pierre.
  Bourgouin, Marie-Catherine,   [Pierre I.
  Marie, b 26 déc. 1700, à Boucherville.

I. — RETOUR, Pierre, b 1625 ; s 10 déc. 1711, à
  Batiscan.

I. — REY-GAILLARD, Laurent, de St. Pierre
  d Angoulême.
  Mélunion, Marie, b 1636 ; s 20 janv. 1710, à
  Lorette. [2]
  Pierre, b 1656, à Angoulême ; m [2] 25 juillet
  1694, à Françoise Cailteau ; s [2] 3 juillet 1726.

1694, (25 juillet) Québec [2]

II. — REY-GAILLARD, Pierre,   [Laurent I.
  commissaire des artilleries, s [2] 8 juillet 1726.
  Cailteau, Françoise,   [Jacques I
  veuve de Denis Richard, s [2] 12 mai 1720,
  (dans l'eglise.)
  Jeanne-Françoise, b [2] 26 déc. 1695 ; s [2] 9 mars
  1731 — *Geneviève*, b [2] 30 juin et s [2] 3 juillet 1697.
  — *Marie*, b [2] 25 mai et s [2] 1er nov. 1698. — *Char-
  lotte-Ignace*, b [2] 10 mai 1700. — *Marie-Françoise-
  Achille*, b [2] 4 avril 1701. — *Jean-Baptiste-Pierre*,
  b [2] 24 juin 1702. — *Anonyme*, b et s [2] 24 oct. 1704.

RHO, Louis. — Voy. Courault.

RIBERCOUR, (De) — Voy. Cuillerier de R...

I. — RICHARCHIFFE. Jean.
  ——, Marie-Thérèse, s 29 août 1707, à Ste.
  Anne.

RICHARD. — *Surnoms :* Lafleur— Des Sablons
  — Lajeunesse.

I.—RICHARD, Jean, meunier chez Mr. de Becancour, à Portneuf, b 1645 , s 16 oct. 1678, à
  Québec.

I. — RICHARD, Louise, b 1660, à Langres ; sœur
  dite St. Bernard, C.-N.-D. ; s 16 sept. 1728,
  à Montréal.

1669, (21 octobre) Québec

I. — RICHARD, Marin, fils de Jean et de Guil
  mette Bertin, des Antiennes, évêché de Rouen.
  Granjon, Marie-Madeleine, fille de Philippe et de
  Claude d'Argentière, de St. Laurent de
  Troyes, en Champagne.
  Pierre, b 23 fév. 1680, aux Grondines.

1670, (24 septembre) Château-Richer. [3]

I. — RICHARD, Pierre, b 1643, fils de Jacques
  et de Filhine Melot, évêche de Xaintes ; s
  16 mai 1709, à la Pointe-aux-Trembles de
  Québec. [9]
  Hévain, Marguerite, b 1646, fille de François
  et de Louise Robillard, de St Lucien, évêche
  d Amiens, en Picardie; s [9] 24 mars 1718.
  Alexis, b 29 sept. 1672, à l'Ange-Gardien. [6]—

Anne, b [8] 31 déc. 1673. — *Pierre*, b [8] 11 mars
1676. — *François*, b [8] 31 janv. 1677 ; m [9] 30 janv.
1702, à Angelique Bertrand ; s [9] 8 août 1722. —
Louis, b [9] 7 sept. 1679 ; m [9] 12 nov. 1708, à
Therese Fournel. — *Marie*, b [9] 29 mai 1682 ; s [9] 3
janv. 1683. — *Jacques*, b [9] 28 mai 1684 ; m [9] 21
nov. 1708, à Marie-Charlotte Grenon. — *Jean*, b
29 sept. et s [9] 4 oct. 1686. — *Marie-Marguerite*, b [9]
1er janv. 1688 , m [9] 17 avril 1708, à Jacques
Fournel. — *Jean-Baptiste*, b 13 mars et s [9] 12
juin 1691. — *Alexis*, b [3] 29 sept. 1672 ; m [9] 11
août 1692, à Claudine Langlois. — *Anne*, b... ;
m [9] 5 mars 1696, à Jean-François Bertrand. —
Pierre, b... ; m [9] 16 nov. 1700, à Marguerite
Pagé.

I. — RICHARD, René.
  Pequet, Marie-Charlotte.
  Jean, b 8 juin 1672, à Boucherville. — *Marie-
Catherine*, b 16 août 1675, à Québec. — *Suzanne*,
b 17 avril et s 16 mai 1674, à Beauport.

1675, (26 novembre) Montréal. [5]

I. — RICHARD, Guillaume, (1) fils de Jean (marchand de blé) et d'Anne Meusnier, de St.
  Leger, évêche de Xaintes ; s 8 juillet 1690, à
  la Pointe-aux-Trembles de Montreal. [8]
  Tessier, Agnès, (2)   [Urbain I.
  Agnès, b [5] 23 août 1676 ; m à Jean Morand —
Pierre, b [5] 8 août 1678. — *Jean-Baptiste*, b 1680 ;
s [5] 23 fév. 1688 — *Jean-Baptiste*, b [8] 19 mars
1682. — *Claude*, b [8] 30 janv. 1684. — *Marie-Anne*,
b [8] 1er avril 1686. — *Anonyme*, b [8] 25 mars 1690,
— *Pierre*, b [8] 8 août 1678. — *Guillaume*, b [8] 29
fév. 1680. — *Marie-Madeleine*, b [8] 14 mars 1688.

1680, (16 novembre) Cap St. Ignace. [1]

I — RICHARD, Pierre, b 1650, fils d'Antoine et
  d'Olive Noel, de St. George, évêche de Xaintes ; s [1] 13 fev. 1719, (dans l'église).
  Miville, Françoise,   [François II.
  s [1] 6 déc. 1627.
  Pierre, b [1] 30 sept. 1681 ; m [1] 7 janv. 1709, à
Elizabeth Gamache. — *Marie*, b [1] 28 avril 1685.
— *François*, b [1] 13 juin 1688 ; m [1] 11 janv. 1719,
à Marie-Charlotte Bernier. — *Agathe*, b [1] 10 août
1689 ; m [1] 18 janv. 1712, à Jean Gamache ; s [1] 8
déc. 1712. — *Joseph*, b 7 fev. et s [1] 3 mars 1691.—
Marie-Françoise, b [1] 11 août 1692 ; m [1] 6 nov.
1713, à Louis Guimont ; 2o m à Jean Godreau ;
3o m à Thomas Cahouet. — *Marie-Madeleine*, b [1]
30 mars 1694 ; m à François Fortin — *Geneviève*,
b [1] 23 juin 1695. — *Angelique*, b [1] 8 janv. 1697,
m [1] 6 mai 1731, à Jean Fortin. — *Ursule*, b 19 et
s [1] 24 août 1699. — *Joseph*, b [1] 1er sept. 1700. —
Jean-Baptiste, b... ; m [1] 16 janv. 1713, à Anne
Gamache.

---

(1) Sieur de la Fleur, sergent de la garnison de Montréal,
ancien marguillier, tué par les Iroquois. Le 2 juillet 1690, près
de la coulé de Jean Grou, et enterré à la hâte sur le lieu même,
avec neuf autres, qui furent ensuite inhumés dans le cimetière le 2 nov. 1694. *Voy. la note de la page 285.*

(2) Elle épouse, le 21 nov. 1692, Claude Du Congé, à la
Pointe-aux-Trembles de Montréal.

1680.

I.—RICHARD, (Ricand) Jean.
PINEAU, Madeleine,   [PIERRE I
Charles, b... ; m 7 mars 1707, à Marguerite RILHEN, à Ste. Anne de la Pérade. [1] — *Jean*, b... ; m [1] 11 fév. 1708, à Marie-Louise MORNEAU.— *Madeleine*, b... ; m [1] 7 janv. 1706, à Jean BROUILLET. — *Catherine*, b... ; m [1] 6 fév 1703, à Louis MASSON — *Marie-Renée*, b 26 mai 1686, à Batiscan. [2] — *Marie-Anne*, b [2] 5 mars 1689 ; s [2] 28 oct. 1692. — *Thomas*, b [2] 18 sept. 1691. — *Marguerite-Josette*, b [1] 9 oct. 1693 ; m [1] 27 nov. 1713, à Jean-François BEAUDOIN. — *Angélique*, b [1] 19 mars 1697 ; m à Etienne TALON. — *François*, b [1] 27 juin 1699 — *Marie-Anne*, b [1] 2 mai 1702.

1688, (5 décembre) Boucherville. [1]

I.—RICHARD DES SABLONS, MATHURIN, soldat, fils de Charles et de Marie Herault, de St. Andre de Niort, au Poitou ; s [1] 22 août 1695.
BERTAUT, Jeanne, (1)   [JACQUES I.
veuve de Vincent Verdon.
Marie, b 17 sept. 1689, à Montréal. — *Pierre*, b [1] 14 avril 1691. — *Jeanne*, b 20 fev. et s [1] 13 juillet 1693. — *Agnès*, b [1] 14 août 1694 ; s [1] 27 nov. 1695.

1692, (11 août) Pte-aux-Trembles, Q. [4]

II.—RICHARD, ALEXIS,   [PIERRE I
LANGLOIS, Claudine,   [NICOLAS I.
Marie, b [4] 10 janv. 1694. — *Marie-Anne*, b [4] 10 oct. 1695. — *Elizabeth*, b [4] 17 oct. 1697. — *Jean-François*, b [4] 19 et s [4] 24 nov. 1699. — *Nicolas*, b [4] 27 nov. 1700. — *Marie-Angélique*, b [4] 23 sept. 1704 — *Louis-Joseph*, b [4] 6 oct. 1707. — *Marie-Louise*, b 6 juin 1710, au Cap Sante. [5] — *Louis-Joseph*, b [5] 5 sept. 1712 — *Marie*, b... ; m [5] 6 nov. 1712, à Simon FRENET ; s [5] 2 avril 1713. — *Marie-Anne*, b... ; m [5] 7 nov. 1713, à Jacques JUGNAC.

1696, (3 septembre) Montréal. [9]

I —RICHARD, JACQUES, maitre-maçon, fils de Jacques et de Marie Amiot, de Juiller, évêché de Poitiers.
BAUDEREAU, Elizabeth,   [URBAIN I.
Marie-Elizabeth, b [8] 24 juin 1697 ; s [8] 29 avril 1698 — *Jacques*, b [8] 19 janv. 1699. — *Charles-Daniel*, b [8] 24 nov. 1700. — *Blaise*, b [8] 24 nov 1700 — *Marguerite*, b [8] 1702 ; s [8] 23 mai 1703. — *Marie-Catherine*, b [8] 12 fev. 1704.

1699, (1er février) Quebec. [5]

I.—RICHARD, YVON, veuf de Madeleine Doucet.
2° DURAND, Françoise, veuve de Gabriel Samson ; s [5] 5 déc. 1713.

RICHARD DIT LAJEUNESSE, JACQUES, soldat de M. DesCloches, en 1688.

RICHARDIÈRE, (DE LA). — Voy. DROUET.

RICHARDVILLE. — Voy. DROUET.

I.—RICHAUME, SIMON, s 8 fév. 1655, (tué par un arbre.)

1658, (16 septembre) Montréal. [4]

I.—RICHAUME DIT PETRUS, PIERRE, b 1636, fils de Simon et de Catherine Belior.
AUNCE, Marthe, b 1636, fille de Marc et de Louise Brodeur ; s [4] 26 août 1700.
Gabriel, b [4] 21 juin et s [4] 24 dec 1659 — *Barbe*, b [4] 22 juin 1659 ; 1° m 1675, à Pierre MEUNIER ; 2° m 19 nov. 1703, à François GARNIER-LAFORGE, à Boucherville. [5] — *Jacques*, b [4] 19 fév. 1661 ; 1° m à Marguerite GRATIOT, 2° m 25 fev. 1710, à Madeleine URBAIN, à Repentigny. [6] — *Marie-Madeleine*, b [4] 23 nov. 1662 ; m [5] 1er avril 1677, à Jean BRUNEL. — *Marie-Marthe*, b [4] 4 mars 1665 ; 1° m 1679, à Gilles MONIN ; 2° m 1696, à Louis GUAY ; s 28 juillet 1703, à Contrecœur. — *Elizabeth*, b [4] 31 août 1666 ; 1° m [5] 23 juillet 1682, à Robert DESMARES ; 2° m à Pierre MOREAU ; s [4] 4 avril 1703.— *Jeanne*, b [4] 3 dec. 1668. — *Marie*, b [4] 31 mars et s [4] 13 avril 1671. — *Madeleine*, b [4] 28 mars 1672 ; m [4] 21 août 1691, à Pierre BAUIN — *Marie*, b... ; m à Jean LAFOND ; s [6] 30 oct. 1708.

II.—RICHAUME, JACQUES, (1)   [PIERRE I.
1° GRATIOT, Marguerite,   [JACQUES I.
Pierre, b 12 et s 29 nov. 1688, à Repentigny. [6] — *Jacques*, b [6] 1er janv. 1690 ; s [6] 7 août 1692 — *Pierre*, b [6] 3 juin 1694. — *Joseph*, b [6] 22 fév 1702 ; s [6] 18 mars 1719. — *Catherine*, b... , m [6] 28 août 1713, à Pierre GOUR. — *Jean-Baptiste*, b... ; m [6] 29 mai 1719, à Françoise GAUTIER.

1710, (25 fevrier) Repentigny. [6]

2° URBAIN, Madeleine. (2)   [PIERRE I.
Marie-Marguerite, b [6] 29 oct. 1710. — *Marie-Thérèse*, b [6] 13 juin 1712, m [6] 21 nov. 1729, à Urbain JETTÉ.

RICHEMONT. — Voy. GUYON, Michel.

RICHÉ, JACQUES. — Voy. ERICHÉ.

I.—RICHER, JEANNE, b 1606 ; 1° m 1650, à Jean BONNEAU ; 2° m 28 oct. 1668, à Leonard TRESNY, à Québec.

I.—RICHER, interprète des Ebycerinys. (3)

I.—RICHER DIT COULONGE, ROBERT, sergent de Maricour, etait à Montréal, en 1700.

1665.

I.—RICHER, PIERRE, fils de Jean et de Marie Galardet, de St. Pierre Toversé, évêché d'Angers.
1° DURAND, Catherine, de St. Eustache de Paris.
1671, (5 octobre) Québec. [2]
2° BRASSARD, Dorothée,   [ANTOINE I.
Etiennette, b [2] 18 juillet 1673. — *Catherine*, b [2]

---

(1) Il était captif chez les Iroquois, le 3 juin 1694.
(2) Elle épouse, le 8 janv. 1714, Louis Caillonneau, à Repentigny.
(3) Sugard, page 377.

(1) I'lle épouse, le 18 août 1698, Nicolas Vinet, à Boucherville.

2 juillet 1674 ; m 12 oct. 1693, à Joseph PINOT, à Batiscan. ² — *Marie-Thérèse*, b ² 6 mai 1676 ; m ³ 10 fév. 1692, à Jacques GRIGNON. — *Pierre*, b 17 janv. 1680, à Champlain ⁴ ; m ² 12 oct. 1716, à Marguerite HUBERT. — *Christine*, b ⁴ 5 mai 1682 ; s ⁸ 1ᵉʳ sept. 1688. — *Michel*, b ³ 13 fév. 1686 ; m à Louise-Charlotte PILOTE ; s... — *Jean-Baptiste*, b ³ 11 déc. 1688. — *Marguerite*, b ³ 24 mai 1691 ; m 7 mars 1707, à Charles RICHARD, à Ste. Anne de la Pérade. ⁵ — *Marie-Josette*, b ³ 3 août 1693 ; m ⁵ 20 août 1714, à Michel FRENET. — *Marie-Thérèse*, b ⁵ 8 déc. 1697 ; m ⁵ 7 janv. 1722, à Jean-Baptiste HOUDE. — *Antoine*, b ³ 22 mai 1698. — *Marie-Anne*, b ⁵ 14 avril 1700 ; m ⁵ 14 août 1719, à Simon LEMAY.

RIEL. — Voy. RÉEL.

I. — RIFFAUD, MICHEL, fils de Michel et de Jeanne Martin, de N.-D. de Chartres, au Poitou.
   LECLERC, Françoise, fille de Jean et de Léonarde Martineau, d'Ajugnia, évêché d'Angoulême.
Jeanne-Marguerite, b 15 et s 18 avril 1669, à Québec. ¹ — *Jean*, b ¹ 27 fév. 1670. — *Louis*, b ¹ 23 juillet 1672. — *Toussaint*, b ¹ 3 juillet 1674. — *Michel*, b ¹ 24 août 1676.

RIFFAUD.
Marie, b 1696 , s 18 déc. 1702, à Québec.

I. — RIGAUT DIT ST. SURIN, JEAN, soldat de Cadeaux ; b 1679, de Ste. Croix, évêché de Bordeaux ; s 7 juillet 1699, à Montréal.

I. — RIGAULT, JUDITH, b... ; m 1670, à Jean DUHEMME.

1688, (19 janvier) Charlesbourg.

I. — RIGAU, ADRIEN, caporal de Mr. Bourvillon, fils de Jean et de Marie-Thérèse Dupont, d'Amiens, en Picardie.
   COURTOIS, Marguerite, (1)   [BERTRAND I.

1690.

RIGAUD. — Voy. DE RIGAUD DE VAUDREUIL.

1689, (6 février) Cap Santé.

I. — RIGAUD, (2) JACQUES,   [JACQUES I. fils de Pierre et de Marie Duval, évêché de Poitiers.
   1° AUBERT, Marie-Anne,   [JACQUES I.
Jacques, b ⁴ août 1690, à Batiscan. — *Marie*, b 11 oct. 1693, aux Grondines. ⁵ — *François-Xavier*, b ⁵ 4 nov. 1695. — *Marie-Josette*, b ⁵ 22 fév. 1699. — *Madeleine*, b ⁵ 5 nov. 1702.

   1713, (11 novembre) Pᵗᵉ-aux-Trembles, Q.

   2° COUTANCINEAU, Louise,   [JULIEN I.
   veuve de François Pinel.

RIGAUVILLE. — Voy. BLAISE DE

RIGEUR. — Voy. PINEAU.

(1) Elle épouse, Joseph Collet, en 1689.

(2) Appelé aussi Roch Ripaut et Tripaut.

RINFRET. — *Variation et surnom :* RINFRAY — MALOUIN.

1693, (28 novembre) Lévis.

I. — RINFRET, (RAINFRAY) JEAN, b 1662, fils de Julien et de Jeanne Moussard, de St. François, évêché de St. Malo ; s 4 mars 1717, à Québec. ⁵
   MASSARD, Marguerite,   [NICOLAS I.
   s ⁵ 24 nov. 1702.
Louis-Jean, b ⁵ 3 oct. 1694. — *Guillaume*, b ⁸ 10 juin 1696. — *Marie-Françoise*, b ⁴ sept. 1697, à St. Nicolas. — *Marie-Anne*, b ⁵ 5 mars 1700. — *Catherine*, b ⁸ 9 sept. 1702 ; s ⁵ 22 mai 1704.

     1704.

   2° LE TELLIER, Jeanne, (1).   [ETIENNE I.
Pierre, b 10 et s ⁵ 26 août 1705. — *Marie-Thérèse*, b ⁵ 28 avril 1708. — *Jean-Baptiste*, b ⁵ 27 avril 1710 ; m ⁹ janv. 1736, à Marie-Josette SIMON ; s ⁵ 22 nov. 1758. — *Joseph*, b ⁵ 6 sept. 1713 ; m ⁵ 2 mai 1738, à Madeleine GENDRON. — *Marie-Françoise*, b... ; m ⁵ 13 janv. 1716, à Michel ROUILLARD.

I. — RINFRET, PIERRE.
   DUSAULT, Geneviève,   [FRANÇOIS I.
   s 6 avril 1727, à Québec. ⁸
Thérèse, b 1706 ; m ⁸ 10 sept. 1725, à Jacques DEGUISE ; s ³ 21 nov. 1730

1687, (4 novembre) l'Ange-Gardien.

I. — RIOPEL, PIERRE, b 1660, tonnelier, fils de Pierre et de Marguerite Dubois, de St. Denis, Ile d'Oléron ; s 9 déc. 1700, à Québec. ⁴
   JULIEN, Marie,   [JEAN I.
   s ⁴ 20 déc. 1702.

Marie-Madeleine, b ⁴ 29 août 1688 ; s ⁴ 15 juillet 1759, tuée par un boulet de canon. — *Barbe*, b ⁴ 15 fév. 1690 ; m ⁴ 29 avril 1717, à Jean DIRIGOYEN ; s ⁴ 21 oct. 1758. — *Pierre*, b ⁴ 15 nov. 1691 ; m 21 fév. 1718, à Marie-Anne MAHEU, à l'Ange-Gardien.⁵ — *Louis*, b ⁴ 17 sept. 1693 ; m ⁵ 17 oct. 1718, à Ursule VESINAT — *Nicolas*, b⁴ 10 mars 1696 ; m ⁵ 12 mai 1721, à Marguerite GARNAUD. — *Marie-Anne*, b ⁴ 1ᵉʳ fév. 1699 ; 1° m ⁵ 14 juillet 1716, à Augustin LETARTRE ; 2° m ⁴ 9 avril 1731, à Jacques SARCELIER : s ⁴ 24 mai 1735.

1672.

I. — RION DIT LAFONTAINE, NICOLAS, de Tours.
   AMYOT, Jeanne, de St. Pierre, évêché de Langres, en Champagne.

1678, (10 janvier) Ste. Famille. ¹

I. — RIOU, JEAN, seigneur des Trois-Pistoles, fils de Jean et de Marguerite Guinguen, de Ploujas, évêché de Tréguier, en Bretagne.
   LEBLOND, Catherine,   [NICOLAS I.
   s 1ᵉʳ déc. 1758, aux Trois-Pistoles.
Nicolas, b 1683 ; m à Louise ASSELIN ; s ⁸ 6

(1) Elle épouse, le 1er fév. 1722, Jean Mondain, à Québec.

janv. 1756. — *Jean*, b 28 fév. 1684, à St. François, I. O.[9] — *Antoine*, b[9] 7 et s[7] 16 mars 1686. — *Jean-Baptiste*, b[9] 11 juillet 1687; s[7] 1ᵉʳ juin 1690. — *Vincent*, b[7] 15 fév. 1690; m 20 août 1731, à Catherine Coté, à Rimouski. — *Catherine*, b[7] 9 oct. 1693. — *Pierre*, b[7] 24 déc. 1694. — *Marie-Madeleine*, b 1698, hospitalière dite Ste. Veronique; s 13 oct. 1744, à Québec.

RIPAU. — Voy. Rigaud.

RIQUET. — *Variations et Surnoms :* Riquier — Ritier — Laverdure.

1699, (8 septembre) Montréal. [1]

I. — RIQUET dit Laverdure, François, soldat de M. de Longueuil, b 1677, fils de Jacques et de Michelle Frevard, de St. Léger, évêché de Lizieux.
Renault, Marie-Anne, [Pierre I.
Jean, b[1] 26 août 1700. — *François*, b 26 nov. 1702, aux Grondines. — *Marie-Jeanne*, b 16 fev. 1710, à Batiscau.[2] — *Marie-Anne*, b[2] 8 mars 1715.

RIVARD. — *Variations et surnoms :* de Lavigne — La Glanderie — La Coursière — Lanouette — Préville — Loranger — Vertefeuille — Bellefeuille — Montendre — St. Mars.

1652.

I — RIVARD de Lavigne, Nicolas, capitaine de milice, b 1624; s 1ᵉʳ juillet 1701, à Batiscan [1]
St. Per, Catherine, b 1636; s[1] 28 juin 1709.
Nicolas, b 1ᵉʳ fev. 1654, aux Trois-Rivières[3], m à Elizabeth Trotier; s[1] 2 déc. 1719. — *Jeanne*, b[3] 24 août 1656; m 1672, à Charles Dutaut; s 25 nov. 1698, à Champlain.[4] — *Julien*, b[3] 9 dec. 1657; m[4] 3 fév. 1682, à Elizabeth Thunès; s[1] 10 déc. 1708. — *François*, b[3] 27 sept. 1659; 1° m[1] 18 fév. 1697, à Madeleine LePelé; 2° m[1] 1ᵉʳ avril 1717, à Geneviève Chêne; s[1] 14 sept. 1726. — *Pierre*, b 1661 ; m à Catherine Trotier; s[1] 1ᵉʳ mars 1724. — *Madeleine*, b 1663; m à Pierre Lafond; s[1] 11 mars 1737. — *Michel*, b 1665; s[1] 17 août 1687. — *Jean*, b... ; m[1] 5 sept. 1703, à Geneviève Trotier. — *Robert*, b... ; m à Madeleine Guillet; s[1] 11 mai 1699. — *Marie-Catherine*, b 1673; m[1] 18 fév. 1697, à Alexis Marchand; s[1] 15 fév. 1703.

1682, (3 février) Champlain.

II. — RIVARD La Glanderie, Julien, [Nicolas I. s 10 déc. 1708, à Batiscan. [6]
Thunès, Elizabeth, [Félix I.
Julien, b[8] 31 juillet et s[5] 20 août 1683. — *Marie-Catherine*, b[8] 24 mai 1685; m[6] 13 janv. 1705, à Pierre Gaillou. — *Julien*, b[8] 29 déc. 1687; m[6] 29 juillet 1721, à Catherine Gaillou. — *Marie-Elizabeth*, b[8] 29 sept. 1689; m[6] 30 juillet 1707, à Jean-Baptiste Lesieur. — *Marie-Madeleine*, b[6] 7 fév. 1692; 1° m[6] 28 fév. 1715, à Louis Perrot; 2° m 18 nov. 1722, à Jean-Baptiste Toutant, à Ste. Anne de la Pérade. — *Michel*, b[6] 28 oct. 1693; s[6] 7 déc. 1708. — *François*, b[6] 20 mai 1695; m[6] 16 nov. 1720, à Marie-Catherine Moreau. — *Nicolas*, b[6] 25 mars 1697; s[6] 2 sept. 1698. — *Fran-*

coise, b[5] 20 avril 1700; m[6] 12 fév. 1720, à Joseph Toutant. — *Jean-Baptiste*, b[6] 27 juillet 1702; m à Geneviève Toutant. — *Marie-Josette*, b[6] 23 mars 1705; m 1728, à Joseph Gaillou. — *Geneviève*, b[6] 29 avril 1707; m[6] 26 nov. 1731, à Jean-Baptiste Lemay.

II. — RIVARD-Lanouette, Pierre, [Nicolas I. s 1ᵉʳ mars 1724, à Batiscan. [8]
Trotier, Catherine, b 1665; s[8] 12 fév. 1735. *Julien*, b[8] 8 fév 1689. — *François*, b[8] 11 avril 1691; m[8] 26 fev. 1712, à Madeleine Turcot. — *Antoine*, b[8] 14 avril 1693; m à Thérèse Cailla. — *Louise-Catherine*, b[8] 2 janv. 1695; m[8] 12 mai 1716, à Urbain Lefebvre. — *Ignace*, b[8] 24 janv. 1697. — *Alexis*, b[8] 1ᵉʳ juin 1699; s[8] 9 avril 1745. — *Jean-Baptiste*, b[8] 16 fév. 1702; s[8] 4 déc. 1706. — *Joseph*, b[8] 18 août 1704. — *Marie-Anne*, b[8] 1ᵉʳ nov. 1706. — *Jean-Baptiste*, b[8] 1ᵉʳ nov. 1707; s[8] 20 mai 1734. — *Joseph*, b[8] 30 sept. 1711.

II. — RIVARD-Loranger, Robert, [Nicolas I. s 11 mai 1699, à Batiscan. [2]
Guillet, Madeleine, [Pierre I. s[2] 27 avril 1736.
Mathurin, b 1667; m[2] 20 avril 1700, à Françoise Trotier, s[2] 6 juillet 1737. — *Claude*, b... ; m 14 fév. 1696, à Catherine Roy, à Ste. Anne de la Pérade. — *Nicolas*, b 1670; s[2] 18 août 1733. — *Joseph*, b 1672. — *Marie-Anne*, b... ; m[2] 27 fév. 1696, à François Dumontier. — *Marie-Madeleine*, b... ; m[2] 14 nov. 1698, à Jean Trotier. — *Marie-Charlotte*, b 29 mars 1681, à Champlain[3]; m[2] 9 janv. 1700, à Charles Lesieur. — *Robert*, b[3] 4 juin 1682; s[2] 14 dec. 1709. — *Marie-Catherine*, b[2] 29 juin 1689; m 29 avril 1715, à Pierre Lefebvre, à Québec[4]; s[4] 30 oct. 1716. — *René-Alexis*, b[2] 27 oct. 1691; m[2] 16 nov. 1727, à Marie-Charlotte Lafond; s[2] 4 déc. 1757. — *Marie-Françoise*, b[2] 7 sept. 1694; m[2] 16 nov. 1716, à Jean Lafond.

II. — RIVARD, (1) Nicolas, [Nicolas I. s 2 déc. 1719, à Batiscan. [8]
1° Trotier, Elizabeth; s[5] 6 avril 1699.
Marie-Jeanne, b 14 oct. 1681, à Champlain[6]; s[5] 29 juin 1683. — *Nicolas*, b[5] 2 juin 1680; s[5] 15 juillet 1683. — *Nicolas*, b[5] 25 juillet 1686. — *Michel*, b[5] 10 sept. 1687. — *Julien*, b[5] 6 fév. 1689. — *Antoine*, b[5] 13 oct. 1690; m 12 oct. 1724, à Marie-Josette Trotier, à Québec[5]; s[3] 3 mars 1778. — *Pierre*, b[5] 8 sept. 1692; m[5] 5 juin 1724, à Marie-Josette Mercereau; s[5] 26 juillet 1760. — *Jean*, b[5] 16 avril 1694. — *François*, b[5] 20 janv. 1696; s[5] 6 fév. 1741. — *Nicolas*, b[5] 5 fév. 1698; s[5] 1ᵉʳ janv. 1722.

1709, (27 juin) Québec.

2° Marien, Françoise, [Louis I. veuve de Sebastien Grenet.
François, b 28 juin 1712, à Batiscan.[5] — *Marie-Catherine*, b[5] 14 mai 1714; 1° m[5] 10 nov. 1738, à François Herbecq; 2° m[5] 3 avril 1769, à Charles Desève; s[5] 16 août 1788. — *Marie-Françoise*, b[5] 1ᵉʳ juillet 1716. — *Marie-Madeleine*, b.. ; 1° m[5] 10 août 1734, à Jean-François Cadot; 2° m[5] 31 janv. 1745, à Pierre Dubois.

(1) Sieur de Lavigne.

1696, (14 fevrier) Ste. Anne de la Perade.[8]

III.— RIVARD–LORANGER CLAUDE,   [ROBERT II.
Roy, Catherine,   [MICHEL I.
François, b 5 juin 1697, à Batiscan[3] : s[3] 7 mars
1704. — *Nicolas,* b[8] 4 dec. 1698 — *Marie-Anne,*
b[8] 19 août 1700 ; m[3] 16 avril 1719, à Antoine
LE SIEUR. — *Claude,* b[8] 11 juillet 1703 ; s[8] 7 oct
1708 — *Marie-Joselte,* b[8] 12 juin 1707 , s[8] 9 oct.
1708. — *Joseph,* b[3] 20 nov. 1708. — *Marie-Cathe-*
rine, b[3] 19 juin 1715. — *Marie-Joselte,* b[8] 20 avril
1721.

1697, (18 fevrier) Batiscan.[4]

II –RIVARD-LACOURSIÈRE, FRANÇOIS, [NICOLAS I.
s[4] 14 sept. 1726.
   1o LE PELE, Madeleine,   [PIERRE I.
     s[4] 9 avril 1713.
   Joseph, b[4] 12 dec. 1697; s[4] 30 juin 1699. —
Jean-François, b[4] 8 fev. 1700. — *Joseph,* b[4] 12
août 1702 ; m[4] 10 nov. 1726, à Marie-Joselte
DESRANLOT. — *Marie-Madeleine,* b[4] 9 sept. 1704 ,
m[4] 10 fev. 1727, à Jean-Baptiste DESRANLOT; s[4]
3 nov. 1789. — *Robert,* b[4] 3 mai 1707 ; s[4] 4 janv.
1713. — *Pierre,* b[4] 13 nov. 1709 ; m[4] 9 janv.
1730, à Marie-Louise MASSON ; s[4] 9 avril 1749. —
Barbe-Michelle, b[4] 20 avril 1712.

      1717, (1er avril) Batiscan.[5]
   2o CHÊNE-LAGRAVE, Geneviève, (1)   [RAYMOND I
Luc-Antoine, b[o] 22 f.v. 1718 , m à Geneviève
BRISSON ; s[5] 9 oct. 1789 — *Jean-Baptiste,* b[5] 29
juin 1719. — *Louise-Joselte,* b[5] 11 mars 1721 ; m[5]
18 nov. 1748, à Marie-Anne MARCOL. — *Geneviève,*
b[5] 21 dec. 1722 , m[5] 11 oct. 1744, à Henry NAU.
— *Marie-Madeleine,* b[5] 15 avril 1724 ; m[5] 21 août
1747, à Joseph JUMAC — *Marie-Françoise,* b[5] 2
sept. 1725 , m[5] 14 nov. 1747, à Jacques PAYAN.

RIVARD, MICHEL, b 1698 ; s 25 fév. 1762, à
Batiscan.

1667, (30 octobre) Québec.[8]

I. — RIVAUT, PIERRE, b 1645, fils de Pierre et
de Marguerite Du Moute, de St Cibard de la
Rochefoucault, evêché d'Angoulême; s[8] 5
sept. 1681.
   QUEQUEIEU, Marie, fille de Denis et de Louise
Du Chesnay, de St. Julien d Alençon, evêché
de Seez ; s[8] 14 mai 1684.
   Marie-Jeanne, b 7 août 1668, à Ste. Famille ; 1o
m[8] 10 nov. 1681, à Pierre DORE ; 2o m[8] 20 juillet
1684, à Julien BOIN. — *Guillaume,* b[8] 28 dec
1670 — *François,* b 19 fev. 1673, à Sillery ; m 27
janv. 1710, à Marie TESSIER, à Charlesbourg.—
Marie-Anne, b[8] 28 fev. 1675 ; 1o m[8] 28 oct. 1699,
à Jean VANELLE; 2o m[8] 23 sept. 1705, à Pierre
LE GRAS — *Pierre,* b[8] 21 sept. 1678 ; s[8] 15 sept.
1680. — *Pierre,* (posthume) b[8] 17 sept. 1681 ; s[8]
7 fev. 1703.

1696, (27 novembre) Québec.[5]

I. — RIVERIN, DENIS, (2) marchand, fils de Pierre
et de Madeleine Mahyet, de St. Saturnin,
evêché de Tours.

(1) Elle épouse, le 7 janv. 1732, Guillaume Corneher, à
Batiscan.
(2) Directeur de la compagnie des pêches.

GAULTIER, Angélique,   [PHILIPPE I.
Angélique-Jeanne, b 5 29 juillet 1697. — *Denis-*
François, b[5] 8 juin 1698. — *Marie-Madeleine,* b[5]
14 oct. 1699— *Marie-Clémence,* b[5] 24 oct. 1700.

1697, (28 janvier) Québec.[5]

I. — RIVERIN, JOSEPH, marchand-banquier, frère
du précédent.
   1o MARS, Michelle,   [SIMON I.
    veuve de Raymond Dubocq ; s[8] 13 déc. 1728.
   Joseph-François, b[5] 28 avril 1698 , s[5] 3 mai
1699. — *Jean-Joseph,* b[5] 6 août 1699 ; 1o m[5] 20
juin 1724, à Marie-Josette PERTHUIS , 2o m[5] 27
juillet 1740, à Charlotte GUILLIMIN , s[5] 25 oct. 1756.
— *Denis-Michel,* b[5] 27 nov. 1700 ; m 5 juillet
1730, à Louise POULIN-COURVAL, aux Trois-Rivières.
— *Marthe,* b[5] 29 juillet 1703 ; s[1er] août 1703, à
Charlesbourg. — *Simon-Lucien,* b[5] 30 sept. et s[5]
21 nov. 1704.

      1727, (20 juin) Québec.
   2o PERTHUIS, Marie-Josette,   [CHARLES I.
Marie-Josette, b... ; m 8 juillet 1752, à Louise
DUCHAMBON, à Ste. Foye.

I — RIVET, JACQUES.
   Doré, Marie.
   Marie, b 1643 ; s 10 juin 1723, à Québec.—
Maurice, b... ; 1o m 17 nov 1664, à Catherine
BARRÉ ; 2o m à Marie CUSSON.

1664, (17 novembre). (1)

II. — RIVET, MAURICE.
   1o BARRÉ, Catherine, fille de Jacques et de Fran-
      çoise Gauvet.
   2o CUSSON, Marie,   [JEAN I.
   Marie, b... , m 18 avril 1690, à Jacques DENIAU,
à Montreal ; s... — *René,* b... ; m 2 mars 1710, à
Madeleine DENZAU, à Laprairie — *Pierre,* b 29
nov 1687, au Cap de la Madeleine ; m 7 mai
1715, à Catherine MORISSEAU, à Repentigny.[2] —
Michel, b... ; m[2] 18 janv. 1718, à Marie URBAIN.
— *Nicolas,* b... ; m[2] 19 juin 1719, à Marie-Anne
LANGLOIS — *Alexis,* b... ; m[2] 25 fev. 1721, à Anne
MIGNERON.

RIVIÈRE. — *Variations et surnoms :* DESRIVIÈRES
    —JÉRÔME.

1680, (23 avril) Repentigny.[1]

I. — RIVIÈRE, PIERRE, b 1635, fils de Jean et de
    Louise Caillaud, du Sable d'Olonne, évêché
    de Luçon, au Poitou ; s[1] 9 mai 1700.
   MOUSSEAUX, Marie-Anne,   [JACQUES I.
    veuve de Jean Blot.
   Jean-François, b[1] 23 et s[1] 29 janv. 1681. —
Louis, b[1] 21 janv. 1682 ; s[1] 15 juin 1687. —
Marie-Marguerite, b[1] 9 août 1684 ; m[1] 22 nov.
1700, à Jacques BAUDOIN. — *Marie-Madeleine,* b[1]
28 sept. 1689. — *Pierre,* b[1] 29 mai 1691. — *Cathe-*
rine, b[1] 21 oct. 1693 ; m 28 fev. 1718, à Rene
GOULET. — *Marie-Anne,* b[1] 27 déc. 1699 ; m[1] 20
mars 1719, à Guillaume URBAIN. — *Marien-Joseph,*
b... ; m[1] 24 nov. 1712, à Marie URBAIN ; s[1] 1er
mars 1719. — *Jean-Baptiste,* b... ; m[1] 24 nov.
1712, à Marie-Josette GOULET.

1683.

I. — RIVIÈRE, Pierre, menuisier, fils de Jean et de Michelle Soyer, évêche de Sens.
1° Tétard, Marguerite.

1689, (27 juin) Québec. [1]

2° Rouillard, Marie,   [Antoine I.
s [1] 2 juin 1690.

1696, (7 janvier) Québec. [1]

3° Laraire, Catherine, veuve de Martin Aridé *Elizabeth-Catherine*, b [1] 27 mai 1697 ; s [1] 24 fév. 1700. — *René*, b 12 avril 1701, à Montréal.

1686, (6 juin) Québec. [2]

I. — RIVIÈRE, François, marchand, b 1661, fils de Simon et de Marie Eudo, de St. Nicolas de Paris : s [2] 2 oct. 1691.
Mars, Marie, (1)   [Simon I.

1691, (4 septembre) Château-Richer. [2]

I. — RIVIÈRE, Jean, fils de Jean et de Jeanne Vessière, de Bignier, de Bordeaux.
Thibaut, Claire,   [Guillaume I.
veuve de Félix Auber.
Claire, b [2] 24 juin 1692 ; s [2] 29 août 1704 — *Marguerite*, b [2] 28 déc. 1693, m [2] 24 oct 1712 à François De Trépagny.

1699, (1er février) Boucherville. [3]

I. — RIVIÈRE, Jacques, b 1674, fils de Gaspard (marchand)et de Catherine Launay, de Rouen.
Menard, Catherine,   [Jacques I.
François, b [3] 1er mars 1701. — *Pierre*, b 4 janv. 1707, à St. François, Ile-Jésus. [4] — *Michel*, b 2 et s [4] 4 oct. 1707. — *Marie-Catherine*, b [4] 30 août 1708 — *Jean-Baptiste*, b [4] 9 juin 1710. — *Marie-Louise*, b [4] 24 déc. 1715.

1699, (20 avril) Québec. [3]

I. — RIVIÈRE, Jérôme-François, tonnelier, b 1667, fils de François et de Marie Prevost, de Luçon ; s [3] 31 oct. 1744.
Fontaine, Marie-Madeleine,   [Louis I.
s [3] 21 déc. 1727.
Marie-Françoise, b [3] 3 déc. 1699 ; m [3] 15 déc. 1729, à Jean-Baptiste Marchand. — *Marie-Joselle*, b [3] 28 nov. 1701 ; m [3] 29 déc. 1726, à Charles Duperé. — *Marie-Madeleine*, b [3] 25 mars 1704 ; s [3] 8 juin 1707. — *Louise-Thérèse*, b [3] 11 août 1706. — *Marie*, b [3] 21 nov. 1708 ; m [3] 30 nov. 1731, à Hamond Pléhan ; s [3] 5 mars 1753. — *Jean-François*, b 12 mars et s [3] 3 juin 1711. — *Marie-Suzanne*, b [3] 1er avril 1713 ; m [3] 21 janv. 1737, à Antoine Serindac ; s [3] 28 sept. 1755. — *Marie-Renée*, b... ; 1° m [3] 18 avril 1723, à Nicolas Le Roy ; 2° m [3] 10 avril 1731, à Jean Poitevin. — *Marie-Madeleine*, b... ; 1° m [3] 22 nov. 1723, à Pierre Barbeau ; 2° m [3] 28 sept. 1728, à Jacques-Antoine Charié ; s [3] 20 mars 1760. — *Marie-Anne*, b... ; 1° m [3] 11 janv. 1712, à Timothée Provost ; 2° m [3] 18 sept. 1733, à Michel Brousseau.

(1) Elle épouse, le 4 déc. 1692, Paul Berry, à Québec.

I — ROANES, (Rouannes) François, b 1625, fils de Pierre et de ————, de Sablé, évêché du Mans ; s 11 janv. 1688, à Laprairie. [8]
————, Jeanne, b 1614 ; s [3] 27 mars 1694.
Jeanne, b... ; 1° m [3] 26 nov. 1685, à Etienne Bisaillon ; 2° m à 1699, à François Dumay. — *Marie*, b... ; m à Antoine Rousseau. — *Marie*, b... ; m 1698, à Pierre Gagné.

1667, (3 juillet) Château-Richer. (1)

I. — ROBERGE, Denis, (2) fils de Jacques et d'Andrée Marchand, de Bayeux ; s 20 sept. 1709, à Québec. [3]
Aubert, Geneviève,   [Claude I.
s [3] 29 janv. 1732.
Geneviève, b 30 août 1668, à Ste. Famille [4] ; s [3] 26 sept. 1681. — *Marie-Anne*, b [4] 6 sept. 1671 ; m [3] 27 janv. 1689, à François Guyon ; s 3 mars 1703, à Montreal — *François*, b [3] 5 oct. 1674. — *Angélique*, b [3] 4 juillet 1677, ursuline dite Ste Marie ; s [3] 9 juin 1750 — *Denis*, b [3] 4 fév. 1680. — *Marie-Madeleine*, b [3] 6 fev. 1681 ; m [3] 8 juillet 1697, à Charles Perthuis ; s [3] 3 avril 1741. — *Claude*, b [3] 24 sept. 1683. — *Jean-Baptiste-Louis*, b 28 janv. et s [3] 13 fév. 1687. — *Pierre*, b [3] 27 avril 1688 ; s [3] 24 déc. 1702. — *Jacques*, b [3] 6 mai 1689 ; s [3] 21 mars 1732. — *Joseph-François*, b [3] 9 janv. 1691 ; s [3] 15 mai 1693.

1672, (22 octobre) Ste. Famille.

I. — ROBERGE dit Lacroix, Pierre, b 1637, fils de Jacques et de Claudine Buret, de St. Germain le Vallon, évêché de Bayeux.
1° De Beaurenom, Antoinette, fille de Guillaume et de Françoise Lepoupet, d'Alonne, evêché de Coutances.

1679, (3 juillet) Ste. Famille.

2° Loignon, Françoise,   [Pierre I.
Jean-Baptiste, b 12 déc. 1683, à St. Pierre, I. O. [3] — *Anne*, b [3] 20 janv. et s [3] 2 fév. 1686. — *Marie-Anne*, b [3] 29 juin 1687. — *Pierre*, b [3] 24 fév. 1681. — *Joseph*, b 1681 ; 1° m 16 janv. 1716, à Geneviève Leduc, à Québec [4] ; 2° m [4] 8 janv. 1748, à Marie-Madeleine Girard ; s [4] 1er août 1756. — *Thérèse*, b... ; m [4] 6 fév. 1730, à Charles Brousseau.

1684, (10 avril) Château-Richer. [5]

I. — ROBERGE, Pierre.
Lefrançois, Marie,   [Charles I.
Marie-Anne, b 11 fév. 1688, à St. Laurent, I. O. [6], m [5] 25 fév. 1710, à Paul DeRainville. — *Jean*, b... ; 1° m 12 janv. 1722, à Angélique Faucher, à la Pointe-aux-Trembles de Québec [7] ; 2° m [7] 8 oct. 1736, à Françoise Larue. — *Pierre*, b [4] 25 fév. 1685. — *Joseph*, b [6] 29 mai 1686.

ROBERT, Etienne. — Voy. Rocbert,

(1) Date du contrat de mariage. — *Greffe de Duquet.*

(2) Elève et domestique de M. de Bernière. Il alla par zèle en Canada se donner à Mgr. de Laval et le servit jusqu'à sa mort. Il était arrivé en 1660 avec M. Morel. — *Vie de Mgr. Laval,* page 32.

34

I. — ROBERT, Philippe, de St. Jacques, évêché d'Amiens.

Dupuis, Jeanne, de St. Jacques, évêché d'Amiens.
Michel, b...; m 17 juillet 1681, à Marie-Madeleine Hayot.— Louis, b...; m 1670, à Marie Bourgery.

II. — ROBERT, Louis, (1)   [Philippe 1.
Bourgery, Marie,   [Jean-Baptiste I
Pierre, b 21 sept. 1671, à Boucherville[8]; m 27 janv. 1698, à Angelique Ptolomé, à Lachine. —
Joseph, b[8] 23 oct. 1674, m[8] 26 dec. 1701, à Marie-Josette Larrive. — François, b[8] 20 fév. 1678. — Marie, b[8] 2 sept. 1680; m[8] 6 nov. 1702, à Antoine Daunet. — Marguerite, b[8] 10 juin 1683; m[8] 6 nov. 1702, à Pierre Daunet. — Prudent, b[8] 12 juin 1686; m 7 janv. 1711, à Marie-Madeleine Fafart, au Détroit.— Jean-Baptiste, b[8] 3 juin 1688; m 5 fev. 1714, à Geneviève Brabant, à Repentigny.— Louis, b[8] 23 mars 1691; s[8] 20 sept. 1693.— Jacques, b[8] 15 mars 1694. — Louis, b[8] 15 mars 1695; m 25 nov. 1715, à Marie Prevost, à Varennes.—Antoine, b[8] 17 janv. 1698.

1681, (9 janvier) Contrecœur. [7]

I. — ROBERT dit Déslauriers, Charles, b 1645, fils de Louis et de Marie Le Roy, de St. Agnedieu, évêché de Xaintes.

Leber, Marie, (2)   [François I.
Charles b[7] 28 sept 1683.

1681, (17 juillet) Sorel.

II. — ROBERT, Michel,   [Philippe I.
Hayot, Marie-Madeleine, (3)   [Jean II.

1695.

I. — ROBERT dit Le Bretov, André,
1º Esnard, Marie,   [Simon I.
veuve de Pierre Ango.
Madeleine, b 5 juillet 1696, aux Trois-Rivières[7]; m[7] 26 mai 1722, à Pierre Gladu; s[7] 24 mars 1734.— André, b[7] 14 fev 1700, s[7] 25 nov. 1711. — Claude, b[7] 15 dec. 1701; m à Françoise Coterel.— Marie-Françoise, b 18 mars 1698, à Champlain.

1706, (30 mai) Trois-Rivières.[8]

2º Davias, ou Vallant, Marguerite, de St. Charles de Lobinier.
Marie-Françoise, b[8] 27 mars 1707. — Marie-Jeanne, b[8] 17 janv. 1709 — Jacques, b[8] 10 avril 1711.— Marie-Louise, b[8] 1er sept. 1715.

1691, (30 juillet) Pte-aux-Trembles (Q.) [2]

I. — ROBERT dit St Amant, Mathurin, soldat de De Merville, 1665 fils de Pierre et de Julienne Guilmette, de St. Pierre de Plumerais, évêché de St. Brieu, en Bretagne.
Marcot, Elizabeth,   [Nicolas I.
Simon-Augustin, b[2] 28 août 1692. — Elizabeth,

b[2] 15 oct. 1694. — Marie-Louise, b 8 janv. 1697, au Cap Santé. — Marie-Josette, b[2] 20 sept. 1699; 1º m 26 fév. 1721, à François Baribaut, à Ste. Anne de la Pérade ; 2º m à Emond Guibaut.

1698, (27 janvier) Lachine. [3]

III. — ROBERT, (1) Pierre,   [Louis II.
Ptolomé, Angelique, (2)   [Charles I.
Louise-Marie, b[3] 15 dec. 1698. — Pierre, b[3] 5 nov. 1704. — Jean-Baptiste, b 24 juin 1700, à Boucherville.— Madeleine, b 26 juin 1711, au Detroit [4]; m 1er fév. 1728, à Joseph Desnoyers.— Antoine, (3) b[4] 19 mars 1713; m[4] 30 nov. 1743, à Louise Becmont. — Marie, b...; 1º m[4] 25 mars 1718, à François Pelletier ; 2º m[4] 7 janv. 1725, à Louis Campeau.

I. — ROBICHAU, Louis, b 1609 ; s 4 janv. 1649, à Quebec.

I. — ROBICHON, Jean-Nicolas.
Dubois, Marie-Anne.
Jean-Nicolas, b...; m 13 mai 1741, à Denise Chapu, aux Trois-Rivières.

1692, (14 janvier) Montréal. [9]

I. — ROBIDAS, dit Manseau, Jacques, sergent de la compagnie du marquis de Crisafy, fils de Gabriel, (maltre cordonnier) et d'Anne Crespin, de St. Nicolas, évêché du Mans.
De Guittre, (De Guidre) Louise, veuve de François Cibardin.
Gabriel, (4) b[9] 25 oct. 1692 ; m 1715, à Madeleine Benoit.— Françoise, b 19 et s[9] 25 déc. 1694.— Marie, b 19 et s[9] 23 dec. 1694. — Michel, b[9] 15 avril et s 29 avril 1696, à Laprairie.— Marie, b[9] 15 avril 1696. — Marie-Charlotte, b 25 mars et s[9] 5 avril 1698.— Françoise, b 2 sept. 1699, aux Trois-Rivières. — Louis, b[5] 28 mars 1705.— Jean-Baptiste, b[5] 15 juillet 1702 ; m à Marie-Josette Pepin-Laforce.

ROBIDOU. — Variations et surnoms : Robidaut — L'Espagnol.

1667, (7 juin) Québec. [2]

I. — ROBIDOU dit L'Espagnol, André, fils de Manuel et de Catherine Alue, de Ste. Marie de Galice, évêché de Burgos, en Espagne.
Le Duc, Jeanne, (5) fille d'Antoine et de Catherine Denote, de St. Germain d'Auxerre, évêche de Paris.
Romaine, b[2] 11 juillet 1669 ; m 8 nov. 1683, à Jean Roux, à Laprairie. [3]— Marguerite, b[8] 10 nov. 1671 ; s[8] 15 janv. 1672.— Jeanne, b[3] 20 sept. 1673 ; m[3] 5 dec. 1690, à Gabriel Lemieux.— Guillaume, b[3] 28 nov. 1675 ; m 11 juin 1697, à

---

(1) Dit Lafontaine.

(2) Elle épouse, le 4 juillet 1684, François Bourassa, à Contrecœur.

(3) Elle épouse Jacques L'Archevêque.

(1) Dit Lafontaine.

(2) Elle épouse, le 16 avril 1716, Guillaume Boucher, au Détroit.

(3) Etabli au Détroit.

(4) Filleul de Crisafy.

(5) Elle épouse, le 16 août 1678, Jacques Surprenant, à Laprairie.

Marie Guérin, à Montréal. — *Joseph*, b [3] 15 janv. 1678 ; m en 1700, à Marie-Françoise Guérin. — *Marie*, b... ; 1° m... ; 2° m [3] 10 déc. 1686, à Jean Patenotre ; s [3] 1er sept. 1697.

1697, (11 juin) Montréal.

II. — ROBIDOU, Guillaume,   André I.
Guérin, Marie,   [Silvain I.
Etienne, b 10 juin 1699, à Laprairie. [8] — *Joseph*, b... ; m [8] 7 janv. 1721, à Anne Fonteneau.

1700.

II. — ROBIDOU, Joseph,   [André I.
Guérin, Marie-Françoise, (1)   [Silvain I.
Joseph, b 20 mars 1701, à Laprairie.[3] — *Marie-Josette*, b... ; m [3] 30 oct. 1719, à Mathieu Gervais.

I. — ROBILLARD, Claude,
1° Binard, Marie.
Jeanne, b... ; m 9 nov. 1688, à Joseph Trotier, à Montréal. — *Adrien*, b 9 oct. 1679, à Champlain.
2° Grandin, Marie, veuve de Michel Morel.
Claude, b... ; m 17 oct. 1701, à Angélique Cecyre, à Lachine.[9] — *Louis*, b 17 mai 1682, à Champlain[8] ; s [8] 5 juin 1683. — *Nicolas*, b [8] 2 août 1684 ; m [9] 28 avril 1709, à Françoise Cecyre — *Marie-Thérèse*, b 5 sept. 1686, à Montréal [7] ; m [7] 19 oct. 1701, à Jean Moison. — *Joseph*, b [7] 13 avril 1689 : m à Marguerite Bazinet. — *Jean-Baptiste*, b [7] 10 avril 1691. — *Pierre*, b [7] 28 sept. 1692.

I. — ROBIN dit Desforges, Etienne, b 1633, venu en Canada en 1653, compagnon d'armes de Dollard, et massacré le 21 mai 1660, au Long-Sault, par les Iroquois.

I. — ROBIN, François, meunier, trouvé mort dans le rouet de son moulin ; s 31 mars 1669, à Montréal.
François, b... ; m 1699, à Françoise Migneron — *Jacques*, b... , 1° m à Marie Testu ; 2° m 20 avril 1729, à Marie Beauchamps, à Lachenaye.

1667, (10 octobre) Québec.

I. — ROBIN dit Lapointe, Jean, juge de la seigneurie de Longueuil, fils de Jean et de Perrette Gauterio, de St. Martin, évêché d'Auxerre.
Charreton, Jeanne, fille de Claude et de Madeleine Dumont, de St. Pierre de Guillot, evêche de Bourges.
Thérèse, b 1668 ; m 14 nov. 1684, à Jacques Viau, à Boucherville. [1] — *Jeanne*, b 13 nov 1672, à Montreal [2] ; s [2] 18 janv. 1673. — *Jeanne-Catherine*, b [2] 28 oct. 1673 ; m [1] 7 janv 1688, à Alexandre Lacoste, s [1] 10 mars 1690. — *Reine*, b [2] 27 août 1675 ; m [1] 7 avril 1693, à Bertrand Viau. — *Jean*, b [2] 1er juin 1678 ; m [1] 7 juillet 1699, à Claude Sergeant. — *Marie*, b 1679 ; m [1] 4 nov. 1697, à Pierre Charon. — *Madeleine*, b [1] 9 fév. 1680. — *Michel*, b [1] 15 déc. 1681. — *Marie-Josette*, b [1] 30 juin 1684. — *Marguerite*, b [1] 15 fév. 1687 ; s [1] 5 janv. 1688.

(1) Elle épouse, en 1732, François Potvin.

I. — ROBIN, Pierre, b 1658 ; s 3 sept. 1698, à Québec. [1]
Guilbour, Marie-Geneviève,   [Charles I.
s 21 janv. 1709, à Ste. Foye. [2]
Gertrude, b .. ; 1° m [2] 20 janv. 1721, à Pierre Chatel, 2° m [1] 14 nov. 1734, à Nicolas Bergeron.

1699, (7 juillet) Boucherville.

II. — ROBIN, Jean,   [Jean I.
Sergeant, Marie-Claude, fille de Louis et d'Anne Lecompte, de St. Eustache de Paris.
Pierre, b 29 sept. 1704, à St. François, I. J [1] — *Charles*, b [1] 22 nov. 1706. — *Catherine*, b [1] 25 déc. 1708. — *Etienne*, b [1] 7 mai 1713. — *Marie-Anne*, b [1] 14 avril 1715 ; *Marie*, b [1] 8 août 1717.

1699.

II. — ROBIN, François,   [François I.
Migneron, Françoise,   [Lambert II.
François, b 20 janv. 1701, au Cap St. Ignace. — *Charles*, b 18 août 1703, à St. Thomas.[1] — *Marie-Félicité*, b [1] 27 mars 1705. — *Ursule*, b [1] 28 fév. 1707 — *François*, b 1702 ; m 9 fév. 1728, à Marie Courteau, à St. Pierre du Sud. — *Marie-Josette*, b [1] 10 fév. 1709.

ROBINEAU. — *Surnoms :* De Bécancour — De Portneuf — De Neuvillette — Des Islets — De Villebon — Du Moulin.

1652, (21 octobre.) (1)

I. — ROBINEAU, René, b 1629, fils de Pierre (conseiller du Roy, tresorier-gérant de la cavalerie legère de Paris) et de Renee Maureau, de St. Nicolas-des-Champs, de Paris ; s 12 déc. 1699, à Québec. [2]
LeNeuf de la Poterie, Marie-Anne. [Jacques I. s [2] 5 déc. 1702, dans l'église des Récollets.
Joseph, b [2] 22 août 1655. — *René*, b [1] 3 sept. 1659. — *Marguerite*, b [2] 19 août 1661. — *Jacques*, b... ; m... ; s [2] 26 mars 1715, dans l'église des Recollets. — *Pierre*, b... ; m à Marie LeGardeur. — *Marie-Anne*, b 7 mars 1672, aux Trois-Rivières,[3] ursuline dite de la Trinité ; s [2] 26 juillet 1748. — *Daniel*, (2) b [3] 9 mars 1673. — *Michel*, b [3] 8 août 1674. — *Louise-Catherine*, b [2] 25 sept. 1677.

1670, (27 novembre) Québec. [2]

I. — ROBITAILLE, Jean, fils de Jean et de Martine Cormont, d'Auche, évêché de Boulogne ; s [2] 23 mars 1715.
Buletez, Marguerite, fille d'Isidore et de Louise Pepin, d'Auche, évêché de Boulogne, s [2] 26 juin 1732.
Jeanne-Françoise, b 7 avril 1672, à Sillery [3] — *Marie-Madeleine*, b [3] 19 nov. 1673. — *Joseph-Martin*, b [3] août 1676, à Lorette.[4] — *Marie-Thérèse*, b 1679 ; m [2] 19 déc. 1717, à Joseph Fauconnet ;

(1) Date du contrat de mariage, le 21 oct. 1652. — *Greffe d'Ameau.* — Officier du régiment de Turenne, chevalier de St. Michel, Seigneur de Bécancour, et Baron de Portneuf.

(2) Filleul de M. De Courcelles, gouverneur.

s ² 22 juin 1721. — *Marie-Madeleine*, b ⁴ 9 mars 1680. — *Charles-François*, b ⁴ 21 mars 1681 ; m 26 oct. 1705, à Marie-Louise DELISLE, à la Pointe-aux-Trembles de Quebec ⁵ ; s ⁵ 11 mars 1727.

1675, (5 mai). (1)

I — ROBITAILLE, PIERRE, frère du précédent.
MAUFAIT, Marie, [PIERRE I.
Jean, b . . ; m à Marguerite MEUNIER — *André*, b 17 juillet 1678, à Lorette ¹ ; 1⁰ m ¹ 19 janv. 1706, à Marguerite HAMEL ; 2⁰ m 11 août 1713, à Françoise-Catherine CHEVALIER, à Ste. Foye. ¹ — *Marie-Suzanne*, b ¹ 16 août 1680 ; m ¹ 19 nov. 1707, à Guillaume BELLEAU. — *Pierre*, b ¹ 12 oct. 1682 ; m ² 27 nov. 1721, à -Madeleine BERTHIAUME. — *Charles*, b ¹ 24 avril 1685, s ¹ 7 mars, 1711. — *François*, b 11 oct. 1691, à Quebec ³ ; s ³ 30 mars 1733. — *Joseph*, b ¹ 27 oct. 1693. — *Romain*, b ¹ 5 mai et s ¹ 1ᵉʳ juin 1695. — *Romain*, b ¹ 26 juillet 1696 ; m ² 10 oct. 1723, à Marie-Françoise LEMARIÉ. — *Louis*, b ¹ 28 avril 1698 ; s ¹ 8 mars 1703. — *Claude*, b ¹ 16 mars 1700 , s ¹ 12 mars 1703. — *Charlotte-Catherine*, b ¹ 20 avril 1702.

1677,

I. — ROBITAILLE, JEAN, frère du précédent.
LEVASSEUR, Marie-Thérèse, [PIERRE I.
Marie-Therèse, b 22 mars 1678, à Lorette.

1693, (15 octobre) Montréal ⁸

I. — ROBITAILLE, PHILIPPE, fils de Jean et de Martine Cormon, de Biencourt, pays d'Artois.
WARREN, Madeleine, [JACQURS I. veuve de Richard Theys, de Douvres, Nouvelle-Angleterre.
Philippe, b ⁸ 5 fev. 1695. — *Jacques*, b ⁸ 29 janv. 1697. — *Jean*, b ⁸ 10 mars 1699. — *George*, b ⁸ 19 avril 1701 ; s ⁸ 19 fev. 1703. — *Marguerite*, b ⁸ 2 avril 1703.

I. — ROBUTEL, (2) CLAUDE, b 1621 ; s 28 déc. 1689, à Montréal. ⁹
DE GABRIELLE, Suzanne, b 1624.
Jeanne-Paule, b ⁹ 17 janv. 1660 ; s ⁹ 16 dec. 1692, (mort subite). — *Anne-Françoise*, b ⁹ 5 fev. 1662 ; m ⁹ 19 nov. 1691, à Constant LE MARCHAND — *Zacharie*, b ⁹ 4 juin 1665 , m ⁹ 18 avril 1689, à Catherine LEMOYNE.

1689, (18 avril) Montréal ⁹

II. — ROBUTEL, ZACHARIE, (3) [CLAUDE I.
LEMOYNE, Catherine, [JACQUES I.
Anne-Suzanne, b ⁹ 27 mars 1690 ; sœur dite Ste. Cecile, C.-N.-D., s ⁹ 9 fev. 1717. — *Catherine-Angélique*, b ⁹ 26 août 1691. — *Marie-Josette*, b ⁹ 11 avril 1693. — *Joseph-Zacharie*, b ⁹ 5 juin 1694 — *Claude*, b ⁹ 20 fév. 1696. — *Marie-Anne*, b ⁹ 13 oct. 1697 ; s ⁹ 4 nov. 1785, dans l'eglise de l'Hôpital-Général. — *Elizabeth-Francoise*, b 9 juillet 1699, à Lachine. — *Thomas*, b ⁹ 21 dec. 1702. — *Joachim*, b 11 juin 1705, à Ste. Anne du bout de l'Ile.

(1) Date du contrat de mariage.—*Greffe de Duquet.*
(2) Sieur de La Noue, seigneur de l'Ile St. Paul.
(3) Sieur de La Noue, seigneur de Châteauguay, en 1702.

1695, (25 septembre) Montréal. ⁵

I. — ROCBERT DE LA MORANDIÈRE, ETIENNE, conseiller du· Roy, secretaire de M. le Commissaire, b 1668, fils d'Abel (notaire-royal) et de Marie Pothier, de St. Etienne d'Estrechy, évéché de Sens, en Champagne.
DUVERGER, Elizabeth, b 1673, fille de Jacques et de Marthe Boisseau, de St. Ours, évêche de Tours ; s ⁶ 6 sept. 1730.
Marie-Isabelle, b ⁵ 28 juillet 1696 ; m ⁵ 19 déc 1718, à Charle -Michel BÉGON — *Louis Joseph*, b ⁵ 6 août 1697 ; m ⁵ 1ᵉʳ oct. 1731, à Marguerite PETIT-LEVILLIERS ; s ⁵ 19 oct. 1743 — *Nicolas*, b 7 et s ⁵ 30 août 1699. — *Etienne*, b ⁵ 22 fev. 1701 ; m ⁵ 15 janv. 1730, à Marguerite HINGIE ; s ⁵ 25 nov. 1760. — *François-Bernardin*, b ⁵ 20 mai 1702 ; s ⁵ 8 juillet 1719. — *Anne-Geneviève*, b ⁵ 23 avril 1704 ; m ⁵ 8 juin 1726, à Jean-Baptiste LE GARDEUR.

I. — ROCBERT, DE LA MORANDIÈRE, JACQUES-URBAIN, ecrivain du Roy, en 1704.

ROCHE. — *Variation et surnom :* DES ROCHES — LAFONTAINE.

I — ROCHES (DES), Commandant aux Trois-Rivières, en 1642.

1665, (9 novembre) Château-Richer

I. — ROCHE, PIERRE, b 1636, de St. Salvadin, Castel-Sarazin, evêché de Montaudant.
1⁰ L'ANFILÉ, Marie, b 1646, de St. Sulpice de Paris.

1669, (7 octobre) Ste Famille. ¹

2⁰ BLAY, Isabelle, (1) fille de Claude et de Marguerite Verrier, de St. Eustache de Paris.
Pierre, b 7 et s ¹ 19 sept. 1670. — *Vincent*, b 1671. — *Elizabeth*, b ¹ 25 sept. 1672. — *Marie*, b ¹ 16 sept. 1674. — *Philippe*, b ¹ 3 dec. 1676 ; s ¹ 10 janv. 1678.

ROCHE, JEAN, — Voy. LA ROCHE.

I. — ROCHE, JEAN-BAPTISTE, soldat de Mr. de Longueuil.
MOUSSEAU, Marguerite-Périnne, [JACQUES I.
Marie-Angélique, b 11 août 1704, à l'Ile Dupas.

ROCHEFORT. — Voy. DUPRÉ — HUBETTE.

ROCHEMONT, — Voy. DESCHEVERS.

ROCHER. — *Variations :* DESROCHERS — DUROCHER.

1696, (1ᵉʳ mai) Batiscan. ⁹

I. — ROCHER, PIERRE, fils de Pierre et de Françoise Boucher, de St. Maclou, évêché de Poitiers.
RABOUIN, Suzanne, [JEAN I.
veuve de Jean Levitre dit Lamontagne.
Pierre-Joseph, b ⁹ 29 nov. 1698. — *Marie-Antoi-*

(1) Elle épouse, le 28 avril 1677, Vincent Guillot, à Ste. Famille.

nelle, b 31 oct et s⁹ 3 nov. 1700. — *Marie-Madeleine*, b 28 oct. 1701, aux Trois-Rivières. ⁹ — *Gabriel*, b ⁸ 22 janv. 1704. — *François*, b ⁸ 3 fév 1707.

ROCHELAU. — *Variations et surnoms :* BABOIR — ROCHERON — ROCHELOT — ROCHEREAU — MONTRISEAU — MORICEAU — LAPERCHE — DU VIVIER — VIVIER.

I. — ROCHELAU DIT BABOIR, PIERRE, était à Québec, en 1650.

I. — ROCHELAU, VIVIEN, b 1624 ; s 12 janv. 1716, à Ste. Anne de la Perade. ⁷
LANGELIER, Marie,   [SÉBASTIEN I.
Antoine, b... ; m⁷ 24 fev 1705, à Madeleine LE SIEUR. — *Joseph*, b... ; m⁷ 4 juin 1708, à Marie GUIBOR. — *Jacques*, b... ; m 2 juin 1710, à Marie-Madeleine TIFAUT, à Batiscan. ⁶ — *Marie*, b 12 mars 1681, aux Grondines ; m⁷ 30 mars 1709, à Jean GUIBAUT. — *Catherine*, b 1683 ; s 23 avril 1755, au Cap de la Madeleine. — *Joseph*, b⁶ 1er juin 1685. — *Marie-Madeleine*, b⁹ 25 sept. 1690 ; m à Laurent BARET.

I. — ROCHEREAU, MICHEL, b 1636.
BIGOT, Marie, b 1649.
François, b 1664. — *Pierre*, b... : m 21 janv. 1702, à Marie-Anne GÉLINAS, aux Trois-Rivières.

I. — ROCHEREAU, BERNARD.
DURAND, Marguerite,   [NICOLAS I.
Jean-Baptiste, b... ; m 11 avril 1712, à Elizabeth DERY, à Charlesbourg.

I. — ROCHERON, SUZANNE, femme de Jean Boutin.

ROCHERON, — *Variation :* ROCHON.

1663, (12 septembre) Château-Richer.

I. — ROCHERON, SIMON, fils de Julien et de Martine Lemaire, de St Côme-le-Vert, évêche du Mans.
BISSON, Mathurine,   [GERVAIS I.
veuve de Nicolas Dupré.
s 29 sept. 1691, à Québec. ⁸
Marguerite, b ³ 3 août 1665 ; m à Ignace GUAY. — *Etienne*, b⁸ 2 avril 1668 ; 1° m 26 juillet 1693, à Elizabeth BEGIN, à la Pointe Lévis ; 2° m ⁸ 26 juin 1698, à Charlotte JEANNE. — *Mathurine*, b ⁸ 17 fév. 1671. — *Charles*, b⁶ 5 juillet 1673. — *Geneviève*, b⁸ 21 avril 1677 ; m⁹ 16 juin 1693, à Louis MARCHAND , s⁸ 29 août 1693. — *Jean*, b... ; m 12 juin 1702, à Geneviève GRENIER, à St. François, Ile-Jésus.

1671, (26 octobre) Ste. Famille. ⁵

I. — ROCHERON, GERVAIS, frère du précédent
GUYON, Marie-Madeleine,   [CLAUDE II.
Catherine, b ⁵ 9 fév. 1674 ; m ⁵ 19 août 1699, à Etienne AUDIBERT. — *Marie-Madeleine*, b ⁵ 11 fev 1676 ; m ⁵ 24 janv. 1695, à Jacques GAGNON. — *Anne*, b ⁵ 28 janv. et s⁵ 17 fev. 1678. — *Marie*, b⁵ 25 fev. 1679 ; m⁵ 2 juin 1698, à Bernard LESTOUR-

NEAU ; s 22 janv. 1703, à St. Jean, I. O. ⁶ — *Anne*, b ⁵ 26 juillet 1681 ; m ⁵ 3 mai 1700, à Nicolas DUMAY. — *Cécile*, b ⁵ 25 mars 1683 ; m 8 mai 1702, à Jean-Baptiste LEBLOND ; s ⁵ 11 déc. 1702. — *Thérèse*, b ⁵ 17 oct. 1685 ; m ⁵ 3 juin 1704, à Jean GAGNON. — *Gervais*, b ⁵ 19 juin 1688 ; m 12 nov. 1714, à Marie DAVID, au Château-Richer. — *Elizabeth*, b ⁵ 28 mars 1690. — *Geneviève*, b ⁵ 5 avril et s ⁵ 11 mai 1691. — *Jacques*, b ⁵ 13 sept 1692. — *Nicolas*, b ⁵ 8 avril 1694. — *François*, b ⁵ 9 mai 1695 ; m à Marie-Charlotte GINGRAS. — *Julien*, b ⁵ 31 déc. 1696 ; m à Anne BEAUCHAMPS. — *Simon*, b ⁵ 5 juillet 1698 ; s⁶ 3 fev. 1699.

1693, (20 juillet) Pointe Levis. ⁹

II. — ROCHON, ETIENNE,   [SIMON I.
1° BÉGIN, Elizabeth,   [LOUIS I.
s⁹ 22 déc. 1695.
Elizabeth, b 1694 ; m⁹ 27 mai 1722, à Ignace CARIE ; s⁹ 19 mai 1766 — *Suzanne*, b⁹ 20 déc. 1695.

1698, (26 juin) Québec.

2° JEANNE, Charlotte,   [ROBERT I
Geneviève-Charlotte, b⁹ 21 juin 1699 ; m⁹ 15 juin 1722, à Jacques BÉGIN. — *Geneviève*, b⁹ 4 avril 1701 , m⁹ 27 mai 1722, à Etienne BÉGIN.

I. — ROCHEVILLE, NICOLAS.
ALGONQUINE, Marguerite.
Marie-Thérèse, b 18 oct. 1711, aux Trois-Rivières.

ROCQUETAILLADE, (DE) PIERRE. — Voy. GODFROY.

I. — RODIER, LAURENT, soldat de M. de la Chassaigne, en 1701, à Montréal.

I. — RODORÉ, RENÉ, s 22 nov. 1653, à Montréal.

1671, (28 octobre) Québec.

I. — RODRIGUE, JEAN, fils de Jean et de Suzanne Lacroix, de St. Jean de Lisbonne.
LEROY, Anne, fille de François et d'Anne Bourdais, de St. Germain de Paris.
Pierre-Jean, b ³ 21 août 1672. — *Marie-Anne*, b 16 août 1673, à Beauport. ⁴ — *Marie*, b... ; m ⁹ 18 fév. 1692, à Jean MOREAU. — *Suzanne*, b... ; m ³ 26 oct. 1699, à Vincent GUILLOT ; s ⁴ 10 juin 1711. — *René*, b ⁴ 29 juillet 1678 ; m ⁴ 22 nov. 1703, à Elizabeth DAUPHIN ; s ⁴ 23 mars 1715. — *Vincent*, b ⁴ 10 août 1681 ; m ⁴ 11 janv. 1707, à Angelique GIROUX. — *Jacques*, b ⁴ 27 mai 1685 ; m à Geneviève CARON.

I. — ROGER, CHRISTOPHE, s 25 juin 1656, à Montréal, (noye).

1669, (4 mai) Québec. ⁸

I. — ROGER DES COLOMBIERS, CHARLES, b 1628 ; s ³ 26 oct. 1687, (dans l'église des Recollets).
1° GASCHET, Marie, b 1626, veuve de Pierre Nolin ; s ² 6 mai 1631, (dans l'église des Recollets).

1682, (31 août) Québec. [3]

2° DE L'ESTRE, Louise, (1) [THIERRY I
Louise, b [3] 13 mai 1683. — François, b [3] 10
sept. 1634. — Charles, b [3] 4 nov. 1686; s [3] 9
oct. 1683.

I. — ROGER, CHARLES, b 1637; s 13 mai 1715,
au Château-Richer.

1669, (30 octobre) Québec. [1]

I. — ROGER, GABRIEL, fils de Rene et de Jeanne
Augearde, de Ste. Vierge de Poitiers.
DE LA COUR, (2) Marie, fille de Guillaume et de
Marie Birra, de St. Germain d'Auxerre.
Jean-Baptiste, (3) b [1] 7 sept. 1670. — Gabriel,
b 23 avril 1672, a Ste. Famille. [2] — Nicolas, b [2]
27 nov. 1674. — Joseph, b [2] 1er mai 1676 ; m 20
avril 1694, à Reine MARCEAU, à St. François, I O.
— Louis, b [2] 9 oct. 1677. — Jeanne, b 1670.

1673.

I. — ROGER, GUILLAUME, premier huissier du Conseil souverain, notaire-royal, b 1632 ; s 22
mai 1702, à Quebec. [1]
LE VASSEUR, Ursule, s [1] 20 mars 1708.
Marguerite-Ursule, b [1] 13 janv. 1674 ; s [1] 5
août 1687. — Marie-Louise, b [1] 14 mars 1676 ; m [1]
21 nov. 1697, à Jourdain LAJUS; s [1] 11 janv. 1716.
— Guillaume, b [1] 24 mars 1678 ; s [1] 11 juin 1679.
— Guillaume, b [1] 17 fév. 1681. — Marie-Madeleine, b [1] 2 mars 1683 ; s [1] 7 août 1687. — Louis,
b [1] 24 mars 1685 ; s [1] 19 mai 1699. — Jean-Baptiste, b [1] 15 janv. 1687. — Marie-Madeleine, b [1] 12
sept. 1691 ; s [1] 14 sept. 1704. — Joseph, b [1] 15 juin
1693 ; s [1] 16 sept. 1695.

1687, (17 novembre) St. François, I. O. [1]

I. — ROGER, GABRIEL, b 1639 , s [1] 25 juillet 1699.
BOLPER, Marie-Louise,
veuve de François Marceau. (4)

1694, (20 avril) St. François, I. O. [6]

II. — ROGER, JOSEPH, [GABRIEL I.
MARCEAU, Reine, [FRANÇOIS I.
Marie-Louise, b...; s [6] 10 sept. 1708. — Gabriel,
b [6] 30 avril 1719. — Anonyme, b et s 16 oct. 1697,
à Quebec. — Jeanne, b 27 dec. 1698, à St. Jean,
I. O. [5] — Claire, b [5] 10 oct. 1700. — Marguerite,
b [5] s [5] 15 janv. 1702. — Joseph, b [5] 23 fev.
1704 ; m 22 oct. 1736, à Suzanne LEBLANC, au
Sault-aux-Récollets [4]; s [4] 12 mai 1747 — Angéli-
que, b [5] 5 août 1706 ; s [5] 21 avril 1712. — Marie-
Madeleine, b [5] 8 mars 1711 ; s [5] 28 avril 1712. —
Marie-Josette, b 9 juin et s [5] 1er sept. 1714.

1670, (14 septembre) Québec. [9]

I. — ROGNON DIT L'AROCHE, MICHEL, b 1639, fils
de Charles et de Geneviève Le Parmentier,
de St. Germain d'Auxerre de Paris; s 10
nov. 1684, à la Pte-aux-Trembles de Quebec. [6]

---

(1) Elle épouse, le 1er février 1639, Arnaud Dumanem, à
Québec.
(2) Appelée la Comète.
(3) Filleul de l'Intendant Talon.
(4) Elle épouse, 3 fév. 1701, Antoine-Olivier Quiniart, à
Ste. Famille.

LAMAIN, Marguerite, (1) fille de Jacques et de
Marguerite Deshaies, de St. Vivien, évêché
de Rouen, en Normandie.
Charles, b [9] 26 fev. 1673 ; m [9] 9 nov. 1699, à
Marie MARTEL. — Denis, b [9] 20 oct 1674 ; m [8] 16
fev. 1700, à Marie CHERON. — Guillaume, b [9] 2
nov. 1676. — Marguerite, b [9] 17 dec. 1678 ; m [8] 18
avril 1695, à Julien SEVIGNY. — Jeanne, b [8] 2 janv.
1681 ; m [8] 3 sept. 1699, à Joseph LORIOT ; s [8] 23
juillet 1713. — Louis, b [8] 23 juillet 1683 ; m [8] 30
août 1707, à Anne GRENON.

1699, (9 novembre) Québec.

II. — ROGNON, CHARLES, [MICHEL I.
MARTEL, Marie, [HONORÉ I.
Marie-Charlotte, b 28 oct. 1701, à la Pointe-
aux-Trembles de Quebec. [1] — Joseph, b [1] 23 août
1712.

1680, (24 avril) Québec.

I. — ROLANDEAU, JEAN, fils de Louis et de
Laurence Chauveau, du bourg de Marsilly,
évêché de LaRochelle.
THIBAUT, Marie, [MICHEL I.
Marie-Anne, b 1er nov. 1696, à St. Thomas. [6] —
Louise, b [6] 31 mai 1698 — Catherine, b [6] 31 mai
1698. — Louise, b [6] 5 oct. 1699. — Louis-Joseph,
b [6] 7 fev. 1701.

I. — ROLÉ, URBAIN, de Beaugé, en Anjou, s 29
avril 1700, à Montréal.

ROLLAND, — Voy. LENOIR.

I. — ROLLAND, JEAN, b 1649 , s 12 nov. 1687, à
Repentigny.

I — ROMADEC, JULIEN, écuier de cuisine de M.
le gouverneur, en 1664. (2)

ROMPREY. — Voy. FLEUTELOT, (marquis de).

RONCELAY. — Voy. RONSERAY — RONCEREL.

I. — RONDEAU, PIERRE.
PERUSEAU, Jeanne.
Pierre, b 7 déc. 1663, à Québec. [3] — Pierre,
b 12 mars 1673, à Beauport. — Jeanne-Geneviève,
b [3] 12 août 1675 ; s [3] 4 avril 1677.

I. — RONDEAU, THOMAS.
REMONDIER, Andrée.
Mathurin, b 7 fev. 1668, au Château-Richer. —
Thomas, b 28 dec. 1668, à Ste. Famille. [3]; s [3] 17
nov. 1671. — Elizabeth, b [3] 25 oct. 1670. — Marie,
b [3] 9 janv. 1673. — Françoise, b [3] 3 sept. 1674,
m 1697, à Charles DUMAS , s 13 oct. 1699, à St.
Jean, Ile d'Orleans. — Ursule, b [3] 10 août 1676,
m 1698, à Jean BUSSIÈRE. — François, b [3] 9 avril
1678. — Madeleine, b 5 janv. 1680, à St. Pierre,
Ile d'Orleans [4] ; m 1698, à Philippe NOEL. —

---

(1) Elle épouse, le 8 janv. 1685, Pierre Mercier, à la Pointe-
aux-Trembles de Québec.
(2) Présent au contrat de mariage de Julien Jauvin. — Greffe
de Filion, 1664.

Fabien, b ⁴ 28 oct. 1681. — *Marie-Charlotte*, b ⁴ 25 déc. 1684. — *Marie*, b... ; 1° m 19 août 1725, à Julien Ducharme, à Québec ⁵ ; 2° m ⁵ 21 nov. 1735, à Philippe Desmarest.

1689, (30 septembre) Ste. Famille. ⁵

I. — RONDEAU, Pierre, fils de Jean et de Jacquette Pallereau, de Marcilly, evêché de Maillezais, au Poitou.
1° Verrier, Catherine, fille de Jean et d'Agnès Briquet, de Crosteul, évêché d'Avranches.
Françoise, b 1671 ; m 7 juin 1686, à Jean Daniau, à St. Jean, I O. ² — *Elizabeth*, b 10 oct. 1673, à Québec ¹ ; m ³ 28 avril 1692, à Simon Chamberlan. — *Marie*, b ³ 1ᵉʳ mai 1676 ; m ² 2 mars 1699, à Ignace Chamberlan. — *Pierre*, b ² 23 mai 1679, m ² 8 nov. 1700, à Marie-Anne Jouin , s ² 20 fev. 1704 — *Catherine*, b ¹ 20 oct. 1682.
1683, (5 septembre) St. Jean, I. O. ²

2° Ancelin, Marie,   [René I.
Etienne. b ² 19 mars 1685. — *Marthe*, b ² 19 janv. et s ² 18 fév. 1687. — *Jean*, b ² 7 juin 1688 ; m 24 janv. 1718, à Madeleine Guignard, à Contre-cœur. — *Joseph*, b ² 1ᵉʳ nov. 1690.

1691, (6 novembre) Trois-Rivières. ³

I. — RONDEAU, Jacques, b 1663, fils de Jean-Baptiste, (maître de poste) et de Marie Gachinat de St. Barthelemi, evêché de LaRochelle, au Poitou.
Baubry, Françoise,   [Urbain I
Charlotte-Elizabeth. b ² 26 août 1692. — *Jacques*, b ³ 31 mai 1695. — *Jeanne-Françoise*, b ² 29 mars 1697. — *Urbain*, b ³ 28 juin 1699. — *Jean-Baptiste*, b ³ 8 avril 1701. — *Joseph*, b ³ 10 mai 1703. — *Thérèse*, b ³ 21 oct. 1705.

RONSERAY. — *Variations et surnoms :* Ronceré — Rouge — Rel — Roncelay — Rousseray — Le Breton.

1665, (13 octobre) Québec.

I. — RONSERAY, Jean, b 1643, fils dé Noèl et de Jeanne Aubert, de St. Sulpice de la ville de Fougère, Saintonge.
Servignan, Jeanne, b 1644, fille de Nicolas et de Jeanne Vaterre, d'Ivany, évêché d'Auxerre , s 21 fév. 1683, à Boucherville. ³
Marie, b 8 déc. 1668, à Montreal ² ; m ³ 11 fév. 1688, à Antoine Fournier — *Elizabeth*, b ² 26 juin 1672 ; m ³ 24 nov. 1688, à Jean Des Landes, s ² 12 mars 1700. — *Jeanne-Françoise*, b ³ 3 dec. 1674 ; m ² 29 déc. 1692, à Pierre Betourné. — *Marie-Anne*, b ² 7 oct. 1677 ; m ³ 29 oct. 1697, à Nicolas Varin. — *Jean*, b ³ 13 juillet et s ² 4 nov. 1680. — *Jean*, b ³ 3 juillet 1683 ; s ² 18 juin 1703.

ROQUEBRUNE. — Voy. Couillaud.

ROS. — Voy. Raoult.

1666, (7 janvier) Québec. ⁹

I. — ROSE, Noël, b 1642, fils de Nicolas et de Jeanne Tarif, de St. Etienne du Mont de Paris.

Du Mont-Mesny, Marie, (1) fille de Michel et d'Isabelle De la Rivière, de St. Jean, evêché de Rouen.
Pierre, b 20 janv. 1669, à Ste. Famille — *Joseph*. b ⁹ 19 nov. 1670 ; s ⁹ 11 fév 1671. — *Pierre*, b ⁹ 21 fev 1672 ; s 14 fev. 1702, à Montréal — *Nicolas*, b ⁹ 26 août 1674. — *Marie Françoise*, b ⁹ 26 fev. 1677 ; m ⁹ 12 janv. 1688, à Jean Turcot ; s 20 juin 1711, à Charlesbourg. ⁰ — *Charles*, b ⁹ 12 oct. 1679 ; m à Marie Patenotre. — *Charles-François*, b ⁹ 18 avril 1683. — *Marie-Jeanne-Françoise*, b ⁹ 4 déc. 1685 ; m ⁹ 2 août 1694, à Jacques Lepage — *Jeanne*, b... ; m ⁰ 24 juillet 1702, à Louis-Rene Jobin.

II. — ROSE, Pierre, marchand,   [Noël I. s 14 fév. 1702, à Montreal.

I. — ROSSIGNOL, Jeanne ; 1° m à Charles Petit, en 1670, 2° m à Jacques Forget, en 1674 ; 3° m à Urbain Fouquereau, en 1676.

ROTOT. — Voy. Trefflé — Proteau

1689, (11 juillet) Beauport. ⁶

I. — ROTUREAU dit Belie-isie, Nicolas, b 1659, fils de Pierre et de Marie Trehau, de Luuzon, evêché de Nantes ; s ⁶ 9 fév. 1719, (mort subite).
1° Gallien, Marguerite,   [Robert I. s ⁶ 25 janv. 1703.
Marie-Geneviève, b 22 déc. 1692, à Québec ; m 17 fév. 1711, à Etienne Montarer, à l'Ange-Gardien. — *Michel*, b ⁶ 3 mars 1695 ; m 1720, à Therèse Charet, à Charlesbourg. — *François*, b ⁶ 2 août 1697. — *Louis*, b ⁶ 27 oct. 1699. — *Marguerite-Madeleine*, b ⁶ 20 juillet 1701 ; s ⁶ 14 fev. 1703. — *Marie*, b ⁶ 20 et s ⁶ 21 janv. 1703.
1704, (24 novembre) l'Ange-Gardien.
2° Gignard, Marie,   [Laurent I. veuve de Simon Touchet.

ROUANEL. — Voy. Royné.

ROUCHALLET. — *Variations et Surnoms :* Rouchalet — Bergerac — Bergerat — Barra — Breza — Bersas.

I. — ROUCHALLET dit Bergerac, Pierre, soldat de M. Duplessis, de St. Jacques de Bergerac, evêché de Perigueux ; s 9 mai 1699, à Montréal.
Catherine, b... ; m à Pierre Guindon ; s 22 août 1710, à St. François, Ile-Jesus

ROUER. — *Variations et surnoms :* Rouher — De Villeray — De la Cardonnière — De Vitre.

1658, (19 février) Québec. ⁸

I. — ROUER de Villerave, Louis, lieutenant civil et criminel, b 1629, fils de Jacques (valet de chambre de la Reine) et de Marie Perthuis, de N. D. en Grève, ville d'Amboise, evêché de Tours ; s ³ 7 déc. 1700, (dans l'église.)

(1) Elle épouse, le 25 nov. 1687, François Dumas, à Québec.

1° Sevestre, Catherine,   [Charles I.
s ³ 24 janv. 1670, (dans l'église).
Augustin, b ³ 13 juin 1664 ; 1° m ³ 1ᵉʳ sept. 1689,
à Louise Le Gardeur ; 2° m 1706, à Marie-Louise
Pollet. — *Louis*, b ³ 9 fév 1667 ; s ³ 5 juillet 1744.
— *Charles*, b ³ 2 mai 1669, s ³ 23 sept. 1672.

1675, (26 novembre) Quebec.

2° Du Saussay de Bemont, Marie-Anne, fille de
Jacques et d'Anne Carlier, de St. Nicolas de
Puris.

1689, (1ᵉʳ septembre) Québec. ³

II. — ROUER, (1) Augustin,   [Louis I.
1° Le Gardeur, Marie-Louise,   [Charles II.
s ³ 11 janv. 1698.
Louis, (2) b ³ 3 août 1690 — *Angélique-Hyacin-*
the, b ³ 14 juillet 1692 ; m 20 mai 1717, à Charles
Damours, à Ste. Foye. ⁴ — *Augustin*, b 1698 ; m ³
14 juillet 1722, à Marie-Madeleine Foulon ; s ³
21 déc. 1762. — *Geneviève*, b... ; m ³ 16 nov. 1722,
à Louis-Joseph Lambert. — *Hector-Joseph*, b...

1706.

2° Pollet, Marie-Louise.   [François I.
Pierre-Ignace, b ⁴ 20 juillet 1707. — *Marie-Cathe-*
rine, b ⁴ 23 août 1709 ; 1° m ³ 10 nov. 1726, à
Michel Drouard ; 2° m ³ 14 mai 1735, à Michel
Sallaberry ; s ³ 26 août 1740. — *Madeleine*, b... ;
s ⁴ 30 sept. 1714.

I. — ROUGEAU, Jean.
Daudelin, Marie-Madeleine,   [Nicolas I.
Marie-Anne, b 5 août 1687, à Batiscan ; m 28
sept. 1705, à Luc Joachim, à Varennes. ³ — *René*,
b 24 avril 1690, à Boucherville. — *Pierre*, b ³ 15
mai 1696. — *Marie-Josette*, b ³ 9 déc. 1698.

ROUGEMONT. (De) — Voy. Paris.

I. — ROUGEMONT, Philippe, s en fév. 1536, à
Québec. Ce jeune homme né à Amboise, en
Touraine, n'etait âgé que de dix-huit ans, et
faisait partie de l'equipage de Jacques Cartier. C'est bien le premier décès de français,
dont le nom soit connu par notre histoire.

I. — ROUGIEU dit Lafrance, Antoine, soldat de
M. de Noyan.
1° Roy, Catherine ; s 16 avril 1700, à Laprairie.⁵
Catherine, b 8 et s ⁵ 9 avril 1700. — *Marguerite*,
b 8 et s ⁵ 9 avril 1700.

1702, (3 juillet) Laprairie.

2° Faye, Jeanne,   [Mathieu I.

ROUILLARD. — *Variations et surnoms* : St. Cyr
Prenouveau — Fondville.

1653, (22 avril) Québec. ³

I. — ROUILLARD dit Larivière, Antoine, charpentier, b 1616, fils de Noel et de Barbe Marchand, de St. Cosme-le-Verd, du Maine ; s ³
28 avril 1666.

Girard, Marie, b 1640, fille de Michel et de
Charlotte Dunoyer, de St. Cyr, proche de
Louviers.
Jean, b ⁷ 24 août 1654 ; m à Jeanne Levasseur ;
s ³ 24 août 1711. — *Charles*, b ³ 22 déc. 1656 ; s
11 mars 1679, à Montréal. — *Marie*, b ³ 18 fév.
1659 ; m ³ 27 juin 1689, à Pierre Rivière ; s ³ 2
juin, 1690. — *Noel*, b ³ 9 sept. 1611 ; m ³ 23 nov.
1688, à Anne-Madeleine L'Archevêque. — *Pierre*,
b ³ 30 mai et s ³ 2 juin 1664. — *Marie-Elizabeth*,
(posthume) b ³ 1ᵉʳ oct. 1666.

1670.

I. — ROUILLARD, Mathieu.
Guillet, Jeanne,   [Pierre I.
s 18 nov. 1723, à Batiscan. ³
Mathieu, b... ; m ⁸ 2 juin 1704, à Marguerite
Trotain. — *Jacques*, b 1672 ; m ³ 7 janv. 1702, à
Geneviève Trotain ; s ³ 10 déc. 1749. — *Simon*,
b 1674 ; s ³ 24 juillet 1714. — *Jeanne*, b ³ 31 août
1683. — *Louise*, b 26 fév. 1682, à Champlain ⁵, s ³
16 nov. 1684. — *Joseph*, b 28 juin 1688 ; m ⁸ 2
août 1715, à Marie-Charlotte Trotain. — *Damien*,
b ³ 27 oct. 1691. — *Marie-Madeleine*, b ³ 8 juillet
1694 ; m ⁵ 10 janv. 1714, à Etienne Carpentier.

1672, (11 février) Château-Richer.

I. — ROUILLARD, Pierre, fils de Pierre et de
Françoise Jourdain.
Bidon, Marie, (1)   [Louis I.

1681, (7 mai) Islet.

I. — ROUILLARD, François, fils de Guillaume et
de Marie Testard, de Château-Joinsard, évêché de Limoges.
Gabory, Anne, (2)   [Louis I.
Antoine, b 1ᵉʳ avril 1698.

II — ROUILLARD, Jean,   [Antoine I.
s 24 août 1711, à Quebec. ⁵
Le Vasseur, Jeanne,   [Pierre I.
s ⁸ 18 juin 1711.
Pierre, b ⁸ 11 sept. 1686 ; m ⁸ 28 août 1719, à
Marie-Renée Charland ; s ⁸ 14 août 1757. — *Marie-*
Ursule, b ⁸ 8 fév. 1689 ; m ⁸ 30 mai 1718, à Jacques
Simon ; s ⁸ 29 mai 1763. — *Françoise-Elizabeth*,
b ⁸ 28 mars 1691 ; s ⁸ 5 nov. 1699. — *Louis-Joseph*,
b ⁸ 29 mars 1693. — *Jacques*, b 14 et s⁸ 17 fév.
1695. — *Claude-Jeanne*, b ⁸ 5 oct. 1696 ; m ⁸ 27
fév. 1718, à Etienne Marchand ; s⁸ 27 août 1722.
— *Charles*, b 13 et s⁸ 25 août 1698. — *Charles*,
b⁸ 22 avril 1703 ; s⁸ 15 fév. 1715. — *François*, b
3 mai 1701, à Ste. Foye. ⁹ — *Jean-Baptiste*, b ⁹ 27
avril 1705.

1688, (23 novembre) Québec. ⁹

II. — ROUILLARD, Noel,   [Antoine I.
L'Archevêque, Anne-Madeleine, (3)   [Jean II
veuve de François Guay.
Jean, b ⁹ 26 sept. 1689 ; m 30 janv. 1713, à

(1) Elle épouse, le 11 avril 1673, Michel Isabel, au Château-
Richer.
(2) Elle épouse, le 6 fév. 1702, Pierre Corriveau, à St.
Michel.
(3) Elle épouse, le 8 juillet 1728, Jacques Corriveau, à
Québec.

(1) Sieur de la Cardonnière.
(2) Filleul de Frontenac.

Catherine Bureau, à Lorette [7] — *Michel*, b 1690 ; m [9] 13 janv. 1716, à Marie-Françoise Rinfret ; s [9] 9 juin 1755. — *Pierre*, b [7] 20 janv. 1695. — *Marie-Anne*, b 1696 ; m à Guillaume Déguise, s [9] 21 dec. 1756. — *Catherine*, b [9] 11 fev. 1697, m [9] 11 fév. 1727, à Louis Girard. — *Marie*, b [7] 9 nov. 1698 ; s [7] 15 janv. 1709. — *Marie-Catherine*, b 6 nov. 1700, à Ste. Foye. [6] — *Joseph*, b [6] 17 janv. 1703 ; m [9] 12 sept. 1724, à Jeanne Thérèse Lecompte. — *Ursule*, b [7] 20 août 1705 ; s [7] 15 oct. 1706. — *Louis*, b [7] 13 avril 1707. — *Charles*, b [7] 9 juin 1709, m [9] 4 juin 1731, à Marie-Josette Gaboury. — *François*, b [7] 12 juin 1711. — *Noel*, b.. ; m 13 nov. 1741, à Marie-Josette Brideau, à St. Michel.

I. — ROUILLARD, Pierre,
Moreau, Marie,   [Mathurin I.
Michel, b 2 sept. 1691, à Lorette.

ROUL, — Voy. L'Enseigne.

I. — ROULEAU dit Sanssoucy, Gabriel, b 1618, de Tourouve, au Perche ; s 23 fev. 1673, à Ste. Famille [6]
Leroux, Mathurine, b 1636. (1)
Louise, (2) b 12 août 1653, à Québec [9] ; s [9] 28 août 1656. — *Jean*, b [9] 14 mars 1655 ; s [9] 28 août 1656. — *Jean*, b [9] 22 nov. 1656. — *Anne*, b [9] 13 août 1658. — *Pierre*, b 5 avril 1661, au Château-Richer [5] ; m à Marie Dufresne. — *Anne*, b [5] 3 mai 1662 ; m [8] 23 août 1678, à Jean Houde. — *Guillaume*, b [5] 3 mai 1662 ; m 3 fev. 1688, à Catherine Dufresne, à St. Laurent, I. O. [4] — *Catherine*, b 3 et s [5] 6 avril 1664. — *Gabriel*, b [5] 15 juillet 1665 : 1° m [4] 25 nov. 1687, à Jeanne Dufresne ; 2° m [5] 6 fev. 1713, à Catherine Roulois. — *Marie*, b [6] 1er juillet 1667 ; m [9] 2 nov. 1687, à Pierre Dusault. — *Claude*, b [6] 16 fev. 1669. — *Joseph*, b 13 et s [6] 23 mai 1672. — *Pierre*, (posthume) b 10 et s [6] 13 juillet 1673.

1662, (23 janvier). (3)

I. — ROULEAU, Charles, fils de Jean et de Jeanne Josez, de Belesme, au Perche.
Fayette, Marie, fille d'Etienne et d'Anne De Coche, de Paris.

1687, (25 novembre) St. Laurent, I. O. [9]

II. — ROULEAU, Gabriel,   [Gabriel I.
1° Dufresne, Jeanne,   [Pierre I.
veuve de René Minaud.
Gabriel, b [9] 19 déc. 1688 ; m 30 août 1717, à Geneviève Petitclerc, à Ste. Foye.

1713, (6 février) Château-Richer.

2° Roulois, Catherine,   [Michel II.
Pierre, b 1719 ; m 6 nov. 1741, à Madeleine Daniau, à St. Michel [6] ; s [9] 15 janv. 1747.

---

(1) Elle épouse, le 5 fév. 1674, Martin Mercier, à Ste. Famille.

(2) Louise et son frère Jean sont brûlés dans l'incendie de la maison.

(3) Date du contrat de mariage.—*Greffe d'Audouard.*

1688, (3 février) St. Laurent, I. O.

II. — ROULEAU, Guillaume,   [Gabriel I.
Dufresne, Catherine,   [Pierre I.

II. — ROULEAU, Pierre   [Gabriel I.
Dufresne, Marie,   [Pierre I.
Jeanne, b 15 dec. 1690, à St. François, I. O.

1696, (5 mars) Montréal. [1]

I — ROULEAU, Louis, b 1661, fils de Michel et de Renee Bouquier, de St Pierre de Missé, évêché de Poitiers
Joffrion, Françoise, -   [Pierre I.
Marie-Françoise, b [1] et s [1] 23 fév. 1697. — *Charlotte-Gertrude*, b [1] 12 janv. 1699. — *Marie-Françoise*, b [1] 25 sept. 1700 ; 1° m à Thomas Hust ; 2° m 19 nov. 1742, à Jean-Baptiste LeBlanc, au Sault-au-Recollet. — *Louis*, b [1] 13 janv. 1703. — *Jean-Baptiste*, b [1] 20 oct. 1704. — *Alexis*, b...

I. — ROULLIER, Mathurin.

I. — ROULOIS, Michel, b 1630, de St. Côme, évêché du Mans, s 2 oct. 1690, à l'Ange-Gardien. [3]
Malier, Jeanne, b 1625, de St. Côme, évêché du Mans ; s 5 janv. 1689, au Château-Richer. [3]
Jacqueline, b 1642 ; m 17 avril 1657, à Denis Derome, à Québec [4] ; s [4] 18 mai 1718. — *Jeanne*, b... ; m [4] 3 août 1660, à Nicolas Quentin. — *Marie-Madeleine*, b 1646 ; 1° m à Nicolas Quentin ; 2° m [2] 20 août 1684, à Louis Boucher. — *Michel*, b [4] 9 janv. 1655 ; m [8] 24 nov. 1676, à Catherine Drouin ; s [9] 16 fév. 1686.

1676, (24 novembre) Château-Richer. [8]

II. — ROULOIS, Michel,   [Michel I.
s [8] 16 fév. 1686.
Drouin, Catherine, (1)   [Robert I.
Michel, b [8] 3 sept. 1677 ; s [8] 22 avril 1686. — *Marie-Anne*, b 10 sept. 1679, à Ste. Anne. — *Catherine*, b [1er] 1er fév. 1683. — *Catherine*, b [8] 7 fév. 1684 ; m [8] 6 fév. 1713, à Gabriel Rouleau. — *Jeanne*, b [8] 14 fev. 1686 ; m [8] 27 juin 1712, à Jean Martel. — *Noel*, b... ; m 7 fév. 1708, à Agnès Bonhomme, à Ste Foye [5] ; s [5] 9 juin 1711. — *Marguerite*, b 1679 ; m [8] 7 fév. 1701, à Charles Loignon.

I. — ROUNIER, venu à Québec avec Dupont, en 1621.

I. — ROUSSEAU, Jean, de Paris ; s 21 juillet 1643, aux Trois-Rivières.

I. — ROUSSEAU, Louis, b 1618, était à Montreal, en 1681.

1658, (17 novembre) Québec. [5]

I. — ROUSSEAU, Symphorien, b 1633, fils de Mathurin et de Françoise Cormeron, de Surenne de Beaumont ; s 21 janv. 1688, à Ste. Famille. [3]

---

(1) Elle épouse, le 17 nov. 1688, Guillaume Simon, au Château-Richer.

1º SINNALLON, Jeanne, fille de Pierre et de Denyse ——————, de La Rochelle.
Pierre, b 4 et s ⁶ 18 oct. 1659. — *Pierre*, b ⁵ 13 mars 1661 ; s ⁸ 9 déc. 1682. — *Françoise*, b 10 oct. 1662, au Château-Richer ² ; m ³ 22 nov. 1688, à Jean DE BLOIS ; s ³ 1ᵉʳ mars 1703. — *Marguerite*, b ² 12 nov. 1664 ; m ³ 26 fév. 1686, à Joseph DE-BLOIS, s 11 sept. 1717, à St. François, I. O. — *Marie*, b ³ 3 juillet 1668 ; s ³ 23 août 1673. — *Catherine*, b 19 et s ³ 25 fév. 1670.

1670, (30 août) Ste. Famille. ³ (1)

2º BINAUDIÈRE, Marguerite, (2) b 1637, fille de Robert et de Renée Godessaint, de St. Saturnin, évêché de Chartres.
Marguerite, b ³ 30 sept. 1675 ; 1º m ³ 21 juillet 1688, à François DUPONT ; 2º m ³ 13 août 1703, à Pierre PELLETIER. — *Louise*, b 1ᵉʳ et s ³ 5 nov 1677.

———

1667, (5 octobre) Québec. ³

I. — ROUSSEAU, THOMAS, b 1626, fils d'Honoré et de Marie Boilerot, d'Arrou, évêché de Poitiers.
1º OLIVIER, Madeleine, b 1636, fille de Jean et de Louise Prevost, de la ville de Caudebec, évêche de Rouen
Anne-Catherine, b ³ 26 juillet 1668 ; m en octobre 1691, à Simon FOURNIER, s 8 d c. 1749, à St. Pierre du Sud. — *Marie*, b 6 mai 1670, à Ste. Famille ⁴, s 26 janv 1686, à St. Laurent, Ile d'Orleans. ⁵ — *Geneviève*, b ⁴ 26 mai 1671 ; m en 1692, à Jean-François LANGLOIS — *Martin*, b ⁴ 25 déc. 1673. — *Pierre*, b ⁴ 25 déc. 1673 ; s ⁵ 9 sept. 1684, (mort subite) — *Marguerite*, b ⁴ 28 sept. 1676 ; m 30 mai 1696, à Pierre-Noel MORIN, à St. Thomas ⁶ — *Marie*, b ⁴ 26 mars 1679. — *Thomas*, b 18 nov. 1680, à St. Pierre, Ile d'O. léans. — *Louise*, b ⁵ 20 mars 1682, m ⁶ 14 juin 1701, à Jean-Baptiste PROU. — *Antoine*, b ⁵ 3 avril 1684 — *Jean Baptiste*, b ⁵ 25 juillet 1686.

2º BÉLANGER, Charlotte,   [FRANÇOIS I.
veuve de Jean Langlois.
Guillaume, b 1692 ; s 22 juillet 1715, au Château-Richer.

———

1675.

I — ROUSSEAU DIT LABONTÉ, ANTOINE, b 1651 ; s 8 juillet 1697, à Laprairie, ⁸ (tué par les Iroquois).
ROANES, Marie,   [FRANÇOIS I.
Catherine, b ³ 10 janv. 1676 — *Jeanne*, b ³ 23 avril 1677. — *Marguerite*, b ⁴ 3 juillet 1679. — *Antoine*, b ³ 12 juillet 1683, m ³ 23 nov. 1716, à Jeanne LEMIEUX. — *Marie-Angélique*, b ³ 3 avril 1686, m ³ 17 nov. 1710, à Benoit PLAMONDON. — *Marie-Marguerite*, b ³ 25 fév. 1688, m ³ 23 nov 1716, à Julien PIEDALU — *Pierre*, b 19 et s ³ 20 fév. 1690. — *Joseph*, b ³ 10 avril 1695 ; m ³ 23 nov. 1722, à Marie-Josette LEMIEUX. — *Jean*, b 20 août et s ³ 1ᵉʳ sept. 1697.

———

(1) Cet acte est enregistré à Québec, le 14 sept. 1670.

(2) Elle épouse, le 1er déc. 1688, Claude Guyon, à Ste. Famille.

I. — ROUSSEAU, JACQUES, b 1644.
GRILLEBOUT, Marguerite,   [CHARLES I.
veuve d'Antoine Pouillot.
Charles, b 28 déc. 1678, à Québec. ⁴ — *Denis*, b 15 mars 1681, à la Pointe-aux-Trembles de Québec. ⁵ — *Anne*, b ⁵ 27 mai 1683. — *Pierre*, b ⁴ 24 sept. 1696. — *Michel*, b... ; m ⁴ 17 sept. 1714, à Madeleine COCHEU.

I. — ROUSSEAU, ROBERT.
JARDET, Jeanne.
Marguerite, b 12 août 1685, à Laprairie.

1699, (22 juin) Cap St. Ignace.

I. — ROUSSEAU, JEAN, b 1664, fils de Jean et de Marie Bigot, de Xaintes.
DESTROISMAISONS, Marie,   [PHILIPPE I.
Louis, b 26 août 1700, à St. Thomas. ⁴ — *Marie-Françoise*, b ⁴ 19 août 1702 — *Charles*, b ⁴ 17 déc. 1705. ⁴ — *Geneviève*, b 25 sept. et s ⁴ 28 oct. 1708.

ROUSSEL. — *Variations et surnoms :* ROUXEL — LATULIPPE — TRANCHEMONTAGNE — SANSSOUCY.

1697, (22 novembre) Québec. ³

I. — ROUSSEL, TIMOTHÉE, chirurgien, fils d'Etienne et de Jeanne Bouette, de Notre-Dame de Montpellier ; s ³ 11 déc. 1700, (dans l'église.)
1º DU MONTIER, Madeleine, fille d'Auger et de Catherine DE VATÉ, de Chemilly, évêché du Mans.
Renée-Françoise, (1) b ³ 5 fév. 1669 ; m ³ 18 juin 1686, à Gabriel LAMBERT ; s ³ 7 sept. 1748. — *Marie-Louise*, b ³ 7 août 1671 ; m ³ 23 avril 1708, à Jean-Baptiste DEMEULE. — *Geneviève*, b ³ 5 oct. 1672 ; m ³ 9 août 1694, à Louis CHAMBALON ; s ³ 13 oct. 1738. — *Louise*, (2) b ³ 1ᵉʳ mars 1674 ; hospitalière dite St Gabriel ; s ³ 2 juin 1703. — *Elizabeth*, b 1ᵉʳ et s ³ 22 mars 1674. — *Jacques*, b 26 avril et s ³ 21 oct. 1676 — *Marie-Madeleine*, b ³ 25 mars 1678 ; s ³ 11 avril 1736.

1688, (16 août) Québec. ⁴

2º FOURNIER, Catherine,   [JACQUES I.
s ⁴ 8 fév. 1732.
Marie-Françoise, b ⁴ 4 juin 1689, m ⁴ 23 mai 1715, à Etienne DE VILLEDONNÉ ; s ⁴ 9 juin 1757 — *Marie-Louise*, b ⁴ 19 oct. 1690 ; m ⁴ 9 sept 1715, à Jacques PAGÉ. — *Catherine*, b ⁴ 29 juin 1692. — *Elizabeth-Josette*, b ⁴ 16 juillet 1694 ; s ⁴ 25 avril 1695 — *Geneviève*, b ⁴ 14 mai et s ⁴ 20 juin 1696. — *Marie-Anne-Louise*, b ⁴ 14 juillet 1697, 1º m ⁴ 3 fév. 1722, à Louis BEAUDOIN ; 2º m ⁴ 4 août 1741, à Henri DUSAUTOY ; s ⁴ 5 oct. 1750. — *Joseph-François*, b ⁴ 3 juin 1699 ; m ⁴ 17 janv. 1730, à Madeleine GAUVREAU ; s ⁴ 2 janv. 1758. — *Thérèse*, (posthume) b ⁴ 15 juillet 1701 ; m ⁴ 26 sept. 1727, à Charles BERTHELOT.

I. — ROUSSEL DIT LATULIPPE, JEAN, soldat de M. de Lavaltrie, b 1649, de Montauban, évêché de Cahors ; s 25 août 1699, à Montréal.

———

(1) Filleule du gouverneur De Courcelles.

(2) Filleule de Frontenac, gouverneur.

1671, (7 avril) Trois-Rivières.[6]

I. — ROUSSEL dit Tranchemontagne, François, fils de Jacques et de Madeleine Beauregard, de St. Léonard, en Normandie.
Pepin, Madeleine, [Guillaume I.
Marie, b[6] 26 nov. 1676, m[6] 23 nov. 1693, à Gabriel Benoist.

1676, (26 octobre) Montréal[8]

I. — ROUXEL, Pierre, maître taillandier, b 1642, fils de Pierre et de Jacqueline Patre, d'Ouville-la-Rivière, de Dieppe, en Normandie; s[8] 25 avril 1687.
Loisel, Barbe, (1) [Louis I.

1700, (29 avril) Montréal

I. — ROUSSEL dit Sanssoucy, Guillaume, soldat M. de De la Grois, fils de Jean et de Marie Lefebvre, de St. Rémi, de Dieppe.
Filasireau, Nicole, [René I.
veuve d'Etienne Lalande.
Jacques, b 31 juillet 1700, à Lachine[9], m 4 avril 1725, à Marie-Anne Bienvenu, au Détroit[8], s[8] 7 oct. 1738. — *Louise,* b[9] 18 mai 1702; s[9] 25 sept. 1703 — *Jean,* b[9] 13 fév. 1704. — *Marie-Louise,* b[9] 1er nov. 1705. — *Antoine,* b 1707; m[9] 26 janv. 1728, à Angélique Massiot.

ROUSSELETS, — Voy. Bid. t. — Desrousselles

I. — ROUSSILLIER, Jeanne, b...; m 1666, à Pierre Cottin dit Chatillon.

1673, (17 octobre) Québec.[1]

I. — ROUSSELOT de LaPrairie, Nicolas, b 1638, fils d'Adrien et de Jeanne Provost, de St Etienne du Mont, de Paris; s[1] 21 août 1708.
1° De la Fitte, Apolline, b 1660, fille de Louis et de Martine de Villers, de la Capelle, evêché de Laon, s[1] 17 sept. 1685.
1686, (14 janvier) Québec[1]
2° Hurault, Marie, (2) [François I.
Nicolas-François, b[1] 16 et s[1] 24 oct. 1686. — *Nicolas,* b[1] 9 nov. et s[1] 3 déc. 1688. — *Jacques,* b 3 janv. 1690. — *Anonyme,* b[1] et s[1] 5 fév. 1691. *Pierre,* b[1] 25 déc 1691. — *François,* b[1] 27 et s[1] 28 sept. 1693. — *Jean-Baptiste,* b[1] et s[1] 10 juillet 1694. — *Anonyme,* b[1] et s[1] 4 mai 1695. — *Jean-Baptiste,* b[1] 29 nov. et s[1] 11 déc. 1696. — *Pierre-François,* b[1] 20 avril 1698, m 25 sept. 1727, à Angélique Jorian.

ROUSSERAY. — Voy. Ronseray.

1669, (3 novembre) Ste. Famille.[2]

I. — ROUSSET, Pierre, fils de Pierre et de Barbe Durand, de la Roche-Beaucourt, evêché de Perigueux.

Chartier, Jeanne, b 1648, fille de Louis et de Mathurine Caron, de St. Jean de Nemours, evêché de Sens. (1)
Charles, b[2] 17 janv. 1671. — *Marie-Anne,* b[2] 22 janv. 1673, m 11 avril 1695, à Nicolas Le Couti, à Quebec[3], s[2] 21 fév. 1756. — *François,* b[2] 20 janv. 1675. — *Nicolas,* b[2] 30 mai 1677; 1° m[3] 10 juin 1709, à Hélène Martin, 2° m[3] 17 fév. 1716, à Charlotte Guay; s[3] 4 oct. 1758.

I. — ROUSSET dit St. Jean, soldat de M. Le Verrir, en 1699.

I. — ROUSSIN, Jean, de Tourouvre, au Perche (2)
Françoise, b 1636; m 8 oct. 1652, à Pierre Loignon, à Quebec[2]; s[2] 4 déc. 1691. — *Louise,* b 1640, m à Jacques Asselin, s 14 déc. 1700, à Ste Famille. — *Jean,* b..., m[2] 28 oct. 1655, à Marie Letard. — *Nicolas,* b...; 1° m à Madeleine Paradis; 2° m 25 nov. 1671, à Madeleine Tremblay, à l'Ange-Gardien[8], s[8] 7 mars 1697.

1655, (28 octobre) Quebec.[3] ...

II. — ROUSSIN, Jean, tonnelier, [Jean I.
Letard, Marie.
Jean, b 1656; s[2] 22 juin 1688.

II. — ROUSSIN, Nicolas, [Jean I.
s 7 mars 1697, à l'Ange-Gardien.[2]
1° Paradis, Madeleine, [Pierre I.
s 29 nov. 1669, au Château-Richer.[3]
Marie, b[3] 25 nov. 1669; m[3] 15 nov. 1685, à Pierre Tremblay.

1671, (25 novembre) l'Ange-Gardien.[2]
2° Tremblay, Madeleine, [Pierre I.
Anne, b 1673, m[2] 29 oct. 1691, à Guillaume Hébert. — *Pierre,* b[2] 16 juin 1675 — *Antoine,* b[2] 4 avril 1677. — *Jacques,* b[2] 21 mai 1679; m[2] 12 avril 1712, à Madeleine Guion. — *Geneviève,* b[2] 21 fév. 1681; m[2] 9 nov. 1699, à Rene Mathieu. — *Madeleine,* b[2] 14 mars 1683, m[2] 17 janv. 1701, à Jean Huot. — *Jacques,* b[2] 22 oct. 1685. — *Joseph,* b...; m[2] 24 nov. 1704, à Anne Jacob. — *Nicolas,* b[2] 14 janv. 1688 — *Jean,* b[2] 23 avril 1690; m[3] 10 fév. 1716, à Geneviève Posé — *Thérèse,* b[2] 25 oct. 1692; 1° m[2] 21 nov. 1712, à Louis Goulet; 2° m[2] 18 août 1732, à Jean Légaré. — *Louis,* b[2] 16 oct. 1695, m[4] 18 juillet 1718, à Catherine Trudel.

ROUSSON. (De) — Voy. Le Verrier de Rousson.

1662, (20 novembre) Québec.[7]

I. — ROUTIER, Jean, fils de Jean et de Rogère Croussette, de St. Remi de Dieppe.
Méliot, Catherine, (3) fille de François et de Marie Chanson, du Bour de l'Ile-de-Rhe, evêche de LaRochelle.
Jeanne, b 15 fév. 1666, à Sillery[8]; 1° m[7] 12 janv. 1683, à Jacques Voyer, 2° m à Jean-Etienne

(1) Elle épouse, le 28 nov. 1689, François Le Gantier, à Montréal.
(2) Elle épouse, le 22 juillet 1709, Richard Têtu, à Québec.

(1) Elle épouse, le 10 sept. 1702, François Lavergne, à Québec.
(2) Le nom de la mère manque aux registres.
(3) Elle épouse, le 4 janv. 1678, Pierre Bouvier, à Québec.

DUBREUIL ; s [7] 14 mai 1737. — *Marie-Geneviève*, b [5] 16 oct. 1667. — *Catherine*, b [J] 15 fev. 1673 ; m à Pierre DHOLET. — *Charles-Marie*, b [7] 22 août 1677, m à Brigitte DELAVOYE. — *Jean-Baptiste*, b [8] 24 janv. 1670 ; m à Marguerite TRUD ; s 12 mars 1747, à Ste. Foye. — *Marie-Charlotte*, b... ; m 1694, à Pierre BEZEAU.

II. — ROUTIER, Charles,   [JEAN I.
     DE LAVOYE, Brigitte,   [RENÉ I.
Charlotte, b 17 nov. 1698, à Québec. [7] — *Elizabeth*, b... : m [7] 28 dec. 1740, à Augustin SIMARD. — *Thérèse*, b 1717, m [7] 28 nov. 1741, à Antoine GALARD-DESCLU ; s [7] 19 mars 1752. — *Gabriel*, b 1719, m [7] 1er dec. 1742, à Barbe CHAPPAU ; s [7] 12 janv. 1747. — *Marie-Louise*, b 1703 ; 1° m à Michel BONHOMME ; b [9] 2° m à Guillaume TAPHORIN, s [7] 5 mai 1756. — *Marie-Catherine*, b 11 mars 1703, à Lorette. [8] — *Joseph-Charles*, b [8] 13 mai 1706. — *Felicite*, b [8] 27 sept. 1708. — *Anne*, b [8] 30 janv. 1711.

1699.

II. — ROUTIER, Jean,   [JEAN I.
     s 12 mars 1747, à Ste. Foye.
     1° TRUD, Marguerite-Madeleine,   [MATHURIN I.
     s [9] 17 déc. 1708.
Jean, b... ; m [9] 17 janv. 1724, à Madeleine SAMSON, s [9] 19 janv. 1764. — *Noel*, b [9] 24 juillet 1700. — *Antoine*, b [9] 26 juin 1702 ; m [9] 29 oct. 1731, à Françoise MOREAU ; s [9] 12 mars 1766. — *Marie-Madeleine*, b [9] 7 fev. 1704, s [9] 2 oct. 1725. — *Catherine-Charlotte*, b [9] 1er mai 1706. — *Louis-Joseph*, b [9] 8 janv. 1708, m 23 avril 1742, à Françoise-Claire VILLIARS, à Québec [9] ; s [9] 20 mai 1759.

     1709, (29 avril) Québec.

     2° MOISAN, Louise,   [PIERRE I.
     s [9] 7 avril 1767.
Charles-Amador, b [9] 22 janv. 1710. — *Angélique*, b [9] 24 sept. 1711. — *Louise*, b [9] 15 avril 1713. — *Marie-Thérèse*, b [9] 8 mars 1716 , s [9] 20 sept. 1725. — *Pierre-Jacques*, b [9] 1er mai 1718 ; s [9] 24 sept. 1725. — *Michel*, b [9] 27 avril 1720 ; m [9] 9 oct. 1747, à Angélique MAUFET. — *Jean-Marie*, b 1721 : s [9] 30 juin 1747. — *Jean*, b [9] 14 et s [9] 24 juin 1722. — *François*, b [9] 21 juillet 1723. — *Marie-Charlotte*, b [9] 11 juillet et s [9] 4 oct 1725. — *Louis-Gabriel*, b [9] 11 sept. 1726 ; m [9] 6 janv. 1758, à Angélique HAMEL. — *Jean-Baptiste*, b [9] 9 oct. 1732. — *Marie-Charlotte*, b [9] 15 août 1735.

ROUVILLE. — Voy. HERTEL DE. — SALLGER DE.

1683, (8 novembre) Laprairie. [5]

I. — ROUX DIT LAPLANTE, Jean, b 1650, fils de Samuel et d'Antoinette Château, de Fontaine-Chalandre, evêché de Xaintes
     ROBIDOU, Romaine,   [ANDRÉ I.
Marie-Anne, b [5] 28 avril 1686 , s 29 mai 1687, à Montreal.

ROY. — *Variations et surnoms* : LE ROY — AUDY — LAPENSÉE — ST. AMOUR — DE LA POTHERIE — PORTELANCE — DUROY — POITEVIN — DESJARDINS — DE MARAN — LALIBERTÉ — CHATELLEREAU — LA CERENE — LASSEIGNE — ST. LOUIS.

I. — ROY, PIERRE, était à Québec, en 1621.

I. — ROY, (LE) ROBERT, etait à Québec, en 1650.

I. — ROY, (LE) DENIS, b 1644, de Rouen ; s 16 juillet 1664.

I. — ROY, ETIENNE, b 1630 ; s 25 fév. 1705, à Repentigny.
     Marie-Anne, b... ; m 21 oct. 1670, à Mathurin BINET, à Boucherville.

I. — ROY, ELIZABETH, b 1641, fille d'Antoine et de Simone Gaultier, de Senlis : 1° m 1667, à Pierre PAILLERRAU : 2° m 26 janv. 1670, à Antoine LEBLANC, à Ste. Famille ; 3° m 16 mai 1688, à Charles TIBAUT, à St. Jean, I. O.

I. — ROY, MATHURIN, b 1610.
     BIRE, Marguerite, b 1616.
Marguerite, b 1651 ; m 16 fev 1635, à Pierre VIVIER, à Quebec. [8] — *Etienne*, b... ; m [8] 26 août 1669, à Marguerite NAVARRE. — *Catherine*, b [8] 11 juin 1659 ; m [8] 13 nov. 1675, à Thomas PAGEOT. — *Marie-Madeleine*, b... ; m 1660, à Jean ARAMY. — *Jeanne-Françoise*, b... ; m 1673, à Pierre PARADIS.

1658.

I. — ROY, NICOLAS, b 1633, de Ste. Therèse de Dieppe, évêche de Rouen.
     LECLIÈVRE, Jeanne, (1) b 1640, de Ste. Thérèse de Dieppe. évêche de Rouen.
Louis, b 1659 ; m à Marie LEDRAN. — *Nicolas*, b 1661 ; m 18 nov. 1686, à Madeleine LE BLOND, à Ste. Famille. [4] — *Noel*, b 1663, 1° m 27 avril 1690, à Jeanne CASSÉ, à Lévis [5], 2° m [2] 27 avril 1700, à Marguerite RABOUIN. — *Marie*, b 1665 ; m 31 juillet 1679, à Jean GOTTREAU, à Québec. [2] — *Guillaume*, b 1667 ; m à Angélique BAZIN. — *Anne*, b 9 fev. 1658, au Château-Richer. [7] — *Jean*, b [7] 13 oct. 1669, m 18 avril 1694, à Catherine NADEAU. — *Elizabeth*, b 24 mai 1671, à l'Ange-Gardien [8] ; m 24 oct 1691, à Zacharie TURGEON, à Beauport. — *Jean*, b [8] 15 juillet 1674. — *Jean-Baptisle*, b [9] 20 oct. 1678 ; 1° m 17 nov. 1698, à Marguerite BAZIN, à St. Michel [9] ; 2° m [9] 17 oct. 1701, à Claire CADRIN. — *Etienne*, b [5] 7 mai 1690 ; m 18 nov. 1709, à Marie CASSÉ, à Beaumont.

1658, (23 septembre) Montréal. [4]

I. — ROY, SIMON, fils de Jean et de Jacqueline Demoy, de Lignon, village de la Bretonnière, évêche du Mans.
     GODARD, Jeanne, (2) b 1638, fille de Robert et d'Antoinette Grandpierre, de Charly, ville de Soissons.
Jean, b [4] 19 mai 1661 , m 15 juillet 1680, à Madeleine COURTEMANCHE, à la Pointe-aux-Trembles de Montréal. — *Catherine*, b... ; 1° m 1674, à Pierre SALVAYE ; 2° m 1689, à Jean DEMIRAY.

(1) Elle épouse, le 8 février 1695, François Molinet, à Beaumont.

(2) Elle épouse, le 20 novembre 1662, Pierre Pigeon, à Montréal.

1659.

I. — ROY, Jean, b 1633 ; s 1er novembre 1676, à Lachine. [2]

BOUET, Françoise, b 1630. (1)

Jeanne-Françoise, b 11 fev. 1660, à Montréal [3] ; m [3] 19 déc. 1672, à Pierre TABEAU. — *Jean,* b [3] 8 fev. 1690, à Marie-Anne BOUCHARD. — *Marie,* b 23 oct. 1664 ; 1o m [2] 21 nov. 1678, à André MERLOT ; 2o m [2] 14 mars 1701, à Jacques TRIOLET. — *Jeanne-Françoise,* b [3] 22 fev. 1667 ; m [2] 27 sept. 1683, à Vincent DUGAST. — *François,* b [3] 7 mai 1670 ; m [2] 28 déc. 1693, à Marie CELYRE. — *Louis,* b [3] 23 déc. 1672 ; m [2] 29 oct 1697, à Françoise ROY. — *André,* b [3] 3 déc. 1675 ; m [3] 9 mai 1704, à Jeanne PLADEAU.

1663, (22 octobre) Québec [5]

I. — ROY, NICOLAS, fils de Nicolas et de Madeleine Letu, d'Arcanville, pays de CAUX.

BARRÉ, Catherine, fille de Jean et de Marie Epy, de LaRochelle.

Marie-Jeanne, b [6] 17 août 1664 ; m 1687, à Jean FOURNIER.

1668, (3 septembre) Québec. [5]

I. — ROY DIT AUDY, SIMÉON, maître-charpentier b 1640, fils de Richard et de Pilette Jacquet, de Creance, évêche de Coutance, en Normandie.

DES CHALETS, Claude, b 1651, fille de François et de Jacquette Chevallereau, de Notre-Dame de Fontenay, évêché de Maillezais.

Olivier, b [6] 30 mai 1669. — *Jean,* b [5] 7 sept. 1670 ; m 5 fev. 1691, à Thérèse JOBIN, à Charlesbourg. — *Augustin,* b [5] 18 déc. 1671. — *Marie-Anne,* b [5] 11 mai 1673. — *Léonard-Rémi,* b [5] 18 sept. 1674. — *Pierre,* b [5] 26 avril 1676. — *Charlotte-Gertrude,* b [5] 22 fev. 1678. — *Jeanne-Elizabeth,* b [5] 29 mars 1679. — *Marie,* b 2 et s 28 mai 1681, à Montréal.

1668, (11 septembre) Québec.

I. — ROY, ANTOINE, fils d'Olivier et de Catherine Boderge, de St. Jean, évêche de Sens.

MAJOR, Marie, fille de Jean et de Marguerite Le Pelé, de St. Thomas de Lizieux.

Pierre, b 1670 ; m 25 nov. 1710, à Angélique AUTIN, à la Rivière-Ouelle. — *Pierre,* b 1691 . m 30 oct. 1727, à Marie DELEUGRE, à Repentigny.

1668, (8 octobre) Québec.

I — ROY DIT CHATELLEREAU, MICHEL, b 1649, fils de Michel et de Louise Chevalier, de Sénilet, évêche de Poitiers ; s 14 janv. 1709, à Ste. Anne de la Perade. [6]

HOBBÉ, Françoise, b 1639, fille de Pierre et de Françoise Périé, de St. Sulpice, de Paris ; s [6] 12 janv. 1709.

Catherine, b... ; m [6] 14 fev. 1696, à Claude RIVARD. — *Marguerite,* b... ; m [6] 6 juillet 1701, à Joseph GOUIN. — *Edmond,* b... ; m [6] 7 fev. 1701, à Marie-Anne JANVIER. — *Michel,* b... ; m 3 fev.

1712, à Madeleine QUATRESOUS, à Batiscan [3] ; s [3] 1er fev. 1718. — *Pierre,* b... ; m 1690, à Marie-Anne MARTIN.

1668, (6 novembre) Québec. [4]

I. — ROY, OLIVIER, b 1636, fils de Jacques et de Martine Legrain, de Fontenay-sur-Orne, évêche de Seez ; s 24 janv. 1699, à Charlesbourg. [3]

RENTIER, Madeleine, b 1647, fille de Philippe et de Marie Cote, de St. Christophe d'Amiens, en Picardie ; s [3] 13 janv. 1686.

Mathurin, b [4] 13 août 1669 ; m [3] 28 mai 1699, à Marie-Anne LECLERC. — *Françoise,* b [4] 23 oct. 1671 ; m [3] 1693, à Jean BADEAU ; s [4] 20 août 1699 — *Marguerite,* b [4] 8 avril 1674. — *Pierre-Louis,* b [4] 7 nov. 1676 . s [3] 31 mai 1682. — *Pierre,* b [4] 10 janv. 1680 ; m [3] 19 mai 1704, à Madeleine ROY. — *Jean-Baptiste,* b 27 janv. et s [3] 14 fév. 1683.

1669, (26 août) Québec. [4]

II. — ROY, ETIENNE, ... [MATHURIN I. s 1er mars 1690, à Charlesbourg. [7]

NAVABRE, Marguerite, fille de Jean et de Louise De Brie, de St. Barthelemi, evêché de La Rochelle.

Marie-Ursule, b [4] 27 déc. 1670 ; m [7] 18 nov. 1686, à Joseph BLONDEAU ; s [7] 9 août 1688. — *Marguerite,* b [4] 11 mai 1673 ; m [7] 22 nov. 1694, à Jean CHRÉTIEN ; s [7] 17 déc. 1702. — *Jean-Baptiste,* b [4] 10 sept. 1675 ; m [7] 22 oct. 1696, à Anne HOT. — *Françoise,* b [4] 1er janv. 1678 ; m [7] 2 mars 1699, à Etienne GUILBAUT. — *Catherine,* b [4] 23 janv. 1681 ; m [7] 17 sept. 1703, à Jean-Baptiste CHRÉTIEN. — *Marie-Madeleine,* b [7] 28 mai 1683 ; m [7] 19 mai 1704, à Pierre ROY.

1672, (12 janvier) Montréal. [5]

I. — ROY, PIERRE, fils de Charles et de Jeanne Boyer, de St. Michel-le-Clou, évêché de La Rochelle, en Aunis, au Poitou.

DUCHARME, Catherine, fille de Jean et d'Anne Lelièvre, de St. Benoit de Paris.

Marguerite, b [4] juillet 1674, à Laprairie [4] ; sœur dite de la Conception, C-N.-D ; s [4] 13 déc. 1749. — *Anne,* b... ; m [4] 14 nov. 1689, à André BABEU. — *Pierre,* b [4] 3 janv. 1677 ; m [4] 20 avril 1705, à Angélique FAYE. — *Catherine,* b [4] 11 avril 1678. — *Pierre,* b [5] 17 juin 1679. — *Marie,* b [4] 25 mai 1684 ; m [4] 8 sept. 1700, à Clement LERIGER. — *Jean,* b [4] 23 fev. 1683 ; s [4] 2 mars 1689. — *Madeleine,* b [4] 17 août 1684 ; m [4] 25 oct. 1701, à Jean PERAS. — *Gabriel,* b [4] 22 sept. 1686 ; s [4] 13 oct. 1688. — *Jacques,* b [4] 13 mai 1688. — *François,* b [4] 8 janv. 1691. — *Etienne,* b [4] 8 janv. 1691. — *André,* b [4] 14 déc. 1692. — *Louis,* b [4] 22 août 1694 ; m [4] 24 avril 1718, à Marguerite DUMAY. — *Antoine,* b [4] 30 janv. 1696. — *Marie-Josette,* b [4] 20 mai 1697. — *Angélique,* b 15 et s [5] 16 juillet 1701.

1672, (26 janvier) Montréal. [4]

I. — ROY, JEAN, b 1634, fils d'Henry et de Perinne Bedassier, de Serraine, évêché de Tours ; s [4] 1er nov. 1689.

1o DUMAY, Marie, veuve de Nicolas Nevaux ; s [4] 24 avril 1687. [ANDRÉ I.

Jean, b [4] 11 août 1673. — *André,* b [4] 6 déc.

(1) Elle épouse, en 1678, Alexis Buet, à Lachine.

1675. — *Gilles*, b ⁴ 9 mars 1678 ; s ⁴ 12 mai 1684.
— *Marie-Barbe*, b ⁴ 1ᵉʳ mars 1680. — *Anne*, b ⁴ 6
déc. 1681 ; s ⁴ 6 janv. 1682. — *Laurent*, b ⁴ 19
janv. 1683 ; m 19 oct. 1712, à Angélique LOUI-
NEᵃU, à Québec. — *Bernardin*, b ⁴ 25 mai 1685.

1687, (7 octobre) Montréal

2° SAULNIER, Françoise, (1)   ' [GILBERT I.
veuve de Pierre Lorin.

1676, (11 août) Montréal.

I — ROY (LE) DIT LA PENSÉE, JEAN, b 1646, fils de
Jean et d'Anne BRUNET, de St. Julien, évêché
de Poitiers.
MALLETO (MALTEAU) DE RICHECOURT, JEANNE, b
1647, veuve de Jean Foucher.
François, b 28 mai 1677, à Lachine ⁹, m ⁹ 17
juin 1698, à Catherine PLUMEREAU. — *Marie*, b ⁹ 24
mars 1679 , m ⁹ 15 sept. 1704, à Michel GAILLOU.
— *Françoise*, b 1680, m ⁹ 29 oct. 1697, à Louis
ROY. — *Marie*, b ⁹ 17 fév. 1683. — *Marie-Anne*, b ⁹
3 mai 1686.

1680, (15 juillet) Pte-aux-Trembles, M. ⁸

II. — ROY, (LE) JEAN,   [SIMON I.
COURTEMANCHE, Madeleine,   ᵀᵉᵗ [ANTOINE I.
Marie, b ⁸ 1ᵉʳ juin 1683 ; m ⁸ 24 nov. 1698, à
Pierre BAZINET. — *Barbe*, b ⁸ 12 oct. 1685. — *Anne-
Angélique*, b ⁸ 25 oct. 1687; s ⁸ 1ᵉʳ janv. 1689. —
Pierre, b ⁸ 19 mai 1681 , s ⁸ 6 oct. 1692.

1682, (décembre). (2)

II. — ROY, (LE) LOUIS,   [NICOLAS I.
s avant 1713.   '
LEDRAN, Marie,   [TOUSSAINT I.
s 13 nov. 1713, à St. Etienne de Beaumont ⁹
Elizabeth, b 17 août 1683, à Levis ° ; s ⁹ 28 nov.
1703. — *Marie-Anne*, b... ; m ⁹ 20 juillet 1705, à
Jacques FORGUES, s ⁹ 4 déc. 1723. — *Louis*, b ⁹ 21
mars 1690 ; m ⁹ 1ᵉʳ juin 1722, à Marie-Françoise
CASSE (LA). — *Jean*, b... ; 1° m ⁹ 6 juin 1716, à
Jeanne BIZEAU ; 2° m ⁹ 29 janv. 1729, à Anne
GUENET. — *Geneviève*, b ° 20 janv. 1692, m ⁹ 18
juin 1708, à Jean-Baptiste GONTIER. — *Marie*, b
1697 ; s ⁹ 1ᵉʳ août 1699. — *Charles*, b ⁹ 1ᵉʳ déc.
1698. — *Marie-Madeleine*, b ⁹ 2 mai 1700 ; m ⁹ 25
nov. 1723, à Pierre GUENET.— *Marie-Jeanne-Angé-
lique*, b ⁹ 29 avril et s ⁹ 2 mai 1703. — *Elizabeth*,
b ⁹ 24 mai 1705; m ⁹ 22 mai 1724, à Denis NADEAU.

I. — ROY, (LE) DIT LA CERÈNE, JEAN, b 1641.
GAUTIER, Catherine,   [CHARLES II.
veuve de Pierre Cartier.
Marie-Madeleine, b 29 déc. 1684, à Batiscan ;
m 2 mai 1708, à Pierre BERCIER, à Ste. Anne de
la Perade.

I. — ROY DIT LASSEIGNE, GILBERT.
GRESLON, Marie,   [JACQUES I.
Marie-Catherine, b 8 avril 1691, à Batiscan.

(1) Elle épouse. le 5 fév. 1690, Thomas Morteseigne, à
Montréal.
' (2) Date du contrat de mariage.—*Greffe de Duquet.*

1683, (10 octobre) Lévis.

I. — ROY DIT PORTELANCE, JEAN, b 1653, fils de
Thomas et de Catherine Dubois, de St. Jean
de Caen, évêché de Bayeux.
FORGUES, Anne,   [JEAN I.
s 11 janv. 1712, à St. Etienne de Beaumont. ⁹
Marie-Thérèse, (b) b ⁹ 26 nov. 1692. — *Louis-
Paul*, b ⁹ 4 sept. 1696; m ⁹ 7 janv. 1723, à Angélique ALAIRE — *Joseph*, b... ; m ⁸ 29 janv. 1714,
à Jeanne GAUTRON.

1686, (18 novembre) Ste. Famille.

II. — ROY, (LE) NICOLAS,   ' [NICOLAS I.
LEBLOND, Marie-Madeleine,   [NICOLAS I.
Angélique, b... ; m 16 nov. 1705, à Louis BAU-
DOIN, à St. Michel — *Alexis*, b ⁸ 8 mars 1693. —
Marie-Madeleine, b ⁸ 12 mai 1695. — *Anne*, b ⁸ 19
déc. 1698. — *Geneviève*, b ⁸ 20 avril 1701. —
Anonyme, b et s ⁸ 23 sept. 1702. — *Nicolas*, b 1ᵉʳ
avril et s ⁸ 1ᵉʳ mai 1704. — *Nicolas*, b 6 sept.
1705, à St. Etienne de Beaumont. — *François*, b ⁸
15 juillet 1703 ; s ⁸ 29 nov. 1749.

1688, (7 janvier) Boucherville. ⁹

I — ROY, YVES, soldat, b 1665, fils de François
et de Jeanne DRANSEAU, de St. Nicolas, de
Nantes, en Bretagne.
COLIN, Marie,   [MATHURIN I.
Marie-Thérèse, b 14 fév. et s ⁹ 4 avril 1689. —
Marie-Angélique, b ⁹ 10 nov. 1690.—*Josette-Marie*,
b 3 nov. 1704, à Montréal.

1690, (6 février) Montréal. ³

II. — ROY, JEAN,   [JEAN I.
BOUCHARD, Marie-Anne,   [ETIENNE I.
Marie-Angélique, b ³ 16 avril 1694. — *Madeleine*,
b ³ 31 mai 1695. — *Marguerite*, b ³ 19 août 1696.
Etienne, b ³ 8 sept. 1698. — *Marie Anne*, b ⁸ 11 avril
1700. — *René*, b ³ 11 déc. 1702. — *Jeanne*, b ⁸ 6
juin 1704.

1690, (27 avril) Lévis.

II. — LE ROY, NOEL,   [NICOLAS I.
1° CASSÉ, Jeanne,   [ANTOINE I.
s 25 août 1699, à St. Michel. ¹
Jeanne, b... ; m 24 oct. 1712, à Ignace BOU-
CHARD, à St. Etienne de Beaumont. — *Noel*, b ¹ 8
juin 1698.

1700, (27 avril) Ste. Famille.

2° RABOUIN, Marguerite,   ' [JEAN I.
Marguerite, b ¹ 19 et s ¹ 20 déc. 1700 — *Marie-
Marguerite*, b ¹ 7 et s ¹ 9 nov. 1701. — *Jean-Baptiste*, b ¹ 13 avril 1704. — *Joseph-Noel*, b ¹ 21 juin
1706.—*Marguerite*, b ¹ 15 juillet 1708 —*Anonyme*,
b ¹ 16 fév. 1710. — *François*, b ¹ 13 mai 1711. —

1691, (5 février) Charlesbourg. ¹

II. — ROY, (LE) JEAN,   [SIMON I.
JOBIN, Thérèse,   [CHARLES I.
Anne-Thérèse, b ¹ 15 mars 1697; m ¹ 14 nov.
1712, à Bernard BEDARD ; s ¹ 4 mai 1715. — *Jean*,

(1) Premier baptême enregistré dans la paroisse de St.
Etienne de Beaumont.

b ¹ 19 juin 1695 , m ¹ 1719, à Marie Charitour. — Jean-Charles, b ¹ 21 nov. et s ¹ 12 déc. 1691. Louis-Joseph, b ¹ 19 oct. 1698. — Charles-Lucien, b ¹ 10 avril 1700 ; s ¹ 24 janv. 1703 — Simon, b ¹ 2 janv. 1702. — Marie-Thérèse, b ¹ 1er mars 1704. — Pierre, b ¹ 20 avril et s ¹ 13 mai 1706 — Marie-Madeleine, b ¹ 9 août 1707. — Charlotte, b ¹ 21 déc. 1709. — Jean-Charles, b ¹ 6 avril 1711; s 20 mai 1729, à Québec. ² — Joseph, b ¹ 10 sept. 1712. — Thérèse-Elizabeth, b ² 16 juillet 1693.

1691.

ROY, PIERRE.
DAGENAIS, Françoise, (1)   [PIERRE I.

1692.

II. — ROY-DESJARDINS, PIERRE,   [MICHEL I.
MARTIN, Marie-Anne,   [JOACHIM I.
   s 8 fev. 1709, à la Rivière-Ouelle, ⁵
Pierre, b... ; m ⁵ 7 juin 1717, à Marie BOUCHARD — Alexandre, b 1693 ; s ⁵ 30 janv. 1709. — Geneviève, b ⁵ 7 déc. 1697 ; m 17 fev. 1716, à Charles TARDIF, à l'Ange-Gardien. — Jean-Baptiste. b ⁵ 26 août 1699. — Augustin, b ⁵ 2 juillet 1701 ; m 22 oct 1725, à Jeanne BOUCHER-MONTBRUN, à Boucherville. — Louis, b ⁵ 5 mai 1703. — Marie-Anne, b ⁵ 14 nov. 1706. — Marie-Joselle, b ⁵ 10 juin 1708 ; m 4 mai 1727, à François GAUTIER, à Repentigny

1693, (28 décembre) Lachine. ⁴

II. — ROY, FRANÇOIS,   [JEAN I.
CROYRE, Marie,   [CLAUDE I
   Marie-Françoise, b ⁴ 8 juillet 1695, m ⁴ 5 fév. 1720, à Guillaume PARANT. — François-Marie, b ⁴ 24 août 1697; m ⁴ 20 avril 1722, à Marie-Jeanne TROTIER. — Catherine, b ⁴ 23 nov. 1699 ; m ⁴ 1er déc. 1717, à Pierre TROTIER. — Marguerite, b ⁴ 22 déc 1701; s ⁴ 2 fev. 1702. — Louis, b ⁴ 18 mars et s ⁴ 22 avril 1703. — Joseph, b ⁴ 16 août 1704 — Marie-Thérèse, b ⁴ 17 avril 1707. — Lambert, b ⁴ 1er et s ⁴ 6 janv. 1709. — Jean-Baptiste, b et s ⁴ 13 avril 1710 — Jean-François, b ⁴ 10 fév. 1718.

1694, (18 avril). (2)

II. — ROY, JEAN,   [NICOLAS I.
NADEAU, Catherine,   [JOSEPH I.
Jean-Baptiste, b 3 oct. 1711, à St. Etienne de Beaumont.

1694, (16 août) Québec. ⁶

I. — ROY, JOSEPH, fils de François et de Xainte Martin, de St. Jean de Montier-neuf, evêché de Poitiers.
MARTIN, Marguerite, (3)   [PIERRE I.
veuve de Jacques Charpentier-Lapaille.
   Théodore, b ⁶ 6 et s ⁶ 15 fév. 1695. — Jacques, b ⁶ 1er fev. 1695. — Guillaume, b ⁶ 21 janv. 1697 ; m à Angélique BAZIN. — Jean, b ⁶ 10 juillet et s ⁶ 13 août 1699. — Louis, b ⁶ 22 juillet et s ⁶ 1er oct.

(1) Elle épouse, le 22 avril 1699, Pierre Chouinard, à Montréal.

(2) Date du contrat de mariage.—Greffe de Chambalon.

(3) Elle épouse, le 31 juillet 1719, Jacques Beaujean, a Repentigny.

1700. — Jean-Louis, b ⁶ 9 sept. 1701 ; s ⁶ 4 juillet 1702. — Joseph, b 19 mars 1706, à Repentigny ⁷ : m ⁷ 5 fev. 1719, à Marguerite LALONDE ; s ⁷ 19 mars 1729. — Madeleine, b ⁷ 9 avril 1708 ; m ⁷ 26 nov. 1725, à Jean-Baptiste ROVER. — Pierre, b ⁷ 8 avril 1710. — Marie-Josette, b ⁷ 1er avril 1712.

1696, (22 octobre) Charlesbourg. ²

III. — ROY, JEAN,   [ETIENNE II.
1° HOT, Anne,   [PIERRE I.
   s ⁷ mai 1711.
Marguerite, b ² 21 sept. 1697. — Marie-Catherine, b ² 8 mai 1699 ; s ² 5 fév. 1703. — Madeleine, b ² 29 juillet 1701 ; s ² 4 fev. 1703. — Marie-Josette, b ² 21 mars 1704. — Etienne, b 16 et s ² 18 déc. 1705. — Madeleine, b ² 23 nov. 1706. — Marie-Geneviève, b ² 8 déc. 1708. — Marie-Anne, b ² 4 déc. 1710 ; s ² 28 juin 1711.

1712, (5 octobre) Charlesbourg. ³

2° GAGNON, Agnès,   [JEAN II.
veuve de Jacques Réaume
Jean-Baptiste, b ⁴ 27 sept. 1713. — Joseph, b ² 18 août 1715. — François de Sales-Madeleine, b 30 janv. et s ² 10 mai 1718.

1697, (29 octobre) Lachine. ²

II — ROY DE MARAN, LOUIS,   [JEAN I.
ROY DIT LA PENSEE, Françoise,   [JEAN I.
Joseph-Marie, b ² 15 sept. 1698. — Louis, b ² 31 janv. 1700. — Marie-Françoise, b ² 12 août 1705 ; m ² 31 juillet 1725, à Antoine RAPIN. — Angélique, b ² 17 sept. 1707. — Pierre, b 11 mai et s ² 13 sept. 1709

1698, (17 juin) Lachine. ⁸

II — ROY DIT LAPENSÉE, FRANÇOIS,   [JEAN I.
PLUMEREAU, Catherine,   [JULIEN I.
Jean-Baptiste, b ³ 19 sept. 1699. — Joseph, b ³ 22 mars 1702. — François, b ³ 17 mars 1704. — Marie-Anne, b ³ 27 fev. 1706. — Jean, b ³ 31 mars 1708.

1698, (17 novembre) St Michel. ³

II. — ROY, JEAN-BAPTISTE,   [NICOLAS I.
1° BAZIN, Marguerite,   [PIERRE I.
   s ³ 5 oct. 1699.
Jean b ³ 5 oct. 1699 ; m 12 juin 1728, à Madeleine BOURGET, à Beaumont.

1701, (17 octobre) St. Michel. ³

2° CADRIN, Claire,   [NICOLAS I.
Marie-Claire, b ³ 25 juillet 1702. — Joseph, b ³ 12 avril 1705. — André, b ³ 28 sept. 1707.

1699, (28 mai) Charlesbourg ³

II. — ROY, MATHURIN,   [OLIVIER I.
LECLERC, Marie-Anne,   [ROBERT I.
Anonyme, b 1701 ; s ³ 10 janv. 1703. — Marie-Joselle, b ³ 21 janv. 1704 — Jean-Baptiste, b ³ 14 oct. 1705. — Anne-Françoise, b ³ 13 juillet. 1707. — Michel-Joseph, b ³ 9 avril 1709. — Angélique, b 15 juin et s ³ 7 juillet 1711. — Geneviève-Angélique, b ³ 7 août 1712 — Elizabeth, b ³ 14 août 1714. — Jean-Baptiste, b 5 et s ³ 16 oct. 1717. — François, b 30 oct. et s ³ 11 nov. 1718.

II. — ROY, Guillaume,   [Nicolas I.
     s 4 avril 1743, à Québec [8]
Bazin, Angélique,   [Pierre I.
     s 23 mars 1738, à St. Etienne de Beaumont [9]
Guillaume, b... ; m [9] 23 nov. 1712, à Geneviève
Couture. — Claude-Joseph, b [8] 14 sept. 1692 ; m [9]
16 nov. 1716, à Jeanne Couture. — Marguerite,
b 18 oct. 1694, à St. Michel [7] ; m [9] 23 nov. 1712,
à Gabriel Filteau. — Marie-Anne, b... ; m [9] 20
nov. 1717, à Etienne Paquet. — Jean-Baptiste, b
8 mars et s [7] 6 oct. 1699. — Marie-Françoise, b [9]
26 juin 1701 ; m [9] 22 sept 1721, à Jean-Baptiste
Filteau. — Charles, b [9] 23 nov. 1703 ; 1o m [9] 8
nov. 1728, à Marie-Josette Lecours ; 2o m [9] 30
avril 1733, à Anne Migneau. — Pierre-Bernard,
b [9] 2 fev. 1706 ; m [9] 20 nov. 1730, à Marguerite
Couture. — Michel, b [9] 19 avril 1708 ; m [8] 4 mai
1733, à Marguerite Aymard. — Angélique, b [9] 31
août 1710 ; m [9] 13 nov. 1731, à Joseph Couture.
— Marie-Madeleine, b [9] 15 nov. 1712 ; m [9] 8 mars
1734, à Jean Vallière. — Jean-Baptiste, b [9] 15
dec. 1714. — Thérèse, b [9] 6 nov. 1717 ; m [9] 27 fev.
1737, à Guillaume Nadeau.

ROY, Pierre,
     Ouabankikoué, Marguerite, miamis.
     s 31 oct. 1732, au Détroit. [6]
Marguerite, b [6] 27 avril 1704. — Pierre, b [6] 21
avril 1706. — Marie-Louise, b [6] 19 mai 1708 ; m [6]
6 janv. 1735, à Alexis Desruisseaux ; s [6] 3 dec.
1735. — Marie-Madeleine, b [6] 10 nov. ; m [6] 25
mai 1728, à Pierre Chesne ; s [6] 20 nov. 1732. —
François, b [6] 20 avril 1713. — Marie-Louise, b [6] 3
juin 1717.

I. — ROYER, Jean, b 1636, fils de Jean et de
     Marie Païse, evêché du Mans.
1o Du Bois, Madeleine.
Etienne, b... ; m à Thérèse Viel. — Marie-Made-
leine, b 7 fév. 1662, à Québec.
     1663, (2 novembre) Château-Richer. [5]
2o Targer, Marie, (1) b 1641, fille de Daniel et de
     Louise Martin, de LaRochelle.
Jean, b [5] 28 sept. 1664 ; m à Catherine Dumont.
— Marie-Anne, b [5] 25 août 1665 ; m 14 avril
1681, à Rene Alary, à la Pointe-aux-Trembles de
Québec. — Madeleine, b 19 oct. 1666, à Ste. Fa-
mille. [7] — Pierre, b 7 nov. 1667, à Quebec. —
Elizabeth, b [7] 14 sept. 1669 ; 1o m 5 juin 1689, à
Pierre Blay, à St. Jean, I. O. [1] ; 2o m [1] 16 nov.
1700, à Robert Pepin. — Jean, b [7] 6 nov. 1671. —
Thérèse, b 23 fév. et s [7] 4 mars 1675.

I. — ROYER, Noel, frère du précédent.
Dumontmeny, Marie.
Marie, b 22 déc. 1666, à Ste. Famille.

I. — ROYER, Pierre, (2) frère du précédent, s 16
     mars 1677, au Château-Richer, (mort subite).

I. — ROYER ou Voyer, Charles, commandant
     dans l'Ile-Jésus, en 1680.

(1) Elle épouse, le 17 fév. 1676, Robert Tourneroche, à
Ste. Famille.

(2) Il travaillait pour lors chez Pierre Gagnon, au Château-
Richer.

II. — ROYER, Etienne,   [Jean I.
     Viel, Thérèse.
Jean, b 1688 : s 22 janv. 1703, à Québec. —
Louis, b... ; s 28 juin 1684, à Lorette. — Charles,
b... ; m 1699, à Marguerite Vanier, à Charlesbourg. [1] — Louis, b... ; m [1] 1699, à Renée Chrétien

II. — ROYER, Jean,   [Jean I.
     Dumont, Catherine-Marguerite,   [Julien I.
Marie-Madeleine, b 7 sept. 1699, à St. Jean, I. O. [3]
m 18 oct. 1729, à Joseph Desgagnés, à Québec. [3]
— Catherine, b [3] 9 et s [3] 16 sept. 1696. — Marie,
b [2] 25 juillet 1701, m [3] 27 dec. 1731, à Noël
Giroux. — Augustin, b [2] 12 juillet 1703. — Jean-
Baptiste, b [2] 4 janv. 1708. — Jacques, b 1705 ; s [2]
6 mars 1711. — Gabriel, b [2] 1er mai 1713. — Marie-
Angélique, b [2] 1er et s [2] 28 mai 1713. — Suzanne,
b..., m [3] 1er nov. 1734, à Etienne Debien.

1658, (17 septembre) Montréal. [2]
I. — ROYNÉ, François, b 1631, fils de Pierre et
     de Julienne Lamarguèse, de la ville de Sablé,
     évêché du Mans.
Le Meunier, Perinne, b 1621, veuve de Julien
     Daubigeon.
Marie-Barbe, b [2] 4 janv. 1661. — Jeanne, b [2] 3
oct. 1662. — Catherine, b 1654. — Marie-Made-
leine, b... ; m 1694, à Jean Donnet.

1698, (24 novembre) Laprairie.
I. — RUFIANGE dit Laviolette, Bernard, fils
     de Jean et de Louise Rival.
Dumas, Louise,   [René I.
Anonyme, b et s 2 mai 1704, à Ste. Anne. [1] —
Joseph, b [1] 1er août 1705.

1677, (22 novembre) Ste. Famille. [4]
I. — RUELLE, Clément, fils de Jacques et de
     ————————, de St. Paul de Paris.
Leclerc, Marguerite,   [Jean I.
Jacques, b [4] 5 déc. 1678. — Pierre, b 26 déc.
1679, à St. Laurent, I. O. [5] ; m 11 nov. 1709, à Marie
Couture, à St. Etienne de Beaumont. — Margue-
rite, b [5] 23 fév. 1682. — Louise, b [5] 12 sept. 1683.
— Geneviève, b [5] 21 oct. 1685. — Marie-Madeleine,
b [5] 2 fév. 1688 ; m 1710, à Jean-Baptiste Fortier.

RUETTE. — Voy. D'Auteuil.

RUPALET, Louis. — Voy. De Rupalley.

RUTIANGE. — Voy. Rufiange.

S

1675, (19 décembre) Montréal.
I. — SABATIER, François, fils d'Abraham (capi-
     taine d'infanterie au régiment du Prince de
     Conty) et d'Anne Martin, de Gore, en Lan-
     guedoc.
Mouchy, (de) Jeanne,   [Nicolas I.
François, b 8 déc. 1678, à la Pte-aux-Trembles
de Montréal [6] ; s [6] 5 avril 1679 — Pierre, b [6] 3
mars 1680.

1684, (8 janvier) Québec. [5]

I.—SABATIER, JEAN, matelot, b 1662, fils de Jean et d'Isabelle Regilien, de St. Jean de Liborne, évêché de Bordeaux , s..
HÉDOUIN, Marie-Madeleine, (1)   [JACQUES I.
Jeanne, (2) b [5] 17 oct 1684 ; m [5] 26 août 1704, à Louis-Charles SÉDILOT ; s 9 mars 1757, à Ste. Foye.

I.—SABERTACHE, ELIZABETH, b 1634, à Dijon ; sœur dite Ste. Catherine, C.-N.-D. ; s 6 oct. 1710, à Montréal.

I.—SABOURIN, JEAN, du Mont-Lambert, évêché d'Angoulême ; s avant 1688.
1° REGNAUT, Mathurine, b 1643 ; s 14 avril 1681, à Montréal. [4]
Pierre, b... ; m [4] 24 mai 1688, à Madeleine PERIER.—*Marie*, b... ; m [4] 3 août 1688, à Jean PICARD.—*Jeanne*, b 2 juillet 1676, à Quebec [3] ; m [4] 10 janv. 1695, à Nicolas PERILLARD.—*Françoise*, b [3] 3 juillet 1670 ; 1° m 12 nov. 1685, à Claude DE LA MOTHE, à Lachine [2] ; 2° m [2] 17 nov. 1687, à Pierre SERAT.—*Marie-Madeleine*, b [3] 1er sept. 1672.—*Jean*, b [3] 24 nov. 1674 ; m 10 juin 1698, à Catherine CHARTIER.

     1682, (22 septembre) Beauport.

2° GAILLARD, Marie, veuve de Jean-Baptiste Perier.

1687, (1er septembre) Montréal. [4]

I.—SABOURIN, DENIS, fils de Jean et de Catherine Moquin, de Trinité, évêché d'Angers.
NAFRECHON, Catherine,   [ISAAC I.
Catherine, b [4] 30 mars 1689 ; m 3 juin 1718, à François FOUCAULT, à Québec [9] ; s [9] 12 avril 1731, (mort subite).

I.—SABOURIN, DENIS, fils de François, de St. Nicolas-le-Belange, évêché d'Angers.

     1688, (24 mai) Montréal. [5]

II.—SABOURIN, PIERRE,   [JEAN I.
PERIER, Madeleine, (3\   [JEAN I.
Jean-Baptiste, b [5] 24 sept. et s [5] 7 oct. 1692.—*Pierre*, b [5] 20 mai 1694.—*Jean-Baptiste*, b [5] 6 juillet 1696.—*Marie-Madeleine*, b 26 janv. 1699, à Lachine. [6]—*Jean-Baptiste*, b [5] 8 oct. 1701.—*Jacques*, b 16 fév. 1705, à Ste. Anne de Montréal.

     1698, (10 juin) Pte-aux-Trembles, (M).

II.—SABOURIN, JEAN,   [JEAN I.
CHARTIER, Catherine,   [GUILLAUME I.

SABOTIER (LE).—Voy. GUERTIN.

SABREQUET, MADELEINE, b 1636 ; s 5 oct. 1659, à Montréal ; elle était arrivée de France, le 20 sept. 1659.

1695, (16 novembre) Boucherville. [3]

I.—SABREVOIS, (DE) JACQUES-CHARLES, lieutenant de M. De Muy, b 1667, fils d'Henry (seigneur de Sermonville) et de Gabrielle Martin, de Gavancie, évêché de Chartres.
BOUCHER, Jeanne,   [PIERRE II.
s [3] 8 juillet 1703.
Charles, b [3] 1er et s [3] 16 déc. 1697.—*Charles*, b [3] 25 nov. 1699.—*Christophe*, b [3] 8 mars 1701. *Clément*, b [3] 16 juillet 1702.—*Anonyme*, b et s [3] 26 juin 1703.—*Marie-Josette*, b [3] 23 août 1696.

SACYBOULE, MARIE, femme de Pierre BAILLES.

SAGEOT, GENEVIÈVE, femme d'Antoine ADHÉMAR.

     1665, (15 octobre) Québec. [5] .

I.—SAGOT DIT LAFORGE, ABEL, fils de Guillaume et de Marie Marchand, de Chanformon, du Maine, s [5] 19 oct. 1711.
1° TURGEON, Claire,   [CHARLES I.
s [5] 21 août 1717.
Louis, b 27 janv. 1667, au Château-Richer.
     1712, (23 mai) Quebec.
2° SASSEVILLE, Marie-Madeleine, (1)   [PIERRE I. veuve d'Augustin Normandeau.

SAILLY.—Voy. ARTUS DU S.—CELLE-DUCLOS.

I.—SAINCTAR, (SINTARD) CATHERINE, b 1653, fille de Nicolas et d'Anne Boucher, de Vernon, en Normandie ; 1° m 4 dec. 1679, à Charles JUILLET, à Montréal ; 2° m à Claude BAILLIF.

SAINTOU DIT CARTEREL, JACQUES,
    ——————, Marie.
François, b... ; m 23 janv. 1726, à Catherine DESBOIS, aux Trois-Rivières.

I.—SALAIN DIT LACAVE, EDME, de Bresse Savoyarde, en Bourgogne, s 7 août 1699, à Montréal. (2)

     1686, (11 février) Trois-Rivières.

I.—SALÉ, RENÉ, b 1654 ; s 3 avril 1715, à Québec.
JOUINEAU, Marie-Anne,   [PIERRE I.
Pierre, b 17 oct. 1694, à Batiscan.—*Charles*, b 2 juin 1696, à Montréal. [9]—*Jean-Baptiste*, b [9] 27 mai et s [9] 8 août 1699.—*Jacques*, b [9] 22 nov. 1700 ; s 7 juillet 1728, à Lévis, noyé en revenant de Québec.—*Joseph*, b 1709, s 8 sept. 1712, à Lorette.

     1699, (7 janvier) Ste. Famille. .

I.—SALIER, PIERRE, b 1676, fils de Jacques et de Marie Lasalle, de St. Jean de Richard, évêché d'Oléron, en Saintonge.
LE HOUX, Marie,   [JEAN I. veuve de Joseph Renaud.

---

(1) Elle épouse, le 2 mai 1689, Jacques Massy, à Québec.

(2) Inhumée sous le nom de Massé.

(3) Elle épouse, le 31 janv. 1710, René Fortin, à Ste.Anne.

(1) Elle épouse, le 12 juin 1718, Jacques Parent, à Québec.

(2) Tué d'un coup de tonnerre, sur la terre de l'école.

I. — SALOIS, Claude, s 2 juin 1709, à Québec. [1]
Mabile, Anne.
Pierre, b [1] 2 nov. 1671 ; s 12 avril 1687, à St
Laurent, I. O., [2] tué par un arbre. — *Jean*, b... ;
m [1] 28 août 1703, à Jeanne Mérienne — *Ignace*,
b 1683 , m [1] 25 nov. 1715, à Marie-Louise Provost ; s [1] 28 mai 1737. — *Marie*, b... ; m à Pierre
Millet. — *Jeanne*, b [2] 5 sept. 1687 ; m 10 oct.
1712, à Thomas Jeffroy, au Château-Richer. —
Antoinette, b 13 mai 1667, à Ste. Famille [3] ; m [2]
2 juin 1683, à René Lenerle. — *Claude*, b [3] 2 nov.
1668 ; m 10 janv 1705, à Marie Galbrun, à l'Ilet.
— *Jean-Baptiste*, b [3] 8 avril 1670. — *Jean*, b [3] 6
nov. 1673. — *Marguerite*, b [3] 30 juillet 1675 ; m [1]
1696, à Gilles Boissel. — *Marie*, b 27 janv. 1677.
— *Geneviève*, b [3] 5 déc. 1678 — *Marguerite*, b [3] 5
déc. 1678. — *Nicole*, b [2] 29 juin 1681. — *Ignace*,
b [2] 11 avril 1683 ; m [1] 25 nov. 1715, à Marie-
Louise Provost ; s [1] 28 mai 1673. — *Marie-Made-*
leine, b [2] 27 et s [2] 31 mai 1685.

I. — SALOMON dit LaRochelle, Jean, soldat de
M. Le Verrier, b 1676, ville de LaRochelle ;
s 20 janv. 1702, à Montréal.

I. — SALUAYE, Pierre.
Le Roy, Catherine, (1) [Simon I.
Marie-Catherine, b 29 sept. 1675, à Sorel. [1]
Catherine, b [1] 6 fév. 1678 ; m [1] 30 nov. 1697, à
Pierre Lamy. — *Pierre*, b [1] 4 nov. 1683 ; m à Ge-
neviève Hus. — *Antoine*, b [1] 3 juillet 1686. —
Louise-Charlotte, b... ; m [1] 25 dec. 1695, à Etienne
De Miray ; s 27 nov. 1709, à l'Ile Dupas.

I. — SAMSON, André, manœuvre, aux gages de
M. Couillard ; s 12 nov. 1641, à Québec.

1664, (26 février) Québec. [1]

I. — SAMSON, Louis, b 1638, fils de Nicolas et
de Françoise Nicolas, de St. Quentin, évêché
d'Avranche ; s 23 oct. 1724, à Ste. Foye.
Ragau, Marthe, b 1632, fille de Simon et de
Françoise Loreau, du Bourg de L'oysé, évêche de Luçon, au Poitou ; s [1] 22 mars 1693.
Antoine, b [1] 24 mai 1665 ; m à Catherine De-
LaRue. — *Jacques*, b 29 mars 1668, à Sillery [2] ;
s [1] 29 oct. 1689. — *Louis*, b... , m à Marie-Geneviève L'Archevêque. — *Marie-Michelle*, b [2] 25
nov. 1669.

SAMSON, Marguerite, b 1649 ; m 1668, à Jean
Bougrand ; s 24 juillet 1721, à l'Ile-Dupas

1669, (29 novembre) Québec. [3]

1. — SAMSON, Gabriel, fils de Toussaint et de
Catherine Chevalier, de St. Gratian, évêché
de Lizieux, en Normandie.
Durand, Françoise, (2) fille de Martin et de Fran-
çoise Brunette, de Quinporcorantin, évêché
de Cornouaille, en Bretagne.
Pierre, b [3] 16 mars 1671 ; m [3] 24 nov. 1695, à
Catherine Gautier ; s 29 mai 1709, à Levis, [4]

(noyé). — *Perinne*, b [3] 1er sept. 1672. — *Jean-Fran-*
cois, b 4 et s [3] 10 mars 1674. — *Jeanne*, b [3] 4 sept.
1675 ; m [4] 9 nov. 1699, à François Grenet. —
Jean-Baptiste, b [3] 6 oct. 1677. — *Marguerite*, b [4]
16 déc. 1679 — *Marie-Anne*, b [4] 1684 ; m 4 janv.
1706, à Pierre Bourdeau, à Montréal. — *Louis*,
b [3] 30 avril 1686. — *Ignace*, b... ; m [3] 26 janv.
1711, à Madeleine Aubert.

1671, (26 novembre) Québec. [3]

I. — SAMSON, Jacques, b 1655, frère du précédent ; s 4 mai 1699, à Levis. [4]
Metru, Marie-Anne, (1) b 1656, fille de Claude
et de Jeanne Crisset, de Ste. Marine de Paris :
s [4] 27 mars 1731.
Jacques, b [3] 4 oct. 1672. — *Marie-Suzanne*, b [3]
18 janv. 1674 ; m [4] 10 janv. 1694, à Louis Guay,
s [4] 22 juin 1741. — *Ignace*, b [3] 16 mars 1676 ; m [4]
5 juillet 1700, à Charlotte Lemieux. — *André*, b 17
et s [3] 28 mars 1678. — *Charles-Louis*, b [3] 27 fev.
1679, m... — *Jeanne*, b 11 oct. 1681, à l'Ilet , m à
Jean Carrier ; s [4] 23 oct. 1758. — *Marie-Fran-*
çoise, b [4] 27 déc. 1682 ; m à Louis Galoudet.
— *Marguerite*, b... ; m [4] 8 nov. 1700, à Michel
Lemieux ; s [4] 30 juillet 1741. — *Etienne*, b... ; m [4]
9 juin 1718, à Angelique Guay ; 2e m à Madeleine
Charon. — *Geneviève*, b [3] 20 nov. 1685 ; s [4] 3 mai
1699. — *Eustache*, b 1690 ; m 1730, à Louise-Françoise Lemieux ; s [4] 5 dec. 1759. — *Joseph*, b 21 et
s [4] 27 janv. 1692. — *Geneviève*, b [4] 12 fev 1693 ;
m [4] 27 juin 1707, à Jean Gély ; s [4] 29 mars 1767.

1695, (24 novembre) Québec.

II. — SAMSON, Pierre, (2) [Gabriel I.
s 29 mai 1709, à Lévis.
Gautier, Catherine, [Jean I.

II. — SAMSON, Antoine, [Louis I.
s 10 avril 1713, à Ste. Foye. [4]
De la Rue, Catherine-Angélique, b 1665 ; s [4] 3
avril 1743.
Louis-Gabriel, b 1698 ; s [4] 10 oct. 1700. —
Françoise-Angélique, b [4] 31 déc. 1700 ; m [4] 19 janv.
1728, à Joseph Migneron ; s [4] 28 fév. 1749. — *Mar-*
guerite, b [4] 24 fev. 1703. — *Ursule-Angélique*, b [4]
13 avril 1705, m [4] 31 janv. 1733, à Noël Berthiaume ; s [4] 19 mai 1746. — *Antoine*, b [4] 7 juillet
1707 ; m 21 nov 1734, à Marie-Louise Jeanne, à
Québec ; s [4] 20 mars 1757. — *Marie-Catherine*, b [4]
7 mars 1711 ; s [4] 14 oct. 1714. — *Angélique-Joselte*,
b [4] 16 juillet et s [4] 8 août 1714. — *Thérèse*, b [4] 13
juin 1716 ; m [4] 13 fév. 1741, à Claude Moras ; s [4]
10 avril 1760. — *Joseph*, b [4] 1694 ; m 1726, à Marie-
Anne Sédilot, s [4] 10 août 1733.

II. — SAMSON, Louis, [Louis I.
L'Archevêque, Marie-Geneviève, [Jean II.
s 3 mars 1738, à Quebec. [5]
Marguerite, b 16 fév. 1704, à Ste. Foye [4] ; m [5]
21 nov. 1725, à Florent Michaux. — *Félicite-Angé-*
lique, b [4] 2 juin 1706 ; m [5] 25 août 1731, à Pierre-
Gervais Voyer. — *Louis*, b [4] 2 août 1699. — *Marie-*

(1) Elle épouse, en 1689, Jean De Miray, sieur de l'Argenterie.

(2) Elle épouse, le 1er février 1699, Yvon Richard, à Québec.

(1) Elle épouse, le 24 novembre 1710, Claude Philippaux, à
Québec.

(2) Noyé le 15 mai 1709.

Madeleine, b ⁴ 10 juin 1701 ; m ⁴ 17 janv. 1724, à Jean ROUTIER ; s ⁴ 27 mai 1780. — *Marie-Geneviève,* b ⁴ 3 sept. 1702, s ⁴ 17 juillet 1718. — *Nicolas,* b ⁴ et s ⁴ 24 juillet 1708. — *Joseph-Hyacinthe,* b ⁴ 14 sept. 1710. — *Gervais,* b ⁴ 13 mai 1713.

1686, (25 février) Boucherville. ⁶

I. — SAMUS, NICOLAS, chirurgien, b 1656, fils de Clement et de Catherine Forestier, de St. Jean, évêché d'Amiens ; s ⁶ 12 janv. 1688.
GAUTIER, Marie-Anne,   [CHARLES II.
    veuve de Pierre Picart ; s ⁶ 15 oct. 1687.
Louise-Marie, b ⁶ 2 déc. et s ⁶ 3 déc. 1686.

I. — SANCERRE, CLAUDE, cordonnier.
POUDRET, Marie,   [ANDRÉ I.
    s 18 sept. 1696, à Montréal.

I. — SANSORT DIT LE PETIT PICARD, CLAUDE.
L'HOMME, Marie,   [MICHEL I.
    veuve de Nicolas Ozanne.
Marie, b 1703 ; m 30 oct. 1721, à Sébastien BRISSON, à Lachine.

SANSCHAGRIN. — Voy. JOANNES — RIVET.

SANSFAÇON. — Voy. MONJOLY — MONIDY — CHARPENTIER — DUHAMEL — COURBIER.

SANS-PEUR. — Voy. AMELOT.

SANS-PITIÉ. — Voy. BEAUMONT — DESCENT.

SANS QUARTIER. — Voy. FAYE — FAYEN.

SANS-REGRET. — Voy. DUCHESNEAU — GIRARD.

SANSOUCY. — Voy. LE GARDEUR dit ST. MICHEL.

SANS SOUCY. — Voy. ROUSSEL — LÉVÊQUE — SUPERNANT — LEQUIN — AUDOIN — DE NIGER — ROULEAU — BUREAU.

SANTERRE. — Voy. DUPEYRAS.

I. — SARAZIN, NICOLAS, de St. Gervais de Paris.
HÉRON, Nicole, de St. Gervais de Paris.
Nicolas, b 1655, à Paris ; m 23 avril 1680, à Catherine BLONDEAU, à Charlesbourg.

1680, (23 avril) Charlesbourg. ⁴

II. — SARAZIN, NICOLAS, médecin,   [NICOLAS I.
BLONDEAU, Catherine, (1)   [FRANÇOIS I.
Joseph, b 24 fév. 1681, à St. Thomas. ⁵ — *Nicolas,* b ⁵ 4 août 1682. — *Pierre,* b ⁵ 26 fév. 1684 ; m 15 nov. 1717, à Marguerite LEDUC, à Montréal. — *Nicolas,* b ⁵ 12 janv. 1686. — *Marie-Françoise,* b ⁵ 18 juillet 1688 ; 1º m ⁴ 11 janv. 1706, à Jacques FRICHET ; 2º m ⁴ 1726, à Charles DE SÈVRE. — *Louis,* b ⁵ 5 fév. 1690. — *Françoise,* b ⁴ 27 juin 1692 ; m 2 mai 1713, à Marie GOULET, à l'Ange-Gardien. — *Thomas,* b ⁴ 27 fév. 1695 ; m ⁴ 20 avril 1716, à Agathe CHORET. — *Jean-Baptiste,* b ⁴ 4 sept. 1697. — *Geneviève,* b ⁴ 22 fév. et s ⁴ 5 oct. 1701.

(1) Elle épouse, le 24 novembre 1701, Pierre Jean, à Charlesbourg.

I. — SARRAZIN, MICHEL, membre de l'Académie des Sciences, conseiller, médecin du Roy, b 1659 ; s 9 sept. 1734, à Québec. ²
HAZEUR, Marie-Anne,   [FRANÇOIS I.
    s ² 4 avril 1743.
Anonyme, b et s ² 17 sept. 1714. — *Joseph-Michel-François-Ignace,* (1) b ² 13 juillet 1715. — *Marie-Marguerite,* b ² 25 juin 1716 ; s ² 3 mars 1717. — *Jean-Baptiste,* (2) b ² 19 août 1717. — *Josette-Marie,* b ² 27 juillet et s ² 27 sept. 1721. — *Claude-Michel,* b ² 29 sept. 1722. — *Charlotte-Louise-Angélique,* (3) b ² 30 mars 1727 ; m 5 fév. 1746, à Hypolite DE VARENNE, à Ste. Foye.

I. — SARGNAT, JEAN, soldat de M. Dulhud, était à Montréal, en 1697.

SAREAU. — *Variations et surnoms :* SARROT — SARAULT — JAHAN — LAVIOLETTE — CHAMPAGNE.

1692, (20 janvier) Lévis.

I. — SAREAU DIT CHAMPAGNE, ISAAC-LAURENT, soldat, fils de Pierre et de Suzanne Garnier, de St. Pierre-mouton, évêché d'Angoulème, en Angoumais.
GABOURY, JEANNE,   [LOUIS I.
    s 17 juillet 1712, à St. Etienne de Beaumont. ⁸
François, b 18 avril 1693, à St. Michel ⁴ ; s 22 mars 1716, à Ste. Anne de la Pocatière. — *Geneviève,* b ⁴ 23 oct. 1695. — *Joseph,* b ³ 22 juin 1698 ; s ⁴ 25 mars 1703. — *Jeanne,* b ⁸ 25 sept. 1700 ; m 13 sept. 1725, à Jean LEMARIÉ, à Québec. — *Jean-Baptiste,* b ⁴ 7 et s ⁴ 25 mars 1703. — *Pierre-Olivier,* b ⁴ 26 avril 1705. — *Suzanne,* b ⁴ 27 sept. 1707 , m 2 mai 1728, à Claude LANDRY, à St. François, I.O.

1689, (26 avril) Montréal. ⁹

I. — SARROT, JEAN, maître-maçon, fils d'Isaac et de Jacquette Archambault, de St. Symphorien, évêché de Xaintes.
BROSSARD, Catherine,   [URBAIN I.
Louise, b ⁹ 19 fév. 1690 ; s ⁹ 21 sept. 1691. — *Louise,* b ⁹ 26 avril 1692. — *Pierre,* b ⁹ 14 oct. 1694 ; m à Marie-Anne BOURBON. — *Jacques,* b ⁹ 4 sept. 1697 ; s ⁹ 27 juin 1699. — *Marie-Madeleine,* b ⁹ 4 mars 1700. — *Geneviève,* b ⁹ 21 juin 1702 ; s ⁹ 23 mai 1703. — *Jean,* b ⁹ 2 juin 1704 ; m à Marie-Thérèse ROSE. — *Catherine,* b...; sœur dite Ste. Croix, C. N.-D. ; s ⁹ 21 avril 1734.

1670, (8 septembre) Château-Richer.

I. — SASSEVILLE, PIERRE, fils de Marin et de Catherine Vaillant, du Bourg-de-Faville, archevêché de Rouen, en Normandie.
LE SEIGNEUR, Marie, fille de Jean et de Jeanne Godaillon, de St. Paul de Paris.
Elizabeth, b 7 et s 8 juin 1671, à l'Ange-Gardien. — *Marie,* b 3 juillet 1672, à Québec ⁴ ; m ⁴ 22 nov. 1694, à Jean SAVARD ; s 7 janv. 1703, à

(1) Filleul de Mr. Hazeur, chanoine, et de Françoise de St. Ignace, supérieure de l'Hôtel-Dieu.

(2) Filleul du gouverneur de Vaudreuil.

(3) Filleule du marquis De Beauharnois, gouverneur.

Charlesbourg [5] — *Marie*, b 28 oct 1673, à Beau-port. [6] — *René*, b... ; m [6] 12 nov. 1704, à Charlotte Parant — *Marie-Madeleine*, b [6] 30 avril 1678 ; 1° m [5] 18 janv, 1694, à Augustin Normandeau ; 2° m [4] 23 mai 1712, à Abel Sagot ; 3° m [4] 12 juin 1718, à Jacques Parent ; s [4] 15 juin 1754. — *Marie-Josette*, b [6] 7 janv. 1680 ; s [6] 9 mai 1687, (brûlée) — *Pierre*, b [6] 6 mars 1683 ; m [5] 29 oct. 1709, à Madeleine Jobin ; s [4] 27 janv. 1754. — *Jean-Baptiste*, b [4] 29 janv. 1685 ; s 9 mai 1687, (brûlé).

1671, (12 janvier) Québec. [7]

I. — SAUCIER, Louis, fils de Charles et de Charlotte Clairet, de St. Eustache de Paris.
Gaillard, Marguerite, veuve do François Provost, de Boulogne, en Picardie.
Charles, b [7] 1er sept. 1672 ; 1° m à Marie-Anne Bisson ; 2° m à Marie-Madeleine St. Denis ; 3° m 3 juin 1720, à Marie-Françoise Le Bel, à la Rivière-Ouelle ; s 11 juin 1723, à Ste. Anne de la Pocatière. — *Jean*, b [7] 4 dec. 1674.

1697.

II. — SAUCIER, Charles, [Louis I.
s 11 juin 1723, à Ste. Anne de la Pocatière. [3]
1° Bisson, Marie-Anne, [Antoine I.
s 12 mars 1714, au Cap St. Ignace. [4]
Charles, b et s 11 oct. 1698, à Québec. — *Charles*, b 28 sept. 1699, à Ste. Foye ; m [3] 8 juin 1722, à Rosalie Bouchard. — *Jean-François*, b [4] 22 mars 1702 ; s [3] 21 fev. 1725. — *Joseph*, b [4] 23 avril et s 26 juin 1703. — *Joseph*, b [4] 6 juillet 1704, m à Madeleine Boucher. — *Geneviève*, b [4] 21 fev. 1706. — *Pierre*, b [4] 17 avril 1709. — *Marie-Louise*, b [4] 9 mai 1713.
2° St. Denis, Marie-Madeleine, [Pierre II.
s 19 janv. 1720, à Ste. Anne.
Louis, b... , m 21 juillet 1738, à Cécile Michaud. — *Joseph*, b... — *Pierre*, b...

1720, (3 juin) Rivière-Ouelle.

3° Lebel, Marie-Françoise, [Jean I.
Marie-Angélique, b 25 mai 1721, à Ste Anne [6] ; m 16 avril 1742, à Jean Bélanger, à l'Ilet. — *Marie-Madeleine*, b [6] 28 mai 1722. — *Marie-Françoise*, b [6] 25 avril 1723 ; m 11 janv. 1740, à Pierre Michaud, à Kamouraska.

SAUGEON. — *Variation et surnom:* Sogeron — Laverdure.

I. — SAUGEON dit Laverdure, Julien.
Hubert, Marie-Renee, [François I.
veuve de François Repoche dit Ducharme ; s 29 déc. 1729.

I. — SAUGUENET, Jean, b 1652, garde de navires à la basse ville de Quebec, en 1689, et cuisinier du gouverneur, M. de Callières, en 1700, s 21 mai 1702, à Montréal.

I. — SAULGER, sieur de Rouville, Pierre, intéressé dans les fermes génerales d'Occident, était à Montréal, en 1699.

I. — SAULNIER, Gilbert, do St. Sulpice de Paris.
Torcuein, Antoinette, de St. Sulpice de Paris.
Françoise, b 1638 ; 1° m 20 oct. 1659, à Pierre Lorin, à Montréal [1], 2° m [1] 7 oct. 1687, à Jean Le Roy ; 3° m [1] 5 fev. 1690, à Thomas Mortesegne ; 4° m [1] 22 oct. 1697, à Bernard Dumouchel.

SAUREAU, — Voy. Foreau.

SAUREL, Pierre. — Voy. De Saurel.

1670, (27 novembre). (1)

I. — SAUSSIER, Louis, fils de Charles et de Charlotte Clairet.
Gaillard dit Duplessis, Marguerite, veuve de François Provost.

I. — SAUTEUR dit Latulippe, Jean-Baptiste, soldat de M. de Lorimier, de Tenon, évêche de Perigueux, en Guienne, b... ; s 24 avril 1699, à Montréal.

1667, (10 janvier) Montreal. [2]

I. — SAUTON, Martial, fils de Martial et de Thiphen Musar, de Notre-Dame du bourg d'Aigre, en Angoumais.
Gasnier, Marguerite, (2) [Pierre I.
Pierre, b [2] 8 avril 1669. — *Mathieu*, b [2] 21 août 1671, à Laprairie.

1690, (11 janvier) Champlain. [3]

I. — SAUVAGE, Jacques, fils de Jacques et de Marie Fageau, de St. Sauveur de Paris.
Jean, Catherine, (3) [Jean II.
Marie, b [3] 17 juin 1697 ; m 31 mai 1717, à François Barrois, à Montréal. — *Marie-Françoise*, b [3] 2 fev. 1700, m 12 avril 1723, à Joseph Séguin, au Detroit. [5] — *Catherine*, b 1695 ; m [5] 18 janv. 1722, à Charles Chesne, s [5] 21 oct. 1778, (dans l'église).

Sauvages. (4)

Tchaatoren, Joseph.
Gaendi, Marie.
Thérèse-Charlotte, b 4 mars 1678, à Québec. [1] — *Marie-Renée*, (5) b [1] 13 juin 1679. — *Marie-Louise*, b [1] 28 avril 1680.

8ambiganich, François de Sales.
8ambiganisk8é, Tarsille.
François de Sales, (6) b 2 nov. 1686, à Québec

(1) Date du contrat de mariage. — *Greffe de Duquet.*
(2) Elle épouse, le 4 sept. 1673, Pierre Lefebvre, à Laprairie.
(3) Elle épouse, le 5 août 1724, Pierre Godfroy, au Détroit.
(4) Nous donnons ici une liste des Sauvages dont les actes de baptêmes et sépultures sont enregistrés dans les différentes paroisses du Canada. Cette liste, toutefois, ne comprend pas les actes des registres tenus dans les missions sauvages, et où l'on trouve presque tous les noms des indigènes dans la langue même de leurs nations.
(5) Jeune Illinoise, de 16 ans, captive des Outaouais, et rachetée par M. de Frontenac, qui la nomma sur les fonds de baptême avec Madame Marguerite Denis, veuve De la Nouguère.
(6) Etienne Neketneant, premier capitaine de la prière, est parrain.

JEAN, (1) âgé de 35 ans, micmac de Ristigouche.
MARIE-MADELEINE, 31 ans.
Jacques, âgé de 12 ans. — *Charles-Gabriel,* âgé
de 8 ans. — *Anne-Josette,* âgée de dix huit mois.

GABRIEL, (2) b 6 août 1687, à Québec.
BARTHELEMI, adulte de la nation des Sioux, b
28 oct. 1687, à Québec.
LUCIEN, enfant sauvage, b 8 janv. 1688, à Qué-
bec.
FRANÇOIS DE SALES, enfant sauvage, b 1er oct.
1688, à Québec.
MARIE-ANGÉLIQUE, abénaquise, b 15 juin 1689
JEAN-BAPTISTE, Ayegabouck, micmac, de 70
ans, b 2 mars 1690, à Québec, par Mgr. de
St. Valier, filleul de l'intendant Bochart, et
de Dame René Damours
JEAN-BAPTISTE, etchemin, de 72 ans, b 29 juillet
1692, à Québec.
ANTOINE, Ori8aé, oneyouth, s 31 mai 1698, à
Québec.
JEAN-BAPTISTE, etchemin, b 29 juillet 1692, à
l'âge de 72 ans, à Québec.
MARIE-URSULE, micmac, b 4 août 1692, à l'âge
de 2 ans, à Québec.
MARIE-MADELEINE, de l'Acadie, b 14 oct. 1692, à
Québec.
MARIE-JOSETTE, huronne, b 4 mai 1693, à Qué-
bec.
MARIE-FRANÇOISE, huronne, b 24 juin 1693, à
Québec.
LOUISE-FRANÇOISE, huronne, b 24 juin 1693, à
Québec.
CHARLES, abénaquis, b 5 oct. 1693, à Québec.
JACQUES, b 6 avril 1694, à Québec.
MARIE-LOUISE, micmac, b 16 juin 1697, à Québec.
JOSEPH, micmac, b 6 sept. 1697, à Québec.
MARIE-LOUISE, acadienne, b 20 oct. 1697, à
Québec.
JOSEPH-SAMUEL, abénaquis, b 1678 ; s 27 janv.
1703, à Ste. Famille.
AGATHE, abénaquise, s 30 nov. 1687, à St. Lau-
rent, I. O.
CHARLES, Tatouegou, b 27 mars 1666, au Châ-
teau-Richer.
MARGUERITE, b 10 nov. 1669, au Château-Richer.
BARBE, algonquine, b 28 avril 1670, au Château-
Richer.
LOUIS, huron, b 26 août 1678, au Château-
Richer.
CHARLES, 8abittiby, b 19 nov 1683, au Château-
Richer.
CHARLES, ka8gora, b 6 août 1684, au Château-
Richer.
MARIE, 8ox818mjck, s 14 avril 1684, âgée de 4
ans, au Château-Richer.
MICHEL, tek8arimath, s 23 janv. 1685, au Châ-
teau-Richer.
ANTOINE, abénaquis, b 3 mai 1686, au Château-
Richer.

ANNE, s 16 fév. 1685, âgée do 12 ans, au Château-
Richer.
MARIE-MICHELLE, 8schi8anisse, algonquine, s 23
janv. 1686, âgee de 12 ans, au Château-
Richer.
CATHERINE, b 1662, femme montagnaise, s 4
dec. 1714, au Château-Richer.
MARIE-JEANNE, abénaquise, b 18 fév. 1691, à
l'Ange-Gardien.
JOSEPH, b 30 janv. 1693, né de parents payens,
âgé de 8 ans, à l'Ange-Gardien.
MARIE-MARGUERITE, huronne, de Lorette, b 15
janv. 1692, à Charlesbourg.
AGNÈS, oulakous, adulte, demeurant chez M. de
St. Denis, s 29 sept. 1685, à Beauport.
BARBE, b 1687, épouse de Richard Caibas ; s 12
fév. 1717, à Beauport.
MARGUERITE-MADELEINE, abénaquise, de Sillery,
b 23 fév. 1687 et s 18 janv. 1688, à Beauport.
DOMINIQUE, montagnais, b... ; s 12 nov. 1687, à
Beauport.
LOUISE, montagnaise, b 14 déc 1687, à Beauport.
ROMAIN. b 1687 ; s 19 janv. 1688, à Beauport.
LOUIS, b 19 janv. 1688, à Beauport.
MARIE, abénaquise, b 1673 , s 24 janv. 1688, à
Beauport.
MARIE-FRANÇOISE, b 1677 ; s 9 nov. 1689, à
Beauport.
JACQUES, abénaquis, b 20 fév. 1690, à Beauport.
ANDRÉ, de Lorette, b 2 fev. 1697, à Beauport.
JOSEPH, montagnais, b 4 déc. 1689, âgé de 2
mois, à St. Thomas.
LOUISE, montagnaise, b 5 fév. 1690, à 4 jours, à
St. Thomas
LOUIS, b 2 oct. 1690, âgé de 3 mois.
MARIE-MADELEINE, montagnaise, b 8 avril 1692,
âgée d'un mois.
GENEVIÈVE, sauvage, b 21 déc. 1691, âgée de 15
jours.
MARIE-URSULE et LOUISE, b 20 déc. 1699.
JEAN-BAPTISTE, b 1692 ; appartenant au capt.
Côté, s 25 mars 1709, à St. Thomas.
JACQUES, b 9 nov. 1692, au Cap St. Ignace.
LOUIS, micmac, b 30 mai 1694, au Cap St. Ignace.
MARIE-FRANÇOISE, micmac, b 20 janv. 1695, au
Cap St. Ignace.
THOMAS, b 5 janv. 1685, à la Rivière-Ouelle.
MARIE, b 11 janv. 1685, à la Rivière-Ouelle.
MARIE-ÉTIENNETTE, keskabog8et, b 21 sept 1690,
âgée de 5 ans, à la Rivière-Ouelle.
MARIE-THÉRÈSE, 8stabany, micmac, b 17 déc.
1690, âgée de 8 jours, à la Rivière-Ouelle.
ANGÉLIQUE, micmac, b 3 fév. 1691, à la Rivière-
Ouelle.
PHILIPPE-RICHARD, b 18 nov. 1691, à la Rivière-
Ouelle.
LOUIS-MEDAT, b 18 déc. 1694, à la Rivière-Ouelle.
JOSEPH. b 18 mai 1695, à la Rivière-Ouelle.
RENÉ, b 18 août 1695, âgé de 5 ans, à la Riviè-
re-Ouelle.
JOSEPH, frère du précédent. b 18 août 1695, âgé
de 6 mois, à la Rivière-Ouelle.
JEAN-BAPTISTE, b 27 nov. 1695, à la Rivière-
Ouelle.
MARIE-ANNE, b 17 mai 1696, à la Rivière-Ouelle.
ANTOINE, b 21 oct 1696, à la Rivière-Ouelle.
ANDRÉ, b 4 fév. 1697, à la Rivière-Ouelle.

(1) Baptisé à Québec le 27 juin 1687, avec sa femme et ses
trois enfants, l'intendant Bochart et son épouse sont parrains
des parents, et les enfants sont nommés par Bourallan, capitaine d'infanterie, De Grays-Merville, et De Monic.

(2) Jeune Sauvage de Ristigouche. âgé de 18 ans, dont les
parrains sont M. Gabriel Duprat, et Delle. Françoise Morel
de la Durantaye.

JEANNE, b 21 juillet 1698, à la Rivière-Ouelle.

MARIE-FRANÇOISE, b 29 oct 1698, à la Rivière-Ouelle

MARIE-MADELEINE, b 19 fév. 1699, à la Rivière-Ouelle

JACQUELINE, algonquine, b... ; s 7 nov. 1711, aux Trois-Rivières, à 112 ans.

JEAN-BAPTISTE, algonquin, b 30 avril 1687, au Cap de la Madeleine.

LOUIS, algonquin, b 13 juin 1687, au Cap de la Madeleine.

IGNACE, poisson blanc, b 26 juin 1687, au Cap de la Madeleine.

JEAN-BAPTISTE, b 13 août 1687, au Cap de la Madeleine.

MARIE-RENÉE, b 30 août 1687, au Cap de la Madeleine.

FRANÇOIS-XAVIER, algonquin, b 30 août 1687, au Cap de la Madeleine.

JOSEPH, huron de Lorette, b 31 mai 1691, à Batiscan.

LOUIS, arkansas, b 27 sept. 1696, à l'âge de 5 ans, à Ste Anne de la Perade.

MARIE, b 4 août 1658, à Montréal, enfant de 10 mois, donnée à M. de Maisonneuve, qui l'accepte comme sa propre fille.

FRANÇOIS, b 24 mai 1692, à Montréal, âgé de 8 ans, né à 300 lieues par delà les Illinois, demeurant chez M. Raillot, marchand.

PIERRE, 8atamk, algonquin, b 19 juillet 1697 ; à Montréal.

LOUISE, b 27 juillet 1697, à Montréal, fille de Pakekanak8skan et de Marguerite Papiskana8a, algonquine.

GABRIEL, 8netesin8, algonquin de 2 ans, b 7 août 1697, à Montréal.

AGATHE, A8atamk, algonquine, b 22 oct. 1697, à Montréal.

FRANÇOIS, b et s 9 juillet 1692, âgé de 8 ans, à Montréal.

MARIE, 8ab8ra, abénaquise, b 27 déc. 1692, à Montréal.

ALGONQUIN, b 1615 ; s 1er avril 1695, à Montréal.

ALGONQUIN, b 1688 ; s 9 avril 1695, à Montréal.

ALGONQUIN, b 23 mai 1695, à Montréal.

MARIE-RENÉE, b 25 mai 1695, à Montréal

MARGUERITE, Nad8e8isch, algonquine, b 18 juillet 1695, à Montréal.

JEAN-BAPTISTE, Tapenanikoué, algonquin, b 6 sept. 1695, à Montréal.

SIOU, âgé de 40 ans, embassadeur en ce pays, qui eut le bonheur d'être baptisé, et mourut chez M. Le Scieur, interprète du dit sauvage ; s 3 fév. 1696, à Montréal

PHILIPPE-MARIE-LOUISE, panis, b 9 juin 1696, âgée de 15 ans, à Montréal, amenée en Canada par M. Daillebout de Coulonge, et filleule de Philippe De Rigaut de Vaudreuil.

NIPISSING, b 28 août 1696, âgé de 3 ans, à Montréal.

JEAN-BAPTISTE, Metiomek, algonquin, b 29 août 1696, à Montréal.

GABRIEL, algonquin, b 7 mai 1697, âgé de 4 ans, à Montréal.

CHARLES, algonquin, b 3 juin 1697, à Montréal.

MARIE-JOSETTE, Pi8akamigan, algonquin, b 9 juin 1697, à Montréal [1] ; s [1] 12 juin 1697.

Quatre iroquois, lesquels, avant qu'on les fît brûler, avaient reçu le St. Baptême, en présence de presque toute la ville qui accourut pour les voir brûler ; s 3 avril 1696, à Montréal.

JEANNE, Wannannemim, b 1er mai 1698, à Montréal, de la nation des Loups, âgée de 50 ans, prise en novembre 1695 par les sauvages du Sault, filleule de M. Hardouin et de Marthe Mills, veuve Grant.

FRANÇOIS, 8ambourra, abénaquis, b 29 juin 1698, à Montréal.

GUILLAUME, Ossissikopinos, algonquin, b 2 juillet 1698, à Montréal.

ALEXANDRE, algonquin, b 2 juillet 1698, à Montréal.

BARBE, algonquine, b... ; s 12 juillet 1698, à Montréal.

RENE, Ai, b 14 juillet 1698, à Montréal.

MARIE, Sia8abrk8e, algonquine, b... ; s 7 fév. 1698, âgée de 90 ans, à Montréal.

JOSEPH, algonquin, b 16 mai 1698, à Montréal.

JEAN, arkansas, b 17 mai 1698, âgé de 10 ans, à Montréal, amené de Michillimakina en ce pays en 1697, par Jacques Picard, fils de Hugues Picard, où il demeura.

JOSEPH, Anikot, algonquin, s 19 juin 1698, à Montréal, avait été blessé, deux mois auparavant, dans un combat contre les Iroquois.

MARIE-RENÉE, algonquine, b... ; s 31 août 1698, à Montréal.

LOUIS, Ok8b8in, algonquin, b 16 sept. 1698, à Montréal.

HENRY-JOSEPH, et trois autres algonquins, b 16 sept. 1698, à Montréal.

PIERRE, Sassaki8isech, algonquin, b... ; s 23 sept. 1698, à Montréal.

MARIE-ANNE, algonquine, b 8 oct. 1698, à Montréal.

JEAN-BAPTISTE, algonquin, b 1648 ; s 23 oct. 1698, à Montréal.

CHARLES, algonquin, b 1649 ; s 23 oct. 1698, à Montréal.

MARIE-ANNE, algonquine, b 1688 ; s 26 nov. 1698, à Montréal.

MARIE-JOSETTE, K8ask8ri, temiskaming, veuve d'un algonquin, b 19 et s 28 déc. 1698, âgée de 30 ans.

MARIE-MADELEINE, algonquine, b 22 janv. 1699, à Montréal.

MARIE-LOUISE, Polichish, algonquine, b... ; s 14 fév. 1699, à Montréal.

MARIE, Nahikigik8k8e, algonquine, s 28 fév. 1699, âgée de 80 ans.

JEAN-BAPTISTE, arkansas, b 21 avril 1699, âgé de 9 ans, à Montréal.

MARIE-MADELEINE, Man8k8e, algonquine, b 1699 ; s 11 juin 1699, à Montréal.

JEAN-BAPTISTE, algonquin, b... ; s 26 oct. 1699, âgé de 56 ans, à Montréal.

PIERRE, abénaquis, b 1688 ; s 28 mars 1700, à Montréal.

THOMAS, abénaquis, b 1696 ; s 24 août 1701, à Montréal.

TEGANNAC8AGHE, iroquois du Sault, b 1678 ; s 2 juin 1703, à Montréal.

MARIE, de la nation des Loups, b en fév. 1681, âgée de 28 ans ; s 18 fév. 1681, à Lachine.

Françoise, algonquine, b 7 juin 1695, à Montréal.

Huit ENFANTS, algonquins, b de juin à sept. 1695, à Montréal.

MARIE-LOUISE, huronne, b 29 fév. 1696, à Montréal.

CLAUDE, b 1695 ; s 28 avril 1696, à Montréal.

JEAN, algonquin, b 14 juillet 1697, à Montréal.

JEAN-BAPTISTE, algonquin, b 28 sept. 1697, à Montréal.

LOUISE, algonquine, b 1er déc. 1674, à la Pointe-aux-Trembles de Montréal.

LOUIS, b 6 oct. 1677, à Boucherville.

ALEXANDRE, b 6 oct. 1677, à Boucherville.

LOUIS, canasapis, b 18 avril 1682 ; s 5 mars 1683, à Contrecœur.

MARIE, b 14 avril 1676, à Sorel.

JEAN, b 14 avril 1676, à Sorel.

LOUIS, b 13 mars 1677, à Sorel.

MARGUERITE, b 15 mars 1677, à Sorel.

SOIAGA DIT LeRAT, GASPARD, chef des Hurons de Michillimackina ; s 3 août 1701, à l'âge de 75 ans, à Montréal. (1)

I.—SAUVAGET, JEAN, procureur-fiscal, était aux Trois-Rivières, en 1636.

DUPUYS, Anne, b 1586, veuve de Benassis, s 11 mars 1686, aux Trois-Rivières. [9]

Jeanne, b 1614, à LaRochelle ; 1o m à Guillaume BENASSIS ; 2o m [9] 13 nov. 1656, à Elie BOURBEAU, s [9] 28 mars 1704.

I.—SAUVAGEON, LOUIS, b 1665 ; s 28 fév. 1715, à Québec.

SAUVAGEAU.— Variation et surnom : SAUVAGEOT — MAISONNEUVE.

1656.

I.—SAUVAGEOT, CLAUDE,

LE GENDRE, Jeanne.

Alexis, b 1672 ; m 19 avril 1694, à Marguerite MARTIN, aux Grondines.— Marie, b... ; m à Louis MERAN.

I.—SAUVAGEAU DIT MAISONNEUVE, RENÉ, chirurgien.

HUBOU, Anne, (2)   [MATHIEU I.

Marie-Anne, b 1er nov. 1679, à la Pointe-aux-Trembles de Montréal ; m 14 nov. 1696, à René BOUCHARD, à Montréal. — Marguerite, b 2 fév. 1681, à Repentigny. [4] — Marie-Thérèse, b [4] 26 oct. 1682.

---

(1) Ce chef, que nos historiens ont appelé Kondiaronk, est une des plus belles figures de la nation huronne. Doué d'une haute intelligence, il conduisait avec prudence et sagesse toutes les affaires de sa nation.

Il mourut dans des sentiments très-chrétiens, après une harangue qu'il avait prononcée dans une assemblée des nations alliées, réunies à Montréal.

Il fut enterré dans l'église de Montréal ; et sur sa tombe on grava cette courte inscription : CY GIT LE RAT, CHEF HURON. — Ferland, t. II, page 35.

(2) Elle épouse, le 30 juillet 1691, Moyse Hilaire, à Québec.

1694, (19 avril).

II.—SAUVAGEAU, ALEXIS,   [CLAUDE I.

MASSE, Marguerite,   [MARTIN I.

Alexis, b 1er mai 1695, aux Grondines. [1] — Joseph, b [1] 22 mars 1699.

1696, (27 février) Lachine. [2]

I.—SAUVÉ DIT LAPLANTE, PIERRE, fils de François (maître-tailleur) et de Marie Malleret, de Libourne, évêché de Bordeaux.

MICHEL, Marie,   [JEAN I.

Pierre-Jacques, b [2] 24 fév. 1697. — François-Marie, b [2] 27 août 1698. — Pierre, b [2] 9 mai 1700. — Marie-Angélique, b [2] 24 fév. 1702. — Louis, b 12 mars 1704, à Ste. Anne. [3] — Suzanne, b [3] 20 juin 1705. — Marie, b [3] 8 avril 1709.

1670, (13 octobre) Québec. [4]

I.—SAUVIN DIT LaRose, FRANÇOIS, charpentier de navires, fils de Jean et de Madeleine Mallevault, du Bourg-de-Courant, évêché de Xaintes ; s [4] 29 août 1707.

BARY, Marie, fille de Julien et de Madeleine Bocelo, de St. Etienne, évêché de Rheims.

Marie-Françoise, b [4] 28 juillet 1671, m [4] 13 mai 1687, à Jean NAVERS.

I.—SAUVIOT DIT LAVERGNE, JEAN, de La Rochelle [2] ; s avant 1680.

BRODEUR, Louise, b [2] 1610 ; s 27 nov. 1680, à Repentigny.

Marguerite, b 1643 , m 16 sept. 1658, à Jacques MOUSSEAUX, à Montréal. [3] — Marie, b... ; m à Pierre RICHAUME — Jean, b [2] ... ; m [3] 6 nov. 1679, à Marie GUERTIN. — Pierre, b [2] 1653 ; s [3] 23 mai 1693, (tué par les Iroquois).

1679, (6 novembre) Montréal.

II.—SAUVIOT DIT LAVERGNE, JEAN,   [JEAN I.

GUERTIN, Marie,   [LOUIS I.

Marie-Marguerite, b 6 sept. 1682, à Repentigny. [5] — Jean, b [5] 2 juillet 1684. — Elizabeth, b 1686 ; s [5] 15 déc. 1687.

II.—SAUVIOT DIT LAVERGNE, PIERRE, [JEAN I. b 1653 ; s 23 mai 1693, à Montréal, (tué par les Iroquois).

I.—SAVANOIS, JEAN-BAPTISTE.

LaRue, (DE) Marie-Charlotte, (1)   [FRANÇOIS. II.

I.—SAVARD, SIMON, de St. Esper de Melun, évêché de Sens, en Champagne.

HURDOUIL, Marie, b 1626 ; s 25 nov. 1703, à Charlesbourg. [2] (2)

Françoise, b 1644 ; m 26 janv. 1665, à Robert JEANNES, à Québec [1] ; s [1] 29 oct. 1704. — Simon, b 1655 ; m [2] à Françoise TELLIER ; s [2] 24 mars 1715. — Jean, b 1658 ; 1o m 14 avril 1687, à Mar-

---

(1) Elle épouse, le 26 nov. 1696, André Morin, à Charlesbourg.

(2) Elle épouse, le 26 janvier 1665, Jean Rhéaume, à Québec.

guerite TREMBLAY ; 2° m ² 16 avril 1703, à Catherine GALERNEAU. — *Marie*, b 1661. — *François*, b 1659. — *Robert*, soldat de M. De Muy, b 1666 , s 27 nov. 1687, à Boucherville.

1687, (14 avril) l'Ange-Gardien. ¹

II. — SAVARD, JEAN,   [SIMON I.
1° TREMBLAY, Marguerite,   [PIERRE I.
  s 30 août 1694, à Charlesbourg. ²
Joseph, b... ; m 27 juillet 1711, à Marie-Josette MOREL, à Ste. Anne — *Marie-Anne*, b 4 août 1692, à Québec ³, m ³ 12 juin 1713, à Denis LAFONTAINE. — *Pierre*, b... ; m ² 29 oct. 1715, à Marguerite DUMONT. — *Marguerite*, b ² 30 août 1694.

1694, (22 novembre) Québec.

2° SASSEVILLE, Marie-Anne,   [PIERRE I.
  s ² 7 janv. 1703.
Jean-Bernard, b ² 13 nov. 1698. — *Philippe*, b ² 14 nov. 1700. — *Simon*, b ² 6 et s ² 18 janv. 1703. — *Marie-Françoise*, b... ; m ¹ 21 avril 1721, à Charles GARNIER.

1703, (16 avril) Charlesbourg. ²

3° GALERNEAU, Catherine,   [JACQUES I.
  s 10 juillet 1741, à Levis.
Françoise, b ² 12 et s ² 17 fev 1704. — *Marie-Catherine*, b ² 7 avril 1705 ; s ² 19 avril 1706. — *Marie-Thérèse*, b ² 16 et s ² 23 fev. 1707. — *Marie-Jeanne*, b... ; s ² 28 juin 1709.

II. — SAVARD, SIMON,   [SIMON I.
  s 24 mars 1715, à Charlesbourg. ⁶
TELLIER, Françoise,   [ETIENNE I.
Jean-François, b... ; m ⁶ 7 nov. 1707, à Marguerite RENAUD. — *Marie-Marguerite*, b 30 déc. 1683, à Lorette ⁵ ; m ⁶ 11 avril 1712, à Nicolas ETIEMBRE. — *Catherine*, b... ; m ⁶ 8 nov 1717, à Pierre DROLET. — *Jacques*, b... ; m ⁶ 1724, à Marie FALARDEAU. — *Simon*, b⁵ 1ᵉʳ déc. 1691 ; s⁶ 7 oct. 1710 — *François*, b 1692 ; s⁶ 22 mars 1715. — *Marie-Charlotte*, b⁵ 10 juin 1694 ; 1° m ⁶ 1726, à Michel BALAN ; 2° m 1ᵉʳ juillet 1741, à Louis BOURGET, à Québec. — *Nicolas*, b⁵ 4 janv. 1695 ; s⁶ 26 dec. 1707. — *Marie-Françoise*, b ⁶ 10 avril 1699. — *Jean-Baptiste*, b ⁶ 25 nov. 1703. — *Charles*, b⁶ 10 avril 1706 ; s⁶ 2 oct. 1707 — *Marie-Josette*, b⁶ 1ᵉʳ mars 1709. — *Pierre*, b⁶ 11 janv. 1711. — *Charles*, b ⁶ 15 nov. 1714.

1672, (17 octobre) Québec. ⁹

I. — SAVARIAUX, JACQUES, b 1636 ; s⁹ 18 mars 1724.
LACROIX, Suzanne, s⁹ 14 dec. 1718.
Suzanne, b 16 sept. 1689, à Beauport⁸ ; m⁹ 24 avril 1713, à André LOUINEAU. — *Nicolas-Jacques*, b⁸ 23 juillet 1673. — *Louise*, b 1675 ; 1° m⁸ 29 oct. 1697, à Louis MÉTIVIER ; 2° m⁸ 17 août 1712, à Joseph FISQUE. — *Toussaint*, b... ; m⁸ 28 oct. 1702, à veuve Marie-Anne GUILLOT. — *Marguerite*, b⁸ 25 avril 1678. — *Marie*, b et s 4 janv. 1680, à l'Ange-Gardien.⁸ — *Marie*, b³ 7 mars 1682 ; m⁸ 16 avril 1703, à Charles MIVILLE ; s⁸ 30 sept. 1707. — *Joseph*, b⁸ 17 oct. 1683. — *Marie-Anne*, b⁸ 8 mai 1685. — *Jacques*, b⁸ 25 juillet 1687. — *Marie-Charlotte*, b 1679 ; m à Jacques DESMOULINS ; s 5 mai 1744, au Détroit.

I. — SAVARIA, FRANÇOIS.
PLUCHON, Catherine. (1)
Pierre, b 25 nov. 1685, à la Pointe-aux-Trembles de Québec⁷ ; m 2 mai 1707, à Madeleine MINGOT. — *Marie*, b⁷ 17 déc. 1687, s⁶ 18 janv. 1703. — *Catherine*, b⁷ 6 avril 1690 ; m⁶ 3 sept. 1708, à Louis ARNAUD. — *Jeanne*, b... ; 1° m 3 oct. 1713, à Charles DEVÉ, à Ste. Foye ; 2° m ⁶ 27 nov. 1737, à Jean JACQUET. — *Marie-Anne*, b... ; m 18 août 1719, à Joseph BUISSON. — *Florent*, b... — *Flavie*, b⁶ 17 août 1701 ; m⁶ 30 avril 1732, à Jean LABONNE ; s⁶ 1ᵉʳ déc. 1749. — *Jean-Baptiste*, b⁶ 13 avril 1704. — *Jean*, b⁶ 9 fev. 1707 ; s⁶ 1ᵉʳ juillet 1720, noyé.

SAVIGNY. — Voy. DELIGNERY.

SAVIOT. — Voy. SAUVIOT.

SAYER, WILLIAM, anglais.
RISHWORTH, Marie.
Marie, (2) b 1681 ; sœur dite des Anges, Congrégation Notre-Dame, s 28 mars 1717.

1650, (18 janvier) à Blois.

I. — SÉBILLE, MARTIN, de St. Solenne, de Blois.
PROULX, Catherine, de St. Solenne, de Blois, s 26 juin 1705, à Québec.⁸
Jean, b 28 août 1653, à Blois ; m⁸ 24 août 1690, à Marie-Anne HAZEUR ; s⁸ 8 janv. 1706.

1690, (24 août) Québec. ⁴

II. — SÉBILLE, JEAN, marchand,   [MARTIN I.
  s ⁴ 8 janv. 1706, (dans l'église).
HAZEUR, Marie-Anne, fille de François et de Marie Proulx, de Xaintes.
Jean-François, b ⁴ 23 juin et s 1ᵉʳ sept. 1692.

I. — SÉDILOT, LOUIS, b 1600, de Montreuil, en Picardie , s 25 janv. 1672, à Québec. ⁴
1° CHARIER, Marie, de Montreuil.
Marie, b 1629 ; 1° m à Bertrand FAFART ; 2° m 2 fév. 1661, à René BERNARD, aux Trois-Rivières⁹ ; s ⁹ 12 juin 1689.
2° GRIMOULT, Marie, b 1606.
Jacqueline, b ⁴ 21 déc. 1637 ; m ⁴ 23 oct. 1651, à Jean CHENIER. — *Adrien*, b ⁴ 18 déc. 1639 ; m ⁴ 22 sept. 1661, à Jeanne BRIÈRE ; s 1ᵉʳ mars 1715. — *Etienne*, b⁴ 9 sept. 1640 ; m ⁴ 11 août 1664, à Madeleine CARBONNET ; s ⁴ 10 nov. 1688. — *Marguerite*, (3) b ⁴ 4 avril 1643 ; 1° m 12 avril 1655, à Jean AUBUCHON, à Montréal ³ ; 2° m ³ 10 fev. 1687, à Pierre LUSSEAU. — *Marie*, b ⁴ 21 oct. 1644 ; 1° m ⁴ 16 août 1660, à Julien TROTIER ; 2° m à René BLANCHET. — *Jean*, b ⁴ 27 janv. 1647 ; m ⁴ 27 nov. 1669, à Marie DE LA HOGUE.

---

(1) Elle épouse, le 26 août 1715, Jean MARCHET, à Québec.

(2) Prise en guerre, par les sauvages de l'Acadie, le 25 janv. 1692, avec sa mère et sa sœur.

(3) Elle avait contracté mariage aux Trois-Rivières, le 19 sept. 1654, à onze ans et demi. Son mariage fut réhabilité le 12 avril 1655.

1661, (22 septembre) Québec.

II. — SÉDILOT de Brisval, Adrien,   [Louis I.
s 1er mars 1715, à Quebec.
   Brière, Jeanne-Angelique, b 1640, fille d'Adrien
et de Marguerite De la Garenne, de St. Sauveur de Paris.

1664, (11 août) Québec [4]

II. — SÉDILOT dit Desnoyers, Etienne, [Louis I.
s [4] 10 nov. 1688.
   Cardonnet, Madeleine, b 1642, fille de Nicolas
et d'Anne Robin, de Meudon, évêche de Paris ; s 17 mars 1711, à Charlesbourg.
   Marie-Madeleine, b [4] 12 juin 1665, m 1679, à
Pierre Auclair. — *Françoise,* b [4] 15 nov. 1667.
m 27 mars 1685, à Charles Le Marié, s [4] 3 fév.
1743. — *Louise,* b [4] 11 avril 1669 ; m 27 mars
1685, à Thomas Le Marié.

1669, (27 novembre) Québec. [5]

II. — SÉDILOT dit Montreuil, Jean,   [Louis I.
1o De La Hogue, Marie-Claire, b 1652, fille de
Gilles et de Marie Lebrun, de St. Germain de
Paris ; s [5] 28 août 1687.
   Anne-Jeanne, b [5] 22 août 1670. — *Isabelle,* b [5]
21 juillet et s [5] 25 oct. 1671. — *Louis,* b [5] 23 juillet
et s [5] 14 dec. 1672. — *François,* b [5] 4 oct. 1673. —
Marie-Geneviève, b [5] 10 nov. 1675 , m [5] 7 janv.
1692, à Jean Le Gris — *Louis-Charles,* b [5] 25 mai
1678 ; m [5] 26 août 1704, à Jeanne Sabatier ; s 2
mai 1759, à Ste. Foye [6] — *Marie,* b [5] 27 dec.
1680 , m [6] 21 mai 1703, à Joseph Bisson ; s [6] 17
mai 1711. — *Marie,* b 1682 ; m [6] 3 fev. 1712, à
Jean-Baptiste Provost ; s [6] 16 déc. 1749. — *Jean-Adrien,* b [5] 28 fev. 1683 , m [5] 25 nov. 1705, à
Jeanne Dorion. — *Geneviève,* b [5] 29 août 1685. —
Claudine-Martine, b [5] 20 août 1687. — *Marguerite,*
b... ; m [6] 16 oct. 1710, à Jacques Payan.

1689, (22 février) Québec. [5]

2o Poitras, Françoise-Charlotte,   [Jean I.
   Jean-Baptiste, b [6] 4 déc. 1689 ; s 12 mars 1745,
à Ste. Foye. — *Marie-Louise,* b [5] 30 janv. 1693 ,
m [6] 11 oct. 1712, à André Geodoin ; s.... — *Angélique,* b [6] 23 juillet 1697 , m [6] 13 janv. 1716, à Jean
Brunet. — *Charles-Joseph,* b [6] 13 fev. 1699 ; s [6] 9
fev. 1703. — *François,* b [6] 14 mars 1701. — *Hubert-Simon,* b [6] 16 sept. 1702 ; s [6] 21 fev. 1703. —
Joseph-Simon, b [6] 16 déc. 1703. — *Marie-Josette,*
b [6] 3 fév. 1706 ; m [6] 27 fev. 1724, à Pierre Prevost ; s [6] 16 nov. 1760. — *Angélique-Ursule,* b [6]
13 nov. 1707 ; s [6] 27 nov. 1712.

SEJELLE. — Voy. Miel dit Lusignan — De Gerlais.

I. — SÉGUILLET, (1) Michelle, b 1639, 1e m à
Nicolas Milliet ; 2e m 29 sept. 1685, à Pierre
Gilbert dit La Chasse, aux Trois-Rivières,
s 8 dec. 1718, à St. François, I. O.

SÉGUIN. — *Variations et surnoms :* Segouin —
   Leguin — La Lancette — La Déroute.

(1) Appelée Edilé, à l'acte de sépulture.

1669, (26 août) Québec. [1]

I. — SÉGUIN, Jean, fils de Jacques et de Jeanne
Le Ber, de Laferté-Macc, evêché de Seez, en
Normandie.
   Billot, Lucrèce, b 1641, fille de Marin et de
Marie Laquerse, de St Prix, ville d'Orbès,
évêché de Soissons ; s 23 nov. 1706, à Charlesbourg. [2]
   Robert, b [1] 3 août 1670 ; m [2] 2 août 1694, à
Claudine Chrétien ; s [2] 21 janv. 1703. — *Jeanne,*
b [1] 30 oct. 1672 — *Jacques,* b [1] 13 janv. 1673 ;
m [2] 27 juin 1712, à Marguerite Dubau. — *Jean,*
b [1] 11 juin 1677 . m [2] 24 nov. 1704, à Louise
Dubau. — *Marie-Madeleine,* b [1] 29 avril 1681. —

1669, (3 octobre) Ste. Famille. [1]

I. — SÉGUIN, Charles, b 1637, fils de Nicolas
et de Françoise Richarelle, de Sta. Péfaine,
évêché de Poitiers ; s [1] 3 déc. 1677.
   Bertin, Marie, b 1654, fille de Barthélemi et
d'Anne Richard, de Ste. Julienne, évêche de
Rouen. (1)
   Alexis, b 1672. — *Claude,* b [1] 15 avril 1675 ; m
à Marthe Geay. — *Pierre,* (posthume) b [1] 2 dec.
1677 ; s 14 fev. 1682, à Québec.

1672, (31 octobre) Boucherville. [1]

I. — SÉGUIN dit Ladéroute, François, fils de
Laurent et de Marie Massieu, de Dombré,
évêché de Beauvais, en Picardie.
   Petit, Jeanne, fille de Jean et de Jeanne Godreau, de Ste. Marguerite, ville de LaRochelle.
   Françoise, b [1] 1er nov. 1674 ; m 8 fév. 1694, à
Charles Patenotre, à Montréal. [2] — *Marie-Madeleine,* b [1] 16 août 1676. — *François,* b 3 juillet
1678, à la Pointe-aux-Trembles de Montreal [3] ;
m [1] 22 fév. 1702, à Marie-Louise Feuillon. —
Jeanne, b [1] 11 août 1680. — *Pierre,* b [1] 24 août
1682 ; m [1] 4 fév. 1704, à Barbe Filion. — *Pierre,*
b [3] 24 sept. 1684 , s [2] 10 mai 1704. — *Catherine,*
b [1] 21 nov. 1686 , s [1] 16 janv. 1688. — *Jean-Baptiste,* b [1] 12 nov. 1688. — *Geneviève,* b [1] 9 avril et
s [1] 16 juillet 1691. — *Joseph,* b [1] 11 et s [1] 30 août
1692. — *Joseph,* b [1] 13 sept. 1694 ; m 12 avril
1723, à Françoise Sauvage, au Detroit.

1689, (28 novembre) Montréal. [6]

I. — SÉGUIN, Jacques, fils de Jean et de Marguerite Dupuis, de St. Martin du Péras, de
Basse-Marche.
   Badel, Marie,   [André I.
   Marie, b [6] 23 janv. 1693. — *Jean,* b [6] 7 déc.
1697. — *Barbe-Charlotte,* b [6] 25 janv. 1700. —
Marie-Anne, b [6] 27 fev. 1702 ; s [6] 2 fév. 1703. —
Jacques, b 1697 ; m 14 nov. 1718, à Jeanne Morel,
à Lachine.

1694, (2 août) Charlesbourg. [7]

II. — SÉGUIN, Robert,   [Jean I.
s [7] 21 janv. 1703.

(1) Elle épouse, le 26 avril 1678, Pierre Louineau, à Ste.
Famille.

CHRÉTIEN, Claudine, (1)   [MICHEL I.
Marguerite, b [7] 25 fev. 1697, m [7] 1719, à Louis
JACQUES. — *Marie-Madeleine*, b [7] 30 juillet 1695.—
Germain, b [7] 8 août 1699.

II. — SÉGUIN, CLAUDE,   [CHARLES I.
GEAY, Marthe.
Marie-Anne, b 17 sept. 1697, à Québec. [6] —
Louise-Marthe, b [6] 6 juillet 1690.

I. — SEIGNEUR, JEAN, de St. Paul de Paris
GODAILLON, Jeanne, de St. Paul de Paris.
Anne, b à Paris [7]; m 1670, à Jean BESSET. —
Marie, b [7]... ; m 8 sept. 1670, à Pierre SASSEVILLE,
au Château-Richer.

1647, (13 novembre). (2)

I. — SEIGNEURET, SIEUR DE L'ISLE, ÉTIENNE, b
1620,; s 10 juin 1677, naufrage, aux Trois-
Rivières. [8]
BENASSIS, Madeleine,   [GUILLAUME I.
s [8] 3 déc. 1716.
Marguerite, b [8] 16 nov. 1653; 1° m [8] en mars
1663, à Louis GODFROI : 2° m 28 mai 1683, à Jean
BOUDOR, à Québec ; 3° m en 1685, à Gilles
STE. MARGUERITE-BOYVINET.

SELLE, — Voy. CELLE — DE CELLES — DUCLOS —
SAILLY — DU SAILLY

1637, (21 septembre) Quebec.

I. — SELLE DIT DE L'ESPINE, JACQUES.
BÉRARD, Marie. (3)
Pierre, b 24 juillet 1638, à Québec. [8] — *Paul,*
b [8] 14 fév. 1640.

I. — SEL, GABRIEL. Au contrat de mariage du 9
août 1652, il est appele Le Sole dit Leclerc,
(*Etude de Bassel*) — Voy. CELLE-DUCLOS, SIEUR
DU SAILLY.

I. — SELLE, MARIE-MADELEINE, 1° m en 1673, à
Louis AURIO, 2° m en 1681, à Pierre CHAUSSÉ.

SEL, MARIE, 1° m en 1675, à Jean NOEL ; 2°
m en 1682, à Pierre ORIAU.

I. — SELLE, GUILLAUME, de Ste. Trinité, évêché
de Rouen.
DORMENY, Marguerite, de Ste. Trinité, évêché
de Rouen.
Marie, b 1648 ; 1° m à Nicolas GUILMET ; 2° m
18 juillet 1701, à Jean FLIBOT, à St. Jean, I. O. ;
3° m 19 août 1711, à Vincent BÉRIAU, à Québec.

I. — SELEURIER, JEAN, b 1637 ; s 23 janv. 1712,
à Varennes.

SEMIOT. — Voy. LEMERLE.

SEMIOT (FREMISSOT), JEANNE, b... ; m 14 juillet
1687, à Jean GOUGEOT.

1669, (15 octobre) Québec.

I. — SENAT, ROBERT, fils de Martin et de Cathe-
rine Rosée, de St. Martin de Canteleu, évêché
de Rouen, en Normandie.
ATTENVILLE, (1) Marie, fille de Vincent et de
Marguerite Duval, de St. Eustache de Paris.
Antoine, b 2 août 1670.

1679, (9 janvier) Québec. [1]

I. — SÉNAT, (2) RENÉ, boulanger, b 1648, fils
d'Antoine et de Jeanne St. Sébastien, évêché
de Nantes; s [1] 20 oct. 1691.
PHILIPPAUX, Françoise, (3)   [CHARLES I.
Françoise, b [1] 6 fév. 1680 ; m 6 juin 1695, à
Jean FILION. — *Jacques*, b 6 janv. et s [1] 13 mai
1681. — *Jean*, b [1] 7 janv. 1682. — *Angélique-Eliza-*
beth, b [1] 25 sept. 1683, m 9 nov. 1699, à Michel
BAUGIS, à Beauport [2] ; s [2] 3 mars 1703. — *René-*
Lucien, b [1] 25 mars 1685 ; s [1] 29 août 1687. —
Louise, b [1] 13 mars 1689.

I.—SENÉCAL, ADRIEN, de Rouen, en Normandie,
s 19 août 1688, à Boucherville. [2]
1° ROLLEVILLE, Guillemette.
Nicolas, b 1654 ; m [2] 8 nov. 1683, à Marie
PETIT ; s 31 janv. 1736, à Varennes. [3]
2° LECOMTE, Jeanne ; (4) s [3] 10 fév. 1694. [JEAN I.
Etienne, b 1671 ; m [3] 22 avril 1694, à Petronille
MILLAULT; s [3] 20 juin 1733. — *Adrien*, b 1er mai
1674, aux Trois-Rivières ; m 25 mai 1706, à Louise
BAREAU, à Laprairie ; s [3] 28 fév. 1736. — *Fran-*
çoise, b 11 et s [1] 17 juillet 1677. — *Henry*, b... ;
m 6 mai 1693, à Catherine POUDRÉ, à la Pointe-
aux-Trembles de Montreal. — *Catherine*, b... ; m
à Jean LAFOND (DE), s avant 1697.

1672, (15 octobre) Montréal. [3]

I. — SENÉCAL, JEAN, fils de Martin et de Jeanne
Delaper, de St. Martin de Paluel, evêché de
Rouen.
DE SEINE, Catherine, fille de Pierre et de Mar-
guerite Leger, de N. D. du Chemin, evêché
d'Orleans.
Pierre, b [3] 16 août 1673 ; m [3] 4 nov. 1698, à
Marguerite PINSONNEAU. — *Marie-Thérèse*, b [3] 30
déc. 1674; sœur dite St. Michel, C. N. D. ; s [3] 17
mars 1703. — *Malhurin*, b [3] 17 déc. 1678. — *Joseph*,
b [3] 1er mars 1681 ; m [3] 24 nov. 1712, à Anne FAU-
CHER. — *André*, b [3] 18 fév. 1683. — *Marguerite-*
Catherine, b [3] 19 janv. 1685. — *Anne*, b [3] 26 juillet 1687.

1683, (8 novembre) Boucherville. [4]

II. — SENÉCAL, NICOLAS,   [ADRIEN I.
PETIT, Marie,   [NICOLAS I.
Marie, b [4] 3 fév. 1685 ; m 10 juillet 1702, à

---

(1) Elle épouse, le 16 juillet 1703, Pierre Joubert, à Charlesbourg.

(2) Date du contrat de mariage. — *Greffe de Duquet.*

(3) Elle épouse Pierre Pivain.

---

(1) Elle épouse, le 20 janv. 1671, Jean Fauconnet, à Québec.

(2) Appelé Sénard, dans les actes de baptèmes de ses
enfants.

(3) Elle épouse, le 22 août 1694, René Gaschet, à Québec.

(4) Elle épouse, le 8 janvier 1689, Julien Guillou, à Boucherville.

Jacques Lussier, à Varennes [5]— *Nicolas*, b [4] 15 fev. 1688. — *Angelique*, b [4] 14 avril 1690. — *Geneviève*, b [4] 19 mars 1692; m [5] 9 janv 1713, à Alexis Bissonnet. — *Marie-Madeleine*, b [5] 25 avril 1695; s 10 août 1701, a Montreal. — *Jean-Baptiste*, b [4] 18 nov. 1697; m [5] 13 mai 1723, à Angélique Gautier. — *Alexis*, b [5] 2 août 1700. s [5] 28 oct. 1722 — *Jeanne*, b [5] 23 mai 1703. — *Suzanne*, b [5] 9 mai et s [5] 19 août 1707. — *Marie-Anne*, b [5] 15 sept. 1709. — *Joseph*, b [5] 12 et s [5] 14 mars 1712. — *Joseph*, b [5] 6 et s [5] 10 déc. 1713.

1693, (6 mai) Pte-aux-Trembles, M.

II. — SENÉCAL, Henry, [Adrien I.
Poudré, Catherine, [André I.
Marie-Jeanne, b 29 juin 1695, à Varennes. [d] — *René-Joseph*, b [3] 15 mai 1700.. — *André*, b [3] 5 fev. 1698, à Boucherville; m [3] 25 fev. 1721, à Marguerite Lalue.

1694, (22 avril) Varennes. [2]

II. — SENÉCAL, Etienne, [Adrien I.
s [2] 20 juin 1733.
Millault, Petronille, [Jacques I.
s [2] 5 nov. 1758.
Adrien, b [2] 10 juillet 1695; m [2] 18 janv. 1719, à Marie Chaput. — *Louis*, b [2] 8 mars 1698, m [2] 25 août 1724, à Marie Petit. — *Marie-Renee*, b [2] 24 mai 1700, m [2] 29 avril 1720, à Michel Petit. — *Marguerite*, b [2] 27 déc. 1702; m [2] 1er juillet 1721, à Pierre Charbonneau. — *Etienne*, b [2] 21 mai 1705, m [2] 14 janv. 1732, à Louise Girard; s [2] 16 déc. 1784. — *Joseph*, b [2] 28 dec. 1706; s [2] 18 fev. 1707. — *Pétronille*, b [2] 26 août 1708; m [2] 1er sept. 1727, à Claude Panneton. — *Marie-Geneviève*, b [2] 16 nov. 1710; m [2] 20 nov. 1730, à Jacques Chaput. — *Anonyme*, b et s [2] 7 janv. 1713. — *Marie-Joselle*, b [2] 28 mai 1715; m [2] 11 nov. 1737, à Joseph Girard.

1698, (4 novembre) Montreal [1]

II — SENÉCAL. Pierre, [Jean I.
Pinsonneau, Marguerite, [François I
Jean-Baptiste, b [1] 24 déc. 1699. — *Marguerite*, b...; m 18 mars 1720, à François Bareau, à Laprairie. [3] — *Marie-Anne*, b...; m [3] 29 janv. 1725, à Jacques Guérin. — *François*, b 23 avril et s 18 mai 1703, à Contrecœur. [4] — *Marie*, b [4] 25 août 1704. — *Marie-Thérèse*, b [4] 20 nov. 1708.

I. — SENÉCHAL, Louis, chevalier, sieur d'Auberville, lieutenant-commandant en 1693, le fort Rolland, à Lachine.

1691, (5 février). (1)

I. — SENÉCHAL, Mathieu, fils de Guillaume et de Marguerite Duval.
Fiset, Louise, [Abraham I.

1674, (29 janvier) Québec. [9]

I. — SENELÉ, Jean, fils de Pierre et de Marie Prou, dë Coue, évêché de Poitiers.

(1) Date du contrat de mariage.—*Greffe de Duquet.*

Jousselot, Renée, b 1660, fille de Pierre et d'Ozanne Drapeau, du Langon, évêché de LaRochelle; s 6 nov. 1720.
Marie-Madeleine, b 1683; s [9] 1er déc. 1687. — *Anne*, b 1676. — *Jacques*, b 3 janv. 1680, à Ste Anne. — *Marie-Louise*, b 10 juillet 1686, à Batiscan. — *Louise*, b 1678; m à Rene Emond; s 25 janv. 1703, à St. François, I O.

1689, (10 mai) Boucherville. [6]

I. — SENET dit Laliberté, Nicolas, caporal, notaire-royal, fils de Pierre et de Suzanne Vanier, de N -D. de Vitry, évêché de Chalons, en Champagne.
Daunet, Marie-Gertrude, [Antoine I.
Marie-Anne, b [8] 30 janv. 1690 — *Jacques*, b 3 mai 1692, à la Pointe-aux-Trembles de Montréal. [9] — *Marie-Madeleine*, b [9] 22 août 1694. — *Gertrude*, b [9] 25 janv. 1697. — *Anne*, b [9] 18 dec. 1698.

I. — SENNETERRE, (De), commandant le fort Richelieu, en 1645.

SENNEVILLE. — Voy. LeBer.

1687, (17 novembre) Lachine. [5]

I. — SERAT dit le Coquillart, Pierre, maître-maçon, fils de François (maitre-maçon) et de Françoise Martin, de Surgère, évêché de LaRochelle, en Aunis.
Sabourin, Françoise, [Jean I.
veuve de Claude de la Mothe.
Marie-Angélique, b [5] 5 dec. 1689. — *François*, b 18 mai 1693, à Montréal. — *Marie-Madeleine*, b 10 oct. 1695, à la Pointe-aux-Trembles de Québec. — *Pierre*, b 3 nov. 1698, à Ste. Anne de la Pérade. — *Pierre*, b 21 juin 1702, à Charlesbourg. — *Marie-Thérèse*, b 10 nov. et s 7 déc. 1704, à Lorette [9] — *Véronique*, b [9] 5 mai 1706. — *Marie-Françoise*, b 25 nov. 1708, à St. Augustin.

1694, (9 février) Montréal. [7]

I. — SERÉ, Jean.
Pion dit Lafontaine, Jeanne, [Nicolas I.
Joseph, b [7] 28 nov. 1695.

I. — SERELÉ, Pierre, b 1596; s 22 août 1678, à Montreal.

I. — SERGEANT, Marie-Claude, fille de Louis (maitre-menuisier) de St. Eustache de Paris, et d'Anne Lecomte, de St. Eustache de Paris, b 1674, m 7 juillet 1699, à Jean Robin, à Boucherville.

1684, (25 septembre) Laprairie. [8]

I. — SERRAN dit l'Espagnol, Joseph, fils de Jérôme et de Marie Reneau, de Ste. Marie de Vailladelir, en Espagne.
Viard, Marguerite, veuve de Jean Inard.
Anonyme, b et s [8] 6 fev. 1685. — *Jeanne*, b 2 juin 1686, à Montréal [9]; m [9] 30 oct. 1702, à Jacques Béhik. — *Jacques*, b [9] 19 sept. 1688. — *Vincent*, b [9] 1er juillet 1691. — *Françoise-Marie*, b [9] 11 juillet 1694. — *Marie-Joselle*, b [9] 20 avril 1697.

SERRE, — *Variations et surnoms :* DE SERRE — DE SÈVRE.

1674, (2 octobre) Château-Richer. (1)

I. — SERRE, ANTOINE, fils de François et de Thomasse Ruby, evêché d'Angoulême.
BÉLANGER, Mathurine, [FRANÇOIS I.
 veuve de Jean Maheu.

I. — SERREAU DIT ST. AUBIN, JEAN. (2)
BOISLEAU, Marguerite.
 Pierre, b 21 juin 1665, à Québec 4 — *Geneviève,* b 4 9 août 1667. — *Marguerite,* b 7 avril 1664, au Château-Richer.

SERVIGNY. — Voy BOCHART.

I. — SEVESTRE, ETIENNE.
PETITPAS, Marguerite, s 14 sept. 1640, à Québec.3
 Etienne, b .. ; s 3 2 mai 1640. — *Charles,* b... , m 1627, à Marie PICHON ; s 3 9 déc. 1657. — *Jacques,* b 1614 , s 3 12 juin 1685.

II — SEVESTRE, ÉTIENNE, [ETIENNE I.
 s 2 mai 1640, à Québec, noyé avec Adrien D'Abancour. — Voy. D'ABANCOUR.

1627.

II. — SEVESTRE, CHARLES, (3) [ETIENNE I.
 s 9 déc. 1657, à Québec. 9
PICHON, Marie, s 9 4 mai 1661
 Ignace, b 9 12 nov. 1636 , s 9 24 juin 1661. — *Marie-Madeleine,* b 9 2 janv. 1639 ; 1o m 9 22 oct. 1653, à Jacques LOYER ; s 7 nov. 1706, 2o m 9 22 fév. 1672, à Louis DENIORT. — *Denise,* b 1628 ; 1o m 9 18 juin 1646, à Antoine MARTIN , 2o m 9 4 août 1659, à Philippe NEPVEU ; s 9 14 dec. 1700. — *Marguerite,* b .. ; m 9 8 avril 1652, à Etienne DELESSART. — *Jeanne,* b 9 29 dec. 1641 ; s 9 5 janv. 1648. — *Catherine,* b 9 25 juillet 1644 , m 9 19 fev. 1658, à Louis ROUER ; s 9 24 janv. 1670. — *Charles,* b 9 20 nov. 1646 ; s 9 avril 1661, à Montréal, (noye).

II — SEVESTRE, JACQUES, (4) [ETIENNE I.
 s 12 juin 1685, à Québec.

1695, (18 avril) Pte-aux-Trembles, Q. 4

I. — SÉVIGNY DIT LAFLEUR, JULIEN-CHARLES, b 1668, fils de Gilles et de Gilette De Foy, de St. Germain, evéche de Rennes, en Bretagne ; s 4 29 sept. 1727.
ROGNON, Marguerite, [MICHEL I.
 Marie-Louise, b 4 9 avril 1696 ; m 10 sept. 1718,

à Laurent DUBOCQ, à St. Augustin. — *Marguerite-Françoise,* b 4 29 déc. 1697 ; s 4 1er oct. 1720. — *Marie-Françoise,* b 4 29 janv. 1700. — *Antoine,* (1) b 4 3 janv. 1702 ; m 4 10 janv. 1735, à Marie-Françoise BÉLAND, — *Marie-Anne,* b... ; 1o m à Joseph TAPIN ; 2o m 4 17 fév. 1734, à André BLAISE. — *Marie-Charlotte,* b 4 4 nov. 1710. — *Joseph,* b 4 21 janv. 1714. — *Marie-Françoise,* b 4 16 juillet 1716, — *Jean-François,* b 4 5 juillet 1721.

I. — SIBIRON DIT L'ESPAGNOL, BARTHÉLEMI, b 1657, de Madrid, en Espagne ; s 20 janv. 1688.

I. — SICARD DE CARUFEL, JEAN, officier.
RATÉ, Geneviève, [JACQUES I.
 Louis, b 5 mars 1705. aux Trois-Rivières. 1 — *Agathe,* b 1 20 nov. 1706. — *Geneviève-Michelle,* b 1 11 janv. 1709. — *François-Xavier,* b 1 29 avril 1711. — *Marie-Elizabeth,* b... ; s 1 17 oct. 1714.

1681, (10 fevrier) Montréal. 1

I — SICARD, JEAN, (SIMON) meunier, b 1656, fils de Nicolas et de Michelle Bobine.
LAUZON, Catherine, [GILLES I.
 Jean-Baptiste, b 1 6 janv. 1683. — *Gilles,* b 1 30 avril 1685. — *Catherine,* b 1 18 dec. 1686, sœur dite Ste. Rose, C. N.-D. , s 1 23 mars 1756. — *Marie,* b 1 5 sept. 1691. — *Barthelemi,* b.. ; m à Catherine BELISLE — *Jean-Baptiste,* b 21 nov. 1693, à la Pointe-aux-Trembles de Montréal. 2 — *Anne,* b 2 22 nov. 1695. — *Simon,* b 2 10 oct. 1697; m à Angélique DESAUTELS. — *Gilles,* b 2 14 et s 2 19 août 1699. — *Angélique,* b 2 1705 ; m à Charles ROSE ; s 25 avril 1728, au Sault-au-Récollet. — *Marie-Josette,* b... ; m 17 nov. 1728, à Joseph ARCHAMBAULT, à St. François, I. J.

I. — SICATEAU, PIERRE, b 1626 , s 12 nov. 1687, à Charlesbourg.
ROUSTY (ou ROUTIER,) Gabrielle, b 1610, veuve de Mathurin Renaud ; s 19 janv. 1690, à Québec.
 Marie, b... ; m à Samuel VIGNIER.

SICOTTE. — Voy. CHIQUOT — CICOT.

I. — SIMAILLARD, BERNARD, matelot sur le vaisseau "La fleur de Lys," b 1673, natif de la Tremblade, évêché de LaRochelle ; s 23 août 1693, à Beauport, (noyé).

SIMART. — *Variations :* SYMAR — SIMARD.

1661, (22 novembre) Château-Richer.

I. — SIMART, NOEL, fils de Pierre.
RACINE, Madeleine. [ETIENNE I.
 Marie-Madeleine, b 1666 ; m 3 nov. 1683, à Pierre TREMBLAY, à Ste. Anne 7 , s 7 24 août 1684. — *Noel,* b... ; m 1680, à Anne DODIER. — *Pierre,* b... ; m 26 dec. 1690, à Claire DODIER, à la Baie St. Paul ; s 7 8 nov. 1724. — *Françoise,* b 7 11 sept. 1671. — *Joseph,* b 7 11 fév. 1674 ; 1o m 7 20

---

avril 1700, à Gertrude CARON ; 2° m [7] 30 oct. 1702, à Marie BOIVIN. — *Augustin*, b [7] 3 avril 1676. — *François*, b [7] 22 sept. 1678. — *Rosalie*, b [7] 2 mai 1681. — *Paul*, b [7] 8 mai 1682. — *Marguerite*, b [7] 21 fev. 1684.

II. — **SIMART**, NOEL,   [NOEL I.
DODIER, Anne,   [JACQUES I.
Angélique, b 29 juillet 1692, à la Baie St. Paul. — *Noel*, b 6 nov. 1695, à la Baie St. Paul.

1690, (26 décembre) Baie St. Paul.

II. — **SIMART**, PIERRE,   [NOEL I.
s 8 nov. 1724, à Ste. Anne. [7]
DODIER, Claire,   [JACQUES I.
s [7] 5 avril 1721.
Claire, b 3 et s [7] 15 juin 1693. — *Pierre*, b 9 et s [7] 29 août 1694. — *Madeleine*, b... ; m [7] 14 juillet 1721, à Jean BOIVIN — *Dorothée*, b 1699 , s [7] 25 juillet 1702. — *Cécile*, b [7] 21 oct. et s [7] 8 nov. 1700. — *Etienne*, b [7] 17 nov. 1701 ; m [7] 1er juillet 1726, à Geneviève MEUSNIER. — *Marie-Thérèse*, b [7] 20 nov. 1701 ; m [7] 22 janv. 1720, à Charles MICHEL. — *Catherine*, b [7] 28 juin et s [7] 23 juillet 1703. — *Alexandre*, b [7] 17 juillet 1704. — *Marie-Reine*, b [7] 29 juillet 1706 ; m [7] 21 août 1725, à Augustin BOIVIN. — *Catherine*, b [7] 17 janv. 1708. — *Joseph*, b [7] 25 oct. 1709 ; s [7] 9 nov. 1710. — *Joseph*, b [7] 2 oct. 1711. — *Anne*, b [7] 17 avril et s [7] 11 mai 1713. — *Felicite*, b [4] 26 août 1714. — *Claire*, b [7] 14 dec. 1715 ; s [7] 25 fev. 1716. — *Pierre*, b [7] 9 mars 1717.

I. — **SIMBLIN**, PAUL-FRANÇOIS, enseigne d'une compagnie.
DAUBUSSON, Marie-Catherine.
Marie-Catherine, b... ; s 24 août 1719, dans l'église de Verchères. — *Jeanne-Françoise*, b 1673 ; m à Pierre RAIMBAUT ; s 25 dec. 1705, à Montreal.

SIMON. — *Surnoms :* LAPOINTE — AUDET — DELORME — DEMAGNAC — TOURANGEAU.

1655, (21 juin) Montréal. [3]

I. — **SIMON** DE MAGNAC, JEAN, fils de Jean et d'Eleonore DUPIN, de St. Sorlin de Magnac ; s [3] 24 nov. 1656, (noyé).
LORION, Catherine, (1)   [MATHURIN I.
veuve de Pierre Villain.
Léonard, b [3] 3 sept. 1656 ; m [3] 29 oct. 1681, à Mathurine BEAUSSANT. — *Catherine*, b 1658.

1659, (27 novembre) Québec. [3]

I. — **SIMON** DIT LAPOINTE, HUBERT, b 1626, fils de Guillaume et de Sébastien Doublez ; s [3] 18 nov. 1704.
VIEZ, Marie, b 1642, fille de Robert Viez de la Mothe (premier sergent d'une compagnie du régiment des gardes) et de Xainte Paulin , s [3] 25 mai 1682.
Marie-Anne, b [3] 29 août 1660 ; m 1676, à Louis LAVERGNE ; s [3] 13 fev. 1743. — *Pierre*, b [3] 5 mars 1662 ; m 3 fev. 1687, à Anne-Jeanne HARDY, à la Pointe-aux-Trembles de Québec ; s 6 juin 1711, à Ste. Foye. [4] — *Marie-Angélique*, b [3] 3 mai 1663 ;

1° m à Jean JOBIN ; 2° m [9] 13 janv. 1691, à Jacques LIBERGE. — *Guillaume*, b [3] 24 sept. 1664 ; m 17 nov. 1688, à Catherine DROUIN, au Château-Richer [5] ; s [5] 15 mars 1712. — *Jacques*, b [3] 7 mars 1666. — *Marie-Madeleine*, b 29 mars 1668, à Sillery [6] ; m à François VESINA. — *Agnès*, b [3] 20 mai 1669 ; m à Jean-Baptiste GUAY ; s [3] 1er sept. 1752. — *Marie-Françoise*, b [6] 19 janv. 1671 ; 1° m à Etienne GODEAU ; 2° m 8 mai 1702, à Charles DIEL, à Montréal. — *Ignace*, b [3] 10 fev. 1674. — *Marguerite-Françoise*, b [3] 19 nov. 1675. — *Marie* [3] 10 juillet 1677. — *Marie-Louise*, b [3] 10 juillet 1677 ; m [4] 30 avril 1703, à Louis MERCIER. — *Anne*, b [3] 21 mars 1679. — *Charles*, b [3] 12 août 1680 , (mort aux Iles) son service celebré le 24 juillet 1719.

1668, (31 décembre) Montréal.   •

I. — **SIMON**, GRÉGOIRE, b 1631, fils de Jean et de Simone Bancherelle, de Benest, au Poitou ; s 8 mai 1691, à la Pointe-aux-Trembles de Montréal. [3]
COLLET, Jeanne, (1) b 1645, fille de Michel et de Marie Henaut, de St. Pierre d'Orleans , s [8] 8 mai 1691.

1681, (25 octobre) Montréal. [7]

II. — **SIMON**, LÉONARD,   [JEAN I.
BEAUSSANT, Mathurine,   [ELIE I.
Jean, b 16 juin 1683, à la Pointe-aux-Trembles de Montréal [8] ; m 1er dec. 1708, à Catherine LABELLE, à St. François, I. J. — *Antoine*, b [8] 14 oct. 1685. — *Joseph*, b [8] 24 mai 1688 ; m 19 août 1714, à Marie-Renee PETIT, à Varennes. — *Marie-Suzanne*, b [7] 26 août 1690. — *François*, b [8] 20 mai 1693 ; m à Marie BRUNET ; s 6 sept. 1743, au Sault-au-Récollet. — *Marie-Anne*, b [8] 23 janv. 1696. — *Jacques*, b [8] 12 mai 1698.

1687, (3 février) Pte-aux-Trembles, Q.

II — **SIMON**, PIERRE,   [HUBERT I.
s 6 juin 1711, à Ste. Foye. [3]
HARDY, Anne-Jeanne,   [JEAN I.
s [6] 30 déc. 1702.
Marie, b 1687 ; s 17 sept. 1687, à Québec. [7] — *Pierre-Lucien*, b [7] 4 mars 1688 ; m [6] 24 nov. 1711, à Ursule HAMEL ; s [4] 4 fév. 1744. — *Pierre-Alexandre*, b [7] 19 août 1689 ; m [7] 5 fév. 1715, à Marie-Madeleine LEFEBVRE ; s [7] 16 fev. 1715. — *Jacques*, b [7] 16 juillet 1691 ; m [7] 30 mai 1718, à Marie-Ursule ROUILLARD. — *René*, b [7] 31 août et s [7] 4 dec. 1693. — *Ignace*, b [6] 6 janv. et s [7] 5 fev. 1695. — *François-Madeleine*, b [7] 20 avril 1698. — *Joseph*, b [6] 9 avril et s [6] 7 mai 1700. — *Joseph*, b [6] 9 avril 1701 ; 1° m [7] 14 mai 1724, à Marie-Anne DUBREUIL ; 2° m [7] 26 janv. 1740, à Angélique JANY ; s [7] 15 janv. 1761. — *Thérèse*, b 1696 ; m... ; s [6] 26 mars 1724.

1688, (17 novembre) Château-Richer. [9]

II — **SIMON** DIT AUDET, GUILLAUME,   [HUBERT I.
s [9] 15 mars 1712.

---

(1) Elle épouse, le 9 avril 1657, Nicolas Millet, à Montréal.

(1) Tous deux tués par les Iroquois, pendant l'invasion qu'ils firent dans cette paroisse.

DROUIN, Catherine,   [ROBERT I.
    veuve de Michel Roulois.
Hypolite, b⁹ 3 août 1689. — *Claudine*, b⁹ 1ᵉʳ
janv. 1691. — *Angélique*, b⁹ 4 fév. 1693 ; m⁹ 1ᵉʳ
août 1717, à Bertrand PERROT. — *Geneviève*, b⁹ 3
janv. 1695 ; m⁹ 29 oct 1710, à Gencien MORISSET.
— *Marguerite*, b⁹ 16 juillet 1697. — *Marie-Françoise*, b⁹ 10 sept. 1699 ; m⁷ 22 sept. 1723, à
Louis PERROT. — *Marie-Louise*, b⁹ 18 juin 1701.
— *Prisque*, b⁹ 22 fév. et s⁹ 4 mars 1703. —
Félicité, b⁹ 22 fév 1703. — *Anonyme*, b et s⁹ 4
nov. 1704.

I. — SIMON, JEAN, cuisinier du gouverneur M. De
   Callières, en 1700, à Montréal.

I. — SIMONEAU DIT SANSCHAGRIN, RENÉ.
   MOREAU, Jeanne,   [JEAN I.
Marie-Jeanne, b 8 avril 1702, à St. Thomas⁶ ;
m à Charles CHALUT , s 16 juillet 1742, à Québec.
— *Jean-Baptiste*, b⁶ 13 mai 1704. — *Pierre*, b 23
mai 1707, à la Pointe-aux-Trembles ⁸ — *Michel*,
b⁸ 20 fév. 1709.

SIMONET, — *Variations et surnoms*. LATOUR —
   SAUVENIER — SAVONET — SAVOUNET — FA-
   BAILLE.

I. — SINGELIN, MARIE, b... , m 1686, à Pierre
   PAILLART.

I. — SINTART, (SAINCTART) CATHERINE, fille de
   Nicolas et d'Anne Boucher, de Vernon, en
   Normandie , 1° m 4 déc. 1679, à Charles
   JUILLET, à Montréal ; 2° m à Claude BAILLIF.

1696.

I. — SIONAU, MATHURIN, b 1664 ; s 10 mai 1719
   à Ste. Anne de la Pérade. ⁹
   GUIBAUT, Marie-Anne,   [LOUIS I.
Louis, b⁹ 20 sept. 1697. — *Marie-Anne*, b 25
août 1699. — *Jean*, b⁹ 29 oct. 1701. — *Marie-
Josette*, b 1704 ; m⁹ 27 nov. 1724, à Pierre JOLY.
—*Marie-Angélique*, b⁹ 5 janv. 1704 —*Marguerite*,
b⁹ 21 août 1706. — *Charles*, b⁹ 3 mai 1708. —
Pierre, b⁹ 1ᵉʳ mars 1710. — *Geneviève*, b⁹ 19 sept.
1712. — *Marie-Angélique*, b⁹ 16 août 1714. —
Marie-Charlotte, b⁹ 1ᵉʳ mai 1716. — *Thérèse*, b⁹
17 janv. 1718.

SIRE. — *Variations :* SYRE — CYR.

I. — SIRE, ANDRÉ.
   CHARBONNEAU, Elizabeth, (1)   [OLIVIER I.
François, b 8 et s 11 mars 1681, à Repentigny.²
— *Jean-Baptiste*, b² 19 juin 1682. — *Marie*, b² 5
déc. 1684, m 11 sept. 1702, à St. François, Ile-
Jesus.³— *Michel*, b... ; 1° m³ 20 nov. 1713, à Marie
CHARTRAN ; 2° m³ 26 août 1737, à Marie BRAULT.
— *Joseph*, b... ; m 1725, à Marie-Françoise BOU-
TILLET.

1670, (8 septembre) Québec.
I. — SIRET DIT LAFLEUR, RENÉ, b 1632, fils de
   Pierre et de Marie DuCas, de St. André de
   Bournevault, évêché de Luçon, au Poitou ; s
   26 fév. 1718, à Beauport.
   FAYET, Anne, b 1651, fille de Denis et de Marie
   Guilbert, de St. Laurent, évêché de Paris.

I. — SIROIS DIT DUPLESSY, JEAN.
   DUMONT, Marie-Angélique.
   François, b... ; m 28 nov. 1713, à Marie-Anne
   TIBOUTOT, à la Rivière-Ouelle.

1669, (9 octobre) Ste. Famille. ⁶
I. — SIVADIER, LOUIS, b 1645, fils de Jean et de
   Jacques Desforges, de Dansac, évêché de
   Poitiers.
   OLIVIER, Agnès, b 1651, fille de Charles et de
   Catherine Odant, de St. Nicolas-des-Champs
   de Paris.
   Louis, b⁶ 2 sept. 1670. — *Marie-Françoise*, b⁶
10 août 1672 ; m à Michel MOLLEUR ; s 10 déc.
1702, à St. Etienne de Beaumont. — *Jeanne*, b⁶
25 déc. 1674. — *Marie*, b⁶ 2 janv. 1677. — *Ignace*,
b⁶ 26 avril 1679. —*Anne*, b 28 mars 1682, à St. Lau-
rent, I. O.⁵ ; m en 1703, à Jean JINCHEREAU. —
Jean, b⁵ 23 juillet 1684 ; m 16 juin 1716, à Marie-
Josette BEZIER, à Québec. ⁴— *Antoine*, b⁵ 15
juillet 1687 ; m⁴ 7 nov. 1707, à Marie DOMINGO.

SIVIER. — Voy. CIRIER — SIRIER.

I. — SOHIER, JEANNE, b 1640 ; m 1666, à Michel
   THIBAULT ; s 20 avril 1699, à la Pointe-aux-
   Trembles de Québec.

I. — SOL DIT DESMARAIS, CLAUDE, commis de la
   compagnie des Indes, b 1629, établi aux
   Trois-Rivières, en 1655.

I. — SOLDÉ, JEANNE, b 1632, fille de Martin et
   de Julienne Le Poitier, de La Flèche, en
   Anjou ; m 7 janv. 1654, à Jacques BEAUVAIS
   DIT ST. JÈME, à Montréal.

1674, (15 octobre) Montréal. ¹
I. — SOMMEREUX, NOEL, b 1649, fils de Gervais
   et de Marie Carron, de St. Gervais de Breuil,
   évêche de Beauvais ; s 4 juillet 1677, à la
   Pointe-aux-Trembles de Montréal, noyé.
   GOGUET, Jeanne, (1)   [PIERRE I.
   Paul, b¹ 9 fév. 1676. — *Marie-Charlotte*, (posthume) b 27 mars 1678, à la Pointe-aux-Trembles
de Montréal ; m à Jacques TALBOT ; s 25 nov.
1708, à St. Thomas.

I. — SOMMILLARD, LOUISE, fille d'Orson et de
   Marie Bourgeois, (sœur de Marguerite Bour-
   geois), de la ville de Troyes, en Champagne,
   b... ; 1° m 9 juillet 1674, à François FORTIN, à
   Montréal ¹ ; 2° m à Jean-Baptiste FLEURICOUR.
   MARGUERITE (2) b... ; sœur de la precedente,
   C. N.-D. , s² 7 déc. 1683.

(1) Elle épouse, le 22 nov. 1677, Pierre Jousset, à la Pointe-
aux-Trembles de Montréal.

(2) Brûlée dans l'incendie de la maison des Sœurs, le 6
décembre 1683, avec Geneviève Durosoy.

(1) Elle épouse, Joseph Barbeau.

CATHERINE, sœur de la précédente, b 1656, à Troyes, Sœur dite de la Purification, C. N. D.; s ¹ 17 août 1699.

I.—SONET, MICHEL, du hameau Diepdal, de St. Martin, évêché de Rouen, s 7 avril 1635, aux Trois-Rivières.

SOREAUX. — Voy. SAUREAU.

SOREL. — Voy. DE SAUREL, PIERRE

SOSSIER. — Voy. SAUCIER et SOYER.

SOT. — Voy. SOUHÉ.

SOTON, PIERRE. — Voy. SAUTON.

I—SOUART D'ADANCOURT, CLAUDE-ELIZABETH, (1) fille d'Armand, (noble homme) aspède ordinaire de Madame la Duchesse d'Orléans, b... ; m à Charles LEMOYNE, en France.

SOUCY. — Voy. COUSSI — LAVIGNE.

1670.

I.—SOUCY DIT LAVIGNE, JEAN.
   SAUVENIER, Jeanne, (2) b 1647, fille de Jacques et d'Antoinette Babilotte de Paris.
   Anne, b 15 sept. 1671, à Ste. Famille ; 1° m 16 août 1689, à Jean LEBEL, à la Rivière-Ouelle ³; 2° m ³ 24 nov. 1704, à Jeannes Bois. — Pierre, b 16 avril 1673, à Québec ⁴; m ³ 13 janv. 1699, à Elizabeth FOUQUEREAU. — Marie-Anne, b ³ 26 avril 1675; m ³ 24 nov. 1701, à Charles PELLETIER. — Guillaume, b ⁴ 1er mai 1677; m 1697, à Marguerite BOUCHARD. — Marie-Anne, b...; 1° m à Robert GAULIN; 2° m 29 sept. 1732, à Charles BRISEBOIS, à St. François, Ile-Jésus.

1699, (13 janvier) Rivière Ouelle. ⁴

II.—SOUCY, PIERRE.   [JEAN I.
   FOUQUEREAU, Elizabeth.   [URBAIN I
   Marie-Anne, b ⁴ 21 janv. 1700; m 7 janv. 1721, à Augustin DUBÉ, à Ste. Anne. ⁵ — Pierre, b ⁴ 9 fév. 1702; m à Jeanne MICHAUD. — Joseph, b ⁴ 4 août 1704; m ⁷ janv. 1727, à Madeleine MIGNIER. — Ursule, b ⁴ 29 juin 1706; m ⁵ 26 oct. 1724, à Michel MIGNEAU. — Marie-Madeleine, b ⁴ 25 juin 1708, m ⁵ 14 janv. 1726, à Guillaume MIVILLE. — Angélique, b ⁴ 26 oct. 1710. — Jean-François, b ⁴ 15 fév. 1712 ; m 3 juillet 1735, à Claire ROUSSEAU, à l'Islet. — Marie-Françoise, b ⁴ 29 janv. 1714. — Marie-Catherine, b ⁵ 28 avril 1716. — Geneviève, b ⁴ 12 juin 1718 ; s ⁴ 18 mai 1719. — Charles-François, b ⁵ 9 oct. 1721. — Jean-Baptiste, b ⁵ 26 janv. 1725.

1697.

II.—SOUCY, GUILLAUME,   [JEAN I.
   BOUCHARD, Marguerite.   [MICHEL I.
   veuve de François Dutartre.
   Jean-Baptiste, b 24 juillet 1704, à la Rivière-Ouelle.

SOUGER. (DE) — Voy. LE FILUART.

SOUHÉ. — Voy. SOUHAIT — SOVET — SOHIER — SOYER — SOUET — SOT — SAUCIER.

1682, (7 avril) Beauport. ⁷

I. — SOUHÉ, ETIENNE, fils de Jacques et de Marie Brisson, d'Alvert, évêché de Xaintes, en Saintonge.
   BÉLANGER, Marthe, (1)   [NICOLAS I.
   Jean, b ⁷ 3 sept. 1683. — Charles, b ⁷ 1er août 1685. — Charlotte-Elizabeth, b 21 mai 1690, à Québec ⁴; s ⁴ 25 avril 1743. — Jeanne, b ⁴ 23 juillet 1693; s ⁴ 16 août 1698. — Charlotte, b ⁴ 13 sept. 1695; s ⁴ 15 avril 1703. — Marie-Marthe, b ⁷ 9 janv. 1687; m ⁴ 3 fév. 1707, à Jean AMIOT; s ⁴ 22 nov. 1718.

I. — SOUILLAS, PIERRE, b 1636. (2)
   BELLONDEAU, Jeanne, b 1614.

SOULANGES, — Voy. DE JOYBERT.

I. — SOULARD, MATHURIN, s 20 avril 1660, à Montréal, noyé la veille avec Blaise Juillet, en voulant se sauver des Iroquois, près de l'île St. Paul, dans l'expédition de Dollard et de ses compagnons. — Registres de Montréal, 20 avril 1660.

SOULARD, — Voy. BAUDRY — LAVERDURE.

I. — SOULARD DIT LAVERDURE, PIERRE, b 1653; s 13 déc. 1708, à Ste. Foye.

1666, (8 mars) Québec. ⁷

I. — SOULARD, JEAN, armurier, fils de Jean et de Jeanne Couvreur, de St. Sauveur, évêché de La Rochelle ; s ⁷ 9 juillet 1710.
   1° BOUTET, Catherine,   [MARTIN I.
   veuve de Charles Philippaux ; s ⁷ 1er juin 1692.
   Jeanne, b ⁷ 4 déc. 1666 ; m ⁷ 13 juillet 1682, à Guillaume BAUDRY. — Jean-Joseph, b ⁷ 6 mars 1668, s ⁷ 7 avril 1682. — Marguerite-Catherine, b ⁷ 13 mars 1669 ; 1° m ⁷ 5 mars 1696, à Pierre VACHON ; 2° m 25 juin 1705, à Louis GARNAUT, à Beauport. — Martin, b ⁷ 12 sept. 1670. — Jean, b et s ⁷ 28 déc. 1671. — Jeanne-Geneviève, b ⁷ 9 avril 1673 ; m ⁷ 5 fév. 1711, à Dominique AUSSION ; s ⁷ 14 mai 1739. — Anonyme, b et s ⁷ 18 fév. 1674. — Jean, b ⁷ 9 sept. 1675 ; s ⁷ 28 oct. 1687. — Jean-

---

(1) Nièce de M. Gabriel Souart, premier curé de Ville-Marie, elle était pensionnaire chez les filles de la Congrégation. Elle reçu une donation de son oncle, (6 oct. 1672, greffe de Basset), puis elle repassa en France, et c'est là probablement qu'elle épousa Charles Lemoyne, M. Gabriel Souart, avait une autre nièce, Delle. Catherine Gauchet de Belleville, mariée le 26 nov. 1665, au juge Migeon de Bransac.

(2) Elle épouse Damien Bérubé.

---

(1) Elle épouse, le 26 août 1700, Simon Soupiran, à Québec.

(2) Recensement de 1666.

Baptiste, b ⁷ 12 oct. 1678 ; 1º m à Françoise COMEAU ; 2º m 31 mars 1717, à Barbe GARNAUD, à l'Auge-Gardien³ ; s ³ 15 mai 1723.

1692, (22 septembre) Québec. ⁷

2º DE ROULLAND DE ST. GEORGE, Adriane, fille d'Adrien (Garde de corps du Roy) et de Jeanne Guenon, du Mont-de-Bourg, évêché de Coutance, en Basse-Normandie ; s ⁷ 18 nov. 1696.
Jean-François, b ⁷ 13 sept. 1693 — *Joseph-François*, b ⁷ 30 janv. 1695. — *Marie-Jeanne*, b et s ⁷ 24 juin 1696. — *Marie-Jeanne*, b 1697 ; 1º m ⁷ 7 janv. 1715, à François COMEAU, 2º m ⁷ 6 juillet 1719, à Pierre DUBREUIL ; s ⁷ 22 déc. 1746.

1701, (16 septembre) Québec.

3º MIVILLE, Marie-Catherine, (1)   [JACQUES II. veuve d'Ignace Durand.

I. — SOULARD, VALENTIN.
CUILLIER, Charlotte.
Pierre, b...; m 14 août 1700, à Louise PROU, à Lorette.

1699, (9 novembre) Rivière-Ouelle. ⁷

I. — SOULARD, JACQUES, b 1672, fils de Jacques et de Catherine Messant, de l'évêché de Poitiers.
ST. PIERRE, Marie-Anne.   [PIERRE I.
Marie-Madeleine, b ⁷ 21 mai 1703. — *Marie-Angélique*, b ⁷ 30 juin et s 1ᵉʳ juillet 1708. — *Sebastien*, b ⁷ 15 août 1709. — *Marie-Barbe*, b ⁷ 17 déc. 1713. — *Marie*, b 1714 . s 28 mars 1717, à Ste. Anne.

SOUMANDE. — *Surnoms :* CANANVILLE — DE L'ORME.

1649, (16 novembre) Québec. ⁷

I. — SOUMANDE, (2) PIERRE, b 1619, maître-taillandier, fils de Louis et de Guillemette Savoureau, de St. Antoine de Moriac, en Gascogne ; s ⁷ 29 novembre 1689, (dans l'église).
COTÉ, Simone,   [JEAN I.
Louis, b ⁷ 14 mai 1652 ; ordonné ⁷ 21 déc. 1677. — *Jean*, b ⁷ 12 avril 1654. — *Marie*, b 1ᵉʳ avril 1655 ; m ⁷ 28 oct. 1670, à Joseph MIGNOT. — *Pierre*, b ⁷ 6 déc. 1656 ; s ⁷ 4 janv. 1657. — *Anne*, b ⁷ 25 janv. 1658 ; m ⁷ 21 nov. 1672, à François HAZEUR ; s ⁷ 6 mars 1692. — *Pierre*, b ⁷ 14 sept. 1659. — *Jean*, b ⁷ 14 oct. 1661 — *Louise*, b ⁷ 17 mai 1664, 1ère supérieure de l'Hôpital-General de Québec ; s ⁷ 28 nov. 1708. — *Jeanne*, b ⁷ 24 mai 1666 ; s ⁷ 31 juillet 1677. — *Simon*, b ⁷ 2 janv. 1668 ; s ⁷ 13 nov. 1695. — *Jean*, b ⁷ 7 oct. 1669 ; m ⁷ 30 oct. 1698, à Anne CHAPOUX ; s ⁷ 22 mai 1716. — *Joseph*, b ⁷ 15 nov. 1670 ; s 30 oct. 1687, à Montreal. — *Marie-Madeleine*, b ⁷ 13 janv. 1672.

II. — SOUMANDE, SIMON, (3)   [PIERRE I. s 13 nov. 1695, à Quebec.

II. — SOUMANDE, (1) PIERRE.   [PIERRE I.

1698, (30 octobre) Québec. ⁸

II. — SOUMANDE, JEAN,   [PIERRE I. s ⁸ 22 mai 1716.
CHAPOUX, Anne, fille de Jacques et d'Anne Girardin, de St. Ours de Touraine, évêché de Tours.
Jean-Joseph, b 13 août et s 19 oct. 1699, à Montreal. ⁹ — *Jean-François*, b ⁹ 11 sept. 1700 ; s ⁹ 18 mars 1703. — *Pierre-Louis*, b ⁹ 25 janv. 1702 ; s ⁹ 20 mai 1703. — *Anne-Marguerite*, b ⁹ 5 fév. 1703, m à DE SENNEVILLE. — *Jean-Paschal*, b ⁹ 21 mars 1704.

SOUMILLARD. — Voy. SOUMILLARD.

SOVET. — Voy. SOUHÉ.

1690, (5 avril) Québec. ⁸

I. — SPENARD, (2) ANDRÉ, cordonnier, b 1667, fils de Génard et de Madeleine Fizenay, du Bourg de Ressendal, évêché de Mayence, Allemagne ; s ⁸ 19 mars 1717.
ARNAUD, Marie-Charlotte,   [RENÉ I.
François, b ⁸ 16 fév. 1692. — *Jean*, b ⁸ 27 fév. 1694 ; 1º m ⁸ 21 juin 1718, à Marie MOREL ; 2º m à Marie-Jeanne PARANT ; 3º m ⁸ 30 sept. 1743, à Felicite MIGNERON. — *Jeanne*, b ⁸ 17 fév. 1696. — *Claude-André*, b ⁸ 26 sept. 1697. — *Marguerite-Françoise*, b ⁹ 10 nov. et s ⁸ 4 déc. 1702. — *Jean-Baptiste*, b ⁸ 9 et s ⁸ 17 oct. 1710. — *Laurent*, b ⁸ 9 oct 1710.

ST. AGNE. — *Variation et Surnom :* ST. YVES — HOGUE.

1681, (26 novembre) Pte-aux-Trembles, M. ²

I. — ST. AGNE DIT HOGUE, JACQUES, maître-charron, fils de Jacques et d'Anne Noel, de Rouen.
CHARTIER, Jaqueline,   [GUILLAUME I.
Marie, b ² 30 avril et s ² 6 mai 1684. — *Marie-Joselle*, b ² 14 et s ² 23 mai 1685. — *Silvain*, b ² 22 mars 1686. — *Pierre*, b 18 oct. 1682, à Montreal. ³ — *Jacques*, b ³ 6 avril 1688. — *Augustin*, b ⁸ 12 fév. 1690. — *Joseph*, b ³ 9 mai 1692 — *Nicolas*, b ³ 13 août 1694. — *Paul*, b ³ 22 avril 1696. — *Marie-Madeleine*, b ³ 11 mars 1697. — *Marie-Jeanne*, b ³ 12 et s ³ 20 nov. 1698. — *Jeanne-Cécile*, b ³ 7 oct. 1699. — *Geneviève*, b ³ 4 et s ³ 8 janv. 1702. — *Henry*, b ³ 24 avril et s ³ 5 mai 1703. — *Charles*, b ³ 15 et s ³ 20 mai 1704.

ST. AIGNAN. — Voy. MARSOLET — D'ALBERT — SOVET — SOUET — SOUHAIT.

I. — ST. AIGNAN (DE), MARTIN, (3) de la Roche-Beaucourt, évêché de Perigord.

---

(1) Elle épouse, le 6 fév. 1713, Jean Feray-Duburon, à Québec.

(2) Il était capitaine du navire "l'Honoré," en 1683.

(3) Sieur de Cananville.

(1) Sieur de l'Orme, lieutenant du navire royal " Le Hazardeur," en 1691. — *Greffe de Duquet.*

(2) Il signait André Spennert.

(3) Juge-Prévost de Beaupré et de l'Ile d'Orléans, 7 nov. 1663, *Edits et Ord.* t. III, *p.* 86. — *Greffe d'Aubert*, 1669.

1669, (16 septembre) Québec. [4]

I. — STAIMS, George, tailleur de pierre, fils de Vilhem et de Marie ————, de St. Pierre, ville de Lucerne, en Suisse.
Parodeau, Marie, fille de Jacques et de Marie Viard, de St. Maur, évêché de Xaintes.
Marie-Dorothée, b [4] 7 sept. et s [4] 10 nov. 1670 — *Marie*, b [4] 19 juillet 1672 ; 1° m [4] 25 nov. 1687, à André Loup ; 2° m [4] 27 oct. 1720, à Joseph Caignard. — *Anne*, b [4] 26 janv. 1675. — *Marie-Anne*, b [4] 6 mai 1676.

St. AMANT. — Voy. Philippe — De Gerlais — Robert — Pellerin — Patros — Pagesi

St. AMOUR. — Voy. Pavet — Peyet — Roy — Boucher.

St. ANDRÉ. — Voy. Achin — Thomas.

St. ANDRÉ, soldat ; s 27 avril 1699, à Laprairie, noyé.

St. ANGE. — Voy. Groston — Renou.

St. ARNOULD. — Voy. Bertrand

St. AUBIN. — Voy. Serreau — Casse.

1680, (19 février) Montréal. [5]

I. — St. AUBIN, Adrien, fils d'Adrien et de Jacques Presar, de St. Rémi, de Dieppe, évêché de Rouen, en Normandie.
Bloys, Jeanne-Marguerite, (1)   [Julien I.
Julien, b 9 juin 1683, à Boucherville [7] ; m [8] 20 fév. 1704, à Suzanne Courault. — *Marguerite*, b [7] 28 mai 1688. — *Jeanne*, b [7] 8 déc. 1691. — *Marie*, b [7] 20 juillet 1694. — *Marie-Charlotte*, b [7] 28 sept. 1696.

St. AUGUSTIN, Josette de St. Augustin, b 1632 ; hospitalière dite St. Augustin, venue de Bayeux, s 8 mai 1668, à Québec.

Ste. CATHERINE, Guillaume, b 1624 ; s 12 avril 1704, à Québec.

St. CERNY, — *Variation et surnoms* : Sincerni — Delpé — Dalpé — Delpué — Montour.

St. CHARLES, — Voy. Charles dit St. Charles.

St. CIRQ, capitaine en pied, tué, avec Dosta, capitaine réformé, et Domerque, lieutenant réformé, dans le combat qui s'est donné le dit jour, et 14 soldats et habitants qu'on n'a pas reconnus, tués aussi sur la place ; s 11 août 1691, à Laprairie.

St. COSME, — Voy. Buisson.

St. CYR, — Voy. De Haye — De Hais — Rouillard.

I. — St. CYR, Guillaume, capitaine d'une compagnie de la marine.
Legen, Marie.
Guillaume, b... ; m 18 juillet 1722, à Marie d'Iberville, à Ste. Anne de la Perade.

I. — St. DENIS, Pierre, b 1626, venu de Rouen avec sa femme ; s 13 sept 1686, à Ste. Famille. [4]
Bunelle, Vivienne, b 1626.
Pierre, b 1646 ; m 8 sept. 1670, à Madeleine Thibierge, au Château-Richer [5] ; s [4] 12 déc. 1696. — *Marie-Anne*, b 1650 ; m [4] 4 avril 1663, à Pierre Boucher. — *Charles*, b 9 et s [5] 16 fév. 1663. — *Angélique*, b 26 et s [5] 30 nov. 1664. — *Louise*, b 24 et s [5] 27 déc. 1665. — *Anne*, b... ; m 1667, à Laurent Migneron ; s 17 oct. 1674, à Ste. Anne.

1670, (8 septembre) Château-Richer.

II. — St. DENIS, Pierre,   [Pierre I.
s 12 déc. 1696, à Ste. Famille. [4]
Thibierge, Madeleine, b 1645, fille de Jacques et de Marguerite Lehouet, de St. Honore de Blois, s [4] 16 déc. 1700.
Marie-Madeleine, b... ; m à Charles Saucier ; s 19 janv. 1720, à Ste. Anne de la Pocatière. — *Marie*, b [4] 25 mars 1676 ; m [4] 25 juin 1691, à Pierre Courteau. — *Hypolite*, b 26 mars et s [4] 19 avril 1679.

STÈBRE. — Voy. Estène.

St. ETIENNE. — Voy. Reignoir — Renouer.

St. FRANÇOIS. — Voy. Crevier.

St. GEORGE. — Voy. Desjordy — De la Porte.

St. GERMAIN. — Voy. Fabas — Cureux — Lamoureux — Gautier — Gossain — Mignon — Penigot — Raguideau.

St. GERMAIN, Ferdinand, soldat de M. Le Verrier, b 1683, de la ville du Mans ; s 26 mai 1702, à Montréal.

St. HILAIRE. — Voy. Tirac — Frapier — Guérin — Meaurepos — Massier.

St. IGNACE, (1) b 1611 ; hospitalière en 1625, à Dieppe ; s 5 nov. 1646.

I. — STEVENS, (surnommée Nestus), Marie-Françoise, b 1681, jeune anglaise captive des Abénaquis ; m 1er août 1697, à Jacques Pasquet, à Québec [3] ; s [5] 6 juin 1741.

St. JEAN — *Surnoms* : Amelin — Gatin — Langlois — Lefebvre — Rousset — D'Auban — Coiteux — Fronteneau — Forton.

St. JÈME. — Voy. Beauvais.

---

(1) Elle épouse Pierre Emart.

(1) Première supérieure de l'Hôtel-Dieu de Québec, dès son arrivée, le 1er août 1639.

36

St. JULIEN. — Voy. AUBOIS — HAUTBOIS — AU-
GER — GUYON.

I. — ST. JULIEN, MICHEL, b 1664 ; s 11 mars
1734, à Quebec. [9]
GAUTIER, Marie-Anne.
Marie-Geneviève, b [9] 7 août 1704.

I. — ST. JUST (DE), MARIE-MARGUERITE, b... ; m
en 1699, à Jean BARDET

St. LUÇON, SIMON. — Voy. DAUMONT.

I. — ST. LAURENT DIT CHARBONNIER, LOUIS.
BLAINVILLAIN, Anne.
André, b 1678 : m 19 dec. 1700, à Marguerite
LECOURS, à Montreal.

St. LÉGER (DE), JEAN, (1) de Normandie ; s 21
août 1647, à Quebec, noyé.

ST LOUIS. — Voy. LIMOUSIN — VILLIER — JOUR-
DAIN — ROY — CHANDELIER — GADIOU — GAU-
TREAU — MONTABER.

St. LUC. — Voy. RAGEOT. (2)

I — STE. MARGUERITE DE BOYVINET, GILLES, (3)
b 1618 ; s 22 juillet 1686, à Quebec. [ETIENNE I.
SEIGNEURET, Marguerite, (4)
veuve de Louis Godfroy ; s 5 mars 1732, aux
Trois-Rivières.

St. MARC. — Voy. GUILLET.

I. — STE. MARIE, LOUIS,
GOUARD, Mathurine.
Angélique, b... : m à René DUPUYS.— *Michel*,
b... ; m 11 avril 1695, à Marguerite BROSSAULT, à
Laprairie. — *Gabriel*, b 1688 ; s 9 avril 1692, à
Montreal.

St. MARTIN. — Voy. ADHÉMAR — DE L'ESTRIN-
GANT — CHAMPAGNE — DOMPIERRE.

St. MAURICE. — Voy. DESFORGES — FAUCHER.

I. — ST. MAURICE (DE) LOUIS, soldat, chirurgien,
était à Quebec, en 1649.

St MICHEL. — *Variations et surnoms* : SIRGÉ
— DE CIRGÉ — CIRÉ — CIRCÉ DIT ST. MICHEL
— DUPUIS.

1680, (4 janvier) Québec. [6]

I. — ST. MICHEL, FRANÇOIS, soldat, chirurgien,
b 1656, fils de François et d'Anne Véron, de
St. Honoré de Paris.
BERTHELOT, Marie-Madeleine, b 1662, fille de
Maurice et de Marie Provost, de St. Michel
de Mortagne, évêché de Xaintes.
Pierre-François, b [6] 9 mars 1680.— *Jean*, b [6]
22 juin 1681. — *Jeanne-Angélique*, b [6] 15 fév. 1683 ;
m à René FRÉROT.— *Jacques-Charles*, b 1er fev.
1687, à Batiscan [9] ; s [6] 8 oct. 1687. — *Geneviève*,
b [9] 28 janv. 1685 ; m 1707, à Jean CLERC DIT LA-
FRENAYE. — *Louise*, b... ; m 14 janv. 1720, à René
BAUDIN, à Contrecœur. — *Marie-Marguerite*, b [9] 15
mai 1689 ; s [9] 25 août 1690. — *Joseph*, b [9] 27 fév.
1691. — *Michel-François*, b... ; m 18 mai 1724, à
Anne BABEUF, à Laprairie. — *André*, b 14 avril
1706, à l'Ile Dupas.

1701, (9 décembre) Lachine.

I. — ST. OLIVE, (DE) CLAUDE, chirurgien, fils de
Hugues (apothicaire) et de Marie Mondeville
de Crucifié-Dieu, de la ville de Bourgoin, evêché de Vienne, en Dauphiné.
LENOIR, Marie-Anne,   [FRANÇOIS I.
s 14 janv. 1703, à Montréal.
Anonyme, b [1] et s [1] 5 fev. 1702. — *Claude-Made-
leine*, b [1] 28 déc. 1702 ; s [1] 9 avril 1703.

St. OMER. — Voy. SPENARD.

St. ONGE. — *Surnoms* : GARREAU — JENNE
— AUBÉ — PAYANT — BOISSONNEAU — CHESNE —
METAYER — ST. ANGE — BOISSON — BOISSON-
NEAU — CHOTARD — JOLY — GARANT — LE
COCQ.

I. — ST. ONGE, PIERRE,
CREVIER, Marie.
Marie-Marguerite, b... ; m 20 juin 1718, à Joseph
BROPEUR, à Varennes. — *Anonyme*, b... ; s 16
mai 1717, à St. François, [J.

I. — ST. OURS, (DE) PIERRE, b 1643, seigneur de
St. Ours, premier capitaine du détachement
de marine en Canada, chevalier de St. Louis.
1° MULOIS, Marie, b 1649
Louis, b 1668. — *Jean-Baptiste*, (Des Chail-
lons,) né en 1669, b 11 oct. 1670, à Sorel [8] ; m 25
nov. 1705, à Marguerite LE GARDEUR, à Montréal [4] ;
s 9 juin 1747, dans l'église de Quebec. — *Marie-
Barbe*, née en 1660, b [9] 11 oct. 1670 ; m [4] 19 sept.
1694, à René LE GARDEUR ; s [3] 10 août 1705 —
Jeanne, b 1671 ; m à Antoine PÉCODY. — *Pierre*, b
1673. — *Marie-Anne*, b [8] 24 nov. 1675 ; m [9] 9 sept.
1693, à Jean DEMINES. — *Angélique*, b [3] 22 août
1677. — *Elizabeth*, b... 1679 ; m 1699, à Charles-
Claude DE LA POTHERIE. — *Joseph*, b 30 nov. 1681,
à Contrecœur. — *Marie Thérèse*, b [5] 13 mars
1685. — *Marie-Madeleine*, b [5] 25 mai et s [5] 15 nov.
1686.

     — 1708, (29 juillet) Batiscan.

2° LE GARDEUR, Marguerite,   [CHARLES II.
veuve de Louis-Joseph Le Gouès de Grais.

---

(1) Son canot coula près du moulin de M. Couillard.

(2) La seigneurie St. Luc, de la rivière à La Caille, (aujourd'-
hui St Thomas de Montmagny) comprenait une étendue
d'un quart de lieue de front, sur une lieue de profondeur. Elle
fut d'abord la propriété de Noël Morin, et passa ensuite à son
gendre, Gilles Rageot.

(3) Conseiller du Roi, lieutenant-général aux Trois-Rivières, agent-général de la compagnie des intéressés en la ferme
du Roi, noyé devant Québec, en revenant de France.

(4) Veuve en secondes noces de Jean Boudor.

St. PAUL.— Voy. De la Motte — Le Ber — Godfroy.

St. PAUL, Jérôme, soldat de Noyan, b 1660 : s 28 nov. 1700, à Montréal.

St. PER. — *Variations et surnom :* Sainper — St. Pair — Tailleur.

I. — St. PER.
Catherine, b 1636 ; m à Nicolas Rivard ; s 28 juin 1709. — *Jeanne,* b 1629 ; m à Pierre Guillet.

1651, (25 septembre) Montréal. ⁸ ·

I. — St. PAIR, (De) Jean, notaire royal, b 1618, fils d'Etienne et d'Etiennette Julien, de Dormelle, en Gastinois ; s ⁸ 25 oct. 1657. (1)
Godé, Mathurine, (2)   [Nicolas I.
Claude, b ⁸ 25 fév. 1655 ; s ⁸ 4 août 1662. — *Agathe,* b ⁸ 27 fév. 1657 ; m 26 nov.⁸ 1685, à Pierre Le Gardeur, à Repentigny.

St. PIERRE. — Voy. Artaut — Hosteau — Clocher — Dupuis — Tranchemontagne.

1679, (24 avril) Ste. Famille.

I. — St. PIERRE, (De) Pierre, fils de Michel et de Françoise Engrand.
Gerbert, Marie,   [Mathurin I.
Marie-Anne, b 14 fév. 1680, à la Pointe-aux-Trembles de Québec ; m 9 nov. 1699, à Jacques Soulard, à la Rivière-Ouelle. ⁸ — *Madeleine,* b 1681, m ⁸ 7 juin 1701, à Philippe Angelin. — *Elizabeth,* b... ; m ⁸ 12 nov. 1710, à Adrien Tiboutot. — *Marie-Barbe,* b ⁸ 17 janv. 1685 ; m ⁸ 12 janv. 1711, à Charles Pelletier. — *Ignace,* b ⁸ 8 janv. 1688. — *Thérèse,* b ⁸ 22 sept. 1690. — *Marie-Louise,* b ⁸ 7 avril 1692 ; m ⁸ 14 nov. 1712, à Jean Gauvin. — *Pierre,* b ⁸ 25 mars 1694 ; m ⁸ 27 juillet 1712, à Marie Gagnon. — *Pierre,* b ⁸ 14 janv. 1696. — *François,* b ⁸ 31 mai 1697 ; s ⁸ 13 sept. 1699. — *Jacques,* b ⁸ 19 avril 1699. — *Marie-Ursule,* b ⁸ 7 fév. 1702 ; m 20 nov. 1728, à Joseph Pelletier, à Ste. Anne. — *Alexandre,* b ⁸ 26 août 1703.

I. — St. PIERRE dit Tranchemontagne, Pierre, soldat, b 1675 ; s 7 fév. 1735, à St. François, Ile-Jésus.

St. QUENTIN. — Voy. Moral.

St. RENAND. — Voy. Lucas.

St. ROMAIN.— Voy. Chorel.

I. — St. ROMAIN, Jean-Baptiste.
Lagneau, Françoise.
Jean-Baptiste, b... ; m 1728, à Madeleine Dubé, à Charlesbourg.

St. SIMON. — Voy. Denis.

(1) Tué par les Iroquois avec Nicolas Godé.
(2) Elle épouse, le 12 nov. 1658, Jacques Lemoyne, à Montréal.

I.— St. SULPICE, Marie-Anne, b 1670 ; s 9 déc. 1690, à Québec.

St. SURIN. — Voy. Trotain — Rigaut.

I.— St. SURIN, soldat ; s 27 sept. 1705, à Varennes, (noyé).

St. THOMAS — Voy. Le Tendre.

St. YBAR. — Voy. Bardon.

St. YVES. — Voy. St. Agne.

I.— St. YVES, charpentier, b 1615 ; s 22 mai 1675, aux Trois-Rivières.

SUBERCASE. — Voy. Dauger, sieur de Subercase.

I. — SUEUR dit Calot, Jean.
Hébert, Marie-Charlotte.
Simon, b 9 nov. 1682, aux Trois-Rivières.

SUIRE. — Voy. Perron.

1688, (26 février) Pᵗᵉ-aux-Trembles, Q.

I.— SUIRE, Jacques, b 1660, fils de Pierre et de Marguerite Mobes, de St. Furt de l'Ourque, évêché de Xaintes.
Damien, Catherine,   [Jacques I.
veuve de Guillaume Lefebvre.

I. — SULLIVAN, Timothée, chirurgien, b 1696, fils 1e Daniel et d'Elizabeth Macarthy, de St. Philibert, diocèse de Cork, en Irlande ; m janv. 1720, (1) à Marie Gautier, veuve de Christophe Dufros de la Jemmerais, à la Pointe-aux-Trembles de Québec.

(1) L'acte, au registre de la Pointe-aux-Trembles de Québec, ne donne pas la date du mois ; mais ce mariage eut lieu entre le 24 janvier et le 5 février 1720. Cet acte avait échappé aux scrupuleuses et incessantes recherches des historiens de la mère de Madame d'Youville, fondatrice des Sœurs Grises de Montréal.
Nous reproduisons ici textuellement le précieux document qui établit la noblesse de l'origine de Timothée Sullivan :
"Nous soussignez Milord Fitzjam de Barwich, Colonel d'un Régiment Irlandois ; Milord Claar, Brigadier des Armées du Roy, & Colonel d'un Régiment Irlandois ; M. Rute, Lieutenant Général des Armées du Roy, & Colonel d'un Régiment Irlandois ; M. Douglan, Lieutenant Général des Armées du Roy, & Colonel d'un Régiment Irlandois ; M. Couq, Lieutenant Général des Armées du Roy, & Colonel d'un Régiment Irlandois ; Milord de Castleconell, Lieutenant Général des Armées du Roy, & Colonel d'un Régiment Irlandois ; Milord l'Abbé Melfort, Docteur de Sorbonne ; Madame la Maréchal de Barwich ; madame la Princesse d'Auvergne de Bouillon ; Madame la Princesse d'Izanguin, tous certifions à tous qu'il appartiendra, que M. Thimoté O Sullivan, Fils de M. Cornelius Daniel O Sullivan Comte de Killarnay en Irlande, & Lieutenant Général des Armées du Roy Jacques II, de glorieuse mémoire, sont descendus des plus anciennes et des plus illustres Maisons d'Irlande, desquels sont sortis Son Altesse Monseigneur le Duc de Satherland, Monseigneur le Comte de Bearhaven, Marquis de Castille & Grand d'Espagne ; Milord de Cashael ; Milord Duc de Mausgré, & plusieurs autres Officiers Généraux, & d'Evêques & Prélats, que nous reconnaissons le dit Sieur O Sullivain pour notre proche parent, & allié aux plus illustres Maisons d'Irlande, d'Angle-

SULLY, MARIN. — Voy. DENIAU DIT SULLY.

1678, (16 août) Laprairie. [4]

I. — SUPERNANT DIT SANSSOUCY, JACQUES, fils de Jacques et de Louise Boquet, de St. Martin, au Perche.

DENOTE, Jeanne,   [ANTOINE I.
    veuve d'André Robidou.

Jean, b [4] 4 déc. 1679 ; s [4] 4 juin 1680. — *Marguerite,* b [4] 5 juin 1681 ; s [4] 26 juillet 1684. — *Pierre,* b [4] 21 janv. 1683 ; m [4] 27 nov. 1702, à Anne TESTU. — *Catherine,* b [4] 29 juillet 1686 ; 1° m [4] 24 nov. 1705, à Jean DENIGER ; 2° m [4] 12 avril 1717, à Julien BARITAUT. — *Claude,* b [4] 21 sept. 1688 ; s [4] 9 sept. 1689. — *Anne,* b [4] 22 janv. et s [4] 1er fév. 1692. — *Marie,* b... ; m [4] 13 nov. 1712, à François LEFEBVRE.

1699, (27 avril) Montréal. [2]

I. — SUPERNON DIT LAFONTAINE, MARIN, soldat de M de Maricour, b 1675, fils de Jean et de Marguerite Durfe, de St. Philibert, évêché de Falaise, en Normandie.

CARTIER, Marguerite-Barbe,   [PAUL I.
Marie-Madeleine, b [3] 27 fev. 1700.

I. — SURAT DIT LAFRISADE, PIERRE, b 1632 ; s 23 oct. 1687, à Lachine.

1663, (8 novembre) Québec. [1]

I. — SUREAU, THÉODORE, fils de Denis et de Marie Lagusse, de Maillezais, au Poitou, s [1] 4 oct. 1677.

1° BRUNET, Françoise, veuve de Martin Durand, de la Tour du Chatel, Quimpercorantin, évêché de Cornouaille, en Bretagne ; s [1] 21 juillet 1668, (mort subite).

Geneviève, b [1] 7 oct. 1664. 1° m [1] 26 nov. 1678, à Martin LAFILÉ ; 2° m 1680, à Thomas GASSE, 3° m 1704, à Jean MARANDA.

1669, (9 octobre) Québec.

2° HUTRÉ, Perinne, fille de François et de Guilmette Lelong, de St. Germain, évêché de Rennes, en Bretagne.

1691, (18 juin) Québec. [1]

I. — SUREAU, HYLAIRE, fille de Jacques et d'Honoré Pollet, de Nouville, évêché de Poitiers.

terre & d'Ecosse ; & qu'il a servi de notre connaissance en qualité de Capitaine de Dragons pendant seize ans en Espagne, dont il s'est acquitté avec honneur ; Qu'étant parti d'Espagne en mil sept cent seize par ordre de ses Officiers Généraux pour aller recruter en Irlande pour son Régiment, il fut pris par les Pirates, qui le menèrent à la Nouvelle-Angleterre, d'où il passa en Canada, pour se conserver dans la Religion Catholique, Apostolique et Romaine, où il a demeuré plusieurs années, et s'est marié à la Fille de M. de Varenne, Gouverneur de la Ville des Trois-Rivières, d'ancienne Famille de Noblesse, Veuve de M. de la Gemmeraye, Capitaine d'une Compagnie du Détachement de la Marine en cette Colonie. En foi de quoi nous avons signés le présent Certificat, pour lui servir et valoir ce que de raison, & rendre témoignage de sa Naissance. Fait à Paris, ce 12 de Janvier 1736.

Signés, FITZJAM DE BARWICK.   HUGUVE O SULLIVAIN.
   CLAAR.   M. DE BOULLY DE BARWICK.
   RUTE.   TRANT DE BOUILLON.
   DUGLAS COULQ.   D'IZANGUIN DE MONACO.
   MCLFOR.   CASTILCONELL."

PARADIS, Louise,   [PIERRE I.
    veuve de Thomas Mézeray.

Marie-Madeleine, b [1] 14 mai 1692. — *Marie-Josette,* b [1] 9 nov. 1693. — *Charles,* b [1] 20 mars 1695 — *Geneviève,* b [1] 21 mars 1697. — *Marguerite,* b 15 et s [1] 22 mars 1700. — *Pierre,* b [1] 19 nov. 1702.

SUSTIER. — *Variations et surnoms :* LE SUTIER — LISOUTIER — SUSLIER — SUIER — SUYER — SUGÈRE — SUYÈRE — TRANCHEMONTAGNE.

1691, (30 avril) St. Jean, I. O. [1]

I. — SUSTIER, NICOLAS, fils de Vincent et de Marie Navence, évêché de Cornouaille, Basse-Bretagne.

LEBLANC, Marie-Marguerite,   [ANTOINE I.
Marie-Renée, b [1] 24 juin 1692. — *Joseph,* b [1] 6 janv. 1694. s 24 mars 1715, à Québec. [2] — *Jean,* b... ; m [2] 14 sept. 1716, à Marie-Louise LESAGE. — *Bernard,* b [1] 18 oct. 1700 ; s [2] 17 avril 1709 — *Pierre,* b [1] 27 août 1703 ; s [2] 27 juin 1705. — *Marguerite,* b 1704 ; s [2] 30 sept. 1714. — *Nicolas,* b... ; s [2] 30 sept. 1714. — *Nicolas,* b... ; m [2] 3 oct. 1729, à Marguerite VIEN. — *Louis-Marie,* b [2] 7 sept. 1708, s [2] 22 mai 1710. — *Marie-Jeanne,* b [2] 3 avril 1711.

I. — SUZOR, FRANÇOIS, fils de François et d'Etiennette Gilets, de St. Nicolas-sur-Loire, évêché de Blois ; m 3 juillet 1733, à Marie-Charlotte COUTURE, à Beaumont.

SYLVAIN, — Voy. VEAU — VOX. (1)

I. — SYLVESTRE, MICHEL-JEAN, s 21 déc. 1650, à Montréal.

I. — SYLVESTRE, CHARLES, honorable homme.

PLICHON, Marie, veuve de Philippe Gautier.

1667, (27 août) Québec. [9]

I. — SYLVESTRE, NICOLAS, b 1644, fils de Nicolas et de Tanche Colson, de Pont-sur-Seine, en Champagne ; s 10 mars 1720, à la Pte-aux-Trembles de Québec. [7]

NEPVEU, Barbe,   [JEAN I.
    s [7] 18 avril 1729.

Nicolas, b 10 juillet 1669, à Sillery ; m [7] 23 nov. 1694, à Jeanne LABADIE. — *Marie-Barbe,* b [9] 25 avril 1671 ; m [7] 9 janv. 1686, à Jean LESAGE. — *Louis,* b [9] 26 mars 1673 ; m [7] 24 nov. 1698, à Elizabeth LABADIE ; s... — *Pierre,* b [9] 2 juin 1675 ; m [7] 8 nov. 1700, à Marie LABADIE — *Anne,* b [9] 31 oct. 1678 ; 1° m [7] 4 nov 1697, à Pierre PICHÉ ; 2° m 28 fév 1718, à François BIRON, au Cap Santé. — *Elizabeth,* b 23 mars et s [7] 16 avril 1681. — *Françoise,* b [7] 22 fev. 1682. — *François,* b [7] 31 août 1684 ; m [9] 6 avril 1717, à Marie-Anne NOEL. — *Marie-Jeanne,* b [7] 5 mai 1686 ; 1° m à Augustin BALARD ; 2° m [7] 24 fev. 1727, à Nicolas PATIT. — *Jean,* b [7] 17 juin 1688, m à Marie-Anne BENOIT. — *Marie-Madeleine,* b [7] 5 sept. 1690. — *Marie-Anne,* b [7] 13 août 1692. — *Marie-Thérèse,* b [7] 19 juin

(1) Sylvain est le nom de baptême, devenu nom propre.

1694; s⁷ 30 janv. 1695. — *Anonyme*, b et s⁷ 16 nov. 1695. — *Elisabeth*, b⁷ 12 juin 1697. — *Nicolas*, b⁷ 8 juillet 1699.

1685, (18 octobre) Ste. Famille. ⁸

I. — SYLVESTRE, PIERRE, b 1662, fils de Pierre et de Catherine Guillot, de St. Sauveur, évêche de LaRochelle, en Aunis.
GENDROV, Marie-Marthe,   [NICOLAS I
Pierre, b⁸ 2 nov. 1687. — *Jacques*, b⁸ 23 nov. 1689.

1694, (23 nov.) Pᵗᵉ-aux-Trembles (Q.) ¹

II. — SYLVESTRE, NICOLAS,   [NICOLAS I.
LABADIE, Jeanne, (1)   [FRANÇOIS I.
Marie-Anne, b 6 avril 1696, à St. Augustin ² ; s¹ 13 fév. 1703. — *Louise-Angélique*, b ¹ 2 mars 1698.

1698, (24 nov.) Pᵗᵉ-aux-Trembles (Q) ¹

II. — SYLVESTRE, LOUIS,   [NICOLAS I.
LABADIE, Elizabeth, (2)   [FRANÇOIS I.
Laurent, b ¹ 18 et s ¹ 25 oct 1699

1661, (22 novembre) Château-Richer. ¹

I. — SYMARD DIT LOMBRETTE, NOEL, b 1602, de l'evêché d'Angoulême.
RACINE, Marie-Madeleine,   [ETIENNE I.
Pierre, b ¹ 1ᵉʳ mai 1663. — *Noel*, b ¹ 8 oct. 1664 ; m à Anne DODIER. — *Marie-Madeleine*, b ¹ 5 janv. 1667. — *Etienne*, b ¹ 4 mars 1669.

II. — SYMARD DIT LOMBRETTE, NOEL,   [NOEL I.
DODIER, Anne,   [JACQUES I.
Ange, b... ; m 26 août 1716, à Thérèse LETARTRE, à l'Ange-Gardien. — *Jacques*, b 1711 ; s 23 avril 1731, à l'Islet.

T

1687, (21 juillet) Québec. ¹

I. — TABARY, JACQUES, fils de Guilin et de Marguerite Prévost, de St. Jean d'Arras, en Artois.
COURAULT, Marie-Françoise,   [PIERRE I.
Antoine, b 1690 ; s ¹ 9 août 1691. — *Robert*, b ¹ 22 mars 1692.

1672, (19 décembre) Montréal. ²

I. — TABAUT, PIERRE, b 1634, fils de Jean et de Marie Morin, de Prignac, évêche de Xaintes ; s 1ᵉʳ mai 1723, à Lachine. ³
1° Roy, Françoise,   [JEAN I.
Pierre, b ² 6 oct. 1675. — *Laurent*, b 1677 ; s ³ 11 oct. 1687. — *Simon*, b ³ 10 août 1678. — *Alexis*, b ³ 31 oct. 1679 ; m ³ 15 fév. 1706, à Françoise FORTIER. — *Barthélemi*, b ³ 8 nov. et s ³ 3 déc. 1681. — *Jean*, b ³ 25 sept. 1682 ; m ³ 17 fév. 1710, à Angélique Brunet. — *Pierre*, b 1686 ; 1° m ³ 16 avril 1703, à Catherine BRUNET ; 2° m ³ 6 mai 1724, à Françoise PILET.

(1) Elle épouse, le 6 avril 1700, Thomas Lemarie, à Ste. Foye.

(2) Elle épouse, le 24 janv. 1701, Antoine Brisson, à Ste. Foye.

1688, (26 janvier) Lachine.

2° BARBARY, Marie, veuve de Jean DE LALONDE.

I. — TABOUREAU DE VERRON, enseigne de M. De Berthier, etait à Québec, en 1665 — *Greffe de Duquet.*

I. — TACHÉ, ROLAND, (1) de Garganvillars, évêche de Montauban, en Guienne.
DELZERS, Isabeau, de Garganvillars, évêché de Montauban, en Guienne.
Jean, b 23 déc. 1642, à Garganvillars ; m 1664, à Françoise PERÈS.

II. — TACHÉ, JEAN,   [ROLAND I.
PERÈS, Françoise.
Etienne, b 14 janv. 1666, à Garganvillars ; m 1696, à Marguerite D'AUZET.

III. — TACHÉ, ETIENNE, (2)   [JEAN II.
D'AUZET, Marguerite.
Jean, b 6 avril 1697, à Garganvillars, m 27 août 1742, à Marie-Anne JOLLIET, à Québec ⁴ ; s ⁴ 19 avril 1768.

1742, (27 août) Québec. ⁵

IV. — TACHÉ, (3) JEAN,   [ETIENNE III.
s ³ 19 avril 1768.
JOLLIET DE MINGAN, Marie-Anne,   [JEAN III.
Jean-Jacques, b ³ 29 sept. 1743 ; s ³ 19 août 1748. — *Guillaume*, b ³ 11 dec. 1744, noyé dans un voyage aux Indes. Il avait pris du service dans la compagnie des Indes, en 1764. — *Marie-Anne*, b ³ 14 mai 1746 ; s 26 juillet 1746, à Beauport. — *Marie-Josette*, b ³ 9 août 1747 ; s 6 juillet 1801, à Kamouraska. ⁹ — *Pierre*, b et s ³ 14 mars 1749. — *Louis-Charles*, b ³ 16 mai 1750 ; s 16 août 1750, à Lorette. — *Joseph*, b ⁸ 27 mai 1751 ; s ³ 21 mars 1753. — *Charles*, b ³ 29 août 1752 ; m 22 juillet 1783, à Geneviève MICHON, à St. Thomas ; s ⁹ 9 août 1826. — *Angélique*, b et s ³ 4 sept. 1755. — *Paschal-Jacques*, b ⁵ 31 août 1757 ; m 1786, à Reine DE CHARNAY ; s ⁹ 7 juin 1830.

1783, (22 juillet) St. Thomas. ¹

V. — TACHÉ, CHARLES, (4)   [JEAN I.
s 9 août 1826, à Kamouraska,² (dans l'église).
MICHON, Geneviève,   [JEAN-BAPTISTE II.
Charles, b 1785 ; m 2 fév. 1820, à Louise-Henriette BOUCHER DE LA BROQUERIE, s ² 16 janv. 1826. — *Geneviève*, b 1786 ; s ² 11 mai 1813. — *Jean-Baptiste* (5) ; m à Charlotte MUIR ; s ² 24 août 1849. — *Emilie*, m ² 17 sept. 1822, à Edouard CHAMBERLAND. — *Elizabeth*, m ² 17 janv. 1829, à Thomas

(1) Ces extraits sont pris des registres de la paroisse de Garganvillars, Département de Tarre et Garonne, ancienne Guienne, diocèse de Montauban. La famille Taché est très-ancienne ; mais les registres de Garganvillars antérieurs à la date première donnée, (1642) ont été dispersés dans la révolution, ce qui en reste, ayant été sauvé à grande peine des mains des dévastateurs de 1793, qu'on appelle encore dans ce pays *la bande noire.*

(2) Commissaire des vivres à St. Malo.

(3) Premier du nom au Canada, armateur, négociant, prévost des marchands et notaire.

(4) Bourgeois de la compagnie des postes du Roy.

(5) Notaire, et membre du Conseil Législatif du Bas-Canada.

CASAULT ; s² 18 mars 1830. — *Etienne-Paschal,* (1) b 5 sept. 1795 ; m 1820, à Marie MORENCY ; s² 2 août 1865. — *Marie-Claire,* m² 11 juillet 1825, à Thomas ANSBROW.

1820, (2 février) Boucherville.

VI. — TACHÉ, CHARLES, notaire, [CHARLES II. s 16 janv. 1826, à Kamouraska, ⁷ dans l'église. DE LA BROQUERIE, Louise-Henriette. [JOSEPH VI. *Joseph-Charles,* b ⁷ 24 déc. 1820 ; m 1ᵉʳ juillet 1847, à Françoise LEPAGE DE ST. BARNABÉ, à Rimouski.—*Antoine-Louis-Jean-Etienne,* b ⁸ 25 avril 1822 ; m 17 janv. 1855, à Marie-Odile BEAUDET, au Côteau-du-Lac. — *Alexandre-Antoine,* b 23 juillet 1823, à St. Patrice de la Rivière-du-Loup ; évêque d'Arath, *in partibus,* le 14 juin 1840, et de la Rivière-Rouge, le 7 juin 1853. — *Charlotte-Henrielle-Geneviève-Emilie,* b 1ᵉʳ juillet 1826 ; s 13 août 1827, à St. Thomas.

1847, (1ᵉʳ juillet) Rimouski.

VII. — TACHÉ, JOSEPH-CHARLES, (2) [CHARLES VI. LEPAGE, Françoise, [MACAIRE VI. *Charles,* b... — *Louis,* b... — *Henriette,* b... *Alexandre,* b...

I. — TACONNET DIT LAFOREST, PAUL, b 1656, fils d'Henri, de Fontenoy, évêché de LaRochelle ; s 5 nov. 1676.

I. — TAILHANDIER, mort dans une barque qui fuisait voile à Montréal, assisté par M. de Caumont, prêtre, s 8 nov. 1691, aux Trois-Rivières.
Pierre, b 4 fév. et s 6 mars 1676, à Montréal. ⁹
— *Anonyme,* b et s⁹ 6 mars 1676.

1688, (8 janvier) Boucherville. ⁶

I. — TAILHANDIER DIT LABEAUME, MARIEN, soldat et chirurgien de la compagnie de Daneau, notaire-royal, juge, b 1665, fils d'Antoine, (procureur de la justice en l'election de Clermont, en Auvergne) et de Gilberte Bourdage, de Masaye, en Auvergne.
BAUDRY, Madeleine, [URBAIN I. veuve de Jean De Puybaro, s⁶ 20 nov. 1730. *Prudent,* b⁶ 5 nov. 1688 ; s⁶ 9 janv. 1690. — *Marie-Jeanne,* b⁶ 6 oct. 1690 ; 1ᵒ m⁶ 16 juillet 1710, à Jean-Baptiste TÉTREAU ; 2ᵒm⁹ 11 fév. 1730, à Jean LATOUR. — *Joseph,* b⁶ 21 mars 1693 ; s⁶ 25 sept. 1716, noyé.—*Anne,* b⁶ 15 sept. 1695 ; m⁶ 23 avril 1724, à Antoine LOISEAU-CHALOU ; s⁶ 5 janv. 1774. — *Marie-Madeleine,* b⁶ 5 août 1698 ; sœur dite St. Basile, C. N. D. ; s 13 avril 1748, à Montréal.⁸ — *Marie,* b 1699 ; sœur dite St Augustin, C. N. D. ; s⁸ 13 oct. 1728. — *Jacques,* b⁶ 24 avril 1701.—*Basile,* b 11 juillet et s⁶ 19 août 1703.— *Marie-Charlotte,* b⁸ 11 sept. 1707 ; m⁶ 29 nov. 1730, à Joseph BOUCHER DE LA BROQUERIE ; s⁶ 16 nov. 1740.

(1) Médecin, Baronet, Chevalier de l'Ordre de St. Grégoire, Premier Ministre de la Province de Québec.
(2) Médecin, Chevalier de la Légion d'Honneur, Ancien Membre du Parlement Provincial du Bas-Canada, et Député-Ministre de l'Agriculture, au Gouvernement de la Puissance du Canada.

1699, (7 mai) Montréal.

I. — TAILLEFER, PIERRE, (1) soldat de M. De la Grois, b 1664, fils de Guillaume et de Suzanne Campion, de Mesnilgermain, évêché de Lizieux, en Normandie ; s 16 mars 1734, à la Rivière-des-Prairies.
HUNAULT, Jeanne, [TOUSSAINT I. veuve de Jacques Corval.

I. — TAILLEUR DE ST. PAIR DIT LESPINE, HYPOLITE, était à St. François de l'Ile-Jésus, en 1712.

TAILLON, — Voy. MICHEL.

1671, (24 novembre) Château-Richer. ⁸

II. — TAILLON, (MICHEL) OLIVIER, (2) [GILLES I. COCHON, Madeleine, [JEAN II. *Jean,* b⁸ 27 oct. 1675 ; m 5 fév. 1714, à Marie FORGET, à St. François, Ile-Jésus.⁹—*Jean,* b 25 sept. 1692, à Québec, m⁹ 20 nov. 1717, à Marie CHARLES.

TALBOT, — *Variations et surnom :* TALBEAUT — THALBAUT — GERVAIS.

I. — TALBOT DIT GERVAIS, JACQUES.
SOMMEREUX, Charlotte, [NOEL I. s 25 nov. 1708, à St. Thomas. ⁹ *Marie,* b⁹ 11 mai 1699. — *Marie-Charlotte,* b⁹ 20 fév. 1701. —*Simon,* b⁹ 28 oct. 1702.—*Jacques,* b⁹ 5 avril 1704 ; m 1ᵉʳ juillet 1726, à Marguerite MEUSNIER, à Ste. Anne.—*Anne-Françoise,* b⁹ 3 janv. 1706 ; s⁹ 8 avril 1707.

I. — TALON, JEAN, comte d'Orsainville, seigneur de Villier, Intendant, secrétaire du Cabinet de Sa Majesté, en 1681.

I. — TALON DIT LAVERDURE, JEAN, b 1651, de St. Gervais, ville De Moulins, Bourbonnois ; s 22 sept. 1701, à Montréal.

1671, (12 octobre) Québec. ⁹

I. — TALON, LUCIEN, (3) fils de Jean et d'Anne Hardiville, de Haudeville, évêché de Beauvais. PLANTEAU, Isabelle, fille de Thomas et de Marguerite Marchand, de St. Méry de Paris. *Marie-Elizabeth,* b ⁹ 10 sept. 1672. — *Marie-Madeleine,* b⁹ 3 nov. 1673 ; m à Pierre SIMON. — *Pierre,* b⁹ 20 mars 1676 —*Jean-Baptiste,* b⁹ 26 mai 1679.

1698, (27 octobre) Rivière-Ouelle.

I. — TALON DIT LE BOURDELAIS, ETIENNE, soldat, b 1671, fils de Simon et de Jeanne Murat, de la ville de Bordeaux.
LAVERGNE, Jeanne, [FRANÇOIS I. *François,* b 24 août 1699, à l'Ilet ; s 14 janv. 1700, à St. Thomas. ⁸ — *Etienne,* b⁸ 27 déc. 1700 ;

(1) Ancêtre du brave Taillefer, officier dans l'armée des Zouaves de Pie IX.
(2) Voy. Olivier Michel, page 430.
(3) On le dit neveu de Talon, l'intendant.

m à Angélique RICARD. — *Marie-Anne*, b 8 27 déc. 1700 ; s 8 14 juillet 1705 — *Germain*, b 8 24 nov. 1702. — *Joselle-Marie*, b 8 1er fév., 1705. — *Louis*, b 8 27 janv. 1707. — *Claire-Françoise*, b 8 31 janv. 1709.

TALPÉ. — Voy. DELPESCHES.

1669, (7 octobre) Québec.
I. — TALUA, JULIEN, fils de Brice et de Jeanne Besnée, de St. Pierre, évêché de Nantes, Haute-Bretagne.
GODEBY, Anne, fille de Laurent et de Marie Morin, de St. Jacques de Dieppe, évêché de Rouen, en Normandie.

TANGUAY. — *Variations et surnom :* TANNE-GUI — TANGUY — TANGUÉ — TANGUAI — TANGUET — DU CHASTEL.

1692, (6 février) St. Jean, I. O.
I. — TANGUY, JEAN, (1) b 1664, fils de Nicolas et de Marguerite Accaral, de Plancery, évêché de Luçon, en Bretagne.
BROCHU, Marie, [JEAN I.
Jacques, b 1 13 et s 1 18 fév. 1693. — *Jean-Baptiste*, b 12 mai 1694, à St. Michel 2 ; 1o m à Françoise BLAY ; 2o m 30 août 1730, à Marie SYMARD, à Ste. Anne. — *Marie-Anne*, b 2 23 oct. 1698 ; m 26 mai 1726, à Jean-Baptiste RICHARD, (2) s 2 19 sept. 1747. — *Jacques*, b 2 23 janv. 1701 ; 1o m à Geneviève MERCIER ; 2o m, à Catherine HÉLIE. — *Isabel'e*, b 2 18 mai 1704 ; 1o m 1729, à Joseph HÉLIE ; 2o m 1767, à Michel BLAY. — *Elizabeth*, b 6 mars 1707 — *Jean-François*, b 2 16 juin 1709 ; m 2 5 juin 1736, à Marguerite BOISSONNEAU. — *René*, b... ; 1o m à Rosalie SIMARD ; 2o m 11 avril 1747, à Madeleine CLOUTIER, au Château-Richer ; s 2 18 mars 1785. — *André*, b 16 fév. 1712 à St. Etienne de Beaumont ; m 6 août 1753 ; s... — *Anne-Françoise*, b... ; m 11 oct. 1734, à Nicolas BOISSONNEAU, à St. Vallier.

I. — TANTOUIN, sieur DE LA TOUCHE, LOUIS, commissaire des troupes du Roy en Canada, et subdélégué de l'Intendant en 1692, à Montréal.

1669, (4 novembre) Québec.
I. — TAPIN, ANTOINE, b 1646, fils de Toussaint et de Marie Gendron, de St. Nicolas-Poiret, évêché de Maillezais au Poitou ; s 3 fév. 1712, à la Pointe-aux-Trembles de Québec. 2
MAGDELAIN, Jeanne, b 1641, fille de Jacques et de Marguerite Roussel, de St. Laurent de Paris ; s 2 23 sept. 1716. —
René, b 1 1er. nov. 1677 ; m 2 4 nov. 1698, à Marie-Louise LORIOT ; s 2 2 avril 1714. — *Jean*, b 2 9 nov. 1679 ; m 2 17 juin 1705, à Geneviève BERARD.

(1) Marié par le missionnaire Erbery, en présence de Jean Brochu, père, Gabriel Thiberge, Pierre Lhermédit Nogeau, George Plante, Jacques Bidet-Desroussels, Nicolas Guilmet, et de Robert Tourneroche.

(2) Richard était anglais, et son mariage fut célébré par Mgr. de St. Valier.

1698, (4 novembre) Pte-aux-Trembles, (Q)1
II. — TAPIN, RENÉ, [ANTOINE I.
s 1 2 avril 1714.
LORIOT, Marie-Louise, [JEAN I.
Marie-Jeanne, b 1 13 oct. 1799, m 26 août 1719, à Jean-François DOLBEC, à St. Augustin. — *Marie-Françoise*, b 1 3 mai 1702 ; s 1 12 janv. 1703. — *Catherine*, b 1 25 juin 1704 ; m 4 janv. 1727, à Jean PETIT, à Ste Foye. — *Jean-Baptiste*, b 1 17 avril 1706 ; m 1734, à Marie FAÉCHET — *Louis-Joseph*, b 1 29 mars 1708, m 1er déc. 1730, à Marie-Anne SÉVIGNY, à Quebec 2 ; s 2 7 janv. 1731. — *Marie-Geneviève*, b 1 20 avril 1711. — *Marie-Charlotte*, b 1 13 mai 1714.

I. — TARDÉ, JEAN.
D'AMOUR, Marguerite (1)
Jeanne, b 1666 ; m 25 août 1681, à Robert DROUSSON, à Beauport. — *Marie*, b 14 sept. et s 10 nov. 1670, à Québec. 2 — *Paul*, (posthume) b 2 2 fév. 1672.

1637, (3 novembre) Québec. 1
I. — TARDIF (LE), OLIVIER, commis, b 1601 ; s 28 janv. 1665, au Château-Richer 3
1o COUILLARD, Louise, [GUILLAUME I.
s 1 23 nov. 1641.
Pierre, b 1 11 juillet 1641.
2o AYMART, Barbe, [JEAN I.
Barbe-Delphine, b 1 7 juin 1649 ; m 2 23 nov. 1651, à Jacques COCHON s 2 7 fév. 1702 — *Charles*, b 1 4 mars 1652. — *Guillaume*, b 1 30 janv. 16?6 ; 1o m à Louise MOREL ; 2o m 28 avril 1687, à Marguerite GAUDIN, à l'Ange-Gardien. — *Louis*, b... ; m à Marie ALAIN.

II. — TARDIF (LE), LOUIS, [OLIVIER I.
ALAIN, Marie.
Marie-Louise, b 9 oct. 1670, aux Trois-Rivières.

II. — TARDIF (LE), GUILLAUME, [OLIVIER I.
1o MOREL, Louise.
Guillaume, b 6 mai 1680, à Sillery. — *François*, b 26 oct. 1682, à Quebec ; m 22 nov. 1714, à Geneviève GIROUX, à Beauport.

1687, (28 avril) l'Ange-Gardien 5
2o GAUDIN, Marguerite, [CHARLES I.
Charles, b 5 4 juin 1688 ; m 5 17 fév. 1716, à Geneviève LEROY ; s 7 mars 1740, à Kamouraska. — *Catherine*, b 5 3 juin et s 5 10 août 1690. — *Marguerite*, b 5 25 juin 1691 ; m 5 10 avril 1714, à Louis GIRARD. — *Angélique*, b 5 6 déc. 1693 ; m 5 27 août 1714, à Louis TRUDEL. — *Joseph*, b 5 28 juin 1696 ; m 5 7 nov. 1718, à Marguerite LETARTRE. — *Pierre*, b 5 12 oct. 1698 ; m 5 16 nov. 1722, à Geneviève BLOUIN. — *Barbe*, b 5 23 janv. 1701 ; m 5 22 janv. 1725, à Nicolas TRUDEL. — *Claire*, b 5 3 juin 1703 ; 1o m 5 6 avril 1728, à Nicolas TRUDEL ; 2o m 5 23 avril 1759, à Pierre PETIT. — *Véronique*, b 5 4 oct. 1705 ; m 5 11 avril 1731, à Louis LABERGE.

(1) Elle épouse, le 20 juin 1672, Nicolas Joffret, à Québec.

1669, (6 octobre) Québec. [7]

I. — TARDIF, Jacques, fils de Pierre et de Barbe Bourguignon, de Rouen.
D'Orange, Barbe, b 1647, fille de Pantaléon et de Jeanne Nepveu, de St. Saturnin, évêché de Chartres; s 15 sept 1717, à Beauport.
Etienne, b [7] 10 août 1670. — *Michel,* b [7] 19 juillet 1671; 1° m [8] 27 fév. 1696, à Catherine L'Espinay; 2° m [8] 1er sept. 1710, à Catherine Touchet. — *Jeanne,* b [8] 6 août 1673; m [8] 10 janv. 1691, à Jean Hostain. — *Anne,* b 1676; m [8] 19 avril 1694, à Jacques Guerré. — *Ursule,* b 1679; m [8] 5 nov. 1698, à Jean-François Alard; s [8] 23 avril 1711. — *Joseph,* b [8] 21 dec. 1680, s [8] 19 janv. 1681. — *Jacques,* b [8] 8 et s [8] 24 fév. 1682. — *Pierre,* b [8] 9 juin 1684; s [8] 20 janv. 1685. — *Marie-Madeleine,* b [8] 6 janv. 1686; m [8] 10 janv. 1708, à Charles Miville.

1696, (27 fevrier) Beauport. [5]

II. — TARDIF, Michel,   [Jacques I.
L'Espinay (De), Catherine,   [Jean I.
s [5] 14 dec. 1709.
René, b [5] 17 mars 1699; m 1723, à Françoise Tessier, à Charlesbourg. — *Anonyme,* b et s [5] 9 déc. 1709. — *Jacques,* b [5] 30 avril et s [5] 18 mai 1701. — *Jean-François,* b [5] 20 nov. 1702; s [5] 15 août 1712. — *Ignace,* b [5] 7 nov. et s [5] 30 déc. 1704. — *Madeleine,* b [5] 5 fév. 1706. — *Noel,* b [5] 25 janv. 1708. — *Anonyme,* b et s [5] 9 déc. 1709.

1710, (1er septembre) Beauport. [5]

2° Touchet, Catherine,   [Simon II.
Jacques, b [5] 3 janv. et s [5] 24 fév. 1712. — *Jeanne-Catherine,* b [5] 31 déc. 1712. — *Jean-Baptiste,* b [5] 5 et s [5] 9 oct. 1714. — *Pierre,* b [5] 5 et s [5] 15 fév. 1716. — *Michel,* b [5] 15 fev. 1718.

TAREAU. — Voy. Sareau.

TARIEU. — Voy. De la Nouguère.

I. — TARTAS, Louis, tapissier.
Vermet, Marie, s 11 janv. 1703, à Québec. [1]
Louis, b 1700; s [1] 17 sept. 1703. — *Pierre,* b 1701; s [1] 15 janv. 1703.

1698, (3 octobre) Montréal. [8]

I. — TARTRE dit Larivière, Guillaume, soldat, b 1618, fils de Jean et d'Elizabeth Bertin, de St. Eutrope, évêché de Xaintes.
Achin, Barbe,   [André I.
Marie-Anne, b [8] 22 juillet 1699. — *François,* b [8] 24 sept. 1700. — *Marie-Charlotte,* b [8] 29 déc. 1702; s [8] 17 avril 1703. — *Marie-Barbe,* b [8] 29 juillet 1704.

I. — TAVERNIER dit La Hochetière, Jean, armurier, b 1632, s en mai 1660; venu au Canada, en 1653. Compagnon d'armes de Dollard et massacré en mai 1660, au Long-Sault, par les Iroquois. — *Voy. la note de la page 197.*

I. — TAVERNIER, Eloi, de Randonnay, au Perche.

Gagnon, Marguerite, s 7 déc. 1677, (dans l'église), au Château-Richer. [9]
Marie, b 1632; 1° m 2 mai 1647, à Gilles Baron, à Québec [7]; 2° hospitalière dite Ste. Monique; s [7] 2 fév. 1700. — *Marguerite,* b 1627, m [7] 1er mai 1644, à Marc Gravelle; s [9] 12 janv. 1697. — *Anne,* b...; m à ——— De la Mouche; s [7] 12 janv. 1694.

1668, (16 août) Québec.

I. — TÉCHENAY, Alexandre, fils de Jean et de Catherine ———, de Toupau, évêché de Lectoure, en Gascogne.
Bouillon, Marie, fille de René et de Marguerite Art, de St. André-des-Landes, évêché de Xaintes.
Alexandre, b 1669; s 29 janv. 1683, à Batiscan. — *Marie,* b 7 oct. 1679, à Champlain. [5] — *Alexandre,* b [5] 22 mai 1682.

TELLIER, — Voy. Le Tellier.

I. — TENARD, Marguerite, femme de Charles Boyer.

TENEVERT, — Voy. De Nevers.

I. — TERME, Jean, de la Suisse, s 14 fév. 1667, tué, à Québec. — Voy. *Registres du Conseil.*

TÉRAULT. — *Variations et surnom :* Teroux — Terro — Tereau — Terroir — Laferté.

I. — TÉRAULT dit Laferté, Antoine, soldat de M. de Subercasse.
Fortin, Michelle.   [François I.
Marie-Louise, b 25 sept. 1702, à Lachine ; s 22 juillet 1710, aux Trois-Rivières. [4] — *Pierre,* b 22 fév. 1707, au Détroit. — *Joseph,* b [4] 10 fév. 1710. — *Marie-Anne,* b [4] 16 fév. 1712. — *Joseph,* b [4] 21 mai 1724.

I. — TERRIEN-Duponceau, Jacques, était présent au contrat de mariage de Julien Dumont, le 11 oct. 1667. — *Greffe de Becquet.*

I. — TERRIEN, Périnne, femme de Jean Alaire, en 1662.

1667, (26 janvier) Trois-Rivières. [3]

I. — TERRIEN, Jean, fils de Jean et de Marie Hélie, de St. Jacques, évêché de Dieppe.
Rigault, Judith, (1) veuve de François Lemaistre.
Dominique, b 6 nov. et s [3] 6 déc. 1667. — *Jean,* b [3] 17 mars 1669; m [3] 9 nov. 1700, à Marguerite Lampron.

1670, (17 mai) Ste. Famille. [1]

I. — TERRIENNE, Pierre, s 12 sept. 1706, à Québec. [2]

(1) Elle épouse, en octobre 1675, De la Planche, aux Trois-Rivières.

MIGNOT, Gabrielle,   [JEAN I.
   s 27 nov. 1707, à St. Jean, I O.[3]
Pierre, b[2] 16 oct. 1672. — *Louis*, b[2] 8 avril 1674; m[3] 20 avril 1700. à Catherine BIDET. — *Jeanne*, b[1] 13 mars 1676; s[1] 20 nov. 1689. — *André*, b[1] 29 mai 1678; m à Marie CHARLAND. — *Jean-Baptiste*, b[3] 10 fév. 1680. — *Ignace*, b[3] 1er fév. 1682 ; 1º m[3] 25 nov. 1706, à Anne COCHON ; 2º m à Marguerite PLANTE — *Augustin*, b[3] 25 oct. et s[3] 19 dec. 1683 — *Etienne*, b[3]. 28 oct. 1684 ; s[3] 19 avril 1686. — *Etienne*, b[3] 29 sept. 1686. — *Alexis*, b[3] 21 sept. et s[3] 14 nov. 1688. — *Jeanne*, b[3] 18 déc. 1689; m[3] 10 oct. 1712, à Jacques GREFFARD. — *Guillaume*, b[3] 20 janv. 1692. — *Barthélemi*, b[3] 11 mars 1694. — *Jacques*, b[3] 1er mai 1696 ; m 27 avril 1718, à Marie BAREAU, à l'Ange-Gardien.

1693, (29 novembre) Quebec.

II. — TERRIEN, PIERRE,   [PIERRE I
   DUCHERON, Jeanne,   [MATHURIN I.
   Pierre, b 1er nov. 1699, à St. Jean, I. O.[3] — *Ignace*, b[3] 24 janv. 1702.

I. — TERRIER DIT FRANCHEVILLE, Marin — Voy. Repentigny, sieur de Francheville.

I. — TERRIOT DIT GRANDMAISON, GUY.
   POULIN, Marie-Anne,   [MARTIN II.
   Marie-Madeleine, b 12 déc. 1713, à Ste. Anne. — *Jean-Baptiste*, b[6] 21 mars 1716. — *Marie-Brigitte*, b[6] 26 août 1720. — *Geneviève*, b[6] 28 sept. 1722. — *Pierre*, b[6] 23 et s[6] 24 janv. 1725. — *Joseph*, b[6] 11 juin 1726.

TERTRE, (DU). — *Variation :* LETARTRE.

I. — TERTRE (DU), PIERRE.
   GOULET, Louise-Anne.
   Louise, b... ; m 3 nov. 1669, à Jean MATHIEU, au Château-Richer; s 14 avril 1696, à l'Ange-Gardien. — *Charles*, b...

1699, (2 mars) Montréal.

I. — TESSEROT, ANTOINE, charpentier, b 1665, fils d'Antoine et de Jeanne Galipot, d'Yce, évêché de Poitiers.
   1º GUILLORY, Madeleine,   [SIMON I.
   s 6 mars 1704, dans l'église de Lachine.[3]

1704, (19 mai) Montréal.

   2º BEAUVAIS, Marie-Anne,   [RAPHAEL II.
   Marie-Anne, b[8] 18 juillet 1705. — *Joseph*, b[8] 28 mars 1710. — *Jean-Baptiste*, b[8] 26 oct. 1717.

TESSIER. — *Variation et surnoms :* TEXIER — LAVIGNE — LAPLANTE — HARINGUE.

1648, (28 septembre) Québec.

I. — TESSIER, URBAIN, b 1624, fils de ———
et de Jeanne Meine, du Château-des-Aniou, évêché d'Angers; s 21 mars 1689, à Montréal.[5]
   ARCHAMBAULT, Marie,   [JACQUES I.
   Anonyme, b et s[5] 19 juillet 1649. — *Charles*,

b 19 et s[5] 24 juillet 1649. — *Paul*, b[5] 5 fév. 1651, m 13 oct. 1681, à Madeleine CLOUTIER, au Château-Richer. — *Madeleine*, b[5] 19 juillet 1653. — *Laurent*, b[5] 3 juin 1655; m 20 oct. 1681, à Anne-Geneviève LEMIRE, à Quebec. — *Louise*, b[5] 26 mars 1657; m[5] 23 nov. 1671, à Pierre PEVET. — *Agnès*, b[5] 23 mars 1659; m[5] 26 nov. 1675, à Guillaume RICHARD. — *Urbain*, b[5] 24 mai 1661, s[5] 24 mars 1685. — *Jean*, b[5] 24 juin 1663; 1º m 21 nov. 1686, à Jeanne LEBER, à Laprairie[6] ; 2º m[6] 21 avril 1688, à Louise CARON; 3º m[5] 27 août 1703, à Marie-Catherine DE POITIERS. — *Claude*, b[5] 25 déc. 1665. — *Jacques*, b[5] 24 mai 1668 ; s[5] 23 juin 1669. — *Pétronille*, b[5] 18 mars 1670 ; m[5] 31 janv. 1684, à Pierre JANOT — *Jean-Baptiste*, b[5] 26 janv. 1672; m[5] 4 nov. 1698, à Elizabeth REGNAULT. — *Pierre*, b 21 et s[5] 23 fév. 1674. — *Jacques*, b[5] 2 mars 1675 ; m[5] 10 mai 1699, à Marie ADHEMAR. — *Ignace*, b[5] 11 mars 1677. — *Nicolas*, b[5] 17 juin 1679.

I. — TESSIER, PIERRE, b 1648, de la Tremblade, évêché de LaRochelle, en Aunis, fait abjuration du calvinisme, à Montréal, en 1650.

I. — TESSIER, ETIENNE, b 1656 ; s 23 juillet 1671, à Quebec, (noyé devant les Islets).

1666, (5 juillet) Montréal.[1]

I. — TESSIER, PIERRE, b 1630, fils de François et de Marie Brusne, de Bury, évêché de Xaintes ; s[1] 25 avril 1702.
   VARIN, Catherine, fille de Jean et de Jeanne Bouché, de Limbœuf, en Normandie.
   Paul, b[1] 19 mai 1667; m 1691 à Jeanne AMIOT-VILLENEUVE. — *Catherine*, b[1] 11 juin 1669 ; 1º m[1] 2 juillet 1685, à Pierre MARTIN ; 2º m 4 nov. 1686, à Vincent DUGAST ; 3º m[1] 7 fév. 1700, à Pierre LAURENT. — *Louis*, b[1] 28 janv. 1672. — *Pierre*, b[1] 8 fév. 1675.

1668, (26 novembre) Québec.[2]

I. — TESSIER, MARC, fils de Michel et de Renée Goron, de St. Ermin, évêché de Luçon, en Picardie.
   1º LE DOUX, Jacqueline,   [JEAN I.
   veuve de Jacques Grimot.
   Marguerite, b[2] 3 oct. 1669 ; m 10 sept. 1685, à Jean BERTRAND, à Charlesbourg.[3] — *Marie-Anne*, b[2] 6 avril 1672. — *Michelle*, b[2] 19 août 1674; m[3] 3 nov. 1698, à Louis MARQUET. — *Marie-Madeleine*, b[2] 2 oct. 1676 ; 1º m[3] 25 avril 1695, à François HILERET; 2º m[3] 27 janv. 1710, à François RIVAUT. — *Pierre*, b[2] 5 mai 1679 ; m[3] 7 janv. 1704, à Anne VIVIER ; s[3] 27 fév. 1718.

1691, (3 septembre) Château-Richer.

   2º CARTIGNIER, Marie, veuve de Jacques Cayer. 1708, (5 novembre) Château-Richer.
   3º LAISNÉ, Anne, veuve de René Bisson.

1670, (23 septembre) Château-Richer.

I. — TESSIER, MATHURIN, fils de Thomas et d'Elizabeth Poiner, de St. Osannie d'Angoulême, en Angoumais.

LESTOURNEAU, Elizabeth, [DAVID I.
Marie-Jeanne, b 31 mai 1685, à Batiscan ; 1° m
9 janv. 1700, à Jean-Baptiste GERVAIS, à Ste. Anne
de la Pérade ²; 2° m ² 30 nov. 1726, à Pierre LE-
VÊQUE. — *Jean-Baptiste*, b 11 sept. 1688, à Québec,
m 1er juin 1711, à Jeanne DELAHAYE, à Champlain.
— *François*, b ² 1er janv. 1694. — *Edouard*, b... ;
m ² 1697, à Madeleine LANGEVIN.

1679, (20 août) Lachine. ⁶

I. — TESSIER, JACQUES,
GOYER, Françoise, [ELIE I.
veuve d'Etienne Cureau.
Noel, b ⁶ 25 déc. 1681. — *Jacques*, b ⁶ 25 oct.
1684. — *Philippe*, b ⁶ 18 sept. 1687 — *Mathieu*,
b ⁶ 18 sept. 1687.

1681, (13 octobre) Château-Richer.

II. — TESSIER, PAUL, [URBAIN I.
CLOUTIER, Marie-Madeleine, [CHARLES II.
Charles, b 30 août 1682, à Montréal. ⁵ — *Jean
François*, b ⁵ 28 déc. 1685. — *Marie*, b ⁵ 12 nov.
1687. — *Madeleine*, b ⁵ 9 juillet 1690 ; s ⁵ 22 juillet
1691. — *Anne-Agnès*, b ⁵ 31 juillet 1692. — *Hélène*,
b ⁵ 5 nov. 1694. — *Marie-Madeleine*, b ⁵ 3 août
1698. — *Marie-Louise*, b ⁵ 16 mai 1700. — *Paul*,
b ⁵ 11 mai 1703.

1681, (20 octobre) Québec.

II. — TESSIER, LAURENT, bourgeois, [URBAIN I.
s 27 sept. 1687, à Montréal. ⁷
LEMIRE, Anne-Geneviève, (1) [JEAN I.
Marie, b ⁷ 26 nov. 1682. — *Jean-Baptiste*, b ⁷ 4
juin 1686 — *Marie-Madeleine*, b 23 août et s ⁷ 28
nov. 1687.

1686, (21 novembre) Laprairie.

II. — TESSIER DIT LAVIGNE, JEAN, [URBAIN I.
1° LE BER, Jeanne, [FRANÇOIS I.
s 4 déc. 1687, à Montréal.
Paul, b 5 et s 9 nov. 1687, à Montréal.

1688, (21 avril) Laprairie.

2° CARON, Louise, [CLAUDE I.
s 13 avril 1703, à Montréal. ⁹
Jean, b 29 janv. et s ⁹ 4 déc. 1689. — *Charles*,
b ⁹ 17 août 1690. — *Marie-Louise*, b ⁹ 26 mars
1692. — *Marie-Anne*, b ⁹ 27 fév. 1694. — *Vital*, b ⁹
29 janv. 1696. — *Jacques*, b ⁹ 9 janv. 1698. — *Jean-
Baptiste*, b ⁹ 6 sept. 1699. — *Marguerite*, b ⁹ 28
juillet 1701.

1703, (27 août) Montréal. ⁸

3° DePOITIERS, Marie-Catherine, [JEAN-BTE. I.
Marie-Catherine, b ⁸ 7 juin 1704.

1687, (25 novembre) Beauport. ¹

I. — TEXIER DIT LAPLANTE, MATHIEU, soldat de
M. de Bouraillon, fils de Jacques et de Laurence Boigeou, de Coignac, évêché de Limoges.

(1) Elle épouse, le 9 nov. 1694, Antoine De Rupalley, à
Québec.

CARREAU, Marguerite, [LOUIS I.
veuve de Louis Provost.
Marie-Madeleine, b ¹ 14 janv. et s ¹ 2 fév. 1689.
— *Marguerite*, b ¹ 14 déc. 1689 ; m ¹ 13 janv. 1705,
à Louis BERGEVIN. — *Geneviève*, b ¹ 27 mars 1692 ;
m ¹ 19 nov. 1708, à Ignace BERGEVIN. — *Marie-
Madeleine*, b ¹ 29 mai 1694 ; m ⁵ 13 fév. 1713, à
Jean-François BERGEVIN. — *Marie-Françoise*, b ¹ 4
sept. 1696 ; 1° m ¹ 21 nov. 1718, à Jean PARADIS ;
2° m 1723, à René TARDIF, à Charlesbourg. —
Marie-Madeleine, b ¹ 14 fév. 1698 ; m ¹ 15 janv.
1714, à Pierre GARNIER. — *Marie-Angélique*, b ¹ 3
sept. 1699 ; m ¹ 2 mai 1719, à René DAUPHIN. —
Ursule, b ¹ 30 nov et s ¹ 12 déc. 1701. — *Jean-
Baptiste*, b ¹ 9 juin 1704.

1688, (1er décembre) Pte-aux-Trembles, M.

I. — TESSIER, JEAN, [JEAN I.
CHENIER, Anne

1691.

II. — TESSIER, PAUL, [PIERRE I.
AMIOT-VILLENEUVE, Jeanne.
Anne, b 7 mai 1692, à Montréal ²; m 27 mai
1715, à Louis GAGNE, à la Pointe-Claire ⁴; s ⁴ 28
août 1715. — *Jean*, b ² 29 mai 1694. — *Marie-Anne*,
b ² 9 juillet 1696. — *Anonyme*, b et s ² 11 juillet
1701. — *Marie-Josette*, b 17 mars 1704, à Ste.
Anne du bout de l'Ile. ⁶ — *François*, b ⁶ 17 et s ⁶
22 mai 1705.

1697, (18 juin) Ste. Anne de la Pérade. ⁸

II. — TESSIER, EDMOND, [MATHURIN I.
LANGEVIN, Madeleine, [MATHURIN I.
Pierre, b ⁸ 25 août 1698 ; m ⁸ 12 août 1719, à
Angélique GAUDRY. — *Marie-Anne*, b ⁸ 24 oct.
1700 ; s ⁸ 15 janv. 1716. — *Charles*, b ⁸ 15 sept.
1703 ; s ⁸ 20 août 1705. — *René*, b ⁸ 4 mai 1705.
— *François*, b ⁸ 7 déc. 1707. — *Louis*, b ⁸ 26 mars
1710. — *Madeleine*, b ⁸ 25 mai 1712. — *Geneviève*,
b ⁸ 17 déc. 1714. — *Joseph*, b ⁸ 9 août 1716. — *Joachim*, b ⁸ 6 nov. 1718.

1698, (4 novembre) Montréal. ³

II. — TESSIER, JEAN-BAPTISTE, [URBAIN I.
REGNAULT, Elizabeth, [ANTOINE II.
Jean-Baptiste, b ³ 22 oct. 1699. — *Marie-Eliza-
beth*, b ³ 6 déc. 1701. — *Gilbert*, b ³ 25 août 1703.

1699, (10 mai) Montréal. ¹

II. — TESSIER, JACQUES, [URBAIN I.
ADHÉMAR, Marie, [ANTOINE I.
Antoine, b ¹ 1er mars 1700. — *Paul*, b ¹ 22 oct.
1701. — *Marie-Elizabeth*, b ¹ 27 mars et s ¹ 7 mai
1703. — *Charles*, b ¹ 14 mai 1704.

I. — TESSON, BARTHÉLEMI, b 1621, de Coignac,
évêché de Xaintes.
1° TERRIEN, Marie.
Jean, b 1646 ; m 13 sept. 1666, à Suzanne
DELAVOYE, à Québec. — *François*, b 1652. —
George, b 1659. — *Joseph*, b... ; m à Jeanne
POIRIER.

1667, (24 octobre) Québec.

2º LE VAVASSEUR, Jeanne, fille de Nicolas et de Catherine Le Fortier, de St. Eloi, évêché de Rouen, en Normandie.

1666, (13 septembre) Québec.

II. — TESSON, JEAN, [BARTHÉLEMI I.
DELAVOYE, Suzanne, fille de Pierre et de Jacques Grignon, de St. Etienne d'Estrée, évêché de LaRochelle, en Aunis.

II. — TESSON, JOSEPH, [BARTHÉLEMI I.
POIRIER, Jeanne, [VINCENT I.
Joseph-Claude, b 17 mars 1688, à Québec.

1659, (24 novembre) Montréal. ¹

I. — TESTARD DE LA FOREST, JACQUES, chevalier, capitaine de la marine, fils de Jean et d'Anne Godfroy, de St. Vincent, de Rouen, en Normandie ; s ¹ 22 juin 1663.
POURNAIN, Marie, (1) b 1631, veuve de Guillaume De la Bardelière.
Gabriel, b ¹ 4 août 1661. — *Jacques,* b ¹ 23 fév. 1663 ; 1º m 24 sept. 1698, à Marguerite DAMOURS, à Québec² ; 2º m ² 28 fév. 1718, à Marie-Anne DELAPORTE DE LOUVIGNY.

1666, (8 février) Montréal. ¹

I. — TESTARD DE FOLLEVILLE, CHARLES, b 1640, fils de Jean et d'Anne Godfroy, de St. Vincent, évêché de Rouen, s ¹ 18 mars 1705.
LAMARQUE, Anne, b 1649, fille de Louis et de Marie Papineau, de St. Colombe, évêché de Bordeaux.
Marie, b ¹ 11 août 1667 ; m ¹ 9 oct, 1684, à Jean DULIGNON. — *Gabriel,* b ¹ 28 janv. 1669 ; m 30 juin 1705, à Marie-Louise JODOIN, à St. François, I. J. — *Catherine,* b ¹ 18 avril 1671 ; 1º m ¹ 19 oct. 1689, à Pierre PINGUET ; 2º m ¹ 1er janv. 1693, à Augustin DOUAIRE. — *Jean,* b ¹ 20 et s ¹ 26 juin 1672. — *Jeanne,* b ¹ 11 juin 1673 ; 1º m 20 janv. 1699, aux TROIS-RIVIÈRES ² ; 2º m ² 19 août 1703, à Alexis MARCHAND. — *Jean,* b ¹ 8 juin 1675. — *Marie-Madeleine,* b ¹ 21 août 1678 ; s ¹ 4 sept. 1680. — *Charles-Josette,* b ¹ 20 nov. 1680. — *Marie,* b ¹ 28 sept. 1682 ; m ¹ 20 déc. 1694, à Antoine DUQUET. — *Marie,* b... ; m 12 fév. 1703, à Joseph LEFEBVRE, à Laprairie.

1698, (24 septembre) Québec.

II. — TESTARD, JACQUES, (2) [JACQUES I.
1º DAMOURS, Marguerite, [MATHIEU I.
s 2 avril 1703, à Montréal. ⁴
Marie-Marguerite, (3) b ⁴ 3 juillet 1699. — *Hector,* b ⁴ 10 sept. et s ⁴ 12 nov. 1700. — *Marie-Josette,* b 1701 ; s ⁴ 13 janv. 1702. — *Marie-Josette,* b 1er nov. 1702.

---

(1) Elle épouse, le 6 fév. 1668, Jacques De la Marque, à Montréal.

(2) Sieur de Montigny capitaine de la marine, chevalier de St. Louis, (cousin de Mlle Marie-Anne Barrois, épouse de François Hardouin, en 1697, à Montréal.)

(3) Filleule de M. de Vaudreuil, gouverneur.

1718, (28 février) Québec.

2º DELAPORTE DE LOUVIGNY, Marie, [LOUIS I.
s ⁴ 25 mars 1763, dans la chapelle St Amable.
Jean-Baptiste, b 1724 ; m ⁴ 28 oct. 1748, à Marie-Charlotte DESRIVIÈRES.

1663, (9 juin) Trois-Rivières. ²

I. — TÉTREAU, LOUIS, b 1634, fils de Mathurin et de Marie Bernard, de St. Martin, au Poitou ; s 22 juin 1699, à Champlain. ³
LANDREAU, Nathalie, veuve de Jean Baudouin.
Marie b ² 7 mars 1664 ; m ³ 14 oct. 1681, à Paul DESMARETS. — *Claude,* b ² 23 avril 1666 ; m... ; s 16 sept. 1695, à Montréal. ⁴ — *Louis,* b 1669, m ⁴ 4 juin 1695, à Geneviève BRUNET ; s ⁴ 31 juillet 1699. — *Daniel,* b... ; m à Catherine CHARON. — *Jacques,* b 1673, m ⁴ 15 oct. 1698, à Marguerite BRUNET. — *Marie-Françoise,* b 1674, m 12 nov. 1691, à Laurent BENOIT, à Boucherville. — *Joseph,* b 1678 : m ⁴ 12 juin 1700, à Anne JARET. — *Michel,* b 1681 ; s ³ 10 juillet 1684. — *Jean,* b ³ 25 oct. 1683.

II. — TÉTREAU, CLAUDE, [LOUIS I.
s 16 sept. 1695, à Montréal, (tué par les Iroquois).
Marie, b...

1695, (4 juin) Montréal. ⁴

II — TÉTREAU, LOUIS, [LOUIS I.
s ⁴ 31 juillet 1699.
BRUNET, Geneviève, (1) [ANTOINE I.

1698, (15 octobre) Montréal. ⁴

II. — TÉTREAU, JACQUES, [LOUIS I.
BRUNET, Marguerite, [ANTOINE I.
Marguerite, b ⁴ 11 avril 1698. — *Jacques,* b 17 et s ⁴ 25 juin 1699. — *Marguerite,* b 27 août 1708, à Contrecœur. — *Paul,* b... ; m 24 avril 1729, à Thérèse CHICOINE, à Verchères.

II. — TÉTREAU, DANIEL, [LOUIS I.
CHARON, Catherine, [PIERRE I.
veuve de François Chagnon.
Marguerite, b 3 sept. 1696, à Champlain. ⁴ — *Marie-Madeleine,* b ⁴ 27 sept. 1697 — *Marie,* b 15 sept. 1700, à Boucherville. — *Jean-Baptiste,* b ⁴ 21 janv. 1669 ; m 27 juillet 1722, à Madeleine GOULET, à Varennes. ⁵ — *Louise,* b et s ⁵ 21 nov. 1698. — *Marie,* b 19 avril 1702, à Contrecœur, m ⁶ 22 nov. 1718, à Joseph HÉNAUX. — *Marie-Catherine,* b 31 janv. 1706, à Repentigny.

TÉTU, (2) — *Variation et surnoms :* TESTU DU TILLY — DE LA RIVIÈRE.

I. — TESTU, MADELEINE, b 1628, à Rouen, fille d'Edme et d'Elizabeth De la Cour, de St. Sauveur, de Rouen ; m 4 nov. 1669, à Jean JOUBERT, à Québec. ; s 27 mars 1703, à à Beauport.

---

(1) Elle épouse, le 8 février 1705, Louis Lebeau, à Montréal.

(2) Ces familles sont étrangères aux familles actuelles du même nom.

1667, (11 octobre) Québec. [9]

I. — TÊTU dit Du Tilly, Pierre, marchand, fils d'Antoine et de Jeanne Maurice, do Lauzon, évêche de Tours.

RIGAULT, Geneviève, fille de Jean et d'Anne Caron, de St. Médard de Paris.

Geneviève, b 19 août et s 9 oct. 1668, au Château Richer. [8] — *Jean-Pierre,* b [9] 1er sept 1669. — *Daniel,* (1) b [9] 1er août 1670; ordonné [9] le 25 oct. 1693. s 16 oct. 1718, tué au Mississippi. — *Marie,* b 1672; m[9] 31 janv. 1689, à Jacques GROUARD, s[9] 28 dec 1702. — *Marguerile,* b 2 avril 1673, à l'Ange-Gardien[7]; m[7] 3 avril 1690, à Jean-Baptiste GROUARD; s[9] 30 mai 1692. — *Angélique,* b[7] 11 avril 1675; 1o m[7] 11 oct. 1694, à Pierre GUYON; 2o m[8] 27 août 1699, à François AUBER. — *Guillaume,* b[7] 31 mai 1676. — *Pierre,* b[7] 2 mai 1677. — *Geneviève,* b[7] 17 oct. 1678; 1o m[7] 23 janv. 1696, à René BRISSON; 2o m[9] 21 nov. 1720, à Louis LEVRARD. — *Thérèse,* b[7] 15 mars 1680. — *Richard,* b[7] 15 avril 1681; 1o m[9] 22 juillet 1709, à Marie HUHAULT; 2o m[9] 17 oct. 1727, à Madeleine TARIEU, s 26 oct. 1741. — *Françoise,* b[7] 6 sept. 1682; sœur dite Ste. Raphael, C. N. D.; s 10 déc. 1749, à Montreal.

1675, (9 octobre) Montreal. [4]

I. — TÊTU dit LARIVIÈRE, Jacques, fils de Sébastien et de Marguerite Moulin, du Mesnil Soulumière, evêche de Rouen.

BEAUVAIS, Marguerite,   [JACQUES I.

Pierre, b 2 sept 1676, à Laprairie. [6] — *Jean-Baptiste,* b [6] 9 août 1677; s[6] 14 mars 1684. — *Marguerile,* b[6] 22 oct. 1679; m[6] 7 juin 1698, à Jean PERAS — *Marie-Charlotte,* b[6] 22 fév. 1682; s[6] 17 avril 1695. — *Anne,* b[6] 17 nov. 1684, m[6] 27 nov. 1702, à Pierre SUPERNANT. — *Claude,* b[6] 12 mai 1687; s[4] 1er sept. 1700. — *Catherine,* b[6] 1er déc. 1689. — *Marie,* b[6] 16 déc. 1691; s[4] 4 fev. 1695. — *Jeanne,* b[6] 5 juin 1694. — *Jacques,* b[6] 4 mars et s[6] 24 mai 1696. — *Marie,* b[6] 29 janv. 1698; m[6] 9 janv. 1718, à René LONCTIN. — *Joseph,* b[6] 7 mai et s[6] 6 juin 1700.

TEXIER. — Voy. TESSIER.

1689, (25 août) Montréal. [8]

I. — THAUMUR de la Source, Dominique, chirurgien, fils de Dominique et de Marguerite Bouder, de St. Sené, evêché de Xaintes.

PRUDHOMME, Jeanne,   [LOUIS I.

Jean-Baptiste, b [8] 18 juin 1690. — *Dominique-Antoine-René,* b[8] 1er août 1692; ordonne 20 fév. 1717; s 4 avril 1731, à Quebec. — *Pierre,* b[8] 13 août et s[8] 17 dec. 1694. — *Jean-Baptiste,* b[8] 30 août 1696. — *François,* b[8] 8 oct. 1699. — *Marie-Jeanne,* b[8] 27 sept. 1700; sœur dite Ste Cecile: C. N.-D.; s[8] 28 oct. 1757 — *Louise-Thérèse,* (2) b[8] en oct. 1706, sœur de la Charité; s[8] 23 déc. 1771. — *Charles,* b[8] 3 dec. 1702; s[8] 8 mai 1703. — *Marie-Madeleine,* b[8] 22 juillet 1704.

_____

(1) Filleul du gouverneur M. de Courcelles.

(2) Deuxième sœur de la Charité, à Montreal.

1658, (16 septembre) Montréal. [9]

I. — THÉODORE dit MASSON, Michel, maitre-maçon, veuf de René Didier, fils de Gabriel et de Julienne Réaume.

2o LAGRANGE, Jacqueline, (1) fille de Jean et de Marguerite Bouré.

Barbe, b[9] 4 déc. 1660; m[9] 1er déc. 1674, à François DORMET. — *Jeanne,* b[9] 8 août 1663; 1o m[9] 10 nov. 1676, à Pierre HOGUE; 2o m 1693, à Jacques AMELOT; s...

THÉRET, Marie, femme d'Etienne BRUNET.

I. — THIBODEAU, Mathurin, b 1626.

AURARD, Catherine, b 1630.

Marie-Marthe, b 24 fev. 1661, à Montréal[8]; m[9] 9 avril 1673, à Jean BOURSIER

1667, (11 juillet) Québec. [4]

I. — THIBAUDEAU, Mathurin, fils de Mathurin et de Marie Dolbeau, de Moutiers-le-Maufaix, évêché de Luçon, au Poitou.

1o ROY, Marie, fils de Pierre et de Marie Renaut, de Fontenay-le-Comte, évêché de LaRochelle.

Claude-Jeanne, b 17 avril 1663, à Ste. Famille. [5] — *Marie,* b[5] 21 mars 1668; m[4] en janv. 1699, à Abel MICHON. — *Madeleine,* b... ; m[4] 5 fev. 1697, à Pierre MICHAUD.

1686, (22 juillet) St. Laurent, (I. O.)

2o PETIT, Marie, b 1643, veuve de Nicolas Delâge.

1675, (14 septembre). (2)

I — THIBOUTOT, Jacques, fils de Jacques et de Marie Carrel, de Rouen; s 28 fév. 1688, à la Rivière-Ouelle. [4]

BOUCHER, Marie, (3)   [GALERAN II.

Adrien, b 1678; m[4] 12 nov. 1710, à Elizabeth St. Pierre. — *Damien,* b 7 fév. 1679, à Québec. — *Marie,* b 15 fév. 1681, à l'Islet. — *Marie-Anne,* b[4] 2 avril 1685; 1o m[4] 9 juin 1708, à Noël PELLETIER; 2o m[4] 28 nov. 1713, à François SIROIS; s[4] 16 mars 1721. — *Pierre,* b[4] 19 fév. 1687; m 11 oct. 1717, à Anne DUSAULT, à Lévis.

THIBAUT. — *Variations et surnoms :* TIBAUT — TIBAULT — LA LOCHETIÈRE — L'EVEILLÉ.

I. — THIBAUT dit LA LOCHETIÈRE, Etienne, s 14 oct. 1652, à Montreal.

1655, (11 janvier) Québec. [1]

I. — THIBAUT, Guillaume, tailleur, b 1618, fils de Nicolas et d'Elizabeth Anseaume, de Rouen; s 23 août 1686, au Château-Richer. [8]

FRANÇOIS, Marie-Madeleine, (4) b 1633, fille d'Isaac et d'Esther Paigue, de Metz.

Claire-Françoise, b[1] 29 oct. 1655; 1o m[8] 15

_____

(1) Elle épouse, le 23 juillet 1664, Laurent Glory, à Montréal.

(2) Date du contrat de mariage.—*Greffe de Duquet.*

(3) Elle épouse. le 21 juin 1688, François Autin, à la Rivière-Ouelle.

(4) Elle épouse, le 8 avril 1696, François Fafard, au Château-Richer.

avril 1670, à Félix AUBER ; 2° m ³ 4 sept. 1691, à
Jean RIVIÈRE. — *Marie-Jeanne*, b ¹ 18 mars 1657 ;
m ² 21 nov. 1672, à Guillaume BOUCHER. — *Guillaume*, b 1659 ; m ³ 10 nov. 1681, à Marie GUYON.
— *François*, b 1660 ; m ¹ 7 avril 1687, à Marie-
Anne DUPRÉ. — *Charles*, b ³ 15 nov. 1661 , m ³ 10
avril 1684, à Louise GUYON ; s ³ 12 sept. 1685.
— *Nicolas*, b ³ 31 mai 1663 ; 1° m 1681, à Xainte
CLOUTIER ; 2° m ³ 23 juillet 1686, à Françoise BOU-
CHER ; 3° m 14 avril 1704, à Anne BADEAU, à Char-
lesbourg ⁴ ; 4° m ⁴ 4 sept. 1712, à Marie PAQUET ;
s 2 oct. 1727, à Terrebonne. — *Anne*, b ³ 14 juin
1665 ; m³ 26 fev. 1685, à Charles CLOUTIER. —
Etienne, b ³ 7 déc. 1668.

I. — THIBAULT, MICHEL, b 1615 ; s 5 lév. 1715,
à St. Augustin. ¹
SOHIER, Jeanne , s 20 avril 1699, à la Pointe-
aux-Trembles de Quebec. ²
Marie, b... : m 24 avril 1680, à Jean ROLANDEAU,
à Quebec. ³ — *Marguerite*, b 27 nov. 1668, à Sillery ⁴ ; m ² 1er mars 1683, à Etienne GILBERT ; s ²
19 oct. 1702. — *Louise*, b ⁴ 22 mai 1667 ; m ² 4
fév. 1681, à René ALARY. — *Anne*, b ³ 13 juin 1670.
— *Jean-Baptiste*, b ³ 29 août 1672 ; m ¹ 24 nov.
1699, à Marie AMIOT. — *Jeanne*, b ³ 11 nov. 1674 ;
m ³ 11 juillet 1703, à Guillaume FABAS ; s ³ 27
déc. 1744.

1667, (13 août) Ste. Famille ²

I. — THIBAULT, DENIS, menuisier, fils d'Etienne
et de Philiberte Pressanoir, de St. Mois, evêché de Châlons-sur-Saone, en Bourgogne.
CAILLAUD, Andrée, fille de Laurent et de Julienne
Pierode, de St. Fiacre, evêche de Luçon, au
Poitou.
Marie-Anne, b ² 2 mars 1673. — *Marie*, b ² 7
mars 1675. — *Antoine*, b ² 7 fév. 1677. — *Françoise*, b ² 23 fév. 1679. — *Mathurin*, b 10 janv.
1683, à St. Laurent, I. O. ³ ; s ³ 6 nov. 1684. —
Louise, b ³ 15 nov. 1686.

1670, (14 octobre) Ste. Anne. ⁶

I. — THIBAUT, FRANÇOIS-LOUIS, b 1640 , s 16
nov. 1724, au Cap St. Ignace. ¹
LEFEBVRE, Elizabeth-Agnès, s ¹ 8 juillet 1725.
Elizabeth, b ⁵ 20 mars 1673 ; 1° m ¹ 22 nov. 1691,
à Jacques BÉLANGER ; 2° m 3 mai 1700, à Martin
ROUSSEAU, à I Islet. ² — *Louis*, b 19 mars 1674, à
Quebec. ⁵ — *Jean François*, b 20 janv. 1676 , 1° m ¹
28 juillet 1704, à Anne GUIMONT ; 2° m 12 nov.
1705, à Angélique PROU, à St. Thomas.⁴ — *Jacques*,
b ⁵ 11 fev. 1678 ; m ⁴ 10 juillet 1703, à Marie-
Anne PROU — *Marie-Anne*, b ¹ 19 avril 1680 ; m ¹
1er dec. 1703, à Louis CLOUTIER. — *Geneviève*, b ¹
29 mars 1682 ; m ¹ 16 nov. 1699, à Jean-François
BÉLANGER. — *Anne*, b ¹ 8 juin 1684 ; 1° m ² 25 oct.
1704, à Jean DUMAT ; 2° m ⁵ 9 sept. 1717, à Jean
DIRIGOYEN — *Angélique*, b¹ 17 fev. 1686 ; m ¹ 28'
juillet 1705, à Michel MIGNÉ ; s ⁶ 8 fev. 1736. —
Madeline, b ¹ 20 avril 1688 ; m ¹ 30 oct. 1710, à
Charles GODREAU. — *Barbe*, b ¹ 21 mai 1690 ; m ¹
15 janv. 1714, à Nicolas FOURNIER. — *Joseph*, b
17 et s ¹ 21 oct 1692. — *Joseph*, b ¹ 9 sept. 1693.
— *Louis*, b ¹ 20 dec. 1695 , m ¹ 20 avril 1716, à
Cecile FOURNIER.

1681.

II. — THIBAUT, NICOLAS,   [GUILLAUME I.
s 2 oct 1727, à Terrebonne.
1° CLOUTIER, Xainte,   [ZACHARIE II.
Louis, b 22 avril 1682, au Cap St. Ignace, 1° m
29 oct 1709, à Marie PARADIS, à Charlesbourg ⁶ ;
2° m ⁶ 12 août 1715, à Françoise BISSON.

1686, (23 juillet) Château-Richer. ¹

2° BOUCHER, Marie-Françoise,   [FRANÇOIS II.
Ignace, b ¹ 1er avril 1687 ; s ⁶ 3 fév. 1703. —
Marie, b ³ 21 nov. 1688 ; s ⁶ 14 fév. 1690. —
Hélène, b ⁶ 4 mai 1693. — *François*, b ¹ 17 avril
1695 , m° en 1719, à Madeleine BOURBON.—*Nicolas*,
b ⁶ 21 janv. 1697 ; m à Marie SIMON. — *Etienne*,
b ⁶ 16 janv. 1699 ; m ⁶ à Adrienne JOBIN —
Marie-Anne, b 19 nov. 1701, à Québec. — *Joseph*,
b... ; m ⁶ en 1725 à Louise JEAN. — *Marie-Thérèse*,
b ⁶ 17 déc. 1700 ; s ⁶ 6 janv. 1704. — *Anonyme*,
b et s ⁶ 17 déc. 1700.

1704, (19 avril) Charlesbourg. ⁶

3° BADEAU, Anne,   [JEAN II.
veuve de Simon Barbeau
Thérèse, b ⁶ 14 juillet 1705. — *Germain*, b 5 sept.
et s ⁶ 5 oct. 1706.— *Anne*, b ⁶ 20 août 1707 ; m 9
fev. 1728, à Jean-François BRUNET, à Terrebonne.ᵇ
Marie-Louise, b ⁶ 19 juin 1710 ; s ⁶ 8 oct. 1714.

1712, (4 septembre) Charlesbourg. ⁶

4° PAQUET, Marie, (1)   [LOUIS III.
Charles, b ⁶ 28 oct. 1713 ; s ⁶ 2 oct. 1714. —
Marie-Joselle, b 15 et s ⁶ 22 sept. 1715. — *Fran-
çoise*, b ⁶ 5 sept. 1716. — *Ignace*, b ⁵ 4 avril 1718.
—*Pierre*, b 9 août 1726, à Lachenaye. — *Marie*, bᵇ
19 août 1727.

1681, (10 novembre) Château-Richer. ⁴

II. — THIBAUT, GUILLAUME, (2)   [GUILLAUME I.
s ⁴ 6 août 1692, (noyè).
GUYON, Marie, (3)   [SIMON II.
Jean-Baptiste, b ⁴ 16 août 1682. — *Pierre*, b ⁴
13 août 1684 ; m ⁴ 22 oct. 1709, à Agnès GRAVELLE.
— *Marie-Madeleine*, b ⁴ 22 juillet 1686 , s ⁴ 26
août 1691. — *Dominique*, b ⁴ 3 sept. 1688.—*Dorothée*, b ⁴ 22 sept. 1690 ; s ⁴ 28 fev. 1692. — *Guillaume*, (posthume) b ⁴ 5 janv. 1693 ; m ⁴ 11 juillet
1718, à Marie-Françoise BACON.

1684, (10 avril) Château-Richer.

II. — THIBAUT, CHARLES,   [GUILLAUME I.
GUYON, Louise, (4)   [SIMON II.

1687, (7 avril) Québec.

II. — THIBAUT, FRANÇOIS,   [GUILLAUME I.
s 24 nov. 1710, au Château-Richer. ⁶

---

(1) Elle épouse, le 3 mai 1729, André Poudret, à Lachenaye.

(2) Marguillier en charge, en 1692.

(3) Elle épouse, le 22 nov. 1694, René Réaume, au Château-Richer.

(4) Elle épouse, le 1er oct. 1686, Mathieu Damours, à
Québec.

DUPRE, Anne, [ANTOINE I.
Marie-Anne, b⁶ 19 nov. 1688; s⁶ 13 avril 1690.
— *Charles*, b 1690, s⁶ 12 août 1707. — *François*,
b⁶ 13 mars et s⁶ 2 avril 1693. — *Marie-Anne*, b⁶
13 et s⁶ 17 mars 1693. — *Marguerite*, b⁶ 8 mars
et s⁶ 14 sept. 1694. — *François*, b⁶ 6 sept. 1695.
— *Antoine*, b⁶ 16 nov. 1697, m⁶ 5 fév. 1722, à
Hélène GARIÉPY. — *Athanase*, b⁶ 5 oct. 1699, m
à Marie-Anne QUESSY; s 10 août 1763, à St. Pierre
du Sud. — *Angélique*, b⁶ 22 mai 1702. — *Pierre*,
b⁶ 8 avril 1704. — *Clotilde*, b⁶ 29 juillet 1706. —
Louis, b⁶ 12 juillet 1708. — *Véronique*, b⁶ 24
sept. 1710.

1687, (24 novembre) Montréal. ⁴

I. — THIBAUT DIT L'ÉVEILLÉ, PIERRE, soldat, b
1664, d'Agen, en Gascogne; s 7 janv. 1710,
au Sault-au-Récollet.
BAUDRY, Catherine, [ANTOINE I.
s avant 1739.
Nicolas, b⁴ 25 juin 1691. — *Marguerite*, b 9
juillet 1693, à la Pointe-aux-Trembles de Montréal.⁵
— *Catherine*, b⁵ 29 mars 1695. — *François*, b⁵
26 juillet 1697. — *Marie*, b 1ᵉʳ août 1699 — *Madeleine*, b 3 avril 1709, à St. François, Ile-Jésus.

I. — THIBAUT, ANDRÉ, b 1666, de Montour, évêche de Poitiers; s 14 fev. 1688, à Montréal.

1699, (24 novembre) St. Augustin. ⁴

II. — THIBAUT, JEAN-BAPTISTE, [MICHEL I.
AMYOT, Marie, [MATHURIN II.
Jeanne, b 24 août et s⁴ 2 sept. 1700. — *Jean-
Baptiste*, b 1703; s 8 avril 1713, à la Pointe-aux-
Trembles de Québec. ⁵ — *Marie-Josette*, b⁴ 19
mars 1704 — *Pierre*, b⁴ 10 janv. 1706. — *Marie-
Madeleine*, b⁴ 21 sept. 1707. — *Joseph-Pierre*, b⁵
14 mars 1709; s⁵ 3 sept. 1714. — *Charles*, b 14
et s⁵ 27 mars 1711. — *Étienne*, b⁵ 16 mars 1712.
— *Jean-Baptiste*, b⁴ 4 mars 1714. — *Marie-Judith*,
b⁴ 20 fév. 1716. — *Marie-Louise*, b⁴ 30 août 1717.
— *François*, b 22 fév. et s⁴ 20 mars 1719.

THIBIERGE. — *Variation* : THIVIERGE.

1667, (5 décembre) Québec.

I. — THOERY DE L'ORMEAU, ROCH, lieutenant
au regiment de la Reine, fils de Jean et de
Chorenne de Cuignac, de St. André de Gailac,
évêché d'Alby, en Languedoc.
LEPAGE, Marie-Rogère, veuve de Paul Bellefontaine, de St. Martin de Clammecy, évêché
d'Autun, en Bourgogne.

1669, (28 octobre). (1)

I. — THOISON, SÉBASTIEN, fils d'Aubin et de
Jeanne Chartier, de l'evêché de Nantes, en
Bretagne.
MARESCHAL, Marguerite, fille de Pierre et de
Jeanne Dubois, de l'évêché de Langres, en
Champagne.

---

(1) Date du contrat de mariage. — *Greffe de Duquet.*

I. — THOMAS, JEANNE, b 1621, arrivée à Québec,
19 août 1648, hospitalière dite Agnès de St.
Paul, professe à Vannes; s 4 juillet 1690,
à l'Hôtel-Dieu de Québec.

I. — THOMAS DIT BEAULIEU, CLAUDE, b 1654; s
18 avril 1729, à Québec.

1695, (24 octobre) Québec. ⁷

I. — THOMAS, JEAN (1) fils d'Edouard et de
Catherine Casey, de Londres.
DUQUET, Anne, (2) [PIERRE II.
Jean, b 1716; s⁷ 9 août 1721. — *Marguerite*,
b...; m 22 nov. 1728, à Pierre PAPLAU, à Batis-
can. ⁸ — *François*, b 1703; m⁸ 21 fév. 1735, à
Jeanne MASSICOT; s⁴ 22 janv. 1746. — *Marie-
Anne*, b... — *Catherine*, b...; m⁸ 2 fev. 1739, à
Antoine TROTIER.

I. — THOMAS, DANIEL.
POISSON, Barbe, [MARTIN I.
André, b 16 déc. 1698, à St. Jean, I. O. ⁸; s⁸ 27
mai 1699. — *Charles*, b⁸ 22 avril 1700. — *Marguerite*, b⁸ 24 nov. 1691.

I. — THOMAS, JOSEPH. (3)

THOMELET. — *Variations* : TOMELET—TOUMELET.

1692, (1ᵉʳ septembre) Montréal.

I. — THOMELET, fils de Jean et de Catherine
Badreau, de Coupe-Chanière, évêché de Luçon,
au Poitou.
PERRIER, Marguerite, (4) [JEAN I.
Jacques, b 24 juillet et s 27 oct. 1694, à Lachi-
ne. ⁹ — *Jean*, b⁹ 9 janv. 1696. — *Marie*, b⁹ 25
avril 1698. — *François*, b⁹ 1ᵉʳ août 1700. — *Marie-
Françoise*, b⁹ 12 déc. 1702; m⁹ 24 sept. 1725, à
Louis LANGLOIS. — *Marguerite*, b⁹ 19 fév. 1705. —
Nicolas, b⁹ 12 fev. 1708; s⁹ 27 mai 1717.

I. — THOMELET, PIERRE, b 1662; s 29 sept.
1737, à Québec.
CAILLEAU, Marie, [PIERRE I.
Jean, b...; m 25 janv. 1733, à Marguerite SÉDI-
LOT, à Ste. Foye.

I. — THORILLON, CLAUDE, officier, était à Montréal, en 1694.

THRENY, — Voy. TRESNY.

THUNAY, THUNÈS, — Voy. THUNAY DIT DUFRESNE

---

(1) Anglais naturalisé. Le 11 sept. 1699, il vend à Pierre
Turgeon, une terre sise à Monte-à-peine, Côte de Lauzon.
—*Greffe de Duquet.*
(2) Elle épouse, le 18 mars 1721, Jean Parant.
(3) Baptisé le 9 juin 1698, à l'âge de 14 ans, natif de Jersey,
pris à l'âge de deux ans par les Anglais, et repris par les
Français à Plaisance, en 1696. Il demeure chez M. de Montbrun. Mgr. l'évêque de Québec le baptise, et est son parrain.
Il lui donne le nom de *Joseph*. C'est la souche des familles
Ouilem, de Boucherville.
(4) Elle épouse, le 2 déc. 1726, Michel Bangis, à Lachine.

1666.

I.—THUNAY, Félix, (1) b 1633 ; s 27 juillet 1683, à Batiscan.
LEFEBVRE, Elizabeth, (?)   [PIERRE I.
Elizabeth, b 1667, m 3 fév. 1682, à Julien RIVARD, à Champlain. ⁹ — *Madeleine*, b 1676, 1° m ² mai 1689, à François PELLETIER ; 2° m 9 janv. 1698, à Pierre MAILLET, à Montréal. ⁸ — *Marguerite*, b 1678 ; m⁸ 1ᵉʳ dec. 1703, à Toussaint POTHIER, s⁸ 13 mai 1748. — *Marie-Catherine*, b⁹ 22 mars 1682 ; m 18 avril 1700, à Jacques FILIATREAU, à Lachine.

THURAINE. — Voy. BLANCHARD.

I.—TIBERGE, JEAN, b 1642 ; s 9 déc. 1690, à la Pointe-aux-Trembles de Montréal, (mort d'apoplexie).

I.—TIBIERGE, HYPOLITE, marchand, b 1631, de St. Solonne de Blois, evêché de Chartres ; s 11 déc. 1700, à Ste. Famille. ¹
HERVÉ, Renée, de St. Solonne de Blois, evêché de Chartres, b 1635 ; s 11 nov. 1702, à Quebec. ²
Gabriel, b 1653, à Blois ; 1° m ¹ 23 nov. 1676, à Anne PERROT ; 2° m 2 août 1688, à Marie LEPAGE, à St. François, Ile d'Orléans — *Gencien*, b 1655 ; s ² 9 fév. 1715. — *Etienne*, b 20 août 1663, au Château-Richer ³ ; m² 18 oct. 1688, à Jeanne CHASLE ; s² 26 fév. 1740. — *Jacques*, b⁵ 5 sept. 1664 ; 1° m² 18 oct. 1688, à Marie-Anne JOLY ; 2° m 15 fév. 1700, à Catherine CUSSON, à Montréal. — *Catherine*, b ¹ 18 avril 1667. — *Anne*, b² 14 sept. 1669 ; m ² 17 avril 1690, à Martin CHERON, s² 19 janv. 1705. — *Hypolite*, b¹ 3 janv. 1672 ; m ¹ 17 janv. 1695, à Anne GAGNON, s¹ 7 janv. 1703. — *Nicolas*, b¹ 21 déc. 1673 ; m¹ 15 nov. 1701, à Anne PREMONT ; s¹ 23 déc. 1702. — *Marie*, b ¹ 7 mai 1675, m¹ 8 nov. 1694, à Pierre GENDRON — *Angélique*, (3) b ² 22 sept. 1677, hospitalière dite St. Agnès ; s² 29 oct. 1697. — *Catherine*, b¹ 28 fev. 1681.

1676, (23 novembre) Ste. Famille. ⁴

II.—TIBIERGE, GABRIEL,   [HYPOLITE I.
1° PERROT, Anne,   [JACQUES I.
s 29 nov. 1687, à St. Jean, Ile d'Orléans ⁵
Anne, b 3 mars et s⁵ 3 avril 1678. — *Michelle*, b 15 janv. et s⁴ 2 fév. 1679. — *Marie*, b⁵ 27 fév. 1680 ; 1° m 18 août 1699, à Jacques GENAPLE, à Quebec ⁶, 2° m⁶ 27 juillet 1709, à Pierre TIGAL. — *Jacques*, b⁵ 6 mai 1682 — *Gabriel*, b⁵ 15 janv. 1683. — *Joseph*, b⁵ 19 mars 1685. — *Anne*, b 30 janv. et s⁵ 17 oct. 1687.

1688, (2 août) St. François, (I. O.)

2° LE PAGE, Marie-Madeleine,   [LOUIS I.
Pierre, b⁵ 26 déc. 1689 ; s⁵ 3 janv. 1711. — *Jean-François*, b ⁵ 24 nov. 1691 ; m ⁵ 26 nov.

---

(1) Dit Dufresne, Voy. Dufresne, page 209.

(2) Elle épouse, le 13 janv. 1687, Jean Colet, à Batiscan.

(3) Un vaisseau du Roy, arrivé le 8 sept. 1697, apporta la *fièvre pourpre*, à Québec, qui fit un grand nombre de victimes au nombre desquelles on compte cette religieuse, qui s'était dévouée au service des malades.

1714, à Angélique FONTAINE. — *Gencien*, b ⁵ 14 janv. 1696. — *Nicolas*, b⁵ 10 janv. 1698. — *Louise-Madeleine*, b ⁵ 30 mars 1700. — *Etienne*, b⁵ 7 mars 1702 ; s⁵ 29 déc. 1703 — *Martin*, b 16 et s⁵ 26 déc 1703. — *Marguerite*, b⁵ 1ᵉʳ fév. 1705. — *Dorothée*, b 11 juin et s⁵ 19 août 1707. — *Marie-Josette*, b⁵ 26 avril 1711.

1688, (18 octobre) Québec. ⁵

II.—TIBIERGE, ETIENNE,   [HYPOLITE I.
s⁵ 26 fev. 1740, (dans l'église).
1° CHASLE, Jeanne,   [CLAUDE I.
s⁵ 16 dec. 1702.
Marie-Elizabeth, b⁵ 2 nov. 1691. — *Joseph-Etienne*, b⁵ 28 mai 1694 ; s⁵ 23 déc. 1695 — *Jacques*, b⁵ 5 juillet 1696. — *Agnès-Angélique*, b⁵ 24 mai 1698 ; hospitalière dite St. Joseph ; s⁵ 22 janv. 1715 — *Marie-Josette-Thérèse*, b⁵ 2 mai 1700 ; hospitalière dite St. Joseph : s⁵ 6 juin 1739. — *Etienne*, b⁵ 4 nov. 1701 ; s⁵ 26 mars 1702.

1712,-(2 août) Québec. ⁵

2° CAUCHOIS, Cécile,   [JACQUES I.
s⁵ 18 juillet 1717, (dans l'église).
Etienne-Louis, b⁵ 24 août 1715 ; s 1ᵉʳ oct. 1715, à Beaumont ⁹ — *Cécile-Elizabeth*, b⁵ 11 juillet 1717 ; m⁵ 8 nov. 1733, à Guillaume ESTÈBE.

1688, (18 octobre) Québec. ⁴

II.—TIBIERGE, JACQUES,   [HYPOLITE I.
bourgeois, armurier du Roy.
1° JOLY, Marie-Anne,   [JEAN I.
s 28 juin 1698, à Montréal. ⁵
Marie-Anne, b⁴ 15 mai 1690. — *Jacques*, b⁴ 16 mars 1692, s⁴ 19 dec. 1693. — *Marie-Madeleine*, b⁵ 21 dec 1693. — *Angélique*, b⁵ 20 oct. 1695. — *Marie-Catherine*, b⁵ 18 mai 1697 ; sœur dite Ste. Pélagie, C. N. D.; s⁵ 21 mars 1757.

1700, (15 février) Montréal. ⁵

2° CUSSON, CATHERINE,   [JEAN I.
Catherine, b⁵ 19 nov. 1702 ; sœur dite Ste. Véronique, C. N. D.; s ⁵ 1ᵉʳ sept. 1763. — *Marie-Marguerite*, b⁵ 22 fév. 1704.

1695, (17 janvier) Ste. Famille. ⁶

II.—TIBIERGE, HYPOLITE,   [HYPOLITE I.
s⁶ 7 janv. 1703.
GAGNON, Anne,   [ROBERT I.
Hypolyte, b ⁶ 6 juin 1696 ; m 30 déc. 1726, à Geneviève NICOLAS, à Québec. — *Joseph*, b ⁶ 26 avril 1698 ; s⁶ 30 janv. 1703. — *Marie-Anne*, b⁶ 12 janv. et s⁶ 13 fév. 1700. — *Jean-François*, b⁶ 17 mars 1701.

1664, (29 novembre) Québec. ⁸

I.—TIBOUT, ADRIEN, fils de Nicolas et de Michelle Anctille, de Caronville, pays de Caux, evêché de Rouen.
DE BOIZE, Louise, veuve de Pierre Mongeau, de Dompierre, evêché de LaRochelle ; s ⁸ 8 janv. 1670.

TIENELLE. — Voy. QUESNEL.

1687, (18 janvier) Batiscan. [1]

I.—TIERCE, Françoise, b 1656 ; 1° m 13 oct 1671, à Aufray Coulon dit Marrian, à Québec ; 2° m 2 mai 1677, à Pierre Guignard, à Sorel ; 3° m 8 fév. 1703, à Pierre Vigne, à Repentigny.

I.—TIFAULT, Jacques, fils d'Antoine et de Marguerite Moreau, de Gironde, évêché de Bazas, en Gascogne.
Lescuyer, Marie-Anne,   [Antoine I.
Marie-Madeleine, b [1] 21 sept. 1687 ; m [1] 2 juin 1710, à Jacques Ruchereau. — *Antoine,* b [1] 30 juin 1690 ; m [1] 13 janv. 1716, à Marguerite Gaillou. — *Damien,* b [1] 10 nov. 1692 ; m [1] 17 fév. 1716, à Marie-Renée Lafond. — *Marie-Anne,* b [1] 6 janv. 1695. — *Jacques,* b [1] 16 juillet 1697 ; 1° m en 1716, à Françoise Gaillou ; 2° m [1] 1er fév. 1726, à Jeanne Cadot. — *Elizabeth,* b [1] 3 janv. 1700 ; m [1] 24 nov. 1721, à Pierre Lariou. — *Claude-Jean-Joseph,* b [1] 12 déc. 1702 ; m [1] 4 avril 1731, à Marie-Josette Baribeau. — *Françoise-Marguerite,* b [1] 20 mars 1705. — *Charles,* b [1] 13 août 1708 ; m 1728, à Marie-Josette Cosset. — *Alexis,* b [1] 14 mai 1711 ; m à Catherine Juineau. — *Marie-Renée,* b [1] 24 déc. 1714 ; s [1] 5 juin 1715. — *Marie-Anne,* b [1] 29 sept. et s [1] 6 oct. 1717.

TIFROY, — Voy. Desmarets.

1684, (17 janvier) Lachine. [6]

I.—TILLART, Jean, fils de Guillaume et de Marie Richard, de Barberiaux, évêché de Xaintes ; s [6] 27 janv. 1688.
Barbarin, Marie-Madeleine,   [Pierre I.
Marie-Madeleine, b 1er mars et s [6] 25 nov. 1687.

I.—TILLEMONT. Nicolas, serrurier, b 1635 ; s en mai 1660, compagnon d'armes de Dollard, et massacre en mai 1660, au Long-Sault, par les Iroquois. — Voy. la note de la page 197.

TILLY, (du) — Voy. Testu, Pierre— Le Gardeur.

TINCHENET, Alexandre, — Voy. Techenay.

TINON, — *Variation et surnoms :* Thinon — Deslauriers — Desroches. (1)

1670, (6 févr.er.) (2)

I.—TINON dit Desroches, Emard, fils de François et de Marie Crespy, évêché d'Angoulême.
Roux, Aimée, fille de Jacques et de Marguerite Dubois, évêché de Sens.
Michel, b 20 oct. 1670, à Sillery. [5] — *Geneviève,* b [5] 2 fév. 1672 ; m 6 fév. 1690, à Jean Juneau, à la Pointe-aux-Trembles de Québec. [6] — *Charles,* b 26 oct. 1673, à Québec [7] ; 1° m [7] 19 avril 1700, à Marie Bonnedeau ; 2° m 8 nov. 1729, à Françoise Demers, à Lévis. — *François,* b [7] 22 août 1675 ;

(1) Tinon était établi à la Rivière des Roches, de là le surnom de Desroches.
(2) Date du contrat de mariage. — *Greffe de Duquet.*

m à Marie-Charlotte Coté ; s [7] 14 sept. 1751. — *Barthélemi,* b [5] 13 déc. 1677 ; 1° m [7] 3 fév. 1711, à Anne Guay ; 2° m [7] 13 avril 1722, à Louise Glinel. — *Thérèse-Elizabeth,* b [7] 17 fév. 1680 ; m 1699, à Antoine Lemarié. — *Jeanne,* b 20 et s [6] 22 fév. 1682. — *Jean-Ignace,* b [6] 22 avril 1683 ; m 12 juin 1708, à Marguerite Amiot, à St. Augustin.

TIQUEL. — Voy. Tical.

I.—TIRAC dit St. Hilaire, Jean, soldat de Le Verrier, évêché de Xaintes ; s 27 avril 1699, à Montréal.

TIRET, Pierre. — Voy. Desmoulins.

TIRMONT, Noelle, femme de Bernard Bertin dit Languedoc, en 1670.

1671, (26 octobre) Québec.

I.—TISON, Antoine, fils de Jean et de Marie Juillard, de St. Hilaire, évêché de Xaintes, en St. Onge.
De la Porte, Marie-Anne, fille de Jacques et d'Esther Coindisse, de St. Etienne d'Ars, Ile de-Rhe, évêché de LaRochelle.

I.—TISSERAN, Madeleine ; 1° m 12 sept. 1673, à Pierre Parenteau, à Québec [1] ; 2° m [1] 27 juillet 1695, à Jean Charpentier.

I.—TISSOT, Joseph, de St. Nisaire, évêché de Lyon.

I.—TOME, Joseph, anglais, b 29 mai 1694, à l'âge de 8 ans, à Batiscan.

1691, (6 fevrier) Ste. Anne.

I.—TONDREAU dit La Souche, Pierre, b 1651, fils de Sylvain et de Jacquette Oudet, du bourg d'Orchère, de St. Barthélemi, évêché de Chartres.
Frichet, Marie-Anne,   [Pierre I.
s 5 mai 1741, à l'Ilet. [7]
Joseph, b 20 mars 1697, au Cap St. Ignace [8] ; m à Elizabeth Langelier. — *François,* b [7] 29 mai 1703 ; m [7] 29 oct. 1732, à Marie-Anne Cloutier ; s [7] 28 mai 1736. — *Jean,* b [7] 30 mars 1706 ; m [8] 24 juillet 1729, à Marthe Cloutier.

1689, (17 février) Montréal. [1]

I.—TONTY (de) Baron De Paludy, Alphonse, lieutenant capitaine, commandant le poste du Detroit, b 1659, fils de Laurent et d'Isabelle de Liette ; s 10 nov. 1727, au Détroit.
1° Picoté, Marie,   [Pierre I.
Philippe, b [1] 30 sept. 1689. — *Louis,* b...; s [1] 24 déc. 1690. — *Marie-Françoise,* b [1] 19 oct. 1690, sœur dite St. Antoine, C. N.-D. ; s [1] 14 juin 1748. — *Alphonse,* b [1] 30 oct. 1691. — *Marie-Hélène,* b [1] 22 fév. 1693. — *Louis,* b [1] 25 fév. 1694. — *Anonyme,* b et s [1] 4 fév. 1695. — *Henry-Hector,* b [1] 21 déc. 1695. — *Charles-Henry,* b [1] 13 mai 1697 ; m à Marie-Louise DuBuisson. — *Claude-Joseph,* b [1] 18 août 1700. — *Marie-Joselle,* b... ; m [1] 26 avril 1745, à Louis Damours.

1717, (3 mai) Montréal.

2° DE LA MARQUE, Marie-Anne, [JACQUES I.
veuve de Joseph-Antoine De Frenel.

II. — TONTY, HENRY, [ALPHONSE I.
gouverneur du fort St Louis.
DU BUISSON, Marie-Louise, b 1707; s 10 fév.
1779, à l'Hôpital-Général de Montréal.

I. — TOUCHARD DIT L'ÉVEILLÉ, JEAN, b 1667, de
la Ser, évêché de Poitiers; s 25 juillet 1689,
à Montréal.

I. — TOUCHET, THOMAS, b 1626.
FERRIER, Suzanne, b 1618.
Simon, b 1657: m 30 janv. 1679, à Marie GI-
GNARD, à l'Ange-Gardien³; s³ 12 janv. 1703.

1679, (30 janvier) l'Ange-Gardien. 4

II. — TOUCHET, SIMON, [THOMAS I
s 4 12 janv. 1703.
GIGNARD, Marie, (1) [LAURENT I.
Thomas-Marie, b 4 9 janv. 1681, 1° m 7 janv.
1711, à Geneviève GAGNÉ, à Beauport⁵; 2° m 4 25
août 1723, à Marie QUENTIN. — *Marie*, b 4 14 fév.
1683, m 4 7 mai 1703, à Richard OSSANT.—*Catherine*, b 4 2 sept. 1685; m 5 1er sept. 1710, à Michel
TARDIF — *Suzanne*, b 4 17 fév. 1688; m 4 25 janv.
1706, à Jean PERRON.—*Jean*, b 4 19 fév. 1691;
m 17 janv. 1729. à Catherine BELANGER, à Québec⁶,
s 5 12 mars 1762.—*Anne*, b 4 11 et s 4 13 août
1694. — *Joseph*, b 4 16 mai 1696; m 1727, à Marguerite GARNAUX, à Charlesbourg. — *Pierre*, b 4
26 juillet et s 4 7 août 1698.—*Simon*, b 4 28 oct
1699; m 6 4 janv. 1723, à Madeleine MARANDA.

1698, (10 novembre) Montréal. 2

I. — TOUGARD DIT LAVIOLETTE, GUILLAUME, soldat de Louvigny, b 1675, fils de Guillaume et
de Marie Labbé, de Fatouville, évêché de
Lizieux, en Normandie.
BRAZEAU, Marie, (2) [NICOLAS I.
veuve de Guérin Silvain.
Guillaume, b 2 29 sept. 1699. — *Marie-Anne*, b 2
27 juin 1701. — *Marie*, b 2 14 fév. 1703.—*Gabriel*,
b 2 23 nov. 1704.

1673, (17 novembre) Boucherville.

I. — TOUIN, (THOUIN) ROCH, fils d'Antoine et de
Perette Gagnon, de St. Martin-Gaillard, évê-
ché de Rouen, Normandie.
COLIN, Denise, (3) fille de Jacques et de Nicole
Fontaine, de St. Nicolas de Logny, évêché
de Paris.
\ *Jean-Baptiste*, b 1er déc. 1674, à Repentigny⁴;
m 4 5 nov, 1697, à Marie CADIEU. — *Germain*,
b 1er avril 1676, à la Pointe-aux-Trembles de
Montréal⁵; m à Marie-Madeleine BAUDOIN. —
Françoise, b 5 17 janv. 1678, m 4 25 nov. 1692, à

(1) Elle épouse, le 24 nov. 1704, Nicolas Rotureau, à l'Ange Gardien.

(2) Elle épouse, le 29 oct.1712, Didier Bourgouin, à Québec.

(3) Elle épouse, le 19 septembre 1694, Antoine Gloria, à Repentigny.

Pierre BODA. — *Robert*, b 1679; s 4 21 déc. 1680.
— *Jeanne*, b 4 4 mai 1681; m 4 21 avril 1703, à
François NEPVEU DIT LACROIX. — *Roch*, b 4 9 oct.
1683; m 1715, à Madeleine FÉVRIER. — *Louis*,
b 1686; s 4 22 avril 1694. — *Madeleine*, b 4 6 mars
1689; m 5 avril 1714, à Charles PITALIER.

1697, (5 novembre) Repentigny. 4

II — TOUIN, JEAN-BAPTISTE, [ROCH I.
CADIEU, Marie, [JEAN I.
Marie-Madeleine, b 25 avril 1699, à Montréal.
— *Jean-Baptiste*, b 4 18 fév. 1701; m 4 17 avril
1730, à Marie-Charlotte BAUDOIN. — *Pierre*, b 4 18
déc. 1702: m à Catherine BAUDOIN. — *Joseph*, b 4
6 sept. 1704. — *Marguerite*, b 4 1er fév. 1708; m 4
17 nov. 1727, à Guillaume PAYET. — *Marie-Charlotte*, b 4 3 mars 1711. — *Augustin*, b 26 juin et
s 4 1er juillet 1713. —*Marie-Josette*, b 4 30 juin 1714.

TOULOUSE. — Voy. BERTRAND — PITON.

I. — TOULOUSE, JEAN, soldat de M. Subercas, b
1663; s 15 mai 1699, au Château-Richer.

I. — TOULOUSE, (1) SIMON-DOMINIQUE.
BRESAC, Marie.
Angélique, b...; Sœur St. Félix, C. N.-D.; s 5
août 1709, à Montréal.

TOUMELET. — Voy. THOMELET.

TOUPIE. — Voy. LESSARD DIT LA TOUPIE

I. — TOUPIN, TOUSSAINT, maître de barque, bourgeois de Québec, b 1616; s 10 août 1676, au
Château-Richer. 1

1° BOUCHER, Marguerite, [GASPARD I.
Anonyme, b et s 21 août 1647, à Québec. 2 —
Jean, b 2 15 déc. 1648; m 2 3 juin 1669, à Marie
GLORIA. — *Marie*, b 2 29 août 1651; m 8 avril
1668, à Pierre MOUET, aux Trois-Rivières³; s³ 14
mars 1723. — *Antoine*, b 2 5 fév. 1655; m 1 24 oct.
1679, à Louise CLOUTIER; s 1 1er juin 1711. —
Marguerite, b 2 17 et s 2 27 fév. 1659. — *Françoise*,
b 2 10 juin 1660.

1669, (3 juin) Québec. 2

2° BOURDON, Marie, (2) veuve de Jean GLORIA.
Jeanne, b 2 11 fév. 1670; m 1 3 nov. 1688, à
Guillaume GUYON. — *Elizabeth*, b 1 1er mai 1672,
hospitaliere dite Ste. Françoise; s 2 21 fév. 1738.
— *Jean*, b 2 8 janv. 1675. — *Ursule*, b...; m 1 6
avril 1690, à Jean COCHON.

1656, (26 août) Québec. 1

I. — TOUPIN, JACQUES, fils de Pierre et de Marie
Petiteau, de St. Martin-des-Noyers, évêché de
Poitou.

(1) Voyez Piton, page 488.

(2) Elle épouse, le 11 nov. 1680, Jean Charet, au Château-Richer.

DESCHAMPS, Marguerite, fille d'Edmond et de Renee Regnegny, veuve de Jacques Pouppau, de Chagnolot, évêché de LaRochelle.
Louise, b ¹ 8 et s ¹ 9 juillet 1657. — *Marie-Madeleine*, b ¹ 8 juillet 1657.

1669, (3 juin) Québec. ⁴

II. — TOUPIN, (1) JEAN, [TOUSSAINT I.
s 24 nov. 1700, à la Pointe-aux-Trembles de Québec. ⁶
GLORIA, Marie, [JEAN I.
s ⁶ 13 nov. 1687.
Antoine, b ⁶ 1er déc. 1680 ; s ⁶ 13 nov. 1687. — *François*, b ⁶ 22 fév. 1683 ; s ⁶ 5 nov. 1687. — *Marguerite*, b ⁸ 7 août 1685 ; m 2 août 1701, à Joseph COCHON, au Château-Richer. ⁸ — *François*, b et s ⁶ 19 nov. 1687. — *Marie*, b ⁸ 15 mai 1673 ; s ⁶ 6 nov. 1687. — *Michel*, b ⁴ 20 fév. 1676, s ⁶ 3 nov. 1688, (noyé) — *Jean-Baptiste*, b ⁴ 17 juillet 1678 ; 1º m 30 janv. 1703, à Madeleine TURCOT, à Champlain ; 2º m ⁶ 1er fév. 1724, à Marie-Françoise DELISLE ; s ⁶ 18 fév. 1724.

1688, (21 juin) Pte-aux-Trembles, (Q). ⁶

2º MEZERAY, Marie-Madeleine, (2) [JEAN II.
Jean-Baptiste, b ⁶ 28 fév. 1690. — *Marie-Renée*, b ⁶ 12 mars 1692. — *Scholastique*, b ⁶ 24 avril 1694 ; m ⁸ 11 fév. 1715, à Pierre MATAUT. — *Marie-Madeleine*, b ⁶ 27 mars 1696. — *Louise-Céleste*, b ⁶ 13 fév. 1698. — *Jean-François*, b ⁶ 10 janv. 1700 ; m ⁶ 22 janv. 1731, à Madeleine COUTANCINEAU.

1670, (30 septembre) Québec ⁶

I. — TOUPIN DIT LAPIERRE, PIERRE, b 1627, fils de Guillaume et de Jeanne Arnaud, de Rouffiat, évêché d'Angoulême ; s 28 janv. 1703, à Beauport. ¹
GRATON, Mathurine, (3) fille de Pierre et de Marie Boucher, d'Aubigny, évêché de Luçon.
Thérèse, b ⁶ 23 sept. 1671 ; m ¹ 26 avril 1689, à Jean CRAPONE. — *Pierre*, b ¹ 24 déc. 1673. — *Louise-Renée*, b ¹ 1er fév. 1680 ; m ¹ 5 nov. 1698, à Jacques BADEL. — *Ignace*, b ¹ 18 mars 1684, m ⁴ 25 nov. 1709, à Marie-Elizabeth DUPRAC. — *Marie-Anne*, b ¹ 29 mars et s ¹ 28 mai 1686 — *Jean*, b ¹ 20 oct. 1688. — *René*, b...; m ¹ 14 fév. 1708, à Geneviève LANGLOIS.

1679, (24 octobre, Château-Richer. ⁶

II. — TOUPIN, ANTOINE, [TOUSSAINT I.
s ⁶ 1er juin 1711.
CLOUTIER, Louise, [JEAN I
Antoine, b ¹ 3 août 1680 ; m⁰ 3 nov. 1711, à Françoise LEFEBVRE. — *Noël*, b ⁶ 21 avril 1683 ; 1º m ⁶ 17 fév. 1710, à Anne DAVID ; 2º m ⁶ 12 avril 1712, à Marie-Françoise NAVENS. — *Marguerite*, b ⁶ 8 juillet 1685 ; m ⁵ 22 août 1702, à Jacques CORDEAU — *Marie*, b ⁶ 6 sept. 1687 ; m ⁶ 25 fév. 1715, à Joseph BERTHELOT. — *François*, b ⁶ 10 juillet 1689, m 21 fév. 1718, à Jeanne LEGRIS, à

(1) Sieur Du Sault, seigneur de la Pointe-aux-Ecureuils.
(2) Elle épouse, le 27 août 1711, Louis Bardet, à Québec.
(3) Elle épouse, le 22 juillet 1710, Vincent Brunet, à Beauport.

Quebec. ⁷ — *Pierre*, b 27 juillet et s ⁷ 3 août 1691. — *Joseph*, b ⁶ 20 nov. 1693. — *Anne*, b ⁶ 31 oct. 1695 ; m ⁶ 25 oct. 1717, à Louis JOBIDON. — *Jean*, b ⁶ 13 sept. 1697 ; s ⁶ 19 juin 1716. — *Alexandre*, b ⁶ 16 janv. 1701.

I. — TOURAINE, GUILLAUME, b 1662 ; s 5 juin 1686, à Batiscan.

TOURANGEAU, — Voy. HERPIN — DANY — LEMELIN — SIMON — GATIEN — LA COUDRAY — RAYMONEAU — LEONARD — GUILLET — HONORÉ — JEAN.

I. — TOURAUDE, JACQUETTE, b 1611, fille de François et de Marthe Noël, en Angoumois, m 26 août 1654, à Maurice ARRIVÉ, à Québec ; s 21 avril 1670, à Ste. Famille.

I. — TOUREAU, FRANÇOISE, b 1600 ; m en 1620, à Jacques ARCHAMBAULT ; s 9 déc. 1663, à Montréal.

TOURBLANCHE, — Voy. BAZINET.

1699, (27 novembre) Trois-Rivières. ¹
I. — TOURILLON, CLAUDE, officier, de N.-D. de La-Rochelle.
JUTRAT DIT LAVALLÉE, Françoise, [CLAUDE I.
Anonyme, b et s ¹ 20 juillet 1700. — *Geneviève-Marguerite*, b ¹ 26 juillet 1700. — *François*, b ¹ 5 avril 1702. — *Marie-Françoise*, b ¹ 4 juin 1703 ; m ¹ 21 nov. 1722, à François CHATELAIN.

I. — TOURMENTE, PIERRE, maçon, arrivé en sept. 1646. — *Journal des Jésuites*.

TOURNEROCHE. — Voy. NOYER.

1676, (17 février) Ste. Famille. ¹
I. — TOURNEROCHE, ROBERT, b 1642, fils de Louis et de Massine Lamprion, de N. D. de Caudebec, évêché de Rouen ; s 23 mai 1722, à Beaumont.
TARGER, Marie, veuve de Jean Royer.
Joseph, b ¹ 21 nov. 1676. — *Jean*, b 1677 ; s ¹ 9 juin 1686. — *Marie-Madeleine*, b ¹ 22 mars 1679 ; m 10 fév. 1716, à Pierre LAVOYE, à St. Michel. ² — *Marie*, b 15 juillet 1682, à St. Jean, Ile d'Orleans. ³ — *Angélique*, b ³ 28 juillet 1684 ; 1º m ⁸ 21 nov. 1702, à Julien DUMONT ; 2º m ⁸ 28 juin 1716, à Jean GARANT ; s ² 21 mars 1742. — *Suzanne*, b 28 oct. et s ² 2 nov. 1685.

I. — TOURNEUR DIT LAGIROFLÉE, ANTOINE, soldat de M. de St. Martin, b 1681, de Meavet, évêché de Limoges ; s 12 juillet 1701, à Montréal, (noyé).

1686, (21 janvier) Boucherville. ¹
I. — TOURNOIS, JEAN, couvreur, b 1662, fils de Jean et de Françoise Fougert, de Conflans, évêché de Limoges.
BENOIT, Marguerite, [PAUL I.
Jean-Baptiste, b 17 nov. 1687, à Montréal. ² — *Marie-Marthe*, b ² 21 sept. 1689 ; s ² 6 sept. 1690.

— *Catherine*, b [2] 26 avril 1691. — *Marguerite*, b [2]
6 nov. 1692 ; s[2] 23 nov. 1693. — *Marie-Françoise*,
b [2] 31 mars 1694.— *Jean-Baptiste*, b 13 et s [2] 15
mai 1696.— *Joseph*, b [2] 18 juin 1697. — *Marie*, b [1]
21 oct. 1699.

TOURVILLE. — Voy. Dutaut — Hubou.

1668, (17 octobre) Québec. [2]

I. — TOUSIGNAN dit Lapointe, (1) Pierre, fils de
Hugues et de Marie Vallée, de St. Romain,
ville de Blaye, évêché de Bordeaux.
Philippe, Marie-Madeleine, fille de Nicolas et
de Marie Carier, de St. Etienne-du-Mont de
Paris.
Marguerite, b 1671. — *Madeleine*, b 1672 ; m à
Brantigny ; s [2] 25 mai 1756.— *Jean-Baptiste*, b
1676 ; m 30 oct. 1714, à Marie-Charlotte Metot,
au Cap Santé.— *Michelle*, b 1679 ; m à Noel
Barabé. — *Marie-Madeleine*, b 10 juin 1681, aux
Grondines ; m à Pierre François. — *Catherine-
Agnès*, b 27 juillet 1683, à Lewis.

I. — TOUSSAINT, serviteur de M. Couillard. tué
sur l'Ile d Orléans, avec M. le Grand-Sénéchal de Lauzon, Perroche et Jacquet ; s 24
juin 1661, à Québec.

TOUSILLON. — Voy. Tousignan.

1686, (18 août) Champlain. [2]

I. — TOUTANT, Nicolas, b 1651 ; fils d'Antoine
et de Marie Giton, de St. Aubin, évêché de
Chartres ; s [2] 22 oct. 1711.
Raoul, Marie-Anne. [Alexandre I.
Daniel, b [2] 8 oct. 1688. — *Joseph*, b [2] 3 fév.
1691 ; m 12 fév. 1720, à Françoise Rivard, à Batiscan. — *Daniel*, b [2] 25 fév. 1693. — *Marie-Anne*,
b [2] 1er janv. 1696. — *Jean-Baptiste*, b [2] 22 fév.
1699; m 18 nov. 1722, à Madeleine Rivard, à Ste.
Anne de la Pérade.— *Marie*, b [2] 7 mai 1702.—
Pierre, b [2] 24 oct. 1703. — *Marie-Geneviève*, b [2] 31
mars 1706 ; m à Jean Rivard. — *Michel*, b 12 et
s [2] 29 sept. 1708. — *Françoise-Elizabeth*, b [2] 21
mars 1710.

I. — TOUZEAU, Mathurin, b 1661 , s 16 déc.
1684, à Ste. Famille.

TRACY, (de) Alexandre.— Voy. De Prouville.

1668, (12 novembre) Montréal.

I. — TRAJOT, André, meunier, fils de Marc et de
Françoise Thomas, de St. George, Ile d'O-
leron ; s 6 mars 1684, à la Pointe-aux-Trem-
bles de Montreal.
Guillin, Françoise, fille de Pierre et d'Antoinette
Lacroix ; de St. Pierre d'Aumale, en Picardie.

(1) L'acte dit Tousillon.—Le 13 nov. 1696, M. de Lotbinière, lui concède une terre de quatre arpents sur trente, à
Lotbinière. — *Greffe de Duquet. — Recensement de 1681.*

TRANCHEMONTAGNE. — Voy. Denoyer —
Gourbeil — St. Pierre — Sustier — Suyer
— Sullières — Roussel — Thomas — Pepin
— Lespardier — Pizachon.

I. — TRAVERSY, (l'Aumonier, Sieur de) enseigne au Régiment d'Orleans, était à Québec,
en 1665.

TRÉHARD, Léonard, Secrétaire de l'Intendant,
en 1705.

TREFFLÉ. — *Variations et surnoms :* Treffley
— Trufflé — Rotot.

1659, (24 février) Québec. [1]

I. — TREFFLÉ dit Rotot, François. charpentier, b 1635, fils de Nicolas et de Françoise
Pigeon, de St. Barthélemy, évêché de Rouen,
en Normandie ; s [1] 24 juillet 1705.
Mathieu, Catherine, b 1632, fille de Claude et
d'Helène Charpentier, de la ville de Châlons,
en Champagne.
Jacques, b [1] 1er mai 1662 ; s [1] 24 sept. 1663.—
Catherine, b [1] 23 juillet 1664 ; 1o m [1] 22 mai 1680,
à Léonard Créquy ; 2o m [1] 30 oct 1717, à Nicolas
Bailly ; s [1] 3 mars 1732.— *François*, b [1] 16 nov.
1666 ; m [1] 5 fév. 1691, à Geneviève Le Normand ;
s [1] 19 janv. 1703.— *Hélène*, b [1] 5 mai 1669 ; 1o m [1]
4 nov. 1687, à Jean Madore ; 2o m [1] 10 nov. 1700,
à Gabriel Duprat.— *Marie-Madeleine*, b [1] 20 avril
1671 ; m [1] 5 fév. 1691, à Joseph Le Normand.—
Jean, b [1] 15 mars 1676.— *Marie-Anne*, b [1] 20 janv.
et s [1] 10 fév. 1679.

1691, (5 février) Québec [1]

II. — TREFFLÉ, François, [François I.
s [1] 19 janv. 1703.
Normand, (Le) Geneviève, [Jean I.
Paul-François, b [1] 28 et s [1] 31 janv. 1692. —
François, b [1] 9 mars 1693 ; m 28 janv. 1719, à
Marie Avisse, à Beauport ; s [1] 8 juin 1735.—
Pierre, b [1] 7 nov. 1695 ; 1o m à Marie-Anne Le-
beau ; 2o m [1] 20 juillet 1729, à Elizabeth Gautier.
— *Charles-Milles*, b [1] 26 fév. 1698 ; m [1] 5 oct.
1729, à Geneviève Brisson ; s [1] 8 juillet 1730.—
Louis, b [1] 4 avril 1700.— *Marie-Catherine*, b [1] 9
nov. 1701 ; 1o m [1] 4 oct. 1728, à Pierre-Denis
Legris ; 2o m [1] 6 sept. 1739, à Pierre Jebanne.

1657, (2 octobre) Québec. [1]

I. — TREMBLÉ, Pierre, cultivateur, b 1626, fils
de Gilbert et de Jeanne Coignet, de Randon-
nay, évêché de Chartres, au Perche.
Achon, Ozanne, b 1633, fille de Jean et d'Hélène
Regourde, de St. Pierre Avand, évêché de
LaRochelle, en Aunis ; s [1] 24 déc. 1707.
Madeleine, b [1] 22 août 1658 ; m 25 nov. 1671, à
Nicolas Roussin, à l'Ange-Gardien. [2]— *Anonyme*,
b [1] et s [1] 25 août 1659.— *Pierre*, b [1] 12 août
1660 ; 1o m 3 nov. 1683, à Madeleine Simart, à
Ste. Anne [3] ; 2o m [1] 15 nov. 1685, à Marie Roussin.
— *Michel*, b [1] 10 sept. 1662 ; m 1693, à Geneviève
Bouchard.— *Jacques*, b 23 juin 1664, au Château-
Richer [4] ; m [3] 5 nov. 1696, à Agathe Lacroix.—
Marguerite, b [4] 4 oct. 1665 ; m [2] 14 avril 1687, à

Jean Savard ; s 30 août 1694, à Charlesbourg. — *Louis*, b [4] 30 sept. 1667 ; l° m [2] 27 nov. 1691, à Marie Perron. — *Louise*, b [4] 21 oct. 1669, m [2] 6 nov. 1689, à Ignace Gasnier. — *Jeanne*, b 1672 ; m [2] 15 janv. 1091, à Antoine Perron. — *Anne*, b [2] 19 mars 1673, m [2] 10 fév. 1698, à Jean Peymart, — *Jean*, b [4] 21 avril 1675 ; s [3] 1er août 1684, (noyé) — *Marie-Dorothée*, b [2] 27 avril 1677 ; m [2] 30 avril 1703, à François Pelletier.

1683, (3 novembre) Ste. Anne. [3]

II. — TREMBLAY, Pierre,   [Pierre I.
1° Simard, Marie-Madeleine,   [Noel I.
s [3] 24 août 1684.
Pierre, b [3] 25 août 1684.

1685, (15 novembre) l'Ange-Gardien.

2° Roussin, Marie,   [Nicolas II.
Geneviève, b 23 janv. et s 28 fév. 1690, à la Baie St Paul. [4] — *Etienne*, b [4] 26 déc. 1690.

1691, (27 novembre) l'Ange-Gardien. [2]

II — TREMBLAY, Louis,   [Pierre I.
1° Perron, Marie.   [Daniel I.
Marie, b [2] 28 sept. 1692.

1706, (19 juillet) Ste. Anne.

2° Morel, Françoise,   [Guillaume I.

1716, (26 août) l'Ange-Gardien.

3° Letartre, Marie,   [Charles II.
veuve de Charles Brisson.

1693.

II — TREMBLAY, Michel.   [Pierre I.
Bouchard, Geneviève,   [Claude I.
Antoine, b 1694 ; m 14 mai 1724, à Marie-Anne Pilote, à Quebec [1] ; s [1] 12 fév. 1758. — *Ursule*, b... ; m [1] 22 oct 1730, à Charles Pilote. — *Marie-Angélique*, b 29 sept. 1690, à la Baie St. Paul.

1696, (5 novembre) Ste. Anne. [1]

II. — TREMBLAY, Jacques,   [Pierre I.
Lacroix, Agathe,   [François I.
Marguerite, b [1] 29 avril 1700. — *Jacques*, b 31 août 1702, à l'Ange-Gardien [2] ; m [2] 6 avril 1728, à Angélique Quentin. — *Brigite*, b [1] 1er mars 1704 ; m [2] 31 juillet 1730, à Charles Bisson — *Pierre*, b [2] 11 mai 1706. — *Louis*, b [2] 20 janv. 1709. — *Michel*, b 29 juin 1711, au Château-Richer. — *Augustin*, b [2] 20 mars 1715. — *François*, b [2] 30 août 1719.

TREMENNE. — Voy. Turmel, Jean.

TREMPE. — Voy. Piette — Courville.

TREPAGNY. — Voy. De Trepagny — Trepanier.

I. — TRÉPIÉ, Jean, s 1er déc. 1663, aux Trois-Rivières.

TRESNY. — *Variation* : Tresnay.

I. — TRESNY dit Laverdure, Léonard, archer du Grand Prévost de la Maréchaussée de Québec, b 1642, fils de Jean et de Marie Truffi, de St. Jean-de la Chaise, évêché de Xaintes ; s [2] 26 juillet 1714.
1° Richer, Jeanne, b 1606, veuve de Jean Bonneau ; s 8 nov. 1684.

1685, (5 mars) Charlesbourg. [2]

2° Duhaut, Marie-Anne,   [Jacques I.
Jacques, b [2] 15 déc. 1687. — *Marie-Elizabeth*, b [2] 20 août 1690. — *Michel*, b [2] 22 fev. 1693. — *Charles*, b [2] 20 nov. 1695. — *Mathurin-Pierre*, b [2] 17 déc. 1697.

1688, (18 octobre) Lachine.

I. — TRIAULT, Simon, fils de Jean et de Marie Grosyeux, de Marsillac, évêché d'Angoulême.
Jolivet, Marie-Charlotte, veuve de Léonard Girardin

I. — TRIOLET dit Larivière, Jacques, soldat de M. Le Verrier, fils de George (maître-boulanger) et de Catherine Pilorgay, de Dinan, évêché de St. Brieux, Haute-Bretagne ; m 14 mars 1701, à Marie Roy, à Lachine.

I. — TRIPAUT, (1) Roch,
Aubert, Marie,   [Jacques I.

I. — TROIS-MONTS (De) Fromage, Nicolas, était présent au contrat de mariage de Nicolas Macard, en 1646, à Québec. — *Voy. la note de la page 401.*

I. — TRONQUET, Guillaume, notaire-royal et secrétaire du Gouverneur De Montmagny, était à Quebec de 1643 à 1646.

I. — TROTAIN dit Sanssoucy, Victor, était à Québec, en 1660.

1668, (16 août) Québec,

I. — TROTAIN, François, notaire-royal, b 1634, fils de François et de Jeanne Gripon, de St. Séverin, évêché de Xaintes ; s 11 fev. 1731, à Batiscan [2].
Hardy, Jeanne, b 1641, fille de Pierre et de Marie Daniau, de St. Jean du Perrot, évêché de La Rochelle ; s [2] 5 avril 1716.
Anne, b 1670 ; 1° m [2] 29 janv. 1691, à Antoine Choquet ; 2° m [2] 8 sept. 1704, à Guillaume Dupont. — *Marie-Marguerite*, b 15 mars 1681, à Champlain ; m [2] 2 juin 1704, à Mathieu Rouillard ; s [2] 28 mars 1723. — *Marie-Geneviève*, b... ; m [2] 7 janv. 1702, à Jacques Rouillard ; s [2] 18 mars 1751. — *Jeanne*, b... ; m 2 23 fév. 1705, à Jean Amont ; s 9 déc. 1705, aux Trois-Rivières. — *Marie-Charlotte*, b 1684 ; m [2] 2 août 1715, à Joseph Rouillard ; s [2] 21 janv. 1758.

---

(1) Corruption du nom de Jacques Rigaud.

TROTIER, — *Variations* : Desaulniers — LeSieur — Des Ruisseaux — De Beaubien — De la Bissonnière — De Bellecour — De Pumber — De Valcour — Des Rivières.

I — TROTIER, Jules, b 1590, de St. Martin d'Igé, au Perche ; s 10 mai 1655, aux Trois-Rivières [3] Loyseau, Catherine ; s avant 1663.

Julien, b 1636 ; m 10 août 1660, à Marie Sédilot, à Québec. [4] — *Antoine*, b..., à St. Martin, au Perche ; m [3] 2 sept. 1663, à Catherine Lefebvre ; s 6 déc. 1706, à Batiscan. [5] — *Pierre*, b 1644 ; m à Suzanne Migaud ; s [5] 8 janv. 1693 — *Jean-Baptiste*, b [4] 27 sept. 1646 ; m 1666, à Geneviève Lafond ; s [5] 25 mai 1703

I. — TROTIER, Gilles, interprète, b 1628 ; s 8 fév. 1658, à Montreal. Il laissa à l'Eglise, tout ce qu'il possédait en ce pays.

1660, (16 août) Québec.

II. — TROTIER, Julién,   [Jules I.
Sédilot, Marie, (1)   [Louis I.
Elizabeth, b 1664.

I. — TROTIER, Gilles
Marie-Catherine, b 1674, à Champlain : sœur dite St. François, C. N.-D. ; s 9 juillet 1701, à Montréal. — *Marguerite*, b 1675 ; sœur dite St Joseph, C. N.-D. ; s 6 oct. 1744, à Québec.

1663, (2 septembre). (2)

II. — TROTIER, (3) Antoine,   [Jules I.
marchand, s 6 déc. 1706, à Batiscan. [1]
Lefebvre, Catherine,   [Pierre I.
s [1] 30 nov. 1705.

Joseph, b... ; m 18 fév. 1700, à Françoise Cuillerier, à Montréal. — *Pierre*, b... ; m 12 oct. 1699, à Catherine Charets, à Lévis. — *Marie-Catherine*, b... ; 1o m [3] mai 1696, à Jean Cuillerier ; 2o m 1712, à François Picoté de Belestre — *Michel*, (4) b... ; 1o m 3 mai 1700, à Agnès Godfroy, aux Trois-Rivières [2] ; 2o m [2] 27 oct. 1715, à Thérèse Mouet. — *Noel*, b 1675 ; s [2] 14 avril 1720. — *François*, b 1679 ; 1o m 6 fév. 1703, à Marie-Anne Gouin, à Ste. Anne de la Pérade ; 2o m 12 avril 1714, à Françoise Mercereau, à Champlain [3] ; s [1] 20 avril 1744. — *Antoine*, b [3] 12 janv. 1681 ; m [3] 20 janv. 1708, à Marie-Charlotte Mercereau. — *Marie-Anne*, b [3] 23 avril 1682 ; 1o m [1] 8 juin 1697, à Raymond Martel ; 2o m 14 fév. 1712, à Louis Audet de Pierrecot, à St. François, Ile-Jésus. — *Jean-Baptiste*, b [1] 23 avril 1685 ; s [1] 8 mars 1696. — *Julien*, b [1] 21 juin 1687 ; m 1715, à Madeleine Duclos. — *Alexis*, b [3] 21 oct. 1688 ; m 6 janv. 1735, à Marie-Louise Roy, au Detroit [4] ; s [4] 5 juin 1769, (dans l'église). — *Paul*, b [3] 30 sept. 1692.

---

(1) Elle épouse René Blanchet.
(2) Date du contrat de mariage. — *Greffe d'Ameau.*
(3) Sieur des Ruisseaux.
(4) Sieur de Beaubien, seigneur de la Rivière du Loup des Trois-Rivières.

1666.

II. — TROTIER, Jean,   [Jules I.
s 25 mai 1703, à Batiscan. [1]
Lafond, Geneviève,   [Etienne I.
Marie-Madeleine, b 1667 ; 1o m [1] 18 janv. 1687, à Pierre Viel ; 2o m [1] 21 août 1698, à Jean Desranlot ; s [1] 22 mai 1747. — *Marie*, b 1668 ; m à Louis Guillet ; s [1] 24 juin 1739. — *Jean*, b... ; m [1] 14 nov. 1698, à Madeleine Rivard. — *Geneviève*, b... ; m [1] 5 sept. 1703, à Jean Rivard. — *Françoise*, b 1680, s [1] 24 mai 1683. — *Augustin*, b 28 fév. 1682, à Champlain [2] ; m [1] 24 nov. 1705, à Angélique Lefebvre ; s [1] 2 janv. 1750. — *Françoise*, b [2] 14 avril 1682 ; m [1] 20 avril 1700, à Mathurin Rivard ; s [1] 9 fév. 1706 — *Anne-Charlotte*, b [1] 7 nov. 1688 ; m [1] 4 fév. 1704, à Louis Baril. — *Marie-Josette*, b [1] 29 juin 1691 ; s [1] 15 août 1703. — *Elizabeth*, b [1] 30 juin 1693 ; m [1] 11 fév. 1710, à Antoine Germaine. — *Antoine*, b [1] 10 nov. 1695 ; m [1] 12 août 1715, à Catherine Massicot ; s [1] 1er sept. 1747.

1663.

II. — TROTIER, Pierre,   [Jules I.
s 8 janv. 1693, à Batiscan. [4]
Migaud, Suzanne, b 1648.
Joseph, b 1664 ; m 9 nov. 1688, à Jeanne Robillard, à Montréal [5] ; s 14 sept 1722, à Lachine. — *Benjamin*, b 1665. — *Marie*, b 1667 ; m 12 janv. 1682, à Ignace Lefebvre, à Champlain. [6] — *Agnès*, b... ; m [4] 24 nov. 1687, à Antoine Girard. — *Madeleine*, b 1676 ; m [5] 10 juin 1699, à Louis Hudert-Lacroix. — *Catherine*, b 1679 ; m [3] 3 nov. 1683, à Michel Lefebvre. — *Marguerite*, b... ; m [4] 25 nov. 1705, à Léon Langy ; s [4] 23 avril 1717. — *Marie-Anne*, b [4] 1er janv. 1683. — *Pierre*, b... ; m [6] 7 janv. 1710, à Jeanne Mercereau. — *Marie-Geneviève*, b [4] 13 avril 1689 ; m [4] 8 janv. 1711, à Rene Besnard.

1688, (9 novembre) Montréal. [9]

III. — TROTIER, Joseph, (1)   [Pierre II.
s 14 sept. 1722, à Lachine. [1]
Robillard, Marie-Jeanne,   [Claude I.
Joseph, b [9] 7 nov. 1689. — *Pierre*, b [9] 21 sept. 1691 ; m [1] 1er déc. 1717, à Marie-Catherine Roy. — *Marie-Jeanne*, b [9] 4 mai 1694 ; 1o m à François Martin ; 2o m [1] 11 janv. 1723, à Jean Ducharme. — *Marie-Jeanne*, b [9] 25 juillet 1696. — *Marie-Jeanne*, b [1] 3 mars 1699 ; 1o m [1] 26 fév. 1718, à Joseph Cécyre ; 2o m [1] 20 avril 1722, à François Roy. — *Marie-Thérèse*, b [1] 26 juillet 1701 ; m [1] 25 fév. 1721, à Joseph Ducharme. — *Marie-Françoise*, b [1] 8 mars 1704. — *Elizabeth*, b [1] 19 avril 1706 ; m [1] 20 nov. 1725, à Jean-Denis. — *Marie-Josette*, b 1708 ; m [1] 5 mars 1726, à François Lalonde.

1698, (14 novembre) Batiscan. [1]

III. — TROTIER, Jean,   [Jean II.
Rivard, Marie Madeleine,   [Robert II.
Jean-Baptiste, b [1] 16 nov. 1699. — *Louis*, (2)

---

(1) Seigneur de l'Ile aux Hérons.
(2) De la Bissonnière.

b 25 juin 1700, aux Grondines [2] ; m à Marie-Louise HAMELIN. — *François*, b [2] 17 fev. 1702. — *Marie-Madeleine*, b 9 janv. 1709, à Ste. Anne de la Perade. [5] — *Augustin*, b [5] 17 fev. 1711.

1696, (12 octobre) Lévis.

III. — TROTIER, (1) PIERRE,   [ANTOINE II.
CHARETS, Catherine,   [ETIENNE I.
Antoine-Pierre, b 3 sept. 1700, à Montréal [1] ; m 27 dec. 1723, à Marguerite CHERON, à Québec. [6] — *Marie-Madeleine*, b [1] 13 déc. 1701. — *Jacques*, b 24 mars et s [1] 30 mai 1703. — *Marguerite*, b [1] 24 sept. 1704. — *Etienne*, b 1710 ; 1° m [6] 9 nov. 1745, à Louise DAMOURS ; 2° m [6] 22 août 1763, à Jeanne POULIN. — *Thomas-Ignace*, b... ; m [6] 25 mai 1747, à Marie-Thomas DE FLEURY.

1671, (4 août). (2)

I. — TROUILLARD DE LA FORÊT, (3) PIERRE, fils de Pierre et de Françoise Jourdain, de l'archevêché de Bourges, en Berry.
BIDON, Marie,   [LOUIS I.

——

I. — TRU, GABRIEL, homme de confiance de M. Cauchon, au Château-Richer, natif de Carille ; s 4 oct. 1647, à Québec. (4)

1687, (14 avril) Pte-aux-Trembles (M) [1]

I. — TRUCHON DIT L'ÉVEILLÉ, LOUIS, b 1650, fils de Pierre et de Périnne Sirouer, de Daborel, évêché de Nantes, en Bretagne.
BEAUCHAMP, Marie, (5)   [JEAN I.
Louis, b [1] 1er janv. 1691 ; m 1719, à Marie-Elizabeth BESSIER. — *Marie*, b [1] 28 juillet 1693 ; m 1714, à Louis PLOUF. — *Pierre*, b [1] 14 juin 1696 ; m 3 juillet 1730, à Charlotte BOESMÉ, à Lachenaye. [2] — *Jean-Baptiste*, b [1] 24 mars 1699 ; m 26 nov. 1725, à Marie-Josette ETHIER, à Repentigny. — *Guillaume*, b 14 mai 1702, à St. François, I. J. [3], m 1727, à Thérèse FONTAINE-BIENVENU. — *Marguerite*, b [3] 11 mai 1704. — *Louise*, b... ; m [2] 11 août 1728, à Antoine CODERRE. — *Catherine*, b [3] 24 mai 1708 ; m [2] 11 août 1728, à Bernard GROTEAU

1652, (29 janvier) Québec. [1]

I. — TRUD, MATHURIN, b 1623, fils de Jean et de Simone Grossin, de Menzin, proche de Cognac.
GAREMAN, Marguerite,   [PIERRE I.
Elizabeth, b 28 sept. 1655, à Sillery. [2] — *Ursule*, b [1] 22 avril 1658 ; m 1671, à Antoine BISSON. — *Anne*, b [2] 20 août 1664 ; m à Nicolas VALLAIN. — *Claude-Françoise*, b [2] 15 mai 1667 ; 1° m à Louis BATTANVILLE ; 2° m [1] 3 fev. 1638, à Jean GUILLOT.

——

(1) Sieur Desaulniers, marchand.

(2) Date du contrat de mariage. — *Greffe d'Aubert.*

(3) *Le nom de Trouillard n'est autre que Rouillard,* (voyez ce nom, p. 528).

(4) Décédé à l'hôpital d'une blessure reçue dans une rencontre avec les Iroquois.

(5) Elle épouse, le 20 avril 1729, Jacques Robin, à Lachenaye.

s [1] 13 sept. 1744. — *Marie-Geneviève*, b [3] 17 sept. 1669 ; 1° m à Jean MORNEAU ; 2° m 6 juillet 1693, à Jean BRISSET, à Batiscan ; s 17 oct. 1703, à Ste. Anne de la Pérade. — *Catherine*, b [2] 29 fev. 1672 ; m 1691, à Sebastien MIGNERON. — *Marie-Geneviève*, b... ; 1° m, 1691, à Jean-Baptiste PIN ; 2° m 16 avril 1708, à Guillaume BOIVIN, à Ste. Foye. [4] — *Marie-Madeleine*, b [2] 9 déc. 1677 ; m 1699, à Jean ROUTIER ; s [4] 17 déc. 1708.

TRUDEAU. — Voy. TRUTEAU.

1655, (19 novembre) Québec. [2]

I. — TRUDEL, JEAN, tisserand, b 1629, fils de Jean et de Marguerite Noyer ; s 26 nov. 1699, à l'Ange-Gardien. [3]
THOMAS, Marguerite, b 1634, fille de Jean et de Marguerite Fredeux ; s [1] 1er sept. 1695.
Jeanne, b [2] 22 juillet 1656 ; 1° m à Jean JACQUET ; 2° m 1688, à Jean DEGERLAIS. — *Pierre*, b [2] 24 mars 1658 ; 1° m 26 fev. 1680, à Françoise LEFRANÇOIS, au Château-Richer [4] ; 2° m [3] 30 avril 1702, à Marguerite JACOB. — *Madeleine*, b [3] 13 juillet 1659. — *Nicolas*, b [4], 12, avril 1662 ; m [3] 7 janv. 1684, à Barbe LETARTRE. — *Antoine*, b [4] 16 sept. 1663 ; 1° m [3] 10 fév. 1691, à Madeleine GARIÉPY ; 2° m 30 avril 1696, à Jeanne THUILLIER, à Montréal. [5]. s [5] 22 mai 1701. — *Jean*, b [4] 14 mars et s [4] 24 déc. 1665. — *Philippe*, b [4] 1er avril 1667 ; m [3] 28 janv. 1696, à Catherine GARIÉPY. — *Jean*, b [4] 30 juin 1669 ; m [3] 8 janv. 1691, à Louise MATHIEU — *Marguerite*, b [3] 19 avril 1671 ; m [3] 10 janv. 1689, à Joseph BLONDEAU. — *François*, b [3] 23 avril 1673. — *François*, b 1674 ; s [3] 5 nov. 1685. — *Joseph*, b [3] 9 janv. 1676 ; m [3] 23 nov. 1693, à Catherine OSSANT.

1680, (26 février) Château-Richer.

II. — TRUDEL, PIERRE,   [JEAN I.
1° LEFRANÇOIS, Françoise,   [CHARLES I.
Marguerite, b 16 mars 1681, à l'Ange-Gardien [3] ; s [3] 16 nov. 1682. — *Angélique*, b [3] 4 août 1682 ; 1° m [3] 6 oct. 1701, à Jacques GARNAUD ; 2° m [3] 23 nov. 1711, à Jacques HUOT. — *Barbe*, b [3] 17 mars 1684 ; m [3] 20 août 1710, à Jacques ASSELIN. — *Louis*, b [3] 1er juin 1687 ; m [3] 27 août 1714, à Angélique TARDIF. — *Marie*, b [3] 21 août 1689 ; m [3] 11 août 1711, à Jean-Baptiste GUYON. — *Catherine*, b [3] 18 janvier 1692 ; m [3] 22 juillet 1715, à Jean BLOUIN. — *Pierre*, b [3] 13 fev. 1694 ; m [3] 19 nov. 1719, à Angelique GOULET. — *Anne*, b [3] 27 sept. 1695 ; m [3] 9 nov. 1716, à Jacques ASSELIN. — *Nicolas*, b [3] 4 janv. 1698 ; m [3] 22 janv. 1725, à Barbe TARDIF. — *Françoise*, b [3] 3 déc. 1699. — *Etienne*, b [3] 26 déc. 1701.

1702, (30 avril) l'Ange-Gardien. [3]

2° JACOB, Marguerite,   [ETIENNE I.
Marie-Marguerite, b [3] 19 fev. et s [3] 4 mars 1703. — *Charles*, b [3] 27 juin 1704 ; m [3] 16 oct. 1730, à Geneviève MATHIEU — *Geneviève*, b [3] 19 mars 1707 ; m [3] 7 fev. 1729, à François VALIN. — *Joseph*, b [3] 29 oct. 1709 ; m [3] 11 oct. 1734, à Marie MAROIST. — *Marguerite*, b [3] 27 avril 1713. — *Jean-Baptiste*, b [3] 19 déc. 1715. — *Louis*, b [3] 19 déc. 1718.

1684, (7 janvier) l'Ange-Gardien. ³
II. — TRUDEL, Nicolas, [JEAN I.
LETARTHE, Barbe, [RENÉ I.
Marguerite, b ³ 30 oct. 1684.— *Marie-Madeleine*,
b ³ 31 mai 1686; m ³ 1er août 1712, à Jacques
GENDRON. — *Barbe*, b ³ 11 oct. 1689, m ³ 16 avril
1708, à Antoine PARANT. — *Jean*, b ³ 3 mai 1692.
— *Thérèse*, b ³ 9 janv. 1694: m ³ 13 avril 1711, à
Jean CHORET. — *Geneviève*, b ³ 2 mars 1696; m ³
28 avril 1727, à Etienne PARANT. — *Louise*, b ³
20 déc. 1697, m ³ 8 fév. 1717, à Jean JULIEN. —
Marie, b ³ 15 août 1700; m ³ 25 sept. 1724, à
Prisque TRÉPAGNY. — *Nicolas*, b ³ 30 avril 1702.
s ³ 4 mars 1703. — *Nicolas*, b ³ 2 oct. 1704, m ³
6 avril 1728, à Claire TARDIF

1691, (8 janvier) L'Ange-Gardien. ³
II. — TRUDEL, JEAN, [JEAN I.
MATHIEU, Louise, [JEAN I.
Jean, b ³ 16 juin 1693; m ³ 8 fév. 1718, à Doro-
thée LIÉNARD. — *René*, b ³ 29 oct. 1694; m 29 oct.
1721, à Marie-Anne LIÉNARD, à la Pointe-aux-
Trembles de Québec ⁴— *Alexandre*, b ³ 7 sept.
1696; m ³ fév. 1723, à Marguerite BÉLANGER.—
Barbe, b ³ 19 mars 1698. — *Gabriel*, b ³ 2° oct.
1699; m ³ 9 oct. 1724, à Angélique GRÉGOIRE.—
Marguerite, b ³ 24 sept. 1702, s ³ 9 janv. 1703
Joseph, b ³ 13 mai 1704; 1° m ³ 22 sept. 1727, à
Rose HÉBERT; 2° m ³ 20 mars 1735, à Félicite
GRÉGOIRE. — *Pierre*, b ³ 20 janv. 1706; m ³ 30
janv. 1731, à Marie-Françoise LORIOT.— *Ambroise*,
b ³ 6 janv. 1708. — *Louise*, b ³ 27 déc. 1709 ; m ³
17 mai 1734, à Joseph DUHAY. — *François*, b ³ 21
août 1711. — *Nicolas*, b ³ 24 oct. 1713. — *Anonyme*, b et s ⁴ 24 sept. 1718.

1641, (10 février) l'Ange-Gardien.
II. — TRUDEL, ANTOINE, [JEAN I.
s 22 mai 1701, à Montréal ⁴
1° GARIÉPY, Madeleine, [FRANÇOIS I.
s ⁴ 17 nov. 1695.
Jacques, b ⁴ 7 nov. 1695 ; s ⁴ 28 juillet 1697.

1696, (30 avril) Montréal. ⁴
2° THUILLIER, Jeanne, (1) [JACQUES I.
Marie-Françoise, b ⁴ 28 mai 1697. — *Angélique*,
b 18 et s ⁴ 20 déc. 1698.— *Antoine*, b ⁴ 29 déc. 1699.

1693, (23 novembre) l'Ange-Gardien. ³
II — TRUDEL, JOSEPH, [JEAN I.
OSSANT, Catherine, (2) [ANTOINE I.
Marie-Catherine, b ³ 9 mars 1703 m ³ 3 fév.
1728, à Pierre GINOU. — *Raphael*, b ³ 2 nov. 1709.
— *Marguerite*, b ³ 8 janv. 1714; m ³ 18 juin 1731,
à Louis FAFART.

1696, (28 janvier) l'Ange-Gardien. ³
II.— TRUDEL, PHILIPPE, [JEAN I.
GARIÉPY, Catherine, [FRANÇOIS I.
Marie-Angélique, b ⁴ 3 déc. 1697; 1° m ⁴ 22
nov. 1717, à Nicolas LABERGE.- 2° m 9 avril 1731,
à Jean REGAULT, à St. Thomas.— *Jean*, b ⁴ 2 fév.

(1) Elle épouse, le 7 juillet 1704, Jean-Baptiste Le Cavalier.
à Montréal.
(2) Elle épouse, le 17 fév. 1711, Jean-Baptiste Gimel, à
l'Ange-Gardien.

1700 ; m ⁴ 29 janv. 1725, à Marguerite QUENTIN.
— *Catherine*, b ⁴ 18 mars 1702 ; m ⁴ 18 juillet
1718, à Louis ROUSSIN.— *Philippe*, b ⁴ 12 fév.
1704 ; m ⁴ 14 janv. 1732, à Françoise VÉSINAT.—
Marguerite, b ⁴ 2 juin 1705.— *Scholastique*, b ⁴
25 oct. 1706 ; m ⁴ 20 oct. 1727, à François HÉBERT.
— *Marie-Geneviève*, b ⁴ 25 mars 1708. — *Mrguerite*, b ⁴ 11 oct. 1709.— *Louis*, b ⁴ 29 sept. 1711.
— *Nicolas*, b ⁴ 7 janv. 1714.— *Louise*, b ⁴ 6 oct.
1715.— *Joseph*, b ⁴ 30 août 1717.

1694, (22 février) Montréal.
I. — TRULLIER DIT LACOMBE, JEAN, boulanger,
b 1666 ; s⁹ 25 juin 1744.
DELGUEL, Elizabeth, [JEAN I.
Marie-Anne, b⁹ 27 fév. 1695; m⁹ 23 nov. 1715,
à Jacques QUESNEL.— *Jean-Baptiste*, b 16 et s⁹ 11
déc. 1696.— *Jan*, b⁹ 17 nov. 1697; s⁹ 10 mars
1703.— *Marie-Madeleine*, b⁹ 3 sept. 1699, s⁹ 14
juin 1700.— *Dominique-Joseph*, b⁹ 26 mars 1701,
ordonné⁹ 16 mars 1726 ; s 27 juin 1764, à Lachenaye.— *Jeannie*, b⁹ 30 mai 1702 ; m⁹ 29 sept
1734, à Pierre GUY.— *Marie-Catherine*, b⁹ 10
déc. 1703 ; s⁹ 8 sept. 1732.— *Laurent*, b⁹ 15
sept. 1705; s⁹ 3 sept. 1706.— *Jean*, b⁹ 6 mars
1707; 1° m⁹ 9 août 1731, à Marie-Josette TRU-
TAUT; 2° m⁹ 21 mai 1735, à Geneviève GADOIS.—
Marie-Joselle, b⁹ 10 mars 1708 ; m⁹ 15 sept.
1738, à Jacques MOQUIN ; s 9 avril 1793, à Varennes.— *Geneviève*, b⁹ 21 avril 1709.— *Pierre*, b⁹
21 avril 1709.— *Jacques*, b⁹ 26 oct. 1711 ; s⁹ 8
janv. 1715.— *Jacques*, b 1er et s⁹ 11 fév. 1715.

I.— TRULLIER DIT LACOMBE, JEAN-BAPTISTE,
frère du précédent.
BROSSEAU, Marie-Anne, [DENIS I.
René, b 15 fév. 1709, aux Trois-Rivières. I.—
Claude, b 1 11 oct. 1711; s ⁴ 24 mai 1713.—
Jacques, b 1 13 janv. 1716.— *Marie-Anne*, b 1 28
avril 1718; m 1 17 août 1738, à Michel DE SERRES.
— *Louise-Charlotte*, b 1 17 août 1721 ; m 1 15 janv.
1745, à Jean LEROUX.— *Marie-Madeleine*, b 1 24
mai 1724; m 1 29 janv. 1748, à Simon BÉLISLE;
s avant 1756.— *Jean-Baptiste*, b 1 12 déc. 1726; s 1
12 oct. 1733.— *Louis-Joachim*, b 2 et s 1 13 avril
1729.— *François*, b 1 2 avril 1729. — *Marguerite*,
b 1 16 déc. 1732.

1667, (10 janvier) Montréal. ⁶
I.— TRUTEAU, (TRUDEAU), ETIENNE, maître-
charpentier, fils de François (maître-maçon)
et de Catherine Matinier, de N.-D. de Cogne,
évêché de LaRochelle.
— BARBIER, Adrienne, [GILBERT I.
— *Etienne*, b⁶ 14 nov. 1667; m⁶ 23 nov. 1698, à
Marie BLOT.— *Pierre*, b⁶ 24 sept. 1669.— *Marie*,
b⁶ 27 janv. 1672; m⁶, 27 nov. 1690, à Jean
ARNAUD.— *François*, b⁶ 21 déc. 1673.— *Tous-
saint*, b⁶ 19 janv. 1676; 1° m 23 nov. 1705, à
Barbe GOUYOU, à Longueuil ; 2° m à Michel
DUDUC.— *Nicolas*, b⁶ 20 fev. 1678, s⁶ 21 juin
1699.— *Jean-Baptiste*, b⁶ 11 avril 1680.— *Joseph*,
b⁶ 20 juillet 1682.— *Charles*, b 25 mars 1684, à
Boucherville.— *Laurent*, b⁶ 11 mars 1686.—
Louis, b⁶ 7 déc. 1687.— *Bertrand*, b⁶ 7 août
1689.— *Augustin*, b⁶ 23 sept. 1691.— *Jacques-
Antoine*, b⁶ 19 nov. 1694.

1698, (10 novembre) Montréal. [4]

II. — TRUDEAU, Pierre,   [Etienne I.
Menard, Marie-Charlotte,   [Jean-Baptiste I.
Pierre, b [4] 12 nov. 1699. — *Marie-Joselle,* b [4] 1er
mars 1701. — *Marie-Catherine,* b [4] 3 avril 1702 ;
s [4] 29 avril 1703. — *Charlotte,* b [4] 24 juillet 1703.
— *Pierre,* b [4] 16 dec. 1704.

1699, (23 novembre) Montréal. [3]

II. — TRUTEAU, Etienne,   [Etienne I.
Blot, Marie,   [François I.
Etienne, b... ; m à Agnès Gariépy. — *Marie,* b [3]
6 oct. 1705.

1669, (29 avril) Montréal [1]

I. — TUILLIER, (1) Jacques, fils de Jean et de
Gilette Louier.
Bernard, Jeanne, fille d'Hugues et de Perinne
Destournère.
Jean, b [1] 19 fév. 1670. — *Marie-Anne,* b [1] 26
janv. 1673 ; m [1] 24 nov. 1698, à Pierre Cardinal
— *Jeanne,* b [1] 3 janv. 1676 ; 1o m [1] 30 avril 1696,
à Antoine Trudel ; 2o m [1] 7 juillet 1704, à Jean-
Baptiste Le Cavalier. — *Elizabeth,* b [1] 26 avril
1679 ; m [1] 24 nov. 1698, à Rene Beaujean. — *Jac-
ques,* b [1] 16 et s [1] 18 sept. 1681. — *Thérèse-Angé-
lique,* b [1] 17 oct. 1683 ; m [1] 12 janv. 1699, à Pierre
Desautels. — *Jacques,* b [1] 20 oct. 1685. — *Nicolas,*
b [1] 3 avril 1689.

1671, (12 octobre) Quebec.

I. — THUILLIER dit La Tour, Crespin, fils d'Urbain et de Florence Paillo, de St. Sauveur de
Peronne, évêche de Noyon, en l'Ile de France.
1o Canard, Marie-Madeleine, fille d'Henry et de
Marie Durand, de St. Sulpice de Paris ; s 30
oct. 1672, à Boucherville, noyée.
     1673, (18 septembre) Québec.
2o Braconnier, Jeanne, (2) fille de Nicolas et de
Claude Brunet, de Ste. Marguerite de Paris.
Jacques, b 11 août 1674, à Boucherville [9] ; s [9]
24 juillet 1675. — *Jeanne,* b 13 janv. 1676, à
Montreal.

I. — TSIHENE, René, d'Onontagué.
Moufflet, Anne.

I. — TUNIO, Pierre.
Rousseau, Anne, b 1636 ; s 8 mars 1681, à
Champlain.

1651.

I. — TURCOT, Jean.
Capel, Françoise, (3) b 1626, fille de Julien et
de Laurence Lecomte.
Jacques, b 4 sept. 1652, aux Trois-Rivières ;
m en 1677, à Anne Desnosiers : s 6 avril 1699, à
Champlain.

---

(1) Appelé Des Tuilliers et Des Vignets.

(2) Elle épouse, le 16 oct. 1675, Charles Edeline, à Boucherville.

(3) Elle épouse, en 1654, Jacques Lucas.

1662, (27 novembre) Château-Richer. [2]

I. — TURCAULT, Abel, meunier, b 1631, de
Moulleron, évêché de Maillezais, au Poitou ;
s 17 sept. 1687, à Ste. Famille. [3]
Girou, Marie, b 1641, de Latremblette, évêché
de La Rochelle.
François, b [2] 19 sept. 1663 ; m [3] 16 nov. 1688,
à Marguerite Ouimet. — *Marie,* b [2] 14 déc. 1664 ;
m [3] 29 oct. 1682, à Noel Charlan. — *Geneviève,*
b 1666 ; m [3] 13 nov. 1685, à Antoine Bilodeau.
— *Françoise,* b [3] 16 avril 1668 ; m [3] 13 nov. 1686,
à Jacques Plante. — *Anne,* b [3] 17 mars 1670 ; m [3]
6 juin 1689, à Simon Bilodeau. — *Renée,* b [3] 1er
mai 1672 ; m [3] 27 août 1703, à Nicolas Asselin.
— *Marie-Madeleine,* b [3] 4 mars 1676 ; m [3] 3 mai
1700, à Pierre Lepage — *Louis,* b [3] 18 août 1678 ;
m 15 fév. 1706, à Marguerite Lepage, à St. François, Ile d'Orléans. — *François,* b 1680.

1679.

II. — TURCOT, Jacques,   [Jean I.
juge de Champlain, en 1691 ; s 6 avril 1699, à
Champlain. [1]
Desrosiers, Anne, (1)   [Antoine I.
Etienne, b [1] 14 janv. 1680 ; s [1] 1er nov. 1692. —
Alexis, b [1] 24 mars 1682 ; m [1] 12 janv. 1709, à
Madeleine Dubord. — *Madeleine,* b [1] 8 juillet 1685 ;
m 26 fev. 1712, à François Rivard, à Batiscan. —
Marie-Madeleine, b [1] 4 mars 1687 ; m [1] 30 janv.
1703, à Jean-Baptiste Toupin. — *Jacques-Fran-
çois,* b [1] 5 déc. 1688 ; s [1] 2 fev. 1689. — *Anne-
Céleste,* b [1] 24 janv. 1690 ; m [1] 24 nov. 1712, à
Jean-Baptiste Bigot. — *Françoise,* b [1] 23 déc.
1691. — *Thérèse,* b [1] 16 sept. 1695. — *Marie-
Jeanne,* b [1] 14 juillet 1697 ; s [1] 18 août 1698. —
Joseph, b [1] 8 oct. 1699.

1688, (16 novembre) Ste. Famille. [2]

II. — TURCAULT, François.   [Abel I.
Ouimet, Marguerite,   [Jean I.
Marie, b [2] 15 sept. 1689 ; s [2] 4 fév. 1703. —
François, b [2] 13 janv. 1692. — *Jacques,* b 20 janv.
1694. — *Simon,* b [2] 20 juillet 1696 ; m 2 fev. 1722,
à Marie-Madeleine Godbout. — *Marie-Anne,* b [2] 15
nov. 1698. — *Joseph,* b [2] 30 sept. 1702. — *Nicolas,*
b [2] 26 nov. 1704.

1688, (12 janvier) Québec. [2]

I. — TURGOT, Jean, fils d'Antoine et de Jeanne
Mandin, de Savanne, évêché de Luçon, au
Poitou.
Rose, Marie,   [Noel I.
    à 20 juin 1711, à Charlesbourg [3]
Pierre, b 5 nov. et s 10 dec. 1688, à Montréal.
— *Jean,* b [2] 25 juillet 1690 ; m [3] 10 fév. 1716, à
Marie-Anne Martin. — *Marie-Angélique,* b [2] 6
sept. 1691 ; 1o m [3] 1er fév. 1712, à Pierre Choret ;
2o m 5 oct. 1750, à Jacques Massier, au Sault-au-
Récollet. — *Louis-Gabriel,* b [3] 13 oct. 1692. —
Pierre, b [3] 13 janv. 1694. — *Marie-Thérèse,* b [2] 25
mars 1695 ; m [5] 24 avril 1713, à Charles Valin.
— *Marie-Catherine,* b [3] 30 nov. 1696. — *Etienne,*

---

(1) Elle épouse, le 24 avril 1702, Jean Debidabée, à Champlain.

b 16 sept. 1698. — *Marie*, b ³ 19 avril 1701 ; s ³ 19
janv. 1703.

1712, (14 décembre) P^{te}-aux-Trembles (Q.)

2° Ayot, Geneviève, veuve d Ignace Berard.

I. — TURET, Jacques, cordonnier, était à Quebec en 1677.

1648.

I. — TURGEON, Charles, de Beauport.
Lefebvre, Perinne, de Beauport.
Marie, b 1649, m 15 oct. 1665, à Abel Sagot, à
Quebec⁴ ; s ⁴ 21 août 1711 — *Jacques*, b 1651 ;
m 26 nov. 1704, à Marie Jean, à St. Etienne de
Beaumont⁵ ; s⁴ 12 dec. 1728. — *Pierre*, b...; m
16 nov. 1695, à Marie Caril, à Levis, s ⁴ a 1699.
— *Marie-Anne*, b 1659, hospitalière dite Ste. Mar-
the ; s ⁴ 15 avril 1725 — *Zacharie*, b ⁴ 12 mai
1664, m 24 oct 1691, à Isabelle Roy, à Beauport ⁶
— *Pierre*, b ⁴ 24 oct. 1666 ; s ⁴ 10 fév. 1667. —
Jean, b ⁴ 17 mai 1670 ; 1° m 1688, à Jeanne Lignot ;
2° m ⁶ 8 nov. 1691, à Anne-Thérèse Vachon ; s ⁶
4 oct. 1719.

1688.

II — TURGEON, Jean,   [Charles I.
1° Lignot, Jeanne.
Jacques, b 30 oct. 1689, à Quebec.

1691, (8 novembre) Beauport.

2° Vachon, Anne-Thérèse,   [Paul I.
Jean, b ⁵ 17 déc. 1692. — *Noel*, b ⁵ 8 mai 1694.
— *Pierre*, b ⁵ 3 sept. 1695, s⁵ 26 dec. 1714. —
Charles, b ⁵ 19 sept. 1697. — *Anne-Marguerite*, b ⁵
15 juillet 1699. — *Marie-Josette*, b ⁵ 9 oct 1701. —
Jacques, b ⁵ 28 avril 1703, s ⁵ 18 mars 1715. —
Marguerite, b ⁵ 19 fév. 1705. — *Marie-Charlotte*,
b ⁵ 4 dec. 1706; s ⁵ 30 mars 1715. — *Anonyme*,
b ⁵ et s ⁵ 4 déc 1706. — *Adrien-Alexis*, b ⁵ 10 oct
1708. — *Joseph-René*, b ⁵ 9 juin 1710. — *Marie-
Catherine*, b ⁵ 31 mars 1712. — *Pierre*, b ⁵ 23 oct.
1715. — *Jacques-François*, b ⁵ 10 avril 1717. —
Etienne-Zacharie, b ⁵ 8 mai 1719.

1691, (24 octobre) Beauport.

II. — TURGEON, Zacharie,   [Charles I.
Le Roy, Elizabeth,   [Nicolas I.
Charles, b 27 mai 1692, à Lévis. — *Jean*, b 20
sept. 1693, à St. Etienne de Beaumont ; 1° m 23
nov. 1723, à Marguerite Allaire, à Québec ; 2°
m 5 fév. 1737, à Madeleine Mimeau, à St. Michel.
— *Louis*, b ⁴ 19 avril 1695 ; m ⁴ 28 avril 1728, à
Angelique Couture. — *Joseph*, b ⁴ 14 janv. 1697 ;
m ⁴ 26 fév. 1732, à Marie-Josette Jérémie. — *Marie*,
b ⁴ 3 mars 1698 ; m ⁴ 9 nov. 1716, à Jean Bro-
deau. — *Elizabeth*, b ⁴ 20 janv. 1700 ; m ⁴ 12 janv.
1723, à Augustin Couture. — *Angélique*, b ⁴ 15
mai 1701 ; m ⁴ 12 janv. 1723, à Joseph Nadeau. —
Joseph, b ⁴ 29 juin 1704 ; m 1737, à Marie-Anne
Morin. — *Louise*, b ⁴ 6 mars 1706 ; m ⁴ 13 janv
1727, à Jean Nadeau. — *Geneviève*, b ⁴ 30 nov.
1707 ; m ⁴ 8 août 1729, à Joseph Couillard. —
Marie-Suzanne, b ⁴ 12 mars 1709 ; m ⁴ 12 janv.
1732, à Joseph Couture. — *Marguerite*, b ⁴ 4 janv.
1711 ; m 6 mai 1726, à Antoine Nadeau. — *Alexandre*, b ⁴ 17 avril 1714.

1695, (16 novembre) Lévis.

II. — TURGEON, Pierre,   [Charles I.
Carié, Marie,   [Jean I.
Joseph, b⁹ 9 nov. 1696 ; m 12 fév. 1721, à Marguerite Boutillet, à l'Ange-Gardien ; s ⁹ 19 mars
1765. — *Charles*, b ⁹ 8 sept. 1698 ; m 23 nov 1733,
à Catherine Lemoine, à Quebec.

I. — TURPIN dit Lafleur, François, de la ville
de Paris, soldat du camp-volant des Trois-
Rivières, en 1649 — *Greffe d'Audouard*, 1650.

1666.

I — TURPIN, Alexandre, maître-d'armes, b 1641.
1° De L'Or, Catherine, b 1641 ; s⁹ 9 mars 1683,
dans l'eglise de Montreal.
Jeanne, b 25 sept. et s 12 nov. 1666, à Quebec ⁵
— *Elizabeth*, b ⁵ 24 oct 1667 ; m ⁴ 24 mai 1683,
à Raphael Blauvais. — *Alexandre-Romain*, b ⁵ 2
juin 1670. — *Jean-Baptiste*, b ⁵ 7 oct 1673. —
Marie-Madeleine, b ⁵ 30 août 1677, m ⁴ 3 avril
1701, à Noel Le Vasseur.

1684, (30 octobre) Montreal.

2° Beauvais, Charlotte,   [Jacques I.
s ⁴ 25 déc. 1700.
Jean-Baptiste, b ⁴ 23 nov. 1685 ; m 5 mai 1710,
à Marguerite Fafart, au Detroit. — *Louise*, b 6
avril et s ⁴ 11 juillet 1687. — *Jeanne*, b 7 et s ⁴ 9
sept. 1688. — *Charlotte*, b ⁴ 13 juillet 1691 ; 1° m
à Nicolas Le Gros ; 2° m 10 sept. 1722, à Simon
Reaume, à Lachine. — *Louis*, b ⁴ 15 mai 1694. —
Joseph, b ⁴ 21 juin 1696. — *Jacques*, b ⁴ 25 juillet
16.8. — *Marie-Madeleine*, b ⁴ 18 déc 1700.

1702, (25 février) Montreal.

3° Gautier, Marie, (2),   [Pierre I.
Marie-Suzanne, b 17 août 1705, à Ste. Anne du
bout de l'île.

U

URBAIN, est un nom de baptême devenu nom
propre. — Voy. Foucquerau.

V

I — VACHER dit St. Julien, Sylvestre, b 1622,
tué par les Iroquois, près du lac aux Loutres ;
s 26 oct. 1659, à Montreal.

1671, (9 novembre) Québec.

I — VACHER dit Laserte, Guillaume, fils de
Guillaume et de Guilmette Vessonneau, de
St. Pierre, ville d'Angers.
1° Barillet, Anne, fille de Jean et d'Anne Bou-
dinier, de St. Sulpice de Paris.
Anonyme, b 22 et s 23 sept. 1672.

(1) Elle épouse, en 1700, Louis Lemieux.
(2) Le mari avait 60 ans, et sa femme 13 ans.

1685, (26 novembre) Trois-Rivières. [8]

2° BENOIST, Marguerite, [GABRIEL I.
Jean-Charles, (1) b [8] 12 mars 1686 ; m [8] 5 nov.
1709, à Claire BERGERON. — *Marie-Madeleine*, b [8]
16 mars 1689. — *Marie-Marguerite*, b [8] 2 juillet
1691. — *Guillaume*, b [8] 25 sept. 1693. — *Marie-
Louise*, b [8] 19 janv. 1696. — *Marie-Agathe*, b [8] 19
juillet 1697. — *Marie*, b [8] 27 déc. 1702. — *Françoise*, b [8] 12 janv. 1705. — *Marie-Thérèse*, b [8] 26
juin et s [8] 4 juillet 1707. — *Jean-Baptiste*, b [8] 20
nov. 1708. — *Michel*, b [8] 19 avril 1711.

1671, (26 octobre) Québec. [1]

I. — VACHER, PIERRE, fils de Jacques et de Marie
Morin, de St. Saturnin, évêché de Poitiers.
SONNOIS, Thérèse, fille de Nicolas et de Roberde
Chittie, de St. Germain, evêché de Langres, en
Champagne.
Jeanne-Angelique, b [1] 27 août 1672.

VACHON.—*Variations :* PAMERLAUX—POMERLOT.

I —VACHON, PIERRE, du pays de Caux, se noya,
le 1er mai 1640, avec Jean Amelue, de Rouen,
en traversant le Père Claude Pijart, de N.-D.
des Anges, à Québec [1] ; s [1] 3 juin 1640.

1653, (22 octobre) Québec. [4]

I. — VACHON, PAUL, notaire-royal, b 1630, fils
de Vincent et de Sapience Vateau, de Comp-
Chamer, au Poitou, s 25 juin 1703, à Beauport. [2]
LANGLO S, Marguerite, [NOEL I.
s [2] 25 sept. 1697.
Paul, b [4] 9 nov. 1656 ; ordonné [4] 21 déc. 1680, s [7]
mars 1729, au Cap de la Madeleine. — *Marguerite*,
b [4] 1er sept. 1658 ; m à Jean-Robert DUPRAC ; s [2]
24 juin 1703 — *Vincent*, b [4] 19 fev. 1660 ; m [2] 25
juin 1685, à Louise CADIEU ; s [2] 4 déc. 1716. —
Louise, b [4] 28 mai 1662 ; m 1679, à Leonard
PAILLART. — *Marie-Madeleine*, b [4] 15 août 1664 ;
m [2] 26 nov. 1681, à Raphael GIROUX ; s [2] 26 sept.
1715. — *Marie-Charlotte*, b [4] 18 sept. 1666. —
Noel, b [4] 13 janv. 1669, m [2] 24 oct. 1695, à Monique GIROU ; s 12 août 1699. — *Pierre*, b [4] 31 mai
1671 , m [4] 5 mars 1696, à Marie-Catherine Sou-
LARD ; s [2] 17 janv. 1703. — *Anne-Thérèse*, b [2] 23
juillet 1674 ; m [2] 8 nov. 1691, à Jean TURGEON. —
Marie-Madeleine, b [2] 18 mars 1680 ; m [2] 23 nov.
1699, à Pierre VALLÉE ; s [2] 18 fév. 1703. — *Marie-
Françoise*, b...; 1° m [2] 4 fév. 1698, à François
BINET ; 2° m [2] 4 fév. 1709, à Jean DE L'ESPINAY. —
Guillaume, b [2] 13 déc. 1682 ; s [2] 28 déc. 1702.

1685, (25 juin) Beauport. [7]

II. — VACHON DIT LAMINÉE, VINCENT, [PAUL I.
s [7] 4 déc. 1716.
CADIEU, Louise, [CHARLES I.
s [7] 21 janv. 1703.
Paul, b [7] 11 juillet 1685 ; s [7] 18 janv. 1703. —
Marie-Françoise, b [7] 8 mars 1689 ; m [7] 11 janv.
1712, à Jean MÉNARD — *Louis*, b [7] 2 sept. 1691 ;
m [7] 16 nov. 1716, à Marie-Louise MAILLOU. —

(1) Filleul du Gouverneur Gauthier, de Varennes.

François, b [7] 31 oct. 1693 ; m [7] 14 nov. 1718, à
Marguerite GIROU. — *Marie-Louise*, b [7] 11 juin
1696 ; m [7] 5 fev. 1719, à Pierre MAILLOU. —
Marie-Charlotte, b [7] 6 mars 1687 ; m [7] 2 sept.
1720, à Antoine PARANT. — *Vincent*, b [7] 27 nov.
1698. — *Marie-Anne*, b [7] 1er déc. 1700 ; m [7] 6 nov.
1719, à Charles GARNIER.

1695, (24 octobre) Beauport. [9]

II. — VACHON DIT PAMERLAUX, NOEL, [PAUL I.
s 12 août 1699, à Quebec.
GIROU. Monique, [TOUSSAINT I.
Noel, b [9] 5 août 1696 ; m [9] 16 janv. 1719, à
Marie-Jeanne BÉLANGER. — *Marie-Madeleine*, b [9] 3
juin 1698 ; m [9] 6 juillet 1716, à Nicolas MONGEON.
— *Marie-Anne-Joselte*, (posthume) b [9] 31 déc.
1699, s [9] 4 juillet 1718.

1696, (5 mars) Québec.

II. — VACHON, PIERRE, (1) [PAUL I.
s 17 janv. 1703, à Beauport. [8]
SOULARD, Marie-Catherine, (2) [JEAN I.
Jean-Baptiste, b [9] 6 avril 1697 ; s [3] 20 fév 1703.
— *Marie-Catherine*, b [3] 2 juin 1698 ; m 9 mai
1718, à Joseph LETARTRE, à l'Ange-Gardien. —
Noël, b [9] 13 fév. 1700 ; m [5] 6 oct. 1727, à Marie-
Charlotte MARETTE. — *Marie-Madeleine*, b [3] 5 nov.
1701 ; s [3] 4 janv. 1703.

VAILLANCOUR. — *Variation et surnom :* VI-
LANCOUR — DE LIANCOUR. (3)

1668.

I. — VAILLANCOUR, ROBERT, b 1640, de l'évê-
che de Rouen ; s 9 juin 1699, à Ste. Famille. [9]
GOBEIL, Marie, [JEAN I.
Jean, b [9] 16 avril 1671 ; m 29 août 1701, à Marie
HUOT, à Québec [9] ; s [9] 19 janv. 1703 — *Marie-
Anne*, b [9] 7 mai 1672 ; m [9] 13 fév. 1691, à René
BÉRIADE — *Marie*, b [9] 5 sept 1674 ; m 1697, à
Jean-Baptiste MICHAUD ; s... — *Jean*, b [9] 21 août
1676 ; m [9] 29 oct. 1701, à Marie HUOT — *Robert*,
b [9] 11 avril 1678 ; 1° m 28 sept. 1704, à Geneviève
DES TROIS-MAISONS, à St. Thomas ; 2° m 1713, à
Marie-Anne DURAND ; 3° m 1715, à Marie-Suzanne
LAMY. — *Louise*, b [9] 17 mars 1680 ; m [9] 3 nov.
1698, à Pierre DUMAS. — *Paul*, b [9] 2 juin 1682. —
Joseph, b [9] 23 juillet 1684 ; m 2 mai 1707, à Marie
MULOIN, à St. François, I. J. — *François*, b [9] 1er fev.
1687, à St. Pierre, I. O. ; m à Marie-Josette COR-
BEIL — *Marie-Charlotte*, b [9] 8 mai 1689. — *Jeanne*,
b 23 juin 1691. — *Bernard*, b [9] 27 mars 1695

1688, (29 février) Batiscan. [5]

I. — VAILLANT, PIERRE, fils de Philippe et de
Jacqueline Hétière, du Parou, évêché de
Poitiers.

(1) Dit Desfourchettes.

(2) Elle épouse, le 25 juin 1705, Louis Garnaut, à Beauport.

(3) Ce nom se trouve au recensement de 1681.

FAUCHÉ, Jeanne, b 1649, veuve d'Antoine Leduc; s 21 nov. 1721, à Ste. Anne de la Pérade. [9]
Pierre-René, b [6] 24 mai 1689, m 23 mai 1717, à
Anne GAUTIER, à Varennes — *Louis*, b [9] 16 mars
1696. — *Marie*, b... ; m [2] 7 janv. 1722, à Claude
BIGUÉ.

VAINE. — Voy. VOYNE.

VALADE, MARIE, b 1644, fille d'André et de Sara
Cousseau ; 1° m 26 nov. 1663, à Jean CADIEU,
à Montréal [1], 2° m [1] 9 fév. 1682, à Philippe
BOUDIER.

VALADE, MARIE, fille d'André et de Sara Cousseaux, de St. Nicolas, evêché de LaRochelle,
b en 1644, en France, 1° m 10 août 1658, à
Michel L'HOMME, à Québec [4], 2° m [4] 28 janv.
1677, à Jacques LEMEILLEUR ; s [4] 5 mars
1724.

1669, (10 novembre) Québec.

I. — VALADE, GUILLAUME, fils d'André et de Jean
Cousseau, de St. Sauveur, évêché de LaRo-
chelle.
1° ENGELIN (ASSELIN), Françoise, b 1656, fille de
Gilles et de Catherine Clement, de St. Martin,
Ile-de-Rhé, évêché de LaRochelle ; s 23 sept.
1711, à Charlesbourg. [5]
Jacques, b [4] 19 mai 1673. — *Guillaume*, b [5] 31
août 1689, m 8 janv. 1713, à Marie-Josette DE-
GUISE, à Montréal. — *Jeanne*, b [5] 28 juillet 1680 ;
s [5] 5 fev. 1682. — *Madeleine*, b [4] 30 août et s [4] 23
sept. 1676. — *Marie*, b... ; m [5] 22 nov. 1694, à
Jacques BAILLARD ; s [6] janv. 1747, au Sault-au-
Recollet. — *Marie*, b [4] 21 sept. 1677 ; 1° m [5] 20
fév. 1708, à Pierre LAROCHE ; 2° m [4] 25 mai 1747,
à Pierre DUBREUIL. — *Jean*, b [4] 17 août 1682 ; m [5]
1er fév. 1706, à Anne GOTREAU — *Françoise*, b [4]
29 janv. 1693. — *Nicolas*, b [5] 21 janv. 1685 —
Marguerite, b [5] 1er sept. 1687. — *Charles*, b [5] 28
fev. 1691. — *Jeanne*, b [5] 2 sept 1696, s [5] 5 août
1697. — *Catherine*, b [5] 25 juin 1698.

1712, (30 mai) Québec. [4]

2° CHALUT, Jeanne,   [PIERRE I.
veuve de Joachim Girard ; s [4] 1er mai 1735.

VALCOUR — Voy. MORIN — TROTIER.

VALETTE. — Voy. CHEVIGNY.

I. — VALET, CLAUDE, serviteur des Jésuites, en
1641.

I. — VALETS, JEAN, b 1633, de Teillé, évêché
du Mans, au Maine : s mai 1660, Arrivé en
Canada, en 1653, compagnon d'armes de
Dollard, et massacré en mai 1660, au Long-
Sault par les Iroquois. — *Voy. la note de la
page 197.*

I. — VALIN, NICOLAS, s 28 oct. 1699, à Lorette [5]
TRUD, Marie-Anne.   [MATHURIN I.
Jean-François, b [5] 4 déc. 1680 ; s [5] 10 déc. 1681.
— *Pierre*, b [5] 7 juillet 1683. — *Ignace*, b [5] 11 mai

1696. — *Marie-Anne*, b [5] 2 mars 1699 ; s [5] 3 fev.
1703. — *Charles*, b... ; 1° m 24 avril 1713, à Therèse TURCOT, à Charlesbourg [6], 2° m [6] 14 oct. 1715,
à Louise DARVEAU — *François*, b 7 fév. 1729, à
Geneviève TRUDEL, à l'Ange-Gardien.

1658, (23 septembre) Montréal. [5]

I. — VALIQUET DIT LAVERDURE, JEAN, b 1633,
fils de Jean et de Nicole Langevin, de St.
Vincent, évêché d'Angers, en Anjou.
LOPPE, Renée, b 1643, fille de Jean et de Marie
Despres, de St. Jean de la Mothe, évêché du
Mans, au Maine.
Mathurin, b [5] 16 sept. 1660 ; s 21 nov. 1680, à
Boucherville. — *Marie*, b [5] 20 déc. 1662 ; 1° m [5]
20 mars 1679, à Louis LEDOUX ; 2° m 12 mars
1713, à Isaac BRIEN, à Varennes. — *Elizabeth*, b [5]
27 avril 1665 ; 1° m [5] 28 avril 1680, à Antoine
DUPRÉ, 2° m 13 mars 1690, à Jean-Baptiste ME-
NARD ; 3° m [6] 22 avril 1703, à Charles FRANÇOIS.
— *Hélène*, b [5] 19 oct. 1667 ; m [6] 6 nov. 1684, à
Jacques MARTINDAUT. — *Françoise*, b [5] 23 fev.
1670. — *Catherine*, b [5] 10 juin 1672. — *Jean*, b [5]
25 sept. 1674. — *Pierre*, b [5] 14 nov. 1676, m [5] 15
août 1701, à Elizabeth CAMPEAU.

VALLÉE, (DE LA) — Voy. LE GANTIER.

1666, (4 fevrier) Château-Richer.

I. — VALLEE, (LA VALLÉE) JEAN, b 1642, fils de
Pierre et de Madeleine Dumesnil, de St. Jean
évêché de Rouen, en Normandie.
MARTIN DIT AMELIN, Marie, (1), b 1650, fille de
de Jacques et de Marie Lemaître, de N. D. de
Cogne, evêché de La Rochelle, en Aunis.
Marie-Madeleine, b [23] juillet 1668, à Ste. Famille [5] ; m 12 fév. 1685, à Philippe LÉTOURNEAU,
à Québec. — *Charles*, b [5] 13 fév. 1670 ; m 3 fev.
1694, à Ursule GENDRON, à Ste. Anne de la Pérade.
— *Elizabeth*, b [5] 4 avril 1672 ; m [5] 22 mai 1692,
à Jean-Joseph BELON.

I. — VALLET, RENÉ, b 1645.
    Jeanne, b 1635.

VALLÉE, (LA) PIERRE. — Voy. LA VALLÉE

I. — VALLÉE, (LA)
    Madelon.
Joseph, b 28 nov. 1674, aux Trois-Rivières. [1]
Anonyme, b [1] 6 oct. 1676.

1694, (3 fevrier) Ste. Anne de la Pérade. [2]

II. — VALLÉE, CHARLES,   [JEAN I.
GENDRON, Ursule,   [JEAN I.
Pierre-Charles, b [2] 7 juillet 1695 ; m [2] 24 janv.
1724, à Marguerite GAMPAGNA. — *Marguerite*, b [2]
20 janv. 1698. — *Pierre*, b [2] 29 mars 1699 —
Marie-Anne, b [2] 30 mars 1701. — *Elizabeth*, b [2] 28
fev. 1703 ; m [2] 18 mai 1722, à Pierre GERVAIS. —
Jacques, b [2] janv. 1705. — *Michel*, b 10 mai 1707.
— *Marie-Angélique*, b [2] 27 oct. 1711. — *Marie-
Renée*, b [2] 26 janv. 1715. — *Dorothée*, b [2] 16 mai
1717. — *Louis*, b 12 sept. 1720.

(1) Elle épouse, le 5 décembre 1673, Jacques Chartier, à
Ste. Famille.

1687, (9 avril) St Laurent, I. O.

I. — VALERON dit Lacroix, Jean, b 1660, fils de Jean et de Marie Allaire, de St. Vivier, de la ville et de l'evêché de Xaintes.
Dalbret, Marie-Anne,   [Martin I.

1670, (8 septembre) Québec. [2]

I. — VALIÈRE, (1) Pierre, fils de Louis et de Périnne Fournier, de St. Pierre de Segonzacq, evêché de Xaintes.
Lagou, Anne, b 1656, (2) fille de Pierre et de Marie Boiscochin, de St. Etienne du Mans, au Maine.
Pierre, b [2] 4 et s [2] 15 oct. 1671. — *Marie-Anne,* b [2] 26 oct. 1672 , m 12 oct. 1693, à François Bouchard, à la Pointe-aux-Trembles de Quebec. [5] — *Pierre,* b 31 déc. 1673, à Beauport , m 4 nov. 1698, à Marguerite Gaboury, à St. Augustin — *Marie-Madeleine,* b [2] 7 avril 1676 ; m [3] 20 juillet 1693, à Robert Petit — *Remi,* b [3] 24 fév. 1678 ; m 18 janv. 1701, à Catherine Cassé, à St. Etienne de Beaumont. — *Jean,* b [3] 24 fev et s [3] 24 mars 1678. — *Jean,* b [3] 2 déc. 1679 ; m à Marie Boucher. — *Pierre,* (posthume) b [3] 1er nov. 1681 ; m [3] 22 janv. 1705, à Marie-Anne Caillé, s [3] 20 oct. 1711.

1698, (4 novembre) St. Augustin. [2]

II. — VALIÈRE, Pierre,   [Pierre I.
Gabory, Marguerite,   [Antoine I.
Etienne, b [2] 4 fev. 1704 — *Marie,* b 1705 ; s [2] 5 mars 1721. — *Marie-Angélique,* b [2] 3 fév. 1715 ; s [2] 15 avril 1721. — *Marie-Charlotte,* b [3] 11 mai 1718. — *Marie-Louise,* b [2] 17 avril 1719. — *Augustin,* b [2] 17 mars 1721. — *Marie-Catherine,* b 8 mai 1705, à la Pointe-aux-Trembles de Quebec. [8] — *Marie-Thérèse,* b [3] 19 fev 1707. — *Marguerite,* b [3] 8 oct. 1708. — *Antoine,* b [3] 23 mars 1710. — *Joseph,* b [3] 15 juillet 1711. — *Jean-Baptiste,* b [3] 1er mai 1713.

I. — VALIN, Jean, soldat de De Muy, était à Repentigny en 1687.

VALLON, (Du) — Voy. De l'Estre — Beaujour.

1694, (22 fevrier) Champlain. [2]

I. — VALOIS, (Le) Jacques, fils d'Elie et de Judith Merlègue, de St. Vic, evêché de Xaintes ; s 19 juillet 1750, à l'Ile Dupas. [8]
1° Couillard, Marie-Jeanne,   [Pierre I.
veuve de Claude David , s [2] 20 avril 1704.
Pierre, b [2] jan. 1695 ; m 6 sept. 1724, à Clemence Girard, à Montréal. — *Simon-Pierre,* b [2] 7 août 1696. — *Marie-Catherine,* b [2] 27 mai 1699. — *Marie-Jeanne,* b [2] 28 nov. 1700. — *Louis,* b [2] 18 juillet 1702. — *Alexis,* b [2] 6 avril et s [2] 8 mai 1704.

1706, (26 mai) Champlain. [2]

2° Carpentier, Marguerite,   [Noel I.
Jean, b [2] 4 mars 1757. — *Marie Madeleine-Geno*

---

(1) Ancêtre de l'Honorable Juge Vallière de St. Réal.

(2) Elle épouse. le 8 janv. 1682, René Dupille, à la Pointe-aux-Trembles de Québec.

---

vière, b [2] 6 sept. 1708. — *Michel-Ignace,* b [2] 13 juillet 1710. — *Marie-Charlotte,* b [8] 14 avril 1715. — *Jacques,* b [7] 15 fev. 1717. — *Louis-Antoine,* b 7 et s [8] 20 juillet 1721. — *Joseph-Marie,* b [8] 16 avril 1723. — *Marie-Josette,* b [8] 16 avril 1723.

VALTRIE, (De la) — Voy. Margane De la Valtrie.

VANASSE. — *Surnom :* Précour.

1686.

I. — VANASSE, François-Noel.
Fourier, Jeanne.
Marie-Anne, b 13 janv. 1687, aux Trois-Rivières. [4] — *Claude,* b [4] 22 août 1689 ; s [4] 30 mai 1692, (noye). — *François,* b [4] 27 janv. 1692 ; m à Josette Desrochers. — *Catherine,* b...; m [4] 21 sept. 1693, à Jean Patris. — *Gabrielle,* b [4] 5 déc. 1694. — *Jeanne,* b...; m [4] 3 nov. 1695, à François Garnier. — *Madeleine,* b .. ; 1° m à Pierre Du Ro ; 2° m [4] 14 oct. 1697, à Mathieu Courier. — *Nicolas,* b...; m [4] 11 janv. 1701, à Jeanne Bergeron. — *Marguerite,* b...; m [4] 24 juillet 1701, à Thomas Pineau.

1667, (21 novembre) Montréal. [3]

I. — VANCHY (De), Pierre, menuisier, b 1643, fils de Pierre (garde de Monseigneur De Guise) et de Jeanne Sauvage, de Bermigny, en Picardie ; s 23 oct. 1693, à Québec.
Laisné, Geneviève, b 1651, fille de François (huissier à la cour des aides de Paris) et de Geneviève Perinot, de St. Barthélemi, evêché de Paris ; s [3] 7 avril 1689.
Geneviève, b [3] 24 janv. et s [3] 6 fév. 1669 — *Geneviève,* b [3] 23 janv. 1670 ; m [3] 15 mai 1690, à Urbain Bouvier. — *Françoise,* b [3] 12 mai 1672, m [3] 17 oct. 1689, à Laurent Glory. — *s [3]* 7 mars 1703. — *Madeleine-Angélique,* b [3] 5 oct. 1675. — *Marie-Madeleine,* b [3] 19 déc. 1678 ; m [3] 20 nov. 1698, à Bernard Kadeville. — *Elizabeth,* b [3] 9 fév. 1681 ; m [3] 12 janv. 1701, à Jean-Baptiste Beaumont ; s [3] 1er mai 1703. — *Pierre,* b [3] 15 mars 1683 ; s 17 août 1723, à Repentigny.

1680, (19 mars) Pte-aux-Trembles, Q. [7]

I. — VANDALE, François, b 1651, fils d'Étienne et de Julienne Grosleau, de Tournay, evêché d'Angers ; s [7] 6 déc. 1697.
Pinel, Madeleine,   [Gilles I.
s [7] 5 mai 1715.
François, b [7] 30 déc. 1680 ; s [7] 12 janv. 1681. — *François,* b [7] 8 fév 1682 ; m à Marie-Antoinette Rollet. — *Louis-Joseph,* b [7] 28 déc. 1683. — *Jean-François,* b [7] 13 janv. 1686. — *Marie-Dorothée,* b [7] 30 août 1688 ; m 1706, à Pierre Barette ; s.... — *Jacques,* b [7] 1er sept. 1690 ; s [7] 21 sept. 1698. — *Nicolas,* b [7] 21 fév. 1694 ; s 6 mai 1718, à Québec. — *Marie-Angélique,* b [7] 6 août 1696. — *Marie-Jeanne,* (posthume) b [6] 19 juin et s [7] 11 juillet 1698.

VANDAMOIS. — Voy. Chenaye.

VANDENDAIQUE. — *Variation et surnoms :*
Vandendaigue — Gatebois — Gadbois.

1678, (18 avril) Québec.

I.—VANDENDAIQUE dit Gatebois, (1) Joseph, menuisier, fils de Joseph et de Madeleine Dubois, de Bruxelles, en Flandre.
Chalifour, Louise,   [Paul I.
s 30 mai 1735.
  Jacqueline, b 28 déc. 1678 : m 5 oct. 1699, à Pierre Boutillet, à Beauport. [9] — *Anne*, b [9] 12 janv. 1680 ; m [9] 26 nov. 1696, à Antoine Bours — *Claude*, b 2 mai 1682 ; m [9] 5 nov. 1708, à Marie Brideau. — *Jeanne*, b 13 mars et s 11 sept. 1684. — *Marie-Charlotte*, b 29 juin 1685 ; m [9] 7 janv. 1708, à Jean Decas. — *Louise*, b 23 mars 1687 ; 1o m [9] 17 nov. 1704, à Jacques Gervais ; 2o m [9] 14 nov. 1712, à Jean Boutin. — *Anonyme*, b et s 27 oct. 1691. — *Marguerite*, b [9] 8 avril 1693.

VANDÉ. — *Variation :* Vandet.

1671, (11 avril) Québec. [5]

I. — VANDÉ, René, b 1637, fils de René et d'Andrée Ligoueresse, du Bourg de Montournoy, évêché de Maillezais, au Poitou ; s 22 août 1702, à St. Michel. [6]
Hariot, Marie, b 1655, fille de Bernardin et de Marguerite Deslys, de St. Martin, évêché de Chartres, en Beauce ; s [6] 25 juin 1715. /
  Louis, b 13 avril et s [5] 30 juin 1672. — *Guillaume*, b [5] 17 juillet 1673. — *Guillaume*, b [5] 9 nov. 1674. — *Mathurine*, b [5] 12 oct. 1676 ; s [5] 8 oct. 1677. — *Antoine*, b [5] 24 mai 1679. — *Michel*, b... ; 1o m [5] 28 mai 1709, à Catherine Morin ; 2o m [6] 7 janv. 1716, à Madeleine Cotton. — *Marie*, b 27 déc. 1682, à Lévis, 1o m [6] 6 fév. 1702, à Jean-Baptiste Breton (Le) ; 2o m [6] 15 avril 1709, à Jacques Bissonnet , 3o m [6] 17 fév. 1716, à Jean-Baptiste Balan. — *René*, b... , m 1713, à Marie-Jeanne Poirier.

1699, (26 octobre) Québec.

I. — VANELLE, Jean, fils de Jean et de Catherine ————, de St. Saturnin, évêché d'Aix, en Provence.
Rivaut, Marie-Anne, (2)   [Pierre I

I. — VANNECK, Marie, b... ; 1o m à Lambert Dumont ; 2o m 9 août 1694, à Louis DeNiort, à Québec.

I. — VANET, (Le Parisien) Charles.
Le Magnan, Catherine,   [Jean I.
s 15 fév. 1694, à Sorel. [5]
  Catherine, b [5] 11 fév. 1675 ; m 1700, à Julien Joly-Delbec. — *Marie*, b [5] 1er fév. 1677. — *Charles*, b [5] 1er avril 1681. — *Jean*, b [5] 3 avril 1683. — *Anne*, b [5] 6 août 1684 ; s [5] 28 nov. 1687.

I. — VANNEZY, Anne, b 1655 ; 1o m... ; 2o m en 1674, à Jean Moreau.

VANNIER. — *Variation et surnoms :* Vanier—Lafontaine — LeChandelier.

1669, (30 septembre) Québec. [6]

I. — VANNIER dit Lafontaine, Germain, fils de Christophe et de Jeanne Planton, de St. Etienne de Beauvais, Ile-de-France.
Cartignier, Marie, (1) b 1653, fille de Robert et de Bonne Colombiers, de N.-D. de Bonne-Nouvelle, évêché de Paris.
  Marie-Anne, b [6] 14 sept. 1670 ; m [6] 11 fév. 1692, à Denis Desevre, s avant 1703. — *Marguerite*, b [6] 11 avril 1672 ; m en 1660, à Pierre Niel — *Claude-Philiberte*, b [6] 12 oct. 1674. — *Marie*, b [6] 25 mars 1677. — *Pierre*, b 18 janv. 1680, à Charlesbourg [7], s 12 janv. 1698, à Beauport. — *Geneviève*, b [7] 13 nov. 1682. — *Jeanne*, (posthume) b [7] 14 avril 1685.

1672, (5 juillet) Québec [6]

I.—VANIER dit Lafontaine, Guillaume, (2) fils de Pierre et de Jacques Gaillard, de Ste. Catherine de Honfleur, évêché de Lizieux, en Normandie ; s 27 août 1687, à Montréal.
Bailly, Madeleine, (3) fille de, Guillaume et de Barbe Sellier, de St Jacques de la Boucherie, évêché de Paris.
  Anne, b [6] 6 avril 1673 ; m 9 janv. 1690, à Julien Leblanc, à Charlesbourg. [7] — *Marie-Madeleine*, b 3 janv. 1675, 1o m [7] 14 février 1695, à Jean Martel ; 2o m [7] 22 oct. 1718, à François Barbot. — *Nicolas*, b [6] 18 juillet 1677, s [6] 14 janv. 1680. — *Jean*, b [6] 21 juin 1681 ; 1o m [7] 18 août 1704, à Marie Hot ; 2o m [7] 13 juin 1712, à Marie Chamard. — *Marie-Marguerite*, b [7] 29 mars 1684 ; m [7] 9 fév. 1699, à Charles Boyer ; s [7] 18 avril 1715. — *Pierre-Thomas*, b [7] 8 juin 1687 ; m [7] 9 fév. 1711, à Anne Bourbeau ; s [7] 21 mars 1711.

VANTABON. — Voy. Julien.

I. — VARA (Veireau et Vasa), Marie, b 1653 ; m en 1671, à Louis Baritaut.

VARENNES (De). — Voy. Gauthier (De).

I. — VARENNES, Claude, b... ; s en avril 1672, à Laprairie.

VARIN. — *Surnom :* La Pistole.

I. — VARIN, était commis à Québec en 1621.

I.—VARIN, Catherine, b 1644, fille de Robert et de Marie L'Apôtre, de St. Pierre du Grand Cavilly de Rouen ; 1o m 1666, à Pierre Bessier, 2o m 1667, à René Branche ; 3o m 9 sept. 1681, à Pierre Courois, à Québec [3] ; 4o m [8] 27 nov. 1684, à Anicet Boyer, s 27 janv. 1706, à Montréal.

---

(1) L'origine de ce nom vient évidemment de son emploi de menuisier : Gatebois—Gadbois.

(2) Elle épouse, le 23 septembre 1705, Pierre Le Gras, à Québec.

(1) Elle épouse, le 24 sept. 1685, Jacques Cailler, à Charlesbourg.

(2) Tué accidentellement par son fusil, lorsqu'il revenait de la guerre contre les Iroquois.—Ancêtre des familles Vanier, du Sault-au-Récollet.

(3) Elle épouse, le 27 sept. 1697, Joseph Falardo, à Charlesbourg.

1688, (28 juin) Québec. [5]

I. — VARIN dit Gaudria, Marin, fils de Louis et de Françoise Lucas, de St. Vincent, de Rouen.
Massard, Marie,   [Nicolas I.
   veuve de Louis Moline.
· *Joseph-Nicolas*, b [5] 28 nov. 1691. — *Marie-Michelle*, b [5] 13 fév. 1695, m 20 nov. 1712, à Leonard Jean, à Montréal.

1697, (29 octobre) Boucherville. [2]

I. — VARIN dit La Pistole, Nicolas, b 1669, fils de Nicolas et de Jeanne Lacroix, de Groincour, évêché de Rouen.
Ronseray, Marie-Anne,   [Jean I.
Nicolas, b [2] 31 août et s [2] 1er sept. 1698. — *Jacques*, b... ; m 31 mars 1723, à Marie-Madeleine Dumay, à Laprairie.

VAUCHER. — *Variations :* Chevauchet — Favel.

I. — VAUCHER, Louise, femme de Jean Delguec.

I. — VAUCLIN, Marie-Madeleine, b..., m à Claude Jodouin.

I. — VAUDREUIL (De), (1) Philippe.
Joybert, (De) Louise-Elizabeth,   [Pierre I.
François-Pierre, b 29 juin 1704, à Montréal. — *Philippe-Arnaud*, b 9 fév., à Quebec, et s 23 nov. 1705, à Charlesbourg (2)

I. — VAUDRY, Thomas, établi à la Côte de Beaupré, b 1615.
Chafouet, Denise, b 1641.
Elizabeth, b 1669.

1661, (14 février) Trois-Rivières [1]

I. — VAUDRY, Jacques, b 1636, fils d'Adrien et de Marthe Deschamps, de Lamberville, près le bourg de Bacqueville, en Normandie.
Renault, Jeanne, b 1640, fille de Vincent et de Marie Martin, de St. Nicolas, évêché de LaRochelle.
Laurent, b... ; m à Anne Pigeon. — *Pierre*, b 1663. — *Marie*, b 1665 ; m à Louis Couillard. — *Marguerite*, b... ; m 8 nov. 1688, à Montréal. [4] à Augustin Courtemanche. — *Marie*, b... ; m [4] 16 nov. 1692, à Claude Crepin. — *François*, b... ; m 3 oct. 1693, à Pointe-aux-Trembles de Montréal. [2] — *Marie-Jeanne*, b 1678 ; m [4] 12 fév. 1697, à Gabriel Perrin. — *Jacques*, b... ; m [2] 13 janv. 1699, à Marie-Françoise Joly. — *Etienne*, b [8] 23 juillet 1683 ; s [4] 5 mai 1685. — *Etienne*, b [8] 27 oct. 1685.

1693, (3 octobre) Pte-aux-Trembles, M. [2]

II. — VAUDRY, François,   [Jacques I
Brouillé, Marie,   [Michel I.
Jeanne, b [2] 28 oct. 1694. — *Michel*, b [2] 7 juin 1696. — *Anne*, b [2] 23 mai 1698.

---

(1) Rigaud (De) de Vaudreuil, marquis, chevalier de St. Louis, capitaine de vaisseaux et Gouverneur-Général de toute la Nouvelle-France, en 1704.

(2) Ces deux enfants sont enregistrés sous le nom de Vaudreuil. Voy. De Rigaud, page 153, où il faut lire : " Philippe-Antoine, marié à Antoinette De Colombel."

II. — VAUDRY, Laurent,   [Jacques I.
Pigeon, Anne.
Marie, b 24 janv. 1690.

1699, (13 janv.) Pte-aux-Trembles, M. [2]

II. — VAUDRY, Jacques,   [Jacques I.
Joly, Marie,   [Nicolas II.
Marie-Josette, b [2] 31 déc. 1699 ; s 16 janv. 1700. — *Jean-Baptiste*, b 13 mars 1701, à Repentigny ; m à Geneviève Bessière. — *Marie-Josette*, b 30 mai 1703, à St. François, Ile-Jésus [4] — *Toussaint*, b [4] 6 juillet 1707. — *Angélique*, b 1717 ; s 3 mai 1733, à Lachenaye. [8] — *Marie-Anne*, b.. ; m [8] 14 août 1730, à Jean-Baptiste Herpin. — *Jacques*, b... ; m [8] 8 janv. 1731, à Agathe Hubout. — *Françoise*, b... ; m [8] 23 nov. 1733, à Michel Baumier.

1688, (7 janvier) Montréal. [5]

I. — VAUTOUR, (De) André, fils de Léonard et de Marie Codbac, de Dessidue, évêché de Limoges, au Limosin.
Cherlot, Catherine,   [Jean I.
   s 4 janv. 1703; à Charlesbourg. [6]
Antoine, b [5] 1er juin 1689. — *Marie-Catherine*, b [5] 28 août 1691. — *Joachim*, b [5] 30 août 1693 ; m en 1712, à Madeleine Maranda. — *Jean-Baptiste*, b [5] 30 mai 1695. — *Marie*, b [6] 14 sept. 1698. — *Marie-Jeanne*, b 14 et s [6] 17 mai 1700. — *François*, b [8] 23 nov. 1701.

I. — VAUVILLIERS, Jeanne, b 1632, fille de Jean et de Claude Charles ; m 24 nov. 1659, à Bénigne Basset, sieur Des Lauriers ; à Montréal [6], s [6] 5 août 1699.

I. — VAUVRIL de Blazon, Pierre-Charles.
Le Pelé, Françoise, (1)   [Pierre I.
Marie-Marguerite, b 30 juin 1672, aux Trois-Rivières [5]; m 13 août 1693, à Laurent Boucher, à Québec ; s [8] 8 janv. 1730. — *Pierre*, b [5] 17 mai 1675 ; s [5] 20 août 1677.

VEAU. — *Variation et surnom :* Vox — Sylvain, nom des descendants.

1670, (13 octobre) Ste. Anne. [5]

I. — VEAU, Sylvain, fils de Michel et de Louise Lechevalier, du bourg de Talencey, évêché de Bourges, en Berry.
Gallet, Anne, fille de Nicolas et de Marguerite Morel, de St. Malo.
Etienne, b [5] 30 août 1671; m 23 nov. 1693, à Marguerite Gagnon, au Château-Richer ; s [5] 9 janv. 1703.

1693, (23 novembre) Château-Richer. [8]

II. — VEAU, Etienne,   [Silvain I.
   s 9 janv. 1703, à Ste. Anne. [9]
Gagnon, Marguerite,   [Jean II.
   s [9] 7 mai 1703.
Anne, b [9] 29 août 1694 ; m [9] 1er juillet 1709, à Nicolas Bouchard. — *Marguerite*, b [9] 27 déc. 1700,

---

(1) Elle épouse, le 22 juillet 1682, Jean-Amador Godfroy, aux Trois-Rivières.

m⁹ 4 fév. 1721, à Joseph Racine; s⁹ 27 mars 1724. — *Geneviève*, b...; m⁹ 18 avril 1717, à François Racine. — *Pierre*, b...; m⁹ 28 avril 1722, à Catherine Racine. — *Etienne*, (posthume) b⁹ 7 mai 1703.

I. — VEGEART dit Laliberté, Raymond, soldat de M. Duvivier, b 1653; s 14 juin 1727, à Repentigny.
  Charron, Marie-Charlotte,   [Pierre I. veuve de Claude-Louis Lemer.
  Jean-Baptiste, b 7 mai 1704, à l'Île Dupas. — *Marie-Marguerite*, b 9 mai 1702, à Contrecœur. — *Antoine*, b 1706; s 6 avril 1729, à Verchères.⁵ — *Marie-Madeleine*, b⁵ 8 mars 1709.

1698, (19 novembre) Batiscan.⁵

I. — VEILLET, Jean, fils de Jean et de Marguerite Arnault, de St. André de Niort, évêché de Poitiers.
  Lariou, Catherine,   [Jean I.
  Jean, b⁵ 30 juin 1700. — *Joseph*, b⁵ 27 janv. 1703. — *Marie-Jeanne*, b⁵ 28 fev. 1705. — *Marie-Catherine*, b⁵ 13 oct. 1707. — *Marie-Charlotte*, b⁵ 9 mai 1710. — *Antoine*, b⁵ 8 oct. 1712; s⁵ 4 nov. 1713. — *Gervais*, b⁵ 9 sept. 1714; m à Françoise Morin. — *Marie-Jeanne*, b⁵ 6 juin 1717. — *Jean-Baptiste*, b⁵ 27 avril 1720. — *Joseph*, b⁵ 9 mai 1722. — *Marie-Geneviève*, b⁵ 13 sept. 1724.

I — VEILLON, Sébastienne, b 1626; 1° m en 1647, à Mathieu Choret; 2° m 25 août 1664, à Pierre Aufroy, à Quebec; s 21 dec. 1698, à Beauport.

VERCHÈRES. — Voy. Jarret — Poligny.

VERDIEUX, corruption du nom de Vérieul.

I. — VERDON, Jean, b 1613; s 25 août 1663, au Château-Richer.

1663, (5 novembre) Québec.³

I. — VERDON, Vincent, b 1642, fils de François et de Jeanne Motaize, de St. Martin, Ile-de-Rhé, évêché de La Rochelle; s 14 nov. 1687, aux Trois-Rivières.
  Peltier, Geneviève, (1)   [Nicolas I.
  Jeanne, b 16 fév. 1665, au Château-Richer²; m³ 4 nov. 1682, à François Cottu. — *Geneviève*, b...; m³ 25 fev. 1686, à Jean Côté. — *Vincent*, b...; m à Jeanne Bertault; s 1688. — *Geneviève*, b 21 janv. 1666, à Sillery. — *Jeanne*, b³ 16 fév. 1665.

1672, (19 septembre) Québec.

I. — VERDON, Jean, fils de François et d'Anne Mathieu, du Bourg de Lauvigny, évêché de Poitiers.
  Richer, Marguerite, fille de Pierre et d'Anne Maricaur, de St. Martin, évêché de Rouen.
  François, b 6 mars et s 1er avril 1674, à Laprai-

rie.² — *Marie-Marguerite*, b² 10 janv. 1677, m 14 fév. 1689, à Jean Desforges, à Lachine.³ — *Pierre*, b² 28 nov. 1678; m² 6 nov. 1702, à Marie-Anne Averty.

II. — VERDON, Vincent,   [Vincent I.
  Bertaut, Jeanne, (1)   [Jacques I.

1669, (13 octobre) Québec.¹

I. — VERRET, Michel, b 1646, fils de Jean et de Jeanne De la Prée, de St. Eutrope, évêché de Xaintes.
  1° Deschamps, Marie, b 1646, fille de Claude et de Jeanne Briolet, de St. Médard, évêché de Paris; s 16 mai 1682, à Charlesbourg.²
  Joseph, b¹ 25 juillet 1671; m², 25 nov. 1697, à Marie-Louise Renaud; s² 13 dec. 1708. — *Jean*, b¹ 26 juillet 1673; s 12 mars 1730, à Ste. Foye. — *Jacques*, b¹ 6 janv. 1675; m¹ 27 juin 1712, à Marie Deguise. — *Jeanne*, b¹ 29 dec. 1675; m 14 nov. 1701, à Jacques Brunet, à Lachine. — *Marie-Madeleine*, b¹ 19 déc. 1677; m² 5 oct. 1705, à Pierre Box; s² 26 mars 1717. — *André*, b² 18 fev. et s² 23 mars 1680.

1683, (7 janvier) Charlesbourg.²

  2° Galarneau, Marie,   [Jacques I.
  Elizabeth, b² 3 fev. 1686, m² 11 janv. 1712, à Jean Le Meilleur. — *Pierre*, b² 19 nov. 1683; m 7 avril 1704, à Madeleine Boniaut, à Lorette. — *Jacques*, b² 1er sept. 1688. — *Louis*, b² 12 août et s² 14 nov. 1690. — *Jean*, b² 29 dec. 1691; m 19 août 1715, à Marie-Josette De L'Espinay, à Beauport. — *Marie-Jeanne*, b² 4 mars 1694; s² 12 fev. 1703. — *Michel-Joseph*, b² 24 mai 1696.

1697, (25 novembre) Charlesbourg.²

II. — VERRET, Joseph,   [Michel I.
  s² 13 déc. 1708.
  Renaud (Regnault), Louise,   [Guillaume I.
  s² 16 déc. 1708.
  Marie-Anne, b² 17 et s² 30 août 1699. — *Marie-Madeleine*, b² 5 sept. 1700, s² 21 mars 1703. — *Louis*, b² 21 déc. 1702; s² 12 janv. 1703. — *Marie-Joselle*, b² 24 mars 1704. — *Michel*, b et s 24 janv. 1705, à Lorette. — *Joseph*, b² 17 juillet 1706. — *Jean-Baptiste*, (posthume) b et s² 14 déc. 1708.

1683, (25 octobre) Québec.²

I. — VERGEAT dit Prénouveau, Jean, sergent du fort, b 1648, fils d'Alexis et de Marie Menigère, de St. Jean d'Angély, évêché de Xaintes; s² 27 mars 1724.
  Boissel, Jeanne,   [Jacques I.
  s² 2 déc. 1733.
  Anne-Françoise, b² 28 juillet 1684. — *Jacques*, b² 26 déc. 1686; s² 8 mars 1689. — *Louise-Geneviève*, b² 12 mai 1689. — *Charlotte*, b² 12 mai 1689; m² 3 nov. 1723, à Louis Hévé. — *Marie-Jeanne*, b² 10 avril 1691; m² 2 mai 1724, à Louis Agathe; s² 31 déc. 1746. — *Marie-Louise*, b 19 et s² 22 mars 1693. — *Marie-Thérèse*, b² 22 oct. 1694; m² 7 janv. 1732, à Claude Rousset.

---

(1) Elle épouse, Thomas Lefebvre.

(1) Elle épouse, le 5 déc. 1688, Mathurin Richard, à Boucherville.

— Anne, b ² 1ᵉʳ oct. 1697. — *Marie-Madeleine,* b ² 7 mars 1706 ; 1º m ² 27 fév. 1726, à Simon CLU-SEAU ; 2º m ² 24 janv. 1757, à Vitul LeCompte.— *Joseph,* b ² 6 sept. 1702.

1674, (12 nov.) Pte-aux-Trembles, M.⁴

I — VERGER dit DESJARDIAS, JEAN, maitre-taillandier, fils de Lucas et de Catherine Arnaut, du pont de la Claye, evêché de Luçon, Bas-Poitou.

POITRON, Anne,   [PIERRE I. veuve de Pierre Martin.

Jeanne, b ⁸ 21 fév. 1676.— *Anne,* b 1682 : s ⁴ 19 sept. 1683. — *Marie-Antoinette,* b 2 juin 1680, à Repentigny ⁴ ; m ⁴ 8 nov. 1698, à Pierre RATEL. — *Marguerite,* b ⁴ 25 mars 1682 ; s ⁴ 15 août 1683. — *Bernard,* b 16 et s ⁴ 18 avril 1684.— *Jean,* (1) b ⁴ 7 mars 1687 ; m 1721, à Marie-Charlotte CATIN. — *Marie-Madeleine,* b ⁴ 25 nov. 1689 ; m ⁴ 24 nov. 1710, à Pierre MONJEAU.

I. — VERGER, JEAN.
JULIEN, Thérèse.
Jean, b 9 fév. 1687, à Contrecœur.

I. — VERGON (DE) DE CATTELLANE, sieur DE VER-GONS, JACQUES, capitaine, etait à Repentiguy, en 1639.

I. —VERIEUL (VIDEUX,) NICOLAS, b 1634; s 11 oct. 1714, à St. François, I. O. ⁶
HYARDIN, Marguerite, b 1630 ; s ⁶ 30 mai 1720.
Nicolas, b 24 janv. 1667, au Château-Richer ; 1º m 26 avril 1692, à Marie-Anne MESNY, à Ste. Famille ⁵, 2º m 1705, à Anne-Madeleine DUCHES-NE ; s ⁶ 29 juillet 1719. — *Marie,* b ⁶ 15 août 1669, s ⁵ 21 dec. 1677 — *Marguerite,* b 15 sept. 1671, à Ste. Anne ; m ⁵ 23 fev. 1690, à Jacques BAUDON. —*Angélique,* b 30 oct. 1673, à Quebec ; m ⁵ 17 août 1688, à Claude LANDRY. — *Marie,* b ⁵ 17 fév. 1679; m ⁵ 29 fév. 1696, à Antoine DANDURAND.— *Joseph,* b... ; m ⁶ 30 juin 1710, à Marguerite BUTAUT.— *Madeleine,* b ⁶ 26 août 1683 ; m ⁵ 26 nov. 1703, à Pierre FOUGÈRE. — *René,* b 9 et s ⁶ 12 déc. 1685.— *Jean-Baptiste,* b ⁶ 24 juin 1688, s ⁶ 8 fev. 1689.

1692, (28 avril) Ste. Famille. ⁵

II. — VERIEUL, Nicolas,   [NICOLAS I. s 29 juillet 1719. à St. François, I. O. ⁹
1º MESNY, Marie-Anne,   [ETIENNE I. s ⁵ 5 janv. 1703.
Marie, b ⁹ 19 mars 1693 — *Nicolas,* b ⁸ 16 déc. 1697 — *Marie-Louise,* b 25 et s ⁸ 26 déc. 1698. — *Joseph,* b ⁸ 13 fev. 1700; s ⁸ 14 janv. 1703.
2º DUCHESNE, Anne-Madeleine,   [PIERRE I.
Gertrude, b 21 mars 1708, à St. François, I. O. ⁴— *Marie-Josette,* b ⁴ 12 sept. 1712 ; m 26 oct. 1732, à Louis BRUGEVIN, à Québec.

1669, (26 août) Ste. Famille. ⁵

I. — VERMET, ANTOINE, fils de Fleury et de Marie Leblanc, de St. Niquerre, evêché d'Arras, en Artois.

MENARD, Barbe, b 1653, fille de René et de Judith Veillon, de LaRochelle ; s ⁵ 16 juin 1685.
Marie-Anne, b ⁵ 5 juin 1670 ; m 21 août 1691, à Jean DE L'ESTAGE, à Québec ⁴ : s ⁴ 6 mars 1732. — *Robert,* b ⁵ 16 avril 1672; m ⁵ 12 juin 1703, à Marie AINSE. — *Marie-Madeleine,* b ⁵ 19 fév. 1674 ; m ⁴ 4 mai 1699, à Jean BUREAU. — *Marguerite,* b ⁵ 29 sept. 1675; m⁴ 3 fév. 1699, à Louis DE LA BARTHE. — *Antoine,* b ⁵ 11 oct. 1678 ; 1º m à Marie PERINAULT ; 2º m 17 avril 1730, à François SÉGUIN, à St. François, Ile-Jésus. —*Anonyme,* b et s ⁵ 16 juin 1685.— *Jean,* b ⁵ 17 juin 1685.— *Jacques,* b⁴ 23 juillet 1681; m 27 oct. 1706, à Renée DUPILLE, à St. Augustin.

I. — VERNAS dit DUFRESNE, Louis, chirurgien, s avant 1736
MARTIN, Marie-Charlotte.
Louis, b 13 mars 1711, à l'Ange-Gardien ⁵ ; m 21 oct. 1736, à Geneviève DUVAL, à l'Islet. — *Jean-Baptiste,* b ⁵ 7 dec. 1712. — *Pierre,* b ⁵ 2 fév. 1714.

I.—VERNON, (DE) sieur DE LA FOUILLE, PHILIPPE, capitaine d'une compagnie.

VERON. — Voy. MOURIER.

1646, (25 novembre). (1)

I.— VERON DE GRANDMENIL, JEAN, du Bourg de Livaro, en Normandie.
HAYET, Marguerite, (2)   [SÉBASTIEN].
Marguerite, b 1ᵉʳ juin 1648, aux Trois-Rivières — *Etienne,* b ⁵ 31 oct. 1649 ; m ⁵ 30 mai 1677, à Marie MORAL ; s ⁵ 18 mai 1721. — *Guillaume,* b ⁵ 1ᵉʳ déc. 1651.

1677, (30 mai) Trois-Rivières. ⁵

II.— VERON, (3) ETIENNE,   [JEAN-ETIENNE Iʳ s ⁵ 18 mai 1721.
MORAL, Marie,   [QUENTIN I. s ⁸ 8 avril 1734.
Marguerite, b ⁵ 13 janv. 1678 ; m ⁵ 4 nov. 1692, à Pierre PETIT. — *Etienne,* b ⁵ 19 déc. 1679 ; m en 1695, à Madeleine HERTEL. — *Marie-Véronique,* b ⁵ 29 juin 1682, s ⁵ 16 nov. 1711. — *Madeleine,* b ⁵ 21 dec. 1674 ; m ⁵ 4 fev. 1709, à Jacques BABIE.— *Marie-Renée,* b ⁵ 26 mai 1687 ; s ⁵ 1ᵉʳ janv. 1704 — *Thérèse,* b ⁵ 19 nov. 1689 ; s ⁵ 23 nov. 1710. — *Anonyme,* b et s ⁵ 8 mars 1692. — *Jeanne,* b... ; m ⁵ 3 nov. 1716, à Jean-Baptiste GODFROY. — *Louise-Françoise,* b ⁵ 3 mai 1697 ; m ⁵ 6 janv. 1719, à Jacques GODFROY.

III.— VERON, (4) ETIENNE,   [ETIENNE II. commis au magasin du Roy.
HERTEL, Madeleine,   [FRANÇOIS II.
Louise, b 1ᵉʳ déc. 1695, aux Trois-Rivières.

---

(1) Date du contrat de mariage.—*Greffe de Duquet.*

(2) Elle épouse, le 24 août 1653, Médard Chouard, à Québec.

(3) Veron de Grandmenil, capitaine de milice, et notaire-royal.

(4) De Grandmesnil.

---

(1) Etabli au Détroit.

I. — VERON, Antoine, engagé à l'Hôpital-Général de Montréal, en 1699.

1673.

I. — VERONNEAU, Denis.
1° Bertault, Marguerite, [Jacques I.
s 21 nov. 1687, à Boucherville. [2]
Denise, b [2] 9 juin 1674 ; m [2] 6 avril 1693, à Adrien Lamoureux — *Marguerite*, b [2] 14 janv. 1677 ; m [2] 29 oct. 1696, à Jacques Reguindeau.— *Joseph*, b [2] 10 juin 1679. — *Pierre*, b [2] 10 janv. 1682 ; s [2] 20 avril 1685. — *Marie-Madeleine*, b [2] 28 mai 1685. — *Jean-Baptiste*, b [2] 21 oct. 1687 ; s [2] 13 juin 1688.

1689, (20 janvier) Pte-aux-Trembles, M.

2° Guertin, Catherine, [Louis I.
veuve de Pierre Caillonneau.
Pierre, b [2] 18 juillet et s [2] 27 août 1689.—*Jean-Baptiste*, b [2] 11 juillet et s [2] 26 août 1690. — *Elizabeth*, b [2] 11 août 1691 ; s [2] 4 nov. 1692.—*Marie-Marguerite*, b [2] 18 sept. 1693 ; m à François DeGuire. — *Jean-Baptiste*, b [2] 23 déc. 1695.— *Angélique*, b [2] 28 sept. 1697. — *Rose*, b [2] 17 juin 1700.

VERREAU, François. — Voy. Bécaut.

1665, (22 septembre) Château-Richer. [5]

I.—VERREAU dit LeBourguignon, (1) Barthélemy, b 1632, fils de Barthelemy et de Claudine Rocher, de St. Jean de Dijon, en Bourgogne, evêché de Langres, s [5] 17 déc. 1700.
Quitel (Guittel) Marthe, b 1638, fille de Daniel et de Louise Benard, de St. Marçon, de la ville de Rouen, en Normandie.
Antoine, b [5] 13 janv. 1667 —*Jeanne*, b [5] 17 nov. 1668 ; 1° m [5] 27 fev. 1696, à Pierre Cloutier ; 2° m [5] 16 avril 1703, à Jacques Cochon.— *Joseph*, b [5] 27 janv. et s [5] 28 fév. 1671. — *Anonyme*, b [5] 18 mars 1672. — *Marguerite*, b [5] 27 avril 1674 ; m [5] 12 janv. 1699, à Jacques Boutillet. — *Prisque*, b [5] 20 sept. 1676. — *Barthélemi*, b [5] 16 juillet 1678, m à Marguerite Prieur. — *François*, b [5] 21 mars 1682. — *Anne*, b [5] 11 juillet 1684. — *Marie*, b 1670 ; m [5] 16 fev. 1699, à Pierre Dumas ; s [5] 25 fev. 1703.

1673, (21 janvier) Montréal. [1]

I. — VERRIER dit La Saulaye, Pierre, maitre-charpentier, fils de Charles et de Marthe Sigogne, de St. Remi de la Varenne, evêché d'Angers ; s [1] 30 oct. 1704.
Gadois, Roberte, [Pierre I.
veuve de Louis Prud'homme.

VERSAILLES. —Voy. Martin.

VERTEFEUILLE. — Voy Bachan — Beauchamp.

VÉSINAT. — *Variations :* Voisine — Vesinas — Vezinas.

I. — VÉSINAT, (1) Jacques.
Bourdon, Marie.
François, b... ; m 29 oct. 1670, à Jeanne Marié, au Château-Richer. — *Anne*, b 1651 ; m à René Brisson ; s 31 déc. 1687, à l'Ange-Gardien. [2] — *François*, b 1657 : m [2] 10 avril 1679, à Marie Clément ; s [2] 20 janv 1703.

1670, (29 octobre) Château-Richer. [1]

II. — VÉSINAT, François. [Jacques I.
Marié, (Le) Jeanne, [Denis I.
s 28 avril 1684, à l'Ange-Gardien. [3]
Anonyme, b [1] et s [1] 18 sept. 1672. — *Pierre*, b [3] 15 sept 1672 ; m [3] 31 janv. 1701, à Jeanne Letartre. — *François*, b [3] 13 août 1673 ; m 1695, à Marie Simon-Lapointe. — *Jacques*, b [3] 26 déc. 1675 — *Françoise*, b [3] 3 août 1677. — *Marie-Agnès*, b [3] 23 avril 1679 ; m [3] 7 nov. 1701, à Vincent Prevost.— *Nicolas*, b [3] 6 janv. 1681 ; m 21 oct. 1708, à Marie-Thérèse Giroux, à Beauport.— *Louise*, b 24 juin 1682 ; s [3] 20 janv. 1684. — *Anonyme*, b [3] et s [3] 28 avril 1684.

1679, (10 avril) l'Ange-Gardien. [7]

II. — VÉSINAS, François, [Jacques I.
s [7] 20 janv. 1703.
Clément, Marie, [Jean I.
François, b [7] 26 mars 1681 . m [7] 12 nov. 1703, à Marguerite Mathieu ; s [7] 26 janv. 1761. — *Marie-Madeleine*, b [7] 30 juillet 1683 ; m [7] 25 juin 1703, à Charles Quentin.— *Charles*, b [7] 26 janv. 1685 ; m [7] 27 juillet 1705, à Louise Gaudin.— *Jean*, b 17 et s [7] 30 mai 1687. — *Pierre*, b [7] 27 mai 1688 ; m [7] 22 fév. 1710, à Elizabeth Mathieu. — *Joseph*, b [7] 4 juin 1690 ; m [7] 24 avril 1713, à Marie-Anne Garnaud. — *Angélique*, b [7] 13 juillet 1692 ; m [7] 30 janv. 1713, à Antoine Ouvrard. — *Geneviève*, b [7] 10 oct. 1694 ; m [7] 10 avril 1714, à Louis Garnaud. — *Marguerite*, b [7] 10 mars 1698. — *Jean-Baptiste*, b [7] 24 nov. 1700 ; m [7] 6 nov. 1724, à Barbe Garnaud. — *Jacques*, b [7] 23 juillet 1702.

1695.

III. — VESINAT, François, [François II.
Simon-Lapointe, Marie, [Hubert I.
Marie-Thérèse, b 23 oct. 1696, à l'Ange-Gardien.

VEZAIN, (de) — Voy. Olivier, Sieur de Vezain.

1678, (12 septembre) Québec. [9]

I. — VEZIER dit La Verdure, François, b 1637, fils de Léonard et de Marie Aubert, du bourg de Meze, evêché de Clermont, en Auvergne ; s [9] 7 juin 1683.
Couture, Marie, [Guillaume I.

I. — VIABON, Pierre, lieutenant de M. de Mine, s 18 juillet 1689, à Montréal.

I.—VIARD, Marguerite, b 1652, fille de Pierre et de Catherine Lecomte, de Brie-Comte-Robert, évêché de Paris ; 1° m 11 oct. 1672, à Mathurin Besnard, à Québec ; 2° m 1er nov. 1682, à Jean Inard, à Contrecœur ; 3° m 25 sept. 1684, à Joseph Serran, à Laprairie.

1662.

I.—VIAU, (Viot) Nicolas, de St. Germain, évêché d'Auxerre, en Bourgogne.
Fonglt, Marie, de St. Sauveur de Paris.

1670, (21 janvier) Montréal.

I.—VIAU dit Lespérance, Jacques, b 1644, fils de Julien et de Gratienne Forget, de la Trinité de Clisson, évêché de Nantes, en Bretagne.
Plouart, Marie-Madeleine, fille de Michel et de Jeanne Fouguet, du Polet de St. Pierre de Neufchâtel, en Normandie.
Bertrand, b 13 mai 1671 ; m 7 avril 1693, à Pierre Robin, à Boucherville. — Marie-Madeleine, b 11 juin 1673. — Jacques, b 5 mars 1678 — Marguerite, b 4 déc. 1680 ; m 13 sept. 1699, à Pierre Lussier, à Varennes. — Michel, b 5 déc. 1675 , m 28 oct. 1698, à Hélène Charles. — Jeanne-Françoise, b 23 mars 1682 ; 1° m à Jean Lavigne , 2° m 6 déc. 1719, à Paul Petit.

1684, (14 novembre) Boucherville.

2° Robin, Thérèse,   [Jean I.
Marie, b 19 oct. 1685. — Jeanne, b 5 avril 1688. — Jacques, b 11 mai 1691. — Marie-Madeleine, b 9 nov. 1694. — Louis, b 8 nov. 1696. — Marie-Angélique. b 20 oct. 1698. — Marie-Thérèse, b 7 oct. 1700.

1693, (7 avril) Boucherville.

II — VIAU, Bertrand,   [Jacques I.
Robin, Reine,   [Jean I.
Marie-Rose, b 30 nov. et s 3 déc. 1693. — Bertrand, b 10 nov. 1695. — Jean-Baptiste, b 3 janv. 1698 ; m à Françoise Prevost.

1698, (28 octobre) Boucherville.

II.— VIAU, Michel,   [Jacques I.
Charles, Hélène,   [Etienne I.

I.—VIEL, (Reel) Jean, meunier, b 1604 ; s 7 juin 1684, à la Pointe-aux-Trembles de Montréal.

I.—VIEL, Marie-Thérèse, b 1651, fille de Charles et de Marguerite Le Chevallier, de St. Candre-le-Viel, évêché de Lizieux, en Normandie ; m 26 oct. 1671, à Etienne Boyer dit Lafontaine, à Québec.

1687. (18 janvier) Batiscan.

I.— VIEL dit Desnoyers, Pierre, fils de Louis et d'Anne Bernard, de St. Eustache de Paris ; s 20 oct. 1697.
Trotier, Marie-Madeleine, (1)   [Jean II.
Marie-Madeleine, b 18 août 1689 , 1° m 8

(1) Elle épouse, le 21 août 1696, Desranlot, à Batiscan.

janv. 1705, à Simon La Betolle ; 2° m 22 juin 1710, à Pierre Leduc. — Alexis, b 16 janv. 1695 ; s 18 janv. 1703. — Catherine, b 1693 ; 1° m 18 fév. 1716, à Jean Larjou ; 2° m 28 janv. 1732, à Joseph l'Heureux ; s 27 nov. 1771. — Pierre, b... ; m 21 oct. 1720, à Suzanne Monjeau, à Varennes.

I — VIENNE, Marguerite, arrivée au Canada avec son mari, en 1616, fut la première personne administrée en Canada, le 15 juillet 1616, par le P. Dolbeau ; elle mourut le 19 juillet 1616. — Sagard, Histoire du Canada, page 31. — Elle est aussi la première femme enterrée avec les cérémonies de l'église.

I. — VIEN, Etienne, de Marennes, en Aunis.
Denot de la Martinière, Marie, (1) fille d'Elie et de Marie Drafondre.
Marie, b 1639, en France ; 1° m à Jean Lanquiteau (Lanctot) ; 2° m 26 janv. 1655, à Philippe Etienne, aux Trois-Rivières. — Catherine, b 6 et s 23 sept. 1648. — Marie-Madeleine, b 20 janv. 1650, m 20 nov. 1663 à Mathurin Gouin.

I.— VIEN, (2) Jean, b 1658, s 6 août 1703, à Québec.
Gasteau, Catherine,   [Jean I.
Catherine, b... ; m 10 janv. 1690, à Jacques Sauvage, à Champlain. — Pierre, b 6 sept. 1682, m à Marguerite Lacasse. — Jacques-René, b 6 juin 1685 ; s 4 août 1686. — Marie-Marguerite, b 24 août 1688 ; m 7 juin 1712, à Jean Billy ; s 22 déc. 1659, à Batiscan. — Michel, b 19 août 1696.

VIEUX-PONT, Voy. Godfroy.

1667, (19 mars) Montréal.

I.— VIGER, Désiré, (3) fils de Nicolas et de Robine Fessart, de St. Sauveur de Rouen ; s 6 mars 1688.
Moitié, Catherine, (4) fille de Jacques et de Françoise Langevin, de Ste. Marguerite, évêché de La Rochelle ; s 21 oct. 1727, à Boucherville.
Charles, b 9 août 1668 ; m 29 juin 1694, à Françoise Guertin. — Noelle, b 9 nov. 1670 ; 1° m 7 janv. 1687, à Joseph Leduc ; 2° m 4 oct. 1688, à Jacques Perinau. — Jacques, b 7 fév. 1673 ; m 30 juin 1695, à Marie-Françoise César ; s 8 janv. 1715. — Catherine, b 19 mars 1675 ; m 11 janv. 1694, à Daniel Poirier. — Marie-Françoise, b 6 juin 1677. — Madeleine, b 17 janv. 1679 ; s 17 oct. 1682. — François, b 23 juin 1681 ; m 8 janv 1702, à Françoise Lamou-

(1) Elle épouse, le 26 janvier 1653, Mathurin Labat, aux Trois-Rivières.

(2) Le véritable nom est Vivien Jean.

(3) Ancêtre de M. Denis B. Viger et de M. le commandeur Jacques Viger, qui comptent aussi parmi leurs ancêtres une huronne, Marie-Felix Arontio, fille de Joachim Arontio, mariée à Laurent Dubocq, en 1662.

(4) Elle épouse, le 22 novembre 1688, Jean Poirier, à Boucherville.

REUX. — *Marie-Madeleine*, b ⁶ 1ᵉʳ oct. 1683. — *Louis*, b ⁶ 21 nov. 1685 — *Maurice*, b 9 et s ⁶ 10 déc. 1687.

1687, (27 janvier) Québec. ⁶

I — VIGER, JEAN-BᵗPTISTE, marchand, b 1662, fils de Jean (marchand pelletier, à Lyon) et d'Anne Bal, de St. Nizier de Lyon ; s ⁶ 25 déc. 1694.
GROUARD, Catherine-Gertrude, [RICHARD I.
Jean-Baptiste, b ⁶ 17 avril 1689. — *Paul*, b ⁶ 29 oct. 1691 ; s ⁶ 2 déc. 1693. — *Marie-Anne*, b ⁶ 31 août 1693. — *Charles-Louis*, (posthume) b ⁶ 28 avril 1695.

1694, (29 juin) Montréal. ⁵

II. — VIGER, CHARLES, charpentier, [DÉSIRÉ I.
GUERTIN, Françoise, [LOUIS I.
Françoise, b 22 mars 1695, à Boucherville. — *Charles*, b ⁵ 4 oct. 1696. — *Marie-Louise*, b ⁵ 11 nov. 1698. — *François*, b ⁵ 24 déc. 1700. — *Michel*, b ⁵ 20 nov. 1702 ; s ⁵ 26 déc 1704.

1695, (30 mai) Montréal. ⁴

II. — VIGER, JACQUES, (1) [DÉSIRÉ I.
CÉSAR, (2) Marie-Françoise, [FRANÇOIS I.
s ⁴ 17 juin 1726.
Jacques, b 12 mars 1696, à Boucherville ; 1° m 16 juillet 1727, à Marguerite BRODEUR, (LE)· à Varennes ; 2° m ⁴ 24 janv. 1729, à Louise RIDDAY ; s ⁴ 23 juin 1757. — *Antoinette*, (3) b ⁴ 23 janv. 1698. — *Marie-Josette*, b ⁴ 16 mai 1700. — *Geneviève*, b ⁴ 22 fév. 1703. — *Thérèse*, b ⁴ 3 nov. 1704.

1673, (11 septembre) Québec.

I. — VIGNAR, LAURENT, veuf d'Elizabeth Sauvé.
MORIN, Marie, fille d'Etienne et de Marguerite Des Mazeaux, de Damblin, évêché de Langres, en Champagne.

1670, (3 novembre) Ste. Famille. ⁹

I. — VIGNAUX DIT LAVERDURE, PAUL, fils de Jean et de Renée ⸺, de St. Sebel, évêché de Poitiers.
BOURGEOIS, Françoise, fille d'Antoine et de Marie Pedmont, de St. Paul de Paris.
Françoise, b ⁹ 7 oct. 1670. — *Pierre*, b ⁹ 3 oct. 1671. — *Françoise*, b ⁹ 7 oct. 1671. — *Marie*, b 7 et s ⁹ 9 oct. 1672. — *Maurice*, b ⁹ 3 fév. 1674. — *Geneviève*, b ⁹ 26 dec. 1675. — *Antoine*, b ⁹ 14 avril 1678. — *Marie*, b 7 fév. 1683, à St. Laurent, I. O.⁸ — *Catherine*, b 14 et s ⁸ 24 déc. 1684. — *Philippe*, b ⁸ 18 sept. 1688. — *Pierre*, b ⁸ 2 avril 1681.

I. — VIGNY, MARIE, b 1655 ; m en 1676, à Jean AMAURY.

I. — VIGNERON, RENÉ ; s 2 août 1648, à Québec.

(1) Charpentier de vaisseaux.
(2) De la Gardelette.
(3) Filleule du marquis de Crisafy.

I — VIGNIER, SAMUEL, b 1627 ; s 23 janv. 1701, à Québec. ¹
RENAULT, Anne. (1) [MATHURIN I.
s ¹ 26 août 1710.
Marie, b 1656 ; m ¹ 13 fév. 1668, à René ARNAULT.

I. — VIGNON, LOUIS.
FAFART, Marie.
Anonyme, né au Fort des Sables, au Détroit, b 23 juin 1715, à la Pointe-Claire de Montréal.

1679, (16 août) Lachine.

I. — VIGOR, JACQUES, (2)
MONIN, Marie, (3) [JACQUES I.

I. — VIGOUREUX, MARIE-CLAUDE, b... ; 1° m à René GRAVEREAU ; 2° m 26 juin 1690, à Jacques CAILLAS, à Quebec.

VILDAIGRE. — Voy. PERROT.

VILDÉ. — Voy. BILDÉ — L'ESPAGNOL.

I. — VILDÉ DIT L'ESPAGNOL, PIERRE.
COUSTEAU, (PROTEAU) Marie, b 1662 ; s 17 déc. 1742, à Quebec. ⁶
Marguerite-Jeanne, b ⁶ 9 nov. 1704. — *Pierre*, b ⁶ 5 juin 1710. — *Marguerite*, b... ; m ⁶ 13 avril 1722, à Joseph MARIN.

I. — VILLAIN DE LA MAINERIE, ANICET, était présent au contrat de mariage de Pierre Maufet, le 26 avril 1654. — *Greffe d'Audouard*.

I. — VILLAIN, JEAN, orfèvre, de St. Jacques de Paris.
BARBÉ, Jeanne, de St. Jacques de Paris.
Jeanne, b... ; 1° m à Mathur'n BERNIER ; 2° m 5 sept. 1678, à Jacques CHEVALIER, à la Pointe-aux-Trembles de Montréal.

1654, (13 octobre) Montréal. ⁶

I. — VILLAIN, PIERRE, fils de Jean et de Jeanne Marché, de Grossis, évêché de Luçon, au Poitou ; s ⁶ 19 janv. 1655, (tué par un arbre).
LORION, Catherine, (4) fille de Mathurin et de Françoise Morin, de St. Paul, évêché de La Rochelle.

VILLANUS. — Voy. VILLAIN.

I. — VILLE, (FOURNIER DE LA) JACQUES, était présent au contrat de mariage de Nicolas Macard, en 1646.

I. — VILLEBLANCHE, FRANÇOIS, sergent de M. de Beauvais, était à Montréal, en 1699.

VILLEBON, (DE) — Voy. RODINEAU.

(1) Appelée Renard, au Recensement de 1666.
(2) Fugitif en la Nouvelle-Angleterre, en 1674.
(3) Ce mariage est déclaré nul, le 15 juin 1695, et elle épouse, le 23 juin 1695, Jean Bouteiller.
(4) Elle épouse, le 21 juin 1655, Jean Simon.

1698, (10 novembre) Montréal.

I. — VILLEDAY dit Laviolette, Pierre, soldat de M. St. Jean, b 1667, fils de Pierre et de Catherine de Felle, de Burgos, en Espagne.
Voisin, Charlotte,   [Élie I.
veuve de Jacques Batreau.

1685, (28 fevrier) Pte-aux-Trembles, M. [1]

I. — VILLEDIEU, Antoine, fils de Jean et de Nicole Barbe, de St. Eustache de Paris.
Martin, Marie,   [Pierre I.
s [1] 24 oct. 1687.
Louis, b 26 août 1687, à Lachine [2]; s [1] 16 oct. 1687. — *Marie-Barbe,* b [2] 12 fev 1686 ; m 26 janv. 1705, à Nicolas Bissonnet, à Varennes.

VILLEDONNÉ. — Voy. DeVilledonné.

VILLEFAGNAN. — Voy. Faye.

VILLEMUR. — Voy. Lefebvre.

VILLENEUVE. — *Surnoms :* Amyot — Arnaud — Barbeau.

1669, (26 novembre) Québec. [5]

I. — VILLENEUVE, Mathurin, b 1636, fils de Mathieu et de Jeanne Chaussé, de Ste. Marie, Ile de Rhé, évêché de LaRochelle ; s 11 juillet 1715, à Charlesbourg. [6]
Le Marché dit Laroche, Marguerite, [Jean I.
s [6] 9 avril 1711.
Marie, b 17 fev. et s [5] 16 avril 1673. — *Marie-Jeanne,* b [5] 10 dec. 1674 ; 1o m [6] 19 avril 1694, à Etienne Bédard, 2o m [6] 1er sept. 1704, à Simon Courtois, s [6] 16 fev. 1711. — *Pierre,* b 2 avril et s [5] 14 août 1677 — *Pierre,* b [6] 27 août 1678 ; s [6] 26 juin 1698. — *Charles,* b... ; m [6] 7 mai 1703, à Marie-Renee Allard. — *Marie-Anne,* b [6] 17 août 1688 ; m [6] 15 nov. 1706, à Claude Thomas. — *Jacques,* b [5] 8 avril 1684 ; m [6] 26 nov. 1708, à Anne Chalifour. — *Jean-François,* b 5 juillet et s [6] 7 août 1687. — *Anonyme,* b et s [6] 1er oct. 1691. — *Marie-Marguerite,* b 24 et s [6] 28 avril 1694. — *Jean-Baptiste,* b [6] 5 dec 1696. — *Etienne,* b [6] 5 dec. 1696 ; s [6] 3 fev. 1697.

1694, (13 fevrier) Montréal. [9]

I. — VILLERAY, Antoine,
Quenneville, Jeanne,   [Jean I.
Pierre, b [9] 10 juillet 1703 ; s 20 janv. 1704, à Ste. Anne de Montréal. [8] — *Pierre,* b 27 et s 28 mars 1695, à Lachine. [7] — *Marie-Louise,* b [7] 10 mai 1696. — *Angélique,* b [7] 9 dec. 1698. — *Michel,* b [7] 28 mai 1701. — *Jacques,* b [8] 18 janv. 1705.

VILLEU, Sébastien. — Voy. De Villieux, Claude-Sébastien.

VILLIERS. — Voy. Le Gardeur.

I. — VILLIER dit St. Louis, Louis, caporal de M. Le Verrier, en 1705, à Montréal.

VIMAUDIÈRE, (de la) — Voy. Lecomte.

1698, (29 novembre) Montréal. [2]

I. — VINCELET dit Laboessière, Geoffroy, soldat de Des Bergères, b 1676, fils de Julien et de Françoise Frenel, de Plumelec, évêché de St. Malo, en Bretagne ; s [2] 20 mars 1703
Barsa, Catherine,   [André I.
Nicolas, b [2] 16 nov. 1699. — *Jacques,* b [2] 13 mai 1702.

VINCENT. — Voy. Chrétien.

I. — VINCENT, Jean, b 1642, de Couflans, évêché de Limoges ; s 21 sept. 1687, à Lachine, trouvé meurtri de coups par les Iroquois.

I. — VINCENT, soldat tué au combat, par les Iroquois, s 12 juillet 1692, à Montreal.

1672, (6 novembre) Trois-Rivières.

I. — VINET, Jean, fils de Pierre et de Marie Guillet, de Perignac, évêché de Xaintes.
Etienne, Jeanne,   [Philippe I.
s 7 août 1747, à la Longue-Pointe. [3]
Prudent, b 5 nov. 1679, à Boucherville [2]; s [3] 7 oct. 1705. — *Philippe,* b [2] 24 mai 1681 ; m à Barbe Roy ; s [3] 18 avril 1772. — *François,* b [2] 13 fev. 1683 ; m 13 juillet 1714, à Marie-Françoise Janot ; s [3] 17 sept. 1748 — *Marie-Charlotte,* b [2] 15 janv. 1678. — *Marguerite,* b [2] 9 nov. 1685.

1672, (13 juin) Montréal. [1]

I. — VINET dit la Rente, Barthélemi, fils de François et de Denise Brunet, de St. Pierre de Vuillé, évêché de Xaintes ; s 19 nov. 1687, à Lachine.
Alton, Etiennette, veuve de Martin Heurtebise. (1)
Cunégonde, b [1] 18 fév. 1674 ; m [1] 31 août 1693, à François Dubois. — *Madeleine,* b [1] 23 nov. 1675. — *Marie-Charlotte,* b 1679, sœur dite de La Nativité, C.-N.-D. ; s [1] 8 avril 1703. — *François,* b 7 avril 1680, à Lachine [2]; m [1] 1er mars 1701, à Marguerite André. — *Barthélemi,* b [2] 18 fév. 1683 ; s [2] 9 août 1684. — *Guillaume,* b... ; m 2 janv. 1715, à Marie Denis à la Pointe-Claire. — *Marguerite,* b [2] 17 juin 1701. — *François,* b [2] 19 janv. 1703.

1698, (18 août) Boucherville. [6]

I — VINET dit Laliberté, Nicolas, sergent de M. de Longueuil, b 1653, fils de Jean (marchand) et d'Anne Moreau, de Nantes.
Bertault, Jeanne,   [Jacques I.
veuve de Mathurin Richard ; s [6] 20 dec. 1698.

I. — VINTONNEAU dit Laforest, Jean, était aux Trois-Rivières, en 1674.

I. — VIRONCEAU, Catherine, b 1605 , venue en 1639 ; hospitalière dite Catherine de St. Joseph ; s 29 août 1687, à Québec.

VIVARAIS. — Voy. Foran.

---

(1) Elle épouse, le 18 oct. 1689, Claude Gangue, à Lachine.

VIVIEN. — Voy. Jean.

VIVIER. — Voy. Rochereau

1665, (16 février) Québec. [6]

I. —VIVIER, (1) Pierre, b 1638, fils de Grégoire et de Clémence Adjourne, Bourg-de-Tué, évêché de Luçon, s 18 avril 1702, à Charlesbourg. [7]
   Roy, Marguerite,   [Mathurin I.
   Mathurin, b 15 et s 23 août 1669. — *Marie-Anne,* b [6] 11 fév. 1671 ; m [7] 19 avril 1689, à Maurice Réaume ; s [7] 29 janv. 1703. — *Jacquette-Marguerite,* b [6] 29 mai 1673, m [7] 18 juin 1697, à Jean Bourbeau. — *Marie-Madeleine,* b [6] 27 fév. et s [6] 18 avril 1676. — *Claude,* b [6] 2 avril 1677. m [6] 3 mai 1706, à Anne Glinel. — *François,* b [6] 2 avril 1677, s [7] 31 juillet 1679. — *Marie-Anne,* b [6] 25 juin 1682 ; m [7] janv. 1704, à Pierre Tessier. — *Marie-Madeleine,* b [6] 1er mars 1688 ; 1° m [7] 5 nov. 1708, à Michel Bouron, 2° m [7] 19 août 1715, à Charles Boyer — *Pierre,* b [7] 30 sept 1679 ; m 30 mai 1718, à Catherine Dauphin.—*Marie-Catherine,* b [7] 30 janv. 1683 ; m [7] 16 nov 1705, à Jean Barbot — *Anne-Elizabeth,* b [7] 11 juillet 1690 ; m [7] en 1719, à Henry Hileret.

1668, (15 octobre) Québec. [6]

I.—VOISIN, Elie, fils d'Elie et de Marie Vermés, de St. Germain en Laye, évêche de Paris.
   Larcher, Madeleine, fille de Pierre et d'Adrienne Langlois, de St. Pierre, de Montdidier, évêché de Beauvais, Ile de France.
   Marguerite, b [6] 19 janv. 1670. — *René,* b [6] 16 janv. 1674 — *Charlotte-Catherine,* b 1664 ; 1° m en 1686, à Jacques Batreau ; 2° m 10 nov. 1698, à Pierre Villeday.

VOISINE. — Voy. Vésinat.

VOLANT, — *Surnoms :* De St. Claude — De Fosseneuve — De Radisson — De Chamblain.

I. — VOLANT de St. Claude, Claude, b 1636.
   Radisson, Françoise, b 1636.
   Pierre, b 8 nov. 1654, aux Trois-Rivières [5] ; ordonné 17 sept. 1678 ; s 3 janv. 1710, à Québec. [4] — *Claude,* b [5] 10 nov. 1654 ; ordonné 17 sept. 1678 ; s 8 oct. 1719, à Varennes — *Françoise,* b [5] 28 juillet 1657, s [5] 28 déc. 1662. — *Marguerite,* b [5] 25 nov. 1659 ; m à Noel Le Gardeur. — *Françoise,* b 17 avril et s [5] juillet 1663. — *Etienne,* b [5] 29 oct. 1664 ; m 9 déc. 1693, à Geneviève Le Tendre, à Sorel —*Jean-François,* b... ; m 6 juin 1701, à Marguerite Godfroy, à Montréal — *Nicolas,* b 1668 ; m [4] 30 juillet 1696, à Geneviève Niel ; s [4] 26 janv. 1703.

1693, (9 décembre) Sorel.

II. — VOLANT, Etienne,   [Claude I.
   Le Tendre, Geneviève,   [Pierre I.
   veuve de Jean-François Peltier.

1696, (30 juillet) Québec. [4]

II. — VOLANT, Nicolas, marchand,   [Claude I.
   s [4] 26 janv. 1703.
   Niel, Geneviève,   [Pierre I.
   s [4] 20 janv. 1703.
   François, b [4] 12 oct. 1697. — *Nicolas,* b 1er nov. et s [4] 29 déc. 1698. — *Etienne,* b [4] 17 oct. 1699 : s 5 nov. 1699, à la Pte-aux-Trembles de Québec. [9] — *Jean,* b [4] 27 janv. 1701 ; s [9] 5 juin 1701. — *Nicolas,* b [9] 27 dec. 1701.

VOLONTÉ, (la) — Voy. Bélanger.

VOYER, Etienne. — Voy. Boyer.

1662, (1er décembre) Château-Richer. [7]

I. — VOYER, Pierre, b 1630. de Marolle, évêché du Mans, au Maine ; s [7] 14 nov. 1695.
   Champon, Catherine, b 1642, veuve de Louis Pepin, de St. Sulpice de Paris, s 6 juillet 1699, à l'Ange-Gardien.
   François, b [7] 9 dec. 1663. — *Robert,* b [7] 11 juin 1665 ; 1° m 26 avril 1688, à Marie Trépagny, (de) à Québec [1] ; 2° m à Marie-Madeleine Doyon ; s [1] 7 janv. 1711. — *Marie-Madeleine,* b [7] 10 août 1666 : m [1] 3 nov. 1694, à Hilaire Bernard ; s [1] 2 oct. 1711. — *Françoise,* b [1] 10 mai 1668. — *Pierre,* b [7] 29 juin 1671, m 19 nov. 1697, à Marie-Madeleine, Lefebvre, à la Pointe-aux-Trembles de Québec [9] ; s [9] 13 mars 1703. — *Anne,* b 1672 ; s [7] 21 déc. 1677. — *Geneviève,* b [7] 5 déc. 1676. — *Alexis,* b [7] 11 avril 1679 ; s [7] 31 janv 1694. — *Marguerite,* b [7] 21 fév. 1683, m [7] 16 nov. 1700, à Jean-Baptiste Hardy ; s [9] 4 mars 1724. — *Catherine,* b... ; m [7] 18 avril 1689, à François Bélanger. — *Barthélemi,* b 1669 : m [7] 19 nov. 1691, à Marie-Anne Jobidon ; s [7] 3 fév. 1703. — *Marguerite,* b 1675, s [1] 9 janv. 1703.

1683, (12 janvier) Québec. [7]

I. — VOYER dit Le Jardinier, Jacques, b 1675, fils de François et de Mathurine Chauvet, de St. Laurent du bourg d'Aubigny, évêché de Luçon, au Poitou.
   Routier, Jeanne, (1)   [Jean I.
   Jacques, b 19 nov 1683, à Lorette [6] : s 12 juin 1711. — *Jeanne,* b [6] 5 juillet 1685. — *Thérèse,* b 1684 ; m [6] 11 août 1705, à Nicolas Bonhomme ; s [6] 4 avril 1711. — *Marie-Thérèse,* b... , m [6] 11 janv. 1712, à Pierre Voyer. — *Michel,* b... ; 1° m [7] 31 mai 1717, à Louise-Gabrielle Dubreuil ; 2° m [7] 25 nov. 1724, à Marie-Anne Argan. — *Anonyme,* b et s [6] 3 sept. 1692. — *Marie-Anne,* b [6] 8 mai 1694 ; s [6] 25 mai 1704. — *François-Marie,* b [6] 2 fév. 1696. — *Marguerite,* b [6] 19 oct. 1700 ; s [6] 2 nov. 1703. — *Noel,* b [6] 6 janv. 1704 ; m [7] 20 oct. 1725, à Geneviève Moreau. — *Marie-Ursule,* b [6] 5 janv. 1707.

1688, (26 avril) Québec. [7]

II. — VOYER, Robert,   [Pierre I.
   s [7] 7 janv. 1711.

---

(1) Vivier est un nom propre et un nom de baptême.—Il a *Magdelaine* pour nom propre—*Rochereau et Duvivier* pour variations, et *Ladouceur* pour surnom.

(1) Elle épouse, le 12 fév. 1713, Jean-Etienne Dubreuil, à Lorette.

1° DE TRÉPAGNY, Marie,   [ROMAIN I.
    veuve d'Henry L'Archevêque.
René, b [7] 3 fév. 1689. — Jacques-Philippe, b [7] 19 fév. 1691 ; s [7] 4 oct. 1692. — Joseph, b [7] 9 mars 1693 ; s [1er] mars 1699, à Beauport [1] — Jacques-Philippe, b [7] 20 sept. 1694 ; s [7] 27 mai 1713. — Geneviève, b [7] 13 oct. 1695 ; m [7] 29 juillet 1715, à Guillaume LEMELIN ; s [7] 2 mai 1717. — Edmond, b [7] 9 nov. 1696 ; s [1] 1er mars 1699. — Marie-Louise, b [7] 16 mai 1698 ; s [7] 27 janv. 1703. — Pierre-François, b [7] 30 avril 1699 ; s [7] 26 fév. 1721. — Joseph, b [7] 6 mai 1700. — Pierre, b [7] 16 sept. 1701 ; m [7] 25 août 1731, à Félicité SAMSON. — Robert, b [7] 13 oct. 1702 ; s [7] 26 janv. 1703. — Marie-Joselte, b [7] 13 oct. 1702. — Charles-Barthélemi, b [7] 24 août 1705 ; s [7] 23 fév. 1721. — Marie-Madeleine, b [7] 8 mai 1707 ; s [7] 31 déc. 1717.
    2° DOYON, Marie-Madeleine ; s 27 janv. 1733, à Québec.

1691, (19 novembre) Château-Richer. [5]

II. — VOYER, BARTHÉLEMI,   [PIERRE I
    s [5] 3 fév. 1703.
JORIDON, Marie-Anne,   [LOUIS I.
    s [5] 24 janv. 1703.
Pierre, b 29 avril et s [5] 23 mai 1694. — Marie-Anne, b [5] 30 août 1695 ; m [5] 9 nov. 1711, à Louis FISET. — Marie, b [5] 7 août 1697 ; m [5] 20 juin 1718, à Joseph DESRY. — Louis, b [5] 25 mars 1699 ; s [5] 24 mai 1699. — Barthélemi, b [5] 3 fév. 1700. — Joseph, b 14 et s [5] 23 juin 1701. — Jean-Baptiste, b [5] 16 janv. 1703 ; s 12 mars 1703, à l'Ange-Gardien.

1697, (19 novembre) Pte-aux-Trembles, Q. [6]

II. — VOYER, PIERRE,   [PIERRE I.
    s [6] 13 mars 1703.
LEFEBVRE, Marie-Madeleine,   [SIMON I
    Marie-Françoise, b [6] 26 oct. 1698. — Marie-Anne, b [6] 14 avril 1700 ; m [6] 5 fév. 1720, à François PINEL. — Marie-Véronique, b 16 août et s [6] 8 oct. 1702.

VOYNE. — Voy. VAINE — VENNES — VOINE.

I. — VOYNE, JEAN.
MANSEAU, Françoise.
Jacques, b 1645 ; m à Marguerite PROVOST ; s 29 nov. 1700, à Varennes. — Jean, b 1657 ; 1° m 15 nov. 1677, à Marguerite BEAUSSANT, à Montréal ; 2° m 25 juin 1685, à Françoise BEAUCHAMP, à la Pointe-aux-Trembles de Montréal.

1670.

II. — VOYNE, JACQUES,   [JEAN I.
    s 29 nov. 1700, à Varennes. [7]
LE PREVOST, Marie. (1)
Jean, b 11 mars 1672, à Montréal. [8] — Marguerite, b [8] 17 fév. 1674. — Marie-Catherine, b 25 mars 1676, à Repentigny ; s [7] 5 janv. 1698. — Barbe, b 1677 ; s [7] 23 déc. 1694. — Barbe, b 3 oct. 1678, à la Pointe-aux-Trembles de Montréal. [9] —

Françoise, b [9] 19 oct. 1681. — Jacques, b [9] 6 sept. 1685 ; s [9] 10 mars 1687. — Marie, b... ; m [7] 22 nov. 1694, à Joseph JOUET. — Marguerite, b... ; m [7] 22 nov. 1694, à Thomas CHARTRAN. — Louis, b [9] 25 août 1692. — Marie-Barbe, b [7] 18 juin 1695. — Jean, b... ; m [7] 24 nov. 1698, à Catherine BOUSQUET.

1677, (15 novembre) Montréal.

II. — VOYNE, JEAN,   [JEAN I.
    1° BEAUSSANT, Marguerite,   [ELIE I.
       1685, (25 juin) Pte-aux-Trembles, (M). [7]
    2° BEAUCHAMP, Françoise,   [JACQUES I.
       Marie, b [7] 14 août 1687. — Marguerite, b [7] 20 nov. 1689. — Jean, b 21 et s [7] 24 fév. 1679. — Barbe, b [7] 14 fév. et s [7] 2 mars 1680. — Jacques, b [7] 7 avril 1692. — Jean-Baptiste, b [7] 7 déc. 1694. — Joseph, b [7] 15 sept. 1697. — Jean, b [7] 1er janv. 1700.

1698, (24 novembre) Varennes. [1]

III. — VOYNE, JEAN,   [JACQUES II.
BOUSQUET, Catherine,   [JEAN I.
    Marie-Catherine, b [1] 23 août 1699. — Geneviève, b 1er sept. 1701, à Repentigny.

VREDON. — Voy. VERDON

W

WILLIS. — Voy. WILLET. — HOULET. (1)

I. — WILLIS, ETIENNE, anglais.
PILMAN, Louise. (2)
Marie-Madeleine, b 1668 ; m 29 sept. 1698, à Jean LECOMPTE, à Québec [5] ; s [5] 1er fév. 1703. — Marie, b... ; 1° m [5] 27 oct. 1702, à Charles ARNAUT ; 2° m [5] 31 mai 1704, à Pierre PERROT ; 3° m [5] 13 nov. 1741, à Barthélemi COTTON.

I. — WATSON, JOSEPH, anglais, b 28 avril 1697, à 17 ans, aux Trois-Rivières.

WHEELWRIGHT, ESTHER, née à Boston vers 1698, captive anglaise ; religieuse-ursuline dite de l'Enfant-Jésus ; s 28 nov. 1785, à Québec.

Y

1673, (19 septembre) Québec.

I. — YVELIN, PIERRE, fils de François et de Thérèse Sourdine, de Bois-Guillaume, évêché de Rouen, en Normandie.
DUCHEMIN, Marie-Anne, fille de Louis et de Marie Le Sueur, de St. Paul de Paris.

---

(1) Famille établie à Batiscan, après 1700.

(2) Elle épouse, le 6 oct. 1710, Edouard De Flecheur, à Québec.

---

(1) Elle épouse, le 20 novembre 1701, Etienne Forestier, à Varennes.

1667, (19 avril) Montréal. [6]

I — YOU, Sieur de la Découverte, (1) Pierre, enseigne, b 1669, fils de Pierre et de Marie-Renée Turrot, de St. Sauveur, évêché de La-Rochelle, s [6] 28 août 1718.
Just, Madeleine, fille d'Hubert et de Madeleine Daumont, Bourg-du-Breves en Bourgogne, veue de Jerôme Leguay.
Pierre, b [6] 18 janv. 1698 ; s [6] 6 mai 1703. — *Philippe*, b [6] 3 nov. 1699. — *François-Madeleine*, b [6] 24 nov. 1700 ; m 12 août 1722, à Marie Marguerite Dufrost de Lagemmerais (2) ; s [6] 4 juillet 1730. — *Joseph-Paschal*, b 15 et s [6] 18 avril 1702.

I — YVON dit Lafontaine, François, b 1626, établi à Charlesbourg
Fournier, Jacqueline, b 1627.
Marie, b 1664. — *Claude*, b 1665. — *Catherine*, b 1667. — *Jean-Baptiste*, b 1669 ; m 1697, à Françoise Feuilleteau — *Pierre*, b .. ; m 1695, à Marie Mazard.

I — YVON, Jeanne, fille de Mathurin et de Julienne Bellefeuille, de St. Cosme, au Maine, 1° m 1640, à Florent Buisson de St. Cosme ; 2° m 26 mai 1658, à Jean Noel, à Quebec.

(1) Il fut un des signataires de l'acte de prise de possession du pays des Arkansas, faite au nom du Roi de France, les 13 et 14 mars 1682. — *Archives de la Marine, Code Louisiane*, t. I, année 1682.
En vertu des priviléges accordés par le Roi aux découvreurs, il prit le titre de Sieur de la Découverte, en 1688, titre qui lui est attribué dans les actes officiels du gouvernement, où il est qualifié officier dans la Louisiane.
(2) Fondatrice de l'Hôpital-Général de Ville-Marie, Montréal.

II — YVON Jean-Baptiste. [François. I. sergent de M. DesBergères.
Feuilleteau, Françoise, b 1658 , s 5 mars 1720, Québec.
Charlotte-Louise, b 5 mars 1698, à Montréal ; m à Jacques Levert , s 26 janv. 1717, à St. François, Ile-Jesus.

1695.

II — YVON, Pierre, [François I. Mazard, Marie,
Marie, b... ; m 23 sept. 1715, à Louis Durecte, à Quebec. [8] — *Pierre*, b 1698 ; s [8] 15 fév. 1717. — *Charlotte*, (1) b 1702 ; s [8] 15 fév. 1717.

Z.

I. — ZACHÉ, (2) Françoise, b 1649 : 1° m à Claude de Xainte ; 2° m 1er déc. 1685, à Antoine Gourdeau, à Québec [2] ; 3° m [2] 16 mai 1701, à René-Louis Chartier ; s [2] 24 oct. 1718.

1668, (17 septembre) Québec.

I. — ZAPAGLIA de Ressan, Octave, fils d'Achille et de Dominique Ranzetti, de St. Sylvestre de Mantoue, en Italie.
Duplessis, Anne, [Guillaume I.

(1) Ces deux derniers enfants périrent sous les ruines de la maison, écrasée par la neige.
(2) Appelée aussi Jaché et Taché.

FIN DU PREMIER VOLUME.

PROVINCES ECCLESIASTIQUES DE FRANCE

EN L'ANNÉE 1631.

PROVINCE DE LYON.

	PAROISSES
Archidiocèse de Lyon.	765
Diocèse d'Autun.	611
— de Langres.	600
— de Mâcon.	268
— de Châlon.	204

PROVINCE DE SENS.

Archidiocèse de Sens.	674
Diocèse de Troyes	519
— d'Auxerre	238
— de Nevers	271

PROVINCE DE PARIS.

Archidiocèse de Paris.	450
Diocèse de Chartres.	1010
— de Meaux	210
— d'Orléans	272

PROVINCE DE REIMS.

Archidiocèse de Reims	483
Diocèse de Soissons.	380
— de Laon	300
— de Châlons	300
— de Noyon	404
— de Beauvais	592
— d'Amiens	776
— de Senlis.	72
— de Boulogne	423

PROVINCE DE ROUEN.

Archidiocèse de Rouen.	1388
Diocèse de Bayeux	611
— d'Evreux.	480
— d'Avranches	180
— de Sées	500
— de Lizieux	580
— de Coutances	550

PROVINCE DE TOURS.

Archidiocèse de Tours.	400
Diocèse du Mans.	619
— de Rennes	263
— d'Angers	668
— de Nantes	212
— de Cornouaille.	200
— de Vannes	160
— de St. Malo.	200
— de St. Brieu.	120
— de Tregnier.	70
— de Léon	120
— de Dol	80

PROVINCE DE BOURGES.

	PAROISSES.
Archidiocèse de Bourges	800
Diocèse de Clermont	850
— de Limoges.	900
— de Tulle.	70
— de St. Flour.	270
— de Puy	138
— de Alby	327
— de Cahors	422
— de Castres	100
— de Mande	200
— de Rodez.	500
— de Vabres	150

PROVINCE DE BORDEAUX.

Archidiocèse de Bordeaux.	400
Diocèse de Poitiers	722
— de Xaintes	291
— d'Angoulesme.	290
— de Perigueux	440
— d'Agen	400
— de Condon	130
— de Sarlat.	250
— de LaRochelle.	320
— de Luçon.	230

PROVINCE D'AUCH.

Archidiocèse d'Auch.	374
Diocèse de Dax	190
— d'Aire.	210
— de Bazas.	250
— de Bayonne.	60
— de Comminge	200
— de Conferans	82
— de Lectoure.	73
— de Lescar.	40
— d'Oléron.	200
— de Tarbe.	240

PROVINCE DE NARBONNE.

Archidiocèse de Narbonne.	240
Diocèse de Carcassonne.	96
— d'Alet.	80
— de Beziers	106
— d'Agde	16
— de Lodève.	48
— de Montpellier.	120
— de Nismes	215
— d'Usez.	181
— de St. Pons.	40

PROVINCE DE TOULOUSE.

	PAROISSES.
Archidiocèse de Toulouse.	250
Diocèse de Pamiers.	150
— de Mirepoix.	62
— de Montauban.	90
— de Lavaur	68
— de St. Papoul	56
— de Lombez.	81
— de Rieux.	90

PROVINCE D'ARLES.

Archidiocèse d'Arles.	51
Diocèse de Marseilles.	32
— d'Orange.	18
— de St. Paul-Tro.s-Châteaux	33
— de Toulon	20

PROVINCE D'AIX.

Archidiocèse d'Aix.	84
Diocèse d'Apt.	32
— de Riez	54
— de Gap.	221
— de Sisteron.	59

PROVINCE DE VIENNE.

Archidiocèse de Vienne.	335
Diocèse de Grenoble.	304
— de Valence.	104
— de Die.	170
— de Viviers	300

PROVINCE D'AMBRUN.

	PAROISSES.
Archidiocèse d'Ambrun.	21
Diocèse de Digne.	32
— de Vence.	23
— de Glandèves	56
— de Senez.	32
— Graffe.	22

PROVINCE DE BESANÇON.

Archidiocèse de Besançon.	785
Diocèse de Bâle (Savoie).	—
— de Belley "	—
— de Genève "	—

PROVINCE DE CAMBRAY.

Archidiocèse de Cambray.	598
Diocèse d'Arras	400
— de Tournay.	200
— de St. Omer.	110
— d'Ypres	150

PROVINCE DE TRÈVES.

Archidiocèse de Trèves.	—
Diocèse de Metz	623
— de Toul.	1700
— de Verdun	350

PROVINCE DE MAYENCE.

Archidiocèse de Mayence.	—
Diocèse de Strasbourg.	450

TABLE ALPHABETIQUE DES VILLES DE FRANCE

AVEC LE NOM DE LEUR PROVINCE, EN 1631.

A

VILLES.	PROVINCES
Abbeville,	Picardie.
Acqs (Dax),	Gascogne.
Adge,	Languedoc.
Ageu,	Guienne-d'Agenois.
Aigues-Mortes,	Languedoc
Aigue-Perse,	Auvergne.
Aire,	Gascogne.
Aires,	Artois.
Aix,	Provence.
Aix,	Marquisat de la Savoie.
Albret,	Gascogne.
Alby,	Languedoc.
Alençon,	Normandie.
Alet,	Bas-Languedoc.
Amboise,	Touraine.
Ambrun,	Dauphine.
Amiens,	Picardie.
Ance,	Lionnois.
Anduse,	Bas-Languedoc.
Angely,	Saintonge.
Angers,	Anjou.
Angoulesme,	Angoumois.
Annecy,	Savoie.
Annonay,	Languedoc.
Antibe,	Provence.
Anvers,	Brabant.
Aouste,	Savoie.
Apt,	Provence.
Arbois,	Franche-Comté.
Ardres,	Picardie.
Argentan,	Normandie.
Argenton,	Berry.
Arles,	Provence.
Arnay-le-Duc	Bourgogne.
Arras,	Artois.
Ath,	Hainaut.
Avalon,	Bourgogne.
Aubenas,	Languedoc.
Aubigny,	Sologne.
Auch,	Gascogne.
Avenay,	Champagne.
Avignon,	Provence.
Aumale,	Normandie.
Avranches,	Normandie.
Aurillac,	Auvergne.
Aussone,	Bourgogne.
Autun,	Bourgogne.
Auxeire,	Bourgogne.
Ay.	Champagne.

B

VILLES.	PROVINCES
Bâle,	Suisse.
Bapaume,	Artois.

VILLES.	PROVINCES.
Bar,	Bourgogne.
Bar-sur-Aube,	Champagne,
Barcelone,	Nice.
Bassée, (La)	Flandre.
Bavoy,	Hainaut.
Bauge,	Anjou.
Bauge,	De la Bresse.
Baza lois,	Gascogne.
Bayoux,	Normandie.
Bayonne,	Gascogne.
Bazas,	Gascogne.
Beaucaire,	Languedoc.
Beaufort,	Anjou.
Beaugency,	Orleannois.
Beaujeu,	Beaujolois.
Beaulieu,	Gastinois.
Beaumont,	Hainaut.
Beaune,	Bourgogne.
Beauvais,	Ile-de-France.
Belat,	Marche.
Belesme,	Perche.
Bellay,	Bresse.
Bellegarde,	Bourgogne.
Bellegarde,	Roussillon.
Belle-Isle,	Basse-Bretagne.
Belleville,	Beaujolois.
Bergerac,	Guienne.
Bergue,	Flandre.
Bargues,	Brabant.
Besançon,	Franche-Comte.
Betune,	Artois.
Beziers,	Bas-Languedoc.
Bilhon,	Basse-Auvergne.
Binch,	Hainaut.
Blanc,	Berry.
Blavet,	Basse-Bretagne.
Blois,	Blaisois.
Bolduc,	Brabant.
Boulogne,	Picardie.
Bonnetable,	Maine.
Bonneville,	Savoie.
Bormio,	Grisons.
Bouchain,	Hainaut
Bourbon-Lancy,	Bourgogne.
Bourbon-l'Archambaud,	Bourbonnois.
Bourbourg,	Flandre.
Bourdeaux,	Guienne.
Bourg,	Bresse.
Bourg,	Guienne.
Bourges,	Berry.
Bouvines,	Hainaut.
Bray,	Champagne.
Breda,	Brabant.
Brenne-le-Comte,	Hainaut.
Brest,	Basse-Bretagne.
Breteuil,	Normandie.

VILLES.	PROVINCES.	VILLES.	PROVINCES.
Briançon,	Dauphiné.	Chimay,	Hainaut.
Briaré,	Ile-de-France.	Chinon,	Touraine.
Brie-Comte-Robert,	Brie.	Chiny,	Luxembourg.
Brignoles,	Provence.	Cholet,	Poitou.
Brioude,	Basse-Auvergue.	Ciotat,	Provence.
Brisac,	Anjou.	Cisteron,	Provence.
Brisac,	Alsace.	Clairac,	Guienne.
Brive,	Limousin.	Clamecy,	Nivernois
Brouge,	Saintonge.	Clermont,	Auvergne.
Bruges,	Pays-Bas.	Clermont de Lodove,	Languedoc.
Bruxelles,	Brabant.	Cluny,	Bourgogne.
Brullon,	Maine.	Cœuvres,	Ile-de-France.
		Cognac,	Angoumois.
C		Coire,	Grimon.
		Colmar,	Haute-Alsace.
Cadillac,	Guienne.	Colomiers,	Brie.
Caen	Normandie.	Cominges,	Gascogne.
Cohors,	Guienne.	Commercy,	Lorraine.
Calais,	Picardie.	Compiègne,	Ile-de-France.
Cambray,	Du Cambresis, Hainaut.	Conches,	Normandie.
Campagne de Neubourg		Concressaut,	Berry.
et de St. Andre,	Normandie.	Conde,	Hainaut.
Capelle,	Picardie	Condom,	Gascogne.
Caranton,	Normandie.	Condrieu,	Lyounois.
Carcassonne,	Languedoc.	Conserans,	Gascogne.
Carpentras,	Comte Venaissin.	Corbeil,	Ile-de-France.
Cassel,	Flandre.	Corbie,	Picardie.
Castelnaudary,	Languedoc.	Corbigny,	Nivernois.
Castelnau,	Gascogne.	Cormissi,	Champagne.
Castillon,	Guienne.	Cornouaille,	Bretagne.
Castres,	Languedoc.	Cosne,	Nivernois.
Catelet,	Picardie.	Coulioure,	Roussillon.
Cavaillon	Venaissin.	Coulonges,	Poitou.
Caudebec,	Normandie.	Courtray,	Pays-Bas.
Chably,	Champagne.	Coutances,	Normandie.
Châlons,	Champagne.	Craon,	Anjou.
Châlons-sur-Saône,	Bourgogne.	Creil,	Ile-de-France.
Chaligny,	Lorraine.	Crepy,	Ile-de-France.
Chambéry,	Savoie.	Cropière,	Basse-Auvergne
Charlemont,	Hainaut.	Crotoy,	Picardie.
Charleville,	Champagne.		
Charité,	Nivernois.	**D**	
Charmes,	Lorraine.		
Charolles,	Bourgogne.	Dalem,	Outre-Meuse.
Charrots,	Berry.	Dam,	Gromingue.
Chartres,	Beauce.	Dam-Martin,	Ile-de-France.
Château-de-Loir,	Maine.	Dax, Acqs,	Gascogne.
Châteaudun,	Beauce.	Decize,	Nivernois.
Château-Gontier,	Anjou.	Deinse,	Pays-Bas.
Château-Neuf,	Angoumois.	De la Roche-Brancourt,	Guienne.
Château-Portien,	Champagne.	Dendermonde,	Pays-Bas.
Châteauroux,	Berry.	Die,	Dauphiné.
Château-Thierry.	Brie.	Dieppe,	Normandie.
Chatellerand,	Poitou.	Diest,	Brabant,
Châtillon,	Ile-de-France	Digne,	Provence.
Châtillon,	Touraine.	Digoin,	Bourgogne.
Châtillon sur-Loire,	Berry.	Dijon,	Bourgogne.
Châtillon,	Bourgogne.	Dol,	Haute-Bretagne.
Châtres,	Ile-de-France.	Dole,	Franche-Comté.
Chaumont,	Champagne.	Domfront,	Maine.
Chaumont,	Ile-de-France.	Domme,	Guienne.
Chauvigny,	Poitou.	Donchery,	Champagne.
Cherbourg,	Normandie.	Dorat,	Marche.
Chevereuse,	Ile-de-France.	Douay,	Flandre.
Chiavenne,	Grisons.	Dourlans,	Picardie.
Chièvres,	Hainaut.	Draguignan,	Provence.

VILLES.	PROVINCES.	VILLES.	PROVINCES.
Dreux,	Ile-de-France.	Harfleur,	Normandie.
DunKerque,	Flandre.	Hâvre-de-Grâce,	Normandie.
Dun-le-Roy,	Berry.	Hesdin,	Artois.
		Hières,	Provence.
E		Hiesmes,	Normandie.
		Honfleur,	Normandie.
Epernay,	Champagne.	Hulst,	Flandre.
Epernou,	Beauce.	Hurepoix,	Ile-de-France.
Espinal,	Lorraine.		
Estival,	Lorraine.		
Etampes,	Beauce.	**I**	
Eu,	Normandie.		
Evreux,	Normandie.	Igé, (St. Martin d')	Perche.
Eusan.	Gascogne.	Ile-de-Dieu,	Poitou.
		Ile-de-Rhé,	Aunis, en Poitou.
		Ile-de-Noir-Moutier,	Poitou.
F		Issoudon,	Berry.
Falaise,	Normandie.		
Fauquemont,	Outre-Meuse.	**J**	
Fescamp,	Normandie.		
Feurs,	Forez.	Jarnac,	Angoumois.
Figeac,	Guienne.	Joigny,	Champagne.
Fimes,	Champagne.	Joinville,	Champagne.
Florence,	Gascogne.	Jornac,	Gascogne.
Fontainebleau,	Ile-de-France.	Jugon,	Bretagne.
Fontaine-l'Evêque,	Hainaut.		
Fontenay-le-Comte,	Poitou.	**K**	
Forcalquier,	Provence.		
Frejus,	Provence.	Kimper,	Basse-Bretagne.
Fribourg,	Alsace.		
Fronsac,	Guienne.	**L**	
Frontignan,	Languedoc.		
Furnes,	Flandre.	La Fere,	Picardie.
		La Ferte-Aleps,	Ile-de-France.
G		" Bernard,	Maine.
		" Vidame,	Perche.
Gand,	Pays-Bas.	" Milon,	Ile-de-France.
Gap,	Dauphiné.	" Sous-Jouare,	Brie.
Gannat,	Bourbonnois.	La Flèche,	Anjou.
Gavaret,	Gascogne.	Laigny,	Brie.
Genève,	Savoye.	Lambese,	Provence
Gergeau,	Sologne.	Landau,	Basse-Alsace.
Gex,	Bresse.	Landrecy,	Hainaut.
Gisors,	Normandie	Langres,	Champagne.
Givry,	Bourgogne.	Laon,	Ile-de-France.
Glandèves,	Provence.	LaRochelle,	Aunis.
Gordon,	Guienne.	Laval,	Maine.
Grammont,	Pays-Bas.	Lavaur,	Languedoc.
Granville,	Normandie.	L'Ecluse,	Flandre.
Grasse,	Provence.	Lectoure,	Gascogne.
Grave,	Brabant.	Le Lude,	Anjou.
Gravelines,	Flandre.	Leon,	Basse-Bretagne.
Gravelle,	Maine.	Lescar,	Gascogne.
Gray,	Franche-Comté.	Les Echelles,	Savoye.
Grenoble,	Dauphiné.	Les Essars	Poitou.
Gueldre,	Pays-Bas	Leucate,	Languedoc.
Guerret,	Marche.	Leuse,	Hainaut.
Guimenay,	Haute-Bretagne.	Lewe,	Brabant.
Guines,	Picardie.	Liere,	Brabant.
Guise,	Picardie.	Ligny,	Duche-de-Bar.
		Lille,	Flandre.
H		Lillebonne,	Normandie.
		Lillers,	Artois.
Haguenau,	Basse-Alsace.	Limbourg,	Artois.
Ham,	Picardie.	Limoges,	Limosin.
Harcourt,	Normandie.	Limoux,	Languedoc.

VILLES.	PROVINCES.	VILLES.	PROVINCES.
Lisieux,	Normandie.	Montereau,	Champagne.
Locarne,	Locarne.	Montbrison,	Forez.
Loches,	Touraine.	Mont-Didier,	Picardie
Lodève,	Languedoc.	Mont-de-Marsan,	Gascogne
Lombez,	Gascogne.	Montfort,	Gascogne.
Longue-Ville,	Normand e.	Mout-Serran,	Basse-Auvergne.
Longwy,	Duché-de-Bar.	Montigny-Le-Roy,	Champagne.
Loudun,	Poitou.	Mont-Luçon,	Bourbonnois.
Louvain,	Brabant.	Montmirel,	Champagne.
Lucerne,	Suisse.	Montmorency,	Ile-de-France.
Luçon,	Poitou.	Montmarillon,	Poitou.
Lugan,	Poitou.	Montoire,	Vandomois.
Lunel,	Languedoc.	Montpellier,	Bas-Languedoc.
Luneville.	Lorraine.	Montreuil,	Picardie.
Lusignan,	Poitou.	Montreuil,	Anjou.
Luxembourg,	Luxembourg.	Moret,	Ile-de-France.
Luxeuil,	Franche-Comté.	Morlaix,	Basse-Bretagne.
Lyon,	Lyonnois.	Mortagne,	Perche.
		Mortagne,	Flandre.
		Mortemar,	Saintonge.
	M	Moulins,	Bourbonnois.
		Mousson,	Champagne.
Mâcon,	Bourgogne.	Moustiers,	Savoye.
Maigne,	Anjou.	Murat,	Auvergne.
Maillezais,	Poitou.		
Maintenon,	Beauce.		
Malicornes,	Maine.		**N**
Malines,	Brabant.		
Manosque,	Provence.	Namur,	Belgique.
Mans,	Maine.	Nancy,	Lorraine
Maute,	Ile-de-France.	Nantes.	Haute-Bretagne.
Marche,	Luxembourg.	Narbonne,	Languedoc.
Mariembourg,	Hainaut.	Nemours,	Ile de-France.
Marle-sur-la-Serre,	Picardie.	Nerac,	Gascogne.
Marmande,	Guienne.	Nevers,	Livernois.
Marsal,	Lorraine.	Neufchâtel,	Comté de Neufchâtel.
Marseille,	Provence.	Nice,	Comte de Nice.
Marsiac,	Gascogne	Nieuport,	Pays Bas.
Martel,	Guienne.	Nimegue,	Gueldre.
Matignon,	Bretagne.	Niort,	Poitou.
Martigues,	Provence.	Nisme,	Bas-Languedoc.
Masseoube,	Gascogne.	Nivelle,	Brabant.
Maubeuge,	Hainaut.	Nogent le Roy,	Beauce.
Mayence,	Allemagne.	Nogent-sur-seine,	Champagne.
Mayenne,	Maine.	Nomeny,	Metz.
Meaux,	Brie.	Noyon.	Ile-de-France.
Melenthois,	Lisle.		
Melun,	Ile-de-France.		
Mende,	Languedoc.		**O**
Menin,	Flandre.		
Mercœur,	Auvergne.	Oléron,	Gascogne.
Mezieres,	Champagne.	Olonne,	Poitou.
Metz,	Lorraine.	Oneille,	Principauté d'Oneille.
Meulan,	Ile-de-France.	Orleans,	Orleanois.
Meun,	Orleannois.	Ortez,	Gascogne.
Milhaud,	Guienne.	Ostende,	Pays-Bas.
Milly,	Ile-de-France.	Oudenarde,	Pays-Bas.
Miolans,	Savoye.	Orange,	Dauphiné.
Mirande,	Gascogne.		
Mirebeau,	Poitou.		**P**
Mirecourt,	Lorraine.		
Mirepoix,	Comté de Foix.	Pamiers,	Languedoc.
Mons,	Hainaut.	Parcy,	Bourgogne.
Montaigu,	Poitou.	Paris,	Capitale de la France.
Montargis,	Ile-de-France.	Parthenay,	Poitou.
Montauban,	Guienne.	Pau,	Gascogne.
Montelimar,	Dauphiné.	Périgord,	Contrée de la Guienne.

VILLES.	PROVINCES.	VILLES.	PROVINCES.
Périgueux,	Périgord.	Rumilly,	Savoie.
Perne,	Artois.	Rupelmonde,	Pays-Bas.
Peronne,	Picardie.	Ruremonde,	Pays-Bas.
Perpignan,	Roussillon.		
Pertuis,	Provence.		
Pezenas,	Languedoc.	**S**	
Phaltzbourg,	Lorraine.		
Philippeville,	Hainaut.	St. Amand,	Bourbonnois.
Pitiviers,	Orléanois.	St. Amand,	Flandre.
Pleurs,	Grisons.	St. Aignan,	Berry.
Poitiers,	Poitou.	St. Antoine,	Dauphiné.
Poissy,	Ile-de-France.	St. Antonin,	Guienne.
Pont-à-Mousson,	Duché de Bar.	St. Aubin,	Bretagne.
Pontarlier,	Franche-Comté.	St. Brieux,	Bretagne.
Pont-Beauvoisin,	Dauphiné.	St. Ceré,	Guienne,
Pont-de-Vaux,	Bresse.	St. Chaumont,	Lyonnois.
Pont-de-l'Arche,	Normandie.	St. Claude,	Franche-Comté.
Pont-de-Cé,	Anjou.	St. Denis,	Ile-de-France.
Ponteaude-Mer,	Normandie.	St. Diey,	Lorraine.
Pont-de-Rémy,	Picardie.	St. Dizier,	Champagne.
Pont-de-Sorgue,	Venaissin.	St. Esprit,	Languedoc.
Pontoise,	Ile-de-France.	St. Florentin,	Champagne.
Pont-l'Abbé,	Bretagne.	St. Flour,	Auvergne.
Pont-l'Evêque,	Normandie.	Ste. Foye,	Guienne.
Pont St. Maxence,	Ile-de-France.	St. Gaudens,	Gascogne.
Pont-sur-Yonne,	Ile-de-France.	St. Gernes.	Normandie.
Privas,	Languedoc.	St. Germain en Laye,	Ile-de-France.
Provins,	Brie.	St. Gilles,	Languedoc.
Puy, (Le)	Languedoc.	St. Guissin,	Hainaut.
		St. Jean,	Savoye.
Q		St. Jean d'Angély,	Saintonge.
		St. Licer,	Gascogne.
		St. Lo,	Normandie.
Quenoy,	Hainaut.	St. Malo,	Bretagne.
Quercy,	Contree de la Guienne.	St. Maximin,	Provence.
Quimper-Corantin,	Bretagne.	St. Menehould,	Champagne.
		St. Mexant,	Poitou.
		St. Michel,	Duché de Bar.
R		St. Omer,	Artois.
		St. Papoul,	Languedoc.
Raon,	Lorraine.	St. Paul,	Picardie.
Remaillard,	Perche.	St. Paul-Trois-Châteaux,	Dauphiné.
Renuremont,	Lorraine.	St. Pierre-le-Moutier,	Nivernois.
Remorentin,	Blaisois.	St. Pol,	Artois.
Rennes,	Bretagne.	St. Pons,	Languedoc.
Retel,	Champagne.	St. Porçain,	Auvergne.
Rheims,	Champagne.	St. Quentin,	Picardie.
Rhodes,	Guienne.	St. Sever,	Gascogne.
Richelieu,	Poitou.	St. Tropez,	Provence.
Rieux,	Languedoc.	St. Vic,	Bretagne.
Riez,	Provence.	Sablé,	Maine.
Riour,	Auvergne.	Saintes,	Saintonge.
Roanne,	Forez.	Salanches,	Savoie.
Roche,	Luxembourg.	Salins,	Franche-Comté.
Rochefort,	Saintonge.	Salon,	Provence.
Rochelleville,	Pays d'Aunis.	Sancerre,	Berry.
Roche-sur-Yon.	Poitou.	Santuliet,	Brabant.
Rocroy,	Champagne.	Sarlat,	Guienne.
Rodez,	Guienne.	Sauheu,	Bourgogne.
Roeux,	Hainaut.	Saumur,	Anjou.
Rohan,	Basse-Bretagne.	Sédan,	Champagne.
Rolduc,	Pays d'Outremeuse.	Seés,	Normandie.
Rosières,	Lorraine.	Semur,	Bourgogne.
Rouargue,	Contrée de la Guienne.	Senez,	Provence.
Rouen,	Normandie.	Senlis,	Ile-de-France.
Roye,	Picardie.	Sens,	Champagne.
Rice,	Picardie.	Sion,	Vallois.

VILLES.	PROVINCES.
Sisteron,	Dauphiné.
Soignies,	Hainaut.
Soissons,	Ile-de-France.
Soubise,	Saintonge.
Stenay,	Duché de Bar.
Strasbourg,	Alsace.
Sully,	Sologne.
Sezanne.	Brie.

T

Taillebourg,	Saintonge.
Talemond,	Poitou.
Tarare,	Lyonnois.
Tarascon,	Provence.
Tarbe,	Gascogne.
Tartas,	Gascogne.
Terrasson,	Guienne.
Thiers,	Basse-Auvergne.
Thionville,	Luxembourg.
Thouars,	Poitou.
Thiel,	Gueldre.
Tillemont,	Brabant.
Toneins,	Guienne.
Tonnay-Boulonne,	Saintonge.
Tonnerre,	Champagne.
Tonnes,	Bourg-de-Savoie.
Toul,	Lorraine.
Toulon,	Provence.
Toulouse,	Languedoc.
Tournay,	Flandre.
Tournon,	Languedoc
Tournus,	Bourgogne.
Tours,	Touraine.
Treguier,	Basse-Bretagne.
Troyes,	Champagne.
Trèves,	Luxembourg.
Tulles,	Limosin.
Tyngri.	Champagne.

U

Usez,	Languedoc.
Uzerche,	Limosin.

V

VILLES.	PROVINCES.
Vabres,	Guienne.
Vaison,	Venoissin.
Valence,	Dauphiné.
Valenciennes,	Hainaut.
Vannes,	Bretagne.
Vantadour,	Limosin.
Varennes,	Bourbonnois.
Vassi,	Champagne.
Vaujour,	Ile-de-France.
Vence,	Provence.
Vendôme,	Vendomois.
Verdum,	Bourgogne.
Vernon,	Normandie.
Vesoul,	Franche-Comté.
Vienne,	Dauphiné.
Vierzon,	Berry.
Villefayen,	Angoulesme.
Villefranche,	Beaujolois.
Villefranche,	Guienne.
Villefranche,	Roussillon.
Villefranche,	Comte de Nice.
Villers-Cotrets,	Ile-de-France.
Vilvorde,	Brabant.
Vimy,	Franc Lyonnois.
Virton,	Luxembourg.
Vitry-le-Français,	Champagne.
Viviers,	Languedoc.

W

Weissembourg,	Basse-Alsace.

X

Xaintes,	Saintonge.

Y

Yenne,	Savoie.
Ypres,	Flandre.
Yssoire,	Auvergne.

TABLE CHRONOLOGIQUE

DES

PAROISSES ET MISSIONS DE LA PROVINCE DE QUEBEC

TENANT REGISTRES, DE 1621 A 1871.

Nº	NOMS.	ANNÉES.	Nº	NOMS.	ANNÉES.
1.	Québec	1621	50.	St. François, Ile-Jésus	1702
2.	Trois-Rivières	1635	51.	Ste. Anne du Bout de l'Ile	1703
3.	Sillery	1636	52.	Isle Dupas	1704
4.	Montréal	1642	53.	St. Sulpice	1706
5.	Ste. Anne de Beaupré	1657	54.	Chambly	1706
6.	Château-Richer	1661	55.	Pointe-Claire	1713
7.	Ste. Famille, Ile d'Orléans	1666	56.	Deschambault	1713
8.	Boucherville	1668	57.	St. Valier	1713
9.	L'Ange-Gardien	1669	58.	Trois-Pistoles	1713
10.	Laprairie	1670	59.	Rivière-du-Loup (T.-R.)	1714
11.	Sorel	1670	60.	Longueuil	1715
12.	Beauport	1673	61.	Ste. Anne de la Pocatière	1715
13.	Pointe-aux-Trembles, Montréal	1674	62.	Ile-Verte	1715
14.	Lorette	1676	63	St. François-du-Lac	1715
15.	Lachine	1676	64.	St. Antoine, Baie du Febvre	1715
16.	Lévis	1679	65.	St. Antoine de la Valtrie	1716
17.	St. Thomas	1679	66.	Ste. Croix	1716
18.	Cap St. Ignace	1679	67.	Becancour	1716
19.	Islet	1679	68.	Nicolet	1716
20.	St. Pierre, Ile d'Orléans	1679	69.	St. Laurent (M.)	1720
21.	St. Laurent, Ile d'Orléans	1679	70.	Lac-des-deux-Montagnes	1721
22.	St. François, Ile d'Orléans	1679	71.	Longue-Pointe	1724
23.	Charlesbourg	1679	72.	L'Assomption	1724
24.	Pointe-aux-Trembles, Quebec	1679	73.	Hôpital-General (M)	1725
25.	Cap Santé	1679	74.	Kamouraska	1727
26.	Champlain	1679	75.	St. Michel Yamaska	1727
27.	Repentigny	1679	76.	Berthier (M)	1727
28.	St. Jean, Ile d'Orléans	1679	77.	Terrebonne	1727
29.	Grondines	1680	78.	St. François du Sud	1727
30.	Contrecœur	1680	79.	Ste. Geneviève de Batiscan	1728
31.	Baie St. Paul	1681	80.	Berthier-Bellechasse	1728
32.	St. Ours	1681	81.	Yamachiche	1728
33.	Batiscan	1682	82.	Eboulements	1732
34.	Lachenaye	1683	83.	Petite Rivière (St. F.-X.)	1734
35.	Rivière-Ouelle	1685	84.	St. Roch des Aulnets	1735
36.	St. Joachim	1687	85.	St. Pierre les Becquets	1735
37.	Cap de la Madeleine	1687	86.	St. Roch	1735
38.	Rivière des Prairies	1688	87.	Sault St. Louis	1735
39.	St. Augustin	1691	88.	Lanoraie	1735
40.	Beaumont	1692	89.	Châteauguay	1736
41.	Lotbinière	1692	90.	Sault-au-Récollet	1736
42.	St. Michel de la Durantaye	1693	91.	St. Joseph (N.-B.)	1738
43.	Ste. Anne de la Pérade	1693	92.	St. Mathias	1739
44.	Varennes	1693	93.	St. Denis de Chambly	1741
45.	St. Nicolas	1694	94.	St. Antoine de Chambly	1741
46.	Notre-Dame de Foye	1699	95.	St. Charles de Chambly	1741
47.	Rimouski	1701	96.	Hôtel-Dieu de Québec	1741
48.	Verchères	1702	97.	Ecureuils	1742
49.	St. Antoine de Tilly	1702	98.	Pointe du Lac	1742

N°	NOMS.	ANNÉES.	N°	NOMS.	ANNÉES.
99. — St. Maurice	1743	165. — St. Timothee	1823
100. — St. Jean Deschaillons	1744	166. — Ste. Martine	1823
101. — St. Vincent de Paul	1744	167. — St. Cyprien	1823
102. — Ste Marie (N.-B.)	1745	168. — Ste. C'aire	1824
103. — Ste. Rose (Ile-Jesus)	1745	169. — Ste. Scholastique	1825
104. — St. Joseph de Chambly	1746	170. — St. Urbain	1827
105. — St. Pierre du Sud	1748	171. — Ottawa	1827
106. — St. Charles (Boyer)	1749	172. — St. Hugues	1827
107 — Ile aux-Coudres	1750	173. — St. Barthelemi	1828
108. — Soulanges (St. Joseph de)	1752	174. — St Jean d'Iberville	1828
109. — St. Constant	1752	175. — St Sylvestre	1829
110. — St. Philippe	1757	176. — Frampton	1829
111. — Ste. Geneviève (Ile M)	1758	177 — St Paschal	1829
112. — St. Henri de Mascouche	1761	178. — St. Jean Chrysostôme	1830
113. — St. Régis	1762	179. — St. Remi	1830
114 — St. Jean (Port-Joli)	1767	180. — St. Pie	1830
115. — St. Eustache	1769	181. — St. Valentin	1830
116. — St. Cuthbert (Maskinonge)	1770	182 — St. Anselme	1830
117. — Beloeil	1772	183. — Cascapédiac	1831
118. — Vaudreuil	1773	184. — Ile-aux-Grues	1832
119. — Maskinouge	1773	185. — Ste. Catherine	1832
120. — Malbaie	1774	186. — Ste. Melanie	1832
121. — St Jacques de l'Achigan	1774	187. — St. Philippe de Kildare	1832
122. — St. Martin, Ile-Jesus	1775	188. — St. Simon de St. Hyacinthe	1832
123. — St. Hyacinthe	1777	189. — Ste. Agnès	1833
124. — St Henri de Lauzon	1780	190. — St. George	1833
125. — St. Gervais	1780	191. — St. André d'Argenteuil	1833
126. — St François, N. B.	1780	192. — Côteau du Lac	1833
127 — Hop-Gen. de Q.	1783	193 — St. Edouard de Napierville	1833
128. — Gentilly	1784	194. — St. Isidore de Montréal	1833
129. — Blairfindie	1784	195. — St. Isidore de Québec	1834
130. — Ile Perrot	1786	196. — Ste. Rosalie	1834
131. — St. Paul de la Valtrie	1786	197. — Sherbrooke	1834
132. — St. Roch de l Achigan	1787	198. — Lac Beauport	1834
133. — Ste. Anne des Plaines	1788	199. — St. David	1835
134 — Ste Thérèse de Blainville	1789	200. — St Guillaume d Upton	1835
135. — St. André de Kamouraska	1791	201. — St Lin	1835
136. — Bonaventure	1791	202. — Buckingham	1836
137. — St. Marc de Chambly	1794	203. — St. Simon de Rimouski	1836
138. — Ursulines des Trois-Rivières	1796	204. — St. Anne	1836
139. — St Jean-Baptiste de Rouville	1797	205. — Carleton	1836
140 — St Hilaire de Rouville	1799	206. — St. Colomban	1837
141. — St. Benoit	1799	207 — St. Dominique	1837
142. — Ste. Marie de Monnoir	1801	208. — St Hermas	1837
143. — St. Luc	1801	209. — St Jerôme	1837
144 — Perce	1801	210. — Rawdon	1837
145. — St. Leon	1802	211. — Paspébiac	1838
146. — St. Grégoire	1802	212. — St. Augustin de Montréal	1838
147. — Ste. Elizabeth	1802	213. — St. Jean Chrisostôme de Montréal	1838
148 — Rigaud	1802	214. — St. Ambroise de Kildare	1839
149. — La Présentation	1806	215. — N. D. de Granville	1839
150. — St. Stanislas	1808	216. — Aylmer	1840
151. — St Fereol	1810	217. — St. Jacques le Mineur	1840
152. — St. Esprit	1810	218. — Ste. Marguerite	1840
153. — St. Anicet	1810	219. — St Calixte de Somerset	1840
154. — Rivière du Loup, (en bas)	1813	220. — St. Barnabé	1840
155. — Cacouna	1813	221. — Ste. Philomène	1840
156. — Petite-Nation	1815	222. — St. George de la N.-Beauce	1841
157. — Drummondville	1816	223. — St. Denis de Kamouraska	1841
158. — St. Polycarpe	1819	224. — St. Thomas de Rawdon	1841
159. — St Clément de Beauharnois	1819	225. — Allumettes	1841
160. — Nouvelle Longueuil	1819	226. — St. Alexis de la Grande-Baie	1842
161. — St Jude	1822	227. — Ste. Luce de Rimouski	1842
162. — St. Cesaire	1822	228. — St. Gregoire le Grand	1842
163. — St. Damase	1823	229. — Kingsey	1842
164. — St. Athanase	1823	230. — Ste. Ursule	1843

N°	NOMS.	ANNÉES.	N°	NOMS.	ANNÉES.
231.	— Valcartier	1843	297.	— Stoneham, (St. Edouard	1851
232.	— St. Irénée	1843	298.	— St. Raphaël.	1851
233.	— Ste. Victoire	1843	299.	— St. Alexandre d'Iberville.	1851
234.	— Joliette	1843	300.	— Grande Rivière.	1851
235.	— St. Félix de Valois	1843	301.	— St. Clet.	1851
236.	— St. Bernard de Lacolle	1843	302.	— St. Célestin	1851
237.	— St. Bruno	1843	303	— Bolton	1851
238.	— Ste. Gilles	1843	304.	— Portage du Fort	1851
239.	— St. Alphonse de Rodriguez	1843	305.	— Notre-Dame de Levis.	1851
240.	— St. Bernard	1843	306	— Ste. Adèle	1852
241.	— Matane	1843	307.	— St. Alexis de l'Achigan	1852
242.	— Ile Bizard	1843	308	— St. Camille	1852
243.	— St. Raymond	1844	309	— Richmond	1852
244.	— Lambton	1844	310	— St. Henri dine	1852
245	— Ste. Marthe	1844	311.	— St. Eloi	1852
246.	— Ste. Monique	1844	312.	— St. Christophe	1852
247.	— Chicoutimi	1845	313.	— St. Urbain de Montreal	1852
248	— Betsiamis	1845	314.	— St. Hippolyte	1852
249.	— Ristigouche	1845	315	— Ste. Julie de Verchères.	1852
250.	— Douglasston	1845	316.	— St. Zotique	1852
251.	— St. Norbert et St. Roch de Quebec.	1845	317.	— St. Janvier de Weedon.	1852
252	— Escoumains et Ste. Zoé	1846	318.	— St. Gabriel	1852
253.	— Stuckeley	1846	319	— St. Frederic.	1852
254	— Milton	1846	320.	— Notre-Dame d'Hébertville.	1852
255.	— St. Zephirin	1846	321.	— St. Pacôme	1853
256.	— St. Janvier.	1846	322.	— St. Didace	1853
257	— Stanbridge	1846	323.	— Sherrington.	1853
258.	— Chelsea	1846	324.	— St. Modeste.	1853
259	— St. Elzear	1847	325	— St. Olivier.	1853
260.	— St. Norbert	1847	326.	— Ste. Sophie	1853
261.	— Gatineau	1847	327.	— Ste. Cécile de la Pêche	1853
262.	— Calumet	1847	328	— St. Sauveur	1853
263.	— Conversion de St. Paul.	1847	329.	— St. Urbain de Watton	1853
264.	— Hôpital de Marine	1847	330.	— Ste. Angelique d'Ottawa	1853
265.	— Ormstown	1847	331.	— St. Romain de Winslow	1854
266.	— St. Casimir	1847	332.	— Ile de la Madeleine	1854
267.	— St. Ferdinand d'Halifax	1847	333	— Ste. Madeleine	1854
268.	— St. Basile	1847	334.	— St. Thomas de Pierreville.	1854
269.	— St. Louis de Gonzague	1847	335.	— St. Lambert	1854
270.	— St. Alphonse du Saguenay	1847	336.	— Ste. Julie de Somerset	1854
271.	— St. Liguori	1848	337.	— St. Hyacinthe (ville)	1854
272	— St. Gabriel, Lac Maskinongé.	1848	338	— Ste. Helène de St. Hyacinthe.	1854
273.	— Ste. Anne des Monts.	1848	339.	— St. Joseph d'Ely	1854
274.	— Standstead	1848	340.	— St. Calixte de Kilkenny	1854
275.	— St. Fabien de Rimouski	1848	341	— St. Michel de Napierville.	1854
276.	— Tring	1848	342.	— St. Narcisse	1854
277.	— Laval.	1849	343.	— St. Valerien	1854
278.	— St. Lazare	1849	344.	— St. Fidèle	1855
279.	— St. Arsène	1849	345.	— N.-D. de Laterrière	1855
280.	— Roxton	1849	346.	— Forsyth	1855
281.	— St. Prosper	1849	347.	— St. Octave de Metis	1855
282.	— Blandford	1849	348.	— Rivière au Renard	1855
283.	— Ste. Julienne.	1849	349.	— St. Marcel	1855
284.	— Hemminford	1849	350.	— Compton	1855
285.	— Ste. Gertrude	1849	351.	— St. Jean de Matha	1855
286.	— La Visitation d'Ottawa.	1849	352.	— St. Joseph du Lac-2-M.	1855
287.	— Stanfold	1649	353.	— St. Colomb. de Sillery	1855
288.	— Wakefield	1950	354.	— Port Daniel	1855
289.	— Ste. Cecile du Bic.	1850	355.	— St. Pierre de Broughton	1855
290.	— Ste. Flavie	1850	356.	— Ste. Sophie d'Halifax	1855
291.	— Dunham, (Holy Cross)	1850	357.	— St. Jacques de Leeds	1855
292	— St. Alexandre de Kamouraska	1850	358.	— St. Robert	1855
293.	— St. Paulin.	1850	359.	— St. Romuald	1855
294.	— St. Pierre de Dunham	1850	360.	— Ste. Helène de Kamouraska	1855
295.	— St. Placide	1850	361.	— Asile des Alienes.	1855
296.	— Stoneham, (St. Jacques.	1851	362.	— Ste. Hedwidge	1855

N°	NOMS.	ANNÉES.	N°	NOMS.	ANNÉES.
363	— St. André Avelin	1855	429.	— St. Cajétan	1862
364	— Farnham	1856	430.	— St. Barnabé.	1862
365.	— St. Patrice de Québec	1856	431.	— Ste. Brigitte.	1862
366	— St. Alban	1856	432.	— Dundee	1862
367	— St. Flavien	1856	433.	— Francklin	1862
368.	— Ste Brigitte	1856	434.	— Ste. Cécile de Beauharnois	1862
369.	— St. Ephrem d Upton.	1856	435.	— SS. Anges-Gardiens.	1862
370	— St. Sévère	1856	436.	— Papineauville	1863
371	— Granby	1856	437.	— Sutton	1863
372.	— Hinchinbrook	1856	438.	— Shefford	1863
373	— St. Apollinaire	1857	439.	— St. Edouard de Lotbinière	1863
374.	— St. Paul d Yamaska.	1857	440.	— St. Luc	1863
375.	— St. Paul l'Hermite	1857	441.	— Wolfstown	1864
376.	— Ste Agathe	1857	442.	— Ste. Emmélie	1864
377	— St. Malachie	1857	443.	— St. Epiphane	1864
378.	— N.-D. de Buckland (Armagh)	1857	444.	— Ste. Françoise.	1864
379.	— N.-D. du Portage	1857	445.	— St. Sebastien	1864
380.	— St. Etienne des Grès	1857	446.	— St. Hilarion	1864
381	— Ste. Anne de Stuckley	1857	447.	— St. Onésime.	1864
382.	— L'Ange-Gardien de St. Hyacinthe	1857	448.	— Ste. Felicité.	1864
383.	— L'Epiphanie	1857	449.	— Pabos	1864
384.	— Tingwick	1857	450	— Cap Chat	1864
385.	— St. Aubert	1858	451.	— St. Michel	1864
386.	— St Antonin.	1858	452.	— Côteau St. Louis.	1864
387.	— St. Justin	1858	453.	— Ste. Justine.	1864
388.	— St André d'Acton	1858	454.	— St. Fulgence	1864
389.	— St. Medard	1858	455.	— St. Sébastien d'Iberville	1864
390.	— St Théodore de Chertsey	1858	456	— St. Paul	1864
391.	— St. Antoine.	1858	457.	— Onslow	1864
392.	— St. Tite	1858	458.	— N.-D. du Mont Carmel	1864
393.	— Ste. Louise	1859	459.	— L'Ange-Gardien	1864
394.	— St Anaclet	1859	460.	— Waterloo	1865
395	— St. Liboire	1859	461.	— Ste. Angèle de Monnoir.	1865
396.	— St. Stanislas Koska	1859	462.	— St. Bonaventure	1865
397.	— St Germain	1859	463.	— St. Jean l'Evangeliste	1865
398	— N -D du Carmel	1859	464.	— St. Fulgence	1865
399.	— St. Roch de Richelieu	1859	465.	— Ste. Flore	1865
400.	— Inverness	1859	466.	— Ste. Victoire	1865
401.	— St. Tite	1859	467.	— Ste. Justine.	1865
402.	— Shefford	1859	468.	— St. Cyrille	1865
403.	— Désert	1859	469.	— Danville.	1865
404.	— St. Philippe de Grenville	1859	470.	— St. Sauveur	1865
405.	— Maria	1860	471.	— Tadoussac	1865
406.	— St Joachim (M)	1860	472.	— Cathédrale de Montréal.	1865
407.	— St. Antoine (Starnesboro)	1860	473.	— N -D. de Toutes Grâces.	1865
408.	— Lac St. Jean	1860	474.	— St. Patrice	1865
409.	— Pointe-aux-Esquimaux.	1860	475.	— St. Hubert	1865
410	— N.-D. de McNider	1860	476.	— St. Mathieu.	1866
411.	— Magog	1861	477.	— St. Ephrem.	1866
412.	— Ste. Anne du Saguenay	1861	478.	— Ste. Marguerite	1866
413.	— St Boniface	1861	479.	— St. Léonard.	1666
414.	— Lac Temiscouata	1861	480.	— Caplan	1867
415.	— St. Paul de Chester	1861	481.	— Thurso	1867
416.	— Ste. Béatrice	1861	482.	— St. Côme.	1867
417.	— Ste. Agathe	1861	483.	— St. Agapit	1867
418.	— Portneuf de Valcartier	1861	484.	— St. Damien	1867
419.	— L'ance St. Jean	1861	485.	— St. Jacques, Montréal	1868
420.	— Natas Kouan	1861	486.	— Ste. Anne, Montréal.	1868
421.	— St. Etienne de Lauzon	1861	487.	— St. Joseph, Montréal.	1868
422.	— Faubourg St. Jean	1862	488.	— Ste. Brigitte	1868
423.	— St. Valère	1862	489.	— St. Henri des Tanneries	1868
424.	— St. Malo	1862	490.	— St. Vincent de Paul	1868
425.	— St. Félix du Caronge	1862	491.	— Hochelaga	1868
426.	— St. Venant	1862	492.	— Ste. Germaine	1868
427.	— St. Théodore d'Acton	1862	493.	— St. Paul	1868
428.	— Huntingdon	1862	494.	— St. Ulric	1868

N°	NOMS.	ANNÉES.	N°	NOMS.	ANNÉES.
495. — Coaticook		1868	512. — Ste. Perpétue		1869
496. — St. Dominique, Saguenay		1868	513. — Nouvelle		1869
497. — Notre-Dame de Bonsecours		1868	514. — St. Damien		1869
498. — Ste. Clotilde de Warwick		1868	515. — St. Etienne		1969
499. — St. Vincelas		1868	516. — St. Jean l'Évangéliste		1869
500. — Ste. Angèle		1868	517. — St. Philippe de Néri		1870
501. — St. Pierre de Malbaie		1868	518. — St. Albert		1871
502. — St. George		1868	519. — St. Placide		1871
503. — Mont Louis		1868	520. — St. Pie		1871
504. — Knowlton		1868	521. — Mantawa		1871
505. — Stuckeley		1869	522. — St. Albert de Gaspé		1871
506. — Cap d'Espoir		1869	523. — Ste. Anastasie		1871
507. — St. Dominique		1869	524. — St. Edouard de Brôme		1871
508. — Lochaber		1869	525. — Ste. Eulalie		1871
509. — St. Jérôme		1869	526. — Hull		1871
510. — Ste. Jeanne de Neuville		1869	527 — St. Maxime		1871
511. — Ste. Hélène de Chester		1869	528 — Ripon		1871

TABLE GEOGRAPHIQUE

PAROISSES DE LA PROVINCE DE QUEBEC

EN 1871

ARCHIDIOCÈSE DE QUÉBEC.

CÔTE NORD.

Québec.
Grondines.
St. Casimir.
Deschambault.
St. Alban.
Portneuf.
Cap-Santé.
St. Basile.
Ecureuils.
Pointe-aux-Trembles.
Ste. Jeanne, Neuville.
St. Raymond.
St. Augustin.
Ste. Catherine.
St. Félix du Cap-Rouge
Ste. Foye.
St. Colomb de Sillery.
Ancienne-Lorette.
St. Ambroise.
Charlesbourg.
Valcartier et Tewkes-
  bury.
Stoneham.
Beauport.
Laval et Lac Beauport.
Ange-Gardien.
Château-Richer.
Ste. Anne.
St. Ferréol.
St. Joachim.
St. Tite des Caps.
Petite-Rivière.
Baie St. Paul et St. Pla-
  cide.
St. Urbain.
Eboulements.
St. Hilarion.
Ile-aux-Cou fres.
St. Irénée.
Malbaie.
Ste. Agnès.
St. Fidele.
Tadoussac.
Les Escoumins.
Anse St. Jean.
St. Alexis.

St. Alphonse.
Chicoutimi.
Ste Anne et S. Fulgence.
St. Dominique de Jon-
  quière.
N.-D. de Laterrière.
N.-D. d'Hebertville.
N.-D. du Lac St. Jean.

ILE D'ORLÉANS.

St. Pierre.
St. Laurent.
St. Jean.
St. François
Ste. Famille.

CÔTE SUD.

St. Jean Deschaillons.
Ste. Emmelie.
Lotbinière.
St. Edouard
Ste. Croix.
St. Flavien.
St. Antoine
St. Apollinaire.
St. Agapit.
St. Nicolas.
St. Etienne de Lauzon.
St. Romuald d'Etchemin.
St. Jean-Chrysostôme.
N. D. de Levis.
St. Joseph de Lévis.
St. Henri de Lauzon.
St. Lambert.
St. Gilles.
Ste. Agathe.
St. Sylvestre.
St. Pierre de Broughton.
Inverness et Leeds.
Ste. Anastasie du Sault
  Rouge.
St. Elzéar.
St. Joseph.
St. Fréderic.
St. François,
St George et Kennebec.
St. Victor de Tring.
St. Ephrem de Tring.

Forsyth et Shenley.
St. Vital de Lambton
  et Price.
St. Sebastien d'Aylmer.
St. Jérôme.
St. Calixte de Somerset.
Ste. Julie de Somerset.
St. Ferdinand d'Halifax.
Ste. Sophie d'Halifax.
S. Julien Wolfe's Town.
St. Anselme.
Ste Claire.
St. Malachie.
Ste Germaine du Lac
Etchemin et Standon.
Towns Langevin.
Ste. Hénédine.
Ste. Marguerite.
Frampton et Cranbourne.
St. Isidore.
St. Bernard.
Ste. Marie.
Beaumont.
St. Charles.
St. Gervais.
St. Lazare.
N.-D. Aux. de Buckland.
St. Michel.
St. Valier.
St Raphael.

St. Cajetan d'Armagh.
S. François Riv. du Sud.
St. Pierre Riv. du Sud.
St. Thomas.
St. Paul de Montminy.
Ile-aux-Grues.
Cap St. Ignace.
Islet.
St. Cyrille.
St. Jean Port-Joli.
St. Aubert.
St. Roch des Aulnets.
Ste. Louise.
Ste. Anne Lapocatière
St. Onésime.
Rivière-Ouelle.
St. Pacôme.
N.-D. du Mont-Carmel.
St. Denis.
St. Philippe de Néri.
Kamouraska.
Ste. Perpétue.
St. Paschal.
Ste. Helène.
St. Alexandre.
St. André.
N.-D du Portage.
Rivière du-Loup.
St. Antonin.

DIOCÈSE DE MONTRÉAL.

ILE DE MONTRÉAL

Montréal.
Longue-Pointe.
Pointe-aux-Trembles.
Rivières des Prairies.
Sault-au-Recollet.
St. Laurent.
Ste. Geneviève.
Ste. Anne.
Pointe-Claire.
Lachine.

ILE JÉSUS.

St. Vincent de Paul.
St. François de Sales.
Ste. Rose.
St. Martin.

Ste. Dorothée.
St. Janvier.
Ste. Thérèse.
St. Augustin.
St. Eustache.
St. Joseph.
Lac des Deux Montagnes.
St. Benoit.
Ste. Scholastique.
St. Colomban.
St. Hermas.
St. André.
St. Placide.
Rigaud.
Ste. Marthe.
Ste. Justine.
Vaudreuil.

Ile Bizard.
Ile Perrot.

COTE NORD.

Ile Dupas
Berthier.
St. Cuthbert.
St. Barthelemi.
St. Gabriel.
St. Damien.
St. Jean de Matha.
St. Norbert.
Lanoraie.
Lavaltrie.
St. Paul.
Mantawa.
Joliette.
St. Thomas.
Ste. Elizabeth.
St. Félix.
Ste. Mélanie.
Kildare.
Ste. Beatrix.
St. Alphonse.
St. Côme.
Chertsey.
Rawdon.
St. Liguori.
St. Jacques de l'Achigan
St. Alexis.
Ste. Julienne.
St. Esprit.
St. Lin.
St. Calixte.
St. Henri.
St. Roch de l'Achigan.
L'Epiphanie.
L'Assomption.
St. Sulpice.
Repentigny.
St. Paul-l'Ermite.
Lachenaie.
Terrebonne.
Ste. Anne des Plaines.
Ste. Sophie.
Ste. Adèle.
Ste. Marguerite.
St. Hippolyte.
St. Sauveur.
St. Jérôme.

DIOCÈSE DES TROIS-RIVIÈRES.

CÔTE NORD.

TROIS-RIVIÈRES.
Les Forges.
Pointe du Lac.
Yamachiche.
Rivière-du-Loup.
Maskinongé.
St. Justin.
St. Didace.
Ste. Ursule.
St. Paulin.
St. Léon.

Les Cèdres.
Côteau du Lac.
St Clet
Ste Polycarpe.
St. Zotique.

COTE DU SUD.

St Régis.
St Anicet.
Ste. Cecile.
St. Timothée.
St. Stanislas de Kostka.
St Louis de Gonzague.
Huntingdon.
Dundee.
Hinchinbroke
Ormstown.
St. Antoine Abb
St. Jean Chrysostôme.
Hemmingford.
Sherrington.
St. Edouard.
St. Michel.
St. Remi.
St. Isidore.
Ste. Philomène.
St. Urbain.
Ste. Martine.
St. Clement.
Châteauguay.
Sault St. Louis.
Laprairie.
St. Constant.
St. Philippe.
St. Jacques-le-Mineur
Blairfindie.
St. Cyprien.
St. Bernard.
St. Valentin.
St. Jean-Dorchester.
St. Luc.
Chambly.
St. Bruno.
St. Hubert.
Longueuil.
Boucherville.
Ste. Julie.
Varennes.
Verchères.
Contrecœur.

St. Sevère.
St. Bernabé et St. Elie.
St. Etienne des Grès.
St. Boniface.
Ste. Flore.
St. Maurice.
N.-D. du Mont Carmel.
St. Luc.
St. Narcisse.
St. Tite.
St. Stanislas.
Ste. Geneviève.
St. Prosper.

Ste. Anne de la Pérade.
Batiscan
Champlain.
Cap de la Madeleine.

CÔTE SUD.

St. Pierre les Becquets.
Gentilly.
Becancour.
Ste. Angèle de Laval
Ste. Gertrude.
St. Célestin.
St. Leonard.
St. Wenceslas et Ste.
St. Gregoire. [Eulalie
Nicolet.
Ste. Monique.
Ste. Brigite.
St. Zephirin.
Baie du Febvre.
St.Thomas de Pierreville
et le village sauvage
de St. François.
St. François du Lac.
St. Michel d'Yamaska.
St. David.
St André d'Acton,
St. Theodore et St. Jean.

St. Guillaume.
St. Bonaventure.
St. Germain.
Drummondville.
St. Pierre de Durham.
St. Felix de Kingsey.
St Patrice de Tingwick.
St. Paul de Chester.
Ste. Hélène de Chester.
St. Medard de Warwick.
Ste. Victoire.
St. Christophe.
St.Norbert d'Arthabaska.
St. Eusèbe de Stanfold.
St. Louis de Blandford.
St. Valère de Bulstrode.
Ste.Clotilde et St. Albert.
Richmond.
St. Fulgence.
Danville.
St. Hippolyte.
St. Camille.
St. Urbain.
St. Romain de Winslow.
St. Gabriel de Stratford.
Les Sts. Anges de Ham
St. Olivier.
St. Janvier de Weedon.

DIOCÈSE DE SAINT-HYACINTHE.

ST. HYACINTHE.
N.-D. de St. Hyacinthe.
Ste. Rosalie.
St. Barnabé.
La Présentation.
St. Damase.
St Denis
St. Charles
St. Hilaire.
St. Mathias.
N.-D. du Richelieu.
Ste. Marie de Monnoir.
Ste. Angèle de Monnoir.
St. Jean-Baptiste.
St. Cesaire.
St. Pie.
St. Paul d'Yamaska.
Ange-Gardien.
Sorel.
St. Ours.
St. Roch de Richelieu.
Ste. Victoire.
St. Robert.
St. Aimé.
St Marcel.
St. Antoine.
St. Dominique.
St. Simon.
St. Ephrem.
St. Liboire.
Ste. Hélène.
St. Hugues.
St. Jude.

St. Marc.
Belœil.
St. Athanase.
St. George.
St. Sébastien.
St. Alexandre.
St. Grégoire.
Ste. Brigitte.
Stanbridge.
St. Damien de Bedford.
Dunham.
Sutton.
Farnham.
Granby.
St. François-Xavier.
Waterloo et St. Joachim.
Ste. Anne.
Bolton et Knowlton.
Stuckeley.
St. Joseph d'Ely.
Roxton.
Milton et Ste. Pudentienne.
St. Valérien.
Sherbrooke et Ste. Praxède.
Compton et Ste.Hedwige.
Coaticook et Ste. Suzanne.
Cookshire.
St. Venant Hereford.
Stanstead.
Magog et Hatley.

DIOCÈSE DE RIMOUSKI.

CÔTE SUD.

RIMOUSKI.
Detour du lac, Ste. Rose et St. Louis.
St.Modeste et St. Honoré.
St. Epiphane, etc.
St. George de Cacouna
St. Arsène.
St. Jean-Bte. de l'Ile Verte et de St. Paul de la Croix
St. Eloi.
N.-D. des Trois-Pistoles.
Ste.Françoise et St. Jean de Dieu.
St. Simon.
St. Mathieu.
St. Fabien.
Ste. Cécile du Bic.
Rimouski.
Ste. Blandine.
St. Anaclet.
St. Donat.
Ste. Luce.

Ste. Flavie.
Ste. Angèle de Merici.
St. Octave de Metis.
L'Assompt. de McNider.
St. Ulric.
St. Jérôme de Matane et Ste Felicité.
Ste. Anne des Monts.
St. Norbert du Cap Chat.
S. Maxime de Mt. Louis.
S. Mart. Riv.-au-Renard.
St. Patrice de Douglastown et St. Albert de Gaspé.
St. Pierre de Malbaie et St. George.
St. Michel de Percé et St. Michel du Cap d'Espoir.
N.-D de la Grande-Rivière et Ste. Adélaïde de Pabos.
St. George de Port Daniel et St. Dominique, de New Port.

N.-D Paspébiac.
St Bonaventure.
Les S S. Anges Gardiens de Cascapédiac.
Ste. Brigitte de Maria.
St. Joseph de Carleton.
St. Jean l'Evangéliste.
St Anne de Ristigouche.
St. Alexis de Matapediac.

CÔTE NORD.

Betsiamis et missions Montagnaises et Naskapis.
Rivière Moisie.
Pointe-aux-Esquimaux.
Nataskouan, etc.

DIOCÈSE D'OTTAWA.

Ottawa, ville.
St. Joseph.
Portage du Fort
Montebello.
Buckingham
La Pêche.
Ripon.
Onslow.
Gatineau.
Visitation
Wakefield.
St. André Avelin
Papineauville.
Allumettes.

Chatham.
Chelsea.
Aylmer.
Hull
Calumet
L'Ange Gardien.
Lochaber.
Nouvelle-Longueuil.
Petite-Nation.
St. Philippe de Kildare.
St. Philippe de Grenville.
Thurso.
Ste. Angélique.

TABLE ALPHABETIQUE

DES

PAROISSES DE LA PROVINCE DE QUEBEC

EN 1871.

PAROISSES.	DIOCÈSES.	Nᵒˢ	PAROISSES.	DIOCÈSES.	Nᵒˢ
Catherine, Ste	Quebec	185	Epiphane, St	Rimouski	443
Cécile, Ste	Rimouski	289	Escoumains	—	252
Cecile, Ste	Ottawa	327	Esprit, St	Montréal	152
Cecile, Ste	Montréal	434	Etienne des Grès, St.	Trois-Rivières	380
Celestin, St	Trois-Rivières	302	Etienne de Lauzon, St.	Québec	421
Cézaire, St	St. Hyacinthe	162	Etienne, St	Montréal	515
Chambly, Joseph, St	—	54	Eulalie, Ste	Trois-Rivières	525
Champlain	Trois-Rivières	25	Eustache, St	Montréal	115
Charles de Chambly, St.	St. Hyacinthe	96	Fabien, St	Rimouski	275
Charles (Boyer,) St	Quebec	106	Famille, Ste	Québec	7
Charlesbourg	—	23	Farnham	St. Hyacinthe	364
Châteauguay	Montreal	89	Faubourg St. Jean	Québec	410
Château-Richer	Québec	6	Felicité, Ste	Rimouski	448
Chelsea, Etienne, St.	Ottawa	258	Felix de Valois, St	Montréal	235
Chicoutimi	Quebec	217	Felix, St	Québec	425
Chrystophe, St	Trois-Rivières	312	Ferdinand, Halifax, St.	—	267
Claire, Ste	Quebec	168	Feréol, St	—	151
Clément de Beauhar-			Fidèle, St	—	344
nois, St	Montréal	159	Flavie, Ste	Rimouski	290
Clet, St	Montreal	301	Flavien, St	Québec	367
Clotilde, Ste			Flore, Ste	Trois-Rivières	465
de Warwick	Trois-Rivières	498	Forsyth, (St. Evariste)	Québec	346
Coaticook	St. Hyacinthe	495	Foye, Ste	Québec	46
Colomb de Sillery, St	Quebec	353	Frampton	—	176
Colomban, St	Montreal	206	Francklin	Montréal	433
Côme, St	—	482	François, St. I.-O.	Québec	22
Compton	St. Hyacinthe	350	François, Ile-Jesus, St.	Montreal	50
Constant, St	Montreal	109	François du Lac, St	Trois-Rivières	63
Contrecœur	—	30	François du Sud, St	Québec	78
Conversion de St. Paul.	—	263	François, St. N. B,	—	126
Côteau-du-Lac	—	192	Françoise, Ste	Rimouski	444
Côteau St Louis	—	452	Frédéric, St	Québec	319
Croix, Ste	Quebec	66	Fulgence, St	Trois-Rivières	454
Cuthbert, St	Montreal	116	Fulgence, St	Québec	464
Cyrille, St	Quebec	468	Gabriel, St	Trois-Rivières	272
Cyprien, St	Montreal	167	Gabriel, St	St. Hyacinthe	318
Damase, St	St. Hyacinthe	163	Gatineau	Ottawa	261
Damien, St	—	484	Geneviève, Ste	Trois-Rivières	79
Damien, St		514	Geneviève, Ste	Montréal	111
Danville ou Shipton	Trois-Rivières	469	Gentilly	Trois-Rivières	128
David, St	—	199	George, St. (Beauce)	Québec	222
Denis de Chambly, St	St. Hyacinthe	93	George, St	St. Hyacinthe	190
Denis, St.(Kamouraska)	Quebec	223	George de Malbaie, St.	Rimouski	502
Deschambault	—	56	Germain, St	Trois-Rivières	397
Désert Ste. Marie	Ottawa	403	Germaine, Ste	Québec	492
Didace, St	Trois-Rivières	322	Gertrude, Ste	Trois-Rivières	285
Dominique, St	Bagot	207	Gervais, St	Québec	125
Dominique, St de Jon-			Gilles, St	—	238
quière	Quebec	496	Granby, S.-C. de Marie.	St. Hyacinthe	371
Dominique, St, New-			Grande-Rivière	Rimouski	300
Port	Rimouski	507	Grégoire, St	Trois-Rivières	146
Douglasston	—	250	Grégoire-le-Grand, St	—	228
Drummondville	Trois-Rivières	157	Grondines	Québec	29
Dundee	Montreal	432	Guillaume d'Upton, St.	Trois-Rivières	200
Dunham Holycross	St. Hyacinthe	291	Hedwige, Ste	St. Hyacinthe	362
Eboulements	Québec	82	Hélène, Ste	Québec	360
Ecureuils	—	97	Hélène, Ste	St. Hyacinthe	338
Edouard, Napierville,St		193	Hélène de Chester, Ste.	Trois-Rivières	511
Edouard, Lotbinière, St	Quebec	439	Hemmingford	Montréal	284
Edouard de Brôme, St.	St. Hyacinthe	524	Henedine, Ste	Québec	310
Elizabeth, Ste	Montréal	147	Henryde Mascouche,St.	Montréal	112
Eloi, St	Rimouski	311	Henry, St. (Lauzon)	Québec	124
Elzéar, St	Québec	259	Henry, St. (Tanneries.	Montréal	489
Emmelie, Ste	—	442	Hermas, St	—	208
Ephrem de Tring, St	—	477	Hilaire, St	St. Hyacinthe	140
Ephrem d'Upton, St		369	Hilarion, St	Québec	446

PAROISSES.	DIOCÈSES.	Nos	PAROISSES.	DIOCÈSES.	Nos
Stuckeley	St. Hyacinthe	253	Urbain de Watton, St .	Trois-Rivières	329
Stuckeley	—	505	Ursule, Ste	—	230
Sulpice, St	Montréal	53	Ursulines	—	138
Sutton	St. Hyacinthe	437	Valcartier	Québec	231
Sylvestre, St	Québec	175	Valentin, St	Montréal	181
Taloussac	—	471	Valère, St	Trois-Rivières	423
Terrebonne	Montréal	77	Valérien de Milton, St	St. Hyacinthe	343
Théodore d'Acton, St	Trois-Rivières	427	Valier, St	Québec	57
Théodore, St (Cheitsey)	Montréal	390	Varennes	Montréal	44
Thérèse Ste. (Blainville)	—	134	Vaudreuil	Montréal	118
Thomas du sud, St	Québec	17	Venant d Hereford, St.	St. Hyacinthe	426
Thomas, St (Pierreville)	Trois-Rivières	334	Verchères	Montréal	48
Thomas, St (Rawdon)	Montréal	224	Victoire, Ste	Trois-Rivières	466
Thurso	Ottawa	481	Victoire, Ste	St Hyacinthe	233
Timothée, St	Montréal	165	Vincent de Paul, St	Montréal	101
Tingwick, St. Patrice	Trois-Rivières	384	Vincent de Paul, St	—	490
Tite des Caps, St	Québec	401	Vinceslas, St	Trois-Rivières	499
Tite, St	Trois Rivières	392	Waterloo	St. Hyacinthe	460
Tring, (St Victor)	Québec	276	Wakefield	Ottawa	288
Trois-Pistoles	Rimouski	58	Wolfstown	Québec	441
Trois-Rivières	Trois-Rivières	2	Yamachiche	Trois-Rivières	81
Ulric, St	Rimouski	494	Zéphirin, St	—	255
Urbain, St	Québec	170	Zotique, St	Montréal	316
Urbain, St	Montréal	313			

GOUVERNEURS DE LA NOUVELLE FRANCE

DE 1608 à 1700.

GOUVERNEURS DE 1608 à 1700.

1608 — De Champlain.
1635 — De Bras-de-Fer, sieur de Châteaufort, Marc-Antoine, lieutenant.
1636 — Huault de Montmagny, Charles, chevalier de St. Jean de Jérusalem.
1648 — D'Aillebout de Coulonge, Louis.
1651 — De Lauzon, Jean, chevalier.
1656 — De Lauzon de Charny, Charles, commandant-general.
1657 — D'Aillebout de Coulonge, Louis.
1658 — De Voyer, vicomte d'Argenson, Pierre.
1661 — Dubois d'Avaugour, Pierre.
1663 — De Mezy de Saffray, Augustin.
1665 — De Prouville, marquis de Tracy, Alexandre
1665 — De Rémy de Courcelles, Daniel.
1672 — De Buaile, comte de Palluau, Louis.
1682 — Lefebvre de la Barre.
1685 — De Brisay, marquis de Denonville, Jacques.
1689 — De Buade, comte de Frontenac, Louis.
1698 — De Callières, Louis-Hector, chevalier.

INTENDANTS.

1665 — Talon, Jean.
1668 — De Bouteroue, Claude.
1670 — Talon, Jean.
1675 — Duchesneau, Jacques, chevalier.
1682 — De Meulles, chevalier, seigneur de la Source.
1686 — Bochart de Champigny, Jean.

GOUVERNEURS DES TROIS RIVIÈRES.

1634 — La Violette.
1630 — Bras-de-Fer, Marc-Antoine.
De l'Isle, chevalier de l'ordre de Malte.
1639 — De Champflour.
1642 — Des Rochers, commandant
Du Plessis-Bochart, de Kerbodot.
1646 — Le Neuf de la Poterie, Jacques.
1663 — Boucher, Pierre.
1665 — Gauthier de Varennes.
1688 — De Ramezay.

GOUVERNEURS DE MONTRÉAL.

1641 — De Chomedey, sieur de Maisonneuve, Paul
D'Aillebout de Musseaux, et Closse, Lambert, majors de Montréal.
1665 — Dupuy, Zacharie, commandant.
1669 — Pierre De St. Paul De la Motte, commandant.
1670 — Perrot, François-Marie.
1684 — Henault des Rivaux.
1684 — De Callières, Hector.
1698 — Bouillet de la Chassaigne, Jean-Baptiste.
De Vaudreuil, chevalier.

JUGES, PREVOSTS DES MARÉCHAUX, MÉDECINS ET NOTAIRES DE LA NOUVELLE FRANCE, DE 1608 à 1700.

JUGES.

Artus de Sailly, Louis, (1659).
Berman, de la Martinière, Claude, (1664).
Celle dit Duclos, Gabriel, du Sailly, (1652).
Cochon-Laverdière, René, (1670).
D'Aillebout des Musseaux, Charles-Jos., (1652).
De la Citière, Florent, (1696).
De Sailly, (1663).
Des Rosiers, Antoine, (1649)
Jacob, Etienne, (1670).
Laruc, (De) Guillaume, (1670).
La Tour (De).
Migeon, Jean-Baptiste, (1665).
Robin dit Lapointe, Jean, (1667).
Tailhandier, Marien, (1699).

PRÉVOSTS DES MARÉCHAUX. (1)

1677 — Gauthier de Comporté, Philippe.
Denys de St. Simon, père.
Denys de St. Simon, fils.
Duplessis de Morampont.

MÉDECINS.

Ainceri, Gaspard.
Andiran, Pierre.
Baradat, Jean, (1696).
Barrois, Antoine, (1672).
Beaudoin, Gervais, (1683).
Bonerme, (arrivé en 1608).
Bouchard dit Dorval, Claude, (1651).
Bouchard, Etienne, (1657).
Bouvet dit la Chambre, Jean, (1673).
Boyer, soigna la blessure de Champlain, (1613).
Brebant dit Lamothe, Pierre.
Catrin, Nicolas, (1679).
Chambalon, Louis, (1696).
Chartier, René-Pierre.
Chartier, Louis.
Chandillon, Antoine, (1670).
Chevalier, Charles.
Cochon-Laverdière, René, (1670).
Courson, Nicolas.
Crevier, André.
De Lagrange, Jean-Léger, (1691).
Delaunay, Jean, (1669).

(1) La Maréchaussée, établie en 1677, était la juridiction des Maréchaux de France, pour la prévention et punition des délits des gens de guerre.
Le titre de Prévost-Maréchal correspond à celui de Shériff, sous le système anglais.

40

De Mosny, Jean, (1673).
Des Courbières, (1662).
De Sircé dit St. Michel, François, (1691).
De Tracolle, Blaise, (1665).
Dubois, Jacques, (1675).
Duchesne, Adrien, (1629).
Dufresne, Pierre-Félix, (1666).
Duguay, Jacques, (1672).
Dumancin, Arnaud, (1689).
Duporteau, Julien, (1694).
Du Reau, Aimé, (1653).
Du Roy, Pierre, (1689).
Emery dit Lasonde, Gaspard.
Forestier, Antoine. (1670).
Gaillard, Jean, (1663).
Galessaquain, Gabriel, (1670).
Gamelin dit Lafontaine, Michel, (1663).
Gillart, Robert, (1634).
Gomin, Anet, (1664).
Goudult, François-Gaspard, apothicaire, (1646).
Goupil, René, (1642).
Guichard dit la Sonde, Jean, (1699)
Hebert, Louis, apothicaire, (1617).
Houllard, Pierre.
Jalot, Jean, (1661).
Jung, Jean, (1697).
Lacour, etait à Sorel, en 1685.
Lacroix, etait à Montréal en 1648
Lajus, Jourdain, major des medecins, (1697).
Lamarre dit Belle-isle, Henry. (1690).
Lecompte de la Vimaudière, Samuel, (1695).
Loger de la Grange, Jean, (1700).
Leonard dit du Sablon, Julien, (1698).
Le Riche dit la Sonde, Jean-Baptiste.
Madry, Jean, (1660).
Maheu, Louis, (1673)
Martinet dit Tourblanche, Jean, (1670).
Maublant, Jean-Joseph
Menouel, François, chirurgien du Roy, (1652).
Michel, Jean, (1687).
Michel, (St) François, (1698)
Molloye, Marcel, (etait à Quebec en 1650).
Moreau, Louis, (1678).
Mosny, (De) Jean.
Nevers, Jean, (1637).
Passerieu dit Bonnefond, Pierre, (1669).
Petiot des Corbieres, Claude, (1660).
Petro, Etienne, (1656).
Pinard, Louis, (1658).
Rapin, André, (1669).
Roussel, Timothée, (1697).
Samus, Nicolas, (1686).
Sarrazin, Nicolas, (1680).
Sarazin, Michel, medecin du Roy.
Sauvageau dit Maisonneuve, René, (1678).
St. Maurice, (De) Louis, (1649) soldat-chirurgien.
St Michel, François, (1680), soldat-chirurgien.
St. Olive (De) Claude, (1701).
Sullivan, Timothee
Tailhandier dit Labeaume, Marien, (1688) soldat-chirurgien.
Vernas dit Dufresne, Louis.
Thaumur de la Source, Dominique, (1689).

NOTAIRES.

Adam, Jean, (1673).
Adhémar, Antoine, (1667).
Ameau, Severin, (1663).
Aubert, Claude, (1640).
Audouard, de 1648 à 1663.
Bancheron, de 1646 à 1647.
Barbel, Jacques, (1698).
Basset des Lauriers, Bénigne, (1659).
Becquet, Romain, (1666).
Berman de la Martinière, Claude, de 1647 à 1649.
Bernard, Hilaire, (1692).
Bigot dit Lamothe, François, (1643).
Bourdon, Jacques, (1672).
Bourgonnière d'Hauteville, Barth.-Frs , (1696).
Cabassier, Pierre, (1669).
Chambalon, Louis, (1696).
De Hornay dit La Neuville, Jacques.
De la Cilière, Florent, (1696).
Dubreuil, Jean-Etienne, (1691).
Duprac, Jean-Robert, (1678).
Duquet, Pierre, (1666).
Durand, Nicolas, de 1653 à 1654.
Filion Michel, (1661).
Fleuricourt, Jean-Baptiste.
Frérot, Thomas, de 1669 à 1676
Genaple dit Bellefond, François, (1665).
Gloria, Jean, de 1663 à 1664.
Godet, de 1652 à 1653.
Gourdeau, Jacques, (1662).
Guitet, de 1637 à 1638.
Jacob, Etienne, (1670).
Janeau, Etienne, (1694).
LaRue, (De) Guillaume, (1663).
Le Comte, Jean, (1668).
Le Coustre, de 1647 à 1648.
Le Pailleur, Michel, (1688).
LeRoux, Hubert, (1673).
Le Sieur, Charles, (1674).
Lespinasse, (1637).
Mauque, Claude, (1679).
Metru, Nicolas, (1666).
Michon, Abel, (1699).
Moreau, Michel.
Mouchy, (De) Nicolas, (1666).
Petit, Pierre, (1692).
Peuvret, Jean-Baptiste, (1659).
Philippe, Laurent, (1679).
Piraube, Martial, de 1639 à 1643
Pottier, Jean-Baptiste, (1688).
Rageot, Gilles, (1673).
Rageot de St. Luc, Charles, (1696).
Roebert de la Morandière, Etienne, (1695).
Roger, Guillaume, (1673).
Rolland.
Rouer, Louis, de 1654 à 1657.
Senet dit Laliberté, Nicolas, (1689)
St. Pair, (De) Jean, (1651).
Tailhandier, Marien, (1688).
Tronquet, François, de 1643 à 1646.
Trotain, François, (1668).
Vachon, Paul, (1653).
Veron de Grand-Mesnil, Etienne, (1677).

TABLEAU

DES

SEIGNEURIES DE LA NOUVELLE FRANCE

EN 1681.

CÔTÉ NORD.

QUÉBEC, Haute et Basse-Ville.
Seigneurie de Monceaux.
Seigneurie de Gaudarville.
Seigneurie de Maure.
Seigneurie de Dombourg.
Seigneurie de Neuville.
Pointe-aux-Trembles.
Seigneurie de Portneuf.
Seigneurie de Chavigny.
Seigneurie de St. Charles des Roches.
Seigneurie de Ste. Anne de la Perade.
Seigneurie de Batiscan.
Seigneurie de Champlain.
Charlesbourg.
Bourg Royal.
Village Ste. Claude.
Village St Bernard.
Village St. Joseph.
Petite Auvergne.
Côte St. Michel.
Côte St. François-Xavier.
Seigneurie de Beauport.
Seigneurie de Beaupré.
Comte St. Laurent, Ile d'Orléans.
Seigneurie d'Anticosty.
Fief Hertel.
Prairies Marsolet.
Cap de la Madeleine.
TROIS-RIVIÈRES, ville.
Seigneurie de la Rivière-du-Loup.
Seigneurie de Villemur.
Seigneurie d'Autray.
Seigneurie de la Valtrie.
Seigneurie de Repentigny.
Seigneurie de Lachenaye.
Seigneurie de l'Ile-Jesus.
MONTRÉAL, ville.

CÔTÉ SUD.

Seigneurie de Longueuil.
Ile Ste Thérèse.
Seigneurie du Tremblay.
Seigneurie de Boucherville.
Seigneurie de Varennes.
Seigneurie de Verchères.
Seigneurie de Contrecœur.
Seigneurie de St. Ours.
Seigneurie de Chambly.

Seigneurie de Sorel.
Seigneurie de St. François.
Rivière Nicolet.
Seigneurie de Linctôt.
Seigneurie de la Prade.
Seigneurie de Lotbinière.
Seigneurie de Villieu.
Seigneurie de Lauzon.
Cap St. Claude.
Seigneurie de Beaumont.
Seigneurie de la Durantaye.
Seigneurie de Bellechasse.
Seigneurie de la Bouteillerie.
Ile aux Oies.

PERSONNEL

DES DIFFÉRENTES MAISONS RELIGIEUSES DE LA NOUVELLE FRANCE, EN 1681.

SÉMINAIRE DE QUÉBEC.

NOMS.	AGÉ DE
Monseigneur l'Evèque de Québec.	
M. De Bernières, superieur	46 ans.
M. Des Mezerets	45 ans.
M. Glandelet	37 ans.
M. Petit	55 ans.
M. Morel	46 ans
M. De Caumont	45 ans.
M Morin	43 ans.
M. Lamy	44 ans.
M. Dupre	36 ans.
M. Duplin	35 ans.
M. Martin	34 ans.
M. Brulon	34 ans.
M. Basset	34 ans.
M. Francheville	32 ans.
M. Gagnon	32 ans.
M. Gauthier	32 ans.
M Soumande	30 ans.
M. Thury	30 ans.
M. De St. Claude	27 ans.
M. Volant	27 ans.
M. Pinguet	26 ans.
M. Vachon	25 ans.
M. Guyon	22 ans.
M. Machard	30 ans.

PENSIONNAIRES.

NOMS	AGÉ DE
Buisson, Jean.	21 ans.
Doucet, Alexandre	18 ans.
Grouart, François	19 ans.
Mercier, Louis	19 ans.
Grouart, Jacques	17 ans.
Boucher, Philippe	16 ans.
Volant, Etienne	16 ans.
De La Val, Etienne.	16 ans
De St. Cosme, Jean.	15 ans.
De la Touche, Daniel	16 ans.
Maufils, Pierre	14 ans
Rochon, Etienne.	14 ans.
Volant, Jean.	11 ans.
Morel, Joseph,	11 ans
Testu, Jean	11 ans
Drouart, Robert	10 ans
Mignon, Daniel	10 ans.
Boucher, Nicolas.	9 ans.
Fleury, Jacques	9 ans.
Lognon, Charles.	8 ans.

DOMESTIQUES.

Monmaimer, Charles, serviteur.	45 ans.
Baillon, Antoine.	35 ans.
Lefranc, Toussaint.	38 ans.
Louchet, Geoffroy	40 ans
Aubray, Jean, boulanger.	40 ans.
Tiberge, François, tailleur	21 ans.
Sicard, Pierre.	35 ans.
Dubois, René.	50 ans.
Loisolière, Jean	23 ans.
Roy, Claude	35 ans.
Lefebvre, Robert.	47 ans.
Denise Gaultier, sa femme	60 ans.
Douart, Jean.	42 ans.
Marguerite Pillot, sa femme	26 ans.
Marie	7 ans.
Pillot, Pierre.	19 ans.
Bouchard, Marie.	33 ans.
De la Voye, René	24 ans.

COLLÉGE DES JÉSUITES, A QUÉBEC.

R. P. Beschefer, Thierry	52 ans.
" Pijart, Claude.	82 ans.
" Chatelain, Pierre	74 ans.
" Dablon, Claude.	62 ans.
" Fremin, Jacques.	60 ans.
" Raffaix, Pierre.	55 ans.
" Bouvart, Martin.	43 ans.
" Cholenec, Pierre.	40 ans.

FRÈRES.

Bonnemer, Florent.	84 ans.
Bourcier, Joseph.	56 ans.
Macon, Pierre.	72 ans.
Fraillon, Nicolas.	30 ans.
Getreau, Guillaume.	34 ans.
Valentin, Pierre.	30 ans.
Larrion, Michel	39 ans.

FRÈRES DONNÉS.

Levrier, Jacques.	68 ans.
Boutet, Martin	63 ans.
Roquet, Charles	51 ans
Menard, Gilles	41 ans.

DOMESTIQUES.

NOMS.	AGÉ DE
Chartier, Nicolas.	40 ans.
Brusseau, Jean	42 ans.
L'Estourneau, Philippe	38 ans.
Pelletier, François	35 ans.
Leparisien.	40 ans.
Lafond, Jean.	29 ans.
Dion, Jean.	58 ans.
Loup, Joseph.	10 ans.
Courtois, Nicolas.	40 ans.
L'Illinois, Pierrot	8 ans.

MISSION DE SILLERY
(ABENAQUIS ET ALGONQUINS).

R. P. Bigot, Vincent	35 ans.
R. P. Bigot, Jacques	38 ans.
F. Malerbe, François, frère	50 ans.

DOMESTIQUES.

Lelorain.	45 ans.
Vaquelin, Pierre.	36 ans.
Cayet, Thomas	20 ans.

MISSION DE LORETTE, (HURONS).

R. P. Chaumonot, Joseph.	68 ans.
" Pottier, Nicolas	38 ans.
F. Freville, Jean.	80 ans.

MISSION DU SAULT ST. LOUIS.

R. P. Bruias, Jacques	45 ans.
" Chaussetier, Claude.	33 ans.

DOMESTIQUE.

Coinet, Nicolas	30 ans.

MISSION AUX NATIONS IROQUOISES.

R. P. Vaillant.	32 ans.
" Millet, Pierre.	50 ans.
" De Lamberville, Jean.	42 ans.
" Lamberville, Jacques.	40 ans.
" De Careil, Etienne.	45 ans.
" Garnier, Julien	50 ans.
" Morin, Pierre.	42 ans.
F. Migneret, Pierre.	39 ans.

DOMESTIQUES.

Voisin, François.	30 ans.
Champegne.	28 ans.
Lemesureur, Pierre.	37 ans.
Magne, Claude	29 ans.
Delaunay, Charles	30 ans.
Cellier, Claude	40 ans.

MISSION DES OUTAOUAIS.

R. P. Angeleran	45 ans.
" Nouvel, Henry	60 ans.
" Andre, Pierre.	58 ans.
" Pierron, Philippe	59 ans.
" Bailloquet, Pierre	65 ans.
" Allouez, Claude.	61 ans.
" Albanel, Charles.	68 ans.
F. Leboesme, Louis.	49 ans.
F. Mazior, Gilles.	40 ans

DOMESTIQUES.

NOMS.	AGÉ DE
Latour . . . . :	30 ans.
Desprès, Joseph	29 ans.
Dumets, Joseph	24 ans.
Dumets, François	22 ans.
Curaillon, Michel	55 ans.
Couture, Jacques	30 ans.
Tavernier, Jacques . . .	40 ans.
Curaillon, François . . .	30 ans.
Largilher, Jacques . . .	37 ans.
Auvray, Michel	40 ans.
Montpelier, Charles. . .	32 ans.
Lafayette, Vincent . . .	40 ans.
Duquet, Pierre	19 ans.
Fournel, Pierre	20 ans.
Lauvornat, Barthelemi . .	31 ans.
Changet, Nicolas. . . .	29 ans.
Boivinet, Martin	30 ans.
Voisin, Charles	32 ans.

FERMES DES R. P. JÉSUITES.

PRAIRIE DE LA MADELEINE.

Habert, Jacques	47 ans.
Habert, Elizabeth	40 ans.

DOMESTIQUES.

Guillot, Mathurin	30 ans.
Aumart, Jean.	29 ans.
Delaunay, Jacques . . .	32 ans.

BEAUPORT.

Rémy, Jean	45 ans.
Maillou, Marie.	32 ans.

DOMESTIQUES.

Perette	28 ans.
Delaunay, Louis.	34 ans.
Paquereau, Jean. . . .	29 ans.
Laliberté	30 ans.
Bouvier, Joseph	17 ans.

NOTRE-DAME DES ANGES.

Giri, Guillaume	42 ans.
Levacher, Antoine . . .	34 ans.
Audebrand.	30 ans.
Martin, Jean	43 ans.

COUVENT DES RÉCOLLETS.

R P. LeRoux, Valentin, Supérieur .	42 ans
" Hilarion.	40 ans.
" Filastre, Luc	38 ans
" Adrien	32 ans.
" Chretien	40 ans.
F. Bazire, Charles . . .	30 ans.
F. Didace	26 ans.

DONNÉS.

F. Gibaut	45 ans.
Sa femme	40 ans.
LeRoy, Claude	40 ans.
Dansac, Jean	49 ans.

MISSIONNAIRES.

NOMS.	AGÉ DE
R. P. Membray. Zenobe . . .	36 ans.
" Buisson, Luc	40 ans.
" Exupère.	35 ans.
" Moreau, Claude . . .	46 ans.
" Maxime.	35 ans.
" Tac, Sixte	32 ans.
" François	35 ans.

DOMESTIQUES.

Pierre	36 ans
Guillaume.	22 ans.

COUVENT DES URSULINES.

R. M. St. Joseph, Supérieure. .	46 ans.
" St. Athanase	68 ans.
" Marie des Anges . .	40 ans.
" Marie de Ste. Croix. .	73 ans.
" Marie de St. André . :	51 ans.
" Marie de St. Ignace .	62 ans.
" Marie de St. Joseph .	43 ans.
" Marie de Jesus . .	44 ans.
" Marie de St. Agnès .	38 ans.
" Marie de St Augustin. .	39 ans.
" Marie de St. François .	38 ans.
" Marie de St. Jean . .	29 ans.
" Marie de la Nativite .	33 ans.
" Marie de l'Assomption .	28 ans.
" Marie de St Laurent .	38 ans.
" Marie de l'Annonciation .	37 ans.
" Marie de St. Charles .	23 ans.
" Marie du St Esprit .	21 ans.
" Marie de l'Incarnation.	19 ans.
" Marie de la Conception .	18 ans.
" Marie de Ste. Thérèse.	21 ans.
" Marie de Ste Ursule .	73 ans
Sœur de la Madeleine . .	61 ans.
" de la Resurection . .	50 ans.
" de la Passion . .	39 ans.
" de St Paul . . .	26 ans.
" de Ste. Anne . .	23 ans
" de Ste. Cecile . .	25 ans.

PENSIONNAIRES.

Demesnu, Marie.	14 ans.
Bouteville, Marie. . . .	14 ans.
De Vitre, Marie	11 ans.
Daillebout, Catherine . .	12 ans.
Dupont, Marie	11 ans.
Dusceau, Marie	11 ans.
Morel, Françoise. . . .	9 ans.
Bissot, Jeanne	11 ans.
Damours, Madeleine . .	11 ans.
Fauvel, Louise	10 ans.
Sauvain, Françoise . . .	10 ans.
Lognon, Catherine . . .	13 ans.
Montmorency, Claire . .	13 ans.
Lefebvre, Françoise. . .	12 ans.
Levasseur, Françoise . .	11 ans.
Gaulin, Marie.	10 ans.
Mars, Louise	6 ans.

SAUVAGESSES.

Barbe, huronne	17 ans.
Durant, Marie.	15 ans.
Marie-Ursule	13 ans.

NOMS	AGÉ DE
Madeleine	14 ans.
Barbe, huronne	10 ans
Agnès, huronne	12 ans.
Agnès, abenaquise	12 ans.
Barbe, Montagnaise.	9 ans.
Michelle, montagnaise	8 ans.
Catherine	7 ans

DOMESTIQUES.

Morel, Pierre	38 ans.
Leclos, Bastien	40 ans.
Letourneur, Etienne	29 ans.
Laverdure, Pierre	42 ans

COUVENT DES HOSPITALIÈRES.

R. M St. Bonaventure, Superieure	66 ans.
" St Paul.	59 ans
" Ste. Agnès	64 ans.
" St Joachim	72 ans
" St. Joseph	69 ans.
" de la Conception.	53 ans.
" St Jean.	38 ans.
" de la Visitatian	42 ans
" de St Michel	36 ans.
" de St. Ignace	31 ans
" du Sacre-Cœur	33 ans.
" de l Annonciation	24 ans.
" du Précieux Sang	22 ans.
" de Ste Thérèse	22 ans.
" de l'Assomption	20 ans.
" de St. François-Xavier	22 ans.
" de St. Augustin	18 ans.
" des Anges	17 ans.
" de la Nativité	16 ans.
Sœur de la Passion	66 ans
" de l Incarnation	53 ans.
" de Ste. Marie	58 ans.
" de la Presentation	34 ans.
" de Ste Monique	49 ans
" de la Resurection	28 ans.
" de Ste. Marthe	23 ans
Madame D aillebout	68 ans
Chastel, Edmee, sa servante	50 ans.
Gosselin, Geneviève (1)	14 ans.
Choret, Madeleine	13 ans.
1641.—Giffard, Françoise	6 ans.
1646.—Giffard, Louise	
1648.—Bourdon, Marie	6½ ans.
1648 —LeNeuf, Catherine	10 ans.
1649.—Algonkine, Louise	decedee.
1649 —Chavigny, Jeanne	9 ans.
1650.—Poutrel, Madeleine, nièce de M. Jean Du Huisson	7 ans.
1650.—Mlle D Auteuil, fille de Mme de Monceaux	7 ans.
1651.—Dupont, Marie-Madeleine	
1653.—Bourdon, Anne	9 ans.
1653.—Belanger, Marie-Madeleine	
1654.—Marsolet, Geneviève.	10 ans
1654.—Huronne, Marie-Thérèse, envoyée en Bretagne chez Madame de Queismenot	2½ ans.

(1) Nous donnons à titre d'informations la liste des premières pensionnaires de l'Hôtel-Dieu de Quebec avec la date de leur entrée.

NOMS.	AGÉ DE
1654.—Le Gardeur, Catherine.	10 ans.
1659.—Laferté, Françoise	10 ans.
1659.—Laferte, Marie-Louise	8 ans.
1659.—Chavigny, Geneviève	
1659.—Morin, Marie	
1659.—Morin, Helène.	
1659.—Langlois, Elizabeth	
1661.—Nau de Fossambault, Catherine, veuve de Louis Lauzon De la Citière	
1661.—Hale, Barbe.	16 ans.
1663.—Lauzon de Charny, Marie, sortie en 1671, et passee en France pour être religieuse hospitaline de LaRochelle	6½ ans.
1664.—Bissot, Louise.	12½ ans.
1664 —Laferté, Marie-Louise	11½ ans.
1665.—Laferté, Charlotte-Madeleine, passée en France en 1671, avec Mlle Lauzon, et religieuse.	10 ans.
1665.—Denys, Marguerite	9½ ans.
1666.—Marie, *Iroquoise*, prise en guerre, et envoyee aux Hospitalière de la Roquette à Paris, où elle meurt en 1668.	
1667.—Gagnon, Marie-Madeleine, fille de Pierre	13 ans.
1669.—De L'Estre de Vallon, Jeanne, fille de Thierry	11½ ans.
1670.—Lambert, Marie-Madeleine	8 ans.
1670.—Voyant de St. Claude, Marguerite, fille de Claude	11 ans.
1673.—Denis, Gabrielle	16 ans.
1674 —Gloria, Marguerite, fille de Jean.	15 ans.
1677.—Jean, Marie-Françoise, fille de Denis	12½ ans.
1677.—Pellerin, Marguerite	11½ ans.
1678.—Hazeur, Marie-Madeleine	15 ans.
1678.—Soumande, Louise, fille de Pierre.	14 ans.

DOMESTIQUES.

Sedillot, Adrien	45 ans.
Grimou, Marie	74 ans.
Labbe, Nicolas	58 ans.
Simon, Antoine	50 ans.
Malo, Louis	33 ans.
Tournois, Jean	26 ans.
Patenotre, Louis	28 ans.
Eloquent, Sebastien	35 ans.
Menet, François	24 ans.
Lagrange Abraham	16 ans.
Ballier, Jean	38 ans.
Beaumont, Jean	45 ans
Maheu, Zacharie	81 ans.
Lesueur, Thomas	38 ans.
Lesage, Louis	71 ans.
Barrot, Pierre	72 ans.
Jacob, Claude	24 ans.
Lespinay, Pierre	37 ans.
Lachambre, Jean	12 ans.
Gouvet, Sébastien	67 ans.
Bouron, Jean	39 ans.
Grosleau, Pierre	40 ans.
Gobert, Madeleine	38 ans.
Veaux, Silvain	40 ans.

SÉMINAIRE DE MONTRÉAL.

NOMS.	AGÉ DE
MM. Dollier, supérieur	45 ans.
" Souard	70 ans.
" Barthélemy	43 ans.
" Fremont	56 ans.
" Remy	45 ans.
" Seguenot	36 ans.
" Mariette	31 ans.
" Bailly	39 ans.
" De Belmont	40 ans.
" Rennier	52 ans.

DOMESTIQUES.

Morin, Jean	18 ans.
Blanchet, Claude	28 ans.
Gervais, Charles	13 ans.
Tardif, François	18 ans.
Barrau, Jean	24 ans.
Mollitri, Jacques	40 ans.
Renault, Claude	30 ans.
Bouchard, Jean	23 ans.
Crespeau, Claude	30 ans.
Brault, Jacques	35 ans.
Rabolan, François	40 ans.
Toutemps, Nicolas	27 ans.
Papin, Pierre	17 ans.
Jutremer, Mathieu	37 ans.
Gaillard, Christophe	40 ans.
Laflute, Pierre	60 ans
Monet, Pierre	30 ans.
Sicard, Pierre	50 ans
Fontaine, Julien	35 ans
Munier, Gilles	60 ans.

HOPITAL DE MONTRÉAL.

R. M. Masse, Catherine, Supérieure	64 ans.
" De Bresolles	48 ans.
" Le Jumeau	63 ans.
" Denis	36 ans.
" Morin	32 ans.
" Gallard	32 ans.
" Fidelet	29 ans.
" Leduc	23 ans.
Sœurs Dabonneau	43 ans.
" Racine	25 ans.
" Monmousseau	30 ans.

NOMS.	AGÉ DE
" Archambault	17 ans.
" Denis	20 ans.

CONGRÉGATION.

Bourgeois, Marguerite, Supérieure	62 ans.
Grosleau, Catherine	71 ans.
Hiou, Anne	42 ans.
De la Bretèche, Elizabeth	43 ans.
Du Rosoy, Geneviève	38 ans.
Laurent, Marie	44 ans.
Durand, Claude	39 ans.
Sommeillard, Marguerite	29 ans.
Gariépy, Ursule	24 ans.
" Marguerite	22 ans.
Barbier, Marie	17 ans.
Denis, Marie	27 ans.
Bourbault, Madeleine	18 ans.
Charly, Marie	19 ans.
Lemoyne, Françoise	18 ans.
Lermy, Thérèse	22 ans.
Charly, Catherine	16 ans.
Bony, Catherine	39 ans.

PENSIONNAIRES.

Migeon, Louise	17 ans.
Soumande, Marie	10 ans.
Carrion, Jeanne	9 ans.
De Hautmenil, Marie	8 ans.
" Christine	6 ans.
De Varennes, Madeleine	7 ans.
Lenoir, Marie	8 ans.

DOMESTIQUES DE LA CONGRÉGATION.

Monier, Thomas	40 ans.
Fin, Louis	40 ans.
Philippe	35 ans.
Doguet, Louis	50 ans.
Lefebvre, François	30 ans.
Martin, Mathurin	50 ans.
Villeneuve, Pierre	45 ans.
Meseau, Jacques	30 ans.
Goguet, Pierre	16 ans.
Roger, Michel	17 ans.
Martin	30 ans.
Sabourin, Pierre	14 ans.
Lemaître, Nicolas	34 ans.

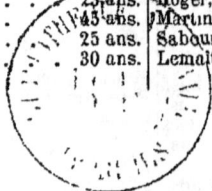

E. SENÉCAL, IMP.

www.ingramcontent.com/pod-product-compliance
Lightning Source LLC
Chambersburg PA
CBHW071134270326
41929CB00012B/1747